2018中国省市经济发展年鉴

CHINA PROVINCES AND CITIES ECONOMIC DEVELOPMENT YEARBOOK

《中国省市经济发展年鉴》编委会 编

下册

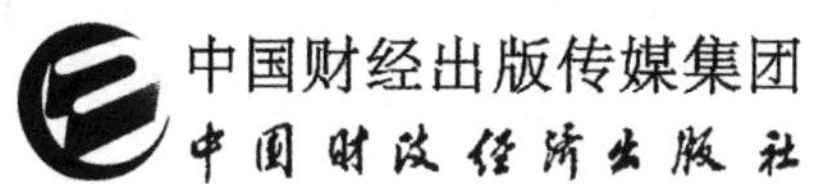

图书在版编目（C I P）数据

中国省市经济发展年鉴. 2018 ： 全 2 册 / 《中国省市经济发展年鉴》编委会编. --北京 ： 中国财经出版传媒集团，2019.7

ISBN 978-7-5095-9119-2

Ⅰ. ①中… Ⅱ. ①中… Ⅲ. ①区域经济发展－中国－2018－年鉴 Ⅳ. ①F127-54

中国版本图书馆 CIP 数据核字（2019）第 150565 号

责任编辑：罗亚洪

装帧设计：刘志鹏

中国财经出版传媒集团 出版

URL：http: //www.cfeph.cn

E - mail：cfeph@cfeph.cn

地址：北京市海淀区阜成路甲 28 号　邮政编码：100142

北京时捷印刷有限公司印刷　　各地新华书店经销

880×1230 毫米　1/16 开　125 印张　280 万字

2019 年 7 月第 1 版　2019 年 7 月北京第 1 次印刷

定价：880.00 元（上、下）

ISBN 978-7-5095-9119-2 / F · 5411

（图书出现印装问题，本社负责调换）

打击盗版举报热线：010-88190492

《2018 中国省市经济发展年鉴（上、下）》

编委会

编 者 说 明

一、《2018 中国省市经济发展年鉴（上册、下册）》是一部全面反映、系统比较中国区域经济和城市经济发展状况的大型统计资料性年刊。本书分为上下册，上册收集整理了 31 个省级行政单位的数据，下册收集整理了 279 个地级及以上城市的数据。

二、本书信息量大、特别突出数据的发展性和比较性，包括连续三年的统计数据以及最后一年数据的位次排列，为讲述全国地区发展和城市发展提供了重要的参考依据。《2018 中国省市经济发展年鉴（上册）》主要内容涵盖：行政区划和人口、就业和工资、国民经济核算、固定资产投资、财政和税收、价格指数、居民生活、城市建设、资源、能源和环境、农业、工业、建筑业、运输和邮电、贸易和旅游、金融业、房地产业、科学技术、教育、卫生、文化和体育、社会服务和社会保障等社会经济发展的各个方面。《2018 中国省市经济发展年鉴（下册）》主要内容涵盖：行政区划和人口、就业和工资、国民经济核算、固定资产投资和房地产、财政、居民生活和社会保障、土地资源管理、城市建设、能源和环境、农业、工业、建筑业、运输和邮电、贸易和旅游、金融业、教育、卫生和文化。附录为主要统计指标解释。本书未包括香港特别行政区、澳门特别行政区和台湾省的数据。

三、本书所涉及东部、中部、西部和东北地区的具体划分为：

东部 10 省（市）包括北京、天津、河北、上海、江苏、浙江、福建、山东、广东和海南；

中部 6 省包括山西、安徽、江西、河南、湖北和湖南；

西部 12 省（区、市）包括内蒙古、广西、重庆、四川、贵州、云南、西藏、陕西、甘肃、青海、宁夏和新疆；

东北 3 省包括辽宁、吉林和黑龙江。

四、由于数据单位取舍不同，本书中部分数据合计数或相对数可能有计算误差，我们均未做调整。书中数据由政府机构、行业协会等公开发布的数据整理而成，数据准确权威。

Editor's Notes

I. "China Provinces and Cities Economic Development Yearbook – 2018 (Volumes 1 and 2)" is a large statistical annual book which fully reflects and compares Chinese regional and urban economic development systematically. This book is divided into two volumes: Volume1 collects data of 31 provincial administrative units, and Volume 2 includes the data of more than 279 prefecture-level cities in China. To facilitate readers, the book contains brief explanation to the major statistical indicators.

II. The yearbook is informative and particularly prominent on its developmental and comparative data which includes the statistical data of three consecutive years and the ranking on data of the last year. It provides an important reference for comparing the national regional development and city development. In volume 1, the main contents include: Population and Land, Employment and Wages, National Economic Accounting, Fixed Asset Investment, National Finances and Taxes, Price Index, Resident Life, City Construction, Resources, Energy and Environment, Agriculture, Industry, Construction, Transportation and Post and Telecommunications, Trade and Tourism, Finance, Real Estate Industry, Science and Technology, Education, Health, Culture and Sports, Social Service and Social Security and other aspects of the social and economic development. In volume 2, the main contents include: Population and Land, Employment and Wages, National Economic Accounting, Fixed Asset Investment and Real Estate Industry, National Finances, People's Living Conditions and Social Security, Land Resources Management, City Construction, Resources, Energy and Environment, Agriculture, Industry, Construction, Transportation and Post and Telecommunications, Trade and Tourism, Finance, Education, and Public Health and Culture. The data of this book does not include Hong Kong special administrative region, Macao special administrative region or Taiwan Province.

III. The regions involved in the book are divided as follows:

Eastern region including Beijing, Shanghai, Tianjin, Hebei, Jiangsu, Zhejiang, Fujian, Shandong, Guangdong and Hainan Provinces (municipalities);

Central region including Shanxi, Anhui, Jiangxi, Henan, Hubei and Hunan Provinces;

Western region including Inner Mongolia, Guangxi, Chongqing, Sichuan, Guizhou, Yunnan, Tibet, Shaanxi, Gansu, Qinghai, Ningxia and Xinjiang Provinces (autonomous regions and municipalities);

Northeastern region including Liaoning, Jilin and Heilongjiang Provinces.

IV. Some total numbers or relative numbers in the yearbook may have a few calculation errors due to certain units; We did not make any mechanical adjustment. The data is collected by the government agencies and professional associations; All data is accurate and authoritative.

地级目录

CITIES CONTENTS

一、行政区划和人口
Administrative Division and Population

二、就业和工资
Employment and Wages

三、国民经济核算 National Accounts

四、固定资产投资和房地产 Investment in Fixed Assets and Real Estate

五、财政
Government Finance

六、居民生活和社会保障
People's Living Conditions and Social Security

七、土地资源管理
Land Resources Administration

八、城市建设
Urban Construction

九、能源和环境
Energy and Environment

十、农业
Agriculture

十一、工业
Industry

十二、建筑业
Construction

十三、运输和邮电
Transport, Postal and Telecommunication Services

十四、贸易和旅游
Trade and Tourism

十五、金融业
Financial Intermediation

十六、教育、卫生和文化
Education, Public Health and Culture

附录：

1

行政区划和人口

Administrative Division and Population

1-1 城市行政区划和区域分布
Administrative Division and Regional Distribution of Cities

单位：个 (uint)

地名	City	城市合计 Total	按行政级别分组 Grouped by Administrative Levels(year-end)		
			直辖市 Municipality Directly under the Central Government	副省级市 Vice-Provincial City	地级市 Prefecture-level City
全国总计	**National Total**	**661**	**4**	**15**	**279**
北 京	Beijing	1	1		
天 津	Tianjin	1	1		
河 北	Hebei	31			
山 西	Shanxi	22			11
内蒙古	Inner Mongolia	20			11
辽 宁	Liaoning	30		2	9
吉 林	Jilin	28		1	12
黑龙江	Heilongjiang	31		1	7
					11
上 海	Shanghai	1	1		
江 苏	Jiangsu	34		1	12
浙 江	Zhejiang	30		2	9
安 徽	Anhui	22			16
福 建	Fujian	21		1	8
江 西	Jiangxi	22			11
山 东	Shandong	43		2	15
河 南	Henan	38			17
湖 北	Hubei	36		1	11
湖 南	Hunan	30			13
广 东	Guangdong	41		2	19
广 西	Guangxi	21			14
海 南	Hainan	9			4
重 庆	Chongqing	1	1		
四 川	Sichuan	35		1	17
贵 州	Guizhou	14			6
云 南	Yunnan	23			8
西 藏	Tibet	6			6
陕 西	Shaanxi	14		1	9
甘 肃	Gansu	16			12
青 海	Qinghai	5			2
宁 夏	Ningxia	7			5
新 疆	Xinjiang	28			4

1-2 地级及以上城市一览表
List of City at Prefecture Level and above

单位：个 (uint)

省级单位 Province	地级及以上城市	City at Prefecture Level and above	省级单位 Province	地级及以上城市	City at Prefecture Level and above
北 京 Beijing				抚顺	Fushun
天 津 Tianjin				本溪	Benxi
河 北 Hebei	石家庄	Shijiazhuang		丹东	Dandong
	唐山	Tangshan		锦州	Jinzhou
	秦皇岛	Qinhuangdao		营口	Yingkou
	邯郸	Handan		阜新	Fuxin
	邢台	Xingtai		辽阳	Liaoyang
	保定	Baoding		盘锦	Panjin
	张家口	Zhangjiakou		铁岭	Tieling
	承德	Chengde		朝阳	Chaoyang
	沧州	Cangzhou		葫芦岛	Huludao
	廊坊	Langfang	吉 林 Jilin	长春	Changchun
	衡水	Hengshui		吉林	Jilin
山 西 Shanxi	太原	Taiyuan		四平	Siping
	大同	Datong		辽源	Liaoyuan
	阳泉	Yangquan		通化	Tonghua
	长治	Changzhi		白山	Baishan
	晋城	Jincheng		松原	Songyuan
	朔州	Shuozhou		白城	Baicheng
	晋中	Jinzhong	黑龙江	哈尔滨	Harbin
	运城	Yuncheng	Heilongjiang	齐齐哈尔	Qiqihar
	忻州	Xinzhou		鸡西	Jixi
	临汾	Linfen		鹤岗	Hegang
	吕梁	Luliang		双鸭山	Shuangyashan
内蒙古	呼和浩特	Hohhot		大庆	Daqing
Inner Mongolia	包头	Baotou		伊春	Yichun
	乌海	Wuhai		佳木斯	Jiamusi
	赤峰	Chifeng		七台河	Qitaihe
	通辽	Tongliao		牡丹江	Mudanjiang
	鄂尔多斯	Erdos		黑河	Heihe
	呼伦贝尔	Hulunbuir		绥化	Suihua
	巴彦淖尔	Bayannur	上 海 Shanghai		
	乌兰察布	Ulanqab	江 苏 Jiangsu	南京	Nanjing
辽 宁 Liaoning	沈阳	Shenyang		无锡	Wuxi
	大连	Dalian		徐州	Xuzhou
	鞍山	Anshan		常州	Changzhou

1-2　地级及以上城市一览表　续表 1
List of City at Prefecture Level and above continued 1

单位：个　　　　(uint)

省级单位 Province	地级及以上城市	City at Prefecture Level and above	省级单位 Province	地级及以上城市	City at Prefecture Level and above
	苏州	Suzhou	福　建 Fujian	福州	Fuzhou
	南通	Nantong		厦门	Xiamen
	连云港	Lianyungang		莆田	Putian
	淮安	Huaian		三明	Sanming
	盐城	Yancheng		泉州	Quanzhou
	扬州	Yangzhou		漳州	Zhangzhou
	镇江	Zhenjiang		南平	Nanping
	泰州	Taizhou		龙岩	Longyan
	宿迁	Suqian		宁德	Ningde
浙　江 Zhejiang	杭州	Hangzhou	江　西 Jiangxi	南昌	Nanchang
	宁波	Ningbo		景德镇	Jingdezhen
	温州	Wenzhou		萍乡	Pingxiang
	嘉兴	Jiaxing		九江	Jiujiang
	湖州	Huzhou		新余	Xinyu
	绍兴	Shaoxing		鹰潭	Yingtan
	金华	Jinhua		赣州	Ganzhou
	衢州	Quzhou		吉安	Jian
	舟山	Zhoushan		宜春	Yichun
	台州	Taizhou		抚州	Fuzhou
	丽水	Lishui		上饶	Shangrao
安　徽 Anhui	合肥	Hefei	山　东 Shandong	济南	Jinan
	芜湖	Wuhu		青岛	Qingdao
	蚌埠	Bengbu		淄博	Zibo
	淮南	Huainan		枣庄	Zaozhuang
	马鞍山	Maanshan		东营	Dongying
	淮北	Huaibei		烟台	Yantai
	铜陵	Tongling		潍坊	Weifang
	安庆	Anqing		济宁	Jining
	黄山	Huangshan		泰安	Taian
	滁州	Chuzhou		威海	Weihai
	阜阳	Fuyang		日照	Rizhao
	宿州	Suzhou		莱芜	Laiwu
	六安	Liuan		临沂	Linyi
	亳州	Bozhou		德州	Dezhou
	池州	Chizhou		聊城	Liaocheng
	宣城	Xuancheng		滨州	Binzhou

1-2 地级及以上城市一览表 续表 2
List of City at Prefecture Level and above continued 2

单位：个 (uint)

省级单位 Province	地级及以上城市	City at Prefecture Level and above	省级单位 Province	地级及以上城市	City at Prefecture Level and above
	菏泽	Heze		常德	Changde
河　南 Henan	郑州	Zhengzhou		张家界	Zhangjiajie
	开封	Kaifeng		益阳	Yiyang
	洛阳	Luoyang		郴州	Chenzhou
	平顶山	Pingdingshan		永州	Yongzhou
	安阳	Anyang		怀化	Huaihua
	鹤壁	Hebi		娄底	Loudi
	新乡	Xinxiang	广　东 Guangdong	广州	Guangzhou
	焦作	Jiaozuo		韶关	Shaoguan
	濮阳	Puyang		深圳	Shenzhen
	许昌	Xuchang		珠海	Zhuhai
	漯河	Luohe		汕头	Shantou
	三门峡	Sanmenxia		佛山	Foshan
	南阳	Nanyang		江门	Jiangmen
	商丘	Shangqiu		湛江	Zhanjiang
	信阳	Xinyang		茂名	Maoming
	周口	Zhoukou		肇庆	Zhaoqing
	驻马店	Zhumadian		惠州	Huizhou
湖　北 Hubei	武汉	Wuhan		梅州	Meizhou
	黄石	Huangshi		汕尾	Shanwei
	十堰	Shiyan		河源	Heyuan
	宜昌	Yichang		阳江	Yangjiang
	襄阳	Xiangyang		清远	Qingyuan
	鄂州	Ezhou		东莞	Dongguan
	荆门	Jingmen		中山	Zhongshan
	孝感	Xiaogan		潮州	Chaozhou
	荆州	Jingzhou		揭阳	Jieyang
	黄冈	Huanggang		云浮	Yunfu
	咸宁	Xianning	广　西 Guangxi	南宁	Nanning
	随州	Suizhou		柳州	Liuzhou
湖　南 Hunan	长沙	Changsha		桂林	Guilin
	株洲	Zhuzhou		梧州	Wuzhou
	湘潭	Xiangtan		北海	Beihai
	衡阳	Hengyang		防城港	Fangchenggang
	邵阳	Shaoyang		钦州	Qinzhou
	岳阳	Yueyang		贵港	Guigang

1-2 地级及以上城市一览表 续表 3
List of City at Prefecture Level and above continued 3

单位：个 (uint)

省级单位 Province	地级及以上城市	City at Prefecture Level and above	省级单位 Province	地级及以上城市	City at Prefecture Level and above
	玉林	Yulin		保山	Baoshan
	百色	Baise		昭通	Zhaotong
	贺州	Hezhou		丽江	Lijiang
	河池	Hechi		普洱	Puer
	来宾	Laibin		临沧	Lincang
	崇左	Chongzuo	西　藏 Tibet	拉萨	Lasa
海　南 Hainan	海口	Haikou	陕　西 Shaanxi	西安	Xi'an
	三亚	Sanya		铜川	Tongchuan
	三沙	Sansha		宝鸡	Baoji
重　庆 Chongqing				咸阳	Xianyang
四　川 Sichuan	成都	Chengdu		渭南	Weinan
	自贡	Zigong		延安	Yan'an
	攀枝花	Panzhihua		汉中	Hanzhong
	泸州	Luzhou		榆林	Yulin
	德阳	Deyang		安康	Ankang
	绵阳	Mianyang		商洛	Shangluo
	广元	Guangyuan	甘　肃 Gansu	兰州	Lanzhou
	遂宁	Suining		嘉峪关	Jiayuguan
	内江	Neijiang		金昌	Jinchang
	乐山	Leshan		白银	Baiyin
	南充	Nanchong		天水	Tianshui
	眉山	Meishan		武威	Wuwei
	宜宾	Yibin		张掖	Zhangye
	广安	Guangan		平凉	Pingliang
	达州	Dazhou		酒泉	Jiuquan
	雅安	Yaan		庆阳	Qingyang
	巴中	Bazhong		定西	Dingxi
	资阳	Ziyang		陇南	Longnan
贵　州 Guizhou	贵阳	Guiyang	青　海 Qinghai	西宁	Xining
	六盘水	Liupanshui		海东	Haidong
	遵义	Zunyi	宁　夏 Ningxia	银川	Yinchuan
	安顺	Anshun		石嘴山	Shizuishan
	毕节	Bijie		吴忠	Wuzhong
	铜仁	Tongren		固原	Guyuan
云　南 Yunnan	昆明	Kunming		中卫	Zhongwei
	曲靖	Qujing	新　疆 Xinjiang	乌鲁木齐	Urumqi
	玉溪	Yuxi		克拉玛依	Karamay

1-3 行政区域土地面积
Total Land Area of Administrative Region

单位：平方公里 (sq. km)

地名	City	2010	2016	2017	2017 排名 Ranking	地名	City	2010	2016	2017	2017 排名 Ranking
全国	**National Total**	**9600000**	**9600000**	**9600000**		沈阳	Shenyang	12980	12860	12860	130
北京	**Beijing**	**16411**	**16411**	**16406**		大连	Dalian	12574	12574	12574	133
天津	**Tianjin**	**11760**	**11917**	**11917**		鞍山	Anshan	9252	9255	9263	187
河北	**Hebei**	**187693**	**186535**	**188321**		抚顺	Fushun	11272	11272	11271	155
石家庄	Shijiazhuang	15848	13056	14060	114	本溪	Benxi	8411	8411	8414	199
唐山	Tangshan	13472	13472	14198	111	丹东	Dandong	15290	14967	15290	98
秦皇岛	Qinhuangdao	7523	7802	7802	208	锦州	Jinzhou	9891	10047	10048	172
邯郸	Handan	12062	12065	12065	146	营口	Yingkou	5242	5242	5420	237
邢台	Xingtai	12486	12433	12433	136	阜新	Fuxin	10355	10355	10355	169
保定	Baoding	20584	22185	22185	50	辽阳	Liaoyang	4736	4788	4788	248
张家口	Zhangjiakou	36873	36797	36797	18	盘锦	Panjin	4071	4065	4103	258
承德	Chengde	39548	39493	39490	13	铁岭	Tieling	12980	12985	12985	128
沧州	Cangzhou	14053	14035	14035	115	朝阳	Chaoyang	19698	19698	19698	64
廊坊	Langfang	6429	6382	6419	223	葫芦岛	Huludao	10415	10414	10416	167
衡水	Hengshui	8815	8815	8837	193	**吉林**	**Jilin**	**146878**	**147792**	**147792**	
山西	**Shanxi**	**157252**	**156973**	**156971**		长春	Changchun	20604	20594	20594	59
太原	Taiyuan	6963	6988	6988	220	吉林	Jilin	27126	27711	27711	31
大同	Datong	14127	14176	14178	113	四平	Siping	14080	14382	14382	107
阳泉	Yangquan	4570	4570	4559	252	辽源	Liaoyuan	5140	5140	5140	244
长治	Changzhi	13896	13896	13955	116	通化	Tonghua	15608	15612	15612	96
晋城	Jincheng	9425	9425	9425	184	白山	Baishan	17485	17505	17505	80
朔州	Shuozhou	11066	10625	10625	163	松原	Songyuan	21090	21089	21089	57
晋中	Jinzhong	16392	16444	16392	91	白城	Baicheng	25745	25759	25759	38
运城	Yuncheng	14181	14183	14183	112	**黑龙江**	**Heilongjiang**	**406460**	**391476**	**391411**	
忻州	Xinzhou	25117	25152	25152	40	哈尔滨	Harbin	53068	53100	53076	9
临汾	Linfen	20275	20275	20275	61	齐齐哈尔	Qiqihar	42469	42496	42469	12
吕梁	Lvliang	21240	21239	21239	53	鸡西	Jixi	22531	22531	22531	47
内蒙古	**Inner Mongolia**	**655315**	**656546**	**655008**		鹤岗	Hegang	14659	14679	14665	106
呼和浩特	Hohhot	17224	17453	17453	82	双鸭山	Shuangyashan	23209	22681	22681	46
包头	Baotou	27768	27768	27768	30	大庆	Daqing	21219	21219	21219	55
乌海	Wuhai	1754	1669	1754	281	伊春	Yichun	32759	32800	32800	22
赤峰	Chifeng	90021	90021	90002	3	佳木斯	Jiamusi	32704	32704	32704	23
通辽	Tongliao	59535	59329	58862	7	七台河	Qitaihe	6222	6221	6221	227
鄂尔多斯	Erdos	86752	86752	86752	4	牡丹江	Mudanjiang	40583	38827	38827	15
呼伦贝尔	Hulunbuir	253356	252777	252777	1	黑河	Heihe	82164	69345	69345	5
巴彦淖尔	Bayannur	64413	66277	65140	6	绥化	Suihua	34873	34873	34873	20
乌兰察布	Ulanqab	54492	54500	54500	8	**上海**	**Shanghai**	**6340**	**6341**	**6341**	
辽宁	**Liaoning**	**147167**	**146933**	**147485**		**江苏**	**Jiangsu**	**102658**	**105876**	**105877**	

1-3　行政区域土地面积　续表 1
Total Land Area of Administrative Region continued 1

单位：平方公里　(sq. km)

地名	City	2010	2016	2017	2017 排名 Ranking	地名	City	2010	2016	2017	2017 排名 Ranking
南京	Nanjing	6587	6587	6587	222	池州	Chizhou	8272	8399	8399	200
无锡	Wuxi	4627	4627	4627	249	宣城	Xuancheng	12323	12313	12313	139
徐州	Xuzhou	11259	11765	11765	149	**福建**	**Fujian**	**124563**	**123759**	**123727**	
常州	Changzhou	4372	4373	4374	254	福州	Fuzhou	13066	12675	12251	141
苏州	Suzhou	8488	8657	8657	195	厦门	Xiamen	1573	1699	1701	283
南通	Nantong	8001	10549	10549	165	莆田	Putian	4119	4131	4131	257
连云港	Lianyungang	7500	7615	7615	213	三明	Sanming	23094	23095	22965	44
淮安	Huaian	10072	10030	10030	173	泉州	Quanzhou	11015	11015	11015	159
盐城	Yancheng	16972	16931	16931	87	漳州	Zhangzhou	12873	12554	12888	129
扬州	Yangzhou	6591	6591	6591	221	南平	Nanping	26308	26280	26280	37
镇江	Zhenjiang	3847	3840	3840	263	龙岩	Longyan	19063	19063	19063	70
泰州	Taizhou	5787	5787	5787	234	宁德	Ningde	13452	13247	13433	121
宿迁	Suqian	8555	8524	8524	197	**江西**	**Jiangxi**	**166985**	**168025**	**167278**	
浙江	**Zhejiang**	**104141**	**104769**	**104749**		南昌	Nanchang	7402	7402	7402	216
杭州	Hangzhou	16596	16596	16596	89	景德镇	Jingdezhen	5256	5261	5262	243
宁波	Ningbo	9816	9816	9816	176	萍乡	Pingxiang	3824	3831	3831	264
温州	Wenzhou	11786	12083	12083	145	九江	Jiujiang	18823	19798	19085	69
嘉兴	Jiaxing	3915	4223	4223	255	新余	Xinyu	3178	3178	3178	267
湖州	Huzhou	5818	5820	5820	232	鹰潭	Yingtan	3560	3560	3560	266
绍兴	Shaoxing	8279	8279	8279	201	赣州	Ganzhou	39379	39363	39363	14
金华	Jinhua	10941	10942	10942	160	吉安	Jian	25283	25373	25372	39
衢州	Quzhou	8841	8845	8845	192	宜春	Yichun	18669	18669	18669	74
舟山	Zhoushan	1440	1456	1459	285	抚州	Fuzhou	18820	18799	18799	72
台州	Taizhou	9411	9411	9411	185	上饶	Shangrao	22791	22791	22757	45
丽水	Lishui	17298	17298	17275	85	**山东**	**Shandong**	**158157**	**158972**	**158747**	
安徽	**Anhui**	**138979**	**140208**	**139787**		济南	Jinan	8177	7998	7998	205
合肥	Hefei	7047	11445	11445	151	青岛	Qingdao	10978	11282	11282	154
芜湖	Wuhu	3317	6026	6026	228	淄博	Zibo	5965	5965	5965	229
蚌埠	Bengbu	5941	5951	5951	230	枣庄	Zaozhuang	4563	4564	4564	251
淮南	Huainan	2585	5532	5532	236	东营	Dongying	7923	8243	8243	202
马鞍山	Maanshan	1686	4049	4049	260	烟台	Yantai	13746	13852	13852	117
淮北	Huaibei	2741	2741	2741	271	潍坊	Weifang	16140	16143	16143	93
铜陵	Tongling	1113	2991	2991	269	济宁	Jining	11423	11311	11187	157
安庆	Anqing	15318	13538	13543	119	泰安	Taian	7762	7762	7762	210
黄山	Huangshan	9807	9678	9678	178	威海	Weihai	5797	5798	5798	233
滁州	Chuzhou	13523	13516	13516	120	日照	Rizhao	5348	5359	5359	239
阜阳	Fuyang	9775	10118	10118	171	莱芜	Laiwu	2246	2246	2246	275
宿州	Suzhou	9787	9939	9939	174	临沂	Linyi	17191	17191	17191	86
六安	Liuan	17976	15451	15025	102	德州	Dezhou	10356	10358	10358	168
亳州	Bozhou	8374	8521	8521	198	聊城	Liaocheng	8703	8984	8984	189

1-3 行政区域土地面积 续表 2
Total Land Area of Administrative Region continued 2

单位：平方公里 (sq. km)

地名	City	2010	2016	2017	2017 排名 Ranking	地名	City	2010	2016	2017	2017 排名 Ranking
滨州	Binzhou	9600	9660	9660	179	常德	Changde	18190	18190	18177	77
菏泽	Heze	12239	12256	12155	144	张家界	Zhangjiajie	9516	9534	9534	182
河南	**Henan**	**164405**	**166678**	**164619**		益阳	Yiyang	12144	12320	12320	138
郑州	Zhengzhou	7446	7446	7446	214	郴州	Chenzhou	19699	19654	19342	67
开封	Kaifeng	6444	6444	6253	225	永州	Yongzhou	22441	22260	22260	48
洛阳	Luoyang	15200	15236	15236	99	怀化	Huaihua	27624	27758	27572	33
平顶山	Pingdingshan	7904	7882	7882	207	娄底	Loudi	8117	8109	8109	203
安阳	Anyang	7413	7384	7385	218	**广东**	**Guangdong**	**180956**	**179829**	**179829**	
鹤壁	Hebi	2182	2182	2182	277	广州	Guangzhou	7434	7434	7434	215
新乡	Xinxiang	8169	8666	8754	194	韶关	Shaoguan	18463	18413	18413	76
焦作	Jiaozuo	4071	4071	4071	259	深圳	Shenzhen	1992	1997	1997	278
濮阳	Puyang	4266	4188	4188	256	珠海	Zhuhai	1711	1732	1736	282
许昌	Xuchang	4996	4997	4997	246	汕头	Shantou	2064	2199	2199	276
漯河	Luohe	2716	2617	2692	272	佛山	Foshan	3798	3798	3798	265
三门峡	Sanmenxia	10496	10496	10496	166	江门	Jiangmen	9568	9509	9509	183
南阳	Nanyang	26509	26509	26509	36	湛江	Zhanjiang	13225	13263	13263	124
商丘	Shangqiu	10704	12725	10704	162	茂名	Maoming	11458	11429	11427	152
信阳	Xinyang	18847	18787	18787	73	肇庆	Zhaoqing	15464	14891	14891	104
周口	Zhoukou	11959	11961	11961	147	惠州	Huizhou	11343	11346	11347	153
驻马店	Zhumadian	15083	15087	15076	100	梅州	Meizhou	16089	15865	15862	94
湖北	**Hubei**	**151522**	**151895**	**151768**		汕尾	Shanwei	5271	4865	4865	247
武汉	Wuhan	8494	8569	8569	196	河源	Heyuan	15642	15654	15654	95
黄石	Huangshi	4586	4583	4583	250	阳江	Yangjiang	7946	7956	7956	206
十堰	Shiyan	23680	23680	23666	41	清远	Qingyuan	19036	19036	19036	71
宜昌	Yichang	21084	21230	21230	54	东莞	Dongguan	2460	2460	2460	273
襄阳	Xiangyang	19724	19728	19728	63	中山	Zhongshan	1800	1784	1784	280
鄂州	Ezhou	1594	1594	1596	284	潮州	Chaozhou	3146	3146	3146	268
荆门	Jingmen	12404	12404	12404	137	揭阳	Jieyang	5266	5265	5265	242
孝感	Xiaogan	8910	8910	8904	190	云浮	Yunfu	7779	7787	7787	209
荆州	Jingzhou	14092	14243	14243	110	**广西**	**Guangxi**	**236549**	**238469**	**239095**	
黄冈	Huanggang	17457	17457	17457	81	南宁	Nanning	22112	22244	22244	49
咸宁	Xianning	9861	9861	9752	177	柳州	Liuzhou	18617	18597	18597	75
随州	Suizhou	9636	9636	9636	180	桂林	Guilin	27809	27667	27667	32
湖南	**Hunan**	**197025**	**196947**	**196371**		梧州	Wuzhou	12588	12588	12573	134
长沙	Changsha	11816	11816	11816	148	北海	Beihai	3337	3337	3989	261
株洲	Zhuzhou	11247	11307	11248	156	防城港	Fangchenggang	6222	6238	6238	226
湘潭	Xiangtan	5015	5008	5006	245	钦州	Qinzhou	10843	12187	12187	143
衡阳	Hengyang	15299	15303	15299	97	贵港	Guigang	10602	10602	10602	164
邵阳	Shaoyang	20830	20830	20830	58	玉林	Yulin	12838	12835	12824	131
岳阳	Yueyang	15087	14858	14858	105	百色	Baise	36022	36202	36202	19

1-3 行政区域土地面积 续表 3

Total Land Area of Administrative Region continued 3

单位：平方公里 (sq. km)

地名	City	2010	2016	2017	2017 排名 Ranking	地名	City	2010	2016	2017	2017 排名 Ranking
贺州	Hezhou	11855	11753	11753	150	丽江	Lijiang	21219	20680	20554	60
河池	Hechi	32907	33476	33476	21	普洱	Puer	45385	45385	44266	10
来宾	Laibin	13411	13411	13411	122	临沧	Lincang	24469	23620	23620	42
崇左	Chongzuo	17386	17332	17332	84	**西藏**	**Tibet**		**29518**	**29518**	
海南	**Hainan**	**4223**	**4238**	**4223**		拉萨	Lasa		29518	29518	27
海口	Haikou	2305	2304	2289	274	**陕西**	**Shaanxi**	**206140**	**205462**	**205461**	
三亚	Sanya	1918	1921	1921	279	西安	Xi'an	10108	10106	10753	161
三沙	Sansha		13	13	286	铜川	Tongchuan	3882	3882	3882	262
重庆	**Chongqing**	**82829**	**82402**	**82402**		宝鸡	Baoji	18131	18117	18117	78
四川	**Sichuan**	**193625**	**194163**	**193159**		咸阳	Xianyang	10196	10189	9544	181
成都	Chengdu	12132	14335	14335	108	渭南	Weinan	13134	13134	13134	125
自贡	Zigong	4373	4381	4381	253	延安	Yan'an	37037	37037	37037	17
攀枝花	Panzhihua	7440	7401	7401	217	汉中	Hanzhong	27246	27246	27246	34
泸州	Luzhou	12228	12236	12232	142	榆林	Yulin	43578	42923	42920	11
德阳	Deyang	5911	5911	5911	231	安康	Ankang	23536	23536	23536	43
绵阳	Mianyang	20249	20248	20248	62	商洛	Shangluo	19292	19292	19292	68
广元	Guangyuan	16319	16319	16319	92	**甘肃**	**Gansu**	**416103**	**415225**	**385212**	
遂宁	Suining	5325	5322	5322	240	兰州	Lanzhou	13086	13086	13086	126
内江	Neijiang	5386	5385	5385	238	嘉峪关	Jiayuguan	2935	2935	2935	270
乐山	Leshan	12826	13723	12723	132	金昌	Jinchang	8896	8896	8896	191
南充	Nanchong	12479	12477	12477	135	白银	Baiyin	21158	21158	21209	56
眉山	Meishan	7186	7140	7140	219	天水	Tianshui	14359	14277	14277	109
宜宾	Yibin	13271	13271	13271	123	武威	Wuwei	33238	33238	32347	24
广安	Guangan	6344	6339	6339	224	张掖	Zhangye	41924	41924	38592	16
达州	Dazhou	16591	16588	16588	90	平凉	Pingliang	11170	11170	11170	158
雅安	Yaan	15302	15046	15046	101	酒泉	Jiuquan	193974	193974	168072	2
巴中	Bazhong	12301	12293	12293	140	庆阳	Qingyang	27119	27119	27119	35
资阳	Ziyang	7962	5748	5748	235	定西	Dingxi	20330	19609	19609	66
贵州	**Guizhou**	**58028**	**102838**	**105848**		陇南	Longnan	27914	27839	27900	29
贵阳	Guiyang	8034	8043	8043	204	**青海**	**Qinghai**	**7655**	**20821**	**18000**	
六盘水	Liupanshui	9965	9914	9914	175	西宁	Xining	7655	7660	7660	212
遵义	Zunyi	30762	30762	30762	25	海东	Haidong		13161	10340	170
安顺	Anshun	9267	9267	9267	186	**宁夏**	**Ningxia**	**62711**	**61588**	**61588**	
毕节	Bijie		26849	29848	26	银川	Yinchuan	9025	9025	9025	188
铜仁	Tongren		18003	18014	79	石嘴山	Shizuishan	5310	5310	5310	241
云南	**Yunnan**	**198481**	**196626**	**195375**		吴忠	Wuzhong	20394	16758	16758	88
昆明	Kunming	21015	21026	21281	52	固原	Guyuan	10541	13047	13047	127
曲靖	Qujing	28904	28905	28935	28	中卫	Zhongwei	17441	17448	17448	83
玉溪	Yuxi	15285	15233	14942	103	**新疆**	**Xinjiang**	**23336**	**21523**	**21522**	
保山	Baoshan	19637	19637	19637	65	乌鲁木齐	Urumqi	13788	13788	13788	118
昭通	Zhaotong	22567	22140	22140	51	克拉玛依	Karamay	9548	7735	7734	211

1-4 市区人口
Urban District Population

单位：万人 （10 000 persons）

地名	City	2016	2017	2017 排名 Ranking	地名	City	2016	2017	2017 排名 Ranking
全国	**Nation Total**	**75481.6**	**76808.5**		沈阳	Shenyang	580.6	590.6	8
北京	**Beijing**	**2172.9**	**2293.7**		大连	Dalian	380.7	382.8	19
天津	**Tianjin**	**1044.4**	**1050.0**		鞍山	Anshan	149.8	148.7	95
河北	**Hebei**	**3279.3**	**3469.5**		抚顺	Fushun	140.5	140.5	103
石家庄	Shijiazhuang	407.6	409.5	16	本溪	Benxi	92.5	90.2	178
唐山	Tangshan	305.1	305.1	27	丹东	Dandong	78.0	78.3	200
秦皇岛	Qinhuangdao	146.2	143.9	98	锦州	Jinzhou	94.3	95.6	168
邯郸	Handan	339.6	381.3	20	营口	Yingkou	96.9	93.2	173
邢台	Xingtai	89.0	89.4	179	阜新	Fuxin	76.4	75.1	205
保定	Baoding	284.6	284.6	34	辽阳	Liaoyang	87.0	86.0	186
张家口	Zhangjiakou	124.7	196.8	63	盘锦	Panjin	84.5	96.3	166
承德	Chengde	59.9	59.7	232	铁岭	Tieling	54.1	53.5	246
沧州	Cangzhou	65.2	66.3	217	朝阳	Chaoyang	65.5	62.4	224
廊坊	Langfang	86.4	86.9	184	葫芦岛	Huludao	70.1	97.0	164
衡水	Hengshui	78.3	99.9	160	**吉林**	**Jilin**	**1961.3**	**1930.4**	
山西	**Shanxi**	**1652.3**	**1576.3**		长春	Changchun	427.9	428.4	15
太原	Taiyuan	325.0	369.2	21	吉林	Jilin	181.9	179.8	70
大同	Datong	158.8	158.9	87	四平	Siping	58.1	62.4	224
阳泉	Yangquan	71.5	79.6	197	辽源	Liaoyuan	46.6	45.5	258
长治	Changzhi	74.0	74.3	207	通化	Tonghua	44.1	43.6	260
晋城	Jincheng	233.0	99.2	161	白山	Baishan	56.4	53.8	245
朔州	Shuozhou	67.4	67.8	213	松原	Songyuan	59.8	59.9	231
晋中	Jinzhong	62.1	62.3	226	白城	Baicheng	49.3	48.8	252
运城	Yuncheng	65.0	65.0	218	**黑龙江**	**Heilongjiang**	**2242.5**	**2310.1**	
忻州	Xinzhou	54.8	55.0	243	哈尔滨	Harbin	551.1	550.8	10
临汾	Linfen	91.0	91.2	177	齐齐哈尔	Qiqihar	135.9	134.9	114
吕梁	Lvliang	33.1	33.6	272	鸡西	Jixi	83.2	79.8	196
内蒙古	**Inner Mongolia**	**982.3**	**982.3**		鹤岗	Hegang	64.9	63.9	220
呼和浩特	Hohhot	131.6	134.7	115	双鸭山	Shuangyashan	48.0	144.2	97
包头	Baotou	223.7	225.2	50	大庆	Daqing	136.8	136.9	111
乌海	Wuhai	51.2	51.8	248	伊春	Yichun	81.0	80.4	195
赤峰	Chifeng	138.7	139.6	107	佳木斯	Jiamusi	77.5	77.1	202
通辽	Tongliao	84.3	85.0	189	七台河	Qitaihe	57.4	57.4	236
鄂尔多斯	Erdos	32.1	23.1	281	牡丹江	Mudanjiang	87.8	87.2	183
呼伦贝尔	Hulunbuir	30.4	30.5	277	黑河	Heihe	19.9	19.0	284
巴彦淖尔	Bayannur	52.1	54.1	244	绥化	Suihua	83.1	83.1	192
乌兰察布	Ulanqab	31.7	31.4	276	**上海**	**Shanghai**	**2419.7**	**2418.3**	
辽宁	**Liaoning**	**3066.4**	**3096.4**		**江苏**	**Jiangsu**	**5650.1**	**5703.3**	

1-4 市区人口 续表 1

Urban District Population continued 1

单位：万人 （10 000 persons）

地名	City	2016	2017	2017 排名 Ranking	地名	City	2016	2017	2017 排名 Ranking
南京	Nanjing	662.8	682.7	6	池州	Chizhou	66.8	67.1	214
无锡	Wuxi	253.3	259.3	38	宣城	Xuancheng	86.4	86.5	185
徐州	Xuzhou	316.2	343.7	23	**福建**	**Fujian**	**2113.8**	**2138.3**	
常州	Changzhou	294.9	299.7	29	福州	Fuzhou	203.1	279.7	36
苏州	Suzhou	349.1	356.3	22	厦门	Xiamen	220.6	231.0	46
南通	Nantong	213.7	215.1	56	莆田	Putian	229.8	239.6	43
连云港	Lianyungang	231.7	222.6	51	三明	Sanming	28.4	28.4	278
淮安	Huaian	335.7	332.2	25	泉州	Quanzhou	243.5	248.6	39
盐城	Yancheng	243.3	244.4	42	漳州	Zhangzhou	60.4	61.6	230
扬州	Yangzhou	232.5	229.9	47	南平	Nanping	84.9	84.6	191
镇江	Zhenjiang	103.4	103.5	155	龙岩	Longyan	100.6	101.8	157
泰州	Taizhou	164.0	164.0	84	宁德	Ningde	44.6	44.8	259
宿迁	Suqian	176.1	176.3	72	**江西**	**Jiangxi**	**1963.4**	**2064.5**	
浙江	**Zhejiang**	**3395.2**	**3438.6**		南昌	Nanchang	303.0	305.8	26
杭州	Hangzhou	529.5	600.3	7	景德镇	Jingdezhen	47.5	47.5	254
宁波	Ningbo	284.2	289.6	32	萍乡	Pingxiang	91.0	88.6	180
温州	Wenzhou	168.1	170.4	79	九江	Jiujiang	71.0	105.2	152
嘉兴	Jiaxing	94.0	96.1	167	新余	Xinyu	90.4	91.4	176
湖州	Huzhou	112.9	116.1	137	鹰潭	Yingtan	23.9	24.0	280
绍兴	Shaoxing	219.8	221.5	52	赣州	Ganzhou	228.1	235.7	44
金华	Jinhua	96.8	97.9	162	吉安	Jian	62.2	63.3	221
衢州	Quzhou	85.1	85.0	189	宜春	Yichun	111.8	114.6	140
舟山	Zhoushan	71.1	71.3	211	抚州	Fuzhou	122.3	169.5	80
台州	Taizhou	158.4	160.4	86	上饶	Shangrao	146.9	148.9	93
丽水	Lishui	40.6	41.1	266	**山东**	**Shandong**	**5852.2**	**5906.6**	
安徽	**Anhui**	**2501.4**	**2505.2**		济南	Jinan	473.3	483.8	12
合肥	Hefei	259.8	270.1	37	青岛	Qingdao	378.6	387.4	18
芜湖	Wuhu	147.8	140.1	106	淄博	Zibo	288.0	288.1	33
蚌埠	Bengbu	115.0	115.1	139	枣庄	Zaozhuang	241.8	244.9	41
淮南	Huainan	185.9	180.7	69	东营	Dongying	109.9	111.5	146
马鞍山	Maanshan	82.5	82.6	193	烟台	Yantai	187.8	189.5	67
淮北	Huaibei	105.3	105.1	153	潍坊	Weifang	189.8	191.7	65
铜陵	Tongling	73.8	73.9	209	济宁	Jining	184.8	186.9	68
安庆	Anqing	74.1	74.1	208	泰安	Taian	162.4	162.9	85
黄山	Huangshan	51.4	46.0	257	威海	Weihai	133.6	134.4	116
滁州	Chuzhou	54.1	55.8	242	日照	Rizhao	135.6	137.3	110
阜阳	Fuyang	226.4	229.0	48	莱芜	Laiwu	129.1	129.5	121
宿州	Suzhou	190.5	190.6	66	临沂	Linyi	287.4	294.6	31
六安	Liuan	202.0	204.3	61	德州	Dezhou	123.6	124.1	126
亳州	Bozhou	166.0	167.0	83	聊城	Liaocheng	125.3	126.6	124

1-4 市区人口 续表 2
Urban District Population continued 2

单位：万人 （10 000 persons）

地名	City	2016	2017	2017 排名 Ranking	地名	City	2016	2017	2017 排名 Ranking
滨州	Binzhou	108.4	109.4	148	常德	Changde	145.0	140.4	104
菏泽	Heze	231.2	233.5	45	张家界	Zhangjiajie	55.6	56.3	241
河南	**Henan**	**4215.8**	**4328.8**		益阳	Yiyang	137.3	135.9	112
郑州	Zhengzhou	496.8	506.0	11	郴州	Chenzhou	76.3	81.1	194
开封	Kaifeng	116.6	169.5	80	永州	Yongzhou	117.4	117.6	135
洛阳	Luoyang	215.4	216.4	55	怀化	Huaihua	62.1	62.3	226
平顶山	Pingdingshan	112.4	113.7	141	娄底	Loudi	56.4	56.4	240
安阳	Anyang	117.9	119.6	131	**广东**	**Guangdong**	**7920.3**	**8106.5**	
鹤壁	Hebi	64.6	65.0	218	广州	Guangzhou	870.5	897.9	2
新乡	Xinxiang	115.6	116.6	136	韶关	Shaoguan	74.1	74.8	206
焦作	Jiaozuo	95.6	102.1	156	深圳	Shenzhen	1190.8	1252.8	1
濮阳	Puyang	73.2	76.3	204	珠海	Zhuhai	114.8	118.9	132
许昌	Xuchang	118.0	133.6	117	汕头	Shantou	552.0	557.8	9
漯河	Luohe	137.4	137.4	109	佛山	Foshan	394.0	405.7	17
三门峡	Sanmenxia	57.5	63.3	221	江门	Jiangmen	141.5	142.3	100
南阳	Nanyang	212.5	212.3	57	湛江	Zhanjiang	181.7	169.0	82
商丘	Shangqiu	155.5	155.5	88	茂名	Maoming	283.6	296.7	30
信阳	Xinyang	155.0	155.5	88	肇庆	Zhaoqing	138.9	141.0	101
周口	Zhoukou	56.1	58.0	235	惠州	Huizhou	150.5	154.7	90
驻马店	Zhumadian	85.6	85.6	187	梅州	Meizhou	96.8	97.0	164
湖北	**Hubei**	**4079.8**	**4116.3**		汕尾	Shanwei	50.3	50.1	251
武汉	Wuhan	833.8	853.7	3	河源	Heyuan	31.8	32.1	274
黄石	Huangshi	85.1	85.1	188	阳江	Yangjiang	121.7	121.8	128
十堰	Shiyan	118.7	118.4	134	清远	Qingyuan	145.2	143.8	99
宜昌	Yichang	126.8	126.4	125	东莞	Dongguan	201.0	211.3	58
襄阳	Xiangyang	209.9	226.5	49	中山	Zhongshan	161.3	170.5	78
鄂州	Ezhou	111.2	110.8	147	潮州	Chaozhou	155.4	171.8	76
荆门	Jingmen	73.7	78.2	201	揭阳	Jieyang	209.6	209.5	59
孝感	Xiaogan	95.8	95.5	169	云浮	Yunfu	328.2	333.9	24
荆州	Jingzhou	108.6	108.2	150	**广西**	**Guangxi**	**2324.4**	**2392.8**	
黄冈	Huanggang	38.9	38.9	268	南宁	Nanning	441.7	447.0	13
咸宁	Xianning	62.7	62.7	223	柳州	Liuzhou	122.1	179.6	71
随州	Suizhou	172.5	174.0	74	桂林	Guilin	129.9	130.5	118
湖南	**Hunan**	**2663.8**	**2636.2**		梧州	Wuzhou	79.4	79.5	198
长沙	Changsha	351.5	282.7	35	北海	Beihai	66.1	67.0	215
株洲	Zhuzhou	124.4	129.7	120	防城港	Fangchenggang	60.4	62.1	228
湘潭	Xiangtan	88.2	88.3	182	钦州	Qinzhou	147.7	150.8	92
衡阳	Hengyang	95.6	122.1	127	贵港	Guigang	199.6	201.5	62
邵阳	Shaoyang	72.0	77.0	203	玉林	Yulin	110.4	111.8	145
岳阳	Yueyang	103.0	107.0	151	百色	Baise	36.1	36.2	270

1-4 市区人口 续表 3

Urban District Population continued 3

单位：万人 （10 000 persons）

地名	City	2016	2017	2017 排名 Ranking	地名	City	2016	2017	2017 排名 Ranking
贺州	Hezhou	119.5	120.1	130	丽江	Lijiang	15.5	15.7	285
河池	Hechi	42.9	100.9	159	普洱	Puer	31.5	31.6	275
来宾	Laibin	112.6	113.4	142	临沧	Lincang	33.5	33.8	271
崇左	Chongzuo	37.5	37.5	269	**西藏**	**Tibet**	**128.5**	**57.7**	
海南	**Hainan**	**599.3**	**557.4**		拉萨	Lasa	91.6	24.3	279
海口	Haikou	214.2	171.1	77	**陕西**	**Shaanxi**	**1594.1**	**1740.1**	
三亚	Sanya	58.2	58.2	233	西安	Xi'an	629.2	733.7	5
三沙	Sansha	0.1	0.1	286	铜川	Tongchuan	74.3	73.4	210
重庆	**Chongqing**	**2478.5**	**2489.9**		宝鸡	Baoji	142.1	140.6	102
四川	**Sichuan**	**3943.4**	**4127.3**		咸阳	Xianyang	93.6	94.6	170
成都	Chengdu	773.7	811.6	4	渭南	Weinan	130.3	130.2	119
自贡	Zigong	150.4	148.7	95	延安	Yan'an	67.6	67.9	212
攀枝花	Panzhihua	70.9	66.8	216	汉中	Hanzhong	57.1	57.4	236
泸州	Luzhou	157.0	152.0	91	榆林	Yulin	96.4	97.7	163
德阳	Deyang	69.7	94.4	171	安康	Ankang	100.8	101.3	158
绵阳	Mianyang	174.8	173.3	75	商洛	Shangluo	56.6	56.5	239
广元	Guangyuan	93.7	92.7	174	**甘肃**	**Gansu**	**893.4**	**895.9**	
遂宁	Suining	150.0	148.9	93	兰州	Lanzhou	206.1	206.7	60
内江	Neijiang	141.3	140.2	105	嘉峪关	Jiayuguan	20.5	20.6	283
乐山	Leshan	116.7	116.1	137	金昌	Jinchang	21.3	21.2	282
南充	Nanchong	195.4	194.3	64	白银	Baiyin	51.7	50.3	250
眉山	Meishan	121.7	120.2	129	天水	Tianshui	126.3	128.3	122
宜宾	Yibin	140.9	112.8	143	武威	Wuwei	104.8	103.8	154
广安	Guangan	113.8	88.5	181	张掖	Zhangye	50.8	51.0	249
达州	Dazhou	182.8	303.7	28	平凉	Pingliang	57.0	58.1	234
雅安	Yaan	62.2	62.0	229	酒泉	Jiuquan	43.3	43.6	260
巴中	Bazhong	136.0	135.9	112	庆阳	Qingyang	39.8	40.4	267
资阳	Ziyang	110.6	108.5	149	定西	Dingxi	46.7	47.2	255
贵州	**Guizhou**	**1224.6**	**1371.7**		陇南	Longnan	56.6	57.0	238
贵阳	Guiyang	239.0	245.0	40	**青海**	**Qinghai**	**224.0**	**226.9**	
六盘水	Liupanshui	50.9	47.9	253	西宁	Xining	136.9	138.8	108
遵义	Zunyi	221.2	219.4	53	海东	Haidong	42.4	42.4	263
安顺	Anshun	118.7	118.7	133	**宁夏**	**Ningxia**	**342.9**	**341.4**	
毕节	Bijie	159.2	176.3	72	银川	Yinchuan	110.6	112.7	144
铜仁	Tongren	49.8	52.8	247	石嘴山	Shizuishan	50.8	43.2	262
云南	**Yunnan**	**1629.9**	**1658.2**		吴忠	Wuzhong	40.6	41.5	264
昆明	Kunming	437.3	443.0	14	固原	Guyuan	46.0	46.5	256
曲靖	Qujing	114.8	127.3	123	中卫	Zhongwei	40.9	41.3	265
玉溪	Yuxi	78.6	79.4	199	**新疆**	**Xinjiang**	**921.6**	**878.3**	
保山	Baoshan	93.2	93.9	172	乌鲁木齐	Urumqi	262.1	216.6	54
昭通	Zhaotong	90.8	92.7	174	克拉玛依	Karamay	30.3	32.2	273

1-5 市区暂住人口
Urban District Temporary Population

单位：万人 (10 000 persons)

地名	City	2016	2017	2017 排名 Ranking	地名	City	2016	2017	2017 排名 Ranking
全国	**Nation Total**	**11042.3**	**12005.2**		沈阳	Shenyang	69.1	128.9	16
北京	**Beijing**		**13.0**		大连	Dalian	32.1	77.9	24
天津	**Tianjin**	**316.0**	**186.5**		鞍山	Anshan	5.8	9.4	140
河北	**Hebei**	**223.0**	**266.9**		抚顺	Fushun	2.4	2.4	237
石家庄	Shijiazhuang	65.2	68.9	31	本溪	Benxi	4.0	3.2	223
唐山	Tangshan	4.0	4.1	204	丹东	Dandong	6.9	6.8	164
秦皇岛	Qinhuangdao	23.2	27.1	65	锦州	Jinzhou	10.4	1.3	263
邯郸	Handan	16.1	19.9	86	营口	Yingkou	3.7	7.8	153
邢台	Xingtai	6.4	7.7	155	阜新	Fuxin	0.8	0.8	274
保定	Baoding	19.2	22.2	79	辽阳	Liaoyang	5.7	6.1	172
张家口	Zhangjiakou	8.8	16.9	97	盘锦	Panjin	19.0	10.8	128
承德	Chengde	4.1	4.5	199	铁岭	Tieling	5.2	5.2	189
沧州	Cangzhou	6.3	8.5	147	朝阳	Chaoyang	5.7	1.5	258
廊坊	Langfang	16.4	18.9	90	葫芦岛	Huludao	1.8	3.3	220
衡水	Hengshui	5.3	8.3	150	**吉林**	**Jilin**	**129.5**	**160.1**	
山西	**Shanxi**	**172.5**	**170.0**		长春	Changchun	51.3	82.2	21
太原	Taiyuan	62.0	68.0	32	吉林	Jilin	2.2	2.2	240
大同	Datong	6.6	2.1	242	四平	Siping	8.4	5.6	183
阳泉	Yangquan	1.5	1.7	256	辽源	Liaoyuan	2.2	2.1	242
长治	Changzhi	5.9	6.0	174	通化	Tonghua	2.2	2.4	237
晋城	Jincheng	7.5	7.5	156	白山	Baishan	3.4	3.9	208
朔州	Shuozhou	7.0	6.7	166	松原	Songyuan	3.2	3.3	220
晋中	Jinzhong	12.2	13.4	104	白城	Baicheng	2.0	2.0	247
运城	Yuncheng	42.0	42.0	51	**黑龙江**	**Heilongjiang**	**133.8**	**138.4**	
忻州	Xinzhou	2.8	2.8	231	哈尔滨	Harbin	69.1	78.6	22
临汾	Linfen	7.9	3.8	211	齐齐哈尔	Qiqihar	2.1	2.1	242
吕梁	Lvliang	3.2	3.2	223	鸡西	Jixi	1.9	1.8	250
内蒙古	**Inner Mongolia**	**224.1**	**236.2**		鹤岗	Hegang	0.9	0.8	274
呼和浩特	Hohhot	62.9	70.3	30	双鸭山	Shuangyashan	0.6	1.4	261
包头	Baotou	61.5	61.5	35	大庆	Daqing	32.2	24.7	74
乌海	Wuhai	14.0	11.2	127	伊春	Yichun	1.8	1.8	250
赤峰	Chifeng	13.8	20.1	85	佳木斯	Jiamusi	0.5	0.5	279
通辽	Tongliao	2.5	2.8	231	七台河	Qitaihe	4.7	4.7	193
鄂尔多斯	Erdos	26.0	26.5	68	牡丹江	Mudanjiang	0.7	0.7	276
呼伦贝尔	Hulunbuir	5.5	5.0	190	黑河	Heihe	1.7	3.7	213
巴彦淖尔	Bayannur	6.6	6.8	164	绥化	Suihua	3.0	3.0	227
乌兰察布	Ulanqab	4.4	5.7	180	**上海**	**Shanghai**			
辽宁	**Liaoning**	**213.1**	**301.1**		**江苏**	**Jiangsu**	**875.8**	**967.4**	

1-5 市区暂住人口 续表 1

Urban District Temporary Population continued 1

单位：万人 （10 000 persons）

地名	City	2016	2017	2017 排名 Ranking
南京	Nanjing	40.3	39.2	53
无锡	Wuxi	43.8	44.5	46
徐州	Xuzhou	12.5	7.9	152
常州	Changzhou	57.0	52.7	43
苏州	Suzhou	101.8	131.5	15
南通	Nantong	62.7	57.3	39
连云港	Lianyungang	15.0	27.5	64
淮安	Huaian	31.9	22.6	78
盐城	Yancheng	24.9	26.6	66
扬州	Yangzhou	20.8	26.0	69
镇江	Zhenjiang	19.7	19.8	87
泰州	Taizhou	17.6	23.8	75
宿迁	Suqian	4.2	8.1	151
浙江	**Zhejiang**	**1480.0**	**1589.4**	
杭州	Hangzhou	370.5	416.8	3
宁波	Ningbo	184.6	204.9	11
温州	Wenzhou	56.9	56.8	40
嘉兴	Jiaxing	86.2	74.7	27
湖州	Huzhou	53.8	59.0	37
绍兴	Shaoxing	118.3	110.6	19
金华	Jinhua	59.8	62.3	34
衢州	Quzhou	12.9	11.8	122
舟山	Zhoushan	12.3	9.6	137
台州	Taizhou	20.9	20.9	81
丽水	Lishui	20.3	24.8	73
安徽	**Anhui**	**389.4**	**474.8**	
合肥	Hefei	195.7	251.5	8
芜湖	Wuhu	32.8	2.6	234
蚌埠	Bengbu	17.2	17.3	94
淮南	Huainan	1.2	1.2	264
马鞍山	Maanshan	19.2	19.7	88
淮北	Huaibei	7.0	12.8	111
铜陵	Tongling	8.6	8.7	143
安庆	Anqing	18.1	17.9	91
黄山	Huangshan	5.2	12.8	111
滁州	Chuzhou	9.1	13.8	101
阜阳	Fuyang	3.8	5.6	183
宿州	Suzhou	10.6	10.2	131
六安	Liuan	25.6	25.5	71
亳州	Bozhou	3.5	3.6	215
池州	Chizhou	3.2	3.4	218
宣城	Xuancheng	12.5	12.5	117
福建	**Fujian**	**754.4**	**759.4**	
福州	Fuzhou	72.3	75.0	26
厦门	Xiamen	299.5	291.7	5
莆田	Putian	44.5	47.9	44
三明	Sanming	1.1	1.1	266
泉州	Quanzhou	57.5	70.5	29
漳州	Zhangzhou	12.5	12.2	119
南平	Nanping	8.2	7.8	153
龙岩	Longyan	0.8	0.9	272
宁德	Ningde	7.5	7.4	157
江西	**Jiangxi**	**163.6**	**200.0**	
南昌	Nanchang	34.0	60.2	36
景德镇	Jingdezhen	4.5	10.2	131
萍乡	Pingxiang	3.2	3.2	223
九江	Jiujiang	6.5	7.3	158
新余	Xinyu	1.9	1.0	269
鹰潭	Yingtan	1.0	1.1	266
赣州	Ganzhou	55.8	57.5	38
吉安	Jian	6.6	6.6	167
宜春	Yichun	13.2	13.2	108
抚州	Fuzhou	3.3	4.7	193
上饶	Shangrao	11.3	11.8	122
山东	**Shandong**	**533.1**	**631.3**	
济南	Jinan	8.2	73.2	28
青岛	Qingdao	147.2	115.4	17
淄博	Zibo	20.3	20.7	82
枣庄	Zaozhuang	6.2	8.5	147
东营	Dongying	23.5	25.0	72
烟台	Yantai	33.0	56.8	40
潍坊	Weifang	4.4	5.8	177
济宁	Jining	20.2	20.4	84
泰安	Taian	21.8	19.7	88
威海	Weihai	36.4	45.7	45
日照	Rizhao	17.6	17.6	92
莱芜	Laiwu	5.8	5.8	177
临沂	Linyi	32.4	36.8	55
德州	Dezhou	8.5	23.6	76
聊城	Liaocheng	13.3	14.4	100

1-5 市区暂住人口　续表 2
Urban District Temporary Population continued 2

单位：万人　　　　(10 000 persons)

地名	City	2016	2017	2017 排名 Ranking
滨州	Binzhou	17.1	17.2	95
菏泽	Heze	1.4	5.7	180
河南	**Henan**	**513.2**	**498.7**	
郑州	Zhengzhou	251.5	264.2	6
开封	Kaifeng	6.5	3.3	220
洛阳	Luoyang	45.2	43.0	49
平顶山	Pingdingshan	2.5	2.5	236
安阳	Anyang	2.0	1.8	250
鹤壁	Hebi	2.7	1.8	250
新乡	Xinxiang	0.3	0.3	280
焦作	Jiaozuo	4.6	4.6	196
濮阳	Puyang	3.3	3.5	217
许昌	Xuchang	17.9	12.1	120
漯河	Luohe	1.7	1.5	258
三门峡	Sanmenxia	7.5	1.1	266
南阳	Nanyang	48.7	37.1	54
商丘	Shangqiu	3.6	3.6	215
信阳	Xinyang	2.8	3.0	227
周口	Zhoukou	5.4	5.6	183
驻马店	Zhumadian	4.2	4.2	201
湖北	**Hubei**	**412.2**	**471.0**	
武汉	Wuhan	287.8	341.7	4
黄石	Huangshi	2.1	3.4	218
十堰	Shiyan	13.5	12.9	110
宜昌	Yichang	1.1	5.0	190
襄阳	Xiangyang	9.9	11.9	121
鄂州	Ezhou	2.8	2.7	233
荆门	Jingmen	9.5	13.3	106
孝感	Xiaogan	2.7	4.6	196
荆州	Jingzhou	4.8	4.1	204
黄冈	Huanggang	3.7	3.8	211
咸宁	Xianning	4.9	4.9	192
随州	Suizhou	13.2	13.3	106
湖南	**Hunan**	**210.2**	**461.7**	
长沙	Changsha		249.4	9
株洲	Zhuzhou			
湘潭	Xiangtan	3.2	3.2	223
衡阳	Hengyang	26.1	32.4	60
邵阳	Shaoyang	9.0	6.9	162
岳阳	Yueyang	3.6	3.7	213
常德	Changde	27.6	25.6	70
张家界	Zhangjiajie	1.9	2.1	242
益阳	Yiyang	8.7	9.9	135
郴州	Chenzhou	10.1	10.8	128
永州	Yongzhou	9.0	9.8	136
怀化	Huaihua	23.2	23.2	77
娄底	Loudi	8.5	8.5	147
广东	**Guangdong**	**2199.7**	**2183.3**	
广州	Guangzhou	889.0	677.2	1
韶关	Shaoguan	1.4	1.5	258
深圳	Shenzhen			
珠海	Zhuhai	110.2	217.5	10
汕头	Shantou	30.0	42.2	50
佛山	Foshan	260.2	262.7	7
江门	Jiangmen	45.7	43.2	48
湛江	Zhanjiang			
茂名	Maoming	5.1	4.2	201
肇庆	Zhaoqing	27.5	27.8	63
惠州	Huizhou	112.7	144.4	13
梅州	Meizhou	3.3	4.1	204
汕尾	Shanwei	0.6	6.0	174
河源	Heyuan	7.7	8.9	141
阳江	Yangjiang	7.7	8.9	141
清远	Qingyuan	28.1	33.9	58
东莞	Dongguan	427.7	438.6	2
中山	Zhongshan	135.0	134.9	14
潮州	Chaozhou	14.0	11.5	125
揭阳	Jieyang	11.7	8.6	145
云浮	Yunfu	3.4	5.7	180
广西	**Guangxi**	**234.1**	**252.2**	
南宁	Nanning	98.1	112.4	18
柳州	Liuzhou	52.8	54.7	42
桂林	Guilin	9.3	7.1	160
梧州	Wuzhou	13.7	13.2	108
北海	Beihai	7.7	8.7	143
防城港	Fangchenggang	4.1	4.2	201
钦州	Qinzhou	4.2	6.3	170
贵港	Guigang	3.4	1.8	250
玉林	Yulin	17.4	20.6	83
百色	Baise	5.7	5.9	176

1-5 市区暂住人口 续表 3

Urban District Temporary Population continued 3

单位：万人 （10 000 persons）

地名	City	2016	2017	2017 排名 Ranking
贺州	Hezhou	1.9	2.1	242
河池	Hechi	3.8	1.0	269
来宾	Laibin	0.4	2.2	240
崇左	Chongzuo	0.7	0.7	276
海南	**Hainan**	**99.3**	**132.6**	
海口	Haikou	48.0	77.4	25
三亚	Sanya	34.3	32.3	61
三沙	Sansha	0.1	0.1	282
重庆	**Chongqing**	**428.9**	**504.3**	
四川	**Sichuan**	**491.2**	**569.7**	
成都	Chengdu	166.9	173.9	12
自贡	Zigong	13.0	15.0	98
攀枝花	Panzhihua	11.3	13.4	104
泸州	Luzhou	30.8	33.6	59
德阳	Deyang	16.3	22.2	79
绵阳	Mianyang	39.9	40.9	52
广元	Guangyuan	9.0	17.6	92
遂宁	Suining	8.0	6.9	162
内江	Neijiang	9.8	14.6	99
乐山	Leshan	20.3	17.2	95
南充	Nanchong	26.5	34.0	56
眉山	Meishan	5.9	9.5	139
宜宾	Yibin	24.9	34.0	56
广安	Guangan	2.8	9.6	137
达州	Dazhou	6.5	5.8	177
雅安	Yaan	1.3	0.7	276
巴中	Bazhong	12.7	12.7	114
资阳	Ziyang	5.5	5.5	186
贵州	**Guizhou**	**133.5**	**128.8**	
贵阳	Guiyang	80.0	88.9	20
六盘水	Liupanshui	3.7	5.3	188
遵义	Zunyi	7.2		
安顺	Anshun	7.0	7.0	161
毕节	Bijie	1.5	3.0	227
铜仁	Tongren	3.8	4.3	200
云南	**Yunnan**	**130.6**	**131.5**	
昆明	Kunming	6.1	6.2	171
曲靖	Qujing	5.6	11.4	126
玉溪	Yuxi	12.7	8.6	145
保山	Baoshan	2.2	6.1	172
昭通	Zhaotong	5.0	5.4	187
丽江	Lijiang	6.8	6.5	169
普洱	Puer	3.9	3.9	208
临沧	Lincang	3.5	2.9	230
西藏	**Tibet**	**88.2**	**39.4**	
拉萨	Lasa	67.6	26.6	66
陕西	**Shaanxi**	**89.5**	**98.8**	
西安	Xi'an		1.2	264
铜川	Tongchuan	1.0	1.9	249
宝鸡	Baoji	6.6	6.6	167
咸阳	Xianyang	12.4	12.6	116
渭南	Weinan	4.8	4.7	193
延安	Yan'an	13.9	13.6	102
汉中	Hanzhong	11.3	11.6	124
榆林	Yulin	31.0	31.3	62
安康	Ankang	1.9	1.8	250
商洛	Shangluo	0.3	0.3	280
甘肃	**Gansu**	**147.6**	**150.7**	
兰州	Lanzhou	62.7	63.3	33
嘉峪关	Jiayuguan	5.8	4.0	207
金昌	Jinchang	4.1	3.9	208
白银	Baiyin	11.8	13.5	103
天水	Tianshui	9.3	10.1	134
武威	Wuwei	2.4	1.0	269
张掖	Zhangye	0.9	0.9	272
平凉	Pingliang	3.5	7.3	158
酒泉	Jiuquan	12.6	12.7	114
庆阳	Qingyang	12.4	12.5	117
定西	Dingxi	1.6	2.0	247
陇南	Longnan	2.4	2.4	237
青海	**Qinghai**	**23.2**	**23.4**	
西宁	Xining	10.1	10.2	131
海东	Haidong	2.5	2.6	234
宁夏	**Ningxia**	**61.4**	**71.0**	
银川	Yinchuan	41.2	44.5	46
石嘴山	Shizuishan	2.4	4.6	196
吴忠	Wuzhong	0.8	1.7	256
固原	Guyuan	10.3	10.3	130
中卫	Zhongwei	1.3	1.4	261
新疆	**Xinjiang**	**171.5**	**193.6**	
乌鲁木齐	Urumqi	50.2	78.4	23
克拉玛依	Karamay	10.8	12.8	111

1-6 城区人口

Urban Population

单位：万人 （10 000 persons）

地名	City	2016	2017	2017 排名 Ranking	地名	City	2016	2017	2017 排名 Ranking
全国	**Nation Total**	**40299.2**	**40975.7**		沈阳	Shenyang	470.8	432.5	7
北京	**Beijing**	**1879.6**	**1876.6**		大连	Dalian	326.7	328.8	14
天津	**Tianjin**	**719.2**	**684.8**		鞍山	Anshan	131.3	131.2	46
河北	**Hebei**	**1628.6**	**1695.7**		抚顺	Fushun	129.1	129.1	48
石家庄	Shijiazhuang	264.1	264.1	19	本溪	Benxi	87.8	82.7	98
唐山	Tangshan	194.0	194.0	32	丹东	Dandong	60.8	60.9	144
秦皇岛	Qinhuangdao	97.7	98.2	78	锦州	Jinzhou	83.9	95.6	83
邯郸	Handan	171.7	190.1	34	营口	Yingkou	85.7	77.1	110
邢台	Xingtai	89.0	89.4	90	阜新	Fuxin	76.4	75.1	116
保定	Baoding	142.7	144.0	41	辽阳	Liaoyang	74.2	73.4	121
张家口	Zhangjiakou	95.6	99.5	76	盘锦	Panjin	82.0	74.4	117
承德	Chengde	53.4	54.7	161	铁岭	Tieling	40.0	38.3	214
沧州	Cangzhou	54.5	55.5	160	朝阳	Chaoyang	57.8	52.3	165
廊坊	Langfang	47.6	47.9	174	葫芦岛	Huludao	49.7	69.2	128
衡水	Hengshui	55.8	60.3	146	**吉林**	**Jilin**	**1029.4**	**1025.5**	
山西	**Shanxi**	**1019.4**	**1004.9**		长春	Changchun	307.6	325.4	15
太原	Taiyuan	310.0	288.1	16	吉林	Jilin	126.1	125.5	50
大同	Datong	120.9	121.0	56	四平	Siping	58.0	62.4	138
阳泉	Yangquan	55.5	61.9	141	辽源	Liaoyuan	46.6	45.5	188
长治	Changzhi	70.4	70.9	125	通化	Tonghua	44.1	43.6	197
晋城	Jincheng	49.0	49.3	170	白山	Baishan	37.2	37.2	221
朔州	Shuozhou	37.6	37.8	216	松原	Songyuan	46.3	46.4	184
晋中	Jinzhong	39.7	43.1	201	白城	Baicheng	27.2	27.0	248
运城	Yuncheng	39.0	39.0	212	**黑龙江**	**Heilongjiang**	**1325.7**	**1311.5**	
忻州	Xinzhou	27.5	27.7	245	哈尔滨	Harbin	422.0	425.6	8
临汾	Linfen	58.2	58.2	152	齐齐哈尔	Qiqihar	108.0	109.0	65
吕梁	Lvliang	25.5	26.0	258	鸡西	Jixi	70.3	67.4	131
内蒙古	**Inner Mongolia**	**685.3**	**670.1**		鹤岗	Hegang	54.2	53.8	163
呼和浩特	Hohhot	131.6	134.7	44	双鸭山	Shuangyashan	47.2	46.6	183
包头	Baotou	136.3	137.8	43	大庆	Daqing	114.5	114.9	60
乌海	Wuhai	44.5	44.5	189	伊春	Yichun	75.8	75.6	115
赤峰	Chifeng	87.9	77.5	109	佳木斯	Jiamusi	59.4	59.3	148
通辽	Tongliao	43.1	43.2	199	七台河	Qitaihe	37.6	37.6	218
鄂尔多斯	Erdos	30.1	23.1	263	牡丹江	Mudanjiang	73.0	66.8	132
呼伦贝尔	Hulunbuir	29.7	29.9	238	黑河	Heihe	13.7	13.6	284
巴彦淖尔	Bayannur	33.9	31.8	232	绥化	Suihua	35.2	35.2	224
乌兰察布	Ulanqab	25.7	25.6	259	**上海**	**Shanghai**	**2419.7**	**2418.3**	
辽宁	**Liaoning**	**2076.1**	**2035.4**		**江苏**	**Jiangsu**	**2802.1**	**2861.2**	

1-6 城区人口 续表 1
Urban Population continued 1

单位：万人 （10 000 persons）

地名	City	2016	2017	2017 排名 Ranking	地名	City	2016	2017	2017 排名 Ranking
南京	Nanjing	590.6	608.6	4	池州	Chizhou	27.3	27.6	246
无锡	Wuxi	216.0	222.0	24	宣城	Xuancheng	26.5	26.6	251
徐州	Xuzhou	176.8	197.4	30	**福建**	**Fujian**	**904.0**	**938.1**	
常州	Changzhou	154.8	159.7	38	福州	Fuzhou	194.7	223.1	23
苏州	Suzhou	263.1	269.8	18	厦门	Xiamen	186.7	197.4	31
南通	Nantong	114.7	116.3	58	莆田	Putian	53.3	59.6	147
连云港	Lianyungang	100.0	93.9	86	三明	Sanming	21.2	21.2	267
淮安	Huaian	131.5	130.4	47	泉州	Quanzhou	101.7	103.1	72
盐城	Yancheng	121.4	122.0	55	漳州	Zhangzhou	41.9	43.1	200
扬州	Yangzhou	104.7	105.9	67	南平	Nanping	29.4	29.6	241
镇江	Zhenjiang	79.5	79.7	104	龙岩	Longyan	41.3	43.7	196
泰州	Taizhou	83.9	84.1	94	宁德	Ningde	18.6	19.9	271
宿迁	Suqian	69.6	70.9	124	**江西**	**Jiangxi**	**972.7**	**1016.4**	
浙江	**Zhejiang**	**1578.3**	**1631.0**		南昌	Nanchang	243.7	246.2	20
杭州	Hangzhou	339.8	370.9	11	景德镇	Jingdezhen	41.0	42.6	204
宁波	Ningbo	178.9	192.5	33	萍乡	Pingxiang	43.2	42.8	202
温州	Wenzhou	150.0	152.3	39	九江	Jiujiang	65.2	72.3	123
嘉兴	Jiaxing	46.6	47.5	177	新余	Xinyu	45.7	47.4	179
湖州	Huzhou	53.5	54.2	162	鹰潭	Yingtan	22.3	22.3	266
绍兴	Shaoxing	98.5	102.9	73	赣州	Ganzhou	111.6	122.6	54
金华	Jinhua	56.0	57.1	154	吉安	Jian	39.3	40.4	209
衢州	Quzhou	29.8	29.8	239	宜春	Yichun	44.2	45.7	187
舟山	Zhoushan	50.6	51.0	167	抚州	Fuzhou	58.0	76.1	114
台州	Taizhou	98.4	99.9	75	上饶	Shangrao	66.4	67.4	130
丽水	Lishui	16.2	20.7	268	**山东**	**Shandong**	**2974.4**	**3056.0**	
安徽	**Anhui**	**1179.4**	**1182.2**		济南	Jinan	329.2	336.3	12
合肥	Hefei	211.0	219.9	25	青岛	Qingdao	298.9	336.1	13
芜湖	Wuhu	104.1	105.2	69	淄博	Zibo	165.8	165.3	37
蚌埠	Bengbu	80.7	80.8	101	枣庄	Zaozhuang	95.3	96.1	82
淮南	Huainan	108.5	105.8	68	东营	Dongying	71.8	72.8	122
马鞍山	Maanshan	58.8	58.8	149	烟台	Yantai	151.3	150.8	40
淮北	Huaibei	68.0	62.4	138	潍坊	Weifang	126.5	126.9	49
铜陵	Tongling	44.1	43.9	194	济宁	Jining	139.5	140.8	42
安庆	Anqing	65.9	65.9	133	泰安	Taian	80.4	82.9	97
黄山	Huangshan	34.3	28.5	243	威海	Weihai	79.3	82.5	99
滁州	Chuzhou	38.2	38.8	213	日照	Rizhao	65.0	65.8	134
阜阳	Fuyang	76.4	79.1	105	莱芜	Laiwu	59.9	65.0	135
宿州	Suzhou	49.1	50.0	169	临沂	Linyi	175.5	180.4	36
六安	Liuan	43.8	43.9	193	德州	Dezhou	79.6	80.4	102
亳州	Bozhou	31.0	32.0	231	聊城	Liaocheng	74.0	74.1	119

1-6 城区人口 续表 2
Urban Population continued 2

单位：万人 （10 000 persons）

地名	City	2016	2017	2017 排名 Ranking
滨州	Binzhou	76.5	76.9	112
菏泽	Heze	83.8	85.5	92
河南	**Henan**	**2013.4**	**2075.2**	
郑州	Zhengzhou	344.9	373.6	10
开封	Kaifeng	98.7	98.8	77
洛阳	Luoyang	203.1	203.3	29
平顶山	Pingdingshan	93.1	94.1	85
安阳	Anyang	72.6	73.6	120
鹤壁	Hebi	45.4	46.7	182
新乡	Xinxiang	77.0	78.1	108
焦作	Jiaozuo	78.4	79.1	106
濮阳	Puyang	54.4	57.5	153
许昌	Xuchang	42.3	46.2	186
漯河	Luohe	58.0	58.6	150
三门峡	Sanmenxia	45.4	47.1	180
南阳	Nanyang	125.6	124.6	52
商丘	Shangqiu	96.3	96.3	81
信阳	Xinyang	54.0	55.9	159
周口	Zhoukou	35.0	36.4	223
驻马店	Zhumadian	44.0	44.0	191
湖北	**Hubei**	**1745.8**	**1835.4**	
武汉	Wuhan	473.5	577.0	5
黄石	Huangshi	85.1	85.1	93
十堰	Shiyan	69.0	58.6	151
宜昌	Yichang	90.3	91.4	87
襄阳	Xiangyang	113.3	109.5	63
鄂州	Ezhou	41.8	42.6	203
荆门	Jingmen	44.8	46.3	185
孝感	Xiaogan	52.4	52.6	164
荆州	Jingzhou	79.7	82.0	100
黄冈	Huanggang	29.8	30.0	237
咸宁	Xianning	36.6	36.6	222
随州	Suizhou	46.6	48.0	173
湖南	**Hunan**	**1408.3**	**1380.6**	
长沙	Changsha	351.5	282.7	17
株洲	Zhuzhou	109.4	114.5	61
湘潭	Xiangtan	78.8	78.8	107
衡阳	Hengyang	95.6	115.7	59
邵阳	Shaoyang	60.3	61.1	143
岳阳	Yueyang	70.9	83.5	96
常德	Changde	68.3	70.4	126
张家界	Zhangjiajie	20.1	18.9	275
益阳	Yiyang	57.3	56.8	156
郴州	Chenzhou	56.3	57.1	155
永州	Yongzhou	46.7	47.5	178
怀化	Huaihua	62.0	62.3	140
娄底	Loudi	44.3	44.3	190
广东	**Guangdong**	**3831.2**	**3948.4**	
广州	Guangzhou	626.6	644.9	3
韶关	Shaoguan	61.8	63.5	137
深圳	Shenzhen	1190.8	1252.8	1
珠海	Zhuhai	72.7	76.8	113
汕头	Shantou	241.0	237.4	21
佛山	Foshan	129.2	133.5	45
江门	Jiangmen	93.7	94.3	84
湛江	Zhanjiang	90.8	91.3	88
茂名	Maoming	67.8	74.3	118
肇庆	Zhaoqing	59.6	26.0	257
惠州	Huizhou	105.4	109.2	64
梅州	Meizhou	43.4	43.8	195
汕尾	Shanwei	21.9	22.3	265
河源	Heyuan	26.3	26.6	250
阳江	Yangjiang	43.8	44.0	192
清远	Qingyuan	55.3	47.8	175
东莞	Dongguan	201.0	211.3	27
中山	Zhongshan	43.7	47.8	176
潮州	Chaozhou	86.2	77.0	111
揭阳	Jieyang	80.9	80.2	103
云浮	Yunfu	24.0	26.9	249
广西	**Guangxi**	**875.3**	**896.6**	
南宁	Nanning	224.7	229.9	22
柳州	Liuzhou	114.9	125.2	51
桂林	Guilin	86.4	87.0	91
梧州	Wuzhou	48.2	48.1	172
北海	Beihai	37.0	37.8	217
防城港	Fangchenggang	16.6	17.8	278
钦州	Qinzhou	32.9	33.0	228
贵港	Guigang	41.7	43.4	198
玉林	Yulin	55.4	56.5	157
百色	Baise	20.6	20.6	269

1-6 城区人口 续表 3

Urban Population continued 3

单位：万人 （10 000 persons）

地名	City	2016	2017	2017 排名 Ranking	地名	City	2016	2017	2017 排名 Ranking
贺州	Hezhou	22.6	22.9	264	丽江	Lijiang	10.5	10.7	285
河池	Hechi	20.0	34.1	225	普洱	Puer	19.3	19.3	273
来宾	Laibin	29.7	30.3	236	临沧	Lincang	17.9	18.2	276
崇左	Chongzuo	17.5	17.5	279	**西藏**	**Tibet**	**69.4**	**36.8**	
海南	**Hainan**	**209.1**	**210.7**		拉萨	Lasa	48.7	14.6	283
海口	Haikou	110.0	108.3	66	**陕西**	**Shaanxi**	**924.9**	**1000.5**	
三亚	Sanya	26.1	26.1	256	西安	Xi'an	436.0	493.1	6
三沙	Sansha	0.1	0.1	286	铜川	Tongchuan	39.4	40.6	208
重庆	**Chongqing**	**1102.7**	**1121.6**		宝鸡	Baoji	82.3	84.1	95
四川	**Sichuan**	**1951.4**	**2065.8**		咸阳	Xianyang	93.2	89.9	89
成都	Chengdu	617.4	664.8	2	渭南	Weinan	52.1	52.0	166
自贡	Zigong	105.7	104.6	71	延安	Yan'an	29.7	30.6	234
攀枝花	Panzhihua	58.8	56.2	158	汉中	Hanzhong	41.8	42.0	205
泸州	Luzhou	104.9	118.0	57	榆林	Yulin	35.8	33.6	227
德阳	Deyang	46.0	50.5	168	安康	Ankang	32.3	32.9	229
绵阳	Mianyang	93.5	98.0	79	商洛	Shangluo	23.7	23.9	261
广元	Guangyuan	41.4	40.9	207	**甘肃**	**Gansu**	**533.3**	**532.3**	
遂宁	Suining	61.9	48.2	171	兰州	Lanzhou	188.8	189.6	35
内江	Neijiang	62.7	60.4	145	嘉峪关	Jiayuguan	20.5	20.6	270
乐山	Leshan	58.1	61.5	142	金昌	Jinchang	15.9	15.8	280
南充	Nanchong	96.0	102.0	74	白银	Baiyin	38.7	37.2	220
眉山	Meishan	45.9	46.9	181	天水	Tianshui	64.6	64.6	136
宜宾	Yibin	80.6	70.4	127	武威	Wuwei	32.6	33.9	226
广安	Guangan	32.1	29.3	242	张掖	Zhangye	24.2	24.3	260
达州	Dazhou	50.9	96.9	80	平凉	Pingliang	31.8	27.1	247
雅安	Yaan	25.6	26.2	254	酒泉	Jiuquan	26.0	26.2	255
巴中	Bazhong	40.1	39.8	210	庆阳	Qingyang	19.2	19.8	272
资阳	Ziyang	28.2	28.0	244	定西	Dingxi	18.6	19.0	274
贵州	**Guizhou**	**577.9**	**624.7**		陇南	Longnan	14.5	14.7	282
贵阳	Guiyang	202.0	207.0	28	**青海**	**Qinghai**	**168.1**	**175.1**	
六盘水	Liupanshui	33.5	30.8	233	西宁	Xining	122.5	124.3	53
遵义	Zunyi	99.5	105.0	70	海东	Haidong	23.1	23.2	262
安顺	Anshun	41.9	41.9	206	**宁夏**	**Ningxia**	**229.8**	**233.5**	
毕节	Bijie	25.1	30.5	235	银川	Yinchuan	110.6	112.7	62
铜仁	Tongren	32.8	39.7	211	石嘴山	Shizuishan	45.4	37.4	219
云南	**Yunnan**	**846.6**	**857.7**		吴忠	Wuzhong	22.6	26.4	252
昆明	Kunming	391.9	391.5	9	固原	Guyuan	14.7	15.7	281
曲靖	Qujing	67.9	68.9	129	中卫	Zhongwei	16.1	17.9	277
玉溪	Yuxi	34.8	38.2	215	**新疆**	**Xinjiang**	**618.5**	**573.2**	
保山	Baoshan	31.3	32.7	230	乌鲁木齐	Urumqi	262.1	216.6	26
昭通	Zhaotong	26.0	26.3	253	克拉玛依	Karamay	29.1	29.7	240

1-7 城区暂住人口

Urban Temporary Population

单位：万人 （10 000 persons）

地名	City	2016	2017	2017 排名 Ranking	地名	City	2016	2017	2017 排名 Ranking
全国	**Nation Total**	**7414.0**	**8164.1**		沈阳	Shenyang	65.4	79.5	16
北京	**Beijing**				大连	Dalian	25.5	72.2	20
天津	**Tianjin**	**220.9**	**162.1**		鞍山	Anshan	5.8	9.4	116
河北	**Hebei**	**129.7**	**152.3**		抚顺	Fushun	1.6	1.6	235
石家庄	Shijiazhuang	19.5	19.8	69	本溪	Benxi	3.6	2.9	206
唐山	Tangshan	4.0	4.1	177	丹东	Dandong	5.1	5.1	160
秦皇岛	Qinhuangdao	13.5	27.1	58	锦州	Jinzhou	10.4	1.3	247
邯郸	Handan	13.6	10.4	106	营口	Yingkou	3.0	7.8	125
邢台	Xingtai	6.4	7.7	126	阜新	Fuxin	0.8	0.8	260
保定	Baoding	18.4	21.4	66	辽阳	Liaoyang	4.3	6.0	143
张家口	Zhangjiakou	4.5	6.1	142	盘锦	Panjin	11.7	10.2	108
承德	Chengde	4.0	4.4	172	铁岭	Tieling	5.1	5.2	157
沧州	Cangzhou	4.8	6.7	136	朝阳	Chaoyang	5.7	1.5	238
廊坊	Langfang	8.6	9.3	117	葫芦岛	Huludao	1.8	3.3	196
衡水	Hengshui	4.1	4.0	178	**吉林**	**Jilin**	**111.0**	**140.5**	
山西	**Shanxi**	**111.4**	**134.0**		长春	Changchun	48.7	78.7	17
太原	Taiyuan	58.0	82.9	15	吉林	Jilin	1.5	1.4	243
大同	Datong	4.9	4.9	164	四平	Siping	8.4	5.6	149
阳泉	Yangquan	1.5	1.9	228	辽源	Liaoyuan	2.2	2.1	223
长治	Changzhi	5.6	4.2	174	通化	Tonghua	2.2	2.4	215
晋城	Jincheng				白山	Baishan	2.8	3.0	201
朔州	Shuozhou	5.5	5.5	151	松原	Songyuan	3.2	3.2	198
晋中	Jinzhong	11.7	13.0	92	白城	Baicheng	1.0	1.5	240
运城	Yuncheng	4.0	4.0	179	**黑龙江**	**Heilongjiang**	**108.8**	**113.0**	
忻州	Xinzhou	2.6	2.6	211	哈尔滨	Harbin	57.9	66.9	23
临汾	Linfen	5.4	3.5	187	齐齐哈尔	Qiqihar	0.4	0.4	273
吕梁	Lvliang	1.7	1.7	233	鸡西	Jixi	1.9	1.8	230
内蒙古	**Inner Mongolia**	**202.1**	**220.6**		鹤岗	Hegang	0.8	0.7	262
呼和浩特	Hohhot	62.9	70.3	21	双鸭山	Shuangyashan	0.6	1.4	244
包头	Baotou	53.1	53.1	30	大庆	Daqing	31.3	23.9	63
乌海	Wuhai	10.5	10.5	103	伊春	Yichun	0.9	0.9	257
赤峰	Chifeng	12.0	19.3	70	佳木斯	Jiamusi	0.5	0.5	269
通辽	Tongliao	2.1	2.0	225	七台河	Qitaihe	3.4	3.4	190
鄂尔多斯	Erdos	24.0	26.5	59	牡丹江	Mudanjiang	0.7	0.7	262
呼伦贝尔	Hulunbuir	5.4	5.0	162	黑河	Heihe	0.8	1.2	250
巴彦淖尔	Bayannur	5.1	6.7	135	绥化	Suihua	1.5	1.5	240
乌兰察布	Ulanqab	4.1	4.3	173	**上海**	**Shanghai**			
辽宁	**Liaoning**	**174.1**	**229.7**		**江苏**	**Jiangsu**	**340.4**	**354.5**	

1-7 城区暂住人口 续表 1

Urban Temporary Population continued 1

单位：万人 （10 000 persons）

地名	City	2016	2017	2017 排名 Ranking	地名	City	2016	2017	2017 排名 Ranking
南京	Nanjing	36.6	34.1	44	池州	Chizhou	3.2	3.4	192
无锡	Wuxi	35.1	32.8	48	宣城	Xuancheng	9.3	9.3	118
徐州	Xuzhou	6.1	1.3	247	**福建**	**Fujian**	**321.0**	**338.9**	
常州	Changzhou	32.9	28.9	56	福州	Fuzhou	54.6	57.8	26
苏州	Suzhou	49.2	63.2	24	厦门	Xiamen	138.9	150.0	9
南通	Nantong	49.6	43.6	36	莆田	Putian	12.3	14.5	85
连云港	Lianyungang	5.2	16.0	76	三明	Sanming	1.0	1.0	254
淮安	Huaian	30.3	20.7	67	泉州	Quanzhou	32.7	32.9	47
盐城	Yancheng	14.3	14.9	83	漳州	Zhangzhou	9.7	10.1	110
扬州	Yangzhou	11.9	15.2	79	南平	Nanping	5.9	5.2	153
镇江	Zhenjiang	9.5	9.5	115	龙岩	Longyan	0.6	0.6	267
泰州	Taizhou	10.4	9.8	112	宁德	Ningde	7.2	7.4	128
宿迁	Suqian	3.5	6.6	137	**江西**	**Jiangxi**	**120.3**	**131.5**	
浙江	**Zhejiang**	**750.6**	**813.0**		南昌	Nanchang	30.4	31.3	50
杭州	Hangzhou	223.1	266.2	4	景德镇	Jingdezhen	4.5	10.2	109
宁波	Ningbo	105.7	140.3	10	萍乡	Pingxiang	3.2	2.6	212
温州	Wenzhou	55.1	54.7	28	九江	Jiujiang	3.1	3.6	186
嘉兴	Jiaxing	47.5	43.8	34	新余	Xinyu	1.9	1.0	255
湖州	Huzhou	38.0	39.1	40	鹰潭	Yingtan	0.6	0.7	262
绍兴	Shaoxing	51.7	50.8	31	赣州	Ganzhou	40.0	43.5	37
金华	Jinhua	23.0	23.1	65	吉安	Jian	6.5	6.5	138
衢州	Quzhou	6.1	6.4	140	宜春	Yichun	13.2	13.2	91
舟山	Zhoushan	12.3	9.6	114	抚州	Fuzhou	3.3	3.6	185
台州	Taizhou	5.1	5.2	155	上饶	Shangrao	4.9	5.2	153
丽水	Lishui	19.0	15.0	82	**山东**	**Shandong**	**393.8**	**477.2**	
安徽	**Anhui**	**337.8**	**359.6**		济南	Jinan	6.0	67.7	22
合肥	Hefei	189.3	176.0	8	青岛	Qingdao	142.7	109.7	11
芜湖	Wuhu	31.8	42.0	38	淄博	Zibo	7.8	9.2	119
蚌埠	Bengbu	15.0	15.1	81	枣庄	Zaozhuang	4.3	4.8	165
淮南	Huainan	1.0	2.9	204	东营	Dongying	14.2	20.5	68
马鞍山	Maanshan	15.1	15.5	77	烟台	Yantai	31.0	56.2	27
淮北	Huaibei	6.6	12.8	94	潍坊	Weifang	3.6	3.6	183
铜陵	Tongling	7.5	7.6	127	济宁	Jining	15.2	14.8	84
安庆	Anqing	5.1	5.6	150	泰安	Taian	20.6	18.8	71
黄山	Huangshan	4.2	11.9	99	威海	Weihai	15.2	13.8	87
滁州	Chuzhou	6.7	11.7	101	日照	Rizhao	15.2	15.2	80
阜阳	Fuyang	3.3	5.6	148	莱芜	Laiwu	2.9	3.5	188
宿州	Suzhou	8.2	8.3	124	临沂	Linyi	31.6	35.2	43
六安	Liuan	16.5	16.5	75	德州	Dezhou	8.5	23.5	64
亳州	Bozhou	3.2	3.2	199	聊城	Liaocheng	12.4	13.3	89

1-7 城区暂住人口 续表 2
Urban Temporary Population continued 2

单位：万人 （10 000 persons）

地名	City	2016	2017	2017 排名 Ranking
滨州	Binzhou	12.7	12.8	93
菏泽	Heze	0.6	3.5	189
河南	**Henan**	**425.0**	**424.6**	
郑州	Zhengzhou	251.5	264.2	5
开封	Kaifeng	6.5	3.3	195
洛阳	Luoyang	33.8	30.7	52
平顶山	Pingdingshan	1.9	1.9	226
安阳	Anyang	0.5	0.5	270
鹤壁	Hebi	1.8	1.7	232
新乡	Xinxiang	0.1	0.2	277
焦作	Jiaozuo			
濮阳	Puyang	2.6	2.6	210
许昌	Xuchang	12.6	10.4	104
漯河	Luohe	0.7	0.6	268
三门峡	Sanmenxia	5.3	1.1	253
南阳	Nanyang	39.8	35.8	42
商丘	Shangqiu	0.1	0.1	278
信阳	Xinyang	2.6	2.8	207
周口	Zhoukou	4.2	4.6	169
驻马店	Zhumadian	3.4	3.4	190
湖北	**Hubei**	**317.4**	**384.9**	
武汉	Wuhan	232.3	291.5	3
黄石	Huangshi	2.1	3.4	193
十堰	Shiyan	12.0	11.5	102
宜昌	Yichang	1.1	5.0	162
襄阳	Xiangyang	9.4	13.9	86
鄂州	Ezhou	1.2	1.5	238
荆门	Jingmen	8.0	9.1	120
孝感	Xiaogan	2.3	2.3	219
荆州	Jingzhou	4.4	3.7	182
黄冈	Huanggang	2.3	2.3	218
咸宁	Xianning	4.6	4.7	168
随州	Suizhou	2.8	2.8	207
湖南	**Hunan**	**132.3**	**402.6**	
长沙	Changsha		249.4	6
株洲	Zhuzhou			
湘潭	Xiangtan	2.9	2.9	204
衡阳	Hengyang	12.9	29.6	54
邵阳	Shaoyang	9.0	6.9	132
岳阳	Yueyang	2.1	2.4	215
常德	Changde	22.5	24.5	61
张家界	Zhangjiajie	1.1	3.7	181
益阳	Yiyang	8.6	9.8	111
郴州	Chenzhou	7.5	6.8	134
永州	Yongzhou	7.6	8.4	123
怀化	Huaihua	0.1	0.1	279
娄底	Loudi	5.7	5.7	146
广东	**Guangdong**	**1624.2**	**1528.3**	
广州	Guangzhou	707.5	540.1	1
韶关	Shaoguan	1.0	1.2	251
深圳	Shenzhen			
珠海	Zhuhai	110.2	179.1	7
汕头	Shantou	19.0	32.6	49
佛山	Foshan	81.1	48.6	32
江门	Jiangmen	40.5	36.8	41
湛江	Zhanjiang			
茂名	Maoming	4.0	1.6	236
肇庆	Zhaoqing	13.3	18.3	72
惠州	Huizhou	88.5	107.0	12
梅州	Meizhou	3.1	3.0	203
汕尾	Shanwei	0.5	1.4	245
河源	Heyuan	6.6	6.5	139
阳江	Yangjiang	5.3	6.0	144
清远	Qingyuan	23.7	23.9	62
东莞	Dongguan	427.7	438.6	2
中山	Zhongshan	30.5	31.0	51
潮州	Chaozhou	6.6	0.5	270
揭阳	Jieyang	8.2	4.2	175
云浮	Yunfu	1.8	2.1	221
广西	**Guangxi**	**212.3**	**232.3**	
南宁	Nanning	89.9	103.4	13
柳州	Liuzhou	51.4	53.7	29
桂林	Guilin	9.1	6.9	133
梧州	Wuzhou	13.7	13.2	90
北海	Beihai	7.7	8.7	121
防城港	Fangchenggang	3.5	3.6	184
钦州	Qinzhou	3.3	4.8	165
贵港	Guigang	2.6	1.7	234
玉林	Yulin	15.1	18.1	73
百色	Baise	5.5	5.7	147

1-7 城区暂住人口 续表 3

Urban Temporary Population continued 3

单位：万人 （10 000 persons）

地名	City	2016	2017	2017 排名 Ranking
贺州	Hezhou	1.5	1.5	237
河池	Hechi	0.6	1.0	255
来宾	Laibin	0.4	2.1	221
崇左	Chongzuo	0.4	0.4	272
海南	**Hainan**	**83.6**	**88.3**	
海口	Haikou	42.4	43.7	35
三亚	Sanya	28.9	28.9	55
三沙	Sansha	0.1	0.1	280
重庆	**Chongqing**	**350.3**	**378.9**	
四川	**Sichuan**	**332.7**	**410.1**	
成都	Chengdu	73.0	101.9	14
自贡	Zigong	12.7	11.8	100
攀枝花	Panzhihua	11.3	13.4	88
泸州	Luzhou	30.7	33.6	45
德阳	Deyang	15.3	18.0	74
绵阳	Mianyang	39.3	40.2	39
广元	Guangyuan	7.9	12.2	97
遂宁	Suining	7.7	6.9	131
内江	Neijiang	1.6	4.1	176
乐山	Leshan	20.2	15.3	78
南充	Nanchong	24.0	28.0	57
眉山	Meishan	5.0	7.1	129
宜宾	Yibin	15.8	33.5	46
广安	Guangan	0.9	5.1	158
达州	Dazhou	6.2	5.2	155
雅安	Yaan	1.1	0.7	266
巴中	Bazhong	3.8	3.8	180
资阳	Ziyang	5.3	5.3	152
贵州	**Guizhou**	**99.6**	**108.5**	
贵阳	Guiyang	65.0	78.0	19
六盘水	Liupanshui	3.4	4.7	167
遵义	Zunyi	2.2		
安顺	Anshun	4.6	4.6	169
毕节	Bijie	1.5	3.0	202
铜仁	Tongren	1.3	1.5	242
云南	**Yunnan**	**90.3**	**89.4**	
昆明	Kunming	1.7	1.7	231
曲靖	Qujing	4.1	9.7	113
玉溪	Yuxi	6.3	2.2	220
保山	Baoshan	1.4	2.5	213
昭通	Zhaotong	4.7	5.1	159
丽江	Lijiang	6.5	6.4	141
普洱	Puer	3.4	3.4	193
临沧	Lincang	0.6	0.7	265
西藏	**Tibet**	**48.6**	**37.6**	
拉萨	Lasa	38.2	26.2	60
陕西	**Shaanxi**	**65.0**	**74.4**	
西安	Xi'an		0.7	261
铜川	Tongchuan	1.0	1.2	249
宝鸡	Baoji	3.1	3.3	197
咸阳	Xianyang	12.4	12.0	98
渭南	Weinan	2.8	2.8	209
延安	Yan'an	9.8	10.4	104
汉中	Hanzhong	2.4	2.4	217
榆林	Yulin	27.2	30.2	53
安康	Ankang	1.7	1.8	229
商洛	Shangluo	0.3	0.4	275
甘肃	**Gansu**	**110.8**	**114.5**	
兰州	Lanzhou	62.5	63.1	25
嘉峪关	Jiayuguan	1.6	1.2	251
金昌	Jinchang	3.4	3.1	200
白银	Baiyin	5.3	7.0	130
天水	Tianshui	5.0	5.0	161
武威	Wuwei	0.9	0.3	276
张掖	Zhangye	0.4	0.4	274
平凉	Pingliang	2.1	5.8	145
酒泉	Jiuquan	12.6	12.7	95
庆阳	Qingyang	0.9	0.9	257
定西	Dingxi	1.5	1.9	227
陇南	Longnan	2.1	2.1	223
青海	**Qinghai**	**18.4**	**16.0**	
西宁	Xining	8.3	8.5	122
海东	Haidong	2.4	2.5	214
宁夏	**Ningxia**	**54.9**	**66.3**	
银川	Yinchuan	41.2	44.5	33
石嘴山	Shizuishan	2.4	4.6	169
吴忠	Wuzhong	0.0	1.3	246
固原	Guyuan	10.3	10.3	107
中卫	Zhongwei	0.6	0.9	259
新疆	**Xinjiang**	**126.7**	**180.6**	
乌鲁木齐	Urumqi	50.2	78.4	18
克拉玛依	Karamay	9.7	12.5	96

1-8 年末总人口
Total Population at Year-end

单位：万人 （10 000 persons）

地名	City	2010	2016	2017	2017 排名 Ranking	地名	City	2010	2016	2017	2017 排名 Ranking
全国	**Nation Total**	**134531.4**	**138271.0**	**139008.0**		沈阳	Shenyang	719.6	734.0	737.0	42
北京	**Beijing**	**1261.7**	**1363.0**	**2171.0**		大连	Dalian	586.4	596.0	595.0	67
天津	**Tianjin**	**989.6**	**1562.0**	**1557.0**		鞍山	Anshan	351.8	346.0	344.0	160
河北	**Hebei**	**7298.0**	**7470.0**	**7520.0**		抚顺	Fushun	220.9	215.0	211.0	228
石家庄	Shijiazhuang	989.2	1038.0	973.0	12	本溪	Benxi	154.6	150.0	148.0	255
唐山	Tangshan	735.0	760.0	755.0	36	丹东	Dandong	241.4	238.0	235.0	215
秦皇岛	Qinhuangdao	288.3	298.0	298.0	181	锦州	Jinzhou	308.3	302.0	296.0	183
邯郸	Handan	963.5	1055.0	1051.0	7	营口	Yingkou	235.5	233.0	232.0	218
邢台	Xingtai	732.0	788.0	790.0	31	阜新	Fuxin	192.4	189.0	186.0	236
保定	Baoding	1161.0	1207.0	1199.0	4	辽阳	Liaoyang	183.4	179.0	177.0	238
张家口	Zhangjiakou	466.0	470.0	465.0	105	盘锦	Panjin	131.3	130.0	130.0	260
承德	Chengde	373.0	383.0	380.0	142	铁岭	Tieling	305.1	300.0	294.0	184
沧州	Cangzhou	730.9	780.0	778.0	33	朝阳	Chaoyang	339.2	341.0	336.0	163
廊坊	Langfang	419.0	470.0	474.0	103	葫芦岛	Huludao	281.8	280.0	277.0	190
衡水	Hengshui	440.2	455.0	454.0	109	**吉林**	**Jilin**	**2723.8**	**2733.0**	**2717.0**	
山西	**Shanxi**	**3473.6**	**3682.0**	**3702.0**		长春	Changchun	758.9	753.0	749.0	38
太原	Taiyuan	420.5	370.0	369.0	149	吉林	Jilin	434.0	422.0	415.0	125
大同	Datong	332.1	318.0	318.0	170	四平	Siping	340.6	324.0	320.0	168
阳泉	Yangquan	136.9	133.0	132.0	258	辽源	Liaoyuan	123.8	120.0	118.0	268
长治	Changzhi	333.7	339.0	338.0	162	通化	Tonghua	226.1	220.0	217.0	226
晋城	Jincheng	228.0	220.0	221.0	224	白山	Baishan	128.7	122.0	120.0	266
朔州	Shuozhou	171.6	163.0	164.0	249	松原	Songyuan	290.1	278.0	275.0	192
晋中	Jinzhong	325.2	332.0	332.0	165	白城	Baicheng	202.6	193.0	191.0	233
运城	Yuncheng	513.9	531.0	513.0	96	**黑龙江**	**Heilongjiang**	**3842.8**	**3799.0**	**3789.0**	
忻州	Xinzhou	307.0	308.0	308.0	173	哈尔滨	Harbin	992.0	962.0	955.0	14
临汾	Linfen	432.1	434.0	433.0	117	齐齐哈尔	Qiqihar	568.1	544.0	534.0	85
吕梁	Lvliang	373.0	391.0	392.0	132	鸡西	Jixi	189.2	181.0	175.0	239
内蒙古	**Inner Mongolia**	**2453.2**	**2520.0**	**2529.0**		鹤岗	Hegang	109.1	104.0	101.0	272
呼和浩特	Hohhot	287.4	241.0	243.0	212	双鸭山	Shuangyashan	151.6	145.0	94.0	276
包头	Baotou	265.5	224.0	224.0	222	大庆	Daqing	279.8	276.0	273.0	193
乌海	Wuhai	53.5	44.0	44.0	283	伊春	Yichun	127.0	118.0	116.0	269
赤峰	Chifeng	433.8	463.0	460.0	107	佳木斯	Jiamusi	252.7	238.0	235.0	215
通辽	Tongliao	314.0	319.0	316.0	171	七台河	Qitaihe	92.9	80.0	79.0	278
鄂尔多斯	Erdos	195.0	159.0	161.0	251	牡丹江	Mudanjiang	268.9	259.0	255.0	206
呼伦贝尔	Hulunbuir	254.6	259.0	260.0	203	黑河	Heihe	173.3	163.0	161.0	251
巴彦淖尔	Bayannur	166.9	175.0	174.0	241	绥化	Suihua	586.2	543.0	528.0	90
乌兰察布	Ulanqab	214.1	274.0	272.0	194	**上海**	**Shanghai**	**1412.3**	**2420.0**	**2418.0**	
辽宁	**Liaoning**	**4251.7**	**4378.0**	**4369.0**		**江苏**	**Jiangsu**	**7466.6**	**7999.0**	**8029.0**	

1-8 年末总人口 续表 1

Total Population at Year-end continued 1

单位：万人 （10 000 persons）

地名	City	2010	2016	2017	2017 排名 Ranking	地名	City	2010	2016	2017	2017 排名 Ranking
南京	Nanjing	632.4	663.0	681.0	50	池州	Chizhou	160.5	162.0	162.0	250
无锡	Wuxi	466.6	486.0	493.0	100	宣城	Xuancheng	278.4	280.0	280.0	189
徐州	Xuzhou	972.9	1041.0	1039.0	8	**福建**	**Fujian**	**3529.7**	**3874.0**	**3911.0**	
常州	Changzhou	360.8	375.0	379.0	143	福州	Fuzhou	645.9	687.0	693.0	48
苏州	Suzhou	637.7	678.0	691.0	49	厦门	Xiamen	180.2	221.0	231.0	219
南通	Nantong	762.9	767.0	764.0	34	莆田	Putian	323.5	350.0	355.0	153
连云港	Lianyungang	497.7	534.0	533.0	88	三明	Sanming	272.7	287.0	288.0	186
淮安	Huaian	538.7	568.0	561.0	77	泉州	Quanzhou	685.3	730.0	742.0	40
盐城	Yancheng	816.1	831.0	826.0	24	漳州	Zhangzhou	473.9	508.0	514.0	95
扬州	Yangzhou	459.1	462.0	460.0	107	南平	Nanping	313.9	321.0	319.0	169
镇江	Zhenjiang	270.7	272.0	271.0	195	龙岩	Longyan	295.7	314.0	316.0	171
泰州	Taizhou	504.6	508.0	505.0	99	宁德	Ningde	338.5	352.0	351.0	155
宿迁	Suqian	546.3	592.0	591.0	70	**江西**	**Jiangxi**	**4693.5**	**4592.0**	**4622.0**	
浙江	**Zhejiang**	**4748.0**	**5590.0**	**5657.0**		南昌	Nanchang	505.3	523.0	525.0	91
杭州	Hangzhou	689.1	736.0	754.0	37	景德镇	Jingdezhen	158.9	169.0	169.0	248
宁波	Ningbo	574.1	591.0	597.0	66	萍乡	Pingxiang	185.6	200.0	200.0	231
温州	Wenzhou	786.8	818.0	825.0	26	九江	Jiujiang	473.2	520.0	520.0	93
嘉兴	Jiaxing	341.6	352.0	356.0	152	新余	Xinyu	114.0	124.0	122.0	264
湖州	Huzhou	260.0	265.0	266.0	201	鹰潭	Yingtan	112.6	128.0	128.0	262
绍兴	Shaoxing	438.9	445.0	446.0	112	赣州	Ganzhou	838.2	971.0	974.0	11
金华	Jinhua	466.7	481.0	486.0	101	吉安	Jian	481.6	535.0	536.0	84
衢州	Quzhou	251.2	257.0	258.0	204	宜春	Yichun	542.3	602.0	602.0	65
舟山	Zhoushan	96.8	97.0	97.0	275	抚州	Fuzhou	391.7	401.0	431.0	120
台州	Taizhou	583.1	600.0	604.0	64	上饶	Shangrao	658.7	782.0	783.0	32
丽水	Lishui	259.7	268.0	269.0	198	**山东**	**Shandong**	**9536.2**	**9947.0**	**10006.0**	
安徽	**Anhui**	**6825.1**	**6196.0**	**6255.0**		济南	Jinan	604.1	633.0	644.0	57
合肥	Hefei	495.0	730.0	743.0	39	青岛	Qingdao	763.6	791.0	803.0	29
芜湖	Wuhu	229.5	388.0	388.0	135	淄博	Zibo	422.4	432.0	433.0	117
蚌埠	Bengbu	362.2	380.0	381.0	140	枣庄	Zaozhuang	391.0	413.0	418.0	123
淮南	Huainan	244.0	389.0	390.0	134	东营	Dongying	184.9	193.0	195.0	232
马鞍山	Maanshan	129.1	229.0	229.0	220	烟台	Yantai	651.1	655.0	654.0	54
淮北	Huaibei	219.6	217.0	217.0	226	潍坊	Weifang	873.8	901.0	908.0	17
铜陵	Tongling	74.0	171.0	171.0	243	济宁	Jining	843.0	876.0	883.0	20
安庆	Anqing	615.6	529.0	531.0	89	泰安	Taian	557.0	569.0	571.0	72
黄山	Huangshan	148.1	148.0	148.0	255	威海	Weihai	253.6	256.0	256.0	205
滁州	Chuzhou	450.8	454.0	454.0	109	日照	Rizhao	287.9	300.0	304.0	175
阜阳	Fuyang	1011.8	1062.0	1070.0	6	莱芜	Laiwu	126.7	129.0	129.0	261
宿州	Suzhou	642.1	654.0	656.0	53	临沂	Linyi	1072.6	1141.0	1162.0	5
六安	Liuan	704.8	587.0	588.0	71	德州	Dezhou	570.2	593.0	595.0	67
亳州	Bozhou	600.8	647.0	651.0	55	聊城	Liaocheng	597.5	633.0	640.0	60

1-8 年末总人口 续表 2

Total Population at Year-end continued 2

单位：万人 (10 000 persons)

地名	City	2010	2016	2017	2017 排名 Ranking	地名	City	2010	2016	2017	2017 排名 Ranking
滨州	Binzhou	377.9	392.0	394.0	131	常德	Changde	623.1	611.0	606.0	63
菏泽	Heze	958.8	1015.0	1019.0	9	张家界	Zhangjiajie	164.8	171.0	170.0	245
河南	**Henan**	**10799.6**	**9532.0**	**9559.0**		益阳	Yiyang	476.4	484.0	479.0	102
郑州	Zhengzhou	732.0	827.0	842.0	22	郴州	Chenzhou	504.1	535.0	534.0	85
开封	Kaifeng	504.0	559.0	559.0	78	永州	Yongzhou	610.7	645.0	642.0	58
洛阳	Luoyang	681.0	737.0	737.0	42	怀化	Huaihua	509.7	523.0	522.0	92
平顶山	Pingdingshan	529.0	568.0	567.0	73	娄底	Loudi	433.0	453.0	454.0	109
安阳	Anyang	569.0	626.0	624.0	61	**广东**	**Guangdong**	**8521.5**	**10999.0**	**11169.0**	
鹤壁	Hebi	159.0	170.0	170.0	245	广州	Guangzhou	806.1	870.0	898.0	19
新乡	Xinxiang	590.0	646.0	647.0	56	韶关	Shaoguan	328.1	334.0	335.0	164
焦作	Jiaozuo	362.0	374.0	371.0	146	深圳	Shenzhen	259.9	385.0	435.0	116
濮阳	Puyang	382.0	433.0	432.0	119	珠海	Zhuhai	104.7	115.0	119.0	267
许昌	Xuchang	477.0	510.0	508.0	98	汕头	Shantou	524.1	559.0	565.0	75
漯河	Luohe	271.0	269.0	267.0	200	佛山	Foshan	370.9	400.0	420.0	122
三门峡	Sanmenxia	225.0	229.0	228.0	221	江门	Jiangmen	392.3	394.0	396.0	130
南阳	Nanyang	1158.0	1195.0	1200.0	3	湛江	Zhanjiang	777.8	835.0	839.0	23
商丘	Shangqiu	886.0	977.0	987.0	10	茂名	Maoming	747.2	799.0	804.0	28
信阳	Xinyang	846.0	908.0	911.0	16	肇庆	Zhaoqing	422.4	444.0	446.0	112
周口	Zhoukou	1115.0	1259.0	1258.0	2	惠州	Huizhou	337.3	364.0	369.0	149
驻马店	Zhumadian	883.0	949.0	961.0	13	梅州	Meizhou	514.7	551.0	550.0	82
湖北	**Hubei**	**6149.0**	**5885.0**	**5902.0**		汕尾	Shanwei	345.0	362.0	363.0	151
武汉	Wuhan	836.7	834.0	854.0	21	河源	Heyuan	358.4	373.0	373.0	145
黄石	Huangshi	260.1	270.0	271.0	195	阳江	Yangjiang	282.8	296.0	297.0	182
十堰	Shiyan	346.5	348.0	346.0	158	清远	Qingyuan	413.5	432.0	437.0	115
宜昌	Yichang	398.6	394.0	392.0	132	东莞	Dongguan	181.8	201.0	211.0	228
襄阳	Xiangyang	591.1	594.0	592.0	69	中山	Zhongshan	149.2	161.0	170.0	245
鄂州	Ezhou	108.5	111.0	111.0	270	潮州	Chaozhou	260.9	274.0	276.0	191
荆门	Jingmen	299.9	300.0	294.0	184	揭阳	Jieyang	661.8	697.0	703.0	47
孝感	Xiaogan	530.7	523.0	519.0	94	云浮	Yunfu	282.8	301.0	300.0	180
荆州	Jingzhou	657.1	646.0	642.0	58	**广西**	**Guangxi**	**5331.4**	**4838.0**	**4885.0**	
黄冈	Huanggang	742.4	747.0	740.0	41	南宁	Nanning	707.4	752.0	757.0	35
咸宁	Xianning	291.0	304.0	304.0	175	柳州	Liuzhou	372.7	386.0	387.0	137
随州	Suizhou	254.6	252.0	250.0	209	桂林	Guilin	519.0	534.0	534.0	85
湖南	**Hunan**	**7069.0**	**6822.0**	**6860.0**		梧州	Wuzhou	326.3	347.0	349.0	156
长沙	Changsha	652.4	696.0	709.0	46	北海	Beihai	166.8	174.0	175.0	239
株洲	Zhuzhou	390.3	404.0	403.0	129	防城港	Fangchenggang	91.2	97.0	98.0	274
湘潭	Xiangtan	289.0	290.0	288.0	186	钦州	Qinzhou	387.7	409.0	411.0	127
衡阳	Hengyang	791.6	799.0	800.0	30	贵港	Guigang	523.8	555.0	556.0	79
邵阳	Shaoyang	794.0	830.0	826.0	24	玉林	Yulin	674.6	717.0	724.0	45
岳阳	Yueyang	565.6	571.0	567.0	73	百色	Baise	382.6	417.0	418.0	123

1-8 年末总人口 续表 3

Total Population at Year-end continued 3

单位：万人 （10 000 persons）

地名	City	2010	2016	2017	2017 排名 Ranking	地名	City	2010	2016	2017	2017 排名 Ranking
贺州	Hezhou	233.4	243.0	244.0	211	丽江	Lijiang	124.5	122.0	123.0	263
河池	Hechi	399.2	429.0	430.0	121	普洱	Puer	248.9	251.0	253.0	207
来宾	Laibin	249.8	269.0	268.0	199	临沧	Lincang	234.9	237.0	239.0	213
崇左	Chongzuo	243.5	251.0	250.0	209	**西藏**	**Tibet**	**294.0**	**331.0**	**337.0**	
海南	**Hainan**	**896.1**	**917.0**	**926.0**		拉萨	Lasa	55.9	54.0	54.0	281
海口	Haikou	160.4	167.0	171.0	243	**陕西**	**Shaanxi**	**3873.9**	**3813.0**	**3835.0**	
三亚	Sanya	57.0	58.0	59.0	280	西安	Xi'an	782.7	825.0	906.0	18
三沙	Sansha					铜川	Tongchuan	85.4	84.0	83.0	277
重庆	**Chongqing**	**3303.4**	**3048.0**	**3075.0**		宝鸡	Baoji	381.1	384.0	381.0	140
四川	**Sichuan**	**9001.3**	**8262.0**	**8302.0**		咸阳	Xianyang	520.1	530.0	468.0	104
成都	Chengdu	1149.1	1399.0	1435.0	1	渭南	Weinan	560.1	557.0	556.0	79
自贡	Zigong	326.0	327.0	324.0	167	延安	Yan'an	230.2	237.0	238.0	214
攀枝花	Panzhihua	111.3	111.0	109.0	271	汉中	Hanzhong	381.5	384.0	382.0	139
泸州	Luzhou	502.3	508.0	510.0	97	榆林	Yulin	364.5	382.0	385.0	138
德阳	Deyang	389.2	392.0	388.0	135	安康	Ankang	304.3	304.0	305.0	174
绵阳	Mianyang	541.9	545.0	537.0	83	商洛	Shangluo	244.8	253.0	253.0	207
广元	Guangyuan	310.9	305.0	303.0	177	**甘肃**	**Gansu**	**2712.1**	**2610.0**	**2626.0**	
遂宁	Suining	381.4	378.0	370.0	148	兰州	Lanzhou	323.5	324.0	326.0	166
内江	Neijiang	425.5	420.0	415.0	125	嘉峪关	Jiayuguan	19.1	21.0	21.0	285
乐山	Leshan	353.3	355.0	352.0	154	金昌	Jinchang	45.7	46.0	46.0	282
南充	Nanchong	751.7	741.0	733.0	44	白银	Baiyin	180.4	182.0	182.0	237
眉山	Meishan	349.1	350.0	345.0	159	天水	Tianshui	366.7	371.0	371.0	146
宜宾	Yibin	539.0	556.0	555.0	81	武威	Wuwei	191.3	191.0	190.0	234
广安	Guangan	466.2	467.0	465.0	105	张掖	Zhangye	130.8	131.0	131.0	259
达州	Dazhou	685.5	684.0	672.0	51	平凉	Pingliang	230.3	234.0	234.0	217
雅安	Yaan	154.9	155.0	154.0	253	酒泉	Jiuquan	100.3	112.0	99.0	273
巴中	Bazhong	388.0	375.0	376.0	144	庆阳	Qingyang	259.2	270.0	270.0	197
资阳	Ziyang	501.1	355.0	349.0	156	定西	Dingxi	300.4	303.0	303.0	177
贵州	**Guizhou**	**4189.0**	**3555.0**	**3580.0**		陇南	Longnan	281.8	288.0	287.0	188
贵阳	Guiyang	373.2	401.0	408.0	128	**青海**	**Qinghai**	**550.0**	**593.0**	**598.0**	
六盘水	Liupanshui	319.2	340.0	342.0	161	西宁	Xining	196.0	203.0	206.0	230
遵义	Zunyi	764.2	802.0	805.0	27	海东	Haidong		171.0	172.0	242
安顺	Anshun	279.8	300.0	301.0	179	**宁夏**	**Ningxia**	**642.6**	**675.0**	**682.0**	
毕节	Bijie	833.9	917.0	923.0	15	银川	Yinchuan	200.4	184.0	189.0	235
铜仁	Tongren	421.7	441.0	440.0	114	石嘴山	Shizuishan	72.7	75.0	74.0	279
云南	**Yunnan**	**4528.2**	**4771.0**	**4801.0**		吴忠	Wuzhong	128.2	142.0	143.0	257
昆明	Kunming	643.9	560.0	563.0	76	固原	Guyuan	123.3	150.0	151.0	254
曲靖	Qujing	626.4	653.0	661.0	52	中卫	Zhongwei	108.3	121.0	122.0	264
玉溪	Yuxi	214.6	217.0	219.0	225	**新疆**	**Xinjiang**	**2164.4**	**2398.0**	**2445.0**	
保山	Baoshan	250.6	261.0	263.0	202	乌鲁木齐	Urumqi	243.0	268.0	223.0	223
昭通	Zhaotong	574.2	609.0	619.0	62	克拉玛依	Karamay	27.8	30.0	31.0	284

1-9 年末男性人口
Male Population at Year-end

单位：万人 (10 000 persons)

地名	City	2010	2016	2017	2017 排名 Ranking	地名	City	2010	2016	2017	2017 排名 Ranking
全国	**National Total**	**69129.0**	**71477.1**	**71137.0**		沈阳	Shenyang	358.4	362.6	363.3	41
北京	**Beijing**	**634.7**	**680.1**	**1107.4**		大连	Dalian	294.2	296.0	295.2	64
天津	**Tianjin**	**497.6**	**523.5**	**523.9**		鞍山	Anshan	178.1	173.8	172.8	158
河北	**Hebei**	**3718.3**	**3923.1**	**3817.7**		抚顺	Fushun	110.8	106.9	104.7	220
石家庄	Shijiazhuang	498.1	545.9	545.1	6	本溪	Benxi	77.6	74.9	73.5	244
唐山	Tangshan	372.8	395.3	402.6	25	丹东	Dandong	121.5	119.1	117.5	206
秦皇岛	Qinhuangdao	146.9	157.3	157.3	171	锦州	Jinzhou	155.2	151.4	148.1	177
邯郸	Handan	493.4	480.4	475.9	13	营口	Yingkou	119.7	117.8	117.1	207
邢台	Xingtai	374.1	377.3	374.6	39	阜新	Fuxin	96.1	93.8	92.3	227
保定	Baoding	589.7	591.5	595.1	4	辽阳	Liaoyang	93.1	90.1	88.8	229
张家口	Zhangjiakou	240.9	223.5	225.2	108	盘锦	Panjin	66.2	65.0	64.5	250
承德	Chengde	193.1	181.4	181.8	147	铁岭	Tieling	155.1	151.7	148.3	176
沧州	Cangzhou	374.4	386.1	387.0	30	朝阳	Chaoyang	174.3	174.7	172.3	159
廊坊	Langfang	212.3	235.0	245.1	95	葫芦岛	Huludao	144.4	143.9	141.7	182
衡水	Hengshui	222.7	221.5	225.9	106	**吉林**	**Jilin**	**1377.7**	**1332.7**	**1315.3**	
山西	**Shanxi**	**1780.5**	**1795.8**	**1895.1**		长春	Changchun	382.4	378.7	375.8	36
太原	Taiyuan	215.3	221.6	222.4	113	吉林	Jilin	219.7	212.5	208.3	119
大同	Datong	169.1	174.4	175.0	154	四平	Siping	172.6	164.5	162.1	166
阳泉	Yangquan	71.1	71.6	72.6	245	辽源	Liaoyuan	63.0	60.9	59.8	257
长治	Changzhi	171.2	175.2	176.7	152	通化	Tonghua	115.0	111.4	109.9	215
晋城	Jincheng	115.5	117.2	118.1	204	白山	Baishan	66.1	61.4	60.2	255
朔州	Shuozhou	89.6	91.6	92.4	226	松原	Songyuan	147.2	140.3	139.0	185
晋中	Jinzhong	169.6	172.8	174.5	156	白城	Baicheng	102.5	97.6	96.1	224
运城	Yuncheng	261.8	270.9	271.7	82	**黑龙江**	**Heilongjiang**	**1943.6**	**1844.5**	**1809.5**	
忻州	Xinzhou	158.3	162.8	163.3	164	哈尔滨	Harbin	500.9	483.5	477.1	12
临汾	Linfen	220.3	228.5	227.6	103	齐齐哈尔	Qiqihar	288.0	275.5	269.5	83
吕梁	Lvliang	193.5	199.2	200.8	127	鸡西	Jixi	95.5	90.7	87.7	234
内蒙古	**Inner Mongolia**	**1252.6**	**1302.5**	**1305.2**		鹤岗	Hegang	54.7	51.8	50.6	263
呼和浩特	Hohhot	146.6	157.5	158.7	167	双鸭山	Shuangyashan	76.7	72.6	71.4	246
包头	Baotou	137.2	146.9	147.7	178	大庆	Daqing	140.4	138.7	138.3	188
乌海	Wuhai	28.3	29.2	29.2	269	伊春	Yichun	63.6	58.5	57.5	260
赤峰	Chifeng	223.2	220.6	221.0	114	佳木斯	Jiamusi	128.1	115.5	113.9	211
通辽	Tongliao	159.6	158.6	158.6	168	七台河	Qitaihe	47.9	40.6	39.8	267
鄂尔多斯	Erdos	111.1	115.4	115.5	209	牡丹江	Mudanjiang	135.2	126.3	124.0	201
呼伦贝尔	Hulunbuir	131.0	129.5	129.5	198	黑河	Heihe	88.1	82.2	80.9	240
巴彦淖尔	Bayannur	88.6	88.5	88.5	230	绥化	Suihua	298.0	278.0	269.1	84
乌兰察布	Ulanqab	109.3	107.2	107.0	218	**上海**	**Shanghai**	**703.6**	**718.6**	**721.3**	
辽宁	**Liaoning**	**2144.7**	**2121.7**	**2100.1**		**江苏**	**Jiangsu**	**3787.7**	**3934.9**	**3940.9**	

1-9 年末男性人口 续表 1

Male Population at Year-end continued 1

单位：万人 （10 000 persons）

地名	City	2010	2016	2017	2017 排名 Ranking	地名	City	2010	2016	2017	2017 排名 Ranking
南京	Nanjing	319.7	330.9	339.3	51	池州	Chizhou	82.0	83.0	83.0	239
无锡	Wuxi	232.3	240.0	243.0	96	宣城	Xuancheng	144.4	144.8	144.7	180
徐州	Xuzhou	502.4	540.0	538.0	7	**福建**	**Fujian**	**1816.7**	**1942.9**	**1960.1**	
常州	Changzhou	180.3	185.2	186.6	141	福州	Fuzhou	333.1	351.6	354.1	43
苏州	Suzhou	314.4	332.5	338.5	52	厦门	Xiamen	90.2	108.7	113.8	212
南通	Nantong	377.4	377.3	376.0	35	莆田	Putian	164.1	178.8	181.3	148
连云港	Lianyungang	259.3	278.8	278.0	77	三明	Sanming	142.2	150.1	150.2	175
淮安	Huaian	276.8	291.3	287.9	70	泉州	Quanzhou	351.0	379.4	384.6	31
盐城	Yancheng	420.1	428.5	426.4	22	漳州	Zhangzhou	243.4	261.0	264.0	85
扬州	Yangzhou	230.2	230.6	229.5	102	南平	Nanping	162.5	165.9	164.5	162
镇江	Zhenjiang	135.2	134.5	133.9	193	龙岩	Longyan	152.0	162.5	163.8	163
泰州	Taizhou	257.7	259.0	257.3	88	宁德	Ningde	178.3	184.9	183.9	144
宿迁	Suqian	282.1	307.0	306.6	59	**江西**	**Jiangxi**	**2459.1**	**2611.1**	**2370.6**	
浙江	**Zhejiang**	**2413.1**	**2479.2**	**2499.5**		南昌	Nanchang	263.9	277.3	281.7	76
杭州	Hangzhou	346.6	366.5	374.8	38	景德镇	Jingdezhen	82.7	84.9	85.4	236
宁波	Ningbo	287.2	293.4	296.0	63	萍乡	Pingxiang	94.0	96.6	97.2	223
温州	Wenzhou	408.7	424.3	427.1	21	九江	Jiujiang	240.4	246.7	248.0	92
嘉兴	Jiaxing	169.1	173.0	174.8	155	新余	Xinyu	59.8	60.7	61.0	253
湖州	Huzhou	129.9	131.1	131.5	197	鹰潭	Yingtan	59.2	60.1	60.5	254
绍兴	Shaoxing	220.5	221.9	222.6	112	赣州	Ganzhou	426.5	437.9	440.2	18
金华	Jinhua	239.1	244.6	246.5	93	吉安	Jian	250.1	251.9	253.1	91
衢州	Quzhou	129.7	131.6	131.6	196	宜春	Yichun	282.6	285.5	286.6	71
舟山	Zhoushan	48.3	48.0	47.9	264	抚州	Fuzhou	203.9	207.2	208.1	120
台州	Taizhou	299.7	306.8	308.3	58	上饶	Shangrao	340.0	347.2	348.7	47
丽水	Lishui	134.5	138.0	138.4	186	**山东**	**Shandong**	**4838.9**	**5049.6**	**5089.4**	
安徽	**Anhui**	**3542.4**	**3652.5**	**3665.9**		济南	Jinan	301.3	314.3	3192.1	1
合肥	Hefei	258.0	376.7	382.4	34	青岛	Qingdao	381.9	392.6	398.0	27
芜湖	Wuhu	118.1	200.2	199.9	128	淄博	Zibo	211.2	215.4	215.3	117
蚌埠	Bengbu	187.6	196.8	197.5	133	枣庄	Zaozhuang	203.2	217.6	219.4	115
淮南	Huainan	127.1	204.3	204.4	124	东营	Dongying	93.1	96.1	97.8	222
马鞍山	Maanshan	66.3	118.2	118.1	205	烟台	Yantai	326.1	326.8	325.7	55
淮北	Huaibei	112.5	111.2	111.3	213	潍坊	Weifang	441.4	455.1	458.0	14
铜陵	Tongling	37.8	87.7	87.8	233	济宁	Jining	432.5	452.2	455.8	15
安庆	Anqing	318.2	273.7	274.4	80	泰安	Taian	281.9	288.0	288.9	68
黄山	Huangshan	75.9	76.0	76.0	243	威海	Weihai	127.1	127.3	126.9	200
滁州	Chuzhou	233.1	235.7	235.8	99	日照	Rizhao	146.2	152.9	154.7	174
阜阳	Fuyang	525.8	553.8	557.8	5	莱芜	Laiwu	64.3	65.3	65.4	249
宿州	Suzhou	330.1	339.6	340.4	50	临沂	Linyi	551.3	591.9	602.0	3
六安	Liuan	371.8	310.3	310.6	57	德州	Dezhou	288.4	300.7	301.9	60
亳州	Bozhou	314.9	340.6	342.0	49	聊城	Liaocheng	302.8	325.5	329.2	54

1-9 年末男性人口 续表 2

Male Population at Year-end continued 2

单位：万人 （10 000 persons）

地名	City	2010	2016	2017	2017 排名 Ranking	地名	City	2010	2016	2017	2017 排名 Ranking
滨州	Binzhou	190.5	197.9	199.0	131	常德	Changde	318.0	296.4	296.1	62
菏泽	Heze	495.5	530.3	532.3	8	张家界	Zhangjiajie	85.1	77.3	77.7	242
河南	**Henan**	**5576.1**	**5877.3**	**4856.0**		益阳	Yiyang	244.5	227.9	224.6	109
郑州	Zhengzhou	375.2	492.0	498.0	10	郴州	Chenzhou	263.5	245.1	246.3	94
开封	Kaifeng	255.5	234.0	236.0	98	永州	Yongzhou	322.1	285.6	285.5	72
洛阳	Luoyang	343.8	344.0	344.0	48	怀化	Huaihua	265.3	255.6	257.7	87
平顶山	Pingdingshan	272.1	256.0	256.0	89	娄底	Loudi	225.4	202.9	204.1	125
安阳	Anyang	275.3	253.0	255.0	90	**广东**	**Guangdong**	**4388.6**	**4717.3**	**4788.6**	
鹤壁	Hebi	81.5	84.0	84.0	237	广州	Guangzhou	409.0	436.7	449.4	16
新乡	Xinxiang	297.0	292.0	294.0	66	韶关	Shaoguan	169.5	172.5	173.0	157
焦作	Jiaozuo	183.7	180.0	181.0	149	深圳	Shenzhen	137.9	204.8	225.9	107
濮阳	Puyang	190.7	184.0	183.0	145	珠海	Zhuhai	53.4	58.3	59.9	256
许昌	Xuchang	244.4	227.0	226.0	105	汕头	Shantou	262.5	281.0	284.1	73
漯河	Luohe	138.4	138.0	137.0	189	佛山	Foshan	184.7	198.1	206.9	121
三门峡	Sanmenxia	115.7	116.0	116.0	208	江门	Jiangmen	198.0	198.3	199.3	130
南阳	Nanyang	595.8	522.0	515.0	9	湛江	Zhanjiang	412.2	444.4	446.3	17
商丘	Shangqiu	443.3	367.0	366.0	40	茂名	Maoming	397.0	427.3	429.7	20
信阳	Xinyang	424.6	330.0	330.0	53	肇庆	Zhaoqing	218.2	230.6	231.4	101
周口	Zhoukou	551.1	445.0	438.0	19	惠州	Huizhou	171.4	184.3	186.4	142
驻马店	Zhumadian	444.6	354.0	350.0	45	梅州	Meizhou	263.6	283.9	283.3	74
湖北	**Hubei**	**3183.7**	**3200.4**	**2996.8**		汕尾	Shanwei	180.5	188.8	189.1	140
武汉	Wuhan	429.8				河源	Heyuan	182.5	190.7	190.8	138
黄石	Huangshi	136.2				阳江	Yangjiang	149.9	157.3	157.7	169
十堰	Shiyan	183.2				清远	Qingyuan	212.7	224.3	226.6	104
宜昌	Yichang	204.1				东莞	Dongguan	92.3	101.5	106.3	219
襄阳	Xiangyang	302.6				中山	Zhongshan	74.4	79.7	83.9	238
鄂州	Ezhou	56.3				潮州	Chaozhou	132.1	138.7	139.6	184
荆门	Jingmen	152.7				揭阳	Jieyang	338.6	358.3	361.5	42
孝感	Xiaogan	276.4				云浮	Yunfu	148.3	157.9	157.6	170
荆州	Jingzhou	335.7				**广西**	**Guangxi**	**2804.1**	**2942.6**	**2951.0**	
黄冈	Huanggang	389.5				南宁	Nanning	369.8	393.0	394.5	28
咸宁	Xianning	152.0				柳州	Liuzhou	193.1	199.6	199.7	129
随州	Suizhou	130.5				桂林	Guilin	269.9	277.0	276.6	78
湖南	**Hunan**	**3668.5**	**3797.6**	**3534.8**		梧州	Wuzhou	173.3	184.6	185.6	143
长沙	Changsha	331.2	386.2	398.2	26	北海	Beihai	87.4	91.5	92.0	228
株洲	Zhuzhou	199.5	205.6	205.8	122	防城港	Fangchenggang	49.6	52.6	52.8	262
湘潭	Xiangtan	148.3	144.9	145.7	179	钦州	Qinzhou	211.7	223.5	224.0	110
衡阳	Hengyang	414.9	377.5	375.7	37	贵港	Guigang	276.6	294.7	295.0	65
邵阳	Shaoyang	415.8	382.2	383.8	32	玉林	Yulin	360.2	384.6	388.2	29
岳阳	Yueyang	293.6	294.3	297.0	61	百色	Baise	199.4	217.1	217.3	116

1-9 年末男性人口 续表 3
Male Population at Year-end continued 3

单位：万人 （10 000 persons）

地名	City	2010	2016	2017	2017 排名 Ranking	地名	City	2010	2016	2017	2017 排名 Ranking
贺州	Hezhou	122.2	127.9	128.4	199	丽江	Lijiang	64.2	66.3	66.6	248
河池	Hechi	207.3	223.1	223.8	111	普洱	Puer	129.5	137.8	138.4	187
来宾	Laibin	130.4	141.1	140.8	183	临沧	Lincang	121.7	132.2	132.5	194
崇左	Chongzuo	127.5	132.2	131.9	195	**西藏**	**Tibet**	**148.3**	**167.9**	**171.2**	
海南	**Hainan**	**467.7**	**472.2**	**475.9**		拉萨	Lasa	28.7			
海口	Haikou	82.5	85.8	87.7	235	**陕西**	**Shaanxi**	**2008.0**	**2044.7**	**2050.0**	
三亚	Sanya	29.1	29.6	30.2	268	西安	Xi'an	398.8	416.5	425.0	23
三沙	Sansha		0.03	0.03	273	铜川	Tongchuan	44.7	43.2	42.6	265
重庆	**Chongqing**	**1709.0**	**1745.2**	**1741.1**		宝鸡	Baoji	197.5	198.8	196.9	135
四川	**Sichuan**	**4640.4**	**4696.2**	**4677.8**		咸阳	Xianyang	269.2	274.3	273.1	81
成都	Chengdu	575.8	696.3	712.8	2	渭南	Weinan	284.8	283.2	282.8	75
自贡	Zigong	166.6	166.7	164.7	161	延安	Yan'an	119.1	123.3	123.1	202
攀枝花	Panzhihua	57.2	56.3	55.6	261	汉中	Hanzhong	200.8	199.7	198.4	132
泸州	Luzhou	260.6	262.8	263.2	86	榆林	Yulin	190.0	199.5	201.5	126
德阳	Deyang	199.7	199.4	197.1	134	安康	Ankang	163.6	162.7	163.0	165
绵阳	Mianyang	279.4	279.9	275.3	79	商洛	Shangluo	129.8	133.8	133.9	192
广元	Guangyuan	160.1	156.5	155.2	173	**甘肃**	**Gansu**	**1399.8**	**1331.9**	**1339.6**	
遂宁	Suining	196.8	195.4	191.2	137	兰州	Lanzhou	165.1	187.9	189.5	139
内江	Neijiang	219.7	216.6	214.0	118	嘉峪关	Jiayuguan	10.1	12.4	12.6	272
乐山	Leshan	180.7	180.8	179.2	151	金昌	Jinchang	23.8	24.0	23.9	270
南充	Nanchong	391.5	387.5	382.6	33	白银	Baiyin	93.3	87.6	88.2	232
眉山	Meishan	178.5	178.5	175.5	153	天水	Tianshui	188.4	169.2	169.7	160
宜宾	Yibin	281.1	288.9	288.4	69	武威	Wuwei	98.7	93.6	93.9	225
广安	Guangan	243.9	244.4	243.0	97	张掖	Zhangye	67.4	62.0	62.3	252
达州	Dazhou	360.1	358.7	352.3	44	平凉	Pingliang	118.5	106.9	107.4	217
雅安	Yaan	79.4	79.2	78.6	241	酒泉	Jiuquan	51.0	57.8	58.0	259
巴中	Bazhong	201.8	196.0	196.3	136	庆阳	Qingyang	134.7	114.5	115.2	210
资阳	Ziyang	261.0	185.3	182.2	146	定西	Dingxi	156.0	142.3	143.3	181
贵州	**Guizhou**	**2180.4**	**1833.5**	**1845.9**		陇南	Longnan	147.4	134.6	135.3	190
贵阳	Guiyang	190.9	202.9	205.7	123	**青海**	**Qinghai**	**279.8**	**293.6**	**295.9**	
六盘水	Liupanshui	167.6	178.1	180.4	150	西宁	Xining	99.3	102.1	103.0	221
遵义	Zunyi	395.9	418.6	419.8	24	海东	Haidong		88.1	88.4	231
安顺	Anshun	144.5	154.6	155.7	172	**宁夏**	**Ningxia**	**327.0**	**343.3**	**344.1**	
毕节	Bijie	435.7	481.5	483.9	11	银川	Yinchuan	103.8	110.3	110.1	214
铜仁	Tongren	221.2	231.5	231.8	100	石嘴山	Shizuishan	37.6	40.2	40.3	266
云南	**Yunnan**	**2332.3**	**2419.4**	**2490.9**		吴忠	Wuzhong	65.5	71.0	71.2	247
昆明	Kunming	331.0	345.9	348.7	46	固原	Guyuan	62.2	62.6	63.2	251
曲靖	Qujing	328.2	318.9	320.9	56	中卫	Zhongwei	55.3	59.1	59.3	258
玉溪	Yuxi	107.9	121.8	122.1	203	**新疆**	**Xinjiang**	**1104.3**	**1164.5**	**1151.7**	
保山	Baoshan	128.5	133.2	134.0	191	乌鲁木齐	Urumqi	126.5	135.9	109.7	216
昭通	Zhaotong	302.1	287.5	290.8	67	克拉玛依	Karamay	14.2	15.3	15.4	271

1-10 年末女性人口
Female Population at Year-end

单位：万人　　　　　　　　　　　　　　　　　　　　　　　　(10 000 persons)

地名	City	2010	2016	2017	2017 排名 Ranking	地名	City	2010	2016	2017	2017 排名 Ranking
全国	**National Total**	**65402.4**	**67736.2**	**67871.0**		沈阳	Shenyang	361.2	371.3	373.2	29
北京	**Beijing**	**627.0**	**679.4**	**1063.3**		大连	Dalian	292.2	299.6	299.7	57
天津	**Tianjin**	**492.0**	**520.9**	**526.1**		鞍山	Anshan	173.7	171.9	171.2	149
河北	**Hebei**	**3579.8**	**3779.2**	**3701.9**		抚顺	Fushun	110.1	107.9	106.0	215
石家庄	Shijiazhuang	491.1	532.5	542.9	4	本溪	Benxi	77.0	75.1	74.1	243
唐山	Tangshan	362.2	389.1	387.2	25	丹东	Dandong	119.9	118.8	117.7	201
秦皇岛	Qinhuangdao	141.4	152.2	153.8	165	锦州	Jinzhou	153.1	150.8	148.2	170
邯郸	Handan	470.1	468.9	475.2	11	营口	Yingkou	115.8	115.0	114.7	206
邢台	Xingtai	357.9	354.7	360.6	34	阜新	Fuxin	96.3	95.1	93.9	224
保定	Baoding	571.4	571.9	573.9	2	辽阳	Liaoyang	90.3	88.5	87.7	227
张家口	Zhangjiakou	225.0	219.0	218.2	105	盘锦	Panjin	65.1	65.1	65.1	248
承德	Chengde	179.9	171.8	174.7	145	铁岭	Tieling	150.0	148.2	145.4	172
沧州	Cangzhou	356.5	364.4	368.5	31	朝阳	Chaoyang	164.9	166.4	164.2	156
廊坊	Langfang	206.8	226.5	229.0	96	葫芦岛	Huludao	137.4	136.6	135.3	186
衡水	Hengshui	217.5	223.9	220.1	101	**吉林**	**Jilin**	**1346.2**	**1312.8**	**1300.5**	
山西	**Shanxi**	**1693.1**	**1726.3**	**1807.2**		长春	Changchun	376.5	374.7	373.1	30
太原	Taiyuan	205.1	212.9	215.6	107	吉林	Jilin	214.4	209.9	207.1	115
大同	Datong	163.0	167.8	169.2	151	四平	Siping	168.0	160.0	158.3	162
阳泉	Yangquan	65.9	68.7	68.2	247	辽源	Liaoyuan	60.7	58.9	58.2	256
长治	Changzhi	162.5	168.3	168.8	152	通化	Tonghua	111.2	108.4	107.3	214
晋城	Jincheng	112.6	114.9	115.2	204	白山	Baishan	62.6	60.3	59.4	253
朔州	Shuozhou	82.0	85.2	85.2	230	松原	Songyuan	142.9	138.0	136.4	183
晋中	Jinzhong	155.6	162.0	162.0	159	白城	Baicheng	100.2	95.9	94.8	223
运城	Yuncheng	252.1	259.6	261.9	77	**黑龙江**	**Heilongjiang**	**1899.2**	**1814.5**	**1791.1**	
忻州	Xinzhou	148.7	152.7	153.4	166	哈尔滨	Harbin	491.1	478.5	477.9	10
临汾	Linfen	211.8	217.3	220.6	100	齐齐哈尔	Qiqihar	280.1	269.0	264.1	74
吕梁	Lvliang	179.5	186.2	187.1	129	鸡西	Jixi	93.7	90.0	87.4	228
内蒙古	**Inner Mongolia**	**1200.6**	**1217.6**	**1223.4**		鹤岗	Hegang	54.4	51.8	50.4	262
呼和浩特	Hohhot	140.8	151.4	152.8	167	双鸭山	Shuangyashan	74.9	72.0	70.9	245
包头	Baotou	128.4	138.8	140.1	176	大庆	Daqing	139.4	139.1	139.5	178
乌海	Wuhai	25.1	26.6	26.9	269	伊春	Yichun	63.4	59.1	58.4	255
赤峰	Chifeng	210.7	209.9	210.5	112	佳木斯	Jiamusi	124.6	113.6	112.3	210
通辽	Tongliao	154.4	153.9	154.2	164	七台河	Qitaihe	44.9	39.5	38.8	267
鄂尔多斯	Erdos	83.9	90.2	91.4	225	牡丹江	Mudanjiang	133.7	125.8	123.8	196
呼伦贝尔	Hulunbuir	123.6	123.3	123.4	197	黑河	Heihe	85.2	80.6	79.6	238
巴彦淖尔	Bayannur	78.3	79.8	79.9	237	绥化	Suihua	288.2	265.5	258.5	80
乌兰察布	Ulanqab	104.8	103.5	103.3	219	**上海**	**Shanghai**	**708.7**	**729.8**	**733.8**	
辽宁	**Liaoning**	**2107.0**	**2110.3**	**2096.4**		**江苏**	**Jiangsu**	**3678.9**	**3840.8**	**3853.3**	

1-10 年末女性人口 续表 1

Female Population at Year-end continued 1

单位：万人 （10 000 persons）

地名	City	2010	2016	2017	2017 排名 Ranking	地名	City	2010	2016	2017	2017 排名 Ranking
南京	Nanjing	312.8	331.9	341.4	43	池州	Chizhou	78.4	79.4	79.3	239
无锡	Wuxi	234.2	246.2	250.0	87	宣城	Xuancheng	134.0	135.6	135.8	185
徐州	Xuzhou	470.5	502.4	501.4	6	**福建**	**Fujian**	**1713.0**	**1827.1**	**1847.5**	
常州	Changzhou	180.5	189.7	192.2	125	福州	Fuzhou	312.8	335.4	339.3	44
苏州	Suzhou	323.2	345.7	352.6	38	厦门	Xiamen	90.0	110.8	116.2	202
南通	Nantong	385.6	389.4	388.5	24	莆田	Putian	159.5	171.1	173.4	147
连云港	Lianyungang	238.4	255.2	254.6	85	三明	Sanming	130.6	136.8	137.0	182
淮安	Huaian	262.0	276.3	273.0	69	泉州	Quanzhou	334.2	352.9	357.7	36
盐城	Yancheng	396.0	402.0	399.8	20	漳州	Zhangzhou	230.5	247.2	250.4	86
扬州	Yangzhou	228.9	231.1	230.5	95	南平	Nanping	151.4	155.4	154.5	163
镇江	Zhenjiang	135.5	137.5	137.1	181	龙岩	Longyan	143.7	150.8	152.1	168
泰州	Taizhou	246.9	249.3	247.9	88	宁德	Ningde	160.2	166.7	166.9	153
宿迁	Suqian	264.1	284.7	284.4	62	**江西**	**Jiangxi**	**2234.4**	**2374.5**	**2251.5**	
浙江	**Zhejiang**	**2334.8**	**2431.6**	**2458.1**		南昌	Nanchang	241.4	259.9	264.7	73
杭州	Hangzhou	342.6	369.5	379.1	27	景德镇	Jingdezhen	76.2	80.5	81.0	236
宁波	Ningbo	286.9	297.6	301.0	56	萍乡	Pingxiang	91.7	94.8	95.3	222
温州	Wenzhou	378.1	393.9	397.4	21	九江	Jiujiang	232.8	238.1	239.4	92
嘉兴	Jiaxing	172.5	179.1	181.5	140	新余	Xinyu	54.1	56.7	57.0	257
湖州	Huzhou	130.1	133.8	134.6	187	鹰潭	Yingtan	53.5	55.8	56.3	259
绍兴	Shaoxing	218.4	222.6	223.9	98	赣州	Ganzhou	411.7	421.0	423.3	17
金华	Jinhua	227.6	236.5	239.0	93	吉安	Jian	231.5	239.9	241.1	91
衢州	Quzhou	121.5	125.9	126.2	194	宜春	Yichun	259.7	267.7	268.8	70
舟山	Zhoushan	48.5	49.3	49.3	263	抚州	Fuzhou	187.7	193.9	195.0	124
台州	Taizhou	283.5	293.4	295.3	58	上饶	Shangrao	318.7	328.0	329.7	47
丽水	Lishui	125.2	130.1	130.9	188	**山东**	**Shandong**	**4697.3**	**4871.8**	**4919.3**	
安徽	**Anhui**	**3282.7**	**3374.5**	**3393.2**		济南	Jinan	302.8	318.6	324.4	50
合肥	Hefei	237.0	353.1	360.4	35	青岛	Qingdao	381.7	398.8	405.3	19
芜湖	Wuhu	111.4	187.4	187.7	127	淄博	Zibo	211.2	217.1	217.8	106
蚌埠	Bengbu	174.7	182.7	183.7	134	枣庄	Zaozhuang	187.8	195.7	198.6	120
淮南	Huainan	116.9	184.8	185.2	132	东营	Dongying	91.7	96.7	97.2	221
马鞍山	Maanshan	62.8	111.2	111.3	211	烟台	Yantai	325.0	328.7	328.5	49
淮北	Huaibei	107.1	105.4	105.6	216	潍坊	Weifang	432.4	446.2	450.0	12
铜陵	Tongling	36.2	83.1	83.3	235	济宁	Jining	410.6	423.5	427.4	16
安庆	Anqing	297.4	255.4	256.2	83	泰安	Taian	275.1	280.6	282.4	63
黄山	Huangshan	72.2	72.4	72.5	244	威海	Weihai	126.5	128.6	128.8	189
滁州	Chuzhou	217.7	218.4	218.5	104	日照	Rizhao	141.7	146.9	149.0	169
阜阳	Fuyang	486.0	507.8	512.3	5	莱芜	Laiwu	62.4	63.8	64.1	249
宿州	Suzhou	312.0	314.5	315.1	52	临沂	Linyi	521.3	548.9	559.9	3
六安	Liuan	333.0	277.1	277.6	66	德州	Dezhou	281.7	292.3	293.5	59
亳州	Bozhou	285.8	306.3	308.8	55	聊城	Liaocheng	294.7	307.0	310.5	54

1-10 年末女性人口 续表 2

Female Population at Year-end continued 2

单位：万人 （10 000 persons）

地名	City	2010	2016	2017	2017 排名 Ranking	地名	City	2010	2016	2017	2017 排名 Ranking
滨州	Binzhou	187.4	194.2	195.3	123	常德	Changde	305.1	288.1	288.4	61
菏泽	Heze	463.3	484.3	486.5	9	张家界	Zhangjiajie	79.6	75.6	75.4	241
河南	**Henan**	**5223.6**	**5493.1**	**4703.0**		益阳	Yiyang	231.9	215.4	214.6	109
郑州	Zhengzhou	356.8	481.0	490.0	7	郴州	Chenzhou	240.6	226.1	226.9	97
开封	Kaifeng	248.5	221.0	219.0	103	永州	Yongzhou	288.6	260.9	262.5	76
洛阳	Luoyang	337.2	336.0	338.0	45	怀化	Huaihua	244.4	236.4	238.4	94
平顶山	Pingdingshan	256.9	242.0	244.0	90	娄底	Loudi	207.6	186.6	187.7	128
安阳	Anyang	293.7	260.0	258.0	81	**广东**	**Guangdong**	**4132.9**	**4447.6**	**4528.4**	
鹤壁	Hebi	77.5	77.0	78.0	240	广州	Guangzhou	397.1	433.8	448.5	13
新乡	Xinxiang	293.0	282.0	282.0	64	韶关	Shaoguan	158.6	161.9	162.3	158
焦作	Jiaozuo	178.3	174.0	175.0	144	深圳	Shenzhen	122.0	195.7	219.8	102
濮阳	Puyang	191.3	179.0	181.0	141	珠海	Zhuhai	51.3	56.4	59.0	254
许昌	Xuchang	232.6	211.0	215.0	108	汕头	Shantou	261.6	278.3	281.3	65
漯河	Luohe	132.6	126.0	128.0	190	佛山	Foshan	186.2	202.0	212.7	111
三门峡	Sanmenxia	109.3	110.0	111.0	212	江门	Jiangmen	194.3	195.7	197.1	121
南阳	Nanyang	562.2	485.0	490.0	7	湛江	Zhanjiang	365.6	390.4	392.6	23
商丘	Shangqiu	442.7	361.0	364.0	32	茂名	Maoming	350.2	371.5	374.2	28
信阳	Xinyang	421.4	315.0	315.0	53	肇庆	Zhaoqing	204.2	213.6	214.3	110
周口	Zhoukou	563.9	437.0	438.0	15	惠州	Huizhou	165.9	180.0	182.9	138
驻马店	Zhumadian	438.4	344.0	350.0	40	梅州	Meizhou	251.1	267.5	266.8	72
湖北	**Hubei**	**2965.3**	**2956.3**	**2905.2**		汕尾	Shanwei	164.5	173.1	173.7	146
武汉	Wuhan	407.0				河源	Heyuan	175.9	182.7	182.2	139
黄石	Huangshi	123.9				阳江	Yangjiang	132.9	138.8	139.4	179
十堰	Shiyan	163.3				清远	Qingyuan	200.8	207.8	210.2	113
宜昌	Yichang	194.4				东莞	Dongguan	89.5	99.5	105.0	217
襄阳	Xiangyang	288.5				中山	Zhongshan	74.8	81.5	86.5	229
鄂州	Ezhou	52.1				潮州	Chaozhou	128.8	135.3	135.9	184
荆门	Jingmen	147.2				揭阳	Jieyang	323.2	338.8	341.8	42
孝感	Xiaogan	254.4				云浮	Yunfu	134.5	143.3	142.2	174
荆州	Jingzhou	321.4				**广西**	**Guangxi**	**2527.4**	**2636.0**	**2649.0**	
黄冈	Huanggang	352.9				南宁	Nanning	337.6	393.0	362.4	33
咸宁	Xianning	139.0				柳州	Liuzhou	179.6	199.6	186.9	131
随州	Suizhou	124.1				桂林	Guilin	249.1	277.0	257.5	82
湖南	**Hunan**	**3400.5**	**3521.3**	**3325.4**		梧州	Wuzhou	153.0	184.6	163.5	157
长沙	Changsha	321.2	378.3	393.6	22	北海	Beihai	79.4	91.5	83.5	233
株洲	Zhuzhou	190.8	196.0	196.3	122	防城港	Fangchenggang	41.6	52.6	45.0	264
湘潭	Xiangtan	140.7	138.9	139.6	177	钦州	Qinzhou	175.9	223.5	186.9	130
衡阳	Hengyang	376.7	351.1	344.9	41	贵港	Guigang	247.2	294.7	260.7	79
邵阳	Shaoyang	378.2	350.0	353.8	37	玉林	Yulin	314.4	384.6	336.0	46
岳阳	Yueyang	272.0	273.8	276.3	67	百色	Baise	183.2	200.0	200.3	119

1-10 年末女性人口 续表 3
Female Population at Year-end continued 3

单位：万人 （10 000 persons）

地名	City	2010	2016	2017	2017 排名 Ranking	地名	City	2010	2016	2017	2017 排名 Ranking
贺州	Hezhou	111.2	114.7	115.1	205	丽江	Lijiang	60.2	62.2	62.4	250
河池	Hechi	191.9	205.5	206.0	116	普洱	Puer	119.4	123.9	124.3	195
来宾	Laibin	119.5	127.5	127.3	192	临沧	Lincang	113.2	119.8	120.1	198
崇左	Chongzuo	116.0	118.3	118.0	200	**西藏**	**Tibet**	**145.7**	**162.7**	**165.9**	
海南	**Hainan**	**428.4**	**430.0**	**434.5**		拉萨	Lasa	27.2			
海口	Haikou	78.0	81.2	83.4	234	**陕西**	**Shaanxi**	**1865.9**	**1914.3**	**1926.0**	
三亚	Sanya	27.9	28.6	29.1	268	西安	Xi'an	383.9	408.4	420.1	18
三沙	Sansha		0.02	0.03	273	铜川	Tongchuan	40.8	40.3	40.0	266
重庆	**Chongqing**	**1594.4**	**1646.9**	**1648.7**		宝鸡	Baoji	183.6	185.3	184.5	133
四川	**Sichuan**	**4360.9**	**4440.8**	**4435.6**		咸阳	Xianyang	250.9	255.2	255.5	84
成都	Chengdu	573.3	702.6	722.5	1	渭南	Weinan	275.3	273.9	273.6	68
自贡	Zigong	159.4	160.7	159.2	161	延安	Yan'an	111.2	114.0	114.5	207
攀枝花	Panzhihua	54.1	54.2	53.8	261	汉中	Hanzhong	180.8	184.4	183.4	136
泸州	Luzhou	241.7	245.5	246.4	89	榆林	Yulin	174.5	182.5	183.6	135
德阳	Deyang	189.5	192.3	190.6	126	安康	Ankang	140.7	141.8	142.0	175
绵阳	Mianyang	262.5	265.3	261.5	78	商洛	Shangluo	115.0	119.2	119.4	199
广元	Guangyuan	150.8	148.3	147.4	171	**甘肃**	**Gansu**	**1312.3**	**1278.1**	**1286.1**	
遂宁	Suining	184.6	182.5	178.5	143	兰州	Lanzhou	158.4	182.7	183.4	137
内江	Neijiang	205.8	203.4	201.1	118	嘉峪关	Jiayuguan	8.9	12.2	12.4	272
乐山	Leshan	172.7	173.9	172.7	148	金昌	Jinchang	21.9	23.0	23.0	270
南充	Nanchong	360.2	353.8	350.1	39	白银	Baiyin	87.1	84.0	84.7	231
眉山	Meishan	170.5	171.7	169.6	150	天水	Tianshui	178.3	163.1	164.3	155
宜宾	Yibin	257.9	267.0	267.0	71	武威	Wuwei	92.6	88.4	88.7	226
广安	Guangan	222.2	222.9	221.6	99	张掖	Zhangye	63.5	60.4	60.7	251
达州	Dazhou	325.4	324.9	319.4	51	平凉	Pingliang	111.8	103.4	103.9	218
雅安	Yaan	75.5	75.8	75.3	242	酒泉	Jiuquan	49.3	54.2	54.4	260
巴中	Bazhong	186.2	179.3	179.9	142	庆阳	Qingyang	124.5	109.7	110.4	213
资阳	Ziyang	240.1	169.2	166.7	154	定西	Dingxi	144.4	136.7	137.6	180
贵州	**Guizhou**	**2008.6**	**1721.6**	**1734.1**		陇南	Longnan	134.4	125.8	127.0	193
贵阳	Guiyang	182.3	198.4	202.6	117	**青海**	**Qinghai**	**270.2**	**286.0**	**288.8**	
六盘水	Liupanshui	151.6	161.8	161.2	160	西宁	Xining	96.7	101.2	102.6	220
遵义	Zunyi	368.2	383.2	385.3	26	海东	Haidong		83.2	83.6	232
安顺	Anshun	135.3	145.3	144.8	173	**宁夏**	**Ningxia**	**315.7**	**331.6**	**337.7**	
毕节	Bijie	398.2	435.4	438.7	14	银川	Yinchuan	96.7	108.8	112.4	209
铜仁	Tongren	200.5	209.1	208.4	114	石嘴山	Shizuishan	35.1	39.3	40.0	265
云南	**Yunnan**	**2195.9**	**2268.9**	**2309.6**		吴忠	Wuzhong	62.7	67.9	69.2	246
昆明	Kunming	312.9	326.9	329.6	48	固原	Guyuan	61.1	59.4	59.6	252
曲靖	Qujing	298.2	289.5	291.3	60	中卫	Zhongwei	52.9	56.3	56.5	258
玉溪	Yuxi	106.6	115.7	116.0	203	**新疆**	**Xinjiang**	**1060.1**	**1137.8**	**1135.0**	
保山	Baoshan	122.1	126.5	127.4	191	乌鲁木齐	Urumqi	116.5	132.0	112.9	208
昭通	Zhaotong	272.1	260.0	262.9	75	克拉玛依	Karamay	13.6	15.2	15.4	271

1-11 年平均人口
Annual Average Population

单位：万人 （10 000 persons）

地名	City	2010	2016	2017	2017 排名 Ranking
全国	**Nation Total**	**123642.3**			
北京	**Beijing**	**1251.8**	**1354.0**	**1361.0**	
天津	**Tianjin**	**982.4**	**1036.0**	**1047.2**	
河北	**Hebei**	**7257.4**	**7630.0**	**7630.0**	
石家庄	Shijiazhuang	983.3	1033.0	974.0	11
唐山	Tangshan	734.5	757.0	758.0	34
秦皇岛	Qinhuangdao	287.8	297.0	298.0	179
邯郸	Handan	953.2	1052.0	1053.0	7
邢台	Xingtai	725.3	784.0	789.0	30
保定	Baoding	1158.2	1159.0	1203.0	3
张家口	Zhangjiakou	464.1	469.0	468.0	103
承德	Chengde	372.4	383.0	382.0	138
沧州	Cangzhou	724.2	777.0	779.0	32
廊坊	Langfang	416.2	465.0	472.0	101
衡水	Hengshui	438.2	454.0	454.0	107
山西	**Shanxi**	**3458.5**	**3518.0**	**3549.0**	
太原	Taiyuan	365.3	364.0	370.0	145
大同	Datong	316.6	317.0	318.0	166
阳泉	Yangquan	130.5	132.0	132.0	254
长治	Changzhi	330.6	338.0	338.0	159
晋城	Jincheng	216.4	220.0	220.0	222
朔州	Shuozhou	158.2	162.0	177.0	235
晋中	Jinzhong	320.5	331.0	334.0	161
运城	Yuncheng	503.7	531.0	532.0	88
忻州	Xinzhou	307.2	307.0	308.0	170
临汾	Linfen	437.2	432.0	433.0	114
吕梁	Lvliang	372.4	384.0	387.0	133
内蒙古	**Inner Mongolia**	**2136.4**	**2168.0**	**2168.0**	
呼和浩特	Hohhot	228.5	240.0	242.0	210
包头	Baotou	219.7	224.0	224.0	221
乌海	Wuhai	50.5	56.0	56.0	276
赤峰	Chifeng	433.5	463.0	461.0	105
通辽	Tongliao	318.8	319.0	318.0	166
鄂尔多斯	Erdos	150.9	158.0	160.0	247
呼伦贝尔	Hulunbuir	271.5	259.0	259.0	200
巴彦淖尔	Bayannur	174.7	175.0	175.0	236
乌兰察布	Ulanqab	288.3	274.0	273.0	191
辽宁	**Liaoning**	**4253.8**	**4231.0**	**4217.0**	
沈阳	Shenyang	718.1	732.0	736.0	41
大连	Dalian	585.6	595.0	595.0	64
鞍山	Anshan	351.9	346.0	345.0	156
抚顺	Fushun	221.8	215.0	213.0	225
本溪	Benxi	155.0	151.0	149.0	250
丹东	Dandong	242.0	238.0	237.0	212
锦州	Jinzhou	309.3	302.0	299.0	178
营口	Yingkou	235.3	233.0	232.0	217
阜新	Fuxin	192.3	189.0	188.0	231
辽阳	Liaoyang	183.4	179.0	178.0	234
盘锦	Panjin	130.6	130.0	130.0	256
铁岭	Tieling	305.6	300.0	297.0	180
朝阳	Chaoyang	340.9	341.0	339.0	158
葫芦岛	Huludao	282.0	280.0	279.0	187
吉林	**Jilin**	**2503.2**	**2440.0**	**1030.0**	
长春	Changchun	757.7	754.0		
吉林	Jilin	434.1	424.0		
四平	Siping	339.8	325.0	322.0	164
辽源	Liaoyuan	123.8	120.0	119.0	261
通化	Tonghua	226.5	221.0		
白山	Baishan	129.2	123.0	120.0	260
松原	Songyuan	289.2	278.0	277.0	188
白城	Baicheng	202.9	195.0	192.0	229
黑龙江	**Heilongjiang**	**3790.3**	**3624.0**	**3403.0**	
哈尔滨	Harbin	991.8	962.0	959.0	12
齐齐哈尔	Qiqihar	569.8	547.0	539.0	82
鸡西	Jixi	189.2	181.0		
鹤岗	Hegang	109.3	105.0	102.0	268
双鸭山	Shuangyashan	151.2	146.0	143.0	252
大庆	Daqing	278.0	271.0	274.0	190
伊春	Yichun	127.2	119.0	117.0	263
佳木斯	Jiamusi	253.0	238.0	236.0	214
七台河	Qitaihe	92.8	82.0	79.0	273
牡丹江	Mudanjiang	271.0	261.0	257.0	202
黑河	Heihe	173.9	166.0	162.0	245
绥化	Suihua	583.0	546.0	535.0	84
上海	**Shanghai**	**1406.5**	**1446.0**	**1453.0**	
江苏	**Jiangsu**	**7442.9**	**7747.0**	**7785.0**	

1-11 年平均人口 续表 1

Annual Average Population continued 1

单位：万人 （10 000 persons）

地名	City	2010	2016	2017	2017 排名 Ranking
南京	Nanjing	631.1	658.0	672.0	49
无锡	Wuxi	466.1	484.0	490.0	98
徐州	Xuzhou	965.3	1035.0	1040.0	8
常州	Changzhou	360.3	373.0	377.0	140
苏州	Suzhou	635.5	673.0	685.0	47
南通	Nantong	762.8	767.0	766.0	33
连云港	Lianyungang	494.2	532.0	533.0	87
淮安	Huaian	536.5	566.0	564.0	73
盐城	Yancheng	814.3	829.0	828.0	24
扬州	Yangzhou	459.0	461.0	461.0	105
镇江	Zhenjiang	270.3	272.0	271.0	192
泰州	Taizhou	504.3	508.0	507.0	97
宿迁	Suqian	543.4	589.0	591.0	68
浙江	**Zhejiang**	**4732.1**	**4893.0**	**4934.0**	
杭州	Hangzhou	686.3	730.0	745.0	36
宁波	Ningbo	572.6	589.0	594.0	65
温州	Wenzhou	783.0	815.0	821.0	26
嘉兴	Jiaxing	340.6	351.0	354.0	148
湖州	Huzhou	259.6	264.0	265.0	198
绍兴	Shaoxing	438.3	444.0	446.0	110
金华	Jinhua	465.2	480.0	483.0	99
衢州	Quzhou	250.6	257.0	258.0	201
舟山	Zhoushan	96.8	97.0	97.0	270
台州	Taizhou	580.8	599.0	602.0	62
丽水	Lishui	258.5	267.0	269.0	195
安徽	**Anhui**	**6810.5**	**6989.0**	**7042.0**	
合肥	Hefei	493.2	724.0	736.0	41
芜湖	Wuhu	229.8	386.0	388.0	132
蚌埠	Bengbu	361.4	378.0	380.0	139
淮南	Huainan	243.3	386.0	389.0	131
马鞍山	Maanshan	128.9	229.0	229.0	219
淮北	Huaibei	218.5	217.0	217.0	224
铜陵	Tongling	74.0	171.0	171.0	239
安庆	Anqing	615.8	527.0	530.0	89
黄山	Huangshan	148.3	148.0	148.0	251
滁州	Chuzhou	450.5	452.0	454.0	107
阜阳	Fuyang	1006.2	1052.0	1066.0	6
宿州	Suzhou	638.6	652.0	655.0	51
六安	Liuan	705.4	584.0	588.0	69
亳州	Bozhou	598.8	641.0	649.0	53

地名	City	2010	2016	2017	2017 排名 Ranking
池州	Chizhou	160.2	162.0	162.0	245
宣城	Xuancheng	278.1	280.0	280.0	186
福建	**Fujian**	**3514.8**	**3745.0**	**3788.0**	
福州	Fuzhou	641.9	683.0	690.0	46
厦门	Xiamen	178.6	216.0	226.0	220
莆田	Putian	321.6	347.0	352.0	150
三明	Sanming	271.9	285.0	287.0	184
泉州	Quanzhou	683.1	726.0	737.0	38
漳州	Zhangzhou	473.5	505.0	513.0	94
南平	Nanping	312.0	321.0	320.0	165
龙岩	Longyan	294.5	312.0	312.0	168
宁德	Ningde	337.7	350.0	351.0	151
江西	**Jiangxi**	**4665.5**	**4792.0**	**4839.0**	
南昌	Nanchang	499.8	522.0	524.0	90
景德镇	Jingdezhen	161.7	165.0	166.0	243
萍乡	Pingxiang	187.5	199.0	200.0	227
九江	Jiujiang	494.5	519.0	520.0	93
新余	Xinyu	117.2	124.0	118.0	262
鹰潭	Yingtan	120.9	128.0	128.0	258
赣州	Ganzhou	902.1	866.0	861.0	20
吉安	Jian	492.1	491.0	536.0	83
宜春	Yichun	553.9	600.0	602.0	62
抚州	Fuzhou	401.6	400.0	402.0	126
上饶	Shangrao	734.3	778.0	782.0	31
山东	**Shandong**	**9320.3**	**9906.0**	**9196.0**	
济南	Jinan	603.7	629.0	638.0	57
青岛	Qingdao	763.3	787.0		
淄博	Zibo	421.9	431.0	433.0	114
枣庄	Zaozhuang	388.9	411.0	416.0	120
东营	Dongying	184.7	192.0	194.0	228
烟台	Yantai	651.6	654.0	655.0	51
潍坊	Weifang	870.8	932.0	936.0	13
济宁	Jining	837.2	872.0	879.0	19
泰安	Taian	556.4	567.0	570.0	70
威海	Weihai	253.3	255.0	256.0	203
日照	Rizhao	286.8	298.0	302.0	175
莱芜	Laiwu	128.9	129.0	129.0	257
临沂	Linyi	1004.8	1132.0	1151.0	5
德州	Dezhou	569.7	590.0	594.0	65
聊城	Liaocheng	594.2	627.0	636.0	58

1-11 年平均人口 续表 2
Annual Average Population continued 2

单位：万人 (10 000 persons)

地名	City	2010	2016	2017	2017 排名 Ranking	地名	City	2010	2016	2017	2017 排名 Ranking
滨州	Binzhou	377.4	391.0	393.0	128	常德	Changde	623.9	610.0	608.0	61
菏泽	Heze	826.8	1009.0	1014.0	9	张家界	Zhangjiajie	164.1	170.0	170.0	240
河南	**Henan**	**10667.6**	**11156.0**	**11220.0**		益阳	Yiyang	473.5	483.0	482.0	100
郑州	Zhengzhou	738.0	819.0	835.0	23	郴州	Chenzhou	481.2	472.0	534.0	85
开封	Kaifeng	530.9	557.0	558.0	76	永州	Yongzhou	588.7	640.0	643.0	56
洛阳	Luoyang	699.2	703.0	737.0	38	怀化	Huaihua	508.2	521.0	522.0	91
平顶山	Pingdingshan	536.0	565.0	568.0	72	娄底	Loudi	426.8	450.0	453.0	109
安阳	Anyang	581.4	622.0	625.0	59	**广东**	**Guangdong**	**8374.0**	**8959.0**	**9164.0**	
鹤壁	Hebi	160.9	169.0	170.0	240	广州	Guangzhou	800.4	862.0	884.0	18
新乡	Xinxiang	600.6	642.0	649.0	53	韶关	Shaoguan	328.1	332.0	335.0	160
焦作	Jiaozuo	366.4	373.0	373.0	143	深圳	Shenzhen	252.9	370.0	410.0	121
濮阳	Puyang	407.0	431.0	432.0	116	珠海	Zhuhai	103.7	114.0	117.0	263
许昌	Xuchang	487.6	507.0	509.0	95	汕头	Shantou	517.4	555.0	562.0	74
漯河	Luohe	277.3	269.0	268.0	196	佛山	Foshan	369.3	395.0	410.0	121
三门峡	Sanmenxia	229.9	229.0	230.0	218	江门	Jiangmen	391.9	393.0	395.0	127
南阳	Nanyang	1177.1	1185.0	1191.0	4	湛江	Zhanjiang	699.7	726.0	837.0	22
商丘	Shangqiu	914.4	969.0	982.0	10	茂名	Maoming	741.2	792.0	801.0	29
信阳	Xinyang	865.6	873.0	912.0	16	肇庆	Zhaoqing	418.1	441.0	445.0	111
周口	Zhoukou	1215.6	1251.0	1258.0	2	惠州	Huizhou	330.8	361.0	367.0	146
驻马店	Zhumadian	879.6	992.0	923.0	14	梅州	Meizhou	511.1	548.0	551.0	80
湖北	**Hubei**	**5319.8**	**5305.0**	**5315.0**		汕尾	Shanwei	342.8	360.0	362.0	147
武汉	Wuhan	836.1	832.0	844.0	21	河源	Heyuan	353.7	370.0	309.0	169
黄石	Huangshi	259.4	269.0	270.0	193	阳江	Yangjiang	279.2	294.0	297.0	180
十堰	Shiyan	353.2	340.0	347.0	155	清远	Qingyuan	410.8	425.0	434.0	113
宜昌	Yichang	400.0	396.0	393.0	128	东莞	Dongguan	180.3	198.0	206.0	226
襄阳	Xiangyang	590.0	593.0	593.0	67	中山	Zhongshan	148.5	160.0	166.0	243
鄂州	Ezhou	104.2	106.0	107.0	267	潮州	Chaozhou	259.4	264.0	275.0	189
荆门	Jingmen	300.7	299.0	297.0	180	揭阳	Jieyang	655.5	699.0	700.0	45
孝感	Xiaogan	529.9	525.0	521.0	92	云浮	Yunfu	279.3	300.0	301.0	176
荆州	Jingzhou	660.1	645.0	644.0	55	**广西**	**Guangxi**	**5232.3**	**5501.0**	**5587.0**	
黄冈	Huanggang	738.6	746.0	744.0	37	南宁	Nanning	702.6	746.0	754.0	35
咸宁	Xianning	290.8	302.0	304.0	172	柳州	Liuzhou	370.1	384.0	386.0	134
随州	Suizhou	256.9	252.0	251.0	206	桂林	Guilin	515.3	531.0	534.0	85
湖南	**Hunan**	**6706.8**	**6923.0**	**7007.0**		梧州	Wuzhou	321.2	346.0	348.0	153
长沙	Changsha	652.0	688.0	702.0	44	北海	Beihai	163.5	173.0	175.0	236
株洲	Zhuzhou	387.2	404.0	403.0	125	防城港	Fangchenggang	89.1	96.0	97.0	270
湘潭	Xiangtan	295.2	290.0	289.0	183	钦州	Qinzhou	379.4	407.0	410.0	121
衡阳	Hengyang	765.7	803.0	804.0	27	贵港	Guigang	516.8	552.0	555.0	79
邵阳	Shaoyang	779.1	826.0	828.0	24	玉林	Yulin	664.0	714.0	721.0	43
岳阳	Yueyang	561.3	566.0	569.0	71	百色	Baise	402.1	415.0	417.0	118

1-11 年平均人口 续表 3

Annual Average Population continued 3

单位：万人 （10 000 persons）

地名	City	2010	2016	2017	2017 排名 Ranking	地名	City	2010	2016	2017	2017 排名 Ranking
贺州	Hezhou	203.5	241.0	243.0	209	丽江	Lijiang	120.5	121.0	122.0	259
河池	Hechi	404.4	427.0	429.0	117	普洱	Puer	253.9	251.0	252.0	205
来宾	Laibin	257.5	219.0	268.0	196	临沧	Lincang	241.4	236.0	238.0	211
崇左	Chongzuo	242.7	250.0	250.0	207	**西藏**	**Tibet**		**53.0**	**54.0**	
海南	**Hainan**	**215.7**	**224.0**	**228.0**		拉萨	Lasa		53.0	54.0	277
海口	Haikou	159.3	166.0	169.0	242	**陕西**	**Shaanxi**	**3833.4**	**3932.0**	**3948.0**	
三亚	Sanya	56.4	58.0	59.0	275	西安	Xi'an	782.2	820.0	894.0	17
三沙	Sansha					铜川	Tongchuan	83.4	84.0	83.0	272
重庆	**Chongqing**	**3289.5**	**3382.0**	**3391.0**		宝鸡	Baoji	379.9	384.0	383.0	136
四川	**Sichuan**	**8317.8**	**8335.0**	**8400.0**		咸阳	Xianyang	518.2	529.0	469.0	102
成都	Chengdu	1144.4	1314.0	1417.0	1	渭南	Weinan	558.5	557.0	557.0	77
自贡	Zigong	327.2	327.0	326.0	162	延安	Yan'an	228.9	236.0	237.0	212
攀枝花	Panzhihua	111.5	111.0	110.0	266	汉中	Hanzhong	381.5	385.0	383.0	136
泸州	Luzhou	499.1	507.0	509.0	95	榆林	Yulin	361.8	380.0	384.0	135
德阳	Deyang	388.8	391.0	390.0	130	安康	Ankang	304.0	305.0	305.0	171
绵阳	Mianyang	543.3	545.0	541.0	81	商洛	Shangluo	234.9	252.0	253.0	204
广元	Guangyuan	311.8	305.0	304.0	172	**甘肃**	**Gansu**	**2425.2**	**2470.0**	**2460.0**	
遂宁	Suining	384.2	378.0	374.0	142	兰州	Lanzhou	323.6	323.0	325.0	163
内江	Neijiang	425.6	420.0	417.0	118	嘉峪关	Jiayuguan	20.3	24.0	21.0	280
乐山	Leshan	353.3	354.0	353.0	149	金昌	Jinchang	47.0	46.0	47.0	278
南充	Nanchong	752.6	742.0	737.0	38	白银	Baiyin	180.0	182.0	182.0	233
眉山	Meishan	348.6	350.0	348.0	153	天水	Tianshui	363.2	369.0	371.0	144
宜宾	Yibin	537.0	554.0	556.0	78	武威	Wuwei	191.0	191.0	190.0	230
广安	Guangan	468.1	467.0	465.0	104	张掖	Zhangye	130.6	131.0	131.0	255
达州	Dazhou	671.5	683.0	674.0	48	平凉	Pingliang	230.4	233.0	234.0	215
雅安	Yaan	155.0	155.0	154.0	248	酒泉	Jiuquan	97.2	112.0	99.0	269
巴中	Bazhong	394.6	377.0	376.0	141	庆阳	Qingyang	260.1	270.0	270.0	193
资阳	Ziyang	501.2	355.0	349.0	152	定西	Dingxi	299.9	302.0	303.0	174
贵州	**Guizhou**	**1729.0**	**3178.0**	**3210.0**		陇南	Longnan	282.0	287.0	287.0	184
贵阳	Guiyang	370.1	397.0	405.0	124	**青海**	**Qinghai**	**220.7**	**403.0**	**406.0**	
六盘水	Liupanshui	314.7	335.0	341.0	157	西宁	Xining	220.7	232.0	234.0	215
遵义	Zunyi	767.5	798.0	804.0	27	海东	Haidong		171.0	172.0	238
安顺	Anshun	276.6	298.0	300.0	177	**宁夏**	**Ningxia**	**638.4**	**663.0**	**669.0**	
毕节	Bijie		911.0	920.0	15	银川	Yinchuan	157.2	182.0	186.0	232
铜仁	Tongren		439.0	440.0	112	石嘴山	Shizuishan	74.7	75.0	75.0	274
云南	**Yunnan**	**2865.4**	**2247.0**	**2924.0**		吴忠	Wuzhong	137.8	141.0	143.0	252
昆明	Kunming	579.6	558.0	561.0	75	固原	Guyuan	151.3	150.0	150.0	249
曲靖	Qujing	621.3		657.0	50	中卫	Zhongwei	117.4	115.0	115.0	265
玉溪	Yuxi	229.7	217.0	218.0	223	**新疆**	**Xinjiang**	**280.5**	**308.0**	**276.0**	
保山	Baoshan	251.5	260.0	262.0	199	乌鲁木齐	Urumqi	242.1	267.0	245.0	208
昭通	Zhaotong	567.6	604.0	614.0	60	克拉玛依	Karamay	38.4	41.0	31.0	279

1-12　人口自然增长率
Natural Growth Rate

单位：‰ (‰)

地名	City	2010	2016	2017	2017 排名 Ranking	地名	City	2010	2016	2017	2017 排名 Ranking
全国	**Nation Total**	**4.79**	**5.86**	**5.32**		沈阳	Shenyang	-0.59	1.17	-2.52	222
北京	**Beijing**	**3.07**	**4.12**	**3.76**		大连	Dalian	-1.14	2.73	-2.22	218
天津	**Tianjin**	**2.60**	**1.83**	**2.60**		鞍山	Anshan	-1.65	0.10	-3.62	236
河北	**Hebei**	**6.81**	**6.06**	**6.60**		抚顺	Fushun	-5.69	-0.32	-13.81	279
石家庄	Shijiazhuang	10.69	10.05	-0.37	195	本溪	Benxi	-4.45	-4.20	-11.57	272
唐山	Tangshan	0.57	8.68	-4.24	238	丹东	Dandong	-5.12	-0.15	-9.34	264
秦皇岛	Qinhuangdao	2.07	6.09	-0.35	193	锦州	Jinzhou	-5.53	0.63	-16.64	284
邯郸	Handan	20.48	11.99	4.49	109	营口	Yingkou	-1.62	1.00	-3.46	233
邢台	Xingtai	16.94	13.08	4.92	103	阜新	Fuxin	-2.99	-0.89	-12.18	276
保定	Baoding	3.21	8.56	-3.15	229	辽阳	Liaoyang	-0.64	0.12	-8.94	259
张家口	Zhangjiakou	7.68	5.19	-6.89	250	盘锦	Panjin	4.38	3.55	-3.46	233
承德	Chengde	3.97	6.63	-6.34	246	铁岭	Tieling	-1.72	0.42	-16.54	283
沧州	Cangzhou	15.17	12.60	-0.25	192	朝阳	Chaoyang	-1.46	2.83	-10.48	269
廊坊	Langfang	8.90	13.09	4.21	117	葫芦岛	Huludao	-3.91	2.19	-12.05	275
衡水	Hengshui	6.97	9.43	-1.51	208	**吉林**	**Jilin**	**2.03**	**-0.05**	**0.26**	
山西	**Shanxi**	**5.30**	**4.77**	**5.61**		长春	Changchun	3.81	4.36	-6.41	247
太原	Taiyuan	5.77	9.61	-2.08	217	吉林	Jilin	2.11	-0.71	-12.46	277
大同	Datong	9.16	5.59	1.47	166	四平	Siping	2.59	2.58	-9.90	267
阳泉	Yangquan	4.04	4.63	3.96	122	辽源	Liaoyuan	2.41	1.89	-12.00	274
长治	Changzhi	3.48	6.75	-0.88	203	通化	Tonghua	-0.23	2.31	-8.05	253
晋城	Jincheng	-1.81	3.56	0.23	182	白山	Baishan	0.79	1.13	-9.82	266
朔州	Shuozhou	8.33	8.11	3.96	122	松原	Songyuan	4.33	4.98	-9.17	262
晋中	Jinzhong	2.36	8.28	-0.55	198	白城	Baicheng	-1.37	1.23	-8.49	256
运城	Yuncheng	1.67	5.63	-1.49	207	**黑龙江**	**Heilongjiang**	**2.32**	**-0.49**	**-0.41**	
忻州	Xinzhou	2.60	6.97	0.58	177	哈尔滨	Harbin	3.21	2.26	-8.76	258
临汾	Linfen	2.89	7.85	-0.73	201	齐齐哈尔	Qiqihar	-4.33	0.65	-12.80	278
吕梁	Lvliang	5.87	5.79	6.12	83	鸡西	Jixi	1.03	-1.86	-1.10	204
内蒙古	**Inner Mongolia**	**3.76**	**3.34**	**3.73**		鹤岗	Hegang	-1.07	-3.16	-10.11	268
呼和浩特	Hohhot	4.00	6.07	0.35	179	双鸭山	Shuangyashan	0.38	-0.69	-14.69	280
包头	Baotou	-0.38	2.59	-1.43	205	大庆	Daqing	-3.73	2.42	-8.48	255
乌海	Wuhai	5.54	6.07	6.14	82	伊春	Yichun	-2.53	-3.52	-8.94	259
赤峰	Chifeng	-2.02	6.10	-4.73	239	佳木斯	Jiamusi	2.56	0.61	-7.38	252
通辽	Tongliao	1.66	3.41	-6.66	248	七台河	Qitaihe	4.04	0.44	-10.51	270
鄂尔多斯	Erdos	12.73	13.16	7.55	54	牡丹江	Mudanjiang	0.08	0.65	-8.95	261
呼伦贝尔	Hulunbuir	-0.25	1.83	2.03	156	黑河	Heihe	2.40	-0.38	-9.60	265
巴彦淖尔	Bayannur	5.13	5.73	-1.70	213	绥化	Suihua	6.83	1.30	-11.35	271
乌兰察布	Ulanqab	4.40	2.83	-0.16	188	**上海**	**Shanghai**	**1.98**	**4.00**	**2.80**	
辽宁	**Liaoning**	**0.42**	**-0.18**	**-0.44**		**江苏**	**Jiangsu**	**2.85**	**2.73**	**2.68**	

1-12 人口自然增长率 续表 1

Natural Growth Rate continued 1

单位：‰ (‰)

地名	City	2010	2016	2017	2017 排名 Ranking
南京	Nanjing	0.89	6.51	6.81	68
无锡	Wuxi	0.70	2.79	2.14	154
徐州	Xuzhou	0.93	13.93	1.47	166
常州	Changzhou	-0.71	3.84	0.38	178
苏州	Suzhou	2.44	4.81	4.76	105
南通	Nantong	-0.89	-0.30	-2.69	224
连云港	Lianyungang	4.99	8.75	1.12	171
淮安	Huaian	6.70	7.22	-8.70	257
盐城	Yancheng	4.23	4.99	0.13	184
扬州	Yangzhou	-1.63	1.93	-1.61	212
镇江	Zhenjiang	0.07	1.77	-2.46	220
泰州	Taizhou	-1.92	1.94	-2.97	227
宿迁	Suqian	8.58	10.93	4.48	110
浙江	**Zhejiang**	**4.73**	**5.70**	**6.36**	
杭州	Hangzhou	3.40	7.51	6.12	83
宁波	Ningbo	2.34	2.83	3.03	142
温州	Wenzhou	10.10	8.55	8.41	40
嘉兴	Jiaxing	0.66	3.29	3.63	130
湖州	Huzhou	0.09	2.91	2.70	146
绍兴	Shaoxing	0.28	2.58	2.88	144
金华	Jinhua	3.62	5.61	7.31	59
衢州	Quzhou	3.54	5.49	3.62	131
舟山	Zhoushan	-1.21	-0.12	-1.55	210
台州	Taizhou	6.20	4.66	6.02	86
丽水	Lishui	7.55	6.00	5.41	97
安徽	**Anhui**	**6.75**	**7.06**	**8.17**	
合肥	Hefei	6.72	11.54	9.90	34
芜湖	Wuhu	0.96	7.25	0.19	183
蚌埠	Bengbu	6.70	9.41	6.24	78
淮南	Huainan	7.83	17.55	4.97	102
马鞍山	Maanshan	3.11	5.39	3.04	141
淮北	Huaibei	9.78	12.59	5.52	95
铜陵	Tongling	1.99	5.51	6.16	80
安庆	Anqing	-0.71	9.05	6.54	73
黄山	Huangshan	-1.44	5.58	2.29	149
滁州	Chuzhou	2.53	13.11	3.80	128
阜阳	Fuyang	10.78	18.92	10.99	26
宿州	Suzhou	7.98	9.91	6.04	85
六安	Liuan	-0.69	13.46	4.24	114
亳州	Bozhou	3.46	13.26	6.64	72
池州	Chizhou	1.76	6.25	2.12	155
宣城	Xuancheng	1.51	5.04	2.69	147
福建	**Fujian**	**6.11**	**8.30**	**8.80**	
福州	Fuzhou	14.50	10.69	5.83	91
厦门	Xiamen	4.23	16.14	17.83	4
莆田	Putian	11.00	15.62	13.47	13
三明	Sanming	4.82	13.32	7.00	65
泉州	Quanzhou	10.01	13.99	13.83	12
漳州	Zhangzhou	8.13	12.43	12.73	16
南平	Nanping	12.53	8.26	-1.55	210
龙岩	Longyan	6.26	17.44	12.66	17
宁德	Ningde	3.67	10.47	1.22	169
江西	**Jiangxi**	**7.66**	**7.29**	**7.71**	
南昌	Nanchang	14.19	10.40	3.57	132
景德镇	Jingdezhen	18.73	7.08	7.99	46
萍乡	Pingxiang	5.97	8.27	3.42	136
九江	Jiujiang	10.09	10.82	3.83	127
新余	Xinyu	12.00	9.98	7.66	52
鹰潭	Yingtan	12.63	8.62	-0.48	197
赣州	Ganzhou	11.11	12.07	6.00	87
吉安	Jian	7.47	6.96	5.67	94
宜春	Yichun	5.15	9.82	3.45	135
抚州	Fuzhou	8.35	19.00	2.28	150
上饶	Shangrao	13.32	11.01	3.93	125
山东	**Shandong**	**5.39**	**10.84**	**10.14**	
济南	Jinan	2.78	8.29	7.89	49
青岛	Qingdao	0.69	6.65		
淄博	Zibo	1.05	6.80	2.79	145
枣庄	Zaozhuang	7.36	12.92	11.11	25
东营	Dongying	1.81	10.67	11.63	22
烟台	Yantai	-2.43	2.78	-1.81	214
潍坊	Weifang	2.83	8.77	8.07	44
济宁	Jining	8.48	10.44	10.44	29
泰安	Taian	2.35	8.57	7.35	58
威海	Weihai	-1.30	1.69	-3.41	232
日照	Rizhao	3.46	11.92	12.25	20
莱芜	Laiwu	0.62	7.29	6.20	79
临沂	Linyi	6.71	14.78	18.56	3
德州	Dezhou	2.12	10.80	6.42	76
聊城	Liaocheng	6.65	17.39	13.42	14

1-12 人口自然增长率 续表 2
Natural Growth Rate continued 2

单位：‰ (‰)

地名	City	2010	2016	2017	2017 排名 Ranking	地名	City	2010	2016	2017	2017 排名 Ranking
滨州	Binzhou	-0.21	8.51	6.82	67	常德	Changde	-1.67	3.57	-5.80	245
菏泽	Heze	0.23	12.87	6.80	69	张家界	Zhangjiajie	5.19	3.38	-6.92	251
河南	**Henan**	**4.95**	**6.15**	**5.98**		益阳	Yiyang	-0.74	6.84	-8.18	254
郑州	Zhengzhou	5.46	10.83	12.56	19	郴州	Chenzhou	6.00	6.66	-2.04	216
开封	Kaifeng	10.51	11.77	1.38	168	永州	Yongzhou	5.70	7.02	-5.09	242
洛阳	Luoyang	6.86	11.76	1.86	159	怀化	Huaihua	7.07	7.78	-2.61	223
平顶山	Pingdingshan	8.56	11.19	2.22	152	娄底	Loudi	3.21	7.44	-0.13	187
安阳	Anyang	8.07	12.02	-1.46	206	**广东**	**Guangdong**	**6.97**	**7.44**	**9.16**	
鹤壁	Hebi	11.65	12.31	1.79	163	广州	Guangzhou	6.72	10.35	15.59	10
新乡	Xinxiang	5.80	10.34	2.22	152	韶关	Shaoguan	8.44	20.25	4.42	111
焦作	Jiaozuo	4.48	9.58	1.80	162	深圳	Shenzhen	12.01	21.30	25.18	1
濮阳	Puyang	6.00	13.06	1.20	170	珠海	Zhuhai	7.45	10.93	9.71	36
许昌	Xuchang	5.29	10.08	-2.90	226	汕头	Shantou	4.66	7.14	8.29	41
漯河	Luohe	3.00	4.01	4.75	106	佛山	Foshan	4.53	10.04	16.97	8
三门峡	Sanmenxia	1.62	5.11	5.52	95	江门	Jiangmen	2.49	7.32	6.68	70
南阳	Nanyang	16.18	4.98	4.81	104	湛江	Zhanjiang	19.30	8.56	10.35	30
商丘	Shangqiu	4.59	7.06	5.99	88	茂名	Maoming	11.94	18.52	10.90	27
信阳	Xinyang	7.62	7.94	1.86	159	肇庆	Zhaoqing	18.11	15.30	4.62	108
周口	Zhoukou	7.27	9.48	4.04	121	惠州	Huizhou	6.94	14.70	8.23	43
驻马店	Zhumadian	9.29	9.87	-2.22	218	梅州	Meizhou	7.40	20.04	6.15	81
湖北	**Hubei**	**4.34**	**5.07**	**5.59**		汕尾	Shanwei	14.74	12.41	10.00	32
武汉	Wuhan	1.59	6.02	3.91	126	河源	Heyuan	23.06	24.01	8.28	42
黄石	Huangshi	0.91	8.34	6.87	66	阳江	Yangjiang	9.86	15.25	6.50	74
十堰	Shiyan	8.11	6.48	0.11	185	清远	Qingyuan	12.82	31.09	12.76	15
宜昌	Yichang	-4.72	1.66	-3.40	231	东莞	Dongguan	6.13	8.53	17.46	7
襄阳	Xiangyang	7.26	6.36	-0.22	191	中山	Zhongshan	5.33	8.57	17.76	5
鄂州	Ezhou	5.61	8.73	7.43	55	潮州	Chaozhou	13.38	9.02	9.82	35
荆门	Jingmen	-7.66	5.12	7.97	47	揭阳	Jieyang	17.40	11.68	14.68	11
孝感	Xiaogan	3.93	7.09	-0.65	200	云浮	Yunfu	16.16	10.12	10.68	28
荆州	Jingzhou	-4.54	7.18	-0.19	190	**广西**	**Guangxi**	**8.65**	**7.87**	**8.92**	
黄冈	Huanggang	5.60	8.30	-1.54	209	南宁	Nanning	14.70	6.18	7.40	56
咸宁	Xianning	0.54	12.10	7.08	62	柳州	Liuzhou	13.09	9.12	0.81	174
随州	Suizhou	-3.97	7.51	-0.38	196	桂林	Guilin	10.38	9.81	-0.11	186
湖南	**Hunan**	**6.40**	**6.56**	**6.19**		梧州	Wuzhou	28.40	12.86	7.93	48
长沙	Changsha	5.41	10.51	-1.98	215	北海	Beihai	31.73	13.02	4.23	116
株洲	Zhuzhou	-0.16	8.12	-2.50	221	防城港	Fangchenggang	27.99	14.92	6.50	74
湘潭	Xiangtan	3.11	5.17	-3.71	237	钦州	Qinzhou	40.78	13.78	5.69	93
衡阳	Hengyang	4.51	7.24	-5.44	244	贵港	Guigang	26.14	13.08	4.21	117
邵阳	Shaoyang	14.76	7.92	-3.17	230	玉林	Yulin	28.58	11.75	12.13	21
岳阳	Yueyang	6.68	9.71	-3.02	228	百色	Baise	12.63	10.68	1.81	161

1-12 人口自然增长率 续表 3

Natural Growth Rate continued 3

单位：‰ (‰)

地名	City	2010	2016	2017	2017 排名 Ranking	地名	City	2010	2016	2017	2017 排名 Ranking
贺州	Hezhou	39.18	12.25	5.79	92	丽江	Lijiang	-0.61	6.79	7.14	61
河池	Hechi	4.24	11.46	5.31	100	普洱	Puer	-2.09	4.46	7.06	64
来宾	Laibin	20.44	10.95	4.31	113	临沧	Lincang	18.71	7.24	9.96	33
崇左	Chongzuo	4.38	9.31	-0.35	193	**西藏**	**Tibet**	**10.25**	**10.68**	**11.05**	
海南	**Hainan**	**8.98**	**8.57**	**8.72**		拉萨	Lasa		12.50	11.19	24
海口	Haikou	13.74	10.70	11.20	23	**陕西**	**Shaanxi**	**3.72**	**4.41**	**4.87**	
三亚	Sanya	9.99	11.95	8.04	45	西安	Xi'an	0.68	9.03	7.57	53
三沙	Sansha		22.00			铜川	Tongchuan	2.19	3.61	-0.17	189
重庆	**Chongqing**	**2.77**	**4.53**	**3.91**		宝鸡	Baoji	1.13	4.35	0.97	172
四川	**Sichuan**	**2.31**	**3.49**	**4.23**		咸阳	Xianyang	3.32	6.10	2.61	148
成都	Chengdu	-0.16	4.96	0.65	176	渭南	Weinan	4.34	2.05	1.97	158
自贡	Zigong	-5.30	2.94	-5.01	241	延安	Yan'an	14.25	9.39	5.89	90
攀枝花	Panzhihua	-0.91	4.19	5.33	99	汉中	Hanzhong	1.36	2.44	0.95	173
泸州	Luzhou	4.39	5.00	5.07	101	榆林	Yulin	11.07	6.90	-16.27	282
德阳	Deyang	-1.20	4.31	-6.71	249	安康	Ankang	2.91	5.35	3.56	133
绵阳	Mianyang	-3.59	2.36	3.19	139	商洛	Shangluo	0.74	7.52	4.24	114
广元	Guangyuan	-6.20	1.26	-0.61	199	**甘肃**	**Gansu**	**6.03**	**6.00**	**6.02**	
遂宁	Suining	-4.64	3.14	-15.24	281	兰州	Lanzhou	3.05	7.75	1.65	164
内江	Neijiang	2.56	2.72	0.68	175	嘉峪关	Jiayuguan	3.00	10.14	3.66	129
乐山	Leshan	-0.90	3.56	-5.10	243	金昌	Jinchang	6.26	7.84	-4.78	240
南充	Nanchong	-0.19	-3.03	3.96	122	白银	Baiyin	8.89	10.13	2.24	151
眉山	Meishan	1.24	3.13	-11.78	273	天水	Tianshui	13.21	8.27	3.34	137
宜宾	Yibin	2.91	4.11	4.18	119	武威	Wuwei	1.20	8.35	-0.79	202
广安	Guangan	2.04	4.73	0.32	180	张掖	Zhangye	4.47	6.57	7.08	62
达州	Dazhou	-0.47	4.18	3.19	139	平凉	Pingliang	6.57	8.00	1.65	164
雅安	Yaan	0.62	1.72	-3.59	235	酒泉	Jiuquan	1.98	5.21	0.30	181
巴中	Bazhong	2.17	5.04	4.40	112	庆阳	Qingyang	-1.53	10.25	3.03	142
资阳	Ziyang	-3.56	2.09	-9.30	263	定西	Dingxi	5.34	7.60	4.66	107
贵州	**Guizhou**	**7.41**	**6.50**	**7.10**		陇南	Longnan	7.94	8.33	3.23	138
贵阳	Guiyang	13.07	11.47	9.27	37	**青海**	**Qinghai**	**8.63**	**8.52**	**8.25**	
六盘水	Liupanshui	17.67	15.28	15.80	9	西宁	Xining	6.49	7.08	7.38	57
遵义	Zunyi	11.80	10.88	7.84	50	海东	Haidong		9.69	6.25	77
安顺	Anshun	10.41	13.44	7.28	60	**宁夏**	**Ningxia**	**9.04**	**8.97**	**8.69**	
毕节	Bijie		18.10	17.67	6	银川	Yinchuan	8.06	11.58	7.82	51
铜仁	Tongren		9.40	3.51	134	石嘴山	Shizuishan	4.82	3.23	4.12	120
云南	**Yunnan**	**6.54**	**6.61**	**6.85**		吴忠	Wuzhong		12.49	10.03	31
昆明	Kunming	5.96	5.94	2.02	157	固原	Guyuan	14.26	11.86	9.11	39
曲靖	Qujing	15.27	8.74	12.58	18	中卫	Zhongwei	14.54	9.30	9.12	38
玉溪	Yuxi	5.61	6.53	6.68	70	**新疆**	**Xinjiang**	**10.56**	**11.08**	**11.40**	
保山	Baoshan	5.46	5.28	5.36	98	乌鲁木齐	Urumqi	4.06	7.56	-2.74	225
昭通	Zhaotong	24.13	12.95	19.16	2	克拉玛依	Karamay	3.71	8.03	5.95	89

1-13 人口密度
Population Density

单位：人/平方公里 (person/sq.km)

地名	City	2010	2016	2017	2017 排名 Ranking	地名	City	2010	2016	2017	2017 排名 Ranking
全国	**Nation Total**	**139.7**	**144.0**	**144.8**		沈阳	Shenyang	624.5	570.8	573.1	85
北京	**Beijing**	**1195.5**	**830.5**	**1323.3**		大连	Dalian	532.1	474.0	473.2	109
天津	**Tianjin**	**1090.3**	**1310.7**	**1306.5**		鞍山	Anshan	394.1	373.9	371.4	136
河北	**Hebei**	**381.8**	**400.5**	**399.3**		抚顺	Fushun	189.7	190.7	187.2	208
石家庄	Shijiazhuang	642.0	795.0	692.0	61	本溪	Benxi	203.3	178.3	175.9	216
唐山	Tangshan	562.8	564.1	531.8	97	丹东	Dandong	159.9	159.0	153.7	225
秦皇岛	Qinhuangdao	397.4	382.0	382.0	133	锦州	Jinzhou	316.0	300.6	294.6	160
邯郸	Handan	761.7	874.4	871.1	25	营口	Yingkou	463.2	444.5	428.0	118
邢台	Xingtai	569.8	633.8	635.4	74	阜新	Fuxin	175.7	182.5	179.6	214
保定	Baoding	544.5	544.1	540.5	95	辽阳	Liaoyang	392.5	373.9	369.7	137
张家口	Zhangjiakou	117.9	127.7	126.4	244	盘锦	Panjin	341.9	319.8	316.8	153
承德	Chengde	87.9	97.0	96.2	255	铁岭	Tieling	209.4	231.0	226.4	191
沧州	Cangzhou	508.3	555.8	554.3	94	朝阳	Chaoyang	154.6	173.1	170.6	217
廊坊	Langfang	678.8	736.4	738.4	44	葫芦岛	Huludao	251.9	268.9	265.9	170
衡水	Hengshui	493.0	516.2	513.7	102	**吉林**	**Jilin**	**143.7**	**184.9**	**183.8**	
山西	**Shanxi**	**228.1**	**234.6**	**235.8**		长春	Changchun	372.6	365.6	363.7	138
太原	Taiyuan	603.9	529.5	528.0	98	吉林	Jilin	162.8	152.3	149.8	228
大同	Datong	235.1	224.3	224.3	192	四平	Siping	240.5	225.3	222.5	193
阳泉	Yangquan	299.6	291.0	289.5	162	辽源	Liaoyuan	229.0	233.5	229.6	186
长治	Changzhi	240.1	244.0	242.2	181	通化	Tonghua	149.0	140.9	139.0	236
晋城	Jincheng	241.9	233.4	234.5	185	白山	Baishan	74.2	69.7	68.6	266
朔州	Shuozhou	155.1	153.4	154.4	224	松原	Songyuan	136.6	131.8	130.4	239
晋中	Jinzhong	198.4	201.9	202.5	203	白城	Baicheng	79.0	74.9	74.1	261
运城	Yuncheng	362.4	374.4	361.7	139	**黑龙江**	**Heilongjiang**	**84.7**	**97.0**	**96.8**	
忻州	Xinzhou	122.2	122.5	122.5	247	哈尔滨	Harbin	200.5	181.2	179.9	213
临汾	Linfen	213.1	214.1	213.6	196	齐齐哈尔	Qiqihar	126.4	128.0	125.7	245
吕梁	Lvliang	175.6	184.1	184.6	211	鸡西	Jixi	82.7	80.3	77.7	260
内蒙古	**Inner Mongolia**	**21.6**	**38.4**	**38.6**		鹤岗	Hegang	72.2	70.8	68.9	265
呼和浩特	Hohhot	166.9	138.1	139.2	235	双鸭山	Shuangyashan	63.0	63.9	41.4	276
包头	Baotou	95.6	80.7	80.7	259	大庆	Daqing	137.0	130.1	128.7	241
乌海	Wuhai	305.0	263.6	250.9	177	伊春	Yichun	35.1	36.0	35.4	278
赤峰	Chifeng	48.2	51.4	51.1	274	佳木斯	Jiamusi	78.1	72.8	71.9	262
通辽	Tongliao	52.7	53.8	53.7	272	七台河	Qitaihe	148.0	128.6	127.0	243
鄂尔多斯	Erdos	22.5	18.3	18.6	282	牡丹江	Mudanjiang	69.0	66.7	65.7	267
呼伦贝尔	Hulunbuir	10.0	10.2	10.3	284	黑河	Heihe	20.4	23.5	23.2	281
巴彦淖尔	Bayannur	25.9	26.4	26.7	280	绥化	Suihua	155.4	155.7	151.4	227
乌兰察布	Ulanqab	39.3	50.3	49.9	275	**上海**	**Shanghai**	**2794.8**	**3816.4**	**3813.3**	
辽宁	**Liaoning**	**295.5**	**298.0**	**296.2**		**江苏**	**Jiangsu**	**737.2**	**755.5**	**758.3**	

注：本表数据为常住人口与行政区域土地面积之比。

Note: Refers to the rotio of the usual residents with the land area of administrative region.

1-13 人口密度 续表 1
Population Density continued 1

单位：人/平方公里 （person/sq.km）

地名	City	2010	2016	2017	2017 排名 Ranking
南京	Nanjing	1215.7	1006.5	1033.9	11
无锡	Wuxi	1378.0	1050.4	1065.5	8
徐州	Xuzhou	762.2	884.8	883.1	22
常州	Changzhou	1050.5	857.5	866.5	26
苏州	Suzhou	1233.4	783.2	798.2	34
南通	Nantong	910.1	727.1	724.2	48
连云港	Lianyungang	586.3	701.2	699.9	56
淮安	Huaian	477.0	566.3	559.3	93
盐城	Yancheng	428.0	490.8	487.9	105
扬州	Yangzhou	676.8	701.0	697.9	57
镇江	Zhenjiang	809.7	708.3	705.7	53
泰州	Taizhou	798.5	877.8	872.6	24
宿迁	Suqian	552.1	694.5	693.3	60
浙江	**Zhejiang**	**516.8**	**533.6**	**540.1**	
杭州	Hangzhou	524.5	443.5	454.3	112
宁波	Ningbo	775.4	602.1	608.2	76
温州	Wenzhou	775.1	677.0	682.8	63
嘉兴	Jiaxing	1150.7	833.5	843.0	30
湖州	Huzhou	497.4	455.3	457.0	111
绍兴	Shaoxing	593.4	537.5	538.7	96
金华	Jinhua	490.4	439.6	444.2	115
衢州	Quzhou	240.1	290.6	291.7	161
舟山	Zhoushan	778.5	666.2	664.8	66
台州	Taizhou	634.8	637.6	641.8	71
丽水	Lishui	122.4	154.9	155.7	222
安徽	**Anhui**	**425.1**	**441.9**	**447.5**	
合肥	Hefei	810.0	637.8	649.2	69
芜湖	Wuhu	682.5	643.9	643.9	70
蚌埠	Bengbu	533.4	638.5	640.2	72
淮南	Huainan	904.1	703.2	705.0	54
马鞍山	Maanshan	810.8	565.6	565.6	89
淮北	Huaibei	772.3	791.7	791.7	35
铜陵	Tongling	650.5	571.7	571.7	86
安庆	Anqing	347.0	390.8	392.1	128
黄山	Huangshan	138.7	152.9	152.9	226
滁州	Chuzhou	291.4	335.9	335.9	147
阜阳	Fuyang	778.9	1049.6	1057.5	9
宿州	Suzhou	547.9	658.0	660.0	67
六安	Liuan	312.5	379.9	391.3	129
亳州	Bozhou	580.5	759.3	764.0	39
池州	Chizhou	169.6	192.9	192.9	206
宣城	Xuancheng	205.6	227.4	227.4	190
福建	**Fujian**	**297.8**	**313.0**	**316.1**	
福州	Fuzhou	544.5	542.0	565.7	88
厦门	Xiamen	2244.8	1300.8	1358.0	3
莆田	Putian	674.7	847.3	859.4	27
三明	Sanming	108.4	124.3	125.4	246
泉州	Quanzhou	738.0	662.7	673.6	65
漳州	Zhangzhou	373.7	404.7	398.8	126
南平	Nanping	100.6	122.1	121.4	248
龙岩	Longyan	134.3	164.7	165.8	219
宁德	Ningde	209.8	265.7	261.3	174
江西	**Jiangxi**	**267.4**	**273.3**	**276.3**	
南昌	Nanchang	682.7	706.6	709.3	52
景德镇	Jingdezhen	302.3	321.2	321.2	152
萍乡	Pingxiang	485.4	522.1	522.1	101
九江	Jiujiang	251.4	262.7	272.5	168
新余	Xinyu	358.7	390.2	383.9	132
鹰潭	Yingtan	316.3	359.6	359.6	140
赣州	Ganzhou	212.9	246.7	247.4	179
吉安	Jian	190.5	210.9	211.3	197
宜春	Yichun	290.5	322.5	322.5	151
抚州	Fuzhou	208.1	213.3	229.3	188
上饶	Shangrao	289.0	343.1	344.1	144
山东	**Shandong**	**610.2**	**625.7**	**630.3**	
济南	Jinan	833.8	791.4	805.2	33
青岛	Qingdao	794.2	701.1	711.8	51
淄博	Zibo	759.9	724.2	725.9	47
枣庄	Zaozhuang	818.3	904.9	915.9	19
东营	Dongying	257.1	234.1	236.6	184
烟台	Yantai	506.9	472.9	472.1	110
潍坊	Weifang	563.3	558.1	562.5	91
济宁	Jining	708.4	774.5	789.3	36
泰安	Taian	708.3	733.1	735.6	45
威海	Weihai	483.9	441.5	441.5	116
日照	Rizhao	524.1	559.8	567.3	87
莱芜	Laiwu	578.4	574.4	574.4	84
临沂	Linyi	585.0	663.7	675.9	64
德州	Dezhou	538.2	572.5	574.4	83
聊城	Liaocheng	666.2	704.6	712.4	50

1-13 人口密度 续表 2
Population Density continued 2

单位：人/平方公里 （person/sq.km）

地名	City	2010	2016	2017	2017 排名 Ranking	地名	City	2010	2016	2017	2017 排名 Ranking
滨州	Binzhou	390.8	405.8	407.9	124	常德	Changde	314.2	335.9	333.4	148
菏泽	Heze	678.3	828.2	838.3	32	张家界	Zhangjiajie	155.3	179.4	178.3	215
河南	**Henan**	**568.2**	**571.9**	**580.7**		益阳	Yiyang	354.7	392.9	388.8	130
郑州	Zhengzhou	1163.2	1110.7	1130.8	6	郴州	Chenzhou	232.7	272.2	276.1	167
开封	Kaifeng	725.8	867.5	894.0	21	永州	Yongzhou	231.5	289.8	288.4	163
洛阳	Luoyang	431.2	483.7	483.7	107	怀化	Huaihua	171.7	188.4	189.3	207
平顶山	Pingdingshan	620.6	720.6	719.4	49	娄底	Loudi	466.3	558.6	559.9	92
安阳	Anyang	697.6	847.8	845.0	29	**广东**	**Guangdong**	**580.7**	**611.6**	**621.1**	
鹤壁	Hebi	720.4	779.1	779.1	37	广州	Guangzhou	1709.7	1170.3	1208.0	5
新乡	Xinxiang	699.1	745.4	739.1	43	韶关	Shaoguan	153.3	181.4	181.9	212
焦作	Jiaozuo	870.3	918.7	911.3	20	深圳	Shenzhen	5206.8	1927.9	2178.3	2
濮阳	Puyang	843.9	1033.9	1031.5	12	珠海	Zhuhai	912.9	664.0	685.5	62
许昌	Xuchang	862.7	1020.6	1016.6	13	汕头	Shantou	2614.3	2542.1	2569.3	1
漯河	Luohe	938.1	1027.9	991.8	16	佛山	Foshan	1895.5	1053.2	1105.8	7
三门峡	Sanmenxia	212.8	218.2	217.2	194	江门	Jiangmen	465.2	414.3	416.4	123
南阳	Nanyang	387.5	450.8	452.7	113	湛江	Zhanjiang	529.6	629.6	632.6	75
商丘	Shangqiu	687.0	767.8	922.1	18	茂名	Maoming	508.5	699.1	703.6	55
信阳	Xinyang	323.7	483.3	484.9	106	肇庆	Zhaoqing	253.6	298.2	299.5	159
周口	Zhoukou	747.5	1052.6	1051.8	10	惠州	Huizhou	405.6	320.8	325.2	149
驻马店	Zhumadian	479.1	629.0	637.4	73	梅州	Meizhou	263.8	347.3	346.7	142
湖北	**Hubei**	**308.1**	**387.4**	**388.9**		汕尾	Shanwei	557.6	744.1	746.1	41
武汉	Wuhan	1152.0	973.3	996.6	15	河源	Heyuan	189.1	238.3	238.3	182
黄石	Huangshi	529.7	589.1	591.3	79	阳江	Yangjiang	305.2	372.0	373.3	135
十堰	Shiyan	141.1	147.0	146.2	231	清远	Qingyuan	194.6	226.9	229.6	187
宜昌	Yichang	192.6	185.6	184.6	210	东莞	Dongguan	3343.5	817.1	857.7	28
襄阳	Xiangyang	278.8	301.1	300.1	158	中山	Zhongshan	1735.0	902.5	952.9	17
鄂州	Ezhou	658.1	696.4	695.5	58	潮州	Chaozhou	849.3	870.9	877.3	23
荆门	Jingmen	231.7	241.9	237.0	183	揭阳	Jieyang	1117.2	1323.8	1335.2	4
孝感	Xiaogan	540.4	587.0	582.9	81	云浮	Yunfu	303.8	386.5	385.3	131
荆州	Jingzhou	403.9	453.6	450.7	114	**广西**	**Guangxi**	**194.1**	**202.9**	**204.3**	
黄冈	Huanggang	353.0	427.9	423.9	119	南宁	Nanning	301.3	338.1	340.3	145
咸宁	Xianning	249.8	308.3	311.7	154	柳州	Liuzhou	201.9	207.6	208.1	201
随州	Suizhou	224.4	261.5	259.4	176	桂林	Guilin	170.7	193.0	193.0	205
湖南	**Hunan**	**310.1**	**346.4**	**349.3**		梧州	Wuzhou	228.9	275.7	277.6	165
长沙	Changsha	595.9	589.0	600.0	78	北海	Beihai	461.2	521.4	438.7	117
株洲	Zhuzhou	342.9	357.3	358.3	141	防城港	Fangchenggang	139.3	155.5	157.1	221
湘潭	Xiangtan	548.8	579.1	575.3	82	钦州	Qinzhou	284.1	335.6	337.2	146
衡阳	Hengyang	467.2	522.1	522.9	100	贵港	Guigang	388.5	523.5	524.4	99
邵阳	Shaoyang	339.5	398.5	396.5	127	玉林	Yulin	427.4	558.6	564.6	90
岳阳	Yueyang	363.0	384.3	381.6	134	百色	Baise	96.2	115.2	115.5	250

1-13 人口密度 续表 3
Population Density continued 3

单位：人/平方公里 （person/sq.km）

地名	City	2010	2016	2017	2017 排名 Ranking	地名	City	2010	2016	2017	2017 排名 Ranking
贺州	Hezhou	164.8	206.8	207.6	202	丽江	Lijiang	58.0	59.0	59.8	269
河池	Hechi	102.4	128.2	128.5	242	普洱	Puer	56.1	55.3	57.2	271
来宾	Laibin	156.6	200.6	199.8	204	临沧	Lincang	99.4	100.3	101.2	253
崇左	Chongzuo	114.7	144.8	144.2	232	**西藏**	**Tibet**	**2.5**	**112.1**	**114.2**	
海南	**Hainan**	**245.7**	**2163.8**	**2192.8**		拉萨	Lasa		18.3	18.3	283
海口	Haikou	887.6	724.8	747.1	40	**陕西**	**Shaanxi**	**181.5**	**185.6**	**186.7**	
三亚	Sanya	357.1	301.9	307.1	156	西安	Xi'an	838.3	816.3	842.6	31
三沙	Sansha					铜川	Tongchuan	215.1	216.4	213.8	195
重庆	**Chongqing**	**350.6**	**369.9**	**373.2**		宝鸡	Baoji	205.1	212.0	210.3	198
四川	**Sichuan**	**166.2**	**425.5**	**429.8**		咸阳	Xianyang	480.4	520.2	490.4	104
成都	Chengdu	1157.9	975.9	1001.0	14	渭南	Weinan	402.8	424.1	423.3	120
自贡	Zigong	612.6	746.4	739.6	42	延安	Yan'an	59.1	64.0	64.3	268
攀枝花	Panzhihua	163.2	150.0	147.3	229	汉中	Hanzhong	125.4	140.9	140.2	233
泸州	Luzhou	344.9	415.2	416.9	122	榆林	Yulin	77.0	89.0	89.7	256
德阳	Deyang	611.7	663.2	656.4	68	安康	Ankang	111.8	129.2	129.6	240
绵阳	Mianyang	227.9	269.2	265.2	171	商洛	Shangluo	121.4	131.1	131.1	238
广元	Guangyuan	152.2	186.9	185.7	209	**甘肃**	**Gansu**	**63.4**	**62.9**	**68.2**	
遂宁	Suining	610.9	710.3	695.2	59	兰州	Lanzhou	276.6	247.6	249.1	178
内江	Neijiang	687.5	779.9	770.7	38	嘉峪关	Jiayuguan	79.0	71.6	71.6	263
乐山	Leshan	252.3	258.7	276.7	166	金昌	Jinchang	52.2	51.7	51.7	273
南充	Nanchong	503.2	593.9	587.5	80	白银	Baiyin	80.8	86.0	85.8	257
眉山	Meishan	410.7	490.2	483.2	108	天水	Tianshui	227.5	259.9	259.9	175
宜宾	Yibin	337.0	419.0	418.2	121	武威	Wuwei	54.7	57.5	58.7	270
广安	Guangan	505.2	736.7	733.6	46	张掖	Zhangye	28.6	31.2	33.9	279
达州	Dazhou	329.6	412.3	405.1	125	平凉	Pingliang	185.3	209.5	209.5	199
雅安	Yaan	98.5	103.0	102.4	252	酒泉	Jiuquan	5.7	5.8	5.9	285
巴中	Bazhong	267.0	305.1	305.9	157	庆阳	Qingyang	81.6	99.6	99.6	254
资阳	Ziyang	460.3	617.6	607.2	77	定西	Dingxi	132.9	154.5	154.5	223
贵州	**Guizhou**	**197.5**	**345.7**	**338.2**		陇南	Longnan	92.1	103.5	102.9	251
贵阳	Guiyang	538.8	498.6	507.3	103	**青海**	**Qinghai**	**7.9**	**284.8**	**332.2**	
六盘水	Liupanshui	286.4	342.9	345.0	143	西宁	Xining	288.6	265.0	268.9	169
遵义	Zunyi	199.4	260.7	261.7	173	海东	Haidong		129.9	166.3	218
安顺	Anshun	248.2	323.7	324.8	150	**宁夏**	**Ningxia**	**121.8**	**109.6**	**110.7**	
毕节	Bijie		341.5	309.2	155	银川	Yinchuan	222.0	203.9	209.4	200
铜仁	Tongren		245.0	244.3	180	石嘴山	Shizuishan	136.9	141.2	139.4	234
云南	**Yunnan**	**120.1**	**242.6**	**245.7**		吴忠	Wuzhong	62.9	84.7	85.3	258
昆明	Kunming	306.4	266.3	264.6	172	固原	Guyuan	117.0	115.0	115.7	249
曲靖	Qujing	202.6	225.9	228.4	189	中卫	Zhongwei	62.1	69.3	69.9	264
玉溪	Yuxi	150.9	142.5	146.6	230	**新疆**	**Xinjiang**	**13.1**	**1114.2**	**1136.0**	
保山	Baoshan	127.6	132.9	133.9	237	乌鲁木齐	Urumqi	225.8	194.4	161.7	220
昭通	Zhaotong	231.0	275.1	279.6	164	克拉玛依	Karamay	41.0	38.8	40.1	277

2

就业和工资

Employment and Wages

2-1 城镇单位就业人员
Employed Persons in Urban Units

单位：万人 (10 000 persons)

地名	City	2010	2016	2017	2017 排名 Ranking
全国	**Nation Total**	**13051.5**	**17888.1**	**17644.0**	
北京	**Beijing**	**646.6**	**791.5**	**812.9**	
天津	**Tianjin**	**205.7**	**286.0**	**269.5**	
河北	**Hebei**	**519.6**	**639.6**	**535.3**	
石家庄	Shijiazhuang	84.2	99.5	91.6	44
唐山	Tangshan	84.0	88.1	76.1	59
秦皇岛	Qinhuangdao	29.8	32.5	29.3	168
邯郸	Handan	56.6	76.1	60.1	72
邢台	Xingtai	35.1	44.8	350.0	4
保定	Baoding	70.4	100.6	74.4	61
张家口	Zhangjiakou	33.7	37.0	31.8	156
承德	Chengde	25.7	29.6	26.6	175
沧州	Cangzhou	43.7	51.9	43.5	108
廊坊	Langfang	34.6	45.9	96.1	43
衡水	Hengshui	21.8	28.6	22.8	198
山西	**Shanxi**	**394.4**	**430.6**	**428.7**	
太原	Taiyuan	77.3	104.1	104.4	34
大同	Datong	42.1	40.2	39.8	124
阳泉	Yangquan	23.7	25.4	25.4	181
长治	Changzhi	37.3	42.6	43.0	113
晋城	Jincheng	27.1	35.6	35.7	138
朔州	Shuozhou	17.9	18.9	18.6	232
晋中	Jinzhong	35.1	35.0	35.2	140
运城	Yuncheng	32.0	35.2	34.2	144
忻州	Xinzhou	22.7	23.9	24.0	190
临汾	Linfen	33.8	36.5	36.5	132
吕梁	Lvliang	30.8	35.2	34.0	145
内蒙古	**Inner Mongolia**	**249.2**	**293.2**	**280.6**	
呼和浩特	Hohhot	71.8	41.1	40.2	122
包头	Baotou	75.0	38.9	36.0	136
乌海	Wuhai	15.9	9.3	8.3	281
赤峰	Chifeng	53.9	33.5	31.4	160
通辽	Tongliao	37.3	29.2	26.4	176
鄂尔多斯	Erdos	35.3	31.3	31.9	155
呼伦贝尔	Hulunbuir	49.8	43.0	34.6	141
巴彦淖尔	Bayannur	25.9	14.6	14.0	258
乌兰察布	Ulanqab	28.9	15.8	16.0	252
辽宁	**Liaoning**	**518.1**	**560.4**	**519.5**	
沈阳	Shenyang	109.9	129.3	121.1	26
大连	Dalian	96.3	107.8	97.3	42
鞍山	Anshan	51.2	47.9	41.8	117
抚顺	Fushun	40.3	25.0	23.7	194
本溪	Benxi	32.3	22.8	21.8	205
丹东	Dandong	24.6	23.0	19.7	223
锦州	Jinzhou	32.2	29.3	24.1	188
营口	Yingkou	20.8	25.7	25.2	182
阜新	Fuxin	25.6	15.2	15.2	253
辽阳	Liaoyang	18.9	15.8	16.9	244
盘锦	Panjin	50.3	44.2	41.7	118
铁岭	Tieling	27.2	22.8	22.2	201
朝阳	Chaoyang	25.2	24.3	23.1	197
葫芦岛	Huludao	25.4	21.7	20.1	219
吉林	**Jilin**	**267.6**	**322.1**	**307.1**	
长春	Changchun	92.8	125.9	125.4	24
吉林	Jilin	33.3	39.0	37.2	130
四平	Siping	21.1	19.2	19.3	225
辽源	Liaoyuan	8.8	12.7	13.2	263
通化	Tonghua	19.9	27.5	19.1	226
白山	Baishan	17.2	17.0	16.7	247
松原	Songyuan	21.5	26.4	24.5	186
白城	Baicheng	18.5	20.7	20.0	221
黑龙江	**Heilongjiang**	**460.0**	**424.9**	**413.0**	
哈尔滨	Harbin	160.8	130.4	128.0	23
齐齐哈尔	Qiqihar	37.3	37.6	36.5	131
鸡西	Jixi	22.6	25.8	21.5	208
鹤岗	Hegang	20.2	18.8	18.5	234
双鸭山	Shuangyashan	16.6	15.0	13.7	261
大庆	Daqing	69.2	51.7	50.8	89
伊春	Yichun	24.5	17.0	16.5	249
佳木斯	Jiamusi	22.7	16.6	16.1	250
七台河	Qitaihe	18.6	8.9	8.8	279
牡丹江	Mudanjiang	38.9	25.4	21.8	206
黑河	Heihe	15.3	12.0	11.8	267
绥化	Suihua	27.8	26.7	24.8	185
上海	**Shanghai**	**392.9**	**627.8**	**632.3**	
江苏	**Jiangsu**	**763.8**	**1497.3**	**1484.6**	

2-1 城镇单位就业人员 续表 1
Employed Persons in Urban Units continued 1

单位：万人 (10 000 persons)

地名	City	2010	2016	2017	2017 排名 Ranking	地名	City	2010	2016	2017	2017 排名 Ranking
南京	Nanjing	125.6	205.2	204.5	12	池州	Chizhou	7.1	10.7	10.5	273
无锡	Wuxi	83.0	113.3	113.1	32	宣城	Xuancheng	12.4	16.3	17.2	241
徐州	Xuzhou	61.8	99.8	97.7	41	**福建**	**Fujian**	**507.1**	**668.8**	**672.5**	
常州	Changzhou	38.2	68.5	68.9	66	福州	Fuzhou	105.5	156.8	158.8	16
苏州	Suzhou	130.9	288.7	291.0	6	厦门	Xiamen	95.3	139.2	146.0	18
南通	Nantong	63.1	205.3	209.7	10	莆田	Putian	28.8	52.0	54.1	81
连云港	Lianyungang	34.0	47.5	45.7	102	三明	Sanming	21.5	24.0	24.4	187
淮安	Huaian	39.3	68.8	64.5	69	泉州	Quanzhou	142.2	149.6	139.9	20
盐城	Yancheng	51.9	87.4	83.4	50	漳州	Zhangzhou	40.1	56.0	56.7	77
扬州	Yangzhou	40.1	102.1	98.1	40	南平	Nanping	23.6	24.7	25.5	180
镇江	Zhenjiang	37.3	48.0	43.1	111	龙岩	Longyan	30.6	31.4	31.6	158
泰州	Taizhou	37.2	110.0	114.0	31	宁德	Ningde	16.6	31.5	31.7	157
宿迁	Suqian	21.5	48.6	46.8	100	**江西**	**Jiangxi**	**297.4**	**471.5**	**463.5**	
浙江	**Zhejiang**	**883.6**	**1060.9**	**1054.5**		南昌	Nanchang	67.8	126.0	120.9	27
杭州	Hangzhou	232.7	290.1	287.0	7	景德镇	Jingdezhen	17.4	19.2	19.0	228
宁波	Ningbo	140.2	151.9	161.3	15	萍乡	Pingxiang	14.1	21.0	18.8	229
温州	Wenzhou	107.9	104.6	119.1	29	九江	Jiujiang	34.0	43.5	44.4	105
嘉兴	Jiaxing	80.4	80.5	79.1	54	新余	Xinyu	10.1	14.4	13.5	262
湖州	Huzhou	37.9	50.2	50.4	91	鹰潭	Yingtan	10.0	14.7	16.0	251
绍兴	Shaoxing	107.1	136.8	120.2	28	赣州	Ganzhou	42.4	57.7	56.6	78
金华	Jinhua	52.5	92.7	76.5	57	吉安	Jian	20.2	37.3	38.1	127
衢州	Quzhou	17.1	20.7	20.4	215	宜春	Yichun	28.1	45.8	46.2	101
舟山	Zhoushan	16.8	47.0	18.4	235	抚州	Fuzhou	21.2	37.7	35.8	137
台州	Taizhou	69.8	94.1	101.2	36	上饶	Shangrao	30.0	43.4	43.3	110
丽水	Lishui	16.8	18.4	19.0	227	**山东**	**Shandong**	**956.2**	**1215.5**	**1192.9**	
安徽	**Anhui**	**372.9**	**517.1**	**516.2**		济南	Jinan	116.9	135.9	131.2	22
合肥	Hefei	71.1	148.0	151.4	17	青岛	Qingdao	124.1	145.4	145.9	19
芜湖	Wuhu	26.7	45.7	44.7	104	淄博	Zibo	62.9	84.0	80.9	53
蚌埠	Bengbu	17.3	27.4	25.7	179	枣庄	Zaozhuang	35.8	44.9	42.7	114
淮南	Huainan	32.7	30.4	29.3	166	东营	Dongying	40.1	43.2	40.0	123
马鞍山	Maanshan	15.4	22.3	22.1	204	烟台	Yantai	90.5	103.5	99.8	37
淮北	Huaibei	20.8	21.5	21.6	207	潍坊	Weifang	74.0	85.7	83.9	48
铜陵	Tongling	11.7	17.1	17.1	242	济宁	Jining	63.2	85.2	82.4	51
安庆	Anqing	24.2	34.1	33.1	150	泰安	Taian	56.3	69.3	67.2	68
黄山	Huangshan	9.4	11.6	11.3	271	威海	Weihai	39.9	58.7	57.5	75
滁州	Chuzhou	17.9	24.5	23.9	192	日照	Rizhao	20.7	31.1	31.6	159
阜阳	Fuyang	29.1	33.7	34.5	143	莱芜	Laiwu	13.8	16.8	16.5	248
宿州	Suzhou	22.1	77.5	380.4	3	临沂	Linyi	56.2	92.4	87.9	46
六安	Liuan	22.2	109.0	117.9	30	德州	Dezhou	38.6	55.5	54.6	79
亳州	Bozhou	16.1	23.5	23.9	191	聊城	Liaocheng	35.4	47.3	47.0	98

2-1 城镇单位就业人员 续表 2
Employed Persons in Urban Units continued 2

单位：万人 (10 000 persons)

地名	City	2010	2016	2017	2017 排名 Ranking	地名	City	2010	2016	2017	2017 排名 Ranking
滨州	Binzhou	37.6	50.6	46.9	99	常德	Changde	60.5	41.7	42.4	115
菏泽	Heze	37.2	52.2	52.5	84	张家界	Zhangjiajie	15.8	8.6	8.8	280
河南	**Henan**	**751.7**	**1145.0**	**1129.3**		益阳	Yiyang	38.8	26.9	26.8	174
郑州	Zhengzhou	108.5	200.9	207.6	11	郴州	Chenzhou	62.2	35.9	36.3	133
开封	Kaifeng	33.1	53.7	52.1	86	永州	Yongzhou	54.7	32.6	33.5	147
洛阳	Luoyang	53.9	75.4	73.0	63	怀化	Huaihua	84.6	26.3	25.1	183
平顶山	Pingdingshan	48.5	55.0	54.3	80	娄底	Loudi	53.9	29.7	29.3	167
安阳	Anyang	43.5	57.5	52.6	83	**广东**	**Guangdong**	**1118.5**	**1957.6**	**1963.1**	
鹤壁	Hebi	17.8	23.3	22.5	200	广州	Guangzhou	246.4	325.2	329.2	5
新乡	Xinxiang	45.7	66.3	61.0	71	韶关	Shaoguan	30.6	33.5	32.0	154
焦作	Jiaozuo	32.3	54.2	54.0	82	深圳	Shenzhen	253.0	456.2	463.8	2
濮阳	Puyang	31.4	41.5	41.2	119	珠海	Zhuhai	63.2	73.1	76.2	58
许昌	Xuchang	28.7	48.8	47.8	95	汕头	Shantou	32.3	57.5	59.6	74
漯河	Luohe	23.1	33.8	36.1	134	佛山	Foshan	56.1	171.7	165.2	14
三门峡	Sanmenxia	24.2	25.1	23.2	196	江门	Jiangmen	44.9	59.5	56.7	76
南阳	Nanyang	70.5	94.7	89.4	45	湛江	Zhanjiang	40.7	52.3	50.9	88
商丘	Shangqiu	39.7	77.1	82.3	52	茂名	Maoming	30.9	46.5	49.4	92
信阳	Xinyang	43.2	63.2	61.9	70	肇庆	Zhaoqing	27.6	42.3	39.3	126
周口	Zhoukou	45.2	72.5	69.1	65	惠州	Huizhou	80.4	96.1	98.8	39
驻马店	Zhumadian	41.2	71.6	74.7	60	梅州	Meizhou	23.5	28.9	29.1	169
湖北	**Hubei**	**510.3**	**719.3**	**695.0**		汕尾	Shanwei	15.7	23.8	20.4	216
武汉	Wuhan	178.5	213.3	219.9	9	河源	Heyuan	24.7	27.9	28.1	171
黄石	Huangshi	27.3	30.7	30.7	162	阳江	Yangjiang	18.2	24.2	23.7	193
十堰	Shiyan	35.6	66.3	68.0	67	清远	Qingyuan	27.6	32.6	32.9	151
宜昌	Yichang	78.9	94.3	87.7	47	东莞	Dongguan	23.2	231.2	242.4	8
襄阳	Xiangyang	40.5	101.0	101.5	35	中山	Zhongshan	29.0	80.9	77.9	56
鄂州	Ezhou	30.5	22.1	22.2	203	潮州	Chaozhou	12.5	20.2	18.5	233
荆门	Jingmen	42.3	39.5	39.7	125	揭阳	Jieyang	20.7	41.3	37.9	128
孝感	Xiaogan	50.4	82.6	83.4	49	云浮	Yunfu	17.5	21.8	19.4	224
荆州	Jingzhou	63.6	42.4	41.0	121	**广西**	**Guangxi**	**316.7**	**401.4**	**398.0**	
黄冈	Huanggang	33.0	67.5	78.3	55	南宁	Nanning	70.5	97.4	98.8	38
咸宁	Xianning	32.9	23.0	22.5	199	柳州	Liuzhou	38.0	58.5	60.0	73
随州	Suizhou	43.2	14.8	14.5	256	桂林	Guilin	31.6	42.7	42.0	116
湖南	**Hunan**	**505.7**	**568.4**	**565.7**		梧州	Wuzhou	15.6	19.9	21.3	209
长沙	Changsha	179.9	120.9	123.3	25	北海	Beihai	11.9	14.5	14.4	257
株洲	Zhuzhou	64.2	45.6	44.4	106	防城港	Fangchenggang	8.9	9.7	9.3	277
湘潭	Xiangtan	44.3	47.2	33.3	149	钦州	Qinzhou	13.7	21.8	20.7	212
衡阳	Hengyang	136.3	53.5	52.1	87	贵港	Guigang	15.3	18.4	18.6	231
邵阳	Shaoyang	93.9	37.4	37.5	129	玉林	Yulin	27.3	33.9	29.5	165
岳阳	Yueyang	92.3	46.9	43.0	112	百色	Baise	18.2	22.2	22.2	202

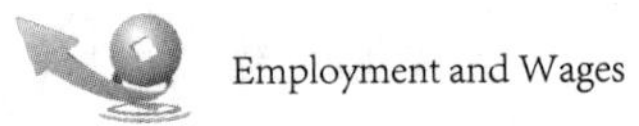

2-1 城镇单位就业人员 续表 3
Employed Persons in Urban Units continued 3

单位：万人 (10 000 persons)

地名	City	2010	2016	2017	2017 排名 Ranking
贺州	Hezhou	8.0	10.2	10.7	272
河池	Hechi	18.2	18.9	18.6	230
来宾	Laibin	11.8	12.7	12.5	266
崇左	Chongzuo	14.0	13.5	13.7	260
海南	**Hainan**	**81.3**	**101.2**	**100.9**	
海口	Haikou	77.2	51.4	52.2	85
三亚	Sanya	14.4	13.1	13.9	259
三沙	Sansha				
重庆	**Chongqing**	**266.4**	**412.9**	**406.4**	
四川	**Sichuan**	**570.6**	**787.5**	**792.2**	
成都	Chengdu	172.1	552.7	593.6	1
自贡	Zigong	16.5	20.3	20.2	218
攀枝花	Panzhihua	17.2	28.0	29.1	170
泸州	Luzhou	25.7	38.4	29.7	164
德阳	Deyang	25.7	31.8	30.9	161
绵阳	Mianyang	34.6	52.6	50.6	90
广元	Guangyuan	14.2	16.9	17.3	240
遂宁	Suining	16.2	33.2	20.9	211
内江	Neijiang	21.4	28.1	26.0	177
乐山	Leshan	28.8	26.5	26.0	178
南充	Nanchong	25.9	45.2	45.5	103
眉山	Meishan	15.3	20.6	20.1	220
宜宾	Yibin	33.5	35.3	36.1	135
广安	Guangan	11.4	15.5	32.9	152
达州	Dazhou	25.1	37.6	48.4	93
雅安	Yaan	9.6	11.3	11.6	268
巴中	Bazhong	14.4	30.1	32.4	153
资阳	Ziyang	16.1	18.2	17.6	239
贵州	**Guizhou**	**224.3**	**310.5**	**315.2**	
贵阳	Guiyang	72.0	105.7	109.1	33
六盘水	Liupanshui	22.5	23.0	24.1	189
遵义	Zunyi	30.3	42.7	43.4	109
安顺	Anshun	12.8	18.9	20.3	217
毕节	Bijie	21.7	32.9	33.9	146
铜仁	Tongren	14.6	21.1	20.9	210
云南	**Yunnan**	**322.8**	**419.0**	**422.4**	
昆明	Kunming	92.2	133.6	134.8	21
曲靖	Qujing	33.2	46.9	47.2	97
玉溪	Yuxi	18.8	28.3	27.7	172
保山	Baoshan	14.2	20.0	20.7	213
昭通	Zhaotong	18.1	24.1	24.9	184
丽江	Lijiang	8.4	10.3	10.4	274
普洱	Puer	14.1	17.2	17.6	238
临沧	Lincang	11.0	15.0	15.1	254
西藏	**Tibet**	**22.2**	**31.5**	**33.3**	
拉萨	Lasa	2.5	47.7	27.3	173
陕西	**Shaanxi**	**364.8**	**511.4**	**510.4**	
西安	Xi'an	140.4	199.2	202.3	13
铜川	Tongchuan	9.8	11.5	11.3	270
宝鸡	Baoji	29.8	41.1	41.2	120
咸阳	Xianyang	37.1	55.8	47.9	94
渭南	Weinan	37.4	46.8	47.2	96
延安	Yan'an	23.1	33.7	33.3	148
汉中	Hanzhong	25.0	30.0	30.2	163
榆林	Yulin	25.9	42.1	43.6	107
安康	Ankang	12.9	18.8	19.8	222
商洛	Shangluo	12.9	19.8	20.5	214
甘肃	**Gansu**	**194.3**	**261.0**	**259.2**	
兰州	Lanzhou	57.7	68.6	74.1	62
嘉峪关	Jiayuguan	5.0	7.8	8.1	282
金昌	Jinchang	7.4	10.2	9.9	275
白银	Baiyin	15.3	16.0	16.9	245
天水	Tianshui	18.9	23.2	23.4	195
武威	Wuwei	9.9	13.4	12.8	265
张掖	Zhangye	10.3	13.2	11.4	269
平凉	Pingliang	12.9	17.7	16.7	246
酒泉	Jiuquan	10.2	14.9	12.9	264
庆阳	Qingyang	9.3	17.7	17.0	243
定西	Dingxi	10.6	15.6	14.7	255
陇南	Longnan	11.3	19.9	18.1	236
青海	**Qinghai**	**52.6**	**63.1**	**63.3**	
西宁	Xining	29.0	34.2	34.5	142
海东	Haidong		7.4	7.0	283
宁夏	**Ningxia**	**59.3**	**70.7**	**71.1**	
银川	Yinchuan	53.6	35.5	35.4	139
石嘴山	Shizuishan	16.6	8.9	9.1	278
吴忠	Wuzhong	16.5	9.6	9.9	276
固原	Guyuan	11.8	6.8	6.9	284
中卫	Zhongwei	8.0	6.5	6.5	285
新疆	**Xinjiang**	**255.0**	**320.5**	**335.0**	
乌鲁木齐	Urumqi	49.1	72.7	72.4	64
克拉玛依	Karamay	16.7	16.7	17.6	237

2-2 城镇私营和个体从业人员
Employed Persons in Private Enterprises and Self-Employed Individuals in Urban Areas

单位：万人 (10 000 persons)

地名	City	2016	2017	2017 排名 Ranking
全国	**Nation Total**	**20710.4**	**22674.7**	
北京	**Beijing**	**685.2**	**734.2**	
天津	**Tianjin**	**179.1**	**201.4**	
河北	**Hebei**	**510.7**	**572.3**	
石家庄	Shijiazhuang		193.1	19
唐山	Tangshan	62.3	45.9	122
秦皇岛	Qinhuangdao	18.0	31.5	171
邯郸	Handan	130.4	67.9	83
邢台	Xingtai	52.5	56.2	104
保定	Baoding	59.2	57.1	103
张家口	Zhangjiakou	5.0	35.8	154
承德	Chengde	24.5	26.3	195
沧州	Cangzhou	45.2	59.1	98
廊坊	Langfang	44.9	62.2	94
衡水	Hengshui	22.3	34.5	159
山西	**Shanxi**	**323.1**	**356.7**	
太原	Taiyuan	83.2	89.2	62
大同	Datong	34.4	39.6	139
阳泉	Yangquan	17.2	18.8	221
长治	Changzhi	36.4	36.1	152
晋城	Jincheng	26.6	20.3	218
朔州	Shuozhou	31.0	30.7	174
晋中	Jinzhong	25.6	48.3	118
运城	Yuncheng		34.4	160
忻州	Xinzhou			
临汾	Linfen	27.5	30.0	177
吕梁	Lvliang			
内蒙古	**Inner Mongolia**	**427.5**	**499.4**	
呼和浩特	Hohhot			
包头	Baotou	92.8	96.7	56
乌海	Wuhai	24.0	25.6	199
赤峰	Chifeng	37.3	49.5	117
通辽	Tongliao	34.2	38.2	144
鄂尔多斯	Erdos	49.5	55.7	105
呼伦贝尔	Hulunbuir	37.0	37.1	149
巴彦淖尔	Bayannur	14.2	28.2	183
乌兰察布	Ulanqab		26.3	196
辽宁	**Liaoning**	**522.2**	**551.8**	
沈阳	Shenyang	163.1	179.5	20
大连	Dalian	93.2	142.6	30
鞍山	Anshan	23.5	24.9	201
抚顺	Fushun	34.3	25.8	197
本溪	Benxi	24.8	28.1	185
丹东	Dandong	21.0	20.1	219
锦州	Jinzhou	33.4		
营口	Yingkou	59.2	53.1	108
阜新	Fuxin	22.7	22.4	212
辽阳	Liaoyang	17.6	16.7	233
盘锦	Panjin	18.3	17.0	232
铁岭	Tieling	24.6	37.2	148
朝阳	Chaoyang	23.8	29.7	178
葫芦岛	Huludao	24.1	24.1	206
吉林	**Jilin**	**439.9**	**433.2**	
长春	Changchun	155.4	151.3	27
吉林	Jilin	55.0	93.0	58
四平	Siping	37.4	35.0	156
辽源	Liaoyuan	25.2	24.0	207
通化	Tonghua	30.0	28.2	184
白山	Baishan	15.9	18.2	227
松原	Songyuan	46.3	58.8	99
白城	Baicheng	21.3	27.8	186
黑龙江	**Heilongjiang**	**313.4**	**355.2**	
哈尔滨	Harbin	115.9	130.5	37
齐齐哈尔	Qiqihar			
鸡西	Jixi	1.4	20.6	217
鹤岗	Hegang			
双鸭山	Shuangyashan	17.2		
大庆	Daqing	45.1		
伊春	Yichun	10.9	10.7	259
佳木斯	Jiamusi	22.5	25.7	198
七台河	Qitaihe			
牡丹江	Mudanjiang	29.3		
黑河	Heihe			
绥化	Suihua	35.0	39.4	140
上海	**Shanghai**	**641.2**	**714.4**	
江苏	**Jiangsu**	**2296.5**	**2553.9**	

2-2 城镇私营和个体从业人员 续表 1

Employed Persons in Private Enterprises and Self-Employed Individuals in Urban Areas continued 1

单位：万人 (10 000 persons)

地名	City	2016	2017	2017 排名 Ranking
南京	Nanjing	428.9	484.9	3
无锡	Wuxi	272.0	287.9	10
徐州	Xuzhou	134.7	157.5	24
常州	Changzhou	213.0	231.8	14
苏州	Suzhou	440.5	500.4	2
南通	Nantong	109.1	127.4	39
连云港	Lianyungang	65.3	64.4	89
淮安	Huaian	86.0	96.8	55
盐城	Yancheng	114.6	126.0	41
扬州	Yangzhou	135.1	147.3	29
镇江	Zhenjiang	92.4	106.3	48
泰州	Taizhou	116.9	127.1	40
宿迁	Suqian	97.2	105.7	50
浙江	**Zhejiang**	**1605.9**	**1753.6**	
杭州	Hangzhou	182.7	205.3	17
宁波	Ningbo	215.5	348.8	8
温州	Wenzhou	381.3	269.8	12
嘉兴	Jiaxing	92.1	111.1	45
湖州	Huzhou	71.4	88.7	63
绍兴	Shaoxing	140.8	142.5	31
金华	Jinhua	301.2	315.2	9
衢州	Quzhou	49.2	52.3	110
舟山	Zhoushan	16.2	24.9	202
台州	Taizhou	97.4	120.3	43
丽水	Lishui	54.0	47.0	120
安徽	**Anhui**	**879.8**	**1013.6**	
合肥	Hefei	168.9	197.6	18
芜湖	Wuhu	63.2	63.8	91
蚌埠	Bengbu		17.6	230
淮南	Huainan	25.9	32.7	166
马鞍山	Maanshan	41.8	39.0	142
淮北	Huaibei	40.1	46.1	121
铜陵	Tongling	21.0	26.9	191
安庆	Anqing			
黄山	Huangshan	25.3	28.5	182
滁州	Chuzhou	66.2	71.8	75
阜阳	Fuyang	105.6	128.2	38
宿州	Suzhou	40.2	41.0	135
六安	Liuan	28.7	26.4	194
亳州	Bozhou	52.0	50.8	113
池州	Chizhou	27.2	30.4	176
宣城	Xuancheng	51.0	70.7	76
福建	**Fujian**	**846.6**	**938.1**	
福州	Fuzhou	146.6	169.0	22
厦门	Xiamen	213.0	232.7	13
莆田	Putian	72.2	84.9	67
三明	Sanming	47.9	54.4	106
泉州	Quanzhou	137.3	154.2	25
漳州	Zhangzhou	44.3	60.2	96
南平	Nanping	46.3	53.9	107
龙岩	Longyan	42.8	36.0	153
宁德	Ningde	63.9	74.3	73
江西	**Jiangxi**	**547.5**	**580.7**	
南昌	Nanchang	81.7	133.9	35
景德镇	Jingdezhen	25.6	25.5	200
萍乡	Pingxiang	40.9	42.9	131
九江	Jiujiang	61.2	67.2	85
新余	Xinyu	21.8	16.5	234
鹰潭	Yingtan	15.1	21.8	215
赣州	Ganzhou	57.1	118.2	44
吉安	Jian	69.0	34.8	157
宜春	Yichun	90.7	89.8	60
抚州	Fuzhou	69.6	68.1	81
上饶	Shangrao	71.2	75.1	72
山东	**Shandong**	**915.4**	**954.8**	
济南	Jinan	190.6	220.8	16
青岛	Qingdao	304.7	439.7	5
淄博	Zibo	43.9	45.4	124
枣庄	Zaozhuang	40.4	44.3	128
东营	Dongying	23.9	22.5	211
烟台	Yantai	106.9	109.3	46
潍坊	Weifang	588.2	629.6	1
济宁	Jining	39.4	45.8	123
泰安	Taian	92.2	45.0	126
威海	Weihai	33.1	33.1	162
日照	Rizhao	14.7	15.2	241
莱芜	Laiwu	16.4	13.4	248
临沂	Linyi	63.5	94.5	57
德州	Dezhou	29.1	30.9	173
聊城	Liaocheng	27.6	27.2	188

2-2 城镇私营和个体从业人员 续表 2

Employed Persons in Private Enterprises and Self-Employed Individuals in Urban Areas continued 2

单位：万人 (10 000 persons)

地名	City	2016	2017	2017 排名 Ranking	地名	City	2016	2017	2017 排名 Ranking
滨州	Binzhou	36.0	36.8	151	常德	Changde	120.1	107.1	47
菏泽	Heze	48.6	53.0	109	张家界	Zhangjiajie	9.8	12.0	254
河南	**Henan**	**880.4**	**1114.0**		益阳	Yiyang		31.9	168
郑州	Zhengzhou	154.2	173.7	21	郴州	Chenzhou	60.3	68.1	82
开封	Kaifeng	44.8	57.4	102	永州	Yongzhou	46.4	28.7	181
洛阳	Luoyang	89.1	98.3	54	怀化	Huaihua	69.7	49.9	116
平顶山	Pingdingshan	34.3	32.8	164	娄底	Loudi	22.0	26.9	192
安阳	Anyang	50.8	61.8	95	**广东**	**Guangdong**	**3071.3**	**3551.1**	
鹤壁	Hebi	19.1	21.7	216	广州	Guangzhou	386.9	408.6	6
新乡	Xinxiang	79.0	80.0	69	韶关	Shaoguan	28.1	30.7	175
焦作	Jiaozuo	47.6	31.6	170	深圳	Shenzhen	470.1	477.4	4
濮阳	Puyang	36.8	41.2	134	珠海	Zhuhai	29.3	31.0	172
许昌	Xuchang	43.0	51.7	111	汕头	Shantou			
漯河	Luohe	17.7	22.2	213	佛山	Foshan	117.3	140.6	32
三门峡	Sanmenxia	20.7	23.7	208	江门	Jiangmen	80.9	89.6	61
南阳	Nanyang	69.1	84.4	68	湛江	Zhanjiang		66.6	86
商丘	Shangqiu	65.4	70.4	77	茂名	Maoming		44.0	129
信阳	Xinyang	35.4	43.9	130	肇庆	Zhaoqing	36.4	64.5	88
周口	Zhoukou	51.9	66.0	87	惠州	Huizhou	121.6	123.3	42
驻马店	Zhumadian	28.3	69.4	78	梅州	Meizhou	17.5	17.8	229
湖北	**Hubei**	**829.6**	**871.1**		汕尾	Shanwei	50.6	39.8	138
武汉	Wuhan	224.1	228.4	15	河源	Heyuan	38.3	38.2	145
黄石	Huangshi	36.1	69.0	80	阳江	Yangjiang	29.6	28.8	180
十堰	Shiyan	66.3	50.7	114	清远	Qingyuan	38.0	39.4	141
宜昌	Yichang	93.9	98.8	53	东莞	Dongguan	244.0	394.1	7
襄阳	Xiangyang	36.9	42.0	132	中山	Zhongshan	102.7	103.1	52
鄂州	Ezhou	11.1	11.5	257	潮州	Chaozhou	25.3	16.3	236
荆门	Jingmen	38.0	38.7	143	揭阳	Jieyang	54.4	64.0	90
孝感	Xiaogan	72.3	149.4	28	云浮	Yunfu	22.2	34.7	158
荆州	Jingzhou	113.5	131.5	36	**广西**	**Guangxi**	**499.8**	**519.0**	
黄冈	Huanggang	18.9	27.0	189	南宁	Nanning	114.1	135.3	33
咸宁	Xianning	39.0	29.0	179	柳州	Liuzhou	72.9	75.8	71
随州	Suizhou	31.9	62.5	93	桂林	Guilin	56.1	10.8	258
湖南	**Hunan**	**468.5**	**524.6**		梧州	Wuzhou	23.3	26.9	190
长沙	Changsha	128.1	152.3	26	北海	Beihai	29.8	40.3	136
株洲	Zhuzhou	73.2	73.5	74	防城港	Fangchenggang	11.4	12.4	251
湘潭	Xiangtan	17.0	16.3	235	钦州	Qinzhou	5.1	7.0	266
衡阳	Hengyang	106.2	106.0	49	贵港	Guigang	30.0	51.4	112
邵阳	Shaoyang	90.3	92.3	59	玉林	Yulin	26.0	67.8	84
岳阳	Yueyang	86.1	86.2	65	百色	Baise	27.7	17.1	231

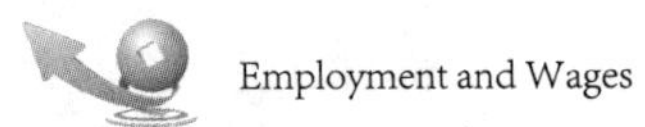

2-2 城镇私营和个体从业人员 续表 3

Employed Persons in Private Enterprises and Self-Employed Individuals in Urban Areas continued 3

单位：万人 (10 000 persons)

地名	City	2016	2017	2017 排名 Ranking	地名	City	2016	2017	2017 排名 Ranking
贺州	Hezhou	12.6	18.3	226	丽江	Lijiang	16.6	15.0	243
河池	Hechi	21.7	24.7	203	普洱	Puer	30.3	15.1	242
来宾	Laibin	27.1	33.2	161	临沧	Lincang	25.6	18.7	222
崇左	Chongzuo	17.1	18.1	228	**西藏**	**Tibet**	**84.9**	**90.9**	
海南	**Hainan**	**139.3**	**156.0**		拉萨	Lasa	19.1		
海口	Haikou	76.4	85.0	66	**陕西**	**Shaanxi**	**440.7**	**485.9**	
三亚	Sanya	19.8	21.9	214	西安	Xi'an	135.9	168.0	23
三沙	Sansha				铜川	Tongchuan	8.5	8.1	265
重庆	**Chongqing**	**824.8**	**921.9**		宝鸡	Baoji	40.7	41.2	133
四川	**Sichuan**	**1135.1**	**561.3**		咸阳	Xianyang	16.2	13.1	249
成都	Chengdu	281.8	274.9	11	渭南	Weinan	14.6	15.6	240
自贡	Zigong	38.9	39.8	137	延安	Yan'an	29.5	32.7	165
攀枝花	Panzhihua	18.7	18.6	223	汉中	Hanzhong	68.7	63.4	92
泸州	Luzhou	43.2	47.6	119	榆林	Yulin	13.9	14.3	245
德阳	Deyang	33.2	37.1	150	安康	Ankang	15.5	8.7	263
绵阳	Mianyang	55.8	58.7	100	商洛	Shangluo	14.7	16.2	237
广元	Guangyuan	21.9	22.7	210	**甘肃**	**Gansu**	**225.0**	**244.2**	
遂宁	Suining	18.4	24.4	204	兰州	Lanzhou	80.4	86.5	64
内江	Neijiang	37.2	32.5	167	嘉峪关	Jiayuguan	5.7	6.1	268
乐山	Leshan	22.6	33.0	163	金昌	Jinchang	9.9	11.5	255
南充	Nanchong	68.8	69.1	79	白银	Baiyin	5.8	6.6	267
眉山	Meishan	55.6	27.6	187	天水	Tianshui	14.5	24.3	205
宜宾	Yibin	45.1	35.0	155	武威	Wuwei	22.7	23.6	209
广安	Guangan		16.0	238	张掖	Zhangye	9.6	9.6	262
达州	Dazhou	56.7	58.7	101	平凉	Pingliang	23.8	26.9	193
雅安	Yaan	4.3	4.1	270	酒泉	Jiuquan	10.8	12.8	250
巴中	Bazhong	17.8	18.5	224	庆阳	Qingyang	13.8	14.8	244
资阳	Ziyang	14.9	12.3	252	定西	Dingxi	36.9	37.7	147
贵州	**Guizhou**	**193.9**	**231.3**		陇南	Longnan	4.3	4.3	269
贵阳	Guiyang	37.7	50.2	115	**青海**	**Qinghai**	**67.6**	**84.2**	
六盘水	Liupanshui	40.2	45.1	125	西宁	Xining	39.7	38.1	146
遵义	Zunyi	21.5			海东	Haidong	13.9	13.7	247
安顺	Anshun	17.6	15.9	239	**宁夏**	**Ningxia**	**107.0**	**116.7**	
毕节	Bijie	53.2	59.2	97	银川	Yinchuan	41.1	44.5	127
铜仁	Tongren	41.6	19.3	220	石嘴山	Shizuishan	10.5	11.5	256
云南	**Yunnan**	**311.2**	**403.0**		吴忠	Wuzhong	10.0	10.3	260
昆明	Kunming	138.2	134.8	34	固原	Guyuan	7.8	8.4	264
曲靖	Qujing	81.5	77.5	70	中卫	Zhongwei	6.3	12.2	253
玉溪	Yuxi	34.0	31.9	169	**新疆**	**Xinjiang**	**297.3**	**586.3**	
保山	Baoshan	9.9	13.9	246	乌鲁木齐	Urumqi	95.5	105.2	51
昭通	Zhaotong	29.3	18.4	225	克拉玛依	Karamay	9.5	10.2	261

2-3 城镇单位第一产业就业人员

Employed Persons in Primary Industry

单位：万人 (10 000 persons)

地名	City	2010	2016	2017	2017 排名 Ranking	地名	City	2010	2016	2017	2017 排名 Ranking
全国	**Nation Total**	**375.70**	**263.20**	**255.40**		沈阳	Shenyang	0.99	0.30	0.25	112
北京	**Beijing**	**3.23**	**3.69**	**3.41**		大连	Dalian	0.97	0.59	0.57	62
天津	**Tianjin**	**0.71**	**0.85**	**0.62**		鞍山	Anshan	0.74	0.29	0.16	148
河北	**Hebei**	**6.63**	**3.90**	**3.50**		抚顺	Fushun	0.55	0.40	0.40	80
石家庄	Shijiazhuang	0.41	0.20	0.19	136	本溪	Benxi	0.19	0.08	0.08	197
唐山	Tangshan	3.03	1.77	1.65	24	丹东	Dandong	0.30	0.50	0.15	149
秦皇岛	Qinhuangdao	0.20	0.04	0.05	237	锦州	Jinzhou	1.46	0.87	0.88	41
邯郸	Handan	0.25	0.16	0.17	144	营口	Yingkou	0.11	0.10	0.09	188
邢台	Xingtai	0.16	0.06	0.06	220	阜新	Fuxin	0.44	0.37	0.29	102
保定	Baoding	0.28	0.10	0.10	185	辽阳	Liaoyang	0.42	0.28	0.67	53
张家口	Zhangjiakou	0.55	0.45	0.18	139	盘锦	Panjin	18.75	16.54	16.04	1
承德	Chengde	0.52	0.31	0.30	98	铁岭	Tieling	2.02	1.68	1.56	25
沧州	Cangzhou	0.94	0.60	0.58	61	朝阳	Chaoyang	0.61	0.18	0.12	170
廊坊	Langfang	0.16	0.08	0.53	66	葫芦岛	Huludao	0.42	0.49	0.20	128
衡水	Hengshui	0.13	0.11	0.12	169	**吉林**	**Jilin**	**16.70**	**12.50**	**11.40**	
山西	**Shanxi**	**3.23**	**1.70**	**1.60**		长春	Changchun	1.33	1.19	1.17	33
太原	Taiyuan	0.33	0.17	0.18	138	吉林	Jilin	1.64	0.99	0.94	38
大同	Datong	0.21	0.12	0.13	162	四平	Siping	1.03	0.79	0.66	55
阳泉	Yangquan	0.04	0.03	0.03	255	辽源	Liaoyuan	0.36	0.25	0.24	119
长治	Changzhi	0.31	0.14	0.14	160	通化	Tonghua	0.62	0.43	0.35	87
晋城	Jincheng	0.15	0.13	0.14	161	白山	Baishan	2.20	1.90	1.91	21
朔州	Shuozhou	0.87	0.21	0.09	186	松原	Songyuan	2.42	2.03	1.93	19
晋中	Jinzhong	0.18	0.11	0.11	171	白城	Baicheng	3.40	2.23	1.94	17
运城	Yuncheng	0.30	0.20	0.19	134	**黑龙江**	**Heilongjiang**	**92.90**	**66.80**	**67.70**	
忻州	Xinzhou	0.33	0.24	0.23	122	哈尔滨	Harbin	5.50	3.55	3.27	13
临汾	Linfen	0.42	0.32	0.34	91	齐齐哈尔	Qiqihar	7.65	4.54	4.51	8
吕梁	Lvliang	0.09	0.07	0.07	210	鸡西	Jixi	6.70	6.27	5.56	5
内蒙古	**Inner Mongolia**	**26.70**	**22.90**	**22.00**		鹤岗	Hegang	8.55	5.24	5.51	6
呼和浩特	Hohhot	0.36	0.33	0.31	97	双鸭山	Shuangyashan	14.61	0.66	0.63	58
包头	Baotou	0.31	0.26	0.26	109	大庆	Daqing	0.34	0.30	0.29	103
乌海	Wuhai	0.05	0.02	0.01	269	伊春	Yichun	10.23	9.22	8.82	4
赤峰	Chifeng	1.95	1.50	1.49	27	佳木斯	Jiamusi	9.56	2.00	1.92	20
通辽	Tongliao	5.82	5.51	5.36	7	七台河	Qitaihe	0.55	0.43	0.41	78
鄂尔多斯	Erdos	0.47	0.29	0.26	111	牡丹江	Mudanjiang	5.00	3.91	3.34	12
呼伦贝尔	Hulunbuir	11.27	11.70	9.05	2	黑河	Heihe	16.30	2.45	2.36	15
巴彦淖尔	Bayannur	2.24	1.86	1.74	23	绥化	Suihua	1.28	1.06	1.07	34
乌兰察布	Ulanqab	0.36	0.24	0.24	118	**上海**	**Shanghai**	**1.54**	**2.50**	**2.76**	
辽宁	**Liaoning**	**27.97**	**22.70**	**21.50**		**江苏**	**Jiangsu**	**9.92**	**5.60**	**5.10**	

2-3 城镇单位第一产业就业人员 续表 1
Employed Persons in Primary Industry continued 1

单位：万人 (10 000 persons)

地名	City	2010	2016	2017	2017 排名 Ranking
南京	Nanjing	0.41	0.16	0.14	157
无锡	Wuxi	0.24	0.14	0.07	214
徐州	Xuzhou	1.86	1.36	1.32	30
常州	Changzhou	0.12	0.05	0.09	191
苏州	Suzhou	0.15	0.02	0.01	271
南通	Nantong	1.13	0.54	0.49	71
连云港	Lianyungang	1.87	0.80	0.67	54
淮安	Huaian	1.13	0.51	0.44	74
盐城	Yancheng	2.42	1.67	1.53	26
扬州	Yangzhou	0.09	0.03	0.03	259
镇江	Zhenjiang	0.15	0.08	0.08	195
泰州	Taizhou	0.24	0.18	0.17	142
宿迁	Suqian	0.11	0.05	0.05	232
浙江	**Zhejiang**	**1.44**	**0.40**	**0.50**	
杭州	Hangzhou	0.15	0.09	0.11	179
宁波	Ningbo	0.13	0.04	0.04	249
温州	Wenzhou	0.11	0.05	0.07	202
嘉兴	Jiaxing	0.09	0.05	0.04	246
湖州	Huzhou	0.02	0.02	0.03	261
绍兴	Shaoxing	0.03	0.02	0.01	272
金华	Jinhua	0.10	0.03	0.02	262
衢州	Quzhou	0.04	0.02	0.02	264
舟山	Zhoushan	0.05	1.20	0.01	276
台州	Taizhou	0.48	0.05	0.05	235
丽水	Lishui	0.24	0.05	0.07	215
安徽	**Anhui**	**6.13**	**4.20**	**3.80**	
合肥	Hefei	0.10	0.11	0.11	180
芜湖	Wuhu	0.04	0.03	0.03	257
蚌埠	Bengbu	0.21	0.04	0.04	248
淮南	Huainan	0.32	0.57	0.55	65
马鞍山	Maanshan	0.03	0.08	0.07	207
淮北	Huaibei			0.00	281
铜陵	Tongling	0.38	0.34	0.33	92
安庆	Anqing	1.69	1.45	1.29	31
黄山	Huangshan	0.10	0.10	0.10	183
滁州	Chuzhou	0.85	0.65	0.50	69
阜阳	Fuyang	0.31	0.19	0.17	140
宿州	Suzhou	0.58	2.10		
六安	Liuan	0.84	2.08	3.44	11
亳州	Bozhou	0.05	0.02	0.02	267
池州	Chizhou	0.13	0.08	0.07	209
宣城	Xuancheng	0.29	0.21	0.19	131
福建	**Fujian**	**6.69**	**4.30**	**4.20**	
福州	Fuzhou	0.73	0.25	0.29	101
厦门	Xiamen	0.28	0.16	0.16	145
莆田	Putian	0.13	0.07	0.08	200
三明	Sanming	0.57	0.39	0.37	83
泉州	Quanzhou	0.38	0.39	0.37	84
漳州	Zhangzhou	2.66	1.82	1.78	22
南平	Nanping	1.09	0.76	0.70	50
龙岩	Longyan	0.52	0.36	0.39	81
宁德	Ningde	0.33	0.17	0.14	159
江西	**Jiangxi**	**12.09**	**4.50**	**4.30**	
南昌	Nanchang	1.73	0.38	0.37	85
景德镇	Jingdezhen	1.02	0.61	0.61	60
萍乡	Pingxiang	0.07	0.06	0.06	226
九江	Jiujiang	0.89	0.61	0.71	49
新余	Xinyu	0.09	0.04	0.03	254
鹰潭	Yingtan	1.43	0.03	0.03	256
赣州	Ganzhou	0.76	0.57	0.51	67
吉安	Jian	1.39	0.83	0.77	45
宜春	Yichun	0.78	0.51	0.37	86
抚州	Fuzhou	0.98	0.30	0.26	110
上饶	Shangrao	2.95	0.53	0.55	64
山东	**Shandong**	**5.10**	**1.60**	**1.40**	
济南	Jinan	0.11	0.08	0.05	230
青岛	Qingdao	0.52	0.12	0.11	178
淄博	Zibo	0.25	0.07	0.07	205
枣庄	Zaozhuang	0.40	0.04	0.04	241
东营	Dongying	0.59	0.01	0.04	251
烟台	Yantai	0.34	0.06	0.05	234
潍坊	Weifang	0.34	0.09	0.08	194
济宁	Jining	0.18	0.14	0.08	193
泰安	Taian	0.26	0.24	0.22	124
威海	Weihai	0.15	0.07	0.07	211
日照	Rizhao	0.11	0.06	0.05	231
莱芜	Laiwu				
临沂	Linyi	0.70	0.23	0.21	125
德州	Dezhou	0.52	0.08	0.08	199
聊城	Liaocheng	0.12	0.05	0.04	243

2-3 城镇单位第一产业就业人员 续表 2
Employed Persons in Primary Industry continued 2

单位：万人 (10 000 persons)

地名	City	2010	2016	2017	2017 排名 Ranking
滨州	Binzhou	0.09	0.01	0.01	277
菏泽	Heze	0.42	0.09	0.06	221
河南	**Henan**	**7.10**	**2.10**	**1.80**	
郑州	Zhengzhou	0.23	0.25	0.23	121
开封	Kaifeng	0.73	0.06	0.07	213
洛阳	Luoyang	0.21	0.10	0.10	184
平顶山	Pingdingshan	0.12	0.04	0.04	239
安阳	Anyang	0.13	0.06	0.06	223
鹤壁	Hebi	0.12	0.01	0.01	274
新乡	Xinxiang	0.63	0.05	0.04	243
焦作	Jiaozuo	0.57	0.05	0.04	247
濮阳	Puyang	0.05	0.01	0.01	273
许昌	Xuchang	0.06	0.00	0.00	280
漯河	Luohe	0.04	0.00	0.00	279
三门峡	Sanmenxia	0.14	0.07	0.07	212
南阳	Nanyang	1.16	0.48	0.48	72
商丘	Shangqiu	0.28	0.05	0.09	187
信阳	Xinyang	0.88	0.10	0.10	182
周口	Zhoukou	1.10	0.39	0.13	163
驻马店	Zhumadian	0.52	0.48	0.65	56
湖北	**Hubei**	**13.80**	**10.30**	**10.30**	
武汉	Wuhan	0.79	0.35	0.32	96
黄石	Huangshi	0.44	0.11	0.11	177
十堰	Shiyan	0.36	0.72	0.74	47
宜昌	Yichang	0.28	0.39	0.34	90
襄阳	Xiangyang	0.60	1.75	2.80	14
鄂州	Ezhou	0.03	0.02	0.02	263
荆门	Jingmen	1.08	0.69	0.75	46
孝感	Xiaogan	1.72	0.84	0.88	42
荆州	Jingzhou	3.97	1.41	1.42	29
黄冈	Huanggang	0.83	2.26	2.13	16
咸宁	Xianning	0.39	0.05	0.04	242
随州	Suizhou	0.06	0.06	0.06	224
湖南	**Hunan**	**5.30**	**2.10**	**2.50**	
长沙	Changsha	0.05	0.10	0.14	155
株洲	Zhuzhou	0.10	0.04	0.15	150
湘潭	Xiangtan		0.32	0.01	278
衡阳	Hengyang	0.03	0.08	0.13	165
邵阳	Shaoyang	0.56	0.30	0.34	88
岳阳	Yueyang	3.23	0.63	0.80	44
常德	Changde	0.10	0.05	0.06	222
张家界	Zhangjiajie	0.07	0.05	0.04	250
益阳	Yiyang	0.15	0.07	0.08	196
郴州	Chenzhou	0.10	0.17	0.19	133
永州	Yongzhou	0.54	0.28	0.30	99
怀化	Huaihua	0.40	0.14	0.11	172
娄底	Loudi	0.41	0.15	0.15	151
广东	**Guangdong**	**8.81**	**4.80**	**4.60**	
广州	Guangzhou	0.60	0.14	0.17	141
韶关	Shaoguan	0.46	0.17	0.15	152
深圳	Shenzhen	0.27	0.05	0.05	233
珠海	Zhuhai	0.74	0.69	0.65	57
汕头	Shantou	0.04	0.06	0.05	229
佛山	Foshan	0.04	0.02	0.02	266
江门	Jiangmen	0.11	0.05	0.06	228
湛江	Zhanjiang	2.34	1.54	1.44	28
茂名	Maoming	1.19	0.80	0.73	48
肇庆	Zhaoqing	0.14	0.09	0.09	192
惠州	Huizhou	0.11	0.09	0.11	175
梅州	Meizhou	0.11	0.07	0.04	252
汕尾	Shanwei	1.02	0.10	0.12	166
河源	Heyuan	0.13	0.08	0.07	206
阳江	Yangjiang	0.57	0.39	0.42	76
清远	Qingyuan	0.21	0.10	0.14	154
东莞	Dongguan	0.07	0.03	0.03	257
中山	Zhongshan				
潮州	Chaozhou	0.02	0.01	0.01	270
揭阳	Jieyang	0.57	0.20	0.19	137
云浮	Yunfu	0.07	0.06	0.04	240
广西	**Guangxi**	**10.77**	**7.80**	**7.30**	
南宁	Nanning	1.54	1.13	0.94	39
柳州	Liuzhou	0.79	0.46	0.42	75
桂林	Guilin	0.64	0.49	0.44	73
梧州	Wuzhou	0.23	0.04	0.07	204
北海	Beihai	0.52	0.48	0.49	70
防城港	Fangchenggang	1.23	1.16	0.98	36
钦州	Qinzhou	0.54	0.30	0.29	103
贵港	Guigang	0.21	0.10	0.10	181
玉林	Yulin	1.14	0.71	0.68	52
百色	Baise	0.48	0.30	0.24	116

2-3 城镇单位第一产业就业人员 续表 3
Employed Persons in Primary Industry continued 3

单位：万人 (10 000 persons)

地名	City	2010	2016	2017	2017 排名 Ranking	地名	City	2010	2016	2017	2017 排名 Ranking
贺州	Hezhou	0.34	0.15	0.16	147	丽江	Lijiang	0.40	0.06	0.06	226
河池	Hechi	0.59	0.32	0.33	93	普洱	Puer	1.37	0.10	0.14	153
来宾	Laibin	0.91	0.85	0.90	40	临沧	Lincang	1.12	1.09	1.01	35
崇左	Chongzuo	1.61	1.27	1.22	32	**西藏**	**Tibet**	**0.90**	**0.30**	**0.30**	
海南	**Hainan**	**12.30**	**7.60**	**5.60**		拉萨	Lasa	0.90	9.27	8.88	3
海口	Haikou	0.13	4.56	3.68	10	**陕西**	**Shaanxi**	**4.40**	**2.40**	**2.20**	
三亚	Sanya	0.08	0.41	0.39	82	西安	Xi'an	0.39	0.23	0.20	130
三沙	Sansha					铜川	Tongchuan	0.06	0.02	0.02	268
重庆	**Chongqing**	**1.90**	**1.10**	**1.17**		宝鸡	Baoji	0.50	0.28	0.25	114
四川	**Sichuan**	**5.00**	**2.80**	**2.50**		咸阳	Xianyang	0.38	0.19	0.19	135
成都	Chengdu	0.23	3.29	3.74	9	渭南	Weinan	1.06	0.62	0.62	59
自贡	Zigong	0.06	0.06	0.06	219	延安	Yan'an	0.45	0.24	0.24	117
攀枝花	Panzhihua	0.12	0.26	0.32	95	汉中	Hanzhong	0.43	0.15	0.14	156
泸州	Luzhou	0.21	0.10	0.05	236	榆林	Yulin	0.62	0.40	0.42	77
德阳	Deyang	0.07	0.04	0.02	265	安康	Ankang	0.13	0.05	0.04	253
绵阳	Mianyang	0.16	0.09	0.08	201	商洛	Shangluo	0.28	0.20	0.19	132
广元	Guangyuan	0.10	0.04	0.04	238	**甘肃**	**Gansu**	**5.30**	**5.00**	**4.20**	
遂宁	Suining	0.01	0.12			兰州	Lanzhou	0.16	0.07	0.06	225
内江	Neijiang	0.19	0.09	0.07	208	嘉峪关	Jiayuguan	0.01	0.83	0.82	43
乐山	Leshan	0.39	0.26	0.24	120	金昌	Jinchang	0.33	0.26	0.25	113
南充	Nanchong	0.26	0.11	0.09	189	白银	Baiyin	0.46	0.19	0.21	126
眉山	Meishan	0.21	0.07	0.06	217	天水	Tianshui	0.48	0.48	0.55	63
宜宾	Yibin	0.10	0.22	0.20	129	武威	Wuwei	1.12	0.27	0.28	105
广安	Guangan	0.12	0.07	0.34	89	张掖	Zhangye	1.15	1.14	0.27	108
达州	Dazhou	0.40	0.26	0.41	79	平凉	Pingliang	0.30	0.15	0.30	100
雅安	Yaan	0.16	0.08	0.07	202	酒泉	Jiuquan	0.61	0.66	0.68	51
巴中	Bazhong	0.43	0.19	0.16	146	庆阳	Qingyang	0.05	0.05	0.04	245
资阳	Ziyang	0.33	0.07	0.03	260	定西	Dingxi	0.25	0.13	0.12	168
贵州	**Guizhou**	**2.10**	**1.10**	**1.00**		陇南	Longnan	0.53	1.93	1.94	18
贵阳	Guiyang	0.30	0.14	0.14	158	**青海**	**Qinghai**	**1.70**	**1.40**	**1.40**	
六盘水	Liupanshui	0.11	0.03	0.06	216	西宁	Xining	0.14	0.11	0.11	176
遵义	Zunyi	0.13	0.11	0.08	198	海东	Haidong		0.20	0.22	123
安顺	Anshun	0.31	0.14	0.11	174	**宁夏**	**Ningxia**	**2.64**	**1.30**	**1.20**	
毕节	Bijie		0.09	0.12	167	银川	Yinchuan	1.22	0.60	0.50	68
铜仁	Tongren		0.09	0.09	190	石嘴山	Shizuishan	0.29	0.04	0.06	217
云南	**Yunnan**	**14.50**	**6.30**	**5.80**		吴忠	Wuzhong	0.42	0.28	0.25	115
昆明	Kunming	0.80	0.34	0.33	94	固原	Guyuan	0.29	0.15	0.13	164
曲靖	Qujing	0.53	0.22	0.11	173	中卫	Zhongwei	0.42	0.26	0.27	107
玉溪	Yuxi	0.29	0.20	0.20	127	**新疆**	**Xinjiang**	**58.30**	**48.80**	**49.70**	
保山	Baoshan	0.54	0.29	0.28	106	乌鲁木齐	Urumqi	1.23	1.07	0.97	37
昭通	Zhaotong	0.32	0.19	0.17	143	克拉玛依	Karamay	0.04	0.01	0.01	275

2-4 城镇单位第二产业就业人员
Employed Persons in Secondary Industry

单位：万人 (10 000 persons)

地名	City	2010	2016	2017	2017 排名 Ranking	地名	City	2010	2016	2017	2017 排名 Ranking
全国	**Nation Total**	**5777.20**				沈阳	Shenyang	41.27	54.78	47.85	41
北京	**Beijing**	**151.24**	**146.46**	**142.15**		大连	Dalian	47.57	49.59	39.39	54
天津	**Tianjin**	**97.74**	**136.35**	**117.04**		鞍山	Anshan	21.23	24.01	20.43	108
河北	**Hebei**	**203.90**	**258.05**	**203.34**		抚顺	Fushun	15.39	12.71	11.99	162
石家庄	Shijiazhuang	31.11	33.50	27.99	81	本溪	Benxi	12.93	12.18	10.96	168
唐山	Tangshan	43.13	40.54	32.42	70	丹东	Dandong	8.01	9.06	6.96	222
秦皇岛	Qinhuangdao	11.17	11.06	9.39	193	锦州	Jinzhou	8.05	10.44	8.00	210
邯郸	Handan	22.31	35.52	22.34	99	营口	Yingkou	7.48	9.10	8.70	202
邢台	Xingtai	12.23	18.09	9.96	185	阜新	Fuxin	7.95	5.17	51.45	36
保定	Baoding	29.22	52.59	28.88	76	辽阳	Liaoyang	8.38	7.35	8.16	208
张家口	Zhangjiakou	11.93	9.80	6.96	221	盘锦	Panjin	19.72	16.13	15.55	133
承德	Chengde	8.15	9.14	6.36	229	铁岭	Tieling	8.71	8.69	8.24	207
沧州	Cangzhou	14.62	17.75	10.90	173	朝阳	Chaoyang	9.10	7.15	5.89	235
廊坊	Langfang	14.58	20.41	43.24	49	葫芦岛	Huludao	11.29	8.99	7.98	211
衡水	Hengshui	5.45	9.63	4.89	247	**吉林**	**Jilin**	**88.22**	**125.64**	**110.22**	
山西	**Shanxi**	**181.76**	**196.80**	**195.38**		长春	Changchun	37.45	58.92	56.70	29
太原	Taiyuan	42.75	47.82	49.02	40	吉林	Jilin	14.26	17.13	15.19	138
大同	Datong	20.64	20.58	20.15	109	四平	Siping	7.38	5.02	4.01	259
阳泉	Yangquan	15.25	15.86	15.85	131	辽源	Liaoyuan	3.78	6.95	7.23	216
长治	Changzhi	19.70	22.00	22.29	100	通化	Tonghua	8.29	14.96	7.05	220
晋城	Jincheng	15.44	21.96	22.00	103	白山	Baishan	6.10	6.15	5.80	236
朔州	Shuozhou	7.42	8.06	7.81	212	松原	Songyuan	8.45	12.13	10.35	184
晋中	Jinzhong	17.31	14.26	14.06	147	白城	Baicheng	2.51	4.37	3.89	260
运城	Yuncheng	12.21	11.41	10.88	174	**黑龙江**	**Heilongjiang**	**152.41**	**126.21**	**111.44**	
忻州	Xinzhou	6.14	6.48	6.48	226	哈尔滨	Harbin	49.67	41.43	39.04	55
临汾	Linfen	12.19	12.43	12.29	161	齐齐哈尔	Qiqihar	12.75	10.10	8.78	198
吕梁	Lvliang	12.71	15.94	14.55	143	鸡西	Jixi	11.52	9.10	6.25	231
内蒙古	**Inner Mongolia**	**69.85**	**88.05**	**73.07**		鹤岗	Hegang	10.31	6.73	6.37	228
呼和浩特	Hohhot	8.83	11.43	10.42	181	双鸭山	Shuangyashan	8.21	5.54	4.09	258
包头	Baotou	16.95	20.56	17.16	129	大庆	Daqing	27.34	25.87	25.21	84
乌海	Wuhai	6.16	5.47	4.12	257	伊春	Yichun	3.80	2.20	2.10	275
赤峰	Chifeng	10.20	11.01	9.17	195	佳木斯	Jiamusi	4.60	3.87	3.48	265
通辽	Tongliao	5.89	8.19	5.69	238	七台河	Qitaihe	9.12	4.57	4.49	250
鄂尔多斯	Erdos	6.87	14.67	14.54	144	牡丹江	Mudanjiang	5.98	7.44	4.27	253
呼伦贝尔	Hulunbuir	8.27	10.91	7.14	218	黑河	Heihe	2.54	1.88	1.76	279
巴彦淖尔	Bayannur	3.88	3.02	2.26	274	绥化	Suihua	6.57	7.47	5.59	240
乌兰察布	Ulanqab	2.80	2.81	2.56	273	**上海**	**Shanghai**	**158.16**	**218.40**	**207.54**	
辽宁	**Liaoning**	**227.08**	**235.34**	**251.53**		**江苏**	**Jiangsu**	**413.29**	**983.22**	**968.11**	

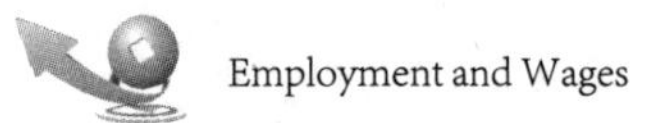

2-4 城镇单位第二产业就业人员 续表 1
Employed Persons in Secondary Industry continued 1

单位：万人 (10 000 persons)

地名	City	2010	2016	2017	2017 排名 Ranking	地名	City	2010	2016	2017	2017 排名 Ranking
南京	Nanjing	59.59	90.68	90.62	15	池州	Chizhou	1.74	3.67	3.87	261
无锡	Wuxi	52.16	72.62	72.66	22	宣城	Xuancheng	3.87	6.11	6.75	223
徐州	Xuzhou	23.85	56.11	54.17	33	**福建**	**Fujian**	**317.60**	**407.93**	**400.62**	
常州	Changzhou	18.83	41.00	41.59	51	福州	Fuzhou	55.90	91.43	90.29	16
苏州	Suzhou	94.69	214.24	212.42	2	厦门	Xiamen	66.02	87.96	91.15	14
南通	Nantong	36.39	166.77	171.75	5	莆田	Putian	18.44	36.81	37.57	58
连云港	Lianyungang	13.67	22.23	19.58	111	三明	Sanming	8.69	8.65	8.62	203
淮安	Huaian	18.82	44.82	40.93	52	泉州	Quanzhou	116.37	114.77	103.68	11
盐城	Yancheng	24.37	53.69	50.76	37	漳州	Zhangzhou	22.39	32.70	32.32	71
扬州	Yangzhou	22.98	76.14	72.66	21	南平	Nanping	9.61	8.44	9.47	192
镇江	Zhenjiang	21.20	28.84	23.65	91	龙岩	Longyan	15.83	12.24	12.61	159
泰州	Taizhou	17.92	84.90	88.50	17	宁德	Ningde	4.35	14.91	14.92	140
宿迁	Suqian	8.82	31.20	28.83	77	**江西**	**Jiangxi**	**119.47**	**243.27**	**227.82**	
浙江	**Zhejiang**	**545.60**	**649.11**	**615.65**		南昌	Nanchang	32.11	78.64	71.40	23
杭州	Hangzhou	125.86	146.67	138.59	6	景德镇	Jingdezhen	8.80	8.93	8.71	200
宁波	Ningbo	92.07	92.50	98.41	12	萍乡	Pingxiang	6.85	11.71	9.81	188
温州	Wenzhou	72.51	59.27	69.65	24	九江	Jiujiang	15.44	21.17	21.17	104
嘉兴	Jiaxing	56.48	52.16	50.29	38	新余	Xinyu	5.79	9.36	8.40	205
湖州	Huzhou	25.07	32.67	32.52	69	鹰潭	Yingtan	4.36	9.42	9.78	189
绍兴	Shaoxing	85.03	111.00	94.49	13	赣州	Ganzhou	16.74	23.01	19.95	110
金华	Jinhua	26.47	61.09	43.89	47	吉安	Jian	3.87	18.03	18.61	117
衢州	Quzhou	7.50	8.63	8.03	209	宜春	Yichun	10.81	23.44	23.18	93
舟山	Zhoushan	6.63	17.95	6.10	233	抚州	Fuzhou	7.38	20.08	18.38	120
台州	Taizhou	42.80	63.09	69.53	25	上饶	Shangrao	7.32	19.50	18.42	118
丽水	Lishui	5.18	4.08	4.15	255	**山东**	**Shandong**	**514.76**	**642.46**	**607.92**	
安徽	**Anhui**	**159.86**	**274.39**	**248.91**		济南	Jinan	61.93	57.68	53.95	34
合肥	Hefei	32.93	85.99	86.14	18	青岛	Qingdao	75.61	77.45	74.79	20
芜湖	Wuhu	15.56	25.25	23.80	89	淄博	Zibo	40.53	55.06	52.18	35
蚌埠	Bengbu	5.89	12.48	10.94	169	枣庄	Zaozhuang	18.86	26.21	24.04	87
淮南	Huainan	20.90	15.57	14.15	146	东营	Dongying	22.90	26.36	23.03	96
马鞍山	Maanshan	9.68	11.91	11.59	164	烟台	Yantai	54.46	57.20	54.40	32
淮北	Huaibei	14.90	13.63	13.60	151	潍坊	Weifang	38.37	44.02	42.48	50
铜陵	Tongling	7.46	9.48	9.57	191	济宁	Jining	32.81	49.12	47.34	42
安庆	Anqing	5.63	13.92	13.29	156	泰安	Taian	34.35	40.43	38.42	57
黄山	Huangshan	2.43	3.50	3.43	267	威海	Weihai	25.21	38.56	37.34	59
滁州	Chuzhou	5.10	9.81	10.71	177	日照	Rizhao	9.54	16.56	15.61	132
阜阳	Fuyang	9.03	10.03	10.41	182	莱芜	Laiwu	9.17	11.03	10.91	172
宿州	Suzhou	7.81	25.90			临沂	Linyi	24.60	46.82	43.77	48
六安	Liuan	6.91	19.96	23.16	94	德州	Dezhou	17.37	25.48	24.85	85
亳州	Bozhou	4.54	7.21	7.49	213	聊城	Liaocheng	14.68	20.00	18.78	114

2-4 城镇单位第二产业就业人员 续表 2

Employed Persons in Secondary Industry continued 2

单位：万人 (10 000 persons)

地名	City	2010	2016	2017	2017 排名 Ranking	地名	City	2010	2016	2017	2017 排名 Ranking
滨州	Binzhou	24.45	31.74	28.24	79	常德	Changde	16.98	17.47	17.93	124
菏泽	Heze	9.92	18.76	17.78	125	张家界	Zhangjiajie	1.70	1.90	1.94	276
河南	**Henan**	**320.09**	**593.01**	**574.36**		益阳	Yiyang	8.03	11.15	10.93	170
郑州	Zhengzhou	50.39	106.07	108.74	8	郴州	Chenzhou	11.00	13.62	13.51	152
开封	Kaifeng	10.34	29.50	28.25	78	永州	Yongzhou	8.92	10.88	11.31	165
洛阳	Luoyang	23.81	36.97	35.58	62	怀化	Huaihua	5.96	6.15	5.30	242
平顶山	Pingdingshan	26.78	30.43	29.67	75	娄底	Loudi	13.12	14.85	14.41	145
安阳	Anyang	24.39	35.48	31.42	73	**广东**	**Guangdong**	**563.19**	**1126.36**	**1104.48**	
鹤壁	Hebi	11.68	15.70	14.91	141	广州	Guangzhou	105.73	107.54	107.32	9
新乡	Xinxiang	21.48	40.79	36.99	60	韶关	Shaoguan	15.33	16.96	15.00	139
焦作	Jiaozuo	15.99	32.21	32.70	67	深圳	Shenzhen	138.71	269.05	267.07	1
濮阳	Puyang	16.49	24.62	23.84	88	珠海	Zhuhai	44.17	43.90	45.02	45
许昌	Xuchang	13.32	29.05	28.16	80	汕头	Shantou	13.27	33.19	34.82	63
漯河	Luohe	12.57	20.68	22.84	98	佛山	Foshan	29.14	126.48	116.86	7
三门峡	Sanmenxia	12.86	13.10	11.83	163	江门	Jiangmen	26.99	35.80	32.68	68
南阳	Nanyang	28.03	43.08	36.97	61	湛江	Zhanjiang	13.62	19.79	18.66	116
商丘	Shangqiu	11.61	36.39	38.58	56	茂名	Maoming	9.46	20.39	23.09	95
信阳	Xinyang	13.51	27.83	27.05	82	肇庆	Zhaoqing	12.60	22.55	19.49	113
周口	Zhoukou	12.43	35.82	33.42	65	惠州	Huizhou	60.50	67.48	69.04	26
驻马店	Zhumadian	14.41	35.29	33.40	66	梅州	Meizhou	6.88	11.00	10.92	171
湖北	**Hubei**	**306.65**	**415.21**	**409.59**		汕尾	Shanwei	6.46	14.32	10.96	167
武汉	Wuhan	89.04	105.31	103.76	10	河源	Heyuan	13.11	13.60	13.46	153
黄石	Huangshi	29.70	18.29	18.41	119	阳江	Yangjiang	6.49	11.49	10.86	175
十堰	Shiyan	21.50	31.72	32.14	72	清远	Qingyuan	14.77	15.82	15.42	135
宜昌	Yichang	31.27	52.13	47.29	43	东莞	Dongguan	8.82	189.77	196.53	4
襄阳	Xiangyang	22.77	52.20	50.22	39	中山	Zhongshan	17.99	61.26	58.02	27
鄂州	Ezhou	12.02	14.70	14.80	142	潮州	Chaozhou	5.04	11.50	10.43	180
荆门	Jingmen	15.94	21.16	20.75	106	揭阳	Jieyang	5.91	23.91	20.58	107
孝感	Xiaogan	35.16	46.08	45.80	44	云浮	Yunfu	8.20	10.57	8.25	206
荆州	Jingzhou	18.85	18.13	16.90	130	**广西**	**Guangxi**	**97.16**	**153.59**	**146.78**	
黄冈	Huanggang	18.52	39.46	44.11	46	南宁	Nanning	22.47	40.90	39.95	53
咸宁	Xianning	7.25	8.96	8.70	201	柳州	Liuzhou	16.49	32.37	34.11	64
随州	Suizhou	4.63	7.09	6.70	224	桂林	Guilin	9.07	16.64	15.50	134
湖南	**Hunan**	**215.84**	**233.37**	**231.59**		梧州	Wuzhou	5.19	8.14	9.19	194
长沙	Changsha	50.11	53.58	57.01	28	北海	Beihai	4.42	5.61	5.11	243
株洲	Zhuzhou	19.48	25.60	24.36	86	防城港	Fangchenggang	2.45	3.00	1.92	277
湘潭	Xiangtan	17.07	20.03	19.50	112	钦州	Qinzhou	3.81	9.65	8.51	204
衡阳	Hengyang	23.96	23.97	23.42	92	贵港	Guigang	3.59	4.73	4.98	245
邵阳	Shaoyang	12.04	14.21	14.03	148	玉林	Yulin	8.85	13.63	9.82	187
岳阳	Yueyang	27.47	19.96	17.95	122	百色	Baise	5.16	5.99	5.79	237

2-4 城镇单位第二产业就业人员 续表 3
Employed Persons in Secondary Industry continued 3

单位：万人 (10 000 persons)

地名	City	2010	2016	2017	2017 排名 Ranking
贺州	Hezhou	2.09	1.77	1.80	278
河池	Hechi	5.47	4.45	3.86	262
来宾	Laibin	3.70	3.60	3.12	269
崇左	Chongzuo	4.40	3.13	3.11	270
海南	**Hainan**	**10.88**	**11.39**	**11.01**	
海口	Haikou	10.08	10.09	9.88	186
三亚	Sanya	0.80	1.29	1.13	283
三沙	Sansha				
重庆	**Chongqing**	**116.69**	**201.53**	**192.04**	
四川	**Sichuan**	**248.31**	**414.32**	**428.31**	
成都	Chengdu	90.91	184.35	201.89	3
自贡	Zigong	7.21	9.20	8.84	196
攀枝花	Panzhihua	11.48	15.02	15.26	137
泸州	Luzhou	13.42	21.35	12.70	158
德阳	Deyang	14.10	16.31	15.41	136
绵阳	Mianyang	16.31	24.01	22.18	101
广元	Guangyuan	2.66	4.83	4.96	246
遂宁	Suining	8.02	19.79	10.47	179
内江	Neijiang	10.66	15.27	13.24	157
乐山	Leshan	16.08	11.58	10.81	176
南充	Nanchong	6.87	18.89	18.20	121
眉山	Meishan	6.43	9.13	8.77	199
宜宾	Yibin	18.41	17.16	17.41	128
广安	Guangan	2.88	4.22	17.64	127
达州	Dazhou	8.81	15.35	22.02	102
雅安	Yaan	2.87	3.52	3.46	266
巴中	Bazhong	4.93	16.43	17.65	126
资阳	Ziyang	6.26	7.92	7.39	215
贵州	**Guizhou**	**57.08**	**95.02**	**94.35**	
贵阳	Guiyang	34.12	53.79	54.47	31
六盘水	Liupanshui	11.31	11.21	11.08	166
遵义	Zunyi	8.30	13.38	12.43	160
安顺	Anshun	3.35	6.45	7.20	217
毕节	Bijie		6.86	6.23	232
铜仁	Tongren		3.34	2.93	272
云南	**Yunnan**	**84.00**	**122.47**	**122.29**	
昆明	Kunming	38.86	55.05	55.33	30
曲靖	Qujing	17.34	25.58	25.48	83
玉溪	Yuxi	8.14	13.94	13.33	155
保山	Baoshan	6.12	9.14	9.61	190
昭通	Zhaotong	4.43	5.50	5.94	234
丽江	Lijiang	2.51	1.88	1.75	280
普洱	Puer	4.53	6.57	6.50	225
临沧	Lincang	2.07	4.80	4.36	252
西藏	**Tibet**		**5.65**	**4.54**	
拉萨	Lasa		5.65	4.54	249
陕西	**Shaanxi**	**136.65**	**203.99**	**200.26**	
西安	Xi'an	57.22	75.48	75.32	19
铜川	Tongchuan	4.83	5.23	4.99	244
宝鸡	Baoji	14.50	20.75	20.79	105
咸阳	Xianyang	15.04	28.51	23.77	90
渭南	Weinan	14.43	18.52	18.69	115
延安	Yan'an	8.48	14.33	13.90	149
汉中	Hanzhong	8.97	10.42	10.57	178
榆林	Yulin	7.68	17.51	17.95	123
安康	Ankang	2.12	5.04	5.48	241
商洛	Shangluo	3.38	8.20	8.80	197
甘肃	**Gansu**	**63.97**	**91.66**	**87.33**	
兰州	Lanzhou	24.12	30.00	31.19	74
嘉峪关	Jiayuguan	3.68	4.12	4.64	248
金昌	Jinchang	5.10	6.77	6.38	227
白银	Baiyin	7.29	7.13	7.42	214
天水	Tianshui	6.50	7.13	7.06	219
武威	Wuwei	2.34	5.10	4.14	256
张掖	Zhangye	2.78	3.78	2.94	271
平凉	Pingliang	4.37	7.26	6.28	230
酒泉	Jiuquan	2.96	6.01	4.39	251
庆阳	Qingyang	0.68	6.30	5.61	239
定西	Dingxi	1.92	4.35	3.58	264
陇南	Longnan	2.23	3.73	3.71	263
青海	**Qinghai**	**11.52**	**15.45**	**14.67**	
西宁	Xining	11.52	13.79	13.36	154
海东	Haidong		1.66	1.32	281
宁夏	**Ningxia**	**23.07**	**23.62**	**23.63**	
银川	Yinchuan	13.95	13.98	13.84	150
石嘴山	Shizuishan	5.37	4.08	4.19	254
吴忠	Wuzhong	2.19	3.33	3.41	268
固原	Guyuan	0.54	0.81	0.92	284
中卫	Zhongwei	1.02	1.42	1.26	282
新疆	**Xinjiang**	**28.11**	**34.59**	**33.37**	
乌鲁木齐	Urumqi	16.46	23.81	23.00	97
克拉玛依	Karamay	11.65	10.77	10.37	183

2-5 城镇单位第三产业就业人员
Employed Persons in Tertiary Industry

单位：万人 (10 000 persons)

地名	City	2010	2016	2017	2017 排名 Ranking	地名	City	2010	2016	2017	2017 排名 Ranking
全国	**Nation Total**	**8166.10**				沈阳	Shenyang	68.16	74.19	72.96	14
北京	**Beijing**	**492.16**	**641.38**	**667.30**		大连	Dalian	45.66	57.57	57.33	23
天津	**Tianjin**	**107.20**	**148.85**	**151.82**		鞍山	Anshan	19.00	23.60	21.21	114
河北	**Hebei**	**309.05**	**372.75**	**380.09**		抚顺	Fushun	10.82	11.85	11.31	220
石家庄	Shijiazhuang	52.63	65.85	63.44	20	本溪	Benxi	10.09	10.51	10.80	226
唐山	Tangshan	37.86	45.76	42.07	41	丹东	Dandong	12.91	13.43	12.55	203
秦皇岛	Qinhuangdao	18.38	21.37	19.85	128	锦州	Jinzhou	14.62	17.96	15.27	176
邯郸	Handan	34.01	40.41	37.63	47	营口	Yingkou	12.03	16.46	16.40	167
邢台	Xingtai	22.69	26.69	24.98	89	阜新	Fuxin	9.15	9.72	9.72	239
保定	Baoding	40.94	47.91	45.40	35	辽阳	Liaoyang	7.81	8.14	8.06	256
张家口	Zhangjiakou	21.24	26.71	24.68	91	盘锦	Panjin	10.90	11.54	10.10	235
承德	Chengde	17.05	20.17	19.94	125	铁岭	Tieling	11.40	12.47	12.45	206
沧州	Cangzhou	28.14	33.54	32.01	60	朝阳	Chaoyang	14.29	17.01	17.09	160
廊坊	Langfang	19.90	25.46	52.31	27	葫芦岛	Huludao	10.92	12.20	11.97	214
衡水	Hengshui	16.21	18.88	17.78	153	**吉林**	**Jilin**	**131.88**	**153.02**	**155.15**	
山西	**Shanxi**	**204.01**	**234.01**	**233.65**		长春	Changchun	54.03	65.76	67.55	17
太原	Taiyuan	41.56	56.06	55.21	24	吉林	Jilin	17.35	20.90	21.09	115
大同	Datong	21.27	19.52	19.48	133	四平	Siping	12.73	13.44	13.64	193
阳泉	Yangquan	8.45	9.48	9.53	241	辽源	Liaoyuan	4.69	5.51	5.72	273
长治	Changzhi	17.29	20.43	20.57	122	通化	Tonghua	10.96	12.07	11.74	216
晋城	Jincheng	11.56	13.49	13.54	194	白山	Baishan	8.90	8.97	8.95	247
朔州	Shuozhou	9.60	10.62	10.69	228	松原	Songyuan	10.62	12.23	12.25	211
晋中	Jinzhong	17.57	20.67	21.01	119	白城	Baicheng	12.60	14.14	14.20	187
运城	Yuncheng	19.54	23.61	23.17	103	**黑龙江**	**Heilongjiang**	**214.62**	**220.18**	**219.73**	
忻州	Xinzhou	16.23	17.23	17.26	156	哈尔滨	Harbin	80.00	85.43	85.71	10
临汾	Linfen	23.02	23.73	23.83	100	齐齐哈尔	Qiqihar	21.57	23.00	23.22	102
吕梁	Lvliang	17.92	19.19	19.38	134	鸡西	Jixi	9.44	10.40	9.72	238
内蒙古	**Inner Mongolia**	**117.74**	**146.95**	**147.04**		鹤岗	Hegang	7.03	6.88	6.64	267
呼和浩特	Hohhot	22.31	29.38	29.49	68	双鸭山	Shuangyashan	9.99	8.76	9.01	245
包头	Baotou	15.33	18.04	18.55	143	大庆	Daqing	24.21	25.51	25.30	87
乌海	Wuhai	3.31	3.82	4.16	281	伊春	Yichun	4.18	5.56	5.57	275
赤峰	Chifeng	18.35	20.99	20.74	121	佳木斯	Jiamusi	13.47	10.76	10.69	229
通辽	Tongliao	12.63	15.50	15.36	173	七台河	Qitaihe	3.76	3.93	3.94	282
鄂尔多斯	Erdos	9.97	16.34	17.14	158	牡丹江	Mudanjiang	12.77	14.05	14.15	188
呼伦贝尔	Hulunbuir	15.89	20.39	18.41	146	黑河	Heihe	10.62	7.71	7.70	261
巴彦淖尔	Bayannur	8.49	9.76	10.01	236	绥化	Suihua	17.58	18.21	18.09	149
乌兰察布	Ulanqab	11.46	12.72	13.18	198	**上海**	**Shanghai**	**233.17**	**406.90**	**422.01**	
辽宁	**Liaoning**	**257.76**	**296.66**	**287.20**		**江苏**	**Jiangsu**	**340.54**	**504.41**	**507.32**	

2-5 城镇单位第三产业就业人员 续表 1

Employed Persons in Tertiary Industry continued 1

单位：万人 (10 000 persons)

地名	City	2010	2016	2017	2017 排名 Ranking	地名	City	2010	2016	2017	2017 排名 Ranking
南京	Nanjing	65.64	114.35	113.73	7	池州	Chizhou	5.23	6.99	6.56	268
无锡	Wuxi	30.55	40.58	40.36	44	宣城	Xuancheng	8.18	9.97	10.23	232
徐州	Xuzhou	36.11	42.35	42.25	40	**福建**	**Fujian**	**179.73**	**252.83**	**263.75**	
常州	Changzhou	19.21	27.45	27.21	78	福州	Fuzhou	48.84	65.15	68.19	16
苏州	Suzhou	36.03	74.43	78.54	12	厦门	Xiamen	29.03	51.03	54.68	25
南通	Nantong	25.59	38.03	37.50	48	莆田	Putian	10.21	15.09	16.49	165
连云港	Lianyungang	18.46	24.45	25.41	85	三明	Sanming	12.26	14.97	15.36	174
淮安	Huaian	19.33	23.42	23.17	104	泉州	Quanzhou	25.42	34.43	35.86	52
盐城	Yancheng	25.12	32.07	31.10	62	漳州	Zhangzhou	15.06	21.48	22.60	109
扬州	Yangzhou	17.02	25.96	25.44	84	南平	Nanping	12.84	15.50	15.29	175
镇江	Zhenjiang	15.91	19.05	19.33	135	龙岩	Longyan	14.20	18.76	18.62	142
泰州	Taizhou	18.99	24.92	25.36	86	宁德	Ningde	11.87	16.43	16.64	164
宿迁	Suqian	12.58	17.33	17.92	150	**江西**	**Jiangxi**	**163.71**	**213.14**	**220.66**	
浙江	**Zhejiang**	**332.21**	**436.38**	**436.63**		南昌	Nanchang	33.99	46.97	49.18	30
杭州	Hangzhou	106.70	143.38	148.33	4	景德镇	Jingdezhen	7.62	9.70	9.66	240
宁波	Ningbo	47.99	59.32	62.83	21	萍乡	Pingxiang	7.19	9.24	8.98	246
温州	Wenzhou	35.30	45.29	49.38	29	九江	Jiujiang	17.62	21.75	22.53	110
嘉兴	Jiaxing	23.84	28.33	28.81	69	新余	Xinyu	4.19	5.03	5.11	278
湖州	Huzhou	12.82	17.54	17.84	152	鹰潭	Yingtan	4.30	5.27	6.23	270
绍兴	Shaoxing	22.07	25.81	25.74	81	赣州	Ganzhou	24.93	34.14	36.11	51
金华	Jinhua	25.93	31.54	32.58	58	吉安	Jian	14.89	18.46	18.72	139
衢州	Quzhou	9.56	12.03	12.40	207	宜春	Yichun	16.48	21.89	22.65	107
舟山	Zhoushan	10.12	27.84	12.27	209	抚州	Fuzhou	12.81	17.34	17.17	157
台州	Taizhou	26.50	31.00	31.65	61	上饶	Shangrao	19.69	23.36	24.33	94
丽水	Lishui	11.39	14.30	14.80	179	**山东**	**Shandong**	**434.21**	**557.76**	**559.28**	
安徽	**Anhui**	**206.93**	**370.80**	**328.29**		济南	Jinan	65.76	78.14	77.21	13
合肥	Hefei	38.07	61.92	65.14	19	青岛	Qingdao	47.98	67.84	70.98	15
芜湖	Wuhu	11.11	20.40	20.91	120	淄博	Zibo	22.10	28.87	28.61	70
蚌埠	Bengbu	11.15	14.83	14.76	180	枣庄	Zaozhuang	16.52	18.65	18.66	140
淮南	Huainan	11.48	14.27	14.62	182	东营	Dongying	16.61	16.83	16.89	162
马鞍山	Maanshan	5.71	10.28	10.42	230	烟台	Yantai	35.66	46.20	45.35	36
淮北	Huaibei	5.94	7.84	7.96	257	潍坊	Weifang	35.28	41.64	41.34	42
铜陵	Tongling	3.83	7.26	7.19	265	济宁	Jining	30.25	35.96	34.94	55
安庆	Anqing	16.92	18.77	18.47	145	泰安	Taian	21.71	28.62	28.60	71
黄山	Huangshan	6.88	7.97	7.73	259	威海	Weihai	14.58	20.05	20.10	124
滁州	Chuzhou	11.90	14.00	12.66	202	日照	Rizhao	11.05	14.44	15.89	169
阜阳	Fuyang	19.77	23.46	23.89	99	莱芜	Laiwu	4.77	5.76	5.60	274
宿州	Suzhou	13.66	49.50			临沂	Linyi	30.82	45.35	43.88	37
六安	Liuan	14.42	87.01	91.34	9	德州	Dezhou	20.66	29.93	29.70	66
亳州	Bozhou	11.48	16.32	16.41	166	聊城	Liaocheng	20.57	27.25	28.19	74

2-5 城镇单位第三产业就业人员 续表 2

Employed Persons in Tertiary Industry continued 2

单位：万人 (10 000 persons)

地名	City	2010	2016	2017	2017 排名 Ranking	地名	City	2010	2016	2017	2017 排名 Ranking
滨州	Binzhou	13.02	18.86	18.65	141	常德	Changde	19.73	24.22	24.36	93
菏泽	Heze	26.87	33.36	34.67	57	张家界	Zhangjiajie	6.16	6.69	6.81	266
河南	**Henan**	**403.33**	**519.24**	**526.38**		益阳	Yiyang	15.89	15.71	15.77	171
郑州	Zhengzhou	57.88	94.54	98.58	8	郴州	Chenzhou	17.85	22.13	22.61	108
开封	Kaifeng	22.03	24.19	23.83	101	永州	Yongzhou	19.81	21.45	21.93	111
洛阳	Luoyang	29.90	38.32	37.36	49	怀化	Huaihua	19.26	20.03	19.73	129
平顶山	Pingdingshan	21.55	24.52	24.58	92	娄底	Loudi	13.24	14.73	14.75	181
安阳	Anyang	18.94	21.95	21.09	116	**广东**	**Guangdong**	**546.52**	**815.82**	**842.28**	
鹤壁	Hebi	6.01	7.58	7.59	262	广州	Guangzhou	140.04	217.55	221.68	2
新乡	Xinxiang	23.58	25.50	23.96	97	韶关	Shaoguan	14.82	16.39	16.85	163
焦作	Jiaozuo	15.73	21.98	21.27	113	深圳	Shenzhen	114.04	187.13	196.67	3
濮阳	Puyang	14.88	16.85	17.37	154	珠海	Zhuhai	18.24	28.53	30.53	65
许昌	Xuchang	15.29	19.74	19.64	131	汕头	Shantou	18.97	24.21	24.75	90
漯河	Luohe	10.48	13.07	13.28	197	佛山	Foshan	26.89	45.22	48.28	33
三门峡	Sanmenxia	11.22	11.89	11.32	219	江门	Jiangmen	17.75	23.68	23.98	96
南阳	Nanyang	41.29	51.13	51.96	28	湛江	Zhanjiang	24.72	30.98	30.76	64
商丘	Shangqiu	27.83	40.64	43.63	38	茂名	Maoming	20.29	25.28	25.54	82
信阳	Xinyang	28.80	35.24	34.80	56	肇庆	Zhaoqing	14.84	19.71	19.71	130
周口	Zhoukou	31.69	36.28	35.52	53	惠州	Huizhou	19.78	28.52	29.61	67
驻马店	Zhumadian	26.23	35.81	40.61	43	梅州	Meizhou	16.47	17.85	18.18	148
湖北	**Hubei**	**272.54**	**373.64**	**390.07**		汕尾	Shanwei	8.24	9.34	9.32	243
武汉	Wuhan	88.63	107.60	115.82	6	河源	Heyuan	11.44	14.22	14.57	184
黄石	Huangshi	13.71	12.34	12.20	212	阳江	Yangjiang	11.18	12.38	12.46	204
十堰	Shiyan	21.40	33.87	35.07	54	清远	Qingyuan	12.62	16.63	17.34	155
宜昌	Yichang	24.18	41.74	40.03	45	东莞	Dongguan	14.31	41.45	45.84	34
襄阳	Xiangyang	23.16	47.05	48.48	31	中山	Zhongshan	11.05	19.69	19.88	126
鄂州	Ezhou	6.17	7.37	7.34	263	潮州	Chaozhou	7.39	8.66	8.10	254
荆门	Jingmen	14.42	17.64	18.20	147	揭阳	Jieyang	14.23	17.22	17.10	159
孝感	Xiaogan	22.83	35.68	36.74	50	云浮	Yunfu	9.21	11.17	11.14	223
荆州	Jingzhou	19.90	22.87	22.65	106	**广西**	**Guangxi**	**195.98**	**233.16**	**237.28**	
黄冈	Huanggang	19.97	25.82	32.07	59	南宁	Nanning	46.54	55.42	57.88	22
咸宁	Xianning	11.94	13.97	13.77	192	柳州	Liuzhou	20.71	25.64	25.48	83
随州	Suizhou	6.23	7.69	7.71	260	桂林	Guilin	21.88	25.58	26.02	79
湖南	**Hunan**	**273.68**	**317.81**	**301.71**		梧州	Wuzhou	10.17	11.76	12.06	213
长沙	Changsha	60.40	67.26	66.17	18	北海	Beihai	6.95	8.45	8.79	248
株洲	Zhuzhou	15.95	20.00	19.86	127	防城港	Fangchenggang	5.23	5.57	5.43	277
湘潭	Xiangtan	12.50	26.90	13.81	191	钦州	Qinzhou	9.37	11.83	11.92	215
衡阳	Hengyang	27.70	29.47	28.57	72	贵港	Guigang	11.51	13.61	13.52	195
邵阳	Shaoyang	20.87	22.92	23.10	105	玉林	Yulin	17.31	19.60	18.98	137
岳阳	Yueyang	24.32	26.32	24.26	95	百色	Baise	12.52	15.90	16.18	168

2-5 城镇单位第三产业就业人员 续表 3

Employed Persons in Tertiary Industry continued 3

单位：万人 (10 000 persons)

地名	City	2010	2016	2017	2017 排名 Ranking	地名	City	2010	2016	2017	2017 排名 Ranking
贺州	Hezhou	6.41	8.27	8.72	249	丽江	Lijiang	5.81	8.36	8.62	250
河池	Hechi	12.18	14.14	14.43	185	普洱	Puer	8.19	10.52	10.97	225
来宾	Laibin	7.24	8.30	8.49	251	临沧	Lincang	6.83	9.12	9.73	237
崇左	Chongzuo	7.96	9.09	9.39	242	**西藏**	**Tibet**		**32.82**	**13.90**	
海南	**Hainan**	**28.93**	**48.17**	**50.96**		拉萨	Lasa		32.82	13.90	190
海口	Haikou	22.88	36.76	38.59	46	**陕西**	**Shaanxi**	**215.17**	**292.36**	**294.74**	
三亚	Sanya	6.05	11.41	12.37	208	西安	Xi'an	82.76	123.49	126.77	5
三沙	Sansha					铜川	Tongchuan	4.94	6.24	6.27	269
重庆	**Chongqing**	**130.35**	**210.25**	**213.18**		宝鸡	Baoji	16.65	20.10	20.16	123
四川	**Sichuan**	**271.23**	**622.52**	**654.73**		咸阳	Xianyang	21.68	27.12	23.92	98
成都	Chengdu	80.91	365.09	387.92	1	渭南	Weinan	21.84	27.66	27.87	75
自贡	Zigong	9.27	11.03	11.27	222	延安	Yan'an	14.16	19.08	19.21	136
攀枝花	Panzhihua	5.58	12.73	13.52	196	汉中	Hanzhong	15.61	19.40	19.51	132
泸州	Luzhou	12.10	16.98	16.96	161	榆林	Yulin	17.61	24.15	25.23	88
德阳	Deyang	11.57	15.41	15.51	172	安康	Ankang	10.62	13.68	14.26	186
绵阳	Mianyang	18.09	28.51	28.38	73	商洛	Shangluo	9.30	11.42	11.54	217
广元	Guangyuan	11.46	12.00	12.26	210	**甘肃**	**Gansu**	**102.60**	**140.27**	**143.10**	
遂宁	Suining	8.14	13.27	10.41	231	兰州	Lanzhou	27.08	38.50	42.89	39
内江	Neijiang	9.51	12.69	12.72	201	嘉峪关	Jiayuguan	1.32	2.81	2.63	284
乐山	Leshan	12.37	14.69	14.97	177	金昌	Jinchang	2.01	3.19	3.23	283
南充	Nanchong	18.81	26.17	27.24	77	白银	Baiyin	7.59	8.71	9.25	244
眉山	Meishan	8.63	11.39	11.30	221	天水	Tianshui	11.94	15.62	15.78	170
宜宾	Yibin	15.01	17.94	18.50	144	武威	Wuwei	6.43	8.03	8.37	252
广安	Guangan	8.40	11.23	14.91	178	张掖	Zhangye	6.34	8.25	8.17	253
达州	Dazhou	16.06	22.00	26.00	80	平凉	Pingliang	8.26	10.24	10.10	234
雅安	Yaan	6.76	7.69	8.06	255	酒泉	Jiuquan	6.00	8.25	7.87	258
巴中	Bazhong	9.08	13.48	14.59	183	庆阳	Qingyang	8.66	11.34	11.33	218
资阳	Ziyang	9.48	10.20	10.19	233	定西	Dingxi	8.46	11.09	11.03	224
贵州	**Guizhou**	**75.14**	**148.70**	**156.73**		陇南	Longnan	8.51	14.25	12.46	205
贵阳	Guiyang	35.92	51.81	54.45	26	**青海**	**Qinghai**	**16.99**	**25.80**	**26.49**	
六盘水	Liupanshui	8.19	11.81	12.95	200	西宁	Xining	16.99	20.30	21.04	118
遵义	Zunyi	21.91	29.17	30.86	63	海东	Haidong		5.50	5.45	276
安顺	Anshun	9.12	12.31	13.01	199	**宁夏**	**Ningxia**	**32.13**	**42.23**	**43.00**	
毕节	Bijie		25.97	27.55	76	银川	Yinchuan	14.91	20.89	21.09	117
铜仁	Tongren		17.64	17.90	151	石嘴山	Shizuishan	3.87	4.75	4.84	280
云南	**Yunnan**	**126.77**	**170.41**	**173.76**		吴忠	Wuzhong	4.93	5.97	6.20	271
昆明	Kunming	59.30	78.20	79.14	11	固原	Guyuan	4.78	5.84	5.87	272
曲靖	Qujing	15.34	21.06	21.56	112	中卫	Zhongwei	3.64	4.78	5.00	279
玉溪	Yuxi	10.39	14.11	14.13	189	**新疆**	**Xinjiang**	**33.55**	**53.73**	**55.66**	
保山	Baoshan	7.55	10.60	10.78	227	乌鲁木齐	Urumqi	29.48	47.79	48.40	32
昭通	Zhaotong	13.36	18.44	18.84	138	克拉玛依	Karamay	4.07	5.94	7.25	264

2-6 在岗职工平均人数
Average Number of Employed Staff and Workers

单位：万人 (10 000 persons)

地名	City	2016	2017	2017 排名 Ranking	地名	City	2016	2017	2017 排名 Ranking
全国	**Nation Total**				沈阳	Shenyang	120.00	113.00	23
北京	**Beijing**	**729.00**	**754.00**		大连	Dalian	101.00	91.00	33
天津	**Tianjin**	**247.00**	**231.00**		鞍山	Anshan	46.00	40.00	101
河北	**Hebei**	**581.00**	**486.00**		抚顺	Fushun	25.00	23.00	168
石家庄	Shijiazhuang	91.00	87.00	35	本溪	Benxi	23.00	20.00	190
唐山	Tangshan	78.00	67.00	53	丹东	Dandong	21.00	18.00	199
秦皇岛	Qinhuangdao	31.00	27.00	151	锦州	Jinzhou	29.00	24.00	162
邯郸	Handan	70.00	55.00	66	营口	Yingkou	26.00	26.00	156
邢台	Xingtai	42.00	33.00	125	阜新	Fuxin	15.00	14.00	236
保定	Baoding	91.00	67.00	53	辽阳	Liaoyang	16.00	16.00	217
张家口	Zhangjiakou	35.00	28.00	146	盘锦	Panjin	42.00	40.00	101
承德	Chengde	27.00	23.00	168	铁岭	Tieling	22.00	21.00	183
沧州	Cangzhou	47.00	39.00	105	朝阳	Chaoyang	24.00	21.00	183
廊坊	Langfang	42.00	39.00	105	葫芦岛	Huludao	20.00	19.00	193
衡水	Hengshui	27.00	21.00	183	**吉林**	**Jilin**	**275.00**	**264.00**	
山西	**Shanxi**	**409.00**	**401.00**		长春	Changchun	121.00	121.00	18
太原	Taiyuan	100.00	101.00	27	吉林	Jilin	39.00	37.00	112
大同	Datong	38.00	37.00	112	四平	Siping	18.00	18.00	199
阳泉	Yangquan	25.00	24.00	162	辽源	Liaoyuan	12.00	13.00	244
长治	Changzhi	40.00	41.00	95	通化	Tonghua	26.00	18.00	199
晋城	Jincheng	34.00	33.00	125	白山	Baishan	15.00	15.00	228
朔州	Shuozhou	18.00	18.00	199	松原	Songyuan	25.00	24.00	162
晋中	Jinzhong	31.00	30.00	143	白城	Baicheng	19.00	18.00	199
运城	Yuncheng	32.00	31.00	136	**黑龙江**	**Heilongjiang**	**933.00**	**924.00**	
忻州	Xinzhou	23.00	23.00	168	哈尔滨	Harbin	122.00	120.00	19
临汾	Linfen	35.00	32.00	132	齐齐哈尔	Qiqihar	35.00	32.00	132
吕梁	Lvliang	33.00	31.00	136	鸡西	Jixi	14.00	15.00	228
内蒙古	**Inner Mongolia**	**247.00**	**234.00**		鹤岗	Hegang	11.00	10.00	260
呼和浩特	Hohhot	42.00	40.00	101	双鸭山	Shuangyashan	11.00	11.00	255
包头	Baotou	37.00	34.00	121	大庆	Daqing	52.00	51.00	70
乌海	Wuhai	9.00	9.00	265	伊春	Yichun	15.00	15.00	228
赤峰	Chifeng	33.00	31.00	136	佳木斯	Jiamusi	16.00	15.00	228
通辽	Tongliao	29.00	26.00	156	七台河	Qitaihe	9.00	9.00	265
鄂尔多斯	Erdos	31.00	32.00	132	牡丹江	Mudanjiang	21.00	19.00	193
呼伦贝尔	Hulunbuir	37.00	33.00	125	黑河	Heihe	11.00	12.00	249
巴彦淖尔	Bayannur	14.00	14.00	236	绥化	Suihua	24.00	23.00	168
乌兰察布	Ulanqab	15.00	15.00	228	**上海**	**Shanghai**	**592.00**	**592.00**	
辽宁	**Liaoning**	**530.00**	**486.00**		**江苏**	**Jiangsu**	**1317.00**	**1364.00**	

2-6 在岗职工平均人数 续表 1
Average Number of Employed Staff and Workers continued 1

单位：万人 (10 000 persons)

地名	City	2016	2017	2017 排名 Ranking	地名	City	2016	2017	2017 排名 Ranking
南京	Nanjing	191.00	187.00	10	池州	Chizhou	10.00	10.00	260
无锡	Wuxi	95.00	102.00	25	宣城	Xuancheng	14.00	15.00	228
徐州	Xuzhou	92.00	87.00	35	**福建**	**Fujian**	**604.00**	**604.00**	
常州	Changzhou	56.00	66.00	55	福州	Fuzhou	139.00	136.00	14
苏州	Suzhou	279.00	282.00	3	厦门	Xiamen	132.00	139.00	12
南通	Nantong	143.00	194.00	7	莆田	Putian	46.00	49.00	74
连云港	Lianyungang	44.00	42.00	91	三明	Sanming	21.00	22.00	176
淮安	Huaian	62.00	57.00	62	泉州	Quanzhou	143.00	131.00	17
盐城	Yancheng	73.00	70.00	48	漳州	Zhangzhou	46.00	49.00	74
扬州	Yangzhou	97.00	92.00	32	南平	Nanping	22.00	22.00	176
镇江	Zhenjiang	45.00	40.00	101	龙岩	Longyan	28.00	28.00	146
泰州	Taizhou	97.00	101.00	27	宁德	Ningde	27.00	28.00	146
宿迁	Suqian	43.00	44.00	87	**江西**	**Jiangxi**	**418.00**	**412.00**	
浙江	**Zhejiang**	**921.00**	**894.00**		南昌	Nanchang	105.00	102.00	25
杭州	Hangzhou	266.00	264.00	4	景德镇	Jingdezhen	18.00	17.00	208
宁波	Ningbo	129.00	135.00	15	萍乡	Pingxiang	19.00	19.00	193
温州	Wenzhou	92.00	97.00	29	九江	Jiujiang	40.00	41.00	95
嘉兴	Jiaxing	70.00	69.00	50	新余	Xinyu	14.00	13.00	244
湖州	Huzhou	44.00	42.00	91	鹰潭	Yingtan	15.00	16.00	217
绍兴	Shaoxing	133.00	116.00	21	赣州	Ganzhou	55.00	53.00	67
金华	Jinhua	52.00	50.00	73	吉安	Jian	35.00	35.00	118
衢州	Quzhou	17.00	16.00	217	宜春	Yichun	43.00	43.00	88
舟山	Zhoushan	17.00			抚州	Fuzhou	36.00	34.00	121
台州	Taizhou	84.00	88.00	34	上饶	Shangrao	38.00	39.00	105
丽水	Lishui	17.00	17.00	208	**山东**	**Shandong**	**1131.00**	**1106.00**	
安徽	**Anhui**	**480.00**	**459.00**		济南	Jinan	124.00	120.00	19
合肥	Hefei	130.00	133.00	16	青岛	Qingdao	138.00	137.00	13
芜湖	Wuhu	42.00	41.00	95	淄博	Zibo	80.00	76.00	45
蚌埠	Bengbu	21.00	20.00	190	枣庄	Zaozhuang	43.00	41.00	95
淮南	Huainan	31.00	26.00	156	东营	Dongying	41.00	39.00	105
马鞍山	Maanshan	21.00	22.00	176	烟台	Yantai	101.00	97.00	29
淮北	Huaibei	22.00	18.00	199	潍坊	Weifang	79.00	84.00	38
铜陵	Tongling	16.00	16.00	217	济宁	Jining	77.00	76.00	45
安庆	Anqing	39.00	29.00	144	泰安	Taian	65.00	63.00	58
黄山	Huangshan	11.00	10.00	260	威海	Weihai	58.00	57.00	62
滁州	Chuzhou	23.00	24.00	162	日照	Rizhao	30.00	29.00	144
阜阳	Fuyang	33.00	31.00	136	莱芜	Laiwu	16.00	15.00	228
宿州	Suzhou	28.00	25.00	160	临沂	Linyi	84.00	82.00	40
六安	Liuan	18.00	18.00	199	德州	Dezhou	53.00	52.00	68
亳州	Bozhou	21.00	21.00	183	聊城	Liaocheng	44.00	43.00	88

2-6 在岗职工平均人数 续表 2
Average Number of Employed Staff and Workers continued 2

单位：万人 (10 000 persons)

地名	City	2016	2017	2017 排名 Ranking	地名	City	2016	2017	2017 排名 Ranking
滨州	Binzhou	48.00	46.00	82	常德	Changde	41.00	39.00	105
菏泽	Heze	50.00	49.00	74	张家界	Zhangjiajie	5.00	8.00	274
河南	**Henan**	**1028.00**	**1017.00**		益阳	Yiyang	23.00	22.00	176
郑州	Zhengzhou	187.00	190.00	9	郴州	Chenzhou	32.00	33.00	125
开封	Kaifeng	47.00	46.00	82	永州	Yongzhou	29.00	31.00	136
洛阳	Luoyang	71.00	68.00	51	怀化	Huaihua	24.00	23.00	168
平顶山	Pingdingshan	52.00	51.00	70	娄底	Loudi	28.00	27.00	151
安阳	Anyang	52.00	48.00	79	**广东**	**Guangdong**	**1879.00**	**1350.00**	
鹤壁	Hebi	22.00	21.00	183	广州	Guangzhou	311.00	316.00	2
新乡	Xinxiang	58.00	56.00	64	韶关	Shaoguan	32.00	31.00	136
焦作	Jiaozuo	50.00	51.00	70	深圳	Shenzhen	445.00	446.00	1
濮阳	Puyang	38.00	38.00	110	珠海	Zhuhai	67.00	68.00	51
许昌	Xuchang	46.00	46.00	82	汕头	Shantou	55.00	56.00	64
漯河	Luohe	32.00	34.00	121	佛山	Foshan	170.00	162.00	11
三门峡	Sanmenxia	24.00	22.00	176	江门	Jiangmen	56.00	31.00	136
南阳	Nanyang	89.00	84.00	38	湛江	Zhanjiang	48.00	21.00	183
商丘	Shangqiu	67.00	73.00	47	茂名	Maoming	43.00	24.00	162
信阳	Xinyang	58.00	58.00	61	肇庆	Zhaoqing	41.00	25.00	160
周口	Zhoukou	70.00	66.00	55	惠州	Huizhou	92.00	70.00	48
驻马店	Zhumadian	65.00	65.00	57	梅州	Meizhou	28.00	11.00	255
湖北	**Hubei**	**748.00**	**751.00**		汕尾	Shanwei	23.00	8.00	274
武汉	Wuhan	198.00	201.00	6	河源	Heyuan	27.00	14.00	236
黄石	Huangshi	46.00	46.00	82	阳江	Yangjiang	22.00	12.00	249
十堰	Shiyan	61.00	63.00	58	清远	Qingyuan	31.00	19.00	193
宜昌	Yichang	94.00	86.00	37	东莞	Dongguan	228.00		
襄阳	Xiangyang	56.00	52.00	68	中山	Zhongshan	80.00		
鄂州	Ezhou	22.00	21.00	183	潮州	Chaozhou	19.00	16.00	217
荆门	Jingmen	37.00	38.00	110	揭阳	Jieyang	40.00	14.00	236
孝感	Xiaogan	78.00	80.00	42	云浮	Yunfu	21.00	6.00	278
荆州	Jingzhou	37.00	35.00	118	**广西**	**Guangxi**	**354.00**	**251.00**	
黄冈	Huanggang	72.00	81.00	41	南宁	Nanning	88.00	79.00	43
咸宁	Xianning	34.00	35.00	118	柳州	Liuzhou	53.00	49.00	74
随州	Suizhou	13.00	13.00	244	桂林	Guilin	39.00	22.00	176
湖南	**Hunan**	**485.00**	**482.00**		梧州	Wuzhou	18.00	10.00	260
长沙	Changsha	113.00	113.00	23	北海	Beihai	12.00	9.00	265
株洲	Zhuzhou	42.00	41.00	95	防城港	Fangchenggang	8.00	5.00	281
湘潭	Xiangtan	26.00	27.00	151	钦州	Qinzhou	20.00	12.00	249
衡阳	Hengyang	49.00	48.00	79	贵港	Guigang	16.00	8.00	274
邵阳	Shaoyang	31.00	33.00	125	玉林	Yulin	31.00	27.00	151
岳阳	Yueyang	42.00	37.00	112	百色	Baise	21.00	22.00	176

2-6 在岗职工平均人数 续表 3
Average Number of Employed Staff and Workers continued 3

单位：万人 (10 000 persons)

地名	City	2016	2017	2017 排名 Ranking	地名	City	2016	2017	2017 排名 Ranking
贺州	Hezhou	9.00	9.00	265	丽江	Lijiang	9.00	9.00	265
河池	Hechi	16.00	16.00	217	普洱	Puer	15.00	15.00	228
来宾	Laibin	11.00	11.00	255	临沧	Lincang	13.00	13.00	244
崇左	Chongzuo	12.00	12.00	249	**西藏**	**Tibet**	**12.00**	**12.00**	
海南	**Hainan**	**61.00**	**62.00**		拉萨	Lasa	12.00	12.00	249
海口	Haikou	49.00	49.00	74	**陕西**	**Shaanxi**	**454.00**	**447.00**	
三亚	Sanya	12.00	13.00	244	西安	Xi'an	188.00	191.00	8
三沙	Sansha				铜川	Tongchuan	10.00	10.00	260
重庆	**Chongqing**	**375.00**	**364.00**		宝鸡	Baoji	37.00	37.00	112
四川	**Sichuan**	**678.00**	**665.00**		咸阳	Xianyang	55.00	43.00	88
成都	Chengdu	247.00	254.00	5	渭南	Weinan	40.00	41.00	95
自贡	Zigong	15.00	16.00	217	延安	Yan'an	27.00	28.00	146
攀枝花	Panzhihua	18.00	17.00	208	汉中	Hanzhong	26.00	26.00	156
泸州	Luzhou	35.00	28.00	146	榆林	Yulin	35.00	37.00	112
德阳	Deyang	27.00	27.00	151	安康	Ankang	19.00	17.00	208
绵阳	Mianyang	45.00	46.00	82	商洛	Shangluo	17.00	17.00	208
广元	Guangyuan	15.00	14.00	236	**甘肃**	**Gansu**	**215.00**	**201.00**	
遂宁	Suining	17.00	17.00	208	兰州	Lanzhou	66.00	60.00	60
内江	Neijiang	40.00	23.00	168	嘉峪关	Jiayuguan	6.00	5.00	281
乐山	Leshan	27.00	23.00	168	金昌	Jinchang	9.00	9.00	265
南充	Nanchong	39.00	42.00	91	白银	Baiyin	16.00	16.00	217
眉山	Meishan	34.00	18.00	199	天水	Tianshui	19.00	19.00	193
宜宾	Yibin	33.00	33.00	125	武威	Wuwei	13.00	12.00	249
广安	Guangan	13.00	17.00	208	张掖	Zhangye	11.00	9.00	265
达州	Dazhou	29.00	48.00	79	平凉	Pingliang	17.00	16.00	217
雅安	Yaan	10.00	11.00	255	酒泉	Jiuquan	13.00	11.00	255
巴中	Bazhong	19.00	17.00	208	庆阳	Qingyang	16.00	16.00	217
资阳	Ziyang	15.00	14.00	236	定西	Dingxi	15.00	14.00	236
贵州	**Guizhou**	**216.00**	**221.00**		陇南	Longnan	14.00	14.00	236
贵阳	Guiyang	94.00	97.00	29	**青海**	**Qinghai**	**39.00**	**40.00**	
六盘水	Liupanshui	20.00	20.00	190	西宁	Xining	32.00	33.00	125
遵义	Zunyi	37.00	37.00	112	海东	Haidong	7.00	7.00	277
安顺	Anshun	17.00	18.00	199	**宁夏**	**Ningxia**	**62.00**	**64.00**	
毕节	Bijie	31.00	32.00	132	银川	Yinchuan	33.00	34.00	121
铜仁	Tongren	17.00	17.00	208	石嘴山	Shizuishan	8.00	9.00	265
云南	**Yunnan**	**224.00**	**273.00**		吴忠	Wuzhong	9.00	9.00	265
昆明	Kunming	117.00	116.00	21	固原	Guyuan	6.00	6.00	278
曲靖	Qujing		42.00	91	中卫	Zhongwei	6.00	6.00	278
玉溪	Yuxi	25.00	24.00	162	**新疆**	**Xinjiang**	**93.00**	**94.00**	
保山	Baoshan	18.00	19.00	193	乌鲁木齐	Urumqi	78.00	78.00	44
昭通	Zhaotong	15.00	23.00	168	克拉玛依	Karamay	15.00	16.00	217

2-7 在岗职工工资总额

Total Wage of Employed Staff and Workers

单位：万人 (10 000 persons)

地名	City	2016	2017	2017 排名 Ranking	地名	City	2016	2017	2017 排名 Ranking
全国	**Nation Total**				沈阳	Shenyang	806.04	834.70	23
北京	**Beijing**		**10182.80**		大连	Dalian	743.51	745.73	27
天津	**Tianjin**		**2316.74**		鞍山	Anshan	219.75	200.17	132
河北	**Hebei**	**3323.90**	**3215.53**		抚顺	Fushun	129.59	131.66	191
石家庄	Shijiazhuang	555.46	590.85	39	本溪	Benxi	104.90	103.77	226
唐山	Tangshan	476.93	457.42	49	丹东	Dandong	83.20	76.89	253
秦皇岛	Qinhuangdao	191.92	188.06	143	锦州	Jinzhou	141.98	132.65	189
邯郸	Handan	356.36	322.76	71	营口	Yingkou	123.35	128.80	195
邢台	Xingtai	210.96	195.95	137	阜新	Fuxin	74.65	74.42	254
保定	Baoding	495.36	449.55	52	辽阳	Liaoyang	86.03	97.56	238
张家口	Zhangjiakou	180.91	177.73	157	盘锦	Panjin	181.64	184.09	151
承德	Chengde	144.29	140.83	185	铁岭	Tieling	97.40	101.88	229
沧州	Cangzhou	274.59	264.38	95	朝阳	Chaoyang	112.70	111.95	210
廊坊	Langfang	303.63	303.60	78	葫芦岛	Huludao	99.80	102.98	227
衡水	Hengshui	133.49	124.40	198	**吉林**	**Jilin**	**1595.67**	**1658.54**	
山西	**Shanxi**	**3086.49**	**2481.58**		长春	Changchun	830.16	888.35	22
太原	Taiyuan	645.96	726.98	30	吉林	Jilin	207.95	219.63	123
大同	Datong	208.81	222.29	121	四平	Siping	92.61	98.39	235
阳泉	Yangquan	119.45	134.27	187	辽源	Liaoyuan	58.02	63.79	266
长治	Changzhi	203.00	236.39	113	通化	Tonghua	124.55	93.09	243
晋城	Jincheng	186.98	206.27	128	白山	Baishan	71.29	74.01	256
朔州	Shuozhou	943.30	105.06	221	松原	Songyuan	126.63	131.05	193
晋中	Jinzhong	165.51	186.65	145	白城	Baicheng	84.46	90.23	245
运城	Yuncheng	159.73	170.12	163	**黑龙江**	**Heilongjiang**	**1958.96**	**2037.10**	
忻州	Xinzhou	109.32	119.17	202	哈尔滨	Harbin	765.85	810.06	24
临汾	Linfen	164.38	183.03	152	齐齐哈尔	Qiqihar	193.56	185.49	147
吕梁	Lvliang	180.04	191.37	140	鸡西	Jixi	68.80	79.06	251
内蒙古	**Inner Mongolia**	**1516.28**	**1564.68**		鹤岗	Hegang	52.99	53.92	276
呼和浩特	Hohhot	234.24	253.26	101	双鸭山	Shuangyashan	59.86	62.60	267
包头	Baotou	237.32	236.90	112	大庆	Daqing	355.76	381.45	58
乌海	Wuhai	55.29	60.78	270	伊春	Yichun	56.93	58.53	274
赤峰	Chifeng	197.20	196.72	136	佳木斯	Jiamusi	80.46	81.68	250
通辽	Tongliao	164.94	159.50	171	七台河	Qitaihe	44.99	46.18	282
鄂尔多斯	Erdos	233.04	249.91	102	牡丹江	Mudanjiang	113.34	108.14	219
呼伦贝尔	Hulunbuir	215.02	215.44	125	黑河	Heihe	55.20	61.14	269
巴彦淖尔	Bayannur	80.59	90.96	244	绥化	Suihua	111.23	108.77	215
乌兰察布	Ulanqab	98.64	101.21	230	**上海**	**Shanghai**		**7742.56**	
辽宁	**Liaoning**	**3004.54**	**3027.25**		**江苏**	**Jiangsu**	**9634.02**	**10849.00**	

2-7 在岗职工工资总额 续表 1

Total Wage of Employed Staff and Workers continued 1

单位：万人 (10 000 persons)

地名	City	2016	2017	2017 排名 Ranking	地名	City	2016	2017	2017 排名 Ranking
南京	Nanjing	1723.14	1897.89	6	池州	Chizhou	53.44	59.81	272
无锡	Wuxi	803.34	909.43	20	宣城	Xuancheng	90.90	102.45	228
徐州	Xuzhou	526.69	559.13	42	**福建**	**Fujian**	**3808.03**	**4136.25**	
常州	Changzhou	457.61	558.73	43	福州	Fuzhou	937.85	1023.63	16
苏州	Suzhou	2230.43	2463.62	4	厦门	Xiamen	906.83	1022.18	17
南通	Nantong	1022.78	1463.93	10	莆田	Putian	261.30	291.62	84
连云港	Lianyungang	267.70	293.86	83	三明	Sanming	134.16	157.51	173
淮安	Huaian	371.77	366.56	60	泉州	Quanzhou	816.92	805.06	25
盐城	Yancheng	427.70	453.20	50	漳州	Zhangzhou	283.69	324.74	69
扬州	Yangzhou	654.28	657.48	36	南平	Nanping	131.86	143.45	182
镇江	Zhenjiang	311.61	301.21	79	龙岩	Longyan	167.76	179.31	156
泰州	Taizhou	594.20	659.43	35	宁德	Ningde	167.66	188.75	141
宿迁	Suqian	242.76	264.52	94	**江西**	**Jiangxi**	**2362.06**	**2547.86**	
浙江	**Zhejiang**	**7072.31**	**7701.98**		南昌	Nanchang	694.03	741.68	28
杭州	Hangzhou	2318.46	2554.29	3	景德镇	Jingdezhen	88.30	99.65	233
宁波	Ningbo	1140.13	1234.42	12	萍乡	Pingxiang	101.14	108.35	218
温州	Wenzhou	643.03	736.39	29	九江	Jiujiang	226.73	254.86	99
嘉兴	Jiaxing	516.58	572.66	40	新余	Xinyu	75.29	76.96	252
湖州	Huzhou	285.34	305.71	77	鹰潭	Yingtan	87.66	103.95	224
绍兴	Shaoxing	815.51	783.68	26	赣州	Ganzhou	300.33	320.69	72
金华	Jinhua	382.32	415.02	55	吉安	Jian	180.75	185.36	148
衢州	Quzhou	143.72	159.58	170	宜春	Yichun	213.84	231.77	115
舟山	Zhoushan	137.88	157.42	174	抚州	Fuzhou	188.77	197.15	135
台州	Taizhou	544.33	620.36	37	上饶	Shangrao	205.22	227.45	117
丽水	Lishui	145.02	162.45	167	**山东**	**Shandong**	**7159.42**	**7535.41**	
安徽	**Anhui**	**2848.50**	**3121.67**		济南	Jinan	956.02	1011.64	18
合肥	Hefei	922.06	1027.22	15	青岛	Qingdao	1055.21	1141.26	14
芜湖	Wuhu	257.79	276.64	88	淄博	Zibo	494.09	509.10	46
蚌埠	Bengbu	118.01	122.22	199	枣庄	Zaozhuang	232.81	241.85	110
淮南	Huainan	180.51	184.19	150	东营	Dongying	305.22	297.68	82
马鞍山	Maanshan	135.97	158.24	172	烟台	Yantai	650.18	671.18	33
淮北	Huaibei	105.99	116.16	207	潍坊	Weifang	486.49	548.81	44
铜陵	Tongling	96.25	104.82	222	济宁	Jining	444.08	468.49	48
安庆	Anqing	160.00	171.51	161	泰安	Taian	360.28	373.67	59
黄山	Huangshan	62.39	71.31	260	威海	Weihai	335.40	352.77	65
滁州	Chuzhou	141.66	161.39	168	日照	Rizhao	175.83	186.10	146
阜阳	Fuyang	173.84	184.63	149	莱芜	Laiwu	90.16	89.17	246
宿州	Suzhou	137.34	143.46	181	临沂	Linyi	502.38	505.46	47
六安	Liuan	108.05	118.45	204	德州	Dezhou	289.36	307.14	75
亳州	Bozhou	104.31	119.17	201	聊城	Liaocheng	242.62	259.37	98

2-7　在岗职工工资总额　续表 2
Total Wage of Employed Staff and Workers continued 2

单位：万人　　(10 000 persons)

地名	City	2016	2017	2017 排名 Ranking
滨州	Binzhou	284.18	298.12	81
菏泽	Heze	255.10	273.61	89
河南	**Henan**	**5082.70**	**5596.03**	
郑州	Zhengzhou	1144.64	1339.78	11
开封	Kaifeng	245.12	214.96	126
洛阳	Luoyang	362.54	395.71	56
平顶山	Pingdingshan	243.53	268.50	92
安阳	Anyang	239.52	244.93	107
鹤壁	Hebi	91.54	98.12	236
新乡	Xinxiang	256.80	272.51	90
焦作	Jiaozuo	231.51	261.63	97
濮阳	Puyang	176.13	193.15	139
许昌	Xuchang	223.38	243.71	109
漯河	Luohe	132.58	172.76	159
三门峡	Sanmenxia	110.83	127.86	196
南阳	Nanyang	423.68	433.22	54
商丘	Shangqiu	321.25	383.58	57
信阳	Xinyang	264.83	288.35	85
周口	Zhoukou	324.51	332.98	68
驻马店	Zhumadian	290.32	324.29	70
湖北	**Hubei**	**3942.92**	**4301.09**	
武汉	Wuhan	1423.27	1604.26	7
黄石	Huangshi	205.79	224.10	119
十堰	Shiyan	280.12	311.73	74
宜昌	Yichang	442.02	434.43	53
襄阳	Xiangyang	315.09	306.91	76
鄂州	Ezhou	89.26	98.42	234
荆门	Jingmen	161.59	182.71	153
孝感	Xiaogan	332.57	358.82	62
荆州	Jingzhou	187.78	199.56	133
黄冈	Huanggang	298.94	353.10	64
咸宁	Xianning	141.38	155.46	176
随州	Suizhou	65.12	71.61	259
湖南	**Hunan**	**2852.36**	**3131.85**	
长沙	Changsha	875.40	966.45	19
株洲	Zhuzhou	248.58	248.95	103
湘潭	Xiangtan	147.36	172.51	160
衡阳	Hengyang	249.45	267.14	93
邵阳	Shaoyang	162.81	194.57	138
岳阳	Yueyang	204.18	205.77	129
常德	Changde	206.35	233.21	114
张家界	Zhangjiajie	30.93	50.30	280
益阳	Yiyang	129.24	135.46	186
郴州	Chenzhou	176.83	198.24	134
永州	Yongzhou	153.30	172.79	158
怀化	Huaihua	130.54	141.16	184
娄底	Loudi	137.40	145.29	180
广东	**Guangdong**	**13457.62**	**14938.33**	
广州	Guangzhou	2598.02	3103.28	2
韶关	Shaoguan	195.91	201.33	130
深圳	Shenzhen	3994.05	4469.76	1
珠海	Zhuhai	505.34	560.41	41
汕头	Shantou	305.04	346.80	66
佛山	Foshan	1140.40	1178.78	13
江门	Jiangmen	341.39	353.38	63
湛江	Zhanjiang	268.77	287.16	86
茂名	Maoming	247.48	282.31	87
肇庆	Zhaoqing	242.78	246.79	105
惠州	Huizhou	599.00	668.32	34
梅州	Meizhou	165.97	188.16	142
汕尾	Shanwei	123.33	109.86	214
河源	Heyuan	154.39	166.22	164
阳江	Yangjiang	121.68	131.98	190
清远	Qingyuan	208.66	228.81	116
东莞	Dongguan	1316.05	1484.47	9
中山	Zhongshan	515.29	515.87	45
潮州	Chaozhou	104.63	110.78	212
揭阳	Jieyang	194.29	187.61	144
云浮	Yunfu	115.16	116.22	206
广西	**Guangxi**	**2127.26**	**2324.15**	
南宁	Nanning	603.01	671.98	32
柳州	Liuzhou	321.41	361.44	61
桂林	Guilin	228.51	243.85	108
梧州	Wuzhou	95.06	108.43	216
北海	Beihai	68.95	74.32	255
防城港	Fangchenggang	41.58	44.09	283
钦州	Qinzhou	106.45	110.57	213
贵港	Guigang	89.59	100.57	231
玉林	Yulin	165.35	163.34	166
百色	Baise	118.44	134.12	188

2-7 在岗职工工资总额 续表 3

Total Wage of Employed Staff and Workers continued 3

单位：万人 (10 000 persons)

地名	City	2016	2017	2017 排名 Ranking	地名	City	2016	2017	2017 排名 Ranking
贺州	Hezhou	56.41	61.17	268	丽江	Lijiang	57.79	67.19	264
河池	Hechi	100.81	108.41	217	普洱	Puer	98.36	119.71	200
来宾	Laibin	66.66	69.50	263	临沧	Lincang	75.81	95.30	242
崇左	Chongzuo	65.02	72.37	258	**西藏**	**Tibet**	**129.89**	**141.46**	
海南	**Hainan**	**384.03**	**430.80**		拉萨	Lasa	129.89	141.46	183
海口	Haikou	303.84	333.84	67	**陕西**	**Shaanxi**	**2768.82**	**2979.04**	
三亚	Sanya	80.19	96.96	239	西安	Xi'an	1309.69	1488.71	8
三沙	Sansha				铜川	Tongchuan	52.56	55.38	275
重庆	**Chongqing**		**2668.11**		宝鸡	Baoji	199.09	214.61	127
四川	**Sichuan**	**4302.86**	**4647.77**		咸阳	Xianyang	267.18	227.44	118
成都	Chengdu	1834.13	2014.65	5	渭南	Weinan	206.41	220.60	122
自贡	Zigong	96.23	113.96	208	延安	Yan'an	170.77	181.79	155
攀枝花	Panzhihua	119.79	130.09	194	汉中	Hanzhong	146.41	156.54	175
泸州	Luzhou	198.46	182.10	154	榆林	Yulin	231.04	248.68	104
德阳	Deyang	184.24	200.52	131	安康	Ankang	97.09	99.67	232
绵阳	Mianyang	289.26	317.20	73	商洛	Shangluo	88.59	85.63	249
广元	Guangyuan	92.93	97.56	237	**甘肃**	**Gansu**	**1898.74**	**1318.36**	
遂宁	Suining	92.91	106.55	220	兰州	Lanzhou	439.93	452.99	51
内江	Neijiang	181.61	131.08	192	嘉峪关	Jiayuguan	29.29	39.83	284
乐山	Leshan	144.07	153.37	178	金昌	Jinchang	47.57	52.00	277
南充	Nanchong	217.85	253.57	100	白银	Baiyin	88.06	95.67	241
眉山	Meishan	166.19	116.59	205	天水	Tianshui	96.60	112.13	209
宜宾	Yibin	201.19	222.47	120	武威	Wuwei	70.16	71.26	261
广安	Guangan	87.93	111.10	211	张掖	Zhangye	64.18	63.90	265
达州	Dazhou	156.08	245.78	106	平凉	Pingliang	92.71	96.47	240
雅安	Yaan	59.04	59.60	273	酒泉	Jiuquan	73.40	70.09	262
巴中	Bazhong	100.42	104.12	223	庆阳	Qingyang	100.74	103.77	225
资阳	Ziyang	80.51	87.46	247	定西	Dingxi	80.42	86.25	248
贵州	**Guizhou**	**1497.10**	**1661.50**		陇南	Longnan	715.68	74.01	257
贵阳	Guiyang	651.12	714.94	31	**青海**	**Qinghai**	**253.38**	**291.30**	
六盘水	Liupanshui	126.93	155.08	177	西宁	Xining	205.30	239.81	111
遵义	Zunyi	280.40	300.28	80	海东	Haidong	48.08	51.49	278
安顺	Anshun	113.17	127.57	197	**宁夏**	**Ningxia**	**416.52**	**421.80**	
毕节	Bijie	192.66	216.31	124	银川	Yinchuan	235.25	264.00	96
铜仁	Tongren	132.82	147.33	179	石嘴山	Shizuishan	45.97	51.04	279
云南	**Yunnan**	**1603.42**	**1897.37**		吴忠	Wuzhong	54.40	60.45	271
昆明	Kunming	799.47	889.12	21	固原	Guyuan	43.22	46.32	281
曲靖	Qujing	227.19	272.04	91	中卫	Zhongwei	37.68		
玉溪	Yuxi	149.57	170.75	162	**新疆**	**Xinjiang**	**704.48**	**772.19**	
保山	Baoshan	97.62	119.17	203	乌鲁木齐	Urumqi	571.29	612.04	38
昭通	Zhaotong	97.61	164.09	165	克拉玛依	Karamay	133.19	160.16	169

2-8 职工平均工资
Average Wage of Employed Staff and Workers

单位：万人 (10 000 persons)

地名	City	2016	2017	2017 排名 Ranking
全国	**Nation Total**			
北京	**Beijing**		**134994**	
天津	**Tianjin**		**96965**	
河北	**Hebei**			
石家庄	Shijiazhuang	61189	67880	89
唐山	Tangshan	59623	66843	99
秦皇岛	Qinhuangdao	61988	70753	69
邯郸	Handan	50847	58917	194
邢台	Xingtai	50205	59431	189
保定	Baoding	54395	63835	131
张家口	Zhangjiakou	52277	63976	128
承德	Chengde	53449	60270	177
沧州	Cangzhou	58122	66984	97
廊坊	Langfang	72744	77665	32
衡水	Hengshui	50294	58014	203
山西	**Shanxi**			
太原	Taiyuan	64820	72114	60
大同	Datong	55450	59924	179
阳泉	Yangquan	48195	56255	220
长治	Changzhi	51070	57750	206
晋城	Jincheng	55453	62656	140
朔州	Shuozhou	51377	59831	182
晋中	Jinzhong	53196	61554	154
运城	Yuncheng	49912	55267	228
忻州	Xinzhou	47265	52191	247
临汾	Linfen	50482	56866	215
吕梁	Lvliang	55357	61378	161
内蒙古	**Inner Mongolia**			
呼和浩特	Hohhot	56213	63084	138
包头	Baotou	63987	69706	74
乌海	Wuhai	58301	67658	90
赤峰	Chifeng	59602	63809	132
通辽	Tongliao	57029	61470	156
鄂尔多斯	Erdos	74496	78166	28
呼伦贝尔	Hulunbuir	58386	64449	122
巴彦淖尔	Bayannur	54427	64696	120
乌兰察布	Ulanqab	65280	66332	104
辽宁	**Liaoning**			
沈阳	Shenyang	67444	74181	47
大连	Dalian	73764	81884	21
鞍山	Anshan	48164	50187	262
抚顺	Fushun	52708	56941	214
本溪	Benxi	46662	50881	254
丹东	Dandong	38763	42230	282
锦州	Jinzhou	49162	54892	231
营口	Yingkou	46999	50074	263
阜新	Fuxin	49601	54330	234
辽阳	Liaoyang	54507	60361	175
盘锦	Panjin	42944	45890	278
铁岭	Tieling	43596	47615	275
朝阳	Chaoyang	47846	52732	242
葫芦岛	Huludao	50711	55037	229
吉林	**Jilin**			
长春	Changchun	68434	73469	53
吉林	Jilin	53392	59923	180
四平	Siping	50676	56235	221
辽源	Liaoyuan	46910	50474	259
通化	Tonghua	47506	52054	248
白山	Baishan	47294	50230	261
松原	Songyuan	50592	55434	226
白城	Baicheng	44619	49749	267
黑龙江	**Heilongjiang**			
哈尔滨	Harbin	62583	67542	91
齐齐哈尔	Qiqihar	50558		
鸡西	Jixi	47866	54626	232
鹤岗	Hegang	48745	54001	237
双鸭山	Shuangyashan	52648	58133	202
大庆	Daqing	72459	74583	46
伊春	Yichun	36793	38713	283
佳木斯	Jiamusi	50020	54018	236
七台河	Qitaihe	48695	53467	239
牡丹江	Mudanjiang	55054	110393	2
黑河	Heihe	51422	52329	246
绥化	Suihua	45545	48316	273
上海	**Shanghai**		**130765**	
江苏	**Jiangsu**			

2-8 职工平均工资 续表 1
Average Wage of Employed Staff and Workers continued 1

单位：万人 (10 000 persons)

地名	City	2016	2017	2017 排名 Ranking	地名	City	2016	2017	2017 排名 Ranking
南京	Nanjing	90191	101502	3	池州	Chizhou	55068	62289	143
无锡	Wuxi	84931	89551	12	宣城	Xuancheng	63622	68760	79
徐州	Xuzhou	57228	63917	129	**福建**	**Fujian**			
常州	Changzhou	81058	84744	16	福州	Fuzhou	67630	75133	45
苏州	Suzhou	79870	87350	13	厦门	Xiamen	69218	75452	42
南通	Nantong	71743	75315	43	莆田	Putian	56548	59358	191
连云港	Lianyungang	61262	69726	73	三明	Sanming	64324	71555	65
淮安	Huaian	59642	64631	121	泉州	Quanzhou	57141	61253	163
盐城	Yancheng	58205	64280	124	漳州	Zhangzhou	62093	66483	103
扬州	Yangzhou	67611	71663	64	南平	Nanping	59537	64347	123
镇江	Zhenjiang	68874	75315	43	龙岩	Longyan	59329	64211	126
泰州	Taizhou	61069	65509	114	宁德	Ningde	61309	68669	81
宿迁	Suqian	55844	59740	183	**江西**	**Jiangxi**			
浙江	**Zhejiang**				南昌	Nanchang	65812	72686	58
杭州	Hangzhou	87153	96670	8	景德镇	Jingdezhen	49909	57851	205
宁波	Ningbo	83656	91705	11	萍乡	Pingxiang	52389	61464	157
温州	Wenzhou	70069	75881	39	九江	Jiujiang	56331	61938	147
嘉兴	Jiaxing	73836	82934	19	新余	Xinyu	54602	59185	193
湖州	Huzhou	65051	72335	59	鹰潭	Yingtan	59595	65632	113
绍兴	Shaoxing	61394	67489	92	赣州	Ganzhou	55253	60337	176
金华	Jinhua	72962	82199	20	吉安	Jian	52402	54256	235
衢州	Quzhou	85527	96843	7	宜春	Yichun	49614	53568	238
舟山	Zhoushan	80311	93018	9	抚州	Fuzhou	54607	59542	187
台州	Taizhou	64816	70825	68	上饶	Shangrao	54322	58376	199
丽水	Lishui	85058	92581	10	**山东**	**Shandong**			
安徽	**Anhui**				济南	Jinan	77012	84645	17
合肥	Hefei	71054	77484	33	青岛	Qingdao	76616	83539	18
芜湖	Wuhu	61385	66883	98	淄博	Zibo	61928	67003	96
蚌埠	Bengbu	56015	61537	155	枣庄	Zaozhuang	53793	58353	200
淮南	Huainan	58543	71218	66	东营	Dongying	73129	76938	36
马鞍山	Maanshan	65060	71809	63	烟台	Yantai	64219	68979	77
淮北	Huaibei	48266	65286	115	潍坊	Weifang	61815	68139	85
铜陵	Tongling	61501	65944	108	济宁	Jining	57362	61909	148
安庆	Anqing	52954	58310	201	泰安	Taian	55493	59653	185
黄山	Huangshan	59325	68668	82	威海	Weihai	57812	62344	142
滁州	Chuzhou	61436	67264	93	日照	Rizhao	59095	63418	137
阜阳	Fuyang	52718			莱芜	Laiwu	55014	59740	183
宿州	Suzhou	49356	56452	219	临沂	Linyi	60039	63440	136
六安	Liuan	59107	65070	117	德州	Dezhou	54390	58912	195
亳州	Bozhou	50292	57350	210	聊城	Liaocheng	55223	60034	178

2-8 职工平均工资 续表 2
Average Wage of Employed Staff and Workers continued 2

单位：万人 (10 000 persons)

地名	City	2016	2017	2017 排名 Ranking	地名	City	2016	2017	2017 排名 Ranking
滨州	Binzhou	58659	64749	119	常德	Changde	55317	59399	190
菏泽	Heze	50979	55298	227	张家界	Zhangjiajie	65363	63884	130
河南	**Henan**				益阳	Yiyang	55880	60754	171
郑州	Zhengzhou	61149	70486	70	郴州	Chenzhou	55560	60820	170
开封	Kaifeng	48807	51541	250	永州	Yongzhou	53085	56212	222
洛阳	Luoyang	51295	57863	204	怀化	Huaihua	54835	62046	146
平顶山	Pingdingshan	46759	52728	243	娄底	Loudi	48530	53301	240
安阳	Anyang	45734	51098	252	**广东**	**Guangdong**			
鹤壁	Hebi	42424	46871	277	广州	Guangzhou	89096	98612	5
新乡	Xinxiang	44237	48886	271	韶关	Shaoguan	61465	65739	110
焦作	Jiaozuo	46410	50980	253	深圳	Shenzhen	89757	100173	4
濮阳	Puyang	46227	51319	251	珠海	Zhuhai	74931	81014	22
许昌	Xuchang	48235	53268	241	汕头	Shantou	55867	61819	149
漯河	Luohe	41389	50681	256	佛山	Foshan	67187	72712	57
三门峡	Sanmenxia	46479	57207	212	江门	Jiangmen	61366	66107	106
南阳	Nanyang	47468	51871	249	湛江	Zhanjiang	55565	62094	145
商丘	Shangqiu	47508	52542	245	茂名	Maoming	57059	61442	158
信阳	Xinyang	45413	50013	264	肇庆	Zhaoqing	59591	65227	116
周口	Zhoukou	46355	50259	260	惠州	Huizhou	64766	70890	67
驻马店	Zhumadian	44830	49801	265	梅州	Meizhou	60191	67186	94
湖北	**Hubei**				汕尾	Shanwei	54425	57160	213
武汉	Wuhan	71963	79684	25	河源	Heyuan	56513	61561	153
黄石	Huangshi	44549	48801	272	阳江	Yangjiang	54245	59559	186
十堰	Shiyan	46056	49733	268	清远	Qingyuan	66648	73323	54
宜昌	Yichang	47193	50498	258	东莞	Dongguan	57649	61619	151
襄阳	Xiangyang	50677	58706	197	中山	Zhongshan	64790	68039	86
鄂州	Ezhou	41189	46920	276	潮州	Chaozhou	53940	59540	188
荆门	Jingmen	43245	48129	274	揭阳	Jieyang	48156	50598	257
孝感	Xiaogan	42666	45100	279	云浮	Yunfu	54780	63527	134
荆州	Jingzhou	43111	56499	218	**广西**	**Guangxi**			
黄冈	Huanggang	41497	44922	280	南宁	Nanning	68560	75481	41
咸宁	Xianning	41019	44700	281	柳州	Liuzhou	60228	64958	118
随州	Suizhou	44226	48909	270	桂林	Guilin	59129	65694	112
湖南	**Hunan**				梧州	Wuzhou	52479	57618	209
长沙	Changsha	77782	85187	15	北海	Beihai	55502	60622	172
株洲	Zhuzhou	59423	61418	159	防城港	Fangchenggang	55409	63484	135
湘潭	Xiangtan	56619	62933	139	钦州	Qinzhou	52127	56863	216
衡阳	Hengyang	50768	55761	223	贵港	Guigang	55121	61245	164
邵阳	Shaoyang	52334	58665	198	玉林	Yulin	52771	60901	168
岳阳	Yueyang	49009	54893	230	百色	Baise	55364	62528	141

2-8 职工平均工资 续表 3
Average Wage of Employed Staff and Workers continued 3

单位：万人 (10 000 persons)

地名	City	2016	2017	2017 排名 Ranking	地名	City	2016	2017	2017 排名 Ranking
贺州	Hezhou	62110	65799	109	丽江	Lijiang	64304	73865	51
河池	Hechi	61259	66085	107	普洱	Puer	66033	80910	23
来宾	Laibin	59982	64152	127	临沧	Lincang	59626	73920	50
崇左	Chongzuo	53954	59250	192	**西藏**	**Tibet**			
海南	**Hainan**				拉萨	Lasa	111009	111092	1
海口	Haikou	62030	68037	87	**陕西**	**Shaanxi**			
三亚	Sanya	65030	72826	56	西安	Xi'an	69611	77774	30
三沙	Sansha				铜川	Tongchuan	53652	57697	208
重庆	**Chongqing**		**73272**		宝鸡	Baoji	53366	57729	207
四川	**Sichuan**				咸阳	Xianyang	48542	52592	244
成都	Chengdu	74408	79292	26	渭南	Weinan	51057	55706	224
自贡	Zigong	62588	72099	61	延安	Yan'an	63562	67918	88
攀枝花	Panzhihua	68152	76879	37	汉中	Hanzhong	55739	60395	174
泸州	Luzhou	56048	65725	111	榆林	Yulin	65265	67120	95
德阳	Deyang	67166	74061	48	安康	Ankang	52195	58722	196
绵阳	Mianyang	63618	69621	75	商洛	Shangluo	47481	49030	269
广元	Guangyuan	64237	68646	84	**甘肃**	**Gansu**			
遂宁	Suining	55279	61289	162	兰州	Lanzhou	67011	75709	40
内江	Neijiang	45234	49780	266	嘉峪关	Jiayuguan	66925	78480	27
乐山	Leshan	54222	66329	105	金昌	Jinchang	53996	61136	166
南充	Nanchong	55202	60989	167	白银	Baiyin	53848	60464	173
眉山	Meishan	48714	64276	125	天水	Tianshui	50861	57322	211
宜宾	Yibin	61399	66834	100	武威	Wuwei	56148	61170	165
广安	Guangan	66034	69813	72	张掖	Zhangye	57708	68655	83
达州	Dazhou	53081	50756	255	平凉	Pingliang	55693	61615	152
雅安	Yaan	54361	56503	217	酒泉	Jiuquan	56144	61395	160
巴中	Bazhong	52213	55611	225	庆阳	Qingyang	61669	68699	80
资阳	Ziyang	55033	60891	169	定西	Dingxi	54735	61813	150
贵州	**Guizhou**				陇南	Longnan	52205	54566	233
贵阳	Guiyang	70535	73939	49	**青海**	**Qinghai**			
六盘水	Liupanshui	65015	77366	34	西宁	Xining	61069	73540	52
遵义	Zunyi	75480	80638	24	海东	Haidong	64761	73312	55
安顺	Anshun	66742	69391	76	**宁夏**	**Ningxia**			
毕节	Bijie	63487	68844	78	银川	Yinchuan	70840	77206	35
铜仁	Tongren	78809	86671	14	石嘴山	Shizuishan	56989	59896	181
云南	**Yunnan**				吴忠	Wuzhong	62064	66529	102
昆明	Kunming	68375	76350	38	固原	Guyuan	71168	77723	31
曲靖	Qujing	53270	63591	133	中卫	Zhongwei	61689	66687	101
玉溪	Yuxi	60408	70106	71	**新疆**	**Xinjiang**			
保山	Baoshan	53186	62176	144	乌鲁木齐	Urumqi	73254	78072	29
昭通	Zhaotong	63410	71849	62	克拉玛依	Karamay	87001	96948	6

2-9 城镇登记失业人员
Registered Unemployed Persons in Urban Areas

单位：人 (person)

地名	City	2010	2016	2017	2017 排名 Ranking
全国	**Nation Total**	**9080000**	**9820000**	**9720000**	
北京	**Beijing**	**77255**	**79928**	**81000**	
天津	**Tianjin**	**160983**	**257729**	**260000**	
河北	**Hebei**	**351000**	**397306**	**399000**	
石家庄	Shijiazhuang	50929		51008	22
唐山	Tangshan	57885	67327	44246	29
秦皇岛	Qinhuangdao	18911	21562	23529	101
邯郸	Handan	50482	261180	61551	14
邢台	Xingtai	21110	20102	19427	129
保定	Baoding	42605	53900	43820	30
张家口	Zhangjiakou	32652	39522	36879	46
承德	Chengde	24604	19146	22761	110
沧州	Cangzhou	18919	22534	23203	105
廊坊	Langfang	11945	9636	10476	215
衡水	Hengshui	21323	23078	23284	103
山西	**Shanxi**	**204000**	**260668**	**265000**	
太原	Taiyuan	41338	49210	50888	23
大同	Datong	52945	42793	41714	34
阳泉	Yangquan	9010	8890	8141	242
长治	Changzhi	11685	14280	14435	170
晋城	Jincheng	6719	7015	6176	256
朔州	Shuozhou	5945	5794	5040	267
晋中	Jinzhong	8730	12061	12696	192
运城	Yuncheng	10500		12057	199
忻州	Xinzhou	8210	11252		
临汾	Linfen	14511	19253	18722	134
吕梁	Lvliang	4820	11900	11780	200
内蒙古	**Inner Mongolia**	**208000**	**267134**	**271000**	
呼和浩特	Hohhot	29749	40686	41697	35
包头	Baotou	39203	53763	55240	18
乌海	Wuhai	8200	8412	8625	237
赤峰	Chifeng	25050	25107	27414	78
通辽	Tongliao	16503	18149	17466	143
鄂尔多斯	Erdos	7901	22690	21952	114
呼伦贝尔	Hulunbuir	27855	31858	17524	140
巴彦淖尔	Bayannur	8966	14486	13976	175
乌兰察布	Ulanqab	33198		7129	249
辽宁	**Liaoning**	**389000**	**473346**	**427000**	
沈阳	Shenyang	77198	102166	102240	6
大连	Dalian	71159	100356	60852	15
鞍山	Anshan	19952	30457	31223	62
抚顺	Fushun	39737	27584	21283	120
本溪	Benxi	28989	21830	23152	106
丹东	Dandong	22000	21240	19820	125
锦州	Jinzhou	17111	25719	25619	88
营口	Yingkou	21116	18117	18896	133
阜新	Fuxin	17919	21614	19169	132
辽阳	Liaoyang	11518	15271	16512	151
盘锦	Panjin	14267	19243	16634	150
铁岭	Tieling	18492	20873	21609	117
朝阳	Chaoyang	17161	21352	22047	113
葫芦岛	Huludao	19595	27524	56989	17
吉林	**Jilin**	**227000**	**257157**	**263000**	
长春	Changchun	71208	70263	70970	9
吉林	Jilin	22341	29921	48691	25
四平	Siping	22150	10499	13945	176
辽源	Liaoyuan	9678	11641	12831	189
通化	Tonghua	10949	6400	8472	239
白山	Baishan	13210	12548	12431	196
松原	Songyuan	11120	13033	13130	186
白城	Baicheng	17902	12923	12355	197
黑龙江	**Heilongjiang**	**362000**	**395753**	**397000**	
哈尔滨	Harbin	85100	89602	88206	7
齐齐哈尔	Qiqihar	34225	44000	45189	27
鸡西	Jixi	19020	13899	15503	161
鹤岗	Hegang	16216	16678	17218	144
双鸭山	Shuangyashan	9522	10880	15439	162
大庆	Daqing	29566	41073	42850	32
伊春	Yichun	21556	22058	21311	119
佳木斯	Jiamusi	20083		23229	104
七台河	Qitaihe	5809	7993	10028	219
牡丹江	Mudanjiang	17133	27290	28197	75
黑河	Heihe	7092	9671	9926	222
绥化	Suihua	14749	19148	22321	111
上海	**Shanghai**	**276000**	**242558**	**220600**	
江苏	**Jiangsu**	**406000**	**352127**	**347000**	

2-9 城镇登记失业人员 续表 1

Registered Unemployed Persons in Urban Areas continued 1

单位：人 (person)

地名	City	2010	2016	2017	2017 排名 Ranking	地名	City	2010	2016	2017	2017 排名 Ranking
南京	Nanjing	63550	65428	63231	11	池州	Chizhou	8205	7007	5752	259
无锡	Wuxi	45797	39757	39169	39	宣城	Xuancheng	9287	12418	8841	235
徐州	Xuzhou	33613	30953	30375	65	**福建**	**Fujian**	**145000**	**162628**	**171000**	
常州	Changzhou	31454	32930	32409	58	福州	Fuzhou	39125	33644	34191	51
苏州	Suzhou	45875	39619	38816	41	厦门	Xiamen	26517	27100	30700	64
南通	Nantong	36100	35176	36149	47	莆田	Putian	7690	8016	8401	240
连云港	Lianyungang	17976	11752	11746	201	三明	Sanming	9344	10080	10227	218
淮安	Huaian	23106	20276	19666	127	泉州	Quanzhou	14762	21903	22217	112
盐城	Yancheng	24487	18160	17895	138	漳州	Zhangzhou	11388	12800	12771	191
扬州	Yangzhou	32398	24413	23830	96	南平	Nanping	13565	18508	20632	123
镇江	Zhenjiang	16796	14157	13932	177	龙岩	Longyan	12911	17143	17143	145
泰州	Taizhou	21800	15980	15553	159	宁德	Ningde	9655	12348	12461	195
宿迁	Suqian	13700	10732	11300	206	**江西**	**Jiangxi**	**263000**	**313295**	**323000**	
浙江	**Zhejiang**	**311000**	**338520**	**338000**		南昌	Nanchang	53000	65000	62993	12
杭州	Hangzhou	48478	37174	37637	43	景德镇	Jingdezhen	11200	17119	16792	149
宁波	Ningbo	56642	70132	67189	10	萍乡	Pingxiang	13374	17320	9600	225
温州	Wenzhou	28668	31441	31540	61	九江	Jiujiang	21051	17790	19560	128
嘉兴	Jiaxing	27032	26696	26863	83	新余	Xinyu	14700	13618	13896	178
湖州	Huzhou	13561	15906	14925	165	鹰潭	Yingtan	9458	9451	9545	226
绍兴	Shaoxing	32295	38463	37498	44	赣州	Ganzhou	34409	27748	29247	69
金华	Jinhua	28027	26344	23639	100	吉安	Jian	19580	20115	25667	87
衢州	Quzhou	10450	12589	13662	183	宜春	Yichun	28321	24973	28549	71
舟山	Zhoushan	5985	8762	11453	205	抚州	Fuzhou	25651	19277	13180	185
台州	Taizhou	26501	22315	25435	89	上饶	Shangrao	28854	28322	45291	26
丽水	Lishui	9703	9469	8724	236	**山东**	**Shandong**	**445000**	**458405**	**457000**	
安徽	**Anhui**	**269000**	**304464**	**290000**		济南	Jinan	59650	33548	32250	60
合肥	Hefei	50881	275100	291727	1	青岛	Qingdao	61929	79780	78499	8
芜湖	Wuhu	14135	16937	16494	152	淄博	Zibo	27942	31721	34101	52
蚌埠	Bengbu	22045	42719	18091	136	枣庄	Zaozhuang	21073	19209	19416	130
淮南	Huainan	20254	27274	23659	99	东营	Dongying	9953	12405	12814	190
马鞍山	Maanshan	7494		24823	91	烟台	Yantai	48900	57302	55195	19
淮北	Huaibei	17808	20986	16395	154	潍坊	Weifang	39872	39080	39296	38
铜陵	Tongling	9801	9935	9402	227	济宁	Jining	39827	32340	33458	56
安庆	Anqing	30320	17775	11172	209	泰安	Taian	24797	24836	25010	90
黄山	Huangshan	6208	5777	5669	262	威海	Weihai	7882	8333	10338	217
滁州	Chuzhou	13261	21346	1065	282	日照	Rizhao	13260	12422	12525	194
阜阳	Fuyang	11144	7742	5505	264	莱芜	Laiwu	6614	6953	6954	252
宿州	Suzhou	13561	4228	11488	203	临沂	Linyi	19196	26424	27020	82
六安	Liuan	15400	21998	8968	232	德州	Dezhou	20993	18460	17494	141
亳州	Bozhou	6587	8729	4936	270	聊城	Liaocheng	25413	25556	24732	92

2-9 城镇登记失业人员 续表 2
Registered Unemployed Persons in Urban Areas continued 2

单位：人 (person)

地名	City	2010	2016	2017	2017 排名 Ranking	地名	City	2010	2016	2017	2017 排名 Ranking
滨州	Binzhou	15085	11576	11516	202	常德	Changde	35636	26527	27255	80
菏泽	Heze	20174	17154	17100	146	张家界	Zhangjiajie	5833	5714	5709	260
河南	**Henan**	**382000**	**435755**	**407000**		益阳	Yiyang	16513	14734	16058	156
郑州	Zhengzhou	36223	51032	60851	16	郴州	Chenzhou	25302	34754	37489	45
开封	Kaifeng	25407	19198	27077	81	永州	Yongzhou	22997	27793	28354	74
洛阳	Luoyang	33426	48642	48766	24	怀化	Huaihua	31084	34169	35722	49
平顶山	Pingdingshan	21963	24711	21790	115	娄底	Loudi	29978	26989	21723	116
安阳	Anyang	20852	28476	28469	72	**广东**	**Guangdong**	**393000**	**379866**	**371000**	
鹤壁	Hebi	9913	4329	1297	281	广州	Guangzhou	306802	236347	209608	2
新乡	Xinxiang	25908	41998	42920	31	韶关	Shaoguan	43499	47319	13800	180
焦作	Jiaozuo	21160	30621	23766	98	深圳	Shenzhen	35302	42583	41370	37
濮阳	Puyang	9359	17196	15236	164	珠海	Zhuhai	12501	11188	10972	210
许昌	Xuchang	43100	31018	30189	66	汕头	Shantou	13127	17816	18369	135
漯河	Luohe	4014	6778	7772	248	佛山	Foshan	19628	22926	23127	107
三门峡	Sanmenxia	8999	8369	7956	246	江门	Jiangmen	21380	62523	62693	13
南阳	Nanyang	37047	36070	36070	48	湛江	Zhanjiang	23882	21185	21434	118
商丘	Shangqiu	25218	28334	25686	86	茂名	Maoming	30504		27879	77
信阳	Xinyang	10355	7049	6879	253	肇庆	Zhaoqing	11662	12440	12248	198
周口	Zhoukou	31675	34324	29281	67	惠州	Huizhou	14996	21468	23125	108
驻马店	Zhumadian	15033	6339	12675	193	梅州	Meizhou	14200	14029	14062	174
湖北	**Hubei**	**557000**	**329149**	**371000**		汕尾	Shanwei	11314	12856	13196	184
武汉	Wuhan	109465	110600	125500	4	河源	Heyuan	13951	9251	9135	229
黄石	Huangshi	34711	19621	23455	102	阳江	Yangjiang	44404	12832	12930	188
十堰	Shiyan	29238	32055	32284	59	清远	Qingyuan	14257	12362	13894	179
宜昌	Yichang	22986	23896	25858	85	东莞	Dongguan	5303	13822	13687	182
襄阳	Xiangyang	41822	32461	33961	53	中山	Zhongshan	7068	10672	10562	214
鄂州	Ezhou	13000	3519	7994	245	潮州	Chaozhou	8362	8555	8034	244
荆门	Jingmen	17707	12463	15388	163	揭阳	Jieyang	11357	8968	8845	234
孝感	Xiaogan	21400	25765	26693	84	云浮	Yunfu	5825	5799	5781	258
荆州	Jingzhou	54222	23595	33639	54	**广西**	**Guangxi**	**191000**	**181302**	**147000**	
黄冈	Huanggang	28393	10254	14641	169	南宁	Nanning	35599	28788	28366	73
咸宁	Xianning	19959	8275	10676	213	柳州	Liuzhou	29574	27987	23097	109
随州	Suizhou	3674	4691	4612	272	桂林	Guilin	24021	26225	20726	122
湖南	**Hunan**	**432000**	**449429**	**445000**		梧州	Wuzhou	13405	12591	9080	230
长沙	Changsha	41335	40223	38988	40	北海	Beihai		8923	4519	273
株洲	Zhuzhou	24436	22549	23782	97	防城港	Fangchenggang	3916	2868	2419	278
湘潭	Xiangtan	21145	22902	19829	124	钦州	Qinzhou	9680	9217	9191	228
衡阳	Hengyang	35126	42139	44695	28	贵港	Guigang	10136	5163	5631	263
邵阳	Shaoyang	30800	25457	27956	76	玉林	Yulin	18367	14944	6805	254
岳阳	Yueyang	22236	34101	41624	36	百色	Baise	8400	8273	8063	243

2-9 城镇登记失业人员 续表 3

Registered Unemployed Persons in Urban Areas continued 3

单位：人 (person)

地名	City	2010	2016	2017	2017 排名 Ranking
贺州	Hezhou	8465	6860	6975	250
河池	Hechi	12550	11812	10413	216
来宾	Laibin	5664	6940	4988	269
崇左	Chongzuo	5303	7843	6955	251
海南	**Hainan**	**48000**	**50611**	**55000**	
海口	Haikou	9257	8922	9926	222
三亚	Sanya	2628	3413	3434	275
三沙	Sansha				
重庆	**Chongqing**	**130000**	**156841**	**142617**	
四川	**Sichuan**	**346000**	**562629**	**558000**	
成都	Chengdu	56214		184600	3
自贡	Zigong	16030	24371	24317	95
攀枝花	Panzhihua	11337	19308	14370	172
泸州	Luzhou	16567	15279	17015	147
德阳	Deyang	15027	21551	20983	121
绵阳	Mianyang	30359	34791	33527	55
广元	Guangyuan	12150	14706	14914	166
遂宁	Suining	13786	42895	42195	33
内江	Neijiang	15721	17890	17939	137
乐山	Leshan	21554	24553	24583	94
南充	Nanchong	27115	29847	28609	70
眉山	Meishan	11517	16055	15998	157
宜宾	Yibin	18095	31199	30753	63
广安	Guangan	12495	10100	11290	207
达州	Dazhou	19850	17016	19811	126
雅安	Yaan	21080	5114	5146	266
巴中	Bazhong	11596	16530	16146	155
资阳	Ziyang	13606	13954	14139	173
贵州	**Guizhou**	**122000**	**147846**	**149000**	
贵阳	Guiyang	28353	35103	34971	50
六盘水	Liupanshui	12714	16555	17494	141
遵义	Zunyi	15900	22150		
安顺	Anshun	6745	8077	8566	238
毕节	Bijie		16078	14400	171
铜仁	Tongren		17558	17698	139
云南	**Yunnan**	**157000**	**200999**	**198000**	
昆明	Kunming	33700	53500	53196	20
曲靖	Qujing	32822	14352	52882	21
玉溪	Yuxi	5884	10237	9964	221
保山	Baoshan	7682	8194	8237	241
昭通	Zhaotong	15109	12245	11209	208
丽江	Lijiang	4366	6553	6024	257
普洱	Puer	10660	10594	10701	212
临沧	Lincang	6942	9538	10922	211
西藏	**Tibet**	**21000**	**18446**	**19000**	
拉萨	Lasa		4603	138	283
陕西	**Shaanxi**	**214000**	**227433**	**234000**	
西安	Xi'an	120215	112924	115121	5
铜川	Tongchuan	2689	7932	7801	247
宝鸡	Baoji	19367	20000	19300	131
咸阳	Xianyang	22793	21853	24642	93
渭南	Weinan	16300	16552	14652	168
延安	Yan'an	9528	9754	9890	224
汉中	Hanzhong	15000	14545	13780	181
榆林	Yulin	10071	9600	11458	204
安康	Ankang	9300	8766	8940	233
商洛	Shangluo	57000	7346	1994	279
甘肃	**Gansu**	**107000**	**97747**	**96000**	
兰州	Lanzhou	23746	17283	15541	160
嘉峪关	Jiayuguan	2777	2845	2913	277
金昌	Jinchang	3786	4979	4765	271
白银	Baiyin	7305	5766	5403	265
天水	Tianshui	11023	14149	14757	167
武威	Wuwei	8214	5716	5694	261
张掖	Zhangye	4843	30082	27325	79
平凉	Pingliang	26653	10020	10003	220
酒泉	Jiuquan	5500	4700	5035	268
庆阳	Qingyang	11273	16051	17000	148
定西	Dingxi	7780	6728	6718	255
陇南	Longnan	6155	3520	3569	274
青海	**Qinghai**	**42000**	**45845**	**47000**	
西宁	Xining	25600	17000	16400	153
海东	Haidong		4460	9007	231
宁夏	**Ningxia**	**48000**	**50999**	**51000**	
银川	Yinchuan	22645	30324	29273	68
石嘴山	Shizuishan	31198	30633	33099	57
吴忠	Wuzhong	7716	3382	15700	158
固原	Guyuan	9487	3255	3418	276
中卫	Zhongwei	2123	2428	12944	187
新疆	**Xinjiang**	**110000**	**96560**	**100000**	
乌鲁木齐	Urumqi	29794	34835	38090	42
克拉玛依	Karamay	2890	1601	1538	280

3

国民经济核算

National Accounts

3-1 地区生产总值
Gross Regional Product

单位：亿元 (100 million yuan)

地名	City	2010	2016	2017	2017 排名 Ranking
全国	**Nation Total**	**401512.8**			
北京	**Beijing**	**14113.60**	**25669.13**	**28014.94**	
天津	**Tianjin**	**9224.46**	**17885.39**	**18549.19**	
河北	**Hebei**	**20394.26**	**32070.45**	**34016.32**	
石家庄	Shijiazhuang	3401.02	5927.73	3396.27	29
唐山	Tangshan	4469.16	6354.87	3205.35	32
秦皇岛	Qinhuangdao	930.50	1349.35	1014.69	88
邯郸	Handan	2361.56	3337.09	1351.83	70
邢台	Xingtai	1212.09	1975.75	370.69	205
保定	Baoding	2050.30	3477.13	1357.35	69
张家口	Zhangjiakou	966.42	1465.99	709.37	130
承德	Chengde	888.96	1438.57	404.59	194
沧州	Cangzhou	2203.12	3544.68	866.79	102
廊坊	Langfang	1351.10	2706.30	864.85	103
衡水	Hengshui	781.82	1420.18	553.50	161
山西	**Shanxi**	**9200.86**	**13050.41**	**15528.42**	
太原	Taiyuan	1778.05	2955.60	3148.32	33
大同	Datong	695.91	1025.80	886.64	100
阳泉	Yangquan	429.38	622.86	444.06	184
长治	Changzhi	920.23	1270.48	390.95	197
晋城	Jincheng	730.54	1049.34	268.11	234
朔州	Shuozhou	670.15	918.06	458.32	180
晋中	Jinzhong	763.84	1091.10	269.82	233
运城	Yuncheng	827.43	1222.35	246.13	240
忻州	Xinzhou	437.46	716.14	138.30	272
临汾	Linfen	890.14	1205.18	282.97	230
吕梁	Lvliang	845.54	995.31	81.39	280
内蒙古	**Inner Mongolia**	**11672.00**	**18128.10**	**16096.21**	
呼和浩特	Hohhot	1865.71	3173.59	2185.17	46
包头	Baotou	2460.80	3867.63	2419.07	40
乌海	Wuhai	391.36	572.23	410.08	193
赤峰	Chifeng	1086.23	1933.28	611.33	149
通辽	Tongliao	1176.62	1949.38	420.13	191
鄂尔多斯	Erdos	2643.23	4417.93	746.70	124
呼伦贝尔	Hulunbuir	932.01	1620.85	304.74	222
巴彦淖尔	Bayannur	603.33	915.38	242.19	241
乌兰察布	Ulanqab	567.60	938.87	153.41	268
辽宁	**Liaoning**	**18457.30**	**22246.90**	**23409.24**	
沈阳	Shenyang	5017.54	5546.45	5148.10	18
大连	Dalian	5158.16	6810.20	5391.76	16
鞍山	Anshan	2125.01	1461.97	864.10	104
抚顺	Fushun	895.16	865.07	813.77	111
本溪	Benxi	860.37	766.71	559.00	159
丹东	Dandong	728.89	751.24	229.84	245
锦州	Jinzhou	912.63	1032.81	562.32	158
营口	Yingkou	1002.45	1156.25	807.82	114
阜新	Fuxin	378.87	407.82	184.95	256
辽阳	Liaoyang	735.43	654.18	513.60	168
盘锦	Panjin	926.32	1007.14	973.63	91
铁岭	Tieling	722.13	588.04	129.57	273
朝阳	Chaoyang	656.41	716.53	193.68	252
葫芦岛	Huludao	531.45	647.35	360.07	209
吉林	**Jilin**	**8667.58**	**14776.80**	**14944.53**	
长春	Changchun	3329.03	5986.42	5142.88	19
吉林	Jilin	1800.64	2453.51	1334.49	71
四平	Siping	779.55	1193.80	161.33	266
辽源	Liaoyuan	410.14	765.25	425.10	189
通化	Tonghua	627.08	947.59	189.02	255
白山	Baishan	433.16	696.62	354.61	211
松原	Songyuan	1102.85	1651.69	391.32	196
白城	Baicheng	445.18	700.14	167.63	261
黑龙江	**Heilongjiang**	**10368.60**	**15386.09**	**15902.68**	
哈尔滨	Harbin	3664.85	6101.61	4712.76	21
齐齐哈尔	Qiqihar	880.46	1325.31	636.65	143
鸡西	Jixi	419.49	518.38	165.47	262
鹤岗	Hegang	250.99	264.10	141.53	271
双鸭山	Shuangyashan	396.35	437.40	121.35	276
大庆	Daqing	2900.06	2610.00	2290.72	43
伊春	Yichun	202.44	251.22	165.03	264
佳木斯	Jiamusi	512.46	845.03	456.15	181
七台河	Qitaihe	305.22	216.64	175.80	258
牡丹江	Mudanjiang	764.98	1368.12	358.92	210
黑河	Heihe	261.10	470.81	34.95	282
绥化	Suihua	733.43	1316.31	176.56	257
上海	**Shanghai**	**17165.98**	**28178.65**	**30632.99**	
江苏	**Jiangsu**	**41425.48**	**77388.28**	**85869.76**	

注：本表按当年价格计算。

Note: Data in this table are calculated at current prices.

3-1 地区生产总值 续表 1

Gross Regional Product continued 1

单位：亿元 (100 million yuan)

地名	City	2010	2016	2017	2017 排名 Ranking	地名	City	2010	2016	2017	2017 排名 Ranking
南京	Nanjing	5130.65	10503.02	11715.10	4	池州	Chizhou	300.84	589.02	350.84	212
无锡	Wuxi	5793.30	9210.02	5465.28	15	宣城	Xuancheng	525.96	1057.82	323.82	218
徐州	Xuzhou	2942.14	5808.52	3397.88	28	**福建**	**Fujian**	**14737.12**	**28810.58**	**32182.09**	
常州	Changzhou	3044.89	5773.86	5772.21	14	福州	Fuzhou	3123.41	6197.64	4300.55	23
苏州	Suzhou	9228.91	15475.09	8194.51	9	厦门	Xiamen	2060.07	3784.27	4351.72	22
南通	Nantong	3465.67	6768.20	2862.63	35	莆田	Putian	850.33	1823.43	1664.76	59
连云港	Lianyungang	1193.31	2376.48	1447.84	64	三明	Sanming	975.10	1860.82	453.26	182
淮安	Huaian	1388.07	3048.00	2235.95	44	泉州	Quanzhou	3564.97	6646.63	1758.75	57
盐城	Yancheng	2332.76	4576.08	2037.32	50	漳州	Zhangzhou	1430.71	3125.35	814.82	110
扬州	Yangzhou	2229.49	4449.38	3248.40	31	南平	Nanping	728.65	1457.74	526.39	165
镇江	Zhenjiang	1987.64	3833.84	1878.69	53	龙岩	Longyan	990.90	1895.67	1032.66	87
泰州	Taizhou	2048.72	4101.78	1994.81	51	宁德	Ningde	738.61	1623.11	390.61	198
宿迁	Suqian	1064.09	2351.12	946.43	93	**江西**	**Jiangxi**	**9451.26**	**18499.00**	**20006.31**	
浙江	**Zhejiang**	**27722.31**	**47251.36**	**51768.26**		南昌	Nanchang	2207.11	4354.99	3640.88	26
杭州	Hangzhou	5949.17	11313.72	11621.46	5	景德镇	Jingdezhen	461.50	840.15	385.43	200
宁波	Ningbo	5163.00	8686.49	6282.69	13	萍乡	Pingxiang	520.39	998.28	608.32	150
温州	Wenzhou	2925.04	5101.56	2181.08	47	九江	Jiujiang	1032.06	2096.13	1007.69	90
嘉兴	Jiaxing	2300.20	3862.11	1125.46	78	新余	Xinyu	631.22	1036.19	756.57	120
湖州	Huzhou	1301.73	2284.37	1085.73	83	鹰潭	Yingtan	344.89	695.35	230.79	244
绍兴	Shaoxing	2795.20	4789.03	2951.68	34	赣州	Ganzhou	1119.74	2207.20	766.54	119
金华	Jinhua	2110.04	3684.94	741.39	126	吉安	Jian	720.53	1461.37	253.19	239
衢州	Quzhou	755.48	1251.59	602.23	151	宜春	Yichun	870.00	1781.95	285.10	228
舟山	Zhoushan	644.32	1241.20	916.52	95	抚州	Fuzhou	630.01	1210.91	396.65	195
台州	Taizhou	2426.45	3898.66	1624.04	62	上饶	Shangrao	901.00	1817.77	620.37	147
丽水	Lishui	663.29	1210.24	326.20	217	**山东**	**Shandong**	**39169.92**	**68024.49**	**72634.15**	
安徽	**Anhui**	**12359.33**	**24407.62**	**27018.00**		济南	Jinan	3910.53	6536.12	6389.05	12
合肥	Hefei	2701.61	6274.38	4812.48	20	青岛	Qingdao	5666.19	10011.29	8499.13	8
芜湖	Wuhu	1108.63	2699.44	1901.85	52	淄博	Zibo	2866.75	4412.01	3669.70	25
蚌埠	Bengbu	638.05	1385.82	844.60	106	枣庄	Zaozhuang	1362.04	2142.63	1157.12	76
淮南	Huainan	604.18	963.84	629.33	144	东营	Dongying	2359.94	347.96	2636.59	39
马鞍山	Maanshan	810.72	1493.76	1042.54	86	烟台	Yantai	4358.46	6925.66	3250.67	30
淮北	Huaibei	461.64	799.03	622.92	146	潍坊	Weifang	3090.92	5170.60	1751.00	58
铜陵	Tongling	466.70	957.30	881.34	101	济宁	Jining	2542.81	4301.82	1793.40	55
安庆	Anqing	989.04	1531.18	513.81	167	泰安	Taian	2051.68	3316.79	1103.20	82
黄山	Huangshan	309.45	576.82	286.99	227	威海	Weihai	1944.70	3212.20	1773.07	56
滁州	Chuzhou	695.65	1422.83	432.92	187	日照	Rizhao	1025.08	1802.49	1415.05	66
阜阳	Fuyang	721.51	1401.86	543.13	162	莱芜	Laiwu	546.33	702.76	894.97	99
宿州	Suzhou	650.57	1351.81	644.20	140	临沂	Linyi	2399.99	4026.75	1803.52	54
六安	Liuan	676.11	1108.15	532.06	163	德州	Dezhou	1657.82	2932.99	895.70	98
亳州	Bozhou	512.78	1046.10	421.24	190	聊城	Liaocheng	1622.38	2859.18	573.19	154

3-1 地区生产总值 续表 2
Gross Regional Product continued 2

单位：亿元 (100 million yuan)

地名	City	2010	2016	2017	2017 排名 Ranking
滨州	Binzhou	1551.52	2470.10	819.09	109
菏泽	Heze	1227.09	2560.24	770.85	118
河南	**Henan**	**23092.36**	**40471.79**	**44552.83**	
郑州	Zhengzhou	4040.89	8113.97	5385.00	17
开封	Kaifeng	927.16	1755.10	688.74	136
洛阳	Luoyang	2320.25	3820.11	1655.58	60
平顶山	Pingdingshan	1310.84	1825.14	564.94	157
安阳	Anyang	1315.59	2029.85	616.70	148
鹤壁	Hebi	429.12	771.79	388.05	199
新乡	Xinxiang	1189.94	2166.97	800.51	116
焦作	Jiaozuo	1245.93	2095.08	516.29	166
濮阳	Puyang	775.40	1449.56	438.74	185
许昌	Xuchang	1316.49	2377.71	749.55	123
漯河	Luohe	680.49	1081.93	702.80	133
三门峡	Sanmenxia	874.42	1325.86	431.62	188
南阳	Nanyang	1953.36	3114.97	755.76	121
商丘	Shangqiu	1143.79	1989.15	479.30	173
信阳	Xinyang	1091.83	2037.80	586.75	153
周口	Zhoukou	1228.30	2263.86	236.00	243
驻马店	Zhumadian	1053.71	1972.99	366.86	208
湖北	**Hubei**	**15967.61**	**32665.38**	**35478.09**	
武汉	Wuhan	5515.76	11912.61	13410.34	3
黄石	Huangshi	690.12	1305.55	706.04	131
十堰	Shiyan	736.80	1429.15	1079.47	85
宜昌	Yichang	1547.32	3709.36	1652.50	61
襄阳	Xiangyang	1538.30	3694.51	2050.88	49
鄂州	Ezhou	395.29	797.82	905.92	97
荆门	Jingmen	730.07	1521.00	565.90	155
孝感	Xiaogan	800.67	1576.69	316.48	219
荆州	Jingzhou	837.10	1726.75	643.95	141
黄冈	Huanggang	862.30	1726.17	223.50	247
咸宁	Xianning	519.94	1107.93	283.00	229
随州	Suizhou	401.66	852.18	434.68	186
湖南	**Hunan**	**16037.96**	**31551.37**	**33902.96**	
长沙	Changsha	4547.06	9356.91	6390.34	11
株洲	Zhuzhou	1275.48	2488.45	1174.05	75
湘潭	Xiangtan	894.01	1866.79	1234.22	74
衡阳	Hengyang	1420.34	2853.02	908.23	96
邵阳	Shaoyang	727.29	1530.26	341.70	216
岳阳	Yueyang	1539.36	3100.87	1312.60	72
常德	Changde	1491.57	2953.82	1610.52	63
张家界	Zhangjiajie	242.48	493.10	279.67	231
益阳	Yiyang	712.28	1493.18	686.81	137
郴州	Chenzhou	1081.76	2204.13	690.47	135
永州	Yongzhou	767.01	1565.81	470.85	175
怀化	Huaihua	674.92	1400.34	345.62	214
娄底	Loudi	678.71	1400.14	460.17	178
广东	**Guangdong**	**46013.06**	**80854.91**	**89705.23**	
广州	Guangzhou	10748.28	19547.44	21503.15	2
韶关	Shaoguan	683.10	1218.39	638.32	142
深圳	Shenzhen	9581.51	19492.60	22490.06	1
珠海	Zhuhai	1208.60	2226.37	2675.18	38
汕头	Shantou	1208.97	2080.97	2331.58	42
佛山	Foshan	5651.52	8630.00	9398.52	7
江门	Jiangmen	1570.42	2418.78	1419.28	65
湛江	Zhanjiang	1405.06	2584.43	1274.07	73
茂名	Maoming	1492.09	2636.74	1396.82	67
肇庆	Zhaoqing	1085.87	2084.02	1116.61	80
惠州	Huizhou	1729.95	3412.17	2407.93	41
梅州	Meizhou	612.85	1045.57	419.13	192
汕尾	Shanwei	465.08	828.49	224.14	246
河源	Heyuan	475.14	898.72	379.07	202
阳江	Yangjiang	639.84	1270.76	709.46	129
清远	Qingyuan	1088.18	1387.71	775.49	117
东莞	Dongguan	4246.45	6827.69		
中山	Zhongshan	1850.65	3202.78		
潮州	Chaozhou	559.24	976.83	804.55	115
揭阳	Jieyang	1009.51	2006.90	940.37	94
云浮	Yunfu	400.97	778.31	204.81	250
广西	**Guangxi**	**9569.85**	**18317.64**	**18523.26**	
南宁	Nanning	1800.26	3703.33	3410.74	27
柳州	Liuzhou	1315.31	2476.94	2225.66	45
桂林	Guilin	1103.56	2054.82	811.94	112
梧州	Wuzhou	579.28	1175.65	624.76	145
北海	Beihai	401.41	1006.65	965.15	92
防城港	Fangchenggang	320.42	676.04	565.77	156
钦州	Qinzhou	520.67	1102.05	591.85	152
贵港	Guigang	544.66	958.76	459.77	179
玉林	Yulin	840.25	1553.83	492.87	169
百色	Baise	573.99	1114.31	287.21	226

3-1 地区生产总值 续表 3
Gross Regional Product continued 3

单位：亿元 (100 million yuan)

地名	City	2010	2016	2017	2017 排名 Ranking
贺州	Hezhou	296.87	518.19	314.19	220
河池	Hechi	468.74	657.18	256.60	237
来宾	Laibin	405.22	589.11	293.68	223
崇左	Chongzuo	392.37	766.20	193.62	253
海南	**Hainan**	**2064.50**	**4053.20**	**4462.54**	
海口	Haikou	617.19	1257.67	1390.58	68
三亚	Sanya	242.21	475.56	529.80	164
三沙	Sansha				
重庆	**Chongqing**	**7925.58**	**17740.59**	**19424.73**	
四川	**Sichuan**	**17185.48**	**32934.54**	**36980.22**	
成都	Chengdu	5551.33	12170.23	11010.00	6
自贡	Zigong	647.73	1234.56	848.43	105
攀枝花	Panzhihua	523.99	1014.68	842.57	107
泸州	Luzhou	714.79	1481.91	840.76	108
德阳	Deyang	921.27	1752.45	670.97	138
绵阳	Mianyang	960.22	1830.42	1148.03	77
广元	Guangyuan	321.87	660.01	344.04	215
遂宁	Suining	495.23	1008.45	470.34	176
内江	Neijiang	690.28	1297.67	477.29	174
乐山	Leshan	743.92	1406.58	719.19	128
南充	Nanchong	827.82	1651.40	669.22	139
眉山	Meishan	552.25	1117.23	554.68	160
宜宾	Yibin	870.85	1653.05	751.68	122
广安	Guangan	537.22	1078.62	348.56	213
达州	Dazhou	819.20	1447.08	489.06	170
雅安	Yaan	286.54	545.33	239.82	242
巴中	Bazhong	280.91	544.66	217.00	248
资阳	Ziyang	657.90	943.44	484.81	171
贵州	**Guizhou**	**4602.16**	**11776.73**	**13540.83**	
贵阳	Guiyang	1121.82	3157.70	2676.08	37
六盘水	Liupanshui	500.63	1313.70	467.34	177
遵义	Zunyi	908.76	2403.94	1119.32	79
安顺	Anshun	232.90	701.35	448.89	183
毕节	Bijie	600.85	1625.79	372.11	204
铜仁	Tongren	293.62	856.97	207.74	249
云南	**Yunnan**	**7224.18**	**14788.42**	**16376.34**	
昆明	Kunming	2120.30	4300.08	3889.69	24
曲靖	Qujing	1005.55	1775.11	809.63	113
玉溪	Yuxi	736.43	1311.88	725.56	127
保山	Baoshan	260.90	613.39	260.42	236
昭通	Zhaotong	379.64	765.53	255.87	238

地名	City	2010	2016	2017	2017 排名 Ranking
丽江	Lijiang	143.60	309.29	124.29	275
普洱	Puer	248.08	567.54	147.75	270
临沧	Lincang	216.97	550.82	106.58	279
西藏	**Tibet**	**508.75**	**1151.41**	**1310.92**	
拉萨	Lasa	178.91	424.95	287.88	225
陕西	**Shaanxi**	**10123.48**	**19399.59**	**21898.81**	
西安	Xi'an	3241.69	6257.18	7192.10	10
铜川	Tongchuan	187.73	311.61	310.54	221
宝鸡	Baoji	976.09	1932.14	1080.37	84
咸阳	Xianyang	1098.68	2390.97	704.92	132
渭南	Weinan	801.42	1488.62	370.52	206
延安	Yan'an	885.42	1082.91	382.53	201
汉中	Hanzhong	509.70	1156.49	479.82	172
榆林	Yulin	1756.67	2773.05	698.47	134
安康	Ankang	327.06	842.86	290.92	224
商洛	Shangluo	285.90	699.30	147.80	269
甘肃	**Gansu**	**4120.75**	**7200.37**	**7459.90**	
兰州	Lanzhou	1100.39	2264.23	2096.53	48
嘉峪关	Jiayuguan	184.32	153.41		
金昌	Jinchang	210.51	207.82	156.43	267
白银	Baiyin	311.18	442.21	267.94	235
天水	Tianshui	300.23	590.51	369.79	207
武威	Wuwei	228.77	461.73	272.28	232
张掖	Zhangye	212.70	399.94	164.70	265
平凉	Pingliang	231.89	367.30	128.68	274
酒泉	Jiuquan	405.03	577.93	168.75	260
庆阳	Qingyang	357.61	597.83	203.00	251
定西	Dingxi	156.02	331.08	76.74	281
陇南	Longnan	169.43	339.89	109.32	278
青海	**Qinghai**	**1350.43**	**2572.49**	**2624.83**	
西宁	Xining	628.28	1248.17	1008.67	89
海东	Haidong		422.80	165.35	263
宁夏	**Ningxia**	**1689.65**	**3168.59**	**3443.56**	
银川	Yinchuan	792.61	1617.71	1103.92	81
石嘴山	Shizuishan	298.60	513.57	377.19	203
吴忠	Wuzhong	217.16	442.43	189.52	254
固原	Guyuan	105.80	239.81	117.66	277
中卫	Zhongwei	173.19	339.13	171.69	259
新疆	**Xinjiang**	**5437.47**	**9649.70**	**10881.96**	
乌鲁木齐	Urumqi	1338.52	2458.98	2707.53	36
克拉玛依	Karamay	711.35	621.00	744.50	125

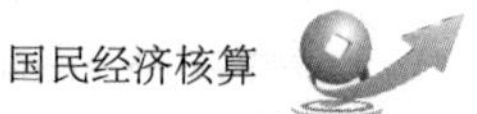

3-2 第一产业生产总值

Gross Regional Product by Primary Industry

单位：亿元 (100 million yuan)

地名	City	2010	2016	2017	2017 排名 Ranking	地名	City	2010	2016	2017	2017 排名 Ranking
全国	**Nation Total**	**39362.60**	**63670.70**	**65467.60**		沈阳	Shenyang	232.75	266.36	249.65	76
北京	**Beijing**	**124.40**	**129.79**	**120.42**		大连	Dalian	345.10	462.78	408.21	20
天津	**Tianjin**	**145.58**	**220.22**	**168.96**		鞍山	Anshan	93.01	100.02	91.69	205
河北	**Hebei**	**2562.81**	**3492.81**	**3129.98**		抚顺	Fushun	54.82	58.30	53.56	240
石家庄	Shijiazhuang	369.61	480.88	394.63	25	本溪	Benxi	43.35	67.76	47.22	248
唐山	Tangshan	421.87	598.98	465.73	13	丹东	Dandong	100.09	127.80	125.79	180
秦皇岛	Qinhuangdao	126.72	195.95	193.02	112	锦州	Jinzhou	151.31	205.59	171.40	130
邯郸	Handan	307.95	417.20	306.85	49	营口	Yingkou	77.23	110.94	95.46	201
邢台	Xingtai	189.73	269.75	247.86	77	阜新	Fuxin	92.66	96.44	89.24	207
保定	Baoding	303.65	452.71	389.87	26	辽阳	Liaoyang	45.86	72.09	71.50	216
张家口	Zhangjiakou	152.94	266.02	200.57	103	盘锦	Panjin	81.52	121.31	88.70	208
承德	Chengde	139.41	237.79	234.97	80	铁岭	Tieling	142.18	139.65	134.52	173
沧州	Cangzhou	252.65	308.62	263.21	72	朝阳	Chaoyang	135.80	179.39	165.55	137
廊坊	Langfang	157.48	198.27	190.05	115	葫芦岛	Huludao	71.63	109.32	114.41	188
衡水	Hengshui	154.20	184.33	187.59	119	**吉林**	**Jilin**	**1050.15**	**1498.52**	**1095.36**	
山西	**Shanxi**	**554.48**	**784.78**	**719.16**		长春	Changchun	252.75	323.53	288.39	59
太原	Taiyuan	30.28	38.77	40.02	250	吉林	Jilin	194.42	240.38	139.50	166
大同	Datong	36.26	59.88	62.04	226	四平	Siping	211.47	301.80	195.01	106
阳泉	Yangquan	6.58	10.31	10.28	263	辽源	Liaoyuan	42.77	59.06	34.24	253
长治	Changzhi	40.24	61.36	62.75	224	通化	Tonghua	65.08	84.45	65.93	218
晋城	Jincheng	30.71	49.86	50.72	243	白山	Baishan	44.03	58.69	49.31	245
朔州	Shuozhou	40.54	56.28	56.20	237	松原	Songyuan	191.04	268.97	166.72	133
晋中	Jinzhong	64.96	108.35	111.53	190	白城	Baicheng	83.43	109.71	108.27	192
运城	Yuncheng	141.50	200.99	213.38	95	**黑龙江**	**Heilongjiang**	**1302.90**	**2670.46**	**2965.30**	
忻州	Xinzhou	49.22	63.30	65.41	220	哈尔滨	Harbin	412.72	691.20	593.80	2
临汾	Linfen	66.58	95.95	94.92	202	齐齐哈尔	Qiqihar	192.07	301.80	296.90	55
吕梁	Lvliang	43.70	53.67	56.88	235	鸡西	Jixi	107.17	184.80	177.90	127
内蒙古	**Inner Mongolia**	**1095.28**	**1637.39**	**1649.77**		鹤岗	Hegang	66.37	90.50	93.00	204
呼和浩特	Hohhot	91.33	113.49			双鸭山	Shuangyashan	120.26	158.50	166.70	134
包头	Baotou	66.48	95.04			大庆	Daqing	95.01	187.10	194.20	107
乌海	Wuhai	3.71	4.88			伊春	Yichun	61.42	106.20	97.70	200
赤峰	Chifeng	177.37	292.41			佳木斯	Jiamusi	146.45	264.00	359.80	34
通辽	Tongliao	178.26	262.64			七台河	Qitaihe	22.41	31.80	29.90	254
鄂尔多斯	Erdos	70.81	107.60			牡丹江	Mudanjiang	122.58	228.20	178.80	126
呼伦贝尔	Hulunbuir	182.39	248.43			黑河	Heihe	116.93	222.90	226.30	87
巴彦淖尔	Bayannur	119.06	158.14			绥化	Suihua	267.09	512.70	480.50	10
乌兰察布	Ulanqab	93.96	127.92			**上海**	**Shanghai**	**114.15**	**109.47**	**110.78**	
辽宁	**Liaoning**	**1631.10**	**1841.20**	**1902.28**		**江苏**	**Jiangsu**	**2540.10**	**4077.18**	**4045.16**	

注：本表按当年价格计算。

Note: Data in this table are calculated at current prices.

3-2 第一产业增加值　续表 1

Gross Regional Product by Primary Industry continued 1

单位：亿元　　(100 million yuan)

地名	City	2010	2016	2017	2017 排名 Ranking	地名	City	2010	2016	2017	2017 排名 Ranking
南京	Nanjing	142.29	252.54	263.01	73	池州	Chizhou	45.70	71.15	72.73	214
无锡	Wuxi	104.94	135.19	135.18	171	宣城	Xuancheng	88.50	127.57	130.99	176
徐州	Xuzhou	282.82	542.88	600.55	1	**福建**	**Fujian**	**1363.67**	**2363.22**	**2215.13**	
常州	Changzhou	99.78	152.67	157.10	147	福州	Fuzhou	282.73	492.25	519.49	4
苏州	Suzhou	155.79	221.81	221.98	89	厦门	Xiamen	23.06	23.19	23.23	258
南通	Nantong	266.22	366.66	382.69	28	莆田	Putian	87.86	126.45	130.30	177
连云港	Lianyungang	182.60	301.56	313.42	44	三明	Sanming	168.26	275.59	282.52	62
淮安	Huaian	195.97	324.61	339.44	37	泉州	Quanzhou	132.18	198.49	198.03	104
盐城	Yancheng	374.21	533.91	564.18	3	漳州	Zhangzhou	254.70	415.59	430.44	17
扬州	Yangzhou	161.37	251.39	262.02	74	南平	Nanping	159.53	322.30	329.28	40
镇江	Zhenjiang	81.53	137.78	142.43	162	龙岩	Longyan	128.89	223.39	227.24	85
泰州	Taizhou	151.65	240.00	264.08	71	宁德	Ningde	136.61	285.97	301.91	52
宿迁	Suqian	187.09	275.23	292.14	56	**江西**	**Jiangxi**	**1206.98**	**1904.53**	**1835.26**	
浙江	**Zhejiang**	**1360.56**	**1965.18**	**1933.92**		南昌	Nanchang	120.56	186.28		
杭州	Hangzhou	208.41	304.21	311.08	47	景德镇	Jingdezhen	38.09	50.77		
宁波	Ningbo	219.13	302.06	305.81	50	萍乡	Pingxiang	42.32	56.97		
温州	Wenzhou	93.69	139.56	144.35	159	九江	Jiujiang	98.04	173.35		
嘉兴	Jiaxing	127.00	136.91	135.55	170	新余	Xinyu	37.88	63.74		
湖州	Huzhou	104.22	127.42	129.12	179	鹰潭	Yingtan	32.81	50.05		
绍兴	Shaoxing	149.67	207.66	207.54	101	赣州	Ganzhou	211.89	334.42		
金华	Jinhua	108.03	148.32	145.62	158	吉安	Jian	143.00	253.95		
衢州	Quzhou	64.68	88.23	87.40	209	宜春	Yichun	164.92	276.08		
舟山	Zhoushan	62.02	126.71	140.48	164	抚州	Fuzhou	119.84	221.36		
台州	Taizhou	160.42	254.14	268.26	69	上饶	Shangrao	151.90	237.56		
丽水	Lishui	62.93	95.63	99.44	198	**山东**	**Shandong**	**3588.28**	**4830.25**	**4832.71**	
安徽	**Anhui**	**1729.02**	**2567.72**	**2582.27**		济南	Jinan	215.17	273.66	267.56	70
合肥	Hefei	132.74	270.17	272.75	67	青岛	Qingdao	276.99	359.30	368.85	32
芜湖	Wuhu	49.04	126.90	129.67	178	淄博	Zibo	105.30	147.48	139.98	165
蚌埠	Bengbu	121.16	200.01	205.33	102	枣庄	Zaozhuang	117.56	154.76	150.43	154
淮南	Huainan	47.59	118.41	121.20	183	东营	Dongying	87.38	141.78	138.15	167
马鞍山	Maanshan	28.53	83.79	85.16	211	烟台	Yantai	334.49	468.60	485.78	9
淮北	Huaibei	40.46	61.56	64.02	222	潍坊	Weifang	330.51	493.65	491.06	8
铜陵	Tongling	9.65	48.95	49.14	246	济宁	Jining	320.41	480.63	476.02	11
安庆	Anqing	156.32	192.16	193.99	108	泰安	Taian	195.31	274.30	274.58	66
黄山	Huangshan	39.44	56.40	57.34	234	威海	Weihai	153.94	265.64	268.96	68
滁州	Chuzhou	148.42	225.52	226.79	86	日照	Rizhao	100.26	157.37	158.26	146
阜阳	Fuyang	197.34	302.33	310.67	48	莱芜	Laiwu	38.61	54.75	55.53	239
宿州	Suzhou	181.46	260.18	258.45	75	临沂	Linyi	264.01	354.56	348.25	36
六安	Liuan	159.36	189.37	190.61	113	德州	Dezhou	210.51	310.04	314.23	43
亳州	Bozhou	137.15	206.17	209.41	100	聊城	Liaocheng	221.64	298.16	298.70	53

3-2 第一产业增加值 续表 2

Gross Regional Product by Primary Industry continued 2

单位：亿元 (100 million yuan)

地名	City	2010	2016	2017	2017 排名 Ranking	地名	City	2010	2016	2017	2017 排名 Ranking
滨州	Binzhou	155.48	231.94	228.44	84	常德	Changde	280.10	383.24	337.22	38
菏泽	Heze	220.18	285.33	286.55	61	张家界	Zhangjiajie	31.23	56.35	57.65	233
河南	**Henan**	**3258.09**	**4286.21**	**4139.29**		益阳	Yiyang	162.36	272.39	235.93	79
郑州	Zhengzhou	124.56	156.35	151.59	152	郴州	Chenzhou	126.75	216.16	196.12	105
开封	Kaifeng	219.31	287.72	279.12	64	永州	Yongzhou	190.56	326.73	287.99	60
洛阳	Luoyang	187.62	234.00	220.11	91	怀化	Huaihua	97.43	200.49	185.80	121
平顶山	Pingdingshan	114.72	176.75	166.32	136	娄底	Loudi	99.80	206.07	152.80	150
安阳	Anyang	159.07	212.44	193.61	110	**广东**	**Guangdong**	**2286.98**	**3500.49**	**3611.44**	
鹤壁	Hebi	48.83	61.99	58.44	230	广州	Guangzhou	188.56	239.28	220.45	90
新乡	Xinxiang	157.15	222.89	217.17	94	韶关	Shaoguan	95.90	167.61	148.59	156
焦作	Jiaozuo	101.30	133.95	131.34	175	深圳	Shenzhen	6.47	7.17	19.57	260
濮阳	Puyang	107.62	161.87	151.83	151	珠海	Zhuhai	32.36	43.53	48.82	247
许昌	Xuchang	149.96	162.48	149.06	155	汕头	Shantou	64.53	107.23	103.39	194
漯河	Luohe	86.66	113.87	109.70	191	佛山	Foshan	105.40	145.31	133.65	174
三门峡	Sanmenxia	70.00	123.50	118.96	186	江门	Jiangmen	117.03	188.97	187.35	120
南阳	Nanyang	401.18	515.50	512.95	5	湛江	Zhanjiang	289.31	497.58	491.17	7
商丘	Shangqiu	299.51	386.26	372.46	31	茂名	Maoming	274.52	435.94	470.23	12
信阳	Xinyang	288.04	446.05	437.91	16	肇庆	Zhaoqing	190.26	317.07	326.62	41
周口	Zhoukou	365.64	457.63	446.63	15	惠州	Huizhou	102.38	171.66	166.57	135
驻马店	Zhumadian	290.67	412.86	402.99	23	梅州	Meizhou	124.24	207.01	187.76	118
湖北	**Hubei**	**2147.00**	**3659.33**	**3528.96**		汕尾	Shanwei	77.59	129.75	124.42	181
武汉	Wuhan	170.04	390.62	408.20	21	河源	Heyuan	60.44	100.81	102.46	196
黄石	Huangshi	53.63	114.07	120.98	184	阳江	Yangjiang	140.28	219.02	211.46	96
十堰	Shiyan	77.80	173.40	182.69	123	清远	Qingyuan	119.98	213.67	218.90	93
宜昌	Yichang	176.50	398.89	426.72	18	东莞	Dongguan	16.57	24.20	22.85	259
襄阳	Xiangyang	234.70	430.90	461.85	14	中山	Zhongshan	50.74	68.26	55.64	238
鄂州	Ezhou	51.45	97.21	102.05	197	潮州	Chaozhou	40.34	70.41	70.56	217
荆门	Jingmen	145.10	213.15	222.85	88	揭阳	Jieyang	110.86	188.51	156.99	148
孝感	Xiaogan	171.18	281.52	297.15	54	云浮	Yunfu	100.74	156.87	142.65	161
荆州	Jingzhou	231.07	382.72	389.72	27	**广西**	**Guangxi**	**1675.06**	**2796.80**	**2878.30**	
黄冈	Huanggang	246.96	395.30	417.30	19	南宁	Nanning	244.43	395.93	404.18	22
咸宁	Xianning	100.98	184.34	193.45	111	柳州	Liuzhou	109.48	179.46	189.49	116
随州	Suizhou	86.57	140.54	150.99	153	桂林	Guilin	203.31	361.27	381.83	29
湖南	**Hunan**	**2325.50**	**3578.37**	**2998.40**		梧州	Wuzhou	79.96	131.31	136.41	168
长沙	Changsha	202.01	370.95	312.01	46	北海	Beihai	87.17	174.76	190.54	114
株洲	Zhuzhou	123.85	197.17	181.18	125	防城港	Fangchenggang	47.43	82.60	89.27	206
湘潭	Xiangtan	96.04	150.90	122.95	182	钦州	Qinzhou	132.21	220.10	234.95	81
衡阳	Hengyang	264.42	430.61	330.42	39	贵港	Guigang	108.05	190.01	193.65	109
邵阳	Shaoyang	173.71	326.81	289.49	58	玉林	Yulin	171.73	278.16	276.91	65
岳阳	Yueyang	215.53	345.84	304.06	51	百色	Baise	105.21	182.25	189.24	117

3-2 第一产业增加值 续表 3

Gross Regional Product by Primary Industry continued 3

单位：亿元 (100 million yuan)

地名	City	2010	2016	2017	2017 排名 Ranking	地名	City	2010	2016	2017	2017 排名 Ranking
贺州	Hezhou	63.68	111.44	115.76	187	丽江	Lijiang	26.00	47.34	49.61	244
河池	Hechi	97.87	150.99	158.96	144	普洱	Puer	73.66	152.26	159.82	142
来宾	Laibin	97.83	148.60	159.96	141	临沧	Lincang	71.48	154.67	162.24	138
崇左	Chongzuo	114.85	167.66	181.25	124	**西藏**	**Tibet**	**68.13**	**115.78**	**122.72**	
海南	**Hainan**	**539.83**	**948.35**	**962.84**		拉萨	Lasa	9.14	15.12	17.54	261
海口	Haikou	45.99	63.91	62.51	225	**陕西**	**Shaanxi**	**988.45**	**1693.85**	**1741.45**	
三亚	Sanya	38.38	66.80	65.67	219	西安	Xi'an	140.06	232.10	281.12	63
三沙	Sansha					铜川	Tongchuan	14.18	23.91	24.54	257
重庆	**Chongqing**	**685.38**	**1303.24**	**1276.09**		宝鸡	Baoji	104.20	171.46	175.32	129
四川	**Sichuan**	**2482.89**	**3929.33**	**4262.35**		咸阳	Xianyang	203.29	345.32	312.17	45
成都	Chengdu	285.09	474.94	500.87	6	渭南	Weinan	128.94	224.81	230.50	82
自贡	Zigong	84.68	136.13	142.94	160	延安	Yan'an	71.19	117.62	119.88	185
攀枝花	Panzhihua	21.49	34.25	37.16	252	汉中	Hanzhong	110.39	205.74	209.98	98
泸州	Luzhou	108.81	178.07	183.19	122	榆林	Yulin	92.16	162.44	167.68	132
德阳	Deyang	152.39	219.52	228.46	83	安康	Ankang	67.07	100.12	104.63	193
绵阳	Mianyang	166.49	280.29	291.66	57	商洛	Shangluo	58.05	96.65	98.18	199
广元	Guangyuan	76.52	106.44	113.17	189	**甘肃**	**Gansu**	**599.28**	**983.39**	**859.75**	
遂宁	Suining	109.39	153.62	160.41	139	兰州	Lanzhou	33.79	60.36	38.35	251
内江	Neijiang	112.39	204.52	209.60	99	嘉峪关	Jiayuguan	2.46	4.44	3.57	265
乐山	Leshan	100.08	153.27	158.80	145	金昌	Jinchang	11.18	20.72	16.52	262
南充	Nanchong	201.62	354.98	363.68	33	白银	Baiyin	37.64	61.98	62.91	223
眉山	Meishan	103.80	169.45	176.62	128	天水	Tianshui	60.18	100.39	86.00	210
宜宾	Yibin	133.84	231.99	238.84	78	武威	Wuwei	60.45	108.27	102.76	195
广安	Guangan	109.91	170.23	169.81	131	张掖	Zhangye	62.33	102.42	73.14	213
达州	Dazhou	194.99	310.02	322.13	42	平凉	Pingliang	50.59	103.00	72.34	215
雅安	Yaan	49.97	76.58	80.85	212	酒泉	Jiuquan	54.19	87.19	64.76	221
巴中	Bazhong	81.65	89.92	93.30	203	庆阳	Qingyang	51.02	85.49	56.31	236
资阳	Ziyang	151.81	155.34	160.35	140	定西	Dingxi	47.72	78.75	60.53	229
贵州	**Guizhou**	**625.03**	**1861.81**	**2032.27**		陇南	Longnan	44.55	73.86	61.32	228
贵阳	Guiyang	57.10	137.14	147.33	157	**青海**	**Qinghai**	**134.92**	**221.19**	**238.41**	
六盘水	Liupanshui	29.22	125.49	134.82	172	西宁	Xining	24.47	39.15	41.80	249
遵义	Zunyi	140.22	370.48	402.34	24	海东	Haidong		54.97	57.79	232
安顺	Anshun	40.30	124.07	135.70	169	**宁夏**	**Ningxia**	**159.29**	**241.00**	**250.62**	
毕节	Bijie	124.37	344.43	378.61	30	银川	Yinchuan	40.29	58.61	61.37	227
铜仁	Tongren	95.43	202.70	219.73	92	石嘴山	Shizuishan	17.99	26.09	27.70	255
云南	**Yunnan**	**1108.38**	**2195.11**	**2338.37**		吴忠	Wuzhong	37.18	55.34	57.80	231
昆明	Kunming	120.30	200.51	210.13	97	固原	Guyuan	30.86	49.09	51.02	242
曲靖	Qujing	183.52	335.56	351.76	35	中卫	Zhongwei	32.97	52.49	52.81	241
玉溪	Yuxi	69.60	135.02	141.95	163	**新疆**	**Xinjiang**	**1078.63**	**1648.97**	**1551.84**	
保山	Baoshan	79.00	151.32	159.06	143	乌鲁木齐	Urumqi	19.94	28.14	25.00	256
昭通	Zhaotong	74.45	149.44	156.38	149	克拉玛依	Karamay	3.52	5.32	4.94	264

3-3 第二产业生产总值
Gross Regional Product by Secondary Industry

单位：亿元 (100 million yuan)

地名	City	2010	2016	2017	2017 排名 Ranking
全国	**Nation Total**	**191629.8**	**296236.0**	**334622.6**	
北京	**Beijing**	**3388.40**	**4944.44**	**5326.76**	
天津	**Tianjin**	**4840.23**	**7571.35**	**7593.59**	
河北	**Hebei**	**10707.68**	**15256.93**	**15846.21**	
石家庄	Shijiazhuang	1653.76	2693.92	2714.27	25
唐山	Tangshan	2598.40	3499.91	3640.65	17
秦皇岛	Qinhuangdao	367.79	468.63	512.71	176
邯郸	Handan	1280.30	1600.22	1619.48	56
邢台	Xingtai	674.06	925.80	953.31	101
保定	Baoding	1057.87	1681.92	1584.88	58
张家口	Zhangjiakou	415.18	547.17	511.05	177
承德	Chengde	453.70	658.78	610.17	157
沧州	Cangzhou	1115.22	1757.78	1775.50	50
廊坊	Langfang	723.81	1203.82	1258.47	76
衡水	Hengshui	396.00	668.33	690.89	144
山西	**Shanxi**	**5234.00**	**5028.99**	**6778.89**	
太原	Taiyuan	798.49	1067.49	1272.22	75
大同	Datong	338.82	374.59	413.24	198
阳泉	Yangquan	255.31	299.17	320.50	217
长治	Changzhi	601.67	646.94	793.44	123
晋城	Jincheng	464.64	554.36	612.91	155
朔州	Shuozhou	379.01	395.22	400.56	200
晋中	Jinzhong	418.27	468.65	594.99	159
运城	Yuncheng	365.29	443.85	486.65	186
忻州	Xinzhou	195.08	315.90	430.28	195
临汾	Linfen	519.28	561.11	611.25	156
吕梁	Lvliang	585.07	555.27	825.29	118
内蒙古	**Inner Mongolia**	**6367.69**	**8553.63**	**6399.68**	
呼和浩特	Hohhot	678.95	884.43		
包头	Baotou	1331.45	1822.15		
乌海	Wuhai	280.52	323.76		
赤峰	Chifeng	556.58	908.57		
通辽	Tongliao	689.71	977.68		
鄂尔多斯	Erdos	1551.43	2461.38		
呼伦贝尔	Hulunbuir	392.60	724.02		
巴彦淖尔	Bayannur	339.68	463.41		
乌兰察布	Ulanqab	296.74	460.28		
辽宁	**Liaoning**	**9976.80**	**8606.50**	**9119.80**	
沈阳	Shenyang	2529.93	2151.56	2194.19	36
大连	Dalian	2624.49	2849.85	2831.45	24
鞍山	Anshan	1154.37	523.97	642.65	150
抚顺	Fushun	525.46	435.82	505.92	179
本溪	Benxi	536.01	333.25	342.79	213
丹东	Dandong	373.19	231.14	241.63	231
锦州	Jinzhou	434.55	353.26	379.86	204
营口	Yingkou	554.67	471.46	556.56	165
阜新	Fuxin	158.46	110.79	110.24	252
辽阳	Liaoyang	465.14	272.23	367.00	207
盘锦	Panjin	616.49	449.25	527.60	173
铁岭	Tieling	381.03	192.00	187.72	244
朝阳	Chaoyang	332.55	175.84	209.88	237
葫芦岛	Huludao	247.02	224.99	289.77	222
吉林	**Jilin**	**4506.31**	**7004.95**	**6998.51**	
长春	Changchun	1719.90	2957.31	3165.46	20
吉林	Jilin	896.02	1055.57	824.34	119
四平	Siping	333.24	468.47	303.27	219
辽源	Liaoyuan	230.41	437.66	362.19	208
通化	Tonghua	326.85	451.99	351.74	212
白山	Baishan	260.31	379.15	320.96	216
松原	Songyuan	568.10	692.06	456.89	192
白城	Baicheng	201.50	312.24	227.43	233
黑龙江	**Heilongjiang**	**5204.11**	**4400.69**	**4060.60**	
哈尔滨	Harbin	1384.55	1896.70	1820.70	48
齐齐哈尔	Qiqihar	357.74	408.80	377.90	205
鸡西	Jixi	177.50	125.80	131.60	249
鹤岗	Hegang	116.96	79.00	87.60	259
双鸭山	Shuangyashan	177.48	96.60	100.10	256
大庆	Daqing	2385.06	1463.40	1463.60	64
伊春	Yichun	79.46	49.50	56.40	265
佳木斯	Jiamusi	133.88	181.50	195.40	240
七台河	Qitaihe	201.98	79.10	85.50	260
牡丹江	Mudanjiang	303.15	472.70	478.10	188
黑河	Heihe	44.71	70.40	72.50	263
绥化	Suihua	181.47	335.60	354.90	211
上海	**Shanghai**	**7218.32**	**8406.28**	**9330.67**	
江苏	**Jiangsu**	**21753.93**	**34619.50**	**38654.87**	

注：本表按当年价格计算。

Note: Data in this table are calculated at current prices.

3-3 第二产业生产总值 续表 1
Gross Regional Product by Secondary Industry continued 1

单位：亿元 (100 million yuan)

地名	City	2010	2016	2017	2017 排名 Ranking
南京	Nanjing	2327.86	4117.32	4454.87	11
无锡	Wuxi	3208.79	4346.78	4964.44	8
徐州	Xuzhou	1490.92	2513.85	2884.32	23
常州	Changzhou	1683.68	2682.46	3098.62	21
苏州	Suzhou	5253.81	7277.46	8235.88	2
南通	Nantong	1908.56	3170.30	3639.81	18
连云港	Lianyungang	545.07	1049.90	1179.86	84
淮安	Huaian	647.10	1268.15	1406.39	68
盐城	Yancheng	1096.55	2050.02	2256.72	34
扬州	Yangzhou	1229.34	2197.63	2475.88	30
镇江	Zhenjiang	1120.63	1870.40	1978.01	44
泰州	Taizhou	1125.85	1933.89	2238.13	35
宿迁	Suqian	479.14	1139.97	1253.49	77
浙江	**Zhejiang**	**14297.93**	**21194.61**	**22232.08**	
杭州	Hangzhou	2844.07	4120.93	4362.48	13
宁波	Ningbo	2870.69	4455.34	5119.45	7
温州	Wenzhou	1533.46	2096.45	2149.91	38
嘉兴	Jiaxing	1339.57	2010.50	2317.92	33
湖州	Huzhou	715.01	1099.47	1171.75	85
绍兴	Shaoxing	1566.61	2398.27	2472.50	31
金华	Jinhua	1086.02	1643.43	1626.63	54
衢州	Quzhou	414.46	564.58	587.02	160
舟山	Zhoushan	293.29	510.04	402.85	199
台州	Taizhou	1254.33	1695.80	1938.37	45
丽水	Lishui	328.60	543.42	507.50	178
安徽	**Anhui**	**6436.62**	**11821.58**	**12838.28**	
合肥	Hefei	1456.64	3181.24	3432.67	19
芜湖	Wuhu	722.79	1506.32	1623.40	55
蚌埠	Bengbu	300.95	609.12	681.30	145
淮南	Huainan	388.82	454.63	501.64	182
马鞍山	Maanshan	563.55	827.49	961.42	100
淮北	Huaibei	298.37	450.21	523.18	175
铜陵	Tongling	339.50	569.59	691.45	142
安庆	Anqing	518.96	727.18	828.47	117
黄山	Huangshan	135.41	224.23	221.79	235
滁州	Chuzhou	342.01	707.23	815.91	122
阜阳	Fuyang	282.76	557.78	643.87	149
宿州	Suzhou	246.43	512.83	538.29	170
六安	Liuan	285.78	490.63	493.06	185
亳州	Bozhou	191.56	404.93	440.11	193
池州	Chizhou	140.23	257.84	267.50	227
宣城	Xuancheng	248.20	502.17	568.45	163
福建	**Fujian**	**7522.83**	**14093.47**	**15354.29**	
福州	Fuzhou	1401.92	2590.43	2962.94	22
厦门	Xiamen	1024.51	1544.59	1815.92	49
莆田	Putian	477.10	1022.45	1146.50	87
三明	Sanming	480.22	932.20	1095.15	92
泉州	Quanzhou	2144.86	3886.68	4397.78	12
漳州	Zhangzhou	652.04	1461.11	1695.87	52
南平	Nanping	304.79	614.24	699.12	140
龙岩	Longyan	527.69	966.67	1125.18	90
宁德	Ningde	317.22	806.70	876.49	107
江西	**Jiangxi**	**5122.88**	**8829.54**	**9627.98**	
南昌	Nanchang	1252.04	2307.70		
景德镇	Jingdezhen	280.51	461.71		
萍乡	Pingxiang	329.46	531.71		
九江	Jiujiang	579.71	1045.08		
新余	Xinyu	403.36	539.57		
鹰潭	Yingtan	216.51	400.35		
赣州	Ganzhou	496.70	918.99		
吉安	Jian	363.74	637.12		
宜春	Yichun	492.22	803.17		
抚州	Fuzhou	314.47	516.78		
上饶	Shangrao	459.18	851.16		
山东	**Shandong**	**21238.49**	**31343.67**	**32942.84**	
济南	Jinan	1637.45	2429.90	2569.22	28
青岛	Qingdao	2758.62	4309.65	4546.21	10
淄博	Zibo	1766.57	2375.58	2490.03	29
枣庄	Zaozhuang	818.37	1119.52	1194.99	82
东营	Dongying	1712.20	2221.09	2391.68	32
烟台	Yantai	2566.49	3578.76	3674.35	15
潍坊	Weifang	1720.28	2653.70	2671.32	26
济宁	Jining	1356.47	1998.15	2122.16	40
泰安	Taian	1099.45	1534.51	1627.93	53
威海	Weihai	1087.03	1514.00	1580.49	59
日照	Rizhao	561.55	866.50	963.48	99
莱芜	Laiwu	330.18	364.60	499.26	184
临沂	Linyi	1206.29	1788.60	1884.25	46
德州	Dezhou	899.55	1431.53	1498.62	62
聊城	Liaocheng	924.09	1454.72	1514.08	61

3-3　第二产业生产总值　续表 2
Gross Regional Product by Secondary Industry　continued 2

单位：亿元　　　　(100 million yuan)

地名	City	2010	2016	2017	2017 排名 Ranking	地名	City	2010	2016	2017	2017 排名 Ranking
滨州	Binzhou	847.31	1183.22	1222.30	79	常德	Changde	685.25	1257.17	1212.54	80
菏泽	Heze	648.54	1334.37	1458.34	65	张家界	Zhangjiajie	60.07	104.76	109.06	254
河南	**Henan**	**13226.38**	**19275.82**	**21105.52**		益阳	Yiyang	288.41	593.67	632.11	152
郑州	Zhengzhou	2269.91	3796.93	4082.72	14	郴州	Chenzhou	594.42	1147.49	1010.24	96
开封	Kaifeng	400.65	712.93	759.95	130	永州	Yongzhou	278.63	550.79	572.46	162
洛阳	Luoyang	1396.21	1791.32	1997.96	43	怀化	Huaihua	288.90	527.24	458.56	191
平顶山	Pingdingshan	869.43	895.05	972.46	98	娄底	Loudi	364.86	668.15	659.72	148
安阳	Anyang	809.29	971.02	1083.92	93	**广东**	**Guangdong**	**23014.53**	**35109.66**	**38008.06**	
鹤壁	Hebi	301.95	503.25	537.15	171	广州	Guangzhou	4002.27	5751.59	6011.01	3
新乡	Xinxiang	686.48	1074.01	1146.77	86	韶关	Shaoguan	285.38	446.40	420.98	197
焦作	Jiaozuo	855.31	1241.89	1332.52	71	深圳	Shenzhen	4523.37	7780.45	9318.10	1
濮阳	Puyang	515.33	793.85	845.05	113	珠海	Zhuhai	662.01	1079.89	1287.19	74
许昌	Xuchang	901.98	1398.54	1555.58	60	汕头	Shantou	678.22	1051.03	1182.68	83
漯河	Luohe	474.58	674.62	713.75	139	佛山	Foshan	3542.49	5146.02	5424.65	6
三门峡	Sanmenxia	599.18	748.93	818.45	121	江门	Jiangmen	872.21	1150.77	1324.96	72
南阳	Nanyang	1017.07	1364.35	1441.41	66	湛江	Zhanjiang	577.60	985.88	1058.97	94
商丘	Shangqiu	532.13	823.83	931.39	103	茂名	Maoming	590.76	1058.68	1131.24	88
信阳	Xinyang	460.87	805.87	856.47	109	肇庆	Zhaoqing	456.67	999.43	771.53	129
周口	Zhoukou	557.90	1040.23	1125.38	89	惠州	Huizhou	1019.57	1837.53	2017.20	42
驻马店	Zhumadian	441.28	773.94	871.45	108	梅州	Meizhou	252.43	369.13	358.29	209
湖北	**Hubei**	**7767.24**	**14654.38**	**15441.75**		汕尾	Shanwei	212.68	368.69	383.59	203
武汉	Wuhan	2532.82	5227.05	5861.35	5	河源	Heyuan	244.45	391.42	376.52	206
黄石	Huangshi	394.91	721.47	843.47	114	阳江	Yangjiang	271.63	520.84	484.50	187
十堰	Shiyan	402.10	681.59	783.36	127	清远	Qingyuan	616.38	508.30	501.15	183
宜昌	Yichang	890.12	2122.74	2077.58	41	东莞	Dongguan	2160.82	3173.24	3663.23	16
襄阳	Xiangyang	798.20	2046.77	2147.80	39	中山	Zhongshan	1074.10	1677.26	1724.97	51
鄂州	Ezhou	231.35	434.58	477.43	189	潮州	Chaozhou	309.34	502.78	505.55	180
荆门	Jingmen	353.13	789.51	850.63	110	揭阳	Jieyang	579.03	1118.39	1043.84	95
孝感	Xiaogan	360.93	756.40	839.82	115	云浮	Yunfu	165.12	322.08	316.44	218
荆州	Jingzhou	325.33	736.39	847.95	112	**广西**	**Guangxi**	**4511.68**	**8273.66**	**7450.85**	
黄冈	Huanggang	328.16	654.05	748.33	134	南宁	Nanning	651.88	1426.50	1599.50	57
咸宁	Xianning	241.96	527.81	597.41	158	柳州	Liuzhou	839.96	1361.81	1487.08	63
随州	Suizhou	181.66	398.44	437.30	194	桂林	Guilin	492.35	916.74	791.94	124
湖南	**Hunan**	**7343.19**	**13341.17**	**14145.49**		梧州	Wuzhou	341.23	679.35	785.71	126
长沙	Changsha	2437.03	4513.28	4740.32	9	北海	Beihai	167.88	516.14	668.66	146
株洲	Zhuzhou	736.86	1318.27	1212.46	81	防城港	Fangchenggang	159.77	386.26	421.23	196
湘潭	Xiangtan	499.38	976.11	995.76	97	钦州	Qinzhou	218.51	481.90	625.01	153
衡阳	Hengyang	645.73	1152.16	1111.13	91	贵港	Guigang	248.25	393.20	465.86	190
邵阳	Shaoyang	278.02	543.74	575.14	161	玉林	Yulin	373.39	665.03	734.14	136
岳阳	Yueyang	834.23	1469.10	1344.93	70	百色	Baise	313.98	594.73	789.33	125

3-3 第二产业生产总值 续表 3
Gross Regional Product by Secondary Industry continued 3

单位：亿元 (100 million yuan)

地名	City	2010	2016	2017	2017 排名 Ranking	地名	City	2010	2016	2017	2017 排名 Ranking
贺州	Hezhou	139.57	211.55	210.91	236	丽江	Lijiang	55.10	120.34	137.14	248
河池	Hechi	216.29	199.82	231.49	232	普洱	Puer	83.78	195.40	222.89	234
来宾	Laibin	192.35	220.20	250.08	229	临沧	Lincang	76.18	185.77	207.87	238
崇左	Chongzuo	149.11	310.69	398.20	202	**西藏**	**Tibet**	**164.03**	**429.17**	**513.65**	
海南	**Hainan**	**571.00**	**905.95**	**996.35**		拉萨	Lasa	55.76	162.80	189.38	243
海口	Haikou	148.81	233.56	252.22	228	**陕西**	**Shaanxi**	**5446.10**	**9490.72**	**10882.88**	
三亚	Sanya	50.22	94.45	105.85	255	西安	Xi'an	1406.72	2200.36	2596.52	27
三沙	Sansha					铜川	Tongchuan	116.50	159.76	179.10	245
重庆	**Chongqing**	**4359.12**	**7898.92**	**8584.61**		宝鸡	Baoji	614.42	1227.06	1417.64	67
四川	**Sichuan**	**8672.18**	**13448.92**	**14328.13**		咸阳	Xianyang	573.27	1385.00	1320.18	73
成都	Chengdu	2480.90	5201.99	5998.19	4	渭南	Weinan	394.55	685.20	771.54	128
自贡	Zigong	370.84	695.37	638.25	151	延安	Yan'an	635.49	574.20	757.43	131
攀枝花	Panzhihua	386.63	702.72	745.02	135	汉中	Hanzhong	199.50	495.03	617.88	154
泸州	Luzhou	403.71	875.77	850.56	111	榆林	Yulin	1205.77	1684.69	2150.53	37
德阳	Deyang	532.72	946.41	941.81	102	安康	Ankang	130.95	450.64	527.80	172
绵阳	Mianyang	468.27	876.04	838.76	116	商洛	Shangluo	117.82	364.88	398.43	201
广元	Guangyuan	125.67	307.41	327.01	214	**甘肃**	**Gansu**	**1984.97**	**2515.56**	**2561.79**	
遂宁	Suining	254.69	530.18	548.60	167	兰州	Lanzhou	529.18	790.10	881.74	106
内江	Neijiang	419.53	741.62	660.67	147	嘉峪关	Jiayuguan	147.76	60.32	109.42	253
乐山	Leshan	442.45	761.01	691.41	143	金昌	Jinchang	166.91	104.14	112.88	251
南充	Nanchong	401.57	760.63	749.69	133	白银	Baiyin	171.12	178.11	175.67	246
眉山	Meishan	303.31	586.95	538.82	169	天水	Tianshui	113.27	189.98	189.40	242
宜宾	Yibin	519.21	907.17	918.74	104	武威	Wuwei	91.54	170.74	127.95	250
广安	Guangan	259.25	557.01	546.05	168	张掖	Zhangye	75.40	110.13	97.45	257
达州	Dazhou	409.59	601.20	558.12	164	平凉	Pingliang	108.79	91.06	95.31	258
雅安	Yaan	157.83	291.26	284.64	223	酒泉	Jiuquan	210.21	202.22	190.63	241
巴中	Bazhong	94.97	253.94	293.39	221	庆阳	Qingyang	214.86	285.47	283.33	224
资阳	Ziyang	348.40	511.46	503.94	181	定西	Dingxi	39.17	75.44	76.16	261
贵州	**Guizhou**	**1800.06**	**4669.53**	**5428.14**		陇南	Longnan	48.51	73.32	70.26	264
贵阳	Guiyang	456.95	1218.79	1375.18	69	**青海**	**Qinghai**	**744.63**	**1249.98**	**1162.41**	
六盘水	Liupanshui	303.22	660.00	729.38	138	西宁	Xining	320.76	595.64	556.44	166
遵义	Zunyi	379.69	1063.00	1241.05	78	海东	Haidong		211.98	206.73	239
安顺	Anshun	88.60	227.12	267.82	226	**宁夏**	**Ningxia**	**827.91**	**1488.44**	**1580.57**	
毕节	Bijie	259.73	617.87	692.19	141	银川	Yinchuan	400.24	825.61	904.29	105
铜仁	Tongren	77.22	243.41	277.53	225	石嘴山	Shizuishan	187.05	323.56	323.27	215
云南	**Yunnan**	**3223.49**	**5690.16**	**6204.97**		吴忠	Wuzhong	110.64	250.50	299.02	220
昆明	Kunming	960.86	1660.11	1865.97	47	固原	Guyuan	22.68	61.13	73.64	262
曲靖	Qujing	526.67	674.91	756.88	132	中卫	Zhongwei	70.66	149.11	167.15	247
玉溪	Yuxi	457.88	685.34	729.44	137	**新疆**	**Xinjiang**	**2592.15**	**3647.01**	**4330.89**	
保山	Baoshan	80.50	213.03	245.70	230	乌鲁木齐	Urumqi	600.41	704.08	823.80	120
昭通	Zhaotong	174.82	322.06	357.94	210	克拉玛依	Karamay	638.42	431.92	523.71	174

3-4 第三产业生产总值
Gross Regional Product by Tertiary Industry

单位：亿元 (100 million yuan)

地名	City	2010	2016	2017	2017 排名 Ranking
全国	**Nation Total**	**182038.0**	**384220.5**	**427031.5**	
北京	**Beijing**	**10600.80**	**20594.90**	**22567.76**	
天津	**Tianjin**	**4238.65**	**10093.82**	**10786.64**	
河北	**Hebei**	**7123.77**	**13320.71**	**15040.13**	
石家庄	Shijiazhuang	1377.66	2752.93	3068.13	27
唐山	Tangshan	1448.89	2255.98	2423.77	33
秦皇岛	Qinhuangdao	435.99	684.78	794.61	110
邯郸	Handan	773.31	1343.68	1453.20	62
邢台	Xingtai	348.31	780.20	889.46	98
保定	Baoding	688.78	1342.50	1475.00	59
张家口	Zhangjiakou	398.30	652.81	715.39	123
承德	Chengde	295.85	542.01	620.31	148
沧州	Cangzhou	835.26	1478.28	1604.69	54
廊坊	Langfang	469.80	1318.37	1432.49	64
衡水	Hengshui	231.63	567.53	644.70	144
山西	**Shanxi**	**3412.38**	**7236.64**	**8030.37**	
太原	Taiyuan	949.28	1849.34	2069.94	44
大同	Datong	320.83	591.32	646.04	143
阳泉	Yangquan	167.49	313.39	341.24	214
长治	Changzhi	278.32	562.18	621.34	147
晋城	Jincheng	235.19	445.13	487.90	174
朔州	Shuozhou	250.60	466.56	523.47	168
晋中	Jinzhong	280.60	514.11	578.41	161
运城	Yuncheng	320.64	577.46	636.26	146
忻州	Xinzhou	193.15	336.93	378.81	202
临汾	Linfen	304.29	548.11	614.15	153
吕梁	Lvliang	216.76	386.37	428.15	191
内蒙古	**Inner Mongolia**	**4209.03**	**7937.08**	**8046.76**	
呼和浩特	Hohhot	1095.43	2175.67		
包头	Baotou	1062.87	1950.44		
乌海	Wuhai	107.13	243.58		
赤峰	Chifeng	352.28	732.30		
通辽	Tongliao	308.64	709.06		
鄂尔多斯	Erdos	1020.98	1848.95		
呼伦贝尔	Hulunbuir	357.02	648.40		
巴彦淖尔	Bayannur	144.59	293.83		
乌兰察布	Ulanqab	176.90	350.67		
辽宁	**Liaoning**	**6849.40**	**11448.40**	**12307.16**	
沈阳	Shenyang	2254.86	3128.54	3340.90	22
大连	Dalian	2188.57	3497.57	3750.17	18
鞍山	Anshan	877.63	837.98	878.79	102
抚顺	Fushun	314.88	370.95	390.43	197
本溪	Benxi	281.01	365.70	387.08	199
丹东	Dandong	255.61	392.29	419.58	193
锦州	Jinzhou	326.77	473.97	526.27	167
营口	Yingkou	370.55	573.85	618.51	149
阜新	Fuxin	127.75	200.59	209.59	247
辽阳	Liaoyang	224.43	322.56	324.37	220
盘锦	Panjin	228.31	441.97	470.89	178
铁岭	Tieling	198.92	257.58	272.22	232
朝阳	Chaoyang	188.06	361.31	387.23	198
葫芦岛	Huludao	212.80	313.04	313.72	223
吉林	**Jilin**	**3111.12**	**6273.33**	**6850.66**	
长春	Changchun	1356.38	2705.58	3041.17	28
吉林	Jilin	710.20	1157.59	1245.02	72
四平	Siping	234.84	423.53	441.56	185
辽源	Liaoyuan	136.96	268.53	272.23	231
通化	Tonghua	235.15	411.15	418.47	194
白山	Baishan	128.82	258.79	289.80	226
松原	Songyuan	343.71	690.67	748.90	121
白城	Baicheng	160.25	278.20	282.58	228
黑龙江	**Heilongjiang**	**3861.59**	**8314.94**	**8876.83**	
哈尔滨	Harbin	1867.59	3513.80	3842.60	16
齐齐哈尔	Qiqihar	330.65	614.70	659.10	139
鸡西	Jixi	134.83	207.80	212.90	244
鹤岗	Hegang	67.65	94.60	102.30	263
双鸭山	Shuangyashan	98.61	182.30	196.10	250
大庆	Daqing	419.99	959.50	1022.80	87
伊春	Yichun	61.57	95.50	104.00	262
佳木斯	Jiamusi	232.13	399.50	436.90	187
七台河	Qitaihe	80.83	105.70	113.50	261
牡丹江	Mudanjiang	339.25	530.30	687.80	128
黑河	Heihe	99.46	177.50	190.00	252
绥化	Suihua	284.87	468.10	501.40	172
上海	**Shanghai**	**9833.51**	**19662.90**	**21191.54**	
江苏	**Jiangsu**	**17131.45**	**38691.60**	**43169.73**	

注：本表按当年价格计算。

Note: Data in this table are calculated at current prices.

3-4 第三产业生产总值 续表 1

Gross Regional Product by Tertiary Industry continued 1

单位：亿元 (100 million yuan)

地名	City	2010	2016	2017	2017 排名 Ranking	地名	City	2010	2016	2017	2017 排名 Ranking
南京	Nanjing	2660.49	6133.16	6997.22	7	池州	Chizhou	114.91	260.04	284.12	227
无锡	Wuxi	2479.57	4728.05	5412.18	9	宣城	Xuancheng	189.26	428.08	486.11	175
徐州	Xuzhou	1168.40	2751.79	3121.08	25	**福建**	**Fujian**	**5850.62**	**12353.89**	**14612.67**	
常州	Changzhou	1261.43	2938.73	3362.70	21	福州	Fuzhou	1438.76	3114.96	3621.60	20
苏州	Suzhou	3819.31	7975.82	8861.65	3	厦门	Xiamen	1012.50	2216.49	2512.03	32
南通	Nantong	1290.89	3231.24	3712.14	19	莆田	Putian	285.36	674.53	768.39	115
连云港	Lianyungang	465.64	1025.02	1147.03	78	三明	Sanming	326.62	653.03	758.38	117
淮安	Huaian	545.00	1455.24	1583.05	55	泉州	Quanzhou	1287.93	2561.46	2952.19	29
盐城	Yancheng	862.00	1992.15	2261.78	36	漳州	Zhangzhou	523.97	1248.64	1437.17	63
扬州	Yangzhou	838.78	2000.36	2327.02	35	南平	Nanping	264.33	521.19	597.70	157
镇江	Zhenjiang	785.48	1825.66	1889.92	48	龙岩	Longyan	334.32	705.61	815.07	109
泰州	Taizhou	771.22	1927.89	2242.32	37	宁德	Ningde	284.78	530.44	615.47	152
宿迁	Suqian	397.86	935.92	1065.31	84	**江西**	**Jiangxi**	**3121.40**	**7764.93**	**8543.07**	
浙江	**Zhejiang**	**12063.82**	**24091.57**	**27602.26**		南昌	Nanchang	834.50	1907.68		
杭州	Hangzhou	2896.69	6888.59	7929.80	4	景德镇	Jingdezhen	142.91	337.09		
宁波	Ningbo	2073.18	3929.10	4416.80	13	萍乡	Pingxiang	148.61	413.13		
温州	Wenzhou	1297.89	2865.55	3117.34	26	九江	Jiujiang	354.32	885.62		
嘉兴	Jiaxing	833.63	1714.70	1927.05	47	新余	Xinyu	189.98	432.89		
湖州	Huzhou	482.50	1057.49	1175.26	76	鹰潭	Yingtan	95.57	263.15		
绍兴	Shaoxing	1078.93	2183.11	2398.33	34	赣州	Ganzhou	411.14	953.78		
金华	Jinhua	915.99	1893.19	2076.37	42	吉安	Jian	213.79	575.96		
衢州	Quzhou	276.34	598.78	656.84	141	宜春	Yichun	212.87	702.71		
舟山	Zhoushan	289.00	604.45	676.44	132	抚州	Fuzhou	195.70	477.65		
台州	Taizhou	1011.70	1948.73	2181.59	38	上饶	Shangrao	289.93	729.05		
丽水	Lishui	271.76	571.19	643.98	145	**山东**	**Shandong**	**14343.14**	**31751.70**	**34858.60**	
安徽	**Anhui**	**4193.68**	**10018.32**	**11597.45**		济南	Jinan	2057.90	3882.75	4314.86	14
合肥	Hefei	1112.23	2822.97	3297.63	23	青岛	Qingdao	2630.58	5515.75	6109.05	8
芜湖	Wuhu	336.80	1066.22	1210.19	73	淄博	Zibo	994.89	1950.34	2141.35	39
蚌埠	Bengbu	215.94	576.69	664.03	136	枣庄	Zaozhuang	426.10	885.08	958.25	92
淮南	Huainan	167.77	390.80	437.33	186	东营	Dongying	560.36	1200.53	1284.52	70
马鞍山	Maanshan	218.64	582.48	663.51	137	烟台	Yantai	1457.48	2999.98	3183.40	24
淮北	Huaibei	122.81	287.26	336.81	216	潍坊	Weifang	1040.13	2493.16	2692.55	31
铜陵	Tongling	117.55	338.72	381.51	201	济宁	Jining	865.94	1880.00	2038.59	45
安庆	Anqing	313.76	611.84	686.37	130	泰安	Taian	756.92	1555.78	1675.88	50
黄山	Huangshan	134.60	296.19	332.19	217	威海	Weihai	703.73	1520.30	1663.46	51
滁州	Chuzhou	205.22	490.08	561.69	163	日照	Rizhao	363.27	804.37	887.14	100
阜阳	Fuyang	241.41	541.75	616.59	150	莱芜	Laiwu	177.54	296.01	340.18	215
宿州	Suzhou	222.68	578.80	669.71	134	临沂	Linyi	929.69	1936.85	2097.61	41
六安	Liuan	230.97	428.15	484.38	176	德州	Dezhou	547.76	1238.36	1328.81	68
亳州	Bozhou	184.07	435.00	500.27	173	聊城	Liaocheng	476.65	1113.41	1200.77	74

3-4 第三产业生产总值 续表 2

Gross Regional Product by Tertiary Industry continued 2

单位：亿元 (100 million yuan)

地名	City	2010	2016	2017	2017 排名 Ranking	地名	City	2010	2016	2017	2017 排名 Ranking
滨州	Binzhou	548.73	1098.31	1150.40	77	常德	Changde	526.22	1313.41	1550.09	57
菏泽	Heze	358.37	969.53	1080.92	81	张家界	Zhangjiajie	151.18	332.00	371.53	203
河南	**Henan**	**6607.89**	**16909.76**	**19308.02**		益阳	Yiyang	261.51	627.12	742.18	122
郑州	Zhengzhou	1646.43	4160.68	4959.46	11	郴州	Chenzhou	360.59	840.47	971.83	91
开封	Kaifeng	307.20	754.45	848.48	105	永州	Yongzhou	297.82	693.81	792.20	111
洛阳	Luoyang	736.42	1794.80	2072.12	43	怀化	Huaihua	288.59	660.51	756.92	118
平顶山	Pingdingshan	326.68	753.34	855.88	104	娄底	Loudi	214.05	523.95	599.29	155
安阳	Anyang	347.22	846.39	972.32	90	**广东**	**Guangdong**	**20711.55**	**42056.57**	**48085.73**	
鹤壁	Hebi	78.34	206.55	232.06	239	广州	Guangzhou	6557.45	13556.57	15271.69	1
新乡	Xinxiang	346.31	870.07	993.82	89	韶关	Shaoguan	301.82	604.38	675.69	133
焦作	Jiaozuo	289.32	719.24	816.24	108	深圳	Shenzhen	5051.67	11704.97	13152.39	2
濮阳	Puyang	152.45	493.84	588.59	160	珠海	Zhuhai	514.23	1102.96	1339.17	67
许昌	Xuchang	264.55	816.69	928.28	94	汕头	Shantou	466.22	922.72	1064.91	85
漯河	Luohe	119.26	293.43	341.60	213	佛山	Foshan	2003.63	3338.68	3840.22	17
三门峡	Sanmenxia	205.23	453.43	510.01	170	江门	Jiangmen	581.18	1079.05	1177.94	75
南阳	Nanyang	535.11	1235.12	1390.94	65	湛江	Zhanjiang	538.15	1100.97	1256.74	71
商丘	Shangqiu	312.16	779.06	891.70	97	茂名	Maoming	626.81	1142.12	1302.60	69
信阳	Xinyang	342.93	785.87	900.13	96	肇庆	Zhaoqing	438.94	767.52	1011.86	88
周口	Zhoukou	304.77	766.00	887.69	99	惠州	Huizhou	608.00	1402.98	1646.81	53
驻马店	Zhumadian	321.77	786.19	900.60	95	梅州	Meizhou	236.19	469.43	529.38	166
湖北	**Hubei**	**6053.37**	**14351.67**	**16507.38**		汕尾	Shanwei	174.81	330.05	342.89	211
武汉	Wuhan	2812.90	6294.94	7140.79	6	河源	Heyuan	170.26	406.49	467.18	180
黄石	Huangshi	241.58	470.01	514.95	169	阳江	Yangjiang	227.93	530.90	615.50	151
十堰	Shiyan	256.90	574.16	666.27	135	清远	Qingyuan	351.83	665.75	749.29	120
宜昌	Yichang	480.70	1187.73	1352.87	66	东莞	Dongguan	2069.07	3630.25	3896.01	15
襄阳	Xiangyang	505.40	1216.84	1455.25	61	中山	Zhongshan	725.81	1457.26	1649.71	52
鄂州	Ezhou	112.49	266.03	326.44	219	潮州	Chaozhou	209.57	403.64	436.66	188
荆门	Jingmen	231.84	518.34	590.69	159	揭阳	Jieyang	319.62	700.00	787.07	113
孝感	Xiaogan	268.56	538.77	605.26	154	云浮	Yunfu	135.11	299.36	344.48	209
荆州	Jingzhou	280.70	607.64	684.51	131	**广西**	**Guangxi**	**3383.11**	**7247.18**	**8194.11**	
黄冈	Huanggang	287.18	676.82	756.20	119	南宁	Nanning	903.94	1880.90	2115.15	40
咸宁	Xianning	177.00	395.78	444.00	184	柳州	Liuzhou	365.87	935.67	1079.07	82
随州	Suizhou	133.43	313.20	347.43	208	桂林	Guilin	407.89	776.81	871.41	103
湖南	**Hunan**	**6369.27**	**14631.83**	**16759.07**		梧州	Wuzhou	158.10	364.99	415.98	195
长沙	Changsha	1908.02	4472.68	5157.80	10	北海	Beihai	146.36	315.75	370.64	204
株洲	Zhuzhou	414.77	973.02	1136.37	79	防城港	Fangchenggang	113.21	207.18	231.12	240
湘潭	Xiangtan	298.59	739.78	886.54	101	钦州	Qinzhou	169.95	400.05	449.86	183
衡阳	Hengyang	510.19	1285.81	1479.97	58	贵港	Guigang	188.35	375.55	422.68	192
邵阳	Shaoyang	275.56	659.71	762.90	116	玉林	Yulin	295.13	610.64	688.49	127
岳阳	Yueyang	489.60	1285.94	1470.75	60	百色	Baise	154.80	337.33	383.20	200

3-4 第三产业生产总值 续表 3

Gross Regional Product by Tertiary Industry continued 3

单位：亿元 (100 million yuan)

地名	City	2010	2016	2017	2017 排名 Ranking	地名	City	2010	2016	2017	2017 排名 Ranking
贺州	Hezhou	93.62	195.20	222.16	241	丽江	Lijiang	62.50	141.61	152.73	257
河池	Hechi	154.58	306.36	344.15	210	普洱	Puer	90.64	219.88	241.88	236
来宾	Laibin	115.04	220.31	253.65	234	临沧	Lincang	69.31	210.38	233.95	238
崇左	Chongzuo	128.41	287.85	328.17	218	**西藏**	**Tibet**	**276.59**	**606.46**	**674.55**	
海南	**Hainan**	**953.67**	**2198.90**	**2503.35**		拉萨	Lasa	114.01	247.03	272.33	230
海口	Haikou	422.39	960.20	1075.85	83	**陕西**	**Shaanxi**	**3688.93**	**8215.02**	**9274.48**	
三亚	Sanya	153.61	314.30	358.29	206	西安	Xi'an	1694.91	3850.28	4594.25	12
三沙	Sansha					铜川	Tongchuan	57.05	127.94	144.79	260
重庆	**Chongqing**	**2881.08**	**8538.43**	**9564.03**		宝鸡	Baoji	257.47	533.62	598.65	156
四川	**Sichuan**	**6030.41**	**15556.29**	**18389.74**		咸阳	Xianyang	322.12	660.65	660.16	138
成都	Chengdu	2785.34	6493.30	7390.33	5	渭南	Weinan	277.93	578.61	648.59	142
自贡	Zigong	192.21	403.06	530.88	165	延安	Yan'an	178.74	391.09	435.28	189
攀枝花	Panzhihua	115.87	277.71	362.07	205	汉中	Hanzhong	199.81	455.72	505.44	171
泸州	Luzhou	202.27	428.07	562.46	162	榆林	Yulin	458.74	925.92	1043.08	86
德阳	Deyang	236.16	586.52	790.28	112	安康	Ankang	129.04	292.10	342.23	212
绵阳	Mianyang	325.46	674.09	944.33	93	商洛	Shangluo	110.03	230.60	260.45	233
广元	Guangyuan	119.68	246.16	291.94	225	**甘肃**	**Gansu**	**1536.50**	**3701.42**	**4038.36**	
遂宁	Suining	131.15	324.65	429.05	190	兰州	Lanzhou	537.41	1413.78	1580.71	56
内江	Neijiang	158.36	351.53	461.82	181	嘉峪关	Jiayuguan	34.10	88.65	96.87	264
乐山	Leshan	201.39	492.30	657.58	140	金昌	Jinchang	32.43	82.96	92.09	265
南充	Nanchong	224.63	535.79	714.56	124	白银	Baiyin	102.42	202.12	211.93	245
眉山	Meishan	145.14	360.83	467.91	179	天水	Tianshui	126.77	300.15	323.55	221
宜宾	Yibin	217.80	513.89	689.65	126	武威	Wuwei	76.78	182.72	199.73	249
广安	Guangan	168.06	351.38	457.93	182	张掖	Zhangye	74.98	187.39	206.37	248
达州	Dazhou	214.62	535.86	703.69	125	平凉	Pingliang	72.51	173.24	187.01	253
雅安	Yaan	78.74	177.49	237.28	237	酒泉	Jiuquan	140.63	288.53	296.38	224
巴中	Bazhong	104.29	200.80	214.75	243	庆阳	Qingyang	91.74	226.87	245.86	235
资阳	Ziyang	157.69	276.64	357.92	207	定西	Dingxi	69.13	176.89	190.62	251
贵州	**Guizhou**	**2177.07**	**5261.01**	**6080.42**		陇南	Longnan	76.36	192.72	211.14	246
贵阳	Guiyang	607.77	1801.77	2015.45	46	**青海**	**Qinghai**	**470.88**	**1101.32**	**1224.01**	
六盘水	Liupanshui	168.19	528.21	597.51	158	西宁	Xining	283.05	613.37	686.67	129
遵义	Zunyi	388.85	970.46	1105.20	80	海东	Haidong		155.85	171.53	255
安顺	Anshun	104.00	350.16	398.94	196	**宁夏**	**Ningxia**	**702.45**	**1438.55**	**1612.37**	
毕节	Bijie	216.76	663.49	770.81	114	银川	Yinchuan	352.08	733.48	837.59	106
铜仁	Tongren	120.97	410.86	472.60	177	石嘴山	Shizuishan	93.56	163.92	184.04	254
云南	**Yunnan**	**2892.31**	**6903.15**	**7833.00**		吴忠	Wuzhong	69.33	136.60	151.29	258
昆明	Kunming	1039.15	2439.46	2781.54	30	固原	Guyuan	52.26	129.58	145.44	259
曲靖	Qujing	295.36	757.94	832.48	107	中卫	Zhongwei	69.56	137.53	154.17	256
玉溪	Yuxi	208.95	491.52	543.75	164	**新疆**	**Xinjiang**	**1766.69**	**4353.72**	**4999.23**	
保山	Baoshan	101.40	248.04	274.19	229	乌鲁木齐	Urumqi	718.17	1726.76	1881.85	49
昭通	Zhaotong	130.37	294.03	318.13	222	克拉玛依	Karamay	69.41	183.75	215.85	242

3-5 人均地区生产总值
Per Capita Gross Regional Product

单位：元 (yuan)

地名	City	2010	2016	2017	2017 排名 Ranking	地名	City	2010	2016	2017	2017 排名 Ranking
全国	**Nation Total**	**30015**				沈阳	Shenyang	62357	66893	74567	103
北京	**Beijing**	**75856**	**118198**	**128994**		大连	Dalian	77704	97470	113675	33
天津	**Tianjin**	**72994**	**115053**	**118944**		鞍山	Anshan	58426	40532		
河北	**Hebei**	**28668**	**43062**	**45387**		抚顺	Fushun	41810	41741	56418	161
石家庄	Shijiazhuang	33915	55177	69926	115	本溪	Benxi	50612	44745	50063	179
唐山	Tangshan	59389	81239	89233	69	丹东	Dandong	29893	31223	29409	251
秦皇岛	Qinhuangdao	31182	73755	61170	138	锦州	Jinzhou	29264	33692	58133	151
邯郸	Handan	26143	35265	37796	224	营口	Yingkou	41452	47358	73693	108
邢台	Xingtai	17189	27038	38163	221	阜新	Fuxin	20819	22956	23399	270
保定	Baoding	18451	29992	44917	195	辽阳	Liaoyang	39686	35476		
张家口	Zhangjiakou	22517	33142	41038	213	盘锦	Panjin	66976	70110	83252	78
承德	Chengde	25698	40741	60575	139	铁岭	Tieling	26556	22178	30000	248
沧州	Cangzhou	31091	47425	120805	28	朝阳	Chaoyang	21536	24285	29816	249
廊坊	Langfang	31844	58972	91067	65	葫芦岛	Huludao	20302	25347	38313	220
衡水	Hengshui	18076	31955	57615	154	**吉林**	**Jilin**	**31599**	**53868**	**54838**	
山西	**Shanxi**	**26283**	**35532**	**42060**		长春	Changchun	43936	79434		
太原	Taiyuan	46144	68234	88340	70	吉林	Jilin	41479	57818	74221	104
大同	Datong	21360	30046	49181	181	四平	Siping	22942	36732	27816	256
阳泉	Yangquan	31898	44461	57321	155	辽源	Liaoyuan	33137	63480	92788	63
长治	Changzhi	27642	37063	48705	182	通化	Tonghua	27690	42979	43110	202
晋城	Jincheng	32329	45271	54209	164	白山	Baishan	33524	56411	65256	127
朔州	Shuozhou	41107	52010	127482	21	松原	Songyuan	38136	59413	59368	143
晋中	Jinzhong	23575	32646	40850	214	白城	Baicheng	21973	35892	34181	237
运城	Yuncheng	16170	23106	34987	234	**黑龙江**	**Heilongjiang**	**27076**	**40432**	**41916**	
忻州	Xinzhou	14188	22747	24543	266	哈尔滨	Harbin	36951	63445	85567	75
临汾	Linfen	20841	27102	28904	253	齐齐哈尔	Qiqihar	16309	25690	48096	184
吕梁	Lvliang	23013	25896	24359	267	鸡西	Jixi	22083	28647	20425	274
内蒙古	**Inner Mongolia**	**47347**	**72064**	**63764**		鹤岗	Hegang	23044	25244	22946	271
呼和浩特	Hohhot	65518	103235	99720	54	双鸭山	Shuangyashan	26215	29959	24783	265
包头	Baotou	93441	136021	155090	6	大庆	Daqing	103576	94690	167420	4
乌海	Wuhai	73801	102725	73268	109	伊春	Yichun	15924	21043	22214	272
赤峰	Chifeng	24967	44936	43746	198	佳木斯	Jiamusi	20254	36878	59023	147
通辽	Tongliao	37489	62424	40347	216	七台河	Qitaihe	32891	26500	36370	231
鄂尔多斯	Erdos	138109	215488	111798	37	牡丹江	Mudanjiang	27545	49618	37154	229
呼伦贝尔	Hulunbuir	36552	64140	58996	148	黑河	Heihe	14994	27889	34607	235
巴彦淖尔	Bayannur	36048	54480	43728	199	绥化	Suihua	12576	24109	21750	273
乌兰察布	Ulanqab	26459	44517	37491	225	**上海**	**Shanghai**	**76074**	**116562**	**126634**	
辽宁	**Liaoning**	**42355**	**50791**	**53527**		**江苏**	**Jiangsu**	**52840**	**96887**	**107150**	

注：本表按当年价格计算。

Note: Data in this table are calculated at current prices.

3-5 人均地区生产总值 续表 1

Per Capita Gross Regional Product continued 1

单位：元 (yuan)

地名	City	2010	2016	2017	2017 排名 Ranking	地名	City	2010	2016	2017	2017 排名 Ranking
南京	Nanjing	65273	127264	141103	17	池州	Chizhou	21476	40919	52255	171
无锡	Wuxi	92167	141258	150120	12	宣城	Xuancheng	20779	40740	37215	228
徐州	Xuzhou	34084	66845	103339	49	**福建**	**Fujian**	**40025**	**74707**	**82677**	
常州	Changzhou	67327	122721	146104	15	福州	Fuzhou	44000	82251	111092	38
苏州	Suzhou	93043	145556	148427	14	厦门	Xiamen	59323	97282	109753	40
南通	Nantong	48083	92702	121783	27	莆田	Putian	30584	63313	81847	81
连云港	Lianyungang	26987	52987	69127	118	三明	Sanming	38866	73261	117668	29
淮安	Huaian	28861	62446	72908	110	泉州	Quanzhou	43963	77784	113012	35
盐城	Yancheng	31640	63278	85756	74	漳州	Zhangzhou	29755	62196	103667	47
扬州	Yangzhou	49786	99151	133566	19	南平	Nanping	27450	55009	66739	124
镇江	Zhenjiang	64284	120603	152461	8	龙岩	Longyan	38603	72354	94523	61
泰州	Taizhou	44118	88330	122501	26	宁德	Ningde	26089	56358	87385	73
宿迁	Suqian	22525	48311	59102	146	**江西**	**Jiangxi**	**21253**	**40400**	**43424**	
浙江	**Zhejiang**	**51711**	**84916**	**92057**		南昌	Nanchang	43961	81598	100828	51
杭州	Hangzhou	69828	124286	148794	13	景德镇	Jingdezhen	29155	50989	77302	94
宁波	Ningbo	69368	110656	150990	10	萍乡	Pingxiang	28106	52330	63725	131
温州	Wenzhou	32586	55779	72524	112	九江	Jiujiang	21863	43338	98917	58
嘉兴	Jiaxing	52143	83968	89889	68	新余	Xinyu	55538	88548	87546	72
湖州	Huzhou	45323	77110	81370	82	鹰潭	Yingtan	30769	60136	104574	44
绍兴	Shaoxing	57580	96204	107555	42	赣州	Ganzhou	13397	25761	41863	209
金华	Jinhua	39897	67158	65000	129	吉安	Jian	15002	29772	45796	193
衢州	Quzhou	35500	58281	72664	111	宜春	Yichun	16080	32269	26574	262
舟山	Zhoushan	58378	107463	103796	45	抚州	Fuzhou	16134	30259	35359	233
台州	Taizhou	41172	64287	83050	79	上饶	Shangrao	13729	26996	51582	176
丽水	Lishui	31296	56238	68342	121	**山东**	**Shandong**	**41106**	**68733**	**72807**	
安徽	**Anhui**	**20888**	**39561**	**43401**		济南	Jinan	57947	90999	110114	39
合肥	Hefei	48312	80138	125778	22	青岛	Qingdao	65812	109407	136667	18
芜湖	Wuhu	49013	73715	114672	32	淄博	Zibo	63384	94587	113450	34
蚌埠	Bengbu	20223	41855	46538	190	枣庄	Zaozhuang	36817	54984	51533	177
淮南	Huainan	26287	27990	34399	236	东营	Dongying	116404	164024	200022	2
马鞍山	Maanshan	60712	65833	108939	41	烟台	Yantai	62254	98388	153061	7
淮北	Huaibei	22309	36427	59210	144	潍坊	Weifang	34260	59275	79721	85
铜陵	Tongling	64496	59960			济宁	Jining	31541	51662	103366	48
安庆	Anqing	18647	33294	62204	134	泰安	Taian	37376	59027	59207	145
黄山	Huangshan	22791	41905	59970	142	威海	Weihai	69187	114220	114746	31
滁州	Chuzhou	17693	35301	73807	107	日照	Rizhao	36870	62357	99323	57
阜阳	Fuyang	9528	17642	23855	269	莱芜	Laiwu	42392	51533	65046	128
宿州	Suzhou	12195	24270	37389	226	临沂	Linyi	24067	38803	66256	125
六安	Liuan	12074	23298	26940	259	德州	Dezhou	29858	50856	68314	122
亳州	Bozhou	10615	20611	25262	264	聊城	Liaocheng	28444	47624	43501	200

3-5 人均地区生产总值 续表 2

Per Capita Gross Regional Product continued 2

单位：元 (yuan)

地名	City	2010	2016	2017	2017 排名 Ranking	地名	City	2010	2016	2017	2017 排名 Ranking
滨州	Binzhou	41643	63745	76014	97	常德	Changde	26551	50543	102869	50
菏泽	Heze	14829	29904	38143	222	张家界	Zhangjiajie	16238	32300	53109	169
河南	**Henan**	**24446**	**42575**	**46674**		益阳	Yiyang	16710	33772	53126	168
郑州	Zhengzhou	47608	84114	94477	62	郴州	Chenzhou	24015	46691	79721	85
开封	Kaifeng	19750	38619	42413	205	永州	Yongzhou	14853	28744	42534	203
洛阳	Luoyang	35762	56410	75677	98	怀化	Huaihua	14371	28515	56464	160
平顶山	Pingdingshan	26730	36708	52117	172	娄底	Loudi	17569	36058	74886	102
安阳	Anyang	25330	39603	48635	183	**广东**	**Guangdong**	**44736**	**74016**	**80932**	
鹤壁	Hebi	28531	47940	58502	150	广州	Guangzhou	87458	141933	150678	11
新乡	Xinxiang	21196	37805	69375	117	韶关	Shaoguan	24050	41388	61271	137
焦作	Jiaozuo	35767	59183	50079	178	深圳	Shenzhen	94296	167411	184068	3
濮阳	Puyang	21787	40059	60258	140	珠海	Zhuhai	77888	134546	155502	5
许昌	Xuchang	30536	54522	57640	153	汕头	Shantou	22776	37390	42152	207
漯河	Luohe	26974	41138	51980	173	佛山	Foshan	80313	115891	124324	23
三门峡	Sanmenxia	39176	58894	64155	130	江门	Jiangmen	35622	53374	75461	101
南阳	Nanyang	19145	31010	40189	218	湛江	Zhanjiang	20161	35612	75552	100
商丘	Shangqiu	15085	27332	26550	263	茂名	Maoming	25496	43211	55130	162
信阳	Xinyang	16936	31733	41472	211	肇庆	Zhaoqing	27987	51178	72007	114
周口	Zhoukou	12944	25682	33019	240	惠州	Huizhou	38650	71605	98163	59
驻马店	Zhumadian	14117	28305	37230	227	梅州	Meizhou	14554	24032	43445	201
湖北	**Hubei**	**27906**	**55665**	**60199**		汕尾	Shanwei	15845	27351	42515	204
武汉	Wuhan	56367	111469	123831	25	河源	Heyuan	16301	29205	77614	93
黄石	Huangshi	28481	53033	79778	84	阳江	Yangjiang	26676	50431	60119	141
十堰	Shiyan	21267	42083	77898	91	清远	Qingyuan	29487	36136	49267	180
宜昌	Yichang	38114	89978	112313	36	东莞	Dongguan	52798	82682		
襄阳	Xiangyang	27968	65663	88032	71	中山	Zhongshan	60797	99471		
鄂州	Ezhou	37928	74983	84452	76	潮州	Chaozhou	21107	36956	45332	194
荆门	Jingmen	25614	52470	82014	80	揭阳	Jieyang	17264	33027	47684	186
孝感	Xiaogan	16630	32236	34067	238	云浮	Yunfu	17074	31502	63067	132
荆州	Jingzhou	14707	30305	51923	175	**广西**	**Guangxi**	**20219**	**38027**	**38102**	
黄冈	Huanggang	13421	27373	56950	156	南宁	Nanning	26330	52723	79292	88
咸宁	Xianning	21129	44027	53676	166	柳州	Liuzhou	35230	62855	99703	55
随州	Suizhou	18381	38801	68664	120	桂林	Guilin	22780	41216	51963	174
湖南	**Hunan**	**24719**	**46382**	**49558**		梧州	Wuzhou	19430	39072	76837	96
长沙	Changsha	66464	124122	152441	9	北海	Beihai	25657	61580	133523	20
株洲	Zhuzhou	33604	62081	92387	64	防城港	Fangchenggang	37264	73188	100438	52
湘潭	Xiangtan	32305	65946	114821	30	钦州	Qinzhou	16421	34160	46302	191
衡阳	Hengyang	20419	39020	75572	99	贵港	Guigang	12932	22230	28910	252
邵阳	Shaoyang	10468	20987	44464	196	玉林	Yulin	15011	27111	43786	197
岳阳	Yueyang	28849	54832	99537	56	百色	Baise	16106	30881	72054	113

3-5 人均地区生产总值 续表 3

Per Capita Gross Regional Product continued 3

单位：元 (yuan)

地名	City	2010	2016	2017	2017 排名 Ranking
贺州	Hezhou	14589	25499	29728	250
河池	Hechi	12991	18842	27606	257
来宾	Laibin	18385	26885	30398	246
崇左	Chongzuo	18734	37161	56747	158
海南	**Hainan**	**23831**	**44347**	**48430**	
海口	Haikou	38731	56315	61589	136
三亚	Sanya	42977	63273	69780	116
三沙	Sansha				
重庆	**Chongqing**		**58502**	**63442**	
四川	**Sichuan**	**21182**	**40003**	**44651**	
成都	Chengdu	41253	76960	103757	46
自贡	Zigong	23613	44481	56636	159
攀枝花	Panzhihua	43959	82221	100209	53
泸州	Luzhou	16698	34497	57669	152
德阳	Deyang	25335	49835	68888	119
绵阳	Mianyang	20053	38202	62909	133
广元	Guangyuan	12313	25072	31878	243
遂宁	Suining	14498	30615	35659	232
内江	Neijiang	18022	34667	36639	230
乐山	Leshan	22490	43110	58714	149
南充	Nanchong	13212	25871	6421762	1
眉山	Meishan	18586	37227	47875	185
宜宾	Yibin	19499	36735	61785	135
广安	Guangan	15588	33130	39213	219
达州	Dazhou	14623	25921	28615	254
雅安	Yaan	18881	35335	37833	223
巴中	Bazhong	8717	16415	18292	276
资阳	Ziyang	16644	37308	53293	167
贵州	**Guizhou**	**13119**	**33246**	**37956**	
贵阳	Guiyang	26209	67772	79295	87
六盘水	Liupanshui	17462	45325	77055	95
遵义	Zunyi	14650	38709	52940	170
安顺	Anshun	10014	30216	40817	215
毕节	Bijie	9113	24544	32162	241
铜仁	Tongren	9304	27366	47300	187
云南	**Yunnan**	**15752**	**31093**	**34221**	
昆明	Kunming	33549	64156	90074	67
曲靖	Qujing	17236	29266	66152	126
玉溪	Yuxi	32068	55389	90774	66
保山	Baoshan	10469	23692	26773	261
昭通	Zhaotong	7193	14040	30544	245
丽江	Lijiang	11680	24116	56780	157
普洱	Puer	9773	21685	46891	189
临沧	Lincang	8988	21906	31627	244
西藏	**Tibet**	**17319**	**35184**	**39267**	
拉萨	Lasa	23775	64804		
陕西	**Shaanxi**	**27133**	**51015**	**57266**	
西安	Xi'an	38343	71357	84205	77
铜川	Tongchuan	22317	36803	41533	210
宝鸡	Baoji	26201	51262	73939	105
咸阳	Xianyang	22469	48016	123996	24
渭南	Weinan	15149	27743	41208	212
延安	Yan'an	40621	48300	46935	188
汉中	Hanzhong	14907	22597	42361	206
榆林	Yulin	52437	81764	106175	43
安康	Ankang	12428	31770	33076	239
商洛	Shangluo	12197	29574	27384	258
甘肃	**Gansu**	**16113**	**27643**	**28497**	
兰州	Lanzhou	30672	61207	78412	89
嘉峪关	Jiayuguan	83214	62641		
金昌	Jinchang	45374	44202	66909	123
白银	Baiyin	17956	25813	53863	165
天水	Tianshui	9202	17800	30165	247
武威	Wuwei	12250	25396	26828	260
张掖	Zhangye	17093	32729	31881	242
平凉	Pingliang	11202	17486	24334	268
酒泉	Jiuquan	38305	51721	40257	217
庆阳	Qingyang	15095	26734	54416	163
定西	Dingxi	5530	11892	17890	277
陇南	Longnan	6020	13805	19243	275
青海	**Qinghai**	**24115**	**43531**	**44047**	
西宁	Xining	28428	53756	77662	92
海东	Haidong		28999	98134	60
宁夏	**Ningxia**	**26860**	**47194**	**50765**	
银川	Yinchuan	42771	74288	77927	90
石嘴山	Shizuishan	41066	64880	73860	106
吴忠	Wuzhong	16607	32039	45931	192
固原	Guyuan	8187	19720	27929	255
中卫	Zhongwei	15596	29549	42041	208
新疆	**Xinjiang**	**25034**	**40564**	**44941**	
乌鲁木齐	Urumqi	43039	69865	79892	83
克拉玛依	Karamay	121387	137307	145798	16

3-6 地区生产总值增长率
GRP Growth Rate

单位：% (%)

地名	City	2016	2017	2017 排名 Ranking
全国	**Nation Total**			
北京	**Beijing**		**6.7**	
天津	**Tianjin**		**3.6**	
河北	**Hebei**			
石家庄	Shijiazhuang	6.8	8.1	106
唐山	Tangshan	6.8	6.7	187
秦皇岛	Qinhuangdao	7.0	7.4	160
邯郸	Handan	6.1	6.6	195
邢台	Xingtai	7.1	7.3	167
保定	Baoding	7.2	2.0	268
张家口	Zhangjiakou	7.0	6.5	198
承德	Chengde	7.0	7.2	169
沧州	Cangzhou	7.9	7.7	143
廊坊	Langfang	8.0	11.8	7
衡水	Hengshui	7.8	7.2	170
山西	**Shanxi**			
太原	Taiyuan	7.5	7.7	136
大同	Datong	1.0	5.0	241
阳泉	Yangquan	3.4	7.7	135
长治	Changzhi	4.6	2.50	262
晋城	Jincheng	3.9	6.5	198
朔州	Shuozhou	4.2		
晋中	Jinzhong	5.1	5.1	238
运城	Yuncheng	4.0	7.0	174
忻州	Xinzhou	4.7	6.6	197
临汾	Linfen	3.4	6.1	211
吕梁	Lvliang	4.1	6.40	201
内蒙古	**Inner Mongolia**			
呼和浩特	Hohhot	7.8	5.2	237
包头	Baotou	7.6	6.0	215
乌海	Wuhai	6.8	5.3	234
赤峰	Chifeng	7.3	3.1	260
通辽	Tongliao	7.4	4.4	247
鄂尔多斯	Erdos	7.3	5.6	226
呼伦贝尔	Hulunbuir	7.0	0.1	273
巴彦淖尔	Bayannur	7.0	3.6	256
乌兰察布	Ulanqab	6.8	5.9	220
辽宁	**Liaoning**			
沈阳	Shenyang	-5.6	3.0	261
大连	Dalian	6.5	7.3	163
鞍山	Anshan	-10.3	6.6	191
抚顺	Fushun	-7.1	4.1	251
本溪	Benxi	-8.8	1.7	269
丹东	Dandong	-2.1	4.0	252
锦州	Jinzhou	-6.6	10.9	13
营口	Yingkou	-7.5	4.7	245
阜新	Fuxin	-12.3	-0.9	275
辽阳	Liaoyang		6.2	210
盘锦	Panjin	-4.2	5.1	238
铁岭	Tieling	-4.6	1.4	270
朝阳	Chaoyang	-6.0	3.5	258
葫芦岛	Huludao	1.1	5.5	229
吉林	**Jilin**			
长春	Changchun	7.7	8.0	114
吉林	Jilin	3.1	3.2	259
四平	Siping	-0.8	4.5	246
辽源	Liaoyuan	6.4	2.2	267
通化	Tonghua	-3.8	-15.3	280
白山	Baishan	7.3	-1.3	277
松原	Songyuan	2.6	-7.2	279
白城	Baicheng	2.8	4.0	252
黑龙江	**Heilongjiang**			
哈尔滨	Harbin	7.3	7.6	144
齐齐哈尔	Qiqihar	6.2	6.4	201
鸡西	Jixi	6.5	6.1	211
鹤岗	Hegang	-1.2	9.9	27
双鸭山	Shuangyashan	2.6	2.4	265
大庆	Daqing	1.9	2.4	265
伊春	Yichun	2.9	7.0	181
佳木斯	Jiamusi	6.4	6.0	215
七台河	Qitaihe	0.6	6.3	206
牡丹江	Mudanjiang	6.6	6.8	185
黑河	Heihe	6.2	3.7	255
绥化	Suihua	6.7	6.4	201
上海	**Shanghai**		**6.9**	
江苏	**Jiangsu**			

注：本表按不变价格计算。

Note: Data in this table are calculated at constant prices.

3-6 地区生产总值增长率 续表 1
GRP Growth Rate continued 1

单位：% (%)

地名	City	2016	2017	2017 排名 Ranking
南京	Nanjing	8.0	8.1	106
无锡	Wuxi	7.5	7.7	136
徐州	Xuzhou	8.2	5.1	238
常州	Changzhou	8.5	8.2	97
苏州	Suzhou	7.5	7.3	164
南通	Nantong	9.3	7.8	131
连云港	Lianyungang	7.8	7.5	152
淮安	Huaian	9.0	7.3	167
盐城	Yancheng	8.9	6.0	215
扬州	Yangzhou	9.4	7.6	144
镇江	Zhenjiang	9.3	7.0	174
泰州	Taizhou	9.5	8.6	72
宿迁	Suqian	9.1	7.7	136
浙江	**Zhejiang**			
杭州	Hangzhou	9.6	8.2	96
宁波	Ningbo	7.1	6.8	185
温州	Wenzhou	8.4	7.4	159
嘉兴	Jiaxing	7.1	8.0	114
湖州	Huzhou	7.6	8.9	55
绍兴	Shaoxing	5.5	7.0	173
金华	Jinhua	7.5	6.3	208
衢州	Quzhou	7.2	10.1	22
舟山	Zhoushan	11.4	8.7	63
台州	Taizhou	7.8	8.9	52
丽水	Lishui	7.1	5.2	235
安徽	**Anhui**			
合肥	Hefei	9.8	9.0	51
芜湖	Wuhu	9.7	9.5	34
蚌埠	Bengbu	9.4	9.4	36
淮南	Huainan	6.6	6.4	201
马鞍山	Maanshan	9.0	8.9	53
淮北	Huaibei	5.0	6.9	184
铜陵	Tongling	9.1	8.4	85
安庆	Anqing	8.0	8.6	72
黄山	Huangshan	7.8	8.1	106
滁州	Chuzhou	9.2	11.0	11
阜阳	Fuyang	9.0	8.0	114
宿州	Suzhou	9.1	9.2	44
六安	Liuan	7.2	8.6	72
亳州	Bozhou	8.9	9.3	39
池州	Chizhou	8.1	5.7	224
宣城	Xuancheng	8.7	8.0	114
福建	**Fujian**			
福州	Fuzhou	8.5	8.9	53
厦门	Xiamen	7.9	7.6	144
莆田	Putian	9.0	8.4	86
三明	Sanming	7.8	8.5	79
泉州	Quanzhou	8.0	8.4	86
漳州	Zhangzhou	9.3	8.7	63
南平	Nanping	6.8	6.4	201
龙岩	Longyan	8.1	7.9	125
宁德	Ningde	7.5	10.5	16
江西	**Jiangxi**			
南昌	Nanchang	9.0	9.0	48
景德镇	Jingdezhen	8.6	8.7	63
萍乡	Pingxiang	9.1	9.1	47
九江	Jiujiang	9.4	9.1	46
新余	Xinyu	8.6	8.4	88
鹰潭	Yingtan	8.8	7.9	125
赣州	Ganzhou	9.5	9.8	28
吉安	Jian	9.2	8.9	55
宜春	Yichun	9.0	9.5	32
抚州	Fuzhou	8.8	8.7	63
上饶	Shangrao	9.0	9.4	36
山东	**Shandong**			
济南	Jinan	7.8	7.9	130
青岛	Qingdao	7.9	9.3	40
淄博	Zibo	7.7	8.4	88
枣庄	Zaozhuang	7.2	7.0	182
东营	Dongying	7.0	6.1	211
烟台	Yantai	8.1	7.6	144
潍坊	Weifang	8.0	9.4	36
济宁	Jining	8.0	5.7	225
泰安	Taian	7.2	7.4	162
威海	Weihai	8.0	8.2	97
日照	Rizhao	8.1	8.8	58
莱芜	Laiwu	7.2	8.1	106
临沂	Linyi	7.6	8.2	95
德州	Dezhou	7.2	7.2	171
聊城	Liaocheng	7.3	8.0	114

3-6 地区生产总值增长率 续表 2

GRP Growth Rate continued 2

单位：% (%)

地名	City	2016	2017	2017 排名 Ranking
滨州	Binzhou	7.2	5.5	230
菏泽	Heze	8.5	8.2	97
河南	**Henan**			
郑州	Zhengzhou	8.5	6.7	187
开封	Kaifeng	8.5	7.0	174
洛阳	Luoyang	8.6	9.2	41
平顶山	Pingdingshan	7.7	10.3	20
安阳	Anyang	8.0	5.4	232
鹤壁	Hebi	7.9	6.7	187
新乡	Xinxiang	8.3	8.0	113
焦作	Jiaozuo	8.3	6.1	214
濮阳	Puyang	8.7	5.8	223
许昌	Xuchang	8.9	8.8	58
漯河	Luohe	8.1	8.2	97
三门峡	Sanmenxia	7.5	10.2	21
南阳	Nanyang	8.4	5.6	226
商丘	Shangqiu	8.7	6.3	206
信阳	Xinyang	8.3	7.0	174
周口	Zhoukou	8.5	6.6	192
驻马店	Zhumadian	8.5	8.2	97
湖北	**Hubei**			
武汉	Wuhan	7.8	8.0	114
黄石	Huangshi	7.2	9.0	48
十堰	Shiyan	8.9	10.1	22
宜昌	Yichang	8.8	4.1	250
襄阳	Xiangyang	8.5	6.6	195
鄂州	Ezhou	8.0	8.6	72
荆门	Jingmen	8.5	7.7	136
孝感	Xiaogan	7.9	7.5	152
荆州	Jingzhou	7.3	8.1	103
黄冈	Huanggang	7.6	7.3	164
咸宁	Xianning	7.6	8.7	63
随州	Suizhou	8.0	7.5	151
湖南	**Hunan**			
长沙	Changsha	9.4	8.3	91
株洲	Zhuzhou	7.9	8.0	114
湘潭	Xiangtan	8.4	8.5	80
衡阳	Hengyang	7.9	8.3	91
邵阳	Shaoyang	8.0	7.7	136
岳阳	Yueyang	7.8	6.6	192
常德	Changde	8.7	7.8	131
张家界	Zhangjiajie	8.1	8.7	63
益阳	Yiyang	7.8	8.0	114
郴州	Chenzhou	8.3	7.7	136
永州	Yongzhou	8.0	8.8	58
怀化	Huaihua	8.1	8.0	114
娄底	Loudi	7.6	10.4	18
广东	**Guangdong**			
广州	Guangzhou	8.2	7.0	174
韶关	Shaoguan	6.3	7.8	131
深圳	Shenzhen	9.0	8.8	58
珠海	Zhuhai	8.5	10.8	14
汕头	Shantou	8.7	8.6	72
佛山	Foshan	8.3	8.3	94
江门	Jiangmen	7.4	7.9	125
湛江	Zhanjiang	7.9	7.7	136
茂名	Maoming	7.1	7.1	172
肇庆	Zhaoqing	5.0	5.2	236
惠州	Huizhou	8.2	6.9	183
梅州	Meizhou	7.5	5.9	222
汕尾	Shanwei	7.0	-0.6	274
河源	Heyuan	8.6	4.8	242
阳江	Yangjiang	6.0	6.5	198
清远	Qingyuan	7.9	4.4	248
东莞	Dongguan	8.1		
中山	Zhongshan	7.8		
潮州	Chaozhou	7.1	7.0	174
揭阳	Jieyang	6.3	4.8	243
云浮	Yunfu	7.9	3.6	256
广西	**Guangxi**			
南宁	Nanning	5.9	8.2	97
柳州	Liuzhou	7.3	6.7	187
桂林	Guilin	6.9	-1.3	276
梧州	Wuzhou	7.6	2.5	262
北海	Beihai	7.3	10.5	17
防城港	Fangchenggang	9.1	7.3	164
钦州	Qinzhou	9.0	9.6	30
贵港	Guigang	7.9	9.4	35
玉林	Yulin	8.0	8.7	71
百色	Baise	8.8	11.1	10

3-6 地区生产总值增长率 续表 3
GRP Growth Rate continued 3

单位：% (%)

地名	City	2016	2017	2017 排名 Ranking	地名	City	2016	2017	2017 排名 Ranking
贺州	Hezhou	8.1	5.4	231	丽江	Lijiang	7.0	8.1	106
河池	Hechi	4.9	9.2	43	普洱	Puer	10.2	11.2	9
来宾	Laibin	3.9	6.6	192	临沧	Lincang	10.2	10.0	25
崇左	Chongzuo	8.2	10.4	18	**西藏**	**Tibet**			
海南	**Hainan**				拉萨	Lasa	10.0		
海口	Haikou	7.8	7.5	152	**陕西**	**Shaanxi**			
三亚	Sanya	7.8	7.6	144	西安	Xi'an	8.5	7.6	144
三沙	Sansha				铜川	Tongchuan	7.0	7.5	152
重庆	**Chongqing**				宝鸡	Baoji	9.3	8.1	106
四川	**Sichuan**				咸阳	Xianyang	7.7	8.0	124
成都	Chengdu	7.7	8.7	63	渭南	Weinan	7.5	8.3	90
自贡	Zigong	7.7	8.1	104	延安	Yan'an	1.3	8.5	80
攀枝花	Panzhihua	8.0	7.4	160	汉中	Hanzhong	9.0	10.0	26
泸州	Luzhou	9.5	9.7	29	榆林	Yulin	6.5	8.5	80
德阳	Deyang	8.4	8.6	72	安康	Ankang	11.0	9.0	48
绵阳	Mianyang	8.3	9.6	31	商洛	Shangluo	10.0	9.5	32
广元	Guangyuan	8.0	8.8	58	**甘肃**	**Gansu**			
遂宁	Suining	9.1	8.7	63	兰州	Lanzhou	8.3	5.9	219
内江	Neijiang	7.6	7.6	150	嘉峪关	Jiayuguan	7.3		
乐山	Leshan	8.2	8.5	80	金昌	Jinchang	6.4	1.3	271
南充	Nanchong	7.2	8.8	57	白银	Baiyin	7.4	1.3	271
眉山	Meishan	8.4	5.6	226	天水	Tianshui	8.6	5.4	232
宜宾	Yibin	8.3	9.2	45	武威	Wuwei	8.5	-2.2	278
广安	Guangan	7.9	8.1	106	张掖	Zhangye	8.0	4.7	244
达州	Dazhou	7.5	7.9	125	平凉	Pingliang	7.0	4.0	252
雅安	Yaan	8.1	8.6	72	酒泉	Jiuquan	6.2	2.5	262
巴中	Bazhong	7.8	8.5	80	庆阳	Qingyang	7.7	6.0	215
资阳	Ziyang	7.8	8.3	91	定西	Dingxi	7.0	4.3	249
贵州	**Guizhou**				陇南	Longnan	8.4	5.9	220
贵阳	Guiyang	10.1	11.8	6	**青海**	**Qinghai**			
六盘水	Liupanshui	12.0	11.0	11	西宁	Xining	9.8	10.8	14
遵义	Zunyi	12.4	13.2	2	海东	Haidong	10.0	7.5	152
安顺	Anshun	12.4	13.5	1	**宁夏**	**Ningxia**			
毕节	Bijie	12.1	12.2	5	银川	Yinchuan	8.1	7.5	152
铜仁	Tongren	11.9	12.4	4	石嘴山	Shizuishan	6.6	7.0	174
云南	**Yunnan**				吴忠	Wuzhong	9.0	7.8	131
昆明	Kunming	8.5	13.0	3	固原	Guyuan	8.2	8.0	114
曲靖	Qujing	8.6	10.1	22	中卫	Zhongwei	6.8	7.9	125
玉溪	Yuxi	7.6	6.2	209	**新疆**	**Xinjiang**			
保山	Baoshan	11.1	11.5	8	乌鲁木齐	Urumqi	7.6	8.1	105
昭通	Zhaotong	8.6	9.2	41	克拉玛依	Karamay	2.3	7.5	152

3-7　第一产业占GRP的比重

Primary Industry as Percentage to GRP

单位：%　　　　(%)

地名	City	2016	2017	2017 排名 Ranking
全国	**Nation Total**			
北京	**Beijing**	**0.5**	**0.4**	
天津	**Tianjin**	**1.2**	**0.9**	
河北	**Hebei**	**10.9**	**9.2**	
石家庄	Shijiazhuang	8.1	2.2	211
唐山	Tangshan	9.4	4.3	148
秦皇岛	Qinhuangdao	14.5	6.3	110
邯郸	Handan	12.5	6.5	103
邢台	Xingtai	13.7	1.1	254
保定	Baoding	13.0	5.6	126
张家口	Zhangjiakou	18.2	7.0	93
承德	Chengde	16.5	1.0	257
沧州	Cangzhou	8.7	1.2	248
廊坊	Langfang	7.3	2.2	210
衡水	Hengshui	13.0	4.0	152
山西	**Shanxi**	**6.0**	**4.6**	
太原	Taiyuan	1.3	0.5	273
大同	Datong	5.8	1.5	238
阳泉	Yangquan	1.7	0.5	277
长治	Changzhi	4.8	0.9	261
晋城	Jincheng	4.8	0.3	279
朔州	Shuozhou	6.1	3.4	165
晋中	Jinzhong	9.9	8.0	79
运城	Yuncheng	16.5	6.0	118
忻州	Xinzhou	8.8	7.4	87
临汾	Linfen	8.0	2.9	187
吕梁	Lvliang	5.4	2.4	205
内蒙古	**Inner Mongolia**	**9.0**	**10.2**	
呼和浩特	Hohhot	3.6	1.1	254
包头	Baotou	2.5	1.1	251
乌海	Wuhai	0.9	1.2	246
赤峰	Chifeng	15.1	10.9	49
通辽	Tongliao	13.5	13.2	28
鄂尔多斯	Erdos	2.4	0.2	281
呼伦贝尔	Hulunbuir	15.3	2.9	186
巴彦淖尔	Bayannur	17.3	17.5	9
乌兰察布	Ulanqab	13.6	2.6	202
辽宁	**Liaoning**	**9.8**	**8.1**	

地名	City	2016	2017	2017 排名 Ranking
沈阳	Shenyang	4.8	2.3	207
大连	Dalian	6.8	2.9	185
鞍山	Anshan	6.8	0.7	267
抚顺	Fushun	6.7	1.5	233
本溪	Benxi	8.8	3.2	170
丹东	Dandong	17.0	3.8	157
锦州	Jinzhou	19.9	2.6	203
营口	Yingkou	9.6	2.8	194
阜新	Fuxin	23.7	1.5	232
辽阳	Liaoyang	11.0	3.2	174
盘锦	Panjin	12.1	7.6	84
铁岭	Tieling	23.8	3.3	169
朝阳	Chaoyang	25.0	7.5	85
葫芦岛	Huludao	16.9	4.9	134
吉林	**Jilin**	**10.1**	**7.3**	
长春	Changchun	5.4	1.3	245
吉林	Jilin	9.8	3.5	161
四平	Siping	25.3	2.9	188
辽源	Liaoyuan	7.7	0.5	276
通化	Tonghua	8.9	1.6	231
白山	Baishan	8.4	5.1	132
松原	Songyuan	16.3	2.6	198
白城	Baicheng	15.7	12.2	38
黑龙江	**Heilongjiang**	**17.4**	**18.6**	
哈尔滨	Harbin	11.3	5.8	120
齐齐哈尔	Qiqihar	22.8	4.0	152
鸡西	Jixi	35.7	4.4	145
鹤岗	Hegang	34.3	6.1	117
双鸭山	Shuangyashan	36.2	3.1	176
大庆	Daqing	7.2	2.4	206
伊春	Yichun	42.3	32.5	2
佳木斯	Jiamusi	31.2	6.3	108
七台河	Qitaihe	14.7	8.8	68
牡丹江	Mudanjiang	16.8	4.4	146
黑河	Heihe	47.4	3.8	156
绥化	Suihua	39.0	46.1	1
上海	**Shanghai**	**0.4**	**0.4**	
江苏	**Jiangsu**	**5.3**	**4.7**	

注：本表按不变价格计算。

Note: Data in this table are calculated at constant prices.

3-7 第一产业占GRP的比重 续表 1

Primary Industry as Percentage to GRP continued 1

单位：% (%)

地名	City	2016	2017	2017 排名 Ranking	地名	City	2016	2017	2017 排名 Ranking
南京	Nanjing	2.4	2.3	209	池州	Chizhou	12.1	8.7	69
无锡	Wuxi	1.5	0.8	264	宣城	Xuancheng	12.1	11.7	40
徐州	Xuzhou	9.4	3.5	160	**福建**	**Fujian**	**8.2**	**6.9**	
常州	Changzhou	2.6	1.8	219	福州	Fuzhou	7.9	1.4	242
苏州	Suzhou	1.4	1.0	257	厦门	Xiamen	0.6	0.5	273
南通	Nantong	5.4	2.1	212	莆田	Putian	7.0	5.6	126
连云港	Lianyungang	12.7	8.5	71	三明	Sanming	14.8	3.0	183
淮安	Huaian	10.7	8.5	74	泉州	Quanzhou	3.0	0.8	264
盐城	Yancheng	11.7	8.3	77	漳州	Zhangzhou	13.3	1.8	225
扬州	Yangzhou	5.7	3.0	184	南平	Nanping	22.1	13.1	29
镇江	Zhenjiang	3.6	1.6	230	龙岩	Longyan	11.8	6.4	105
泰州	Taizhou	5.9	3.3	167	宁德	Ningde	17.6	9.9	60
宿迁	Suqian	11.7	7.3	88	**江西**	**Jiangxi**	**10.3**	**9.2**	
浙江	**Zhejiang**	**4.2**	**3.7**		南昌	Nanchang	4.2	1.7	227
杭州	Hangzhou	2.7	1.9	218	景德镇	Jingdezhen	7.4	1.4	241
宁波	Ningbo	3.5	1.5	235	萍乡	Pingxiang	5.7	3.1	177
温州	Wenzhou	2.7	0.8	266	九江	Jiujiang	7.3	2.3	208
嘉兴	Jiaxing	3.6	2.6	198	新余	Xinyu	6.2	4.6	139
湖州	Huzhou	5.6	4.2	149	鹰潭	Yingtan	7.6	0.9	263
绍兴	Shaoxing	4.3	3.2	172	赣州	Ganzhou	15.2	6.5	102
金华	Jinhua	4.0	4.5	141	吉安	Jian	16.0	6.7	99
衢州	Quzhou	7.1	5.0	133	宜春	Yichun	15.5	11.1	48
舟山	Zhoushan	10.2	7.7	83	抚州	Fuzhou	16.3	11.6	42
台州	Taizhou	6.5	3.2	174	上饶	Shangrao	13.1	4.8	135
丽水	Lishui	7.9	5.8	122	**山东**	**Shandong**	**7.2**	**6.7**	
安徽	**Anhui**	**10.5**	**9.6**		济南	Jinan	4.9	2.9	190
合肥	Hefei	4.3	0.3	278	青岛	Qingdao	3.7	1.8	223
芜湖	Wuhu	4.7	1.4	239	淄博	Zibo	3.4	1.9	216
蚌埠	Bengbu	14.4	3.0	179	枣庄	Zaozhuang	7.6	6.8	96
淮南	Huainan	12.3	6.8	98	东营	Dongying	3.5	2.0	214
马鞍山	Maanshan	5.6	1.2	249	烟台	Yantai	6.8	2.7	197
淮北	Huaibei	7.7	3.4	164	潍坊	Weifang	8.8	2.9	189
铜陵	Tongling	5.1	1.7	226	济宁	Jining	11.2	5.4	129
安庆	Anqing	12.5	2.7	196	泰安	Taian	8.5	6.2	115
黄山	Huangshan	9.8	6.1	116	威海	Weihai	7.1	5.7	124
滁州	Chuzhou	15.9	4.6	140	日照	Rizhao	8.2	5.7	125
阜阳	Fuyang	21.6	11.7	41	莱芜	Laiwu	7.8	6.2	113
宿州	Suzhou	19.3	10.2	57	临沂	Linyi	8.9	1.8	219
六安	Liuan	18.3	14.4	21	德州	Dezhou	10.1	4.8	136
亳州	Bozhou	19.7	15.7	12	聊城	Liaocheng	11.8	10.4	52

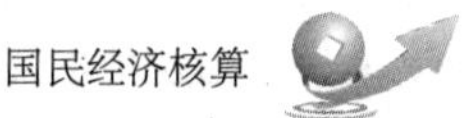

3-7　第一产业占GRP的比重　续表 2

Primary Industry as Percentage to GRP continued 2

单位：%　　　　　　　　　　　　　　　　　　　　　　　　　　(%)

地名	City	2016	2017	2017 排名 Ranking	地名	City	2016	2017	2017 排名 Ranking
滨州	Binzhou	9.4	7.2	90	常德	Changde	13.0	3.8	158
菏泽	Heze	11.0	7.4	86	张家界	Zhangjiajie	11.4	7.0	94
河南	**Henan**	**10.6**	**9.3**		益阳	Yiyang	18.2	8.5	73
郑州	Zhengzhou	1.9	0.5	275	郴州	Chenzhou	9.8	3.5	161
开封	Kaifeng	16.4	9.8	61	永州	Yongzhou	20.9	13.3	27
洛阳	Luoyang	6.1	1.1	253	怀化	Huaihua	14.3	2.6	200
平顶山	Pingdingshan	9.7	1.0	256	娄底	Loudi	14.7	3.9	155
安阳	Anyang	10.5	1.2	250	**广东**	**Guangdong**	**4.6**	**4.0**	
鹤壁	Hebi	8.0	3.0	181	广州	Guangzhou	1.2	1.1	252
新乡	Xinxiang	10.3	0.9	260	韶关	Shaoguan	13.8	3.9	154
焦作	Jiaozuo	6.4	1.2	246	深圳	Shenzhen	0.0	0.1	282
濮阳	Puyang	11.2	4.1	151	珠海	Zhuhai	2.0	1.8	222
许昌	Xuchang	6.8	3.2	173	汕头	Shantou	5.2	4.4	144
漯河	Luohe	10.5	7.1	92	佛山	Foshan	1.7	1.4	240
三门峡	Sanmenxia	9.3	5.9	119	江门	Jiangmen	7.8	3.4	165
南阳	Nanyang	16.6	6.7	100	湛江	Zhanjiang	19.3	5.4	131
商丘	Shangqiu	19.4	14.0	22	茂名	Maoming	16.5	10.6	50
信阳	Xinyang	21.9	12.3	37	肇庆	Zhaoqing	15.2	7.8	82
周口	Zhoukou	20.2	3.6	159	惠州	Huizhou	5.0	1.8	219
驻马店	Zhumadian	20.9	7.3	89	梅州	Meizhou	19.8	12.6	33
湖北	**Hubei**	**11.2**	**9.9**		汕尾	Shanwei	15.7	12.6	35
武汉	Wuhan	3.3	3.0	179	河源	Heyuan	11.2	0.7	267
黄石	Huangshi	8.7	0.7	269	阳江	Yangjiang	17.2	13.7	24
十堰	Shiyan	12.1	2.8	193	清远	Qingyuan	15.4	8.3	76
宜昌	Yichang	10.8	4.8	137	东莞	Dongguan	0.4		
襄阳	Xiangyang	11.7	6.8	97	中山	Zhongshan	2.1		
鄂州	Ezhou	12.2	11.3	46	潮州	Chaozhou	7.2	2.7	195
荆门	Jingmen	14.0	5.4	130	揭阳	Jieyang	9.4	4.7	138
孝感	Xiaogan	17.9	10.2	56	云浮	Yunfu	20.2	16.3	11
荆州	Jingzhou	22.2	8.4	75	**广西**	**Guangxi**	**15.3**	**15.5**	
黄冈	Huanggang	22.9	7.0	95	南宁	Nanning	10.7	6.2	114
咸宁	Xianning	16.6	10.6	51	柳州	Liuzhou	7.3	2.5	204
随州	Suizhou	16.5	5.8	123	桂林	Guilin	17.6	6.3	111
湖南	**Hunan**	**11.3**	**8.8**		梧州	Wuzhou	11.2	2.8	191
长沙	Changsha	4.0	0.9	262	北海	Beihai	17.4	10.1	59
株洲	Zhuzhou	7.9	2.0	213	防城港	Fangchenggang	12.2	8.6	70
湘潭	Xiangtan	8.1	1.5	236	钦州	Qinzhou	20.1	20.7	6
衡阳	Hengyang	15.1	2.0	215	贵港	Guigang	19.8	15.3	13
邵阳	Shaoyang	21.4	3.5	163	玉林	Yulin	17.9	8.3	78
岳阳	Yueyang	11.2	3.2	170	百色	Baise	16.4	10.2	55

3-7 第一产业占GRP的比重 续表 3
Primary Industry as Percentage to GRP continued 3

单位：%　　(%)

地名	City	2016	2017	2017 排名 Ranking	地名	City	2016	2017	2017 排名 Ranking
贺州	Hezhou	21.5	16.4	10	丽江	Lijiang	15.3	4.5	141
河池	Hechi	23.0	22.6	3	普洱	Puer	26.8	9.8	62
来宾	Laibin	25.0	22.3	4	临沧	Lincang	28.1	15.1	16
崇左	Chongzuo	21.9	14.8	18	**西藏**	**Tibet**	**10.1**	**9.4**	
海南	**Hainan**	**23.4**	**21.6**		拉萨	Lasa	3.6	1.6	228
海口	Haikou	5.1	4.5	143	**陕西**	**Shaanxi**	**8.7**	**8.0**	
三亚	Sanya	14.1	12.4	36	西安	Xi'an	3.7	3.0	181
三沙	Sansha				铜川	Tongchuan	7.7	5.8	121
重庆	**Chongqing**	**7.3**	**6.6**		宝鸡	Baoji	8.9	3.1	177
四川	**Sichuan**	**11.9**	**11.5**		咸阳	Xianyang	14.4	1.0	259
成都	Chengdu	3.9	1.5	233	渭南	Weinan	15.1	10.2	57
自贡	Zigong	11.0	6.4	104	延安	Yan'an	10.9	5.6	126
攀枝花	Panzhihua	3.4	1.5	237	汉中	Hanzhong	17.8	9.0	66
泸州	Luzhou	12.0	6.4	105	榆林	Yulin	5.9	4.1	150
德阳	Deyang	12.5	8.0	79	安康	Ankang	11.9	8.5	72
绵阳	Mianyang	15.3	7.2	91	商洛	Shangluo	13.8	9.6	63
广元	Guangyuan	16.1	8.8	67	**甘肃**	**Gansu**	**13.7**	**11.5**	
遂宁	Suining	15.2	13.4	26	兰州	Lanzhou	2.7	0.6	272
内江	Neijiang	15.8	13.9	23	嘉峪关	Jiayuguan	2.9		
乐山	Leshan	10.9	6.2	112	金昌	Jinchang	10.0	2.6	201
南充	Nanchong	21.5	13.1	30	白银	Baiyin	14.0	3.3	168
眉山	Meishan	15.2	11.3	45	天水	Tianshui	17.0	6.3	109
宜宾	Yibin	14.0	6.3	107	武威	Wuwei	23.5	21.4	5
广安	Guangan	15.8	11.5	44	张掖	Zhangye	25.6	14.7	19
达州	Dazhou	21.4	15.3	14	平凉	Pingliang	28.0	6.7	101
雅安	Yaan	14.0	14.9	17	酒泉	Jiuquan	15.1	12.1	39
巴中	Bazhong	16.5	14.5	20	庆阳	Qingyang	14.3	2.8	192
资阳	Ziyang	16.5	10.2	54	定西	Dingxi	23.8	12.7	32
贵州	**Guizhou**	**15.7**	**15.0**		陇南	Longnan	21.7	15.2	15
贵阳	Guiyang	4.3	1.8	223	**青海**	**Qinghai**	**8.6**	**9.1**	
六盘水	Liupanshui	9.6	1.4	243	西宁	Xining	3.1	0.3	280
遵义	Zunyi	15.4	9.6	64	海东	Haidong	13.0	10.2	53
安顺	Anshun	17.7	12.6	34	**宁夏**	**Ningxia**	**7.6**	**7.3**	
毕节	Bijie	21.2	17.7	8	银川	Yinchuan	3.6	1.6	229
铜仁	Tongren	23.7	11.5	43	石嘴山	Shizuishan	5.1	1.9	217
云南	**Yunnan**	**14.8**	**14.3**		吴忠	Wuzhong	12.5	9.3	65
昆明	Kunming	4.7	1.3	244	固原	Guyuan	20.5	12.8	31
曲靖	Qujing	18.9	7.9	81	中卫	Zhongwei	15.5	13.5	25
玉溪	Yuxi	10.3	4.3	147	**新疆**	**Xinjiang**	**17.1**	**14.3**	
保山	Baoshan	24.7	19.5	7	乌鲁木齐	Urumqi	1.1	0.6	271
昭通	Zhaotong	19.5	11.1	47	克拉玛依	Karamay	0.9	0.7	270

3-8 第二产业占GRP的比重

Secondary Industry as Percentage to GRP

单位：%　　(%)

地名	City	2016	2017	2017 排名 Ranking	地名	City	2016	2017	2017 排名 Ranking
全国	**Nation Total**				沈阳	Shenyang	38.8	39.2	194
北京	**Beijing**	**19.3**	**19.0**		大连	Dalian	41.9	38.4	204
天津	**Tianjin**	**42.3**	**40.9**		鞍山	Anshan	35.8	50.3	71
河北	**Hebei**	**47.6**	**46.6**		抚顺	Fushun	50.4	58.0	24
石家庄	Shijiazhuang	45.5	38.9	197	本溪	Benxi	43.5	47.9	99
唐山	Tangshan	55.1	62.1	11	丹东	Dandong	30.8	31.6	252
秦皇岛	Qinhuangdao	34.7	35.3	228	锦州	Jinzhou	34.2	49.0	92
邯郸	Handan	47.2	43.2	163	营口	Yingkou	40.8	42.0	174
邢台	Xingtai	46.9	35.8	225	阜新	Fuxin	27.2	38.3	206
保定	Baoding	48.4	49.1	91	辽阳	Liaoyang	40.0	54.4	40
张家口	Zhangjiakou	37.3	38.9	196	盘锦	Panjin	45.5	47.4	109
承德	Chengde	45.8	46.0	125	铁岭	Tieling	32.5	32.6	246
沧州	Cangzhou	49.6	50.0	76	朝阳	Chaoyang	24.5	30.7	256
廊坊	Langfang	44.1	38.6	201	葫芦岛	Huludao	34.8	47.8	103
衡水	Hengshui	47.1	48.0	97	**吉林**	**Jilin**	**47.4**	**46.8**	
山西	**Shanxi**	**38.5**	**43.7**		长春	Changchun	49.4	53.4	45
太原	Taiyuan	36.1	36.5	220	吉林	Jilin	43.0	35.3	229
大同	Datong	36.5	38.5	203	四平	Siping	39.2	52.1	54
阳泉	Yangquan	48.0	42.5	170	辽源	Liaoyuan	57.2	59.4	20
长治	Changzhi	50.9	37.9	210	通化	Tonghua	47.7	42.0	173
晋城	Jincheng	52.9	30.3	258	白山	Baishan	54.4	52.9	47
朔州	Shuozhou	43.1	37.4	215	松原	Songyuan	41.9	43.6	158
晋中	Jinzhong	43.0	32.0	249	白城	Baicheng	44.6	13.9	281
运城	Yuncheng	36.3	28.6	263	**黑龙江**	**Heilongjiang**	**28.6**	**25.5**	
忻州	Xinzhou	44.1	31.5	253	哈尔滨	Harbin	31.1	29.9	260
临汾	Linfen	46.6	21.9	276	齐齐哈尔	Qiqihar	30.9	28.7	262
吕梁	Lvliang	55.8	28.1	265	鸡西	Jixi	24.3	45.3	132
内蒙古	**Inner Mongolia**	**47.2**	**39.8**		鹤岗	Hegang	29.9	50.9	67
呼和浩特	Hohhot	27.9	24.8	272	双鸭山	Shuangyashan	22.1	28.6	264
包头	Baotou	47.1	40.7	183	大庆	Daqing	56.1	62.1	12
乌海	Wuhai	56.6	57.7	27	伊春	Yichun	19.7	25.3	271
赤峰	Chifeng	47.0	38.0	209	佳木斯	Jiamusi	21.5	25.8	268
通辽	Tongliao	50.2	34.3	237	七台河	Qitaihe	36.5	41.5	178
鄂尔多斯	Erdos	55.7	33.6	244	牡丹江	Mudanjiang	35.6	35.2	232
呼伦贝尔	Hulunbuir	44.7	46.2	121	黑河	Heihe	15.0	30.5	257
巴彦淖尔	Bayannur	50.6	35.6	226	绥化	Suihua	25.5	25.8	269
乌兰察布	Ulanqab	49.0	37.7	212	**上海**	**Shanghai**	**29.8**	**30.5**	
辽宁	**Liaoning**	**38.7**	**39.3**		**江苏**	**Jiangsu**	**44.7**	**45.0**	

注：本表按不变价格计算。

Note: Data in this table are calculated at constant prices.

3-8 第二产业占GRP的比重 续表 1

Secondary Industry as Percentage to GRP continued 1

单位：% (%)

地名	City	2016	2017	2017 排名 Ranking	地名	City	2016	2017	2017 排名 Ranking
南京	Nanjing	39.2	38.0	208	池州	Chizhou	43.8	49.6	83
无锡	Wuxi	47.2	41.3	181	宣城	Xuancheng	47.5	40.5	185
徐州	Xuzhou	43.3	43.2	164	**福建**	**Fujian**	**48.9**	**47.7**	
常州	Changzhou	46.5	46.4	119	福州	Fuzhou	41.8	36.7	219
苏州	Suzhou	47.0	47.3	111	厦门	Xiamen	40.8	41.6	177
南通	Nantong	46.8	45.6	128	莆田	Putian	56.1	54.2	42
连云港	Lianyungang	44.2	44.4	146	三明	Sanming	50.1	54.4	40
淮安	Huaian	41.6	43.9	154	泉州	Quanzhou	58.5	56.1	33
盐城	Yancheng	44.8	48.7	93	漳州	Zhangzhou	46.8	45.5	130
扬州	Yangzhou	49.4	47.9	99	南平	Nanping	42.1	48.3	95
镇江	Zhenjiang	48.8	46.6	116	龙岩	Longyan	51.0	52.8	50
泰州	Taizhou	47.2	50.5	68	宁德	Ningde	49.7	51.2	64
宿迁	Suqian	48.5	49.5	86	**江西**	**Jiangxi**	**47.7**	**48.1**	
浙江	**Zhejiang**	**44.9**	**42.9**		南昌	Nanchang	53.0	50.0	75
杭州	Hangzhou	36.4	33.6	243	景德镇	Jingdezhen	55.5	44.5	145
宁波	Ningbo	51.3	49.5	84	萍乡	Pingxiang	55.0	49.6	82
温州	Wenzhou	41.1	40.4	186	九江	Jiujiang	52.0	41.7	176
嘉兴	Jiaxing	52.1	45.5	129	新余	Xinyu	52.1	52.8	48
湖州	Huzhou	48.1	45.0	137	鹰潭	Yingtan	58.2	45.0	141
绍兴	Shaoxing	50.1	47.8	101	赣州	Ganzhou	41.6	43.7	155
金华	Jinhua	44.6	34.5	236	吉安	Jian	48.5	45.0	140
衢州	Quzhou	45.1	46.5	118	宜春	Yichun	45.1	37.7	213
舟山	Zhoushan	41.1	34.2	238	抚州	Fuzhou	48.8	46.5	117
台州	Taizhou	43.5	44.3	149	上饶	Shangrao	46.8	42.0	175
丽水	Lishui	44.9	36.3	222	**山东**	**Shandong**	**46.1**	**45.4**	
安徽	**Anhui**	**48.4**	**47.5**		济南	Jinan	36.2	33.8	241
合肥	Hefei	50.7	47.3	110	青岛	Qingdao	41.6	40.0	189
芜湖	Wuhu	56.0	55.9	36	淄博	Zibo	52.5	52.0	55
蚌埠	Bengbu	44.0	49.5	89	枣庄	Zaozhuang	51.2	53.3	46
淮南	Huainan	47.2	45.2	134	东营	Dongying	62.2	63.3	8
马鞍山	Maanshan	55.4	53.9	44	烟台	Yantai	50.0	50.2	73
淮北	Huaibei	56.3	58.9	22	潍坊	Weifang	48.2	48.0	98
铜陵	Tongling	59.5	63.7	6	济宁	Jining	45.3	49.5	87
安庆	Anqing	47.5	43.7	157	泰安	Taian	44.8	42.7	168
黄山	Huangshan	38.9	31.1	255	威海	Weihai	45.6	47.5	106
滁州	Chuzhou	49.7	65.7	4	日照	Rizhao	47.3	50.1	74
阜阳	Fuyang	39.8	35.2	230	莱芜	Laiwu	50.1	55.8	37
宿州	Suzhou	37.9	38.4	204	临沂	Linyi	43.1	51.5	62
六安	Liuan	44.3	43.6	159	德州	Dezhou	47.8	49.7	81
亳州	Bozhou	38.7	42.4	171	聊城	Liaocheng	49.5	45.1	136

3-8 第二产业占GRP的比重 续表 2

Secondary Industry as Percentage to GRP continued 2

单位：%　　(%)

地名	City	2016	2017	2017 排名 Ranking	地名	City	2016	2017	2017 排名 Ranking
滨州	Binzhou	46.3	44.1	150	常德	Changde	42.6	47.6	105
菏泽	Heze	51.3	48.6	94	张家界	Zhangjiajie	21.2	15.7	280
河南	**Henan**	**47.6**	**47.4**		益阳	Yiyang	39.8	47.4	107
郑州	Zhengzhou	46.8	39.3	193	郴州	Chenzhou	52.1	42.1	172
开封	Kaifeng	40.6	35.0	234	永州	Yongzhou	34.8	39.6	192
洛阳	Luoyang	46.9	37.7	211	怀化	Huaihua	38.2	19.9	278
平顶山	Pingdingshan	49.0	51.9	57	娄底	Loudi	48.3	52.3	53
安阳	Anyang	47.8	45.1	135	**广东**	**Guangdong**	**43.4**	**42.4**	
鹤壁	Hebi	65.2	61.3	16	广州	Guangzhou	29.4	28.0	266
新乡	Xinxiang	49.6	42.9	166	韶关	Shaoguan	36.6	36.8	218
焦作	Jiaozuo	59.3	42.5	169	深圳	Shenzhen	39.9	41.4	179
濮阳	Puyang	54.8	45.5	130	珠海	Zhuhai	48.5	48.1	96
许昌	Xuchang	58.8	56.1	34	汕头	Shantou	50.5	50.4	70
漯河	Luohe	62.4	61.5	14	佛山	Foshan	59.6	57.7	25
三门峡	Sanmenxia	56.5	45.0	138	江门	Jiangmen	47.6	49.8	80
南阳	Nanyang	43.8	33.8	242	湛江	Zhanjiang	38.2	45.2	133
商丘	Shangqiu	41.4	44.0	152	茂名	Maoming	40.2	49.8	79
信阳	Xinyang	39.6	44.7	144	肇庆	Zhaoqing	48.0	51.8	59
周口	Zhoukou	46.0	49.9	78	惠州	Huizhou	53.9	56.9	31
驻马店	Zhumadian	39.2	47.0	113	梅州	Meizhou	35.3	42.9	167
湖北	**Hubei**	**44.9**	**43.5**		汕尾	Shanwei	44.5	44.8	143
武汉	Wuhan	43.9	43.7	155	河源	Heyuan	43.6	54.7	38
黄石	Huangshi	55.3	58.7	23	阳江	Yangjiang	41.0	40.6	184
十堰	Shiyan	47.7	60.1	18	清远	Qingyuan	36.6	36.8	217
宜昌	Yichang	57.2	56.0	35	东莞	Dongguan	46.5		
襄阳	Xiangyang	55.4	54.2	43	中山	Zhongshan	52.4		
鄂州	Ezhou	54.5	52.7	51	潮州	Chaozhou	51.5	52.8	49
荆门	Jingmen	51.9	52.6	52	揭阳	Jieyang	55.7	59.8	19
孝感	Xiaogan	48.0	46.2	122	云浮	Yunfu	41.4	49.5	85
荆州	Jingzhou	42.7	52.0	56	**广西**	**Guangxi**	**45.2**	**40.2**	
黄冈	Huanggang	37.9	44.3	147	南宁	Nanning	38.5	40.2	187
咸宁	Xianning	47.6	57.2	30	柳州	Liuzhou	55.0	57.5	28
随州	Suizhou	46.8	47.8	101	桂林	Guilin	44.6	34.1	239
湖南	**Hunan**	**42.3**	**41.7**		梧州	Wuzhou	58.0	56.7	32
长沙	Changsha	48.2	35.4	227	北海	Beihai	51.3	62.1	10
株洲	Zhuzhou	53.0	45.0	139	防城港	Fangchenggang	57.1	60.2	17
湘潭	Xiangtan	52.3	54.4	39	钦州	Qinzhou	43.7	36.3	221
衡阳	Hengyang	41.5	46.1	123	贵港	Guigang	41.0	38.6	202
邵阳	Shaoyang	35.5	46.3	120	玉林	Yulin	42.8	38.2	207
岳阳	Yueyang	47.4	38.9	195	百色	Baise	53.4	50.3	72

3-8 第二产业占GRP的比重 续表 3
Secondary Industry as Percentage to GRP continued 3

单位：%　　　　(%)

地名	City	2016	2017	2017 排名 Ranking
贺州	Hezhou	40.8	40.8	182
河池	Hechi	30.4	22.9	275
来宾	Laibin	37.3	34.8	235
崇左	Chongzuo	40.6	47.8	104
海南	**Hainan**	**22.4**	**22.3**	
海口	Haikou	18.6	18.1	279
三亚	Sanya	19.9	20.0	277
三沙	Sansha			
重庆	**Chongqing**	**44.5**	**44.2**	
四川	**Sichuan**	**40.8**	**38.7**	
成都	Chengdu	43.0	43.9	153
自贡	Zigong	57.5	51.5	60
攀枝花	Panzhihua	70.5	65.1	5
泸州	Luzhou	59.1	57.7	25
德阳	Deyang	54.0	49.5	87
绵阳	Mianyang	47.9	45.8	127
广元	Guangyuan	46.6	51.3	63
遂宁	Suining	52.6	45.8	126
内江	Neijiang	57.2	44.3	147
乐山	Leshan	54.1	51.5	61
南充	Nanchong	46.1	44.0	151
眉山	Meishan	52.5	47.2	112
宜宾	Yibin	54.9	51.1	65
广安	Guangan	51.6	44.9	142
达州	Dazhou	41.6	32.6	247
雅安	Yaan	53.4	37.6	214
巴中	Bazhong	46.6	43.6	160
资阳	Ziyang	54.2	57.5	29
贵州	**Guizhou**	**39.7**	**40.1**	
贵阳	Guiyang	38.6	35.2	231
六盘水	Liupanshui	50.2	46.6	115
遵义	Zunyi	44.2	41.4	180
安顺	Anshun	32.4	38.8	198
毕节	Bijie	38.0	31.8	250
铜仁	Tongren	28.4	39.6	191
云南	**Yunnan**	**38.5**	**37.9**	
昆明	Kunming	38.6	38.7	199
曲靖	Qujing	49.7	47.4	107
玉溪	Yuxi	52.2	63.5	7
保山	Baoshan	34.9	36.0	223
昭通	Zhaotong	42.1	49.3	90
丽江	Lijiang	38.9	31.2	254
普洱	Puer	34.4	39.8	190
临沧	Lincang	33.7	34.0	240
西藏	**Tibet**	**37.3**	**39.2**	
拉萨	Lasa	38.3	33.1	245
陕西	**Shaanxi**	**48.9**	**49.7**	
西安	Xi'an	35.1	35.2	233
铜川	Tongchuan	51.9	51.0	66
宝鸡	Baoji	63.5	66.3	3
咸阳	Xianyang	57.9	71.3	1
渭南	Weinan	46.0	46.0	124
延安	Yan'an	53.0	43.2	165
汉中	Hanzhong	42.8	50.4	69
榆林	Yulin	60.6	58.9	21
安康	Ankang	53.5	43.5	161
商洛	Shangluo	53.2	43.3	162
甘肃	**Gansu**	**34.9**	**34.3**	
兰州	Lanzhou	34.9	32.6	248
嘉峪关	Jiayuguan	39.3		
金昌	Jinchang	50.1	61.4	15
白银	Baiyin	40.3	49.9	77
天水	Tianshui	32.2	40.1	188
武威	Wuwei	37.0	31.6	251
张掖	Zhangye	27.5	23.4	274
平凉	Pingliang	24.8	23.7	273
酒泉	Jiuquan	35.0	25.7	270
庆阳	Qingyang	48.2	51.9	58
定西	Dingxi	22.8	29.6	261
陇南	Longnan	21.6	13.6	282
青海	**Qinghai**	**48.6**	**44.3**	
西宁	Xining	47.7	37.4	216
海东	Haidong	50.1	46.9	114
宁夏	**Ningxia**	**47.0**	**45.9**	
银川	Yinchuan	51.0	35.9	224
石嘴山	Shizuishan	63.0	62.4	9
吴忠	Wuzhong	56.6	62.0	13
固原	Guyuan	25.5	27.4	267
中卫	Zhongwei	44.0	38.7	200
新疆	**Xinjiang**	**37.8**	**39.8**	
乌鲁木齐	Urumqi	28.6	30.2	259
克拉玛依	Karamay	69.6	70.3	2

3-9 第三产业占GRP的比重
Tertiary Industry as Percentage to GRP

单位：%　　　　(%)

地名	City	2016	2017	2017 排名 Ranking	地名	City	2016	2017	2017 排名 Ranking
全国	**Nation Total**				沈阳	Shenyang	56.4	58.5	62
北京	**Beijing**	**80.2**	**80.6**		大连	Dalian	51.4	58.7	61
天津	**Tianjin**	**56.4**	**58.2**		鞍山	Anshan	57.3	49.0	134
河北	**Hebei**	**41.5**	**44.2**		抚顺	Fushun	42.9	40.5	237
石家庄	Shijiazhuang	46.4	59.0	59	本溪	Benxi	47.7	48.9	137
唐山	Tangshan	35.5	33.6	268	丹东	Dandong	52.2	64.6	22
秦皇岛	Qinhuangdao	50.8	58.4	64	锦州	Jinzhou	45.9	48.5	144
邯郸	Handan	40.3	50.3	122	营口	Yingkou	49.6	55.3	78
邢台	Xingtai	39.5	63.2	29	阜新	Fuxin	49.2	60.1	47
保定	Baoding	38.6	45.4	177	辽阳	Liaoyang	49.0	42.5	215
张家口	Zhangjiakou	44.5	54.1	85	盘锦	Panjin	42.4	45.0	182
承德	Chengde	37.7	53.0	97	铁岭	Tieling	43.7	64.1	26
沧州	Cangzhou	41.7	48.8	138	朝阳	Chaoyang	50.4	61.9	38
廊坊	Langfang	48.6	59.2	57	葫芦岛	Huludao	48.4	47.3	156
衡水	Hengshui	40.0	48.0	148	**吉林**	**Jilin**	**42.5**	**45.8**	
山西	**Shanxi**	**55.5**	**51.7**		长春	Changchun	45.2	45.3	178
太原	Taiyuan	62.6	62.9	31	吉林	Jilin	47.2	61.2	41
大同	Datong	57.7	60.0	49	四平	Siping	35.5	45.0	183
阳泉	Yangquan	50.3	57.1	73	辽源	Liaoyuan	35.1	40.2	241
长治	Changzhi	44.3	61.2	40	通化	Tonghua	43.4	56.4	74
晋城	Jincheng	42.4	69.4	11	白山	Baishan	37.2	42.0	222
朔州	Shuozhou	50.8	59.2	57	松原	Songyuan	41.8	53.8	87
晋中	Jinzhong	47.1	60.1	48	白城	Baicheng	39.7	74.0	6
运城	Yuncheng	47.2	65.4	20	**黑龙江**	**Heilongjiang**	**54.0**	**55.8**	
忻州	Xinzhou	47.1	61.2	41	哈尔滨	Harbin	57.6	64.2	25
临汾	Linfen	45.5	75.3	4	齐齐哈尔	Qiqihar	46.4	67.4	16
吕梁	Lvliang	38.8	69.5	10	鸡西	Jixi	40.1	50.3	123
内蒙古	**Inner Mongolia**	**43.8**	**50.0**		鹤岗	Hegang	35.8	43.0	203
呼和浩特	Hohhot	68.6	74.1	5	双鸭山	Shuangyashan	41.7	68.3	13
包头	Baotou	50.4	58.2	65	大庆	Daqing	36.8	35.5	263
乌海	Wuhai	42.6	41.1	230	伊春	Yichun	38.0	42.2	218
赤峰	Chifeng	37.9	51.1	115	佳木斯	Jiamusi	47.3	67.9	14
通辽	Tongliao	36.4	52.5	101	七台河	Qitaihe	48.8	49.7	127
鄂尔多斯	Erdos	41.9	66.2	18	牡丹江	Mudanjiang	47.6	60.5	45
呼伦贝尔	Hulunbuir	40.0	50.9	117	黑河	Heihe	37.7	65.7	19
巴彦淖尔	Bayannur	32.1	46.9	164	绥化	Suihua	35.6	28.2	279
乌兰察布	Ulanqab	37.4	59.7	52	**上海**	**Shanghai**	**69.8**	**69.2**	
辽宁	**Liaoning**	**51.5**	**52.6**		**江苏**	**Jiangsu**	**50.0**	**50.3**	

注：本表按不变价格计算。

Note: Data in this table are calculated at constant prices.

3-9 第三产业占GRP的比重 续表 1
Tertiary Industry as Percentage to GRP continued 1

单位：% (%)

地名	City	2016	2017	2017 排名 Ranking	地名	City	2016	2017	2017 排名 Ranking
南京	Nanjing	58.4	59.7	52	池州	Chizhou	44.2	41.7	227
无锡	Wuxi	51.3	57.9	69	宣城	Xuancheng	40.5	47.8	151
徐州	Xuzhou	47.4	53.3	93	**福建**	**Fujian**	**42.9**	**45.4**	
常州	Changzhou	50.9	51.8	109	福州	Fuzhou	50.3	61.9	37
苏州	Suzhou	51.5	51.7	110	厦门	Xiamen	58.6	57.8	71
南通	Nantong	47.7	52.3	103	莆田	Putian	37.0	40.3	240
连云港	Lianyungang	43.1	47.1	159	三明	Sanming	35.1	42.7	209
淮安	Huaian	47.7	47.7	152	泉州	Quanzhou	38.5	43.0	202
盐城	Yancheng	43.5	43.1	201	漳州	Zhangzhou	40.0	52.8	99
扬州	Yangzhou	45.0	49.1	130	南平	Nanping	35.8	38.5	252
镇江	Zhenjiang	47.6	51.9	108	龙岩	Longyan	37.2	40.9	231
泰州	Taizhou	47.0	46.2	171	宁德	Ningde	32.7	38.9	251
宿迁	Suqian	39.8	43.2	199	**江西**	**Jiangxi**	**42.0**	**42.7**	
浙江	**Zhejiang**	**51.0**	**53.3**		南昌	Nanchang	42.9	48.3	146
杭州	Hangzhou	60.9	64.5	23	景德镇	Jingdezhen	37.1	54.1	86
宁波	Ningbo	45.2	49.0	133	萍乡	Pingxiang	39.3	47.3	155
温州	Wenzhou	56.2	58.8	60	九江	Jiujiang	40.8	56.0	77
嘉兴	Jiaxing	44.4	51.9	107	新余	Xinyu	41.8	42.5	214
湖州	Huzhou	46.3	50.8	118	鹰潭	Yingtan	34.2	54.2	84
绍兴	Shaoxing	45.6	49.0	134	赣州	Ganzhou	43.2	49.8	126
金华	Jinhua	51.4	61.0	44	吉安	Jian	35.5	48.3	145
衢州	Quzhou	47.8	48.5	143	宜春	Yichun	39.4	51.2	113
舟山	Zhoushan	48.7	58.1	67	抚州	Fuzhou	34.9	42.0	225
台州	Taizhou	50.0	52.5	100	上饶	Shangrao	40.1	53.2	95
丽水	Lishui	47.2	57.9	68	**山东**	**Shandong**	**46.7**	**48.0**	
安徽	**Anhui**	**41.0**	**42.9**		济南	Jinan	58.9	63.3	28
合肥	Hefei	45.0	52.4	102	青岛	Qingdao	54.7	58.2	66
芜湖	Wuhu	39.3	42.6	210	淄博	Zibo	44.1	46.1	172
蚌埠	Bengbu	41.6	47.5	154	枣庄	Zaozhuang	41.2	39.9	243
淮南	Huainan	40.6	48.1	147	东营	Dongying	34.3	34.7	265
马鞍山	Maanshan	39.0	44.9	184	烟台	Yantai	43.3	47.1	157
淮北	Huaibei	36.0	37.7	254	潍坊	Weifang	43.0	49.2	129
铜陵	Tongling	35.4	34.6	266	济宁	Jining	43.5	45.1	181
安庆	Anqing	40.0	53.6	90	泰安	Taian	46.7	51.2	114
黄山	Huangshan	51.4	62.9	32	威海	Weihai	47.3	46.8	167
滁州	Chuzhou	34.4	29.7	276	日照	Rizhao	44.6	44.3	191
阜阳	Fuyang	38.7	53.1	96	莱芜	Laiwu	42.0	38.0	253
宿州	Suzhou	42.8	51.4	111	临沂	Linyi	48.0	46.7	168
六安	Liuan	37.4	42.0	220	德州	Dezhou	42.1	45.5	176
亳州	Bozhou	41.6	41.9	226	聊城	Liaocheng	38.7	44.5	188

3-9 第三产业占GRP的比重 续表 2

Tertiary Industry as Percentage to GRP continued 2

单位：% (%)

地名	City	2016	2017	2017 排名 Ranking	地名	City	2016	2017	2017 排名 Ranking
滨州	Binzhou	44.3	48.6	140	常德	Changde	44.5	48.6	140
菏泽	Heze	37.8	44.0	194	张家界	Zhangjiajie	67.3	77.3	3
河南	**Henan**	**41.8**	**43.3**		益阳	Yiyang	42.0	44.1	192
郑州	Zhengzhou	51.3	60.2	46	郴州	Chenzhou	38.1	54.4	83
开封	Kaifeng	43.0	55.2	79	永州	Yongzhou	44.3	47.1	158
洛阳	Luoyang	47.0	61.2	41	怀化	Huaihua	47.5	77.5	1
平顶山	Pingdingshan	41.3	47.1	159	娄底	Loudi	37.0	43.8	195
安阳	Anyang	41.7	53.7	88	**广东**	**Guangdong**	**52.0**	**53.6**	
鹤壁	Hebi	26.8	35.7	262	广州	Guangzhou	69.4	70.9	8
新乡	Xinxiang	40.2	56.2	76	韶关	Shaoguan	49.6	59.3	56
焦作	Jiaozuo	34.3	56.3	75	深圳	Shenzhen	60.1	58.5	63
濮阳	Puyang	34.1	50.5	121	珠海	Zhuhai	49.5	50.1	125
许昌	Xuchang	34.4	40.8	234	汕头	Shantou	44.3	45.2	180
漯河	Luohe	27.1	31.5	273	佛山	Foshan	38.7	40.9	232
三门峡	Sanmenxia	34.2	49.1	131	江门	Jiangmen	44.6	46.8	166
南阳	Nanyang	39.7	59.5	55	湛江	Zhanjiang	42.6	49.4	128
商丘	Shangqiu	39.2	42.0	220	茂名	Maoming	43.3	39.5	247
信阳	Xinyang	38.6	43.1	200	肇庆	Zhaoqing	36.8	40.4	239
周口	Zhoukou	33.8	46.5	169	惠州	Huizhou	41.1	41.3	229
驻马店	Zhumadian	39.9	45.7	174	梅州	Meizhou	44.9	44.5	189
湖北	**Hubei**	**43.9**	**46.5**		汕尾	Shanwei	39.8	42.6	211
武汉	Wuhan	52.8	53.3	94	河源	Heyuan	45.2	44.6	186
黄石	Huangshi	36.0	40.6	235	阳江	Yangjiang	41.8	45.7	175
十堰	Shiyan	40.2	37.1	256	清远	Qingyuan	48.0	54.9	80
宜昌	Yichang	32.0	39.3	249	东莞	Dongguan	53.2		
襄阳	Xiangyang	32.9	39.0	250	中山	Zhongshan	45.5		
鄂州	Ezhou	33.3	36.0	258	潮州	Chaozhou	41.3	44.5	190
荆门	Jingmen	34.1	42.0	223	揭阳	Jieyang	34.9	35.5	264
孝感	Xiaogan	34.2	43.6	198	云浮	Yunfu	38.5	34.2	267
荆州	Jingzhou	35.2	39.7	245	**广西**	**Guangxi**	**39.6**	**44.2**	
黄冈	Huanggang	39.2	48.8	139	南宁	Nanning	50.8	53.7	89
咸宁	Xianning	35.7	32.2	271	柳州	Liuzhou	37.8	40.0	242
随州	Suizhou	36.8	46.4	170	桂林	Guilin	37.8	59.7	54
湖南	**Hunan**	**46.4**	**49.4**		梧州	Wuzhou	30.9	40.5	238
长沙	Changsha	47.8	63.7	27	北海	Beihai	31.4	27.8	280
株洲	Zhuzhou	39.1	53.0	98	防城港	Fangchenggang	30.7	31.2	274
湘潭	Xiangtan	39.6	44.1	193	钦州	Qinzhou	36.2	43.0	204
衡阳	Hengyang	43.4	51.9	106	贵港	Guigang	39.2	46.1	172
邵阳	Shaoyang	43.1	50.2	124	玉林	Yulin	39.3	53.6	91
岳阳	Yueyang	41.5	57.8	70	百色	Baise	30.3	39.5	248

3-9 第三产业占GRP的比重 续表 3
Tertiary Industry as Percentage to GRP continued 3

单位：% (%)

地名	City	2016	2017	2017 排名 Ranking
贺州	Hezhou	37.7	42.8	208
河池	Hechi	46.6	54.5	82
来宾	Laibin	37.6	42.9	207
崇左	Chongzuo	37.6	37.5	255
海南	**Hainan**	**54.3**	**56.1**	
海口	Haikou	76.4	77.4	2
三亚	Sanya	66.1	67.6	15
三沙	Sansha			
重庆	**Chongqing**	**48.1**	**49.2**	
四川	**Sichuan**	**47.2**	**49.7**	
成都	Chengdu	53.1	54.6	81
自贡	Zigong	31.4	42.1	219
攀枝花	Panzhihua	26.1	33.4	269
泸州	Luzhou	28.9	35.9	260
德阳	Deyang	33.5	42.6	213
绵阳	Mianyang	36.8	47.1	162
广元	Guangyuan	37.3	39.8	244
遂宁	Suining	32.2	40.8	233
内江	Neijiang	27.1	42.3	216
乐山	Leshan	35.0	43.0	204
南充	Nanchong	32.4	41.6	228
眉山	Meishan	32.3	42.6	211
宜宾	Yibin	31.1	43.6	197
广安	Guangan	32.6	52.1	104
达州	Dazhou	37.0	47.5	153
雅安	Yaan	32.6	42.0	223
巴中	Bazhong	36.9	32.4	270
资阳	Ziyang	29.3		
贵州	**Guizhou**	**44.7**	**44.9**	
贵阳	Guiyang	57.1	63.0	30
六盘水	Liupanshui	40.2	52.0	105
遵义	Zunyi	40.4	49.0	132
安顺	Anshun	49.9	48.6	142
毕节	Bijie	40.8	50.5	119
铜仁	Tongren	47.9	48.9	136
云南	**Yunnan**	**46.7**	**47.8**	
昆明	Kunming	56.7	60.0	50
曲靖	Qujing	31.4	44.7	185
玉溪	Yuxi	37.5	32.1	272
保山	Baoshan	40.4	44.6	186
昭通	Zhaotong	38.4	39.6	246
丽江	Lijiang	45.8	64.3	24
普洱	Puer	38.7	50.5	120
临沧	Lincang	38.2	50.9	116
西藏	**Tibet**	**52.7**	**51.5**	
拉萨	Lasa	58.1	65.3	21
陕西	**Shaanxi**	**42.3**	**42.4**	
西安	Xi'an	61.2	61.8	39
铜川	Tongchuan	40.4	42.2	217
宝鸡	Baoji	27.6	30.7	275
咸阳	Xianyang	27.6	27.7	281
渭南	Weinan	38.9	43.8	196
延安	Yan'an	36.1	51.3	112
汉中	Hanzhong	39.4	40.6	236
榆林	Yulin	33.5	37.0	257
安康	Ankang	34.7	48.0	149
商洛	Shangluo	33.0	47.1	161
甘肃	**Gansu**	**51.4**	**54.1**	
兰州	Lanzhou	62.4	66.8	17
嘉峪关	Jiayuguan	57.8		
金昌	Jinchang	39.9	36.0	259
白银	Baiyin	45.7	46.8	165
天水	Tianshui	50.8	53.6	92
武威	Wuwei	39.6	46.9	163
张掖	Zhangye	46.9	62.0	36
平凉	Pingliang	47.2	69.6	9
酒泉	Jiuquan	49.9	62.2	35
庆阳	Qingyang	37.5	45.3	179
定西	Dingxi	53.4	57.7	72
陇南	Longnan	56.7	71.2	7
青海	**Qinghai**	**42.8**	**46.6**	
西宁	Xining	49.1	62.4	34
海东	Haidong	36.9	42.9	206
宁夏	**Ningxia**	**45.4**	**46.8**	
银川	Yinchuan	45.3	62.5	33
石嘴山	Shizuishan	31.9	35.7	261
吴忠	Wuzhong	30.9	28.7	278
固原	Guyuan	54.0	59.8	51
中卫	Zhongwei	40.6	47.8	150
新疆	**Xinjiang**	**45.1**	**45.9**	
乌鲁木齐	Urumqi	70.2	69.1	12
克拉玛依	Karamay	29.6	29.0	277

4

固定资产投资和房地产

Investment in Fixed Assets and Real Estate

4-1 固定资产投资额（不含农户）

Investment in Fixed Assets (Excluding Rural Households)

单位：亿元 （100 million yuan）

地名	City	2010	2016	2017	2017 排名 Ranking
全国	**National Total**	**241430.9**	**596500.8**	**631684.0**	
北京	**Beijing**	**4916.53**	**7888.70**	**8307.30**	
天津	**Tianjin**	**5896.52**	**12756.40**	**11274.70**	
河北	**Hebei**	**12922.66**	**31340.10**	**33012.20**	
石家庄	Shijiazhuang	2696.81	5678.46	6310.14	8
唐山	Tangshan	2218.43	4975.11	5305.37	15
秦皇岛	Qinhuangdao	409.67	874.66	873.39	182
邯郸	Handan	1596.32	3765.20	3977.92	33
邢台	Xingtai	754.15	2025.91	2133.30	84
保定	Baoding	1320.73	2909.51	2890.89	50
张家口	Zhangjiakou	800.93	1631.27	1638.73	118
承德	Chengde	695.07	1615.49	1732.45	103
沧州	Cangzhou	1022.16	3481.07	3710.25	38
廊坊	Langfang	856.15	2458.52	2631.83	57
衡水	Hengshui	328.77	1230.83	1300.33	146
山西	**Shanxi**	**5526.60**	**13859.40**	**5722.20**	
太原	Taiyuan	852.29	2027.71		
大同	Datong	524.26	1212.82		
阳泉	Yangquan	271.02	553.16		
长治	Changzhi	534.01	1514.42		
晋城	Jincheng	389.32	1150.37		
朔州	Shuozhou	361.00	637.68		
晋中	Jinzhong	465.75	1375.84		
运城	Yuncheng	549.88	1483.72		
忻州	Xinzhou	417.24	1167.66		
临汾	Linfen	506.72	1394.25		
吕梁	Lvliang	399.85	1118.46		
内蒙古	**Inner Mongolia**	**8688.00**	**14894.00**	**13827.90**	
呼和浩特	Hohhot	880.37	1849.17		
包头	Baotou	1774.85	2955.82		
乌海	Wuhai	238.72	165.12		
赤峰	Chifeng	786.18	1465.78		
通辽	Tongliao	634.16	1475.51		
鄂尔多斯	Erdos	1866.95	3050.08		
呼伦贝尔	Hulunbuir	603.81	982.33		
巴彦淖尔	Bayannur	549.18	734.69		
乌兰察布	Ulanqab	271.66	661.38		
辽宁	**Liaoning**	**15106.33**	**6436.30**	**6444.70**	
沈阳	Shenyang	3271.30	1631.62	1484.03	128
大连	Dalian	3985.48	1436.36	1652.77	116
鞍山	Anshan	1109.29	473.69	369.49	233
抚顺	Fushun	674.62	157.12	192.05	249
本溪	Benxi	461.54	234.98	210.46	247
丹东	Dandong	629.43	280.20	240.56	245
锦州	Jinzhou	658.82	379.78	357.75	235
营口	Yingkou	1021.93	410.19	459.95	224
阜新	Fuxin	258.83	88.98	110.06	254
辽阳	Liaoyang	464.32	197.81	185.50	250
盘锦	Panjin	783.72	601.42	603.87	214
铁岭	Tieling	904.70	122.24	104.42	255
朝阳	Chaoyang	491.72	243.91	250.80	243
葫芦岛	Huludao	356.87	178.03	223.04	246
吉林	**Jilin**	**7395.23**	**13773.20**	**13130.90**	
长春	Changchun	2579.07	4659.04	5194.83	17
吉林	Jilin	1535.89	2804.86	2018.20	89
四平	Siping	446.35	884.19	879.35	181
辽源	Liaoyuan	405.62	658.47	640.68	208
通化	Tonghua	657.45	1065.73	696.91	196
白山	Baishan	324.29	662.72	678.08	201
松原	Songyuan	624.08	1415.73	1416.90	132
白城	Baicheng	293.63	729.04	791.66	187
黑龙江	**Heilongjiang**	**6292.67**	**10432.60**	**11079.70**	
哈尔滨	Harbin	2295.56	5040.05	5395.49	14
齐齐哈尔	Qiqihar	483.53	916.52	981.81	172
鸡西	Jixi	155.49	238.26	252.56	242
鹤岗	Hegang	149.10	96.07	103.85	256
双鸭山	Shuangyashan	271.73	129.85	142.84	253
大庆	Daqing	994.84	565.26	593.63	217
伊春	Yichun	148.56	76.30	89.89	258
佳木斯	Jiamusi	242.91	588.35	632.59	209
七台河	Qitaihe	188.50	80.11	59.50	259
牡丹江	Mudanjiang	491.60	1217.44	1224.46	153
黑河	Heihe	138.40	275.28	289.98	239
绥化	Suihua	342.60	770.58	771.56	189
上海	**Shanghai**	**4630.47**	**6751.70**	**7240.90**	
江苏	**Jiangsu**	**17416.47**	**49370.90**	**53000.20**	

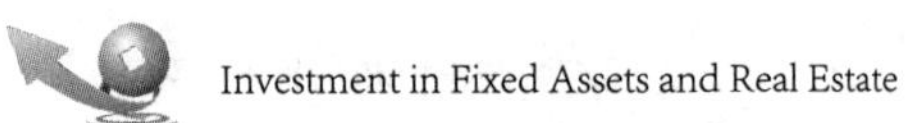

4-1 固定资产投资额（不含农户） 续表 1

Investment in Fixed Assets (Excluding Rural Households) continued 1

单位：亿元 （100 million yuan）

地名	City	2010	2016	2017	2017 排名 Ranking	地名	City	2010	2016	2017	2017 排名 Ranking
南京	Nanjing	2623.96	5533.56	6362.21	6	池州	Chizhou	272.21	652.59	714.59	195
无锡	Wuxi	2067.99	4793.69	4966.06	21	宣城	Xuancheng	655.55	1414.27	1580.53	121
徐州	Xuzhou	1646.98	4797.33	5277.03	16	**福建**	**Fujian**	**7385.78**	**22928.00**	**26110.30**	
常州	Changzhou	1420.47	3605.08	3896.30	34	福州	Fuzhou	2027.33	5184.36	5823.39	11
苏州	Suzhou	2705.27	5648.49	5629.59	12	厦门	Xiamen	904.74	2159.81	2381.46	69
南通	Nantong	1281.39	4811.95	4959.20	22	莆田	Putian	367.54	1938.08	2274.65	72
连云港	Lianyungang	920.82	2385.16	2603.63	58	三明	Sanming	558.25	2141.72	2498.50	65
淮安	Huaian	841.22	2535.19	2839.55	51	泉州	Quanzhou	1082.79	3748.01	4123.80	32
盐城	Yancheng	1054.95	3882.83	4278.49	27	漳州	Zhangzhou	673.67	2827.93	3328.10	44
扬州	Yangzhou	890.68	3288.68	3690.09	39	南平	Nanping	395.56	1694.40	1990.15	92
镇江	Zhenjiang	749.35	2873.43	2694.36	54	龙岩	Longyan	412.63	2188.04	2519.13	62
泰州	Taizhou	693.01	3155.87	3609.47	41	宁德	Ningde	296.28	1225.15	1287.42	147
宿迁	Suqian	554.92	2059.58	2194.23	81	**江西**	**Jiangxi**	**7856.94**	**19378.70**	**21770.40**	
浙江	**Zhejiang**	**8438.08**	**29571.00**	**31126.00**		南昌	Nanchang	1816.78	4540.26	5115.18	19
杭州	Hangzhou	2138.78	5842.42	5856.65	10	景德镇	Jingdezhen	423.88	783.64	889.33	179
宁波	Ningbo	1118.29	4961.39	5009.58	20	萍乡	Pingxiang	590.46	1162.86	1311.90	143
温州	Wenzhou	691.75	3905.74	4178.49	31	九江	Jiujiang	856.99	2428.58	2730.96	52
嘉兴	Jiaxing	819.02	2790.16	3009.64	47	新余	Xinyu	587.12	921.22	1035.04	168
湖州	Huzhou	358.71	1592.18	1730.98	105	鹰潭	Yingtan	216.37	604.16	678.51	200
绍兴	Shaoxing	390.90	2882.48	3115.67	46	赣州	Ganzhou	650.07	2205.51	2510.48	64
金华	Jinhua		2084.01	2200.52	80	吉安	Jian	676.54	1710.16	1937.71	95
衢州	Quzhou	385.34	981.74	1047.78	167	宜春	Yichun	552.79	1821.43	2060.40	85
舟山	Zhoushan	260.78	1311.14	1450.31	130	抚州	Fuzhou	576.02	1251.30	1401.41	136
台州	Taizhou	556.72	2272.63	2518.26	63	上饶	Shangrao	756.82	1790.29	2004.21	91
丽水	Lishui	242.35	841.65	903.84	176	**山东**	**Shandong**	**18844.41**	**52364.50**	**54236.00**	
安徽	**Anhui**	**10281.29**	**26577.40**	**28816.40**		济南	Jinan	1784.27	3974.33	4363.58	25
合肥	Hefei	2950.16	6501.17	6351.43	7	青岛	Qingdao	2434.66	7454.70	7777.09	3
芜湖	Wuhu	1206.80	3006.90	3342.24	43	淄博	Zibo	1175.93	3099.80	3135.08	45
蚌埠	Bengbu	432.25	1666.43	1912.55	97	枣庄	Zaozhuang	515.92	1788.51	1797.52	100
淮南	Huainan	350.61	954.95	1021.85	169	东营	Dongying	1185.12	2472.55	2557.45	60
马鞍山	Maanshan	682.95	2064.62	2255.72	73	烟台	Yantai	2193.62	5297.22	5594.24	13
淮北	Huaibei	354.08	958.88	1055.84	166	潍坊	Weifang	1751.71	5112.53	4855.49	23
铜陵	Tongling	353.41	1196.88	1341.33	139	济宁	Jining	1116.36	3278.97	3473.53	42
安庆	Anqing	724.06	1521.92	1731.25	104	泰安	Taian	980.63	2899.62	2992.49	48
黄山	Huangshan	425.02	597.71	646.90	207	威海	Weihai	1059.18	2879.35	2941.89	49
滁州	Chuzhou	660.49	1699.21	1929.05	96	日照	Rizhao	621.30	1597.78	1691.19	109
阜阳	Fuyang	314.46	1292.62	1632.51	119	莱芜	Laiwu	299.71	635.67	668.14	204
宿州	Suzhou	288.93	1269.98	1402.97	135	临沂	Linyi	1000.12	3603.32	3765.72	35
六安	Liuan	465.15	1075.00	1199.99	154	德州	Dezhou	1026.27	2537.78	2641.01	56
亳州	Bozhou	255.37	874.89	1067.21	165	聊城	Liaocheng	578.30	2357.57	2470.14	66

4-1 固定资产投资额（不含农户） 续表 2

Investment in Fixed Assets (Excluding Rural Households) continued 2

单位：亿元 （100 million yuan）

地名	City	2010	2016	2017	2017 排名 Ranking	地名	City	2010	2016	2017	2017 排名 Ranking
滨州	Binzhou	715.79	2156.57	2187.91	82	常德	Changde	530.22	2006.93	920.91	175
菏泽	Heze	405.49	1218.21	1323.56	141	张家界	Zhangjiajie	118.79	305.70	203.01	248
河南	**Henan**	**13934.82**	**39753.90**	**43890.40**		益阳	Yiyang	392.26	1315.68	743.13	191
郑州	Zhengzhou	2421.31	6998.64	7573.44	4	郴州	Chenzhou	731.10	2327.36	610.80	213
开封	Kaifeng	394.72	1351.69	1668.18	113	永州	Yongzhou	538.60	1558.44	525.82	220
洛阳	Luoyang	1548.81	4082.68	4566.41	24	怀化	Huaihua	415.92	1081.88	182.35	251
平顶山	Pingdingshan	580.34	1732.74	1945.17	94	娄底	Loudi	329.00	1199.92	526.89	219
安阳	Anyang	760.06	2074.85	2281.29	71	**广东**	**Guangdong**	**12599.26**	**32947.30**	**37403.90**	
鹤壁	Hebi	305.30	809.06	901.71	177	广州	Guangzhou	3138.91	5703.59	5919.83	9
新乡	Xinxiang	1085.44	2006.86	2210.53	79	韶关	Shaoguan	384.26	702.09	692.82	197
焦作	Jiaozuo	841.03	2198.01	2453.77	67	深圳	Shenzhen	1944.70	4078.16	5147.32	18
濮阳	Puyang	432.43	1523.28	1703.60	108	珠海	Zhuhai	486.05	1389.75	1662.02	115
许昌	Xuchang	685.59	2263.79	2531.80	61	汕头	Shantou	274.74	1579.53	2006.40	90
漯河	Luohe	351.57	1060.51	1185.29	155	佛山	Foshan	959.37	3512.04	4265.79	28
三门峡	Sanmenxia	570.83	1773.12	1976.89	93	江门	Jiangmen	465.13	1517.77	1774.83	102
南阳	Nanyang	1129.95	3395.49	3733.21	37	湛江	Zhanjiang	365.39	1531.60	1641.53	117
商丘	Shangqiu	690.39	1991.17	2233.14	77	茂名	Maoming	140.50	1262.76	1415.73	133
信阳	Xinyang	855.05	2217.70	2415.04	68	肇庆	Zhaoqing	407.78	1373.74	1497.55	127
周口	Zhoukou	592.84	1862.15	2047.29	86	惠州	Huizhou	778.34	2039.71	2234.88	75
驻马店	Zhumadian	496.74	1692.71	1897.13	98	梅州	Meizhou	157.15	650.36	806.77	186
湖北	**Hubei**	**9405.63**	**29503.90**	**31872.60**		汕尾	Shanwei	300.33	652.45	669.33	203
武汉	Wuhan	3651.45	7039.79	7817.21	2	河源	Heyuan	161.83	652.29	778.47	188
黄石	Huangshi	448.42	1350.83	1539.64	125	阳江	Yangjiang	270.33	503.92	540.21	218
十堰	Shiyan	382.76	1323.81	1543.40	124	清远	Qingyuan	621.88	620.95	666.31	206
宜昌	Yichang	825.02	3191.15	2582.05	59	东莞	Dongguan	765.52	1557.46	1712.83	107
襄阳	Xiangyang	752.99	3188.64	3675.32	40	中山	Zhongshan	506.32	1149.01	1248.48	151
鄂州	Ezhou	284.61	853.26	983.82	170	潮州	Chaozhou	116.26	454.62	501.05	221
荆门	Jingmen	395.57	1531.46	1790.28	101	揭阳	Jieyang	440.51	1485.54	1667.31	114
孝感	Xiaogan	488.83	1899.43	2041.09	88	云浮	Yunfu	184.79	591.51	628.50	210
荆州	Jingzhou	530.45	2001.67	2232.30	78	**广西**	**Guangxi**	**6383.26**	**17652.90**	**19908.30**	
黄冈	Huanggang	650.11	2041.65	2172.16	83	南宁	Nanning	1389.30	3824.73	4307.95	26
咸宁	Xianning	366.82	1438.29	1676.07	112	柳州	Liuzhou	929.61	2338.61	2697.20	53
随州	Suizhou	228.95	974.27	1133.50	158	桂林	Guilin	758.52	2131.62	2234.24	76
湖南	**Hunan**	**8617.98**	**27688.40**	**31328.10**		梧州	Wuzhou	425.95	1168.51	1330.15	140
长沙	Changsha	2842.75	6693.32	4217.19	30	北海	Beihai	455.44	1011.10	1099.68	161
株洲	Zhuzhou	749.04	2345.80	1451.09	129	防城港	Fangchenggang	349.84	600.14	672.77	202
湘潭	Xiangtan	582.20	1938.22	1619.86	120	钦州	Qinzhou	374.04	950.89	1088.85	162
衡阳	Hengyang	537.52	2282.18	955.87	174	贵港	Guigang	301.06	841.69	983.81	171
邵阳	Shaoyang	567.44	1627.64	285.09	240	玉林	Yulin	535.63	1467.10	1689.33	110
岳阳	Yueyang	733.90	2184.42	731.66	192	百色	Baise	559.80	1061.40	1226.41	152

4-1 固定资产投资总额（不含农户） 续表 3
Investment in Fixed Assets (Excluding Rural Households) continued 3

单位：亿元 （100 million yuan）

地名	City	2010	2016	2017	2017 排名 Ranking
贺州	Hezhou	307.53	650.83	722.02	193
河池	Hechi	272.92	404.02	453.20	225
来宾	Laibin	244.30	370.91	432.16	226
崇左	Chongzuo	245.55	831.41	970.50	173
海南	**Hainan**	**1257.50**	**3747.00**	**4125.40**	
海口	Haikou	341.60	1271.73	1415.50	134
三亚	Sanya	300.30	783.09	868.09	183
三沙	Sansha			10.45	260
重庆	**Chongqing**	**6170.61**	**15931.80**	**17440.60**	
四川	**Sichuan**	**11061.38**	**28229.80**	**31235.90**	
成都	Chengdu	4032.63	8352.50	9404.24	1
自贡	Zigong	255.52	555.97	832.24	185
攀枝花	Panzhihua	299.18	663.31	745.28	190
泸州	Luzhou	326.24	1705.38	2042.11	87
德阳	Deyang	535.68	1099.08	1311.41	144
绵阳	Mianyang	698.06	1229.97	1436.54	131
广元	Guangyuan	343.36	583.35	715.13	194
遂宁	Suining	400.44	1100.82	1257.63	149
内江	Neijiang	254.15	878.52	860.18	184
乐山	Leshan	470.27	1064.32	1273.79	148
南充	Nanchong	579.37	1526.31	1820.08	99
眉山	Meishan	349.39	1134.55	1110.84	159
宜宾	Yibin	435.21	1436.52	1685.10	111
广安	Guangan	235.78	1271.46	1513.28	126
达州	Dazhou	482.58	1465.12	1727.65	106
雅安	Yaan	308.44	505.83	461.24	223
巴中	Bazhong	161.24	1185.25	1370.63	138
资阳	Ziyang	343.44	730.25	594.13	216
贵州	**Guizhou**	**2609.36**	**12929.20**	**15288.00**	
贵阳	Guiyang	961.33	3380.73		
六盘水	Liupanshui	233.30	1357.77		
遵义	Zunyi	430.31	2068.88		
安顺	Anshun	87.81	652.95		
毕节	Bijie	264.62	1601.82		
铜仁	Tongren	214.21	873.89		
云南	**Yunnan**	**5052.61**	**15662.50**	**18474.90**	
昆明	Kunming	2121.11	3920.07	4217.94	29
曲靖	Qujing	507.79	1794.00	2244.80	74
玉溪	Yuxi	248.44	893.69	1080.85	163
保山	Baoshan	170.28	667.33	881.78	180
昭通	Zhaotong	321.62	739.30	897.36	178
丽江	Lijiang	196.01	345.63	402.23	230
普洱	Puer	207.06	502.10	611.34	212
临沧	Lincang	156.16	917.04	1170.14	157
西藏	**Tibet**	**404.98**	**1596.00**	**1975.60**	
拉萨	Lasa	171.99	582.27	611.73	211
陕西	**Shaanxi**	**7569.90**	**20474.90**	**23468.20**	
西安	Xi'an	2909.74	5097.00	7452.69	5
铜川	Tongchuan	104.23	409.86	471.15	222
宝鸡	Baoji	664.45	3116.18	3746.49	36
咸阳	Xianyang	888.06	3596.49	2341.83	70
渭南	Weinan	631.45	2233.56	2681.84	55
延安	Yan'an	529.23	1203.94	1181.69	156
汉中	Hanzhong	278.53	1061.25	1305.67	145
榆林	Yulin	822.28	1257.98	1400.83	137
安康	Ankang	233.09	867.70	1072.03	164
商洛	Shangluo	240.83	905.20	1104.27	160
甘肃	**Gansu**	**2808.55**	**9534.10**	**5696.30**	
兰州	Lanzhou	591.98	1990.95	1315.35	142
嘉峪关	Jiayuguan	47.37	160.43	147.51	252
金昌	Jinchang	98.21	229.11	93.07	257
白银	Baiyin	174.55	528.38	308.00	238
天水	Tianshui	194.43	671.18	667.35	205
武威	Wuwei	167.41	689.22	323.67	236
张掖	Zhangye	112.02	349.72	245.59	244
平凉	Pingliang	229.88	670.75	424.44	228
酒泉	Jiuquan	361.77	1215.68	598.81	215
庆阳	Qingyang	300.64	1313.38	403.46	229
定西	Dingxi	164.98	621.20	358.68	234
陇南	Longnan	208.63	654.02	400.83	231
青海	**Qinghai**	**840.01**	**3455.50**	**3819.90**	
西宁	Xining	269.94	1376.09	1248.70	150
海东	Haidong		635.43	681.01	199
宁夏	**Ningxia**	**1292.80**	**3709.00**	**3640.10**	
银川	Yinchuan	625.96	1708.19	1555.40	123
石嘴山	Shizuishan	195.45	510.06	424.59	227
吴忠	Wuzhong	183.77	783.55	685.63	198
固原	Guyuan	64.00	296.99	379.52	232
中卫	Zhongwei	158.78	362.24	262.50	241
新疆	**Xinjiang**	**3065.13**	**9983.90**	**10757.78**	
乌鲁木齐	Urumqi	542.76	1607.78	1575.60	122
克拉玛依	Karamay	180.61	196.14	315.48	237

4-2 房地产开发投资额
Investment in Real Estate Development

单位：亿元 （100 million yuan）

地名	City	2010	2016	2017	2017 排名 Ranking	地名	City	2010	2016	2017	2017 排名 Ranking
全国	**National Total**	**48259.40**	**102580.6**	**109798.5**		沈阳	Shenyang	1481.19	709.67	814.24	26
北京	**Beijing**	**2901.07**	**4000.60**	**3692.54**		大连	Dalian	780.48	535.17	566.64	39
天津	**Tianjin**	**866.64**	**2300.00**	**2233.39**		鞍山	Anshan	235.86	149.58	156.60	147
河北	**Hebei**	**2264.94**	**4695.60**	**4823.91**		抚顺	Fushun	91.48	56.57	54.82	232
石家庄	Shijiazhuang	538.00	1015.77	1243.63	17	本溪	Benxi	60.70	28.31	40.33	253
唐山	Tangshan	338.39	458.94	357.71	70	丹东	Dandong	115.01	80.05	86.65	195
秦皇岛	Qinhuangdao	120.26	251.69	166.95	141	锦州	Jinzhou	117.12	104.26	101.47	187
邯郸	Handan	225.63	381.72	475.25	50	营口	Yingkou	197.94	95.61	124.27	163
邢台	Xingtai	62.39	191.54	196.84	118	阜新	Fuxin	35.89	25.66	23.50	270
保定	Baoding	273.94	735.77	629.16	34	辽阳	Liaoyang	65.41	38.47	51.37	238
张家口	Zhangjiakou	173.15	326.00	390.85	64	盘锦	Panjin	100.34	87.33	81.36	202
承德	Chengde	92.72	136.57	152.94	151	铁岭	Tieling	186.64	58.13	46.03	245
沧州	Cangzhou	112.62	283.37	253.44	97	朝阳	Chaoyang	75.56	46.19	58.61	228
廊坊	Langfang	249.10	703.64	757.99	28	葫芦岛	Huludao	55.96	79.85	83.79	200
衡水	Hengshui	78.73	190.08	199.14	116	**吉林**	**Jilin**	**921.01**	**1016.80**	**910.14**	
山西	**Shanxi**	**592.24**	**1597.40**	**1166.28**		长春	Changchun	543.64	596.65	573.78	38
太原	Taiyuan	241.09	681.90	478.14	49	吉林	Jilin	139.61	131.83	64.18	218
大同	Datong	90.61	167.73	111.39	178	四平	Siping	26.93	42.79	50.00	239
阳泉	Yangquan	43.34	63.98	30.26	261	辽源	Liaoyuan	20.78	12.15	16.03	279
长治	Changzhi	32.76	67.80	72.30	211	通化	Tonghua	75.74	63.90	59.89	226
晋城	Jincheng	32.37	80.36	70.85	212	白山	Baishan	9.21	13.60	11.73	281
朔州	Shuozhou	19.78	28.07	21.53	271	松原	Songyuan	58.57	35.27	27.07	267
晋中	Jinzhong	29.81	179.04	116.01	171	白城	Baicheng	6.58	24.12	29.83	262
运城	Yuncheng	33.25	116.31	90.64	193	**黑龙江**	**Heilongjiang**	**843.12**	**864.80**	**815.60**	
忻州	Xinzhou	18.13	44.10	33.19	257	哈尔滨	Harbin	360.74	512.13	494.34	47
临汾	Linfen	31.37	97.53	103.14	186	齐齐哈尔	Qiqihar	58.75	76.47	49.35	242
吕梁	Lvliang	19.71	70.53	38.82	254	鸡西	Jixi	17.27	23.21	21.26	272
内蒙古	**Inner Mongolia**	**1119.99**	**1133.50**	**889.72**		鹤岗	Hegang	8.27	3.80	8.14	283
呼和浩特	Hohhot	254.35	520.52	238.40	102	双鸭山	Shuangyashan	22.80	8.74	15.51	280
包头	Baotou	202.83	184.57	155.39	149	大庆	Daqing	119.50	54.02	47.90	244
乌海	Wuhai	24.90	22.10	20.48	275	伊春	Yichun	11.04	7.45	8.12	284
赤峰	Chifeng	83.37	109.92	140.05	156	佳木斯	Jiamusi	47.75	52.61	41.99	250
通辽	Tongliao	57.79	48.85	48.55	243	七台河	Qitaihe	5.44	6.36	4.72	285
鄂尔多斯	Erdos	280.53	58.84	80.34	205	牡丹江	Mudanjiang	63.70	56.32	49.96	240
呼伦贝尔	Hulunbuir	49.79	87.76	116.33	170	黑河	Heihe	18.96	10.16	10.58	282
巴彦淖尔	Bayannur	56.17	29.59	32.87	259	绥化	Suihua	100.49	37.59	58.71	227
乌兰察布	Ulanqab	35.04		20.86	274	**上海**	**Shanghai**	**1980.68**	**3709.00**	**3856.53**	
辽宁	**Liaoning**	**3465.76**	**2094.80**	**2289.67**		**江苏**	**Jiangsu**	**4299.38**	**8956.40**	**9629.11**	

4-2 房地产开发投资额 续表 1

Investment in Real Estate Development continued 1

单位：亿元 （100 million yuan）

地名	City	2010	2016	2017	2017 排名 Ranking	地名	City	2010	2016	2017	2017 排名 Ranking
南京	Nanjing	748.35	1845.60	2170.21	8	池州	Chizhou	66.49	82.55	84.07	199
无锡	Wuxi	612.67	1033.62	1201.89	19	宣城	Xuancheng	82.19	179.16	185.61	126
徐州	Xuzhou	205.32	549.13	538.62	42	**福建**	**Fujian**	**1818.86**	**4588.80**	**4794.23**	
常州	Changzhou	409.91	446.70	479.11	48	福州	Fuzhou	670.69	1679.44	1694.18	10
苏州	Suzhou	935.80	2163.24	2305.82	7	厦门	Xiamen	396.13	765.80	879.86	24
南通	Nantong	272.78	584.14	609.95	36	莆田	Putian	87.91	353.31	388.82	65
连云港	Lianyungang	132.36	235.41	274.93	91	三明	Sanming	94.82	104.37	109.21	180
淮安	Huaian	237.77	321.41	303.06	81	泉州	Quanzhou	203.11	706.14	700.66	31
盐城	Yancheng	165.47	358.57	426.67	59	漳州	Zhangzhou	159.62	462.85	504.55	45
扬州	Yangzhou	165.16	410.18	443.58	54	南平	Nanping	67.13	157.79	162.27	145
镇江	Zhenjiang	114.88	448.64	343.52	72	龙岩	Longyan	80.82	180.10	185.05	127
泰州	Taizhou	152.19	249.96	288.72	86	宁德	Ningde	58.62	179.04	169.64	136
宿迁	Suqian	147.63	309.76	243.00	99	**江西**	**Jiangxi**	**706.82**	**1770.90**	**2013.98**	
浙江	**Zhejiang**	**3025.43**	**7469.40**	**8226.78**		南昌	Nanchang	230.15	674.60	790.69	27
杭州	Hangzhou	956.20	2606.41	2734.00	2	景德镇	Jingdezhen	25.72	42.88	45.89	246
宁波	Ningbo	557.27	1270.33	1374.47	15	萍乡	Pingxiang	16.47	48.51	52.39	236
温州	Wenzhou	270.50	902.01	1024.16	21	九江	Jiujiang	46.06	123.85	151.46	152
嘉兴	Jiaxing	270.39	478.40	723.81	29	新余	Xinyu	24.43	20.07	23.97	269
湖州	Huzhou	143.13	274.22	301.17	82	鹰潭	Yingtan	13.04	62.48	66.44	215
绍兴	Shaoxing	297.80	641.19	678.07	32	赣州	Ganzhou	100.48	291.24	309.16	79
金华	Jinhua	163.65	408.85	371.63	68	吉安	Jian	31.85	93.92	105.36	183
衢州	Quzhou	63.71	124.25	158.54	146	宜春	Yichun	49.80	181.94	205.02	114
舟山	Zhoushan	58.98	171.89	209.43	111	抚州	Fuzhou	74.63	111.57	119.10	166
台州	Taizhou	196.08	424.21	461.03	51	上饶	Shangrao	94.19	119.89	144.50	155
丽水	Lishui	47.73	167.61	190.46	124	**山东**	**Shandong**	**3249.37**	**6323.40**	**6637.25**	
安徽	**Anhui**	**2251.80**	**4603.60**	**5612.47**		济南	Jinan	484.50	1163.94	1232.57	18
合肥	Hefei	819.03	1352.59	1557.41	12	青岛	Qingdao	602.44	1369.14	1330.54	16
芜湖	Wuhu	291.16	408.10	457.37	52	淄博	Zibo	166.99	221.82	241.85	100
蚌埠	Bengbu	73.84	388.58	536.88	43	枣庄	Zaozhuang	78.00	158.92	168.17	140
淮南	Huainan	78.35	121.88	193.47	123	东营	Dongying	100.30	208.81	199.71	115
马鞍山	Maanshan	85.05	218.93	259.02	94	烟台	Yantai	383.12	551.02	546.21	41
淮北	Huaibei	42.53	92.09	112.17	176	潍坊	Weifang	367.63	443.29	504.12	46
铜陵	Tongling	73.30	117.39	124.40	162	济宁	Jining	134.60	278.52	403.23	61
安庆	Anqing	92.22	140.55	162.52	144	泰安	Taian	75.10	181.09	163.09	143
黄山	Huangshan	125.76	111.21	123.55	164	威海	Weihai	269.80	215.07	275.44	90
滁州	Chuzhou	131.77	336.15	426.92	58	日照	Rizhao	63.33	158.50	183.18	129
阜阳	Fuyang	50.05	350.54	516.34	44	莱芜	Laiwu	18.34	47.17	53.44	235
宿州	Suzhou	47.14	235.78	257.36	96	临沂	Linyi	158.23	374.50	407.56	60
六安	Liuan	62.41	236.63	293.78	85	德州	Dezhou	90.19	220.38	238.52	101
亳州	Bozhou	43.52	231.44	321.61	75	聊城	Liaocheng	56.45	248.51	281.92	88

4-2 房地产开发投资额 续表 2

Investment in Real Estate Development continued 2

单位：亿元 （100 million yuan）

地名	City	2010	2016	2017	2017 排名 Ranking
滨州	Binzhou	96.55	114.67	111.74	177
菏泽	Heze	103.82	282.61	295.96	84
河南	**Henan**	**2114.08**	**6179.10**	**7090.25**	
郑州	Zhengzhou	775.16	2778.95	3358.84	1
开封	Kaifeng	57.69	190.22	273.96	92
洛阳	Luoyang	179.90	372.51	375.28	67
平顶山	Pingdingshan	54.28	148.41	170.14	135
安阳	Anyang	98.72	279.80	261.25	93
鹤壁	Hebi	24.47	76.20	84.40	198
新乡	Xinxiang	117.64	365.86	380.74	66
焦作	Jiaozuo	72.29	112.60	117.67	169
濮阳	Puyang	41.60	124.13	150.60	153
许昌	Xuchang	71.06	174.61	194.67	120
漯河	Luohe	28.93	61.16	87.43	194
三门峡	Sanmenxia	46.60	114.63	125.53	161
南阳	Nanyang	70.32	184.43	208.92	112
商丘	Shangqiu	89.98	565.03	317.92	76
信阳	Xinyang	136.08	358.48	431.60	56
周口	Zhoukou	125.09	219.22	217.22	108
驻马店	Zhumadian	107.05	278.45	303.33	80
湖北	**Hubei**	**1618.24**	**4296.40**	**4574.89**	
武汉	Wuhan	1017.40	2517.44	2686.34	4
黄石	Huangshi	38.36	132.37	156.29	148
十堰	Shiyan	41.08	87.28	66.50	214
宜昌	Yichang	105.78	244.18	197.85	117
襄阳	Xiangyang	106.52	340.76	336.49	74
鄂州	Ezhou	11.49	22.88	29.23	263
荆门	Jingmen	52.58	100.39	94.36	191
孝感	Xiaogan	49.60	160.02	175.66	131
荆州	Jingzhou	35.53	151.53	238.12	103
黄冈	Huanggang	43.84	265.73	284.33	87
咸宁	Xianning	59.57	56.99	62.74	222
随州	Suizhou	21.66	24.05	38.04	255
湖南	**Hunan**	**1469.33**	**2957.00**	**3426.13**	
长沙	Changsha	684.10	1260.55	1489.69	13
株洲	Zhuzhou	146.49	269.20	312.57	78
湘潭	Xiangtan	59.91	129.61	172.85	134
衡阳	Hengyang	65.31	150.84	173.94	132
邵阳	Shaoyang	47.03	145.72	169.25	137
岳阳	Yueyang	70.37	132.95	154.01	150

地名	City	2010	2016	2017	2017 排名 Ranking
常德	Changde	61.70	139.96	195.48	119
张家界	Zhangjiajie	22.49	39.94	43.39	247
益阳	Yiyang	63.00	108.19	119.03	167
郴州	Chenzhou	68.68	212.08	226.42	105
永州	Yongzhou	72.60	94.66	112.55	175
怀化	Huaihua	44.73	126.34	139.92	157
娄底	Loudi	40.98	92.89	73.05	210
广东	**Guangdong**	**3659.69**	**10307.80**	**12075.69**	
广州	Guangzhou	983.66	2540.85	2702.89	3
韶关	Shaoguan	63.96	146.84	189.73	125
深圳	Shenzhen	458.47	1756.52	2135.86	9
珠海	Zhuhai	179.51	641.03	666.12	33
汕头	Shantou	49.31	306.38	360.97	69
佛山	Foshan	485.52	1229.97	1453.99	14
江门	Jiangmen	111.72	353.62	450.56	53
湛江	Zhanjiang	75.04	223.21	317.69	77
茂名	Maoming	37.22	109.84	168.22	139
肇庆	Zhaoqing	91.14	145.20	208.04	113
惠州	Huizhou	267.86	747.63	884.19	23
梅州	Meizhou	26.18	172.53	218.04	107
汕尾	Shanwei	17.72	56.77	86.42	196
河源	Heyuan	23.19	175.72	223.93	106
阳江	Yangjiang	51.97	101.38	144.86	154
清远	Qingyuan	125.22	227.52	276.32	89
东莞	Dongguan	298.99	642.76	702.15	30
中山	Zhongshan	241.79	543.59	623.97	35
潮州	Chaozhou	18.22	61.75	66.81	213
揭阳	Jieyang	33.25	53.51	109.29	179
云浮	Yunfu	19.75	71.18	856.33	25
广西	**Guangxi**	**1206.22**	**2398.00**	**2683.48**	
南宁	Nanning	317.50	854.00	958.09	22
柳州	Liuzhou	165.41	344.79	395.08	63
桂林	Guilin	118.01	280.72	300.40	83
梧州	Wuzhou	60.05	64.37	66.40	216
北海	Beihai	97.34	176.31	168.28	138
防城港	Fangchenggang	90.55	87.80	73.90	208
钦州	Qinzhou	65.39	78.57	80.01	206
贵港	Guigang	45.31	102.44	136.59	159
玉林	Yulin	82.72	136.16	184.35	128
百色	Baise	65.92	81.73	107.92	182

4-2 房地产开发投资额 续表 3
Investment in Real Estate Development continued 3

单位：亿元 （100 million yuan）

地名	City	2010	2016	2017	2017 排名 Ranking	地名	City	2010	2016	2017	2017 排名 Ranking
贺州	Hezhou	13.79	31.47	42.20	249	丽江	Lijiang	25.06	34.75	40.92	252
河池	Hechi	26.32	55.97	60.06	224	普洱	Puer	23.83	67.19	53.74	233
来宾	Laibin	24.67	39.23	49.95	241	临沧	Lincang	20.75	74.62	28.02	266
崇左	Chongzuo	33.25	64.43	60.24	223	**西藏**	**Tibet**	**8.96**	**48.50**	**40.36**	
海南	**Hainan**	**467.87**	**1787.60**	**2053.11**		拉萨	Lasa	7.15	44.54	28.13	265
海口	Haikou	103.79	551.09	603.25	37	**陕西**	**Shaanxi**	**1159.47**	**2736.80**	**3101.97**	
三亚	Sanya	132.84	410.04	549.76	40	西安	Xi'an	842.34	1955.82	2333.34	6
三沙	Sansha					铜川	Tongchuan	14.68	42.74	24.74	268
重庆	**Chongqing**	**1620.26**	**3725.90**	**3980.08**		宝鸡	Baoji	63.70	132.41	165.60	142
四川	**Sichuan**	**2194.63**	**5282.60**	**5149.89**		咸阳	Xianyang	93.84	178.86	104.50	185
成都	Chengdu	1278.34	2638.89	2487.88	5	渭南	Weinan	42.08	96.95	113.81	173
自贡	Zigong	54.00	123.87	122.59	165	延安	Yan'an	8.13	54.98	63.94	220
攀枝花	Panzhihua	34.20	55.03	59.96	225	汉中	Hanzhong	38.22	85.40	97.61	190
泸州	Luzhou	54.52	239.20	258.62	95	榆林	Yulin	28.33	40.55	63.25	221
德阳	Deyang	46.97	125.78	105.04	184	安康	Ankang	16.65	95.12	93.87	192
绵阳	Mianyang	105.84	205.58	176.65	130	商洛	Shangluo	8.22	20.06	21.07	273
广元	Guangyuan	18.72	94.63	83.58	201	**甘肃**	**Gansu**	**266.41**	**850.00**	**944.52**	
遂宁	Suining	67.90	144.56	173.48	133	兰州	Lanzhou	118.28	391.15	432.16	55
内江	Neijiang	41.01	122.81	115.05	172	嘉峪关	Jiayuguan	11.77	37.91	41.99	251
乐山	Leshan	58.79	212.02	194.15	121	金昌	Jinchang	4.83	23.22	17.48	277
南充	Nanchong	102.23	216.64	212.39	109	白银	Baiyin	11.75	27.48	29.17	264
眉山	Meishan	47.77	194.29	193.58	122	天水	Tianshui	23.51	47.12	64.18	217
宜宾	Yibin	60.22	189.55	228.15	104	武威	Wuwei	11.18	41.62	57.99	231
广安	Guangan	29.58	258.22	244.19	98	张掖	Zhangye	8.08	51.82	52.08	237
达州	Dazhou	60.68	93.28	113.64	174	平凉	Pingliang	16.41	55.76	64.03	219
雅安	Yaan	11.91	53.94	58.38	229	酒泉	Jiuquan	13.74	33.03	33.29	256
巴中	Bazhong	27.27	118.96	136.97	158	庆阳	Qingyang	12.29	47.97	42.90	248
资阳	Ziyang	74.65	150.18	127.89	160	定西	Dingxi	18.31	34.04	53.69	234
贵州	**Guizhou**	**556.69**	**2149.00**	**2201.00**		陇南	Longnan	3.14	17.84	17.18	278
贵阳	Guiyang	310.47	927.32	1026.43	20	**青海**	**Qinghai**	**108.19**	**396.90**	**408.59**	
六盘水	Liupanshui	26.25	68.37	77.96	207	西宁	Xining	95.40	316.50	351.33	71
遵义	Zunyi	44.57	350.21	343.39	73	海东	Haidong		60.92	32.87	258
安顺	Anshun	24.11	80.26	100.48	188	**宁夏**	**Ningxia**	**254.37**	**728.20**	**652.84**	
毕节	Bijie	52.61	177.34	210.14	110	银川	Yinchuan	160.82	474.94	402.82	62
铜仁	Tongren	28.14	110.70	118.08	168	石嘴山	Shizuishan	35.71	42.15	18.61	276
云南	**Yunnan**	**900.44**	**2688.30**	**2786.25**		吴忠	Wuzhong	27.31	64.71	73.52	209
昆明	Kunming	440.68	1530.50	1683.33	11	固原	Guyuan	10.89	86.76	99.67	189
曲靖	Qujing	101.56	93.75	109.04	181	中卫	Zhongwei	19.64	59.61	58.22	230
玉溪	Yuxi	57.54	98.69	80.87	204	**新疆**	**Xinjiang**	**347.72**	**923.40**	**1037.86**	
保山	Baoshan	16.74	61.73	85.00	197	乌鲁木齐	Urumqi	150.20	362.50	428.74	57
昭通	Zhaotong	17.43	51.53	81.02	203	克拉玛依	Karamay	9.19	26.49	32.76	260

4-3 住宅投资额
Investment in Residential Buildings

单位：亿元 （100 million yuan）

地名	City	2016	2017	2017 排名 Ranking	地名	City	2016	2017	2017 排名 Ranking
全国	**National Total**	**68703.87**	**75147.88**		沈阳	Shenyang	490.38	620.45	24
北京	**Beijing**	**1925.86**	**1694.67**		大连	Dalian	392.47	404.45	39
天津	**Tianjin**	**1598.27**	**1559.70**		鞍山	Anshan	107.78	112.94	149
河北	**Hebei**	**3475.48**	**3656.98**		抚顺	Fushun	42.19	39.55	227
石家庄	Shijiazhuang	663.78	890.89	17	本溪	Benxi	21.38	22.11	261
唐山	Tangshan	322.10	272.45	63	丹东	Dandong	62.48	68.77	189
秦皇岛	Qinhuangdao	184.33	135.67	127	锦州	Jinzhou	85.25	66.52	192
邯郸	Handan	268.26	319.70	54	营口	Yingkou	67.70	90.78	169
邢台	Xingtai	155.74	156.97	112	阜新	Fuxin	11.65	14.03	271
保定	Baoding	592.80	506.54	30	辽阳	Liaoyang	23.03	32.32	241
张家口	Zhangjiakou	248.13	306.37	56	盘锦	Panjin	67.76	66.12	194
承德	Chengde	97.79	109.52	154	铁岭	Tieling	42.45	36.45	237
沧州	Cangzhou	209.13	199.87	93	朝阳	Chaoyang	33.40	37.04	234
廊坊	Langfang	562.81	595.01	26	葫芦岛	Huludao	57.50	62.38	198
衡水	Hengshui	154.34	163.99	107	**吉林**	**Jilin**	**710.69**	**633.55**	
山西	**Shanxi**	**1141.08**	**846.38**		长春	Changchun	401.45	376.60	41
太原	Taiyuan	495.54	335.25	49	吉林	Jilin	95.52	49.60	213
大同	Datong	112.43	81.19	176	四平	Siping	26.81	38.80	228
阳泉	Yangquan	51.83	23.26	259	辽源	Liaoyuan	9.58	12.50	273
长治	Changzhi	48.92	51.30	211	通化	Tonghua	50.29	46.76	217
晋城	Jincheng	58.92	55.78	204	白山	Baishan	10.55	8.77	281
朔州	Shuozhou	20.56	15.85	270	松原	Songyuan	26.22	21.83	262
晋中	Jinzhong	130.88	75.55	183	白城	Baicheng	18.98	25.76	255
运城	Yuncheng	88.49	75.45	184	**黑龙江**	**Heilongjiang**	**597.96**	**554.70**	
忻州	Xinzhou	28.60	24.59	257	哈尔滨	Harbin	348.44	310.85	55
临汾	Linfen	68.20	77.83	181	齐齐哈尔	Qiqihar	58.73	44.02	221
吕梁	Lvliang	53.80	32.38	240	鸡西	Jixi	12.04	17.58	267
内蒙古	**Inner Mongolia**	**793.70**	**645.85**		鹤岗	Hegang	2.79	5.57	282
呼和浩特	Hohhot	369.09	179.87	98	双鸭山	Shuangyashan	6.26	12.04	274
包头	Baotou	123.53	116.65	145	大庆	Daqing	37.01	30.52	244
乌海	Wuhai	16.92	11.06	276	伊春	Yichun	3.79	5.23	283
赤峰	Chifeng	83.43	101.19	157	佳木斯	Jiamusi	38.50	31.12	242
通辽	Tongliao	36.83	20.87	263	七台河	Qitaihe	0.29	3.65	284
鄂尔多斯	Erdos	42.94	54.14	206	牡丹江	Mudanjiang	45.60	37.85	231
呼伦贝尔	Hulunbuir	51.35	76.25	182	黑河	Heihe	7.17	9.21	280
巴彦淖尔	Bayannur	21.26	23.93	258	绥化	Suihua	27.04	42.58	224
乌兰察布	Ulanqab		16.10	269	**上海**	**Shanghai**	**1965.43**	**2152.40**	
辽宁	**Liaoning**	**1505.42**	**1673.91**		**江苏**	**Jiangsu**	**6628.87**	**7315.28**	

4-3 住宅投资额 续表 1
Investment in Residential Buildings continued 1

单位：亿元 （100 million yuan）

地名	City	2016	2017	2017 排名 Ranking	地名	City	2016	2017	2017 排名 Ranking
南京	Nanjing	1392.76	1569.52	6	池州	Chizhou	68.20	64.61	195
无锡	Wuxi	684.42	937.93	14	宣城	Xuancheng	139.60	143.28	122
徐州	Xuzhou	415.04	421.81	36	**福建**	**Fujian**	**2999.29**	**3236.51**	
常州	Changzhou	316.48	338.99	48	福州	Fuzhou	1123.59	1176.99	9
苏州	Suzhou	1655.24	1839.59	3	厦门	Xiamen	428.06	550.36	27
南通	Nantong	425.88	450.43	32	莆田	Putian	232.04	270.42	65
连云港	Lianyungang	192.92	222.60	82	三明	Sanming	69.56	72.52	187
淮安	Huaian	222.99	223.23	81	泉州	Quanzhou	456.55	440.22	34
盐城	Yancheng	273.02	345.19	45	漳州	Zhangzhou	334.86	340.84	47
扬州	Yangzhou	289.28	280.15	61	南平	Nanping	114.94	118.33	142
镇江	Zhenjiang	341.45	262.49	67	龙岩	Longyan	111.38	133.00	132
泰州	Taizhou	194.91	235.43	74	宁德	Ningde	128.88	133.83	129
宿迁	Suqian	225.10	189.74	95	**江西**	**Jiangxi**	**1247.58**	**1391.79**	
浙江	**Zhejiang**	**4806.64**	**5645.98**		南昌	Nanchang	471.85	638.05	23
杭州	Hangzhou	1559.98	1712.93	5	景德镇	Jingdezhen	37.61	37.76	232
宁波	Ningbo	792.68	932.47	15	萍乡	Pingxiang	27.42	34.25	239
温州	Wenzhou	672.17	774.17	20	九江	Jiujiang	80.81	111.38	152
嘉兴	Jiaxing	334.84	547.66	28	新余	Xinyu	14.10	18.25	265
湖州	Huzhou	175.82	229.36	78	鹰潭	Yingtan	42.77	47.42	216
绍兴	Shaoxing	431.35	503.20	31	赣州	Ganzhou	184.07	222.57	83
金华	Jinhua	259.17	263.27	66	吉安	Jian	72.05	78.33	180
衢州	Quzhou	84.07	114.06	147	宜春	Yichun	141.63	159.16	111
舟山	Zhoushan	122.21	142.88	123	抚州	Fuzhou	89.74	95.01	161
台州	Taizhou	263.29	298.85	60	上饶	Shangrao	84.77	101.24	156
丽水	Lishui	111.06	127.12	138	**山东**	**Shandong**	**4690.22**	**4929.53**	
安徽	**Anhui**	**3069.36**	**4007.00**		济南	Jinan	805.57	822.79	18
合肥	Hefei	861.02	1095.45	10	青岛	Qingdao	956.18	925.51	16
芜湖	Wuhu	273.58	333.02	50	淄博	Zibo	158.04	178.63	101
蚌埠	Bengbu	272.98	358.05	43	枣庄	Zaozhuang	118.24	120.31	141
淮南	Huainan	91.12	143.66	120	东营	Dongying	157.61	147.17	118
马鞍山	Maanshan	169.08	207.86	89	烟台	Yantai	421.32	410.16	38
淮北	Huaibei	60.79	78.81	179	潍坊	Weifang	341.53	402.35	40
铜陵	Tongling	66.62	88.45	171	济宁	Jining	154.63	305.54	57
安庆	Anqing	94.86	121.01	140	泰安	Taian	150.76	127.91	136
黄山	Huangshan	66.08	86.75	172	威海	Weihai	174.89	216.46	85
滁州	Chuzhou	128.03	304.07	58	日照	Rizhao	119.02	143.40	121
阜阳	Fuyang	230.11	359.05	42	莱芜	Laiwu	32.61	41.23	225
宿州	Suzhou	167.60	182.53	97	临沂	Linyi	282.68	325.57	53
六安	Liuan	167.50	224.13	80	德州	Dezhou	170.49	192.31	94
亳州	Bozhou	140.65	215.66	86	聊城	Liaocheng	192.94	225.25	79

4-3 住宅投资额 续表 2

Investment in Residential Buildings continued 2

单位：亿元 (100 million yuan)

地名	City	2016	2017	2017 排名 Ranking	地名	City	2016	2017	2017 排名 Ranking
滨州	Binzhou	91.36	91.53	166	常德	Changde	91.23	132.95	133
菏泽	Heze	238.47	253.41	68	张家界	Zhangjiajie	24.72	28.42	248
河南	**Henan**	**4558.07**	**5330.80**		益阳	Yiyang	66.95	85.39	174
郑州	Zhengzhou	1916.40	2418.66	1	郴州	Chenzhou	151.05	160.17	109
开封	Kaifeng	147.64	207.62	90	永州	Yongzhou	78.09	89.31	170
洛阳	Luoyang	264.96	271.95	64	怀化	Huaihua	97.03	107.04	155
平顶山	Pingdingshan	109.05	127.49	137	娄底	Loudi	65.17	53.40	207
安阳	Anyang	221.80	202.62	92	**广东**	**Guangdong**	**6977.66**	**8100.93**	
鹤壁	Hebi	57.08	62.96	197	广州	Guangzhou	1594.44	1769.49	4
新乡	Xinxiang	332.52	330.65	51	韶关	Shaoguan	106.59	147.75	116
焦作	Jiaozuo	86.70	94.57	162	深圳	Shenzhen	1044.54	1014.05	13
濮阳	Puyang	98.34	116.60	146	珠海	Zhuhai	449.50	425.22	35
许昌	Xuchang	138.42	147.32	117	汕头	Shantou	211.17	219.93	84
漯河	Luohe	55.31	73.05	185	佛山	Foshan	863.21	1017.42	12
三门峡	Sanmenxia	66.54	100.72	158	江门	Jiangmen	270.49	344.12	46
南阳	Nanyang	147.00	162.36	108	湛江	Zhanjiang	138.17	241.58	71
商丘	Shangqiu	233.96	229.78	77	茂名	Maoming	84.28	144.31	119
信阳	Xinyang	296.53	354.59	44	肇庆	Zhaoqing	113.16	152.83	114
周口	Zhoukou	169.31	172.29	104	惠州	Huizhou	597.34	725.21	21
驻马店	Zhumadian	233.02	234.16	75	梅州	Meizhou	119.60	175.12	103
湖北	**Hubei**	**3012.35**	**3235.42**		汕尾	Shanwei	45.49	60.37	200
武汉	Wuhan	1726.79	1840.31	2	河源	Heyuan	129.93	179.28	100
黄石	Huangshi	82.71	111.41	151	阳江	Yangjiang	83.55	112.80	150
十堰	Shiyan	60.57	47.47	215	清远	Qingyuan	175.79	214.35	87
宜昌	Yichang	187.29	147.76	115	东莞	Dongguan	439.13	512.44	29
襄阳	Xiangyang	245.18	243.92	70	中山	Zhongshan	377.78	444.74	33
鄂州	Ezhou	18.63	26.04	253	潮州	Chaozhou	45.73	49.49	214
荆门	Jingmen	71.72	70.49	188	揭阳	Jieyang	42.40	92.34	165
孝感	Xiaogan	116.09	133.38	130	云浮	Yunfu	48.39	67.86	190
荆州	Jingzhou	110.07	176.08	102	**广西**	**Guangxi**	**1725.29**	**1983.52**	
黄冈	Huanggang	198.99	206.16	91	南宁	Nanning	602.06	695.10	22
咸宁	Xianning	40.54	51.63	210	柳州	Liuzhou	255.49	299.69	59
随州	Suizhou	20.07	30.19	245	桂林	Guilin	212.99	237.35	73
湖南	**Hunan**	**1871.30**	**2194.41**		梧州	Wuzhou	56.87	50.30	212
长沙	Changsha	689.96	807.77	19	北海	Beihai	134.47	136.74	125
株洲	Zhuzhou	186.94	210.15	88	防城港	Fangchenggang	64.50	56.32	203
湘潭	Xiangtan	79.29	116.73	143	钦州	Qinzhou	56.75	59.92	201
衡阳	Hengyang	113.04	131.02	134	贵港	Guigang	80.76	113.23	148
邵阳	Shaoyang	97.30	125.11	139	玉林	Yulin	113.70	154.75	113
岳阳	Yueyang	96.40	116.70	144	百色	Baise	52.13	93.72	163

4-3 住宅投资额 续表 3
Investment in Residential Buildings continued 3

单位：亿元 (100 million yuan)

地名	City	2016	2017	2017 排名 Ranking	地名	City	2016	2017	2017 排名 Ranking
贺州	Hezhou	23.54	36.47	236	丽江	Lijiang	10.09	11.01	277
河池	Hechi	54.44	52.89	208	普洱	Puer	32.48	27.78	250
来宾	Laibin	26.97	38.53	229	临沧	Lincang	39.65	18.08	266
崇左	Chongzuo	46.47	40.27	226	**西藏**	**Tibet**	**39.14**	**20.10**	
海南	**Hainan**	**1317.73**	**1477.53**		拉萨	Lasa	36.63	11.62	275
海口	Haikou	342.22	412.59	37	**陕西**	**Shaanxi**	**1916.13**	**2145.56**	
三亚	Sanya	260.73	329.52	52	西安	Xi'an	1342.05	1566.37	7
三沙	Sansha				铜川	Tongchuan	21.70	3.20	285
重庆	**Chongqing**	**2319.97**	**2632.88**		宝鸡	Baoji	104.22	133.09	131
四川	**Sichuan**	**3185.64**	**3182.34**		咸阳	Xianyang	151.44	97.79	159
成都	Chengdu	1416.42	1298.44	8	渭南	Weinan	64.09	78.89	178
自贡	Zigong	90.25	91.28	168	延安	Yan'an	45.21	36.67	235
攀枝花	Panzhihua	36.82	43.65	222	汉中	Hanzhong	54.14	67.47	191
泸州	Luzhou	158.40	179.65	99	榆林	Yulin	32.26	45.87	218
德阳	Deyang	81.07	62.38	199	安康	Ankang	67.41	72.60	186
绵阳	Mianyang	128.22	111.19	153	商洛	Shangluo	15.33	16.59	268
广元	Guangyuan	55.95	54.18	205	**甘肃**	**Gansu**	**563.75**	**601.25**	
遂宁	Suining	102.16	128.74	135	兰州	Lanzhou	250.28	274.28	62
内江	Neijiang	98.36	91.32	167	嘉峪关	Jiayuguan	20.85	26.54	252
乐山	Leshan	119.09	134.15	128	金昌	Jinchang	15.57	13.06	272
南充	Nanchong	155.50	159.45	110	白银	Baiyin	24.83	19.08	264
眉山	Meishan	124.32	140.96	124	天水	Tianshui	32.16	44.75	219
宜宾	Yibin	135.37	165.60	106	武威	Wuwei	23.44	26.71	251
广安	Guangan	187.94	184.14	96	张掖	Zhangye	35.06	30.16	246
达州	Dazhou	64.47	85.43	173	平凉	Pingliang	36.95	43.06	223
雅安	Yaan	30.64	28.25	249	酒泉	Jiuquan	26.96	25.59	256
巴中	Bazhong	82.40	97.56	160	庆阳	Qingyang	35.56	30.16	247
资阳	Ziyang	102.17	93.24	164	定西	Dingxi	21.13	30.56	243
贵州	**Guizhou**	**1243.60**	**1365.33**		陇南	Longnan	13.00	10.84	278
贵阳	Guiyang	493.33	596.39	25	**青海**	**Qinghai**	**227.78**	**213.66**	
六盘水	Liupanshui	40.98	38.06	230	西宁	Xining	173.38	171.17	105
遵义	Zunyi	222.77	233.08	76	海东	Haidong	41.41	25.85	254
安顺	Anshun	44.87	57.74	202	**宁夏**	**Ningxia**	**435.41**	**387.75**	
毕节	Bijie	105.29	136.69	126	银川	Yinchuan	278.16	240.25	72
铜仁	Tongren	71.23	79.66	177	石嘴山	Shizuishan	21.53	9.23	279
云南	**Yunnan**	**1635.38**	**1743.91**		吴忠	Wuzhong	44.36	37.65	233
昆明	Kunming	931.82	1058.90	11	固原	Guyuan	51.91	64.19	196
曲靖	Qujing	63.98	82.15	175	中卫	Zhongwei	39.45	36.44	238
玉溪	Yuxi	62.18	44.65	220	**新疆**	**Xinjiang**	**518.83**	**588.25**	
保山	Baoshan	53.70	66.35	193	乌鲁木齐	Urumqi	213.91	247.90	69
昭通	Zhaotong	29.29	52.06	209	克拉玛依	Karamay	19.52	22.23	260

4-4 商品房销售额

Total Sales of Commercialized Buildings

单位：亿元 （100 million yuan）

地名	City	2010	2016	2017	2017 排名 Ranking
全国	**National Total**	**52721.24**	**117627.1**	**133701.3**	
北京	**Beijing**	**2915.36**	**4561.60**	**2796.03**	
天津	**Tianjin**	**1282.43**	**3478.22**	**4628.37**	
河北	**Hebei**	**1650.00**	**4301.83**	**4628.37**	
石家庄	Shijiazhuang	182.16	683.70	1073.21	20
唐山	Tangshan	197.10	402.05	393.79	55
秦皇岛	Qinhuangdao	147.01	162.55	226.19	105
邯郸	Handan	90.33	269.51	290.89	74
邢台	Xingtai	56.16	139.82	190.70	116
保定	Baoding	106.32	311.64	330.53	65
张家口	Zhangjiakou	188.14	213.92	270.39	82
承德	Chengde	104.52	170.27	190.78	115
沧州	Cangzhou	125.26	335.10	429.73	50
廊坊	Langfang	399.87	1433.19	995.29	23
衡水	Hengshui	53.14	180.07	236.87	100
山西	**Shanxi**	**411.71**	**1027.14**	**1357.48**	
太原	Taiyuan	187.49	468.41	710.16	29
大同	Datong	23.99	63.24	96.66	152
阳泉	Yangquan	28.03	38.53	32.66	205
长治	Changzhi	32.17	93.33	110.64	145
晋城	Jincheng	18.44	60.28	65.57	175
朔州	Shuozhou	11.87	24.22	39.95	199
晋中	Jinzhong	28.49	62.16	71.14	172
运城	Yuncheng	32.92	87.16	118.83	139
忻州	Xinzhou	14.36	35.20	31.69	208
临汾	Linfen	17.43	67.62	56.42	186
吕梁	Lvliang	16.51	27.00	23.76	216
内蒙古	**Inner Mongolia**	**1076.55**	**1149.08**	**956.81**	
呼和浩特	Hohhot	193.71	273.36	206.05	109
包头	Baotou	266.57	219.00	229.39	104
乌海	Wuhai	27.23	50.66	24.87	214
赤峰	Chifeng	102.86	144.52	115.67	141
通辽	Tongliao	48.32	75.44	85.82	158
鄂尔多斯	Erdos	251.63	87.95	65.70	174
呼伦贝尔	Hulunbuir	70.69	155.10	112.70	143
巴彦淖尔	Bayannur	41.87	51.87	48.80	191
乌兰察布	Ulanqab	29.99	5.81	8.99	230
辽宁	**Liaoning**	**3063.32**	**2256.91**	**2771.70**	
沈阳	Shenyang	945.05	844.16	1048.30	21
大连	Dalian	856.04	661.78	866.29	26
鞍山	Anshan	202.42	124.86	148.86	131
抚顺	Fushun	77.54	69.54	58.89	184
本溪	Benxi	76.16	31.99	34.95	202
丹东	Dandong	109.02	98.32	110.73	144
锦州	Jinzhou	122.20	63.41	99.42	150
营口	Yingkou	184.28	73.53	84.26	161
阜新	Fuxin	33.57	24.56	28.26	212
辽阳	Liaoyang	60.29	32.54	43.36	195
盘锦	Panjin	91.84	95.50	113.93	142
铁岭	Tieling	136.09	47.93	35.65	201
朝阳	Chaoyang	69.34	37.91	40.42	197
葫芦岛	Huludao	99.50	50.89	91.36	157
吉林	**Jilin**	**868.80**	**1029.58**	**1135.18**	
长春	Changchun	446.91	667.37	805.01	27
吉林	Jilin	164.79	121.57	148.30	132
四平	Siping	39.62	31.36	8.25	231
辽源	Liaoyuan	19.22	16.58	10.03	227
通化	Tonghua	46.08	71.53	57.92	185
白山	Baishan	26.71	17.36	15.18	223
松原	Songyuan	47.24	15.88	11.13	226
白城	Baicheng	4.81	9.67	10.00	228
黑龙江	**Heilongjiang**	**1011.95**	**1121.04**	**1459.72**	
哈尔滨	Harbin	470.19	698.28	1045.51	22
齐齐哈尔	Qiqihar	70.89	100.76	76.41	166
鸡西	Jixi	20.05	15.72	18.97	222
鹤岗	Hegang	17.17	3.00	4.05	234
双鸭山	Shuangyashan	9.60	11.46	12.37	225
大庆	Daqing	128.84	109.48	93.59	156
伊春	Yichun	13.32	4.43	5.04	233
佳木斯	Jiamusi	66.62	31.42	33.79	204
七台河	Qitaihe	10.47	2.85	7.07	232
牡丹江	Mudanjiang	80.68	55.53	62.80	177
黑河	Heihe	18.90	17.34	22.30	220
绥化	Suihua	96.92	54.88	59.01	182
上海	**Shanghai**	**2959.94**	**6695.85**	**4026.67**	
江苏	**Jiangsu**	**5540.32**	**12293.02**	**13066.85**	

4-4 商品房销售额 续表 1
Total Sales of Commercialized Buildings continued 1

单位：亿元 （100 million yuan）

地名	City	2010	2016	2017	2017 排名 Ranking
南京	Nanjing	787.38	2766.35		
无锡	Wuxi	811.45	1108.03		
徐州	Xuzhou	232.55	587.82		
常州	Changzhou	553.19	659.13		
苏州	Suzhou	1248.06	3322.54		
南通	Nantong	357.44	810.95		
连云港	Lianyungang	167.70	273.28		
淮安	Huaian	232.61	416.85		
盐城	Yancheng	224.79	433.65		
扬州	Yangzhou	304.73	529.86		
镇江	Zhenjiang	203.86	631.05		
泰州	Taizhou	248.61	402.68		
宿迁	Suqian	164.62	352.86		
浙江	**Zhejiang**	**4459.04**	**9605.10**	**12339.99**	
杭州	Hangzhou	1396.77	3665.48	4180.11	1
宁波	Ningbo	778.47	1501.14	2056.77	8
温州	Wenzhou	307.31	1011.79	1317.29	15
嘉兴	Jiaxing	378.08	872.93	1139.10	18
湖州	Huzhou	258.53	386.87	621.40	35
绍兴	Shaoxing	463.41	614.19	934.54	24
金华	Jinhua	275.53	406.42	551.27	42
衢州	Quzhou	90.57	184.78	276.06	80
舟山	Zhoushan	125.26	148.01	267.15	85
台州	Taizhou	330.47	605.77	752.14	28
丽水	Lishui	53.77	207.71	244.15	97
安徽	**Anhui**	**1732.66**	**5035.55**	**5865.77**	
合肥	Hefei	593.34	1966.04	1379.75	12
芜湖	Wuhu	166.40	400.76	546.97	44
蚌埠	Bengbu	75.20	320.42	425.61	52
淮南	Huainan	82.34	104.59	177.05	120
马鞍山	Maanshan	56.15	191.91	260.19	88
淮北	Huaibei	31.11	56.50	79.63	163
铜陵	Tongling	39.75	81.80	105.26	147
安庆	Anqing	85.07	202.31	251.55	92
黄山	Huangshan	52.83	63.64	104.14	148
滁州	Chuzhou	97.44	303.56	522.98	46
阜阳	Fuyang	71.51	371.81	571.60	39
宿州	Suzhou	49.10	232.66	361.57	59
六安	Liuan	76.29	308.79	406.36	53
亳州	Bozhou	20.37	192.92	336.16	64
池州	Chizhou	64.10	68.99	80.04	162
宣城	Xuancheng	83.74	168.85	256.91	90
福建	**Fujian**	**1611.32**	**4530.79**	**5705.19**	
福州	Fuzhou	502.99	1354.29		
厦门	Xiamen	379.12	1058.82		
莆田	Putian	79.55	284.89		
三明	Sanming	105.23	128.88		
泉州	Quanzhou	225.30	691.73		
漳州	Zhangzhou	122.21	545.73		
南平	Nanping	62.60	165.98		
龙岩	Longyan	64.72	158.97		
宁德	Ningde	69.61	141.50		
江西	**Jiangxi**	**776.41**	**2678.37**	**3592.52**	
南昌	Nanchang	237.80	1022.91	1373.16	13
景德镇	Jingdezhen	25.81	45.52	64.93	176
萍乡	Pingxiang	17.94	64.35	74.05	170
九江	Jiujiang	85.18	232.43	300.31	71
新余	Xinyu	36.54	59.41	78.40	165
鹰潭	Yingtan	11.76	61.75	85.69	159
赣州	Ganzhou	131.45	452.35	649.16	32
吉安	Jian	43.94	137.91	162.95	126
宜春	Yichun	65.00	203.88	270.69	81
抚州	Fuzhou	57.86	211.70	285.74	77
上饶	Shangrao	63.10	186.16	247.44	94
山东	**Shandong**	**3665.12**	**6902.90**	**8096.97**	
济南	Jinan	332.64	1175.14	1172.57	17
青岛	Qingdao	894.84	1789.95	1999.20	9
淄博	Zibo	240.37	282.92	325.57	67
枣庄	Zaozhuang	73.75	172.08	203.27	112
东营	Dongying	137.90	161.75	173.32	123
烟台	Yantai	475.71	560.50	671.36	30
潍坊	Weifang	415.69	431.77	625.48	34
济宁	Jining	104.01	358.89	444.03	48
泰安	Taian	99.23	135.85	186.77	117
威海	Weihai	281.85	464.48	546.81	45
日照	Rizhao	41.68	105.31	145.24	133
莱芜	Laiwu	11.88	25.07	50.31	189
临沂	Linyi	128.25	435.49	552.75	40
德州	Dezhou	120.62	246.71	328.02	66
聊城	Liaocheng	73.31	203.39	287.19	75

4-4　商品房销售额　续表 2
Total Sales of Commercialized Buildings continued 2

单位：亿元　　　　（100 million yuan）

地名	City	2010	2016	2017	2017 排名 Ranking
滨州	Binzhou	67.67	186.26	148.88	130
菏泽	Heze	165.71	167.34	236.21	101
河南	**Henan**	**1658.79**	**5612.90**	**7129.40**	
郑州	Zhengzhou	772.70	2333.89	2673.82	6
开封	Kaifeng	41.62	169.51	247.11	95
洛阳	Luoyang	144.24	350.14	500.71	47
平顶山	Pingdingshan	30.94	129.82	184.81	118
安阳	Anyang	74.67	255.74	346.51	61
鹤壁	Hebi	18.98	71.79	96.83	151
新乡	Xinxiang	81.74	282.57	399.95	54
焦作	Jiaozuo	47.78	113.12	137.25	135
濮阳	Puyang	33.60	162.61	204.06	110
许昌	Xuchang	42.26	219.49	264.28	87
漯河	Luohe	24.32	58.20	94.12	154
三门峡	Sanmenxia	18.61	72.03	96.25	153
南阳	Nanyang	56.80	231.94	269.72	83
商丘	Shangqiu	55.85	393.60	603.39	36
信阳	Xinyang	85.35	270.98	343.59	62
周口	Zhoukou	43.33	161.52	214.25	107
驻马店	Zhumadian	74.74	315.41	432.24	49
湖北	**Hubei**	**1313.14**	**4994.05**	**6258.92**	
武汉	Wuhan	694.73	3271.20		
黄石	Huangshi	43.38	102.91		
十堰	Shiyan	50.46	100.56		
宜昌	Yichang	86.96	304.79		
襄阳	Xiangyang	117.11	280.03		
鄂州	Ezhou	18.72	32.78		
荆门	Jingmen	44.74	107.90		
孝感	Xiaogan	50.06	121.18		
荆州	Jingzhou	39.54	107.09		
黄冈	Huanggang	31.83	174.38		
咸宁	Xianning	43.74	106.25		
随州	Suizhou	30.23	45.96		
湖南	**Hunan**	**14068.47**	**3751.86**	**4460.66**	
长沙	Changsha	7423.31	1661.41	1736.74	10
株洲	Zhuzhou	1534.59	310.78	371.13	57
湘潭	Xiangtan	577.11	102.42	174.22	121
衡阳	Hengyang	682.32	184.03	237.24	99
邵阳	Shaoyang	208.27	143.61	179.36	119
岳阳	Yueyang	628.67	215.24	241.65	98
常德	Changde	717.54	175.61	265.04	86
张家界	Zhangjiajie	209.93	23.45	39.41	200
益阳	Yiyang	444.30	120.41	150.26	129
郴州	Chenzhou	483.59	254.97	338.81	63
永州	Yongzhou	421.90	205.00	244.66	96
怀化	Huaihua	290.07	222.98	308.47	69
娄底	Loudi	361.77	88.72	117.53	140
广东	**Guangdong**	**5480.77**	**16214.61**	**18792.76**	
广州	Guangzhou	1674.99	3193.33	3099.52	4
韶关	Shaoguan	75.79	166.28	235.44	102
深圳	Shenzhen	892.55	3323.64	3216.65	3
珠海	Zhuhai	293.01	1215.60	1093.42	19
汕头	Shantou	73.13	279.35	629.73	33
佛山	Foshan	668.13	2117.23	3073.04	5
江门	Jiangmen	179.17	410.23	572.40	38
湛江	Zhanjiang	62.16	245.40	425.93	51
茂名	Maoming	55.62	169.82	317.17	68
肇庆	Zhaoqing	140.31	239.33	365.61	58
惠州	Huizhou	311.17	1415.00	1628.81	11
梅州	Meizhou	31.67	188.94	286.35	76
汕尾	Shanwei	16.43	93.87	141.41	134
河源	Heyuan	25.58	151.87	269.19	84
阳江	Yangjiang	41.91	144.55	247.91	93
清远	Qingyuan	138.14	375.07	585.11	37
东莞	Dongguan	373.77	1418.17	1349.22	14
中山	Zhongshan	350.38	844.81	884.65	25
潮州	Chaozhou	19.70	55.29	85.54	160
揭阳	Jieyang	34.62	65.60	122.29	137
云浮	Yunfu	22.53	101.24	163.38	125
广西	**Guangxi**	**995.19**	**2207.47**	**3016.64**	
南宁	Nanning	342.84	914.24	1200.77	16
柳州	Liuzhou	113.30	275.36	392.98	56
桂林	Guilin	115.66	215.16	293.07	72
梧州	Wuzhou	34.26	47.59	71.75	171
北海	Beihai	76.00	106.13	212.92	108
防城港	Fangchenggang	48.82	90.66	102.23	149
钦州	Qinzhou	62.30	67.02	69.00	173
贵港	Guigang	41.96	111.49	173.63	122
玉林	Yulin	59.93	150.66	203.22	113
百色	Baise	32.60	79.63	94.09	155

4-4 商品房销售额 续表 3
Total Sales of Commercialized Buildings continued 3

单位：亿元 （100 million yuan）

地名	City	2010	2016	2017	2017 排名 Ranking	地名	City	2010	2016	2017	2017 排名 Ranking
贺州	Hezhou	5.37	28.19	48.69	192	丽江	Lijiang	23.80	33.74		
河池	Hechi	21.58	33.82	49.50	190	普洱	Puer	26.24	39.16		
来宾	Laibin	18.46	41.51	44.76	193	临沧	Lincang	14.17			
崇左	Chongzuo	23.13	46.02	60.02	181	**西藏**	**Tibet**	**5.57**	**38.14**	**35.28**	
海南	**Hainan**	**746.61**	**1490.20**	**2713.72**		拉萨	Lasa	3.92			
海口	Haikou	168.12	391.28	658.79	31	**陕西**	**Shaanxi**	**973.69**	**1785.17**	**2661.08**	
三亚	Sanya	243.88	280.22	551.46	41	西安	Xi'an	707.00	1347.08	2123.34	7
三沙	Sansha					铜川	Tongchuan	10.07	11.42	13.81	224
重庆	**Chongqing**	**1846.94**	**3432.00**	**4557.85**		宝鸡	Baoji	53.98	102.44	121.08	138
四川	**Sichuan**	**2647.34**	**5358.91**	**6757.11**		咸阳	Xianyang	50.55	85.93	75.19	168
成都	Chengdu	1519.33	2950.20	3424.48	2	渭南	Weinan	24.70	54.91	75.26	167
自贡	Zigong	60.80	111.99	158.15	127	延安	Yan'an	5.78	22.47	51.19	188
攀枝花	Panzhihua	28.91	50.61	78.70	164	汉中	Hanzhong	42.89	50.11	61.05	179
泸州	Luzhou	98.09	249.62	350.27	60	榆林	Yulin	34.29	29.72	42.83	196
德阳	Deyang	75.02	102.03	109.17	146	安康	Ankang	31.39	45.62	56.18	187
绵阳	Mianyang	127.40	174.36	279.62	78	商洛	Shangluo	8.79	22.39	23.73	217
广元	Guangyuan	28.35	56.35	74.08	169	**甘肃**	**Gansu**	**227.81**	**873.46**	**890.31**	
遂宁	Suining	46.02	187.63	252.83	91	兰州	Lanzhou	96.51	570.31	547.26	43
内江	Neijiang	70.75	124.52	155.15	128	嘉峪关	Jiayuguan	17.99	18.97	23.94	215
乐山	Leshan	85.65	155.24	203.28	111	金昌	Jinchang	12.11	11.99	9.82	229
南充	Nanchong	106.04	173.69	276.23	79	白银	Baiyin	17.13	25.05	27.08	213
眉山	Meishan	61.17	175.13	234.39	103	天水	Tianshui	19.47	39.16	58.98	183
宜宾	Yibin	82.77	207.21	291.87	73	武威	Wuwei	0.13	9.13	19.30	221
广安	Guangan	52.04	161.63	222.63	106	张掖	Zhangye	11.97	35.89	31.24	209
达州	Dazhou	82.40	117.50	201.60	114	平凉	Pingliang	2.77	32.96	30.87	210
雅安	Yaan	10.25	47.93	62.76	178	酒泉	Jiuquan	11.27	47.95	33.79	203
巴中	Bazhong	26.27	111.15	133.67	136	庆阳	Qingyang	12.03	12.78	30.66	211
资阳	Ziyang	70.73	163.70	172.95	124	定西	Dingxi	5.67	34.17	43.57	194
贵州	**Guizhou**	**581.01**	**1790.53**	**2240.77**		陇南	Longnan	1.23	19.42	23.01	219
贵阳	Guiyang	353.46	587.47			**青海**	**Qinghai**	**84.44**	**236.44**	**296.50**	
六盘水	Liupanshui	27.63	81.68			西宁	Xining	72.25	208.38	257.85	89
遵义	Zunyi	54.05	316.02			海东	Haidong		22.58	31.78	207
安顺	Anshun	17.33				**宁夏**	**Ningxia**	**309.22**	**409.71**	**464.13**	
毕节	Bijie	22.34				银川	Yinchuan	210.63	270.57	308.16	70
铜仁	Tongren	18.64				石嘴山	Shizuishan	29.31	20.27	23.35	218
云南	**Yunnan**	**934.60**	**1917.76**	**2561.19**		吴忠	Wuzhong	30.51	52.75	60.55	180
昆明	Kunming	455.06	1069.17			固原	Guyuan	15.67	37.53	40.14	198
曲靖	Qujing	93.97				中卫	Zhongwei	23.10	28.59	31.93	206
玉溪	Yuxi	66.18				**新疆**	**Xinjiang**	**483.04**	**846.84**	**793.45**	
保山	Baoshan	21.95				乌鲁木齐	Urumqi	211.81	372.76		
昭通	Zhaotong	14.28				克拉玛依	Karamay	15.28	35.32		

4-5 商品住宅销售额
Total Sales of Commercialized Residential Buildings

单位：亿元 （100 million yuan）

地名	City	2010	2016	2017	2017 排名 Ranking
全国	**National Total**	**44120.65**	**99064.17**	**110239.51**	
北京	**Beijing**	**2060.52**	**2795.81**	**2077.01**	
天津	**Tianjin**	**1070.27**	**3245.60**	**2032.93**	
河北	**Hebei**	**1488.78**	**3710.88**	**3925.37**	
石家庄	Shijiazhuang	169.97	500.38	821.64	23
唐山	Tangshan	170.43	307.91	329.84	55
秦皇岛	Qinhuangdao	142.73	152.44	206.16	94
邯郸	Handan	79.56	199.71	266.02	67
邢台	Xingtai	51.44	131.23	168.78	111
保定	Baoding	98.85	262.15	306.06	58
张家口	Zhangjiakou	156.34	192.31	234.01	80
承德	Chengde	88.68	131.45	154.71	119
沧州	Cangzhou	111.73	275.25	301.71	60
廊坊	Langfang	371.37	1405.25	934.55	20
衡水	Hengshui	47.70	152.80	201.90	100
山西	**Shanxi**	**357.37**	**900.79**	**1225.90**	
太原	Taiyuan	166.92	409.69	639.48	28
大同	Datong	20.17	54.50	84.42	151
阳泉	Yangquan	24.45	34.25	31.78	199
长治	Changzhi	27.89	80.08	99.08	139
晋城	Jincheng	15.23	58.18	62.34	167
朔州	Shuozhou	8.39	15.90	37.50	196
晋中	Jinzhong	25.60	54.18	65.29	165
运城	Yuncheng	27.58	76.82	104.44	137
忻州	Xinzhou	13.67	32.97	28.89	202
临汾	Linfen	14.31	60.14	52.09	175
吕梁	Lvliang	13.15	24.06	20.60	214
内蒙古	**Inner Mongolia**	**766.47**	**838.08**	**731.69**	
呼和浩特	Hohhot	144.08	179.15	141.52	122
包头	Baotou	162.41	184.68	187.46	105
乌海	Wuhai	22.48	33.85	19.64	217
赤峰	Chifeng	89.74	106.68	103.96	138
通辽	Tongliao	31.96	53.12	71.66	158
鄂尔多斯	Erdos	173.02	79.59	41.95	189
呼伦贝尔	Hulunbuir	47.25	86.04	71.53	159
巴彦淖尔	Bayannur	37.25	45.50	40.29	191
乌兰察布	Ulanqab	25.66	4.70	7.75	229
辽宁	**Liaoning**	**2587.66**	**1988.03**	**2452.23**	
沈阳	Shenyang	774.55	751.74	946.36	18
大连	Dalian	761.55	596.93	759.61	25
鞍山	Anshan	182.86	106.79	132.79	127
抚顺	Fushun	69.01	59.18	49.03	182
本溪	Benxi	37.48	27.36	27.50	207
丹东	Dandong	86.59	86.61	96.73	141
锦州	Jinzhou	105.11	52.45	52.60	174
营口	Yingkou	164.34	61.31	78.93	154
阜新	Fuxin	24.06	20.34	24.64	210
辽阳	Liaoyang	49.85	30.10	38.47	195
盘锦	Panjin	81.24	78.06	93.45	143
铁岭	Tieling	110.50	39.17	31.09	200
朝阳	Chaoyang	56.51	31.79	34.56	198
葫芦岛	Huludao	84.00	46.19	86.46	149
吉林	**Jilin**	**735.91**	**806.49**	**920.85**	
长春	Changchun	400.72	502.17	648.26	27
吉林	Jilin	138.52	105.20	121.79	133
四平	Siping	33.07	28.56	6.92	231
辽源	Liaoyuan	15.96	12.02	9.55	226
通化	Tonghua	37.44	59.22	48.30	184
白山	Baishan	20.64	11.87	12.29	224
松原	Songyuan	33.45	13.98	9.22	227
白城	Baicheng	4.48	8.65	8.44	228
黑龙江	**Heilongjiang**	**833.05**	**903.66**	**1134.47**	
哈尔滨	Harbin	420.82	567.88	843.28	22
齐齐哈尔	Qiqihar	53.98	79.59	56.55	171
鸡西	Jixi	12.59	13.37	16.01	220
鹤岗	Hegang	14.61	2.74	3.30	234
双鸭山	Shuangyashan	7.63	7.63	10.02	225
大庆	Daqing	106.23	90.29	48.97	183
伊春	Yichun	12.25	3.86	3.86	232
佳木斯	Jiamusi	49.12	28.10	27.93	206
七台河	Qitaihe	9.38	2.15	3.46	233
牡丹江	Mudanjiang	55.90	44.91	49.47	180
黑河	Heihe	13.87	12.05	14.80	221
绥化	Suihua	69.91	38.61	39.19	193
上海	**Shanghai**	**2395.35**	**5233.29**	**3336.09**	
江苏	**Jiangsu**	**4536.63**	**11055.36**	**11325.84**	

4-5 商品住宅销售额 续表 1
Total Sales of Commercialized Residential Buildings continued 1

单位：亿元 (100 million yuan)

地名	City	2010	2016	2017	2017 排名 Ranking
南京	Nanjing	696.45	2514.99		
无锡	Wuxi	656.65	1000.35		
徐州	Xuzhou	197.62	467.02		
常州	Changzhou	444.51	579.15		
苏州	Suzhou	971.53	3070.74		
南通	Nantong	311.69	737.67		
连云港	Lianyungang	129.98	260.39		
淮安	Huaian	194.07	335.34		
盐城	Yancheng	169.69	0.04		
扬州	Yangzhou	272.50	473.70		
镇江	Zhenjiang	154.94	584.70		
泰州	Taizhou	208.08	359.33		
宿迁	Suqian	125.74	317.95		
浙江	**Zhejiang**	**3577.49**	**8280.85**	**10300.34**	
杭州	Hangzhou	1137.29	3059.61	3225.75	1
宁波	Ningbo	580.90	1321.80	1815.78	7
温州	Wenzhou	266.00	909.51	1122.49	12
嘉兴	Jiaxing	274.94	771.47	996.26	17
湖州	Huzhou	194.74	332.08	540.59	34
绍兴	Shaoxing	372.80	541.95	800.84	24
金华	Jinhua	243.55	354.01	472.63	40
衢州	Quzhou	74.01	152.16	232.22	81
舟山	Zhoushan	109.82	133.32	249.45	75
台州	Taizhou	283.00	528.99	639.36	29
丽水	Lishui	47.79	175.96	204.95	97
安徽	**Anhui**	**1408.41**	**4231.59**	**4878.56**	
合肥	Hefei	475.17	1588.35	1098.95	13
芜湖	Wuhu	135.15	356.65	468.80	42
蚌埠	Bengbu	62.90	281.00	365.93	50
淮南	Huainan	73.40	89.39	156.41	118
马鞍山	Maanshan	50.51	164.90	227.30	85
淮北	Huaibei	29.00	51.79	71.26	161
铜陵	Tongling	32.34	57.20	91.39	145
安庆	Anqing	70.30	179.47	201.41	101
黄山	Huangshan	42.73	51.67	90.59	146
滁州	Chuzhou	80.27	265.14	475.48	39
阜阳	Fuyang	56.42	310.28	441.79	45
宿州	Suzhou	43.82	187.80	255.08	72
六安	Liuan	60.84	284.03	363.84	51
亳州	Bozhou	16.34	152.40	270.98	65
池州	Chizhou	40.09	62.24	72.07	157
宣城	Xuancheng	63.88	149.28	227.29	86
福建	**Fujian**	**1300.13**	**3793.41**	**4202.00**	
福州	Fuzhou	418.33	1129.28		
厦门	Xiamen	276.63	813.93		
莆田	Putian	64.65	236.93		
三明	Sanming	81.31	111.87		
泉州	Quanzhou	194.65	599.02		
漳州	Zhangzhou	105.45	494.17		
南平	Nanping	54.62	139.12		
龙岩	Longyan	43.87			
宁德	Ningde	60.62			
江西	**Jiangxi**	**670.34**	**2207.17**	**2879.66**	
南昌	Nanchang	211.90	830.65	1045.56	14
景德镇	Jingdezhen	23.85	41.04	56.99	170
萍乡	Pingxiang	16.75	56.23	60.37	168
九江	Jiujiang	80.32	189.06	255.68	71
新余	Xinyu	33.83	54.63	71.04	162
鹰潭	Yingtan	10.37	55.14	66.24	164
赣州	Ganzhou	92.03	350.23	507.41	37
吉安	Jian	37.14	116.56	134.91	126
宜春	Yichun	59.80	175.32	244.23	76
抚州	Fuzhou	52.60	185.65	232.15	82
上饶	Shangrao	51.75	152.66	205.07	96
山东	**Shandong**	**3218.02**	**6070.54**	**6891.65**	
济南	Jinan	291.14	1035.72	946.28	19
青岛	Qingdao	776.83	1576.31	1642.28	9
淄博	Zibo	220.52	255.18	280.57	63
枣庄	Zaozhuang	64.68	155.01	181.45	108
东营	Dongying	132.78	145.41	150.21	121
烟台	Yantai	410.83	465.49	591.60	30
潍坊	Weifang	341.70	375.40	555.86	32
济宁	Jining	92.67	318.29	376.10	49
泰安	Taian	89.49	125.67	167.55	113
威海	Weihai	261.48	393.61	471.51	41
日照	Rizhao	36.92	101.31	130.37	130
莱芜	Laiwu	8.97	23.65	45.81	185
临沂	Linyi	117.90	379.59	492.55	38
德州	Dezhou	111.35	222.78	284.41	62
聊城	Liaocheng	66.89	179.09	236.05	79

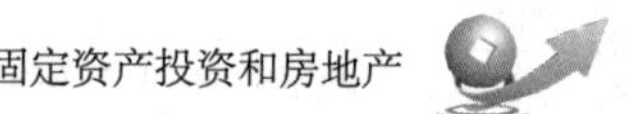

4-5 商品住宅销售额 续表 2

Total Sales of Commercialized Residential Buildings continued 2

单位：亿元 （100 million yuan）

地名	City	2010	2016	2017	2017 排名 Ranking	地名	City	2010	2016	2017	2017 排名 Ranking
滨州	Binzhou	49.01	164.19	136.32	124	常德	Changde	59.68	142.66	231.20	84
菏泽	Heze	144.87	153.84	202.73	99	张家界	Zhangjiajie	13.79	19.87	28.48	203
河南	**Henan**	**1454.57**	**4839.03**	**5897.68**		益阳	Yiyang	34.97	93.53	120.10	134
郑州	Zhengzhou	656.55	2081.13	2276.69	6	郴州	Chenzhou	45.43	213.85	260.09	69
开封	Kaifeng	38.64	143.15	214.98	93	永州	Yongzhou	34.30	165.48	190.66	104
洛阳	Luoyang	122.63	291.76	411.45	46	怀化	Huaihua	22.11	161.80	243.15	77
平顶山	Pingdingshan	28.09	119.94	160.00	117	娄底	Loudi	28.27	65.60	96.28	142
安阳	Anyang	68.14	206.09	260.87	68	**广东**	**Guangdong**	**4589.82**	**14240.33**	**15437.89**	
鹤壁	Hebi	17.54	61.23	81.60	153	广州	Guangzhou	1180.03	2654.56	2418.36	4
新乡	Xinxiang	71.21	265.25	377.51	48	韶关	Shaoguan	68.56	136.41	215.15	92
焦作	Jiaozuo	45.81	98.91	123.16	132	深圳	Shenzhen	784.30	3003.22	2533.04	3
濮阳	Puyang	31.71	152.86	194.06	103	珠海	Zhuhai	263.96	1096.96	881.39	21
许昌	Xuchang	39.23	196.25	236.55	78	汕头	Shantou	65.47	243.86	554.65	33
漯河	Luohe	22.79	48.64	77.81	156	佛山	Foshan	593.72	1794.18	2362.10	5
三门峡	Sanmenxia	16.98	59.70	84.72	150	江门	Jiangmen	167.20	373.10	514.39	36
南阳	Nanyang	51.63	210.51	231.49	83	湛江	Zhanjiang	54.56	226.16	393.30	47
商丘	Shangqiu	51.68	266.43	352.89	52	茂名	Maoming	51.29	155.93	302.97	59
信阳	Xinyang	72.43	238.65	297.16	61	肇庆	Zhaoqing	122.92	205.16	322.75	56
周口	Zhoukou	41.93	123.89	166.65	114	惠州	Huizhou	285.97	1337.17	1537.12	10
驻马店	Zhumadian	67.46	255.03	332.29	54	梅州	Meizhou	29.47	156.92	258.36	70
湖北	**Hubei**	**1134.64**	**4383.81**	**5380.31**		汕尾	Shanwei	16.33	85.45	99.02	140
武汉	Wuhan	606.01	2878.14			河源	Heyuan	22.91	140.66	251.52	74
黄石	Huangshi	37.78	86.40			阳江	Yangjiang	39.99	135.80	223.67	89
十堰	Shiyan	47.19				清远	Qingyuan	124.56	350.92	517.47	35
宜昌	Yichang	73.35	277.07			东莞	Dongguan	334.15	1222.31	1016.96	15
襄阳	Xiangyang	88.09	233.28			中山	Zhongshan	312.20	737.47	705.45	26
鄂州	Ezhou	17.77				潮州	Chaozhou	19.28	52.68	77.91	155
荆门	Jingmen	37.19	97.21			揭阳	Jieyang	33.27	59.47	113.07	135
孝感	Xiaogan	48.54	104.81			云浮	Yunfu	19.68	71.93	139.26	123
荆州	Jingzhou	35.36	97.61			**广西**	**Guangxi**	**881.70**	**1948.23**	**2635.74**	
黄冈	Huanggang	27.52	156.33			南宁	Nanning	298.01	778.35	1006.96	16
咸宁	Xianning	35.03	85.03			柳州	Liuzhou	97.28	251.34	343.22	53
随州	Suizhou	27.44	40.76			桂林	Guilin	106.27	200.67	267.74	66
湖南	**Hunan**	**1248.11**	**3113.62**	**3570.76**		梧州	Wuzhou	30.85	44.06	67.41	163
长沙	Changsha	701.92	1411.04	1327.81	11	北海	Beihai	73.23	101.37	198.90	102
株洲	Zhuzhou	123.93	249.90	307.52	57	防城港	Fangchenggang	38.63	73.53	88.13	148
湘潭	Xiangtan	51.93	89.42	153.82	120	钦州	Qinzhou	56.01	57.46	62.88	166
衡阳	Hengyang	58.06	167.51	223.79	88	贵港	Guigang	37.14	101.70	160.62	116
邵阳	Shaoyang	18.88	112.73	130.97	129	玉林	Yulin	7.04	141.38	182.44	107
岳阳	Yueyang	46.57	185.17	216.58	91	百色	Baise	29.48	65.74	82.03	152

4-5 商品住宅销售额 续表 3

Sales of Commercialized Residential Buildings continued 3

单位：亿元 （100 million yuan）

地名	City	2010	2016	2017	2017 排名 Ranking	地名	City	2010	2016	2017	2017 排名 Ranking
贺州	Hezhou	4.01	25.08	42.81	187	丽江	Lijiang	20.33			
河池	Hechi	18.22	32.70	41.22	190	普洱	Puer	20.05			
来宾	Laibin	15.41	35.03	39.95	192	临沧	Lincang	10.88			
崇左	Chongzuo	20.98	39.82	51.44	178	**西藏**	**Tibet**	**5.17**	**34.70**	**25.19**	
海南	**Hainan**	**734.10**	**1385.26**	**2473.18**		拉萨	Lasa	3.68			
海口	Haikou	161.14	349.66	569.90	31	**陕西**	**Shaanxi**	**906.68**	**1585.71**	**2215.17**	
三亚	Sanya	243.82	256.52	455.87	43	西安	Xi'an	661.27	1194.41	1743.43	8
三沙	Sansha					铜川	Tongchuan	10.05	9.76	12.73	223
重庆	**Chongqing**	**1610.64**	**2635.64**	**3601.56**		宝鸡	Baoji	52.41	94.01	111.25	136
四川	**Sichuan**	**2330.85**	**4296.27**	**5173.60**		咸阳	Xianyang	47.39	76.53	71.39	160
成都	Chengdu	1334.38	2421.32	2556.24	2	渭南	Weinan	20.93	47.55	55.59	173
自贡	Zigong	54.16	93.87	132.60	128	延安	Yan'an	5.66	20.73	42.71	188
攀枝花	Panzhihua	25.02	43.71	56.02	172	汉中	Hanzhong	39.46	40.24	51.47	177
泸州	Luzhou	85.92	200.63	272.81	64	榆林	Yulin	31.01	28.17	39.05	194
德阳	Deyang	66.34	89.14	88.26	147	安康	Ankang	27.58	42.95	51.76	176
绵阳	Mianyang	116.75	149.97	205.24	95	商洛	Shangluo	7.43	18.99	19.07	218
广元	Guangyuan	22.39	45.21	57.16	169	**甘肃**	**Gansu**	**201.47**	**712.35**	**738.22**	
遂宁	Suining	42.93	137.89	202.99	98	兰州	Lanzhou	84.04	459.36	448.93	44
内江	Neijiang	64.62	108.91	130.02	131	嘉峪关	Jiayuguan	16.91	16.04	19.81	216
乐山	Leshan	76.24	116.55	163.73	115	金昌	Jinchang	11.42	9.56	7.12	230
南充	Nanchong	97.77	145.26	224.59	87	白银	Baiyin	15.44	20.94	21.47	213
眉山	Meishan	55.11	129.93	183.72	106	天水	Tianshui	17.71	35.33	50.90	179
宜宾	Yibin	69.14	157.49	217.56	90	武威	Wuwei	0.13	5.12	13.84	222
广安	Guangan	45.61	129.25	178.48	110	张掖	Zhangye	10.95	30.87	28.10	205
达州	Dazhou	71.15	92.42	168.24	112	平凉	Pingliang	1.73	29.51	28.47	204
雅安	Yaan	8.89	19.52	44.63	186	酒泉	Jiuquan	9.22	40.55	29.70	201
巴中	Bazhong	22.19	76.21	92.00	144	庆阳	Qingyang	9.99	10.36	24.05	211
资阳	Ziyang	59.25	112.34	135.50	125	定西	Dingxi	4.72	27.84	35.67	197
贵州	**Guizhou**	**501.63**	**1269.43**	**1623.37**		陇南	Longnan	0.77	13.46	20.05	215
贵阳	Guiyang	310.48	447.97			**青海**	**Qinghai**	**77.10**	**172.06**	**211.71**	
六盘水	Liupanshui	22.92	64.50			西宁	Xining	66.10	146.25	179.71	109
遵义	Zunyi	46.30	234.95			海东	Haidong		20.98	25.93	208
安顺	Anshun	14.63				**宁夏**	**Ningxia**	**253.76**	**325.89**	**369.30**	
毕节	Bijie	18.35				银川	Yinchuan	171.06	219.23	254.39	73
铜仁	Tongren	15.69				石嘴山	Shizuishan	23.30	11.89	16.83	219
云南	**Yunnan**	**769.32**	**1411.38**	**1973.72**		吴忠	Wuzhong	27.73	42.74	49.12	181
昆明	Kunming	373.99	773.40			固原	Guyuan	11.40	28.57	23.88	212
曲靖	Qujing	77.04				中卫	Zhongwei	20.27	23.46	25.08	209
玉溪	Yuxi	63.07				**新疆**	**Xinjiang**	**416.41**	**648.94**	**597.52**	
保山	Baoshan	19.21				乌鲁木齐	Urumqi	182.94	307.24		
昭通	Zhaotong	9.27				克拉玛依	Karamay	13.54	28.84		

4-6 商品房销售面积

Floor Space of Commercialized Buildings Sold

单位：万平方米 （10 000 sq.m）

地名	City	2010	2016	2017	2017 排名 Ranking	地名	City	2010	2016	2017	2017 排名 Ranking
全国	**National Total**	**104764.7**	**157348.5**	**169407.8**		沈阳	Shenyang	1746.5	1184.3	1300.2	17
北京	**Beijing**	**1639.5**	**1658.9**	**870.0**		大连	Dalian	1215.3	707.5	839.8	48
天津	**Tianjin**	**1564.5**	**2711.1**	**1482.1**		鞍山	Anshan	553.1	302.4	339.9	131
河北	**Hebei**	**4662.1**	**6682.3**	**6425.9**		抚顺	Fushun	212.3	156.2	128.5	200
石家庄	Shijiazhuang	469.3	855.7	1091.9	26	本溪	Benxi	227.6	72.8	81.7	221
唐山	Tangshan	482.0	852.4	734.7	62	丹东	Dandong	332.3	210.0	231.9	158
秦皇岛	Qinhuangdao	326.2	288.6	343.7	130	锦州	Jinzhou	353.0	161.2	157.9	190
邯郸	Handan	275.7	428.4	516.8	98	营口	Yingkou	532.6	178.2	207.3	166
邢台	Xingtai	225.4	353.8	437.8	118	阜新	Fuxin	121.6	65.5	76.2	225
保定	Baoding	399.9	608.1	545.6	90	辽阳	Liaoyang	177.6	77.9	99.4	209
张家口	Zhangjiakou	667.0	464.5	421.1	119	盘锦	Panjin	261.3	253.5	287.8	148
承德	Chengde	329.8	350.0	326.0	138	铁岭	Tieling	485.6	123.8	91.2	212
沧州	Cangzhou	422.6	662.0	695.4	69	朝阳	Chaoyang	298.8	103.4	119.5	205
廊坊	Langfang	819.9	1346.5	819.3	52	葫芦岛	Huludao	282.8	115.1	187.0	172
衡水	Hengshui	244.4	472.4	493.5	104	**吉林**	**Jilin**	**2382.1**	**1919.3**	**1885.2**	
山西	**Shanxi**	**1180.6**	**2061.1**	**2415.9**		长春	Changchun	863.1	1017.8	1147.2	25
太原	Taiyuan	258.8	613.7	793.4	55	吉林	Jilin	496.3	268.1	295.6	146
大同	Datong	80.7	143.4	200.6	169	四平	Siping	175.1	84.7	23.2	244
阳泉	Yangquan	107.7	95.7	79.7	224	辽源	Liaoyuan	87.9	39.7	27.0	242
长治	Changzhi	122.5	219.0	274.1	150	通化	Tonghua	193.4	188.6	139.3	196
晋城	Jincheng	61.4	130.6	140.3	195	白山	Baishan	113.0	63.2	48.5	235
朔州	Shuozhou	57.6	71.5	126.6	201	松原	Songyuan	165.1	39.0	29.2	240
晋中	Jinzhong	114.6	150.5	159.8	187	白城	Baicheng	27.0	24.2	27.4	241
运城	Yuncheng	176.0	275.8	353.1	128	**黑龙江**	**Heilongjiang**	**2720.9**	**2117.3**	**2255.8**	
忻州	Xinzhou	68.9	113.7	89.9	215	哈尔滨	Harbin	881.7	1043.4	1248.5	19
临汾	Linfen	67.5	158.1	133.9	197	齐齐哈尔	Qiqihar	241.4	225.0	166.2	182
吕梁	Lvliang	64.8	89.1	64.6	230	鸡西	Jixi	61.0	43.5	51.8	233
内蒙古	**Inner Mongolia**	**3057.4**	**2527.9**	**2067.6**		鹤岗	Hegang	79.6	10.7	13.3	247
呼和浩特	Hohhot	471.9	425.5	316.5	140	双鸭山	Shuangyashan	37.8	43.7	47.8	236
包头	Baotou	597.7	459.7	449.5	112	大庆	Daqing	305.3	238.0	174.2	178
乌海	Wuhai	83.5	113.1	52.6	232	伊春	Yichun	77.2	15.6	14.4	246
赤峰	Chifeng	350.8	289.0	241.3	156	佳木斯	Jiamusi	240.4	83.8	84.4	220
通辽	Tongliao	214.5	186.1	225.5	161	七台河	Qitaihe	39.3	9.0	18.0	245
鄂尔多斯	Erdos	535.5	213.3	158.1	189	牡丹江	Mudanjiang	246.2	149.5	160.9	186
呼伦贝尔	Hulunbuir	253.9	426.6	300.3	145	黑河	Heihe	71.3	63.8	68.3	229
巴彦淖尔	Bayannur	176.9	121.6	114.4	206	绥化	Suihua	404.5	152.8	167.6	181
乌兰察布	Ulanqab	166.7	23.1	31.0	239	**上海**	**Shanghai**	**2055.5**	**2705.7**	**1691.6**	
辽宁	**Liaoning**	**6800.5**	**3711.9**	**4148.5**		**江苏**	**Jiangsu**	**9485.5**	**13962.1**	**14211.1**	

4-6 商品房销售面积 续表 1
Floor Space of Commercialized Buildings Sold continued 1

单位：万平方米 （10 000 sq.m）

地名	City	2010	2016	2017	2017 排名 Ranking	地名	City	2010	2016	2017	2017 排名 Ranking
南京	Nanjing	823.2	1558.2	1429.6	15	池州	Chizhou	181.2	155.4	161.8	185
无锡	Wuxi	1045.1	1276.4	1182.1	22	宣城	Xuancheng	258.8	386.4	493.5	105
徐州	Xuzhou	621.8	1071.4	1183.8	21	**福建**	**Fujian**	**2575.6**	**4915.4**	**5854.1**	
常州	Changzhou	915.7	933.2	1030.3	33	福州	Fuzhou	597.8	1221.3		
苏州	Suzhou	1514.0	2494.1	1936.7	7	厦门	Xiamen	426.8	528.9		
南通	Nantong	739.5	1200.8	1657.7	10	莆田	Putian	164.1	385.0		
连云港	Lianyungang	474.2	524.4	643.9	72	三明	Sanming	228.4	225.2		
淮安	Huaian	640.8	869.8	880.4	41	泉州	Quanzhou	444.1	1009.6		
盐城	Yancheng	581.3	842.6	974.8	35	漳州	Zhangzhou	286.3	745.1		
扬州	Yangzhou	628.8	734.8	879.7	42	南平	Nanping	150.8	294.0		
镇江	Zhenjiang	374.8	996.5	705.3	68	龙岩	Longyan	139.0	277.2		
泰州	Taizhou	524.7	694.9	869.3	45	宁德	Ningde	138.2	229.0		
宿迁	Suqian	603.6	765.1	837.7	49	**江西**	**Jiangxi**	**2469.7**	**4691.8**	**5841.9**	
浙江	**Zhejiang**	**4816.7**	**8636.8**	**9599.7**		南昌	Nanchang	520.8	1244.7	1610.4	12
杭州	Hangzhou	988.3	2326.7	2053.7	6	景德镇	Jingdezhen	107.8	100.0	133.2	198
宁波	Ningbo	693.6	1336.9	1543.6	14	萍乡	Pingxiang	70.3	131.7	151.4	191
温州	Wenzhou	228.5	773.8	1070.3	28	九江	Jiujiang	292.9	491.9	598.2	75
嘉兴	Jiaxing	596.3	1144.6	1058.8	29	新余	Xinyu	151.3	147.1	196.6	170
湖州	Huzhou	411.8	557.0	743.9	60	鹰潭	Yingtan	35.5	154.9	181.3	174
绍兴	Shaoxing	610.3	772.6	1038.7	32	赣州	Ganzhou	382.2	835.6	1045.5	31
金华	Jinhua	147.5	425.7	489.7	106	吉安	Jian	173.1	305.5	339.7	132
衢州	Quzhou	170.9	244.1	287.5	149	宜春	Yichun	274.4	449.6	568.8	85
舟山	Zhoushan	138.2	152.5	218.3	163	抚州	Fuzhou	228.9	450.1	554.4	88
台州	Taizhou	462.9	662.1	829.4	51	上饶	Shangrao	232.6	380.8	462.6	108
丽水	Lishui	91.2	240.6	265.7	151	**山东**	**Shandong**	**9293.9**	**11789.9**	**12813.2**	
安徽	**Anhui**	**4113.9**	**8499.7**	**9200.7**		济南	Jinan	531.5	1424.3	1215.3	20
合肥	Hefei	1004.9	2098.3	1283.4	18	青岛	Qingdao	1360.7	1939.2	1900.7	8
芜湖	Wuhu	320.2	736.9	804.7	53	淄博	Zibo	654.8	503.3	529.1	94
蚌埠	Bengbu	177.9	676.2	829.9	50	枣庄	Zaozhuang	225.8	418.7	444.9	116
淮南	Huainan	213.9	238.3	333.7	134	东营	Dongying	373.6	310.5	319.1	139
马鞍山	Maanshan	128.1	392.0	507.3	102	烟台	Yantai	1163.4	937.6	1055.5	30
淮北	Huaibei	107.4	119.1	148.6	192	潍坊	Weifang	1388.7	1001.5	1302.1	16
铜陵	Tongling	86.6	172.3	204.3	168	济宁	Jining	351.7	843.0	942.5	38
安庆	Anqing	285.0	426.2	457.3	110	泰安	Taian	282.5	256.4	330.0	136
黄山	Huangshan	153.5	133.4	185.1	173	威海	Weihai	742.3	912.5	1006.5	34
滁州	Chuzhou	282.6	662.1	909.3	39	日照	Rizhao	112.3	209.7	254.6	154
阜阳	Fuyang	194.1	662.6	859.7	46	莱芜	Laiwu	44.4	52.5	96.7	211
宿州	Suzhou	176.6	564.2	730.9	64	临沂	Linyi	456.8	1012.2	1159.4	24
六安	Liuan	217.4	663.7	711.0	67	德州	Dezhou	457.8	584.8	712.7	66
亳州	Bozhou	71.1	412.4	580.3	83	聊城	Liaocheng	242.4	468.2	594.7	78

4-6 商品房销售面积 续表 2

Floor Space of Commercialized Buildings Sold continued 2

单位：万平方米 （10 000 sq.m）

地名	City	2010	2016	2017	2017 排名 Ranking
滨州	Binzhou	278.1	445.5	326.5	137
菏泽	Heze	627.1	470.2	622.9	74
河南	**Henan**	**5452.2**	**11306.3**	**13313.9**	
郑州	Zhengzhou	1558.7	2859.2	3097.8	2
开封	Kaifeng	148.0	415.4	513.6	100
洛阳	Luoyang	455.0	770.4	971.4	36
平顶山	Pingdingshan	128.4	303.6	437.8	117
安阳	Anyang	339.9	696.7	872.3	44
鹤壁	Hebi	77.9	193.8	225.8	160
新乡	Xinxiang	360.5	740.0	950.8	37
焦作	Jiaozuo	200.7	278.3	303.0	144
濮阳	Puyang	148.8	400.4	445.0	115
许昌	Xuchang	166.4	528.3	555.3	86
漯河	Luohe	113.9	143.0	214.4	164
三门峡	Sanmenxia	84.7	211.8	261.4	153
南阳	Nanyang	272.9	653.9	714.8	65
商丘	Shangqiu	271.3	943.7	1180.2	23
信阳	Xinyang	416.9	724.1	845.8	47
周口	Zhoukou	235.2	460.0	585.5	80
驻马店	Zhumadian	428.3	926.6	1088.1	27
湖北	**Hubei**	**2558.9**	**7427.2**	**8155.2**	
武汉	Wuhan	1208.0	3255.7		
黄石	Huangshi	140.2	232.6		
十堰	Shiyan	190.3	219.6		
宜昌	Yichang	231.4	586.9		
襄阳	Xiangyang	382.7	625.2		
鄂州	Ezhou	64.6	80.4		
荆门	Jingmen	173.3	306.0		
孝感	Xiaogan	249.0	302.8		
荆州	Jingzhou	145.6	243.4		
黄冈	Huanggang	170.0	487.7		
咸宁	Xianning	191.7	307.0		
随州	Suizhou	129.7	121.9		
湖南	**Hunan**	**4472.5**	**8085.4**	**8532.3**	
长沙	Changsha	1680.2	2593.7	2259.2	5
株洲	Zhuzhou	513.8	746.0	755.2	59
湘潭	Xiangtan	201.6	254.0	363.4	127
衡阳	Hengyang	284.4	506.8	581.9	81
邵阳	Shaoyang	111.1	437.3	448.8	114
岳阳	Yueyang	241.4	534.2	485.5	107
常德	Changde	319.1	382.4	529.3	93
张家界	Zhangjiajie	81.0	59.0	89.2	217
益阳	Yiyang	194.3	324.5	376.3	126
郴州	Chenzhou	224.4	694.5	790.8	56
永州	Yongzhou	239.5	594.2	645.7	71
怀化	Huaihua	153.5	588.1	770.5	58
娄底	Loudi	179.9	242.0	292.4	147
广东	**Guangdong**	**7321.8**	**14611.6**	**15958.8**	
广州	Guangzhou	1405.1	1949.1	1757.8	9
韶关	Shaoguan	234.0	368.7	449.1	113
深圳	Shenzhen	465.6	736.2	671.0	70
珠海	Zhuhai	282.8	653.2	509.7	101
汕头	Shantou	171.0	353.5	639.6	73
佛山	Foshan	885.5	2221.5	2800.2	3
江门	Jiangmen	382.5	679.8	788.2	57
湛江	Zhanjiang	148.3	405.2	589.4	79
茂名	Maoming	198.9	321.3	516.1	99
肇庆	Zhaoqing	342.2	500.0	598.0	76
惠州	Huizhou	627.3	1771.9	1645.7	11
梅州	Meizhou	119.0	386.6	498.8	103
汕尾	Shanwei	57.5	194.7	231.3	159
河源	Heyuan	90.1	342.9	536.2	92
阳江	Yangjiang	137.4	311.2	452.1	111
清远	Qingyuan	326.2	770.3	900.6	40
东莞	Dongguan	511.3	1024.3	799.5	54
中山	Zhongshan	670.6	1158.2	874.8	43
潮州	Chaozhou	64.3	100.9	145.7	193
揭阳	Jieyang	138.0	133.5	220.7	162
云浮	Yunfu	64.1	228.8	334.6	133
广西	**Guangxi**	**2793.9**	**4215.4**	**5171.0**	
南宁	Nanning	666.5	1327.5	1544.1	13
柳州	Liuzhou	291.9	412.9	528.8	95
桂林	Guilin	323.6	439.4	528.6	97
梧州	Wuzhou	133.5	126.2	175.9	176
北海	Beihai	179.6	222.6	376.6	125
防城港	Fangchenggang	155.1	219.4	239.6	157
钦州	Qinzhou	200.0	162.5	187.2	171
贵港	Guigang	140.7	266.9	310.2	142
玉林	Yulin	253.8	375.2	459.8	109
百色	Baise	145.9	186.5	245.8	155

4-6 商品房销售面积 续表 3
Floor Space of Commercialized Buildings Sold continued 3

单位：万平方米 （10 000 sq.m）

地名	City	2010	2016	2017	2017 排名 Ranking
贺州	Hezhou	26.7	94.3	123.3	203
河池	Hechi	91.7	94.9	126.0	202
来宾	Laibin	85.7	152.4	159.2	188
崇左	Chongzuo	99.3	9801.0	166.0	183
海南	**Hainan**	**854.7**	**1508.5**	**2292.6**	
海口	Haikou	209.8	432.7	549.5	89
三亚	Sanya	140.8	151.5	213.8	165
三沙	Sansha				
重庆	**Chongqing**	**4314.4**	**6257.2**	**6711.0**	
四川	**Sichuan**	**6396.9**	**9300.5**	**10869.1**	
成都	Chengdu	2559.3	3935.3	3921.9	1
自贡	Zigong	201.8	233.8	309.6	143
攀枝花	Panzhihua	115.0	126.4	175.6	177
泸州	Luzhou	344.3	540.0	734.9	61
德阳	Deyang	226.6	259.4	264.4	152
绵阳	Mianyang	358.1	394.2	554.9	87
广元	Guangyuan	82.5	129.7	168.6	179
遂宁	Suining	197.0	402.1	540.4	91
内江	Neijiang	261.7	321.3	353.1	129
乐山	Leshan	256.8	359.4	411.7	120
南充	Nanchong	353.7	404.3	578.7	84
眉山	Meishan	192.5	401.9	408.8	121
宜宾	Yibin	269.2	422.7	581.0	82
广安	Guangan	215.3	377.5	528.7	96
达州	Dazhou	286.3	257.0	406.3	122
雅安	Yaan	39.8	68.6	122.2	204
巴中	Bazhong	112.4	251.9	330.1	135
资阳	Ziyang	283.5	364.9	391.3	123
贵州	**Guizhou**	**1731.0**	**4156.9**	**4696.9**	
贵阳	Guiyang	860.1	988.5		
六盘水	Liupanshui	108.0	248.8		
遵义	Zunyi	207.2	845.2		
安顺	Anshun	75.6			
毕节	Bijie	82.8			
铜仁	Tongren	91.0			
云南	**Yunnan**	**2959.4**	**3639.8**	**4327.2**	
昆明	Kunming	1242.5	1520.9		
曲靖	Qujing	354.6	278.5		
玉溪	Yuxi	211.0			
保山	Baoshan	76.6			
昭通	Zhaotong	49.3	126.2		

地名	City	2010	2016	2017	2017 排名 Ranking
丽江	Lijiang	94.2	37.8		
普洱	Puer	121.1	94.9		
临沧	Lincang	55.5	79.3		
西藏	**Tibet**	**19.3**	**74.6**	**53.3**	
拉萨	Lasa	11.4			
陕西	**Shaanxi**	**2590.2**	**3262.7**	**3890.4**	
西安	Xi'an	1587.8	2047.7	2509.8	4
铜川	Tongchuan	44.0	34.8	41.2	237
宝鸡	Baoji	198.4	287.8	311.4	141
咸阳	Xianyang	164.5	204.7	176.1	175
渭南	Weinan	139.7	174.5	206.5	167
延安	Yan'an	20.3	66.6	128.9	199
汉中	Hanzhong	165.3	141.8	168.5	180
榆林	Yulin	92.3	55.8	80.0	222
安康	Ankang	119.0	136.0	144.6	194
商洛	Shangluo	34.6	72.7	73.9	226
甘肃	**Gansu**	**756.5**	**1679.5**	**1559.5**	
兰州	Lanzhou	228.2	883.9	733.7	63
嘉峪关	Jiayuguan	67.5	53.8	69.3	228
金昌	Jinchang	73.1	34.4	25.6	243
白银	Baiyin	65.3	52.7	59.3	231
天水	Tianshui	84.3	80.2	99.4	208
武威	Wuwei	0.9	19.3	37.1	238
张掖	Zhangye	44.7	109.0	91.1	213
平凉	Pingliang	20.0	95.2	89.9	214
酒泉	Jiuquan	47.0	127.7	89.8	216
庆阳	Qingyang	36.6	32.2	71.8	227
定西	Dingxi	24.9	91.2	107.9	207
陇南	Longnan	5.2	45.9	48.9	234
青海	**Qinghai**	**281.0**	**437.9**	**494.0**	
西宁	Xining	217.1	352.6	388.2	124
海东	Haidong		68.5	84.5	219
宁夏	**Ningxia**	**936.0**	**966.1**	**1021.4**	
银川	Yinchuan	536.1	564.9	595.2	77
石嘴山	Shizuishan	123.4	62.8	79.9	223
吴忠	Wuzhong	109.8	151.1	163.8	184
固原	Guyuan	64.0	110.4	97.5	210
中卫	Zhongwei	102.7	76.8	84.8	218
新疆	**Xinjiang**	**1564.9**	**1828.2**	**1598.1**	
乌鲁木齐	Urumqi	476.7	595.4		
克拉玛依	Karamay	59.6	91.8		

4-7 商品住宅销售面积
Floor Space of Commercialized Residential Buildings Sold

单位：万平方米 （10 000 sq.m）

地名	City	2010	2016	2017	2017 排名 Ranking
全国	**National Total**	**93376.6**	**137539.9**	**144788.8**	
北京	**Beijing**	**1201.4**	**981.4**	**608.8**	
天津	**Tianjin**	**1352.6**	**2521.9**	**1342.9**	
河北	**Hebei**	**4325.1**	**5899.7**	**5577.0**	
石家庄	Shijiazhuang	446.4	704.7	877.6	32
唐山	Tangshan	436.7	852.4	638.1	63
秦皇岛	Qinhuangdao	313.9	288.6	317.6	128
邯郸	Handan	252.2	428.4	476.6	94
邢台	Xingtai	217.9	353.8	386.8	116
保定	Baoding	377.8	608.1	500.1	85
张家口	Zhangjiakou	602.0	464.5	371.7	119
承德	Chengde	296.8	350.0	272.0	141
沧州	Cangzhou	389.9	662.0	535.7	77
廊坊	Langfang	762.7	1346.5	759.0	44
衡水	Hengshui	228.7	472.4	441.7	104
山西	**Shanxi**	**1070.5**	**1881.5**	**2246.3**	
太原	Taiyuan	235.5	560.3	729.9	50
大同	Datong	73.4	127.0	189.8	166
阳泉	Yangquan	100.6	87.2	78.1	216
长治	Changzhi	113.9	197.9	249.7	148
晋城	Jincheng	55.3	126.8	134.8	189
朔州	Shuozhou	42.2	53.3	119.1	197
晋中	Jinzhong	109.0	139.8	149.3	180
运城	Yuncheng	157.4	254.0	325.7	127
忻州	Xinzhou	67.1	107.7	83.3	214
临汾	Linfen	60.1	145.7	127.7	194
吕梁	Lvliang	56.2	81.7	58.8	229
内蒙古	**Inner Mongolia**	**2569.8**	**2073.4**	**1726.2**	
呼和浩特	Hohhot	394.8	344.8	250.0	147
包头	Baotou	474.0	404.7	386.4	117
乌海	Wuhai	75.4	93.6	46.5	232
赤峰	Chifeng	324.1	222.8	218.9	155
通辽	Tongliao	164.3	151.0	198.6	163
鄂尔多斯	Erdos	448.2	196.4	116.2	200
呼伦贝尔	Hulunbuir	196.9	301.5	229.3	151
巴彦淖尔	Bayannur	166.4	111.1	105.0	205
乌兰察布	Ulanqab	151.8	19.8	27.9	239
辽宁	**Liaoning**	**6013.5**	**3383.1**	**3797.0**	
沈阳	Shenyang	1516.1	1099.4	1191.3	16
大连	Dalian	1126.7	654.6	758.2	45
鞍山	Anshan	512.2	268.1	316.4	129
抚顺	Fushun	197.6	140.3	116.2	199
本溪	Benxi	128.4	64.8	68.6	224
丹东	Dandong	293.0	197.5	214.0	157
锦州	Jinzhou	316.7	140.4	140.1	184
营口	Yingkou	491.1	154.3	198.7	162
阜新	Fuxin	101.2	57.5	70.0	222
辽阳	Liaoyang	159.5	74.7	90.1	209
盘锦	Panjin	239.5	224.2	258.8	144
铁岭	Tieling	414.5	107.6	83.5	213
朝阳	Chaoyang	266.3	91.8	111.8	203
葫芦岛	Huludao	250.7	107.8	179.6	170
吉林	**Jilin**	**2105.3**	**1630.7**	**1602.1**	
长春	Changchun	786.2	834.5	951.8	24
吉林	Jilin	444.7	234.9	255.4	146
四平	Siping	154.4	80.9	21.3	243
辽源	Liaoyuan	80.1	33.2	26.3	240
通化	Tonghua	169.9	164.5	122.7	196
白山	Baishan	99.2	50.5	42.1	235
松原	Songyuan	133.1	35.8	25.7	241
白城	Baicheng	25.4	22.1	24.3	242
黑龙江	**Heilongjiang**	**2385.7**	**1797.0**	**1868.1**	
哈尔滨	Harbin	809.9	894.5	1068.4	19
齐齐哈尔	Qiqihar	198.0	188.6	133.6	190
鸡西	Jixi	47.6	38.7	46.0	234
鹤岗	Hegang	73.8	10.3	11.6	247
双鸭山	Shuangyashan	33.2	31.8	40.7	236
大庆	Daqing	283.3	200.2	111.3	204
伊春	Yichun	72.4	14.3	12.4	245
佳木斯	Jiamusi	201.8	79.1	73.9	219
七台河	Qitaihe	35.4	7.7	12.2	246
牡丹江	Mudanjiang	202.0	129.7	136.5	186
黑河	Heihe	59.3	48.4	54.5	230
绥化	Suihua	338.6	123.9	129.6	192
上海	**Shanghai**	**1685.4**	**2019.8**	**1341.6**	
江苏	**Jiangsu**	**8112.4**	**12657.7**	**12486.7**	

4-7 商品住宅销售面积 续表 1
Floor Space of Commercialized Residential Buildings Sold continued 1

单位：万平方米 (10 000 sq.m)

地名	City	2010	2016	2017	2017 排名 Ranking	地名	City	2010	2016	2017	2017 排名 Ranking
南京	Nanjing	754.8	1406.3	1209.0	15	池州	Chizhou	129.1	143.6	147.2	181
无锡	Wuxi	880.0	1168.4	1036.7	20	宣城	Xuancheng	214.0	352.7	438.8	105
徐州	Xuzhou	548.7	917.9	1077.8	18	**福建**	**Fujian**	**2139.3**	**4134.5**	**4526.1**	
常州	Changzhou	775.1	810.8	829.3	37	福州	Fuzhou	531.1	1021.2		
苏州	Suzhou	1182.9	2258.6	1687.9	6	厦门	Xiamen	238.7	322.3		
南通	Nantong	664.7	1115.6	1471.1	10	莆田	Putian	147.9	324.9		
连云港	Lianyungang	401.1	503.3	608.7	66	三明	Sanming	195.8	193.4		
淮安	Huaian	560.4	749.1	729.9	49	泉州	Quanzhou	395.7	881.1		
盐城	Yancheng	490.5	751.3	878.8	31	漳州	Zhangzhou	259.2	674.8		
扬州	Yangzhou	582.2	682.2	776.2	42	南平	Nanping	137.6	262.0		
镇江	Zhenjiang	300.7	947.9	650.1	57	龙岩	Longyan	107.9	233.2		
泰州	Taizhou	464.3	641.8	782.0	41	宁德	Ningde	125.5	221.5		
宿迁	Suqian	508.9	704.4	749.4	47	**江西**	**Jiangxi**	**2265.7**	**4140.5**	**4965.0**	
浙江	**Zhejiang**	**3833.7**	**7234.2**	**7669.7**		南昌	Nanchang	489.3	1077.8	1289.8	13
杭州	Hangzhou	797.6	1887.1	1519.7	9	景德镇	Jingdezhen	103.6	95.0	122.8	195
宁波	Ningbo	497.8	1126.1	1283.7	14	萍乡	Pingxiang	68.0	121.9	131.7	191
温州	Wenzhou	192.5	642.8	802.7	40	九江	Jiujiang	278.5	440.6	542.6	75
嘉兴	Jiaxing	450.3	987.6	890.9	29	新余	Xinyu	145.2	140.0	186.0	167
湖州	Huzhou	314.1	489.8	639.2	62	鹰潭	Yingtan	33.9	144.4	157.5	176
绍兴	Shaoxing	489.1	667.7	849.4	33	赣州	Ganzhou	309.6	690.2	843.6	35
金华	Jinhua	132.0	377.4	428.4	107	吉安	Jian	156.6	270.1	289.6	138
衢州	Quzhou	135.5	196.2	220.4	154	宜春	Yichun	260.4	409.4	522.4	78
舟山	Zhoushan	115.8	136.5	203.5	160	抚州	Fuzhou	215.3	411.2	484.5	90
台州	Taizhou	390.6	531.3	622.8	64	上饶	Shangrao	205.4	339.9	394.6	114
丽水	Lishui	73.0	191.8	209.0	159	**山东**	**Shandong**	**8448.3**	**10598.6**	**11201.0**	
安徽	**Anhui**	**3604.9**	**7506.9**	**7949.3**		济南	Jinan	477.3	1231.7	973.7	22
合肥	Hefei	863.9	1705.7	960.5	23	青岛	Qingdao	1209.9	1752.1	1633.8	7
芜湖	Wuhu	285.2	681.8	721.1	51	淄博	Zibo	604.8	458.8	464.8	96
蚌埠	Bengbu	155.6	630.6	752.0	46	枣庄	Zaozhuang	211.3	398.8	405.7	113
淮南	Huainan	202.0	217.7	311.9	130	东营	Dongying	362.6	280.7	280.6	139
马鞍山	Maanshan	118.6	353.4	459.8	100	烟台	Yantai	1039.0	819.3	947.8	25
淮北	Huaibei	102.4	112.1	135.3	187	潍坊	Weifang	1218.7	890.8	1156.5	17
铜陵	Tongling	77.0	143.6	184.5	168	济宁	Jining	328.2	756.7	808.0	39
安庆	Anqing	249.5	394.3	388.9	115	泰安	Taian	262.3	243.5	307.0	132
黄山	Huangshan	133.4	112.7	162.1	175	威海	Weihai	696.7	827.1	890.7	30
滁州	Chuzhou	251.1	604.8	832.6	36	日照	Rizhao	101.8	202.5	238.2	150
阜阳	Fuyang	176.2	575.3	733.1	48	莱芜	Laiwu	29.7	50.4	90.0	210
宿州	Suzhou	163.0	496.7	602.9	67	临沂	Linyi	429.4	894.6	1032.6	21
六安	Liuan	188.9	629.7	644.3	61	德州	Dezhou	431.7	533.6	615.1	65
亳州	Bozhou	62.3	352.4	474.5	95	聊城	Liaocheng	221.6	413.3	499.7	87

4-7 商品住宅销售面积 续表 2
Floor Space of Commercialized Residential Buildings Sold continued 2

单位：万平方米 （10 000 sq.m）

地名	City	2010	2016	2017	2017 排名 Ranking	地名	City	2010	2016	2017	2017 排名 Ranking
滨州	Binzhou	242.2	403.0	301.5	134	常德	Changde	284.2	344.7	483.1	92
菏泽	Heze	581.1	441.4	555.3	72	张家界	Zhangjiajie	71.9	53.8	70.5	221
河南	**Henan**	**5092.5**	**10137.1**	**11707.3**		益阳	Yiyang	173.2	288.3	326.0	126
郑州	Zhengzhou	1428.6	2571.4	2735.4	2	郴州	Chenzhou	215.6	634.6	695.9	54
开封	Kaifeng	139.9	371.6	464.8	97	永州	Yongzhou	213.9	528.7	546.0	74
洛阳	Luoyang	405.4	665.0	845.6	34	怀化	Huaihua	136.2	508.8	667.3	55
平顶山	Pingdingshan	123.8	292.7	405.9	112	娄底	Loudi	160.2	213.7	257.5	145
安阳	Anyang	322.6	603.8	710.7	53	**广东**	**Guangdong**	**6552.8**	**13022.0**	**13522.5**	
鹤壁	Hebi	74.8	174.0	201.0	161	广州	Guangzhou	1111.7	1624.0	1367.5	11
新乡	Xinxiang	339.5	709.4	910.8	27	韶关	Shaoguan	219.4	333.4	426.7	108
焦作	Jiaozuo	194.6	251.1	277.4	140	深圳	Shenzhen	413.8	660.1	521.0	79
濮阳	Puyang	142.3	383.1	423.5	110	珠海	Zhuhai	251.0	596.6	420.3	111
许昌	Xuchang	158.7	495.6	512.4	81	汕头	Shantou	157.4	322.7	594.2	68
漯河	Luohe	110.2	132.4	193.7	165	佛山	Foshan	776.3	1857.0	2076.5	4
三门峡	Sanmenxia	80.0	185.3	242.7	149	江门	Jiangmen	360.5	621.9	711.0	52
南阳	Nanyang	258.7	613.2	646.8	59	湛江	Zhanjiang	139.9	379.8	554.6	73
商丘	Shangqiu	258.4	789.0	931.3	26	茂名	Maoming	186.4	303.1	500.9	84
信阳	Xinyang	373.8	657.7	760.8	43	肇庆	Zhaoqing	314.7	444.0	542.1	76
周口	Zhoukou	231.0	393.8	505.6	83	惠州	Huizhou	593.7	1700.2	1543.4	8
驻马店	Zhumadian	408.6	792.9	893.3	28	梅州	Meizhou	114.0	337.8	463.2	99
湖北	**Hubei**	**2137.3**	**6789.2**	**7363.7**		汕尾	Shanwei	57.2	182.5	183.8	169
武汉	Wuhan	1091.5	2931.1			河源	Heyuan	84.7	325.6	507.1	82
黄石	Huangshi	129.2	209.9			阳江	Yangjiang	133.2	300.6	424.8	109
十堰	Shiyan	181.6	210.0			清远	Qingyuan	306.5	733.8	808.7	38
宜昌	Yichang	217.0	550.0			东莞	Dongguan	469.9	887.0	588.8	69
襄阳	Xiangyang	352.6	554.2			中山	Zhongshan	606.6	1015.3	650.1	58
鄂州	Ezhou	61.2	74.3			潮州	Chaozhou	62.6	95.6	135.2	188
荆门	Jingmen	157.2	286.9			揭阳	Jieyang	135.1	124.7	211.9	158
孝感	Xiaogan	244.5	281.1			云浮	Yunfu	58.2	176.3	291.0	137
荆州	Jingzhou	134.9	227.7			**广西**	**Guangxi**	**2607.2**	**3864.0**	**4687.4**	
黄冈	Huanggang	157.5	459.9			南宁	Nanning	601.8	1150.2	1307.7	12
咸宁	Xianning	171.5	284.1			柳州	Liuzhou	273.1	388.0	481.7	93
随州	Suizhou	122.7	111.9			桂林	Guilin	307.2	419.6	494.9	88
湖南	**Hunan**	**4142.6**	**7190.7**	**7368.3**		梧州	Wuzhou	124.6	120.1	168.5	174
长沙	Changsha	1624.0	2291.8	1823.8	5	北海	Beihai	174.1	215.3	360.6	120
株洲	Zhuzhou	445.2	640.8	654.7	56	防城港	Fangchenggang	145.2	194.0	218.1	156
湘潭	Xiangtan	188.7	230.2	331.9	125	钦州	Qinzhou	186.8	150.9	177.4	171
衡阳	Hengyang	264.9	478.6	563.1	71	贵港	Guigang	132.7	253.0	291.2	136
邵阳	Shaoyang	105.2	381.7	377.4	118	玉林	Yulin	26.1	361.0	430.5	106
岳阳	Yueyang	211.7	476.7	449.6	101	百色	Baise	137.1	166.4	228.1	152

4-7 商品住宅销售面积 续表 3

Floor Space of Commercialized Residential Buildings Sold continued 3

单位：万平方米 （10 000 sq.m）

地名	City	2010	2016	2017	2017 排名 Ranking
贺州	Hezhou	21.9	86.2	114.4	201
河池	Hechi	83.5	93.0	113.1	202
来宾	Laibin	78.0	143.1	150.2	179
崇左	Chongzuo	95.7	6429.0	151.0	178
海南	**Hainan**	**834.2**	**1417.1**	**2173.1**	
海口	Haikou	199.7	394.3	487.3	89
三亚	Sanya	140.8	141.5	194.7	164
三沙	Sansha				
重庆	**Chongqing**	**3986.3**	**5105.5**	**5452.7**	
四川	**Sichuan**	**5849.3**	**7884.1**	**8786.6**	
成都	Chengdu	2289.9	3285.8	2973.5	1
自贡	Zigong	188.0	211.0	271.2	142
攀枝花	Panzhihua	108.2	110.6	129.3	193
泸州	Luzhou	312.8	459.4	586.3	70
德阳	Deyang	205.1	237.7	226.9	153
绵阳	Mianyang	340.2	366.0	443.2	103
广元	Guangyuan	70.5	113.9	140.5	183
遂宁	Suining	189.5	338.1	483.4	91
内江	Neijiang	246.9	290.3	309.2	131
乐山	Leshan	242.3	291.9	345.3	122
南充	Nanchong	332.4	364.2	499.9	86
眉山	Meishan	180.4	300.1	333.9	124
宜宾	Yibin	242.0	363.2	464.7	98
广安	Guangan	196.4	334.9	447.9	102
达州	Dazhou	266.3	219.3	354.2	121
雅安	Yaan	37.2	44.8	95.7	207
巴中	Bazhong	102.5	214.5	262.8	143
资阳	Ziyang	261.9	299.4	341.5	123
贵州	**Guizhou**	**1596.0**	**3427.0**	**3897.7**	
贵阳	Guiyang	441.9	832.8		
六盘水	Liupanshui	98.9	210.4		
遵义	Zunyi	193.4	714.6		
安顺	Anshun	71.2			
毕节	Bijie	77.2			
铜仁	Tongren	85.7			
云南	**Yunnan**	**2659.0**	**2933.1**	**3484.5**	
昆明	Kunming	1097.4	1128.9		
曲靖	Qujing	327.9			
玉溪	Yuxi	204.6			
保山	Baoshan	71.3			
昭通	Zhaotong	40.6	107.5		
丽江	Lijiang	88.0			
普洱	Puer	106.4			
临沧	Lincang	50.1			
西藏	**Tibet**	**18.8**	**71.2**	**45.0**	
拉萨	Lasa	11.1			
陕西	**Shaanxi**	**2471.9**	**3012.6**	**3419.8**	
西安	Xi'an	1523.2	1877.8	2147.7	3
铜川	Tongchuan	44.0	32.3	40.1	237
宝鸡	Baoji	193.3	269.6	293.1	135
咸阳	Xianyang	159.3	189.9	170.8	172
渭南	Weinan	127.9	159.6	168.9	173
延安	Yan'an	20.2	64.7	119.0	198
汉中	Hanzhong	157.8	129.0	153.9	177
榆林	Yulin	84.6	54.4	75.0	218
安康	Ankang	107.2	132.3	139.4	185
商洛	Shangluo	32.0	64.8	63.4	226
甘肃	**Gansu**	**692.1**	**1478.8**	**1386.0**	
兰州	Lanzhou	206.8	763.4	644.5	60
嘉峪关	Jiayuguan	64.2	45.6	60.8	228
金昌	Jinchang	70.2	30.4	21.2	244
白银	Baiyin	61.4	47.4	49.5	231
天水	Tianshui	79.0	75.0	91.3	208
武威	Wuwei	0.9	14.9	30.5	238
张掖	Zhangye	42.0	99.5	84.2	212
平凉	Pingliang	12.4	90.1	85.5	211
酒泉	Jiuquan	39.9	113.3	80.2	215
庆阳	Qingyang	33.3	28.5	62.1	227
定西	Dingxi	22.8	80.3	96.1	206
陇南	Longnan	4.1	42.0	46.0	233
青海	**Qinghai**	**266.4**	**373.0**	**399.6**	
西宁	Xining	206.8	292.1	305.1	133
海东	Haidong		65.5	75.4	217
宁夏	**Ningxia**	**816.8**	**830.2**	**870.3**	
银川	Yinchuan	456.2	492.8	520.0	80
石嘴山	Shizuishan	110.8	47.4	66.8	225
吴忠	Wuzhong	101.4	130.6	142.5	182
固原	Guyuan	52.1	92.8	71.0	220
中卫	Zhongwei	96.3	66.5	70.0	223
新疆	**Xinjiang**	**1450.0**	**1543.7**	**1316.7**	
乌鲁木齐	Urumqi	437.5	532.1		
克拉玛依	Karamay	55.5	80.9		

5

财　政

Government Finance

5-1 公共财政预算收入
Public Budgetary Revenue

单位：亿元　　　　（100 million yuan）

地名	City	2010	2016	2017	2017 排名 Ranking	地名	City	2010	2016	2017	2017 排名 Ranking
地方合计	**Region Total**	**40613.04**	**87239.35**	**91469.41**		沈阳	Shenyang	465.35	620.95	656.24	17
北京	**Beijing**	**2353.93**	**5081.26**	**5430.79**		大连	Dalian	500.83	611.90	657.64	16
天津	**Tianjin**	**1068.81**	**2723.50**	**2310.36**		鞍山	Anshan	180.03	132.96	140.22	106
河北	**Hebei**	**1331.85**	**2849.87**	**3233.83**		抚顺	Fushun	81.25	77.33	88.06	179
石家庄	Shijiazhuang	163.63	410.72	460.89	29	本溪	Benxi	74.60	55.55	64.56	215
唐山	Tangshan	195.84	355.07	380.35	39	丹东	Dandong	80.24	68.49	72.74	204
秦皇岛	Qinhuangdao	72.02	116.01	118.55	136	锦州	Jinzhou	81.07	84.81	91.27	174
邯郸	Handan	115.90	204.50	220.12	74	营口	Yingkou	100.11	105.18	113.68	139
邢台	Xingtai	57.10	111.48	126.74	127	阜新	Fuxin	30.07	35.84	38.18	254
保定	Baoding	91.03	240.10	258.42	62	辽阳	Liaoyang	76.48	70.77	80.69	190
张家口	Zhangjiakou	62.45	141.70	135.79	118	盘锦	Panjin	80.59	100.48	118.86	135
承德	Chengde	54.84	82.13	89.22	177	铁岭	Tieling	80.08	56.58	49.15	239
沧州	Cangzhou	91.30	220.40	239.54	65	朝阳	Chaoyang	66.25	51.02	57.88	225
廊坊	Langfang	105.86	338.72	331.47	48	葫芦岛	Huludao	55.94	60.71	72.80	203
衡水	Hengshui	27.97	95.72	103.47	155	**吉林**	**Jilin**	**602.41**	**1263.78**	**1210.91**	
山西	**Shanxi**	**969.67**	**1557.00**	**1867.00**		长春	Changchun	180.85	415.49	450.08	30
太原	Taiyuan	138.48	282.69	311.85	56	吉林	Jilin	73.19	135.56	104.87	154
大同	Datong	55.18	88.93	108.28	149	四平	Siping	27.90	63.44	56.64	228
阳泉	Yangquan	37.69	41.28	50.00	237	辽源	Liaoyuan	17.06	24.21	18.34	282
长治	Changzhi	77.90	98.53	132.28	122	通化	Tonghua	34.02	82.78	61.88	218
晋城	Jincheng	55.49	89.32	101.37	159	白山	Baishan	25.27	47.03	26.95	269
朔州	Shuozhou	55.75	49.12	73.22	201	松原	Songyuan	30.97	50.71	47.86	241
晋中	Jinzhong	64.75	100.80	118.06	137	白城	Baicheng	18.01	42.04	41.51	250
运城	Yuncheng	35.54	59.11	67.10	212	**黑龙江**	**Heilongjiang**	**755.58**	**1148.41**	**1243.31**	
忻州	Xinzhou	42.34	69.24	73.26	200	哈尔滨	Harbin	238.14	376.24	368.10	41
临汾	Linfen	75.44	85.99	97.09	168	齐齐哈尔	Qiqihar	51.36	76.35	73.60	198
吕梁	Lvliang	72.96	89.60	138.78	108	鸡西	Jixi	25.98	36.34	37.91	255
内蒙古	**Inner Mongolia**	**1069.98**	**2016.43**	**1703.21**		鹤岗	Hegang	15.49	18.87	23.13	273
呼和浩特	Hohhot	126.76	269.65	201.50	81	双鸭山	Shuangyashan	20.61	20.87	23.10	274
包头	Baotou	139.18	271.21	137.61	112	大庆	Daqing	95.90	130.25	155.27	96
乌海	Wuhai	33.66	81.56	72.42	205	伊春	Yichun	8.32	14.05	16.19	285
赤峰	Chifeng	56.33	111.78	100.68	164	佳木斯	Jiamusi	20.85	37.77	39.75	253
通辽	Tongliao	64.83	128.34	70.46	208	七台河	Qitaihe	23.32	15.46	22.75	277
鄂尔多斯	Erdos	239.08	451.03	356.84	45	牡丹江	Mudanjiang	42.82	68.01	75.90	195
呼伦贝尔	Hulunbuir	55.98	106.03	85.25	184	黑河	Heihe	15.04	30.32	32.14	262
巴彦淖尔	Bayannur	38.28	69.95	57.23	227	绥化	Suihua	28.53	55.80	56.07	231
乌兰察布	Ulanqab	17.33	56.68	43.11	249	**上海**	**Shanghai**	**2873.58**	**6406.13**	**6642.26**	
辽宁	**Liaoning**	**2004.84**	**2200.49**	**2392.77**		**江苏**	**Jiangsu**	**4079.86**	**8121.23**	**8171.53**	

5-1 公共财政预算收入 续表 1
Public Budgetary Revenue continued 1

单位：亿元 （100 million yuan）

地名	City	2010	2016	2017	2017 排名 Ranking	地名	City	2010	2016	2017	2017 排名 Ranking
南京	Nanjing	518.80	1142.60	1271.91	7	池州	Chizhou	31.21	71.45	65.19	214
无锡	Wuxi	511.89	875.00	930.00	11	宣城	Xuancheng	49.83	139.32	142.97	102
徐州	Xuzhou	222.16	516.06	501.64	27	**福建**	**Fujian**	**1151.49**	**2654.83**	**2809.03**	
常州	Changzhou	286.18	480.29	518.81	26	福州	Fuzhou	247.82	598.91	634.16	20
苏州	Suzhou	900.55	1730.04	1908.10	2	厦门	Xiamen	289.17	647.94	696.87	13
南通	Nantong	290.81	590.18	590.60	23	莆田	Putian	47.63	115.73	136.37	116
连云港	Lianyungang	141.39	211.47	214.85	76	三明	Sanming	49.64	94.70	100.76	163
淮安	Huaian	141.43	315.51	230.61	69	泉州	Quanzhou	181.53	424.08	442.30	32
盐城	Yancheng	191.35	415.18	360.02	43	漳州	Zhangzhou	88.57	187.64	204.04	79
扬州	Yangzhou	167.78	345.30	320.18	50	南平	Nanping	38.59	82.97	87.08	182
镇江	Zhenjiang	138.10	293.01	284.34	59	龙岩	Longyan	66.75	131.41	138.75	109
泰州	Taizhou	170.80	321.18	343.97	46	宁德	Ningde	40.51	100.97	110.38	146
宿迁	Suqian	89.57	238.08	200.58	83	**江西**	**Jiangxi**	**778.09**	**2151.47**	**2247.06**	
浙江	**Zhejiang**	**2608.47**	**5301.98**	**5804.38**		南昌	Nanchang	146.47	402.18	417.08	34
杭州	Hangzhou	671.34	1402.38	1567.42	3	景德镇	Jingdezhen	38.76	88.72	86.70	183
宁波	Ningbo	530.93	1114.54	1245.29	8	萍乡	Pingxiang	41.11	105.49	102.73	158
温州	Wenzhou	228.49	439.87	465.35	28	九江	Jiujiang	71.06	260.52	262.53	61
嘉兴	Jiaxing	176.83	387.93	443.79	31	新余	Xinyu	49.99	95.74	92.60	173
湖州	Huzhou	97.27	211.18	237.43	66	鹰潭	Yingtan	29.51	81.62	75.25	196
绍兴	Shaoxing	193.23	390.30	431.36	33	赣州	Ganzhou	79.01	243.18	245.37	63
金华	Jinhua	155.93	338.14	357.71	44	吉安	Jian	57.10	157.02	156.54	95
衢州	Quzhou	46.98	102.56	111.28	143	宜春	Yichun	66.30	220.04	225.27	71
舟山	Zhoushan	61.04	120.32	125.76	128	抚州	Fuzhou	55.43	122.80	120.19	134
台州	Taizhou	164.88	343.28	382.25	38	上饶	Shangrao	72.56	227.54	213.98	77
丽水	Lishui	44.94	103.57	112.91	140	**山东**	**Shandong**	**2749.38**	**5860.18**	**6098.63**	
安徽	**Anhui**	**1149.40**	**2672.79**	**2812.45**		济南	Jinan	266.13	641.22	677.21	14
合肥	Hefei	259.43	614.85	655.90	18	青岛	Qingdao	452.61	1100.03	1157.24	9
芜湖	Wuhu	94.84	298.72	311.23	57	淄博	Zibo	162.40	345.38	361.58	42
蚌埠	Bengbu	42.90	133.88	141.07	104	枣庄	Zaozhuang	76.71	147.40	145.20	100
淮南	Huainan	51.81	97.45	101.32	160	东营	Dongying	104.88	221.87	232.88	68
马鞍山	Maanshan	69.88	140.32	138.36	111	烟台	Yantai	237.80	577.11	600.32	21
淮北	Huaibei	29.60	59.18	60.54	221	潍坊	Weifang	202.43	521.54	539.12	25
铜陵	Tongling	34.73	80.72	77.34	193	济宁	Jining	169.25	391.52	385.71	37
安庆	Anqing	50.57	127.99	121.02	133	泰安	Taian	116.95	206.71	207.14	78
黄山	Huangshan	30.79	75.79	75.19	197	威海	Weihai	118.27	260.50	273.08	60
滁州	Chuzhou	50.53	167.31	182.51	87	日照	Rizhao	55.61	128.73	141.33	103
阜阳	Fuyang	41.18	133.44	157.62	94	莱芜	Laiwu	35.32	53.00	56.01	232
宿州	Suzhou	26.15	95.62	101.12	162	临沂	Linyi	115.48	293.92	285.34	58
六安	Liuan	42.70	98.26	112.79	141	德州	Dezhou	72.91	183.51	187.47	84
亳州	Bozhou	23.30	87.02	94.55	170	聊城	Liaocheng	70.50	187.50	186.51	86

5-1 公共财政预算收入 续表 2

Public Budgetary Revenue continued 2

单位：亿元 （100 million yuan）

地名	City	2010	2016	2017	2017 排名 Ranking	地名	City	2010	2016	2017	2017 排名 Ranking
滨州	Binzhou	103.99	220.01	226.28	70	常德	Changde	70.02	157.18	163.47	91
菏泽	Heze	84.69	185.04	186.55	85	张家界	Zhangjiajie	14.31	49.49	56.57	229
河南	**Henan**	**1381.32**	**3153.47**	**3407.22**		益阳	Yiyang	24.50	68.03	69.64	210
郑州	Zhengzhou	386.80	1011.18	1056.67	10	郴州	Chenzhou	62.71	235.54	203.38	80
开封	Kaifeng	37.03	113.21	122.74	131	永州	Yongzhou	33.01	102.55	109.34	147
洛阳	Luoyang	142.02	302.66	325.93	49	怀化	Huaihua	35.67	123.15	136.71	115
平顶山	Pingdingshan	80.58	124.46	137.53	113	娄底	Loudi	30.01	68.25	70.29	209
安阳	Anyang	65.05	117.45	129.55	125	**广东**	**Guangdong**	**4515.72**	**10390.35**	**11320.35**	
鹤壁	Hebi	22.15	55.61	59.73	223	广州	Guangzhou	872.65	1393.64	1536.74	4
新乡	Xinxiang	70.46	148.06	159.05	93	韶关	Shaoguan	47.81	85.04	88.70	178
焦作	Jiaozuo	63.34	124.18	133.79	120	深圳	Shenzhen	1106.82	3136.49	3332.13	1
濮阳	Puyang	30.17	72.16	81.11	188	珠海	Zhuhai	124.53	292.37	314.38	53
许昌	Xuchang	57.45	131.89	145.28	99	汕头	Shantou	72.65	137.09	150.07	97
漯河	Luohe	26.13	75.99	82.70	186	佛山	Foshan	306.05	604.50	661.58	15
三门峡	Sanmenxia	49.74	100.12	108.18	150	江门	Jiangmen	104.29	204.17	222.37	73
南阳	Nanyang	69.07	167.07	174.84	90	湛江	Zhanjiang	66.23	112.94	135.00	119
商丘	Shangqiu	43.00	117.43	128.85	126	茂名	Maoming	51.95	121.42	130.14	124
信阳	Xinyang	34.10	94.65	100.45	165	肇庆	Zhaoqing	76.80	91.70	94.85	169
周口	Zhoukou	38.31	103.86	111.83	142	惠州	Huizhou	131.23	361.30	389.08	36
驻马店	Zhumadian	36.44	105.39	115.20	138	梅州	Meizhou	38.95	105.46	108.55	148
湖北	**Hubei**	**1011.23**	**3102.06**	**3248.32**		汕尾	Shanwei	26.23	30.78	36.77	256
武汉	Wuhan	390.19	1322.10	1402.93	5	河源	Heyuan	25.09	68.89	71.19	207
黄石	Huangshi	34.10	105.47	111.09	144	阳江	Yangjiang	26.77	57.99	60.65	219
十堰	Shiyan	43.77	100.27	107.66	151	清远	Qingyuan	72.79	95.64	103.07	157
宜昌	Yichang	70.24	300.04	242.08	64	东莞	Dongguan	277.84	544.75	592.07	22
襄阳	Xiangyang	51.01	320.70	314.91	52	中山	Zhongshan	139.38	295.01	312.73	55
鄂州	Ezhou	15.66	52.91	58.33	224	潮州	Chaozhou	23.25	44.40	44.59	247
荆门	Jingmen	23.25	91.73	101.25	161	揭阳	Jieyang	38.65	73.64	72.81	202
孝感	Xiaogan	34.20	129.23	131.95	123	云浮	Yunfu	23.54	57.42	57.49	226
荆州	Jingzhou	27.60	115.45	122.50	132	**广西**	**Guangxi**	**771.99**	**1556.27**	**1615.13**	
黄冈	Huanggang	38.98	119.52	133.33	121	南宁	Nanning	156.10	312.79	332.15	47
咸宁	Xianning	23.34	83.34	87.70	180	柳州	Liuzhou	74.64	159.16	179.79	88
随州	Suizhou	9.53	45.55	48.60	240	桂林	Guilin	67.08	145.33	144.16	101
湖南	**Hunan**	**1081.69**	**2697.88**	**2757.82**		梧州	Wuzhou	32.42	95.61	84.55	185
长沙	Changsha	314.28	743.70	800.35	12	北海	Beihai	17.22	50.07	64.34	216
株洲	Zhuzhou	78.04	312.81	224.09	72	防城港	Fangchenggang	22.69	55.65	47.60	242
湘潭	Xiangtan	47.38	186.48	201.48	82	钦州	Qinzhou	22.36	49.51	52.81	235
衡阳	Hengyang	75.89	204.67	162.41	92	贵港	Guigang	21.44	47.62	50.41	236
邵阳	Shaoyang	31.53	141.25	97.55	167	玉林	Yulin	36.84	104.81	105.55	153
岳阳	Yueyang	51.90	330.75	318.09	51	百色	Baise	33.86	79.48	82.50	187

5-1 公共财政预算收入 续表 3
Public Budgetary Revenue continued 3

单位：亿元 （100 million yuan）

地名	City	2010	2016	2017	2017 排名 Ranking	地名	City	2010	2016	2017	2017 排名 Ranking
贺州	Hezhou	12.13	32.42	30.89	263	丽江	Lijiang	16.46	48.25	40.06	251
河池	Hechi	22.95	33.36	36.22	257	普洱	Puer	30.86	50.06	53.22	234
来宾	Laibin	24.94	30.32	27.64	267	临沧	Lincang	14.51	38.27	40.04	252
崇左	Chongzuo	26.16	40.76	34.06	260	**西藏**	**Tibet**	**32.00**	**155.99**	**185.83**	
海南	**Hainan**	**270.99**	**637.51**	**674.11**		拉萨	Lasa	15.02	70.79	89.63	176
海口	Haikou	50.37	115.51	125.36	129	**陕西**	**Shaanxi**	**958.21**	**1833.99**	**2006.69**	
三亚	Sanya	42.22	89.58	92.96	172	西安	Xi'an	241.86	641.07	654.50	19
三沙	Sansha					铜川	Tongchuan	13.75	21.51	20.06	280
重庆	**Chongqing**	**586.71**	**2227.91**	**2252.38**		宝鸡	Baoji	38.78	75.16	81.08	189
四川	**Sichuan**	**1561.67**	**3388.85**	**3577.99**		咸阳	Xianyang	43.48	81.54	77.47	192
成都	Chengdu	526.94	1175.41	1275.53	6	渭南	Weinan	34.00	65.69	73.54	199
自贡	Zigong	21.84	48.76	53.22	233	延安	Yan'an	105.19	130.55	140.42	105
攀枝花	Panzhihua	38.78	56.76	60.59	220	汉中	Hanzhong	18.62	45.19	45.65	244
泸州	Luzhou	47.59	138.66	146.04	98	榆林	Yulin	125.54	232.69	312.94	54
德阳	Deyang	45.80	100.07	106.17	152	安康	Ankang	13.23	30.11	28.02	266
绵阳	Mianyang	45.21	107.62	110.59	145	商洛	Shangluo	12.01	26.77	21.76	279
广元	Guangyuan	16.73	40.57	43.99	248	**甘肃**	**Gansu**	**353.58**	**786.97**	**815.73**	
遂宁	Suining	17.77	54.56	60.18	222	兰州	Lanzhou	72.76	215.48	234.20	67
内江	Neijiang	20.39	53.68	56.10	230	嘉峪关	Jiayuguan	8.34	17.09	18.37	281
乐山	Leshan	45.77	93.10	99.22	166	金昌	Jinchang	10.22	20.75	22.22	278
南充	Nanchong	32.26	94.34	103.26	156	白银	Baiyin	11.84	28.72	29.94	264
眉山	Meishan	24.69	90.30	93.16	171	天水	Tianshui	14.39	42.22	44.67	246
宜宾	Yibin	55.65	125.68	138.82	107	武威	Wuwei	6.43	31.10	28.62	265
广安	Guangan	21.28	64.22	71.25	206	张掖	Zhangye	7.58	27.10	26.33	270
达州	Dazhou	30.59	84.66	90.71	175	平凉	Pingliang	17.32	26.55	27.59	268
雅安	Yaan	15.65	32.18	34.84	258	酒泉	Jiuquan	11.91	36.22	34.50	259
巴中	Bazhong	7.82	44.29	45.53	245	庆阳	Qingyang	30.02	42.76	46.78	243
资阳	Ziyang	24.47	46.84	49.77	238	定西	Dingxi	7.25	25.10	22.81	276
贵州	**Guizhou**	**533.73**	**1561.34**	**1613.84**		陇南	Longnan	15.32	55.62	26.17	271
贵阳	Guiyang	136.30	366.32	377.85	40	**青海**	**Qinghai**	**110.22**	**238.51**	**246.20**	
六盘水	Liupanshui	49.29	133.69	138.62	110	西宁	Xining	34.52	75.22	79.16	191
遵义	Zunyi	57.59	187.49	216.39	75	海东	Haidong		17.99	16.83	283
安顺	Anshun	19.84	70.32	76.24	194	**宁夏**	**Ningxia**	**153.55**	**387.66**	**417.59**	
毕节	Bijie	62.11	112.63	123.84	130	银川	Yinchuan	64.04	173.20	177.46	89
铜仁	Tongren	18.16	62.05	65.64	213	石嘴山	Shizuishan	21.65	28.43	23.06	275
云南	**Yunnan**	**871.19**	**1812.29**	**1886.17**		吴忠	Wuzhong	15.67	42.47	32.69	261
昆明	Kunming	253.83	530.00	560.86	24	固原	Guyuan	5.26	22.50	16.68	284
曲靖	Qujing	72.43	126.31	136.21	117	中卫	Zhongwei	8.50	23.15	24.00	272
玉溪	Yuxi	64.73	154.17	137.22	114	**新疆**	**Xinjiang**	**500.58**	**1298.95**	**1466.52**	
保山	Baoshan	21.40	57.51	62.32	217	乌鲁木齐	Urumqi	147.99	369.67	400.78	35
昭通	Zhaotong	25.62	59.80	67.53	211	克拉玛依	Karamay	42.43	79.14	87.45	181

5-2 人均公共财政预算收入

Per Capita Public Budgetary Revenue

单位：元/人 （yuan/person）

地名	City	2010	2016	2017	2017 排名 Ranking
全国平均	**National Average**	**3036.0**		**6580.2**	
北京	**Beijing**	**12668.4**	**23394.0**	**25015.1**	
天津	**Tianjin**	**8476.5**	**17520.0**	**14838.5**	
河北	**Hebei**	**1873.3**	**3827.0**	**4300.3**	
石家庄	Shijiazhuang	1664.1	3976.0	4736.8	90
唐山	Tangshan	2666.5	4690.5	5037.7	84
秦皇岛	Qinhuangdao	2502.7	3906.0	3978.3	114
邯郸	Handan	1215.9	1943.9	2094.3	203
邢台	Xingtai	787.2	1421.9	1604.3	238
保定	Baoding	786.0	2071.6	2155.3	199
张家口	Zhangjiakou	1345.5	3021.3	2920.1	150
承德	Chengde	1472.5	2144.5	2347.9	186
沧州	Cangzhou	1260.7	2836.5	3078.9	147
廊坊	Langfang	2543.6	7284.4	6993.1	57
衡水	Hengshui	638.2	2108.5	2279.2	189
山西	**Shanxi**	**2771.2**	**4239.0**	**5043.2**	
太原	Taiyuan	3790.8	7766.2	8451.2	44
大同	Datong	1743.1	2805.2	3404.9	134
阳泉	Yangquan	2887.7	3127.1	3787.6	121
长治	Changzhi	2356.5	2915.0	3913.7	116
晋城	Jincheng	2564.5	4060.1	4586.7	93
朔州	Shuozhou	3523.6	3032.3	4464.7	96
晋中	Jinzhong	2020.4	3045.3	3556.0	127
运城	Yuncheng	705.6	1113.2	1308.1	261
忻州	Xinzhou	1378.1	2255.5	2378.5	183
临汾	Linfen	1725.6	1990.4	2242.4	193
吕梁	Lvliang	1959.3	2333.3	3540.3	128
内蒙古	**Inner Mongolia**	**4373.8**	**8016.0**	**6734.7**	
呼和浩特	Hohhot	5548.2	11235.5	8292.3	46
包头	Baotou	6335.0	12107.7	6143.4	63
乌海	Wuhai	6665.3	14563.4	16459.9	16
赤峰	Chifeng	1299.5	2414.2	2188.6	196
通辽	Tongliao	2033.7	4023.1	2229.8	194
鄂尔多斯	Erdos	15840.5	28546.0	22164.2	7
呼伦贝尔	Hulunbuir	2061.7	4093.7	3278.9	138
巴彦淖尔	Bayannur	2191.6	3997.4	3289.2	137
乌兰察布	Ulanqab	601.1	2068.6	1584.8	239
辽宁	**Liaoning**	**4612.2**	**5024.0**	**5476.7**	
沈阳	Shenyang	6480.5	8482.9	8904.2	40
大连	Dalian	8552.1	10284.1	11052.7	27
鞍山	Anshan	5115.8	3842.8	4076.1	109
抚顺	Fushun	3663.9	3596.7	4173.6	106
本溪	Benxi	4812.0	3678.9	4362.0	101
丹东	Dandong	3315.7	2877.8	3095.3	145
锦州	Jinzhou	2621.3	2808.3	3083.5	146
营口	Yingkou	4254.7	4514.3	4900.0	85
阜新	Fuxin	1563.5	1896.3	2052.6	207
辽阳	Liaoyang	4170.1	3953.9	4559.0	94
盘锦	Panjin	6169.3	7729.5	9143.4	38
铁岭	Tieling	2620.4	1886.1	1671.7	230
朝阳	Chaoyang	1943.4	1496.2	1722.7	226
葫芦岛	Huludao	1983.6	2168.4	2628.2	169
吉林	**Jilin**	**2196.1**	**4607.0**	**4456.8**	
长春	Changchun	2386.8	5510.4	6009.1	65
吉林	Jilin	1686.0	3197.2	2527.0	174
四平	Siping	821.0	1952.1	1769.9	223
辽源	Liaoyuan	1378.4	2017.5	1554.6	240
通化	Tonghua	1502.2	3745.7	2851.7	156
白山	Baishan	1955.7	3823.2	2245.9	192
松原	Songyuan	1070.9	1824.0	1740.5	224
白城	Baicheng	887.6	2155.9	2173.1	197
黑龙江	**Heilongjiang**	**1973.5**	**3018.0**	**3281.4**	
哈尔滨	Harbin	2401.1	3911.0	3854.5	117
齐齐哈尔	Qiqihar	901.3	1395.8	1378.3	255
鸡西	Jixi	1373.2	2007.6	2166.2	198
鹤岗	Hegang	1417.7	1797.2	2290.4	187
双鸭山	Shuangyashan	1363.2	1429.2	2457.3	178
大庆	Daqing	3449.6	4806.1	5687.7	71
伊春	Yichun	654.0	1180.3	1395.5	254
佳木斯	Jiamusi	824.0	1586.8	1691.4	228
七台河	Qitaihe	2512.7	1885.4	2880.2	153
牡丹江	Mudanjiang	1579.9	2605.7	2976.3	148
黑河	Heihe	864.7	1826.4	1996.3	211
绥化	Suihua	489.3	1022.0	1061.9	274
上海	**Shanghai**	**13609.5**	**26499.0**	**27470.1**	
江苏	**Jiangsu**	**5233.6**	**10167.0**	**10177.5**	

5-2 人均公共财政预算收入 续表 1
Per Capita Public Budgetary Revenue continued 1

单位：元/人 （yuan/person）

地名	City	2010	2016	2017	2017 排名 Ranking
南京	Nanjing	8220.6	17364.7	18677.1	11
无锡	Wuxi	10982.4	18078.5	18864.1	10
徐州	Xuzhou	2301.6	4986.1	4828.1	88
常州	Changzhou	7942.6	12876.4	13688.8	21
苏州	Suzhou	14171.4	25706.4	27613.6	5
南通	Nantong	3812.5	7694.7	7730.4	50
连云港	Lianyungang	2861.1	3975.0	4030.9	111
淮安	Huaian	2636.4	5574.4	4110.7	107
盐城	Yancheng	2350.0	5008.2	4358.6	102
扬州	Yangzhou	3655.7	7490.2	6960.4	58
镇江	Zhenjiang	5109.3	10772.4	10492.2	31
泰州	Taizhou	3386.8	6322.4	6811.3	59
宿迁	Suqian	1648.2	4042.1	3393.9	135
浙江	**Zhejiang**	**4911.1**	**9528.0**	**10260.5**	
杭州	Hangzhou	9782.7	19210.7	20788.0	9
宁波	Ningbo	9273.1	18922.6	20859.1	8
温州	Wenzhou	2918.3	5397.2	5640.6	72
嘉兴	Jiaxing	5191.7	11052.3	12466.1	24
湖州	Huzhou	3747.4	7999.2	8926.0	39
绍兴	Shaoxing	4408.4	8790.6	9671.7	33
金华	Jinhua	3352.1	7044.6	7360.2	52
衢州	Quzhou	1875.1	3990.5	4313.3	104
舟山	Zhoushan	6307.7	12404.6	12965.4	22
台州	Taizhou	2838.8	5730.9	6328.6	60
丽水	Lishui	1738.4	3878.9	4197.2	105
安徽	**Anhui**	**1902.8**	**4332.0**	**4496.3**	
合肥	Hefei	5260.2	8492.4	8827.8	42
芜湖	Wuhu	4127.1	7738.8	8021.4	48
蚌埠	Bengbu	1186.9	3541.8	3702.6	123
淮南	Huainan	2129.9	2524.5	2597.9	171
马鞍山	Maanshan	5421.3	6127.5	6041.7	64
淮北	Huaibei	1354.7	2727.0	2789.8	158
铜陵	Tongling	4693.2	4720.5	4523.0	95
安庆	Anqing	821.3	2428.7	2279.1	190
黄山	Huangshan	2075.8	5121.3	5080.2	82
滁州	Chuzhou	1121.6	3701.5	4020.1	113
阜阳	Fuyang	409.3	1268.5	1473.1	246
宿州	Suzhou	409.5	1466.6	1541.5	242
六安	Liuan	605.4	1682.6	1918.1	216
亳州	Bozhou	389.1	1357.6	1452.4	250

地名	City	2010	2016	2017	2017 排名 Ranking
池州	Chizhou	1948.2	4410.7	4024.0	112
宣城	Xuancheng	1792.0	4975.8	5106.1	81
福建	**Fujian**	**3147.7**	**6884.0**	**7182.4**	
福州	Fuzhou	3860.7	8768.8	9151.0	37
厦门	Xiamen	16190.9	29997.1	30167.4	2
莆田	Putian	1481.2	3335.0	3841.3	119
三明	Sanming	1825.7	3322.7	3498.6	130
泉州	Quanzhou	2657.6	5841.3	5960.9	66
漳州	Zhangzhou	1870.4	3715.7	3969.7	115
南平	Nanping	1236.9	2584.8	2729.7	162
龙岩	Longyan	2266.2	4212.0	4390.8	98
宁德	Ningde	1199.7	2884.9	3144.8	141
江西	**Jiangxi**	**1750.7**	**4699.0**	**4861.7**	
南昌	Nanchang	2930.6	7704.7	7944.3	49
景德镇	Jingdezhen	2397.2	5377.1	5130.4	80
萍乡	Pingxiang	2192.4	5301.1	5136.4	79
九江	Jiujiang	1437.1	5019.6	5048.7	83
新余	Xinyu	4264.3	7721.0	7590.4	51
鹰潭	Yingtan	2441.5	6376.4	5879.3	69
赣州	Ganzhou	875.8	2808.1	2519.2	175
吉安	Jian	1160.4	3198.0	2920.6	149
宜春	Yichun	1196.9	3667.4	3742.0	122
抚州	Fuzhou	1380.4	3070.0	2788.7	159
上饶	Shangrao	988.2	2924.7	2732.8	161
山东	**Shandong**	**2886.6**	**5921.0**	**6095.0**	
济南	Jinan	4408.5	10194.2	10515.7	30
青岛	Qingdao	5929.8	13977.5	14411.4	20
淄博	Zibo	3849.4	8013.4	8350.6	45
枣庄	Zaozhuang	1972.4	3586.4	3473.7	132
东营	Dongying	5677.5	11555.5	11942.6	25
烟台	Yantai	3649.6	8824.4	9179.3	36
潍坊	Weifang	2324.6	5595.9	5937.4	67
济宁	Jining	2021.7	4489.9	4368.1	100
泰安	Taian	2101.9	3645.7	3627.7	125
威海	Weihai	4669.4	10215.6	10667.1	28
日照	Rizhao	1938.7	4319.8	4649.0	91
莱芜	Laiwu	2741.0	4108.6	4341.7	103
临沂	Linyi	1149.3	2596.4	2455.6	179
德州	Dezhou	1279.8	3110.3	3150.7	140
聊城	Liaocheng	1186.4	2990.4	2914.2	151

5-2 人均公共财政预算收入 续表 2

Per Capita Public Budgetary Revenue continued 2

单位：元/人 (yuan/person)

地名	City	2010	2016	2017	2017 排名 Ranking	地名	City	2010	2016	2017	2017 排名 Ranking
滨州	Binzhou	2755.4	5626.8	5743.2	70	常德	Changde	1122.3	2576.7	2697.5	165
菏泽	Heze	1024.3	1833.9	1830.7	221	张家界	Zhangjiajie	872.1	2911.0	3327.4	136
河南	**Henan**	**1462.5**	**3317.0**	**3564.4**		益阳	Yiyang	517.5	1408.5	1454.0	249
郑州	Zhengzhou	5241.2	12346.6	12549.5	23	郴州	Chenzhou	1303.2	4990.3	3808.5	120
开封	Kaifeng	697.5	2032.5	2195.8	195	永州	Yongzhou	560.8	1602.3	1703.1	227
洛阳	Luoyang	2031.1	4305.2	4422.4	97	怀化	Huaihua	701.8	2363.7	2619.0	170
平顶山	Pingdingshan	1503.4	2202.8	2425.6	180	娄底	Loudi	703.2	1516.6	1548.2	241
安阳	Anyang	1118.9	1888.2	2076.1	204	**广东**	**Guangdong**	**4501.7**	**9511.0**	**10135.5**	
鹤壁	Hebi	1376.5	3290.5	3513.3	129	广州	Guangzhou	10902.9	16167.6	17112.9	14
新乡	Xinxiang	1173.2	2306.2	2458.3	177	韶关	Shaoguan	1457.2	2561.5	2647.8	168
焦作	Jiaozuo	1728.5	3329.1	3606.1	126	深圳	Shenzhen	43761.7	84770.1	76600.7	1
濮阳	Puyang	741.2	1674.3	1877.6	220	珠海	Zhuhai	12008.7	25646.3	26418.2	6
许昌	Xuchang	1178.1	2601.4	2859.8	155	汕头	Shantou	1404.1	2470.2	2656.1	167
漯河	Luohe	942.4	2824.8	3097.4	144	佛山	Foshan	8288.2	15303.8	15751.9	19
三门峡	Sanmenxia	2163.5	4372.1	4744.9	89	江门	Jiangmen	2661.1	5195.3	5615.5	73
南阳	Nanyang	586.8	1409.9	1457.0	248	湛江	Zhanjiang	946.5	1555.6	1609.0	237
商丘	Shangqiu	470.2	1211.9	1305.4	262	茂名	Maoming	700.9	1533.1	1618.6	235
信阳	Xinyang	393.9	1084.2	1102.6	272	肇庆	Zhaoqing	1837.1	2079.4	2126.8	201
周口	Zhoukou	315.2	830.2	888.9	282	惠州	Huizhou	3966.8	10008.4	10544.3	29
驻马店	Zhumadian	414.3	1062.4	1198.8	267	梅州	Meizhou	762.1	1924.5	1973.7	212
湖北	**Hubei**	**1767.3**	**5286.0**	**5503.8**		汕尾	Shanwei	765.2	854.9	1013.0	277
武汉	Wuhan	4666.6	15890.6	16427.7	17	河源	Heyuan	709.4	1862.0	1908.5	218
黄石	Huangshi	1314.8	3920.8	4099.3	108	阳江	Yangjiang	958.7	1972.3	2042.1	208
十堰	Shiyan	1239.2	2949.1	3111.6	143	清远	Qingyuan	1771.8	2250.3	2358.6	185
宜昌	Yichang	1756.2	7576.8	6175.6	62	东莞	Dongguan	15414.1	27512.8	28060.1	4
襄阳	Xiangyang	864.6	5408.2	5319.5	77	中山	Zhongshan	9384.6	18438.0	18395.9	12
鄂州	Ezhou	1503.2	4991.0	5255.1	78	潮州	Chaozhou	896.3	1681.9	1615.6	236
荆门	Jingmen	773.1	3067.9	3443.9	133	揭阳	Jieyang	589.7	1053.6	1035.7	275
孝感	Xiaogan	645.4	2461.5	2542.4	172	云浮	Yunfu	842.9	1914.0	1916.4	217
荆州	Jingzhou	418.1	1789.9	1908.0	219	**广西**	**Guangxi**	**1632.4**	**3231.0**	**3306.3**	
黄冈	Huanggang	527.8	1602.2	1801.8	222	南宁	Nanning	2221.7	4192.9	4387.7	99
咸宁	Xianning	802.6	2759.6	2884.7	152	柳州	Liuzhou	2016.6	4144.9	4645.8	92
随州	Suizhou	371.0	1807.5	1943.8	215	桂林	Guilin	1301.8	2736.8	2699.6	164
湖南	**Hunan**	**1667.4**	**3966.0**	**4020.1**		梧州	Wuzhou	1009.2	2763.2	2422.7	181
长沙	Changsha	4820.2	10809.5	11288.4	26	北海	Beihai	1053.1	2894.2	3676.3	124
株洲	Zhuzhou	2015.7	7742.9	5560.6	75	防城港	Fangchenggang	2547.1	5796.5	4857.3	86
湘潭	Xiangtan	1604.8	6430.4	6995.8	56	钦州	Qinzhou	589.3	1216.5	1284.9	263
衡阳	Hengyang	991.1	2548.8	2030.1	209	贵港	Guigang	414.9	862.7	906.6	281
邵阳	Shaoyang	404.7	1710.1	1181.0	269	玉林	Yulin	554.8	1467.9	1457.9	247
岳阳	Yueyang	924.6	5843.7	5610.0	74	百色	Baise	842.1	1915.3	1973.6	213

5-2 人均公共财政预算收入 续表 3
Per Capita Public Budgetary Revenue continued 3

单位：元/人 （yuan/person）

地名	City	2010	2016	2017	2017 排名 Ranking	地名	City	2010	2016	2017	2017 排名 Ranking
贺州	Hezhou	596.1	1345.2	1266.0	264	丽江	Lijiang	1366.2	3987.3	3257.2	139
河池	Hechi	567.5	781.2	842.4	284	普洱	Puer	1215.7	1994.3	2103.6	202
来宾	Laibin	968.4	1384.6	1031.2	276	临沧	Lincang	601.1	1621.8	1675.5	229
崇左	Chongzuo	1077.7	1630.3	1362.5	256	**西藏**	**Tibet**	**1241.8**	**4763.0**	**5514.4**	
海南	**Hainan**	**3130.8**	**6975.0**	**7279.8**		拉萨	Lasa		13356.4	16597.9	15
海口	Haikou	3161.2	6958.2	7331.3	53	**陕西**	**Shaanxi**	**2553.6**	**4822.0**	**5232.6**	
三亚	Sanya	7491.1	15444.3	15756.3	18	西安	Xi'an	3092.0	7817.9	7224.1	54
三沙	Sansha					铜川	Tongchuan	1648.5	2560.4	2416.3	182
重庆	**Chongqing**	**3315.2**	**7347.0**	**7324.8**		宝鸡	Baoji	1020.7	1957.4	2128.1	200
四川	**Sichuan**	**1924.8**	**4116.0**	**4309.8**		咸阳	Xianyang	839.0	1541.4	1655.4	231
成都	Chengdu	4604.7	8945.3	8888.7	41	渭南	Weinan	608.8	1179.4	1322.6	260
自贡	Zigong	667.4	1491.1	1642.7	233	延安	Yan'an	4596.1	5531.6	5899.9	68
攀枝花	Panzhihua	3478.7	5113.3	5559.0	76	汉中	Hanzhong	488.0	1173.8	1195.0	268
泸州	Luzhou	953.5	2735.0	2863.6	154	榆林	Yulin	3469.8	6123.5	8128.2	47
德阳	Deyang	1178.1	2559.2	2736.3	160	安康	Ankang	435.3	987.1	918.7	279
绵阳	Mianyang	832.2	1974.8	2059.4	206	商洛	Shangluo	511.2	1062.3	859.9	283
广元	Guangyuan	536.5	1330.0	1451.9	251	**甘肃**	**Gansu**	**1361.9**	**3021.0**	**3106.4**	
遂宁	Suining	462.5	1443.3	1626.5	234	兰州	Lanzhou	2248.7	6671.2	7184.1	55
内江	Neijiang	479.1	1278.1	1351.7	257	嘉峪关	Jiayuguan	4112.4	7122.8	8745.9	43
乐山	Leshan	1295.5	2629.9	2818.7	157	金昌	Jinchang	2173.1	4510.4	4829.8	87
南充	Nanchong	428.6	1271.4	1408.7	253	白银	Baiyin	657.9	1578.0	1645.3	232
眉山	Meishan	708.3	2580.0	2700.3	163	天水	Tianshui	396.2	1144.0	1204.0	266
宜宾	Yibin	1036.4	2268.7	2501.3	176	武威	Wuwei	336.7	1628.5	1506.2	244
广安	Guangan	454.6	1375.1	1532.2	243	张掖	Zhangye	580.4	2068.4	2009.5	210
达州	Dazhou	455.5	1239.5	1349.8	258	平凉	Pingliang	751.7	1139.5	1179.0	270
雅安	Yaan	1009.5	2076.1	2262.1	191	酒泉	Jiuquan	1225.4	3233.8	3485.1	131
巴中	Bazhong	198.2	1174.8	1210.8	265	庆阳	Qingyang	1154.3	1583.7	1732.8	225
资阳	Ziyang	488.2	1319.3	1426.0	252	定西	Dingxi	241.7	831.0	752.9	285
贵州	**Guizhou**	**1467.8**	**4407.0**	**4507.9**		陇南	Longnan	543.2	1937.8	911.8	280
贵阳	Guiyang	3682.6	9227.2	9261.0	35	**青海**	**Qinghai**	**1968.7**	**4039.0**	**4117.0**	
六盘水	Liupanshui	1566.3	3990.6	4053.2	110	西宁	Xining	1564.2	3242.1	3842.8	118
遵义	Zunyi	750.3	2349.5	2688.0	166	海东	Haidong		1052.3	978.8	278
安顺	Anshun	717.2	2359.8	2533.0	173	**宁夏**	**Ningxia**	**2446.8**	**5773.0**	**6123.0**	
毕节	Bijie		1236.4	1341.7	259	银川	Yinchuan	4074.3	9516.3	9389.2	34
铜仁	Tongren		1413.4	1491.7	245	石嘴山	Shizuishan	2899.4	3790.4	3116.6	142
云南	**Yunnan**	**1900.6**	**3810.0**	**3928.7**		吴忠	Wuzhong	1137.3	3012.1	2285.9	188
昆明	Kunming	4379.7	9498.3	9962.1	32	固原	Guyuan	347.6	1500.2	1104.7	271
曲靖	Qujing	1165.8		2060.7	205	中卫	Zhongwei	724.1	2012.7	1967.6	214
玉溪	Yuxi	2818.0	7104.6	6265.8	61	**新疆**	**Xinjiang**	**2306.6**	**5460.0**	**5998.0**	
保山	Baoshan	850.9	2211.8	2369.4	184	乌鲁木齐	Urumqi	6112.5	13845.4	17972.1	13
昭通	Zhaotong	451.3	990.1	1090.9	273	克拉玛依	Karamay	11040.9	19303.0	28209.6	3

5-3 公共财政预算支出
Public Budgetary Expenditure

单位：亿元 （100 million yuan）

地名	City	2010	2016	2017	2017 排名 Ranking
地方合计	**Region Total**	**73884.4**	**160351.4**	**173228.3**	
北京	**Beijing**	**2717.32**	**6406.77**	**6824.53**	
天津	**Tianjin**	**1376.84**	**3699.43**	**3282.54**	
河北	**Hebei**	**2820.24**	**6049.53**	**6639.18**	
石家庄	Shijiazhuang	305.16	746.12	806.73	23
唐山	Tangshan	332.43	642.54	662.63	34
秦皇岛	Qinhuangdao	135.74	245.57	262.70	187
邯郸	Handan	263.86	531.64	547.01	52
邢台	Xingtai	172.34	409.39	418.52	95
保定	Baoding	268.90	612.06	663.67	33
张家口	Zhangjiakou	181.73	415.19	472.58	72
承德	Chengde	155.92	303.75	337.64	132
沧州	Cangzhou	213.13	504.90	550.48	49
廊坊	Langfang	179.64	508.90	582.70	42
衡水	Hengshui	112.10	302.78	298.29	157
山西	**Shanxi**	**1931.36**	**3428.86**	**3756.42**	
太原	Taiyuan	189.64	424.07	479.06	67
大同	Datong	132.78	285.89	325.51	141
阳泉	Yangquan	60.07	95.73	106.06	279
长治	Changzhi	135.87	234.34	268.43	184
晋城	Jincheng	89.51	172.51	178.41	246
朔州	Shuozhou	90.13	127.66	141.72	265
晋中	Jinzhong	120.54	247.17	278.92	174
运城	Yuncheng	134.81	287.84	303.01	154
忻州	Xinzhou	128.58	247.55	290.65	163
临汾	Linfen	159.76	310.96	334.34	135
吕梁	Lvliang	151.00	275.85	315.38	148
内蒙古	**Inner Mongolia**	**2273.50**	**4512.71**	**4529.93**	
呼和浩特	Hohhot	177.17	419.97	403.04	101
包头	Baotou	204.96	414.36	330.32	138
乌海	Wuhai	63.54	133.32	90.39	281
赤峰	Chifeng	219.79	438.85	462.51	77
通辽	Tongliao	184.46	358.08	316.99	146
鄂尔多斯	Erdos	318.79	561.64	473.37	71
呼伦贝尔	Hulunbuir	207.90	412.73	435.05	88
巴彦淖尔	Bayannur	123.53	235.88	246.42	196
乌兰察布	Ulanqab	140.03	303.13	318.11	144
辽宁	**Liaoning**	**3195.82**	**4577.47**	**4879.42**	
沈阳	Shenyang	516.62	825.39	855.02	19
大连	Dalian	611.47	870.28	919.84	17
鞍山	Anshan	201.90	249.92	273.84	179
抚顺	Fushun	150.25	175.18	182.32	242
本溪	Benxi	116.48	137.64	135.61	269
丹东	Dandong	134.66	187.01	200.59	229
锦州	Jinzhou	138.45	217.09	237.57	203
营口	Yingkou	137.29	197.89	216.72	223
阜新	Fuxin	88.27	137.98	145.74	262
辽阳	Liaoyang	100.07	142.57	148.65	260
盘锦	Panjin	109.82	183.12	184.62	240
铁岭	Tieling	141.58	201.13	189.65	237
朝阳	Chaoyang	146.75	215.17	234.41	204
葫芦岛	Huludao	109.49	186.73	198.88	231
吉林	**Jilin**	**1787.25**	**3586.09**	**3725.72**	
长春	Changchun	382.93	770.57	875.73	18
吉林	Jilin	213.78	380.21	401.22	102
四平	Siping	113.75	261.27	303.80	153
辽源	Liaoyuan	64.02	110.56	122.67	272
通化	Tonghua	119.91	258.87	254.58	194
白山	Baishan	100.08	178.81	186.34	238
松原	Songyuan	104.28	223.50	272.97	181
白城	Baicheng	92.17	222.47	256.35	192
黑龙江	**Heilongjiang**	**2253.27**	**4227.34**	**4641.08**	
哈尔滨	Harbin	452.97	876.29	958.47	15
齐齐哈尔	Qiqihar	208.09	663.04	463.93	74
鸡西	Jixi	85.56	171.92	184.47	241
鹤岗	Hegang	51.28	106.33	111.20	278
双鸭山	Shuangyashan	70.67	134.42	151.24	259
大庆	Daqing	164.22	263.53	294.64	160
伊春	Yichun	63.73	126.93	148.18	261
佳木斯	Jiamusi	121.81	236.22	274.27	178
七台河	Qitaihe	48.50	91.68	88.28	283
牡丹江	Mudanjiang	136.09	259.01	286.15	166
黑河	Heihe	93.11	170.38	211.14	225
绥化	Suihua	167.18	379.86	417.84	96
上海	**Shanghai**	**3302.89**	**6918.94**	**7547.62**	
江苏	**Jiangsu**	**4914.06**	**9981.96**	**10621.03**	

5-3 公共财政预算支出 续表 1
Public Budgetary Expenditure continued 1

单位：亿元 （100 million yuan）

地名	City	2010	2016	2017	2017 排名 Ranking	地名	City	2010	2016	2017	2017 排名 Ranking
南京	Nanjing	542.18	1173.84	1354.09	10	池州	Chizhou	68.11	149.00	143.61	263
无锡	Wuxi	488.68	867.36	987.66	13	宣城	Xuancheng	104.28	254.77	273.33	180
徐州	Xuzhou	325.72	797.99	827.33	21	**福建**	**Fujian**	**1695.09**	**4275.40**	**4684.15**	
常州	Changzhou	281.44	508.11	551.55	48	福州	Fuzhou	262.42	829.93	938.86	16
苏州	Suzhou	825.67	1617.11	1771.47	3	厦门	Xiamen	306.95	758.64	797.10	24
南通	Nantong	316.75	749.22	810.08	22	莆田	Putian	79.32	206.91	228.11	210
连云港	Lianyungang	202.75	373.12	390.56	106	三明	Sanming	97.01	253.80	290.97	162
淮安	Huaian	206.15	483.47	452.31	82	泉州	Quanzhou	229.64	597.67	637.81	38
盐城	Yancheng	291.90	730.33	748.28	29	漳州	Zhangzhou	147.52	369.15	429.19	93
扬州	Yangzhou	201.68	478.97	507.64	61	南平	Nanping	87.02	249.82	283.64	168
镇江	Zhenjiang	159.07	362.94	386.64	108	龙岩	Longyan	110.81	274.27	299.81	156
泰州	Taizhou	215.73	448.93	475.49	69	宁德	Ningde	86.61	266.92	297.08	159
宿迁	Suqian	168.36	424.57	424.12	94	**江西**	**Jiangxi**	**1923.26**	**4617.40**	**5111.47**	
浙江	**Zhejiang**	**3207.88**	**6974.26**	**7530.32**		南昌	Nanchang	232.03	583.26	653.12	35
杭州	Hangzhou	616.58	1404.31	1540.92	6	景德镇	Jingdezhen	77.87	173.80	192.13	235
宁波	Ningbo	600.66	1289.26	1410.60	8	萍乡	Pingxiang	86.70	200.02	224.94	216
温州	Wenzhou	310.78	666.75	761.61	28	九江	Jiujiang	166.52	465.46	525.01	56
嘉兴	Jiaxing	199.06	442.19	494.70	62	新余	Xinyu	77.69	152.95	161.97	250
湖州	Huzhou	127.12	288.62	325.02	143	鹰潭	Yingtan	57.46	128.03	128.35	271
绍兴	Shaoxing	221.95	456.10	469.83	73	赣州	Ganzhou	239.69	676.83	776.33	25
金华	Jinhua	211.52	542.36	536.69	53	吉安	Jian	158.36	383.10	433.22	90
衢州	Quzhou	107.09	268.08	300.47	155	宜春	Yichun	171.61	434.85	475.05	70
舟山	Zhoushan	105.03	250.54	258.60	190	抚州	Fuzhou	139.45	312.34	355.26	125
台州	Taizhou	222.76	514.40	563.10	45	上饶	Shangrao	191.68	495.57	550.40	50
丽水	Lishui	135.20	341.67	378.64	113	**山东**	**Shandong**	**4145.03**	**8755.21**	**9258.40**	
安徽	**Anhui**	**2587.61**	**5522.95**	**6203.81**		济南	Jinan	336.80	741.26	834.06	20
合肥	Hefei	317.72	859.85	965.34	14	青岛	Qingdao	532.39	1352.85	1403.03	9
芜湖	Wuhu	144.43	409.44	463.30	75	淄博	Zibo	201.87	418.43	446.03	85
蚌埠	Bengbu	106.98	268.05	297.71	158	枣庄	Zaozhuang	128.95	246.98	245.29	197
淮南	Huainan	81.02	218.00	233.28	207	东营	Dongying	141.95	268.15	277.66	176
马鞍山	Maanshan	86.53	213.70	227.70	211	烟台	Yantai	323.86	679.26	708.07	30
淮北	Huaibei	65.93	142.66	152.77	257	潍坊	Weifang	291.04	637.60	678.40	31
铜陵	Tongling	57.32	151.09	160.28	252	济宁	Jining	252.20	555.64	569.62	44
安庆	Anqing	161.83	337.15	373.00	116	泰安	Taian	175.61	330.59	355.96	124
黄山	Huangshan	72.98	171.03	185.73	239	威海	Weihai	167.93	338.60	359.56	123
滁州	Chuzhou	128.12	334.85	380.27	111	日照	Rizhao	94.83	205.08	232.26	208
阜阳	Fuyang	164.35	435.80	515.21	57	莱芜	Laiwu	51.94	86.58	88.77	282
宿州	Suzhou	113.19	311.35	345.92	129	临沂	Linyi	236.46	574.33	589.61	40
六安	Liuan	153.93	342.13	375.36	114	德州	Dezhou	154.91	330.92	360.52	122
亳州	Bozhou	103.34	278.58	325.03	142	聊城	Liaocheng	144.60	354.91	380.60	110

5-3 公共财政预算支出 续表 2
Public Budgetary Expenditure continued 2

单位：亿元　　　　(100 million yuan)

地名	City	2010	2016	2017	2017 排名 Ranking	地名	City	2010	2016	2017	2017 排名 Ranking
滨州	Binzhou	161.84	320.54	330.28	139	常德	Changde	177.30	463.05	490.50	65
菏泽	Heze	186.97	428.40	510.26	60	张家界	Zhangjiajie	55.09	144.41	152.35	258
河南	**Henan**	**3416.14**	**7453.74**	**8215.52**		益阳	Yiyang	116.75	310.39	334.57	134
郑州	Zhengzhou	426.80	1321.53	1514.95	7	郴州	Chenzhou	161.15	404.07	397.64	104
开封	Kaifeng	116.44	295.78	334.74	133	永州	Yongzhou	144.39	399.23	431.88	91
洛阳	Luoyang	230.80	516.91	549.35	51	怀化	Huaihua	145.55	374.62	410.04	98
平顶山	Pingdingshan	148.59	275.66	317.59	145	娄底	Loudi	106.66	267.58	277.84	175
安阳	Anyang	140.65	291.73	316.60	147	**广东**	**Guangdong**	**5421.54**	**13446.09**	**15037.48**	
鹤壁	Hebi	59.13	115.80	122.41	273	广州	Guangzhou	977.32	1943.75	2186.01	2
新乡	Xinxiang	159.53	325.71	368.26	119	韶关	Shaoguan	100.24	268.02	310.91	150
焦作	Jiaozuo	121.55	217.82	239.54	201	深圳	Shenzhen	1266.07	4211.04	4593.80	1
濮阳	Puyang	90.10	221.62	260.18	189	珠海	Zhuhai	166.41	417.16	493.89	63
许昌	Xuchang	117.23	265.06	286.43	165	汕头	Shantou	121.71	295.74	331.63	137
漯河	Luohe	69.97	179.34	175.10	248	佛山	Foshan	363.35	695.85	774.96	27
三门峡	Sanmenxia	95.26	186.81	212.55	224	江门	Jiangmen	132.98	293.21	333.26	136
南阳	Nanyang	247.11	548.78	584.06	41	湛江	Zhanjiang	153.65	381.11	442.70	86
商丘	Shangqiu	179.98	422.43	463.08	76	茂名	Maoming	122.49	349.73	381.92	109
信阳	Xinyang	173.76	404.87	446.04	84	肇庆	Zhaoqing	127.66	248.16	271.15	183
周口	Zhoukou	193.70	475.52	513.34	58	惠州	Huizhou	185.44	509.08	554.01	47
驻马店	Zhumadian	172.30	414.02	477.23	68	梅州	Meizhou	117.98	384.02	395.17	105
湖北	**Hubei**	**2465.18**	**6422.98**	**6801.26**		汕尾	Shanwei	56.51	206.88	222.60	219
武汉	Wuhan	583.55	1524.68	1728.28	5	河源	Heyuan	94.55	293.95	282.80	169
黄石	Huangshi	102.49	222.53	224.27	217	阳江	Yangjiang	64.92	194.31	193.15	234
十堰	Shiyan	143.79	322.54	341.35	131	清远	Qingyuan	132.81	303.77	304.63	151
宜昌	Yichang	195.23	531.97	493.83	64	东莞	Dongguan	289.83	599.29	667.65	32
襄阳	Xiangyang	182.07	639.74	641.99	37	中山	Zhongshan	145.85	366.90	455.28	80
鄂州	Ezhou	42.17	100.19	116.37	276	潮州	Chaozhou	55.99	146.70	142.82	264
荆门	Jingmen	94.58	246.76	267.62	185	揭阳	Jieyang	94.68	266.94	284.70	167
孝感	Xiaogan	88.34	355.12	361.30	121	云浮	Yunfu	69.28	164.93	181.49	243
荆州	Jingzhou	163.15	384.71	405.64	100	**广西**	**Guangxi**	**2007.59**	**4441.70**	**4908.55**	
黄冈	Huanggang	183.08	452.54	454.48	81	南宁	Nanning	261.28	586.98	646.37	36
咸宁	Xianning	94.85	216.20	227.11	212	柳州	Liuzhou	155.03	339.56	374.56	115
随州	Suizhou	54.74	146.72	152.98	256	桂林	Guilin	183.59	399.03	434.07	89
湖南	**Hunan**	**2702.48**	**6339.16**	**6869.39**		梧州	Wuzhou	90.96	227.99	242.30	199
长沙	Changsha	403.33	1041.43	1182.60	11	北海	Beihai	63.04	150.06	157.65	254
株洲	Zhuzhou	156.98	405.23	447.08	83	防城港	Fangchenggang	52.57	127.60	120.47	274
湘潭	Xiangtan	106.81	272.59	281.14	172	钦州	Qinzhou	78.00	194.07	205.28	227
衡阳	Hengyang	209.33	539.42	530.43	54	贵港	Guigang	90.80	212.55	233.93	206
邵阳	Shaoyang	161.61	480.06	510.79	59	玉林	Yulin	129.37	317.55	350.71	127
岳阳	Yueyang	165.34	431.02	489.06	66	百色	Baise	137.67	341.16	379.71	112

5-3 公共财政预算支出 续表 3
Public Budgetary Expenditure continued 3

单位：亿元 （100 million yuan）

地名	City	2010	2016	2017	2017 排名 Ranking
贺州	Hezhou	61.23	161.15	179.99	245
河池	Hechi	120.97	289.76	329.05	140
来宾	Laibin	89.76	159.61	178.18	247
崇左	Chongzuo	85.53	202.87	221.53	220
海南	**Hainan**	**581.34**	**1376.48**	**1443.97**	
海口	Haikou	79.84	200.30	198.32	232
三亚	Sanya	53.50	125.77	130.02	270
三沙	Sansha				
重庆	**Chongqing**	**1234.69**	**4001.81**	**4336.28**	
四川	**Sichuan**	**4257.98**	**8008.89**	**8694.76**	
成都	Chengdu	777.38	1595.89	1756.66	4
自贡	Zigong	81.16	179.55	222.90	218
攀枝花	Panzhihua	75.06	122.03	137.04	268
泸州	Luzhou	126.54	337.17	368.96	118
德阳	Deyang	224.42	227.13	240.17	200
绵阳	Mianyang	345.32	335.04	365.06	120
广元	Guangyuan	221.32	230.50	250.70	195
遂宁	Suining	88.85	199.99	230.56	209
内江	Neijiang	92.48	200.23	217.51	222
乐山	Leshan	118.51	257.04	282.02	170
南充	Nanchong	185.61	427.18	460.40	78
眉山	Meishan	96.53	216.01	225.68	215
宜宾	Yibin	143.32	338.74	370.54	117
广安	Guangan	97.54	243.64	264.97	186
达州	Dazhou	150.27	359.12	389.16	107
雅安	Yaan	77.49	151.55	137.39	267
巴中	Bazhong	103.03	267.19	281.48	171
资阳	Ziyang	101.10	188.36	180.31	244
贵州	**Guizhou**	**1631.48**	**4262.36**	**4612.52**	
贵阳	Guiyang	204.38	525.26	582.48	43
六盘水	Liupanshui	111.12	286.50	292.27	161
遵义	Zunyi	194.20	522.71	636.81	39
安顺	Anshun	78.84	222.59	255.89	193
毕节	Bijie	205.43	451.07	527.75	55
铜仁	Tongren	125.54	340.96	399.97	103
云南	**Yunnan**	**2285.72**	**5018.86**	**5712.97**	
昆明	Kunming	346.29	688.40	775.90	26
曲靖	Qujing	181.59	400.15	442.54	87
玉溪	Yuxi	107.30	233.35	262.12	188
保山	Baoshan	82.28	212.65	238.03	202
昭通	Zhaotong	146.60	410.06	416.42	97

地名	City	2010	2016	2017	2017 排名 Ranking
丽江	Lijiang	59.11	150.07	160.80	251
普洱	Puer	114.11	245.72	271.78	182
临沧	Lincang	90.77	213.39	242.95	198
西藏	**Tibet**	**206.64**	**1587.98**	**1681.94**	
拉萨	Lasa	51.35	248.11	257.47	191
陕西	**Shaanxi**	**2218.83**	**4389.37**	**4833.19**	
西安	Xi'an	371.62	942.52	1045.09	12
铜川	Tongchuan	53.96	96.87	116.99	275
宝鸡	Baoji	133.06	283.04	304.58	152
咸阳	Xianyang	151.40	338.92	346.55	128
渭南	Weinan	154.30	352.51	407.65	99
延安	Yan'an	192.71	327.34	353.28	126
汉中	Hanzhong	126.79	280.17	311.70	149
榆林	Yulin	237.19	471.13	555.14	46
安康	Ankang	110.25	247.80	274.45	177
商洛	Shangluo	90.20	192.98	210.98	226
甘肃	**Gansu**	**1468.58**	**3150.03**	**3304.44**	
兰州	Lanzhou	146.93	424.16	429.36	92
嘉峪关	Jiayuguan	12.19	24.28	27.73	285
金昌	Jinchang	24.52	57.46	59.70	284
白银	Baiyin	72.13	160.75	160.17	253
天水	Tianshui	111.47	251.54	278.97	173
武威	Wuwei	75.45	175.93	202.16	228
张掖	Zhangye	58.94	145.49	164.50	249
平凉	Pingliang	85.75	172.90	191.96	236
酒泉	Jiuquan	59.70	127.64	141.53	266
庆阳	Qingyang	113.66	215.23	234.35	205
定西	Dingxi	90.72	200.50	218.48	221
陇南	Longnan	137.07	208.44	225.95	214
青海	**Qinghai**	**743.40**	**1524.80**	**1530.44**	
西宁	Xining	108.70	287.81	288.37	164
海东	Haidong		205.41	197.86	233
宁夏	**Ningxia**	**557.53**	**1254.54**	**1372.78**	
银川	Yinchuan	119.92	331.07	341.83	130
石嘴山	Shizuishan	61.45	87.77	91.67	280
吴忠	Wuzhong	78.57	193.79	200.22	230
固原	Guyuan	78.66	219.54	226.00	213
中卫	Zhongwei	58.42	142.96	156.69	255
新疆	**Xinjiang**	**1698.91**	**4138.25**	**4637.24**	
乌鲁木齐	Urumqi	159.61	417.56	458.58	79
克拉玛依	Karamay	54.77	99.56	111.29	277

5-4 人均公共财政预算支出
Public Budgetary Expenditure Per Capita

单位：元/人 (yuan/person)

地名	City	2010	2016	2017	2017 排名 Ranking
地方合计	**Region Total**	**5523.22**		**12461.75**	
北京	**Beijing**	**14624.03**	**29497.00**	**31434.96**	
天津	**Tianjin**	**10919.40**	**23798.00**	**21082.47**	
河北	**Hebei**	**3966.75**	**8123.00**	**8828.70**	
石家庄	Shijiazhuang	3103.46	7222.83	8291.14	163
唐山	Tangshan	4526.24	8487.99	8776.59	144
秦皇岛	Qinhuangdao	4716.96	8268.39	8815.39	142
邯郸	Handan	2768.15	5053.62	5204.64	268
邢台	Xingtai	2376.02	5221.78	5297.77	264
保定	Baoding	2321.81	5280.89	5535.21	263
张家口	Zhangjiakou	3915.41	8852.71	10162.93	104
承德	Chengde	4186.56	7930.89	8885.22	139
沧州	Cangzhou	2943.01	6498.04	7075.58	210
廊坊	Langfang	4316.40	10944.17	12293.32	68
衡水	Hengshui	2558.02	6669.13	6570.23	228
山西	**Shanxi**	**5519.59**	**9335.00**	**10147.00**	
太原	Taiyuan	5191.21	11650.18	12982.54	57
大同	Datong	4194.47	9018.57	10236.01	102
阳泉	Yangquan	4602.36	7252.30	8034.55	175
长治	Changzhi	4110.05	6933.25	7941.68	182
晋城	Jincheng	4136.70	7841.27	8072.95	172
朔州	Shuozhou	5696.50	7880.29	8641.57	147
晋中	Jinzhong	3761.23	7467.37	8401.30	157
运城	Yuncheng	2676.66	5420.64	5906.69	254
忻州	Xinzhou	4185.14	8063.54	9436.85	120
临汾	Linfen	3654.33	7198.12	7721.54	190
吕梁	Lvliang	4055.11	7183.63	8045.28	174
内蒙古	**Inner Mongolia**	**10641.93**	**17940.00**	**17911.94**	
呼和浩特	Hohhot	7754.63	17498.91	16585.83	26
包头	Baotou	9329.09	18498.08	14746.40	33
乌海	Wuhai	12582.18	23807.73	20543.43	15
赤峰	Chifeng	5070.59	9478.36	10054.48	107
通辽	Tongliao	5786.44	11224.97	10031.30	109
鄂尔多斯	Erdos	21121.71	35546.73	29402.12	7
呼伦贝尔	Hulunbuir	7656.61	15935.47	16732.77	24
巴彦淖尔	Bayannur	7072.19	13478.71	14162.13	41
乌兰察布	Ulanqab	4856.76	11063.04	11695.24	75
辽宁	**Liaoning**	**7512.82**	**10451.00**	**11168.28**	
沈阳	Shenyang	7194.46	11275.87	11601.29	79
大连	Dalian	10441.41	14626.53	15459.50	29
鞍山	Anshan	5737.26	7223.20	7960.50	181
抚顺	Fushun	6775.34	8147.90	8640.89	148
本溪	Benxi	7513.38	9115.48	9162.94	128
丹东	Dandong	5564.46	7857.38	8535.55	153
锦州	Jinzhou	4476.67	7188.54	8026.04	176
营口	Yingkou	5834.93	8493.01	9341.38	123
阜新	Fuxin	4589.51	7300.28	7835.24	188
辽阳	Liaoyang	5456.38	7964.55	8398.41	158
盘锦	Panjin	8406.95	14086.18	14201.28	40
铁岭	Tieling	4632.85	6704.45	6450.57	234
朝阳	Chaoyang	4304.91	6309.94	6976.63	215
葫芦岛	Huludao	3882.49	6668.95	7179.67	208
吉林	**Jilin**	**7139.86**	**13074.00**	**13712.62**	
长春	Changchun	5053.85	10219.82	11692.03	76
吉林	Jilin	4924.56	8967.21	9667.93	117
四平	Siping	3347.16	8039.10	9493.86	118
辽源	Liaoyuan	5172.50	9212.98	10395.92	100
通化	Tonghua	5294.74	11713.46	11731.86	74
白山	Baishan	7745.53	14537.12	15528.07	28
松原	Songyuan	3605.93	8039.63	9926.00	112
白城	Baicheng	4542.41	11408.73	13421.61	50
黑龙江	**Heilongjiang**	**5944.79**	**11109.00**	**12248.83**	
哈尔滨	Harbin	4567.10	9109.09	10036.31	108
齐齐哈尔	Qiqihar	3651.79	12121.30	8687.86	145
鸡西	Jixi	4522.20	9498.42	10540.87	97
鹤岗	Hegang	4693.39	10126.56	11009.77	90
双鸭山	Shuangyashan	4674.25	9206.77	16089.83	27
大庆	Daqing	5907.19	9724.47	10792.82	93
伊春	Yichun	5009.83	10666.71	12773.77	61
佳木斯	Jiamusi	4814.24	9925.13	11670.91	77
七台河	Qitaihe	5225.73	11180.88	11175.20	86
牡丹江	Mudanjiang	5021.22	9923.80	11221.63	85
黑河	Heihe	5353.00	10263.55	13114.06	54
绥化	Suihua	2867.43	6957.05	7913.65	183
上海	**Shanghai**	**23482.88**	**28620.00**	**31214.31**	
江苏	**Jiangsu**	**6602.35**	**12497.00**	**13228.33**	

5-4 人均公共财政预算支出 续表 1
Public Budgetary Expenditure Per Capita continued 1

单位：元/人 (yuan/person)

地名	City	2010	2016	2017	2017 排名 Ranking
南京	Nanjing	8591.03	17839.51	19883.81	19
无锡	Wuxi	10484.45	17920.66	20033.72	18
徐州	Xuzhou	3374.46	7710.05	7962.79	180
常州	Changzhou	7811.05	13622.25	14552.86	34
苏州	Suzhou	12993.06	24028.38	25636.32	10
南通	Nantong	4152.52	9768.19	10603.15	96
连云港	Lianyungang	4102.76	7013.53	7327.53	203
淮安	Huaian	3842.86	8541.87	8062.64	173
盐城	Yancheng	3584.89	8809.77	9059.10	132
扬州	Yangzhou	4394.28	10389.80	11035.66	89
镇江	Zhenjiang	5885.16	13343.38	14267.01	38
泰州	Taizhou	4277.73	8837.20	9415.58	121
宿迁	Suqian	3098.04	7208.32	7176.28	209
浙江	**Zhejiang**	**6779.02**	**12533.00**	**13311.51**	
杭州	Hangzhou	8984.77	19237.08	20436.55	16
宁波	Ningbo	10490.96	21888.97	23628.22	12
温州	Wenzhou	3969.30	8180.98	9231.65	127
嘉兴	Jiaxing	5844.39	12598.08	13896.14	47
湖州	Huzhou	4897.33	10932.46	12218.73	71
绍兴	Shaoxing	5063.65	10272.43	10534.31	98
金华	Jinhua	4547.15	11299.16	11042.91	88
衢州	Quzhou	4274.20	10431.30	11645.95	78
舟山	Zhoushan	10853.57	25829.04	26660.25	9
台州	Taizhou	3835.33	8587.64	9322.79	124
丽水	Lishui	5229.77	12796.69	14075.85	43
安徽	**Anhui**	**3799.43**	**8951.00**	**9918.16**	
合肥	Hefei	6442.14	11876.39	12992.52	56
芜湖	Wuhu	6285.03	10607.27	11940.71	73
蚌埠	Bengbu	2959.83	7091.38	7814.01	189
淮南	Huainan	3330.73	5647.71	5981.61	252
马鞍山	Maanshan	6712.96	9331.70	9943.17	111
淮北	Huaibei	3017.39	6573.98	7040.26	211
铜陵	Tongling	7745.95	8835.91	9372.85	122
安庆	Anqing	2628.18	6397.56	7024.53	213
黄山	Huangshan	4920.11	11555.83	12549.09	65
滁州	Chuzhou	2843.76	7408.28	8376.09	160
阜阳	Fuyang	1633.42	4142.63	4815.07	280
宿州	Suzhou	1772.39	4775.24	5273.18	266
六安	Liuan	2182.29	5858.40	6383.65	236
亳州	Bozhou	1725.67	4345.99	4992.71	275

地名	City	2010	2016	2017	2017 排名 Ranking
池州	Chizhou	4251.56	9197.44	8864.77	140
宣城	Xuancheng	3750.13	9099.03	9761.66	114
福建	**Fujian**	**4822.75**	**11086.00**	**11976.86**	
福州	Fuzhou	4088.11	12151.21	13547.72	49
厦门	Xiamen	17186.45	35122.13	34506.39	5
莆田	Putian	2466.65	5962.87	6425.60	235
三明	Sanming	3567.86	8905.33	10102.95	105
泉州	Quanzhou	3361.93	8232.30	8595.80	150
漳州	Zhangzhou	3115.26	7309.83	8350.01	161
南平	Nanping	2789.10	7782.60	8891.65	138
龙岩	Longyan	3762.14	8790.75	9487.81	119
宁德	Ningde	2565.01	7626.30	8463.83	155
江西	**Jiangxi**	**4122.27**	**10084.00**	**11059.00**	
南昌	Nanchang	4642.55	11173.50	12440.42	66
景德镇	Jingdezhen	4816.01	10533.50	11368.53	83
萍乡	Pingxiang	4623.75	10051.24	11246.89	84
九江	Jiujiang	3367.58	8968.46	10096.43	106
新余	Xinyu	6627.14	12334.75	13276.29	51
鹰潭	Yingtan	4753.87	10002.45	10027.64	110
赣州	Ganzhou	2656.93	7815.61	7970.58	179
吉安	Jian	3218.24	7802.47	8082.38	171
宜春	Yichun	3098.10	7247.47	7891.15	185
抚州	Fuzhou	3472.79	7808.39	8242.77	166
上饶	Shangrao	2610.38	6369.86	7029.35	212
山东	**Shandong**	**4447.30**	**8846.00**	**9252.85**	
济南	Jinan	5579.11	11784.80	12951.24	59
青岛	Qingdao	6975.03	17189.98	17472.29	23
淄博	Zibo	4785.01	9708.41	10300.83	101
枣庄	Zaozhuang	3315.68	6009.22	5868.07	256
东营	Dongying	7684.19	13965.89	14238.73	39
烟台	Yantai	4970.46	10386.24	10826.69	92
潍坊	Weifang	3342.14	6841.23	7471.31	196
济宁	Jining	3012.53	6372.07	6450.93	233
泰安	Taian	3156.13	5830.47	6233.91	239
威海	Weihai	6629.95	13278.53	14045.34	44
日照	Rizhao	3306.02	6881.80	7640.26	192
莱芜	Laiwu	4030.73	6711.45	6881.23	219
临沂	Linyi	2353.40	5073.55	5074.11	271
德州	Dezhou	2719.20	5608.82	6059.20	248
聊城	Liaocheng	2433.48	5660.48	5946.88	253

5-4 人均公共财政预算支出 续表 2
Public Budgetary Expenditure Per Capita continued 2

单位：元/人 (yuan/person)

地名	City	2010	2016	2017	2017 排名 Ranking	地名	City	2010	2016	2017	2017 排名 Ranking
滨州	Binzhou	4288.17	8197.97	8382.70	159	常德	Changde	2841.76	7590.94	8093.98	170
菏泽	Heze	2261.34	4245.82	5007.45	273	张家界	Zhangjiajie	3357.51	8494.55	8962.05	136
河南	**Henan**	**3202.36**	**7841.00**	**8594.54**		益阳	Yiyang	2465.89	6426.30	6984.79	214
郑州	Zhengzhou	5783.20	16135.84	17992.32	22	郴州	Chenzhou	3348.92	8560.73	7446.48	199
开封	Kaifeng	2193.17	5310.16	5988.11	251	永州	Yongzhou	2452.86	6237.90	6727.08	223
洛阳	Luoyang	3300.87	7352.95	7453.91	198	怀化	Huaihua	2863.80	7190.40	7855.17	187
平顶山	Pingdingshan	2772.30	4878.95	5601.16	262	娄底	Loudi	2499.36	5946.32	6119.73	245
安阳	Anyang	2419.16	4690.24	5073.70	272	**广东**	**Guangdong**	**6474.25**	**12309.00**	**13463.59**	
鹤壁	Hebi	3674.50	6852.05	7200.31	206	广州	Guangzhou	12210.70	22549.26	24343.13	11
新乡	Xinxiang	2656.35	5073.38	5691.78	260	韶关	Shaoguan	3055.17	8072.83	9280.83	126
焦作	Jiaozuo	3317.05	5839.69	6456.72	232	深圳	Shenzhen	50058.12	113811.97	105604.60	1
濮阳	Puyang	2213.65	5142.07	6022.68	250	珠海	Zhuhai	16047.25	36592.77	41502.96	3
许昌	Xuchang	2404.08	5228.02	5638.38	261	汕头	Shantou	2352.25	5328.68	5869.61	255
漯河	Luohe	2523.53	6667.10	6558.05	229	佛山	Foshan	9839.95	17616.51	18451.31	20
三门峡	Sanmenxia	4143.54	8157.82	9322.48	125	江门	Jiangmen	3393.21	7460.85	8415.72	156
南阳	Nanyang	2099.31	4631.08	4867.17	278	湛江	Zhanjiang	2195.91	5249.40	5276.54	265
商丘	Shangqiu	1968.20	4359.48	4691.76	282	茂名	Maoming	1652.50	4415.78	4750.26	281
信阳	Xinyang	2007.37	4637.65	4896.20	277	肇庆	Zhaoqing	3053.70	5627.10	6079.68	247
周口	Zhoukou	1593.50	3801.10	4080.58	284	惠州	Huizhou	5605.47	14101.80	15013.90	30
驻马店	Zhumadian	1958.84	4173.61	4965.94	276	梅州	Meizhou	2308.54	7007.60	7184.99	207
湖北	**Hubei**	**4634.01**	**10945.00**	**11523.65**		汕尾	Shanwei	1648.48	5746.76	6132.21	244
武汉	Wuhan	6979.09	18325.47	20237.52	17	河源	Heyuan	2673.24	7944.70	7581.83	193
黄石	Huangshi	3951.80	8272.49	8275.77	164	阳江	Yangjiang	2324.88	6609.35	6503.42	231
十堰	Shiyan	4070.95	9486.46	9865.70	113	清远	Qingyuan	3232.80	7147.49	6970.82	216
宜昌	Yichang	4881.24	13433.60	12597.69	62	东莞	Dongguan	16079.33	30267.17	31642.00	6
襄阳	Xiangyang	3086.04	10788.20	10844.35	91	中山	Zhongshan	9820.23	22931.08	26781.28	8
鄂州	Ezhou	4047.80	9451.51	10484.14	99	潮州	Chaozhou	2158.53	5556.69	5174.67	269
荆门	Jingmen	3145.12	8252.84	9102.64	129	揭阳	Jieyang	1444.50	3818.90	4049.84	285
孝感	Xiaogan	1667.14	6764.19	6961.41	217	云浮	Yunfu	2480.66	5497.50	6049.51	249
荆州	Jingzhou	2471.56	5964.42	6318.45	237	**广西**	**Guangxi**	**3836.92**	**9221.00**	**10048.21**	
黄冈	Huanggang	2478.88	6066.24	6141.67	243	南宁	Nanning	3718.60	7868.36	8538.58	152
咸宁	Xianning	3261.80	7158.94	7470.80	197	柳州	Liuzhou	4188.53	8842.61	9678.66	116
随州	Suizhou	2131.04	5822.22	6119.23	246	桂林	Guilin	3562.85	7514.68	8128.64	169
湖南	**Hunan**	**4029.47**	**9319.00**	**10013.69**		梧州	Wuzhou	2831.53	6589.16	6942.68	218
长沙	Changsha	6186.04	15137.11	16679.89	25	北海	Beihai	3855.42	8673.79	9008.78	134
株洲	Zhuzhou	4054.55	10030.42	11093.82	87	防城港	Fangchenggang	5901.44	13291.68	12292.52	69
湘潭	Xiangtan	3617.73	9399.54	9761.64	115	钦州	Qinzhou	2055.77	4768.26	4994.67	274
衡阳	Hengyang	2733.80	6717.56	6630.37	227	贵港	Guigang	1757.14	3850.48	4207.29	283
邵阳	Shaoyang	2074.42	5811.83	6183.93	242	玉林	Yulin	1948.34	4447.47	4844.04	279
岳阳	Yueyang	2945.66	7615.25	8625.45	149	百色	Baise	3423.78	8220.69	9084.05	131

5-4 人均公共财政预算支出 续表 3
Public Budgetary Expenditure Per Capita continued 3

单位：元/人 (yuan/person)

地名	City	2010	2016	2017	2017 排名 Ranking
贺州	Hezhou	3008.85	6686.76	7376.49	201
河池	Hechi	2991.57	6785.93	7652.30	191
来宾	Laibin	3485.28	7288.24	6648.38	226
崇左	Chongzuo	3523.52	8114.80	8861.22	141
海南	**Hainan**	**26951.32**	**15060.00**	**15593.63**	
海口	Haikou	5010.67	12066.27	11597.56	80
三亚	Sanya	9492.55	21683.83	22037.49	13
三沙	Sansha				
重庆	**Chongqing**	**3753.39**	**13196.00**	**14101.72**	
四川	**Sichuan**	**5119.14**	**9728.00**	**10473.09**	
成都	Chengdu	6793.20	12145.32	12241.55	70
自贡	Zigong	2480.29	5490.90	6879.74	220
攀枝花	Panzhihua	6733.05	10993.89	12572.04	63
泸州	Luzhou	2535.21	6650.25	7234.47	204
德阳	Deyang	5772.56	5809.07	6190.04	241
绵阳	Mianyang	6356.44	6147.54	6798.22	221
广元	Guangyuan	7097.91	7557.43	8274.00	165
遂宁	Suining	2312.36	5290.86	6231.25	240
内江	Neijiang	2173.09	4767.33	5241.26	267
乐山	Leshan	3354.47	7260.88	8011.85	177
南充	Nanchong	2466.22	5757.10	6281.04	238
眉山	Meishan	2769.24	6171.70	6541.49	230
宜宾	Yibin	2669.00	6114.49	6676.39	225
广安	Guangan	2083.79	5217.04	5698.37	259
达州	Dazhou	2237.73	5257.91	5791.00	257
雅安	Yaan	4998.71	9777.42	8921.51	137
巴中	Bazhong	2611.00	7087.27	7486.24	195
资阳	Ziyang	2017.00	5306.05	5166.61	270
贵州	**Guizhou**	**9436.08**	**12032.00**	**12884.13**	
贵阳	Guiyang	5521.99	13230.78	14276.41	37
六盘水	Liupanshui	3530.98	8552.11	8546.01	151
遵义	Zunyi	2530.23	6550.23	7910.65	184
安顺	Anshun	2849.91	7469.41	8501.39	154
毕节	Bijie		4951.34	5717.72	258
铜仁	Tongren		7766.83	9090.25	130
云南	**Yunnan**	**7976.91**	**10552.00**	**11899.54**	
昆明	Kunming	5975.05	12337.00	13781.55	48
曲靖	Qujing	2922.74		6695.05	224
玉溪	Yuxi	4671.31	10753.56	11969.08	72
保山	Baoshan	3271.57	8178.90	9050.59	133
昭通	Zhaotong	2582.62	6789.10	6727.36	222
丽江	Lijiang	4906.21	12402.68	13072.84	55
普洱	Puer	4495.17	9789.60	10742.45	94
临沧	Lincang	3760.30	9041.96	10165.25	103
西藏	**Tibet**		**48488.00**	**49909.20**	
拉萨	Lasa		46812.26	47678.85	2
陕西	**Shaanxi**	**5788.20**	**11542.00**	**12602.84**	
西安	Xi'an	4750.96	11494.19	11535.24	81
铜川	Tongchuan	6469.25	11532.29	14094.88	42
宝鸡	Baoji	3502.13	7370.74	7994.11	178
咸阳	Xianyang	2921.43	6406.74	7404.90	200
渭南	Weinan	2762.96	6328.74	7331.86	202
延安	Yan'an	8420.06	13870.48	14843.60	32
汉中	Hanzhong	3323.11	7277.22	8159.57	168
榆林	Yulin	6555.65	12398.17	14419.30	35
安康	Ankang	3627.12	8124.61	8998.42	135
商洛	Shangluo	3839.28	7657.94	8339.13	162
甘肃	**Gansu**	**6055.43**	**12092.00**	**12583.55**	
兰州	Lanzhou	4541.04	13131.88	13170.60	53
嘉峪关	Jiayuguan	6010.85	10115.04	13203.52	52
金昌	Jinchang	5213.69	12491.63	12977.65	58
白银	Baiyin	4007.89	8832.43	8800.75	143
天水	Tianshui	3069.02	6816.69	7519.48	194
武威	Wuwei	3951.09	9211.20	10640.08	95
张掖	Zhangye	4513.02	11106.38	12557.26	64
平凉	Pingliang	3721.63	7420.60	8203.60	167
酒泉	Jiuquan	6142.61	11396.20	14296.44	36
庆阳	Qingyang	4370.36	7971.63	8679.71	146
定西	Dingxi	3024.91	6639.12	7210.49	205
陇南	Longnan	4859.95	7262.87	7872.75	186
青海	**Qinghai**	**33685.26**	**25822.00**	**25592.64**	
西宁	Xining	4925.46	12405.39	13998.77	46
海东	Haidong		12012.32	11503.54	82
宁夏	**Ningxia**	**8733.92**	**18683.00**	**20128.74**	
银川	Yinchuan	7629.47	18190.75	18086.15	21
石嘴山	Shizuishan	8229.54	11702.95	12388.38	67
吴忠	Wuzhong	5702.57	13743.66	14001.13	45
固原	Guyuan	5197.57	14636.25	14966.72	31
中卫	Zhongwei	4977.00	12431.55	12843.70	60
新疆	**Xinjiang**	**60558.57**	**17395.00**	**18966.22**	
乌鲁木齐	Urumqi	6592.46	15639.06	20564.18	14
克拉玛依	Karamay	14251.89	24283.80	35899.94	4

5-5 公共财政预算支出中教育支出
Public Budgetary Expenditure for Education

单位：亿元 (100 million yuan)

地名	City	2010	2016	2017	2017 排名 Ranking
地方合计	**Region Total**	**11829.06**	**26625.06**	**28604.79**	
北京	**Beijing**	**450.22**	**887.37**	**964.62**	
天津	**Tianjin**	**229.56**	**502.49**	**434.59**	
河北	**Hebei**	**514.30**	**1134.90**	**1276.55**	
石家庄	Shijiazhuang	70.01	159.19	167.67	15
唐山	Tangshan	60.24	116.71	133.75	29
秦皇岛	Qinhuangdao	21.70	48.42	50.88	166
邯郸	Handan	57.92	106.65	116.31	41
邢台	Xingtai	36.07	82.49	89.79	72
保定	Baoding	55.20	130.76	144.53	21
张家口	Zhangjiakou	29.12	71.32	79.99	83
承德	Chengde	29.93	60.75	66.38	121
沧州	Cangzhou	50.05	106.68	122.07	36
廊坊	Langfang	34.55	78.91	96.91	62
衡水	Hengshui	22.34	50.05	56.10	151
山西	**Shanxi**	**328.58**	**606.97**	**620.67**	
太原	Taiyuan	35.95	70.34	73.00	97
大同	Datong	33.23	54.24	54.08	158
阳泉	Yangquan	12.40	20.54	21.49	255
长治	Changzhi	28.04	45.26	47.85	180
晋城	Jincheng	18.89	33.64	33.79	223
朔州	Shuozhou	16.03	24.02	23.35	253
晋中	Jinzhong	23.24	45.93	48.87	175
运城	Yuncheng	28.54	58.52	59.96	139
忻州	Xinzhou	24.93	44.47	47.11	183
临汾	Linfen	30.50	51.33	51.63	164
吕梁	Lvliang	33.52	59.94	64.43	126
内蒙古	**Inner Mongolia**	**322.11**	**554.97**	**561.85**	
呼和浩特	Hohhot	27.32	52.80	53.59	159
包头	Baotou	28.16	53.42	50.52	168
乌海	Wuhai	7.42	14.26	10.69	281
赤峰	Chifeng	46.59	83.02	87.24	74
通辽	Tongliao	31.24	52.43	51.92	163
鄂尔多斯	Erdos	43.85	56.70	62.64	128
呼伦贝尔	Hulunbuir	29.44	50.19	48.73	176
巴彦淖尔	Bayannur	16.26	28.99	27.90	241
乌兰察布	Ulanqab	17.89	38.35	38.72	204
辽宁	**Liaoning**	**405.39**	**633.96**	**648.06**	
沈阳	Shenyang	77.06	115.13	114.42	45
大连	Dalian	75.35	109.34	109.20	46
鞍山	Anshan	21.42	31.69	34.86	219
抚顺	Fushun	13.33	18.47	19.86	265
本溪	Benxi	15.68	18.92	19.02	268
丹东	Dandong	18.24	30.24	29.08	239
锦州	Jinzhou	17.37	29.34	31.24	232
营口	Yingkou	17.37	21.72	23.78	249
阜新	Fuxin	10.21	23.26	19.96	264
辽阳	Liaoyang	11.61	18.71	18.94	269
盘锦	Panjin	12.48	17.97	18.87	270
铁岭	Tieling	18.62	30.65	30.89	235
朝阳	Chaoyang	20.61	32.85	37.51	209
葫芦岛	Huludao	14.10	30.40	32.10	229
吉林	**Jilin**	**250.20**	**499.70**	**508.09**	
长春	Changchun	57.93	107.61	119.70	38
吉林	Jilin	33.08	59.94	58.28	147
四平	Siping	20.61	42.97	41.45	195
辽源	Liaoyuan	9.13	18.21	17.66	274
通化	Tonghua	15.98	36.17	34.85	220
白山	Baishan	11.72	22.30	21.58	254
松原	Songyuan	16.71	35.15	36.70	211
白城	Baicheng	14.65	29.95	30.58	237
黑龙江	**Heilongjiang**	**299.14**	**558.87**	**573.11**	
哈尔滨	Harbin	69.30	122.17	124.78	33
齐齐哈尔	Qiqihar	33.75	65.44	65.83	123
鸡西	Jixi	13.44	21.26	18.32	272
鹤岗	Hegang	8.11	13.41	13.46	279
双鸭山	Shuangyashan	10.00	18.70	14.97	278
大庆	Daqing	25.89	43.18	43.95	188
伊春	Yichun	7.28	7.35	7.46	284
佳木斯	Jiamusi	16.52	24.38	27.06	244
七台河	Qitaihe	7.30	8.66	7.83	283
牡丹江	Mudanjiang	16.38	34.84	32.38	228
黑河	Heihe	11.11	17.00	17.49	275
绥化	Suihua	26.26	57.53	61.70	131
上海	**Shanghai**	**417.28**	**840.97**	**874.10**	
江苏	**Jiangsu**	**865.36**	**1842.94**	**1979.57**	

5-5 公共财政预算支出中教育支出 续表 1

Public Budgetary Expenditure for Education continued 1

单位：亿元 (100 million yuan)

地名	City	2010	2016	2017	2017 排名 Ranking	地名	City	2010	2016	2017	2017 排名 Ranking
南京	Nanjing	76.50	202.86	217.84	8	池州	Chizhou	9.66	19.77	20.00	263
无锡	Wuxi	82.32	137.34	153.64	18	宣城	Xuancheng	15.19	38.10	41.04	198
徐州	Xuzhou	61.24	165.33	173.99	13	**福建**	**Fujian**	**327.77**	**789.11**	**842.21**	
常州	Changzhou	40.62	83.69	97.88	61	福州	Fuzhou	55.99	153.08	155.78	17
苏州	Suzhou	123.11	262.32	299.57	3	厦门	Xiamen	43.38	109.06	123.15	34
南通	Nantong	65.03	154.87	152.99	19	莆田	Putian	27.96	54.50	55.08	154
连云港	Lianyungang	30.71	73.76	75.77	92	三明	Sanming	20.69	51.45	56.92	148
淮安	Huaian	36.57	77.83	85.69	77	泉州	Quanzhou	60.21	128.68	138.19	26
盐城	Yancheng	49.24	129.76	134.79	27	漳州	Zhangzhou	28.61	66.19	73.84	94
扬州	Yangzhou	36.34	84.73	90.36	71	南平	Nanping	17.77	46.31	50.15	169
镇江	Zhenjiang	26.99	67.05	71.76	101	龙岩	Longyan	22.84	55.08	60.16	138
泰州	Taizhou	38.62	75.59	76.57	90	宁德	Ningde	19.32	50.54	55.81	152
宿迁	Suqian	40.10	69.20	71.84	100	**江西**	**Jiangxi**	**297.50**	**848.88**	**940.57**	
浙江	**Zhejiang**	**606.54**	**1300.03**	**1430.15**		南昌	Nanchang	34.83	90.03	99.80	57
杭州	Hangzhou	105.88	253.01	279.30	4	景德镇	Jingdezhen	9.77	26.27	27.87	242
宁波	Ningbo	89.27	198.37	214.60	9	萍乡	Pingxiang	9.32	29.12	32.87	227
温州	Wenzhou	79.34	162.44	179.14	10	九江	Jiujiang	23.97	82.92	90.90	69
嘉兴	Jiaxing	42.93	89.72	102.08	51	新余	Xinyu	8.48	20.80	21.23	256
湖州	Huzhou	25.11	58.12	63.67	127	鹰潭	Yingtan	5.82	18.58	19.28	267
绍兴	Shaoxing	45.06	97.12	99.55	58	赣州	Ganzhou	40.76	136.77	158.00	16
金华	Jinhua	48.37	98.87	105.34	48	吉安	Jian	25.03	78.97	86.61	75
衢州	Quzhou	21.66	45.30	45.90	185	宜春	Yichun	28.65	84.06	90.66	70
舟山	Zhoushan	12.14	29.17	33.17	226	抚州	Fuzhou	20.34	57.14	62.26	129
台州	Taizhou	51.57	108.47	122.62	35	上饶	Shangrao	36.07	96.51	103.68	50
丽水	Lishui	24.00	58.98	67.01	117	**山东**	**Shandong**	**770.45**	**1825.99**	**1890.00**	
安徽	**Anhui**	**386.31**	**910.87**	**1014.91**		济南	Jinan	50.33	130.86	143.34	22
合肥	Hefei	37.01	119.07	141.80	23	青岛	Qingdao	86.07	253.02	253.82	6
芜湖	Wuhu	16.45	58.51	73.17	96	淄博	Zibo	40.37	93.83	96.65	64
蚌埠	Bengbu	17.06	49.55	52.75	162	枣庄	Zaozhuang	25.52	49.10	50.86	167
淮南	Huainan	12.79	37.31	44.67	186	东营	Dongying	25.10	52.56	50.06	170
马鞍山	Maanshan	12.06	31.11	33.34	225	烟台	Yantai	56.64	131.34	115.66	43
淮北	Huaibei	10.60	25.65	25.25	246	潍坊	Weifang	73.10	165.20	172.41	14
铜陵	Tongling	6.53	23.46	23.54	251	济宁	Jining	55.89	124.97	130.94	30
安庆	Anqing	35.99	63.48	71.44	103	泰安	Taian	30.61	64.75	69.01	111
黄山	Huangshan	8.22	17.60	18.64	271	威海	Weihai	31.71	75.12	80.55	81
滁州	Chuzhou	20.40	55.55	62.08	130	日照	Rizhao	20.48	44.94	48.45	177
阜阳	Fuyang	30.90	92.49	99.05	59	莱芜	Laiwu	12.28	20.48	20.17	261
宿州	Suzhou	28.16	61.73	68.12	115	临沂	Linyi	51.91	134.07	141.56	24
六安	Liuan	31.40	65.13	67.55	116	德州	Dezhou	28.61	65.17	68.42	114
亳州	Bozhou	20.80	51.12	58.52	144	聊城	Liaocheng	30.07	68.31	78.68	87

5-5 公共财政预算支出中教育支出 续表 2
Public Budgetary Expenditure for Education continued 2

单位：亿元 (100 million yuan)

地名	City	2010	2016	2017	2017 排名 Ranking	地名	City	2010	2016	2017	2017 排名 Ranking
滨州	Binzhou	30.81	61.79	60.42	136	常德	Changde	29.66	66.33	68.59	112
菏泽	Heze	37.45	92.39	100.34	55	张家界	Zhangjiajie	7.50	21.48	20.79	260
河南	**Henan**	**609.37**	**1343.76**	**1493.11**		益阳	Yiyang	19.85	50.20	55.29	153
郑州	Zhengzhou	67.32	155.53	175.96	12	郴州	Chenzhou	31.75	70.08	71.69	102
开封	Kaifeng	19.71	51.57	56.78	150	永州	Yongzhou	30.06	71.76	76.49	91
洛阳	Luoyang	44.50	94.47	98.67	60	怀化	Huaihua	24.37	65.82	69.90	106
平顶山	Pingdingshan	24.69	50.51	60.79	134	娄底	Loudi	16.31	46.74	49.39	174
安阳	Anyang	31.81	63.05	69.52	109	**广东**	**Guangdong**	**921.48**	**2318.47**	**2575.52**	
鹤壁	Hebi	9.41	18.32	19.59	266	广州	Guangzhou	112.63	321.98	404.33	2
新乡	Xinxiang	31.64	66.44	69.65	107	韶关	Shaoguan	18.65	47.41	51.18	165
焦作	Jiaozuo	19.61	34.79	41.20	196	深圳	Shenzhen	47.82	414.73	509.10	1
濮阳	Puyang	21.15	44.56	54.13	157	珠海	Zhuhai	25.97	57.26	74.22	93
许昌	Xuchang	23.86	54.91	56.87	149	汕头	Shantou	30.31	76.03	78.91	85
漯河	Luohe	11.05	27.14	27.22	243	佛山	Foshan	69.11	124.47	140.25	25
三门峡	Sanmenxia	18.11	36.97	42.42	192	江门	Jiangmen	26.30	67.10	73.25	95
南阳	Nanyang	45.18	108.80	121.83	37	湛江	Zhanjiang	35.09	102.60	96.89	63
商丘	Shangqiu	43.58	69.81	85.39	78	茂名	Maoming	31.41	102.26	116.17	42
信阳	Xinyang	40.04	92.53	100.90	54	肇庆	Zhaoqing	26.75	56.37	58.46	145
周口	Zhoukou	45.15	96.51	101.68	52	惠州	Huizhou	32.39	101.91	106.86	47
驻马店	Zhumadian	35.10	81.66	92.59	66	梅州	Meizhou	25.44	73.23	78.75	86
湖北	**Hubei**	**359.44**	**1047.37**	**1101.35**		汕尾	Shanwei	13.51	42.18	40.84	199
武汉	Wuhan	75.29	231.07	267.99	5	河源	Heyuan	19.86	54.26	58.42	146
黄石	Huangshi	14.76	37.04	38.47	205	阳江	Yangjiang	13.06	32.92	33.46	224
十堰	Shiyan	17.63	49.82	54.83	155	清远	Qingyuan	27.08	71.02	68.47	113
宜昌	Yichang	26.81	75.27	69.52	108	东莞	Dongguan	65.31	142.95	147.58	20
襄阳	Xiangyang	28.56	81.07	85.91	76	中山	Zhongshan	38.27	65.49	66.54	120
鄂州	Ezhou	6.04	17.03	16.97	276	潮州	Chaozhou	11.30	35.24	35.73	217
荆门	Jingmen	11.41	31.16	35.31	218	揭阳	Jieyang	24.70	68.42	66.36	122
孝感	Xiaogan	21.07	57.66	59.70	141	云浮	Yunfu	12.99	34.86	37.36	210
荆州	Jingzhou	23.31	63.15	66.73	119	**广西**	**Guangxi**	**366.84**	**854.55**	**920.20**	
黄冈	Huanggang	34.94	88.86	94.30	65	南宁	Nanning	42.98	97.46	117.39	40
咸宁	Xianning	13.42	37.37	36.64	212	柳州	Liuzhou	27.91	68.06	70.76	104
随州	Suizhou	9.38	23.12	24.63	248	桂林	Guilin	33.53	72.75	77.28	89
湖南	**Hunan**	**403.10**	**1032.37**	**1115.33**		梧州	Wuzhou	21.13	47.14	49.71	172
长沙	Changsha	53.93	156.78	177.26	11	北海	Beihai	11.88	28.04	28.74	240
株洲	Zhuzhou	22.07	53.31	54.46	156	防城港	Fangchenggang	6.15	15.25	16.61	277
湘潭	Xiangtan	14.86	32.29	36.59	213	钦州	Qinzhou	19.48	45.52	49.84	171
衡阳	Hengyang	29.66	87.68	91.00	68	贵港	Guigang	25.95	56.84	52.88	161
邵阳	Shaoyang	27.86	76.60	83.85	79	玉林	Yulin	34.38	81.73	87.35	73
岳阳	Yueyang	26.87	56.56	65.00	125	百色	Baise	26.83	66.07	70.08	105

5-5 公共财政预算支出中教育支出 续表 3
Public Budgetary Expenditure for Education continued 3

单位：亿元 (100 million yuan)

地名	City	2010	2016	2017	2017 排名 Ranking
贺州	Hezhou	14.15	32.31	32.09	230
河池	Hechi	26.22	57.63	61.10	132
来宾	Laibin	14.56	33.33	31.15	233
崇左	Chongzuo	13.70	34.57	34.50	221
海南	**Hainan**	**98.33**	**214.24**	**220.87**	
海口	Haikou	14.20	31.34	31.52	231
三亚	Sanya	8.37	19.90	20.04	262
三沙	Sansha				
重庆	**Chongqing**	**200.43**	**575.18**	**626.30**	
四川	**Sichuan**	**540.65**	**1301.85**	**1389.20**	
成都	Chengdu	97.67	227.60	250.58	7
自贡	Zigong	12.77	29.99	36.36	214
攀枝花	Panzhihua	11.73	24.20	24.95	247
泸州	Luzhou	23.96	66.81	69.35	110
德阳	Deyang	16.37	34.47	36.23	215
绵阳	Mianyang	23.56	55.64	61.05	133
广元	Guangyuan	17.95	37.33	41.14	197
遂宁	Suining	15.58	34.87	39.01	203
内江	Neijiang	16.48	37.83	39.57	201
乐山	Leshan	16.54	38.48	42.18	193
南充	Nanchong	37.65	73.71	81.38	80
眉山	Meishan	14.73	37.85	40.81	200
宜宾	Yibin	25.39	66.08	72.85	98
广安	Guangan	19.47	54.16	58.91	143
达州	Dazhou	26.85	77.31	79.50	84
雅安	Yaan	7.83	17.31	18.14	273
巴中	Bazhong	18.03	46.61	49.70	173
资阳	Ziyang	19.01	29.10	33.94	222
贵州	**Guizhou**	**292.06**	**843.54**	**901.96**	
贵阳	Guiyang	35.30	99.27	104.77	49
六盘水	Liupanshui	23.33	56.05	66.89	118
遵义	Zunyi	42.96	120.52	127.27	32
安顺	Anshun	14.90	44.26	47.63	182
毕节	Bijie	44.93	122.47	129.79	31
铜仁	Tongren	24.81	83.04	92.00	67
云南	**Yunnan**	**374.79**	**871.14**	**998.33**	
昆明	Kunming	47.11	109.11	118.17	39
曲靖	Qujing	44.86	94.12	114.70	44
玉溪	Yuxi	19.52	41.86	48.33	179
保山	Baoshan	16.18	39.61	44.11	187
昭通	Zhaotong	33.03	84.95	99.94	56

地名	City	2010	2016	2017	2017 排名 Ranking
丽江	Lijiang	9.83	23.33	27.05	245
普洱	Puer	17.40	41.90	47.80	181
临沧	Lincang	16.50	37.83	43.26	190
西藏	**Tibet**	**45.45**	**169.64**	**227.20**	
拉萨	Lasa	8.95	34.53	43.46	189
陕西	**Shaanxi**	**377.79**	**777.53**	**828.25**	
西安	Xi'an	53.08	119.63	133.89	28
铜川	Tongchuan	7.91	18.96	21.11	258
宝鸡	Baoji	26.21	60.88	59.85	140
咸阳	Xianyang	34.57	68.81	65.67	124
渭南	Weinan	34.33	71.06	78.37	88
延安	Yan'an	30.29	53.53	53.23	160
汉中	Hanzhong	21.74	58.13	60.24	137
榆林	Yulin	49.38	92.00	101.64	53
安康	Ankang	21.87	56.53	60.56	135
商洛	Shangluo	20.13	39.22	38.15	207
甘肃	**Gansu**	**228.23**	**548.95**	**567.35**	
兰州	Lanzhou	29.54	74.09	80.33	82
嘉峪关	Jiayuguan	1.52	3.84	4.12	285
金昌	Jinchang	3.58	7.46	8.03	282
白银	Baiyin	15.37	29.12	29.58	238
天水	Tianshui	20.68	52.57	59.07	142
武威	Wuwei	13.58	6.28	30.60	236
张掖	Zhangye	8.79	22.73	23.46	252
平凉	Pingliang	16.91	38.13	38.29	206
酒泉	Jiuquan	8.72	22.07	21.21	257
庆阳	Qingyang	19.14	42.89	42.74	191
定西	Dingxi	18.22	45.90	48.37	178
陇南	Longnan	16.20	38.30	41.62	194
青海	**Qinghai**	**82.47**	**171.36**	**187.51**	
西宁	Xining	22.33	44.11	46.56	184
海东	Haidong		34.05	37.66	208
宁夏	**Ningxia**	**81.59**	**152.57**	**170.65**	
银川	Yinchuan	17.64	32.21	36.05	216
石嘴山	Shizuishan	9.40	12.32	12.23	280
吴忠	Wuzhong	4.39	25.82	30.96	234
固原	Guyuan	16.49	35.63	39.16	202
中卫	Zhongwei	10.68	21.54	20.80	259
新疆	**Xinjiang**	**313.84**	**664.52**	**722.59**	
乌鲁木齐	Urumqi	26.55	71.75	72.15	99
克拉玛依	Karamay	11.53	21.25	23.61	250

5-6 公共财政预算支出中科学技术支出
Public Budgetary Expenditure for Science and Technology

单位：亿元 (100 million yuan)

地名	City	2010	2016	2017	2017 排名 Ranking	地名	City	2010	2016	2017	2017 排名 Ranking
地方合计	**City Total**	**1588.88**	**3877.86**	**4440.02**		沈阳	Shenyang	15.35	22.39	16.17	39
北京	**Beijing**	**178.92**	**285.78**	**361.76**		大连	Dalian	26.60	20.55	12.19	53
天津	**Tianjin**	**43.25**	**125.18**	**115.99**		鞍山	Anshan	1.96	1.16	1.55	203
河北	**Hebei**	**29.65**	**73.18**	**69.08**		抚顺	Fushun	1.15	0.43	0.25	280
石家庄	Shijiazhuang	4.50	12.23	10.06	61	本溪	Benxi	1.14	0.59	0.49	267
唐山	Tangshan	4.77	8.58	7.11	86	丹东	Dandong	0.87	1.11	0.93	236
秦皇岛	Qinhuangdao	0.78	2.92	3.04	156	锦州	Jinzhou	1.23	0.92	2.39	171
邯郸	Handan	2.15	4.42	5.05	114	营口	Yingkou	2.01	0.37	0.49	268
邢台	Xingtai	0.84	2.45	2.48	168	阜新	Fuxin	0.21	0.31	0.28	276
保定	Baoding	2.17	3.75	4.47	121	辽阳	Liaoyang	1.46	0.60	0.50	266
张家口	Zhangjiakou	1.20	2.25	2.08	183	盘锦	Panjin	0.97	1.26	0.91	237
承德	Chengde	1.03	2.41	2.14	178	铁岭	Tieling	1.87	0.83	0.79	244
沧州	Cangzhou	1.18	4.36	4.61	117	朝阳	Chaoyang	0.98	0.34	0.38	270
廊坊	Langfang	2.35	7.65	6.68	89	葫芦岛	Huludao	0.94	0.26	0.29	275
衡水	Hengshui	0.67	1.70	3.12	154	**吉林**	**Jilin**	**19.12**	**41.01**	**46.84**	
山西	**Shanxi**	**20.12**	**34.56**	**50.25**		长春	Changchun	3.49	9.54	13.62	46
太原	Taiyuan	4.70	8.32	18.53	34	吉林	Jilin	2.40	2.72	3.98	134
大同	Datong	0.90	0.90	2.20	176	四平	Siping	0.38	0.40	0.70	255
阳泉	Yangquan	0.72	0.53	0.91	239	辽源	Liaoyuan	0.30	0.35	0.37	271
长治	Changzhi	1.46	3.53	1.91	186	通化	Tonghua	1.95	6.67	5.98	98
晋城	Jincheng	1.28	0.97	1.33	213	白山	Baishan	0.52	1.15	0.78	247
朔州	Shuozhou	0.73	0.46	0.81	242	松原	Songyuan	0.15	0.43	0.26	277
晋中	Jinzhong	1.01	1.51	2.46	169	白城	Baicheng	0.47	0.94	0.79	245
运城	Yuncheng	1.08	1.34	2.08	182	**黑龙江**	**Heilongjiang**	**27.69**	**44.92**	**46.91**	
忻州	Xinzhou	0.89	1.06	1.87	190	哈尔滨	Harbin	8.94	7.64	8.74	71
临汾	Linfen	1.04	0.94	1.79	193	齐齐哈尔	Qiqihar	1.48	0.45	0.94	234
吕梁	Lvliang	1.17	1.66	2.46	170	鸡西	Jixi	0.33	0.51	0.67	258
内蒙古	**Inner Mongolia**	**21.39**	**32.38**	**33.67**		鹤岗	Hegang	0.46	0.35	0.24	281
呼和浩特	Hohhot	1.93	4.28	3.66	141	双鸭山	Shuangyashan	0.34	0.13	0.10	284
包头	Baotou	2.92	5.84	3.92	137	大庆	Daqing	1.24	1.21	0.50	265
乌海	Wuhai	0.78	1.79	0.75	251	伊春	Yichun	0.34	0.26	0.26	278
赤峰	Chifeng	0.80	1.39	1.22	218	佳木斯	Jiamusi	0.42	0.43	0.23	282
通辽	Tongliao	1.74	1.32	1.32	214	七台河	Qitaihe	0.11	0.08	0.32	273
鄂尔多斯	Erdos	2.86	2.06	2.39	172	牡丹江	Mudanjiang	2.07	0.63	1.05	228
呼伦贝尔	Hulunbuir	1.59	3.43	1.89	189	黑河	Heihe	0.32	0.64	0.53	264
巴彦淖尔	Bayannur	0.85	0.86	0.77	248	绥化	Suihua	0.64	0.61	0.54	262
乌兰察布	Ulanqab	0.56	0.66	0.76	250	**上海**	**Shanghai**	**202.03**	**341.71**	**389.90**	
辽宁	**Liaoning**	**68.90**	**61.61**	**57.38**		**江苏**	**Jiangsu**	**150.35**	**381.02**	**428.01**	

5-6 公共财政预算支出中科学技术支出 续表 1

Public Budgetary Expenditure for Science and Technology continued 1

单位：亿元 (100 million yuan)

地名	City	2010	2016	2017	2017 排名 Ranking
南京	Nanjing	16.51	53.13	67.29	7
无锡	Wuxi	18.97	37.24	42.21	15
徐州	Xuzhou	4.54	20.76	21.55	29
常州	Changzhou	8.71	24.02	25.09	23
苏州	Suzhou	35.71	95.20	124.03	3
南通	Nantong	9.99	22.83	27.24	20
连云港	Lianyungang	4.26	10.03	8.81	70
淮安	Huaian	4.48	9.29	9.74	64
盐城	Yancheng	6.02	32.36	25.03	24
扬州	Yangzhou	6.78	12.28	14.98	42
镇江	Zhenjiang	5.24	13.48	12.65	51
泰州	Taizhou	4.38	11.65	13.29	48
宿迁	Suqian	3.19	8.63	7.49	83
浙江	**Zhejiang**	**121.40**	**269.04**	**303.50**	
杭州	Hangzhou	28.86	74.92	92.32	5
宁波	Ningbo	22.15	56.62	58.79	8
温州	Wenzhou	6.67	13.41	15.76	40
嘉兴	Jiaxing	7.54	17.94	20.25	30
湖州	Huzhou	3.67	9.32	11.30	55
绍兴	Shaoxing	9.55	22.87	26.07	21
金华	Jinhua	7.55	18.22	18.65	33
衢州	Quzhou	2.75	7.58	9.05	69
舟山	Zhoushan	2.44	5.88	5.55	104
台州	Taizhou	5.76	11.53	13.72	45
丽水	Lishui	2.45	6.36	7.27	84
安徽	**Anhui**	**57.98**	**259.50**	**260.41**	
合肥	Hefei	17.96	101.70	69.59	6
芜湖	Wuhu	10.01	51.78	57.42	9
蚌埠	Bengbu	3.46	13.38	12.68	50
淮南	Huainan	1.27	2.92	3.54	144
马鞍山	Maanshan	2.45	10.30	12.31	52
淮北	Huaibei	0.83	0.96	1.59	201
铜陵	Tongling	1.20	8.31	8.34	76
安庆	Anqing	2.48	7.88	9.58	67
黄山	Huangshan	1.41	3.98	5.41	110
滁州	Chuzhou	1.33	7.75	10.55	60
阜阳	Fuyang	0.59	4.97	5.43	108
宿州	Suzhou	0.66	6.25	3.94	136
六安	Liuan	0.85	4.56	9.32	68
亳州	Bozhou	0.36	2.67	5.37	111
池州	Chizhou	1.02	1.79	1.28	217
宣城	Xuancheng	2.31	9.03	11.21	56
福建	**Fujian**	**32.31**	**80.28**	**99.44**	
福州	Fuzhou	4.18	11.25	19.68	32
厦门	Xiamen	9.60	21.27	23.74	26
莆田	Putian	1.22	2.47	3.16	151
三明	Sanming	1.27	4.43	4.60	118
泉州	Quanzhou	4.72	13.24	14.91	43
漳州	Zhangzhou	1.80	4.50	7.67	81
南平	Nanping	1.01	1.81	3.10	155
龙岩	Longyan	1.48	5.58	8.44	74
宁德	Ningde	0.96	1.82	2.58	164
江西	**Jiangxi**	**18.26**	**83.12**	**120.09**	
南昌	Nanchang	3.56	10.14	21.73	28
景德镇	Jingdezhen	0.59	1.87	3.96	135
萍乡	Pingxiang	0.85	4.49	5.43	109
九江	Jiujiang	0.78	5.89	7.59	82
新余	Xinyu	1.08	2.67	2.56	165
鹰潭	Yingtan	0.31	2.86	5.23	112
赣州	Ganzhou	1.00	12.61	18.42	35
吉安	Jian	0.77	7.39	8.68	72
宜春	Yichun	1.13	9.88	16.43	38
抚州	Fuzhou	0.85	5.57	7.81	79
上饶	Shangrao	1.15	4.75	5.93	99
山东	**Shandong**	**84.36**	**167.00**	**195.77**	
济南	Jinan	6.21	11.86	12.90	49
青岛	Qingdao	9.87	24.14	38.59	16
淄博	Zibo	4.84	10.53	9.76	63
枣庄	Zaozhuang	1.55	1.67	2.12	180
东营	Dongying	2.02	2.96	6.43	91
烟台	Yantai	10.63	23.31	24.33	25
潍坊	Weifang	7.22	16.61	19.70	31
济宁	Jining	5.27	7.67	7.21	85
泰安	Taian	2.81	3.42	4.17	130
威海	Weihai	5.62	12.80	15.03	41
日照	Rizhao	0.94	2.53	4.14	131
莱芜	Laiwu	1.30	2.08	1.51	205
临沂	Linyi	3.29	7.25	4.57	119
德州	Dezhou	2.01	5.96	5.15	113
聊城	Liaocheng	2.07	1.32	1.83	191

5-6 公共财政预算支出中科学技术支出 续表 2
Public Budgetary Expenditure for Science and Technology continued 2

单位：亿元 (100 million yuan)

地名	City	2010	2016	2017	2017 排名 Ranking	地名	City	2010	2016	2017	2017 排名 Ranking
滨州	Binzhou	2.40	6.26	9.61	66	常德	Changde	1.03	2.33	5.47	105
菏泽	Heze	1.85	2.97	2.21	175	张家界	Zhangjiajie	0.22	0.49	0.64	259
河南	**Henan**	**44.67**	**96.10**	**137.94**		益阳	Yiyang	0.71	2.21	2.55	167
郑州	Zhengzhou	9.50	21.72	33.96	17	郴州	Chenzhou	2.33	4.93	4.36	123
开封	Kaifeng	1.22	3.11	3.32	147	永州	Yongzhou	0.85	2.39	4.21	129
洛阳	Luoyang	3.31	9.33	13.55	47	怀化	Huaihua	0.63	1.93	4.38	122
平顶山	Pingdingshan	1.64	3.04	3.74	140	娄底	Loudi	0.88	0.87	1.19	221
安阳	Anyang	2.47	4.19	4.32	125	**广东**	**Guangdong**	**214.44**	**742.97**	**823.89**	
鹤壁	Hebi	0.51	1.27	1.69	195	广州	Guangzhou	31.94	112.95	171.26	2
新乡	Xinxiang	2.58	5.11	8.49	73	韶关	Shaoguan	1.42	4.84	5.99	97
焦作	Jiaozuo	2.81	3.17	3.58	143	深圳	Shenzhen	99.84	403.52	351.83	1
濮阳	Puyang	1.09	2.30	2.36	173	珠海	Zhuhai	5.70	35.24	45.30	12
许昌	Xuchang	1.30	2.83	5.02	115	汕头	Shantou	1.45	5.84	4.92	116
漯河	Luohe	0.45	1.17	1.32	215	佛山	Foshan	11.34	34.96	46.26	11
三门峡	Sanmenxia	1.63	2.08	2.87	159	江门	Jiangmen	2.99	9.46	11.02	57
南阳	Nanyang	3.53	7.07	8.34	77	湛江	Zhanjiang	0.58	4.62	3.85	138
商丘	Shangqiu	1.24	1.94	5.44	107	茂名	Maoming	0.44	1.57	1.69	196
信阳	Xinyang	1.16	2.16	2.22	174	肇庆	Zhaoqing	2.30	4.22	5.86	100
周口	Zhoukou	1.38	2.60	3.37	146	惠州	Huizhou	3.57	21.82	25.85	22
驻马店	Zhumadian	1.80	4.21	5.68	103	梅州	Meizhou	0.99	3.54	6.19	93
湖北	**Hubei**	**30.09**	**190.11**	**234.27**		汕尾	Shanwei	0.40	3.69	4.57	120
武汉	Wuhan	11.70	86.42	112.99	4	河源	Heyuan	0.80	5.41	4.30	126
黄石	Huangshi	1.05	4.07	3.12	153	阳江	Yangjiang	0.80	1.95	1.92	185
十堰	Shiyan	0.98	3.40	4.27	128	清远	Qingyuan	1.33	4.99	4.00	133
宜昌	Yichang	2.89	13.69	14.36	44	东莞	Dongguan	7.98	27.94	33.96	18
襄阳	Xiangyang	1.81	20.69	23.00	27	中山	Zhongshan	6.72	27.88	44.10	14
鄂州	Ezhou	0.33	3.00	4.33	124	潮州	Chaozhou	0.44	1.98	1.44	208
荆门	Jingmen	0.72	5.81	6.31	92	揭阳	Jieyang	0.48	3.37	1.90	188
孝感	Xiaogan	1.06	9.56	10.55	59	云浮	Yunfu	1.14	2.88	3.59	142
荆州	Jingzhou	0.57	8.73	9.64	65	**广西**	**Guangxi**	**21.66**	**45.20**	**60.04**	
黄冈	Huanggang	2.09	7.81	8.37	75	南宁	Nanning	2.84	5.16	6.44	90
咸宁	Xianning	0.97	3.74	3.82	139	柳州	Liuzhou	2.09	4.15	4.13	132
随州	Suizhou	0.58	1.87	1.50	206	桂林	Guilin	1.90	3.57	2.56	166
湖南	**Hunan**	**35.04**	**71.44**	**91.42**		梧州	Wuzhou	0.27	1.03	1.15	223
长沙	Changsha	13.33	24.61	29.32	19	北海	Beihai	0.21	2.39	3.40	145
株洲	Zhuzhou	2.10	6.61	12.00	54	防城港	Fangchenggang	0.14	0.65	0.33	272
湘潭	Xiangtan	2.20	3.33	7.00	87	钦州	Qinzhou	0.22	1.83	0.99	230
衡阳	Hengyang	1.24	2.14	3.24	150	贵港	Guigang	0.16	0.42	0.32	274
邵阳	Shaoyang	0.63	2.17	1.73	194	玉林	Yulin	0.58	2.23	2.15	177
岳阳	Yueyang	1.80	5.47	5.46	106	百色	Baise	0.67	2.46	3.25	149

5-6 公共财政预算支出中科学技术支出 续表 3
Public Budgetary Expenditure for Science and Technology continued 3

单位：亿元 (100 million yuan)

地名	City	2010	2016	2017	2017 排名 Ranking
贺州	Hezhou	0.29	0.61	1.11	225
河池	Hechi	0.65	1.26	1.22	219
来宾	Laibin	0.31	0.45	0.25	279
崇左	Chongzuo	0.47	1.01	1.10	226
海南	**Hainan**	**7.47**	**15.69**	**12.47**	
海口	Haikou	0.96	2.82	1.05	227
三亚	Sanya	1.76	4.17	2.76	162
三沙	Sansha				
重庆	**Chongqing**	**17.90**	**51.62**	**59.31**	
四川	**Sichuan**	**34.71**	**101.09**	**106.57**	
成都	Chengdu	10.70	46.20	53.26	10
自贡	Zigong	0.70	1.87	1.91	187
攀枝花	Panzhihua	0.76	1.42	1.36	212
泸州	Luzhou	0.65	3.79	3.13	152
德阳	Deyang	0.93	2.09	2.11	181
绵阳	Mianyang	1.91	5.04	6.13	95
广元	Guangyuan	0.51	1.14	0.98	231
遂宁	Suining	0.43	0.99	0.95	233
内江	Neijiang	0.31	1.13	1.69	197
乐山	Leshan	1.07	1.25	1.95	184
南充	Nanchong	0.81	1.54	1.42	209
眉山	Meishan	0.35	0.75	1.15	224
宜宾	Yibin	1.55	2.81	2.93	157
广安	Guangan	0.28	0.81	0.61	261
达州	Dazhou	0.73	1.67	1.63	199
雅安	Yaan	0.43	0.94	1.59	200
巴中	Bazhong	0.32	0.88	0.71	254
资阳	Ziyang	0.80	0.93	1.19	222
贵州	**Guizhou**	**16.66**	**69.30**	**87.72**	
贵阳	Guiyang	3.61	17.26	16.65	37
六盘水	Liupanshui	0.62	4.93	6.15	94
遵义	Zunyi	1.40	6.13	7.79	80
安顺	Anshun	0.53	1.95	2.64	163
毕节	Bijie	0.00	3.16	10.66	58
铜仁	Tongren	0.00	3.39	5.83	101
云南	**Yunnan**	**21.43**	**46.86**	**53.42**	
昆明	Kunming	4.44	15.16	16.89	36
曲靖	Qujing	1.45	2.57	2.77	161
玉溪	Yuxi	1.28	3.10	5.80	102
保山	Baoshan	0.34	0.95	0.84	241
昭通	Zhaotong	0.87	0.81	0.95	232
丽江	Lijiang	0.46	1.05	1.01	229
普洱	Puer	0.84	1.40	1.54	204
临沧	Lincang	0.32	0.54	0.62	260
西藏	**Tibet**	**2.71**	**4.81**	**8.49**	
拉萨	Lasa		0.88	3.29	148
陕西	**Shaanxi**	**25.25**	**62.01**	**79.34**	
西安	Xi'an	4.36	27.48	45.28	13
铜川	Tongchuan	0.22	0.71	0.78	246
宝鸡	Baoji	1.27	3.44	4.28	127
咸阳	Xianyang	0.82	2.02	2.91	158
渭南	Weinan	0.54	2.77	2.81	160
延安	Yan'an	1.68	2.47	2.12	179
汉中	Hanzhong	0.70	1.73	1.82	192
榆林	Yulin	3.23	5.65	6.07	96
安康	Ankang	0.47	1.24	1.29	216
商洛	Shangluo	0.44	0.80	0.73	253
甘肃	**Gansu**	**10.89**	**26.23**	**25.83**	
兰州	Lanzhou	2.02	4.52	6.79	88
嘉峪关	Jiayuguan	0.11	0.08	0.10	285
金昌	Jinchang	0.26	0.15	0.18	283
白银	Baiyin	0.30	0.87	0.77	249
天水	Tianshui	0.70	1.08	1.20	220
武威	Wuwei	0.21	29.13	0.75	252
张掖	Zhangye	0.33	0.85	0.68	257
平凉	Pingliang	0.40	0.49	0.54	263
酒泉	Jiuquan	0.45	0.74	0.87	240
庆阳	Qingyang	0.57	0.90	1.39	211
定西	Dingxi	0.59	0.84	0.93	235
陇南	Longnan	0.22	0.61	0.81	243
青海	**Qinghai**	**4.08**	**10.90**	**11.94**	
西宁	Xining	0.66	1.50	1.57	202
海东	Haidong		0.49	0.45	269
宁夏	**Ningxia**	**5.97**	**18.26**	**25.55**	
银川	Yinchuan	1.16	4.95	8.22	78
石嘴山	Shizuishan	0.19	0.69	0.91	237
吴忠	Wuzhong	0.34	1.02	1.40	210
固原	Guyuan	0.39	0.54	0.68	256
中卫	Zhongwei	0.28	1.28	1.46	207
新疆	**Xinjiang**	**20.19**	**44.98**	**42.81**	
乌鲁木齐	Urumqi	2.15	9.47	10.00	62
克拉玛依	Karamay	0.99	1.40	1.67	198

居民生活和社会保障

People's Living Conditions and Social Security

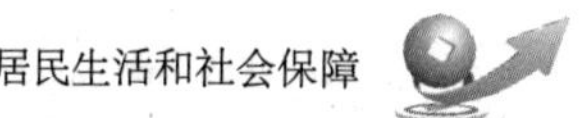

6-1 城镇居民人均可支配收入
Annual Per Capita Disposable Income of Urban Households

单位：元 (yuan)

地名	City	2010	2016	2017	2017 排名 Ranking	地名	City	2010	2016	2017	2017 排名 Ranking
全国	**Nation Total**	**19109**	**33616**	**36396**		沈阳	Shenyang	20541	38995	41359	35
北京	**Beijing**	**29073**	**57275**	**62406**		大连	Dalian	21293	38050	40587	37
天津	**Tianjin**	**24293**	**37110**	**40278**		鞍山	Anshan	18423	31443	33320	72
河北	**Hebei**	**16263**	**28249**	**30548**		抚顺	Fushun	15303	28467	30346	128
石家庄	Shijiazhuang	16263	30459	32929	82	本溪	Benxi	16775	29137	31001	114
唐山	Tangshan	16263	33725	36415	56	丹东	Dandong	14536	26111	27944	177
秦皇岛	Qinhuangdao	16263	30348	32795	84	锦州	Jinzhou	17375	28484	30412	125
邯郸	Handan	16263	26603	28774	162	营口	Yingkou	18055	32318	34419	67
邢台	Xingtai	16263	23913	26179	207	阜新	Fuxin	12711	23980	25707	212
保定	Baoding	16263	25680	27859	179	辽阳	Liaoyang	16570	28133	30198	130
张家口	Zhangjiakou	16263	26069	28512	165	盘锦	Panjin	21035	34322	36484	55
承德	Chengde	16263	24856	27042	195	铁岭	Tieling	13730	21788	23337	246
沧州	Cangzhou	16263	28605	31044	112	朝阳	Chaoyang	12961	22381	23926	239
廊坊	Langfang	16263	34633	37474	50	葫芦岛	Huludao	17371	26338	27969	175
衡水	Hengshui	16263	23787	26195	205	**吉林**	**Jilin**	**15411**	**26530**	**28319**	
山西	**Shanxi**	**15648**	**27352**	**29132**		长春	Changchun	17922	27195	29044	154
太原	Taiyuan	17258	29632	31469	104	吉林	Jilin	16936	25520	27179	192
大同	Datong	16103	26273	27981	174	四平	Siping	16459	23707	25295	226
阳泉	Yangquan	17084	27801	29581	144	辽源	Liaoyuan	16665	23725	25267	227
长治	Changzhi	17123	28094	30060	133	通化	Tonghua	16704	23929	25460	220
晋城	Jincheng	17353	28223	30142	131	白山	Baishan	16356	21270	22674	250
朔州	Shuozhou	17558	28989	30989	115	松原	Songyuan	16800	23947	25480	219
晋中	Jinzhong	17394	29149	30927	117	白城	Baicheng	15904	21090	22461	253
运城	Yuncheng	14952	25636	27302	190	**黑龙江**	**Heilongjiang**	**13857**	**25736**	**27446**	
忻州	Xinzhou	14939	24987	26536	200	哈尔滨	Harbin	17557	33190	35546	61
临汾	Linfen	16145	27085	28873	156	齐齐哈尔	Qiqihar	13377	24629	26304	203
吕梁	Lvliang	15278	24180	25704	213	鸡西	Jixi	13005	21227	22607	251
内蒙古	**Inner Mongolia**	**17698**	**32975**	**35670**		鹤岗	Hegang	12044	20085	21370	255
呼和浩特	Hohhot	25174	40220	43518	30	双鸭山	Shuangyashan	14157	22416	23806	240
包头	Baotou	25862	40955	44231	27	大庆	Daqing	20016	36509	38736	47
乌海	Wuhai	19741	36515	39400	42	伊春	Yichun	10317	22189	23676	242
赤峰	Chifeng	14108	27336	29660	141	佳木斯	Jiamusi	12186	24632	26332	202
通辽	Tongliao	14263	27444	29667	140	七台河	Qitaihe	15002	22071	23528	243
鄂尔多斯	Erdos	25205	40221	43559	29	牡丹江	Mudanjiang	12806	28489	30569	122
呼伦贝尔	Hulunbuir	14857	28885	31195	108	黑河	Heihe		24474	26138	208
巴彦淖尔	Bayannur	14421	26259	28308	168	绥化	Suihua		22060	23450	244
乌兰察布	Ulanqab	14202	26565	28796	161	**上海**	**Shanghai**	**31838**	**57692**	**62596**	
辽宁	**Liaoning**	**17713**	**32876**	**34993**		**江苏**	**Jiangsu**	**22944**	**40152**	**43622**	

6-1 城镇居民人均可支配收入 续表 1

Annual Per Capita Disposable Income of Urban Households continued 1

单位：元 (yuan)

地名	City	2010	2016	2017	2017 排名 Ranking	地名	City	2010	2016	2017	2017 排名 Ranking
南京	Nanjing	27383	49997	54538	5	池州	Chizhou	15997	26261	26256	204
无锡	Wuxi	27750	48628	52659	9	宣城	Xuancheng	15141	30877	25939	211
徐州	Xuzhou	16762	28421	30987	116	**福建**	**Fujian**	**21781**	**36014**	**39001**	
常州	Changzhou	25875	46058	49955	15	福州	Fuzhou	22723	37833	40973	36
苏州	Suzhou	30366	54341	58806	1	厦门	Xiamen	29253	46254	50019	14
南通	Nantong	21825	39247	42756	31	莆田	Putian	19068	31818	34490	66
连云港	Lianyungang	15790	27853	30293	129	三明	Sanming	18194	29677	32261	94
淮安	Huaian	15983	30335	32976	81	泉州	Quanzhou	25155	39656	42696	33
盐城	Yancheng	16935	30496	33115	78	漳州	Zhangzhou	18482	30726	33359	71
扬州	Yangzhou	19537	35659	38828	46	南平	Nanping	17332	27818	30070	132
镇江	Zhenjiang	23224	41794	45386	24	龙岩	Longyan	18406	30408	33022	79
泰州	Taizhou	20255	36828	40059	38	宁德	Ningde	16815	28164	30502	123
宿迁	Suqian	12757	24086	26118	209	**江西**	**Jiangxi**	**15481**	**28673**	**31198**	
浙江	**Zhejiang**	**27359**	**47237**	**51261**		南昌	Nanchang	18276	34619	37675	49
杭州	Hangzhou	30035	52185	56276	2	景德镇	Jingdezhen	16657	31418	34283	68
宁波	Ningbo	30166	51560	55656	3	萍乡	Pingxiang	16381	30630	33120	77
温州	Wenzhou	27250	47785	51866	11	九江	Jiujiang	15764	30011	32592	87
嘉兴	Jiaxing	27487	48926	53057	7	新余	Xinyu	17358	32163	34775	64
湖州	Huzhou	25572	45794	49934	16	鹰潭	Yingtan	15618	29116	31696	102
绍兴	Shaoxing	30164	50305	54445	6	赣州	Ganzhou	14203	27086	29567	145
金华	Jinhua	25029	46554	50653	13	吉安	Jian	15547	29307	31936	98
衢州	Quzhou	21811	36188	39577	40	宜春	Yichun	14333	27452	29871	138
舟山	Zhoushan	26242	48423	52516	10	抚州	Fuzhou	14445	27195	29463	146
台州	Taizhou	27212	47162	51374	12	上饶	Shangrao	15535	29153	31853	100
丽水	Lishui	21093	35968	38996	44	**山东**	**Shandong**	**19946**	**34012**	**36789**	
安徽	**Anhui**	**15788**	**29156**	**31640**		济南	Jinan	25321	43052	46642	22
合肥	Hefei	19051	34852	36698	52	青岛	Qingdao	24998	43598	47176	17
芜湖	Wuhu	18727	32315	35127	62	淄博	Zibo	21784	36436	39410	41
蚌埠	Bengbu	15376	28653	45555	23	枣庄	Zaozhuang	17630	27708	29924	137
淮南	Huainan	15377	28098	24194	235	东营	Dongying	23796	41580	44763	26
马鞍山	Maanshan	23159	38142	36106	58	烟台	Yantai	23288	38744	41837	34
淮北	Huaibei	15191	27248	27450	188	潍坊	Weifang	19675	33609	36286	57
铜陵	Tongling	18690	30633	44077	28	济宁	Jining	19826	29987	32420	91
安庆	Anqing	15147	26502	25310	225	泰安	Taian	19953	30299	32739	85
黄山	Huangshan	15834	28393	38465	48	威海	Weihai	22235	39363	42703	32
滁州	Chuzhou	15104	26286	27792	180	日照	Rizhao	17558	28340	30790	120
阜阳	Fuyang	13981	25483	25696	214	莱芜	Laiwu	20988	32364	34889	63
宿州	Suzhou	14669	25533	26555	199	临沂	Linyi	21038	30859	33266	75
六安	Liuan	14508	24728	30407	126	德州	Dezhou	17410	22760	24640	230
亳州	Bozhou	15538	25053	27961	176	聊城	Liaocheng	17889	23277	25231	228

6-1 城镇居民人均可支配收入 续表 2

Annual Per Capita Disposable Income of Urban Households continued 2

单位：元 (yuan)

地名	City	2010	2016	2017	2017 排名 Ranking	地名	City	2010	2016	2017	2017 排名 Ranking
滨州	Binzhou	19686	30583	32919	83	常德	Changde	15502	26532	28735	163
菏泽	Heze	14419	22122	24116	236	张家界	Zhangjiajie	12705	21030	22944	248
河南	**Henan**	**15930**	**27233**	**29558**		益阳	Yiyang	15398	24745	26934	197
郑州	Zhengzhou	18897	33214	36050	59	郴州	Chenzhou	15342	27730	30005	136
开封	Kaifeng	13695	24596	26864	198	永州	Yongzhou	15041	24026	26190	206
洛阳	Luoyang	17639	30752	33273	74	怀化	Huaihua	12523	22554	24498	233
平顶山	Pingdingshan	16208	27102	29625	142	娄底	Loudi	15025	23669	25634	217
安阳	Anyang	16394	28168	30421	124	**广东**	**Guangdong**	**23898**	**37684**	**40975**	
鹤壁	Hebi	15059	26184	28520	164	广州	Guangzhou	30658	50941	55401	4
新乡	Xinxiang	15752	26892	29071	153	韶关	Shaoguan	18021	25855	28306	169
焦作	Jiaozuo	15781	26876	29220	150	深圳	Shenzhen	32381	48695	52938	8
濮阳	Puyang	15138	26482	28823	158	珠海	Zhuhai	25382	42537	46826	20
许昌	Xuchang	15171	27016	29445	147	汕头	Shantou	15179	25121	27175	193
漯河	Luohe	14769	26618	28859	157	佛山	Foshan	27245	43120	46849	19
三门峡	Sanmenxia	15032	25254	27562	185	江门	Jiangmen	21153	29557	32478	90
南阳	Nanyang	15077	26898	29128	151	湛江	Zhanjiang	15305	24887	27119	194
商丘	Shangqiu	14178	25217	27595	183	茂名	Maoming	14360	23323	25315	224
信阳	Xinyang	13348	23959	26061	210	肇庆	Zhaoqing	16832	25907	28276	171
周口	Zhoukou	12678	22471	24313	234	惠州	Huizhou	23565	33213	36608	53
驻马店	Zhumadian	13702	24158	26340	201	梅州	Meizhou	14728	23642	25695	215
湖北	**Hubei**	**16058**	**29386**	**31889**		汕尾	Shanwei	13915	22389	24086	238
武汉	Wuhan	20806	39737			河源	Heyuan	13177	21817	23780	241
黄石	Huangshi	14665	29906			阳江	Yangjiang	14641	25281	27568	184
十堰	Shiyan	12653	26030			清远	Qingyuan	15768	25267	27610	182
宜昌	Yichang	15557	29735			东莞	Dongguan	35690	43096	46739	21
襄阳	Xiangyang	14756	30774			中山	Zhongshan	25357	41613	45295	25
鄂州	Ezhou	14788	26986			潮州	Chaozhou	13669	21787	22695	249
荆门	Jingmen	15218	28920			揭阳	Jieyang	14907	22944	24100	237
孝感	Xiaogan	14878	27939			云浮	Yunfu	14613	21888	23446	245
荆州	Jingzhou	14708	27666			**广西**	**Guangxi**	**17064**	**28324**	**30502**	
黄冈	Huanggang	12832	24796			南宁	Nanning	18032	30728	33217	76
咸宁	Xianning	12968	25839			柳州	Liuzhou	17766	30270	32661	86
随州	Suizhou	15280	24799			桂林	Guilin	17949	30124	32534	88
湖南	**Hunan**	**16566**	**31284**	**33948**		梧州	Wuzhou	16427	27260	29359	148
长沙	Changsha	22814	43294	46948	18	北海	Beihai	16798	29412	31912	99
株洲	Zhuzhou	19643	36828	39787	39	防城港	Fangchenggang	17831	29758	32079	97
湘潭	Xiangtan	18059	31607	34167	69	钦州	Qinzhou	17356	29360	31415	106
衡阳	Hengyang	15635	28848	31300	107	贵港	Guigang	15531	26771	28806	160
邵阳	Shaoyang	11698	22996	25029	229	玉林	Yulin	17642	30083	32159	96
岳阳	Yueyang	17312	27546	30009	135	百色	Baise	15976	26919	29126	152

6-1 城镇居民人均可支配收入 续表 3

Annual Per Capita Disposable Income of Urban Households continued 3

单位：元 (yuan)

地名	City	2010	2016	2017	2017 排名 Ranking
贺州	Hezhou	15802	26883	28899	155
河池	Hechi	14889	23660	25647	216
来宾	Laibin	17334	28962	31047	111
崇左	Chongzuo	15620	26605	28813	159
海南	**Hainan**	**15581**	**28453**	**30817**	
海口	Haikou	16720	30775	33320	72
三亚	Sanya	17758	31103	33638	70
三沙	Sansha				
重庆	**Chongqing**	**17532**	**29610**	**32193**	
四川	**Sichuan**	**15461**	**28335**	**30727**	
成都	Chengdu	19920	35902	38918	45
自贡	Zigong	14538	28455	31016	113
攀枝花	Panzhihua	16882	32860	35620	60
泸州	Luzhou	15505	28959	31449	105
德阳	Deyang	16202	29159	31609	103
绵阳	Mianyang	15516	29407	31822	101
广元	Guangyuan	12509	25762	28132	173
遂宁	Suining	13778	26962	29308	149
内江	Neijiang	14324	27986	30393	127
乐山	Leshan	15237	28583	31070	110
南充	Nanchong	12638	25993	28333	167
眉山	Meishan	14644	28691	31130	109
宜宾	Yibin	15261	28390	30832	119
广安	Guangan	14754	28218	30616	121
达州	Dazhou	12624	26016	28383	166
雅安	Yaan	14906	27352	29732	139
巴中	Bazhong	12413	25950	28286	170
资阳	Ziyang	15298	28501	30867	118
贵州	**Guizhou**	**14143**	**26743**	**29080**	
贵阳	Guiyang	16597	29502	32186	95
六盘水	Liupanshui	13919	25473	27893	178
遵义	Zunyi	15279	27097	29617	143
安顺	Anshun	14504	24885	27224	191
毕节	Bijie	14308	25041	27320	189
铜仁	Tongren	11000	24651	26944	196
云南	**Yunnan**	**16065**	**28611**	**30996**	
昆明	Kunming	18876	36739		
曲靖	Qujing	15940	29485		
玉溪	Yuxi	164741	32177		
保山	Baoshan	14894	27801		
昭通	Zhaotong	12295	23645		
丽江	Lijiang	13740	28099		
普洱	Puer	13489	24795		
临沧	Lincang	12587	23072		
西藏	**Tibet**	**14980**	**27802**	**30671**	
拉萨	Lasa	16567	29383	32408	92
陕西	**Shaanxi**	**15695**	**28440**	**30810**	
西安	Xi'an	15884	35630		
铜川	Tongchuan	18978	27594		
宝鸡	Baoji	18914	31730		
咸阳	Xianyang	15918	31662		
渭南	Weinan	17880	27485		
延安	Yan'an	14509	30693		
汉中	Hanzhong	17545	25595		
榆林	Yulin	14642	29781		
安康	Ankang	14811	25962		
商洛	Shangluo	22297	25468		
甘肃	**Gansu**	**13189**	**25693**	**27763**	
兰州	Lanzhou	14062	29661	32331	93
嘉峪关	Jiayuguan	16742	33540	36491	54
金昌	Jinchang	17679	32073	34672	65
白银	Baiyin	14213	25313	27465	187
天水	Tianshui	11507	22684	24612	232
武威	Wuwei	11551	23612	25572	218
张掖	Zhangye	10855	21503	23309	247
平凉	Pingliang	11766	23446	25415	221
酒泉	Jiuquan	15104	30072	32478	89
庆阳	Qingyang	12453	25300	27476	186
定西	Dingxi	10790	20815	22543	252
陇南	Longnan	10623	20504	22185	254
青海	**Qinghai**	**13855**	**26757**	**29169**	
西宁	Xining	14085	27539	30043	134
海东	Haidong		25492	27738	181
宁夏	**Ningxia**	**15344**	**27153**	**29472**	
银川	Yinchuan	16842	30478	32981	80
石嘴山	Shizuishan	15466	25970	28186	172
吴忠	Wuzhong	13849	23352	25364	222
固原	Guyuan	13044	22717	24628	231
中卫	Zhongwei	13980	23277	25344	223
新疆	**Xinjiang**	**13644**	**28463**	**30775**	
乌鲁木齐	Urumqi	14402	34190	37028	51
克拉玛依	Karamay	17295	35770	39000	43

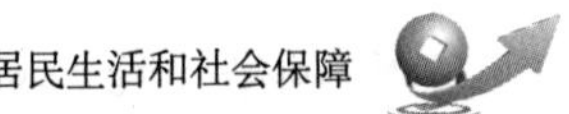

6-2 城镇居民人均现金消费支出
Annual Per Capita Cash Consumption Expenditure of Urban Households

单位：元 (yuan)

地名	City	2010	2016	2017	2017 排名 Ranking
全国	**Nation Total**	**13471**	**23079**		
北京	**Beijing**	**19934**	**38256**		
天津	**Tianjin**	**16562**	**28345**		
河北	**Hebei**	**10318**	**19106**	**20600**	
石家庄	Shijiazhuang	10568	19182	20339	100
唐山	Tangshan	13522	21014	22758	60
秦皇岛	Qinhuangdao	11081	18959	22700	62
邯郸	Handan	9438	16224	17568	161
邢台	Xingtai	10416	15236	16419	187
保定	Baoding	9626	16450	17437	164
张家口	Zhangjiakou	9874	16723	18043	153
承德	Chengde	9490	17327	19426	117
沧州	Cangzhou	10279	18621	21642	77
廊坊	Langfang	12673	22944	24389	48
衡水	Hengshui	9211	16342	17894	156
山西	**Shanxi**	**9793**	**16993**	**18404**	
太原	Taiyuan	12106	16775	18234	150
大同	Datong	10140	11785	12776	217
阳泉	Yangquan	10256	15077	13789	214
长治	Changzhi	10830	15724	16997	174
晋城	Jincheng	10586	17355	18158	152
朔州	Shuozhou	11713	14364	13172	215
晋中	Jinzhong	11972	14038	15052	207
运城	Yuncheng	9050	11405	12327	218
忻州	Xinzhou	9786	12160	13169	216
临汾	Linfen	9641	13388	14665	209
吕梁	Lvliang	8145	13710	14651	210
内蒙古	**Inner Mongolia**	**13995**	**22745**	**23638**	
呼和浩特	Hohhot	16624	28352	29458	24
包头	Baotou	20994	28632	29806	23
乌海	Wuhai	16680	27578	28102	27
赤峰	Chifeng	10343	15517	16308	190
通辽	Tongliao	10403	17879	18880	132
鄂尔多斯	Erdos	22566	26486	26963	35
呼伦贝尔	Hulunbuir	11877	19066	19829	111
巴彦淖尔	Bayannur	10400	17093	17349	167
乌兰察布	Ulanqab	10875	16300	16952	176
辽宁	**Liaoning**	**13280**	**24996**	**25379**	
沈阳	Shenyang	16961	27655	29958	21
大连	Dalian	16580	27119	27191	31
鞍山	Anshan	13710	21384	21838	72
抚顺	Fushun	10007	20632	22119	68
本溪	Benxi	12119	22763	23533	54
丹东	Dandong	11323	17904	19569	113
锦州	Jinzhou	11802	19203	20278	101
营口	Yingkou	12223	20478	21404	81
阜新	Fuxin	9047	17763	18586	137
辽阳	Liaoyang	11071	20042	21466	80
盘锦	Panjin	13923	21897	23364	55
铁岭	Tieling	10323	14816	15927	195
朝阳	Chaoyang	9318	16114	17146	172
葫芦岛	Huludao	10969	16056	17003	173
吉林	**Jilin**	**11679**	**19166**		
长春	Changchun	14400			
吉林	Jilin	13223			
四平	Siping	10831			
辽源	Liaoyuan	11608			
通化	Tonghua	10940			
白山	Baishan	10722			
松原	Songyuan	12501			
白城	Baicheng	10509			
黑龙江	**Heilongjiang**	**10684**			
哈尔滨	Harbin	13940			
齐齐哈尔	Qiqihar	10044			
鸡西	Jixi	10509			
鹤岗	Hegang	9391			
双鸭山	Shuangyashan	9699			
大庆	Daqing	13051			
伊春	Yichun	8182			
佳木斯	Jiamusi	10586			
七台河	Qitaihe	9345			
牡丹江	Mudanjiang	10672			
黑河	Heihe				
绥化	Suihua				
上海	**Shanghai**	**23200**	**39857**		
江苏	**Jiangsu**	**14357**	**26433**		

6-2 城镇居民人均现金消费支出 续表 1

Annual Per Capita Cash Consumption Expenditure of Urban Households continued 1

单位：元 (yuan)

地名	City	2010	2016	2017	2017 排名 Ranking	地名	City	2010	2016	2017	2017 排名 Ranking
南京	Nanjing	17409	29772	31385	16	池州	Chizhou	10777	18084	15619	201
无锡	Wuxi	17068	31438	32972	9	宣城	Xuancheng	11507	18876	16849	179
徐州	Xuzhou	10558	17255	18234	150	**福建**	**Fujian**	**14750**	**25006**	**25980**	
常州	Changzhou	17205	27080	28445	26	福州	Fuzhou	15778	26392	27427	30
苏州	Suzhou	18837	33305	35104	4	厦门	Xiamen	19961	30867	32009	15
南通	Nantong	13506	25217	26510	37	莆田	Putian	12621	21584	22454	64
连云港	Lianyungang	9984	18344	19315	120	三明	Sanming	12273	21183	22097	69
淮安	Huaian	11047	16912	17788	158	泉州	Quanzhou	15955	25210	26044	40
盐城	Yancheng	12026	17546	18434	142	漳州	Zhangzhou	12665	21467	22359	65
扬州	Yangzhou	12842	21064	22093	70	南平	Nanping	11284	18503	19188	123
镇江	Zhenjiang	13324	24388	25637	41	龙岩	Longyan	14483	20784	21656	76
泰州	Taizhou	12317	22480	23824	51	宁德	Ningde	11090	19982	20762	92
宿迁	Suqian	8536	15521	16241	193	**江西**	**Jiangxi**	**10619**	**17696**	**19244**	
浙江	**Zhejiang**	**17858**	**30068**	**31924**		南昌	Nanchang	13899	22532	24275	49
杭州	Hangzhou	20219	35686	38179	3	景德镇	Jingdezhen	11475	19082	20811	89
宁波	Ningbo	19420	31584	33197	8	萍乡	Pingxiang	11775	20325	21716	74
温州	Wenzhou	19832	30965	33663	6	九江	Jiujiang	10823	18273	19877	110
嘉兴	Jiaxing	16559	28313	29875	22	新余	Xinyu	12709	20349	22180	67
湖州	Huzhou	16207	27731	28962	25	鹰潭	Yingtan	10929	18482	20207	104
绍兴	Shaoxing	18267	28858	30879	17	赣州	Ganzhou	10662	16915	18547	138
金华	Jinhua	17386	30311	32368	13	吉安	Jian	8893	17452	18904	131
衢州	Quzhou	14867	20877	21934	71	宜春	Yichun	10098	17030	18515	139
舟山	Zhoushan	16717	30762	32218	14	抚州	Fuzhou	7474	15791	16981	175
台州	Taizhou	17933	30021	32514	10	上饶	Shangrao	10099	15855	17366	166
丽水	Lishui	15366	25296	27017	33	**山东**	**Shandong**	**13118**	**21495**	**23072**	
安徽	**Anhui**	**11513**	**19606**	**20740**		济南	Jinan	15973	28537	30729	18
合肥	Hefei	14012	21805	24876	46	青岛	Qingdao	17531	28285	30569	19
芜湖	Wuhu	12980	19541	25371	42	淄博	Zibo	13724	23697	25260	44
蚌埠	Bengbu	11242	15602	32506	11	枣庄	Zaozhuang	11409	15932	17247	170
淮南	Huainan	10688	16872	18948	128	东营	Dongying	14744	24879	26871	36
马鞍山	Maanshan	14184	25442	22939	57	烟台	Yantai	15792	25737	27894	29
淮北	Huaibei	9733	16739	15162	205	潍坊	Weifang	13819	20976	22582	63
铜陵	Tongling	12877	21226	26982	34	济宁	Jining	12500	18202	19287	121
安庆	Anqing	11026	15030	15589	202	泰安	Taian	13421	17900	19376	118
黄山	Huangshan	11069	16754	21561	78	威海	Weihai	15339	25639	27898	28
滁州	Chuzhou	11499	17472	14459	212	日照	Rizhao	12289	17957	19176	124
阜阳	Fuyang	11178	16191	19530	115	莱芜	Laiwu	13645	18523	19912	109
宿州	Suzhou	9322	15325	19986	106	临沂	Linyi	12325	14468	15742	198
六安	Liuan	10712	16204	17266	169	德州	Dezhou	11628	14131	15131	206
亳州	Bozhou	10273	16639	16373	188	聊城	Liaocheng	12767	13516	14651	211

6-2 城镇居民人均现金消费支出 续表 2

Annual Per Capita Cash Consumption Expenditure of Urban Households continued 2

单位：元 (yuan)

地名	City	2010	2016	2017	2017 排名 Ranking
滨州	Binzhou	13147	20728	22183	66
菏泽	Heze	9765	13767	15262	203
河南	**Henan**	**10838**	**18088**	**19422**	
郑州	Zhengzhou	12790	23210	24973	45
开封	Kaifeng	11378	19947	21709	75
洛阳	Luoyang	12069	22659	23551	53
平顶山	Pingdingshan	11502	17702	18880	133
安阳	Anyang	10559	15764	16604	183
鹤壁	Hebi	9931	16089	16948	177
新乡	Xinxiang	11257	18520	19986	107
焦作	Jiaozuo	11228	19616	21385	82
濮阳	Puyang	10108	16098	18033	154
许昌	Xuchang	10743	18027	18238	149
漯河	Luohe	10913	19456	20726	93
三门峡	Sanmenxia	11193	18556	20413	99
南阳	Nanyang	11087	19414	21249	83
商丘	Shangqiu	8734	16047	16847	180
信阳	Xinyang	9307	16225	17614	160
周口	Zhoukou	9980	16613	17214	171
驻马店	Zhumadian	10183	17950	19476	116
湖北	**Hubei**	**13576**	**20040**		
武汉	Wuhan	14490	26535		
黄石	Huangshi	10988	18979		
十堰	Shiyan	9216	15544		
宜昌	Yichang	11638	18728		
襄阳	Xiangyang	10897	17024		
鄂州	Ezhou	10349	17103		
荆门	Jingmen	10393	19539		
孝感	Xiaogan	10508	18744		
荆州	Jingzhou	10583	17152		
黄冈	Huanggang	9282	17890		
咸宁	Xianning	9791	17201		
随州	Suizhou	11798	15926		
湖南	**Hunan**	**11825**	**21420**		
长沙	Changsha	16096	31826		
株洲	Zhuzhou	12269	24348		
湘潭	Xiangtan	12211	22665		
衡阳	Hengyang	11654	19615		
邵阳	Shaoyang	8170	14298		
岳阳	Yueyang	12177	19355		
常德	Changde	11253	22416		
张家界	Zhangjiajie	9258	15105		
益阳	Yiyang	11279			
郴州	Chenzhou	10386	18445		
永州	Yongzhou	9945	15788		
怀化	Huaihua	9013			
娄底	Loudi	9354	16660		
广东	**Guangdong**	**18490**	**28613**	**30198**	
广州	Guangzhou	25012	38398	40637	1
韶关	Shaoguan	12910	18143	19630	112
深圳	Shenzhen	22807	36481	38320	2
珠海	Zhuhai	20370	32151	34735	5
汕头	Shantou	13218	20721	21778	73
佛山	Foshan	21995	31303	33451	7
江门	Jiangmen	15561	20459	22906	58
湛江	Zhanjiang	11825	18417	20014	105
茂名	Maoming	10182	16266	17512	162
肇庆	Zhaoqing	12164	17883	18945	129
惠州	Huizhou	19741	23779	26424	38
梅州	Meizhou	11008	16835	18474	141
汕尾	Shanwei	10013	17374	18497	140
河源	Heyuan	8371	15123	16458	186
阳江	Yangjiang	10430	19758	21514	79
清远	Qingyuan	10595	17796	19232	122
东莞	Dongguan	25733	30688	32498	12
中山	Zhongshan	18833	27631	30132	20
潮州	Chaozhou	11926	15861	16257	192
揭阳	Jieyang	12164	16061	16747	182
云浮	Yunfu	10535	14730	15921	196
广西	**Guangxi**	**11490**	**14654**	**15560**	
南宁	Nanning	12337	15885	17279	168
柳州	Liuzhou	11318	19360	20909	86
桂林	Guilin	11477	17649	19005	126
梧州	Wuzhou	10998		19017	125
北海	Beihai	11695	18861	20238	102
防城港	Fangchenggang	10698	19005	20538	96
钦州	Qinzhou	10594	17173	18392	143
贵港	Guigang	10375	15995	17791	157
玉林	Yulin	10716	17207	18306	147
百色	Baise	10297	16488	17985	155

6-2 城镇居民人均现金消费支出 续表 3

Annual Per Capita Cash Consumption Expenditure of Urban Households continued 3

单位：元 (yuan)

地名	City	2010	2016	2017	2017 排名 Ranking
贺州	Hezhou	9791	15206	16335	189
河池	Hechi	9773	15708	16784	181
来宾	Laibin	11462	17389	18619	136
崇左	Chongzuo	9438	15953	17453	163
海南	**Hainan**	**10927**	**19016**	**20372**	
海口	Haikou	12401			
三亚	Sanya	13081	23436		
三沙	Sansha				
重庆	**Chongqing**		**21031**		
四川	**Sichuan**	**12105**	**20660**	**21991**	
成都	Chengdu	14430	23514	25314	43
自贡	Zigong	10724	19410	20208	103
攀枝花	Panzhihua	12695	20745	22846	59
泸州	Luzhou	11293	19276	21121	84
德阳	Deyang	12706	21534	22735	61
绵阳	Mianyang	12268	19561	21043	85
广元	Guangyuan	9107	16820	18388	144
遂宁	Suining	11111	18665	20796	90
内江	Neijiang	11238	17591	18797	134
乐山	Leshan	11053	19317	20771	91
南充	Nanchong	9634	16780	18335	146
眉山	Meishan	10386	19686	19946	108
宜宾	Yibin	11677	18963	20490	98
广安	Guangan	9585	19428	20812	88
达州	Dazhou	9976	17952	19557	114
雅安	Yaan	10903	16968	18386	145
巴中	Bazhong	9694	18701	20497	97
资阳	Ziyang	12560	19389	20889	87
贵州	**Guizhou**	**10058**	**19202**	**20348**	
贵阳	Guiyang	12940	22362	26063	39
六盘水	Liupanshui	8358	15999	17407	165
遵义	Zunyi	10834	16988	17764	159
安顺	Anshun	10292	17075	18919	130
毕节	Bijie	10407		15736	199
铜仁	Tongren	7096		18275	148
云南	**Yunnan**	**11074**	**18622**		
昆明	Kunming	13244			
曲靖	Qujing	10919			
玉溪	Yuxi	10621			
保山	Baoshan	9484			
昭通	Zhaotong	8369			
丽江	Lijiang	9068			
普洱	Puer	8859	15762		
临沧	Lincang	9282			
西藏	**Tibet**	**9686**	**19441**	**21088**	
拉萨	Lasa	11687		23756	52
陕西	**Shaanxi**	**11822**	**19369**		
西安	Xi'an	16543			
铜川	Tongchuan	11181			
宝鸡	Baoji	13258			
咸阳	Xianyang	13845			
渭南	Weinan	10130			
延安	Yan'an	11633			
汉中	Hanzhong	9519			
榆林	Yulin	10315			
安康	Ankang	10469			
商洛	Shangluo	9169			
甘肃	**Gansu**	**9895**	**19539**	**20659**	
兰州	Lanzhou	10930	22893	24071	50
嘉峪关	Jiayuguan	12076	23819	27074	32
金昌	Jinchang	14186	21149	19319	119
白银	Baiyin	10628	14599	15700	200
天水	Tianshui	8300	13221	14734	208
武威	Wuwei	8942	16941	18667	135
张掖	Zhangye	10136	18923	20541	95
平凉	Pingliang	7499	14407	15189	204
酒泉	Jiuquan	12139	23329	24578	47
庆阳	Qingyang	9693	14950	16114	194
定西	Dingxi	8077	15026	15873	197
陇南	Longnan	7714	13389	13970	213
青海	**Qinghai**	**9614**	**20853**	**21473**	
西宁	Xining	9421	21997	20627	94
海东	Haidong			16515	185
宁夏	**Ningxia**	**11334**	**20364**	**20219**	
银川	Yinchuan	13589	22898	23124	56
石嘴山	Shizuishan	10870	16013	16947	178
吴忠	Wuzhong	9749	15280	16299	191
固原	Guyuan	8840	15527	16565	184
中卫	Zhongwei	9612	18298	18960	127
新疆	**Xinjiang**	**10197**	**21229**	**20362**	
乌鲁木齐	Urumqi	10239	27915		
克拉玛依	Karamay	15957			

6-3 城镇居民人均食品消费支出
Annual Per Capita Food Consumption Expenditure of Urban Households

单位：元 (yuan)

地名	City	2010	2015	2016	2016 排名 Ranking	地名	City	2010	2015	2016	2016 排名 Ranking
全国	**Nation Total**	**4805**		**6762**		沈阳	Shenyang	5385	7436	7919	26
北京	**Beijing**	**6393**	**8091**	**8070**		大连	Dalian	6145	7266	7584	36
天津	**Tianjin**	**5940**	**8447**	**8680**		鞍山	Anshan	4671	5462	5796	98
河北	**Hebei**	**3335**		**4992**		抚顺	Fushun	4041		5866	96
石家庄	Shijiazhuang	3661	4461	4719	145	本溪	Benxi	4780	6753	6783	61
唐山	Tangshan	4371	5361	5232	125	丹东	Dandong	4470	5503	5697	101
秦皇岛	Qinhuangdao	3833	4452	5024	131	锦州	Jinzhou	4191	4704	5098	128
邯郸	Handan	3213	3726	4170	166	营口	Yingkou	4511	5558	6051	84
邢台	Xingtai	3835	3273	3885	174	阜新	Fuxin	3463	5049	5502	113
保定	Baoding	3599	3357	3570	178	辽阳	Liaoyang	4202			
张家口	Zhangjiakou	3722	3959	4749	141	盘锦	Panjin	4358	5293	5715	99
承德	Chengde	3647	4821	4973	133	铁岭	Tieling	3567	4146	4445	154
沧州	Cangzhou	3286	4099	4376	157	朝阳	Chaoyang	3479	3956	4432	155
廊坊	Langfang	3775	4920	4956	134	葫芦岛	Huludao	3772	4648	4737	142
衡水	Hengshui	3039	2835	4592	151	**吉林**	**Jilin**	**3768**		**4976**	
山西	**Shanxi**	**3053**		**3863**		长春	Changchun	4642	5545		
太原	Taiyuan	3710				吉林	Jilin	3891	5295		
大同	Datong	3571		3465	179	四平	Siping	3772	4612		
阳泉	Yangquan	3463				辽源	Liaoyuan	3730	5797		
长治	Changzhi	3362		4025	171	通化	Tonghua	4218	6182		
晋城	Jincheng	2915		3818	176	白山	Baishan	3788	5294		
朔州	Shuozhou	1383		3677	177	松原	Songyuan	3536	4800		
晋中	Jinzhong	3121		3931	172	白城	Baicheng	3393	4586		
运城	Yuncheng	2644				**黑龙江**	**Heilongjiang**	**3785**		**5019**	
忻州	Xinzhou	2693		3125	181	哈尔滨	Harbin	4647	7508		
临汾	Linfen	2928		3176	180	齐齐哈尔	Qiqihar	3922			
吕梁	Lvliang	3012				鸡西	Jixi	3908			
内蒙古	**Inner Mongolia**	**4211**		**6446**		鹤岗	Hegang	3201			
呼和浩特	Hohhot	4983	6728	7199	45	双鸭山	Shuangyashan	3188			
包头	Baotou	6639	7868	8106	17	大庆	Daqing	4260			
乌海	Wuhai	4833	7423	7615	34	伊春	Yichun	2971	4873		
赤峰	Chifeng	3299	4235	4249	162	佳木斯	Jiamusi	3932			
通辽	Tongliao	3272	4225	4366	159	七台河	Qitaihe	3597	9395		
鄂尔多斯	Erdos	5876	6272	6326	79	牡丹江	Mudanjiang	3722			
呼伦贝尔	Hulunbuir	3295	5612	5899	91	黑河	Heihe				
巴彦淖尔	Bayannur	3214	4674	4862	138	绥化	Suihua				
乌兰察布	Ulanqab	3666	5553	5643	105	**上海**	**Shanghai**	**7777**	**9691**	**10015**	
辽宁	**Liaoning**	**4658**		**6902**		**江苏**	**Jiangsu**	**5243**		**7389**	

6-3 城镇居民人均食品消费支出 续表 1
Annual Per Capita Food Consumption Expenditure of Urban Households continued 1

单位：元 (yuan)

地名	City	2010	2015	2016	2016 排名 Ranking
南京	Nanjing	6120	7213	7642	32
无锡	Wuxi	6357	8333	8818	7
徐州	Xuzhou	3712	4872	5182	126
常州	Changzhou	5605	7101	7357	40
苏州	Suzhou	6607	8302	8882	6
南通	Nantong	4803	6794	7227	44
连云港	Lianyungang	3741	5644	5924	89
淮安	Huaian	4003	4892	5054	130
盐城	Yancheng	4302	5219	5532	110
扬州	Yangzhou	4782	6171	6551	70
镇江	Zhenjiang	5318	6530	6939	57
泰州	Taizhou	4518	6133	6470	73
宿迁	Suqian	3232	5076	5390	119
浙江	**Zhejiang**	**6118**		**8467**	
杭州	Hangzhou	7790	9171	9945	1
宁波	Ningbo	6899	8321	9222	5
温州	Wenzhou	7117	9382	9797	2
嘉兴	Jiaxing	5444	8158	7892	27
湖州	Huzhou	5970	7662	8533	11
绍兴	Shaoxing	6317	7793	7966	23
金华	Jinhua	5672	7849	8020	21
衢州	Quzhou	5489	5397	5685	102
舟山	Zhoushan	5972	9179	9555	4
台州	Taizhou	6212	8457	8796	8
丽水	Lishui	5389	6504	7009	52
安徽	**Anhui**	**4370**		**6382**	
合肥	Hefei	5010	6656		
芜湖	Wuhu	5012	6284		
蚌埠	Bengbu	4018	3806		
淮南	Huainan	4290	6047		
马鞍山	Maanshan	5273			
淮北	Huaibei	4056	5250		
铜陵	Tongling	4541	7020		
安庆	Anqing	4378	4896		
黄山	Huangshan	4231	5076		
滁州	Chuzhou	4256	5126		
阜阳	Fuyang	4390			
宿州	Suzhou	3862	4712		
六安	Liuan	4374	5299		
亳州	Bozhou	3646	4825		
池州	Chizhou	4331			
宣城	Xuancheng	4622	5476		
福建	**Fujian**	**5791**		**8300**	
福州	Fuzhou	6145	8081	8704	9
厦门	Xiamen	7275	9411	9754	3
莆田	Putian	5349	7109	7671	31
三明	Sanming	4948	6947	7424	38
泉州	Quanzhou	6059	8134	8511	12
漳州	Zhangzhou	5333	7512	8027	20
南平	Nanping	4948	6470	6359	77
龙岩	Longyan	5456	6996	7270	42
宁德	Ningde	4662	6926	7113	47
江西	**Jiangxi**	**4195**		**5668**	
南昌	Nanchang	4782	6825		
景德镇	Jingdezhen	4306			
萍乡	Pingxiang	4404	6719		
九江	Jiujiang	4368			
新余	Xinyu	4471			
鹰潭	Yingtan	4253			
赣州	Ganzhou	4645	5548		
吉安	Jian	4006			
宜春	Yichun	4049			
抚州	Fuzhou	3906			
上饶	Shangrao	4576	5193		
山东	**Shandong**	**4206**	**5527**	**5929**	
济南	Jinan	5051	6415	6908	58
青岛	Qingdao	6553	7856	8473	13
淄博	Zibo	3918	5598	5993	87
枣庄	Zaozhuang	3923	4634	4736	144
东营	Dongying	4183	5584	5896	92
烟台	Yantai	5116	6969	8018	22
潍坊	Weifang	3981	4614	4931	137
济宁	Jining	4562	5089	5478	115
泰安	Taian	4242	4373	4649	148
威海	Weihai	4415	7410	7625	33
日照	Rizhao	3578	5043	5290	123
莱芜	Laiwu	4005	4407	4694	146
临沂	Linyi	3791	3612	3908	173
德州	Dezhou	3804	3909	4250	161
聊城	Liaocheng	3650	3770	4155	167

6-3 城镇居民人均食品消费支出 续表 2

Annual Per Capita Food Consumption Expenditure of Urban Households continued 2

单位：元 (yuan)

地名	City	2010	2015	2016	2016 排名 Ranking
滨州	Binzhou	3781	5489	5882	94
菏泽	Heze	3538	3818	4119	168
河南	**Henan**	**3576**		**5068**	
郑州	Zhengzhou	4223	6326	6620	66
开封	Kaifeng	3600	4696	4642	149
洛阳	Luoyang	3802	4728	5088	129
平顶山	Pingdingshan	3694	4906	5463	116
安阳	Anyang	3465	4977	4671	147
鹤壁	Hebi	3054	4275	4070	170
新乡	Xinxiang	3539	5350	5394	118
焦作	Jiaozuo	3541	5158	5484	114
濮阳	Puyang	3221	4192	4996	132
许昌	Xuchang	3223	5109	5364	120
漯河	Luohe	3684	5428	5302	122
三门峡	Sanmenxia	3386	4400	4558	152
南阳	Nanyang	3676	5992	6381	76
商丘	Shangqiu	3321	4280	4784	140
信阳	Xinyang	3954	5669	5904	90
周口	Zhoukou	3591	5571	5569	109
驻马店	Zhumadian	3312	4548	4936	136
湖北	**Hubei**	**5254**		**6294**	
武汉	Wuhan	5367	7549	8190	15
黄石	Huangshi	4312	5953	6532	71
十堰	Shiyan	3573	4634	4956	134
宜昌	Yichang	4040	5071	5530	111
襄阳	Xiangyang	4106	5789	5895	93
鄂州	Ezhou	4650	6571	7032	49
荆门	Jingmen	3854	6016	6314	80
孝感	Xiaogan	4110	6858	4085	169
荆州	Jingzhou	4448	5672	5934	88
黄冈	Huanggang	3445	5849	6459	75
咸宁	Xianning	3880	4861	5325	121
随州	Suizhou	4716	5060	5524	112
湖南	**Hunan**	**4322**		**6408**	
长沙	Changsha	5413	7740	7941	25
株洲	Zhuzhou	4409	6730	6775	62
湘潭	Xiangtan	4095	6406	7003	53
衡阳	Hengyang	4635	5750	6164	82
邵阳	Shaoyang	3390	4316	4532	153
岳阳	Yueyang	4362		5998	86

地名	City	2010	2015	2016	2016 排名 Ranking
常德	Changde	3785		6997	54
张家界	Zhangjiajie	3225		5582	107
益阳	Yiyang	4412	5760		
郴州	Chenzhou	4051			
永州	Yongzhou	3672	5060	4373	158
怀化	Huaihua	3341	3506		
娄底	Loudi	3672	4999		
广东	**Guangdong**	**6747**		**9422**	
广州	Guangzhou	8325			
韶关	Shaoguan	5138			
深圳	Shenzhen	8105			
珠海	Zhuhai	7124			
汕头	Shantou	6456			
佛山	Foshan	7417			
江门	Jiangmen	5849			
湛江	Zhanjiang	5064			
茂名	Maoming	4134			
肇庆	Zhaoqing	5169			
惠州	Huizhou	6695			
梅州	Meizhou	4601			
汕尾	Shanwei	4420			
河源	Heyuan	3511			
阳江	Yangjiang	4415			
清远	Qingyuan	4585			
东莞	Dongguan	8733			
中山	Zhongshan	7378			
潮州	Chaozhou	5270			
揭阳	Jieyang	5110			
云浮	Yunfu	4452			
广西	**Guangxi**	**4373**		**5937**	
南宁	Nanning	4789	7918	5708	100
柳州	Liuzhou	4484	7428	7826	28
桂林	Guilin	4765	7084	6483	72
梧州	Wuzhou	4789	7198		
北海	Beihai	5160		8450	14
防城港	Fangchenggang	4348	7145	7795	29
钦州	Qinzhou	4601	7500	6079	83
贵港	Guigang	4110	6920	6607	68
玉林	Yulin	4096	6920	6973	55
百色	Baise	3818	5965	5132	127

6-3 城镇居民人均食品消费支出 续表 3
Annual Per Capita Food Consumption Expenditure of Urban Households continued 3

单位：元 (yuan)

地名	City	2010	2015	2016	2016 排名 Ranking	地名	City	2010	2015	2016	2016 排名 Ranking
贺州	Hezhou	3790	5546	5877	95	丽江	Lijiang	3890			
河池	Hechi	3967	4950	5261	124	普洱	Puer	4127			
来宾	Laibin	4034	6214	6338	78	临沧	Lincang	4351			
崇左	Chongzuo	3810	5648	6608	67	**西藏**	**Tibet**	**4848**		**8728**	
海南	**Hainan**	**4896**		**7420**		拉萨	Lasa	5496		8134	16
海口	Haikou	5219		8584	10	**陕西**	**Shaanxi**	**4381**		**5422**	
三亚	Sanya	5606	6628	6884	59	西安	Xi'an	5177			
三沙	Sansha					铜川	Tongchuan	4006			
重庆	**Chongqing**			**6884**		宝鸡	Baoji	4994			
四川	**Sichuan**	**4780**	**6783**	**7118**		咸阳	Xianyang	4642			
成都	Chengdu	5560	7437	8038	19	渭南	Weinan	3216			
自贡	Zigong	4588	7207	7604	35	延安	Yan'an	3653			
攀枝花	Panzhihua	5081	7078	7416	39	汉中	Hanzhong	3724			
泸州	Luzhou	4691	7090	7425	37	榆林	Yulin	2948			
德阳	Deyang	5064	6972	7353	41	安康	Ankang	4192			
绵阳	Mianyang	4749	6731	7016	51	商洛	Shangluo	3306			
广元	Guangyuan	3932	6133	6742	63	**甘肃**	**Gansu**	**3702**		**5777**	
遂宁	Suining	5035	6191	6049	85	兰州	Lanzhou	4244	6278	7018	50
内江	Neijiang	4771	6140	6460	74	嘉峪关	Jiayuguan	4222	7171	7955	24
乐山	Leshan	4664	6743	7188	46	金昌	Jinchang	4840	5183	5652	103
南充	Nanchong	4378	5816	6283	81	白银	Baiyin	3563	4784	4815	139
眉山	Meishan	4352	6666	6953	56	天水	Tianshui	2998	3649	3830	175
宜宾	Yibin	4725	6336	6708	64	武威	Wuwei	3519	4971	5579	108
广安	Guangan	4571	6538	6832	60	张掖	Zhangye	2937	5293	5802	97
达州	Dazhou	4356	6782	7258	43	平凉	Pingliang	2902	3947	4196	165
雅安	Yaan	4084	5105	5648	104	酒泉	Jiuquan	4148	5929	7048	48
巴中	Bazhong	4024	7101	7694	30	庆阳	Qingyang	3440	4574	4737	142
资阳	Ziyang	4950	6826	6595	69	定西	Dingxi	2976	4227	4641	150
贵州	**Guizhou**	**4014**		**6010**		陇南	Longnan	3026	3808	4204	164
贵阳	Guiyang	4905		5435	117	**青海**	**Qinghai**	**3785**		**5976**	
六盘水	Liupanshui	3871		5617	106	西宁	Xining	3863			
遵义	Zunyi	4157				海东	Haidong				
安顺	Anshun	4780				**宁夏**	**Ningxia**	**3768**		**4889**	
毕节	Bijie	3436				银川	Yinchuan	4358	5862	6663	65
铜仁	Tongren	2753				石嘴山	Shizuishan	3820	4502		
云南	**Yunnan**	**4593**		**5528**		吴忠	Wuzhong	3262		4278	160
昆明	Kunming	5240				固原	Guyuan	2983	4225	4379	156
曲靖	Qujing	4013				中卫	Zhongwei	3109	4231	4209	163
玉溪	Yuxi	3951				**新疆**	**Xinjiang**	**3695**		**6179**	
保山	Baoshan	3889				乌鲁木齐	Urumqi	3891	7515	8089	18
昭通	Zhaotong	3710				克拉玛依	Karamay	4850			

6-4 农村居民人均可支配收入
Annual Per Capita Disposable Income of Rural Households

单位：元 (yuan)

地名	City	2010	2016	2017	2017 排名 Ranking
全国	**Nation Total**	**5919**	**12363**	**13432**	
北京	**Beijing**	**13262**	**22310**	**24241**	
天津	**Tianjin**	**10075**	**20076**	**21754**	
河北	**Hebei**	**5958**	**11919**	**12881**	
石家庄	Shijiazhuang	6577	12345	13345	155
唐山	Tangshan	8310	15023	16229	62
秦皇岛	Qinhuangdao	6214	11621	12563	181
邯郸	Handan	6085	12153	13151	161
邢台	Xingtai	4966	10006	10999	218
保定	Baoding	5446	11612	12779	173
张家口	Zhangjiakou	4119	9241	10293	239
承德	Chengde	4382	8736	9682	247
沧州	Cangzhou	5528	11340	12363	191
廊坊	Langfang	7589	14286	15487	81
衡水	Hengshui	4370	10069	11194	215
山西	**Shanxi**	**4736**	**10083**	**10788**	
太原	Taiyuan	7611	14591	15595	77
大同	Datong	4063	8217	8862	255
阳泉	Yangquan	6560	12172	12963	168
长治	Changzhi	5960	11863	12705	177
晋城	Jincheng	5899	11635	12511	187
朔州	Shuozhou	5903	11478	12305	192
晋中	Jinzhong	5809	11525	12297	193
运城	Yuncheng	4685	9365	9992	242
忻州	Xinzhou	3446	7025	7588	267
临汾	Linfen	5287	10005	10742	229
吕梁	Lvliang	3890	7644	8232	264
内蒙古	**Inner Mongolia**	**5530**	**11609**	**12584**	
呼和浩特	Hohhot	8746	14517	15710	71
包头	Baotou	8766	14692	15901	69
乌海	Wuhai	9245	15475	16821	49
赤峰	Chifeng	5010	9517	10352	237
通辽	Tongliao	6002	11585	12566	180
鄂尔多斯	Erdos	8756	15480	16729	51
呼伦贝尔	Hulunbuir	6295	12540	13581	145
巴彦淖尔	Bayannur	8240	14476	15707	72
乌兰察布	Ulanqab	4451	9085	9848	243
辽宁	**Liaoning**	**6908**	**12881**	**13747**	
沈阳	Shenyang	10022	14385	15461	82
大连	Dalian	12317	15664	16865	47
鞍山	Anshan	9250	14161	15075	94
抚顺	Fushun	7203	12545	13379	152
本溪	Benxi	7845	13574	14540	109
丹东	Dandong	8340	13450	14469	112
锦州	Jinzhou	7756	13539	14493	110
营口	Yingkou	8863	14587	15594	78
阜新	Fuxin	6372	11812	12548	183
辽阳	Liaoyang	8095	12969	13921	130
盘锦	Panjin	9750	14845	15938	68
铁岭	Tieling	7739	12531	13377	153
朝阳	Chaoyang	6142	11193	11893	202
葫芦岛	Huludao	6597	10986	11727	207
吉林	**Jilin**	**6237**	**12123**	**12950**	
长春	Changchun	6665	12576	13431	150
吉林	Jilin	6594	12285	13096	163
四平	Siping	6586	12063	12871	170
辽源	Liaoyuan	6324	11767	12555	182
通化	Tonghua	6572	10877	11660	209
白山	Baishan	6134	9775	10469	236
松原	Songyuan	6167	10258	10976	219
白城	Baicheng	4504	8387	9024	253
黑龙江	**Heilongjiang**	**6211**	**11832**	**12665**	
哈尔滨	Harbin	8020	14391	15557	80
齐齐哈尔	Qiqihar	6724	12943	13965	127
鸡西	Jixi	7636	15592	16808	50
鹤岗	Hegang	6300	13041	13967	126
双鸭山	Shuangyashan	6882	13035	13882	131
大庆	Daqing	8045	13909	14757	99
伊春	Yichun	7280	12827	13725	137
佳木斯	Jiamusi	7111	13912	14872	97
七台河	Qitaihe	6955	11405	12169	196
牡丹江	Mudanjiang	9363	15688	16896	46
黑河	Heihe	7046	12969	14007	124
绥化	Suihua		12014	12831	172
上海	**Shanghai**	**13978**	**25520**	**27825**	
江苏	**Jiangsu**	**9118**	**17606**	**19158**	

6-4 农村居民人均可支配收入 续表 1
Annual Per Capita Disposable Income of Rural Households continued 1

单位：元 (yuan)

地名	City	2010	2016	2017	2017 排名 Ranking	地名	City	2010	2016	2017	2017 排名 Ranking
南京	Nanjing	11128	21156	23133	19	池州	Chizhou	5827	12409	13476	149
无锡	Wuxi	14002	26158	28358	10	宣城	Xuancheng	6651	13379	14590	105
徐州	Xuzhou	7955	15274	16697	52	**福建**	**Fujian**	**7427**	**14999**	**16335**	
常州	Changzhou	12637	23780	25835	13	福州	Fuzhou	8543	16346	17865	41
苏州	Suzhou	14657	27691	29977	7	厦门	Xiamen	10033	18885	20460	23
南通	Nantong	9914	18741	20472	22	莆田	Putian	7663	15131	16492	57
连云港	Lianyungang	7039	13932	15273	86	三明	Sanming	6949	13918	15212	90
淮安	Huaian	7233	14319	15601	76	泉州	Quanzhou	9296	17179	18606	35
盐城	Yancheng	8751	17172	18711	34	漳州	Zhangzhou	7861	15320	16676	53
扬州	Yangzhou	9462	18057	19694	27	南平	Nanping	6759	13331	14558	106
镇江	Zhenjiang	10874	20922	22724	20	龙岩	Longyan	6931	14429	15698	73
泰州	Taizhou	9324	17861	19494	28	宁德	Ningde	6542	13516	14722	103
宿迁	Suqian	6975	13929	15268	87	**江西**	**Jiangxi**	**5789**	**12138**	**13242**	
浙江	**Zhejiang**	**11303**	**22866**	**24956**		南昌	Nanchang	7193	14952	16364	60
杭州	Hangzhou	13186	27908	30397	4	景德镇	Jingdezhen	6521	13878	15095	93
宁波	Ningbo	14261	28572	30871	2	萍乡	Pingxiang	7219	15274	16598	54
温州	Wenzhou	11416	22985	25154	15	九江	Jiujiang	5584	12157	13303	157
嘉兴	Jiaxing	14365	28997	31436	1	新余	Xinyu	7301	15203	16581	56
湖州	Huzhou	13288	26508	28999	9	鹰潭	Yingtan	6249	13534	14738	102
绍兴	Shaoxing	13651	27744	30331	5	赣州	Ganzhou	4182	8729	9717	246
金华	Jinhua	10201	21896	23922	16	吉安	Jian	5570	11380	12543	185
衢州	Quzhou	8270	18421	20225	25	宜春	Yichun	5799	12643	13747	136
舟山	Zhoushan	14265	28308	30791	3	抚州	Fuzhou	5848	12447	13563	147
台州	Taizhou	11307	23164	25369	14	上饶	Shangrao	5317	11103	12174	195
丽水	Lishui	6537	16459	18072	38	**山东**	**Shandong**	**6990**	**13954**	**15118**	
安徽	**Anhui**	**5285**	**11721**	**12758**		济南	Jinan	8903	15346	16594	55
合肥	Hefei	7117	17059	18594	36	青岛	Qingdao	10550	17969	19364	29
芜湖	Wuhu	7834	17307	18830	33	淄博	Zibo	9195	15674	16953	45
蚌埠	Bengbu	5565	12591	13769	135	枣庄	Zaozhuang	7103	13018	14164	116
淮南	Huainan	5746	10848	11841	203	东营	Dongying	8427	14999	16252	61
马鞍山	Maanshan	9331	17719	19358	30	烟台	Yantai	9916	16721	18051	39
淮北	Huaibei	5337	10653	11611	211	潍坊	Weifang	8872	16098	17434	43
铜陵	Tongling	7266	12054	13145	162	济宁	Jining	7450	13615	14845	98
安庆	Anqing	4985	10814	11814	204	泰安	Taian	7592	14428	15674	75
黄山	Huangshan	6716	12869	14034	122	威海	Weihai	10517	17573	18963	32
滁州	Chuzhou	5915	10956	11947	201	日照	Rizhao	7504	13379	14540	108
阜阳	Fuyang	4187	9776	10748	228	莱芜	Laiwu	8311	14852	16144	65
宿州	Suzhou	4766	9917	10859	224	临沂	Linyi	6761	11646	12613	178
六安	Liuan	4714	9960	10857	225	德州	Dezhou	7028	12248	13389	151
亳州	Bozhou	4689	10576	11591	212	聊城	Liaocheng	6377	11387	12415	189

6-4 农村居民人均可支配收入 续表 2

Annual Per Capita Disposable Income of Rural Households continued 2

单位：元 (yuan)

地名	City	2010	2016	2017	2017 排名 Ranking	地名	City	2010	2016	2017	2017 排名 Ranking
滨州	Binzhou	7194	13736	14907	95	常德	Changde	5635	12758	13847	132
菏泽	Heze	5812	10705	11753	206	张家界	Zhangjiajie	3668	7802	8692	257
河南	**Henan**	**5524**	**11697**	**12719**		益阳	Yiyang	5617	13416	14556	107
郑州	Zhengzhou	9225	18426	19974	26	郴州	Chenzhou	5207	12756	13829	133
开封	Kaifeng	5390	11166	12126	199	永州	Yongzhou	5061	11683	12738	175
洛阳	Luoyang	5680	11457	12511	188	怀化	Huaihua	3520	7961	8831	256
平顶山	Pingdingshan	5504	11244	12222	194	娄底	Loudi	3365	9529	10530	233
安阳	Anyang	6359	12624	13697	139	**广东**	**Guangdong**	**7890**	**14512**	**15780**	
鹤壁	Hebi	6813	14022	15326	85	广州	Guangzhou	12676	21449	23484	18
新乡	Xinxiang	6241	12679	13769	134	韶关	Shaoguan	6317	12790	14108	119
焦作	Jiaozuo	7512	14851	16218	63	深圳	Shenzhen				
濮阳	Puyang	5077	10622	11652	210	珠海	Zhuhai	10187	22889	23496	17
许昌	Xuchang	7197	14357	15591	79	汕头	Shantou	6518	13663	14905	96
漯河	Luohe	6460	12938	14141	117	佛山	Foshan	12202	24159	26390	12
三门峡	Sanmenxia	5787	11982	13084	165	江门	Jiangmen	8589	15226	16473	58
南阳	Nanyang	5666	11701	12718	176	湛江	Zhanjiang	6909	13336	14484	111
商丘	Shangqiu	4674	9605	10517	234	茂名	Maoming	6802	14520	15695	74
信阳	Xinyang	5311	10651	11663	208	肇庆	Zhaoqing	7524	15115	16431	59
周口	Zhoukou	4510	9279	10170	241	惠州	Huizhou	9077	17603	19284	31
驻马店	Zhumadian	4861	9935	10869	222	梅州	Meizhou	6367	12991	14089	120
湖北	**Hubei**	**5832**	**12725**	**13812**		汕尾	Shanwei	6316	12442	13501	148
武汉	Wuhan	8295	19152	20887	21	河源	Heyuan	5645	12046	13301	158
黄石	Huangshi	5525	12925	13972	125	阳江	Yangjiang	6655	13961	15342	83
十堰	Shiyan	3499	8514	9373	250	清远	Qingyuan	6386	12873	14027	123
宜昌	Yichang	5980	14057	15253	89	东莞	Dongguan	20486	26526	29078	8
襄阳	Xiangyang	6365	14762	16005	66	中山	Zhongshan	14928	27529	30012	6
鄂州	Ezhou	6645	14813	16168	64	潮州	Chaozhou	6373	12559	13673	140
荆门	Jingmen	6951	15811	17167	44	揭阳	Jieyang	6128	12551	13207	160
孝感	Xiaogan	5943	13554	14744	101	云浮	Yunfu	6744	13016	14124	118
荆州	Jingzhou	6453	14707	15962	67	**广西**	**Guangxi**	**4543**	**10360**	**11326**	
黄冈	Huanggang	4634	11076	12116	200	南宁	Nanning	5005	11398	12515	186
咸宁	Xianning	5606	12812	13925	129	柳州	Liuzhou	4935	11107	12151	197
随州	Suizhou	6279	14077	15268	87	桂林	Guilin	5487	12176	13345	155
湖南	**Hunan**	**5622**	**11930**	**12936**		梧州	Wuzhou	4879	10142	11085	217
长沙	Changsha	11206	25448	27360	11	北海	Beihai	5415	11622	12749	174
株洲	Zhuzhou	7658	16919	18340	37	防城港	Fangchenggang	5628	12113	13373	154
湘潭	Xiangtan	7817	16576	17885	40	钦州	Qinzhou	5340	10947	11801	205
衡阳	Hengyang	7220	15603	16851	48	贵港	Guigang	5289	11572	12544	184
邵阳	Shaoyang	3760	9721	10756	227	玉林	Yulin	5302	12590	13597	144
岳阳	Yueyang	5988	13119	14265	114	百色	Baise	3461	9348	10171	240

6-4 农村居民人均可支配收入 续表 3
Annual Per Capita Disposable Income of Rural Households continued 3

单位：元 (yuan)

地名	City	2010	2016	2017	2017 排名 Ranking	地名	City	2010	2016	2017	2017 排名 Ranking
贺州	Hezhou	4298	9552	10498	235	丽江	Lijiang	3410	8750	9520	248
河池	Hechi	3599	7509	8260	263	普洱	Puer	3456	8669	9484	249
来宾	Laibin	4659	9820	10674	230	临沧	Lincang	3279	8914	9814	244
崇左	Chongzuo	4621	9801	10860	223	**西藏**	**Tibet**	**4139**	**9094**	**10330**	
海南	**Hainan**	**5275**	**11843**	**12902**		拉萨	Lasa	5003	11448	12994	167
海口	Haikou	6173	12679			**陕西**	**Shaanxi**	**4105**	**9396**	**10265**	
三亚	Sanya	6502	13360			西安	Xi'an	7750	15191		
三沙	Sansha					铜川	Tongchuan	4789	9478		
重庆	**Chongqing**	**5277**	**11549**	**12638**		宝鸡	Baoji	5040	10287		
四川	**Sichuan**	**5087**	**11203**	**12227**		咸阳	Xianyang	5056	10481		
成都	Chengdu	8205	18605	20298	24	渭南	Weinan	4372	9415		
自贡	Zigong	5762	13192	14380	113	延安	Yan'an	5173	10568		
攀枝花	Panzhihua	6293	14057	15336	84	汉中	Hanzhong	4183	8855		
泸州	Luzhou	5388	12450	13670	141	榆林	Yulin	5113	10582		
德阳	Deyang	6486	13951	15207	91	安康	Ankang	3976	8590		
绵阳	Mianyang	5940	13504	14752	100	商洛	Shangluo	3605	8358		
广元	Guangyuan	4036	9819	10801	226	**甘肃**	**Gansu**	**3425**	**7457**	**8076**	
遂宁	Suining	5390	12423	13579	146	兰州	Lanzhou	4588	10391	11305	214
内江	Neijiang	5504	12491	13640	143	嘉峪关	Jiayuguan	7865	16462	17796	42
乐山	Leshan	5613	12749	13927	128	金昌	Jinchang	5953	12284	13291	159
南充	Nanchong	4814	11273	12389	190	白银	Baiyin	3386	7623	8263	262
眉山	Meishan	5942	13935	15203	92	天水	Tianshui	2825	6499	7065	268
宜宾	Yibin	5610	12843	14063	121	武威	Wuwei	4551	9784	10596	231
广安	Guangan	5377	12479	13655	142	张掖	Zhangye	5575	11646	12612	179
达州	Dazhou	5084	11718	12843	171	平凉	Pingliang	3136	7008	7611	266
雅安	Yaan	5181	11138	12145	198	酒泉	Jiuquan	7234	14596	15764	70
巴中	Bazhong	3847	9969	10946	220	庆阳	Qingyang	3154	7480	8116	265
资阳	Ziyang	5552	13422	14670	104	定西	Dingxi	2702	6289	6855	269
贵州	**Guizhou**	**3472**	**8090**	**8869**		陇南	Longnan	2299	5859	6386	270
贵阳	Guiyang	5976	12967	14264	115	**青海**	**Qinghai**	**3863**	**8664**	**9462**	
六盘水	Liupanshui	3601	8230	9069	252	西宁	Xining	5521	9678	10548	232
遵义	Zunyi	4207	10109	11130	216	海东	Haidong		8945	9723	245
安顺	Anshun	3526	8120	8956	254	**宁夏**	**Ningxia**	**4675**	**9852**	**10738**	
毕节	Bijie	3354	7668	8473	260	银川	Yinchuan	6161	12037	13087	164
铜仁	Tongren	3222	7631	8425	261	石嘴山	Shizuishan	6060	11829	12880	169
云南	**Yunnan**	**3952**	**9020**	**9862**		吴忠	Wuzhong	5041	9938	10912	221
昆明	Kunming	5810	12555	13698	138	固原	Guyuan	3477	7714	8579	259
曲靖	Qujing	4130	10380	11345	213	中卫	Zhongwei	4439	8626	9365	251
玉溪	Yuxi	5747	11968	13057	166	**新疆**	**Xinjiang**	**4643**	**10183**	**11045**	
保山	Baoshan	3626	9426	10321	238	乌鲁木齐	Urumqi	7466	16351		
昭通	Zhaotong	2768	7951	8675	258	克拉玛依	Karamay	10296			

6-5 农村居民人均消费支出
Annual Per Capita Consumption Expenditure of Rural Households

单位：元 (yuan)

地名	City	2010	2016	2017	2017 排名 Ranking	地名	City	2010	2016	2017	2017 排名 Ranking
全国	**Nation Total**	**4382**	**10130**	**10955**		沈阳	Shenyang	5388			
北京	**Beijing**	**9255**	**17329**	**18811**		大连	Dalian	6940			
天津	**Tianjin**	**4937**	**15912**	**16386**		鞍山	Anshan	5188			
河北	**Hebei**	**3845**	**9798**	**10536**		抚顺	Fushun	4630			
石家庄	Shijiazhuang	3956	7894	8417	148	本溪	Benxi	5775			
唐山	Tangshan	5980	10992	11938	55	丹东	Dandong	5029			
秦皇岛	Qinhuangdao	4070	8294	10316	102	锦州	Jinzhou	3861			
邯郸	Handan	2692	8544	9697	114	营口	Yingkou	5591			
邢台	Xingtai	2864	7309	7826	165	阜新	Fuxin	4119			
保定	Baoding	2864	8238	8667	142	辽阳	Liaoyang	3980			
张家口	Zhangjiakou	3110	7052	8010	162	盘锦	Panjin	5012			
承德	Chengde	3672	6865	8264	149	铁岭	Tieling	4982			
沧州	Cangzhou	3525	8165	8815	137	朝阳	Chaoyang	5178			
廊坊	Langfang	3850	11235	12203	48	葫芦岛	Huludao	3906			
衡水	Hengshui	2779	7864	8698	140	**吉林**	**Jilin**	**4147**	**9521**	**10279**	
山西	**Shanxi**	**3664**	**8029**	**8424**		长春	Changchun	3533			
太原	Taiyuan	3879	10929	11546	66	吉林	Jilin	4441			
大同	Datong	2472	6292	6814	184	四平	Siping	4256			
阳泉	Yangquan	4047	8968	9541	119	辽源	Liaoyuan	3892			
长治	Changzhi	2935	9025	9611	117	通化	Tonghua	3506			
晋城	Jincheng	3853	9297	9278	126	白山	Baishan	2826			
朔州	Shuozhou	3293	7698	7759	167	松原	Songyuan	3528			
晋中	Jinzhong	3801	7737	8097	158	白城	Baicheng	3400			
运城	Yuncheng	3067	7513	7730	168	**黑龙江**	**Heilongjiang**	**4391**	**9424**	**10524**	
忻州	Xinzhou	3041	6650	6883	180	哈尔滨	Harbin	4666			
临汾	Linfen	3381	7664	8157	156	齐齐哈尔	Qiqihar	5331			
吕梁	Lvliang	3327	5940	6369	185	鸡西	Jixi	3956			
内蒙古	**Inner Mongolia**	**4461**	**11462**	**12184**		鹤岗	Hegang				
呼和浩特	Hohhot	5526	14353	15257	24	双鸭山	Shuangyashan				
包头	Baotou	6132	11014	11435	72	大庆	Daqing	4204			
乌海	Wuhai	5115	14537	15265	23	伊春	Yichun				
赤峰	Chifeng	3572	9476	10092	110	佳木斯	Jiamusi	2323			
通辽	Tongliao	4264	10056	10700	92	七台河	Qitaihe				
鄂尔多斯	Erdos	8458	14571	15256	25	牡丹江	Mudanjiang	5205			
呼伦贝尔	Hulunbuir	4522	12476	13446	36	黑河	Heihe				
巴彦淖尔	Bayannur	6325	13647	14138	34	绥化	Suihua				
乌兰察布	Ulanqab	2844	7764	8199	153	**上海**	**Shanghai**	**10210**	**17071**	**18090**	
辽宁	**Liaoning**	**4490**	**9953**	**10787**		**江苏**	**Jiangsu**	**6543**	**14428**	**15612**	

6-5 农村居民人均消费支出 续表 1

Annual Per Capita Consumption Expenditure of Rural Households continued 1

单位：元 (yuan)

地名	City	2010	2016	2017	2017 排名 Ranking	地名	City	2010	2016	2017	2017 排名 Ranking
南京	Nanjing	8477	15773	17155	18	池州	Chizhou	3968			
无锡	Wuxi	9790	18463	19998	9	宣城	Xuancheng	4522			
徐州	Xuzhou	5216	11059	12038	53	**福建**	**Fujian**	**5498**	**12911**	**14003**	
常州	Changzhou	9924	16567	17849	16	福州	Fuzhou	6071	14033	15283	22
苏州	Suzhou	10397	18820	20298	5	厦门	Xiamen	7523	16300	17593	17
南通	Nantong	7240	13440	14637	29	莆田	Putian	5679	12932	14047	35
连云港	Lianyungang	4766	10113	10825	89	三明	Sanming	4862	10598	11542	68
淮安	Huaian	5216	9633	10526	96	泉州	Quanzhou	6782	13480	14545	31
盐城	Yancheng	5074	13145	14153	33	漳州	Zhangzhou	5524	11006	11946	54
扬州	Yangzhou	6782	13722	14766	28	南平	Nanping	4991	10087	10978	84
镇江	Zhenjiang	7848	15925	17127	20	龙岩	Longyan	5245	10748	11651	63
泰州	Taizhou	6476	13250	14543	32	宁德	Ningde	4469	10646	11546	66
宿迁	Suqian	4684	9395	10252	105	**江西**	**Jiangxi**	**3912**	**9128**	**9870**	
浙江	**Zhejiang**	**8929**	**17359**	**18093**		南昌	Nanchang	3992	9460	10240	106
杭州	Hangzhou	10267	20563	21983	2	景德镇	Jingdezhen	4200	10176	10951	85
宁波	Ningbo	9794	19313	20239	7	萍乡	Pingxiang	4762	10725	11462	71
温州	Wenzhou	8431	16627	18169	15	九江	Jiujiang	4131	9248	10041	111
嘉兴	Jiaxing	9274	18864	20240	6	新余	Xinyu	4879	10942	11808	58
湖州	Huzhou	9139	17609	18665	13	鹰潭	Yingtan	4028	10382	11163	80
绍兴	Shaoxing	9210	17787	19216	11	赣州	Ganzhou	3197	7412	8214	151
金华	Jinhua	7695	16269	17149	19	吉安	Jian	3495	8586	9402	122
衢州	Quzhou	5485	11454	12181	50	宜春	Yichun	3676	9735	10486	97
舟山	Zhoushan	10270	19468	20472	4	抚州	Fuzhou	3331	7984	8627	145
台州	Taizhou	8086	18598	19709	10	上饶	Shangrao	2757	7772	8481	147
丽水	Lishui	4947	13936	15222	26	**山东**	**Shandong**	**4807**	**9519**	**10342**	
安徽	**Anhui**	**4013**	**10287**	**11106**		济南	Jinan	5407	9396	10327	101
合肥	Hefei	4188				青岛	Qingdao	6662	12006	12928	41
芜湖	Wuhu	5231				淄博	Zibo	5676	11225	12058	52
蚌埠	Bengbu	3159				枣庄	Zaozhuang	4209	8573	9345	124
淮南	Huainan	3376				东营	Dongying	4985	11348	12346	47
马鞍山	Maanshan	6339				烟台	Yantai	5175	11651	13004	39
淮北	Huaibei	3881				潍坊	Weifang	5982	10027	11125	82
铜陵	Tongling	5387				济宁	Jining	4216	8812	9641	116
安庆	Anqing	3392				泰安	Taian	4273	9297	10100	109
黄山	Huangshan	4163				威海	Weihai	5728	10780	11728	62
滁州	Chuzhou	4027				日照	Rizhao	4144	7264	7836	164
阜阳	Fuyang	2686				莱芜	Laiwu	4620	10413	11309	74
宿州	Suzhou	3126				临沂	Linyi	3935	7364	8024	161
六安	Liuan	3807				德州	Dezhou	3045	9887	10785	90
亳州	Bozhou	3025				聊城	Liaocheng	3542	8255	8996	131

6-5 农村居民人均消费支出 续表 2

Annual Per Capita Consumption Expenditure of Rural Households continued 2

单位：元 (yuan)

地名	City	2010	2016	2017	2017 排名 Ranking
滨州	Binzhou	4531	9574	10416	98
菏泽	Heze	3629	8342	9375	123
河南	**Henan**	**3682**	**8587**	**9212**	
郑州	Zhengzhou	6254	13595	14849	27
开封	Kaifeng	3352	8073	8671	141
洛阳	Luoyang	4635	9261	10356	100
平顶山	Pingdingshan	3168	6446	6883	180
安阳	Anyang	3726	7789	9000	130
鹤壁	Hebi	3938	9666	10397	99
新乡	Xinxiang	4593	7921	8656	143
焦作	Jiaozuo	4845	11081	12196	49
濮阳	Puyang	2911	7444	8138	157
许昌	Xuchang	4222	9173	9571	118
漯河	Luohe	3492	7076	7854	163
三门峡	Sanmenxia	4126	8639	9652	115
南阳	Nanyang	4012	8397	9076	128
商丘	Shangqiu	2890	6845	7420	177
信阳	Xinyang	3604	8141	8972	132
周口	Zhoukou	3344	6536	7169	178
驻马店	Zhumadian	3670	7838	8704	139
湖北	**Hubei**	**4091**	**10938**	**11633**	
武汉	Wuhan	5631	14750		
黄石	Huangshi	4073	17621		
十堰	Shiyan	3100	6784		
宜昌	Yichang	4071	1183		
襄阳	Xiangyang	4252	11067		
鄂州	Ezhou	3209	10972		
荆门	Jingmen	6951	9381		
孝感	Xiaogan	3987	7512		
荆州	Jingzhou	3964	9505		
黄冈	Huanggang	3511	9162		
咸宁	Xianning	3823	9699		
随州	Suizhou	4404	10054		
湖南	**Hunan**	**4310**	**10630**	**11534**	
长沙	Changsha	7533	17574		
株洲	Zhuzhou	5466	12746		
湘潭	Xiangtan	5073	13343		
衡阳	Hengyang	4843	10945		
邵阳	Shaoyang	2942	8353		
岳阳	Yueyang	4990	12050		
常德	Changde	4575	12161		
张家界	Zhangjiajie	3476	7533		
益阳	Yiyang	4637			
郴州	Chenzhou	3511	9387		
永州	Yongzhou	3951	10614		
怀化	Huaihua	3072			
娄底	Loudi	3224	9329		
广东	**Guangdong**	**5516**	**12415**	**13200**	
广州	Guangzhou	8986	17595	18932	12
韶关	Shaoguan	4930	10825	11810	57
深圳	Shenzhen				
珠海	Zhuhai	8071	18373	20038	8
汕头	Shantou	5960	12020	13346	37
佛山	Foshan	8539	16736	18262	14
江门	Jiangmen	6412	11584	12656	42
湛江	Zhanjiang	4579	9922	10733	91
茂名	Maoming	4320	11698	12481	43
肇庆	Zhaoqing	5081	9976	10926	86
惠州	Huizhou	6029	13726	15576	21
梅州	Meizhou	5578	11164	12392	45
汕尾	Shanwei	5752	10294	11123	83
河源	Heyuan	4949	10211	11484	70
阳江	Yangjiang	6070	11978	12931	40
清远	Qingyuan	4977	11234	12168	51
东莞	Dongguan	11840	21539	23090	1
中山	Zhongshan	9008	19276	20833	3
潮州	Chaozhou	6027	10825	11574	65
揭阳	Jieyang	4745	10376	11227	77
云浮	Yunfu	5180	10271	11170	79
广西	**Guangxi**	**3455**	**8351**	**9437**	
南宁	Nanning	3354	9359	9839	112
柳州	Liuzhou	3663	7855	8804	138
桂林	Guilin	3872	7964	8620	146
梧州	Wuzhou	2798		7430	175
北海	Beihai	3170	8166	8930	135
防城港	Fangchenggang	3470	7561	10873	87
钦州	Qinzhou	2901	6871	7427	176
贵港	Guigang	3504	7306	8186	154
玉林	Yulin	2910	8751	9512	120
百色	Baise	2859	7101	8026	160

6-5 农村居民人均消费支出 续表 3
Annual Per Capita Consumption Expenditure of Rural Households continued 3

单位：元 (yuan)

地名	City	2010	2016	2017	2017 排名 Ranking	地名	City	2010	2016	2017	2017 排名 Ranking
贺州	Hezhou	2985	7025	7664	172	丽江	Lijiang	2184			
河池	Hechi	2099	6209	6844	183	普洱	Puer	2755	6395		
来宾	Laibin	3545	8346	8953	134	临沧	Lincang	2020			
崇左	Chongzuo	3581	6429	7037	179	**西藏**	**Tibet**	**2667**	**6070**	**6691**	
海南	**Hainan**	**3446**	**8921**	**9599**		拉萨	Lasa	2482	6874	7728	169
海口	Haikou	3403				**陕西**	**Shaanxi**	**3794**	**8568**	**9306**	
三亚	Sanya	3905	9770			西安	Xi'an	5633			
三沙	Sansha					铜川	Tongchuan	4402			
重庆	**Chongqing**	**3625**	**9954**	**10936**		宝鸡	Baoji	4466			
四川	**Sichuan**	**3898**	**10192**	**11397**		咸阳	Xianyang	3867			
成都	Chengdu	5796	13428	14616	30	渭南	Weinan	3273			
自贡	Zigong	4300	10577	11790	61	延安	Yan'an	3731			
攀枝花	Panzhihua	5439	11092	11807	59	汉中	Hanzhong	3192			
泸州	Luzhou	4174	9919	10573	95	榆林	Yulin	4298			
德阳	Deyang	5241	10817	11909	56	安康	Ankang	3536			
绵阳	Mianyang	4607	10684	11638	64	商洛	Shangluo	2711			
广元	Guangyuan	3416	8122	8958	133	**甘肃**	**Gansu**	**2942**	**7487**	**8030**	
遂宁	Suining	4049	10461	11342	73	兰州	Lanzhou	3686	8717	9442	121
内江	Neijiang	3997	9653	10681	93	嘉峪关	Jiayuguan	5077	12485	13255	38
乐山	Leshan	4394	10449	11241	76	金昌	Jinchang	4147	10218	10192	108
南充	Nanchong	3376	9302	10296	103	白银	Baiyin	2955	5872	6361	186
眉山	Meishan	3933	11691	12407	44	天水	Tianshui	2413	7359	7765	166
宜宾	Yibin	4340	10257	11160	81	武威	Wuwei	2160	7494	8200	152
广安	Guangan	3138	9902	10593	94	张掖	Zhangye	4416	10379	11215	78
达州	Dazhou	3552	8437	9261	127	平凉	Pingliang	3090	7460	7518	174
雅安	Yaan	4507	9393	10202	107	酒泉	Jiuquan	6043	11133	11790	60
巴中	Bazhong	3910	8354	9327	125	庆阳	Qingyang	2330	7201	7647	173
资阳	Ziyang	2924	10358	11261	75	定西	Dingxi	2419	6324	6870	182
贵州	**Guizhou**	**2853**	**7533**	**8299**		陇南	Longnan	2341	5674	6194	187
贵阳	Guiyang	4741	9830	12369	46	**青海**	**Qinghai**	**3775**	**9222**	**9903**	
六盘水	Liupanshui	2612	6781	8232	150	西宁	Xining	5404	8827	9825	113
遵义	Zunyi	2790	8183	10290	104	海东	Haidong		7989	8182.1	155
安顺	Anshun	2210	7266	8649	144	**宁夏**	**Ningxia**	**4013**	**9138**	**9982**	
毕节	Bijie	2499	6520	8073	159	银川	Yinchuan	5394	11061	11507	69
铜仁	Tongren	2594	6504	7702	170	石嘴山	Shizuishan	4930	9910	10845	88
云南	**Yunnan**	**3398**	**7331**	**8027**		吴忠	Wuzhong	3763	8487	9023	129
昆明	Kunming	5701				固原	Guyuan	3085	6884	7678	171
曲靖	Qujing	3120				中卫	Zhongwei	3877	8271	8910	136
玉溪	Yuxi	5033				**新疆**	**Xinjiang**	**3458**	**8277**	**8713**	
保山	Baoshan	3214				乌鲁木齐	Urumqi		17423		
昭通	Zhaotong	2314				克拉玛依	Karamay				

6-6 农村居民人均食品消费支出
Annual Per Capita Food Consumption Expenditure of Rural Households

单位：元 (yuan)

地名	City	2010	2012	2013	2013 排名 Ranking
全国	**Nation Total**	**1801**	**2324**	**2495**	
北京	**Beijing**	**2995**	**3945**	**4696**	
天津	**Tianjin**	**2061**	**3020**	**3540**	
河北	**Hebei**	**1351**	**1817**	**1963**	
石家庄	Shijiazhuang	1405	1809		
唐山	Tangshan	2086	2857		
秦皇岛	Qinhuangdao	1384	1993		
邯郸	Handan	1021	1511		
邢台	Xingtai	1098	1581		
保定	Baoding	1143	1804		
张家口	Zhangjiakou	1440	1891		
承德	Chengde	1697	2361		
沧州	Cangzhou	1289	1866		
廊坊	Langfang	1505	2172		
衡水	Hengshui	1162	1724		
山西	**Shanxi**	**1372**	**1860**	**1921**	
太原	Taiyuan	1312	2219		
大同	Datong	1141	2050		
阳泉	Yangquan	1444	2030		
长治	Changzhi	1167	1830		
晋城	Jincheng	1493	1995		
朔州	Shuozhou	1383	2129		
晋中	Jinzhong	1323	1849		
运城	Yuncheng	1147	1544		
忻州	Xinzhou	1319	1635		
临汾	Linfen	1237	1601		
吕梁	Lvliang	1200	1716		
内蒙古	**Inner Mongolia**	**1675**	**2380**	**2583**	
呼和浩特	Hohhot	2061	2814	2708	91
包头	Baotou	2279	2927	2453	132
乌海	Wuhai	2014	3877	2762	77
赤峰	Chifeng	1479	2284	1842	206
通辽	Tongliao	1615	2376	1641	224
鄂尔多斯	Erdos	2464	3778	2177	172
呼伦贝尔	Hulunbuir	1539	2520	2032	188
巴彦淖尔	Bayannur	2460	3231	2096	177
乌兰察布	Ulanqab	1289	2146	2296	159
辽宁	**Liaoning**	**1714**	**2300**	**2519**	
沈阳	Shenyang	1991	2510		
大连	Dalian	2746	3139		
鞍山	Anshan	2023	2508		
抚顺	Fushun	1954	2742		
本溪	Benxi	2274	3244		
丹东	Dandong	2314	3266		
锦州	Jinzhou	1412	2052		
营口	Yingkou	2124	2866		
阜新	Fuxin	1474	1915		
辽阳	Liaoyang	1867	2337		
盘锦	Panjin	1964	2576		
铁岭	Tieling	2004	2231		
朝阳	Chaoyang	1931	2298		
葫芦岛	Huludao	1542	1923		
吉林	**Jilin**	**1523**	**2269**	**2438**	
长春	Changchun		2254	2944	62
吉林	Jilin		2337	2921	64
四平	Siping		2216	2538	120
辽源	Liaoyuan		2287	3482	39
通化	Tonghua		2507	2603	109
白山	Baishan		1904	2588	113
松原	Songyuan		1994	2866	70
白城	Baicheng		2364	2309	155
黑龙江	**Heilongjiang**	**1484**	**2165**	**2398**	
哈尔滨	Harbin	1880	2165	2872	68
齐齐哈尔	Qiqihar	1850	2403	2599	111
鸡西	Jixi	1893	2329		
鹤岗	Hegang				
双鸭山	Shuangyashan			1601	228
大庆	Daqing	1610		1479	234
伊春	Yichun				
佳木斯	Jiamusi	1046	1704		
七台河	Qitaihe			2795	75
牡丹江	Mudanjiang	1839			
黑河	Heihe				
绥化	Suihua				
上海	**Shanghai**	**3807**	**4848**	**5335**	
江苏	**Jiangsu**	**2492**	**3049**	**3283**	

6-6 农村居民人均食品消费支出 续表 1

Annual Per Capita Food Consumption Expenditure of Rural Households continued 1

单位：元 (yuan)

地名	City	2010	2012	2013	2013 排名 Ranking	地名	City	2010	2012	2013	2013 排名 Ranking
南京	Nanjing	3110	4147	4554	14	池州	Chizhou	1852	2433	2496	124
无锡	Wuxi	3375	4655	5065	8	宣城	Xuancheng	1811	2468	2819	72
徐州	Xuzhou	1962	2411	2593	112	**福建**	**Fujian**	**2537**	**3403**	**3601**	
常州	Changzhou	3480	4337	4799	13	福州	Fuzhou	2761	3687	4017	25
苏州	Suzhou	3527	4875	5429	4	厦门	Xiamen	3109	4413	4861	11
南通	Nantong	2623	3546	3864	28	莆田	Putian	2648	3521	3760	30
连云港	Lianyungang	1947	2259	2457	130	三明	Sanming	2244	3088	3423	43
淮安	Huaian	2053	2409	2670	100	泉州	Quanzhou	2868	3621	4048	22
盐城	Yancheng	1871	2543	2686	94	漳州	Zhangzhou	2577	3522	3736	31
扬州	Yangzhou	2578	3180	3435	42	南平	Nanping	2268	2937	3199	53
镇江	Zhenjiang	3076	3857	4276	19	龙岩	Longyan	2403	3106	3306	50
泰州	Taizhou	2217	2974	3210	51	宁德	Ningde	2113	2816	3137	55
宿迁	Suqian	2008	2479	2751	81	**江西**	**Jiangxi**	**1813**	**2333**	**2389**	
浙江	**Zhejiang**	**3056**	**3947**	**4191**		南昌	Nanchang	1936	2586	2437	136
杭州	Hangzhou	3333	4455	4820	12	景德镇	Jingdezhen	1948	2456	2588	113
宁波	Ningbo	4049	5293	5503	3	萍乡	Pingxiang	1849	2517	2678	96
温州	Wenzhou	3635	4943	5418	5	九江	Jiujiang	1717	2118	2460	129
嘉兴	Jiaxing	3064	3955	4450	18	新余	Xinyu	2101	2513	2672	99
湖州	Huzhou	3004	3583	3979	26	鹰潭	Yingtan	1853	2531	2635	108
绍兴	Shaoxing	3314	4186	4477	16	赣州	Ganzhou	1459	1791	2064	182
金华	Jinhua	2670	3246	3672	34	吉安	Jian	1669	2003	2073	180
衢州	Quzhou	2229	2720	2881	67	宜春	Yichun	1692	2273	2424	138
舟山	Zhoushan	4071	5183	5913	2	抚州	Fuzhou	1614	2176	1655	221
台州	Taizhou	2980	4021	4455	17	上饶	Shangrao	1414	1919	1944	195
丽水	Lishui	1889	2553	2732	85	**山东**	**Shandong**	**1804**	**2321**	**2554**	
安徽	**Anhui**	**1633**	**2181**	**2270**		济南	Jinan	1818	2465	2641	107
合肥	Hefei	2037	2363	2499	123	青岛	Qingdao	2365	3130	3415	44
芜湖	Wuhu	2175	2838	3136	56	淄博	Zibo	1864	2572	2731	86
蚌埠	Bengbu	1380	1743	1920	200	枣庄	Zaozhuang	1558	2021	2307	156
淮南	Huainan	1486	2184	2376	146	东营	Dongying	1734	2351	2417	140
马鞍山	Maanshan	2483	2612	3353	48	烟台	Yantai	1982	2594	2785	76
淮北	Huaibei	1431	1719	2257	163	潍坊	Weifang	1747	2356	2503	122
铜陵	Tongling	2158	2542	2825	71	济宁	Jining	1596	2137	2339	152
安庆	Anqing	1722	2388	2485	127	泰安	Taian	1572	2052	2269	162
黄山	Huangshan	1874	2404	3209	52	威海	Weihai	2060	2367	2916	65
滁州	Chuzhou	1680	2409	2953	61	日照	Rizhao	1752	1858	1919	201
阜阳	Fuyang	1207	1474	1598	229	莱芜	Laiwu	1753	2200	2448	133
宿州	Suzhou	1446	1615	1924	197	临沂	Linyi	1580	2075	2279	160
六安	Liuan	1816	2461	2550	119	德州	Dezhou	1333	1601	1820	210
亳州	Bozhou	1311	1647	1833	209	聊城	Liaocheng	1418	1926	2054	185

6-6　农村居民人均食品消费支出　续表 2

Annual Per Capita Food Consumption Expenditure of Rural Households continued 2

单位：元　　(yuan)

地名	City	2010	2012	2013	2013 排名 Ranking	地名	City	2010	2012	2013	2013 排名 Ranking
滨州	Binzhou	1413	2093	2251	164	常德	Changde	2125	2610	1360	235
菏泽	Heze	1472	1810	2001	189	张家界	Zhangjiajie	1795	2159	978	238
河南	**Henan**	**1371**	**1702**	**1938**		益阳	Yiyang	2119	2790	1565	231
郑州	Zhengzhou	1889	2203	2455	131	郴州	Chenzhou	1705	2199	1598	229
开封	Kaifeng	1140	1555	1797	213	永州	Yongzhou	1882	2391	1815	212
洛阳	Luoyang	1395	1719	1979	192	怀化	Huaihua	1738	2148	1354	236
平顶山	Pingdingshan	1273	1522	1738	217	娄底	Loudi	1688	2371	1652	222
安阳	Anyang	1197	1535	2001	189	**广东**	**Guangdong**	**2630**	**3659**	**3737**	
鹤壁	Hebi	1451	2096	2644	104	广州	Guangzhou	4126	4879	5167	6
新乡	Xinxiang	1457	1806	2199	167	韶关	Shaoguan	2687	3244	3568	37
焦作	Jiaozuo	1479	2018	2402	141	深圳	Shenzhen				
濮阳	Puyang	1051	1584	1630	226	珠海	Zhuhai	3631	4504	5056	9
许昌	Xuchang	1329	1685	2059	183	汕头	Shantou	2865	3480	3781	29
漯河	Luohe	1225	1550	1691	220	佛山	Foshan	3236	4480	4935	10
三门峡	Sanmenxia	1419	1831	1965	194	江门	Jiangmen		3604	4529	15
南阳	Nanyang	1525	2086	2298	158	湛江	Zhanjiang	2285	3539	4032	24
商丘	Shangqiu	1081	1549	1844	205	茂名	Maoming	2065	3067	3537	38
信阳	Xinyang	1780	2068	2495	125	肇庆	Zhaoqing	2517	3137	3653	35
周口	Zhoukou	1250	1542	1632	225	惠州	Huizhou	2715	3671	4174	20
驻马店	Zhumadian	1529	1891	2083	179	梅州	Meizhou	2611	3095	3407	45
湖北	**Hubei**	**1763**	**2154**	**2308**		汕尾	Shanwei	2630	3390	3677	33
武汉	Wuhan	2329	3245	3459	40	河源	Heyuan	2382	3049	3401	46
黄石	Huangshi	1773	2317	2567	118	阳江	Yangjiang		3836	4128	21
十堰	Shiyan	1351	1782	1924	197	清远	Qingyuan	2455	3328	3609	36
宜昌	Yichang	1787	2238	2581	115	东莞	Dongguan	4447	5980	6291	1
襄阳	Xiangyang	1016	2446	2800	74	中山	Zhongshan	3891	4574	5082	7
鄂州	Ezhou	1077	3121	3337	49	潮州	Chaozhou	2750	3444	3698	32
荆门	Jingmen	4786	2172	2870	69	揭阳	Jieyang	2259	2866	3073	58
孝感	Xiaogan	1827	2240	2508	121	云浮	Yunfu	2778	3499	4039	23
荆州	Jingzhou	1788	2616	2676	98	**广西**	**Guangxi**	**1675**	**2086**	**2085**	
黄冈	Huanggang	1525	2075	2345	151	南宁	Nanning	1636	2431	2749	83
咸宁	Xianning	1710	2272	2400	142	柳州	Liuzhou	1820	2520	2749	83
随州	Suizhou	1994	2236	2642	105	桂林	Guilin	1827	2559	2714	88
湖南	**Hunan**	**2088**	**2575**	**2537**		梧州	Wuzhou	1531	2224	2339	152
长沙	Changsha	2838	3756	2059	183	北海	Beihai	1701	2354	2303	157
株洲	Zhuzhou	2382	3039	1733	218	防城港	Fangchenggang	1865	1949	3156	54
湘潭	Xiangtan	2297	2840	1544	233	钦州	Qinzhou	1568	1573	1836	208
衡阳	Hengyang	2444	3076	1647	223	贵港	Guigang	1648	2346	2571	116
邵阳	Shaoyang	1525	1910	1199	237	玉林	Yulin	1418	2088	2155	174
岳阳	Yueyang	1836	2540	1616	227	百色	Baise	1474	1316	2421	139

6-6 农村居民人均食品消费支出 续表 3
Annual Per Capita Food Consumption Expenditure of Rural Households continued 3

单位：元 (yuan)

地名	City	2010	2012	2013	2013 排名 Ranking	地名	City	2010	2012	2013	2013 排名 Ranking
贺州	Hezhou	1480	1302	2147	175	丽江	Lijiang	1061	1833	2224	166
河池	Hechi	1297	1281	1940	196	普洱	Puer	1636	2337	2191	168
来宾	Laibin	1554	2131	2350	149	临沧	Lincang	1130	1616	1921	199
崇左	Chongzuo	1432	2346	2709	90	**西藏**	**Tibet**	**1326**	**1592**	**1939**	
海南	**Hainan**	**1724**	**2410**	**2625**		拉萨	Lasa	970	1370	1870	203
海口	Haikou	1505	3093	3070	59	**陕西**	**Shaanxi**	**1299**	**1520**	**1821**	
三亚	Sanya	1944	2312	2762	77	西安	Xi'an	1833	2630	2894	66
三沙	Sansha					铜川	Tongchuan	1454	1863	2682	95
重庆	**Chongqing**	**1750**	**2216**	**2539**		宝鸡	Baoji	1365	1620	1769	215
四川	**Sichuan**	**1881**	**2514**	**2665**		咸阳	Xianyang	1211	1790	2348	150
成都	Chengdu	2429	3284	3441	41	渭南	Weinan	1035	2060	2274	161
自贡	Zigong	2401	2725	2923	63	延安	Yan'an	1338	1698	2038	186
攀枝花	Panzhihua	2438	3397	3941	27	汉中	Hanzhong	1390	1883	2180	171
泸州	Luzhou	2071	2667	3005	60	榆林	Yulin	1692	2606	2642	105
德阳	Deyang	2327	2871	3080	57	安康	Ankang	1575	2073	2186	169
绵阳	Mianyang	2012	2511	2661	101	商洛	Shangluo	1060	1439	1554	232
广元	Guangyuan	1453	2082	2185	170	**甘肃**	**Gansu**	**1315**	**1649**	**1799**	
遂宁	Suining	1778	2092	2241	165	兰州	Lanzhou	1624	2052	2374	148
内江	Neijiang	2077	2490	2717	87	嘉峪关	Jiayuguan	2205	3005	2601	110
乐山	Leshan	2066	2274	2427	137	金昌	Jinchang	1648	2209	2086	178
南充	Nanchong	1806	2383	2376	146	白银	Baiyin	1338	1845	1991	191
眉山	Meishan	1861	2237	2659	102	天水	Tianshui	1129	1503	1819	211
宜宾	Yibin	1941	2860	2712	89	武威	Wuwei	730	1475	1869	204
广安	Guangan	1849	2429	2489	126	张掖	Zhangye	1770	2380	2758	80
达州	Dazhou	1865	2422	2570	117	平凉	Pingliang	1282	2261	1741	216
雅安	Yaan	2068	2637	2470	128	酒泉	Jiuquan	2070	3039	3357	47
巴中	Bazhong	2010	2398	2706	92	庆阳	Qingyang	971	1372	1839	207
资阳	Ziyang	1699	2391	2444	135	定西	Dingxi	1138	1532	1782	214
贵州	**Guizhou**	**1319**	**1741**	**2036**		陇南	Longnan	1261	1375	1693	219
贵阳	Guiyang	1736	2380	2649	103	**青海**	**Qinghai**	**1443**	**1859**	**1872**	
六盘水	Liupanshui	1370	1976	2690	93	西宁	Xining	1634	2217	2446	134
遵义	Zunyi	1323	1792	2381	145	海东	Haidong				
安顺	Anshun	1223	1762	2320	154	**宁夏**	**Ningxia**	**1542**	**1891**	**2022**	
毕节	Bijie	1175	1786	2384	144	银川	Yinchuan	1931	2188	2807	73
铜仁	Tongren	1274	1926	2035	187	石嘴山	Shizuishan	1904	2034	2762	77
云南	**Yunnan**	**1605**	**2081**	**2098**		吴忠	Wuzhong	1510	1523	2395	143
昆明	Kunming	1781	2539	2750	82	固原	Guyuan	1494	1249	1969	193
曲靖	Qujing	1396	1856	2139	176	中卫	Zhongwei	1338	1573	2072	181
玉溪	Yuxi	1932	2351	2677	97	**新疆**	**Xinjiang**	**1394**	**1891**	**2072**	
保山	Baoshan	1541	2109	2158	173	乌鲁木齐	Urumqi		2754		
昭通	Zhaotong	1298	1002	1893	202	克拉玛依	Karamay				

6-7 城乡居民人民币储蓄存款余额
Household Saving Deposits at Year-end

单位：亿元 (100 million yuan)

地名	City	2010	2015	2016	2016 排名 Ranking
全国	**Nation Total**	**303302.5**	**518835.0**		
北京	**Beijing**	**17003.11**	**27703.90**	**29505.70**	
天津	**Tianjin**	**5558.23**	**8877.24**	**9341.88**	
河北	**Hebei**	**15678.43**	**11822.90**	**13454.40**	
石家庄	Shijiazhuang	3272.10	4868.93	5348.20	14
唐山	Tangshan	2716.11	4466.18	4893.16	18
秦皇岛	Qinhuangdao	896.02	1558.88	1741.14	83
邯郸	Handan	1318.74	2707.21	3097.99	38
邢台	Xingtai	814.13	2110.04	2402.35	51
保定	Baoding	1158.32	3743.78	4166.61	25
张家口	Zhangjiakou	918.31	1594.88	1816.61	79
承德	Chengde	766.25	1274.46	1438.66	111
沧州	Cangzhou	894.57	2641.37	2959.34	40
廊坊	Langfang	1322.08	2377.43	2860.26	43
衡水	Hengshui	457.60	1713.50	1924.58	70
山西	**Shanxi**	**9222.97**	**15747.90**	**17231.12**	
太原	Taiyuan	5054.75	3432.12	3661.76	30
大同	Datong	597.21	1660.98	1783.45	80
阳泉	Yangquan	369.08	754.90	773.07	204
长治	Changzhi	631.17	1328.17	1420.30	114
晋城	Jincheng	522.92	975.18	1048.09	166
朔州	Shuozhou	197.68	830.19	912.43	186
晋中	Jinzhong	469.64	1436.53	1577.12	98
运城	Yuncheng	499.86	1253.15	1393.87	116
忻州	Xinzhou	352.40	1213.77	1345.65	124
临汾	Linfen	549.93	1370.24	1504.04	104
吕梁	Lvliang	406.11	1200.77	1329.13	125
内蒙古	**Inner Mongolia**	**4618.11**	**9035.12**	**10012.36**	
呼和浩特	Hohhot	2522.52	1683.96	1866.01	75
包头	Baotou	1037.29	1307.99	1371.31	121
乌海	Wuhai	279.82	326.34	349.31	268
赤峰	Chifeng	465.93	1049.85	1169.19	148
通辽	Tongliao	464.00	527.85	599.55	231
鄂尔多斯	Erdos	1562.10	1416.40	1574.80	99
呼伦贝尔	Hulunbuir	430.54	778.07	839.38	191
巴彦淖尔	Bayannur	346.36	532.13	610.70	230
乌兰察布	Ulanqab	241.12	595.81	686.43	214
辽宁	**Liaoning**	**13690.27**	**23996.00**	**25882.00**	
沈阳	Shenyang	5970.16	5769.30	6145.55	10
大连	Dalian	6159.00	5107.89	5277.66	16
鞍山	Anshan	1079.14	1956.77	2125.41	61
抚顺	Fushun	372.98	1077.78	1161.51	151
本溪	Benxi	504.91	756.32	790.51	203
丹东	Dandong	476.43	1230.15		
锦州	Jinzhou	583.29	1195.30	1376.42	120
营口	Yingkou	813.55	1170.15	1216.93	141
阜新	Fuxin	359.35	617.92	658.55	222
辽阳	Liaoyang	513.99	879.54	955.16	183
盘锦	Panjin	440.22	953.44	1046.84	167
铁岭	Tieling	484.33	875.93	969.54	180
朝阳	Chaoyang	434.80	1032.54	1170.49	147
葫芦岛	Huludao	505.66	971.70	1018.04	174
吉林	**Jilin**	**5147.26**	**9633.80**	**10666.10**	
长春	Changchun	4557.44	3792.78	4218.09	24
吉林	Jilin	715.40	1582.58	1722.34	85
四平	Siping	364.58	788.52	889.85	188
辽源	Liaoyuan	171.26	338.66	383.66	264
通化	Tonghua	341.68	721.25	805.93	199
白山	Baishan	243.59	415.99	447.51	253
松原	Songyuan	281.98	590.31	655.23	224
白城	Baicheng	192.58	383.92	421.00	260
黑龙江	**Heilongjiang**	**7254.71**	**12546.60**	**13592.00**	
哈尔滨	Harbin	4126.95	4370.42	4671.90	22
齐齐哈尔	Qiqihar	540.40	1114.89	1226.78	139
鸡西	Jixi	224.98	687.18	751.28	207
鹤岗	Hegang	226.68	404.33	435.19	257
双鸭山	Shuangyashan	247.04	523.98	577.30	235
大庆	Daqing	409.78	1379.76	1445.83	108
伊春	Yichun	104.05	406.90	443.07	255
佳木斯	Jiamusi	342.26	840.17	922.15	185
七台河	Qitaihe	164.03	253.93	275.03	279
牡丹江	Mudanjiang	313.06	970.66	1018.51	173
黑河	Heihe	174.76	464.82	498.68	249
绥化	Suihua	301.87	868.37	995.08	177
上海	**Shanghai**	**15650.24**	**23384.73**	**25112.99**	
江苏	**Jiangsu**	**23334.48**	**40562.97**	**44544.05**	

6-7 城乡居民人民币储蓄存款余额 续表 1
Household Saving Deposits at Year-end continued 1

单位：亿元 (100 million yuan)

地名	City	2010	2015	2016	2016 排名 Ranking
南京	Nanjing	10384.84	5535.53	5894.47	11
无锡	Wuxi	6160.60	4639.66	4867.43	21
徐州	Xuzhou	1436.44	2780.60	3090.21	39
常州	Changzhou	3011.67	3193.77	3366.85	34
苏州	Suzhou	10133.15	7358.04	7913.85	5
南通	Nantong	2843.14	5115.51	5554.89	13
连云港	Lianyungang	946.26	1048.27	1168.71	149
淮安	Huaian	8426.34	1183.92	1360.51	123
盐城	Yancheng	1310.40	2397.52	2682.46	47
扬州	Yangzhou	1486.06	2376.68	2560.98	48
镇江	Zhenjiang	1563.34	1741.48	1879.10	74
泰州	Taizhou	1460.69	2242.46	2474.71	50
宿迁	Suqian	625.61	949.51	1086.33	164
浙江	**Zhejiang**	**20612.16**	**34787.31**	**38755.10**	
杭州	Hangzhou	15078.73	7507.09	8313.13	4
宁波	Ningbo	9414.20	5302.84	5689.44	12
温州	Wenzhou	5516.68	4487.04	5135.75	17
嘉兴	Jiaxing	2753.64	2949.24	3245.59	36
湖州	Huzhou	1461.32	1548.15	1744.76	82
绍兴	Shaoxing	3934.27	3113.03	3405.27	33
金华	Jinhua	3096.47	3509.21	3938.67	29
衢州	Quzhou	788.22	893.16	992.76	179
舟山	Zhoushan	1017.72	661.61	715.86	213
台州	Taizhou	3055.82	3145.48	3593.39	31
丽水	Lishui	821.46	1028.39	1184.76	144
安徽	**Anhui**	**7788.48**	**17072.30**	**18957.10**	
合肥	Hefei	4214.08	3018.54	3281.26	35
芜湖	Wuhu	1033.45	1312.75	1235.68	138
蚌埠	Bengbu	386.92	803.31	867.32	189
淮南	Huainan	644.64	771.35	993.44	178
马鞍山	Maanshan	523.11	887.04	965.57	181
淮北	Huaibei	304.76	583.53	654.91	225
铜陵	Tongling	388.49	376.71	671.68	217
安庆	Anqing	547.07	1667.57	1593.15	97
黄山	Huangshan	281.01	569.95	629.46	227
滁州	Chuzhou	473.76	971.61	1099.49	161
阜阳	Fuyang	441.49	1655.79	1902.34	73
宿州	Suzhou	307.68	1018.23	1143.96	155
六安	Liuan	485.25	1200.14	1170.70	146
亳州	Bozhou	244.78	866.25	1006.35	176
池州	Chizhou	247.69	491.69	545.22	238
宣城	Xuancheng	385.56	715.85	815.57	193
福建	**Fujian**	**8101.02**	**13441.70**	**15412.31**	
福州	Fuzhou	5005.53	3685.23	4087.54	26
厦门	Xiamen	3621.72	2050.27	2172.00	60
莆田	Putian	616.71	915.20	1020.14	172
三明	Sanming	697.66	675.84	743.49	208
泉州	Quanzhou	2600.56	3103.22	3223.66	37
漳州	Zhangzhou	836.20	1183.38	1260.69	134
南平	Nanping	617.60	768.73	848.11	190
龙岩	Longyan	723.39	727.01	809.30	197
宁德	Ningde	718.56	581.78	668.01	218
江西	**Jiangxi**	**6113.24**	**12440.49**	**14065.67**	
南昌	Nanchang	3461.52	2491.39	2722.42	46
景德镇	Jingdezhen	227.00	508.53	572.02	236
萍乡	Pingxiang	227.96	458.56	513.50	244
九江	Jiujiang	638.02	1193.18	1324.39	126
新余	Xinyu	352.33	402.78	447.54	252
鹰潭	Yingtan	220.03	327.10	363.12	267
赣州	Ganzhou	846.37	2014.14	2342.27	55
吉安	Jian	373.98	1276.05	1448.72	107
宜春	Yichun	508.67	1324.42	1520.03	103
抚州	Fuzhou	325.29	942.63	1060.32	165
上饶	Shangrao	577.22	1438.57	1657.66	92
山东	**Shandong**	**19648.21**	**37595.79**	**41754.94**	
济南	Jinan	6319.09	3951.42	4279.95	23
青岛	Qingdao	5886.23	5023.59	5326.33	15
淄博	Zibo	1686.13	2259.77	2478.77	49
枣庄	Zaozhuang	727.71	979.77	1100.49	160
东营	Dongying	1148.11	1320.02	1248.58	136
烟台	Yantai	2511.91	3673.35	3977.12	28
潍坊	Weifang	2514.81	3195.50	4002.00	27
济宁	Jining	1366.43	2451.58	2791.09	45
泰安	Taian	917.60	1732.08	1922.90	71
威海	Weihai	1121.73	1513.59	1663.69	91
日照	Rizhao	960.79	964.15	1105.74	159
莱芜	Laiwu	464.70	489.44	538.66	241
临沂	Linyi	1538.21	2662.91	2875.93	42
德州	Dezhou	909.84	1727.50	1935.67	68
聊城	Liaocheng	919.65	1651.20	1931.69	69

6-7 城乡居民人民币储蓄存款余额 续表 2
Household Saving Deposits at Year-end continued 2

单位：亿元 (100 million yuan)

地名	City	2010	2015	2016	2016 排名 Ranking	地名	City	2010	2015	2016	2016 排名 Ranking
滨州	Binzhou	1020.39	1121.42	1282.91	129	常德	Changde	480.70	1443.55	1633.33	95
菏泽	Heze	797.66	1912.26	2216.64	59	张家界	Zhangjiajie	188.03	351.86	395.80	262
河南	**Henan**	**12883.70**	**26048.50**	**29578.90**		益阳	Yiyang	313.08	961.39	1088.61	163
郑州	Zhengzhou	5717.55	5695.49	6297.63	9	郴州	Chenzhou	369.10	1232.84	1366.50	122
开封	Kaifeng	402.49	996.30	1146.39	154	永州	Yongzhou	362.66	1118.83	1275.61	131
洛阳	Luoyang	1113.88	2064.07	2364.59	53	怀化	Huaihua	356.08	1032.74	1165.72	150
平顶山	Pingdingshan	694.39	1259.62	1440.62	110	娄底	Loudi	399.32	893.53	1040.06	170
安阳	Anyang	608.50	1373.81	1535.52	100	**广东**	**Guangdong**	**36318.66**	**55008.70**	**59768.75**	
鹤壁	Hebi	268.43	339.86	388.18	263	广州	Guangzhou	16284.31	13602.38	13995.79	1
新乡	Xinxiang	712.34	1411.54	1600.43	96	韶关	Shaoguan	346.28	925.18	1008.87	175
焦作	Jiaozuo	470.98	935.21	1031.98	171	深圳	Shenzhen	13708.16	9680.24	10391.14	3
濮阳	Puyang	231.60	841.74	959.60	182	珠海	Zhuhai	1472.54	1302.31	1424.21	113
许昌	Xuchang	562.35	1117.92	1274.52	132	汕头	Shantou	661.52	1918.05	2093.10	62
漯河	Luohe	301.20	579.76	660.36	220	佛山	Foshan	4868.99	6232.20	6658.46	7
三门峡	Sanmenxia	340.20	655.31	738.40	210	江门	Jiangmen	973.75	2270.52	2401.42	52
南阳	Nanyang	827.50	2053.10	2344.83	54	湛江	Zhanjiang	714.40	1670.89	1665.86	90
商丘	Shangqiu	607.67	1459.20	1682.65	88	茂名	Maoming	361.30	1413.64	1532.81	101
信阳	Xinyang	570.09	1706.19	1906.05	72	肇庆	Zhaoqing	642.04	1160.94	1221.75	140
周口	Zhoukou	563.18	1731.80	1952.17	66	惠州	Huizhou	1097.66	1717.60	1945.23	67
驻马店	Zhumadian	499.44	1610.23	1851.07	76	梅州	Meizhou	331.10	1061.20	1142.63	156
湖北	**Hubei**	**9798.05**	**19680.14**	**22065.17**		汕尾	Shanwei	130.20	388.93	428.34	258
武汉	Wuhan	9093.71	6059.03	6464.88	8	河源	Heyuan	338.69	591.09	660.78	219
黄石	Huangshi	478.94	731.88	811.60	196	阳江	Yangjiang	283.93	663.26	737.60	211
十堰	Shiyan	404.70	1010.13	1142.51	157	清远	Qingyuan	520.62	1013.87	1123.09	158
宜昌	Yichang	1415.86	1474.44	1682.32	89	东莞	Dongguan	3329.82	4630.69	4882.91	19
襄阳	Xiangyang	688.25	1739.13	1961.96	65	中山	Zhongshan	1329.89	2194.47	2309.44	56
鄂州	Ezhou	141.71	298.84	335.03	272	潮州	Chaozhou	205.91	738.69	814.54	194
荆门	Jingmen	317.21	960.26	1097.94	162	揭阳	Jieyang	400.68	1248.23	1392.73	117
孝感	Xiaogan	389.60	1238.43	1389.53	119	云浮	Yunfu	278.34	609.30	678.95	216
荆州	Jingzhou	461.07	1538.07	1761.60	81	**广西**	**Guangxi**	**5702.43**	**11434.29**	**12606.56**	
黄冈	Huanggang	392.18	1610.61	1841.07	77	南宁	Nanning	4142.30	2700.37	2924.55	41
咸宁	Xianning	226.88	592.92	684.54	215	柳州	Liuzhou	1046.17	1207.59	1313.64	127
随州	Suizhou	172.52	675.35	772.01	205	桂林	Guilin	789.34	1555.02	1687.93	87
湖南	**Hunan**	**9022.58**	**18800.70**	**21242.10**		梧州	Wuzhou	321.34	594.87	658.14	223
长沙	Changsha	6353.68	4348.55	4868.64	20	北海	Beihai	239.03	483.45	524.15	242
株洲	Zhuzhou	550.63	1185.69	1410.53	115	防城港	Fangchenggang	178.17	289.11	320.34	275
湘潭	Xiangtan	545.91	1043.75	1180.90	145	钦州	Qinzhou	321.45	529.10	586.01	234
衡阳	Hengyang	530.71	1691.02	1995.50	64	贵港	Guigang	279.41	733.37	817.33	192
邵阳	Shaoyang	348.54	1444.12	1656.64	93	玉林	Yulin	397.18	1127.09	1253.03	135
岳阳	Yueyang	437.18	1091.39	1236.17	137	百色	Baise	391.03	583.36	659.95	221

6-7 城乡居民人民币储蓄存款余额 续表 3
Household Saving Deposits at Year-end continued 3

单位：亿元 (100 million yuan)

地名	City	2010	2015	2016	2016 排名 Ranking
贺州	Hezhou	144.51	328.04	378.75	265
河池	Hechi	275.01	551.71	624.90	228
来宾	Laibin	182.78	307.83	346.75	270
崇左	Chongzuo	161.88	401.26	453.17	251
海南	**Hainan**	**1667.14**	**2995.32**	**3417.20**	
海口	Haikou	1933.26	1262.06	1445.49	109
三亚	Sanya	228.65	410.63		
三沙	Sansha				
重庆	**Chongqing**	**5839.66**	**12255.22**	**13480.84**	
四川	**Sichuan**	**13650.83**	**28708.17**	**32184.28**	
成都	Chengdu	12139.43	9922.18	10808.00	2
自贡	Zigong	248.24	814.55	923.57	184
攀枝花	Panzhihua	380.31	462.44	522.97	243
泸州	Luzhou	406.72	1141.82	1313.47	128
德阳	Deyang	592.39	1292.47	1425.36	112
绵阳	Mianyang	877.28	1640.86	1838.25	78
广元	Guangyuan	238.93	733.81	812.43	195
遂宁	Suining	276.37	788.08	910.44	187
内江	Neijiang	266.90	935.67	1045.62	169
乐山	Leshan	585.87	1163.69	1281.45	130
南充	Nanchong	424.82	1723.13	2009.68	63
眉山	Meishan	281.58	1020.38	1156.75	152
宜宾	Yibin	447.84	1010.17	1150.62	153
广安	Guangan	251.60	1062.28	1199.36	143
达州	Dazhou	363.46	1505.90	1739.52	84
雅安	Yaan	238.90	505.29	543.35	239
巴中	Bazhong	129.22	634.06	741.94	209
资阳	Ziyang	281.77	1061.24	808.65	198
贵州	**Guizhou**	**3244.99**	**7410.92**	**8556.56**	
贵阳	Guiyang	2588.73	2250.60	2229.76	58
六盘水	Liupanshui	361.68	459.21	543.29	240
遵义	Zunyi	598.16	1477.95	1698.05	86
安顺	Anshun	229.65	382.95	444.04	254
毕节	Bijie		662.44	804.80	200
铜仁	Tongren		521.08	590.85	232
云南	**Yunnan**	**5719.97**	**10787.57**	**12012.49**	
昆明	Kunming	6498.57	3429.53	3540.71	32
曲靖	Qujing	629.93	954.02	1046.82	168
玉溪	Yuxi	465.66	683.45	752.34	206
保山	Baoshan	228.70	429.52	508.39	246
昭通	Zhaotong	286.34	558.88	618.66	229

地名	City	2010	2015	2016	2016 排名 Ranking
丽江	Lijiang	193.92	300.88	330.98	273
普洱	Puer	232.00	379.41	442.78	256
临沧	Lincang	168.14	263.09	305.60	276
西藏	**Tibet**	**267.13**	**654.17**	**786.56**	
拉萨	Lasa		341.19	408.87	261
陕西	**Shaanxi**	**7957.78**	**15496.84**	**17212.82**	
西安	Xi'an	6591.73	6571.18	7035.81	6
铜川	Tongchuan	79.40	263.25	323.62	274
宝鸡	Baoji	436.95	1309.27	1453.04	106
咸阳	Xianyang	454.66	1456.18	1642.01	94
渭南	Weinan	471.52	1279.64	1463.47	105
延安	Yan'an	360.97	701.24	795.90	202
汉中	Hanzhong	300.08	1079.17	1216.00	142
榆林	Yulin	898.82	1387.57	1527.26	102
安康	Ankang	211.34	637.44	716.47	212
商洛	Shangluo	156.50	524.69	588.90	233
甘肃	**Gansu**	**3598.24**	**7804.53**	**8530.60**	
兰州	Lanzhou	2359.28	2608.54	2796.24	44
嘉峪关	Jiayuguan	174.45	146.43	154.63	283
金昌	Jinchang	140.69	178.32	209.21	282
白银	Baiyin	186.64	378.17	425.06	259
天水	Tianshui	215.00	719.34	802.49	201
武威	Wuwei	161.13	537.64	566.47	237
张掖	Zhangye	132.34	339.50	365.89	266
平凉	Pingliang	254.96	462.01	509.28	245
酒泉	Jiuquan	242.20	502.19	507.08	247
庆阳	Qingyang	139.97	551.91	640.34	226
定西	Dingxi	143.60	427.84	491.22	250
陇南	Longnan	177.80	442.66	499.47	248
青海	**Qinghai**	**868.22**	**1823.02**	**2010.33**	
西宁	Xining	1542.08	1160.33	1267.18	133
海东	Haidong		253.43	284.36	278
宁夏	**Ningxia**	**1170.25**	**2366.50**	**2562.23**	
银川	Yinchuan	1641.06	1304.97	1391.35	118
石嘴山	Shizuishan	270.07	337.98	348.75	269
吴忠	Wuzhong	243.51	303.16	338.87	271
固原	Guyuan	60.83	181.03	216.05	281
中卫	Zhongwei	160.41	219.32	231.07	280
新疆	**Xinjiang**	**3713.47**	**6822.80**	**7543.08**	
乌鲁木齐	Urumqi	2074.74	2157.31	2295.69	57
克拉玛依	Karamay	150.64	270.03	296.05	277

6-8 城乡居民人均储蓄存款余额
Per Capita Household Saving Deposits at Year-end

单位：元/人 （yuan/person）

地名	City	2010	2015	2016	2016 排名 Ranking
全国	**Nation Total**	**22619.2**	**37743.9**		
北京	**Beijing**	**86697.5**	**205946.3**	**216476.2**	
天津	**Tianjin**	**42778.7**	**57383.6**	**59807.2**	
河北	**Hebei**	**21795.0**	**15923.3**	**18011.2**	
石家庄	Shijiazhuang	32158.2	47324.5	51524.1	70
唐山	Tangshan	35823.1	59157.9	64383.7	44
秦皇岛	Qinhuangdao	29967.2	52729.1	58427.4	55
邯郸	Handan	14352.8	25790.3	29364.8	163
邢台	Xingtai	11444.0	27038.3	30486.7	153
保定	Baoding	10334.7	31141.3	34520.4	123
张家口	Zhangjiakou	21115.4	34005.2	38651.4	101
承德	Chengde	22043.9	33332.2	37562.9	106
沧州	Cangzhou	12523.8	34110.3	37940.3	104
廊坊	Langfang	30295.1	51556.5	60856.5	51
衡水	Hengshui	10529.1	37887.5	42298.5	87
山西	**Shanxi**	**25805.0**	**42980.1**	**46798.3**	
太原	Taiyuan	120208.1	93419.0	98966.5	11
大同	Datong	17982.7	52526.1	56083.4	58
阳泉	Yangquan	26959.5	57120.2	58125.9	56
长治	Changzhi	18914.2	39429.2	41896.7	89
晋城	Jincheng	22935.0	44439.5	47640.6	73
朔州	Shuozhou	11519.6	51401.7	55977.0	60
晋中	Jinzhong	14441.6	43576.2	47503.6	74
运城	Yuncheng	9726.8	24561.9	26249.9	183
忻州	Xinzhou	11478.8	39598.3	43689.9	84
临汾	Linfen	12726.9	31822.3	34655.3	122
吕梁	Lvliang	10887.7	30989.2	33993.1	127
内蒙古	**Inner Mongolia**	**18680.2**	**35982.2**	**39731.6**	
呼和浩特	Hohhot	87770.4	70582.4	77428.0	28
包头	Baotou	39054.5	58429.1	61219.1	49
乌海	Wuhai	52303.1	73351.1	79389.3	26
赤峰	Chifeng	10740.7	22693.1	25252.5	195
通辽	Tongliao	14777.2	16527.9	18794.7	254
鄂尔多斯	Erdos	80107.7	90033.1	99044.0	10
呼伦贝尔	Hulunbuir	16910.5	30006.5	32408.4	139
巴彦淖尔	Bayannur	20752.5	30459.5	34897.1	119
乌兰察布	Ulanqab	11261.9	21755.1	25052.0	198
辽宁	**Liaoning**	**31294.9**	**54760.4**	**59118.3**	
沈阳	Shenyang	73651.2	78988.2	83726.8	23
大连	Dalian	92062.8	86049.4	88551.3	18
鞍山	Anshan	29598.0	56554.1	61428.1	48
抚顺	Fushun	17445.2	49943.5	54023.8	63
本溪	Benxi	29526.9	50021.1	52700.6	66
丹东	Dandong	19485.7	51665.2		
锦州	Jinzhou	18659.3	39501.0	45576.7	77
营口	Yingkou	33507.1	50307.4	52228.6	68
阜新	Fuxin	19755.2	32607.9	34843.7	120
辽阳	Liaoyang	27648.9	49136.3	53361.0	65
盘锦	Panjin	31624.9	73624.7	80525.9	25
铁岭	Tieling	17819.5	29158.9	32318.1	140
朝阳	Chaoyang	14279.1	30288.6	34325.1	125
葫芦岛	Huludao	19270.5	34691.3	36358.6	114
吉林	**Jilin**	**18737.8**	**34993.8**	**39027.1**	
长春	Changchun	59364.9	50312.8	56017.2	59
吉林	Jilin	16203.9	37128.7	40813.8	93
四平	Siping	10767.2	24157.3	27464.4	171
辽源	Liaoyuan	14550.6	28035.0	31971.4	144
通化	Tonghua	14695.8	32620.8	36633.2	111
白山	Baishan	18781.3	33180.7	36681.2	110
松原	Songyuan	9787.5	21228.9	23569.3	214
白城	Baicheng	9472.9	19521.1	21813.5	231
黑龙江	**Heilongjiang**	**18925.0**	**32913.4**	**35777.8**	
哈尔滨	Harbin	38779.9	45458.9	48564.4	72
齐齐哈尔	Qiqihar	10063.3	20292.8	22551.1	224
鸡西	Jixi	12076.1	37924.1	41507.1	92
鹤岗	Hegang	21405.1	38288.4	41845.3	90
双鸭山	Shuangyashan	16885.9	35548.0	39813.6	96
大庆	Daqing	14101.1	49720.9	52385.0	67
伊春	Yichun	9055.9	33572.5	37548.0	107
佳木斯	Jiamusi	13406.0	36656.6	38745.8	100
七台河	Qitaihe	17810.1	30557.3	34378.4	124
牡丹江	Mudanjiang	11180.7	38065.2	39324.6	97
黑河	Heihe	10433.6	27684.6	30594.0	151
绥化	Suihua	5568.6	15831.7	18325.7	256
上海	**Shanghai**	**67964.7**	**96831.2**	**103772.7**	
江苏	**Jiangsu**	**29652.5**	**50856.3**	**55687.0**	

6-8 城乡居民人均储蓄存款余额 续表 1

Per Capita Household Saving Deposits at Year-end continued 1

单位：元/人 （yuan/person）

地名	City	2010	2015	2016	2016 排名 Ranking	地名	City	2010	2015	2016	2016 排名 Ranking
南京	Nanjing	129680.8	84718.8	88906.0	17	池州	Chizhou	17654.2	30424.2	33655.8	131
无锡	Wuxi	96621.6	96478.8	100152.8	9	宣城	Xuancheng	15215.3	25570.6	29127.6	165
徐州	Xuzhou	16737.9	27030.2	29685.0	161	**福建**	**Fujian**	**21936.1**	**35013.5**	**39784.0**	
常州	Changzhou	65570.9	86120.3	89782.7	16	福州	Fuzhou	70351.8	54324.8	59498.3	54
苏州	Suzhou	96792.0	110313.8	116723.4	7	厦门	Xiamen	102569.3	97100.4	98280.6	13
南通	Nantong	39043.4	66715.0	72423.6	36	莆田	Putian	22191.7	26584.4	29146.8	164
连云港	Lianyungang	21520.6	19757.9	21885.9	229	三明	Sanming	27873.0	23779.6	25905.4	185
淮安	Huaian	175402.7	20974.8	23952.7	211	泉州	Quanzhou	31991.1	42954.1	44159.7	83
盐城	Yancheng	18039.6	28954.5	32279.9	141	漳州	Zhangzhou	17384.7	23569.6	24816.7	203
扬州	Yangzhou	33312.3	42356.1	55432.4	62	南平	Nanping	23340.7	24033.3	26420.9	181
镇江	Zhenjiang	50187.5	64102.8	69084.7	38	龙岩	Longyan	28257.4	23498.8	25773.9	187
泰州	Taizhou	31609.8	44156.0	48714.8	71	宁德	Ningde	25462.7	16673.7	18977.7	252
宿迁	Suqian	13246.0	16195.5	18350.2	255	**江西**	**Jiangxi**	**13700.7**	**27245.9**	**30630.8**	
浙江	**Zhejiang**	**37844.8**	**62804.3**	**69329.3**		南昌	Nanchang	68504.3	47876.4	52053.9	69
杭州	Hangzhou	173219.1	103753.6	112950.2	8	景德镇	Jingdezhen	14285.4	30500.3	33847.5	128
宁波	Ningbo	123692.0	90404.2	96268.0	14	萍乡	Pingxiang	12282.5	23120.0	25674.8	189
温州	Wenzhou	60390.6	55312.9	62784.3	46	九江	Jiujiang	13483.0	23097.1	25469.0	192
嘉兴	Jiaxing	61124.1	84391.7	92204.1	15	新余	Xinyu	30906.2	32608.7	36092.0	116
湖州	Huzhou	50494.9	58706.4	65840.1	41	鹰潭	Yingtan	19540.8	25703.5	28369.0	166
绍兴	Shaoxing	80078.7	70255.8	76523.0	30	赣州	Ganzhou	10097.5	20966.9	24122.2	209
金华	Jinhua	57705.4	73402.1	81885.0	24	吉安	Jian	7765.5	24060.0	27078.9	175
衢州	Quzhou	37127.9	34838.6	38628.6	102	宜春	Yichun	9379.9	22185.0	25249.7	196
舟山	Zhoushan	90787.2	67952.9	73800.5	34	抚州	Fuzhou	8304.4	23608.3	26441.9	180
台州	Taizhou	51152.0	52644.9	59889.9	53	上饶	Shangrao	8763.0	18576.5	21197.7	235
丽水	Lishui	38784.6	38606.9	44207.4	82	**山东**	**Shandong**	**20492.7**	**38179.9**	**41977.4**	
安徽	**Anhui**	**13075.2**	**27786.9**	**30595.7**		济南	Jinan	92682.5	63148.9	67613.7	39
合肥	Hefei	73827.7	42057.3	44948.8	80	青岛	Qingdao	67510.3	64150.9	67336.6	40
芜湖	Wuhu	45647.0	34116.1	31847.5	146	淄博	Zibo	37196.8	52601.7	57379.0	57
蚌埠	Bengbu	12209.5	21344.8	22824.1	221	枣庄	Zaozhuang	19488.9	24027.5	26646.3	177
淮南	Huainan	27584.1	20119.2	25538.2	191	东营	Dongying	56362.9	69249.0	64693.3	43
马鞍山	Maanshan	38267.2	38820.1	42164.5	88	烟台	Yantai	36049.3	56229.3	60719.4	52
淮北	Huaibei	14395.9	26952.7	30180.0	156	潍坊	Weifang	27659.6	35755.4	44417.3	81
铜陵	Tongling	53658.6	22103.6	39279.6	98	济宁	Jining	16886.2	28262.2	31861.8	145
安庆	Anqing	10293.0	31734.3	30116.3	158	泰安	Taian	16689.7	30617.9	33794.4	129
黄山	Huangshan	20662.5	38591.2	42531.4	86	威海	Weihai	39990.4	59414.9	64988.0	42
滁州	Chuzhou	12021.3	21636.4	24217.8	208	日照	Rizhao	34277.1	32578.2	36858.1	109
阜阳	Fuyang	5798.4	15880.6	17912.8	258	莱芜	Laiwu	35773.9	38142.5	41756.3	91
宿州	Suzhou	5738.2	15676.9	17491.8	261	临沂	Linyi	15296.5	23690.5	25205.4	197
六安	Liuan	8637.5	20673.1	19943.8	244	德州	Dezhou	16322.9	29415.8	32642.0	138
亳州	Bozhou	5035.5	13642.8	15554.1	271	聊城	Liaocheng	15861.6	26532.1	30516.4	152

6-8 城乡居民人均储蓄存款余额 续表 2

Per Capita Household Saving Deposits at Year-end continued 2

单位：元/人 （yuan/person）

地名	City	2010	2015	2016	2016 排名 Ranking	地名	City	2010	2015	2016	2016 排名 Ranking
滨州	Binzhou	27195.8	28823.0	32727.2	137	常德	Changde	8411.3	23696.5	26732.1	176
菏泽	Heze	9608.1	19064.3	21838.8	230	张家界	Zhangjiajie	12722.0	20701.4	23146.3	218
河南	**Henan**	**13698.0**	**27477.3**	**31031.2**		益阳	Yiyang	7267.3	19994.7	22491.9	226
郑州	Zhengzhou	66014.9	70272.1	76150.3	31	郴州	Chenzhou	8052.0	23337.3	25542.0	190
开封	Kaifeng	8605.7	17988.9	20507.9	240	永州	Yongzhou	6980.9	17611.7	19776.8	246
洛阳	Luoyang	16995.4	28335.1	32084.0	143	怀化	Huaihua	7509.0	19935.9	22289.2	227
平顶山	Pingdingshan	14156.7	22401.7	25363.1	194	娄底	Loudi	10550.1	19958.3	22959.4	219
安阳	Anyang	11767.6	22249.8	24529.1	207	**广东**	**Guangdong**	**34785.0**	**50703.9**	**54340.2**	
鹤壁	Hebi	17075.8	20140.9	22834.2	220	广州	Guangzhou	128122.0	159243.0	160871.1	4
新乡	Xinxiang	12473.1	22143.9	24774.4	204	韶关	Shaoguan	12235.9	28018.0	30205.8	154
焦作	Jiaozuo	13293.2	25161.7	27592.9	169	深圳	Shenzhen	132165.1	261882.9	269899.7	1
濮阳	Puyang	6433.4	19620.5	22161.6	228	珠海	Zhuhai	94272.5	115812.7	123844.7	6
许昌	Xuchang	13047.5	22147.1	24990.6	199	汕头	Shantou	12259.4	34844.4	37443.6	108
漯河	Luohe	11821.1	21629.5	24548.6	206	佛山	Foshan	67634.2	160223.2	166461.4	3
三门峡	Sanmenxia	15228.1	28707.5	32244.5	142	江门	Jiangmen	21877.1	58008.7	60949.7	50
南阳	Nanyang	8055.9	17274.7	19622.0	247	湛江	Zhanjiang	10199.9	20303.4	19950.4	243
商丘	Shangqiu	8263.1	15182.8	17222.6	264	茂名	Maoming	6201.5	17988.9	19184.1	250
信阳	Xinyang	9344.2	19000.8	20991.7	237	肇庆	Zhaoqing	16370.3	26489.2	27516.8	170
周口	Zhoukou	6300.2	13917.3	15505.7	272	惠州	Huizhou	23857.0	48102.5	53440.3	64
驻马店	Zhumadian	6911.7	17297.9	19505.4	248	梅州	Meizhou	7799.7	19514.8	20737.3	238
湖北	**Hubei**	**17118.1**	**33629.8**	**37493.9**		汕尾	Shanwei	4430.2	10834.9	11832.7	281
武汉	Wuhan	92935.2	73064.6	77516.6	27	河源	Heyuan	11449.9	16132.0	17715.2	259
黄石	Huangshi	19717.8	27311.8	30059.4	159	阳江	Yangjiang	11708.3	22705.1	24918.9	201
十堰	Shiyan	12113.1	29199.6	32830.6	136	清远	Qingyuan	14055.6	24225.6	25997.5	184
宜昌	Yichang	34873.5	37029.4	42698.5	85	东莞	Dongguan	40484.2	237459.3	242930.7	2
襄阳	Xiangyang	12513.6	29398.0	33029.5	134	中山	Zhongshan	42583.8	138295.4	143443.7	5
鄂州	Ezhou	13508.8	27095.8	30182.9	155	潮州	Chaozhou	7706.1	27078.2	29727.6	160
荆门	Jingmen	11037.2	32106.1	36598.0	112	揭阳	Jieyang	6810.8	17789.1	19981.8	241
孝感	Xiaogan	8091.5	23522.8	26568.4	179	云浮	Yunfu	11779.1	20382.8	22556.5	223
荆州	Jingzhou	8100.4	23913.1	27269.3	172	**广西**	**Guangxi**	**12369.7**	**23841.3**	**26057.4**	
黄冈	Huanggang	6364.5	21635.8	24646.2	205	南宁	Nanning	62178.1	36480.1	38890.2	99
咸宁	Xianning	9211.4	19736.9	22517.6	225	柳州	Liuzhou	27831.1	31643.7	34032.2	126
随州	Suizhou	7979.7	26909.6	30635.2	150	桂林	Guilin	16624.7	29397.2	31609.2	148
湖南	**Hunan**	**13732.8**	**27717.4**	**31137.6**		梧州	Wuzhou	11150.0	17296.8	18966.7	253
长沙	Changsha	90238.3	63915.4	69951.7	37	北海	Beihai	15531.3	28112.6	30123.8	157
株洲	Zhuzhou	14276.0	29427.5	34914.0	118	防城港	Fangchenggang	20550.5	30238.5	33024.5	135
湘潭	Xiangtan	19837.0	36079.6	40720.7	94	钦州	Qinzhou	10436.6	13093.3	14327.8	277
衡阳	Hengyang	7424.6	21157.0	24975.0	200	贵港	Guigang	6783.5	13359.7	14726.6	274
邵阳	Shaoyang	4928.5	17581.8	19959.5	242	玉林	Yulin	7238.6	15858.1	17476.0	262
岳阳	Yueyang	7983.6	19337.4	21649.1	233	百色	Baise	11278.6	14118.3	15826.2	269

6-8 城乡居民人均储蓄存款余额 续表 3

Per Capita Household Saving Deposits at Year-end continued 3

单位：元/人 （yuan/person）

地名	City	2010	2015	2016	2016 排名 Ranking	地名	City	2010	2015	2016	2016 排名 Ranking
贺州	Hezhou	7395.4	13680.2	15586.4	270	丽江	Lijiang	15753.3	23505.9	27129.5	173
河池	Hechi	8162.9	12995.5	14566.4	275	普洱	Puer	9112.5	14564.6	17640.5	260
来宾	Laibin	8704.0	11579.7	12890.4	280	临沧	Lincang	6913.5	10485.9	12894.6	279
崇左	Chongzuo	8118.5	16127.7	18054.5	257	**西藏**	**Tibet**	**8898.4**	**20190.4**	**23763.1**	
海南	**Hainan**	**19193.4**	**32879.5**	**37265.0**		拉萨	Lasa		64338.5	75716.7	32
海口	Haikou	94489.7	76581.4	86556.1	19	**陕西**	**Shaanxi**	**21304.8**	**40856.4**	**45142.5**	
三亚	Sanya	33378.8	71066.1			西安	Xi'an	77787.7	80563.7	85282.5	22
三沙	Sansha					铜川	Tongchuan	9509.3	31474.2	38526.0	103
重庆	**Chongqing**	**20244.3**	**40620.6**	**44228.5**		宝鸡	Baoji	11749.1	34047.7	37839.6	105
四川	**Sichuan**	**16968.1**	**34992.9**	**38954.6**		咸阳	Xianyang	9282.5	27601.1	30981.4	149
成都	Chengdu	86413.9	80793.0	77255.2	29	渭南	Weinan	8913.4	22985.8	26274.2	182
自贡	Zigong	9266.3	24871.8	28243.7	167	延安	Yan'an	16490.2	29776.7	33582.4	132
攀枝花	Panzhihua	31327.0	41812.1	47114.4	75	汉中	Hanzhong	8779.3	28015.1	31666.7	147
泸州	Luzhou	9642.4	22578.9	25855.8	186	榆林	Yulin	26798.4	36761.0	39980.6	95
德阳	Deyang	16382.5	33140.2	36361.3	113	安康	Ankang	8032.9	20913.3	23568.2	215
绵阳	Mianyang	19013.5	30079.9	33729.3	130	商洛	Shangluo	6679.5	20903.6	23276.7	217
广元	Guangyuan	9618.7	24035.7	26637.0	178	**甘肃**	**Gansu**	**14055.6**	**30017.4**	**32684.3**	
遂宁	Suining	8495.7	20804.6	24085.8	210	兰州	Lanzhou	65191.5	81036.2	86303.9	20
内江	Neijiang	7207.7	22256.7	24895.6	202	嘉峪关	Jiayuguan	75194.1	72311.1	73635.0	35
乐山	Leshan	18104.8	32891.2	36097.3	115	金昌	Jinchang	30321.5	39036.6	45481.1	78
南充	Nanchong	6765.8	23213.4	27121.2	174	白银	Baiyin	10914.7	20920.5	23355.1	216
眉山	Meishan	9541.7	29228.8	33049.9	133	天水	Tianshui	6582.9	19591.4	21630.4	234
宜宾	Yibin	10014.3	18296.8	20694.6	239	武威	Wuwei	8868.0	28290.4	29658.0	162
广安	Guangan	7850.2	22727.5	25682.3	188	张掖	Zhangye	11019.0	26100.5	27930.5	168
达州	Dazhou	6647.0	22054.7	25431.6	193	平凉	Pingliang	12316.9	19822.3	21764.1	232
雅安	Yaan	15852.8	32620.1	35055.0	117	酒泉	Jiuquan	22078.6	49566.2	45274.6	79
巴中	Bazhong	3934.8	16707.7	19784.9	245	庆阳	Qingyang	6322.2	20646.7	23716.1	213
资阳	Ziyang	7688.2	21068.9	22778.8	222	定西	Dingxi	5316.6	14219.8	16212.0	266
贵州	**Guizhou**	**9327.4**	**20994.1**	**24069.1**		陇南	Longnan	6918.3	15490.7	17342.6	263
贵阳	Guiyang	59799.7	57444.0	55605.0	61	**青海**	**Qinghai**	**15429.5**	**31003.7**	**33901.0**	
六盘水	Liupanshui	12672.9	13773.5	15979.1	268	西宁	Xining	69809.1	57679.0	62422.7	47
遵义	Zunyi	9753.1	18629.2	21172.7	236	海东	Haidong		14887.4	16629.2	265
安顺	Anshun	9985.0	12916.1	14801.5	273	**宁夏**	**Ningxia**	**18487.4**	**35426.6**	**37959.0**	
毕节	Bijie		7326.3	8776.5	283	银川	Yinchuan	81889.4	72809.9	75616.7	33
铜仁	Tongren		11928.6	13397.9	278	石嘴山	Shizuishan	37148.2	45347.6	46499.7	76
云南	**Yunnan**	**12430.4**	**22749.0**	**25178.1**		吴忠	Wuzhong	18994.4	21591.3	23864.1	212
昆明	Kunming	100925.1	51363.4	63227.0	45	固原	Guyuan	4933.5	12086.9	14403.3	276
曲靖	Qujing	10758.9	15776.7	16030.9	267	中卫	Zhongwei	14811.9	18250.9	19096.8	251
玉溪	Yuxi	20193.3	28935.3	34669.9	121	**新疆**	**Xinjiang**	**16995.3**	**28910.2**	**31455.7**	
保山	Baoshan	9126.0	16641.5	19478.6	249	乌鲁木齐	Urumqi	66647.7	80849.6	85660.0	21
昭通	Zhaotong	5491.7	10292.5	10158.6	282	克拉玛依	Karamay	38527.6	90100.8	98683.6	12

6-9 城镇居民人均住房建筑面积

Per Capita Floor Space of Residential Building in Urban Areas

单位：平方米 (sq.m)

地名	City	2011	2012	2013	2013 排名 Ranking	地名	City	2011	2012	2013	2013 排名 Ranking
全国	**Nation Total**	**32.7**	**32.9**			沈阳	Shenyang	28.1	26.3		
北京	**Beijing**	**29.4**				大连	Dalian	27.0	27.3		
天津	**Tianjin**	**23.3**				鞍山	Anshan	25.2	25.9		
河北	**Hebei**	**32.2**				抚顺	Fushun	23.8	24.6		
石家庄	Shijiazhuang	29.3	29.9			本溪	Benxi	22.7	23.5		
唐山	Tangshan	25.3	25.6			丹东	Dandong	25.1	25.5		
秦皇岛	Qinhuangdao	29.3	29.8			锦州	Jinzhou	30.8	32.1		
邯郸	Handan	28.9	28.7			营口	Yingkou	29.8	31.9		
邢台	Xingtai	34.2	33.8			阜新	Fuxin	24.9	25.3		
保定	Baoding	34.2	33.6			辽阳	Liaoyang	27.5	28.2		
张家口	Zhangjiakou	27.7	26.8			盘锦	Panjin	30.5	31.3		
承德	Chengde	25.2	25.9			铁岭	Tieling	29.1	30.3		
沧州	Cangzhou	32.3	33.1			朝阳	Chaoyang	27.2	28.1		
廊坊	Langfang	34.4	35.0			葫芦岛	Huludao	28.5	29.8		
衡水	Hengshui	29.9	30.8			**吉林**	**Jilin**	**28.9**			
山西	**Shanxi**	**30.2**				长春	Changchun	28.8	29.2	30.1	173
太原	Taiyuan	28.6	29.0			吉林	Jilin	30.3	30.1	29.9	175
大同	Datong	24.3	26.3			四平	Siping	28.2	28.2	29.5	181
阳泉	Yangquan	29.0	28.8			辽源	Liaoyuan	24.1	24.8	25.4	208
长治	Changzhi	33.5	30.1			通化	Tonghua	25.9	26.9	28.1	194
晋城	Jincheng	32.5	32.1			白山	Baishan	27.1	27.6	24.9	209
朔州	Shuozhou	28.2	28.0			松原	Songyuan	30.0	30.4	28.8	190
晋中	Jinzhong	31.3	31.3			白城	Baicheng	29.5	31.0	33.3	137
运城	Yuncheng	36.1	35.8			**黑龙江**	**Heilongjiang**	**25.4**			
忻州	Xinzhou	32.3	23.7			哈尔滨	Harbin	26.6	27.0	38.2	75
临汾	Linfen	35.0	35.0			齐齐哈尔	Qiqihar	24.3	25.1	25.8	206
吕梁	Lvliang	27.6	28.1			鸡西	Jixi	24.2	25.6	25.5	207
内蒙古	**Inner Mongolia**	**29.4**				鹤岗	Hegang	22.8	24.2	26.5	203
呼和浩特	Hohhot	30.9	31.5	35.4	113	双鸭山	Shuangyashan	24.9	25.1	24.6	211
包头	Baotou	33.0	33.1	34.0	124	大庆	Daqing	28.3	28.1	28.5	191
乌海	Wuhai	31.4	31.5	33.5	134	伊春	Yichun	24.0	24.6	23.1	214
赤峰	Chifeng	27.9	28.9	30.2	172	佳木斯	Jiamusi	26.4	26.5	28.5	191
通辽	Tongliao	27.1	27.6	27.9	198	七台河	Qitaihe	26.6	27.0	29.2	185
鄂尔多斯	Erdos	38.0	38.0	35.1	117	牡丹江	Mudanjiang	26.9	26.9	29.9	175
呼伦贝尔	Hulunbuir	27.8	27.8	26.9	202	黑河	Heihe				
巴彦淖尔	Bayannur	23.2	31.1	24.2	212	绥化	Suihua				
乌兰察布	Ulanqab	23.8	23.8	22.4	216	**上海**	**Shanghai**				
辽宁	**Liaoning**	**27.3**				**江苏**	**Jiangsu**		**34.7**		

6-9 城镇居民人均住房建筑面积 续表 1
Per Capita Floor Space of Residential Building in Urban Areas continued 1

单位：平方米 (sq.m)

地名	City	2011	2012	2013	2013 排名 Ranking	地名	City	2011	2012	2013	2013 排名 Ranking
南京	Nanjing	31.8	32.3	32.8	144	池州	Chizhou	37.9	38.9	38.3	74
无锡	Wuxi	36.2	36.4	38.0	76	宣城	Xuancheng	30.6	31.3	37.8	80
徐州	Xuzhou	34.7	35.0	37.5	84	**福建**	**Fujian**	**37.9**			
常州	Changzhou	37.0	37.5	41.5	41	福州	Fuzhou	33.2	32.4	37.0	90
苏州	Suzhou	36.1	36.1	43.1	32	厦门	Xiamen	32.6	33.4	32.8	144
南通	Nantong	39.5	39.8	40.1	54	莆田	Putian	38.9	39.3	41.5	41
连云港	Lianyungang	36.9	37.4	39.1	65	三明	Sanming	37.4	37.7	35.3	115
淮安	Huaian	34.9	35.5	37.1	87	泉州	Quanzhou	41.6	40.8	46.0	17
盐城	Yancheng	36.8	37.2	37.2	86	漳州	Zhangzhou	35.3	35.4	39.4	62
扬州	Yangzhou	36.2	37.4	37.6	83	南平	Nanping	34.1	34.9	37.7	82
镇江	Zhenjiang	39.4	39.1	40.4	49	龙岩	Longyan	42.9	43.4	42.6	36
泰州	Taizhou	39.0	39.3	40.4	49	宁德	Ningde	39.1	40.6	43.1	32
宿迁	Suqian	38.9	38.9	39.9	55	**江西**	**Jiangxi**	**39.4**			
浙江	**Zhejiang**	**36.9**				南昌	Nanchang	33.0	34.1		
杭州	Hangzhou	33.9	34.3	31.9	152	景德镇	Jingdezhen	34.6	35.7		
宁波	Ningbo	35.3	35.0	33.6	130	萍乡	Pingxiang	34.9	35.1		
温州	Wenzhou	41.9	41.3	41.7	39	九江	Jiujiang	33.9	34.2		
嘉兴	Jiaxing	35.6	35.6	39.5	61	新余	Xinyu	40.2	40.2		
湖州	Huzhou	38.0	36.5	36.5	95	鹰潭	Yingtan	34.1	34.1		
绍兴	Shaoxing	35.1	35.3	40.2	52	赣州	Ganzhou	40.3	41.0		
金华	Jinhua	47.1	49.3	51.3	6	吉安	Jian	39.9	39.9		
衢州	Quzhou	40.4	39.0	36.8	92	宜春	Yichun	48.3	49.5		
舟山	Zhoushan	32.4	32.4	33.2	139	抚州	Fuzhou	37.9	37.3		
台州	Taizhou	43.0	44.2	44.6	24	上饶	Shangrao	39.8	41.1		
丽水	Lishui	43.4	39.8	41.5	41	**山东**	**Shandong**	**33.2**			
安徽	**Anhui**	**32.1**				济南	Jinan	30.3	30.1		
合肥	Hefei	28.5	28.8	30.9	164	青岛	Qingdao	27.7	27.9	29.1	186
芜湖	Wuhu	29.5	30.4	31.8	153	淄博	Zibo	34.4	34.9	36.4	100
蚌埠	Bengbu	26.7	26.2	34.7	120	枣庄	Zaozhuang	30.7	30.7	32.0	151
淮南	Huainan	25.9	26.9	27.2	201	东营	Dongying	36.7	37.1	37.3	85
马鞍山	Maanshan	29.2	37.5	30.4	169	烟台	Yantai	29.9	30.1	29.9	175
淮北	Huaibei	25.8	26.8	33.1	140	潍坊	Weifang	34.9	35.0	30.3	171
铜陵	Tongling	28.4	30.0	28.0	195	济宁	Jining	31.9	32.2	24.9	209
安庆	Anqing	36.4	33.7	33.9	125	泰安	Taian	32.0	32.0	24.0	213
黄山	Huangshan	36.1	37.2	36.0	104	威海	Weihai	42.8	29.4	29.4	183
滁州	Chuzhou	30.9	32.8	28.0	195	日照	Rizhao	36.6	36.1	37.1	87
阜阳	Fuyang	34.9	36.0	48.7	13	莱芜	Laiwu	38.0	38.2	39.0	66
宿州	Suzhou	30.4	35.1	36.0	104	临沂	Linyi	36.5	36.5	36.5	95
六安	Liuan	38.2	37.5	30.6	167	德州	Dezhou	32.6	33.3	33.4	135
亳州	Bozhou	46.8	46.2	41.7	39	聊城	Liaocheng	34.6	34.7	35.0	118

6-9　城镇居民人均住房建筑面积　续表 2

Per Capita Floor Space of Residential Building in Urban Areas continued 2

单位：平方米　　　　　　　　　　　　　　　　　　　　　　　　　　　　（sq.m）

地名	City	2011	2012	2013	2013 排名 Ranking	地名	City	2011	2012	2013	2013 排名 Ranking
滨州	Binzhou	36.8	37.3	38.0	76	常德	Changde	41.1	42.6	47.8	15
菏泽	Heze	35.7	36.1	36.5	95	张家界	Zhangjiajie	47.9	47.5	63.3	1
河南	**Henan**	**34.1**				益阳	Yiyang	38.5	38.3	44.6	24
郑州	Zhengzhou	30.8	31.0	36.7	94	郴州	Chenzhou	35.1	35.6	39.7	59
开封	Kaifeng	35.2	35.4	35.4	113	永州	Yongzhou	43.0	43.1	49.2	10
洛阳	Luoyang	32.8	33.3	36.0	104	怀化	Huaihua	32.3	32.5	34.5	122
平顶山	Pingdingshan	36.0	36.2	38.0	76	娄底	Loudi	33.0	34.2	48.3	14
安阳	Anyang	33.1	33.1	40.2	52	**广东**	**Guangdong**	**34.4**			
鹤壁	Hebi	33.1	36.6	39.2	64	广州	Guangzhou	21.9	22.5	22.7	215
新乡	Xinxiang	36.1	37.2	35.7	110	韶关	Shaoguan	34.9	35.8	36.2	103
焦作	Jiaozuo	40.4	41.0	41.5	41	深圳	Shenzhen	27.9	27.9	27.6	200
濮阳	Puyang	32.4	32.1	32.9	143	珠海	Zhuhai	30.1	29.3		
许昌	Xuchang	39.5	39.6	49.0	11	汕头	Shantou	29.1	29.9		
漯河	Luohe	43.0	43.0	45.3	19	佛山	Foshan	38.4	38.8	38.8	71
三门峡	Sanmenxia	35.5	35.8	40.7	47	江门	Jiangmen	30.4	30.7	30.9	164
南阳	Nanyang	43.0	43.4	43.3	30	湛江	Zhanjiang	34.4	30.1		
商丘	Shangqiu	41.8	41.7	40.7	47	茂名	Maoming	32.6	32.7	32.7	147
信阳	Xinyang	39.0	39.4	38.7	72	肇庆	Zhaoqing	27.8	21.1		
周口	Zhoukou	41.3	44.2	38.0	76	惠州	Huizhou	32.7	35.3		
驻马店	Zhumadian	34.6	34.1	42.3	37	梅州	Meizhou	31.6	32.1		
湖北	**Hubei**	**35.5**				汕尾	Shanwei	33.2	33.6	34.6	121
武汉	Wuhan	32.3	33.5	34.8	119	河源	Heyuan	33.0	37.5		
黄石	Huangshi	31.6	40.6	31.1	159	阳江	Yangjiang	48.6	48.1		
十堰	Shiyan	29.6	29.5	29.5	181	清远	Qingyuan	30.1	30.3		
宜昌	Yichang	35.6	35.6	42.7	35	东莞	Dongguan	65.8	58.4		
襄阳	Xiangyang	30.9	35.7	41.9	38	中山	Zhongshan	34.3	34.6		
鄂州	Ezhou	37.3	36.8			潮州	Chaozhou	31.4	30.9	30.9	164
荆门	Jingmen	34.9	35.0	38.4	73	揭阳	Jieyang	36.5	36.9		
孝感	Xiaogan	38.0	39.7	39.9	55	云浮	Yunfu	31.2	30.6		
荆州	Jingzhou	35.8	37.1	39.7	59	**广西**	**Guangxi**	**29.3**			
黄冈	Huanggang	48.0	49.0	37.1	87	南宁	Nanning	33.7	31.6	32.2	150
咸宁	Xianning	43.0	44.5	45.9	18	柳州	Liuzhou	36.6	36.6	36.5	95
随州	Suizhou	40.0	42.7	43.0	34	桂林	Guilin	38.1	38.5	39.9	55
湖南	**Hunan**	**39.7**				梧州	Wuzhou	39.1	39.2	47.6	16
长沙	Changsha	35.6	34.8	41.4	45	北海	Beihai		56.7	45.0	20
株洲	Zhuzhou	42.6	39.6	49.6	8	防城港	Fangchenggang	43.4	44.1	55.7	4
湘潭	Xiangtan	35.6	36.3	49.5	9	钦州	Qinzhou	45.1	43.7	43.7	27
衡阳	Hengyang	35.5	35.2	43.2	31	贵港	Guigang	57.7	58.6	61.0	2
邵阳	Shaoyang	38.0	38.7	43.4	28	玉林	Yulin	60.8	62.3		
岳阳	Yueyang	43.8	43.7	43.8	26	百色	Baise	39.5	39.4	44.9	22

6-9 城镇居民人均住房建筑面积 续表 3

Per Capita Floor Space of Residential Building in Urban Areas continued 3

单位：平方米 (sq.m)

地名	City	2011	2012	2013	2013 排名 Ranking
贺州	Hezhou	52.0	49.8	48.9	12
河池	Hechi	53.4	52.6	57.0	3
来宾	Laibin	34.6	34.6		
崇左	Chongzuo	38.3	37.7	38.9	70
海南	**Hainan**	**29.5**			
海口	Haikou	29.9	29.8	30.0	174
三亚	Sanya	34.4	34.1	25.9	205
三沙	Sansha				
重庆	**Chongqing**	**28.4**			
四川	**Sichuan**	**32.2**			
成都	Chengdu	30.7	32.9	32.8	144
自贡	Zigong	30.3	31.1	31.3	157
攀枝花	Panzhihua	51.0	28.7	29.0	188
泸州	Luzhou	33.7	33.3	33.8	129
德阳	Deyang	34.3	34.7	35.6	111
绵阳	Mianyang	32.9	32.8	36.5	95
广元	Guangyuan	31.0	33.3	33.3	137
遂宁	Suining	36.9	36.3	36.4	100
内江	Neijiang	35.3	35.6	35.9	108
乐山	Leshan	54.0	35.0	35.2	116
南充	Nanchong	52.0	34.0	33.6	130
眉山	Meishan	39.1		39.3	63
宜宾	Yibin	36.0	33.0	33.9	125
广安	Guangan	39.7	41.0	41.3	46
达州	Dazhou	34.2	30.1	33.9	125
雅安	Yaan		30.2	35.8	109
巴中	Bazhong	56.0	37.0	32.4	149
资阳	Ziyang	35.0	34.7	36.8	92
贵州	**Guizhou**	**27.8**			
贵阳	Guiyang	22.3	22.7	31.0	162
六盘水	Liupanshui	28.4	29.5	28.0	195
遵义	Zunyi	32.0	31.1	36.3	102
安顺	Anshun	27.7	27.3	35.5	112
毕节	Bijie	27.7	28.9	37.0	90
铜仁	Tongren	27.9	27.4	39.9	55
云南	**Yunnan**	**37.4**			
昆明	Kunming	33.6	35.1	43.4	28
曲靖	Qujing	37.4	38.3	45.0	20
玉溪	Yuxi	43.7	45.2	44.7	23
保山	Baoshan	37.5	38.0	39.0	66
昭通	Zhaotong	31.2	31.9	30.4	169
丽江	Lijiang	39.2	41.9	54.6	5
普洱	Puer	31.3	31.0	29.8	180
临沧	Lincang	39.6	40.0	40.3	51
西藏	**Tibet**	**36.6**			
拉萨	Lasa	36.7	35.8	50.3	7
陕西	**Shaanxi**	**29.3**			
西安	Xi'an	27.3	33.0	33.4	135
铜川	Tongchuan	28.7	19.7	34.4	123
宝鸡	Baoji	28.3	31.7	31.0	162
咸阳	Xianyang	36.5	36.1	36.0	104
渭南	Weinan	36.1	36.7	37.8	80
延安	Yan'an	29.3	30.3	31.2	158
汉中	Hanzhong	29.5	30.8	33.0	142
榆林	Yulin	30.2	29.0	29.0	188
安康	Ankang	35.5	38.7	39.0	66
商洛	Shangluo	34.7	38.7	39.0	66
甘肃	Gansu	28.0			
兰州	**Lanzhou**		25.4	29.9	175
嘉峪关	Jiayuguan		31.2	33.6	130
金昌	Jinchang		30.8	33.6	130
白银	Baiyin		27.6	32.6	148
天水	Tianshui		26.3	26.0	204
武威	Wuwei		32.1	31.4	156
张掖	Zhangye		31.9	29.1	186
平凉	Pingliang		30.6	33.9	125
酒泉	Jiuquan		31.9	31.1	159
庆阳	Qingyang		33.1	30.5	168
定西	Dingxi		29.9	28.4	193
陇南	Longnan		31.9	27.8	199
青海	**Qinghai**	**26.0**		**23.7**	
西宁	Xining	25.8	25.8	29.9	175
海东	Haidong				
宁夏	**Ningxia**	**30.3**			
银川	Yinchuan	30.4	30.5	31.1	159
石嘴山	Shizuishan	30.8	30.9	29.4	183
吴忠	Wuzhong	29.2	29.8	33.1	140
固原	Guyuan	34.5	32.4	31.8	153
中卫	Zhongwei	29.1	30.0	31.6	155
新疆	**Xinjiang**	**28.9**			
乌鲁木齐	Urumqi	27.3	27.4		
克拉玛依	Karamay	30.2	30.4		

6-10 农村居民人均住房面积
Per Capita Living Space of Rural Household

单位：平方米 (sq.m)

地名	City	2010	2012	2013	2013 排名 Ranking
全国	**Nation Total**	**34.1**	**37.1**		
北京	**Beijing**	**40.6**	**38.2**		
天津	**Tianjin**	**28.8**	**30.3**		
河北	**Hebei**	**32.2**	**35.0**		
石家庄	Shijiazhuang	40.0	40.3		
唐山	Tangshan	33.4	37.3		
秦皇岛	Qinhuangdao	31.1	33.2		
邯郸	Handan	34.8	36.7		
邢台	Xingtai	33.1	34.2		
保定	Baoding	31.0	26.0		
张家口	Zhangjiakou	21.7	22.5		
承德	Chengde	23.0	29.1		
沧州	Cangzhou	28.0	32.1		
廊坊	Langfang	31.6	38.1		
衡水	Hengshui	28.0	30.0		
山西	**Shanxi**	**28.3**	**30.6**		
太原	Taiyuan	32.9	37.5		
大同	Datong	20.3	23.1		
阳泉	Yangquan	30.9	27.9		
长治	Changzhi	36.5	39.0		
晋城	Jincheng	34.9	36.7		
朔州	Shuozhou	21.0	26.0		
晋中	Jinzhong	29.4	28.5		
运城	Yuncheng	31.1	40.2		
忻州	Xinzhou	22.4	24.9		
临汾	Linfen	30.4	33.0		
吕梁	Lvliang	26.0	24.0		
内蒙古	**Inner Mongolia**	**22.1**	**24.9**		
呼和浩特	Hohhot	27.3	26.7	34.1	162
包头	Baotou	29.6	30.1	31.0	180
乌海	Wuhai	29.9	32.2	40.0	106
赤峰	Chifeng	23.1	25.1	26.3	202
通辽	Tongliao	22.1	23.8	25.3	211
鄂尔多斯	Erdos	33.8	40.0	42.8	82
呼伦贝尔	Hulunbuir	22.1	25.0	26.0	206
巴彦淖尔	Bayannur	27.0	28.0	29.2	194
乌兰察布	Ulanqab	18.9	16.1	22.0	226
辽宁	**Liaoning**	**27.3**	**29.3**		
沈阳	Shenyang	26.2	30.7		
大连	Dalian	30.5	32.3		
鞍山	Anshan	27.9	28.5		
抚顺	Fushun	24.2	26.7		
本溪	Benxi	24.8	25.5		
丹东	Dandong	27.1	27.0		
锦州	Jinzhou	29.7	30.0		
营口	Yingkou	28.4	28.9		
阜新	Fuxin	26.8	28.3		
辽阳	Liaoyang	27.7	27.7		
盘锦	Panjin	33.5	35.4		
铁岭	Tieling	27.5	27.7		
朝阳	Chaoyang	27.1	28.2		
葫芦岛	Huludao	26.4	28.4		
吉林	**Jilin**	**22.9**	**24.7**		
长春	Changchun		25.8	29.5	190
吉林	Jilin		24.0	22.7	223
四平	Siping		25.5	25.6	209
辽源	Liaoyuan		22.4	23.8	219
通化	Tonghua		24.6	27.5	198
白山	Baishan		22.1	17.9	233
松原	Songyuan		26.3	25.4	210
白城	Baicheng		26.4	29.9	188
黑龙江	**Heilongjiang**	**22.8**	**24.8**		
哈尔滨	Harbin	24.4	24.8	26.0	206
齐齐哈尔	Qiqihar	28.6	19.5	26.0	206
鸡西	Jixi	22.0	21.9	21.9	228
鹤岗	Hegang				
双鸭山	Shuangyashan				
大庆	Daqing	28.6			
伊春	Yichun	22.8	22.0		
佳木斯	Jiamusi	21.9	22.3	28.0	197
七台河	Qitaihe			22.1	225
牡丹江	Mudanjiang	25.9			
黑河	Heihe				
绥化	Suihua				
上海	**Shanghai**	**59.7**	**60.4**		
江苏	**Jiangsu**	**46.3**	**50.8**		

6-10 农村居民人均住房面积 续表 1

Per Capita Living Space of Rural Household continued 1

单位：平方米 (sq.m)

地名	City	2010	2012	2013	2013 排名 Ranking	地名	City	2010	2012	2013	2013 排名 Ranking
南京	Nanjing	49.9	59.3	59.9	15	池州	Chizhou	39.9	42.9	43.0	78
无锡	Wuxi	58.5	67.6	68.2	6	宣城	Xuancheng	36.8	38.0	39.0	120
徐州	Xuzhou	41.6	45.6	48.0	47	**福建**	**Fujian**	**47.5**	**50.8**		
常州	Changzhou	58.4	60.3	56.0	22	福州	Fuzhou	48.1	48.0	50.0	39
苏州	Suzhou	68.0	68.3	74.0	3	厦门	Xiamen	59.9	60.0	60.0	14
南通	Nantong	53.6	54.6	55.7	25	莆田	Putian	69.5	66.0	57.0	19
连云港	Lianyungang	35.3	42.1	43.0	78	三明	Sanming	46.0	49.0	49.0	44
淮安	Huaian	36.3	43.3	46.4	54	泉州	Quanzhou	51.0	55.0	55.0	28
盐城	Yancheng	39.0	45.1	46.9	52	漳州	Zhangzhou	37.0	41.0	40.0	106
扬州	Yangzhou	42.2	50.1	48.6	45	南平	Nanping	47.8	47.0	48.0	47
镇江	Zhenjiang	48.6	56.2	51.0	35	龙岩	Longyan	49.6	53.0	53.0	30
泰州	Taizhou	49.4	56.9	55.9	24	宁德	Ningde	35.1	43.0	44.0	66
宿迁	Suqian	34.2	42.3	44.0	66	**江西**	**Jiangxi**	**40.3**	**47.0**		
浙江	**Zhejiang**	**60.3**	**62.1**			南昌	Nanchang	45.3	50.1	52.2	32
杭州	Hangzhou	71.2	71.0	70.4	5	景德镇	Jingdezhen	49.7	57.4	61.1	13
宁波	Ningbo	56.0	58.3	58.9	17	萍乡	Pingxiang	49.6	55.5	57.0	19
温州	Wenzhou	43.0	45.8	42.2	86	九江	Jiujiang	40.8	45.8	47.0	50
嘉兴	Jiaxing	69.1	72.4	71.6	4	新余	Xinyu	49.7	55.9	56.0	22
湖州	Huzhou	58.0	68.0	67.9	8	鹰潭	Yingtan	55.6	55.0	52.4	31
绍兴	Shaoxing	67.6	64.8			赣州	Ganzhou	32.5	38.8	38.6	124
金华	Jinhua	63.6	64.6	62.4	11	吉安	Jian	38.9	39.1	43.4	72
衢州	Quzhou	55.8	66.0	66.7	9	宜春	Yichun	41.1	57.3	47.0	50
舟山	Zhoushan	48.6	49.1	49.3	43	抚州	Fuzhou	32.0	42.4	44.0	66
台州	Taizhou	57.0	55.3	55.5	27	上饶	Shangrao	35.9	46.1	45.0	59
丽水	Lishui	48.0	52.7	52.0	33	**山东**	**Shandong**	**34.7**	**38.4**		
安徽	**Anhui**	**32.1**	**35.3**			济南	Jinan	39.8	40.0	43.9	70
合肥	Hefei	33.4	34.2	35.0	150	青岛	Qingdao	31.0	32.3	33.5	167
芜湖	Wuhu	38.2	35.7	37.2	135	淄博	Zibo	35.4	36.9	38.2	127
蚌埠	Bengbu	34.3	37.8	40.1	104	枣庄	Zaozhuang	34.1	40.8	37.0	136
淮南	Huainan	37.2	39.5	40.3	101	东营	Dongying	34.1	37.4	39.4	116
马鞍山	Maanshan	36.8	38.8	36.4	139	烟台	Yantai	35.4	34.6	35.8	145
淮北	Huaibei	40.3	40.2	41.7	90	潍坊	Weifang	38.1	36.8	38.2	127
铜陵	Tongling	38.4	41.5	45.0	59	济宁	Jining	34.7	35.5	37.3	133
安庆	Anqing	36.1	35.0	35.5	148	泰安	Taian	37.7	42.9	43.2	76
黄山	Huangshan	39.0	40.9	41.8	89	威海	Weihai	39.8	39.6	40.3	101
滁州	Chuzhou	31.8	33.6	34.0	163	日照	Rizhao	36.9	36.4	43.5	71
阜阳	Fuyang	29.3	32.6	33.3	168	莱芜	Laiwu	37.0	39.7	41.6	93
宿州	Suzhou	32.0	35.2	37.0	136	临沂	Linyi	31.3	33.7	34.2	161
六安	Liuan	31.8	33.9	34.6	157	德州	Dezhou	34.0	35.4	36.0	143
亳州	Bozhou	32.8	37.4	38.8	122	聊城	Liaocheng	35.7	38.1	39.9	113

6-10 农村居民人均住房面积 续表 2
Per Capita Living Space of Rural Household continued 2

单位：平方米 (sq.m)

地名	City	2010	2012	2013	2013 排名 Ranking	地名	City	2010	2012	2013	2013 排名 Ranking
滨州	Binzhou	36.5	41.0	45.1	58	常德	Changde	47.3	51.5	55.7	25
菏泽	Heze	31.9	35.5	36.2	141	张家界	Zhangjiajie	35.7	46.6	56.2	21
河南	**Henan**	**34.5**	**37.9**			益阳	Yiyang	42.2	47.2	53.9	29
郑州	Zhengzhou	56.0	61.0	58.2	18	郴州	Chenzhou	38.2	35.2	41.7	90
开封	Kaifeng	30.5	36.7	38.0	130	永州	Yongzhou	35.0	37.3	48.4	46
洛阳	Luoyang	38.5	41.6	43.3	74	怀化	Huaihua	33.4	36.8	43.4	72
平顶山	Pingdingshan	31.8	37.6	39.4	116	娄底	Loudi	40.8	49.3	63.5	10
安阳	Anyang	35.6	34.6	41.4	95	**广东**	**Guangdong**	**29.2**	**31.7**		
鹤壁	Hebi	35.7	41.7	42.3	85	广州	Guangzhou	43.7	45.3	45.3	55
新乡	Xinxiang	38.6	40.1	40.4	100	韶关	Shaoguan	30.1	33.0	35.3	149
焦作	Jiaozuo	41.2	44.9	45.3	55	深圳	Shenzhen				
濮阳	Puyang	26.9	31.3	33.0	169	珠海	Zhuhai	33.1	37.5	38.6	124
许昌	Xuchang	36.7	41.7	39.0	120	汕头	Shantou	18.7	19.0	19.4	232
漯河	Luohe	32.9	37.7	39.8	115	佛山	Foshan	48.7	49.9	50.0	39
三门峡	Sanmenxia	34.9	39.2	36.2	141	江门	Jiangmen		29.0	29.5	190
南阳	Nanyang	32.3	37.6	34.4	160	湛江	Zhanjiang	28.5	31.5	32.7	172
商丘	Shangqiu	31.5	39.9	38.8	122	茂名	Maoming	38.6	41.8	44.9	61
信阳	Xinyang	33.1	33.5	30.5	184	肇庆	Zhaoqing	25.5	28.5	29.1	195
周口	Zhoukou	27.1	35.7	34.0	163	惠州	Huizhou	28.6	32.8	35.6	147
驻马店	Zhumadian	29.7	32.6	30.8	182	梅州	Meizhou	31.6	33.9	31.5	178
湖北	**Hubei**	**41.0**	**45.0**			汕尾	Shanwei	25.5	25.7	26.1	205
武汉	Wuhan	48.8	51.4	47.8	49	河源	Heyuan	27.6	28.8	29.4	192
黄石	Huangshi	42.3	50.6	50.9	37	阳江	Yangjiang		33.0	42.8	82
十堰	Shiyan	32.8	36.0	34.9	154	清远	Qingyuan	30.9	30.3	31.6	176
宜昌	Yichang	45.7	49.2	49.9	41	东莞	Dongguan	52.1	50.3		
襄阳	Xiangyang	38.7	45.2	42.2	86	中山	Zhongshan	41.8	42.1	42.5	84
鄂州	Ezhou	42.5	46.0			潮州	Chaozhou	23.1	23.6	24.3	217
荆门	Jingmen	37.7	44.5	44.6	62	揭阳	Jieyang	22.8	24.4	24.6	214
孝感	Xiaogan	34.7	38.6	39.1	119	云浮	Yunfu	27.0	31.6	31.6	176
荆州	Jingzhou	37.1	40.3	45.3	55	**广西**	**Guangxi**	**33.9**	**36.0**		
黄冈	Huanggang	42.2	43.8	44.2	65	南宁	Nanning	36.8	40.8	37.4	132
咸宁	Xianning	41.7	49.4	46.5	53	柳州	Liuzhou	29.3	39.5	40.1	104
随州	Suizhou	42.3	38.3	40.0	106	桂林	Guilin	38.0	42.1	44.6	62
湖南	**Hunan**	**42.0**	**46.5**			梧州	Wuzhou	29.6	34.4	33.0	169
长沙	Changsha	59.5	62.6	62.0	12	北海	Beihai	38.5	38.3	23.0	222
株洲	Zhuzhou	55.5	58.7	59.9	15	防城港	Fangchenggang	30.1	33.6	38.1	129
湘潭	Xiangtan	49.8	49.6	68.1	7	钦州	Qinzhou	26.8	26.4	26.4	201
衡阳	Hengyang	50.9	49.8	51.3	34	贵港	Guigang	32.6	41.1	34.7	155
邵阳	Shaoyang	34.0	39.4	44.3	64	玉林	Yulin	26.8	33.6		
岳阳	Yueyang	42.4	45.5	51.0	35	百色	Baise	28.9	33.0	31.0	180

6-10 农村居民人均住房面积 续表 3
Per Capita Living Space of Rural Household continued 3

单位：平方米 （sq.m）

地名	City	2010	2012	2013	2013 排名 Ranking	地名	City	2010	2012	2013	2013 排名 Ranking
贺州	Hezhou	34.7		30.1	186	丽江	Lijiang	25.3	33.5	40.5	99
河池	Hechi	25.6	35.4	32.3	174	普洱	Puer	22.3	24.8	24.9	212
来宾	Laibin	36.0	38.5			临沧	Lincang	17.6	23.0	24.5	215
崇左	Chongzuo	34.5	41.0	41.5	94	**西藏**	**Tibet**	**25.3**	**28.8**		
海南	**Hainan**	**24.7**	**25.3**			拉萨	Lasa	22.6	30.7	27.2	200
海口	Haikou	31.6	31.8	31.9	175	**陕西**	**Shaanxi**	**31.7**	**36.9**		
三亚	Sanya	28.6	30.3	30.8	182	西安	Xi'an	66.7	78.0	81.0	2
三沙	Sansha					铜川	Tongchuan	32.0	36.1	49.5	42
重庆	**Chongqing**	**37.6**	**41.1**			宝鸡	Baoji	32.7	33.0	35.0	150
四川	**Sichuan**	**36.6**	**37.9**			咸阳	Xianyang	38.5	40.5	43.0	78
成都	Chengdu	48.8	52.2	50.9	37	渭南	Weinan	32.7	35.0	36.0	143
自贡	Zigong	37.0	35.0	36.8	138	延安	Yan'an	24.1	27.8	27.5	198
攀枝花	Panzhihua	34.0	37.0	43.0	78	汉中	Hanzhong	34.7	40.1	40.0	106
泸州	Luzhou	38.0	38.7	40.0	106	榆林	Yulin	26.6	33.6	34.5	159
德阳	Deyang	38.0	36.4	36.3	140	安康	Ankang	35.0	39.5	40.0	106
绵阳	Mianyang	43.0	38.9	40.3	101	商洛	Shangluo	34.6	32.0	35.0	150
广元	Guangyuan	41.0	35.0	39.2	118	**甘肃**	**Gansu**	**21.0**	**24.1**		
遂宁	Suining	35.0	43.3	43.3	74	兰州	Lanzhou	23.8	33.0	31.2	179
内江	Neijiang	34.0	34.4	34.7	155	嘉峪关	Jiayuguan	34.7	37.0	33.9	166
乐山	Leshan	43.0	40.0	39.9	113	金昌	Jinchang	34.4	42.0	83.2	1
南充	Nanchong	35.0	37.0	37.5	131	白银	Baiyin	22.6	25.0	22.6	224
眉山	Meishan	38.0		41.0	97	天水	Tianshui	17.5	20.0	21.3	230
宜宾	Yibin	40.0	40.0	40.8	98	武威	Wuwei	40.0	28.0	24.8	213
广安	Guangan	39.0	40.0	41.7	90	张掖	Zhangye	32.6	36.0	26.3	202
达州	Dazhou	39.0	37.5	37.3	133	平凉	Pingliang	22.4	24.0	23.5	220
雅安	Yaan	38.0	32.2	41.1	96	酒泉	Jiuquan	17.7	40.0	32.8	171
巴中	Bazhong	34.0	32.5	32.7	172	庆阳	Qingyang	21.3	23.0	24.5	215
资阳	Ziyang	40.0	38.0	38.5	126	定西	Dingxi	19.3	19.0	21.6	229
贵州	**Guizhou**	**27.0**	**29.6**			陇南	Longnan	23.6	26.0	22.0	226
贵阳	Guiyang	46.7	57.1	42.2	86	**青海**	**Qinghai**	**21.4**	**29.7**		
六盘水	Liupanshui	27.6	30.2	35.0	150	西宁	Xining	34.3	35.4	40.0	106
遵义	Zunyi	31.0	34.5	34.6	157	海东	Haidng				
安顺	Anshun	27.0	31.1	24.0	218	**宁夏**	**Ningxia**	**24.9**	**25.9**		
毕节	Bijie	23.0	24.8	29.3	193	银川	Yinchuan	38.9	44.7	35.7	146
铜仁	Tongren	29.1	33.0	29.8	189	石嘴山	Shizuishan	31.6	34.8	34.0	163
云南	**Yunnan**	**29.0**	**31.7**			吴忠	Wuzhong	29.7	27.0	30.2	185
昆明	Kunming	45.8	45.7	44.0	66	固原	Guyuan	19.3	19.8	20.2	231
曲靖	Qujing	31.0	31.0	29.0	196	中卫	Zhongwei	24.2	28.6	26.2	204
玉溪	Yuxi	43.5	42.8	43.2	76	**新疆**	**Xinjiang**	**24.0**	**27.2**		
保山	Baoshan	27.4	29.0	30.0	187	乌鲁木齐	Urumqi	38.1	31.0		
昭通	Zhaotong	23.9	26.4	23.1	221	克拉玛依	Karamay				

6-11 私有汽车拥有量
Number of Private Vehicles

单位：辆 （unit）

地名	City	2010	2016	2017	2017 排名 Ranking
全国	**Nation Total**	**59387080**	**163302200**	**185151100**	
北京	**Beijing**	**3715068**	**4520400**	**4666100**	
天津	**Tianjin**	**1256999**	**2343900**	**2425100**	
河北	**Hebei**	**4041575**	**11437800**	**12793800**	
石家庄	Shijiazhuang	727466	1735200	2278000	7
唐山	Tangshan	696560	1609000	1730000	17
秦皇岛	Qinhuangdao	236818	536800	621000	47
邯郸	Handan	450472	1086000	1212700	23
邢台	Xingtai	331987	852500	1074300	27
保定	Baoding	705993	1453600		
张家口	Zhangjiakou	248178	515900		
承德	Chengde	158028	283400		
沧州	Cangzhou	504005	1138600		
廊坊	Langfang	408211	911800		
衡水	Hengshui	234985	546400		
山西	**Shanxi**	**1865984**	**4729400**	**5537000**	
太原	Taiyuan	459607	1143400		
大同	Datong	196774	499900		
阳泉	Yangquan	80896	170000		
长治	Changzhi	191173	402000		
晋城	Jincheng	150851	329000		
朔州	Shuozhou	54195	168000		
晋中	Jinzhong	231652	474000		
运城	Yuncheng	244802	594000		
忻州	Xinzhou	137982	263000		
临汾	Linfen	216768	416000		
吕梁	Lvliang	168513	283000		
内蒙古	**Inner Mongolia**	**1474731**	**3799500**	**4393600**	
呼和浩特	Hohhot	259185	770300		
包头	Baotou	230353	613800		
乌海	Wuhai	70200	168300		
赤峰	Chifeng	291465	661400		
通辽	Tongliao	305015	413200		
鄂尔多斯	Erdos	150000	634200		
呼伦贝尔	Hulunbuir	101582	278800		
巴彦淖尔	Bayannur	80048	317900		
乌兰察布	Ulanqab	105652	319600		
辽宁	**Liaoning**	**1988119**	**5533900**	**6209900**	
沈阳	Shenyang	707838	1566500		
大连	Dalian	739675	1175100		
鞍山	Anshan	264683	354900		
抚顺	Fushun	181880	161800		
本溪	Benxi	100050	107700		
丹东	Dandong	188325	310700		
锦州	Jinzhou	368610	244000		
营口	Yingkou	183288	276200		
阜新	Fuxin	306267	211500		
辽阳	Liaoyang	227040	160400		
盘锦	Panjin	136075	216600		
铁岭	Tieling	281605	227300		
朝阳	Chaoyang	427621	223200		
葫芦岛	Huludao	201642	198700		
吉林	**Jilin**	**1144913**	**3150000**	**3498000**	
长春	Changchun	505205	1280900	1433339	20
吉林	Jilin	216649	448700	489014	67
四平	Siping	121298	303500	325553	98
辽源	Liaoyuan	45640	104100	117768	165
通化	Tonghua	82500	168700	191133	142
白山	Baishan	44842	91700	104700	167
松原	Songyuan	154431	327900	359042	95
白城	Baicheng	74302	217500	234661	126
黑龙江	**Heilongjiang**	**1396536**	**3442900**	**3859600**	
哈尔滨	Harbin	468701	1311700		
齐齐哈尔	Qiqihar	169693	248100		
鸡西	Jixi	109816	191000		
鹤岗	Hegang	29858	82400		
双鸭山	Shuangyashan	39788	158600		
大庆	Daqing	230190	469500		
伊春	Yichun	22401	66700		
佳木斯	Jiamusi				
七台河	Qitaihe	32000	69200		
牡丹江	Mudanjiang	90120	290100		
黑河	Heihe				
绥化	Suihua	8231	72900		
上海	**Shanghai**	**1037051**	**2426600**	**2743800**	
江苏	**Jiangsu**	**4181285**	**12458300**	**14019200**	

6-11 私有汽车拥有量 续表 1
Number of Private Vehicles continued 1

单位：辆 （unit）

地名	City	2010	2016	2017	2017 排名 Ranking	地名	City	2010	2016	2017	2017 排名 Ranking
南京	Nanjing	647562	1927100	2015600	10	池州	Chizhou	32284	114200	135699	162
无锡	Wuxi	521407	1340800	1490300	18	宣城	Xuancheng	86395	263800	314722	99
徐州	Xuzhou	356532	926400	1102900	26	**福建**	**Fujian**	**1519318**	**4353100**	**4917200**	
常州	Changzhou	339434	939300	1047600	28	福州	Fuzhou	330352	937500		
苏州	Suzhou	981650	2670300	3015400	2	厦门	Xiamen	284745	952300		
南通	Nantong	355328	1204100	1357000	22	莆田	Putian	65608	227000		
连云港	Lianyungang	146448	431600	513500	62	三明	Sanming	73018	181100		
淮安	Huaian	124905	403100	466900	71	泉州	Quanzhou	408143	1044000		
盐城	Yancheng	207710	675500	783700	38	漳州	Zhangzhou	126009	346400		
扬州	Yangzhou	178389	562700	627900	45	南平	Nanping	63093	178300		
镇江	Zhenjiang	147295	436800	495600	65	龙岩	Longyan	135368	314500		
泰州	Taizhou	169165	555400	627500	46	宁德	Ningde	55173	153500		
宿迁	Suqian	169843	448800	538000	55	**江西**	**Jiangxi**	**873814**	**3490600**	**4127500**	
浙江	**Zhejiang**	**4315235**	**11042300**	**12270900**		南昌	Nanchang	203953	783600		
杭州	Hangzhou	942585	1922700			景德镇	Jingdezhen	52699	159900		
宁波	Ningbo	532965	1661600			萍乡	Pingxiang	38124	158700		
温州	Wenzhou	674836	1638900			九江	Jiujiang	105004	418500		
嘉兴	Jiaxing	265802	899000			新余	Xinyu	34088	122900		
湖州	Huzhou	180041	588800			鹰潭	Yingtan	22121	102600		
绍兴	Shaoxing	346672	972700			赣州	Ganzhou	152701	633800		
金华	Jinhua	517447	1375400			吉安	Jian	74765	273700		
衢州	Quzhou	99318	299100			宜春	Yichun	111507	461100		
舟山	Zhoushan	39063	122100			抚州	Fuzhou	52665	223800		
台州	Taizhou	481717	1208900			上饶	Shangrao	99980	394900		
丽水	Lishui	116539	293600			**山东**	**Shandong**	**5771075**	**15506500**	**17363500**	
安徽	**Anhui**	**1368463**	**5114500**	**6123700**		济南	Jinan	670465	1573900	1764575	16
合肥	Hefei	250403	1211800	1448615	19	青岛	Qingdao	729966	1905000	2122629	8
芜湖	Wuhu	90999	390700	444811	79	淄博	Zibo	373721	802400	888623	31
蚌埠	Bengbu	55918	214500	264313	119	枣庄	Zaozhuang	233435	447800	513485	63
淮南	Huainan	45751	216900	253463	123	东营	Dongying	279344	541800	583469	52
马鞍山	Maanshan	41994	180600	214270	132	烟台	Yantai	631748	1269600	1387324	21
淮北	Huaibei	65058	181000	214634	131	潍坊	Weifang	935879	1829200	1984178	11
铜陵	Tongling	24689	120700	143035	159	济宁	Jining	409787	947500	1103185	25
安庆	Anqing	120980	369800	433242	83	泰安	Taian	259842	584700	656853	41
黄山	Huangshan	42833	136700	158860	151	威海	Weihai	263595	574500	634739	44
滁州	Chuzhou	91396	244900	302725	102	日照	Rizhao	176291	477000	536767	56
阜阳	Fuyang	189074	514500	608014	48	莱芜	Laiwu	104278	187100	205539	138
宿州	Suzhou	138078	318800	437190	81	临沂	Linyi	652175	1751900	1967584	13
六安	Liuan	153224	351200	415458	87	德州	Dezhou	331411	786900	855541	33
亳州	Bozhou	157249	365800	437190	81	聊城	Liaocheng	405537	715100	792739	36

6-11 私有汽车拥有量 续表 2
Number of Private Vehicles continued 2

单位：辆 (unit)

地名	City	2010	2016	2017	2017 排名 Ranking
滨州	Binzhou	309800	690000	758149	39
菏泽	Heze	329045	703500	817893	34
河南	**Henan**	**2947564**	**9923700**	**11558300**	
郑州	Zhengzhou	777605	2430600	2765388	3
开封	Kaifeng	155557	418300	446228	78
洛阳	Luoyang	282820	767400	887866	32
平顶山	Pingdingshan	176333	469900	535927	57
安阳	Anyang	240506	542700	515117	60
鹤壁	Hebi	63004	182200	209436	135
新乡	Xinxiang	239442	693000	784529	37
焦作	Jiaozuo	149803	374000	427157	85
濮阳	Puyang	196863	451100	511464	64
许昌	Xuchang	155659	453800	532453	58
漯河	Luohe	76691	220600	258658	122
三门峡	Sanmenxia	124052	223400	246775	124
南阳	Nanyang	220249	685600	808800	35
商丘	Shangqiu	270906	672900	688544	40
信阳	Xinyang	176704	408400	485881	68
周口	Zhoukou	288892	559700	606770	49
驻马店	Zhumadian	130365	424300	513684	61
湖北	**Hubei**	**1486487**	**5196900**	**6056700**	
武汉	Wuhan	780000	2073800		
黄石	Huangshi	54500	150300		
十堰	Shiyan	99105			
宜昌	Yichang	148146	444800		
襄阳	Xiangyang	197040	497400		
鄂州	Ezhou	16223	42000		
荆门	Jingmen	75509	237100		
孝感	Xiaogan	30256	205000		
荆州	Jingzhou	101401	322400		
黄冈	Huanggang	83439	301800		
咸宁	Xianning	61996	167800		
随州	Suizhou	46592	152400		
湖南	**Hunan**	**1692449**	**5441600**	**6304200**	
长沙	Changsha	546834	1762000	1978243	12
株洲	Zhuzhou	120972	361400	405981	88
湘潭	Xiangtan	84797	260200	294618	105
衡阳	Hengyang	133277	372300	446725	77
邵阳	Shaoyang	120228	384400	443286	80
岳阳	Yueyang	98940	391300	460971	72
常德	Changde	104254	378300	453636	76
张家界	Zhangjiajie	30968	99100	117962	164
益阳	Yiyang	96621	291300	341908	96
郴州	Chenzhou	134137	315900	361234	94
永州	Yongzhou	98152	278800	336728	97
怀化	Huaihua	72780	247300	294451	106
娄底	Loudi	106893	260400	295049	104
广东	**Guangdong**	**6281233**	**14859569**	**16789900**	
广州	Guangzhou	1261160	1848977	1912613	15
韶关	Shaoguan	78230	228586	283670	109
深圳	Shenzhen	1301631	2650617	2622439	4
珠海	Zhuhai	157798	413420	484092	69
汕头	Shantou	223325	520116	599323	50
佛山	Foshan	791313	1867149	2098604	9
江门	Jiangmen	224812	555435	639601	42
湛江	Zhanjiang	115782	340145	431473	84
茂名	Maoming	134923	386203	481521	70
肇庆	Zhaoqing	120318	381551	458192	75
惠州	Huizhou	208425	820089	964774	29
梅州	Meizhou	88353	310742	401012	90
汕尾	Shanwei	22300	99754	158720	152
河源	Heyuan	59198	219641	281497	111
阳江	Yangjiang	72668	241838	296196	103
清远	Qingyuan	104093	415773	493866	66
东莞	Dongguan	740238	2065584	2395586	6
中山	Zhongshan	313775	763724	892281	30
潮州	Chaozhou	96149	233328	274886	115
揭阳	Jieyang	119258	321096	399537	91
云浮	Yunfu	56141	175801	226560	128
广西	**Guangxi**	**1083336**	**3758100**	**4506100**	
南宁	Nanning	292736	883300	1131833	24
柳州	Liuzhou	154217	470400	54486	172
桂林	Guilin	132797	436300	527079	59
梧州	Wuzhou	41874	143500	182183	146
北海	Beihai	54637		189623	144
防城港	Fangchenggang	29231	91700	105543	166
钦州	Qinzhou	39390	186900	207611	136
贵港	Guigang	58973	207200	261856	121
玉林	Yulin	108945	369200	460856	73
百色	Baise	59973	215900	268184	117

6-11 私有汽车拥有量 续表 3
Number of Private Vehicles continued 3

单位：辆 (unit)

地名	City	2010	2016	2017	2017 排名 Ranking	地名	City	2010	2016	2017	2017 排名 Ranking
贺州	Hezhou	34410	121300	149195	155	丽江	Lijiang	38732	113700	156800	154
河池	Hechi	53299	188700	229590	127	普洱	Puer	80336	146200	225300	129
来宾	Laibin	37656	125300	158477	153	临沧	Lincang		100400	162500	150
崇左	Chongzuo	20972	101600	132201	163	**西藏**	**Tibet**	**110318**	**311600**	**359400**	
海南	**Hainan**	**280903**	**828700**	**979400**		拉萨	Lasa	81988			
海口	Haikou	182623	562900			**陕西**	**Shaanxi**	**1441129**	**4402600**	**4950300**	
三亚	Sanya	37705				西安	Xi'an	778902	2219600	2464878	5
三沙	Sansha					铜川	Tongchuan	36492	70000	77903	168
重庆	**Chongqing**	**741488**	**2786400**	**3201400**		宝鸡	Baoji	93891	241200	282582	110
四川	**Sichuan**	**2809524**	**7860300**	**8848600**		咸阳	Xianyang	116103	321600	366829	93
成都	Chengdu	1396000	3727800	3982362	1	渭南	Weinan	205237	411300	460703	74
自贡	Zigong	52244	177000	202979	139	延安	Yan'an	144707	250400	275891	114
攀枝花	Panzhihua	60087	138900	148652	156	汉中	Hanzhong	79634	209500	242940	125
泸州	Luzhou	56693	259600	312418	100	榆林	Yulin	255161	520700	561485	53
德阳	Deyang	183763	380300	425250	86	安康	Ankang	47771	116800	139794	160
绵阳	Mianyang		470600	545986	54	商洛	Shangluo	40301	68000	77406	169
广元	Guangyuan	62707	178200	201089	140	**甘肃**	**Gansu**	**527351**	**2074100**	**2408600**	
遂宁	Suining	55399	175300	205909	137	兰州	Lanzhou	120100	545800	637500	43
内江	Neijiang	52256	170800	198150	141	嘉峪关	Jiayuguan	15400	51300	57600	171
乐山	Leshan	95347	271900	311402	101	金昌	Jinchang	21600	57800	64500	170
南充	Nanchong	102573	351000	404436	89	白银	Baiyin	60500	196300	215700	130
眉山	Meishan	74842	235200	277150	112	天水	Tianshui	54000	237000	263100	120
宜宾	Yibin	68148	243000	293693	107	武威	Wuwei	46200	154800	174500	147
广安	Guangan	40063	156300	190240	143	张掖	Zhangye	40300	143800	162800	149
达州	Dazhou	52772	224000	272364	116	平凉	Pingliang	45580	190400	209800	134
雅安	Yaan	42071	132000	144506	158	酒泉	Jiuquan	51100	146700	163200	148
巴中	Bazhong	38901	157000	184784	145	庆阳	Qingyang	60400	240600	264800	118
资阳	Ziyang	57786	120000	139086	161	定西	Dingxi	52200	276800	292000	108
贵州	**Guizhou**	**878065**	**3106200**	**3743400**		陇南	Longnan	46600	132600	145600	157
贵阳	Guiyang	512066	800400			**青海**	**Qinghai**	**199467**	**729600**	**823800**	
六盘水	Liupanshui	95366	258000			西宁	Xining				
遵义	Zunyi	39483	533200			海东	Haidong				
安顺	Anshun	41819				**宁夏**	**Ningxia**	**309364**	**1036300**	**1187700**	
毕节	Bijie	63019				银川	Yinchuan	177270	606500		
铜仁	Tongren					石嘴山	Shizuishan	45193			
云南	**Yunnan**	**1855688**	**4980700**	**5681100**		吴忠	Wuzhong	60058	207000		
昆明	Kunming	1173869	1631700	1948600	14	固原	Guyuan	53465	196800		
曲靖	Qujing	734549	449900	595200	51	中卫	Zhongwei	35616	100600		
玉溪	Yuxi	156581	270500	376700	92	**新疆**	**Xinjiang**	**792548**	**2663900**	**3003200**	
保山	Baoshan	70443	136500	212500	133	乌鲁木齐	Urumqi		777100		
昭通	Zhaotong	83980	182500	275900	113	克拉玛依	Karamay		98000		

6-12 城镇职工基本养老保险参保人数
Number of Employees Joining Urban Basic Pension Insurance

单位：万人 (10 000 persons)

地名	City	2016	2017	2017 排名 Ranking
全国	**Nation Total**	**37929.7**	**40293.3**	
北京	**Beijing**	**1546.6**	**1604.5**	
天津	**Tianjin**	**639.0**	**655.0**	
河北	**Hebei**	**1403.1**	**1535.8**	
石家庄	Shijiazhuang	229.3	229.8	22
唐山	Tangshan	222.9	229.8	23
秦皇岛	Qinhuangdao	81.0	85.3	94
邯郸	Handan	128.3	148.2	44
邢台	Xingtai	73.0	89.8	92
保定	Baoding	103.1	143.8	47
张家口	Zhangjiakou	49.3	103.3	78
承德	Chengde	55.3	72.9	116
沧州	Cangzhou	93.1	110.3	70
廊坊	Langfang	92.7	96.4	83
衡水	Hengshui	53.4	52.5	169
山西	**Shanxi**	**760.2**	**798.7**	
太原	Taiyuan	140.2	143.9	45
大同	Datong	68.7	71.9	117
阳泉	Yangquan	28.9	31.1	226
长治	Changzhi	57.6	60.3	141
晋城	Jincheng	42.2	44.8	184
朔州	Shuozhou	27.0	20.3	251
晋中	Jinzhong	50.7	50.7	174
运城	Yuncheng	55.1	56.5	154
忻州	Xinzhou	42.0	42.8	194
临汾	Linfen	57.6	60.1	142
吕梁	Lvliang	36.2	39.3	208
内蒙古	**Inner Mongolia**	**655.0**	**694.3**	
呼和浩特	Hohhot	44.3	43.1	189
包头	Baotou	94.4	98.8	80
乌海	Wuhai	18.0	18.0	262
赤峰	Chifeng	40.1	43.7	187
通辽	Tongliao	52.1	53.4	167
鄂尔多斯	Erdos	35.7	40.0	206
呼伦贝尔	Hulunbuir	68.8	71.1	121
巴彦淖尔	Bayannur	37.4	43.1	190
乌兰察布	Ulanqab	42.3	44.3	185
辽宁	**Liaoning**	**1800.3**	**1949.8**	
沈阳	Shenyang	380.7	407.3	11
大连	Dalian	198.1	205.4	31
鞍山	Anshan	111.6	114.5	65
抚顺	Fushun	91.8	93.1	89
本溪	Benxi	80.6	80.7	104
丹东	Dandong	91.6	95.6	84
锦州	Jinzhou	80.6	79.4	107
营口	Yingkou	78.9	79.5	106
阜新	Fuxin	53.6	54.4	163
辽阳	Liaoyang	64.6	66.1	129
盘锦	Panjin	60.6	56.4	155
铁岭	Tieling	54.7	56.3	157
朝阳	Chaoyang	41.6	41.9	199
葫芦岛	Huludao	57.4	59.3	146
吉林	**Jilin**	**706.8**	**814.5**	
长春	Changchun	211.2	217.7	27
吉林	Jilin	65.4	113.5	67
四平	Siping	24.9	25.0	236
辽源	Liaoyuan	13.5	27.6	230
通化	Tonghua	46.0	57.4	151
白山	Baishan	21.0	21.2	246
松原	Songyuan	36.3	36.8	213
白城	Baicheng	17.3	34.5	220
黑龙江	**Heilongjiang**	**1144.1**	**1206.1**	
哈尔滨	Harbin	236.4	244.0	21
齐齐哈尔	Qiqihar	172.8	52.0	170
鸡西	Jixi	29.7	25.0	237
鹤岗	Hegang	19.4	19.3	255
双鸭山	Shuangyashan	17.3	18.4	260
大庆	Daqing	40.7	42.6	195
伊春	Yichun	36.8	30.9	227
佳木斯	Jiamusi	2.0	25.4	235
七台河	Qitaihe	9.6	18.9	258
牡丹江	Mudanjiang	35.1	33.6	221
黑河	Heihe	4.1	11.2	275
绥化	Suihua	54.1	55.5	160
上海	**Shanghai**	**1527.1**	**1548.2**	
江苏	**Jiangsu**	**2861.5**	**3034.5**	

6-12 城镇职工基本养老保险参保人数 续表 1

Number of Employees Joining Urban Basic Pension Insurance continued 1

单位：万人 (10 000 persons)

地名	City	2016	2017	2017 排名 Ranking	地名	City	2016	2017	2017 排名 Ranking
南京	Nanjing	303.5	309.1	14	池州	Chizhou	11.5	11.7	274
无锡	Wuxi	315.0	245.8	20	宣城	Xuancheng	45.7	56.4	156
徐州	Xuzhou	155.6	181.9	37	**福建**	**Fujian**	**979.8**	**1022.1**	
常州	Changzhou	107.3	137.9	48	福州	Fuzhou	189.8	206.3	30
苏州	Suzhou	520.7	548.6	6	厦门	Xiamen	221.1	250.0	18
南通	Nantong	215.8	217.9	26	莆田	Putian	39.7	42.8	193
连云港	Lianyungang	60.7	94.9	85	三明	Sanming	41.6	42.1	197
淮安	Huaian	90.3	98.0	81	泉州	Quanzhou	143.9	154.0	41
盐城	Yancheng	114.5	116.9	62	漳州	Zhangzhou	57.5	74.3	115
扬州	Yangzhou	107.4	107.9	73	南平	Nanping	36.6	50.3	175
镇江	Zhenjiang	90.3	89.8	91	龙岩	Longyan	36.4	45.7	181
泰州	Taizhou	118.6	122.9	53	宁德	Ningde	31.8	33.1	222
宿迁	Suqian	47.5	60.0	143	**江西**	**Jiangxi**	**957.3**	**1005.2**	
浙江	**Zhejiang**	**2506.9**	**2712.4**		南昌	Nanchang	131.2	190.7	34
杭州	Hangzhou	576.0	628.3	5	景德镇	Jingdezhen	42.4	41.7	201
宁波	Ningbo	412.1	429.6	9	萍乡	Pingxiang	41.6	49.9	176
温州	Wenzhou	245.6	272.2	16	九江	Jiujiang	74.2	76.6	111
嘉兴	Jiaxing	162.0	172.2	39	新余	Xinyu	18.9	27.3	231
湖州	Huzhou	135.6	143.8	46	鹰潭	Yingtan	23.7	24.0	241
绍兴	Shaoxing	211.2	224.9	25	赣州	Ganzhou	114.9	119.1	57
金华	Jinhua	184.7	199.1	32	吉安	Jian	67.0	75.4	113
衢州	Quzhou	71.3	77.5	109	宜春	Yichun	77.1	84.2	97
舟山	Zhoushan	59.3	62.1	137	抚州	Fuzhou	62.7	51.1	172
台州	Taizhou	193.9	213.4	28	上饶	Shangrao	107.9	111.3	69
丽水	Lishui	73.7	82.2	101	**山东**	**Shandong**	**2576.4**	**2660.9**	
安徽	**Anhui**	**892.2**	**1077.0**		济南	Jinan	284.3	304.6	15
合肥	Hefei	159.7	174.9	38	青岛	Qingdao	423.7	433.4	8
芜湖	Wuhu	80.6	83.8	98	淄博	Zibo	115.5	118.8	58
蚌埠	Bengbu	55.0	64.3	133	枣庄	Zaozhuang	81.9	84.4	96
淮南	Huainan	53.1	41.8	200	东营	Dongying	55.2	56.8	153
马鞍山	Maanshan	62.0	59.4	145	烟台	Yantai	242.2	248.1	19
淮北	Huaibei	33.7	49.2	178	潍坊	Weifang	188.4	192.6	33
铜陵	Tongling	29.0	34.5	219	济宁	Jining	115.7	152.4	42
安庆	Anqing	55.6	57.7	150	泰安	Taian	132.8	135.3	49
黄山	Huangshan	20.6	20.6	248	威海	Weihai	117.1	120.3	55
滁州	Chuzhou	46.7	71.8	119	日照	Rizhao	69.6	71.3	120
阜阳	Fuyang	36.1	52.7	168	莱芜	Laiwu	43.8	43.4	188
宿州	Suzhou	28.8	42.0	198	临沂	Linyi	141.6	148.3	43
六安	Liuan	31.2	44.2	186	德州	Dezhou	81.9	84.9	95
亳州	Bozhou	21.1	34.8	218	聊城	Liaocheng	76.8	79.8	105

6-12 城镇职工基本养老保险参保人数 续表 2

Number of Employees Joining Urban Basic Pension Insurance continued 2

单位：万人 (10 000 persons)

地名	City	2016	2017	2017 排名 Ranking	地名	City	2016	2017	2017 排名 Ranking
滨州	Binzhou	74.7	76.8	110	常德	Changde	108.7	114.6	64
菏泽	Heze	81.4	105.8	77	张家界	Zhangjiajie	16.2	18.7	259
河南	**Henan**	**1848.4**	**1897.6**		益阳	Yiyang	58.1	59.6	144
郑州	Zhengzhou	350.6	377.8	13	郴州	Chenzhou	30.9	31.5	225
开封	Kaifeng	58.6	67.6	127	永州	Yongzhou	51.8	54.2	165
洛阳	Luoyang	110.9	112.9	68	怀化	Huaihua	23.1	38.9	211
平顶山	Pingdingshan	69.7	70.8	123	娄底	Loudi	63.4	67.3	128
安阳	Anyang	85.4	93.2	88	**广东**	**Guangdong**	**5392.4**	**5287.1**	
鹤壁	Hebi	21.1	22.2	244	广州	Guangzhou	1102.3	1196.4	1
新乡	Xinxiang	92.3	117.9	61	韶关	Shaoguan	53.6	75.3	114
焦作	Jiaozuo	60.7	70.6	124	深圳	Shenzhen	1028.9	1133.5	2
濮阳	Puyang	35.4	40.5	205	珠海	Zhuhai	102.3	106.4	76
许昌	Xuchang	53.7	71.0	122	汕头	Shantou	138.9	114.5	66
漯河	Luohe	37.8	41.2	204	佛山	Foshan	427.8	481.7	7
三门峡	Sanmenxia	32.8	42.2	196	江门	Jiangmen	193.6	186.2	36
南阳	Nanyang	90.0	97.9	82	湛江	Zhanjiang	85.9	124.9	52
商丘	Shangqiu	39.6	41.5	203	茂名	Maoming	105.0	106.5	75
信阳	Xinyang	62.2	51.0	173	肇庆	Zhaoqing	82.0	82.1	102
周口	Zhoukou	58.3	62.9	135	惠州	Huizhou	214.7	211.7	29
驻马店	Zhumadian	58.2	66.0	131	梅州	Meizhou	75.8	78.0	108
湖北	**Hubei**	**1355.0**	**1546.6**		汕尾	Shanwei	57.8	59.0	148
武汉	Wuhan	274.8	426.2	10	河源	Heyuan	71.7	49.7	177
黄石	Huangshi	64.4	71.9	118	阳江	Yangjiang	51.2	38.4	212
十堰	Shiyan	41.4	51.3	171	清远	Qingyuan	111.6	118.5	59
宜昌	Yichang	76.7	119.3	56	东莞	Dongguan	637.5	678.2	4
襄阳	Xiangyang	99.7	107.5	74	中山	Zhongshan	211.6	271.1	17
鄂州	Ezhou	25.7	29.3	229	潮州	Chaozhou	46.1	41.6	202
荆门	Jingmen	52.3	55.9	159	揭阳	Jieyang	83.7	59.1	147
孝感	Xiaogan	60.9	68.3	126	云浮	Yunfu	43.5	48.7	179
荆州	Jingzhou	112.4	118.3	60	**广西**	**Guangxi**	**751.9**	**777.8**	
黄冈	Huanggang	64.1	89.0	93	南宁	Nanning	102.7	133.3	50
咸宁	Xianning	39.8	43.0	191	柳州	Liuzhou	94.9	108.4	72
随州	Suizhou	23.0	24.7	238	桂林	Guilin	73.5	91.3	90
湖南	**Hunan**	**1186.7**	**1279.3**		梧州	Wuzhou	41.8	43.0	192
长沙	Changsha	212.0	226.1	24	北海	Beihai	20.0	20.5	249
株洲	Zhuzhou	88.1	66.0	132	防城港	Fangchenggang	12.6	12.8	272
湘潭	Xiangtan	62.1	60.3	140	钦州	Qinzhou	10.8	17.3	264
衡阳	Hengyang	82.2	109.5	71	贵港	Guigang	20.4	20.7	247
邵阳	Shaoyang	46.1	55.3	161	玉林	Yulin	51.8	54.4	162
岳阳	Yueyang	66.0	83.2	100	百色	Baise	23.6	36.1	214

6-12 城镇职工基本养老保险参保人数 续表 3
Number of Employees Joining Urban Basic Pension Insurance continued 3

单位：万人 (10 000 persons)

地名	City	2016	2017	2017 排名 Ranking
贺州	Hezhou	18.2	19.1	257
河池	Hechi	24.1	24.2	240
来宾	Laibin	22.3	22.3	243
崇左	Chongzuo	23.7	24.0	242
海南	**Hainan**	**224.9**	**240.9**	
海口	Haikou	52.4	63.2	134
三亚	Sanya	18.5	19.4	253
三沙	Sansha	0.03	0.03	286
重庆	**Chongqing**	**952.2**	**989.2**	
四川	**Sichuan**	**2157.6**	**2335.1**	
成都	Chengdu		719.6	3
自贡	Zigong	33.1	35.5	215
攀枝花	Panzhihua	26.1	29.9	228
泸州	Luzhou	92.7	103.2	79
德阳	Deyang	61.9	66.1	130
绵阳	Mianyang	114.8	121.5	54
广元	Guangyuan	54.7	56.2	158
遂宁	Suining	61.3	69.8	125
内江	Neijiang	71.0	31.8	224
乐山	Leshan	51.8	62.6	136
南充	Nanchong	106.0	116.5	63
眉山	Meishan	30.9	39.6	207
宜宾	Yibin	90.2	93.3	87
广安	Guangan	47.8	60.9	138
达州	Dazhou	76.5	45.0	183
雅安	Yaan	36.2	39.1	209
巴中	Bazhong	40.9	54.0	166
资阳	Ziyang	29.1	26.7	233
贵州	**Guizhou**	**423.6**	**588.2**	
贵阳	Guiyang	170.0	186.5	35
六盘水	Liupanshui	30.3	35.2	217
遵义	Zunyi	65.9	93.8	86
安顺	Anshun	21.7	25.8	234
毕节	Bijie	39.7	46.2	180
铜仁	Tongren	1.3	20.4	250
云南	**Yunnan**	**581.8**	**591.5**	
昆明	Kunming	152.0	157.2	40
曲靖	Qujing	44.1	45.2	182
玉溪	Yuxi	31.3	32.1	223
保山	Baoshan	20.9	21.8	245
昭通	Zhaotong	14.1	14.9	267
丽江	Lijiang	8.3	14.0	269
普洱	Puer	25.8	26.8	232
临沧	Lincang	17.9	18.4	261
西藏	**Tibet**	**21.1**	**42.9**	
拉萨	Lasa	4.1	4.6	285
陕西	**Shaanxi**	**790.8**	**953.3**	
西安	Xi'an	359.0	389.1	12
铜川	Tongchuan	15.3	19.2	256
宝鸡	Baoji	59.3	58.6	149
咸阳	Xianyang	59.1	81.0	103
渭南	Weinan	52.8	60.5	139
延安	Yan'an	23.7	38.9	210
汉中	Hanzhong	39.4	54.3	164
榆林	Yulin	33.2	35.5	216
安康	Ankang	17.2	12.9	271
商洛	Shangluo	13.1	9.8	277
甘肃	**Gansu**	**315.0**	**429.8**	
兰州	Lanzhou	71.7	76.3	112
嘉峪关	Jiayuguan	7.4	12.3	273
金昌	Jinchang	6.7	6.8	282
白银	Baiyin	8.7	8.8	279
天水	Tianshui	12.5	13.0	270
武威	Wuwei	12.5	19.3	254
张掖	Zhangye	11.6	17.6	263
平凉	Pingliang	10.4	19.4	252
酒泉	Jiuquan	9.5	14.0	268
庆阳	Qingyang	7.6	7.7	280
定西	Dingxi	10.3	10.7	276
陇南	Longnan	5.3	7.6	281
青海	**Qinghai**	**132.3**	**138.3**	
西宁	Xining	43.4	57.3	152
海东	Haidong	6.3	6.4	283
宁夏	**Ningxia**	**189.3**	**205.2**	
银川	Yinchuan	76.7	83.4	99
石嘴山	Shizuishan	24.7	16.3	266
吴忠	Wuzhong	22.6	24.2	239
固原	Guyuan	8.5	8.8	278
中卫	Zhongwei	15.4	16.5	265
新疆	**Xinjiang**	**625.0**	**646.4**	
乌鲁木齐	Urumqi	124.2	126.8	51
克拉玛依	Karamay	5.7	5.7	284

6-13 城镇基本医疗保险参保人数

Number of Persons Joining Urban Basic Medical Care Insurance

单位：万人 (10 000 persons)

地名	City	2016	2017	2017 排名 Ranking	地名	City	2016	2017	2017 排名 Ranking
全国	**Nation Total**	**74391.6**	**117681.4**		沈阳	Shenyang	338.5	329.1	11
北京	**Beijing**	**1708.8**	**1771.4**		大连	Dalian	397.0	396.4	8
天津	**Tianjin**	**1066.8**	**1088.5**		鞍山	Anshan	109.9	96.6	57
河北	**Hebei**	**6672.1**	**6883.1**		抚顺	Fushun	106.0	93.9	59
石家庄	Shijiazhuang	145.6	144.6	38	本溪	Benxi	76.9	74.2	75
唐山	Tangshan	156.0	159.6	30	丹东	Dandong	80.1	72.9	77
秦皇岛	Qinhuangdao	62.9	65.0	97	锦州	Jinzhou	107.5	96.9	56
邯郸	Handan	102.3	89.8	65	营口	Yingkou	69.3	74.1	76
邢台	Xingtai	65.0	67.0	89	阜新	Fuxin	55.4	56.2	125
保定	Baoding	112.5	119.4	46	辽阳	Liaoyang	61.0	57.0	121
张家口	Zhangjiakou	65.5	66.5	93	盘锦	Panjin	53.2	54.7	132
承德	Chengde	43.6	43.7	156	铁岭	Tieling	65.9	61.4	106
沧州	Cangzhou	67.1	70.6	84	朝阳	Chaoyang	45.3	44.1	154
廊坊	Langfang	62.9	65.0	96	葫芦岛	Huludao	53.2	58.5	114
衡水	Hengshui	35.0	35.6	195	**吉林**	**Jilin**	**1380.9**	**1380.9**	
山西	**Shanxi**	**1121.2**	**3215.3**		长春	Changchun	161.5	161.5	29
太原	Taiyuan	244.6	147.8	37	吉林	Jilin	94.9	94.6	58
大同	Datong	82.0	82.0	69	四平	Siping	56.3	56.3	124
阳泉	Yangquan	37.8	38.6	181	辽源	Liaoyuan	26.4	26.4	222
长治	Changzhi	61.6	60.7	108	通化	Tonghua	115.5	115.5	49
晋城	Jincheng	40.4	41.4	168	白山	Baishan	27.8	28.1	214
朔州	Shuozhou	19.3	19.3	246	松原	Songyuan	40.4	40.4	174
晋中	Jinzhong	54.3	54.7	130	白城	Baicheng	37.2	37.2	188
运城	Yuncheng	0.0	49.7	139	**黑龙江**	**Heilongjiang**	**1599.9**	**2892.6**	
忻州	Xinzhou	40.6	40.7	170	哈尔滨	Harbin	224.6	225.1	17
临汾	Linfen	58.2	57.3	120	齐齐哈尔	Qiqihar	172.4	71.8	82
吕梁	Lvliang	33.7	33.7	199	鸡西	Jixi	35.3	39.3	178
内蒙古	**Inner Mongolia**	**1019.8**	**2161.5**		鹤岗	Hegang	22.3	21.4	241
呼和浩特	Hohhot	61.4	63.8	101	双鸭山	Shuangyashan	19.1	27.7	218
包头	Baotou	81.3	75.4	73	大庆	Daqing	46.8	48.8	141
乌海	Wuhai	22.2	22.1	235	伊春	Yichun	32.3	34.2	197
赤峰	Chifeng	55.2	60.9	107	佳木斯	Jiamusi	39.1	30.5	212
通辽	Tongliao	37.9	35.9	193	七台河	Qitaihe	17.6	16.9	255
鄂尔多斯	Erdos	35.9	37.4	187	牡丹江	Mudanjiang	53.1	48.3	144
呼伦贝尔	Hulunbuir	57.5	58.0	115	黑河	Heihe		18.0	253
巴彦淖尔	Bayannur	21.8	21.8	238	绥化	Suihua	37.3		
乌兰察布	Ulanqab	27.6	28.1	215	**上海**	**Shanghai**	**1806.7**	**1839.8**	
辽宁	**Liaoning**	**2376.0**	**2277.5**		**江苏**	**Jiangsu**	**3984.4**	**7619.1**	

6-13 城镇基本医疗保险参保人数 续表 1

Number of Persons Joining Urban Basic Medical Care Insurance continued 1

单位：万人 (10 000 persons)

地名	City	2016	2017	2017 排名 Ranking	地名	City	2016	2017	2017 排名 Ranking
南京	Nanjing	400.2	309.3	13	池州	Chizhou	13.9	14.4	263
无锡	Wuxi	314.5	326.3	12	宣城	Xuancheng	32.4	33.3	202
徐州	Xuzhou	157.0	156.2	32	**福建**	**Fujian**	**1297.9**	**3768.6**	
常州	Changzhou	194.0	148.4	36	福州	Fuzhou	154.9	163.0	28
苏州	Suzhou	635.1	688.3	3	厦门	Xiamen	223.2	242.8	15
南通	Nantong	187.9	143.4	39	莆田	Putian	34.2	34.9	196
连云港	Lianyungang	75.1	75.8	72	三明	Sanming	40.3	40.5	173
淮安	Huaian	81.4	60.3	110	泉州	Quanzhou	120.1	116.4	48
盐城	Yancheng	129.7	93.4	60	漳州	Zhangzhou	60.5	62.8	102
扬州	Yangzhou	124.2	98.1	55	南平	Nanping	42.3	43.2	160
镇江	Zhenjiang	90.1	66.7	91	龙岩	Longyan	42.2	42.4	164
泰州	Taizhou	121.7	92.3	63	宁德	Ningde	34.7	36.2	191
宿迁	Suqian	55.7	43.4	159	**江西**	**Jiangxi**	**1807.0**	**4762.4**	
浙江	**Zhejiang**	**4993.3**	**5251.6**		南昌	Nanchang	99.4	117.2	47
杭州	Hangzhou	529.3	580.5	5	景德镇	Jingdezhen	32.2	32.2	207
宁波	Ningbo	386.9	380.8	9	萍乡	Pingxiang	46.3	41.9	167
温州	Wenzhou	168.1	179.0	23	九江	Jiujiang	67.3	69.3	87
嘉兴	Jiaxing	208.5	216.5	19	新余	Xinyu	27.6	19.0	248
湖州	Huzhou	117.0	124.8	44	鹰潭	Yingtan	15.0	13.3	269
绍兴	Shaoxing	169.7	179.3	22	赣州	Ganzhou	69.3	65.1	95
金华	Jinhua	143.8	149.8	35	吉安	Jian	49.6	37.5	186
衢州	Quzhou	63.1	64.3	99	宜春	Yichun	70.9	0.0	282
舟山	Zhoushan	38.9	40.6	172	抚州	Fuzhou	37.1	37.8	183
台州	Taizhou	129.0	135.8	41	上饶	Shangrao	62.5	47.6	147
丽水	Lishui	40.1	48.5	142	**山东**	**Shandong**	**9188.8**	**9295.7**	
安徽	**Anhui**	**1621.5**	**2108.1**		济南	Jinan	214.5	228.7	16
合肥	Hefei	168.1	183.4	21	青岛	Qingdao	331.7	347.4	10
芜湖	Wuhu	71.9	74.7	74	淄博	Zibo	132.0	132.3	43
蚌埠	Bengbu	47.3	47.9	146	枣庄	Zaozhuang	60.1	60.3	109
淮南	Huainan	57.5	57.5	118	东营	Dongying	69.9	72.7	78
马鞍山	Maanshan	49.6	50.5	137	烟台	Yantai	213.8	217.0	18
淮北	Huaibei	46.1	42.5	163	潍坊	Weifang	166.6	169.5	25
铜陵	Tongling	32.9	33.8	198	济宁	Jining	114.3	114.5	50
安庆	Anqing	43.6	44.3	153	泰安	Taian	104.7	105.5	53
黄山	Huangshan	19.5	20.2	244	威海	Weihai	92.1	93.0	62
滁州	Chuzhou	41.7	42.4	165	日照	Rizhao	38.8	40.6	171
阜阳	Fuyang	40.0	42.7	161	莱芜	Laiwu	27.6	27.7	217
宿州	Suzhou	31.2	32.7	204	临沂	Linyi	110.3	112.2	52
六安	Liuan	32.5	33.1	203	德州	Dezhou	69.8	70.0	86
亳州	Bozhou	22.7	24.4	227	聊城	Liaocheng	61.3	62.5	104

6-13 城镇基本医疗保险参保人数 续表 2

Number of Persons Joining Urban Basic Medical Care Insurance continued 2

单位：万人 (10 000 persons)

地名	City	2016	2017	2017 排名 Ranking	地名	City	2016	2017	2017 排名 Ranking
滨州	Binzhou	56.1	58.7	112	常德	Changde	55.7	56.6	122
菏泽	Heze	70.6	72.6	80	张家界	Zhangjiajie	13.4	13.5	267
河南	**Henan**	**2360.7**	**10410.7**		益阳	Yiyang	35.2	35.8	194
郑州	Zhengzhou	145.8	164.2	26	郴州	Chenzhou	52.1	52.4	135
开封	Kaifeng	54.4	57.4	119	永州	Yongzhou	42.7	42.6	162
洛阳	Luoyang	111.3	113.8	51	怀化	Huaihua	40.8	40.9	169
平顶山	Pingdingshan	95.2	90.5	64	娄底	Loudi	37.6	36.7	189
安阳	Anyang	58.3	57.7	116	**广东**	**Guangdong**	**10150.2**	**10365.1**	
鹤壁	Hebi	15.9	18.2	251	广州	Guangzhou	636.8	684.3	4
新乡	Xinxiang	80.7	87.2	66	韶关	Shaoguan	55.6	57.6	117
焦作	Jiaozuo	48.9	55.5	127	深圳	Shenzhen	1093.1	1151.0	1
濮阳	Puyang	33.5	27.1	219	珠海	Zhuhai	112.6	175.1	24
许昌	Xuchang	43.9	44.0	155	汕头	Shantou	54.8	54.7	131
漯河	Luohe	47.9	44.6	152	佛山	Foshan	288.7	303.0	14
三门峡	Sanmenxia	27.9	36.1	192	江门	Jiangmen	0.0	132.4	42
南阳	Nanyang	82.0	81.9	70	湛江	Zhanjiang	63.6	68.0	88
商丘	Shangqiu	49.3	53.6	134	茂名	Maoming	44.4	46.5	149
信阳	Xinyang	61.3	54.9	129	肇庆	Zhaoqing	64.7	64.6	98
周口	Zhoukou	58.4	58.6	113	惠州	Huizhou	156.2	155.1	33
驻马店	Zhumadian	48.0	48.2	145	梅州	Meizhou	46.0	46.1	150
湖北	**Hubei**	**1981.8**	**5622.2**		汕尾	Shanwei	31.5	32.1	208
武汉	Wuhan	391.9	446.6	7	河源	Heyuan	31.1	33.3	201
黄石	Huangshi	51.0	50.2	138	阳江	Yangjiang	27.5	28.0	216
十堰	Shiyan	49.5	48.5	143	清远	Qingyuan	58.2	59.6	111
宜昌	Yichang	84.3	84.8	68	东莞	Dongguan	574.6	566.1	6
襄阳	Xiangyang	79.7	80.6	71	中山	Zhongshan	155.5	156.9	31
鄂州	Ezhou	17.4	17.5	254	潮州	Chaozhou	32.8	33.6	200
荆门	Jingmen	38.0	42.0	166	揭阳	Jieyang	37.7	36.2	190
孝感	Xiaogan	37.6	38.8	180	云浮	Yunfu	22.3	24.4	228
荆州	Jingzhou	64.2	65.4	94	**广西**	**Guangxi**	**1096.4**	**5173.3**	
黄冈	Huanggang	47.5	49.0	140	南宁	Nanning	93.2	99.0	54
咸宁	Xianning	26.1	25.9	223	柳州	Liuzhou	83.6	85.9	67
随州	Suizhou	17.1	15.9	259	桂林	Guilin	59.7	70.2	85
湖南	**Hunan**	**2646.1**	**6906.3**		梧州	Wuzhou	29.4	30.3	213
长沙	Changsha	174.6	209.1	20	北海	Beihai	21.2	21.7	239
株洲	Zhuzhou	67.4	62.4	105	防城港	Fangchenggang	11.2	10.9	276
湘潭	Xiangtan	47.6	47.1	148	钦州	Qinzhou	48.6	22.0	237
衡阳	Hengyang	175.2	163.7	27	贵港	Guigang	22.3	22.3	234
邵阳	Shaoyang	52.8	53.8	133	玉林	Yulin	38.6	37.6	185
岳阳	Yueyang	60.7	62.7	103	百色	Baise	30.0		

6-13 城镇基本医疗保险参保人数 续表 3

Number of Persons Joining Urban Basic Medical Care Insurance continued 3

单位：万人 (10 000 persons)

地名	City	2016	2017	2017 排名 Ranking	地名	City	2016	2017	2017 排名 Ranking
贺州	Hezhou	15.2	16.1	258	丽江	Lijiang	19.6	11.7	275
河池	Hechi	25.4	26.9	221	普洱	Puer	20.8	21.1	242
来宾	Laibin	12.0	12.9	270	临沧	Lincang	15.3	15.6	260
崇左	Chongzuo	16.3	16.6	256	**西藏**	**Tibet**	**65.4**	**69.9**	
海南	**Hainan**	**387.2**	**419.5**		拉萨	Lasa	5.6	6.5	280
海口	Haikou	48.0	43.5	157	**陕西**	**Shaanxi**	**1248.0**	**1251.0**	
三亚	Sanya	21.5	22.4	233	西安	Xi'an	229.8		
三沙	Sansha	0.03	0.03	281	铜川	Tongchuan	19.0	19.1	247
重庆	**Chongqing**	**3259.3**	**3248.5**		宝鸡	Baoji	54.6	55.2	128
四川	**Sichuan**	**5056.8**	**7714.8**		咸阳	Xianyang	67.3	66.5	92
成都	Chengdu		743.9	2	渭南	Weinan	61.8	64.0	100
自贡	Zigong	37.2	37.8	184	延安	Yan'an	32.2	32.4	206
攀枝花	Panzhihua	32.6	39.8	176	汉中	Hanzhong	37.9	38.2	182
泸州	Luzhou	43.5	45.5	151	榆林	Yulin	38.1	39.7	177
德阳	Deyang	70.3	72.1	81	安康	Ankang	18.9	19.7	245
绵阳	Mianyang	68.8	70.7	83	商洛	Shangluo	14.4	14.6	262
广元	Guangyuan	31.6	31.6	209	**甘肃**	**Gansu**	**643.3**	**2512.2**	
遂宁	Suining	25.4	25.8	224	兰州	Lanzhou	90.7	93.0	61
内江	Neijiang	38.7	40.0	175	嘉峪关	Jiayuguan	8.9	9.3	278
乐山	Leshan	55.5	56.1	126	金昌	Jinchang	12.1	12.0	274
南充	Nanchong	56.2	56.6	123	白银	Baiyin	23.2	23.5	230
眉山	Meishan	28.0	30.7	211	天水	Tianshui	25.2	25.4	226
宜宾	Yibin	49.0	51.2	136	武威	Wuwei	13.3	13.4	268
广安	Guangan	21.6	23.5	231	张掖	Zhangye	12.2	12.4	272
达州	Dazhou	40.5	39.0	179	平凉	Pingliang	12.4	12.8	271
雅安	Yaan	24.1	24.3	229	酒泉	Jiuquan	11.8	12.2	273
巴中	Bazhong	17.7	18.2	252	庆阳	Qingyang	14.3	14.3	264
资阳	Ziyang	21.2	21.5	240	定西	Dingxi	15.8	16.1	257
贵州	**Guizhou**	**973.6**	**1001.3**		陇南	Longnan	13.7	14.2	265
贵阳	Guiyang	132.0	138.4	40	**青海**	**Qinghai**	**196.7**	**549.0**	
六盘水	Liupanshui	30.9	31.6	210	西宁	Xining	29.5	25.6	225
遵义	Zunyi	61.4	66.9	90	海东	Haidong	7.4		
安顺	Anshun	21.1	22.1	236	**宁夏**	**Ningxia**	**594.0**	**618.2**	
毕节	Bijie	31.1	32.5	205	银川	Yinchuan	68.0	72.7	79
铜仁	Tongren	17.6	18.8	249	石嘴山	Shizuishan	18.6	18.6	250
云南	**Yunnan**	**1163.6**	**4463.8**		吴忠	Wuzhong	13.3	13.6	266
昆明	Kunming	145.9	153.0	34	固原	Guyuan	8.5	8.7	279
曲靖	Qujing	43.1	43.4	158	中卫	Zhongwei	9.0	9.8	277
玉溪	Yuxi	26.2	27.0	220	**新疆**	**Xinjiang**	**923.2**	**1039.6**	
保山	Baoshan	15.4	15.6	261	乌鲁木齐	Urumqi	119.7	122.0	45
昭通	Zhaotong	22.4	22.8	232	克拉玛依	Karamay	21.2	20.9	243

6-14 失业保险参保人数
Persons Covered by Unemployment Insurance

单位：万人 (10 000 persons)

地名	City	2016	2017	2017 排名 Ranking	地名	City	2016	2017	2017 排名 Ranking
全国	**Nation Total**	**18088.8**	**18784.2**		沈阳	Shenyang	140.1	143.0	19
北京	**Beijing**	**11115.0**	**1170.9**		大连	Dalian	145.5	152.4	16
天津	**Tianjin**	**302.5**	**311.3**		鞍山	Anshan	54.9	55.2	62
河北	**Hebei**	**515.9**	**529.7**		抚顺	Fushun	48.8	49.2	70
石家庄	Shijiazhuang	92.1	92.2	37	本溪	Benxi	40.1	36.1	104
唐山	Tangshan	82.8	86.2	39	丹东	Dandong	22.8	23.2	170
秦皇岛	Qinhuangdao	33.3	36.1	103	锦州	Jinzhou	33.2	33.4	116
邯郸	Handan	68.3	69.5	49	营口	Yingkou	23.9	24.1	164
邢台	Xingtai	35.0	35.8	106	阜新	Fuxin	19.6	20.2	191
保定	Baoding	52.3	53.4	65	辽阳	Liaoyang	22.7	23.1	172
张家口	Zhangjiakou	38.7	39.2	91	盘锦	Panjin	35.3	35.2	108
承德	Chengde	22.3	22.7	178	铁岭	Tieling	25.9	26.2	154
沧州	Cangzhou	36.6	37.3	97	朝阳	Chaoyang	23.9	24.0	166
廊坊	Langfang	29.7	30.5	131	葫芦岛	Huludao	24.1	24.3	163
衡水	Hengshui	18.4	18.7	195	**吉林**	**Jilin**	**262.0**	**263.7**	
山西	**Shanxi**	**415.2**	**420.6**		长春	Changchun	95.9	97.0	35
太原	Taiyuan	89.9	93.8	36	吉林	Jilin	42.8	42.9	77
大同	Datong	45.1	45.0	74	四平	Siping	19.5	23.4	168
阳泉	Yangquan	25.1	25.1	158	辽源	Liaoyuan	7.2	7.2	275
长治	Changzhi	41.3	41.6	82	通化	Tonghua	15.8	18.1	200
晋城	Jincheng	30.3	30.6	130	白山	Baishan	11.6	11.6	239
朔州	Shuozhou	18.3	18.3	199	松原	Songyuan	16.3	16.2	208
晋中	Jinzhong	30.8	32.2	123	白城	Baicheng	13.3	13.6	225
运城	Yuncheng	33.9	33.9	112	**黑龙江**	**Heilongjiang**	**313.2**	**315.1**	
忻州	Xinzhou	20.9	20.8	188	哈尔滨	Harbin	97.0	97.4	33
临汾	Linfen	34.7	34.7	110	齐齐哈尔	Qiqihar	16.6	19.5	192
吕梁	Lvliang	32.1	32.0	125	鸡西	Jixi	15.9	15.9	210
内蒙古	**Inner Mongolia**	**241.1**	**247.1**		鹤岗	Hegang	7.8	7.9	270
呼和浩特	Hohhot	47.5	50.5	67	双鸭山	Shuangyashan	12.5	12.7	232
包头	Baotou	42.5	42.5	79	大庆	Daqing	17.1	17.4	204
乌海	Wuhai	9.0	9.0	258	伊春	Yichun	12.6	12.6	235
赤峰	Chifeng	26.7	27.1	146	佳木斯	Jiamusi	13.7	13.8	224
通辽	Tongliao	18.2	18.3	198	七台河	Qitaihe	10.0	10.0	251
鄂尔多斯	Erdos	20.4	22.2	181	牡丹江	Mudanjiang	15.3	15.5	216
呼伦贝尔	Hulunbuir	26.5	26.5	149	黑河	Heihe	0.4	4.4	283
巴彦淖尔	Bayannur	10.0	10.2	249	绥化	Suihua	10.1	10.2	248
乌兰察布	Ulanqab	13.3	13.3	227	**上海**	**Shanghai**	**947.3**	**961.8**	
辽宁	**Liaoning**	**665.4**	**679.9**		**江苏**	**Jiangsu**	**1538.1**	**1583.0**	

6-14 失业保险参保人数 续表 1

Persons Covered by Unemployment Insurance continued 1

单位：万人 (10 000 persons)

地名	City	2016	2017	2017 排名 Ranking	地名	City	2016	2017	2017 排名 Ranking
南京	Nanjing	259.8	267.9	8	池州	Chizhou	7.2	8.1	269
无锡	Wuxi	204.3	210.6	12	宣城	Xuancheng	14.0	15.5	217
徐州	Xuzhou	89.0	89.9	38	**福建**	**Fujian**	**575.5**	**612.3**	
常州	Changzhou	111.6	116.4	26	福州	Fuzhou	119.5	123.2	24
苏州	Suzhou	446.6	464.6	3	厦门	Xiamen	192.5	211.1	10
南通	Nantong	102.5	106.4	29	莆田	Putian	27.8	32.9	120
连云港	Lianyungang	39.9	40.1	86	三明	Sanming	32.0	33.1	117
淮安	Huaian	64.3	66.0	53	泉州	Quanzhou	65.7	68.4	50
盐城	Yancheng	74.4	76.2	46	漳州	Zhangzhou	39.3	41.2	84
扬州	Yangzhou	65.5	66.6	52	南平	Nanping	36.5	37.2	98
镇江	Zhenjiang	52.9	53.5	64	龙岩	Longyan	38.3	39.3	90
泰州	Taizhou	65.5	66.7	51	宁德	Ningde	22.0	26.0	155
宿迁	Suqian	32.1	32.5	122	**江西**	**Jiangxi**	**282.6**	**286.3**	
浙江	**Zhejiang**	**1317.0**	**1380.9**		南昌	Nanchang	62.4	62.3	57
杭州	Hangzhou	374.2	416.0	5	景德镇	Jingdezhen	14.0	13.1	228
宁波	Ningbo	262.5	269.3	7	萍乡	Pingxiang	15.5	16.0	209
温州	Wenzhou	112.9	114.5	27	九江	Jiujiang	35.2	35.2	109
嘉兴	Jiaxing	118.7	122.1	25	新余	Xinyu	11.2	11.3	241
湖州	Huzhou	65.6	72.3	48	鹰潭	Yingtan	8.1	9.1	257
绍兴	Shaoxing	127.0	131.8	22	赣州	Ganzhou	37.0	37.0	99
金华	Jinhua	80.3	85.0	40	吉安	Jian	22.7	23.0	175
衢州	Quzhou	26.6	28.8	141	宜春	Yichun	26.0	27.0	147
舟山	Zhoushan	21.4	22.3	180	抚州	Fuzhou	21.0	21.0	187
台州	Taizhou	103.6	97.6	32	上饶	Shangrao	30.0	30.1	135
丽水	Lishui	22.8	23.1	173	**山东**	**Shandong**	**1222.9**	**1268.3**	
安徽	**Anhui**	**448.5**	**472.4**		济南	Jinan	135.8	147.2	17
合肥	Hefei	128.8	141.4	21	青岛	Qingdao	194.3	210.3	13
芜湖	Wuhu	41.2	42.9	76	淄博	Zibo	80.4	81.6	44
蚌埠	Bengbu	21.9	22.9	177	枣庄	Zaozhuang	42.8	43.4	75
淮南	Huainan	30.8	31.2	128	东营	Dongying	28.6	29.2	140
马鞍山	Maanshan	25.6	26.3	153	烟台	Yantai	108.3	111.1	28
淮北	Huaibei	25.4	25.7	157	潍坊	Weifang	94.1	97.3	34
铜陵	Tongling	18.4	18.9	194	济宁	Jining	81.3	83.1	41
安庆	Anqing	24.8	26.7	148	泰安	Taian	61.5	62.0	58
黄山	Huangshan	9.8	10.1	250	威海	Weihai	56.4	57.7	60
滁州	Chuzhou	22.4	23.1	174	日照	Rizhao	27.1	27.7	144
阜阳	Fuyang	25.5	25.7	156	莱芜	Laiwu	21.3	21.7	183
宿州	Suzhou	20.1	20.4	190	临沂	Linyi	60.1	62.4	56
六安	Liuan	17.0	17.9	202	德州	Dezhou	36.6	37.5	96
亳州	Bozhou	15.4	15.7	212	聊城	Liaocheng	33.8	35.9	105

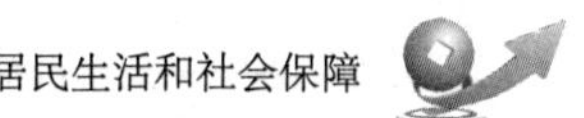

6-14 失业保险参保人数 续表 2

Persons Covered by Unemployment Insurance continued 2

单位：万人 (10 000 persons)

地名	City	2016	2017	2017 排名 Ranking	地名	City	2016	2017	2017 排名 Ranking
滨州	Binzhou	41.5	40.4	85	常德	Changde	29.9	31.5	127
菏泽	Heze	36.7	38.8	92	张家界	Zhangjiajie	10.0	10.3	247
河南	**Henan**	**788.1**	**805.6**		益阳	Yiyang	21.0	21.5	184
郑州	Zhengzhou	181.9	189.3	14	郴州	Chenzhou	29.3	30.1	134
开封	Kaifeng	23.8	25.0	160	永州	Yongzhou	30.4	30.5	132
洛阳	Luoyang	63.6	63.8	54	怀化	Huaihua	29.6	30.3	133
平顶山	Pingdingshan	45.8	46.5	71	娄底	Loudi	32.0	33.0	118
安阳	Anyang	41.9	42.8	78	**广东**	**Guangdong**	**3020.1**	**3163.7**	
鹤壁	Hebi	14.2	14.7	220	广州	Guangzhou	502.1	540.8	2
新乡	Xinxiang	44.3	49.6	69	韶关	Shaoguan	29.3	29.8	137
焦作	Jiaozuo	34.9	35.3	107	深圳	Shenzhen	1026.1	1089.5	1
濮阳	Puyang	30.1	31.7	126	珠海	Zhuhai	92.2	98.2	31
许昌	Xuchang	27.5	28.0	142	汕头	Shantou	72.3	80.0	45
漯河	Luohe	17.6	18.0	201	佛山	Foshan	229.8	244.8	9
三门峡	Sanmenxia	23.1	23.2	171	江门	Jiangmen	76.9	81.8	43
南阳	Nanyang	62.1	63.5	55	湛江	Zhanjiang	39.6	42.5	80
商丘	Shangqiu	34.2	36.8	100	茂名	Maoming	26.2	27.8	143
信阳	Xinyang	35.6	33.6	114	肇庆	Zhaoqing	43.6	45.0	73
周口	Zhoukou	37.8	39.9	88	惠州	Huizhou	124.6	125.2	23
驻马店	Zhumadian	37.8	39.9	87	梅州	Meizhou	27.0	29.9	136
湖北	**Hubei**	**541.9**	**561.3**		汕尾	Shanwei	20.0	21.0	185
武汉	Wuhan	192.6	210.7	11	河源	Heyuan	28.9	29.4	139
黄石	Huangshi	27.0	26.4	151	阳江	Yangjiang	21.2	16.5	207
十堰	Shiyan	26.0	26.4	150	清远	Qingyuan	36.4	37.6	95
宜昌	Yichang	51.1	52.3	66	东莞	Dongguan	409.1	404.0	6
襄阳	Xiangyang	40.9	41.4	83	中山	Zhongshan	140.2	143.2	18
鄂州	Ezhou	8.3	8.6	265	潮州	Chaozhou	32.6	34.2	111
荆门	Jingmen	18.7	19.2	193	揭阳	Jieyang	24.0	24.0	165
孝感	Xiaogan	24.5	24.9	161	云浮	Yunfu	17.5	18.3	197
荆州	Jingzhou	33.3	33.8	113	**广西**	**Guangxi**	**283.7**	**302.1**	
黄冈	Huanggang	22.3	22.9	176	南宁	Nanning	52.3	54.7	63
咸宁	Xianning	13.8	14.5	221	柳州	Liuzhou	39.6	42.3	81
随州	Suizhou	7.5	7.5	274	桂林	Guilin	29.1	36.5	101
湖南	**Hunan**	**537.5**	**563.7**		梧州	Wuzhou	13.7	14.3	222
长沙	Changsha	129.6	142.9	20	北海	Beihai	10.8	11.3	242
株洲	Zhuzhou	36.9	37.9	94	防城港	Fangchenggang	6.9	7.1	276
湘潭	Xiangtan	32.2	33.0	119	钦州	Qinzhou	8.9	9.5	254
衡阳	Hengyang	60.0	61.0	59	贵港	Guigang	10.0	10.3	246
邵阳	Shaoyang	30.1	30.9	129	玉林	Yulin	16.3	16.8	206
岳阳	Yueyang	36.1	38.1	93	百色	Baise	12.3	13.0	229

6-14 失业保险参保人数 续表 3
Persons Covered by Unemployment Insurance continued 3

单位：万人 (10 000 persons)

地名	City	2016	2017	2017 排名 Ranking	地名	City	2016	2017	2017 排名 Ranking
贺州	Hezhou	7.7	8.2	267	丽江	Lijiang	4.6	4.8	281
河池	Hechi	12.1	12.5	236	普洱	Puer	10.9	11.4	240
来宾	Laibin	7.2	8.7	262	临沧	Lincang	9.0	9.4	255
崇左	Chongzuo	8.0	8.2	268	**西藏**	**Tibet**	**15.2**	**15.2**	
海南	**Hainan**	**170.2**	**168.1**		拉萨	Lasa	1.5	3.0	285
海口	Haikou	48.9	46.2	72	**陕西**	**Shaanxi**	**352.2**	**356.5**	
三亚	Sanya	19.0	21.9	182	西安	Xi'an	152.7	155.0	15
三沙	Sansha	0.0	0.0	286	铜川	Tongchuan	9.6	9.6	253
重庆	**Chongqing**	**447.1**	**466.3**		宝鸡	Baoji	29.5	29.7	138
四川	**Sichuan**	**702.0**	**776.7**		咸阳	Xianyang	39.3	39.5	89
成都	Chengdu	359.4	416.9	4	渭南	Weinan	31.7	32.0	124
自贡	Zigong	12.4	15.2	218	延安	Yan'an	20.0	20.4	189
攀枝花	Panzhihua	19.5	17.3	205	汉中	Hanzhong	23.2	23.2	169
泸州	Luzhou	23.1	25.0	159	榆林	Yulin	24.9	26.4	152
德阳	Deyang	32.3	32.8	121	安康	Ankang	9.6	8.7	264
绵阳	Mianyang	36.6	36.3	102	商洛	Shangluo	11.4	11.6	238
广元	Guangyuan	14.3	15.5	215	**甘肃**	**Gansu**	**164.3**	**165.4**	
遂宁	Suining	9.5	10.5	245	兰州	Lanzhou	56.8	56.7	61
内江	Neijiang	13.7	14.7	219	嘉峪关	Jiayuguan	5.8	6.1	280
乐山	Leshan	21.4	21.0	186	金昌	Jinchang	7.6	7.0	277
南充	Nanchong	17.4	18.5	196	白银	Baiyin	12.5	12.7	233
眉山	Meishan	11.8	15.7	213	天水	Tianshui	6.6	14.0	223
宜宾	Yibin	23.5	23.9	167	武威	Wuwei	7.3	7.8	272
广安	Guangan	10.7	12.1	237	张掖	Zhangye	7.7	7.9	271
达州	Dazhou	16.0	13.3	226	平凉	Pingliang	8.7	8.7	263
雅安	Yaan	8.3	9.8	252	酒泉	Jiuquan	7.2	7.5	273
巴中	Bazhong	7.9	12.6	234	庆阳	Qingyang	8.3	8.3	266
资阳	Ziyang	6.7	8.7	261	定西	Dingxi	8.8	9.0	260
贵州	**Guizhou**	**218.1**	**235.7**		陇南	Longnan	4.8	4.2	284
贵阳	Guiyang	66.7	74.6	47	**青海**	**Qinghai**	**40.8**	**41.5**	
六盘水	Liupanshui	16.8	17.6	203	西宁	Xining	17.2	27.4	145
遵义	Zunyi	29.3	33.6	115	海东	Haidong	4.6	4.7	282
安顺	Anshun	10.1	10.8	243	**宁夏**	**Ningxia**	**95.6**	**88.5**	
毕节	Bijie	21.0	22.4	179	银川	Yinchuan	47.3	49.8	68
铜仁	Tongren	10.0	10.5	244	石嘴山	Shizuishan	12.8	13.0	230
云南	**Yunnan**	**251.2**	**259.8**		吴忠	Wuzhong	8.8	9.3	256
昆明	Kunming	96.8	99.3	30	固原	Guyuan	6.6	6.9	278
曲靖	Qujing	34.3	24.7	162	中卫	Zhongwei	6.2	6.3	279
玉溪	Yuxi	15.3	15.8	211	**新疆**	**Xinjiang**	**298.7**	**310.8**	
保山	Baoshan	8.6	9.0	259	乌鲁木齐	Urumqi	78.8	82.0	42
昭通	Zhaotong	12.5	12.8	231	克拉玛依	Karamay	16.4	15.6	214

7

土地资源管理

Land Resources Administration

7-1 建设用地土地供应面积

Area of Construction Use Land Supplied

单位：公顷 (hectare)

地名	City	2010	2016	2017	2017 排名 Ranking	地名	City	2010	2016	2017	2017 排名 Ranking
全国	**Nation Total**	**432561.42**	**531180.71**	**620245.92**		沈阳	Shenyang	3970.80	4667.37	907.52	194
北京	**Beijing**	**2412.63**	**1296.92**	**1922.40**		大连	Dalian	5316.07	1411.80	1994.77	91
天津	**Tianjin**	**6655.00**	**5703.74**	**4122.10**		鞍山	Anshan	2405.09	678.33	1384.95	130
河北	**Hebei**	**18126.85**	**21624.70**	**25695.36**		抚顺	Fushun	1216.29	679.08	136.81	283
石家庄	Shijiazhuang	1522.90	2095.17	2987.79	39	本溪	Benxi	1809.18	602.52	290.73	271
唐山	Tangshan	2819.40	3623.49	4703.42	11	丹东	Dandong	1383.20	468.35	653.82	227
秦皇岛	Qinhuangdao	935.75	1268.27	926.41	190	锦州	Jinzhou	1319.57	505.70	351.71	263
邯郸	Handan	1679.46	2180.92	2762.30	49	营口	Yingkou	4361.96	871.92	556.96	238
邢台	Xingtai	1115.23	1572.69	3008.95	37	阜新	Fuxin	886.84	675.76	223.83	278
保定	Baoding	1596.54	2086.53	2122.94	79	辽阳	Liaoyang	1067.55	447.32	370.11	261
张家口	Zhangjiakou	1392.55	1005.56	2593.33	53	盘锦	Panjin	1051.22	952.65	1478.97	122
承德	Chengde	896.89	2545.18	1325.36	139	铁岭	Tieling	2379.43	527.33	316.44	269
沧州	Cangzhou	3488.43	3100.37	2842.88	44	朝阳	Chaoyang	1031.27	1081.62	616.95	232
廊坊	Langfang	1778.33	1004.31	1031.64	172	葫芦岛	Huludao	1070.21	1876.48	482.63	242
衡水	Hengshui	901.38	1142.21	1390.35	129	**吉林**	**Jilin**	**9310.63**	**7222.64**	**12254.69**	
山西	**Shanxi**	**7114.75**	**12364.34**	**9419.67**		长春	Changchun	3853.09	1650.76	5664.51	5
太原	Taiyuan	977.32	919.92	1139.16	161	吉林	Jilin	1094.60	1146.95	1669.19	111
大同	Datong	989.73	1329.34	821.20	205	四平	Siping	701.38	630.98	519.66	240
阳泉	Yangquan	299.55	326.72	462.95	243	辽源	Liaoyuan	395.21	316.76	112.88	284
长治	Changzhi	431.49	1224.25	939.86	189	通化	Tonghua	484.28	649.01	1375.72	132
晋城	Jincheng	609.38	659.71	370.89	260	白山	Baishan	1377.07	439.52	663.97	225
朔州	Shuozhou	706.39	2135.74	818.08	206	松原	Songyuan	195.47	1371.92	461.47	244
晋中	Jinzhong	605.94	933.87	1295.18	145	白城	Baicheng	688.73	469.90	273.76	273
运城	Yuncheng	755.50	910.11	1025.22	175	**黑龙江**	**Heilongjiang**	**14530.55**	**8287.05**	**14538.62**	
忻州	Xinzhou	368.84	824.98	854.83	200	哈尔滨	Harbin	3514.86	1234.64	1890.74	99
临汾	Linfen	689.37	980.58	831.03	204	齐齐哈尔	Qiqihar	778.47	2038.45	1004.51	181
吕梁	Lvliang	681.23	2119.12	861.25	197	鸡西	Jixi	234.43	425.92	279.75	272
内蒙古	**Inner Mongolia**	**21938.08**	**17999.24**	**28787.94**		鹤岗	Hegang	215.21	194.33	174.85	281
呼和浩特	Hohhot	981.62	1304.56	1598.12	116	双鸭山	Shuangyashan	384.48	274.39	436.47	250
包头	Baotou	1450.38	1081.53	1038.90	171	大庆	Daqing	3358.86	588.33	1316.68	141
乌海	Wuhai	1014.02	408.83	342.78	264	伊春	Yichun	233.40	315.45	229.19	277
赤峰	Chifeng	1131.64	2134.25	1996.73	88	佳木斯	Jiamusi	905.92	846.23	804.34	208
通辽	Tongliao	2338.89	2694.22	1025.48	174	七台河	Qitaihe	102.14	190.48	444.01	248
鄂尔多斯	Erdos	7210.73	1558.63	5922.84	4	牡丹江	Mudanjiang	1014.15	474.35	954.32	187
呼伦贝尔	Hulunbuir	1978.07	1568.84	2977.08	40	黑河	Heihe	685.46	220.26	915.37	191
巴彦淖尔	Bayannur	1650.94	1224.18	1005.40	180	绥化	Suihua	1232.53	681.43	4320.04	15
乌兰察布	Ulanqab	798.64	1110.44	2330.30	66	**上海**	**Shanghai**	**2926.14**	**3511.53**	**3048.33**	
辽宁	**Liaoning**	**29268.68**	**15446.23**	**9866.19**		**江苏**	**Jiangsu**	**37873.85**	**40123.68**	**42051.24**	

7-1 建设用地土地供应面积 续表 1
Area of Construction Use Land Supplied continued 1

单位：公顷 (hectare)

地名	City	2010	2016	2017	2017 排名 Ranking	地名	City	2010	2016	2017	2017 排名 Ranking
南京	Nanjing	2979.20	4816.08	4128.75	17	池州	Chizhou	640.51	1269.73	444.17	247
无锡	Wuxi	5253.22	2086.86	2502.09	56	宣城	Xuancheng	1179.16	1070.29	1644.90	112
徐州	Xuzhou	2793.73	3599.32	5655.72	6	**福建**	**Fujian**	**12391.84**	**16927.33**	**17511.81**	
常州	Changzhou	3647.00	2822.60	2800.39	45	福州	Fuzhou	2162.00	2607.89	3787.21	23
苏州	Suzhou	4827.76	3725.07	4401.45	14	厦门	Xiamen	1967.97	951.22	1303.75	143
南通	Nantong	3926.48	5066.97	4985.18	8	莆田	Putian	498.17	946.60	1334.37	137
连云港	Lianyungang	1978.24	3055.28	2303.11	67	三明	Sanming	1464.99	1783.12	1063.25	168
淮安	Huaian	2015.36	1994.71	2189.21	75	泉州	Quanzhou	1736.36	3727.34	3518.97	26
盐城	Yancheng	4289.60	3783.28	4543.71	12	漳州	Zhangzhou	1737.54	2329.60	2180.98	76
扬州	Yangzhou	2218.83	2083.14	2354.59	65	南平	Nanping	1024.59	1790.35	1286.63	146
镇江	Zhenjiang	542.06	1271.81	1774.16	104	龙岩	Longyan	1084.69	1279.47	1535.80	119
泰州	Taizhou	1596.82	3010.15	3056.83	36	宁德	Ningde	715.53	1511.74	1500.87	121
宿迁	Suqian	1805.55	2778.40	1356.06	133	**江西**	**Jiangxi**	**17908.29**	**18985.45**	**22162.15**	
浙江	**Zhejiang**	**27932.57**	**22993.80**	**28949.63**		南昌	Nanchang	3576.07	2133.65	3196.48	31
杭州	Hangzhou	6216.95	3920.52	3864.76	22	景德镇	Jingdezhen	504.20	313.79	375.75	258
宁波	Ningbo	5603.70	3308.89	3251.94	30	萍乡	Pingxiang	476.45	497.14	870.24	196
温州	Wenzhou	1112.55	2425.39	3260.97	29	九江	Jiujiang	1504.40	2555.27	1936.72	98
嘉兴	Jiaxing	3251.48	3245.61	3136.80	33	新余	Xinyu	354.90	557.95	399.07	254
湖州	Huzhou	1451.78	2045.07	2413.76	62	鹰潭	Yingtan	602.77	262.42	438.45	249
绍兴	Shaoxing	2076.69	1914.91	3091.44	34	赣州	Ganzhou	2909.30	3141.15	4437.63	13
金华	Jinhua	1875.53	1986.10	1960.08	96	吉安	Jian	2315.58	1884.41	2450.50	60
衢州	Quzhou	1487.54	730.87	1622.09	113	宜春	Yichun	1754.10	2246.32	3075.25	35
舟山	Zhoushan	1459.51	663.01	957.89	185	抚州	Fuzhou	2005.33	1374.29	1264.87	149
台州	Taizhou	2194.95	1870.16	4079.51	18	上饶	Shangrao	1905.20	4019.07	3717.20	24
丽水	Lishui	1201.88	883.28	1310.39	142	**山东**	**Shandong**	**45372.12**	**29640.89**	**30528.34**	
安徽	**Anhui**	**17524.25**	**28507.52**	**29109.12**		济南	Jinan	2568.33	2521.21	2257.82	70
合肥	Hefei	2553.61	4402.03	3371.07	27	青岛	Qingdao	5682.46	2932.49	3328.69	28
芜湖	Wuhu	2417.63	1387.25	1344.82	135	淄博	Zibo	2267.17	921.85	1022.79	176
蚌埠	Bengbu	690.12	1788.57	1303.17	144	枣庄	Zaozhuang	1166.67	626.28	587.03	235
淮南	Huainan	845.59	839.35	1110.86	162	东营	Dongying	2264.51	1132.29	1335.42	136
马鞍山	Maanshan	927.90	578.93	716.34	216	烟台	Yantai	5141.95	1556.20	2480.95	57
淮北	Huaibei	913.68	802.98	1429.43	125	潍坊	Weifang	7512.94	4339.17	3570.86	25
铜陵	Tongling	703.41	243.32	333.55	267	济宁	Jining	2411.58	1460.65	1846.52	100
安庆	Anqing	896.48	1693.86	2011.51	86	泰安	Taian	1622.13	909.12	1146.93	159
黄山	Huangshan	676.03	417.73	658.24	226	威海	Weihai	2945.89	1902.62	2773.29	48
滁州	Chuzhou	1178.43	3459.33	2927.40	42	日照	Rizhao	1187.84	856.85	1329.82	138
阜阳	Fuyang	668.29	2880.44	3173.47	32	莱芜	Laiwu	754.23	280.99	401.76	252
宿州	Suzhou	879.46	2015.37	1963.39	95	临沂	Linyi	3106.67	2885.07	1946.26	97
六安	Liuan	804.23	2467.76	2255.72	71	德州	Dezhou	1379.74	1417.68	2100.92	81
亳州	Bozhou	752.73	1482.58	2366.79	64	聊城	Liaocheng	1763.47	1327.45	1407.32	128

7-1 建设用地土地供应面积 续表 2

Area of Construction Use Land Supplied continued 2

单位：公顷 (hectare)

地名	City	2010	2016	2017	2017 排名 Ranking	地名	City	2010	2016	2017	2017 排名 Ranking
滨州	Binzhou	1805.18	3122.09	986.87	183	常德	Changde	1130.99	1681.12	1996.56	89
菏泽	Heze	1791.37	1448.99	2005.08	87	张家界	Zhangjiajie	351.67	746.39	237.39	275
河南	**Henan**	**17546.75**	**18670.73**	**48920.03**		益阳	Yiyang	1165.55	1630.88	912.30	192
郑州	Zhengzhou	2920.13	4077.29	8663.03	3	郴州	Chenzhou	918.42	1203.07	1106.58	163
开封	Kaifeng	980.55	1029.78	2116.41	80	永州	Yongzhou	591.19	4911.66	1229.96	151
洛阳	Luoyang	1763.85	1744.10	1820.38	101	怀化	Huaihua	1556.79	1785.81	1091.37	165
平顶山	Pingdingshan	1588.16	602.23	2279.49	69	娄底	Loudi	309.95	640.83	955.04	186
安阳	Anyang	1076.78	1041.26	1105.96	164	**广东**	**Guangdong**	**16395.55**	**34590.01**	**37953.46**	
鹤壁	Hebi	519.25	406.46	731.65	215	广州	Guangzhou	3146.23	4293.47	4302.67	16
新乡	Xinxiang	917.40	1049.73	2873.41	43	韶关	Shaoguan	511.81	3107.97	985.22	184
焦作	Jiaozuo	891.31	685.60	1972.83	94	深圳	Shenzhen	428.11	1147.03	1219.33	154
濮阳	Puyang	373.88	1050.52	2077.44	83	珠海	Zhuhai	1031.14	1375.20	1746.13	107
许昌	Xuchang	1060.91	654.19	1760.91	106	汕头	Shantou	247.59	681.05	706.20	218
漯河	Luohe	452.94	367.18	579.47	236	佛山	Foshan	1430.69	1830.86	2460.84	58
三门峡	Sanmenxia	710.80	504.21	627.55	230	江门	Jiangmen	1299.25	1640.20	2458.05	59
南阳	Nanyang	1752.47	1513.62	16082.85	2	湛江	Zhanjiang	737.17	1638.30	1694.10	109
商丘	Shangqiu	775.70	1044.95	1083.95	167	茂名	Maoming	328.94	2309.51	1026.62	173
信阳	Xinyang	474.15	582.23	1236.28	150	肇庆	Zhaoqing	660.04	3253.14	2131.94	78
周口	Zhoukou	458.70	655.49	901.60	195	惠州	Huizhou	1345.23	2191.24	4021.10	20
驻马店	Zhumadian	829.78	1661.90	3006.82	38	梅州	Meizhou	398.93	2014.02	2929.37	41
湖北	**Hubei**	**16872.89**	**23822.84**	**77723.63**		汕尾	Shanwei	65.42	663.08	702.61	219
武汉	Wuhan	4707.93	9600.92	4064.71	19	河源	Heyuan	376.46	2029.60	626.92	231
黄石	Huangshi	629.38	1076.27	1086.45	166	阳江	Yangjiang	1003.14	990.80	2793.32	47
十堰	Shiyan	681.35	655.22	56671.35	1	清远	Qingyuan	1129.67	1867.49	2429.10	61
宜昌	Yichang	2120.13	1926.23	1731.43	108	东莞	Dongguan	793.38	792.02	2661.40	51
襄阳	Xiangyang	1418.78	1097.71	2797.43	46	中山	Zhongshan	974.54	499.77	1320.60	140
鄂州	Ezhou	710.66	305.96	447.72	246	潮州	Chaozhou	38.70	798.45	342.24	265
荆门	Jingmen	910.72	1847.78	2034.04	84	揭阳	Jieyang	223.03	427.31	338.04	266
孝感	Xiaogan	1059.99	1061.08	2084.74	82	云浮	Yunfu	226.07	1039.49	857.65	198
荆州	Jingzhou	1374.60	2012.54	1995.29	90	**广西**	**Guangxi**	**10399.88**	**15132.89**	**19795.28**	
黄冈	Huanggang	1030.31	1229.88	1008.84	178	南宁	Nanning	2090.24	2988.31	4742.98	9
咸宁	Xianning	882.67	1100.86	1222.99	152	柳州	Liuzhou	1496.90	2313.89	2238.75	72
随州	Suizhou	329.68	387.86	588.20	234	桂林	Guilin	1174.44	487.10	1510.21	120
湖南	**Hunan**	**13425.00**	**26904.46**	**21200.61**		梧州	Wuzhou	589.56	732.15	701.45	220
长沙	Changsha	3771.49	6065.12	4707.57	10	北海	Beihai	324.09	272.62	401.17	253
株洲	Zhuzhou	761.74	1413.98	986.92	182	防城港	Fangchenggang	554.18	1199.93	780.95	210
湘潭	Xiangtan	609.16	1230.28	1141.01	160	钦州	Qinzhou	996.40	924.29	1280.62	147
衡阳	Hengyang	829.09	1943.29	1770.55	105	贵港	Guigang	332.76	705.29	947.33	188
邵阳	Shaoyang	504.15	1440.70	1782.98	103	玉林	Yulin	626.72	955.23	1212.83	155
岳阳	Yueyang	747.87	1355.58	2297.98	68	百色	Baise	630.99	1425.08	1989.58	92

7-1 建设用地土地供应面积 续表 3
Area of Construction Use Land Supplied continued 3

单位：公顷 (hectare)

地名	City	2010	2016	2017	2017 排名 Ranking	地名	City	2010	2016	2017	2017 排名 Ranking
贺州	Hezhou	886.30	1417.64	708.06	217	丽江	Lijiang	194.51	1487.46	560.99	237
河池	Hechi	284.30	540.39	1417.39	127	普洱	Puer	218.81	752.28	909.66	193
来宾	Laibin	113.13	641.65	804.82	207	临沧	Lincang	197.64	189.19	209.12	279
崇左	Chongzuo	299.86	529.33	1009.15	177	**西藏**	**Tibet**	**1121.91**	**1379.80**	**1888.59**	
海南	**Hainan**	**2646.82**	**5359.86**	**2171.28**		拉萨	Lasa	319.77	659.43	457.68	245
海口	Haikou	439.53	638.81	637.70	228	**陕西**	**Shaanxi**	**7544.49**	**14834.53**	**11376.43**	
三亚	Sanya	169.34	353.08	268.88	274	西安	Xi'an	1803.40	2394.39	2734.25	50
三沙	Sansha					铜川	Tongchuan	363.55	347.23	147.70	282
重庆	**Chongqing**	**11240.07**	**13917.65**	**12912.17**		宝鸡	Baoji	417.24	2110.00	665.93	224
四川	**Sichuan**	**14630.73**	**31029.97**	**27176.30**		咸阳	Xianyang	903.71	2764.93	1378.70	131
成都	Chengdu	5114.18	5654.91	5283.16	7	渭南	Weinan	470.61	1393.01	1269.52	148
自贡	Zigong	338.73	1987.67	740.99	212	延安	Yan'an	292.34	549.60	1175.01	157
攀枝花	Panzhihua	300.68	604.76	229.57	276	汉中	Hanzhong	242.31	2238.09	632.20	229
泸州	Luzhou	1232.23	1585.52	1977.11	93	榆林	Yulin	2215.38	1729.33	1611.94	114
德阳	Deyang	995.81	939.42	848.27	202	安康	Ankang	649.53	865.65	1436.50	124
绵阳	Mianyang	953.74	1739.56	1800.08	102	商洛	Shangluo	186.41	442.29	324.69	268
广元	Guangyuan	441.29	229.97	489.41	241	**甘肃**	**Gansu**	**6135.91**	**14504.75**	**7291.47**	
遂宁	Suining	592.84	1339.60	2546.54	55	兰州	Lanzhou	793.72	1701.68	1352.69	134
内江	Neijiang	388.87	695.61	790.44	209	嘉峪关	Jiayuguan	711.51	457.26	357.68	262
乐山	Leshan	770.23	605.09	1167.92	158	金昌	Jinchang	420.80	527.14	1222.05	153
南充	Nanchong	562.72	563.98	2385.71	63	白银	Baiyin	363.11	1124.59	373.88	259
眉山	Meishan	460.94	1333.61	842.42	203	天水	Tianshui	222.61	1177.60	316.40	270
宜宾	Yibin	599.57	1523.13	2135.11	77	武威	Wuwei	460.73	1385.55	590.60	233
广安	Guangan	406.53	1497.68	1044.46	169	张掖	Zhangye	288.30	987.09	854.45	201
达州	Dazhou	368.67	740.99	376.14	257	平凉	Pingliang	187.75	274.90	184.35	280
雅安	Yaan	376.84	1182.76	433.47	251	酒泉	Jiuquan	1233.28	5224.50	1685.57	110
巴中	Bazhong	91.47	918.66	674.93	221	庆阳	Qingyang	340.34	307.01	545.47	239
资阳	Ziyang	223.17	441.73	1562.54	117	定西	Dingxi	709.89	380.59	397.20	255
贵州	**Guizhou**	**16492.75**	**15109.67**	**14708.97**		陇南	Longnan	42.15	15.97	40.93	285
贵阳	Guiyang	2407.94	2047.01	2223.56	74	**青海**	**Qinghai**	**2026.61**	**7217.09**	**7782.33**	
六盘水	Liupanshui	495.44	1317.24	1043.02	170	西宁	Xining	420.06	546.56	737.78	214
遵义	Zunyi	2607.17	3230.85	2617.12	52	海东	Haidong		340.52	383.64	256
安顺	Anshun	338.24	760.94	758.53	211	**宁夏**	**Ningxia**	**6324.18**	**7533.16**	**8259.27**	
毕节	Bijie	633.93	1614.91	1601.63	115	银川	Yinchuan	2682.19	2598.12	3888.40	21
铜仁	Tongren	776.86	1470.88	1555.33	118	石嘴山	Shizuishan	1461.50	845.09	666.05	222
云南	**Yunnan**	**9979.03**	**21864.56**	**14561.58**		吴忠	Wuzhong	889.27	1162.37	2033.11	85
昆明	Kunming	1346.02	2532.95	2581.75	54	固原	Guyuan	713.58	683.28	665.96	223
曲靖	Qujing	1293.87	1333.91	857.25	199	中卫	Zhongwei	577.63	2244.30	1005.75	179
玉溪	Yuxi	662.77	653.05	740.34	213	**新疆**	**Xinjiang**	**8492.12**	**28673.67**	**26606.93**	
保山	Baoshan	614.17	622.31	1439.30	123	乌鲁木齐	Urumqi	1844.59	2115.01	2228.02	73
昭通	Zhaotong	283.00	4358.33	1418.01	126	克拉玛依	Karamay	265.02	559.56	1184.98	156

7-2　建设用地划拨土地面积
Land Area of Construction Use Land Allocated

单位：公顷　　(hectare)

地名	City	2010	2016	2017	2017 排名 Ranking	地名	City	2010	2016	2017	2017 排名 Ranking
全国	**Nation Total**	**138267.34**	**313212.79**	**386976.62**		沈阳	Shenyang	823.81	3569.80	284.85	229
北京	**Beijing**	**260.10**	**584.77**	**1009.27**		大连	Dalian	467.12	470.96	1020.49	93
天津	**Tianjin**	**1372.41**	**3194.88**	**2038.68**		鞍山	Anshan	88.16	77.62	1016.23	95
河北	**Hebei**	**2408.36**	**9220.86**	**10651.07**		抚顺	Fushun	345.83	533.41	68.04	278
石家庄	Shijiazhuang	302.72	1039.14	1467.28	48	本溪	Benxi	1319.70	457.13	171.37	251
唐山	Tangshan	380.63	1616.21	1070.14	90	丹东	Dandong	757.01	73.97	178.94	250
秦皇岛	Qinhuangdao	62.63	912.91	460.53	180	锦州	Jinzhou	251.89	223.01	91.44	271
邯郸	Handan	318.06	1024.54	1439.80	52	营口	Yingkou	1162.49	328.49	50.92	281
邢台	Xingtai	144.91	288.11	1891.48	31	阜新	Fuxin	401.21	523.83	145.00	261
保定	Baoding	271.40	793.62	942.48	111	辽阳	Liaoyang	349.29	296.27	42.87	283
张家口	Zhangjiakou	249.26	120.47	1565.24	42	盘锦	Panjin	80.89	456.80	393.96	196
承德	Chengde	205.56	1941.76	626.44	153	铁岭	Tieling	487.35	406.72	143.25	262
沧州	Cangzhou	357.03	1232.29	802.99	123	朝阳	Chaoyang	382.44	728.90	211.18	240
廊坊	Langfang	54.41	50.84	36.06	284	葫芦岛	Huludao	183.56	1538.96	157.98	255
衡水	Hengshui	61.76	200.97	348.63	209	**吉林**	**Jilin**	**2543.82**	**3681.47**	**8908.93**	
山西	**Shanxi**	**2337.87**	**8870.81**	**5225.96**		长春	Changchun	1384.08	576.47	4525.48	5
太原	Taiyuan	422.43	351.90	479.38	178	吉林	Jilin	185.15	690.62	1250.07	66
大同	Datong	618.34	923.06	330.58	217	四平	Siping	55.91	211.57	108.51	266
阳泉	Yangquan	43.77	227.19	337.68	214	辽源	Liaoyuan	136.42	203.53	57.06	279
长治	Changzhi	110.07	1070.95	478.70	179	通化	Tonghua	151.00	442.52	1024.01	92
晋城	Jincheng	239.90	466.33	206.97	244	白山	Baishan	197.82	130.82	484.18	177
朔州	Shuozhou	153.85	1978.82	577.83	160	松原	Songyuan	12.47	1139.05	261.82	231
晋中	Jinzhong	110.18	311.44	588.85	158	白城	Baicheng	232.13	98.44	124.21	263
运城	Yuncheng	98.16	544.29	648.51	148	**黑龙江**	**Heilongjiang**	**7116.18**	**4906.83**	**10526.05**	
忻州	Xinzhou	124.22	284.75	572.66	163	哈尔滨	Harbin	1418.64	455.36	1114.83	81
临汾	Linfen	168.72	794.38	411.20	193	齐齐哈尔	Qiqihar	137.43	1555.72	642.64	149
吕梁	Lvliang	248.23	1917.69	593.62	157	鸡西	Jixi	49.80	358.24	169.62	253
内蒙古	**Inner Mongolia**	**6777.34**	**11174.09**	**21095.20**		鹤岗	Hegang	44.75	91.01	76.14	275
呼和浩特	Hohhot	199.40	596.71	1012.93	99	双鸭山	Shuangyashan	101.93	229.77	76.54	274
包头	Baotou	627.48	441.64	313.77	223	大庆	Daqing	2641.83	342.77	1030.51	91
乌海	Wuhai	490.41	123.27	123.88	264	伊春	Yichun	91.13	282.87	149.59	258
赤峰	Chifeng	237.50	1497.54	957.86	108	佳木斯	Jiamusi	439.84	628.67	311.26	225
通辽	Tongliao	265.79	2130.27	688.93	137	七台河	Qitaihe	22.32	74.79	347.25	210
鄂尔多斯	Erdos	2664.92	644.10	4781.18	4	牡丹江	Mudanjiang	189.73	144.72	728.65	132
呼伦贝尔	Hulunbuir	774.29	511.99	1630.93	39	黑河	Heihe	333.24	147.01	345.17	212
巴彦淖尔	Bayannur	396.22	921.82	700.16	135	绥化	Suihua	204.12	257.83	4027.67	6
乌兰察布	Ulanqab	165.45	592.56	1674.53	37	**上海**	**Shanghai**	**992.20**	**2710.82**	**2042.74**	
辽宁	**Liaoning**	**7100.75**	**9685.87**	**3976.51**		**江苏**	**Jiangsu**	**8570.35**	**18960.39**	**17637.44**	

7-2 建设用地划拨土地面积 续表 1

Land Area of Construction Use Land Allocated continued 1

单位：公顷 (hectare)

地名	City	2010	2016	2017	2017 排名 Ranking	地名	City	2010	2016	2017	2017 排名 Ranking
南京	Nanjing	1577.68	3352.17	2725.49	14	池州	Chizhou	0.17	972.14	232.63	238
无锡	Wuxi	2589.17	1187.88	1189.80	73	宣城	Xuancheng	178.22	505.47	948.26	109
徐州	Xuzhou	472.29	1475.07	2309.46	19	**福建**	**Fujian**	**4069.25**	**12133.91**	**11836.13**	
常州	Changzhou	1264.88	827.03	927.60	112	福州	Fuzhou	810.55	1591.79	2657.95	15
苏州	Suzhou	674.71	1526.01	1844.06	33	厦门	Xiamen	928.58	713.28	1086.77	85
南通	Nantong	722.65	1937.61	1868.27	32	莆田	Putian	90.10	505.77	1093.88	84
连云港	Lianyungang	92.22	1798.10	991.73	104	三明	Sanming	728.70	1526.21	697.10	136
淮安	Huaian	205.78	500.84	495.49	172	泉州	Quanzhou	587.50	2784.13	2043.11	27
盐城	Yancheng	239.63	1737.50	1816.78	35	漳州	Zhangzhou	125.41	1733.73	1233.48	67
扬州	Yangzhou	308.90	990.57	1156.88	78	南平	Nanping	520.49	1428.79	837.86	120
镇江	Zhenjiang	2.10	315.08	497.99	170	龙岩	Longyan	111.42	1039.09	1168.69	76
泰州	Taizhou	129.23	1601.19	1468.83	47	宁德	Ningde	166.51	1167.13	1017.29	94
宿迁	Suqian	291.11	1711.34	345.05	213	**江西**	**Jiangxi**	**8858.34**	**11523.27**	**10181.25**	
浙江	**Zhejiang**	**9992.24**	**13442.01**	**14600.73**		南昌	Nanchang	1942.99	1209.89	1453.54	51
杭州	Hangzhou	2873.04	2842.75	2209.64	23	景德镇	Jingdezhen	63.34	152.86	108.34	267
宁波	Ningbo	3302.73	1531.70	1117.85	80	萍乡	Pingxiang	276.77	240.98	495.66	171
温州	Wenzhou	496.92	1855.98	1969.46	29	九江	Jiujiang	401.71	1395.85	678.57	140
嘉兴	Jiaxing	633.01	1462.62	895.46	117	新余	Xinyu	126.33	375.49	184.99	248
湖州	Huzhou	129.13	1042.34	673.40	142	鹰潭	Yingtan	289.71	105.47	197.58	246
绍兴	Shaoxing	349.68	958.09	1843.76	34	赣州	Ganzhou	1826.00	2020.41	2460.32	16
金华	Jinhua	363.31	1246.30	907.34	115	吉安	Jian	1571.94	1216.59	1567.45	41
衢州	Quzhou	362.50	343.03	1012.54	101	宜春	Yichun	176.57	1130.22	1663.80	38
舟山	Zhoushan	71.65	457.10	237.58	236	抚州	Fuzhou	1006.56	621.33	588.36	159
台州	Taizhou	754.11	1169.92	2963.18	12	上饶	Shangrao	1176.41	3054.19	782.65	125
丽水	Lishui	656.15	532.19	770.52	128	**山东**	**Shandong**	**7424.50**	**8735.39**	**10061.26**	
安徽	**Anhui**	**4936.19**	**15545.95**	**15158.79**		济南	Jinan	799.24	1068.00	878.23	118
合肥	Hefei	1267.46	2807.83	2224.42	22	青岛	Qingdao	1877.42	705.84	1465.96	49
芜湖	Wuhu	699.25	623.23	318.25	219	淄博	Zibo	193.20	336.88	337.09	215
蚌埠	Bengbu	154.56	943.43	674.74	141	枣庄	Zaozhuang	395.65	233.16	209.94	241
淮南	Huainan	583.54	528.02	712.15	134	东营	Dongying	474.35	568.13	651.73	146
马鞍山	Maanshan	431.78	184.27	323.14	218	烟台	Yantai	636.09	232.22	896.46	116
淮北	Huaibei	141.91	474.56	1122.07	79	潍坊	Weifang	425.94	1052.19	779.70	126
铜陵	Tongling	62.04	112.36	145.62	260	济宁	Jining	173.12	380.33	375.38	201
安庆	Anqing	81.59	1135.69	1407.97	54	泰安	Taian	252.29	350.67	512.29	169
黄山	Huangshan	273.08	156.19	314.47	220	威海	Weihai	287.80	392.27	1012.93	99
滁州	Chuzhou	85.83	2252.67	1324.67	60	日照	Rizhao	409.50	451.93	346.17	211
阜阳	Fuyang	68.04	1309.49	1562.11	43	莱芜	Laiwu	234.69	104.04	169.01	254
宿州	Suzhou	202.98	1147.73	1070.19	89	临沂	Linyi	453.75	974.12	450.57	181
六安	Liuan	183.52	1394.64	959.40	107	德州	Dezhou	112.87	372.80	574.40	162
亳州	Bozhou	405.87	363.53	657.35	143	聊城	Liaocheng	373.14	218.46	446.57	184

7-2 建设用地划拨土地面积 续表 2
Land Area of Construction Use Land Allocated continued 2

单位：公顷 (hectare)

地名	City	2010	2016	2017	2017 排名 Ranking	地名	City	2010	2016	2017	2017 排名 Ranking
滨州	Binzhou	118.43	883.98	355.63	206	常德	Changde	397.84	916.39	967.63	106
菏泽	Heze	207.02	410.37	599.20	155	张家界	Zhangjiajie	72.32	545.54	112.23	265
河南	**Henan**	**5543.79**	**7621.54**	**35741.19**		益阳	Yiyang	684.55	1181.25	382.37	197
郑州	Zhengzhou	1468.74	1612.86	5560.03	3	郴州	Chenzhou	226.49	816.95	654.40	144
开封	Kaifeng	261.76	442.41	1352.39	57	永州	Yongzhou	103.82	4394.02	733.12	131
洛阳	Luoyang	406.16	1043.85	1208.50	70	怀化	Huaihua	928.75	1219.43	565.40	164
平顶山	Pingdingshan	796.66	72.69	1567.91	40	娄底	Loudi	37.32	549.36	779.64	127
安阳	Anyang	402.34	274.89	432.84	190	**广东**	**Guangdong**	**3454.49**	**25216.61**	**25215.84**	
鹤壁	Hebi	60.54	71.17	523.66	167	广州	Guangzhou	1372.84	3660.79	3088.88	11
新乡	Xinxiang	73.86	191.90	2052.40	26	韶关	Shaoguan	35.21	2658.29	448.84	182
焦作	Jiaozuo	174.57	305.59	1413.22	53	深圳	Shenzhen	139.39	559.14	489.74	174
濮阳	Puyang	111.08	541.57	1177.17	75	珠海	Zhuhai	288.51	850.55	1014.97	97
许昌	Xuchang	270.11	80.91	1183.78	74	汕头	Shantou	99.29	366.49	443.14	187
漯河	Luohe	162.77	84.38	305.39	226	佛山	Foshan	180.35	1043.45	1509.40	45
三门峡	Sanmenxia	154.95	335.78	375.77	200	江门	Jiangmen	205.88	1208.07	1300.43	61
南阳	Nanyang	921.62	828.97	15314.20	2	湛江	Zhanjiang	173.89	1291.27	1196.62	71
商丘	Shangqiu	145.55	456.31	244.63	235	茂名	Maoming	188.24	1869.57	651.43	147
信阳	Xinyang	30.78	167.15	748.74	130	肇庆	Zhaoqing	18.65	2711.00	1221.69	69
周口	Zhoukou	67.96	221.20	303.45	227	惠州	Huizhou	67.87	1616.94	3232.68	10
驻马店	Zhumadian	34.34	889.92	1977.11	28	梅州	Meizhou	15.41	1586.47	2290.47	20
湖北	**Hubei**	**3695.44**	**7516.31**	**67357.73**		汕尾	Shanwei	42.09	182.66	287.93	228
武汉	Wuhan	1693.19	2641.76	2081.17	24	河源	Heyuan	81.92	1529.52	314.20	221
黄石	Huangshi	96.84	540.27	596.53	156	阳江	Yangjiang	136.49	569.16	2431.16	17
十堰	Shiyan	174.33	267.78	56231.53	1	清远	Qingyuan	115.61	1277.73	1345.25	58
宜昌	Yichang	194.21	428.26	753.54	129	东莞	Dongguan	93.86	91.62	2225.89	21
襄阳	Xiangyang	465.81	455.79	2057.12	25	中山	Zhongshan	96.96	401.86	1015.75	96
鄂州	Ezhou	14.31	157.49	86.34	273	潮州	Chaozhou	7.83	662.56	170.26	252
荆门	Jingmen	80.56	529.09	491.03	173	揭阳	Jieyang	74.12	247.20	95.32	269
孝感	Xiaogan	106.42	232.53	1522.91	44	云浮	Yunfu	20.08	831.96	441.77	188
荆州	Jingzhou	416.92	825.56	1081.27	87	**广西**	**Guangxi**	**4074.59**	**9480.89**	**13229.05**	
黄冈	Huanggang	149.67	299.39	348.71	208	南宁	Nanning	1124.46	2214.06	3876.87	7
咸宁	Xianning	102.21	500.01	628.03	152	柳州	Liuzhou	913.51	1543.18	1228.07	68
随州	Suizhou	14.80	166.61	256.06	232	桂林	Guilin	488.45	165.77	1013.52	98
湖南	**Hunan**	**5065.29**	**18790.27**	**13125.05**		梧州	Wuzhou	46.87	462.36	405.55	195
长沙	Changsha	1721.98	4501.85	3388.69	8	北海	Beihai	31.75	176.73	199.22	245
株洲	Zhuzhou	402.06	701.56	440.05	189	防城港	Fangchenggang	117.69	674.30	230.59	239
湘潭	Xiangtan	143.96	863.91	827.69	122	钦州	Qinzhou	53.89	440.52	908.91	114
衡阳	Hengyang	121.24	703.35	686.20	139	贵港	Guigang	193.06	458.37	540.40	165
邵阳	Shaoyang	62.26	1067.56	1343.26	59	玉林	Yulin	39.19	257.78	485.08	176
岳阳	Yueyang	114.40	712.71	1509.14	46	百色	Baise	308.20	1005.75	1397.28	55

7-2 建设用地划拨土地面积 续表 3

Land Area of Construction Use Land Allocated continued 3

单位：公顷 (hectare)

地名	City	2010	2016	2017	2017 排名 Ranking	地名	City	2010	2016	2017	2017 排名 Ranking
贺州	Hezhou	625.70	1062.05	362.36	205	丽江	Lijiang	32.07	1344.93	446.57	184
河池	Hechi	38.99	282.20	1266.19	64	普洱	Puer	52.15	622.33	714.75	133
来宾	Laibin	13.18	492.57	628.49	151	临沧	Lincang	45.54	135.56	70.94	277
崇左	Chongzuo	79.64	245.24	686.53	138	**西藏**	**Tibet**	**781.77**	**289.87**	**1312.36**	
海南	**Hainan**	**837.53**	**3957.42**	**1632.53**		拉萨	Lasa	65.14	213.72	47.43	282
海口	Haikou	311.86	317.93	532.02	166	**陕西**	**Shaanxi**	**3487.35**	**8841.93**	**5821.51**	
三亚	Sanya	52.38	212.92	186.62	247	西安	Xi'an	1016.21	1187.78	1262.80	65
三沙	Sansha					铜川	Tongchuan	205.72	294.83	89.27	272
重庆	**Chongqing**	**5746.01**	**7936.34**	**7236.97**		宝鸡	Baoji	35.47	1454.29	379.05	198
四川	**Sichuan**	**3358.72**	**22086.92**	**17997.81**		咸阳	Xianyang	254.72	1588.30	264.87	230
成都	Chengdu	1697.00	3761.64	3382.00	9	渭南	Weinan	71.28	742.76	520.21	168
自贡	Zigong	51.97	1763.24	378.41	199	延安	Yan'an	168.42	199.91	846.38	119
攀枝花	Panzhihua	22.97	558.80	94.92	270	汉中	Hanzhong	30.47	1882.02	368.22	203
泸州	Luzhou	145.58	1013.02	1159.40	77	榆林	Yulin	1102.03	733.53	798.10	124
德阳	Deyang	66.42	332.32	425.24	191	安康	Ankang	572.89	603.93	1085.45	86
绵阳	Mianyang	181.14	712.43	985.14	105	商洛	Shangluo	30.13	154.58	207.15	243
广元	Guangyuan	167.13	52.54	366.37	204	**甘肃**	**Gansu**	**3374.86**	**10390.78**	**4011.02**	
遂宁	Suining	275.33	956.60	2338.93	18	兰州	Lanzhou	290.56	1165.78	407.04	194
内江	Neijiang	88.18	543.06	614.05	154	嘉峪关	Jiayuguan	568.39	361.26	149.54	259
乐山	Leshan	58.09	139.72	834.47	121	金昌	Jinchang	311.12	382.26	53.01	280
南充	Nanchong	47.42	94.53	1905.38	30	白银	Baiyin	111.78	696.95	180.87	249
眉山	Meishan	11.79	651.02	245.16	234	天水	Tianshui	36.60	957.05	151.45	256
宜宾	Yibin	89.32	1175.68	1276.32	63	武威	Wuwei	265.84	689.17	353.63	207
广安	Guangan	52.00	971.29	488.56	175	张掖	Zhangye	31.76	379.13	575.59	161
达州	Dazhou	41.72	477.21	150.27	257	平凉	Pingliang	90.81	129.57	95.83	268
雅安	Yaan	42.16	1024.36	233.96	237	酒泉	Jiuquan	711.96	4647.18	1072.87	88
巴中	Bazhong	17.55	611.13	333.56	216	庆阳	Qingyang	222.11	220.66	445.32	186
资阳	Ziyang	37.80	117.92	1292.83	62	定西	Dingxi	470.32	85.17	208.51	242
贵州	**Guizhou**	**13139.45**	**8463.38**	**8100.05**		陇南	Longnan	8.76	5.57	9.02	285
贵阳	Guiyang	1107.04	1038.63	923.62	113	**青海**	**Qinghai**	**1085.02**	**5294.56**	**6154.45**	
六盘水	Liupanshui	152.21	347.52	72.86	276	西宁	Xining	54.84	379.10	313.87	222
遵义	Zunyi	2155.54	2190.31	1356.02	56	海东	Haidong		158.20	255.86	233
安顺	Anshun	174.88	484.05	415.08	192	**宁夏**	**Ningxia**	**2931.69**	**4499.62**	**5681.72**	
毕节	Bijie	344.58	632.81	994.80	103	银川	Yinchuan	1311.95	1545.02	2747.95	13
铜仁	Tongren	649.53	594.09	946.30	110	石嘴山	Shizuishan	606.86	602.17	447.93	183
云南	**Yunnan**	**3994.05**	**17606.85**	**9517.31**		吴忠	Wuzhong	344.37	750.74	1461.74	50
昆明	Kunming	122.57	1354.75	1100.15	83	固原	Guyuan	431.30	449.62	371.27	202
曲靖	Qujing	604.85	1163.94	632.50	150	中卫	Zhongwei	237.21	1152.07	652.84	145
玉溪	Yuxi	159.65	210.28	311.38	224	**新疆**	**Xinjiang**	**2937.41**	**20355.12**	**19891.88**	
保山	Baoshan	132.92	369.48	995.03	102	乌鲁木齐	Urumqi	770.95	1422.67	1790.08	36
昭通	Zhaotong	78.59	4195.02	1196.05	72	克拉玛依	Karamay	122.21	285.63	1103.96	82

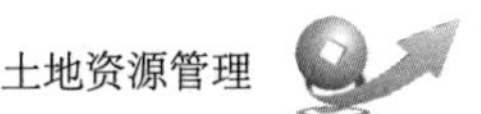

7-3 建设用地出让土地面积
Land Area of Construction Use Land Granted

单位：公顷 (hectare)

地名	City	2010	2016	2017	2017 排名 Ranking	地名	City	2010	2016	2017	2017 排名 Ranking
全国	**Nation Total**	**293717.81**	**211850.82**	**230898.62**		沈阳	Shenyang	3146.99	1097.57	622.67	122
北京	**Beijing**	**2152.53**	**712.15**	**913.03**		大连	Dalian	4848.46	905.08	973.96	77
天津	**Tianjin**	**5282.59**	**2508.87**	**2083.41**		鞍山	Anshan	2316.93	600.70	368.72	183
河北	**Hebei**	**15710.71**	**12401.18**	**14983.41**		抚顺	Fushun	863.42	145.41	68.77	282
石家庄	Shijiazhuang	1220.19	1056.03	1520.51	28	本溪	Benxi	489.47	145.39	219.36	236
唐山	Tangshan	2438.77	2007.28	3633.27	1	丹东	Dandong	626.19	394.38	474.88	155
秦皇岛	Qinhuangdao	873.06	355.35	465.88	156	锦州	Jinzhou	1067.68	282.69	260.27	224
邯郸	Handan	1361.40	1156.38	1322.50	39	营口	Yingkou	3199.47	543.43	506.04	145
邢台	Xingtai	970.32	1284.58	1056.60	63	阜新	Fuxin	485.63	151.93	78.83	280
保定	Baoding	1325.14	1292.91	1180.46	52	辽阳	Liaoyang	718.27	151.05	327.25	204
张家口	Zhangjiakou	1143.29	885.09	1028.09	69	盘锦	Panjin	970.33	495.85	1085.01	60
承德	Chengde	683.62	600.76	698.92	108	铁岭	Tieling	1892.08	120.61	173.18	257
沧州	Cangzhou	3131.39	1868.07	2039.88	11	朝阳	Chaoyang	648.83	352.72	405.77	176
廊坊	Langfang	1723.92	953.47	995.57	73	葫芦岛	Huludao	886.65	337.52	324.66	205
衡水	Hengshui	839.62	941.24	1041.73	65	**吉林**	**Jilin**	**6750.32**	**3535.44**	**3246.73**	
山西	**Shanxi**	**4768.03**	**3491.22**	**4192.66**		长春	Changchun	2454.87	1074.29	1139.03	56
太原	Taiyuan	554.89	568.08	659.78	115	吉林	Jilin	908.42	456.33	419.12	170
大同	Datong	371.39	403.98	489.54	151	四平	Siping	645.48	419.41	411.15	173
阳泉	Yangquan	255.78	99.53	125.27	266	辽源	Liaoyuan	258.79	113.23	55.81	284
长治	Changzhi	321.41	153.30	461.16	157	通化	Tonghua	333.28	200.76	337.09	199
晋城	Jincheng	360.64	193.37	163.93	260	白山	Baishan	1177.93	308.70	179.79	253
朔州	Shuozhou	552.54	156.92	240.25	229	松原	Songyuan	183.00	232.87	199.65	247
晋中	Jinzhong	495.76	622.43	706.33	107	白城	Baicheng	456.59	371.16	149.55	262
运城	Yuncheng	657.34	365.82	376.71	180	**黑龙江**	**Heilongjiang**	**7350.06**	**3313.29**	**3751.86**	
忻州	Xinzhou	244.62	540.22	282.18	216	哈尔滨	Harbin	2095.19	773.66	775.90	96
临汾	Linfen	520.65	186.20	419.83	169	齐齐哈尔	Qiqihar	637.96	476.04	343.04	197
吕梁	Lvliang	433.00	201.43	267.64	221	鸡西	Jixi	184.62	67.68	110.13	271
内蒙古	**Inner Mongolia**	**15160.56**	**6813.09**	**7675.89**		鹤岗	Hegang	129.70	77.05	96.71	274
呼和浩特	Hohhot	782.22	707.84	585.19	133	双鸭山	Shuangyashan	277.92	39.99	358.93	190
包头	Baotou	822.91	639.89	725.13	104	大庆	Daqing	716.44	245.56	286.17	215
乌海	Wuhai	523.61	285.56	218.90	237	伊春	Yichun	139.62	30.48	79.48	279
赤峰	Chifeng	894.09	636.71	1038.87	66	佳木斯	Jiamusi	466.09	206.43	493.09	149
通辽	Tongliao	2073.10	563.95	336.54	200	七台河	Qitaihe	70.81	114.48	95.93	275
鄂尔多斯	Erdos	4545.81	914.53	1141.66	54	牡丹江	Mudanjiang	824.42	329.63	215.35	240
呼伦贝尔	Hulunbuir	1203.78	1056.86	1346.15	38	黑河	Heihe	352.22	72.10	356.08	191
巴彦淖尔	Bayannur	1254.72	298.30	305.24	209	绥化	Suihua	1027.48	421.64	288.42	213
乌兰察布	Ulanqab	633.19	517.89	638.93	117	**上海**	**Shanghai**	**1933.94**	**800.69**	**1005.59**	
辽宁	**Liaoning**	**22160.40**	**5724.33**	**5889.36**		**江苏**	**Jiangsu**	**29262.40**	**21109.52**	**24372.37**	

7-3 建设用地出让土地面积 续表 1

Land Area of Construction Use Land Granted continued 1

单位：公顷 (hectare)

地名	City	2010	2016	2017	2017 排名 Ranking	地名	City	2010	2016	2017	2017 排名 Ranking
南京	Nanjing	1401.52	1493.91	1403.26	36	池州	Chizhou	640.34	297.60	211.54	242
无锡	Wuxi	2628.46	893.71	1306.86	42	宣城	Xuancheng	1000.94	564.82	696.64	109
徐州	Xuzhou	2321.45	2119.51	3346.26	2	**福建**	**Fujian**	**8278.63**	**4793.25**	**5647.97**	
常州	Changzhou	2382.12	1995.37	1872.79	14	福州	Fuzhou	1351.45	1016.10	1129.26	57
苏州	Suzhou	4153.05	2199.07	2557.39	8	厦门	Xiamen	995.42	237.94	216.97	239
南通	Nantong	3203.83	2085.60	3116.81	3	莆田	Putian	408.07	440.66	240.49	228
连云港	Lianyungang	1886.02	1257.18	1311.37	41	三明	Sanming	736.29	256.91	366.15	185
淮安	Huaian	1809.58	1493.87	1660.16	20	泉州	Quanzhou	1148.86	943.21	1450.88	33
盐城	Yancheng	4049.97	2045.79	2726.93	7	漳州	Zhangzhou	1612.14	951.87	946.66	80
扬州	Yangzhou	1904.41	1092.57	1196.09	51	南平	Nanping	504.11	361.56	448.76	159
镇江	Zhenjiang	539.97	956.72	1276.17	45	龙岩	Longyan	973.27	240.39	365.22	186
泰州	Taizhou	1467.59	1408.97	1587.27	24	宁德	Ningde	549.02	344.61	483.57	153
宿迁	Suqian	1514.43	1067.06	1011.01	71	**江西**	**Jiangxi**	**9049.66**	**7453.86**	**11858.72**	
浙江	**Zhejiang**	**17607.47**	**9539.58**	**14285.22**		南昌	Nanchang	1632.78	923.76	1738.54	18
杭州	Hangzhou	3011.05	1077.77	1655.12	21	景德镇	Jingdezhen	440.86	160.93	267.41	222
宁波	Ningbo	2300.97	1777.19	2134.09	10	萍乡	Pingxiang	199.67	256.16	368.10	184
温州	Wenzhou	615.64	567.04	1233.92	49	九江	Jiujiang	1102.69	1156.42	1255.69	47
嘉兴	Jiaxing	2618.47	1773.16	2235.24	9	新余	Xinyu	228.57	182.46	214.09	241
湖州	Huzhou	1322.65	1002.73	1740.35	17	鹰潭	Yingtan	313.06	156.95	225.76	233
绍兴	Shaoxing	1727.01	956.82	1247.68	48	赣州	Ganzhou	1083.30	1112.42	1923.53	13
金华	Jinhua	1512.22	739.80	1052.74	64	吉安	Jian	743.64	667.82	843.08	88
衢州	Quzhou	1125.04	387.83	609.55	125	宜春	Yichun	1577.53	1116.10	1411.45	34
舟山	Zhoushan	1387.86	205.91	720.31	105	抚州	Fuzhou	998.77	725.96	676.51	112
台州	Taizhou	1440.84	700.25	1116.34	58	上饶	Shangrao	728.79	964.88	2934.55	5
丽水	Lishui	545.72	351.09	539.87	140	**山东**	**Shandong**	**37945.58**	**20896.52**	**20421.85**	
安徽	**Anhui**	**12588.06**	**12961.57**	**13927.71**		济南	Jinan	1769.09	1453.21	1379.59	37
合肥	Hefei	1286.15	1594.20	1146.65	53	青岛	Qingdao	3805.04	2226.65	1862.73	15
芜湖	Wuhu	1718.39	764.01	1020.77	70	淄博	Zibo	2073.97	584.96	685.70	110
蚌埠	Bengbu	535.56	845.14	624.45	121	枣庄	Zaozhuang	771.02	393.12	377.09	179
淮南	Huainan	262.05	311.33	398.72	177	东营	Dongying	1790.16	564.17	683.70	111
马鞍山	Maanshan	496.12	394.66	393.20	178	烟台	Yantai	4504.73	1322.98	1543.18	25
淮北	Huaibei	771.76	328.43	307.36	207	潍坊	Weifang	7086.99	3279.00	2788.50	6
铜陵	Tongling	641.37	130.96	187.93	252	济宁	Jining	2238.46	1080.32	1471.14	32
安庆	Anqing	814.89	558.27	603.55	128	泰安	Taian	1369.84	558.45	634.64	119
黄山	Huangshan	402.95	261.54	343.77	195	威海	Weihai	2658.09	1510.36	1759.11	16
滁州	Chuzhou	1092.61	1206.66	1602.73	22	日照	Rizhao	778.35	404.92	983.64	75
阜阳	Fuyang	600.25	1570.94	1598.52	23	莱芜	Laiwu	519.54	176.85	232.75	231
宿州	Suzhou	676.48	867.64	893.21	85	临沂	Linyi	2652.91	1910.94	1495.69	29
六安	Liuan	620.71	1073.12	1296.32	44	德州	Dezhou	1266.87	1044.88	1526.52	27
亳州	Bozhou	346.87	1119.05	1709.44	19	聊城	Liaocheng	1389.42	1108.99	960.75	78

7-3 建设用地出让土地面积 续表 2
Land Area of Construction Use Land Granted continued 2

单位：公顷 (hectare)

地名	City	2010	2016	2017	2017 排名 Ranking	地名	City	2010	2016	2017	2017 排名 Ranking
滨州	Binzhou	1686.75	2238.11	631.24	120	常德	Changde	727.91	764.82	1028.93	68
菏泽	Heze	1584.35	1038.62	1405.88	35	张家界	Zhangjiajie	279.35	200.85	125.16	267
河南	**Henan**	**11992.83**	**11049.18**	**13156.56**		益阳	Yiyang	480.99	449.63	529.92	142
郑州	Zhengzhou	1441.26	2464.13	3103.00	4	郴州	Chenzhou	691.93	386.12	452.18	158
开封	Kaifeng	718.79	587.38	764.02	97	永州	Yongzhou	487.37	517.65	496.84	147
洛阳	Luoyang	1357.69	700.25	611.89	124	怀化	Huaihua	628.04	566.38	525.97	143
平顶山	Pingdingshan	791.50	529.54	711.58	106	娄底	Loudi	272.63	91.48	175.40	256
安阳	Anyang	674.44	766.37	673.12	113	**广东**	**Guangdong**	**12937.06**	**9373.41**	**12138.85**	
鹤壁	Hebi	458.71	355.28	207.98	244	广州	Guangzhou	1773.39	632.68	1213.78	50
新乡	Xinxiang	843.54	857.84	821.01	90	韶关	Shaoguan	476.60	449.67	536.38	141
焦作	Jiaozuo	716.74	380.01	559.60	137	深圳	Shenzhen	288.72	587.59	639.46	116
濮阳	Puyang	262.80	508.95	900.26	84	珠海	Zhuhai	742.63	524.65	731.16	102
许昌	Xuchang	790.80	573.28	577.13	134	汕头	Shantou	148.30	314.56	256.67	225
漯河	Luohe	290.17	282.80	274.09	218	佛山	Foshan	1250.34	787.41	951.44	79
三门峡	Sanmenxia	555.85	168.43	251.78	226	江门	Jiangmen	1093.38	432.13	739.61	101
南阳	Nanyang	830.85	684.65	746.36	99	湛江	Zhanjiang	559.29	347.04	497.47	146
商丘	Shangqiu	630.15	588.64	839.32	89	茂名	Maoming	140.70	439.94	375.18	181
信阳	Xinyang	443.37	415.08	487.54	152	肇庆	Zhaoqing	641.38	542.13	910.25	83
周口	Zhoukou	390.74	434.29	598.15	129	惠州	Huizhou	1277.36	574.30	788.42	95
驻马店	Zhumadian	795.44	771.98	1029.71	67	梅州	Meizhou	383.52	427.56	638.90	118
湖北	**Hubei**	**13176.29**	**11293.08**	**10355.48**		汕尾	Shanwei	23.33	480.42	414.68	172
武汉	Wuhan	3014.74	1945.42	1973.34	12	河源	Heyuan	294.55	500.08	424.48	166
黄石	Huangshi	532.55	536.00	489.92	150	阳江	Yangjiang	866.65	421.64	362.16	188
十堰	Shiyan	507.02	387.44	439.82	161	清远	Qingyuan	1014.06	589.76	1083.85	62
宜昌	Yichang	1925.92	1497.96	977.66	76	东莞	Dongguan	699.52	700.41	435.51	164
襄阳	Xiangyang	952.25	641.92	740.31	100	中山	Zhongshan	877.58	97.91	304.85	210
鄂州	Ezhou	696.35	148.47	361.38	189	潮州	Chaozhou	30.87	138.89	171.98	258
荆门	Jingmen	830.16	1318.69	1543.01	26	揭阳	Jieyang	148.91	180.11	242.72	227
孝感	Xiaogan	953.56	828.55	561.83	136	云浮	Yunfu	205.99	207.53	415.88	171
荆州	Jingzhou	957.23	1186.98	914.01	82	**广西**	**Guangxi**	**6325.14**	**5652.01**	**6482.41**	
黄冈	Huanggang	880.64	930.49	660.14	114	南宁	Nanning	965.78	774.25	850.26	87
咸宁	Xianning	780.46	600.86	594.95	131	柳州	Liuzhou	583.39	770.71	992.82	74
随州	Suizhou	314.88	221.25	332.14	202	桂林	Guilin	685.84	321.33	496.57	148
湖南	**Hunan**	**8354.97**	**8114.20**	**8068.86**		梧州	Wuzhou	542.68	269.79	295.90	211
长沙	Changsha	2049.51	1563.26	1318.88	40	北海	Beihai	292.34	95.89	201.95	246
株洲	Zhuzhou	359.69	712.42	546.87	139	防城港	Fangchenggang	436.48	525.63	550.36	138
湘潭	Xiangtan	465.19	366.37	306.61	208	钦州	Qinzhou	942.51	483.76	371.71	182
衡阳	Hengyang	707.86	1239.94	1084.36	61	贵港	Guigang	139.70	246.92	406.93	175
邵阳	Shaoyang	441.89	373.14	439.72	162	玉林	Yulin	587.53	697.45	727.75	103
岳阳	Yueyang	633.47	642.88	788.84	94	百色	Baise	322.80	419.33	592.30	132

7-3 建设用地出让土地面积 续表 3
Land Area of Construction Use Land Granted continued 3

单位：公顷 (hectare)

地名	City	2010	2016	2017	2017 排名 Ranking
贺州	Hezhou	260.60	355.59	345.70	194
河池	Hechi	245.31	258.18	151.20	261
来宾	Laibin	99.96	149.08	176.33	255
崇左	Chongzuo	220.22	284.09	322.62	206
海南	**Hainan**	**1809.29**	**1402.44**	**538.75**	
海口	Haikou	127.67	320.88	105.69	272
三亚	Sanya	116.97	140.15	82.27	277
三沙	Sansha				
重庆	**Chongqing**	**5495.06**	**5981.31**	**5675.20**	
四川	**Sichuan**	**11272.01**	**8941.33**	**9135.16**	
成都	Chengdu	3417.17	1893.27	1000.16	72
自贡	Zigong	286.75	224.44	362.58	187
攀枝花	Panzhihua	277.71	45.97	143.65	263
泸州	Luzhou	1086.65	572.50	817.71	91
德阳	Deyang	929.40	607.10	423.03	168
绵阳	Mianyang	772.60	1027.13	814.93	92
广元	Guangyuan	274.16	177.43	123.04	268
遂宁	Suining	317.51	383.01	207.61	245
内江	Neijiang	300.69	152.55	176.39	254
乐山	Leshan	712.13	465.37	333.46	201
南充	Nanchong	515.30	469.46	480.34	154
眉山	Meishan	449.15	682.59	597.25	130
宜宾	Yibin	510.26	347.45	858.79	86
广安	Guangan	354.54	526.38	512.56	144
达州	Dazhou	326.95	263.77	225.87	232
雅安	Yaan	334.68	158.40	199.51	248
巴中	Bazhong	73.93	307.53	341.37	198
资阳	Ziyang	185.37	323.80	269.70	219
贵州	**Guizhou**	**3353.30**	**5878.72**	**5765.65**	
贵阳	Guiyang	1300.90	1008.38	1299.94	43
六盘水	Liupanshui	343.23	267.17	268.52	220
遵义	Zunyi	451.64	1040.54	1261.10	46
安顺	Anshun	163.36	276.89	343.45	196
毕节	Bijie	289.35	982.10	606.83	127
铜仁	Tongren	127.33	879.79	607.31	126
云南	**Yunnan**	**5984.99**	**4257.71**	**5044.27**	
昆明	Kunming	1223.45	1178.20	1481.60	30
曲靖	Qujing	689.02	169.97	224.75	234
玉溪	Yuxi	503.11	442.76	428.96	165
保山	Baoshan	481.25	252.83	444.27	160
昭通	Zhaotong	204.41	163.31	221.96	235
丽江	Lijiang	162.44	142.54	114.41	270
普洱	Puer	166.66	129.96	194.91	249
临沧	Lincang	152.10	53.64	138.18	264
西藏	**Tibet**	**338.81**	**587.17**	**545.92**	
拉萨	Lasa	254.63	444.54	410.25	174
陕西	**Shaanxi**	**4057.15**	**5976.60**	**5549.85**	
西安	Xi'an	787.19	1206.61	1471.45	31
铜川	Tongchuan	157.83	52.40	58.43	283
宝鸡	Baoji	381.77	655.71	286.87	214
咸阳	Xianyang	648.99	1176.64	1113.82	59
渭南	Weinan	399.33	650.25	749.31	98
延安	Yan'an	123.91	333.68	328.63	203
汉中	Hanzhong	211.84	356.07	263.97	223
榆林	Yulin	1113.36	995.81	813.85	93
安康	Ankang	76.64	261.72	345.98	193
商洛	Shangluo	156.29	287.71	117.53	269
甘肃	**Gansu**	**2761.05**	**4113.97**	**3280.45**	
兰州	Lanzhou	503.16	535.90	945.65	81
嘉峪关	Jiayuguan	143.12	96.00	208.14	243
金昌	Jinchang	109.67	144.88	69.04	281
白银	Baiyin	251.33	427.64	193.01	250
天水	Tianshui	186.01	220.55	164.95	259
武威	Wuwei	194.89	696.37	236.97	230
张掖	Zhangye	256.53	607.96	278.86	217
平凉	Pingliang	96.94	145.32	88.52	276
酒泉	Jiuquan	521.32	577.32	612.70	123
庆阳	Qingyang	118.23	86.35	100.15	273
定西	Dingxi	239.57	295.42	188.69	251
陇南	Longnan	33.39	10.40	31.91	285
青海	**Qinghai**	**931.69**	**1922.53**	**1627.88**	
西宁	Xining	365.22	167.46	423.91	167
海东	Haidong		182.32	127.77	265
宁夏	**Ningxia**	**3392.49**	**3033.54**	**2577.55**	
银川	Yinchuan	1370.24	1053.10	1140.46	55
石嘴山	Shizuishan	854.64	242.92	218.12	238
吴忠	Wuzhong	544.90	411.64	571.37	135
固原	Guyuan	282.28	233.67	294.69	212
中卫	Zhongwei	340.43	1092.23	352.91	192
新疆	**Xinjiang**	**5535.74**	**8219.06**	**6700.06**	
乌鲁木齐	Urumqi	1073.65	692.33	437.93	163
克拉玛依	Karamay	142.81	273.92	81.02	278

7-4 建设用地新增土地供应面积

Newly Increased Area of Construction Use Land Supplied

单位：公顷 (hectare)

地名	City	2010	2016	2017	2017 排名 Ranking	地名	City	2010	2016	2017	2017 排名 Ranking
全国	**Nation Total**	**171369.00**	**283258.69**	**286878.07**		沈阳	Shenyang	1889.00	793.62	491.11	174
北京	**Beijing**	**1130.00**	**792.88**	**1244.38**		大连	Dalian	1402.00	522.31	983.69	94
天津	**Tianjin**	**2382.00**	**2924.41**	**1997.92**		鞍山	Anshan	1154.00	524.56	1189.52	77
河北	**Hebei**	**5547.00**	**11260.79**	**11766.58**		抚顺	Fushun	403.00	122.16	33.67	285
石家庄	Shijiazhuang	724.00	1100.32	1307.36	66	本溪	Benxi	241.00	326.53	307.28	220
唐山	Tangshan	669.00	1584.00	1608.83	42	丹东	Dandong	428.00	117.36	96.80	271
秦皇岛	Qinhuangdao	427.00	321.53	457.89	183	锦州	Jinzhou	294.00	218.79	188.63	244
邯郸	Handan	697.00	1051.96	1176.49	79	营口	Yingkou	661.00	327.15	344.84	208
邢台	Xingtai	277.00	1131.42	1006.63	93	阜新	Fuxin	294.00	83.14	87.06	275
保定	Baoding	513.00	1189.60	1192.82	76	辽阳	Liaoyang	428.00	187.72	308.70	219
张家口	Zhangjiakou	457.00	697.28	1352.67	63	盘锦	Panjin	366.00	370.08	147.84	255
承德	Chengde	376.00	1023.97	756.70	118	铁岭	Tieling	1234.00	103.12	238.43	235
沧州	Cangzhou	513.00	1573.18	1227.62	72	朝阳	Chaoyang	476.00	659.34	337.83	213
廊坊	Langfang	671.00	722.05	744.65	120	葫芦岛	Huludao	256.00	542.17	180.11	247
衡水	Hengshui	224.00	865.49	934.94	99	**吉林**	**Jilin**	**2877.00**	**3978.15**	**4975.17**	
山西	**Shanxi**	**2747.00**	**4585.46**	**4868.42**		长春	Changchun	1411.00	1039.95	1941.82	28
太原	Taiyuan	306.00	286.27	459.89	182	吉林	Jilin	346.00	886.74	436.86	189
大同	Datong	242.00	306.85	495.61	172	四平	Siping	144.00	444.72	318.22	217
阳泉	Yangquan	159.00	281.28	136.09	259	辽源	Liaoyuan	116.00	265.67	88.53	274
长治	Changzhi	184.00	304.36	622.70	144	通化	Tonghua	53.00	181.25	886.73	105
晋城	Jincheng	213.00	149.60	142.40	257	白山	Baishan	478.00	273.99	511.18	167
朔州	Shuozhou	286.00	1220.44	704.10	125	松原	Songyuan	50.00	398.27	233.53	236
晋中	Jinzhong	210.00	471.41	532.92	161	白城	Baicheng	173.00	279.72	182.03	246
运城	Yuncheng	373.00	309.24	335.13	214	**黑龙江**	**Heilongjiang**	**3248.00**	**4653.16**	**6018.31**	
忻州	Xinzhou	173.00	475.37	632.73	140	哈尔滨	Harbin	1073.00	659.77	1047.74	86
临汾	Linfen	264.00	621.63	607.79	149	齐齐哈尔	Qiqihar	160.00	1603.68	465.47	181
吕梁	Lvliang	339.00	159.01	199.06	243	鸡西	Jixi	42.00	303.04	53.09	283
内蒙古	**Inner Mongolia**	**7674.00**	**9578.38**	**15893.26**		鹤岗	Hegang	89.00	62.88	67.36	281
呼和浩特	Hohhot	416.00	728.21	684.18	129	双鸭山	Shuangyashan	117.00	128.28	338.47	211
包头	Baotou	734.00	612.20	611.28	148	大庆	Daqing	190.00	298.20	629.82	141
乌海	Wuhai	327.00	237.25	168.88	251	伊春	Yichun	9.00	161.35	81.54	276
赤峰	Chifeng	442.00	719.67	1199.16	75	佳木斯	Jiamusi	112.00	172.65	425.30	191
通辽	Tongliao	438.00	1223.67	389.36	196	七台河	Qitaihe	38.00	110.29	71.13	279
鄂尔多斯	Erdos	2974.00	1053.41	1398.48	59	牡丹江	Mudanjiang	217.00	289.04	368.38	203
呼伦贝尔	Hulunbuir	515.00	938.49	1146.97	82	黑河	Heihe	219.00	86.53	485.49	179
巴彦淖尔	Bayannur	484.00	1100.82	681.01	130	绥化	Suihua	507.00	454.43	504.47	169
乌兰察布	Ulanqab	357.00	608.90	1470.34	53	**上海**	**Shanghai**	**325.00**	**1037.93**	**1022.48**	
辽宁	**Liaoning**	**9525.00**	**4895.06**	**4935.50**		**江苏**	**Jiangsu**	**24697.00**	**25324.58**	**28191.00**	

7-4 建设用地新增土地供应面积 续表 1

Newly Increased Area of Construction Use Land Supplied continued 1

单位：公顷 (hectare)

地名	City	2010	2016	2017	2017 排名 Ranking	地名	City	2010	2016	2017	2017 排名 Ranking
南京	Nanjing	2292.00	3735.37	3171.64	3	池州	Chizhou	368.00	346.88	154.98	254
无锡	Wuxi	4195.00	1617.41	1705.60	35	宣城	Xuancheng	340.00	638.48	818.92	112
徐州	Xuzhou	1791.00	1959.78	2595.98	15	**福建**	**Fujian**	**5039.00**	**13899.73**	**14499.57**	
常州	Changzhou	2845.00	1377.57	1772.93	33	福州	Fuzhou	776.00	2045.77	3162.93	4
苏州	Suzhou	2313.00	2171.42	2865.07	7	厦门	Xiamen	271.00	483.79	722.34	121
南通	Nantong	2972.00	3073.43	2823.61	9	莆田	Putian	241.00	755.01	1186.85	78
连云港	Lianyungang	452.00	1158.37	1206.57	74	三明	Sanming	518.00	1600.86	881.48	107
淮安	Huaian	1330.00	1315.76	1523.38	46	泉州	Quanzhou	762.00	2674.86	2760.61	11
盐城	Yancheng	2002.00	2456.27	2759.88	12	漳州	Zhangzhou	840.00	2129.12	1977.54	27
扬州	Yangzhou	1646.00	1317.58	1635.99	38	南平	Nanping	627.00	1733.44	1232.90	71
镇江	Zhenjiang	339.00	729.25	942.35	98	龙岩	Longyan	607.00	1154.88	1297.09	67
泰州	Taizhou	1312.00	2408.72	2344.24	21	宁德	Ningde	394.00	1322.31	1277.84	69
宿迁	Suqian	1207.00	2003.65	843.76	110	**江西**	**Jiangxi**	**6080.00**	**9448.55**	**12884.22**	
浙江	**Zhejiang**	**21372.00**	**14381.48**	**17056.69**		南昌	Nanchang	834.00	913.94	2067.47	25
杭州	Hangzhou	4986.00	2810.82	2388.29	19	景德镇	Jingdezhen	279.00	147.67	253.08	232
宁波	Ningbo	4281.00	1659.13	1213.41	73	萍乡	Pingxiang	143.00	418.25	648.06	136
温州	Wenzhou	895.00	1391.50	1901.72	29	九江	Jiujiang	650.00	1282.86	1032.89	88
嘉兴	Jiaxing	2661.00	2048.19	1472.28	51	新余	Xinyu	148.00	416.04	118.08	261
湖州	Huzhou	1189.00	1604.34	1563.27	44	鹰潭	Yingtan	206.00	130.82	207.47	241
绍兴	Shaoxing	1461.00	1344.39	2273.50	22	赣州	Ganzhou	1013.00	2387.73	3066.86	5
金华	Jinhua	1568.00	1058.23	908.04	101	吉安	Jian	568.00	1072.13	1825.93	32
衢州	Quzhou	1237.00	482.73	1035.61	87	宜春	Yichun	1079.00	1323.49	1364.31	61
舟山	Zhoushan	482.00	478.11	524.26	164	抚州	Fuzhou	654.00	722.28	794.96	116
台州	Taizhou	1529.00	1139.41	3058.56	6	上饶	Shangrao	507.00	633.35	1505.12	48
丽水	Lishui	1084.00	364.63	717.76	122	**山东**	**Shandong**	**17218.00**	**17272.37**	**18028.40**	
安徽	**Anhui**	**6056.00**	**11278.83**	**11292.63**		济南	Jinan	986.00	1592.66	1377.04	60
合肥	Hefei	719.00	1753.97	1511.70	47	青岛	Qingdao	1926.00	1828.65	1434.72	57
芜湖	Wuhu	873.00	562.53	495.72	171	淄博	Zibo	586.00	619.71	804.32	113
蚌埠	Bengbu	226.00	568.73	316.56	218	枣庄	Zaozhuang	367.00	331.14	378.95	200
淮南	Huainan	119.00	212.57	268.89	229	东营	Dongying	1526.00	561.06	684.27	128
马鞍山	Maanshan	197.00	248.02	285.36	228	烟台	Yantai	1692.00	1119.37	1341.42	65
淮北	Huaibei	401.00	345.52	248.06	234	潍坊	Weifang	2306.00	1874.01	1832.93	31
铜陵	Tongling	323.00	126.24	55.37	282	济宁	Jining	1011.00	1156.45	1351.73	64
安庆	Anqing	458.00	571.44	582.67	152	泰安	Taian	730.00	536.46	691.97	127
黄山	Huangshan	214.00	246.13	380.54	199	威海	Weihai	824.00	797.51	1271.47	70
滁州	Chuzhou	370.00	731.06	1054.88	85	日照	Rizhao	602.00	405.58	507.61	168
阜阳	Fuyang	393.00	1018.42	1539.44	45	莱芜	Laiwu	368.00	173.76	208.61	240
宿州	Suzhou	363.00	1183.05	1030.29	89	临沂	Linyi	1334.00	2141.80	1443.21	55
六安	Liuan	305.00	974.80	891.71	104	德州	Dezhou	560.00	1091.43	1492.95	50
亳州	Bozhou	158.00	805.90	968.84	96	聊城	Liaocheng	872.00	1078.32	1009.37	92

7-4 建设用地新增土地供应面积 续表 2

Newly Increased Area of Construction Use Land Supplied continued 2

单位：公顷 (hectare)

地名	City	2010	2016	2017	2017 排名 Ranking	地名	City	2010	2016	2017	2017 排名 Ranking
滨州	Binzhou	882.00	854.43	834.61	111	常德	Changde	369.00	592.59	1016.42	91
菏泽	Heze	645.00	1110.02	1363.21	62	张家界	Zhangjiajie	80.00	148.79	97.06	270
河南	**Henan**	**6236.00**	**8275.38**	**12726.04**		益阳	Yiyang	193.00	633.00	524.26	164
郑州	Zhengzhou	715.00	1945.75	2715.30	13	郴州	Chenzhou	331.00	484.44	482.31	180
开封	Kaifeng	376.00	517.17	614.65	147	永州	Yongzhou	128.00	4366.04	451.16	185
洛阳	Luoyang	541.00	421.52	398.84	195	怀化	Huaihua	240.00	615.91	489.26	176
平顶山	Pingdingshan	764.00	337.55	522.44	166	娄底	Loudi	106.00	188.87	114.32	262
安阳	Anyang	348.00	528.41	558.22	154	**广东**	**Guangdong**	**4940.00**	**29722.57**	**31684.10**	
鹤壁	Hebi	275.00	289.64	411.63	192	广州	Guangzhou	1204.00	3963.11	3816.83	1
新乡	Xinxiang	305.00	575.78	633.25	139	韶关	Shaoguan	170.00	2949.95	703.27	126
焦作	Jiaozuo	391.00	192.83	365.10	204	深圳	Shenzhen	128.00	427.79	546.65	159
濮阳	Puyang	143.00	299.58	658.07	133	珠海	Zhuhai	61.00	783.51	894.30	103
许昌	Xuchang	448.00	435.54	380.97	198	汕头	Shantou	53.00	487.32	561.59	153
漯河	Luohe	136.00	161.36	141.18	258	佛山	Foshan	106.00	1265.61	1978.14	26
三门峡	Sanmenxia	365.00	121.78	348.62	207	江门	Jiangmen	488.00	1394.90	1633.29	39
南阳	Nanyang	339.00	710.04	2805.18	10	湛江	Zhanjiang	236.00	1514.57	1442.63	56
商丘	Shangqiu	332.00	392.14	642.15	137	茂名	Maoming	43.00	2096.74	922.79	100
信阳	Xinyang	152.00	263.40	357.78	205	肇庆	Zhaoqing	221.00	3032.86	1874.97	30
周口	Zhoukou	197.00	397.55	492.26	173	惠州	Huizhou	162.00	1833.28	3451.08	2
驻马店	Zhumadian	410.00	685.33	680.40	131	梅州	Meizhou	84.00	1660.09	2675.64	14
湖北	**Hubei**	**8096.00**	**9959.23**	**12920.20**		汕尾	Shanwei		602.77	500.94	170
武汉	Wuhan	1788.00	1849.38	2347.69	20	河源	Heyuan	235.00	1947.95	797.04	114
黄石	Huangshi	205.00	478.76	583.74	151	阳江	Yangjiang	338.00	919.08	2489.01	18
十堰	Shiyan	476.00	487.91	1500.31	49	清远	Qingyuan	494.00	1715.17	2202.26	23
宜昌	Yichang	1331.00	916.13	952.09	97	东莞	Dongguan	392.00	518.16	2520.40	17
襄阳	Xiangyang	534.00	566.18	1624.74	40	中山	Zhongshan	366.00	459.52	1279.37	68
鄂州	Ezhou	348.00	238.30	340.84	209	潮州	Chaozhou	6.00	764.33	298.00	222
荆门	Jingmen	626.00	1153.46	1127.01	83	揭阳	Jieyang	72.00	400.85	298.85	221
孝感	Xiaogan	475.00	616.82	542.69	160	云浮	Yunfu	83.00	984.99	797.02	115
荆州	Jingzhou	550.00	1088.28	1064.70	84	**广西**	**Guangxi**	**2155.00**	**7364.93**	**9754.30**	
黄冈	Huanggang	584.00	822.25	633.33	138	南宁	Nanning	465.00	1084.58	2201.93	24
咸宁	Xianning	465.00	746.36	552.68	156	柳州	Liuzhou	189.00	827.49	490.34	175
随州	Suizhou	187.00	178.71	338.22	212	桂林	Guilin	176.00	192.65	627.17	143
湖南	**Hunan**	**3424.00**	**12946.18**	**8550.58**		梧州	Wuzhou	235.00	358.41	429.58	190
长沙	Changsha	679.00	1987.35	1745.63	34	北海	Beihai	46.00	63.21	92.37	273
株洲	Zhuzhou	223.00	581.99	443.53	187	防城港	Fangchenggang	168.00	1124.83	553.60	155
湘潭	Xiangtan	97.00	520.38	485.81	177	钦州	Qinzhou	141.00	590.91	716.98	123
衡阳	Hengyang	360.00	1204.49	906.65	102	贵港	Guigang	31.00	297.09	370.89	202
邵阳	Shaoyang	323.00	424.12	969.41	95	玉林	Yulin	214.00	522.39	667.40	132
岳阳	Yueyang	243.00	781.01	629.22	142	百色	Baise	184.00	611.95	1443.35	54

7-4 建设用地新增土地供应面积 续表 3

Newly Increased Area of Construction Use Land Supplied continued 3

单位：公顷 (hectare)

地名	City	2010	2016	2017	2017 排名 Ranking	地名	City	2010	2016	2017	2017 排名 Ranking
贺州	Hezhou	120.00	876.36	320.67	215	丽江	Lijiang	49.00	1388.51	112.39	263
河池	Hechi	65.00	302.89	883.94	106	普洱	Puer	77.00	125.38	166.44	253
来宾	Laibin	16.00	197.11	405.24	194	临沧	Lincang	49.00	128.21	178.80	248
崇左	Chongzuo	104.00	315.05	550.83	157	**西藏**	**Tibet**	**988.00**	**623.90**	**1093.20**	
海南	**Hainan**	**675.00**	**1314.62**	**798.98**		拉萨	Lasa	213.00	391.23	288.07	227
海口	Haikou	27.00	219.22	75.22	278	**陕西**	**Shaanxi**	**2765.00**	**8336.94**	**6441.87**	
三亚	Sanya	44.00	171.87	77.48	277	西安	Xi'an	239.00	1205.74	1639.71	37
三沙	Sansha					铜川	Tongchuan	101.00	303.14	100.12	268
重庆	**Chongqing**	**3222.00**	**6518.32**	**5364.43**		宝鸡	Baoji	159.00	939.84	292.57	225
四川	**Sichuan**	**5276.00**	**12735.55**	**11308.05**		咸阳	Xianyang	409.00	1962.28	1168.76	81
成都	Chengdu	1741.00	3323.26	2545.59	16	渭南	Weinan	202.00	657.25	870.83	108
自贡	Zigong	111.00	379.49	293.79	224	延安	Yan'an	68.00	302.05	442.08	188
攀枝花	Panzhihua	63.00	398.24	111.89	264	汉中	Hanzhong	110.00	1294.90	381.79	197
泸州	Luzhou	690.00	809.77	1027.00	90	榆林	Yulin	844.00	1051.55	746.06	119
德阳	Deyang	599.00	435.25	168.62	252	安康	Ankang	556.00	291.68	654.20	134
绵阳	Mianyang	345.00	827.97	789.83	117	商洛	Shangluo	76.00	328.52	145.75	256
广元	Guangyuan	16.00	70.55	98.66	269	**甘肃**	**Gansu**	**2566.00**	**9016.40**	**4316.98**	
遂宁	Suining	57.00	494.81	177.76	249	兰州	Lanzhou	196.00	1247.50	615.54	146
内江	Neijiang	123.00	196.14	199.81	242	嘉峪关	Jiayuguan	72.00	289.68	212.34	239
乐山	Leshan	192.00	366.91	318.25	216	金昌	Jinchang	307.00	149.06	92.86	272
南充	Nanchong	276.00	390.53	1171.13	80	白银	Baiyin	171.00	555.25	263.14	231
眉山	Meishan	359.00	1085.79	485.72	178	天水	Tianshui	118.00	755.95	69.78	280
宜宾	Yibin	262.00	445.84	858.31	109	武威	Wuwei	172.00	1169.84	230.92	237
广安	Guangan	138.00	1193.03	546.73	158	张掖	Zhangye	209.00	671.80	292.55	226
达州	Dazhou	97.00	294.89	184.08	245	平凉	Pingliang	32.00	154.61	104.63	267
雅安	Yaan	51.00	153.39	105.90	266	酒泉	Jiuquan	997.00	2703.90	1471.03	52
巴中	Bazhong	0.00	771.95	340.50	210	庆阳	Qingyang	96.00	209.05	267.00	230
资阳	Ziyang	64.00	279.34	607.13	150	定西	Dingxi	113.00	312.79	349.34	206
贵州	**Guizhou**	**4231.00**	**6033.87**	**6821.86**		陇南	Longnan	12.00	14.34	34.16	284
贵阳	Guiyang	837.00	1004.91	1616.10	41	**青海**	**Qinghai**	**925.00**	**2765.68**	**1538.52**	
六盘水	Liupanshui	257.00	671.29	525.27	162	西宁	Xining	217.00	166.98	411.20	193
遵义	Zunyi	2020.00	1205.29	1593.17	43	海东	Haidong			111.09	265
安顺	Anshun	80.00	157.82	297.73	223	**宁夏**	**Ningxia**	**2051.00**	**5378.49**	**5959.65**	
毕节	Bijie	82.00	780.00	455.89	184	银川	Yinchuan	801.00	1536.24	2857.13	8
铜仁	Tongren	39.00	603.05	616.01	145	石嘴山	Shizuishan	525.00	554.73	524.46	163
云南	**Yunnan**	**4479.00**	**7780.20**	**5948.95**		吴忠	Wuzhong	364.00	754.52	1422.09	58
昆明	Kunming	567.00	934.39	1649.72	36	固原	Guyuan	141.00	533.60	446.61	186
曲靖	Qujing	287.00	947.37	251.81	233	中卫	Zhongwei	219.00	1999.40	709.35	124
玉溪	Yuxi	361.00	295.24	372.65	201	**新疆**	**Xinjiang**	**3424.00**	**19174.65**	**8975.82**	
保山	Baoshan	258.00	384.57	654.02	135	乌鲁木齐	Urumqi	307.00	475.92	169.90	250
昭通	Zhaotong	190.00	158.23	215.84	238	克拉玛依	Karamay	36.00	308.25	134.29	260

7-5　建设用地新增划拨土地面积

Newly Increased Area of Construction Use Land Allocated

单位：公顷　　　　(hectare)

地名	City	2010	2016	2017	2017 排名 Ranking	地名	City	2010	2016	2017	2017 排名 Ranking
全国	**Nation Total**	**28626.9**	**142520.4**	**136872.5**		沈阳	Shenyang	8.95	20.89	90.91	184
北京	**Beijing**	**14.60**	**245.28**	**510.78**		大连	Dalian	5.12	199.35	527.14	70
天津	**Tianjin**	**22.90**	**1443.19**	**688.26**		鞍山	Anshan		35.56	947.28	38
河北	**Hebei**	**159.55**	**2390.21**	**2303.64**		抚顺	Fushun	0.36	6.35	7.05	270
石家庄	Shijiazhuang	44.25	272.27	148.76	157	本溪	Benxi		274.18	132.41	166
唐山	Tangshan	15.00	744.30	349.25	98	丹东	Dandong	57.85	22.85	6.55	272
秦皇岛	Qinhuangdao	5.09	21.30	57.04	206	锦州	Jinzhou		90.07	48.46	215
邯郸	Handan	18.13	110.63	114.68	176	营口	Yingkou		0.39	15.72	251
邢台	Xingtai		125.90	137.60	162	阜新	Fuxin	2.44	3.84	37.40	226
保定	Baoding	2.38	83.79	270.99	121	辽阳	Liaoyang	39.42	123.86	23.44	241
张家口	Zhangjiakou	13.75	26.29	609.13	64	盘锦	Panjin		134.44	13.65	258
承德	Chengde	0.16	523.68	199.18	140	铁岭	Tieling		18.84	117.26	173
沧州	Cangzhou	56.27	364.88	306.56	110	朝阳	Chaoyang		424.46	96.86	182
廊坊	Langfang	2.22	23.79	13.58	259	葫芦岛	Huludao		379.02	32.44	232
衡水	Hengshui	2.31	93.38	96.87	181	**吉林**	**Jilin**	**46.33**	**1339.40**	**2517.38**	
山西	**Shanxi**	**40.89**	**2178.57**	**1851.88**		长春	Changchun		147.83	1057.07	30
太原	Taiyuan	0.43	12.63	60.96	205	吉林	Jilin		557.52	132.38	167
大同	Datong		30.43	119.22	172	四平	Siping		97.48	13.98	257
阳泉	Yangquan		184.13	16.84	250	辽源	Liaoyuan	45.67	200.26	44.61	218
长治	Changzhi	7.62	195.34	282.02	117	通化	Tonghua		45.22	579.27	67
晋城	Jincheng	13.44	38.87	28.60	235	白山	Baishan	0.66	19.88	414.57	84
朔州	Shuozhou		1085.05	489.94	74	松原	Songyuan		203.69	64.91	202
晋中	Jinzhong	4.00	40.52	56.37	207	白城	Baicheng		16.49	64.39	204
运城	Yuncheng	1.23	37.94	88.05	186	**黑龙江**	**Heilongjiang**	**728.94**	**2700.17**	**3437.60**	
忻州	Xinzhou	4.46	38.61	376.67	93	哈尔滨	Harbin	108.89	89.94	463.76	76
临汾	Linfen	9.71	496.11	291.63	114	齐齐哈尔	Qiqihar	2.32	1419.22	318.72	106
吕梁	Lvliang		21.93	41.57	220	鸡西	Jixi		255.09	7.43	269
内蒙古	**Inner Mongolia**	**687.29**	**4185.31**	**9976.25**		鹤岗	Hegang	18.97	30.80	38.90	225
呼和浩特	Hohhot		109.66	192.75	143	双鸭山	Shuangyashan		113.70	32.58	231
包头	Baotou	350.45	120.99	26.41	239	大庆	Daqing	0.10	137.07	469.49	75
乌海	Wuhai	112.39	26.76	68.71	199	伊春	Yichun		160.08	31.92	233
赤峰	Chifeng	0.32	179.19	288.60	115	佳木斯	Jiamusi	0.72	91.62	12.53	260
通辽	Tongliao	10.25	803.22	216.68	134	七台河	Qitaihe	5.28	30.88	0.14	279
鄂尔多斯	Erdos	0.30	300.22	565.88	68	牡丹江	Mudanjiang		36.72	192.53	144
呼伦贝尔	Hulunbuir	196.28	150.03	133.04	165	黑河	Heihe	154.06	36.99	206.44	137
巴彦淖尔	Bayannur		847.23	441.25	79	绥化	Suihua	42.11	114.05	311.38	107
乌兰察布	Ulanqab	4.27	162.70	900.58	40	**上海**	**Shanghai**		**414.12**	**288.46**	
辽宁	**Liaoning**	**114.14**	**1734.11**	**2096.55**		**江苏**	**Jiangsu**	**6977.14**	**14856.10**	**13986.66**	

7-5 建设用地新增划拨土地面积 续表 1

Newly Increased Area of Construction Use Land Allocated continued 1

单位：公顷 (hectare)

地名	City	2010	2016	2017	2017 排名 Ranking	地名	City	2010	2016	2017	2017 排名 Ranking
南京	Nanjing	1260.15	2707.36	2264.24	6	池州	Chizhou		148.39	21.70	245
无锡	Wuxi	2292.51	1059.04	868.02	43	宣城	Xuancheng	7.94	263.37	518.26	71
徐州	Xuzhou	430.19	1037.73	1227.88	24	**福建**	**Fujian**	**1074.07**	**10725.23**	**10689.36**	
常州	Changzhou	1134.43	671.06	792.59	47	福州	Fuzhou	105.29	1488.69	2462.51	4
苏州	Suzhou	296.32	1121.99	1507.22	17	厦门	Xiamen	123.86	341.14	595.90	66
南通	Nantong	566.98	1655.22	1540.67	15	莆田	Putian	27.66	491.55	1052.29	31
连云港	Lianyungang	49.41	788.92	729.19	52	三明	Sanming	67.13	1417.58	624.35	60
淮安	Huaian	144.40	439.96	436.65	80	泉州	Quanzhou	212.50	2082.95	1968.44	10
盐城	Yancheng	217.82	1472.56	1511.36	16	漳州	Zhangzhou	51.40	1370.29	1197.16	25
扬州	Yangzhou	230.92	805.63	998.64	33	南平	Nanping	362.19	1414.29	826.06	45
镇江	Zhenjiang	2.10	196.68	407.62	87	龙岩	Longyan	68.35	972.06	996.67	34
泰州	Taizhou	101.30	1480.53	1424.48	20	宁德	Ningde	55.68	1146.66	965.98	35
宿迁	Suqian	250.62	1419.41	278.10	120	**江西**	**Jiangxi**	**443.27**	**4470.32**	**5225.94**	
浙江	**Zhejiang**	**8418.03**	**9886.45**	**11267.10**		南昌	Nanchang	11.78	267.19	770.50	48
杭州	Hangzhou	2131.72	2163.53	1623.70	13	景德镇	Jingdezhen	2.31	38.24	19.24	248
宁波	Ningbo	2803.30	986.37	532.04	69	萍乡	Pingxiang		199.24	368.86	96
温州	Wenzhou	439.52	1187.41	1435.75	19	九江	Jiujiang		404.58	139.78	161
嘉兴	Jiaxing	588.79	1275.26	649.98	57	新余	Xinyu		309.10	10.82	262
湖州	Huzhou	87.68	939.73	618.52	61	鹰潭	Yingtan		45.35	11.51	261
绍兴	Shaoxing	288.21	798.02	1634.99	12	赣州	Ganzhou	358.25	1733.65	1617.81	14
金华	Jinhua	349.08	754.42	462.49	77	吉安	Jian	13.63	623.80	1236.86	23
衢州	Quzhou	342.84	267.32	801.66	46	宜春	Yichun	0.47	529.90	294.59	112
舟山	Zhoushan	54.05	350.34	215.31	135	抚州	Fuzhou	35.07	176.18	324.67	105
台州	Taizhou	712.68	897.95	2682.94	3	上饶	Shangrao	21.77	143.16	431.30	81
丽水	Lishui	620.16	266.09	609.72	63	**山东**	**Shandong**	**1016.44**	**4075.67**	**4485.39**	
安徽	**Anhui**	**28.99**	**3770.02**	**4070.96**		济南	Jinan	56.49	492.40	204.06	139
合肥	Hefei		921.00	898.07	41	青岛	Qingdao	343.54	274.30	387.52	91
芜湖	Wuhu		103.92			淄博	Zibo		184.31	236.67	131
蚌埠	Bengbu		32.64	50.46	214	枣庄	Zaozhuang		94.16	73.19	196
淮南	Huainan		61.57	7.72	268	东营	Dongying	279.66	89.20	140.28	160
马鞍山	Maanshan		23.25	80.59	193	烟台	Yantai	206.54	74.34	370.79	95
淮北	Huaibei		209.94	116.42	174	潍坊	Weifang	1.64	592.44	285.61	116
铜陵	Tongling	1.00	90.48			济宁	Jining	16.49	240.33	127.10	169
安庆	Anqing		258.81	263.53	124	泰安	Taian	0.21	110.46	180.76	149
黄山	Huangshan	1.97	52.26	158.49	154	威海	Weihai		287.35	689.78	54
滁州	Chuzhou		188.24	330.92	104	日照	Rizhao		108.01	225.01	132
阜阳	Fuyang		77.58	615.01	62	莱芜	Laiwu		60.19	8.92	266
宿州	Suzhou	11.82	588.08	384.23	92	临沂	Linyi	5.55	615.32	243.38	130
六安	Liuan	0.90	432.30	338.53	102	德州	Dezhou		299.88	423.27	83
亳州	Bozhou		154.87	184.57	147	聊城	Liaocheng		113.48	349.60	97

7-5 建设用地新增划拨土地面积 续表 2
Newly Increased Area of Construction Use Land Allocated continued 2

单位：公顷 (hectare)

地名	City	2010	2016	2017	2017 排名 Ranking
滨州	Binzhou	31.43	258.38	247.63	127
菏泽	Heze	74.87	181.14	291.79	113
河南	**Henan**	**484.01**	**956.48**	**3745.71**	
郑州	Zhengzhou	80.81	40.75	84.14	191
开封	Kaifeng		51.91	22.79	242
洛阳	Luoyang	0.42	6.16	14.83	255
平顶山	Pingdingshan	357.02	13.97	8.94	264
安阳	Anyang	1.70	80.48	28.03	237
鹤壁	Hebi		6.93	278.51	119
新乡	Xinxiang		83.86	181.27	148
焦作	Jiaozuo		24.38	152.92	156
濮阳	Puyang	2.49	31.38	55.19	208
许昌	Xuchang	6.19	27.32		
漯河	Luohe		2.22	3.54	276
三门峡	Sanmenxia	28.38	3.52	134.56	164
南阳	Nanyang	3.47	255.61	2337.59	5
商丘	Shangqiu		33.24	136.60	163
信阳	Xinyang	3.32	52.86	122.12	171
周口	Zhoukou	0.20	80.58	86.77	188
驻马店	Zhumadian		161.30	97.90	180
湖北	**Hubei**	**287.17**	**2437.56**	**5614.17**	
武汉	Wuhan	170.67	197.15	752.77	51
黄石	Huangshi		323.10	405.31	88
十堰	Shiyan	97.37	166.21	1135.49	26
宜昌	Yichang	0.23	59.76	344.23	100
襄阳	Xiangyang		134.05	1113.31	27
鄂州	Ezhou		128.40	9.52	263
荆门	Jingmen	7.68	290.26	47.73	216
孝感	Xiaogan		77.49	193.44	142
荆州	Jingzhou	10.28	319.23	443.41	78
黄冈	Huanggang		202.50	245.50	129
咸宁	Xianning		293.94	44.41	219
随州	Suizhou		42.60	54.35	210
湖南	**Hunan**	**76.01**	**6623.95**	**2337.37**	
长沙	Changsha	3.88	831.42	767.15	49
株洲	Zhuzhou		39.85	14.22	256
湘潭	Xiangtan		217.27	264.88	123
衡阳	Hengyang	0.44	187.23	46.43	217
邵阳	Shaoyang	19.56	102.87	603.97	65
岳阳	Yueyang	0.46	272.22	86.80	187
常德	Changde	10.19	64.94	219.24	133
张家界	Zhangjiajie	2.89	12.55	2.18	277
益阳	Yiyang	6.55	222.43	55.08	209
郴州	Chenzhou	13.22	153.31	122.47	170
永州	Yongzhou	13.69	4018.92	70.78	198
怀化	Huaihua	5.12	169.75	71.83	197
娄底	Loudi		109.20	6.14	273
广东	**Guangdong**	**93.25**	**23426.82**	**22824.90**	
广州	Guangzhou	1.05	3481.87	2897.38	2
韶关	Shaoguan		2586.02	372.55	94
深圳	Shenzhen	6.45	219.24	172.85	150
珠海	Zhuhai		535.00	631.36	59
汕头	Shantou		331.48	424.63	82
佛山	Foshan	41.00	973.04	1419.08	21
江门	Jiangmen	6.50	1162.63	715.21	53
湛江	Zhanjiang		1260.09	1109.92	28
茂名	Maoming		1793.24	639.88	58
肇庆	Zhaoqing		2559.21	1108.44	29
惠州	Huizhou		1480.41	3138.56	1
梅州	Meizhou	0.22	1388.21	2219.78	8
汕尾	Shanwei		169.92	245.80	128
河源	Heyuan	35.75	1522.18	309.10	109
阳江	Yangjiang		546.28	2224.31	7
清远	Qingyuan	0.04	1246.57	1320.74	22
东莞	Dongguan		87.62	2201.25	9
中山	Zhongshan		383.02	1013.91	32
潮州	Chaozhou	2.24	629.37	169.60	152
揭阳	Jieyang		244.17	81.80	192
云浮	Yunfu		827.24	408.75	86
广西	**Guangxi**	**138.89**	**2980.33**	**5192.39**	
南宁	Nanning	112.09	497.73	1504.18	18
柳州	Liuzhou		320.21	132.27	168
桂林	Guilin	0.62	4.29	299.38	111
梧州	Wuzhou	6.73	148.83	209.58	136
北海	Beihai				
防城港	Fangchenggang	0.31	639.93	89.29	185
钦州	Qinzhou		134.89	506.90	72
贵港	Guigang	2.00	77.56	20.54	246
玉林	Yulin	1.60	82.41	84.97	189
百色	Baise	4.01	240.53	958.47	36

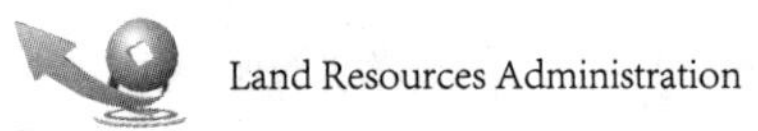

7-5 建设用地新增划拨土地面积 续表 3

Newly Increased Area of Construction Use Land Allocated continued 3

单位：公顷 (hectare)

地名	City	2010	2016	2017	2017 排名 Ranking	地名	City	2010	2016	2017	2017 排名 Ranking
贺州	Hezhou	10.12	603.73	103.68	177	丽江	Lijiang	0.42	1262.77	19.47	247
河池	Hechi	1.32	57.52	761.71	50	普洱	Puer		42.78	6.98	271
来宾	Laibin		102.42	252.88	126	临沧	Lincang		75.24	41.02	222
崇左	Chongzuo	0.10	70.27	268.55	122	**西藏**	**Tibet**	**749.65**	**289.87**	**776.84**	
海南	**Hainan**	**29.90**	**477.09**	**370.73**		拉萨	Lasa	52.15	122.05	33.73	230
海口	Haikou					**陕西**	**Shaanxi**	**525.44**	**3176.55**	**1622.41**	
三亚	Sanya		46.64			西安	Xi'an		164.64	388.72	90
三沙	Sansha					铜川	Tongchuan		253.21	51.99	212
重庆	**Chongqing**	**54.66**	**3495.67**	**2350.37**		宝鸡	Baoji		344.01	40.19	223
四川	**Sichuan**	**75.45**	**6041.48**	**4634.22**		咸阳	Xianyang		896.99	140.73	159
成都	Chengdu	12.30	1715.82	878.60	42	渭南	Weinan	4.37	105.41	256.62	125
自贡	Zigong		168.90	28.51	236	延安	Yan'an	14.79	10.47	166.46	153
攀枝花	Panzhihua		370.59	68.56	200	汉中	Hanzhong		1004.76	154.27	155
泸州	Luzhou	5.07	386.72	343.27	101	榆林	Yulin	6.89	269.58	36.42	227
德阳	Deyang		136.22	26.37	240	安康	Ankang	499.39	62.36	347.27	99
绵阳	Mianyang		80.14	141.71	158	商洛	Shangluo		65.13	39.83	224
广元	Guangyuan	1.23	28.90	4.59	274	**甘肃**	**Gansu**	**1153.76**	**5844.26**	**1980.79**	
遂宁	Suining		167.27	15.17	254	兰州	Lanzhou		827.71	114.94	175
内江	Neijiang		91.31	64.80	203	嘉峪关	Jiayuguan	43.49	270.61	4.33	275
乐山	Leshan		42.26	84.64	190	金昌	Jinchang	217.95	58.15	26.93	238
南充	Nanchong	1.25	5.54	846.04	44	白银	Baiyin	58.95	412.53	102.05	179
眉山	Meishan	1.83	643.21	172.13	151	天水	Tianshui	2.00	631.59	35.59	229
宜宾	Yibin	15.62	191.85	281.07	118	武威	Wuwei	96.21	524.20	74.43	195
广安	Guangan	1.20	716.92	18.13	249	张掖	Zhangye	10.00	144.51	65.65	201
达州	Dazhou	0.02	68.51	22.29	244	平凉	Pingliang		48.80	51.05	213
雅安	Yaan		61.32	15.64	253	酒泉	Jiuquan	661.99	2197.12	933.11	39
巴中	Bazhong	0.18	562.31	92.37	183	庆阳	Qingyang	5.00	132.65	205.56	138
资阳	Ziyang		36.62	408.97	85	定西	Dingxi	53.81	40.74	191.69	145
贵州	**Guizhou**	**2331.09**	**1383.09**	**2213.48**		陇南	Longnan	0.28	3.97	8.23	267
贵阳	Guiyang	6.20	133.54	506.10	73	**青海**	**Qinghai**	**376.02**	**1057.51**	**70.64**	
六盘水	Liupanshui	4.87	109.21	30.90	234	西宁	Xining		47.81	53.33	211
遵义	Zunyi	1775.71	382.78	676.15	56	海东	Haidong		14.76	2.07	278
安顺	Anshun		0.66	8.93	265	**宁夏**	**Ningxia**	**2.42**	**2740.17**	**3712.64**	
毕节	Bijie		41.44	22.79	242	银川	Yinchuan		687.92	1833.74	11
铜仁	Tongren		63.31	191.40	146	石嘴山	Shizuishan		381.95	333.17	103
云南	**Yunnan**	**1090.00**	**4698.04**	**2300.31**		吴忠	Wuzhong	2.42	401.55	957.63	37
昆明	Kunming	4.39	95.94	687.92	55	固原	Guyuan		347.77	198.13	141
曲靖	Qujing	146.34	830.80	79.69	194	中卫	Zhongwei		920.99	389.96	89
玉溪	Yuxi		32.39	41.33	221	**新疆**	**Xinjiang**	**1386.61**	**12477.23**	**3729.32**	
保山	Baoshan	0.03	147.33	310.67	108	乌鲁木齐	Urumqi	284.26	177.39	35.84	228
昭通	Zhaotong	33.91	34.79	15.69	252	克拉玛依	Karamay	23.54	82.20	102.34	178

7-6 建设用地新增出让土地面积

Newly Increased Area of Construction Use Land Granted

单位：公顷 (hectare)

地名	City	2010	2016	2017	2017 排名 Ranking
全国	**Nation Total**	**142370.81**	**140351.07**	**148909.65**	
北京	**Beijing**	**1115.74**	**547.60**	**733.60**	
天津	**Tianjin**	**2359.35**	**1481.22**	**1309.66**	
河北	**Hebei**	**5387.94**	**8867.92**	**9452.95**	
石家庄	Shijiazhuang	679.39	828.05	1158.59	16
唐山	Tangshan	653.83	839.70	1259.59	10
秦皇岛	Qinhuangdao	421.85	300.23	400.85	126
邯郸	Handan	679.09	941.33	1061.81	24
邢台	Xingtai	277.45	1005.53	859.03	46
保定	Baoding	510.38	1105.81	921.83	35
张家口	Zhangjiakou	443.15	670.99	743.54	57
承德	Chengde	375.86	497.64	557.52	87
沧州	Cangzhou	456.73	1208.29	921.07	36
廊坊	Langfang	668.58	698.28	731.07	58
衡水	Hengshui	221.64	772.11	838.07	47
山西	**Shanxi**	**2706.08**	**2406.89**	**3016.53**	
太原	Taiyuan	305.36	273.64	398.93	128
大同	Datong	241.57	276.42	376.39	134
阳泉	Yangquan	159.15	97.15	119.25	252
长治	Changzhi	176.07	109.02	340.69	144
晋城	Jincheng	199.44	110.73	113.80	254
朔州	Shuozhou	285.79	138.39	214.16	207
晋中	Jinzhong	205.91	430.89	476.55	107
运城	Yuncheng	371.30	271.30	247.08	191
忻州	Xinzhou	168.21	436.76	256.06	185
临汾	Linfen	254.10	125.52	316.15	155
吕梁	Lvliang	339.18	137.08	157.48	231
内蒙古	**Inner Mongolia**	**6986.97**	**5389.01**	**5900.18**	
呼和浩特	Hohhot	415.51	618.56	491.43	104
包头	Baotou	384.04	491.20	584.87	78
乌海	Wuhai	214.61	210.49	100.16	260
赤峰	Chifeng	441.19	540.47	910.57	40
通辽	Tongliao	427.98	420.45	172.67	221
鄂尔多斯	Erdos	2973.61	753.19	832.60	48
呼伦贝尔	Hulunbuir	319.02	788.47	1013.92	28
巴彦淖尔	Bayannur	484.19	249.53	239.75	195
乌兰察布	Ulanqab	353.10	446.21	552.92	89
辽宁	**Liaoning**	**9410.93**	**3160.96**	**2838.95**	
沈阳	Shenyang	1880.13	772.73	400.19	127
大连	Dalian	1396.66	322.96	456.55	113
鞍山	Anshan	1153.99	489.01	242.24	193
抚顺	Fushun	402.32	115.82	26.62	283
本溪	Benxi	240.51	52.35	174.86	220
丹东	Dandong	369.86	94.51	90.26	266
锦州	Jinzhou	294.08	125.72	140.17	237
营口	Yingkou	660.80	326.76	329.13	149
阜新	Fuxin	291.35	79.30	49.66	275
辽阳	Liaoyang	388.99	63.86	285.26	170
盘锦	Panjin	365.95	235.64	134.19	243
铁岭	Tieling	1234.41	84.28	121.17	251
朝阳	Chaoyang	476.07	234.88	240.98	194
葫芦岛	Huludao	255.81	163.15	147.67	234
吉林	**Jilin**	**2830.43**	**2637.78**	**2443.51**	
长春	Changchun	1411.26	892.11	884.76	43
吉林	Jilin	346.02	329.22	304.48	164
四平	Siping	144.15	347.25	304.24	165
辽源	Liaoyuan	70.12	65.40	43.91	279
通化	Tonghua	53.02	135.06	293.18	168
白山	Baishan	477.72	254.11	96.61	261
松原	Songyuan	49.62	194.59	168.62	223
白城	Baicheng	173.34	263.23	117.64	253
黑龙江	**Heilongjiang**	**2518.56**	**1942.49**	**2568.02**	
哈尔滨	Harbin	964.31	569.83	583.98	79
齐齐哈尔	Qiqihar	157.55	180.69	146.75	235
鸡西	Jixi	41.65	47.95	45.66	278
鹤岗	Hegang	70.52	31.13	26.46	284
双鸭山	Shuangyashan	116.72	12.50	305.89	162
大庆	Daqing	190.17	161.13	160.33	228
伊春	Yichun	8.80	1.27	49.62	276
佳木斯	Jiamusi	110.98	81.02	422.77	120
七台河	Qitaihe	32.69	79.41	70.99	270
牡丹江	Mudanjiang	216.63	252.31	165.53	224
黑河	Heihe	65.33	49.55	278.69	176
绥化	Suihua	464.61	338.42	193.09	216
上海	**Shanghai**	**324.60**	**623.82**	**734.01**	
江苏	**Jiangsu**	**17694.52**	**10453.23**	**12186.22**	

7-6 建设用地新增出让土地面积 续表 1

Newly Increased Area of Construction Use Land Granted continued 1

单位：公顷 (hectare)

地名	City	2010	2016	2017	2017 排名 Ranking	地名	City	2010	2016	2017	2017 排名 Ranking
南京	Nanjing	1032.30	1028.01	907.39	41	池州	Chizhou	368.48	198.49	133.28	245
无锡	Wuxi	1882.61	554.46	832.15	49	宣城	Xuancheng	332.40	375.11	300.67	166
徐州	Xuzhou	1360.72	917.31	1368.11	6	**福建**	**Fujian**	**3964.56**	**3174.33**	**3782.50**	
常州	Changzhou	1710.98	706.50	980.34	29	福州	Fuzhou	671.12	557.08	700.41	61
苏州	Suzhou	2017.04	1049.44	1357.86	7	厦门	Xiamen	147.43	142.64	126.44	249
南通	Nantong	2404.60	1411.60	1282.94	9	莆田	Putian	213.58	263.29	134.56	242
连云港	Lianyungang	403.00	369.45	477.38	106	三明	Sanming	451.25	183.28	257.13	184
淮安	Huaian	1186.10	875.80	1074.76	19	泉州	Quanzhou	549.83	591.60	767.20	54
盐城	Yancheng	1783.79	983.71	1248.52	12	漳州	Zhangzhou	788.83	758.83	779.54	53
扬州	Yangzhou	1409.27	511.95	637.35	69	南平	Nanping	265.14	319.14	406.84	123
镇江	Zhenjiang	336.89	532.58	534.73	93	龙岩	Longyan	538.95	182.82	298.52	167
泰州	Taizhou	1210.46	928.19	919.04	38	宁德	Ningde	338.42	175.65	311.86	158
宿迁	Suqian	956.74	584.24	565.66	85	**江西**	**Jiangxi**	**5636.47**	**4978.23**	**7605.68**	
浙江	**Zhejiang**	**12621.52**	**4493.20**	**5726.21**		南昌	Nanchang	821.95	646.76	1296.97	8
杭州	Hangzhou	2521.25	647.29	764.59	56	景德镇	Jingdezhen	276.61	109.43	233.84	198
宁波	Ningbo	1478.18	672.76	681.37	64	萍乡	Pingxiang	142.71	219.01	278.89	175
温州	Wenzhou	455.20	203.72	408.69	122	九江	Jiujiang	650.35	878.28	893.11	42
嘉兴	Jiaxing	2072.12	771.46	816.20	50	新余	Xinyu	147.87	106.94	107.26	258
湖州	Huzhou	1101.03	664.61	944.75	33	鹰潭	Yingtan	205.63	85.50	183.57	218
绍兴	Shaoxing	1172.63	546.36	638.51	68	赣州	Ganzhou	655.10	654.08	1409.15	5
金华	Jinhua	1218.58	303.81	445.54	116	吉安	Jian	554.42	448.33	589.07	76
衢州	Quzhou	894.30	215.41	233.95	197	宜春	Yichun	1078.19	793.59	1069.72	22
舟山	Zhoushan	427.56	127.77	308.95	160	抚州	Fuzhou	618.70	546.10	470.29	108
台州	Taizhou	816.40	241.46	375.62	135	上饶	Shangrao	484.95	490.22	1073.82	20
丽水	Lishui	464.27	98.54	108.04	257	**山东**	**Shandong**	**16201.59**	**13188.72**	**13543.01**	
安徽	**Anhui**	**6026.73**	**7508.63**	**7221.67**		济南	Jinan	929.79	1100.26	1172.98	15
合肥	Hefei	718.93	832.96	613.63	72	青岛	Qingdao	1582.28	1554.35	1047.20	25
芜湖	Wuhu	872.75	458.61	495.72	102	淄博	Zibo	586.11	435.41	567.64	84
蚌埠	Bengbu	226.01	536.09	266.10	178	枣庄	Zaozhuang	367.25	236.99	305.76	163
淮南	Huainan	118.63	150.99	261.17	183	东营	Dongying	1246.60	471.86	543.98	90
马鞍山	Maanshan	196.51	224.77	204.78	212	烟台	Yantai	1485.20	1045.03	970.63	32
淮北	Huaibei	401.03	135.88	131.64	247	潍坊	Weifang	2304.71	1273.60	1547.32	4
铜陵	Tongling	322.39	35.76	55.37	273	济宁	Jining	994.77	916.12	1224.63	13
安庆	Anqing	458.36	312.33	319.15	154	泰安	Taian	729.30	426.00	511.22	97
黄山	Huangshan	212.27	193.87	222.06	202	威海	Weihai	824.15	510.16	581.69	82
滁州	Chuzhou	369.60	542.83	723.96	59	日照	Rizhao	602.07	297.58	282.60	173
阜阳	Fuyang	393.14	940.83	924.44	34	莱芜	Laiwu	368.30	113.57	199.69	214
宿州	Suzhou	351.49	594.97	646.06	67	临沂	Linyi	1328.25	1526.48	1199.83	14
六安	Liuan	304.12	542.50	553.18	88	德州	Dezhou	560.14	791.55	1069.68	23
亳州	Bozhou	157.78	651.03	784.07	52	聊城	Liaocheng	872.38	964.84	659.77	65

7-6 建设用地新增出让土地面积 续表 2

Newly Increased Area of Construction Use Land Granted continued 2

单位：公顷 (hectare)

地名	City	2010	2016	2017	2017 排名 Ranking	地名	City	2010	2016	2017	2017 排名 Ranking
滨州	Binzhou	850.26	596.05	586.97	77	常德	Changde	359.15	527.65	797.19	51
菏泽	Heze	570.04	928.88	1071.42	21	张家界	Zhangjiajie	76.78	136.24	94.88	262
河南	**Henan**	**5751.63**	**7318.91**	**8980.33**		益阳	Yiyang	186.09	410.57	469.18	109
郑州	Zhengzhou	633.98	1905.00	2631.16	1	郴州	Chenzhou	318.25	331.12	359.84	138
开封	Kaifeng	375.52	465.26	591.86	75	永州	Yongzhou	113.93	347.12	380.37	133
洛阳	Luoyang	540.19	415.36	384.01	131	怀化	Huaihua	234.98	446.16	417.43	121
平顶山	Pingdingshan	406.68	323.59	513.50	95	娄底	Loudi	106.46	79.67	108.19	256
安阳	Anyang	346.49	447.93	530.19	94	**广东**	**Guangdong**	**4846.35**	**6295.76**	**8294.35**	
鹤壁	Hebi	275.47	282.72	133.12	246	广州	Guangzhou	1202.77	481.24	919.45	37
新乡	Xinxiang	304.59	491.93	451.98	115	韶关	Shaoguan	169.90	363.93	330.73	148
焦作	Jiaozuo	391.28	168.44	212.18	209	深圳	Shenzhen	121.21	208.55	311.21	159
濮阳	Puyang	140.85	268.20	602.88	74	珠海	Zhuhai	60.88	248.51	262.94	182
许昌	Xuchang	441.83	408.22	380.97	132	汕头	Shantou	53.12	155.84	136.96	240
漯河	Luohe	136.36	159.14	137.65	239	佛山	Foshan	65.45	292.58	559.06	86
三门峡	Sanmenxia	336.91	118.26	214.06	208	江门	Jiangmen	481.01	232.27	500.06	101
南阳	Nanyang	335.14	454.42	467.59	110	湛江	Zhanjiang	235.65	254.48	332.71	145
商丘	Shangqiu	331.58	358.90	505.55	99	茂名	Maoming	42.61	303.50	282.92	172
信阳	Xinyang	148.91	210.54	235.66	196	肇庆	Zhaoqing	220.56	473.66	766.53	55
周口	Zhoukou	196.30	316.97	405.49	124	惠州	Huizhou	161.71	352.87	312.52	157
驻马店	Zhumadian	409.54	524.03	582.50	80	梅州	Meizhou	83.31	271.88	455.85	114
湖北	**Hubei**	**7809.31**	**7521.67**	**7306.03**		汕尾	Shanwei		432.85	255.14	186
武汉	Wuhan	1617.28	1652.23	1594.92	3	河源	Heyuan	199.69	425.77	403.71	125
黄石	Huangshi	205.23	155.66	178.43	219	阳江	Yangjiang	338.29	372.81	264.71	181
十堰	Shiyan	378.82	321.69	364.82	137	清远	Qingyuan	493.74	468.60	881.52	44
宜昌	Yichang	1330.42	856.38	607.86	73	东莞	Dongguan	392.08	430.54	319.16	153
襄阳	Xiangyang	533.71	432.14	511.43	96	中山	Zhongshan	366.05	76.50	265.47	179
鄂州	Ezhou	348.27	109.90	331.32	146	潮州	Chaozhou	3.38	134.96	128.40	248
荆门	Jingmen	618.51	863.21	1079.28	18	揭阳	Jieyang	71.53	156.68	217.05	204
孝感	Xiaogan	474.89	539.33	349.25	141	云浮	Yunfu	83.41	157.75	388.27	129
荆州	Jingzhou	539.63	769.05	621.28	70	**广西**	**Guangxi**	**2015.72**	**4384.61**	**4536.99**	
黄冈	Huanggang	584.24	619.75	387.83	130	南宁	Nanning	353.00	586.85	688.47	62
咸宁	Xianning	464.55	452.42	508.27	98	柳州	Liuzhou	188.78	507.28	342.56	143
随州	Suizhou	186.96	136.11	283.87	171	桂林	Guilin	175.35	188.36	327.67	150
湖南	**Hunan**	**3348.40**	**6322.23**	**6206.50**		梧州	Wuzhou	228.44	209.58	220.00	203
长沙	Changsha	675.32	1155.92	978.48	30	北海	Beihai	45.61	63.21	92.37	265
株洲	Zhuzhou	223.43	542.14	429.31	118	防城港	Fangchenggang	167.27	484.90	464.32	112
湘潭	Xiangtan	97.42	303.11	214.22	206	钦州	Qinzhou	141.17	456.02	210.08	210
衡阳	Hengyang	359.91	1017.26	860.22	45	贵港	Guigang	29.31	219.53	350.35	140
邵阳	Shaoyang	303.53	321.25	365.44	136	玉林	Yulin	212.34	439.98	582.43	81
岳阳	Yueyang	242.78	508.79	542.41	91	百色	Baise	180.36	371.42	484.88	105

7-6 建设用地新增出让土地面积 续表 3

Newly Increased Area of Construction Use Land Granted continued 3

单位：公顷 (hectare)

地名	City	2010	2016	2017	2017 排名 Ranking	地名	City	2010	2016	2017	2017 排名 Ranking
贺州	Hezhou	110.02	272.63	216.99	205	丽江	Lijiang	48.47	125.74	92.92	264
河池	Hechi	63.52	278.73	122.23	250	普洱	Puer	77.12	82.60	159.46	229
来宾	Laibin	16.27	94.68	152.35	233	临沧	Lincang	49.05	52.96	137.78	238
崇左	Chongzuo	104.39	244.78	282.27	174	**西藏**	**Tibet**	**236.98**	**334.03**	**316.36**	
海南	**Hainan**	**644.95**	**837.53**	**428.25**		拉萨	Lasa	160.57	269.18	254.34	187
海口	Haikou	26.75	219.22	75.22	269	**陕西**	**Shaanxi**	**2239.39**	**5160.40**	**4819.46**	
三亚	Sanya	43.74	125.23	77.48	268	西安	Xi'an	239.17	1041.09	1250.99	11
三沙	Sansha					铜川	Tongchuan	101.07	49.93	48.13	277
重庆	**Chongqing**	**3166.96**	**3022.65**	**3014.06**		宝鸡	Baoji	158.69	595.83	252.38	188
四川	**Sichuan**	**5200.63**	**6692.35**	**6637.95**		咸阳	Xianyang	409.38	1065.29	1028.04	26
成都	Chengdu	1728.63	1607.43	1666.99	2	渭南	Weinan	197.25	551.84	614.30	71
自贡	Zigong	110.97	210.59	265.29	180	延安	Yan'an	53.41	291.58	275.62	177
攀枝花	Panzhihua	63.39	27.66	43.33	280	汉中	Hanzhong	109.80	290.14	227.51	200
泸州	Luzhou	684.94	423.04	683.73	63	榆林	Yulin	837.46	781.97	709.65	60
德阳	Deyang	599.35	299.03	142.25	236	安康	Ankang	56.87	229.32	306.92	161
绵阳	Mianyang	345.45	747.82	648.12	66	商洛	Shangluo	76.29	263.39	105.92	259
广元	Guangyuan	15.25	41.65	94.07	263	**甘肃**	**Gansu**	**1412.38**	**3172.13**	**2336.17**	
遂宁	Suining	57.17	327.55	162.59	225	兰州	Lanzhou	196.39	419.80	500.61	100
内江	Neijiang	123.50	104.83	135.02	241	嘉峪关	Jiayuguan	28.51	19.07	208.01	211
乐山	Leshan	191.56	324.65	233.60	199	金昌	Jinchang	89.10	90.90	65.94	271
南充	Nanchong	275.05	385.00	325.10	151	白银	Baiyin	111.59	142.72	161.09	227
眉山	Meishan	357.58	442.58	313.59	156	天水	Tianshui	116.37	124.36	34.19	281
宜宾	Yibin	246.20	253.98	577.24	83	武威	Wuwei	76.08	645.65	156.49	232
广安	Guangan	136.43	476.11	492.71	103	张掖	Zhangye	199.22	527.29	226.90	201
达州	Dazhou	96.93	226.38	161.79	226	平凉	Pingliang	32.36	105.80	53.58	274
雅安	Yaan	51.47	92.07	90.26	266	酒泉	Jiuquan	334.70	506.78	537.92	92
巴中	Bazhong		209.64	248.12	190	庆阳	Qingyang	91.28	76.40	61.44	272
资阳	Ziyang	63.99	242.72	198.15	215	定西	Dingxi	58.98	272.04	157.65	230
贵州	**Guizhou**	**1899.80**	**4321.87**	**4360.44**		陇南	Longnan	11.31	10.38	25.93	285
贵阳	Guiyang	831.19	871.37	1110.00	17	**青海**	**Qinghai**	**538.79**	**1708.17**	**1467.88**	
六盘水	Liupanshui	251.79	233.15	246.44	192	西宁	Xining	216.74	119.17	357.86	139
遵义	Zunyi	244.14	822.50	917.03	39	海东	Haidong		161.16	109.02	255
安顺	Anshun	80.32	157.16	288.79	169	**宁夏**	**Ningxia**	**2048.16**	**2638.32**	**2247.01**	
毕节	Bijie	81.65	738.57	433.10	117	银川	Yinchuan	800.52	848.32	1023.39	27
铜仁	Tongren	39.09	539.75	424.61	119	石嘴山	Shizuishan	525.34	172.78	191.29	217
云南	**Yunnan**	**3388.90**	**3082.16**	**3648.64**		吴忠	Wuzhong	362.01	352.98	464.46	111
昆明	Kunming	562.61	838.44	971.81	31	固原	Guyuan	140.85	185.83	248.48	189
曲靖	Qujing	270.23	116.57	172.12	222	中卫	Zhongwei	219.44	1078.42	319.39	152
玉溪	Yuxi	361.00	262.85	331.32	146	**新疆**	**Xinjiang**	**2036.49**	**6684.25**	**5246.50**	
保山	Baoshan	257.47	237.24	343.35	142	乌鲁木齐	Urumqi	23.01	298.53	134.06	244
昭通	Zhaotong	156.49	123.44	200.15	213	克拉玛依	Karamay	12.74	226.05	31.95	282

7-7 建设用地出让土地成交价款

Transaction Price Value of Construction Use Land Granted

单位：亿元 (100 million yuan)

地名	City	2010	2016	2017	2017 排名 Ranking	地名	City	2010	2016	2017	2017 排名 Ranking
全国	**Nation Total**	**27464.48**	**36461.68**	**51984.48**		沈阳	Shenyang	292.94	180.17	221.60	50
北京	**Beijing**	**1318.87**	**909.87**	**2718.24**		大连	Dalian	870.96	145.16	141.38	81
天津	**Tianjin**	**852.96**	**1117.95**	**1123.19**		鞍山	Anshan	218.89	34.96	29.97	191
河北	**Hebei**	**1076.32**	**1313.97**	**2012.58**		抚顺	Fushun	41.38	8.96	4.54	273
石家庄	Shijiazhuang	130.02	334.73	410.40	27	本溪	Benxi	13.46	12.72	17.62	219
唐山	Tangshan	162.06	100.05	217.10	53	丹东	Dandong	30.31	11.81	8.75	252
秦皇岛	Qinhuangdao	118.16	40.01	55.06	153	锦州	Jinzhou	39.96	27.84	25.72	206
邯郸	Handan	121.53	110.66	160.76	71	营口	Yingkou	176.76	28.56	28.99	193
邢台	Xingtai	48.44	93.37	121.13	84	阜新	Fuxin	25.89	7.93	8.44	253
保定	Baoding	92.47	147.75	220.67	51	辽阳	Liaoyang	48.42	22.19	12.48	239
张家口	Zhangjiakou	55.87	100.77	143.02	78	盘锦	Panjin	47.33	21.38	27.92	199
承德	Chengde	48.40	34.14	79.11	119	铁岭	Tieling	56.73	4.94	9.29	249
沧州	Cangzhou	73.99	109.95	247.07	43	朝阳	Chaoyang	20.04	16.41	23.10	211
廊坊	Langfang	193.68	176.87	271.23	40	葫芦岛	Huludao	33.62	26.96	30.49	189
衡水	Hengshui	31.72	65.65	87.04	111	**吉林**	**Jilin**	**406.22**	**289.59**	**360.26**	
山西	**Shanxi**	**265.95**	**421.67**	**530.99**		长春	Changchun	281.63	181.77	236.04	44
太原	Taiyuan	63.49	245.48	227.12	48	吉林	Jilin	48.61	20.89	30.35	190
大同	Datong	62.46	29.55	84.80	112	四平	Siping	13.24	19.64	24.15	208
阳泉	Yangquan	9.63	5.46	6.69	264	辽源	Liaoyuan	6.25	4.63	3.13	277
长治	Changzhi	8.25	8.29	30.97	188	通化	Tonghua	14.62	11.68	26.58	202
晋城	Jincheng	26.86	11.08	14.98	230	白山	Baishan	22.76	10.59	7.12	260
朔州	Shuozhou	21.90	5.41	6.42	265	松原	Songyuan	5.31	8.97	9.93	246
晋中	Jinzhong	16.52	53.42	96.14	104	白城	Baicheng	6.35	12.83	4.05	274
运城	Yuncheng	15.63	18.92	16.88	225	**黑龙江**	**Heilongjiang**	**356.43**	**208.56**	**281.67**	
忻州	Xinzhou	10.79	15.52	8.89	251	哈尔滨	Harbin	214.68	137.42	198.58	56
临汾	Linfen	18.75	19.43	26.20	204	齐齐哈尔	Qiqihar	19.28	18.09	16.98	224
吕梁	Lvliang	11.67	9.12	11.91	242	鸡西	Jixi	3.22	2.95	3.70	275
内蒙古	**Inner Mongolia**	**487.98**	**230.40**	**297.44**		鹤岗	Hegang	1.86	1.47	3.40	276
呼和浩特	Hohhot	59.88	58.72	57.57	148	双鸭山	Shuangyashan	4.74	1.33	5.79	268
包头	Baotou	44.89	31.97	45.28	162	大庆	Daqing	42.90	10.18	17.55	221
乌海	Wuhai	15.02	6.26	15.42	228	伊春	Yichun	2.07	1.01	1.81	281
赤峰	Chifeng	37.41	48.66	81.15	116	佳木斯	Jiamusi	5.64	3.81	6.93	262
通辽	Tongliao	21.36	9.43	13.10	235	七台河	Qitaihe	1.18	2.11	1.67	284
鄂尔多斯	Erdos	215.91	13.34	21.20	214	牡丹江	Mudanjiang	26.88	11.73	9.91	247
呼伦贝尔	Hulunbuir	24.32	22.34	21.93	213	黑河	Heihe	6.24	1.48	5.62	269
巴彦淖尔	Bayannur	18.24	8.09	5.58	270	绥化	Suihua	21.96	12.08	6.98	261
乌兰察布	Ulanqab	9.74	11.56	13.36	233	**上海**	**Shanghai**	**880.09**	**1541.50**	**1484.56**	
辽宁	**Liaoning**	**1916.70**	**550.00**	**590.28**		**江苏**	**Jiangsu**	**3821.81**	**6343.60**	**7290.33**	

7-7 建设用地出让土地成交价款 续表 1

Transaction Price Value of Construction Use Land Granted continued 1

单位：亿元 (100 million yuan)

地名	City	2010	2016	2017	2017 排名 Ranking
南京	Nanjing	521.96	1759.92	1620.18	3
无锡	Wuxi	626.32	38.90	518.47	18
徐州	Xuzhou	189.39	257.22	498.72	20
常州	Changzhou	339.35	704.00	748.20	14
苏州	Suzhou	679.87	1777.14	1638.32	2
南通	Nantong	380.85	448.65	674.59	16
连云港	Lianyungang	87.12	66.60	144.21	75
淮安	Huaian	209.88	222.59	188.02	60
盐城	Yancheng	299.22	149.08	332.44	32
扬州	Yangzhou	221.98	169.25	275.64	39
镇江	Zhenjiang	64.63	121.27	346.68	31
泰州	Taizhou	117.24	181.56	225.18	49
宿迁	Suqian	83.99	97.32	79.68	118
浙江	**Zhejiang**	**3640.02**	**3649.01**	**6874.76**	
杭州	Hangzhou	1025.21	1260.18	2463.53	1
宁波	Ningbo	692.82	769.03	737.61	15
温州	Wenzhou	305.66	398.80	783.41	11
嘉兴	Jiaxing	298.71	414.10	772.26	12
湖州	Huzhou	161.25	110.02	465.17	24
绍兴	Shaoxing	282.96	213.73	478.01	23
金华	Jinhua	303.36	156.90	423.45	26
衢州	Quzhou	82.27	70.04	166.28	69
舟山	Zhoushan	142.01	30.31	142.94	79
台州	Taizhou	279.25	141.87	347.19	30
丽水	Lishui	66.52	54.03	94.90	105
安徽	**Anhui**	**1092.93**	**2406.32**	**2796.38**	
合肥	Hefei	187.61	1116.55	769.58	13
芜湖	Wuhu	199.28	99.97	154.28	73
蚌埠	Bengbu	52.04	94.23	102.91	97
淮南	Huainan	27.47	25.30	48.77	160
马鞍山	Maanshan	52.25	36.63	59.39	145
淮北	Huaibei	47.91	20.61	44.53	164
铜陵	Tongling	54.16	21.48	35.11	177
安庆	Anqing	62.53	49.43	93.80	107
黄山	Huangshan	44.59	18.40	43.57	167
滁州	Chuzhou	89.11	121.29	293.04	36
阜阳	Fuyang	41.75	267.51	390.28	29
宿州	Suzhou	39.01	86.70	112.87	93
六安	Liuan	43.51	147.97	191.45	59
亳州	Bozhou	27.47	141.62	229.76	45
池州	Chizhou	37.32	29.25	17.37	222
宣城	Xuancheng	67.94	44.77	82.23	115
福建	**Fujian**	**1138.42**	**1389.33**	**1995.19**	
福州	Fuzhou	366.03	539.74	631.31	17
厦门	Xiamen	329.01	426.67	494.91	21
莆田	Putian	52.88	73.71	102.18	98
三明	Sanming	38.14	23.10	45.29	161
泉州	Quanzhou	126.84	112.77	184.06	63
漳州	Zhangzhou	82.66	124.64	313.74	33
南平	Nanping	47.90	21.00	41.74	170
龙岩	Longyan	39.75	37.04	115.58	88
宁德	Ningde	55.21	30.67	66.37	133
江西	**Jiangxi**	**602.72**	**966.58**	**1581.69**	
南昌	Nanchang	149.76	278.60	498.99	19
景德镇	Jingdezhen	24.14	11.15	72.78	125
萍乡	Pingxiang	10.42	42.33	58.15	147
九江	Jiujiang	89.41	78.62	164.81	70
新余	Xinyu	11.29	17.10	16.42	226
鹰潭	Yingtan	21.23	5.63	7.90	255
赣州	Ganzhou	101.69	132.89	260.98	41
吉安	Jian	47.72	46.23	101.43	99
宜春	Yichun	57.02	94.28	112.90	92
抚州	Fuzhou	41.35	109.83	108.05	95
上饶	Shangrao	48.70	149.92	179.28	65
山东	**Shandong**	**2544.35**	**2459.83**	**3361.59**	
济南	Jinan	309.57	713.13	1020.18	9
青岛	Qingdao	535.02	365.29	493.91	22
淄博	Zibo	86.87	51.37	97.54	102
枣庄	Zaozhuang	65.05	46.57	68.52	128
东营	Dongying	61.06	24.30	43.08	169
烟台	Yantai	253.83	108.18	141.31	82
潍坊	Weifang	275.70	280.71	257.65	42
济宁	Jining	294.61	113.56	160.62	72
泰安	Taian	71.46	52.71	57.30	149
威海	Weihai	176.29	207.34	203.62	54
日照	Rizhao	39.67	51.79	89.20	108
莱芜	Laiwu	16.72	10.47	25.60	207
临沂	Linyi	135.27	166.20	170.32	67
德州	Dezhou	56.44	64.63	181.37	64
聊城	Liaocheng	57.87	78.44	93.93	106

7-7 建设用地出让土地成交价款 续表 2

Transaction Price Value of Construction Use Land Granted continued 2

单位：亿元 (100 million yuan)

地名	City	2010	2016	2017	2017 排名 Ranking	地名	City	2010	2016	2017	2017 排名 Ranking
滨州	Binzhou	59.54	42.01	57.28	150	常德	Changde	31.61	98.93	143.27	77
菏泽	Heze	49.40	83.12	200.15	55	张家界	Zhangjiajie	17.73	24.67	17.30	223
河南	**Henan**	**651.35**	**1558.12**	**2207.10**		益阳	Yiyang	22.21	42.57	53.61	154
郑州	Zhengzhou	159.51	944.32	1190.32	6	郴州	Chenzhou	29.71	24.55	31.53	186
开封	Kaifeng	46.65	44.47	80.67	117	永州	Yongzhou	19.96	77.61	53.60	155
洛阳	Luoyang	57.70	40.44	64.17	135	怀化	Huaihua	41.48	49.15	50.00	157
平顶山	Pingdingshan	32.38	47.92	61.84	140	娄底	Loudi	13.78	8.97	20.93	215
安阳	Anyang	61.26	42.52	61.73	141	**广东**	**Guangdong**	**1350.02**	**3391.58**	**5319.55**	
鹤壁	Hebi	18.54	19.64	13.10	234	广州	Guangzhou	364.28	697.43	1188.65	7
新乡	Xinxiang	21.73	37.64	63.07	138	韶关	Shaoguan	19.32	21.94	33.62	180
焦作	Jiaozuo	27.02	28.35	61.60	142	深圳	Shenzhen	50.85	1040.19	1040.77	8
濮阳	Puyang	12.17	32.23	88.83	110	珠海	Zhuhai	92.78	247.52	393.47	28
许昌	Xuchang	39.89	46.53	116.15	87	汕头	Shantou	12.34	112.01	67.54	132
漯河	Luohe	9.85	26.26	28.40	195	佛山	Foshan	269.35	5104.11	924.10	10
三门峡	Sanmenxia	22.51	13.13	36.55	176	江门	Jiangmen	38.33	71.39	185.36	62
南阳	Nanyang	42.54	77.89	59.22	146	湛江	Zhanjiang	26.25	34.50	75.07	123
商丘	Shangqiu	26.64	49.84	88.84	109	茂名	Maoming	6.06	69.16	76.74	122
信阳	Xinyang	33.13	27.92	43.46	168	肇庆	Zhaoqing	23.86	30.16	218.67	52
周口	Zhoukou	11.91	26.18	49.95	158	惠州	Huizhou	101.39	63.45	171.79	66
驻马店	Zhumadian	27.92	52.83	99.19	100	梅州	Meizhou	17.68	49.28	99.15	101
湖北	**Hubei**	**765.88**	**1425.42**	**2068.76**		汕尾	Shanwei	0.99	26.74	115.51	89
武汉	Wuhan	363.29	806.13	1192.05	5	河源	Heyuan	14.59	34.52	33.58	181
黄石	Huangshi	22.30	41.21	70.08	127	阳江	Yangjiang	38.43	28.33	28.77	194
十堰	Shiyan	34.03	35.72	28.04	198	清远	Qingyuan	41.82	30.23	113.03	91
宜昌	Yichang	71.23	138.38	143.77	76	东莞	Dongguan	135.78	260.89	228.78	47
襄阳	Xiangyang	41.85	46.42	117.37	86	中山	Zhongshan	67.67	14.18	195.71	57
鄂州	Ezhou	27.43	14.22	118.02	85	潮州	Chaozhou	5.77	15.11	15.15	229
荆门	Jingmen	24.01	72.28	78.35	121	揭阳	Jieyang	16.07	23.02	70.35	126
孝感	Xiaogan	34.66	41.16	59.51	144	云浮	Yunfu	6.41	11.11	43.73	166
荆州	Jingzhou	37.58	97.44	107.27	96	**广西**	**Guangxi**	**424.68**	**686.01**	**814.41**	
黄冈	Huanggang	20.12	48.82	49.65	159	南宁	Nanning	183.14	306.91	294.69	35
咸宁	Xianning	32.47	19.99	29.40	192	柳州	Liuzhou	35.17	143.83	185.62	61
随州	Suizhou	18.29	13.47	13.98	231	桂林	Guilin	28.79	30.94	63.20	137
湖南	**Hunan**	**499.59**	**1065.03**	**1207.88**		梧州	Wuzhou	33.00	13.62	19.12	217
长沙	Changsha	180.65	258.25	283.68	37	北海	Beihai	23.53	10.56	18.76	218
株洲	Zhuzhou	33.37	95.28	97.12	103	防城港	Fangchenggang	15.77	15.73	26.11	205
湘潭	Xiangtan	23.23	32.71	55.73	152	钦州	Qinzhou	27.23	21.87	20.45	216
衡阳	Hengyang	27.80	247.11	229.06	46	贵港	Guigang	5.61	15.76	32.06	184
邵阳	Shaoyang	25.71	31.43	32.52	182	玉林	Yulin	34.17	51.77	60.25	143
岳阳	Yueyang	28.05	54.44	115.36	90	百色	Baise	14.77	32.54	34.36	179

7-7　建设用地出让土地成交价款　续表 3
Transaction Price Value of Construction Use Land Granted continued 3

单位：亿元　　　　(100 million yuan)

地名	City	2010	2016	2017	2017 排名 Ranking	地名	City	2010	2016	2017	2017 排名 Ranking
贺州	Hezhou	6.12	16.92	27.44	200	丽江	Lijiang	1.99	4.67	7.26	258
河池	Hechi	6.52	13.16	12.14	241	普洱	Puer	9.30	6.90	13.92	232
来宾	Laibin	3.88	5.54	7.97	254	临沧	Lincang	3.18	2.41	11.18	243
崇左	Chongzuo	6.98	6.86	12.23	240	**西藏**	**Tibet**	**6.67**	**30.62**	**34.51**	
海南	**Hainan**	**202.50**	**258.63**	**198.09**		拉萨	Lasa	5.68	21.91	28.15	197
海口	Haikou	17.00	100.20	68.42	129	**陕西**	**Shaanxi**	**265.33**	**459.51**	**560.81**	
三亚	Sanya	51.49	54.64	82.48	114	西安	Xi'an	130.97	214.17	311.72	34
三沙	Sansha					铜川	Tongchuan	6.76	2.14	1.98	280
重庆	**Chongqing**	**732.88**	**1055.01**	**1776.71**		宝鸡	Baoji	17.25	43.98	26.92	201
四川	**Sichuan**	**1116.80**	**1353.03**	**2422.17**		咸阳	Xianyang	33.96	72.15	65.00	134
成都	Chengdu	535.07	531.67	1255.89	4	渭南	Weinan	16.21	34.34	40.79	172
自贡	Zigong	26.03	42.25	63.24	136	延安	Yan'an	7.40	18.39	34.91	178
攀枝花	Panzhihua	21.40	3.56	9.70	248	汉中	Hanzhong	9.71	25.13	24.14	209
泸州	Luzhou	49.59	87.76	169.86	68	榆林	Yulin	34.19	16.20	17.57	220
德阳	Deyang	58.58	25.50	26.39	203	安康	Ankang	2.33	19.93	31.40	187
绵阳	Mianyang	47.97	124.97	57.17	151	商洛	Shangluo	6.56	13.07	6.40	266
广元	Guangyuan	17.87	12.56	12.97	237	**甘肃**	**Gansu**	**135.47**	**221.19**	**219.64**	
遂宁	Suining	41.31	41.97	38.62	174	兰州	Lanzhou	66.53	124.00	126.04	83
内江	Neijiang	26.14	20.14	39.70	173	嘉峪关	Jiayuguan	1.12	1.19	1.67	283
乐山	Leshan	64.04	44.01	67.84	130	金昌	Jinchang	0.76	3.00	1.19	285
南充	Nanchong	64.74	49.75	109.92	94	白银	Baiyin	5.03	8.41	4.78	272
眉山	Meishan	21.00	82.27	144.83	74	天水	Tianshui	13.59	21.21	22.86	212
宜宾	Yibin	36.77	51.82	84.80	113	武威	Wuwei	5.21	7.69	6.23	267
广安	Guangan	27.89	56.85	73.40	124	张掖	Zhangye	8.09	11.81	7.24	259
达州	Dazhou	31.43	50.97	78.67	120	平凉	Pingliang	4.13	12.41	7.44	257
雅安	Yaan	12.24	18.95	32.08	183	酒泉	Jiuquan	5.67	6.64	15.60	227
巴中	Bazhong	8.77	40.46	41.67	171	庆阳	Qingyang	8.20	4.52	9.01	250
资阳	Ziyang	12.32	46.32	44.48	165	定西	Dingxi	9.27	9.59	10.61	245
贵州	**Guizhou**	**197.34**	**497.34**	**698.06**		陇南	Longnan	0.63	0.48	1.77	282
贵阳	Guiyang	99.84	111.53	276.94	38	**青海**	**Qinghai**	**47.54**	**35.51**	**74.97**	
六盘水	Liupanshui	9.70	37.32	31.55	185	西宁	Xining	41.74	23.54	62.35	139
遵义	Zunyi	19.09	77.98	142.45	80	海东	Haidong		6.16	6.86	263
安顺	Anshun	9.51	22.85	23.94	210	**宁夏**	**Ningxia**	**89.92**	**87.29**	**79.94**	
毕节	Bijie	9.98	76.70	67.67	131	银川	Yinchuan	40.49	52.41	51.87	156
铜仁	Tongren	8.89	70.33	36.86	175	石嘴山	Shizuishan	17.85	3.62	2.27	279
云南	**Yunnan**	**438.16**	**385.70**	**695.26**		吴忠	Wuzhong	12.60	8.32	12.67	238
昆明	Kunming	248.00	217.79	442.33	25	固原	Guyuan	10.32	10.93	7.64	256
曲靖	Qujing	28.20	9.15	12.98	236	中卫	Zhongwei	8.65	12.01	5.48	271
玉溪	Yuxi	24.54	22.77	28.31	196	**新疆**	**Xinjiang**	**138.55**	**183.51**	**307.44**	
保山	Baoshan	16.64	13.42	44.89	163	乌鲁木齐	Urumqi	42.80	68.59	192.91	58
昭通	Zhaotong	15.19	12.59	10.96	244	克拉玛依	Karamay	2.67	5.11	2.88	278

7-8 供应工矿仓储用地面积
Area of Land Supplied for Industry, Mining and Warehousing

单位：公顷 (hectare)

地名	City	2010	2016	2017	2017 排名 Ranking	地名	City	2010	2016	2017	2017 排名 Ranking
全国	**Nation Total**	**153977.6**	**123088.6**	**125196.9**		沈阳	Shenyang	1677.98	624.82	285.79	135
北京	**Beijing**	**844.49**	**224.83**	**223.49**		大连	Dalian	2140.55	471.70	716.74	38
天津	**Tianjin**	**2642.73**	**1449.46**	**1229.25**		鞍山	Anshan	942.03	433.01	151.84	208
河北	**Hebei**	**8679.30**	**6784.58**	**8584.78**		抚顺	Fushun	517.48	82.19	38.45	271
石家庄	Shijiazhuang	645.34	460.33	573.11	59	本溪	Benxi	312.30	22.92	145.74	209
唐山	Tangshan	1523.73	1371.53	3245.20	1	丹东	Dandong	285.58	119.41	73.02	253
秦皇岛	Qinhuangdao	315.49	95.19	159.77	203	锦州	Jinzhou	627.19	160.27	123.80	221
邯郸	Handan	619.72	643.05	666.39	45	营口	Yingkou	762.74	375.39	373.99	105
邢台	Xingtai	539.18	766.08	546.67	65	阜新	Fuxin	262.14	80.61	30.49	274
保定	Baoding	638.25	444.91	458.94	82	辽阳	Liaoyang	393.10	32.13	275.61	140
张家口	Zhangjiakou	361.36	216.40	323.39	118	盘锦	Panjin	458.20	172.17	319.72	120
承德	Chengde	288.07	299.28	195.31	178	铁岭	Tieling	966.91	63.95	122.42	223
沧州	Cangzhou	2644.78	1558.75	1435.59	5	朝阳	Chaoyang	470.62	237.63	223.27	163
廊坊	Langfang	669.05	391.60	344.63	115	葫芦岛	Huludao	457.94	110.69	122.05	224
衡水	Hengshui	434.33	537.45	635.78	51	**吉林**	**Jilin**	**3344.29**	**2117.01**	**1931.71**	
山西	**Shanxi**	**2460.12**	**1700.30**	**2260.36**		长春	Changchun	1409.71	479.89	537.26	67
太原	Taiyuan	246.32	250.35	254.16	150	吉林	Jilin	434.55	315.53	285.78	136
大同	Datong	52.18	237.82	285.52	137	四平	Siping	361.53	293.39	247.05	153
阳泉	Yangquan	94.68	62.34	92.15	243	辽源	Liaoyuan	127.74	74.52	45.27	268
长治	Changzhi	260.62	97.12	277.36	139	通化	Tonghua	216.48	126.05	203.61	173
晋城	Jincheng	177.60	121.88	103.42	236	白山	Baishan	77.85	157.42	72.34	255
朔州	Shuozhou	304.12	102.17	160.20	202	松原	Songyuan	73.04	279.91	141.00	214
晋中	Jinzhong	314.83	325.46	394.84	100	白城	Baicheng	480.74	221.56	110.56	231
运城	Yuncheng	329.97	123.43	182.48	187	**黑龙江**	**Heilongjiang**	**3066.40**	**2390.68**	**3330.34**	
忻州	Xinzhou	61.08	221.45	106.10	234	哈尔滨	Harbin	789.36	310.22	248.71	152
临汾	Linfen	318.24	63.50	219.60	166	齐齐哈尔	Qiqihar	366.20	357.29	267.89	142
吕梁	Lvliang	300.48	94.78	184.53	183	鸡西	Jixi	71.84	45.13	59.88	260
内蒙古	**Inner Mongolia**	**7779.21**	**4925.83**	**5290.16**		鹤岗	Hegang	109.42	85.37	15.52	281
呼和浩特	Hohhot	212.64	401.43	302.46	127	双鸭山	Shuangyashan	127.07	12.55	304.41	126
包头	Baotou	450.01	475.24	535.10	68	大庆	Daqing	232.06	355.55	900.13	20
乌海	Wuhai	377.34	247.63	86.20	248	伊春	Yichun	56.77	9.62	10.88	283
赤峰	Chifeng	546.67	338.31	726.81	36	佳木斯	Jiamusi	168.53	150.05	437.17	92
通辽	Tongliao	1721.94	448.51	172.38	195	七台河	Qitaihe	61.36	100.80	67.18	256
鄂尔多斯	Erdos	1237.89	806.05	815.43	25	牡丹江	Mudanjiang	314.14	259.03	128.37	220
呼伦贝尔	Hulunbuir	848.96	788.06	1063.99	16	黑河	Heihe	109.27	44.50	466.54	78
巴彦淖尔	Bayannur	585.46	153.55	217.95	168	绥化	Suihua	460.71	264.04	189.37	181
乌兰察布	Ulanqab	346.71	359.92	427.14	94	**上海**	**Shanghai**	**692.58**	**305.47**	**266.79**	
辽宁	**Liaoning**	**10274.76**	**2986.88**	**3002.90**		**江苏**	**Jiangsu**	**16100.98**	**10864.44**	**12700.67**	

7-8 供应工矿仓储用地面积 续表 1

Area of Land Supplied for Industry, Mining and Warehousing continued 1

单位：公顷 (hectare)

地名	City	2010	2016	2017	2017 排名 Ranking	地名	City	2010	2016	2017	2017 排名 Ranking
南京	Nanjing	866.93	725.62	534.40	69	池州	Chizhou	334.89	169.13	120.71	225
无锡	Wuxi	1161.09	588.33	741.82	33	宣城	Xuancheng	630.17	302.36	390.83	101
徐州	Xuzhou	1283.87	801.84	1242.27	7	**福建**	**Fujian**	**5439.26**	**3058.36**	**3360.19**	
常州	Changzhou	1318.63	730.10	820.78	24	福州	Fuzhou	728.38	529.72	573.62	58
苏州	Suzhou	2486.52	1108.89	1196.42	9	厦门	Xiamen	517.93	92.59	73.00	254
南通	Nantong	1616.74	1738.08	1905.46	3	莆田	Putian	288.16	319.93	99.30	237
连云港	Lianyungang	1064.00	721.35	669.16	44	三明	Sanming	530.60	154.73	249.25	151
淮安	Huaian	747.80	606.68	876.33	21	泉州	Quanzhou	707.27	621.08	1065.24	15
盐城	Yancheng	2413.82	1160.03	1757.55	4	漳州	Zhangzhou	1131.82	595.97	552.55	63
扬州	Yangzhou	1043.06	569.71	652.70	48	南平	Nanping	265.36	229.21	243.73	155
镇江	Zhenjiang	360.00	593.38	460.98	79	龙岩	Longyan	841.58	123.39	191.77	180
泰州	Taizhou	887.95	852.32	1171.87	11	宁德	Ningde	428.15	391.73	300.73	128
宿迁	Suqian	850.56	668.11	670.92	43	**江西**	**Jiangxi**	**5694.95**	**4299.06**	**7250.58**	
浙江	**Zhejiang**	**10505.67**	**5042.80**	**7596.22**		南昌	Nanchang	853.02	475.85	791.39	27
杭州	Hangzhou	1567.70	453.79	706.56	39	景德镇	Jingdezhen	213.96	109.55	85.11	249
宁波	Ningbo	1143.13	835.30	1128.16	12	萍乡	Pingxiang	116.48	85.92	175.79	191
温州	Wenzhou	384.71	281.32	619.50	53	九江	Jiujiang	602.52	788.25	750.99	32
嘉兴	Jiaxing	1766.36	937.55	1356.39	6	新余	Xinyu	120.02	106.26	111.12	229
湖州	Huzhou	757.82	585.27	789.93	28	鹰潭	Yingtan	126.60	84.63	182.60	186
绍兴	Shaoxing	1063.46	469.94	545.30	66	赣州	Ganzhou	741.85	641.86	1196.41	10
金华	Jinhua	1059.20	440.51	605.30	55	吉安	Jian	521.88	431.71	550.74	64
衢州	Quzhou	899.72	251.56	347.86	114	宜春	Yichun	1205.76	792.50	918.45	19
舟山	Zhoushan	476.97	158.86	447.70	85	抚州	Fuzhou	768.80	262.16	324.49	117
台州	Taizhou	937.83	469.10	731.04	35	上饶	Shangrao	424.04	520.37	2163.48	2
丽水	Lishui	448.78	159.59	318.49	121	**山东**	**Shandong**	**19632.25**	**10340.96**	**7824.93**	
安徽	**Anhui**	**7437.57**	**6435.71**	**7179.74**		济南	Jinan	880.04	515.61	437.60	91
合肥	Hefei	931.55	896.64	459.95	81	青岛	Qingdao	1814.00	1092.69	682.96	41
芜湖	Wuhu	1119.45	534.36	658.90	46	淄博	Zibo	515.22	369.00	366.69	108
蚌埠	Bengbu	179.03	426.13	316.88	122	枣庄	Zaozhuang	448.33	174.50	89.45	246
淮南	Huainan	212.47	153.99	288.80	134	东营	Dongying	1458.14	613.24	814.89	26
马鞍山	Maanshan	319.02	172.81	257.72	148	烟台	Yantai	1848.04	737.00	486.44	75
淮北	Huaibei	494.13	250.20	173.24	192	潍坊	Weifang	4268.05	1027.85	1097.90	13
铜陵	Tongling	354.08	48.60	86.98	247	济宁	Jining	975.15	438.26	449.83	83
安庆	Anqing	430.25	318.93	315.66	123	泰安	Taian	931.92	277.40	396.55	99
黄山	Huangshan	139.33	54.75	111.66	228	威海	Weihai	986.58	253.03	341.35	116
滁州	Chuzhou	501.47	591.34	766.65	29	日照	Rizhao	603.41	136.10	94.86	241
阜阳	Fuyang	363.92	604.05	604.23	56	莱芜	Laiwu	329.19	106.53	90.96	245
宿州	Suzhou	443.12	351.44	404.54	96	临沂	Linyi	1302.25	1029.85	719.41	37
六安	Liuan	308.24	427.55	647.09	49	德州	Dezhou	672.70	650.34	653.10	47
亳州	Bozhou	146.20	484.49	1079.35	14	聊城	Liaocheng	819.25	598.92	291.62	132

7-8 供应工矿仓储用地面积 续表 2

Area of Land Supplied for Industry, Mining and Warehousing continued 2

单位：公顷 (hectare)

地名	City	2010	2016	2017	2017 排名 Ranking	地名	City	2010	2016	2017	2017 排名 Ranking
滨州	Binzhou	1073.24	1394.49	490.83	74	常德	Changde	427.03	368.50	568.65	61
菏泽	Heze	706.73	386.16	320.48	119	张家界	Zhangjiajie	53.88	39.67	19.04	280
河南	**Henan**	**6645.83**	**6048.06**	**5758.58**		益阳	Yiyang	288.60	189.91	211.30	170
郑州	Zhengzhou	687.27	952.91	850.84	23	郴州	Chenzhou	354.12	237.04	265.45	144
开封	Kaifeng	329.70	290.70	348.85	112	永州	Yongzhou	216.89	174.09	234.11	158
洛阳	Luoyang	1073.27	589.32	308.83	124	怀化	Huaihua	74.77	199.46	197.63	176
平顶山	Pingdingshan	530.52	230.27	228.42	161	娄底	Loudi	140.87	46.08	61.36	258
安阳	Anyang	431.85	395.20	362.07	110	**广东**	**Guangdong**	**6453.45**	**5358.88**	**6996.79**	
鹤壁	Hebi	309.27	191.71	140.42	215	广州	Guangzhou	1253.84	384.77	863.57	22
新乡	Xinxiang	374.26	590.07	493.93	73	韶关	Shaoguan	349.29	493.25	349.40	111
焦作	Jiaozuo	480.19	236.52	369.35	107	深圳	Shenzhen	62.40	166.83	94.05	242
濮阳	Puyang	123.76	234.34	524.23	70	珠海	Zhuhai	547.12	252.66	460.90	80
许昌	Xuchang	349.77	291.45	154.27	206	汕头	Shantou	83.77	112.80	221.63	164
漯河	Luohe	211.84	111.85	96.34	239	佛山	Foshan	548.32	321.86	389.29	102
三门峡	Sanmenxia	385.43	111.32	64.10	257	江门	Jiangmen	823.78	258.42	704.80	40
南阳	Nanyang	443.50	661.63	610.71	54	湛江	Zhanjiang	278.33	167.25	176.49	190
商丘	Shangqiu	311.89	337.23	383.49	104	茂名	Maoming	52.90	221.21	83.84	250
信阳	Xinyang	91.63	205.93	172.50	194	肇庆	Zhaoqing	388.31	410.74	553.92	62
周口	Zhoukou	206.80	221.50	246.27	154	惠州	Huizhou	266.16	327.58	429.55	93
驻马店	Zhumadian	304.88	396.10	403.94	97	梅州	Meizhou	157.60	159.18	243.34	156
湖北	**Hubei**	**7664.18**	**11221.77**	**5804.79**		汕尾	Shanwei	3.58	405.02	187.29	182
武汉	Wuhan	1355.85	6053.98	1202.57	8	河源	Heyuan	88.33	289.24	308.41	125
黄石	Huangshi	372.07	268.20	183.96	184	阳江	Yangjiang	343.59	296.84	210.95	171
十堰	Shiyan	192.29	184.24	259.84	147	清远	Qingyuan	264.76	383.54	763.28	31
宜昌	Yichang	1431.50	669.45	448.87	84	东莞	Dongguan	284.51	294.90	224.70	162
襄阳	Xiangyang	819.05	295.43	485.65	76	中山	Zhongshan	435.14	92.54	162.70	198
鄂州	Ezhou	234.42	88.66	139.09	216	潮州	Chaozhou	16.55	108.99	162.07	199
荆门	Jingmen	482.51	784.73	927.78	18	揭阳	Jieyang	44.13	87.09	145.51	210
孝感	Xiaogan	642.95	570.22	371.79	106	云浮	Yunfu	161.04	124.15	261.09	146
荆州	Jingzhou	701.45	737.72	447.66	86	**广西**	**Guangxi**	**3083.94**	**2868.65**	**2889.86**	
黄冈	Huanggang	668.47	476.47	363.63	109	南宁	Nanning	632.43	275.09	438.12	90
咸宁	Xianning	161.05	374.16	298.18	130	柳州	Liuzhou	319.59	326.65	256.36	149
随州	Suizhou	146.62	105.35	270.63	141	桂林	Guilin	285.08	136.74	141.12	213
湖南	**Hunan**	**3386.83**	**3632.90**	**3724.70**		梧州	Wuzhou	348.56	175.96	173.18	193
长沙	Changsha	618.82	984.33	734.48	34	北海	Beihai	135.16	27.48	110.94	230
株洲	Zhuzhou	74.05	185.78	196.53	177	防城港	Fangchenggang	196.52	412.18	277.62	138
湘潭	Xiangtan	248.33	246.80	133.93	219	钦州	Qinzhou	216.41	308.50	199.94	175
衡阳	Hengyang	334.34	296.38	290.64	133	贵港	Guigang	36.59	150.01	218.01	167
邵阳	Shaoyang	121.96	198.64	267.78	143	玉林	Yulin	324.93	236.39	300.48	129
岳阳	Yueyang	358.76	398.18	440.96	88	百色	Baise	171.83	189.01	242.15	157

7-8 供应工矿仓储用地面积 续表 3

Area of Land Supplied for Industry, Mining and Warehousing continued 3

单位：公顷 (hectare)

地名	City	2010	2016	2017	2017 排名 Ranking
贺州	Hezhou	111.25	174.35	161.83	200
河池	Hechi	179.22	129.63	95.13	240
来宾	Laibin	21.24	113.46	122.80	222
崇左	Chongzuo	105.15	213.20	152.19	207
海南	**Hainan**	**463.33**	**252.31**	**77.97**	
海口	Haikou	47.49	69.30	10.00	284
三亚	Sanya	21.34	1.12	6.30	285
三沙	Sansha				
重庆	**Chongqing**	**2891.81**	**3068.98**	**2755.80**	
四川	**Sichuan**	**5493.80**	**3669.68**	**4018.19**	
成都	Chengdu	1481.91	975.10	945.39	17
自贡	Zigong	120.93	52.72	99.23	238
攀枝花	Panzhihua	164.43	14.01	78.71	251
泸州	Luzhou	611.38	208.62	438.76	89
德阳	Deyang	536.07	372.34	233.01	160
绵阳	Mianyang	276.42	371.35	475.68	77
广元	Guangyuan	144.77	55.86	52.84	264
遂宁	Suining	114.14	197.16	105.08	235
内江	Neijiang	187.16	64.95	37.36	272
乐山	Leshan	300.61	193.81	113.37	226
南充	Nanchong	240.29	170.36	160.82	201
眉山	Meishan	209.50	181.37	136.37	217
宜宾	Yibin	272.63	132.93	585.04	57
广安	Guangan	233.97	157.21	163.30	197
达州	Dazhou	115.93	78.85	51.79	265
雅安	Yaan	272.44	69.77	49.16	267
巴中	Bazhong	5.27	60.67	91.10	244
资阳	Ziyang	114.27	136.42	112.37	227
贵州	**Guizhou**	**1792.53**	**2730.37**	**2663.11**	
贵阳	Guiyang	462.68	422.44	504.13	71
六盘水	Liupanshui	309.77	504.64	387.69	103
遵义	Zunyi	344.00	307.62	406.37	95
安顺	Anshun	82.31	95.86	142.88	212
毕节	Bijie	211.80	376.31	183.26	185
铜仁	Tongren	41.90	253.80	221.48	165
云南	**Yunnan**	**2646.93**	**1971.44**	**1906.94**	
昆明	Kunming	646.04	507.10	571.64	60
曲靖	Qujing	358.84	87.87	106.28	233
玉溪	Yuxi	208.86	231.45	204.67	172
保山	Baoshan	86.50	103.26	158.62	204
昭通	Zhaotong	44.20	56.44	109.47	232.00
丽江	Lijiang	37.60	88.75	27.10	277
普洱	Puer	58.69	77.93	30.06	275
临沧	Lincang	78.37	14.80	25.80	278
西藏	**Tibet**	**101.92**	**156.89**	**404.68**	
拉萨	Lasa	66.27	142.36	233.47	159
陕西	**Shaanxi**	**2532.25**	**3656.45**	**2944.01**	
西安	Xi'an	378.56	775.76	635.39	52
铜川	Tongchuan	99.48	39.84	43.16	269
宝鸡	Baoji	258.58	260.04	135.12	218
咸阳	Xianyang	437.50	639.65	640.16	50
渭南	Weinan	266.18	265.84	348.55	113
延安	Yan'an	76.33	257.06	172.36	196
汉中	Hanzhong	81.40	114.03	55.23	263
榆林	Yulin	868.88	994.18	674.12	42
安康	Ankang	6.52	134.31	179.08	188
商洛	Shangluo	58.82	175.72	60.82	259
甘肃	**Gansu**	**1520.82**	**2982.31**	**1895.90**	
兰州	Lanzhou	105.06	217.47	502.25	72
嘉峪关	Jiayuguan	82.76	10.76	203.24	174
金昌	Jinchang	252.69	98.99	59.69	261
白银	Baiyin	168.95	579.61	194.70	179
天水	Tianshui	113.32	186.00	40.80	270
武威	Wuwei	161.38	684.66	145.18	211
张掖	Zhangye	76.68	374.14	156.50	205
平凉	Pingliang	22.06	47.15	30.05	276
酒泉	Jiuquan	348.40	429.69	398.14	98
庆阳	Qingyang	32.57	115.85	35.56	273
定西	Dingxi	103.41	176.98	59.26	262
陇南	Longnan	22.89	3.66	19.50	279
青海	**Qinghai**	**606.41**	**2441.82**	**4317.24**	
西宁	Xining	173.96	65.74	263.32	145
海东	Haidong		107.78	51.61	266
宁夏	**Ningxia**	**1632.91**	**2501.42**	**1890.09**	
银川	Yinchuan	640.26	754.90	763.94	30
石嘴山	Shizuishan	618.91	214.79	213.53	169
吴忠	Wuzhong	259.97	387.37	441.19	87
固原	Guyuan	64.66	102.91	178.05	189
中卫	Zhongwei	49.11	1041.46	293.38	131
新疆	**Xinjiang**	**2466.15**	**7600.29**	**5116.17**	
乌鲁木齐	Urumqi	431.58	276.33	78.13	252
克拉玛依	Karamay	96.23	345.55	13.58	282

7-9 供应商业服务用地面积
Area of Land Supplied for Commercial and Service Uses

单位：公顷 (hectare)

地名	City	2010	2016	2017	2017 排名 Ranking
全国	**Nation Total**	**38905.15**	**35146.78**	**32094.49**	
北京	**Beijing**	**400.08**	**284.95**	**162.74**	
天津	**Tianjin**	**590.24**	**149.87**	**96.88**	
河北	**Hebei**	**1694.86**	**1554.37**	**1507.23**	
石家庄	Shijiazhuang	92.64	98.07	148.81	57
唐山	Tangshan	322.60	163.06	210.08	30
秦皇岛	Qinhuangdao	137.10	85.42	94.90	115
邯郸	Handan	175.36	234.05	117.43	88
邢台	Xingtai	89.02	114.58	72.38	144
保定	Baoding	123.98	273.77	176.45	43
张家口	Zhangjiakou	185.55	151.79	113.06	93
承德	Chengde	144.18	138.22	158.92	52
沧州	Cangzhou	173.73	86.05	217.41	27
廊坊	Langfang	140.72	90.08	100.07	106
衡水	Hengshui	109.98	119.28	97.73	112
山西	**Shanxi**	**743.08**	**608.88**	**571.41**	
太原	Taiyuan	60.47	57.58	145.71	60
大同	Datong	99.06	47.74	39.06	210
阳泉	Yangquan	45.10	20.81	9.04	271
长治	Changzhi	9.31	16.46	69.92	147
晋城	Jincheng	54.56	21.60	11.14	267
朔州	Shuozhou	97.80	21.12	16.88	252
晋中	Jinzhong	73.80	155.21	104.47	103
运城	Yuncheng	62.33	68.98	34.63	219
忻州	Xinzhou	99.26	116.18	21.75	244
临汾	Linfen	81.64	52.75	94.83	116
吕梁	Lvliang	59.75	30.46	23.98	238
内蒙古	**Inner Mongolia**	**3154.32**	**835.20**	**1024.47**	
呼和浩特	Hohhot	165.53	98.50	74.18	140
包头	Baotou	83.54	51.67	14.53	257
乌海	Wuhai	45.07	11.89	45.25	199
赤峰	Chifeng	132.45	123.35	114.82	91
通辽	Tongliao	149.90	70.76	72.72	143
鄂尔多斯	Erdos	1588.16	50.38	152.80	54
呼伦贝尔	Hulunbuir	147.07	120.75	132.42	70
巴彦淖尔	Bayannur	316.77	81.57	47.57	193
乌兰察布	Ulanqab	144.78	65.91	98.86	110
辽宁	**Liaoning**	**3260.02**	**830.09**	**672.35**	
沈阳	Shenyang	283.42	83.46	66.36	151
大连	Dalian	441.30	32.87	91.99	118
鞍山	Anshan	112.69	53.32	49.65	182
抚顺	Fushun	110.42	53.37	3.67	280
本溪	Benxi	132.88	68.51	46.48	196
丹东	Dandong	79.99	42.03	22.42	242
锦州	Jinzhou	100.41	39.42	65.42	154
营口	Yingkou	1112.94	66.27	57.29	161
阜新	Fuxin	74.38	26.03	5.98	275
辽阳	Liaoyang	143.40	40.62	11.24	265
盘锦	Panjin	125.06	152.24	51.57	178
铁岭	Tieling	285.86	7.49	6.96	274
朝阳	Chaoyang	49.35	88.33	123.86	80
葫芦岛	Huludao	207.94	76.14	68.45	149
吉林	**Jilin**	**892.22**	**772.90**	**693.36**	
长春	Changchun	333.77	287.00	237.87	20
吉林	Jilin	99.27	61.17	38.28	212
四平	Siping	72.78	48.72	44.81	200
辽源	Liaoyuan	44.57	18.36	4.71	277
通化	Tonghua	50.87	33.66	25.90	236
白山	Baishan	167.54	107.70	50.67	179
松原	Songyuan	28.95	45.12	12.52	262
白城	Baicheng	39.67	92.01	23.48	239
黑龙江	**Heilongjiang**	**1040.96**	**569.88**	**598.72**	
哈尔滨	Harbin	229.02	212.53	174.82	46
齐齐哈尔	Qiqihar	57.27	61.93	33.72	223
鸡西	Jixi	18.88	17.08	35.11	216
鹤岗	Hegang	9.53	10.14	18.92	248
双鸭山	Shuangyashan	9.18	19.36	11.62	264
大庆	Daqing	123.84	38.01	78.23	132
伊春	Yichun	24.39	16.64	48.78	186
佳木斯	Jiamusi	58.38	13.90	14.90	256
七台河	Qitaihe	3.89	8.54	3.93	279
牡丹江	Mudanjiang	129.18	37.57	48.65	188
黑河	Heihe	63.55	11.88	38.01	213
绥化	Suihua	117.59	72.47	41.32	208
上海	**Shanghai**	**561.45**	**114.76**	**119.31**	
江苏	**Jiangsu**	**3699.52**	**3990.34**	**3612.46**	

7-9 供应商业服务用地面积 续表 1
Area of Land Supplied for Commercial and Service Uses continued 1

单位：公顷 (hectare)

地名	City	2010	2016	2017	2017 排名 Ranking	地名	City	2010	2016	2017	2017 排名 Ranking
南京	Nanjing	108.37	212.53	255.57	17	池州	Chizhou	183.05	77.52	41.36	207
无锡	Wuxi	465.28	50.16	118.93	85	宣城	Xuancheng	192.19	91.56	76.26	137
徐州	Xuzhou	370.47	418.65	458.39	4	**福建**	**Fujian**	**935.02**	**472.09**	**443.55**	
常州	Changzhou	407.08	801.20	636.55	1	福州	Fuzhou	175.60	63.61	73.93	142
苏州	Suzhou	436.56	223.02	163.28	51	厦门	Xiamen	100.23	44.15	11.69	263
南通	Nantong	482.86	621.78	412.42	5	莆田	Putian	28.48	6.73	23.14	241
连云港	Lianyungang	260.68	375.06	320.25	10	三明	Sanming	101.38	27.27	18.80	249
淮安	Huaian	354.59	322.71	237.48	21	泉州	Quanzhou	112.82	87.93	134.12	68
盐城	Yancheng	282.52	393.70	399.81	6	漳州	Zhangzhou	195.48	150.88	76.97	136
扬州	Yangzhou	347.02	126.59	104.87	102	南平	Nanping	127.43	56.19	75.58	138
镇江	Zhenjiang	15.91	97.16	165.42	50	龙岩	Longyan	63.08	18.21	18.41	250
泰州	Taizhou	95.88	241.98	229.55	22	宁德	Ningde	30.50	17.12	10.91	268
宿迁	Suqian	72.30	105.78	109.94	96	**江西**	**Jiangxi**	**1084.78**	**1130.52**	**1416.08**	
浙江	**Zhejiang**	**1830.49**	**1391.14**	**1491.64**		南昌	Nanchang	288.85	122.11	170.69	48
杭州	Hangzhou	483.54	199.40	267.50	15	景德镇	Jingdezhen	76.99	31.49	62.07	157
宁波	Ningbo	373.60	298.70	210.02	31	萍乡	Pingxiang	34.09	91.87	102.48	104
温州	Wenzhou	66.78	64.21	113.10	92	九江	Jiujiang	159.83	98.58	129.50	74
嘉兴	Jiaxing	243.59	248.44	224.50	25	新余	Xinyu	5.40	13.99	17.12	251
湖州	Huzhou	185.04	196.81	268.80	14	鹰潭	Yingtan	44.08	16.02	5.66	276
绍兴	Shaoxing	75.83	107.89	116.72	89	赣州	Ganzhou	122.81	186.21	229.00	23
金华	Jinhua	139.11	88.27	69.35	148	吉安	Jian	117.28	54.53	115.04	90
衢州	Quzhou	76.15	47.00	52.64	172	宜春	Yichun	121.83	186.07	177.60	42
舟山	Zhoushan	55.30	15.36	34.64	218	抚州	Fuzhou	31.94	89.17	66.76	150
台州	Taizhou	98.96	76.41	78.51	131	上饶	Shangrao	81.67	240.48	340.15	9
丽水	Lishui	32.59	48.65	55.86	163	**山东**	**Shandong**	**5069.53**	**3378.24**	**2824.88**	
安徽	**Anhui**	**1761.66**	**1800.13**	**1457.99**		济南	Jinan	179.63	194.21	178.81	40
合肥	Hefei	132.17	252.48	141.42	64	青岛	Qingdao	457.29	238.65	185.70	37
芜湖	Wuhu	120.95	39.50	39.89	209	淄博	Zibo	154.82	120.25	99.85	107
蚌埠	Bengbu	66.56	117.29	62.65	156	枣庄	Zaozhuang	122.83	62.99	57.07	162
淮南	Huainan	15.76	25.89	21.18	246	东营	Dongying	104.53	26.64	48.88	185
马鞍山	Maanshan	31.04	101.60	31.03	229	烟台	Yantai	563.77	101.07	134.38	67
淮北	Huaibei	52.37	40.45	13.44	260	潍坊	Weifang	1213.28	1016.14	549.18	2
铜陵	Tongling	113.44	35.86	10.23	270	济宁	Jining	518.63	224.05	216.60	29
安庆	Anqing	86.51	98.06	133.88	69	泰安	Taian	128.56	83.80	52.92	169
黄山	Huangshan	121.56	133.98	82.57	125	威海	Weihai	346.09	362.31	261.10	16
滁州	Chuzhou	224.56	104.39	131.51	72	日照	Rizhao	35.29	95.90	80.11	128
阜阳	Fuyang	110.24	165.51	203.63	33	莱芜	Laiwu	71.23	9.26	65.52	153
宿州	Suzhou	80.51	116.63	142.60	63	临沂	Linyi	500.60	371.15	186.12	36
六安	Liuan	102.41	105.67	136.09	65	德州	Dezhou	103.17	123.75	271.90	13
亳州	Bozhou	110.13	190.09	130.30	73	聊城	Liaocheng	171.43	137.54	157.11	53

7-9 供应商业服务用地面积 续表 2
Area of Land Supplied for Commercial and Service Uses continued 2

单位：公顷 (hectare)

地名	City	2010	2016	2017	2017 排名 Ranking	地名	City	2010	2016	2017	2017 排名 Ranking
滨州	Binzhou	196.25	67.79	52.69	171	常德	Changde	102.16	160.78	176.45	43
菏泽	Heze	202.13	142.73	226.92	24	张家界	Zhangjiajie	72.86	113.04	50.47	180
河南	**Henan**	**1069.34**	**1597.36**	**1862.79**		益阳	Yiyang	40.12	132.69	85.36	123
郑州	Zhengzhou	88.83	350.00	544.59	3	郴州	Chenzhou	51.57	39.65	61.99	158
开封	Kaifeng	63.26	119.92	109.85	97	永州	Yongzhou	33.23	105.72	79.19	130
洛阳	Luoyang	78.21	62.58	46.22	197	怀化	Huaihua	193.04	120.86	152.49	55
平顶山	Pingdingshan	11.20	79.39	86.79	122	娄底	Loudi	47.66	27.51	33.09	225
安阳	Anyang	85.18	161.19	99.43	108	**广东**	**Guangdong**	**1385.03**	**1614.54**	**1186.59**	
鹤壁	Hebi	23.87	40.78	16.28	253	广州	Guangzhou	164.29	445.76	148.92	56
新乡	Xinxiang	77.55	75.70	90.68	121	韶关	Shaoguan	20.77	118.20	60.04	160
焦作	Jiaozuo	70.84	27.91	52.17	175	深圳	Shenzhen	10.86	117.38	97.88	111
濮阳	Puyang	11.25	73.79	109.82	98	珠海	Zhuhai	98.37	80.12	97.48	113
许昌	Xuchang	70.30	78.00	107.84	100	汕头	Shantou	19.87	31.04	15.63	254
漯河	Luohe	20.19	53.13	51.95	176	佛山	Foshan	212.66	126.37	98.90	109
三门峡	Sanmenxia	43.58	18.80	25.94	235	江门	Jiangmen	30.92	42.76	52.63	173
南阳	Nanyang	113.49	88.98	102.21	105	湛江	Zhanjiang	58.81	19.47	45.80	198
商丘	Shangqiu	67.07	119.90	125.95	75	茂名	Maoming	25.05	46.02	38.91	211
信阳	Xinyang	81.95	55.82	80.35	127	肇庆	Zhaoqing	66.22	65.55	119.34	83
周口	Zhoukou	28.66	64.27	80.44	126	惠州	Huizhou	209.92	80.87	70.55	145
驻马店	Zhumadian	133.93	127.21	132.28	71	梅州	Meizhou	34.02	83.61	93.14	117
湖北	**Hubei**	**1666.36**	**1789.88**	**1541.21**		汕尾	Shanwei	18.85	52.58	65.03	155
武汉	Wuhan	405.14	314.03	204.49	32	河源	Heyuan	55.09	86.67	44.68	201
黄石	Huangshi	48.95	81.84	82.62	124	阳江	Yangjiang	115.12	80.24	23.48	239
十堰	Shiyan	103.65	104.27	118.68	86	清远	Qingyuan	114.55	75.98	28.21	232
宜昌	Yichang	244.35	395.52	250.29	18	东莞	Dongguan	80.15	32.65	7.88	272
襄阳	Xiangyang	97.04	96.86	119.19	84	中山	Zhongshan	29.76	12.64	29.86	230
鄂州	Ezhou	50.63	14.79	7.26	273	潮州	Chaozhou		0.66	1.74	285
荆门	Jingmen	88.42	214.39	303.34	12	揭阳	Jieyang	5.70	7.02	12.55	261
孝感	Xiaogan	108.06	114.56	35.34	215	云浮	Yunfu	14.05	11.95	33.94	221
荆州	Jingzhou	78.92	99.91	117.79	87	**广西**	**Guangxi**	**769.25**	**797.27**	**1112.73**	
黄冈	Huanggang	133.93	140.82	96.40	114	南宁	Nanning	138.20	110.86	144.02	61
咸宁	Xianning	130.45	72.08	143.76	62	柳州	Liuzhou	83.30	119.69	79.44	129
随州	Suizhou	34.61	15.45	11.18	266	桂林	Guilin	198.49	94.34	179.02	39
湖南	**Hunan**	**1238.49**	**1714.76**	**1381.41**		梧州	Wuzhou	27.11	37.08	37.40	214
长沙	Changsha	357.31	282.58	193.54	34	北海	Beihai	11.24	18.54	10.64	269
株洲	Zhuzhou	34.62	163.99	77.54	134	防城港	Fangchenggang	59.15	92.87	125.29	76
湘潭	Xiangtan	42.88	50.66	53.40	167	钦州	Qinzhou	103.34	30.26	47.26	194
衡阳	Hengyang	104.68	259.82	186.34	35	贵港	Guigang	9.77	30.12	47.87	191
邵阳	Shaoyang	69.53	67.98	48.73	187	玉林	Yulin	74.03	65.70	134.74	66
岳阳	Yueyang	82.96	139.16	91.99	118	百色	Baise	30.04	85.58	109.37	99

7-9 供应商业服务用地面积 续表 3

Area of Land Supplied for Commercial and Service Uses continued 3

单位：公顷 (hectare)

地名	City	2010	2016	2017	2017 排名 Ranking	地名	City	2010	2016	2017	2017 排名 Ranking
贺州	Hezhou	6.57	38.13	43.43	205	丽江	Lijiang	7.21	25.73	32.82	226
河池	Hechi	2.55	37.02	20.31	247	普洱	Puer	33.07	37.50	55.86	163
来宾	Laibin	15.93	8.17	27.06	234	临沧	Lincang	40.90	25.69	48.94	184
崇左	Chongzuo	9.53	28.90	106.89	101	**西藏**	**Tibet**	**113.63**	**238.31**	**147.16**	
海南	**Hainan**	**437.10**	**367.20**	**359.53**		拉萨	Lasa	99.67	110.76	91.99	118
海口	Haikou	3.64	52.44	15.41	255	**陕西**	**Shaanxi**	**353.29**	**1044.83**	**882.09**	
三亚	Sanya	58.34	94.42	179.24	38	西安	Xi'an	69.34	140.53	217.06	28
三沙	Sansha					铜川	Tongchuan	10.66	7.61	2.07	284
重庆	**Chongqing**	**354.89**	**857.00**	**525.59**		宝鸡	Baoji	35.42	197.63	52.19	174
四川	**Sichuan**	**1362.91**	**1726.38**	**1496.00**		咸阳	Xianyang	33.27	222.04	172.93	47
成都	Chengdu	505.40	354.45	383.61	8	渭南	Weinan	34.92	167.27	169.04	49
自贡	Zigong	39.17	81.11	48.05	190	延安	Yan'an	26.21	74.89	65.60	152
攀枝花	Panzhihua	22.66	11.21	35.09	217	汉中	Hanzhong	16.23	84.20	77.49	135
泸州	Luzhou	155.69	78.25	121.44	82	榆林	Yulin	76.42	44.76	48.19	189
德阳	Deyang	76.60	29.53	74.36	139	安康	Ankang	12.00	45.65	51.75	177
绵阳	Mianyang	68.01	283.31	146.30	59	商洛	Shangluo	38.82	60.24	25.76	237
广元	Guangyuan	41.63	34.26	32.31	228	**甘肃**	**Gansu**	**320.69**	**877.16**	**562.59**	
遂宁	Suining	63.63	65.17	22.04	243	兰州	Lanzhou	67.65	134.54	220.33	26
内江	Neijiang	19.60	28.01	34.57	220	嘉峪关	Jiayuguan	25.66	70.26	3.07	282
乐山	Leshan	124.00	86.86	27.49	233	金昌	Jinchang	8.77	19.70	2.19	283
南充	Nanchong	77.12	29.51	55.26	165	白银	Baiyin	10.72	37.29	13.85	259
眉山	Meishan	29.26	83.57	53.51	166	天水	Tianshui	27.90	82.10	33.29	224
宜宾	Yibin	42.94	55.63	41.56	206	武威	Wuwei	8.53	58.17	46.90	195
广安	Guangan	21.82	134.88	125.04	77	张掖	Zhangye	32.17	145.75	49.74	181
达州	Dazhou	22.90	78.41	47.62	192	平凉	Pingliang	28.50	24.53	21.30	245
雅安	Yaan	8.23	28.97	77.88	133	酒泉	Jiuquan	39.84	67.31	52.93	168
巴中	Bazhong	12.54	106.41	74.09	141	庆阳	Qingyang	19.09	16.52	29.17	231
资阳	Ziyang	2.24	54.81	44.37	202	定西	Dingxi	38.31	75.09	44.10	203
贵州	**Guizhou**	**452.82**	**1862.33**	**1679.12**		陇南	Longnan	4.16	3.34	3.16	281
贵阳	Guiyang	107.41	236.02	175.86	45	**青海**	**Qinghai**	**108.35**	**204.18**	**214.55**	
六盘水	Liupanshui	19.30	362.77	386.20	7	西宁	Xining	54.86	49.78	52.80	170
遵义	Zunyi	45.78	236.53	246.14	19	海东	Haidong		50.18	33.87	222
安顺	Anshun	40.26	69.04	124.87	78	**宁夏**	**Ningxia**	**774.78**	**344.91**	**296.74**	
毕节	Bijie	52.18	148.02	112.17	95	银川	Yinchuan	445.70	177.69	112.45	94
铜仁	Tongren	40.98	276.64	147.43	58	石嘴山	Shizuishan	128.70	8.78	4.59	278
云南	**Yunnan**	**1005.05**	**1126.60**	**1200.27**		吴忠	Wuzhong	78.79	28.51	70.16	146
昆明	Kunming	181.69	217.57	313.09	11	固原	Guyuan	59.54	88.57	60.05	159
曲靖	Qujing	50.87	31.68	44.00	204	中卫	Zhongwei	62.04	41.37	49.49	183
玉溪	Yuxi	144.74	181.84	121.47	81	**新疆**	**Xinjiang**	**774.96**	**1100.70**	**1153.04**	
保山	Baoshan	223.86	47.38	124.48	79	乌鲁木齐	Urumqi	92.14	196.49	177.91	41
昭通	Zhaotong	60.16	42.35	32.43	227	克拉玛依	Karamay	27.17	8.84	14.43	258

7-10 供应住宅用地面积
Area of Land Supplied for Residential Uses

单位：公顷 (hectare)

地名	City	2010	2016	2017	2017 排名 Ranking	地名	City	2010	2016	2017	2017 排名 Ranking
全国	**Nation Total**	**115272.5**	**74539.39**	**87087.28**		沈阳	Shenyang	1108.99	348.35	243.87	118
北京	**Beijing**	**786.19**	**298.88**	**771.13**		大连	Dalian	2209.18	196.49	143.02	176
天津	**Tianjin**	**2571.90**	**1036.24**	**743.45**		鞍山	Anshan	1221.14	99.20	153.17	169
河北	**Hebei**	**5413.39**	**4196.76**	**5734.10**		抚顺	Fushun	310.22	8.19	18.48	280
石家庄	Shijiazhuang	491.72	612.03	818.90	12	本溪	Benxi	186.13	25.60	27.19	275
唐山	Tangshan	648.85	353.32	465.46	51	丹东	Dandong	257.93	18.64	46.68	257
秦皇岛	Qinhuangdao	430.84	201.07	223.69	126	锦州	Jinzhou	369.73	81.81	72.35	228
邯郸	Handan	655.03	324.35	523.62	40	营口	Yingkou	1671.89	92.32	61.50	248
邢台	Xingtai	357.54	406.57	502.52	43	阜新	Fuxin	168.36	25.72	40.62	264
保定	Baoding	556.56	623.50	1088.19	4	辽阳	Liaoyang	191.74	77.59	39.01	265
张家口	Zhangjiakou	586.48	493.92	563.60	36	盘锦	Panjin	385.73	215.40	649.22	27
承德	Chengde	268.89	126.02	324.47	76	铁岭	Tieling	643.95	26.27	35.87	269
沧州	Cangzhou	326.32	333.24	453.29	54	朝阳	Chaoyang	117.23	35.87	57.15	254
廊坊	Langfang	824.70	445.42	467.76	50	葫芦岛	Huludao	262.98	103.78	134.64	182
衡水	Hengshui	266.47	277.32	302.60	86	**吉林**	**Jilin**	**2837.72**	**914.33**	**977.57**	
山西	**Shanxi**	**1816.40**	**1245.80**	**1438.72**		长春	Changchun	1015.63	291.34	415.53	61
太原	Taiyuan	300.52	268.66	249.01	113	吉林	Jilin	424.48	93.23	98.53	206
大同	Datong	480.45	156.72	275.43	96	四平	Siping	231.50	71.79	105.67	205
阳泉	Yangquan	132.98	37.06	26.79	276	辽源	Liaoyuan	134.45	29.06	17.14	281
长治	Changzhi	56.76	62.38	117.87	195	通化	Tonghua	165.34	43.14	63.69	243
晋城	Jincheng	100.23	50.95	66.05	240	白山	Baishan	543.79	50.63	70.23	233
朔州	Shuozhou	105.68	48.73	60.90	249	松原	Songyuan	80.90	49.65	44.07	262
晋中	Jinzhong	123.78	152.84	195.93	138	白城	Baicheng	81.00	110.94	51.73	256
运城	Yuncheng	153.23	166.17	162.86	159	**黑龙江**	**Heilongjiang**	**4624.75**	**1157.37**	**1212.40**	
忻州	Xinzhou	93.28	126.04	106.96	203	哈尔滨	Harbin	1322.05	261.99	365.92	67
临汾	Linfen	133.24	112.86	94.56	209	齐齐哈尔	Qiqihar	279.24	161.52	177.07	152
吕梁	Lvliang	136.23	63.39	82.36	220	鸡西	Jixi	97.31	57.54	66.56	238
内蒙古	**Inner Mongolia**	**4940.09**	**1235.19**	**1676.39**		鹤岗	Hegang	53.16	38.23	57.78	253
呼和浩特	Hohhot	420.02	220.38	181.86	148	双鸭山	Shuangyashan	154.88	107.87	23.96	279
包头	Baotou	362.41	159.94	179.34	149	大庆	Daqing	362.03	71.08	77.18	224
乌海	Wuhai	253.87	50.95	118.25	194	伊春	Yichun	93.88	80.11	72.97	227
赤峰	Chifeng	246.12	151.36	211.78	130	佳木斯	Jiamusi	376.74	50.42	44.61	261
通辽	Tongliao	299.15	39.35	106.89	204	七台河	Qitaihe	18.18	32.05	38.23	266
鄂尔多斯	Erdos	1828.43	78.19	150.46	171	牡丹江	Mudanjiang	438.03	75.58	71.01	232
呼伦贝尔	Hulunbuir	365.30	145.64	175.74	154	黑河	Heihe	239.28	19.55	66.43	239
巴彦淖尔	Bayannur	297.11	71.91	59.44	252	绥化	Suihua	531.72	125.02	126.57	188
乌兰察布	Ulanqab	160.83	108.85	161.22	160	**上海**	**Shanghai**	**704.13**	**360.23**	**641.39**	
辽宁	**Liaoning**	**9105.20**	**1355.23**	**1722.76**		**江苏**	**Jiangsu**	**10874.29**	**7404.39**	**8284.52**	

7-10 供应住宅用地面积 续表 1
Area of Land Supplied for Residential Uses continued 1

单位：公顷 (hectare)

地名	City	2010	2016	2017	2017 排名 Ranking	地名	City	2010	2016	2017	2017 排名 Ranking
南京	Nanjing	709.54	756.31	961.53	8	池州	Chizhou	117.59	100.80	80.79	222
无锡	Wuxi	1539.11	290.58	478.40	48	宣城	Xuancheng	189.80	163.64	315.55	79
徐州	Xuzhou	843.72	997.68	1635.84	2	**福建**	**Fujian**	**2112.92**	**1350.64**	**1809.25**	
常州	Changzhou	793.48	477.62	467.90	49	福州	Fuzhou	655.81	324.53	402.89	63
苏州	Suzhou	1336.19	1053.90	1123.72	3	厦门	Xiamen	348.12	92.51	138.51	179
南通	Nantong	1058.31	738.73	777.88	14	莆田	Putian	120.54	123.70	127.87	187
连云港	Lianyungang	560.01	180.61	306.36	83	三明	Sanming	92.51	68.49	93.12	211
淮安	Huaian	764.91	519.33	484.58	46	泉州	Quanzhou	328.04	313.84	368.10	66
盐城	Yancheng	1307.89	670.89	683.55	22	漳州	Zhangzhou	299.43	183.82	268.75	102
扬州	Yangzhou	614.82	450.01	450.33	55	南平	Nanping	104.88	58.80	107.94	202
镇江	Zhenjiang	159.79	232.86	458.33	53	龙岩	Longyan	81.77	131.87	154.18	166
泰州	Taizhou	474.54	306.74	197.24	137	宁德	Ningde	81.83	53.06	147.89	174
宿迁	Suqian	711.98	729.14	258.89	107	**江西**	**Jiangxi**	**2891.21**	**2664.85**	**3317.94**	
浙江	**Zhejiang**	**7466.36**	**4026.92**	**5931.57**		南昌	Nanchang	554.67	445.99	542.39	38
杭州	Hangzhou	1475.00	687.54	852.54	10	景德镇	Jingdezhen	181.64	16.72	121.70	191
宁波	Ningbo	2081.83	793.69	766.47	16	萍乡	Pingxiang	57.48	84.07	153.74	167
温州	Wenzhou	267.38	418.74	897.90	9	九江	Jiujiang	396.17	301.15	392.69	65
嘉兴	Jiaxing	773.47	617.57	614.85	31	新余	Xinyu	116.14	52.40	71.09	231
湖州	Huzhou	395.03	243.71	687.21	21	鹰潭	Yingtan	199.90	28.68	35.41	271
绍兴	Shaoxing	656.96	398.62	619.99	30	赣州	Ganzhou	375.48	366.50	614.10	32
金华	Jinhua	418.29	263.88	446.76	56	吉安	Jian	136.12	278.98	269.41	101
衢州	Quzhou	278.56	112.46	223.87	125	宜春	Yichun	310.92	350.51	444.22	57
舟山	Zhoushan	328.26	75.40	109.08	201	抚州	Fuzhou	234.10	358.26	332.06	73
台州	Taizhou	456.62	228.13	504.80	42	上饶	Shangrao	328.61	381.58	341.12	69
丽水	Lishui	334.96	187.20	208.10	133	**山东**	**Shandong**	**12857.15**	**7107.92**	**8733.40**	
安徽	**Anhui**	**4766.31**	**5392.08**	**5989.49**		济南	Jinan	785.10	772.27	768.36	15
合肥	Hefei	457.23	733.22	681.09	23	青岛	Qingdao	1881.40	844.53	808.69	13
芜湖	Wuhu	910.79	260.36	283.80	92	淄博	Zibo	398.82	178.87	272.55	97
蚌埠	Bengbu	339.35	410.83	234.29	120	枣庄	Zaozhuang	239.06	139.33	194.15	140
淮南	Huainan	351.81	245.14	322.27	77	东营	Dongying	308.12	109.01	187.58	145
马鞍山	Maanshan	189.86	78.10	86.95	214	烟台	Yantai	1813.34	361.85	706.31	19
淮北	Huaibei	315.07	102.79	263.41	105	潍坊	Weifang	1686.46	1122.11	1050.79	7
铜陵	Tongling	196.81	34.92	94.12	210	济宁	Jining	704.86	394.05	664.96	24
安庆	Anqing	328.67	166.89	256.97	110	泰安	Taian	398.14	272.93	297.57	87
黄山	Huangshan	175.20	84.80	155.58	164	威海	Weihai	1379.72	967.97	1059.24	6
滁州	Chuzhou	389.66	503.49	744.47	17	日照	Rizhao	184.60	204.96	267.48	103
阜阳	Fuyang	146.73	735.97	727.83	18	莱芜	Laiwu	128.80	100.93	68.18	236
宿州	Suzhou	219.84	396.02	340.02	70	临沂	Linyi	996.66	499.80	586.09	35
六安	Liuan	195.90	537.79	556.30	37	德州	Dezhou	484.52	315.13	624.24	29
亳州	Bozhou	117.21	413.39	490.26	45	聊城	Liaocheng	397.22	276.88	270.79	99

7-10 供应住宅用地面积 续表 2
Area of Land Supplied for Residential Uses continued 2

单位：公顷 (hectare)

地名	City	2010	2016	2017	2017 排名 Ranking
滨州	Binzhou	371.13	241.09	244.88	114
菏泽	Heze	699.18	306.21	661.66	25
河南	**Henan**	**5174.84**	**4220.34**	**6105.43**	
郑州	Zhengzhou	1070.61	1217.11	1729.28	1
开封	Kaifeng	347.36	139.01	280.09	95
洛阳	Luoyang	249.76	364.70	338.60	71
平顶山	Pingdingshan	400.61	195.67	280.40	94
安阳	Anyang	311.66	234.17	232.41	121
鹤壁	Hebi	154.55	114.41	177.04	153
新乡	Xinxiang	390.73	154.34	398.41	64
焦作	Jiaozuo	193.26	151.64	182.21	147
濮阳	Puyang	162.35	248.14	406.41	62
许昌	Xuchang	345.65	159.11	287.26	89
漯河	Luohe	72.33	133.91	129.98	185
三门峡	Sanmenxia	139.90	48.69	146.12	175
南阳	Nanyang	324.65	262.86	215.51	129
商丘	Shangqiu	239.11	201.45	306.26	84
信阳	Xinyang	279.15	175.58	224.66	124
周口	Zhoukou	146.58	144.88	272.04	98
驻马店	Zhumadian	346.56	274.68	498.76	44
湖北	**Hubei**	**4278.38**	**3612.44**	**3790.45**	
武汉	Wuhan	1575.88	707.82	847.83	11
黄石	Huangshi	114.89	133.97	227.68	122
十堰	Shiyan	191.09	129.30	86.65	215
宜昌	Yichang	284.18	439.38	351.84	68
襄阳	Xiangyang	187.35	159.11	295.53	88
鄂州	Ezhou	405.60	60.74	194.58	139
荆门	Jingmen	274.49	391.86	306.25	85
孝感	Xiaogan	177.62	237.20	255.15	112
荆州	Jingzhou	172.36	365.19	307.13	81
黄冈	Huanggang	83.01	297.24	267.00	104
咸宁	Xianning	491.07	188.28	177.87	151
随州	Suizhou	131.17	102.71	78.21	223
湖南	**Hunan**	**3869.41**	**3593.64**	**3277.04**	
长沙	Changsha	1221.31	521.29	440.85	58
株洲	Zhuzhou	257.74	374.55	258.29	109
湘潭	Xiangtan	179.03	94.21	138.67	178
衡阳	Hengyang	302.00	673.40	609.28	33
邵阳	Shaoyang	245.97	196.65	153.66	168
岳阳	Yueyang	200.03	151.78	258.85	108
常德	Changde	195.82	232.37	280.69	93
张家界	Zhangjiajie	151.31	50.04	85.38	217
益阳	Yiyang	147.90	161.95	285.20	91
郴州	Chenzhou	275.17	191.83	155.97	162
永州	Yongzhou	230.58	376.17	244.80	115
怀化	Huaihua	354.74	314.58	178.30	150
娄底	Loudi	81.01	153.08	89.30	213
广东	**Guangdong**	**4818.47**	**4029.95**	**4964.47**	
广州	Guangzhou	448.39	283.84	521.58	41
韶关	Shaoguan	102.23	154.82	134.55	183
深圳	Shenzhen	78.31	125.93	156.14	161
珠海	Zhuhai	299.25	52.51	110.16	200
汕头	Shantou	26.15	83.38	62.98	244
佛山	Foshan	542.06	587.92	525.53	39
江门	Jiangmen	220.16	92.75	208.60	132
湛江	Zhanjiang	117.71	163.58	423.97	60
茂名	Maoming	63.11	265.10	203.23	134
肇庆	Zhaoqing	166.80	205.65	464.70	52
惠州	Huizhou	824.72	347.52	430.22	59
梅州	Meizhou	193.82	221.14	331.95	74
汕尾	Shanwei	0.90	116.88	226.08	123
河源	Heyuan	151.72	218.78	167.61	157
阳江	Yangjiang	286.34	312.33	321.69	78
清远	Qingyuan	613.99	360.00	243.94	117
东莞	Dongguan	221.08	241.78	141.86	177
中山	Zhongshan	334.66	9.68	95.23	208
潮州	Chaozhou	14.18	24.80	15.71	282
揭阳	Jieyang	80.95	75.00	68.37	235
云浮	Yunfu	31.94	86.56	110.37	199
广西	**Guangxi**	**2876.33**	**2328.73**	**2680.69**	
南宁	Nanning	517.25	331.83	333.11	72
柳州	Liuzhou	235.11	354.85	652.35	26
桂林	Guilin	173.49	130.86	199.27	136
梧州	Wuzhou	171.76	67.93	92.60	212
北海	Beihai	106.08	76.97	71.68	229
防城港	Fangchenggang	185.87	177.80	152.25	170
钦州	Qinzhou	633.30	175.79	208.74	131
贵港	Guigang	210.68	89.45	191.53	143
玉林	Yulin	181.66	350.06	307.08	82
百色	Baise	150.94	153.44	172.60	156

7-10 供应住宅用地面积 续表 3
Area of Land Supplied for Residential Uses continued 3

单位：公顷 (hectare)

地名	City	2010	2016	2017	2017 排名 Ranking	地名	City	2010	2016	2017	2017 排名 Ranking
贺州	Hezhou	94.59	151.75	122.24	189	丽江	Lijiang	115.34	54.58	85.57	216
河池	Hechi	44.91	160.10	65.82	241	普洱	Puer	72.30	38.58	68.77	234
来宾	Laibin	62.79	26.30	27.24	273	临沧	Lincang	42.47	12.06	62.35	246
崇左	Chongzuo	107.90	81.59	84.20	218	**西藏**	**Tibet**	**133.46**	**247.74**	**390.37**	
海南	**Hainan**	**1017.90**	**579.98**	**286.99**		拉萨	Lasa	84.47	247.74	76.87	225
海口	Haikou	78.90	132.17	120.11	193	**陕西**	**Shaanxi**	**1583.05**	**1903.08**	**1895.06**	
三亚	Sanya	54.96	45.48	25.07	277	西安	Xi'an	422.37	549.39	693.25	20
三沙	Sansha					铜川	Tongchuan	135.19	23.97	24.29	278
重庆	**Chongqing**	**2958.44**	**2182.44**	**2343.84**		宝鸡	Baoji	96.94	289.19	114.31	197
四川	**Sichuan**	**4669.47**	**4010.78**	**4096.37**		咸阳	Xianyang	236.42	269.59	184.59	146
成都	Chengdu	1530.44	788.14	1087.09	5	渭南	Weinan	150.15	251.26	217.61	128
自贡	Zigong	137.17	141.16	165.37	158	延安	Yan'an	84.20	77.15	173.04	155
攀枝花	Panzhihua	95.47	22.22	46.13	260	汉中	Hanzhong	133.17	123.13	137.79	181
泸州	Luzhou	332.61	269.86	286.32	90	榆林	Yulin	208.26	167.29	121.49	192
德阳	Deyang	337.53	133.07	137.96	180	安康	Ankang	60.88	127.11	201.47	135
绵阳	Mianyang	397.94	360.70	122.05	190	商洛	Shangluo	55.47	25.01	27.20	274
广元	Guangyuan	90.65	94.97	46.29	259	**甘肃**	**Gansu**	**1285.37**	**965.76**	**1160.54**	
遂宁	Suining	151.31	207.05	97.49	207	兰州	Lanzhou	361.21	227.32	218.72	127
内江	Neijiang	154.32	115.69	131.22	184	嘉峪关	Jiayuguan	52.51	14.98	82.09	221
乐山	Leshan	284.70	157.74	259.48	106	金昌	Jinchang	45.46	47.16	7.78	284
南充	Nanchong	197.71	269.38	307.55	80	白银	Baiyin	78.21	43.40	35.56	270
眉山	Meishan	210.09	399.56	328.85	75	天水	Tianshui	61.72	101.75	149.98	172
宜宾	Yibin	200.74	180.93	191.16	144	武威	Wuwei	74.34	147.27	269.69	100
广安	Guangan	130.46	304.83	256.78	111	张掖	Zhangye	153.09	128.59	59.81	251
达州	Dazhou	204.24	148.29	128.80	186	平凉	Pingliang	59.23	55.19	32.74	272
雅安	Yaan	54.66	107.65	71.54	230	酒泉	Jiuquan	89.91	36.71	114.16	198
巴中	Bazhong	57.85	123.64	149.27	173	庆阳	Qingyang	70.99	42.58	46.58	258
资阳	Ziyang	71.56	153.26	155.93	163	定西	Dingxi	154.64	29.10	61.52	247
贵州	**Guizhou**	**1635.32**	**2829.72**	**2917.78**		陇南	Longnan	6.30	4.96	8.39	283
贵阳	Guiyang	802.77	318.27	647.64	28	**青海**	**Qinghai**	**545.06**	**231.60**	**257.17**	
六盘水	Liupanshui	16.64	193.79	64.38	242	西宁	Xining	147.31	65.60	116.72	196
遵义	Zunyi	216.13	526.51	601.04	34	海东	Haidong		38.52	41.80	263
安顺	Anshun	70.68	132.26	75.83	226	**宁夏**	**Ningxia**	**1479.34**	**561.90**	**424.86**	
毕节	Bijie	119.76	558.94	241.77	119	银川	Yinchuan	426.63	287.95	244.08	116
铜仁	Tongren	47.95	400.56	193.80	141	石嘴山	Shizuishan	412.42	30.75	2.34	285
云南	**Yunnan**	**2429.46**	**1280.47**	**1763.13**		吴忠	Wuzhong	219.53	90.71	60.87	250
昆明	Kunming	341.83	373.89	479.20	47	固原	Guyuan	188.23	43.10	62.67	245
曲靖	Qujing	332.04	51.79	66.89	237	中卫	Zhongwei	232.52	109.40	54.89	255
玉溪	Yuxi	157.88	27.90	83.74	219	**新疆**	**Xinjiang**	**2750.22**	**2213.91**	**1749.01**	
保山	Baoshan	160.96	106.82	154.68	165	乌鲁木齐	Urumqi	652.35	225.02	193.37	142
昭通	Zhaotong	103.16	86.39	38.09	267	克拉玛依	Karamay	42.43	55.22	38.01	268

7-11 供应普通商品住房用地面积

Area of Land Supplied for Ordinary Commercial Housing

单位：公顷 (hectare)

地名	City	2010	2016	2017	2017 排名 Ranking
全国	**Nation Total**	**97887.9**	**59810.38**	**74333.67**	
北京	**Beijing**	**684.65**	**123.15**	**477.75**	
天津	**Tianjin**	**2010.94**	**746.60**	**629.40**	
河北	**Hebei**	**5045.79**	**3877.02**	**5385.34**	
石家庄	Shijiazhuang	446.83	492.65	729.48	9
唐山	Tangshan	565.78	348.51	464.44	42
秦皇岛	Qinhuangdao	406.30	128.67	155.71	149
邯郸	Handan	558.24	302.50	510.32	33
邢台	Xingtai	341.32	389.22	476.09	38
保定	Baoding	551.28	581.81	953.85	5
张家口	Zhangjiakou	545.57	485.26	558.84	28
承德	Chengde	252.56	117.88	323.49	69
沧州	Cangzhou	312.10	317.38	448.63	48
廊坊	Langfang	811.80	444.45	467.31	40
衡水	Hengshui	254.01	268.68	297.18	79
山西	**Shanxi**	**1217.12**	**955.44**	**1167.79**	
太原	Taiyuan	188.49	239.32	237.41	99
大同	Datong	206.20	117.62	205.97	112
阳泉	Yangquan	116.00	13.14	14.36	276
长治	Changzhi	47.30	35.49	115.59	177
晋城	Jincheng	77.31	43.27	45.67	249
朔州	Shuozhou	88.25	39.24	38.53	257
晋中	Jinzhong	91.05	122.23	179.11	133
运城	Yuncheng	142.74	155.22	143.95	158
忻州	Xinzhou	74.21	72.44	49.40	245
临汾	Linfen	120.10	91.13	84.14	206
吕梁	Lvliang	65.48	26.33	53.65	238
内蒙古	**Inner Mongolia**	**4231.72**	**972.79**	**1353.80**	
呼和浩特	Hohhot	385.96	169.70	181.86	129
包头	Baotou	282.31	90.10	158.64	144
乌海	Wuhai	100.66	11.96	6.23	284
赤峰	Chifeng	241.89	151.36	210.85	109
通辽	Tongliao	274.84	39.29	94.19	195
鄂尔多斯	Erdos	1657.44	55.76	90.88	200
呼伦贝尔	Hulunbuir	248.04	135.92	165.79	139
巴彦淖尔	Bayannur	290.06	71.91	53.03	240
乌兰察布	Ulanqab	140.45	83.29	143.18	159
辽宁	**Liaoning**	**8353.39**	**1324.64**	**1702.07**	
沈阳	Shenyang	1079.67	330.03	243.87	97
大连	Dalian	2143.11	192.71	140.65	162
鞍山	Anshan	1220.58	99.20	153.17	150
抚顺	Fushun	264.94	6.39	16.41	274
本溪	Benxi	32.24	25.11	24.05	269
丹东	Dandong	251.78	18.64	41.49	251
锦州	Jinzhou	331.85	81.81	71.05	216
营口	Yingkou	1363.29	92.32	61.50	230
阜新	Fuxin	144.76	25.72	40.62	253
辽阳	Liaoyang	173.53	77.17	39.01	254
盘锦	Panjin	384.81	215.40	649.22	18
铁岭	Tieling	627.91	26.27	35.87	259
朝阳	Chaoyang	115.40	35.87	55.59	236
葫芦岛	Huludao	219.52	98.00	129.57	169
吉林	**Jilin**	**2376.41**	**769.03**	**829.25**	
长春	Changchun	801.51	258.76	356.26	60
吉林	Jilin	367.43	87.33	95.73	193
四平	Siping	229.63	58.58	97.92	192
辽源	Liaoyuan	61.50	19.01	12.98	277
通化	Tonghua	124.67	42.35	50.49	244
白山	Baishan	535.70	40.09	53.40	239
松原	Songyuan	80.90	48.87	44.07	250
白城	Baicheng	64.80	78.88	34.65	261
黑龙江	**Heilongjiang**	**3602.05**	**709.20**	**873.63**	
哈尔滨	Harbin	1098.35	241.29	342.88	62
齐齐哈尔	Qiqihar	210.19	85.46	61.74	228
鸡西	Jixi	93.33	51.63	60.68	231
鹤岗	Hegang	45.93	7.80	38.65	255
双鸭山	Shuangyashan	140.91	14.08	18.21	272
大庆	Daqing	361.13	59.59	77.18	211
伊春	Yichun	23.92	6.33	7.44	281
佳木斯	Jiamusi	313.60	30.86	30.03	264
七台河	Qitaihe	14.73	8.38	8.79	279
牡丹江	Mudanjiang	412.31	39.68	47.15	246
黑河	Heihe	186.51	16.89	66.15	224
绥化	Suihua	430.71	86.26	91.16	199
上海	**Shanghai**	**669.40**	**341.94**	**574.06**	
江苏	**Jiangsu**	**8908.12**	**5569.72**	**6839.39**	

7-11 供应普通商品住房用地面积 续表 1
Area of Land Supplied for Ordinary Commercial Housing continued 1

单位：公顷 (hectare)

地名	City	2010	2016	2017	2017 排名 Ranking	地名	City	2010	2016	2017	2017 排名 Ranking
南京	Nanjing	411.45	426.41	438.90	49	池州	Chizhou	117.59	32.68	52.20	243
无锡	Wuxi	886.23	216.76	407.93	51	宣城	Xuancheng	177.82	146.41	258.12	93
徐州	Xuzhou	658.26	844.87	1525.93	2	**福建**	**Fujian**	**1960.82**	**1316.04**	**1752.44**	
常州	Changzhou	646.14	414.75	399.11	52	福州	Fuzhou	625.85	321.22	390.46	54
苏州	Suzhou	991.02	792.50	935.91	6	厦门	Xiamen	331.23	76.43	113.46	180
南通	Nantong	1004.10	651.14	689.82	14	莆田	Putian	105.63	123.70	127.87	171
连云港	Lianyungang	534.56	160.55	302.72	76	三明	Sanming	80.89	68.27	92.75	196
淮安	Huaian	725.24	484.64	484.20	36	泉州	Quanzhou	295.26	313.84	362.67	59
盐城	Yancheng	1268.58	447.46	457.65	45	漳州	Zhangzhou	291.41	182.76	265.11	90
扬州	Yangzhou	582.69	356.86	322.07	71	南平	Nanping	95.89	57.13	107.94	186
镇江	Zhenjiang	159.79	232.07	456.38	46	龙岩	Longyan	76.93	122.49	144.29	157
泰州	Taizhou	466.21	258.57	191.27	119	宁德	Ningde	57.72	50.19	147.89	153
宿迁	Suqian	573.88	283.12	227.49	102	**江西**	**Jiangxi**	**2421.31**	**2198.75**	**2951.23**	
浙江	**Zhejiang**	**6100.29**	**2547.77**	**4514.01**		南昌	Nanchang	487.48	282.56	453.60	47
杭州	Hangzhou	1294.68	365.78	636.94	21	景德镇	Jingdezhen	146.68	14.65	110.73	183
宁波	Ningbo	1179.08	571.44	681.88	15	萍乡	Pingxiang	47.62	78.37	136.92	165
温州	Wenzhou	228.40	212.77	484.16	37	九江	Jiujiang	386.19	244.05	371.14	58
嘉兴	Jiaxing	694.92	469.99	551.02	29	新余	Xinyu	103.14	50.22	69.45	219
湖州	Huzhou	383.49	152.30	632.76	22	鹰潭	Yingtan	126.75	24.59	32.92	262
绍兴	Shaoxing	631.99	338.94	582.38	25	赣州	Ganzhou	231.25	327.87	570.10	27
金华	Jinhua	353.39	121.86	322.79	70	吉安	Jian	123.84	235.24	224.74	104
衢州	Quzhou	257.05	72.85	163.67	142	宜春	Yichun	277.58	288.78	383.67	55
舟山	Zhoushan	315.09	28.66	79.80	210	抚州	Fuzhou	211.78	288.41	269.97	85
台州	Taizhou	437.99	127.26	245.77	96	上饶	Shangrao	278.99	364.01	327.99	67
丽水	Lishui	324.20	86.23	132.83	166	**山东**	**Shandong**	**11986.78**	**6566.79**	**8347.02**	
安徽	**Anhui**	**3409.49**	**4316.07**	**4985.03**		济南	Jinan	599.04	726.79	710.55	12
合肥	Hefei	229.97	392.69	381.62	57	青岛	Qingdao	1733.28	746.74	771.40	8
芜湖	Wuhu	372.13	243.23	280.86	83	淄博	Zibo	373.46	176.71	268.75	87
蚌埠	Bengbu	279.34	290.94	216.10	107	枣庄	Zaozhuang	225.55	135.74	194.15	116
淮南	Huainan	123.65	142.84	156.92	147	东营	Dongying	301.65	108.40	187.58	123
马鞍山	Maanshan	181.01	78.10	85.92	204	烟台	Yantai	1764.86	361.85	706.31	13
淮北	Huaibei	259.86	94.13	200.22	114	潍坊	Weifang	1683.69	1122.11	1050.49	4
铜陵	Tongling	169.65	34.20	90.17	201	济宁	Jining	689.18	385.29	653.68	17
安庆	Anqing	309.63	140.21	138.03	164	泰安	Taian	302.31	183.95	176.83	135
黄山	Huangshan	152.08	52.45	145.98	156	威海	Weihai	1379.72	967.88	1059.24	3
滁州	Chuzhou	363.97	467.39	660.30	16	日照	Rizhao	139.12	106.18	184.81	126
阜阳	Fuyang	117.71	715.66	715.44	10	莱芜	Laiwu	110.08	91.97	67.22	221
宿州	Suzhou	157.85	390.25	340.02	64	临沂	Linyi	833.66	480.91	574.14	26
六安	Liuan	189.22	469.34	486.27	35	德州	Dezhou	470.29	241.59	608.43	23
亳州	Bozhou	90.53	343.35	462.62	44	聊城	Liaocheng	383.45	272.58	266.73	89

7-11　供应普通商品住房用地面积　续表 2
Area of Land Supplied for Ordinary Commercial Housing continued 2

单位：公顷 (hectare)

地名	City	2010	2016	2017	2017 排名 Ranking	地名	City	2010	2016	2017	2017 排名 Ranking
滨州	Binzhou	354.34	200.81	221.28	105	常德	Changde	189.56	217.50	264.89	91
菏泽	Heze	643.10	257.26	645.42	19	张家界	Zhangjiajie	144.76	47.59	54.53	237
河南	**Henan**	**4062.05**	**3577.82**	**5569.84**		益阳	Yiyang	121.97	119.45	204.51	113
郑州	Zhengzhou	566.17	1142.79	1553.42	1	郴州	Chenzhou	254.24	108.53	115.52	178
开封	Kaifeng	324.17	121.03	269.38	86	永州	Yongzhou	225.60	246.94	162.52	143
洛阳	Luoyang	197.95	252.76	327.87	68	怀化	Huaihua	332.95	205.86	156.93	146
平顶山	Pingdingshan	231.33	193.51	249.01	95	娄底	Loudi	76.08	15.82	67.04	222
安阳	Anyang	266.15	183.84	188.11	122	**广东**	**Guangdong**	**4571.79**	**3854.08**	**4652.08**	
鹤壁	Hebi	123.37	72.47	138.08	163	广州	Guangzhou	325.98	202.91	341.63	63
新乡	Xinxiang	385.54	139.55	383.51	56	韶关	Shaoguan	102.11	152.90	127.39	172
焦作	Jiaozuo	164.32	89.10	163.96	141	深圳	Shenzhen	59.48	124.45	117.36	176
濮阳	Puyang	112.09	165.02	347.63	61	珠海	Zhuhai	297.92	46.65	100.37	191
许昌	Xuchang	326.01	159.11	285.26	82	汕头	Shantou	23.32	82.32	62.98	226
漯河	Luohe	57.26	106.81	129.98	168	佛山	Foshan	541.70	587.68	525.53	32
三门峡	Sanmenxia	117.78	48.44	146.12	155	江门	Jiangmen	215.18	89.44	207.71	111
南阳	Nanyang	249.82	244.75	191.05	120	湛江	Zhanjiang	113.48	149.39	423.97	50
商丘	Shangqiu	216.61	172.97	306.26	75	茂名	Maoming	63.11	249.74	182.18	127
信阳	Xinyang	263.46	158.54	191.02	121	肇庆	Zhaoqing	166.66	205.31	464.70	41
周口	Zhoukou	126.35	120.79	235.28	101	惠州	Huizhou	821.03	313.72	391.39	53
驻马店	Zhumadian	333.68	206.34	463.88	43	梅州	Meizhou	190.80	211.16	330.20	65
湖北	**Hubei**	**3976.82**	**3129.08**	**3260.79**		汕尾	Shanwei	0.90	116.88	225.18	103
武汉	Wuhan	1449.79	628.84	781.97	7	河源	Heyuan	71.28	218.48	165.71	140
黄石	Huangshi	106.24	125.79	211.54	108	阳江	Yangjiang	284.64	311.34	318.43	74
十堰	Shiyan	190.68	128.23	75.13	214	清远	Qingyuan	611.71	335.01	235.84	100
宜昌	Yichang	227.65	358.43	216.72	106	东莞	Dongguan	221.08	234.26	141.86	161
襄阳	Xiangyang	174.68	117.90	267.73	88	中山	Zhongshan	334.66	9.68	95.23	194
鄂州	Ezhou	405.60	60.74	194.58	115	潮州	Chaozhou	14.18	24.22	15.71	275
荆门	Jingmen	256.57	347.48	296.38	80	揭阳	Jieyang	80.67	75.00	68.37	220
孝感	Xiaogan	168.71	156.90	209.83	110	云浮	Yunfu	31.91	86.56	110.37	184
荆州	Jingzhou	140.06	353.78	302.52	77	**广西**	**Guangxi**	**2520.83**	**1874.57**	**2450.73**	
黄冈	Huanggang	63.90	259.04	187.32	124	南宁	Nanning	395.06	327.02	319.79	73
咸宁	Xianning	484.80	128.58	142.73	160	柳州	Liuzhou	169.86	338.33	640.97	20
随州	Suizhou	126.60	97.66	45.73	248	桂林	Guilin	148.64	93.16	193.18	117
湖南	**Hunan**	**3420.62**	**2487.13**	**2565.66**		梧州	Wuzhou	165.81	59.58	92.00	197
长沙	Changsha	1003.79	256.08	320.42	72	北海	Beihai	106.08	76.97	70.16	217
株洲	Zhuzhou	241.59	328.72	254.41	94	防城港	Fangchenggang	166.83	48.94	91.85	198
湘潭	Xiangtan	170.83	71.44	119.37	174	钦州	Qinzhou	622.72	75.84	102.51	188
衡阳	Hengyang	259.11	644.89	497.89	34	贵港	Guigang	136.32	89.45	191.53	118
邵阳	Shaoyang	238.45	101.50	106.71	187	玉林	Yulin	174.81	244.48	300.16	78
岳阳	Yueyang	141.02	74.23	179.31	132	百色	Baise	135.57	150.31	170.81	137

7-11 供应普通商品住房用地面积 续表 3

Area of Land Supplied for Ordinary Commercial Housing continued 3

单位：公顷 (hectare)

地名	City	2010	2016	2017	2017 排名 Ranking	地名	City	2010	2016	2017	2017 排名 Ranking
贺州	Hezhou	87.42	140.81	113.92	179	丽江	Lijiang	115.34	53.09	85.33	205
河池	Hechi	43.50	154.25	53.02	241	普洱	Puer	71.70	31.42	66.58	223
来宾	Laibin	62.78	26.18	27.24	266	临沧	Lincang	30.92		62.13	227
崇左	Chongzuo	105.42	49.24	83.60	208	**西藏**	**Tibet**	**108.84**	**205.48**	**343.22**	
海南	**Hainan**	**804.20**	**459.46**	**207.67**		拉萨	Lasa	80.34	205.48	76.87	212
海口	Haikou	60.02	123.76	69.50	218	**陕西**	**Shaanxi**	**1099.94**	**1244.86**	**1514.52**	
三亚	Sanya	1.88	23.76	16.89	273	西安	Xi'an	319.15	310.61	539.13	31
三沙	Sansha					铜川	Tongchuan	46.69	5.92	6.37	283
重庆	**Chongqing**	**2148.40**	**1880.03**	**2173.02**		宝鸡	Baoji	85.65	266.70	100.47	190
四川	**Sichuan**	**4297.51**	**3470.28**	**3341.83**		咸阳	Xianyang	226.85	179.13	174.30	136
成都	Chengdu	1373.76	592.78	714.72	11	渭南	Weinan	96.49	186.07	182.02	128
自贡	Zigong	130.28	136.47	157.48	145	延安	Yan'an	9.99	33.82	86.75	203
攀枝花	Panzhihua	89.66	19.42	21.72	270	汉中	Hanzhong	110.54	109.11	128.33	170
泸州	Luzhou	319.58	204.89	260.86	92	榆林	Yulin	134.62	61.89	121.49	173
德阳	Deyang	264.52	132.12	76.38	213	安康	Ankang	27.81	71.48	156.72	148
绵阳	Mianyang	384.84	325.83	109.22	185	商洛	Shangluo	42.13	20.12	18.94	271
广元	Guangyuan	83.72	91.20	41.45	252	**甘肃**	**Gansu**	**961.17**	**631.28**	**768.80**	
遂宁	Suining	139.74	201.78	87.64	202	兰州	Lanzhou	275.03	150.31	186.82	125
内江	Neijiang	127.21	101.66	131.22	167	嘉峪关	Jiayuguan	33.09	14.98	82.09	209
乐山	Leshan	282.67	148.02	167.22	138	金昌	Jinchang	23.06	24.71	7.42	282
南充	Nanchong	195.52	269.18	275.80	84	白银	Baiyin	50.50	37.71	35.56	260
眉山	Meishan	210.09	398.16	328.85	66	天水	Tianshui	43.46	51.26	65.01	225
宜宾	Yibin	178.36	154.70	180.36	131	武威	Wuwei	45.74	59.17	30.40	263
广安	Guangan	124.87	247.15	241.02	98	张掖	Zhangye	147.60	107.52	59.78	233
达州	Dazhou	195.22	114.88	112.02	181	平凉	Pingliang	43.27	40.96	27.15	267
雅安	Yaan	45.40	61.10	57.96	234	酒泉	Jiuquan	61.15	30.90	111.84	182
巴中	Bazhong	57.85	120.78	146.50	154	庆阳	Qingyang	59.83	21.56	38.62	256
资阳	Ziyang	71.15	142.44	117.59	175	定西	Dingxi	112.02	27.85	61.52	229
贵州	**Guizhou**	**1135.41**	**2401.35**	**2211.12**		陇南	Longnan	3.98	3.40	7.71	280
贵阳	Guiyang	529.96	294.69	549.63	30	**青海**	**Qinghai**	**231.12**	**79.25**	**145.40**	
六盘水	Liupanshui	12.22	134.30	45.84	247	西宁	Xining	137.68	39.93	100.77	189
遵义	Zunyi	145.42	480.92	582.88	24	海东	Haidong		23.48	29.96	265
安顺	Anshun	46.48	128.20	74.84	215	**宁夏**	**Ningxia**	**1140.24**	**330.13**	**276.39**	
毕节	Bijie	46.25	444.30	291.39	81	银川	Yinchuan	276.81	207.67	152.96	151
铜仁	Tongren	45.30	351.37	178.22	134	石嘴山	Shizuishan	281.90	18.38	2.34	285
云南	**Yunnan**	**2325.93**	**981.18**	**1657.57**		吴忠	Wuzhong	198.29	46.12	52.60	242
昆明	Kunming	323.97	347.85	471.34	39	固原	Guyuan	154.72	41.97	56.88	235
曲靖	Qujing	318.51	35.41	60.46	232	中卫	Zhongwei	228.52	15.98	11.61	278
玉溪	Yuxi	156.76	27.55	83.74	207	**新疆**	**Xinjiang**	**2104.74**	**869.45**	**812.82**	
保山	Baoshan	160.41	39.06	150.86	152	乌鲁木齐	Urumqi	549.93	153.79	181.43	130
昭通	Zhaotong	99.19	50.36	26.17	268	克拉玛依	Karamay	19.41	45.86	37.65	258

7-12 供应经济适用住房用地面积
Area of Land Supplied for Economically Affordable House

单位：公顷 (hectare)

地名	City	2010	2016	2017	2017 排名 Ranking
全国	**Nation Total**	**13292.14**	**11553.28**	**10158.79**	
北京	**Beijing**	**96.83**	**144.42**	**238.68**	
天津	**Tianjin**	**560.77**	**273.55**	**108.65**	
河北	**Hebei**	**272.30**	**272.67**	**283.85**	
石家庄	Shijiazhuang	39.89	107.11	88.71	25
唐山	Tangshan	32.51	3.35	1.02	186
秦皇岛	Qinhuangdao	22.62	64.58	67.98	36
邯郸	Handan	84.04	19.57	13.30	110
邢台	Xingtai	16.10	15.47	23.15	82
保定	Baoding	3.49	36.23	83.19	30
张家口	Zhangjiakou	39.96	8.33	3.31	173
承德	Chengde	15.91	7.85		
沧州	Cangzhou	1.76	7.43	3.20	174
廊坊	Langfang	7.50			
衡水	Hengshui	8.52	2.73		
山西	**Shanxi**	**241.84**	**229.77**	**206.83**	
太原	Taiyuan	61.00	21.26	7.53	148
大同	Datong	19.77	8.59	34.19	66
阳泉	Yangquan	15.59	23.92	12.43	116
长治	Changzhi	8.05	25.34		
晋城	Jincheng	22.71	7.68	20.37	89
朔州	Shuozhou	16.61	9.22	22.37	84
晋中	Jinzhong	32.73	23.17	14.08	107
运城	Yuncheng	5.19	9.37	18.39	93
忻州	Xinzhou	12.79	49.63	54.44	50
临汾	Linfen	7.42	14.81	10.42	125
吕梁	Lvliang	39.98	36.77	12.60	114
内蒙古	**Inner Mongolia**	**516.50**	**151.19**	**275.77**	
呼和浩特	Hohhot	34.07	8.83		
包头	Baotou	77.67	37.11	16.94	97
乌海	Wuhai	43.50	38.99	109.73	20
赤峰	Chifeng	2.99			
通辽	Tongliao	17.95	0.03	0.02	209
鄂尔多斯	Erdos	155.88	22.41	54.80	47
呼伦贝尔	Hulunbuir	90.76	9.48	9.92	130
巴彦淖尔	Bayannur	3.24		1.69	181
乌兰察布	Ulanqab	14.11	17.48	10.32	126
辽宁	**Liaoning**	**738.51**	**20.19**	**16.61**	
沈阳	Shenyang	28.15	8.23		
大连	Dalian	66.07	3.78		
鞍山	Anshan				
抚顺	Fushun	45.28	1.80	0.35	200
本溪	Benxi	148.78	0.49	3.14	175
丹东	Dandong	3.74		5.19	163
锦州	Jinzhou	37.89		1.30	184
营口	Yingkou	305.75			
阜新	Fuxin	23.60			
辽阳	Liaoyang	18.21	0.42		
盘锦	Panjin				
铁岭	Tieling	16.05			
朝阳	Chaoyang	1.53		1.56	182
葫芦岛	Huludao	43.46	5.47	5.07	164
吉林	**Jilin**	**407.77**	**118.64**	**128.22**	
长春	Changchun	198.08	21.68	44.85	57
吉林	Jilin	52.44	5.16	2.80	178
四平	Siping	1.80	13.15	6.42	152
辽源	Liaoyuan	70.79	10.04	4.17	168
通化	Tonghua	32.70	0.41	13.20	111
白山	Baishan	3.61	4.54	15.32	103
松原	Songyuan				
白城	Baicheng	10.01	28.08	17.08	95
黑龙江	**Heilongjiang**	**829.79**	**430.52**	**322.12**	
哈尔滨	Harbin	217.43	18.00	22.34	85
齐齐哈尔	Qiqihar	61.81	75.72	115.31	18
鸡西	Jixi	3.98	5.91	5.88	158
鹤岗	Hegang	2.63	30.43	19.13	92
双鸭山	Shuangyashan	13.98	93.79	3.62	171
大庆	Daqing	0.82	7.12		
伊春	Yichun	7.51	73.78	65.54	38
佳木斯	Jiamusi	58.14	19.56	14.48	106
七台河	Qitaihe		23.66	27.79	75
牡丹江	Mudanjiang		31.01	12.48	115
黑河	Heihe	42.81		0.22	204
绥化	Suihua	87.60	37.01	34.71	65
上海	**Shanghai**	**31.08**	**15.00**	**57.05**	
江苏	**Jiangsu**	**1380.63**	**1708.53**	**1347.92**	

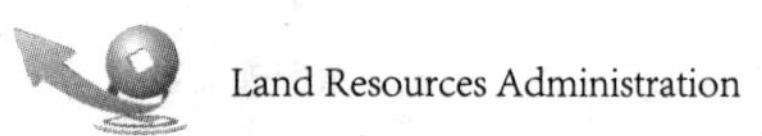

7-12 供应经济适用住房用地面积 续表 1

Area of Land Supplied for Economically Affordable House continued 1

单位：公顷 (hectare)

地名	City	2010	2016	2017	2017 排名 Ranking	地名	City	2010	2016	2017	2017 排名 Ranking
南京	Nanjing	285.77	324.75	521.48	1	池州	Chizhou		58.50	12.95	112
无锡	Wuxi	175.18	65.16	45.61	56	宣城	Xuancheng	10.09	6.78	37.00	64
徐州	Xuzhou	175.36	150.07	109.91	19	**福建**	**Fujian**	**78.65**	**1.72**	**16.57**	
常州	Changzhou	104.64	33.70	47.14	55	福州	Fuzhou	2.81			
苏州	Suzhou	343.15	245.04	177.12	9	厦门	Xiamen	16.89		10.01	129
南通	Nantong	53.53	78.93	88.05	26	莆田	Putian	12.72			
连云港	Lianyungang	11.91	20.05	3.64	169	三明	Sanming	0.69			
淮安	Huaian	39.67	7.99	0.37	199	泉州	Quanzhou	22.18		2.92	177
盐城	Yancheng	14.89	199.05	196.20	8	漳州	Zhangzhou	6.19	0.50	3.64	169
扬州	Yangzhou	31.59	93.13	121.02	15	南平	Nanping				
镇江	Zhenjiang			0.02	209	龙岩	Longyan	2.79	1.22		
泰州	Taizhou	7.10	48.17	5.96	156	宁德	Ningde	14.38			
宿迁	Suqian	137.85	442.48	31.40	70	**江西**	**Jiangxi**	**278.88**	**266.06**	**262.95**	
浙江	**Zhejiang**	**1290.01**	**1472.59**	**1393.91**		南昌	Nanchang	47.98	142.83	84.06	29
杭州	Hangzhou	164.43	319.25	215.59	7	景德镇	Jingdezhen	24.36	1.33	10.97	122
宁波	Ningbo	887.69	222.54	84.52	28	萍乡	Pingxiang	0.54	3.58	9.77	136
温州	Wenzhou	18.89	204.08	413.21	2	九江	Jiujiang	2.95	5.62	17.45	94
嘉兴	Jiaxing	78.55	147.58	63.83	40	新余	Xinyu				
湖州	Huzhou	10.97	91.40	54.45	49	鹰潭	Yingtan	50.51			
绍兴	Shaoxing	6.76	59.69	37.61	62	赣州	Ganzhou	123.35	11.65	29.65	73
金华	Jinhua	63.94	141.17	105.48	21	吉安	Jian	6.61	33.32	40.45	60
衢州	Quzhou	18.14	39.61	58.84	44	宜春	Yichun	3.59	57.16	54.75	48
舟山	Zhoushan	12.71	46.74	29.28	74	抚州	Fuzhou	13.20	5.67	6.20	154
台州	Taizhou	17.87	99.56	255.83	5	上饶	Shangrao	5.79	4.90	9.65	137
丽水	Lishui	10.06	100.97	75.26	34	**山东**	**Shandong**	**775.92**	**470.47**	**328.07**	
安徽	**Anhui**	**1274.11**	**826.89**	**853.86**		济南	Jinan	185.37	45.48	53.15	52
合肥	Hefei	223.09	316.74	290.70	4	青岛	Qingdao	143.89	69.97	32.24	68
芜湖	Wuhu	514.51	0.93			淄博	Zibo	2.38	0.54	0.07	206
蚌埠	Bengbu	59.76	12.76			枣庄	Zaozhuang	11.52	0.30		
淮南	Huainan	226.31	101.19	158.89	12	东营	Dongying	4.48			
马鞍山	Maanshan	6.42		1.03	185	烟台	Yantai	48.48			
淮北	Huaibei	55.21	8.66	62.40	41	潍坊	Weifang				
铜陵	Tongling	22.97				济宁	Jining	9.54	2.23	0.73	192
安庆	Anqing	8.00	18.12	98.86	22	泰安	Taian	95.83	86.66	117.58	16
黄山	Huangshan	11.45	31.69	6.57	151	威海	Weihai		0.09		
滁州	Chuzhou	25.69	36.10	79.17	32	日照	Rizhao	7.26	89.07	59.64	43
阜阳	Fuyang	27.70	14.70	9.92	130	莱芜	Laiwu	18.72	8.96	0.96	188
宿州	Suzhou	50.13	0.22			临沂	Linyi	162.42	11.68	9.51	139
六安	Liuan	1.95	58.74	47.45	54	德州	Dezhou	11.70	73.54	15.71	102
亳州	Bozhou	23.75	31.97	25.97	78	聊城	Liaocheng	5.25			

7-12 供应经济适用住房用地面积 续表 2

Area of Land Supplied for Economically Affordable House continued 2

单位：公顷 (hectare)

地名	City	2010	2016	2017	2017 排名 Ranking	地名	City	2010	2016	2017	2017 排名 Ranking
滨州	Binzhou	15.46	33.00	22.26	86	常德	Changde	2.77	3.11	9.89	133
菏泽	Heze	53.62	48.95	16.23	98	张家界	Zhangjiajie	3.42		1.44	183
河南	**Henan**	**973.82**	**343.44**	**357.76**		益阳	Yiyang	19.09	22.99	57.49	46
郑州	Zhengzhou	491.54	65.26	167.46	10	郴州	Chenzhou	15.44	31.83	21.65	88
开封	Kaifeng	23.19	60.75	10.70	124	永州	Yongzhou	3.44	111.28	81.35	31
洛阳	Luoyang	35.87	5.67	2.13	179	怀化	Huaihua	17.70	95.03	14.84	105
平顶山	Pingdingshan	161.80	2.17	31.39	71	娄底	Loudi	0.64	35.93	8.63	142
安阳	Anyang	40.03	42.16	41.87	59	**广东**	**Guangdong**	**151.50**	**71.56**	**221.60**	
鹤壁	Hebi	25.69	6.03	8.48	143	广州	Guangzhou	121.48	41.68	167.03	11
新乡	Xinxiang	2.30	4.17			韶关	Shaoguan	0.13	0.83	7.17	150
焦作	Jiaozuo	14.37	52.03	12.93	113	深圳	Shenzhen	13.16		8.47	144
濮阳	Puyang	50.27	69.75	25.00	80	珠海	Zhuhai	1.33	4.48		
许昌	Xuchang	13.55				汕头	Shantou				
漯河	Luohe	11.32	27.11			佛山	Foshan	0.36			
三门峡	Sanmenxia	1.44				江门	Jiangmen	2.02			
南阳	Nanyang	69.02	6.40	20.28	90	湛江	Zhanjiang	2.29	4.75		
商丘	Shangqiu	7.63	18.18			茂名	Maoming		2.15		
信阳	Xinyang	2.17	3.52	26.50	77	肇庆	Zhaoqing	0.05			
周口	Zhoukou	15.68	16.45	11.03	121	惠州	Huizhou	3.69	3.50	37.18	63
驻马店	Zhumadian	7.94	6.57			梅州	Meizhou	0.50	8.16	1.76	180
湖北	**Hubei**	**243.49**	**387.75**	**425.23**		汕尾	Shanwei				
武汉	Wuhan	124.42	63.87	65.86	37	河源	Heyuan	3.15			
黄石	Huangshi	8.65	5.90	8.31	145	阳江	Yangjiang	0.78			
十堰	Shiyan	0.09		5.60	161	清远	Qingyuan	2.28	6.01		
宜昌	Yichang	50.89	71.09	132.26	14	东莞	Dongguan				
襄阳	Xiangyang	3.69	25.04	0.66	195	中山	Zhongshan				
鄂州	Ezhou					潮州	Chaozhou				
荆门	Jingmen	14.45	44.38	9.86	134	揭阳	Jieyang	0.29			
孝感	Xiaogan	0.36	75.63	31.46	69	云浮	Yunfu				
荆州	Jingzhou	21.38	9.08	0.39	198	**广西**	**Guangxi**	**304.59**	**416.16**	**191.17**	
黄冈	Huanggang	8.30	33.71	58.34	45	南宁	Nanning	117.19	0.43	10.30	127
咸宁	Xianning	2.36	25.30	19.39	91	柳州	Liuzhou	61.21	12.42	10.78	123
随州	Suizhou	3.70	5.04	32.49	67	桂林	Guilin	19.47	36.38	5.96	156
湖南	**Hunan**	**338.93**	**769.42**	**485.87**		梧州	Wuzhou		8.28	0.03	207
长沙	Changsha	203.02	261.99	115.58	17	北海	Beihai				
株洲	Zhuzhou	16.15	40.77			防城港	Fangchenggang	10.95	128.52	60.40	42
湘潭	Xiangtan	3.02	20.09	17.05	96	钦州	Qinzhou	7.59	80.97	75.35	33
衡阳	Hengyang	32.88	1.74	64.84	39	贵港	Guigang	74.36			
邵阳	Shaoyang	3.38	64.50	27.75	76	玉林	Yulin	3.33	105.58	6.26	153
岳阳	Yueyang	15.31	59.79	53.66	51	百色	Baise	4.09	1.45	0.96	188

7-12　供应经济适用住房用地面积　续表 3
Area of Land Supplied for Economically Affordable House continued 3

单位：公顷　　　　(hectare)

地名	City	2010	2016	2017	2017 排名 Ranking
贺州	Hezhou	3.41	5.73	8.24	146
河池	Hechi	1.05	3.95	12.31	117
来宾	Laibin	0.00	0.12		
崇左	Chongzuo	1.95	32.35	0.60	196
海南	**Hainan**	**124.48**	**114.14**	**68.13**	
海口	Haikou	16.31	8.41	50.61	53
三亚	Sanya	37.33	20.46	4.70	165
三沙	Sansha				
重庆	**Chongqing**	**542.87**	**222.52**	**147.04**	
四川	**Sichuan**	**274.83**	**488.79**	**607.83**	
成都	Chengdu	125.38	186.11	318.69	3
自贡	Zigong	4.40	0.37	9.90	132
攀枝花	Panzhihua	2.54	1.39	9.61	138
泸州	Luzhou	7.32	58.73	16.03	100
德阳	Deyang	67.23	0.95	22.14	87
绵阳	Mianyang	3.41	25.45	4.20	167
广元	Guangyuan	4.37	1.15	4.22	166
遂宁	Suining	6.73	4.32	9.85	135
内江	Neijiang	16.51	9.75		
乐山	Leshan	2.03	5.84	92.26	23
南充	Nanchong	1.17		24.77	81
眉山	Meishan		1.39		
宜宾	Yibin	17.86	26.02	10.28	128
广安	Guangan	0.17	54.89	13.77	108
达州	Dazhou	5.73	33.12	15.87	101
雅安	Yaan	6.44	46.55	13.58	109
巴中	Bazhong		2.86	0.73	192
资阳	Ziyang		8.27	37.88	61
贵州	**Guizhou**	**411.83**	**218.19**	**381.56**	
贵阳	Guiyang	262.03	12.06	43.51	58
六盘水	Liupanshui	3.73			
遵义	Zunyi	59.96	31.11	6.02	155
安顺	Anshun	7.38			
毕节	Bijie	58.40	9.03	71.42	35
铜仁	Tongren	1.97	97.37	0.57	197
云南	**Yunnan**	**38.37**	**95.12**	**45.22**	
昆明	Kunming	13.89	0.07	0.87	191
曲靖	Qujing	6.60	14.14	5.58	162
玉溪	Yuxi				
保山	Baoshan			0.97	187
昭通	Zhaotong		28.74		
丽江	Lijiang		1.49	0.23	203
普洱	Puer	0.60		0.31	202
临沧	Lincang	7.53			
西藏	**Tibet**	**5.39**	**0.68**	**2.77**	
拉萨	Lasa		0.68		
陕西	**Shaanxi**	**279.65**	**510.69**	**250.90**	
西安	Xi'an	61.48	183.41	147.74	13
铜川	Tongchuan	57.37	11.60	9.07	141
宝鸡	Baoji	6.08	4.56	11.65	120
咸阳	Xianyang	8.57	83.00	9.11	140
渭南	Weinan	53.65	53.05	25.49	79
延安	Yan'an	13.65	10.92	22.83	83
汉中	Hanzhong	15.03	10.79	3.12	176
榆林	Yulin	62.86	98.47		
安康	Ankang	0.66	50.14	16.23	98
商洛	Shangluo	0.30	4.76	5.66	160
甘肃	**Gansu**	**204.86**	**206.06**	**363.67**	
兰州	Lanzhou	76.60	77.01	30.04	72
嘉峪关	Jiayuguan	17.83			
金昌	Jinchang	11.59	21.34		
白银	Baiyin	21.31	0.83		
天水	Tianshui	6.65	47.93	84.83	27
武威	Wuwei	11.63	0.58	225.35	6
张掖	Zhangye	4.96	20.85	0.03	207
平凉	Pingliang		3.25	3.48	172
酒泉	Jiuquan	19.29	4.12	0.19	205
庆阳	Qingyang	7.37	20.06	7.96	147
定西	Dingxi	21.22			
陇南	Longnan	2.14	0.53	0.68	194
青海	**Qinghai**	**48.77**	**136.30**	**26.77**	
西宁	Xining	9.58	24.58	14.91	104
海东	Haidong		10.76	11.83	119
宁夏	**Ningxia**	**269.27**	**188.56**	**105.31**	
银川	Yinchuan	135.26	80.28	91.12	24
石嘴山	Shizuishan	130.35			
吴忠	Wuzhong		16.29	7.45	149
固原	Guyuan	3.67		5.80	159
中卫	Zhongwei		91.99	0.95	190
新疆	**Xinjiang**	**305.91**	**981.62**	**636.87**	
乌鲁木齐	Urumqi	89.32	10.05	11.95	118
克拉玛依	Karamay	22.96		0.35	200

7-13　供应廉租住房用地面积
Area of Land Supplied for Cheap Rent House

单位：公顷　　　　(hectare)

地名	City	2010	2016	2017	2017 排名 Ranking
全国	**Nation Total**	**3380.87**	**1071.78**	**984.42**	
北京	**Beijing**	**0.63**			
天津	**Tianjin**				
河北	**Hebei**	**92.67**	**4.90**	**45.03**	
石家庄	Shijiazhuang	5.00		0.71	73
唐山	Tangshan	47.99	1.46		
秦皇岛	Qinhuangdao	1.87			
邯郸	Handan	12.75	0.93		
邢台	Xingtai	0.11	0.54	1.15	61
保定	Baoding	1.79	0.03	41.57	1
张家口	Zhangjiakou	0.95	0.16		
承德	Chengde	0.42	0.17		
沧州	Cangzhou	12.46		0.39	81
廊坊	Langfang	5.40	0.48	0.22	88
衡水	Hengshui	3.94	1.13	0.99	65
山西	**Shanxi**	**311.66**	**33.90**	**9.88**	
太原	Taiyuan	5.25	4.06	0.27	87
大同	Datong	254.48	25.97	5.29	29
阳泉	Yangquan	1.40			
长治	Changzhi	1.41	1.24		
晋城	Jincheng	0.21			
朔州	Shuozhou	0.82	0.27		
晋中	Jinzhong			0.64	76
运城	Yuncheng	5.30	1.33	0.51	79
忻州	Xinzhou	6.28	0.46	3.12	43
临汾	Linfen	5.73	0.52		
吕梁	Lvliang	30.77	0.05	0.05	93
内蒙古	**Inner Mongolia**	**191.02**	**22.15**	**25.88**	
呼和浩特	Hohhot				
包头	Baotou	2.42	4.28		
乌海	Wuhai	109.71			
赤峰	Chifeng	1.24			
通辽	Tongliao	6.36	0.03	11.21	19
鄂尔多斯	Erdos	15.12			
呼伦贝尔	Hulunbuir	26.51	0.23	0.03	95
巴彦淖尔	Bayannur	3.81		4.73	33
乌兰察布	Ulanqab	6.28			
辽宁	**Liaoning**	**13.30**		**0.38**	
沈阳	Shenyang	1.16			
大连	Dalian				
鞍山	Anshan	0.56			
抚顺	Fushun			0.38	83
本溪	Benxi	5.11			
丹东	Dandong	2.40			
锦州	Jinzhou				
营口	Yingkou	2.85			
阜新	Fuxin				
辽阳	Liaoyang				
盘锦	Panjin	0.91			
铁岭	Tieling				
朝阳	Chaoyang	0.30			
葫芦岛	Huludao				
吉林	**Jilin**	**53.27**	**14.32**	**1.26**	
长春	Changchun	16.03	4.25	1.11	64
吉林	Jilin	4.61	0.64		
四平	Siping	0.07	0.06	0.15	90
辽源	Liaoyuan	2.16			
通化	Tonghua	7.70	0.38		
白山	Baishan	4.48	5.48		
松原	Songyuan				
白城	Baicheng	6.19	2.52		
黑龙江	**Heilongjiang**	**191.29**	**14.95**	**1.12**	
哈尔滨	Harbin	6.27	1.40	0.35	84
齐齐哈尔	Qiqihar	7.24	0.27		
鸡西	Jixi				
鹤岗	Hegang	4.59			
双鸭山	Shuangyashan				
大庆	Daqing	0.09	4.37		
伊春	Yichun	62.45			
佳木斯	Jiamusi	5.00			
七台河	Qitaihe	3.45			
牡丹江	Mudanjiang	25.72	4.90		
黑河	Heihe	9.96	2.39	0.07	92
绥化	Suihua	13.42	1.04	0.70	74
上海	**Shanghai**				
江苏	**Jiangsu**	**430.88**	**84.97**	**88.35**	

7-13 供应廉租住房用地面积 续表 1
Area of Land Supplied for Cheap Rent House continued 1

单位：公顷 (hectare)

地名	City	2010	2016	2017	2017 排名 Ranking
南京	Nanjing			0.04	94
无锡	Wuxi	411.27	8.66	24.21	6
徐州	Xuzhou	9.65			
常州	Changzhou	4.02	29.12	21.65	8
苏州	Suzhou	2.02	15.57	7.07	24
南通	Nantong	0.69	6.99		
连云港	Lianyungang	0.33			
淮安	Huaian				
盐城	Yancheng	2.64	20.28	29.70	4
扬州	Yangzhou		0.01	5.68	26
镇江	Zhenjiang		0.79		
泰州	Taizhou				
宿迁	Suqian	0.26	3.53		
浙江	**Zhejiang**	**41.10**	**0.32**	**0.53**	
杭州	Hangzhou	15.88			
宁波	Ningbo	15.05			
温州	Wenzhou	2.87	0.32	0.53	78
嘉兴	Jiaxing				
湖州	Huzhou	0.57			
绍兴	Shaoxing	0.90			
金华	Jinhua	0.52			
衢州	Quzhou	3.37		1.37	57
舟山	Zhoushan	0.46			
台州	Taizhou	0.76		3.17	41
丽水	Lishui	0.70			
安徽	**Anhui**	**82.72**	**11.96**	**74.27**	
合肥	Hefei	4.17		2.44	49
芜湖	Wuhu	24.15		2.94	46
蚌埠	Bengbu	0.25			
淮南	Huainan	1.85	1.11		
马鞍山	Maanshan	2.43			
淮北	Huaibei			1.15	61
铜陵	Tongling	4.19	0.71	3.95	38
安庆	Anqing	11.04			
黄山	Huangshan	11.67		3.02	44
滁州	Chuzhou			4.28	36
阜阳	Fuyang	1.32			
宿州	Suzhou	11.86	0.10		
六安	Liuan	4.73	0.93	20.98	10
亳州	Bozhou	2.92	7.78		
池州	Chizhou		1.33	0.39	81
宣城	Xuancheng	1.88	3.81	19.90	12
福建	**Fujian**	**52.96**	**15.07**	**2.88**	
福州	Fuzhou	27.14	3.30		
厦门	Xiamen		11.60		
莆田	Putian	2.20			
三明	Sanming	10.93	0.18		
泉州	Quanzhou	3.88		1.15	61
漳州	Zhangzhou	1.83			
南平	Nanping	2.07			
龙岩	Longyan	2.04		1.73	52
宁德	Ningde	2.87			
江西	**Jiangxi**	**167.18**	**52.10**	**35.32**	
南昌	Nanchang	19.21			
景德镇	Jingdezhen	10.60			
萍乡	Pingxiang	9.23	2.11	7.04	25
九江	Jiujiang	7.03	27.74	0.77	71
新余	Xinyu	13.00			
鹰潭	Yingtan	22.63			
赣州	Ganzhou	20.88	4.10	0.92	67
吉安	Jian	5.67	9.83	0.32	85
宜春	Yichun	11.47		5.19	31
抚州	Fuzhou	9.00	7.20	21.07	9
上饶	Shangrao	38.46	1.12		
山东	**Shandong**	**85.92**	**9.97**	**24.38**	
济南	Jinan	0.69			
青岛	Qingdao	4.24		0.14	91
淄博	Zibo	22.98			
枣庄	Zaozhuang	1.99			
东营	Dongying	1.99	0.04		
烟台	Yantai				
潍坊	Weifang	2.77		0.29	86
济宁	Jining	6.13			
泰安	Taian				
威海	Weihai				
日照	Rizhao	38.22	9.70	23.03	7
莱芜	Laiwu				
临沂	Linyi	0.58	0.23		
德州	Dezhou	2.53			
聊城	Liaocheng				

7-13 供应廉租住房用地面积 续表 2
Area of Land Supplied for Cheap Rent House continued 2

单位：公顷 (hectare)

地名	City	2010	2016	2017	2017 排名 Ranking	地名	City	2010	2016	2017	2017 排名 Ranking
滨州	Binzhou	1.34		0.92	67	常德	Changde	3.49		4.48	35
菏泽	Heze	2.46				张家界	Zhangjiajie	3.13	1.33		
河南	**Henan**	**138.97**	**36.52**	**26.16**		益阳	Yiyang	6.85	1.15		
郑州	Zhengzhou	12.90				郴州	Chenzhou	4.86	17.19		
开封	Kaifeng					永州	Yongzhou	1.54			
洛阳	Luoyang	15.94	0.04	5.28	30	怀化	Huaihua	4.09	3.35	1.65	53
平顶山	Pingdingshan	7.48				娄底	Loudi	3.92	95.83	13.63	16
安阳	Anyang	5.48	2.83			**广东**	**Guangdong**	**14.73**	**39.53**	**33.81**	
鹤壁	Hebi	5.50	2.51	4.00	37	广州	Guangzhou	0.93	38.35	12.14	18
新乡	Xinxiang	2.89		4.57	34	韶关	Shaoguan				
焦作	Jiaozuo	14.57		1.26	58	深圳	Shenzhen	5.67			
濮阳	Puyang					珠海	Zhuhai				
许昌	Xuchang	6.09				汕头	Shantou				
漯河	Luohe	3.75				佛山	Foshan				
三门峡	Sanmenxia	20.69				江门	Jiangmen	2.97			
南阳	Nanyang	5.82	2.67	2.66	47	湛江	Zhanjiang	1.94	1.18		
商丘	Shangqiu	14.87	3.06			茂名	Maoming			20.02	11
信阳	Xinyang	13.52	0.05			肇庆	Zhaoqing	0.05			
周口	Zhoukou	4.55				惠州	Huizhou			1.65	53
驻马店	Zhumadian	4.94	4.36	8.40	23	梅州	Meizhou	2.24			
湖北	**Hubei**	**48.44**	**11.07**	**4.57**		汕尾	Shanwei				
武汉	Wuhan	1.67				河源	Heyuan				
黄石	Huangshi					阳江	Yangjiang				
十堰	Shiyan	0.32	0.85			清远	Qingyuan	0.92			
宜昌	Yichang	5.65	4.58	0.72	72	东莞	Dongguan				
襄阳	Xiangyang	8.99				中山	Zhongshan				
鄂州	Ezhou					潮州	Chaozhou				
荆门	Jingmen	3.47				揭阳	Jieyang				
孝感	Xiaogan	0.93				云浮	Yunfu				
荆州	Jingzhou	8.90				**广西**	**Guangxi**	**50.91**	**2.02**	**5.10**	
黄冈	Huanggang	10.81		3.85	39	南宁	Nanning	5.00		3.02	44
咸宁	Xianning	3.91	0.78			柳州	Liuzhou	4.04			
随州	Suizhou	0.87				桂林	Guilin	5.38			
湖南	**Hunan**	**66.68**	**182.94**	**65.35**		梧州	Wuzhou	5.95		0.57	77
长沙	Changsha	14.50	0.61			北海	Beihai				
株洲	Zhuzhou		0.56			防城港	Fangchenggang	8.08	0.34		
湘潭	Xiangtan	3.30	2.68	2.26	50	钦州	Qinzhou	2.99			
衡阳	Hengyang	6.67	15.84	28.61	5	贵港	Guigang				
邵阳	Shaoyang	4.13	4.64	3.81	40	玉林	Yulin	3.52		0.66	75
岳阳	Yueyang	6.74	19.38	1.98	51	百色	Baise	11.29	0.42	0.84	70

7-13 供应廉租住房用地面积 续表 3
Area of Land Supplied for Cheap Rent House continued 3

单位：公顷 (hectare)

地名	City	2010	2016	2017	2017 排名 Ranking
贺州	Hezhou	3.76			
河池	Hechi	0.36	1.25		
来宾	Laibin				
崇左	Chongzuo	0.54			
海南	**Hainan**	**52.25**	**4.19**	**1.48**	
海口	Haikou	2.57			
三亚	Sanya				
三沙	Sansha				
重庆	**Chongqing**	**136.50**	**46.68**	**16.46**	
四川	**Sichuan**	**72.37**	**20.67**	**52.78**	
成都	Chengdu	11.91		11.16	20
自贡	Zigong	2.49			
攀枝花	Panzhihua	3.27		13.84	15
泸州	Luzhou	5.71	6.23	9.43	22
德阳	Deyang	5.78		13.50	17
绵阳	Mianyang	9.70	7.23	3.16	42
广元	Guangyuan	2.57	1.00		
遂宁	Suining	4.84			
内江	Neijiang	5.31	2.86		
乐山	Leshan				
南充	Nanchong	1.02			
眉山	Meishan				
宜宾	Yibin	4.52	0.18		
广安	Guangan	5.42	0.61		
达州	Dazhou	3.28			
雅安	Yaan	2.83			
巴中	Bazhong				
资阳	Ziyang	0.41	2.56		
贵州	**Guizhou**	**88.08**	**116.41**	**163.96**	
贵阳	Guiyang	10.78	8.23	1.38	56
六盘水	Liupanshui	0.70	59.49	18.54	13
遵义	Zunyi	10.75	1.68	0.96	66
安顺	Anshun	16.83		0.92	67
毕节	Bijie	15.11	1.98		
铜仁	Tongren	0.68	21.35	31.32	3
云南	**Yunnan**	**64.20**	**69.32**	**13.83**	
昆明	Kunming	3.96	20.99	5.35	27
曲靖	Qujing	6.94			
玉溪	Yuxi	1.12			
保山	Baoshan	0.56	0.73		
昭通	Zhaotong	3.97	5.09		

地名	City	2010	2016	2017	2017 排名 Ranking
丽江	Lijiang				
普洱	Puer				
临沧	Lincang	4.02		0.22	88
西藏	**Tibet**	**19.23**	**41.58**	**44.38**	
拉萨	Lasa	4.13	22.86		
陕西	**Shaanxi**	**127.41**	**90.50**	**75.39**	
西安	Xi'an	41.74	37.47	5.32	28
铜川	Tongchuan	31.13	3.03	1.20	59
宝鸡	Baoji	5.20	4.03		
咸阳	Xianyang	1.00	1.00	1.19	60
渭南	Weinan		9.72	10.10	21
延安	Yan'an	23.75	28.03	35.06	2
汉中	Hanzhong	7.60	2.12	5.00	32
榆林	Yulin	10.78			
安康	Ankang	0.07	5.09	16.10	14
商洛	Shangluo	6.13		1.41	55
甘肃	**Gansu**	**119.35**	**3.34**	**0.48**	
兰州	Lanzhou	9.58			
嘉峪关	Jiayuguan	1.60			
金昌	Jinchang	10.80			
白银	Baiyin	6.40	0.65		
天水	Tianshui	11.61			
武威	Wuwei	16.97			
张掖	Zhangye	0.53			
平凉	Pingliang	15.96	0.89	0.48	80
酒泉	Jiuquan	9.47			
庆阳	Qingyang	3.79	0.77		
定西	Dingxi	21.39			
陇南	Longnan	0.19	1.02		
青海	**Qinghai**	**265.17**	**10.55**	**83.10**	
西宁	Xining	0.05	0.31		
海东	Haidong		4.28		
宁夏	**Ningxia**	**62.44**	**1.93**	**2.45**	
银川	Yinchuan	14.56			
石嘴山	Shizuishan	0.17			
吴忠	Wuzhong	13.86	1.93		
固原	Guyuan	29.84			
中卫	Zhongwei	4.00		2.45	48
新疆	**Xinjiang**	**339.57**	**129.92**	**85.84**	
乌鲁木齐	Urumqi	13.10			
克拉玛依	Karamay	0.06			

7-14 供应其他用地面积

Area of Land Supplied for Other Uses

单位：公顷 (hectare)

地名	City	2010	2016	2017	2017 排名 Ranking	地名	City	2010	2016	2017	2017 排名 Ranking
全国	**Nation Total**	**124406.1**	**298406.0**	**375867.2**		沈阳	Shenyang	900.42	3610.74	311.51	218
北京	**Beijing**	**381.87**	**488.25**	**765.04**		大连	Dalian	525.05	710.75	1043.01	91
天津	**Tianjin**	**850.13**	**3068.18**	**2052.52**		鞍山	Anshan	129.23	92.80	1030.30	96
河北	**Hebei**	**2339.31**	**9088.98**	**9869.24**		抚顺	Fushun	278.17	535.33	76.21	275
石家庄	Shijiazhuang	293.20	924.73	1446.97	53	本溪	Benxi	1177.87	485.49	171.32	250
唐山	Tangshan	324.22	1735.58	782.68	123	丹东	Dandong	759.70	288.26	511.71	168
秦皇岛	Qinhuangdao	52.32	886.59	448.04	182	锦州	Jinzhou	222.24	224.20	90.14	270
邯郸	Handan	229.35	979.47	1454.86	51	营口	Yingkou	814.40	337.94	64.17	279
邢台	Xingtai	129.50	285.46	1887.39	30	阜新	Fuxin	381.96	543.40	146.75	255
保定	Baoding	277.76	744.35	399.36	196	辽阳	Liaoyang	339.32	296.98	44.25	284
张家口	Zhangjiakou	259.16	143.46	1593.28	43	盘锦	Panjin	82.23	412.83	458.46	178
承德	Chengde	195.75	1981.66	646.66	147	铁岭	Tieling	482.70	429.62	151.19	253
沧州	Cangzhou	343.60	1122.32	736.59	130	朝阳	Chaoyang	394.07	719.79	212.67	241
廊坊	Langfang	143.86	77.20	119.18	260	葫芦岛	Huludao	141.36	1585.87	156.48	252
衡水	Hengshui	90.60	208.15	354.25	209	**吉林**	**Jilin**	**2236.40**	**3418.40**	**8852.05**	
山西	**Shanxi**	**2095.15**	**8809.36**	**5149.18**		长春	Changchun	1093.99	592.53	4473.85	5
太原	Taiyuan	370.01	343.33	490.28	172	吉林	Jilin	136.30	677.02	1246.59	66
大同	Datong	358.04	887.06	221.19	239	四平	Siping	35.57	217.08	122.14	259
阳泉	Yangquan	26.79	206.51	334.97	212	辽源	Liaoyuan	88.44	194.82	45.75	283
长治	Changzhi	104.79	1048.28	474.71	175	通化	Tonghua	51.58	446.16	1082.53	85
晋城	Jincheng	276.99	465.28	190.29	248	白山	Baishan	587.88	123.78	470.72	176
朔州	Shuozhou	198.79	1963.73	580.10	160	松原	Songyuan	12.58	997.24	263.88	230
晋中	Jinzhong	93.53	300.37	599.94	155	白城	Baicheng	87.32	45.09	88.00	271
运城	Yuncheng	209.97	551.54	645.25	148	**黑龙江**	**Heilongjiang**	**5798.43**	**4169.12**	**9397.15**	
忻州	Xinzhou	115.23	361.32	620.02	152	哈尔滨	Harbin	1174.43	449.90	1101.29	83
临汾	Linfen	156.25	751.46	422.04	188	齐齐哈尔	Qiqihar	75.76	1457.70	525.83	166
吕梁	Lvliang	184.77	1930.48	570.39	161	鸡西	Jixi	46.40	306.17	118.20	261
内蒙古	**Inner Mongolia**	**6064.46**	**11003.02**	**20796.91**		鹤岗	Hegang	43.09	60.60	82.63	272
呼和浩特	Hohhot	183.41	584.25	1039.61	93	双鸭山	Shuangyashan	93.34	134.61	96.49	267
包头	Baotou	554.43	394.69	309.93	219	大庆	Daqing	2640.92	123.69	261.13	231
乌海	Wuhai	337.74	98.37	93.08	268	伊春	Yichun	58.36	209.09	96.55	266
赤峰	Chifeng	206.41	1521.22	943.32	106	佳木斯	Jiamusi	302.28	631.86	307.66	221
通辽	Tongliao	167.90	2135.59	673.48	142	七台河	Qitaihe	18.72	49.10	334.67	213
鄂尔多斯	Erdos	2556.25	624.01	4804.14	4	牡丹江	Mudanjiang	132.81	102.17	706.30	132
呼伦贝尔	Hulunbuir	616.74	514.39	1604.92	42	黑河	Heihe	273.36	144.33	344.39	210
巴彦淖尔	Bayannur	451.60	917.15	680.44	140	绥化	Suihua	122.51	219.90	3962.77	6
乌兰察布	Ulanqab	146.31	575.76	1643.08	39	**上海**	**Shanghai**	**967.99**	**2730.98**	**2020.83**	
辽宁	**Liaoning**	**6628.70**	**10274.03**	**4468.17**		**江苏**	**Jiangsu**	**7199.06**	**17864.52**	**17453.59**	

7-14 供应其他用地面积 续表 1
Area of Land Supplied for Other Uses continued 1

单位：公顷 (hectare)

地名	City	2010	2016	2017	2017 排名 Ranking
南京	Nanjing	1294.36	3151.62	2377.25	16
无锡	Wuxi	2087.74	1157.79	1162.94	73
徐州	Xuzhou	295.67	1381.16	2319.21	18
常州	Changzhou	1127.81	813.69	875.16	112
苏州	Suzhou	568.48	1339.26	1918.03	26
南通	Nantong	768.57	1968.38	1889.42	29
连云港	Lianyungang	93.55	1778.26	1007.34	97
淮安	Huaian	148.06	545.98	590.82	157
盐城	Yancheng	285.38	1558.66	1702.80	35
扬州	Yangzhou	213.94	936.83	1146.70	76
镇江	Zhenjiang	6.37	348.41	689.43	136
泰州	Taizhou	138.44	1609.11	1458.17	50
宿迁	Suqian	170.70	1275.36	316.31	217
浙江	**Zhejiang**	**8130.05**	**12532.95**	**13930.20**	
杭州	Hangzhou	2690.71	2579.78	2038.16	23
宁波	Ningbo	2005.14	1381.21	1147.29	75
温州	Wenzhou	393.69	1661.11	1630.47	41
嘉兴	Jiaxing	468.06	1442.06	941.06	107
湖州	Huzhou	113.89	1019.28	667.82	143
绍兴	Shaoxing	280.44	938.45	1809.43	33
金华	Jinhua	258.93	1193.44	838.67	119
衢州	Quzhou	233.11	319.85	997.72	100
舟山	Zhoushan	598.99	413.40	366.48	202
台州	Taizhou	701.54	1096.52	2765.16	13
丽水	Lishui	385.56	487.84	727.94	131
安徽	**Anhui**	**3558.71**	**14879.60**	**14481.90**	
合肥	Hefei	1032.66	2519.69	2088.61	22
芜湖	Wuhu	266.44	553.04	362.23	205
蚌埠	Bengbu	105.19	834.31	689.34	137
淮南	Huainan	265.55	414.32	478.62	174
马鞍山	Maanshan	387.98	226.42	340.65	211
淮北	Huaibei	52.10	409.54	979.33	103
铜陵	Tongling	39.07	123.94	142.22	256
安庆	Anqing	51.05	1109.98	1305.00	61
黄山	Huangshan	239.94	144.20	308.44	220
滁州	Chuzhou	62.75	2260.11	1284.77	62
阜阳	Fuyang	47.39	1374.94	1637.78	40
宿州	Suzhou	135.99	1151.29	1076.23	88
六安	Liuan	197.67	1396.75	916.24	109
亳州	Bozhou	379.19	394.16	666.88	144
池州	Chizhou	4.98	922.28	201.30	245
宣城	Xuancheng	167.00	512.73	862.25	117
福建	**Fujian**	**3904.64**	**12046.25**	**11898.83**	
福州	Fuzhou	602.21	1690.03	2726.78	14
厦门	Xiamen	1001.68	721.98	1080.55	86
莆田	Putian	60.98	496.24	1084.05	84
三明	Sanming	740.50	1532.63	702.09	133
泉州	Quanzhou	588.23	2704.47	1951.50	25
漳州	Zhangzhou	110.82	1398.92	1281.70	63
南平	Nanping	526.92	1446.14	859.37	118
龙岩	Longyan	98.26	1006.01	1171.45	72
宁德	Ningde	175.05	1049.83	1041.34	92
江西	**Jiangxi**	**8237.35**	**10891.03**	**10177.55**	
南昌	Nanchang	1879.53	1089.69	1692.00	36
景德镇	Jingdezhen	31.60	156.04	106.87	263
萍乡	Pingxiang	268.40	235.28	438.23	185
九江	Jiujiang	345.87	1367.29	663.53	146
新余	Xinyu	113.33	385.31	199.74	246
鹰潭	Yingtan	232.19	133.08	214.77	240
赣州	Ganzhou	1669.16	1946.58	2398.12	15
吉安	Jian	1540.31	1119.19	1515.31	45
宜春	Yichun	115.59	917.24	1534.97	44
抚州	Fuzhou	970.49	664.70	541.56	164
上饶	Shangrao	1070.88	2876.33	872.45	115
山东	**Shandong**	**7813.19**	**8831.77**	**11145.13**	
济南	Jinan	723.55	1039.11	873.05	113
青岛	Qingdao	1529.77	756.62	1651.33	38
淄博	Zibo	1198.30	253.72	283.71	227
枣庄	Zaozhuang	356.45	249.46	246.36	233
东营	Dongying	393.71	383.40	284.07	226
烟台	Yantai	916.79	356.27	1153.81	74
潍坊	Weifang	345.14	1173.07	873.01	114
济宁	Jining	212.93	404.29	515.12	167
泰安	Taian	163.52	275.00	399.89	195
威海	Weihai	233.50	319.32	1111.60	82
日照	Rizhao	364.54	419.88	887.36	111
莱芜	Laiwu	225.01	64.17	177.10	249
临沂	Linyi	307.16	984.26	454.65	180
德州	Dezhou	119.35	328.45	551.78	163
聊城	Liaocheng	375.57	314.11	687.80	138

7-14 供应其他用地面积 续表 2

Area of Land Supplied for Other Uses continued 2

单位：公顷 (hectare)

地名	City	2010	2016	2017	2017 排名 Ranking	地名	City	2010	2016	2017	2017 排名 Ranking
滨州	Binzhou	164.56	878.72	198.46	247	常德	Changde	405.98	919.55	970.78	104
菏泽	Heze	183.33	613.89	796.01	122	张家界	Zhangjiajie	73.62	543.63	82.50	273
河南	**Henan**	**4656.74**	**6804.96**	**35193.24**		益阳	Yiyang	688.92	1146.33	330.44	215
郑州	Zhengzhou	1073.43	1557.27	5538.33	3	郴州	Chenzhou	237.56	734.55	623.17	151
开封	Kaifeng	240.23	462.50	1377.62	56	永州	Yongzhou	110.49	4255.68	562.95	162
洛阳	Luoyang	362.61	727.50	1126.74	78	怀化	Huaihua	934.25	1150.90	771.29	124
平顶山	Pingdingshan	645.84	96.89	1683.88	37	娄底	Loudi	40.42	414.17	692.72	135
安阳	Anyang	248.10	250.70	412.05	191	**广东**	**Guangdong**	**3738.61**	**23586.65**	**24805.60**	
鹤壁	Hebi	31.55	59.56	397.91	198	广州	Guangzhou	1279.70	3179.10	2768.60	11
新乡	Xinxiang	74.86	229.62	1890.39	28	韶关	Shaoguan	39.52	2341.70	441.24	184
焦作	Jiaozuo	147.01	269.53	1369.10	57	深圳	Shenzhen	276.54	736.90	871.26	116
濮阳	Puyang	76.51	494.25	1036.97	94	珠海	Zhuhai	86.40	989.91	1077.59	87
许昌	Xuchang	295.19	125.64	1211.53	70	汕头	Shantou	117.80	453.83	405.96	193
漯河	Luohe	148.59	68.29	301.20	225	佛山	Foshan	127.65	794.71	1447.12	52
三门峡	Sanmenxia	141.88	325.39	391.40	199	江门	Jiangmen	224.40	1246.26	1492.02	47
南阳	Nanyang	870.83	500.15	15154.41	2	湛江	Zhanjiang	282.32	1288.00	1047.82	90
商丘	Shangqiu	157.63	386.37	268.25	229	茂名	Maoming	187.88	1777.19	700.64	134
信阳	Xinyang	21.42	144.91	758.78	128	肇庆	Zhaoqing	38.71	2574.20	993.98	101
周口	Zhoukou	76.66	224.84	302.85	224	惠州	Huizhou	44.44	1435.27	3090.78	9
驻马店	Zhumadian	44.41	863.90	1971.84	24	梅州	Meizhou	13.50	1550.08	2260.93	20
湖北	**Hubei**	**3263.97**	**7198.75**	**66587.18**		汕尾	Shanwei	42.09	88.60	224.21	238
武汉	Wuhan	1371.05	2524.79	1809.81	32	河源	Heyuan	81.32	1434.91	306.22	222
黄石	Huangshi	93.47	592.26	592.19	156	阳江	Yangjiang	258.10	301.38	2237.20	21
十堰	Shiyan	194.32	237.41	56206.18	1	清远	Qingyuan	136.37	1047.97	1393.66	55
宜昌	Yichang	160.10	421.77	680.43	141	东莞	Dongguan	207.64	222.69	2286.97	19
襄阳	Xiangyang	315.34	546.31	1897.06	27	中山	Zhongshan	174.97	384.91	1033.44	95
鄂州	Ezhou	20.00	141.77	106.80	264	潮州	Chaozhou	7.97	664.00	162.08	251
荆门	Jingmen	65.30	456.81	496.67	170	揭阳	Jieyang	92.25	258.20	111.61	262
孝感	Xiaogan	131.36	139.10	1422.47	54	云浮	Yunfu	19.05	816.82	452.26	181
荆州	Jingzhou	421.86	809.71	1122.70	79	**广西**	**Guangxi**	**3670.36**	**9138.25**	**13062.00**	
黄冈	Huanggang	144.89	315.35	281.81	228	南宁	Nanning	802.36	2270.53	3827.73	7
咸宁	Xianning	100.10	466.34	603.18	154	柳州	Liuzhou	858.89	1512.70	1250.60	64
随州	Suizhou	17.27	164.35	228.17	236	桂林	Guilin	517.38	125.16	990.80	102
湖南	**Hunan**	**4930.77**	**17963.17**	**12817.46**		梧州	Wuzhou	42.14	451.17	398.27	197
长沙	Changsha	1574.06	4276.91	3338.70	8	北海	Beihai	71.61	149.64	207.91	243
株洲	Zhuzhou	395.32	689.67	454.75	179	防城港	Fangchenggang	112.64	517.08	225.80	237
湘潭	Xiangtan	138.91	838.61	815.00	121	钦州	Qinzhou	43.36	409.73	824.69	120
衡阳	Hengyang	88.09	713.70	684.30	139	贵港	Guigang	75.71	435.71	489.92	173
邵阳	Shaoyang	66.70	977.43	1312.82	60	玉林	Yulin	46.11	303.08	470.53	177
岳阳	Yueyang	106.12	666.47	1506.18	46	百色	Baise	278.18	997.04	1465.46	48

7-14 供应其他用地面积 续表 3
Area of Land Supplied for Other Uses continued 3

单位：公顷 (hectare)

地名	City	2010	2016	2017	2017 排名 Ranking	地名	City	2010	2016	2017	2017 排名 Ranking
贺州	Hezhou	673.89	1053.41	380.56	201	丽江	Lijiang	34.37	1318.40	415.50	189
河池	Hechi	57.63	213.64	1236.14	68	普洱	Puer	54.75	598.28	754.98	129
来宾	Laibin	13.18	493.71	627.72	150	临沧	Lincang	35.90	136.65	72.03	276
崇左	Chongzuo	77.28	205.65	665.86	145	**西藏**	**Tibet**	**772.91**	**736.87**	**946.39**	
海南	**Hainan**	**728.49**	**4160.37**	**1446.78**		拉萨	Lasa	69.35	191.41	55.35	281
海口	Haikou	309.50	384.90	492.18	171	**陕西**	**Shaanxi**	**3075.90**	**8230.17**	**5655.27**	
三亚	Sanya	34.71	212.06	58.27	280	西安	Xi'an	933.13	928.70	1188.54	71
三沙	Sansha					铜川	Tongchuan	118.22	275.81	78.18	274
重庆	**Chongqing**	**5034.92**	**7809.23**	**7286.94**		宝鸡	Baoji	26.29	1363.13	364.30	204
四川	**Sichuan**	**3104.55**	**21623.13**	**17565.75**		咸阳	Xianyang	196.52	1633.66	381.01	200
成都	Chengdu	1596.43	3536.92	2966.06	10	渭南	Weinan	19.37	708.64	534.32	165
自贡	Zigong	41.45	1712.68	426.33	187	延安	Yan'an	105.60	140.50	764.00	127
攀枝花	Panzhihua	18.12	557.32	69.64	277	汉中	Hanzhong	11.50	1916.72	361.68	206
泸州	Luzhou	132.55	1028.79	1130.58	77	榆林	Yulin	1061.83	523.10	768.14	125
德阳	Deyang	45.62	404.47	402.94	194	安康	Ankang	570.14	558.58	1004.20	98
绵阳	Mianyang	211.36	724.21	1056.05	89	商洛	Shangluo	33.30	181.33	210.90	242
广元	Guangyuan	164.24	44.88	357.96	208	**甘肃**	**Gansu**	**3009.03**	**9676.52**	**3672.45**	
遂宁	Suining	263.76	870.22	2321.93	17	兰州	Lanzhou	259.80	1122.36	411.39	192
内江	Neijiang	27.80	486.97	587.28	159	嘉峪关	Jiayuguan	550.58	361.26	69.28	278
乐山	Leshan	60.92	165.69	767.58	126	金昌	Jinchang	113.88	361.28	52.39	282
南充	Nanchong	47.60	94.72	1862.09	31	白银	Baiyin	105.23	464.29	129.77	257
眉山	Meishan	12.10	669.11	323.69	216	天水	Tianshui	19.67	807.76	92.33	269
宜宾	Yibin	83.27	1153.64	1317.35	59	武威	Wuwei	216.48	495.45	128.84	258
广安	Guangan	20.29	900.75	499.33	169	张掖	Zhangye	26.36	338.61	588.41	158
达州	Dazhou	25.60	435.44	147.92	254	平凉	Pingliang	77.96	148.03	100.25	265
雅安	Yaan	41.51	976.38	234.89	234	酒泉	Jiuquan	755.13	4690.79	1120.34	80
巴中	Bazhong	15.82	627.94	360.47	207	庆阳	Qingyang	217.69	132.05	434.17	186
资阳	Ziyang	35.10	97.24	1249.87	65	定西	Dingxi	413.54	99.43	232.32	235
贵州	**Guizhou**	**12612.08**	**7687.25**	**7448.97**		陇南	Longnan	8.80	4.01	9.87	285
贵阳	Guiyang	1035.09	1070.29	895.92	110	**青海**	**Qinghai**	**766.78**	**4339.50**	**2993.37**	
六盘水	Liupanshui	149.73	256.05	204.76	244	西宁	Xining	43.93	365.45	304.94	223
遵义	Zunyi	2001.26	2160.19	1363.58	58	海东	Haidong		144.05	256.37	232
安顺	Anshun	144.99	463.77	414.95	190	**宁夏**	**Ningxia**	**2437.16**	**4124.92**	**5647.58**	
毕节	Bijie	250.19	531.65	923.98	108	银川	Yinchuan	1169.61	1377.58	2767.93	12
铜仁	Tongren	646.03	539.88	944.65	105	石嘴山	Shizuishan	301.46	590.77	445.59	183
云南	**Yunnan**	**3897.59**	**17486.06**	**9691.24**		吴忠	Wuzhong	330.98	655.78	1460.88	49
昆明	Kunming	176.46	1434.39	1217.82	69	固原	Guyuan	401.15	448.71	365.19	203
曲靖	Qujing	552.10	1162.57	640.09	149	中卫	Zhongwei	233.97	1052.07	607.99	153
玉溪	Yuxi	151.30	211.85	330.46	214	**新疆**	**Xinjiang**	**2500.79**	**17758.78**	**18588.69**	
保山	Baoshan	142.86	364.85	1001.52	99	乌鲁木齐	Urumqi	668.52	1417.17	1778.60	34
昭通	Zhaotong	75.47	4173.15	1238.02	67	克拉玛依	Karamay	99.18	149.94	1118.96	81

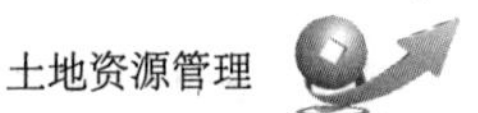

7-15 供应公共管理与公共服务用地面积

Area of Land Supplied for Public Management and Public Services

单位：公顷 (hectare)

地名	City	2010	2016	2017	2017 排名 Ranking
全国	**Nation Total**	**52945.57**	**85071.32**	**95940.54**	
北京	**Beijing**	**350.19**	**361.26**	**508.53**	
天津	**Tianjin**	**356.75**	**651.35**	**355.27**	
河北	**Hebei**	**1372.59**	**3213.47**	**4325.90**	
石家庄	Shijiazhuang	162.14	480.66	310.88	83
唐山	Tangshan	99.20	394.54	306.64	86
秦皇岛	Qinhuangdao	39.68	339.95	420.77	52
邯郸	Handan	174.52	483.32	1387.09	7
邢台	Xingtai	129.23	240.54	291.12	90
保定	Baoding	193.71	246.84	290.75	91
张家口	Zhangjiakou	143.93	125.11	403.31	58
承德	Chengde	72.86	162.22	242.20	117
沧州	Cangzhou	163.91	542.35	372.63	69
廊坊	Langfang	114.54	70.03	111.72	195
衡水	Hengshui	78.87	127.91	188.76	150
山西	**Shanxi**	**1287.27**	**1147.05**	**1327.23**	
太原	Taiyuan	262.87	210.14	150.06	171
大同	Datong	113.65	42.11	96.26	206
阳泉	Yangquan	17.71	30.11	22.01	279
长治	Changzhi	89.49	173.12	191.73	147
晋城	Jincheng	115.06	32.74	43.17	259
朔州	Shuozhou	124.97	48.12	87.75	210
晋中	Jinzhong	83.08	86.90	124.68	185
运城	Yuncheng	190.34	142.06	391.05	61
忻州	Xinzhou	109.03	51.44	67.78	232
临汾	Linfen	102.73	256.87	86.19	213
吕梁	Lvliang	78.33	73.42	66.53	234
内蒙古	**Inner Mongolia**	**2654.50**	**2994.65**	**3588.83**	
呼和浩特	Hohhot	122.31	224.52	489.75	41
包头	Baotou	157.18	309.29	151.45	170
乌海	Wuhai	316.25	60.50	15.35	282
赤峰	Chifeng	160.19	199.52	291.50	89
通辽	Tongliao	99.88	729.19	629.64	27
鄂尔多斯	Erdos	763.65	310.61	611.08	29
呼伦贝尔	Hulunbuir	317.29	231.27	290.04	92
巴彦淖尔	Bayannur	137.73	103.09	221.95	132
乌兰察布	Ulanqab	119.74	126.25	234.11	124
辽宁	**Liaoning**	**4117.18**	**1945.76**	**1154.14**	
沈阳	Shenyang	462.63	418.44	163.54	161
大连	Dalian	386.62	184.23	179.55	156
鞍山	Anshan	112.19	48.88	66.58	233
抚顺	Fushun	222.37	73.14	71.89	226
本溪	Benxi	488.34	158.66	37.22	264
丹东	Dandong	430.95	33.47	39.53	263
锦州	Jinzhou	172.91	122.60	57.40	241
营口	Yingkou	812.38	297.74	44.72	253
阜新	Fuxin	210.05	112.15	39.72	262
辽阳	Liaoyang	86.57	36.13	35.68	267
盘锦	Panjin	56.49	151.15	181.19	155
铁岭	Tieling	349.34	74.34	54.75	246
朝阳	Chaoyang	185.57	101.28	99.23	205
葫芦岛	Huludao	140.77	133.56	83.14	216
吉林	**Jilin**	**1531.04**	**1048.92**	**2671.43**	
长春	Changchun	663.79	523.40	1861.03	3
吉林	Jilin	126.49	182.13	124.83	184
四平	Siping	19.03	101.94	114.82	191
辽源	Liaoyuan	77.21	6.41	43.49	257
通化	Tonghua	48.49	48.58	298.61	88
白山	Baishan	427.36	37.27	33.26	269
松原	Songyuan	7.78	40.07	17.74	281
白城	Baicheng	74.39	28.45	35.71	266
黑龙江	**Heilongjiang**	**1833.35**	**1161.21**	**117.80**	
哈尔滨	Harbin	784.18	152.55	240.52	118
齐齐哈尔	Qiqihar	62.09	137.67	261.20	106
鸡西	Jixi	35.28	15.58	30.32	273
鹤岗	Hegang	38.00	57.96	45.74	252
双鸭山	Shuangyashan	86.29	108.89	65.09	235
大庆	Daqing	237.13	79.72	51.99	249
伊春	Yichun	58.36	28.37	82.56	218
佳木斯	Jiamusi	37.60	120.08	40.72	261
七台河	Qitaihe	4.66	12.51	28.20	275
牡丹江	Mudanjiang	67.78	71.23	108.15	198
黑河	Heihe	98.32	19.63	23.79	277
绥化	Suihua	112.10	174.16	86.20	212
上海	**Shanghai**	**459.35**	**943.93**	**917.82**	
江苏	**Jiangsu**	**3030.45**	**6405.87**	**6723.61**	

注：2012年开始采用新的土地分类。

Note: These indicators are using the new land use type after 2012.

7-15 供应公共管理与公共服务用地面积 续表 1

Area of Land Supplied for Public Management and Public Services continued 1

单位：公顷 (hectare)

地名	City	2010	2016	2017	2017 排名 Ranking	地名	City	2010	2016	2017	2017 排名 Ranking
南京	Nanjing	370.07	2144.95	979.10	11	池州	Chizhou	3.98	287.05	75.30	223
无锡	Wuxi	663.91	434.05	609.69	30	宣城	Xuancheng	54.28	188.03	229.39	129
徐州	Xuzhou	221.25	350.21	942.81	12	**福建**	**Fujian**	**1474.59**	**2720.49**	**3590.47**	
常州	Changzhou	570.52	198.97	387.53	62	福州	Fuzhou	418.71	511.77	1054.05	9
苏州	Suzhou	330.37	581.44	688.68	25	厦门	Xiamen	470.99	163.67	217.75	135
南通	Nantong	159.65	399.63	425.72	50	莆田	Putian	23.35	142.45	129.09	182
连云港	Lianyungang	78.91	120.96	218.27	134	三明	Sanming	98.72	152.71	178.44	157
淮安	Huaian	124.49	308.21	246.15	113	泉州	Quanzhou	161.21	960.83	1002.63	10
盐城	Yancheng	183.66	569.62	694.51	23	漳州	Zhangzhou	65.88	208.87	279.97	96
扬州	Yangzhou	77.34	271.58	310.60	84	南平	Nanping	51.02	189.74	182.18	154
镇江	Zhenjiang	6.37	270.98	286.80	93	龙岩	Longyan	70.00	189.71	330.60	78
泰州	Taizhou	123.91	466.28	691.19	24	宁德	Ningde	114.70	200.73	215.76	137
宿迁	Suqian	120.00	289.00	244.57	115	**江西**	**Jiangxi**	**3438.04**	**2978.34**	**3824.61**	
浙江	**Zhejiang**	**3390.07**	**4738.06**	**3949.57**		南昌	Nanchang	1050.19	355.89	506.75	37
杭州	Hangzhou	1304.30	1588.69	784.13	17	景德镇	Jingdezhen	29.60	37.20	78.03	221
宁波	Ningbo	538.03	501.50	369.92	71	萍乡	Pingxiang	29.43	27.75	156.56	166
温州	Wenzhou	229.67	333.35	488.88	42	九江	Jiujiang	99.24	396.48	383.01	64
嘉兴	Jiaxing	312.44	358.68	199.65	142	新余	Xinyu	43.82	24.21	43.29	258
湖州	Huzhou	74.92	258.72	345.47	77	鹰潭	Yingtan	110.53	91.78	43.98	256
绍兴	Shaoxing	126.54	412.75	240.11	119	赣州	Ganzhou	697.96	610.11	859.35	15
金华	Jinhua	113.08	480.06	320.63	81	吉安	Jian	580.51	523.70	250.49	112
衢州	Quzhou	127.79	172.31	176.66	158	宜春	Yichun	42.10	332.29	891.47	14
舟山	Zhoushan	29.98	55.21	116.58	189	抚州	Fuzhou	509.22	256.23	236.81	121
台州	Taizhou	296.45	281.95	713.45	20	上饶	Shangrao	245.43	322.70	377.86	68
丽水	Lishui	236.86	294.85	194.09	145	**山东**	**Shandong**	**4582.66**	**4303.66**	**4984.91**	
安徽	**Anhui**	**1438.72**	**5221.14**	**4012.91**		济南	Jinan	398.84	189.62	352.84	75
合肥	Hefei	225.12	590.45	564.46	33	青岛	Qingdao	799.85	427.67	615.64	28
芜湖	Wuhu	149.71	350.37	145.42	174	淄博	Zibo	1131.42	151.96	218.54	133
蚌埠	Bengbu	92.60	343.26	117.30	188	枣庄	Zaozhuang	76.78	113.99	140.09	176
淮南	Huainan	152.71	153.00	201.79	141	东营	Dongying	253.88	235.47	163.36	162
马鞍山	Maanshan	204.16	160.75	203.47	140	烟台	Yantai	338.11	193.93	270.06	101
淮北	Huaibei	42.82	131.07	403.40	57	潍坊	Weifang	292.69	549.38	468.21	44
铜陵	Tongling	37.24	17.87	46.55	251	济宁	Jining	135.37	219.59	322.11	80
安庆	Anqing	50.68	289.64	245.69	114	泰安	Taian	151.26	212.97	170.99	160
黄山	Huangshan	81.21	47.67	54.06	248	威海	Weihai	195.95	318.35	364.34	72
滁州	Chuzhou	14.60	932.60	382.74	65	日照	Rizhao	201.21	75.19	115.23	190
阜阳	Fuyang	40.76	342.83	349.11	76	莱芜	Laiwu	46.86	62.24	26.75	276
宿州	Suzhou	44.60	282.77	242.42	116	临沂	Linyi	231.73	574.41	415.71	55
六安	Liuan	164.03	647.91	267.73	102	德州	Dezhou	93.94	277.89	500.51	38
亳州	Bozhou	58.93	226.78	232.80	125	聊城	Liaocheng	46.28	261.52	222.46	131

7-15 供应公共管理与公共服务用地面积 续表 2

Area of Land Supplied for Public Management and Public Services continued 2

单位：公顷 (hectare)

地名	City	2010	2016	2017	2017 排名 Ranking	地名	City	2010	2016	2017	2017 排名 Ranking
滨州	Binzhou	37.48	271.71	193.77	146	常德	Changde	91.62	155.24	257.53	107
菏泽	Heze	151.03	167.75	403.69	56	张家界	Zhangjiajie	50.24	91.10	44.31	255
河南	**Henan**	**2056.26**	**2860.73**	**5167.82**		益阳	Yiyang	79.15	87.12	143.11	175
郑州	Zhengzhou	622.39	321.46	1769.95	5	郴州	Chenzhou	124.19	305.53	148.51	172
开封	Kaifeng	54.31	124.12	197.75	143	永州	Yongzhou	54.38	221.04	282.70	95
洛阳	Luoyang	75.70	263.87	158.96	164	怀化	Huaihua	48.06	220.71	131.73	181
平顶山	Pingdingshan	142.91	95.06	172.19	159	娄底	Loudi	22.43	100.56	190.63	149
安阳	Anyang	171.31	175.59	62.41	236	**广东**	**Guangdong**	**2272.67**	**6770.45**	**11473.51**	
鹤壁	Hebi	25.21	57.85	60.24	239	广州	Guangzhou	758.78	1916.02	1644.24	6
新乡	Xinxiang	55.76	134.28	463.73	45	韶关	Shaoguan	35.46	627.56	235.81	122
焦作	Jiaozuo	131.02	252.89	186.61	152	深圳	Shenzhen	121.09	180.92	360.38	74
濮阳	Puyang	58.06	155.85	255.97	108	珠海	Zhuhai	63.41	541.04	544.76	34
许昌	Xuchang	112.93	120.30	105.71	200	汕头	Shantou	104.76	107.64	139.99	177
漯河	Luohe	80.68	54.39	89.68	209	佛山	Foshan	116.25	270.47	491.32	40
三门峡	Sanmenxia	121.18	20.99	80.69	219	江门	Jiangmen	96.76	215.23	419.66	54
南阳	Nanyang	173.72	153.59	447.87	46	湛江	Zhanjiang	190.96	162.34	444.83	47
商丘	Shangqiu	134.26	224.25	137.51	179	茂名	Maoming	1.51	182.42	253.83	109
信阳	Xinyang	12.77	81.37	442.65	48	肇庆	Zhaoqing	30.99	222.36	308.97	85
周口	Zhoukou	43.61	144.73	252.19	110	惠州	Huizhou	44.32	420.08	1248.36	8
驻马店	Zhumadian	40.41	439.76	283.71	94	梅州	Meizhou	12.19	423.73	472.27	43
湖北	**Hubei**	**1272.50**	**2292.35**	**1942.38**		汕尾	Shanwei	13.39	42.43	109.58	196
武汉	Wuhan	635.46	693.58	584.33	32	河源	Heyuan	80.72	189.44	225.61	130
黄石	Huangshi	53.67	122.86	56.94	242	阳江	Yangjiang	164.16	201.48	713.32	21
十堰	Shiyan	69.72	124.68	72.04	225	清远	Qingyuan	53.62	337.10	425.38	51
宜昌	Yichang	56.29	279.12	156.02	167	东莞	Dongguan	186.11	90.18	2122.43	1
襄阳	Xiangyang	51.83	179.70	49.50	250	中山	Zhongshan	132.71	269.45	855.33	16
鄂州	Ezhou	18.90	26.22	20.68	280	潮州	Chaozhou	7.97	128.73	91.15	208
荆门	Jingmen	16.39	84.14	109.33	197	揭阳	Jieyang	43.45	161.99	87.41	211
孝感	Xiaogan	24.99	73.20	100.01	204	云浮	Yunfu	14.05	79.82	278.87	98
荆州	Jingzhou	115.34	169.73	153.59	169	**广西**	**Guangxi**	**1819.91**	**2695.13**	**3572.43**	
黄冈	Huanggang	84.64	159.86	128.42	183	南宁	Nanning	387.49	738.32	909.04	13
咸宁	Xianning	60.73	123.94	275.07	99	柳州	Liuzhou	552.41	741.80	428.14	49
随州	Suizhou	10.21	55.72	59.54	240	桂林	Guilin	173.82	96.67	522.42	36
湖南	**Hunan**	**1450.55**	**6043.25**	**4634.96**		梧州	Wuzhou	39.69	20.08	103.83	201
长沙	Changsha	534.50	3194.02	1771.55	4	北海	Beihai	70.28	31.52	111.79	194
株洲	Zhuzhou	179.79	168.27	114.22	192	防城港	Fangchenggang	71.46	83.56	79.48	220
湘潭	Xiangtan	64.69	253.35	385.88	63	钦州	Qinzhou	34.97	256.27	324.09	79
衡阳	Hengyang	49.53	240.43	362.96	73	贵港	Guigang	75.71	33.22	69.26	229
邵阳	Shaoyang	48.33	322.65	251.09	111	玉林	Yulin	43.71	209.79	182.96	153
岳阳	Yueyang	64.56	373.28	420.62	53	百色	Baise	145.61	158.78	266.58	103

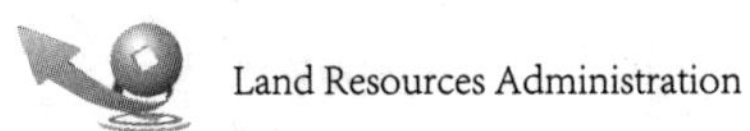

7-15 供应公共管理与公共服务用地面积 续表 3
Area of Land Supplied for Public Management and Public Services continued 3

单位：公顷 (hectare)

地名	City	2010	2016	2017	2017 排名 Ranking	地名	City	2010	2016	2017	2017 排名 Ranking
贺州	Hezhou	90.69	146.55	139.97	178	丽江	Lijiang	7.39	10.12	61.79	237
河池	Hechi	43.60	90.23	137.07	180	普洱	Puer	15.82	159.13	60.64	238
来宾	Laibin	13.18	41.64	35.56	268	临沧	Lincang	31.68	39.40	36.62	265
崇左	Chongzuo	77.28	46.70	262.24	105	**西藏**	**Tibet**	**695.36**	**112.80**	**729.12**	
海南	**Hainan**	**572.65**	**734.97**	**788.37**		拉萨	Lasa	69.35	23.75	55.35	245
海口	Haikou	177.26	214.87	492.18	39	**陕西**	**Shaanxi**	**1049.23**	**2131.58**	**1636.62**	
三亚	Sanya	12.27	56.69	44.50	254	西安	Xi'an	659.84	389.98	394.39	60
三沙	Sansha					铜川	Tongchuan	35.03	10.42	23.29	278
重庆	**Chongqing**	**1702.40**	**1840.76**	**2265.33**		宝鸡	Baoji	26.22	689.04	55.80	244
四川	**Sichuan**	**1573.45**	**3793.16**	**5767.58**		咸阳	Xianyang	18.05	246.85	232.22	126
成都	Chengdu	551.71	1406.32	1888.46	2	渭南	Weinan	19.06	280.30	213.77	138
自贡	Zigong	38.85	40.77	397.82	59	延安	Yan'an	99.99	33.72	54.37	247
攀枝花	Panzhihua	16.45	65.29	32.84	270	汉中	Hanzhong	7.31	146.50	69.27	228
泸州	Luzhou	116.55	378.86	372.63	69	榆林	Yulin	130.69	137.78	196.89	144
德阳	Deyang	43.82	217.08	380.70	66	安康	Ankang	25.38	138.67	313.15	82
绵阳	Mianyang	185.38	330.66	709.96	22	商洛	Shangluo	27.65	58.33	83.48	215
广元	Guangyuan	135.91	12.09	14.56	283	**甘肃**	**Gansu**	**1737.82**	**3691.74**	**1702.22**	
遂宁	Suining	43.85	224.04	113.42	193	兰州	Lanzhou	111.47	339.14	279.17	97
内江	Neijiang	26.52	63.96	234.62	123	嘉峪关	Jiayuguan	540.58	330.73	8.95	284
乐山	Leshan	32.73	106.04	161.81	163	金昌	Jinchang	50.05	307.66	28.41	274
南充	Nanchong	47.60	23.45	209.14	139	白银	Baiyin	34.38	327.34	85.52	214
眉山	Meishan	6.64	56.01	191.06	148	天水	Tianshui	14.77	113.03	68.23	231
宜宾	Yibin	51.08	278.82	230.03	128	武威	Wuwei	128.59	332.96	30.69	272
广安	Guangan	18.49	237.80	93.32	207	张掖	Zhangye	26.36	151.85	238.83	120
达州	Dazhou	22.21	47.82	106.87	199	平凉	Pingliang	77.32	95.36	56.88	243
雅安	Yaan	31.27	97.06	41.48	260	酒泉	Jiuquan	363.00	1446.96	736.28	19
巴中	Bazhong	15.82	54.07	158.20	165	庆阳	Qingyang	39.19	84.33	31.87	271
资阳	Ziyang	9.15	29.57	216.15	136	定西	Dingxi	103.78	36.71	72.92	224
贵州	**Guizhou**	**1638.85**	**3479.71**	**3291.43**		陇南	Longnan	8.43	1.65	1.38	285
贵阳	Guiyang	551.33	406.99	600.83	31	**青海**	**Qinghai**	**255.18**	**958.11**	**893.91**	
六盘水	Liupanshui	45.40	147.57	187.20	151	西宁	Xining	15.97	109.22	123.83	186
遵义	Zunyi	120.26	1276.11	275.02	100	海东	Haidong	.	24.93	119.83	187
安顺	Anshun	136.57	21.90	378.86	67	**宁夏**	**Ningxia**	**1092.23**	**1289.65**	**1165.77**	
毕节	Bijie	88.27	301.22	265.06	104	银川	Yinchuan	493.89	527.52	662.80	26
铜仁	Tongren	285.63	249.82	70.02	227	石嘴山	Shizuishan	177.24	216.93	68.53	230
云南	**Yunnan**	**1383.01**	**1831.24**	**2646.54**		吴忠	Wuzhong	247.90	247.63	231.56	127
昆明	Kunming	139.89	427.20	538.84	35	固原	Guyuan	101.47	94.30	101.00	203
曲靖	Qujing	318.02	103.46	154.46	168	中卫	Zhongwei	71.73	203.28	101.88	202
玉溪	Yuxi	46.20	64.90	148.46	173	**新疆**	**Xinjiang**	**1056.80**	**4710.50**	**5159.50**	
保山	Baoshan	12.74	273.40	744.52	18	乌鲁木齐	Urumqi	135.64	229.82	300.30	87
昭通	Zhaotong	40.41	87.60	76.45	222	克拉玛依	Karamay	72.65	65.52	83.09	217

城市建设

Urban Construction

8-1 城市城区面积（辖区）
Urban Area (Municipal Districts)

单位：平方公里 (sq. km)

地名	City	2010	2016	2017	2017 排名 Ranking
全国	**National Total**	**178691.7**	**198178.6**	**198357.2**	
北京	**Beijing**	**12187.00**	**16410.00**	**16410.00**	
天津	**Tianjin**	**2236.12**	**2583.28**	**2585.18**	
河北	**Hebei**	**6521.74**	**6613.44**	**6907.30**	
石家庄	Shijiazhuang	212.54	518.81	518.81	77
唐山	Tangshan	1230.20	1230.20	1361.33	19
秦皇岛	Qinhuangdao	363.20	170.75	330.25	123
邯郸	Handan	434.00	556.00	556.00	70
邢台	Xingtai	114.80	114.80	114.80	220
保定	Baoding	312.30	344.93	344.93	117
张家口	Zhangjiakou	376.27	433.77	407.21	99
承德	Chengde	760.07	718.34	724.03	46
沧州	Cangzhou	183.00	183.00	183.00	180
廊坊	Langfang	292.00	292.00	292.00	133
衡水	Hengshui	273.40	401.40	401.40	101
山西	**Shanxi**	**3348.34**	**2893.26**	**3297.75**	
太原	Taiyuan	1416.03	1000.00	1000.00	30
大同	Datong	130.20	130.20	130.20	211
阳泉	Yangquan	51.58	55.97	68.93	253
长治	Changzhi	76.20	76.20	76.20	247
晋城	Jincheng	147.00	152.00	143.00	203
朔州	Shuozhou	148.00	176.00	176.00	184
晋中	Jinzhong	53.40	76.75	450.00	88
运城	Yuncheng	44.50	88.90	88.90	236
忻州	Xinzhou	183.00	183.00	183.00	180
临汾	Linfen	43.00	60.00	60.00	264
吕梁	Lvliang	25.10	50.20	50.20	273
内蒙古	**Inner Mongolia**	**8537.05**	**4871.72**	**4884.54**	
呼和浩特	Hohhot	265.05	265.05	265.05	142
包头	Baotou	885.00	885.00	885.00	33
乌海	Wuhai	1754.00	67.17	67.17	257
赤峰	Chifeng	560.00	560.00	560.00	69
通辽	Tongliao	65.80	75.63	75.63	249
鄂尔多斯	Erdos	195.58	199.42	199.42	168
呼伦贝尔	Hulunbuir	209.41	252.00	252.00	149
巴彦淖尔	Bayannur	668.00	80.51	80.51	245
乌兰察布	Ulanqab	404.80	60.00	70.00	252
辽宁	**Liaoning**	**11655.67**	**15148.08**	**12799.79**	
沈阳	Shenyang	1506.00	3572.28	1610.00	11
大连	Dalian	1194.00	1512.00	1523.00	14
鞍山	Anshan	624.29	625.60	625.60	53
抚顺	Fushun	545.39	605.50	605.50	58
本溪	Benxi	1023.84	1518.00	1518.00	15
丹东	Dandong	226.11	226.11	620.80	54
锦州	Jinzhou	436.00	436.00	436.00	93
营口	Yingkou	183.72	529.49	538.25	74
阜新	Fuxin	448.00	448.00	448.00	89
辽阳	Liaoyang	632.51	728.19	728.19	45
盘锦	Panjin	266.00	664.02	197.56	170
铁岭	Tieling	203.65	216.15	216.15	161
朝阳	Chaoyang	533.00	570.00	570.00	66
葫芦岛	Huludao	575.00	575.00	443.77	91
吉林	**Jilin**	**7376.83**	**5111.52**	**5105.63**	
长春	Changchun	422.14	1855.00	1855.00	6
吉林	Jilin	1042.75	498.75	498.75	80
四平	Siping	835.00	118.11	118.11	216
辽源	Liaoyuan	442.44	46.30	46.30	276
通化	Tonghua	761.00	64.75	64.75	258
白山	Baishan	100.00	388.11	388.11	103
松原	Songyuan	1000.00	81.80	81.80	243
白城	Baicheng	912.00	67.50	67.50	256
黑龙江	**Heilongjiang**	**2589.48**	**2735.61**	**2582.94**	
哈尔滨	Harbin	359.21	460.68	463.74	86
齐齐哈尔	Qiqihar	139.63	140.81	140.81	204
鸡西	Jixi	79.23	80.61	80.61	244
鹤岗	Hegang	85.00	85.00	85.00	241
双鸭山	Shuangyashan	118.00	118.00	118.00	217
大庆	Daqing	285.81	321.14	322.01	125
伊春	Yichun	171.39	182.78	179.85	182
佳木斯	Jiamusi	93.50	96.98	188.00	176
七台河	Qitaihe	62.37	191.80	67.60	255
牡丹江	Mudanjiang	86.30	92.68	92.68	233
黑河	Heihe	27.88	27.88	27.88	283
绥化	Suihua	51.79	92.77	92.77	232
上海	**Shanghai**	**6340.50**	**6340.50**	**6340.50**	
江苏	**Jiangsu**	**12462.84**	**15277.57**	**15368.38**	

8-1 城市城区面积（辖区） 续表 1
Urban Area (Municipal Districts) continued 1

单位：平方公里 (sq. km)

地名	City	2010	2016	2017	2017 排名 Ranking	地名	City	2010	2016	2017	2017 排名 Ranking
南京	Nanjing	3092.71	4226.41	4226.41	1	池州	Chizhou	252.93	252.93	252.93	148
无锡	Wuxi	1143.35	1261.26	1261.26	22	宣城	Xuancheng	131.17	131.77	131.77	209
徐州	Xuzhou	427.45	604.78	604.78	59	**福建**	**Fujian**	**4361.84**	**4440.87**	**4473.89**	
常州	Changzhou	384.38	772.51	772.51	42	福州	Fuzhou	1043.00	1043.00	1219.37	24
苏州	Suzhou	1211.93	1523.88	1523.88	13	厦门	Xiamen	230.00	351.32	348.23	115
南通	Nantong	214.67	398.00	398.00	102	莆田	Putian	244.00	244.00	244.00	152
连云港	Lianyungang	673.05	718.50	718.50	48	三明	Sanming	220.00	220.00	220.00	159
淮安	Huaian	227.00	309.69	309.69	129	泉州	Quanzhou	529.00	539.00	539.00	73
盐城	Yancheng	218.28	608.76	608.76	57	漳州	Zhangzhou	95.24	95.24	95.24	231
扬州	Yangzhou	274.96	415.34	415.34	95	南平	Nanping	165.81	199.51	344.72	118
镇江	Zhenjiang	555.43	555.43	555.43	71	龙岩	Longyan	185.00	200.00	200.00	166
泰州	Taizhou	349.74	441.44	441.44	92	宁德	Ningde	105.50	107.50	107.50	223
宿迁	Suqian	220.00	352.64	359.32	111	**江西**	**Jiangxi**	**1719.32**	**2369.32**	**2421.59**	
浙江	**Zhejiang**	**10256.38**	**11311.75**	**11590.49**		南昌	Nanchang	215.00	358.90	358.90	112
杭州	Hangzhou	1019.53	1484.96	1726.96	9	景德镇	Jingdezhen	160.00	198.50	198.50	169
宁波	Ningbo	778.00	1097.00	1097.00	29	萍乡	Pingxiang	42.10	85.70	85.70	240
温州	Wenzhou	585.05	828.03	849.26	37	九江	Jiujiang	114.97	109.95	175.51	186
嘉兴	Jiaxing	224.00	228.72	293.00	132	新余	Xinyu	160.00	230.00	230.00	157
湖州	Huzhou	627.46	640.69	640.69	51	鹰潭	Yingtan	57.65	74.00	74.00	250
绍兴	Shaoxing	226.04	497.04	497.04	81	赣州	Ganzhou	85.13	328.24	328.24	124
金华	Jinhua	379.64	386.11	579.69	63	吉安	Jian	218.20	230.00	230.00	157
衢州	Quzhou	200.10	200.10	200.10	165	宜春	Yichun	88.00	88.00	88.00	238
舟山	Zhoushan	408.52	579.99	578.70	64	抚州	Fuzhou	81.30	85.30	128.02	212
台州	Taizhou	749.98	749.98	750.28	43	上饶	Shangrao	55.80	92.01	92.01	234
丽水	Lishui	266.13	266.13	266.13	140	**山东**	**Shandong**	**19631.65**	**22424.21**	**22733.65**	
安徽	**Anhui**	**5041.16**	**6100.40**	**6082.46**		济南	Jinan	1210.00	1575.87	1665.87	10
合肥	Hefei	565.50	1126.61	1126.61	28	青岛	Qingdao	1405.25	2294.09	2295.39	3
芜湖	Wuhu	230.00	721.70	721.70	47	淄博	Zibo	792.70	678.69	705.10	49
蚌埠	Bengbu	284.60	365.48	365.48	109	枣庄	Zaozhuang	442.13	349.46	349.46	114
淮南	Huainan	415.45	486.96	469.02	85	东营	Dongying	1089.10	1388.20	1388.20	18
马鞍山	Maanshan	105.85	175.84	175.84	185	烟台	Yantai	898.33	912.31	914.00	32
淮北	Huaibei	210.00	210.00	210.00	163	潍坊	Weifang	1186.53	1186.54	1194.99	26
铜陵	Tongling	180.60	205.60	205.60	164	济宁	Jining	480.00	883.87	883.87	34
安庆	Anqing	311.39	311.50	311.50	127	泰安	Taian	272.22	587.63	587.63	61
黄山	Huangshan	445.80	461.80	461.80	87	威海	Weihai	230.00	630.73	631.42	52
滁州	Chuzhou	282.60	282.60	282.60	135	日照	Rizhao	362.00	403.70	403.70	100
阜阳	Fuyang	332.67	338.87	338.87	120	莱芜	Laiwu	452.40	614.14	614.14	55
宿州	Suzhou	164.51	164.51	164.51	191	临沂	Linyi	1171.65	1277.63	1277.63	20
六安	Liuan	136.12	166.12	166.12	189	德州	Dezhou	539.00	602.00	602.00	60
亳州	Bozhou	66.82	86.90	86.90	239	聊城	Liaocheng	412.69	412.69	412.69	96

8-1 城市城区面积（辖区） 续表 2

Urban Area (Municipal Districts) continued 2

单位：平方公里 (sq. km)

地名	City	2010	2016	2017	2017 排名 Ranking	地名	City	2010	2016	2017	2017 排名 Ranking
滨州	Binzhou	534.54	799.90	799.90	39	常德	Changde	339.16	176.94	332.07	121
菏泽	Heze	359.54	444.56	444.56	90	张家界	Zhangjiajie	142.60	54.08	55.20	268
河南	**Henan**	**4101.39**	**4822.78**	**5131.54**		益阳	Yiyang	66.30	109.00	109.00	222
郑州	Zhengzhou	439.07	423.84	572.56	65	郴州	Chenzhou	580.00	580.00	580.00	62
开封	Kaifeng	121.25	192.25	192.25	173	永州	Yongzhou	77.37	100.00	100.00	227
洛阳	Luoyang	331.42	331.42	331.42	122	怀化	Huaihua	52.00	64.00	64.00	260
平顶山	Pingdingshan	260.03	260.03	260.03	143	娄底	Loudi	60.00	62.20	62.20	261
安阳	Anyang	153.00	153.00	153.00	199	**广东**	**Guangdong**	**18130.10**	**17086.28**	**16834.70**	
鹤壁	Hebi	130.42	130.42	130.42	210	广州	Guangzhou	3843.43	2099.20	2099.20	4
新乡	Xinxiang	103.00	140.00	140.00	205	韶关	Shaoguan	1392.50	1395.28	1437.39	17
焦作	Jiaozuo	94.90	140.00	140.00	205	深圳	Shenzhen	1991.64	1997.27	1997.47	5
濮阳	Puyang	50.00	153.56	153.56	198	珠海	Zhuhai	745.38	790.19	790.19	40
许昌	Xuchang	97.00	97.00	190.00	174	汕头	Shantou	607.88	607.88	277.22	137
漯河	Luohe	106.82	106.82	106.82	224	佛山	Foshan	663.10	763.16	734.72	44
三门峡	Sanmenxia	30.00	73.00	73.00	251	江门	Jiangmen	580.06	566.00	566.00	67
南阳	Nanyang	231.81	640.77	640.77	50	湛江	Zhanjiang	92.19	115.50	115.50	218
商丘	Shangqiu	103.00	103.00	103.00	226	茂名	Maoming	116.05	156.69	154.71	197
信阳	Xinyang	259.51	259.51	259.51	144	肇庆	Zhaoqing	392.78	532.45	532.45	75
周口	Zhoukou	100.00	100.00	100.00	227	惠州	Huizhou	999.19	1181.65	1181.65	27
驻马店	Zhumadian	185.00	185.00	185.00	179	梅州	Meizhou	168.00	376.00	376.00	106
湖北	**Hubei**	**9057.18**	**8334.17**	**8084.10**		汕尾	Shanwei	94.21	283.16	283.16	134
武汉	Wuhan	2718.00	1452.00	1452.00	16	河源	Heyuan	28.54	362.00	39.28	279
黄石	Huangshi	237.00	233.80	233.80	156	阳江	Yangjiang	285.00	409.93	384.63	104
十堰	Shiyan	319.00	587.32	410.50	98	清远	Qingyuan	271.30	325.14	311.03	128
宜昌	Yichang	541.00	541.00	541.00	72	东莞	Dongguan	2465.00	2465.00	2465.00	2
襄阳	Xiangyang	337.80	374.30	374.30	107	中山	Zhongshan	167.30	257.78	255.45	145
鄂州	Ezhou	240.67	247.00	247.00	151	潮州	Chaozhou	41.68	241.02	241.02	153
荆门	Jingmen	194.00	248.70	248.70	150	揭阳	Jieyang	181.00	210.27	210.27	162
孝感	Xiaogan	87.10	110.32	115.25	219	云浮	Yunfu	84.00	133.00	134.88	208
荆州	Jingzhou	66.40	86.17	88.70	237	**广西**	**Guangxi**	**5656.72**	**5752.04**	**5789.43**	
黄冈	Huanggang	31.13	52.22	52.22	272	南宁	Nanning	841.08	865.08	865.08	35
咸宁	Xianning	100.00	165.00	165.00	190	柳州	Liuzhou	437.11	464.39	501.78	79
随州	Suizhou	216.00	266.00	266.00	141	桂林	Guilin	565.00	612.63	612.63	56
湖南	**Hunan**	**4121.85**	**4373.14**	**4591.99**		梧州	Wuzhou	307.00	485.01	485.01	83
长沙	Changsha	954.55	1199.84	1199.84	25	北海	Beihai	957.00	957.00	957.00	31
株洲	Zhuzhou	470.33	862.69	862.69	36	防城港	Fangchenggang	233.13	238.33	238.33	154
湘潭	Xiangtan	418.00	169.02	169.02	188	钦州	Qinzhou	96.27	354.38	354.38	113
衡阳	Hengyang	120.00	124.93	189.00	175	贵港	Guigang	301.50	301.50	301.50	131
邵阳	Shaoyang	67.00	82.00	83.00	242	玉林	Yulin	219.04	302.04	302.04	130
岳阳	Yueyang	155.00	159.00	161.00	192	百色	Baise	362.60	362.60	362.60	110

8-1 城市城区面积（辖区） 续表 3
Urban Area (Municipal Districts) continued 3

单位：平方公里 (sq. km)

地名	City	2010	2016	2017	2017 排名 Ranking	地名	City	2010	2016	2017	2017 排名 Ranking
贺州	Hezhou	60.65	78.00	78.00	246	丽江	Lijiang	22.00	26.00	26.00	284
河池	Hechi	80.00	80.00	124.00	213	普洱	Puer	48.00	50.00	50.00	274
来宾	Laibin	76.52	92.00	92.00	235	临沧	Lincang	20.00	35.18	35.18	281
崇左	Chongzuo	34.02	50.00	50.00	274	**西藏**	**Tibet**	**782.00**	**449.83**	**603.22**	
海南	**Hainan**	**833.03**	**1428.18**	**1444.67**		拉萨	Lasa	295.00	362.47	496.52	82
海口	Haikou	215.00	562.40	562.40	68	**陕西**	**Shaanxi**	**1430.60**	**2334.76**	**2620.92**	
三亚	Sanya	60.00	188.00	188.00	176	西安	Xi'an	331.67	542.00	808.66	38
三沙	Sansha		2.45	2.45	286	铜川	Tongchuan	55.00	55.00	55.00	269
重庆	**Chongqing**	**5695.83**	**7438.45**	**7440.00**		宝鸡	Baoji	104.53	156.30	156.30	196
四川	**Sichuan**	**5772.84**	**7872.65**	**8359.03**		咸阳	Xianyang	74.75	528.20	507.50	78
成都	Chengdu	778.73	1194.43	1277.19	21	渭南	Weinan	171.00	267.00	267.00	139
自贡	Zigong	566.50	778.32	778.32	41	延安	Yan'an	43.25	62.06	62.06	262
攀枝花	Panzhihua	329.18	373.13	342.56	119	汉中	Hanzhong	86.00	100.42	110.62	221
泸州	Luzhou	410.38	411.38	411.38	97	榆林	Yulin	119.00	179.00	179.00	183
德阳	Deyang	57.20	179.70	193.59	172	安康	Ankang	30.00	160.00	160.00	194
绵阳	Mianyang	362.10	479.70	480.50	84	商洛	Shangluo	230.00	40.00	40.00	277
广元	Guangyuan	216.70	216.70	216.70	160	**甘肃**	**Gansu**	**1426.32**	**1580.08**	**1590.66**	
遂宁	Suining	284.10	316.00	316.00	126	兰州	Lanzhou	205.74	340.58	345.45	116
内江	Neijiang	204.09	278.93	278.93	136	嘉峪关	Jiayuguan	120.00	120.00	120.00	214
乐山	Leshan	92.83	368.42	368.42	108	金昌	Jinchang	42.00	52.30	52.30	271
南充	Nanchong	420.00	420.00	420.00	94	白银	Baiyin	99.24	99.50	99.50	230
眉山	Meishan	56.50	253.56	253.56	147	天水	Tianshui	58.61	60.00	60.00	264
宜宾	Yibin	60.00	139.75	146.35	201	武威	Wuwei	28.50	32.45	33.56	282
广安	Guangan	111.31	141.81	136.20	207	张掖	Zhangye	33.69	200.00	200.00	166
达州	Dazhou	89.00	159.00	160.00	194	平凉	Pingliang	255.00	255.00	255.00	146
雅安	Yaan	164.50	196.89	196.89	171	酒泉	Jiuquan	232.00	235.00	235.00	155
巴中	Bazhong	160.29	160.29	160.29	193	庆阳	Qingyang	25.44	25.44	25.44	285
资阳	Ziyang	176.20	186.87	186.87	178	定西	Dingxi	200.00	35.89	35.90	280
贵州	**Guizhou**	**1658.36**	**3104.81**	**3184.43**		陇南	Longnan	40.00	40.00	40.00	277
贵阳	Guiyang	414.77	1230.00	1230.00	23	**青海**	**Qinghai**	**512.28**	**688.15**	**688.15**	
六盘水	Liupanshui	129.00	235.37	276.64	138	西宁	Xining	380.00	380.00	380.00	105
遵义	Zunyi	220.00	531.51	531.51	76	海东	Haidong		147.00	147.00	200
安顺	Anshun	109.48	145.88	145.88	202	**宁夏**	**Ningxia**	**2049.72**	**2119.18**	**2159.18**	
毕节	Bijie	43.87	166.09	170.08	187	银川	Yinchuan	1773.50	1773.50	1773.50	8
铜仁	Tongren	23.50	53.30	57.66	267	石嘴山	Shizuishan	118.20	118.20	118.20	215
云南	**Yunnan**	**1929.97**	**3127.68**	**3157.40**		吴忠	Wuzhong	29.91	60.00	60.00	264
昆明	Kunming	472.57	1782.60	1782.60	7	固原	Guyuan	34.62	52.33	52.33	270
曲靖	Qujing	56.00	89.17	103.52	225	中卫	Zhongwei	52.00	64.70	64.70	259
玉溪	Yuxi	46.70	99.70	99.70	229	**新疆**	**Xinjiang**	**1267.62**	**3034.88**	**3093.66**	
保山	Baoshan	33.10	68.00	68.00	254	乌鲁木齐	Urumqi	342.67	1528.80	1528.80	12
昭通	Zhaotong	61.00	61.00	61.00	263	克拉玛依	Karamay	57.16	77.92	75.94	248

8-2 城市建成区面积（辖区）
Area of Built District (Municipal Districts)

单位：平方公里 (sq. km)

地名	City	2010	2016	2017	2017 排名 Ranking
全国	**National Total**	**40058.01**	**54331.47**	**56225.38**	
北京	**Beijing**		**1419.66**	**1445.54**	
天津	**Tianjin**	**686.71**	**1007.91**	**1087.57**	
河北	**Hebei**	**1619.67**	**2056.45**	**2120.20**	
石家庄	Shijiazhuang	202.90	283.72	285.62	31
唐山	Tangshan	234.00	249.00	249.00	39
秦皇岛	Qinhuangdao	89.48	131.45	134.97	88
邯郸	Handan	110.55	172.27	175.62	58
邢台	Xingtai	70.00	93.54	103.05	119
保定	Baoding	132.33	187.44	190.03	52
张家口	Zhangjiakou	84.00	99.80	99.80	123
承德	Chengde	99.75	117.36	123.56	96
沧州	Cangzhou	46.48	73.16	83.00	147
廊坊	Langfang	59.45	67.76	68.72	186
衡水	Hengshui	43.56	75.59	75.59	171
山西	**Shanxi**	**864.73**	**1157.63**	**1178.32**	
太原	Taiyuan	245.00	340.00	340.00	24
大同	Datong	108.00	125.20	125.20	95
阳泉	Yangquan	51.58	55.97	62.20	209
长治	Changzhi	59.30	59.30	59.30	214
晋城	Jincheng	35.40	57.00	47.80	242
朔州	Shuozhou	36.60	49.70	49.70	238
晋中	Jinzhong	39.14	76.75	82.49	149
运城	Yuncheng	30.00	66.00	66.00	196
忻州	Xinzhou	30.10	36.00	36.56	266
临汾	Linfen	37.40	54.69	54.00	227
吕梁	Lvliang	18.00	25.80	33.32	272
内蒙古	**Inner Mongolia**	**1038.32**	**1241.59**	**1269.16**	
呼和浩特	Hohhot	166.20	260.00	260.00	37
包头	Baotou	183.49	201.35	210.02	49
乌海	Wuhai	62.92	62.30	62.30	207
赤峰	Chifeng	81.00	106.07	106.07	111
通辽	Tongliao	65.80	61.20	61.20	212
鄂尔多斯	Erdos	112.58	116.42	116.42	104
呼伦贝尔	Hulunbuir	40.00	59.46	59.46	213
巴彦淖尔	Bayannur	38.00	51.00	51.00	235
乌兰察布	Ulanqab	40.75	60.00	70.00	182
辽宁	**Liaoning**	**2220.53**	**2798.20**	**2643.80**	
沈阳	Shenyang	412.00	588.26	553.00	10
大连	Dalian	390.00	433.30	404.50	19
鞍山	Anshan	158.00	172.05	172.62	61
抚顺	Fushun	130.38	139.34	141.34	80
本溪	Benxi	106.50	109.00	109.00	108
丹东	Dandong	53.40	77.14	84.89	144
锦州	Jinzhou	71.45	88.30	77.10	168
营口	Yingkou	99.24	188.80	180.07	55
阜新	Fuxin	76.50	76.50	76.50	169
辽阳	Liaoyang	97.85	105.27	105.94	112
盘锦	Panjin	60.83	192.34	94.63	129
铁岭	Tieling	43.96	56.81	65.91	197
朝阳	Chaoyang	40.00	57.08	59.02	215
葫芦岛	Huludao	75.15	87.30	88.40	138
吉林	**Jilin**	**1237.38**	**1425.83**	**1452.15**	
长春	Changchun	393.71	519.04	520.56	11
吉林	Jilin	165.63	189.04	189.04	53
四平	Siping	51.42	58.94	66.48	194
辽源	Liaoyuan	46.30	46.30	46.30	244
通化	Tonghua	48.50	54.81	56.96	220
白山	Baishan	40.00	47.35	47.35	243
松原	Songyuan	42.70	50.80	51.10	234
白城	Baicheng	38.11	43.18	43.38	251
黑龙江	**Heilongjiang**	**1637.98**	**1810.17**	**1819.70**	
哈尔滨	Harbin	359.21	435.28	438.34	16
齐齐哈尔	Qiqihar	134.72	140.81	140.81	84
鸡西	Jixi	79.23	80.61	80.60	155
鹤岗	Hegang	43.48	53.22	53.22	229
双鸭山	Shuangyashan	58.80	58.00	58.00	218
大庆	Daqing	213.32	246.48	247.35	40
伊春	Yichun	161.19	156.95	154.02	69
佳木斯	Jiamusi	93.50	96.98	95.68	127
七台河	Qitaihe	62.37	67.60	67.60	191
牡丹江	Mudanjiang	76.08	82.24	82.24	151
黑河	Heihe	20.00	20.00	20.00	284
绥化	Suihua	30.65	45.00	45.00	245
上海	**Shanghai**	**998.78**	**998.75**	**998.75**	
江苏	**Jiangsu**	**3271.09**	**4299.26**	**4426.51**	

8-2 城市建成区面积（辖区） 续表 1

Area of Built District (Municipal Districts) continued 1

单位：平方公里 (sq. km)

地名	City	2010	2016	2017	2017 排名 Ranking	地名	City	2010	2016	2017	2017 排名 Ranking
南京	Nanjing	618.64	773.79	796.35	5	池州	Chizhou	35.00	36.93	37.60	264
无锡	Wuxi	231.30	332.01	338.42	25	宣城	Xuancheng	43.00	55.00	58.40	216
徐州	Xuzhou	239.00	261.01	265.00	36	**福建**	**Fujian**	**1059.00**	**1469.16**	**1516.88**	
常州	Changzhou	153.05	261.17	265.64	35	福州	Fuzhou	220.22	265.33	290.82	30
苏州	Suzhou	329.29	461.65	473.33	13	厦门	Xiamen	230.00	334.64	348.23	22
南通	Nantong	125.21	215.62	225.84	42	莆田	Putian	54.82	89.88	93.52	131
连云港	Lianyungang	120.00	214.00	223.00	45	三明	Sanming	27.84	38.70	38.70	260
淮安	Huaian	120.00	178.50	185.00	54	泉州	Quanzhou	150.00	214.00	220.00	47
盐城	Yancheng	88.50	147.91	153.34	71	漳州	Zhangzhou	50.59	67.25	69.84	183
扬州	Yangzhou	82.00	148.96	163.93	63	南平	Nanping	25.76	41.24	48.46	241
镇江	Zhenjiang	108.60	139.30	141.30	82	龙岩	Longyan	38.00	61.65	65.40	198
泰州	Taizhou	65.00	114.60	121.80	97	宁德	Ningde	19.23	32.10	34.03	269
宿迁	Suqian	65.00	86.04	89.80	136	**江西**	**Jiangxi**	**933.78**	**1370.95**	**1454.10**	
浙江	**Zhejiang**	**2128.96**	**2673.33**	**2829.27**		南昌	Nanchang	201.50	317.30	327.35	28
杭州	Hangzhou	412.59	541.38	591.08	9	景德镇	Jingdezhen	72.84	86.00	86.00	141
宁波	Ningbo	271.59	330.75	345.49	23	萍乡	Pingxiang	42.10	50.87	51.22	233
温州	Wenzhou	174.60	241.40	254.70	38	九江	Jiujiang	89.47	106.75	127.09	94
嘉兴	Jiaxing	93.61	118.90	145.18	79	新余	Xinyu	53.00	78.44	79.00	160
湖州	Huzhou	77.92	106.00	117.20	103	鹰潭	Yingtan	23.68	39.00	39.40	258
绍兴	Shaoxing	100.06	203.90	223.94	44	赣州	Ganzhou	76.30	166.10	174.96	60
金华	Jinhua	71.98	97.91	104.30	118	吉安	Jian	35.03	56.43	57.58	219
衢州	Quzhou	58.21	71.30	73.07	175	宜春	Yichun	50.00	70.00	72.00	179
舟山	Zhoushan	52.39	63.12	64.07	203	抚州	Fuzhou	50.30	60.10	91.18	134
台州	Taizhou	116.19	139.80	141.25	83	上饶	Shangrao	38.28	77.76	79.46	158
丽水	Lishui	31.89	35.40	38.00	263	**山东**	**Shandong**	**3566.15**	**4795.47**	**4971.47**	
安徽	**Anhui**	**1491.32**	**2001.68**	**2039.30**		济南	Jinan	347.00	447.69	463.64	14
合肥	Hefei	325.91	460.00	461.00	15	青岛	Qingdao	282.33	599.32	638.44	7
芜湖	Wuhu	135.00	172.00	175.00	59	淄博	Zibo	224.50	270.63	275.51	33
蚌埠	Bengbu	104.80	145.00	147.00	76	枣庄	Zaozhuang	119.16	151.20	153.01	72
淮南	Huainan	97.45	110.09	104.49	116	东营	Dongying	108.08	151.15	152.80	73
马鞍山	Maanshan	78.50	95.20	98.00	126	烟台	Yantai	265.47	330.12	331.60	26
淮北	Huaibei	62.97	85.20	87.52	139	潍坊	Weifang	140.00	179.34	179.34	56
铜陵	Tongling	47.85	81.32	81.32	152	济宁	Jining	88.90	198.75	221.77	46
安庆	Anqing	77.32	89.86	92.10	133	泰安	Taian	106.80	154.60	156.85	65
黄山	Huangshan	43.92	67.43	69.63	184	威海	Weihai	132.00	192.77	194.16	50
滁州	Chuzhou	60.10	85.34	86.94	140	日照	Rizhao	89.80	103.70	107.10	110
阜阳	Fuyang	76.43	123.78	130.00	91	莱芜	Laiwu	58.00	120.00	120.00	101
宿州	Suzhou	53.23	79.00	82.31	150	临沂	Linyi	165.70	219.70	230.60	41
六安	Liuan	60.80	76.20	77.80	165	德州	Dezhou	60.00	154.13	156.23	66
亳州	Bozhou	36.00	62.24	69.00	185	聊城	Liaocheng	69.00	101.26	104.68	115

8-2 城市建成区面积（辖区） 续表 2

Area of Built District (Municipal Districts) continued 2

单位：平方公里 (sq. km)

地名	City	2010	2016	2017	2017 排名 Ranking	地名	City	2010	2016	2017	2017 排名 Ranking
滨州	Binzhou	85.50	138.82	140.12	86	常德	Changde	76.22	93.01	99.55	124
菏泽	Heze	76.60	124.65	146.70	77	张家界	Zhangjiajie	28.21	32.99	33.25	273
河南	**Henan**	**2014.40**	**2544.27**	**2685.29**		益阳	Yiyang	54.00	76.10	79.00	160
郑州	Zhengzhou	342.66	422.35	500.77	12	郴州	Chenzhou	62.00	77.50	78.20	164
开封	Kaifeng	95.05	129.93	129.98	92	永州	Yongzhou	56.43	64.30	66.02	195
洛阳	Luoyang	180.54	216.37	216.37	48	怀化	Huaihua	52.00	64.00	64.00	204
平顶山	Pingdingshan	71.00	73.40	73.40	174	娄底	Loudi	42.00	49.80	49.80	237
安阳	Anyang	76.00	82.00	83.00	147	**广东**	**Guangdong**	**4618.07**	**5808.12**	**5911.05**	
鹤壁	Hebi	50.90	64.12	64.12	202	广州	Guangzhou	952.03	1249.11	1263.34	1
新乡	Xinxiang	97.05	118.29	120.36	99	韶关	Shaoguan	81.83	102.41	105.08	113
焦作	Jiaozuo	94.90	113.30	113.30	105	深圳	Shenzhen	830.01	923.25	925.20	3
濮阳	Puyang	37.15	59.00	62.00	210	珠海	Zhuhai	123.64	141.31	141.31	81
许昌	Xuchang	80.00	95.00	103.00	120	汕头	Shantou	175.00	257.66	277.22	32
漯河	Luohe	60.00	67.00	67.67	190	佛山	Foshan	151.53	158.91	158.91	64
三门峡	Sanmenxia	30.00	56.00	56.00	221	江门	Jiangmen	128.66	152.00	154.50	68
南阳	Nanyang	98.52	150.14	155.47	67	湛江	Zhanjiang	81.23	110.69	110.89	107
商丘	Shangqiu	60.00	63.00	63.00	206	茂名	Maoming	69.70	128.32	119.26	102
信阳	Xinyang	68.00	94.00	98.12	125	肇庆	Zhaoqing	79.95	119.84	120.86	98
周口	Zhoukou	51.00	70.20	72.05	178	惠州	Huizhou	214.96	262.67	269.95	34
驻马店	Zhumadian	52.90	80.40	85.37	143	梅州	Meizhou	45.00	58.32	61.82	211
湖北	**Hubei**	**1701.03**	**2248.94**	**2340.79**		汕尾	Shanwei	14.37	21.60	31.03	276
武汉	Wuhan	484.01	585.61	628.11	8	河源	Heyuan	28.54	38.04	39.28	259
黄石	Huangshi	66.00	79.09	80.63	154	阳江	Yangjiang	48.37	64.12	64.83	199
十堰	Shiyan	62.14	107.11	111.08	106	清远	Qingyuan	56.85	85.75	74.51	172
宜昌	Yichang	92.23	167.31	169.84	62	东莞	Dongguan	820.26	958.86	988.89	2
襄阳	Xiangyang	90.57	170.33	191.46	51	中山	Zhongshan	87.30	139.21	150.19	74
鄂州	Ezhou	52.30	64.40	64.55	201	潮州	Chaozhou	41.68	77.85	83.12	146
荆门	Jingmen	50.50	63.48	63.48	205	揭阳	Jieyang	57.74	131.00	137.00	87
孝感	Xiaogan	32.70	53.47	54.50	226	云浮	Yunfu	18.81	28.41	29.85	277
荆州	Jingzhou	66.40	86.17	88.70	137	**广西**	**Guangxi**	**940.47**	**1333.80**	**1413.65**	
黄冈	Huanggang	30.03	52.22	52.22	230	南宁	Nanning	215.23	310.47	315.22	29
咸宁	Xianning	62.60	65.80	68.10	187	柳州	Liuzhou	135.06	188.49	225.09	43
随州	Suizhou	43.00	53.00	55.91	224	桂林	Guilin	63.00	101.66	104.40	117
湖南	**Hunan**	**1321.05**	**1625.64**	**1709.35**		梧州	Wuzhou	36.10	57.19	58.26	217
长沙	Changsha	272.39	322.73	358.50	21	北海	Beihai	57.80	75.80	77.26	167
株洲	Zhuzhou	96.77	142.19	145.82	78	防城港	Fangchenggang	30.63	40.54	41.38	256
湘潭	Xiangtan	73.38	80.04	80.04	157	钦州	Qinzhou	69.79	90.50	90.50	135
衡阳	Hengyang	96.00	115.95	129.90	93	贵港	Guigang	55.72	73.23	79.21	159
邵阳	Shaoyang	48.50	72.00	73.00	176	玉林	Yulin	56.66	69.60	74.24	173
岳阳	Yueyang	82.50	100.00	105.00	114	百色	Baise	33.00	49.08	51.23	232

8-2 城市建成区面积（辖区） 续表 3
Area of Built District (Municipal Districts) continued 3

单位：平方公里 (sq. km)

地名	City	2010	2016	2017	2017 排名 Ranking
贺州	Hezhou	28.85	31.43	38.04	262
河池	Hechi	18.80	23.85	41.92	255
来宾	Laibin	29.00	43.10	49.33	239
崇左	Chongzuo	22.00	30.00	32.00	274
海南	**Hainan**	**221.32**	**320.98**	**323.82**	
海口	Haikou	91.67	140.59	140.59	85
三亚	Sanya	28.20	55.79	51.63	231
三沙	Sansha		0.32	0.31	286
重庆	**Chongqing**	**870.23**	**1350.66**	**1423.09**	
四川	**Sichuan**	**1629.73**	**2615.59**	**2832.25**	
成都	Chengdu	455.56	837.27	885.61	4
自贡	Zigong	80.40	116.18	120.18	100
攀枝花	Panzhihua	54.60	76.00	78.51	162
泸州	Luzhou	82.66	135.60	153.88	70
德阳	Deyang	53.51	75.10	85.71	142
绵阳	Mianyang	102.85	139.10	149.52	75
广元	Guangyuan	38.13	59.54	62.24	208
遂宁	Suining	50.08	79.00	80.53	156
内江	Neijiang	40.45	76.20	81.00	153
乐山	Leshan	53.84	75.75	77.35	166
南充	Nanchong	78.00	120.30	133.00	90
眉山	Meishan	44.50	63.74	64.79	200
宜宾	Yibin	56.60	94.17	102.31	122
广安	Guangan	30.00	52.60	67.76	189
达州	Dazhou	45.00	76.71	107.78	109
雅安	Yaan	21.00	33.80	36.61	265
巴中	Bazhong	17.50	53.00	56.00	221
资阳	Ziyang	36.00	49.20	50.00	236
贵州	**Guizhou**	**463.96**	**844.56**	**986.35**	
贵阳	Guiyang	162.00	299.00	359.00	20
六盘水	Liupanshui	38.50	72.50	72.50	177
遵义	Zunyi	62.00	100.78	133.87	89
安顺	Anshun	32.00	67.66	68.00	188
毕节	Bijie	20.00	43.00	45.00	245
铜仁	Tongren	23.00	37.55	42.89	253
云南	**Yunnan**	**751.34**	**1131.34**	**1142.13**	
昆明	Kunming	295.03	435.81	438.23	17
曲靖	Qujing	56.00	88.97	95.15	128
玉溪	Yuxi	23.23	38.42	38.42	261
保山	Baoshan	21.00	34.58	36.48	267
昭通	Zhaotong	26.48	41.95	43.05	252

地名	City	2010	2016	2017	2017 排名 Ranking
丽江	Lijiang	21.79	24.00	24.00	282
普洱	Puer	24.00	26.50	26.50	278
临沧	Lincang	13.30	22.04	22.50	283
西藏	**Tibet**	**84.88**	**145.18**	**147.56**	
拉萨	Lasa	62.88	82.82	83.40	145
陕西	**Shaanxi**	**758.48**	**1127.35**	**1287.05**	
西安	Xi'an	326.53	517.74	661.08	6
铜川	Tongchuan	38.44	48.85	48.85	240
宝鸡	Baoji	92.06	90.08	93.18	132
咸阳	Xianyang	65.00	90.65	71.95	180
渭南	Weinan	40.00	65.86	66.49	193
延安	Yan'an	25.95	41.00	41.00	257
汉中	Hanzhong	33.20	42.50	44.29	248
榆林	Yulin	40.00	78.38	78.38	163
安康	Ankang	30.00	45.00	45.00	245
商洛	Shangluo	13.10	26.00	26.00	279
甘肃	**Gansu**	**632.80**	**870.42**	**868.71**	
兰州	Lanzhou	196.26	321.75	330.57	27
嘉峪关	Jiayuguan	49.50	70.40	70.40	181
金昌	Jinchang	36.69	43.05	43.70	249
白银	Baiyin	55.17	63.00	67.25	192
天水	Tianshui	42.24	56.00	56.00	221
武威	Wuwei	28.50	32.45	33.56	271
张掖	Zhangye	33.69	64.20	43.50	250
平凉	Pingliang	36.00	42.00	42.00	254
酒泉	Jiuquan	38.00	53.30	53.40	228
庆阳	Qingyang	21.30	24.58	25.44	280
定西	Dingxi	23.40	25.20	25.20	281
陇南	Longnan	10.40	13.80	13.80	285
青海	**Qinghai**	**113.88**	**197.41**	**199.87**	
西宁	Xining	66.77	92.00	94.00	130
海东	Haidong		33.78	33.78	270
宁夏	**Ningxia**	**343.79**	**441.80**	**458.12**	
银川	Yinchuan	120.57	170.70	178.75	57
石嘴山	Shizuishan	99.64	102.80	102.80	121
吴忠	Wuzhong	28.21	53.50	55.13	225
固原	Guyuan	34.62	34.99	34.99	268
中卫	Zhongwei	32.04	32.00	32.00	274
新疆	**Xinjiang**	**838.21**	**1199.37**	**1243.58**	
乌鲁木齐	Urumqi	342.67	436.00	438.06	18
克拉玛依	Karamay	57.16	75.05	75.77	170

8-3 城市建设用地面积（辖区）
Area of Urban Construction Land (Municipal Districts)

单位：平方公里 (sq. km)

地名	City	2010	2016	2017	2017 排名 Ranking
全国	**National Total**	**39758.42**	**52761.30**	**55155.47**	
北京	**Beijing**		**1463.79**	**1465.30**	
天津	**Tianjin**	**686.71**	**961.65**	**995.02**	
河北	**Hebei**	**1571.72**	**1944.93**	**2014.17**	
石家庄	Shijiazhuang	206.19	265.55	265.81	34
唐山	Tangshan	229.79	223.00	237.44	42
秦皇岛	Qinhuangdao	95.44	131.43	132.19	93
邯郸	Handan	117.50	171.40	174.31	58
邢台	Xingtai	70.00	93.54	103.05	115
保定	Baoding	132.33	180.18	183.34	54
张家口	Zhangjiakou	87.39	100.44	99.79	118
承德	Chengde	54.86	66.77	71.68	164
沧州	Cangzhou	42.17	73.16	83.00	141
廊坊	Langfang	59.45	67.76	68.72	177
衡水	Hengshui	39.04	75.37	71.40	167
山西	**Shanxi**	**847.15**	**1129.04**	**1140.08**	
太原	Taiyuan	218.93	360.00	339.00	23
大同	Datong	107.99	125.20	134.86	89
阳泉	Yangquan	40.41	44.80	51.04	224
长治	Changzhi	53.88	58.88	58.88	203
晋城	Jincheng	50.40	56.77	47.80	232
朔州	Shuozhou	31.56	46.87	46.87	236
晋中	Jinzhong	51.19	72.78	78.52	150
运城	Yuncheng	42.96	41.75	41.75	247
忻州	Xinzhou	28.92	35.50	36.18	262
临汾	Linfen	36.55	53.59	53.59	215
吕梁	Lvliang	18.28	24.47	32.33	270
内蒙古	**Inner Mongolia**	**1123.44**	**1146.87**	**1202.73**	
呼和浩特	Hohhot	166.14	232.95	239.37	41
包头	Baotou	184.05	195.79	195.79	49
乌海	Wuhai	56.73	41.60	40.78	250
赤峰	Chifeng	87.05	53.84	104.39	111
通辽	Tongliao	65.80	61.20	62.50	195
鄂尔多斯	Erdos	142.58	116.42	116.42	100
呼伦贝尔	Hulunbuir	75.32	59.46	59.46	201
巴彦淖尔	Bayannur	37.00	61.09	50.59	226
乌兰察布	Ulanqab	38.41	52.18	53.26	217
辽宁	**Liaoning**	**2171.23**	**2718.20**	**2748.49**	
沈阳	Shenyang	412.00	583.59	620.00	8
大连	Dalian	405.70	421.10	420.85	19
鞍山	Anshan	158.19	172.05	172.62	60
抚顺	Fushun	130.38	139.34	141.34	83
本溪	Benxi	69.90	92.40	92.40	126
丹东	Dandong	53.40	77.14	96.37	122
锦州	Jinzhou	71.45	88.27	106.60	107
营口	Yingkou	99.24	166.70	172.67	59
阜新	Fuxin	71.20	76.50	76.50	155
辽阳	Liaoyang	97.85	105.27	105.94	108
盘锦	Panjin	60.83	184.55	97.61	121
铁岭	Tieling	43.96	49.81	65.91	183
朝阳	Chaoyang	31.00	56.55	59.02	202
葫芦岛	Huludao	75.15	86.62	119.68	99
吉林	**Jilin**	**1171.77**	**1379.46**	**1407.49**	
长春	Changchun	388.16	508.48	510.42	11
吉林	Jilin	150.22	189.04	189.04	51
四平	Siping	49.35	60.67	65.20	186
辽源	Liaoyuan	46.34	46.30	46.30	237
通化	Tonghua	44.56	54.25	56.31	209
白山	Baishan	33.99	41.52	42.36	246
松原	Songyuan	42.70	50.69	50.86	225
白城	Baicheng	33.89	42.92	43.04	245
黑龙江	**Heilongjiang**	**1737.50**	**1821.81**	**1813.17**	
哈尔滨	Harbin	359.21	423.42	426.42	18
齐齐哈尔	Qiqihar	139.63	140.81	140.81	85
鸡西	Jixi	79.23	78.85	79.21	149
鹤岗	Hegang	70.77	53.21	53.21	218
双鸭山	Shuangyashan	54.90	58.00	58.00	205
大庆	Daqing	285.81	321.14	322.01	25
伊春	Yichun	156.76	156.25	152.22	72
佳木斯	Jiamusi	93.50	83.40	80.30	146
七台河	Qitaihe	62.37	67.60	67.60	178
牡丹江	Mudanjiang	75.05	82.24	67.11	179
黑河	Heihe	27.88	20.00	20.00	280
绥化	Suihua	30.65	37.10	37.10	260
上海	**Shanghai**		**1913.30**	**1910.74**	
江苏	**Jiangsu**	**3424.75**	**4367.41**	**4431.72**	

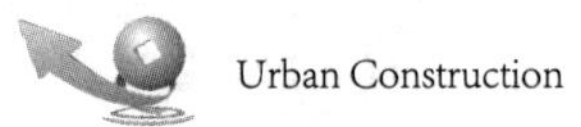

8-3 城市建设用地面积（辖区） 续表 1

Area of Urban Construction Land (Municipal Districts) continued 1

单位：平方公里 (sq. km)

地名	City	2010	2016	2017	2017 排名 Ranking	地名	City	2010	2016	2017	2017 排名 Ranking
南京	Nanjing	647.28	769.95	777.23	5	池州	Chizhou	36.79	37.18	38.55	257
无锡	Wuxi	214.76	286.59	294.19	29	宣城	Xuancheng	42.40	53.53	57.81	206
徐州	Xuzhou	184.60	244.13	255.02	37	**福建**	**Fujian**	**1019.07**	**1365.57**	**1472.75**	
常州	Changzhou	153.05	261.01	265.41	35	福州	Fuzhou	235.11	243.33	272.72	32
苏州	Suzhou	329.09	458.06	470.97	13	厦门	Xiamen	230.00	351.32	348.23	21
南通	Nantong	179.38	245.79	223.57	44	莆田	Putian	58.73	87.21	88.12	135
连云港	Lianyungang	162.62	240.62	249.50	39	三明	Sanming	27.84	33.80	33.93	265
淮安	Huaian	203.99	244.71	254.69	38	泉州	Quanzhou	89.70	156.20	219.74	46
盐城	Yancheng	87.30	147.90	151.85	73	漳州	Zhangzhou	50.57	66.95	69.54	175
扬州	Yangzhou	90.00	147.98	163.66	64	南平	Nanping	25.76	37.98	48.46	231
镇江	Zhenjiang	108.60	139.30	140.94	84	龙岩	Longyan	36.85	58.75	61.49	198
泰州	Taizhou	88.20	162.62	163.34	65	宁德	Ningde	23.73	30.02	32.70	269
宿迁	Suqian	69.30	85.83	89.63	133	**江西**	**Jiangxi**	**966.32**	**1279.29**	**1402.64**	
浙江	**Zhejiang**	**2245.93**	**2573.37**	**2682.49**		南昌	Nanchang	201.50	275.07	313.55	27
杭州	Hangzhou	374.62	506.44	538.26	9	景德镇	Jingdezhen	67.84	76.33	80.44	145
宁波	Ningbo	307.33	341.23	352.24	20	萍乡	Pingxiang	42.10	50.55	51.07	223
温州	Wenzhou	148.63	180.27	187.23	53	九江	Jiujiang	92.04	104.56	121.53	97
嘉兴	Jiaxing	101.44	118.90	144.45	80	新余	Xinyu	53.00	71.00	71.56	165
湖州	Huzhou	142.25	105.00	47.40	233	鹰潭	Yingtan	29.00	34.04	34.81	263
绍兴	Shaoxing	95.87	214.04	220.13	45	赣州	Ganzhou	76.30	158.56	172.52	61
金华	Jinhua	71.65	97.91	104.30	113	吉安	Jian	35.03	52.12	57.46	207
衢州	Quzhou	57.15	71.95	73.70	160	宜春	Yichun	50.00	70.00	72.00	163
舟山	Zhoushan	51.61	58.84	58.50	204	抚州	Fuzhou	57.22	60.10	91.18	129
台州	Taizhou	139.63	129.89	132.36	92	上饶	Shangrao	49.02	74.25	74.80	158
丽水	Lishui	31.62	38.63	39.54	255	**山东**	**Shandong**	**3526.37**	**4539.96**	**4660.19**	
安徽	**Anhui**	**1539.96**	**1959.72**	**2001.94**		济南	Jinan	346.90	446.20	463.64	14
合肥	Hefei	325.91	436.00	446.00	15	青岛	Qingdao	280.71	493.42	520.40	10
芜湖	Wuhu	135.00	167.01	169.61	63	淄博	Zibo	220.76	268.59	274.86	31
蚌埠	Bengbu	104.50	142.55	143.36	81	枣庄	Zaozhuang	117.99	138.94	141.59	82
淮南	Huainan	96.72	110.07	104.16	114	东营	Dongying	119.81	143.30	150.76	75
马鞍山	Maanshan	92.07	90.50	90.10	130	烟台	Yantai	262.70	282.56	288.32	30
淮北	Huaibei	77.12	91.49	93.91	125	潍坊	Weifang	142.46	176.69	176.67	56
铜陵	Tongling	47.85	80.40	80.87	144	济宁	Jining	88.28	189.72	187.92	52
安庆	Anqing	77.32	99.53	101.91	117	泰安	Taian	106.80	154.60	156.85	68
黄山	Huangshan	41.81	49.70	55.74	211	威海	Weihai	132.00	188.61	191.82	50
滁州	Chuzhou	68.00	85.34	86.94	136	日照	Rizhao	89.80	103.70	107.10	106
阜阳	Fuyang	75.76	118.83	127.07	95	莱芜	Laiwu	58.00	105.83	72.92	162
宿州	Suzhou	63.58	77.61	80.22	147	临沂	Linyi	158.99	209.36	211.50	48
六安	Liuan	60.80	76.20	77.80	152	德州	Dezhou	59.95	152.35	154.37	71
亳州	Bozhou	40.48	68.73	69.00	176	聊城	Liaocheng	60.17	95.56	98.98	120

8-3 城市建设用地面积（辖区） 续表 2

Area of Urban Construction Land (Municipal Districts) continued 2

单位：平方公里 (sq. km)

地名	City	2010	2016	2017	2017 排名 Ranking
滨州	Binzhou	75.56	136.38	137.19	88
菏泽	Heze	76.50	122.36	146.82	79
河南	**Henan**	**1947.18**	**2424.64**	**2530.78**	
郑州	Zhengzhou	315.71	410.34	486.45	12
开封	Kaifeng	95.04	125.12	125.12	96
洛阳	Luoyang	180.38	215.22	215.22	47
平顶山	Pingdingshan	71.00	73.40	73.40	161
安阳	Anyang	75.99	81.80	82.88	142
鹤壁	Hebi	49.77	64.07	64.07	190
新乡	Xinxiang	97.05	110.86	112.93	103
焦作	Jiaozuo	94.69	113.29	113.26	102
濮阳	Puyang	37.14	58.55	61.55	197
许昌	Xuchang	78.60	80.00	84.01	140
漯河	Luohe	57.46	64.49	65.13	187
三门峡	Sanmenxia	29.33	55.90	44.97	241
南阳	Nanyang	91.13	148.25	155.44	69
商丘	Shangqiu	60.00	63.00	63.00	194
信阳	Xinyang	61.40	79.84	85.38	138
周口	Zhoukou	43.56	51.96	56.14	210
驻马店	Zhumadian	52.00	70.97	71.00	172
湖北	**Hubei**	**1968.81**	**2111.75**	**2499.44**	
武汉	Wuhan	732.21	481.22	840.19	3
黄石	Huangshi	65.70	76.25	78.12	151
十堰	Shiyan	62.14	107.11	111.08	104
宜昌	Yichang	125.61	167.31	169.84	62
襄阳	Xiangyang	90.58	170.30	175.21	57
鄂州	Ezhou	51.79	64.40	64.55	189
荆门	Jingmen	50.50	63.48	63.48	193
孝感	Xiaogan	26.22	53.46	54.40	213
荆州	Jingzhou	66.40	86.17	88.70	134
黄冈	Huanggang	30.03	52.22	52.22	221
咸宁	Xianning	65.27	50.50	52.80	219
随州	Suizhou	38.76	45.62	51.90	222
湖南	**Hunan**	**1458.58**	**1511.06**	**1635.89**	
长沙	Changsha	272.39	296.06	338.35	24
株洲	Zhuzhou	96.77	118.59	139.97	86
湘潭	Xiangtan	99.09	79.94	80.02	148
衡阳	Hengyang	94.00	110.75	139.09	87
邵阳	Shaoyang	47.72	66.44	71.18	169
岳阳	Yueyang	79.04	92.70	94.10	124
常德	Changde	75.48	91.98	99.55	119
张家界	Zhangjiajie	25.46	31.74	32.33	270
益阳	Yiyang	54.00	70.10	71.34	168
郴州	Chenzhou	143.90	73.10	74.14	159
永州	Yongzhou	55.36	64.40	65.56	185
怀化	Huaihua	50.65	53.51	53.51	216
娄底	Loudi	51.70	49.80	49.80	228
广东	**Guangdong**	**4774.76**	**5266.61**	**5577.44**	
广州	Guangzhou	657.72	667.64	708.52	6
韶关	Shaoguan	81.83	103.41	105.08	109
深圳	Shenzhen	817.47	921.45	932.92	2
珠海	Zhuhai	341.69	249.40	269.68	33
汕头	Shantou	206.46	253.66	243.00	40
佛山	Foshan	166.62	218.85	161.79	66
江门	Jiangmen	150.69	39.45	154.38	70
湛江	Zhanjiang	92.19	72.06	109.82	105
茂名	Maoming	62.85	125.89	160.38	67
肇庆	Zhaoqing	82.00	113.40	114.55	101
惠州	Huizhou	203.96	253.92	261.81	36
梅州	Meizhou	45.00	51.00	52.56	220
汕尾	Shanwei	73.40	18.51	21.74	277
河源	Heyuan	28.52	33.60		
阳江	Yangjiang	48.34	81.02	64.83	188
清远	Qingyuan	56.85	60.97	149.56	76
东莞	Dongguan	954.82	1063.15	1085.77	1
中山	Zhongshan	87.30	116.57	129.91	94
潮州	Chaozhou	41.68	57.85	64.07	190
揭阳	Jieyang		147.69	147.69	78
云浮	Yunfu		26.88	39.89	254
广西	**Guangxi**	**908.64**	**1292.58**	**1372.12**	
南宁	Nanning	215.23	305.59	307.88	28
柳州	Liuzhou	135.06	188.49	225.09	43
桂林	Guilin	63.00	101.16	104.39	111
梧州	Wuzhou	30.74	55.71	56.78	208
北海	Beihai	57.80	75.60	77.26	153
防城港	Fangchenggang	30.04	38.40	40.52	251
钦州	Qinzhou	64.29	89.98	89.98	131
贵港	Guigang	55.72	70.13	76.30	156
玉林	Yulin	56.41	69.22	70.61	173
百色	Baise	31.32	45.97	47.23	235

8-3 城市建设用地面积（辖区） 续表 3
Area of Urban Construction Land (Municipal Districts) continued 3

单位：平方公里 (sq. km)

地名	City	2010	2016	2017	2017 排名 Ranking
贺州	Hezhou	23.20	30.41	38.04	259
河池	Hechi	15.45	23.85	41.75	247
来宾	Laibin	28.93	43.10	49.33	229
崇左	Chongzuo	13.11	19.21	20.03	279
海南	**Hainan**	**260.73**	**302.05**	**256.76**	
海口	Haikou	112.17	140.31	101.92	116
三亚	Sanya	52.64	55.05	47.39	234
三沙	Sansha		0.32	0.32	285
重庆	**Chongqing**	**855.67**	**1179.57**	**1213.18**	
四川	**Sichuan**	**1610.31**	**2468.48**	**2660.07**	
成都	Chengdu	441.82	770.78	810.11	4
自贡	Zigong	80.40	116.18	120.28	98
攀枝花	Panzhihua	67.09	74.85	76.18	157
泸州	Luzhou	81.03	126.73	151.84	74
德阳	Deyang	53.51	75.10	85.16	139
绵阳	Mianyang	102.85	138.94	149.34	77
广元	Guangyuan	33.84	56.32	61.18	200
遂宁	Suining	48.70	76.80	76.84	154
内江	Neijiang	40.45	76.20	81.00	143
乐山	Leshan	51.93	69.39	71.17	170
南充	Nanchong	78.00	120.30	133.00	91
眉山	Meishan	42.04	60.86	62.12	196
宜宾	Yibin	59.18	86.94	94.26	123
广安	Guangan	30.00	50.16	66.08	182
达州	Dazhou	45.00	86.56	91.57	128
雅安	Yaan	17.80	31.58	34.36	264
巴中	Bazhong	15.90	15.62	15.94	283
资阳	Ziyang	36.00	44.78	46.09	238
贵州	**Guizhou**	**477.07**	**776.85**	**945.30**	
贵阳	Guiyang	170.85	296.62	344.96	22
六盘水	Liupanshui	58.07	61.25	61.25	199
遵义	Zunyi	61.59	91.51	133.87	90
安顺	Anshun	26.59	60.30	65.87	184
毕节	Bijie	32.73	40.36	44.99	240
铜仁	Tongren	23.50	35.97	39.28	256
云南	**Yunnan**	**832.86**	**1027.24**	**1087.65**	
昆明	Kunming	414.83	429.97	432.10	17
曲靖	Qujing	54.88	79.50	86.35	137
玉溪	Yuxi	21.17	35.13	38.23	258
保山	Baoshan	12.48	24.76	36.48	261
昭通	Zhaotong	23.07	29.82	33.61	266
丽江	Lijiang	21.39	20.88	20.88	278
普洱	Puer	21.72	24.25	24.42	274
临沧	Lincang	11.41	21.77	21.77	276
西藏	**Tibet**	**82.51**	**186.83**	**124.84**	
拉萨	Lasa	62.88	124.69	66.84	180
陕西	**Shaanxi**	**704.86**	**1096.26**	**1229.90**	
西安	Xi'an	277.31	513.30	625.31	7
铜川	Tongchuan	46.87	44.11	48.85	230
宝鸡	Baoji	82.65	89.15	91.83	127
咸阳	Xianyang	65.00	90.38	71.48	166
渭南	Weinan	52.11	63.18	63.74	192
延安	Yan'an	24.07	40.97	40.98	249
汉中	Hanzhong	21.07	41.55	43.34	244
榆林	Yulin	40.00	69.52	69.74	174
安康	Ankang	29.90	45.00	45.00	239
商洛	Shangluo	12.30	19.00	19.70	281
甘肃	**Gansu**	**594.35**	**805.97**	**861.12**	
兰州	Lanzhou	184.64	308.43	317.33	26
嘉峪关	Jiayuguan	46.30	72.11	104.54	110
金昌	Jinchang	36.71	43.05	43.70	243
白银	Baiyin	53.42	62.03	66.19	181
天水	Tianshui	42.24	50.82	50.57	227
武威	Wuwei	24.31	31.95	33.46	268
张掖	Zhangye	33.40	39.81	39.95	253
平凉	Pingliang	33.11	38.33	40.44	252
酒泉	Jiuquan	30.57	42.83	43.76	242
庆阳	Qingyang	20.15	24.12	24.87	273
定西	Dingxi	18.50	23.76	23.87	275
陇南	Longnan	9.20	9.68	12.78	284
青海	**Qinghai**	**113.45**	**175.97**	**178.70**	
西宁	Xining	66.77	87.16	89.67	132
海东	Haidong		18.77	18.94	282
宁夏	**Ningxia**	**284.37**	**384.07**	**402.58**	
银川	Yinchuan	120.57	170.70	178.75	55
石嘴山	Shizuishan	37.72	53.47	54.18	214
吴忠	Wuzhong	27.85	53.29	54.92	212
固原	Guyuan	29.72	33.59	33.59	267
中卫	Zhongwei	34.01	27.76	27.77	272
新疆	**Xinjiang**	**852.35**	**1187.00**	**1230.78**	
乌鲁木齐	Urumqi	342.67	436.00	438.06	16
克拉玛依	Karamay	49.52	70.59	71.08	171

8-4 城市居住用地面积（辖区）

Area of Urban Residential Land (Municipal Districts)

单位：平方公里 (sq. km)

地名	City	2010	2016	2017	2017 排名 Ranking
全国	**National Total**	**12404.04**	**16373.91**	**16979.27**	
北京	**Beijing**		**420.91**	**423.39**	
天津	**Tianjin**	**186.53**	**258.55**	**277.53**	
河北	**Hebei**	**507.37**	**690.64**	**697.27**	
石家庄	Shijiazhuang	58.75	96.43	98.27	24
唐山	Tangshan	68.17	82.17	82.17	34
秦皇岛	Qinhuangdao	21.43	38.78	38.78	102
邯郸	Handan	37.42	68.65	68.97	43
邢台	Xingtai	29.75	35.77	41.05	90
保定	Baoding	40.07	61.78	62.83	49
张家口	Zhangjiakou	25.20	26.22	25.62	150
承德	Chengde	16.16	21.54	24.40	155
沧州	Cangzhou	15.48	27.28	31.94	121
廊坊	Langfang	20.12	23.16	23.39	166
衡水	Hengshui	9.53	28.25	27.25	133
山西	**Shanxi**	**260.94**	**343.65**	**369.35**	
太原	Taiyuan	48.00	68.00	101.00	22
大同	Datong	35.20	44.22	49.09	66
阳泉	Yangquan	14.88	16.10	17.81	202
长治	Changzhi	14.27	16.70	16.70	209
晋城	Jincheng	22.11	31.00	16.60	210
朔州	Shuozhou	9.28	12.40	12.40	243
晋中	Jinzhong	13.67	24.31	25.30	151
运城	Yuncheng	16.29	17.50	13.62	237
忻州	Xinzhou	11.42	14.30	11.20	253
临汾	Linfen	16.00	21.98	21.98	178
吕梁	Lvliang	6.23	8.12	11.44	252
内蒙古	**Inner Mongolia**	**332.55**	**333.86**	**362.26**	
呼和浩特	Hohhot	42.33	75.75	76.74	38
包头	Baotou	51.29	58.60	58.60	55
乌海	Wuhai	20.00	10.30	19.45	193
赤峰	Chifeng	29.34	9.78	32.37	120
通辽	Tongliao	17.99	14.39	14.39	230
鄂尔多斯	Erdos	44.78	26.65	26.65	137
呼伦贝尔	Hulunbuir	17.72	21.69	21.69	182
巴彦淖尔	Bayannur	13.00	20.81	15.42	226
乌兰察布	Ulanqab	14.20	17.80	16.36	214
辽宁	**Liaoning**	**729.12**	**839.15**	**870.76**	
沈阳	Shenyang	133.00	177.09	182.40	7
大连	Dalian	119.70	121.39	120.45	20
鞍山	Anshan	38.54	58.62	58.86	54
抚顺	Fushun	31.98	34.73	34.50	114
本溪	Benxi	24.07	27.96	27.96	130
丹东	Dandong	18.29	29.22	30.34	123
锦州	Jinzhou	34.04	24.00	42.33	87
营口	Yingkou	31.49	18.02	37.90	106
阜新	Fuxin	26.11	20.73	20.73	187
辽阳	Liaoyang	34.51	37.88	37.97	105
盘锦	Panjin	24.20	51.73	36.07	109
铁岭	Tieling	15.96	19.72	21.74	181
朝阳	Chaoyang	10.00	16.90	17.82	201
葫芦岛	Huludao	19.50	28.00	43.38	82
吉林	**Jilin**	**413.19**	**494.67**	**508.69**	
长春	Changchun	111.27	151.73	149.45	10
吉林	Jilin	44.29	58.58	58.58	56
四平	Siping	22.43	23.31	23.31	167
辽源	Liaoyuan	27.61	27.60	27.60	131
通化	Tonghua	17.09	18.03	17.97	199
白山	Baishan	15.83	20.03	20.31	190
松原	Songyuan	14.96	15.77	15.77	222
白城	Baicheng	10.41	11.84	11.91	249
黑龙江	**Heilongjiang**	**625.94**	**642.40**	**637.45**	
哈尔滨	Harbin	107.76	133.81	135.79	13
齐齐哈尔	Qiqihar	44.32	40.18	40.18	97
鸡西	Jixi	47.80	47.75	45.34	78
鹤岗	Hegang	38.96	19.28	19.28	195
双鸭山	Shuangyashan	29.90	16.05	16.05	218
大庆	Daqing	69.00	77.35	77.60	36
伊春	Yichun	62.40	68.63	66.32	46
佳木斯	Jiamusi	24.33	27.40	27.17	134
七台河	Qitaihe	22.45	40.70	40.70	93
牡丹江	Mudanjiang	29.54	32.68	24.66	153
黑河	Heihe	7.28	5.50	5.50	280
绥化	Suihua	12.32	11.58	11.58	251
上海	**Shanghai**		**545.51**	**546.49**	
江苏	**Jiangsu**	**1024.54**	**1307.34**	**1307.62**	

8-4 城市居住用地面积（辖区） 续表 1
Area of Urban Residential Land (Municipal Districts) continued 1

单位：平方公里 (sq. km)

地名	City	2010	2016	2017	2017 排名 Ranking	地名	City	2010	2016	2017	2017 排名 Ranking
南京	Nanjing	178.41	214.37	216.92	5	池州	Chizhou	13.32	13.98	13.98	233
无锡	Wuxi	62.92	86.64	89.51	31	宣城	Xuancheng	12.10	13.19	13.72	236
徐州	Xuzhou	58.18	60.46	66.22	47	**福建**	**Fujian**	**316.42**	**457.22**	**492.15**	
常州	Changzhou	44.34	67.16	48.62	68	福州	Fuzhou	97.26	102.80	113.20	21
苏州	Suzhou	76.86	130.97	135.52	14	厦门	Xiamen	46.18	93.22	90.58	30
南通	Nantong	55.39	76.91	68.11	44	莆田	Putian	15.99	46.12	46.12	77
连云港	Lianyungang	74.36	93.07	95.24	27	三明	Sanming	7.70	10.62	10.37	259
淮安	Huaian	62.23	72.68	80.43	35	泉州	Quanzhou	29.00	53.00	77.35	37
盐城	Yancheng	27.10	42.01	42.71	86	漳州	Zhangzhou	15.76	18.60	19.03	197
扬州	Yangzhou	26.11	43.58	43.22	83	南平	Nanping	9.32	9.70	16.04	219
镇江	Zhenjiang	25.23	39.90	44.58	79	龙岩	Longyan	8.69	16.99	17.72	203
泰州	Taizhou	33.74	47.6	47.71	73	宁德	Ningde	8.16	12.01	12.23	246
宿迁	Suqian	19.66	21.40	21.40	184	**江西**	**Jiangxi**	**278.27**	**381.88**	**408.15**	
浙江	**Zhejiang**	**614.53**	**750.66**	**789.72**		南昌	Nanchang	50.64	87.23	95.00	28
杭州	Hangzhou	94.74	139.45	147.43	11	景德镇	Jingdezhen	18.76	20.44	20.44	189
宁波	Ningbo	65.86	85.95	89.02	32	萍乡	Pingxiang	12.50	15.60	15.93	220
温州	Wenzhou	34.18	45.77	50.83	61	九江	Jiujiang	29.52	33.09	39.25	100
嘉兴	Jiaxing	28.68	33.82	38.83	101	新余	Xinyu	18.60	26.02	23.02	169
湖州	Huzhou	36.35	31.94	35.03	113	鹰潭	Yingtan	8.65	9.69	10.24	261
绍兴	Shaoxing	36.91	72.73	74.97	39	赣州	Ganzhou	18.59	44.94	48.21	71
金华	Jinhua	19.35	30.36	10.85	257	吉安	Jian	8.84	11.02	14.75	229
衢州	Quzhou	13.32	15.80	16.42	213	宜春	Yichun	11.90	15.80	16.48	211
舟山	Zhoushan	17.79	20.86	21.12	186	抚州	Fuzhou	17.55	18.87	26.04	145
台州	Taizhou	38.20	41.58	42.03	88	上饶	Shangrao	23.85	29.20	29.40	126
丽水	Lishui	10.10	11.87	12.18	247	**山东**	**Shandong**	**1040.88**	**1373.97**	**1411.77**	
安徽	**Anhui**	**488.33**	**619.23**	**625.68**		济南	Jinan	89.52	118.58	124.90	17
合肥	Hefei	103.38	124.16	128.66	16	青岛	Qingdao	81.75	147.77	157.68	9
芜湖	Wuhu	32.20	37.00	38.00	103	淄博	Zibo	73.07	93.50	95.41	26
蚌埠	Bengbu	35.26	48.45	48.55	69	枣庄	Zaozhuang	42.39	54.51	55.31	58
淮南	Huainan	36.70	48.01	46.40	76	东营	Dongying	36.66	49.01	43.61	81
马鞍山	Maanshan	21.67	22.13	22.12	177	烟台	Yantai	73.51	64.19	69.48	42
淮北	Huaibei	21.00	32.63	33.63	117	潍坊	Weifang	49.29	61.32	61.32	52
铜陵	Tongling	13.00	21.72	21.85	180	济宁	Jining	31.11	52.66	61.72	51
安庆	Anqing	27.43	32.57	33.48	118	泰安	Taian	39.70	50.01	50.88	60
黄山	Huangshan	12.20	16.89	20.26	191	威海	Weihai	33.77	48.51	49.28	65
滁州	Chuzhou	18.99	25.80	26.30	142	日照	Rizhao	25.59	32.00	34.21	116
阜阳	Fuyang	38.47	56.50	57.60	57	莱芜	Laiwu	14.69	37.70	22.99	170
宿州	Suzhou	19.41	26.00	26.15	144	临沂	Linyi	44.95	58.67	59.58	53
六安	Liuan	20.57	24.55	24.93	152	德州	Dezhou	9.32	40.72	40.97	91
亳州	Bozhou	15.45	19.15	19.20	196	聊城	Liaocheng	16.31	29.83	30.22	124

8-4 城市居住用地面积（辖区） 续表 2

Area of Urban Residential Land (Municipal Districts) continued 2

单位：平方公里 (sq. km)

地名	City	2010	2016	2017	2017 排名 Ranking	地名	City	2010	2016	2017	2017 排名 Ranking
滨州	Binzhou	27.84	36.60	36.62	108	常德	Changde	20.95	24.11	26.61	139
菏泽	Heze	26.55	42.38	49.52	63	张家界	Zhangjiajie	9.74	10.53	10.33	260
河南	**Henan**	**578.68**	**726.83**	**763.21**		益阳	Yiyang	19.98	28.30	28.36	129
郑州	Zhengzhou	79.73	105.07	124.56	18	郴州	Chenzhou	40.50	25.60	25.68	148
开封	Kaifeng	31.85	40.56	40.56	95	永州	Yongzhou	14.76	16.29	16.23	216
洛阳	Luoyang	61.69	70.23	70.23	41	怀化	Huaihua	14.00	24.62	24.62	154
平顶山	Pingdingshan	27.50	28.50	28.50	128	娄底	Loudi	18.28	16.50	16.20	217
安阳	Anyang	23.18	25.72	25.98	147	**广东**	**Guangdong**	**1446.64**	**1573.23**	**1670.89**	
鹤壁	Hebi	12.57	15.09	15.09	228	广州	Guangzhou	191.84	212.75	218.71	4
新乡	Xinxiang	29.76	40.43	41.18	89	韶关	Shaoguan	26.48	34.84	35.91	110
焦作	Jiaozuo	31.99	40.67	40.64	94	深圳	Shenzhen	213.99	208.61	211.75	6
濮阳	Puyang	10.00	22.06	22.71	173	珠海	Zhuhai	113.64	56.68	63.26	48
许昌	Xuchang	21.19	22.00	23.04	168	汕头	Shantou	84.29	99.11	98.29	23
漯河	Luohe	15.50	16.30	16.46	212	佛山	Foshan	54.23	81.93	48.65	67
三门峡	Sanmenxia	9.39	17.28	13.14	240	江门	Jiangmen	44.47	9.53	47.92	72
南阳	Nanyang	23.06	45.31	46.47	75	湛江	Zhanjiang	30.93	25.97	43.01	84
商丘	Shangqiu	15.44	11.19	11.19	255	茂名	Maoming	23.35	62.36	66.56	45
信阳	Xinyang	18.22	25.00	26.63	138	肇庆	Zhaoqing	21.80	37.32	37.86	107
周口	Zhoukou	12.40	14.74	15.86	221	惠州	Huizhou	63.27	79.18	83.46	33
驻马店	Zhumadian	11.28	17.24	23.96	161	梅州	Meizhou	9.18	21.70	22.54	175
湖北	**Hubei**	**580.36**	**655.36**	**756.71**		汕尾	Shanwei	20.40	7.59	9.23	267
武汉	Wuhan	219.12	168.39	263.51	3	河源	Heyuan	8.56	10.00		
黄石	Huangshi	15.21	21.20	21.54	183	阳江	Yangjiang	11.40	23.72	23.93	162
十堰	Shiyan	18.37	32.34	32.51	119	清远	Qingyuan	19.37	18.72	40.26	96
宜昌	Yichang	31.61	46.74	47.18	74	东莞	Dongguan	257.88	277.17	279.79	1
襄阳	Xiangyang	28.82	49.02	48.50	70	中山	Zhongshan	23.86	39.26	49.99	62
鄂州	Ezhou	12.84	17.93	17.95	200	潮州	Chaozhou	14.15	20.60	22.40	176
荆门	Jingmen	13.42	13.51	13.51	238	揭阳	Jieyang		40.71	40.71	92
孝感	Xiaogan	2.13	15.62	15.75	223	云浮	Yunfu		4.61	8.22	270
荆州	Jingzhou	17.73	20.97	22.64	174	**广西**	**Guangxi**	**283.69**	**388.37**	**410.79**	
黄冈	Huanggang	10.17	15.73	15.73	224	南宁	Nanning	69.87	90.07	90.65	29
咸宁	Xianning	20.86	23.95	24.25	157	柳州	Liuzhou	28.43	48.83	62.40	50
随州	Suizhou	13.77	14.50	17.38	206	桂林	Guilin	17.80	29.91	30.63	122
湖南	**Hunan**	**475.45**	**535.29**	**563.55**		梧州	Wuzhou	10.57	19.01	19.35	194
长沙	Changsha	105.91	112.28	128.70	15	北海	Beihai	24.20	27.00	27.00	136
株洲	Zhuzhou	32.52	47.03	44.24	80	防城港	Fangchenggang	8.45	7.02	7.55	274
湘潭	Xiangtan	27.50	27.11	27.11	135	钦州	Qinzhou	18.52	22.79	22.79	172
衡阳	Hengyang	31.00	35.68	40.10	98	贵港	Guigang	17.93	23.10	23.91	163
邵阳	Shaoyang	17.21	24.56	26.33	141	玉林	Yulin	23.43	26.28	26.60	140
岳阳	Yueyang	23.60	25.00	26.00	146	百色	Baise	12.37	15.27	15.62	225

8-4 城市居住用地面积（辖区） 续表 3
Area of Urban Residential Land (Municipal Districts) continued 3

单位：平方公里 (sq. km)

地名	City	2010	2016	2017	2017 排名 Ranking	地名	City	2010	2016	2017	2017 排名 Ranking
贺州	Hezhou	4.54	9.67	12.67	242	丽江	Lijiang	8.20	4.25	4.25	282
河池	Hechi	4.57	7.06	12.14	248	普洱	Puer	4.85	5.30	5.38	281
来宾	Laibin	8.01	11.43	11.73	250	临沧	Lincang	4.06	8.00	8.00	271
崇左	Chongzuo	3.93	6.40	6.42	277	**西藏**	**Tibet**	**28.97**	**60.02**	**31.95**	
海南	**Hainan**	**83.03**	**110.46**	**91.57**		拉萨	Lasa	23.17	38.92	16.25	215
海口	Haikou	39.20	54.15	37.99	104	**陕西**	**Shaanxi**	**217.69**	**266.18**	**297.26**	
三亚	Sanya	10.23	18.56	15.26	227	西安	Xi'an	65.70	125.53	144.32	12
三沙	Sansha		0.02	0.02	285	铜川	Tongchuan	17.74	9.26	12.35	244
重庆	**Chongqing**	**282.15**	**370.90**	**371.77**		宝鸡	Baoji	22.53	10.44	10.98	256
四川	**Sichuan**	**526.12**	**769.88**	**817.40**		咸阳	Xianyang	12.05	18.65	20.56	188
成都	Chengdu	154.43	257.34	269.68	2	渭南	Weinan	20.22	23.49	23.53	165
自贡	Zigong	27.04	37.81	39.91	99	延安	Yan'an	13.71	13.80	13.81	235
攀枝花	Panzhihua	18.60	21.04	21.22	185	汉中	Hanzhong	4.70	9.80	9.87	264
泸州	Luzhou	21.48	33.09	34.28	115	榆林	Yulin	17.10	17.21	16.71	208
德阳	Deyang	16.03	21.42	24.02	158	安康	Ankang	18.60	13.20	13.20	239
绵阳	Mianyang	27.96	39.72	42.77	85	商洛	Shangluo	3.75	3.10	3.10	283
广元	Guangyuan	8.56	13.84	14.33	231	**甘肃**	**Gansu**	**168.15**	**216.87**	**209.60**	
遂宁	Suining	18.71	24.14	23.82	164	兰州	Lanzhou	56.47	70.05	72.11	40
内江	Neijiang	13.79	28.35	30.14	125	嘉峪关	Jiayuguan	10.41	14.58	12.35	244
乐山	Leshan	14.20	22.58	24.00	159	金昌	Jinchang	5.59	7.82	7.93	272
南充	Nanchong	32.50	45.20	49.32	64	白银	Baiyin	15.76	17.61	17.61	205
眉山	Meishan	17.00	23.63	24.00	159	天水	Tianshui	9.21	11.00	11.20	253
宜宾	Yibin	22.23	19.10	19.71	192	武威	Wuwei	8.74	20.30	14.12	232
广安	Guangan	9.22	17.87	25.64	149	张掖	Zhangye	7.61	17.14	17.16	207
达州	Dazhou	13.09	24.92	27.46	132	平凉	Pingliang	12.87	13.85	13.85	234
雅安	Yaan	5.70	8.07	8.35	269	酒泉	Jiuquan	9.47	10.50	10.54	258
巴中	Bazhong	6.00	1.04	1.06	284	庆阳	Qingyang	7.61	7.69	6.12	278
资阳	Ziyang	8.64	10.86	9.92	263	定西	Dingxi	3.94	5.50	5.71	279
贵州	**Guizhou**	**128.29**	**255.23**	**308.05**		陇南	Longnan	6.42	6.64	6.64	276
贵阳	Guiyang	43.22	81.37	96.41	25	**青海**	**Qinghai**	**43.93**	**76.99**	**60.81**	
六盘水	Liupanshui	11.98	26.22	26.22	143	西宁	Xining	30.44	45.03	28.64	127
遵义	Zunyi	13.56	32.54	35.86	111	海东	Haidong		7.41	7.42	275
安顺	Anshun	9.34	18.77	22.86	171	**宁夏**	**Ningxia**	**104.13**	**125.51**	**128.99**	
毕节	Bijie	8.30	12.00	13.00	241	银川	Yinchuan	37.67	52.16	54.69	59
铜仁	Tongren	5.41	16.11	17.66	204	石嘴山	Shizuishan	25.92	21.86	21.86	179
云南	**Yunnan**	**353.74**	**377.72**	**388.35**		吴忠	Wuzhong	11.41	17.85	18.03	198
昆明	Kunming	212.78	180.88	181.00	8	固原	Guyuan	10.28	9.60	9.60	265
曲靖	Qujing	20.61	30.90	35.45	112	中卫	Zhongwei	9.75	8.66	8.67	268
玉溪	Yuxi	6.30	8.64	7.87	273	**新疆**	**Xinjiang**	**284.41**	**405.43**	**380.09**	
保山	Baoshan	3.74	7.40	10.02	262	乌鲁木齐	Urumqi	99.20	148.80	123.30	19
昭通	Zhaotong	8.56	8.50	9.40	266	克拉玛依	Karamay	19.31	24.21	24.33	156

8-5 城市公共管理与公共服务设施用地面积（辖区）
Area of Land for Administration and Public Services (Municipal Districts)

单位：平方公里 (sq. km)

地名	City	2016	2017	2017 排名 Ranking	地名	City	2016	2017	2017 排名 Ranking
全国	**National Total**	**4975.48**	**5098.33**		沈阳	Shenyang	45.48	51.10	11
北京	**Beijing**	**174.88**	**172.42**		大连	Dalian	32.54	32.14	27
天津	**Tianjin**	**78.40**	**77.53**		鞍山	Anshan	7.69	7.78	132
河北	**Hebei**	**170.95**	**167.40**		抚顺	Fushun	9.82	11.19	87
石家庄	Shijiazhuang	26.89	26.20	34	本溪	Benxi	6.80	6.80	152
唐山	Tangshan	17.07	13.12	72	丹东	Dandong	5.33	4.23	221
秦皇岛	Qinhuangdao	9.96	9.96	107	锦州	Jinzhou	6.65	6.65	155
邯郸	Handan	21.79	21.99	40	营口	Yingkou	11.99	8.57	122
邢台	Xingtai	7.07	7.42	139	阜新	Fuxin	3.90	3.90	229
保定	Baoding	15.51	15.78	56	辽阳	Liaoyang	3.40	3.39	244
张家口	Zhangjiakou	7.67	9.25	117	盘锦	Panjin	9.19	7.36	141
承德	Chengde	7.67	7.73	133	铁岭	Tieling	2.09	2.09	270
沧州	Cangzhou	5.01	5.65	181	朝阳	Chaoyang	4.70	4.71	208
廊坊	Langfang	3.67	3.67	237	葫芦岛	Huludao	4.70	5.43	191
衡水	Hengshui	4.64	5.03	200	**吉林**	**Jilin**	**105.48**	**106.54**	
山西	**Shanxi**	**129.37**	**125.67**		长春	Changchun	47.57	48.14	13
太原	Taiyuan	44.00	42.00	19	吉林	Jilin	10.87	10.87	91
大同	Datong	13.30	13.41	67	四平	Siping	4.39	4.41	214
阳泉	Yangquan	1.91	2.51	259	辽源	Liaoyuan	1.86	1.86	277
长治	Changzhi	12.94	12.94	75	通化	Tonghua	4.43	4.48	212
晋城	Jincheng	12.00	7.50	136	白山	Baishan	2.48	2.49	261
朔州	Shuozhou	4.00	4.00	226	松原	Songyuan	3.66	3.66	238
晋中	Jinzhong	5.72	5.98	169	白城	Baicheng	3.14	3.17	247
运城	Yuncheng	1.52	1.52	281	**黑龙江**	**Heilongjiang**	**175.14**	**164.37**	
忻州	Xinzhou	3.49	3.51	242	哈尔滨	Harbin	52.72	53.08	10
临汾	Linfen	4.71	4.71	208	齐齐哈尔	Qiqihar	17.05	17.05	50
吕梁	Lvliang	3.56	4.00	226	鸡西	Jixi	2.07	2.07	271
内蒙古	**Inner Mongolia**	**100.15**	**107.53**		鹤岗	Hegang	1.93	1.93	275
呼和浩特	Hohhot	23.50	28.00	32	双鸭山	Shuangyashan	3.35	3.35	245
包头	Baotou	15.82	15.82	55	大庆	Daqing	33.73	33.79	25
乌海	Wuhai	4.08	4.15	222	伊春	Yichun	14.54	14.23	65
赤峰	Chifeng	2.64	4.11	223	佳木斯	Jiamusi	15.04	6.42	159
通辽	Tongliao	7.34	7.34	143	七台河	Qitaihe	1.60	1.60	280
鄂尔多斯	Erdos	9.30	9.30	114	牡丹江	Mudanjiang	7.05	5.12	197
呼伦贝尔	Hulunbuir	3.75	3.75	235	黑河	Heihe	3.94	3.94	228
巴彦淖尔	Bayannur	4.70	4.34	217	绥化	Suihua	2.97	2.97	250
乌兰察布	Ulanqab	4.11	6.11	168	**上海**	**Shanghai**	**151.11**	**151.31**	
辽宁	**Liaoning**	**182.60**	**183.26**		**江苏**	**Jiangsu**	**369.14**	**366.10**	

8-5 城市公共管理与公共服务设施用地面积（辖区） 续表 1
Area of Land for Administration and Public Services (Municipal Districts) continued 1

单位：平方公里 (sq. km)

地名	City	2016	2017	2017 排名 Ranking	地名	City	2016	2017	2017 排名 Ranking
南京	Nanjing	90.64	91.17	3	池州	Chizhou	3.33	3.81	232
无锡	Wuxi	20.00	20.27	45	宣城	Xuancheng	4.09	4.33	218
徐州	Xuzhou	30.43	31.37	30	**福建**	**Fujian**	**142.40**	**147.93**	
常州	Changzhou	15.63	15.70	57	福州	Fuzhou	31.23	33.97	24
苏州	Suzhou	30.25	31.79	28	厦门	Xiamen	29.70	31.58	29
南通	Nantong	26.74	15.00	62	莆田	Putian	7.94	7.94	129
连云港	Lianyungang	15.19	16.82	51	三明	Sanming	2.65	2.68	257
淮安	Huaian	19.10	21.38	42	泉州	Quanzhou	20.69	20.69	44
盐城	Yancheng	14.14	14.84	63	漳州	Zhangzhou	8.56	8.69	121
扬州	Yangzhou	11.86	10.12	103	南平	Nanping	5.44	4.83	206
镇江	Zhenjiang	9.10	10.85	92	龙岩	Longyan	6.66	6.74	153
泰州	Taizhou	16.07	16.09	54	宁德	Ningde	3.06	3.13	249
宿迁	Suqian	8.9	9.3	114	**江西**	**Jiangxi**	**140.41**	**150.23**	
浙江	**Zhejiang**	**223.85**	**233.43**		南昌	Nanchang	41.57	45.00	15
杭州	Hangzhou	70.74	73.60	6	景德镇	Jingdezhen	5.72	5.75	177
宁波	Ningbo	24.47	25.62	35	萍乡	Pingxiang	4.52	4.52	211
温州	Wenzhou	14.26	14.61	64	九江	Jiujiang	7.34	8.53	123
嘉兴	Jiaxing	6.45	12.30	80	新余	Xinyu	7.32	5.90	170
湖州	Huzhou	8.53	8.53	123	鹰潭	Yingtan	2.93	2.95	252
绍兴	Shaoxing	12.28	12.95	74	赣州	Ganzhou	19.40	20.23	46
金华	Jinhua	9.80	9.24	118	吉安	Jian	7.93	9.69	109
衢州	Quzhou	4.82	4.84	205	宜春	Yichun	5.24	5.53	187
舟山	Zhoushan	7.31	7.57	134	抚州	Fuzhou	5.65	8.51	125
台州	Taizhou	9.14	9.34	113	上饶	Shangrao	6.83	6.88	150
丽水	Lishui	6.16	6.16	167	**山东**	**Shandong**	**482.62**	**485.42**	
安徽	**Anhui**	**152.85**	**157.04**		济南	Jinan	73.91	76.44	5
合肥	Hefei	42.40	43.90	16	青岛	Qingdao	36.68	43.79	17
芜湖	Wuhu	6.00	6.20	164	淄博	Zibo	19.42	19.50	48
蚌埠	Bengbu	10.56	10.61	95	枣庄	Zaozhuang	12.34	13.30	70
淮南	Huainan	10.61	9.51	111	东营	Dongying	18.25	19.78	47
马鞍山	Maanshan	6.79	7.42	139	烟台	Yantai	35.31	37.40	22
淮北	Huaibei	6.57	6.99	147	潍坊	Weifang	12.91	12.91	76
铜陵	Tongling	6.84	6.90	148	济宁	Jining	6.72	11.80	85
安庆	Anqing	9.26	9.36	112	泰安	Taian	15.68	16.23	53
黄山	Huangshan	4.70	3.83	231	威海	Weihai	13.36	13.38	69
滁州	Chuzhou	5.87	5.90	170	日照	Rizhao	6.92	7.11	146
阜阳	Fuyang	6.10	7.53	135	莱芜	Laiwu	17.10	6.22	163
宿州	Suzhou	2.20	2.42	263	临沂	Linyi	24.40	24.52	37
六安	Liuan	5.19	5.38	192	德州	Dezhou	25.96	26.76	33
亳州	Bozhou	5.72	5.82	176	聊城	Liaocheng	9.61	10.33	97

8-5 城市公共管理与公共服务设施用地面积（辖区） 续表 2
Area of Land for Administration and Public Services (Municipal Districts) continued 2

单位：平方公里 (sq. km)

地名	City	2016	2017	2017 排名 Ranking	地名	City	2016	2017	2017 排名 Ranking
滨州	Binzhou	15.54	15.56	59	常德	Changde	10.62	11.19	87
菏泽	Heze	13.83	15.13	61	张家界	Zhangjiajie	6.11	6.38	160
河南	**Henan**	**271.26**	**287.71**		益阳	Yiyang	10.20	10.20	100
郑州	Zhengzhou	59.94	71.06	8	郴州	Chenzhou	6.53	6.61	157
开封	Kaifeng	15.66	15.66	58	永州	Yongzhou	5.31	5.63	182
洛阳	Luoyang	25.09	25.09	36	怀化	Huaihua	5.90	5.90	170
平顶山	Pingdingshan	4.89	4.89	203	娄底	Loudi	8.10	5.05	199
安阳	Anyang	10.12	10.25	99	**广东**	**Guangdong**	**425.66**	**446.33**	
鹤壁	Hebi	6.17	6.17	166	广州	Guangzhou	76.88	110.76	1
新乡	Xinxiang	9.82	10.14	101	韶关	Shaoguan	10.77	10.40	96
焦作	Jiaozuo	13.39	13.39	68	深圳	Shenzhen	59.65	60.03	9
濮阳	Puyang	3.50	3.60	240	珠海	Zhuhai	29.33	24.51	38
许昌	Xuchang	7.00	7.35	142	汕头	Shantou	24.70	19.02	49
漯河	Luohe	4.20	4.27	220	佛山	Foshan	21.67	12.08	83
三门峡	Sanmenxia	8.77	6.31	162	江门	Jiangmen	2.67	10.00	105
南阳	Nanyang	20.51	21.81	41	湛江	Zhanjiang	6.67	11.47	86
商丘	Shangqiu	6.20	6.20	164	茂名	Maoming	13.26	11.05	89
信阳	Xinyang	11.59	12.39	79	肇庆	Zhaoqing	10.94	10.94	90
周口	Zhoukou	5.50	5.68	179	惠州	Huizhou	16.40	16.72	52
驻马店	Zhumadian	10.07	10.07	104	梅州	Meizhou	5.66	5.90	170
湖北	**Hubei**	**205.27**	**234.45**		汕尾	Shanwei	1.53	1.64	279
武汉	Wuhan	67.21	94.24	2	河源	Heyuan	2.20		
黄石	Huangshi	5.57	5.63	182	阳江	Yangjiang	7.94	5.33	194
十堰	Shiyan	12.23	12.69	77	清远	Qingyuan	7.03	12.12	82
宜昌	Yichang	12.16	12.18	81	东莞	Dongguan	48.20	49.25	12
襄阳	Xiangyang	15.24	15.24	60	中山	Zhongshan	9.36	7.49	137
鄂州	Ezhou	5.08	5.10	198	潮州	Chaozhou	2.08	2.66	258
荆门	Jingmen	5.66	5.66	180	揭阳	Jieyang	10.13	10.13	102
孝感	Xiaogan	3.56	3.65	239	云浮	Yunfu	3.75	4.88	204
荆州	Jingzhou	9.23	9.27	116	**广西**	**Guangxi**	**137.48**	**145.13**	
黄冈	Huanggang	5.38	5.38	192	南宁	Nanning	42.91	43.31	18
咸宁	Xianning	2.28	2.38	264	柳州	Liuzhou	17.45	21.00	43
随州	Suizhou	4.90	5.16	196	桂林	Guilin	11.83	12.02	84
湖南	**Hunan**	**182.11**	**185.70**		梧州	Wuzhou	5.46	5.86	174
长沙	Changsha	38.83	40.87	20	北海	Beihai	9.80	9.80	108
株洲	Zhuzhou	11.42	13.00	73	防城港	Fangchenggang	2.70	2.77	255
湘潭	Xiangtan	8.45	8.45	126	钦州	Qinzhou	7.45	7.45	138
衡阳	Hengyang	13.01	13.20	71	贵港	Guigang	6.67	6.89	149
邵阳	Shaoyang	8.20	8.87	119	玉林	Yulin	9.56	9.62	110
岳阳	Yueyang	10.00	10.00	105	百色	Baise	4.32	4.37	215

8-5 城市公共管理与公共服务设施用地面积（辖区） 续表 3

Area of Land for Administration and Public Services (Municipal Districts) continued 3

单位：平方公里 (sq. km)

地名	City	2016	2017	2017 排名 Ranking	地名	City	2016	2017	2017 排名 Ranking
贺州	Hezhou	4.62	5.62	184	丽江	Lijiang	2.33	2.33	266
河池	Hechi	2.81	3.80	233	普洱	Puer	8.02	8.05	128
来宾	Laibin	1.67	2.46	262	临沧	Lincang	1.00	1.00	282
崇左	Chongzuo	2.02	2.03	273	**西藏**	**Tibet**	**32.16**	**20.77**	
海南	**Hainan**	**41.15**	**26.93**		拉萨	Lasa	18.36	5.73	178
海口	Haikou	22.01	10.31	98	**陕西**	**Shaanxi**	**109.50**	**117.88**	
三亚	Sanya	9.12	7.33	144	西安	Xi'an	65.01	71.20	7
三沙	Sansha	0.06	0.06	285	铜川	Tongchuan	2.70	4.47	213
重庆	**Chongqing**	**106.80**	**111.60**		宝鸡	Baoji	7.78	8.23	127
四川	**Sichuan**	**240.80**	**256.45**		咸阳	Xianyang	9.20	5.47	190
成都	Chengdu	83.36	86.40	4	渭南	Weinan	5.60	5.61	185
自贡	Zigong	6.50	6.65	155	延安	Yan'an	2.33	2.33	266
攀枝花	Panzhihua	4.06	4.09	224	汉中	Hanzhong	2.95	2.97	250
泸州	Luzhou	8.69	10.67	94	榆林	Yulin	3.29	3.76	234
德阳	Deyang	6.17	7.27	145	安康	Ankang	1.65	1.65	278
绵阳	Mianyang	20.96	22.01	39	商洛	Shangluo	2.30	2.30	268
广元	Guangyuan	6.52	6.74	153	**甘肃**	**Gansu**	**82.21**	**80.09**	
遂宁	Suining	3.72	3.72	236	兰州	Lanzhou	33.51	34.12	23
内江	Neijiang	7.40	7.87	130	嘉峪关	Jiayuguan	6.61	4.37	215
乐山	Leshan	8.57	8.74	120	金昌	Jinchang	2.84	2.85	254
南充	Nanchong	12.15	13.62	66	白银	Baiyin	5.60	5.60	186
眉山	Meishan	4.87	4.95	201	天水	Tianshui	3.24	3.24	246
宜宾	Yibin	5.73	6.36	161	武威	Wuwei	2.20	2.20	269
广安	Guangan	7.61	6.52	158	张掖	Zhangye	3.14	3.17	247
达州	Dazhou	7.07	7.79	131	平凉	Pingliang	4.90	4.90	202
雅安	Yaan	3.70	3.86	230	酒泉	Jiuquan	4.10	4.32	219
巴中	Bazhong	0.38	0.42	284	庆阳	Qingyang	5.16	4.73	207
资阳	Ziyang	3.50	5.18	195	定西	Dingxi	2.84	1.90	276
贵州	**Guizhou**	**77.61**	**88.87**		陇南	Longnan	0.86	0.86	283
贵阳	Guiyang	34.87	39.15	21	**青海**	**Qinghai**	**14.94**	**14.82**	
六盘水	Liupanshui	4.08	4.08	225	西宁	Xining	5.42	5.85	175
遵义	Zunyi	8.38	12.65	78	海东	Haidong	1.96	1.97	274
安顺	Anshun	4.35	5.50	188	**宁夏**	**Ningxia**	**50.20**	**52.98**	
毕节	Bijie	4.00	4.68	210	银川	Yinchuan	28.65	30.38	31
铜仁	Tongren	2.55	2.06	272	石嘴山	Shizuishan	2.25	2.71	256
云南	**Yunnan**	**112.21**	**120.41**		吴忠	Wuzhong	6.66	6.86	151
昆明	Kunming	44.82	45.04	14	固原	Guyuan	4.20	3.56	241
曲靖	Qujing	5.72	5.50	188	中卫	Zhongwei	2.33	2.34	265
玉溪	Yuxi	1.39	2.50	260	**新疆**	**Xinjiang**	**106.77**	**112.03**	
保山	Baoshan	1.10	2.92	253	乌鲁木齐	Urumqi	29.40	33.18	26
昭通	Zhaotong	3.40	3.40	243	克拉玛依	Karamay	10.71	10.71	93

8-6 城市商业服务业设施用地面积（辖区）

Area of Land for Commercial and Business Facilities (Municipal Districts)

单位：平方公里 (sq. km)

地名	City	2016	2017	2017 排名 Ranking	地名	City	2016	2017	2017 排名 Ranking
全国	**National Total**	**3775.90**	**3843.01**		沈阳	Shenyang	28.82	28.80	17
北京	**Beijing**	**135.13**	**136.30**		大连	Dalian	23.49	23.05	26
天津	**Tianjin**	**69.30**	**76.97**		鞍山	Anshan	8.90	8.90	85
河北	**Hebei**	**135.03**	**124.24**		抚顺	Fushun	7.21	7.64	108
石家庄	Shijiazhuang	18.28	15.75	45	本溪	Benxi	12.72	12.72	56
唐山	Tangshan	11.15	11.15	66	丹东	Dandong	3.85	6.23	133
秦皇岛	Qinhuangdao	16.24	11.24	65	锦州	Jinzhou	6.52	6.52	123
邯郸	Handan	14.21	14.55	51	营口	Yingkou	8.88	7.71	107
邢台	Xingtai	6.15	6.41	129	阜新	Fuxin	6.42	6.42	128
保定	Baoding	9.29	9.90	73	辽阳	Liaoyang	8.14	8.24	98
张家口	Zhangjiakou	7.37	4.63	170	盘锦	Panjin	29.99	5.36	151
承德	Chengde	4.42	4.53	173	铁岭	Tieling	3.60	3.63	197
沧州	Cangzhou	3.68	3.68	194	朝阳	Chaoyang	3.08	3.17	210
廊坊	Langfang	3.01	3.03	224	葫芦岛	Huludao	3.91	4.51	174
衡水	Hengshui	4.38	4.05	186	**吉林**	**Jilin**	**89.82**	**90.15**	
山西	**Shanxi**	**71.76**	**73.87**		长春	Changchun	27.46	27.70	18
太原	Taiyuan	26.00	22.00	28	吉林	Jilin	12.22	12.22	60
大同	Datong	10.10	10.76	70	四平	Siping	7.60	7.85	104
阳泉	Yangquan	0.82	0.88	276	辽源	Liaoyuan	0.79	0.79	278
长治	Changzhi	0.54	0.54	280	通化	Tonghua	10.50	10.52	72
晋城	Jincheng	3.20	5.00	162	白山	Baishan	1.54	1.54	263
朔州	Shuozhou	5.35	5.35	152	松原	Songyuan	1.60	1.60	262
晋中	Jinzhong	6.03	6.43	127	白城	Baicheng	2.84	2.87	230
运城	Yuncheng	1.34	1.34	265	**黑龙江**	**Heilongjiang**	**87.57**	**89.66**	
忻州	Xinzhou	1.44	3.53	199	哈尔滨	Harbin	25.49	25.53	24
临汾	Linfen	4.12	4.12	184	齐齐哈尔	Qiqihar	4.50	4.50	176
吕梁	Lvliang	1.18	1.80	257	鸡西	Jixi	2.61	2.61	234
内蒙古	**Inner Mongolia**	**93.63**	**105.37**		鹤岗	Hegang	3.76	3.76	192
呼和浩特	Hohhot	25.70	25.91	23	双鸭山	Shuangyashan	4.13	4.13	183
包头	Baotou	9.83	9.83	74	大庆	Daqing	13.35	13.79	53
乌海	Wuhai	2.24	2.28	246	伊春	Yichun	8.53	8.26	97
赤峰	Chifeng	0.71	5.04	161	佳木斯	Jiamusi	4.88	6.01	136
通辽	Tongliao	3.64	3.64	196	七台河	Qitaihe	1.00	1.00	273
鄂尔多斯	Erdos	15.45	15.45	47	牡丹江	Mudanjiang	1.18	3.37	203
呼伦贝尔	Hulunbuir	3.19	3.19	209	黑河	Heihe	1.36	1.36	264
巴彦淖尔	Bayannur	4.21	3.39	202	绥化	Suihua	1.16	1.16	271
乌兰察布	Ulanqab	2.56	9.27	81	**上海**	**Shanghai**	**116.09**	**117.55**	
辽宁	**Liaoning**	**195.17**	**163.43**		**江苏**	**Jiangsu**	**347.68**	**314.14**	

8-6 城市商业服务业设施用地面积（辖区） 续表 1
Area of Land for Commercial and Business Facilities (Municipal Districts) continued 1

单位：平方公里 (sq. km)

地名	City	2016	2017	2017 排名 Ranking	地名	City	2016	2017	2017 排名 Ranking
南京	Nanjing	55.55	59.65	3	池州	Chizhou	2.17	2.56	236
无锡	Wuxi	26.17	26.81	21	宣城	Xuancheng	2.95	3.06	221
徐州	Xuzhou	7.76	8.63	89	**福建**	**Fujian**	**102.62**	**104.76**	
常州	Changzhou	16.01	15.68	46	福州	Fuzhou	12.90	16.09	44
苏州	Suzhou	29.70	34.60	11	厦门	Xiamen	24.19	23.31	25
南通	Nantong	61.17	16.23	42	莆田	Putian	3.16	3.16	211
连云港	Lianyungang	20.83	21.15	30	三明	Sanming	1.12	1.12	272
淮安	Huaian	13.42	14.62	50	泉州	Quanzhou	27.50	27.50	19
盐城	Yancheng	7.61	7.79	105	漳州	Zhangzhou	0.87	0.96	274
扬州	Yangzhou	11.87	11.03	68	南平	Nanping	1.78	2.30	244
镇江	Zhenjiang	7.00	7.86	103	龙岩	Longyan	4.32	4.37	179
泰州	Taizhou	12.47	12.53	58	宁德	Ningde	1.71	1.80	257
宿迁	Suqian	5.30	5.90	140	**江西**	**Jiangxi**	**98.37**	**100.10**	
浙江	**Zhejiang**	**218.66**	**210.76**		南昌	Nanchang	20.06	21.80	29
杭州	Hangzhou	49.67	52.46	5	景德镇	Jingdezhen	7.09	7.88	102
宁波	Ningbo	18.69	19.08	36	萍乡	Pingxiang	0.57	0.57	279
温州	Wenzhou	36.58	36.83	10	九江	Jiujiang	6.75	8.04	100
嘉兴	Jiaxing	18.73	11.12	67	新余	Xinyu	1.39	3.21	208
湖州	Huzhou	8.79	8.79	88	鹰潭	Yingtan	1.98	2.11	251
绍兴	Shaoxing	16.67	16.92	40	赣州	Ganzhou	11.21	12.45	59
金华	Jinhua	5.26	5.67	143	吉安	Jian	11.73	3.03	224
衢州	Quzhou	2.92	2.94	228	宜春	Yichun	6.90	6.92	116
舟山	Zhoushan	2.72	2.83	231	抚州	Fuzhou	3.58	6.27	132
台州	Taizhou	5.14	5.14	158	上饶	Shangrao	3.08	3.13	215
丽水	Lishui	2.45	2.46	238	**山东**	**Shandong**	**312.51**	**327.76**	
安徽	**Anhui**	**176.09**	**174.63**		济南	Jinan	28.94	32.08	14
合肥	Hefei	33.05	33.55	12	青岛	Qingdao	27.02	31.66	15
芜湖	Wuhu	15.01	15.11	48	淄博	Zibo	16.24	17.36	39
蚌埠	Bengbu	5.97	6.02	135	枣庄	Zaozhuang	11.51	11.54	63
淮南	Huainan	8.26	7.72	106	东营	Dongying	13.68	14.21	52
马鞍山	Maanshan	3.98	4.51	174	烟台	Yantai	20.53	22.76	27
淮北	Huaibei	8.80	8.90	85	潍坊	Weifang	12.02	12.02	61
铜陵	Tongling	6.75	6.75	117	济宁	Jining	16.52	16.18	43
安庆	Anqing	26.08	26.12	22	泰安	Taian	14.54	15.06	49
黄山	Huangshan	3.00	4.12	184	威海	Weihai	19.94	20.06	35
滁州	Chuzhou	3.61	3.70	193	日照	Rizhao	7.22	7.31	111
阜阳	Fuyang	6.80	8.40	95	莱芜	Laiwu	6.39	5.44	148
宿州	Suzhou	10.20	10.53	71	临沂	Linyi	11.58	11.68	62
六安	Liuan	4.82	4.84	168	德州	Dezhou	1.04	1.29	266
亳州	Bozhou	7.97	7.97	101	聊城	Liaocheng	6.99	7.45	110

8-6 城市商业服务业设施用地面积（辖区） 续表 2
Area of Land for Commercial and Business Facilities (Municipal Districts) continued 2

单位：平方公里 (sq. km)

地名	City	2016	2017	2017 排名 Ranking	地名	City	2016	2017	2017 排名 Ranking
滨州	Binzhou	5.67	5.69	142	常德	Changde	5.69	5.94	137
菏泽	Heze	5.84	6.36	131	张家界	Zhangjiajie	1.42	2.06	254
河南	**Henan**	**130.34**	**134.88**		益阳	Yiyang	3.00	3.24	206
郑州	Zhengzhou	15.15	17.96	37	郴州	Chenzhou	4.83	4.90	167
开封	Kaifeng	7.01	7.01	114	永州	Yongzhou	6.36	6.96	115
洛阳	Luoyang	9.24	9.24	82	怀化	Huaihua	8.63	8.63	89
平顶山	Pingdingshan	4.00	4.00	187	娄底	Loudi	8.85	4.95	164
安阳	Anyang	2.83	3.14	213	**广东**	**Guangdong**	**341.20**	**366.99**	
鹤壁	Hebi	4.17	4.17	182	广州	Guangzhou	60.24	56.40	4
新乡	Xinxiang	6.54	6.67	119	韶关	Shaoguan	5.70	5.41	150
焦作	Jiaozuo	5.65	5.65	144	深圳	Shenzhen	35.73	37.26	8
濮阳	Puyang	5.30	5.30	153	珠海	Zhuhai	18.21	20.96	33
许昌	Xuchang	5.00	5.25	155	汕头	Shantou	33.70	32.48	13
漯河	Luohe	2.10	2.12	250	佛山	Foshan	16.03	16.58	41
三门峡	Sanmenxia	6.61	3.48	200	江门	Jiangmen	1.79	7.57	109
南阳	Nanyang	7.84	8.62	91	湛江	Zhanjiang	7.13	13.70	54
商丘	Shangqiu	1.82	1.82	256	茂名	Maoming	7.33	6.14	134
信阳	Xinyang	2.80	3.01	226	肇庆	Zhaoqing	5.81	5.92	139
周口	Zhoukou	4.62	5.26	154	惠州	Huizhou	17.32	17.52	38
驻马店	Zhumadian	6.67	6.67	119	梅州	Meizhou	4.38	4.50	176
湖北	**Hubei**	**139.79**	**153.66**		汕尾	Shanwei	1.25	1.73	260
武汉	Wuhan	27.74	42.65	7	河源	Heyuan	1.00		
黄石	Huangshi	2.13	2.29	245	阳江	Yangjiang	4.51	5.45	147
十堰	Shiyan	4.14	4.32	180	清远	Qingyuan	4.61	11.37	64
宜昌	Yichang	9.61	9.61	75	东莞	Dongguan	57.38	60.48	2
襄阳	Xiangyang	8.89	9.24	82	中山	Zhongshan	5.54	8.32	96
鄂州	Ezhou	3.09	3.12	216	潮州	Chaozhou	2.96	3.45	201
荆门	Jingmen	4.35	3.94	189	揭阳	Jieyang	7.21	7.21	112
孝感	Xiaogan	4.18	4.25	181	云浮	Yunfu	3.71	4.55	172
荆州	Jingzhou	4.64	5.10	159	**广西**	**Guangxi**	**78.49**	**82.64**	
黄冈	Huanggang	4.99	4.99	163	南宁	Nanning	20.75	20.98	32
咸宁	Xianning	1.59	1.79	259	柳州	Liuzhou	12.54	13.48	55
随州	Suizhou	4.65	4.93	165	桂林	Guilin	2.46	2.68	232
湖南	**Hunan**	**104.71**	**109.92**		梧州	Wuzhou	2.82	2.91	229
长沙	Changsha	18.23	20.47	34	北海	Beihai	4.40	4.40	178
株洲	Zhuzhou	5.17	9.53	78	防城港	Fangchenggang	3.46	3.84	190
湘潭	Xiangtan	5.23	5.23	156	钦州	Qinzhou	5.78	5.78	141
衡阳	Hengyang	4.20	6.70	118	贵港	Guigang	2.97	3.07	220
邵阳	Shaoyang	4.43	4.92	166	玉林	Yulin	9.51	9.53	78
岳阳	Yueyang	6.50	6.50	125	百色	Baise	1.21	1.25	268

8-6 城市商业服务业设施用地面积（辖区） 续表 3
Area of Land for Commercial and Business Facilities (Municipal Districts) continued 3

单位：平方公里 (sq. km)

地名	City	2016	2017	2017 排名 Ranking	地名	City	2016	2017	2017 排名 Ranking
贺州	Hezhou	2.47	2.97	227	丽江	Lijiang	2.10	2.10	252
河池	Hechi	0.65	1.18	269	普洱	Puer	2.58	2.64	233
来宾	Laibin	1.51	2.26	247	临沧	Lincang	3.10	3.10	217
崇左	Chongzuo	0.44	0.45	281	**西藏**	**Tibet**	**22.00**	**15.49**	
海南	**Hainan**	**24.64**	**16.16**		拉萨	Lasa	14.13	8.41	93
海口	Haikou	13.37	8.93	84	**陕西**	**Shaanxi**	**86.40**	**101.34**	
三亚	Sanya	5.47	0.89	275	西安	Xi'an	41.91	50.67	6
三沙	Sansha	0.01	0.01	285	铜川	Tongchuan	0.72	3.04	223
重庆	**Chongqing**	**74.82**	**77.45**		宝鸡	Baoji	10.80	11.02	69
四川	**Sichuan**	**189.68**	**207.87**		咸阳	Xianyang	0.78	3.09	218
成都	Chengdu	72.44	75.70	1	渭南	Weinan	2.92	3.14	213
自贡	Zigong	5.77	5.93	138	延安	Yan'an	2.37	2.37	242
攀枝花	Panzhihua	3.59	6.56	122	汉中	Hanzhong	5.60	5.62	146
泸州	Luzhou	6.09	6.51	124	榆林	Yulin	10.10	9.58	76
德阳	Deyang	3.15	3.66	195	安康	Ankang	1.17	1.17	270
绵阳	Mianyang	8.63	9.55	77	商洛	Shangluo	2.60	2.60	235
广元	Guangyuan	3.30	3.34	205	**甘肃**	**Gansu**	**59.95**	**57.83**	
遂宁	Suining	5.69	5.63	145	兰州	Lanzhou	21.27	21.13	31
内江	Neijiang	4.45	4.73	169	嘉峪关	Jiayuguan	7.81	6.58	121
乐山	Leshan	8.00	8.11	99	金昌	Jinchang	1.63	1.63	261
南充	Nanchong	8.30	8.83	87	白银	Baiyin	3.09	3.09	218
眉山	Meishan	8.43	8.53	92	天水	Tianshui	4.00	4.00	187
宜宾	Yibin	5.58	6.38	130	武威	Wuwei	3.01	3.06	221
广安	Guangan	2.77	2.39	241	张掖	Zhangye	3.15	3.16	211
达州	Dazhou	7.04	7.15	113	平凉	Pingliang	3.34	2.34	243
雅安	Yaan	2.39	2.47	237	酒泉	Jiuquan	5.06	5.06	160
巴中	Bazhong	0.80	0.83	277	庆阳	Qingyang	0.03	0.04	283
资阳	Ziyang	2.45	9.45	80	定西	Dingxi	0.03	0.04	283
贵州	**Guizhou**	**62.03**	**75.73**		陇南	Longnan	0.40	0.40	282
贵阳	Guiyang	25.04	27.33	20	**青海**	**Qinghai**	**8.93**	**8.91**	
六盘水	Liupanshui	4.63	4.63	170	西宁	Xining	2.37	2.43	239
遵义	Zunyi	7.20	8.41	93	海东	Haidong	1.28	1.29	266
安顺	Anshun	4.28	5.44	148	**宁夏**	**Ningxia**	**17.91**	**19.12**	
毕节	Bijie	4.20	5.20	157	银川	Yinchuan	2.93	3.22	207
铜仁	Tongren	1.31	3.37	203	石嘴山	Shizuishan	3.74	3.77	191
云南	**Yunnan**	**90.66**	**102.95**		吴忠	Wuzhong	3.26	3.55	198
昆明	Kunming	36.54	37.15	9	固原	Guyuan	2.20	2.15	249
曲靖	Qujing	9.08	12.54	57	中卫	Zhongwei	2.17	2.17	248
玉溪	Yuxi	1.53	1.86	255	**新疆**	**Xinjiang**	**94.92**	**102.38**	
保山	Baoshan	0.63	2.40	240	乌鲁木齐	Urumqi	26.70	30.81	16
昭通	Zhaotong	2.10	2.10	252	克拉玛依	Karamay	6.44	6.47	126

8-7 城市工业用地面积（辖区）
Area of Land for Industrial (Municipal Districts)

单位：平方公里 (sq. km)

地名	City	2010	2016	2017	2017 排名 Ranking	地名	City	2010	2016	2017	2017 排名 Ranking
全国	**National Total**	**8689.49**	**10525.24**	**11083.70**		沈阳	Shenyang	82.00	150.14	160.10	6
北京	**Beijing**		**263.32**	**263.09**		大连	Dalian	86.10	116.36	116.52	12
天津	**Tianjin**	**155.66**	**231.21**	**242.45**		鞍山	Anshan	53.95	53.57	53.71	37
河北	**Hebei**	**314.84**	**314.34**	**273.99**		抚顺	Fushun	40.31	47.22	47.17	49
石家庄	Shijiazhuang	31.13	16.14	15.92	140	本溪	Benxi	23.11	21.90	21.90	108
唐山	Tangshan	72.00	38.31	40.42	58	丹东	Dandong	11.50	19.05	22.60	106
秦皇岛	Qinhuangdao	16.45	27.15	14.74	150	锦州	Jinzhou	12.83	24.23	24.23	99
邯郸	Handan	16.78	19.69	18.04	127	营口	Yingkou	28.60	69.61	50.31	44
邢台	Xingtai	16.32	16.84	17.70	129	阜新	Fuxin	11.63	18.97	18.97	120
保定	Baoding	38.29	46.26	46.77	50	辽阳	Liaoyang	26.69	26.98	27.12	90
张家口	Zhangjiakou	18.05	18.98	8.37	204	盘锦	Panjin	10.96	37.27	22.89	105
承德	Chengde	8.64	12.48	12.80	161	铁岭	Tieling	8.33	10.06	17.04	134
沧州	Cangzhou	7.10	11.65	11.40	169	朝阳	Chaoyang	2.50	17.30	18.02	128
廊坊	Langfang	6.03	7.17	7.17	214	葫芦岛	Huludao	19.00	22.90	34.16	64
衡水	Hengshui	4.37	16.75	6.68	222	**吉林**	**Jilin**	**242.87**	**274.71**	**286.83**	
山西	**Shanxi**	**171.35**	**174.67**	**143.33**		长春	Changchun	94.91	119.58	120.76	9
太原	Taiyuan	63.53	81.00	52.00	42	吉林	Jilin	44.13	55.61	55.61	35
大同	Datong	19.51	14.45	14.45	152	四平	Siping	10.70	10.94	11.95	164
阳泉	Yangquan	10.84	10.36	11.32	171	辽源	Liaoyuan	8.82	8.81	8.81	198
长治	Changzhi	11.78	12.97	12.97	159	通化	Tonghua	9.68	6.27	8.01	208
晋城	Jincheng	6.85	3.60	4.00	252	白山	Baishan	5.29	6.31	6.54	227
朔州	Shuozhou	4.57	0.98	0.98	278	松原	Songyuan	7.90	6.80	6.80	220
晋中	Jinzhong	9.68	8.98	9.78	190	白城	Baicheng	5.71	11.66	11.64	168
运城	Yuncheng	5.01	4.89	3.89	254	**黑龙江**	**Heilongjiang**	**338.80**	**357.51**	**357.68**	
忻州	Xinzhou	4.23	4.20	1.22	276	哈尔滨	Harbin	82.98	94.74	94.74	14
临汾	Linfen	3.00	1.30	1.30	274	齐齐哈尔	Qiqihar	39.80	30.85	30.85	81
吕梁	Lvliang	5.11	4.00	5.35	235	鸡西	Jixi	9.94	9.94	9.94	187
内蒙古	**Inner Mongolia**	**205.62**	**165.33**	**161.40**		鹤岗	Hegang	11.89	11.27	11.27	172
呼和浩特	Hohhot	25.85	18.80	19.29	118	双鸭山	Shuangyashan	10.00	12.35	9.35	193
包头	Baotou	52.46	52.50	52.50	41	大庆	Daqing	67.35	74.99	75.06	24
乌海	Wuhai	14.70	1.56	1.68	270	伊春	Yichun	19.17	18.80	18.95	121
赤峰	Chifeng	21.48	14.74	13.70	156	佳木斯	Jiamusi	16.07	17.67	15.26	145
通辽	Tongliao	10.08	8.16	8.16	206	七台河	Qitaihe	13.47	9.23	9.23	195
鄂尔多斯	Erdos	4.56	3.57	3.57	255	牡丹江	Mudanjiang	16.14	17.38	18.85	122
呼伦贝尔	Hulunbuir	21.52	10.61	10.61	180	黑河	Heihe	4.13	2.13	2.13	262
巴彦淖尔	Bayannur	3.00	10.57	5.61	234	绥化	Suihua	4.50	11.82	11.82	167
乌兰察布	Ulanqab	2.60	6.10	6.28	229	**上海**	**Shanghai**		**555.75**	**550.59**	
辽宁	**Liaoning**	**506.75**	**711.73**	**719.31**		**江苏**	**Jiangsu**	**896.33**	**1009.40**	**1064.76**	

8-7 城市工业用地面积（辖区） 续表 1

Area of Land for Industrial (Municipal Districts) continued 1

单位：平方公里 (sq. km)

地名	City	2010	2016	2017	2017 排名 Ranking	地名	City	2010	2016	2017	2017 排名 Ranking
南京	Nanjing	161.81	158.86	163.21	5	池州	Chizhou	5.27	4.55	5.32	236
无锡	Wuxi	56.57	69.15	70.75	25	宣城	Xuancheng	10.40	16.25	17.17	133
徐州	Xuzhou	35.15	28.50	30.04	84	**福建**	**Fujian**	**219.32**	**237.21**	**276.01**	
常州	Changzhou	35.94	77.30	88.77	16	福州	Fuzhou	37.85	35.00	40.66	57
苏州	Suzhou	119.80	128.62	129.21	8	厦门	Xiamen	63.00	84.20	84.74	18
南通	Nantong	52.48	21.27	61.22	28	莆田	Putian	10.89	15.23	15.23	146
连云港	Lianyungang	34.10	54.17	56.12	34	三明	Sanming	10.18	11.00	11.00	176
淮安	Huaian	46.30	67.78	77.11	23	泉州	Quanzhou	18.00	6.10	44.30	52
盐城	Yancheng	21.90	50.17	50.53	43	漳州	Zhangzhou	13.54	14.96	15.03	148
扬州	Yangzhou	27.75	36.74	34.15	65	南平	Nanping	5.73	8.30	12.03	163
镇江	Zhenjiang	35.71	38.10	41.20	56	龙岩	Longyan	7.55	7.05	7.38	212
泰州	Taizhou	25.15	47.77	47.87	48	宁德	Ningde	2.46	4.91	6.41	228
宿迁	Suqian	16.37	24.54	25.44	95	**江西**	**Jiangxi**	**193.07**	**240.05**	**277.54**	
浙江	**Zhejiang**	**573.55**	**565.74**	**588.52**		南昌	Nanchang	37.45	41.48	61.00	30
杭州	Hangzhou	51.25	83.22	89.43	15	景德镇	Jingdezhen	18.93	20.80	20.80	115
宁波	Ningbo	118.28	115.93	117.98	10	萍乡	Pingxiang	7.65	8.68	8.68	201
温州	Wenzhou	34.66	5.62	5.73	230	九江	Jiujiang	23.44	24.78	26.98	91
嘉兴	Jiaxing	27.61	20.50	33.48	68	新余	Xinyu	11.05	22.10	16.15	138
湖州	Huzhou	35.23	29.57	29.57	86	鹰潭	Yingtan	2.85	6.87	6.90	217
绍兴	Shaoxing	23.00	59.58	61.21	29	赣州	Ganzhou	11.50	30.16	32.08	75
金华	Jinhua	16.07	23.30	24.72	98	吉安	Jian	7.40	4.56	15.39	144
衢州	Quzhou	18.47	24.96	25.64	94	宜春	Yichun	7.10	10.17	11.07	174
舟山	Zhoushan	7.46	7.63	6.62	224	抚州	Fuzhou	6.73	12.08	18.45	125
台州	Taizhou	46.29	33.49	33.89	67	上饶	Shangrao	5.68	4.39	4.43	244
丽水	Lishui	3.53	4.36	4.36	246	**山东**	**Shandong**	**775.69**	**997.09**	**1024.96**	
安徽	**Anhui**	**327.39**	**357.01**	**370.71**		济南	Jinan	65.33	86.61	88.03	17
合肥	Hefei	61.88	79.05	79.55	20	青岛	Qingdao	65.67	124.20	150.05	7
芜湖	Wuhu	26.00	14.00	14.00	153	淄博	Zibo	66.39	75.86	78.34	22
蚌埠	Bengbu	21.20	25.21	25.30	96	枣庄	Zaozhuang	16.40	23.42	23.79	100
淮南	Huainan	15.50	20.65	18.65	123	东营	Dongying	24.80	27.19	31.45	78
马鞍山	Maanshan	28.15	32.35	32.82	73	烟台	Yantai	60.78	66.59	62.25	27
淮北	Huaibei	19.08	18.75	19.10	119	潍坊	Weifang	36.16	33.10	33.10	70
铜陵	Tongling	9.30	13.00	13.20	158	济宁	Jining	26.04	53.13	48.99	47
安庆	Anqing	24.01	9.11	9.48	191	泰安	Taian	19.40	39.42	38.65	60
黄山	Huangshan	5.94	8.92	9.87	188	威海	Weihai	39.78	54.63	54.73	36
滁州	Chuzhou	19.30	22.96	23.15	103	日照	Rizhao	18.59	20.86	21.03	114
阜阳	Fuyang	9.02	19.90	21.72	110	莱芜	Laiwu	7.29	23.10	14.87	149
宿州	Suzhou	13.19	15.60	16.02	139	临沂	Linyi	29.09	37.66	37.90	61
六安	Liuan	12.05	13.47	13.65	157	德州	Dezhou	15.62	40.69	41.38	55
亳州	Bozhou	7.96	13.95	13.95	154	聊城	Liaocheng	14.46	19.93	21.42	112

8-7 城市工业用地面积（辖区） 续表 2

Area of Land for Industrial (Municipal Districts) continued 2

单位：平方公里 (sq. km)

地名	City	2010	2016	2017	2017 排名 Ranking	地名	City	2010	2016	2017	2017 排名 Ranking
滨州	Binzhou	15.33	31.74	31.74	77	常德	Changde	18.67	18.34	20.55	116
菏泽	Heze	17.36	28.16	30.10	82	张家界	Zhangjiajie	1.02	1.51	1.53	271
河南	**Henan**	**338.30**	**378.44**	**386.42**		益阳	Yiyang	12.85	5.00	5.71	231
郑州	Zhengzhou	35.73	36.68	43.48	53	郴州	Chenzhou	25.40	6.56	6.63	223
开封	Kaifeng	21.28	25.67	25.67	93	永州	Yongzhou	5.90	7.80	7.85	209
洛阳	Luoyang	37.64	36.78	36.78	63	怀化	Huaihua	5.00	2.20	2.20	261
平顶山	Pingdingshan	15.54	15.54	15.54	141	娄底	Loudi	9.92	2.53	11.40	169
安阳	Anyang	16.56	12.81	11.85	166	**广东**	**Guangdong**	**1364.34**	**1375.75**	**1488.04**	
鹤壁	Hebi	15.60	16.41	16.41	136	广州	Guangzhou	213.48	186.37	190.21	4
新乡	Xinxiang	22.60	26.24	26.56	92	韶关	Shaoguan	21.92	23.49	28.80	88
焦作	Jiaozuo	16.27	27.32	27.32	89	深圳	Shenzhen	296.21	273.42	273.14	2
濮阳	Puyang	5.39	5.70	5.70	232	珠海	Zhuhai	76.20	80.94	83.32	19
许昌	Xuchang	13.27	12.00	10.44	183	汕头	Shantou	38.84	27.13	30.06	83
漯河	Luohe	7.55	5.60	5.65	233	佛山	Foshan	40.13	37.18	44.35	51
三门峡	Sanmenxia	3.55	2.85	5.09	238	江门	Jiangmen	49.52	12.71	41.70	54
南阳	Nanyang	17.47	30.16	31.16	79	湛江	Zhanjiang	17.04	14.23	4.12	250
商丘	Shangqiu	6.00	1.39	1.39	273	茂名	Maoming	12.25	13.79	30.92	80
信阳	Xinyang	14.29	15.18	16.23	137	肇庆	Zhaoqing	17.96	31.93	32.24	74
周口	Zhoukou	4.40	4.75	5.15	237	惠州	Huizhou	65.12	65.15	65.97	26
驻马店	Zhumadian	11.78	14.78	8.04	207	梅州	Meizhou	7.56	4.64	4.88	241
湖北	**Hubei**	**434.55**	**460.41**	**573.79**		汕尾	Shanwei	16.90	3.22	4.02	251
武汉	Wuhan	154.85	102.49	212.93	3	河源	Heyuan	6.26	6.50		
黄石	Huangshi	19.44	20.31	21.17	113	阳江	Yangjiang	5.93	21.58	7.83	210
十堰	Shiyan	18.01	32.50	32.98	72	清远	Qingyuan	19.64	10.24	58.38	33
宜昌	Yichang	31.72	36.76	36.85	62	东莞	Dongguan	329.44	367.94	385.06	1
襄阳	Xiangyang	26.86	47.38	49.94	46	中山	Zhongshan	26.85	32.78	39.07	59
鄂州	Ezhou	12.89	15.50	15.50	143	潮州	Chaozhou	8.09	8.89	10.74	178
荆门	Jingmen	12.35	12.37	11.90	165	揭阳	Jieyang		59.30	59.30	32
孝感	Xiaogan	6.11	13.74	13.85	155	云浮	Yunfu		5.56	7.10	215
荆州	Jingzhou	16.23	22.04	22.04	107	**广西**	**Guangxi**	**171.89**	**204.10**	**220.45**	
黄冈	Huanggang	5.47	8.66	8.66	202	南宁	Nanning	20.50	33.51	33.95	66
咸宁	Xianning	13.03	11.35	12.25	162	柳州	Liuzhou	40.27	43.74	53.19	38
随州	Suizhou	9.20	10.00	10.46	181	桂林	Guilin	14.50	18.14	18.32	126
湖南	**Hunan**	**257.27**	**201.98**	**239.66**		梧州	Wuzhou	10.38	8.51	8.72	200
长沙	Changsha	30.08	27.28	33.04	71	北海	Beihai	7.50	5.20	6.86	218
株洲	Zhuzhou	23.66	27.42	33.35	69	防城港	Fangchenggang	2.19	8.60	8.83	197
湘潭	Xiangtan	31.10	12.88	12.88	160	钦州	Qinzhou	14.99	21.68	21.68	111
衡阳	Hengyang	21.60	27.38	29.70	85	贵港	Guigang	13.13	16.31	17.31	132
邵阳	Shaoyang	3.36	3.73	4.36	246	玉林	Yulin	8.75	2.18	2.21	260
岳阳	Yueyang	17.20	18.10	18.50	124	百色	Baise	6.81	7.14	7.19	213

8-7 城市工业用地面积（辖区） 续表 3

Area of Land for Industrial (Municipal Districts) continued 3

单位：平方公里 (sq. km)

地名	City	2010	2016	2017	2017 排名 Ranking	地名	City	2010	2016	2017	2017 排名 Ranking
贺州	Hezhou	5.24	4.81	6.81	219	丽江	Lijiang	0.98	2.00	2.00	265
河池	Hechi	3.57	5.03	9.18	196	普洱	Puer	2.37	0.49	0.49	283
来宾	Laibin	3.91	6.22	6.74	221	临沧	Lincang	0.40	1.70	1.70	269
崇左	Chongzuo	2.38	2.43	2.43	258	**西藏**	**Tibet**	**7.95**	**19.70**	**14.78**	
海南	**Hainan**	**20.47**	**22.25**	**16.99**		拉萨	Lasa	7.17	15.71	10.43	184
海口	Haikou	10.20	12.31	8.81	198	**陕西**	**Shaanxi**	**136.29**	**132.41**	**145.98**	
三亚	Sanya	0.59	3.00	2.43	258	西安	Xi'an	61.29	62.50	78.42	21
三沙	Sansha					铜川	Tongchuan	8.41	8.53	6.62	224
重庆	**Chongqing**	**200.94**	**246.83**	**244.58**		宝鸡	Baoji	17.92	15.98	16.42	135
四川	**Sichuan**	**344.84**	**441.83**	**450.81**		咸阳	Xianyang	15.20	17.40	14.68	151
成都	Chengdu	89.93	114.70	117.84	11	渭南	Weinan	9.13	4.84	5.09	238
自贡	Zigong	20.68	28.72	29.11	87	延安	Yan'an	1.53	2.13	2.13	262
攀枝花	Panzhihua	24.18	24.67	22.91	104	汉中	Hanzhong	4.40	4.80	4.81	242
泸州	Luzhou	14.20	19.65	23.45	102	榆林	Yulin	4.68	6.59	6.59	226
德阳	Deyang	16.14	21.31	23.47	101	安康	Ankang	0.80	0.79	0.79	279
绵阳	Mianyang	27.14	31.90	31.90	76	商洛	Shangluo	1.48	0.60	0.60	281
广元	Guangyuan	6.06	10.93	11.23	173	**甘肃**	**Gansu**	**99.73**	**129.70**	**171.35**	
遂宁	Suining	7.75	14.73	10.67	179	兰州	Lanzhou	21.36	49.40	50.16	45
内江	Neijiang	6.98	14.24	15.14	147	嘉峪关	Jiayuguan	7.14	9.32	52.89	40
乐山	Leshan	10.76	9.71	9.39	192	金昌	Jinchang	14.83	17.47	17.47	130
南充	Nanchong	11.60	17.90	20.25	117	白银	Baiyin	12.45	21.78	21.78	109
眉山	Meishan	5.56	6.76	6.97	216	天水	Tianshui	8.40	10.33	10.33	185
宜宾	Yibin	3.43	9.45	10.46	181	武威	Wuwei	4.50	0.54	0.56	282
广安	Guangan	5.71	4.54	10.32	186	张掖	Zhangye	5.49	1.96	1.97	266
达州	Dazhou	11.40	15.34	15.53	142	平凉	Pingliang	4.38	3.48	3.48	256
雅安	Yaan	2.93	7.05	8.25	205	酒泉	Jiuquan	4.50	2.82	3.09	257
巴中	Bazhong	0.65	1.20	1.30	274	庆阳	Qingyang	1.20	3.90	1.89	268
资阳	Ziyang	9.36	11.67	4.37	245	定西	Dingxi	2.10	3.78	2.09	264
贵州	**Guizhou**	**86.25**	**122.86**	**155.24**		陇南	Longnan	0.40	0.16	0.16	284
贵阳	Guiyang	32.34	46.09	60.07	31	**青海**	**Qinghai**	**17.94**	**13.18**	**13.23**	
六盘水	Liupanshui	15.02	9.83	9.83	189	西宁	Xining	11.39	4.23	4.28	248
遵义	Zunyi	8.00	16.01	24.82	97	海东	Haidong		0.99	0.99	277
安顺	Anshun	5.03	11.35	11.02	175	**宁夏**	**Ningxia**	**26.21**	**41.08**	**42.58**	
毕节	Bijie	6.80	8.25	8.56	203	银川	Yinchuan	14.78	16.65	17.47	130
铜仁	Tongren	0.14	4.38	3.90	253	石嘴山	Shizuishan	1.19	9.14	9.32	194
云南	**Yunnan**	**121.51**	**111.20**	**122.57**		吴忠	Wuzhong	1.60	7.26	7.47	211
昆明	Kunming	73.27	52.81	53.14	39	固原	Guyuan	1.30	1.51	1.51	272
曲靖	Qujing	9.20	8.55	10.83	177	中卫	Zhongwei	2.85	0.77	0.76	280
玉溪	Yuxi	2.00	3.82	4.60	243	**新疆**	**Xinjiang**	**139.77**	**168.45**	**196.06**	
保山	Baoshan	1.23	1.00	1.90	267	乌鲁木齐	Urumqi	65.90	80.20	103.27	13
昭通	Zhaotong	1.94	4.94	4.98	240	克拉玛依	Karamay	4.34	4.25	4.25	249

8-8 城市物流仓储用地面积（辖区）

Area of Land for Logistics and Warehouse (Municipal Districts)

单位：平方公里 (sq. km)

地名	City	2010	2016	2017	2017 排名 Ranking
全国	**National Total**	**1186.99**	**1617.31**	**1664.99**	
北京	**Beijing**		**51.51**	**51.32**	
天津	**Tianjin**	**23.46**	**66.01**	**60.12**	
河北	**Hebei**	**60.53**	**64.06**	**60.86**	
石家庄	Shijiazhuang	7.87	5.87	5.09	65
唐山	Tangshan	7.25	4.36	4.91	67
秦皇岛	Qinhuangdao	5.18	4.62	4.62	73
邯郸	Handan	6.54	12.07	13.83	17
邢台	Xingtai	1.86	2.01	2.41	132
保定	Baoding	2.99	4.58	4.58	74
张家口	Zhangjiakou	6.05	7.39	2.97	117
承德	Chengde	1.19	1.86	1.88	169
沧州	Cangzhou	4.28	2.56	2.12	149
廊坊	Langfang	2.87	2.87	2.87	121
衡水	Hengshui	2.00	2.05	1.64	186
山西	**Shanxi**	**30.13**	**38.92**	**38.25**	
太原	Taiyuan	8.80	12.00	12.00	20
大同	Datong	3.70	5.20	5.64	59
阳泉	Yangquan	1.37	1.31	1.32	207
长治	Changzhi	2.59	2.59	2.59	128
晋城	Jincheng	1.23		1.00	226
朔州	Shuozhou	0.87	1.85	1.85	172
晋中	Jinzhong	2.57	3.92	4.02	85
运城	Yuncheng	1.80	2.00	1.20	214
忻州	Xinzhou	0.71	0.31	0.83	241
临汾	Linfen	0.96	1.53	1.53	190
吕梁	Lvliang	0.63	0.70	0.02	279
内蒙古	**Inner Mongolia**	**42.73**	**39.91**	**48.26**	
呼和浩特	Hohhot	5.92	8.46	8.51	33
包头	Baotou	6.03	7.50	7.50	44
乌海	Wuhai	1.80	1.02	1.02	224
赤峰	Chifeng	2.01	1.38	7.55	43
通辽	Tongliao	3.26	5.29	5.29	64
鄂尔多斯	Erdos	1.55	0.05	0.05	278
呼伦贝尔	Hulunbuir	6.00	1.13	1.13	220
巴彦淖尔	Bayannur	2.00	1.44	4.19	80
乌兰察布	Ulanqab	1.20	1.10		
辽宁	**Liaoning**	**77.03**	**71.90**	**65.52**	
沈阳	Shenyang	8.00	13.91	11.30	22
大连	Dalian	18.10	10.97	10.29	25
鞍山	Anshan	3.41	3.92	3.94	91
抚顺	Fushun	4.91	4.91	4.91	67
本溪	Benxi	1.68	0.93	0.93	233
丹东	Dandong	1.79	1.83	2.36	134
锦州	Jinzhou	1.71	4.70	4.70	71
营口	Yingkou	6.40	7.38	6.67	49
阜新	Fuxin	2.98	3.20	3.20	109
辽阳	Liaoyang	7.05	7.05	7.05	46
盘锦	Panjin	3.71	2.33	1.98	160
铁岭	Tieling	1.17			
朝阳	Chaoyang	2.00	0.58	0.59	254
葫芦岛	Huludao	2.50	0.81	0.91	236
吉林	**Jilin**	**40.76**	**45.85**	**47.78**	
长春	Changchun	11.47	16.83	17.00	11
吉林	Jilin	3.35	5.34	5.34	63
四平	Siping	1.66		0.15	275
辽源	Liaoyuan	0.84	0.84	0.84	239
通化	Tonghua	1.01	1.90	1.94	166
白山	Baishan	1.28	1.07	1.00	226
松原	Songyuan	1.11	1.22	1.22	211
白城	Baicheng	2.72	3.51	3.49	100
黑龙江	**Heilongjiang**	**81.83**	**72.41**	**71.43**	
哈尔滨	Harbin	8.26	11.10	11.10	23
齐齐哈尔	Qiqihar	7.60	5.60	5.60	60
鸡西	Jixi	1.93	1.93	1.93	167
鹤岗	Hegang	1.55	1.02	1.02	224
双鸭山	Shuangyashan	1.50	1.95	1.95	163
大庆	Daqing	20.04	21.02	21.02	6
伊春	Yichun	6.78	4.58	4.76	69
佳木斯	Jiamusi	3.78	3.48	2.82	123
七台河	Qitaihe	6.09	0.97	0.97	231
牡丹江	Mudanjiang	3.22	3.24	2.12	149
黑河	Heihe	1.25	1.15	1.15	218
绥化	Suihua	1.60	1.37	1.37	204
上海	**Shanghai**		**58.55**	**57.03**	
江苏	**Jiangsu**	**92.52**	**116.00**	**121.87**	

注：本表2011年及以前年份数据统计口径为仓储用地。

Note: The table data statistics caliber and before the year of 2011 warehouse land.

8-8 城市物流仓储用地面积（辖区） 续表 1

Area of Land for Logistics and Warehouse (Municipal Districts) continued 1

单位：平方公里 (sq. km)

地名	City	2010	2016	2017	2017 排名 Ranking	地名	City	2010	2016	2017	2017 排名 Ranking
南京	Nanjing	16.27	18.33	21.23	5	池州	Chizhou	1.33	1.35	1.38	203
无锡	Wuxi	4.61	5.89	6.29	52	宣城	Xuancheng	0.90	0.62	0.75	246
徐州	Xuzhou	4.22	21.87	22.17	4	**福建**	**Fujian**	**22.05**	**34.77**	**34.84**	
常州	Changzhou	2.94	6.38	6.35	50	福州	Fuzhou	2.50	1.60	1.98	160
苏州	Suzhou	4.31	7.72	8.08	38	厦门	Xiamen	6.41	7.80	9.55	29
南通	Nantong	5.49	4.97	6.24	53	莆田	Putian	0.36	1.65	1.65	184
连云港	Lianyungang	7.78	13.66	14.27	15	三明	Sanming	1.15	1.90	1.35	206
淮安	Huaian	4.15	2.82	3.77	95	泉州	Quanzhou	1.20	5.50	5.50	61
盐城	Yancheng	4.50	3.75	3.97	90	漳州	Zhangzhou	0.83	0.83	0.85	238
扬州	Yangzhou	2.15	1.80	1.67	182	南平	Nanping	1.03	1.65	0.83	241
镇江	Zhenjiang	7.82	5.40	3.26	106	龙岩	Longyan	1.50	0.88	0.95	232
泰州	Taizhou	2.77	4.02	4.04	84	宁德	Ningde	0.09	0.38	0.38	267
宿迁	Suqian	2.28	1.48	1.48	198	**江西**	**Jiangxi**	**24.23**	**28.81**	**33.66**	
浙江	**Zhejiang**	**47.34**	**61.80**	**65.99**		南昌	Nanchang	3.32	3.68	4.05	83
杭州	Hangzhou	6.44	9.33	10.22	26	景德镇	Jingdezhen	3.05	1.70	1.70	180
宁波	Ningbo	11.24	15.99	16.14	12	萍乡	Pingxiang	1.03	1.18	1.18	216
温州	Wenzhou	3.38	7.48	7.56	41	九江	Jiujiang	1.70	1.93	2.33	136
嘉兴	Jiaxing	1.60	2.06	4.93	66	新余	Xinyu	1.53	0.84	0.84	239
湖州	Huzhou	2.96	1.22	1.22	211	鹰潭	Yingtan	1.00	1.41	1.42	201
绍兴	Shaoxing	1.18	3.68	3.69	97	赣州	Ganzhou	2.10	3.81	5.76	57
金华	Jinhua	3.39	1.26	1.32	207	吉安	Jian	1.21	1.71	1.53	190
衢州	Quzhou	1.06	2.03	2.01	157	宜春	Yichun	1.25	3.89	3.91	92
舟山	Zhoushan	0.43	0.56	0.56	257	抚州	Fuzhou	1.07	1.24	3.23	107
台州	Taizhou	2.44	0.79	0.82	243	上饶	Shangrao	0.98	0.38	0.39	266
丽水	Lishui	0.28	0.35	0.35	270	**山东**	**Shandong**	**110.87**	**143.46**	**155.09**	
安徽	**Anhui**	**37.29**	**54.15**	**54.63**		济南	Jinan	7.60	9.97	10.13	27
合肥	Hefei	5.13	5.15	5.35	62	青岛	Qingdao	14.29	25.08	31.70	2
芜湖	Wuhu	3.50	4.00	4.00	88	淄博	Zibo	4.24	6.88	6.88	47
蚌埠	Bengbu	2.37	9.95	10.00	28	枣庄	Zaozhuang	3.99	4.74	4.76	69
淮南	Huainan	2.20	1.00	1.00	226	东营	Dongying	2.51	3.23	3.75	96
马鞍山	Maanshan	3.59	2.13	1.79	177	烟台	Yantai	7.51	15.57	15.71	14
淮北	Huaibei	0.71	2.94	2.94	118	潍坊	Weifang	5.53	5.67	5.67	58
铜陵	Tongling	3.40	5.77	5.77	56	济宁	Jining	6.10	4.48	4.53	76
安庆	Anqing	1.89	4.00	4.02	85	泰安	Taian	0.75	1.69	1.69	181
黄山	Huangshan	0.43	0.72	0.58	256	威海	Weihai	3.40	3.39	3.68	98
滁州	Chuzhou	2.10	1.67	1.67	182	日照	Rizhao	3.80	1.63	1.65	184
阜阳	Fuyang	1.12	4.30	4.57	75	莱芜	Laiwu	1.57	3.80	1.85	172
宿州	Suzhou	3.55	2.81	3.00	115	临沂	Linyi	4.46	7.93	8.41	35
六安	Liuan	0.63	1.67	1.86	171	德州	Dezhou	3.65	2.90	2.90	120
亳州	Bozhou	0.89	2.28	2.30	139	聊城	Liaocheng	2.92	2.68	2.69	125

8-8 城市物流仓储用地面积（辖区） 续表 2
Area of Land for Logistics and Warehouse (Municipal Districts) continued 2

单位：平方公里 (sq. km)

地名	City	2010	2016	2017	2017 排名 Ranking	地名	City	2010	2016	2017	2017 排名 Ranking
滨州	Binzhou	1.53	2.82	3.02	114	常德	Changde	2.41	4.08	4.12	82
菏泽	Heze	1.39	5.45	10.91	24	张家界	Zhangjiajie	5.74			
河南	**Henan**	**61.54**	**78.02**	**80.92**		益阳	Yiyang	0.73			
郑州	Zhengzhou	13.63	16.46	19.51	9	郴州	Chenzhou	3.30	2.03	2.05	154
开封	Kaifeng	2.30	2.69	2.69	125	永州	Yongzhou	1.90	2.76	2.11	151
洛阳	Luoyang	2.39	11.35	11.35	21	怀化	Huaihua	4.00	2.02	2.02	155
平顶山	Pingdingshan	3.27	3.27	3.27	105	娄底	Loudi	1.36	1.36	1.26	209
安阳	Anyang	2.85	3.20	3.20	109	**广东**	**Guangdong**	**102.92**	**140.45**	**127.36**	
鹤壁	Hebi	1.03	1.03	1.03	223	广州	Guangzhou	18.18	19.79	20.02	8
新乡	Xinxiang	2.76	1.93	1.95	163	韶关	Shaoguan	1.09	4.02	2.31	138
焦作	Jiaozuo	1.23	1.81	1.81	175	深圳	Shenzhen	13.48	20.32	20.16	7
濮阳	Puyang	1.30	1.60	1.60	188	珠海	Zhuhai	15.90	6.11	9.15	32
许昌	Xuchang	3.82	2.00	2.10	152	汕头	Shantou	7.85	14.28	13.61	18
漯河	Luohe	2.03	2.20	2.22	144	佛山	Foshan	4.56	18.72	6.33	51
三门峡	Sanmenxia	0.28	1.57	0.49	261	江门	Jiangmen	2.98	0.82	0.92	235
南阳	Nanyang	2.67	4.23	4.34	78	湛江	Zhanjiang	3.11	3.65	4.15	81
商丘	Shangqiu	1.30	0.70	0.70	247	茂名	Maoming	2.83	2.74	1.52	192
信阳	Xinyang	3.01	2.80	2.99	116	肇庆	Zhaoqing	1.19	2.17	2.17	147
周口	Zhoukou	2.20	2.54	2.94	118	惠州	Huizhou	5.00	6.10	6.12	54
驻马店	Zhumadian	0.37	1.22	1.22	211	梅州	Meizhou	1.89	0.31	0.31	271
湖北	**Hubei**	**59.36**	**61.00**	**72.54**		汕尾	Shanwei	1.20	0.25	0.25	272
武汉	Wuhan	15.94	13.02	25.55	3	河源	Heyuan	0.62	1.00		
黄石	Huangshi	1.72	0.52	0.52	259	阳江	Yangjiang	0.50	0.88	0.53	258
十堰	Shiyan	2.40	3.50	3.50	99	清远	Qingyuan	0.21	2.00	1.91	168
宜昌	Yichang	2.73	7.91	7.92	39	东莞	Dongguan	7.74	15.83	16.07	13
襄阳	Xiangyang	1.16	2.61	2.61	127	中山	Zhongshan	0.76	1.46	1.52	192
鄂州	Ezhou	1.37	2.28	2.28	142	潮州	Chaozhou	0.42	0.66	0.93	233
荆门	Jingmen	2.12	1.51	1.51	195	揭阳	Jieyang		1.20	1.20	214
孝感	Xiaogan	1.20	1.88	1.95	163	云浮	Yunfu		1.78	3.32	103
荆州	Jingzhou	1.75	2.14	2.14	148	**广西**	**Guangxi**	**30.17**	**50.23**	**52.48**	
黄冈	Huanggang	0.42	1.08	1.08	222	南宁	Nanning	6.25	7.54	7.58	40
咸宁	Xianning	0.94	0.23	0.43	264	柳州	Liuzhou	4.27	8.38	9.27	31
随州	Suizhou	1.63	1.63	1.78	178	桂林	Guilin	2.54	3.13	3.33	102
湖南	**Hunan**	**54.99**	**44.86**	**45.27**		梧州	Wuzhou	1.57	2.30	2.30	139
长沙	Changsha	7.15	7.18	7.56	41	北海	Beihai	0.47	2.00	2.00	158
株洲	Zhuzhou	2.20	2.95	3.03	113	防城港	Fangchenggang	1.93	3.96	4.46	77
湘潭	Xiangtan	2.99	4.27	4.30	79	钦州	Qinzhou	2.88	8.35	8.35	36
衡阳	Hengyang	3.15	2.66	3.10	111	贵港	Guigang	2.15	2.52	2.52	131
邵阳	Shaoyang	3.00	2.31	2.85	122	玉林	Yulin	1.16	2.19	2.28	142
岳阳	Yueyang	3.10	4.00	4.00	88	百色	Baise	1.41	2.21	2.22	144

8-8 城市物流仓储用地面积（辖区） 续表 3
Area of Land for Logistics and Warehouse (Municipal Districts) continued 3

单位：平方公里 (sq. km)

地名	City	2010	2016	2017	2017 排名 Ranking
贺州	Hezhou	0.65	0.50	0.51	260
河池	Hechi	1.01	0.69	1.17	217
来宾	Laibin	1.00	1.83	1.85	172
崇左	Chongzuo	0.45	0.60	0.60	251
海南	**Hainan**	**3.58**	**6.26**	**2.68**	
海口	Haikou	1.26	2.85	0.59	254
三亚	Sanya	0.40	1.42	0.10	277
三沙	Sansha				
重庆	**Chongqing**	**16.87**	**29.08**	**30.99**	
四川	**Sichuan**	**34.97**	**64.41**	**70.86**	
成都	Chengdu	6.60	17.81	18.38	10
自贡	Zigong	0.71	1.82	2.02	155
攀枝花	Panzhihua	3.60	3.82	3.42	101
泸州	Luzhou	1.43	1.52	1.76	179
德阳	Deyang	0.55	0.78	1.23	210
绵阳	Mianyang	1.71	2.11	2.34	135
广元	Guangyuan	1.08	1.50	1.56	189
遂宁	Suining	0.73	2.58	2.58	129
内江	Neijiang	0.69	2.08	2.20	146
乐山	Leshan	1.06	1.35	0.98	230
南充	Nanchong	3.74	6.20	6.78	48
眉山	Meishan	0.83	1.47	1.51	195
宜宾	Yibin	3.08	3.65	4.01	87
广安	Guangan	0.48	1.66	4.65	72
达州	Dazhou	0.91	3.80	3.84	93
雅安	Yaan	0.32	0.42	0.48	262
巴中	Bazhong	0.20	0.66	0.66	250
资阳	Ziyang	0.36	0.65	1.40	202
贵州	**Guizhou**	**17.57**	**25.36**	**27.94**	
贵阳	Guiyang	6.17	9.24	9.51	30
六盘水	Liupanshui	1.81	0.82	0.82	243
遵义	Zunyi	1.00	2.42	1.15	218
安顺	Anshun	0.66	2.05	2.71	124
毕节	Bijie	2.20	2.98	3.30	104
铜仁	Tongren	1.90	2.21	1.80	176
云南	**Yunnan**	**22.34**	**29.99**	**36.51**	
昆明	Kunming	10.07	12.09	12.11	19
曲靖	Qujing	1.33	1.54	2.33	136
玉溪	Yuxi	0.52	0.02	3.23	107
保山	Baoshan	0.30	0.80	0.80	245
昭通	Zhaotong	0.96	1.00	1.00	226
丽江	Lijiang	0.12	2.08	2.08	153
普洱	Puer	0.40	2.30	2.30	139
临沧	Lincang	0.31	0.45	0.45	263
西藏	**Tibet**	**2.60**	**4.88**	**4.20**	
拉萨	Lasa	1.75	2.83	1.97	162
陕西	**Shaanxi**	**22.76**	**24.64**	**27.14**	
西安	Xi'an	11.61	10.35	14.12	16
铜川	Tongchuan	0.37	0.28	0.36	268
宝鸡	Baoji	3.04	2.91	3.10	111
咸阳	Xianyang	2.41	2.52	0.68	248
渭南	Weinan	0.75	1.51	1.51	195
延安	Yan'an	0.25	0.24	0.24	273
汉中	Hanzhong	1.35	1.45	1.45	200
榆林	Yulin	0.80	0.91	0.91	236
安康	Ankang	0.20	0.15	0.15	275
商洛	Shangluo	0.30	2.00	2.00	158
甘肃	**Gansu**	**22.14**	**28.66**	**30.37**	
兰州	Lanzhou	2.29	7.89	8.15	37
嘉峪关	Jiayuguan	1.87	2.86	3.82	94
金昌	Jinchang	1.09	1.46	1.46	199
白银	Baiyin	3.32	1.36	1.36	205
天水	Tianshui	5.79	5.79	5.79	55
武威	Wuwei	0.80		0.36	268
张掖	Zhangye	1.29	2.56	2.56	130
平凉	Pingliang	0.34	1.87	1.87	170
酒泉	Jiuquan	2.50	1.00	1.10	221
庆阳	Qingyang	0.60	0.60	0.60	251
定西	Dingxi	0.40	1.52	1.52	192
陇南	Longnan	0.16	0.02	0.02	279
青海	**Qinghai**	**5.02**	**19.21**	**13.42**	
西宁	Xining	3.28	14.24	8.50	34
海东	Haidong		1.61	1.61	187
宁夏	**Ningxia**	**10.64**	**13.87**	**13.50**	
银川	Yinchuan	5.42	7.43	7.47	45
石嘴山	Shizuishan	1.35	0.20	0.20	274
吴忠	Wuzhong	0.17	0.43	0.43	264
固原	Guyuan	0.41	2.81	2.40	133
中卫	Zhongwei	0.72	0.60	0.60	251
新疆	**Xinjiang**	**28.75**	**48.28**	**62.16**	
乌鲁木齐	Urumqi	13.38	17.60	31.85	1
克拉玛依	Karamay	0.79	0.67	0.67	249

8-9 城市道路交通设施用地面积（辖区）

Area of Land for Roads, Street and Transportation (Municipal Districts)

单位：平方公里 (sq. km)

地名	City	2016	2017	2017 排名 Ranking	地名	City	2016	2017	2017 排名 Ranking
全国	**National Total**	**7785.66**	**8364.82**		沈阳	Shenyang	72.21	98.12	7
北京	**Beijing**	**270.85**	**271.24**		大连	Dalian	56.81	57.27	22
天津	**Tianjin**	**138.03**	**134.63**		鞍山	Anshan	27.07	27.11	58
河北	**Hebei**	**283.17**	**312.48**		抚顺	Fushun	8.01	8.09	217
石家庄	Shijiazhuang	41.24	44.89	30	本溪	Benxi	13.76	13.76	133
唐山	Tangshan	31.83	33.44	46	丹东	Dandong	10.74	16.48	105
秦皇岛	Qinhuangdao	21.68	22.22	78	锦州	Jinzhou	9.10	9.10	204
邯郸	Handan	13.09	13.66	137	营口	Yingkou	34.99	35.86	40
邢台	Xingtai	15.77	17.34	99	阜新	Fuxin	12.47	12.47	151
保定	Baoding	23.50	23.87	72	辽阳	Liaoyang	14.74	15.03	119
张家口	Zhangjiakou	18.09	20.93	83	盘锦	Panjin	43.56	16.58	103
承德	Chengde	9.18	10.54	185	铁岭	Tieling	4.68	11.78	169
沧州	Cangzhou	16.21	14.53	126	朝阳	Chaoyang	8.70	9.26	201
廊坊	Langfang	11.73	12.44	152	葫芦岛	Huludao	17.10	19.11	93
衡水	Hengshui	11.22	11.01	177	**吉林**	**Jilin**	**201.39**	**201.18**	
山西	**Shanxi**	**173.59**	**177.80**		长春	Changchun	79.59	81.40	10
太原	Taiyuan	50.00	40.00	33	吉林	Jilin	26.24	26.24	61
大同	Datong	21.73	24.86	69	四平	Siping	6.95	6.95	230
阳泉	Yangquan	9.05	11.37	171	辽源	Liaoyuan	3.40	3.40	270
长治	Changzhi	8.84	8.84	205	通化	Tonghua	6.29	6.40	241
晋城	Jincheng	5.97	9.50	199	白山	Baishan	5.23	5.47	253
朔州	Shuozhou	7.68	7.68	224	松原	Songyuan	9.66	9.83	195
晋中	Jinzhong	10.95	13.95	132	白城	Baicheng	7.91	7.94	219
运城	Yuncheng	7.62	7.62	225	**黑龙江**	**Heilongjiang**	**269.64**	**267.80**	
忻州	Xinzhou	7.89	6.95	230	哈尔滨	Harbin	54.54	54.97	25
临汾	Linfen	6.70	6.70	236	齐齐哈尔	Qiqihar	19.18	19.18	91
吕梁	Lvliang	3.86	5.31	256	鸡西	Jixi	8.82	8.82	207
内蒙古	**Inner Mongolia**	**221.25**	**227.57**		鹤岗	Hegang	9.22	9.22	202
呼和浩特	Hohhot	42.92	43.00	32	双鸭山	Shuangyashan	9.15	9.15	203
包头	Baotou	24.40	24.40	71	大庆	Daqing	68.20	68.20	14
乌海	Wuhai	16.63	6.73	235	伊春	Yichun	15.42	15.60	115
赤峰	Chifeng	9.70	25.46	64	佳木斯	Jiamusi	8.87	11.37	171
通辽	Tongliao	10.98	12.28	157	七台河	Qitaihe	10.70	10.70	184
鄂尔多斯	Erdos	32.86	32.86	47	牡丹江	Mudanjiang	11.41	8.80	208
呼伦贝尔	Hulunbuir	9.51	9.51	198	黑河	Heihe	2.12	2.12	280
巴彦淖尔	Bayannur	11.31	10.86	181	绥化	Suihua	6.45	6.45	240
乌兰察布	Ulanqab	9.37	5.82	251	**上海**	**Shanghai**	**133.71**	**135.90**	
辽宁	**Liaoning**	**379.62**	**393.71**		**江苏**	**Jiangsu**	**599.21**	**619.69**	

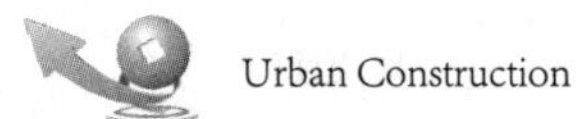

8-9 城市道路交通设施用地面积（辖区） 续表 1

Area of Land for Roads, Street and Transportation (Municipal Districts) continued 1

单位：平方公里 (sq. km)

地名	City	2016	2017	2017 排名 Ranking	地名	City	2016	2017	2017 排名 Ranking
南京	Nanjing	113.38	124.94	5	池州	Chizhou	7.63	7.35	227
无锡	Wuxi	42.42	44.05	31	宣城	Xuancheng	10.39	12.53	150
徐州	Xuzhou	14.34	15.67	113	**福建**	**Fujian**	**205.31**	**215.82**	
常州	Changzhou	35.17	45.22	29	福州	Fuzhou	32.80	36.36	38
苏州	Suzhou	64.59	66.70	17	厦门	Xiamen	61.03	56.75	23
南通	Nantong	38.65	35.27	41	莆田	Putian	11.23	11.23	173
连云港	Lianyungang	29.02	31.63	49	三明	Sanming	4.60	4.57	263
淮安	Huaian	51.30	39.77	34	泉州	Quanzhou	21.06	21.84	81
盐城	Yancheng	21.37	22.45	76	漳州	Zhangzhou	14.67	16.17	108
扬州	Yangzhou	25.60	27.26	57	南平	Nanping	4.96	4.77	262
镇江	Zhenjiang	18.40	20.28	85	龙岩	Longyan	11.69	13.05	142
泰州	Taizhou	22.05	22.16	79	宁德	Ningde	4.54	4.87	260
宿迁	Suqian	14.12	15.72	112	**江西**	**Jiangxi**	**197.06**	**217.69**	
浙江	**Zhejiang**	**405.95**	**442.11**		南昌	Nanchang	44.18	48.00	26
杭州	Hangzhou	87.80	91.08	8	景德镇	Jingdezhen	10.72	12.84	145
宁波	Ningbo	56.83	59.76	20	萍乡	Pingxiang	7.59	7.70	223
温州	Wenzhou	35.38	36.26	39	九江	Jiujiang	15.20	16.68	101
嘉兴	Jiaxing	21.70	22.52	75	新余	Xinyu	7.81	11.76	170
湖州	Huzhou	8.36	26.06	62	鹰潭	Yingtan	6.36	6.62	238
绍兴	Shaoxing	24.28	24.94	68	赣州	Ganzhou	25.10	25.30	65
金华	Jinhua	17.87	17.48	98	吉安	Jian	6.81	7.17	228
衢州	Quzhou	12.63	12.78	146	宜春	Yichun	12.02	12.07	160
舟山	Zhoushan	10.06	9.96	192	抚州	Fuzhou	9.56	13.57	140
台州	Taizhou	18.14	19.19	90	上饶	Shangrao	15.16	15.21	117
丽水	Lishui	3.97	4.47	264	**山东**	**Shandong**	**578.22**	**630.74**	
安徽	**Anhui**	**307.75**	**320.07**		济南	Jinan	72.69	75.60	12
合肥	Hefei	68.63	70.13	13	青岛	Qingdao	66.31	55.04	24
芜湖	Wuhu	37.00	37.50	36	淄博	Zibo	32.71	33.64	44
蚌埠	Bengbu	22.40	22.60	74	枣庄	Zaozhuang	13.29	13.75	134
淮南	Huainan	16.89	16.49	104	东营	Dongying	9.70	11.85	166
马鞍山	Maanshan	14.70	12.98	144	烟台	Yantai	29.55	33.55	45
淮北	Huaibei	11.10	11.20	174	潍坊	Weifang	25.25	25.25	66
铜陵	Tongling	13.59	13.59	139	济宁	Jining	31.13	28.83	55
安庆	Anqing	9.23	10.13	189	泰安	Taian	21.51	22.32	77
黄山	Huangshan	7.74	9.35	200	威海	Weihai	27.58	29.50	52
滁州	Chuzhou	16.34	16.65	102	日照	Rizhao	24.91	25.58	63
阜阳	Fuyang	17.33	19.12	92	莱芜	Laiwu	3.92	13.69	136
宿州	Suzhou	11.25	12.00	161	临沂	Linyi	24.53	24.75	70
六安	Liuan	11.55	11.87	165	德州	Dezhou	22.72	22.73	73
亳州	Bozhou	13.14	13.20	141	聊城	Liaocheng	19.82	20.06	86

8-9 城市道路交通设施用地面积（辖区） 续表 2
Area of Land for Roads, Street and Transportation (Municipal Districts) continued 2

单位：平方公里 (sq. km)

地名	City	2016	2017	2017 排名 Ranking	地名	City	2016	2017	2017 排名 Ranking
滨州	Binzhou	20.24	20.55	84	常德	Changde	15.61	18.09	94
菏泽	Heze	14.35	20.99	82	张家界	Zhangjiajie	5.00	5.30	257
河南	**Henan**	**388.32**	**411.80**		益阳	Yiyang	2.00	2.02	281
郑州	Zhengzhou	75.80	89.86	9	郴州	Chenzhou	12.00	12.33	155
开封	Kaifeng	17.60	17.60	97	永州	Yongzhou	9.32	9.59	197
洛阳	Luoyang	30.97	30.97	50	怀化	Huaihua	6.20	6.20	243
平顶山	Pingdingshan	10.93	10.93	178	娄底	Loudi	1.80	2.84	274
安阳	Anyang	15.36	15.98	111	**广东**	**Guangdong**	**815.27**	**870.82**	
鹤壁	Hebi	9.69	9.69	196	广州	Guangzhou	77.86	78.54	11
新乡	Xinxiang	12.27	12.69	148	韶关	Shaoguan	11.74	12.30	156
焦作	Jiaozuo	14.19	14.19	130	深圳	Shenzhen	229.92	235.18	1
濮阳	Puyang	7.22	8.84	205	珠海	Zhuhai	43.74	45.60	27
许昌	Xuchang	14.00	14.70	124	汕头	Shantou	35.18	34.06	42
漯河	Luohe	11.78	11.89	164	佛山	Foshan	10.37	14.24	128
三门峡	Sanmenxia	7.44	8.09	217	江门	Jiangmen	7.96	30.33	51
南阳	Nanyang	25.37	27.07	59	湛江	Zhanjiang	7.43	15.02	120
商丘	Shangqiu	9.72	10.01	190	茂名	Maoming	13.22	19.98	87
信阳	Xinyang	14.55	15.55	116	肇庆	Zhaoqing	16.56	16.75	100
周口	Zhoukou	9.42	10.35	186	惠州	Huizhou	30.92	32.17	48
驻马店	Zhumadian	12.13	12.13	158	梅州	Meizhou	7.85	7.87	221
湖北	**Hubei**	**322.22**	**394.80**		汕尾	Shanwei	2.81	2.99	272
武汉	Wuhan	66.25	126.60	4	河源	Heyuan	5.30		
黄石	Huangshi	17.45	17.81	96	阳江	Yangjiang	13.04	10.83	182
十堰	Shiyan	9.58	11.82	167	清远	Qingyuan	7.05	12.73	147
宜昌	Yichang	27.80	28.39	56	东莞	Dongguan	174.89	180.11	2
襄阳	Xiangyang	26.66	29.00	54	中山	Zhongshan	20.33	12.56	149
鄂州	Ezhou	5.21	5.25	259	潮州	Chaozhou	9.02	10.22	188
荆门	Jingmen	11.99	11.99	162	揭阳	Jieyang	16.30	16.30	107
孝感	Xiaogan	10.17	10.35	186	云浮	Yunfu	2.58	4.24	265
荆州	Jingzhou	13.35	13.71	135	**广西**	**Guangxi**	**234.60**	**249.22**	
黄冈	Huanggang	10.01	10.01	190	南宁	Nanning	57.66	57.96	21
咸宁	Xianning	5.90	6.20	243	柳州	Liuzhou	33.72	39.27	35
随州	Suizhou	5.20	6.11	246	桂林	Guilin	14.09	15.02	120
湖南	**Hunan**	**190.15**	**212.08**		梧州	Wuzhou	10.82	10.82	183
长沙	Changsha	53.50	61.41	18	北海	Beihai	16.00	16.00	110
株洲	Zhuzhou	13.67	22.06	80	防城港	Fangchenggang	7.51	7.71	222
湘潭	Xiangtan	12.35	12.36	154	钦州	Qinzhou	14.22	14.22	129
衡阳	Hengyang	18.74	19.50	89	贵港	Guigang	12.71	14.66	125
邵阳	Shaoyang	5.80	5.95	250	玉林	Yulin	10.93	11.80	168
岳阳	Yueyang	4.10	4.10	266	百色	Baise	6.51	6.70	236

8-9 城市道路交通设施用地面积（辖区） 续表 3

Area of Land for Roads, Street and Transportation (Municipal Districts) continued 3

单位：平方公里 (sq. km)

地名	City	2016	2017	2017 排名 Ranking
贺州	Hezhou	4.53	5.43	254
河池	Hechi	2.85	8.36	214
来宾	Laibin	9.31	11.13	175
崇左	Chongzuo	3.26	3.91	269
海南	**Hainan**	**54.07**	**57.66**	
海口	Haikou	26.50	26.50	60
三亚	Sanya	8.00	9.94	193
三沙	Sansha	0.20	0.20	285
重庆	**Chongqing**	**213.71**	**232.63**	
四川	**Sichuan**	**383.90**	**428.34**	
成都	Chengdu	127.28	137.40	3
自贡	Zigong	13.33	13.65	138
攀枝花	Panzhihua	6.38	6.19	245
泸州	Luzhou	26.21	33.79	43
德阳	Deyang	16.50	18.04	95
绵阳	Mianyang	20.50	24.98	67
广元	Guangyuan	9.58	9.91	194
遂宁	Suining	16.37	16.37	106
内江	Neijiang	13.48	14.33	127
乐山	Leshan	8.00	8.13	216
南充	Nanchong	18.10	19.68	88
眉山	Meishan	8.51	8.71	210
宜宾	Yibin	13.91	15.62	114
广安	Guangan	7.48	7.88	220
达州	Dazhou	14.30	14.85	123
雅安	Yaan	6.60	7.42	226
巴中	Bazhong	0.77	0.89	283
资阳	Ziyang	5.60	6.51	239
贵州	**Guizhou**	**110.39**	**152.26**	
贵阳	Guiyang	52.12	60.54	19
六盘水	Liupanshui	8.80	8.80	208
遵义	Zunyi	14.86	36.84	37
安顺	Anshun	8.60	10.87	180
毕节	Bijie	1.93	2.40	278
铜仁	Tongren	2.98	3.97	268
云南	**Yunnan**	**136.25**	**149.32**	
昆明	Kunming	45.13	45.45	28
曲靖	Qujing	12.20	12.37	153
玉溪	Yuxi	8.32	11.03	176
保山	Baoshan	4.80	8.51	213
昭通	Zhaotong	5.83	6.76	234
丽江	Lijiang	2.52	2.52	277
普洱	Puer	2.40	2.40	278
临沧	Lincang	4.07	4.07	267
西藏	**Tibet**	**28.61**	**23.41**	
拉萨	Lasa	21.34	16.17	108
陕西	**Shaanxi**	**182.00**	**208.51**	
西安	Xi'an	88.76	113.85	6
铜川	Tongchuan	7.82	8.23	215
宝鸡	Baoji	13.86	14.15	131
咸阳	Xianyang	21.33	15.06	118
渭南	Weinan	8.54	8.56	212
延安	Yan'an	6.01	6.01	247
汉中	Hanzhong	4.35	5.98	248
榆林	Yulin	11.71	11.96	163
安康	Ankang	5.75	5.75	252
商洛	Shangluo	2.80	2.80	275
甘肃	**Gansu**	**118.55**	**138.36**	
兰州	Lanzhou	65.90	67.76	15
嘉峪关	Jiayuguan	4.93	15.02	120
金昌	Jinchang	5.38	5.39	255
白银	Baiyin	6.24	6.34	242
天水	Tianshui	7.50	7.05	229
武威	Wuwei	4.20	5.26	258
张掖	Zhangye	2.55	2.58	276
平凉	Pingliang	6.69	6.85	233
酒泉	Jiuquan	4.64	4.85	261
庆阳	Qingyang	0.80	3.38	271
定西	Dingxi	0.84	2.91	273
陇南	Longnan	0.70	2.00	282
青海	**Qinghai**	**17.47**	**25.15**	
西宁	Xining	6.57	13.00	143
海东	Haidong	0.84	0.85	284
宁夏	**Ningxia**	**64.83**	**70.86**	
银川	Yinchuan	27.36	29.40	53
石嘴山	Shizuishan	12.06	12.08	159
吴忠	Wuzhong	8.13	8.57	211
固原	Guyuan	6.26	6.95	230
中卫	Zhongwei	5.96	5.96	249
新疆	**Xinjiang**	**160.57**	**171.17**	
乌鲁木齐	Urumqi	68.60	66.95	16
克拉玛依	Karamay	10.59	10.91	179

8-10 城市公用设施用地面积（辖区）
Area of Land for Municipal Utilities (Municipal Districts)

单位：平方公里 (sq. km)

地名	City	2010	2016	2017	2017 排名 Ranking	地名	City	2010	2016	2017	2017 排名 Ranking
全国	**National Total**	**1387.15**	**1998.63**	**1968.65**		沈阳	Shenyang	10.00	12.73	8.84	34
北京	**Beijing**		**31.71**	**31.71**		大连	Dalian	10.30	11.69	11.37	23
天津	**Tianjin**	**19.88**	**26.47**	**20.95**		鞍山	Anshan	4.84	3.72	3.76	106
河北	**Hebei**	**53.78**	**70.54**	**71.38**		抚顺	Fushun	5.45	5.59	5.99	60
石家庄	Shijiazhuang	11.23	14.77	13.55	16	本溪	Benxi	1.34	1.88	1.88	177
唐山	Tangshan	4.98	6.58	7.73	46	丹东	Dandong	1.14	1.22	2.56	151
秦皇岛	Qinhuangdao	3.78	4.74	4.74	81	锦州	Jinzhou	2.14	1.69	1.69	185
邯郸	Handan	4.50	6.90	8.19	42	营口	Yingkou	4.00	2.81	2.58	148
邢台	Xingtai	1.81	2.06	2.11	169	阜新	Fuxin	1.27	0.69	0.69	259
保定	Baoding	3.18	5.90	6.03	58	辽阳	Liaoyang	2.34	2.54	2.57	149
张家口	Zhangjiakou	1.98	2.46	3.83	104	盘锦	Panjin	2.38	2.87	1.81	179
承德	Chengde	1.67	1.44	1.45	204	铁岭	Tieling	1.76	4.93	4.93	77
沧州	Cangzhou	1.17	1.82	1.34	211	朝阳	Chaoyang	0.50	1.42	1.56	196
廊坊	Langfang	2.46	3.13	3.13	126	葫芦岛	Huludao	2.55	1.45	1.68	187
衡水	Hengshui	1.19	1.80	1.38	208	**吉林**	**Jilin**	**34.42**	**57.93**	**57.75**	
山西	**Shanxi**	**56.94**	**81.89**	**71.81**		长春	Changchun	12.67	30.09	30.12	2
太原	Taiyuan	24.05	44.00	36.00	1	吉林	Jilin	3.96	3.12	3.12	128
大同	Datong	2.70	1.50	1.55	198	四平	Siping	0.24	3.20	3.20	122
阳泉	Yangquan	1.22	1.22	1.27	216	辽源	Liaoyuan	1.41	1.40	1.40	207
长治	Changzhi	2.94	3.05	3.05	131	通化	Tonghua	1.30	1.73	1.78	182
晋城	Jincheng	1.34	1.00	0.70	255	白山	Baishan	0.53	0.99	0.99	239
朔州	Shuozhou	1.26	2.14	2.14	166	松原	Songyuan	0.65	1.21	1.21	219
晋中	Jinzhong	13.42	11.55	11.74	21	白城	Baicheng	1.26	0.71	0.71	254
运城	Yuncheng	1.33	3.30	2.54	153	**黑龙江**	**Heilongjiang**	**41.71**	**63.04**	**62.83**	
忻州	Xinzhou	0.62	0.21	0.54	271	哈尔滨	Harbin	6.47	10.84	10.84	26
临汾	Linfen	1.62	2.73	2.73	139	齐齐哈尔	Qiqihar	3.84	14.25	14.25	15
吕梁	Lvliang	1.19	1.99	0.33	282	鸡西	Jixi	1.44	1.44	1.44	205
内蒙古	**Inner Mongolia**	**30.78**	**37.70**	**38.63**		鹤岗	Hegang	1.01	1.37	1.37	209
呼和浩特	Hohhot	4.83	4.64	4.71	82	双鸭山	Shuangyashan	0.60	1.95	1.95	175
包头	Baotou	2.59	3.49	3.49	114	大庆	Daqing	10.62	10.67	10.72	28
乌海	Wuhai	1.95	0.82	0.47	279	伊春	Yichun	3.00	7.07	7.09	51
赤峰	Chifeng	5.24	5.00	5.13	75	佳木斯	Jiamusi	1.27	2.28	2.69	141
通辽	Tongliao	1.02	3.35	3.35	118	七台河	Qitaihe	1.20	0.70	0.70	255
鄂尔多斯	Erdos	1.64	0.95	0.95	241	牡丹江	Mudanjiang	1.59	1.80	1.04	232
呼伦贝尔	Hulunbuir	1.90	2.24	2.24	162	黑河	Heihe	0.89	0.89	0.89	245
巴彦淖尔	Bayannur	2.00	2.44	2.34	158	绥化	Suihua	2.71	0.45	0.45	280
乌兰察布	Ulanqab	1.50	1.70	3.18	124	**上海**	**Shanghai**		**212.86**	**212.37**	
辽宁	**Liaoning**	**59.10**	**64.65**	**61.38**		**江苏**	**Jiangsu**	**97.84**	**132.50**	**124.38**	

注：本表2011年及以前年份数据统计口径为市政公用设施用地。

Note: The table data statistics caliber and before the year of 2011 green space area.

8-10 城市公用设施用地面积（辖区） 续表 1

Area of Land for Municipal Utilities (Municipal Districts) continued 1

单位：平方公里 (sq. km)

地名	City	2010	2016	2017	2017 排名 Ranking	地名	City	2010	2016	2017	2017 排名 Ranking
南京	Nanjing	22.84	22.58	18.16	9	池州	Chizhou	0.77	0.79	0.78	249
无锡	Wuxi	7.42	3.71	3.63	108	宣城	Xuancheng	0.80	1.06	1.09	229
徐州	Xuzhou	5.44	22.01	22.08	7	**福建**	**Fujian**	**32.07**	**51.45**	**46.34**	
常州	Changzhou	5.52	7.65	8.49	36	福州	Fuzhou	4.66	5.00	6.33	55
苏州	Suzhou	5.71	9.70	9.39	32	厦门	Xiamen	7.07	13.87	7.79	45
南通	Nantong	3.62	4.37	2.45	155	莆田	Putian	2.47	0.81	0.81	247
连云港	Lianyungang	3.08	5.96	5.40	69	三明	Sanming	0.89	0.90	0.90	243
淮安	Huaian	4.37	1.59	1.66	189	泉州	Quanzhou	3.50	3.35	3.56	112
盐城	Yancheng	4.30	3.83	4.53	84	漳州	Zhangzhou	1.97	3.78	7.96	43
扬州	Yangzhou	2.45	2.46	2.18	165	南平	Nanping	0.88	0.51	1.08	230
镇江	Zhenjiang	3.72	5.4	2.65	143	龙岩	Longyan	1.78	1.65	1.70	184
泰州	Taizhou	3.22	5.64	5.75	62	宁德	Ningde	0.26	0.30	0.40	281
宿迁	Suqian	1.17	1.29	1.49	202	**江西**	**Jiangxi**	**30.70**	**46.48**	**51.00**	
浙江	**Zhejiang**	**78.48**	**77.82**	**75.38**		南昌	Nanchang	3.96	6.30	6.70	53
杭州	Hangzhou	19.83	12.33	14.90	14	景德镇	Jingdezhen	3.07	1.16	1.21	219
宁波	Ningbo	6.12	4.51	4.61	83	萍乡	Pingxiang	2.30	5.32	5.39	70
温州	Wenzhou	8.16	10.29	10.49	30	九江	Jiujiang	2.51	2.92	5.60	67
嘉兴	Jiaxing	2.10	2.44	1.69	185	新余	Xinyu	2.30	1.27	1.27	216
湖州	Huzhou	4.70	2.10	2.10	170	鹰潭	Yingtan	0.55	1.06	0.61	264
绍兴	Shaoxing	1.38	8.10	8.21	41	赣州	Ganzhou	1.50	6.68	7.96	43
金华	Jinhua	1.77	1.42	1.54	199	吉安	Jian	1.83	2.95	0.58	268
衢州	Quzhou	1.76	1.94	1.92	176	宜春	Yichun	1.80	3.95	3.97	96
舟山	Zhoushan	1.06	1.66	1.65	190	抚州	Fuzhou	1.52	1.12	3.31	119
台州	Taizhou	4.46	2.34	2.40	156	上饶	Shangrao	1.12	4.03	4.08	95
丽水	Lishui	1.73	5.15	5.23	74	**山东**	**Shandong**	**121.76**	**151.35**	**154.77**	
安徽	**Anhui**	**43.12**	**60.61**	**61.49**		济南	Jinan	12.07	14.90	15.54	13
合肥	Hefei	6.22	6.40	6.90	52	青岛	Qingdao	8.37	8.76	16.09	12
芜湖	Wuhu	1.37	12.00	12.00	19	淄博	Zibo	5.72	5.71	5.71	65
蚌埠	Bengbu	2.93	10.84	10.91	25	枣庄	Zaozhuang	4.97	5.74	5.75	62
淮南	Huainan	6.40	1.42	1.16	223	东营	Dongying	5.27	11.19	11.24	24
马鞍山	Maanshan	6.25	1.07	1.30	215	烟台	Yantai	8.63	11.68	12.48	17
淮北	Huaibei	0.53	1.58	1.68	187	潍坊	Weifang	4.80	6.00	6.00	59
铜陵	Tongling	2.35	3.91	3.91	100	济宁	Jining	3.25	3.73	1.31	214
安庆	Anqing	2.27	2.72	2.76	137	泰安	Taian	0.90	2.19	2.32	159
黄山	Huangshan	1.38	1.11	1.12	228	威海	Weihai	3.52	5.27	5.26	73
滁州	Chuzhou	1.81	3.37	3.43	116	日照	Rizhao	3.60	0.89	0.92	242
阜阳	Fuyang	1.24	2.12	2.12	168	莱芜	Laiwu	3.02	1.02	0.73	252
宿州	Suzhou	1.84	1.90	2.10	170	临沂	Linyi	4.91	12.39	12.40	18
六安	Liuan	1.13	2.57	2.63	145	德州	Dezhou	2.85	2.47	2.49	154
亳州	Bozhou	1.66	1.65	1.65	190	聊城	Liaocheng	3.34	0.53	0.63	263

8-10 城市公用设施用地面积（辖区） 续表 2
Area of Land for Municipal Utilities (Municipal Districts) continued 2

单位：平方公里 (sq. km)

地名	City	2010	2016	2017	2017排名 Ranking	地名	City	2010	2016	2017	2017排名 Ranking
滨州	Binzhou	1.90	3.51	3.53	113	常德	Changde	3.33	4.35	3.87	102
菏泽	Heze	0.90	2.27	2.61	146	张家界	Zhangjiajie	0.27	4.96	4.94	76
河南	**Henan**	**68.42**	**99.10**	**99.56**		益阳	Yiyang	1.60	16.00	16.20	11
郑州	Zhengzhou	13.25	16.48	19.54	8	郴州	Chenzhou	9.70	1.55	1.65	190
开封	Kaifeng	2.25	4.93	4.93	77	永州	Yongzhou	7.60	8.13	8.23	40
洛阳	Luoyang	3.99	4.79	4.79	80	怀化	Huaihua	1.50	0.57	0.57	269
平顶山	Pingdingshan	1.35	1.35	1.35	210	娄底	Loudi	1.02	6.14	3.57	111
安阳	Anyang	2.58	3.12	3.12	128	**广东**	**Guangdong**	**184.28**	**153.43**	**133.45**	
鹤壁	Hebi	1.65	1.96	1.96	174	广州	Guangzhou	71.61	7.05	7.11	50
新乡	Xinxiang	2.38	2.78	2.79	136	韶关	Shaoguan	0.93	3.94	1.04	232
焦作	Jiaozuo	3.45	1.56	1.56	196	深圳	Shenzhen	17.94	23.11	23.77	6
濮阳	Puyang	2.30	2.20	2.20	163	珠海	Zhuhai	8.83	5.45	6.18	57
许昌	Xuchang	5.36	7.00	7.35	49	汕头	Shantou	6.35	7.96	7.59	47
漯河	Luohe	2.03	7.50	7.57	48	佛山	Foshan	2.56	17.23	3.40	117
三门峡	Sanmenxia	0.78	1.30	1.04	232	江门	Jiangmen	3.41	0.52	2.19	164
南阳	Nanyang	4.90	5.68	5.75	62	湛江	Zhanjiang	1.47	1.04	2.00	172
商丘	Shangqiu	2.27	3.13	3.13	126	茂名	Maoming	1.63	5.24	8.34	37
信阳	Xinyang	1.35	0.93	0.99	239	肇庆	Zhaoqing	4.34	1.03	1.03	235
周口	Zhoukou	2.80	3.53	3.92	98	惠州	Huizhou	5.90	8.46	8.81	35
驻马店	Zhumadian	1.25	5.63	5.68	66	梅州	Meizhou	1.00	0.51	0.52	273
湖北	**Hubei**	**72.89**	**78.87**	**96.81**		汕尾	Shanwei	1.90	0.66	0.67	261
武汉	Wuhan	24.44	9.57	28.17	3	河源	Heyuan	1.82	3.60		
黄石	Huangshi	3.31	1.26	1.32	213	阳江	Yangjiang	1.20	0.93	0.77	251
十堰	Shiyan	2.56	3.71	4.13	93	清远	Qingyuan	0.92	2.67	1.80	180
宜昌	Yichang	3.30	11.72	11.73	22	东莞	Dongguan	21.51	26.61	25.85	4
襄阳	Xiangyang	2.25	8.30	8.30	38	中山	Zhongshan	5.28	1.05	1.03	235
鄂州	Ezhou	2.59	3.18	3.20	122	潮州	Chaozhou	0.52	0.69	0.72	253
荆门	Jingmen	1.58	4.31	4.31	88	揭阳	Jieyang		1.03	1.03	235
孝感	Xiaogan	1.14	0.50	0.65	262	云浮	Yunfu		2.74	3.31	119
荆州	Jingzhou	1.23	2.65	2.65	143	**广西**	**Guangxi**	**35.24**	**53.49**	**55.22**	
黄冈	Huanggang	1.67	0.56	0.56	270	南宁	Nanning	5.51	9.14	9.17	33
咸宁	Xianning	2.05	0.15	0.25	283	柳州	Liuzhou	9.81	3.84	4.31	88
随州	Suizhou	1.23	1.24	1.25	218	桂林	Guilin	1.33	6.24	6.44	54
湖南	**Hunan**	**60.44**	**87.87**	**85.37**		梧州	Wuzhou	0.84	2.98	3.01	132
长沙	Changsha	6.45	4.20	4.15	92	北海	Beihai	1.00	2.70	2.70	140
株洲	Zhuzhou	2.57	2.33	3.47	115	防城港	Fangchenggang	0.95	1.11	1.14	226
湘潭	Xiangtan	3.16	4.35	4.36	86	钦州	Qinzhou	1.76	1.79	1.79	181
衡阳	Hengyang	3.60	2.97	3.90	101	贵港	Guigang	2.14	2.85	3.00	134
邵阳	Shaoyang	2.82	4.20	4.52	85	玉林	Yulin	1.73	2.39	2.39	157
岳阳	Yueyang	2.20	12.00	12.00	19	百色	Baise	2.72	1.98	2.55	152

8-10 城市公用设施用地面积（辖区） 续表 3
Area of Land for Municipal Utilities (Municipal Districts) continued 3

单位：平方公里 (sq. km)

地名	City	2010	2016	2017	2017 排名 Ranking	地名	City	2010	2016	2017	2017 排名 Ranking
贺州	Hezhou	1.88	3.76	3.78	105	丽江	Lijiang	1.00	1.58	1.58	195
河池	Hechi	0.16	2.72	3.12	128	普洱	Puer	0.45	0.51	0.51	275
来宾	Laibin	2.00	6.11	6.21	56	临沧	Lincang	1.12	1.15	1.15	225
崇左	Chongzuo	1.26	1.53	1.54	199	**西藏**	**Tibet**	**3.96**	**12.25**	**8.99**	
海南	**Hainan**	**6.22**	**13.61**	**9.68**		拉萨	Lasa	2.56	8.86	5.30	72
海口	Haikou	1.24	2.47	0.79	248	**陕西**	**Shaanxi**	**21.27**	**39.12**	**42.21**	
三亚	Sanya	0.53	2.68	0.51	275	西安	Xi'an	4.97	17.99	23.93	5
三沙	Sansha		0.01	0.01	285	铜川	Tongchuan	1.82	1.82	0.69	259
重庆	**Chongqing**	**23.85**	**33.10**	**30.39**		宝鸡	Baoji	4.14	4.33	4.35	87
四川	**Sichuan**	**47.06**	**74.43**	**81.84**		咸阳	Xianyang	3.16	2.90	0.10	284
成都	Chengdu	9.58	16.57	17.35	10	渭南	Weinan	0.91	1.53	1.53	201
自贡	Zigong	1.83	2.68	2.94	135	延安	Yan'an	0.71	0.90	0.90	243
攀枝花	Panzhihua	2.02	3.49	3.92	98	汉中	Hanzhong	0.79	2.55	2.57	149
泸州	Luzhou	1.51	2.45	2.67	142	榆林	Yulin	1.50	1.15	1.61	194
德阳	Deyang	0.83	1.11	2.14	166	安康	Ankang	1.70	2.60	2.60	147
绵阳	Mianyang	2.32	3.82	3.85	103	商洛	Shangluo	0.13	0.60	0.60	267
广元	Guangyuan	1.79	2.93	3.01	132	**甘肃**	**Gansu**	**23.25**	**41.37**	**42.45**	
遂宁	Suining	0.53	1.48	1.48	203	兰州	Lanzhou	8.74	10.01	10.80	27
内江	Neijiang	1.71	1.65	1.75	183	嘉峪关	Jiayuguan	1.33	0.88	0.61	264
乐山	Leshan	3.65	1.68	1.34	211	金昌	Jinchang	0.83	1.44	1.44	205
南充	Nanchong	2.25	4.72	5.79	61	白银	Baiyin	2.47	2.65	4.13	93
眉山	Meishan	2.90	3.62	3.73	107	天水	Tianshui	0.28	4.17	4.17	91
宜宾	Yibin	2.35	2.12	2.75	138	武威	Wuwei	0.26	0.50	0.50	277
广安	Guangan	1.65	2.76	3.17	125	张掖	Zhangye	0.28	4.21	4.23	90
达州	Dazhou	1.15	3.34	3.61	109	平凉	Pingliang	0.63	1.05	1.05	231
雅安	Yaan	0.67	0.99	1.18	221	酒泉	Jiuquan	1.10	1.09	1.18	221
巴中	Bazhong	0.68	0.77	0.78	249	庆阳	Qingyang	0.74	3.70	2.30	160
资阳	Ziyang	0.72	1.35	0.54	271	定西	Dingxi	0.64	5.25	5.54	68
贵州	**Guizhou**	**13.38**	**25.28**	**26.94**		陇南	Longnan	0.50	0.70	0.70	255
贵阳	Guiyang	5.13	4.74	5.32	71	**青海**	**Qinghai**	**11.80**	**6.75**	**6.70**	
六盘水	Liupanshui	1.87	4.86	4.86	79	西宁	Xining	10.49	3.86	3.94	97
遵义	Zunyi	1.20	2.53	3.61	109	海东	Haidong		1.15	1.16	223
安顺	Anshun	1.03	2.90	1.83	178	**宁夏**	**Ningxia**	**14.02**	**14.52**	**15.74**	
毕节	Bijie	1.10	2.00	2.25	161	银川	Yinchuan	5.17	9.33	9.43	31
铜仁	Tongren	0.45	1.77	1.65	190	石嘴山	Shizuishan	3.96	0.99	1.00	238
云南	**Yunnan**	**58.51**	**33.06**	**32.92**		吴忠	Wuzhong	1.25	1.95	1.97	173
昆明	Kunming	41.76	8.18	8.30	38	固原	Guyuan	1.20	0.52	0.52	273
曲靖	Qujing	1.15	0.37	0.86	246	中卫	Zhongwei	1.57	0.61	0.61	264
玉溪	Yuxi	0.80	1.63	0.50	277	**新疆**	**Xinjiang**	**41.98**	**65.38**	**58.21**	
保山	Baoshan	0.89	0.70	0.70	255	乌鲁木齐	Urumqi	21.78	21.90	10.59	29
昭通	Zhaotong	1.53	0.63	1.13	227	克拉玛依	Karamay	3.24	3.18	3.21	121

8-11　城市绿地与广场用地面积（辖区）

Area of Land for Green Space and Square (Municipal Districts)

单位：平方公里　　　　(sq. km)

地名	City	2010	2016	2017	2017 排名 Ranking	地名	City	2010	2016	2017	2017 排名 Ranking
全国	**National Total**	**4060.23**	**5709.17**	**6152.70**		沈阳	Shenyang	58.00	83.21	79.34	6
北京	**Beijing**		**115.48**	**115.83**		大连	Dalian	38.30	47.85	49.76	14
天津	**Tianjin**	**77.01**	**93.68**	**104.84**		鞍山	Anshan	17.48	8.56	8.56	165
河北	**Hebei**	**154.85**	**216.20**	**306.55**		抚顺	Fushun	21.60	21.85	21.85	54
石家庄	Shijiazhuang	27.74	45.93	46.14	17	本溪	Benxi	4.41	6.45	6.45	201
唐山	Tangshan	14.09	31.53	44.50	18	丹东	Dandong	5.96	5.90	11.57	114
秦皇岛	Qinhuangdao	7.37	8.26	25.89	44	锦州	Jinzhou	3.10	11.38	11.38	115
邯郸	Handan	8.70	15.00	15.08	81	营口	Yingkou	4.42	13.02	23.07	50
邢台	Xingtai	2.25	7.87	8.61	164	阜新	Fuxin	8.20	10.12	10.12	137
保定	Baoding	9.33	13.36	13.58	92	辽阳	Liaoyang	3.85	4.54	4.57	240
张家口	Zhangjiakou	9.24	12.26	24.19	46	盘锦	Panjin	5.94	7.61	5.56	217
承德	Chengde	7.51	8.18	8.35	169	铁岭	Tieling	4.59	4.73	4.70	239
沧州	Cangzhou	3.37	4.95	12.34	104	朝阳	Chaoyang	4.50	3.87	3.89	253
廊坊	Langfang	12.11	13.02	13.02	97	葫芦岛	Huludao	9.40	7.75	10.50	132
衡水	Hengshui	10.19	6.28	14.36	86	**吉林**	**Jilin**	**100.59**	**109.61**	**108.57**	
山西	**Shanxi**	**87.01**	**115.19**	**140.00**		长春	Changchun	28.37	35.63	35.85	28
太原	Taiyuan	24.00	35.00	34.00	32	吉林	Jilin	11.46	17.06	17.06	69
大同	Datong	7.60	14.70	15.10	80	四平	Siping	3.03	4.28	7.38	182
阳泉	Yangquan	3.49	4.03	4.56	241	辽源	Liaoyuan	1.61	1.60	1.60	278
长治	Changzhi	1.24	1.25	1.25	282	通化	Tonghua	3.59	5.10	5.21	225
晋城	Jincheng	6.68		3.50	257	白山	Baishan	4.22	3.87	4.02	249
朔州	Shuozhou	7.46	12.47	12.47	102	松原	Songyuan	8.44	10.77	10.77	127
晋中	Jinzhong	1.32	1.32	1.32	279	白城	Baicheng	3.02	1.31	1.31	280
运城	Yuncheng	3.07	3.58	10.02	139	**黑龙江**	**Heilongjiang**	**183.54**	**154.10**	**161.95**	
忻州	Xinzhou	1.61	3.66	8.40	168	哈尔滨	Harbin	33.77	40.18	40.37	24
临汾	Linfen	2.71	10.52	10.52	131	齐齐哈尔	Qiqihar	8.46	9.20	9.20	152
吕梁	Lvliang	0.34	1.06	4.08	248	鸡西	Jixi	2.24	4.29	7.06	191
内蒙古	**Inner Mongolia**	**139.55**	**155.04**	**151.71**		鹤岗	Hegang	4.75	5.36	5.36	220
呼和浩特	Hohhot	26.57	33.18	33.21	33	双鸭山	Shuangyashan	2.10	9.07	12.07	106
包头	Baotou	19.93	23.65	23.65	49	大庆	Daqing	15.63	21.83	21.83	55
乌海	Wuhai	2.75	4.95	5.00	229	伊春	Yichun	34.65	18.68	17.01	70
赤峰	Chifeng	9.50	9.89	11.03	122	佳木斯	Jiamusi	35.37	3.78	8.56	165
通辽	Tongliao	5.57	8.05	8.05	171	七台河	Qitaihe	4.78	2.70	2.70	267
鄂尔多斯	Erdos	26.22	27.59	27.59	40	牡丹江	Mudanjiang	7.49	7.50	3.15	264
呼伦贝尔	Hulunbuir	11.91	7.34	7.34	183	黑河	Heihe	4.41	2.91	2.91	265
巴彦淖尔	Bayannur	2.00	5.61	4.44	243	绥化	Suihua	2.75	1.30	1.30	281
乌兰察布	Ulanqab	0.80	9.44	6.24	203	**上海**	**Shanghai**		**139.72**	**139.50**	
辽宁	**Liaoning**	**214.21**	**273.38**	**291.12**		**江苏**	**Jiangsu**	**344.83**	**486.14**	**513.16**	

注：本表2011年及以前年份数据统计口径为绿地面积。

Note: The table data statistics caliber and before the year of 2011 green space area.

8-11 城市绿地与广场用地面积（辖区） 续表 1

Area of Land for Green Space and Square (Municipal Districts) continued 1

单位：平方公里 (sq. km)

地名	City	2010	2016	2017	2017 排名 Ranking	地名	City	2010	2016	2017	2017 排名 Ranking
南京	Nanjing	65.43	96.24	81.95	5	池州	Chizhou	1.92	3.38	3.37	259
无锡	Wuxi	16.20	32.61	32.88	34	宣城	Xuancheng	4.40	4.98	5.16	226
徐州	Xuzhou	14.38	58.76	58.84	10	**福建**	**Fujian**	**105.95**	**134.59**	**154.90**	
常州	Changzhou	22.84	35.71	36.58	27	福州	Fuzhou	22.01	22.00	24.13	47
苏州	Suzhou	42.60	56.51	55.68	11	厦门	Xiamen	26.94	37.31	43.93	20
南通	Nantong	8.26	11.71	19.05	64	莆田	Putian	5.46	1.07	1.98	275
连云港	Lianyungang	3.14	8.72	8.87	160	三明	Sanming	0.70	1.01	1.94	276
淮安	Huaian	29.05	16.02	15.95	75	泉州	Quanzhou	12.10	19.00	19.00	65
盐城	Yancheng	6.60	5.02	5.03	228	漳州	Zhangzhou	0.83	4.68	4.96	230
扬州	Yangzhou	4.44	14.07	34.03	31	南平	Nanping	2.07	5.64	6.58	198
镇江	Zhenjiang	4.32	16.00	10.26	134	龙岩	Longyan	7.44	9.51	9.58	144
泰州	Taizhou	4.29	7.00	7.19	186	宁德	Ningde	1.70	3.11	3.48	258
宿迁	Suqian	10.15	8.80	8.90	157	**江西**	**Jiangxi**	**106.18**	**146.23**	**164.27**	
浙江	**Zhejiang**	**239.24**	**268.89**	**276.58**		南昌	Nanchang	22.52	30.57	32.00	36
杭州	Hangzhou	61.35	53.90	59.14	9	景德镇	Jingdezhen	5.76	8.70	9.82	142
宁波	Ningbo	14.79	18.86	20.03	60	萍乡	Pingxiang	6.10	7.09	7.10	190
温州	Wenzhou	21.68	24.89	24.92	45	九江	Jiujiang	7.87	12.55	14.12	88
嘉兴	Jiaxing	8.47	13.20	19.58	62	新余	Xinyu	3.10	4.25	9.41	147
湖州	Huzhou	19.53	14.49	5.90	210	鹰潭	Yingtan	8.35	3.74	3.96	251
绍兴	Shaoxing	5.27	16.72	17.24	68	赣州	Ganzhou	8.29	17.26	20.53	56
金华	Jinhua	4.28	8.64	11.79	112	吉安	Jian	2.96	5.41	5.32	223
衢州	Quzhou	4.40	6.85	7.15	188	宜春	Yichun	9.00	12.03	12.05	107
舟山	Zhoushan	6.23	8.04	8.19	170	抚州	Fuzhou	8.48	8.00	11.80	111
台州	Taizhou	15.83	19.27	19.55	63	上饶	Shangrao	5.13	11.18	11.28	118
丽水	Lishui	3.86	4.32	4.33	244	**山东**	**Shandong**	**389.32**	**500.74**	**469.68**	
安徽	**Anhui**	**179.74**	**232.03**	**237.69**		济南	Jinan	35.06	40.60	40.92	23
合肥	Hefei	48.28	77.16	77.96	7	青岛	Qingdao	18.22	57.60	34.39	30
芜湖	Wuhu	37.61	42.00	42.80	21	淄博	Zibo	13.71	18.27	18.02	67
蚌埠	Bengbu	7.96	9.17	9.37	148	枣庄	Zaozhuang	11.87	13.39	13.39	93
淮南	Huainan	9.00	3.23	3.23	262	东营	Dongying	8.89	11.05	14.87	83
马鞍山	Maanshan	5.09	7.35	7.16	187	烟台	Yantai	28.30	39.14	34.69	29
淮北	Huaibei	8.59	9.12	9.47	146	潍坊	Weifang	8.02	20.42	20.40	58
铜陵	Tongling	3.70	8.82	8.90	157	济宁	Jining	3.02	21.35	14.56	85
安庆	Anqing	6.15	6.56	6.56	199	泰安	Taian	7.20	9.56	9.70	143
黄山	Huangshan	5.17	6.62	6.61	197	威海	Weihai	15.69	15.93	15.93	77
滁州	Chuzhou	5.54	5.72	6.14	206	日照	Rizhao	12.58	9.27	9.29	150
阜阳	Fuyang	4.59	5.78	6.01	209	莱芜	Laiwu	11.94	12.80	7.13	189
宿州	Suzhou	5.92	7.65	8.00	173	临沂	Linyi	28.05	32.20	32.26	35
六安	Liuan	9.75	12.38	12.64	100	德州	Dezhou	5.81	15.85	15.85	79
亳州	Bozhou	1.19	4.87	4.91	233	聊城	Liaocheng	7.34	6.17	6.18	204

8-11 城市绿地与广场用地面积（辖区） 续表 2

Area of Land for Green Space and Square (Municipal Districts) continued 2

单位：平方公里 (sq. km)

地名	City	2010	2016	2017	2017 排名 Ranking	地名	City	2010	2016	2017	2017 排名 Ranking
滨州	Binzhou	11.71	20.26	20.48	57	常德	Changde	4.10	9.18	9.18	153
菏泽	Heze	6.80	10.08	11.20	119	张家界	Zhangjiajie	0.75	2.21	1.79	277
河南	**Henan**	**250.70**	**352.33**	**366.28**		益阳	Yiyang	2.04	5.60	5.60	215
郑州	Zhengzhou	64.12	84.76	100.48	2	郴州	Chenzhou	19.70	14.00	14.29	87
开封	Kaifeng	6.73	11.00	11.00	123	永州	Yongzhou	6.76	8.43	8.96	155
洛阳	Luoyang	14.81	26.77	26.77	41	怀化	Huaihua	6.00	3.37	3.37	259
平顶山	Pingdingshan	4.52	4.92	4.92	232	娄底	Loudi	3.38	4.52	4.53	242
安阳	Anyang	7.03	8.64	9.36	149	**广东**	**Guangdong**	**420.15**	**441.62**	**473.56**	
鹤壁	Hebi	1.83	9.55	9.55	145	广州	Guangzhou	26.78	26.70	26.77	41
新乡	Xinxiang	8.34	10.85	10.95	125	韶关	Shaoguan	6.81	8.91	8.91	156
焦作	Jiaozuo	8.75	8.70	8.70	163	深圳	Shenzhen	54.75	70.69	71.63	8
濮阳	Puyang	6.00	10.97	11.60	113	珠海	Zhuhai	15.77	8.94	16.70	71
许昌	Xuchang	11.72	11.00	13.78	89	汕头	Shantou	11.45	11.60	7.89	176
漯河	Luohe	12.30	14.81	14.95	82	佛山	Foshan	22.98	15.72	16.16	73
三门峡	Sanmenxia	5.51	10.08	7.33	184	江门	Jiangmen	13.64	3.45	13.75	90
南阳	Nanyang	6.51	9.15	10.22	135	湛江	Zhanjiang	8.38	5.94	16.35	72
商丘	Shangqiu	17.49	28.85	28.56	39	茂名	Maoming	11.20	7.95	15.87	78
信阳	Xinyang	3.04	6.99	7.59	180	肇庆	Zhaoqing	12.02	7.64	7.64	179
周口	Zhoukou	4.90	6.86	6.98	192	惠州	Huizhou	11.65	30.39	31.04	37
驻马店	Zhumadian	0.75	3.23	3.23	262	梅州	Meizhou	16.38	5.95	6.04	208
湖北	**Hubei**	**164.27**	**188.83**	**216.68**		汕尾	Shanwei	8.60	1.20	1.21	283
武汉	Wuhan	48.91	26.55	46.54	16	河源	Heyuan	3.27	4.00		
黄石	Huangshi	7.98	7.81	7.84	178	阳江	Yangjiang	17.93	8.42	10.16	136
十堰	Shiyan	4.26	9.11	9.13	154	清远	Qingyuan	4.94	8.65	10.99	124
宜昌	Yichang	9.19	14.61	15.98	74	东莞	Dongguan	84.22	95.13	89.16	3
襄阳	Xiangyang	3.82	12.20	12.38	103	中山	Zhongshan	7.13	6.79	9.93	141
鄂州	Ezhou	8.24	12.13	12.15	105	潮州	Chaozhou	10.19	12.95	12.95	99
荆门	Jingmen	8.19	9.78	10.66	128	揭阳	Jieyang		11.81	11.81	110
孝感	Xiaogan	3.20	3.81	3.95	252	云浮	Yunfu		2.15	4.27	245
荆州	Jingzhou	6.89	11.15	11.15	120	**广西**	**Guangxi**	**91.99**	**145.82**	**156.19**	
黄冈	Huanggang	2.49	5.81	5.81	211	南宁	Nanning	30.49	44.01	44.28	19
咸宁	Xianning	4.79	5.05	5.25	224	柳州	Liuzhou	7.40	19.99	22.17	53
随州	Suizhou	3.08	3.50	4.83	237	桂林	Guilin	11.00	15.36	15.95	75
湖南	**Hunan**	**125.65**	**164.09**	**194.34**		梧州	Wuzhou	0.47	3.81	3.81	254
长沙	Changsha	22.32	34.56	42.15	22	北海	Beihai	7.00	8.50	8.50	167
株洲	Zhuzhou	5.98	8.60	11.29	117	防城港	Fangchenggang	8.07	4.04	4.22	246
湘潭	Xiangtan	3.92	5.30	5.33	221	钦州	Qinzhou	3.71	7.92	7.92	175
衡阳	Hengyang	4.01	6.11	22.89	52	贵港	Guigang	2.47	3.00	4.94	231
邵阳	Shaoyang	8.90	13.21	13.38	94	玉林	Yulin	3.59	6.18	6.18	204
岳阳	Yueyang	10.60	13.00	13.00	98	百色	Baise	1.74	7.33	7.33	184

8-11 城市绿地与广场用地面积（辖区） 续表 3

Area of Land for Green Space and Square (Municipal Districts) continued 3

单位：平方公里 (sq. km)

地名	City	2010	2016	2017	2017 排名 Ranking	地名	City	2010	2016	2017	2017 排名 Ranking
贺州	Hezhou	2.02	0.05	0.25	284	丽江	Lijiang	6.80	4.02	4.02	249
河池	Hechi	1.74	2.04	2.80	266	普洱	Puer	1.14	2.65	2.65	268
来宾	Laibin	2.72	5.02	6.95	193	临沧	Lincang	1.66	2.30	2.30	272
崇左	Chongzuo	1.12	2.53	2.65	268	**西藏**	**Tibet**	**4.12**	**7.21**	**5.25**	
海南	**Hainan**	**42.22**	**29.61**	**35.09**		拉萨	Lasa	3.22	4.54	2.58	270
海口	Haikou	7.34	6.65	8.00	173	**陕西**	**Shaanxi**	**58.83**	**256.01**	**289.58**	
三亚	Sanya	18.75	6.80	10.93	126	西安	Xi'an	13.95	101.25	128.80	1
三沙	Sansha		0.02	0.02	285	铜川	Tongchuan	2.44	12.98	13.09	96
重庆	**Chongqing**	**71.50**	**104.33**	**113.77**		宝鸡	Baoji	10.23	23.05	23.67	48
四川	**Sichuan**	**145.27**	**303.55**	**346.50**		咸阳	Xianyang	10.41	17.60	11.84	109
成都	Chengdu	29.49	81.28	87.36	4	渭南	Weinan	4.36	14.75	14.77	84
自贡	Zigong	10.76	19.55	20.07	59	延安	Yan'an	3.12	13.19	13.19	95
攀枝花	Panzhihua	6.68	7.80	7.87	177	汉中	Hanzhong	2.83	10.05	10.07	138
泸州	Luzhou	16.83	29.03	38.71	25	榆林	Yulin	1.60	18.56	18.62	66
德阳	Deyang	2.71	4.66	5.33	221	安康	Ankang	2.60	19.69	19.69	61
绵阳	Mianyang	6.58	11.30	11.94	108	商洛	Shangluo	3.95	5.00	5.70	213
广元	Guangyuan	1.50	7.72	11.06	121	**甘肃**	**Gansu**	**100.03**	**128.66**	**131.07**	
遂宁	Suining	4.78	8.09	12.57	101	兰州	Lanzhou	35.71	50.40	53.10	12
内江	Neijiang	2.39	4.55	4.84	235	嘉峪关	Jiayuguan	13.30	25.12	8.90	157
乐山	Leshan	4.72	9.50	10.48	133	金昌	Jinchang	6.54	5.01	5.53	218
南充	Nanchong	4.50	7.73	8.73	161	白银	Baiyin	7.29	3.70	6.28	202
眉山	Meishan	1.60	3.57	3.72	255	天水	Tianshui	4.53	4.79	4.79	238
宜宾	Yibin	8.52	27.40	28.97	38	武威	Wuwei	0.33	1.20	7.40	181
广安	Guangan	4.04	5.47	5.51	219	张掖	Zhangye	7.61	5.10	5.12	227
达州	Dazhou	4.60	10.75	11.34	116	平凉	Pingliang	3.01	3.15	6.10	207
雅安	Yaan	1.22	2.36	2.35	271	酒泉	Jiuquan	5.70	13.62	13.62	91
巴中	Bazhong	4.64	10.00	10.00	140	庆阳	Qingyang	0.85	2.24	5.81	211
资阳	Ziyang	5.76	8.70	8.72	162	定西	Dingxi	7.12	4.00	4.16	247
贵州	**Guizhou**	**82.86**	**98.09**	**110.27**		陇南	Longnan	0.14	0.20	2.00	274
贵阳	Guiyang	26.54	43.15	46.63	15	**青海**	**Qinghai**	**5.19**	**18.50**	**35.66**	
六盘水	Liupanshui	9.75	2.01	2.01	273	西宁	Xining	1.79	5.44	23.03	51
遵义	Zunyi	20.69	7.57	10.53	129	海东	Haidong		3.53	3.65	256
安顺	Anshun	2.44	8.00	5.64	214	**宁夏**	**Ningxia**	**30.60**	**56.15**	**58.81**	
毕节	Bijie	4.50	5.00	5.60	215	银川	Yinchuan	12.26	26.19	26.69	43
铜仁	Tongren	9.00	4.66	4.87	234	石嘴山	Shizuishan	0.60	3.23	3.24	261
云南	**Yunnan**	**56.26**	**136.15**	**134.62**		吴忠	Wuzhong	3.60	7.75	8.04	172
昆明	Kunming	11.16	49.52	49.91	13	固原	Guyuan	5.12	6.49	6.90	194
曲靖	Qujing	2.50	11.14	6.47	200	中卫	Zhongwei	5.20	6.66	6.66	195
玉溪	Yuxi	1.80	9.78	6.64	196	**新疆**	**Xinjiang**	**88.57**	**137.20**	**148.68**	
保山	Baoshan	1.51	8.33	9.23	151	乌鲁木齐	Urumqi	32.26	42.80	38.01	26
昭通	Zhaotong	0.52	3.42	4.84	235	克拉玛依	Karamay	5.28	10.54	10.53	129

8-12 城市本年征用土地面积（辖区）
Area of Land Requisition This Year (Municipal Districts)

单位：平方公里 (sq. km)

地名	City	2010	2016	2017	2017 排名 Ranking	地名	City	2010	2016	2017	2017 排名 Ranking
全国	**National Total**	**1641.57**	**1713.62**	**1934.37**		沈阳	Shenyang	38.90	5.18		
北京	**Beijing**	**46.48**	**15.72**	**17.55**		大连	Dalian	28.12	2.31	3.60	102
天津	**Tianjin**	**43.96**	**20.32**	**14.61**		鞍山	Anshan	9.11	2.10	1.80	144
河北	**Hebei**	**37.08**	**50.37**	**63.78**		抚顺	Fushun	4.05	1.31	1.99	138
石家庄	Shijiazhuang	2.38	0.27	0.44	197	本溪	Benxi	5.11	1.65	2.11	137
唐山	Tangshan	2.45				丹东	Dandong	4.50	1.81	0.49	194
秦皇岛	Qinhuangdao	4.37	1.52	3.72	101	锦州	Jinzhou	1.56			
邯郸	Handan		21.20	14.18	28	营口	Yingkou	1.59	0.08	0.15	207
邢台	Xingtai	0.13				阜新	Fuxin	14.00			
保定	Baoding	1.45	3.98	14.78	27	辽阳	Liaoyang	9.79	7.49	4.37	91
张家口	Zhangjiakou		0.56	1.28	164	盘锦	Panjin	1.80		0.49	194
承德	Chengde		1.28	1.73	145	铁岭	Tieling	0.42	0.04	0.01	211
沧州	Cangzhou	2.15	2.62	2.59	123	朝阳	Chaoyang				
廊坊	Langfang	2.14	3.35	2.43	129	葫芦岛	Huludao		0.40	2.93	116
衡水	Hengshui	1.26	0.12	0.62	184	**吉林**	**Jilin**	**59.00**	**68.10**	**64.97**	
山西	**Shanxi**	**16.61**	**19.47**	**17.68**		长春	Changchun	44.33	18.66	26.79	7
太原	Taiyuan	8.69	13.00	13.00	31	吉林	Jilin	5.19			
大同	Datong					四平	Siping		0.78	0.83	174
阳泉	Yangquan	0.10		0.32	199	辽源	Liaoyuan				
长治	Changzhi	2.57				通化	Tonghua	0.60	0.25		
晋城	Jincheng					白山	Baishan	0.37			
朔州	Shuozhou	0.50	0.63	0.63	181	松原	Songyuan	1.14	0.41	0.65	180
晋中	Jinzhong	0.91				白城	Baicheng	0.65	0.29	0.22	203
运城	Yuncheng					**黑龙江**	**Heilongjiang**	**28.30**	**17.71**	**8.87**	
忻州	Xinzhou			0.63	181	哈尔滨	Harbin	13.90	3.27		
临汾	Linfen		2.15	2.15	135	齐齐哈尔	Qiqihar		1.74	0.70	178
吕梁	Lvliang	2.05	1.85			鸡西	Jixi		0.60	0.17	204
内蒙古	**Inner Mongolia**	**14.12**	**28.38**	**74.41**		鹤岗	Hegang	0.66			
呼和浩特	Hohhot		6.10	16.30	22	双鸭山	Shuangyashan			0.33	198
包头	Baotou					大庆	Daqing	6.66	2.79	1.31	162
乌海	Wuhai			7.27	64	伊春	Yichun				
赤峰	Chifeng	4.77		4.57	86	佳木斯	Jiamusi				
通辽	Tongliao					七台河	Qitaihe		0.98	0.73	177
鄂尔多斯	Erdos					牡丹江	Mudanjiang	2.63	2.53		
呼伦贝尔	Hulunbuir	0.97		0.29	201	黑河	Heihe				
巴彦淖尔	Bayannur					绥化	Suihua		2.85	2.46	127
乌兰察布	Ulanqab		4.81	35.16	1	**上海**	**Shanghai**		**24.46**	**23.00**	
辽宁	**Liaoning**	**128.20**	**28.18**	**22.56**		**江苏**	**Jiangsu**	**195.45**	**155.56**	**165.18**	

8-12 城市本年征用土地面积（辖区） 续表 1
Area of Land Requisition This Year (Municipal Districts) continued 1

单位：平方公里 (sq. km)

地名	City	2010	2016	2017	2017 排名 Ranking
南京	Nanjing	35.96	31.71	13.55	30
无锡	Wuxi	24.25	10.87	4.79	82
徐州	Xuzhou	1.73	6.49	6.38	72
常州	Changzhou	18.67	21.37	22.18	13
苏州	Suzhou		16.29	15.09	25
南通	Nantong	8.25	3.69	9.70	45
连云港	Lianyungang	12.67	5.91	8.02	61
淮安	Huaian	11.59	9.91	12.18	34
盐城	Yancheng	6.53	4.29	8.29	60
扬州	Yangzhou	3.40	0.93	2.68	121
镇江	Zhenjiang	10.99	4.02	4.70	83
泰州	Taizhou	8.79			
宿迁	Suqian	7.00	7.16	9.12	53
浙江	**Zhejiang**	**107.36**	**100.01**	**133.44**	
杭州	Hangzhou	27.68	11.97	19.55	16
宁波	Ningbo	4.93	8.89	5.44	76
温州	Wenzhou	5.54	12.46	20.58	14
嘉兴	Jiaxing	7.89	1.80	4.82	81
湖州	Huzhou	2.20	0.35	2.61	122
绍兴	Shaoxing	1.16	10.75	6.35	73
金华	Jinhua	3.24	5.46	7.31	63
衢州	Quzhou	4.79	0.98	1.90	141
舟山	Zhoushan	6.52	2.79	2.91	117
台州	Taizhou	5.78	5.74	11.00	38
丽水	Lishui	2.76	0.61	0.83	174
安徽	**Anhui**	**109.30**	**130.18**	**148.25**	
合肥	Hefei	17.96	16.43	14.00	29
芜湖	Wuhu	11.02	7.11	9.38	49
蚌埠	Bengbu	5.00	5.30	5.02	78
淮南	Huainan	12.05	5.40	4.52	88
马鞍山	Maanshan	5.53	3.92	3.93	97
淮北	Huaibei	4.52	8.75	4.61	84
铜陵	Tongling	3.40	9.62	9.61	46
安庆	Anqing	5.20	5.07	11.41	37
黄山	Huangshan	1.27	2.27	6.96	69
滁州	Chuzhou	16.01	13.89	10.94	39
阜阳	Fuyang	3.96	12.48	33.14	4
宿州	Suzhou	3.08	6.35	6.52	70
六安	Liuan	3.66	9.17	1.85	143
亳州	Bozhou	8.18	7.09	7.09	66

地名	City	2010	2016	2017	2017 排名 Ranking
池州	Chizhou		0.56	2.13	136
宣城	Xuancheng	2.50	2.20	2.45	128
福建	**Fujian**	**23.79**	**90.14**	**70.53**	
福州	Fuzhou		5.21	6.97	68
厦门	Xiamen		28.45	25.09	8
莆田	Putian	1.90	2.80	2.80	118
三明	Sanming		1.45	1.60	149
泉州	Quanzhou				
漳州	Zhangzhou	3.56	1.93	1.38	157
南平	Nanping	0.27	5.13	9.59	47
龙岩	Longyan	3.46	4.09	2.28	131
宁德	Ningde	1.63	16.76	1.39	156
江西	**Jiangxi**	**20.97**	**60.56**	**94.02**	
南昌	Nanchang		19.22	17.26	19
景德镇	Jingdezhen		0.96	1.97	139
萍乡	Pingxiang		5.93	0.68	179
九江	Jiujiang			2.70	120
新余	Xinyu	3.60	0.23	0.16	206
鹰潭	Yingtan			2.18	133
赣州	Ganzhou	3.50	23.32	34.63	2
吉安	Jian	0.08		19.85	15
宜春	Yichun				
抚州	Fuzhou		5.60	8.54	58
上饶	Shangrao	2.23			
山东	**Shandong**	**98.71**	**114.08**	**140.43**	
济南	Jinan	21.27	29.84	27.50	6
青岛	Qingdao	11.70	16.24	15.85	23
淄博	Zibo	7.99	5.31	8.86	57
枣庄	Zaozhuang	1.40	2.22	3.13	111
东营	Dongying	3.11	5.31	2.98	114
烟台	Yantai	12.93	6.04	7.18	65
潍坊	Weifang	1.88			
济宁	Jining				
泰安	Taian		0.84	0.84	173
威海	Weihai	3.00	2.86	3.30	108
日照	Rizhao		17.33	17.00	20
莱芜	Laiwu	1.66	1.20	3.32	107
临沂	Linyi	4.05	3.10	10.41	41
德州	Dezhou		1.36	1..36	158
聊城	Liaocheng	1.24		1.58	150

8-12 城市本年征用土地面积（辖区） 续表 2
Area of Land Requisition This Year (Municipal Districts) continued 2

单位：平方公里 (sq. km)

地名	City	2010	2016	2017	2017 排名 Ranking
滨州	Binzhou	3.00	0.21	5.80	75
菏泽	Heze	2.41	7.84	10.22	42
河南	**Henan**	**67.01**	**28.18**	**45.56**	
郑州	Zhengzhou	19.35	8.36	12.54	32
开封	Kaifeng	8.74	4.76	5.04	77
洛阳	Luoyang	15.73		4.10	95
平顶山	Pingdingshan				
安阳	Anyang	0.38	0.45	0.52	188
鹤壁	Hebi	0.43			
新乡	Xinxiang				
焦作	Jiaozuo				
濮阳	Puyang	4.00			
许昌	Xuchang				
漯河	Luohe			4.44	90
三门峡	Sanmenxia	0.12			
南阳	Nanyang	3.76	1.12	1.66	147
商丘	Shangqiu				
信阳	Xinyang	12.64			
周口	Zhoukou				
驻马店	Zhumadian	1.10			
湖北	**Hubei**	**79.94**	**90.55**	**95.41**	
武汉	Wuhan	44.66	32.80	23.04	12
黄石	Huangshi				
十堰	Shiyan	4.82			
宜昌	Yichang	0.48			
襄阳	Xiangyang	15.35	27.12	8.96	56
鄂州	Ezhou	1.02	0.15	0.15	207
荆门	Jingmen				
孝感	Xiaogan	0.50	6.37	3.37	106
荆州	Jingzhou	0.75		33.89	3
黄冈	Huanggang	0.90			
咸宁	Xianning				
随州	Suizhou	0.05			
湖南	**Hunan**	**48.92**	**61.67**	**69.51**	
长沙	Changsha			7.71	62
株洲	Zhuzhou		17.18	19.53	17
湘潭	Xiangtan	2.11	4.28	4.30	92
衡阳	Hengyang	6.06	7.77	4.55	87
邵阳	Shaoyang	7.96	2.00	1.50	151
岳阳	Yueyang	0.10	0.50	0.50	190

地名	City	2010	2016	2017	2017 排名 Ranking
常德	Changde		3.43	4.95	80
张家界	Zhangjiajie	0.21	0.70	0.98	170
益阳	Yiyang	2.80	2.25	3.49	104
郴州	Chenzhou	10.00	4.30	1.16	168
永州	Yongzhou	1.61	2.26	2.35	130
怀化	Huaihua				
娄底	Loudi	2.14			
广东	**Guangdong**	**95.74**	**126.90**	**117.89**	
广州	Guangzhou	33.72	16.66	24.00	10
韶关	Shaoguan				
深圳	Shenzhen				
珠海	Zhuhai	1.95			
汕头	Shantou				
佛山	Foshan		6.04	3.20	110
江门	Jiangmen	3.63		3.99	96
湛江	Zhanjiang	2.14	5.05	10.06	44
茂名	Maoming	3.50	22.35	1.35	159
肇庆	Zhaoqing		3.82	9.32	50
惠州	Huizhou	12.04	4.78	9.06	54
梅州	Meizhou	0.25	4.86	0.55	186
汕尾	Shanwei	0.10	2.32	0.23	202
河源	Heyuan		4.92	9.00	55
阳江	Yangjiang			1.15	169
清远	Qingyuan	0.41	5.59	2.17	134
东莞	Dongguan	8.42	7.32	4.17	94
中山	Zhongshan	7.26	2.40	1.89	142
潮州	Chaozhou		0.12	0.12	209
揭阳	Jieyang		0.16	0.76	176
云浮	Yunfu	8.81	0.58	0.88	172
广西	**Guangxi**	**101.44**	**117.99**	**118.50**	
南宁	Nanning	6.09	39.43	10.16	43
柳州	Liuzhou	7.34	6.87	12.51	33
桂林	Guilin	1.00	2.84	11.98	36
梧州	Wuzhou	7.23	2.88	9.15	52
北海	Beihai	4.14	3.23	4.48	89
防城港	Fangchenggang		1.06	0.17	204
钦州	Qinzhou	17.38	6.38	5.93	74
贵港	Guigang	10.37	2.91	1.61	148
玉林	Yulin	4.09	1.04	9.20	51
百色	Baise	0.47	14.97	14.97	26

8-12 城市本年征用土地面积（辖区） 续表 3

Area of Land Requisition This Year (Municipal Districts) continued 3

单位：平方公里 (sq. km)

地名	City	2010	2016	2017	2017 排名 Ranking
贺州	Hezhou	7.62	7.70	8.42	59
河池	Hechi	0.05	0.27	1.33	160
来宾	Laibin	23.41	7.33	9.49	48
崇左	Chongzuo	3.86	9.33	1.20	166
海南	**Hainan**	**0.10**	**3.55**	**21.13**	
海口	Haikou			7.04	67
三亚	Sanya		0.68	1.41	154
三沙	Sansha				
重庆	**Chongqing**	**48.02**	**91.29**	**108.26**	
四川	**Sichuan**	**86.33**	**79.32**	**109.50**	
成都	Chengdu	15.91	8.40	15.10	24
自贡	Zigong	8.74	6.96	23.49	11
攀枝花	Panzhihua	0.70	1.07	2.56	125
泸州	Luzhou	12.81	7.76	16.73	21
德阳	Deyang	2.17	10.96	1.92	140
绵阳	Mianyang				
广元	Guangyuan	1.97	0.66	0.50	190
遂宁	Suining				
内江	Neijiang	3.25	7.71	3.38	105
乐山	Leshan	0.06			
南充	Nanchong	7.00	4.96	5.00	79
眉山	Meishan	2.30	2.29	3.77	100
宜宾	Yibin	7.03	4.46	12.17	35
广安	Guangan			1.23	165
达州	Dazhou		4.56	0.54	187
雅安	Yaan		1.59	2.75	119
巴中	Bazhong	0.30			
资阳	Ziyang	5.52	2.50	1.29	163
贵州	**Guizhou**	**5.26**	**33.82**	**18.70**	
贵阳	Guiyang				
六盘水	Liupanshui		4.64	4.61	84
遵义	Zunyi		10.47		
安顺	Anshun	2.00	3.06	3.06	113
毕节	Bijie		2.30	2.50	126
铜仁	Tongren		4.27	3.24	109
云南	**Yunnan**	**85.23**	**34.65**	**51.13**	
昆明	Kunming	44.73	12.21	18.48	18
曲靖	Qujing		2.66	3.93	97
玉溪	Yuxi			3.56	103
保山	Baoshan	0.55	8.10		
昭通	Zhaotong	3.00	1.10	3.79	99
丽江	Lijiang		0.82	0.89	171
普洱	Puer	0.33		1.48	152
临沧	Lincang	2.12	0.55	0.06	210
西藏	**Tibet**	**2.94**	**5.05**	**11.96**	
拉萨	Lasa	2.94	0.05	10.71	40
陕西	**Shaanxi**	**41.52**	**44.17**	**37.95**	
西安	Xi'an	38.43	35.82	32.32	5
铜川	Tongchuan		2.84		
宝鸡	Baoji				
咸阳	Xianyang		0.50	0.50	190
渭南	Weinan	2.08	2.10	2.20	132
延安	Yan'an				
汉中	Hanzhong			0.63	181
榆林	Yulin				
安康	Ankang		1.70	1.70	146
商洛	Shangluo				
甘肃	**Gansu**	**23.83**	**37.24**	**34.84**	
兰州	Lanzhou	11.38	24.33	24.29	9
嘉峪关	Jiayuguan				
金昌	Jinchang	1.26	1.76	0.30	200
白银	Baiyin	1.29	1.25	1.48	152
天水	Tianshui		3.30	0.49	194
武威	Wuwei	1.00			
张掖	Zhangye	0.16	2.63	1.19	167
平凉	Pingliang		0.52	0.52	188
酒泉	Jiuquan				
庆阳	Qingyang	1.39	1.20	4.20	93
定西	Dingxi	0.50	1.32	1.33	160
陇南	Longnan				
青海	**Qinghai**	**0.01**	**3.31**	**5.40**	
西宁	Xining				
海东	Haidong		0.87	0.50	190
宁夏	**Ningxia**	**8.30**	**9.51**	**14.39**	
银川	Yinchuan			6.47	71
石嘴山	Shizuishan				
吴忠	Wuzhong	2.70	2.68	2.59	123
固原	Guyuan	0.99	3.07	3.07	112
中卫	Zhongwei	0.91	1.62	0.61	185
新疆	**Xinjiang**	**17.65**	**23.18**	**14.96**	
乌鲁木齐	Urumqi	9.42	12.38	2.98	114
克拉玛依	Karamay	0.30	5.40	1.40	155

8-13 城市本年征用耕地面积（辖区）

Area of Arable Land Requisition This Year (Municipal Districts)

单位：平方公里 (sq. km)

地名	City	2010	2016	2017	2017 排名 Ranking
全国	**National Total**	**708.96**	**775.76**	**841.27**	
北京	**Beijing**	**17.53**	**8.67**	**4.83**	
天津	**Tianjin**	**18.65**	**8.79**	**8.15**	
河北	**Hebei**	**12.86**	**14.70**	**25.94**	
石家庄	Shijiazhuang	2.38	0.14	0.36	152
唐山	Tangshan	0.26			
秦皇岛	Qinhuangdao	2.47	0.75	1.89	87
邯郸	Handan		1.20	5.00	38
邢台	Xingtai				
保定	Baoding	1.23	2.75	3.19	57
张家口	Zhangjiakou		0.21	0.38	148
承德	Chengde		0.48	0.63	135
沧州	Cangzhou	1.31	1.39	2.01	81
廊坊	Langfang	1.12	0.84	0.13	170
衡水	Hengshui	0.56	0.07	0.45	146
山西	**Shanxi**	**8.02**	**13.83**	**13.92**	
太原	Taiyuan	4.45	12.00	12.00	9
大同	Datong				
阳泉	Yangquan				
长治	Changzhi	1.65			
晋城	Jincheng				
朔州	Shuozhou				
晋中	Jinzhong				
运城	Yuncheng				
忻州	Xinzhou			0.41	147
临汾	Linfen		1.31	1.31	103
吕梁	Lvliang	0.56			
内蒙古	**Inner Mongolia**	**1.39**	**11.93**	**22.77**	
呼和浩特	Hohhot		2.69	6.15	29
包头	Baotou				
乌海	Wuhai				
赤峰	Chifeng			1.15	106
通辽	Tongliao				
鄂尔多斯	Erdos				
呼伦贝尔	Hulunbuir				
巴彦淖尔	Bayannur				
乌兰察布	Ulanqab		3.26	14.26	7
辽宁	**Liaoning**	**60.24**	**16.66**	**10.49**	
沈阳	Shenyang	24.50	3.23		
大连	Dalian	7.53	0.31	1.08	111
鞍山	Anshan	4.30	1.38	1.02	116
抚顺	Fushun		1.31	1.86	89
本溪	Benxi	2.91	1.09	0.99	118
丹东	Dandong	4.00	1.29	0.30	155
锦州	Jinzhou	0.87			
营口	Yingkou		0.03	0.02	178
阜新	Fuxin	7.30			
辽阳	Liaoyang	6.53	5.06	2.50	69
盘锦	Panjin				
铁岭	Tieling	0.04	0.04		
朝阳	Chaoyang				
葫芦岛	Huludao		0.09	1.35	102
吉林	**Jilin**	**40.73**	**34.34**	**37.81**	
长春	Changchun	33.64	13.49	18.48	4
吉林	Jilin	2.96			
四平	Siping		0.73	0.79	128
辽源	Liaoyuan				
通化	Tonghua	0.41	0.17		
白山	Baishan	0.37			
松原	Songyuan	0.42	0.25	0.38	148
白城	Baicheng		0.15	0.16	167
黑龙江	**Heilongjiang**	**3.37**	**5.46**	**5.74**	
哈尔滨	Harbin		0.38		
齐齐哈尔	Qiqihar				
鸡西	Jixi		0.35	0.13	170
鹤岗	Hegang	0.43			
双鸭山	Shuangyashan			0.18	165
大庆	Daqing			0.50	142
伊春	Yichun				
佳木斯	Jiamusi				
七台河	Qitaihe		0.25	0.68	132
牡丹江	Mudanjiang	1.54	2.12		
黑河	Heihe				
绥化	Suihua		1.08	2.37	71
上海	**Shanghai**		**14.65**	**14.00**	
江苏	**Jiangsu**	**88.21**	**76.38**	**83.57**	

8-13 城市本年征用耕地面积（辖区） 续表 1

Area of Arable Land Requisition This Year (Municipal Districts) continued 1

单位：平方公里 (sq. km)

地名	City	2010	2016	2017	2017 排名 Ranking
南京	Nanjing	14.67	13.27	4.81	39
无锡	Wuxi	10.00	5.42	2.36	72
徐州	Xuzhou	0.71	3.77	3.88	46
常州	Changzhou	11.27	9.60	10.04	11
苏州	Suzhou		4.63	4.18	43
南通	Nantong	4.14	1.65	3.87	47
连云港	Lianyungang	8.53	3.44	5.77	33
淮安	Huaian	6.80	5.85	7.65	21
盐城	Yancheng	4.50	3.40	5.51	36
扬州	Yangzhou		0.32	1.40	101
镇江	Zhenjiang	4.27	1.94	2.62	66
泰州	Taizhou				
宿迁	Suqian		4.45	4.75	40
浙江	**Zhejiang**	**65.94**	**50.18**	**59.12**	
杭州	Hangzhou	18.37	6.15	5.80	31
宁波	Ningbo	2.78	6.67	3.13	59
温州	Wenzhou	4.62	3.16	3.57	53
嘉兴	Jiaxing	6.20	1.44	4.00	44
湖州	Huzhou	0.80	0.23	1.21	104
绍兴	Shaoxing	0.98	7.02	3.80	48
金华	Jinhua	2.17	1.57	3.62	52
衢州	Quzhou	2.01	0.28	0.81	126
舟山	Zhoushan	3.24	0.99	1.41	100
台州	Taizhou	1.19	3.18	5.78	32
丽水	Lishui	1.15	0.07	0.28	156
安徽	**Anhui**	**61.18**	**67.20**	**73.98**	
合肥	Hefei	13.47	8.75	7.33	22
芜湖	Wuhu	5.59	4.06	5.09	37
蚌埠	Bengbu	3.00	3.10	2.90	63
淮南	Huainan	7.66	3.95	3.77	50
马鞍山	Maanshan	2.78	2.64	2.54	68
淮北	Huaibei	2.39	5.11	1.52	97
铜陵	Tongling				
安庆	Anqing		3.41	6.26	26
黄山	Huangshan	0.99	1.35	1.13	107
滁州	Chuzhou	10.34	8.55	6.52	25
阜阳	Fuyang	2.01	6.72	18.41	5
宿州	Suzhou	2.96	3.51	4.24	41
六安	Liuan	1.99	5.00	0.81	126
亳州	Bozhou	5.85	4.16	3.79	49

地名	City	2010	2016	2017	2017 排名 Ranking
池州	Chizhou		0.26	1.05	114
宣城	Xuancheng				
福建	**Fujian**	**7.41**	**23.33**	**15.86**	
福州	Fuzhou		1.33	2.44	70
厦门	Xiamen				
莆田	Putian	1.30	2.00	2.00	82
三明	Sanming		0.21	0.11	172
泉州	Quanzhou				
漳州	Zhangzhou	0.59	0.06	0.16	167
南平	Nanping	0.03	1.04	2.95	62
龙岩	Longyan	2.09	0.40	0.19	163
宁德	Ningde	0.58	7.40	0.91	122
江西	**Jiangxi**	**4.16**	**26.05**	**26.87**	
南昌	Nanchang		9.87	9.25	14
景德镇	Jingdezhen		0.60	0.93	121
萍乡	Pingxiang		2.38	0.16	167
九江	Jiujiang			0.94	120
新余	Xinyu	0.31		0.10	173
鹰潭	Yingtan				
赣州	Ganzhou	1.80	10.25	9.12	15
吉安	Jian			3.00	60
宜春	Yichun				
抚州	Fuzhou		2.27	2.62	66
上饶	Shangrao	0.56			
山东	**Shandong**	**38.05**	**48.18**	**60.42**	
济南	Jinan	12.10	17.88	17.17	6
青岛	Qingdao	5.78	8.16	7.74	20
淄博	Zibo	4.15	3.09	5.53	35
枣庄	Zaozhuang	0.47	0.84	1.45	99
东营	Dongying	1.10	2.14	0.53	139
烟台	Yantai	2.26	1.56	2.19	78
潍坊	Weifang	0.43			
济宁	Jining				
泰安	Taian		0.46	0.46	145
威海	Weihai		0.28	0.49	143
日照	Rizhao				
莱芜	Laiwu		0.60	1.72	91
临沂	Linyi	0.22	1.56	5.55	34
德州	Dezhou		0.65	0.65	133
聊城	Liaocheng			1.12	109

8-13 城市本年征用耕地面积（辖区） 续表 2

Area of Arable Land Requisition This Year (Municipal Districts) continued 2

单位：平方公里 (sq. km)

地名	City	2010	2016	2017	2017 排名 Ranking
滨州	Binzhou				
菏泽	Heze	1.66	3.24	3.94	45
河南	**Henan**	**27.02**	**13.01**	**19.83**	
郑州	Zhengzhou				
开封	Kaifeng	6.01	3.34	3.75	51
洛阳	Luoyang	11.79		2.28	76
平顶山	Pingdingshan				
安阳	Anyang				
鹤壁	Hebi	0.27			
新乡	Xinxiang				
焦作	Jiaozuo				
濮阳	Puyang				
许昌	Xuchang				
漯河	Luohe			3.54	54
三门峡	Sanmenxia				
南阳	Nanyang	1.66	0.80	1.21	104
商丘	Shangqiu				
信阳	Xinyang	6.03			
周口	Zhoukou				
驻马店	Zhumadian				
湖北	**Hubei**	**15.23**	**50.70**	**50.71**	
武汉	Wuhan	13.40	18.01	12.10	8
黄石	Huangshi				
十堰	Shiyan				
宜昌	Yichang				
襄阳	Xiangyang		18.88	6.20	28
鄂州	Ezhou	0.51			
荆门	Jingmen				
孝感	Xiaogan		4.36	2.32	73
荆州	Jingzhou	0.06		20.28	2
黄冈	Huanggang				
咸宁	Xianning				
随州	Suizhou				
湖南	**Hunan**	**11.65**	**12.95**	**17.66**	
长沙	Changsha			3.19	57
株洲	Zhuzhou			1.74	90
湘潭	Xiangtan	0.92	2.12	2.12	80
衡阳	Hengyang	2.46	2.72	1.92	85
邵阳	Shaoyang	0.21	0.45	0.78	129
岳阳	Yueyang				

地名	City	2010	2016	2017	2017 排名 Ranking
常德	Changde		1.69	2.96	61
张家界	Zhangjiajie	0.17		0.10	173
益阳	Yiyang	1.00	0.71	1.12	109
郴州	Chenzhou	0.50	1.87	0.37	150
永州	Yongzhou	0.20	0.26	0.28	156
怀化	Huaihua				
娄底	Loudi	1.09			
广东	**Guangdong**	**26.43**	**48.16**	**52.13**	
广州	Guangzhou	11.95	4.63	9.53	13
韶关	Shaoguan				
深圳	Shenzhen				
珠海	Zhuhai	0.45			
汕头	Shantou				
佛山	Foshan		0.72	0.71	131
江门	Jiangmen	1.29		0.33	153
湛江	Zhanjiang		1.47	2.00	82
茂名	Maoming		7.02	0.56	138
肇庆	Zhaoqing		1.02	1.64	94
惠州	Huizhou	1.81	1.05	3.31	56
梅州	Meizhou	0.07	0.90	0.26	160
汕尾	Shanwei		1.58	0.03	177
河源	Heyuan		1.06	9.00	16
阳江	Yangjiang			1.06	112
清远	Qingyuan	0.40	3.23	1.67	93
东莞	Dongguan	2.12	1.24	0.51	141
中山	Zhongshan	2.86	0.86	0.90	123
潮州	Chaozhou		0.07	0.07	175
揭阳	Jieyang			0.19	163
云浮	Yunfu	3.34	0.38	0.33	153
广西	**Guangxi**	**40.43**	**49.83**	**31.43**	
南宁	Nanning	3.04	30.29		
柳州	Liuzhou	5.09	1.12	6.26	26
桂林	Guilin		0.76	3.36	55
梧州	Wuzhou		0.44	1.51	98
北海	Beihai	1.89			
防城港	Fangchenggang		0.19	0.04	176
钦州	Qinzhou	0.22			
贵港	Guigang	7.29	0.50	0.83	124
玉林	Yulin	2.06	0.56	5.98	30
百色	Baise				

8-13 城本年征用耕地面积（辖区） 续表 3

Area of Arable Land Requisition This Year (Municipal Districts) continued 3

单位：平方公里 (sq. km)

地名	City	2010	2016	2017	2017 排名 Ranking	地名	City	2010	2016	2017	2017 排名 Ranking
贺州	Hezhou	6.09	6.54	7.15	23	丽江	Lijiang		0.28	0.22	161
河池	Hechi		0.27	1.13	107	普洱	Puer				
来宾	Laibin	9.58				临沧	Lincang	0.80			
崇左	Chongzuo	3.17				**西藏**	**Tibet**	**0.71**	**2.50**	**8.93**	
海南	**Hainan**		**1.26**	**2.12**		拉萨	Lasa	0.71		8.79	17
海口	Haikou					**陕西**	**Shaanxi**	**30.59**	**22.59**	**28.84**	
三亚	Sanya		0.16	0.37	150	西安	Xi'an	28.15	17.78	25.46	1
三沙	Sansha					铜川	Tongchuan		1.46		
重庆	**Chongqing**	**14.23**	**42.56**	**43.55**		宝鸡	Baoji				
四川	**Sichuan**	**45.58**	**40.49**	**55.40**		咸阳	Xianyang				
成都	Chengdu	u	4.14	6.61	24	渭南	Weinan	1.73	1.80	1.90	86
自贡	Zigong	5.15	6.96	11.03	10	延安	Yan'an				
攀枝花	Panzhihua	0.70	0.13	0.62	136	汉中	Hanzhong			0.28	156
泸州	Luzhou	8.20	4.70	9.95	12	榆林	Yulin				
德阳	Deyang	2.17	4.93	0.97	119	安康	Ankang		0.65	0.65	133
绵阳	Mianyang					商洛	Shangluo				
广元	Guangyuan		0.20	0.17	166	**甘肃**	**Gansu**	**12.62**	**27.98**	**25.65**	
遂宁	Suining					兰州	Lanzhou	6.50	18.93	18.78	3
内江	Neijiang	2.51	5.50	2.31	74	嘉峪关	Jiayuguan				
乐山	Leshan					金昌	Jinchang	0.57	0.40		
南充	Nanchong	1.00	1.00	1.00	117	白银	Baiyin	0.81			
眉山	Meishan	1.14	1.13	1.97	84	天水	Tianshui		3.30	0.49	143
宜宾	Yibin	0.95	3.49	8.57	18	武威	Wuwei	1.00			
广安	Guangan			0.82	125	张掖	Zhangye	0.13	2.43	0.78	129
达州	Dazhou		2.17			平凉	Pingliang		0.52	0.52	140
雅安	Yaan		1.27	2.29	75	酒泉	Jiuquan				
巴中	Bazhong					庆阳	Qingyang	0.11	1.20	4.20	42
资阳	Ziyang	4.14	0.58	1.06	112	定西	Dingxi	0.20	0.28	0.28	156
贵州	**Guizhou**	**0.28**	**14.84**	**7.00**		陇南	Longnan				
贵阳	Guiyang					**青海**	**Qinghai**		**0.20**	**0.20**	
六盘水	Liupanshui					西宁	Xining				
遵义	Zunyi		6.35			海东	Haidong		0.20	0.20	162
安顺	Anshun	0.20	2.16	2.16	79	**宁夏**	**Ningxia**	**6.70**	**6.68**	**5.55**	
毕节	Bijie		1.02	1.05	114	银川	Yinchuan				
铜仁	Tongren		2.75	1.63	95	石嘴山	Shizuishan				
云南	**Yunnan**	**43.95**	**15.15**	**26.67**		吴忠	Wuzhong	2.60	1.68	1.69	92
昆明	Kunming	20.13	8.78	7.92	19	固原	Guyuan	0.70	2.66	2.66	65
曲靖	Qujing		1.15	1.89	87	中卫	Zhongwei	0.91	1.62	0.61	137
玉溪	Yuxi			2.72	64	**新疆**	**Xinjiang**	**5.80**	**6.51**	**2.13**	
保山	Baoshan	0.35				乌鲁木齐	Urumqi	3.83	4.29	1.62	96
昭通	Zhaotong	2.50	1.10	2.27	77	克拉玛依	Karamay				

8-14 城市维护建设资金(财政性资金)收入(辖区)

Revenue of Urban Maintenance and Construction Fund (Fiscal Budget) (Municipal Districts)

单位：万元 (10 000 yuan)

地名	City	2010	2015	2016	2016 排名 Ranking	地名	City	2010	2015	2016	2016 排名 Ranking
全国	**Nation Total**	**85704996**	**160735509**	**180194600**		沈阳	Shenyang	692324	1499985	1176111	26
北京	**Beijing**	**5886970**	**21002851**	**14498063**		大连	Dalian	477648	1078853	848920	32
天津	**Tianjin**	**1516602**	**2206103**	**2564052**		鞍山	Anshan	1955871	237430	290992	76
河北	**Hebei**	**3115491**	**3936578**	**4854346**		抚顺	Fushun	123387	209608	56827	210
石家庄	Shijiazhuang	410377	660851	674450	39	本溪	Benxi	99424	55803	55803	212
唐山	Tangshan	617009	216926	118348	161	丹东	Dandong	103943	79954	74039	187
秦皇岛	Qinhuangdao	346299	81700	122482	158	锦州	Jinzhou	72452	43789	54088	218
邯郸	Handan	419186	135009	1493695	20	营口	Yingkou	99609	105982	154963	132
邢台	Xingtai	55600	48033	45000	235	阜新	Fuxin	42632	78074	78940	185
保定	Baoding	296291	1145621	956396	28	辽阳	Liaoyang	219210	199890	173167	120
张家口	Zhangjiakou	96036	82444	98382	175	盘锦	Panjin	109439	257795	80077	183
承德	Chengde	46963	46248	99671	174	铁岭	Tieling	13522	16158	16660	271
沧州	Cangzhou	95169	76349	70319	192	朝阳	Chaoyang	40227	28122	26398	262
廊坊	Langfang	107104	120882	151411	137	葫芦岛	Huludao	33656	104127	124445	155
衡水	Hengshui	23645	54963	126955	153	**吉林**	**Jilin**	**883223**	**1685380**	**2471417**	
山西	**Shanxi**	**1890382**	**2431823**	**2485140**		长春	Changchun	463853	845876	1278914	23
太原	Taiyuan	690751	1276542	1356874	22	吉林	Jilin	58000	76000	80000	184
大同	Datong	589139	194050	194975	110	四平	Siping	8913	143551	168189	123
阳泉	Yangquan	86952	36966	54412	217	辽源	Liaoyuan	26909	65820	36000	250
长治	Changzhi	71849	269294	16388	273	通化	Tonghua	21689	29346	26957	261
晋城	Jincheng	204	4886	4984	286	白山	Baishan	37594	60633	36995	248
朔州	Shuozhou	118346	58615	294294	75	松原	Songyuan	8935	25691	25877	263
晋中	Jinzhong	84160	164897	254508	87	白城	Baicheng	18307	112536	133395	149
运城	Yuncheng	33245	18039	13288	278	**黑龙江**	**Heilongjiang**	**1186674**	**1530215**	**1566287**	
忻州	Xinzhou	19764	103687	57811	207	哈尔滨	Harbin	345790	543600	614447	42
临汾	Linfen	72372	57182	40648	245	齐齐哈尔	Qiqihar	103597	97845	64996	195
吕梁	Lvliang	14028	51859	50205	225	鸡西	Jixi	16570	43827	116024	164
内蒙古	**Inner Mongolia**	**2016567**	**2081355**	**1671906**		鹤岗	Hegang	24609	23848	16666	270
呼和浩特	Hohhot	143959	192024	200030	108	双鸭山	Shuangyashan	30149	24828	41012	244
包头	Baotou	194937	257853	257853	86	大庆	Daqing	223668	163168	137968	145
乌海	Wuhai	72670	327668	334179	69	伊春	Yichun	62307	45983	41534	243
赤峰	Chifeng	173710	496054	132081	150	佳木斯	Jiamusi	91623	41652	39183	246
通辽	Tongliao	87642	31284	31284	257	七台河	Qitaihe	13444	55170	22669	265
鄂尔多斯	Erdos	880253	115309	77156	186	牡丹江	Mudanjiang	28419	81653	58257	205
呼伦贝尔	Hulunbuir	34567	40380	73284	188	黑河	Heihe	15945	13629	8887	284
巴彦淖尔	Bayannur	1450	21170	28378	258	绥化	Suihua	14496	25659	54508	216
乌兰察布	Ulanqab	33975	255234	235946	95	**上海**	**Shanghai**	**1960933**	**3657873**	**3612954**	
辽宁	**Liaoning**	**4617395**	**4726607**	**3834031**		**江苏**	**Jiangsu**	**8008899**	**17545425**	**24456256**	

8-14 城市维护建设资金(财政性资金)收入（辖区） 续表 1

Revenue of Urban Maintenance and Construction Fund (Fiscal Budget) (Municipal Districts) continued 1

单位：万元 (10 000 yuan)

地名	City	2010	2015	2016	2016 排名 Ranking
南京	Nanjing	1737698	3031885	6526413	4
无锡	Wuxi	535568	428743	485508	53
徐州	Xuzhou	169651	654631	611783	43
常州	Changzhou	297868	586485	874240	30
苏州	Suzhou	1365198	5598418	8150468	2
南通	Nantong	363404	1707862	1557412	19
连云港	Lianyungang	207428	255925	1198282	25
淮安	Huaian	212091	744031	421663	58
盐城	Yancheng	82886	305825	258164	85
扬州	Yangzhou	201999	336963	262382	83
镇江	Zhenjiang	646642	855245	434744	57
泰州	Taizhou	117332	236502	307083	71
宿迁	Suqian	42294	200923	207767	106
浙江	**Zhejiang**	**6108113**	**8761243**	**9799144**	
杭州	Hangzhou	2237771	2476819	2803548	14
宁波	Ningbo	815389	780987	708480	36
温州	Wenzhou	94515	1935188	2673902	15
嘉兴	Jiaxing	261755	133978	194255	111
湖州	Huzhou	274925	289034	295194	74
绍兴	Shaoxing	180767	507910	412931	59
金华	Jinhua	67290	183711	186942	113
衢州	Quzhou	98802	138988	207557	107
舟山	Zhoushan	146504	431668	240629	92
台州	Taizhou	126916	148956	162436	127
丽水	Lishui	58456	154001	156474	131
安徽	**Anhui**	**2902962**	**7915597**	**12834316**	
合肥	Hefei	597267	3740523	9183916	1
芜湖	Wuhu	616024	396238	394814	61
蚌埠	Bengbu	331579	618612	351599	65
淮南	Huainan	224036	232941	159906	130
马鞍山	Maanshan	228717	198756	116937	162
淮北	Huaibei	81340	189396	139935	144
铜陵	Tongling	29178	458344	269970	82
安庆	Anqing	79137	128355	115641	165
黄山	Huangshan	68456	84874	124067	156
滁州	Chuzhou	138826	173000	178736	117
阜阳	Fuyang	56548	153117	246004	90
宿州	Suzhou	12722	412517	218016	99
六安	Liuan	54679	101986	104346	171
亳州	Bozhou	51395	118605	180071	115
池州	Chizhou	65881	60228	51387	222
宣城	Xuancheng	103185	480000	479000	54
福建	**Fujian**	**4656971**	**6735656**	**10975204**	
福州	Fuzhou	2747179	1686960	1768720	18
厦门	Xiamen	546055	3681160	7179109	3
莆田	Putian	53450	39739	47815	232
三明	Sanming	8923	36779	48850	228
泉州	Quanzhou	345200	164981	437141	56
漳州	Zhangzhou	36867	70251	174469	119
南平	Nanping	28167	181587	153624	133
龙岩	Longyan	115652	198383	249042	88
宁德	Ningde	174527	124423	136053	148
江西	**Jiangxi**	**2422959**	**4875877**	**4516160**	
南昌	Nanchang	125773	229150	855342	31
景德镇	Jingdezhen	13687	177856	120060	159
萍乡	Pingxiang	51200	263758	296767	73
九江	Jiujiang	665900	207984	140523	142
新余	Xinyu	118293	156085	152395	134
鹰潭	Yingtan	113836	297183	59872	202
赣州	Ganzhou	174601	245498	510908	52
吉安	Jian	167206	195531	160259	129
宜春	Yichun	174159	177312	215923	104
抚州	Fuzhou	123561	272588	324981	70
上饶	Shangrao	142829	807452	837052	33
山东	**Shandong**	**10377521**	**10534867**	**12532299**	
济南	Jinan	951069	1479969	1783279	17
青岛	Qingdao	4752449	2452163	3820058	9
淄博	Zibo	145597	209081	198646	109
枣庄	Zaozhuang	162441	107173	147145	140
东营	Dongying	231469	394487	350242	66
烟台	Yantai	429225	587439	583752	47
潍坊	Weifang	162854	254362	246064	89
济宁	Jining	142668	163562	217477	100
泰安	Taian	244194	528128	388146	62
威海	Weihai	128946	231317	608195	45
日照	Rizhao	168122	124018	162065	128
莱芜	Laiwu	53012	78827	69870	193
临沂	Linyi	252508	630482	939221	29
德州	Dezhou	97815	134423	116195	163
聊城	Liaocheng	64766	148977	235330	96

8-14 城市维护建设资金(财政性资金)收入(辖区) 续表 2

Revenue of Urban Maintenance and Construction Fund (Fiscal Budget) (Municipal Districts) continued 2

单位：万元 (10 000 yuan)

地名	City	2010	2015	2016	2016 排名 Ranking	地名	City	2010	2015	2016	2016 排名 Ranking
滨州	Binzhou	78755	397836	444915	55	常德	Changde	195847	323696	349315	67
菏泽	Heze	69140	182249	287791	79	张家界	Zhangjiajie	5037	12882	13180	279
河南	**Henan**	**2381809**	**2553620**	**2290629**		益阳	Yiyang	85132	63438	51729	221
郑州	Zhengzhou	1205952	543344	345704	68	郴州	Chenzhou	72418	212511	12787	280
开封	Kaifeng	117063	87744	128620	152	永州	Yongzhou	118929	243485	287677	80
洛阳	Luoyang	38016	77343	72394	190	怀化	Huaihua	17881	432972	214997	105
平顶山	Pingdingshan	130426	57761	56671	211	娄底	Loudi	62196	34617	36030	249
安阳	Anyang	38155	54140	63222	196	**广东**	**Guangdong**	**9315084**	**14880108**	**17873815**	
鹤壁	Hebi	24182	117781	89940	178	广州	Guangzhou	2511190	3276471	3041464	12
新乡	Xinxiang	35676	38401	49536	227	韶关	Shaoguan	89614	191085	115428	166
焦作	Jiaozuo	130885	228387	60578	200	深圳	Shenzhen	132886	209419	216355	102
濮阳	Puyang	60780	87890	148966	139	珠海	Zhuhai	1867958	2049542	4094524	7
许昌	Xuchang	56796	52912	57891	206	汕头	Shantou	33895	663433	556642	48
漯河	Luohe	58325	12400	13520	277	佛山	Foshan	1609100	1837528	1865419	16
三门峡	Sanmenxia	22389	141483	35422	253	江门	Jiangmen	307168	484692	789621	34
南阳	Nanyang	52098	226516	297841	72	湛江	Zhanjiang	296750	415702	240674	91
商丘	Shangqiu	22626	65657	67657	194	茂名	Maoming	50082	51178	27578	259
信阳	Xinyang	23912	44097	35513	252	肇庆	Zhaoqing	267468	546084	271909	81
周口	Zhoukou	49778	87417	50463	223	惠州	Huizhou	226235	594140	618159	41
驻马店	Zhumadian	18700	34332	44637	237	梅州	Meizhou	79121	281066	514111	51
湖北	**Hubei**	**1561968**	**5886705**	**8385902**		汕尾	Shanwei	12680	25728	152386	135
武汉	Wuhan	406770	1667344	3959729	8	河源	Heyuan	22393	196554	100545	173
黄石	Huangshi	62525	91201	288711	78	阳江	Yangjiang	33027	71867	89088	179
十堰	Shiyan	175056	276833	289329	77	清远	Qingyuan	125436	551515	260419	84
宜昌	Yichang	145952	627188	692040	38	东莞	Dongguan	585254	2058155	3768449	10
襄阳	Xiangyang	192652	1061119	642704	40	中山	Zhongshan	113168	182175	238797	94
鄂州	Ezhou	97828	106781	112430	169	潮州	Chaozhou	28604	163914	228643	98
荆门	Jingmen	16944	125536	151724	136	揭阳	Jieyang	20733	85504	70730	191
孝感	Xiaogan	15700	825700	693130	37	云浮	Yunfu	42947	46960	48509	230
荆州	Jingzhou	33135	60479	61330	199	**广西**	**Guangxi**	**2722649**	**5248781**	**6392932**	
黄冈	Huanggang	16480	49520	163647	125	南宁	Nanning	1447620	2289806	2872023	13
咸宁	Xianning	90859	19720	21781	266	柳州	Liuzhou	529239	894448	1263555	24
随州	Suizhou	12300	44460	44658	236	桂林	Guilin	98538	602422	610168	44
湖南	**Hunan**	**2004494**	**3468328**	**5852679**		梧州	Wuzhou	64514	141460	530042	50
长沙	Changsha	602633	899874	3429054	11	北海	Beihai	30724	97505	103315	172
株洲	Zhuzhou	279587	105527	49624	226	防城港	Fangchenggang	100928	118849	112725	168
湘潭	Xiangtan	34150	238011	361218	64	钦州	Qinzhou	71664	36743	14998	275
衡阳	Hengyang	20658	92272	172022	121	贵港	Guigang	21452	64604	118564	160
邵阳	Shaoyang	55792	185501	189560	112	玉林	Yulin	141541	178524	170039	122
岳阳	Yueyang	146356	208650	229510	97	百色	Baise	21082	169594	60273	201

8-14 城市维护建设资金(财政性资金)收入（辖区） 续表 3

Revenue of Urban Maintenance and Construction Fund (Fiscal Budget) (Municipal Districts) continued 3

单位：万元 (10 000 yuan)

地名	City	2010	2015	2016	2016 排名 Ranking
贺州	Hezhou	6091	129638	144157	141
河池	Hechi	37573	129829	130027	151
来宾	Laibin	25666	116086	42578	238
崇左	Chongzuo	35278	54890	55000	215
海南	**Hainan**	**245421**	**1295332**	**540732**	
海口	Haikou	60079	107408	92101	177
三亚	Sanya	47850	807557	81250	182
三沙	Sansha		6245	16540	272
重庆	**Chongqing**	**1950298**	**5384683**	**3857157**	
四川	**Sichuan**	**1929600**	**7613624**	**7556552**	
成都	Chengdu	680325	3884993	4847955	6
自贡	Zigong	29839	39501	41591	242
攀枝花	Panzhihua	35138	65365	55794	213
泸州	Luzhou	45043	522106	531730	49
德阳	Deyang	44274	72994	62329	197
绵阳	Mianyang	116535	69987	175630	118
广元	Guangyuan	107311	123873	140310	143
遂宁	Suining	35286	105067	136612	147
内江	Neijiang	13572	59782	53217	219
乐山	Leshan	77158	40378	56940	209
南充	Nanchong	98170	195200	113760	167
眉山	Meishan	12312	85822	73219	189
宜宾	Yibin	163208	478107	179761	116
广安	Guangan	47070	251439	20675	267
达州	Dazhou	20521	58719	149174	138
雅安	Yaan	2780	126919	123315	157
巴中	Bazhong	53212	396691	55065	214
资阳	Ziyang	9743	101748	59457	204
贵州	**Guizhou**	**389972**	**1967186**	**521421**	
贵阳	Guiyang	259749	185975	7157	285
六盘水	Liupanshui	1837	26194	27037	260
遵义	Zunyi	20583	417186	59832	203
安顺	Anshun	18636	110126	35997	251
毕节	Bijie	590	305249	184818	114
铜仁	Tongren	2451	5221	51818	220
云南	**Yunnan**	**1923960**	**2137330**	**2924784**	
昆明	Kunming	961108	1098749	1417737	21
曲靖	Qujing	76702	74111	126928	154
玉溪	Yuxi	36443	20078	404460	60
保山	Baoshan	12103	2705	32473	256
昭通	Zhaotong	25278	56592	42084	240

地名	City	2010	2015	2016	2016 排名 Ranking
丽江	Lijiang	31757	14403	14403	276
普洱	Puer	50812	12723	10021	283
临沧	Lincang	9430	61231	93480	176
西藏	**Tibet**	**13138**	**608748**	**609348**	
拉萨	Lasa	9345	607028	607028	46
陕西	**Shaanxi**	**2060164**	**5893677**	**6343524**	
西安	Xi'an	1397733	4888828	5177856	5
铜川	Tongchuan	18776	11412	20333	268
宝鸡	Baoji	188268	92184	216401	101
咸阳	Xianyang	44130	100568	111377	170
渭南	Weinan	36219	70419	163318	126
延安	Yan'an	58088	33130	48692	229
汉中	Hanzhong	13262	38446	46502	234
榆林	Yulin	63352	170669	163925	124
安康	Ankang	167400	299361	216150	103
商洛	Shangluo	35158	29127	82877	180
甘肃	**Gansu**	**421293**	**570054**	**1363493**	
兰州	Lanzhou	120222	255783	963578	27
嘉峪关	Jiayuguan	25594	44237	37774	247
金昌	Jinchang	24602	10738	33295	254
白银	Baiyin	17572	46571	56942	208
天水	Tianshui	8432	47620	47189	233
武威	Wuwei	26051	15326	19030	269
张掖	Zhangye	9350	21308	50215	224
平凉	Pingliang	18511	28218	33130	255
酒泉	Jiuquan	16701	5351	15832	274
庆阳	Qingyang	95424	10150	10334	282
定西	Dingxi	5123	26236	23141	264
陇南	Longnan	18066	11210	11769	281
青海	**Qinghai**	**154783**	**664297**	**871316**	
西宁	Xining	120571	493537	745899	35
海东	Haidong		97925	82027	181
宁夏	**Ningxia**	**385876**	**551251**	**545264**	
银川	Yinchuan	111326	307967	239963	93
石嘴山	Shizuishan	71609	52966	62313	198
吴忠	Wuzhong	18896	20484	41729	241
固原	Guyuan	25747	24644	47885	231
中卫	Zhongwei	37044	58208	42305	239
新疆	**Xinjiang**	**692825**	**2384335**	**1593477**	
乌鲁木齐	Urumqi	165227	1077681	379197	63
克拉玛依	Karamay	67373	166234	136730	146

8-15 城市维护建设资金支出（财政性资金）（辖区）

Expenditure of Urban Maintenance and Construction Fund (Fiscal Budget) (Municipal Districts)

单位：万元 (10 000 yuan)

地名	City	2010	2015	2016	2016 排名 Ranking
全国	**Nation Total**	**75080799**	**124386269**	**138326496**	
北京	**Beijing**	**6215691**	**15536209**	**16270965**	
天津	**Tianjin**	**1592922**	**2283693**	**2506578**	
河北	**Hebei**	**3043449**	**1980683**	**2432049**	
石家庄	Shijiazhuang	410507	508159	484827	43
唐山	Tangshan	616009	216926	118348	140
秦皇岛	Qinhuangdao	341328	79950	137506	125
邯郸	Handan	350869	4853	299916	64
邢台	Xingtai	55600	48033	45000	208
保定	Baoding	306844	231896	448184	46
张家口	Zhangjiakou	94369	79200	94485	155
承德	Chengde	46963	41658	32489	231
沧州	Cangzhou	95169	76349	69118	173
廊坊	Langfang	107104	120882	151411	117
衡水	Hengshui	27169	16912	23630	243
山西	**Shanxi**	**2080377**	**2183414**	**2018859**	
太原	Taiyuan	690751	992643	1156873	18
大同	Datong	739492	237358	188987	93
阳泉	Yangquan	92162	42372	77976	164
长治	Changzhi	74075	269280	16676	258
晋城	Jincheng	204	4886	4984	279
朔州	Shuozhou	118346	61365	295818	66
晋中	Jinzhong	87913	162987	30847	232
运城	Yuncheng	33245	17213	13288	266
忻州	Xinzhou	19764	103687	54776	188
临汾	Linfen	74137	57182	2289	281
吕梁	Lvliang	13183	48760	49925	198
内蒙古	**Inner Mongolia**	**1755347**	**1729153**	**1504520**	
呼和浩特	Hohhot	141777	187762	201364	85
包头	Baotou	126522	58456	58456	184
乌海	Wuhai	107846	362635	337341	58
赤峰	Chifeng	100954	443859	110168	143
通辽	Tongliao	72234	30229	202980	84
鄂尔多斯	Erdos	825256	110775	51207	195
呼伦贝尔	Hulunbuir	39578	40380	73284	168
巴彦淖尔	Bayannur	1450		39296	214
乌兰察布	Ulanqab	22940	108803	99476	154
辽宁	**Liaoning**	**2429628**	**3246034**	**2674859**	
沈阳	Shenyang	639209	1372568	1097174	21
大连	Dalian	474880	954194	679189	33
鞍山	Anshan	248074	29382	148910	119
抚顺	Fushun	122116	47864	45596	206
本溪	Benxi	102113	54362	54362	189
丹东	Dandong	104028	80043	73939	167
锦州	Jinzhou	78738	50816	38199	218
营口	Yingkou	99609	10637	110042	145
阜新	Fuxin	32162	27483	15907	262
辽阳	Liaoyang	47757	61686	20953	253
盘锦	Panjin	109731	14911	35002	226
铁岭	Tieling	13522	16158	16660	259
朝阳	Chaoyang	40227	28122	26398	238
葫芦岛	Huludao	33656	104127	37919	219
吉林	**Jilin**	**953627**	**1173123**	**1955238**	
长春	Changchun	467275	550262	1009625	23
吉林	Jilin	58000	76000	80000	162
四平	Siping	7664	31255	19463	255
辽源	Liaoyuan	37200	65820	36000	225
通化	Tonghua	21689	29346	26957	237
白山	Baishan	43429	49088	51897	193
松原	Songyuan	60940	6449	23934	242
白城	Baicheng	18307	114056	126091	134
黑龙江	**Heilongjiang**	**1185874**	**1454195**	**1624997**	
哈尔滨	Harbin	345790	443600	718201	30
齐齐哈尔	Qiqihar	103597	97055	64996	174
鸡西	Jixi	16570	53841	63729	178
鹤岗	Hegang	24613	23909	15748	263
双鸭山	Shuangyashan	30073	27152	41330	212
大庆	Daqing	223668	191683	137968	124
伊春	Yichun	62307	45983	41534	211
佳木斯	Jiamusi	91623	40654	39183	215
七台河	Qitaihe	13060	55170	22669	247
牡丹江	Mudanjiang	28419	87679	71991	171
黑河	Heihe	15945	13333	8920	273
绥化	Suihua	14496	25006	50542	196
上海	**Shanghai**	**3503084**	**1281899**	**1572074**	
江苏	**Jiangsu**	**7679303**	**11364807**	**14541824**	

8-15 城市维护建设资金支出（财政性资金）（辖区） 续表 1

Expenditure of Urban Maintenance and Construction Fund (Fiscal Budget) (Municipal Districts) continued 1

单位：万元 (10 000 yuan)

地名	City	2010	2015	2016	2016 排名 Ranking	地名	City	2010	2015	2016	2016 排名 Ranking
南京	Nanjing	1638585	2558589	4513896	3	池州	Chizhou	65533	51965	51782	194
无锡	Wuxi	535568	428743	485508	42	宣城	Xuancheng	101515	361000	411115	50
徐州	Xuzhou	169652	514594	573695	38	**福建**	**Fujian**	**3355289**	**5992877**	**6513434**	
常州	Changzhou	297318	470383	872632	28	福州	Fuzhou	1486942	1518275	1578334	11
苏州	Suzhou	1393528	2027297	1543834	12	厦门	Xiamen	546055	2832402	3604653	6
南通	Nantong	722095	1424649	1381896	16	莆田	Putian	53450	39740	45733	205
连云港	Lianyungang	198090	218694	1116633	20	三明	Sanming	8923	36459	47002	201
淮安	Huaian	225725	337350	420000	49	泉州	Quanzhou	419500	137169	107270	147
盐城	Yancheng	80839	197681	200915	87	漳州	Zhangzhou	26733	37027	53104	191
扬州	Yangzhou	209471	346832	240123	74	南平	Nanping	28167	225730	149651	118
镇江	Zhenjiang	166605	222113	187600	95	龙岩	Longyan	115652	199286	227676	77
泰州	Taizhou	107422	243171	327329	61	宁德	Ningde	76055	121951		
宿迁	Suqian	42118	217887	231286	75	**江西**	**Jiangxi**	**2405355**	**4094343**	**2941002**	
浙江	**Zhejiang**	**5732752**	**6525407**	**6448045**		南昌	Nanchang	120692	814853	550908	40
杭州	Hangzhou	2049529	1260890	940320	25	景德镇	Jingdezhen	135731	11390	21474	249
宁波	Ningbo	811028	723010	649234	34	萍乡	Pingxiang	51200	163180	172863	101
温州	Wenzhou	71415	1188482	1624355	10	九江	Jiujiang	597745	194330	133794	126
嘉兴	Jiaxing	172941	73725	151955	115	新余	Xinyu	118293	156085	152391	114
湖州	Huzhou	275789	322489	281192	70	鹰潭	Yingtan	80749	30809	12605	267
绍兴	Shaoxing	180842	498045	387239	51	赣州	Ganzhou	174601	80102	153957	112
金华	Jinhua	71675	182228	171856	102	吉安	Jian	187130	192098	157111	111
衢州	Quzhou	98867	138243	207214	82	宜春	Yichun	174147	17308	215321	79
舟山	Zhoushan	142461	305491	208822	80	抚州	Fuzhou	195127	66971	20060	254
台州	Taizhou	110799	157265	162203	107	上饶	Shangrao	142829	878908	905095	27
丽水	Lishui	55404	150707	133184	127	**山东**	**Shandong**	**5474926**	**6363538**	**7087718**	
安徽	**Anhui**	**2677535**	**7138710**	**12531596**		济南	Jinan	997725	1475851	1512683	14
合肥	Hefei	563516	3584263	8635958	1	青岛	Qingdao	1051964	565007	328524	60
芜湖	Wuhu	613238	305536	343528	57	淄博	Zibo	121389	200465	198646	88
蚌埠	Bengbu	107472	393863	317150	63	枣庄	Zaozhuang	161258	102426	139920	123
淮南	Huainan	223663	208057	219090	78	东营	Dongying	92815	229132	420447	48
马鞍山	Maanshan	221841	149445	112484	141	烟台	Yantai	372635	231458	329595	59
淮北	Huaibei	81746	256934	267555	71	潍坊	Weifang	168680	205203	231160	76
铜陵	Tongling	26219	196067	196876	90	济宁	Jining	135119	161320	119236	138
安庆	Anqing	79190	133575	110137	144	泰安	Taian	245126	285580	318200	62
黄山	Huangshan	69477	86568	151865	116	威海	Weihai	127986	233861	449159	45
滁州	Chuzhou	133575	174655	177027	98	日照	Rizhao	166630	102800	152843	113
阜阳	Fuyang	54310	153117	246004	73	莱芜	Laiwu	50008	59949	44034	210
宿州	Suzhou	12090	336134	205304	83	临沂	Linyi	246046	624916	940256	26
六安	Liuan	54679	101986	104346	148	德州	Dezhou	95430	89584	109609	146
亳州	Bozhou	51395	99428	177652	97	聊城	Liaocheng	56990	135564	131310	130

8-15 城市维护建设资金支出（财政性资金）（辖区） 续表 2

Expenditure of Urban Maintenance and Construction Fund (Fiscal Budget) (Municipal Districts) continued 2

单位：万元 (10 000 yuan)

地名	City	2010	2015	2016	2016 排名 Ranking	地名	City	2010	2015	2016	2016 排名 Ranking
滨州	Binzhou	78233	50335	99951	153	常德	Changde	20637	323696	4540	280
菏泽	Heze	69141	182249	196791	91	张家界	Zhangjiajie	5383			
河南	**Henan**	**2078148**	**2219983**	**2277488**		益阳	Yiyang	91752	62555	6541	278
郑州	Zhengzhou	1205952	543344	345704	55	郴州	Chenzhou	79575	198093	12011	269
开封	Kaifeng	75823	84203	123382	135	永州	Yongzhou	104373	238456	282583	69
洛阳	Luoyang	36694	66637	75424	166	怀化	Huaihua	17881	389404	7636	275
平顶山	Pingdingshan	46307	43953			娄底	Loudi	47395	34617	36030	224
安阳	Anyang	37518	53620	62040	180	**广东**	**Guangdong**	**6977019**	**11421946**	**14237522**	
鹤壁	Hebi	23968	117723	89910	159	广州	Guangzhou	2450282	3219043	2964699	8
新乡	Xinxiang	46443	36974	45516	207	韶关	Shaoguan	24167	117581	64180	176
焦作	Jiaozuo	59236	62181	60515	182	深圳	Shenzhen	132886	511677	1059550	22
濮阳	Puyang	10785	82896	142662	121	珠海	Zhuhai	1435388	718568	1526846	13
许昌	Xuchang	36601	95352	92253	156	汕头	Shantou	87009	835076	596086	37
漯河	Luohe	45282	12400	12500	268	佛山	Foshan	183619	1229713	1440986	15
三门峡	Sanmenxia	22389	80023	80868	161	江门	Jiangmen	125286	207062	627392	36
南阳	Nanyang	48545	205590	287476	68	湛江	Zhanjiang	335080	306765	161561	108
商丘	Shangqiu	21669	61395	62895	179	茂名	Maoming	16928	30705	25378	240
信阳	Xinyang	23813	40927	36807	223	肇庆	Zhaoqing	348784	355068	167253	104
周口	Zhoukou	49778	87417	50463	197	惠州	Huizhou	228380	489806	508621	41
驻马店	Zhumadian	18675	35540	46222	203	梅州	Meizhou	64351	244982	422591	47
湖北	**Hubei**	**1307256**	**5750513**	**7273500**		汕尾	Shanwei	12680	13900	37683	220
武汉	Wuhan	320000	1667344	3332418	7	河源	Heyuan	22393	196417	100545	152
黄石	Huangshi	62525	91447	355629	53	阳江	Yangjiang	33027	38159	83351	160
十堰	Shiyan	142639	241920	251182	72	清远	Qingyuan	7779	73897	170884	103
宜昌	Yichang	145952	627188	692043	32	东莞	Dongguan	444827	2058155	3768449	5
襄阳	Xiangyang	70552	1051253	642704	35	中山	Zhongshan	133327	235782	164888	106
鄂州	Ezhou	97828	106781	122361	137	潮州	Chaozhou	23493	31428	21354	251
荆门	Jingmen	16944	116050	159785	109	揭阳	Jieyang	21741	79956	69612	172
孝感	Xiaogan	15700	825700	693130	31	云浮	Yunfu	11853	19194	21121	252
荆州	Jingzhou	33135	60479	61330	181	**广西**	**Guangxi**	**2694094**	**5045918**	**5969872**	
黄冈	Huanggang	16480	49520			南宁	Nanning	1447620	2112981	2889253	9
咸宁	Xianning	90630	19720	21746	248	柳州	Liuzhou	529239	987071	1150277	19
随州	Suizhou	12300	44460	44658	209	桂林	Guilin	98538	553216	566078	39
湖南	**Hunan**	**2028183**	**3392782**	**2448537**		梧州	Wuzhou	64619	137482	298279	65
长沙	Changsha	569487	899874	944865	24	北海	Beihai	30899	92981	101507	151
株洲	Zhuzhou	486537	100383	39808	213	防城港	Fangchenggang	97760	108535	102967	149
湘潭	Xiangtan	55648	241295	143764	120	钦州	Qinzhou	66810	34504	15526	264
衡阳	Hengyang	20000	94992	112154	142	贵港	Guigang	19107	60710	118564	139
邵阳	Shaoyang	55792	183378	187703	94	玉林	Yulin	140599	166448	158283	110
岳阳	Yueyang	146356	189710	208681	81	百色	Baise	20320	169594	56240	187

8-15 城市维护建设资金支出（财政性资金）（辖区）续表 3

Expenditure of Urban Maintenance and Construction Fund (Fiscal Budget) (Municipal Districts) continued 3

单位：万元 (10 000 yuan)

地名	City	2010	2015	2016	2016 排名 Ranking	地名	City	2010	2015	2016	2016 排名 Ranking
贺州	Hezhou	6065	119340	132690	129	丽江	Lijiang	31875	34201	34201	229
河池	Hechi	37571	129829	130027	131	普洱	Puer	51182	7407	6606	277
来宾	Laibin	25593	106210	38967	216	临沧	Lincang	9710	12120	17650	257
崇左	Chongzuo	26899	53890	53070	192	**西藏**	**Tibet**	**11353**	**62845**	**62940**	
海南	**Hainan**	**249151**	**1154630**	**524396**		拉萨	Lasa	7581	29415	29415	234
海口	Haikou	74137	107228	92101	157	**陕西**	**Shaanxi**	**2239864**	**7108004**	**7226650**	
三亚	Sanya	33061	670452	77166	165	西安	Xi'an	1396774	4896817	5177856	2
三沙	Sansha		6470	16540	261	铜川	Tongchuan	56061	208847	78999	163
重庆	**Chongqing**	**1917066**	**5099675**	**3821347**		宝鸡	Baoji	188268	84210	343947	56
四川	**Sichuan**	**1818786**	**5343109**	**5783915**		咸阳	Xianyang	162973	811378	467562	44
成都	Chengdu	705868	3560628	4045685	4	渭南	Weinan	32679	141734	176743	99
自贡	Zigong	29839	31006	29401	235	延安	Yan'an	57338	37931	56416	186
攀枝花	Panzhihua	35352	53943	33665	230	汉中	Hanzhong	32541	154847	174232	100
泸州	Luzhou	44463	182284	182933	96	榆林	Yulin	52583	160521	194172	92
德阳	Deyang	44274	72994	64658	175	安康	Ankang	167400	298161	289378	67
绵阳	Mianyang	115391	66044	102787	150	商洛	Shangluo	35038	40583	64060	177
广元	Guangyuan	60415	123282	140248	122	**甘肃**	**Gansu**	**442365**	**517791**	**490358**	
遂宁	Suining	35275	31037	128310	132	兰州	Lanzhou	118655	261313	201290	86
内江	Neijiang	13559	58871	48968	199	嘉峪关	Jiayuguan	26243	39576	16623	260
乐山	Leshan	76323	36685	54204	190	金昌	Jinchang	24602	10407	27652	236
南充	Nanchong	100500	215400	127100	133	白银	Baiyin	17572	2250	13797	265
眉山	Meishan	12312	85822	73219	169	天水	Tianshui	8471	45848	45848	204
宜宾	Yibin	103442	12481	164967	105	武威	Wuwei	24728	14230	18630	256
广安	Guangan	47070	167569	21469	250	张掖	Zhangye	10160	11058	37494	221
达州	Dazhou	18630	16073	24333	241	平凉	Pingliang	45257	33563	34718	228
雅安	Yaan	2780	126919	123315	136	酒泉	Jiuquan	16701	5562		
巴中	Bazhong	10407	11790	38275	217	庆阳	Qingyang	95424	11857	11288	271
资阳	Ziyang	9015	102127	59857	183	定西	Dingxi	5042	26236	23141	245
贵州	**Guizhou**	**447265**	**247842**	**239421**		陇南	Longnan	13814	11212	11771	270
贵阳	Guiyang	330640	40485	7157	276	**青海**	**Qinghai**	**154783**	**650757**	**878715**	
六盘水	Liupanshui	2367	6119	11032	272	西宁	Xining	120571	493537	745898	29
遵义	Zunyi	20123	23242	56892	185	海东	Haidong		97925	90157	158
安顺	Anshun	13055	21691	23547	244	**宁夏**	**Ningxia**	**305836**	**467400**	**413073**	
毕节	Bijie	6110	32396	37204	222	银川	Yinchuan	86109	316360	197537	89
铜仁	Tongren	2186	7103	25778	239	石嘴山	Shizuishan	72893	15611	23052	246
云南	**Yunnan**	**1685076**	**1638290**	**2802549**		吴忠	Wuzhong	18896	20484	34985	227
昆明	Kunming	939165	1007329	1325578	17	固原	Guyuan	24156	23611	47355	200
曲靖	Qujing	68734	52917	133134	128	中卫	Zhongwei	37044	8007	7764	274
玉溪	Yuxi	40792	24912	355421	54	**新疆**	**Xinjiang**	**639395**	**1916699**	**1252455**	
保山	Baoshan	12870	3952	30500	233	乌鲁木齐	Urumqi	165227	1077681	379197	52
昭通	Zhaotong	25278	38775	46743	202	克拉玛依	Karamay	60382	113877	72618	170

8-16 城市市政公用设施建设固定资产投资额（辖区）
Fixed Assets Investment in Urban Service Facilities (Municipal Districts)

单位：万元 (10 000 yuan)

地名	City	2010	2016	2017	2017 排名 Ranking	地名	City	2010	2016	2017	2017 排名 Ranking
全国	**Nation Total**	**143058687**	**174599734**	**193276146**		沈阳	Shenyang	3593773	1355730	902222	39
北京	**Beijing**	**8541126**	**12010583**	**13717733**		大连	Dalian	1442714	669982	628550	48
天津	**Tianjin**	**6009490**	**2927208**	**3014976**		鞍山	Anshan	138845	95376	546908	54
河北	**Hebei**	**8526761**	**3607251**	**3964229**		抚顺	Fushun	279218	128477	37694	254
石家庄	Shijiazhuang	1494183	1348468	1423503	24	本溪	Benxi	66682		87637	201
唐山	Tangshan	2190198	185635	493429	64	丹东	Dandong	86162	77633	81959	206
秦皇岛	Qinhuangdao	429991	247144	238803	122	锦州	Jinzhou	122839	60010	48814	242
邯郸	Handan	803804	127645	97582	195	营口	Yingkou	123291	34166	24293	264
邢台	Xingtai	663984	70376	40041	252	阜新	Fuxin	41812	15240	10100	278
保定	Baoding	294471	103797	32529	260	辽阳	Liaoyang	152085	29761	19630	268
张家口	Zhangjiakou	492258	134113	41775	246	盘锦	Panjin	104571	29435	49369	241
承德	Chengde	328661	269335	86938	202	铁岭	Tieling	17480	27264	43157	244
沧州	Cangzhou	150126	200291	175555	157	朝阳	Chaoyang	41954	31504	18487	270
廊坊	Langfang	336604	143486	241294	121	葫芦岛	Huludao	80069	21218	5793	281
衡水	Hengshui	245370	48678	167276	159	**吉林**	**Jilin**	**2152685**	**3486458**	**2682566**	
山西	**Shanxi**	**2258567**	**4744357**	**3487857**		长春	Changchun	1442023	2459803	1403269	26
太原	Taiyuan	780811	2863770	1577685	23	吉林	Jilin	228767	193841	108868	190
大同	Datong	672705	296900	284811	108	四平	Siping	19564	155125	179291	155
阳泉	Yangquan	97045	130523	108199	191	辽源	Liaoyuan	13412	63277	24252	265
长治	Changzhi	61265	184037	192561	146	通化	Tonghua	70540	120151	78119	210
晋城	Jincheng	2669	110717	120670	182	白山	Baishan	43504	52903	32871	259
朔州	Shuozhou	117849	126262	118274	185	松原	Songyuan	60470	22443	9835	280
晋中	Jinzhong	122303	287304	303866	101	白城	Baicheng	33085	72397	131496	174
运城	Yuncheng	25193	29399	51464	238	**黑龙江**	**Heilongjiang**	**3048439**	**2274993**	**2144321**	
忻州	Xinzhou	54500	67564	151219	166	哈尔滨	Harbin	2092434	1169242	1327893	27
临汾	Linfen	74137	243613	107532	192	齐齐哈尔	Qiqihar	73425	104863	158428	163
吕梁	Lvliang	10767	148917	216120	136	鸡西	Jixi	25718	66207	59087	231
内蒙古	**Inner Mongolia**	**3663044**	**4774236**	**5592699**		鹤岗	Hegang	50240	84219	80704	207
呼和浩特	Hohhot	355810	1673255	2137266	16	双鸭山	Shuangyashan	29810	79722	53546	235
包头	Baotou	869045	1006220	1036714	36	大庆	Daqing	214058	45803	35994	256
乌海	Wuhai	139354	204100	324216	93	伊春	Yichun	58727	78870	18474	271
赤峰	Chifeng	174630	576115	754251	42	佳木斯	Jiamusi	126985	18584	50185	240
通辽	Tongliao	94921	161101	78060	211	七台河	Qitaihe	22622	16534	10089	279
鄂尔多斯	Erdos	1062387	133733	135790	172	牡丹江	Mudanjiang	38832	233726	89476	200
呼伦贝尔	Hulunbuir	196242	144132	121282	180	黑河	Heihe	18556	7312	18736	269
巴彦淖尔	Bayannur	451700	107466	230512	131	绥化	Suihua	17096	122978	10607	275
乌兰察布	Ulanqab	79121	47176	184408	153	**上海**	**Shanghai**	**4769428**	**5538842**	**5760147**	
辽宁	**Liaoning**	**6746292**	**2724690**	**2664691**		**江苏**	**Jiangsu**	**13299989**	**14627229**	**18059574**	

8-16 城市市政公用设施建设固定资产投资额（辖区） 续表 1

Fixed Assets Investment in Urban Service Facilities (Municipal Districts) continued 1

单位：万元 (10 000 yuan)

地名	City	2010	2016	2017	2017 排名 Ranking
南京	Nanjing	2764279	3495392	6156731	3
无锡	Wuxi	2816435	407579	1027755	37
徐州	Xuzhou	308785	463479	1213517	31
常州	Changzhou	1412021	1118839	1225157	30
苏州	Suzhou	1145287	2360287	1813139	20
南通	Nantong	1100991	1519026	1118026	32
连云港	Lianyungang	244502	298031	200073	140
淮安	Huaian	305802	256425	142002	169
盐城	Yancheng	225176	514262	591528	52
扬州	Yangzhou	289141	438438	472700	67
镇江	Zhenjiang	747350	1747889	1846766	19
泰州	Taizhou	184213	469237	533298	56
宿迁	Suqian	65332	230723	191615	147
浙江	**Zhejiang**	**5339364**	**11040682**	**10811169**	
杭州	Hangzhou	1414876	3460703	3672816	6
宁波	Ningbo	1503364	2461195	2001389	17
温州	Wenzhou	135005	1541423	1405587	25
嘉兴	Jiaxing	299618	208294	230754	130
湖州	Huzhou	307221	361621	334327	89
绍兴	Shaoxing	162757	622963	505911	59
金华	Jinhua	56815	219781	280225	109
衢州	Quzhou	47708	73795	158773	161
舟山	Zhoushan	81614	164735	237465	124
台州	Taizhou	132233	164733	236156	126
丽水	Lishui	136558	139506	146130	168
安徽	**Anhui**	**4756917**	**7417525**	**7454578**	
合肥	Hefei	844908	2177000	1787191	21
芜湖	Wuhu	622873	411179	256068	114
蚌埠	Bengbu	395255	277859	257664	113
淮南	Huainan	517803	274964	293193	105
马鞍山	Maanshan	417855	373476	387795	78
淮北	Huaibei	225281	381518	504936	61
铜陵	Tongling	150424	219454	337155	88
安庆	Anqing	105324	399670	325148	92
黄山	Huangshan	83976	168577	233528	128
滁州	Chuzhou	304663	313868	450377	68
阜阳	Fuyang	121221	492384	360651	85
宿州	Suzhou	115007	179679	123667	178
六安	Liuan	68388	104663	122996	179
亳州	Bozhou	108304	134323	235147	127
池州	Chizhou	92215	89079	250952	115
宣城	Xuancheng	242763	513418	588079	53
福建	**Fujian**	**3850761**	**6261545**	**7128613**	
福州	Fuzhou	1679485	1691244	1258696	29
厦门	Xiamen	534554	2186359	3482502	7
莆田	Putian	454845	342749	499593	62
三明	Sanming	8440	30136	74003	217
泉州	Quanzhou	229420	243908	96569	196
漳州	Zhangzhou	197180	200302	297046	102
南平	Nanping	40289	23810	80350	208
龙岩	Longyan	91154	373923	376455	82
宁德	Ningde	76055	47889	37959	253
江西	**Jiangxi**	**4210145**	**4052364**	**5723360**	
南昌	Nanchang	283754	1586626	1877522	18
景德镇	Jingdezhen	127913	53370	219401	134
萍乡	Pingxiang	94715	89845	172329	158
九江	Jiujiang	1326866	428371	415263	73
新余	Xinyu	355090	88130	75309	214
鹰潭	Yingtan	55809	2006	13315	274
赣州	Ganzhou	685581	493546	1103617	33
吉安	Jian	154704	211268	261963	111
宜春	Yichun	225759	176567	188458	150
抚州	Fuzhou	414079	482234	753878	43
上饶	Shangrao	148379	167419	287928	106
山东	**Shandong**	**7896810**	**10060204**	**12008962**	
济南	Jinan	787538	1957752	2538821	11
青岛	Qingdao	2059597	2387007	2868233	10
淄博	Zibo	373884	525521	808598	41
枣庄	Zaozhuang	174226	165935	237951	123
东营	Dongying	109091	698751	661109	46
烟台	Yantai	485503	538585	483550	66
潍坊	Weifang	200740	279795	313826	96
济宁	Jining	274208	164049	124362	177
泰安	Taian	231505	363786	522307	57
威海	Weihai	218972	447152	327074	91
日照	Rizhao	360650	381406	591720	51
莱芜	Laiwu	151000	106132	71794	219
临沂	Linyi	400196	490476	403378	74
德州	Dezhou	323252	130170	118724	184
聊城	Liaocheng	103398	90757	154786	165

8-16 城市市政公用设施建设固定资产投资额（辖区） 续表 2

Fixed Assets Investment in Urban Service Facilities (Municipal Districts) continued 2

单位：万元 (10 000 yuan)

地名	City	2010	2016	2017	2017 排名 Ranking	地名	City	2010	2016	2017	2017 排名 Ranking
滨州	Binzhou	115662	137957	127302	175	常德	Changde	396418	243274	626681	49
菏泽	Heze	94601	35527	69427	221	张家界	Zhangjiajie	90157	165100	400198	75
河南	**Henan**	**2242336**	**5313308**	**8680683**		益阳	Yiyang	73796	173673	112116	188
郑州	Zhengzhou	1062514	3050388	4292964	5	郴州	Chenzhou	337507	619247	40871	248
开封	Kaifeng	104896	165320	243987	119	永州	Yongzhou	123713	330344	346400	86
洛阳	Luoyang	75267	150307	378686	80	怀化	Huaihua	151380	363687	310	285
平顶山	Pingdingshan	59456	47821	86286	203	娄底	Loudi	149485	515443	618325	50
安阳	Anyang	76333	119270	158553	162	**广东**	**Guangdong**	**20425281**	**7828858**	**11289939**	
鹤壁	Hebi	38076	18315	76363	213	广州	Guangzhou	6463223	3303366	5025060	4
新乡	Xinxiang	40486	77150	200150	139	韶关	Shaoguan	10727	28876	40187	251
焦作	Jiaozuo	47162	42013	68182	223	深圳	Shenzhen	2029095	2655935	2317892	14
濮阳	Puyang	3915	98334	672250	45	珠海	Zhuhai	606730	182794	396994	76
许昌	Xuchang	2462	54794	211060	138	汕头	Shantou	53537	53541	180927	154
漯河	Luohe	45242	158236	178067	156	佛山	Foshan	335628	94931	189176	149
三门峡	Sanmenxia	27297	28927	58045	233	江门	Jiangmen	91581	247508	393619	77
南阳	Nanyang	139549	289399	311083	98	湛江	Zhanjiang	18122	49435	1321865	28
商丘	Shangqiu	25876	45388	376908	81	茂名	Maoming	2429	20100	33965	258
信阳	Xinyang	49511	81241	60742	227	肇庆	Zhaoqing	288021	169710	190511	148
周口	Zhoukou	61230	50246	69871	220	惠州	Huizhou	194602	133443	310229	99
驻马店	Zhumadian	29934	107954	221836	133	梅州	Meizhou	50829	65909	261991	110
湖北	**Hubei**	**6148789**	**12298694**	**13021487**		汕尾	Shanwei	11880	30987	43140	245
武汉	Wuhan	4859000	9760391	10065152	1	河源	Heyuan	212167	12055	59196	230
黄石	Huangshi	214944	241537	187078	151	阳江	Yangjiang	28564	14570	40254	250
十堰	Shiyan	114814	105446	317352	95	清远	Qingyuan	7507	421419	121229	181
宜昌	Yichang	125339	585111	632812	47	东莞	Dongguan	9574959	28406	82044	205
襄阳	Xiangyang	88129	131457	193875	145	中山	Zhongshan	102769	123048	60309	229
鄂州	Ezhou	97828	90694	195666	143	潮州	Chaozhou	9796	10979	37550	255
荆门	Jingmen	100002	348028	127203	176	揭阳	Jieyang	42770	23449	34535	257
孝感	Xiaogan	38040	248561	312718	97	云浮	Yunfu	7423	4790	17224	272
荆州	Jingzhou	42315	48822	68033	224	**广西**	**Guangxi**	**4391407**	**6030884**	**5856089**	
黄冈	Huanggang	34030	36808	4457	282	南宁	Nanning	1522437	3305382	2512396	12
咸宁	Xianning	10650	40403	24553	263	柳州	Liuzhou	798066	459704	852234	40
随州	Suizhou	7048	37664	100139	193	桂林	Guilin	400573	447754	237185	125
湖南	**Hunan**	**5197309**	**7543709**	**7699626**		梧州	Wuzhou	68199	200378	156317	164
长沙	Changsha	1717959	1713400	2952007	9	北海	Beihai	163878	100669	73896	218
株洲	Zhuzhou	386570	1241518	1057800	35	防城港	Fangchenggang	316509	159002	243888	120
湘潭	Xiangtan	367100	165954	293688	104	钦州	Qinzhou	219420	275344	246523	118
衡阳	Hengyang	676505	1225216	85096	204	贵港	Guigang	78564	188222	430842	71
邵阳	Shaoyang	64948	147946	284936	107	玉林	Yulin	270375	262703	226994	132
岳阳	Yueyang	213481	171070	492006	65	百色	Baise	140150	108307	20888	267

8-16 城市市政公用设施建设固定资产投资额（辖区） 续表 3

Fixed Assets Investment in Urban Service Facilities (Municipal Districts) continued 3

单位：万元 (10 000 yuan)

地名	City	2010	2016	2017	2017 排名 Ranking	地名	City	2010	2016	2017	2017 排名 Ranking
贺州	Hezhou	14145	108856	217117	135	丽江	Lijiang	22515	780	525	284
河池	Hechi	34227	23184	61884	226	普洱	Puer	28172	59264	95369	197
来宾	Laibin	148769	57225	120021	183	临沧	Lincang	10077	32938	24583	262
崇左	Chongzuo	25932	66660	140743	170	**西藏**	**Tibet**	**28344**	**261333**	**322519**	
海南	**Hainan**	**296222**	**1228866**	**1193224**		拉萨	Lasa	28344	202993	307474	100
海口	Haikou	72131	959491	688241	44	**陕西**	**Shaanxi**	**3457448**	**4459883**	**4310795**	
三亚	Sanya	65819	206458	345268	87	西安	Xi'an	2748881	2515403	3047285	8
三沙	Sansha		6710			铜川	Tongchuan	69386	132179	47320	243
重庆	**Chongqing**	**5756056**	**7315367**	**7819593**		宝鸡	Baoji	105826	200812	165700	160
四川	**Sichuan**	**3664555**	**10975335**	**11492553**		咸阳	Xianyang	142536	425658	74598	216
成都	Chengdu	1852554	6606638	6607586	2	渭南	Weinan	58732	154518	115319	186
自贡	Zigong	245890	592912	507538	58	延安	Yan'an	47520	109241	41061	247
攀枝花	Panzhihua	38507	92848	93785	198	汉中	Hanzhong	4860	335022	199308	141
泸州	Luzhou	77770	500458	505797	60	榆林	Yulin	28145	142086	111920	189
德阳	Deyang	116550	57669	76403	212	安康	Ankang	165753	186020	185000	152
绵阳	Mianyang	120165	275774	367719	83	商洛	Shangluo	31988	13840	79372	209
广元	Guangyuan	51665	179645	380881	79	**甘肃**	**Gansu**	**944242**	**3455914**	**2532923**	
遂宁	Suining	45179	221559	258278	112	兰州	Lanzhou	602895	2747199	1765086	22
内江	Neijiang	44602	164042	247222	117	嘉峪关	Jiayuguan	15679	29194	56013	234
乐山	Leshan	32970	66118	150359	167	金昌	Jinchang	29322	23353	10533	276
南充	Nanchong	96000	126270	194900	144	白银	Baiyin	54979	142770	134138	173
眉山	Meishan	12161	93718	536478	55	天水	Tianshui	25909	111979	232209	129
宜宾	Yibin	114771	689018	444513	69	武威	Wuwei	39908	95791	40333	249
广安	Guangan	43100	85391	60312	228	张掖	Zhangye	14722	21243	16799	273
达州	Dazhou	19911	19761	50950	239	平凉	Pingliang	43849	50892	74683	215
雅安	Yaan	15665	110502	197905	142	酒泉	Jiuquan	25579	24600	10445	277
巴中	Bazhong	5535	382160	136828	171	庆阳	Qingyang	46085	66652	52025	237
资阳	Ziyang	199923	15009	99456	194	定西	Dingxi	14090	5460	23646	266
贵州	**Guizhou**	**911371**	**3427637**	**2681140**		陇南	Longnan	12069	50565	58366	232
贵阳	Guiyang	821368	1642340	1016758	38	**青海**	**Qinghai**	**265163**	**825079**	**1310431**	
六盘水	Liupanshui	1026	360688	364842	84	西宁	Xining	210203	711859	1060468	34
遵义	Zunyi	10878	34199	29604	261	海东	Haidong		60975	213618	137
安顺	Anshun	9850	251954	434345	70	**宁夏**	**Ningxia**	**356655**	**409678**	**767516**	
毕节	Bijie	1889	560490	334048	90	银川	Yinchuan	199242	246359	493727	63
铜仁	Tongren	8808	64461	52312	236	石嘴山	Shizuishan	53474	30514	89848	199
云南	**Yunnan**	**2908549**	**4083331**	**4893918**		吴忠	Wuzhong	38108	29839	65135	225
昆明	Kunming	1928961	2015934	2383218	13	固原	Guyuan	18011	4591	3127	283
曲靖	Qujing	265198	145517	114188	187	中卫	Zhongwei	8273	26974	69126	222
玉溪	Yuxi	38647	45754	317821	94	**新疆**	**Xinjiang**	**995143**	**3593692**	**5188235**	
保山	Baoshan	5890	189604	422243	72	乌鲁木齐	Urumqi	403842	2316106	2249917	15
昭通	Zhaotong	105486	178169	294458	103	克拉玛依	Karamay	57041	74278	250606	116

8-17 城市市政供水设施建设投资额（辖区）

Fixed Assets Investment of Water Supply in Urban Service Facilities (Municipal Districts)

单位：万元 (10 000 yuan)

地名	City	2010	2016	2017	2017 排名 Ranking
全国	**Nation Total**	**4268294**	**5458498**	**5801366**	
北京	**Beijing**	**259746**	**267709**	**394839**	
天津	**Tianjin**	**83758**	**8834**	**5886**	
河北	**Hebei**	**82966**	**159073**	**130102**	
石家庄	Shijiazhuang	4900	10368	33746	27
唐山	Tangshan	2596	6123	3052	170
秦皇岛	Qinhuangdao	2073	1091	1501	196
邯郸	Handan	10286	12585	4400	148
邢台	Xingtai	1350	2000	16589	59
保定	Baoding	1300	8283	820	217
张家口	Zhangjiakou	10091	10002	1895	190
承德	Chengde	2880	7228	100	238
沧州	Cangzhou	10721	2056	2314	178
廊坊	Langfang		8946	6547	123
衡水	Hengshui	8328	9479	2210	180
山西	**Shanxi**	**48653**	**63882**	**55042**	
太原	Taiyuan	16020		25970	35
大同	Datong	20000	7000		
阳泉	Yangquan	1564	4700	179	234
长治	Changzhi	1065	8714	6394	127
晋城	Jincheng		4852		
朔州	Shuozhou	5000	14700	3301	162
晋中	Jinzhong	244	1579	2110	188
运城	Yuncheng			420	224
忻州	Xinzhou		2000	1327	201
临汾	Linfen	3263	3548	8912	97
吕梁	Lvliang		8360		
内蒙古	**Inner Mongolia**	**116720**	**285536**	**192266**	
呼和浩特	Hohhot	4557	159948	98383	6
包头	Baotou	3518		4709	142
乌海	Wuhai	1448	47941	12110	83
赤峰	Chifeng	46190	9980	5700	134
通辽	Tongliao		18801	3336	161
鄂尔多斯	Erdos	9275	5424	8207	106
呼伦贝尔	Hulunbuir	39326	10000		
巴彦淖尔	Bayannur			7858	111
乌兰察布	Ulanqab	800	400	24353	39
辽宁	**Liaoning**	**328914**	**99076**	**116383**	
沈阳	Shenyang	66541	9411	51031	14
大连	Dalian	154460	43485	37644	24
鞍山	Anshan	25090		6089	131
抚顺	Fushun	6820	12417	1275	203
本溪	Benxi	1393		4500	145
丹东	Dandong	4622	1720	1253	204
锦州	Jinzhou	3780	1935		
营口	Yingkou	3131	1101	1700	192
阜新	Fuxin	8604	1540	1000	210
辽阳	Liaoyang	7866	8913	200	233
盘锦	Panjin	377	210	5831	132
铁岭	Tieling	2152	381	279	230
朝阳	Chaoyang	600	920	309	229
葫芦岛	Huludao	11500	10047		
吉林	**Jilin**	**53759**	**122457**	**153559**	
长春	Changchun	19472	85162	19003	53
吉林	Jilin	4258	7005	4682	143
四平	Siping				
辽源	Liaoyuan		2300	3129	164
通化	Tonghua	3000			
白山	Baishan	2330	5000	7800	113
松原	Songyuan	1050		1500	197
白城	Baicheng	730	1400	6695	122
黑龙江	**Heilongjiang**	**49260**	**81738**	**118178**	
哈尔滨	Harbin	4800	23708	23977	40
齐齐哈尔	Qiqihar	583	15339	25760	36
鸡西	Jixi	13648	3339	132	236
鹤岗	Hegang	534	377	7808	112
双鸭山	Shuangyashan	1200	6971	5465	135
大庆	Daqing	8937			
伊春	Yichun	7844	1060	1092	208
佳木斯	Jiamusi	3300	554	2118	186
七台河	Qitaihe		796	1543	194
牡丹江	Mudanjiang		1600		
黑河	Heihe	500		678	219
绥化	Suihua		2100	3000	171
上海	**Shanghai**	**397909**	**338037**	**102670**	
江苏	**Jiangsu**	**635100**	**583393**	**1145641**	

8-17 城市市政供水设施建设投资额（辖区） 续表 1

Fixed Assets Investment of Water Supply in Urban Service Facilities (Municipal Districts) continued 1

单位：万元 (10 000 yuan)

地名	City	2010	2016	2017	2017 排名 Ranking	地名	City	2010	2016	2017	2017 排名 Ranking
南京	Nanjing	108884	44651	53998	12	池州	Chizhou	1484	5417	2200	182
无锡	Wuxi	53672	10480	11539	88	宣城	Xuancheng	5633	11669	3054	169
徐州	Xuzhou	310	170112	202237	3	**福建**	**Fujian**	**92791**	**123451**	**263653**	
常州	Changzhou	59969	18953	63877	10	福州	Fuzhou		36780	22292	45
苏州	Suzhou	34768	35090	17595	56	厦门	Xiamen	44634	5778	146454	4
南通	Nantong	34671	37542	12839	79	莆田	Putian	8247		42315	19
连云港	Lianyungang	5113	8444	8737	100	三明	Sanming	570	11807	2262	179
淮安	Huaian			12000	85	泉州	Quanzhou	1982	24521	9580	93
盐城	Yancheng		2846	417420	1	漳州	Zhangzhou	765		889	214
扬州	Yangzhou	16896	6642	6701	121	南平	Nanping	2086	112	3099	165
镇江	Zhenjiang	18676	32157	15181	67	龙岩	Longyan	1292	3096	8402	103
泰州	Taizhou	1000	24705	8900	98	宁德	Ningde	1300	445	165	235
宿迁	Suqian	8200	60250	22062	47	**江西**	**Jiangxi**	**95408**	**131803**	**107248**	
浙江	**Zhejiang**	**240451**	**332774**	**420658**		南昌	Nanchang	4882	30643	16075	62
杭州	Hangzhou	72403	98977	212020	2	景德镇	Jingdezhen	1046		6160	130
宁波	Ningbo	22580	8445	7184	116	萍乡	Pingxiang	5920	3445	1401	200
温州	Wenzhou	481	15159	26713	33	九江	Jiujiang	12300	7120	12948	78
嘉兴	Jiaxing	19566	4367	3991	151	新余	Xinyu	1560	4240	1235	206
湖州	Huzhou	4177	36265	39200	21	鹰潭	Yingtan	2626	50	7122	117
绍兴	Shaoxing	3322	44187	27717	30	赣州	Ganzhou		16514	14489	71
金华	Jinhua	494	17407	3090	166	吉安	Jian	10026	3200	7600	115
衢州	Quzhou	3071	630	524	223	宜春	Yichun	1218	1514	3800	154
舟山	Zhoushan	1446	5789	617	220	抚州	Fuzhou	16857	15199	14800	69
台州	Taizhou	9965	3553	4713	141	上饶	Shangrao	10468	14662	16277	60
丽水	Lishui	2500	3347	7878	110	**山东**	**Shandong**	**384331**	**332467**	**456634**	
安徽	**Anhui**	**93108**	**283582**	**286428**		济南	Jinan	94253	102032	21152	50
合肥	Hefei	17246	25638	55369	11	青岛	Qingdao	55481	43732	45638	17
芜湖	Wuhu	10838	3400	6936	120	淄博	Zibo	26198	6764	18447	54
蚌埠	Bengbu	2550	15700	13600	77	枣庄	Zaozhuang	6644	3119	4327	149
淮南	Huainan	4608	15482	10309	91	东营	Dongying		21000	100620	5
马鞍山	Maanshan	2390	31014	35045	25	烟台	Yantai	41328	3220	38544	22
淮北	Huaibei	2531	16900	11047	89	潍坊	Weifang	6393	630	12279	82
铜陵	Tongling	4022	50000	15720	66	济宁	Jining	1272	6641	2355	177
安庆	Anqing	3183	10088	10628	90	泰安	Taian	3615	5721	49800	15
黄山	Huangshan	6607	8900	14500	70	威海	Weihai	25619	33672	18406	55
滁州	Chuzhou	3079	15448	2775	174	日照	Rizhao	8502	16150	19560	52
阜阳	Fuyang	4072	27039	23679	42	莱芜	Laiwu	1695	11792	870	215
宿州	Suzhou	4026	1000	1300	202	临沂	Linyi	52373	4890	7942	109
六安	Liuan	1430	8923	3693	155	德州	Dezhou		8850	26793	32
亳州	Bozhou	13847	240	2475	175	聊城	Liaocheng	1850	1840	1524	195

8-17 城市市政供水设施建设投资额（辖区） 续表 2

Fixed Assets Investment of Water Supply in Urban Service Facilities (Municipal Districts) continued 2

单位：万元 (10 000 yuan)

地名	City	2010	2016	2017	2017 排名 Ranking
滨州	Binzhou	2389	3470	4490	146
菏泽	Heze	420	564	2111	187
河南	**Henan**	**40624**	**164687**	**189901**	
郑州	Zhengzhou	9896	100	8275	105
开封	Kaifeng	121	5306	6525	124
洛阳	Luoyang	500	5707	13990	73
平顶山	Pingdingshan		3200	8000	108
安阳	Anyang	1700	13999	9353	94
鹤壁	Hebi	497	1176	804	218
新乡	Xinxiang	354	472	1667	193
焦作	Jiaozuo	488	763	11639	87
濮阳	Puyang		20600	4000	150
许昌	Xuchang		6341	1802	191
漯河	Luohe	1015	89	8550	102
三门峡	Sanmenxia	98	388		
南阳	Nanyang	3902	3897	33289	28
商丘	Shangqiu	930		12067	84
信阳	Xinyang	4000	300	3576	156
周口	Zhoukou	3693	19153	3967	153
驻马店	Zhumadian	1210	1025		
湖北	**Hubei**	**49351**	**150719**	**164256**	
武汉	Wuhan	22376	67906	51786	13
黄石	Huangshi	500	600	1120	207
十堰	Shiyan		494	587	221
宜昌	Yichang	2928	10188	17070	58
襄阳	Xiangyang		2900	2866	172
鄂州	Ezhou	4722	8500		
荆门	Jingmen	4200	1891	3472	158
孝感	Xiaogan	500	4460		
荆州	Jingzhou	1500	5333	5369	137
黄冈	Huanggang	1100			
咸宁	Xianning			955	212
随州	Suizhou		6000	6500	125
湖南	**Hunan**	**116825**	**294984**	**208481**	
长沙	Changsha	40007	131491	44516	18
株洲	Zhuzhou	13676	34739	38203	23
湘潭	Xiangtan	772		14423	72
衡阳	Hengyang	829			
邵阳	Shaoyang	795			
岳阳	Yueyang	4181		8151	107
常德	Changde			16149	61
张家界	Zhangjiajie	4450		25255	37
益阳	Yiyang	1756	950		
郴州	Chenzhou	19620	98662	40146	20
永州	Yongzhou		8952	6300	129
怀化	Huaihua	650			
娄底	Loudi	1080	6800	5100	140
广东	**Guangdong**	**569854**	**182619**	**261344**	
广州	Guangzhou	451486	142001	95648	7
韶关	Shaoguan	1705	3000	14	241
深圳	Shenzhen	15748	14000		
珠海	Zhuhai	12648	751	24759	38
汕头	Shantou	11117		8639	101
佛山	Foshan	9715	8	6329	128
江门	Jiangmen	7845	8125	9038	95
湛江	Zhanjiang			23814	41
茂名	Maoming	929		13645	75
肇庆	Zhaoqing	6295	1623	12284	81
惠州	Huizhou	1120	723		
梅州	Meizhou			12358	80
汕尾	Shanwei			3423	159
河源	Heyuan	468	1162	20569	51
阳江	Yangjiang			203	232
清远	Qingyuan	339	6347	5123	139
东莞	Dongguan	41572	797	7096	118
中山	Zhongshan	328		6465	126
潮州	Chaozhou				
揭阳	Jieyang				
云浮	Yunfu	800			
广西	**Guangxi**	**79997**	**136308**	**153418**	
南宁	Nanning	23487	45907	27510	31
柳州	Liuzhou	1306	20983	8848	99
桂林	Guilin	17868	16449	23674	43
梧州	Wuzhou	3121	1418	3982	152
北海	Beihai	3036	5278	3558	157
防城港	Fangchenggang	3014	200		
钦州	Qinzhou	7851	3119	5808	133
贵港	Guigang	3395	2876	2805	173
玉林	Yulin	3049	9576	34455	26
百色	Baise	800	1340	830	216

8-17 城市市政供水设施建设投资额（辖区） 续表 3

Fixed Assets Investment of Water Supply in Urban Service Facilities (Municipal Districts) continued 3

单位：万元 (10 000 yuan)

地名	City	2010	2016	2017	2017 排名 Ranking
贺州	Hezhou		1393	1500	197
河池	Hechi	888	1216	3419	160
来宾	Laibin	1500	5961	15974	65
崇左	Chongzuo	110	4500	235	231
海南	**Hainan**	**11967**	**4009**	**34828**	
海口	Haikou	4911	2881	6954	119
三亚	Sanya	1210	1128	17447	57
三沙	Sansha				
重庆	**Chongqing**	**100880**	**226840**	**128751**	
四川	**Sichuan**	**88770**	**227127**	**220316**	
成都	Chengdu	43196	154759	85650	9
自贡	Zigong	5189		400	226
攀枝花	Panzhihua	1762	9400	7760	114
泸州	Luzhou	2069	12200	23561	44
德阳	Deyang	1766	2127	3083	167
绵阳	Mianyang	4556	4763	15177	68
广元	Guangyuan	2861	1991	3064	168
遂宁	Suining	1111		348	228
内江	Neijiang	361	906	16050	63
乐山	Leshan	1175	1640	1447	199
南充	Nanchong	4000	2100	9000	96
眉山	Meishan	100	1011	8342	104
宜宾	Yibin	24	10583		
广安	Guangan	2270		2180	183
达州	Dazhou	1900			
雅安	Yaan			2362	176
巴中	Bazhong	850	3000	21372	49
资阳	Ziyang	1603			
贵州	**Guizhou**	**7795**	**39931**	**56571**	
贵阳	Guiyang	4815			
六盘水	Liupanshui		8441	2131	185
遵义	Zunyi				
安顺	Anshun		1300	26420	34
毕节	Bijie			5340	138
铜仁	Tongren			22160	46
云南	**Yunnan**	**41916**	**47836**	**85686**	
昆明	Kunming	26811	9740	29737	29
曲靖	Qujing	2158		526	222
玉溪	Yuxi				
保山	Baoshan				
昭通	Zhaotong		5793	11704	86
丽江	Lijiang				
普洱	Puer			100	238
临沧	Lincang			969	211
西藏	**Tibet**		**4925**		
拉萨	Lasa		4925		
陕西	**Shaanxi**	**47115**	**116204**	**55232**	
西安	Xi'an	18000	49484	21975	48
铜川	Tongchuan		9760	130	237
宝鸡	Baoji	16100	5270	5400	136
咸阳	Xianyang	5430	3560		
渭南	Weinan		35768	375	227
延安	Yan'an	6205		2169	184
汉中	Hanzhong			408	225
榆林	Yulin	500	2722	13815	74
安康	Ankang		8290	10000	92
商洛	Shangluo	580	1000		
甘肃	**Gansu**	**20839**	**349892**	**132198**	
兰州	Lanzhou	5844	325248	87960	8
嘉峪关	Jiayuguan	375	963		
金昌	Jinchang			22	240
白银	Baiyin	8419			
天水	Tianshui	2000	1400	16000	64
武威	Wuwei	2719	156		
张掖	Zhangye	230	1568	3198	163
平凉	Pingliang	204	7600	13611	76
酒泉	Jiuquan	848		1900	189
庆阳	Qingyang		600		
定西	Dingxi			930	213
陇南	Longnan	200	3500	4540	144
青海	**Qinghai**	**33422**	**6414**	**5294**	
西宁	Xining	26993	650		
海东	Haidong		300	2206	181
宁夏	**Ningxia**	**40224**	**12543**	**2549**	
银川	Yinchuan	16723			
石嘴山	Shizuishan	16391	8495		
吴忠	Wuzhong	941		1007	209
固原	Guyuan				
中卫	Zhongwei		4011	1242	205
新疆	**Xinjiang**	**55841**	**279648**	**153354**	
乌鲁木齐	Urumqi	10700	240545	49110	16
克拉玛依	Karamay	5891		4410	147

8-18 城市市政燃气设施建设投资额（辖区）

Fixed Assets Investment of Gas Supply in Urban Service Facilities (Municipal Districts)

单位：万元 (10 000 yuan)

地名	City	2010	2016	2017	2017 排名 Ranking
全国	**Nation Total**	**2907816**	**4089062**	**4456833**	
北京	**Beijing**	**182583**	**201160**	**660604**	
天津	**Tianjin**	**133368**	**12834**	**40548**	
河北	**Hebei**	**240440**	**107030**	**181639**	
石家庄	Shijiazhuang	16100	2560	42752	6
唐山	Tangshan	49138	20483	30552	14
秦皇岛	Qinhuangdao	10819	810	3450	130
邯郸	Handan	17114	2000		
邢台	Xingtai	11200	1200		
保定	Baoding	3026	3265	6575	70
张家口	Zhangjiakou	57588	3664	1440	187
承德	Chengde	4369	5138	2985	142
沧州	Cangzhou	3007	1312	2751	150
廊坊	Langfang	3022	4918	5304	91
衡水	Hengshui	5350	430	2024	169
山西	**Shanxi**	**97264**	**94991**	**128622**	
太原	Taiyuan	28700		22400	22
大同	Datong	35000	7000		
阳泉	Yangquan	1515	13200	3300	134
长治	Changzhi	19284	2017	52393	3
晋城	Jincheng		1669		
朔州	Shuozhou		14958	6410	74
晋中	Jinzhong		11850	7500	59
运城	Yuncheng		830	1153	192
忻州	Xinzhou	4980	1277	882	200
临汾	Linfen		1480	80	226
吕梁	Lvliang		12300		
内蒙古	**Inner Mongolia**	**84233**	**108486**	**47846**	
呼和浩特	Hohhot	11594	4922	3979	112
包头	Baotou	42264	72000	37463	10
乌海	Wuhai	535	114	2600	153
赤峰	Chifeng	7300		1000	196
通辽	Tongliao	604	7780	1100	193
鄂尔多斯	Erdos	13043			
呼伦贝尔	Hulunbuir				
巴彦淖尔	Bayannur			194	222
乌兰察布	Ulanqab	3240	150	700	205
辽宁	**Liaoning**	**123984**	**58514**	**49654**	
沈阳	Shenyang	31920	1803	3000	140
大连	Dalian	30671	2710	1824	176
鞍山	Anshan	13252	191	6153	79
抚顺	Fushun	1316	5346	1500	185
本溪	Benxi	498		3540	123
丹东	Dandong	6814	3718	2868	145
锦州	Jinzhou	4795	4649	2232	162
营口	Yingkou	2227	6095	652	208
阜新	Fuxin	296	3200	803	203
辽阳	Liaoyang	4781	3920	4427	101
盘锦	Panjin	580		1835	174
铁岭	Tieling	891	18765	5819	84
朝阳	Chaoyang	883		601	209
葫芦岛	Huludao	3633			
吉林	**Jilin**	**108001**	**66746**	**73864**	
长春	Changchun	16159	33903	31799	13
吉林	Jilin	68872	1407	5783	85
四平	Siping	200			
辽源	Liaoyuan		476	1400	189
通化	Tonghua		3014	1295	190
白山	Baishan	1204	9500	2913	144
松原	Songyuan	390			
白城	Baicheng		3600	1610	180
黑龙江	**Heilongjiang**	**53238**	**90568**	**47737**	
哈尔滨	Harbin		29280	7704	57
齐齐哈尔	Qiqihar	3105	2790	6281	76
鸡西	Jixi		544		
鹤岗	Hegang	3271	23036	481	212
双鸭山	Shuangyashan			920	199
大庆	Daqing	31955	2735	1905	172
伊春	Yichun		4496	840	202
佳木斯	Jiamusi	2250	4000	4137	106
七台河	Qitaihe	50	2602	266	220
牡丹江	Mudanjiang	1000	5000	12666	36
黑河	Heihe			3800	114
绥化	Suihua		2300	2200	164
上海	**Shanghai**	**187926**	**152172**	**163587**	
江苏	**Jiangsu**	**209311**	**661849**	**186962**	

8-18 城市市政燃气设施建设投资额（辖区） 续表 1

Fixed Assets Investment of Gas Supply in Urban Service Facilities (Municipal Districts) continued 1

单位：万元 (10 000 yuan)

地名	City	2010	2016	2017	2017 排名 Ranking	地名	City	2010	2016	2017	2017 排名 Ranking
南京	Nanjing	20382	10722	10103	41	池州	Chizhou	3225	3657	2200	164
无锡	Wuxi	38678	5718	21000	24	宣城	Xuancheng	1862	1357	2457	156
徐州	Xuzhou	5000	13034	1833	175	**福建**	**Fujian**	**60834**	**44356**	**63770**	
常州	Changzhou	11196	27391	22012	23	福州	Fuzhou	4972	15644	9644	44
苏州	Suzhou	19254	407484	19004	25	厦门	Xiamen	14294	7037	25494	18
南通	Nantong	14608	12912	2376	159	莆田	Putian	5671		2820	148
连云港	Lianyungang	2880	3148			三明	Sanming	950	3680	1020	194
淮安	Huaian		4217	1800	178	泉州	Quanzhou	22000	769		
盐城	Yancheng	4818	4280	4950	95	漳州	Zhangzhou	4100	4828	2501	154
扬州	Yangzhou	4644	2931	5525	88	南平	Nanping	50	362		
镇江	Zhenjiang	10131	6624	7106	63	龙岩	Longyan	1429	2467	3137	136
泰州	Taizhou	1800	4019	6240	77	宁德	Ningde	1229	4336	7270	62
宿迁	Suqian	9500	3777	4915	96	**江西**	**Jiangxi**	**66967**	**43437**	**102206**	
浙江	**Zhejiang**	**119041**	**173643**	**186018**		南昌	Nanchang		3304	7757	56
杭州	Hangzhou	24424	53411	50442	4	景德镇	Jingdezhen		2400	2139	168
宁波	Ningbo	18148	10582	10648	40	萍乡	Pingxiang	1500			
温州	Wenzhou		14103	10950	39	九江	Jiujiang	37863	1678	13395	33
嘉兴	Jiaxing	31075	5420	6208	78	新余	Xinyu	8087	1201	3054	139
湖州	Huzhou	14064	3628	6598	69	鹰潭	Yingtan		717	291	219
绍兴	Shaoxing	5108	29903	25383	19	赣州	Ganzhou		17756	40473	8
金华	Jinhua	973	5161	3996	111	吉安	Jian	1383	2705	5836	83
衢州	Quzhou	138		23752	21	宜春	Yichun	2099	1262	3532	124
舟山	Zhoushan	1385	3372	3506	126	抚州	Fuzhou	12070	3500	5180	92
台州	Taizhou	539	7703	3555	121	上饶	Shangrao	1235	200	8780	49
丽水	Lishui	571	2855	1538	184	**山东**	**Shandong**	**355215**	**241359**	**267318**	
安徽	**Anhui**	**82614**	**187576**	**166447**		济南	Jinan	16285	102512	41714	7
合肥	Hefei	11237	16228	35188	11	青岛	Qingdao	34874	15711	13489	32
芜湖	Wuhu	2081	8748	8570	50	淄博	Zibo	44379	11881	8992	48
蚌埠	Bengbu	8040	16000	5000	94	枣庄	Zaozhuang	7136	6738	3462	128
淮南	Huainan	3627	9997	14091	30	东营	Dongying	259	1020	2300	161
马鞍山	Maanshan	4200	5653	6500	72	烟台	Yantai	3189		3518	125
淮北	Huaibei	7210	11560	2224	163	潍坊	Weifang	4262	4560	14373	29
铜陵	Tongling	7525	28	7002	64	济宁	Jining	10000	1290	3600	119
安庆	Anqing	2680	3600	6075	81	泰安	Taian	15815	5238	6938	67
黄山	Huangshan	3060	12150	2950	143	威海	Weihai	12874	10007	5469	89
滁州	Chuzhou	4880	7288	1836	173	日照	Rizhao	2000	600	8344	52
阜阳	Fuyang	2100	11438	9635	45	莱芜	Laiwu	69700	1770	7500	59
宿州	Suzhou	3038	722	2451	157	临沂	Linyi	41584	15048	38605	9
六安	Liuan	2119	1833	2781	149	德州	Dezhou		3270	6559	71
亳州	Bozhou	5159	1380	2021	170	聊城	Liaocheng	830	3037	8286	53

8-18 城市市政燃气设施建设投资额（辖区） 续表 2

Fixed Assets Investment of Gas Supply in Urban Service Facilities (Municipal Districts) continued 2

单位：万元 (10 000 yuan)

地名	City	2010	2016	2017	2017 排名 Ranking
滨州	Binzhou	676	784	24074	20
菏泽	Heze	200		5704	86
河南	**Henan**	**85960**	**83415**	**149459**	
郑州	Zhengzhou	24584	9224	43446	5
开封	Kaifeng	1064	3314	16900	27
洛阳	Luoyang	190	355	4896	97
平顶山	Pingdingshan	922	800	4311	104
安阳	Anyang	5036	3500	6500	72
鹤壁	Hebi	1803	567	1980	171
新乡	Xinxiang	6817	1751	4034	108
焦作	Jiaozuo	2367	934	6036	82
濮阳	Puyang		180	100	224
许昌	Xuchang		2470	4625	99
漯河	Luohe	945	1700	3810	113
三门峡	Sanmenxia	4170	1362	660	207
南阳	Nanyang	1286	5283	8560	51
商丘	Shangqiu	829		2172	166
信阳	Xinyang		1600	5538	87
周口	Zhoukou	5397		699	206
驻马店	Zhumadian	255	6566	4076	107
湖北	**Hubei**	**144094**	**989356**	**81458**	
武汉	Wuhan	45750	936878		
黄石	Huangshi	11630	1648	3793	115
十堰	Shiyan	31000	5771	2718	152
宜昌	Yichang	5074	7063	4024	109
襄阳	Xiangyang	17104	3200	6331	75
鄂州	Ezhou	6000	3000		
荆门	Jingmen	804	4500	4700	98
孝感	Xiaogan	200		10000	42
荆州	Jingzhou	1291	1525	3545	122
黄冈	Huanggang				
咸宁	Xianning			2450	158
随州	Suizhou			3487	127
湖南	**Hunan**	**64237**	**42132**	**75041**	
长沙	Changsha	18300		4200	105
株洲	Zhuzhou	11312	6482	7352	61
湘潭	Xiangtan	2455		11095	38
衡阳	Hengyang	2425			
邵阳	Shaoyang	1200			
岳阳	Yueyang	500			
常德	Changde			3560	120
张家界	Zhangjiajie			30000	15
益阳	Yiyang	4800		8128	54
郴州	Chenzhou		22500		
永州	Yongzhou		3150	6150	80
怀化	Huaihua	5000		310	218
娄底	Loudi	2000		2500	155
广东	**Guangdong**	**110079**	**116849**	**49456**	
广州	Guangzhou	27811	21624	18951	26
韶关	Shaoguan	200			
深圳	Shenzhen	37544	57311	3456	129
珠海	Zhuhai	1047		12963	35
汕头	Shantou	3891	4165	3765	116
佛山	Foshan	11032	6720	3393	132
江门	Jiangmen	4138			
湛江	Zhanjiang				
茂名	Maoming	1500			
肇庆	Zhaoqing	6592	1417		
惠州	Huizhou	2278			
梅州	Meizhou		4685		
汕尾	Shanwei				
河源	Heyuan			431	213
阳江	Yangjiang				
清远	Qingyuan		4170	2726	151
东莞	Dongguan	71		311	217
中山	Zhongshan	11295	3249	204	221
潮州	Chaozhou				
揭阳	Jieyang	465	498	1782	179
云浮	Yunfu	1200	700	880	201
广西	**Guangxi**	**31474**	**66433**	**62757**	
南宁	Nanning	8784	6438	5052	93
柳州	Liuzhou	2466	13016	13494	31
桂林	Guilin	1053	752	1605	181
梧州	Wuzhou	530	1051	16787	28
北海	Beihai	8000	3000	1000	196
防城港	Fangchenggang	4985	1802	3055	138
钦州	Qinzhou	450	5484	3757	117
贵港	Guigang	590	291	316	216
玉林	Yulin	1789	6800	3381	133
百色	Baise	100	3535	2860	146

8-18 城市市政燃气设施建设投资额（辖区） 续表 3
Fixed Assets Investment in Gas Supply of Urban Service Facilities (Municipal Districts) continued 3

单位：万元 (10 000 yuan)

地名	City	2010	2016	2017	2017 排名 Ranking	地名	City	2010	2016	2017	2017 排名 Ranking
贺州	Hezhou		1851	1602	182	丽江	Lijiang				
河池	Hechi		3000	3000	140	普洱	Puer		142		
来宾	Laibin	200	2335	4430	100	临沧	Lincang				
崇左	Chongzuo	1000	2300	600	210	**西藏**	**Tibet**			**2858**	
海南	**Hainan**	**7896**	**10361**	**3730**		拉萨	Lasa			2858	147
海口	Haikou		7680			**陕西**	**Shaanxi**	**34435**	**73716**	**256743**	
三亚	Sanya	6000	2081	3730	118	西安	Xi'an	17847	36401	188063	1
三沙	Sansha					铜川	Tongchuan	4272		339	215
重庆	**Chongqing**	**86081**	**85177**	**131480**		宝鸡	Baoji	4500	12500	9500	46
四川	**Sichuan**	**47388**	**64809**	**64765**		咸阳	Xianyang	2800	3468		
成都	Chengdu	13055	21537	11518	37	渭南	Weinan		7500	7000	65
自贡	Zigong	914		180	223	延安	Yan'an	1332	1297	2305	160
攀枝花	Panzhihua	240	3266	2161	167	汉中	Hanzhong			3429	131
泸州	Luzhou	1059	2890	9388	47	榆林	Yulin	1500		4407	102
德阳	Deyang	4500	2252	496	211	安康	Ankang		5000	8000	55
绵阳	Mianyang	3000	5207	9867	43	商洛	Shangluo	368	1500	32000	12
广元	Guangyuan	1538	4413	4384	103	**甘肃**	**Gansu**	**12261**	**36686**	**41263**	
遂宁	Suining	1459	2248	100	224	兰州	Lanzhou	8129	22199	26307	17
内江	Neijiang	128	4362	3280	135	嘉峪关	Jiayuguan	32			
乐山	Leshan	911	1376	996	198	金昌	Jinchang		4400	340	214
南充	Nanchong	3000	2300	7000	65	白银	Baiyin				
眉山	Meishan	120	1100	738	204	天水	Tianshui		700	1810	177
宜宾	Yibin	1120				武威	Wuwei		280		
广安	Guangan	2931				张掖	Zhangye		465		
达州	Dazhou	800				平凉	Pingliang	4100	4100	6750	68
雅安	Yaan					酒泉	Jiuquan				
巴中	Bazhong	601	9100	1500	185	庆阳	Qingyang		450		
资阳	Ziyang	1524				定西	Dingxi				
贵州	**Guizhou**	**6085**		**120**		陇南	Longnan		600	1200	191
贵阳	Guiyang	4991				**青海**	**Qinghai**	**3729**	**12664**	**8933**	
六盘水	Liupanshui					西宁	Xining	2567	1200		
遵义	Zunyi					海东	Haidong		4310	4000	110
安顺	Anshun					**宁夏**	**Ningxia**	**100133**	**11942**	**11737**	
毕节	Bijie					银川	Yinchuan	99821		7600	58
铜仁	Tongren					石嘴山	Shizuishan	272			
云南	**Yunnan**	**11054**	**33160**	**28403**		吴忠	Wuzhong	40	1222	1010	195
昆明	Kunming	4676	20894	13116	34	固原	Guyuan			3127	137
曲靖	Qujing	4875		5452	90	中卫	Zhongwei		9400		
玉溪	Yuxi		2486	1548	183	**新疆**	**Xinjiang**	**57891**	**217641**	**1121808**	
保山	Baoshan					乌鲁木齐	Urumqi	22675	151440	27245	16
昭通	Zhaotong	230	2500	1419	188	克拉玛依	Karamay	10865	3693	168102	2

8-19 城市市政集中供热设施建设投资额（辖区）

Fixed Assets Investment of Central Heating in Urban Service Facilities (Municipal Districts)

单位：万元 (10 000 yuan)

地名	City	2010	2016	2017	2017 排名 Ranking
全国	**Nation Total**	**4332455**	**4818675**	**5841997**	
北京	**Beijing**	**496568**	**354824**	**1175539**	
天津	**Tianjin**	**70439**	**42449**	**13345**	
河北	**Hebei**	**768645**	**640138**	**521469**	
石家庄	Shijiazhuang	318982	16094	69412	13
唐山	Tangshan	107989	28399	90028	7
秦皇岛	Qinhuangdao	16013		10429	58
邯郸	Handan	22300	32615		
邢台	Xingtai	11600	21888		
保定	Baoding	1730	22850	4230	82
张家口	Zhangjiakou	97000	63113		
承德	Chengde	9341	185222	47597	22
沧州	Cangzhou	16357	22392	14427	53
廊坊	Langfang	26549	71688	4718	79
衡水	Hengshui	3700	1808	2200	92
山西	**Shanxi**	**224561**	**196100**	**376524**	
太原	Taiyuan	24961		20480	47
大同	Datong	38000		23878	42
阳泉	Yangquan	11090	11787	5762	73
长治	Changzhi	8500	51616	70175	11
晋城	Jincheng		4800		
朔州	Shuozhou	5850	35387	23127	44
晋中	Jinzhong	66310	18000	18700	49
运城	Yuncheng				
忻州	Xinzhou	32000	3029	4076	83
临汾	Linfen	13800	7539	33458	30
吕梁	Lvliang	3350	8057	65589	14
内蒙古	**Inner Mongolia**	**374920**	**592177**	**344681**	
呼和浩特	Hohhot	42240	28211	17553	50
包头	Baotou	67773	27411	38749	24
乌海	Wuhai	8725	13800	1580	99
赤峰	Chifeng	27391	386632	138990	3
通辽	Tongliao	6700	21410	14169	54
鄂尔多斯	Erdos	85022	4400	2000	93
呼伦贝尔	Hulunbuir	27287	7400	2234	89
巴彦淖尔	Bayannur	33000	10960	5650	75
乌兰察布	Ulanqab	5000		32899	31
辽宁	**Liaoning**	**717638**	**394082**	**286054**	
沈阳	Shenyang	106568	16950	59173	15
大连	Dalian	206765	151084	73106	10
鞍山	Anshan	3600	73161		
抚顺	Fushun	35694	38054	23900	41
本溪	Benxi	13728		20950	45
丹东	Dandong	6989	44430	48400	21
锦州	Jinzhou	11920	5444	2209	90
营口	Yingkou	35138			
阜新	Fuxin	14053		6884	69
辽阳	Liaoyang	64898	4537	7156	68
盘锦	Panjin	14401	6426	4805	77
铁岭	Tieling	890	4179	2511	87
朝阳	Chaoyang	11600	9000	3400	85
葫芦岛	Huludao	5800	8501	1807	96
吉林	**Jilin**	**294835**	**215432**	**112294**	
长春	Changchun	137822	81209	52557	18
吉林	Jilin	35810	105600	17200	51
四平	Siping	13000		1974	95
辽源	Liaoyuan	2300	6691	13874	55
通化	Tonghua	28400		4521	81
白山	Baishan	445			
松原	Songyuan	11751			
白城	Baicheng	14355	2400	7200	67
黑龙江	**Heilongjiang**	**239959**	**504787**	**300922**	
哈尔滨	Harbin	22477	205603	90774	6
齐齐哈尔	Qiqihar	2362	19275	58028	16
鸡西	Jixi	3500	2000	3047	86
鹤岗	Hegang	1861	41562	53423	17
双鸭山	Shuangyashan	800	7637	19388	48
大庆	Daqing	32719	20210	2272	88
伊春	Yichun	24291	18842	2201	91
佳木斯	Jiamusi	45000	4000		
七台河	Qitaihe	8830	2326	850	104
牡丹江	Mudanjiang	9192	2600	8238	65
黑河	Heihe	6000	6205	10080	59
绥化	Suihua	3000	109866		
上海	**Shanghai**				
江苏	**Jiangsu**	**2033**	**1145**		

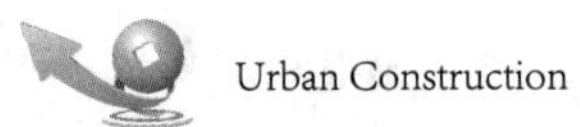

8-19 城市市政集中供热设施建设投资额（辖区） 续表 1

Fixed Assets Investment of Central Heating in Urban Service Facilities (Municipal Districts) continued 1

单位：万元 (10 000 yuan)

地名	City	2010	2016	2017	2017 排名 Ranking
南京	Nanjing				
浙江	**Zhejiang**	**5131**			
杭州	Hangzhou	1000			
宁波	Ningbo	1639			
温州	Wenzhou				
绍兴	Shaoxing				
安徽	**Anhui**	**12092**	**46548**	**58511**	
合肥	Hefei	9250	43853	29061	36
淮南	Huainan	1791		1500	100
滁州	Chuzhou	551	1700	900	103
宿州	Suzhou	500			
山东	**Shandong**	**643338**	**874471**	**845664**	
济南	Jinan	133604	335990	199847	1
青岛	Qingdao	67331	46330	28749	37
淄博	Zibo	19504	58877	42965	23
枣庄	Zaozhuang	2900	21786	11293	56
东营	Dongying	6671	18250	35940	27
烟台	Yantai	28069	3859	20662	46
潍坊	Weifang	7500	3700	36666	25
济宁	Jining	10000	4434		
泰安	Taian	9948	47443	69693	12
威海	Weihai	50814	62220	50631	19
日照	Rizhao	55650	36593	8900	62
莱芜	Laiwu	6275	11850	4000	84
临沂	Linyi	12949	23270	49047	20
德州	Dezhou		5391	23363	43
聊城	Liaocheng	3702	21291	6195	72
滨州	Binzhou	12476	7720	10578	57
菏泽	Heze	3500		6853	70
河南	**Henan**	**141445**	**214890**	**1071247**	
郑州	Zhengzhou	47917	3360	36253	26
开封	Kaifeng	4000	25500	85000	8
洛阳	Luoyang	5300	42142	29618	35
平顶山	Pingdingshan		4800	8070	66
安阳	Anyang	8571	13970	31440	32
鹤壁	Hebi	1205	4892	27605	38
新乡	Xinxiang	1341	18963	123230	4
焦作	Jiaozuo	650		1673	98
许昌	Xuchang		2187	4680	80
漯河	Luohe		32300	8800	63
三门峡	Sanmenxia	5000	510	8400	64

地名	City	2010	2016	2017	2017 排名 Ranking
南阳	Nanyang	3655	9512	34290	28
商丘	Shangqiu	3300		30616	34
驻马店	Zhumadian	4368	5624	2000	93
湖北	**Hubei**	**759**		**1281**	
黄石	Huangshi				
十堰	Shiyan			1281	101
襄阳	Xiangyang	759			
重庆	Chongqing	16025			
陕西	**Shaanxi**	**79313**	**82302**	**111463**	
西安	Xi'an	48513	41930	75826	9
铜川	Tongchuan		17000	9000	61
宝鸡	Baoji	17600			
咸阳	Xianyang	10000	252	6600	71
渭南	Weinan	2700	2000	5000	76
延安	Yan'an			4737	78
榆林	Yulin	500	1100		
甘肃	**Gansu**	**66474**	**150431**	**117325**	
兰州	Lanzhou	18983	7000	14645	52
嘉峪关	Jiayuguan	658	2970	1200	102
白银	Baiyin				
天水	Tianshui		30365	24000	40
武威	Wuwei	14675	600		
张掖	Zhangye	2585	1454		
平凉	Pingliang		4000	24251	39
酒泉	Jiuquan	10645	24600	5656	74
庆阳	Qingyang	8358	42492	30935	33
定西	Dingxi			9925	60
陇南	Longnan	4200	600		
青海	**Qinghai**	**433**		**9809**	
西宁	Xining	433			
海东	Haidong				
宁夏	**Ningxia**	**33403**	**96059**	**183407**	
银川	Yinchuan	15326	60878	149628	2
石嘴山	Shizuishan	8671	3921		
吴忠	Wuzhong	1300			
固原	Guyuan	2710			
中卫	Zhongwei	1360		33779	29
新疆	**Xinjiang**	**144444**	**377091**	**212462**	
乌鲁木齐	Urumqi	83198	242391	109918	5
克拉玛依	Karamay	7105	14626	1730	97

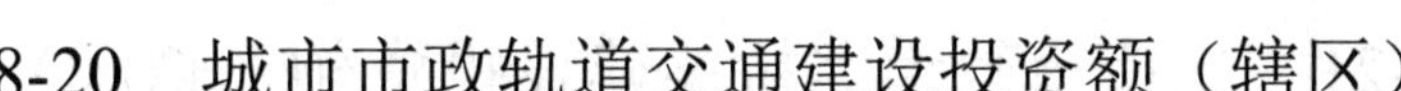

8-20 城市市政轨道交通建设投资额（辖区）

Fixed Assets Investment of Urban Rail Transit System in Urban Service Facilities (Municipal Districts)

单位：万元 (10 000 yuan)

地名	City	2010	2016	2017	2017 排名 Ranking
全国	**Nation Total**	**18125781**	**40794785**	**50452154**	
北京	**Beijing**	**3914519**	**2728037**	**3427629**	
天津	**Tianjin**	**702058**	**1526261**	**1334089**	
河北	**Hebei**		**542296**	**582118**	
石家庄	Shijiazhuang		542296	582118	20
山西	**Shanxi**		**32000**		
阳泉	Yangquan		32000		
内蒙古	**Inner Mongolia**		**546786**	**427806**	
包头	Baotou		1586		
辽宁	**Liaoning**	**1301484**	**877804**	**580386**	
沈阳	Shenyang	618264	646732	535300	22
大连	Dalian	683220	231072	45086	27
吉林	**Jilin**	**239493**	**742517**	**842352**	
长春	Changchun	239493	742517	842352	17
黑龙江	**Heilongjiang**	**252769**	**481049**	**594461**	
哈尔滨	Harbin	252769	481049	594461	19
上海	**Shanghai**	**2296190**	**2872092**	**2994607**	
江苏	**Jiangsu**	**1317628**	**3221844**	**5337146**	
南京	Nanjing	398685	1290604	2380497	4
无锡	Wuxi	401169	225065	471500	23
苏州	Suzhou	517774	1209712	1059552	13
浙江	**Zhejiang**	**928898**	**2809488**	**3632709**	
杭州	Hangzhou	508974	1409501	2048273	6
宁波	Ningbo	419924	948273	921212	16
安徽	**Anhui**	**57493**	**791297**	**1078362**	
合肥	Hefei	57493	791297	1009562	15
福建	**Fujian**	**354200**	**1669656**	**2527427**	
福州	Fuzhou	354200	408700	693779	18
厦门	Xiamen		1260956	1833648	7
江西	**Jiangxi**	**112894**	**500561**	**548458**	
南昌	Nanchang	112894	500561	548458	21
山东	**Shandong**	**156160**	**2229388**	**2533553**	
济南	Jinan		240910	334631	24
青岛	Qingdao	156160	1988478	2198922	5
淄博	Zibo				
河南	**Henan**	**280000**	**1196446**	**1229948**	
郑州	Zhengzhou	280000	1196446	1229948	11
湖北	**Hubei**	**1012900**	**3557428**	**4256102**	
武汉	Wuhan	1012900	3557428	4256102	1
宜昌	Yichang				
湖南	**Hunan**	**183386**	**900918**	**1367791**	
长沙	Changsha	183386	900918	1358791	10
广东	**Guangdong**	**2816178**	**4071694**	**4330176**	
广州	Guangzhou	1198807	2083412	2517833	3
深圳	Shenzhen	1438442	1973570	1651230	8
珠海	Zhuhai	1100	470	1287	28
佛山	Foshan	149219		105051	25
肇庆	Zhaoqing	28610	14242		
东莞	Dongguan			54775	26
广西	**Guangxi**	**10393**	**1171528**	**1045694**	
南宁	Nanning	10393	1171528	1045694	14
重庆	**Chongqing**	**1169406**	**2503057**	**3069937**	
四川	**Sichuan**	**392454**	**2816708**	**3927749**	
成都	Chengdu	392454	2766708	3917702	2
云南	**Yunnan**	**176370**	**1236629**	**1548716**	
昆明	Kunming	176370	1171928	1548716	9
陕西	**Shaanxi**	**450908**	**1019046**	**1219093**	
西安	Xi'an	450908	1019046	1219093	12

8-21 城市市政道路桥梁建设投资额（辖区）
Fixed Assets Investment of Road and Bridge in Urban Service Facilities (Municipal Districts)

单位：万元 (10 000 yuan)

地名	City	2010	2016	2017	2017 排名 Ranking	地名	City	2010	2016	2017	2017 排名 Ranking
全国	**Nation Total**	**66956858**	**75643268**	**69966525**		沈阳	Shenyang	1528363	249902	132612	97
北京	**Beijing**	**1778292**	**2495652**	**2038338**		大连	Dalian	265109	197624	316731	48
天津	**Tianjin**	**4120952**	**933712**	**849072**		鞍山	Anshan	77085	15273	36355	184
河北	**Hebei**	**4671358**	**1268116**	**1103142**		抚顺	Fushun	54711	23789	8515	250
石家庄	Shijiazhuang	732042	548332	409258	32	本溪	Benxi	42515		37328	182
唐山	Tangshan	1219003	99693	27370	208	丹东	Dandong	60376	13979	22733	218
秦皇岛	Qinhuangdao	322985	139764	128571	100	锦州	Jinzhou	79991	14295	21293	223
邯郸	Handan	566038	24365	68194	142	营口	Yingkou	12441	20212	6584	256
邢台	Xingtai	367682	34001	23452	216	阜新	Fuxin	13669	9500	1221	274
保定	Baoding	156314	4295	7845	251	辽阳	Liaoyang	51877	3278	4029	263
张家口	Zhangjiakou	271488	29476	27808	203	盘锦	Panjin	69002	9209	14815	240
承德	Chengde	241300	53299	27247	210	铁岭	Tieling	4520	2315	17048	234
沧州	Cangzhou	43143	103568	31993	198	朝阳	Chaoyang	20022	20682	11840	243
廊坊	Langfang	198133	9834	110539	111	葫芦岛	Huludao	53076		3328	269
衡水	Hengshui	107654	12085	54429	155	**吉林**	**Jilin**	**1127066**	**599148**	**630892**	
山西	**Shanxi**	**1297255**	**3613988**	**2395456**		长春	Changchun	862141	259519	214321	72
太原	Taiyuan	493308	2490721	1354043	7	吉林	Jilin	99742	66749	27610	206
大同	Datong	410000	232900	219933	70	四平	Siping	6364	16659	80791	130
阳泉	Yangquan	56603	41755	37275	183	辽源	Liaoyuan	10070	16960	3800	264
长治	Changzhi	14897	66765	26502	213	通化	Tonghua	21900	18166	12603	242
晋城	Jincheng	2249	76271	120670	102	白山	Baishan	17376	8927	14571	241
朔州	Shuozhou	88783	30190	78475	133	松原	Songyuan	26576	11505	6830	255
晋中	Jinzhong	39040	226511	226664	68	白城	Baicheng	9600	28163	66380	148
运城	Yuncheng	17550	10890	31273	201	**黑龙江**	**Heilongjiang**	**1511906**	**656891**	**688263**	
忻州	Xinzhou		41354	114124	106	哈尔滨	Harbin	1177341	188980	413859	31
临汾	Linfen	44015	203043	51583	158	齐齐哈尔	Qiqihar	11780	43784	53465	157
吕梁	Lvliang	3127	83222	78372	134	鸡西	Jixi	5000	57308	33608	194
内蒙古	**Inner Mongolia**	**1789918**	**1332945**	**2391943**		鹤岗	Hegang	27385	13327	5328	259
呼和浩特	Hohhot	140298	298009	1364232	6	双鸭山	Shuangyashan	17000	41624	18209	230
包头	Baotou	574074	426092	274833	54	大庆	Daqing	109988	20145	3188	270
乌海	Wuhai	49836	63371	224907	69	伊春	Yichun	18251	29791	5844	258
赤峰	Chifeng	58355	111227	262294	58	佳木斯	Jiamusi	58959	3150	40000	180
通辽	Tongliao	51165	47788	16000	237	七台河	Qitaihe	4027			
鄂尔多斯	Erdos	460228	16613	35833	186	牡丹江	Mudanjiang	7709	187850	67575	144
呼伦贝尔	Hulunbuir	103406	102768	48369	165	黑河	Heihe	9800	457		
巴彦淖尔	Bayannur	209700	22062	7235	252	绥化	Suihua	2600	5341	3763	266
乌兰察布	Ulanqab	62822	3150	19065	229	**上海**	**Shanghai**	**1022470**	**1438768**	**1418858**	
辽宁	**Liaoning**	**2447279**	**636112**	**675925**		**江苏**	**Jiangsu**	**7862161**	**6379826**	**6647835**	

8-21 城市市政道路桥梁建设投资额（辖区） 续表 1

Fixed Assets Investment of Road and Bridge in Urban Service Facilities (Municipal Districts) continued 1

单位：万元 (10 000 yuan)

地名	City	2010	2016	2017	2017 排名 Ranking	地名	City	2010	2016	2017	2017 排名 Ranking
南京	Nanjing	1651645	1571631	2840571	2	池州	Chizhou	58372	63989	48289	166
无锡	Wuxi	1893473	113176	388374	36	宣城	Xuancheng	156259	424415	380965	38
徐州	Xuzhou	116341	213784	47433	168	**福建**	**Fujian**	**2394391**	**3433823**	**3049368**	
常州	Changzhou	1037268	487582	316797	47	福州	Fuzhou	911657	1021557	356648	40
苏州	Suzhou	369920	482743	236616	63	厦门	Xiamen	383079	721570	1013113	10
南通	Nantong	788573	997888	877471	13	莆田	Putian	368250	251680	329630	44
连云港	Lianyungang	151324	159510	66859	147	三明	Sanming	4599	4980	51179	159
淮安	Huaian	231769	161877	44393	172	泉州	Quanzhou	190816	115814	33925	192
盐城	Yancheng	157000	421805	78824	131	漳州	Zhangzhou	94825	159612	232049	65
扬州	Yangzhou	160796	145806	233482	64	南平	Nanping	28380	18330	44136	173
镇江	Zhenjiang	449145	866196	612941	20	龙岩	Longyan	53818	323627	287074	51
泰州	Taizhou	110947	267637	318760	46	宁德	Ningde	28801	40991	21502	222
宿迁	Suqian	19105	32024	20732	226	**江西**	**Jiangxi**	**2539040**	**2270926**	**2397570**	
浙江	**Zhejiang**	**2786719**	**5135535**	**3575421**		南昌	Nanchang	110760	635325	1033288	9
杭州	Hangzhou	543543	1401929	704139	19	景德镇	Jingdezhen	55042	5915	70215	139
宁波	Ningbo	954493	980675	866395	14	萍乡	Pingxiang	68735	52900		
温州	Wenzhou	53745	847373	405015	34	九江	Jiujiang	850717	338031	83393	127
嘉兴	Jiaxing	172454	108535	105105	120	新余	Xinyu	157839	59641	34755	189
湖州	Huzhou	76110	242497	165335	83	鹰潭	Yingtan	53183	1105	2776	272
绍兴	Shaoxing	117330	261489	198377	76	赣州	Ganzhou	632024	392847	588533	23
金华	Jinhua	23412	152640	134324	96	吉安	Jian	61568	128685	20999	225
衢州	Quzhou	23244	54277	56652	151	宜春	Yichun	183128	129280	81393	128
舟山	Zhoushan	45034	81161	106825	116	抚州	Fuzhou	100087	254555	148854	90
台州	Taizhou	92135	76450	105330	119	上饶	Shangrao	95336	101100	164602	84
丽水	Lishui	92094	100827	45764	170	**山东**	**Shandong**	**3924985**	**3469677**	**4303847**	
安徽	**Anhui**	**3065935**	**4188478**	**3423657**		济南	Jinan	275081	735763	1548085	5
合肥	Hefei	576735	844856	509782	24	青岛	Qingdao	1485793	127262	231472	66
芜湖	Wuhu	399725	261591	114712	105	淄博	Zibo	149663	313606	290161	50
蚌埠	Bengbu	279116	151567	22480	219	枣庄	Zaozhuang	108513	82614	147178	91
淮南	Huainan	325584	204861	112161	109	东营	Dongying	15387	308743	188857	77
马鞍山	Maanshan	239146	196207	181082	81	烟台	Yantai	272151	335890	321068	45
淮北	Huaibei	155300	257380	449565	27	潍坊	Weifang	91381	65049	131820	98
铜陵	Tongling	117001	102375	267841	56	济宁	Jining	181504	85546	61424	150
安庆	Anqing	84157	372630	200855	75	泰安	Taian	152283	165561	211133	73
黄山	Huangshan	44490	109249	48502	164	威海	Weihai	41851	119503	75882	135
滁州	Chuzhou	161979	150462	218991	71	日照	Rizhao	132755	224968	181338	80
阜阳	Fuyang	80075	289040	201948	74	莱芜	Laiwu	50093	41650	21760	221
宿州	Suzhou	55541	85260	80909	129	临沂	Linyi	148706	354433	156892	86
六安	Liuan	39510	54145	71358	137	德州	Dezhou	210739	34967	33914	193
亳州	Bozhou	66483	93782	84511	125	聊城	Liaocheng	5189	30826	69684	140

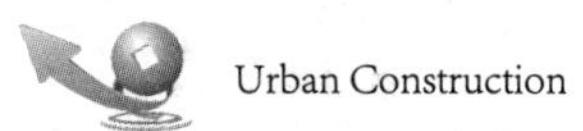

8-21 城市市政道路桥梁建设投资额（辖区） 续表 2

Fixed Assets Investment of Road and Bridge in Urban Service Facilities (Municipal Districts) continued 2

单位：万元 (10 000 yuan)

地名	City	2010	2016	2017	2017 排名 Ranking
滨州	Binzhou	46387	37860	23571	215
菏泽	Heze	34017	32134	40013	179
河南	**Henan**	**1193887**	**2373259**	**3502484**	
郑州	Zhengzhou	610053	1501661	2136297	3
开封	Kaifeng	86431	127682	48151	167
洛阳	Luoyang	42840	76304	284527	52
平顶山	Pingdingshan	39127	36965	31700	199
安阳	Anyang	50233	63791	67035	145
鹤壁	Hebi	16778	9641	23356	217
新乡	Xinxiang	16337	40291	44965	171
焦作	Jiaozuo	38593	5317	10522	245
濮阳	Puyang		38500	65000	149
许昌	Xuchang	2102	7021	78657	132
漯河	Luohe	21130	95547	115886	104
三门峡	Sanmenxia	11349	18485	15097	239
南阳	Nanyang	64548	71601	69610	141
商丘	Shangqiu	3067		156485	87
信阳	Xinyang	14051	6310	21026	224
周口	Zhoukou	22737	11764	36073	185
驻马店	Zhumadian	8001	21199	9300	248
湖北	**Hubei**	**3064360**	**5275133**	**4508789**	
武汉	Wuhan	2353455	3530512	3098822	1
黄石	Huangshi	95347	109674	55612	153
十堰	Shiyan	68499	38132	49991	160
宜昌	Yichang	91422	509085	472305	25
襄阳	Xiangyang	38832	100135	142743	94
鄂州	Ezhou	63655	42739	42597	174
荆门	Jingmen	70338	280815	67030	146
孝感	Xiaogan	18200	181725	139973	95
荆州	Jingzhou	7738	13737	26994	211
黄冈	Huanggang	15750	30510	3530	268
咸宁	Xianning	10300	40403	456	278
随州	Suizhou	6438	13422	39620	181
湖南	**Hunan**	**3430888**	**4013792**	**4172541**	
长沙	Changsha	1336900	272165	1100080	8
株洲	Zhuzhou	314098	980505	952533	12
湘潭	Xiangtan	150933	132634	149704	89
衡阳	Hengyang	393288	879187	16148	236
邵阳	Shaoyang	37658	128621	238242	61
岳阳	Yueyang	166060	108610	406805	33

地名	City	2010	2016	2017	2017 排名 Ranking
常德	Changde	211668	170424	243649	60
张家界	Zhangjiajie	60577	143500	295200	49
益阳	Yiyang	56576	48644	96261	123
郴州	Chenzhou	258502	246918	575	276
永州	Yongzhou	112813	279242	100871	122
怀化	Huaihua	8178	145178		
娄底	Loudi	78785	251613	336745	42
广东	**Guangdong**	**3279124**	**2328169**	**2988560**	
广州	Guangzhou	1679476	425505	846531	15
韶关	Shaoguan	4150	10580	27664	205
深圳	Shenzhen	274590	594248	610160	21
珠海	Zhuhai	420459	115507	248260	59
汕头	Shantou	10735	20502	27323	209
佛山	Foshan	58038	39532	33381	195
江门	Jiangmen	41250	235963	353537	41
湛江	Zhanjiang	15195	40285	16176	235
茂名	Maoming		19000	15500	238
肇庆	Zhaoqing	164109	147361	110473	113
惠州	Huizhou	136751	52703	236984	62
梅州	Meizhou	28856	38197	110768	110
汕尾	Shanwei	8880	26200	32553	196
河源	Heyuan	155716	10893	22110	220
阳江	Yangjiang	22529	14570	34354	190
清远	Qingyuan	6713	405402	102267	121
东莞	Dongguan	21817	1509	1099	275
中山	Zhongshan	34989	27571	25792	214
潮州	Chaozhou	6962	4906	26646	212
揭阳	Jieyang	21082	15951	27707	204
云浮	Yunfu	1412	2010	5189	260
广西	**Guangxi**	**3221009**	**3362547**	**2839751**	
南宁	Nanning	959763	1438022	719881	18
柳州	Liuzhou	641113	387205	462339	26
桂林	Guilin	298635	321288	167110	82
梧州	Wuzhou	47005	168778	106749	117
北海	Beihai	129340	62178	34270	191
防城港	Fangchenggang	283022	136760	227803	67
钦州	Qinzhou	194633	180662	186315	78
贵港	Guigang	47525	179818	332176	43
玉林	Yulin	231350	113194	114036	108
百色	Baise	125076	52105	10813	244

8-21 城市市政道路桥梁建设投资额（辖区） 续表 3

Fixed Assets Investment of Road and Bridge in Urban Service Facilities (Municipal Districts) continued 3

单位：万元 (10 000 yuan)

地名	City	2010	2016	2017	2017 排名 Ranking
贺州	Hezhou	9473	42075	46178	169
河池	Hechi	19500	18158	32515	197
来宾	Laibin	98337	40015	41840	176
崇左	Chongzuo	21430	51088	110481	112
海南	**Hainan**	**135874**	**908655**	**593955**	
海口	Haikou		838559	429571	29
三亚	Sanya	17099	33330	54470	154
三沙	Sansha				
重庆	**Chongqing**	**3128742**	**3600390**	**3024252**	
四川	**Sichuan**	**2373445**	**5395016**	**4890095**	
成都	Chengdu	1201256	2477031	1807218	4
自贡	Zigong	181063	537580	447365	28
攀枝花	Panzhihua	28979	53696	35443	188
泸州	Luzhou	43266	377997	400627	35
德阳	Deyang	72796	46070	54255	156
绵阳	Mianyang	80797	172547	262840	57
广元	Guangyuan	36737	134997	268827	55
遂宁	Suining	22703	116592	143936	93
内江	Neijiang	31665	119956	106090	118
乐山	Leshan	22346	2363	131158	99
南充	Nanchong	35000	79500	83500	126
眉山	Meishan	10446	55842	368134	39
宜宾	Yibin	22335	239501	93742	124
广安	Guangan	14123	83588	49952	161
达州	Dazhou	13700	8118	49747	162
雅安	Yaan	14031	107945	144355	92
巴中	Bazhong	105	327694	107556	115
资阳	Ziyang	131520	15000	72587	136
贵州	**Guizhou**	**835059**	**2631582**	**1148807**	
贵阳	Guiyang	774610	1498994	383465	37
六盘水	Liupanshui	1026	121773		
遵义	Zunyi	6500	19300	4903	262
安顺	Anshun	9850	181407	275532	53
毕节	Bijie	1140	459580	161065	85
铜仁	Tongren	6808	2742	3742	267
云南	**Yunnan**	**1808022**	**1517437**	**1418624**	
昆明	Kunming	1349091	672998	426173	30
曲靖	Qujing	19090	140717	49111	163
玉溪	Yuxi	28735	25309	126859	101
保山	Baoshan	2000	4220	42527	175
昭通	Zhaotong	74737	110781	109136	114

地名	City	2010	2016	2017	2017 排名 Ranking
丽江	Lijiang	6061	780	525	277
普洱	Puer	19941	9252	20305	227
临沧	Lincang	1690	19443	10017	246
西藏	**Tibet**	**15203**	**161957**	**196870**	
拉萨	Lasa	15203	109897	181856	79
陕西	**Shaanxi**	**996486**	**2126911**	**1162145**	
西安	Xi'an	776916	911310	604680	22
铜川	Tongchuan	4442	29661	9207	249
宝鸡	Baoji	23030	119381	41500	177
咸阳	Xianyang	23842	332411	67910	143
渭南	Weinan	38542	46020	17902	232
延安	Yan'an	31967	92100	3798	265
汉中	Hanzhong	4450	315102	114120	107
榆林	Yulin	17024	109294	56062	152
安康	Ankang	34276	94500	117000	103
商洛	Shangluo	16435	2840	6400	257
甘肃	**Gansu**	**494608**	**1538445**	**1253432**	
兰州	Lanzhou	330052	1303118	1007230	11
嘉峪关	Jiayuguan	10676	11614	27451	207
金昌	Jinchang	26982	2614	272	279
白银	Baiyin	6711	15940	31329	200
天水	Tianshui	6033	33787	28790	202
武威	Wuwei	22514	80014	35587	187
张掖	Zhangye	11907	12101	6831	254
平凉	Pingliang	25000	21175	18024	231
酒泉	Jiuquan	4143		2889	271
庆阳	Qingyang	25298	5100	17220	233
定西	Dingxi	11333	5460	7059	253
陇南	Longnan	5829	24341	41346	178
青海	**Qinghai**	**147522**	**668454**	**889540**	
西宁	Xining	129457	642000	815457	17
海东	Haidong		16765	70849	138
宁夏	**Ningxia**	**75452**	**65682**	**185478**	
银川	Yinchuan	22921	23184	150641	88
石嘴山	Shizuishan	13951	10126	5006	261
吴忠	Wuzhong	19686	21988	9680	247
固原	Guyuan	8806	4591		
中卫	Zhongwei		765	1619	273
新疆	**Xinjiang**	**417450**	**1822242**	**1601615**	
乌鲁木齐	Urumqi	193579	1300433	818006	16
克拉玛依	Karamay	9872	35249	19600	228

8-22 城市市政排水设施建设投资额（辖区）

Fixed Assets Investment of Sewerage in Urban Service Facilities (Municipal Districts)

单位：万元 (10 000 yuan)

地名	City	2010	2016	2017	2017 排名 Ranking
全国	**Nation Total**	**9015609**	**12225062**	**13436186**	
北京	**Beijing**	**172688**	**2802488**	**1451002**	
天津	**Tianjin**	**249114**	**67110**	**119478**	
河北	**Hebei**	**538504**	**348204**	**546844**	
石家庄	Shijiazhuang	91367	86834	35795	66
唐山	Tangshan	207013	22757	232651	6
秦皇岛	Qinhuangdao	6598	97190	35345	67
邯郸	Handan	10305	20916	10950	141
邢台	Xingtai	1232	1534		
保定	Baoding	27682	13082	11709	136
张家口	Zhangjiakou	12766	4189	3802	199
承德	Chengde	18836	13500	4126	196
沧州	Cangzhou	34712	23572	53974	46
廊坊	Langfang	29000	4881	49577	53
衡水	Hengshui		9256	14492	120
山西	**Shanxi**	**201559**	**124172**	**130105**	
太原	Taiyuan	70218		81497	22
大同	Datong	82585		700	237
阳泉	Yangquan	2427	13530	1106	230
长治	Changzhi	16895	3660	11000	140
晋城	Jincheng		3125		
朔州	Shuozhou	6000	24344	2548	213
晋中	Jinzhong	5574	450	700	237
运城	Yuncheng	1623	15762		
忻州	Xinzhou	500	12304	110	254
临汾	Linfen	6080	14257	12902	127
吕梁	Lvliang	4290	5875	370	248
内蒙古	**Inner Mongolia**	**398943**	**301177**	**376046**	
呼和浩特	Hohhot	47953	117373	107700	14
包头	Baotou	60957	70543	92180	20
乌海	Wuhai	150	14456	26465	83
赤峰	Chifeng	26756	21180	14491	121
通辽	Tongliao	4285	14640	6123	179
鄂尔多斯	Erdos	32712	719	9906	144
呼伦贝尔	Hulunbuir	18814	11250	13650	125
巴彦淖尔	Bayannur	167000	10513		
乌兰察布	Ulanqab	1759	2300	27567	81
辽宁	**Liaoning**	**135585**	**91965**	**281020**	
沈阳	Shenyang	32306	31063	72002	29
大连	Dalian	23796	13278	120853	13
鞍山	Anshan	12618		2562	212
抚顺	Fushun	2738	1481	1339	228
本溪	Benxi	1644		1029	231
丹东	Dandong		7830	1287	229
锦州	Jinzhou	1700	1971	19901	103
营口	Yingkou	5520	3298	6554	175
阜新	Fuxin	836			
辽阳	Liaoyang	9223	2827	249	250
盘锦	Panjin	8369	5371	6883	171
铁岭	Tieling	292	457	9653	145
朝阳	Chaoyang				
葫芦岛	Huludao	5090		535	242
吉林	**Jilin**	**113705**	**75106**	**95973**	
长春	Changchun	42205	11162	26389	84
吉林	Jilin	1060		8568	157
四平	Siping		550		
辽源	Liaoyuan		1930	503	244
通化	Tonghua	15400			
白山	Baishan	13909	7300	4757	189
松原	Songyuan	10348	10938		
白城	Baicheng	6350	6800	6560	174
黑龙江	**Heilongjiang**	**228375**	**131325**	**157138**	
哈尔滨	Harbin	61923	21102	81003	23
齐齐哈尔	Qiqihar	38228	18852	9439	149
鸡西	Jixi	2670	2686	500	245
鹤岗	Hegang	8687		582	241
双鸭山	Shuangyashan	8755	6951	2409	215
大庆	Daqing	7259		24483	92
伊春	Yichun	5044	15756	2404	216
佳木斯	Jiamusi	11600	6880	3500	203
七台河	Qitaihe	7925	2000		
牡丹江	Mudanjiang	380	25200	22	257
黑河	Heihe			199	251
绥化	Suihua	5683	1865		
上海	**Shanghai**	**342661**	**219363**	**486042**	
江苏	**Jiangsu**	**847735**	**1370344**	**1315712**	

8-22 城市市政排水设施建设投资额（辖区） 续表 1

Fixed Assets Investment of Sewerage in Urban Service Facilities (Municipal Districts) continued 1

单位：万元 (10 000 yuan)

地名	City	2010	2016	2017	2017 排名 Ranking
南京	Nanjing	273190	248788	416841	3
无锡	Wuxi	124730	20152	49996	52
徐州	Xuzhou	17471	21980	38752	61
常州	Changzhou	9571	16793	27692	80
苏州	Suzhou	29458	29700	55440	44
南通	Nantong	112358	193825	52954	47
连云港	Lianyungang	3900	49975	2735	209
淮安	Huaian		7205	39039	60
盐城	Yancheng		29197	30912	77
扬州	Yangzhou	521	26847	65816	32
镇江	Zhenjiang	32455	490098	354933	4
泰州	Taizhou	4000	21362	24739	91
宿迁	Suqian	8444	21000	9600	147
浙江	**Zhejiang**	**343652**	**698714**	**830933**	
杭州	Hangzhou	51859	84705	103729	16
宁波	Ningbo	53171	38570	56986	43
温州	Wenzhou	14576	98260	92662	19
嘉兴	Jiaxing	23881	28493	59905	40
湖州	Huzhou	3050	10930	8773	155
绍兴	Shaoxing	4404	59402	63465	36
金华	Jinhua	11994	24568	39477	58
衢州	Quzhou	6077	6752	6199	178
舟山	Zhoushan	8045	15408	24823	90
台州	Taizhou	23955	33585	78977	24
丽水	Lishui	6361	20249	40435	57
安徽	**Anhui**	**241288**	**387047**	**577063**	
合肥	Hefei	43321	96487	41814	56
芜湖	Wuhu	17994	14729	5687	181
蚌埠	Bengbu	20488		1872	221
淮南	Huainan	33852	10843	21385	100
马鞍山	Maanshan	14784	58583	95582	18
淮北	Huaibei	8350	29200	17890	109
铜陵	Tongling	5705	23060	25467	87
安庆	Anqing	3538	755	4360	192
黄山	Huangshan	7966	6369	16590	112
滁州	Chuzhou	7030	19537	34044	68
阜阳	Fuyang	15221	300	8771	156
宿州	Suzhou	4075	11150	22212	97
六安	Liuan	4869	17821	19227	105
亳州	Bozhou	13750	1000	52070	49
池州	Chizhou	3933	4452	50643	51
宣城	Xuancheng	20024	14669	11737	135
福建	**Fujian**	**145390**	**313970**	**362759**	
福州	Fuzhou	35322	101167	32573	70
厦门	Xiamen	27521	36231	136853	11
莆田	Putian	32567	47655	36043	65
三明	Sanming		2524	15577	114
泉州	Quanzhou	2114	17836	24066	95
漳州	Zhangzhou	5573	6447	6539	176
南平	Nanping	3830	600	7649	162
龙岩	Longyan	2915	19234	25232	88
宁德	Ningde	1772	160	5632	182
江西	**Jiangxi**	**177934**	**325463**	**558863**	
南昌	Nanchang		217896	96265	17
景德镇	Jingdezhen	3700		600	240
萍乡	Pingxiang	3560		169300	7
九江	Jiujiang	44834	22800	63710	35
新余	Xinyu	85270	11429	8969	152
鹰潭	Yingtan		70	1532	223
赣州	Ganzhou	17080	24062	42932	55
吉安	Jian	1500	6058	14800	119
宜春	Yichun	3900	2466	21265	101
抚州	Fuzhou	8560	8680	60747	38
上饶	Shangrao	900	15000	32364	73
山东	**Shandong**	**592851**	**803192**	**886665**	
济南	Jinan	189400	258668	146098	9
青岛	Qingdao	34398	17675	83224	21
淄博	Zibo	14854	10786	62698	37
枣庄	Zaozhuang	10830	7149	24364	93
东营	Dongying	968	97668	47376	54
烟台	Yantai	18951	15838	77454	25
潍坊	Weifang	14524	36676	36684	63
济宁	Jining	25325	17534	6826	172
泰安	Taian	13002	54332	7700	161
威海	Weihai	21783	26633	25856	85
日照	Rizhao	7350	9300	8787	154
莱芜	Laiwu	5300	5800	3345	205
临沂	Linyi	22592	36475	76387	27
德州	Dezhou	32300	14460	1395	227
聊城	Liaocheng	1237	19609	34026	69

8-22 城市市政排水设施建设投资额（辖区） 续表 2

Fixed Assets Investment of Sewerage in Urban Service Facilities (Municipal Districts) continued 2

单位：万元 (10 000 yuan)

地名	City	2010	2016	2017	2017 排名 Ranking
滨州	Binzhou	12772	44317	15465	115
菏泽	Heze	16058	2829	7480	166
河南	**Henan**	**200684**	**346845**	**744154**	
郑州	Zhengzhou	18518	223	254445	5
开封	Kaifeng			21848	99
洛阳	Luoyang	20699	181	2220	217
平顶山	Pingdingshan	3660	1200	7520	165
安阳	Anyang	4310	5074	19214	106
鹤壁	Hebi	5610	748	12080	133
新乡	Xinxiang	2427	1889	6923	170
焦作	Jiaozuo	150	3369	14230	123
濮阳	Puyang		13674	15000	118
许昌	Xuchang	60	5700	65704	33
漯河	Luohe	16902	17800	4408	191
三门峡	Sanmenxia	70	602	9547	148
南阳	Nanyang	48689	171984	76701	26
商丘	Shangqiu	17000	32916	68377	31
信阳	Xinyang	1220	160	2800	208
周口	Zhoukou	12610	2990	8169	158
驻马店	Zhumadian	5631	15000	6200	177
湖北	**Hubei**	**244247**	**1190260**	**1392157**	
武汉	Wuhan	129891	1046818	1035960	1
黄石	Huangshi	13107	42447	64650	34
十堰	Shiyan	5187	8833	7824	160
宜昌	Yichang	2514	16468	58409	41
襄阳	Xiangyang	6269	5808	2650	211
鄂州	Ezhou	11320	10898	19518	104
荆门	Jingmen	6900	1500	3750	200
孝感	Xiaogan	2200	9796	16059	113
荆州	Jingzhou		856	13686	124
黄冈	Huanggang	4980	610		
咸宁	Xianning			7418	168
随州	Suizhou		10562	29600	78
湖南	**Hunan**	**195493**	**404501**	**293251**	
长沙	Changsha	39913	193065	14446	122
株洲	Zhuzhou	16422	6562	10366	143
湘潭	Xiangtan	16204	33320	25184	89
衡阳	Hengyang	6959	1150	4230	194
邵阳	Shaoyang	12760		2700	210
岳阳	Yueyang	30360	56960	55150	45

地名	City	2010	2016	2017	2017 排名 Ranking
常德	Changde	21755	15250	105954	15
张家界	Zhangjiajie	800	8200	18475	107
益阳	Yiyang	5262	2354	7021	169
郴州	Chenzhou	16161	24424	130	253
永州	Yongzhou	6000	4500	7433	167
怀化	Huaihua		8309		
娄底	Loudi	7500	3240	12520	129
广东	**Guangdong**	**2123562**	**392110**	**665657**	
广州	Guangzhou	1818524	274104	484707	2
韶关	Shaoguan	1880	13592	8852	153
深圳	Shenzhen				
珠海	Zhuhai	35377	4677	24316	94
汕头	Shantou	23821	3592	60607	39
佛山	Foshan	43279	2765	3410	204
江门	Jiangmen	18121	2549	3600	202
湛江	Zhanjiang	1042	2345		
茂名	Maoming		1100	4820	187
肇庆	Zhaoqing	13377	1485	12324	131
惠州	Huizhou	13484	12995	4190	195
梅州	Meizhou	1708		976	234
汕尾	Shanwei	3000	4787	6714	173
河源	Heyuan			1420	224
阳江	Yangjiang			3286	206
清远	Qingyuan		497	10650	142
东莞	Dongguan	56063	16315	11261	139
中山	Zhongshan	31280	38358	4305	193
潮州	Chaozhou	2834		1000	232
揭阳	Jieyang	1100		4566	190
云浮	Yunfu	3600	2080		
广西	**Guangxi**	**392515**	**447080**	**288333**	
南宁	Nanning	263368	282622	122002	12
柳州	Liuzhou	32512	27158	15454	116
桂林	Guilin	13539	21784	2029	220
梧州	Wuzhou	13322	20965	17420	111
北海	Beihai	1965	26659	9253	150
防城港	Fangchenggang	7694	1764	9055	151
钦州	Qinzhou	9683	12260	9648	146
贵港	Guigang	4337	2230	976	234
玉林	Yulin	5202	5400	36529	64
百色	Baise	5297	21840	4903	186

8-22 城市市政排水设施建设投资额（辖区） 续表 3

Fixed Assets Investment of Sewerage in Urban Service Facilities (Municipal Districts) continued 3

单位：万元 (10 000 yuan)

地名	City	2010	2016	2017	2017 排名 Ranking	地名	City	2010	2016	2017	2017 排名 Ranking
贺州	Hezhou	3710	2514	25760	86	丽江	Lijiang	1850			
河池	Hechi	5513	600	7599	163	普洱	Puer	5231	48264	12898	128
来宾	Laibin	4000	4094	1593	222	临沧	Lincang		4895	653	239
崇左	Chongzuo		8392	15320	117	**西藏**	**Tibet**		**39069**	**21941**	
海南	**Hainan**	**62734**	**86687**	**168504**		拉萨	Lasa		39069	21910	98
海口	Haikou	46310	8532	20051	102	**陕西**	**Shaanxi**	**150391**	**187401**	**210835**	
三亚	Sanya	6286	68480	138102	10	西安	Xi'an	103886	77407	148882	8
三沙	Sansha		5360			铜川	Tongchuan	9436	14283	3233	207
重庆	**Chongqing**	71549	**91019**	**307695**		宝鸡	Baoji	20000	20446	4000	197
四川	**Sichuan**	**121658**	**429878**	**489807**		咸阳	Xianyang	2310		88	255
成都	Chengdu	22378	223688	52017	50	渭南	Weinan	1190	23900	12210	132
自贡	Zigong	1800	9199	17566	110	延安	Yan'an	4959	8342	18195	108
攀枝花	Panzhihua	2287	591	2535	214	汉中	Hanzhong		5420	13603	126
泸州	Luzhou	12835	30166	32571	71	榆林	Yulin	1830			
德阳	Deyang	6820	6656	11480	137	安康	Ankang		27230		
绵阳	Mianyang	10134	18314	52780	48	商洛	Shangluo	5580	2100	7547	164
广元	Guangyuan	2200	25332	69302	30	**甘肃**	**Gansu**	**100885**	**75806**	**90549**	
遂宁	Suining	2280	9069	27306	82	兰州	Lanzhou	73668	45936	32301	74
内江	Neijiang	500	7100	37030	62	嘉峪关	Jiayuguan	95			
乐山	Leshan	5671	2516	3928	198	金昌	Jinchang		2050	14	258
南充	Nanchong	28000	22400	57200	42	白银	Baiyin	280	860	500	245
眉山	Meishan	18	4900	23068	96	天水	Tianshui	5100	14000	29153	79
宜宾	Yibin	4778	3674	12380	130	武威	Wuwei			320	249
广安	Guangan	4235	1365	2140	219	张掖	Zhangye		922	5463	183
达州	Dazhou			533	243	平凉	Pingliang	8300	2520	3741	201
雅安	Yaan			4777	188	酒泉	Jiuquan	6694			
巴中	Bazhong	3190	14284	1000	232	庆阳	Qingyang	4629	1000		
资阳	Ziyang					定西	Dingxi	199		1417	225
贵州	**Guizhou**	**25876**	**26156**	**125913**		陇南	Longnan	1250	3800	5850	180
贵阳	Guiyang	8172				**青海**	**Qinghai**	**32691**	**16513**	**32176**	
六盘水	Liupanshui		4233	5412	184	西宁	Xining	21500	840		
遵义	Zunyi	2288	4694	2150	218	海东	Haidong			31223	76
安顺	Anshun		1160	11820	134	**宁夏**	**Ningxia**	**16544**	**24242**	**23822**	
毕节	Bijie	749	3940	31938	75	银川	Yinchuan	4836	15640	150	252
铜仁	Tongren			8075	159	石嘴山	Shizuishan	6865	2147	1413	226
云南	**Yunnan**	**436480**	**165620**	**237131**		吴忠	Wuzhong	3327	349	11372	138
昆明	Kunming	315881	10794	39253	59	固原	Guyuan	793			
曲靖	Qujing	42247	4800	5189	185	中卫	Zhongwei	358	6106	753	236
玉溪	Yuxi		1560	469	247	**新疆**	**Xinjiang**	**110316**	**242235**	**168618**	
保山	Baoshan	3000	913	30	256	乌鲁木齐	Urumqi	34200	213316	74055	28
昭通	Zhaotong	1921				克拉玛依	Karamay	17128	2651	32440	72

8-23 城市市政园林绿化建设投资额（辖区）

Fixed Assets Investment of Landscaping in Urban Service Facilities (Municipal Districts)

单位：万元 (10 000 yuan)

地名	City	2010	2016	2017	2017 排名 Ranking	地名	City	2010	2016	2017	2017 排名 Ranking
全国	**Nation Total**	**22970392**	**16701452**	**17596381**		沈阳	Shenyang	92922	273240	23050	127
北京	**Beijing**	**654687**	**1533299**	**2072816**		大连	Dalian	21976	27323	13096	166
天津	**Tianjin**	**140439**	**243369**	**261422**		鞍山	Anshan	6000	3500	13423	162
河北	**Hebei**	**1139362**	**404283**	**581950**		抚顺	Fushun	3200	7880	1165	235
石家庄	Shijiazhuang	312817	87399	179962	13	本溪	Benxi	2800		290	251
唐山	Tangshan	145459	4995	27246	113	丹东	Dandong	5049	5569		
秦皇岛	Qinhuangdao	54786	3850	23379	126	锦州	Jinzhou	20573	2854	2529	218
邯郸	Handan	117312	16028	7338	186	营口	Yingkou	64422	635	7322	187
邢台	Xingtai	32809	6840			阜新	Fuxin	3095	1000		
保定	Baoding	29049	51822	1213	232	辽阳	Liaoyang	13036	5328	3414	208
张家口	Zhangjiakou	31290	22331	6540	195	盘锦	Panjin	5630	6998	15200	153
承德	Chengde	23198	2277	4432	203	铁岭	Tieling	8312	967	341	250
沧州	Cangzhou	34250	46198	39249	86	朝阳	Chaoyang	3470		2038	221
廊坊	Langfang	40400	31143	46817	74	葫芦岛	Huludao	900	1600		
衡水	Hengshui	119508	3356	74554	44	**吉林**	**Jilin**	**120506**	**125424**	**206496**	
山西	**Shanxi**	**297291**	**490217**	**198688**		长春	Changchun	71909	40758	141551	18
太原	Taiyuan	131925	328579			吉林	Jilin	2968		850	238
大同	Datong	87120	50000	40300	83	四平	Siping				
阳泉	Yangquan	23006	30020	7143	189	辽源	Liaoyuan	300	1495	723	241
长治	Changzhi	624	6449	18100	140	通化	Tonghua	1840	4420		
晋城	Jincheng					白山	Baishan	7848	8611	2830	214
朔州	Shuozhou	9612	6351	560	244	松原	Songyuan	6355		1505	230
晋中	Jinzhong	10835	25410	42257	80	白城	Baicheng	1200	17086	27204	114
运城	Yuncheng	4100	1560	17118	144	**黑龙江**	**Heilongjiang**	**172685**	**100001**	**75443**	
忻州	Xinzhou	2860	6000	8000	183	哈尔滨	Harbin	55844	34018	27785	112
临汾	Linfen	3677	13479	597	243	齐齐哈尔	Qiqihar	16000			
吕梁	Lvliang		2073	52389	63	鸡西	Jixi	900			
内蒙古	**Inner Mongolia**	**784633**	**929130**	**1024478**		鹤岗	Hegang	7564	2646	7090	191
呼和浩特	Hohhot	90561	187691	112013	31	双鸭山	Shuangyashan	2055	16539	3153	212
包头	Baotou	115761	256985	240881	7	大庆	Daqing	20608	2713		
乌海	Wuhai	70000	64209	39034	87	伊春	Yichun	1593	4733	3773	207
赤峰	Chifeng	7181	44160	68629	47	佳木斯	Jiamusi	5876			
通辽	Tongliao	31622	31453	29924	108	七台河	Qitaihe	1790	310	930	237
鄂尔多斯	Erdos	395667	18209	58130	57	牡丹江	Mudanjiang	14626	9026		
呼伦贝尔	Hulunbuir	3700	12014	55329	60	黑河	Heihe	2256	235	3979	206
巴彦淖尔	Bayannur	42000	63931	196632	11	绥化	Suihua	5000	1041	1644	226
乌兰察布	Ulanqab	5000	38826	72922	45	**上海**	**Shanghai**	**282119**	**144300**	**222149**	
辽宁	**Liaoning**	**288607**	**352034**	**95687**		**江苏**	**Jiangsu**	**1792150**	**1825643**	**1466442**	

8-23 城市市政园林绿化建设投资额（辖区） 续表 1

Fixed Assets Investment of Landscaping in Urban Service Facilities (Municipal Districts) continued 1

单位：万元 (10 000 yuan)

地名	City	2010	2016	2017	2017 排名 Ranking	地名	City	2010	2016	2017	2017 排名 Ranking
南京	Nanjing	291333	213991	285189	3	池州	Chizhou	16867	3206	15608	150
无锡	Wuxi	204742	32902	49275	70	宣城	Xuancheng	58282	19450	38356	89
徐州	Xuzhou	159834	35864	14024	160	**福建**	**Fujian**	**360633**	**256728**	**479811**	
常州	Changzhou	76884	44232	56624	59	福州	Fuzhou	202776	83656	135465	22
苏州	Suzhou	157283	32767	51989	66	厦门	Xiamen	8007	6610	85045	39
南通	Nantong	129719	242115	75444	43	莆田	Putian	23200	40700	68814	46
连云港	Lianyungang	74027	68609	42742	79	三明	Sanming	2106	2360	2075	220
淮安	Huaian	74033	82786	39270	85	泉州	Quanzhou	966	16536	26998	116
盐城	Yancheng	63358	53871	46892	73	漳州	Zhangzhou	34595	10360	52269	64
扬州	Yangzhou	68738	143167	134664	23	南平	Nanping	3051	3815	7886	184
镇江	Zhenjiang	116759	284921	18583	138	龙岩	Longyan	25400	19419	29250	110
泰州	Taizhou	66466	150532	168996	17	宁德	Ningde	11035	1957	3390	209
宿迁	Suqian	20083	112842	98510	33	**江西**	**Jiangxi**	**948889**	**562062**	**743007**	
浙江	**Zhejiang**	**389492**	**1459554**	**1085202**		南昌	Nanchang	52223	192397	79470	42
杭州	Hangzhou	100772	288295	178283	14	景德镇	Jingdezhen	56454	1980	62396	50
宁波	Ningbo	27300	397162	57126	58	萍乡	Pingxiang	15000	33500	1580	228
温州	Wenzhou	11358	78335	125987	26	九江	Jiujiang	360188	32144	65682	48
嘉兴	Jiaxing	33734	45612	26353	118	新余	Xinyu	84635	6899	15442	151
湖州	Huzhou	70760	66139	112983	29	鹰潭	Yingtan		15	1515	229
绍兴	Shaoxing	1187	179407	126914	25	赣州	Ganzhou	36477	17599	231110	9
金华	Jinhua	19123	15197	49785	68	吉安	Jian	77367	44640	29255	109
衢州	Quzhou	8911	7988	16827	146	宜春	Yichun	34878	41412	34788	96
舟山	Zhoushan	3167	28298	41146	82	抚州	Fuzhou	102172	134530	120284	27
台州	Taizhou	4711	42243	17613	143	上饶	Shangrao	38204	29327	30884	105
丽水	Lishui	33950	10665	24165	122	**山东**	**Shandong**	**1083450**	**1034175**	**1319198**	
安徽	**Anhui**	**908628**	**1144171**	**1037032**		济南	Jinan	55383	77409	87388	38
合肥	Hefei	94166	297063	81294	40	青岛	Qingdao	89368	58989	113388	28
芜湖	Wuhu	166867	44235	34182	98	淄博	Zibo	58414	61767	249921	6
蚌埠	Bengbu	63384	88615	182698	12	枣庄	Zaozhuang	23156	20194	27196	115
淮南	Huainan	142537	18656	31193	103	东营	Dongying	11999	207733	267897	5
马鞍山	Maanshan	28307	48253	13410	163	烟台	Yantai	89671	22560	14718	156
淮北	Huaibei	48820	59200	16672	147	潍坊	Weifang	72014	141830	27920	111
铜陵	Tongling	2929	31248	18182	139	济宁	Jining	44680	24510	45357	76
安庆	Anqing	5763	1401	6871	194	泰安	Taian	29105	34574	35363	94
黄山	Huangshan	17250	16382	48202	72	威海	Weihai	41832	91597	43657	78
滁州	Chuzhou	113907	113047	170596	15	日照	Rizhao	123503	15990	46272	75
阜阳	Fuyang	15860	160648	112338	30	莱芜	Laiwu	7200	26770	9391	175
宿州	Suzhou	33597	14582	7208	188	临沂	Linyi	63498	18256	49616	69
六安	Liuan	19890	14807	25715	119	德州	Dezhou	73013	29822	21299	130
亳州	Bozhou	7010	37015	49233	71	聊城	Liaocheng	14712	13328	9186	177

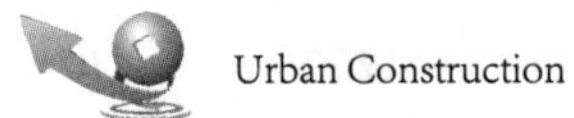

8-23 城市市政园林绿化建设投资额（辖区） 续表 2

Fixed Assets Investment of Landscaping in Urban Service Facilities (Municipal Districts) continued 2

单位：万元 (10 000 yuan)

地名	City	2010	2016	2017	2017 排名 Ranking	地名	City	2010	2016	2017	2017 排名 Ranking
滨州	Binzhou	39417	41068	31745	101	常德	Changde	41381	37888	90546	36
菏泽	Heze	35666		3177	210	张家界	Zhangjiajie		13400	15150	154
河南	**Henan**	**252500**	**734343**	**1257818**		益阳	Yiyang	3580	6374	246	252
郑州	Zhengzhou	59688	212486	271099	4	郴州	Chenzhou	33765	49730	20	255
开封	Kaifeng	12938		23530	125	永州	Yongzhou	4500	4900	35953	93
洛阳	Luoyang	5738	18979	26394	117	怀化	Huaihua	7000	43500		
平顶山	Pingdingshan	14079	856	17000	145	娄底	Loudi	6520	5120	2650	216
安阳	Anyang	5655	13760	19621	135	**广东**	**Guangdong**	**9805087**	**200669**	**220005**	
鹤壁	Hebi	10848	1179	5548	198	广州	Guangzhou	194173	26537	91296	35
新乡	Xinxiang	12865	13111	14923	155	韶关	Shaoguan	2792	1000	2032	222
焦作	Jiaozuo	4853	27397	20789	131	深圳	Shenzhen	16550	13858	8248	181
濮阳	Puyang	3915	21174	7000	192	珠海	Zhuhai	4708	27214	13182	165
许昌	Xuchang	300	29333	50954	67	汕头	Shantou	706	10830	31097	104
漯河	Luohe	4500	10200	36613	91	佛山	Foshan	22117	3528	1666	225
三门峡	Sanmenxia	6100	7416	11890	168	江门	Jiangmen	2570	871		
南阳	Nanyang	7522	18221	88324	37	湛江	Zhanjiang	677	4000	560	244
商丘	Shangqiu	750	12472	95071	34	茂名	Maoming				
信阳	Xinyang	30240	72250	23712	123	肇庆	Zhaoqing	6354	310	4024	205
周口	Zhoukou	16593	14361	15650	149	惠州	Huizhou	34435	31652	8524	179
驻马店	Zhumadian	4309	32420	199292	10	梅州	Meizhou	10095	9919	18838	137
湖北	**Hubei**	**312204**	**748762**	**898021**		汕尾	Shanwei				
武汉	Wuhan	122965	400480	511674	1	河源	Heyuan	43898		8843	178
黄石	Huangshi	49950	84048	15775	148	阳江	Yangjiang	3632		186	254
十堰	Shiyan	3311	12615	7093	190	清远	Qingyuan			400	248
宜昌	Yichang	13446	22834	59130	56	东莞	Dongguan	9421958	2677	1695	224
襄阳	Xiangyang	24072	16092	11545	170	中山	Zhongshan	833	47279	9478	174
鄂州	Ezhou	8631	18836	103372	32	潮州	Chaozhou		6073	400	248
荆门	Jingmen	17610	18701	25000	121	揭阳	Jieyang	20123	7000		
孝感	Xiaogan	15700	37629	6226	196	云浮	Yunfu	353		8040	182
荆州	Jingzhou	17586	25430	18022	142	**广西**	**Guangxi**	**482261**	**672628**	**464434**	
黄冈	Huanggang	10400	3100			南宁	Nanning	173616	254861	169733	16
咸宁	Xianning	350		1200	233	柳州	Liuzhou	114835	189	15279	152
随州	Suizhou	610	7580	19432	136	桂林	Guilin	52645	84985	41233	81
湖南	**Hunan**	**228165**	**362413**	**466485**		梧州	Wuzhou	2216	7598	3170	211
长沙	Changsha	25500	79172	140159	19	北海	Beihai	2727	2481	14317	158
株洲	Zhuzhou	5425	430	1200	233	防城港	Fangchenggang	16530	2947	3125	213
湘潭	Xiangtan	27309		61580	52	钦州	Qinzhou	2875	69356	9330	176
衡阳	Hengyang	15900	60442	62943	49	贵港	Guigang	13739	2844	4100	204
邵阳	Shaoyang	2475	7000	14500	157	玉林	Yulin	20671	120000	31355	102
岳阳	Yueyang		4500	21400	129	百色	Baise	5660	27996	1373	231

8-23 城市市政园林绿化建设投资额（辖区） 续表 3

Fixed Assets Investment of Landscaping in Urban Service Facilities (Municipal Districts) continued 3

单位：万元 (10 000 yuan)

地名	City	2010	2016	2017	2017 排名 Ranking	地名	City	2010	2016	2017	2017 排名 Ranking
贺州	Hezhou	280	60206	137146	20	丽江	Lijiang	7104			
河池	Hechi	6330		412	247	普洱	Puer	3000	1256	20422	132
来宾	Laibin	41657	4200	12979	167	临沧	Lincang	6898	5300	810	239
崇左	Chongzuo	1880		14055	159	**西藏**	**Tibet**	**2923**	**11180**		
海南	**Hainan**	**26765**	**141681**	**193563**		拉萨	Lasa	2923	4900		
海口	Haikou		36781	54363	61	**陕西**	**Shaanxi**	**758271**	**710188**	**579784**	
三亚	Sanya	21047	101439	131519	24	西安	Xi'an	593417	346112	315941	2
三沙	Sansha					铜川	Tongchuan	18122	52315	10284	173
重庆	**Chongqing**	**1060050**	**616945**	**794577**		宝鸡	Baoji	17300	6800	2000	223
四川	**Sichuan**	**227904**	**982705**	**796058**		咸阳	Xianyang	81571	85267		
成都	Chengdu	53546	430902	231639	8	渭南	Weinan	11000	36150	60671	55
自贡	Zigong	46824	5424	5243	201	延安	Yan'an	93	7239	4813	202
攀枝花	Panzhihua	4433	10690	11860	169	汉中	Hanzhong	200	14000	61732	51
泸州	Luzhou	12296	65862	36128	92	榆林	Yulin	4500	25505	34550	97
德阳	Deyang	17792	545	1589	227	安康	Ankang	7178			
绵阳	Mianyang	4958	10253	19708	134	商洛	Shangluo	6190	4000	33425	99
广元	Guangyuan	6053	12451	18071	141	**甘肃**	**Gansu**	**152514**	**130596**	**60978**	
遂宁	Suining	16358	81800	31918	100	兰州	Lanzhou	110894	26161	30132	107
内江	Neijiang	2821	31266	60999	53	嘉峪关	Jiayuguan	3717	1484		
乐山	Leshan	149	32783	10805	172	金昌	Jinchang	1781	13389	8310	180
南充	Nanchong	18000	16500	21500	128	白银	Baiyin	843	1345	709	242
眉山	Meishan	1335	7180	135569	21	天水	Tianshui	12704	29027	2598	217
宜宾	Yibin	246	151097	38829	88	武威	Wuwei		10335	2800	215
广安	Guangan	5636	438	6040	197	张掖	Zhangye		4357	1120	236
达州	Dazhou	3088	11621	205	253	平凉	Pingliang	6245	10697	7729	185
雅安	Yaan	165	1800	38211	90	酒泉	Jiuquan	3085			
巴中	Bazhong	468	2950			庆阳	Qingyang	7800	12000		
资阳	Ziyang	3400		20200	133	定西	Dingxi	2558		515	246
贵州	**Guizhou**	**21513**	**300506**	**131420**		陇南	Longnan	120	16900	5430	199
贵阳	Guiyang	19138				**青海**	**Qinghai**	**17796**	**7244**	**17323**	
六盘水	Liupanshui			807	240	西宁	Xining	5853	2039	6916	193
遵义	Zunyi		6120	10825	171	海东	Haidong			2210	219
安顺	Anshun		58987	25429	120	**宁夏**	**Ningxia**	**43094**	**54881**	**144568**	
毕节	Bijie		84936	60836	54	银川	Yinchuan	28167	39840	39940	84
铜仁	Tongren	2000	60219	13200	164	石嘴山	Shizuishan	5800	843	52152	65
云南	**Yunnan**	**106647**	**119905**	**321841**		吴忠	Wuzhong	8063	6280	5317	200
昆明	Kunming	19383	21838	53004	62	固原	Guyuan	1064			
曲靖	Qujing	8510		13954	161	中卫	Zhongwei		6692	30262	106
玉溪	Yuxi	745				**新疆**	**Xinjiang**	**109127**	**302416**	**379685**	
保山	Baoshan	890		79633	41	乌鲁木齐	Urumqi	26733	112045	44565	77
昭通	Zhaotong	12483		35117	95	克拉玛依	Karamay	4189	15414	23627	124

8-24 城市市政市容环境卫生建设投资额（辖区）
Fixed Assets Investment of Environmental Sanitation in Urban Service Facilities (Municipal Districts)

单位：万元 (10 000 yuan)

地名	City	2010	2016	2017	2017 排名 Ranking
全国	**Nation Total**	**3015940**	**4452116**	**5081455**	
北京	**Beijing**	**223438**	**1613451**	**1040059**	
天津	**Tianjin**	**64495**	**18518**	**8493**	
河北	**Hebei**	**111998**	**37254**	**74723**	
石家庄	Shijiazhuang	5695	1937	4843	100
唐山	Tangshan	3565	117	430	189
秦皇岛	Qinhuangdao	1622	3734	5090	92
邯郸	Handan		976		
邢台	Xingtai	1320			
保定	Baoding	1220		137	209
张家口	Zhangjiakou	12035	1338	290	198
承德	Chengde	9230	519	451	188
沧州	Cangzhou	6466	1145	1725	146
廊坊	Langfang	4000	12076	17792	30
衡水	Hengshui	830	1843	588	182
山西	**Shanxi**	**40630**	**52686**	**25964**	
太原	Taiyuan	15679		8295	62
大同	Datong				
阳泉	Yangquan	840	3931	3434	117
长治	Changzhi		40212	7107	71
晋城	Jincheng				
朔州	Shuozhou	1780	332	1603	151
晋中	Jinzhong		3304	4185	111
运城	Yuncheng	1000			
忻州	Xinzhou	14160	1600	200	202
临汾	Linfen	3302	267		
吕梁	Lvliang		2400		
内蒙古	**Inner Mongolia**	**113277**	**205772**	**43187**	
呼和浩特	Hohhot	18207	5784	5600	84
包头	Baotou	4698	84339		
乌海	Wuhai	8660	209	1016	164
赤峰	Chifeng	1457	1673	3200	121
通辽	Tongliao	545	18059	7408	69
鄂尔多斯	Erdos	66440	88368	14	218
呼伦贝尔	Hulunbuir	3709	700	900	170
巴彦淖尔	Bayannur			2611	133
乌兰察布	Ulanqab	500	2350	6902	75
辽宁	**Liaoning**	**150367**	**70792**	**506582**	
沈阳	Shenyang	40677	30771	11422	47
大连	Dalian	52318	2372	2301	141
鞍山	Anshan	1200	3251	482326	1
抚顺	Fushun	9226	910		
本溪	Benxi	2104			
丹东	Dandong	2312	387		
锦州	Jinzhou	80	28862	650	180
营口	Yingkou	412	443		
阜新	Fuxin	1259		192	203
辽阳	Liaoyang	404	958	155	207
盘锦	Panjin	6137			
铁岭	Tieling	91	200	7506	68
朝阳	Chaoyang	5379	902	299	197
葫芦岛	Huludao	70	1070	123	210
吉林	**Jilin**	**70564**	**45098**	**46256**	
长春	Changchun	52822	180	6520	77
吉林	Jilin		13080	3228	120
四平	Siping				
辽源	Liaoyuan	742	672	673	179
通化	Tonghua		1306		
白山	Baishan	392			
松原	Songyuan	4000			
白城	Baicheng		1300	2367	137
黑龙江	**Heilongjiang**	**33730**	**47346**	**65810**	
哈尔滨	Harbin	20361	6973		
齐齐哈尔	Qiqihar	1367	4823	5455	88
鸡西	Jixi		330	21800	27
鹤岗	Hegang	938	3271	5992	82
双鸭山	Shuangyashan			560	184
大庆	Daqing				
伊春	Yichun	1425	4192	2320	140
佳木斯	Jiamusi			430	189
七台河	Qitaihe		8500	6500	78
牡丹江	Mudanjiang	470	2450	975	167
黑河	Heihe		415		
绥化	Suihua	813	465		
上海	**Shanghai**	**58236**	**65828**	**102899**	
江苏	**Jiangsu**	**149205**	**309026**	**320470**	

8-24 城市市政市容环境卫生建设投资额（辖区） 续表 1

Fixed Assets Investment of Environmental Sanitation in Urban Service Facilities (Municipal Districts) continued 1

单位：万元 (10 000 yuan)

地名	City	2010	2016	2017	2017 排名 Ranking	地名	City	2010	2016	2017	2017 排名 Ranking
南京	Nanjing	13108	112355	60782	10	池州	Chizhou	542	2758	4722	102
无锡	Wuxi	14940	86	36071	16	宣城	Xuancheng	703	30018	125260	4
徐州	Xuzhou		8660	20390	29	**福建**	**Fujian**	**213498**	**87892**	**126225**	
常州	Changzhou	57966	27750	94509	7	福州	Fuzhou	89372	4027	6973	74
苏州	Suzhou	3076	91141	2340	138	厦门	Xiamen	33823	50002	80650	8
南通	Nantong	500	7277	5478	87	莆田	Putian	16910	2714	11867	42
连云港	Lianyungang	63	6780			三明	Sanming	215	1905		
淮安	Huaian		340	5500	86	泉州	Quanzhou	948	3032	2000	142
盐城	Yancheng		2163			漳州	Zhangzhou	14000		168	206
扬州	Yangzhou	1865	15191	6540	76	南平	Nanping	1995		4670	104
镇江	Zhenjiang	19394	1700	9492	54	龙岩	Longyan	1800	680	11226	49
泰州	Taizhou		982	4269	108	宁德	Ningde	24480			
宿迁	Suqian		830	35796	17	**江西**	**Jiangxi**	**61536**	**58820**	**107805**	
浙江	**Zhejiang**	**95147**	**130461**	**199609**		南昌	Nanchang	2526	6000	14530	34
杭州	Hangzhou	2478	350	6997	73	景德镇	Jingdezhen	11671	1725	821	172
宁波	Ningbo		21931	64046	9	萍乡	Pingxiang			48	217
温州	Wenzhou	4550	35654	12000	40	九江	Jiujiang	20964	5598	1625	150
嘉兴	Jiaxing	4075	7131	3668	115	新余	Xinyu	1619	705	784	174
湖州	Huzhou	221	2162	1438	157	鹰潭	Yingtan		49	49	216
绍兴	Shaoxing	922	2477	1552	153	赣州	Ganzhou		24643	31763	21
金华	Jinhua	423	4385	7053	72	吉安	Jian	2600	5860	4200	109
衢州	Quzhou	1517	3648	8858	57	宜春	Yichun	289	483	2920	129
舟山	Zhoushan	16194	1934	4916	99	抚州	Fuzhou		7600	9370	55
台州	Taizhou	742	1199	3001	127	上饶	Shangrao	336	100	9642	52
丽水	Lishui	1082	889	9620	53	**山东**	**Shandong**	**171077**	**279392**	**241732**	
安徽	**Anhui**	**79827**	**231760**	**318316**		济南	Jinan	8334	18303	34267	18
合肥	Hefei	10929	27943			青岛	Qingdao	27165	4941	5769	83
芜湖	Wuhu	1280	5576	5000	95	淄博	Zibo	1387	34236	45462	12
蚌埠	Bengbu	17977	5977	32014	20	枣庄	Zaozhuang	5810	15121	1809	145
淮南	Huainan	5653	15125	1531	155	东营	Dongying	22577	5810	14519	35
马鞍山	Maanshan	1206	29727	17729	31	烟台	Yantai	1995	1263	2576	135
淮北	Huaibei	3070	6728	7538	67	潍坊	Weifang	866	650		
铜陵	Tongling	13046	140	1589	152	济宁	Jining	27	18014	1000	165
安庆	Anqing	6003	657	11974	41	泰安	Taian	437	14442	3071	125
黄山	Huangshan	4603	14176	21101	28	威海	Weihai	14678	4440	11773	44
滁州	Chuzhou	2041	3886	3435	116	日照	Rizhao	16040	3805	41988	14
阜阳	Fuyang	3893	3919	2780	132	莱芜	Laiwu	10737	5000	24478	24
宿州	Suzhou	1030	66965	4719	103	临沂	Linyi	740	12228	2544	136
六安	Liuan	570	7134	222	201	德州	Dezhou	16300	2650	1201	159
亳州	Bozhou	2055	815	43376	13	聊城	Liaocheng	143	314	1163	160

8-24 城市市政市容环境卫生建设投资额（辖区） 续表 2

Fixed Assets Investment of Environmental Sanitation in Urban Service Facilities (Municipal Districts) continued 2

单位：万元 (10 000 yuan)

地名	City	2010	2016	2017	2017 排名 Ranking
滨州	Binzhou		988	3011	126
菏泽	Heze	740		810	173
河南	**Henan**	**29467**	**86281**	**170944**	
郑州	Zhengzhou	11858	15015	12300	38
开封	Kaifeng	342	3518	8640	59
洛阳	Luoyang		5370	17041	32
平顶山	Pingdingshan	1668		3200	121
安阳	Anyang	828	5176	5390	89
鹤壁	Hebi	1335	112	4990	96
新乡	Xinxiang	345	673	4408	107
焦作	Jiaozuo	61	4233	3293	119
濮阳	Puyang			150	208
许昌	Xuchang		1742	4638	105
漯河	Luohe	750	600		
三门峡	Sanmenxia		164	8735	58
南阳	Nanyang	2169	8901	309	194
商丘	Shangqiu			12120	39
信阳	Xinyang		621	2590	134
周口	Zhoukou	200	1978	5313	90
驻马店	Zhumadian	6160	26120	968	168
湖北	**Hubei**	**198154**	**178334**	**261584**	
武汉	Wuhan	111706	122619	174247	3
黄石	Huangshi	44410	1693	1944	143
十堰	Shiyan	4300		470	187
宜昌	Yichang	1102	2157	5504	85
襄阳	Xiangyang	383	2912	27740	22
鄂州	Ezhou	3500	6721	4008	113
荆门	Jingmen		1810	11405	48
孝感	Xiaogan	1240	10962	4570	106
荆州	Jingzhou	14200	1941	417	192
黄冈	Huanggang	1800			
咸宁	Xianning			1074	162
随州	Suizhou			1500	156
湖南	**Hunan**	**133458**	**87810**	**184369**	
长沙	Changsha	3600		116600	5
株洲	Zhuzhou	2740			
湘潭	Xiangtan	1658		1634	149
衡阳	Hengyang	33077	19030	752	175
邵阳	Shaoyang	8860	1600		
岳阳	Yueyang	680	1000	300	195
常德	Changde	42352		11634	46
张家界	Zhangjiajie				
益阳	Yiyang	1710	2120		
郴州	Chenzhou	1559	7414		
永州	Yongzhou	400	18800	22400	26
怀化	Huaihua	1622	26500		
娄底	Loudi	880		8300	61
广东	**Guangdong**	**588574**	**263960**	**378921**	
广州	Guangzhou	470146	141734	255767	2
韶关	Shaoguan			55	214
深圳	Shenzhen	21110	102	1657	148
珠海	Zhuhai	8321	9010	16669	33
汕头	Shantou	2046	14010	41925	15
佛山	Foshan	32211	42008	87	213
江门	Jiangmen	8762		4930	98
湛江	Zhanjiang	250			
茂名	Maoming				
肇庆	Zhaoqing	2571	1207	420	191
惠州	Huizhou	4302	19437	13669	36
梅州	Meizhou	8600	13108	24201	25
汕尾	Shanwei				
河源	Heyuan	3985			
阳江	Yangjiang				
清远	Qingyuan	455			
东莞	Dongguan	5234	4402	4822	101
中山	Zhongshan	8944	3301	10415	51
潮州	Chaozhou				
揭阳	Jieyang			480	186
云浮	Yunfu	58		3115	123
广西	**Guangxi**	**84073**	**102905**	**94997**	
南宁	Nanning	20205	56383	7746	65
柳州	Liuzhou	4107	1517	2864	131
桂林	Guilin	13635	2496	1534	154
梧州	Wuzhou		568	1810	144
北海	Beihai	10299	1073	5056	93
防城港	Fangchenggang	1264	15529		
钦州	Qinzhou	3026	3293	285	199
贵港	Guigang	2432	163	1688	147
玉林	Yulin	5707	7733	7238	70
百色	Baise	2563	1491	109	211

8-24 城市市政市容环境卫生建设投资额（辖区） 续表 3

Fixed Assets Investment of Environmental Sanitation in Urban Service Facilities (Municipal Districts) continued 3

单位：万元 (10 000 yuan)

地名	City	2010	2016	2017	2017 排名 Ranking
贺州	Hezhou	191	817	4931	97
河池	Hechi	1796	210	10880	50
来宾	Laibin	3075	620	32772	19
崇左	Chongzuo	1512	380	52	215
海南	**Hainan**	**18106**	**2287**	**6718**	
海口	Haikou		745	6405	79
三亚	Sanya	7747			
三沙	Sansha		1350		
重庆	**Chongqing**	**12527**	**55194**	**71883**	
四川	**Sichuan**	**46199**	**64074**	**182868**	
成都	Chengdu	3633	736	110625	6
自贡	Zigong				
攀枝花	Panzhihua	286	11954	27584	23
泸州	Luzhou	3545	1655	2322	139
德阳	Deyang	461			
绵阳	Mianyang	2805	2420	3347	118
广元	Guangyuan	2276	424	8333	60
遂宁	Suining	1217	11850	11850	43
内江	Neijiang	113	452	7773	64
乐山	Leshan	2718	840	1046	163
南充	Nanchong	5000	3300	6000	81
眉山	Meishan	82	22000	627	181
宜宾	Yibin	375			
广安	Guangan	9915			
达州	Dazhou	423	22		
雅安	Yaan	387	300		
巴中	Bazhong		305		
资阳	Ziyang				
贵州	**Guizhou**	**14000**	**60826**	**58584**	
贵阳	Guiyang	9642	9182		
六盘水	Liupanshui				
遵义	Zunyi	1090	4085	11726	45
安顺	Anshun		2500	253	200
毕节	Bijie		11903	100	212
铜仁	Tongren			5135	91
云南	**Yunnan**	**39905**	**12606**	**67925**	
昆明	Kunming	27393	5113	9062	56
曲靖	Qujing			910	169
玉溪	Yuxi	1198			
保山	Baoshan				
昭通	Zhaotong			2935	128
丽江	Lijiang	7500			
普洱	Puer		350	1360	158
临沧	Lincang		3300	4113	112
西藏	**Tibet**		**13060**	**850**	
拉萨	Lasa		13060	850	171
陕西	**Shaanxi**	**68258**	**95939**	**80140**	
西安	Xi'an	33314	20771	2900	130
铜川	Tongchuan	6152	9160	192	203
宝鸡	Baoji	3596	2000	300	195
咸阳	Xianyang	12583	700		
渭南	Weinan		3180	1161	161
延安	Yan'an	2834	263	5044	94
汉中	Hanzhong	210		6016	80
榆林	Yulin	491	3465	3086	124
安康	Ankang		51000	50000	11
商洛	Shangluo	2835	2400		
甘肃	**Gansu**	**88815**	**63646**	**18592**	
兰州	Lanzhou	51947	44053	4199	110
嘉峪关	Jiayuguan		163	7540	66
金昌	Jinchang	559	50	369	193
白银	Baiyin	34926			
天水	Tianshui		2700		
武威	Wuwei		4406	482	185
张掖	Zhangye		376	187	205
平凉	Pingliang		800	577	183
酒泉	Jiuquan	164			
庆阳	Qingyang		5010	3870	114
定西	Dingxi			1000	165
陇南	Longnan		824		
青海	**Qinghai**	**8789**	**23803**	**13526**	
西宁	Xining	7900	19170	8095	63
海东	Haidong				
宁夏	**Ningxia**	**7910**	**620**	**1400**	
银川	Yinchuan	2480			
石嘴山	Shizuishan	752	244	724	176
吴忠	Wuzhong	262			
固原	Guyuan	3996			
中卫	Zhongwei			676	178
新疆	**Xinjiang**	**40680**	**86675**	**260024**	
乌鲁木齐	Urumqi	29757	39118	12840	37
克拉玛依	Karamay	1541	2645	697	177

8-25 城市市政公用设施建设新增固定资产投资额（辖区）

Newly Added Fixed Assets Investment in Urban Service Facilities (Municipal Districts)

单位：万元 (10 000 yuan)

地名	City	2016	2017	2017 排名 Ranking	地名	City	2016	2017	2017 排名 Ranking
全国	**Nation Total**	**106211811**	**134609680**		沈阳	Shenyang	790798	194803	94
北京	**Beijing**	**3455933**	**5153774**		大连	Dalian	270457	201710	92
天津	**Tianjin**	**347085**	**820552**		鞍山	Anshan	26856	559152	37
河北	**Hebei**	**2736588**	**4983791**		抚顺	Fushun	124977	26490	228
石家庄	Shijiazhuang	1121481	2987810	5	本溪	Benxi		12802	257
唐山	Tangshan	177636	416253	51	丹东	Dandong	76646	65351	182
秦皇岛	Qinhuangdao	121703	160606	112	锦州	Jinzhou	35561	12483	258
邯郸	Handan	74573	89052	160	营口	Yingkou	34065	5876	271
邢台	Xingtai	70376	40041	210	阜新	Fuxin	15240	10100	268
保定	Baoding	96292	19367	240	辽阳	Liaoyang	29761	19630	239
张家口	Zhangjiakou	134113	38756	211	盘锦	Panjin	28737	25154	230
承德	Chengde	34244	24464	234	铁岭	Tieling	27264	41973	206
沧州	Cangzhou	81174	134671	129	朝阳	Chaoyang	15808	16449	248
廊坊	Langfang	127585	78181	167	葫芦岛	Huludao	20916	1744	274
衡水	Hengshui	31974	158853	114	**吉林**	**Jilin**	**1028985**	**2173722**	
山西	**Shanxi**	**4437885**	**2875945**		长春	Changchun	297904	1201542	18
太原	Taiyuan	2851300	1531136	13	吉林	Jilin	271371	134565	130
大同	Datong	237200	260459	77	四平	Siping	17209	80791	166
阳泉	Yangquan	22821	13385	255	辽源	Liaoyuan		16220	249
长治	Changzhi	81111	170574	106	通化	Tonghua	39292	78119	168
晋城	Jincheng	110717	120670	139	白山	Baishan	5237	30295	223
朔州	Shuozhou	121282	45923	202	松原	Songyuan	22443	9835	269
晋中	Jinzhong	287104	296681	66	白城	Baicheng	60749	131496	132
运城	Yuncheng	27712	38246	213	**黑龙江**	**Heilongjiang**	**1497972**	**1896976**	
忻州	Xinzhou	66564	90095	159	哈尔滨	Harbin	523693	1264460	17
临汾	Linfen	243613	110343	146	齐齐哈尔	Qiqihar	73115	149419	121
吕梁	Lvliang	148787	14600	252	鸡西	Jixi	66207	14611	251
内蒙古	**Inner Mongolia**	**4135308**	**3827446**		鹤岗	Hegang	31905	98075	153
呼和浩特	Hohhot	1653620	1947415	9	双鸭山	Shuangyashan	80561	14317	253
包头	Baotou	568317	24944	231	大庆	Daqing	48852	28692	224
乌海	Wuhai	171795	10868	260	伊春	Yichun	78870	18410	243
赤峰	Chifeng	464018	749991	28	佳木斯	Jiamusi	18584	17341	245
通辽	Tongliao	159931	78060	169	七台河	Qitaihe	1106	8457	270
鄂尔多斯	Erdos	105175	108836	148	牡丹江	Mudanjiang	222526	75185	171
呼伦贝尔	Hulunbuir	123270	110632	145	黑河	Heihe	7312	18736	241
巴彦淖尔	Bayannur	152171	167366	109	绥化	Suihua	122503	10472	263
乌兰察布	Ulanqab	39412	180858	103	**上海**	**Shanghai**	**1591880**	**4189524**	
辽宁	**Liaoning**	**1646059**	**1336555**		**江苏**	**Jiangsu**	**9650628**	**12727051**	

8-25 城市市政公用设施建设新增固定资产投资额（辖区） 续表 1

Newly Added Fixed Assets Investment in Urban Service Facilities (Municipal Districts) continued 1

单位：万元 (10 000 yuan)

地名	City	2016	2017	2017 排名 Ranking	地名	City	2016	2017	2017 排名 Ranking
南京	Nanjing	1311125	3099152	4	池州	Chizhou	56493	169388	107
无锡	Wuxi	276182	517690	40	宣城	Xuancheng	238197	280912	72
徐州	Xuzhou	488492	699860	29	**福建**	**Fujian**	**2587911**	**4237390**	
常州	Changzhou	552052	551900	38	福州	Fuzhou	731656	1035945	22
苏州	Suzhou	2097475	1601159	12	厦门	Xiamen	49674	698214	30
南通	Nantong	1227651	1398228	14	莆田	Putian	342749	489593	44
连云港	Lianyungang	278935	162041	111	三明	Sanming	27256	73603	174
淮安	Huaian	257605	137243	127	泉州	Quanzhou	132317	97139	154
盐城	Yancheng	1058180	591478	34	漳州	Zhangzhou	112173	486965	45
扬州	Yangzhou	395842	360602	58	南平	Nanping	23810	117160	142
镇江	Zhenjiang	58169	1306795	15	龙岩	Longyan	368823	361756	57
泰州	Taizhou	194352	785215	26	宁德	Ningde	36504	37959	214
宿迁	Suqian	206635	191015	96	**江西**	**Jiangxi**	**2464463**	**5507933**	
浙江	**Zhejiang**	**9856234**	**5636151**		南昌	Nanchang	37061	2612811	7
杭州	Hangzhou	4269302	1012043	23	景德镇	Jingdezhen	9105	166008	110
宁波	Ningbo	877506	912996	24	萍乡	Pingxiang	100000	2148	273
温州	Wenzhou	1149168	506918	42	九江	Jiujiang	1004021	375886	55
嘉兴	Jiaxing	211549	147366	123	新余	Xinyu	84368	60123	186
湖州	Huzhou	431505	289555	69	鹰潭	Yingtan	41097	50015	198
绍兴	Shaoxing	815609	503427	43	赣州	Ganzhou	87527	567014	36
金华	Jinhua	217779	275502	74	吉安	Jian	205721	260245	78
衢州	Quzhou	77565	151510	120	宜春	Yichun	167169	101398	152
舟山	Zhoushan	165363	153270	117	抚州	Fuzhou	380663	753878	27
台州	Taizhou	119990	244176	81	上饶	Shangrao	148534	177986	104
丽水	Lishui	89780	123101	137	**山东**	**Shandong**	**5954745**	**9552637**	
安徽	**Anhui**	**5820475**	**3214080**		济南	Jinan	728821	2567693	8
合肥	Hefei	1746305	305089	64	青岛	Qingdao	579465	1919989	10
芜湖	Wuhu	427899	183268	102	淄博	Zibo	456598	587745	35
蚌埠	Bengbu	204647	226214	85	枣庄	Zaozhuang	168099	146663	125
淮南	Huainan	117576	91502	157	东营	Dongying	406885	660767	33
马鞍山	Maanshan	212685	231466	84	烟台	Yantai	536285	418489	50
淮北	Huaibei	381518	84058	164	潍坊	Weifang	108635	146987	124
铜陵	Tongling	136181	186	277	济宁	Jining	181909	118562	141
安庆	Anqing	328871	137064	128	泰安	Taian	172751	427018	49
黄山	Huangshan	167110	103945	150	威海	Weihai	229068	301997	65
滁州	Chuzhou	206811	247728	80	日照	Rizhao	424369	49548	200
阜阳	Fuyang	492384	92424	156	莱芜	Laiwu	106132	71794	176
宿州	Suzhou	138179	128624	133	临沂	Linyi	454993	357501	59
六安	Liuan	73863	66326	181	德州	Dezhou	107370	113690	143
亳州	Bozhou	82586	149245	122	聊城	Liaocheng	100557	127991	135

8-25 城市市政公用设施建设新增固定资产投资额（辖区） 续表 2

Newly Added Fixed Assets Investment in Urban Service Facilities (Municipal Districts) continued 2

单位：万元 (10 000 yuan)

地名	City	2016	2017	2017 排名 Ranking	地名	City	2016	2017	2017 排名 Ranking
滨州	Binzhou	138707	84782	163	常德	Changde	127797	308703	63
菏泽	Heze	35666	59695	187	张家界	Zhangjiajie	171900	31198	222
河南	**Henan**	**3656270**	**9886637**		益阳	Yiyang	17708	59501	189
郑州	Zhengzhou	1813184	5565019	2	郴州	Chenzhou	629487	40146	209
开封	Kaifeng	129020	243987	82	永州	Yongzhou	77000	25769	229
洛阳	Luoyang	171826	516627	41	怀化	Huaihua	311646	310	276
平顶山	Pingdingshan	74693	68098	179	娄底	Loudi			
安阳	Anyang	101311	167896	108	**广东**	**Guangdong**	**2763129**	**2392262**	
鹤壁	Hebi	18315	121255	138	广州	Guangzhou	726529	1134146	19
新乡	Xinxiang	58187	200150	93	韶关	Shaoguan	34130	40899	208
焦作	Jiaozuo	42013	56831	191	深圳	Shenzhen	118937	335847	61
濮阳	Puyang	121334	672250	32	珠海	Zhuhai	79214	273832	75
许昌	Xuchang	54794	211060	90	汕头	Shantou	33493	64691	183
漯河	Luohe	59516	155508	116	佛山	Foshan	67648	34094	221
三门峡	Sanmenxia	28325	51045	197	江门	Jiangmen	3418	10826	261
南阳	Nanyang	135609	265763	76	湛江	Zhanjiang			
商丘	Shangqiu	45388	376908	54	茂名	Maoming	9100	18420	242
信阳	Xinyang	77051	53006	194	肇庆	Zhaoqing	976360	55602	193
周口	Zhoukou	50246	44100	205	惠州	Huizhou	130736	41510	207
驻马店	Zhumadian	107954	221836	86	梅州	Meizhou	7400	86626	162
湖北	**Hubei**	**12157018**	**12319666**		汕尾	Shanwei	30987	76290	170
武汉	Wuhan	9662632	10065152	1	河源	Heyuan	12480	52228	195
黄石	Huangshi	192344	153040	118	阳江	Yangjiang	4011	20400	238
十堰	Shiyan	58106	287237	70	清远	Qingyuan	377142	15078	250
宜昌	Yichang	694983	465747	46	东莞	Dongguan	20105	10469	264
襄阳	Xiangyang	129741	128329	134	中山	Zhongshan	23712	16815	246
鄂州	Ezhou	90694	72795	175	潮州	Chaozhou	10979	23560	236
荆门	Jingmen	338953	66670	180	揭阳	Jieyang	3062	10450	266
孝感	Xiaogan	254461	213885	88	云浮	Yunfu	550	11545	259
荆州	Jingzhou	39843	47212	201	**广西**	**Guangxi**	**6502404**	**4285235**	
黄冈	Huanggang	34287			南宁	Nanning	4004179	1295765	16
咸宁	Xianning	15503	24197	235	柳州	Liuzhou	287949	452232	47
随州	Suizhou	37564	106139	149	桂林	Guilin	311862	672652	31
湖南	**Hunan**	**3090855**	**2405975**		梧州	Wuzhou	77339	258827	79
长沙	Changsha	288784	152867	119	北海	Beihai	120100	49612	199
株洲	Zhuzhou	469468	1043814	21	防城港	Fangchenggang	262381	10463	265
湘潭	Xiangtan	147112	295283	67	钦州	Qinzhou	293446	190580	97
衡阳	Hengyang	382989	71068	177	贵港	Guigang	129025	366863	56
邵阳	Shaoyang	52340	216817	87	玉林	Yulin	246598	280779	73
岳阳	Yueyang	164770			百色	Baise	447439	13455	254

8-25 城市市政公用设施建设新增固定资产投资额（辖区） 续表 3

Newly Added Fixed Assets Investment in Urban Service Facilities (Municipal Districts) continued 3

单位：万元 (10 000 yuan)

地名	City	2016	2017	2017 排名 Ranking	地名	City	2016	2017	2017 排名 Ranking
贺州	Hezhou	43868	206810	91	丽江	Lijiang	780	525	275
河池	Hechi	13119	44589	203	普洱	Puer	59264	95369	155
来宾	Laibin	45726	109361	147	临沧	Lincang	32938	24583	232
崇左	Chongzuo	41817	158893	113	**西藏**	**Tibet**	**70371**	**115410**	
海南	**Hainan**	**221322**	**132426**		拉萨	Lasa	8209	103700	151
海口	Haikou	58935	28284	225	**陕西**	**Shaanxi**	**2010933**	**3882048**	
三亚	Sanya	116510	62775	184	西安	Xi'an	856591	2766594	6
三沙	Sansha	4820			铜川	Tongchuan	112529	27945	226
重庆	**Chongqing**	**4139750**	**12567634**		宝鸡	Baoji	180961	119900	140
四川	**Sichuan**	**4319673**	**8185362**		咸阳	Xianyang	190979	74598	173
成都	Chengdu	628027	5000521	3	渭南	Weinan	71368	59573	188
自贡	Zigong	600649	172161	105	延安	Yan'an	14016	27509	227
攀枝花	Panzhihua	141834	37846	215	汉中	Hanzhong	150687	194352	95
泸州	Luzhou	493996	400626	53	榆林	Yulin	142086	111920	144
德阳	Deyang	78234	44404	204	安康	Ankang	186020	185000	101
绵阳	Mianyang	87015	36460	218	商洛	Shangluo	13840	83572	165
广元	Guangyuan	205651	285459	71	**甘肃**	**Gansu**	**1499190**	**1081873**	
遂宁	Suining	97823	157068	115	兰州	Lanzhou	854033	524092	39
内江	Neijiang	113757	190413	98	嘉峪关	Jiayuguan	29455	56013	192
乐山	Leshan	48465	142821	126	金昌	Jinchang	25747	10636	262
南充	Nanchong	127100	189900	100	白银	Baiyin	138505	134027	131
眉山	Meishan	130711	402835	52	天水	Tianshui	117040	37016	217
宜宾	Yibin	672007	428705	48	武威	Wuwei	68713	38328	212
广安	Guangan	44993	18272	244	张掖	Zhangye	21243	16799	247
达州	Dazhou	3118			平凉	Pingliang	19822	74683	172
雅安	Yaan	45464	125952	136	酒泉	Jiuquan	24600	10445	267
巴中	Bazhong	377360	88502	161	庆阳	Qingyang	66480	34805	220
资阳	Ziyang	23000	69858	178	定西	Dingxi	5460	23395	237
贵州	**Guizhou**	**1681916**	**1128599**		陇南	Longnan	43265	58366	190
贵阳	Guiyang	280600			**青海**	**Qinghai**	**786227**	**1302798**	
六盘水	Liupanshui				西宁	Xining	752258	1060468	20
遵义	Zunyi	15537	13288	256	海东	Haidong	5379	213618	89
安顺	Anshun	250329	309114	62	**宁夏**	**Ningxia**	**208338**	**368084**	
毕节	Bijie	640497	342138	60	银川	Yinchuan	87958	190026	99
铜仁	Tongren	64461	51057	196	石嘴山	Shizuishan	19362	90215	158
云南	**Yunnan**	**2417370**	**2191792**		吴忠	Wuzhong	42493	24497	233
昆明	Kunming	734805	855278	25	固原	Guyuan	4591	4685	272
曲靖	Qujing	145517	61818	185	中卫	Zhongwei	14687	37023	216
玉溪	Yuxi	2486	36054	219	**新疆**	**Xinjiang**	**3474894**	**4230352**	
保山	Baoshan	169565			乌鲁木齐	Urumqi	2384590	1695629	11
昭通	Zhaotong	173616	294458	68	克拉玛依	Karamay	51220	239770	83

8-26 城市供水综合生产能力（辖区）
Integrated Production Capacity of Urban Water Supply (Municipal Districts)

单位：万立方米/日 (10, 000 m³/day)

地名	City	2010	2016	2017	2017 排名 Ranking
全国	**Nation Total**	**27601.5**	**30320.7**	**25051.4**	
北京	**Beijing**	**1604.1**	**2452.5**	**522.1**	
天津	**Tianjin**	**405.2**	**454.6**	**408.0**	
河北	**Hebei**	**888.9**	**814.6**	**684.6**	
石家庄	Shijiazhuang	103.7	122.3	135.4	37
唐山	Tangshan	129.0	113.1	82.6	54
秦皇岛	Qinhuangdao	41.7	40.0	40.0	110
邯郸	Handan	98.5	91.0	65.2	61
邢台	Xingtai	53.6	18.0	31.0	140
保定	Baoding	41.0	46.5	47.1	94
张家口	Zhangjiakou	100.3	79.1	40.0	110
承德	Chengde	29.8	30.7	24.9	171
沧州	Cangzhou	25.0	25.0	20.0	202
廊坊	Langfang	22.5	22.9	31.9	139
衡水	Hengshui	10.9	11.3	14.9	237
山西	**Shanxi**	**356.0**	**494.4**	**388.8**	
太原	Taiyuan	111.3	202.6	140.3	35
大同	Datong	56.6	66.0	63.0	65
阳泉	Yangquan	26.8	43.0	35.2	125
长治	Changzhi	41.3	28.8	17.3	218
晋城	Jincheng	13.0	17.0	13.0	246
朔州	Shuozhou	11.7	18.0	15.0	232
晋中	Jinzhong	9.0	20.4	12.9	248
运城	Yuncheng	16.0	10.0	16.0	224
忻州	Xinzhou	6.6	16.6	13.8	242
临汾	Linfen	14.6	10.0	8.9	269
吕梁	Lvliang	4.9	8.0	8.5	270
内蒙古	**Inner Mongolia**	**341.6**	**422.8**	**350.6**	
呼和浩特	Hohhot	55.3	55.6	63.3	64
包头	Baotou	52.7	103.8	95.0	50
乌海	Wuhai	48.4	38.4	32.0	136
赤峰	Chifeng	39.7	46.6	29.4	152
通辽	Tongliao	45.8	45.8	29.0	153
鄂尔多斯	Erdos	10.3	19.8	17.3	218
呼伦贝尔	Hulunbuir	14.0	8.0	8.0	273
巴彦淖尔	Bayannur	4.4	14.4	17.4	217
乌兰察布	Ulanqab	6.1	9.0	7.1	275
辽宁	**Liaoning**	**1391.1**	**1238.3**	**998.0**	
沈阳	Shenyang	175.4	201.7	216.3	14
大连	Dalian	164.6	192.7	192.2	19
鞍山	Anshan	158.3	61.6	58.0	71
抚顺	Fushun	130.3	129.0	111.0	42
本溪	Benxi	154.5	117.6	43.0	102
丹东	Dandong	93.5	48.1	32.1	135
锦州	Jinzhou	82.6	79.9	41.9	104
营口	Yingkou	50.0	53.4	53.4	79
阜新	Fuxin	38.0	35.0	35.0	126
辽阳	Liaoyang	92.6	45.5	31.0	140
盘锦	Panjin	30.6	76.5	33.0	133
铁岭	Tieling	21.5	22.1	21.8	194
朝阳	Chaoyang	25.3	27.3	17.9	212
葫芦岛	Huludao	37.9	21.5	23.5	179
吉林	**Jilin**	**735.5**	**631.0**	**358.3**	
长春	Changchun	110.4	138.7	129.1	38
吉林	Jilin	411.0	265.0	50.5	87
四平	Siping	19.6	19.0	13.2	245
辽源	Liaoyuan	18.0	21.2	15.0	232
通化	Tonghua	14.0	16.5	16.5	223
白山	Baishan	14.1	12.9	12.4	250
松原	Songyuan	17.1	19.0	19.2	209
白城	Baicheng	14.0	11.0	9.5	266
黑龙江	**Heilongjiang**	**830.2**	**806.9**	**611.6**	
哈尔滨	Harbin	223.4	180.6	149.6	32
齐齐哈尔	Qiqihar	34.9	41.0	28.6	154
鸡西	Jixi	29.0	21.7	23.4	181
鹤岗	Hegang	26.0	19.4	15.6	229
双鸭山	Shuangyashan	26.5	33.5	27.3	158
大庆	Daqing	167.7	206.0	166.3	29
伊春	Yichun	23.9	32.1	23.2	182
佳木斯	Jiamusi	44.5	35.3	30.0	146
七台河	Qitaihe	34.1	27.3	21.6	195
牡丹江	Mudanjiang	130.2	102.0	30.0	146
黑河	Heihe	7.5	7.5	7.0	276
绥化	Suihua	19.9	13.0	8.5	270
上海	**Shanghai**	**1465.6**	**1152.0**	**1184.0**	
江苏	**Jiangsu**	**2714.7**	**3369.7**	**2684.0**	

8-26 城市供水综合生产能力（辖区） 续表 1

Integrated Production Capacity of Urban Water Supply (Municipal Districts) continued 1

单位：万立方米/日 (10, 000 m³/day)

地名	City	2010	2016	2017	2017 排名 Ranking	地名	City	2010	2016	2017	2017 排名 Ranking
南京	Nanjing	645.8	655.4	391.2	7	池州	Chizhou	9.5	16.0	16.0	224
无锡	Wuxi	241.0	280.0	245.0	11	宣城	Xuancheng	19.7	22.1	22.0	190
徐州	Xuzhou	94.2	137.0	92.7	51	**福建**	**Fujian**	**676.4**	**737.0**	**759.8**	
常州	Changzhou	182.5	203.0	167.0	28	福州	Fuzhou	148.5	167.5	192.5	18
苏州	Suzhou	242.1	417.7	352.5	9	厦门	Xiamen	116.0	156.9	171.4	27
南通	Nantong	137.5	331.5	207.5	15	莆田	Putian	38.9	32.0	32.0	136
连云港	Lianyungang	39.1	65.6	53.0	80	三明	Sanming	74.9	24.0	24.0	175
淮安	Huaian	50.4	122.6	49.0	89	泉州	Quanzhou	42.0	60.0	60.0	70
盐城	Yancheng	30.0	59.8	75.0	57	漳州	Zhangzhou	32.5	31.5	31.0	140
扬州	Yangzhou	71.0	115.2	109.9	44	南平	Nanping	16.5	19.0	23.5	179
镇江	Zhenjiang	54.5	59.0	48.6	91	龙岩	Longyan	15.8	31.9	26.9	160
泰州	Taizhou	57.0	42.0	55.0	75	宁德	Ningde	7.5	13.7	13.7	243
宿迁	Suqian	23.5	37.0	40.0	110	**江西**	**Jiangxi**	**459.2**	**494.3**	**535.4**	
浙江	**Zhejiang**	**1519.9**	**1833.5**	**1647.6**		南昌	Nanchang	153.0	150.0	179.5	24
杭州	Hangzhou	320.0	384.0	420.7	6	景德镇	Jingdezhen	23.9	20.5	20.0	202
宁波	Ningbo	247.0	242.5	217.5	13	萍乡	Pingxiang	23.5	23.5	23.0	183
温州	Wenzhou	110.0	141.0	141.8	34	九江	Jiujiang	34.0	44.0	49.0	89
嘉兴	Jiaxing	49.1	75.5	72.5	58	新余	Xinyu	20.5	22.0	25.0	166
湖州	Huzhou	47.4	52.0	36.0	123	鹰潭	Yingtan	10.0	10.0	10.0	257
绍兴	Shaoxing	81.2	304.2	195.6	17	赣州	Ganzhou	37.0	52.0	52.0	83
金华	Jinhua	50.8	61.8	62.0	66	吉安	Jian	21.0	21.0	21.0	197
衢州	Quzhou	94.0	79.0	25.0	166	宜春	Yichun	11.3	17.8	24.0	175
舟山	Zhoushan	29.0	31.6	30.0	146	抚州	Fuzhou	22.0	22.5	30.5	144
台州	Taizhou	53.8	49.5	61.5	67	上饶	Shangrao	15.1	29.1	28.0	156
丽水	Lishui	20.0	20.0	20.0	202	**山东**	**Shandong**	**1477.6**	**1807.8**	**1470.6**	
安徽	**Anhui**	**1992.8**	**1111.6**	**689.0**		济南	Jinan	175.7	233.4	202.2	16
合肥	Hefei	112.0	184.5	175.0	25	青岛	Qingdao	130.5	178.5	181.7	23
芜湖	Wuhu	92.0	115.6	90.0	52	淄博	Zibo	139.4	178.0	127.4	39
蚌埠	Bengbu	77.3	76.0	40.0	110	枣庄	Zaozhuang	65.0	55.0	27.2	159
淮南	Huainan	59.0	48.2	47.0	95	东营	Dongying	64.5	97.5	97.5	47
马鞍山	Maanshan	930.8	113.5	35.0	126	烟台	Yantai	73.7	110.0	97.5	47
淮北	Huaibei	41.5	41.0	22.5	185	潍坊	Weifang	42.7	65.6	57.0	74
铜陵	Tongling	403.0	210.1	29.5	151	济宁	Jining	63.0	77.4	37.5	119
安庆	Anqing	56.6	66.5	42.5	103	泰安	Taian	29.6	27.2	25.9	165
黄山	Huangshan	21.4	21.2	21.0	197	威海	Weihai	39.2	48.7	45.0	97
滁州	Chuzhou	18.0	33.0	31.0	140	日照	Rizhao	31.7	39.6	44.2	98
阜阳	Fuyang	35.5	45.5	22.5	185	莱芜	Laiwu	25.5	23.2	21.5	196
宿州	Suzhou	26.5	27.0	15.0	232	临沂	Linyi	54.2	65.8	72.5	58
六安	Liuan	25.0	21.5	19.5	208	德州	Dezhou	28.0	52.9	24.1	173
亳州	Bozhou	9.0	17.1	13.0	246	聊城	Liaocheng	17.9	32.0	24.1	173

8-26 城市供水综合生产能力（辖区） 续表 2

Integrated Production Capacity of Urban Water Supply (Municipal Districts) continued 2

单位：万立方米/日 (10, 000 m³/day)

地名	City	2010	2016	2017	2017 排名 Ranking
滨州	Binzhou	42.5	62.3	65.7	60
菏泽	Heze	18.7	29.2	17.0	221
河南	**Henan**	**1010.3**	**1180.3**	**908.2**	
郑州	Zhengzhou	124.4	190.9	183.5	22
开封	Kaifeng	62.5	63.6	57.5	73
洛阳	Luoyang	79.3	85.7	76.4	55
平顶山	Pingdingshan	61.2	60.9	60.1	69
安阳	Anyang	79.0	86.0	52.0	83
鹤壁	Hebi	38.3	27.9	15.7	228
新乡	Xinxiang	62.0	62.0	44.0	99
焦作	Jiaozuo	55.6	52.5	22.5	185
濮阳	Puyang	27.6	51.6	38.0	118
许昌	Xuchang	30.0	39.0	24.0	175
漯河	Luohe	33.4	34.4	20.7	201
三门峡	Sanmenxia	14.5	19.2	14.3	239
南阳	Nanyang	54.5	72.5	52.4	82
商丘	Shangqiu	37.3	37.3	35.0	126
信阳	Xinyang	26.8	26.8	26.0	163
周口	Zhoukou	16.0	29.0	18.0	211
驻马店	Zhumadian	22.5	23.2	22.0	190
湖北	**Hubei**	**1326.3**	**1467.4**	**1269.8**	
武汉	Wuhan	473.3	574.6	492.0	5
黄石	Huangshi	86.6	72.7	48.0	93
十堰	Shiyan	42.7	55.2	54.5	77
宜昌	Yichang	71.2	98.0	76.0	56
襄阳	Xiangyang	102.1	107.6	96.0	49
鄂州	Ezhou	23.0	23.0	19.0	210
荆门	Jingmen	48.2	46.0	20.0	202
孝感	Xiaogan	28.5	26.7	25.0	166
荆州	Jingzhou	73.5	56.6	55.0	75
黄冈	Huanggang	23.0	17.0	17.3	218
咸宁	Xianning	16.0	22.5	22.5	185
随州	Suizhou	28.0	26.0	26.0	163
湖南	**Hunan**	**979.4**	**1014.2**	**882.3**	
长沙	Changsha	180.0	210.0	235.0	12
株洲	Zhuzhou	128.5	103.5	100.0	46
湘潭	Xiangtan	48.7	50.4	51.1	86
衡阳	Hengyang	74.1	65.2	65.0	62
邵阳	Shaoyang	67.5	51.5	51.5	85
岳阳	Yueyang	102.6	107.0	40.0	110
常德	Changde	37.5	48.8	39.0	116
张家界	Zhangjiajie	14.5	18.5	20.0	202
益阳	Yiyang	34.0	32.0	32.0	136
郴州	Chenzhou	35.7	33.5	34.0	130
永州	Yongzhou	55.3	46.0	40.5	107
怀化	Huaihua	31.4	37.0	25.0	166
娄底	Loudi	24.0	22.5	22.5	185
广东	**Guangdong**	**3497.4**	**3971.7**	**4003.5**	
广州	Guangzhou	684.3	780.7	787.8	1
韶关	Shaoguan	36.5	36.5	36.0	123
深圳	Shenzhen	692.5	709.0	709.0	2
珠海	Zhuhai	107.4	119.0	119.0	40
汕头	Shantou	131.2	117.2	114.2	41
佛山	Foshan	294.0	347.8	338.4	10
江门	Jiangmen	87.7	98.6	84.6	53
湛江	Zhanjiang	48.4	44.9	49.8	88
茂名	Maoming	96.6	26.0	33.0	133
肇庆	Zhaoqing	50.5	60.0	61.0	68
惠州	Huizhou	113.0	137.0	140.0	36
梅州	Meizhou	12.0	21.0	21.0	197
汕尾	Shanwei	16.5	17.0	14.0	241
河源	Heyuan	19.1	19.1	24.8	172
阳江	Yangjiang	26.0	44.0	44.0	99
清远	Qingyuan	33.8	38.9	41.0	106
东莞	Dongguan	700.0	676.8	368.8	8
中山	Zhongshan		27.0	110.0	43
潮州	Chaozhou	44.0	58.0	58.0	71
揭阳	Jieyang	30.0	45.0	45.4	96
云浮	Yunfu	14.0	318.0	573.3	3
广西	**Guangxi**	**604.4**	**684.7**	**557.9**	
南宁	Nanning	135.2	164.8	172.0	26
柳州	Liuzhou	114.3	149.5	54.0	78
桂林	Guilin	48.2	46.6	44.0	99
梧州	Wuzhou	36.5	45.3	40.5	107
北海	Beihai	32.7	36.4	37.4	121
防城港	Fangchenggang	13.0	17.6	17.6	215
钦州	Qinzhou	16.4	31.4	30.0	146
贵港	Guigang	31.0	35.1	17.5	216
玉林	Yulin	17.0	18.5	37.5	119
百色	Baise	13.2	15.0	15.0	232

8-26 城市供水综合生产能力（辖区） 续表 3

Integrated Production Capacity of Urban Water Supply (Municipal Districts) continued 3

单位：万立方米/日 (10, 000 m³/day)

地名	City	2010	2016	2017	2017 排名 Ranking
贺州	Hezhou	10.0	8.0	10.0	257
河池	Hechi	53.5	18.5	23.0	183
来宾	Laibin	11.8	19.2	12.0	251
崇左	Chongzuo	5.0	5.0	5.0	281
海南	**Hainan**	**173.0**	**156.2**	**160.7**	
海口	Haikou	106.0	84.2	63.4	63
三亚	Sanya	24.0	23.5	48.5	92
三沙	Sansha				
重庆	**Chongqing**	**412.3**	**566.1**	**524.3**	
四川	**Sichuan**	**804.5**	**1056.6**	**1072.8**	
成都	Chengdu	225.5	375.9	528.7	4
自贡	Zigong	37.0	26.5	26.5	162
攀枝花	Panzhihua	56.3	57.8	33.2	132
泸州	Luzhou	60.9	87.2	30.1	145
德阳	Deyang	23.5	29.7	25.0	166
绵阳	Mianyang	43.2	54.9	52.9	81
广元	Guangyuan	12.2	18.3	16.8	222
遂宁	Suining	16.9	26.1	27.8	157
内江	Neijiang	20.0	19.7	15.4	231
乐山	Leshan	32.5	23.5	22.0	190
南充	Nanchong	25.0	30.6	34.0	130
眉山	Meishan	10.0	15.0	13.5	244
宜宾	Yibin	22.9	27.3	24.0	175
广安	Guangan	6.5	11.0	10.0	257
达州	Dazhou	18.9	37.8	22.0	190
雅安	Yaan	16.5	14.3	12.5	249
巴中	Bazhong	5.0	9.5	10.0	257
资阳	Ziyang	18.8	30.0	21.0	197
贵州	**Guizhou**	**241.1**	**290.0**	**311.8**	
贵阳	Guiyang	126.6	135.4	151.5	31
六盘水	Liupanshui	10.0	15.0	15.0	232
遵义	Zunyi	23.4	34.5	36.6	122
安顺	Anshun	9.7	18.5	17.7	214
毕节	Bijie	14.9	12.0	11.5	254
铜仁	Tongren	13.5	17.2	16.0	224
云南	**Yunnan**	**299.3**	**394.8**	**380.4**	
昆明	Kunming	147.9	199.8	185.4	21
曲靖	Qujing	18.5	24.5	26.9	160
玉溪	Yuxi	15.0	15.0	14.4	238
保山	Baoshan	6.0	8.1	6.0	278
昭通	Zhaotong	3.6	5.0	10.0	257
丽江	Lijiang	6.5	7.7	9.5	266
普洱	Puer	6.5	7.4	7.0	276
临沧	Lincang	5.6	9.0	4.5	284
西藏	**Tibet**	**31.2**	**81.4**	**67.5**	
拉萨	Lasa	29.7	53.0	41.6	105
陕西	**Shaanxi**	**371.1**	**445.2**	**363.5**	
西安	Xi'an	185.8	209.3	186.1	20
铜川	Tongchuan	12.0	14.4	14.3	239
宝鸡	Baoji	26.4	31.0	30.0	146
咸阳	Xianyang	53.9	69.1	40.1	109
渭南	Weinan	17.3	25.8	11.7	253
延安	Yan'an	5.0	8.5	9.0	268
汉中	Hanzhong	11.0	10.0	10.0	257
榆林	Yulin	9.5	16.3	17.8	213
安康	Ankang	13.7	12.7	11.0	255
商洛	Shangluo	6.2	6.1	5.0	281
甘肃	**Gansu**	**398.2**	**342.2**	**328.2**	
兰州	Lanzhou	156.5	156.9	159.4	30
嘉峪关	Jiayuguan	83.9	8.5	11.0	255
金昌	Jinchang	33.0	30.0	10.0	257
白银	Baiyin	44.9	39.1	39.1	115
天水	Tianshui	9.9	14.5	15.5	230
武威	Wuwei	10.0	20.0	20.0	202
张掖	Zhangye	12.0	15.2	12.0	251
平凉	Pingliang	5.0	4.7	4.7	283
酒泉	Jiuquan	10.7	14.4	16.0	224
庆阳	Qingyang	5.3	5.3	5.3	280
定西	Dingxi	5.0	5.0	10.0	257
陇南	Longnan	1.6	1.7	3.5	285
青海	**Qinghai**	**84.6**	**97.4**	**71.1**	
西宁	Xining	50.4	50.4	38.5	117
海东	Haidong		8.5	5.6	279
宁夏	**Ningxia**	**136.4**	**160.8**	**174.6**	
银川	Yinchuan	44.0	50.4	34.1	129
石嘴山	Shizuishan	51.7	67.8	28.5	155
吴忠	Wuzhong	10.1	10.7	10.0	257
固原	Guyuan	6.1	7.4	7.4	274
中卫	Zhongwei	5.2	4.2	8.2	272
新疆	**Xinjiang**	**373.1**	**590.8**	**682.5**	
乌鲁木齐	Urumqi	120.4	147.5	142.3	33
克拉玛依	Karamay	74.4	104.5	104.3	45

8-27 城市供水管道长度（辖区）
Length of Water Supply Pipelines (Municipal Districts)

单位：公里 (km)

地名	City	2010	2016	2017	2017 排名 Ranking	地名	City	2010	2016	2017	2017 排名 Ranking
全国	**Nation Total**	**539778**	**756623**	**757625**		沈阳	Shenyang	2815	7061	4030	26
北京	**Beijing**	**25147**	**27927**	**16105**		大连	Dalian	4752	6220	6361	13
天津	**Tianjin**	**10744**	**18249**	**18541**		鞍山	Anshan	2606	2719	2757	47
河北	**Hebei**	**14288**	**19025**	**16696**		抚顺	Fushun	2162	2411	2398	56
石家庄	Shijiazhuang	1426	2029	1804	78	本溪	Benxi	856	1134	1017	136
唐山	Tangshan	1924	2050	1995	66	丹东	Dandong	1117	1133	868	164
秦皇岛	Qinhuangdao	980	1418	1224	115	锦州	Jinzhou	1048	1705	1686	85
邯郸	Handan	1047	1519	1445	106	营口	Yingkou	1831	2800	2858	43
邢台	Xingtai	567	822	937	151	阜新	Fuxin	1844	2068	1889	73
保定	Baoding	807	2351	1170	122	辽阳	Liaoyang	1259	951	894	158
张家口	Zhangjiakou	1098	1145	1145	125	盘锦	Panjin	832	1775	989	141
承德	Chengde	493	643	647	186	铁岭	Tieling	839	941	964	146
沧州	Cangzhou	496	496	507	222	朝阳	Chaoyang	528	601	536	212
廊坊	Langfang	584	661	368	248	葫芦岛	Huludao	845	1206	628	191
衡水	Hengshui	265	443	420	240	**吉林**	**Jilin**	**8935**	**11360**	**10769**	
山西	**Shanxi**	**7414**	**11378**	**9280**		长春	Changchun	1872	2908	2909	41
太原	Taiyuan	1290	2559	2151	63	吉林	Jilin	1186	1300	1181	121
大同	Datong	1178	1387	833	169	四平	Siping	431	1189	671	183
阳泉	Yangquan	909	1139	589	197	辽源	Liaoyuan	296	508	522	218
长治	Changzhi	639	1125	801	174	通化	Tonghua	525	563	648	185
晋城	Jincheng	364	665	510	221	白山	Baishan	342	364	366	249
朔州	Shuozhou	291	341	344	255	松原	Songyuan	408	440	454	234
晋中	Jinzhong	410	454	412	241	白城	Baicheng	356	411	370	247
运城	Yuncheng	200	666	666	184	**黑龙江**	**Heilongjiang**	**11413**	**14491**	**14816**	
忻州	Xinzhou	309	490	452	235	哈尔滨	Harbin	1612	2321	2231	60
临汾	Linfen	381	524	546	207	齐齐哈尔	Qiqihar	1030	1183	976	143
吕梁	Lvliang	171	216	266	268	鸡西	Jixi	629	780	505	224
内蒙古	**Inner Mongolia**	**8561**	**9486**	**9007**		鹤岗	Hegang	542	599	616	194
呼和浩特	Hohhot	712	817	956	147	双鸭山	Shuangyashan	363	458	1049	130
包头	Baotou	1548	1776	1796	79	大庆	Daqing	1500	2584	2929	40
乌海	Wuhai	1860	442	394	244	伊春	Yichun	1027	1225	1201	119
赤峰	Chifeng	830	1333	876	162	佳木斯	Jiamusi	578	620	540	210
通辽	Tongliao	540	580	530	213	七台河	Qitaihe	692	709	718	180
鄂尔多斯	Erdos	679	813	811	173	牡丹江	Mudanjiang	592	599	483	228
呼伦贝尔	Hulunbuir	193	382	303	263	黑河	Heihe	183	184	187	281
巴彦淖尔	Bayannur	141	463	354	253	绥化	Suihua	384	424	392	245
乌兰察布	Ulanqab	292	347	313	260	**上海**	**Shanghai**	**32462**	**36642**	**37643**	
辽宁	**Liaoning**	**29123**	**39313**	**33629**		**江苏**	**Jiangsu**	**63807**	**83470**	**91521**	

8-27 城市供水管道长度（辖区） 续表 1
Length of Water Supply Pipelines (Municipal Districts) continued 1

单位：公里 (km)

地名	City	2010	2016	2017	2017 排名 Ranking	地名	City	2010	2016	2017	2017 排名 Ranking
南京	Nanjing	8673	11984	11762	7	池州	Chizhou	324	440	460	233
无锡	Wuxi	6293	5839	5870	14	宣城	Xuancheng	494	1733	2269	58
徐州	Xuzhou	2760	2708	2795	44	**福建**	**Fujian**	**14650**	**18824**	**21121**	
常州	Changzhou	7488	11466	17578	3	福州	Fuzhou	1563	3060	4115	23
苏州	Suzhou	6354	8727	9786	9	厦门	Xiamen	3144	3965	4175	22
南通	Nantong	2159	3212	3391	36	莆田	Putian	663	2391	1634	89
连云港	Lianyungang	1202	2833	2614	50	三明	Sanming	894	524	550	205
淮安	Huaian	3889	4098	4237	21	泉州	Quanzhou	4217	2898	2992	39
盐城	Yancheng	1899	3232	3415	35	漳州	Zhangzhou	359	530	985	142
扬州	Yangzhou	2042	3569	3717	30	南平	Nanping	207	522	557	204
镇江	Zhenjiang	2034	2557	2660	49	龙岩	Longyan	184	864	1897	71
泰州	Taizhou	1206	2371	2446	54	宁德	Ningde	182	309	322	258
宿迁	Suqian	813	1829	1843	75	**江西**	**Jiangxi**	**9807**	**16916**	**18481**	
浙江	**Zhejiang**	**38982**	**60406**	**66697**		南昌	Nanchang	2707	4467	4627	18
杭州	Hangzhou	6510	13051	11793	6	景德镇	Jingdezhen	536	738	856	165
宁波	Ningbo	2688	4487	9715	10	萍乡	Pingxiang	371	550	610	195
温州	Wenzhou	1982	3052	3170	38	九江	Jiujiang	919	1832	2155	62
嘉兴	Jiaxing	762	1093	1223	116	新余	Xinyu	466	558	588	198
湖州	Huzhou	2385	3270	3534	33	鹰潭	Yingtan	127	234	253	272
绍兴	Shaoxing	2012	6063	7463	11	赣州	Ganzhou	1222	2545	2775	46
金华	Jinhua	1108	1526	1662	86	吉安	Jian	499	847	930	153
衢州	Quzhou	977	1265	891	160	宜春	Yichun	463	726	824	170
舟山	Zhoushan	1154	2093	2160	61	抚州	Fuzhou	606	622	956	148
台州	Taizhou	2036	3535	3580	32	上饶	Shangrao	289	744	823	172
丽水	Lishui	800	1236	1833	76	**山东**	**Shandong**	**37313**	**50553**	**49156**	
安徽	**Anhui**	**14730**	**25535**	**25731**		济南	Jinan	3055	3953	4086	24
合肥	Hefei	2468	5004	5338	16	青岛	Qingdao	4926	6332	6498	12
芜湖	Wuhu	1199	1768	1765	80	淄博	Zibo	2127	2791	2484	53
蚌埠	Bengbu	772	1319	1470	105	枣庄	Zaozhuang	1241	1736	1583	94
淮南	Huainan	1471	1753	1764	81	东营	Dongying	1042	1545	1549	98
马鞍山	Maanshan	1149	1998	1116	126	烟台	Yantai	2715	3511	3690	31
淮北	Huaibei	651	1057	934	152	潍坊	Weifang	1190	2146	1970	67
铜陵	Tongling	646	1709	1564	95	济宁	Jining	664	1575	901	157
安庆	Anqing	733	1022	1018	135	泰安	Taian	1406	2213	2264	59
黄山	Huangshan	412	811	847	167	威海	Weihai	1726	3329	3533	34
滁州	Chuzhou	465	976	997	140	日照	Rizhao	1229	1677	1702	84
阜阳	Fuyang	996	1444	1564	96	莱芜	Laiwu	684	1013	845	168
宿州	Suzhou	637	805	733	179	临沂	Linyi	1380	2122	1547	99
六安	Liuan	392	458	477	229	德州	Dezhou	649	1367	1484	103
亳州	Bozhou	662	938	1097	127	聊城	Liaocheng	916	1208	1596	92

8-27 城市供水管道长度（辖区） 续表 2

Length of Water Supply Pipelines (Municipal Districts) continued 2

单位：公里 (km)

地名	City	2010	2016	2017	2017 排名 Ranking	地名	City	2010	2016	2017	2017 排名 Ranking
滨州	Binzhou	944	1566	1617	90	常德	Changde	824	2039	1891	72
菏泽	Heze	222	406	523	217	张家界	Zhangjiajie	371	475	540	211
河南	**Henan**	**17299**	**22234**	**22924**		益阳	Yiyang	304	652	560	203
郑州	Zhengzhou	2568	2997	4360	20	郴州	Chenzhou	1231	1331	1359	108
开封	Kaifeng	1075	1452	1605	91	永州	Yongzhou	791	1013	1323	110
洛阳	Luoyang	1328	1725	1735	82	怀化	Huaihua	879	1032	1006	138
平顶山	Pingdingshan	1174	1217	1207	118	娄底	Loudi	326	500	635	187
安阳	Anyang	755	800	712	181	**广东**	**Guangdong**	**79816**	**102718**	**102552**	
鹤壁	Hebi	546	551	569	202	广州	Guangzhou	15942	22442	22325	1
新乡	Xinxiang	589	866	871	163	韶关	Shaoguan	1666	1908	2075	65
焦作	Jiaozuo	821	1094	971	144	深圳	Shenzhen	14481	16688	16763	4
濮阳	Puyang	140	447	436	237	珠海	Zhuhai	2745	3238	3278	37
许昌	Xuchang	428	633	528	214	汕头	Shantou	2168	2639	2441	55
漯河	Luohe	473	473	474	230	佛山	Foshan	4396	5180	5413	15
三门峡	Sanmenxia	188	344	285	265	江门	Jiangmen	1925	2321	2318	57
南阳	Nanyang	1000	1482	1158	123	湛江	Zhanjiang	645	1462	1541	101
商丘	Shangqiu	362	566	575	200	茂名	Maoming	820	1592	1635	88
信阳	Xinyang	1296	1313	1295	112	肇庆	Zhaoqing	1379	2533	2564	52
周口	Zhoukou	273	360	354	252	惠州	Huizhou	1450	2347	2588	51
驻马店	Zhumadian	308	524	511	220	梅州	Meizhou	380	413	364	250
湖北	**Hubei**	**22827**	**33725**	**31484**		汕尾	Shanwei	462	509	512	219
武汉	Wuhan	9757	14446	11662	8	河源	Heyuan	757	672	1212	117
黄石	Huangshi	745	866	798	175	阳江	Yangjiang	700	1017	1308	111
十堰	Shiyan	442	777	824	171	清远	Qingyuan	1937	2043	1561	97
宜昌	Yichang	986	2031	2086	64	东莞	Dongguan	16268	18709	19688	2
襄阳	Xiangyang	688	983	1024	133	中山	Zhongshan	1345	1670	1897	70
鄂州	Ezhou	997	1105	998	139	潮州	Chaozhou	459	842	847	166
荆门	Jingmen	475	576	503	225	揭阳	Jieyang	466	1437	1530	102
孝感	Xiaogan	335	527	523	216	云浮	Yunfu	1000	2158	1017	137
荆州	Jingzhou	1208	1812	1833	77	**广西**	**Guangxi**	**12843**	**17493**	**17335**	
黄冈	Huanggang	239	446	450	236	南宁	Nanning	2733	3691	3780	29
咸宁	Xianning	240	416	633	190	柳州	Liuzhou	2202	2593	1847	74
随州	Suizhou	445	697	967	145	桂林	Guilin	1235	1912	1933	69
湖南	**Hunan**	**14400**	**24377**	**24821**		梧州	Wuzhou	357	503	488	226
长沙	Changsha	2012	3647	3817	27	北海	Beihai	1015	1351	1418	107
株洲	Zhuzhou	1222	2727	2893	42	防城港	Fangchenggang	368	468	468	232
湘潭	Xiangtan	848	1258	1280	113	钦州	Qinzhou	621	974	1046	131
衡阳	Hengyang	890	1204	1256	114	贵港	Guigang	967	1144	1038	132
邵阳	Shaoyang	595	820	885	161	玉林	Yulin	639	868	891	159
岳阳	Yueyang	585	1528	1480	104	百色	Baise	283	611	624	193

8-27 城市供水管道长度（辖区） 续表 3
Length of Water Supply Pipelines (Municipal Districts) continued 3

单位：公里 (km)

地名	City	2010	2016	2017	2017 排名 Ranking	地名	City	2010	2016	2017	2017 排名 Ranking
贺州	Hezhou	428	522	918	154	丽江	Lijiang	202	527	545	208
河池	Hechi	283	325	524	215	普洱	Puer	231	275	280	267
来宾	Laibin	518	902	947	149	临沧	Lincang	265	328	251	273
崇左	Chongzuo	164	205	205	280	**西藏**	**Tibet**	**753**	**1341**	**1640**	
海南	**Hainan**	**2525**	**4203**	**6012**		拉萨	Lasa	688	834	1019	134
海口	Haikou	861	1244	1146	124	**陕西**	**Shaanxi**	**4926**	**8552**	**8565**	
三亚	Sanya	625	720	1641	87	西安	Xi'an	1995	4246	4486	19
三沙	Sansha		7	7	286	铜川	Tongchuan	347	429	436	238
重庆	**Chongqing**	**9190**	**16629**	**16679**		宝鸡	Baoji	854	1105	938	150
四川	**Sichuan**	**20656**	**37830**	**38953**		咸阳	Xianyang	340	385	280	266
成都	Chengdu	5194	13964	14681	5	渭南	Weinan	204	382	339	256
自贡	Zigong	1848	2927	2785	45	延安	Yan'an	145	214	218	278
攀枝花	Panzhihua	1046	1284	917	155	汉中	Hanzhong	240	320	308	262
泸州	Luzhou	568	1318	1595	93	榆林	Yulin	295	592	635	187
德阳	Deyang	452	580	634	189	安康	Ankang	151	218	221	277
绵阳	Mianyang	1617	3602	3816	28	商洛	Shangluo	85	112	120	284
广元	Guangyuan	281	538	547	206	**甘肃**	**Gansu**	**4357**	**5319**	**5607**	
遂宁	Suining	343	922	1092	128	兰州	Lanzhou	871	1303	1332	109
内江	Neijiang	375	535	541	209	嘉峪关	Jiayuguan	554	419	423	239
乐山	Leshan	1000	1583	1720	83	金昌	Jinchang	337	296	258	269
南充	Nanchong	440	845	916	156	白银	Baiyin	284	162	331	257
眉山	Meishan	747	637	624	192	天水	Tianshui	182	238	238	275
宜宾	Yibin	751	954	694	182	武威	Wuwei	194	234	234	276
广安	Guangan	235	594	595	196	张掖	Zhangye	170	428	391	246
达州	Dazhou	430	822	777	177	平凉	Pingliang	293	363	399	243
雅安	Yaan	136	468	507	223	酒泉	Jiuquan	236	306	311	261
巴中	Bazhong	177	291	315	259	庆阳	Qingyang	345	390	403	242
资阳	Ziyang	449	487	485	227	定西	Dingxi	154	208	216	279
贵州	**Guizhou**	**5979**	**11215**	**14429**		陇南	Longnan	63	66	60	285
贵阳	Guiyang	3290	4349	4635	17	**青海**	**Qinghai**	**1383**	**2465**	**2310**	
六盘水	Liupanshui	230	1466	1546	100	西宁	Xining	829	1141	1183	120
遵义	Zunyi	283	1394	2744	48	海东	Haidong		191	169	282
安顺	Anshun	143	575	572	201	**宁夏**	**Ningxia**	**2382**	**2532**	**2283**	
毕节	Bijie	363	658	578	199	银川	Yinchuan	841	773	792	176
铜仁	Tongren	109	375	239	274	石嘴山	Shizuishan	559	598	345	254
云南	**Yunnan**	**6559**	**12714**	**12866**		吴忠	Wuzhong	169	264	301	264
昆明	Kunming	2568	4103	4080	25	固原	Guyuan	173	228	255	271
曲靖	Qujing	369	697	749	178	中卫	Zhongwei	98	114	121	283
玉溪	Yuxi	285	472	471	231	**新疆**	**Xinjiang**	**6507**	**9701**	**9975**	
保山	Baoshan	186	306	256	270	乌鲁木齐	Urumqi	1323	1923	1939	68
昭通	Zhaotong	246	362	362	251	克拉玛依	Karamay	1015	1074	1067	129

8-28 城市供水总量（辖区）
Quantity of Urban Water Supply (Municipal Districts)

单位：万立方米 (10 000 m³)

地名	City	2010	2016	2017	2017 排名 Ranking	地名	City	2010	2016	2017	2017 排名 Ranking
全国	**Nation Total**	**5078745**	**5806911**	**5339231**		沈阳	Shenyang	52461	67181	67358	10
北京	**Beijing**	**155557**	**191371**	**132512**		大连	Dalian	40730	43735	49514	15
天津	**Tianjin**	**68970**	**87040**	**85505**		鞍山	Anshan	31129	14616	14144	63
河北	**Hebei**	**166430**	**168877**	**122386**		抚顺	Fushun	16102	20344	17224	48
石家庄	Shijiazhuang	27629	31169	23350	40	本溪	Benxi	22778	25192	6905	131
唐山	Tangshan	28932	27781	16314	54	丹东	Dandong	5157	6673	6198	147
秦皇岛	Qinhuangdao	10308	13320	10560	84	锦州	Jinzhou	15052	14094	10057	88
邯郸	Handan	16627	17876	12853	71	营口	Yingkou	5930	9863	10033	89
邢台	Xingtai	7080	5308	4258	194	阜新	Fuxin	7805	7494	7237	123
保定	Baoding	10000	12152	9929	92	辽阳	Liaoyang	15846	7571	7583	119
张家口	Zhangjiakou	8226	8824	6955	130	盘锦	Panjin	7244	9131	4000	200
承德	Chengde	5453	6372	5535	161	铁岭	Tieling	4006	3647	3664	216
沧州	Cangzhou	3509	4203	4483	184	朝阳	Chaoyang	4321	5387	3193	228
廊坊	Langfang	4435	4855	4813	177	葫芦岛	Huludao	5620	5249	3850	208
衡水	Hengshui	3603	3801	3730	213	**吉林**	**Jilin**	**100743**	**105306**	**86564**	
山西	**Shanxi**	**76772**	**89141**	**82780**		长春	Changchun	31315	38588	36971	26
太原	Taiyuan	28047	33956	34140	29	吉林	Jilin	25458	19225	10727	81
大同	Datong	8060	9517	10604	83	四平	Siping	2525	4010	2574	247
阳泉	Yangquan	5888	4661	3966	203	辽源	Liaoyuan	2838	3247	2646	245
长治	Changzhi	8108	8313	5405	166	通化	Tonghua	4860	4077	4344	190
晋城	Jincheng	1954	3918	3144	230	白山	Baishan	2585	2491	2467	254
朔州	Shuozhou	2506	2634	2115	262	松原	Songyuan	4800	5466	5498	162
晋中	Jinzhong	2604	5542	3127	233	白城	Baicheng	3487	2110	1900	266
运城	Yuncheng	2771	2995	5669	160	**黑龙江**	**Heilongjiang**	**164235**	**142260**	**116921**	
忻州	Xinzhou	2062	2083	1406	274	哈尔滨	Harbin	37652	39362	38352	24
临汾	Linfen	2653	3049	2705	244	齐齐哈尔	Qiqihar	7462	8795	6617	135
吕梁	Lvliang	1238	1168	1264	276	鸡西	Jixi	7880	5693	4552	183
内蒙古	**Inner Mongolia**	**62757**	**77592**	**69608**		鹤岗	Hegang	4768	3963	3055	237
呼和浩特	Hohhot	11859	14819	16503	52	双鸭山	Shuangyashan	2837	3330	3627	217
包头	Baotou	14587	17979	17806	47	大庆	Daqing	28390	29657	26957	35
乌海	Wuhai	3168	4907	8120	115	伊春	Yichun	4270	4140	3022	238
赤峰	Chifeng	9728	11699	6434	140	佳木斯	Jiamusi	7805	6171	4767	178
通辽	Tongliao	5276	5332	3472	220	七台河	Qitaihe	5237	5065	3257	226
鄂尔多斯	Erdos	2394	3753	3840	209	牡丹江	Mudanjiang	43592	16666	6736	134
呼伦贝尔	Hulunbuir	2296	2905	2014	264	黑河	Heihe	659	1005	880	280
巴彦淖尔	Bayannur	1613	3008	2200	259	绥化	Suihua	1371	4055	2800	242
乌兰察布	Ulanqab	2029	1935	1805	268	**上海**	**Shanghai**	**336637**	**320385**	**310063**	
辽宁	**Liaoning**	**261879**	**265148**	**233505**		**江苏**	**Jiangsu**	**482821**	**533098**	**456299**	

8-28 城市供水总量（辖区） 续表 1

Quantity of Urban Water Supply (Municipal Districts) continued 1

单位：万立方米 (10 000 m³)

地名	City	2010	2016	2017	2017 排名 Ranking	地名	City	2010	2016	2017	2017 排名 Ranking
南京	Nanjing	112326	132652	105841	6	池州	Chizhou	2462	3020	3137	231
无锡	Wuxi	45907	43838	38866	22	宣城	Xuancheng	2337	3170	3434	222
徐州	Xuzhou	19957	26199	18040	45	**福建**	**Fujian**	**132627**	**164603**	**171940**	
常州	Changzhou	30031	30825	27195	34	福州	Fuzhou	24974	40551	47348	17
苏州	Suzhou	52348	78279	69609	9	厦门	Xiamen	31667	43282	45816	19
南通	Nantong	21189	29277	25614	37	莆田	Putian	6200	7833	7785	117
连云港	Lianyungang	9839	14298	12476	74	三明	Sanming	6922	3726	3725	214
淮安	Huaian	25590	17831	11037	80	泉州	Quanzhou	14049	13586	14585	61
盐城	Yancheng	6623	10953	10234	86	漳州	Zhangzhou	4242	7668	8815	106
扬州	Yangzhou	12534	19376	16859	51	南平	Nanping	2537	3669	3853	207
镇江	Zhenjiang	16660	17710	13411	67	龙岩	Longyan	4922	8701	6508	137
泰州	Taizhou	5321	10238	9937	91	宁德	Ningde	1869	2022	2260	258
宿迁	Suqian	5044	8064	7264	122	**江西**	**Jiangxi**	**91278**	**119865**	**122786**	
浙江	**Zhejiang**	**270044**	**329034**	**343992**		南昌	Nanchang	33950	42753	40895	20
杭州	Hangzhou	53565	65087	83192	8	景德镇	Jingdezhen	6258	6001	5968	152
宁波	Ningbo	43375	59589	59637	11	萍乡	Pingxiang	3068	3781	4024	199
温州	Wenzhou	25837	28518	29189	32	九江	Jiujiang	8679	8728	9741	96
嘉兴	Jiaxing	11282	11340	12284	76	新余	Xinyu	4609	6423	6364	143
湖州	Huzhou	8783	9596	9730	97	鹰潭	Yingtan	1779	2173	2507	252
绍兴	Shaoxing	10640	39493	35517	27	赣州	Ganzhou	4887	13020	13938	64
金华	Jinhua	5621	8897	8989	104	吉安	Jian	3037	3946	4354	189
衢州	Quzhou	10300	6629	6080	150	宜春	Yichun	3508	5315	5370	167
舟山	Zhoushan	4524	5240	5343	168	抚州	Fuzhou	3751	6104	7190	126
台州	Taizhou	13227	16189	16994	50	上饶	Shangrao	3192	6936	7964	116
丽水	Lishui	3874	4115	4342	191	**山东**	**Shandong**	**290866**	**373322**	**291270**	
安徽	**Anhui**	**160816**	**186543**	**163429**		济南	Jinan	27037	42327	33034	30
合肥	Hefei	29453	51369	51744	13	青岛	Qingdao	36159	47394	45991	18
芜湖	Wuhu	15457	19535	17028	49	淄博	Zibo	26741	28325	22113	42
蚌埠	Bengbu	14918	18100	9832	94	枣庄	Zaozhuang	8046	10855	5886	154
淮南	Huainan	10879	9447	8946	105	东营	Dongying	9711	13254	14991	58
马鞍山	Maanshan	22145	12740	9438	99	烟台	Yantai	14693	18184	18712	44
淮北	Huaibei	5518	5342	3541	218	潍坊	Weifang	9116	13113	13359	68
铜陵	Tongling	13309	7452	7632	118	济宁	Jining	10830	15414	9778	95
安庆	Anqing	8721	9187	8636	110	泰安	Taian	6607	7784	6416	142
黄山	Huangshan	2968	4276	4382	187	威海	Weihai	6017	10825	10061	87
滁州	Chuzhou	3073	6461	7229	124	日照	Rizhao	5920	6158	7220	125
阜阳	Fuyang	6007	8100	5297	169	莱芜	Laiwu	3751	4427	3112	234
宿州	Suzhou	6390	4715	2525	250	临沂	Linyi	15484	22127	15902	55
六安	Liuan	4625	6246	6426	141	德州	Dezhou	7057	11958	4147	197
亳州	Bozhou	2426	5470	3996	201	聊城	Liaocheng	4788	9414	4028	198

8-28 城市供水总量（辖区） 续表 2
Quantity of Urban Water Supply (Municipal Districts) continued 2

单位：万立方米 (10 000 m³)

地名	City	2010	2016	2017	2017 排名 Ranking	地名	City	2010	2016	2017	2017 排名 Ranking
滨州	Binzhou	5823	9753	8681	109	常德	Changde	6267	11413	10662	82
菏泽	Heze	4071	8311	5219	172	张家界	Zhangjiajie	2415	3032	3303	224
河南	**Henan**	**179122**	**203936**	**168482**		益阳	Yiyang	4300	4569	5879	155
郑州	Zhengzhou	37724	37260	38358	23	郴州	Chenzhou	8725	9392	6605	136
开封	Kaifeng	7683	11775	9361	100	永州	Yongzhou	9256	8759	8689	108
洛阳	Luoyang	13631	16365	13433	66	怀化	Huaihua	4861	6664	5878	156
平顶山	Pingdingshan	10215	10583	12551	73	娄底	Loudi	4634	5020	5058	175
安阳	Anyang	11294	10225	6227	146	**广东**	**Guangdong**	**806144**	**870036**	**891335**	
鹤壁	Hebi	4843	4370	3698	215	广州	Guangzhou	190806	228612	238568	1
新乡	Xinxiang	10863	14803	9178	102	韶关	Shaoguan	8293	9527	9524	98
焦作	Jiaozuo	8084	8272	5719	159	深圳	Shenzhen	156470	170142	174888	2
濮阳	Puyang	5037	7413	7064	128	珠海	Zhuhai	26497	38178	37072	25
许昌	Xuchang	4088	5374	4161	196	汕头	Shantou	28500	28803	28460	33
漯河	Luohe	9950	8308	5099	174	佛山	Foshan	42761	50030	48799	16
三门峡	Sanmenxia	1898	3104	2809	241	江门	Jiangmen	18367	26453	23876	39
南阳	Nanyang	6532	9594	6500	138	湛江	Zhanjiang	9429	13426	13448	65
商丘	Shangqiu	4989	4335	4166	195	茂名	Maoming	20242	7957	8488	113
信阳	Xinyang	3956	4388	4571	182	肇庆	Zhaoqing	10507	13224	15345	56
周口	Zhoukou	1895	4646	3152	229	惠州	Huizhou	23735	31349	29251	31
驻马店	Zhumadian	4225	6674	5289	170	梅州	Meizhou	3943	6011	6314	144
湖北	**Hubei**	**253421**	**293887**	**271126**		汕尾	Shanwei	3429	4078	3809	212
武汉	Wuhan	111964	143974	132050	4	河源	Heyuan	4818	3628	5893	153
黄石	Huangshi	13038	10203	8464	114	阳江	Yangjiang	3840	5907	7485	120
十堰	Shiyan	11494	12687	13271	69	清远	Qingyuan	9808	8294	9919	93
宜昌	Yichang	9906	15089	12803	72	东莞	Dongguan	165607	144918	148524	3
襄阳	Xiangyang	15433	17046	15308	57	中山	Zhongshan	13725	15504	14438	62
鄂州	Ezhou	6561	5092	4262	193	潮州	Chaozhou	4835	9455	10520	85
荆门	Jingmen	7770	7354	5240	171	揭阳	Jieyang	4578	6108	6440	139
孝感	Xiaogan	2947	6310	5475	164	云浮	Yunfu	2274	4107	3831	211
荆州	Jingzhou	7595	8434	9065	103	**广西**	**Guangxi**	**147291**	**176719**	**149535**	
黄冈	Huanggang	3896	3900	3953	204	南宁	Nanning	37578	55445	56208	12
咸宁	Xianning	3257	4000	3892	206	柳州	Liuzhou	39445	42019	19649	43
随州	Suizhou	3318	3964	4434	185	桂林	Guilin	11076	14355	14706	60
湖南	**Hunan**	**189223**	**215427**	**185482**		梧州	Wuzhou	5148	7032	6737	133
长沙	Changsha	46431	63657	50167	14	北海	Beihai	4937	6974	7183	127
株洲	Zhuzhou	16324	18326	17909	46	防城港	Fangchenggang	2672	4390	5217	173
湘潭	Xiangtan	10480	7670	12432	75	钦州	Qinzhou	4437	5784	6011	151
衡阳	Hengyang	20710	18869	16333	53	贵港	Guigang	11010	10003	4712	179
邵阳	Shaoyang	6733	9438	9317	101	玉林	Yulin	5089	6424	6757	132
岳阳	Yueyang	16298	15601	8507	112	百色	Baise	4576	3481	3521	219

8-28 城市供水总量（辖区） 续表 3
Quantity of Urban Water Supply (Municipal Districts) continued 3

单位：万立方米 (10 000 m³)

地名	City	2010	2016	2017	2017 排名 Ranking	地名	City	2010	2016	2017	2017 排名 Ranking
贺州	Hezhou	2148	2546	2630	246	丽江	Lijiang	1355	2252	2471	253
河池	Hechi	3579	2432	3984	202	普洱	Puer	1121	2158	2108	263
来宾	Laibin	2073	2648	2360	257	临沧	Lincang	1062	1273	793	283
崇左	Chongzuo	1282	1542	1620	273	**西藏**	**Tibet**	**7681**	**16815**	**11094**	
海南	**Hainan**	**33546**	**44211**	**48159**		拉萨	Lasa	6860	13202	7010	129
海口	Haikou	19015	21990	22199	41	**陕西**	**Shaanxi**	**81335**	**104174**	**116724**	
三亚	Sanya	8412	11588	14987	59	西安	Xi'an	39097	57397	85587	7
三沙	Sansha		7	7	286	铜川	Tongchuan	1572	1826	1828	267
重庆	**Chongqing**	**86926**	**128327**	**128277**		宝鸡	Baoji	7179	7486	5435	165
四川	**Sichuan**	**173858**	**246981**	**240477**		咸阳	Xianyang	12670	12977	4869	176
成都	Chengdu	65778	111813	110953	5	渭南	Weinan	4421	6324	3253	227
自贡	Zigong	5639	6225	6297	145	延安	Yan'an	1491	2568	2554	248
攀枝花	Panzhihua	12173	12815	7361	121	汉中	Hanzhong	2221	2939	2984	239
泸州	Luzhou	9063	8412	8810	107	榆林	Yulin	1359	2919	2890	240
德阳	Deyang	5248	6172	5749	158	安康	Ankang	4218	2367	1751	269
绵阳	Mianyang	7731	10986	11065	79	商洛	Shangluo	988	1052	1255	277
广元	Guangyuan	2670	4370	4357	188	**甘肃**	**Gansu**	**62713**	**48671**	**48069**	
遂宁	Suining	2571	5014	6112	149	兰州	Lanzhou	28355	25676	24456	38
内江	Neijiang	3801	4782	4402	186	嘉峪关	Jiayuguan	3322	953	1730	270
乐山	Leshan	4584	5305	5798	157	金昌	Jinchang	8834	2846	2150	261
南充	Nanchong	7100	9330	10005	90	白银	Baiyin	7121	1799	2002	265
眉山	Meishan	2976	4148	4575	181	天水	Tianshui	3635	3266	3268	225
宜宾	Yibin	5166	6355	6137	148	武威	Wuwei	1657	2198	2545	249
广安	Guangan	1211	2834	3058	236	张掖	Zhangye	1704	2302	2370	256
达州	Dazhou	3080	7421	5492	163	平凉	Pingliang	1444	1653	1695	271
雅安	Yaan	3385	2163	2178	260	酒泉	Jiuquan	2576	2044	2431	255
巴中	Bazhong	1451	2956	3085	235	庆阳	Qingyang	657	788	842	282
资阳	Ziyang	2105	2576	2510	251	定西	Dingxi	509	644	760	284
贵州	**Guizhou**	**44117**	**65624**	**70995**		陇南	Longnan	234	521	622	285
贵阳	Guiyang	24398	34038	34993	28	**青海**	**Qinghai**	**18572**	**25387**	**17870**	
六盘水	Liupanshui	2191	3443	3920	205	西宁	Xining	12402	15680	11558	77
遵义	Zunyi	5455	7543	8620	111	海东	Haidong		949	881	279
安顺	Anshun	1757	3710	3839	210	**宁夏**	**Ningxia**	**28656**	**33184**	**22519**	
毕节	Bijie	1339	2324	3132	232	银川	Yinchuan	10525	13562	11106	78
铜仁	Tongren	1498	2766	3329	223	石嘴山	Shizuishan	9127	8615	4335	192
云南	**Yunnan**	**66444**	**86890**	**83035**		吴忠	Wuzhong	2320	3101	2718	243
昆明	Kunming	33459	44968	40395	21	固原	Guyuan	1318	1061	844	281
曲靖	Qujing	4045	5002	4682	180	中卫	Zhongwei	1248	895	894	278
玉溪	Yuxi	2360	3332	3463	221	**新疆**	**Xinjiang**	**77263**	**93059**	**81085**	
保山	Baoshan	1129	2032	1335	275	乌鲁木齐	Urumqi	29771	29655	26424	36
昭通	Zhaotong	1357	1636	1661	272	克拉玛依	Karamay	11947	13212	13112	70

8-29 城市人均日生活用水量(辖区)

Urban Domestic Water Use per Capita (Districts under City)

单位：升 (liter)

地名	City	2010	2016	2017	2017 排名 Ranking
全国	**Nation Total**	**171.4**	**176.9**	**178.9**	
北京	**Beijing**	**174.9**	**173.1**	**188.0**	
天津	**Tianjin**	**132.0**	**114.0**	**145.9**	
河北	**Hebei**	**123.0**	**132.0**	**122.4**	
石家庄	Shijiazhuang	116.1	155.5	158.4	138
唐山	Tangshan	173.8	197.5	144.8	158
秦皇岛	Qinhuangdao	138.5	163.6	143.3	165
邯郸	Handan	118.5	129.7	124.4	204
邢台	Xingtai	132.0	50.9	53.0	286
保定	Baoding	107.8	131.1	114.5	225
张家口	Zhangjiakou	84.2	83.3	74.8	278
承德	Chengde	137.6	107.9	113.1	229
沧州	Cangzhou	63.5	136.1	151.0	152
廊坊	Langfang	136.2	146.1	144.5	159
衡水	Hengshui	112.3	89.8	90.6	260
山西	**Shanxi**	**106.4**	**114.5**	**128.6**	
太原	Taiyuan	93.5	123.3	133.0	186
大同	Datong	91.6	100.7	174.2	100
阳泉	Yangquan	133.2	105.4	93.5	257
长治	Changzhi	154.9	184.3	181.9	89
晋城	Jincheng	154.8	137.5	120.7	209
朔州	Shuozhou	100.9	100.6	178.7	96
晋中	Jinzhong	110.8	111.9	130.7	191
运城	Yuncheng	141.7	125.0	138.0	177
忻州	Xinzhou	71.8	87.0	76.0	276
临汾	Linfen	98.7	86.0	82.2	268
吕梁	Lvliang	99.8	93.7	102.1	245
内蒙古	**Inner Mongolia**	**88.5**	**103.4**	**114.5**	
呼和浩特	Hohhot	87.6	88.7	115.0	223
包头	Baotou	78.5	77.4	87.0	263
乌海	Wuhai	56.9	122.1	162.2	127
赤峰	Chifeng	107.0	113.6	106.2	239
通辽	Tongliao	104.7	148.1	172.2	106
鄂尔多斯	Erdos	66.6	127.8	134.4	183
呼伦贝尔	Hulunbuir	138.2	160.9	172.4	104
巴彦淖尔	Bayannur	105.0	107.3	90.7	259
乌兰察布	Ulanqab	53.8	109.4	114.0	228
辽宁	**Liaoning**	**121.0**	**146.3**	**139.7**	
沈阳	Shenyang	152.5	221.3	217.0	51
大连	Dalian	106.3	163.9	147.8	155
鞍山	Anshan	163.2	113.8	115.8	221
抚顺	Fushun	73.6	80.7	85.4	266
本溪	Benxi	94.7	116.7	118.5	217
丹东	Dandong	93.7	118.9	114.2	226
锦州	Jinzhou	137.0	133.3	105.5	240
营口	Yingkou	91.4	112.0	126.9	201
阜新	Fuxin	109.0	142.1	74.2	279
辽阳	Liaoyang	165.9	100.0	97.3	250
盘锦	Panjin	116.0	111.9	117.8	218
铁岭	Tieling	115.6	102.7	153.8	148
朝阳	Chaoyang	114.4	87.3	104.7	242
葫芦岛	Huludao	86.9	180.4	78.0	274
吉林	**Jilin**	**121.0**	**124.5**	**117.8**	
长春	Changchun	139.4	164.6	140.8	172
吉林	Jilin	119.5	117.6	112.0	232
四平	Siping	53.2	100.9	93.9	256
辽源	Liaoyuan	64.0	72.5	69.4	282
通化	Tonghua	100.0	88.9	112.0	235
白山	Baishan	78.4	72.2	75.2	277
松原	Songyuan	188.1	163.3	164.9	118
白城	Baicheng	145.2	124.2	120.1	211
黑龙江	**Heilongjiang**	**123.9**	**117.4**	**120.4**	
哈尔滨	Harbin	147.7	131.6	137.6	179
齐齐哈尔	Qiqihar	99.1	109.4	120.0	212
鸡西	Jixi	164.2	100.3	66.8	283
鹤岗	Hegang	87.3	87.6	88.9	262
双鸭山	Shuangyashan	104.8	116.8	104.3	243
大庆	Daqing	169.3	113.7	145.8	157
伊春	Yichun	90.5	84.4	84.4	267
佳木斯	Jiamusi	124.4	123.7	112.3	231
七台河	Qitaihe	79.9	95.2	101.2	246
牡丹江	Mudanjiang	94.2	116.8	126.8	202
黑河	Heihe	72.7	102.6	90.3	261
绥化	Suihua	106.0	192.2	163.5	124
上海	**Shanghai**	**174.8**	**200.9**	**200.3**	
江苏	**Jiangsu**	**220.4**	**215.4**	**215.2**	

8-29 城市人均日生活用水量(辖区） 续表 1

Urban Domestic Water Use per Capita (Municipal Districts) continued 1

单位：升 (liter)

地名	City	2010	2016	2017	2017 排名 Ranking	地名	City	2010	2016	2017	2017 排名 Ranking
南京	Nanjing	314.8	313.4	307.3	6	池州	Chizhou	126.5	161.7	167.5	114
无锡	Wuxi	228.3	215.9	224.0	46	宣城	Xuancheng	135.0	162.1	179.3	95
徐州	Xuzhou	163.9	124.6	147.2	156	**福建**	**Fujian**	**186.6**	**191.5**	**203.7**	
常州	Changzhou	238.7	232.2	234.5	39	福州	Fuzhou	260.1	251.7	260.7	26
苏州	Suzhou	295.1	297.7	284.7	13	厦门	Xiamen	129.7	178.4	188.2	80
南通	Nantong	236.2	180.7	195.0	72	莆田	Putian	179.7	145.9	154.2	146
连云港	Lianyungang	96.2	165.9	165.0	117	三明	Sanming	226.6	229.0	269.2	21
淮安	Huaian	256.7	128.5	127.6	197	泉州	Quanzhou	178.9	184.5	197.7	70
盐城	Yancheng	142.4	141.0	135.1	181	漳州	Zhangzhou	182.8	181.0	217.3	50
扬州	Yangzhou	150.6	211.7	193.3	74	南平	Nanping	161.9	175.1	183.6	85
镇江	Zhenjiang	199.6	194.7	181.6	91	龙岩	Longyan	139.8	175.8	163.7	122
泰州	Taizhou	111.6	137.7	138.5	176	宁德	Ningde	199.1	125.9	149.4	154
宿迁	Suqian	119.6	158.6	157.4	141	**江西**	**Jiangxi**	**184.4**	**171.4**	**170.3**	
浙江	**Zhejiang**	**185.4**	**187.2**	**200.2**		南昌	Nanchang	266.8	228.6	228.9	43
杭州	Hangzhou	255.7	191.5	217.5	49	景德镇	Jingdezhen	183.5	267.3	250.0	30
宁波	Ningbo	290.3	258.2	252.1	27	萍乡	Pingxiang	118.9	126.5	153.7	149
温州	Wenzhou	219.1	176.9	173.2	102	九江	Jiujiang	141.6	165.9	164.1	121
嘉兴	Jiaxing	152.3	164.2	179.7	94	新余	Xinyu	200.1	184.5	186.8	82
湖州	Huzhou	154.2	165.3	169.8	109	鹰潭	Yingtan	184.8	135.5	198.8	68
绍兴	Shaoxing	151.6	187.5	211.1	57	赣州	Ganzhou	138.8	144.9	140.8	171
金华	Jinhua	122.7	196.9	207.2	60	吉安	Jian	178.9	127.2	132.0	188
衢州	Quzhou	185.5	261.2	234.3	40	宜春	Yichun	148.8	163.9	160.2	133
舟山	Zhoushan	130.2	125.2	132.0	187	抚州	Fuzhou	197.4	165.6	112.8	230
台州	Taizhou	185.8	225.2	239.3	33	上饶	Shangrao	149.6	165.3	172.3	105
丽水	Lishui	158.6	181.7	189.1	79	**山东**	**Shandong**	**129.5**	**132.8**	**126.7**	
安徽	**Anhui**	**160.8**	**180.2**	**188.1**		济南	Jinan	111.7	145.7	142.1	168
合肥	Hefei	238.4	237.7	250.5	29	青岛	Qingdao	178.1	158.7	157.8	140
芜湖	Wuhu	152.9	160.2	182.6	88	淄博	Zibo	129.7	131.1	128.8	196
蚌埠	Bengbu	194.2	227.0	232.1	41	枣庄	Zaozhuang	117.5	136.5	112.0	233
淮南	Huainan	121.8	133.3	156.3	142	东营	Dongying	124.0	159.0	159.2	137
马鞍山	Maanshan	219.9	192.9	198.1	69	烟台	Yantai	127.6	154.1	129.9	194
淮北	Huaibei	106.3	109.4	114.0	227	潍坊	Weifang	102.8	111.0	129.4	195
铜陵	Tongling	128.6	210.6	222.0	47	济宁	Jining	183.8	123.6	119.7	213
安庆	Anqing	143.7	134.1	142.5	167	泰安	Taian	170.0	157.9	130.9	189
黄山	Huangshan	139.8	179.1	193.9	73	威海	Weihai	122.3	136.3	140.3	174
滁州	Chuzhou	126.8	152.0	159.5	136	日照	Rizhao	100.0	115.7	139.1	175
阜阳	Fuyang	124.8	145.6	164.2	119	莱芜	Laiwu	129.5	94.3	74.0	280
宿州	Suzhou	183.2	98.6	93.4	258	临沂	Linyi	144.2	139.4	118.8	216
六安	Liuan	78.1	149.7	162.6	126	德州	Dezhou	140.3	91.9	78.9	271
亳州	Bozhou	152.5	187.1	167.9	113	聊城	Liaocheng	133.9	142.0	100.4	248

8-29 城市人均日生活用水量(辖区) 续表 2

Urban Domestic Water Use per Capita (Municipal Districts) continued 2

单位：升 (liter)

地名	City	2010	2016	2017	2017 排名 Ranking	地名	City	2010	2016	2017	2017 排名 Ranking
滨州	Binzhou	101.7	103.8	120.2	210	常德	Changde	155.5	206.8	133.9	184
菏泽	Heze	124.6	130.7	127.0	200	张家界	Zhangjiajie	241.8	199.3	192.5	75
河南	**Henan**	**109.1**	**115.6**	**129.3**		益阳	Yiyang	130.6	110.1	141.0	170
郑州	Zhengzhou	106.0	87.9	130.5	192	郴州	Chenzhou	237.9	297.9	211.1	56
开封	Kaifeng	83.3	124.4	137.3	180	永州	Yongzhou	205.8	192.5	199.5	67
洛阳	Luoyang	89.3	120.6	123.2	207	怀化	Huaihua	240.2	216.6	163.6	123
平顶山	Pingdingshan	106.3	120.1	143.8	164	娄底	Loudi	225.3	173.1	182.8	87
安阳	Anyang	134.2	172.2	181.4	92	**广东**	**Guangdong**	**250.0**	**246.1**	**256.5**	
鹤壁	Hebi	136.6	120.3	115.1	222	广州	Guangzhou	366.4	297.4	320.6	4
新乡	Xinxiang	130.6	171.8	178.1	97	韶关	Shaoguan	255.0	310.1	287.9	12
焦作	Jiaozuo	87.0	117.1	130.1	193	深圳	Shenzhen	216.4	229.7	231.4	42
濮阳	Puyang	128.8	187.0	181.0	93	珠海	Zhuhai	189.4	278.6	208.6	59
许昌	Xuchang	109.7	123.8	130.8	190	汕头	Shantou	190.4	167.9	173.5	101
漯河	Luohe	149.8	130.0	127.4	198	佛山	Foshan	332.3	406.2	441.9	1
三门峡	Sanmenxia	102.3	113.3	110.7	237	江门	Jiangmen	220.5	236.5	263.8	23
南阳	Nanyang	92.5	111.9	111.3	236	湛江	Zhanjiang	247.6	216.7	219.8	48
商丘	Shangqiu	150.5	104.2	95.8	255	茂名	Maoming	247.4	233.9	238.4	34
信阳	Xinyang	141.7	141.8	103.5	244	肇庆	Zhaoqing	273.5	267.0	273.7	18
周口	Zhoukou	115.5	170.6	175.6	99	惠州	Huizhou	229.8	277.2	270.1	20
驻马店	Zhumadian	134.5	132.8	169.3	111	梅州	Meizhou	163.5	244.8	206.8	61
湖北	**Hubei**	**211.5**	**204.3**	**199.6**		汕尾	Shanwei	147.9	180.5	214.9	53
武汉	Wuhan	256.2	293.4	261.7	25	河源	Heyuan	267.0	185.7	237.3	36
黄石	Huangshi	220.3	145.7	167.2	115	阳江	Yangjiang	139.6	170.9	212.6	54
十堰	Shiyan	279.1	221.2	263.6	24	清远	Qingyuan	311.0	258.9	278.9	16
宜昌	Yichang	129.2	183.5	183.4	86	东莞	Dongguan	221.4	226.2	275.1	17
襄阳	Xiangyang	247.5	168.5	116.0	220	中山	Zhongshan	402.7	266.6	270.7	19
鄂州	Ezhou	280.9	229.8	224.6	45	潮州	Chaozhou	160.8	136.4	137.9	178
荆门	Jingmen	201.0	137.1	143.8	163	揭阳	Jieyang	89.0	138.4	154.2	146
孝感	Xiaogan	190.1	208.9	164.1	120	云浮	Yunfu	197.6	209.1	200.6	65
荆州	Jingzhou	169.9	188.1	199.8	66	**广西**	**Guangxi**	**249.7**	**256.4**	**257.2**	
黄冈	Huanggang	260.5	180.4	181.7	90	南宁	Nanning	321.0	329.8	316.9	5
咸宁	Xianning	160.2	147.5	153.4	150	柳州	Liuzhou	219.8	217.7	235.2	38
随州	Suizhou	147.9	120.7	133.2	185	桂林	Guilin	324.2	298.0	325.2	3
湖南	**Hunan**	**220.4**	**217.1**	**180.3**		梧州	Wuzhou	235.9	209.3	226.6	44
长沙	Changsha	364.2	292.9	200.7	64	北海	Beihai	259.7	306.8	305.0	7
株洲	Zhuzhou	266.3	292.6	264.2	22	防城港	Fangchenggang	195.4	261.8	290.1	11
湘潭	Xiangtan	182.5	165.6	251.0	28	钦州	Qinzhou	293.0	291.0	301.8	8
衡阳	Hengyang	167.0	164.3	121.7	208	贵港	Guigang	193.8	183.9	170.7	108
邵阳	Shaoyang	167.7	232.7	209.9	58	玉林	Yulin	177.5	176.4	144.0	161
岳阳	Yueyang	183.3	216.6	143.8	162	百色	Baise	276.3	298.0	297.9	10

8-29 城市人均日生活用水量(辖区） 续表 3

Urban Domestic Water Use per Capita (Municipal Districts) continued 3

单位：升 (liter)

地名	City	2010	2016	2017	2017 排名 Ranking	地名	City	2010	2016	2017	2017 排名 Ranking
贺州	Hezhou	223.8	203.6	215.5	52	丽江	Lijiang	137.4	275.8	177.2	98
河池	Hechi	186.5	240.7	245.9	32	普洱	Puer	153.3	198.2	183.9	84
来宾	Laibin	180.4	193.5	161.7	128	临沧	Lincang	185.1	160.1	161.3	130
崇左	Chongzuo	200.9	202.0	204.9	62	**西藏**	**Tibet**	**218.9**	**367.0**	**265.7**	
海南	**Hainan**	**264.5**	**253.1**	**268.2**		拉萨	Lasa	232.8	421.9	281.4	15
海口	Haikou	299.0	263.1	283.3	14	**陕西**	**Shaanxi**	**165.7**	**159.3**	**166.6**	
三亚	Sanya	285.6	324.5	341.4	2	西安	Xi'an	198.5	196.9	201.0	63
三沙	Sansha		153.9	159.8	135	铜川	Tongchuan	73.6	69.7	77.6	275
重庆	**Chongqing**	**136.8**	**151.6**	**151.6**		宝鸡	Baoji	131.8	152.1	155.9	144
四川	**Sichuan**	**196.7**	**214.6**	**202.1**		咸阳	Xianyang	198.6	141.0	168.3	112
成都	Chengdu	289.9	351.2	300.0	9	渭南	Weinan	125.1	160.4	158.1	139
自贡	Zigong	112.0	117.3	119.3	215	延安	Yan'an	104.8	155.2	160.1	134
攀枝花	Panzhihua	207.5	217.7	212.3	55	汉中	Hanzhong	134.6	164.9	171.2	107
泸州	Luzhou	126.3	127.5	127.1	199	榆林	Yulin	82.1	69.6	86.3	265
德阳	Deyang	167.9	138.7	123.8	206	安康	Ankang	210.3	125.8	126.8	203
绵阳	Mianyang	161.0	167.6	167.1	116	商洛	Shangluo	155.4	75.4	86.9	264
广元	Guangyuan	161.6	143.2	161.4	129	**甘肃**	**Gansu**	**155.1**	**125.3**	**126.0**	
遂宁	Suining	123.3	105.0	190.4	77	兰州	Lanzhou	189.9	164.7	161.3	130
内江	Neijiang	130.3	139.0	144.1	160	嘉峪关	Jiayuguan	157.5	80.8	79.6	270
乐山	Leshan	157.4	122.9	140.3	173	金昌	Jinchang	168.4	242.8	238.4	34
南充	Nanchong	182.7	156.6	156.2	143	白银	Baiyin	264.8	80.5	96.5	252
眉山	Meishan	174.2	153.9	169.5	110	天水	Tianshui	138.6	107.8	105.3	241
宜宾	Yibin	227.1	134.0	151.8	151	武威	Wuwei	119.4	106.6	100.9	247
广安	Guangan	97.2	139.6	142.6	166	张掖	Zhangye	147.2	128.7	163.3	125
达州	Dazhou	178.2	256.2	154.5	145	平凉	Pingliang	85.5	77.4	96.3	253
雅安	Yaan	142.9	145.6	150.9	153	酒泉	Jiuquan	118.8	84.7	95.9	254
巴中	Bazhong	80.5	105.4	112.0	233	庆阳	Qingyang	78.1	78.4	78.8	272
资阳	Ziyang	137.7	135.0	134.8	182	定西	Dingxi	38.8	47.9	54.7	285
贵州	**Guizhou**	**130.5**	**172.0**	**177.3**		陇南	Longnan	51.8	64.6	78.1	273
贵阳	Guiyang	148.5	233.5	237.1	37	**青海**	**Qinghai**	**179.0**	**170.3**	**182.3**	
六盘水	Liupanshui	131.7	151.4	184.4	83	西宁	Xining	175.8	186.5	187.7	81
遵义	Zunyi	154.9	132.2	141.4	169	海东	Haidong		60.3	69.4	281
安顺	Anshun	72.5	112.6	98.2	249	**宁夏**	**Ningxia**	**177.6**	**187.8**	**179.3**	
毕节	Bijie	75.8	140.7	114.7	224	银川	Yinchuan	175.9	182.6	190.5	76
铜仁	Tongren	134.5	143.9	173.1	103	石嘴山	Shizuishan	233.2	253.2	196.9	71
云南	**Yunnan**	**146.2**	**132.0**	**129.4**		吴忠	Wuzhong	181.1	217.2	190.3	78
昆明	Kunming	149.9	131.0	119.4	214	固原	Guyuan	122.4	90.3	81.8	269
曲靖	Qujing	104.4	117.3	107.9	238	中卫	Zhongwei	151.3	119.4	116.4	219
玉溪	Yuxi	203.6	120.4	124.4	205	**新疆**	**Xinjiang**	**150.8**	**167.2**	**187.0**	
保山	Baoshan	100.2	111.7	63.8	284	乌鲁木齐	Urumqi	142.5	143.2	160.3	132
昭通	Zhaotong	92.6	97.5	97.2	251	克拉玛依	Karamay	206.3	254.0	248.5	31

8-30 城市用水普及率(辖区)
Urban Water Coverage Rate (Municipal Districts)

单位：% (%)

地名	City	2010	2016	2017	2017 排名 Ranking	地名	City	2010	2016	2017	2017 排名 Ranking
全国	**Nation Total**	**96.68**	**98.42**	**98.30**		沈阳	Shenyang	100.00	99.91	100.00	1
北京	**Beijing**	**100.00**	**100.00**	**100.00**		大连	Dalian	100.00	99.76	100.00	1
天津	**Tianjin**	**100.00**	**100.00**	**100.00**		鞍山	Anshan	97.73	100.00	100.00	1
河北	**Hebei**	**99.97**	**99.52**	**99.05**		抚顺	Fushun	98.59	98.62	98.61	185
石家庄	Shijiazhuang	100.00	100.00	100.00	1	本溪	Benxi	97.56	99.56	99.61	140
唐山	Tangshan	100.00	100.00	100.00	1	丹东	Dandong	94.59	100.00	100.00	1
秦皇岛	Qinhuangdao	100.00	100.00	98.40	195	锦州	Jinzhou	100.00	100.00	100.00	1
邯郸	Handan	100.00	100.00	100.00	1	营口	Yingkou	86.19	100.00	100.00	1
邢台	Xingtai	100.00	100.00	100.00	1	阜新	Fuxin	99.64	98.94	98.80	177
保定	Baoding	100.00	96.46	91.76	268	辽阳	Liaoyang	100.00	100.00	100.00	1
张家口	Zhangjiakou	100.00	100.00	100.00	1	盘锦	Panjin	100.00	98.58	100.00	1
承德	Chengde	100.00	100.00	100.00	1	铁岭	Tieling	97.50	99.00	98.67	183
沧州	Cangzhou	100.00	100.00	100.00	1	朝阳	Chaoyang	91.18	91.65	93.16	260
廊坊	Langfang	100.00	100.00	100.00	1	葫芦岛	Huludao	100.00	100.00	96.58	236
衡水	Hengshui	100.00	99.63	99.98	112	**吉林**	**Jilin**	**89.60**	**93.40**	**94.85**	
山西	**Shanxi**	**97.26**	**99.29**	**97.81**		长春	Changchun	99.46	99.81	99.48	147
太原	Taiyuan	100.00	100.00	100.00	1	吉林	Jilin	97.84	98.57	98.65	184
大同	Datong	100.00	100.00	100.00	1	四平	Siping	65.34	72.21	99.69	137
阳泉	Yangquan	100.00	100.00	100.00	1	辽源	Liaoyuan	82.33	95.35	99.87	123
长治	Changzhi	95.00	98.54	99.29	157	通化	Tonghua	88.26	94.06	71.72	284
晋城	Jincheng	100.00	98.98	98.99	170	白山	Baishan	91.51	89.24	88.43	274
朔州	Shuozhou	98.11	98.98	55.78	286	松原	Songyuan	92.24	96.06	96.09	242
晋中	Jinzhong	96.50	100.00	100.00	1	白城	Baicheng	92.02	98.51	98.59	186
运城	Yuncheng	93.02	98.49	99.00	169	**黑龙江**	**Heilongjiang**	**88.43**	**97.25**	**98.53**	
忻州	Xinzhou	90.00	100.00	100.00	1	哈尔滨	Harbin	89.17	100.00	100.00	1
临汾	Linfen	92.12	96.62	98.23	198	齐齐哈尔	Qiqihar	97.68	100.00	100.00	1
吕梁	Lvliang	94.48	97.83	98.19	200	鸡西	Jixi	97.23	98.96	99.05	164
内蒙古	**Inner Mongolia**	**87.97**	**98.98**	**99.10**		鹤岗	Hegang	86.45	95.78	99.60	141
呼和浩特	Hohhot	95.50	99.96	99.57	144	双鸭山	Shuangyashan	99.78	98.95	99.79	130
包头	Baotou	90.86	99.55	99.46	148	大庆	Daqing	83.18	95.91	99.38	151
乌海	Wuhai	99.84	100.00	100.00	1	伊春	Yichun	69.53	86.38	86.87	275
赤峰	Chifeng	84.70	98.60	98.90	172	佳木斯	Jiamusi	90.21	96.26	97.64	222
通辽	Tongliao	79.44	97.90	99.38	151	七台河	Qitaihe	86.41	98.17	98.10	204
鄂尔多斯	Erdos	97.21	99.82	99.82	126	牡丹江	Mudanjiang	92.08	93.66	100.00	1
呼伦贝尔	Hulunbuir	71.92	97.52	92.56	265	黑河	Heihe	81.56	96.97	97.57	224
巴彦淖尔	Bayannur	80.52	97.49	97.49	226	绥化	Suihua	96.31	98.64	95.64	245
乌兰察布	Ulanqab	86.96	97.42	97.49	226	**上海**	**Shanghai**	**100.00**	**100.00**	**100.00**	
辽宁	**Liaoning**	**97.44**	**98.96**	**98.45**		**江苏**	**Jiangsu**	**99.56**	**99.86**	**99.98**	

8-30 城市用水普及率(辖区) 续表 1
Urban Water Coverage Rate (Municipal Districts) continued 1

单位：% (%)

地名	City	2010	2016	2017	2017 排名 Ranking
南京	Nanjing	100.00	100.00	100.00	1
无锡	Wuxi	100.00	100.00	100.00	1
徐州	Xuzhou	99.44	99.81	99.95	116
常州	Changzhou	100.00	100.00	100.00	1
苏州	Suzhou	100.00	100.00	100.00	1
南通	Nantong	100.00	100.00	100.00	1
连云港	Lianyungang	100.00	100.00	100.00	1
淮安	Huaian	93.94	100.00	100.00	1
盐城	Yancheng	100.00	100.00	100.00	1
扬州	Yangzhou	99.81	100.00	100.00	1
镇江	Zhenjiang	100.00	100.00	100.00	1
泰州	Taizhou	100.00	100.00	100.00	1
宿迁	Suqian	100.00	100.00	100.00	1
浙江	**Zhejiang**	**99.79**	**99.97**	**100.00**	
杭州	Hangzhou	100.00	100.00	100.00	1
宁波	Ningbo	100.00	100.00	100.00	1
温州	Wenzhou	100.00	100.00	100.00	1
嘉兴	Jiaxing	100.00	99.27	100.00	1
湖州	Huzhou	100.00	100.00	100.00	1
绍兴	Shaoxing	100.00	100.00	100.00	1
金华	Jinhua	99.86	100.00	100.00	1
衢州	Quzhou	100.00	100.00	100.00	1
舟山	Zhoushan	99.44	100.00	100.00	1
台州	Taizhou	99.33	100.00	100.00	1
丽水	Lishui	100.00	100.00	100.00	1
安徽	**Anhui**	**96.06**	**99.20**	**99.43**	
合肥	Hefei	97.22	99.25	99.81	127
芜湖	Wuhu	100.00	100.00	100.00	1
蚌埠	Bengbu	99.67	100.00	100.00	1
淮南	Huainan	97.28	99.93	99.98	112
马鞍山	Maanshan	100.00	100.00	100.00	1
淮北	Huaibei	97.01	99.15	99.19	161
铜陵	Tongling	96.63	100.00	100.00	1
安庆	Anqing	91.86	100.00	100.00	1
黄山	Huangshan	99.33	100.00	100.00	1
滁州	Chuzhou	99.79	100.00	100.00	1
阜阳	Fuyang	92.01	95.55	96.10	241
宿州	Suzhou	98.92	98.87	98.56	187
六安	Liuan	99.16	99.67	99.67	138
亳州	Bozhou	97.46	98.83	98.01	209
池州	Chizhou	93.83	99.51	99.58	142
宣城	Xuancheng	98.58	99.50	99.02	166
福建	**Fujian**	**99.50**	**99.52**	**99.56**	
福州	Fuzhou	99.86	99.99	99.35	153
厦门	Xiamen	100.00	99.81	100.00	1
莆田	Putian	99.00	99.54	99.92	119
三明	Sanming	98.87	99.86	99.86	124
泉州	Quanzhou	98.71	99.11	98.00	211
漳州	Zhangzhou	99.39	100.00	100.00	1
南平	Nanping	99.61	100.00	99.97	114
龙岩	Longyan	99.37	99.28	99.91	121
宁德	Ningde	99.13	99.22	99.30	155
江西	**Jiangxi**	**97.43**	**97.69**	**98.11**	
南昌	Nanchang	99.79	98.88	99.06	163
景德镇	Jingdezhen	99.67	98.02	98.69	181
萍乡	Pingxiang	100.00	100.00	100.00	1
九江	Jiujiang	100.00	99.30	98.77	180
新余	Xinyu	100.00	100.00	100.00	1
鹰潭	Yingtan	94.72	96.11	97.00	233
赣州	Ganzhou	100.00	98.38	98.89	173
吉安	Jian	94.63	94.70	94.78	252
宜春	Yichun	90.11	96.97	98.50	190
抚州	Fuzhou	99.88	99.45	99.21	159
上饶	Shangrao	99.70	99.76	99.63	139
山东	**Shandong**	**99.57**	**99.78**	**99.82**	
济南	Jinan	100.00	100.00	100.00	1
青岛	Qingdao	100.00	100.00	100.00	1
淄博	Zibo	100.00	100.00	100.00	1
枣庄	Zaozhuang	99.10	99.44	99.58	142
东营	Dongying	96.30	100.00	100.00	1
烟台	Yantai	99.84	97.75	98.81	176
潍坊	Weifang	100.00	100.00	100.00	1
济宁	Jining	100.00	100.00	100.00	1
泰安	Taian	100.00	100.00	100.00	1
威海	Weihai	100.00	100.00	100.00	1
日照	Rizhao	100.00	100.00	100.00	1
莱芜	Laiwu	100.00	100.00	100.00	1
临沂	Linyi	100.00	100.00	100.00	1
德州	Dezhou	99.87	100.00	100.00	1
聊城	Liaocheng	100.00	99.42	100.00	1

8-30 城市用水普及率(辖区) 续表 2

Urban Water Coverage Rate (Municipal Districts) continued 2

单位：% (%)

地名	City	2010	2016	2017	2017 排名 Ranking	地名	City	2010	2016	2017	2017 排名 Ranking
滨州	Binzhou	100.00	100.00	100.00	1	常德	Changde	96.59	96.34	100.00	1
菏泽	Heze	94.62	99.34	99.92	119	张家界	Zhangjiajie	97.53	98.03	95.26	247
河南	**Henan**	**91.03**	**93.42**	**95.88**		益阳	Yiyang	84.44	95.59	97.51	225
郑州	Zhengzhou	100.00	100.00	100.00	1	郴州	Chenzhou	92.23	99.22	98.10	204
开封	Kaifeng	97.65	93.33	96.14	240	永州	Yongzhou	98.77	98.78	98.85	175
洛阳	Luoyang	97.78	98.51	99.85	125	怀化	Huaihua	97.33	91.60	94.24	254
平顶山	Pingdingshan	80.69	97.90	97.76	217	娄底	Loudi	97.60	99.16	98.52	189
安阳	Anyang	100.00	100.00	100.00	1	**广东**	**Guangdong**	**98.37**	**98.06**	**97.80**	
鹤壁	Hebi	97.88	96.65	96.97	234	广州	Guangzhou	99.56	100.00	100.00	1
新乡	Xinxiang	97.20	99.22	98.79	178	韶关	Shaoguan	93.88	93.75	99.09	162
焦作	Jiaozuo	99.80	99.20	99.30	155	深圳	Shenzhen	100.00	100.00	99.93	118
濮阳	Puyang	90.62	98.18	98.02	208	珠海	Zhuhai	99.70	100.00	100.00	1
许昌	Xuchang	96.86	98.16	99.31	154	汕头	Shantou	98.57	100.00	82.71	278
漯河	Luohe	91.29	88.08	99.80	129	佛山	Foshan	100.00	98.97	100.00	1
三门峡	Sanmenxia	88.61	93.61	99.79	130	江门	Jiangmen	96.80	99.50	93.05	261
南阳	Nanyang	70.19	73.81	80.78	282	湛江	Zhanjiang	99.37	93.03	96.41	237
商丘	Shangqiu	64.35	67.10	95.08	249	茂名	Maoming	100.00	100.00	100.00	1
信阳	Xinyang	96.00	98.14	98.01	209	肇庆	Zhaoqing	99.94	98.35	100.00	1
周口	Zhoukou	93.70	100.00	97.39	229	惠州	Huizhou	96.57	98.52	98.49	191
驻马店	Zhumadian	63.38	93.69	94.05	256	梅州	Meizhou	96.16	92.49	100.00	1
湖北	**Hubei**	**97.59**	**99.12**	**99.27**		汕尾	Shanwei	95.07	97.81	99.20	160
武汉	Wuhan	100.00	100.00	100.00	1	河源	Heyuan	99.89	100.00	100.00	1
黄石	Huangshi	99.97	100.00	100.00	1	阳江	Yangjiang	100.00	100.00	100.00	1
十堰	Shiyan	88.35	96.91	99.29	157	清远	Qingyuan	99.98	79.98	98.69	181
宜昌	Yichang	100.00	100.00	100.00	1	东莞	Dongguan	99.50	100.00	100.00	1
襄阳	Xiangyang	99.62	100.00	100.00	1	中山	Zhongshan	100.00	100.00	100.00	1
鄂州	Ezhou	100.00	100.00	100.00	1	潮州	Chaozhou	100.00	84.89	100.00	1
荆门	Jingmen	100.00	100.00	100.00	1	揭阳	Jieyang	97.60	86.54	92.62	264
孝感	Xiaogan	97.40	100.00	100.00	1	云浮	Yunfu	98.48	99.81	98.31	197
荆州	Jingzhou	98.27	99.81	99.81	127	**广西**	**Guangxi**	**94.65**	**97.70**	**97.63**	
黄冈	Huanggang	97.21	100.00	100.00	1	南宁	Nanning	95.10	96.14	97.44	228
咸宁	Xianning	84.34	98.32	98.21	199	柳州	Liuzhou	99.80	98.36	97.76	217
随州	Suizhou	94.51	94.27	97.93	213	桂林	Guilin	78.27	97.17	95.77	244
湖南	**Hunan**	**95.17**	**96.81**	**96.52**		梧州	Wuzhou	93.88	96.17	92.27	267
长沙	Changsha	100.00	99.85	100.00	1	北海	Beihai	97.08	97.76	97.81	216
株洲	Zhuzhou	98.89	100.00	100.00	1	防城港	Fangchenggang	100.00	100.00	100.00	1
湘潭	Xiangtan	97.54	96.12	93.32	258	钦州	Qinzhou	99.56	99.92	96.00	243
衡阳	Hengyang	100.00	99.82	98.00	211	贵港	Guigang	91.38	98.29	99.51	146
邵阳	Shaoyang	92.08	95.22	89.76	271	玉林	Yulin	100.00	100.00	100.00	1
岳阳	Yueyang	95.54	100.00	100.00	1	百色	Baise	100.00	100.00	100.00	1

8-30 城市用水普及率(辖区) 续表 3

Urban Water Coverage Rate (Municipal Districts) continued 3

单位：% (%)

地名	City	2010	2016	2017	2017 排名 Ranking
贺州	Hezhou	99.15	99.00	98.12	203
河池	Hechi	99.26	100.00	99.54	145
来宾	Laibin	90.55	99.93	99.91	121
崇左	Chongzuo	100.00	94.87	98.05	207
海南	**Hainan**	**89.43**	**97.41**	**98.40**	
海口	Haikou	100.00	98.46	99.41	149
三亚	Sanya	91.23	97.82	98.18	201
三沙	Sansha		65.00	63.16	285
重庆	**Chongqing**	**94.05**	**97.13**	**98.05**	
四川	**Sichuan**	**90.80**	**93.07**	**94.91**	
成都	Chengdu	95.79	94.95	96.71	235
自贡	Zigong	83.93	77.10	81.80	281
攀枝花	Panzhihua	96.12	83.56	96.25	238
泸州	Luzhou	89.68	95.43	95.38	246
德阳	Deyang	98.67	93.65	97.91	214
绵阳	Mianyang	97.96	99.66	99.78	133
广元	Guangyuan	90.94	98.16	98.08	206
遂宁	Suining	76.42	99.14	99.76	135
内江	Neijiang	78.00	93.37	97.58	223
乐山	Leshan	91.28	97.10	97.36	230
南充	Nanchong	96.98	98.33	98.46	192
眉山	Meishan	99.58	96.95	98.41	194
宜宾	Yibin	100.00	80.98	77.36	283
广安	Guangan	72.82	95.60	99.77	134
达州	Dazhou	94.91	95.39	94.85	251
雅安	Yaan	100.00	99.51	99.96	115
巴中	Bazhong	94.18	85.59	88.80	272
资阳	Ziyang	88.32	99.70	100.00	1
贵州	**Guizhou**	**94.10**	**96.03**	**96.54**	
贵阳	Guiyang	96.22	98.83	98.88	174
六盘水	Liupanshui	98.32	90.92	90.50	269
遵义	Zunyi	100.00	94.30	95.00	250
安顺	Anshun	86.21	99.38	98.95	171
毕节	Bijie	79.59	97.74	97.76	217
铜仁	Tongren	95.65	92.43	92.30	266
云南	**Yunnan**	**96.50**	**96.66**	**96.71**	
昆明	Kunming	99.69	98.58	99.70	136
曲靖	Qujing	100.00	99.53	97.72	220
玉溪	Yuxi	100.00	93.31	98.44	193
保山	Baoshan	90.03	82.64	82.46	279
昭通	Zhaotong	96.30	97.13	97.13	232
丽江	Lijiang	99.50	98.24	98.13	202
普洱	Puer	73.30	92.59	92.64	263
临沧	Lincang	94.84	93.50	94.13	255
西藏	**Tibet**	**97.42**	**67.57**	**92.80**	
拉萨	Lasa	99.22	58.46	88.59	273
陕西	**Shaanxi**	**99.39**	**95.61**	**95.95**	
西安	Xi'an	100.00	100.00	99.39	150
铜川	Tongchuan	95.67	92.94	90.41	270
宝鸡	Baoji	99.85	91.73	97.66	221
咸阳	Xianyang	96.00	92.72	94.01	257
渭南	Weinan	99.38	98.62	100.00	1
延安	Yan'an	86.01	84.94	85.03	277
汉中	Hanzhong	75.70	81.45	82.23	280
榆林	Yulin	95.14	86.66	86.42	276
安康	Ankang	84.74	95.18	93.26	259
商洛	Shangluo	94.94	99.75	99.01	167
甘肃	**Gansu**	**91.57**	**97.93**	**98.81**	
兰州	Lanzhou	94.96	97.02	98.78	179
嘉峪关	Jiayuguan	100.00	100.00	100.00	1
金昌	Jinchang	100.00	100.00	100.00	1
白银	Baiyin	97.80	100.00	100.00	1
天水	Tianshui	76.09	96.77	99.01	167
武威	Wuwei	94.12	97.32	99.04	165
张掖	Zhangye	99.01	100.00	100.00	1
平凉	Pingliang	95.39	99.73	97.18	231
酒泉	Jiuquan	100.00	100.00	100.00	1
庆阳	Qingyang	95.88	100.00	100.00	1
定西	Dingxi	86.81	98.36	98.37	196
陇南	Longnan	48.16	95.04	96.17	239
青海	**Qinghai**	**99.87**	**99.21**	**98.93**	
西宁	Xining	99.85	99.99	100.00	1
海东	Haidong		99.49	98.56	187
宁夏	**Ningxia**	**98.23**	**94.75**	**95.66**	
银川	Yinchuan	99.48	92.22	95.09	248
石嘴山	Shizuishan	99.29	99.79	99.79	130
吴忠	Wuzhong	89.06	95.45	97.84	215
固原	Guyuan	99.19	100.00	94.51	253
中卫	Zhongwei	97.99	90.58	93.04	262
新疆	**Xinjiang**	**99.17**	**98.86**	**98.75**	
乌鲁木齐	Urumqi	99.93	99.96	99.95	116
克拉玛依	Karamay	100.00	100.00	100.00	1

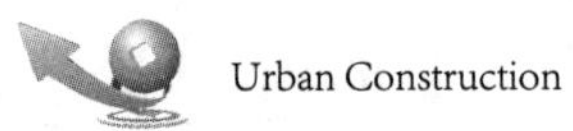

8-31 城市人工煤气供气总量(辖区)

Total Urban Man-made Coal Gas Supplied (Municipal Districts)

单位：万立方米 (10 000 m³)

地名	City	2010	2016	2017	2017 排名 Ranking
全国	**Nation Total**	**2799380**	**440944**	**270882**	
北京	**Beijing**				
天津	**Tianjin**				
河北	**Hebei**	**89834**	**73300**	**69573**	
石家庄	Shijiazhuang	1046	9184	7903	8
唐山	Tangshan	53727	47656	48491	1
秦皇岛	Qinhuangdao				
邯郸	Handan	9162			
邢台	Xingtai	14856	5375	5175	9
保定	Baoding				
张家口	Zhangjiakou	5879	5584	2628	17
承德	Chengde	3205	4016	3701	13
沧州	Cangzhou				
廊坊	Langfang				
衡水	Hengshui				
山西	**Shanxi**	**87203**	**30742**	**59857**	
太原	Taiyuan	49764	21806	19000	4
大同	Datong				
阳泉	Yangquan				
长治	Changzhi	11482			
晋城	Jincheng				
朔州	Shuozhou				
晋中	Jinzhong	3928			
运城	Yuncheng				
忻州	Xinzhou	4775			
临汾	Linfen	9771	2666	4607	10
吕梁	Lvliang	2838			
内蒙古	**Inner Mongolia**	**3069**	**6800**	**4581**	
呼和浩特	Hohhot				
包头	Baotou	3069	6800	4581	11
乌海	Wuhai				
赤峰	Chifeng				
通辽	Tongliao				
鄂尔多斯	Erdos				
呼伦贝尔	Hulunbuir				
巴彦淖尔	Bayannur				
乌兰察布	Ulanqab				
辽宁	**Liaoning**	**55177**	**48835**	**43621**	
沈阳	Shenyang				
大连	Dalian	22357	24683	24308	3
鞍山	Anshan	13107	13220	14868	7
抚顺	Fushun				
本溪	Benxi	4738			
丹东	Dandong	4024	4255	4339	12
锦州	Jinzhou	8276	6578		
营口	Yingkou				
阜新	Fuxin				
辽阳	Liaoyang				
盘锦	Panjin				
铁岭	Tieling				
朝阳	Chaoyang	2004			
葫芦岛	Huludao				
吉林	**Jilin**	**16727**	**3868**	**3051**	
长春	Changchun	14327			
吉林	Jilin				
四平	Siping				
辽源	Liaoyuan				
通化	Tonghua	2400	3868	3051	15
白山	Baishan				
松原	Songyuan				
白城	Baicheng				
黑龙江	**Heilongjiang**	**7587**	**6832**	**3235**	
哈尔滨	Harbin				
齐齐哈尔	Qiqihar				
鸡西	Jixi	1055			
鹤岗	Hegang				
双鸭山	Shuangyashan	693	975	940	25
大庆	Daqing				
伊春	Yichun				
佳木斯	Jiamusi				
七台河	Qitaihe	4089	3568	2295	18
牡丹江	Mudanjiang	1750	2289		
黑河	Heihe				
绥化	Suihua				
上海	**Shanghai**	**142167**			
江苏	**Jiangsu**	**1931995**			

8-31 城市人工煤气供气总量(辖区) 续表 1

Total Urban Man-made Coal Gas Supplied (Municipal Districts) continued 1

单位：万立方米 (10 000 m³)

地名	City	2010	2016	2017	2017 排名 Ranking
南京	Nanjing	1918223			
无锡	Wuxi				
徐州	Xuzhou	1662			
常州	Changzhou				
苏州	Suzhou	7432			
南通	Nantong	4677			
连云港	Lianyungang				
淮安	Huaian				
盐城	Yancheng				
扬州	Yangzhou				
镇江	Zhenjiang				
泰州	Taizhou				
宿迁	Suqian				
浙江	**Zhejiang**	**484**	**421**	**429**	
杭州	Hangzhou				
宁波	Ningbo				
温州	Wenzhou				
嘉兴	Jiaxing				
湖州	Huzhou				
绍兴	Shaoxing				
金华	Jinhua				
衢州	Quzhou	447	421	429	26
舟山	Zhoushan				
台州	Taizhou				
丽水	Lishui				
安徽	**Anhui**				
合肥	Hefei				
芜湖	Wuhu				
蚌埠	Bengbu				
淮南	Huainan				
马鞍山	Maanshan				
淮北	Huaibei				
铜陵	Tongling				
安庆	Anqing				
黄山	Huangshan				
滁州	Chuzhou				
阜阳	Fuyang				
宿州	Suzhou				
六安	Liuan				
亳州	Bozhou				
池州	Chizhou				
宣城	Xuancheng				
福建	**Fujian**	**2673**	**3000**	**2689**	
福州	Fuzhou				
厦门	Xiamen				
莆田	Putian				
三明	Sanming	2673	3000	2689	16
泉州	Quanzhou				
漳州	Zhangzhou				
南平	Nanping				
龙岩	Longyan				
宁德	Ningde				
江西	**Jiangxi**	**58208**	**19362**	**17972**	
南昌	Nanchang	16785			
景德镇	Jingdezhen	22709	14168	15162	6
萍乡	Pingxiang	15642	4132	1780	21
九江	Jiujiang				
新余	Xinyu	3072	1062	1030	24
鹰潭	Yingtan				
赣州	Ganzhou				
吉安	Jian				
宜春	Yichun				
抚州	Fuzhou				
上饶	Shangrao				
山东	**Shandong**	**35730**			
济南	Jinan	5294			
青岛	Qingdao	9153			
淄博	Zibo	7996			
枣庄	Zaozhuang	4154			
东营	Dongying				
烟台	Yantai				
潍坊	Weifang	6837			
济宁	Jining				
泰安	Taian				
威海	Weihai				
日照	Rizhao				
莱芜	Laiwu				
临沂	Linyi				
德州	Dezhou				
聊城	Liaocheng				

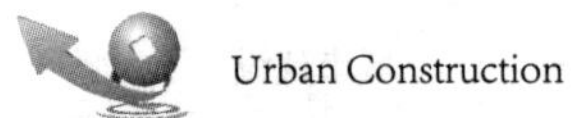

8-31 城市人工煤气供气总量(辖区) 续表 2
Total Urban Man-made Coal Gas Supplied (Municipal Districts) continued 2

单位：万立方米 (10 000 m³)

地名	City	2010	2016	2017	2017 排名 Ranking
滨州	Binzhou				
菏泽	Heze				
河南	**Henan**	**109500**	**40302**	**36405**	
郑州	Zhengzhou	520			
开封	Kaifeng				
洛阳	Luoyang	29759			
平顶山	Pingdingshan	4605			
安阳	Anyang	54998	34532	31615	2
鹤壁	Hebi				
新乡	Xinxiang				
焦作	Jiaozuo				
濮阳	Puyang				
许昌	Xuchang				
漯河	Luohe				
三门峡	Sanmenxia				
南阳	Nanyang	3086	2012	1728	23
商丘	Shangqiu				
信阳	Xinyang				
周口	Zhoukou				
驻马店	Zhumadian				
湖北	**Hubei**	**12042**			
武汉	Wuhan	8443			
黄石	Huangshi	499			
十堰	Shiyan				
宜昌	Yichang	3100			
襄阳	Xiangyang				
鄂州	Ezhou				
荆门	Jingmen				
孝感	Xiaogan				
荆州	Jingzhou				
黄冈	Huanggang				
咸宁	Xianning				
随州	Suizhou				
湖南	**Hunan**	**3044**	**3032**		
长沙	Changsha				
株洲	Zhuzhou				
湘潭	Xiangtan				
衡阳	Hengyang				
邵阳	Shaoyang	1027			
岳阳	Yueyang				
常德	Changde				
张家界	Zhangjiajie				
益阳	Yiyang				
郴州	Chenzhou				
永州	Yongzhou				
怀化	Huaihua				
娄底	Loudi	2017	3032		
广东	**Guangdong**	**7037**			
广州	Guangzhou	3432			
韶关	Shaoguan				
深圳	Shenzhen				
珠海	Zhuhai				
汕头	Shantou				
佛山	Foshan				
江门	Jiangmen				
湛江	Zhanjiang				
茂名	Maoming				
肇庆	Zhaoqing				
惠州	Huizhou				
梅州	Meizhou				
汕尾	Shanwei				
河源	Heyuan				
阳江	Yangjiang				
清远	Qingyuan				
东莞	Dongguan				
中山	Zhongshan				
潮州	Chaozhou				
揭阳	Jieyang				
云浮	Yunfu				
广西	**Guangxi**	**4517**	**4428**	**3495**	
南宁	Nanning				
柳州	Liuzhou	4320	4238	3315	14
桂林	Guilin				
梧州	Wuzhou				
北海	Beihai				
防城港	Fangchenggang				
钦州	Qinzhou				
贵港	Guigang				
玉林	Yulin				
百色	Baise				

8-31 城市人工煤气供气总量(辖区) 续表 3

Total Urban Man-made Coal Gas Supplied (Municipal Districts) continued 3

单位：万立方米 (10 000 m³)

地名	City	2010	2016	2017	2017 排名 Ranking
贺州	Hezhou				
河池	Hechi	197	190	180	27
来宾	Laibin				
崇左	Chongzuo				
海南	**Hainan**				
海口	Haikou				
三亚	Sanya				
三沙	Sansha				
重庆	**Chongqing**				
四川	**Sichuan**	**159719**	**166428**	**17004**	
成都	Chengdu				
自贡	Zigong				
攀枝花	Panzhihua	159719	166428	17004	5
泸州	Luzhou				
德阳	Deyang				
绵阳	Mianyang				
广元	Guangyuan				
遂宁	Suining				
内江	Neijiang				
乐山	Leshan				
南充	Nanchong				
眉山	Meishan				
宜宾	Yibin				
广安	Guangan				
达州	Dazhou				
雅安	Yaan				
巴中	Bazhong				
资阳	Ziyang				
贵州	**Guizhou**	**26963**	**2705**		
贵阳	Guiyang	22364			
六盘水	Liupanshui	3628	2705		
遵义	Zunyi				
安顺	Anshun				
毕节	Bijie	98			
铜仁	Tongren				
云南	**Yunnan**	**33818**	**27293**	**5017**	
昆明	Kunming	26975	20110	2264	19
曲靖	Qujing				
玉溪	Yuxi				
保山	Baoshan				
昭通	Zhaotong				
丽江	Lijiang				
普洱	Puer				
临沧	Lincang				
西藏	**Tibet**				
拉萨	Lasa				
陕西	**Shaanxi**				
西安	Xi'an				
铜川	Tongchuan				
宝鸡	Baoji				
咸阳	Xianyang				
渭南	Weinan				
延安	Yan'an				
汉中	Hanzhong				
榆林	Yulin				
安康	Ankang				
商洛	Shangluo				
甘肃	**Gansu**	**9438**	**1845**	**2195**	
兰州	Lanzhou				
嘉峪关	Jiayuguan	1928	1845	2195	20
金昌	Jinchang				
白银	Baiyin	7510			
天水	Tianshui				
武威	Wuwei				
张掖	Zhangye				
平凉	Pingliang				
酒泉	Jiuquan				
庆阳	Qingyang				
定西	Dingxi				
陇南	Longnan				
青海	**Qinghai**				
西宁	Xining				
海东	Haidong				
宁夏	**Ningxia**	**697**			
银川	Yinchuan				
石嘴山	Shizuishan	697			
吴忠	Wuzhong				
固原	Guyuan				
中卫	Zhongwei				
新疆	**Xinjiang**	**1752**	**1752**	**1757**	
乌鲁木齐	Urumqi	1752	1752	1753	22
克拉玛依	Karamay				

8-32 城市天然气供气总量(辖区)
Total Urban Natural Gas Supplied (Municipal Districts)

单位：万立方米 (10 000 m³)

地名	City	2010	2016	2017	2017 排名 Ranking
全国	**Nation Total**	**4875808**	**11717186**	**12637546**	
北京	**Beijing**	**719740**	**1622393**	**1641696**	
天津	**Tianjin**	**169453**	**341705**	**422860**	
河北	**Hebei**	**106740**	**366439**	**485113**	
石家庄	Shijiazhuang	13373	124793	98777	18
唐山	Tangshan	19752	25766	37287	48
秦皇岛	Qinhuangdao	13000	44367	60995	33
邯郸	Handan	11814	22757	45524	40
邢台	Xingtai	7439	14612	15174	109
保定	Baoding	8160	27569	39124	46
张家口	Zhangjiakou	39	333	12636	128
承德	Chengde	19	1463	2295	229
沧州	Cangzhou	4800	7036	8620	161
廊坊	Langfang	8125	28446	33369	55
衡水	Hengshui	1110	7104	7808	168
山西	**Shanxi**	**141440**	**261057**	**316260**	
太原	Taiyuan	32323	57566	111238	14
大同	Datong	9212	13973	17864	99
阳泉	Yangquan	58750	88180	85593	23
长治	Changzhi	1856	6569	7588	170
晋城	Jincheng	14735	10988	11517	136
朔州	Shuozhou	4080	5062	5658	186
晋中	Jinzhong	1084	8458	10094	147
运城	Yuncheng	361	8865	10141	145
忻州	Xinzhou	2785	3269	3200	216
临汾	Linfen		6235	3675	205
吕梁	Lvliang		1890	1890	237
内蒙古	**Inner Mongolia**	**69531**	**152198**	**181191**	
呼和浩特	Hohhot	30623	52972	51605	36
包头	Baotou	30831	68000	72465	31
乌海	Wuhai	1440	5014	28532	64
赤峰	Chifeng	140	2364	2856	220
通辽	Tongliao	711	2000	2256	230
鄂尔多斯	Erdos	4809	9706	11139	138
呼伦贝尔	Hulunbuir		591	625	268
巴彦淖尔	Bayannur	52	3759	3567	209
乌兰察布	Ulanqab	730	2988	3283	214
辽宁	**Liaoning**	**66173**	**204093**	**308119**	
沈阳	Shenyang	31889	71726	78501	27
大连	Dalian		464	40036	44
鞍山	Anshan	1459	1965	3437	211
抚顺	Fushun	7567	52464	48977	37
本溪	Benxi	28	4059	7685	169
丹东	Dandong	171	1557	1898	236
锦州	Jinzhou	121	1051	13463	122
营口	Yingkou	1404	4341	17724	100
阜新	Fuxin	3080	4294	4954	191
辽阳	Liaoyang	1180	8974	13676	120
盘锦	Panjin	1263	3882	5835	184
铁岭	Tieling	3723	7058	6496	178
朝阳	Chaoyang		1251	1669	243
葫芦岛	Huludao	3129	8200	15740	106
吉林	**Jilin**	**43462**	**130251**	**148205**	
长春	Changchun	26282	59306	67871	32
吉林	Jilin	6608	38098	46509	39
四平	Siping	2764	3180	3460	210
辽源	Liaoyuan		1452	2106	234
通化	Tonghua			497	270
白山	Baishan	104	769	1600	244
松原	Songyuan	5400	8512	8583	162
白城	Baicheng	260	2301	2400	225
黑龙江	**Heilongjiang**	**72497**	**121539**	**141437**	
哈尔滨	Harbin	29083	65298	73828	30
齐齐哈尔	Qiqihar	18090	23343	21553	86
鸡西	Jixi		70	960	262
鹤岗	Hegang	1046	994	1069	257
双鸭山	Shuangyashan			5	284
大庆	Daqing	22035	24978	28313	65
伊春	Yichun		8	13	281
佳木斯	Jiamusi	2243	4000	4600	197
七台河	Qitaihe		7	26	280
牡丹江	Mudanjiang		499	2794	221
黑河	Heihe			12	282
绥化	Suihua		465	630	267
上海	**Shanghai**	**450032**	**770332**	**808141**	
江苏	**Jiangsu**	**472309**	**962542**	**1087514**	

8-32 城市天然气供气总量(辖区) 续表 1

Total Urban Natural Gas Supplied (Municipal Districts) continued 1

单位：万立方米 (10 000 m³)

地名	City	2010	2016	2017	2017 排名 Ranking
南京	Nanjing	57891	116394	122080	11
无锡	Wuxi	41635	93030	137522	8
徐州	Xuzhou	13524	31629	32055	56
常州	Changzhou	48099	90685	105315	15
苏州	Suzhou	55899	117130	93553	20
南通	Nantong	810	24440	29555	63
连云港	Lianyungang	7223	13716	16577	104
淮安	Huaian	7433	17766	19593	92
盐城	Yancheng	5696	17377	17119	101
扬州	Yangzhou	6885	21627	22885	84
镇江	Zhenjiang	20497	38058	39741	45
泰州	Taizhou	2559	26687	30915	60
宿迁	Suqian	3735	15261	16579	103
浙江	**Zhejiang**	**118884**	**386397**	**484008**	
杭州	Hangzhou	45839	90781	117799	12
宁波	Ningbo	22464	78600	85250	24
温州	Wenzhou	1063	2800	9186	158
嘉兴	Jiaxing	5109	19658	26896	69
湖州	Huzhou	7573	22221	31064	59
绍兴	Shaoxing	13509	86663	76579	29
金华	Jinhua	790	8294	14098	116
衢州	Quzhou	1074	9756	10790	142
舟山	Zhoushan	1676	3119	4676	195
台州	Taizhou	25	8374	13078	125
丽水	Lishui			1548	245
安徽	**Anhui**	**112190**	**285424**	**311230**	
合肥	Hefei	22411	88950	99558	17
芜湖	Wuhu	18677	34131	35904	50
蚌埠	Bengbu	11178	28331	24907	75
淮南	Huainan	7801	10482	10482	143
马鞍山	Maanshan	13136	22953	24495	77
淮北	Huaibei	2398	8120	11109	139
铜陵	Tongling	9596	16703	17953	97
安庆	Anqing	918	7238	8385	164
黄山	Huangshan		1130	1344	249
滁州	Chuzhou	9628	15431	19318	94
阜阳	Fuyang	6400	10405	10019	148
宿州	Suzhou	1709	4904	5413	189
六安	Liuan	2328	6777	9828	152
亳州	Bozhou	1287	5959	6336	182
池州	Chizhou	934	2314	3170	217
宣城	Xuancheng	1188	6315	6353	181
福建	**Fujian**	**51101**	**159641**	**197249**	
福州	Fuzhou	7413	18997	23550	80
厦门	Xiamen	9085	25923	30263	62
莆田	Putian	1502	8478	9872	151
三明	Sanming			301	274
泉州	Quanzhou	2405	6177	6370	180
漳州	Zhangzhou	877	3749	4698	194
南平	Nanping		13	375	273
龙岩	Longyan		646	1115	256
宁德	Ningde		488	1030	258
江西	**Jiangxi**	**11263**	**90645**	**118153**	
南昌	Nanchang	1407	30735	44652	41
景德镇	Jingdezhen	1586	10561	10920	140
萍乡	Pingxiang	1830	11573	11598	134
九江	Jiujiang	1290	8920	10799	141
新余	Xinyu		4160	5778	185
鹰潭	Yingtan		857	1257	251
赣州	Ganzhou	1686	7369	9068	159
吉安	Jian	730	1955	2170	232
宜春	Yichun	1210	6457	8704	160
抚州	Fuzhou	200	3109	3291	213
上饶	Shangrao	488	2105	2996	219
山东	**Shandong**	**326931**	**675242**	**816265**	
济南	Jinan	20814	69347	78095	28
青岛	Qingdao	35681	70586	91572	21
淄博	Zibo	62870	88107	103254	16
枣庄	Zaozhuang	2966	10437	8241	165
东营	Dongying	25240	32071	37415	47
烟台	Yantai	13110	26224	31253	58
潍坊	Weifang	8821	27500	33920	54
济宁	Jining	8673	21467	27760	68
泰安	Taian	17100	25192	28095	66
威海	Weihai	5441	10595	12114	133
日照	Rizhao	2175	15651	23540	81
莱芜	Laiwu	3037	11317	12342	131
临沂	Linyi	12831	51350	60280	34
德州	Dezhou	5685	21650	25856	72
聊城	Liaocheng	10190	14612	35885	51

8-32 城市天然气供气总量(辖区） 续表 2
Total Urban Natural Gas Supplied (Municipal Districts) continued 2

单位：万立方米 (10 000 m³)

地名	City	2010	2016	2017	2017 排名 Ranking	地名	City	2010	2016	2017	2017 排名 Ranking
滨州	Binzhou	8190	14031	14386	114	常德	Changde	10822	33458	22222	85
菏泽	Heze	10814	16182	3797	204	张家界	Zhangjiajie	85	1032	1127	255
河南	**Henan**	**158928**	**366133**	**454874**		益阳	Yiyang	2500	5677	6450	179
郑州	Zhengzhou	52171	112864	130025	9	郴州	Chenzhou	270	3200	3667	206
开封	Kaifeng	6115	14042	16601	102	永州	Yongzhou		631	2113	233
洛阳	Luoyang	4165	24518	40701	43	怀化	Huaihua		473	1388	247
平顶山	Pingdingshan	20951	9855	11588	135	娄底	Loudi			4500	198
安阳	Anyang	12165	30598	36829	49	**广东**	**Guangdong**	**170266**	**1662579**	**1247389**	
鹤壁	Hebi	1821	4193	6659	177	广州	Guangzhou	61285	191674	207476	5
新乡	Xinxiang	8480	15630	19618	91	韶关	Shaoguan	1376	4111	5241	190
焦作	Jiaozuo	11750	19093	25685	73	深圳	Shenzhen	40425	605018	616880	1
濮阳	Puyang	5120	6659	6803	174	珠海	Zhuhai		12711	15135	110
许昌	Xuchang	2149	6306	10333	144	汕头	Shantou	979	3381	4497	199
漯河	Luohe	1769	2473	2572	223	佛山	Foshan	17532	100147	94013	19
三门峡	Sanmenxia	290	11922	12417	130	江门	Jiangmen	375	12273	17909	98
南阳	Nanyang	139	8826	9576	155	湛江	Zhanjiang	4926	10074	12227	132
商丘	Shangqiu	789	10404	13004	127	茂名	Maoming	36	2336	2359	227
信阳	Xinyang	2363	11118	13269	124	肇庆	Zhaoqing	2001	19004	25597	74
周口	Zhoukou	4241	8195	8236	166	惠州	Huizhou	450	13963	14093	117
驻马店	Zhumadian	2027	6389	6783	176	梅州	Meizhou	418	1362	1775	241
湖北	**Hubei**	**152833**	**377102**	**423990**		汕尾	Shanwei	3	328	378	272
武汉	Wuhan	78444	185000	195000	6	河源	Heyuan	14	1721	2204	231
黄石	Huangshi	11014	21891	26174	70	阳江	Yangjiang	804	1741	2370	226
十堰	Shiyan		5650	14333	115	清远	Qingyuan	641	9407	19883	90
宜昌	Yichang	10577	18371	18881	95	东莞	Dongguan	23414	74719	87752	22
襄阳	Xiangyang	10234	22989	23396	82	中山	Zhongshan	5313	9251	9891	150
鄂州	Ezhou	3000	3954	4676	196	潮州	Chaozhou	9703	29085	79061	26
荆门	Jingmen	5483	9649	9500	156	揭阳	Jieyang	18	901	4800	193
孝感	Xiaogan	457	7850	9950	149	云浮	Yunfu	22	1030	1257	250
荆州	Jingzhou	6803	14834	16148	105	**广西**	**Guangxi**	**10320**	**48713**	**69676**	
黄冈	Huanggang	978	3300	3361	212	南宁	Nanning	4235	22048	31489	57
咸宁	Xianning	1452	13019	13708	119	柳州	Liuzhou	1874	5940	9743	153
随州	Suizhou	700	3476	5476	188	桂林	Guilin	1244	5641	6783	175
湖南	**Hunan**	**111757**	**225562**	**236293**		梧州	Wuzhou	180	2472	3999	203
长沙	Changsha	36000	76628	80184	25	北海	Beihai	1481	3810	4200	200
株洲	Zhuzhou	13524	21496	23614	79	防城港	Fangchenggang	17	629	1224	252
湘潭	Xiangtan	8763	15006	15430	108	钦州	Qinzhou	257	1304	2326	228
衡阳	Hengyang	14221	14517	18153	96	贵港	Guigang	352	1193	1362	248
邵阳	Shaoyang	598	2912	4057	202	玉林	Yulin	309	2868	3618	207
岳阳	Yueyang	6759	19187	20727	88	百色	Baise		266	953	263

8-32 城市天然气供气总量(辖区) 续表 3

Total Urban Natural Gas Supplied (Municipal Districts) continued 3

单位：万立方米 (10 000 m³)

地名	City	2010	2016	2017	2017 排名 Ranking
贺州	Hezhou		229.12	1020.80	259
河池	Hechi		14	123	275
来宾	Laibin		628	965	261
崇左	Chongzuo		48	117	276
海南	**Hainan**	**14264**	**23611**	**24611**	
海口	Haikou	10031	16780	13527	121
三亚	Sanya	3062	4230	8118	167
三沙	Sansha				
重庆	**Chongqing**	**254021**	**384521**	**466511**	
四川	**Sichuan**	**525686**	**688686**	**718967**	
成都	Chengdu	219413	278703	312462	2
自贡	Zigong	14908	22565	27800	67
攀枝花	Panzhihua	1	143	28	279
泸州	Luzhou	71788	81152	42262	42
德阳	Deyang	48194	48222	54753	35
绵阳	Mianyang	36244	46102	47556	38
广元	Guangyuan	5654	11449	13717	118
遂宁	Suining	8470	14269	15738	107
内江	Neijiang	5191	12646	13052	126
乐山	Leshan	15107	23918	26020	71
南充	Nanchong	8940	19003	20620	89
眉山	Meishan	7755	9615	9583	154
宜宾	Yibin	7814	15419	19386	93
广安	Guangan	2749	7807	7502	171
达州	Dazhou	6619	8536	9277	157
雅安	Yaan	2525	5395	5516	187
巴中	Bazhong	3007	8942	10129	146
资阳	Ziyang	6485	4516	4810	192
贵州	**Guizhou**	**3546**	**39822**	**70939**	
贵阳	Guiyang	1826	24903	30692	61
六盘水	Liupanshui			3123	218
遵义	Zunyi	880	8004	11203	137
安顺	Anshun	5	941	2419	224
毕节	Bijie		660	855	264
铜仁	Tongren			645	266
云南	**Yunnan**	**119**	**16799**	**28746**	
昆明	Kunming		12266	21338	87
曲靖	Qujing		1441	1404	246
玉溪	Yuxi		541	1012	260
保山	Baoshan	7	561	550	269
昭通	Zhaotong	58	770	817	265
丽江	Lijiang	25	81	81	278
普洱	Puer				
临沧	Lincang			9	283
西藏	**Tibet**		**1346**	**2772**	
拉萨	Lasa		1346	2772	222
陕西	**Shaanxi**	**164654**	**342797**	**385643**	
西安	Xi'an	105807	201925	228044	4
铜川	Tongchuan	4530	14869	14416	113
宝鸡	Baoji	13049	20645	24593	76
咸阳	Xianyang	17441	24092	23907	78
渭南	Weinan	4600	13738	14564	112
延安	Yan'an	6810	16047	14744	111
汉中	Hanzhong	10	4653	5920	183
榆林	Yulin	10565	32273	34715	52
安康	Ankang		1162	1162	254
商洛	Shangluo	268	3421	4171	201
甘肃	**Gansu**	**72917**	**168571**	**203741**	
兰州	Lanzhou	70182	137139	164877	7
嘉峪关	Jiayuguan	43	1481	1789	239
金昌	Jinchang		3474	3271	215
白银	Baiyin	134	6004	7169	172
天水	Tianshui		4250	7095	173
武威	Wuwei		2445	3605	208
张掖	Zhangye		1583	1726	242
平凉	Pingliang	7	832	1216	253
酒泉	Jiuquan	366	2063	1888	238
庆阳	Qingyang	116	2039	2075	235
定西	Dingxi		67	102	277
陇南	Longnan		358	386	271
青海	**Qinghai**	**61557**	**136733**	**146460**	
西宁	Xining	54255	114233	116528	13
海东	Haidong		8001	12537	129
宁夏	**Ningxia**	**108485**	**214980**	**182460**	
银川	Yinchuan	86937	163000	122459	10
石嘴山	Shizuishan	11852	12516	13282	123
吴忠	Wuzhong	3507	8499	8473	163
固原	Guyuan		332	1785	240
中卫	Zhongwei	1280	19901	23075	83
新疆	**Xinjiang**	**134711**	**489334**	**507035**	
乌鲁木齐	Urumqi	66491	307847	306163	3
克拉玛依	Karamay	3829	28540	34714	53

8-33 城市液化石油气供气总量(辖区)
Total Urban LPG Supplied (Municipal Districts)

单位：吨 (ton)

地名	City	2010	2016	2017	2017 排名 Ranking
全国	**Nation Total**	**12680054**	**10788042**	**9988088**	
北京	**Beijing**	**323104**	**500213**	**492288**	
天津	**Tianjin**	**53368**	**55954**	**57567**	
河北	**Hebei**	**205007**	**170737**	**241230**	
石家庄	Shijiazhuang	14106	44340	128034	10
唐山	Tangshan	10557	11000	10709	100
秦皇岛	Qinhuangdao	8083	1743	1493	232
邯郸	Handan	7546	4633	803	251
邢台	Xingtai	7335	2409	592	255
保定	Baoding	6758	7811	6366	144
张家口	Zhangjiakou	5633	5576	880	249
承德	Chengde	4857	5070	5039	163
沧州	Cangzhou	3656	3032	3319	204
廊坊	Langfang	2648	2600	4052	188
衡水	Hengshui	3996	3465	3289	206
山西	**Shanxi**	**63331**	**33614**	**90792**	
太原	Taiyuan	31440	4	57900	24
大同	Datong	5000	9157	6900	137
阳泉	Yangquan	1558	750	750	252
长治	Changzhi	5557	3772	4280	183
晋城	Jincheng	1772	3540	4248	184
朔州	Shuozhou	1300	1300	1300	236
晋中	Jinzhong	1983	2560	1150	244
运城	Yuncheng		1800		
忻州	Xinzhou	3600	3700	2876	208
临汾	Linfen	3800	1333	2400	215
吕梁	Lvliang	1250			
内蒙古	**Inner Mongolia**	**74251**	**69198**	**52364**	
呼和浩特	Hohhot	7760			
包头	Baotou	11260	10500	7720	131
乌海	Wuhai	1510			
赤峰	Chifeng	12459	15876	16732	76
通辽	Tongliao	3030	555	523	256
鄂尔多斯	Erdos	3800	2160	2160	219
呼伦贝尔	Hulunbuir	2945	4420	4480	179
巴彦淖尔	Bayannur	15010			
乌兰察布	Ulanqab	2440	3500	3500	197
辽宁	**Liaoning**	**395058**	**492499**	**654818**	
沈阳	Shenyang	31800	123342	32168	47
大连	Dalian	155588	159548	473940	3
鞍山	Anshan	5321	5204	8407	122
抚顺	Fushun	38100	38288	38177	40
本溪	Benxi	4080	4358	4795	170
丹东	Dandong	5430	13260	9620	109
锦州	Jinzhou	6350	4	152	263
营口	Yingkou	20000	10000	6738	140
阜新	Fuxin	4910	5200	5200	159
辽阳	Liaoyang	11606	11315	7014	136
盘锦	Panjin	13504	12817	9078	114
铁岭	Tieling	2926	3280	3340	202
朝阳	Chaoyang	5980	5570	2261	217
葫芦岛	Huludao	1000	34598	1304	235
吉林	**Jilin**	**214818**	**177927**	**179750**	
长春	Changchun	79187	48816	49437	29
吉林	Jilin	48000	37575	47658	32
四平	Siping	6100	2130	2110	221
辽源	Liaoyuan	7332	2811	700	253
通化	Tonghua	2100	2000	2000	223
白山	Baishan	3732	3645	3302	205
松原	Songyuan	13300	6024	5200	159
白城	Baicheng	7612	5005	5004	165
黑龙江	**Heilongjiang**	**219784**	**197456**	**189183**	
哈尔滨	Harbin	82800	74550	70280	19
齐齐哈尔	Qiqihar	6070	7285	8105	124
鸡西	Jixi	3994	5005	10575	101
鹤岗	Hegang	2612	6436	5502	156
双鸭山	Shuangyashan	3888	3260	4360	180
大庆	Daqing	13246	5984	5674	153
伊春	Yichun	6850	14642	14512	90
佳木斯	Jiamusi	9100	5950	5550	154
七台河	Qitaihe	22200	1414	1430	233
牡丹江	Mudanjiang	20005	10960	8814	118
黑河	Heihe	1200	2544	2580	212
绥化	Suihua	4000	10298	4505	178
上海	**Shanghai**	**398427**	**397885**	**344534**	
江苏	**Jiangsu**	**766586**	**515611**	**577137**	

8-33　城市液化石油气供气总量(辖区)　续表 1
Total Urban LPG Supplied (Municipal Districts) continued 1

单位：吨　　(ton)

地名	City	2010	2016	2017	2017 排名 Ranking	地名	City	2010	2016	2017	2017 排名 Ranking
南京	Nanjing	146476	84795	79917	17	池州	Chizhou	2783	2675	2710	211
无锡	Wuxi	55005	39446	34501	44	宣城	Xuancheng	3100	4126	4307	181
徐州	Xuzhou	29336	20925	21094	62	**福建**	**Fujian**	**333758**	**277437**	**308113**	
常州	Changzhou	11037	9450	9126	113	福州	Fuzhou	75234	48828	51837	26
苏州	Suzhou	68005	35905	83313	16	厦门	Xiamen	89954	85560	108864	13
南通	Nantong	37434	19737	18389	70	莆田	Putian	19208	14781	13888	94
连云港	Lianyungang	9600	11383	30366	49	三明	Sanming	3618	1456	29	267
淮安	Huaian	24878	29588	30988	48	泉州	Quanzhou	42150	30755	30320	50
盐城	Yancheng	26972	25428	24072	57	漳州	Zhangzhou	16545	14721	14571	88
扬州	Yangzhou	24726	16814	15922	81	南平	Nanping	4500	8021	6881	138
镇江	Zhenjiang	31265	19909	18660	69	龙岩	Longyan	8942	10118	10013	104
泰州	Taizhou	19445	13079	9935	107	宁德	Ningde	7867	6030	5436	157
宿迁	Suqian	7023	8555	6780	139	**江西**	**Jiangxi**	**188847**	**242942**	**218325**	
浙江	**Zhejiang**	**877956**	**759710**	**691203**		南昌	Nanchang	48731	49607	38869	39
杭州	Hangzhou	114427	131431	128627	9	景德镇	Jingdezhen	26177	9830	4735	172
宁波	Ningbo	222036	126842	104800	15	萍乡	Pingxiang	4920	21050	21532	61
温州	Wenzhou	108000	72911	61824	22	九江	Jiujiang	18375	12378	10011	105
嘉兴	Jiaxing	28079	30658	33854	45	新余	Xinyu	1569	1004	914	248
湖州	Huzhou	10703	4639	4575	177	鹰潭	Yingtan	8000	6287	5060	162
绍兴	Shaoxing	18371	31904	39003	38	赣州	Ganzhou	5500	18579	19106	68
金华	Jinhua	23899	22257	19600	66	吉安	Jian	5282	13258	12000	96
衢州	Quzhou	8102	4711	5014	164	宜春	Yichun	11830	19477	17424	75
舟山	Zhoushan	29786	27789	27467	55	抚州	Fuzhou	11180	24930	25950	56
台州	Taizhou	61161	60150	65378	20	上饶	Shangrao	10982	23710	19640	65
丽水	Lishui	11097	13745	9958	106	**山东**	**Shandong**	**760332**	**343724**	**347511**	
安徽	**Anhui**	**615770**	**731114**	**131054**		济南	Jinan	28566	49643	45204	36
合肥	Hefei	65284	29245	27626	54	青岛	Qingdao	80073	32291	28309	52
芜湖	Wuhu	29520	17500	24000	58	淄博	Zibo	59928	13494	17797	72
蚌埠	Bengbu	14010	1980	1979	224	枣庄	Zaozhuang	11909	8146	7891	127
淮南	Huainan	25500	6800	6700	141	东营	Dongying	10606	9708	7860	128
马鞍山	Maanshan					烟台	Yantai	29587	28047	35503	42
淮北	Huaibei	21550	7658	1500	231	潍坊	Weifang	15727	8410	10200	103
铜陵	Tongling	17945	1057	1030	246	济宁	Jining	1988	6290	7100	134
安庆	Anqing	361594	597844	4660	176	泰安	Taian	800	4416	1550	230
黄山	Huangshan	10817	11650	7032	135	威海	Weihai	3318	15712	16013	80
滁州	Chuzhou	5875	2600	4300	182	日照	Rizhao	9644	11789	15636	83
阜阳	Fuyang	3940	14076	16328	78	莱芜	Laiwu	13141	8104	8780	119
宿州	Suzhou	7500	4880	4680	175	临沂	Linyi	60919	38984	33774	46
六安	Liuan	7760	6031	2566	213	德州	Dezhou	2985	7255	8630	121
亳州	Bozhou	14100	3502	3320	203	聊城	Liaocheng	4000	2100	2020	222

8-33 城市液化石油气供气总量(辖区） 续表 2
Total Urban LPG Supplied (Municipal Districts) continued 2

单位：吨 (ton)

地名	City	2010	2016	2017	2017 排名 Ranking
滨州	Binzhou	9100	7512	7967	126
菏泽	Heze	278972	20588	20320	63
河南	**Henan**	**241602**	**215099**	**214764**	
郑州	Zhengzhou	65700	60734	59808	23
开封	Kaifeng	8075	13520	14340	92
洛阳	Luoyang	28005	18865	15148	84
平顶山	Pingdingshan	108			
安阳	Anyang	7657	6255	6184	148
鹤壁	Hebi	4830	1436	950	247
新乡	Xinxiang	4970	800	1300	236
焦作	Jiaozuo	3578			
濮阳	Puyang				
许昌	Xuchang	8275	7090	6250	146
漯河	Luohe	10685	8510	8850	116
三门峡	Sanmenxia	2985	3639	3952	190
南阳	Nanyang	19219	14667	16082	79
商丘	Shangqiu	14530	14041	14041	93
信阳	Xinyang	10890	9180	8980	115
周口	Zhoukou	4100	4200	4700	173
驻马店	Zhumadian	3260	3570	3560	196
湖北	**Hubei**	**421507**	**347891**	**336102**	
武汉	Wuhan	215200	182900	180800	8
黄石	Huangshi	26326	31092	27983	53
十堰	Shiyan	18055	9539	7331	132
宜昌	Yichang	1664	4691	4681	174
襄阳	Xiangyang	20986	12113	12047	95
鄂州	Ezhou	7700	7013	7816	130
荆门	Jingmen	15657	5890	6344	145
孝感	Xiaogan	3191	4800	4800	169
荆州	Jingzhou	8200	5874	6036	150
黄冈	Huanggang	7699	3050	3045	207
咸宁	Xianning	6000	5128	5105	161
随州	Suizhou	9270		3592	195
湖南	**Hunan**	**252906**	**243865**	**203024**	
长沙	Changsha	83000	61620	52120	25
株洲	Zhuzhou	10865	7446	5240	158
湘潭	Xiangtan	11000	14300	15074	85
衡阳	Hengyang	13500	12200	3434	199
邵阳	Shaoyang	3200	4700	4100	185
岳阳	Yueyang	8912	4075	4055	187
常德	Changde	11605	9482	9400	110
张家界	Zhangjiajie	6650	7383	7112	133
益阳	Yiyang	9700	6430	6531	142
郴州	Chenzhou	14000	18000	15000	86
永州	Yongzhou	17165	10652	9875	108
怀化	Huaihua	18880	37299	16710	77
娄底	Loudi	3500	6360	8850	117
广东	**Guangdong**	**5055955**	**3901892**	**3636182**	
广州	Guangzhou	1087766	857674	790627	2
韶关	Shaoguan	40504	36102	14501	91
深圳	Shenzhen	1406466	1491804	927214	1
珠海	Zhuhai	810000	103000	106000	14
汕头	Shantou	188300	196325	200727	7
佛山	Foshan	84638	117843	126627	11
江门	Jiangmen	80560	72875	48128	31
湛江	Zhanjiang	45000	42000	50000	27
茂名	Maoming	81404	10580	46459	34
肇庆	Zhaoqing	75737	20200	17994	71
惠州	Huizhou	72775	59963	48925	30
梅州	Meizhou	22134	19988	8702	120
汕尾	Shanwei	20400	9625	1860	226
河源	Heyuan	26697	29508	29200	51
阳江	Yangjiang	100003	134301	206957	6
清远	Qingyuan	26964	36083	34659	43
东莞	Dongguan	344762	244381	276038	5
中山	Zhongshan	43488	37606	36666	41
潮州	Chaozhou	212770	96350	395328	4
揭阳	Jieyang	27010	20737	22243	60
云浮	Yunfu	5249	5823	5515	155
广西	**Guangxi**	**303804**	**255863**	**264066**	
南宁	Nanning	86406	61410	62941	21
柳州	Liuzhou	54971	43137	39071	37
桂林	Guilin	22089	19941	19522	67
梧州	Wuzhou	7331	5268	7846	129
北海	Beihai	16500	20002	20002	64
防城港	Fangchenggang	10060	9825	10381	102
钦州	Qinzhou	8394	11380	11420	97
贵港	Guigang	8200	14749	14540	89
玉林	Yulin	29081	24001	22800	59
百色	Baise	5655	5994	6462	143

8-33 城市液化石油气供气总量(辖区) 续表 3
Total Urban LPG Supplied (Municipal Districts) continued 3

单位：吨 (ton)

地名	City	2010	2016	2017	2017 排名 Ranking
贺州	Hezhou	6000	2292	10800	99
河池	Hechi	5021	5018	9264	111
来宾	Laibin	7200	3506	4036	189
崇左	Chongzuo	2868	3401	3411	200
海南	**Hainan**	**63959**	**82559**	**82108**	
海口	Haikou	35710	52061	49865	28
三亚	Sanya	8624	7800	11000	98
三沙	Sansha				
重庆	**Chongqing**	**92807**	**81603**	**73458**	
四川	**Sichuan**	**191071**	**174570**	**195862**	
成都	Chengdu	121536	107008	125506	12
自贡	Zigong				
攀枝花	Panzhihua	5832	6503	8382	123
泸州	Luzhou	2161	2147	2147	220
德阳	Deyang	2185	2875	3870	192
绵阳	Mianyang	3340	4161	3697	194
广元	Guangyuan	2500	1526	1666	227
遂宁	Suining				
内江	Neijiang	9238	14020	14894	87
乐山	Leshan	120	130	140	264
南充	Nanchong	5350	5825	5867	151
眉山	Meishan	3110	836	679	254
宜宾	Yibin		408	1084	245
广安	Guangan				
达州	Dazhou				
雅安	Yaan	303			
巴中	Bazhong	700	400		
资阳	Ziyang	3010	3745	3895	191
贵州	**Guizhou**	**63772**	**94902**	**114085**	
贵阳	Guiyang	36000	44000	46000	35
六盘水	Liupanshui		3650	1200	242
遵义	Zunyi	10170	12598	17736	73
安顺	Anshun	3750	10952	15786	82
毕节	Bijie	480	3089	4962	168
铜仁	Tongren	1885	2105	5848	152
云南	**Yunnan**	**166108**	**207073**	**129316**	
昆明	Kunming	124203	155350	76800	18
曲靖	Qujing	8543	4865	1892	225
玉溪	Yuxi	5490	10650	9234	112
保山	Baoshan	1797	2244	2244	218
昭通	Zhaotong	810	255	242	261
丽江	Lijiang	3100	2801	3401	201
普洱	Puer	1400	1567	1641	228
临沧	Lincang	1902	4300	4783	171
西藏	**Tibet**	**5521**	**66661**	**6059**	
拉萨	Lasa	5373	44500	300	260
陕西	**Shaanxi**	**43381**	**24423**	**27949**	
西安	Xi'an	8110	1958	4964	167
铜川	Tongchuan	3950		318	259
宝鸡	Baoji	715	200	103	265
咸阳	Xianyang	11100	4983	5002	166
渭南	Weinan	4554	2947	2726	210
延安	Yan'an	5830	6095	6135	149
汉中	Hanzhong	3900	3734	3439	198
榆林	Yulin				
安康	Ankang	2121	2465	2465	214
商洛	Shangluo	1037			
甘肃	**Gansu**	**185523**	**49611**	**44473**	
兰州	Lanzhou	101377	17399	17538	74
嘉峪关	Jiayuguan	40	57	8	268
金昌	Jinchang	980	277	380	258
白银	Baiyin	900	1940	1260	240
天水	Tianshui	9015	6234	6244	147
武威	Wuwei	3370	3528	1269	238
张掖	Zhangye	4450	2880	2747	209
平凉	Pingliang	2449	2953	206	262
酒泉	Jiuquan	15430	1529	1410	234
庆阳	Qingyang	7785	8004	8024	125
定西	Dingxi	601	652	1265	239
陇南	Longnan	567	928	835	250
青海	**Qinghai**	**7142**	**6763**	**7497**	
西宁	Xining	5146	3786	3776	193
海东	Haidong		108	452	257
宁夏	**Ningxia**	**14984**	**9145**	**8911**	
银川	Yinchuan	7684	5117	4066	186
石嘴山	Shizuishan	425	124	80	266
吴忠	Wuzhong	2676	1147	1212	241
固原	Guyuan	1472	810	1168	243
中卫	Zhongwei	1116	950	1621	229
新疆	**Xinjiang**	**79617**	**60103**	**68363**	
乌鲁木齐	Urumqi	19620	32857	47199	33
克拉玛依	Karamay	22250	3197	2279	216

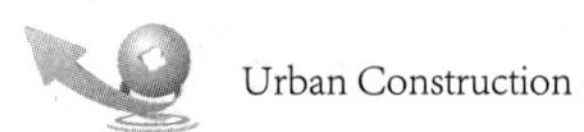

8-34 城市燃气普及率(辖区）
Urban Gas Coverage Rate (Municipal Districts)

单位：% (%)

地名	City	2010	2016	2017	2017 排名 Ranking	地名	City	2010	2016	2017	2017 排名 Ranking
全国	**Nation Total**	**92.04**	**95.75**	**96.26**		沈阳	Shenyang	100.00	99.94	100.00	2
北京	**Beijing**	**100.00**	**100.00**	**100.00**		大连	Dalian	99.98	94.38	97.41	183
天津	**Tianjin**	**100.00**	**100.00**	**100.00**		鞍山	Anshan	97.57	100.00	100.00	2
河北	**Hebei**	**99.07**	**98.88**	**98.78**		抚顺	Fushun	95.78	98.61	98.61	136
石家庄	Shijiazhuang	100.00	100.00	100.00	2	本溪	Benxi	85.27	98.94	99.03	115
唐山	Tangshan	100.00	100.00	100.00	2	丹东	Dandong	94.59	100.00	100.00	2
秦皇岛	Qinhuangdao	100.00	93.60	93.53	228	锦州	Jinzhou	98.63	98.91	99.48	99
邯郸	Handan	100.00	98.28	99.63	85	营口	Yingkou	95.38	84.81	98.31	152
邢台	Xingtai	99.06	100.00	100.00	2	阜新	Fuxin	71.90	86.79	88.26	250
保定	Baoding	99.52	98.99	96.49	194	辽阳	Liaoyang	89.49	98.90	99.75	80
张家口	Zhangjiakou	86.40	99.59	99.40	100	盘锦	Panjin	100.00	90.05	100.00	2
承德	Chengde	99.36	99.90	99.90	68	铁岭	Tieling	97.39	97.50	97.75	175
沧州	Cangzhou	100.00	100.00	100.00	2	朝阳	Chaoyang	92.67	100.00	100.00	2
廊坊	Langfang	100.00	100.00	100.00	2	葫芦岛	Huludao	90.40	100.00	89.68	244
衡水	Hengshui	99.47	99.45	97.75	175	**吉林**	**Jilin**	**85.64**	**93.00**	**92.99**	
山西	**Shanxi**	**89.94**	**97.92**	**98.34**		长春	Changchun	98.00	99.94	98.84	126
太原	Taiyuan	98.64	99.90	100.00	2	吉林	Jilin	95.55	98.40	98.80	128
大同	Datong	86.79	98.90	97.74	177	四平	Siping	81.09	95.72	96.40	195
阳泉	Yangquan	91.66	98.11	98.15	154	辽源	Liaoyuan	70.28	95.57	96.30	196
长治	Changzhi	83.00	93.70	98.00	167	通化	Tonghua	78.98	98.90	99.98	61
晋城	Jincheng	99.79	99.53	99.59	88	白山	Baishan	78.89	84.17	88.43	249
朔州	Shuozhou	89.01	97.54	98.62	134	松原	Songyuan	93.83	97.19	97.26	184
晋中	Jinzhong	96.99	98.60	99.20	108	白城	Baicheng	82.59	95.32	95.61	208
运城	Yuncheng	97.67	99.02	99.02	117	**黑龙江**	**Heilongjiang**	**84.67**	**86.66**	**87.77**	
忻州	Xinzhou	95.00	94.93	97.16	187	哈尔滨	Harbin	97.57	100.00	98.90	122
临汾	Linfen	89.66	96.95	99.94	65	齐齐哈尔	Qiqihar	95.30	98.99	98.90	122
吕梁	Lvliang	86.71	95.10	93.49	229	鸡西	Jixi	78.08	26.43	26.65	283
内蒙古	**Inner Mongolia**	**79.26**	**94.90**	**96.01**		鹤岗	Hegang	48.74	64.69	59.78	279
呼和浩特	Hohhot	92.40	98.86	95.66	207	双鸭山	Shuangyashan	85.21	52.93	51.88	281
包头	Baotou	94.66	96.72	100.00	2	大庆	Daqing	97.71	100.00	99.91	67
乌海	Wuhai	68.45	92.80	94.00	223	伊春	Yichun	74.32	80.66	81.08	264
赤峰	Chifeng	94.97	97.60	98.10	157	佳木斯	Jiamusi	72.97	93.76	98.70	131
通辽	Tongliao	87.73	96.88	97.92	172	七台河	Qitaihe	86.90	72.44	73.83	272
鄂尔多斯	Erdos	70.33	95.34	97.48	181	牡丹江	Mudanjiang	85.85	92.27	94.07	222
呼伦贝尔	Hulunbuir	66.02	91.77	92.24	234	黑河	Heihe	70.92	90.78	94.73	216
巴彦淖尔	Bayannur	71.07	90.66	90.74	241	绥化	Suihua	57.78	64.03	98.09	161
乌兰察布	Ulanqab	52.80	85.93	89.19	246	**上海**	**Shanghai**	**100.00**	**100.00**	**100.00**	
辽宁	**Liaoning**	**94.19**	**96.07**	**97.14**		**江苏**	**Jiangsu**	**99.12**	**99.54**	**99.73**	

8-34 城市燃气普及率(辖区) 续表 1
Urban Gas Coverage Rate (Municipal Districts) continued 1

单位：% (%)

地名	City	2010	2016	2017	2017 排名 Ranking	地名	City	2010	2016	2017	2017 排名 Ranking
南京	Nanjing	99.50	99.53	99.65	82	池州	Chizhou	89.66	99.31	99.61	86
无锡	Wuxi	99.60	100.00	100.00	2	宣城	Xuancheng	83.61	98.77	98.49	143
徐州	Xuzhou	99.04	98.00	100.00	2	**福建**	**Fujian**	**98.92**	**97.21**	**97.45**	
常州	Changzhou	99.00	100.00	100.00	2	福州	Fuzhou	99.61	97.18	98.10	157
苏州	Suzhou	100.00	100.00	100.00	2	厦门	Xiamen	100.00	96.37	97.26	184
南通	Nantong	100.00	100.00	100.00	2	莆田	Putian	97.99	95.00	93.99	224
连云港	Lianyungang	99.73	98.90	99.12	112	三明	Sanming	96.99	99.64	99.95	64
淮安	Huaian	96.96	99.04	100.00	2	泉州	Quanzhou	99.11	97.45	97.46	182
盐城	Yancheng	99.43	99.50	99.79	76	漳州	Zhangzhou	98.12	99.51	99.51	97
扬州	Yangzhou	97.01	99.55	99.74	81	南平	Nanping	98.59	93.09	88.76	247
镇江	Zhenjiang	100.00	100.00	100.00	2	龙岩	Longyan	95.66	99.67	99.26	103
泰州	Taizhou	97.96	99.94	100.00	2	宁德	Ningde	98.83	99.07	99.05	114
宿迁	Suqian	93.04	100.00	100.00	2	**江西**	**Jiangxi**	**92.36**	**95.31**	**97.38**	
浙江	**Zhejiang**	**99.07**	**99.95**	**99.97**		南昌	Nanchang	94.00	93.88	98.66	132
杭州	Hangzhou	100.00	100.00	100.00	2	景德镇	Jingdezhen	96.75	97.58	95.40	213
宁波	Ningbo	100.00	100.00	100.00	2	萍乡	Pingxiang	94.68	99.01	99.18	109
温州	Wenzhou	96.00	100.00	100.00	2	九江	Jiujiang	97.30	99.49	98.50	142
嘉兴	Jiaxing	98.70	100.00	100.00	2	新余	Xinyu	98.82	99.47	99.50	98
湖州	Huzhou	99.52	100.00	100.00	2	鹰潭	Yingtan	56.53	99.34	99.83	74
绍兴	Shaoxing	99.62	100.00	100.00	2	赣州	Ganzhou	97.36	98.30	99.86	72
金华	Jinhua	99.52	100.00	100.00	2	吉安	Jian	91.17	97.67	95.42	212
衢州	Quzhou	95.02	99.28	99.53	92	宜春	Yichun	95.03	95.85	96.13	200
舟山	Zhoushan	98.77	98.55	99.21	106	抚州	Fuzhou	99.09	99.12	99.21	106
台州	Taizhou	99.02	100.00	100.00	2	上饶	Shangrao	91.33	96.61	95.54	209
丽水	Lishui	100.00	100.00	100.00	2	**山东**	**Shandong**	**99.30**	**99.51**	**99.57**	
安徽	**Anhui**	**90.52**	**98.05**	**98.57**		济南	Jinan	100.00	100.00	100.00	2
合肥	Hefei	97.77	99.97	99.64	83	青岛	Qingdao	100.00	100.00	100.00	2
芜湖	Wuhu	100.00	100.00	100.00	2	淄博	Zibo	100.00	100.00	100.00	2
蚌埠	Bengbu	89.94	100.00	100.00	2	枣庄	Zaozhuang	99.28	99.51	99.61	86
淮南	Huainan	90.18	99.07	99.98	61	东营	Dongying	95.48	100.00	100.00	2
马鞍山	Maanshan	100.00	100.00	100.00	2	烟台	Yantai	99.79	100.00	99.52	95
淮北	Huaibei	92.07	98.58	98.62	134	潍坊	Weifang	99.90	100.00	100.00	2
铜陵	Tongling	98.99	100.00	100.00	2	济宁	Jining	99.38	97.52	97.69	180
安庆	Anqing	91.19	98.27	99.38	101	泰安	Taian	100.00	100.00	100.00	2
黄山	Huangshan	98.90	100.00	100.00	2	威海	Weihai	99.83	100.00	100.00	2
滁州	Chuzhou	99.60	100.00	100.00	2	日照	Rizhao	99.09	99.60	99.79	76
阜阳	Fuyang	67.24	88.40	91.71	238	莱芜	Laiwu	99.68	100.00	100.00	2
宿州	Suzhou	89.25	98.80	100.00	2	临沂	Linyi	99.67	98.23	99.24	105
六安	Liuan	79.85	98.11	98.48	145	德州	Dezhou	99.95	99.94	99.86	72
亳州	Bozhou	87.01	95.03	99.15	110	聊城	Liaocheng	91.70	98.26	100.00	2

8-34 城市燃气普及率(辖区) 续表 2

Urban Gas Coverage Rate (Municipal Districts) continued 2

单位：% (%)

地名	City	2010	2016	2017	2017 排名 Ranking	地名	City	2010	2016	2017	2017 排名 Ranking
滨州	Binzhou	100.00	100.00	100.00	2	常德	Changde	98.20	94.73	98.07	162
菏泽	Heze	99.93	98.42	98.51	141	张家界	Zhangjiajie	95.16	88.95	90.83	240
河南	**Henan**	**73.43**	**88.93**	**93.96**		益阳	Yiyang	81.13	98.61	98.48	145
郑州	Zhengzhou	88.54	94.51	94.50	218	郴州	Chenzhou	85.00	96.02	100.00	2
开封	Kaifeng	82.84	96.68	96.68	192	永州	Yongzhou	83.25	90.50	93.45	230
洛阳	Luoyang	36.34	83.23	99.30	102	怀化	Huaihua	75.02	77.94	80.35	267
平顶山	Pingdingshan	77.69	93.66	97.97	169	娄底	Loudi	94.40	96.28	99.76	78
安阳	Anyang	97.49	98.51	98.33	151	**广东**	**Guangdong**	**95.75**	**97.43**	**96.88**	
鹤壁	Hebi	79.97	95.11	96.76	190	广州	Guangzhou	99.21	99.80	99.03	115
新乡	Xinxiang	96.18	98.56	98.56	140	韶关	Shaoguan	86.51	86.18	85.72	256
焦作	Jiaozuo	90.98	95.00	97.10	188	深圳	Shenzhen	96.04	100.00	100.00	2
濮阳	Puyang	86.70	98.18	98.60	138	珠海	Zhuhai	99.64	99.20	97.97	169
许昌	Xuchang	88.94	90.15	98.85	125	汕头	Shantou	96.87	98.40	98.34	149
漯河	Luohe	92.60	75.02	95.98	203	佛山	Foshan	98.49	98.37	100.29	1
三门峡	Sanmenxia	52.80	94.81	98.13	155	江门	Jiangmen	97.46	96.53	92.31	233
南阳	Nanyang	69.15	73.21	81.88	262	湛江	Zhanjiang	98.86	98.24	99.57	89
商丘	Shangqiu	57.82	81.92	93.83	225	茂名	Maoming	94.53	100.00	100.00	2
信阳	Xinyang	92.09	90.42	95.50	211	肇庆	Zhaoqing	95.76	99.82	99.13	111
周口	Zhoukou	74.30	97.01	97.02	189	惠州	Huizhou	95.18	98.43	98.40	148
驻马店	Zhumadian	57.04	95.11	95.72	206	梅州	Meizhou	92.08	96.99	98.10	157
湖北	**Hubei**	**91.75**	**96.30**	**97.13**		汕尾	Shanwei	95.35	97.77	94.13	221
武汉	Wuhan	92.73	99.19	99.25	104	河源	Heyuan	100.00	97.99	98.10	157
黄石	Huangshi	98.63	98.98	98.97	121	阳江	Yangjiang	99.73	96.88	96.16	198
十堰	Shiyan	93.93	85.91	99.87	70	清远	Qingyuan	98.45	74.52	99.55	91
宜昌	Yichang	92.79	95.14	95.87	205	东莞	Dongguan	97.22	97.94	97.71	179
襄阳	Xiangyang	96.98	99.98	99.64	83	中山	Zhongshan	100.00	99.73	98.74	129
鄂州	Ezhou	89.64	95.49	98.12	156	潮州	Chaozhou	100.00	86.17	41.27	282
荆门	Jingmen	100.00	100.00	100.00	2	揭阳	Jieyang	89.40	94.14	97.77	173
孝感	Xiaogan	90.15	100.00	100.00	2	云浮	Yunfu	90.08	89.78	92.96	232
荆州	Jingzhou	91.02	99.87	99.87	70	**广西**	**Guangxi**	**92.35**	**95.85**	**97.80**	
黄冈	Huanggang	95.78	99.81	99.81	75	南宁	Nanning	99.26	99.49	99.88	69
咸宁	Xianning	89.55	95.85	95.95	204	柳州	Liuzhou	95.00	95.27	94.68	217
随州	Suizhou	90.85	91.39	98.03	164	桂林	Guilin	91.97	99.99	100.00	2
湖南	**Hunan**	**86.50**	**93.28**	**93.50**		梧州	Wuzhou	99.07	94.18	94.50	218
长沙	Changsha	98.96	99.57	98.49	143	北海	Beihai	99.71	99.78	99.53	92
株洲	Zhuzhou	95.01	98.82	98.82	127	防城港	Fangchenggang	89.67	97.91	98.04	163
湘潭	Xiangtan	95.47	96.26	96.64	193	钦州	Qinzhou	94.46	96.69	98.01	166
衡阳	Hengyang	97.00	95.44	97.96	171	贵港	Guigang	75.04	97.70	97.72	178
邵阳	Shaoyang	73.06	96.38	98.66	132	玉林	Yulin	98.22	98.89	98.90	122
岳阳	Yueyang	94.44	97.26	83.24	259	百色	Baise	54.01	58.46	97.76	174

8-34 城市燃气普及率(辖区) 续表 3

Urban Gas Coverage Rate (Municipal Districts) continued 3

单位：% (%)

地名	City	2010	2016	2017	2017 排名 Ranking	地名	City	2010	2016	2017	2017 排名 Ranking
贺州	Hezhou	95.04	90.72	91.99	237	丽江	Lijiang	95.51	89.29	96.19	197
河池	Hechi	79.47	92.11	97.98	168	普洱	Puer	53.67	82.45	82.68	260
来宾	Laibin	87.46	99.00	98.98	120	临沧	Lincang	35.84	83.47	66.74	275
崇左	Chongzuo	91.95	92.08	98.61	136	**西藏**	**Tibet**	**79.83**	**52.99**	**56.77**	
海南	**Hainan**	**82.44**	**97.34**	**98.32**		拉萨	Lasa	89.30	57.03	60.74	278
海口	Haikou	99.02	99.77	99.52	95	**陕西**	**Shaanxi**	**90.39**	**94.66**	**93.61**	
三亚	Sanya	81.05	96.00	99.09	113	西安	Xi'an	99.32	100.00	96.08	201
三沙	Sansha					铜川	Tongchuan	73.38	90.48	93.73	226
重庆	**Chongqing**	**92.02**	**96.11**	**96.37**		宝鸡	Baoji	98.56	97.92	98.59	139
四川	**Sichuan**	**84.39**	**91.78**	**91.22**		咸阳	Xianyang	96.48	98.09	99.00	119
成都	Chengdu	94.42	95.01	93.72	227	渭南	Weinan	86.70	93.21	84.80	257
自贡	Zigong	73.03	83.47	87.08	253	延安	Yan'an	93.99	98.81	99.02	117
攀枝花	Panzhihua	87.21	96.22	91.70	239	汉中	Hanzhong	67.64	89.91	88.56	248
泸州	Luzhou	79.68	88.78	87.51	252	榆林	Yulin	77.14	77.71	79.03	270
德阳	Deyang	85.84	99.31	99.53	92	安康	Ankang	59.56	98.12	96.14	199
绵阳	Mianyang	98.18	99.50	99.56	90	商洛	Shangluo	77.82	50.10	61.91	277
广元	Guangyuan	78.71	94.95	96.72	191	**甘肃**	**Gansu**	**74.29**	**88.15**	**90.56**	
遂宁	Suining	73.79	99.14	99.76	78	兰州	Lanzhou	90.37	95.09	95.24	214
内江	Neijiang	72.48	98.01	98.03	164	嘉峪关	Jiayuguan	100.00	100.00	100.00	2
乐山	Leshan	81.32	95.57	92.04	236	金昌	Jinchang	49.86	73.43	80.05	268
南充	Nanchong	95.60	98.33	98.46	147	白银	Baiyin	62.38	83.39	83.70	258
眉山	Meishan	99.84	95.73	96.08	201	天水	Tianshui	57.36	76.57	81.81	263
宜宾	Yibin	90.14	78.10	79.28	269	武威	Wuwei	52.16	83.21	94.80	215
广安	Guangan	74.43	92.51	99.94	65	张掖	Zhangye	98.49	100.00	100.00	2
达州	Dazhou	93.24	67.60	62.30	276	平凉	Pingliang	57.38	78.15	87.52	251
雅安	Yaan	58.62	98.65	99.96	63	酒泉	Jiuquan	99.42	100.00	100.00	2
巴中	Bazhong	92.47	90.37	90.64	242	庆阳	Qingyang	76.37	90.03	89.48	245
资阳	Ziyang	82.48	95.52	100.00	2	定西	Dingxi	43.96	75.34	75.35	271
贵州	**Guizhou**	**69.72**	**85.66**	**87.74**		陇南	Longnan	25.92	85.96	87.01	254
贵阳	Guiyang	95.57	97.38	98.20	153	**青海**	**Qinghai**	**90.79**	**87.55**	**94.19**	
六盘水	Liupanshui	79.29	87.29	86.14	255	西宁	Xining	93.71	95.27	95.53	210
遵义	Zunyi	74.52	82.65	80.66	265	海东	Haidong		61.90	89.99	243
安顺	Anshun	22.54	77.31	80.43	266	**宁夏**	**Ningxia**	**88.01**	**90.69**	**91.71**	
毕节	Bijie	14.53	82.14	82.60	261	银川	Yinchuan	98.28	97.49	97.22	186
铜仁	Tongren	34.78	61.62	69.49	274	石嘴山	Shizuishan	99.29	93.40	94.40	220
云南	**Yunnan**	**76.40**	**78.78**	**75.93**		吴忠	Wuzhong	84.37	95.89	93.37	231
昆明	Kunming	95.97	92.59	98.72	130	固原	Guyuan	67.53	42.68	55.70	280
曲靖	Qujing	80.90	80.51	10.99	285	中卫	Zhongwei	38.82	90.22	92.08	235
玉溪	Yuxi	86.48	85.02	98.34	149	**新疆**	**Xinjiang**	**95.80**	**97.89**	**98.32**	
保山	Baoshan	43.30	44.78	24.59	284	乌鲁木齐	Urumqi	99.60	99.85	100.00	2
昭通	Zhaotong	59.71	70.01	70.01	273	克拉玛依	Karamay	100.00	100.00	100.00	2

8-35 城市集中供热面积(辖区)
Urban Central Heated Area (Municipal Districts)

单位：万平方米 (10 000 m²)

地名	City	2010	2016	2017	2017 排名 Ranking
全国	**Nation Total**	**435668.0**	**738663.3**	**830858.0**	
北京	**Beijing**	**46715.0**	**61136.0**	**65466.0**	
天津	**Tianjin**	**24034.0**	**41832.6**	**47566.9**	
河北	**Hebei**	**38682.9**	**68066.8**	**74462.1**	
石家庄	Shijiazhuang	8031.0	17481.3	18537.6	7
唐山	Tangshan	4503.0	8636.9	8305.8	16
秦皇岛	Qinhuangdao	3325.5	5803.0	6192.0	27
邯郸	Handan	2884.2	4537.0	5391.8	31
邢台	Xingtai	1960.0	2200.0	3000.0	54
保定	Baoding	3238.8	4244.5	4184.0	39
张家口	Zhangjiakou	2260.2	3166.0	3812.9	42
承德	Chengde	1354.9	2061.8	2998.5	55
沧州	Cangzhou	1398.0	2526.0	3080.0	51
廊坊	Langfang	1537.0	2568.1	2987.5	56
衡水	Hengshui	670.0	1711.0	1867.0	88
山西	**Shanxi**	**28738.7**	**57432.2**	**51586.4**	
太原	Taiyuan	7483.0	21520.0	13086.7	11
大同	Datong	4934.0	6729.5	7201.4	21
阳泉	Yangquan	1829.2	3250.5	3537.8	47
长治	Changzhi	2555.0	3840.0	4450.0	36
晋城	Jincheng	1032.0	2565.0	2738.0	62
朔州	Shuozhou	1004.2	3027.3	2362.7	72
晋中	Jinzhong	1760.0	2951.6	3400.0	48
运城	Yuncheng	1240.8	1929.0	1929.0	84
忻州	Xinzhou	800.0	1130.1	1268.2	104
临汾	Linfen	1540.0	2664.2	2233.2	75
吕梁	Lvliang	850.0	1340.5	1886.8	86
内蒙古	**Inner Mongolia**	**25340.3**	**50537.5**	**54002.5**	
呼和浩特	Hohhot	6469.0	13895.0	14709.9	10
包头	Baotou	5256.0	8795.0	8924.0	15
乌海	Wuhai	1275.0	2229.6	952.0	112
赤峰	Chifeng	2296.4	4558.0	5227.0	32
通辽	Tongliao	1399.3	2736.0	2794.4	61
鄂尔多斯	Erdos	2362.9	4937.3	4988.4	35
呼伦贝尔	Hulunbuir	902.3	1713.6	1919.9	85
巴彦淖尔	Bayannur	1020.0	1731.0	2282.0	73
乌兰察布	Ulanqab	703.0	2180.0	2588.5	63
辽宁	**Liaoning**	**74526.0**	**108759.5**	**118236.4**	
沈阳	Shenyang	22500.0	29826.2	31570.0	1
大连	Dalian	15495.5	22576.2	23047.0	5
鞍山	Anshan	4500.0	6750.0	7350.0	19
抚顺	Fushun	3380.0	5050.0	5500.0	29
本溪	Benxi	2052.5	2924.7	3396.3	49
丹东	Dandong	2104.0	3476.0	3755.0	44
锦州	Jinzhou	2903.9	3544.2	3602.3	46
营口	Yingkou	1874.8	3498.0	7094.5	22
阜新	Fuxin	2314.3	3805.1	3734.0	45
辽阳	Liaoyang	2260.9	3588.1	3771.6	43
盘锦	Panjin	2419.0	3957.3	4236.0	38
铁岭	Tieling	1489.2	2128.7	2250.8	74
朝阳	Chaoyang	2060.0	3050.0	3045.0	52
葫芦岛	Huludao	1772.0	2525.0	2942.0	58
吉林	**Jilin**	**31717.8**	**51864.0**	**57721.7**	
长春	Changchun	12166.3	21862.9	24560.2	4
吉林	Jilin	4230.9	6609.4	6459.9	24
四平	Siping	984.0	2360.0	2515.0	66
辽源	Liaoyuan	1121.0	1960.2	2138.5	79
通化	Tonghua	1280.0	1785.0	1725.0	94
白山	Baishan	761.0	380.0	1694.0	95
松原	Songyuan		1836.9	1836.9	92
白城	Baicheng	1162.0	1420.0	1500.0	98
黑龙江	**Heilongjiang**	**37513.4**	**67780.7**	**73217.0**	
哈尔滨	Harbin	13057.8	25900.0	28602.0	2
齐齐哈尔	Qiqihar	3186.5	5026.0	5194.0	33
鸡西	Jixi	909.5	1850.0	1931.0	83
鹤岗	Hegang	1143.0	2075.0	2585.5	65
双鸭山	Shuangyashan	650.0	2224.2	2224.2	76
大庆	Daqing	6050.0	8818.0	9200.0	14
伊春	Yichun	1199.7	2254.4	2364.6	71
佳木斯	Jiamusi	2300.0	2930.0	3014.0	53
七台河	Qitaihe	869.8	1452.0	1633.8	96
牡丹江	Mudanjiang	2413.0	3638.0	3859.0	41
黑河	Heihe	652.0	977.0	1035.0	107
绥化	Suihua	804.0	1846.1	2026.0	82
江苏	**Jiangsu**	**9946.3**			
南京	Nanjing	7.9			
徐州	Xuzhou	1201.0			
南通	Nantong	9.0			
连云港	Lianyungang	224.0			
扬州	Yangzhou	8330.0			
浙江	**Zhejiang**	**3991.9**			
杭州	Hangzhou	55.0			

8-35 城市集中供热面积(辖区) 续表 1

Urban Central Heated Area (Municipal Districts) continued 1

单位：万立方米 (10 000 m³)

地名	City	2010	2016	2017	2017 排名 Ranking
宁波	Ningbo	122.0			
湖州	Huzhou	164.0			
绍兴	Shaoxing	1239.9			
金华	Jinhua	109.0			
台州	Taizhou	28.0			
安徽	**Anhui**	**2463.7**	**2891.0**	**2933.1**	
合肥	Hefei	2300.0	2300.0	2400.0	70
淮南	Huainan	60.0	165.0	191.0	125
淮北	Huaibei	79.0	72.0		
安庆	Anqing	1.0	3.0		
滁州	Chuzhou	16.1	20.0	22.1	127
阜阳	Fuyang	1.9			
宿州	Suzhou	5.7	330.0	320.0	123
山东	**Shandong**	**54709.8**	**107113.0**	**126587.3**	
济南	Jinan	6283.0	14085.0	17070.1	9
青岛	Qingdao	7225.0	18746.0	19150.5	6
淄博	Zibo	3823.8	6037.0	6428.4	25
枣庄	Zaozhuang	1095.2	2187.0	2456.0	67
东营	Dongying	2721.3	4017.0	4434.3	37
烟台	Yantai	5520.4	8298.0	8024.0	17
潍坊	Weifang	2743.6	3861.0	9910.8	13
济宁	Jining	1615.0	4248.0	7910.0	18
泰安	Taian	1550.0	2536.0	2804.8	60
威海	Weihai	2453.0	5436.0	6026.0	28
日照	Rizhao	1146.8	1645.0	1854.0	90
莱芜	Laiwu	1107.0	1618.0	2442.0	68
临沂	Linyi	1657.0	4939.0	5479.1	30
德州	Dezhou	980.0	3592.0	4133.0	40
聊城	Liaocheng	931.2	2207.0	2155.0	78
滨州	Binzhou	576.0	1931.0	2404.4	69
菏泽	Heze	412.0	784.0	1015.0	108
河南	**Henan**	**10737.7**	**26506.0**	**38897.8**	
郑州	Zhengzhou	2260.6	6050.0	11726.0	12
开封	Kaifeng	500.0	1690.0	2100.0	81
洛阳	Luoyang	1640.0	3870.0	5029.5	34
平顶山	Pingdingshan	520.0	699.0	825.0	116
安阳	Anyang	920.0	1836.0	2192.0	77
鹤壁	Hebi	361.0	690.0	937.4	113
新乡	Xinxiang	280.0	1233.0	2122.5	80
焦作	Jiaozuo	652.0	2131.0	2947.0	57
濮阳	Puyang	620.0	1587.0	1850.0	91
许昌	Xuchang	710.0	803.0	968.0	109
漯河	Luohe	28.3		230.0	124
三门峡	Sanmenxia	330.0	152.0	783.4	117
南阳	Nanyang	346.2	761.0	739.0	118
商丘	Shangqiu	117.0	569.0	1060.0	106
驻马店	Zhumadian	120.0	356.0	465.0	121
湖北	**Hubei**	**978.0**	**360.0**		
黄石	Huangshi		1797.0		
十堰	Shiyan	591.0	29.0		
襄阳	Xiangyang	353.0	1400.0		
四川	**Sichuan**	**14.0**	**368.0**		
绵阳	Mianyang	14.0			
陕西	**Shaanxi**	**9263.4**		**39578.6**	
西安	Xi'an	5993.5	27919.0	28417.1	3
宝鸡	Baoji	1799.0	19419.0	2855.0	59
咸阳	Xianyang	559.0	2625.0	1775.0	93
渭南	Weinan	120.0	1654.0	407.5	122
延安	Yan'an	336.0	364.0	673.0	119
榆林	Yulin	427.0	641.0	3296.0	50
甘肃	**Gansu**	**10544.2**	**2369.0**	**20360.0**	
兰州	Lanzhou	4211.6	17435.0	6857.9	23
嘉峪关	Jiayuguan	928.0	6537.0	1270.0	103
金昌	Jinchang	452.0	1260.0	964.0	111
白银	Baiyin	969.3	929.0	1493.0	99
天水	Tianshui	420.0	1265.0	965.0	110
武威	Wuwei	833.0	965.0	1600.0	97
张掖	Zhangye	300.0	1180.0	908.0	114
平凉	Pingliang	490.0	653.0	1396.2	102
酒泉	Jiuquan	640.0	959.0	1178.0	105
庆阳	Qingyang	266.8	1104.0	1468.0	100
定西	Dingxi	182.3	720.0	860.0	115
陇南	Longnan		569.0	70.0	126
青海	**Qinghai**	**208.3**	**50.0**	**7844.6**	
西宁	Xining	34.1	462.0	7325.4	20
海东	Haidong		138.0	10.0	128
宁夏	**Ningxia**	**6380.3**	**10.0**	**12978.0**	
银川	Yinchuan	3452.3	11011.0	6203.1	26
石嘴山	Shizuishan	1131.0	5711.0	1855.3	89
吴忠	Wuzhong	717.0	1718.0	1465.6	101
固原	Guyuan	225.0	922.0	1873.0	87
中卫	Zhongwei	390.0	1089.0	500.0	120
新疆	**Xinjiang**	**19162.3**	**622.0**	**37754.6**	
乌鲁木齐	Urumqi	8723.0	36050.0	17072.5	8
克拉玛依	Karamay	1559.8	15003.0	2588.5	63
			2424.0		

8-36 城市轨道交通路线长度(辖区)

Length of Lines of Urban Rail Transit System (Municipal Districts)

单位：公里 (km)

地名	City	2010	2016	2017	2017 排名 Ranking
全国	**All Nation**	**1428.9**	**3586.3**	**4594.3**	
北京	**Beijing**	**336.0**	**574.0**	**608.0**	
天津	**Tianjin**	**79.4**	**174.1**	**175.3**	
辽宁	**Liaoning**	**114.7**	**142.2**	**309.0**	
沈阳	Shenyang	27.9	55.4	49.8	9
大连	Dalian	86.8	86.8	259.3	5
吉林	**Jilin**	**32.0**	**47.2**	**18.1**	
长春	Changchun	32.0	47.2	18.1	12
上海	**Shanghai**	**450.4**	**614.2**	**668.6**	
江苏	**Jiangsu**	**83.5**	**350.3**	**584.8**	
南京	Nanjing	83.5	184.2	364.1	2
苏州	Suzhou		84.3	138.9	7
湖北	**Hubei**	**28.7**	**181.2**	**283.7**	
武汉	Wuhan	28.7	181.2	283.7	4
广东	**Guangdong**	**286.8**	**677.7**	**811.6**	
广州	Guangzhou	235.0	281.7	399.3	1
深圳	Shenzhen	37.0	286.2	302.5	3
佛山	Foshan	14.8	21.5	21.5	11
东莞	Dongguan		37.8	37.8	10
重庆	**Chongqing**	**17.4**	**212.9**	**262.6**	
四川	**Sichuan**		**108.5**	**179.5**	
成都	Chengdu		108.5	179.5	6
云南	**Yunnan**		**60.1**	**88.8**	
昆明	Kunming		60.1	88.8	8

8-37 城市道路长度(辖区)
Length of Urban Roads (Municipal Districts)

单位：公里 (km)

地名	City	2010	2016	2017	2017 排名 Ranking	地名	City	2010	2016	2017	2017 排名 Ranking
全国	**Nation Total**	**294443**	**382454**	**397830**		沈阳	Shenyang	2895	2881	3922	11
北京	**Beijing**	**6355**	**8086**	**8437**		大连	Dalian	2899	3284	3321	15
天津	**Tianjin**	**5439**	**7888**	**7942**		鞍山	Anshan	552	688	707	116
河北	**Hebei**	**11639**	**14418**	**15747**		抚顺	Fushun	746	877	877	93
石家庄	Shijiazhuang	1475	2101	2155	28	本溪	Benxi	794	744	761	108
唐山	Tangshan	1577	1594	1842	37	丹东	Dandong	462	365	408	197
秦皇岛	Qinhuangdao	698	862	1100	73	锦州	Jinzhou	513	620	627	129
邯郸	Handan	1138	1494	1633	47	营口	Yingkou	536	728	827	101
邢台	Xingtai	510	530	530	154	阜新	Fuxin	339	506	442	183
保定	Baoding	674	1252	1254	68	辽阳	Liaoyang	858	1099	1098	74
张家口	Zhangjiakou	474	671	660	123	盘锦	Panjin	483	721	636	126
承德	Chengde	500	532	577	141	铁岭	Tieling	320	277	284	230
沧州	Cangzhou	307	369	446	181	朝阳	Chaoyang	253	283	242	245
廊坊	Langfang	450	504	512	158	葫芦岛	Huludao	321	419	126	277
衡水	Hengshui	343	592	509	161	**吉林**	**Jilin**	**8543**	**10669**	**9083**	
山西	**Shanxi**	**5733**	**7671**	**8201**		长春	Changchun	3659	5126	3623	13
太原	Taiyuan	1780	2272	2464	23	吉林	Jilin	1030	1086	1089	76
大同	Datong	761	981	1025	80	四平	Siping	234	369	434	187
阳泉	Yangquan	430	645	849	96	辽源	Liaoyuan	312	225	186	263
长治	Changzhi	362	394	402	199	通化	Tonghua	218	297	296	225
晋城	Jincheng	165	220	225	251	白山	Baishan	276	324	271	234
朔州	Shuozhou	169	296	298	224	松原	Songyuan	187	277	277	232
晋中	Jinzhong	235	378	415	196	白城	Baicheng	195	210	210	257
运城	Yuncheng	178	256	259	240	**黑龙江**	**Heilongjiang**	**10091**	**12750**	**12369**	
忻州	Xinzhou	134	246	262	236	哈尔滨	Harbin	1427	3120	3139	16
临汾	Linfen	216	237	249	242	齐齐哈尔	Qiqihar	528	547	533	149
吕梁	Lvliang	120	182	170	268	鸡西	Jixi	363	423	431	189
内蒙古	**Inner Mongolia**	**6447**	**9728**	**10035**		鹤岗	Hegang	322	398	400	200
呼和浩特	Hohhot	720	950	1144	71	双鸭山	Shuangyashan	361	428	439	185
包头	Baotou	1304	1564	1629	49	大庆	Daqing	2276	2478	2227	27
乌海	Wuhai	480	1002	1000	82	伊春	Yichun	789	909	914	88
赤峰	Chifeng	379	861	867	95	佳木斯	Jiamusi	291	325	327	216
通辽	Tongliao	379	539	539	146	七台河	Qitaihe	528	532	532	151
鄂尔多斯	Erdos	867	1204	1121	72	牡丹江	Mudanjiang	762	805	805	105
呼伦贝尔	Hulunbuir	215	376	433	188	黑河	Heihe	81	83	83	285
巴彦淖尔	Bayannur	372	659	701	117	绥化	Suihua	172	188	188	261
乌兰察布	Ulanqab	263	416	416	195	**上海**	**Shanghai**	**4713**	**5129**	**5224**	
辽宁	**Liaoning**	**14238**	**16394**	**17079**		**江苏**	**Jiangsu**	**31899**	**44999**	**47112**	

8-37 城市道路长度(辖区) 续表 1

Length of Urban Roads (Municipal Districts) continued 1

单位：公里 (km)

地名	City	2010	2016	2017	2017 排名 Ranking	地名	City	2010	2016	2017	2017 排名 Ranking
南京	Nanjing	5599	8012	8261	1	池州	Chizhou	364	441	447	180
无锡	Wuxi	4609	3715	3846	12	宣城	Xuancheng	243	443	458	176
徐州	Xuzhou	1600	2550	2577	19	**福建**	**Fujian**	**6756**	**8656**	**11427**	
常州	Changzhou	1753	2553	2616	18	福州	Fuzhou	1101	1467	2119	29
苏州	Suzhou	2904	7166	7229	3	厦门	Xiamen	1213	1828	2530	21
南通	Nantong	981	2770	2864	17	莆田	Putian	669	691	721	112
连云港	Lianyungang	1023	1432	1715	42	三明	Sanming	280	281	286	229
淮安	Huaian	955	2026	2059	32	泉州	Quanzhou	485	890	1654	43
盐城	Yancheng	567	1353	1422	58	漳州	Zhangzhou	301	410	449	179
扬州	Yangzhou	1055	1616	1638	46	南平	Nanping	246	341	351	210
镇江	Zhenjiang	1223	1405	1429	56	龙岩	Longyan	329	462	493	164
泰州	Taizhou	902	1234	1284	64	宁德	Ningde	151	202	211	256
宿迁	Suqian	631	898	922	86	**江西**	**Jiangxi**	**5742**	**8977**	**10289**	
浙江	**Zhejiang**	**15550**	**21215**	**21773**		南昌	Nanchang	965	1613	1632	48
杭州	Hangzhou	2194	3075	3550	14	景德镇	Jingdezhen	350	762	794	106
宁波	Ningbo	1439	2069	2070	31	萍乡	Pingxiang	221	259	259	239
温州	Wenzhou	1059	1617	1641	45	九江	Jiujiang	817	868	1006	81
嘉兴	Jiaxing	652	892	932	85	新余	Xinyu	356	476	489	166
湖州	Huzhou	577	756	807	104	鹰潭	Yingtan	127	146	181	264
绍兴	Shaoxing	480	1357	1321	61	赣州	Ganzhou	255	875	1432	55
金华	Jinhua	591	736	917	87	吉安	Jian	245	403	454	178
衢州	Quzhou	435	618	631	127	宜春	Yichun	281	392	403	198
舟山	Zhoushan	300	620	727	110	抚州	Fuzhou	379	475	716	113
台州	Taizhou	1937	2281	2362	24	上饶	Shangrao	302	701	770	107
丽水	Lishui	162	186	212	255	**山东**	**Shandong**	**32944**	**40685**	**43580**	
安徽	**Anhui**	**10157**	**14154**	**13997**		济南	Jinan	4498	5118	5298	7
合肥	Hefei	2013	2417	2527	22	青岛	Qingdao	3409	4484	4865	8
芜湖	Wuhu	1147	1493	1510	52	淄博	Zibo	1254	1766	2040	34
蚌埠	Bengbu	663	878	899	90	枣庄	Zaozhuang	790	1204	1271	66
淮南	Huainan	683	794	823	102	东营	Dongying	716	1070	1092	75
马鞍山	Maanshan	386	491	509	160	烟台	Yantai	1522	1803	2538	20
淮北	Huaibei	574	709	584	137	潍坊	Weifang	1489	1770	2050	33
铜陵	Tongling	286	345	347	212	济宁	Jining	803	1460	1746	41
安庆	Anqing	470	656	483	172	泰安	Taian	752	1326	1371	59
黄山	Huangshan	306	446	530	153	威海	Weihai	746	1374	1428	57
滁州	Chuzhou	300	692	724	111	日照	Rizhao	1252	852	891	91
阜阳	Fuyang	520	821	841	99	莱芜	Laiwu	768	983	999	83
宿州	Suzhou	459	771	836	100	临沂	Linyi	1913	2277	2346	25
六安	Liuan	268	526	544	144	德州	Dezhou	605	1055	1062	78
亳州	Bozhou	677	865	456	177	聊城	Liaocheng	487	706	681	120

8-37 城市道路长度(辖区) 续表 2

Length of Urban Roads (Municipal Districts) continued 2

单位：公里 (km)

地名	City	2010	2016	2017	2017 排名 Ranking	地名	City	2010	2016	2017	2017 排名 Ranking
滨州	Binzhou	588	1077	1058	79	常德	Changde	480	587	611	131
菏泽	Heze	516	864	950	84	张家界	Zhangjiajie	292	311	322	218
河南	**Henan**	**9414**	**13140**	**13876**		益阳	Yiyang	319	458	486	168
郑州	Zhengzhou	1338	1932	2101	30	郴州	Chenzhou	247	114	114	280
开封	Kaifeng	388	632	679	121	永州	Yongzhou	310	476	502	162
洛阳	Luoyang	552	825	875	94	怀化	Huaihua	220	258	260	238
平顶山	Pingdingshan	261	347	359	209	娄底	Loudi	262	374	291	226
安阳	Anyang	425	477	484	171	**广东**	**Guangdong**	**40847**	**38930**	**39274**	
鹤壁	Hebi	271	336	360	208	广州	Guangzhou	6986	7559	7819	2
新乡	Xinxiang	440	477	492	165	韶关	Shaoguan	562	590	607	132
焦作	Jiaozuo	395	487	533	148	深圳	Shenzhen	12613	6556	6668	4
濮阳	Puyang	209	325	373	205	珠海	Zhuhai	1485	2363	1529	51
许昌	Xuchang	250	346	521	155	汕头	Shantou	1318	1388	1796	38
漯河	Luohe	335	377	484	170	佛山	Foshan	1360	1643	1555	50
三门峡	Sanmenxia	133	291	307	221	江门	Jiangmen	1289	1347	1647	44
南阳	Nanyang	687	1525	1281	65	湛江	Zhanjiang	718	585	592	135
商丘	Shangqiu	346	401	439	184	茂名	Maoming	214	459	473	174
信阳	Xinyang	390	421	429	190	肇庆	Zhaoqing	542	893	902	89
周口	Zhoukou	203	253	264	235	惠州	Huizhou	1305	1227	1295	62
驻马店	Zhumadian	320	375	381	203	梅州	Meizhou	458	510	519	156
湖北	**Hubei**	**14168**	**18622**	**19021**		汕尾	Shanwei	174	204	231	249
武汉	Wuhan	2682	5704	5786	6	河源	Heyuan	126	233	241	246
黄石	Huangshi	685	831	841	98	阳江	Yangjiang	332	573	584	136
十堰	Shiyan	744	822	348	211	清远	Qingyuan	1342	450	512	159
宜昌	Yichang	952	1240	1288	63	东莞	Dongguan	5341	6372	5838	5
襄阳	Xiangyang	680	1057	1066	77	中山	Zhongshan	487	435	696	119
鄂州	Ezhou	613	297	302	223	潮州	Chaozhou	162	561	707	115
荆门	Jingmen	375	526	550	142	揭阳	Jieyang	285	537	580	139
孝感	Xiaogan	341	529	545	143	云浮	Yunfu	72	162	131	276
荆州	Jingzhou	774	866	880	92	**广西**	**Guangxi**	**6439**	**8585**	**9064**	
黄冈	Huanggang	363	453	485	169	南宁	Nanning	1307	1708	1749	40
咸宁	Xianning	207	264	672	122	柳州	Liuzhou	883	1071	1216	70
随州	Suizhou	200	230	282	231	桂林	Guilin	441	680	729	109
湖南	**Hunan**	**8585**	**12292**	**10882**		梧州	Wuzhou	290	551	581	138
长沙	Changsha	1781	2830	1370	60	北海	Beihai	368	429	438	186
株洲	Zhuzhou	893	1653	1764	39	防城港	Fangchenggang	243	330	330	215
湘潭	Xiangtan	490	590	614	130	钦州	Qinzhou	328	497	541	145
衡阳	Hengyang	676	594	533	150	贵港	Guigang	327	370	391	202
邵阳	Shaoyang	356	560	602	133	玉林	Yulin	502	603	644	125
岳阳	Yueyang	592	760	820	103	百色	Baise	173	217	223	252

8-37 城市道路长度(辖区) 续表 3

Length of Urban Roads (Municipal Districts) continued 3

单位：公里 (km)

地名	City	2010	2016	2017	2017 排名 Ranking
贺州	Hezhou	149	105	109	283
河池	Hechi	115	161	463	175
来宾	Laibin	88	198	200	259
崇左	Chongzuo	169	196	223	253
海南	**Hainan**	**1435**	**2503**	**2806**	
海口	Haikou	572	1254	1254	67
三亚	Sanya	214	384	427	193
三沙	Sansha		8	8	286
重庆	**Chongqing**	**5130**	**8498**	**9364**	
四川	**Sichuan**	**9584**	**14835**	**16077**	
成都	Chengdu	2610	3700	4125	10
自贡	Zigong	605	1438	1446	54
攀枝花	Panzhihua	517	754	709	114
泸州	Luzhou	433	807	848	97
德阳	Deyang	237	329	428	191
绵阳	Mianyang	742	918	1246	69
广元	Guangyuan	257	421	443	182
遂宁	Suining	290	722	427	192
内江	Neijiang	162	245	261	237
乐山	Leshan	525	633	660	124
南充	Nanchong	415	549	630	128
眉山	Meishan	316	462	487	167
宜宾	Yibin	156	360	531	152
广安	Guangan	105	343	336	214
达州	Dazhou	101	139	145	274
雅安	Yaan	130	215	231	250
巴中	Bazhong	71	222	245	243
资阳	Ziyang	160	246	306	222
贵州	**Guizhou**	**2257**	**4022**	**4345**	
贵阳	Guiyang	872	1306	1465	53
六盘水	Liupanshui	160	188	204	258
遵义	Zunyi	276	611	493	163
安顺	Anshun	158	377	397	201
毕节	Bijie	103	217	233	248
铜仁	Tongren	152	289	289	227
云南	**Yunnan**	**4049**	**5995**	**6062**	
昆明	Kunming	1420	1878	1850	36
曲靖	Qujing	205	442	362	207
玉溪	Yuxi	127	318	319	219
保山	Baoshan	138	187	176	267
昭通	Zhaotong	119	157	168	270

地名	City	2010	2016	2017	2017 排名 Ranking
丽江	Lijiang	87	118	120	279
普洱	Puer	73	112	112	281
临沧	Lincang	63	119	125	278
西藏	**Tibet**	**341**	**1134**	**688**	
拉萨	Lasa	275	751	368	206
陕西	**Shaanxi**	**4810**	**6783**	**7886**	
西安	Xi'an	2428	3435	4277	9
铜川	Tongchuan	278	235	244	244
宝鸡	Baoji	462	536	538	147
咸阳	Xianyang	217	415	316	220
渭南	Weinan	320	370	375	204
延安	Yan'an	105	174	178	265
汉中	Hanzhong	185	227	272	233
榆林	Yulin	215	498	518	157
安康	Ankang	181	232	236	247
商洛	Shangluo	107	140	143	275
甘肃	**Gansu**	**3399**	**4668**	**4890**	
兰州	Lanzhou	906	1739	1857	35
嘉峪关	Jiayuguan	282	341	344	213
金昌	Jinchang	161	176	177	266
白银	Baiyin	396	418	421	194
天水	Tianshui	305	321	323	217
武威	Wuwei	145	171	153	273
张掖	Zhangye	101	155	187	262
平凉	Pingliang	151	215	221	254
酒泉	Jiuquan	279	285	286	228
庆阳	Qingyang	143	166	169	269
定西	Dingxi	69	102	107	284
陇南	Longnan	41	58	111	282
青海	**Qinghai**	**711**	**1019**	**1117**	
西宁	Xining	433	536	577	140
海东	Haidong		99	155	271
宁夏	**Ningxia**	**1852**	**2214**	**2324**	
银川	Yinchuan	506	657	698	118
石嘴山	Shizuishan	494	597	597	134
吴忠	Wuzhong	123	187	193	260
固原	Guyuan	324	252	255	241
中卫	Zhongwei	115	152	154	272
新疆	**Xinjiang**	**5178**	**7791**	**7864**	
乌鲁木齐	Urumqi	1632	2314	2304	26
克拉玛依	Karamay	379	476	481	173

8-38 城市道路面积(辖区)
Surface Area of Urban Roads (Municipal Districts)

单位：万平方米 (10 000 m²)

地名	City	2010	2016	2017	2017 排名 Ranking	地名	City	2010	2016	2017	2017 排名 Ranking
全国	**Nation Total**	**521322**	**753819**	**788853**		沈阳	Shenyang	5706	6273	7731	12
北京	**Beijing**	**9395**	**14316**	**13960**		大连	Dalian	4135	5031	5363	22
天津	**Tianjin**	**9159**	**14466**	**14742**		鞍山	Anshan	1282	1724	1723	99
河北	**Hebei**	**26639**	**33252**	**34888**		抚顺	Fushun	1189	1416	1416	118
石家庄	Shijiazhuang	4147	5562	5688	19	本溪	Benxi	925	1042	1057	170
唐山	Tangshan	2981	3083	3344	42	丹东	Dandong	958	921	987	177
秦皇岛	Qinhuangdao	1752	2159	2222	79	锦州	Jinzhou	952	1161	1199	143
邯郸	Handan	2983	3811	4134	33	营口	Yingkou	713	1711	1744	98
邢台	Xingtai	1278	1519	1519	111	阜新	Fuxin	461	993	910	190
保定	Baoding	1714	3261	3266	44	辽阳	Liaoyang	998	1385	1394	119
张家口	Zhangjiakou	1241	1534	1574	110	盘锦	Panjin	984	1285	1329	124
承德	Chengde	693	748	864	195	铁岭	Tieling	814	640	665	220
沧州	Cangzhou	883	970	1093	161	朝阳	Chaoyang	374	446	572	232
廊坊	Langfang	856	987	1018	173	葫芦岛	Huludao	528	580	214	280
衡水	Hengshui	642	1174	994	176	**吉林**	**Jilin**	**13243**	**17084**	**16671**	
山西	**Shanxi**	**10312**	**16705**	**18132**		长春	Changchun	6260	7713	7168	13
太原	Taiyuan	2432	4903	5434	21	吉林	Jilin	1295	1642	1652	107
大同	Datong	1767	2151	2303	77	四平	Siping	354	698	701	214
阳泉	Yangquan	581	840	1063	167	辽源	Liaoyuan	646	538	440	258
长治	Changzhi	473	762	795	205	通化	Tonghua	259	416	417	262
晋城	Jincheng	379	584	604	228	白山	Baishan	349	425	428	261
朔州	Shuozhou	477	923	927	186	松原	Songyuan	502	934	936	184
晋中	Jinzhong	616	1095	1237	137	白城	Baicheng	254	339	350	268
运城	Yuncheng	332	716	721	212	**黑龙江**	**Heilongjiang**	**13569**	**19667**	**19781**	
忻州	Xinzhou	238	641	690	216	哈尔滨	Harbin	3296	6484	6578	16
临汾	Linfen	503	660	698	215	齐齐哈尔	Qiqihar	875	1160	1194	145
吕梁	Lvliang	243	360	432	260	鸡西	Jixi	543	666	684	218
内蒙古	**Inner Mongolia**	**12476**	**20808**	**21277**		鹤岗	Hegang	353	473	477	250
呼和浩特	Hohhot	1609	2731	2949	50	双鸭山	Shuangyashan	314	473	488	245
包头	Baotou	2246	2921	3018	49	大庆	Daqing	2697	3659	3665	36
乌海	Wuhai	744	1425	1435	117	伊春	Yichun	734	943	962	181
赤峰	Chifeng	819	2420	2382	73	佳木斯	Jiamusi	468	620	637	223
通辽	Tongliao	865	1226	1226	140	七台河	Qitaihe	423	487	487	246
鄂尔多斯	Erdos	2217	2984	2859	54	牡丹江	Mudanjiang	874	1046	1068	166
呼伦贝尔	Hulunbuir	377	1005	1179	148	黑河	Heihe	155	180	180	284
巴彦淖尔	Bayannur	714	1050	1074	164	绥化	Suihua	213	258	258	277
乌兰察布	Ulanqab	534	902	1041	172	**上海**	**Shanghai**	**9299**	**10582**	**10896**	
辽宁	**Liaoning**	**23658**	**29277**	**30980**		**江苏**	**Jiangsu**	**53723**	**79733**	**82379**	

8-38 城市道路面积(辖区) 续表 1

Surface Area of Urban Roads (Municipal Districts) continued 1

单位：万平方米 (10 000 m²)

地名	City	2010	2016	2017	2017 排名 Ranking	地名	City	2010	2016	2017	2017 排名 Ranking
南京	Nanjing	9576	14649	15264	1	池州	Chizhou	654	781	793	206
无锡	Wuxi	5580	6679	7017	15	宣城	Xuancheng	540	1104	1165	152
徐州	Xuzhou	2467	4463	4554	29	**福建**	**Fujian**	**12560**	**17657**	**22238**	
常州	Changzhou	3023	4880	4953	25	福州	Fuzhou	2327	3228	3650	39
苏州	Suzhou	5928	10681	10930	5	厦门	Xiamen	2994	3835	5450	20
南通	Nantong	1871	5064	5092	23	莆田	Putian	784	1273	1305	130
连云港	Lianyungang	1642	2506	2692	60	三明	Sanming	332	326	327	270
淮安	Huaian	2091	3506	3654	37	泉州	Quanzhou	932	1959	3638	40
盐城	Yancheng	1350	3122	3269	43	漳州	Zhangzhou	765	1292	1337	123
扬州	Yangzhou	1612	2559	2613	66	南平	Nanping	236	431	444	256
镇江	Zhenjiang	1823	2313	2370	75	龙岩	Longyan	396	717	815	203
泰州	Taizhou	1413	2525	2664	62	宁德	Ningde	284	454	487	247
宿迁	Suqian	1266	1995	2036	88	**江西**	**Jiangxi**	**11330**	**18936**	**20547**	
浙江	**Zhejiang**	**30381**	**41286**	**42229**		南昌	Nanchang	1806	3308	3440	41
杭州	Hangzhou	4754	6932	8291	11	景德镇	Jingdezhen	728	1283	1283	134
宁波	Ningbo	2379	3954	4152	32	萍乡	Pingxiang	593	733	733	209
温州	Wenzhou	2339	3203	3245	46	九江	Jiujiang	1331	1548	1669	104
嘉兴	Jiaxing	1196	1601	1697	102	新余	Xinyu	814	1139	1165	151
湖州	Huzhou	1882	2462	2606	67	鹰潭	Yingtan	299	404	382	266
绍兴	Shaoxing	1207	2689	2733	58	赣州	Ganzhou	691	2254	2640	65
金华	Jinhua	1390	1806	2034	89	吉安	Jian	511	861	969	180
衢州	Quzhou	771	1210	1230	138	宜春	Yichun	605	896	925	187
舟山	Zhoushan	520	1205	1308	129	抚州	Fuzhou	916	1203	1682	103
台州	Taizhou	2371	2911	2735	57	上饶	Shangrao	686	1494	1669	105
丽水	Lishui	411	461	548	237	**山东**	**Shandong**	**60615**	**83011**	**88799**	
安徽	**Anhui**	**19927**	**33100**	**34208**		济南	Jinan	5907	9060	9420	9
合肥	Hefei	4323	6820	7113	14	青岛	Qingdao	5893	8057	8496	10
芜湖	Wuhu	2583	3578	3654	38	淄博	Zibo	2523	4171	4839	27
蚌埠	Bengbu	1186	1925	1985	90	枣庄	Zaozhuang	1668	2565	2657	63
淮南	Huainan	1059	1688	1789	96	东营	Dongying	1858	2760	2778	56
马鞍山	Maanshan	968	1416	1480	115	烟台	Yantai	3034	3986	5722	18
淮北	Huaibei	864	1261	1302	131	潍坊	Weifang	3094	3715	3969	34
铜陵	Tongling	476	625	725	211	济宁	Jining	1898	4565	5011	24
安庆	Anqing	937	1326	1165	154	泰安	Taian	1506	2783	2894	53
黄山	Huangshan	546	879	924	188	威海	Weihai	1801	3179	3252	45
滁州	Chuzhou	792	1969	2079	87	日照	Rizhao	1561	1794	1871	93
阜阳	Fuyang	1147	2091	2132	84	莱芜	Laiwu	1367	1827	1868	94
宿州	Suzhou	840	1599	1838	95	临沂	Linyi	3722	4410	4512	31
六安	Liuan	447	1462	1516	112	德州	Dezhou	1231	2904	2917	52
亳州	Bozhou	958	1557	1223	141	聊城	Liaocheng	1773	2392	2376	74

8-38 城市道路面积(辖区) 续表 2

Surface Area of Urban Roads (Municipal Districts) continued 2

单位：万平方米 (10 000 m²)

地名	City	2010	2016	2017	2017 排名 Ranking	地名	City	2010	2016	2017	2017 排名 Ranking
滨州	Binzhou	1159	1979	2199	80	常德	Changde	950	914	1194	144
菏泽	Heze	1056	2145	2159	82	张家界	Zhangjiajie	337	447	454	254
河南	**Henan**	**21768**	**31621**	**34735**		益阳	Yiyang	617	829	906	191
郑州	Zhengzhou	3158	5125	5821	17	郴州	Chenzhou	321	397	397	263
开封	Kaifeng	1010	1720	1882	92	永州	Yongzhou	709	1061	1161	155
洛阳	Luoyang	1650	2495	2654	64	怀化	Huaihua	299	498	499	244
平顶山	Pingdingshan	958	1283	1327	125	娄底	Loudi	482	510	1165	153
安阳	Anyang	898	1090	1119	159	**广东**	**Guangdong**	**55869**	**71204**	**70422**	
鹤壁	Hebi	603	760	847	196	广州	Guangzhou	9731	11525	13013	2
新乡	Xinxiang	1028	1149	1179	147	韶关	Shaoguan	720	791	829	200
焦作	Jiaozuo	1056	1264	1301	132	深圳	Shenzhen	8941	11920	12151	4
濮阳	Puyang	405	816	884	192	珠海	Zhuhai	3385	6123	3733	35
许昌	Xuchang	538	685	1701	101	汕头	Shantou	2492	2522	2701	59
漯河	Luohe	761	909	973	179	佛山	Foshan	2339	2952	2689	61
三门峡	Sanmenxia	207	581	621	225	江门	Jiangmen	1942	1945	2100	86
南阳	Nanyang	1088	2247	2130	85	湛江	Zhanjiang	1609	1312	1325	126
商丘	Shangqiu	719	944	1132	158	茂名	Maoming	487	718	928	185
信阳	Xinyang	783	893	919	189	肇庆	Zhaoqing	869	1498	1513	113
周口	Zhoukou	629	825	840	198	惠州	Huizhou	1882	2732	2841	55
驻马店	Zhumadian	868	1185	1206	142	梅州	Meizhou	693	750	780	207
湖北	**Hubei**	**24599**	**33293**	**34937**		汕尾	Shanwei	244	281	361	267
武汉	Wuhan	7273	10154	10353	7	河源	Heyuan	314	495	510	243
黄石	Huangshi	1227	1742	1759	97	阳江	Yangjiang	597	1026	1069	165
十堰	Shiyan	746	920	866	194	清远	Qingyuan	569	1316	1139	157
宜昌	Yichang	1368	2036	2148	83	东莞	Dongguan	11853	14200	12744	3
襄阳	Xiangyang	1188	2161	2190	81	中山	Zhongshan	1089	1072	1657	106
鄂州	Ezhou	786	514	531	242	潮州	Chaozhou	399	744	768	208
荆门	Jingmen	645	1087	1168	150	揭阳	Jieyang	418	1249	1230	139
孝感	Xiaogan	554	1268	1323	127	云浮	Yunfu	86	320	288	274
荆州	Jingzhou	755	1025	1051	171	**广西**	**Guangxi**	**12118**	**18555**	**19821**	
黄冈	Huanggang	738	996	1002	175	南宁	Nanning	3205	4633	4776	28
咸宁	Xianning	418	580	1261	135	柳州	Liuzhou	1494	2121	2426	71
随州	Suizhou	383	504	596	229	桂林	Guilin	699	1344	1501	114
湖南	**Hunan**	**15972**	**22477**	**24470**		梧州	Wuzhou	509	1081	1101	160
长沙	Changsha	3618	5400	4849	26	北海	Beihai	745	925	955	182
株洲	Zhuzhou	1413	2136	2400	72	防城港	Fangchenggang	507	666	666	219
湘潭	Xiangtan	1140	1499	2313	76	钦州	Qinzhou	728	1277	1371	120
衡阳	Hengyang	1432	1392	1313	128	贵港	Guigang	716	906	1014	174
邵阳	Shaoyang	775	1250	1346	122	玉林	Yulin	783	1089	1175	149
岳阳	Yueyang	807	1007	1469	116	百色	Baise	311	516	534	241

8-38 城市道路面积(辖区) 续表 3
Surface Area of Urban Roads (Municipal Districts) continued 3

单位：万平方米 (10 000 m²)

地名	City	2010	2016	2017	2017 排名 Ranking	地名	City	2010	2016	2017	2017 排名 Ranking
贺州	Hezhou	276	444	456	252	丽江	Lijiang	224	185	190	282
河池	Hechi	157	272	823	202	普洱	Puer	272	216	216	279
来宾	Laibin	250	648	654	221	临沧	Lincang	150	256	267	276
崇左	Chongzuo	185	247	322	271	**西藏**	**Tibet**	**596**	**1986**	**1093**	
海南	**Hainan**	**3152**	**5195**	**5448**		拉萨	Lasa	519	1541	561	233
海口	Haikou	1572	2605	2605	68	**陕西**	**Shaanxi**	**10537**	**15265**	**17538**	
三亚	Sanya	383	785	844	197	西安	Xi'an	5342	7990	9829	8
三沙	Sansha		4	4	286	铜川	Tongchuan	438	404	384	265
重庆	**Chongqing**	**9931**	**17776**	**19015**		宝鸡	Baoji	1233	1354	1359	121
四川	**Sichuan**	**18743**	**31352**	**33979**		咸阳	Xianyang	836	1389	1057	169
成都	Chengdu	6460	9590	10784	6	渭南	Weinan	673	565	581	231
自贡	Zigong	794	1693	1705	100	延安	Yan'an	178	309	315	272
攀枝花	Panzhihua	565	868	837	199	汉中	Hanzhong	258	402	545	238
泸州	Luzhou	785	1527	1591	108	榆林	Yulin	447	1147	1193	146
德阳	Deyang	533	721	2521	69	安康	Ankang	470	539	559	234
绵阳	Mianyang	1484	1814	2521	69	商洛	Shangluo	184	197	209	281
广元	Guangyuan	376	663	707	213	**甘肃**	**Gansu**	**6599**	**9933**	**10678**	
遂宁	Suining	625	2095	1059	168	兰州	Lanzhou	2162	4276	4537	30
内江	Neijiang	303	541	587	230	嘉峪关	Jiayuguan	334	424	433	259
乐山	Leshan	688	875	1092	162	金昌	Jinchang	399	484	485	248
南充	Nanchong	964	1701	1900	91	白银	Baiyin	555	629	632	224
眉山	Meishan	454	880	976	178	天水	Tianshui	596	642	645	222
宜宾	Yibin	311	958	1078	163	武威	Wuwei	259	408	539	239
广安	Guangan	286	729	875	193	张掖	Zhangye	321	501	609	227
达州	Dazhou	156	225	230	278	平凉	Pingliang	521	669	684	217
雅安	Yaan	215	360	395	264	酒泉	Jiuquan	429	453	455	253
巴中	Bazhong	45	165	180	283	庆阳	Qingyang	198	321	335	269
资阳	Ziyang	335	645	552	235	定西	Dingxi	161	270	282	275
贵州	**Guizhou**	**3604**	**8208**	**8930**		陇南	Longnan	64	100	175	285
贵阳	Guiyang	1348	2643	2937	51	**青海**	**Qinghai**	**1357**	**2059**	**2753**	
六盘水	Liupanshui	320	432	459	251	西宁	Xining	737	1033	1295	133
遵义	Zunyi	385	1197	1159	156	海东	Haidong		185	441	257
安顺	Anshun	254	877	940	183	**宁夏**	**Ningxia**	**3889**	**6578**	**6545**	
毕节	Bijie	196	442	480	249	银川	Yinchuan	1652	2083	2226	78
铜仁	Tongren	159	313	312	273	石嘴山	Shizuishan	623	1581	1581	109
云南	**Yunnan**	**7983**	**14768**	**11856**		吴忠	Wuzhong	373	521	536	240
昆明	Kunming	2815	6071	3173	47	固原	Guyuan	398	790	796	204
曲靖	Qujing	698	1374	827	201	中卫	Zhongwei	350	542	552	236
玉溪	Yuxi	326	723	725	210	**新疆**	**Xinjiang**	**8323**	**13673**	**14908**	
保山	Baoshan	206	393	617	226	乌鲁木齐	Urumqi	2005	3346	3106	48
昭通	Zhaotong	336	420	454	255	克拉玛依	Karamay	823	1121	1239	136

8-39 城市人均道路面积(辖区)

Urban Road Surface Area per Capita (Municipal Districts)

单位：平方米 (m²)

地名	City	2010	2016	2017	2017 排名 Ranking
全国	**Nation Total**	**13.2**	**15.8**	**16.1**	
北京	**Beijing**	**5.6**	**7.6**	**7.4**	
天津	**Tianjin**	**14.9**	**15.4**	**17.4**	
河北	**Hebei**	**17.4**	**18.9**	**18.9**	
石家庄	Shijiazhuang	16.9	19.6	20.0	98
唐山	Tangshan	15.1	15.6	16.9	139
秦皇岛	Qinhuangdao	19.4	19.4	17.7	127
邯郸	Handan	19.6	20.6	20.6	90
邢台	Xingtai	20.0	15.9	15.6	165
保定	Baoding	15.2	20.2	19.8	104
张家口	Zhangjiakou	14.5	15.3	14.9	178
承德	Chengde	13.0	13.0	14.6	187
沧州	Cangzhou	15.2	16.3	17.6	131
廊坊	Langfang	16.5	17.6	17.8	125
衡水	Hengshui	17.2	19.6	15.4	168
山西	**Shanxi**	**10.7**	**14.8**	**15.9**	
太原	Taiyuan	8.1	13.3	14.7	184
大同	Datong	13.8	17.1	18.3	116
阳泉	Yangquan	9.9	14.7	16.7	142
长治	Changzhi	6.7	10.0	10.6	251
晋城	Jincheng	11.5	11.9	12.3	228
朔州	Shuozhou	15.8	21.4	21.4	80
晋中	Jinzhong	15.2	21.3	22.0	74
运城	Yuncheng	7.7	16.7	16.8	140
忻州	Xinzhou	8.8	21.4	22.8	71
临汾	Linfen	11.6	10.4	11.3	241
吕梁	Lvliang	10.5	13.3	15.6	166
内蒙古	**Inner Mongolia**	**14.9**	**23.5**	**23.9**	
呼和浩特	Hohhot	10.2	14.0	14.4	192
包头	Baotou	12.8	15.4	15.8	157
乌海	Wuhai	13.6	25.9	26.1	42
赤峰	Chifeng	9.2	24.2	24.6	54
通辽	Tongliao	17.2	27.1	27.1	35
鄂尔多斯	Erdos	30.9	55.2	57.6	1
呼伦贝尔	Hulunbuir	13.1	28.6	33.7	9
巴彦淖尔	Bayannur	19.2	27.0	27.8	29
乌兰察布	Ulanqab	16.6	30.3	34.8	5
辽宁	**Liaoning**	**11.2**	**13.0**	**13.7**	
沈阳	Shenyang	11.9	11.7	15.1	175
大连	Dalian	14.1	14.3	13.4	206
鞍山	Anshan	8.2	12.6	12.3	228
抚顺	Fushun	9.0	10.8	10.8	246
本溪	Benxi	10.1	11.4	12.4	224
丹东	Dandong	14.3	14.0	15.0	177
锦州	Jinzhou	9.7	12.3	12.4	222
营口	Yingkou	7.5	19.3	20.6	91
阜新	Fuxin	5.9	12.9	12.0	234
辽阳	Liaoyang	12.6	17.6	17.6	132
盘锦	Panjin	15.0	13.7	15.7	161
铁岭	Tieling	18.0	14.2	15.3	172
朝阳	Chaoyang	7.0	7.0	10.6	249
葫芦岛	Huludao	11.4	11.3	3.0	285
吉林	**Jilin**	**12.4**	**15.0**	**14.3**	
长春	Changchun	20.2	21.7	17.7	127
吉林	Jilin	10.1	12.9	13.0	211
四平	Siping	5.5	10.5	10.3	259
辽源	Liaoyuan	13.0	11.0	9.3	269
通化	Tonghua	5.5	9.0	9.1	274
白山	Baishan	9.2	10.6	10.6	248
松原	Songyuan	10.6	18.9	18.9	110
白城	Baicheng	9.0	12.0	12.3	225
黑龙江	**Heilongjiang**	**10.0**	**13.7**	**13.9**	
哈尔滨	Harbin	7.9	13.5	13.4	207
齐齐哈尔	Qiqihar	8.0	10.7	10.9	245
鸡西	Jixi	7.3	9.2	9.9	264
鹤岗	Hegang	6.3	8.6	8.8	276
双鸭山	Shuangyashan	6.8	9.9	10.2	260
大庆	Daqing	20.4	25.1	26.4	38
伊春	Yichun	9.8	12.3	12.6	219
佳木斯	Jiamusi	7.5	10.4	10.7	247
七台河	Qitaihe	11.0	11.9	11.9	236
牡丹江	Mudanjiang	12.4	14.2	15.8	156
黑河	Heihe	11.0	12.4	12.1	231
绥化	Suihua	6.8	7.0	7.0	282
上海	**Shanghai**	**4.0**	**4.4**	**4.5**	
江苏	**Jiangsu**	**21.3**	**25.4**	**25.6**	

8-39 城市人均道路面积(辖区） 续表 1
Urban Road Surface Area per Capita (Municipal Districts) continued 1

单位：平方米 (m²)

地名	City	2010	2016	2017	2017 排名 Ranking	地名	City	2010	2016	2017	2017 排名 Ranking
南京	Nanjing	19.4	23.4	23.8	63	池州	Chizhou	23.7	25.7	25.6	45
无锡	Wuxi	23.5	26.6	27.5	32	宣城	Xuancheng	19.7	30.9	32.5	11
徐州	Xuzhou	16.3	24.4	22.9	69	**福建**	**Fujian**	**12.6**	**14.4**	**17.4**	
常州	Changzhou	22.9	26.0	26.3	40	福州	Fuzhou	11.3	13.0	13.0	213
苏州	Suzhou	27.6	34.2	32.8	10	厦门	Xiamen	10.8	11.8	15.7	162
南通	Nantong	18.9	30.8	31.9	13	莆田	Putian	14.9	19.4	17.6	130
连云港	Lianyungang	22.4	23.8	24.5	56	三明	Sanming	14.5	14.7	14.7	181
淮安	Huaian	17.1	21.7	24.2	59	泉州	Quanzhou	11.6	14.6	26.8	36
盐城	Yancheng	19.2	23.0	23.9	62	漳州	Zhangzhou	17.9	25.1	25.1	49
扬州	Yangzhou	20.8	21.9	21.6	77	南平	Nanping	11.5	12.2	12.8	217
镇江	Zhenjiang	20.8	26.0	26.6	37	龙岩	Longyan	13.2	17.1	18.4	115
泰州	Taizhou	22.2	26.8	28.4	25	宁德	Ningde	12.3	17.7	17.8	124
宿迁	Suqian	26.8	27.3	26.3	40	**江西**	**Jiangxi**	**13.8**	**17.3**	**17.9**	
浙江	**Zhejiang**	**16.7**	**17.7**	**17.3**		南昌	Nanchang	8.5	12.1	12.4	221
杭州	Hangzhou	14.3	12.3	13.0	212	景德镇	Jingdezhen	16.1	28.2	24.3	57
宁波	Ningbo	14.5	13.9	12.5	220	萍乡	Pingxiang	16.0	15.8	16.1	150
温州	Wenzhou	16.0	15.6	15.7	163	九江	Jiujiang	21.1	22.7	22.0	75
嘉兴	Jiaxing	17.5	17.0	18.6	113	新余	Xinyu	21.4	24.0	24.1	60
湖州	Huzhou	22.5	26.9	27.9	28	鹰潭	Yingtan	18.8	17.7	16.6	143
绍兴	Shaoxing	17.1	17.9	17.8	126	赣州	Ganzhou	10.2	14.9	15.9	154
金华	Jinhua	23.9	22.9	25.4	48	吉安	Jian	16.1	18.8	20.7	89
衢州	Quzhou	25.6	33.7	34.0	7	宜春	Yichun	13.8	15.6	15.7	160
舟山	Zhoushan	11.6	19.2	21.6	78	抚州	Fuzhou	18.1	19.6	21.1	81
台州	Taizhou	23.5	28.1	26.0	43	上饶	Shangrao	20.6	20.9	23.0	68
丽水	Lishui	12.7	13.1	15.3	170	**山东**	**Shandong**	**22.2**	**24.7**	**25.1**	
安徽	**Anhui**	**16.0**	**21.8**	**22.2**		济南	Jinan	21.0	27.0	23.3	65
合肥	Hefei	17.5	17.0	18.0	119	青岛	Qingdao	21.3	18.2	19.1	108
芜湖	Wuhu	21.8	26.3	24.8	52	淄博	Zibo	16.3	24.0	27.7	30
蚌埠	Bengbu	13.7	20.1	20.7	88	枣庄	Zaozhuang	18.9	25.8	26.3	39
淮南	Huainan	10.1	15.4	16.5	145	东营	Dongying	28.6	32.1	29.8	21
马鞍山	Maanshan	17.1	19.1	19.9	99	烟台	Yantai	21.0	21.9	27.7	31
淮北	Huaibei	10.3	16.9	17.3	135	潍坊	Weifang	24.6	28.6	30.4	19
铜陵	Tongling	11.5	12.1	14.1	199	济宁	Jining	28.8	29.5	32.2	12
安庆	Anqing	15.7	18.7	16.3	148	泰安	Taian	24.9	27.6	28.5	24
黄山	Huangshan	18.2	22.8	22.8	70	威海	Weihai	30.5	33.6	33.8	8
滁州	Chuzhou	24.3	43.9	41.2	2	日照	Rizhao	25.0	22.4	23.1	67
阜阳	Fuyang	15.5	26.2	25.1	49	莱芜	Laiwu	28.9	29.1	27.3	33
宿州	Suzhou	18.1	27.9	31.5	14	临沂	Linyi	21.8	21.3	20.9	85
六安	Liuan	7.5	24.2	25.1	51	德州	Dezhou	20.2	33.0	28.1	27
亳州	Bozhou	37.4	45.5	34.8	6	聊城	Liaocheng	28.8	27.7	27.2	34

8-39 城市人均道路面积(辖区) 续表 2
Urban Road Surface Area per Capita (Municipal Districts) continued 2

单位：平方米 (m²)

地名	City	2010	2016	2017	2017 排名 Ranking	地名	City	2010	2016	2017	2017 排名 Ranking
滨州	Binzhou	16.5	22.2	24.5	55	常德	Changde	15.3	10.1	12.6	218
菏泽	Heze	14.8	25.4	24.3	58	张家界	Zhangjiajie	15.7	21.0	20.1	97
河南	**Henan**	**10.3**	**13.0**	**13.9**		益阳	Yiyang	10.2	12.6	13.6	203
郑州	Zhengzhou	6.3	8.6	9.1	271	郴州	Chenzhou	6.1	6.2	6.2	283
开封	Kaifeng	11.6	16.4	18.4	114	永州	Yongzhou	13.8	19.6	20.8	86
洛阳	Luoyang	6.8	10.5	11.3	240	怀化	Huaihua	9.3	8.0	8.0	279
平顶山	Pingdingshan	9.5	13.5	13.8	201	娄底	Loudi	12.9	10.2	23.3	66
安阳	Anyang	12.7	14.9	15.1	174	**广东**	**Guangdong**	**12.7**	**13.1**	**12.9**	
鹤壁	Hebi	14.4	16.1	17.5	134	广州	Guangzhou	11.2	8.6	11.0	244
新乡	Xinxiang	13.7	14.9	15.1	176	韶关	Shaoguan	13.4	12.6	12.8	216
焦作	Jiaozuo	14.0	16.1	16.5	146	深圳	Shenzhen	8.6	10.0	9.7	266
濮阳	Puyang	9.3	14.3	14.7	182	珠海	Zhuhai	23.3	33.5	14.6	188
许昌	Xuchang	12.1	12.5	30.1	20	汕头	Shantou	10.8	9.7	10.0	261
漯河	Luohe	14.0	15.5	16.4	147	佛山	Foshan	12.0	14.0	14.8	180
三门峡	Sanmenxia	6.9	11.5	12.9	215	江门	Jiangmen	17.7	14.5	16.0	152
南阳	Nanyang	9.0	13.6	13.3	209	湛江	Zhanjiang	24.2	14.5	14.5	190
商丘	Shangqiu	7.5	9.8	11.7	237	茂名	Maoming	10.1	10.0	12.2	230
信阳	Xinyang	16.7	15.8	15.7	164	肇庆	Zhaoqing	17.1	20.6	18.9	109
周口	Zhoukou	21.0	21.1	20.5	93	惠州	Huizhou	16.1	14.1	13.1	210
驻马店	Zhumadian	20.4	25.0	25.4	46	梅州	Meizhou	16.8	16.1	16.7	141
湖北	**Hubei**	**14.1**	**16.1**	**15.7**		汕尾	Shanwei	9.8	12.5	15.2	173
武汉	Wuhan	11.4	14.4	11.9	235	河源	Heyuan	11.6	15.1	15.4	169
黄石	Huangshi	16.9	20.0	19.9	101	阳江	Yangjiang	14.5	20.9	21.4	79
十堰	Shiyan	14.0	11.4	12.4	223	清远	Qingyuan	11.9	16.7	15.9	155
宜昌	Yichang	17.3	22.3	22.3	73	东莞	Dongguan	20.0	22.6	19.6	105
襄阳	Xiangyang	15.4	17.6	17.7	127	中山	Zhongshan	18.6	14.5	21.0	83
鄂州	Ezhou	19.4	12.0	12.0	232	潮州	Chaozhou	10.2	8.0	9.9	263
荆门	Jingmen	13.8	20.6	21.1	82	揭阳	Jieyang	5.3	14.0	14.6	189
孝感	Xiaogan	19.5	23.2	24.1	61	云浮	Yunfu	4.0	12.5	10.0	262
荆州	Jingzhou	10.6	12.2	12.3	227	**广西**	**Guangxi**	**14.3**	**17.1**	**17.6**	
黄冈	Huanggang	25.1	31.0	31.0	16	南宁	Nanning	14.7	14.7	14.3	193
咸宁	Xianning	12.6	14.1	30.6	17	柳州	Liuzhou	10.6	12.8	13.6	204
随州	Suizhou	11.7	10.2	11.7	237	桂林	Guilin	8.5	14.1	16.0	153
湖南	**Hunan**	**13.0**	**14.6**	**13.7**		梧州	Wuzhou	12.2	17.5	18.0	120
长沙	Changsha	14.3	15.4	9.1	272	北海	Beihai	21.7	20.7	20.5	92
株洲	Zhuzhou	16.8	19.5	21.0	84	防城港	Fangchenggang	32.6	33.1	31.1	15
湘潭	Xiangtan	15.4	18.3	28.3	26	钦州	Qinzhou	32.0	35.2	36.3	4
衡阳	Hengyang	15.3	12.8	9.0	275	贵港	Guigang	17.7	20.4	22.7	72
邵阳	Shaoyang	12.9	18.0	19.8	103	玉林	Yulin	14.2	15.5	15.8	159
岳阳	Yueyang	12.4	13.8	17.1	138	百色	Baise	14.0	19.8	20.3	94

8-39 城市人均道路面积(辖区) 续表 3
Urban Road Surface Area per Capita (Municipal Districts) continued 3

单位：平方米 (m²)

地名	City	2010	2016	2017	2017 排名 Ranking	地名	City	2010	2016	2017	2017 排名 Ranking
贺州	Hezhou	16.7	18.5	18.6	112	丽江	Lijiang	18.6	10.9	11.1	242
河池	Hechi	6.8	13.2	23.5	64	普洱	Puer	12.6	9.5	9.5	267
来宾	Laibin	9.0	21.5	20.2	96	临沧	Lincang	10.8	13.9	14.1	198
崇左	Chongzuo	14.2	13.8	17.9	123	**西藏**	**Tibet**	**13.3**	**16.8**	**14.7**	
海南	**Hainan**	**13.8**	**17.8**	**18.2**		拉萨	Lasa	13.5	17.7	13.8	202
海口	Haikou	14.2	17.1	17.1	137	**陕西**	**Shaanxi**	**13.4**	**15.4**	**16.3**	
三亚	Sanya	13.5	14.3	15.3	170	西安	Xi'an	15.6	18.3	19.9	100
三沙	Sansha		20.7	21.8	76	铜川	Tongchuan	11.0	10.0	9.2	270
重庆	**Chongqing**	**9.4**	**12.2**	**12.7**		宝鸡	Baoji	15.7	15.9	15.6	167
四川	**Sichuan**	**11.8**	**13.7**	**13.7**		咸阳	Xianyang	10.1	13.2	10.4	256
成都	Chengdu	14.9	13.9	14.1	200	渭南	Weinan	16.8	10.3	10.6	250
自贡	Zigong	8.9	14.3	14.7	184	延安	Yan'an	5.1	7.8	7.7	280
攀枝花	Panzhihua	8.8	12.4	12.0	232	汉中	Hanzhong	6.3	9.1	12.3	226
泸州	Luzhou	9.4	11.3	10.5	254	榆林	Yulin	12.8	18.2	18.7	111
德阳	Deyang	12.4	11.8	14.8	179	安康	Ankang	13.9	15.8	16.1	151
绵阳	Mianyang	17.0	13.7	18.3	117	商洛	Shangluo	14.3	8.2	8.6	277
广元	Guangyuan	11.6	13.4	13.3	208	**甘肃**	**Gansu**	**12.2**	**15.4**	**16.5**	
遂宁	Suining	11.5	30.1	19.2	107	兰州	Lanzhou	10.9	17.0	18.0	120
内江	Neijiang	6.0	8.4	9.1	273	嘉峪关	Jiayuguan	16.8	19.2	19.8	102
乐山	Leshan	12.8	11.2	14.2	196	金昌	Jinchang	22.1	25.1	25.7	44
南充	Nanchong	12.1	14.2	14.6	186	白银	Baiyin	13.7	14.3	14.3	195
眉山	Meishan	14.6	17.3	18.1	118	天水	Tianshui	8.7	9.2	9.3	268
宜宾	Yibin	8.2	9.9	10.4	256	武威	Wuwei	10.2	12.2	15.8	158
广安	Guangan	9.3	22.1	25.4	47	张掖	Zhangye	16.7	20.4	24.6	53
达州	Dazhou	4.7	4.0	2.3	286	平凉	Pingliang	18.7	19.7	20.8	87
雅安	Yaan	8.7	13.5	14.7	182	酒泉	Jiuquan	13.9	11.8	11.7	239
巴中	Bazhong	1.6	3.8	4.1	284	庆阳	Qingyang	11.1	16.0	16.2	149
资阳	Ziyang	11.4	19.3	16.6	144	定西	Dingxi	9.0	13.5	13.5	205
贵州	**Guizhou**	**6.7**	**12.1**	**12.2**		陇南	Longnan	4.2	6.1	10.5	254
贵阳	Guiyang	6.2	9.9	10.3	258	**青海**	**Qinghai**	**11.4**	**11.0**	**14.4**	
六盘水	Liupanshui	10.2	11.7	12.9	214	西宁	Xining	7.4	7.9	9.8	265
遵义	Zunyi	5.3	11.8	11.0	243	海东	Haidong		7.3	17.2	136
安顺	Anshun	5.0	18.9	20.2	95	**宁夏**	**Ningxia**	**17.4**	**23.1**	**21.8**	
毕节	Bijie	8.0	16.6	14.3	193	银川	Yinchuan	15.3	13.7	14.2	197
铜仁	Tongren	6.9	9.2	7.6	281	石嘴山	Shizuishan	15.8	33.1	37.7	3
云南	**Yunnan**	**10.9**	**15.8**	**12.5**		吴忠	Wuzhong	20.1	23.0	19.3	106
昆明	Kunming	8.4	15.4	8.1	278	固原	Guyuan	19.1	31.6	30.6	17
曲靖	Qujing	11.0	19.1	10.5	252	中卫	Zhongwei	19.0	32.5	29.3	23
玉溪	Yuxi	16.2	17.6	18.0	122	**新疆**	**Xinjiang**	**13.2**	**18.4**	**19.8**	
保山	Baoshan	12.4	12.0	17.6	133	乌鲁木齐	Urumqi	7.2	10.7	10.5	252
昭通	Zhaotong	12.9	13.7	14.5	191	克拉玛依	Karamay	23.6	28.9	29.4	22

8-40 城市污水排放量(辖区)
Annual Quantity of Urban Wastewater Discharged (Municipal Districts)

单位：万立方米 (10 000 m³)

地名	City	2010	2016	2017	2017 排名 Ranking	地名	City	2010	2016	2017	2017 排名 Ranking
全国	**Nation Total**	**3786983**	**4803049**	**4923895**		沈阳	Shenyang	54429	74921	71469	7
北京	**Beijing**	**141651**	**169540**	**177677**		大连	Dalian	28242	40357	38603	21
天津	**Tianjin**	**65235**	**99693**	**99719**		鞍山	Anshan	19300	17789	18574	49
河北	**Hebei**	**132798**	**171190**	**165919**		抚顺	Fushun	9774	18310	20735	43
石家庄	Shijiazhuang	24583	42728	41355	17	本溪	Benxi	18731	19434	20410	45
唐山	Tangshan	20285	22288	22014	39	丹东	Dandong	3970	4810	3800	202
秦皇岛	Qinhuangdao	9163	13658	12347	71	锦州	Jinzhou	10536	11372	10599	84
邯郸	Handan	12959	15091	13726	63	营口	Yingkou	4624	9000	8762	99
邢台	Xingtai	4828	3870	4000	198	阜新	Fuxin	5630	7297	7061	123
保定	Baoding	8500	13702	11863	74	辽阳	Liaoyang	9854	8818	9594	93
张家口	Zhangjiakou	5806	7166	5524	157	盘锦	Panjin	5795	7133	6122	142
承德	Chengde	4635	5412	5617	153	铁岭	Tieling	3349	3106	3670	209
沧州	Cangzhou	2842	4298	4470	183	朝阳	Chaoyang	3351	5357	5219	164
廊坊	Langfang	3675	3399	3794	203	葫芦岛	Huludao	5340	4734	6360	137
衡水	Hengshui	3468	4176	4431	184	**吉林**	**Jilin**	**75270**	**86821**	**105963**	
山西	**Shanxi**	**60181**	**74553**	**73861**		长春	Changchun	23555	28930	44407	15
太原	Taiyuan	22556	28415	23850	35	吉林	Jilin	17821	16743	18822	48
大同	Datong	5840	6914	7900	110	四平	Siping	1870	3566	3717	206
阳泉	Yangquan	3547	3941	3059	226	辽源	Liaoyuan	2280	2750	3500	214
长治	Changzhi	6000	7309	8388	105	通化	Tonghua	3509	3776	3495	215
晋城	Jincheng	2100	3916	3918	200	白山	Baishan	2034	2373	3301	220
朔州	Shuozhou	1934	2021	2395	251	松原	Songyuan	3680	4774	4775	174
晋中	Jinzhong	1953	4434	4635	178	白城	Baicheng	2440	1830	1526	273
运城	Yuncheng	2700	2580	4086	196	**黑龙江**	**Heilongjiang**	**108443**	**121854**	**111139**	
忻州	Xinzhou	1330	1854	1905	260	哈尔滨	Harbin	32016	42832	43784	16
临汾	Linfen	2449	2820	2858	233	齐齐哈尔	Qiqihar	7265	6711	6521	132
吕梁	Lvliang	750	1002	778	281	鸡西	Jixi	5500	4080	4303	187
内蒙古	**Inner Mongolia**	**46543**	**63261**	**65960**		鹤岗	Hegang	3812	3001	2994	228
呼和浩特	Hohhot	9488	14060	14028	61	双鸭山	Shuangyashan	1825	2399	3147	223
包头	Baotou	8232	11070	12229	72	大庆	Daqing	19365	20761	10386	87
乌海	Wuhai	2534	3945	5555	154	伊春	Yichun	2563	3987	3955	199
赤峰	Chifeng	6983	9370	10081	90	佳木斯	Jiamusi	6020	4320	4024	197
通辽	Tongliao	4523	5322	5317	162	七台河	Qitaihe	3650	3861	3102	224
鄂尔多斯	Erdos	1908	3111	3155	222	牡丹江	Mudanjiang	14185	13700	11420	77
呼伦贝尔	Hulunbuir	1923	2734	2924	229	黑河	Heihe	540	854	903	278
巴彦淖尔	Bayannur	1380	2884	1926	258	绥化	Suihua	1300	3620	3788	204
乌兰察布	Ulanqab	1853	1636	1541	272	**上海**	**Shanghai**	**231374**	**236248**	**229526**	
辽宁	**Liaoning**	**204370**	**256798**	**255291**		**江苏**	**Jiangsu**	**363096**	**427570**	**427700**	

8-40 城市污水排放量(辖区) 续表 1

Annual Quantity of Urban Wastewater Discharged (Municipal Districts) continued 1

单位：万立方米 (10 000 m³)

地名	City	2010	2016	2017	2017 排名 Ranking	地名	City	2010	2016	2017	2017 排名 Ranking
南京	Nanjing	80490	99272	99580	4	池州	Chizhou	1620	2804	2995	227
无锡	Wuxi	38685	37262	35741	24	宣城	Xuancheng	1750	2194	2470	248
徐州	Xuzhou	18106	22294	23024	36	**福建**	**Fujian**	**95884**	**122965**	**123006**	
常州	Changzhou	24025	24661	25273	34	福州	Fuzhou	20208	28386	30760	29
苏州	Suzhou	40989	64550	62417	10	厦门	Xiamen	22049	32344	32445	27
南通	Nantong	15792	23421	22450	38	莆田	Putian	4905	7293	6889	127
连云港	Lianyungang	7181	11581	10604	83	三明	Sanming	4225	2609	2859	232
淮安	Huaian	13387	13792	13802	62	泉州	Quanzhou	8953	10868	10778	82
盐城	Yancheng	5299	8762	9040	97	漳州	Zhangzhou	3400	4290	5070	166
扬州	Yangzhou	10121	15068	15174	55	南平	Nanping	1842	2946	2698	240
镇江	Zhenjiang	12495	14167	13129	66	龙岩	Longyan	3931	6273	6384	136
泰州	Taizhou	3768	8189	8053	109	宁德	Ningde	1330	1511	1617	270
宿迁	Suqian	4020	6451	6477	134	**江西**	**Jiangxi**	**70453**	**88768**	**91989**	
浙江	**Zhejiang**	**206415**	**277096**	**303802**		南昌	Nanchang	27297	30705	32270	28
杭州	Hangzhou	43746	57916	69834	8	景德镇	Jingdezhen	3945	4275	4354	185
宁波	Ningbo	32531	50201	53253	12	萍乡	Pingxiang	2450	2827	2841	235
温州	Wenzhou	17802	22812	25455	32	九江	Jiujiang	6238	6423	7194	119
嘉兴	Jiaxing	8027	9062	9156	95	新余	Xinyu	3687	5202	4578	181
湖州	Huzhou	6500	8636	8461	102	鹰潭	Yingtan	1765	1839	1794	264
绍兴	Shaoxing	9789	30638	34350	26	赣州	Ganzhou	3402	9213	9777	92
金华	Jinhua	4216	8274	8384	106	吉安	Jian	2364	3079	4620	179
衢州	Quzhou	8184	5568	5694	150	宜春	Yichun	2456	3936	4139	195
舟山	Zhoushan	3393	4192	4274	189	抚州	Fuzhou	3139	4931	5530	156
台州	Taizhou	8996	13644	14459	59	上饶	Shangrao	2551	5027	4556	182
丽水	Lishui	2711	3334	3820	201	**山东**	**Shandong**	**244417**	**320102**	**327755**	
安徽	**Anhui**	**124449**	**159297**	**153008**		济南	Jinan	22980	35978	39245	20
合肥	Hefei	30856	50342	44710	14	青岛	Qingdao	30735	42796	40182	18
芜湖	Wuhu	9789	14900	14443	60	淄博	Zibo	22730	24076	21362	42
蚌埠	Bengbu	13100	15370	14654	58	枣庄	Zaozhuang	6854	9227	6970	126
淮南	Huainan	10400	7227	6874	128	东营	Dongying	6512	11266	12743	68
马鞍山	Maanshan	15665	9322	9483	94	烟台	Yantai	12489	15456	16233	52
淮北	Huaibei	4348	4738	4751	175	潍坊	Weifang	7408	11146	13343	65
铜陵	Tongling	3143	5289	5452	159	济宁	Jining	9206	13102	15063	57
安庆	Anqing	5596	6432	6327	138	泰安	Taian	5624	6617	6598	130
黄山	Huangshan	2008	3167	3247	221	威海	Weihai	5115	9202	9006	98
滁州	Chuzhou	2766	6052	6173	139	日照	Rizhao	5032	5235	6153	141
阜阳	Fuyang	4500	7128	7235	118	莱芜	Laiwu	3188	3763	3531	212
宿州	Suzhou	5210	4100	4883	169	临沂	Linyi	12414	18808	20453	44
六安	Liuan	3600	4806	4812	172	德州	Dezhou	5998	10164	11122	81
亳州	Bozhou	2358	5379	5379	161	聊城	Liaocheng	4070	8002	8460	103

8-40 城市污水排放量(辖区) 续表 2

Annual Quantity of Urban Wastewater Discharged (Municipal Districts) continued 2

单位：万立方米 (10 000 m³)

地名	City	2010	2016	2017	2017 排名 Ranking	地名	City	2010	2016	2017	2017 排名 Ranking
滨州	Binzhou	4949	8290	9141	96	常德	Changde	5680	6993	8528	101
菏泽	Heze	3460	7064	7057	124	张家界	Zhangjiajie	1925	2321	2699	239
河南	**Henan**	**147413**	**185413**	**191080**		益阳	Yiyang	4300	5453	5800	147
郑州	Zhengzhou	32065	35397	38494	22	郴州	Chenzhou	4695	6820	7670	111
开封	Kaifeng	5815	10309	10441	85	永州	Yongzhou	6791	7025	8694	100
洛阳	Luoyang	11383	16339	16380	51	怀化	Huaihua	4109	4499	6157	140
平顶山	Pingdingshan	9398	10516	12700	69	娄底	Loudi	4850	5544	4715	176
安阳	Anyang	8485	7318	7632	113	**广东**	**Guangdong**	**506546**	**689202**	**712678**	
鹤壁	Hebi	3390	3473	3490	216	广州	Guangzhou	93847	150867	173496	1
新乡	Xinxiang	8691	10802	10387	86	韶关	Shaoguan	5127	7346	7604	114
焦作	Jiaozuo	8106	11019	8353	107	深圳	Shenzhen	104798	172859	166721	2
濮阳	Puyang	3826	5540	5687	151	珠海	Zhuhai	17285	26773	27103	30
许昌	Xuchang	3270	5313	4300	188	汕头	Shantou	19950	20537	22768	37
漯河	Luohe	8553	8219	8440	104	佛山	Foshan	36198	38402	36738	23
三门峡	Sanmenxia	1329	2382	2547	245	江门	Jiangmen	10103	21290	21874	40
南阳	Nanyang	4474	9256	9916	91	湛江	Zhanjiang	7530	17594	20133	46
商丘	Shangqiu	4777	4300	5100	165	茂名	Maoming	3468	5595	5942	146
信阳	Xinyang	3326	3949	4160	193	肇庆	Zhaoqing	7112	9268	11926	73
周口	Zhoukou	1432	4411	4158	194	惠州	Huizhou	18153	26108	25329	33
驻马店	Zhumadian	3334	5873	5982	143	梅州	Meizhou	3154	5119	5051	167
湖北	**Hubei**	**169150**	**209620**	**221887**		汕尾	Shanwei	2091	2855	2667	241
武汉	Wuhan	60801	89110	99438	5	河源	Heyuan	3839	2902	4331	186
黄石	Huangshi	10100	7157	7374	117	阳江	Yangjiang	2558	4726	5697	149
十堰	Shiyan	8045	12188	12485	70	清远	Qingyuan	2556	7680	7088	122
宜昌	Yichang	7925	10563	11246	79	东莞	Dongguan	109527	106667	105840	3
襄阳	Xiangyang	12346	17238	16806	50	中山	Zhongshan	10431	12154	11529	76
鄂州	Ezhou	2450	3772	3673	208	潮州	Chaozhou	3868	6335	6496	133
荆门	Jingmen	4556	5187	5453	158	揭阳	Jieyang	2117	4588	4896	168
孝感	Xiaogan	2618	5048	4814	171	云浮	Yunfu	1879	3687	2553	244
荆州	Jingzhou	7035	6747	6585	131	**广西**	**Guangxi**	**115256**	**136471**	**135948**	
黄冈	Huanggang	3140	2732	2774	238	南宁	Nanning	30062	40217	39573	19
咸宁	Xianning	1704	2819	2860	231	柳州	Liuzhou	31556	33615	35196	25
随州	Suizhou	2800	3605	3372	219	桂林	Guilin	7997	10852	11220	80
湖南	**Hunan**	**153696**	**175059**	**189141**		梧州	Wuzhou	3825	5626	5656	152
长沙	Changsha	35927	54210	62460	9	北海	Beihai	3226	5928	6403	135
株洲	Zhuzhou	13000	15079	15169	56	防城港	Fangchenggang	2015	3297	4173	192
湘潭	Xiangtan	13200	14567	11388	78	钦州	Qinzhou	3386	4055	4257	190
衡阳	Hengyang	11650	13240	13720	64	贵港	Guigang	8809	8819	5414	160
邵阳	Shaoyang	6600	6123	7125	120	玉林	Yulin	3817	5373	5278	163
岳阳	Yueyang	12400	12676	12914	67	百色	Baise	3661	2611	2641	242

8-40 城市污水排放量(辖区) 续表 3

Annual Quantity of Urban Wastewater Discharged (Municipal Districts) continued 3

单位：万立方米 (10 000 m³)

地名	City	2010	2016	2017	2017 排名 Ranking	地名	City	2010	2016	2017	2017 排名 Ranking
贺州	Hezhou	1503	1789	1850	262	丽江	Lijiang	1100	2028	2015	256
河池	Hechi	3150	1821	3689	207	普洱	Puer	908	1662	1674	267
来宾	Laibin	1762	2066	1652	269	临沧	Lincang	637	992	984	276
崇左	Chongzuo	961	1120	1327	274	**西藏**	**Tibet**	**6770**	**9047**	**8648**	
海南	**Hainan**	**27811**	**32641**	**31260**		拉萨	Lasa	6020	6019	5980	144
海口	Haikou	12914	15862	15651	54	**陕西**	**Shaanxi**	**68104**	**92129**	**97919**	
三亚	Sanya	10472	8500	8256	108	西安	Xi'an	33232	54500	57355	11
三沙	Sansha		35	40	286	铜川	Tongchuan	1169	1614	1822	263
重庆	**Chongqing**	**64622**	**104129**	**112096**		宝鸡	Baoji	6237	7112	7402	116
四川	**Sichuan**	**136520**	**199603**	**213866**		咸阳	Xianyang	10259	9108	7587	115
成都	Chengdu	55404	94747	98746	6	渭南	Weinan	3544	5165	5780	148
自贡	Zigong	4502	4791	4800	173	延安	Yan'an	1342	2136	2301	253
攀枝花	Panzhihua	9751	9167	10167	89	汉中	Hanzhong	2000	2354	2899	230
泸州	Luzhou	7223	6002	7646	112	榆林	Yulin	960	2081	2428	250
德阳	Deyang	3761	5217	6707	129	安康	Ankang	3900	2270	2374	252
绵阳	Mianyang	6753	9060	10260	88	商洛	Shangluo	738	953	1195	275
广元	Guangyuan	2280	3964	4223	191	**甘肃**	**Gansu**	**41940**	**34688**	**38959**	
遂宁	Suining	2397	4041	4882	170	兰州	Lanzhou	22318	18008	19335	47
内江	Neijiang	1826	3305	3524	213	嘉峪关	Jiayuguan	2680	670	665	283
乐山	Leshan	3368	4341	4590	180	金昌	Jinchang	2040	1510	1675	266
南充	Nanchong	5660	6551	7005	125	白银	Baiyin	4161	1439	1610	271
眉山	Meishan	2376	3310	3537	210	天水	Tianshui	2084	2542	3084	225
宜宾	Yibin	3978	4480	4651	177	武威	Wuwei	1576	1733	2249	254
广安	Guangan	860	2158	2838	236	张掖	Zhangye	1363	1618	2501	246
达州	Dazhou	2161	5868	5542	155	平凉	Pingliang	1070	1652	1680	265
雅安	Yaan	1600	1630	1664	268	酒泉	Jiuquan	1600	1493	1971	257
巴中	Bazhong	1510	2130	2475	247	庆阳	Qingyang	514	1075	800	280
资阳	Ziyang	1478	1880	1900	261	定西	Dingxi	316	428	540	285
贵州	**Guizhou**	**32533**	**54056**	**58609**		陇南	Longnan	365	475	600	284
贵阳	Guiyang	16952	26228	26963	31	**青海**	**Qinghai**	**12889**	**18484**	**16496**	
六盘水	Liupanshui	1801	1910	1920	259	西宁	Xining	7799	11578	11699	75
遵义	Zunyi	3900	6767	7100	121	海东	Haidong		665	706	282
安顺	Anshun	1493	2597	2783	237	**宁夏**	**Ningxia**	**28047**	**28009**	**24691**	
毕节	Bijie	1138	3100	3536	211	银川	Yinchuan	10525	15955	15895	53
铜仁	Tongren	1089	2201	3384	218	石嘴山	Shizuishan	5642	2568	2554	243
云南	**Yunnan**	**58711**	**88280**	**90431**		吴忠	Wuzhong	2261	2450	2455	249
昆明	Kunming	37050	49296	49815	13	固原	Guyuan	486	690	887	279
曲靖	Qujing	3016	4255	3752	205	中卫	Zhongwei	656	933	920	277
玉溪	Yuxi	2200	3472	3461	217	**新疆**	**Xinjiang**	**46396**	**70462**	**67871**	
保山	Baoshan	890	1925	2139	255	乌鲁木齐	Urumqi	18388	21484	21649	41
昭通	Zhaotong	1144	2830	2856	234	克拉玛依	Karamay	4876	7329	5971	145

8-41 城市排水管道长度(辖区)

Length of Urban Drainage Pipelines (Municipal Districts)

单位：公里 (km)

地名	City	2010	2016	2017	2017 排名 Ranking
全国	**Nation Total**	**369553**	**576617**	**630304**	
北京	**Beijing**	**10172**	**16901**	**16795**	
天津	**Tianjin**	**15140**	**20951**	**21240**	
河北	**Hebei**	**14576**	**17954**	**18332**	
石家庄	Shijiazhuang	2074	2249	2320	49
唐山	Tangshan	2218	1982	2595	42
秦皇岛	Qinhuangdao	1313	1582	689	164
邯郸	Handan	1441	2207	2255	51
邢台	Xingtai	745	845	845	136
保定	Baoding	1062	1430	1290	94
张家口	Zhangjiakou	662	805	843	139
承德	Chengde	334	508	615	176
沧州	Cangzhou	404	560	636	170
廊坊	Langfang	402	625	647	168
衡水	Hengshui	361	707	605	178
山西	**Shanxi**	**5459**	**8169**	**7645**	
太原	Taiyuan	1473	1946	1326	90
大同	Datong	488	638	605	179
阳泉	Yangquan	330	429	216	265
长治	Changzhi	254	493	513	197
晋城	Jincheng	327	367	370	223
朔州	Shuozhou	457	456	456	211
晋中	Jinzhong	474	938	939	122
运城	Yuncheng	291	378	378	222
忻州	Xinzhou	132	483	519	196
临汾	Linfen	35	110	145	275
吕梁	Lvliang	200	306	340	228
内蒙古	**Inner Mongolia**	**8514**	**12971**	**12923**	
呼和浩特	Hohhot	962	1997	2053	56
包头	Baotou	1750	2282	2387	46
乌海	Wuhai	260	324	289	245
赤峰	Chifeng	469	982	689	164
通辽	Tongliao	586	741	741	158
鄂尔多斯	Erdos	1823	2173	2191	53
呼伦贝尔	Hulunbuir	318	510	525	195
巴彦淖尔	Bayannur	557	1215	1223	98
乌兰察布	Ulanqab	246	330	349	226
辽宁	**Liaoning**	**14070**	**18275**	**20372**	
沈阳	Shenyang	3738	4580.7	6393	12
大连	Dalian	2459	2995	3063	32
鞍山	Anshan	860	794	1072	106
抚顺	Fushun	842	954	954	120
本溪	Benxi	336	362	431	215
丹东	Dandong	684	450	463	209
锦州	Jinzhou	476	471	426	217
营口	Yingkou	526	1380	1527	79
阜新	Fuxin	259	619	603	180
辽阳	Liaoyang	742	952	954	121
盘锦	Panjin	555	739	888	132
铁岭	Tieling	461	402	441	214
朝阳	Chaoyang	251	667	469	207
葫芦岛	Huludao	176	691	329	231
吉林	**Jilin**	**7738**	**8445**	**10932**	
长春	Changchun	3801	3208	5566	16
吉林	Jilin	816	1059	1084	105
四平	Siping	206	218	270	254
辽源	Liaoyuan	114	219	228	264
通化	Tonghua	123	220	267	256
白山	Baishan	140	179	213	267
松原	Songyuan	193	248	267	255
白城	Baicheng	240	340	340	228
黑龙江	**Heilongjiang**	**7504**	**10722**	**11990**	
哈尔滨	Harbin	1796	3207	3262	30
齐齐哈尔	Qiqihar	693	870	912	128
鸡西	Jixi	289	335	335	230
鹤岗	Hegang	266	320	322	234
双鸭山	Shuangyashan	238	297	323	233
大庆	Daqing	1297	1543	2542	44
伊春	Yichun	266	533	574	187
佳木斯	Jiamusi	346	536	542	192
七台河	Qitaihe	141	177	208	269
牡丹江	Mudanjiang	387	462	546	191
黑河	Heihe	98	103	104	280
绥化	Suihua	151	214	214	266
上海	**Shanghai**	**11483**	**19508**	**19766**	
江苏	**Jiangsu**	**46867**	**72823**	**76886**	

8-41 城市排水管道长度(辖区) 续表 1

Length of Urban Drainage Pipelines (Municipal Districts) continued 1

单位：公里 (km)

地名	City	2010	2016	2017	2017 排名 Ranking	地名	City	2010	2016	2017	2017 排名 Ranking
南京	Nanjing	4948	8657	9290	8	池州	Chizhou	414	748	762	152
无锡	Wuxi	8880	13105	13254	3	宣城	Xuancheng	524	788	844	138
徐州	Xuzhou	1334	2196	2351	47	**福建**	**Fujian**	**9686**	**14329**	**15335**	
常州	Changzhou	3627	5880	5983	13	福州	Fuzhou	1448	2598	2693	38
苏州	Suzhou	5360	8678	10477	5	厦门	Xiamen	1737	2775	3361	29
南通	Nantong	1757	4493	4673	19	莆田	Putian	1245	1596	1722	69
连云港	Lianyungang	1228	2156	2029	57	三明	Sanming	113	228	241	260
淮安	Huaian	1599	2514	3178	31	泉州	Quanzhou	1011	1395	1395	89
盐城	Yancheng	786	2157	1769	67	漳州	Zhangzhou	734	856	872	133
扬州	Yangzhou	1584	2596	2653	40	南平	Nanping	72	252	273	249
镇江	Zhenjiang	1646	2016	2020	58	龙岩	Longyan	219	406	494	199
泰州	Taizhou	838	1877	2003	61	宁德	Ningde	138	248	272	251
宿迁	Suqian	647	1617	1738	68	**江西**	**Jiangxi**	**7340**	**13326**	**15469**	
浙江	**Zhejiang**	**26367**	**40550**	**45674**		南昌	Nanchang	1239	2816	3421	26
杭州	Hangzhou	3904	5944	8614	9	景德镇	Jingdezhen	646	729	828	141
宁波	Ningbo	3407	5339	5100	17	萍乡	Pingxiang	246	50	50	285
温州	Wenzhou	1539	3528	3401	27	九江	Jiujiang	853	1179	1437	86
嘉兴	Jiaxing	727	953	985	114	新余	Xinyu	591	844	895	131
湖州	Huzhou	1652	2118	2222	52	鹰潭	Yingtan	61	174	264	257
绍兴	Shaoxing	982	3005	3832	23	赣州	Ganzhou	463	1813	2289	50
金华	Jinhua	1323	1789	1901	63	吉安	Jian	317	568	619	175
衢州	Quzhou	952	1384	1453	85	宜春	Yichun	380	682	758	154
舟山	Zhoushan	703	985	1016	112	抚州	Fuzhou	569	900	1183	101
台州	Taizhou	1567	2345	2890	35	上饶	Shangrao	531	1056	1061	107
丽水	Lishui	427	613	755	156	**山东**	**Shandong**	**34301**	**56796**	**60278**	
安徽	**Anhui**	**13136**	**26388**	**29108**		济南	Jinan	2177	5460	5760	14
合肥	Hefei	3611	6404	7485	10	青岛	Qingdao	4708	7146	7367	11
芜湖	Wuhu	1311	2924	2934	34	淄博	Zibo	1785	3014	3384	28
蚌埠	Bengbu	763	1225	1266	97	枣庄	Zaozhuang	930	1300	1309	92
淮南	Huainan	646	738	755	155	东营	Dongying	756	1462	1635	73
马鞍山	Maanshan	595	1526	1580	76	烟台	Yantai	2328	3438	3855	22
淮北	Huaibei	125	643	800	147	潍坊	Weifang	1433	2263	2345	48
铜陵	Tongling	256	1447	1481	83	济宁	Jining	969	2033	2121	55
安庆	Anqing	624	1140	1457	84	泰安	Taian	797	1735	1795	66
黄山	Huangshan	566	539	807	143	威海	Weihai	1043	3805	3966	21
滁州	Chuzhou	589	1814	2015	60	日照	Rizhao	1006	1571	1669	71
阜阳	Fuyang	458	1044	1090	104	莱芜	Laiwu	798	1129	1149	102
宿州	Suzhou	605	885	918	125	临沂	Linyi	1845	2706	3565	25
六安	Liuan	324	692	759	153	德州	Dezhou	792	1312	1319	91
亳州	Bozhou	547	1138	1217	99	聊城	Liaocheng	874	1431	1495	81

8-41 城市排水管道长度(辖区) 续表 2
Length of Urban Drainage Pipelines (Municipal Districts) continued 2

单位：公里 (km)

地名	City	2010	2016	2017	2017 排名 Ranking	地名	City	2010	2016	2017	2017 排名 Ranking
滨州	Binzhou	590	1821	1913	62	常德	Changde	483	378	1271	96
菏泽	Heze	509	1105	1104	103	张家界	Zhangjiajie	96	246	254	259
河南	**Henan**	**14733**	**21376**	**23624**		益阳	Yiyang	333	872	929	124
郑州	Zhengzhou	2939	4065	4461	20	郴州	Chenzhou	390	420	1520	80
开封	Kaifeng	628	1002	1054	110	永州	Yongzhou	343	546	598	181
洛阳	Luoyang	1201	1697	1847	65	怀化	Huaihua	221	415	454	212
平顶山	Pingdingshan	392	548	575	186	娄底	Loudi	376	499	291	243
安阳	Anyang	768	949	1038	111	**广东**	**Guangdong**	**42507**	**56323**	**70242**	
鹤壁	Hebi	340	433	506	198	广州	Guangzhou	8501	10369	20886	1
新乡	Xinxiang	765	864	907	129	韶关	Shaoguan	497	588	639	169
焦作	Jiaozuo	662	912	966	117	深圳	Shenzhen	12844	13507	13815	2
濮阳	Puyang	266	581	635	172	珠海	Zhuhai	1281	2490	2831	36
许昌	Xuchang	429	562	960	119	汕头	Shantou	1661	1876	2683	39
漯河	Luohe	451	532	801	145	佛山	Foshan	1672	2818	2449	45
三门峡	Sanmenxia	159	231	272	253	江门	Jiangmen	1242	1778	1058	108
南阳	Nanyang	811	1424	1490	82	湛江	Zhanjiang	449	672	631	174
商丘	Shangqiu	237	464	478	203	茂名	Maoming	291	387	491	201
信阳	Xinyang	285	352	352	225	肇庆	Zhaoqing	568	898	966	118
周口	Zhoukou	450	636	651	167	惠州	Huizhou	1473	2394	2586	43
驻马店	Zhumadian	476	737	754	157	梅州	Meizhou	298	555	385	221
湖北	**Hubei**	**16577**	**23922**	**25857**		汕尾	Shanwei	215	248	279	247
武汉	Wuhan	7543	9316	9535	7	河源	Heyuan	206	456	461	210
黄石	Huangshi	602	1319	1552	77	阳江	Yangjiang		747	779	149
十堰	Shiyan	473	1265	975	115	清远	Qingyuan		1000	1054	109
宜昌	Yichang	582	1157	1277	95	东莞	Dongguan	5857	9399	10363	6
襄阳	Xiangyang	665	1207	2018	59	中山	Zhongshan	899	1114	2157	54
鄂州	Ezhou	645	701	701	162	潮州	Chaozhou	307	560	586	185
荆门	Jingmen	539	861	938	123	揭阳	Jieyang	212	383	916	126
孝感	Xiaogan	279	741	784	148	云浮	Yunfu	57	444	417	218
荆州	Jingzhou	385	590	635	171	**广西**	**Guangxi**	**6417**	**11480**	**12305**	
黄冈	Huanggang	203	386	409	219	南宁	Nanning	716	1647	1720	70
咸宁	Xianning	180	288	290	244	柳州	Liuzhou	1012	1436	1624	74
随州	Suizhou	236	290	320	235	桂林	Guilin	485	824	868	134
湖南	**Hunan**	**8882**	**13846**	**16479**		梧州	Wuzhou	156	439	473	206
长沙	Changsha	1274	2270	2638	41	北海	Beihai	308	866	913	127
株洲	Zhuzhou	291	1303	1404	88	防城港	Fangchenggang	231	562	563	189
湘潭	Xiangtan	724	1067	1194	100	钦州	Qinzhou	449	910	968	116
衡阳	Hengyang	924	936	1000	113	贵港	Guigang	320	426	476	205
邵阳	Shaoyang	480	544	590	184	玉林	Yulin	619	779	805	144
岳阳	Yueyang	874	1366	1412	87	百色	Baise	256	389	403	220

8-41 城市排水管道长度(辖区) 续表 3
Length of Urban Drainage Pipelines (Municipal Districts) continued 3

单位：公里 (km)

地名	City	2010	2016	2017	2017 排名 Ranking	地名	City	2010	2016	2017	2017 排名 Ranking
贺州	Hezhou	209	267	327	232	丽江	Lijiang	118	566.5	594.5	182
河池	Hechi	322	309	813	142	普洱	Puer	221	507	560	190
来宾	Laibin	210	567	574	187	临沧	Lincang	185	273	281	246
崇左	Chongzuo	89	210	309	238	**西藏**	**Tibet**	**293**	**1422**	**651**	
海南	**Hainan**	**2946**	**4192**	**4399**		拉萨	Lasa	216	964	308	239
海口	Haikou	1154	1650	1650	72	**陕西**	**Shaanxi**	**5666**	**8678**	**9704**	
三亚	Sanya	818	1419	1545	78	西安	Xi'an	3388	4860	5653	15
三沙	Sansha		17	17	286	铜川	Tongchuan	180	478	478	204
重庆	**Chongqing**	**7073**	**15553**	**17335**		宝鸡	Baoji	494	612	612	177
四川	**Sichuan**	**14498**	**26486**	**28502**		咸阳	Xianyang	230	362	307	240
成都	Chengdu	5213	10668	10816	4	渭南	Weinan	289	431	447	213
自贡	Zigong	455	49	54	284	延安	Yan'an	89	128	157	273
攀枝花	Panzhihua	545	648	635	173	汉中	Hanzhong	130	210	255	258
泸州	Luzhou	632	1206	1304	93	榆林	Yulin	364	742	772	150
德阳	Deyang	360	578	691	163	安康	Ankang	110	223	237	262
绵阳	Mianyang	1016	2504	2801	37	商洛	Shangluo	178	93	107	279
广元	Guangyuan	313	700	801	146	**甘肃**	**Gansu**	**3092**	**5802**	**6428**	
遂宁	Suining	487	801	844	137	兰州	Lanzhou	724	2846	3016	33
内江	Neijiang	222	425	493	200	嘉峪关	Jiayuguan	344	385	487	202
乐山	Leshan	456	716	722	159	金昌	Jinchang	87	102	102	281
南充	Nanchong	730	1445	1600	75	白银	Baiyin	153	189	236	263
眉山	Meishan	260	758	767	151	天水	Tianshui	323	315	356	224
宜宾	Yibin	153	662	654	166	武威	Wuwei	138	192	210	268
广安	Guangan	232	273	430	216	张掖	Zhangye	215	204	279	248
达州	Dazhou	415	92	121	277	平凉	Pingliang	286	436	464	208
雅安	Yaan	180	309	343	227	酒泉	Jiuquan	258	297	306	241
巴中	Bazhong	185	301	310	236	庆阳	Qingyang	159	215	241	261
资阳	Ziyang	214	325	713	160	定西	Dingxi	95	140	150	274
贵州	**Guizhou**	**3327**	**6060**	**7195**		陇南	Longnan	56	89	120	278
贵阳	Guiyang	1798	3524	3676	24	**青海**	**Qinghai**	**1014**	**1744**	**1907**	
六盘水	Liupanshui	70	84	102	282	西宁	Xining	619	853	865	135
遵义	Zunyi	222	323	536	193	海东	Haidong		168	309	237
安顺	Anshun	295	533	591	183	**宁夏**	**Ningxia**	**1384**	**1626**	**1904**	
毕节	Bijie	75	203	203	270	银川	Yinchuan	451	694	711	161
铜仁	Tongren	129	188	190	271	石嘴山	Shizuishan	302	131	137	276
云南	**Yunnan**	**4419**	**13133**	**13616**		吴忠	Wuzhong	98	150	172	272
昆明	Kunming	524	4725	5034	18	固原	Guyuan	154	296	296	242
曲靖	Qujing	458	1141	903	130	中卫	Zhongwei	91	97	101	283
玉溪	Yuxi	475	626	843	140	**新疆**	**Xinjiang**	**4372**	**6864**	**7411**	
保山	Baoshan	132	212	273	250	乌鲁木齐	Urumqi	1172	1840	1890	64
昭通	Zhaotong	108	272	272	252	克拉玛依	Karamay	405	465	527	194

8-42 城市污水处理总量(辖区)
Total Quantity of Urban Wastewater Treated (Municipal Districts)

单位：万立方米 （10 000 m²）

地名	City	2010	2016	2017	2017 排名 Ranking
全国	**Nation Total**	**3117032**	**4487944**	**4654910**	
北京	**Beijing**	**116288**	**153564**	**173287**	
天津	**Tianjin**	**55645**	**91798**	**92324**	
河北	**Hebei**	**122567**	**163264**	**162250**	
石家庄	Shijiazhuang	23448	41070	41123	16
唐山	Tangshan	19088	21752	21486	37
秦皇岛	Qinhuangdao	8439	13194	11939	71
邯郸	Handan	11889	14746	13417	61
邢台	Xingtai	4080	3729	3879	192
保定	Baoding	7640	12406	11654	72
张家口	Zhangjiakou	5080	6784	5305	154
承德	Chengde	4017	4988	5324	152
沧州	Cangzhou	2418	4294	4466	175
廊坊	Langfang	3164	3162	3609	200
衡水	Hengshui	3000	3684	4431	177
山西	**Shanxi**	**51111**	**67176**	**68409**	
太原	Taiyuan	18916	24690	21704	35
大同	Datong	4566	5918	7147	112
阳泉	Yangquan	2944	3409	2677	230
长治	Changzhi	5520	6964	8036	105
晋城	Jincheng	2001	3720	3706	197
朔州	Shuozhou	1864	1980	2348	245
晋中	Jinzhong	1875	4299	4496	172
运城	Yuncheng	2430	2349	3723	196
忻州	Xinzhou	1249	1770	1819	259
临汾	Linfen	2114	2577	2699	228
吕梁	Lvliang	566	942	703	281
内蒙古	**Inner Mongolia**	**37490**	**59769**	**63085**	
呼和浩特	Hohhot	7315	13307	13357	62
包头	Baotou	6785	10010	11344	73
乌海	Wuhai	2275	3807	5416	148
赤峰	Chifeng	5749	8787	9623	87
通辽	Tongliao	3898	5216	5227	158
鄂尔多斯	Erdos	1766	3026	3070	219
呼伦贝尔	Hulunbuir	1550	2716	2910	220
巴彦淖尔	Bayannur	1191	2847	1903	256
乌兰察布	Ulanqab	1577	1549	1464	268
辽宁	**Liaoning**	**153131**	**240381**	**238257**	
沈阳	Shenyang	40067	71114	67374	7
大连	Dalian	25531	38230	33962	24
鞍山	Anshan	13623	15386	16159	50
抚顺	Fushun	8899	17983	20364	43
本溪	Benxi	16310	18867	20372	42
丹东	Dandong	1951	4216	2260	248
锦州	Jinzhou	6339	10211	10141	81
营口	Yingkou	3443	7343	8056	103
阜新	Fuxin	3054	7164	7061	114
辽阳	Liaoyang	8044	8790	9594	88
盘锦	Panjin	3649	6934	6009	134
铁岭	Tieling	2859	3100	3670	198
朝阳	Chaoyang	2295	5308	5219	159
葫芦岛	Huludao	4496	4260	6044	133
吉林	**Jilin**	**55641**	**79667**	**96753**	
长春	Changchun	21072	27035	39694	17
吉林	Jilin	16307	16096	18214	48
四平	Siping	1850	3471	2907	221
辽源	Liaoyuan	1900	2582	3500	203
通化	Tonghua	1800	3577	3312	211
白山	Baishan	450	2059	2577	233
松原	Songyuan	3000	4593	4596	170
白城	Baicheng	261	1467	1257	272
黑龙江	**Heilongjiang**	**61513**	**111401**	**99975**	
哈尔滨	Harbin	18307	39492	41228	15
齐齐哈尔	Qiqihar	4901	6102	5966	137
鸡西	Jixi	1825	3030	3957	191
鹤岗	Hegang	460	2176	2265	247
双鸭山	Shuangyashan	185	2120	2895	222
大庆	Daqing	19365	19948	9797	85
伊春	Yichun	570	3444	3423	207
佳木斯	Jiamusi	3250	3672	3494	204
七台河	Qitaihe		2349	2808	225
牡丹江	Mudanjiang	6450	13700	7608	108
黑河	Heihe	540	794	849	278
绥化	Suihua	730	3218	3426	206
上海	**Shanghai**	**192714**	**222751**	**216911**	
江苏	**Jiangsu**	**317926**	**404428**	**407525**	

8-42 城市污水处理总量(辖区) 续表 1

Total Quantity of Urban Wastewater Treated (Municipal Districts) continued 1

单位：万立方米 (10 000 m²)

地名	City	2010	2016	2017	2017 排名 Ranking	地名	City	2010	2016	2017	2017 排名 Ranking
南京	Nanjing	71493	95277	95855	4	池州	Chizhou	1458	2633	2829	224
无锡	Wuxi	36818	36194	34957	23	宣城	Xuancheng	1588	2061	2349	244
徐州	Xuzhou	14786	20868	21681	36	**福建**	**Fujian**	**80960**	**112226**	**113423**	
常州	Changzhou	21584	23758	24527	33	福州	Fuzhou	17601	26460	27584	29
苏州	Suzhou	37030	61429	59197	10	厦门	Xiamen	19866	30283	31073	28
南通	Nantong	14430	22042	21328	38	莆田	Putian	4253	6199	6350	128
连云港	Lianyungang	5846	10094	9583	89	三明	Sanming	3424	2270	2516	236
淮安	Huaian	10919	12854	12981	63	泉州	Quanzhou	7700	10325	10347	80
盐城	Yancheng	4345	7930	8313	97	漳州	Zhangzhou	2992	3897	4606	169
扬州	Yangzhou	8998	14227	14360	58	南平	Nanping	1523	2560	2365	242
镇江	Zhenjiang	10762	13389	12517	67	龙岩	Longyan	3539	5630	5861	138
泰州	Taizhou	3154	7470	7675	107	宁德	Ningde	982	1322	1425	271
宿迁	Suqian	3336	6098	6137	130	**江西**	**Jiangxi**	**56948**	**79612**	**87796**	
浙江	**Zhejiang**	**170781**	**260176**	**288513**		南昌	Nanchang	20473	28710	32205	27
杭州	Hangzhou	41733	55061	66516	8	景德镇	Jingdezhen	3942	2914	4115	183
宁波	Ningbo	27720	47895	50846	12	萍乡	Pingxiang	2260	2548	2634	231
温州	Wenzhou	12462	21102	24241	34	九江	Jiujiang	6114	6389	6469	125
嘉兴	Jiaxing	7004	8004	8189	99	新余	Xinyu	3687	5049	4455	176
湖州	Huzhou	5532	8241	8205	98	鹰潭	Yingtan	1375	1796	1741	260
绍兴	Shaoxing	8322	28955	32969	26	赣州	Ganzhou	2832	7858	8989	92
金华	Jinhua	3162	7834	8051	104	吉安	Jian	1898	2832	4317	178
衢州	Quzhou	6191	5332	5461	147	宜春	Yichun	2280	3724	3965	190
舟山	Zhoushan	2548	3997	4084	185	抚州	Fuzhou	2919	4586	5398	151
台州	Taizhou	6807	12744	13786	59	上饶	Shangrao	2302	3959	4119	182
丽水	Lishui	1965	3174	3661	199	**山东**	**Shandong**	**222691**	**307956**	**317772**	
安徽	**Anhui**	**110082**	**155093**	**148884**		济南	Jinan	22211	34973	38830	19
合肥	Hefei	30798	50196	44585	14	青岛	Qingdao	27136	41119	39000	18
芜湖	Wuhu	7342	13941	13631	60	淄博	Zibo	21521	23210	20690	40
蚌埠	Bengbu	11438	15294	14582	57	枣庄	Zaozhuang	6258	8853	6761	122
淮南	Huainan	9027	7044	6599	123	东营	Dongying	5753	10803	12361	68
马鞍山	Maanshan	13787	9288	9275	91	烟台	Yantai	11326	14813	15746	51
淮北	Huaibei	4044	4642	4659	167	潍坊	Weifang	6916	10621	12931	64
铜陵	Tongling	2169	4924	5070	162	济宁	Jining	8047	12591	14602	56
安庆	Anqing	5003	6263	5830	140	泰安	Taian	5067	6395	6400	126
黄山	Huangshan	1936	2994	3118	216	威海	Weihai	4726	8841	8736	95
滁州	Chuzhou	2505	5853	5975	135	日照	Rizhao	4568	5018	5970	136
阜阳	Fuyang	3915	6707	7007	116	莱芜	Laiwu	2933	3544	3423	207
宿州	Suzhou	3246	4020	4833	165	临沂	Linyi	11573	17934	19742	44
六安	Liuan	2910	4730	4736	166	德州	Dezhou	5079	9830	10778	77
亳州	Bozhou	2271	5061	5196	161	聊城	Liaocheng	3856	7617	8134	101

8-42 城市污水处理总量(辖区) 续表 2
Total Quantity of Urban Wastewater Treated (Municipal Districts) continued 2

单位：万立方米 (10 000 m²)

地名	City	2010	2016	2017	2017 排名 Ranking	地名	City	2010	2016	2017	2017 排名 Ranking
滨州	Binzhou	4593	7877	8867	93	常德	Changde	4245	6572	8513	96
菏泽	Heze	2167	6818	6846	121	张家界	Zhangjiajie	1193	2022	2568	235
河南	**Henan**	**129134**	**177826**	**185195**		益阳	Yiyang	3766	5071	5510	145
郑州	Zhengzhou	31167	35333	37735	21	郴州	Chenzhou	2635	6377	7294	111
开封	Kaifeng	5117	9639	9921	83	永州	Yongzhou	3625	6345	7967	106
洛阳	Luoyang	10875	16330	16349	49	怀化	Huaihua	2931	3995	5648	143
平顶山	Pingdingshan	9241	10510	12601	66	娄底	Loudi	3931	5060	4576	171
安阳	Anyang	8289	7152	7465	109	**广东**	**Guangdong**	**436041**	**647773**	**673323**	
鹤壁	Hebi	2797	3212	3315	210	广州	Guangzhou	90993	142232	164822	1
新乡	Xinxiang	7603	9938	9661	86	韶关	Shaoguan	3643	6400	7004	117
焦作	Jiaozuo	6898	10468	8110	102	深圳	Shenzhen	104062	168745	161403	2
濮阳	Puyang	2044	5158	5404	149	珠海	Zhuhai	13623	25779	26116	31
许昌	Xuchang	3170	4810	4214	180	汕头	Shantou	14174	18549	20822	39
漯河	Luohe	5540	8021	8183	100	佛山	Foshan	32209	37130	35424	22
三门峡	Sanmenxia	1320	2282	2482	238	江门	Jiangmen	8123	19608	20541	41
南阳	Nanyang	2791	9152	9888	84	湛江	Zhanjiang	7007	16031	18347	47
商丘	Shangqiu	4777	3388	4984	163	茂名	Maoming	2872	5278	5625	144
信阳	Xinyang	2694	3557	3786	195	肇庆	Zhaoqing	5826	8294	11273	74
周口	Zhoukou	1075	4112	3876	193	惠州	Huizhou	15459	25330	24628	32
驻马店	Zhumadian	3068	5677	5833	139	梅州	Meizhou	2239	4944	4879	164
湖北	**Hubei**	**137043**	**199231**	**209943**		汕尾	Shanwei	1080	2604	2485	237
武汉	Wuhan	57735	86799	95405	5	河源	Heyuan	3429	2685	4009	189
黄石	Huangshi	8202	6634	6857	119	阳江	Yangjiang	1823	4154	5261	156
十堰	Shiyan	5853	12038	11988	70	清远	Qingyuan	1572	6255	6574	124
宜昌	Yichang	7100	9896	10576	78	东莞	Dongguan	92753	99725	99191	3
襄阳	Xiangyang	10788	16031	15630	52	中山	Zhongshan	9538	11704	11120	75
鄂州	Ezhou	2004	3490	3417	209	潮州	Chaozhou	3192	5129	5318	153
荆门	Jingmen	3850	4987	5264	155	揭阳	Jieyang	1220	3592	4030	188
孝感	Xiaogan	2230	4841	4622	168	云浮	Yunfu	1846	2871	2440	240
荆州	Jingzhou	5633	6208	6134	131	**广西**	**Guangxi**	**96160**	**125707**	**127763**	
黄冈	Huanggang	2900	2672	2721	226	南宁	Nanning	28039	35998	38339	20
咸宁	Xianning	1457	2670	2721	226	柳州	Liuzhou	28718	31968	33474	25
随州	Suizhou	1291	3530	3238	214	桂林	Guilin	7690	9772	10427	79
湖南	**Hunan**	**115194**	**165155**	**180682**		梧州	Wuzhou	1613	5077	5404	149
长沙	Changsha	32622	52547	61297	9	北海	Beihai	2615	5762	6311	129
株洲	Zhuzhou	10558	14781	14717	55	防城港	Fangchenggang	716	2879	3797	194
湘潭	Xiangtan	10837	13838	10955	76	钦州	Qinzhou	2754	3888	4087	184
衡阳	Hengyang	7436	12287	12819	65	贵港	Guigang	7606	8776	4128	181
邵阳	Shaoyang	4066	5438	6365	127	玉林	Yulin	3750	5327	5233	157
岳阳	Yueyang	9277	11986	12321	69	百色	Baise	897	2273	1832	258

8-42 城市污水处理总量(辖区) 续表 3

Total Quantity of Urban Wastewater Treated (Municipal Districts) continued 3

单位：万立方米 (10 000 m³)

地名	City	2010	2016	2017	2017 排名 Ranking	地名	City	2010	2016	2017	2017 排名 Ranking
贺州	Hezhou	932	1595	1670	262	丽江	Lijiang	987	1909	1922	255
河池	Hechi	2918	1704	3515	202	普洱	Puer	300	1498	1509	267
来宾	Laibin	1344	1805	1455	269	临沧	Lincang	333	913	945	276
崇左	Chongzuo	178	383	1248	274	**西藏**	**Tibet**		**7819**	**7694**	
海南	**Hainan**	**15260**	**25136**	**27129**		拉萨	Lasa		5387	5505	146
海口	Haikou	11290	15067	14869	54	**陕西**	**Shaanxi**	**50522**	**84168**	**90518**	
三亚	Sanya	3133	5782	7409	110	西安	Xi'an	28716	50358	53509	11
三沙	Sansha		11	20	286	铜川	Tongchuan	820	1476	1684	261
重庆	**Chongqing**	**59229**	**100745**	**107031**		宝鸡	Baoji	5813	6483	6854	120
四川	**Sichuan**	**102163**	**178962**	**195668**		咸阳	Xianyang	5329	8381	7056	115
成都	Chengdu	50238	89349	93501	6	渭南	Weinan	2662	4595	5202	160
自贡	Zigong	3831	4543	4473	174	延安	Yan'an	1167	1939	2114	253
攀枝花	Panzhihua	2373	8549	9515	90	汉中	Hanzhong	1950	2159	2688	229
泸州	Luzhou	3347	5522	7115	113	榆林	Yulin	650	1868	2190	250
德阳	Deyang	3150	4800	6116	132	安康	Ankang	460	2049	2167	252
绵阳	Mianyang	6010	8396	10004	82	商洛	Shangluo	589	778	1110	275
广元	Guangyuan	1670	3912	4084	185	**甘肃**	**Gansu**	**26250**	**32544**	**36972**	
遂宁	Suining	1986	4005	4476	173	兰州	Lanzhou	12845	17187	18463	46
内江	Neijiang	1419	2975	3172	215	嘉峪关	Jiayuguan	1960	611	617	282
乐山	Leshan	1789	3810	4033	187	金昌	Jinchang	1914	1437	1592	265
南充	Nanchong	3425	5765	5765	141	白银	Baiyin	2165	1354	1522	266
眉山	Meishan	1791	2831	3277	213	天水	Tianshui	1355	2433	3084	217
宜宾	Yibin	1460	3933	4238	179	武威	Wuwei	1396	1728	2228	249
广安	Guangan	780	2074	2838	223	张掖	Zhangye	1022	1466	2354	243
达州	Dazhou	1314	2713	2577	233	平凉	Pingliang	873	1495	1601	264
雅安	Yaan	1000	1405	1450	270	酒泉	Jiuquan	806	1367	1845	257
巴中	Bazhong	1339	1858	2175	251	庆阳	Qingyang	450	984	770	280
资阳	Ziyang	1266	1667	1622	263	定西	Dingxi	250	390	498	284
贵州	**Guizhou**	**28249**	**51133**	**55550**		陇南	Longnan	365	355	350	285
贵阳	Guiyang	16139	25587	26371	30	**青海**	**Qinghai**	**5611**	**14379**	**13075**	
六盘水	Liupanshui	1655	1382	1255	273	西宁	Xining	4293	8574	8853	94
遵义	Zunyi	2334	6573	6901	118	海东	Haidong		519	606	283
安顺	Anshun	1366	2426	2628	232	**宁夏**	**Ningxia**	**21876**	**26242**	**23518**	
毕节	Bijie	1021	3058	3430	205	银川	Yinchuan	9662	15190	15161	53
铜仁	Tongren	748	1901	3080	218	石嘴山	Shizuishan	2321	2458	2459	239
云南	**Yunnan**	**54829**	**81479**	**85065**		吴忠	Wuzhong	2035	2220	2296	246
昆明	Kunming	37050	46372	47263	13	固原	Guyuan	355	622	801	279
曲靖	Qujing	2520	3924	3594	201	中卫	Zhongwei	656	898	895	277
玉溪	Yuxi	2103	3237	3289	212	**新疆**	**Xinjiang**	**33983**	**60383**	**60620**	
保山	Baoshan	850	1650	1968	254	乌鲁木齐	Urumqi	11153	19418	19483	45
昭通	Zhaotong	900	2293	2399	241	克拉玛依	Karamay	4492	6986	5679	142

8-43 城市建成区排水管道密度(辖区)

Density of Drainage Pipeline in Built District (Municipal Districts)

单位：公里/平方公里 (km/sq.km)

地名	City	2010	2016	2017	2017 排名 Ranking
全国	**Nation Total**	**8.97**	**13.87**	**9.51**	
北京	**Beijing**		**10.08**	**6.63**	
天津	**Tianjin**	**22.05**	**14.35**	**19.14**	
河北	**Hebei**	**9.00**	**16.17**	**8.35**	
石家庄	Shijiazhuang	10.22	19.60	8.12	136
唐山	Tangshan	9.48	12.38	10.42	90
秦皇岛	Qinhuangdao	14.67	16.42	4.98	222
邯郸	Handan	13.03	22.12	12.84	50
邢台	Xingtai	10.64	16.24	8.20	135
保定	Baoding	8.03	17.40	6.68	176
张家口	Zhangjiakou	7.88	15.37	5.46	211
承德	Chengde	3.35	6.37	4.97	224
沧州	Cangzhou	8.69	13.25	7.66	152
廊坊	Langfang	6.76	14.57	9.42	102
衡水	Hengshui	8.29	15.53	7.51	157
山西	**Shanxi**	**6.31**	**14.43**	**6.29**	
太原	Taiyuan	6.01	14.42	3.90	242
大同	Datong	4.52	17.18	4.59	230
阳泉	Yangquan	6.40	15.02	0.50	279
长治	Changzhi	4.28	12.85	8.66	122
晋城	Jincheng	9.24	10.24	7.74	150
朔州	Shuozhou	12.49	18.57	9.17	110
晋中	Jinzhong	12.11	14.27	11.39	72
运城	Yuncheng	9.70	10.85	5.72	204
忻州	Xinzhou	4.39	17.81	14.19	37
临汾	Linfen	0.94	12.07	2.57	260
吕梁	Lvliang	11.11	13.96	10.20	94
内蒙古	**Inner Mongolia**	**8.20**	**16.76**	**5.88**	
呼和浩特	Hohhot	5.79	10.50		
包头	Baotou	9.54	14.51	11.36	74
乌海	Wuhai	4.13	22.87	4.63	228
赤峰	Chifeng	5.79	22.82	5.54	210
通辽	Tongliao	8.91	20.03	12.10	57
鄂尔多斯	Erdos	16.19	25.63	2.24	262
呼伦贝尔	Hulunbuir	7.95	16.91	5.12	219
巴彦淖尔	Bayannur	14.66	20.59	10.73	85
乌兰察布	Ulanqab	6.04	15.04	4.98	222
辽宁	**Liaoning**	**6.34**	**10.46**	**6.69**	
沈阳	Shenyang	9.07	10.66	8.73	120
大连	Dalian	6.31	11.61	7.57	154
鞍山	Anshan	5.44	10.02	6.21	190
抚顺	Fushun	6.46	10.16	6.75	172
本溪	Benxi	3.15	9.56	1.11	275
丹东	Dandong	12.81	11.94	3.29	253
锦州	Jinzhou	6.66	13.15	5.19	218
营口	Yingkou	5.30	9.06	7.39	161
阜新	Fuxin	3.39	12.99	5.29	214
辽阳	Liaoyang	7.58	13.16	9.00	115
盘锦	Panjin	9.12	6.68	9.38	104
铁岭	Tieling	10.49	11.26	5.69	206
朝阳	Chaoyang	6.28	7.81	7.94	144
葫芦岛	Huludao	2.34	6.64	3.73	246
吉林	**Jilin**	**6.25**	**11.98**	**5.68**	
长春	Changchun	9.65	14.86	6.33	187
吉林	Jilin	4.93	8.69	5.73	202
四平	Siping	4.01	11.84	3.80	244
辽源	Liaoyuan	2.46	11.62	4.92	225
通化	Tonghua	2.54	7.59	3.77	245
白山	Baishan	3.50	8.98	3.37	252
松原	Songyuan	4.52	18.39	5.23	216
白城	Baicheng	6.30	7.84	7.84	147
黑龙江	**Heilongjiang**	**4.58**	**10.86**	**6.33**	
哈尔滨	Harbin	5.00	14.90	7.44	159
齐齐哈尔	Qiqihar	5.14	8.24	4.60	229
鸡西	Jixi	3.65	8.26	4.15	240
鹤岗	Hegang	6.12	8.89	6.04	196
双鸭山	Shuangyashan	4.05	8.16	4.30	236
大庆	Daqing	6.08	14.85	10.28	92
伊春	Yichun	1.65	6.01	3.73	246
佳木斯	Jiamusi	3.70	6.40	5.66	208
七台河	Qitaihe	2.26	7.21	3.08	255
牡丹江	Mudanjiang	5.09	12.72	6.64	178
黑河	Heihe	4.90	8.99	5.22	217
绥化	Suihua	4.93	5.73	4.75	227
上海	**Shanghai**	**11.50**	**10.60**	**19.79**	
江苏	**Jiangsu**	**14.33**	**18.55**	**13.59**	

8-43 城市建成区排水管道密度(辖区) 续表 1

Density of Drainage Pipeline in Built District (Municipal Districts) continued 1

单位：公里/平方公里 (km/sq.km)

地名	City	2010	2016	2017	2017 排名 Ranking	地名	City	2010	2016	2017	2017 排名 Ranking
南京	Nanjing	8.00	18.93	10.63	87	池州	Chizhou	11.83	21.15	20.27	8
无锡	Wuxi	38.39	20.12	24.61	4	宣城	Xuancheng	12.19	20.07	13.96	40
徐州	Xuzhou	5.58	17.10	6.87	170	**福建**	**Fujian**	**9.15**	**12.02**	**9.42**	
常州	Changzhou	23.70	18.69	14.38	32	福州	Fuzhou	6.58	12.17	8.93	117
苏州	Suzhou	16.28	23.14	15.21	27	厦门	Xiamen	7.55	11.46	9.64	99
南通	Nantong	14.03	23.48	17.92	14	莆田	Putian	22.71	14.17	11.30	77
连云港	Lianyungang	10.23	11.71	6.73	174	三明	Sanming	4.06	8.43	6.22	189
淮安	Huaian	13.33	19.64	16.02	22	泉州	Quanzhou	6.74	9.15	6.34	186
盐城	Yancheng	8.88	21.10	6.75	172	漳州	Zhangzhou	14.51	19.21	12.48	53
扬州	Yangzhou	19.32	17.18	16.18	20	南平	Nanping	2.80	10.44	3.61	248
镇江	Zhenjiang	15.16	16.61	10.08	96	龙岩	Longyan	5.76	11.64	7.56	155
泰州	Taizhou	12.89	22.03	16.44	19	宁德	Ningde	7.18	14.13	8.00	142
宿迁	Suqian	9.95	23.18	14.48	31	**江西**	**Jiangxi**	**7.86**	**13.81**	**8.84**	
浙江	**Zhejiang**	**12.38**	**15.44**	**13.07**		南昌	Nanchang	6.15	10.43	7.19	165
杭州	Hangzhou	9.46	12.80	13.98	39	景德镇	Jingdezhen	8.87	14.92	0.61	277
宁波	Ningbo	12.54	11.96	13.72	43	萍乡	Pingxiang	5.84	14.40	0.61	277
温州	Wenzhou	8.81	13.27	11.83	62	九江	Jiujiang	9.53	14.50	10.80	82
嘉兴	Jiaxing	7.77	13.46	4.46	232	新余	Xinyu	11.15	14.52	11.31	76
湖州	Huzhou	21.20	23.23	18.96	11	鹰潭	Yingtan	2.58	10.36	6.68	176
绍兴	Shaoxing	9.81	13.19	11.71	66	赣州	Ganzhou	6.07	13.57	12.43	55
金华	Jinhua	18.38	18.45	14.32	35	吉安	Jian	9.05	15.27	10.76	84
衢州	Quzhou	16.35	16.97	19.88	9	宜春	Yichun	7.60	12.79	10.47	89
舟山	Zhoushan	13.42	19.09	15.71	24	抚州	Fuzhou	11.31	20.01	12.97	48
台州	Taizhou	13.49	20.82	2.19	264	上饶	Shangrao	13.87	19.21	9.39	103
丽水	Lishui	13.39	13.02	18.84	12	**山东**	**Shandong**	**9.62**	**17.31**	**11.36**	
安徽	**Anhui**	**8.81**	**16.54**	**12.78**		济南	Jinan	6.27	20.24	12.42	56
合肥	Hefei	11.08	14.83	15.25	26	青岛	Qingdao	16.68	13.44	11.50	70
芜湖	Wuhu	9.71	20.80	16.76	16	淄博	Zibo	7.95	15.41	11.36	74
蚌埠	Bengbu	7.28	13.28	8.61	124	枣庄	Zaozhuang	7.80	16.96	8.24	134
淮南	Huainan	6.63	15.33	5.78	201	东营	Dongying	6.99	18.26	10.29	91
马鞍山	Maanshan	7.58	14.87	15.96	23	烟台	Yantai	8.77	12.07	8.12	136
淮北	Huaibei	1.99	14.80	9.15	111	潍坊	Weifang	10.24	20.72	13.07	47
铜陵	Tongling	5.35	7.68	17.86	15	济宁	Jining	10.90	22.97	7.04	167
安庆	Anqing	8.07	14.75	6.20	191	泰安	Taian	7.46	18.00	11.44	71
黄山	Huangshan	12.89	13.03	11.59	68	威海	Weihai	7.90	16.49	20.43	7
滁州	Chuzhou	9.80	23.07	23.17	5	日照	Rizhao	11.20	17.30	15.58	25
阜阳	Fuyang	5.99	16.89	8.38	132	莱芜	Laiwu	13.76	15.23	8.90	118
宿州	Suzhou	11.37	20.24	4.38	233	临沂	Linyi	11.13	20.07	13.82	42
六安	Liuan	5.33	19.19	5.08	220	德州	Dezhou	13.20	18.84	8.44	130
亳州	Bozhou	15.19	25.02	11.84	61	聊城	Liaocheng	12.67	23.62	11.22	78

8-43 城市建成区排水管道密度（辖区） 续表 2

Density of Drainage Pipeline in Built District (Municipal Districts) continued 2

单位：公里/平方公里 （km/sq.km）

地名	City	2010	2016	2017	2017 排名 Ranking	地名	City	2010	2016	2017	2017 排名 Ranking
滨州	Binzhou	6.90	14.26	13.65	44	常德	Changde	6.34	9.83	12.64	51
菏泽	Heze	6.64	17.21	5.00	221	张家界	Zhangjiajie	3.40	13.54	2.21	263
河南	**Henan**	**7.31**	**12.43**	**8.38**		益阳	Yiyang	6.17	10.89	10.77	83
郑州	Zhengzhou	8.58	12.14	8.66	122	郴州	Chenzhou	6.29	5.13	16.11	21
开封	Kaifeng	6.61	13.24	8.11	138	永州	Yongzhou	6.08	16.51	9.04	113
洛阳	Luoyang	6.65	11.53	7.80	148	怀化	Huaihua	4.25	7.78	6.96	169
平顶山	Pingdingshan	5.52	17.48	6.53	182	娄底	Loudi	8.95	10.24	5.84	200
安阳	Anyang	10.11	13.30	12.50	52	**广东**	**Guangdong**	**9.20**	**12.26**	**9.70**	
鹤壁	Hebi	6.68	11.86	7.90	145	广州	Guangzhou	8.93	9.23	16.53	18
新乡	Xinxiang	7.88	9.71	5.98	198	韶关	Shaoguan	6.07	7.72	6.07	195
焦作	Jiaozuo	6.98	11.16	8.53	126	深圳	Shenzhen	15.47	12.91	14.93	28
濮阳	Puyang	7.16	13.83	10.24	93	珠海	Zhuhai	10.36	43.33	14.01	38
许昌	Xuchang	5.36	7.21	7.65	153	汕头	Shantou	9.49	9.79	9.68	98
漯河	Luohe	7.52	13.56	11.58	69	佛山	Foshan	11.03	18.58	4.35	234
三门峡	Sanmenxia	5.30	10.37	4.86	226	江门	Jiangmen	9.56	12.79	6.85	171
南阳	Nanyang	8.23	14.96	9.15	111	湛江	Zhanjiang	5.53	11.85	5.69	206
商丘	Shangqiu	3.95	14.98	6.57	180	茂名	Maoming	4.18	5.59	1.84	266
信阳	Xinyang	4.19	9.50	3.59	249	肇庆	Zhaoqing	7.10	12.50	6.97	168
周口	Zhoukou	8.82	11.76	9.04	113	惠州	Huizhou	6.85	10.40	9.44	101
驻马店	Zhumadian	9.00	14.74	8.83	119	梅州	Meizhou	6.62	12.87	6.17	192
湖北	**Hubei**	**9.75**	**14.80**	**10.40**		汕尾	Shanwei	14.96	13.00	8.99	116
武汉	Wuhan	15.58	17.34	14.89	29	河源	Heyuan	7.22	13.02	11.74	64
黄石	Huangshi	9.12	22.02	16.70	17	阳江	Yangjiang		16.01	12.01	60
十堰	Shiyan	7.61	8.59	1.77	269	清远	Qingyuan		15.34	11.38	73
宜昌	Yichang	6.31	12.17	7.52	156	东莞	Dongguan	7.14	14.81	2.05	265
襄阳	Xiangyang	7.34	12.69	10.54	88	中山	Zhongshan	10.30	7.70	14.36	34
鄂州	Ezhou	12.23	7.98	10.86	80	潮州	Chaozhou	7.37	9.56	2.76	257
荆门	Jingmen	10.67	17.12	14.71	30	揭阳	Jieyang	3.67	9.53	2.73	258
孝感	Xiaogan	8.53	23.71	14.38	32	云浮	Yunfu	3.03	11.28	13.59	45
荆州	Jingzhou	5.80	11.89	7.16	166	**广西**	**Guangxi**	**6.82**	**13.91**	**8.69**	
黄冈	Huanggang	6.76	19.06	7.40	160	南宁	Nanning	3.33	14.92	5.46	211
咸宁	Xianning	2.88	8.82	4.26	238	柳州	Liuzhou	7.49	11.25	7.22	164
随州	Suizhou	5.49	9.50	5.72	204	桂林	Guilin	7.70	13.22	8.32	133
湖南	**Hunan**	**6.72**	**13.83**	**8.49**		梧州	Wuzhou	4.32	18.90	8.01	141
长沙	Changsha	4.68	16.73	7.36	162	北海	Beihai	5.33	12.20	11.81	63
株洲	Zhuzhou	3.01	15.02	6.37	185	防城港	Fangchenggang	7.54	16.43	13.59	45
湘潭	Xiangtan	9.87	18.72	7.79	149	钦州	Qinzhou	6.43	14.11	10.69	86
衡阳	Hengyang	9.63	12.00	7.70	151	贵港	Guigang	5.74	12.37	6.00	197
邵阳	Shaoyang	9.90	17.36	6.71	175	玉林	Yulin	10.92	15.64	10.84	81
岳阳	Yueyang	10.59	10.07	12.45	54	百色	Baise	7.76	10.51	7.86	146

8-43 城市建成区排水管道密度(辖区) 续表 3

Density of Drainage Pipeline in Built District (Municipal Districts) continued 3

单位：公里/平方公里 (km/sq.km)

地名	City	2010	2016	2017	2017 排名 Ranking
贺州	Hezhou	7.24	14.13	8.53	126
河池	Hechi	17.13	11.40	19.39	10
来宾	Laibin	7.24	15.03	11.63	67
崇左	Chongzuo	4.05	8.24	9.64	99
海南	**Hainan**	**13.31**	**16.19**	**13.50**	
海口	Haikou	12.59	18.53	11.74	64
三亚	Sanya	29.01	14.06	29.93	2
三沙	Sansha		12.94	54.84	1
重庆	**Chongqing**	**8.13**	**13.16**	**11.54**	
四川	**Sichuan**	**8.90**	**11.99**	**8.47**	
成都	Chengdu	11.44	11.45	9.18	109
自贡	Zigong	5.66	14.57	0.45	281
攀枝花	Panzhihua	9.98	11.42	4.27	237
泸州	Luzhou	7.65	11.26	8.47	128
德阳	Deyang	6.73	9.60	8.05	139
绵阳	Mianyang	9.88	13.04	18.73	13
广元	Guangyuan	8.21	11.13	12.86	49
遂宁	Suining	9.72	26.52	10.14	95
内江	Neijiang	5.49	7.10	6.08	194
乐山	Leshan	8.47	11.56	9.33	106
南充	Nanchong	9.36	14.14	12.03	59
眉山	Meishan	5.84	13.80	1.78	268
宜宾	Yibin	2.70	10.17	6.40	184
广安	Guangan	7.73	13.86	1.14	274
达州	Dazhou	9.22	2.93	1.06	276
雅安	Yaan	8.57	10.66	9.36	105
巴中	Bazhong	10.57	3.11	2.68	259
资阳	Ziyang	5.94	13.11	14.26	36
贵州	**Guizhou**	**7.17**	**9.72**	**5.34**	
贵阳	Guiyang	11.10	8.84	9.33	106
六盘水	Liupanshui	1.82	5.96		
遵义	Zunyi	3.58	11.87		
安顺	Anshun	9.22	12.96	8.69	121
毕节	Bijie	3.75	10.28	4.52	231
铜仁	Tongren	5.61	8.32		
云南	**Yunnan**	**5.88**	**13.05**	**6.23**	
昆明	Kunming	1.78	13.93	0.50	279
曲靖	Qujing	8.18	15.45	8.43	131
玉溪	Yuxi	20.45	18.83	13.93	41
保山	Baoshan	6.29	11.37	7.48	158
昭通	Zhaotong	4.08	10.02	6.32	188
丽江	Lijiang	5.42	7.72	24.77	3
普洱	Puer	9.21	8.13	21.13	6
临沧	Lincang	13.91	11.61	12.05	58
西藏	**Tibet**	**3.45**	**13.68**	**2.73**	
拉萨	Lasa	3.44	18.60	1.29	271
陕西	**Shaanxi**	**7.47**	**13.54**	**3.37**	
西安	Xi'an	10.38	15.43	1.38	270
铜川	Tongchuan	4.68	8.26	9.78	97
宝鸡	Baoji	5.37	15.03	5.85	199
咸阳	Xianyang	3.54	15.32	4.24	239
渭南	Weinan	7.23	8.58	6.54	181
延安	Yan'an	3.43	7.55	3.50	250
汉中	Hanzhong	3.92	9.45	1.26	273
榆林	Yulin	9.10	14.63	6.59	179
安康	Ankang	3.67	11.97	5.26	215
商洛	Shangluo	13.59	7.56	3.90	242
甘肃	**Gansu**	**4.89**	**11.41**	**5.84**	
兰州	Lanzhou	3.69	13.29	7.24	163
嘉峪关	Jiayuguan	6.95	6.02	6.09	193
金昌	Jinchang	2.37	11.25	2.34	261
白银	Baiyin	2.77	9.99	3.50	250
天水	Tianshui	7.65	11.47	1.83	267
武威	Wuwei	4.84	12.59		
张掖	Zhangye	6.38	7.81	6.41	183
平凉	Pingliang	7.94	15.92	11.05	79
酒泉	Jiuquan	6.79	8.50	5.73	202
庆阳	Qingyang	7.46	13.06	8.56	125
定西	Dingxi	4.06	10.73	5.56	209
陇南	Longnan	5.38	7.25	8.05	139
青海	**Qinghai**	**8.90**	**10.43**	**8.01**	
西宁	Xining	9.27	11.22	9.21	108
海东	Haidong		5.48	7.95	143
宁夏	**Ningxia**	**4.03**	**14.89**	**4.10**	
银川	Yinchuan	3.74	12.20	3.98	241
石嘴山	Shizuishan	3.03	15.38	1.29	271
吴忠	Wuzhong	3.47	9.73	3.12	254
固原	Guyuan	4.45	22.58	8.46	129
中卫	Zhongwei	2.84	16.94	3.04	256
新疆	**Xinjiang**	**5.22**	**11.40**	**4.93**	
乌鲁木齐	Urumqi	3.42	7.67	4.31	235
克拉玛依	Karamay	7.09	14.94	5.44	213

8-44 城市污水处理率(辖区)
Urban Wastewater Treatment Rate (Municipal Districts)

单位：% (%)

地名	City	2010	2016	2017	2017 排名 Ranking	地名	City	2010	2016	2017	2017 排名 Ranking
全国	**Nation Total**	**82.31**	**93.44**	**94.54**		沈阳	Shenyang	73.61	94.92	94.27	170
北京	**Beijing**	**82.09**	**90.58**	**97.53**		大连	Dalian	90.40	94.73	87.98	259
天津	**Tianjin**	**85.30**	**92.08**	**92.58**		鞍山	Anshan	70.59	86.49	87.00	265
河北	**Hebei**	**92.30**	**95.37**	**97.79**		抚顺	Fushun	91.05	98.21	98.21	29
石家庄	Shijiazhuang	95.38	96.12	99.44	18	本溪	Benxi	87.07	97.08	99.81	11
唐山	Tangshan	94.10	97.60	97.60	44	丹东	Dandong	49.14	87.65	59.47	283
秦皇岛	Qinhuangdao	92.10	96.60	96.70	84	锦州	Jinzhou	60.17	89.79	95.68	116
邯郸	Handan	91.74	97.71	97.75	41	营口	Yingkou	74.46	81.59	91.94	218
邢台	Xingtai	84.51	96.36	96.98	70	阜新	Fuxin	54.25	98.18	100.00	1
保定	Baoding	89.88	90.54	98.24	28	辽阳	Liaoyang	81.63	99.68	100.00	1
张家口	Zhangjiakou	87.50	94.67	96.04	98	盘锦	Panjin	62.97	97.21	98.15	30
承德	Chengde	86.67	92.17	94.78	155	铁岭	Tieling	85.37	99.81	100.00	1
沧州	Cangzhou	85.08	99.91	99.91	9	朝阳	Chaoyang	68.49	99.09	100.00	1
廊坊	Langfang	86.10	93.03	95.12	137	葫芦岛	Huludao	84.19	89.99	95.03	143
衡水	Hengshui	86.51	88.22	100.00	1	**吉林**	**Jilin**	**73.92**	**91.76**	**91.31**	
山西	**Shanxi**	**84.93**	**90.11**	**92.62**		长春	Changchun	89.46	93.45	89.39	254
太原	Taiyuan	83.86	86.89	91.00	234	吉林	Jilin	91.50	96.14	96.77	82
大同	Datong	78.18	85.59	90.47	238	四平	Siping	98.93	97.34	78.21	275
阳泉	Yangquan	83.00	86.50	87.51	263	辽源	Liaoyuan	83.33	93.89	100.00	1
长治	Changzhi	92.00	95.28	95.80	112	通化	Tonghua	51.30	94.73	94.76	156
晋城	Jincheng	95.29	94.99	94.59	161	白山	Baishan	22.12	86.77	78.07	276
朔州	Shuozhou	96.38	97.97	98.04	34	松原	Songyuan	81.52	96.21	96.25	94
晋中	Jinzhong	96.01	96.96	97.00	62	白城	Baicheng	10.70	80.16	82.37	271
运城	Yuncheng	90.00	91.05	91.12	230	**黑龙江**	**Heilongjiang**	**56.72**	**91.42**	**89.95**	
忻州	Xinzhou	93.91	95.47	95.49	120	哈尔滨	Harbin	57.18	92.20	94.16	172
临汾	Linfen	86.32	91.38	94.44	166	齐齐哈尔	Qiqihar	67.46	90.93	91.49	225
吕梁	Lvliang	75.47	94.01	90.36	242	鸡西	Jixi	33.18	74.26	91.96	216
内蒙古	**Inner Mongolia**	**80.55**	**94.48**	**95.64**		鹤岗	Hegang	12.07	72.51	75.65	279
呼和浩特	Hohhot	77.10	94.64	95.22	134	双鸭山	Shuangyashan	10.14	88.37	91.99	215
包头	Baotou	82.42	90.42	92.76	200	大庆	Daqing	100.00	96.08	94.33	169
乌海	Wuhai	89.78	96.50	97.50	46	伊春	Yichun	22.24	86.38	86.55	267
赤峰	Chifeng	82.33	93.78	95.46	123	佳木斯	Jiamusi	53.99	85.00	86.83	266
通辽	Tongliao	86.18	98.01	98.31	27	七台河	Qitaihe		60.84	90.52	237
鄂尔多斯	Erdos	92.56	97.27	97.31	49	牡丹江	Mudanjiang	45.47	100.00	66.62	281
呼伦贝尔	Hulunbuir	80.60	99.34	99.52	16	黑河	Heihe	100.00	92.97	94.02	177
巴彦淖尔	Bayannur	86.30	98.72	98.81	24	绥化	Suihua	56.15	88.90	90.44	239
乌兰察布	Ulanqab	85.11	94.68	95.00	147	**上海**	**Shanghai**	**83.29**	**94.29**	**94.50**	
辽宁	**Liaoning**	**74.93**	**93.61**	**93.33**		**江苏**	**Jiangsu**	**87.56**	**94.59**	**95.28**	

8-44 城市污水处理率(辖区) 续表 1

Urban Wastewater Treatment Rate (Municipal Districts) continued 1

单位：% (%)

地名	City	2010	2016	2017	2017 排名 Ranking	地名	City	2010	2016	2017	2017 排名 Ranking
南京	Nanjing	88.82	95.98	96.26	93	池州	Chizhou	90.00	93.90	94.46	165
无锡	Wuxi	95.17	97.13	97.81	37	宣城	Xuancheng	90.74	93.94	95.10	140
徐州	Xuzhou	81.66	93.60	94.17	171	**福建**	**Fujian**	**84.44**	**91.27**	**92.21**	
常州	Changzhou	89.84	96.34	97.05	56	福州	Fuzhou	87.10	93.21	89.67	252
苏州	Suzhou	90.34	95.16	94.84	154	厦门	Xiamen	90.10	93.63	95.77	115
南通	Nantong	91.38	94.11	95.00	147	莆田	Putian	86.71	85.00	92.18	210
连云港	Lianyungang	81.41	87.16	90.37	241	三明	Sanming	81.04	87.01	88.00	258
淮安	Huaian	81.56	93.20	94.05	174	泉州	Quanzhou	86.00	95.00	96.00	106
盐城	Yancheng	82.00	90.50	91.96	216	漳州	Zhangzhou	88.00	90.84	90.85	236
扬州	Yangzhou	88.90	94.42	94.64	160	南平	Nanping	82.68	86.90	87.66	262
镇江	Zhenjiang	86.13	94.51	95.34	128	龙岩	Longyan	90.03	89.75	91.81	221
泰州	Taizhou	83.70	91.22	95.31	129	宁德	Ningde	73.83	87.49	88.13	256
宿迁	Suqian	82.99	94.53	94.75	157	**江西**	**Jiangxi**	**80.83**	**89.69**	**95.44**	
浙江	**Zhejiang**	**82.74**	**93.89**	**94.97**		南昌	Nanchang	75.00	93.50	99.80	13
杭州	Hangzhou	95.40	95.07	95.25	132	景德镇	Jingdezhen	99.92	68.16	94.51	164
宁波	Ningbo	85.21	95.41	95.48	122	萍乡	Pingxiang	92.24	90.13	92.71	203
温州	Wenzhou	70.00	92.50	95.23	133	九江	Jiujiang	98.01	99.47	89.92	250
嘉兴	Jiaxing	87.26	88.32	89.44	253	新余	Xinyu	100.00	97.06	97.31	49
湖州	Huzhou	85.11	95.43	96.97	71	鹰潭	Yingtan	77.90	97.66	97.05	56
绍兴	Shaoxing	85.01	94.51	95.98	108	赣州	Ganzhou	83.25	85.29	91.94	218
金华	Jinhua	75.00	94.68	96.03	100	吉安	Jian	80.29	91.98	93.44	183
衢州	Quzhou	75.65	95.76	95.91	110	宜春	Yichun	92.83	94.61	95.80	112
舟山	Zhoushan	75.10	95.35	95.55	118	抚州	Fuzhou	92.99	93.00	97.61	43
台州	Taizhou	75.67	93.40	95.35	127	上饶	Shangrao	90.24	78.75	90.41	240
丽水	Lishui	72.48	95.20	95.84	111	**山东**	**Shandong**	**91.11**	**96.21**	**96.95**	
安徽	**Anhui**	**88.46**	**97.36**	**97.30**		济南	Jinan	96.65	97.21	98.94	23
合肥	Hefei	99.81	99.71	99.72	14	青岛	Qingdao	88.29	96.08	97.06	55
芜湖	Wuhu	75.00	93.56	94.38	168	淄博	Zibo	94.68	96.40	96.85	78
蚌埠	Bengbu	87.31	99.51	99.51	17	枣庄	Zaozhuang	91.30	95.95	97.00	62
淮南	Huainan	86.80	97.47	96.00	106	东营	Dongying	88.34	95.89	97.00	62
马鞍山	Maanshan	88.01	99.64	97.81	37	烟台	Yantai	90.69	95.84	97.00	62
淮北	Huaibei	93.01	97.97	98.06	33	潍坊	Weifang	93.36	95.29	96.91	75
铜陵	Tongling	69.01	93.10	92.99	195	济宁	Jining	87.41	96.10	96.94	73
安庆	Anqing	89.40	97.37	92.14	211	泰安	Taian	90.10	96.65	97.00	62
黄山	Huangshan	96.41	94.54	96.03	100	威海	Weihai	92.39	96.08	97.00	62
滁州	Chuzhou		96.71	96.79	81	日照	Rizhao	90.78	95.85	97.03	59
阜阳	Fuyang	87.00	94.09	96.85	78	莱芜	Laiwu	92.00	94.18	96.94	73
宿州	Suzhou	62.30	98.05	98.98	22	临沂	Linyi	93.23	95.35	96.52	88
六安	Liuan	80.83	98.42	98.42	26	德州	Dezhou	84.68	96.71	96.91	75
亳州	Bozhou	96.31	94.09	96.60	85	聊城	Liaocheng	94.74	95.19	96.15	97

8-44 城市污水处理率(辖区) 续表 2

Urban Wastewater Treatment Rate (Municipal Districts) continued 2

单位：% (%)

地名	City	2010	2016	2017	2017 排名 Ranking	地名	City	2010	2016	2017	2017 排名 Ranking
滨州	Binzhou	92.81	95.02	97.00	62	常德	Changde	74.74	93.98	99.82	10
菏泽	Heze	62.63	96.52	97.01	61	张家界	Zhangjiajie	61.97	87.12	95.15	135
河南	**Henan**	**87.60**	**95.91**	**96.92**		益阳	Yiyang	87.58	92.99	95.00	147
郑州	Zhengzhou	97.20	99.82	98.03	35	郴州	Chenzhou	56.12	93.50	95.10	140
开封	Kaifeng	88.00	93.50	95.02	145	永州	Yongzhou	53.38	90.32	91.64	224
洛阳	Luoyang	95.54	99.94	99.81	11	怀化	Huaihua	71.33	88.80	91.73	222
平顶山	Pingdingshan	98.33	99.94	99.22	19	娄底	Loudi	81.05	91.27	97.05	56
安阳	Anyang	97.69	97.73	97.81	37	**广东**	**Guangdong**	**86.08**	**93.99**	**94.48**	
鹤壁	Hebi	82.51	92.48	94.99	152	广州	Guangzhou	96.96	94.28	95.00	147
新乡	Xinxiang	87.48	92.00	93.01	192	韶关	Shaoguan	71.06	87.12	92.11	212
焦作	Jiaozuo	85.10	95.00	97.09	54	深圳	Shenzhen	99.30	97.62	96.81	80
濮阳	Puyang	53.42	93.10	95.02	145	珠海	Zhuhai	78.81	96.29	96.36	91
许昌	Xuchang	96.94	90.53	98.00	36	汕头	Shantou	71.05	90.32	91.45	226
漯河	Luohe	64.77	97.59	96.95	72	佛山	Foshan	88.98	96.69	96.42	90
三门峡	Sanmenxia	99.32	95.80	97.45	48	江门	Jiangmen	80.40	92.10	93.91	178
南阳	Nanyang	62.38	98.88	99.72	14	湛江	Zhanjiang	93.05	91.12	91.13	229
商丘	Shangqiu	100.00	78.79	97.73	42	茂名	Maoming	82.81	94.33	94.67	159
信阳	Xinyang	81.00	90.07	91.01	233	肇庆	Zhaoqing	81.92	89.49	94.52	163
周口	Zhoukou	75.07	93.22	93.22	186	惠州	Huizhou	85.16	97.02	97.23	52
驻马店	Zhumadian	92.02	96.66	97.51	45	梅州	Meizhou	70.99	96.58	96.59	86
湖北	**Hubei**	**81.02**	**95.04**	**94.62**		汕尾	Shanwei	51.65	91.21	93.18	188
武汉	Wuhan	94.96	97.41	95.94	109	河源	Heyuan	89.32	92.52	92.57	206
黄石	Huangshi	81.21	92.69	92.99	195	阳江	Yangjiang	71.27	87.90	92.35	208
十堰	Shiyan	72.75	98.77	96.02	103	清远	Qingyuan	61.50	81.45	92.75	201
宜昌	Yichang	89.59	93.69	94.04	176	东莞	Dongguan	84.69	93.49	93.72	179
襄阳	Xiangyang	87.38	93.00	93.00	193	中山	Zhongshan	91.44	96.30	96.45	89
鄂州	Ezhou	81.80	92.52	93.03	191	潮州	Chaozhou	82.52	80.96	81.87	274
荆门	Jingmen	84.50	96.14	96.53	87	揭阳	Jieyang	57.63	78.29	82.31	272
孝感	Xiaogan	85.18	95.90	96.01	104	云浮	Yunfu	98.24	77.87	95.57	117
荆州	Jingzhou	80.07	92.01	93.15	189	**广西**	**Guangxi**	**83.43**	**92.11**	**93.98**	
黄冈	Huanggang	92.36	97.80	98.09	32	南宁	Nanning	93.27	89.51	96.88	77
咸宁	Xianning	85.50	94.71	95.14	136	柳州	Liuzhou	91.01	95.10	95.11	138
随州	Suizhou	46.11	97.92	96.03	100	桂林	Guilin	96.16	90.05	92.93	197
湖南	**Hunan**	**74.95**	**94.34**	**95.53**		梧州	Wuzhou	42.17	90.24	95.54	119
长沙	Changsha	90.80	96.93	98.14	31	北海	Beihai	81.06	97.20	98.56	25
株洲	Zhuzhou	81.22	98.02	97.02	60	防城港	Fangchenggang	35.53	87.32	90.99	235
湘潭	Xiangtan	82.10	95.00	96.20	96	钦州	Qinzhou	81.33	95.88	96.01	104
衡阳	Hengyang	63.83	92.80	93.43	184	贵港	Guigang	86.34	99.51	76.25	277
邵阳	Shaoyang	61.61	88.81	89.33	255	玉林	Yulin	98.24	99.14	99.15	20
岳阳	Yueyang	74.81	94.56	95.41	124	百色	Baise	24.50	87.05	69.37	280

8-44 城市污水处理率(辖区) 续表 3

Urban Wastewater Treatment Rate (Municipal Districts) continued 3

单位：%　　　　(%)

地名	City	2010	2016	2017	2017 排名 Ranking	地名	City	2010	2016	2017	2017 排名 Ranking
贺州	Hezhou	62.01	89.16	90.27	244	丽江	Lijiang	89.73	94.13	95.38	125
河池	Hechi	92.63	93.57	95.28	131	普洱	Puer	33.04	90.13	90.14	246
来宾	Laibin	76.28	87.37	88.08	257	临沧	Lincang	52.28	92.04	96.04	98
崇左	Chongzuo	18.52	34.20	94.05	174	**西藏**	**Tibet**		**86.43**	**88.97**	
海南	**Hainan**	**54.87**	**77.01**	**86.79**		拉萨	Lasa		89.50	92.06	213
海口	Haikou	87.42	94.99	95.00	147	**陕西**	**Shaanxi**	**74.18**	**91.36**	**92.44**	
三亚	Sanya	29.92	68.02	89.74	251	西安	Xi'an	86.41	92.40	93.29	185
三沙	Sansha		31.43	50.00	285	铜川	Tongchuan	70.15	91.45	92.43	207
重庆	**Chongqing**	**91.65**	**96.75**	**95.48**		宝鸡	Baoji	93.20	91.16	92.60	205
四川	**Sichuan**	**74.83**	**89.66**	**91.49**		咸阳	Xianyang	51.94	92.02	93.00	193
成都	Chengdu	90.68	94.30	94.69	158	渭南	Weinan	75.11	88.96	90.00	248
自贡	Zigong	85.10	94.82	93.19	187	延安	Yan'an	86.96	90.78	91.87	220
攀枝花	Panzhihua	24.34	93.26	93.59	181	汉中	Hanzhong	97.50	91.72	92.72	202
泸州	Luzhou	46.34	92.00	93.06	190	榆林	Yulin	67.71	89.76	90.20	245
德阳	Deyang	83.75	92.01	91.19	228	安康	Ankang	11.79	90.26	91.28	227
绵阳	Mianyang	89.00	92.67	97.50	46	商洛	Shangluo	79.81	81.64	92.89	198
广元	Guangyuan	73.25	98.69	96.71	83	**甘肃**	**Gansu**	**62.59**	**93.82**	**94.90**	
遂宁	Suining	82.85	99.11	91.68	223	兰州	Lanzhou	57.55	95.44	95.49	120
内江	Neijiang	77.71	90.02	90.01	247	嘉峪关	Jiayuguan	73.13	91.19	92.78	199
乐山	Leshan	53.12	87.77	87.86	261	金昌	Jinchang	93.82	95.17	95.04	142
南充	Nanchong	60.51	88.00	82.30	273	白银	Baiyin	52.03	94.09	94.53	162
眉山	Meishan	75.38	85.53	92.65	204	天水	Tianshui	65.02	95.71	100.00	1
宜宾	Yibin	36.70	87.79	91.12	230	武威	Wuwei	88.58	99.71	99.07	21
广安	Guangan	90.70	96.11	100.00	1	张掖	Zhangye	74.98	90.61	94.12	173
达州	Dazhou	60.81	46.23	46.50	286	平凉	Pingliang	81.59	90.50	95.30	130
雅安	Yaan	62.50	86.20	87.14	264	酒泉	Jiuquan	50.38	91.56	93.61	180
巴中	Bazhong	88.68	87.23	87.88	260	庆阳	Qingyang	87.55	91.53	96.25	94
资阳	Ziyang	85.66	88.67	85.37	269	定西	Dingxi	79.11	91.12	92.22	209
贵州	**Guizhou**	**86.83**	**94.59**	**94.78**		陇南	Longnan	100.00	74.74	58.33	284
贵阳	Guiyang	95.20	97.56	97.80	40	**青海**	**Qinghai**	**43.53**	**77.79**	**79.26**	
六盘水	Liupanshui	91.89	72.36	65.36	282	西宁	Xining	55.05	74.05	75.67	278
遵义	Zunyi	59.85	97.13	97.20	53	海东	Haidong		78.05	85.84	268
安顺	Anshun	91.49	93.42	94.43	167	**宁夏**	**Ningxia**	**78.00**	**93.69**	**95.25**	
毕节	Bijie	89.72	98.65	97.00	62	银川	Yinchuan	91.80	95.21	95.38	125
铜仁	Tongren	68.69	86.37	91.02	232	石嘴山	Shizuishan	41.14	95.72	96.28	92
云南	**Yunnan**	**93.39**	**92.30**	**94.07**		吴忠	Wuzhong	90.00	90.61	93.52	182
昆明	Kunming	100.00	94.07	94.88	153	固原	Guyuan	73.05	90.14	90.30	243
曲靖	Qujing	83.55	92.22	95.79	114	中卫	Zhongwei	100.00	96.25	97.28	51
玉溪	Yuxi	95.59	93.23	95.03	143	**新疆**	**Xinjiang**	**73.25**	**85.70**	**89.32**	
保山	Baoshan	95.51	85.71	92.01	214	乌鲁木齐	Urumqi	60.65	90.38	89.99	249
昭通	Zhaotong	78.67	81.02	84.00	270	克拉玛依	Karamay	92.12	95.32	95.11	138

8-45 城市绿化覆盖面积（辖区）

Urban Green Coverage Area (Municipal Districts)

单位：公顷 (hectare)

地名	City	2010	2016	2017	2017 排名 Ranking
全国	**Nation Total**	**2452658**	**3186157**	**3350402**	
北京	**Beijing**	**65348**	**87450**	**88844**	
天津	**Tianjin**	**23265**	**37513**	**49945**	
河北	**Hebei**	**81819**	**97669**	**100173**	
石家庄	Shijiazhuang	9762	13964	14105	42
唐山	Tangshan	11178	9458	10156	64
秦皇岛	Qinhuangdao	5136	5996.23	6181	103
邯郸	Handan	8963	14086.22	10636	57
邢台	Xingtai	5540	3369.34	4457	139
保定	Baoding	5899	7473	8308	75
张家口	Zhangjiakou	3236	4396	3849	161
承德	Chengde	4175	5213	5521	116
沧州	Cangzhou	1942	2704	3102	188
廊坊	Langfang	4484	4817	4878	131
衡水	Hengshui	1806	3774	4040	152
山西	**Shanxi**	**34607**	**49595**	**70964**	
太原	Taiyuan	9089	13889	14766	34
大同	Datong	4046	5133	5236	124
阳泉	Yangquan	3134	3945	3946	157
长治	Changzhi	2847	3523	3550	169
晋城	Jincheng	1600	2642	1979	245
朔州	Shuozhou	1591	2135	2035	242
晋中	Jinzhong	1725	2889	23272	17
运城	Yuncheng	1315	2430	2455	219
忻州	Xinzhou	520	1344	1355	270
临汾	Linfen	1583	2060	2072	241
吕梁	Lvliang	654	993	1353	271
内蒙古	**Inner Mongolia**	**41059**	**69683**	**71491**	
呼和浩特	Hohhot	6169	15195	15634	31
包头	Baotou	7845	9956	10463	58
乌海	Wuhai	2168	2672	2679	209
赤峰	Chifeng	2773	4068	4140	150
通辽	Tongliao	2079	2648	2650	210
鄂尔多斯	Erdos	7991	12190	12586	47
呼伦贝尔	Hulunbuir	991	2092	2098	239
巴彦淖尔	Bayannur	1244	2013	2014	244
乌兰察布	Ulanqab	1559	6753	6858	92
辽宁	**Liaoning**	**106020**	**193200**	**197627**	
沈阳	Shenyang	27328	23433	23483	15
大连	Dalian	18666	20323	20662	22
鞍山	Anshan	6097	6783	6905	88
抚顺	Fushun	6164	7174	7230	84
本溪	Benxi	5082	87007	87143	5
丹东	Dandong	4443	3362	3528	170
锦州	Jinzhou	3956	4978	3093	189
营口	Yingkou	4166	4734	6775	93
阜新	Fuxin	2981	3574	3385	174
辽阳	Liaoyang	3809	4467	4545	136
盘锦	Panjin	2401	3640	4066	151
铁岭	Tieling	1726	2102	2125	238
朝阳	Chaoyang	2507	2870	2778	201
葫芦岛	Huludao	2878	3224	5762	112
吉林	**Jilin**	**43820**	**52315**	**54480**	
长春	Changchun	15618	20917	22499	19
吉林	Jilin	8002	7328	7335	82
四平	Siping	1677	1866	2202	228
辽源	Liaoyuan	1643	1723	1724	254
通化	Tonghua	1537	2068	2077	240
白山	Baishan	1204	1340	1153	274
松原	Songyuan	1712	2252	2262	225
白城	Baicheng	1231	1381	1456	264
黑龙江	**Heilongjiang**	**78727**	**85756**	**76594**	
哈尔滨	Harbin	13787	14894	15056	32
齐齐哈尔	Qiqihar	6186	6187	6187	102
鸡西	Jixi	3328	3136	3184	183
鹤岗	Hegang	2358	3112	3053	193
双鸭山	Shuangyashan	2719	2745	2745	204
大庆	Daqing	23386	25588	14265	40
伊春	Yichun	4478	4938	4988	128
佳木斯	Jiamusi	3768	4036	4036	153
七台河	Qitaihe	2546	2991	3026	195
牡丹江	Mudanjiang	5205	5303	5439	118
黑河	Heihe	479	811	811	281
绥化	Suihua	805	1188	1194	273
上海	**Shanghai**	**130160**	**143029**	**147063**	
江苏	**Jiangsu**	**258969**	**316310**	**319594**	

8-45 城市绿化覆盖面积(辖区) 续表 1

Urban Green Coverage Area (Municipal Districts) continued 1

单位：公顷 (hectare)

地名	City	2010	2016	2017	2017 排名 Ranking
南京	Nanjing	84848	101035.8	99528	3
无锡	Wuxi	17988	19688	19896	26
徐州	Xuzhou	14726	16507	16689	29
常州	Changzhou	8139	12451	12667	46
苏州	Suzhou	15415	27380	27563	13
南通	Nantong	5380	10694	11369	54
连云港	Lianyungang	18125	23024	23428	16
淮安	Huaian	7359	10618	10919	55
盐城	Yancheng	4199	7166	7605	80
扬州	Yangzhou	4065	8903	9592	68
镇江	Zhenjiang	6773	8733	8933	73
泰州	Taizhou	6153	8998	9455	70
宿迁	Suqian	8486	10964	11426	53
浙江	**Zhejiang**	**91111**	**172242**	**177783**	
杭州	Hangzhou	17693	37683	49041	6
宁波	Ningbo	10853	13342	14313	39
温州	Wenzhou	3822	9300	9811	66
嘉兴	Jiaxing	4665	6171	6436	98
湖州	Huzhou	4241	5526	5827	111
绍兴	Shaoxing	6178	11110	11549	52
金华	Jinhua	2865	3975	4248	144
衢州	Quzhou	2455	2963	3030	194
舟山	Zhoushan	2109	15735	15947	30
台州	Taizhou	5306	6342	6441	97
丽水	Lishui	1320	1732	1778	252
安徽	**Anhui**	**85281**	**117411**	**121253**	
合肥	Hefei	12737	19477	20115	25
芜湖	Wuhu	5165	7300	7649	79
蚌埠	Bengbu	4600	6653	6886	90
淮南	Huainan	4380	5017	5200	125
马鞍山	Maanshan	5241	6121	6253	101
淮北	Huaibei	3801	4432	4485	138
铜陵	Tongling	2492	6141	6381	99
安庆	Anqing	10783	12218	12360	48
黄山	Huangshan	13190	14339	14401	37
滁州	Chuzhou	3457	4899	5033	127
阜阳	Fuyang	3332	6040	6045	107
宿州	Suzhou	2062	4155	4204	146
六安	Liuan	2720	3740	3940	158
亳州	Bozhou	1520	2880	3846	162
池州	Chizhou	1554	1940.35	1975	246
宣城	Xuancheng	3518	4089	4230	145
福建	**Fujian**	**55914**	**75097**	**77876**	
福州	Fuzhou	10138	12326	13819	43
厦门	Xiamen	16363	21462	22275	20
莆田	Putian	2363	3895	4193	147
三明	Sanming	1418	1964	1970	247
泉州	Quanzhou	6845	9245	9504	69
漳州	Zhangzhou	2121	2871	3133	186
南平	Nanping	1039	1876	1936	248
龙岩	Longyan	1880	2788	3026	195
宁德	Ningde	801	1312	1394	268
江西	**Jiangxi**	**48924**	**61259**	**69027**	
南昌	Nanchang	8619	12961	14765	35
景德镇	Jingdezhen	7469	4418	4496	137
萍乡	Pingxiang	1968	2122	2180	232
九江	Jiujiang	5045	5354	5883	109
新余	Xinyu	2863	3926	4001	154
鹰潭	Yingtan	1121	1611	1842	250
赣州	Ganzhou	3730	6905	9784	67
吉安	Jian	2011	3257	3404	173
宜春	Yichun	2123	3071	3236	180
抚州	Fuzhou	2785	2754	4191	148
上饶	Shangrao	1851	3744	3844	163
山东	**Shandong**	**179333**	**253328**	**267944**	
济南	Jinan	12853	18047	18885	27
青岛	Qingdao	19203	37213	38631	8
淄博	Zibo	15996	18728	20769	21
枣庄	Zaozhuang	4717	9098	9138	71
东营	Dongying	6062	9015	10173	62
烟台	Yantai	11228	14112	14247	41
潍坊	Weifang	8305	10729	11692	51
济宁	Jining	6162	9959	10446	59
泰安	Taian	5141	7229	7334	83
威海	Weihai	6698	10008	10171	63
日照	Rizhao	3740	4944	5258	123
莱芜	Laiwu	3014	6861	6926	87
临沂	Linyi	10593	12980	14375	38
德州	Dezhou	2455	7578	7651	78
聊城	Liaocheng	4272	6499	6581	96

8-45 城市绿化覆盖面积(辖区) 续表 2
Urban Green Coverage Area (Municipal Districts) continued 2

单位：公顷 (hectare)

地名	City	2010	2016	2017	2017 排名 Ranking
滨州	Binzhou	3446	7106	7209	85
菏泽	Heze	3679	5657	6875	91
河南	**Henan**	**78108**	**108676**	**115081**	
郑州	Zhengzhou	13332	20638	22885	18
开封	Kaifeng	3393	5171	5731	114
洛阳	Luoyang	5955	8598	8998	72
平顶山	Pingdingshan	2940	3226	3226	181
安阳	Anyang	2912	3380	3480	172
鹤壁	Hebi	2054	2542	2560	217
新乡	Xinxiang	4002	4733	4828	133
焦作	Jiaozuo	3852	4537	4593	135
濮阳	Puyang	1651	2396	2612	213
许昌	Xuchang	3118	3805	4168	149
漯河	Luohe	2423	2550	2710	206
三门峡	Sanmenxia	1304	2239	2267	224
南阳	Nanyang	3072	7937	8080	76
商丘	Shangqiu	2289	2665	2913	199
信阳	Xinyang	4345	5277	5452	117
周口	Zhoukou	2249	3030	3109	187
驻马店	Zhumadian	2142	3259	3700	165
湖北	**Hubei**	**80294**	**97856**	**100310**	
武汉	Wuhan	17991	23217	24842	14
黄石	Huangshi	2632	3118	3372	176
十堰	Shiyan	12468	3780	3963	156
宜昌	Yichang	3770	6927	7185	86
襄阳	Xiangyang	5111	7754	7408	81
鄂州	Ezhou	1935	2092	2135	236
荆门	Jingmen	2016	2337	2630	211
孝感	Xiaogan	1482	2103	2156	235
荆州	Jingzhou	2642	3106	3196	182
黄冈	Huanggang	1115	1901	1905	249
咸宁	Xianning	2664	4175	4294	142
随州	Suizhou	1400	4850	4862	132
湖南	**Hunan**	**54509**	**73186**	**78722**	
长沙	Changsha	9857	12928	14877	33
株洲	Zhuzhou	4104	5958	6136	105
湘潭	Xiangtan	4607	5082	5406	120
衡阳	Hengyang	4053	4697	7748	77
邵阳	Shaoyang	2038	3465	3650	166
岳阳	Yueyang	3413	5553	5875	110
常德	Changde	3304	4126	4418	141
张家界	Zhangjiajie	1539	1576	1576	261
益阳	Yiyang	2169	3046	3083	190
郴州	Chenzhou	2292	3567	3621	167
永州	Yongzhou	1970	2795	2684	208
怀化	Huaihua	1918	2552	2563	216
娄底	Loudi	2220	2785	2831	200
广东	**Guangdong**	**488980**	**503797**	**519557**	
广州	Guangzhou	140768	154142	154742	1
韶关	Shaoguan	3774	4725	4901	130
深圳	Shenzhen	97592	100123	101860	2
珠海	Zhuhai	32456	22308	38049	9
汕头	Shantou	7113	11333	12231	49
佛山	Foshan	11737	9888	10118	65
江门	Jiangmen	9537	12493	13378	44
湛江	Zhanjiang	5565	6032	6059	106
茂名	Maoming	5188	4445	4723	134
肇庆	Zhaoqing	7834	12097	14489	36
惠州	Huizhou	6528	11294	11849	50
梅州	Meizhou	2114	2804	2956	197
汕尾	Shanwei	1300	708	762	282
河源	Heyuan	21930	1584	1655	257
阳江	Yangjiang	17560	2878	2917	198
清远	Qingyuan	2281	2801	3496	171
东莞	Dongguan	79446	99490	88225	4
中山	Zhongshan	4234	5692	6312	100
潮州	Chaozhou	1780	3787	3915	159
揭阳	Jieyang	2797	6286	6643	95
云浮	Yunfu	1194	1534	1590	260
广西	**Guangxi**	**65692**	**92506**	**97095**	
南宁	Nanning	37125	41515	41766	7
柳州	Liuzhou	7111	9181	10743	56
桂林	Guilin	2790	4364	4426	140
梧州	Wuzhou	2101	3279	3320	177
北海	Beihai	2068	3073	3144	185
防城港	Fangchenggang	1092	1382	1507	263
钦州	Qinzhou	1549	12751	12801	45
贵港	Guigang	1464	1683	2718	205
玉林	Yulin	2195	2865	3241	179
百色	Baise	1406	2172	2176	233

8-45 城市绿化覆盖面积(辖区) 续表 3
Urban Green Coverage Area (Municipal Districts) continued 3

单位：公顷 (hectare)

地名	City	2010	2016	2017	2017 排名 Ranking	地名	City	2010	2016	2017	2017 排名 Ranking
贺州	Hezhou	662	1297	1766	253	丽江	Lijiang	778	989	989	278
河池	Hechi	576	909	1449	266	普洱	Puer	1346	1041	1046	277
来宾	Laibin	1015	1504	1722	255	临沧	Lincang	546	882	917	279
崇左	Chongzuo	762	1258	1320	272	**西藏**	**Tibet**	**2778**	**7270**	**5412**	
海南	**Hainan**	**50564**	**16574**	**16666**		拉萨	Lasa	2548	3379	3300	178
海口	Haikou	4046	5665	5736	113	**陕西**	**Shaanxi**	**33232**	**70160**	**81391**	
三亚	Sanya	1357	2396	2219	226	西安	Xi'an	13823	25780	35171	11
三沙	Sansha		11	12	286	铜川	Tongchuan	2371	2170	2189	230
重庆	**Chongqing**	**41244**	**65420**	**67175**		宝鸡	Baoji	3527	4794	4955	129
四川	**Sichuan**	**80157**	**113198**	**121490**		咸阳	Xianyang	2669	21049	20294	23
成都	Chengdu	18335	35231	36870	10	渭南	Weinan	1530	2981	3071	192
自贡	Zigong	3071	4818	5095	126	延安	Yan'an	1204	1699	1712	256
攀枝花	Panzhihua	2214	3041	3155	184	汉中	Hanzhong	1400	2212	2318	222
泸州	Luzhou	3830	6117	6902	89	榆林	Yulin	2245	3052	3381	175
德阳	Deyang	2063	3081	3600	168	安康	Ankang	1044	2101	2193	229
绵阳	Mianyang	3932	5453	5994	108	商洛	Shangluo	1382	783	1093	275
广元	Guangyuan	1424	2258	2355	220	**甘肃**	**Gansu**	**19898**	**29484**	**30691**	
遂宁	Suining	5866	6980	6656	94	兰州	Lanzhou	5495	8827	10237	61
内江	Neijiang	1405	2987	3077	191	嘉峪关	Jiayuguan	1815	2796	2775	202
乐山	Leshan	2167	3546	3810	164	金昌	Jinchang	1188	1582	1621	258
南充	Nanchong	3263	5605	6177	104	白银	Baiyin	1258	2205	2207	227
眉山	Meishan	1424	2505	2603	214	天水	Tianshui	1487	2160	2174	234
宜宾	Yibin	2360	3589	3995	155	武威	Wuwei	611	843	895	280
广安	Guangan	1253	2082	2695	207	张掖	Zhangye	901	2492	2336	221
达州	Dazhou	1679	3909	4258	143	平凉	Pingliang	1830	2410	2578	215
雅安	Yaan	1689	2236	2301	223	酒泉	Jiuquan	1546	1987	2027	243
巴中	Bazhong	630	2096	2183	231	庆阳	Qingyang	395	850	1050	276
资阳	Ziyang	1271	1841	1841	251	定西	Dingxi	596	637	651	283
贵州	**Guizhou**	**34190**	**44966**	**65758**		陇南	Longnan	1252	1048	411	285
贵阳	Guiyang	20952	17795	20185	24	**青海**	**Qinghai**	**3409**	**6230**	**6603**	
六盘水	Liupanshui	1200	4814	5587	115	西宁	Xining	2345	3732	3854	160
遵义	Zunyi	2322	4341	5309	122	海东	Haidong		594	602	284
安顺	Anshun	2187	5371	5371	121	**宁夏**	**Ningxia**	**19672**	**27220**	**28527**	
毕节	Bijie	208	1379	1453	265	银川	Yinchuan	5701	9869	10261	60
铜仁	Tongren	801	1600	1600	259	石嘴山	Shizuishan	8506	8655	8846	74
云南	**Yunnan**	**31903**	**48029**	**50720**		吴忠	Wuzhong	1617	2734	2763	203
昆明	Kunming	12545	18338	18456	28	固原	Guyuan	991	1283	1431	267
曲靖	Qujing	2210	3150	2620	212	中卫	Zhongwei	953	1860	2133	237
玉溪	Yuxi	993	2476	2500	218	**新疆**	**Xinjiang**	**43671**	**69726**	**74548**	
保山	Baoshan	732	1299	1389	269	乌鲁木齐	Urumqi	17316	29315	29915	12
昭通	Zhaotong	821	1372	1538	262	克拉玛依	Karamay	2897	5277	5420	119

8-46 城市建成区绿化覆盖率(辖区)
Green Coverage Rate of Urban Built District (Municipal Districts)

单位：% (%)

地名	City	2010	2016	2017	2017 排名 Ranking
全国	**Nation Total**	**38.62**	**40.30**	**40.91**	
北京	**Beijing**		**48.40**	**48.42**	
天津	**Tianjin**	**32.06**	**37.22**	**36.84**	
河北	**Hebei**	**42.73**	**40.80**	**41.77**	
石家庄	Shijiazhuang	43.03	44.53	44.42	40
唐山	Tangshan	46.00	37.98	40.79	147
秦皇岛	Qinhuangdao	49.97	40.23	40.24	164
邯郸	Handan	47.20	44.69	44.71	38
邢台	Xingtai	40.60	36.02	43.25	69
保定	Baoding	44.58	39.01	42.88	87
张家口	Zhangjiakou	38.52	42.99	38.56	212
承德	Chengde	41.85	43.94	43.65	61
沧州	Cangzhou	41.76	36.94	37.36	227
廊坊	Langfang	46.80	45.97	46.22	21
衡水	Hengshui	41.30	39.01	40.23	165
山西	**Shanxi**	**38.01**	**40.52**	**40.61**	
太原	Taiyuan	35.75	40.85	43.43	66
大同	Datong	37.46	40.96	41.78	114
阳泉	Yangquan	39.74	41.60	37.44	226
长治	Changzhi	48.01	46.73	47.18	10
晋城	Jincheng	44.77	45.79	41.40	126
朔州	Shuozhou	42.84	42.96	40.95	141
晋中	Jinzhong	40.09	37.65	35.84	253
运城	Yuncheng	41.50	36.66	37.04	236
忻州	Xinzhou	17.28	37.33	37.06	235
临汾	Linfen	42.33	37.66	38.37	216
吕梁	Lvliang	36.33	38.37	40.52	160
内蒙古	**Inner Mongolia**	**33.35**	**39.85**	**40.22**	
呼和浩特	Hohhot	35.69	38.30	39.87	178
包头	Baotou	39.98	44.06	44.30	44
乌海	Wuhai	34.46	42.41	43.00	77
赤峰	Chifeng	34.23	38.35	39.03	202
通辽	Tongliao	31.60	42.91	43.01	76
鄂尔多斯	Erdos	36.61	42.39	42.78	89
呼伦贝尔	Hulunbuir	24.78	35.18	35.29	256
巴彦淖尔	Bayannur	32.74	38.68	36.02	251
乌兰察布	Ulanqab	37.89	39.80	40.10	168
辽宁	**Liaoning**	**39.32**	**36.35**	**40.73**	
沈阳	Shenyang	42.01	36.03	38.88	205
大连	Dalian	45.17	43.14	46.56	17
鞍山	Anshan	38.59	39.43	40.00	173
抚顺	Fushun	39.48	44.52	44.29	45
本溪	Benxi	46.96	48.39	49.64	5
丹东	Dandong	37.79	37.79	36.29	243
锦州	Jinzhou	39.02	42.23	38.13	221
营口	Yingkou	41.49	23.26	36.59	241
阜新	Fuxin	38.33	43.62	41.14	135
辽阳	Liaoyang	38.93	42.44	42.90	86
盘锦	Panjin	38.52	18.78	42.97	82
铁岭	Tieling	39.26	37.00	32.25	268
朝阳	Chaoyang	29.73	27.15	27.80	276
葫芦岛	Huludao	38.30	36.93	64.78	1
吉林	**Jilin**	**34.12**	**34.97**	**35.78**	
长春	Changchun	38.58	38.53	41.36	129
吉林	Jilin	45.72	36.12	36.16	247
四平	Siping	31.41	31.36	32.85	264
辽源	Liaoyuan	35.12	37.21	37.23	228
通化	Tonghua	30.60	37.73	36.46	242
白山	Baishan	29.88	27.81	22.77	283
松原	Songyuan	40.05	43.78	43.79	58
白城	Baicheng	31.46	31.23	32.82	265
黑龙江	**Heilongjiang**	**34.89**	**35.35**	**35.45**	
哈尔滨	Harbin	38.38	33.60	33.74	259
齐齐哈尔	Qiqihar	40.01	38.29	38.29	218
鸡西	Jixi	39.13	38.90	39.50	192
鹤岗	Hegang	41.93	42.39	41.30	132
双鸭山	Shuangyashan	42.74	43.70	43.70	60
大庆	Daqing	38.44	45.51	43.35	68
伊春	Yichun	26.71	30.55	31.46	273
佳木斯	Jiamusi	40.30	41.62	42.18	100
七台河	Qitaihe	40.82	43.98	44.13	47
牡丹江	Mudanjiang	38.55	20.98	27.08	277
黑河	Heihe	23.95	40.54	40.56	158
绥化	Suihua	26.26	24.93	25.32	281
上海	**Shanghai**	**38.15**	**38.60**	**39.10**	
江苏	**Jiangsu**	**42.07**	**42.94**	**42.97**	

8-46 城市建成区绿化覆盖率(辖区) 续表 1

Green Coverage Rate of Urban Built District (Municipal Districts) continued 1

单位：% (%)

地名	City	2010	2016	2017	2017 排名 Ranking
南京	Nanjing	44.38	44.75	44.90	34
无锡	Wuxi	42.62	42.98	42.98	81
徐州	Xuzhou	41.26	43.81	43.84	56
常州	Changzhou	42.15	43.10	43.11	73
苏州	Suzhou	42.70	41.99	41.34	131
南通	Nantong	40.60	43.28	43.54	64
连云港	Lianyungang	38.73	40.23	40.37	162
淮安	Huaian	39.60	42.05	42.20	99
盐城	Yancheng	39.20	41.52	42.24	97
扬州	Yangzhou	43.60	43.80	44.02	51
镇江	Zhenjiang	42.14	42.89	43.00	77
泰州	Taizhou	40.82	41.96	42.22	98
宿迁	Suqian	40.57	42.93	42.97	82
浙江	**Zhejiang**	**38.30**	**41.02**	**40.36**	
杭州	Hangzhou	39.95	40.70	39.96	175
宁波	Ningbo	38.04	39.80	39.85	180
温州	Wenzhou	21.89	37.40	37.45	225
嘉兴	Jiaxing	41.09	44.43	38.20	220
湖州	Huzhou	49.78	48.35	46.29	19
绍兴	Shaoxing	40.35	43.27	41.36	129
金华	Jinhua	39.80	40.02	40.06	171
衢州	Quzhou	42.17	41.03	40.94	143
舟山	Zhoushan	40.24	40.62	41.43	124
台州	Taizhou	44.27	42.94	43.15	72
丽水	Lishui	41.33	46.49	44.45	39
安徽	**Anhui**	**37.50**	**41.71**	**42.15**	
合肥	Hefei	38.82	41.78	43.07	74
芜湖	Wuhu	38.20	40.58	41.88	111
蚌埠	Bengbu	37.00	40.02	41.06	138
淮南	Huainan	39.83	40.80	44.74	37
马鞍山	Maanshan	42.73	44.10	44.12	48
淮北	Huaibei	43.16	44.98	44.36	42
铜陵	Tongling	40.17	48.50	48.50	7
安庆	Anqing	38.48	43.10	43.55	63
黄山	Huangshan	48.82	46.67	45.80	27
滁州	Chuzhou	36.24	41.48	41.44	123
阜阳	Fuyang	33.02	38.55	36.75	239
宿州	Suzhou	38.02	42.66	41.53	119
六安	Liuan	40.79	41.46	41.59	117
亳州	Bozhou	39.53	36.79	34.03	257
池州	Chizhou	39.14	43.12	43.40	67
宣城	Xuancheng	35.12	41.50	41.49	122
福建	**Fujian**	**40.97**	**43.32**	**43.69**	
福州	Fuzhou	40.27	43.87	44.36	42
厦门	Xiamen	40.40	42.93	43.59	62
莆田	Putian	43.10	43.34	44.83	35
三明	Sanming	40.48	44.06	44.21	46
泉州	Quanzhou	40.48	43.20	43.20	70
漳州	Zhangzhou	41.93	42.59	43.90	54
南平	Nanping	40.33	44.85	39.43	194
龙岩	Longyan	42.13	40.78	43.76	59
宁德	Ningde	40.04	39.78	39.94	176
江西	**Jiangxi**	**46.62**	**43.63**	**45.22**	
南昌	Nanchang	42.76	40.84	43.94	52
景德镇	Jingdezhen	53.57	51.37	51.50	3
萍乡	Pingxiang	46.72	41.70	42.56	91
九江	Jiujiang	56.39	50.15	46.29	19
新余	Xinyu	49.17	49.66	50.25	4
鹰潭	Yingtan	47.34	41.30	46.74	15
赣州	Ganzhou	45.09	40.17	47.03	11
吉安	Jian	42.22	45.80	45.81	25
宜春	Yichun	42.46	43.87	44.94	33
抚州	Fuzhou	48.01	45.81	45.96	22
上饶	Shangrao	48.35	47.16	47.31	9
山东	**Shandong**	**41.47**	**42.26**	**42.09**	
济南	Jinan	37.04	40.31	40.73	153
青岛	Qingdao	43.38	38.56	39.05	200
淄博	Zibo	42.20	45.11	45.32	30
枣庄	Zaozhuang	37.48	42.32	42.08	102
东营	Dongying	38.57	43.49	41.57	118
烟台	Yantai	42.05	42.51	42.58	90
潍坊	Weifang	40.10	41.91	41.91	110
济宁	Jining	43.64	42.46	43.06	75
泰安	Taian	43.81	45.02	45.04	32
威海	Weihai	47.12	46.01	45.89	23
日照	Rizhao	41.10	45.45	45.51	28
莱芜	Laiwu	44.22	45.20	45.43	29
临沂	Linyi	46.58	40.65	41.11	136
德州	Dezhou	40.33	43.64	43.52	65
聊城	Liaocheng	44.20	44.79	43.93	53

8-46 城市建成区绿化覆盖率(辖区) 续表 2
Green Coverage Rate of Urban Built District (Municipal Districts) continued 2

单位：% (%)

地名	City	2010	2016	2017	2017 排名 Ranking	地名	City	2010	2016	2017	2017 排名 Ranking
滨州	Binzhou	38.96	44.79	44.82	36	常德	Changde	43.35	44.37	44.38	41
菏泽	Heze	40.14	40.11	39.82	181	张家界	Zhangjiajie	37.72	39.98	40.33	163
河南	**Henan**	**36.56**	**39.33**	**39.44**		益阳	Yiyang	40.17	40.03	39.02	203
郑州	Zhengzhou	34.88	43.64	40.40	161	郴州	Chenzhou	36.97	46.02	46.30	18
开封	Kaifeng	34.43	32.22	36.20	246	永州	Yongzhou	31.35	40.40	38.30	217
洛阳	Luoyang	32.98	39.70	41.51	120	怀化	Huaihua	30.38	39.22	39.70	184
平顶山	Pingdingshan	38.08	40.75	40.75	150	娄底	Loudi	39.79	40.03	40.95	141
安阳	Anyang	37.49	40.62	41.20	134	**广东**	**Guangdong**	**41.31**	**42.39**	**43.47**	
鹤壁	Hebi	40.08	39.63	39.91	177	广州	Guangzhou	41.96	41.80	42.50	92
新乡	Xinxiang	41.24	40.00	40.10	168	韶关	Shaoguan	46.12	45.85	46.64	16
焦作	Jiaozuo	39.59	40.04	40.54	159	深圳	Shenzhen	45.04	45.10	45.10	31
濮阳	Puyang	44.44	39.04	40.65	155	珠海	Zhuhai	50.25	47.64	48.21	8
许昌	Xuchang	38.93	40.00	40.00	173	汕头	Shantou	40.65	43.98	44.12	48
漯河	Luohe	38.32	36.21	38.03	222	佛山	Foshan	37.11	40.98	42.83	88
三门峡	Sanmenxia	43.47	39.80	39.86	179	江门	Jiangmen	40.74	44.08	49.22	6
南阳	Nanyang	29.51	37.18	36.81	238	湛江	Zhanjiang	45.77	41.85	42.01	106
商丘	Shangqiu	38.15	41.94	45.87	24	茂名	Maoming	44.45	31.42	37.92	223
信阳	Xinyang	42.38	42.46	42.46	93	肇庆	Zhaoqing	36.09	36.56	47.00	12
周口	Zhoukou	38.14	38.21	38.22	219	惠州	Huizhou	30.06	43.00	43.89	55
驻马店	Zhumadian	40.28	40.40	43.20	70	梅州	Meizhou	42.84	42.94	42.95	85
湖北	**Hubei**	**37.74**	**37.60**	**38.43**		汕尾	Shanwei	41.20	32.78	24.57	282
武汉	Wuhan	37.17	39.65	39.55	191	河源	Heyuan	44.11	41.65	42.13	101
黄石	Huangshi	39.88	38.50	38.49	214	阳江	Yangjiang	38.45	41.71	41.92	108
十堰	Shiyan	45.32	35.29	35.67	255	清远	Qingyuan	40.12	32.66	46.92	14
宜昌	Yichang	40.88	41.40	42.31	94	东莞	Dongguan	43.37	47.58	46.98	13
襄阳	Xiangyang	36.38	38.69	38.69	209	中山	Zhongshan	38.97	40.89	42.03	105
鄂州	Ezhou	37.00	32.38	32.96	263	潮州	Chaozhou	42.71	40.20	39.66	185
荆门	Jingmen	39.92	36.81	41.43	124	揭阳	Jieyang	35.21	40.68	42.99	80
孝感	Xiaogan	40.21	39.32	39.57	190	云浮	Yunfu	39.45	42.05	40.03	172
荆州	Jingzhou	39.79	36.04	36.04	250	**广西**	**Guangxi**	**34.96**	**37.62**	**39.12**	
黄冈	Huanggang	32.97	33.55	33.63	261	南宁	Nanning	40.36	42.12	42.28	95
咸宁	Xianning	37.60	40.29	40.85	145	柳州	Liuzhou	38.12	43.95	43.84	56
随州	Suizhou	31.98	37.66	39.20	199	桂林	Guilin	44.29	40.73	40.23	165
湖南	**Hunan**	**36.64**	**40.60**	**41.21**		梧州	Wuzhou	39.14	40.93	41.24	133
长沙	Changsha	36.19	40.06	41.50	121	北海	Beihai	35.78	40.53	40.70	154
株洲	Zhuzhou	42.41	41.90	42.08	102	防城港	Fangchenggang	33.82	21.18	36.25	245
湘潭	Xiangtan	40.38	41.82	45.81	25	钦州	Qinzhou	22.20	38.54	38.65	211
衡阳	Hengyang	38.95	40.51	40.99	140	贵港	Guigang	26.26	22.11	33.68	260
邵阳	Shaoyang	32.97	40.07	41.78	114	玉林	Yulin	33.02	37.07	39.82	181
岳阳	Yueyang	41.37	40.92	42.04	104	百色	Baise	36.70	40.13	38.54	213

8-46 城市建成区绿化覆盖率(辖区) 续表 3

Green Coverage Rate of Urban Built District (Municipal Districts) continued 3

单位：% (%)

地名	City	2010	2016	2017	2017 排名 Ranking	地名	City	2010	2016	2017	2017 排名 Ranking
贺州	Hezhou	22.77	37.53	42.28	95	丽江	Lijiang	35.34	39.28	40.65	155
河池	Hechi	28.30	34.94	32.21	269	普洱	Puer	56.08	39.09	39.32	198
来宾	Laibin	35.00	33.26	33.48	262	临沧	Lincang	37.07	40.00	40.78	148
崇左	Chongzuo	29.82	38.90	39.62	187	**西藏**	**Tibet**	**25.40**	**32.59**	**34.81**	
海南	**Hainan**	**42.63**	**40.30**	**40.06**		拉萨	Lasa	32.25	39.59	37.17	231
海口	Haikou	44.14	40.29	40.80	146	**陕西**	**Shaanxi**	**38.29**	**40.14**	**39.88**	
三亚	Sanya	48.12	42.95	42.97	82	西安	Xi'an	40.43	43.15	41.11	136
三沙	Sansha		8.13	8.39	286	铜川	Tongchuan	42.51	38.79	38.96	204
重庆	**Chongqing**	**40.57**	**40.76**	**40.32**		宝鸡	Baoji	14.23	41.03	41.39	128
四川	**Sichuan**	**37.88**	**39.90**	**40.00**		咸阳	Xianyang	40.11	40.06	39.35	197
成都	Chengdu	39.43	41.39	41.63	116	渭南	Weinan	37.10	37.73	38.72	206
自贡	Zigong	38.10	40.50	41.40	126	延安	Yan'an	36.30	40.43	40.76	149
攀枝花	Panzhihua	40.55	40.01	40.19	167	汉中	Hanzhong	37.65	37.80	38.71	207
泸州	Luzhou	39.00	40.45	40.75	150	榆林	Yulin	32.35	33.65	35.80	254
德阳	Deyang	38.27	41.03	42.00	107	安康	Ankang	34.80	38.73	39.73	183
绵阳	Mianyang	37.89	39.20	40.09	170	商洛	Shangluo	39.77	23.12	31.81	271
广元	Guangyuan	36.56	37.03	37.12	232	**甘肃**	**Gansu**	**27.12**	**31.50**	**33.28**	
遂宁	Suining	37.66	42.04	38.70	208	兰州	Lanzhou	25.02	27.39	30.93	274
内江	Neijiang	34.64	34.83	33.87	258	嘉峪关	Jiayuguan	36.67	39.23	39.41	195
乐山	Leshan	37.91	33.17	36.12	249	金昌	Jinchang	32.38	36.74	37.08	234
南充	Nanchong	38.12	44.00	44.10	50	白银	Baiyin	22.73	34.68	32.51	266
眉山	Meishan	31.75	35.48	36.29	243	天水	Tianshui	35.20	38.43	38.68	210
宜宾	Yibin	38.98	38.11	39.05	200	武威	Wuwei	21.40	25.75	26.08	279
广安	Guangan	41.67	39.46	39.48	193	张掖	Zhangye	26.74	38.82	53.71	2
达州	Dazhou	35.76	39.67	31.85	270	平凉	Pingliang	29.94	37.10	39.36	196
雅安	Yaan	39.81	40.95	39.58	189	酒泉	Jiuquan	36.50	37.09	37.21	230
巴中	Bazhong	35.03	39.00	38.39	215	庆阳	Qingyang	18.40	33.77	30.42	275
资阳	Ziyang	35.00	37.42	36.82	237	定西	Dingxi	25.43	25.19	25.66	280
贵州	**Guizhou**	**29.58**	**36.80**	**37.01**		陇南	Longnan	2.69	10.14	14.18	285
贵阳	Guiyang	37.24	40.74	40.90	144	**青海**	**Qinghai**	**29.38**	**31.12**	**32.55**	
六盘水	Liupanshui	24.68	36.69	37.22	229	西宁	Xining	35.12	40.57	41.00	139
遵义	Zunyi	34.61	43.08	39.66	185	海东	Haidong		17.27	17.50	284
安顺	Anshun	14.00	37.08	37.10	233	**宁夏**	**Ningxia**	**38.75**	**40.43**	**40.41**	
毕节	Bijie	8.50	32.08	32.28	267	银川	Yinchuan	43.03	41.51	41.86	112
铜仁	Tongren	34.04	40.99	35.88	252	石嘴山	Shizuishan	41.00	40.70	40.75	150
云南	**Yunnan**	**37.31**	**37.84**	**38.87**		吴忠	Wuzhong	38.53	41.31	40.61	157
昆明	Kunming	41.36	41.88	41.92	108	固原	Guyuan	28.63	36.68	36.68	240
曲靖	Qujing	38.93	33.21	26.89	278	中卫	Zhongwei	26.00	39.42	39.60	188
玉溪	Yuxi	34.35	36.59	37.85	224	**新疆**	**Xinjiang**	**36.42**	**38.51**	**39.98**	
保山	Baoshan	34.86	36.07	36.15	248	乌鲁木齐	Urumqi	34.80	40.90	41.80	113
昭通	Zhaotong	31.00	28.41	31.57	272	克拉玛依	Karamay	42.90	43.05	43.00	77

8-47 城市公园绿地面积(辖区)
Area of Urban Parks and Green Space (Municipal Districts)

单位：公顷 (hectare)

地名	City	2010	2016	2017	2017 排名 Ranking
全国	**Nation Total**	**441276**	**653555**	**2921346**	
北京	**Beijing**	**19020**	**30069**	**83501**	
天津	**Tianjin**	**5266**	**9959**	**44309**	
河北	**Hebei**	**21849**	**25160**	**88273**	
石家庄	Shijiazhuang	3530	4474	12839	41
唐山	Tangshan	2981	3025	9345	57
秦皇岛	Qinhuangdao	1793	2136	5935	96
邯郸	Handan	2988	3435	8014	70
邢台	Xingtai	1006	1103	4125	135
保定	Baoding	1491	1640	7723	71
张家口	Zhangjiakou	946	1194	3474	156
承德	Chengde	1450	1410	4973	116
沧州	Cangzhou	582	653	2722	191
廊坊	Langfang	674	785	4652	123
衡水	Hengshui	424	776	3619	153
山西	**Shanxi**	**9061**	**13411**	**63987**	
太原	Taiyuan	2576	3985	13013	37
大同	Datong	876	1417	4788	120
阳泉	Yangquan	526	659	2264	214
长治	Changzhi	864	924	3189	168
晋城	Jincheng	456	592	1868	236
朔州	Shuozhou	280	610	1839	238
晋中	Jinzhong	431	896	22842	12
运城	Yuncheng	395	613	2129	217
忻州	Xinzhou	58	384	1205	269
临汾	Linfen	592	769	1887	235
吕梁	Lvliang	315	361	1234	268
内蒙古	**Inner Mongolia**	**10352**	**17541**	**67171**	
呼和浩特	Hohhot	2422	3831	14855	29
包头	Baotou	2100	2608	9592	54
乌海	Wuhai	522	1103	2567	198
赤峰	Chifeng	746	1735	3790	148
通辽	Tongliao	741	958	2489	202
鄂尔多斯	Erdos	1024	1830	12149	45
呼伦贝尔	Hulunbuir	549	713	2011	226
巴彦淖尔	Bayannur	252	879	1992	227
乌兰察布	Ulanqab	600	1206	5958	93
辽宁	**Liaoning**	**21593**	**25500**	**122999**	
沈阳	Shenyang	6085	6179	21790	15
大连	Dalian	3510	3880	19763	18
鞍山	Anshan	1617	1521	6287	85
抚顺	Fushun	1185	1400	5236	106
本溪	Benxi	828	982	23211	11
丹东	Dandong	560	730	3195	167
锦州	Jinzhou	896	1278	3088	171
营口	Yingkou	959	1042	6135	89
阜新	Fuxin	817	998	3045	175
辽阳	Liaoyang	674	856	4259	132
盘锦	Panjin	488	1083	3714	152
铁岭	Tieling	437	540	2107	219
朝阳	Chaoyang	468	624	1440	256
葫芦岛	Huludao	596	759	5651	99
吉林	**Jilin**	**10974**	**15244**	**48070**	
长春	Changchun	4249	6335	19578	20
吉林	Jilin	1524	1537	6274	86
四平	Siping	461	558	2081	223
辽源	Liaoyuan	363	485	1539	253
通化	Tonghua	429	655	1859	237
白山	Baishan	383	409	966	276
松原	Songyuan	497	881	2093	221
白城	Baicheng	221	367	1337	264
黑龙江	**Heilongjiang**	**15284**	**17083**	**69711**	
哈尔滨	Harbin	4198	4418	13958	31
齐齐哈尔	Qiqihar	1091	1091	6097	90
鸡西	Jixi	695	780	2808	186
鹤岗	Hegang	842	824	2870	184
双鸭山	Shuangyashan	739	690	2319	207
大庆	Daqing	1779	2183	13310	35
伊春	Yichun	1518	1820	4630	124
佳木斯	Jiamusi	740	849	3878	143
七台河	Qitaihe	457	498	2710	192
牡丹江	Mudanjiang	739	782	5296	105
黑河	Heihe	236	194	720	282
绥化	Suihua	135	313	1014	274
上海	**Shanghai**	**16053**	**18957**	**136327**	
江苏	**Jiangsu**	**33585**	**46476**	**285981**	

8-47 城市公园绿地面积(辖区) 续表 1

Area of Urban Parks and Green Space (Municipal Districts) continued 1

单位：公顷 (hectare)

地名	City	2010	2016	2017	2017 排名 Ranking	地名	City	2010	2016	2017	2017 排名 Ranking
南京	Nanjing	6773	9623.7	91178	3	池州	Chizhou	498	520	1505	255
无锡	Wuxi	3418	3744	19110	22	宣城	Xuancheng	387	503	3944	141
徐州	Xuzhou	2234	2879	16165	28	**福建**	**Fujian**	**10972**	**16017**	**69755**	
常州	Changzhou	1632	2713	11522	46	福州	Fuzhou	2288	3507	12955	39
苏州	Suzhou	3615	4592	22358	14	厦门	Xiamen	2807	3734	21326	17
南通	Nantong	1038	3035	10087	51	莆田	Putian	582	833	3765	150
连云港	Lianyungang	880	1542	22608	13	三明	Sanming	274	328	1750	243
淮安	Huaian	1341	2267	8438	66	泉州	Quanzhou	845	1908	8866	62
盐城	Yancheng	821	1731	7270	73	漳州	Zhangzhou	448	754	2830	185
扬州	Yangzhou	1483	2167	8205	67	南平	Nanping	240	463	1735	244
镇江	Zhenjiang	1397	1689	8645	64	龙岩	Longyan	335	525	2591	196
泰州	Taizhou	594	1008	4991	114	宁德	Ningde	315	402	1271	267
宿迁	Suqian	574	1116	9353	56	**江西**	**Jiangxi**	**10733**	**15475**	**63747**	
浙江	**Zhejiang**	**20090**	**30675**	**159214**		南昌	Nanchang	1915	3237	13984	30
杭州	Hangzhou	5017	8118	44899	5	景德镇	Jingdezhen	709	782	4405	129
宁波	Ningbo	1725	3244	13176	36	萍乡	Pingxiang	447	492	2077	224
温州	Wenzhou	883	2610	8636	65	九江	Jiujiang	1142	1216	5375	104
嘉兴	Jiaxing	883	1258	6006	91	新余	Xinyu	602	856	3837	145
湖州	Huzhou	1277	1520	5064	111	鹰潭	Yingtan	202	350	1631	248
绍兴	Shaoxing	1085	2029	8137	68	赣州	Ganzhou	829	1736	8761	63
金华	Jinhua	707	928	4054	136	吉安	Jian	425	783	2552	199
衢州	Quzhou	394	521	2673	194	宜春	Yichun	637	877	3064	172
舟山	Zhoushan	675	823	13945	32	抚州	Fuzhou	842	901	3850	144
台州	Taizhou	1073	1332	5915	97	上饶	Shangrao	513	1106	3564	154
丽水	Lishui	340	390	1545	252	**山东**	**Shandong**	**43191**	**60336**	**235690**	
安徽	**Anhui**	**13630**	**21265**	**102402**		济南	Jinan	2890	3793	16697	27
合肥	Hefei	3269	5404	18792	24	青岛	Qingdao	4027	8194	36209	7
芜湖	Wuhu	1120	1822	7092	77	淄博	Zibo	2333	3253	18896	23
蚌埠	Bengbu	611	1247	5385	103	枣庄	Zaozhuang	1118	1491	7318	72
淮南	Huainan	1207	1379	5005	113	东营	Dongying	1119	1932	9571	55
马鞍山	Maanshan	792	1107	5944	95	烟台	Yantai	2795	3770	12867	40
淮北	Huaibei	1121	1247	4542	125	潍坊	Weifang	2173	2351	10836	49
铜陵	Tongling	454	913	5948	94	济宁	Jining	892	2279	9047	61
安庆	Anqing	578	990	3966	140	泰安	Taian	1198	2300	6968	78
黄山	Huangshan	435	574	13384	34	威海	Weihai	1443	2467	9277	59
滁州	Chuzhou	413	650	4426	128	日照	Rizhao	1331	1702	4780	121
阜阳	Fuyang	555	1113	5410	102	莱芜	Laiwu	892	1419	6721	79
宿州	Suzhou	489	768	3205	166	临沂	Linyi	3269	4033	12434	44
六安	Liuan	713	895	3234	164	德州	Dezhou	1169	2185	6501	80
亳州	Bozhou	280	458	3422	159	聊城	Liaocheng	705	1119	3978	138

8-47 城市公园绿地面积(辖区) 续表 2

Area of Urban Parks and Green Space (Municipal Districts) continued 2

单位：公顷 (hectare)

地名	City	2010	2016	2017	2017 排名 Ranking	地名	City	2010	2016	2017	2017 排名 Ranking
滨州	Binzhou	1178	1742	6215	88	常德	Changde	876	1237	3909	142
菏泽	Heze	741	946	5585	100	张家界	Zhangjiajie	165	196	1422	259
河南	**Henan**	**18361**	**25429**	**101171**		益阳	Yiyang	458	597	3000	176
郑州	Zhengzhou	3095	5027	19643	19	郴州	Chenzhou	424	773	3275	161
开封	Kaifeng	455	978	4789	119	永州	Yongzhou	290	602	2440	204
洛阳	Luoyang	1743	2477	8020	69	怀化	Huaihua	262	503	2319	207
平顶山	Pingdingshan	863	981	2764	187	娄底	Loudi	340	478	2123	218
安阳	Anyang	606	806	2970	177	**广东**	**Guangdong**	**58514**	**97514**	**455838**	
鹤壁	Hebi	587	688	2297	210	广州	Guangzhou	10319	29473	145159	1
新乡	Xinxiang	714	848	4480	127	韶关	Shaoguan	630	787	4513	126
焦作	Jiaozuo	713	1035	4012	137	深圳	Shenzhen	16987	19588	97889	2
濮阳	Puyang	548	817	2449	203	珠海	Zhuhai	1989	3604	13443	33
许昌	Xuchang	505	705	3715	151	汕头	Shantou	2819	3948	11215	47
漯河	Luohe	825	873	2286	212	佛山	Foshan	2005	2925	9604	53
三门峡	Sanmenxia	482	610	1986	229	江门	Jiangmen	1205	2386	12963	38
南阳	Nanyang	1257	1329	7256	74	湛江	Zhanjiang	846	1270	4284	131
商丘	Shangqiu	509	707	2524	201	茂名	Maoming	486	1182	3829	146
信阳	Xinyang	654	800	4819	117	肇庆	Zhaoqing	1150	1487	12654	42
周口	Zhoukou	301	531	2914	180	惠州	Huizhou	1304	3460	10751	50
驻马店	Zhumadian	399	532	3252	163	梅州	Meizhou	486	790	2570	197
湖北	**Hubei**	**16818**	**22681**	**86713**		汕尾	Shanwei	266	315	730	281
武汉	Wuhan	5685	7333	21650	16	河源	Heyuan	327	415	1532	254
黄石	Huangshi	866	1033	2915	179	阳江	Yangjiang	437	617	2760	188
十堰	Shiyan	532	898	3777	149	清远	Qingyuan	538	790	3105	170
宜昌	Yichang	860	1333	6415	82	东莞	Dongguan	9075	14456	77582	4
襄阳	Xiangyang	829	1526	6443	81	中山	Zhongshan	693	1365	6006	91
鄂州	Ezhou	573	642	1827	240	潮州	Chaozhou	406	901	3152	169
荆门	Jingmen	480	625	2315	209	揭阳	Jieyang	1008	1079	6297	84
孝感	Xiaogan	286	524	1828	239	云浮	Yunfu	263	495	1415	260
荆州	Jingzhou	677	879	2881	182	**广西**	**Guangxi**	**8331**	**12799**	**88789**	
黄冈	Huanggang	327	447	1682	245	南宁	Nanning	2149	3799	39959	6
咸宁	Xianning	310	595	4152	134	柳州	Liuzhou	1804	2238	9294	58
随州	Suizhou	337	469	4671	122	桂林	Guilin	753	1136	3975	139
湖南	**Hunan**	**10969**	**16292**	**67669**		梧州	Wuzhou	379	689	3266	162
长沙	Changsha	2522	3779	12588	43	北海	Beihai	295	489	2668	195
株洲	Zhuzhou	1071	1385	5799	98	防城港	Fangchenggang	162	322	1339	263
湘潭	Xiangtan	646	764	3363	160	钦州	Qinzhou	183	462	11136	48
衡阳	Hengyang	864	1102	7160	75	贵港	Guigang	488	522	2343	206
邵阳	Shaoyang	505	860	2885	181	玉林	Yulin	564	721	3063	173
岳阳	Yueyang	556	690	4812	118	百色	Baise	204	316	1983	230

8-47 城市公园绿地面积(辖区) 续表 3
Area of Urban Parks and Green Space (Municipal Districts) continued 3

单位：公顷 (hectare)

地名	City	2010	2016	2017	2017 排名 Ranking	地名	City	2010	2016	2017	2017 排名 Ranking
贺州	Hezhou	91	205	1618	249	丽江	Lijiang	360	424	962	277
河池	Hechi	117	213	1203	270	普洱	Puer	310	239	993	275
来宾	Laibin	184	311	1560	251	临沧	Lincang	544	220	815	278
崇左	Chongzuo	98	232	1100	272	**西藏**	**Tibet**	**260**	**926**	**5238**	
海南	**Hainan**	**2561**	**3518**	**15343**		拉萨	Lasa	202	408	3218	165
海口	Haikou	1303	1843	5103	110	**陕西**	**Shaanxi**	**8402**	**12178**	**69219**	
三亚	Sanya	541	716	2043	225	西安	Xi'an	3253	5176	30076	9
三沙	Sansha		1	2	286	铜川	Tongchuan	389	478	1897	233
重庆	**Chongqing**	**14032**	**24505**	**61575**		宝鸡	Baoji	1118	1053	4244	133
四川	**Sichuan**	**16133**	**28479**	**107505**		咸阳	Xianyang	1114	1623	17771	25
成都	Chengdu	5732	9821	32617	8	渭南	Weinan	475	701	2383	205
自贡	Zigong	722	1205	4374	130	延安	Yan'an	338	421	1574	250
攀枝花	Panzhihua	527	771	2933	178	汉中	Hanzhong	577	591	1784	242
泸州	Luzhou	698	1430	6326	83	榆林	Yulin	249	779	2745	190
德阳	Deyang	414	656	3051	174	安康	Ankang	339	452	1659	247
绵阳	Mianyang	908	1530	5461	101	商洛	Shangluo	146	169	1017	273
广元	Guangyuan	288	585	2233	215	**甘肃**	**Gansu**	**4392**	**8976**	**26851**	
遂宁	Suining	410	713	6262	87	兰州	Lanzhou	1714	3193	9262	60
内江	Neijiang	327	683	2755	189	嘉峪关	Jiayuguan	330	818	2696	193
乐山	Leshan	382	574	3453	157	金昌	Jinchang	269	441	1434	258
南充	Nanchong	688	1481	5208	107	白银	Baiyin	269	418	1987	228
眉山	Meishan	367	619	2290	211	天水	Tianshui	384	688	1947	231
宜宾	Yibin	602	956	3449	158	武威	Wuwei	97	502	792	279
广安	Guangan	473	719	2528	200	张掖	Zhangye	302	1110	2191	216
达州	Dazhou	482	1066	3499	155	平凉	Pingliang	216	284	1890	234
雅安	Yaan	384	291	1321	265	酒泉	Jiuquan	303	441	1669	246
巴中	Bazhong	258	531	2082	222	庆阳	Qingyang	80	150	789	280
资阳	Ziyang	168	508	1822	241	定西	Dingxi	165	332	578	284
贵州	**Guizhou**	**3969**	**10150**	**47360**		陇南	Longnan	20	94	223	285
贵阳	Guiyang	2186	4319	19517	21	**青海**	**Qinghai**	**1014**	**2011**	**6426**	
六盘水	Liupanshui	77	410	5125	108	西宁	Xining	897	1597	3809	147
遵义	Zunyi	360	1771	4988	115	海东	Haidong		147	616	283
安顺	Anshun	62	950	5109	109	**宁夏**	**Ningxia**	**3626**	**5209**	**26418**	
毕节	Bijie	12	581	1401	261	银川	Yinchuan	1556	2526	10051	52
铜仁	Tongren	84	284	1439	257	石嘴山	Shizuishan	1038	1111	7137	76
云南	**Yunnan**	**6811**	**10611**	**45173**		吴忠	Wuzhong	356	465	2871	183
昆明	Kunming	2796	4354	16933	26	固原	Guyuan	178	251	1341	262
曲靖	Qujing	590	643	2265	213	中卫	Zhongwei	214	435	2098	220
玉溪	Yuxi	204	460	1935	232	**新疆**	**Xinjiang**	**5430**	**9110**	**68921**	
保山	Baoshan	183	329	1306	266	乌鲁木齐	Urumqi	2063	3545	28848	10
昭通	Zhaotong	204	246	1161	271	克拉玛依	Karamay	315	451	5048	112

8-48 城市人均公园绿地面积(辖区)

Area of Urban Public Recreational Green Space per Capita (Municipal Districts)

单位：平方米 (m²)

地名	City	2010	2016	2017	2017 排名 Ranking
全国	**Nation Total**	**11.2**	**13.7**	**14.0**	
北京	**Beijing**	**11.3**	**16.0**	**16.2**	
天津	**Tianjin**	**8.6**	**10.6**	**14.2**	
河北	**Hebei**	**14.2**	**14.3**	**14.5**	
石家庄	Shijiazhuang	14.4	15.8	17.1	57
唐山	Tangshan	15.1	15.3	15.9	71
秦皇岛	Qinhuangdao	19.9	19.2	18.0	43
邯郸	Handan	19.6	18.5	17.5	49
邢台	Xingtai	15.7	11.6	15.8	73
保定	Baoding	13.3	10.2	10.6	250
张家口	Zhangjiakou	11.0	11.9	9.6	266
承德	Chengde	27.2	24.6	24.5	11
沧州	Cangzhou	10.0	11.0	11.7	213
廊坊	Langfang	13.0	14.0	14.2	119
衡水	Hengshui	11.3	13.0	12.3	194
山西	**Shanxi**	**9.4**	**11.9**	**12.0**	
太原	Taiyuan	8.6	10.8	11.8	208
大同	Datong	6.8	11.3	11.3	231
阳泉	Yangquan	9.0	11.6	9.7	264
长治	Changzhi	12.2	12.2	12.3	191
晋城	Jincheng	13.8	12.1	12.1	200
朔州	Shuozhou	9.3	14.1	14.1	129
晋中	Jinzhong	10.6	17.5	16.1	68
运城	Yuncheng	9.2	14.3	14.3	111
忻州	Xinzhou	2.2	12.8	14.3	114
临汾	Linfen	13.6	12.1	10.5	252
吕梁	Lvliang	13.6	13.3	15.9	72
内蒙古	**Inner Mongolia**	**12.4**	**19.8**	**19.7**	
呼和浩特	Hohhot	15.4	19.7	19.4	35
包头	Baotou	12.0	13.8	14.9	91
乌海	Wuhai	9.5	20.1	19.9	29
赤峰	Chifeng	8.4	17.4	18.0	44
通辽	Tongliao	14.7	21.2	21.2	23
鄂尔多斯	Erdos	14.3	33.8	39.4	3
呼伦贝尔	Hulunbuir	19.1	20.3	20.4	26
巴彦淖尔	Bayannur	6.8	22.6	12.0	203
乌兰察布	Ulanqab	18.6	40.5	41.4	2
辽宁	**Liaoning**	**10.2**	**11.3**	**12.1**	

地名	City	2010	2016	2017	2017 排名 Ranking
沈阳	Shenyang	12.7	11.5	13.2	157
大连	Dalian	12.0	11.0	10.1	258
鞍山	Anshan	10.4	11.1	10.9	238
抚顺	Fushun	9.0	10.7	10.9	240
本溪	Benxi	9.0	10.8	11.5	225
丹东	Dandong	8.4	11.1	12.7	180
锦州	Jinzhou	9.2	13.6	14.2	123
营口	Yingkou	10.1	11.8	14.9	93
阜新	Fuxin	10.5	12.9	12.1	199
辽阳	Liaoyang	8.5	10.9	11.6	215
盘锦	Panjin	7.5	11.6	12.8	174
铁岭	Tieling	9.7	12.0	13.9	139
朝阳	Chaoyang	8.8	9.8	14.0	130
葫芦岛	Huludao	12.9	14.7	15.6	75
吉林	**Jilin**	**10.3**	**13.4**	**11.4**	
长春	Changchun	13.7	17.8	10.8	247
吉林	Jilin	11.9	12.1	12.2	197
四平	Siping	7.2	8.4	8.9	274
辽源	Liaoyuan	7.3	10.0	10.2	257
通化	Tonghua	9.2	14.1	14.4	109
白山	Baishan	10.1	10.2	9.0	271
松原	Songyuan	10.5	17.8	17.8	46
白城	Baicheng	7.8	13.0	13.7	144
黑龙江	**Heilongjiang**	**11.3**	**11.9**	**11.8**	
哈尔滨	Harbin	10.1	9.2	9.0	272
齐齐哈尔	Qiqihar	10.0	10.1	10.0	259
鸡西	Jixi	9.3	10.8	11.3	233
鹤岗	Hegang	14.9	15.0	14.5	102
双鸭山	Shuangyashan	16.0	14.4	13.1	164
大庆	Daqing	13.5	15.0	13.5	154
伊春	Yichun	20.2	23.7	24.0	14
佳木斯	Jiamusi	11.9	14.2	14.4	108
七台河	Qitaihe	11.9	12.1	12.4	190
牡丹江	Mudanjiang	10.5	10.6	11.6	219
黑河	Heihe	16.7	13.4	13.1	163
绥化	Suihua	4.3	8.5	8.5	276
上海	**Shanghai**	**7.0**	**7.8**	**8.2**	
江苏	**Jiangsu**	**13.3**	**14.8**	**15.0**	

8-48 城市人均公园绿地面积(辖区) 续表 1

Area of Urban Public Recreational Green Space per Capita (Municipal Districts) continued 1

单位：平方米 (m²)

地名	City	2010	2016	2017	2017 排名 Ranking	地名	City	2010	2016	2017	2017 排名 Ranking
南京	Nanjing	13.7	15.3	15.6	77	池州	Chizhou	18.1	17.1	17.5	51
无锡	Wuxi	14.4	14.9	14.9	91	宣城	Xuancheng	14.1	14.1	14.9	89
徐州	Xuzhou	14.7	15.7	14.7	100	**福建**	**Fujian**	**11.0**	**13.1**	**14.1**	
常州	Changzhou	12.4	14.5	14.9	95	福州	Fuzhou	11.2	14.1	14.9	89
苏州	Suzhou	16.9	14.7	13.9	140	厦门	Xiamen	10.1	11.5	14.1	128
南通	Nantong	10.5	18.5	19.0	37	莆田	Putian	11.0	12.7	14.2	119
连云港	Lianyungang	12.0	14.7	14.1	126	三明	Sanming	11.9	14.8	14.8	97
淮安	Huaian	11.0	14.0	14.6	101	泉州	Quanzhou	10.6	14.2	14.4	107
盐城	Yancheng	11.7	12.8	13.7	147	漳州	Zhangzhou	10.5	14.6	15.7	74
扬州	Yangzhou	19.1	18.6	18.8	38	南平	Nanping	11.7	13.1	14.2	121
镇江	Zhenjiang	16.0	19.0	19.0	36	龙岩	Longyan	11.2	12.5	12.4	189
泰州	Taizhou	9.3	10.7	14.5	103	宁德	Ningde	13.6	15.6	15.0	88
宿迁	Suqian	12.1	15.3	15.5	79	**江西**	**Jiangxi**	**13.0**	**14.2**	**14.5**	
浙江	**Zhejiang**	**11.1**	**13.2**	**13.3**		南昌	Nanchang	9.0	11.8	12.9	171
杭州	Hangzhou	15.1	14.4	13.8	143	景德镇	Jingdezhen	15.7	17.2	16.1	69
宁波	Ningbo	10.5	11.4	11.5	225	萍乡	Pingxiang	12.1	10.6	11.9	204
温州	Wenzhou	6.0	12.7	13.2	160	九江	Jiujiang	18.1	17.8	13.9	136
嘉兴	Jiaxing	12.9	13.4	14.3	111	新余	Xinyu	15.8	18.0	18.3	41
湖州	Huzhou	15.3	16.6	17.5	48	鹰潭	Yingtan	12.7	15.3	23.8	15
绍兴	Shaoxing	15.4	13.5	13.6	151	赣州	Ganzhou	12.2	11.5	13.9	137
金华	Jinhua	12.2	11.7	11.9	206	吉安	Jian	13.4	17.1	17.1	55
衢州	Quzhou	13.1	14.5	14.5	105	宜春	Yichun	14.5	15.3	15.1	84
舟山	Zhoushan	15.1	13.1	16.5	64	抚州	Fuzhou	16.6	14.7	16.2	66
台州	Taizhou	10.6	12.9	13.1	165	上饶	Shangrao	15.4	15.5	15.6	75
丽水	Lishui	10.5	11.1	11.2	235	**山东**	**Shandong**	**15.8**	**17.9**	**17.8**	
安徽	**Anhui**	**11.0**	**14.0**	**14.3**		济南	Jinan	10.3	11.3	11.3	232
合肥	Hefei	13.2	13.5	14.0	134	青岛	Qingdao	14.6	18.6	17.4	53
芜湖	Wuhu	9.5	13.4	13.3	156	淄博	Zibo	15.1	18.7	19.5	33
蚌埠	Bengbu	7.0	13.0	13.2	158	枣庄	Zaozhuang	12.6	15.0	14.8	97
淮南	Huainan	11.5	12.6	13.9	140	东营	Dongying	17.3	22.5	27.9	5
马鞍山	Maanshan	14.0	15.0	15.0	87	烟台	Yantai	19.4	20.7	18.2	42
淮北	Huaibei	13.3	16.7	16.7	60	潍坊	Weifang	17.3	18.1	19.6	32
铜陵	Tongling	10.9	17.7	18.5	39	济宁	Jining	13.6	14.7	17.4	52
安庆	Anqing	9.7	14.0	14.3	117	泰安	Taian	19.8	22.8	22.8	19
黄山	Huangshan	14.5	14.9	14.8	96	威海	Weihai	24.5	26.1	26.1	7
滁州	Chuzhou	12.7	14.5	13.9	138	日照	Rizhao	21.3	21.2	21.7	21
阜阳	Fuyang	7.5	14.0	13.1	162	莱芜	Laiwu	18.9	22.6	21.1	24
宿州	Suzhou	10.5	13.4	13.6	149	临沂	Linyi	19.2	19.5	20.2	27
六安	Liuan	12.0	14.8	14.9	93	德州	Dezhou	19.2	24.8	21.5	22
亳州	Bozhou	10.9	13.4	14.1	124	聊城	Liaocheng	11.5	13.0	12.8	177

8-48 城市人均公园绿地面积(辖区) 续表 2

Area of Urban Public Recreational Green Space per Capita (Municipal Districts) continued 2

单位：平方米 (m²)

地名	City	2010	2016	2017	2017 排名 Ranking	地名	City	2010	2016	2017	2017 排名 Ranking
滨州	Binzhou	16.8	19.5	19.4	34	常德	Changde	14.1	13.6	13.7	145
菏泽	Heze	10.4	11.2	12.0	202	张家界	Zhangjiajie	7.7	9.2	9.5	269
河南	**Henan**	**8.7**	**10.4**	**12.0**		益阳	Yiyang	7.6	9.1	9.5	267
郑州	Zhengzhou	6.2	8.4	12.9	173	郴州	Chenzhou	8.0	12.1	12.6	182
开封	Kaifeng	5.2	9.3	10.2	256	永州	Yongzhou	5.6	11.1	11.8	208
洛阳	Luoyang	7.2	10.5	10.9	239	怀化	Huaihua	8.1	8.1	8.1	278
平顶山	Pingdingshan	8.6	10.3	10.8	243	娄底	Loudi	9.1	9.6	9.8	261
安阳	Anyang	8.6	11.0	11.5	222	**广东**	**Guangdong**	**13.3**	**17.9**	**18.2**	
鹤壁	Hebi	14.0	14.6	14.2	122	广州	Guangzhou	11.9	22.1	22.7	20
新乡	Xinxiang	9.5	11.0	11.2	237	韶关	Shaoguan	11.8	12.5	13.8	142
焦作	Jiaozuo	9.4	13.2	14.0	134	深圳	Shenzhen	16.4	16.5	16.0	70
濮阳	Puyang	12.6	14.3	14.8	99	珠海	Zhuhai	13.7	19.7	19.8	30
许昌	Xuchang	11.4	12.8	13.7	145	汕头	Shantou	12.2	15.2	15.2	83
漯河	Luohe	15.2	14.9	15.0	86	佛山	Foshan	10.2	13.9	16.6	63
三门峡	Sanmenxia	16.1	12.0	13.0	167	江门	Jiangmen	11.0	17.8	18.3	40
南阳	Nanyang	10.3	8.0	9.0	273	湛江	Zhanjiang	12.7	14.0	14.2	118
商丘	Shangqiu	5.3	7.3	8.8	275	茂名	Maoming	10.0	16.5	16.8	58
信阳	Xinyang	13.9	14.1	14.1	124	肇庆	Zhaoqing	22.7	20.4	20.1	28
周口	Zhoukou	10.0	13.6	13.0	170	惠州	Huizhou	11.1	17.9	17.9	45
驻马店	Zhumadian	9.4	11.2	15.0	85	梅州	Meizhou	11.8	17.0	17.1	54
湖北	**Hubei**	**9.6**	**11.0**	**11.0**		汕尾	Shanwei	10.7	14.1	14.4	106
武汉	Wuhan	8.9	10.4	9.6	265	河源	Heyuan	12.1	12.6	12.8	176
黄石	Huangshi	12.0	11.9	11.8	210	阳江	Yangjiang	10.6	12.6	13.0	169
十堰	Shiyan	10.0	11.1	13.5	154	清远	Qingyuan	11.3	10.0	12.7	179
宜昌	Yichang	10.9	14.6	14.3	113	东莞	Dongguan	15.3	23.0	24.2	13
襄阳	Xiangyang	10.8	12.4	12.4	187	中山	Zhongshan	11.9	18.4	16.5	64
鄂州	Ezhou	14.1	14.9	15.4	80	潮州	Chaozhou	10.3	9.7	12.4	186
荆门	Jingmen	10.3	11.8	14.0	132	揭阳	Jieyang	12.9	12.1	14.0	131
孝感	Xiaogan	10.1	9.6	9.7	262	云浮	Yunfu	12.1	19.2	17.1	56
荆州	Jingzhou	9.5	10.5	10.8	246	**广西**	**Guangxi**	**9.8**	**11.8**	**12.4**	
黄冈	Huanggang	11.1	13.9	14.0	132	南宁	Nanning	9.8	12.1	11.9	204
咸宁	Xianning	9.3	14.5	14.5	104	柳州	Liuzhou	12.8	13.5	13.6	149
随州	Suizhou	10.3	9.5	10.5	253	桂林	Guilin	9.2	11.9	12.2	195
湖南	**Hunan**	**8.9**	**10.6**	**10.0**		梧州	Wuzhou	9.1	11.1	10.8	242
长沙	Changsha	10.0	10.8	7.6	279	北海	Beihai	8.6	10.9	10.6	250
株洲	Zhuzhou	12.7	12.7	14.1	127	防城港	Fangchenggang	10.4	16.0	24.3	12
湘潭	Xiangtan	8.7	9.3	10.9	240	钦州	Qinzhou	8.1	12.8	12.5	184
衡阳	Hengyang	9.2	10.2	12.9	172	贵港	Guigang	12.1	11.8	13.5	152
邵阳	Shaoyang	8.4	12.4	12.8	174	玉林	Yulin	10.3	10.2	14.3	114
岳阳	Yueyang	8.5	9.5	9.5	270	百色	Baise	9.2	12.2	12.2	198

8-48 城市人均公园绿地面积(辖区) 续表 3

Area of Urban Public Recreational Green Space per Capita (Municipal Districts) continued 3

单位：平方米 (m²)

地名	City	2010	2016	2017	2017 排名 Ranking	地名	City	2010	2016	2017	2017 排名 Ranking
贺州	Hezhou	5.5	8.5	16.1	67	丽江	Lijiang	29.9	24.9	24.8	9
河池	Hechi	5.1	10.3	10.7	248	普洱	Puer	13.9	10.5	10.6	249
来宾	Laibin	6.6	10.3	9.7	263	临沧	Lincang	2.2	11.9	11.6	218
崇左	Chongzuo	7.5	12.9	13.2	161	**西藏**	**Tibet**	**5.8**	**7.8**	**5.9**	
海南	**Hainan**	**11.2**	**12.0**	**12.2**		拉萨	Lasa	55.3	4.7	2.5	286
海口	Haikou	11.8	12.1	12.4	188	**陕西**	**Shaanxi**	**10.7**	**12.3**	**12.6**	
三亚	Sanya	19.0	13.0	15.4	81	西安	Xi'an	9.5	11.9	12.1	201
三沙	Sansha		3.3	3.4	285	铜川	Tongchuan	9.7	11.8	11.5	223
重庆	**Chongqing**	**13.2**	**16.9**	**17.1**		宝鸡	Baoji	86.8	12.3	12.3	192
四川	**Sichuan**	**10.2**	**12.5**	**12.5**		咸阳	Xianyang	13.4	15.4	15.5	78
成都	Chengdu	13.2	14.2	13.7	147	渭南	Weinan	11.9	12.8	13.5	153
自贡	Zigong	8.1	10.2	10.8	244	延安	Yan'an	9.6	10.7	10.3	254
攀枝花	Panzhihua	8.2	11.0	11.9	207	汉中	Hanzhong	14.1	13.4	14.3	114
泸州	Luzhou	8.3	10.5	11.5	225	榆林	Yulin	7.1	12.4	14.3	110
德阳	Deyang	9.7	10.7	11.5	228	安康	Ankang	10.0	13.3	13.0	166
绵阳	Mianyang	10.4	11.5	11.5	223	商洛	Shangluo	11.4	7.1	13.2	158
广元	Guangyuan	8.9	11.9	11.8	211	**甘肃**	**Gansu**	**8.1**	**13.9**	**14.9**	
遂宁	Suining	7.6	10.2	11.6	220	兰州	Lanzhou	8.6	12.7	12.8	177
内江	Neijiang	6.4	10.6	11.4	229	嘉峪关	Jiayuguan	16.6	37.0	37.5	4
乐山	Leshan	7.1	7.3	8.5	277	金昌	Jinchang	14.9	22.9	25.0	8
南充	Nanchong	8.7	12.3	12.5	183	白银	Baiyin	6.7	9.5	9.5	268
眉山	Meishan	11.8	12.2	12.6	181	天水	Tianshui	5.6	9.9	9.9	260
宜宾	Yibin	16.0	9.9	11.7	214	武威	Wuwei	3.8	15.0	23.1	18
广安	Guangan	15.3	21.8	23.3	16	张掖	Zhangye	15.7	45.2	51.7	1
达州	Dazhou	14.4	18.7	10.8	244	平凉	Pingliang	7.8	8.4	11.3	234
雅安	Yaan	15.5	10.9	11.7	212	酒泉	Jiuquan	9.8	11.5	11.6	216
巴中	Bazhong	8.8	12.1	12.4	185	庆阳	Qingyang	4.5	7.5	7.2	280
资阳	Ziyang	5.7	15.2	15.3	82	定西	Dingxi	9.2	16.6	16.6	62
贵州	**Guizhou**	**7.3**	**15.0**	**15.3**		陇南	Longnan	1.3	5.7	6.0	283
贵阳	Guiyang	10.1	16.2	17.7	47	**青海**	**Qinghai**	**8.5**	**10.8**	**11.2**	
六盘水	Liupanshui	2.4	11.1	11.6	221	西宁	Xining	8.9	12.2	12.3	193
遵义	Zunyi	4.9	17.4	19.8	31	海东	Haidong		5.8	5.7	284
安顺	Anshun	1.2	20.4	20.6	25	**宁夏**	**Ningxia**	**16.2**	**18.3**	**19.2**	
毕节	Bijie	0.5	21.9	17.5	49	银川	Yinchuan	14.4	16.6	16.7	61
铜仁	Tongren	3.7	8.3	6.9	281	石嘴山	Shizuishan	26.4	23.3	26.6	6
云南	**Yunnan**	**9.3**	**11.3**	**11.5**		吴忠	Wuzhong	19.2	20.6	16.8	59
昆明	Kunming	8.4	11.1	11.2	236	固原	Guyuan	8.5	10.1	24.8	10
曲靖	Qujing	9.3	8.9	6.9	282	中卫	Zhongwei	11.6	26.1	23.1	17
玉溪	Yuxi	10.1	11.2	11.4	230	**新疆**	**Xinjiang**	**8.6**	**12.2**	**13.2**	
保山	Baoshan	11.0	10.1	10.3	255	乌鲁木齐	Urumqi	7.4	11.4	12.2	195
昭通	Zhaotong	7.9	8.0	13.0	167	克拉玛依	Karamay	9.0	11.6	11.6	216

8-49 城市道路清扫保洁面积（辖区）

Surface Area of Urban Roads Cleaned and Maintained (Municipal Districts)

单位：万平方米 （10 000m²）

地名	City	2010	2016	2017	2017 排名 Ranking
全国	**Nation Total**	**485033**	**794923**	**842048**	
北京	**Beijing**	**13804**	**14678**	**14861**	
天津	**Tianjin**	**7322**	**13124**	**13529**	
河北	**Hebei**	**20050**	**29921**	**30452**	
石家庄	Shijiazhuang	3283	4928	4996	25
唐山	Tangshan	2014	3083	3146	52
秦皇岛	Qinhuangdao	837	2022	2166	85
邯郸	Handan	1853	2494	2559	67
邢台	Xingtai	1052	822	1394	129
保定	Baoding	1449	2771	2807	59
张家口	Zhangjiakou	1045	1447	1622	111
承德	Chengde	517	868	805	190
沧州	Cangzhou	570	1092	1324	133
廊坊	Langfang	700	1003	865	181
衡水	Hengshui	640	1143	1091	153
山西	**Shanxi**	**10609**	**16659**	**16581**	
太原	Taiyuan	3551	4166	4166	33
大同	Datong	1164	2600	2290	77
阳泉	Yangquan	479	666	669	213
长治	Changzhi	631	1020	1030	163
晋城	Jincheng	382	670	670	212
朔州	Shuozhou	354	892	811	189
晋中	Jinzhong	750	1034	1203	138
运城	Yuncheng	598	669	700	206
忻州	Xinzhou	238	721	624	229
临汾	Linfen	420	626	744	201
吕梁	Lvliang	296	378	382	270
内蒙古	**Inner Mongolia**	**9674**	**21383**	**22901**	
呼和浩特	Hohhot	1511	3128	4997	24
包头	Baotou	1845	3606	3761	41
乌海	Wuhai	632	1214	1141	146
赤峰	Chifeng	681	1791	1763	99
通辽	Tongliao	734	1426	1226	137
鄂尔多斯	Erdos	1396	3787	3167	51
呼伦贝尔	Hulunbuir	346	948	916	176
巴彦淖尔	Bayannur	560	790	1015	166
乌兰察布	Ulanqab	243	663	766	196
辽宁	**Liaoning**	**28122**	**38296**	**39255**	
沈阳	Shenyang	11155	8855	8745	10
大连	Dalian	4126	6466	6542	19
鞍山	Anshan	1336	3015	3116	53
抚顺	Fushun	1330	1682	1682	108
本溪	Benxi	598	870	862	182
丹东	Dandong	752	763	836	186
锦州	Jinzhou	925	1405	1462	122
营口	Yingkou	675	3155	3634	44
阜新	Fuxin	480	1093	557	238
辽阳	Liaoyang	902	1028	1049	160
盘锦	Panjin	681	1398	2280	78
铁岭	Tieling	762	538	459	253
朝阳	Chaoyang	562	1033	1048	161
葫芦岛	Huludao	638	726	553	239
吉林	**Jilin**	**13037**	**18880**	**17741**	
长春	Changchun	4561	8268	6926	15
吉林	Jilin	1595	1686	1914	96
四平	Siping	520	901	792	191
辽源	Liaoyuan	384	395	395	267
通化	Tonghua	350	600	506	244
白山	Baishan	295	377	397	266
松原	Songyuan	674	928	936	173
白城	Baicheng	330	642	642	221
黑龙江	**Heilongjiang**	**14937**	**24843**	**25996**	
哈尔滨	Harbin	4835	8980	9410	9
齐齐哈尔	Qiqihar	1018	1676	1887	97
鸡西	Jixi	314	620	666	214
鹤岗	Hegang	302	448	448	256
双鸭山	Shuangyashan	199	298	333	273
大庆	Daqing	2200	3542	3600	45
伊春	Yichun	848	1074	1085	156
佳木斯	Jiamusi	842	1301	1316	134
七台河	Qitaihe	389	581	640	223
牡丹江	Mudanjiang	891	1399	1444	125
黑河	Heihe	309	410	410	264
绥化	Suihua	309	751	752	199
上海	**Shanghai**	**15879**	**18253**	**18852**	
江苏	**Jiangsu**	**44088**	**62827**	**67319**	

8-49 城市道路清扫保洁面积(辖区) 续表 1

Surface Area of Urban Roads Cleaned and Maintained (Municipal Districts) continued 1

单位：万平方米 (10 000m²)

地名	City	2010	2016	2017	2017 排名 Ranking	地名	City	2010	2016	2017	2017 排名 Ranking
南京	Nanjing	7393	8557	8676	11	池州	Chizhou	722	702	702	205
无锡	Wuxi	2969	4700	4354	30	宣城	Xuancheng	360	720	736	202
徐州	Xuzhou	2032	2786	2786	61	**福建**	**Fujian**	**11433**	**16336**	**17554**	
常州	Changzhou	2333	3435	3475	48	福州	Fuzhou	2122	3626	4487	28
苏州	Suzhou	8835	11437	10971	8	厦门	Xiamen	2004	3541	3772	40
南通	Nantong	2159	3423	5565	22	莆田	Putian	500	1041	1100	151
连云港	Lianyungang	1140	3154	3989	36	三明	Sanming	255	265	240	280
淮安	Huaian	1800	2602	2502	73	泉州	Quanzhou	1955	1980	1980	94
盐城	Yancheng	1135	2299	3086	54	漳州	Zhangzhou	652	1004	1088	154
扬州	Yangzhou	1232	2029	2225	82	南平	Nanping	141	414	432	259
镇江	Zhenjiang	1154	1580	2508	71	龙岩	Longyan	268	610	610	231
泰州	Taizhou	837	2182	2220	84	宁德	Ningde	178	376	383	269
宿迁	Suqian	870	2028	2036	90	**江西**	**Jiangxi**	**9911**	**17380**	**20042**	
浙江	**Zhejiang**	**27805**	**43224**	**49663**		南昌	Nanchang	2447	4421	4415	29
杭州	Hangzhou	4609	8565	13912	5	景德镇	Jingdezhen	364	449	1087	155
宁波	Ningbo	2591	4090	4290	31	萍乡	Pingxiang	346	648	648	220
温州	Wenzhou	2400	3519	3694	42	九江	Jiujiang	784	1339	1655	109
嘉兴	Jiaxing	1352	1919	1997	93	新余	Xinyu	845	1080	1000	169
湖州	Huzhou	1072	2463	2605	66	鹰潭	Yingtan	150	190	440	257
绍兴	Shaoxing	615	2593	2965	57	赣州	Ganzhou	647	2500	2520	70
金华	Jinhua	1123	1773	1719	104	吉安	Jian	316	380	470	251
衢州	Quzhou	764	1020	1072	158	宜春	Yichun	605	896	896	178
舟山	Zhoushan	549	737	745	200	抚州	Fuzhou	846	1306	1686	107
台州	Taizhou	1882	2438	2404	74	上饶	Shangrao	686	1159	1176	142
丽水	Lishui	660	805	917	175	**山东**	**Shandong**	**48528**	**72533**	**74631**	
安徽	**Anhui**	**17339**	**30833**	**32514**		济南	Jinan	3399	7491	7879	13
合肥	Hefei	3409	7310	6579	18	青岛	Qingdao	3251	5612	7064	14
芜湖	Wuhu	2583	2296	2636	64	淄博	Zibo	2844	4529	4155	34
蚌埠	Bengbu	930	2233	2529	69	枣庄	Zaozhuang	2038	1904	2343	76
淮南	Huainan	1004	2532	2532	68	东营	Dongying	1525	3313	3057	55
马鞍山	Maanshan	900	1400	1519	116	烟台	Yantai	2482	3516	3647	43
淮北	Huaibei	715	1000	1100	151	潍坊	Weifang	3219	3302	350	271
铜陵	Tongling	736	904	1703	105	济宁	Jining	861	3051	3201	50
安庆	Anqing	890	1259	1477	121	泰安	Taian	1357	1773	2029	91
黄山	Huangshan	375	700	778	194	威海	Weihai	1263	2599	2620	65
滁州	Chuzhou	704	1693	1751	102	日照	Rizhao	1698	1901	2065	88
阜阳	Fuyang	558	1371	2003	92	莱芜	Laiwu	1212	1425	1430	127
宿州	Suzhou	725	1550	1881	98	临沂	Linyi	2651	5580	5742	21
六安	Liuan	680	873	1002	168	德州	Dezhou	900	1462	1462	122
亳州	Bozhou	518	1554	1302	135	聊城	Liaocheng	575	2488	2504	72

8-49 城市道路清扫保洁面积（辖区） 续表 2

Surface Area of Urban Roads Cleaned and Maintained (Municipal Districts) continued 2

单位：万平方米 （10 000m²）

地名	City	2010	2016	2017	2017 排名 Ranking	地名	City	2010	2016	2017	2017 排名 Ranking
滨州	Binzhou	1292	2508	2807	59	常德	Changde	850	2417	2077	87
菏泽	Heze	1550	2190	2402	75	张家界	Zhangjiajie	161	359	417	262
河南	**Henan**	**20892**	**32248**	**36166**		益阳	Yiyang	535	1417	1753	101
郑州	Zhengzhou	3338	5125	5821	20	郴州	Chenzhou	630	1428	1444	125
开封	Kaifeng	984	1925	1925	95	永州	Yongzhou	767	1424	1492	119
洛阳	Luoyang	1608	2928	3015	56	怀化	Huaihua	373	736	845	184
平顶山	Pingdingshan	676	1283	1300	136	娄底	Loudi	380	49	694	208
安阳	Anyang	898	1090	1119	147	**广东**	**Guangdong**	**62768**	**101629**	**107035**	
鹤壁	Hebi	722	875	1082	157	广州	Guangzhou	9480	22357	22357	2
新乡	Xinxiang	1007	1710	1410	128	韶关	Shaoguan	1182	1555	1384	131
焦作	Jiaozuo	1015	1561	1561	114	深圳	Shenzhen	13079	23243	25962	1
濮阳	Puyang	507	816	883	179	珠海	Zhuhai	2542	4950	5178	23
许昌	Xuchang	345	550	1625	110	汕头	Shantou	1418	3395	3584	46
漯河	Luohe	548	752	826	187	佛山	Foshan	3204	4075	3815	39
三门峡	Sanmenxia	188	411	455	254	江门	Jiangmen	1264	1773	2226	81
南阳	Nanyang	1575	2249	2254	79	湛江	Zhanjiang	1079	1402	1569	113
商丘	Shangqiu	580	887	1500	118	茂名	Maoming	433	981	1027	164
信阳	Xinyang	657	671	481	248	肇庆	Zhaoqing	946	1771	1702	106
周口	Zhoukou	488	618	640	223	惠州	Huizhou	2604	3802	3877	38
驻马店	Zhumadian	653	907	1106	149	梅州	Meizhou	693	760	634	226
湖北	**Hubei**	**16941**	**28609**	**32460**		汕尾	Shanwei	245	350	350	271
武汉	Wuhan	6640	12486	13853	6	河源	Heyuan	330	598	821	188
黄石	Huangshi	731	683	695	207	阳江	Yangjiang	684	1273	1174	143
十堰	Shiyan	609	428	436	258	清远	Qingyuan	612	1361	1349	132
宜昌	Yichang	840	1253	1541	115	东莞	Dongguan	13467	18407	19293	3
襄阳	Xiangyang	764	2490	2739	62	中山	Zhongshan	1123	1506	2224	83
鄂州	Ezhou	390	472	472	250	潮州	Chaozhou	399	881	925	174
荆门	Jingmen	356	668	968	172	揭阳	Jieyang	477	436	758	198
孝感	Xiaogan	317	557	642	221	云浮	Yunfu	245	638	651	218
荆州	Jingzhou	500	1126	1202	139	**广西**	**Guangxi**	**11005**	**19713**	**21686**	
黄冈	Huanggang	296	449	523	243	南宁	Nanning	3867	5743	6601	17
咸宁	Xianning	390	643	913	177	柳州	Liuzhou	1494	3315	3477	47
随州	Suizhou	218	503	624	229	桂林	Guilin	1254	1997	2130	86
湖南	**Hunan**	**12331**	**25742**	**27762**		梧州	Wuzhou	290	680	870	180
长沙	Changsha	2954	6846	6921	16	北海	Beihai	578	1370	1722	103
株洲	Zhuzhou	705	1124	1151	145	防城港	Fangchenggang	415	636	665	215
湘潭	Xiangtan	905	1046	1054	159	钦州	Qinzhou	499	1116	1101	150
衡阳	Hengyang	831	2202	2704	63	贵港	Guigang	310	574	656	217
邵阳	Shaoyang	545	1200	580	237	玉林	Yulin	410	708	789	192
岳阳	Yueyang	659	1106	2057	89	百色	Baise	266	582	582	236

8-49 城市道路清扫保洁面积(辖区) 续表 3

Surface Area of Urban Roads Cleaned and Maintained (Municipal Districts) continued 3

单位：万平方米 (10 000m²)

地名	City	2010	2016	2017	2017 排名 Ranking	地名	City	2010	2016	2017	2017 排名 Ranking
贺州	Hezhou	220	499	386	268	丽江	Lijiang	185	250	310	275
河池	Hechi	120	170	305	276	普洱	Puer	182	327	400	265
来宾	Laibin	244	592	650	219	临沧	Lincang	90	226	280	278
崇左	Chongzuo	142	198	265	279	**西藏**	**Tibet**	**539**	**5811**	**976**	
海南	**Hainan**	**4076**	**7711**	**10794**		拉萨	Lasa	479	740	553	239
海口	Haikou	1735	3925	3925	37	**陕西**	**Shaanxi**	**10546**	**15388**	**19232**	
三亚	Sanya	1120	2198	4918	26	西安	Xi'an	5891	8630	11998	7
三沙	Sansha		1	1	286	铜川	Tongchuan	290	406	421	261
重庆	**Chongqing**	**6136**	**17850**	**18249**		宝鸡	Baoji	1000	1228	1490	120
四川	**Sichuan**	**15173**	**36723**	**37804**		咸阳	Xianyang	759	861	1010	167
成都	Chengdu	3639	15183	14882	4	渭南	Weinan	371	532	638	225
自贡	Zigong	528	1172	486	247	延安	Yan'an	465	395	330	274
攀枝花	Panzhihua	501	675	762	197	汉中	Hanzhong	306	501	423	260
泸州	Luzhou	698	1102	1386	130	榆林	Yulin	863	1675	1192	140
德阳	Deyang	465	713	852	183	安康	Ankang	180	226	226	281
绵阳	Mianyang	1484	1999	2227	80	商洛	Shangluo	106	160	140	284
广元	Guangyuan	369	674	683	209	**甘肃**	**Gansu**	**5816**	**9556**	**10368**	
遂宁	Suining	611	1547	1046	162	兰州	Lanzhou	1332	3556	4106	35
内江	Neijiang	303	806	840	185	嘉峪关	Jiayuguan	480	769	591	235
乐山	Leshan	619	884	976	170	金昌	Jinchang	610	751	768	195
南充	Nanchong	847	1552	1755	100	白银	Baiyin	496	715	715	204
眉山	Meishan	425	1074	1113	148	天水	Tianshui	283	290	473	249
宜宾	Yibin	445	909	975	171	武威	Wuwei	295	548	547	241
广安	Guangan	250	851	1515	117	张掖	Zhangye	365	568	720	203
达州	Dazhou	260	311	628	228	平凉	Pingliang	490	517	600	233
雅安	Yaan	211	417	412	263	酒泉	Jiuquan	535	570	455	254
巴中	Bazhong	210	605	605	232	庆阳	Qingyang	258	286	291	277
资阳	Ziyang	290	522	630	227	定西	Dingxi	96	162	173	283
贵州	**Guizhou**	**3405**	**9773**	**13425**		陇南	Longnan	54	67	100	285
贵阳	Guiyang	1300	4556	4556	27	**青海**	**Qinghai**	**1951**	**2944**	**3017**	
六盘水	Liupanshui	264	574	600	233	西宁	Xining	1272	1587	1605	112
遵义	Zunyi	414	1176	2849	58	海东	Haidong		192	197	282
安顺	Anshun	235	715	1017	165	**宁夏**	**Ningxia**	**3347**	**8048**	**8920**	
毕节	Bijie	87	380	496	245	银川	Yinchuan	1503	4156	4251	32
铜仁	Tongren	420	271	467	252	石嘴山	Shizuishan	464	1366	1447	124
云南	**Yunnan**	**9726**	**18986**	**17237**		吴忠	Wuzhong	319	780	780	193
昆明	Kunming	5621	10751	8355	12	固原	Guyuan	270	452	672	211
曲靖	Qujing	342	1213	1184	141	中卫	Zhongwei	450	680	680	210
玉溪	Yuxi	320	487	530	242	**新疆**	**Xinjiang**	**7843**	**15022**	**15026**	
保山	Baoshan	175	459	487	246	乌鲁木齐	Urumqi	1846	3311	3368	49
昭通	Zhaotong	207	580	665	215	克拉玛依	Karamay	1108	1094	1157	144

8-50 城市生活垃圾清运量(辖区)

Quantity of Urban Domestic Garbage Collected and Transported (Municipal Districts)

单位：万吨 (10 000 tons)

地名	City	2010	2016	2017	2017 排名 Ranking	地名	City	2010	2016	2017	2017 排名 Ranking
全国	**Nation Total**	**15804.8**	**20362.0**	**21520.9**		沈阳	Shenyang	215.0	263.0	229.0	11
北京	**Beijing**	**633.0**	**872.6**	**924.8**		大连	Dalian	80.0	130.3	140.2	27
天津	**Tianjin**	**183.7**	**269.0**	**306.9**		鞍山	Anshan	52.6	55.0	55.4	62
河北	**Hebei**	**589.3**	**725.2**	**699.6**		抚顺	Fushun	50.0	36.0	37.3	100
石家庄	Shijiazhuang	98.0	96.0	102.2	36	本溪	Benxi	33.9	31.8	27.4	139
唐山	Tangshan	46.1	67.5	73.6	47	丹东	Dandong	23.2	22.2	23.1	166
秦皇岛	Qinhuangdao	48.1	42.5	45.4	82	锦州	Jinzhou	32.0	30.3	23.4	164
邯郸	Handan	40.4	71.6	72.8	48	营口	Yingkou	40.0	38.7	39.2	96
邢台	Xingtai	18.3	30.5	30.5	121	阜新	Fuxin	43.9	18.0	18.0	213
保定	Baoding	33.5	57.6	52.3	65	辽阳	Liaoyang	16.8	25.5	24.8	152
张家口	Zhangjiakou	47.2	55.5	48.9	68	盘锦	Panjin	16.0	43.8	20.6	188
承德	Chengde	20.4	35.3	28.6	131	铁岭	Tieling	15.5	15.1	15.7	229
沧州	Cangzhou	18.4	26.8	22.8	168	朝阳	Chaoyang	32.0	33.0	18.5	205
廊坊	Langfang	14.3	30.7	30.7	119	葫芦岛	Huludao	20.8	17.8	17.0	220
衡水	Hengshui	15.9	25.2	21.5	175	**吉林**	**Jilin**	**499.4**	**534.1**	**495.0**	
山西	**Shanxi**	**361.2**	**469.4**	**479.1**		长春	Changchun	123.5	194.9	172.9	18
太原	Taiyuan	110.0	181.0	184.2	14	吉林	Jilin	36.9	38.3	41.2	92
大同	Datong	36.0	40.2	41.2	94	四平	Siping	23.0	15.7	16.3	225
阳泉	Yangquan	15.9	18.0	17.6	215	辽源	Liaoyuan	24.0	10.5	11.6	264
长治	Changzhi	18.8	23.6	23.6	162	通化	Tonghua	18.3	25.5	18.2	210
晋城	Jincheng	12.8	17.9	18.3	206	白山	Baishan	20.5	20.2	14.7	239
朔州	Shuozhou	16.1	20.3	21.3	179	松原	Songyuan	18.0	21.3	35.9	106
晋中	Jinzhong	11.8	17.6	21.4	177	白城	Baicheng	10.3	19.0	12.8	256
运城	Yuncheng	19.5	17.1	17.3	219	**黑龙江**	**Heilongjiang**	**782.4**	**541.9**	**553.2**	
忻州	Xinzhou	12.1	9.0	10.7	268	哈尔滨	Harbin	119.3	163.0	168.3	20
临汾	Linfen	18.5	14.0	18.1	211	齐齐哈尔	Qiqihar	56.9	45.4	45.2	83
吕梁	Lvliang	8.2	17.7	19.3	197	鸡西	Jixi	27.1	36.9	38.3	99
内蒙古	**Inner Mongolia**	**334.0**	**345.3**	**369.2**		鹤岗	Hegang	70.6	23.2	19.9	192
呼和浩特	Hohhot	59.1	60.4	87.5	42	双鸭山	Shuangyashan	47.5	16.9	21.0	182
包头	Baotou	80.3	56.4	62.3	53	大庆	Daqing	28.0	32.7	34.6	110
乌海	Wuhai	22.0	27.5	21.4	178	伊春	Yichun	86.3	29.7	29.6	128
赤峰	Chifeng	33.7	45.4	47.7	72	佳木斯	Jiamusi	46.7	23.0	24.0	157
通辽	Tongliao	20.1	14.7	19.0	202	七台河	Qitaihe	25.5	15.6	12.6	257
鄂尔多斯	Erdos	26.1	17.7	13.0	254	牡丹江	Mudanjiang	31.7	19.3	20.6	187
呼伦贝尔	Hulunbuir	11.0	13.7	15.5	231	黑河	Heihe	8.5	7.1	9.5	272
巴彦淖尔	Bayannur	14.8	14.6	14.6	240	绥化	Suihua	19.0	18.3	18.3	207
乌兰察布	Ulanqab	10.8	10.1	9.7	271	**上海**	**Shanghai**	**732.0**	**629.4**	**743.1**	
辽宁	**Liaoning**	**837.3**	**933.1**	**864.5**		**江苏**	**Jiangsu**	**1017.1**	**1562.3**	**1734.7**	

8-50 城市生活垃圾清运量(辖区) 续表 1

Quantity of Urban Domestic Garbage Collected and Transported (Municipal Districts) continued 1

单位：万吨 (10 000 tons)

地名	City	2010	2016	2017	2017 排名 Ranking	地名	City	2010	2016	2017	2017 排名 Ranking
南京	Nanjing	184.8	212.7	285.1	7	池州	Chizhou	10.3	14.6	13.4	251
无锡	Wuxi	99.3	142.4	158.4	23	宣城	Xuancheng	15.2	13.5	28.4	133
徐州	Xuzhou	44.4	92.4	103.8	34	**福建**	**Fujian**	**417.3**	**657.0**	**786.4**	
常州	Changzhou	52.0	83.5	81.4	44	福州	Fuzhou	76.0	108.2	158.7	21
苏州	Suzhou	121.4	246.2	272.7	9	厦门	Xiamen	94.5	166.2	189.2	13
南通	Nantong	38.3	72.0	79.9	45	莆田	Putian	27.4	49.0	74.0	46
连云港	Lianyungang	18.3	39.8	45.0	84	三明	Sanming	12.6	10.4	11.7	263
淮安	Huaian	24.6	54.8	59.5	58	泉州	Quanzhou	35.3	44.2	48.2	70
盐城	Yancheng	22.1	45.8	59.9	57	漳州	Zhangzhou	13.7	27.1	47.1	76
扬州	Yangzhou	31.7	66.5	56.3	61	南平	Nanping	7.3	12.6	14.3	245
镇江	Zhenjiang	23.0	40.6	47.4	74	龙岩	Longyan	16.7	24.0	25.5	150
泰州	Taizhou	18.4	30.7	36.6	103	宁德	Ningde	9.2	15.2	13.4	252
宿迁	Suqian	16.1	27.8	28.6	130	**江西**	**Jiangxi**	**284.0**	**399.5**	**451.5**	
浙江	**Zhejiang**	**959.0**	**1433.5**	**1454.6**		南昌	Nanchang	74.4	96.1	110.1	30
杭州	Hangzhou	211.7	342.5	351.1	6	景德镇	Jingdezhen	14.6	14.9	19.2	199
宁波	Ningbo	87.7	150.6	151.8	25	萍乡	Pingxiang	15.3	20.6	25.5	149
温州	Wenzhou	95.1	118.4	143.7	26	九江	Jiujiang	17.6	28.5	28.1	134
嘉兴	Jiaxing	18.4	35.1	41.8	89	新余	Xinyu	13.8	16.5	16.7	223
湖州	Huzhou	28.2	54.4	54.9	64	鹰潭	Yingtan	6.9	10.8	14.4	241
绍兴	Shaoxing	20.4	98.7	87.5	41	赣州	Ganzhou	35.6	51.2	61.4	56
金华	Jinhua	30.1	53.4	49.5	67	吉安	Jian	11.7	16.7	18.3	207
衢州	Quzhou	11.4	25.5	26.4	145	宜春	Yichun	8.9	19.7	20.5	189
舟山	Zhoushan	20.9	32.9	35.0	108	抚州	Fuzhou	17.2	22.4	30.2	125
台州	Taizhou	66.9	77.7	109.6	31	上饶	Shangrao	12.4	29.0	30.3	123
丽水	Lishui	19.3	18.3	18.1	212	**山东**	**Shandong**	**992.0**	**1466.3**	**1591.3**	
安徽	**Anhui**	**435.3**	**540.0**	**612.2**		济南	Jinan	93.1	167.3	178.5	17
合肥	Hefei	66.4	144.3	171.5	19	青岛	Qingdao	138.9	193.3	208.1	12
芜湖	Wuhu	36.0	51.3	55.2	63	淄博	Zibo	54.9	54.8	90.1	40
蚌埠	Bengbu	33.0	33.6	36.8	102	枣庄	Zaozhuang	53.8	49.7	41.8	90
淮南	Huainan	41.3	31.9	40.5	95	东营	Dongying	18.8	27.0	35.8	107
马鞍山	Maanshan	17.9	22.7	22.9	167	烟台	Yantai	50.9	83.7	82.1	43
淮北	Huaibei	11.1	23.1	28.5	132	潍坊	Weifang	29.1	55.4	62.2	54
铜陵	Tongling	10.7	12.7	13.8	248	济宁	Jining	31.7	49.2	56.7	59
安庆	Anqing	30.5	21.0	20.9	184	泰安	Taian	16.8	39.2	42.6	87
黄山	Huangshan	15.4	12.1	12.8	255	威海	Weihai	25.4	40.6	41.4	91
滁州	Chuzhou	16.4	14.7	14.4	242	日照	Rizhao	20.0	41.9	46.4	78
阜阳	Fuyang	27.0	30.9	36.5	104	莱芜	Laiwu	15.9	26.9	28.1	136
宿州	Suzhou	18.0	24.5	19.9	191	临沂	Linyi	52.3	88.1	92.2	39
六安	Liuan	18.1	19.6	19.7	194	德州	Dezhou	19.9	29.8	32.5	113
亳州	Bozhou	10.5	20.0	24.0	158	聊城	Liaocheng	16.1	27.2	30.6	120

8-50 城市生活垃圾清运量(辖区) 续表 2

Quantity of Urban Domestic Garbage Collected and Transported (Municipal Districts) continued 2

单位：万吨 (10 000 tons)

地名	City	2010	2016	2017	2017 排名 Ranking
滨州	Binzhou	14.6	32.6	28.0	137
菏泽	Heze	25.1	67.7	62.4	51
河南	**Henan**	**694.6**	**915.4**	**985.6**	
郑州	Zhengzhou	164.4	223.1	236.8	10
开封	Kaifeng	31.5	30.7	32.6	112
洛阳	Luoyang	39.0	69.2	68.4	49
平顶山	Pingdingshan	29.4	29.6	30.1	126
安阳	Anyang	28.0	42.1	46.0	80
鹤壁	Hebi	13.0	17.9	21.0	182
新乡	Xinxiang	27.0	44.1	47.4	75
焦作	Jiaozuo	30.5	28.4	28.7	129
濮阳	Puyang	16.4	25.6	26.3	146
许昌	Xuchang	16.8	22.0	38.9	97
漯河	Luohe	18.5	23.0	22.3	170
三门峡	Sanmenxia	9.3	16.0	16.2	226
南阳	Nanyang	40.3	49.5	51.4	66
商丘	Shangqiu	35.2	30.1	36.0	105
信阳	Xinyang	12.6	25.4	31.9	116
周口	Zhoukou	13.1	17.0	18.2	209
驻马店	Zhumadian	17.5	19.2	19.5	195
湖北	**Hubei**	**711.1**	**880.1**	**908.0**	
武汉	Wuhan	219.1	356.3	396.4	4
黄石	Huangshi	29.1	33.3	21.3	181
十堰	Shiyan	29.7	38.1	31.7	117
宜昌	Yichang	30.8	32.0	38.6	98
襄阳	Xiangyang	33.2	37.4	47.0	77
鄂州	Ezhou	15.0	17.9	20.1	190
荆门	Jingmen	18.1	14.9	16.9	222
孝感	Xiaogan	9.7	16.4	19.1	201
荆州	Jingzhou	30.0	28.8	27.3	140
黄冈	Huanggang	14.9	18.8	18.8	203
咸宁	Xianning	28.0	16.2	17.4	217
随州	Suizhou	12.0	21.4	15.4	233
湖南	**Hunan**	**505.2**	**681.6**	**764.9**	
长沙	Changsha	106.9	215.3	283.1	8
株洲	Zhuzhou	33.1	37.6	41.2	92
湘潭	Xiangtan	23.9	32.5	32.3	114
衡阳	Hengyang	36.5	44.0	44.0	85
邵阳	Shaoyang	25.6	22.9	28.1	134
岳阳	Yueyang	18.9	34.4	30.0	127
常德	Changde	20.4	37.2	33.6	111
张家界	Zhangjiajie	12.9	7.2	5.6	283
益阳	Yiyang	17.8	18.5	21.9	172
郴州	Chenzhou	20.1	21.8	22.4	169
永州	Yongzhou	19.8	23.0	23.9	159
怀化	Huaihua	18.7	18.6	18.6	204
娄底	Loudi	11.9	18.5	17.3	218
广东	**Guangdong**	**1938.6**	**2391.0**	**2644.5**	
广州	Guangzhou	356.6	504.4	526.1	2
韶关	Shaoguan	22.3	23.7	26.6	144
深圳	Shenzhen	479.3	572.3	618.8	1
珠海	Zhuhai	62.5	87.6	93.1	38
汕头	Shantou	67.6	91.9	108.2	32
佛山	Foshan	73.5	100.3	103.8	35
江门	Jiangmen	43.1	51.5	56.6	60
湛江	Zhanjiang	27.0	39.5	47.8	71
茂名	Maoming	19.1	24.9	24.2	156
肇庆	Zhaoqing	14.2	29.4	35.0	109
惠州	Huizhou	47.9	124.9	158.5	22
梅州	Meizhou	13.9	22.0	24.8	153
汕尾	Shanwei	9.1	10.5	11.5	266
河源	Heyuan	12.7	21.7	27.0	141
阳江	Yangjiang	12.2	28.3	31.0	118
清远	Qingyuan	15.9	46.1	23.7	161
东莞	Dongguan	357.3	303.4	392.6	5
中山	Zhongshan	28.1	26.4	26.9	142
潮州	Chaozhou	15.3	62.0	63.4	50
揭阳	Jieyang	33.0	35.7	36.9	101
云浮	Yunfu	5.5	9.2	11.9	262
广西	**Guangxi**	**245.1**	**411.2**	**438.3**	
南宁	Nanning	57.9	107.3	127.4	28
柳州	Liuzhou	33.3	54.0	61.8	55
桂林	Guilin	24.6	40.9	45.8	81
梧州	Wuzhou	8.0	20.9	20.8	185
北海	Beihai	14.9	30.4	26.9	143
防城港	Fangchenggang	7.0	8.8	9.1	276
钦州	Qinzhou	12.8	14.9	15.0	237
贵港	Guigang	11.6	25.5	19.1	200
玉林	Yulin	16.5	28.9	25.4	151
百色	Baise	8.0	7.1	9.1	275

8-50 城市生活垃圾清运量(辖区) 续表 3

Quantity of Urban Domestic Garbage Collected and Transported (Municipal Districts) continued 3

单位：万吨 （10 000 tons）

地名	City	2010	2016	2017	2017 排名 Ranking	地名	City	2010	2016	2017	2017 排名 Ranking
贺州	Hezhou	6.2	12.3	15.0	238	丽江	Lijiang	6.0	13.9	12.6	258
河池	Hechi	5.8	4.9	9.4	273	普洱	Puer	5.8	8.4	8.6	277
来宾	Laibin	4.6	11.6	13.1	253	临沧	Lincang	4.6	6.6	6.7	279
崇左	Chongzuo	4.6	5.2	3.7	285	**西藏**	**Tibet**	**16.3**	**46.1**	**46.5**	
海南	**Hainan**	**97.7**	**188.7**	**213.1**		拉萨	Lasa	14.2	30.7	30.4	122
海口	Haikou	42.0	94.5	106.7	33	**陕西**	**Shaanxi**	**388.3**	**532.8**	**379.2**	
三亚	Sanya	19.7	56.9	62.4	52	西安	Xi'an	209.3	346.8	183.4	16
三沙	Sansha		0.1	0.1	286	铜川	Tongchuan	17.1	14.0	14.4	242
重庆	**Chongqing**	**256.7**	**494.1**	**529.7**		宝鸡	Baoji	23.6	25.0	21.4	176
四川	**Sichuan**	**656.0**	**886.7**	**989.9**		咸阳	Xianyang	23.2	31.3	27.9	138
成都	Chengdu	262.1	351.0	443.0	3	渭南	Weinan	15.5	17.6	17.5	216
自贡	Zigong	23.6	34.3	24.3	154	延安	Yan'an	10.2	15.3	17.8	214
攀枝花	Panzhihua	21.8	17.5	15.8	228	汉中	Hanzhong	10.2	13.1	16.0	227
泸州	Luzhou	26.8	25.8	23.5	163	榆林	Yulin	19.9	21.6	24.3	155
德阳	Deyang	10.0	15.6	20.8	186	安康	Ankang	34.0	15.5	15.2	235
绵阳	Mianyang	24.5	40.9	42.4	88	商洛	Shangluo	5.8	7.0	7.1	278
广元	Guangyuan	13.5	17.7	19.3	198	**甘肃**	**Gansu**	**278.3**	**257.2**	**254.6**	
遂宁	Suining	15.7	26.4	19.4	196	兰州	Lanzhou	124.1	96.1	97.8	37
内江	Neijiang	15.0	19.5	21.3	180	嘉峪关	Jiayuguan	8.1	6.7	6.7	280
乐山	Leshan	17.2	22.0	25.7	148	金昌	Jinchang	12.8	9.2	5.8	282
南充	Nanchong	28.1	40.3	43.7	86	白银	Baiyin	16.5	16.0	15.4	234
眉山	Meishan	11.2	25.3	26.1	147	天水	Tianshui	32.1	22.1	22.1	171
宜宾	Yibin	16.2	28.3	30.2	124	武威	Wuwei	14.5	18.0	21.9	173
广安	Guangan	7.2	14.6	12.1	260	张掖	Zhangye	7.0	10.7	9.2	274
达州	Dazhou	13.1	23.2	32.1	115	平凉	Pingliang	10.7	13.9	10.1	270
雅安	Yaan	11.0	17.2	11.6	265	酒泉	Jiuquan	10.5	12.3	12.1	261
巴中	Bazhong	11.3	16.4	16.4	224	庆阳	Qingyang	9.9	12.5	12.5	259
资阳	Ziyang	12.4	19.1	14.0	247	定西	Dingxi	7.0	6.5	6.5	281
贵州	**Guizhou**	**213.3**	**294.0**	**323.5**		陇南	Longnan	5.8	5.0	5.5	284
贵阳	Guiyang	75.8	118.7	121.4	29	**青海**	**Qinghai**	**86.3**	**82.0**	**77.7**	
六盘水	Liupanshui	15.1	18.9	23.3	165	西宁	Xining	74.2	56.2	46.3	79
遵义	Zunyi	29.9	44.7	47.6	73	海东	Haidong		8.0	10.4	269
安顺	Anshun	17.1	16.2	21.8	174	**宁夏**	**Ningxia**	**91.9**	**112.2**	**119.0**	
毕节	Bijie	10.1	16.6	19.8	193	银川	Yinchuan	26.3	46.8	48.3	69
铜仁	Tongren	15.0	13.9	17.0	220	石嘴山	Shizuishan	17.1	15.8	15.6	230
云南	**Yunnan**	**265.5**	**432.1**	**409.1**		吴忠	Wuzhong	13.8	15.3	14.3	244
昆明	Kunming	102.6	200.9	183.4	15	固原	Guyuan	9.8	12.0	13.8	248
曲靖	Qujing	17.8	23.6	23.8	160	中卫	Zhongwei	9.0	10.2	11.0	267
玉溪	Yuxi	12.5	14.1	15.5	231	**新疆**	**Xinjiang**	**303.3**	**378.7**	**371.4**	
保山	Baoshan	15.8	12.3	14.0	246	乌鲁木齐	Urumqi	104.4	145.1	154.4	24
昭通	Zhaotong	14.1	14.8	15.1	236	克拉玛依	Karamay	14.2	14.6	13.8	250

8-51 城市生活垃圾处理量(辖区)
Volume of Urban Domestic Garbage Treated (Municipal Districts)

单位：万吨 （10 000 tons）

地名	City	2010	2016	2017	2017 排名 Ranking
全国	**Nation Total**	**14338.0**	**20046.0**	**21305.2**	
北京	**Beijing**	**613.7**	**871.2**	**923.7**	
天津	**Tianjin**	**183.7**	**253.3**	**294.0**	
河北	**Hebei**	**571.3**	**710.8**	**698.0**	
石家庄	Shijiazhuang	98.0	96.0	102.2	35
唐山	Tangshan	46.1	67.5	73.6	46
秦皇岛	Qinhuangdao	48.1	42.5	45.4	80
邯郸	Handan	40.4	71.6	72.8	48
邢台	Xingtai	18.3	30.5	30.5	120
保定	Baoding	33.5	55.5	52.3	64
张家口	Zhangjiakou	37.8	53.0	47.7	70
承德	Chengde	20.2	35.2	28.6	130
沧州	Cangzhou	14.6	26.8	22.8	165
廊坊	Langfang	13.7	30.7	30.7	118
衡水	Hengshui	15.9	15.9	21.5	172
山西	**Shanxi**	**265.8**	**467.7**	**478.1**	
太原	Taiyuan	110.0	181.0	184.2	14
大同	Datong	29.9	40.1	41.2	93
阳泉	Yangquan	15.9	18.0	17.6	213
长治	Changzhi	18.8	23.6	23.6	157
晋城	Jincheng	12.0	17.9	18.3	203
朔州	Shuozhou	12.2	20.3	21.3	175
晋中	Jinzhong	3.7	17.6	21.4	174
运城	Yuncheng	17.6	17.1	17.3	217
忻州	Xinzhou		9.0	10.7	267
临汾	Linfen	9.6	14.0	18.1	208
吕梁	Lvliang	8.2	17.7	19.3	193
内蒙古	**Inner Mongolia**	**310.5**	**341.4**	**367.0**	
呼和浩特	Hohhot	57.8	60.4	87.5	42
包头	Baotou	77.9	55.3	61.0	55
乌海	Wuhai	18.2	27.1	21.2	178
赤峰	Chifeng	33.7	45.4	47.7	70
通辽	Tongliao	20.1	14.7	19.0	198
鄂尔多斯	Erdos	25.7	17.3	13.0	252
呼伦贝尔	Hulunbuir	9.0	13.7	15.5	229
巴彦淖尔	Bayannur	14.3	14.6	14.6	239
乌兰察布	Ulanqab	10.8	9.8	9.4	272
辽宁	**Liaoning**	**752.3**	**886.3**	**856.3**	
沈阳	Shenyang	215.0	263.0	229.0	11
大连	Dalian	80.0	130.3	133.9	27
鞍山	Anshan	52.6	55.0	55.4	61
抚顺	Fushun	50.0	36.0	37.3	98
本溪	Benxi	33.9	27.4	27.4	138
丹东	Dandong	23.2	22.2	23.1	161
锦州	Jinzhou	27.7	30.3	23.4	160
营口	Yingkou	37.4	27.6	39.2	95
阜新	Fuxin	39.9	18.0	18.0	211
辽阳	Liaoyang	16.8	25.5	24.8	150
盘锦	Panjin	16.0	31.4	20.6	185
铁岭	Tieling	13.2	15.1	15.7	228
朝阳	Chaoyang	9.0	33.0	18.5	202
葫芦岛	Huludao	14.6	17.8	17.0	218
吉林	**Jilin**	**457.4**	**506.3**	**473.3**	
长春	Changchun	123.3	175.9	165.8	19
吉林	Jilin	36.9	38.3	41.2	91
四平	Siping	23.0	14.3	16.3	222
辽源	Liaoyuan	21.0	10.5	11.6	263
通化	Tonghua	18.3	24.3	18.2	207
白山	Baishan	20.5	20.0	12.9	254
松原	Songyuan	14.6	20.6	35.9	104
白城	Baicheng	10.3	18.3	12.8	256
黑龙江	**Heilongjiang**	**315.7**	**483.5**	**488.6**	
哈尔滨	Harbin	98.9	149.6	153.7	23
齐齐哈尔	Qiqihar	29.0	31.0	31.0	116
鸡西	Jixi	19.8	32.3	33.2	110
鹤岗	Hegang		23.2	15.4	231
双鸭山	Shuangyashan	18.0	14.6	20.0	188
大庆	Daqing	23.2	32.7	34.6	108
伊春	Yichun		17.0	16.2	224
佳木斯	Jiamusi	35.2	23.0	23.0	162
七台河	Qitaihe	25.5	15.3	12.6	257
牡丹江	Mudanjiang	31.7	19.3	20.6	184
黑河	Heihe	6.5	7.1	9.5	271
绥化	Suihua		18.3	18.3	204
上海	**Shanghai**	**599.2**	**629.4**	**743.1**	
江苏	**Jiangsu**	**1016.8**	**1562.3**	**1734.7**	

8-51 城市生活垃圾处理量(辖区) 续表 1
Volume of Urban Domestic Garbage Treated (Municipal Districts) continued 1

单位：万吨 (10 000 tons)

地名	City	2010	2016	2017	2017 排名 Ranking	地名	City	2010	2016	2017	2017 排名 Ranking
南京	Nanjing	184.8	212.7	285.1	7	池州	Chizhou	9.1	14.6	13.4	249
无锡	Wuxi	99.3	142.4	158.4	22	宣城	Xuancheng	15.2	13.5	28.4	132
徐州	Xuzhou	44.4	92.4	103.8	33	**福建**	**Fujian**	**416.5**	**646.7**	**781.5**	
常州	Changzhou	52.0	83.5	81.4	44	福州	Fuzhou	76.0	107.2	158.7	20
苏州	Suzhou	121.4	246.2	272.7	9	厦门	Xiamen	94.5	162.5	189.2	13
南通	Nantong	38.3	72.0	79.9	45	莆田	Putian	27.4	48.5	72.9	47
连云港	Lianyungang	18.3	39.8	45.0	82	三明	Sanming	12.1	10.3	11.5	264
淮安	Huaian	24.6	54.8	59.5	57	泉州	Quanzhou	35.3	43.6	47.5	72
盐城	Yancheng	22.1	45.8	59.9	56	漳州	Zhangzhou	13.6	27.0	47.0	75
扬州	Yangzhou	31.7	66.5	56.3	60	南平	Nanping	7.3	12.0	13.5	247
镇江	Zhenjiang	23.0	40.6	47.4	73	龙岩	Longyan	16.7	23.9	25.4	148
泰州	Taizhou	18.4	30.7	36.6	100	宁德	Ningde	9.2	14.7	13.0	253
宿迁	Suqian	16.1	27.8	28.6	129	**江西**	**Jiangxi**	**284.0**	**399.5**	**451.5**	
浙江	**Zhejiang**	**958.4**	**1433.5**	**1454.6**		南昌	Nanchang	74.4	96.1	110.1	30
杭州	Hangzhou	211.7	342.5	351.1	6	景德镇	Jingdezhen	14.6	14.9	19.2	194
宁波	Ningbo	87.7	150.6	151.8	24	萍乡	Pingxiang	15.3	20.6	25.5	147
温州	Wenzhou	95.1	118.4	143.7	26	九江	Jiujiang	17.6	28.5	28.1	133
嘉兴	Jiaxing	18.4	35.1	41.8	88	新余	Xinyu	13.8	16.5	16.7	220
湖州	Huzhou	28.2	54.4	54.9	63	鹰潭	Yingtan	6.9	10.8	14.4	240
绍兴	Shaoxing	20.4	98.7	87.5	41	赣州	Ganzhou	35.6	51.2	61.4	54
金华	Jinhua	30.1	53.4	49.5	66	吉安	Jian	11.7	16.7	18.3	204
衢州	Quzhou	11.4	25.5	26.4	143	宜春	Yichun	8.9	19.7	20.5	186
舟山	Zhoushan	20.9	32.9	35.0	106	抚州	Fuzhou	17.8	22.4	30.2	123
台州	Taizhou	66.9	77.7	109.6	31	上饶	Shangrao	12.4	29.0	30.3	121
丽水	Lishui	19.3	18.3	18.1	210	**山东**	**Shandong**	**955.3**	**1466.3**	**1591.3**	
安徽	**Anhui**	**416.1**	**539.6**	**611.9**		济南	Jinan	84.5	167.3	178.5	17
合肥	Hefei	66.4	144.3	171.5	18	青岛	Qingdao	138.9	193.3	208.1	12
芜湖	Wuhu	36.0	51.3	55.2	62	淄博	Zibo	54.9	54.8	90.1	40
蚌埠	Bengbu	33.0	33.6	36.8	99	枣庄	Zaozhuang	46.8	49.7	41.8	89
淮南	Huainan	41.3	31.9	40.5	94	东营	Dongying	18.8	27.0	35.8	105
马鞍山	Maanshan	17.9	22.7	22.9	164	烟台	Yantai	50.9	83.7	82.1	43
淮北	Huaibei	9.8	23.1	28.5	131	潍坊	Weifang	29.0	55.4	62.2	52
铜陵	Tongling	10.1	12.7	13.4	248	济宁	Jining	28.3	49.2	56.7	58
安庆	Anqing	27.4	21.0	20.9	180	泰安	Taian	16.8	39.2	42.6	86
黄山	Huangshan	13.9	12.1	12.8	255	威海	Weihai	25.4	40.6	41.4	90
滁州	Chuzhou	16.4	14.7	14.4	241	日照	Rizhao	20.0	41.9	46.4	77
阜阳	Fuyang	27.0	30.9	36.5	101	莱芜	Laiwu	15.9	26.9	28.1	134
宿州	Suzhou	18.0	24.5	19.9	189	临沂	Linyi	52.3	88.1	92.2	39
六安	Liuan	17.1	19.6	19.7	190	德州	Dezhou	19.5	29.8	32.5	112
亳州	Bozhou	10.5	20.0	24.0	153	聊城	Liaocheng	16.1	27.2	30.6	119

8-51 城市生活垃圾处理量(辖区） 续表 2

Volume of Urban Domestic Garbage Treated (Municipal Districts) continued 2

单位：万吨 （10 000 tons）

地名	City	2010	2016	2017	2017 排名 Ranking
滨州	Binzhou	14.6	32.6	28.0	135
菏泽	Heze	23.6	67.7	62.4	50
河南	**Henan**	**616.5**	**903.9**	**982.1**	
郑州	Zhengzhou	147.3	223.1	236.8	10
开封	Kaifeng	31.5	30.7	32.6	111
洛阳	Luoyang	38.3	66.1	68.4	49
平顶山	Pingdingshan	25.0	29.6	30.1	124
安阳	Anyang	26.5	42.1	46.0	78
鹤壁	Hebi	11.8	17.9	21.0	179
新乡	Xinxiang	27.0	44.1	47.4	74
焦作	Jiaozuo	26.1	27.7	28.7	128
濮阳	Puyang	14.8	25.6	26.3	144
许昌	Xuchang	16.2	22.0	38.9	96
漯河	Luohe	18.5	23.0	22.3	167
三门峡	Sanmenxia	9.0	15.4	16.0	225
南阳	Nanyang	29.9	47.8	49.6	65
商丘	Shangqiu	23.5	30.1	36.0	102
信阳	Xinyang	11.7	25.4	31.9	114
周口	Zhoukou		16.9	18.1	208
驻马店	Zhumadian	16.1	18.3	19.5	191
湖北	**Hubei**	**677.1**	**854.6**	**907.0**	
武汉	Wuhan	219.1	356.3	396.4	4
黄石	Huangshi	29.1	33.3	21.3	177
十堰	Shiyan	27.7	38.1	31.7	115
宜昌	Yichang	27.7	32.0	38.6	97
襄阳	Xiangyang	26.8	37.4	47.0	75
鄂州	Ezhou	15.0	17.9	20.1	187
荆门	Jingmen	18.1	14.9	16.9	219
孝感	Xiaogan	9.1	16.4	19.1	197
荆州	Jingzhou	30.0	28.8	27.3	139
黄冈	Huanggang	13.9	18.6	18.6	200
咸宁	Xianning	24.0	8.3	17.4	215
随州	Suizhou	12.0	20.5	15.4	232
湖南	**Hunan**	**464.1**	**680.8**	**763.0**	
长沙	Changsha	106.9	215.3	283.1	8
株洲	Zhuzhou	33.1	37.6	41.2	91
湘潭	Xiangtan	23.9	32.5	32.3	113
衡阳	Hengyang	36.5	44.0	44.0	84
邵阳	Shaoyang	25.6	22.5	27.6	136
岳阳	Yueyang	18.9	34.4	30.0	125
常德	Changde	20.4	37.2	33.6	109
张家界	Zhangjiajie	12.0	7.2	5.6	283
益阳	Yiyang	17.8	18.5	21.9	170
郴州	Chenzhou	20.1	21.8	22.4	166
永州	Yongzhou	15.5	23.0	23.8	154
怀化	Huaihua	18.7	18.6	18.6	201
娄底	Loudi	11.9	18.5	17.3	216
广东	**Guangdong**	**1764.2**	**2363.7**	**2609.6**	
广州	Guangzhou	327.9	504.4	526.1	2
韶关	Shaoguan	22.3	23.7	21.5	171
深圳	Shenzhen	453.4	572.3	618.8	1
珠海	Zhuhai	57.8	87.6	93.1	38
汕头	Shantou	43.6	82.6	99.4	36
佛山	Foshan	73.5	100.3	103.8	34
江门	Jiangmen	43.1	51.5	56.6	59
湛江	Zhanjiang	26.3	39.5	47.8	69
茂名	Maoming	8.0	24.9	24.2	152
肇庆	Zhaoqing	13.9	29.4	35.0	107
惠州	Huizhou	47.9	124.9	158.5	21
梅州	Meizhou	13.9	22.0	24.8	151
汕尾	Shanwei	9.1	9.9	11.1	266
河源	Heyuan	12.3	21.7	27.0	140
阳江	Yangjiang	12.2	28.3	31.0	117
清远	Qingyuan	15.9	37.1	23.7	156
东莞	Dongguan	350.8	303.4	392.6	5
中山	Zhongshan	28.1	26.4	26.9	141
潮州	Chaozhou	15.3	62.0	49.0	67
揭阳	Jieyang	29.7	34.4	36.0	103
云浮	Yunfu	5.5	9.2	11.9	262
广西	**Guangxi**	**227.9**	**406.9**	**438.0**	
南宁	Nanning	57.9	106.3	127.4	28
柳州	Liuzhou	33.3	54.0	61.8	53
桂林	Guilin	24.6	40.9	45.8	79
梧州	Wuzhou	8.0	20.9	20.8	181
北海	Beihai	14.9	30.4	26.9	142
防城港	Fangchenggang	2.9	8.8	9.1	276
钦州	Qinzhou	12.8	14.9	15.0	237
贵港	Guigang	11.3	25.5	19.1	196
玉林	Yulin	16.5	28.9	25.4	149
百色	Baise	8.0	7.1	9.1	275

8-51 城市生活垃圾处理量(辖区) 续表 3

Volume of Urban Domestic Garbage Treated (Municipal Districts) continued 3

单位：万吨 (10 000 tons)

地名	City	2010	2016	2017	2017 排名 Ranking	地名	City	2010	2016	2017	2017 排名 Ranking
贺州	Hezhou	6.2	12.3	15.0	238	丽江	Lijiang	6.0	12.9	12.6	258
河池	Hechi	5.8	4.9	9.4	272	普洱	Puer	5.5	8.2	8.6	277
来宾	Laibin	4.6	11.6	13.1	251	临沧	Lincang	4.6	5.3	6.6	280
崇左	Chongzuo	0.7	3.3	3.7	285	**西藏**	**Tibet**	**14.2**	**42.0**	**44.4**	
海南	**Hainan**	**77.7**	**188.7**	**213.0**		拉萨	Lasa	14.2	28.2	29.2	126
海口	Haikou	42.0	94.5	106.7	32	**陕西**	**Shaanxi**	**334.0**	**525.0**	**375.3**	
三亚	Sanya	19.7	56.9	62.4	51	西安	Xi'an	204.1	345.8	183.3	16
三沙	Sansha		0.1	0.1	286	铜川	Tongchuan	14.5	12.7	13.3	250
重庆	**Chongqing**	**254.4**	**494.1**	**529.7**		宝鸡	Baoji	23.6	24.9	21.4	173
四川	**Sichuan**	**619.8**	**883.9**	**982.4**		咸阳	Xianyang	12.4	30.3	27.4	137
成都	Chengdu	262.1	351.0	443.0	3	渭南	Weinan	14.2	16.8	17.5	214
自贡	Zigong	20.2	34.3	23.5	159	延安	Yan'an	8.4	14.7	17.8	212
攀枝花	Panzhihua	20.7	17.5	15.8	227	汉中	Hanzhong	10.2	12.9	16.0	226
泸州	Luzhou	26.8	25.8	23.5	158	榆林	Yulin	16.9	20.1	22.9	163
德阳	Deyang	10.0	15.3	20.8	182	安康	Ankang	18.0	15.4	15.2	235
绵阳	Mianyang	24.5	40.9	42.4	87	商洛	Shangluo	5.8	6.7	6.8	278
广元	Guangyuan	10.3	17.2	19.2	195	**甘肃**	**Gansu**	**272.3**	**255.7**	**250.5**	
遂宁	Suining	14.0	26.4	19.4	192	兰州	Lanzhou	124.1	96.1	97.7	37
内江	Neijiang	11.0	19.5	21.3	176	嘉峪关	Jiayuguan	8.1	6.7	6.7	279
乐山	Leshan	16.6	21.9	25.7	145	金昌	Jinchang	12.8	9.2	5.8	282
南充	Nanchong	23.4	40.3	43.7	85	白银	Baiyin	14.7	15.3	15.4	234
眉山	Meishan	10.6	25.3	25.7	146	天水	Tianshui	32.1	22.1	22.1	169
宜宾	Yibin	15.0	28.3	30.2	122	武威	Wuwei	14.4	17.9	18.3	204
广安	Guangan	7.0	14.6	12.1	260	张掖	Zhangye	6.3	10.7	9.2	274
达州	Dazhou	10.3	22.2	29.1	127	平凉	Pingliang	10.5	13.9	10.1	269
雅安	Yaan	9.5	16.9	11.5	265	酒泉	Jiuquan	10.0	12.3	12.1	261
巴中	Bazhong	11.0	16.1	16.4	221	庆阳	Qingyang	9.3	12.1	12.2	259
资阳	Ziyang	11.8	19.1	14.0	244	定西	Dingxi	5.6	6.5	6.5	281
贵州	**Guizhou**	**203.6**	**278.3**	**308.1**		陇南	Longnan	5.8	5.0	5.5	284
贵阳	Guiyang	71.0	114.0	118.4	29	**青海**	**Qinghai**	**71.1**	**78.9**	**74.4**	
六盘水	Liupanshui	15.1	17.9	22.2	168	西宁	Xining	61.9	53.6	44.2	83
遵义	Zunyi	28.2	42.5	45.3	81	海东	Haidong		7.9	9.8	270
安顺	Anshun	16.5	15.4	20.7	183	**宁夏**	**Ningxia**	**85.0**	**110.2**	**117.9**	
毕节	Bijie	9.6	15.7	18.7	199	银川	Yinchuan	26.3	45.4	48.3	68
铜仁	Tongren	14.0	12.8	16.2	223	石嘴山	Shizuishan	14.5	15.5	15.4	233
云南	**Yunnan**	**253.0**	**416.5**	**408.7**		吴忠	Wuzhong	13.8	15.3	14.3	242
昆明	Kunming	99.3	194.9	183.4	15	固原	Guyuan	9.0	12.0	13.5	246
曲靖	Qujing	17.8	23.6	23.8	155	中卫	Zhongwei	8.1	10.2	10.6	268
玉溪	Yuxi	11.2	14.1	15.5	229	**新疆**	**Xinjiang**	**286.5**	**365.3**	**353.8**	
保山	Baoshan	15.0	11.0	14.0	243	乌鲁木齐	Urumqi	101.5	139.8	144.8	25
昭通	Zhaotong	14.1	14.8	15.1	236	克拉玛依	Karamay	14.2	14.5	13.6	245

8-52 城市生活垃圾处理率（辖区）

Urban Domestic Garbage Treatment Rate (Municipal Districts)

单位：%　　　　　　　　　　　　　　　　　　　　　　　　　　　　　　　　　　(%)

地名	City	2010	2016	2017	2017 排名 Ranking
全国	**Nation Total**	**90.72**	**98.45**	**99.00**	
北京	**Beijing**	**96.95**	**99.84**	**99.88**	
天津	**Tianjin**	**100.00**	**94.16**	**95.80**	
河北	**Hebei**	**96.95**	**98.02**	**99.78**	
石家庄	Shijiazhuang	100.00	100.00	100.00	1
唐山	Tangshan	100.00	100.00	100.00	1
秦皇岛	Qinhuangdao	100.00	100.00	100.00	1
邯郸	Handan	100.00	100.00	100.00	1
邢台	Xingtai	100.00	100.00	100.00	1
保定	Baoding	100.00	96.48	100.00	1
张家口	Zhangjiakou	80.13	95.54	97.54	249
承德	Chengde	99.02	99.52	99.93	220
沧州	Cangzhou	79.30	100.00	100.00	1
廊坊	Langfang	95.79	100.00	100.00	1
衡水	Hengshui	100.00	63.38	100.00	1
山西	**Shanxi**	**73.58**	**99.63**	**99.79**	
太原	Taiyuan	100.00	100.00	100.00	1
大同	Datong	83.08	99.75	100.00	1
阳泉	Yangquan	100.00	100.00	100.00	1
长治	Changzhi	100.00	100.00	100.00	1
晋城	Jincheng	93.97	100.00	100.00	1
朔州	Shuozhou	75.47	100.00	100.00	1
晋中	Jinzhong	31.01	100.00	100.00	1
运城	Yuncheng	90.00	100.00	99.67	229
忻州	Xinzhou		100.00	100.00	1
临汾	Linfen	52.00	100.00	100.00	1
吕梁	Lvliang	100.00	100.00	100.00	1
内蒙古	**Inner Mongolia**	**92.98**	**98.87**	**99.41**	
呼和浩特	Hohhot	97.88	100.00	100.00	1
包头	Baotou	97.00	98.15	98.01	245
乌海	Wuhai	82.68	98.60	99.00	236
赤峰	Chifeng	100.00	100.00	100.00	1
通辽	Tongliao	100.00	100.00	100.00	1
鄂尔多斯	Erdos	98.58	97.70	100.00	1
呼伦贝尔	Hulunbuir	81.82	100.00	100.00	1
巴彦淖尔	Bayannur	96.28	100.00	100.00	1
乌兰察布	Ulanqab	100.00	96.63	97.00	254
辽宁	**Liaoning**	**89.85**	**94.99**	**99.05**	

地名	City	2010	2016	2017	2017 排名 Ranking
沈阳	Shenyang	100.00	100.00	100.00	1
大连	Dalian	100.00	100.00	95.56	263
鞍山	Anshan	100.00	100.00	100.00	1
抚顺	Fushun	100.00	100.00	100.00	1
本溪	Benxi	100.00	86.21	100.00	1
丹东	Dandong	100.00	100.00	100.00	1
锦州	Jinzhou	86.69	100.00	100.00	1
营口	Yingkou	93.50	71.39	100.00	1
阜新	Fuxin	90.89	100.00	100.00	1
辽阳	Liaoyang	100.00	100.00	100.00	1
盘锦	Panjin	100.00	71.70	100.00	1
铁岭	Tieling	85.16	100.00	100.00	1
朝阳	Chaoyang	28.13	100.00	100.00	1
葫芦岛	Huludao	70.16	100.00	100.00	1
吉林	**Jilin**	**91.57**	**94.79**	**95.61**	
长春	Changchun	99.84	90.27	95.89	261
吉林	Jilin	100.00	100.00	100.00	1
四平	Siping	100.00	91.10	100.00	1
辽源	Liaoyuan	87.50	100.00	100.00	1
通化	Tonghua	99.78	95.48	100.00	1
白山	Baishan	100.00	99.09	87.87	279
松原	Songyuan	81.11	96.70	100.00	1
白城	Baicheng	100.00	96.05	100.00	1
黑龙江	**Heilongjiang**	**40.36**	**89.21**	**88.32**	
哈尔滨	Harbin	82.91	91.80	91.35	277
齐齐哈尔	Qiqihar	50.96	68.32	68.63	285
鸡西	Jixi	73.06	87.39	86.64	280
鹤岗	Hegang		100.00	77.49	283
双鸭山	Shuangyashan	37.89	86.25	95.00	269
大庆	Daqing	82.86	100.00	100.00	1
伊春	Yichun		57.38	54.76	286
佳木斯	Jiamusi	75.37	100.00	95.83	262
七台河	Qitaihe	100.00	98.21	100.00	1
牡丹江	Mudanjiang	100.00	100.00	100.00	1
黑河	Heihe	76.47	100.00	100.00	1
绥化	Suihua		100.00	100.00	1
上海	**Shanghai**	**81.86**	**100.00**	**100.00**	
江苏	**Jiangsu**	**99.97**	**100.00**	**100.00**	

8-52 城市生活垃圾处理率(辖区) 续表 1

Urban Domestic Garbage Treatment Rate (Municipal Districts) continued 1

单位：% (%)

地名	City	2010	2016	2017	2017 排名 Ranking	地名	City	2010	2016	2017	2017 排名 Ranking
南京	Nanjing	100.00	100.00	100.00	1	池州	Chizhou	88.07	100.00	100.00	1
无锡	Wuxi	100.00	100.00	100.00	1	宣城	Xuancheng	100.00	100.00	100.00	1
徐州	Xuzhou	100.00	100.00	100.00	1	**福建**	**Fujian**	**99.81**	**98.44**	**99.38**	
常州	Changzhou	100.00	100.00	100.00	1	福州	Fuzhou	100.00	99.00	99.99	215
苏州	Suzhou	100.00	100.00	100.00	1	厦门	Xiamen	100.00	97.75	100.00	1
南通	Nantong	100.00	100.00	100.00	1	莆田	Putian	100.00	99.15	98.57	240
连云港	Lianyungang	100.00	100.00	100.00	1	三明	Sanming	96.19	98.60	99.04	235
淮安	Huaian	100.00	100.00	100.00	1	泉州	Quanzhou	100.00	98.68	98.69	238
盐城	Yancheng	100.00	100.00	100.00	1	漳州	Zhangzhou	99.34	99.70	99.70	228
扬州	Yangzhou	100.00	100.00	100.00	1	南平	Nanping	100.00	95.28	94.13	273
镇江	Zhenjiang	100.00	100.00	100.00	1	龙岩	Longyan	99.64	99.67	99.75	227
泰州	Taizhou	100.00	100.00	100.00	1	宁德	Ningde	100.00	96.49	97.00	254
宿迁	Suqian	100.00	100.00	100.00	1	**江西**	**Jiangxi**	**100.00**	**100.00**	**100.00**	
浙江	**Zhejiang**	**99.94**	**100.00**	**100.00**		南昌	Nanchang	100.00	99.99	100.00	1
杭州	Hangzhou	100.00	100.00	100.00	1	景德镇	Jingdezhen	100.00	100.00	100.00	1
宁波	Ningbo	100.00	100.00	100.00	1	萍乡	Pingxiang	100.00	100.00	100.00	1
温州	Wenzhou	100.00	100.00	100.00	1	九江	Jiujiang	100.00	100.00	100.00	1
嘉兴	Jiaxing	100.00	100.00	100.00	1	新余	Xinyu	100.00	100.00	100.00	1
湖州	Huzhou	100.00	100.00	100.00	1	鹰潭	Yingtan	100.00	100.00	100.00	1
绍兴	Shaoxing	100.00	100.00	100.00	1	赣州	Ganzhou	100.00	100.00	100.00	1
金华	Jinhua	100.00	100.00	100.00	1	吉安	Jian	100.00	100.00	100.00	1
衢州	Quzhou	100.00	100.00	100.00	1	宜春	Yichun	100.00	100.00	100.00	1
舟山	Zhoushan	100.00	100.00	100.00	1	抚州	Fuzhou	100.00	100.00	100.00	1
台州	Taizhou	100.00	100.00	100.00	1	上饶	Shangrao	100.00	100.00	100.00	1
丽水	Lishui	100.00	100.00	100.00	1	**山东**	**Shandong**	**96.30**	**100.00**	**100.00**	
安徽	**Anhui**	**95.59**	**99.94**	**99.94**		济南	Jinan	90.78	100.00	100.00	1
合肥	Hefei	99.97	100.00	100.00	1	青岛	Qingdao	100.00	100.00	100.00	1
芜湖	Wuhu	100.00	100.00	100.00	1	淄博	Zibo	100.00	100.00	100.00	1
蚌埠	Bengbu	100.00	100.00	100.00	1	枣庄	Zaozhuang	87.04	100.00	100.00	1
淮南	Huainan	100.00	100.00	100.00	1	东营	Dongying	100.00	100.00	100.00	1
马鞍山	Maanshan	100.00	100.00	100.00	1	烟台	Yantai	100.00	100.00	100.00	1
淮北	Huaibei	88.69	100.00	100.00	1	潍坊	Weifang	99.79	100.00	100.00	1
铜陵	Tongling	94.30	100.00	97.38	251	济宁	Jining	89.24	100.00	100.00	1
安庆	Anqing	89.58	100.00	100.00	1	泰安	Taian	100.00	100.00	100.00	1
黄山	Huangshan	90.31	100.00	100.00	1	威海	Weihai	100.00	100.00	100.00	1
滁州	Chuzhou	100.00	100.00	100.00	1	日照	Rizhao	100.00	100.00	100.00	1
阜阳	Fuyang	100.00	100.00	100.00	1	莱芜	Laiwu	100.00	100.00	100.00	1
宿州	Suzhou	99.78	100.00	99.96	217	临沂	Linyi	100.00	100.00	100.00	1
六安	Liuan	94.42	100.00	100.00	1	德州	Dezhou	98.24	100.00	100.00	1
亳州	Bozhou	100.00	100.00	100.00	1	聊城	Liaocheng	100.00	100.00	100.00	1

8-52 城市生活垃圾处理率（辖区） 续表 2

Urban Domestic Garbage Treatment Rate (Municipal Districts) continued 2

单位：% (%)

地名	City	2010	2016	2017	2017 排名 Ranking	地名	City	2010	2016	2017	2017 排名 Ranking
滨州	Binzhou	100.00	100.00	100.00	1	常德	Changde	100.00	100.00	100.00	1
菏泽	Heze	93.79	100.00	100.00	1	张家界	Zhangjiajie	93.02	100.00	100.00	1
河南	**Henan**	**88.75**	**98.75**	**99.65**		益阳	Yiyang	100.00	100.00	100.00	1
郑州	Zhengzhou	89.61	100.00	100.00	1	郴州	Chenzhou	100.00	100.00	100.00	1
开封	Kaifeng	100.00	100.00	100.00	1	永州	Yongzhou	78.16	100.00	99.95	218
洛阳	Luoyang	98.15	95.42	100.00	1	怀化	Huaihua	100.00	100.00	100.00	1
平顶山	Pingdingshan	85.18	100.00	100.00	1	娄底	Loudi	100.00	100.00	100.00	1
安阳	Anyang	94.64	100.00	100.00	1	**广东**	**Guangdong**	**91.01**	**98.86**	**98.68**	
鹤壁	Hebi	90.49	100.00	100.00	1	广州	Guangzhou	91.96	100.00	100.00	1
新乡	Xinxiang	100.00	100.00	100.00	1	韶关	Shaoguan	100.00	100.00	80.79	282
焦作	Jiaozuo	85.75	97.50	100.00	1	深圳	Shenzhen	94.60	100.00	100.00	1
濮阳	Puyang	90.52	99.80	100.00	1	珠海	Zhuhai	92.34	100.00	100.00	1
许昌	Xuchang	96.13	100.00	100.00	1	汕头	Shantou	64.41	89.83	91.93	276
漯河	Luohe	100.00	100.00	100.00	1	佛山	Foshan	100.00	100.00	100.00	1
三门峡	Sanmenxia	96.77	96.74	98.77	237	江门	Jiangmen	100.00	100.00	100.00	1
南阳	Nanyang	74.21	96.52	96.63	256	湛江	Zhanjiang	97.41	100.00	100.00	1
商丘	Shangqiu	66.84	100.00	100.00	1	茂名	Maoming	41.91	100.00	100.00	1
信阳	Xinyang	93.02	100.00	100.00	1	肇庆	Zhaoqing	97.88	100.00	100.00	1
周口	Zhoukou		99.32	99.28	231	惠州	Huizhou	100.00	100.00	100.00	1
驻马店	Zhumadian	91.84	95.46	100.00	1	梅州	Meizhou	100.00	100.00	100.00	1
湖北	**Hubei**	**95.21**	**97.10**	**99.89**		汕尾	Shanwei	100.00	93.75	96.56	257
武汉	Wuhan	100.00	100.00	100.00	1	河源	Heyuan	96.54	100.00	100.00	1
黄石	Huangshi	100.00	100.00	100.00	1	阳江	Yangjiang	100.00	100.00	100.00	1
十堰	Shiyan	93.28	100.00	100.00	1	清远	Qingyuan	100.00	80.60	100.00	1
宜昌	Yichang	89.78	100.00	100.00	1	东莞	Dongguan	98.19	100.00	100.00	1
襄阳	Xiangyang	80.51	100.00	100.00	1	中山	Zhongshan	100.00	100.00	100.00	1
鄂州	Ezhou	100.00	100.00	100.00	1	潮州	Chaozhou	100.00	100.00	77.29	284
荆门	Jingmen	100.00	100.00	100.00	1	揭阳	Jieyang	90.00	96.42	97.38	251
孝感	Xiaogan	94.12	100.00	100.00	1	云浮	Yunfu	100.00	100.00	100.00	1
荆州	Jingzhou	100.00	100.00	100.00	1	**广西**	**Guangxi**	**93.01**	**98.96**	**99.92**	
黄冈	Huanggang	93.29	99.15	99.15	233	南宁	Nanning	100.00	99.04	100.00	1
咸宁	Xianning	85.71	51.43	100.00	1	柳州	Liuzhou	100.00	100.00	100.00	1
随州	Suizhou	100.00	95.79	100.00	1	桂林	Guilin	100.00	100.00	100.00	1
湖南	**Hunan**	**91.86**	**99.89**	**99.75**		梧州	Wuzhou	100.00	100.00	100.00	1
长沙	Changsha	100.00	100.00	100.00	1	北海	Beihai	100.00	100.00	100.00	1
株洲	Zhuzhou	100.00	100.00	100.00	1	防城港	Fangchenggang	41.43	100.00	100.00	1
湘潭	Xiangtan	100.00	100.00	100.00	1	钦州	Qinzhou	100.00	100.00	100.00	1
衡阳	Hengyang	100.00	100.00	100.00	1	贵港	Guigang	97.59	100.00	100.00	1
邵阳	Shaoyang	100.00	98.01	98.20	243	玉林	Yulin	100.00	100.00	100.00	1
岳阳	Yueyang	100.00	100.00	100.00	1	百色	Baise	100.00	100.00	100.00	1

8-52 城市生活垃圾处理率(辖区) 续表 3

Urban Domestic Garbage Treatment Rate (Municipal Districts) continued 3

单位：% (%)

地名	City	2010	2016	2017	2017 排名 Ranking	地名	City	2010	2016	2017	2017 排名 Ranking
贺州	Hezhou	100.00	100.00	100.00	1	丽江	Lijiang	100.00	93.06	99.85	225
河池	Hechi	100.00	100.00	100.00	1	普洱	Puer	94.48	98.03	98.17	244
来宾	Laibin	100.00	100.00	100.00	1	临沧	Lincang	100.00	80.00	97.60	248
崇左	Chongzuo	14.73	62.98	100.00	1	**西藏**	**Tibet**	**87.30**	**91.15**	**95.42**	
海南	**Hainan**	**79.52**	**100.00**	**99.98**		拉萨	Lasa	100.00	91.85	95.92	260
海口	Haikou	100.00	100.00	100.00	1	**陕西**	**Shaanxi**	**86.02**	**98.53**	**98.96**	
三亚	Sanya	100.00	100.00	100.00	1	西安	Xi'an	97.48	99.70	99.98	216
三沙	Sansha		100.00	100.00	1	铜川	Tongchuan	85.03	90.44	92.78	275
重庆	**Chongqing**	**99.13**	**99.98**	**99.98**		宝鸡	Baoji	100.00	99.70	99.90	221
四川	**Sichuan**	**94.48**	**99.69**	**99.25**		咸阳	Xianyang	53.45	96.90	98.30	242
成都	Chengdu	100.00	100.00	100.00	1	渭南	Weinan	91.62	95.00	99.90	221
自贡	Zigong	85.48	100.00	96.50	258	延安	Yan'an	82.03	96.50	99.90	221
攀枝花	Panzhihua	95.00	100.00	100.00	1	汉中	Hanzhong	100.00	98.50	99.90	221
泸州	Luzhou	100.00	100.00	100.00	1	榆林	Yulin	84.77	93.27	94.50	271
德阳	Deyang	100.00	98.14	100.00	1	安康	Ankang	52.94	99.70	99.80	226
绵阳	Mianyang	100.00	100.00	100.00	1	商洛	Shangluo	99.32	96.18	96.01	259
广元	Guangyuan	76.02	97.13	99.33	230	**甘肃**	**Gansu**	**97.84**	**99.44**	**98.40**	
遂宁	Suining	89.06	100.00	100.00	1	兰州	Lanzhou	100.00	100.00	99.95	218
内江	Neijiang	73.00	100.00	100.00	1	嘉峪关	Jiayuguan	100.00	100.00	100.00	1
乐山	Leshan	96.05	99.53	100.00	1	金昌	Jinchang	100.00	100.00	100.00	1
南充	Nanchong	83.27	100.00	100.00	1	白银	Baiyin	88.79	95.55	100.00	1
眉山	Meishan	94.38	100.00	98.47	241	天水	Tianshui	100.00	100.00	100.00	1
宜宾	Yibin	92.59	100.00	100.00	1	武威	Wuwei	99.31	99.50	83.33	281
广安	Guangan	97.22	100.00	100.00	1	张掖	Zhangye	90.52	100.00	100.00	1
达州	Dazhou	78.16	95.53	90.67	278	平凉	Pingliang	98.41	100.00	100.00	1
雅安	Yaan	86.30	98.34	99.24	232	酒泉	Jiuquan	95.24	100.00	100.00	1
巴中	Bazhong	97.35	98.00	100.00	1	庆阳	Qingyang	93.84	97.40	97.63	247
资阳	Ziyang	95.30	100.00	100.00	1	定西	Dingxi	80.00	100.00	100.00	1
贵州	**Guizhou**	**95.47**	**94.65**	**95.22**		陇南	Longnan	100.00	100.00	100.00	1
贵阳	Guiyang	93.74	96.00	97.50	250	**青海**	**Qinghai**	**82.34**	**96.28**	**95.66**	
六盘水	Liupanshui	100.00	95.00	95.12	267	西宁	Xining	83.37	95.36	95.42	264
遵义	Zunyi	94.35	95.26	95.30	266	海东	Haidong		98.50	94.77	270
安顺	Anshun	96.49	95.14	95.01	268	**宁夏**	**Ningxia**	**92.53**	**98.28**	**99.08**	
毕节	Bijie	94.96	95.00	94.47	272	银川	Yinchuan	100.00	97.00	100.00	1
铜仁	Tongren	93.33	92.00	95.31	265	石嘴山	Shizuishan	85.01	97.72	98.65	239
云南	**Yunnan**	**95.31**	**96.39**	**99.90**		吴忠	Wuzhong	100.00	100.00	100.00	1
昆明	Kunming	96.80	96.98	100.00	1	固原	Guyuan	91.84	100.00	98.00	246
曲靖	Qujing	100.00	99.96	100.00	1	中卫	Zhongwei	89.56	100.00	97.17	253
玉溪	Yuxi	89.60	100.00	100.00	1	**新疆**	**Xinjiang**	**94.45**	**96.46**	**95.28**	
保山	Baoshan	94.94	90.08	100.00	1	乌鲁木齐	Urumqi	97.25	96.34	93.74	274
昭通	Zhaotong	100.00	100.00	100.00	1	克拉玛依	Karamay	100.00	99.08	99.07	234

8-53 城市公共汽（电）车营运车辆数

Number of Buses and Trolley Buses under Operation

单位：辆 （unit）

地名	City	2010	2016	2017	2017 排名 Ranking	地名	City	2010	2016	2017	2017 排名 Ranking
全国	**Nation Total**	**383161**	**515051**	**554820**		沈阳	Shenyang	5013	5444	5902	16
北京	**Beijing**	**24011**	**22688**	**25624**		大连	Dalian	4696	5425	5453	19
天津	**Tianjin**	**7413**	**12699**	**12686**		鞍山	Anshan	1508	1747	1710	59
河北	**Hebei**	**14630**	**21479**	**24508**		抚顺	Fushun	1175	1188	1121	94
石家庄	Shijiazhuang	4460	4882	5730	18	本溪	Benxi	736	785	716	135
唐山	Tangshan	2034	2943	2130	48	丹东	Dandong	725	959	674	144
秦皇岛	Qinhuangdao	1036	1273	1047	101	锦州	Jinzhou	591	602	684	140
邯郸	Handan	2708	4252	2854	31	营口	Yingkou	660	909	882	116
邢台	Xingtai	2259	2618	1191	87	阜新	Fuxin	361	459	678	142
保定	Baoding	2007	3921	1935	55	辽阳	Liaoyang	538	590	590	155
张家口	Zhangjiakou	1240	548	2174	45	盘锦	Panjin	419	619	700	137
承德	Chengde	643	814	739	129	铁岭	Tieling	400	454	350	227
沧州	Cangzhou	1190	2575	781	124	朝阳	Chaoyang	201	283	285	243
廊坊	Langfang	491	1602	739	129	葫芦岛	Huludao	409	507	448	195
衡水	Hengshui	986	691	929	111	**吉林**	**Jilin**	**10421**	**11272**	**11215**	
山西	**Shanxi**	**6609**	**8895**	**9252**		长春	Changchun	4433	4342	4387	24
太原	Taiyuan	2213	2671	2780	32	吉林	Jilin	950	1355	1654	64
大同	Datong	811	1009	1076	99	四平	Siping	275	339	385	215
阳泉	Yangquan	612	960	896	113	辽源	Liaoyuan	350	376	395	211
长治	Changzhi	434	450	537	168	通化	Tonghua	296	432	386	214
晋城	Jincheng	307	459	471	191	白山	Baishan	330	357	370	218
朔州	Shuozhou	187	260	260	248	松原	Songyuan	512	498	474	190
晋中	Jinzhong	394	390	390	212	白城	Baicheng	228	234	234	253
运城	Yuncheng	319	378	502	181	**黑龙江**	**Heilongjiang**	**13567**	**16861**	**17633**	
忻州	Xinzhou	111	166	230	255	哈尔滨	Harbin	5173	7408	7519	9
临汾	Linfen	313	508	448	195	齐齐哈尔	Qiqihar	876	981	990	104
吕梁	Lvliang	267	170	218	257	鸡西	Jixi	706	715	665	147
内蒙古	**Inner Mongolia**	**5771**	**8000**	**8013**		鹤岗	Hegang	418	525	514	178
呼和浩特	Hohhot	1902	2128	2335	38	双鸭山	Shuangyashan	326	349	404	208
包头	Baotou	1342	1489	1471	68	大庆	Daqing	2615	2183	2034	52
乌海	Wuhai	403	398	366	221	伊春	Yichun	238	371	380	216
赤峰	Chifeng	474	574	563	159	佳木斯	Jiamusi	366	490	601	153
通辽	Tongliao	260		528	171	七台河	Qitaihe	375	348	424	203
鄂尔多斯	Erdos	333	358	482	186	牡丹江	Mudanjiang	778	772	771	126
呼伦贝尔	Hulunbuir	278	465	579	158	黑河	Heihe	95	87	95	277
巴彦淖尔	Bayannur	111	136	136	271	绥化	Suihua	275	315	322	238
乌兰察布	Ulanqab	117	732	732	133	**上海**	**Shanghai**	**20297**	**16693**	**17461**	
辽宁	**Liaoning**	**19770**	**22046**	**22723**		**江苏**	**Jiangsu**	**27561**	**39147**	**41558**	

8-53 城市公共汽（电）车营运车辆数 续表 1
Number of Buses and Trolley Buses under Operation continued 1

单位：辆 (unit)

地名	City	2010	2016	2017	2017 排名 Ranking	地名	City	2010	2016	2017	2017 排名 Ranking
南京	Nanjing	6178	9208	8765	6	池州	Chizhou	159	431	163	267
无锡	Wuxi	3135	3026	3015	29	宣城	Xuancheng	174	322	283	244
徐州	Xuzhou	2149	2359	2377	36	**福建**	**Fujian**	**10306**	**16094**	**17224**	
常州	Changzhou	2518	2889	2870	30	福州	Fuzhou	3566	4386	4788	21
苏州	Suzhou	3204	5321	5423	20	厦门	Xiamen	3363	4819	4536	22
南通	Nantong	722	1814	1829	56	莆田	Putian	279	1097	1074	100
连云港	Lianyungang	574	1168	1292	81	三明	Sanming	282	392	400	209
淮安	Huaian	841	1257	1705	60	泉州	Quanzhou	1649	1334	2122	49
盐城	Yancheng	436	1170	1186	88	漳州	Zhangzhou	472	556	676	143
扬州	Yangzhou	1354	1805	1976	53	南平	Nanping	194	412	487	184
镇江	Zhenjiang	1032	1369	1437	71	龙岩	Longyan	286	396	438	198
泰州	Taizhou	479	884	1001	103	宁德	Ningde	316	245	782	123
宿迁	Suqian	502		1091	97	**江西**	**Jiangxi**	**6266**	**7974**	**9614**	
浙江	**Zhejiang**	**21589**	**31651**	**34281**		南昌	Nanchang	2490	3423	3691	26
杭州	Hangzhou	7345	8770	9672	4	景德镇	Jingdezhen	438	285	296	241
宁波	Ningbo	3455	5110	7271	10	萍乡	Pingxiang	323	310	360	222
温州	Wenzhou	2038	2435	2522	34	九江	Jiujiang	517	561	561	161
嘉兴	Jiaxing	1006	1191	1325	80	新余	Xinyu	391	449	626	149
湖州	Huzhou	669	897	1159	90	鹰潭	Yingtan	150	289	264	247
绍兴	Shaoxing	757	2103	2323	40	赣州	Ganzhou	451	1386	926	112
金华	Jinhua	918	870	835	120	吉安	Jian	242	419	959	107
衢州	Quzhou	653	362	367	220	宜春	Yichun	263	349	358	223
舟山	Zhoushan	621	736	749	128	抚州	Fuzhou	260	336	943	108
台州	Taizhou	485	984	1245	83	上饶	Shangrao	229	352	350	227
丽水	Lishui	190	432	531	169	**山东**	**Shandong**	**27752**	**47268**	**50642**	
安徽	**Anhui**	**9626**	**14473**	**16171**		济南	Jinan	4239	5476	7157	12
合肥	Hefei	2628	4916	5762	17	青岛	Qingdao	4664	7210	7208	11
芜湖	Wuhu	1426	1386	1404	74	淄博	Zibo	2030	2432	2251	43
蚌埠	Bengbu	774	1153	1810	57	枣庄	Zaozhuang	910	1997	1675	63
淮南	Huainan	832	903	884	114	东营	Dongying	605	1166	1129	92
马鞍山	Maanshan	458	646	674	144	烟台	Yantai	1740	2218	2090	50
淮北	Huaibei	1033	426	426	202	潍坊	Weifang	1109	1045	1697	62
铜陵	Tongling	301	593	562	160	济宁	Jining	1014	1455	1968	54
安庆	Anqing	321	503	530	170	泰安	Taian	668	1710	2146	46
黄山	Huangshan	248	183	187	263	威海	Weihai	920	1639	2292	42
滁州	Chuzhou	258	507	547	163	日照	Rizhao	440	546	798	122
阜阳	Fuyang	602	644	655	148	莱芜	Laiwu	450	1438	1456	70
宿州	Suzhou	241	382	476	189	临沂	Linyi	1697	2330	2424	35
六安	Liuan	329	306	463	192	德州	Dezhou	745	491	734	132
亳州	Bozhou	70	380	400	209	聊城	Liaocheng	465	1338	1389	75

8-53 城市公共汽（电）车营运车辆数 续表 2

Number of Buses and Trolley Buses under Operation continued 2

单位：辆 （unit）

地名	City	2010	2016	2017	2017 排名 Ranking	地名	City	2010	2016	2017	2017 排名 Ranking
滨州	Binzhou	383	1437	2333	39	常德	Changde	537	872	766	127
菏泽	Heze	380	1178	1365	78	张家界	Zhangjiajie	195	391	524	173
河南	**Henan**	**16096**	**22697**	**25778**		益阳	Yiyang	380	896	1496	66
郑州	Zhengzhou	4788	6230	6180	14	郴州	Chenzhou	634	1815	1406	72
开封	Kaifeng	548	828	1237	84	永州	Yongzhou	469	642	587	156
洛阳	Luoyang	1280	1881	2303	41	怀化	Huaihua	359	338	354	224
平顶山	Pingdingshan	598	708	1020	102	娄底	Loudi	282	203	202	262
安阳	Anyang	743	710	1180	89	**广东**	**Guangdong**	**41933**	**59584**	**63698**	
鹤壁	Hebi	333	417	429	201	广州	Guangzhou	11501	14074	14852	2
新乡	Xinxiang	1030	1240	1284	82	韶关	Shaoguan	422	694	693	139
焦作	Jiaozuo	649	739	935	110	深圳	Shenzhen	26796	33325	35809	1
濮阳	Puyang	366	544	604	152	珠海	Zhuhai	1377	1986	2081	51
许昌	Xuchang	517	839	683	141	汕头	Shantou	1057	1549	1111	95
漯河	Luohe	777	970	980	106	佛山	Foshan	3687	6790	6920	13
三门峡	Sanmenxia	243	395	410	205	江门	Jiangmen	792	1094	1129	92
南阳	Nanyang	460	700	700	137	湛江	Zhanjiang	578	1324	1138	91
商丘	Shangqiu	810	1966	2343	37	茂名	Maoming	216	332	543	165
信阳	Xinyang	257	329	323	237	肇庆	Zhaoqing	299	675	707	136
周口	Zhoukou	216	550	719	134	惠州	Huizhou	1178	2955	2746	33
驻马店	Zhumadian	247	843	845	119	梅州	Meizhou	303	1427	1649	65
湖北	**Hubei**	**16544**	**19809**	**20453**		汕尾	Shanwei	2445	585	667	146
武汉	Wuhan	7001	8970	9049	5	河源	Heyuan	220	277	277	245
黄石	Huangshi	879	1271	985	105	阳江	Yangjiang	143	286	334	234
十堰	Shiyan	848	1110	1079	98	清远	Qingyuan	371	487	456	193
宜昌	Yichang	988	921	817	121	东莞	Dongguan	1443	5395		
襄阳	Xiangyang	811	1783	1783	58	中山	Zhongshan	2125	2484		
鄂州	Ezhou	248	382	433	199	潮州	Chaozhou	175	372	349	229
荆门	Jingmen	429	557	544	164	揭阳	Jieyang	142	578	610	150
孝感	Xiaogan	484	484	484	185	云浮	Yunfu	85	121	117	274
荆州	Jingzhou	1103	880	939	109	**广西**	**Guangxi**	**6839**	**8949**	**10219**	
黄冈	Huanggang	110	262	162	268	南宁	Nanning	2601	3327	3575	27
咸宁	Xianning	178	335	442	197	柳州	Liuzhou	1052	1308	1385	76
随州	Suizhou	486	338	340	233	桂林	Guilin	680	761	774	125
湖南	**Hunan**	**12344**	**19018**	**20706**		梧州	Wuzhou	301	379	419	204
长沙	Changsha	3557	7187	8361	7	北海	Beihai	227	386	521	174
株洲	Zhuzhou	1473	1174	1369	77	防城港	Fangchenggang	168	301	300	240
湘潭	Xiangtan	1026	1170	1356	79	钦州	Qinzhou	300	307	127	273
衡阳	Hengyang	817	1388	1215	85	贵港	Guigang	221	197	289	242
邵阳	Shaoyang	337	384	518	177	玉林	Yulin	215	202	185	265
岳阳	Yueyang	946	1324	1405	73	百色	Baise	105	215	215	259

8-53 城市公共汽（电）车营运车辆数 续表 3

Number of Buses and Trolley Buses under Operation continued 3

单位：辆 (unit)

地名	City	2010	2016	2017	2017 排名 Ranking	地名	City	2010	2016	2017	2017 排名 Ranking
贺州	Hezhou	140	206	352	226	丽江	Lijiang	177	373	322	238
河池	Hechi	135	147	248	250	普洱	Puer	121	159	187	263
来宾	Laibin	187	487	509	179	临沧	Lincang	54	62	62	280
崇左	Chongzuo	36	85	92	278	**西藏**	**Tibet**	**940**	**580**	**640**	
海南	**Hainan**	**1964**	**3080**	**3717**		拉萨	Lasa		522	552	162
海口	Haikou	1120	1597	2140	47	**陕西**	**Shaanxi**	**9953**	**12066**	**12559**	
三亚	Sanya	441	734	862	117	西安	Xi'an	7107	7829	7780	8
三沙	Sansha					铜川	Tongchuan	198	320	329	236
重庆	**Chongqing**	**7660**	**11832**	**12768**		宝鸡	Baoji	623	1130	1192	86
四川	**Sichuan**	**15288**	**22617**	**27086**		咸阳	Xianyang	404	578	581	157
成都	Chengdu	6763	10781	14402	3	渭南	Weinan	305	360	370	218
自贡	Zigong	747	832	883	115	延安	Yan'an	222	437	541	166
攀枝花	Panzhihua	559	610	610	150	汉中	Hanzhong	164	331	406	207
泸州	Luzhou	738	1185	1459	69	榆林	Yulin	209	354	354	224
德阳	Deyang	288	374	479	188	安康	Ankang	102	185	251	249
绵阳	Mianyang	1010	1342	1472	67	商洛	Shangluo	62	103	101	276
广元	Guangyuan	241	388	387	213	**甘肃**	**Gansu**	**4382**	**5233**	**5850**	
遂宁	Suining	229	263	231	254	兰州	Lanzhou	2149	2800	3034	28
内江	Neijiang	631	850			嘉峪关	Jiayuguan	92	138		
乐山	Leshan	294	487	509	179	金昌	Jinchang	199	128	159	269
南充	Nanchong	550	727	737	131	白银	Baiyin	250	310	490	183
眉山	Meishan	157	323	432	200	天水	Tianshui	291	517	538	167
宜宾	Yibin	466	790	849	118	武威	Wuwei	176	429	332	235
广安	Guangan	40	169	211	261	张掖	Zhangye	179	214	213	260
达州	Dazhou	145	222	373	217	平凉	Pingliang	246	224	271	246
雅安	Yaan	48	129	152	270	酒泉	Jiuquan	271	338	218	257
巴中	Bazhong	120	298	224	256	庆阳	Qingyang	350	251	129	272
资阳	Ziyang	176	324	242	252	定西	Dingxi	68	108	108	275
贵州	**Guizhou**	**4584**	**6565**	**7018**		陇南	Longnan	25	432	82	279
贵阳	Guiyang	2124	3265	4023	25	**青海**	**Qinghai**	**2175**	**2248**	**2339**	
六盘水	Liupanshui	391	532	592	154	西宁	Xining	1932	2449	1703	61
遵义	Zunyi	509	1100	1100	96	海东	Haidong		236		
安顺	Anshun	260	484	496	182	**宁夏**	**Ningxia**	**2382**	**3357**	**3823**	
毕节	Bijie		246	246	251	银川	Yinchuan	1401	1818	2202	44
铜仁	Tongren		170	170	266	石嘴山	Shizuishan	195	317	345	231
云南	**Yunnan**	**7135**	**10926**	**10642**		吴忠	Wuzhong	295	423	344	232
昆明	Kunming	5368	6262	6159	15	固原	Guyuan	139	404	409	206
曲靖	Qujing	629	460	481	187	中卫	Zhongwei	168	297	454	194
玉溪	Yuxi	126	486	526	172	**新疆**	**Xinjiang**	**7353**	**9250**	**8919**	
保山	Baoshan	199	450	349	229	乌鲁木齐	Urumqi	3634	4669	4412	23
昭通	Zhaotong	141	464	521	174	克拉玛依	Karamay	299	519	521	174

8-54 城市出租汽车数

Number of Taxis

单位：辆 （unit）

地名	City	2010	2016	2017	2017 排名 Ranking
全国	**Nation Total**	**986190**	**1102563**	**1102823**	
北京	**Beijing**	**66646**	**68484**	**68484**	
天津	**Tianjin**	**31940**	**31940**	**31940**	
河北	**Hebei**	**46016**	**53034**	**53871**	
石家庄	Shijiazhuang	9646	7749	10398	13
唐山	Tangshan	4642	7289	3507	52
秦皇岛	Qinhuangdao	4306	3815	3815	47
邯郸	Handan	6949	8044	5210	35
邢台	Xingtai	3906	4588	2863	71
保定	Baoding	6205	6652	3728	48
张家口	Zhangjiakou	5033	5654	4204	41
承德	Chengde	5821	2470	2470	84
沧州	Cangzhou	7015	7856	2066	97
廊坊	Langfang	5960	8851	2237	93
衡水	Hengshui	2146	1445	1445	147
山西	**Shanxi**	**28848**	**30690**	**30492**	
太原	Taiyuan	8652	8726	8719	19
大同	Datong	4983	4705	4705	38
阳泉	Yangquan	1552	1884	1885	113
长治	Changzhi	1800	1801	1901	111
晋城	Jincheng	1453	1453	1483	144
朔州	Shuozhou	923	1274	1274	161
晋中	Jinzhong	902	1330	1330	157
运城	Yuncheng	1805	1801	1801	121
忻州	Xinzhou	713	713	712	224
临汾	Linfen	1862	1862	1862	115
吕梁	Lvliang	450	450	453	260
内蒙古	**Inner Mongolia**	**37131**	**45499**	**39062**	
呼和浩特	Hohhot	5568	6568	7228	22
包头	Baotou	5890	5877	6395	25
乌海	Wuhai	951	1111	1117	174
赤峰	Chifeng	4041	3231	3231	59
通辽	Tongliao	2949		3059	63
鄂尔多斯	Erdos	2194	3590	3293	55
呼伦贝尔	Hulunbuir	2121	2432	3204	60
巴彦淖尔	Bayannur	936	1238	1238	163
乌兰察布	Ulanqab	2800	2177	2177	94
辽宁	**Liaoning**	**79890**	**80743**	**82067**	
沈阳	Shenyang	17200	17844	17549	3
大连	Dalian	10173	11645	11645	11
鞍山	Anshan	5375	5375	5375	32
抚顺	Fushun	4121	4121	4121	42
本溪	Benxi	3249	2744	2744	77
丹东	Dandong	3335	1932	1932	108
锦州	Jinzhou	4987	4018	4018	44
营口	Yingkou	4835	3093	3241	58
阜新	Fuxin	2558	2771	2771	75
辽阳	Liaoyang	3579	2611	2611	80
盘锦	Panjin	3238	3281	3281	57
铁岭	Tieling	2183	2264	2249	90
朝阳	Chaoyang	3338	1969	1968	106
葫芦岛	Huludao	2877	3079	3079	62
吉林	**Jilin**	**54933**	**56413**	**56356**	
长春	Changchun	16967	15401	15401	5
吉林	Jilin	4998	5259	5259	34
四平	Siping	2763	2797	2797	74
辽源	Liaoyuan	1095	1201	1201	166
通化	Tonghua	1387	1484	1504	143
白山	Baishan	1682	1402	1402	150
松原	Songyuan	2177	2177	2177	94
白城	Baicheng	1763	1815	1815	119
黑龙江	**Heilongjiang**	**61129**	**64158**	**63569**	
哈尔滨	Harbin	14366	18193	18193	2
齐齐哈尔	Qiqihar	3060	1359	1800	122
鸡西	Jixi	3135	2914	2915	69
鹤岗	Hegang	1773	2492	2037	102
双鸭山	Shuangyashan	1100	1100	1100	175
大庆	Daqing	2989	6200	3550	51
伊春	Yichun	3488	5032	4742	37
佳木斯	Jiamusi	6316	2559	2559	81
七台河	Qitaihe	1000	1000	1000	188
牡丹江	Mudanjiang	2619	2919	2919	68
黑河	Heihe	956	957	957	193
绥化	Suihua	2753	2344	2344	88
上海	**Shanghai**	**50007**	**47271**	**46397**	
江苏	**Jiangsu**	**46075**	**53376**	**53465**	

8-54 城市出租汽车数 续表 1
Number of Taxis continued 1

单位：辆 (unit)

地名	City	2010	2016	2017	2017 排名 Ranking
南京	Nanjing	10145	14297	14057	6
无锡	Wuxi	2641	4040	4040	43
徐州	Xuzhou	3760	4319	4319	39
常州	Changzhou	2542	3321	3321	54
苏州	Suzhou	3604	5638	5638	29
南通	Nantong	1277	1468	1468	145
连云港	Lianyungang	1611	1814	1814	120
淮安	Huaian	913	1473	1373	153
盐城	Yancheng	1010	1450	1450	146
扬州	Yangzhou	1838	2461	2461	85
镇江	Zhenjiang	1253	1616	1623	134
泰州	Taizhou	739	1175	1079	180
宿迁	Suqian	770	767	770	219
浙江	**Zhejiang**	**32532**	**37781**	**38435**	
杭州	Hangzhou	9362	12209	13233	7
宁波	Ningbo	3842	4627	4827	36
温州	Wenzhou	3709	3986	3985	45
嘉兴	Jiaxing	873	1073	1073	182
湖州	Huzhou	815	875	875	205
绍兴	Shaoxing	901	1746	1746	127
金华	Jinhua	796	976	868	206
衢州	Quzhou	461	521	521	245
舟山	Zhoushan	1053	827	572	242
台州	Taizhou	1448	1641	1595	136
丽水	Lishui	409	409	409	264
安徽	**Anhui**	**36681**	**39199**	**39490**	
合肥	Hefei	8395	9402	9902	15
芜湖	Wuhu	3504	3700	3700	49
蚌埠	Bengbu	2291	2407	2407	86
淮南	Huainan	3292	3109	3059	63
马鞍山	Maanshan	2298	2348	2348	87
淮北	Huaibei	1626	1637	1637	133
铜陵	Tongling	1584	1584	1584	138
安庆	Anqing	1119	1782	1782	125
黄山	Huangshan	525	625	625	235
滁州	Chuzhou	1257	1357	1357	155
阜阳	Fuyang	1805	1788	1788	124
宿州	Suzhou	1298	1678	1678	129
六安	Liuan	1850	1850	1850	118
亳州	Bozhou	1000	1151	1151	169
池州	Chizhou	598	600	600	239
宣城	Xuancheng	733	999	999	189
福建	**Fujian**	**16782**	**21727**	**21466**	
福州	Fuzhou	5809	6345	6684	24
厦门	Xiamen	4574	5860	5630	30
莆田	Putian	808	1296	1291	160
三明	Sanming	339	404	404	265
泉州	Quanzhou	2820	280	1966	107
漳州	Zhangzhou	1300	995	965	192
南平	Nanping	241	608	608	237
龙岩	Longyan	381	614	608	237
宁德	Ningde	1166	776	1924	109
江西	**Jiangxi**	**10854**	**13712**	**14361**	
南昌	Nanchang	4003	5453	5453	31
景德镇	Jingdezhen	595	762	762	220
萍乡	Pingxiang	670	700	700	225
九江	Jiujiang	1585	1539	1539	141
新余	Xinyu	531	531	636	233
鹰潭	Yingtan	271	450	271	273
赣州	Ganzhou	692	1876	1092	179
吉安	Jian	376	393	984	190
宜春	Yichun	404	518	509	251
抚州	Fuzhou	329	429	1028	185
上饶	Shangrao	511	511	511	249
山东	**Shandong**	**57687**	**61314**	**61678**	
济南	Jinan	8867	8949	9693	17
青岛	Qingdao	9539	10048	10055	14
淄博	Zibo	8079	6084	6110	26
枣庄	Zaozhuang	804	833	834	210
东营	Dongying	3244	3405	3105	61
烟台	Yantai	2209	2169	2169	96
潍坊	Weifang	2166	4902	2296	89
济宁	Jining	1360	1561	2060	99
泰安	Taian	1292	1292	1292	159
威海	Weihai	1526	1895	2490	83
日照	Rizhao	968	968	968	191
莱芜	Laiwu	1600	1600	1600	135
临沂	Linyi	2750	2750	2750	76
德州	Dezhou	2405	2405	2045	101
聊城	Liaocheng	1416	1416	1444	148

8-54 城市出租汽车数 续表 2

Number of Taxis continued 2

单位：辆 （unit）

地名	City	2010	2016	2017	2017 排名 Ranking
滨州	Binzhou	714	720	1874	114
菏泽	Heze	1313	1667	1668	131
河南	**Henan**	**44525**	**46598**	**46863**	
郑州	Zhengzhou	10607	10908	10908	12
开封	Kaifeng	3066	2636	2663	79
洛阳	Luoyang	4267	4268	4268	40
平顶山	Pingdingshan	2080	2080	2000	104
安阳	Anyang	1359	1359	1359	154
鹤壁	Hebi	674	673	673	231
新乡	Xinxiang	1338	1738	1768	126
焦作	Jiaozuo	1398	1398	1398	151
濮阳	Puyang	1745	1745	1745	128
许昌	Xuchang	1388	1396	1396	152
漯河	Luohe	1100	1100	1100	175
三门峡	Sanmenxia	482	798	798	215
南阳	Nanyang	1500	1860	1800	122
商丘	Shangqiu	2846	2854	2854	72
信阳	Xinyang	1903	1905	1905	110
周口	Zhoukou	928	928	928	198
驻马店	Zhumadian	1548	1548	1548	140
湖北	**Hubei**	**31325**	**36415**	**36748**	
武汉	Wuhan	13997	17376	17508	4
黄石	Huangshi	922	1902	1022	186
十堰	Shiyan	700	820	891	203
宜昌	Yichang	1834	1857	1857	116
襄阳	Xiangyang	1700	2951	2951	67
鄂州	Ezhou	400	520	516	247
荆门	Jingmen	500	800	800	213
孝感	Xiaogan	779	900	900	200
荆州	Jingzhou	1588	1988	1988	105
黄冈	Huanggang	593	593	693	229
咸宁	Xianning	656	676	656	232
随州	Suizhou	760	547	547	244
湖南	**Hunan**	**44525**	**26173**	**25768**	
长沙	Changsha	6280	7816	7820	21
株洲	Zhuzhou	2837	2155	3009	65
湘潭	Xiangtan	1721	1400	1853	117
衡阳	Hengyang	1471	1400	1323	158
邵阳	Shaoyang	780	1100	1100	175
岳阳	Yueyang	1651	3023	2952	66
常德	Changde	1126	1146	1119	173
张家界	Zhangjiajie	725	1192	1248	162
益阳	Yiyang	860	757	867	207
郴州	Chenzhou	1846	1664	929	197
永州	Yongzhou	540	700	699	226
怀化	Huaihua	800	800	800	213
娄底	Loudi	1215	950	950	196
广东	**Guangdong**	**59972**	**68504**	**66777**	
广州	Guangzhou	18991	22101	22279	1
韶关	Shaoguan	740	789	443	262
深圳	Shenzhen	14340	17842		
珠海	Zhuhai	1852	3187	3627	50
汕头	Shantou	1232	890	694	228
佛山	Foshan	3345	4014	3962	46
江门	Jiangmen	490	670	486	255
湛江	Zhanjiang	1234	1193	1192	167
茂名	Maoming	188	400	516	247
肇庆	Zhaoqing	883	868	789	216
惠州	Huizhou	1650	2026	1899	112
梅州	Meizhou	590	470	468	259
汕尾	Shanwei		360	268	274
河源	Heyuan	495	495	495	254
阳江	Yangjiang	529	415	163	277
清远	Qingyuan	370	348	348	268
东莞	Dongguan	7671	6583		
中山	Zhongshan	1487	1760		
潮州	Chaozhou	873	927	915	199
揭阳	Jieyang	712	554	190	276
云浮	Yunfu	243	112	112	278
广西	**Guangxi**	**13566**	**17337**	**17532**	
南宁	Nanning	4795	6850	6853	23
柳州	Liuzhou	1751	2182	2056	100
桂林	Guilin	1930	2143	2249	90
梧州	Wuzhou	766	806	806	212
北海	Beihai	585	555	555	243
防城港	Fangchenggang	115	333	335	269
钦州	Qinzhou	500	650	192	275
贵港	Guigang	366	365	330	270
玉林	Yulin	599	699	699	226
百色	Baise	535	505	509	251

8-54 城市出租汽车数 续表 3
Number of Taxis continued 3

单位：辆 (unit)

地名	City	2010	2016	2017	2017 排名 Ranking
贺州	Hezhou	419	300	300	272
河池	Hechi	300	300	475	258
来宾	Laibin	365	726	758	221
崇左	Chongzuo	152	109	71	279
海南	**Hainan**	**3978**	**6683**	**6979**	
海口	Haikou	2116	2680	2895	70
三亚	Sanya	1082	2550	2550	82
三沙	Sansha				
重庆	**Chongqing**	**14021**	**21100**	**21871**	
四川	**Sichuan**	**27022**	**33394**	**32611**	
成都	Chengdu	13979	15378	11968	10
自贡	Zigong	1096	1436	1096	178
攀枝花	Panzhihua	1475	1417	5847	27
泸州	Luzhou	1503	1574	1574	139
德阳	Deyang	850	850	892	202
绵阳	Mianyang	1077	1905	2239	92
广元	Guangyuan	628	627	627	234
遂宁	Suining	454	783	753	222
内江	Neijiang	700	1750		
乐山	Leshan	817	880	957	193
南充	Nanchong	966	1207	1207	165
眉山	Meishan	418	518	518	246
宜宾	Yibin	982	1457	1413	149
广安	Guangan	359	479	479	257
达州	Dazhou	1013	1063	504	253
雅安	Yaan	637	306	358	267
巴中	Bazhong	324	621	771	218
资阳	Ziyang	260	646	438	263
贵州	**Guizhou**	**9091**	**19021**	**21249**	
贵阳	Guiyang	3271	8904	9600	18
六盘水	Liupanshui	1228	1347	1347	156
遵义	Zunyi	1137	2861	2802	73
安顺	Anshun	624	888	1021	187
毕节	Bijie		901	881	204
铜仁	Tongren		870	860	208
云南	**Yunnan**	**15164**	**19130**	**19061**	
昆明	Kunming	6321	8037	8257	20
曲靖	Qujing	1595	1639	1639	132
玉溪	Yuxi	317	732	732	223
保山	Baoshan	450	1968	450	261
昭通	Zhaotong	580	581	581	241

地名	City	2010	2016	2017	2017 排名 Ranking
丽江	Lijiang	776	776	776	217
普洱	Puer	249	399	399	266
临沧	Lincang	300	450	480	256
西藏	**Tibet**	**1357**	**1882**	**2218**	
拉萨	Lasa		1668	1670	130
陕西	**Shaanxi**	**21288**	**24458**	**25468**	
西安	Xi'an	12786	12435	12435	9
铜川	Tongchuan	990	1041	1041	184
宝鸡	Baoji	1764	2380	2030	103
咸阳	Xianyang	1305	1719	1589	137
渭南	Weinan	795	900	900	200
延安	Yan'an	700	850	1180	168
汉中	Hanzhong	860	890	951	195
榆林	Yulin	997	1121	1121	172
安康	Ankang	531	577	616	236
商洛	Shangluo	319	319	319	271
甘肃	**Gansu**	**19309**	**23395**	**23737**	
兰州	Lanzhou	6738	9583	9845	16
嘉峪关	Jiayuguan	612	768		
金昌	Jinchang	510	510	510	250
白银	Baiyin	3125	2097	3374	53
天水	Tianshui	1380	1681	2065	98
武威	Wuwei	3120	2157	1139	170
张掖	Zhangye	1266	1225	1225	164
平凉	Pingliang	544	873	821	211
酒泉	Jiuquan	810	800	860	208
庆阳	Qingyang	1300	1055	1079	180
定西	Dingxi	505	583	583	240
陇南	Longnan	570	675	675	230
青海	**Qinghai**	**7119**	**8344**	**8637**	
西宁	Xining	5516	5666	5666	28
海东	Haidong		669		
宁夏	**Ningxia**	**12978**	**12504**	**12765**	
银川	Yinchuan	5006	5364	5364	33
石嘴山	Shizuishan	2269	2699	2699	78
吴忠	Wuzhong	1046	1042	1042	183
固原	Guyuan	2750	3300	3285	56
中卫	Zhongwei	1118	1138	1138	171
新疆	**Xinjiang**	**24546**	**32284**	**33406**	
乌鲁木齐	Urumqi	7950	12338	13003	8
克拉玛依	Karamay	1526	1528	1508	142

8-55 每万人拥有公共交通车辆
Number of Public Transportation Vehicles per 10 000 Population

单位：辆 （unit）

地名	City	2010	2015	2016	2016 排名 Ranking
全国	**Nation Average**	**11.20**	**10.66**		
北京	**Beijing**	**14.24**	**17.31**	**10.44**	
天津	**Tianjin**	**12.05**	**11.31**	**12.16**	
河北	**Hebei**	**9.53**	**12.95**		
石家庄	Shijiazhuang	18.29	10.73	11.98	57
唐山	Tangshan	6.61	9.07	9.65	82
秦皇岛	Qinhuangdao	11.99	5.80	8.70	97
邯郸	Handan	18.28	21.03	12.52	52
邢台	Xingtai	31.59	24.78	29.41	2
保定	Baoding	18.92	11.75	13.78	38
张家口	Zhangjiakou	13.79	21.01	4.39	214
承德	Chengde	11.02	12.12	13.59	40
沧州	Cangzhou	22.07	33.33	39.49	1
廊坊	Langfang	6.11	6.54	18.55	14
衡水	Hengshui	20.10	9.93	8.83	93
山西	**Shanxi**	**6.83**	**7.56**		
太原	Taiyuan	7.76	10.07	8.22	109
大同	Datong	5.20	6.26	6.35	157
阳泉	Yangquan	8.85	11.24	13.43	43
长治	Changzhi	5.97	9.95	6.08	167
晋城	Jincheng	8.81	12.16	1.97	267
朔州	Shuozhou	2.87	2.76	3.86	233
晋中	Jinzhong	6.62	6.37	6.28	162
运城	Yuncheng	4.84	5.37	5.82	181
忻州	Xinzhou	2.10	2.07	3.03	247
临汾	Linfen	3.74	5.25	5.58	185
吕梁	Lvliang	9.61	4.14	5.14	196
内蒙古	**Inner Mongolia**	**6.89**	**9.64**		
呼和浩特	Hohhot	15.78	14.48	16.17	23
包头	Baotou	9.42	8.91	6.66	151
乌海	Wuhai	7.60	8.95	7.78	121
赤峰	Chifeng	3.90	4.95	4.14	222
通辽	Tongliao	3.39	6.64	0.00	281
鄂尔多斯	Erdos	12.80	18.16	11.15	64
呼伦贝尔	Hulunbuir	10.24	12.62	15.31	27
巴彦淖尔	Bayannur	1.97	2.33	2.61	255
乌兰察布	Ulanqab	3.84	22.09	23.09	7
辽宁	**Liaoning**	**9.35**	**10.61**		
沈阳	Shenyang	9.73	10.16	9.38	85
大连	Dalian	15.43	17.40	14.25	34
鞍山	Anshan	10.27	11.93	11.66	60
抚顺	Fushun	8.49	8.41	8.46	104
本溪	Benxi	7.74	7.73	8.48	103
丹东	Dandong	9.20	11.94	12.30	54
锦州	Jinzhou	6.33	6.49	6.38	156
营口	Yingkou	7.30	9.51	9.38	85
阜新	Fuxin	4.58	5.27	6.01	173
辽阳	Liaoyang	7.16	6.77	6.78	147
盘锦	Panjin	6.87	7.61	7.32	134
铁岭	Tieling	8.97	15.33	8.40	106
朝阳	Chaoyang	3.49	4.73	4.32	217
葫芦岛	Huludao	4.09	10.98	7.23	139
吉林	**Jilin**	**9.75**	**9.03**		
长春	Changchun	12.22	11.13	10.15	76
吉林	Jilin	5.18	7.15	7.45	132
四平	Siping	4.50	5.77	5.84	179
辽源	Liaoyuan	7.31	8.47	8.07	113
通化	Tonghua	6.61	9.04	9.80	80
白山	Baishan	5.55	5.95	6.33	158
松原	Songyuan	8.71	9.60	8.33	107
白城	Baicheng	4.47	4.71	4.75	212
黑龙江	**Heilongjiang**	**10.00**	**9.52**		
哈尔滨	Harbin	10.96	12.62	13.44	42
齐齐哈尔	Qiqihar	6.19	9.08	7.22	140
鸡西	Jixi	8.03	8.58	8.60	99
鹤岗	Hegang	6.18	6.20	8.09	112
双鸭山	Shuangyashan	6.49	17.39	7.27	136
大庆	Daqing	19.60	10.35	15.96	25
伊春	Yichun	2.94	5.01	4.58	213
佳木斯	Jiamusi	4.46	5.89	6.32	159
七台河	Qitaihe	6.55	6.31	6.06	169
牡丹江	Mudanjiang	8.75	8.58	8.79	94
黑河	Heihe	4.95	4.75	4.37	215
绥化	Suihua	3.06	1.76	3.79	234
上海	**Shanghai**	**8.82**	**12.02**	**6.90**	
江苏	**Jiangsu**	**10.91**	**8.91**		

8-55 每万人拥有公共交通车辆 续表 1

Number of Public Transportation Vehicles per 10 000 Population continued 1

单位：辆 (unit)

地名	City	2010	2015	2016	2016 排名 Ranking	地名	City	2010	2015	2016	2016 排名 Ranking
南京	Nanjing	11.27	12.85	13.89	36	池州	Chizhou	2.40	8.34	6.45	154
无锡	Wuxi	13.14	12.24	11.95	58	宣城	Xuancheng	2.02	2.82	3.73	236
徐州	Xuzhou	6.87	7.03	7.46	130	**福建**	**Fujian**	**10.32**	**12.07**		
常州	Changzhou	11.06	9.81	9.80	80	福州	Fuzhou	18.91	21.21	21.60	9
苏州	Suzhou	13.21	14.67	15.24	28	厦门	Xiamen	18.66	22.22	21.85	8
南通	Nantong	3.41	7.81	8.49	102	莆田	Putian	1.29	3.99	4.77	210
连云港	Lianyungang	6.13	4.91	5.04	201	三明	Sanming	9.96	12.64	13.81	37
淮安	Huaian	3.02	2.96	3.74	235	泉州	Quanzhou	15.99	11.62	5.48	189
盐城	Yancheng	2.67	4.28	4.81	209	漳州	Zhangzhou	8.50	8.69	9.21	91
扬州	Yangzhou	11.05	7.51	7.76	122	南平	Nanping	3.90	4.97	4.85	207
镇江	Zhenjiang	9.97	13.07	13.24	46	龙岩	Longyan	4.84	2.92	3.93	231
泰州	Taizhou	5.79	5.55	5.39	192	宁德	Ningde	7.11	5.11	5.49	188
宿迁	Suqian	3.14	5.56			**江西**	**Jiangxi**	**7.61**	**6.05**		
浙江	**Zhejiang**	**11.87**	**12.45**			南昌	Nanchang	11.75	11.00	11.30	63
杭州	Hangzhou	16.89	16.05	16.56	21	景德镇	Jingdezhen	9.48	11.19	6.01	173
宁波	Ningbo	15.47	20.36	17.98	15	萍乡	Pingxiang	3.78	4.58	3.41	243
温州	Wenzhou	13.98	14.15	14.49	32	九江	Jiujiang	8.05	8.27	7.90	117
嘉兴	Jiaxing	12.01	12.88	12.67	48	新余	Xinyu	4.42	4.78	4.97	203
湖州	Huzhou	6.14	6.94	7.95	115	鹰潭	Yingtan	6.35	6.07	12.08	56
绍兴	Shaoxing	11.64	9.04	9.57	83	赣州	Ganzhou	6.97	4.50	6.08	167
金华	Jinhua	9.85	4.94	8.99	92	吉安	Jian	4.44	4.56	6.73	149
衢州	Quzhou	7.90	6.82	4.26	219	宜春	Yichun	2.50	2.94	3.12	246
舟山	Zhoushan	8.91	9.43	10.35	75	抚州	Fuzhou	2.27	2.71	2.75	253
台州	Taizhou	3.13	5.13	6.21	164	上饶	Shangrao	5.74	2.09	2.40	256
丽水	Lishui	4.91	9.04	10.65	70	**山东**	**Shandong**	**10.18**	**9.57**		
安徽	**Anhui**	**7.73**	**6.61**			济南	Jinan	12.18	14.49	11.57	62
合肥	Hefei	12.19	18.66	18.92	13	青岛	Qingdao	16.93	18.10	19.05	12
芜湖	Wuhu	12.79	9.56	9.38	85	淄博	Zibo	7.26	7.06	8.45	105
蚌埠	Bengbu	8.36	10.45	10.02	77	枣庄	Zaozhuang	4.08	6.20	8.26	108
淮南	Huainan	4.58	3.92	4.86	205	东营	Dongying	7.26	11.82	10.61	71
马鞍山	Maanshan	7.17	9.11	7.83	119	烟台	Yantai	9.73	10.84	11.81	59
淮北	Huaibei	9.41	4.22	4.04	227	潍坊	Weifang	6.09	5.73	5.51	187
铜陵	Tongling	6.71	10.96	8.03	114	济宁	Jining	9.04	6.87	7.87	118
安庆	Anqing	4.36	6.31	6.79	146	泰安	Taian	4.21	10.14	10.53	72
黄山	Huangshan	5.67	4.19	3.56	240	威海	Weihai	14.19	10.40	12.27	55
滁州	Chuzhou	4.81	9.55	9.37	88	日照	Rizhao	3.57	4.68	4.03	228
阜阳	Fuyang	2.91	3.35	2.84	249	莱芜	Laiwu	3.55	8.56	11.14	65
宿州	Suzhou	1.30	1.76	2.01	266	临沂	Linyi	8.05	6.35	8.11	110
六安	Liuan	1.76	1.61	1.51	275	德州	Dezhou	11.42	4.25	3.97	230
亳州	Bozhou	0.43	1.88	2.29	260	聊城	Liaocheng	4.02	10.09	10.68	69

8-55 每万人拥有公共交通车辆 续表 2

Number of Public Transportation Vehicles per 10 000 Population continued 2

单位：辆 (unit)

地名	City	2010	2015	2016	2016 排名 Ranking	地名	City	2010	2015	2016	2016 排名 Ranking
滨州	Binzhou	6.02	10.38	13.26	44	常德	Changde	3.80	5.51	6.02	170
菏泽	Heze	2.49	4.74	5.10	198	张家界	Zhangjiajie	3.92	7.13	7.03	144
河南	**Henan**	**7.58**	**11.08**			益阳	Yiyang	2.85	5.66	6.52	152
郑州	Zhengzhou	9.39	18.10	12.54	51	郴州	Chenzhou	8.80	23.47	23.78	6
开封	Kaifeng	6.40	55.56	7.10	142	永州	Yongzhou	3.87	5.28	5.47	190
洛阳	Luoyang	7.71	10.92	8.73	96	怀化	Huaihua	9.87	9.21	5.44	191
平顶山	Pingdingshan	5.79	7.20	6.30	161	娄底	Loudi	6.03	11.57	3.60	239
安阳	Anyang	6.83	5.90	6.02	170	**广东**	**Guangdong**	**9.53**	**16.14**		
鹤壁	Hebi	5.39	5.55	6.45	154	广州	Guangzhou	17.31	16.31	16.17	23
新乡	Xinxiang	10.16	10.28	10.73	67	韶关	Shaoguan	4.53	4.95	9.36	89
焦作	Jiaozuo	7.72	7.07	7.73	123	深圳	Shenzhen	103.11	89.34	27.98	3
濮阳	Puyang	5.38	6.45	7.43	133	珠海	Zhuhai	13.15	16.78	17.30	18
许昌	Xuchang	12.48	20.71	7.11	141	汕头	Shantou	2.05	2.19	2.81	250
漯河	Luohe	5.52	7.75	7.06	143	佛山	Foshan	9.94	17.14	17.23	19
三门峡	Sanmenxia	8.29	8.94	6.87	145	江门	Jiangmen	5.73	7.24	7.73	123
南阳	Nanyang	2.44	2.93	3.29	245	湛江	Zhanjiang	3.77	4.87	7.29	135
商丘	Shangqiu	4.58	7.32	12.64	49	茂名	Maoming	1.63	1.27	1.17	278
信阳	Xinyang	1.74	2.40	2.12	263	肇庆	Zhaoqing	5.57	4.66	4.86	205
周口	Zhoukou	4.03	8.77	9.81	79	惠州	Huizhou	8.80	16.31	19.64	11
驻马店	Zhumadian	3.66	7.61	9.85	78	梅州	Meizhou	9.50	10.50	14.75	30
湖北	**Hubei**	**9.47**	**10.50**			汕尾	Shanwei	44.94	5.61	11.62	61
武汉	Wuhan	13.45	16.09	10.76	66	河源	Heyuan	7.06	7.36	8.70	97
黄石	Huangshi	12.31	14.97	14.94	29	阳江	Yangjiang	2.09	1.88	2.35	258
十堰	Shiyan	15.75	11.07	9.36	89	清远	Qingyuan	5.66	3.78	3.35	244
宜昌	Yichang	7.94	9.07	7.27	136	东莞	Dongguan	7.94	25.15	26.85	4
襄阳	Xiangyang	3.61	6.07	8.50	101	中山	Zhongshan	14.24	15.19	15.40	26
鄂州	Ezhou	2.29	3.45	3.44	241	潮州	Chaozhou	4.99	1.16	2.39	257
荆门	Jingmen	6.26	9.31	7.56	127	揭阳	Jieyang	2.03	1.79	2.76	251
孝感	Xiaogan	5.06	4.97	5.05	199	云浮	Yunfu	2.81	4.35	0.37	280
荆州	Jingzhou	9.78	9.23	8.10	111	**广西**	**Guangxi**	**8.07**	**5.23**		
黄冈	Huanggang	3.00	7.12	6.74	148	南宁	Nanning	9.61	10.68	7.53	129
咸宁	Xianning	2.98	5.37	5.35	194	柳州	Liuzhou	10.02	10.88	10.71	68
随州	Suizhou	7.44	6.43	1.96	268	桂林	Guilin	8.98	5.68	5.86	178
湖南	**Hunan**	**10.01**	**12.20**			梧州	Wuzhou	5.88	5.47	4.77	210
长沙	Changsha	14.71	19.16	20.45	10	北海	Beihai	3.68	6.17	5.84	179
株洲	Zhuzhou	18.25	15.16	9.44	84	防城港	Fangchenggang	3.11	5.30	4.98	202
湘潭	Xiangtan	11.86	11.78	13.26	44	钦州	Qinzhou	2.17	2.05	2.08	264
衡阳	Hengyang	8.28	13.40	14.53	31	贵港	Guigang	1.16	1.04	0.99	279
邵阳	Shaoyang	4.87	5.95	5.33	195	玉林	Yulin	2.12	2.32	1.83	270
岳阳	Yueyang	8.63	12.53	12.85	47	百色	Baise	2.98	4.71	5.96	177

8-55 每万人拥有公共交通车辆 续表 3

Number of Public Transportation Vehicles per 10 000 Population continued 3

单位：辆 (unit)

地名	City	2010	2015	2016	2016 排名 Ranking	地名	City	2010	2015	2016	2016 排名 Ranking
贺州	Hezhou	1.24	1.47	1.72	274	丽江	Lijiang	11.62	22.98	24.03	5
河池	Hechi	4.01	4.75	3.43	242	普洱	Puer	4.07	6.38	5.05	199
来宾	Laibin	1.74	3.35	4.33	216	临沧	Lincang	1.67	1.94	1.85	269
崇左	Chongzuo	0.99	2.47	2.27	261	**西藏**	**Tibet**	**20.91**	**23.26**		
海南	**Hainan**	**8.61**	**11.01**			拉萨	Lasa		23.26	5.70	183
海口	Haikou	6.98	10.33	7.46	130	**陕西**	**Shaanxi**	**12.64**	**8.14**		
三亚	Sanya	7.74	12.96	12.61	50	西安	Xi'an	12.63	12.52	12.44	53
三沙	Sansha					铜川	Tongchuan	2.61	4.32	4.31	218
重庆	**Chongqing**	**7.23**	**4.11**	**3.53**		宝鸡	Baoji	4.36	6.76	7.95	115
四川	**Sichuan**	**9.65**	**14.24**			咸阳	Xianyang	4.48	5.71	6.18	165
成都	Chengdu	12.64	16.18	13.94	35	渭南	Weinan	3.12	3.62	2.76	251
自贡	Zigong	5.00	5.64	5.53	186	延安	Yan'an	4.85	9.25	6.47	153
攀枝花	Panzhihua	8.10	9.77	8.60	99	汉中	Hanzhong	2.97		5.80	182
泸州	Luzhou	5.03	7.00	7.55	128	榆林	Yulin	4.01	4.88	3.67	238
德阳	Deyang	4.35	5.00	5.36	193	安康	Ankang	1.01	1.98	1.83	270
绵阳	Mianyang	8.27	10.80	7.68	125	商洛	Shangluo	1.13	1.84	1.82	272
广元	Guangyuan	2.61	4.11	4.14	222	**甘肃**	**Gansu**	**8.10**	**6.44**		
遂宁	Suining	1.52	1.68	1.75	273	兰州	Lanzhou	10.22	13.00	13.58	41
内江	Neijiang	4.46	5.83	6.01	173	嘉峪关	Jiayuguan	4.22	6.81	6.72	150
乐山	Leshan	2.55	4.28	4.17	221	金昌	Jinchang	9.75	5.59	6.02	170
南充	Nanchong	2.84	3.64	3.72	237	白银	Baiyin	5.00	6.13	6.00	176
眉山	Meishan	1.84	225.50	2.65	254	天水	Tianshui	2.24	3.58	4.09	224
宜宾	Yibin	5.76	5.37	5.61	184	武威	Wuwei	1.72	3.66	4.09	224
广安	Guangan	0.32	1.33	1.49	276	张掖	Zhangye	3.44	3.80	4.22	220
达州	Dazhou	3.40	1.23	1.21	277	平凉	Pingliang	4.83	4.37	3.93	231
雅安	Yaan	1.37	1.78	2.08	264	酒泉	Jiuquan	6.71	7.98	7.80	120
巴中	Bazhong	0.87	2.06	2.19	262	庆阳	Qingyang	9.77	6.18	6.31	160
资阳	Ziyang	1.62	2.19	2.93	248	定西	Dingxi	1.46	2.34	2.31	259
贵州	**Guizhou**	**8.46**	**7.58**			陇南	Longnan	0.43	1.37	7.63	126
贵阳	Guiyang	9.57	13.49	13.66	39	**青海**	**Qinghai**	**18.30**	**20.86**		
六盘水	Liupanshui	7.88	9.52	10.46	73	西宁	Xining	19.06	28.96	17.88	16
遵义	Zunyi	5.92	9.28	4.97	203	海东	Haidong		2.42		
安顺	Anshun	3.00	4.15	4.08	226	**宁夏**	**Ningxia**	**10.63**	**10.99**		
毕节	Bijie		1.48			银川	Yinchuan	14.77	17.90	16.43	22
铜仁	Tongren		3.23			石嘴山	Shizuishan	4.28	6.53	6.25	163
云南	**Yunnan**	**9.74**	**11.24**			吴忠	Wuzhong	7.81	10.74	10.42	74
昆明	Kunming	20.63	20.21	14.32	33	固原	Guyuan	3.11	3.42	8.78	95
曲靖	Qujing	9.02	6.30	4.01	229	中卫	Zhongwei	4.24	5.97	7.26	138
玉溪	Yuxi	2.54	4.77	6.18	165	**新疆**	**Xinjiang**	**11.66**	**17.96**		
保山	Baoshan	2.21	2.33	4.83	208	乌鲁木齐	Urumqi	15.56	17.98	17.81	17
昭通	Zhaotong	1.69	2.18	5.11	197	克拉玛依	Karamay	7.97	17.78	17.11	20

能源和环境

Energy and Environment

9-1 全社会用电量
Annual Electricity Consumption

单位：万千瓦时 （10 000 kwh）

地名	City	2010	2016	2017	2017 排名 Ranking
城市合计	**Prefecture Cities**	**419340000**	**612970000**		
北京	**Beijing**	**8100000**	**10200000**	**10670000**	
天津	**Tianjin**	**6460000**	**8080000**	**8060000**	
河北	**Hebei**	**26920000**	**32650000**	**34420000**	
石家庄	Shijiazhuang	1316611		4681026	21
唐山	Tangshan	4659232	3168787	7613981	5
秦皇岛	Qinhuangdao	467975	965399	1474871	120
邯郸	Handan	545290	1895877	3733728	32
邢台	Xingtai	525945	734129	2506398	66
保定	Baoding	542218	936836	3578052	35
张家口	Zhangjiakou	690420	853021	1468548	121
承德	Chengde	512789	439883	1639948	113
沧州	Cangzhou	519383	822319	2980607	49
廊坊	Langfang	361999	539854	2738800	58
衡水	Hengshui	323142	537678	1383440	129
山西	**Shanxi**	**14600000**	**17970000**	**19910000**	
太原	Taiyuan	2019443	2348433	2705500	60
大同	Datong	619656	806073	1051366	164
阳泉	Yangquan	505641	588904	829295	201
长治	Changzhi	400864	296578	1449666	123
晋城	Jincheng	163873	174470	1925375	92
朔州	Shuozhou	338164	604079	768153	212
晋中	Jinzhong	200141		1750562	105
运城	Yuncheng	362119	362807	3002206	48
忻州	Xinzhou	79388	122093	1057597	162
临汾	Linfen	220486	274214	1736241	106
吕梁	Lvliang	47953	84650	1665715	111
内蒙古	**Inner Mongolia**	**15370000**	**26050000**	**28920000**	
呼和浩特	Hohhot	1269961	698443	2178782	81
包头	Baotou	1909655	4075317	5179275	16
乌海	Wuhai	1180348	1687490	1764744	104
赤峰	Chifeng	454097	593780	1386802	128
通辽	Tongliao	597011	674582	3507776	36
鄂尔多斯	Erdos	758437	236100	5776985	11
呼伦贝尔	Hulunbuir	86271	180871	993321	169
巴彦淖尔	Bayannur	111021	116387	1373838	130
乌兰察布	Ulanqab	102339	155416	3866135	31
辽宁	**Liaoning**	**17150000**	**20370000**	**21350000**	
沈阳	Shenyang	2033395	2714322	3385848	37
大连	Dalian	1996630	2663863	3380471	38
鞍山	Anshan	1581463	2113452	2681725	61
抚顺	Fushun	1059277	910164	1049445	165
本溪	Benxi	1256254	1132474	1343024	134
丹东	Dandong	251454		931045	179
锦州	Jinzhou	505023	424777	869734	189
营口	Yingkou	889976	1633248	2427460	70
阜新	Fuxin	337270	390101	491976	249
辽阳	Liaoyang	768598	851194	1068832	161
盘锦	Panjin	482800	678400	885537	185
铁岭	Tieling	96087		747127	213
朝阳	Chaoyang	154170		910589	181
葫芦岛	Huludao	548151		973453	174
吉林	**Jilin**	**5770000**	**6680000**	**7030000**	
长春	Changchun	1286042	1551000	2247695	74
吉林	Jilin	1002543	928324	1480560	119
四平	Siping	383308	78188	588001	236
辽源	Liaoyuan	159424		301849	270
通化	Tonghua	216349		496407	248
白山	Baishan	213038	197500	320885	268
松原	Songyuan	195231	329123	535722	241
白城	Baicheng	48120		440973	253
黑龙江	**Heilongjiang**	**7480000**	**8970000**	**9290000**	
哈尔滨	Harbin	1323300	1745478	2217776	78
齐齐哈尔	Qiqihar	450000	388102	830777	199
鸡西	Jixi	305225		443111	252
鹤岗	Hegang	231981	367366	412189	257
双鸭山	Shuangyashan	193455	471166	475373	250
大庆	Daqing	1656487	2019245	2234659	75
伊春	Yichun	173203		230474	279
佳木斯	Jiamusi	127000		369557	264
七台河	Qitaihe	275329	223168	256487	277
牡丹江	Mudanjiang	324664			
黑河	Heihe	59182	165007	294075	272
绥化	Suihua	60500	67962	601936	233
上海	**Shanghai**	**12960000**	**14860000**	**15270000**	
江苏	**Jiangsu**	**38640000**	**54590000**	**58080000**	

注：本章全国数和各省数为城市合计数。

Note: Data of national and provinces are prefecture cities in this chapter.

9-1 全社会用电量 续表 1
Annual Electricity Consumption continued 1

单位：万千瓦时 （10 000 kwh）

地名	City	2010	2016	2017	2017 排名 Ranking
南京	Nanjing	3547502	5247900	5569607	13
无锡	Wuxi	2507785	3014954	6866704	9
徐州	Xuzhou	1499408	2040774	3612266	34
常州	Changzhou	2151749	3571823	4550311	23
苏州	Suzhou	2692950	6069996	15035283	1
南通	Nantong	1097437	1515006	4005524	29
连云港	Lianyungang	331797	636831	1827913	95
淮安	Huaian	696662	1182224	1729175	107
盐城	Yancheng	366404	1070232	2872645	51
扬州	Yangzhou	609643	1327317	2370454	71
镇江	Zhenjiang	848956	1165606	2438595	69
泰州	Taizhou	399557	841311	2739038	57
宿迁	Suqian	339119	783592	1715543	108
浙江	**Zhejiang**	**28210000**	**38730000**	**41930000**	
杭州	Hangzhou	3926426	5839636	7380288	7
宁波	Ningbo	2537433	4165873	7092306	8
温州	Wenzhou	1159208	1402420	3991164	30
嘉兴	Jiaxing	738037	1173723	4839624	19
湖州	Huzhou	596188	922584	2443329	68
绍兴	Shaoxing	485155	2514027	4115520	27
金华	Jinhua	355567	575175	3376777	39
衢州	Quzhou	530607	803183	1552838	116
舟山	Zhoushan	315390	363629	525234	243
台州	Taizhou	761636	1058562	3105087	44
丽水	Lishui	140837	203990	869518	190
安徽	**Anhui**	**10780000**	**17950000**	**19210000**	
合肥	Hefei	856458	1555875	2960923	50
芜湖	Wuhu	527315	1073204	1799925	99
蚌埠	Bengbu	285422	461482	784435	209
淮南	Huainan	477568	550468	847547	198
马鞍山	Maanshan	972025	1304915	1970956	88
淮北	Huaibei	308658	355974	594942	234
铜陵	Tongling	459581	713203	856403	195
安庆	Anqing	324125	386865	961954	175
黄山	Huangshan	94035	152961	315736	269
滁州	Chuzhou	162978	241020	1511635	117
阜阳	Fuyang	248624	476255	1250605	136
宿州	Suzhou	206120	352494	781111	210
六安	Liuan	178203	267031	784917	208
亳州	Bozhou	81634	171087	584061	238
池州	Chizhou	164993	174832	612125	230
宣城	Xuancheng	110715	232194	1057144	163
福建	**Fujian**	**13150000**	**19690000**	**21130000**	
福州	Fuzhou	937800	1712776	4562487	22
厦门	Xiamen	1550100	2324214	2489140	67
莆田	Putian	436831	693375	1231746	140
三明	Sanming	328905	417934	1447863	124
泉州	Quanzhou	703472	965619	4703658	20
漳州	Zhangzhou	278378	599985	2220618	77
南平	Nanping	342977	465481	1110247	154
龙岩	Longyan	348570	546316	1234020	138
宁德	Ningde	80722	254644	1679300	110
江西	**Jiangxi**	**7010000**	**11830000**	**12940000**	
南昌	Nanchang	1008000	1473811	2059733	83
景德镇	Jingdezhen	184497	180311	525206	244
萍乡	Pingxiang	380075	420085	647649	226
九江	Jiujiang	408977	466600	1775425	101
新余	Xinyu	638327	846479	917549	180
鹰潭	Yingtan	57414	85271	447182	251
赣州	Ganzhou	160840	415922	1655735	112
吉安	Jian	70390	175619	991400	171
宜春	Yichun	111002	215744	1793373	100
抚州	Fuzhou	109509	179945	695582	218
上饶	Shangrao	58203	239795	1430991	125
山东	**Shandong**	**32980000**	**53910000**	**54300000**	
济南	Jinan	1894606	2483158	2762869	56
青岛	Qingdao	1877516	2425795	4010565	28
淄博	Zibo	2570255	2376578	3245681	40
枣庄	Zaozhuang	536445	641201	1352071	133
东营	Dongying	1019390	1950732	2775628	55
烟台	Yantai	972597	1486611	4879740	18
潍坊	Weifang	1058761	2691464	4938500	17
济宁	Jining	781427	1001065	2811150	53
泰安	Taian	366252	531504	1812812	97
威海	Weihai	435765	712161	1170307	147
日照	Rizhao	968785	1344182	1961422	90
莱芜	Laiwu	978714	1068970	1101647	155
临沂	Linyi	1207960	1830310	4378608	24
德州	Dezhou	393775	701048	1875580	93
聊城	Liaocheng	426778	506688	2622638	63

9-1 全社会用电量 续表 2
Annual Electricity Consumption continued 2

单位：万千瓦时 （10 000 kwh）

地名	City	2010	2016	2017	2017 排名 Ranking
滨州	Binzhou	568684	1746705	10353925	2
菏泽	Heze	343765	792519	2049252	84
河南	**Henan**	**23540000**	**29890000**	**31660000**	
郑州	Zhengzhou	2887213	3739035	5432187	14
开封	Kaifeng	358825	586780	1044213	166
洛阳	Luoyang	2809681	1749908	4181000	26
平顶山	Pingdingshan	708696		1957345	91
安阳	Anyang	1291473	1515098	2110328	82
鹤壁	Hebi	268496	350649	521710	245
新乡	Xinxiang	584882	276800	2258749	73
焦作	Jiaozuo	1315224		2266279	72
濮阳	Puyang	371330	579914	888933	184
许昌	Xuchang	219253	369363	1213912	141
漯河	Luohe	249138	366820	593742	235
三门峡	Sanmenxia	281167	447457	1127262	151
南阳	Nanyang	634776	621022	2045653	85
商丘	Shangqiu	869297	829161	1804449	98
信阳	Xinyang	298002	483649	1096623	156
周口	Zhoukou	121518	134414	991604	170
驻马店	Zhumadian	250092	395539	1244102	137
湖北	**Hubei**	**13300000**	**17630000**	**18690000**	
武汉	Wuhan	3117800	4171334	5193651	15
黄石	Huangshi	638721	696687	1231823	139
十堰	Shiyan	375120	462575	901064	182
宜昌	Yichang	779215	712669	2192764	80
襄阳	Xiangyang	409771	672794	1427019	127
鄂州	Ezhou	553894	671496	611488	231
荆门	Jingmen	227911	509599	945983	178
孝感	Xiaogan	104723	224938	1196327	143
荆州	Jingzhou	279168	449751	1158361	148
黄冈	Huanggang	62525	107950	1084132	158
咸宁	Xianning	234284	159265	715717	216
随州	Suizhou	144062	145025	375296	262
湖南	**Hunan**	**11720000**	**14960000**	**15820000**	
长沙	Changsha	943789	1759889	3129032	43
株洲	Zhuzhou	648163	671605	1112056	153
湘潭	Xiangtan	754268	879897	1093832	157
衡阳	Hengyang	536875	780963	1370640	131
邵阳	Shaoyang	114019	182919	812183	204
岳阳	Yueyang	549906	731003	1362506	132
常德	Changde	193930	337445	1015908	167
张家界	Zhangjiajie	73793	121144	246744	278
益阳	Yiyang	171642	228772	735665	214
郴州	Chenzhou	340016	409917	1171284	146
永州	Yongzhou	190885	195929	829113	202
怀化	Huaihua	213547	189723	870783	188
娄底	Loudi	268596	662228	1299290	135
广东	**Guangdong**	**40600000**	**56100000**	**59590000**	
广州	Guangzhou	5629954	8235701	8695856	4
韶关	Shaoguan	459495	552500	1194808	144
深圳	Shenzhen	6635406	8420909	8844861	3
珠海	Zhuhai	1022561	1529000	1626700	114
汕头	Shantou	1235327	618384	2009276	86
佛山	Foshan	4630795	6208167	6738234	10
江门	Jiangmen	871199	1267596	2671250	62
湛江	Zhanjiang	400813	968421	1814464	96
茂名	Maoming	398718	690614	1069381	160
肇庆	Zhaoqing	331382	935893	1687944	109
惠州	Huizhou	1173823	2129195	3683458	33
梅州	Meizhou	121340	388782	895179	183
汕尾	Shanwei		129026	549598	240
河源	Heyuan	210168	234074	862622	193
阳江	Yangjiang	179209	753351	1122528	152
清远	Qingyuan	454816	1045170	1772592	102
东莞	Dongguan	5619998	7020063	7606805	6
中山	Zhongshan	1870513	2593290	2794307	54
潮州	Chaozhou	140303		857046	194
揭阳	Jieyang		798480	1486811	118
云浮	Yunfu	91291		641557	228
广西	**Guangxi**	**9930000**	**13600000**	**14420000**	
南宁	Nanning	854042	1488748	1962368	89
柳州	Liuzhou	724039	1290795	1768733	103
桂林	Guilin	237250	415300	1137960	150
梧州	Wuzhou	202829	297665	667392	223
北海	Beihai	132079	481786	714972	217
防城港	Fangchenggang	147347	541459	667715	222
钦州	Qinzhou	141570	570929	817167	203
贵港	Guigang	343170	428038	864273	192
玉林	Yulin	213848	250761	829311	200
百色	Baise	414830	319324	2212569	79

9-1 全社会用电量 续表 3
Annual Electricity Consumption continued 3

单位：万千瓦时 （10 000 kwh）

地名	City	2010	2016	2017	2017 排名 Ranking	地名	City	2010	2016	2017	2017 排名 Ranking
贺州	Hezhou	279703	607576	561884	239	丽江	Lijiang	45994	53736	197798	282
河池	Hechi	139620	23829	695237	219	普洱	Puer	51865	86393	323363	267
来宾	Laibin	572247	560705	873979	187	临沧	Lincang	30139	40236	225793	281
崇左	Chongzuo	53694	42677	656580	225	**西藏**	**Tibet**	**200000**	**490000**	**580000**	
海南	**Hainan**	**1590000**	**2870000**	**3050000**		拉萨	Lasa			289762	273
海口	Haikou	391263	703442	734482	215	**陕西**	**Shaanxi**	**8590000**	**13570000**	**14950000**	
三亚	Sanya	164625	355113	389778	260	西安	Xi'an	1628535	2731240	3214105	42
三沙	Sansha			464	283	铜川	Tongchuan	580857	374932	496421	247
重庆	**Chongqing**	**6260000**	**9250000**	**9930000**		宝鸡	Baoji	314362	429552	881481	186
四川	**Sichuan**	**15490000**	**21010000**	**22050000**		咸阳	Xianyang	151402	155031	1171394	145
成都	Chengdu	2181060	3605032	5699242	12	渭南	Weinan		103541	1468175	122
自贡	Zigong	275748	217721	359050	265	延安	Yan'an	109211	179314	864914	191
攀枝花	Panzhihua	955421	829322	1147522	149	汉中	Hanzhong	89406	138171	854872	196
泸州	Luzhou	263020	449788	770637	211	榆林	Yulin	119017	402799		
德阳	Deyang	269843	268081	1080912	159	安康	Ankang	112652	195357	437136	254
绵阳	Mianyang	288581	614292	953728	176	商洛	Shangluo	28600	155474	411868	258
广元	Guangyuan	314615	415978	602703	232	**甘肃**	**Gansu**	**8040000**	**10650000**	**11640000**	
遂宁	Suining	102545	189059	431942	255	兰州	Lanzhou	1473092	1195118	3018829	47
内江	Neijiang	96161	171322	668111	221	嘉峪关	Jiayuguan	593739	2201141	2589371	65
乐山	Leshan	770842	787098	1832169	94	金昌	Jinchang			584978	237
南充	Nanchong	206736	342552	657012	224	白银	Baiyin	761582	573392	947864	177
眉山	Meishan	224784	254876	1000374	168	天水	Tianshui	213493		331266	266
宜宾	Yibin	402537	324006	797102	206	武威	Wuwei	126764	140046	510895	246
广安	Guangan	112970	211235	526648	242	张掖	Zhangye	205890	308225	388636	261
达州	Dazhou	204240	348622	787494	207	平凉	Pingliang	80450	115196	282323	275
雅安	Yaan	59498	219988	973945	173	酒泉	Jiuquan	75610	116712	284800	274
巴中	Bazhong	34695	120323	300978	271	庆阳	Qingyang	23000	192600	374795	263
资阳	Ziyang	90709	109460	229828	280	定西	Dingxi	10055	24752	417941	256
贵州	**Guizhou**	**8350000**	**12420000**	**13850000**		陇南	Longnan	9754	47725	411260	259
贵阳	Guiyang	1470703		2732383	59	**青海**	**Qinghai**	**4650000**	**6380000**	**6870000**	
六盘水	Liupanshui	255416	244264	1427600	126	西宁	Xining	640184	769658	4291942	25
遵义	Zunyi	358504	820631	2232791	76	海东	Haidong		398640		
安顺	Anshun	264542	431595	984406	172	**宁夏**	**Ningxia**	**5470000**	**8870000**	**9780000**	
毕节	Bijie		174486	803200	205	银川	Yinchuan	422831		3089200	45
铜仁	Tongren		263264	849823	197	石嘴山	Shizuishan	1131000	1166052	2843700	52
云南	**Yunnan**	**10040000**	**14110000**	**15380000**		吴忠	Wuzhong	210230	307303	1562661	115
昆明	Kunming	919188		3071922	46	固原	Guyuan	38287	108500	256973	276
曲靖	Qujing	1112400	239783	2602684	64	中卫	Zhongwei	87467	1148007	2008943	87
玉溪	Yuxi	364793	419745	1211770	142	**新疆**	**Xinjiang**	**6620000**	**23160000**	**20010000**	
保山	Baoshan	60468	125920	647209	227	乌鲁木齐	Urumqi	1134410	2148571	3228386	41
昭通	Zhaotong	116609	144826	684395	220	克拉玛依	Karamay	421710	524582	632711	229

9-2 工业用电量
Electricity Consumption for Industry

单位：万千瓦时 （10 000 kwh）

地名	City	2010	2016	2017	2017 排名 Ranking
城市合计	**Prefecture Cities**	**151670192**			
北京	**Beijing**	**3014775**	**3129675**	**3104137**	
天津	**Tianjin**	**4922699**	**5423398**	**5179830**	
河北	**Hebei**	**8550597**			
石家庄	Shijiazhuang	852086		2860549	26
唐山	Tangshan	4331561	2583934	6390236	3
秦皇岛	Qinhuangdao	350174	603527	955719	126
邯郸	Handan	419820	1475732	2923111	25
邢台	Xingtai	419107	573374	1657344	72
保定	Baoding	326178	539375	1932992	53
张家口	Zhangjiakou	545516	581680	899579	132
承德	Chengde	458271	334950	1274523	93
沧州	Cangzhou	357235	535347	1996220	52
廊坊	Langfang	247687	306640	1782600	65
衡水	Hengshui	242962	347260	821718	139
山西	**Shanxi**	**3717136**			
太原	Taiyuan	1504023	1513096	1732495	67
大同	Datong	459594	550828	668931	166
阳泉	Yangquan	425749	478019	663721	169
长治	Changzhi	328940	197235	1154564	108
晋城	Jincheng	127458	121596	1699686	68
朔州	Shuozhou	269705	517436	608328	178
晋中	Jinzhong	132913		1336565	85
运城	Yuncheng	247431	197266	2345801	41
忻州	Xinzhou	46370	56916	642184	173
临汾	Linfen	145313	142774	1216950	101
吕梁	Lvliang	29640	28181	1303322	90
内蒙古	**Inner Mongolia**	**4958388**			
呼和浩特	Hohhot	436439	301098	1547292	77
包头	Baotou	1776599	3681467	4719867	9
乌海	Wuhai	1129662	1617130	1686604	70
赤峰	Chifeng	272046	368085	967117	124
通辽	Tongliao	523765	536660	3124917	23
鄂尔多斯	Erdos	648604	122267	5314913	5
呼伦贝尔	Hulunbuir	52418	108781	724715	155
巴彦淖尔	Bayannur	72925	59687	1096001	115
乌兰察布	Ulanqab	45930	105463	3645666	16
辽宁	**Liaoning**	**8490140**			
沈阳	Shenyang	1059822	1280400	1644535	73
大连	Dalian	1337558	1734750	2133806	46
鞍山	Anshan	1369432	1880214	2252925	44
抚顺	Fushun	946539	750416	821516	140
本溪	Benxi	1161231	1009323	1167515	106
丹东	Dandong	172789		647191	172
锦州	Jinzhou	413660	286416	504630	198
营口	Yingkou	742377	1391132	2075408	47
阜新	Fuxin	269335	262697	303585	244
辽阳	Liaoyang	534445	742062	861044	135
盘锦	Panjin	285697	527200	677672	163
铁岭	Tieling	45332		471223	209
朝阳	Chaoyang	101220		657529	170
葫芦岛	Huludao	50703		664037	168
吉林	**Jilin**	**2591187**			
长春	Changchun	752246	808100	1192460	104
吉林	Jilin	885121	735253	1097538	114
四平	Siping	312755	20935	309655	241
辽源	Liaoyuan	123811		215296	256
通化	Tonghua	188781		316511	240
白山	Baishan	161697		196634	258
松原	Songyuan	143517	144700	320651	238
白城	Baicheng	23259	236606	237386	253
黑龙江	**Heilongjiang**	**3942660**			
哈尔滨	Harbin	721800	758564	909671	130
齐齐哈尔	Qiqihar	340000	212040	413189	221
鸡西	Jixi	248463		259573	246
鹤岗	Hegang	171210	256789	278191	245
双鸭山	Shuangyashan	179278	351035	351855	233
大庆	Daqing	1550070	1866603	1906299	54
伊春	Yichun	131004		142004	269
佳木斯	Jiamusi	71100		108041	274
七台河	Qitaihe	210970	158161	169819	263
牡丹江	Mudanjiang	255635			
黑河	Heihe	46630	109979	107032	275
绥化	Suihua	16500	18466	246248	250
上海	**Shanghai**	**7866100**	**7981800**	**7982214**	
江苏	**Jiangsu**	**12397483**			

9-2 工业用电量 续表 1
Electricity Consumption for Industry continued 1

单位：万千瓦时 （10 000 kwh）

地名	City	2010	2016	2017	2017 排名 Ranking
南京	Nanjing	2296124	3108100	3181389	22
无锡	Wuxi	1899827	2089667	5246766	7
徐州	Xuzhou	1195500	1506007	2453497	38
常州	Changzhou	1681577	2744188	3512077	17
苏州	Suzhou	1905634	4547831	12020351	1
南通	Nantong	838683	1062479	2757619	27
连云港	Lianyungang	191819	413027	1205886	102
淮安	Huaian	516414	806431	1110172	113
盐城	Yancheng	227718	705584	1901789	55
扬州	Yangzhou	407707	881160	1622145	74
镇江	Zhenjiang	689165	892167	1800153	64
泰州	Taizhou	290497	568519	2017467	51
宿迁	Suqian	256818	590701	1139320	110
浙江	**Zhejiang**	**8171357**			
杭州	Hangzhou	2583460	3370405	4322669	12
宁波	Ningbo	1938747	3068195	5254029	6
温州	Wenzhou	753824	822428	2389334	39
嘉兴	Jiaxing	587923	897341	3900849	14
湖州	Huzhou	440622	647036	1821630	61
绍兴	Shaoxing	357015	2002498	3214714	20
金华	Jinhua	222253	327841	2282794	43
衢州	Quzhou	460348	663982	1200262	103
舟山	Zhoushan	198658	174393	243918	251
台州	Taizhou	545261	692503	2053891	49
丽水	Lishui	83246	108648	528795	194
安徽	**Anhui**	**3990657**			
合肥	Hefei	369124	645139	1503879	78
芜湖	Wuhu	388879	808088	1336210	86
蚌埠	Bengbu	182646	285508	431194	212
淮南	Huainan	371191	370434	529385	193
马鞍山	Maanshan	893765	1179832	1684424	71
淮北	Huaibei	259018	253327	414574	220
铜陵	Tongling	413556	606977	706324	159
安庆	Anqing	257552	274946	604775	180
黄山	Huangshan	41119	59428	146932	267
滁州	Chuzhou	109518	146615	1045307	119
阜阳	Fuyang	165371	271632	605005	179
宿州	Suzhou	127959	176102	349526	235
六安	Liuan	66602	112621	376519	230
亳州	Bozhou	26748	57406	190882	260
池州	Chizhou	126560	152724	472842	208
宣城	Xuancheng	57343	85837	745067	152
福建	**Fujian**	**2894854**			
福州	Fuzhou	328400	545492	2665723	30
厦门	Xiamen	898400	1202859	1258177	96
莆田	Putian	256467	358168	746744	151
三明	Sanming	278242	330508	1076664	116
泉州	Quanzhou	439090	619479	3291119	19
漳州	Zhangzhou	148700	363985	1341866	84
南平	Nanping	277010	330641	700662	160
龙岩	Longyan	242760	349329	840461	136
宁德	Ningde	25785	141625	1226400	99
江西	**Jiangxi**	**2127099**			
南昌	Nanchang	526480	723259	1054552	118
景德镇	Jingdezhen	153042	124358	345039	236
萍乡	Pingxiang	316468	308591	458762	210
九江	Jiujiang	262010	333400	1303970	89
新余	Xinyu	589491	745516	790131	146
鹰潭	Yingtan	23748	29611	319968	239
赣州	Ganzhou	86416	189814	903833	131
吉安	Jian	35592	97817	619514	177
宜春	Yichun	57009	99546	1319912	88
抚州	Fuzhou	60230	79550	393941	225
上饶	Shangrao	16613	104365	896945	133
山东	**Shandong**	**12761282**			
济南	Jinan	1174780	1356274	1319975	87
青岛	Qingdao	1204458	1299452	2318315	42
淄博	Zibo	2272515	1931347	2639436	31
枣庄	Zaozhuang	419488	412002	923116	128
东营	Dongying	933985	1773752	2471323	36
烟台	Yantai	718507	1087478	3862689	15
潍坊	Weifang	806727	829015	2678900	29
济宁	Jining	647455	710259	1883045	56
泰安	Taian	229680	290098	1254687	97
威海	Weihai	302300	473078	719675	157
日照	Rizhao	835614	1103787	1584647	75
莱芜	Laiwu	904515	955560	977865	121
临沂	Linyi	964392	1322141	3195602	21
德州	Dezhou	294275	486498	1276498	92
聊城	Liaocheng	318508	328524	2020325	50

9-2 工业用电量 续表 2
Electricity Consumption for Industry continued 2

单位：万千瓦时 （10 000 kwh）

地名	City	2010	2016	2017	2017 排名 Ranking
滨州	Binzhou	494363	1613001	9916048	2
菏泽	Heze	239720	549227	1254224	98
河南	**Henan**	**11081584**			
郑州	Zhengzhou	2043505	2290381	3079457	24
开封	Kaifeng	249374	377993	690960	162
洛阳	Luoyang	2555346	1407659	3337434	18
平顶山	Pingdingshan	607329		1398137	82
安阳	Anyang	1159916	1298019	1571611	76
鹤壁	Hebi	222285	267425	329815	237
新乡	Xinxiang	435479	276800	1500117	79
焦作	Jiaozuo	1252349		1815324	62
濮阳	Puyang	302574	406753	538230	189
许昌	Xuchang	155987	212474	748382	150
漯河	Luohe	170967	202526	353543	232
三门峡	Sanmenxia	258708	315465	834093	137
南阳	Nanyang	479639	318779	1162327	107
商丘	Shangqiu	751384	600734	1118674	112
信阳	Xinyang	172129	292407	540100	188
周口	Zhoukou	80191	69900	428627	213
驻马店	Zhumadian	184422	259654	671751	165
湖北	**Hubei**	**4843711**			
武汉	Wuhan	1913385	2143890	2625262	32
黄石	Huangshi	532690	560021	963625	125
十堰	Shiyan	285275	336058	578400	184
宜昌	Yichang	643885	530610	1738120	66
襄阳	Xiangyang	280956	402998	890201	134
鄂州	Ezhou	485340	556338	489774	201
荆门	Jingmen	188233	412117	677541	164
孝感	Xiaogan	40662	121358	781773	147
荆州	Jingzhou	196956	289133	640191	174
黄冈	Huanggang	30568	45430	619707	176
咸宁	Xianning	171151	71840	422852	215
随州	Suizhou	74610	71762	203304	257
湖南	**Hunan**	**2921387**			
长沙	Changsha	223612	527313	1302867	91
株洲	Zhuzhou	474020	502717	631370	175
湘潭	Xiangtan	524731	613450	741637	153
衡阳	Hengyang	386342	502296	753508	148
邵阳	Shaoyang	53114	85573	350797	234
岳阳	Yueyang	431862	501978	798625	145
常德	Changde	108220	152148	488793	202
张家界	Zhangjiajie	22700	27836	69236	280
益阳	Yiyang	107980	133303	369034	231
郴州	Chenzhou	128526	297775	818720	141
永州	Yongzhou	117044	69970	425179	214
怀化	Huaihua	93424	27050	420429	217
娄底	Loudi	249812	521669	931473	127
广东	**Guangdong**	**20838729**			
广州	Guangzhou	3054991	4164565	4364466	11
韶关	Shaoguan	329949	356600	800456	144
深圳	Shenzhen	3974097	4833667	4872227	8
珠海	Zhuhai	650805	905091	971234	123
汕头	Shantou	802743	316488	1274034	94
佛山	Foshan	3515947	4339791	4686285	10
江门	Jiangmen	595250	870515	1867461	59
湛江	Zhanjiang	225598	670361	1124467	111
茂名	Maoming	320929	462823	601833	181
肇庆	Zhaoqing	218920	672249	1170618	105
惠州	Huizhou	783682	1517942	2619593	33
梅州	Meizhou	66200	234371	478873	206
汕尾	Shanwei		76557	234458	254
河源	Heyuan	149558	113387	517937	196
阳江	Yangjiang	56118	568739	811999	142
清远	Qingyuan	360047	762136	1219734	100
东莞	Dongguan	4355690	5060048	5553946	4
中山	Zhongshan	1289415	1678005	1811881	63
潮州	Chaozhou	28030		530892	192
揭阳	Jieyang		589868	919170	129
云浮	Yunfu	60760		408544	222
广西	**Guangxi**	**3122590**			
南宁	Nanning	392257	509382	736587	154
柳州	Liuzhou	541225	968400	1260618	95
桂林	Guilin	100635	136500	579378	183
梧州	Wuzhou	150261	211352	405777	223
北海	Beihai	43609	308650	421599	216
防城港	Fangchenggang	102938	436886	496798	200
钦州	Qinzhou	78640	295327	542972	187
贵港	Guigang	275579	277397	537006	190
玉林	Yulin	139610	110151	391501	226
百色	Baise	379046	250363	1875440	57

9-2 工业用电量 续表 3

Electricity Consumption for Industry continued 3

单位：万千瓦时 （10 000 kwh）

地名	City	2010	2016	2017	2017 排名 Ranking	地名	City	2010	2016	2017	2017 排名 Ranking
贺州	Hezhou	237294	514289	378490	229	丽江	Lijiang	10781	3826	65670	281
河池	Hechi	109080	10610	394006	224	普洱	Puer	29054	47367	169878	262
来宾	Laibin	532059	482852	694716	161	临沧	Lincang	18800	14682	101115	276
崇左	Chongzuo	40357	15751	485734	205	**西藏**	**Tibet**				
海南	**Hainan**	**120560**				拉萨	Lasa			144838	268
海口	Haikou	99222	168506	120039	271	**陕西**	**Shaanxi**	**1665684**			
三亚	Sanya	21338	49560	50849	282	西安	Xi'an	684755	848047	1070059	117
三沙	Sansha					铜川	Tongchuan	542014	306340	415040	219
重庆	**Chongqing**	**3222492**	**4955086**	**5870002**		宝鸡	Baoji	199081	261630	518323	195
四川	**Sichuan**	**4620537**				咸阳	Xianyang	55866	75757	667873	167
成都	Chengdu	1024362	1329292	2574020	35	渭南	Weinan		24851	825669	138
自贡	Zigong	206437	102417	157182	266	延安	Yan'an	57521	84032	595280	182
攀枝花	Panzhihua	883763	591484	1003041	120	汉中	Hanzhong	44478	43923	564732	185
泸州	Luzhou	196309	289627	435659	211	榆林	Yulin	24792	262502		
德阳	Deyang	195635	151812	715638	158	安康	Ankang	44777	26875	108298	273
绵阳	Mianyang	122853	331985	516932	197	商洛	Shangluo	12400	103343	240679	252
广元	Guangyuan	239110	295416	389527	227	**甘肃**	**Gansu**	**2705184**			
遂宁	Suining	48909	75689	196578	259	兰州	Lanzhou	1094818	684072	2352088	40
内江	Neijiang	32860	61743	415240	218	嘉峪关	Jiayuguan	536200	2059481	2455061	37
乐山	Leshan	676119	634677	1459886	80	金昌	Jinchang			501051	199
南充	Nanchong	111330	188111	246648	249	白银	Baiyin	722682	361307	656130	171
眉山	Meishan	170072	131564	722718	156	天水	Tianshui	71885		108855	272
宜宾	Yibin	355682	178672	473710	207	武威	Wuwei	98117	56943	306071	242
广安	Guangan	97967	132699	303892	243	张掖	Zhangye	74661	110421	179594	261
达州	Dazhou	159467	240676	535659	191	平凉	Pingliang	50326	63580	169028	264
雅安	Yaan	34828	149001	806953	143	酒泉	Jiuquan	40458	72108	133224	270
巴中	Bazhong	10600	30332	95392	277	庆阳	Qingyang	12422	127180	220476	255
资阳	Ziyang	54234	46455	89102	278	定西	Dingxi	1600	5615	248080	248
贵州	**Guizhou**	**1658642**				陇南	Longnan	2015	10337	255494	247
贵阳	Guiyang	1046488		1694469	69	**青海**	**Qinghai**	**463297**			
六盘水	Liupanshui	178609	161373	1149500	109	西宁	Xining	463297	496507	3927769	13
遵义	Zunyi	236815	633098	1419773	81	海东	Haidong		347885		
安顺	Anshun	196730	294655	753074	149	**宁夏**	**Ningxia**	**1528125**			
毕节	Bijie		73211	75900	279	银川	Yinchuan	243696		2061900	48
铜仁	Tongren		212606	488260	204	石嘴山	Shizuishan	1097000	1105786	2712200	28
云南	**Yunnan**	**1286934**				吴忠	Wuzhong	176492	249638	1366299	83
昆明	Kunming	584556		1874195	58	固原	Guyuan	10483	62900	167588	265
曲靖	Qujing	239308	135791	2151510	45	中卫	Zhongwei	454	1118198	1848992	60
玉溪	Yuxi	316647	378890	976521	122	**新疆**	**Xinjiang**	**1194322**			
保山	Baoshan	36119	83551	488596	203	乌鲁木齐	Urumqi	813356	1568211	2603095	34
昭通	Zhaotong	51669	59963	387611	228	克拉玛依	Karamay	380966	451584	545409	186

9-3 城乡居民生活用电量

Household Electricity Consumption for Urban and Rural Residential

单位：万千瓦时 （10 000 kwh）

地名	City	2010	2016	2017	2017 排名 Ranking
城市合计	**Prefecture Cities**	**26605611**			
北京	**Beijing**	**1357608**	**1954313**	**1853331**	
天津	**Tianjin**	**674061**	**928218**	**766362**	
河北	**Hebei**	**653582**			
石家庄	Shijiazhuang	160102		270688	35
唐山	Tangshan	71259	201425	212455	49
秦皇岛	Qinhuangdao	56242	102075	93865	149
邯郸	Handan	65463	171301	169923	64
邢台	Xingtai	44733	50625	126958	99
保定	Baoding	84365	82028	283838	32
张家口	Zhangjiakou	35338	79552	118051	113
承德	Chengde	25506	36620	67136	198
沧州	Cangzhou	40436	76568	132451	93
廊坊	Langfang	41547	83392	245500	39
衡水	Hengshui	28591	61083	89729	156
山西	**Shanxi**	**464572**			
太原	Taiyuan	192006	313423	322415	27
大同	Datong	63991	104702	126453	100
阳泉	Yangquan	22000	35570	18393	275
长治	Changzhi	31077	46258	67775	194
晋城	Jincheng	11992	17962	39816	242
朔州	Shuozhou	11786	30554	33423	251
晋中	Jinzhong	27500		88494	159
运城	Yuncheng	38926	73290	127563	97
忻州	Xinzhou	12924	27365	68135	193
临汾	Linfen	38178	59922	107386	127
吕梁	Lvliang	14192		102254	134
内蒙古	**Inner Mongolia**	**401289**			
呼和浩特	Hohhot	95054	135206	156898	71
包头	Baotou	129545	250101	252825	38
乌海	Wuhai	19946	30254	34651	249
赤峰	Chifeng	42935	66170	110952	119
通辽	Tongliao	31096	57164	70012	191
鄂尔多斯	Erdos	31428	60163	109004	123
呼伦贝尔	Hulunbuir	12171	29180	98524	140
巴彦淖尔	Bayannur	11814	29374	60033	213
乌兰察布	Ulanqab	27300	26221	74286	183
辽宁	**Liaoning**	**1098409**			
沈阳	Shenyang	384908	509718	481597	15
大连	Dalian	234977	329763	323235	26
鞍山	Anshan	75303	97888	137791	84
抚顺	Fushun	58103	80706	93342	150
本溪	Benxi	45329	56440	71713	187
丹东	Dandong	36615		84348	170
锦州	Jinzhou	30059	56800	64408	202
营口	Yingkou	55733	70873	77197	175
阜新	Fuxin	33819	55432	57611	217
辽阳	Liaoyang	33331	49418	53448	219
盘锦	Panjin	32821	54400	42919	235
铁岭	Tieling	24832		62874	204
朝阳	Chaoyang	23191		60632	209
葫芦岛	Huludao	29388		52448	221
吉林	**Jilin**	**448369**			
长春	Changchun	230581	227000	263455	36
吉林	Jilin	84081	82390	120739	110
四平	Siping	24554	25018	59534	215
辽源	Liaoyuan	23889		31118	255
通化	Tonghua	22433		60409	210
白山	Baishan	29604		49779	228
松原	Songyuan	19751	28653	41698	238
白城	Baicheng	13476	33087	50408	225
黑龙江	**Heilongjiang**	**635467**			
哈尔滨	Harbin	222400	373952	372004	21
齐齐哈尔	Qiqihar	82000	73211	144362	81
鸡西	Jixi	30625		27665	261
鹤岗	Hegang	43249	53758	28722	258
双鸭山	Shuangyashan	12156	60277	17500	276
大庆	Daqing	57902	66079	151560	75
伊春	Yichun	42199		37165	245
佳木斯	Jiamusi	35600		71759	186
七台河	Qitaihe	36301	22809	15149	278
牡丹江	Mudanjiang	20609			
黑河	Heihe	8426	17400	70096	190
绥化	Suihua	44000	49496	94513	146
上海	**Shanghai**	**1689500**	**2177200**	**2252891**	
江苏	**Jiangsu**	**2024311**			

9-3 城乡居民生活用电量 续表 1

Household Electricity Consumption for Urban and Rural Residential continued 1

单位：万千瓦时 (10 000 kwh)

地名	City	2010	2016	2017	2017 排名 Ranking	地名	City	2010	2016	2017	2017 排名 Ranking
南京	Nanjing	498679	764493	635088	9	池州	Chizhou	21751	14018	28083	260
无锡	Wuxi	253527	353449	280570	33	宣城	Xuancheng	23221	37525	66783	199
徐州	Xuzhou	141959	232025	234791	43	**福建**	**Fujian**	**1055245**			
常州	Changzhou	209858	361179	201974	53	福州	Fuzhou	304700	543415	531523	12
苏州	Suzhou	306963	581018	743590	5	厦门	Xiamen	305720	512072	387984	19
南通	Nantong	127471	197307	232835	44	莆田	Putian	107201	199964	125569	102
连云港	Lianyungang	60701	88928	129157	96	三明	Sanming	22558	32247	117391	114
淮安	Huaian	99924	299757	146938	78	泉州	Quanzhou	133423	184071	314045	28
盐城	Yancheng	70189	162878	190519	56	漳州	Zhangzhou	60595	118082	181510	61
扬州	Yangzhou	90253	209855	212387	50	南平	Nanping	39163	64197	125127	104
镇江	Zhenjiang	75045	108238	137469	86	龙岩	Longyan	57237	108594	109556	121
泰州	Taizhou	47193	128325	141450	83	宁德	Ningde	24648	52233	145900	79
宿迁	Suqian	42549	89169	115569	116	**江西**	**Jiangxi**	**448655**			
浙江	**Zhejiang**	**1422193**				南昌	Nanchang	150960	278880	299763	31
杭州	Hangzhou	507378	930289	724900	6	景德镇	Jingdezhen	31098	43266	59597	214
宁波	Ningbo	241472	425765	408297	17	萍乡	Pingxiang	34462	59168	48927	230
温州	Wenzhou	208993	283681	506946	13	九江	Jiujiang	70200	57888	147776	76
嘉兴	Jiaxing	58899	100936	231339	45	新余	Xinyu	35768	45665	42346	236
湖州	Huzhou	71259	115727	152348	73	鹰潭	Yingtan	11214	19833	30612	256
绍兴	Shaoxing	51870	220141	225207	47	赣州	Ganzhou	32521	114936	205578	52
金华	Jinhua	60160	110857	280242	34	吉安	Jian	14435	50605	87562	161
衢州	Quzhou	33417	62204	67142	197	宜春	Yichun	24740	50965	97964	141
舟山	Zhoushan	46569	72345	67574	195	抚州	Fuzhou	25900	51728	92431	151
台州	Taizhou	118844	184652	224313	48	上饶	Shangrao	17357	66603	137589	85
丽水	Lishui	23332	39934	92344	152	**山东**	**Shandong**	**1569941**			
安徽	**Anhui**	**831259**				济南	Jinan	299230	453801	342701	23
合肥	Hefei	217548	304591	393676	18	青岛	Qingdao	272321	456122	492441	14
芜湖	Wuhu	63711	106996	88452	160	淄博	Zibo	148353	218229	182500	59
蚌埠	Bengbu	48319	68291	76013	177	枣庄	Zaozhuang	94642	114307	109061	122
淮南	Huainan	65349	101556	85184	169	东营	Dongying	35192	63240	56801	218
马鞍山	Maanshan	36349	48270	69665	192	烟台	Yantai	105294	174471	239326	41
淮北	Huaibei	27914	53969	48829	232	潍坊	Weifang	85039	146526	306000	29
铜陵	Tongling	22066	44792	35507	248	济宁	Jining	52745	125543	235408	42
安庆	Anqing	52671	48786	67156	196	泰安	Taian	57868	101895	158281	69
黄山	Huangshan	19121	34787	38073	243	威海	Weihai	56670	98248	120225	111
滁州	Chuzhou	21848	37485	82279	171	日照	Rizhao	48845	92264	86425	164
阜阳	Fuyang	48076	101051	103263	132	莱芜	Laiwu	35229	55866	23121	264
宿州	Suzhou	42888	81222	85692	167	临沂	Linyi	123951	297485	260129	37
六安	Liuan	56625	81692	64647	201	德州	Dezhou	36269	71429	129982	95
亳州	Bozhou	35170	63859	75559	178	聊城	Liaocheng	44024	77655	133690	91

9-3 城乡居民生活用电量 续表 2

Household Electricity Consumption for Urban and Rural Residential continued 2

单位：万千瓦时 （10 000 kwh）

地名	City	2010	2016	2017	2017 排名 Ranking
滨州	Binzhou	31263	63873	106554	128
菏泽	Heze	43006	120959	189708	57
河南	**Henan**	**1046712**			
郑州	Zhengzhou	315780	515543	665321	8
开封	Kaifeng	57665	98493	91976	153
洛阳	Luoyang	72949	143069	242494	40
平顶山	Pingdingshan	51892		144917	80
安阳	Anyang	71815	109849	108330	124
鹤壁	Hebi	18646	30656	32817	252
新乡	Xinxiang	70908		163117	67
焦作	Jiaozuo	42158		93888	148
濮阳	Puyang	32362	91917	82263	172
许昌	Xuchang	34068	85357	114535	117
漯河	Luohe	42714	81135	80572	174
三门峡	Sanmenxia	17918	31676	61102	207
南阳	Nanyang	60995	155840	231065	46
商丘	Shangqiu	59296	112441	170527	63
信阳	Xinyang	51956	72361	86243	165
周口	Zhoukou	19238	27065	105857	130
驻马店	Zhumadian	26352	53619	121471	109
湖北	**Hubei**	**993077**			
武汉	Wuhan	535799	737714	848336	4
黄石	Huangshi	40922	69433	94208	147
十堰	Shiyan	38670	72532	116293	115
宜昌	Yichang	69493	72996	143923	82
襄阳	Xiangyang	74928	127469	166709	65
鄂州	Ezhou	36387	60834	42252	237
荆门	Jingmen	20556	44653	87502	162
孝感	Xiaogan	37060	64179	124115	107
荆州	Jingzhou	54610		147268	77
黄冈	Huanggang	15340	30353	133907	90
咸宁	Xianning	32527	29042	99445	138
随州	Suizhou	36785	37943	58704	216
湖南	**Hunan**	**879530**			
长沙	Changsha	344333	610681	591172	10
株洲	Zhuzhou	69678	131825	136859	87
湘潭	Xiangtan	59897	87235	85613	168
衡阳	Hengyang	62294	127667	158254	70
邵阳	Shaoyang	36190	52551	131792	94
岳阳	Yueyang	54037	102974	124173	106
常德	Changde	55300	103022	102037	136
张家界	Zhangjiajie	16595	39426	41057	239
益阳	Yiyang	34480	67089	75491	179
郴州	Chenzhou	56680	41772	102043	135
永州	Yongzhou	49100	77705	127114	98
怀化	Huaihua	25477	55800	136740	88
娄底	Loudi	15469	57074	94558	145
广东	**Guangdong**	**4332726**			
广州	Guangzhou	1083087	1702550	1101528	2
韶关	Shaoguan	55542	79700	86527	163
深圳	Shenzhen	826906	1328074	1409230	1
珠海	Zhuhai	136194	219983	125547	103
汕头	Shantou	288603	155609	198280	54
佛山	Foshan	466701	778187	474846	16
江门	Jiangmen	69348	158837	208036	51
湛江	Zhanjiang	106028	137943	152112	74
茂名	Maoming	36603	117606	109657	120
肇庆	Zhaoqing	37689	98397		
惠州	Huizhou	139134	295786	345594	22
梅州	Meizhou	35330	83078	125720	101
汕尾	Shanwei		34827	88855	157
河源	Heyuan	32084	57527	95464	143
阳江	Yangjiang	31657	79919	97871	142
清远	Qingyuan	40970	110946	160036	68
东莞	Dongguan	582056	905927	384997	20
中山	Zhongshan	265870	419083	99018	139
潮州	Chaozhou	81862		105946	129
揭阳	Jieyang			164007	66
云浮	Yunfu	17062		52899	220
广西	**Guangxi**	**630258**			
南宁	Nanning	191656	405036	332639	24
柳州	Liuzhou	90497	152748	193378	55
桂林	Guilin	70495	138000	172912	62
梧州	Wuzhou	26708	36850	76094	176
北海	Beihai	39466	82617	95088	144
防城港	Fangchenggang	24480	41469	51623	223
钦州	Qinzhou	16572	47177	64048	203
贵港	Guigang	41997	85963	101169	137
玉林	Yulin	38762	74379	120119	112
百色	Baise	21376	38051	103520	131

9-3 城乡居民生活用电量 续表 3
Household Electricity Consumption for Urban and Rural Residential continued 3

单位：万千瓦时 （10 000 kwh）

地名	City	2010	2016	2017	2017 排名 Ranking	地名	City	2010	2016	2017	2017 排名 Ranking
贺州	Hezhou	25873	55285	36013	247	丽江	Lijiang	7559	13603	21600	267
河池	Hechi	8640	6563	85772	166	普洱	Puer	11840	17493	28506	259
来宾	Laibin	25115	41532	51131	224	临沧	Lincang	6360	14634	21675	266
崇左	Chongzuo	8621	16235	50086	226	**西藏**	**Tibet**				
海南	**Hainan**	**100808**				拉萨	Lasa			46991	233
海口	Haikou	56958	137141	91858	154	**陕西**	**Shaanxi**	**605459**			
三亚	Sanya	43850	101361	60408	212	西安	Xi'an	403385	813923	697527	7
三沙	Sansha					铜川	Tongchuan	18917	33799	24021	263
重庆	**Chongqing**	**721744**		**1143199**		宝鸡	Baoji	38123	69042	88740	158
四川	**Sichuan**	**1014642**				咸阳	Xianyang	45335	39294	156305	72
成都	Chengdu	420270	957659	921480	3	渭南	Weinan		42522	135868	89
自贡	Zigong	39970	61745	72908	184	延安	Yan'an	20309	33007	62824	205
攀枝花	Panzhihua	27562	48609	45580	234	汉中	Hanzhong	23662	44610	75074	180
泸州	Luzhou	50600	82151	90415	155	榆林	Yulin	16238	33398		
德阳	Deyang	36544	54515	124711	105	安康	Ankang	28801	60294	72157	185
绵阳	Mianyang	60907	130829	133489	92	商洛	Shangluo	10689	20038	37495	244
广元	Guangyuan	31677	49917	60409	210	**甘肃**	**Gansu**	**260595**			
遂宁	Suining	31564	50760	71558	188	兰州	Lanzhou	112937	164633	189509	58
内江	Neijiang	35372	67570	70644	189	嘉峪关	Jiayuguan	18183	17657	11902	279
乐山	Leshan	57018	85619	107579	126	金昌	Jinchang			16100	277
南充	Nanchong	53186	70091	113935	118	白银	Baiyin	21171	34296	33570	250
眉山	Meishan	33493	70723	74581	182	天水	Tianshui	42746		30462	257
宜宾	Yibin	43256	93495	103022	133	武威	Wuwei	10457	25239	27516	262
广安	Guangan	7873	78535			张掖	Zhangye	12446	17284	21307	268
达州	Dazhou	29887	55543	48834	231	平凉	Pingliang	11834	21043	52033	222
雅安	Yaan	15648	46698	40674	240	酒泉	Jiuquan	13527	16510	31314	254
巴中	Bazhong	18236	51828	49060	229	庆阳	Qingyang	8356	18478	22628	265
资阳	Ziyang	21579	37562	37148	246	定西	Dingxi	2700	5518	19446	271
贵州	**Guizhou**	**477483**				陇南	Longnan	6238	18948	19582	270
贵阳	Guiyang	298658	50595	590416	11	**青海**	**Qinghai**	**77600**			
六盘水	Liupanshui	29330	141823	61900	206	西宁	Xining	77600	112818	121918	108
遵义	Zunyi	121689	38000	303679	30	海东	Haidong		14141		
安顺	Anshun	27806	71937	81266	173	**宁夏**	**Ningxia**	**96879**			
毕节	Bijie		17850			银川	Yinchuan	56300		50000	227
铜仁	Tongren			107643	125	石嘴山	Shizuishan	14800	24041	21000	269
云南	**Yunnan**	**441468**				吴忠	Wuzhong	9900	22622	19148	272
昆明	Kunming	334632		326312	25	固原	Guyuan	8759	16100	18400	274
曲靖	Qujing	27810	47594	74691	181	中卫	Zhongwei	7120	29809	18521	273
玉溪	Yuxi	21413	40855	40228	241	**新疆**	**Xinjiang**	**152169**			
保山	Baoshan	17052	31437	61046	208	乌鲁木齐	Urumqi	131970	190923	182295	60
昭通	Zhaotong	14802	41963	66543	200	克拉玛依	Karamay	20199	35141	32582	253

9-4 工业废水排放量
Volume of Industrial Wastewater Discharged

单位：万吨 (10 000 tons)

地名	City	2010	2016	2017	2017 排名 Ranking
城市合计	**Prefecture Cities**	**2254365**			
北京	**Beijing**	**8198**	**8515**	**8494**	
天津	**Tianjin**	**19680**	**18022**	**18107**	
河北	**Hebei**	**111185**			
石家庄	Shijiazhuang	19254	13022	8430	28
唐山	Tangshan	18170	13269	9388	22
秦皇岛	Qinhuangdao	5608	3902	2310	132
邯郸	Handan	7686	4806	2743	111
邢台	Xingtai	9293	9289	5843	49
保定	Baoding	17866	7419	6514	41
张家口	Zhangjiakou	6983	3486	1977	150
承德	Chengde	6290	1384	1363	181
沧州	Cangzhou	6871	4512	3124	103
廊坊	Langfang	6662	4485	2018	147
衡水	Hengshui	6502	2216	615	221
山西	**Shanxi**	**45102**			
太原	Taiyuan	2557	3879	3739	81
大同	Datong	4832	1924	1821	166
阳泉	Yangquan	1134	531	374	232
长治	Changzhi	5241	4653	4088	76
晋城	Jincheng	5188	6014	3270	98
朔州	Shuozhou	1535	1342	1122	193
晋中	Jinzhong	2189	1775	987	201
运城	Yuncheng	11854	2602		
忻州	Xinzhou	1452		629	219
临汾	Linfen	3068			
吕梁	Lvliang	6052	3135	2609	117
内蒙古	**Inner Mongolia**	**33064**			
呼和浩特	Hohhot	2374	2339	2372	128
包头	Baotou	4833	3345	3199	100
乌海	Wuhai	4352	1201	994	198
赤峰	Chifeng	2723	1866	1244	185
通辽	Tongliao	2880	2251	1810	167
鄂尔多斯	Erdos	3377	3641	3445	90
呼伦贝尔	Hulunbuir	6357	4245	4131	74
巴彦淖尔	Bayannur	4718	2099	2034	145
乌兰察布	Ulanqab	1450	549	818	208
辽宁	**Liaoning**	**70524**			
沈阳	Shenyang	6140	5547	5407	56
大连	Dalian	27421	27709	24805	3
鞍山	Anshan	5548	3098	2609	117
抚顺	Fushun	3031	2167	1842	163
本溪	Benxi	2591	2053	2887	108
丹东	Dandong	4070	1650	1126	191
锦州	Jinzhou	3859	2100	1997	148
营口	Yingkou	3197	1891	2048	143
阜新	Fuxin	544	701	658	218
辽阳	Liaoyang	2942	4542	2573	121
盘锦	Panjin	2446	2821	1997	148
铁岭	Tieling	1682	957	991	200
朝阳	Chaoyang	3823	486	453	228
葫芦岛	Huludao	3230		1891	161
吉林	**Jilin**	**35440**			
长春	Changchun	5815	2548	2501	125
吉林	Jilin	15584	8837	11522	18
四平	Siping	1385	1485	1259	183
辽源	Liaoyuan	1062	511	603	222
通化	Tonghua	6807	1288	916	205
白山	Baishan	1984	1210	343	235
松原	Songyuan	751	521	548	225
白城	Baicheng	2052	265	267	239
黑龙江	**Heilongjiang**	**34920**			
哈尔滨	Harbin	3283	4235	2358	130
齐齐哈尔	Qiqihar	6089	3269		
鸡西	Jixi	3057	445	1011	196
鹤岗	Hegang	2705	4101	3285	96
双鸭山	Shuangyashan	1107	3009	1534	176
大庆	Daqing	8786		3436	91
伊春	Yichun	757	725	692	214
佳木斯	Jiamusi	3185	463	618	220
七台河	Qitaihe	2671	913	389	231
牡丹江	Mudanjiang	2793	9904	528	226
黑河	Heihe	161	762		
绥化	Suihua	326	1816	944	203
上海	**Shanghai**	**36696**	**36599**	**31586**	
江苏	**Jiangsu**	**262031**			

9-4 工业废水排放量 续表 1

Volume of Industrial Wastewater Discharged continued 1

单位：万吨 (10 000 tons)

地名	City	2010	2016	2017	2017 排名 Ranking
南京	Nanjing	33784	21624	15710	10
无锡	Wuxi	35846	20935	20783	6
徐州	Xuzhou	9122	8694	3449	89
常州	Changzhou	37715	12178	13315	15
苏州	Suzhou	64055	48437	42380	1
南通	Nantong	15708	15367	13372	14
连云港	Lianyungang	3538	6769	4860	62
淮安	Huaian	10484	6624	3690	82
盐城	Yancheng	13028	14207	11003	19
扬州	Yangzhou	9059	8233	6782	38
镇江	Zhenjiang	8187	7981	5592	54
泰州	Taizhou	15493	5687	4596	65
宿迁	Suqian	6012	5322	5652	52
浙江	**Zhejiang**	**216068**			
杭州	Hangzhou	80468	28382	24559	4
宁波	Ningbo	18970	15760	14426	11
温州	Wenzhou	17008	5012	4249	72
嘉兴	Jiaxing	19812	19763	19695	7
湖州	Huzhou	10888	8532	8470	27
绍兴	Shaoxing	30230	24383	25057	2
金华	Jinhua	12309	6467	6404	43
衢州	Quzhou	12256	10693	10668	20
舟山	Zhoushan	1493	1439	1250	184
台州	Taizhou	5709	5725	5125	58
丽水	Lishui	6926	3757	3013	105
安徽	**Anhui**	**70976**			
合肥	Hefei	3290	5130	4389	69
芜湖	Wuhu	4305	3302	3575	84
蚌埠	Bengbu	5742	1917	1715	169
淮南	Huainan	5607	4082	4992	61
马鞍山	Maanshan	5563	7558	8601	26
淮北	Huaibei	1818	3153	1727	168
铜陵	Tongling	4512	3935	3180	101
安庆	Anqing	5644	4018	2659	116
黄山	Huangshan	2102	707	700	213
滁州	Chuzhou	7643	3799	2360	129
阜阳	Fuyang	2575	2500	2144	140
宿州	Suzhou	3688	3572	2241	135
六安	Liuan	3436	810	686	215
亳州	Bozhou	1527	1879	1934	156
池州	Chizhou	1485	945	486	227
宣城	Xuancheng	6883	1811	1620	171
福建	**Fujian**	**124159**			
福州	Fuzhou	4920	3696	4390	68
厦门	Xiamen	4457	18259	21465	5
莆田	Putian	1700	2504	2169	139
三明	Sanming	15816	6566	5073	59
泉州	Quanzhou	19544	13349	8870	23
漳州	Zhangzhou	62845	15387	19051	8
南平	Nanping	9399	3297	3149	102
龙岩	Longyan	3977	4432	3219	99
宁德	Ningde	1501	1303	2389	127
江西	**Jiangxi**	**72481**			
南昌	Nanchang	10536	10258		
景德镇	Jingdezhen	5296	3928	3532	86
萍乡	Pingxiang	1808	1832	802	209
九江	Jiujiang	8784	8561	7904	33
新余	Xinyu	5681	3277	2665	115
鹰潭	Yingtan	4725	1669	1471	179
赣州	Ganzhou	10437	10128	5791	50
吉安	Jian	11201	3503	3351	93
宜春	Yichun	4286	5506	3466	88
抚州	Fuzhou	4543		2046	144
上饶	Shangrao	5184	6124	6318	45
山东	**Shandong**	**208261**			
济南	Jinan	5594	5993	5949	48
青岛	Qingdao	10800	6865	5613	53
淄博	Zibo	21212	14892	13060	16
枣庄	Zaozhuang	16185	7399	6113	46
东营	Dongying	10559	8034		
烟台	Yantai	8386	8535	7848	34
潍坊	Weifang	21496	23805		
济宁	Jining	16212	13344	13498	13
泰安	Taian	4579	7011	6367	44
威海	Weihai	2872	2428	1947	155
日照	Rizhao	9977	6527	7070	35
莱芜	Laiwu	2659	1619	1210	187
临沂	Linyi	10077	9530	8769	25
德州	Dezhou	19335	7740	8263	30
聊城	Liaocheng	20873	8264	5350	57

9-4 工业废水排放量 续表 2

Volume of Industrial Wastewater Discharged continued 2

单位：万吨 (10 000 tons)

地名	City	2010	2016	2017	2017 排名 Ranking
滨州	Binzhou	15013	20086	17923	9
菏泽	Heze	12432	8507	7046	36
河南	**Henan**	**143284**			
郑州	Zhengzhou	13484	7966	8243	31
开封	Kaifeng	5462	3215	2228	137
洛阳	Luoyang	5741	4932	3913	79
平顶山	Pingdingshan	6107	2630	2789	110
安阳	Anyang	15585	2153	2082	141
鹤壁	Hebi	5680	2581	2797	109
新乡	Xinxiang	16098	8180	8853	24
焦作	Jiaozuo	21807	8440	6654	40
濮阳	Puyang	9370	4064	3019	104
许昌	Xuchang	3371	4279	2589	120
漯河	Luohe	7849	2018	1597	172
三门峡	Sanmenxia	3602	3808	1512	177
南阳	Nanyang	11070	3094	2687	112
商丘	Shangqiu	4354	2967	3605	83
信阳	Xinyang	4487	670	1025	195
周口	Zhoukou	2852	3582	1925	157
驻马店	Zhumadian	6365	3518	2056	142
湖北	**Hubei**	**88192**			
武汉	Wuhan	22465	12623	11931	17
黄石	Huangshi	7749	4375	4017	78
十堰	Shiyan	2700	1262	832	206
宜昌	Yichang	14484	5919	5693	51
襄阳	Xiangyang	11328	5380	4355	71
鄂州	Ezhou	2073	1013	1902	159
荆门	Jingmen	7177	2053	1829	164
孝感	Xiaogan	5928	4405	3898	80
荆州	Jingzhou	6104	5167	4129	75
黄冈	Huanggang	3704	1664	1635	170
咸宁	Xianning	2462	1421	1561	173
随州	Suizhou	2018	472	303	236
湖南	**Hunan**	**93658**			
长沙	Changsha	4336	4287	4066	77
株洲	Zhuzhou	7900	3851	2177	138
湘潭	Xiangtan	7557	3254	2326	131
衡阳	Hengyang	7180	5688	3566	85
邵阳	Shaoyang	6939	1979	1125	192
岳阳	Yueyang	12245	8207	6742	39
常德	Changde	12575	4064	2677	114
张家界	Zhangjiajie	429	88	60	246
益阳	Yiyang	7548	4581	3271	97
郴州	Chenzhou	6768	4520	2944	106
永州	Yongzhou	3854	1629	682	217
怀化	Huaihua	6471	2579	1901	160
娄底	Loudi	9856	2821	1884	162
广东	**Guangdong**	**186359**			
广州	Guangzhou	26023	19326		
韶关	Shaoguan	6028	7276	7954	32
深圳	Shenzhen	9001	10891		
珠海	Zhuhai	6124	4379		
汕头	Shantou	6150	6087		
佛山	Foshan	26683	14107		
江门	Jiangmen	11457		9676	21
湛江	Zhanjiang	5455	5432		
茂名	Maoming	5523	2946		
肇庆	Zhaoqing	8844	6567	6421	42
惠州	Huizhou	6029	6137		
梅州	Meizhou	3431			
汕尾	Shanwei	3679	949		
河源	Heyuan	3247		685	216
阳江	Yangjiang	3125	1499	741	211
清远	Qingyuan	3055		1318	182
东莞	Dongguan	29992	17245		
中山	Zhongshan	11381		7044	37
潮州	Chaozhou	4237	1980		
揭阳	Jieyang	3369	3462		
云浮	Yunfu	3526	1179	1225	186
广西	**Guangxi**	**140094**			
南宁	Nanning	12426	3834	4199	73
柳州	Liuzhou		5815	5006	60
桂林	Guilin	3527	2353	1916	158
梧州	Wuzhou	4085	2926	2235	136
北海	Beihai	1369	1200	1953	154
防城港	Fangchenggang	5889	622	729	212
钦州	Qinzhou	4093	2527	2399	126
贵港	Guigang	15762	13522	2543	122
玉林	Yulin	3838	2347	1956	152
百色	Baise	4698	2715	2272	134

9-4 工业废水排放量 续表 3
Volume of Industrial Wastewater Discharged continued 3

单位：万吨 (10 000 tons)

地名	City	2010	2016	2017	2017 排名 Ranking
贺州	Hezhou	2946	971	1143	190
河池	Hechi	23701	2787	2923	107
来宾	Laibin	51252	4155	4655	63
崇左	Chongzuo	6508	2195	2020	146
海南	**Hainan**	**536**			
海口	Haikou	513	507	598	224
三亚	Sanya	23	7	20	247
三沙	Sansha				
重庆	**Chongqing**	**45180**	**25875**	**19304**	
四川	**Sichuan**	**88742**			
成都	Chengdu	12558	9262	8319	29
自贡	Zigong	2781	1262	929	204
攀枝花	Panzhihua	1904			
泸州	Luzhou	6267	3050	3405	92
德阳	Deyang	5448	4191		
绵阳	Mianyang	9492	2576		
广元	Guangyuan	2783	332	222	240
遂宁	Suining	3560	1373		
内江	Neijiang	2654	2821	1156	189
乐山	Leshan	6342	4398	4609	64
南充	Nanchong	1133			
眉山	Meishan	10409		2542	123
宜宾	Yibin	12256		6107	47
广安	Guangan	2547	1337	1191	188
达州	Dazhou	3225		968	202
雅安	Yaan	1943	634		
巴中	Bazhong	827			
资阳	Ziyang	2613			
贵州	**Guizhou**	**9214**			
贵阳	Guiyang	2380	3768	4452	66
六盘水	Liupanshui	3912	4014	5588	55
遵义	Zunyi	2203	1590	1052	194
安顺	Anshun	719	300		
毕节	Bijie				
铜仁	Tongren		349		
云南	**Yunnan**	**17911**			
昆明	Kunming	4435	5359	3346	94
曲靖	Qujing	3078	2586	1486	178
玉溪	Yuxi	1510	5533	1954	153
保山	Baoshan	3645	7509	820	207
昭通	Zhaotong	365	1309	1822	165
丽江	Lijiang	132	321	210	241
普洱	Puer	2456	4501	2606	119
临沧	Lincang	2290	4661	1004	197
西藏	**Tibet**				
拉萨	Lasa		198	601	223
陕西	**Shaanxi**	**47084**			
西安	Xi'an	13840	4030	4448	67
铜川	Tongchuan	328	348		
宝鸡	Baoji	11521	3565	2528	124
咸阳	Xianyang	7149	4450	2686	113
渭南	Weinan	3245	4450	4362	70
延安	Yan'an	1390	2980	1962	151
汉中	Hanzhong	2244	2192		
榆林	Yulin	5099	6754		
安康	Ankang	292	236	13691	12
商洛	Shangluo	1976	952	169	243
甘肃	**Gansu**	**13727**			
兰州	Lanzhou	2529	3342	3528	87
嘉峪关	Jiayuguan	2566	33007	1556	174
金昌	Jinchang	1614	1553	1550	175
白银	Baiyin	1463	398	373	233
天水	Tianshui	475	330	288	237
武威	Wuwei	741	342	209	242
张掖	Zhangye	987	904	415	229
平凉	Pingliang	1410	681	780	210
酒泉	Jiuquan	733	509	368	234
庆阳	Qingyang	180	242	273	238
定西	Dingxi	187	201	144	245
陇南	Longnan	842	1214	401	230
青海	**Qinghai**	**4052**			
西宁	Xining	4052			
海东	Haidong				
宁夏	**Ningxia**	**20144**			
银川	Yinchuan	5894	3672	2310	132
石嘴山	Shizuishan	1864	1335		
吴忠	Wuzhong	6944	1015		
固原	Guyuan	142	99	993	199
中卫	Zhongwei	5300	2945	161	244
新疆	**Xinjiang**	**7402**			
乌鲁木齐	Urumqi	5822	4489	3337	95
克拉玛依	Karamay	1580	1529	1376	180

9-5 工业二氧化硫产生量
Volume of Industrial Sulfur Dioxide Produced

单位：吨 (ton)

地名	City	2010	2015	2016	2016 排名 Ranking
城市合计	**Prefecture Cities**	**48709109**	**54762829**		
北京	**Beijing**	**154714**	**64153**	**42802**	
天津	**Tianjin**	**554913**	**522273**	**434147**	
河北	**Hebei**	**3555783**	**2847972**		
石家庄	Shijiazhuang	632407	501117	515066	23
唐山	Tangshan	701127	628018	627967	14
秦皇岛	Qinhuangdao	548320	120882	117259	116
邯郸	Handan	515933	538360	695381	12
邢台	Xingtai	179565	185680	180896	84
保定	Baoding	237581	156546	181029	83
张家口	Zhangjiakou	265797	215975	179345	85
承德	Chengde	159338	154262	134625	105
沧州	Cangzhou	135489	151529	166510	88
廊坊	Langfang	74751	79440	72465	165
衡水	Hengshui	105475	116163	78583	155
山西	**Shanxi**	**2644736**	**3729248**		
太原	Taiyuan	350273	403333	452236	26
大同	Datong	436932	379510	301643	45
阳泉	Yangquan	223007	213631	197721	75
长治	Changzhi	333920	387694	391119	32
晋城	Jincheng	176688	240544	275684	52
朔州	Shuozhou	175921	309196	289949	49
晋中	Jinzhong	124278	456661	358638	35
运城	Yuncheng	151000	721992	667811	13
忻州	Xinzhou	172985		75836	160
临汾	Linfen	287411	364047		
吕梁	Lvliang	212321	252640	331618	38
内蒙古	**Inner Mongolia**	**3795508**	**3931892**		
呼和浩特	Hohhot	384596	304917	318863	42
包头	Baotou	924157	726457	722447	11
乌海	Wuhai	118277	308784	316730	44
赤峰	Chifeng	674615	1144214	1381902	4
通辽	Tongliao	97437	373732	293703	48
鄂尔多斯	Erdos	608990	109718	918372	7
呼伦贝尔	Hulunbuir	95436	135013	55088	184
巴彦淖尔	Bayannur	87000	585249	599314	15
乌兰察布	Ulanqab	805000	243808	295301	47
辽宁	**Liaoning**	**2015266**	**2492925**		
沈阳	Shenyang	180971	273014	191648	79
大连	Dalian	204728	294137	197840	74
鞍山	Anshan	121609	151313	140581	100
抚顺	Fushun	144582	132665	109324	124
本溪	Benxi	75810	70583	62696	176
丹东	Dandong	35079	82249	59946	179
锦州	Jinzhou	101369	84441	65581	173
营口	Yingkou	69711	104187	91003	137
阜新	Fuxin	157607	149065	128747	108
辽阳	Liaoyang	77044	97187	72643	164
盘锦	Panjin		85389	71327	167
铁岭	Tieling	140951	153904	150479	98
朝阳	Chaoyang	66953	120968	81568	152
葫芦岛	Huludao	638852	693823		
吉林	**Jilin**	**511216**	**638657**		
长春	Changchun	112175	137383	116716	117
吉林	Jilin	122243	182591	135334	104
四平	Siping	77582	63723	49451	192
辽源	Liaoyuan	32061	36702	21236	229
通化	Tonghua	67420	38489	42539	204
白山	Baishan	37918	79327	41370	206
松原	Songyuan	32850	42728	21729	227
白城	Baicheng	28967	37714	26852	222
黑龙江	**Heilongjiang**	**415623**	**502791**		
哈尔滨	Harbin	128767	105642	92030	136
齐齐哈尔	Qiqihar	5478	67726		
鸡西	Jixi	25101	32398	38434	210
鹤岗	Hegang	24173	27582	17977	234
双鸭山	Shuangyashan	40926	35666	32817	216
大庆	Daqing	66066	77690	69376	171
伊春	Yichun	15542	19241	14862	238
佳木斯	Jiamusi	18484	17343	18354	233
七台河	Qitaihe	32797	34593	32592	217
牡丹江	Mudanjiang	23839	36926	7330	258
黑河	Heihe	21452	33029	21598	228
绥化	Suihua	12998	14955	13498	242
上海	**Shanghai**	**534287**			
江苏	**Jiangsu**	**2709267**	**3129681**		

9-5 工业二氧化硫产生量 续表 1
Volume of Industrial Sulfur Dioxide Produced continued 1

单位：吨 (ton)

地名	City	2010	2015	2016	2016 排名 Ranking
南京	Nanjing	247183	312605	259170	55
无锡	Wuxi	308886	290621	301167	46
徐州	Xuzhou	425868	419694	431315	28
常州	Changzhou	163211	115078	112617	120
苏州	Suzhou	573794	661600	584754	16
南通	Nantong	244521	262711	273698	53
连云港	Lianyungang	47127	96321	87830	141
淮安	Huaian	70442	113037	98668	132
盐城	Yancheng	65793	183001	161628	91
扬州	Yangzhou	190889	216162	158902	94
镇江	Zhenjiang	278518	241513	269647	54
泰州	Taizhou	54921	182475	323847	40
宿迁	Suqian	38114	34863	33864	215
浙江	**Zhejiang**	**2245192**	**1597798**		
杭州	Hangzhou	152743	140100	114894	118
宁波	Ningbo	1113077	507373	922571	6
温州	Wenzhou	130896	131729	149419	99
嘉兴	Jiaxing	165327	178125	194520	77
湖州	Huzhou	91657	87347	89112	140
绍兴	Shaoxing	109282	129453	104292	129
金华	Jinhua	105761	98515	78523	156
衢州	Quzhou	87053	86591	69871	169
舟山	Zhoushan	28533	68860	53981	186
台州	Taizhou	231382	143954	161705	90
丽水	Lishui	29481	25751	15640	237
安徽	**Anhui**	**2289845**	**3345038**		
合肥	Hefei	88612	119283	83393	150
芜湖	Wuhu	84325	105450	110654	122
蚌埠	Bengbu	52635	45895	35060	214
淮南	Huainan	222552	234192	231293	62
马鞍山	Maanshan	127116	164727	160789	92
淮北	Huaibei	67488	76541	118325	115
铜陵	Tongling	1354264	2123459	2005457	1
安庆	Anqing	34955	126564	118802	114
黄山	Huangshan	4106	2971	2920	262
滁州	Chuzhou	22179	38136	39823	207
阜阳	Fuyang	55607	47356	38917	209
宿州	Suzhou	55977	65656	77102	157
六安	Liuan	16009	42447	31081	219
亳州	Bozhou	17485	15911	25676	224

地名	City	2010	2015	2016	2016 排名 Ranking
池州	Chizhou	65994	100457	114672	119
宣城	Xuancheng	20541	35993	59119	182
福建	**Fujian**	**880845**	**891914**		
福州	Fuzhou	268501	176146	133443	106
厦门	Xiamen	51324	54057	19926	231
莆田	Putian	37862	32980	11256	249
三明	Sanming	65810	101592	52913	189
泉州	Quanzhou	201383	300811	258748	56
漳州	Zhangzhou	96277	103441	76885	158
南平	Nanping	23035	20360	11092	251
龙岩	Longyan	57174	49645	59367	181
宁德	Ningde	79479	52882	51125	191
江西	**Jiangxi**	**2050073**	**2578715**		
南昌	Nanchang	59236	91485	83457	149
景德镇	Jingdezhen	37697	73625	53655	187
萍乡	Pingxiang	97716	108398	111934	121
九江	Jiujiang	147956	369764	393617	31
新余	Xinyu	115191	115660	94601	134
鹰潭	Yingtan	1218008	1326991	1338610	5
赣州	Ganzhou	76996	75132	65068	174
吉安	Jian	100872	117487	90609	138
宜春	Yichun	100768	188210	156549	96
抚州	Fuzhou	22750	24042		
上饶	Shangrao	72883	87921	106720	126
山东	**Shandong**	**4139011**	**7075764**		
济南	Jinan	134811	243133	207015	71
青岛	Qingdao	249237	296032	229041	64
淄博	Zibo	585756	536628	548241	20
枣庄	Zaozhuang	138117	259631	232612	61
东营	Dongying	302430	456406	580397	17
烟台	Yantai	379429	558352	876946	8
潍坊	Weifang	537249	454718	563373	19
济宁	Jining	303173	498139	413951	30
泰安	Taian	258971	242404	222082	67
威海	Weihai	48206	127371	163013	89
日照	Rizhao	157050	180430	158980	93
莱芜	Laiwu	222368	221905	225866	65
临沂	Linyi	239915	344655	379021	33
德州	Dezhou	276317	285179	326504	39
聊城	Liaocheng		631746	1416298	3

9-5 工业二氧化硫产生量 续表 2

Volume of Industrial Sulfur Dioxide Produced continued 2

单位：吨 (ton)

地名	City	2010	2015	2016	2016 排名 Ranking	地名	City	2010	2015	2016	2016 排名 Ranking
滨州	Binzhou	115957	1528878	1887735	2	常德	Changde	131054	96853	84644	146
菏泽	Heze	190025	210157	225313	66	张家界	Zhangjiajie	25431	32821	28181	221
河南	**Henan**	**2710276**	**2933530**			益阳	Yiyang	121031	112095	76007	159
郑州	Zhengzhou	236478	339627	248465	57	郴州	Chenzhou	210815	293555	239591	59
开封	Kaifeng	110851	124563	42895	202	永州	Yongzhou	38879	26064	12229	247
洛阳	Luoyang	604247	376923	346274	36	怀化	Huaihua	77314	56125	31761	218
平顶山	Pingdingshan	261442	302178	210421	70	娄底	Loudi	72165	172105	155877	97
安阳	Anyang	255365	354757	317054	43	**广东**	**Guangdong**	**1695842**	**2592112**		
鹤壁	Hebi	91614	124271	173508	87	广州	Guangzhou		436882	486670	24
新乡	Xinxiang	154789	167685	230384	63	韶关	Shaoguan	97034	92049	157444	95
焦作	Jiaozuo	90234	237752	206834	72	深圳	Shenzhen	35185	36247	13048	244
濮阳	Puyang	44202	63980	45522	198	珠海	Zhuhai	103011	87884	54264	185
许昌	Xuchang	130235	100935	103836	130	汕头	Shantou	110955	71798	62091	178
漯河	Luohe	62548	35845	48451	194	佛山	Foshan	179563	185163	121832	109
三门峡	Sanmenxia	225850	301716	193865	78	江门	Jiangmen	169116	139309		
南阳	Nanyang	170148	124292	87274	142	湛江	Zhanjiang	87870	104192	121449	110
商丘	Shangqiu	83516	97668	79472	154	茂名	Maoming	93774	469897	461133	25
信阳	Xinyang	102995	96200	83600	148	肇庆	Zhaoqing	31933	47265	48465	193
周口	Zhoukou	22533	18926	14643	239	惠州	Huizhou	101397	62177	51275	190
驻马店	Zhumadian	63229	66212	58969	183	梅州	Meizhou	102294	114157		
湖北	**Hubei**	**1566690**	**2050354**			汕尾	Shanwei	43303	89524	80912	153
武汉	Wuhan	268458	240635	195064	76	河源	Heyuan	47015			
黄石	Huangshi	610269	807180	758677	10	阳江	Yangjiang	38929	80428	73479	163
十堰	Shiyan	28801	26291	21086	230	清远	Qingyuan	56743	30170		
宜昌	Yichang	124435	226869	131815	107	东莞	Dongguan	274618	288924	283178	51
襄阳	Xiangyang	80594	89870	41890	205	中山	Zhongshan	22306	33174		
鄂州	Ezhou	102837	110821	120556	112	潮州	Chaozhou	16900	67741	35856	212
荆门	Jingmen	116182	87946	82612	151	揭阳	Jieyang	42493	95311	69670	170
孝感	Xiaogan	84852	121798	137630	103	云浮	Yunfu	41403	59820	59820	180
荆州	Jingzhou	71553	183153	71420	166	**广西**	**Guangxi**	**1382290**	**1291694**		
黄冈	Huanggang	39005	54366	48333	195	南宁	Nanning	54230	106351	90197	139
咸宁	Xianning	35104	98453	83872	147	柳州	Liuzhou	126966	116597	84882	145
随州	Suizhou	4600	2972	872	264	桂林	Guilin	102305	71145	64330	175
湖南	**Hunan**	**1411676**	**1553620**			梧州	Wuzhou	11095	13918	8405	255
长沙	Changsha	70420	47813	45889	197	北海	Beihai	32370	36950	35078	213
株洲	Zhuzhou	290997	293208	246057	58	防城港	Fangchenggang	108131	65291	43326	200
湘潭	Xiangtan	99847	97034	92957	135	钦州	Qinzhou	19552	39572	36997	211
衡阳	Hengyang	100990	154172	182882	82	贵港	Guigang	114339	69419	42556	203
邵阳	Shaoyang	25913	47894	119310	113	玉林	Yulin	8626	11501	10716	252
岳阳	Yueyang	146820	123881	101457	131	百色	Baise		201022	186698	80

9-5 工业二氧化硫产生量 续表 3

Volume of Industrial Sulfur Dioxide Produced continued 3

单位：吨 (ton)

地名	City	2010	2015	2016	2016 排名 Ranking	地名	City	2010	2015	2016	2016 排名 Ranking
贺州	Hezhou	28875	56026	53089	188	丽江	Lijiang	7500	6748	8451	254
河池	Hechi	592086	284394	13769	241	普洱	Puer	10483		11100	250
来宾	Laibin	175308	208696	320491	41	临沧	Lincang	28091	27434	16929	235
崇左	Chongzuo	8407	10812	5598	261	**西藏**	**Tibet**	**923**			
海南	**Hainan**		**4533**			拉萨	Lasa	923		603	265
海口	Haikou		3504	6127	260	**陕西**	**Shaanxi**	**1721115**	**1637475**		
三亚	Sanya		1029	1087	263	西安	Xi'an	98000	138258	74754	161
三沙	Sansha					铜川	Tongchuan	21423	79617	70327	168
重庆	**Chongqing**	**1526334**	**1178991**			宝鸡	Baoji	266468	91003	86550	144
四川	**Sichuan**	**1459810**	**1431590**	**1047107**		咸阳	Xianyang	144177	246090	105987	127
成都	Chengdu	108723	116920	67877	172	渭南	Weinan	766550	452362	432216	27
自贡	Zigong	42410	21396	13310	243	延安	Yan'an	22308	13535	42944	201
攀枝花	Panzhihua	130898	139682			汉中	Hanzhong	101544		62108	177
泸州	Luzhou	172233	129549	95822	133	榆林	Yulin	266500	421903	426833	29
德阳	Deyang	104563	33314	25742	223	安康	Ankang	11028	14097	6326	259
绵阳	Mianyang	100727	67169	18356	232	商洛	Shangluo	23117	170610	199171	73
广元	Guangyuan	26359	24182	7953	257	**甘肃**	**Gansu**	**2458952**	**2494375**		
遂宁	Suining	10327	11414	11561	248	兰州	Lanzhou	180421	153484	108372	125
内江	Neijiang	156181	121467	110358	123	嘉峪关	Jiayuguan	87240	125547	139448	101
乐山	Leshan	70095	72411	86657	143	金昌	Jinchang	1364205	1450374	361821	34
南充	Nanchong	10606	8063			白银	Baiyin	594422	538025	576542	18
眉山	Meishan	29959	27932			天水	Tianshui	18993	15227	12611	246
宜宾	Yibin	173926	320138			武威	Wuwei	1560	17656	8888	253
广安	Guangan	147595	212366	212366	69	张掖	Zhangye	41408	33255	22328	226
达州	Dazhou	127835	86402			平凉	Pingliang	128787	105892	73946	162
雅安	Yaan	38712	29647	39439	208	酒泉	Jiuquan	18581	18367	29975	220
巴中	Bazhong	2816	2039			庆阳	Qingyang	7381	8692	8089	256
资阳	Ziyang	5845	7499			定西	Dingxi	6051	11137	12801	245
贵州	**Guizhou**	**2138193**	**1813116**			陇南	Longnan	9903	16719	16719	236
贵阳	Guiyang	343061	103564	178115	86	**青海**	**Qinghai**	**115142**	**132547**		
六盘水	Liupanshui	570386	563462	526437	22	西宁	Xining	115142	119196		
遵义	Zunyi	79026	308211	528657	21	海东	Haidong		13351		
安顺	Anshun	202357	156559	185682	81	**宁夏**	**Ningxia**	**849266**	**589434**		
毕节	Bijie	797859	572477			银川	Yinchuan	262375			
铜仁	Tongren	145504	108843	120867	111	石嘴山	Shizuishan	264907	313240	287442	50
云南	**Yunnan**	**996320**	**1290532**			吴忠	Wuzhong	218768	209106	233004	60
昆明	Kunming	450000	400153	331658	37	固原	Guyuan	38538	40634	48141	196
曲靖	Qujing	396341	712158	822546	9	中卫	Zhongwei	64678	26454	23786	225
玉溪	Yuxi	74301	36993	44354	199	**新疆**	**Xinjiang**	**180000**	**420105**		
保山	Baoshan	15043	14204	14203	240	乌鲁木齐	Urumqi	130000	279813	219318	68
昭通	Zhaotong	14561	92842	104995	128	克拉玛依	Karamay	50000	140292	138951	102

9-6 工业二氧化硫排放量
Volume of Sulfur Dioxide Emission

单位：吨 (ton)

地名	City	2010	2016	2017	2017 排名 Ranking
城市合计	**Prefecture Cities**	**16931974**			
北京	**Beijing**	**56844**		**3799**	
天津	**Tianjin**	**217620**		**42323**	
河北	**Hebei**	**994138**			
石家庄	Shijiazhuang	137934	85815	36633	28
唐山	Tangshan	238061	125432	119808	2
秦皇岛	Qinhuangdao	44737	24127	18923	81
邯郸	Handan	161805	71485	58914	11
邢台	Xingtai	96139	60997	23663	56
保定	Baoding	53984	27999	8413	169
张家口	Zhangjiakou	92997	20171	14634	108
承德	Chengde	71294	47879	35048	31
沧州	Cangzhou	25832	21832	12562	125
廊坊	Langfang	32302	23654	11311	137
衡水	Hengshui	39053	9563	2040	240
山西	**Shanxi**	**1094983**			
太原	Taiyuan	94233	15707	9759	152
大同	Datong	97416	21044	18789	82
阳泉	Yangquan	109377	58396		
长治	Changzhi	121102	41161	26548	48
晋城	Jincheng	98125	66422	18179	90
朔州	Shuozhou	137040	20501	19379	76
晋中	Jinzhong	96699	30414	21642	65
运城	Yuncheng	121407	61590		
忻州	Xinzhou	78831	75836	17415	93
临汾	Linfen	66627			
吕梁	Lvliang	74126	72490	61875	8
内蒙古	**Inner Mongolia**	**934607**			
呼和浩特	Hohhot	74041	52316	31024	37
包头	Baotou	174718	42093	42967	22
乌海	Wuhai	100000	40393	39260	24
赤峰	Chifeng	47524	56906	27977	44
通辽	Tongliao	78030	38849	44173	20
鄂尔多斯	Erdos	225519	57518	43368	21
呼伦贝尔	Hulunbuir	99489	27993	21731	63
巴彦淖尔	Bayannur	72370	27462	18735	83
乌兰察布	Ulanqab	62916	27443	23563	58
辽宁	**Liaoning**	**796959**			
沈阳	Shenyang	77385	37530	25904	52
大连	Dalian	78866	51021	34282	33
鞍山	Anshan	77532	58168	36176	29
抚顺	Fushun	50553	24680	22607	60
本溪	Benxi	87528	32824	17068	96
丹东	Dandong	27955	9772	7511	178
锦州	Jinzhou	61739	15442	12947	120
营口	Yingkou	77072	35251	28452	42
阜新	Fuxin	52912	41513	37437	26
辽阳	Liaoyang	30513	12664	13501	118
盘锦	Panjin	17561	29617	7106	183
铁岭	Tieling	52802	15897	10323	145
朝阳	Chaoyang	41530	21674	21265	66
葫芦岛	Huludao	63011		14359	110
吉林	**Jilin**	**287362**			
长春	Changchun	60528	21893	14300	111
吉林	Jilin	66448	35468	29700	38
四平	Siping	56644	16898	13653	116
辽源	Liaoyuan	11048	5689	5871	196
通化	Tonghua	38143	15473	12749	122
白山	Baishan	24097	5239	4947	204
松原	Songyuan	16846	7416	5981	195
白城	Baicheng	13608	7038	7206	182
黑龙江	**Heilongjiang**	**404438**			
哈尔滨	Harbin	54000	26217	19168	78
齐齐哈尔	Qiqihar	54940			
鸡西	Jixi	19762	9327	6725	185
鹤岗	Hegang	32703	5382	5278	200
双鸭山	Shuangyashan	54489	13497	10678	143
大庆	Daqing	60515	17322	15525	104
伊春	Yichun	10515	11177	9991	150
佳木斯	Jiamusi	37268	10333	5049	203
七台河	Qitaihe	18767	12332	8669	164
牡丹江	Mudanjiang	42691	7330	7213	181
黑河	Heihe	16790	9218		
绥化	Suihua	1998	5235	6451	190
上海	**Shanghai**	**221476**		**12651**	
江苏	**Jiangsu**	**1207743**			

9-6 工业二氧化硫排放量 续表 1
Volume of Sulfur Dioxide Emission continued 1

单位：吨 (ton)

地名	City	2010	2016	2017	2017 排名 Ranking	地名	City	2010	2016	2017	2017 排名 Ranking
南京	Nanjing	115507	28639	15416	105	池州	Chizhou	21847	5556	7414	179
无锡	Wuxi	99857	61633	50154	15	宣城	Xuancheng	10045	8641	10993	140
徐州	Xuzhou	85851	84995	60172	9	**福建**	**Fujian**	**384135**			
常州	Changzhou	48000	31683	28167	43	福州	Fuzhou	93635	39196	34137	34
苏州	Suzhou	496377	109594	84388	5	厦门	Xiamen	44454	4033	2525	235
南通	Nantong	60740	37115	14518	109	莆田	Putian	17648	6798	3374	223
连云港	Lianyungang	34430	36705	18160	91	三明	Sanming	63064	20907	14932	107
淮安	Huaian	39597	25214	18258	88	泉州	Quanzhou	53546	44525	17509	92
盐城	Yancheng	31966	29722	19180	77	漳州	Zhangzhou	19017	18839	13129	119
扬州	Yangzhou	65994	15193	11197	138	南平	Nanping	34933	8547	6607	186
镇江	Zhenjiang	56402	32477	8993	162	龙岩	Longyan	40931	9539	9429	154
泰州	Taizhou	52950	15106	11721	134	宁德	Ningde	16907	15431	9995	149
宿迁	Suqian	20072	15127	13634	117	**江西**	**Jiangxi**	**469134**			
浙江	**Zhejiang**	**548291**				南昌	Nanchang	30636	13800		
杭州	Hangzhou	88682	39499	26497	49	景德镇	Jingdezhen	35902	15058	9806	151
宁波	Ningbo	109840	41928	25535	53	萍乡	Pingxiang	42358	36747	20808	68
温州	Wenzhou	61788	14920	11888	131	九江	Jiujiang	66817	23955	15858	103
嘉兴	Jiaxing	67198	27437	22516	61	新余	Xinyu	45654	32136	23232	59
湖州	Huzhou	50976	28298	22117	62	鹰潭	Yingtan	25501	7428	4070	215
绍兴	Shaoxing	54882	27499	16092	101	赣州	Ganzhou	29559	31893	26416	50
金华	Jinhua	28045	16321	14941	106	吉安	Jian	48140	24287	18391	84
衢州	Quzhou	26322	22609	18937	80	宜春	Yichun	86721	39424	40599	23
舟山	Zhoushan	22634	1925	1666	242	抚州	Fuzhou	22366		8430	168
台州	Taizhou	24552	13211	10958	141	上饶	Shangrao	35480	20991	18286	87
丽水	Lishui	13372	11616	9501	153	**山东**	**Shandong**	**1382874**			
安徽	**Anhui**	**483911**				济南	Jinan	70297	28458	16545	99
合肥	Hefei	31988	9011	9379	155	青岛	Qingdao	86190	12908	5137	201
芜湖	Wuhu	40765	31872	21245	67	淄博	Zibo	163602	139983	66452	7
蚌埠	Bengbu	17735	5662	3633	220	枣庄	Zaozhuang	75952	36109	12729	123
淮南	Huainan	98680	35363	29316	39	东营	Dongying	70995	43401		
马鞍山	Maanshan	60543	18947	17222	94	烟台	Yantai	88047	42882	26029	51
淮北	Huaibei	51200	26856	11868	132	潍坊	Weifang	116122	52544		
铜陵	Tongling	40126	12343	11468	136	济宁	Jining	118716	43943	23568	57
安庆	Anqing	17409	8023	6541	187	泰安	Taian	67699	18327	11865	133
黄山	Huangshan	2440	2920	2888	227	威海	Weihai	31785	17811	8369	173
滁州	Chuzhou	13451	11210	6496	189	日照	Rizhao	49592	23647	18355	85
阜阳	Fuyang	10405	14831	19770	75	莱芜	Laiwu	58497	28792	19988	73
宿州	Suzhou	14847	25618	12623	124	临沂	Linyi	87757	63239	54920	12
六安	Liuan	15809	4399	2608	231	德州	Dezhou	103475	53486	34889	32
亳州	Bozhou	14579	8935	15946	102	聊城	Liaocheng	71865	59125	46727	17

9-6 工业二氧化硫排放量 续表 2

Volume of Sulfur Dioxide Emission continued 2

单位：吨 (ton)

地名	City	2010	2016	2017	2017 排名 Ranking	地名	City	2010	2016	2017	2017 排名 Ranking
滨州	Binzhou	70668	157495	72459	6	常德	Changde	47728	17436	8377	171
菏泽	Heze	51615	43263	27678	46	张家界	Zhangjiajie	6379	15614	2141	239
河南	**Henan**	**1072032**				益阳	Yiyang	62145	16008	6389	193
郑州	Zhengzhou	116857	34898	24546	54	郴州	Chenzhou	40587	14212	8557	166
开封	Kaifeng	28322	7042	2628	230	永州	Yongzhou	20762	8956	4188	214
洛阳	Luoyang	211027	28386	16915	97	怀化	Huaihua	42160	12502	7401	180
平顶山	Pingdingshan	114674	18876	19145	79	娄底	Loudi	75132	43440	14241	112
安阳	Anyang	93059	48049	35558	30	**广东**	**Guangdong**	**794914**			
鹤壁	Hebi	48337	11832	3898	217	广州	Guangzhou		20726		
新乡	Xinxiang	40145	13810	6526	188	韶关	Shaoguan	48325	16169	12323	126
焦作	Jiaozuo	78217	13545	11648	135	深圳	Shenzhen	32641	4749	1329	244
濮阳	Puyang	23670	4511	1373	243	珠海	Zhuhai	35587	3734		
许昌	Xuchang	22772	14142	8194	176	汕头	Shantou	25002	11366		
漯河	Luohe	17907	1917	2457	236	佛山	Foshan	99100	34273		
三门峡	Sanmenxia	114668	23465	9360	157	江门	Jiangmen	44712		11914	130
南阳	Nanyang	51762	8851	5602	199	湛江	Zhanjiang	43785	16514		
商丘	Shangqiu	31116	20045	8366	174	茂名	Maoming	33665	9339		
信阳	Xinyang	48900	6076	11056	139	肇庆	Zhaoqing	31420	19932	20796	69
周口	Zhoukou	11926	5846	2584	232	惠州	Huizhou	33058	17297		
驻马店	Zhumadian	18673	8518	2560	233	梅州	Meizhou	42405			
湖北	**Hubei**	**488409**				汕尾	Shanwei	17585	2607	1935	241
武汉	Wuhan	87256	17917	14100	113	河源	Heyuan	21692		2255	238
黄石	Huangshi	74480	23157	16791	98	阳江	Yangjiang	16102	16540	16539	100
十堰	Shiyan	25210	9614	4616	208	清远	Qingyuan	54614			
宜昌	Yichang	69389	25996	21707	64	东莞	Dongguan	99913	67608		
襄阳	Xiangyang	46861	25264	8214	175	中山	Zhongshan	46050		3233	224
鄂州	Ezhou	42527	8932	6057	194	潮州	Chaozhou	13338	6994		
荆门	Jingmen	41168	13368	9350	158	揭阳	Jieyang	20321	8060		
孝感	Xiaogan	36275	18097	9303	159	云浮	Yunfu	35599	20617	20428	70
荆州	Jingzhou	30111	8990	8861	163	**广西**	**Guangxi**	**773395**			
黄冈	Huanggang	13922	7804	5097	202	南宁	Nanning	65696	9381	8384	170
咸宁	Xianning	13400	12600	4286	212	柳州	Liuzhou		20128	18220	89
随州	Suizhou	7810	759	287	248	桂林	Guilin	48181	16146	12024	129
湖南	**Hunan**	**603667**				梧州	Wuzhou	48800	4984	3198	225
长沙	Changsha	54678	6634	3532	221	北海	Beihai	34185	7292	5852	197
株洲	Zhuzhou	57883	24142	19966	74	防城港	Fangchenggang	31585	21792	12292	127
湘潭	Xiangtan	66704	29906	29202	40	钦州	Qinzhou	44140	5428	4416	211
衡阳	Hengyang	56543	51706	18317	86	贵港	Guigang	66744	22736	8565	165
邵阳	Shaoyang	15852	13546	10181	146	玉林	Yulin	73031	6488	3802	218
岳阳	Yueyang	57114	19469	13858	114	百色	Baise	80179	23172	24063	55

9-6 工业二氧化硫排放量 续表 3
Volume of Sulfur Dioxide Emission continued 3

单位：吨 (ton)

地名	City	2010	2016	2017	2017 排名 Ranking	地名	City	2010	2016	2017	2017 排名 Ranking
贺州	Hezhou	26667	3567	3021	226	丽江	Lijiang	3723	6744	4521	210
河池	Hechi	59315	8681	10098	148	普洱	Puer	8723	6034	5799	198
来宾	Laibin	171282	8342	6990	184	临沧	Lincang	3627	15533	2837	228
崇左	Chongzuo	23590	3431	3501	222	**西藏**	**Tibet**				
海南	**Hainan**	**104**				拉萨	Lasa		519	642	246
海口	Haikou	92	593	502	247	**陕西**	**Shaanxi**	**707045**			
三亚	Sanya	12	219	231	249	西安	Xi'an	81504	4914	3904	216
三沙	Sansha					铜川	Tongchuan	16343	7258	8482	167
重庆	**Chongqing**	**572747**		**139880**		宝鸡	Baoji	57851	18814	7773	177
四川	**Sichuan**	**859458**				咸阳	Xianyang	86305	17464	3712	219
成都	Chengdu	61928	17318			渭南	Weinan	287814	110943	95547	4
自贡	Zigong	36611	8105	2833	229	延安	Yan'an	11196	7817	9363	156
攀枝花	Panzhihua	100568				汉中	Hanzhong	37980	22799	20100	71
泸州	Luzhou	91275	25045	12752	121	榆林	Yulin	110499	78414	60125	10
德阳	Deyang	22641	13705			安康	Ankang	5983	4846	2531	234
绵阳	Mianyang	46081	9294			商洛	Shangluo	11570	6737		
广元	Guangyuan	35365	6188	4251	213	**甘肃**	**Gansu**	**413130**			
遂宁	Suining	10989	2922			兰州	Lanzhou	69800	19192	20095	72
内江	Neijiang	64586	50084	44260	19	嘉峪关	Jiayuguan	24518	30004	28815	41
乐山	Leshan	77516	41716	32886	35	金昌	Jinchang	86896	18223	36835	27
南充	Nanchong	5733				白银	Baiyin	110014	37245	1016	245
眉山	Meishan	20818		10390	144	天水	Tianshui	7412	4959	4804	205
宜宾	Yibin	86786		26733	47	武威	Wuwei	4830	3976	4573	209
广安	Guangan	74851	41366	12026	128	张掖	Zhangye	21084	11034	6407	191
达州	Dazhou	85222		17140	95	平凉	Pingliang	59643	11430	10175	147
雅安	Yaan	6652	3581			酒泉	Jiuquan	14500	11949	6392	192
巴中	Bazhong	8676				庆阳	Qingyang	4084	4875	4708	207
资阳	Ziyang	23160				定西	Dingxi	3707	7330	8377	171
贵州	**Guizhou**	**387562**				陇南	Longnan	6642	6809	2393	237
贵阳	Guiyang	84508	40373	50631	14	**青海**	**Qinghai**	**72874**			
六盘水	Liupanshui	88517	78915	129604	1	西宁	Xining	72874			
遵义	Zunyi	66804	46347	45596	18	海东	Haidong				
安顺	Anshun	147733	17159			**宁夏**	**Ningxia**	**264353**			
毕节	Bijie					银川	Yinchuan	24150	24366	13728	115
铜仁	Tongren		7970			石嘴山	Shizuishan	112839	51677	48073	16
云南	**Yunnan**	**309400**				吴忠	Wuzhong	77043	30068	27812	45
昆明	Kunming	94265	80083	50882	13	固原	Guyuan	4210	7891	4772	206
曲靖	Qujing	172800	144804	100082	3	中卫	Zhongwei	46111	22845		
玉溪	Yuxi	10056	33912	32452	36	**新疆**	**Xinjiang**	**128370**			
保山	Baoshan	7169	14131	9258	160	乌鲁木齐	Urumqi	94146	40166	37483	25
昭通	Zhaotong	9037	18663	10906	142	克拉玛依	Karamay	34224	16222	9055	161

9-7 工业烟（粉）尘产生量
Volume of Industrial Soot (dust) Produced

单位：吨 (ton)

地名	City	2016	2016 排名 Ranking	地名	City	2016	2016 排名 Ranking
城市合计	**Prefecture Cities**			沈阳	Shenyang	2764003	79
北京	**Beijing**	**1317328**		大连	Dalian	4374447	36
天津	**Tianjin**	**4827143**		鞍山	Anshan	2010530	108
河北	**Hebei**			抚顺	Fushun	2511227	86
石家庄	Shijiazhuang	7402482	9	本溪	Benxi	2440304	91
唐山	Tangshan	18491938	1	丹东	Dandong	677689	204
秦皇岛	Qinhuangdao	2377416	93	锦州	Jinzhou	673084	206
邯郸	Handan	7150488	11	营口	Yingkou	3409327	60
邢台	Xingtai	2513749	85	阜新	Fuxin	1554512	148
保定	Baoding	2128475	104	辽阳	Liaoyang	2385933	92
张家口	Zhangjiakou	2938038	75	盘锦	Panjin	562490	217
承德	Chengde	1484646	152	铁岭	Tieling	3271625	63
沧州	Cangzhou	1069577	176	朝阳	Chaoyang	1365963	158
廊坊	Langfang	673692	205	葫芦岛	Huludao		
衡水	Hengshui	822017	192	**吉林**	**Jilin**		
山西	**Shanxi**			长春	Changchun	1785257	119
太原	Taiyuan	6552772	15	吉林	Jilin	4059825	41
大同	Datong	17581458	2	四平	Siping	1079108	174
阳泉	Yangquan	1174919	168	辽源	Liaoyuan	947739	184
长治	Changzhi	5196031	27	通化	Tonghua	1247279	165
晋城	Jincheng	3079759	69	白山	Baishan	1141080	169
朔州	Shuozhou	5357175	23	松原	Songyuan	244412	239
晋中	Jinzhong	2186213	101	白城	Baicheng	575732	215
运城	Yuncheng	3682559	53	**黑龙江**	**Heilongjiang**		
忻州	Xinzhou	104570	253	哈尔滨	Harbin	3480685	59
临汾	Linfen			齐齐哈尔	Qiqihar	1012969	180
吕梁	Lvliang	3737248	51	鸡西	Jixi	1590497	143
内蒙古	**Inner Mongolia**			鹤岗	Hegang	1687897	132
呼和浩特	Hohhot	6674742	14	双鸭山	Shuangyashan	1757381	124
包头	Baotou	4996619	30	大庆	Daqing	1703152	130
乌海	Wuhai	3852099	49	伊春	Yichun	656991	207
赤峰	Chifeng	4024611	42	佳木斯	Jiamusi	1222735	166
通辽	Tongliao	4632886	34	七台河	Qitaihe	951735	182
鄂尔多斯	Erdos	8351605	8	牡丹江	Mudanjiang		
呼伦贝尔	Hulunbuir	160272	248	黑河	Heihe	647354	208
巴彦淖尔	Bayannur	2250879	99	绥化	Suihua	275577	237
乌兰察布	Ulanqab	5089417	28	**上海**	**Shanghai**		
辽宁	**Liaoning**			**江苏**	**Jiangsu**		

9-7 工业烟（粉）尘产生量 续表 1

Volume of Industrial Soot(dust) Produced continued 1

单位：吨 (ton)

地名	City	2016	2016 排名 Ranking	地名	City	2016	2016 排名 Ranking
南京	Nanjing	6820727	13	池州	Chizhou	312958	233
无锡	Wuxi	4931395	31	宣城	Xuancheng	890811	187
徐州	Xuzhou	3704938	52	**福建**	**Fujian**		
常州	Changzhou	3337019	62	福州	Fuzhou	1695547	131
苏州	Suzhou	7366348	10	厦门	Xiamen	300587	234
南通	Nantong	3932121	47	莆田	Putian	228752	244
连云港	Lianyungang	1668463	136	三明	Sanming	3947384	46
淮安	Huaian	3482833	57	泉州	Quanzhou	1857912	115
盐城	Yancheng	1845059	117	漳州	Zhangzhou	476342	224
扬州	Yangzhou	1540946	149	南平	Nanping	398741	230
镇江	Zhenjiang	3836094	50	龙岩	Longyan	5323645	25
泰州	Taizhou	1324553	162	宁德	Ningde	407226	229
宿迁	Suqian	237508	242	**江西**	**Jiangxi**		
浙江	**Zhejiang**			南昌	Nanchang	1176909	167
杭州	Hangzhou	3987001	44	景德镇	Jingdezhen	1505188	151
宁波	Ningbo	6014603	18	萍乡	Pingxiang	1830760	118
温州	Wenzhou	1636896	138	九江	Jiujiang	2365248	95
嘉兴	Jiaxing	1765111	121	新余	Xinyu	1775098	120
湖州	Huzhou	3599189	55	鹰潭	Yingtan	758480	200
绍兴	Shaoxing	597026	211	赣州	Ganzhou	3020118	71
金华	Jinhua	1601472	141	吉安	Jian	949332	183
衢州	Quzhou	1996610	110	宜春	Yichun	2929441	76
舟山	Zhoushan	799164	195	抚州	Fuzhou		
台州	Taizhou	1715770	128	上饶	Shangrao	2548713	84
丽水	Lishui	134045	251	**山东**	**Shandong**		
安徽	**Anhui**			济南	Jinan	3546400	56
合肥	Hefei	3668126	54	青岛	Qingdao	2138279	103
芜湖	Wuhu	4266419	37	淄博	Zibo	5771291	20
蚌埠	Bengbu	517222	221	枣庄	Zaozhuang	4709752	33
淮南	Huainan	8561738	7	东营	Dongying	1636493	139
马鞍山	Maanshan	4544770	35	烟台	Yantai	5314771	26
淮北	Huaibei	1718602	127	潍坊	Weifang	5078453	29
铜陵	Tongling	5803452	19	济宁	Jining	6480684	16
安庆	Anqing	3163661	68	泰安	Taian	4239446	39
黄山	Huangshan	45680	260	威海	Weihai	1587804	144
滁州	Chuzhou	984845	181	日照	Rizhao	4005656	43
阜阳	Fuyang	1053369	177	莱芜	Laiwu	3950211	45
宿州	Suzhou	2148366	102	临沂	Linyi	5568948	21
六安	Liuan	924628	186	德州	Dezhou	3232236	66
亳州	Bozhou	485218	223	聊城	Liaocheng	6940470	12

9-7 工业烟（粉）尘产生量 续表 2
Volume of Industrial Soot(dust) Produced continued 2

单位：吨 (ton)

地名	City	2016	2016 排名 Ranking	地名	City	2016	2016 排名 Ranking
滨州	Binzhou	14403851	3	常德	Changde	1273109	163
菏泽	Heze	2201468	100	张家界	Zhangjiajie	568695	216
河南	**Henan**			益阳	Yiyang	1637760	137
郑州	Zhengzhou	8791704	6	郴州	Chenzhou	2347121	96
开封	Kaifeng	343657	231	永州	Yongzhou	761988	199
洛阳	Luoyang	4810528	32	怀化	Huaihua	136256	250
平顶山	Pingdingshan	4169344	40	娄底	Loudi	3031386	70
安阳	Anyang	2327062	97	**广东**	**Guangdong**		
鹤壁	Hebi	1916761	112	广州	Guangzhou	3481190	58
新乡	Xinxiang	4258404	38	韶关	Shaoguan	1761223	122
焦作	Jiaozuo	2619649	81	深圳	Shenzhen	241018	241
濮阳	Puyang	1629077	140	珠海	Zhuhai	684113	203
许昌	Xuchang	2588688	82	汕头	Shantou	450986	225
漯河	Luohe	708255	201	佛山	Foshan	1383600	157
三门峡	Sanmenxia	2499913	89	江门	Jiangmen		
南阳	Nanyang	3001922	72	湛江	Zhanjiang	1574486	146
商丘	Shangqiu	818021	193	茂名	Maoming	545971	220
信阳	Xinyang	1391241	156	肇庆	Zhaoqing	3260204	64
周口	Zhoukou	87159	255	惠州	Huizhou	2939604	74
驻马店	Zhumadian	1092006	171	梅州	Meizhou		
湖北	**Hubei**			汕尾	Shanwei	595422	213
武汉	Wuhan	3240011	65	河源	Heyuan		
黄石	Huangshi	3910272	48	阳江	Yangjiang	1555912	147
十堰	Shiyan	793819	196	清远	Qingyuan		
宜昌	Yichang	1585683	145	东莞	Dongguan	1761179	123
襄阳	Xiangyang	1848552	116	中山	Zhongshan		
鄂州	Ezhou	1710869	129	潮州	Chaozhou	561916	218
荆门	Jingmen	1595028	142	揭阳	Jieyang	242012	240
孝感	Xiaogan	1258731	164	云浮	Yunfu	1860205	114
荆州	Jingzhou	1535719	150	**广西**	**Guangxi**		
黄冈	Huanggang	814268	194	南宁	Nanning	1740032	126
咸宁	Xianning	1682700	133	柳州	Liuzhou	2449638	90
随州	Suizhou	19963	265	桂林	Guilin	826730	191
湖南	**Hunan**			梧州	Wuzhou	86168	256
长沙	Changsha	415050	228	北海	Beihai	208874	246
株洲	Zhuzhou	2811116	78	防城港	Fangchenggang	1345018	159
湘潭	Xiangtan	1399913	155	钦州	Qinzhou	288004	236
衡阳	Hengyang	591746	214	贵港	Guigang	6158984	17
邵阳	Shaoyang	706477	202	玉林	Yulin	71183	258
岳阳	Yueyang	1337386	161	百色	Baise	2269298	98

9-7 工业烟（粉）尘产生量 续表 3
Volume of Industrial Soot(dust) Produced continued 3

单位：吨 (ton)

地名	City	2016	2016 排名 Ranking	地名	City	2016	2016 排名 Ranking
贺州	Hezhou	936512	185	丽江	Lijiang	44969	261
河池	Hechi	75022	257	普洱	Puer	595914	212
来宾	Laibin	865312	188	临沧	Lincang	42364	262
崇左	Chongzuo	1070091	175	**西藏**	**Tibet**		
海南	**Hainan**			拉萨	Lasa	784739	197
海口	Haikou	2614	266	**陕西**	**Shaanxi**		
三亚	Sanya	101595	254	西安	Xi'an	1093460	170
三沙	Sansha			铜川	Tongchuan	1741608	125
重庆	**Chongqing**	**22316324**		宝鸡	Baoji	2104684	105
四川	**Sichuan**			咸阳	Xianyang	2502228	87
成都	Chengdu	1417322	154	渭南	Weinan	2665481	80
自贡	Zigong	326949	232	延安	Yan'an	646221	209
攀枝花	Panzhihua			汉中	Hanzhong	3338715	61
泸州	Luzhou	176417	247	榆林	Yulin	5336400	24
德阳	Deyang	1014595	179	安康	Ankang	147098	249
绵阳	Mianyang	843411	189	商洛	Shangluo	486350	222
广元	Guangyuan	245459	238	**甘肃**	**Gansu**		
遂宁	Suining	41896	264	兰州	Lanzhou	3199994	67
内江	Neijiang	1342355	160	嘉峪关	Jiayuguan	2374116	94
乐山	Leshan	1678217	134	金昌	Jinchang	2573408	83
南充	Nanchong	1678217	134	白银	Baiyin	1958691	111
眉山	Meishan			天水	Tianshui	622248	210
宜宾	Yibin			武威	Wuwei	227177	245
广安	Guangan	2986521	73	张掖	Zhangye	427549	227
达州	Dazhou			平凉	Pingliang	1904342	113
雅安	Yaan	230128	243	酒泉	Jiuquan	130172	252
巴中	Bazhong			庆阳	Qingyang	42186	263
资阳	Ziyang			定西	Dingxi	55206	259
贵州	**Guizhou**			陇南	Longnan	839086	190
贵阳	Guiyang	2006286	109	**青海**	**Qinghai**		
六盘水	Liupanshui	5498162	22	西宁	Xining		
遵义	Zunyi	560617	219	海东	Haidong		
安顺	Anshun	1462686	153	**宁夏**	**Ningxia**		
毕节	Bijie			银川	Yinchuan		
铜仁	Tongren	1086337	173	石嘴山	Shizuishan	10140089	4
云南	**Yunnan**			吴忠	Wuzhong	2889944	77
昆明	Kunming	2501819	88	固原	Guyuan	439782	226
曲靖	Qujing	9239284	5	中卫	Zhongwei	2044276	107
玉溪	Yuxi	1087050	172	**新疆**	**Xinjiang**		
保山	Baoshan	1034057	178	乌鲁木齐	Urumqi	2073113	106
昭通	Zhaotong	294198	235	克拉玛依	Karamay	769114	198

9-8 工业烟（粉）尘排放量
Volume of Industrial Soot (dust) Emission

单位：吨 (ton)

地名	City	2010	2016	2017	2017 排名 Ranking
城市合计	**Prefecture Cities**	**5378758**			
北京	**Beijing**	**21266**		**4282**	
天津	**Tianjin**	**53831**		**44480**	
河北	**Hebei**	**322623**			
石家庄	Shijiazhuang	32631	52705	27056	52
唐山	Tangshan	98670	447920	246436	1
秦皇岛	Qinhuangdao	11365	48524	23686	61
邯郸	Handan	34697	117504	71523	6
邢台	Xingtai	36357	81860	42428	23
保定	Baoding	14652	14050	9308	133
张家口	Zhangjiakou	28188	31475	28378	47
承德	Chengde	21383	40963	35066	39
沧州	Cangzhou	6134	13390	12161	114
廊坊	Langfang	9855	27993	21625	65
衡水	Hengshui	28691	7133	4846	192
山西	**Shanxi**	**487490**			
太原	Taiyuan	34814	21897	17086	86
大同	Datong	77185	25462	21840	64
阳泉	Yangquan	18891	27681		
长治	Changzhi	64370	43115	28602	46
晋城	Jincheng	48202	77099	27231	50
朔州	Shuozhou	24847	15870	13199	103
晋中	Jinzhong	36121	27371	19996	71
运城	Yuncheng	48997	49421		
忻州	Xinzhou	15163	104570	36981	33
临汾	Linfen	57998			
吕梁	Lvliang	60902	93091	45093	18
内蒙古	**Inner Mongolia**	**294618**			
呼和浩特	Hohhot	12731	79103	111036	2
包头	Baotou	32563	61217	63140	10
乌海	Wuhai	19316	46407	43221	20
赤峰	Chifeng	10836	28681	10691	119
通辽	Tongliao	73440	17670	22364	63
鄂尔多斯	Erdos	97957	45699	16849	89
呼伦贝尔	Hulunbuir	14056	26771	18480	76
巴彦淖尔	Bayannur	13390	21163	20089	70
乌兰察布	Ulanqab	20329	21662	19578	74
辽宁	**Liaoning**	**382415**			
沈阳	Shenyang	60363	30130	20489	69
大连	Dalian	24171	32710	28931	45
鞍山	Anshan	30205	78425	68357	8
抚顺	Fushun	17937	37455	37374	31
本溪	Benxi	26543	97303	76967	3
丹东	Dandong	1378	8803	7511	161
锦州	Jinzhou	41158	17260	15899	92
营口	Yingkou	45221	95883	76170	4
阜新	Fuxin	28368	7985	10455	121
辽阳	Liaoyang	13599	14015	14508	98
盘锦	Panjin	5316	14437	4476	196
铁岭	Tieling	31722	16937	12104	115
朝阳	Chaoyang	45750	55464	43004	21
葫芦岛	Huludao	10684		4273	201
吉林	**Jilin**	**199922**			
长春	Changchun	94173	24451	18268	78
吉林	Jilin	33507	47644	39562	30
四平	Siping	12245	8280	10012	124
辽源	Liaoyuan	10687	4949	5961	183
通化	Tonghua	19949	17504	17344	83
白山	Baishan	13730	8747	8677	144
松原	Songyuan	6223	4126	6371	177
白城	Baicheng	9408	6034	5685	185
黑龙江	**Heilongjiang**	**232434**			
哈尔滨	Harbin	30000	21781	34857	40
齐齐哈尔	Qiqihar	3476	20139		
鸡西	Jixi	23695	5837	4240	203
鹤岗	Hegang	14739	13789	23712	60
双鸭山	Shuangyashan	26387	26219	17302	84
大庆	Daqing	29715	12664	9548	130
伊春	Yichun	25549	7692	9113	136
佳木斯	Jiamusi	15900	8622	5266	189
七台河	Qitaihe	26895	10694	8062	149
牡丹江	Mudanjiang	29471	8265	4325	199
黑河	Heihe	5617	6948		
绥化	Suihua	990	2787	1959	231
上海	**Shanghai**	**41793**		**30262**	
江苏	**Jiangsu**	**291765**			

9-8 工业烟（粉）尘排放量 续表 1
Volume of Industrial Soot (dust) Emission continued 1

单位：吨 (ton)

地名	City	2010	2016	2017	2017 排名 Ranking	地名	City	2010	2016	2017	2017 排名 Ranking
南京	Nanjing	33788	48592	40233	28	池州	Chizhou	16106	15590	14235	100
无锡	Wuxi	38909	67638	57762	12	宣城	Xuancheng	5969	13276	12771	106
徐州	Xuzhou	24257	57688	44761	19	**福建**	**Fujian**	**99951**			
常州	Changzhou	19582	57542	54916	13	福州	Fuzhou	8590	67548	48554	15
苏州	Suzhou	46272	61777	47694	17	厦门	Xiamen	2252	1183	734	243
南通	Nantong	38457	13821	7821	152	莆田	Putian	5399	3538	1239	238
连云港	Lianyungang	7356	30798	19086	75	三明	Sanming	22826	47471	24594	58
淮安	Huaian	16823	9212	7225	165	泉州	Quanzhou	23452	55689	26692	53
盐城	Yancheng	19145	21934	14543	97	漳州	Zhangzhou	5594	8303	8788	142
扬州	Yangzhou	7796	9092	7745	154	南平	Nanping	20619	7593	6511	173
镇江	Zhenjiang	12375	20637	6825	167	龙岩	Longyan	5824	20047	23911	59
泰州	Taizhou	16826	9794	6728	170	宁德	Ningde	5395	7459	6993	166
宿迁	Suqian	10179	20543	12361	113	**江西**	**Jiangxi**	**138954**			
浙江	**Zhejiang**	**160507**				南昌	Nanchang	6264	33926		
杭州	Hangzhou	30860	20414	16343	90	景德镇	Jingdezhen	8230	35274	6553	172
宁波	Ningbo	28386	24009	19722	72	萍乡	Pingxiang	16018	26992	27440	49
温州	Wenzhou	5666	4911	3575	208	九江	Jiujiang	23141	98257	35730	37
嘉兴	Jiaxing	18900	10978	10953	117	新余	Xinyu	4124	53016	30547	43
湖州	Huzhou	10648	19565	15039	95	鹰潭	Yingtan	2261	2564	1947	232
绍兴	Shaoxing	17883	14441	9538	131	赣州	Ganzhou	20471	43898	29064	44
金华	Jinhua	13796	16390	15062	94	吉安	Jian	12213	15310	10740	118
衢州	Quzhou	8936	31078	19637	73	宜春	Yichun	16698	45293	47918	16
舟山	Zhoushan	17508	2066	1766	233	抚州	Fuzhou	21805		7637	157
台州	Taizhou	5856	9152	8784	143	上饶	Shangrao	7729	23533	24603	57
丽水	Lishui	2068	10188	9154	135	**山东**	**Shandong**	**292695**			
安徽	**Anhui**	**208479**				济南	Jinan	19709	54677	25060	55
合肥	Hefei	10604	11483	13599	101	青岛	Qingdao	12334	9033	7245	163
芜湖	Wuhu	12958	37115	27089	51	淄博	Zibo	38271	72716	42218	25
蚌埠	Bengbu	9960	4154	3788	205	枣庄	Zaozhuang	13142	20166	8271	147
淮南	Huainan	38388	21328	12568	111	东营	Dongying	5873	4916		
马鞍山	Maanshan	8814	81449	68362	7	烟台	Yantai	15137	21184	16020	91
淮北	Huaibei	17981	12051	8980	138	潍坊	Weifang	26081	43918		
铜陵	Tongling	8530	17339	21112	67	济宁	Jining	22090	29710	12530	112
安庆	Anqing	8582	11039	7370	162	泰安	Taian	18248	17520	7678	156
黄山	Huangshan	2619	2589	2309	228	威海	Weihai	8238	15029	3717	206
滁州	Chuzhou	17927	11236	7835	151	日照	Rizhao	7427	89784	28099	48
阜阳	Fuyang	3891	10065	7584	158	莱芜	Laiwu	12858	120610	58926	11
宿州	Suzhou	9230	6914	6758	168	临沂	Linyi	31344	68578	53567	14
六安	Liuan	4790	4971	4620	194	德州	Dezhou	27590	35157	18145	79
亳州	Bozhou	4964	3412	3140	216	聊城	Liaocheng	6725	13604	11021	116

9-8 工业烟（粉）尘排放量 续表 2

Volume of Industrial Soot (dust) Emission continued 2

单位：吨 (ton)

地名	City	2010	2016	2017	2017 排名 Ranking	地名	City	2010	2016	2017	2017 排名 Ranking
滨州	Binzhou	14952	53570	36355	35	常德	Changde	10516	9379	6419	176
菏泽	Heze	12676	24063	17718	81	张家界	Zhangjiajie	3513	2715	2852	218
河南	**Henan**	**466021**				益阳	Yiyang	23555	8451	4823	193
郑州	Zhengzhou	45011	28977	16890	88	郴州	Chenzhou	33928	12939	9504	132
开封	Kaifeng	36252	4981	1074	240	永州	Yongzhou	10951	12477	4451	197
洛阳	Luoyang	92344	18424	7240	164	怀化	Huaihua	18267	5364	4127	204
平顶山	Pingdingshan	60082	32040	12698	109	娄底	Loudi	14652	55407	35433	38
安阳	Anyang	28160	51644	25900	54	**广东**	**Guangdong**	**231205**			
鹤壁	Hebi	11703	5949	2431	225	广州	Guangzhou		8951		
新乡	Xinxiang	14855	16456	9254	134	韶关	Shaoguan	3835	38428	23620	62
焦作	Jiaozuo	32880	16090	4362	198	深圳	Shenzhen	912	1741	892	241
濮阳	Puyang	21386	2856	1151	239	珠海	Zhuhai	8041	9946		
许昌	Xuchang	6327	12719	6734	169	汕头	Shantou	4937	2997		
漯河	Luohe	9632	1114	840	242	佛山	Foshan	33401	22642		
三门峡	Sanmenxia	44816	14814	6246	178	江门	Jiangmen	17861		10052	123
南阳	Nanyang	12914	13102	10574	120	湛江	Zhanjiang	12851	14031		
商丘	Shangqiu	13568	10298	4946	191	茂名	Maoming	23593	6364		
信阳	Xinyang	15819	19720	10085	122	肇庆	Zhaoqing	32040	27299	32714	41
周口	Zhoukou	4859	2884	1315	237	惠州	Huizhou	3237	14572		
驻马店	Zhumadian	15413	7286	1733	234	梅州	Meizhou	6106			
湖北	**Hubei**	**166093**				汕尾	Shanwei	3341	950	646	244
武汉	Wuhan	12537	54089	42300	24	河源	Heyuan	817		3700	207
黄石	Huangshi	13668	47915	31283	42	阳江	Yangjiang	8215	11713	8326	146
十堰	Shiyan	5805	3923	2413	227	清远	Qingyuan	10671			
宜昌	Yichang	9427	14959	14431	99	东莞	Dongguan	29124	12647		
襄阳	Xiangyang	14735	9398	5537	187	中山	Zhongshan	13927		5609	186
鄂州	Ezhou	13171	27381	12735	108	潮州	Chaozhou	7448	1598		
荆门	Jingmen	15351	11156	8875	140	揭阳	Jieyang	4402	2064		
孝感	Xiaogan	12481	6986	3531	209	云浮	Yunfu	6446	7828	8887	139
荆州	Jingzhou	47320	6199	6434	175	**广西**	**Guangxi**	**235657**			
黄冈	Huanggang	6594	7093	4255	202	南宁	Nanning	24506	9693	9918	125
咸宁	Xianning	12100	5600	5748	184	柳州	Liuzhou		81573	65124	9
随州	Suizhou	2904	1562	638	245	桂林	Guilin	10514	9860	7793	153
湖南	**Hunan**	**212660**				梧州	Wuzhou	20005	4332	3457	211
长沙	Changsha	24746	6890	7577	159	北海	Beihai	5188	8392	9628	129
株洲	Zhuzhou	5983	9938	9810	126	防城港	Fangchenggang	9951	27046	17007	87
湘潭	Xiangtan	16895	47854	37210	32	钦州	Qinzhou	13785	2637	2670	222
衡阳	Hengyang	29500	28693	17087	85	贵港	Guigang	57050	40318	21252	66
邵阳	Shaoyang	4291	8695	6240	180	玉林	Yulin	38895	13087	9098	137
岳阳	Yueyang	15863	4978	8229	148	百色	Baise	10150	11819	9766	127

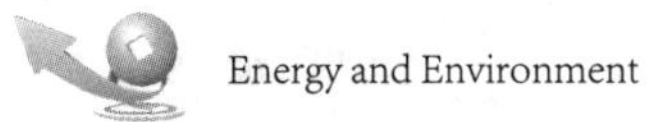

9-8　工业烟（粉）尘排放量　续表 3
Volume of Industrial Soot (dust) Emission continued 3

单位：吨　　(ton)

地名	City	2010	2016	2017	2017 排名 Ranking
贺州	Hezhou	7682	3480	2427	226
河池	Hechi	5109	3039	6209	181
来宾	Laibin	21091	4030	3382	213
崇左	Chongzuo	11731	10718	12742	107
海南	**Hainan**	**127**			
海口	Haikou	93	156	113	247
三亚	Sanya	34	1199	1345	236
三沙	Sansha				
重庆	**Chongqing**	**102132**		**68731**	
四川	**Sichuan**	**240530**			
成都	Chengdu	28901			
自贡	Zigong	13556	2935	2178	229
攀枝花	Panzhihua	25025			
泸州	Luzhou	9014	5746	6508	174
德阳	Deyang	5332	11486		
绵阳	Mianyang	19843	9529		
广元	Guangyuan	19667	4431	3519	210
遂宁	Suining	1392	1655		
内江	Neijiang	24199	27726	6094	182
乐山	Leshan	21472	28616	24706	56
南充	Nanchong	2076			
眉山	Meishan	28201			
宜宾	Yibin	7550		7937	150
广安	Guangan	8888	14714	7739	155
达州	Dazhou	7307		6243	179
雅安	Yaan	2786	6428	14803	96
巴中	Bazhong	8681			
资阳	Ziyang	6640			
贵州	**Guizhou**	**66004**			
贵阳	Guiyang	12601	8475	12983	105
六盘水	Liupanshui	27023	47826	42209	26
遵义	Zunyi	9836	13079	13217	102
安顺	Anshun	16544	3618		
毕节	Bijie				
铜仁	Tongren		6543		
云南	**Yunnan**	**54905**			
昆明	Kunming	7905	25188	36018	36
曲靖	Qujing	24900	43300	17543	82
玉溪	Yuxi	4325	20866	42019	27
保山	Baoshan	1442	12860	6658	171
昭通	Zhaotong	12097	5468	5484	188
丽江	Lijiang	1185	8947	4480	195
普洱	Puer	2171	6070	8831	141
临沧	Lincang	880	4268	3406	212
西藏	**Tibet**				
拉萨	Lasa		131	619	246
陕西	**Shaanxi**	**119473**			
西安	Xi'an	16675	2853	2758	221
铜川	Tongchuan	3336	11844	12692	110
宝鸡	Baoji	8714	11032	7577	159
咸阳	Xianyang	11757	9798	2775	220
渭南	Weinan	19223	10546	9655	128
延安	Yan'an	7000	5043	3299	214
汉中	Hanzhong	20672	33581	18305	77
榆林	Yulin	22168	62374	36623	34
安康	Ankang	3649	3533	3108	217
商洛	Shangluo	6279	2205		
甘肃	**Gansu**	**71738**			
兰州	Lanzhou	9356	15892	15786	93
嘉峪关	Jiayuguan	7884	44542	42576	22
金昌	Jinchang	13815	4704	8484	145
白银	Baiyin	14027	5823	5264	190
天水	Tianshui	4246	4311	2519	223
武威	Wuwei	2901	3524	17885	80
张掖	Zhangye	8092	6078	2500	224
平凉	Pingliang	4756	5061		
酒泉	Jiuquan	3208	2532		
庆阳	Qingyang	1404	2239	4302	200
定西	Dingxi	1599	3374	2104	230
陇南	Longnan	450	4895	3141	215
青海	**Qinghai**	**21034**			
西宁	Xining	21034			
海东	Haidong				
宁夏	**Ningxia**	**123433**			
银川	Yinchuan	8329	11220	21023	68
石嘴山	Shizuishan	72071	63650	72084	5
吴忠	Wuzhong	14200	8664	13107	104
固原	Guyuan	1000	4658	1395	235
中卫	Zhongwei	27833	48894		
新疆	**Xinjiang**	**39003**			
乌鲁木齐	Urumqi	32993	34024	39751	29
克拉玛依	Karamay	6010	6119	2815	219

9-9 工业固体废物综合利用率
Ratio of Industrial Solid Wastes Comprehensively Utilized

单位：% (%)

地名	City	2010	2016	2017	2017 排名 Ranking
城市合计	**Prefecture Cities**				
北京	**Beijing**	**65.82**		**74.01**	
天津	**Tianjin**	**98.57**		**98.87**	
河北	**Hebei**				
石家庄	Shijiazhuang	93.36	94.96	92.00	77
唐山	Tangshan	80.55	70.79	79.64	140
秦皇岛	Qinhuangdao	59.57	81.89	85.39	123
邯郸	Handan	89.97	85.70	93.52	62
邢台	Xingtai	94.62	96.03	97.00	34
保定	Baoding	70.78	98.84	42.00	212
张家口	Zhangjiakou	33.27	57.16	57.93	192
承德	Chengde	12.20	27.50	28.00	230
沧州	Cangzhou	99.60	59.73	99.28	8
廊坊	Langfang	99.41	94.29	90.00	100
衡水	Hengshui	100.00	98.97	93.32	68
山西	**Shanxi**				
太原	Taiyuan	52.27	51.30	42.73	210
大同	Datong	68.94	92.00	19.00	239
阳泉	Yangquan	23.40	16.76		
长治	Changzhi	67.87	75.40	46.68	206
晋城	Jincheng	75.21	78.00	54.29	198
朔州	Shuozhou	48.35	51.52	38.00	217
晋中	Jinzhong	90.89		95.30	50
运城	Yuncheng	70.80	31.54		
忻州	Xinzhou	88.67	70.00	70.80	173
临汾	Linfen	80.98			
吕梁	Lvliang	91.67	74.24	42.60	211
内蒙古	**Inner Mongolia**				
呼和浩特	Hohhot	38.62	43.78	36.56	218
包头	Baotou	81.06	44.72	48.54	204
乌海	Wuhai	68.85		67.38	179
赤峰	Chifeng	38.37	29.95	34.34	219
通辽	Tongliao	86.04	89.74	49.87	203
鄂尔多斯	Erdos	78.00	45.03	34.00	220
呼伦贝尔	Hulunbuir	25.22	40.21	28.46	228
巴彦淖尔	Bayannur	96.98	33.14	32.82	223
乌兰察布	Ulanqab	75.41	68.69	43.00	209
辽宁	**Liaoning**				

地名	City	2010	2016	2017	2017 排名 Ranking
沈阳	Shenyang	95.68	77.84	90.09	98
大连	Dalian	95.90	95.31	95.00	51
鞍山	Anshan	19.10		46.21	207
抚顺	Fushun	43.87	42.56	26.37	233
本溪	Benxi	37.85	45.01	41.57	213
丹东	Dandong	98.00	92.10	83.61	128
锦州	Jinzhou	62.52	88.97	86.90	115
营口	Yingkou	99.40	93.70	95.00	51
阜新	Fuxin	96.25	81.60	88.80	107
辽阳	Liaoyang	100.00	6.00	17.51	240
盘锦	Panjin	94.75	89.66	80.00	136
铁岭	Tieling	67.39	64.28	58.80	190
朝阳	Chaoyang	54.09	79.66	90.75	90
葫芦岛	Huludao	65.13		75.80	158
吉林	**Jilin**				
长春	Changchun	99.58	98.70	96.31	36
吉林	Jilin	43.00	46.77	31.52	227
四平	Siping	87.36	93.67	75.00	160
辽源	Liaoyuan	100.00	100.00	99.87	5
通化	Tonghua	85.49	80.71	78.66	144
白山	Baishan	43.32	88.37	64.43	183
松原	Songyuan	99.45	93.43	75.40	159
白城	Baicheng	80.76	99.87	98.65	14
黑龙江	**Heilongjiang**				
哈尔滨	Harbin	89.68	99.29		
齐齐哈尔	Qiqihar	67.10			
鸡西	Jixi	64.80		38.38	216
鹤岗	Hegang	83.69	89.67	71.63	170
双鸭山	Shuangyashan	75.00	73.53	64.60	182
大庆	Daqing	70.77		58.64	191
伊春	Yichun	79.01	70.12	9.13	243
佳木斯	Jiamusi	70.45	64.41	55.70	196
七台河	Qitaihe	86.82	95.20	80.60	133
牡丹江	Mudanjiang	96.37	99.38	53.02	201
黑河	Heihe	96.07	5.20		
绥化	Suihua	100.00	100.00	86.78	116
上海	**Shanghai**	**96.16**		**94.00**	
江苏	**Jiangsu**				

9-9 工业固体废物综合利用率 续表 1

Ratio of Industrial Solid Wastes Comprehensively Utilized continued 1

单位：% (%)

地名	City	2010	2016	2017	2017 排名 Ranking	地名	City	2010	2016	2017	2017 排名 Ranking
南京	Nanjing	88.82	85.80	90.40	95	池州	Chizhou	86.22	88.34	95.74	44
无锡	Wuxi	97.12	94.90	91.00	88	宣城	Xuancheng	100.00	77.15	91.98	79
徐州	Xuzhou	99.98	96.90	99.72	6	**福建**	**Fujian**				
常州	Changzhou	94.90	98.10	99.60	7	福州	Fuzhou	98.14	97.55	97.36	30
苏州	Suzhou	98.71	88.80	93.40	64	厦门	Xiamen	87.27	84.44	91.02	87
南通	Nantong	98.20	95.60	96.00	40	莆田	Putian	95.71	81.65	77.16	146
连云港	Lianyungang	91.89	93.60	97.40	28	三明	Sanming	59.96	94.33	93.36	67
淮安	Huaian	99.73	80.00	93.55	61	泉州	Quanzhou	93.53	95.03	92.24	74
盐城	Yancheng	93.00	94.50	90.60	93	漳州	Zhangzhou	98.58	95.02	92.44	73
扬州	Yangzhou	97.43	97.30	97.00	34	南平	Nanping	75.99	87.05	98.74	13
镇江	Zhenjiang	92.85	91.00	97.22	31	龙岩	Longyan	87.25	88.55	89.10	104
泰州	Taizhou	99.80	98.90			宁德	Ningde	89.05	82.00	74.70	163
宿迁	Suqian	99.99	90.50	79.80	139	**江西**	**Jiangxi**				
浙江	**Zhejiang**					南昌	Nanchang	93.62	95.00		
杭州	Hangzhou	94.13	85.12	77.06	149	景德镇	Jingdezhen	91.70	93.46	90.20	97
宁波	Ningbo	89.66	94.86	95.55	46	萍乡	Pingxiang	88.17		27.25	232
温州	Wenzhou	95.00	71.63	97.74	26	九江	Jiujiang	60.39	64.10	53.80	200
嘉兴	Jiaxing	97.60	92.12	97.94	22	新余	Xinyu	85.00	94.44	79.90	138
湖州	Huzhou	96.49	99.25	99.25	9	鹰潭	Yingtan	92.48	90.16	88.27	111
绍兴	Shaoxing	93.15	94.58	91.11	86	赣州	Ganzhou	82.10	73.13	74.89	161
金华	Jinhua	98.59	96.80	96.27	37	吉安	Jian	96.57	95.94	83.40	129
衢州	Quzhou	97.20	92.79	97.98	21	宜春	Yichun	97.00	58.00	92.70	70
舟山	Zhoushan	99.75	92.70	95.00	51	抚州	Fuzhou	86.81		91.90	80
台州	Taizhou	97.61	95.36	91.00	88	上饶	Shangrao	5.47	7.32	11.20	242
丽水	Lishui	94.99	90.20	86.54	117	**山东**	**Shandong**				
安徽	**Anhui**					济南	Jinan	97.53	99.13	89.70	101
合肥	Hefei	98.76	73.65	84.26	126	青岛	Qingdao	98.60	93.76	91.88	81
芜湖	Wuhu	96.61	91.62	79.94	137	淄博	Zibo	90.51	95.79	87.43	113
蚌埠	Bengbu	99.94	98.42	95.64	45	枣庄	Zaozhuang	99.90	100.00	100.00	1
淮南	Huainan	91.34	81.43	84.41	125	东营	Dongying	92.54	93.74		
马鞍山	Maanshan	65.17	91.02	92.56	71	烟台	Yantai	88.52	82.92	66.86	180
淮北	Huaibei	96.45	95.39	92.96	69	潍坊	Weifang	89.89			
铜陵	Tongling	76.01	92.37	91.81	82	济宁	Jining	94.37	93.00	95.40	48
安庆	Anqing	99.24	97.33	94.61	54	泰安	Taian	97.47	98.08	93.68	60
黄山	Huangshan	87.60	79.50	93.40	64	威海	Weihai	95.70	95.00		
滁州	Chuzhou	97.52	77.31	92.21	75	日照	Rizhao	99.99	87.38	71.59	171
阜阳	Fuyang	92.86	85.16	95.35	49	莱芜	Laiwu	96.00	96.56	98.30	18
宿州	Suzhou	90.90	87.52	95.83	43	临沂	Linyi	96.62	99.25	89.12	103
六安	Liuan	71.97	40.07	98.30	18	德州	Dezhou	99.98	90.89	91.50	85
亳州	Bozhou	99.88	97.15	97.39	29	聊城	Liaocheng	89.12	81.20	66.12	181

9-9 工业固体废物综合利用率 续表 2

Ratio of Industrial Solid Wastes Comprehensively Utilized continued 2

单位：% (%)

地名	City	2010	2016	2017	2017 排名 Ranking	地名	City	2010	2016	2017	2017 排名 Ranking
滨州	Binzhou	100.00	54.76	76.50	154	常德	Changde	93.39	96.37	100.00	1
菏泽	Heze	100.00	98.05	96.12	39	张家界	Zhangjiajie	93.00	100.00	87.00	114
河南	**Henan**					益阳	Yiyang	99.96	85.00	79.06	143
郑州	Zhengzhou	84.57	83.30	79.63	141	郴州	Chenzhou	70.87		98.36	17
开封	Kaifeng	100.00	98.09	93.98	57	永州	Yongzhou	94.00	85.30	87.96	112
洛阳	Luoyang	35.19	45.13	72.71	168	怀化	Huaihua	37.95	45.00	88.50	110
平顶山	Pingdingshan	80.86	98.14	88.99	105	娄底	Loudi	99.15	96.00		
安阳	Anyang	89.46	97.75	53.93	199	**广东**	**Guangdong**				
鹤壁	Hebi	92.09	95.31	98.90	11	广州	Guangzhou		96.48		
新乡	Xinxiang	100.00	69.52	90.64	92	韶关	Shaoguan	82.28	78.43	70.62	174
焦作	Jiaozuo	77.28	68.68	69.15	177	深圳	Shenzhen	134.74	40.85	74.72	162
濮阳	Puyang	89.01	99.24	95.93	41	珠海	Zhuhai	98.20	93.64		
许昌	Xuchang	98.28	96.01	94.29	56	汕头	Shantou	94.92	95.59		
漯河	Luohe	100.00	100.00	88.87	106	佛山	Foshan	99.52	86.20	78.44	145
三门峡	Sanmenxia	39.44	36.79	32.19	226	江门	Jiangmen	95.88		93.83	58
南阳	Nanyang	84.27	71.83	77.07	148	湛江	Zhanjiang	91.28	98.39		
商丘	Shangqiu	99.85	98.58	97.60	27	茂名	Maoming	87.99	93.81		
信阳	Xinyang	99.95	87.02	97.92	24	肇庆	Zhaoqing	72.05	41.95	56.58	195
周口	Zhoukou	98.72	99.35	98.42	16	惠州	Huizhou	93.30	95.70		
驻马店	Zhumadian	97.08	99.90	90.34	96	梅州	Meizhou	99.42		99.00	10
湖北	**Hubei**					汕尾	Shanwei	89.18	99.99	100.00	1
武汉	Wuhan	98.59	97.45	97.04	33	河源	Heyuan	70.61		76.96	150
黄石	Huangshi	62.47	93.52	93.46	63	阳江	Yangjiang	99.25	91.06	82.10	131
十堰	Shiyan	71.54	64.14	64.10	185	清远	Qingyuan	87.95			
宜昌	Yichang	47.34	25.26	25.11	234	东莞	Dongguan	94.98	89.73		
襄阳	Xiangyang	94.31	46.37	41.53	214	中山	Zhongshan	85.21		85.67	120
鄂州	Ezhou	98.51	84.52	80.15	135	潮州	Chaozhou	99.41	99.96		
荆门	Jingmen	96.33	58.41	33.27	222	揭阳	Jieyang	99.73	45.00		
孝感	Xiaogan	99.08	58.19	64.23	184	云浮	Yunfu	82.63	66.31	73.66	165
荆州	Jingzhou	143.24	39.44	28.27	229	**广西**	**Guangxi**				
黄冈	Huanggang	80.93	54.17	85.63	121	南宁	Nanning	94.02	94.44	82.20	130
咸宁	Xianning	98.56	99.57	85.59	122	柳州	Liuzhou		98.80	98.06	20
随州	Suizhou	97.32		76.00	155	桂林	Guilin	90.87	82.89	89.44	102
湖南	**Hunan**			**82.42**		梧州	Wuzhou	41.62	85.86	70.54	175
长沙	Changsha	99.70	94.00	93.40	64	北海	Beihai	73.84	95.00	98.84	12
株洲	Zhuzhou	82.66	93.30	96.17	38	防城港	Fangchenggang	100.00	99.21	91.73	83
湘潭	Xiangtan	96.90	99.97	76.68	152	钦州	Qinzhou	92.38	98.25	95.92	42
衡阳	Hengyang	80.54	88.66	70.00	176	贵港	Guigang	90.79	96.01	91.64	84
邵阳	Shaoyang	91.75	67.34	76.00	155	玉林	Yulin	94.00	87.68	94.42	55
岳阳	Yueyang	96.12	71.98	98.57	15	百色	Baise	25.13	29.06	23.85	235

9-9 工业固体废物综合利用率 续表 3
Ratio of Industrial Solid Wastes Comprehensively Utilized continued 3

单位：%　　　　(%)

地名	City	2010	2016	2017	2017 排名 Ranking	地名	City	2010	2016	2017	2017 排名 Ranking
贺州	Hezhou	69.73	95.16	81.83	132	丽江	Lijiang	74.38		43.29	208
河池	Hechi	44.84	73.84	21.40	237	普洱	Puer	81.89	27.91	22.96	236
来宾	Laibin	92.58	64.50	79.62	142	临沧	Lincang	93.01	81.00	90.05	99
崇左	Chongzuo	93.67	44.12	46.97	205	**西藏**	**Tibet**				
海南	**Hainan**					拉萨	Lasa		35.66		
海口	Haikou	96.97	89.50	88.74	108	**陕西**	**Shaanxi**				
三亚	Sanya	99.46	100.00			西安	Xi'an	98.05	86.89	83.97	127
三沙	Sansha					铜川	Tongchuan	82.31	98.38	92.04	76
重庆	**Chongqing**	**80.40**		**70.00**		宝鸡	Baoji	26.86	53.20	56.93	194
四川	**Sichuan**					咸阳	Xianyang	99.01	64.41	72.93	167
成都	Chengdu	99.57				渭南	Weinan	47.49	99.99	99.99	4
自贡	Zigong	92.46	92.03	88.54	109	延安	Yan'an	87.75	84.87	52.63	202
攀枝花	Panzhihua	16.89				汉中	Hanzhong	44.00	66.08	20.66	238
泸州	Luzhou	76.49	97.18	97.20	32	榆林	Yulin	97.41	86.21	32.70	224
德阳	Deyang	81.00	60.39			安康	Ankang	93.30	66.70	73.60	166
绵阳	Mianyang	88.03	87.40			商洛	Shangluo	4.56	61.00	0.24	245
广元	Guangyuan	93.04	90.87	97.86	25	**甘肃**	**Gansu**				
遂宁	Suining	99.99	99.22			兰州	Lanzhou	78.94	96.45	90.52	94
内江	Neijiang	90.28	92.87	97.93	23	嘉峪关	Jiayuguan	33.46	57.55	62.90	186
乐山	Leshan	93.79	87.75	80.48	134	金昌	Jinchang	18.50	13.40	14.60	241
南充	Nanchong	99.67				白银	Baiyin	34.75	76.70	76.00	155
眉山	Meishan	99.64		95.55	46	天水	Tianshui	81.23	71.72	72.66	169
宜宾	Yibin	92.04		71.54	172	武威	Wuwei	74.00	88.77	85.20	124
广安	Guangan	99.16	83.84	86.00	118	张掖	Zhangye	72.24	78.65	76.66	153
达州	Dazhou	99.77		86.00	118	平凉	Pingliang	78.68	93.05	90.70	91
雅安	Yaan	64.24	65.84			酒泉	Jiuquan	90.00	52.00	39.63	215
巴中	Bazhong	94.00				庆阳	Qingyang	96.32	99.98	92.45	72
资阳	Ziyang	99.99				定西	Dingxi	75.36	89.93	74.37	164
贵州	**Guizhou**					陇南	Longnan	81.72	24.32	1.81	244
贵阳	Guiyang	56.17	39.13	33.86	221	**青海**	**Qinghai**	**83.56**			
六盘水	Liupanshui	43.96	62.50	57.74	193	西宁	Xining	83.56			
遵义	Zunyi	66.00	52.80	62.63	187	海东	Haidong				
安顺	Anshun	76.52	99.00			**宁夏**	**Ningxia**				
毕节	Bijie					银川	Yinchuan	75.38		32.45	225
铜仁	Tongren		49.74			石嘴山	Shizuishan	53.74	49.37	27.40	231
云南	**Yunnan**					吴忠	Wuzhong	90.01	58.74	68.50	178
昆明	Kunming	96.11				固原	Guyuan	99.20	86.00	77.09	147
曲靖	Qujing	51.43	76.24	62.61	188	中卫	Zhongwei	60.61	88.24		
玉溪	Yuxi	53.00	48.98	54.92	197	**新疆**	**Xinjiang**				
保山	Baoshan	67.74	84.78	76.81	151	乌鲁木齐	Urumqi	68.20	92.30	93.69	59
昭通	Zhaotong	44.13	61.37	60.82	189	克拉玛依	Karamay	63.55	83.72	92.00	77

10

农　业

Agriculture

10-1 农业乡村户数
Rural Households

单位：万户 (10 000 households)

地名	City	2010	2016	2017	2017 排名 Ranking
全国	**Nation Total**				
北京	**Beijing**	**216.0**			
天津	**Tianjin**	**130.3**			
河北	**Hebei**	**1525.6**	**1590.5**		
石家庄	Shijiazhuang	178.0			
唐山	Tangshan	162.8			
秦皇岛	Qinhuangdao	65.1			
邯郸	Handan	181.8			
邢台	Xingtai	153.6			
保定	Baoding	240.7			
张家口	Zhangjiakou	116.9			
承德	Chengde	86.9			
沧州	Cangzhou	155.5			
廊坊	Langfang	82.3			
衡水	Hengshui	102.0			
山西	**Shanxi**	**694.4**	**833.0**	**823.0**	
太原	Taiyuan	33.8	37.0	36.8	118
大同	Datong	56.3	66.0	60.5	83
阳泉	Yangquan	26.5	30.0	30.2	129
长治	Changzhi	68.4	81.4	82.6	56
晋城	Jincheng	52.6	59.6	59.5	89
朔州	Shuozhou	35.0	39.2	37.1	116
晋中	Jinzhong	78.2	93.6	91.5	46
运城	Yuncheng	103.2	122.9	124.5	22
忻州	Xinzhou	75.7	94.5	91.9	45
临汾	Linfen	80.6	99.4	100.6	37
吕梁	Lvliang	84.2	109.4	107.9	33
内蒙古	**Inner Mongolia**	**364.0**	**434.9**	**434.8**	
呼和浩特	Hohhot	29.9	36.7	37.7	114
包头	Baotou	17.0	20.2	21.2	137
乌海	Wuhai	0.9	0.8	1.0	156
赤峰	Chifeng	100.9	118.4	115.7	30
通辽	Tongliao	60.7	68.2	69.7	70
鄂尔多斯	Erdos	18.6	21.5	20.8	138
呼伦贝尔	Hulunbuir	19.3	37.4	37.4	115
巴彦淖尔	Bayannur	26.5	32.1	31.3	127
乌兰察布	Ulanqab	44.9	47.1	46.3	103
辽宁	**Liaoning**	**722.9**	**717.4**	**714.8**	
沈阳	Shenyang	91.1	88.3	87.8	49
大连	Dalian	94.1	86.9	86.7	52
鞍山	Anshan	54.5	52.7	52.7	100
抚顺	Fushun	27.0	27.4	27.2	132
本溪	Benxi	15.2	16.6	16.5	144
丹东	Dandong	44.0	45.3	45.0	106
锦州	Jinzhou	61.5	60.4	60.1	85
营口	Yingkou	44.4	45.4	45.3	105
阜新	Fuxin	34.1	34.6	34.4	123
辽阳	Liaoyang	35.4	36.1	36.0	120
盘锦	Panjin	22.2	23.2	22.9	135
铁岭	Tieling	62.7	62.3	61.8	79
朝阳	Chaoyang	77.6	78.0	78.4	60
葫芦岛	Huludao	59.1	60.3	59.9	86
吉林	**Jilin**	**411.3**	**424.9**	**425.5**	
长春	Changchun	118.4	115.7	114.8	31
吉林	Jilin	58.5	59.9	59.7	87
四平	Siping	58.1	60.4	60.3	84
辽源	Liaoyuan	19.5	20.0	19.8	140
通化	Tonghua	34.3	36.5	36.8	117
白山	Baishan	12.4	12.9	12.9	146
松原	Songyuan	52.4	57.3	58.5	90
白城	Baicheng	34.5	39.3	39.5	110
黑龙江	**Heilongjiang**	**509.1**	**521.3**	**523.5**	
哈尔滨	Harbin	133.7	138.3	138.5	15
齐齐哈尔	Qiqihar	93.6	94.5	93.8	43
鸡西	Jixi	19.4	20.1	20.0	139
鹤岗	Hegang	6.6	6.7	6.7	152
双鸭山	Shuangyashan	14.1	14.5	14.4	145
大庆	Daqing	36.8	39.5	38.9	112
伊春	Yichun	4.9	5.2	5.1	154
佳木斯	Jiamusi	36.0	34.2	34.5	122
七台河	Qitaihe	9.6	9.7	11.5	148
牡丹江	Mudanjiang	30.6	31.4	31.3	128
黑河	Heihe	21.7	22.6	22.7	136
绥化	Suihua	100.3	100.2	101.6	36
上海	**Shanghai**	**114.2**			
江苏	**Jiangsu**	**1483.3**	**1419.4**	**1410.7**	

10-1 农业乡村户数 续表 1
Rural Households continued 1

单位：万户 (10 000 households)

地名	City	2010	2016	2017	2017 排名 Ranking	地名	City	2010	2016	2017	2017 排名 Ranking
南京	Nanjing	65.2	63.3	62.0	78	池州	Chizhou	38.8	39.0	39.3	111
无锡	Wuxi	72.5	59.9	59.5	88	宣城	Xuancheng	71.2	74.4	75.1	65
徐州	Xuzhou	187.3	175.8	175.7	5	**福建**	**Fujian**	**712.3**			
常州	Changzhou	78.7	72.7	71.4	69	福州	Fuzhou	131.5			
苏州	Suzhou	97.6	87.5	87.3	50	厦门	Xiamen	11.5			
南通	Nantong	212.6	198.7	197.4	2	莆田	Putian	64.7			
连云港	Lianyungang	91.9	93.1	93.9	42	三明	Sanming	53.1			
淮安	Huaian	100.0	99.5	100.2	40	泉州	Quanzhou	144.5			
盐城	Yancheng	188.1	183.0	182.3	4	漳州	Zhangzhou	104.1			
扬州	Yangzhou	102.1	100.9	100.5	38	南平	Nanping	64.8			
镇江	Zhenjiang	58.2	57.6	56.8	94	龙岩	Longyan	66.2			
泰州	Taizhou	121.9	119.2	116.6	29	宁德	Ningde	72.1			
宿迁	Suqian	107.3	108.5	107.2	34	**江西**	**Jiangxi**	**867.3**			
浙江	**Zhejiang**	**1254.2**				南昌	Nanchang	70.0			
杭州	Hangzhou	131.8				景德镇	Jingdezhen	26.7			
宁波	Ningbo	180.5				萍乡	Pingxiang	34.2			
温州	Wenzhou	184.6				九江	Jiujiang	90.7			
嘉兴	Jiaxing	74.7				新余	Xinyu	22.3			
湖州	Huzhou	61.3				鹰潭	Yingtan	21.2			
绍兴	Shaoxing	137.6				赣州	Ganzhou	172.8			
金华	Jinhua	173.0				吉安	Jian	97.2			
衢州	Quzhou	61.4				宜春	Yichun	108.4			
舟山	Zhoushan	23.7				抚州	Fuzhou	77.1			
台州	Taizhou	164.0				上饶	Shangrao	146.7			
丽水	Lishui	61.7				**山东**	**Shandong**	**2146.1**			
安徽	**Anhui**	**1424.3**	**1467.3**	**1473.2**		济南	Jinan	99.7			
合肥	Hefei	71.8	122.0	119.6	26	青岛	Qingdao	154.9			
芜湖	Wuhu	45.4	73.8	73.5	68	淄博	Zibo	88.0			
蚌埠	Bengbu	67.8	74.3	75.3	64	枣庄	Zaozhuang	78.6			
淮南	Huainan	35.7	71.8	74.0	67	东营	Dongying	33.5			
马鞍山	Maanshan	19.0	40.9	41.2	108	烟台	Yantai	175.0			
淮北	Huaibei	35.4	39.2	39.6	109	潍坊	Weifang	206.2			
铜陵	Tongling	9.8	34.0	34.2	124	济宁	Jining	181.9			
安庆	Anqing	139.8	119.7	121.7	25	泰安	Taian	122.0			
黄山	Huangshan	36.6	37.7	38.0	113	威海	Weihai	65.1			
滁州	Chuzhou	93.2	93.2	92.3	44	日照	Rizhao	82.1			
阜阳	Fuyang	218.5	232.3	234.1	1	莱芜	Laiwu	31.9			
宿州	Suzhou	137.2	136.6	134.7	16	临沂	Linyi	267.5			
六安	Liuan	173.5	144.7	146.2	11	德州	Dezhou	125.8			
亳州	Bozhou	128.0	133.6	134.6	17	聊城	Liaocheng	135.3			

10-1 农业乡村户数 续表 2
Rural Households continued 2

单位：万户 (10 000 households)

地名	City	2010	2016	2017	2017 排名 Ranking
滨州	Binzhou	96.2			
菏泽	Heze	202.5			
河南	**Henan**	**2061.0**	**2089.0**		
郑州	Zhengzhou	106.0	108.3		
开封	Kaifeng	97.1	101.0		
洛阳	Luoyang	129.8	128.1		
平顶山	Pingdingshan	103.7	105.6		
安阳	Anyang	119.1	125.0		
鹤壁	Hebi	27.9	28.9		
新乡	Xinxiang	109.5	111.4		
焦作	Jiaozuo	62.8	66.3		
濮阳	Puyang	74.0	76.3		
许昌	Xuchang	86.8	83.8		
漯河	Luohe	53.7	54.8		
三门峡	Sanmenxia	43.7	45.1		
南阳	Nanyang	240.8	245.8		
商丘	Shangqiu	193.8	197.8		
信阳	Xinyang	178.6	188.4		
周口	Zhoukou	236.4	229.8		
驻马店	Zhumadian	185.2	180.5		
湖北	**Hubei**	**1152.0**			
武汉	Wuhan	76.1			
黄石	Huangshi	34.7			
十堰	Shiyan	65.5			
宜昌	Yichang	86.6			
襄阳	Xiangyang	95.5			
鄂州	Ezhou	20.8			
荆门	Jingmen	49.4			
孝感	Xiaogan	104.5			
荆州	Jingzhou	104.8			
黄冈	Huanggang	152.2			
咸宁	Xianning	51.1			
随州	Suizhou	51.4			
湖南	**Hunan**	**1568.8**	**1568.5**	**1565.0**	
长沙	Changsha	132.1	125.3	124.5	21
株洲	Zhuzhou	76.9	77.1	77.3	62
湘潭	Xiangtan	62.7	58.3	58.3	91
衡阳	Hengyang	166.1	167.9	166.9	7
邵阳	Shaoyang	182.5	185.3	185.3	3
岳阳	Yueyang	128.4	123.4	123.1	23

地名	City	2010	2016	2017	2017 排名 Ranking
常德	Changde	152.0	149.2	147.7	10
张家界	Zhangjiajie	42.3	43.4	43.8	107
益阳	Yiyang	106.9	108.3	108.1	32
郴州	Chenzhou	114.5	118.4	118.2	28
永州	Yongzhou	132.5	134.0	133.6	18
怀化	Huaihua	116.1	118.5	118.7	27
娄底	Loudi	96.8	100.3	100.3	39
广东	**Guangdong**	**1686.6**	**1676.5**	**1677.6**	
广州	Guangzhou	140.0	161.6	171.1	6
韶关	Shaoguan	60.4	73.9	61.1	80
深圳	Shenzhen			1.9	155
珠海	Zhuhai	17.2	12.5	12.0	147
汕头	Shantou	88.1	86.9	88.4	48
佛山	Foshan	89.0	61.4	84.3	55
江门	Jiangmen	85.7	82.8	80.7	58
湛江	Zhanjiang	143.1	153.2	154.2	8
茂名	Maoming	132.4	130.7	131.6	19
肇庆	Zhaoqing	87.4	82.6	79.1	59
惠州	Huizhou	76.1	72.8	76.8	63
梅州	Meizhou	118.1	83.6	85.8	53
汕尾	Shanwei	66.7	53.5	68.7	71
河源	Heyuan	72.7	87.3	74.8	66
阳江	Yangjiang	66.3	65.3	64.8	73
清远	Qingyuan	86.0	82.4	80.9	57
东莞	Dongguan	48.8	60.6	56.1	95
中山	Zhongshan	60.6	81.4	62.5	76
潮州	Chaozhou	55.1	54.3	54.0	98
揭阳	Jieyang	121.9	127.0	127.0	20
云浮	Yunfu	70.9	62.8	62.0	77
广西	**Guangxi**	**1029.1**		**1124.0**	
南宁	Nanning	131.4	138.6	138.8	14
柳州	Liuzhou	58.7	63.5	63.9	74
桂林	Guilin	107.6	105.8	107.1	35
梧州	Wuzhou	70.0	75.6	77.6	61
北海	Beihai	21.9	26.3	26.9	133
防城港	Fangchenggang	16.0	17.0	16.7	143
钦州	Qinzhou	77.5	86.1	87.3	51
贵港	Guigang	112.2	119.4	123.1	24
玉林	Yulin	122.0	137.7	141.6	12
百色	Baise	76.0	82.0	85.5	54

10-1 农业乡村户数 续表 3
Rural Households continued 3

单位：万户 (10 000 households)

地名	City	2010	2016	2017	2017 排名 Ranking	地名	City	2010	2016	2017	2017 排名 Ranking
贺州	Hezhou	47.0	53.1	51.4	102	丽江	Lijiang	26.4	28.7	28.9	130
河池	Hechi	86.0	95.7	95.9	41	普洱	Puer	53.6	59.4	60.9	81
来宾	Laibin	51.9	54.1	54.4	97	临沧	Lincang	48.7	51.1	51.6	101
崇左	Chongzuo	50.8	55.6	53.8	99	**西藏**	**Tibet**	**48.0**	**56.9**	**56.9**	
海南	**Hainan**	**125.3**	**147.5**	**151.3**		拉萨	Lasa	6.2	7.5	7.5	149
海口	Haikou	16.1	19.3	19.5	141	**陕西**	**Shaanxi**	**712.0**			
三亚	Sanya	6.2	6.7	6.6	153	西安	Xi'an	101.4			
三沙	Sansha					铜川	Tongchuan	11.2			
重庆	**Chongqing**	**727.8**				宝鸡	Baoji	70.4			
四川	**Sichuan**	**2056.2**				咸阳	Xianyang	95.5			
成都	Chengdu	227.7				渭南	Weinan	110.9			
自贡	Zigong	71.6				延安	Yan'an	37.8			
攀枝花	Panzhihua	14.8				汉中	Hanzhong	87.2			
泸州	Luzhou	116.7				榆林	Yulin	75.1			
德阳	Deyang	106.7				安康	Ankang	65.0			
绵阳	Mianyang	133.6				商洛	Shangluo	54.6			
广元	Guangyuan	68.9				**甘肃**	**Gansu**	**480.6**	**495.3**	**501.1**	
遂宁	Suining	79.9				兰州	Lanzhou	33.9	33.0	33.4	125
内江	Neijiang	107.0				嘉峪关	Jiayuguan	0.6	0.6	0.6	157
乐山	Leshan	84.1				金昌	Jinchang	6.4	7.0	7.0	151
南充	Nanchong	178.4				白银	Baiyin	30.8	33.8	34.5	121
眉山	Meishan	87.2				天水	Tianshui	65.9	66.7	67.3	72
宜宾	Yibin	122.2				武威	Wuwei	37.3	35.5	36.3	119
广安	Guangan	108.0				张掖	Zhangye	26.6	28.3	28.8	131
达州	Dazhou	160.6				平凉	Pingliang	44.3	45.3	46.0	104
雅安	Yaan	40.0				酒泉	Jiuquan	17.3	17.4	17.4	142
巴中	Bazhong	81.1				庆阳	Qingyang	52.2	55.1	55.7	96
资阳	Ziyang	128.8				定西	Dingxi	61.2	62.7	63.3	75
贵州	**Guizhou**	**858.8**				陇南	Longnan	57.2	60.7	60.8	82
贵阳	Guiyang	53.1				**青海**	**Qinghai**	**87.5**	**97.4**	**98.4**	
六盘水	Liupanshui	68.9				西宁	Xining	24.7	26.4	26.5	134
遵义	Zunyi	165.2				海东	Haidong		32.1	32.4	126
安顺	Anshun	56.5				**宁夏**	**Ningxia**	**103.6**			
毕节	Bijie	174.0				银川	Yinchuan	15.6			
铜仁	Tongren	92.3				石嘴山	Shizuishan	8.4			
云南	**Yunnan**	**947.0**	**994.0**	**1000.0**		吴忠	Wuzhong	26.8			
昆明	Kunming	86.8	88.0	88.8	47	固原	Guyuan	29.0			
曲靖	Qujing	142.5	152.5	153.3	9	中卫	Zhongwei	23.4			
玉溪	Yuxi	51.5	56.9	57.8	92	**新疆**	**Xinjiang**	**255.2**	**308.1**	**320.2**	
保山	Baoshan	56.9	60.5	57.5	93	乌鲁木齐	Urumqi	6.0	7.2	7.4	150
昭通	Zhaotong	125.9	137.8	139.1	13	克拉玛依	Karamay	0.1	0.1	0.1	158

10-2 常用耕地面积

Cultivated Land

单位：千公顷 (1000 hectares)

地名	City	2010	2012	2013	2013 排名 Ranking
全国	**Nation Total**	**121715.9**	**121715.9**	**121715.9**	
北京	**Beijing**	**231.7**	**231.7**	**231.7**	
天津	**Tianjin**	**441.1**	**441.1**	**441.1**	
河北	**Hebei**	**6317.3**	**6317.3**	**6317.3**	
石家庄	Shijiazhuang	554.3	554.3		
唐山	Tangshan	545.7	545.7		
秦皇岛	Qinhuangdao	165.8	165.8		
邯郸	Handan	651.9	651.9		
邢台	Xingtai	647.0	647.0		
保定	Baoding	762.5	762.5		
张家口	Zhangjiakou	682.2	682.2		
承德	Chengde	264.1	264.1		
沧州	Cangzhou	705.6	705.6		
廊坊	Langfang	366.2	366.2		
衡水	Hengshui	556.1	556.1		
山西	**Shanxi**	**4055.8**	**4055.8**	**4055.8**	
太原	Taiyuan	127.3	127.3	127.3	171
大同	Datong	372.3	372.3	372.4	67
阳泉	Yangquan	68.3	68.3	68.3	192
长治	Changzhi	346.2	346.2	346.2	77
晋城	Jincheng	192.2	192.2	192.2	134
朔州	Shuozhou	365.9	365.9	365.9	71
晋中	Jinzhong	364.1	364.1	364.1	73
运城	Yuncheng	549.4	549.4	549.4	36
忻州	Xinzhou	649.5	649.5	649.5	26
临汾	Linfen	494.6	494.6	494.6	43
吕梁	Lvliang	525.9	525.9	525.9	38
内蒙古	**Inner Mongolia**	**7148.5**	**7147.2**	**7147.2**	
呼和浩特	Hohhot	565.4	568.8	560.2	35
包头	Baotou	422.1	422.1	426.0	59
乌海	Wuhai	8.6	7.0	8.3	209
赤峰	Chifeng	1405.9	1008.1	1409.9	6
通辽	Tongliao	1347.7	1074.4	1350.9	7
鄂尔多斯	Erdos	407.0	402.9	411.5	62
呼伦贝尔	Hulunbuir	10.2	1143.7	1784.3	4
巴彦淖尔	Bayannur	702.3	581.5	706.5	24
乌兰察布	Ulanqab	913.8	889.0	908.5	13
辽宁	**Liaoning**	**4085.2**	**4085.3**	**4085.3**	
沈阳	Shenyang	682.5	682.5		
大连	Dalian	361.1	361.1		
鞍山	Anshan	239.6	239.6		
抚顺	Fushun	125.7	125.7		
本溪	Benxi	68.2	68.2		
丹东	Dandong	206.7	206.7		
锦州	Jinzhou	391.0	391.0		
营口	Yingkou	113.4	113.4		
阜新	Fuxin	367.7	367.7		
辽阳	Liaoyang	176.3	176.3		
盘锦	Panjin	128.9	128.9		
铁岭	Tieling	542.0	542.0		
朝阳	Chaoyang	456.1	456.1		
葫芦岛	Huludao	225.9	225.9		
吉林	**Jilin**	**5578.4**	**5534.6**	**5534.6**	
长春	Changchun	1224.3	1308.0	1307.0	8
吉林	Jilin	584.1	598.5	596.5	30
四平	Siping	849.8	850.6	852.0	16
辽源	Liaoyuan	179.8	237.1	241.4	114
通化	Tonghua	282.3	309.3	309.5	88
白山	Baishan	46.2	48.1	48.8	197
松原	Songyuan	953.7	1187.8	1203.9	9
白城	Baicheng	794.0	896.1	906.3	14
黑龙江	**Heilongjiang**	**11830.1**	**11830.1**	**11830.1**	
哈尔滨	Harbin	1826.1	1826.1	1967.0	2
齐齐哈尔	Qiqihar	2237.3	2237.3	2399.7	1
鸡西	Jixi	476.2	414.1	490.7	44
鹤岗	Hegang	218.7	160.1	216.9	122
双鸭山	Shuangyashan	801.9	404.8	420.9	60
大庆	Daqing	804.1	627.5	799.0	20
伊春	Yichun	259.2	204.9	259.1	107
佳木斯	Jiamusi	1236.0	1148.4	1666.4	5
七台河	Qitaihe	175.2	152.1	194.9	132
牡丹江	Mudanjiang	651.1	488.4	613.6	28
黑河	Heihe	1108.4	851.0	1188.4	10
绥化	Suihua	1779.1	1657.4	1912.7	3
上海	**Shanghai**	**201.0**	**244.0**	**244.0**	
江苏	**Jiangsu**	**4763.8**	**4763.8**	**4763.8**	

10-2 常用耕地面积 续表 1
Cultivated Land continued 1

单位：千公顷 (1000 hectares)

地名	City	2010	2012	2013	2013 排名 Ranking
南京	Nanjing	242.1	242.1	242.1	112
无锡	Wuxi	139.5	139.5	139.5	164
徐州	Xuzhou	591.0	591.0	591.0	32
常州	Changzhou	177.7	177.7	177.7	138
苏州	Suzhou	231.1	231.1	231.1	119
南通	Nantong	468.5	468.5	468.5	49
连云港	Lianyungang	369.1	369.1	369.1	69
淮安	Huaian	487.7	487.7	487.7	45
盐城	Yancheng	781.4	781.4	781.4	22
扬州	Yangzhou	304.0	304.0	304.0	91
镇江	Zhenjiang	171.5	171.5	171.5	143
泰州	Taizhou	316.7	316.7	316.7	87
宿迁	Suqian	438.4	438.4	438.4	56
浙江	**Zhejiang**	**1920.9**	**1920.9**	**1920.9**	
杭州	Hangzhou				
宁波	Ningbo				
温州	Wenzhou				
嘉兴	Jiaxing				
湖州	Huzhou				
绍兴	Shaoxing				
金华	Jinhua				
衢州	Quzhou				
舟山	Zhoushan				
台州	Taizhou				
丽水	Lishui				
安徽	**Anhui**	**4181.3**	**5730.2**	**5730.2**	
合肥	Hefei	218.8	337.2	336.0	80
芜湖	Wuhu	82.8	175.1	175.4	141
蚌埠	Bengbu	293.3	294.9	296.7	95
淮南	Huainan	114.4	113.3	113.2	177
马鞍山	Maanshan	48.4	124.7	124.4	173
淮北	Huaibei	135.9	133.7	134.0	167
铜陵	Tongling	23.6	23.4	23.5	205
安庆	Anqing	298.3	299.1	303.2	92
黄山	Huangshan	47.6	46.6	46.4	199
滁州	Chuzhou	404.2	407.6	407.6	65
阜阳	Fuyang	574.5	575.3	574.3	33
宿州	Suzhou	481.1	480.4	480.1	46
六安	Liuan	433.0	435.4	436.1	57
亳州	Bozhou	499.4	500.2	498.3	42
池州	Chizhou	82.2	83.0	83.3	187
宣城	Xuancheng	153.3	154.5	155.6	153
福建	**Fujian**	**1501.9**	**1330.1**	**1330.1**	
福州	Fuzhou	192.7	153.2	160.1	151
厦门	Xiamen	21.1	20.4	19.8	206
莆田	Putian	74.8	74.9	74.8	188
三明	Sanming	192.1	193.5	194.3	133
泉州	Quanzhou	147.6	147.0	146.2	161
漳州	Zhangzhou	180.0	180.1	179.8	137
南平	Nanping	235.0	235.4	236.7	118
龙岩	Longyan	163.9	165.0	165.5	146
宁德	Ningde	136.8	137.3	161.6	149
江西	**Jiangxi**	**2827.1**	**2827.1**	**2827.1**	
南昌	Nanchang	259.8	259.8		
景德镇	Jingdezhen	84.3	84.3		
萍乡	Pingxiang	64.2	64.2		
九江	Jiujiang	295.5	295.5		
新余	Xinyu	82.0	82.0		
鹰潭	Yingtan	88.1	88.1		
赣州	Ganzhou	368.4	368.4		
吉安	Jian	420.4	420.4		
宜春	Yichun	470.0	470.0		
抚州	Fuzhou	314.1	314.1		
上饶	Shangrao	380.4	380.4		
山东	**Shandong**	**7510.8**	**7515.3**	**7515.3**	
济南	Jinan	360.7	360.7	360.3	74
青岛	Qingdao	512.8	512.8	528.1	37
淄博	Zibo	207.1	207.1	211.1	124
枣庄	Zaozhuang	240.8	240.8	237.2	117
东营	Dongying	220.0	220.0	223.5	121
烟台	Yantai	446.0	446.0	446.9	55
潍坊	Weifang	783.9	783.9	798.3	21
济宁	Jining	600.6	600.6	609.8	29
泰安	Taian	343.4	343.4	364.7	72
威海	Weihai	191.7	191.7	195.9	130
日照	Rizhao	229.6	229.6	241.5	113
莱芜	Laiwu	68.6	68.6	72.4	191
临沂	Linyi	842.6	842.6	843.8	17
德州	Dezhou	619.0	619.0	639.7	27
聊城	Liaocheng	565.6	565.6	565.5	34

10-2 常用耕地面积 续表 2
Cultivated Land continued 2

单位：千公顷 (1000 hectares)

地名	City	2010	2012	2013	2013 排名 Ranking	地名	City	2010	2012	2013	2013 排名 Ranking
滨州	Binzhou	447.1	447.1	465.2	50	常德	Changde	408.4	408.4		
菏泽	Heze	831.3	831.3	831.8	19	张家界	Zhangjiajie	92.0	92.0		
河南	**Henan**	**7926.4**	**7926.4**	**7926.4**		益阳	Yiyang	242.0	242.0		
郑州	Zhengzhou	295.7	295.7	331.8	82	郴州	Chenzhou	234.4	234.4		
开封	Kaifeng	394.0	394.0	416.2	61	永州	Yongzhou	288.6	288.6		
洛阳	Luoyang	356.1	356.1	432.6	58	怀化	Huaihua	265.7	265.7		
平顶山	Pingdingshan	312.9	312.9	321.8	85	娄底	Loudi	149.9	149.9		
安阳	Anyang	394.6	394.6	410.0	63	**广东**	**Guangdong**	**2878.5**	**2830.7**	**2830.7**	
鹤壁	Hebi	96.4	96.4	121.8	176	广州	Guangzhou	100.7	99.1	98.2	183
新乡	Xinxiang	403.1	403.1	475.5	47	韶关	Shaoguan	220.6	131.6	131.6	170
焦作	Jiaozuo	181.7	181.7	195.6	131	深圳	Shenzhen				
濮阳	Puyang	248.4	248.4	283.6	97	珠海	Zhuhai	14.8	14.8	18.1	207
许昌	Xuchang	325.6	325.6	339.5	79	汕头	Shantou		73.8	73.8	190
漯河	Luohe	165.7	165.7	190.5	135	佛山	Foshan	37.7	37.8	37.5	202
三门峡	Sanmenxia	163.2	163.2	177.0	140	江门	Jiangmen	132.9	132.9	132.9	169
南阳	Nanyang	941.2	941.2	1056.9	11	湛江	Zhanjiang	445.3	460.5	464.5	51
商丘	Shangqiu	666.6	666.6	708.4	23	茂名	Maoming	225.6	252.4	252.4	109
信阳	Xinyang	568.6	568.6	839.8	18	肇庆	Zhaoqing	109.0	189.4	149.4	159
周口	Zhoukou	826.2	826.2	857.8	15	惠州	Huizhou	115.3	110.1	110.1	178
驻马店	Zhumadian	827.3	827.3	951.6	12	梅州	Meizhou	16.3	164.2	164.3	148
湖北	**Hubei**	**3323.9**	**4664.1**	**4664.1**		汕尾	Shanwei	94.5	97.9	97.9	184
武汉	Wuhan	207.1	202.1	197.6	129	河源	Heyuan	110.6	128.7	141.9	163
黄石	Huangshi	89.8	89.6	89.4	186	阳江	Yangjiang	104.7	104.3	104.3	181
十堰	Shiyan	244.5	174.0	177.1	139	清远	Qingyuan	220.6	270.4	271.0	100
宜昌	Yichang	230.1	258.7	266.4	105	东莞	Dongguan	13.9	37.9	37.4	203
襄阳	Xiangyang	436.9	449.6	452.2	52	中山	Zhongshan		50.6	50.6	196
鄂州	Ezhou	40.9	40.6	40.4	201	潮州	Chaozhou		74.6	74.6	189
荆门	Jingmen	257.3	265.0	266.7	104	揭阳	Jieyang	86.2	124.2	124.2	174
孝感	Xiaogan	261.3	262.3	266.8	103	云浮	Yunfu	99.6	99.0	99.1	182
荆州	Jingzhou	464.8	467.8	468.7	48	**广西**	**Guangxi**	**4424.6**	**4217.5**	**4217.5**	
黄冈	Huanggang	377.3	343.5	343.6	78	南宁	Nanning		686.4	692.2	25
咸宁	Xianning	155.9	156.6	158.7	152	柳州	Liuzhou	354.7	353.6	352.6	76
随州	Suizhou	144.9	142.9	143.4	162	桂林	Guilin	283.7	329.4	334.1	81
湖南	**Hunan**	**3346.7**	**3789.4**	**3789.4**		梧州	Wuzhou	140.1	111.4	139.2	165
长沙	Changsha	248.1	248.1			北海	Beihai	124.7	124.5	125.3	172
株洲	Zhuzhou	178.9	178.9			防城港	Fangchenggang	91.7	91.6	92.2	185
湘潭	Xiangtan	122.9	122.9			钦州	Qinzhou		212.0	227.0	120
衡阳	Hengyang	329.1	329.1			贵港	Guigang	323.6	322.7	323.2	84
邵阳	Shaoyang	348.9	348.9			玉林	Yulin	242.3		240.5	116
岳阳	Yueyang	284.5	284.5			百色	Baise			450.8	54

10-2 常用耕地面积 续表 3
Cultivated Land continued 3

单位：千公顷 (1000 hectares)

地名	City	2010	2012	2013	2013 排名 Ranking
贺州	Hezhou	121.2	163.9	124.2	174
河池	Hechi	374.1	374.1	367.0	70
来宾	Laibin		407.9	409.3	64
崇左	Chongzuo	519.6	520.2	521.3	39
海南	**Hainan**	**419.1**	**727.5**	**727.5**	
海口	Haikou	47.0	46.9	46.8	198
三亚	Sanya	11.0	14.1	13.6	208
三沙	Sansha				
重庆	**Chongqing**	**2235.9**	**2235.9**	**2235.9**	
四川	**Sichuan**	**4010.7**	**5947.4**	**5947.4**	
成都	Chengdu	356.5	323.5	321.5	86
自贡	Zigong	134.6	137.4	138.4	166
攀枝花	Panzhihua	40.0	40.8	41.4	200
泸州	Luzhou	209.5	210.3	210.8	125
德阳	Deyang	185.0	185.1	184.6	136
绵阳	Mianyang	280.6	281.9	282.1	98
广元	Guangyuan	166.1	168.8	168.8	145
遂宁	Suining	154.5	154.0	154.1	156
内江	Neijiang	164.4	164.4	164.5	147
乐山	Leshan	150.2	149.9	149.7	158
南充	Nanchong	300.7	302.3	302.4	93
眉山	Meishan	171.2	170.7	170.6	144
宜宾	Yibin	243.4	243.1	242.4	111
广安	Guangan	173.4	173.4	173.2	142
达州	Dazhou	301.3	304.5	306.2	90
雅安	Yaan	54.6	56.2	56.1	195
巴中	Bazhong	152.8	152.4	152.6	157
资阳	Ziyang	270.1	268.3	268.8	102
贵州	**Guizhou**	**1761.6**	**4485.3**	**4485.3**	
贵阳	Guiyang	97.8	95.6		
六盘水	Liupanshui	107.8	310.7		
遵义	Zunyi	390.3	846.2		
安顺	Anshun	106.4	106.5		
毕节	Bijie	369.3	997.3		
铜仁	Tongren	175.3	176.7		
云南	**Yunnan**	**4230.1**	**6072.1**	**6072.1**	
昆明	Kunming	157.5	155.7	154.5	155
曲靖	Qujing	281.1	272.4	273.0	99
玉溪	Yuxi	108.0	253.1	108.0	179
保山	Baoshan	155.6	155.3	154.8	154
昭通	Zhaotong	327.6	326.9	326.8	83
丽江	Lijiang	95.0	103.3	104.4	180
普洱	Puer	206.5	210.9	211.3	123
临沧	Lincang	241.4	270.6	270.3	101
西藏	**Tibet**	**203.0**	**361.6**	**361.6**	
拉萨	Lasa	25.3	35.1	34.9	204
陕西	**Shaanxi**	**2860.5**	**4050.3**	**4050.3**	
西安	Xi'an	255.5	246.6	244.2	110
铜川	Tongchuan	62.7	64.6	64.7	194
宝鸡	Baoji	306.8	300.0	300.0	94
咸阳	Xianyang	359.2	359.6	356.9	75
渭南	Weinan	521.0	521.5	519.4	40
延安	Yan'an	234.6	240.4	240.6	115
汉中	Hanzhong	203.6	205.3	205.1	127
榆林	Yulin	574.3	580.6	594.9	31
安康	Ankang	195.5	197.9	197.8	128
商洛	Shangluo	132.3	133.6	133.4	168
甘肃	**Gansu**	**3493.8**	**4658.8**	**4658.8**	
兰州	Lanzhou	209.5	268.7	209.2	126
嘉峪关	Jiayuguan	2.8	4.0	2.8	210
金昌	Jinchang	67.7	89.3	67.5	193
白银	Baiyin	301.4	398.7	307.3	89
天水	Tianshui	381.4	514.7	379.2	66
武威	Wuwei	254.7	359.3	254.1	108
张掖	Zhangye	234.6	253.3	259.3	106
平凉	Pingliang	372.2	384.7	370.8	68
酒泉	Jiuquan	157.2	166.7	160.2	150
庆阳	Qingyang	445.9	664.7	451.9	53
定西	Dingxi	514.3	675.3	513.9	41
陇南	Longnan	287.9	553.3	286.4	96
青海	**Qinghai**	**542.7**	**542.7**	**542.7**	
西宁	Xining	145.8	145.8	148.2	160
海东	Haidong				
宁夏	**Ningxia**	**1134.9**	**1107.1**	**1107.1**	
银川	Yinchuan	129.4	128.8		
石嘴山	Shizuishan	78.1	78.4		
吴忠	Wuzhong	339.9	312.0		
固原	Guyuan	356.1	355.0		
中卫	Zhongwei	231.3	229.3		
新疆	**Xinjiang**	**4124.6**	**4124.6**	**4124.6**	
乌鲁木齐	Urumqi	55.4	55.4		
克拉玛依	Karamay	21.9	21.9		

10-3 农业机械总动力
Total Power of Agricultural Machinery

单位：万千瓦 (10 000 kw)

地名	City	2010	2016	2017	2017 排名 Ranking
全国	**Nation Total**	**92780.5**	**97245.6**	**98783.3**	
北京	**Beijing**	**276.0**	**144.5**	**133.5**	
天津	**Tianjin**	**587.8**	**470.0**	**464.7**	
河北	**Hebei**	**10151.3**	**7402.0**	**7580.6**	
石家庄	Shijiazhuang	1959.7	1280.8	1300.4	3
唐山	Tangshan	1080.0	766.7	775.8	17
秦皇岛	Qinhuangdao	295.0	180.5	172.6	155
邯郸	Handan	1372.8	975.8	1001.6	7
邢台	Xingtai	929.1	821.7	837.6	15
保定	Baoding	1165.4	751.7	773.0	18
张家口	Zhangjiakou	289.8	244.5	251.8	114
承德	Chengde	310.1	246.2	253.4	113
沧州	Cangzhou	1174.8	996.4	1028.0	6
廊坊	Langfang	673.7	393.0	393.3	75
衡水	Hengshui	900.8	744.6	793.0	16
山西	**Shanxi**	**2809.2**	**1744.3**	**1376.0**	
太原	Taiyuan	120.3		44.0	209
大同	Datong	160.6		96.0	196
阳泉	Yangquan	121.5		33.0	211
长治	Changzhi	176.2		109.0	192
晋城	Jincheng	225.3		59.0	207
朔州	Shuozhou	206.1		125.0	180
晋中	Jinzhong	321.1		161.0	160
运城	Yuncheng	605.3		285.0	97
忻州	Xinzhou	216.1		149.0	167
临汾	Linfen	405.1		200.0	140
吕梁	Lvliang	251.6		116.0	187
内蒙古	**Inner Mongolia**	**3034.0**	**3331.1**	**3483.5**	
呼和浩特	Hohhot	206.2	216.5	226.0	129
包头	Baotou	149.2	115.9	122.0	183
乌海	Wuhai	7.7	5.9	6.0	216
赤峰	Chifeng	434.0	470.5	497.0	57
通辽	Tongliao	558.8	593.9	616.0	39
鄂尔多斯	Erdos	256.9	216.0	225.0	130
呼伦贝尔	Hulunbuir	379.1	462.0	485.0	58
巴彦淖尔	Bayannur	357.0	480.8	506.0	54
乌兰察布	Ulanqab	188.8	191.0	200.0	140
辽宁	**Liaoning**	**2408.3**	**2168.5**	**2215.1**	

地名	City	2010	2016	2017	2017 排名 Ranking
沈阳	Shenyang				
大连	Dalian				
鞍山	Anshan				
抚顺	Fushun				
本溪	Benxi				
丹东	Dandong				
锦州	Jinzhou				
营口	Yingkou				
阜新	Fuxin				
辽阳	Liaoyang				
盘锦	Panjin				
铁岭	Tieling				
朝阳	Chaoyang				
葫芦岛	Huludao				
吉林	**Jilin**	**2145.0**	**3105.3**	**3284.7**	
长春	Changchun	427.0	660.4	709.2	26
吉林	Jilin	281.0	352.0	381.3	76
四平	Siping	217.0	371.1	398.3	74
辽源	Liaoyuan	89.0	125.7	130.4	177
通化	Tonghua	136.0	161.8	173.6	154
白山	Baishan	39.0	31.2	31.2	212
松原	Songyuan	458.0	652.6	687.1	29
白城	Baicheng	359.0	522.1	543.9	49
黑龙江	**Heilongjiang**	**3736.3**	**5634.3**	**5813.8**	
哈尔滨	Harbin	753.2	1039.0	1067.9	5
齐齐哈尔	Qiqihar	592.6	829.9	839.9	13
鸡西	Jixi	162.5	242.0	250.1	116
鹤岗	Hegang	65.0	114.3	114.4	189
双鸭山	Shuangyashan	124.8	195.6	204.5	139
大庆	Daqing	267.3	341.5	358.6	82
伊春	Yichun	59.5	80.5	74.8	202
佳木斯	Jiamusi	285.9	463.1	480.6	60
七台河	Qitaihe	45.6	69.1	72.1	203
牡丹江	Mudanjiang	164.7	283.2	289.8	95
黑河	Heihe	213.9	296.4	302.4	89
绥化	Suihua	345.9	609.4	652.9	30
上海	**Shanghai**	**104.2**	**122.3**	**121.8**	
江苏	**Jiangsu**	**3937.3**	**4906.6**	**4991.4**	

10-3 农业机械总动力 续表 1

Total Power of Agricultural Machinery continued 1

单位：万千瓦 (10 000 kw)

地名	City	2010	2016	2017	2017 排名 Ranking	地名	City	2010	2016	2017	2017 排名 Ranking
南京	Nanjing	206.2	227.6	229.5	125	池州	Chizhou	104.0	129.6	128.0	179
无锡	Wuxi	110.2	99.2	96.9	195	宣城	Xuancheng	207.4	251.5	229.8	124
徐州	Xuzhou	563.7	712.3	733.5	24	**福建**	**Fujian**	**1206.2**	**1269.1**	**1232.4**	
常州	Changzhou	150.2	146.2	145.3	170	福州	Fuzhou	160.3			
苏州	Suzhou	162.2	163.9	163.2	158	厦门	Xiamen	41.7			
南通	Nantong	325.5	398.3	410.6	71	莆田	Putian	75.0			
连云港	Lianyungang	387.3	588.1	597.7	41	三明	Sanming	119.5			
淮安	Huaian	392.0	622.6	629.3	35	泉州	Quanzhou	236.7			
盐城	Yancheng	510.8	679.1	689.1	28	漳州	Zhangzhou	196.9			
扬州	Yangzhou	222.7	270.2	274.5	102	南平	Nanping	161.4			
镇江	Zhenjiang	142.8	145.7	147.8	169	龙岩	Longyan	104.3			
泰州	Taizhou	218.2	275.5	279.4	99	宁德	Ningde	110.3			
宿迁	Suqian	545.5	577.8	594.5	42	**江西**	**Jiangxi**	**3805.0**	**2201.6**	**2309.6**	
浙江	**Zhejiang**	**2499.9**	**2136.7**	**2072.3**		南昌	Nanchang				
杭州	Hangzhou	322.0	283.7	255.8	110	景德镇	Jingdezhen				
宁波	Ningbo	326.1	301.9	269.1	104	萍乡	Pingxiang				
温州	Wenzhou	229.8	212.0	188.3	146	九江	Jiujiang				
嘉兴	Jiaxing	158.6	134.0	124.3	181	新余	Xinyu				
湖州	Huzhou	163.1	168.3	151.5	164	鹰潭	Yingtan				
绍兴	Shaoxing	246.1	233.4	212.9	134	赣州	Ganzhou				
金华	Jinhua	246.5	257.7	230.3	123	吉安	Jian				
衢州	Quzhou	158.9	155.2	138.4	174	宜春	Yichun				
舟山	Zhoushan	171.9	155.6	136.9	176	抚州	Fuzhou				
台州	Taizhou	360.0	293.1	269.3	103	上饶	Shangrao				
丽水	Lishui	103.3	109.3	95.6	197	**山东**	**Shandong**	**11629.0**	**9797.6**	**10144.0**	
安徽	**Anhui**	**5409.8**	**6867.5**	**6312.9**		济南	Jinan	509.7	447.8	442.9	66
合肥	Hefei	188.4	453.8	470.5	64	青岛	Qingdao	763.6	697.9	728.0	25
芜湖	Wuhu	106.3	216.6	211.4	136	淄博	Zibo	334.5	251.3	254.8	111
蚌埠	Bengbu	482.3	548.1	559.8	46	枣庄	Zaozhuang	274.0	277.7	290.1	94
淮南	Huainan	169.6	444.0	446.7	65	东营	Dongying	225.0	232.9	245.7	119
马鞍山	Maanshan	49.1	151.6	144.6	171	烟台	Yantai	859.0	739.4	754.4	21
淮北	Huaibei	240.3	985.5	262.1	107	潍坊	Weifang	1230.4	959.9	979.0	8
铜陵	Tongling	37.3	90.2	86.9	199	济宁	Jining	939.5	840.5	876.7	12
安庆	Anqing	265.1	314.6	315.6	85	泰安	Taian	452.5	486.3	505.4	55
黄山	Huangshan	67.0	83.4	80.8	200	威海	Weihai	531.8	509.6	515.1	53
滁州	Chuzhou	576.1	705.7	690.5	27	日照	Rizhao	295.5	273.9	278.5	101
阜阳	Fuyang	598.2	763.5	624.9	37	莱芜	Laiwu	99.3	84.7	87.4	198
宿州	Suzhou	732.7	874.6	739.7	23	临沂	Linyi	863.6	685.1	743.8	22
六安	Liuan	604.4	558.9	563.6	45	德州	Dezhou	1302.5	1115.8	1161.1	4
亳州	Bozhou	683.6	296.1	758.0	19	聊城	Liaocheng	1041.8	910.9	944.5	9

10-3　农业机械总动力　续表 2

Total Power of Agricultural Machinery continued 2

单位：万千瓦　　(10 000 kw)

地名	City	2010	2016	2017	2017 排名 Ranking
滨州	Binzhou	546.2	421.4	438.1	67
菏泽	Heze	1360.2	851.5	898.6	11
河南	**Henan**	**10195.9**	**9855.0**	**10038.3**	
郑州	Zhengzhou	504.3	433.1	438.0	68
开封	Kaifeng	668.4	566.8	578.1	43
洛阳	Luoyang	457.9	516.9	524.8	52
平顶山	Pingdingshan	344.9	378.2	398.3	73
安阳	Anyang	568.9	541.0	555.3	47
鹤壁	Hebi	216.1	218.0	223.6	131
新乡	Xinxiang	678.6	739.4	755.7	20
焦作	Jiaozuo	378.4	231.3	243.5	120
濮阳	Puyang	407.4	409.1	360.1	81
许昌	Xuchang	355.1	366.8	366.8	77
漯河	Luohe	250.0	247.3	249.3	117
三门峡	Sanmenxia	165.0	116.8	117.5	185
南阳	Nanyang	1120.5	1368.9	1408.3	1
商丘	Shangqiu	1123.1	818.7	838.6	14
信阳	Xinyang	461.1	603.5	634.9	33
周口	Zhoukou	1064.2	917.6	939.7	10
驻马店	Zhumadian	1326.9	1308.9	1333.4	2
湖北	**Hubei**	**3371.0**	**4187.8**	**4335.5**	
武汉	Wuhan	214.6		228.7	126
黄石	Huangshi	69.8		116.6	186
十堰	Shiyan	135.3		188.3	145
宜昌	Yichang	245.0		293.0	91
襄阳	Xiangyang	515.0		646.1	31
鄂州	Ezhou	46.1		59.3	206
荆门	Jingmen	340.8		476.5	62
孝感	Xiaogan	203.2		260.9	108
荆州	Jingzhou	445.7		625.6	36
黄冈	Huanggang	237.1		353.4	83
咸宁	Xianning	144.1		183.1	152
随州	Suizhou	178.0		213.7	133
湖南	**Hunan**	**4651.6**	**6097.5**	**6258.1**	
长沙	Changsha	486.7	595.9	602.0	40
株洲	Zhuzhou	243.5	344.7	361.6	79
湘潭	Xiangtan	256.9	285.6	286.7	96
衡阳	Hengyang	397.8	558.4	573.3	44
邵阳	Shaoyang	362.1	464.9	478.2	61
岳阳	Yueyang	468.4	583.0	639.5	32
常德	Changde	481.5	578.3	633.9	34
张家界	Zhangjiajie	92.1	112.2	114.8	188
益阳	Yiyang	398.4	637.2	538.1	51
郴州	Chenzhou	336.8	429.3	431.2	70
永州	Yongzhou	457.7	603.5	617.9	38
怀化	Huaihua	288.3	387.9	432.8	69
娄底	Loudi	258.4	347.8	360.9	80
广东	**Guangdong**	**2253.4**	**2390.5**	**2410.8**	
广州	Guangzhou	217.6			
韶关	Shaoguan	124.3			
深圳	Shenzhen				
珠海	Zhuhai	24.1			
汕头	Shantou	39.9			
佛山	Foshan	113.5			
江门	Jiangmen	158.2			
湛江	Zhanjiang	436.1			
茂名	Maoming	159.4			
肇庆	Zhaoqing	139.1			
惠州	Huizhou	119.6			
梅州	Meizhou	126.5			
汕尾	Shanwei	83.9			
河源	Heyuan	48.3			
阳江	Yangjiang	79.1			
清远	Qingyuan	103.2			
东莞	Dongguan	36.8			
中山	Zhongshan	69.8			
潮州	Chaozhou	27.5			
揭阳	Jieyang	57.6			
云浮	Yunfu	95.1			
广西	**Guangxi**	**2767.7**	**3527.3**	**3658.3**	
南宁	Nanning	393.8	468.1	481.2	59
柳州	Liuzhou	157.9	233.7	222.0	132
桂林	Guilin	364.8	555.6	503.5	56
梧州	Wuzhou	100.9	140.5	137.5	175
北海	Beihai	121.3	144.2	148.0	168
防城港	Fangchenggang	66.4	78.6	77.7	201
钦州	Qinzhou	130.3	190.1	184.7	149
贵港	Guigang	256.2	370.7	365.9	78
玉林	Yulin	266.3	366.6	305.7	88
百色	Baise	240.0	291.3	299.6	90

10-3 农业机械总动力 续表 3
Total Power of Agricultural Machinery continued 3

单位：万千瓦 (10 000 kw)

地名	City	2010	2016	2017	2017 排名 Ranking
贺州	Hezhou	96.0	129.9	124.1	182
河池	Hechi	267.7	321.1	314.3	86
来宾	Laibin	136.8	208.6	197.3	142
崇左	Chongzuo	172.6	257.0	258.8	109
海南	**Hainan**	**421.5**	**516.6**	**556.9**	
海口	Haikou	42.6	59.1	57.5	208
三亚	Sanya	25.8	30.5	29.2	214
三沙	Sansha				
重庆	**Chongqing**		**1318.7**	**1352.6**	
四川	**Sichuan**	**3155.1**	**4267.3**	**4420.3**	
成都	Chengdu	288.2	352.8	403.9	72
自贡	Zigong	83.6	99.9	106.7	193
攀枝花	Panzhihua	56.4	65.0	69.0	204
泸州	Luzhou	140.4	210.1	227.1	127
德阳	Deyang	157.1	180.2	186.9	147
绵阳	Mianyang	229.1	323.7	334.9	84
广元	Guangyuan	211.9	272.5	279.8	98
遂宁	Suining	100.4	91.1	118.9	184
内江	Neijiang	122.3	134.5	149.9	166
乐山	Leshan	163.6	240.9	250.9	115
南充	Nanchong	189.6	281.6	290.2	93
眉山	Meishan	182.5	206.1	210.2	138
宜宾	Yibin	171.5	244.1	246.0	118
广安	Guangan	133.1	229.6	238.9	122
达州	Dazhou	174.7	261.1	267.4	106
雅安	Yaan	126.1	161.1	162.2	159
巴中	Bazhong	123.7	176.7	183.7	151
资阳	Ziyang	151.1	219.8	163.8	157
贵州	**Guizhou**	**1730.3**	**2041.1**	**2181.4**	
贵阳	Guiyang	154.8	191.4	197.0	143
六盘水	Liupanshui	69.3	186.0	186.5	148
遵义	Zunyi	278.0	457.5	473.6	63
安顺	Anshun	120.3	205.2	211.5	135
毕节	Bijie	206.1	480.0	538.5	50
铜仁	Tongren	231.9	304.4	306.0	87
云南	**Yunnan**	**2411.0**	**3440.6**	**3534.5**	
昆明	Kunming	270.0			
曲靖	Qujing	26.0			
玉溪	Yuxi	206.9			
保山	Baoshan	13.2			
昭通	Zhaotong	130.7			
丽江	Lijiang	63.9			
普洱	Puer	17.2			
临沧	Lincang	117.7			
西藏	**Tibet**	**412.0**	**635.1**	**523.1**	
拉萨	Lasa	77.0	125.9	129.1	178
陕西	**Shaanxi**	**1889.3**	**2171.9**	**2242.5**	
西安	Xi'an	267.7	261.5	254.3	112
铜川	Tongchuan	39.2	32.5	33.0	210
宝鸡	Baoji	181.2	225.2	241.4	121
咸阳	Xianyang	249.1	258.6	268.5	105
渭南	Weinan	402.4	536.4	552.7	48
延安	Yan'an	164.4	153.9	159.5	161
汉中	Hanzhong	135.2	181.3	184.4	150
榆林	Yulin	253.5	259.2	278.6	100
安康	Ankang	113.0	187.5	193.1	144
商洛	Shangluo	71.5	67.6	68.6	205
甘肃	**Gansu**	**1977.6**	**1903.9**	**2018.6**	
兰州	Lanzhou	151.1	106.3	110.5	191
嘉峪关	Jiayuguan	10.6	10.7	11.0	215
金昌	Jinchang	89.3	93.1	99.4	194
白银	Baiyin	175.0	167.3	171.7	156
天水	Tianshui	116.0	138.9	143.9	172
武威	Wuwei	342.0	254.9	292.0	92
张掖	Zhangye	200.0	201.9	210.8	137
平凉	Pingliang	94.5	105.4	113.4	190
酒泉	Jiuquan	194.3	220.8	226.8	128
庆阳	Qingyang	310.9	139.3	152.4	163
定西	Dingxi	211.0	166.0	174.4	153
陇南	Longnan	134.7	151.0	155.1	162
青海	**Qinghai**	**421.3**	**458.6**	**462.4**	
西宁	Xining	140.0	133.9	142.1	173
海东	Haidong		152.3	150.4	165
宁夏	**Ningxia**	**729.1**	**580.5**	**605.4**	
银川	Yinchuan	163.7			
石嘴山	Shizuishan	100.7			
吴忠	Wuzhong	178.5			
固原	Guyuan	153.9			
中卫	Zhongwei	132.4			
新疆	**Xinjiang**	**1642.9**	**2552.2**	**2638.8**	
乌鲁木齐	Urumqi	27.8	30.7	30.5	213
克拉玛依	Karamay	3.1	4.0	4.1	217

10-4 化肥施用量
Consumption of Chemical Fertilizer

单位：万吨 (10 000 tons)

地名	City	2010	2016	2017	2017 排名 Ranking	地名	City	2010	2016	2017	2017 排名 Ranking
全国	**Nation Total**	**5561.7**	**5981.1**	**5859.4**		沈阳	Shenyang	19.5	20.5	20.3	89
北京	**Beijing**	**13.7**	**9.7**	**8.5**		大连	Dalian	16.1	15.7	15.7	120
天津	**Tianjin**	**25.5**	**21.4**	**18.0**		鞍山	Anshan	9.3	10.7	10.7	155
河北	**Hebei**	**322.9**	**331.8**	**322.0**		抚顺	Fushun	3.3	3.3	3.3	240
石家庄	Shijiazhuang	48.4	48.5	47.1	21	本溪	Benxi	1.3	1.3	1.2	248
唐山	Tangshan	38.2	38.3	38.0	31	丹东	Dandong	7.1	6.7	6.8	200
秦皇岛	Qinhuangdao	14.0	14.2	13.5	133	锦州	Jinzhou	16.4	16.7	16.9	113
邯郸	Handan	47.3	48.1	45.8	22	营口	Yingkou	6.1	6.2	5.8	212
邢台	Xingtai	34.5	36.2	34.4	40	阜新	Fuxin	12.9	16.5	15.3	121
保定	Baoding	44.6	48.1	47.2	20	辽阳	Liaoyang	5.4	5.4	4.8	228
张家口	Zhangjiakou	9.8	11.4	10.7	156	盘锦	Panjin	5.0	4.7	4.4	229
承德	Chengde	10.6	11.2	10.9	151	铁岭	Tieling	19.7	22.1	21.9	81
沧州	Cangzhou	32.3	31.0	30.6	49	朝阳	Chaoyang	9.4	10.2	10.1	165
廊坊	Langfang	16.7	16.4	16.1	118	葫芦岛	Huludao	8.5	8.3	8.3	186
衡水	Hengshui	26.7	28.3	27.7	59	**吉林**	**Jilin**	**371.7**	**233.6**	**231.0**	
山西	**Shanxi**	**110.4**	**117.1**	**112.0**		长春	Changchun	93.2	103.8	100.2	1
太原	Taiyuan	2.6	2.9	2.8	243	吉林	Jilin	52.9	61.0	60.3	10
大同	Datong	8.1	8.1	7.5	194	四平	Siping	62.7	70.8	69.7	8
阳泉	Yangquan	1.4	1.4	1.5	247	辽源	Liaoyuan	14.5	19.7	19.4	100
长治	Changzhi	11.0	12.5	12.3	142	通化	Tonghua	26.4	30.5	28.1	55
晋城	Jincheng	6.9	6.5	6.0	209	白山	Baishan	3.5	3.7	3.6	235
朔州	Shuozhou	6.9	7.8	7.0	199	松原	Songyuan	66.3	83.8	83.1	4
晋中	Jinzhong	10.3	10.3	10.2	164	白城	Baicheng	39.4	53.8	53.4	15
运城	Yuncheng	27.4	28.7	28.0	56	**黑龙江**	**Heilongjiang**	**214.9**	**252.8**	**251.2**	
忻州	Xinzhou	12.7	13.2	12.5	139	哈尔滨	Harbin	43.6	45.6	44.8	23
临汾	Linfen	15.7	17.6	16.6	114	齐齐哈尔	Qiqihar	25.0	30.3	30.6	48
吕梁	Lvliang	7.3	8.0	7.6	193	鸡西	Jixi	4.3	5.1	4.9	227
内蒙古	**Inner Mongolia**	**177.2**	**234.6**	**235.0**		鹤岗	Hegang	3.6	4.3	4.3	230
呼和浩特	Hohhot	10.7	12.7	12.5	138	双鸭山	Shuangyashan	5.5	7.4	6.8	201
包头	Baotou	6.6	7.7	7.2	195	大庆	Daqing	11.1	13.9	13.4	134
乌海	Wuhai	0.4	0.4	0.4	253	伊春	Yichun	2.0	2.5	2.4	244
赤峰	Chifeng	26.1	35.8	35.1	39	佳木斯	Jiamusi	18.6	23.1	23.4	76
通辽	Tongliao	53.0	68.4	68.9	9	七台河	Qitaihe	1.4	2.7	3.4	238
鄂尔多斯	Erdos	9.9	12.4	13.9	129	牡丹江	Mudanjiang	7.6	8.8	8.8	183
呼伦贝尔	Hulunbuir	1.6	27.1	26.0	62	黑河	Heihe	11.7	14.3	13.4	135
巴彦淖尔	Bayannur	24.7	27.3	27.9	57	绥化	Suihua	31.1	35.9	36.8	35
乌兰察布	Ulanqab	9.0	9.8	9.9	170	**上海**	**Shanghai**	**11.8**	**9.2**	**8.9**	
辽宁	**Liaoning**	**140.1**	**148.1**	**145.5**		**江苏**	**Jiangsu**	**341.1**	**312.5**	**303.9**	

10-4 化肥施用量 续表 1

Consumption of Chemical Fertilizer continued 1

单位：万吨 (10 000 tons)

地名	City	2010	2016	2017	2017 排名 Ranking
南京	Nanjing	9.0	7.4	7.1	197
无锡	Wuxi	6.5	5.2	5.1	224
徐州	Xuzhou	70.3	60.5	58.7	11
常州	Changzhou	6.7	6.0	5.8	211
苏州	Suzhou	9.2	7.1	6.8	202
南通	Nantong	24.5	22.2	21.9	83
连云港	Lianyungang	33.8	34.6	33.3	43
淮安	Huaian	36.7	38.8	37.4	34
盐城	Yancheng	60.7	50.6	49.6	17
扬州	Yangzhou	19.0	20.0	19.3	101
镇江	Zhenjiang	7.0	5.4	5.1	223
泰州	Taizhou	19.3	16.1	15.8	119
宿迁	Suqian	38.4	38.6	38.1	30
浙江	**Zhejiang**	**92.2**	**84.5**	**82.6**	
杭州	Hangzhou	11.5	9.4	9.2	177
宁波	Ningbo	10.9	10.6	10.0	168
温州	Wenzhou	8.9	8.0	7.9	189
嘉兴	Jiaxing	10.5	10.0	10.0	169
湖州	Huzhou	5.5	4.3	4.1	232
绍兴	Shaoxing	10.4	10.7	10.6	160
金华	Jinhua	11.2	10.0	9.4	175
衢州	Quzhou	7.5	6.3	6.3	206
舟山	Zhoushan	0.5	0.4	0.4	251
台州	Taizhou	9.1	8.8	9.0	180
丽水	Lishui	6.2	5.7	5.8	213
安徽	**Anhui**	**319.8**	**327.0**	**318.7**	
合肥	Hefei	19.7	27.9	25.8	63
芜湖	Wuhu	6.8	18.0	17.9	110
蚌埠	Bengbu	28.4	30.7	30.5	50
淮南	Huainan	13.3	29.1	28.4	54
马鞍山	Maanshan	2.8	7.9	7.8	190
淮北	Huaibei	8.6	10.6	10.6	157
铜陵	Tongling	2.2	5.6	5.6	217
安庆	Anqing	21.9	20.4	20.0	92
黄山	Huangshan	3.9	3.7	3.6	236
滁州	Chuzhou	32.1	35.6	35.3	38
阜阳	Fuyang	37.3	36.9	35.7	36
宿州	Suzhou	33.0	33.3	31.7	46
六安	Liuan	36.6	19.1	18.2	109
亳州	Bozhou	30.0	29.7	29.4	53
池州	Chizhou	5.8	6.0	6.0	208
宣城	Xuancheng	13.8	12.7	12.3	141
福建	**Fujian**	**121.0**	**123.8**	**116.3**	
福州	Fuzhou	8.7			
厦门	Xiamen	2.3			
莆田	Putian	6.7			
三明	Sanming	13.0			
泉州	Quanzhou	15.2			
漳州	Zhangzhou	38.7			
南平	Nanping	15.9			
龙岩	Longyan	11.3			
宁德	Ningde	9.3			
江西	**Jiangxi**	**137.6**	**142.0**	**135.0**	
南昌	Nanchang	14.9	14.3	14.1	127
景德镇	Jingdezhen	3.2	3.6	3.5	237
萍乡	Pingxiang	3.6	3.9	3.4	239
九江	Jiujiang	16.1	15.4	15.1	122
新余	Xinyu	2.9	4.3	4.3	231
鹰潭	Yingtan	3.0	3.3	3.3	241
赣州	Ganzhou	22.4	23.9	23.0	77
吉安	Jian	17.5	18.6	18.5	106
宜春	Yichun	20.8	20.7	18.9	104
抚州	Fuzhou	19.9	19.3	16.6	115
上饶	Shangrao	13.2	14.8	14.3	126
山东	**Shandong**	**475.3**	**456.5**	**440.0**	
济南	Jinan	23.4	22.1	20.9	87
青岛	Qingdao	29.9	28.4	27.8	58
淄博	Zibo	9.9	9.5	8.9	182
枣庄	Zaozhuang	21.7	20.9	20.2	90
东营	Dongying	11.4	11.6	10.2	163
烟台	Yantai	39.1	39.3	38.6	28
潍坊	Weifang	58.3	51.6	49.6	18
济宁	Jining	46.6	41.6	39.5	27
泰安	Taian	20.2	20.8	19.4	99
威海	Weihai	10.3	10.8	10.5	161
日照	Rizhao	13.0	11.3	10.4	162
莱芜	Laiwu	3.8	3.8	4.0	233
临沂	Linyi	43.4	36.1	35.4	37
德州	Dezhou	32.7	35.4	32.8	44
聊城	Liaocheng	42.0	41.1	40.6	26

10-4 化肥施用量 续表 2

Consumption of Chemical Fertilizer continued 2

单位：万吨 (10 000 tons)

地名	City	2010	2016	2017	2017 排名 Ranking	地名	City	2010	2016	2017	2017 排名 Ranking
滨州	Binzhou	21.2	22.8	21.8	84	常德	Changde	33.2	32.9	37.5	33
菏泽	Heze	48.4	49.3	49.2	19	张家界	Zhangjiajie	5.6	6.0	5.7	215
河南	**Henan**	**655.2**	**715.0**	**706.7**		益阳	Yiyang	22.2	23.6	23.6	73
郑州	Zhengzhou	22.7	22.0	20.8	88	郴州	Chenzhou	18.5	20.5	17.1	112
开封	Kaifeng	28.7	31.9	31.6	47	永州	Yongzhou	22.4	24.0	23.4	75
洛阳	Luoyang	23.6	24.7	23.6	72	怀化	Huaihua	10.7	11.1	11.2	147
平顶山	Pingdingshan	35.0	38.3	37.5	32	娄底	Loudi	9.3	8.5	8.5	185
安阳	Anyang	42.3	46.4	44.7	24	**广东**	**Guangdong**	**237.3**	**261.0**	**258.3**	
鹤壁	Hebi	7.5	8.1	8.0	188	广州	Guangzhou	10.8			
新乡	Xinxiang	49.0	55.5	55.0	13	韶关	Shaoguan	35.2			
焦作	Jiaozuo	20.2	20.2	19.6	97	深圳	Shenzhen	0.7			
濮阳	Puyang	25.9	26.8	27.6	60	珠海	Zhuhai	1.0			
许昌	Xuchang	31.0	29.1	25.1	66	汕头	Shantou	5.3			
漯河	Luohe	17.1	17.5	17.6	111	佛山	Foshan	5.3			
三门峡	Sanmenxia	9.2	9.8	9.7	173	江门	Jiangmen	39.5			
南阳	Nanyang	79.9	90.2	84.7	3	湛江	Zhanjiang	41.8			
商丘	Shangqiu	70.2	83.0	91.3	2	茂名	Maoming	32.9			
信阳	Xinyang	47.3	51.8	51.3	16	肇庆	Zhaoqing	18.1			
周口	Zhoukou	74.1	82.0	81.5	5	惠州	Huizhou	8.9			
驻马店	Zhumadian	69.1	74.9	74.7	6	梅州	Meizhou	15.7			
湖北	**Hubei**	**350.8**	**328.0**	**317.9**		汕尾	Shanwei	6.4			
武汉	Wuhan	16.4		11.9	144	河源	Heyuan	6.7			
黄石	Huangshi	4.7		5.0	226	阳江	Yangjiang	11.3			
十堰	Shiyan	12.8		13.0	137	清远	Qingyuan	20.1			
宜昌	Yichang	35.7		34.3	41	东莞	Dongguan	0.8			
襄阳	Xiangyang	53.2		57.6	12	中山	Zhongshan	3.1			
鄂州	Ezhou	12.0		7.6	192	潮州	Chaozhou	4.2			
荆门	Jingmen	29.3		29.7	52	揭阳	Jieyang	12.1			
孝感	Xiaogan	21.8		19.7	95	云浮	Yunfu	8.4			
荆州	Jingzhou	37.4		32.2	45	**广西**	**Guangxi**	**237.2**	**262.1**	**263.8**	
黄冈	Huanggang	49.7		33.4	42	南宁	Nanning	43.0	48.9	53.8	14
咸宁	Xianning	11.4		11.6	146	柳州	Liuzhou	18.5	19.2	19.0	103
随州	Suizhou	16.5		16.4	116	桂林	Guilin	22.4	24.3	24.4	67
湖南	**Hunan**	**236.6**	**246.4**	**245.3**		梧州	Wuzhou	6.8	7.0	7.1	197
长沙	Changsha	17.6	19.0	18.6	105	北海	Beihai	6.2	6.6	6.1	207
株洲	Zhuzhou	12.1	11.1	10.9	150	防城港	Fangchenggang	5.0	6.3	5.6	216
湘潭	Xiangtan	11.7	10.6	10.8	153	钦州	Qinzhou	24.9	24.7	24.3	68
衡阳	Hengyang	21.9	25.1	24.1	70	贵港	Guigang	19.2	19.6	19.5	98
邵阳	Shaoyang	22.3	23.0	22.5	78	玉林	Yulin	16.0	16.6	16.3	117
岳阳	Yueyang	21.7	23.1	24.2	69	百色	Baise	10.2	12.5	12.5	140

10-4 化肥施用量 续表 3
Consumption of Chemical Fertilizer continued 3

单位：万吨 (10 000 tons)

地名	City	2010	2016	2017	2017 排名 Ranking	地名	City	2010	2016	2017	2017 排名 Ranking
贺州	Hezhou	5.3	6.6	5.5	219	丽江	Lijiang	7.5	9.4	9.1	179
河池	Hechi	11.9	13.7	14.0	128	普洱	Puer	6.2	9.5	9.5	174
来宾	Laibin	22.0	26.1	26.3	61	临沧	Lincang	15.4	22.3	21.6	85
崇左	Chongzuo	25.8	30.2	30.1	51	**西藏**	**Tibet**	**4.7**	**5.9**	**5.5**	
海南	**Hainan**	**46.4**		**51.4**		拉萨	Lasa	1.1	1.6	1.1	249
海口	Haikou	3.1		9.7	171	**陕西**	**Shaanxi**	**196.8**	**233.1**	**232.1**	
三亚	Sanya	1.8		5.8	210	西安	Xi'an	23.6	24.3	25.5	64
三沙	Sansha					铜川	Tongchuan	4.9	5.3	5.5	218
重庆	**Chongqing**	**91.8**	**50.6**	**95.5**		宝鸡	Baoji	21.5	25.3	25.3	65
四川	**Sichuan**	**248.0**	**249.0**	**242.0**		咸阳	Xianyang	41.4	46.5	44.5	25
成都	Chengdu	17.2	18.6	18.4	107	渭南	Weinan	48.9	71.3	70.9	7
自贡	Zigong	8.5	9.6	9.2	178	延安	Yan'an	11.4	15.4	14.9	124
攀枝花	Panzhihua	3.0	2.9	2.9	242	汉中	Hanzhong	14.6	13.8	13.7	130
泸州	Luzhou	10.3	11.0	10.9	152	榆林	Yulin	12.9	13.6	14.5	125
德阳	Deyang	20.0	18.8	18.3	108	安康	Ankang	8.5	11.2	11.2	148
绵阳	Mianyang	21.0	22.0	21.2	86	商洛	Shangluo	6.1	6.0	5.7	214
广元	Guangyuan	11.3	11.0	10.7	154	**甘肃**	**Gansu**	**85.3**	**93.4**	**84.5**	
遂宁	Suining	14.4	14.0	13.6	132	兰州	Lanzhou	4.3	3.7	3.6	234
内江	Neijiang	11.8	12.9	12.0	143	嘉峪关	Jiayuguan	0.2	0.2	0.4	252
乐山	Leshan	9.1	9.9	9.7	172	金昌	Jinchang	2.0	1.7	1.7	245
南充	Nanchong	23.3	22.9	22.2	79	白银	Baiyin	4.9	5.3	5.3	221
眉山	Meishan	14.5	14.5	13.6	131	天水	Tianshui	7.3	8.0	7.7	191
宜宾	Yibin	10.6	8.4	8.2	187	武威	Wuwei	15.6	8.9	11.0	149
广安	Guangan	10.7	10.8	10.6	159	张掖	Zhangye	8.1	8.8	8.7	184
达州	Dazhou	20.0	22.0	21.9	82	平凉	Pingliang	8.1	10.5	10.0	167
雅安	Yaan	5.0	5.1	5.0	225	酒泉	Jiuquan	7.3	6.8	7.2	196
巴中	Bazhong	13.3	14.0	13.1	136	庆阳	Qingyang	9.2	10.3	10.1	166
资阳	Ziyang	8.8	5.3	5.2	222	定西	Dingxi	6.9	9.6	9.4	176
贵州	**Guizhou**	**86.5**	**103.7**	**95.7**		陇南	Longnan	6.1	6.8	6.7	203
贵阳	Guiyang	6.4	6.0	5.4	220	**青海**	**Qinghai**	**8.2**	**8.8**		
六盘水	Liupanshui	6.8	6.9	6.3	205	西宁	Xining	2.1			
遵义	Zunyi	15.5	22.3	19.3	102	海东	Haidong				
安顺	Anshun	6.1	6.8	6.4	204	**宁夏**	**Ningxia**	**102.6**	**40.7**	**40.8**	
毕节	Bijie	20.6	22.5	22.1	80	银川	Yinchuan	25.1	23.4	23.6	74
铜仁	Tongren	8.6	11.4	10.6	158	石嘴山	Shizuishan	15.6	19.5	19.9	93
云南	**Yunnan**	**184.6**	**235.6**	**231.9**		吴忠	Wuzhong	24.2	24.0	24.1	71
昆明	Kunming	17.3	20.5	19.7	96	固原	Guyuan	17.7	20.6	20.2	91
曲靖	Qujing	30.5	38.9	38.5	29	中卫	Zhongwei	20.0	20.3	19.8	94
玉溪	Yuxi	38.4	9.2	9.0	181	**新疆**	**Xinjiang**	**167.6**	**250.2**	**250.7**	
保山	Baoshan	11.3	11.6	11.6	145	乌鲁木齐	Urumqi	1.0	0.8	0.9	250
昭通	Zhaotong	13.1	15.2	15.1	123	克拉玛依	Karamay	0.4	0.7	1.6	246

10-5 农村用电量

Electricity Consumed in Rural Areas

单位：亿千瓦小时 (100 million kwh)

地名	City	2010	2016	2017	2017 排名 Ranking	地名	City	2010	2016	2017	2017 排名 Ranking
全国	**Nation Total**	**6632.30**		**9524.40**		沈阳	Shenyang	45.85			
北京	**Beijing**	**44.38**				大连	Dalian	78.10			
天津	**Tianjin**	**50.99**				鞍山	Anshan	45.40			
河北	**Hebei**	**511.81**	**600.78**	**615.16**		抚顺	Fushun	11.16			
石家庄	Shijiazhuang	71.35	78.79	77.67	17	本溪	Benxi	1.47			
唐山	Tangshan	14.70	111.98	112.39	11	丹东	Dandong	13.79			
秦皇岛	Qinhuangdao	9.05	23.46	24.79	44	锦州	Jinzhou	17.82			
邯郸	Handan	17.69	65.99	67.26	20	营口	Yingkou	25.98			
邢台	Xingtai	121.78	36.52	37.16	32	阜新	Fuxin	8.05			
保定	Baoding	64.89	51.47	55.80	25	辽阳	Liaoyang	35.01			
张家口	Zhangjiakou	44.32	12.75	12.66	85	盘锦	Panjin	7.67			
承德	Chengde	64.20	20.65	21.54	50	铁岭	Tieling	11.89			
沧州	Cangzhou	26.13	85.93	89.24	14	朝阳	Chaoyang	34.47			
廊坊	Langfang	28.28	81.03	83.30	15	葫芦岛	Huludao	7.98			
衡水	Hengshui	49.43	32.19	33.33	35	**吉林**	**Jilin**	**39.50**	**51.13**	**52.96**	
山西	**Shanxi**	**81.18**	**97.52**	**99.26**		长春	Changchun	10.37	14.14	14.15	72
太原	Taiyuan	4.84	5.42	5.7704	153	吉林	Jilin	4.83	5.47	5.58	154
大同	Datong	2.96	3.5946	3.8499	180	四平	Siping	5.12	6.46	6.52	140
阳泉	Yangquan	7.05	5.8732	5.5002	157	辽源	Liaoyuan	1.51	2.36	2.36	204
长治	Changzhi	7.15	8.2114	8.5644	120	通化	Tonghua	2.93	3.13	3.31	192
晋城	Jincheng	6.84	7.5165	7.3674	130	白山	Baishan	0.82	0.90	0.92	212
朔州	Shuozhou	2.02	2.8416	2.971	194	松原	Songyuan	5.07	5.81	6.00	150
晋中	Jinzhong	11.26	14.4308	12.962	80	白城	Baicheng	2.82	3.99	4.39	174
运城	Yuncheng	20.86	24.9496	26.1607	42	**黑龙江**	**Heilongjiang**	**52.73**	**77.47**	**79.77**	
忻州	Xinzhou	5.09	6.044	6.3157	143	哈尔滨	Harbin	15.08	19.15	18.98	54
临汾	Linfen	6.20	9.2397	9.9992	110	齐齐哈尔	Qiqihar	5.63	8.88	9.15	116
吕梁	Lvliang	6.90	9.4004	9.8037	113	鸡西	Jixi	2.27	3.62	3.85	181
内蒙古	**Inner Mongolia**	**48.41**	**71.09**	**78.90**		鹤岗	Hegang	0.40	0.57	0.58	214
呼和浩特	Hohhot		5.10	5.33	159	双鸭山	Shuangyashan	1.78	2.41	2.55	197
包头	Baotou	2.97	3.59	3.64	185	大庆	Daqing	3.54	5.01	4.96	166
乌海	Wuhai	0.30	0.34	0.34	215	伊春	Yichun	0.60	0.72	0.69	213
赤峰	Chifeng	15.99	24.84	25.53	43	佳木斯	Jiamusi	4.08	6.17	6.33	142
通辽	Tongliao		10.46	10.96	98	七台河	Qitaihe	0.69	1.67	1.71	211
鄂尔多斯	Erdos	4.51	8.47	11.75	90	牡丹江	Mudanjiang	3.95	5.02	5.18	162
呼伦贝尔	Hulunbuir	2.15	3.46	3.55	187	黑河	Heihe	1.64	2.53	2.50	198
巴彦淖尔	Bayannur	3.99	4.79	5.21	161	绥化	Suihua	8.55	14.20	14.90	66
乌兰察布	Ulanqab	2.10	3.73	4.98	165	**上海**	**Shanghai**	**195.48**			
辽宁	**Liaoning**	**344.65**	489.80			**江苏**	**Jiangsu**	**1472.89**	**1869.27**	**1887.99**	

10-5 农村用电量 续表 1

Electricity Consumed in Rural Areas continued 1

单位：亿千瓦小时 (100 million kwh)

地名	City	2010	2016	2017	2017 排名 Ranking
南京	Nanjing	28.62	32.08	32.67	37
无锡	Wuxi	337.12	394.38	411.48	2
徐州	Xuzhou	50.23	66.11	68.03	19
常州	Changzhou	155.94	156.59	155.04	6
苏州	Suzhou	486.29	609.78	603.52	1
南通	Nantong	120.94	170.31	178.48	4
连云港	Lianyungang	24.20	34.28	34.86	34
淮安	Huaian	10.58	16.00	17.33	58
盐城	Yancheng	57.96	80.30	81.43	16
扬州	Yangzhou	39.74	61.14	59.73	23
镇江	Zhenjiang	53.97	77.44	69.46	18
泰州	Taizhou	84.91	124.44	129.21	8
宿迁	Suqian	22.37	46.42	46.77	26
浙江	**Zhejiang**	**765.15**	**926.09**	**976.65**	
杭州	Hangzhou	109.37	109.94	113.96	10
宁波	Ningbo	153.54	177.06	178.13	5
温州	Wenzhou	71.43	89.23	90.87	13
嘉兴	Jiaxing	85.67	128.17	135.37	7
湖州	Huzhou	35.32	37.58	37.70	30
绍兴	Shaoxing	168.10	189.68	214.62	3
金华	Jinhua	36.51	54.48	58.10	24
衢州	Quzhou	8.96	10.43	10.74	102
舟山	Zhoushan	10.70	14.26	15.25	63
台州	Taizhou	80.77	109.09	115.66	9
丽水	Lishui	4.77	6.19	6.24	145
安徽	**Anhui**	**107.41**	**161.62**	**171.31**	
合肥	Hefei	5.45	15.93	16.73	60
芜湖	Wuhu	5.80	13.76	15.05	65
蚌埠	Bengbu	5.13	9.75	10.31	107
淮南	Huainan	6.88	12.89	13.46	78
马鞍山	Maanshan	1.71	5.77	6.10	147
淮北	Huaibei	1.58	3.23	3.48	189
铜陵	Tongling	1.59	6.25	6.78	137
安庆	Anqing	12.87	14.45	14.56	69
黄山	Huangshan	1.76	2.61	2.70	195
滁州	Chuzhou	7.68	10.51	10.86	100
阜阳	Fuyang	9.54	16.71	18.35	55
宿州	Suzhou	6.20	11.62	12.39	86
六安	Liuan	9.68	10.83	11.60	91
亳州	Bozhou	6.56	10.61	11.29	95
池州	Chizhou	2.93	3.82	3.97	178
宣城	Xuancheng	8.84	12.86	13.68	75
福建	**Fujian**	**257.49**		**388.38**	
福州	Fuzhou	73.16			
厦门	Xiamen	1.97			
莆田	Putian	11.10			
三明	Sanming	11.06			
泉州	Quanzhou	109.94			
漳州	Zhangzhou	16.07			
南平	Nanping	9.60			
龙岩	Longyan	15.04			
宁德	Ningde	9.56			
江西	**Jiangxi**	**71.57**	**104.58**	**108.50**	
南昌	Nanchang	11.59	13.66	13.66	76
景德镇	Jingdezhen	2.21	3.26	3.42	191
萍乡	Pingxiang	4.49	5.98	6.20	146
九江	Jiujiang	7.90	12.75	13.54	77
新余	Xinyu	2.64	3.10	3.14	193
鹰潭	Yingtan	0.80	2.43	2.45	201
赣州	Ganzhou	8.81	12.85	13.81	74
吉安	Jian	6.54	8.37	8.53	122
宜春	Yichun	9.51	13.59	13.97	73
抚州	Fuzhou	4.16	5.75	6.34	141
上饶	Shangrao	12.92	22.83	23.44	47
山东	**Shandong**	**439.03**	**488.84**	**488.45**	
济南	Jinan	25.57	25.66	24.40	45
青岛	Qingdao	42.68	38.54	38.24	29
淄博	Zibo	53.38	43.05	40.22	28
枣庄	Zaozhuang	24.45	32.26	33.02	36
东营	Dongying	4.35	4.54	4.59	172
烟台	Yantai	76.88	104.23	105.09	12
潍坊	Weifang	56.49	63.80	66.29	21
济宁	Jining	13.62	16.10	16.30	61
泰安	Taian	9.10	11.20	11.10	96
威海	Weihai	20.14	15.25	15.22	64
日照	Rizhao	7.85	11.93	10.51	106
莱芜	Laiwu	9.96	8.03	7.61	129
临沂	Linyi	32.11	31.33	31.27	38
德州	Dezhou	7.82	12.51	12.94	82
聊城	Liaocheng	11.90	14.68	14.68	68

10-5 农村用电量 续表 2

Electricity Consumed in Rural Areas continued 2

单位：亿千瓦小时 (100 million kwh)

地名	City	2010	2016	2017	2017 排名 Ranking	地名	City	2010	2016	2017	2017 排名 Ranking
滨州	Binzhou	10.15	9.73	10.58	105	常德	Changde	8.84	13.32	13.33	79
菏泽	Heze	32.58	45.99	46.40	27	张家界	Zhangjiajie	1.49	1.91	1.98	208
河南	**Henan**	**269.41**	**317.23**	**328.82**		益阳	Yiyang	6.39	9.55	9.73	114
郑州	Zhengzhou	40.67	36.99	37.35	31	郴州	Chenzhou	5.61	7.14	7.21	133
开封	Kaifeng	8.22	9.11	10.63	103	永州	Yongzhou	6.24	7.85	7.83	126
洛阳	Luoyang	21.31	23.99	24.04	46	怀化	Huaihua	4.79	5.93	6.01	149
平顶山	Pingdingshan	8.66	12.54	12.96	81	娄底	Loudi	4.98	7.00	7.24	132
安阳	Anyang	25.08	28.74	30.13	39	**广东**	**Guangdong**	**1044.26**	**1334.89**	**1414.77**	
鹤壁	Hebi	2.14	2.39	2.43	202	广州	Guangzhou	160.17			
新乡	Xinxiang	54.17	61.52	64.82	22	韶关	Shaoguan	3.29			
焦作	Jiaozuo	11.13	13.62	14.32	71	深圳	Shenzhen				
濮阳	Puyang	6.14	9.03	8.52	123	珠海	Zhuhai	2.43			
许昌	Xuchang	9.01	10.38	10.81	101	汕头	Shantou	23.86			
漯河	Luohe	4.44	6.07	6.24	144	佛山	Foshan	205.22			
三门峡	Sanmenxia	3.17	3.78	3.89	179	江门	Jiangmen	50.95			
南阳	Nanyang	16.98	22.19	22.99	48	湛江	Zhanjiang	12.60			
商丘	Shangqiu	15.30	22.99	26.62	41	茂名	Maoming	7.62			
信阳	Xinyang	12.49	17.14	17.85	56	肇庆	Zhaoqing	10.43			
周口	Zhoukou	13.20	15.47	16.12	62	惠州	Huizhou	30.71			
驻马店	Zhumadian	15.61	19.54	20.71	51	梅州	Meizhou	7.39			
湖北	**Hubei**	**109.78**	**152.86**	**156.57**		汕尾	Shanwei	8.11			
武汉	Wuhan	13.28		14.45	70	河源	Heyuan	4.09			
黄石	Huangshi	9.43		11.30	94	阳江	Yangjiang	3.71			
十堰	Shiyan	3.72		6.66	139	清远	Qingyuan	5.31			
宜昌	Yichang	6.64		11.51	92	东莞	Dongguan	395.05			
襄阳	Xiangyang	6.95		10.87	99	中山	Zhongshan	74.21			
鄂州	Ezhou	0.85		5.55	155	潮州	Chaozhou	19.15			
荆门	Jingmen	5.73		11.99	88	揭阳	Jieyang	14.37			
孝感	Xiaogan	0.60		14.68	67	云浮	Yunfu	5.99			
荆州	Jingzhou	12.18		16.84	59	**广西**	**Guangxi**	**50.22**	**95.37**	**103.53**	
黄冈	Huanggang	24.15		27.39	40	南宁	Nanning	7.67	12.14	11.83	89
咸宁	Xianning	3.70		4.76	171	柳州	Liuzhou	3.52	8.94	8.55	121
随州	Suizhou	3.30		5.16	164	桂林	Guilin	4.87	7.50	7.83	128
湖南	**Hunan**	**98.63**	**126.70**	**128.56**		梧州	Wuzhou	3.31	4.62	4.85	169
长沙	Changsha	21.04	20.43	20.05	52	北海	Beihai		2.17	2.24	206
株洲	Zhuzhou	6.50	8.36	8.50	124	防城港	Fangchenggang	1.15	2.42	2.45	200
湘潭	Xiangtan	4.32	6.66	6.79	136	钦州	Qinzhou	2.81	6.38	6.80	135
衡阳	Hengyang	12.37	18.82	19.44	53	贵港	Guigang	3.82	9.70	5.90	151
邵阳	Shaoyang	7.97	9.38	9.84	112	玉林	Yulin	5.99	9.70	9.99	111
岳阳	Yueyang	6.54	8.49	8.68	118	百色	Baise	3.97	10.76	9.42	115

10-5 农村用电量 续表 3
Electricity Consumed in Rural Areas continued 3

单位：亿千瓦小时　　(100 million kwh)

地名	City	2010	2016	2017	2017 排名 Ranking
贺州	Hezhou	2.15	3.78	4.44	173
河池	Hechi	4.90	9.13	10.30	108
来宾	Laibin	3.18	6.03	10.62	104
崇左	Chongzuo	2.05	2.57	3.63	186
海南	**Hainan**	**5.95**	**13.89**		
海口	Haikou	1.32	3.70		
三亚	Sanya	0.23	1.29		
三沙	Sansha				
重庆	**Chongqing**	**64.77**			
四川	**Sichuan**	**141.66**	**183.08**	**188.44**	
成都	Chengdu	31.59	36.33	36.65	33
自贡	Zigong	3.76	4.91	5.24	160
攀枝花	Panzhihua	1.55	2.09	2.24	205
泸州	Luzhou	5.21	8.13	8.65	119
德阳	Deyang	17.70	21.97	22.53	49
绵阳	Mianyang	9.28	11.63	12.10	87
广元	Guangyuan	2.56	4.30	4.85	168
遂宁	Suining	2.97	3.70	3.72	184
内江	Neijiang	7.76	9.81	10.17	109
乐山	Leshan	7.86	10.64	11.03	97
南充	Nanchong	5.76	6.55	6.84	134
眉山	Meishan	6.31	8.24	8.29	125
宜宾	Yibin	8.43	12.51	12.86	83
广安	Guangan	4.11	5.29	5.43	158
达州	Dazhou	6.96	8.57	8.71	117
雅安	Yaan	3.93	4.80	4.91	167
巴中	Bazhong	2.36	7.05	6.78	138
资阳	Ziyang	5.30	5.24	5.54	156
贵州	**Guizhou**	**41.70**			
贵阳	Guiyang				
六盘水	Liupanshui				
遵义	Zunyi				
安顺	Anshun				
毕节	Bijie				
铜仁	Tongren				
云南	**Yunnan**	**61.67**	**95.26**	**102.34**	
昆明	Kunming	8.10	10.96	11.43	93
曲靖	Qujing	7.39	12.25	12.73	84
玉溪	Yuxi	12.87	17.02	17.76	57
保山	Baoshan	2.85	5.27	5.85	152
昭通	Zhaotong	4.27	6.91	7.37	131
丽江	Lijiang	1.09	1.79	1.99	207
普洱	Puer	1.86	3.47	4.02	176
临沧	Lincang	1.31	2.30	2.48	199
西藏	**Tibet**	**0.76**	**1.21**		
拉萨	Lasa	0.09	0.18		
陕西	**Shaanxi**	**121.00**			
西安	Xi'an				
铜川	Tongchuan				
宝鸡	Baoji				
咸阳	Xianyang				
渭南	Weinan				
延安	Yan'an				
汉中	Hanzhong				
榆林	Yulin				
安康	Ankang				
商洛	Shangluo				
甘肃	**Gansu**	**42.85**	**54.22**	**55.85**	
兰州	Lanzhou	4.19	3.81	3.84	183
嘉峪关	Jiayuguan	0.11	0.12	0.12	216
金昌	Jinchang	1.74	2.14	2.40	203
白银	Baiyin	3.93	4.85	4.79	170
天水	Tianshui	2.98	3.87	4.05	175
武威	Wuwei	5.94	7.23	7.83	127
张掖	Zhangye	3.31	4.95	5.17	163
平凉	Pingliang	2.62	3.29	3.48	190
酒泉	Jiuquan	3.27	4.02	4.00	177
庆阳	Qingyang	3.89	5.89	6.02	148
定西	Dingxi	2.37	3.65	3.84	182
陇南	Longnan	2.92	3.45	3.54	188
青海	**Qinghai**	**3.83**	**6.15**	**6.42**	
西宁	Xining	1.22	2.37	2.56	196
海东	Haidong		1.87	1.92	209
宁夏	**Ningxia**	**10.96**	**14.16**	**14.63**	
银川	Yinchuan	2.84			
石嘴山	Shizuishan	0.84			
吴忠	Wuzhong	3.39			
固原	Guyuan	1.60			
中卫	Zhongwei	2.29			
新疆	**Xinjiang**	**64.29**	**108.16**	**111.13**	
乌鲁木齐	Urumqi	1.76	2.00	1.89	210
克拉玛依	Karamay	0.05	0.04	0.03	217

10-6 有效灌溉面积
Irrigated Area

单位：千公顷 (1000 hectares)

地名	City	2010	2016	2017	2017 排名 Ranking
全国	**Nation Total**	**60347.7**	**67140.6**	**67815.6**	
北京	**Beijing**	**162.6**	**128.5**	**115.5**	
天津	**Tianjin**	**344.6**	**306.6**	**306.6**	
河北	**Hebei**	**4520.9**	**4457.6**	**4474.7**	
石家庄	Shijiazhuang	480.3	500.5	504.0	18
唐山	Tangshan	485.2	458.1	458.1	30
秦皇岛	Qinhuangdao	134.5	127.7	127.8	130
邯郸	Handan	547.3	533.7	538.7	13
邢台	Xingtai	531.1	587.2	587.6	10
保定	Baoding	665.5	657.1	654.4	3
张家口	Zhangjiakou	251.7	258.6	257.7	57
承德	Chengde	145.5	123.6	136.4	123
沧州	Cangzhou	525.5	502.8	503.2	20
廊坊	Langfang	276.6	227.3	227.4	71
衡水	Hengshui	477.7	481.1	479.3	25
山西	**Shanxi**	**1274.2**	**1487.3**	**1511.2**	
太原	Taiyuan	49.2			
大同	Datong	124.6			
阳泉	Yangquan	8.7			
长治	Changzhi	75.3			
晋城	Jincheng	42.1			
朔州	Shuozhou	120.5			
晋中	Jinzhong	141.1			
运城	Yuncheng	330.7			
忻州	Xinzhou	129.1			
临汾	Linfen	137.5			
吕梁	Lvliang	115.4			
内蒙古	**Inner Mongolia**	**3027.5**	**3131.5**	**3174.8**	
呼和浩特	Hohhot	195.6	213.2	212.7	76
包头	Baotou	142.3	128.5	129.8	128
乌海	Wuhai		7.1	7.1	204
赤峰	Chifeng	455.1	413.7	415.8	35
通辽	Tongliao	652.5	644.4	644.4	5
鄂尔多斯	Erdos		245.9	245.9	65
呼伦贝尔	Hulunbuir	179.0	278.8	308.3	44
巴彦淖尔	Bayannur	569.1	652.7	652.7	4
乌兰察布	Ulanqab	115.6	174.8	168.1	101
辽宁	**Liaoning**	**1537.5**	**1573.0**	**1610.6**	
沈阳	Shenyang	240.6	262.5	264.6	55
大连	Dalian	110.3	74.7	75.8	166
鞍山	Anshan	88.7	74.4	74.5	169
抚顺	Fushun	43.5	43.5	37.3	193
本溪	Benxi	20.2	17.3	17.4	200
丹东	Dandong	70.8	79.4	81.6	161
锦州	Jinzhou	197.4	188.9	198.0	86
营口	Yingkou	87.0	74.1	75.1	167
阜新	Fuxin	81.0	144.4	151.5	113
辽阳	Liaoyang	94.2	72.9	73.5	171
盘锦	Panjin	109.0	98.2	98.2	152
铁岭	Tieling	153.9	175.4	176.5	96
朝阳	Chaoyang	169.9	195.0	206.9	79
葫芦岛	Huludao	70.9	72.3	80.0	163
吉林	**Jilin**	**1726.8**	**1832.2**	**1893.1**	
长春	Changchun	240.7	251.4	252.8	59
吉林	Jilin	180.4	161.4	161.7	105
四平	Siping	185.0	206.3	202.9	80
辽源	Liaoyuan	30.6	23.0	23.0	198
通化	Tonghua	106.2	99.6	102.5	149
白山	Daishan	1.1	1.8	2.2	206
松原	Songyuan	508.6	482.6	528.6	15
白城	Baicheng	391.1	537.1	577.0	11
黑龙江	**Heilongjiang**	**3884.3**	**5953.4**	**6031.0**	
哈尔滨	Harbin	304.3	785.3	792.8	2
齐齐哈尔	Qiqihar	494.9	849.8	856.1	1
鸡西	Jixi	130.5	166.9	169.8	99
鹤岗	Hegang	96.9	156.2	140.7	120
双鸭山	Shuangyashan	54.5	101.7	107.6	143
大庆	Daqing	469.9	540.0	524.7	16
伊春	Yichun	26.1	52.6	51.2	186
佳木斯	Jiamusi	257.1	462.2	468.7	28
七台河	Qitaihe	13.0	19.6	20.7	199
牡丹江	Mudanjiang	76.8	100.7	103.0	148
黑河	Heihe	31.7	92.2	89.6	158
绥化	Suihua	352.6	575.7	594.4	9
上海	**Shanghai**	**201.0**	**189.8**	**190.8**	
江苏	**Jiangsu**	**3819.7**	**4054.1**	**4131.9**	

10-6 有效灌溉面积 续表 1
Irrigated Area continued 1

单位：千公顷 (1000 hectares)

地名	City	2010	2016	2017	2017 排名 Ranking
南京	Nanjing	189.8			
无锡	Wuxi	132.2			
徐州	Xuzhou	465.2			
常州	Changzhou	140.0			
苏州	Suzhou	209.7			
南通	Nantong	408.8			
连云港	Lianyungang	320.3			
淮安	Huaian	317.8			
盐城	Yancheng	621.6			
扬州	Yangzhou	266.8			
镇江	Zhenjiang	132.5			
泰州	Taizhou	276.4			
宿迁	Suqian	338.8			
浙江	**Zhejiang**	**1451.0**	**1446.3**	**1444.7**	
杭州	Hangzhou	163.0	156.6	157.1	107
宁波	Ningbo	189.1	178.1	179.4	95
温州	Wenzhou	125.2	115.2	115.5	138
嘉兴	Jiaxing	198.8	183.9	183.9	93
湖州	Huzhou	134.5	137.2	133.6	126
绍兴	Shaoxing	160.6	165.4	167.1	102
金华	Jinhua	159.5	168.0	169.6	100
衢州	Quzhou	93.4	104.2	104.6	145
舟山	Zhoushan	12.9	15.2	15.3	202
台州	Taizhou	127.4	124.7	125.1	135
丽水	Lishui	86.5	97.8	93.6	153
安徽	**Anhui**	**3519.8**	**4437.5**	**4504.1**	
合肥	Hefei	245.0	458.5	459.5	29
芜湖	Wuhu	87.6	196.6	196.6	87
蚌埠	Bengbu	204.8	242.8	247.6	61
淮南	Huainan	103.7	283.3	283.3	52
马鞍山	Maanshan	52.2	147.9	149.9	115
淮北	Huaibei	140.7	143.2	143.6	117
铜陵	Tongling	26.0	82.6	83.9	159
安庆	Anqing	257.1	274.6	275.7	54
黄山	Huangshan	43.3	54.7	60.3	177
滁州	Chuzhou	355.5	491.2	491.2	22
阜阳	Fuyang	370.2	432.0	448.7	31
宿州	Suzhou	369.2	428.4	433.9	32
六安	Liuan	382.4	429.5	430.5	33
亳州	Bozhou	310.1	464.7	486.7	23
池州	Chizhou	83.5	106.8	110.7	141
宣城	Xuancheng	148.1	200.7	202.0	82
福建	**Fujian**	**967.5**	**1055.4**	**1064.8**	
福州	Fuzhou	114.4			
厦门	Xiamen	17.9			
莆田	Putian	51.3			
三明	Sanming	140.2			
泉州	Quanzhou	112.9			
漳州	Zhangzhou	137.3			
南平	Nanping	182.2			
龙岩	Longyan	1007.1			
宁德	Ningde	104.2			
江西	**Jiangxi**	**1852.4**	**2036.8**	**2039.4**	
南昌	Nanchang	193.0	190.0	190.0	89
景德镇	Jingdezhen	53.3	52.0	52.0	185
萍乡	Pingxiang	23.2	43.0	43.0	189
九江	Jiujiang	181.4	204.0	208.0	78
新余	Xinyu	47.4	54.0	55.0	182
鹰潭	Yingtan	51.4	53.0	53.0	184
赣州	Ganzhou	261.5	288.0	288.0	49
吉安	Jian	293.2	297.0	297.0	46
宜春	Yichun	280.9	311.0	312.0	43
抚州	Fuzhou	214.1	245.0	246.0	63
上饶	Shangrao	238.9	300.0	295.0	47
山东	**Shandong**	**4955.3**	**5161.2**	**5191.1**	
济南	Jinan	246.8	256.2	256.6	58
青岛	Qingdao	329.0	327.6	329.6	41
淄博	Zibo	125.9	128.7	127.1	131
枣庄	Zaozhuang	153.8	172.0	164.0	104
东营	Dongying	165.6	189.9	189.9	90
烟台	Yantai	273.7	247.1	247.1	62
潍坊	Weifang	531.9	530.5	530.5	14
济宁	Jining	439.0	472.8	473.9	26
泰安	Taian	252.3	244.5	245.9	64
威海	Weihai	149.7	125.0	126.2	134
日照	Rizhao	119.3	108.7	112.5	139
莱芜	Laiwu	38.0	37.4	37.4	192
临沂	Linyi	379.8	348.8	355.4	39
德州	Dezhou	449.5	491.9	503.8	19
聊城	Liaocheng	490.6	472.9	480.9	24

10-6 有效灌溉面积 续表 2

Irrigated Area continued 2

单位：千公顷 (1000 hectares)

地名	City	2010	2016	2017	2017 排名 Ranking
滨州	Binzhou	306.3	376.0	378.9	36
菏泽	Heze	504.3	631.2	631.2	6
河南	**Henan**	**5081.0**	**5242.9**	**5273.6**	
郑州	Zhengzhou	196.0	202.9	202.5	81
开封	Kaifeng	322.4	352.3	353.0	40
洛阳	Luoyang	140.1	153.6	154.6	109
平顶山	Pingdingshan	200.3	205.4	212.4	77
安阳	Anyang	297.1	300.7	304.2	45
鹤壁	Hebi	83.5	92.8	92.8	155
新乡	Xinxiang	328.2	362.6	363.5	38
焦作	Jiaozuo	161.5	185.7	182.3	94
濮阳	Puyang	219.6	236.2	237.0	68
许昌	Xuchang	238.2	247.6	249.7	60
漯河	Luohe	150.4	143.7	145.8	116
三门峡	Sanmenxia	54.1	54.3	57.0	179
南阳	Nanyang	468.5	490.7	492.3	21
商丘	Shangqiu	599.4	606.7	614.8	7
信阳	Xinyang	459.2	514.4	519.3	17
周口	Zhoukou	599.0	576.4	576.7	12
驻马店	Zhumadian	543.4	607.8	607.3	8
湖北	**Hubei**	**2187.2**	**2905.6**	**2919.2**	
武汉	Wuhan	157.2		151.5	112
黄石	Huangshi	38.1		58.9	178
十堰	Shiyan	40.2		39.0	191
宜昌	Yichang	106.4		127.1	132
襄阳	Xiangyang	234.3		277.5	53
鄂州	Ezhou	27.8		27.8	197
荆门	Jingmen	188.0		218.9	75
孝感	Xiaogan	226.8		243.1	66
荆州	Jingzhou	405.5		423.3	34
黄冈	Huanggang	234.2		262.7	56
咸宁	Xianning	85.6		93.0	154
随州	Suizhou	126.7		126.5	133
湖南	**Hunan**	**2726.7**	**3132.4**	**3145.9**	
长沙	Changsha	228.2	229.2	231.6	69
株洲	Zhuzhou	144.1	163.6	165.0	103
湘潭	Xiangtan	116.6	140.7	141.4	119
衡阳	Hengyang	255.8	287.3	287.7	50
邵阳	Shaoyang	255.0	286.2	286.6	51
岳阳	Yueyang	259.9	316.9	317.1	42

地名	City	2010	2016	2017	2017 排名 Ranking
常德	Changde	394.0	469.1	469.2	27
张家界	Zhangjiajie	50.2	55.5	55.5	181
益阳	Yiyang	222.0	237.8	237.8	67
郴州	Chenzhou	169.9	190.7	194.0	88
永州	Yongzhou	243.2	289.6	289.8	48
怀化	Huaihua	189.0	199.1	199.1	84
娄底	Loudi	114.1	96.1	100.3	150
广东	**Guangdong**	**1273.5**	**1771.7**	**1774.6**	
广州	Guangzhou	80.7			
韶关	Shaoguan	92.3			
深圳	Shenzhen				
珠海	Zhuhai	19.1			
汕头	Shantou	31.5			
佛山	Foshan	42.5			
江门	Jiangmen	102.0			
湛江	Zhanjiang	127.0			
茂名	Maoming	107.0			
肇庆	Zhaoqing	103.8			
惠州	Huizhou	71.9			
梅州	Meizhou	90.5			
汕尾	Shanwei	34.9			
河源	Heyuan	59.0			
阳江	Yangjiang	63.5			
清远	Qingyuan	92.2			
东莞	Dongguan	8.4			
中山	Zhongshan	20.4			
潮州	Chaozhou	18.6			
揭阳	Jieyang	54.7			
云浮	Yunfu	52.9			
广西	**Guangxi**	**1523.0**	**1646.1**	**1669.9**	
南宁	Nanning	218.1	230.2	231.6	70
柳州	Liuzhou	97.7	112.1	112.5	140
桂林	Guilin	218.7	219.0	219.8	74
梧州	Wuzhou	70.6	71.2	61.0	176
北海	Beihai	46.6	50.4	45.7	187
防城港	Fangchenggang	27.8	29.4	29.9	195
钦州	Qinzhou	82.9	80.7	79.4	165
贵港	Guigang	153.7	151.4	151.5	114
玉林	Yulin	146.5	144.2	143.1	118
百色	Baise	108.7	109.1	109.3	142

10-6 有效灌溉面积 续表 3
Irrigated Area continued 3

单位：千公顷 (1000 hectares)

地名	City	2010	2016	2017	2017 排名 Ranking
贺州	Hezhou	65.7	81.0	81.0	162
河池	Hechi	86.4	85.1	82.4	160
来宾	Laibin	99.9	101.4	105.6	144
崇左	Chongzuo	77.5	72.7	74.5	168
海南	**Hainan**	**179.9**	**290.0**	**289.3**	
海口	Haikou	17.2	16.2	16.9	201
三亚	Sanya	6.8	8.1	8.5	203
三沙	Sansha				
重庆	**Chongqing**	**685.3**	**690.6**	**694.3**	
四川	**Sichuan**	**2553.1**	**2813.6**	**2873.1**	
成都	Chengdu	320.3	372.1	369.5	37
自贡	Zigong	80.2	97.4	98.7	151
攀枝花	Panzhihua	28.8	38.5	39.6	190
泸州	Luzhou	115.7	149.4	153.3	110
德阳	Deyang	148.8	154.2	155.7	108
绵阳	Mianyang	210.6	218.7	220.8	73
广元	Guangyuan	87.8	88.6	90.0	157
遂宁	Suining	120.4	127.1	128.6	129
内江	Neijiang	115.5	129.1	132.0	127
乐山	Leshan	101.0	138.6	140.7	121
南充	Nanchong	206.6	205.5	221.1	72
眉山	Meishan	176.2	169.8	171.7	98
宜宾	Yibin	124.8	181.4	185.5	92
广安	Guangan	94.9	97.6	103.4	147
达州	Dazhou	161.1	167.8	176.0	97
雅安	Yaan	42.6	53.4	53.3	183
巴中	Bazhong	76.3	90.5	91.5	156
资阳	Ziyang	167.1	118.5	120.3	137
贵州	**Guizhou**	**1195.3**	**1088.1**	**1114.1**	
贵阳	Guiyang	30.5			
六盘水	Liupanshui	7.8			
遵义	Zunyi	149.0			
安顺	Anshun	53.7			
毕节	Bijie	165.9			
铜仁	Tongren	123.6			
云南	**Yunnan**	**1588.4**	**1809.4**	**1851.4**	
昆明	Kunming	129.5		134.4	124
曲靖	Qujing	180.1		198.6	85
玉溪	Yuxi	81.7		74.1	170
保山	Baoshan	109.9		152.8	111
昭通	Zhaotong	126.9		120.7	136

地名	City	2010	2016	2017	2017 排名 Ranking
丽江	Lijiang	6.9		69.3	173
普洱	Puer	115.2		139.3	122
临沧	Lincang	87.9		133.7	125
西藏	**Tibet**	**167.0**	**251.5**	**261.2**	
拉萨	Lasa	32.8	33.0	28.8	196
陕西	**Shaanxi**	**1284.9**	**1251.4**	**1263.1**	
西安	Xi'an				
铜川	Tongchuan	14.3			
宝鸡	Baoji	159.3			
咸阳	Xianyang	232.6			
渭南	Weinan	313.9			
延安	Yan'an	31.7			
汉中	Hanzhong	123.2			
榆林	Yulin	111.3			
安康	Ankang	60.3			
商洛	Shangluo	38.7			
甘肃	**Gansu**	**1098.9**	**1317.5**	**1331.4**	
兰州	Lanzhou	79.4	80.0	79.8	164
嘉峪关	Jiayuguan	2.8	3.0	3.0	205
金昌	Jinchang	60.4	62.3	62.3	175
白银	Baiyin	93.5	102.0	103.7	146
天水	Tianshui	34.5	35.8	36.7	194
武威	Wuwei	183.7	187.2	188.3	91
张掖	Zhangye	161.4	195.3	200.8	83
平凉	Pingliang	44.3	43.5	44.8	188
酒泉	Jiuquan	155.5	159.8	161.0	106
庆阳	Qingyang	46.4	53.6	56.0	180
定西	Dingxi	60.7	70.1	70.9	172
陇南	Longnan	62.5	62.9	62.8	174
青海	**Qinghai**	**251.7**	**202.4**	**206.6**	
西宁	Xining				
海东	Haidong				
宁夏	**Ningxia**	**427.2**	**515.2**	**511.5**	
银川	Yinchuan	128.7			
石嘴山	Shizuishan	78.1			
吴忠	Wuzhong	122.2			
固原	Guyuan	37.8			
中卫	Zhongwei	60.3			
新疆	**Xinjiang**	**4065.3**	**4982.0**	**4952.3**	
乌鲁木齐	Urumqi	44.8			
克拉玛依	Karamay	10.1			

10-7 农作物播种面积
Total Sown Area

单位：千公顷 (1000 hectares)

地名	City	2010	2016	2017	2017 排名 Ranking	地名	City	2010	2016	2017	2017 排名 Ranking
全国	**Nation Total**	**160675.0**	**166939.0**	**166332.0**		沈阳	Shenyang	654.8	656.0	669.2	57
北京	**Beijing**	**317.3**	**151.4**	**120.9**		大连	Dalian	332.8	327.0	308.8	127
天津	**Tianjin**	**459.3**	**479.2**	**439.5**		鞍山	Anshan	251.8	247.7	254.0	143
河北	**Hebei**	**8718.4**	**8716.6**	**8381.7**		抚顺	Fushun	115.9	116.1	124.2	179
石家庄	Shijiazhuang	1020.6	999.0	914.7	29	本溪	Benxi	59.9	58.0	59.5	191
唐山	Tangshan	790.5	806.2	721.7	47	丹东	Dandong	206.8	190.4	207.0	157
秦皇岛	Qinhuangdao	220.7	213.5	193.6	161	锦州	Jinzhou	445.9	457.2	449.4	99
邯郸	Handan	1079.8	1058.0	1008.3	25	营口	Yingkou	112.1	109.4	108.6	183
邢台	Xingtai	1012.5	1029.2	999.7	26	阜新	Fuxin	464.4	479.4	468.2	93
保定	Baoding	1217.0	1210.3	1111.9	16	辽阳	Liaoyang	164.0	162.8	156.2	172
张家口	Zhangjiakou	690.8	698.7	718.3	49	盘锦	Panjin	145.3	143.0	138.2	176
承德	Chengde	359.7	397.9	367.2	114	铁岭	Tieling	569.0	548.5	511.0	75
沧州	Cangzhou	1135.9	1097.8	1024.8	21	朝阳	Chaoyang	423.0	464.5	460.9	97
廊坊	Langfang	496.5	451.2	423.8	103	葫芦岛	Huludao	239.2	249.7	256.3	141
衡水	Hengshui	850.2	805.3	897.7	32	**吉林**	**Jilin**	**5221.4**	**6063.3**	**6086.2**	
山西	**Shanxi**	**3763.9**	**3579.5**	**3577.6**		长春	Changchun	1257.2	1349.4	1318.2	9
太原	Taiyuan	113.6				吉林	Jilin	683.8	694.6	691.3	52
大同	Datong	319.1				四平	Siping	843.7	916.2	912.7	30
阳泉	Yangquan	58.9				辽源	Liaoyuan	164.3	245.6	248.6	147
长治	Changzhi	280.1				通化	Tonghua	305.8	332.8	322.9	124
晋城	Jincheng	218.2				白山	Baishan	62.6	67.0	66.0	190
朔州	Shuozhou	331.7				松原	Songyuan	950.9	1208.4	1308.9	10
晋中	Jinzhong	334.5				白城	Baicheng	868.5	1055.1	858.2	34
运城	Yuncheng	789.7				**黑龙江**	**Heilongjiang**	**14250.0**	**14829.0**	**14767.6**	
忻州	Xinzhou	470.3				哈尔滨	Harbin	1983.5	2009.2	1915.8	3
临汾	Linfen	560.2				齐齐哈尔	Qiqihar	2287.3	2303.1	2241.6	1
吕梁	Lvliang	407.7				鸡西	Jixi	476.2	442.9	432.2	102
内蒙古	**Inner Mongolia**	**7003.0**	**7921.9**	**9014.2**		鹤岗	Hegang	194.3	204.1	188.3	165
呼和浩特	Hohhot	443.4	459.6	472.3	91	双鸭山	Shuangyashan	419.1	413.6	402.1	109
包头	Baotou	310.1	330.6	313.1	126	大庆	Daqing	724.4	752.5	719.3	48
乌海	Wuhai	7.7	7.2	6.8	198	伊春	Yichun	240.7	241.0	215.6	154
赤峰	Chifeng	1078.2	1266.6	1409.4	7	佳木斯	Jiamusi	1255.5	1122.3	1054.8	19
通辽	Tongliao	1109.6	1209.0	1510.2	6	七台河	Qitaihe	175.2	181.3	180.8	169
鄂尔多斯	Erdos	379.0	437.2	482.8	87	牡丹江	Mudanjiang	588.2	652.0	651.6	60
呼伦贝尔	Hulunbuir	1537.4	1665.9	1952.7	2	黑河	Heihe	1141.5	1298.9	1112.1	15
巴彦淖尔	Bayannur	633.0	672.5	744.5	44	绥化	Suihua	1785.2	1892.6	1848.7	4
乌兰察布	Ulanqab	595.0	659.8	728.3	46	**上海**	**Shanghai**	**401.2**	**294.7**	**284.9**	
辽宁	**Liaoning**	**4184.9**	**4242.7**	**4172.3**		**江苏**	**Jiangsu**	**7619.6**	**7676.9**	**7556.4**	

10-7 农作物播种面积 续表 1

Total Sown Area continued 1

单位：千公顷 (1000 hectares)

地名	City	2010	2016	2017	2017 排名 Ranking	地名	City	2010	2016	2017	2017 排名 Ranking
南京	Nanjing	335.3	289.3	269.4	136	池州	Chizhou	198.4	193.2	183.7	167
无锡	Wuxi	180.9	160.3	150.9	174	宣城	Xuancheng	354.4	349.4	342.1	120
徐州	Xuzhou	1099.1	1154.6	1159.3	14	**福建**	**Fujian**	**2270.9**	**2327.3**	**1549.3**	
常州	Changzhou	231.0	209.2	193.3	162	福州	Fuzhou	261.7	270.8		
苏州	Suzhou	269.9	241.4	227.3	150	厦门	Xiamen	29.2	25.9		
南通	Nantong	855.0	824.1	811.4	38	莆田	Putian	109.1	107.0		
连云港	Lianyungang	591.9	631.9	628.5	63	三明	Sanming	406.7	454.8		
淮安	Huaian	779.5	797.2	794.0	40	泉州	Quanzhou	255.6	254.2		
盐城	Yancheng	1460.1	1399.9	1366.3	8	漳州	Zhangzhou	258.5	264.7		
扬州	Yangzhou	500.1	507.2	482.6	88	南平	Nanping	424.9	436.6		
镇江	Zhenjiang	238.3	233.8	222.6	152	龙岩	Longyan	297.0	312.8		
泰州	Taizhou	572.0	575.2	566.2	68	宁德	Ningde	228.3	239.7		
宿迁	Suqian	704.0	718.0	715.5	50	**江西**	**Jiangxi**	**5457.7**	**5560.7**	**5638.5**	
浙江	**Zhejiang**	**2484.7**	**2274.4**	**1981.1**		南昌	Nanchang	532.7			
杭州	Hangzhou	381.8	300.6	273.2	135	景德镇	Jingdezhen	155.7			
宁波	Ningbo	318.6	283.2	261.5	138	萍乡	Pingxiang	139.3			
温州	Wenzhou	256.3	222.9	208.4	156	九江	Jiujiang	527.8			
嘉兴	Jiaxing	340.2	306.7	275.8	134	新余	Xinyu	138.1			
湖州	Huzhou	224.8	166.7	152.1	173	鹰潭	Yingtan	149.7			
绍兴	Shaoxing	329.8	275.4	236.0	148	赣州	Ganzhou	764.1			
金华	Jinhua	273.7	223.6	200.7	159	吉安	Jian	922.9			
衢州	Quzhou	223.6	211.0	184.2	166	宜春	Yichun	902.7			
舟山	Zhoushan	24.1	18.1	16.2	196	抚州	Fuzhou	603.3			
台州	Taizhou	265.4	211.0	197.1	160	上饶	Shangrao	783.8			
丽水	Lishui	176.9	159.2	135.0	177	**山东**	**Shandong**	**10818.2**	**10973.2**	**11107.8**	
安徽	**Anhui**	**9054.9**	**8893.6**	**8726.7**		济南	Jinan	620.9	555.0	566.0	69
合肥	Hefei	497.0	755.6	754.5	41	青岛	Qingdao	753.9	682.4	673.0	56
芜湖	Wuhu	206.0	370.2	364.5	115	淄博	Zibo	307.2	257.8	253.0	144
蚌埠	Bengbu	645.9	641.5	647.7	61	枣庄	Zaozhuang	406.7	370.1	403.0	108
淮南	Huainan	248.4	499.5	495.7	81	东营	Dongying	279.2	247.6	260.0	139
马鞍山	Maanshan	96.7	231.0	234.0	149	烟台	Yantai	557.8	451.6	461.0	96
淮北	Huaibei	287.8	262.3	265.5	137	潍坊	Weifang	1128.7	1019.5	1024.0	22
铜陵	Tongling	47.3	179.8	175.5	170	济宁	Jining	1066.0	918.5	964.0	28
安庆	Anqing	783.3	642.8	637.9	62	泰安	Taian	631.6	561.3	530.0	71
黄山	Huangshan	131.3	126.2	122.3	181	威海	Weihai	261.5	214.7	203.0	158
滁州	Chuzhou	860.7	896.8	898.4	31	日照	Rizhao	270.8	233.7	227.0	151
阜阳	Fuyang	1221.9	1250.2	1258.0	11	莱芜	Laiwu	91.3	77.8	76.0	187
宿州	Suzhou	986.6	1036.2	1047.2	20	临沂	Linyi	1100.4	1008.7	1016.0	23
六安	Liuan	894.3	674.1	667.8	58	德州	Dezhou	1096.1	1002.7	1197.0	12
亳州	Bozhou	1035.2	1085.9	1097.5	17	聊城	Liaocheng	1066.8	968.9	1016.0	23

10-7 农作物播种面积 续表 2
Total Sown Area continued 2

单位：千公顷 (1000 hectares)

地名	City	2010	2016	2017	2017 排名 Ranking
滨州	Binzhou	614.1	584.2	685.0	54
菏泽	Heze	1487.9	1344.1	1553.0	5
河南	**Henan**	**14248.7**	**14472.3**	**14732.5**	
郑州	Zhengzhou	509.8	457.3		
开封	Kaifeng	795.9	813.9		
洛阳	Luoyang	694.2	698.7		
平顶山	Pingdingshan	545.6	541.5		
安阳	Anyang	745.4	763.6		
鹤壁	Hebi	191.3	193.8		
新乡	Xinxiang	786.1	807.4		
焦作	Jiaozuo	350.7	355.1		
濮阳	Puyang	493.7	497.5		
许昌	Xuchang	598.7	571.7		
漯河	Luohe	369.2	365.7		
三门峡	Sanmenxia	244.3	243.5		
南阳	Nanyang	1855.6	1904.6		
商丘	Shangqiu	1379.8	1378.1		
信阳	Xinyang	1226.4	1254.9		
周口	Zhoukou	1698.9	1727.3		
驻马店	Zhumadian	1629.8	1714.8		
湖北	**Hubei**	**7556.3**	**7843.5**	**7956.1**	
武汉	Wuhan	541.5			
黄石	Huangshi	227.2			
十堰	Shiyan	434.8			
宜昌	Yichang	578.5			
襄阳	Xiangyang	894.6			
鄂州	Ezhou	121.6			
荆门	Jingmen	578.8			
孝感	Xiaogan	593.6			
荆州	Jingzhou	1032.5			
黄冈	Huanggang	949.0			
咸宁	Xianning	397.4			
随州	Suizhou	300.6			
湖南	**Hunan**	**821.6**	**8793.3**	**8322.0**	
长沙	Changsha	63.4	678.4	594.3	65
株洲	Zhuzhou	37.8	415.6	389.1	112
湘潭	Xiangtan	31.5	332.3	296.1	130
衡阳	Hengyang	91.0	1009.0	828.4	37
邵阳	Shaoyang	80.6	931.7	840.6	35
岳阳	Yueyang	86.2	905.1	751.9	42
常德	Changde	121.6	1225.5	1093.0	18
张家界	Zhangjiajie	21.8	239.3	218.6	153
益阳	Yiyang	70.8	776.7	689.9	53
郴州	Chenzhou	59.0	640.0	579.3	67
永州	Yongzhou	87.7	947.0	834.5	36
怀化	Huaihua	58.6	633.0	492.6	83
娄底	Loudi	36.3	394.5	345.6	119
广东	**Guangdong**	**4524.5**	**4830.8**	**4227.5**	
广州	Guangzhou	261.4			
韶关	Shaoguan	312.6			
深圳	Shenzhen	6.4			
珠海	Zhuhai	17.7			
汕头	Shantou	117.7			
佛山	Foshan	108.0			
江门	Jiangmen	280.8			
湛江	Zhanjiang	606.5			
茂名	Maoming	405.2			
肇庆	Zhaoqing	336.5			
惠州	Huizhou	241.5			
梅州	Meizhou	339.4			
汕尾	Shanwei	154.5			
河源	Heyuan	224.8			
阳江	Yangjiang	240.3			
清远	Qingyuan	340.4			
东莞	Dongguan	24.6			
中山	Zhongshan	45.3			
潮州	Chaozhou	63.9			
揭阳	Jieyang	205.4			
云浮	Yunfu	185.5			
广西	**Guangxi**	**5896.9**	**6145.3**	**5969.9**	
南宁	Nanning	922.7	977.1	977.0	27
柳州	Liuzhou	397.3	401.6	398.0	110
桂林	Guilin	651.3	715.6	711.1	51
梧州	Wuzhou	277.7	295.5	297.5	129
北海	Beihai	181.3	184.1	183.2	168
防城港	Fangchenggang	114.4	125.2	125.8	178
钦州	Qinzhou	363.7	397.1	397.0	111
贵港	Guigang	419.3	451.3	449.0	100
玉林	Yulin	473.6	494.7	497.6	79
百色	Baise	482.4	469.1	465.8	94

10-7 农作物播种面积 续表 3
Total Sown Area continued 3

单位：千公顷 (1000 hectares)

地名	City	2010	2016	2017	2017 排名 Ranking
贺州	Hezhou	236.6	250.7	250.3	146
河池	Hechi	458.8	469.6	470.4	92
来宾	Laibin	425.6	427.7	422.1	104
崇左	Chongzuo	474.3	516.5	519.9	73
海南	**Hainan**	**833.7**	**823.3**	**709.4**	
海口	Haikou	77.4	76.2	73.4	188
三亚	Sanya	29.8	24.9	24.0	194
三沙	Sansha				
重庆	**Chongqing**	**3359.4**	**3600.7**	**3339.6**	
四川	**Sichuan**	**9979.3**	**9728.6**	**9575.1**	
成都	Chengdu	793.9	886.3	731.0	45
自贡	Zigong	318.4	313.7	362.7	116
攀枝花	Panzhihua	68.9	70.9	70.2	189
泸州	Luzhou	494.1	486.6	541.3	70
德阳	Deyang	467.1	459.3	477.3	89
绵阳	Mianyang	669.5	664.6	660.2	59
广元	Guangyuan	418.7	432.6	495.4	82
遂宁	Suining	424.5	415.5	387.7	113
内江	Neijiang	446.8	454.4	476.7	90
乐山	Leshan	362.8	358.4	338.6	121
南充	Nanchong	913.1	920.4	885.3	33
眉山	Meishan	442.0	437.6	313.4	125
宜宾	Yibin	544.1	547.8	589.4	66
广安	Guangan	496.9	490.5	406.7	106
达州	Dazhou	841.2	830.8	809.5	39
雅安	Yaan	179.4	174.8	115.6	182
巴中	Bazhong	462.5	454.4	500.5	78
资阳	Ziyang	761.2	518.8	516.4	74
贵州	**Guizhou**	**4889.3**	**5596.8**	**5659.4**	
贵阳	Guiyang	265.1	287.1		
六盘水	Liupanshui	241.6	260.9		
遵义	Zunyi	1177.0	1287.2		
安顺	Anshun	248.2	299.3		
毕节	Bijie	1029.5	1179.0		
铜仁	Tongren	530.3	614.5		
云南	**Yunnan**	**6118.5**	**7164.5**	**6790.8**	
昆明	Kunming	420.0	458.5	462.4	95
曲靖	Qujing	990.3	1162.2	1166.3	13
玉溪	Yuxi	245.9	277.6	280.2	132
保山	Baoshan	376.7	410.0	409.3	105
昭通	Zhaotong	692.7	754.9	745.5	43
丽江	Lijiang	16.4	189.1	190.4	163
普洱	Puer	426.3	500.3	503.0	76
临沧	Lincang	429.6	496.5	492.4	84
西藏	**Tibet**	**240.0**	**257.9**	**254.1**	
拉萨	Lasa	38.2	42.3	40.7	192
陕西	**Shaanxi**	**4185.6**	**4276.9**	**4063.9**	
西安	Xi'an	501.2	439.4	487.0	85
铜川	Tongchuan	83.0	80.2	80.7	186
宝鸡	Baoji	444.8	404.6	403.7	107
咸阳	Xianyang	552.4	521.4	458.9	98
渭南	Weinan	758.8	683.4	682.4	55
延安	Yan'an	252.6	250.3	254.5	142
汉中	Hanzhong	448.0	519.0	522.2	72
榆林	Yulin	595.0	609.5	623.8	64
安康	Ankang	453.8	483.6	483.0	86
商洛	Shangluo	286.2	278.8	279.9	133
甘肃	**Gansu**	**3995.2**	**4253.8**	**3752.0**	
兰州	Lanzhou	213.4	239.2	167.1	171
嘉峪关	Jiayuguan	3.9	4.7	7.0	197
金昌	Jinchang	70.5	79.4	81.6	185
白银	Baiyin	297.0	309.2	347.3	118
天水	Tianshui	437.9	464.0	444.0	101
武威	Wuwei	243.6	253.5	259.1	140
张掖	Zhangye	238.7	286.7	290.9	131
平凉	Pingliang	449.2	457.9	354.8	117
酒泉	Jiuquan	166.7	176.6	189.0	164
庆阳	Qingyang	628.8	664.6	496.9	80
定西	Dingxi	551.5	575.7	502.6	77
陇南	Longnan	413.2	431.8	329.4	123
青海	**Qinghai**	**5163.0**	**561.3**	**555.3**	
西宁	Xining	124.1	122.5	124.0	180
海东	Haidong		205.4	209.5	155
宁夏	**Ningxia**	**1247.9**	**1275.2**	**1132.6**	
银川	Yinchuan	166.5	157.6	148.7	175
石嘴山	Shizuishan	92.1	101.0	98.2	184
吴忠	Wuzhong	298.7	343.4	300.4	128
固原	Guyuan	391.9	371.2	333.8	122
中卫	Zhongwei	298.7	302.0	251.5	145
新疆	**Xinjiang**	**4758.6**	**5867.5**	**5887.0**	
乌鲁木齐	Urumqi	54.9	40.4	37.9	193
克拉玛依	Karamay	10.1	15.7	18.7	195

10-8 粮食作物播种面积
Sown Area of Grain Crops

单位：千公顷 (1000 hectares)

地名	City	2010	2016	2017	2017 排名 Ranking
全国	**Nation Total**	**109876.0**	**119230.0**	**117989.0**	
北京	**Beijing**	**223.5**	**87.3**	**66.8**	
天津	**Tianjin**	**311.8**	**357.3**	**351.4**	
河北	**Hebei**	**6282.2**	**6327.4**	**6658.5**	
石家庄	Shijiazhuang	772.6	737.5	776.7	28
唐山	Tangshan	478.7	478.8	480.0	67
秦皇岛	Qinhuangdao	147.1	137.1	129.0	180
邯郸	Handan	774.3	781.5	821.5	26
邢台	Xingtai	717.6	741.0	794.8	27
保定	Baoding	918.8	905.0	926.6	19
张家口	Zhangjiakou	465.0	468.9	523.0	50
承德	Chengde	283.6	289.8	275.9	120
沧州	Cangzhou	883.0	892.9	904.8	20
廊坊	Langfang	317.8	300.3	307.5	112
衡水	Hengshui	594.0	584.8	718.8	33
山西	**Shanxi**	**3239.2**	**3241.4**	**3180.9**	
太原	Taiyuan	84.8	73.4	71.3	204
大同	Datong	275.6	277.1	270.7	124
阳泉	Yangquan	55.3	54.1	52.8	214
长治	Changzhi	255.5	242.9	239.2	140
晋城	Jincheng	207.5	169.0	162.6	167
朔州	Shuozhou	265.9	265.2	268.8	126
晋中	Jinzhong	288.7	256.8	252.2	135
运城	Yuncheng	652.5	622.1	599.4	42
忻州	Xinzhou	420.9	423.5	408.1	80
临汾	Linfen	508.9	512.5	500.2	64
吕梁	Lvliang	358.7	351.4	340.6	97
内蒙古	**Inner Mongolia**	**5499.0**	**6803.4**	**6780.9**	
呼和浩特	Hohhot	321.4	312.1	336.4	101
包头	Baotou	225.3	212.3	211.6	152
乌海	Wuhai	5.0	4.6	4.9	224
赤峰	Chifeng	875.1	933.8	1075.5	14
通辽	Tongliao	913.3	965.0	1267.1	9
鄂尔多斯	Erdos	233.8	251.9	275.7	121
呼伦贝尔	Hulunbuir	1308.4	1388.9	1687.0	4
巴彦淖尔	Bayannur	315.9	282.1	333.1	102
乌兰察布	Ulanqab	491.2	482.4	507.6	57
辽宁	**Liaoning**	**3179.3**	**3515.0**	**3467.5**	
沈阳	Shenyang	506.8	508.3	543.5	48
大连	Dalian	282.9	270.8	260.5	133
鞍山	Anshan	210.5	210.0	219.1	146
抚顺	Fushun	98.4	95.8	105.6	193
本溪	Benxi	50.1	49.6	51.3	215
丹东	Dandong	166.5	160.7	178.0	160
锦州	Jinzhou	351.4	365.8	352.2	94
营口	Yingkou	96.6	93.4	93.2	195
阜新	Fuxin	288.6	324.1	353.9	93
辽阳	Liaoyang	142.3	135.7	135.2	176
盘锦	Panjin	129.0	124.8	125.7	181
铁岭	Tieling	435.5	472.9	458.6	69
朝阳	Chaoyang	343.4	379.6	419.9	78
葫芦岛	Huludao	188.3	185.4	170.3	161
吉林	**Jilin**	**4492.2**	**5542.4**	**5543.9**	
长春	Changchun	1150.5	1255.8	1270.3	8
吉林	Jilin	636.5	656.7	678.4	37
四平	Siping	768.9	846.5	893.2	22
辽源	Liaoyuan	158.2	239.6	246.1	138
通化	Tonghua	273.7	299.9	302.9	113
白山	Baishan	50.5	52.0	53.3	213
松原	Songyuan	795.3	996.5	999.0	17
白城	Baicheng	642.5	882.6	767.4	29
黑龙江	**Heilongjiang**	**13549.0**	**14202.0**	**14154.3**	
哈尔滨	Harbin	1900.3	1897.6	1823.0	2
齐齐哈尔	Qiqihar	2144.9	2242.9	2184.9	1
鸡西	Jixi	459.2	433.3	421.5	77
鹤岗	Hegang	190.3	201.4	186.6	159
双鸭山	Shuangyashan	390.0	393.8	385.6	87
大庆	Daqing	654.3	694.2	651.0	40
伊春	Yichun	228.2	229.5	205.9	153
佳木斯	Jiamusi	1201.0	1081.9	1021.7	15
七台河	Qitaihe	161.0	160.5	160.2	169
牡丹江	Mudanjiang	498.1	507.2	505.5	61
黑河	Heihe	1115.0	1266.3	1076.3	13
绥化	Suihua	1736.0	1825.2	1762.4	3
上海	**Shanghai**	**179.2**	**140.1**	**133.1**	
江苏	**Jiangsu**	**5282.4**	**5432.7**	**5527.3**	

10-8 粮食作物播种面积 续表 1
Sown Area of Grain Crops continued 1

单位：千公顷 (1000 hectares)

地名	City	2010	2016	2017	2017 排名 Ranking
南京	Nanjing	161.1	153.1	143.1	173
无锡	Wuxi	118.7	94.1	86.6	197
徐州	Xuzhou	714.1	737.8	743.6	30
常州	Changzhou	161.5	132.8	112.8	190
苏州	Suzhou	161.7	145.0	135.0	177
南通	Nantong	528.8	518.9	515.0	53
连云港	Lianyungang	485.1	501.5	501.3	63
淮安	Huaian	646.3	660.0	660.4	39
盐城	Yancheng	949.0	981.6	957.3	18
扬州	Yangzhou	410.3	418.9	391.8	84
镇江	Zhenjiang	177.3	174.0	165.0	164
泰州	Taizhou	433.2	435.1	416.5	79
宿迁	Suqian	570.7	579.4	575.6	45
浙江	**Zhejiang**	**1275.8**	**1255.4**	**977.2**	
杭州	Hangzhou	174.7	108.0	86.5	198
宁波	Ningbo	151.1	130.8	109.7	191
温州	Wenzhou	163.1	124.3	107.4	192
嘉兴	Jiaxing	200.1	173.7	148.4	172
湖州	Huzhou	134.6	89.6	75.1	203
绍兴	Shaoxing	184.8	146.2	122.6	185
金华	Jinhua	158.1	99.4	81.9	201
衢州	Quzhou	132.0	106.5	90.1	196
舟山	Zhoushan	11.1	6.6	5.1	223
台州	Taizhou	152.4	97.3	82.5	200
丽水	Lishui	102.3	84.5	67.9	207
安徽	**Anhui**	**6616.4**	**6644.5**	**7321.8**	
合肥	Hefei	282.6	501.8	509.3	55
芜湖	Wuhu	122.1	209.1	212.5	151
蚌埠	Bengbu	473.9	483.3	490.5	65
淮南	Huainan	212.2	439.9	435.1	73
马鞍山	Maanshan	66.7	158.4	160.7	168
淮北	Huaibei	264.2	243.2	246.6	137
铜陵	Tongling	26.5	127.8	125.3	182
安庆	Anqing	454.2	368.6	365.9	91
黄山	Huangshan	65.4	61.7	59.4	211
滁州	Chuzhou	689.5	738.9	741.4	31
阜阳	Fuyang	1002.2	1004.0	1005.6	16
宿州	Suzhou	787.1	833.8	842.1	23
六安	Liuan	689.0	515.7	510.2	54
亳州	Bozhou	854.1	890.3	900.1	21
池州	Chizhou	116.6	119.4	119.3	188
宣城	Xuancheng	226.8	234.4	231.2	141
福建	**Fujian**	**1232.3**	**1176.7**	**833.2**	
福州	Fuzhou	116.0	99.7		
厦门	Xiamen	7.9	6.6		
莆田	Putian	54.9	46.1		
三明	Sanming	212.4	221.3		
泉州	Quanzhou	159.9	137.1		
漳州	Zhangzhou	119.1	109.8		
南平	Nanping	251.1	247.4		
龙岩	Longyan	176.0	182.1		
宁德	Ningde	134.9	126.7		
江西	**Jiangxi**	**3639.1**	**3686.2**	**3786.3**	
南昌	Nanchang	364.9			
景德镇	Jingdezhen	93.4			
萍乡	Pingxiang	81.4			
九江	Jiujiang	273.1			
新余	Xinyu	100.6			
鹰潭	Yingtan	116.2			
赣州	Ganzhou	515.0			
吉安	Jian	651.6			
宜春	Yichun	615.4			
抚州	Fuzhou	408.4			
上饶	Shangrao	581.4			
山东	**Shandong**	**7084.8**	**7511.45**	**8455.6**	
济南	Jinan	467.4	423.8	452.0	70
青岛	Qingdao	535.6	480.2	478.0	68
淄博	Zibo	256.1	217.3	221.0	144
枣庄	Zaozhuang	284.4	254.5	285.0	118
东营	Dongying	121.0	166.7	217.0	148
烟台	Yantai	397.5	304.4	318.0	106
潍坊	Weifang	799.5	694.4	719.0	32
济宁	Jining	662.3	638.5	712.0	35
泰安	Taian	432.1	363.8	365.0	92
威海	Weihai	172.7	125.6	124.0	184
日照	Rizhao	185.5	146.8	141.0	174
莱芜	Laiwu	52.8	37.9	40.0	218
临沂	Linyi	744.1	653.7	662.0	38
德州	Dezhou	890.0	858.1	1077.0	12
聊城	Liaocheng	776.1	737.2	842.0	24

10-8 粮食作物播种面积 续表 2
Sown Area of Grain Crops continued 2

单位：千公顷 (1000 hectares)

地名	City	2010	2016	2017	2017 排名 Ranking	地名	City	2010	2016	2017	2017 排名 Ranking
滨州	Binzhou	439.8	455.6	597.0	43	常德	Changde	67.5	723.7	613.2	41
菏泽	Heze	1018.0	964.3	1206.0	10	张家界	Zhangjiajie	13.6	139.2	121.9	186
河南	**Henan**	**9740.2**	**10286.2**	**10915.1**		益阳	Yiyang	41.8	429.0	385.9	85
郑州	Zhengzhou	361.8	341.0	321.1	105	郴州	Chenzhou	34.9	352.0	323.5	104
开封	Kaifeng	458.5	494.0	517.1	52	永州	Yongzhou	56.8	555.7	502.5	62
洛阳	Luoyang	524.2	521.2	506.1	59	怀化	Huaihua	32.6	327.0	297.3	115
平顶山	Pingdingshan	413.2	424.9	445.2	72	娄底	Loudi	27.1	277.8	245.8	139
安阳	Anyang	541.2	580.3	584.5	44	**广东**	**Guangdong**	**2531.9**	**2509.3**	**2169.7**	
鹤壁	Hebi	165.1	171.0	167.8	163	广州	Guangzhou	89.8			
新乡	Xinxiang	605.2	653.5	713.3	34	韶关	Shaoguan	158.4			
焦作	Jiaozuo	268.3	280.2	277.8	119	深圳	Shenzhen				
濮阳	Puyang	380.2	388.9	425.6	75	珠海	Zhuhai	8.1			
许昌	Xuchang	429.5	442.0	446.9	71	汕头	Shantou	714.0			
漯河	Luohe	263.4	269.2	266.7	128	佛山	Foshan	20.8			
三门峡	Sanmenxia	163.0	168.3	163.5	165	江门	Jiangmen	193.2			
南阳	Nanyang	1124.8	1200.6	1284.4	6	湛江	Zhanjiang	291.1			
商丘	Shangqiu	926.8	1019.1	1077.7	11	茂名	Maoming	253.8			
信阳	Xinyang	822.8	844.6	822.0	25	肇庆	Zhaoqing	202.4			
周口	Zhoukou	1130.2	1245.3	1357.1	5	惠州	Huizhou	120.2			
驻马店	Zhumadian	1160.0	1247.1	1270.8	7	梅州	Meizhou	218.4			
湖北	**Hubei**	**4068.4**	**4436.9**	**4853.0**		汕尾	Shanwei	95.6			
武汉	Wuhan	238.2				河源	Heyuan	164.1			
黄石	Huangshi	133.3				阳江	Yangjiang	146.4			
十堰	Shiyan	273.5				清远	Qingyuan	179.3			
宜昌	Yichang	316.3				东莞	Dongguan	2.8			
襄阳	Xiangyang	667.7				中山	Zhongshan	15.0			
鄂州	Ezhou	56.2				潮州	Chaozhou	45.4			
荆门	Jingmen	341.5				揭阳	Jieyang	136.8			
孝感	Xiaogan	349.5				云浮	Yunfu	118.9			
荆州	Jingzhou	539.5				**广西**	**Guangxi**	**3061.1**	**3023.6**	**2853.1**	
黄冈	Huanggang	521.0				南宁	Nanning	438.7	436.7	430.4	74
咸宁	Xianning	204.5				柳州	Liuzhou	166.2	166.5	163.4	166
随州	Suizhou	219.7				桂林	Guilin	370.8	376.3	369.3	90
湖南	**Hunan**	**480.9**	**4890.6**	**4979.0**		梧州	Wuzhou	158.0	157.9	155.9	171
长沙	Changsha	37.9	372.7	344.3	96	北海	Beihai	81.4	79.0	77.2	202
株洲	Zhuzhou	26.7	266.8	247.0	136	防城港	Fangchenggang	47.3	50.1	49.4	216
湘潭	Xiangtan	22.0	215.2	201.3	156	钦州	Qinzhou	215.2	218.3	214.9	149
衡阳	Hengyang	57.1	572.4	521.9	51	贵港	Guigang	269.8	274.7	271.0	123
邵阳	Shaoyang	55.2	585.2	507.9	56	玉林	Yulin	323.2	314.8	310.2	110
岳阳	Yueyang	54.2	562.5	506.3	58	百色	Baise	271.8	270.4	265.1	131

10-8 粮食作物播种面积 续表 3
Sown Area of Grain Crops continued 3

单位：千公顷 (1000 hectares)

地名	City	2010	2016	2017	2017 排名 Ranking
贺州	Hezhou	137.7	134.2	132.8	178
河池	Hechi	273.2	269.3	266.5	129
来宾	Laibin	171.0	172.7	170.1	162
崇左	Chongzuo	119.7	123.5	121.7	187
海南	**Hainan**	**437.2**	**360.4**	**282.5**	
海口	Haikou	39.8	35.3	33.6	219
三亚	Sanya	13.0	9.5	9.1	222
三沙	Sansha				
重庆	**Chongqing**	**2243.9**	**2250.1**	**2030.7**	
四川	**Sichuan**	**6402.0**	**6453.9**	**6292.0**	
成都	Chengdu		511.2	385.8	86
自贡	Zigong		217.1	229.8	142
攀枝花	Panzhihua		42.5	45.1	217
泸州	Luzhou		369.9	396.2	83
德阳	Deyang		302.3	312.8	107
绵阳	Mianyang		420.4	401.8	82
广元	Guangyuan		264.6	312.8	107
遂宁	Suining		301.2	269.9	125
内江	Neijiang		308.6	309.1	111
乐山	Leshan		231.7	218.2	147
南充	Nanchong		573.9	561.4	46
眉山	Meishan		298.0	195.1	158
宜宾	Yibin		391.8	423.3	76
广安	Guangan		342.6	286.2	117
达州	Dazhou		557.6	557.8	47
雅安	Yaan		110.7	69.4	205
巴中	Bazhong		320.6	339.4	99
资阳	Ziyang		348.8	337.7	100
贵州	**Guizhou**	**3029.5**	**3113.3**	**3052.8**	
贵阳	Guiyang	118.9	106.9		
六盘水	Liupanshui	180.4	178.0		
遵义	Zunyi	759.3	765.8		
安顺	Anshun	144.1	147.2		
毕节	Bijie	636.2	680.1		
铜仁	Tongren	352.6	353.9		
云南	**Yunnan**	**4274.4**	**4481.2**	**4169.2**	
昆明	Kunming	261.9	274.5	272.1	122
曲靖	Qujing	579.9	680.6	685.0	36
玉溪	Yuxi	96.6	113.4	113.8	189
保山	Baoshan	237.2	263.7	262.5	132
昭通	Zhaotong	496.1	547.6	540.9	49
丽江	Lijiang	12.7	134.9	136.0	175
普洱	Puer	312.1	348.3	349.0	95
临沧	Lincang	263.3	300.9	301.9	114
西藏	**Tibet**	**170.2**	**182.9**	**185.6**	
拉萨	Lasa	25.9	28.8	28.0	220
陕西	**Shaanxi**	**3159.7**	**3068.7**	**3019.4**	
西安	Xi'an	414.5	351.9	380.0	89
铜川	Tongchuan	63.1	62.7	63.3	209
宝鸡	Baoji	357.5	327.2	324.8	103
咸阳	Xianyang	430.9	386.5	340.1	98
渭南	Weinan	583.8	508.1	505.7	60
延安	Yan'an	209.6	202.5	201.3	157
汉中	Hanzhong	285.9	266.3	265.1	130
榆林	Yulin	498.8	487.5	488.2	66
安康	Ankang	287.5	268.7	267.5	127
商洛	Shangluo	221.9	203.0	201.7	155
甘肃	**Gansu**	**2799.8**	**2814.0**	**2647.2**	
兰州	Lanzhou	130.0	119.2	82.6	199
嘉峪关	Jiayuguan	0.9	1.2	2.5	226
金昌	Jinchang	48.2	52.5	61.5	210
白银	Baiyin	240.0	242.4	257.3	134
天水	Tianshui	312.6	312.8	311.9	109
武威	Wuwei	150.0	131.3	156.2	170
张掖	Zhangye	166.7	190.6	214.6	150
平凉	Pingliang	327.5	338.0	296.3	116
酒泉	Jiuquan	47.4	38.7	68.3	206
庆阳	Qingyang	431.8	465.6	405.1	81
定西	Dingxi	436.3	420.6	382.5	88
陇南	Longnan	312.8	313.4	226.0	143
青海	**Qinghai**	**274.5**	**281.1**	**282.6**	
西宁	Xining	61.3	55.9	56.9	212
海东	Haidong		122.6	124.8	183
宁夏	**Ningxia**	**844.0**	**778.3**	**722.5**	
银川	Yinchuan	123.2	104.0	98.7	194
石嘴山	Shizuishan	67.1	66.8	67.8	208
吴忠	Wuzhong	213.0	217.6	204.7	154
固原	Guyuan	278.9	238.8	220.2	145
中卫	Zhongwei	161.8	151.2	131.2	179
新疆	**Xinjiang**	**1991.6**	**2401.1**	**2295.9**	
乌鲁木齐	Urumqi	28.0	11.7	10.6	221
克拉玛依	Karamay	0.6	3.0	4.0	225

11

工 业

Industry

11-1 工业生产总值
Gross Industrial Production

单位：亿元 (100 million yuan)

地名	City	2010	2012	2013	2013 排名 Ranking	地名	City	2010	2012	2013	2013 排名 Ranking
全国	**Nation Total**	**160722.2**	**199670.7**	**210689.4**		沈阳	Shenyang	2283.51	3046.91	3348.60	12
北京	**Beijing**	**2763.99**	**3294.32**	**3536.89**		大连	Dalian	2309.49	3207.43	3438.50	8
天津	**Tianjin**	**4410.85**	**6123.06**	**6678.60**		鞍山	Anshan	1046.31	1159.86	1245.70	57
河北	**Hebei**	**9554.03**	**12511.60**	**13194.76**		抚顺	Fushun	452.43	627.62	674.70	120
石家庄	Shijiazhuang	1469.89	1993.59	2099.90	25	本溪	Benxi	488.99	608.59	641.50	129
唐山	Tangshan	2395.22	3243.82	3354.90	10	丹东	Dandong	314.86	428.54	458.10	174
秦皇岛	Qinhuangdao	319.80	376.48	373.50	209	锦州	Jinzhou	377.54	549.63	585.90	148
邯郸	Handan	1160.02	1473.50	1416.40	47	营口	Yingkou	497.64	660.35	711.90	113
邢台	Xingtai	624.28	761.87	774.90	100	阜新	Fuxin	133.46	214.94	237.20	243
保定	Baoding	877.02	1259.39	1329.40	53	辽阳	Liaoyang	437.28	594.10	638.70	132
张家口	Zhangjiakou	352.47	441.85	463.30	173	盘锦	Panjin	567.37	778.05	840.30	89
承德	Chengde	398.91	553.77	575.50	150	铁岭	Tieling	341.93	458.50	472.30	171
沧州	Cangzhou	1007.02	1338.35	1430.50	46	朝阳	Chaoyang	285.05	375.56	407.50	196
廊坊	Langfang	614.30	824.85	871.50	85	葫芦岛	Huludao	209.42	285.83	304.10	229
衡水	Hengshui	363.50	474.09	505.80	166	**吉林**	**Jilin**	**3929.31**	**5582.48**	**6033.35**	
山西	**Shanxi**	**4657.97**	**6023.55**	**6032.99**		长春	Changchun	1469.63	1922.48	2222.10	21
太原	Taiyuan	596.88	784.28	772.30	101	吉林	Jilin	766.60	1044.45	1115.80	67
大同	Datong	298.80	419.56	401.50	199	四平	Siping	310.86	488.02	529.90	161
阳泉	Yangquan	227.76	318.46	316.30	225	辽源	Liaoyuan	196.71	315.44	365.50	213
长治	Changzhi	576.37	861.14	830.20	92	通化	Tonghua	291.84	413.63	468.30	172
晋城	Jincheng	443.89	618.49	605.50	143	白山	Baishan	241.82	358.29	377.40	205
朔州	Shuozhou	364.10	572.81	550.10	154	松原	Songyuan	522.11	692.07	691.50	114
晋中	Jinzhong	378.97	489.12	483.10	169	白城	Baicheng	184.29	267.80	313.70	226
运城	Yuncheng	315.25	424.30	433.00	186	**黑龙江**	**Heilongjiang**	**4608.27**	**5240.65**	**5090.34**	
忻州	Xinzhou	176.04	292.80	296.60	230	哈尔滨	Harbin	1021.55	1127.95	1191.90	61
临汾	Linfen	474.63	701.23	675.70	119	齐齐哈尔	Qiqihar	336.69	411.88	426.50	190
吕梁	Lvliang	568.68	879.29	843.70	88	鸡西	Jixi	170.34	228.35	211.40	248
内蒙古	**Inner Mongolia**	**5618.40**	**7735.78**	**7944.40**		鹤岗	Hegang	112.10	161.38	137.90	262
呼和浩特	Hohhot	557.05	637.56	650.10	125	双鸭山	Shuangyashan	163.44	241.40	224.70	245
包头	Baotou	1188.78	1491.30	1527.20	40	大庆	Daqing	2319.96	3157.40	3243.50	15
乌海	Wuhai	258.01	328.19	337.00	220	伊春	Yichun	67.38	73.81	77.80	276
赤峰	Chifeng	483.46	745.45	735.50	110	佳木斯	Jiamusi	112.99	146.56	173.60	253
通辽	Tongliao	633.86	986.21	941.20	79	七台河	Qitaihe	198.18	169.91	108.60	272
鄂尔多斯	Erdos	1391.12	1971.68	2109.50	24	牡丹江	Mudanjiang	268.16	377.70	450.20	180
呼伦贝尔	Hulunbuir	336.93	546.03	587.60	147	黑河	Heihe	35.62	50.34	55.40	279
巴彦淖尔	Bayannur	285.79	384.43	403.20	198	绥化	Suihua	150.24	245.92	296.10	231
乌兰察布	Ulanqab	266.97	373.71	389.80	200	**上海**	**Shanghai**	**6536.21**	**7097.76**	**7236.69**	
辽宁	**Liaoning**	**8789.27**	**11605.07**	**12510.27**		**江苏**	**Jiangsu**	**19277.65**	**23908.47**	**25612.24**	

注：本表按当年价格计算。

Note: Data in this table are calculated at current prices.

11-1 工业生产总值 续表 1
Gross Industrial Production continued 1

单位：亿元 (100 million yuan)

地名	City	2010	2012	2013	2013 排名 Ranking
南京	Nanjing	2005.21	2748.46	2997.60	17
无锡	Wuxi	2986.52	3717.88	3893.60	5
徐州	Xuzhou	1268.61	1666.62	1793.50	32
常州	Changzhou	1530.86	1900.55	2036.30	28
苏州	Suzhou	4916.49	6055.10	6370.40	1
南通	Nantong	1568.49	1992.11	2168.20	22
连云港	Lianyungang	431.84	583.31	642.70	127
淮安	Huaian	537.00	737.20	819.60	95
盐城	Yancheng	935.51	1258.22	1405.00	48
扬州	Yangzhou	1074.61	1344.66	1468.80	43
镇江	Zhenjiang	1039.78	1309.54	1431.00	45
泰州	Taizhou	981.02	1237.05	1362.30	51
宿迁	Suqian	386.37	589.82	679.20	118
浙江	**Zhejiang**	**12657.78**	**15338.02**	**16368.43**	
杭州	Hangzhou	2502.09	3168.75	3246.70	14
宁波	Ningbo	2586.17	3170.07	3378.00	9
温州	Wenzhou	1387.65	1625.00	1768.00	33
嘉兴	Jiaxing	1192.96	1443.02	1560.90	38
湖州	Huzhou	637.57	796.75	861.10	86
绍兴	Shaoxing	1398.07	1751.79	1882.10	31
金华	Jinhua	938.87	1164.53	1256.70	56
衢州	Quzhou	349.46	442.16	477.30	170
舟山	Zhoushan	218.52	295.81	319.10	224
台州	Taizhou	1135.75	1273.64	1357.40	52
丽水	Lishui	278.00	384.90	430.20	187
安徽	**Anhui**	**5407.40**	**8025.84**	**8928.02**	
合肥	Hefei	1121.64	1813.90	2053.60	27
芜湖	Wuhu	645.29	1117.44	1264.40	55
蚌埠	Bengbu	260.95	391.38	456.70	178
淮南	Huainan	345.82	442.82	447.10	181
马鞍山	Maanshan	520.75	745.36	756.70	102
淮北	Huaibei	273.67	377.12	437.60	183
铜陵	Tongling	315.20	423.43	457.90	175
安庆	Anqing	450.96	672.94	661.80	122
黄山	Huangshan	100.31	152.05	171.40	254
滁州	Chuzhou	298.51	446.09	509.00	165
阜阳	Fuyang	242.62	344.71	380.20	203
宿州	Suzhou	214.43	333.60	376.50	206
六安	Liuan	233.06	354.25	404.20	197
亳州	Bozhou	155.06	241.00	269.20	235
池州	Chizhou	103.33	156.38	175.30	252
宣城	Xuancheng	201.80	333.82	376.40	207
福建	**Fujian**	**6397.71**	**8541.94**	**9455.32**	
福州	Fuzhou	1127.59	1481.99	1654.50	35
厦门	Xiamen	865.92	1153.77	1212.20	59
莆田	Putian	405.01	568.88	639.00	131
三明	Sanming	412.51	565.33	639.40	130
泉州	Quanzhou	1961.46	2595.57	2892.60	18
漳州	Zhangzhou	570.56	818.45	917.30	81
南平	Nanping	243.80	328.97	366.90	212
龙岩	Longyan	447.99	622.95	642.50	128
宁德	Ningde	261.74	418.91	514.60	164
江西	**Jiangxi**	**4286.76**	**5828.20**	**6434.41**	
南昌	Nanchang	952.75	1290.93	1398.60	50
景德镇	Jingdezhen	243.77	329.50	348.20	215
萍乡	Pingxiang	302.71	404.75	428.80	189
九江	Jiujiang	478.70	679.87	756.70	102
新余	Xinyu	360.11	444.75	430.20	187
鹰潭	Yingtan	205.04	285.14	322.30	223
赣州	Ganzhou	425.14	603.48	656.70	124
吉安	Jian	310.87	447.73	494.70	168
宜春	Yichun	439.60	633.39	689.40	116
抚州	Fuzhou	254.65	362.93	408.00	195
上饶	Shangrao	379.10	552.53	595.20	145
山东	**Shandong**	**18861.45**	**22798.33**	**24222.16**	
济南	Jinan	1352.42	1603.08	1690.60	34
青岛	Qingdao	2454.19	6041.31	3248.40	13
淄博	Zibo	1612.07	1897.61	1950.80	29
枣庄	Zaozhuang	749.34	905.60	943.00	78
东营	Dongying	1612.02	2007.59	2130.70	23
烟台	Yantai	2319.02	2694.25	2757.80	19
潍坊	Weifang	1545.55	1952.43	2063.20	26
济宁	Jining	1237.23	1514.29	1613.80	36
泰安	Taian	950.02	1110.93	1173.80	63
威海	Weihai	982.13	1122.80	1174.40	62
日照	Rizhao	494.95	634.20	685.90	117
莱芜	Laiwu	302.71	332.50	331.10	222
临沂	Linyi	1009.32	1202.68	1297.30	54
德州	Dezhou	794.79	1048.54	1127.10	66
聊城	Liaocheng	854.03	1088.10	1149.60	65

11-1 工业生产总值 续表 2

Gross Industrial Production continued 2

单位：亿元 (100 million yuan)

地名	City	2010	2012	2013	2013 排名 Ranking	地名	City	2010	2012	2013	2013 排名 Ranking
滨州	Binzhou	767.26	948.62	1101.60	69	常德	Changde	617.27	916.99	1001.40	73
菏泽	Heze	553.13	858.05	984.30	74	张家界	Zhangjiajie	48.20	70.39	76.50	277
河南	**Henan**	**11950.88**	**15017.56**	**15960.60**		益阳	Yiyang	259.56	416.86	457.30	177
郑州	Zhengzhou	1996.37	2802.47	3101.40	16	郴州	Chenzhou	553.31	818.58	899.00	83
开封	Kaifeng	368.34	487.10	555.90	152	永州	Yongzhou	236.78	349.43	379.80	204
洛阳	Luoyang	1243.78	1583.20	1590.00	37	怀化	Huaihua	256.27	400.77	436.20	184
平顶山	Pingdingshan	821.08	845.53	835.80	90	娄底	Loudi	330.21	501.06	545.50	158
安阳	Anyang	731.77	805.67	855.50	87	**广东**	**Guangdong**	**21462.72**	**25810.07**	**27426.26**	
鹤壁	Hebi	283.38	356.47	413.70	192	广州	Guangzhou	3644.96	4264.16	4754.90	3
新乡	Xinxiang	602.34	812.40	873.70	84	韶关	Shaoguan	246.91	321.49	360.30	214
焦作	Jiaozuo	804.18	984.42	1083.60	71	深圳	Shenzhen	4233.23	5355.85	5889.10	2
濮阳	Puyang	476.42	593.16	690.80	115	珠海	Zhuhai	619.39	720.25	775.60	99
许昌	Xuchang	847.53	1076.57	1201.50	60	汕头	Shantou	629.27	679.26	751.90	104
漯河	Luohe	452.72	515.18	548.90	155	佛山	Foshan	3419.18	3976.10	4201.80	4
三门峡	Sanmenxia	562.42	714.50	741.10	107	江门	Jiangmen	833.28	913.78	964.00	75
南阳	Nanyang	910.56	1082.50	1110.00	68	湛江	Zhanjiang	524.36	644.87	726.20	111
商丘	Shangqiu	464.48	570.47	624.40	138	茂名	Maoming	550.72	730.82	826.50	93
信阳	Xinyang	376.95	449.86	520.50	163	肇庆	Zhaoqing	411.87	616.23	737.90	108
周口	Zhoukou	492.45	664.44	798.90	96	惠州	Huizhou	960.82	1296.40	1464.70	44
驻马店	Zhumadian	393.04	519.09	594.90	146	梅州	Meizhou	208.51	225.17	241.20	242
湖北	**Hubei**	**6726.53**	**9735.15**	**10531.37**		汕尾	Shanwei	180.78	260.37	291.10	232
武汉	Wuhan	2079.82	3203.66	3645.30	6	河源	Heyuan	227.14	277.63	311.60	228
黄石	Huangshi	361.76	581.91	631.20	137	阳江	Yangjiang	238.21	359.72	457.80	176
十堰	Shiyan	377.92	452.45	498.00	167	清远	Qingyuan	569.40	370.63	385.70	202
宜昌	Yichang	818.32	1386.98	1550.70	39	东莞	Dongguan	2078.45	2297.51	2436.10	20
襄阳	Xiangyang	733.20	1304.30	1470.50	42	中山	Zhongshan	1022.01	1291.41	1404.20	49
鄂州	Ezhou	213.05	310.23	344.20	218	潮州	Chaozhou	293.59	368.48	412.60	193
荆门	Jingmen	330.54	551.45	611.00	141	揭阳	Jieyang	541.04	810.96	962.70	76
孝感	Xiaogan	316.47	474.87	535.80	160	云浮	Yunfu	146.82	195.25	231.90	244
荆州	Jingzhou	293.27	475.34	539.80	159	**广西**	**Guangxi**	**3860.46**	**5279.26**	**5749.65**	
黄冈	Huanggang	262.46	366.27	410.80	194	南宁	Nanning	483.78	706.11	820.60	94
咸宁	Xianning	218.81	329.25	386.70	201	柳州	Liuzhou	776.84	1055.69	1166.60	64
随州	Suizhou	164.03	250.29	281.40	234	桂林	Guilin	417.93	585.55	662.70	121
湖南	**Hunan**	**6305.11**	**9138.50**	**10001.00**		梧州	Wuzhou	304.60	479.88	605.00	144
长沙	Changsha	2020.68	3051.94	3352.30	11	北海	Beihai	144.92	267.77	332.80	221
株洲	Zhuzhou	656.38	948.32	1042.10	72	防城港	Fangchenggang	138.19	197.64	257.00	236
湘潭	Xiangtan	452.48	699.26	778.10	98	钦州	Qinzhou	187.91	237.24	250.10	238
衡阳	Hengyang	562.74	834.64	913.60	82	贵港	Guigang	218.78	229.15	253.10	237
邵阳	Shaoyang	237.85	339.88	373.20	210	玉林	Yulin	324.14	404.39	434.10	185
岳阳	Yueyang	752.43	1109.96	1216.80	58	百色	Baise	273.49	361.92	373.90	208

11-1 工业生产总值 续表 3
Gross Industrial Production continued 3

单位：亿元 (100 million yuan)

地名	City	2010	2012	2013	2013 排名 Ranking
贺州	Hezhou	105.91	136.10	143.60	260
河池	Hechi	180.08	132.96	143.00	261
来宾	Laibin	168.00	189.06	169.20	256
崇左	Chongzuo	127.53	184.06	210.60	249
海南	**Hainan**	**385.21**	**521.15**	**551.11**	
海口	Haikou	101.76	136.67	144.70	259
三亚	Sanya	12.74	17.00	17.90	283
三沙	Sansha				
重庆	**Chongqing**	**3697.83**	**4981.01**	**5249.65**	
四川	**Sichuan**	**7431.45**	**10550.53**	**11578.55**	
成都	Chengdu	2062.82	3127.61	3493.10	7
自贡	Zigong	339.70	488.44	546.20	156
攀枝花	Panzhihua	364.63	533.07	564.90	151
泸州	Luzhou	377.15	588.19	637.50	134
德阳	Deyang	484.26	718.50	783.80	97
绵阳	Mianyang	398.39	607.42	637.70	133
广元	Guangyuan	105.01	189.91	215.10	246
遂宁	Suining	218.88	305.29	341.80	219
内江	Neijiang	386.64	570.69	616.80	139
乐山	Leshan	414.42	601.63	649.80	126
南充	Nanchong	333.02	498.05	550.90	153
眉山	Meishan	268.00	390.53	425.90	191
宜宾	Yibin	476.89	712.17	743.10	106
广安	Guangan	199.39	310.82	345.70	217
达州	Dazhou	366.26	544.20	584.40	149
雅安	Yaan	135.10	202.76	208.20	250
巴中	Bazhong	61.37	102.10	114.10	270
资阳	Ziyang	315.28	496.19	546.20	156
贵州	**Guizhou**	**1516.87**	**2217.06**	**2686.52**	
贵阳	Guiyang	352.77	534.73	608.30	142
六盘水	Liupanshui	278.58	402.52	452.40	179
遵义	Zunyi	333.67	541.84	634.50	135
安顺	Anshun	76.40	114.46	133.10	264
毕节	Bijie	226.82	333.06	373.10	211
铜仁	Tongren	57.17	99.63	112.20	271
云南	**Yunnan**	**2604.07**	**3450.72**	**3767.58**	
昆明	Kunming	709.62	1008.42	1100.10	70
曲靖	Qujing	468.78	657.30	736.40	109
玉溪	Yuxi	437.53	598.33	634.20	136
保山	Baoshan	59.30	100.06	115.60	268
昭通	Zhaotong	132.63	206.11	242.00	241
丽江	Lijiang	33.10	56.68	73.10	278
普洱	Puer	53.83	84.72	104.00	273
临沧	Lincang	53.71	112.53	130.20	265
西藏	**Tibet**	**39.73**	**55.35**	**61.16**	
拉萨	Lasa	19.72			
陕西	**Shaanxi**	**4558.97**	**6847.41**	**7507.34**	
西安	Xi'an	1003.57	1328.71	1484.60	41
铜川	Tongchuan	103.99	159.29	195.40	251
宝鸡	Baoji	497.40	735.89	834.30	91
咸阳	Xianyang	480.70	743.94	925.70	80
渭南	Weinan	339.71	533.55	656.80	123
延安	Yan'an	614.45	904.64	944.20	77
汉中	Hanzhong	146.32	245.70	312.90	227
榆林	Yulin	1178.34	1928.07	1943.60	30
安康	Ankang	86.15	179.91	248.40	239
商洛	Shangluo	64.49	118.96	171.40	254
甘肃	**Gansu**	**1602.87**	**2070.24**	**2225.22**	
兰州	Lanzhou	399.06	562.42	614.50	140
嘉峪关	Jiayuguan	143.44	213.33	163.30	257
金昌	Jinchang	152.36	162.93	158.70	258
白银	Baiyin	144.09	212.59	212.90	247
天水	Tianshui	80.12	115.76	121.30	266
武威	Wuwei	60.47	109.07	119.40	267
张掖	Zhangye	55.42	75.52	88.50	275
平凉	Pingliang	88.42	125.40	114.20	269
酒泉	Jiuquan	173.03	258.72	285.60	233
庆阳	Qingyang	193.48	301.28	346.00	216
定西	Dingxi	24.59	38.58	40.00	281
陇南	Longnan	33.62	49.36	52.30	280
青海	**Qinghai**	**613.65**	**895.89**	**970.53**	
西宁	Xining	275.40	377.19	440.80	182
海东	Haidong				
宁夏	**Ningxia**	**643.05**	**878.63**	**944.50**	
银川	Yinchuan	298.70	471.92	523.30	162
石嘴山	Shizuishan	162.67	228.85	246.10	240
吴忠	Wuzhong	87.82	123.81	136.30	263
固原	Guyuan	11.82	23.02	26.80	282
中卫	Zhongwei	50.79	79.52	92.40	274
新疆	**Xinjiang**	**2161.39**	**2850.06**	**3024.27**	
乌鲁木齐	Urumqi	514.76	714.01	746.80	105
克拉玛依	Karamay	623.47	692.07	715.70	112

11-2 工业生产总值指数

Indices of Gross Industrial Production

单位：上年=100 (preceding year=100)

地名	City	2010	2012	2013	2013 排名 Ranking	地名	City	2010	2012	2013	2013 排名 Ranking
全国	**Nation Total**	**112.1**	**107.7**	**107.6**		沈阳	Shenyang	115.1	111.5	110.0	227
北京	**Beijing**	**114.9**				大连	Dalian	121.0	110.7	110.0	227
天津	**Tianjin**	**120.8**				鞍山	Anshan	115.2	109.8	110.3	216
河北	**Hebei**	**113.5**				抚顺	Fushun	116.3	111.9	110.1	224
石家庄	Shijiazhuang	113.4	112.4	110.5	205	本溪	Benxi	117.5	109.8	110.2	221
唐山	Tangshan	115.0	112.0	109.7	235	丹东	Dandong	120.2	111.3	109.5	243
秦皇岛	Qinhuangdao	115.6	112.1	105.9	271	锦州	Jinzhou	118.9	113.3	109.6	239
邯郸	Handan	113.5	112.5	107.9	257	营口	Yingkou	118.0	111.6	110.6	202
邢台	Xingtai	114.0	111.2	108.6	253	阜新	Fuxin	118.7	113.3	109.6	239
保定	Baoding	115.2	112.9	111.1	178	辽阳	Liaoyang	115.0	111.1	109.8	233
张家口	Zhangjiakou	115.0	112.3	109.7	235	盘锦	Panjin	119.6	112.8	110.3	216
承德	Chengde	110.7	113.1	111.3	169	铁岭	Tieling	118.9	109.0	105.3	276
沧州	Cangzhou	113.4	113.4	111.0	183	朝阳	Chaoyang	115.5	110.7	110.2	221
廊坊	Langfang	113.2	111.5	109.4	248	葫芦岛	Huludao	118.2	112.4	106.9	267
衡水	Hengshui	113.7	112.7	110.9	190	**吉林**	**Jilin**	**120.8**			
山西	**Shanxi**	**119.5**				长春	Changchun	120.8	112.1	110.0	227
太原	Taiyuan	112.5	112.2	110.1	224	吉林	Jilin	113.5	110.0	108.2	255
大同	Datong	120.0	111.9	109.7	235	四平	Siping	122.3	115.9	110.7	198
阳泉	Yangquan	118.7	110.7	107.9	257	辽源	Liaoyuan	121.9	114.2	109.5	243
长治	Changzhi	116.6	111.8	110.0	227	通化	Tonghua	126.7	112.1	114.2	64
晋城	Jincheng	115.5	112.5	110.8	194	白山	Baishan	126.1	113.5	105.5	273
朔州	Shuozhou	117.4	112.8	111.0	183	松原	Songyuan	114.7	110.7	107.2	264
晋中	Jinzhong	118.1	112.5	112.7	115	白城	Baicheng	130.6	115.8	113.5	84
运城	Yuncheng	121.6	106.8	112.4	126	**黑龙江**	**Heilongjiang**	**115.0**			
忻州	Xinzhou	130.8	115.2	112.0	135	哈尔滨	Harbin	117.1	108.3	109.5	243
临汾	Linfen	121.9	111.9	111.6	155	齐齐哈尔	Qiqihar	128.4	106.2	110.4	211
吕梁	Lvliang	126.8	112.1	111.0	183	鸡西	Jixi	126.2	116.9	97.3	281
内蒙古	**Inner Mongolia**	**118.8**				鹤岗	Hegang	117.1	117.1	87.7	282
呼和浩特	Hohhot	114.3	110.0	117.2	26	双鸭山	Shuangyashan	132.5	119.8	99.9	279
包头	Baotou	119.8	114.8	111.6	155	大庆	Daqing	111.3	109.9	106.5	268
乌海	Wuhai	123.9	114.9	111.6	155	伊春	Yichun	126.1	112.0	112.8	110
赤峰	Chifeng	120.9	118.0	111.3	169	佳木斯	Jiamusi	138.4	121.4	118.2	20
通辽	Tongliao	126.7	117.7	111.0	183	七台河	Qitaihe	131.7	109.5	77.7	283
鄂尔多斯	Erdos	120.1	115.6	111.9	141	牡丹江	Mudanjiang	124.2	116.1	115.3	45
呼伦贝尔	Hulunbuir	125.9	120.9	112.5	123	黑河	Heihe	119.4	115.0	113.5	84
巴彦淖尔	Bayannur	120.6	114.6	112.7	115	绥化	Suihua	121.7	134.3	124.5	4
乌兰察布	Ulanqab	113.0	110.2	112.2	129	**上海**	**Shanghai**	**117.5**			
辽宁	**Liaoning**	**116.9**				**江苏**	**Jiangsu**	**113.3**			

注：本表按不变价格计算。

Note: Data in this table are calculated at constant prices.

11-2 工业生产总值指数 续表 1

Indices of Gross Industrial Production continued 1

单位：上年=100 (preceding year=100)

地名	City	2010	2012	2013	2013 排名 Ranking
南京	Nanjing	114.4	111.0	111.1	178
无锡	Wuxi	113.2	109.0	109.0	250
徐州	Xuzhou	115.7	114.4	113.1	98
常州	Changzhou	113.3	111.7	111.6	155
苏州	Suzhou	113.3	107.4	107.5	261
南通	Nantong	114.3	112.3	112.3	128
连云港	Lianyungang	117.8	115.4	113.9	72
淮安	Huaian	117.4	116.1	113.4	86
盐城	Yancheng	117.0	115.7	115.1	49
扬州	Yangzhou	114.8	111.8	113.2	92
镇江	Zhenjiang	114.9	112.7	113.0	101
泰州	Taizhou	114.6	113.2	112.8	110
宿迁	Suqian	119.3	117.5	115.5	42
浙江	**Zhejiang**	**112.7**			
杭州	Hangzhou	112.7	108.5	107.8	259
宁波	Ningbo	114.3	104.4	108.4	254
温州	Wenzhou	112.4	104.2	107.6	260
嘉兴	Jiaxing	116.3	108.4	110.4	211
湖州	Huzhou	111.8	111.3	110.8	194
绍兴	Shaoxing	109.4	109.9	109.0	250
金华	Jinhua	111.6	110.5	109.6	239
衢州	Quzhou	116.4	108.5	111.0	183
舟山	Zhoushan	114.5	112.6	109.9	231
台州	Taizhou	115.1	105.8	108.0	256
丽水	Lishui	116.0	112.4	112.2	129
安徽	**Anhui**	**121.9**			
合肥	Hefei	123.6	117.0	114.1	69
芜湖	Wuhu	123.9	116.4	114.5	58
蚌埠	Bengbu	123.7	116.9	114.9	52
淮南	Huainan	113.9	114.1	111.1	178
马鞍山	Maanshan	117.2	112.9	112.9	106
淮北	Huaibei	119.1	115.2	110.7	198
铜陵	Tongling	121.9	111.2	113.2	92
安庆	Anqing	121.3	115.3	113.7	76
黄山	Huangshan	121.6	116.2	113.4	86
滁州	Chuzhou	125.5	117.2	115.1	49
阜阳	Fuyang	125.1	116.5	113.8	74
宿州	Suzhou	123.8	116.8	114.4	61
六安	Liuan	127.0	117.0	111.5	163
亳州	Bozhou	125.1	116.7	113.9	72
池州	Chizhou	125.5	116.7	114.5	58
宣城	Xuancheng	126.0	116.0	114.3	62
福建	**Fujian**	**118.0**			
福州	Fuzhou	118.8	114.1	113.2	92
厦门	Xiamen	118.8	113.6	111.9	141
莆田	Putian	120.1	113.9	113.3	89
三明	Sanming	120.7	115.8	114.3	62
泉州	Quanzhou	116.5	113.5	112.6	119
漳州	Zhangzhou	121.7	115.5	114.2	64
南平	Nanping	116.9	117.5	113.7	76
龙岩	Longyan	118.4	113.3	113.6	80
宁德	Ningde	127.1	119.7	117.5	23
江西	**Jiangxi**	**119.9**			
南昌	Nanchang	118.8	113.7	111.7	152
景德镇	Jingdezhen	115.6	113.0	111.8	147
萍乡	Pingxiang	113.7	113.5	110.2	221
九江	Jiujiang	120.0	113.9	112.5	123
新余	Xinyu	118.5	110.1	103.9	277
鹰潭	Yingtan	114.8	113.5	111.4	166
赣州	Ganzhou	117.9	114.0	112.8	110
吉安	Jian	121.9	113.2	113.7	76
宜春	Yichun	121.8	113.9	112.6	119
抚州	Fuzhou	119.4	114.2	113.3	89
上饶	Shangrao	119.5	113.2	113.0	101
山东	**Shandong**	**112.8**			
济南	Jinan	110.7	109.7	110.6	202
青岛	Qingdao	112.3	111.9	110.4	211
淄博	Zibo	112.0	111.5	110.5	205
枣庄	Zaozhuang	110.3	111.7	111.5	163
东营	Dongying	113.4	112.4	112.1	134
烟台	Yantai	112.0	111.2	111.0	183
潍坊	Weifang	113.2	112.0	111.7	152
济宁	Jining	112.5	112.0	111.8	147
泰安	Taian	111.3	111.8	111.6	155
威海	Weihai	111.2	109.7	110.7	198
日照	Rizhao	113.3	112.4	110.9	190
莱芜	Laiwu	112.6	112.1	112.2	129
临沂	Linyi	113.0	113.7	112.8	110
德州	Dezhou	114.6	114.6	113.1	98
聊城	Liaocheng	113.6	115.0	111.2	175

11-2 工业生产总值指数 续表 2
Indices of Gross Industrial Production continued 2

单位：上年=100 (preceding year=100)

地名	City	2010	2012	2013	2013 排名 Ranking	地名	City	2010	2012	2013	2013 排名 Ranking
滨州	Binzhou	112.7	112.7	111.9	141	常德	Changde	121.9	114.3	110.9	190
菏泽	Heze	117.4	117.5	114.2	64	张家界	Zhangjiajie	120.4	113.3	110.3	216
河南	**Henan**	**115.4**				益阳	Yiyang	121.4	113.0	112.0	135
郑州	Zhengzhou	115.6	115.2	110.3	216	郴州	Chenzhou	120.9	114.1	111.8	147
开封	Kaifeng	115.9	114.1	113.8	74	永州	Yongzhou	120.3	114.0	110.4	211
洛阳	Luoyang	117.1	111.0	107.2	264	怀化	Huaihua	122.0	113.6	110.5	205
平顶山	Pingdingshan	112.2	105.6	106.2	269	娄底	Loudi	118.8	113.5	110.5	205
安阳	Anyang	117.3	108.6	110.1	224	**广东**	**Guangdong**	**114.9**			
鹤壁	Hebi	115.9	111.4	114.6	55	广州	Guangzhou	112.7	109.1	109.9	231
新乡	Xinxiang	119.7	113.8	110.8	194	韶关	Shaoguan	112.2	111.9	116.1	34
焦作	Jiaozuo	115.0	112.4	112.6	119	深圳	Shenzhen	113.9	107.3	109.3	249
濮阳	Puyang	113.6	114.9	114.2	64	珠海	Zhuhai	118.3	102.7	110.6	202
许昌	Xuchang	116.5	113.7	112.0	135	汕头	Shantou	116.8	112.5	112.6	119
漯河	Luohe	117.5	114.1	110.5	205	佛山	Foshan	115.1	109.6	111.9	141
三门峡	Sanmenxia	118.5	113.4	109.5	243	江门	Jiangmen	117.6	106.0	113.0	101
南阳	Nanyang	115.1	112.6	109.7	235	湛江	Zhanjiang	117.8	108.5	113.6	80
商丘	Shangqiu	114.3	114.7	113.6	80	茂名	Maoming	114.2	116.4	115.2	48
信阳	Xinyang	115.6	114.3	111.8	147	肇庆	Zhaoqing	132.0	120.4	117.1	27
周口	Zhoukou	115.8	115.4	113.2	92	惠州	Huizhou	124.5	115.0	116.6	30
驻马店	Zhumadian	115.2	114.5	111.9	141	梅州	Meizhou	117.9	113.6	114.0	71
湖北	**Hubei**	**121.3**				汕尾	Shanwei	125.3	121.1	120.4	10
武汉	Wuhan	120.5	113.7	110.3	216	河源	Heyuan	117.1	115.8	115.7	37
黄石	Huangshi	120.0	115.8	110.5	205	阳江	Yangjiang	122.7	119.5	124.8	3
十堰	Shiyan	134.7	106.1	111.4	166	清远	Qingyuan	121.1	104.0	109.5	243
宜昌	Yichang	118.8	115.2	113.2	92	东莞	Dongguan	117.5	106.0	110.4	211
襄阳	Xiangyang	121.1	115.9	113.3	89	中山	Zhongshan	116.3	114.5	111.6	155
鄂州	Ezhou	125.0	116.0	111.9	141	潮州	Chaozhou	115.8	111.6	114.2	64
荆门	Jingmen	122.9	116.1	112.4	126	揭阳	Jieyang	127.4	116.4	119.7	13
孝感	Xiaogan	122.9	115.8	112.9	106	云浮	Yunfu	122.0	117.3	121.3	8
荆州	Jingzhou	121.3	115.5	113.0	101	**广西**	**Guangxi**	**120.4**			
黄冈	Huanggang	120.8	115.3	112.9	106	南宁	Nanning	115.9	118.7	114.8	54
咸宁	Xianning	122.2	115.9	113.1	98	柳州	Liuzhou	119.9	111.6	111.0	183
随州	Suizhou	123.1	115.6	112.7	115	桂林	Guilin	120.2	119.8	115.3	45
湖南	**Hunan**	**121.2**				梧州	Wuzhou	126.8	119.0	117.5	23
长沙	Changsha	121.6	115.7	113.2	92	北海	Beihai	133.5	141.9	119.8	12
株洲	Zhuzhou	120.1	112.9	111.6	155	防城港	Fangchenggang	117.4	117.8	119.5	14
湘潭	Xiangtan	121.3	113.4	111.1	178	钦州	Qinzhou	131.4	111.5	107.3	263
衡阳	Hengyang	121.8	113.6	111.1	178	贵港	Guigang	120.8	110.4	110.7	198
邵阳	Shaoyang	121.5	113.2	111.5	163	玉林	Yulin	122.5	113.3	112.9	106
岳阳	Yueyang	121.3	113.9	111.3	169	百色	Baise	121.4	109.1	109.8	233

11-2 工业生产总值指数 续表 3

Indices of Gross Industrial Production continued 3

单位：上年=100 (preceding year=100)

地名	City	2010	2012	2013	2013 排名 Ranking
贺州	Hezhou	119.6	109.1	112.2	129
河池	Hechi	114.7	90.5	107.0	266
来宾	Laibin	123.2	112.1	98.0	280
崇左	Chongzuo	115.0	117.4	115.9	35
海南	**Hainan**	**117.6**			
海口	Haikou	121.1	109.1	106.0	270
三亚	Sanya	121.8	115.4	105.4	275
三沙	Sansha				
重庆	**Chongqing**	**122.9**			
四川	**Sichuan**	**122.9**			
成都	Chengdu	120.5	116.5	113.0	101
自贡	Zigong	123.3	116.8	111.3	169
攀枝花	Panzhihua	118.0	116.2	112.2	129
泸州	Luzhou	128.9	117.9	111.2	175
德阳	Deyang	119.2	116.7	111.3	169
绵阳	Mianyang	123.9	117.9	112.0	135
广元	Guangyuan	131.5	122.1	113.7	76
遂宁	Suining	126.7	118.0	112.8	110
内江	Neijiang	124.6	117.6	111.3	169
乐山	Leshan	121.0	116.9	111.2	175
南充	Nanchong	127.0	117.8	111.7	152
眉山	Meishan	125.8	116.6	110.8	194
宜宾	Yibin	122.5	116.8	107.4	262
广安	Guangan	126.5	120.3	112.7	115
达州	Dazhou	127.4	118.9	110.9	190
雅安	Yaan	125.1	118.1	103.7	278
巴中	Bazhong	129.6	116.6	111.6	155
资阳	Ziyang	125.2	117.5	111.8	147
贵州	**Guizhou**	**115.7**			
贵阳	Guiyang	114.9	116.2	116.8	29
六盘水	Liupanshui	118.1	115.5	115.4	44
遵义	Zunyi	118.8	117.4	113.6	80
安顺	Anshun	113.2	115.7	115.3	45
毕节	Bijie	116.5	116.4	115.0	51
铜仁	Tongren	117.1	115.6	115.6	40
云南	**Yunnan**	**114.6**			
昆明	Kunming	113.9	115.6	111.4	166
曲靖	Qujing	114.9	115.2	114.9	52
玉溪	Yuxi	116.2	112.7	108.7	252
保山	Baoshan	118.1	120.2	118.5	17
昭通	Zhaotong	119.5	123.2	120.4	10

地名	City	2010	2012	2013	2013 排名 Ranking
丽江	Lijiang	122.9	123.9	126.0	1
普洱	Puer	117.8	127.0	125.8	2
临沧	Lincang	111.4	115.6	118.7	16
西藏	**Tibet**	**113.3**			
拉萨	Lasa	115.4			
陕西	**Shaanxi**	**118.7**			
西安	Xi'an	118.1	112.4	114.5	58
铜川	Tongchuan	119.0	120.6	118.0	21
宝鸡	Baoji	118.6	120.0	115.7	37
咸阳	Xianyang	119.9	121.5	117.5	23
渭南	Weinan	121.8	121.2	115.6	40
延安	Yan'an	115.0	110.3	105.5	273
汉中	Hanzhong	120.6	124.7	120.7	9
榆林	Yulin	119.4	113.6	109.6	239
安康	Ankang	123.3	130.2	122.8	6
商洛	Shangluo	122.6	128.2	123.2	5
甘肃	**Gansu**	**115.8**			
兰州	Lanzhou	111.8	111.8	114.1	69
嘉峪关	Jiayuguan	121.2	118.1	114.6	55
金昌	Jinchang	112.3	117.6	116.6	30
白银	Baiyin	118.6	117.2	115.7	37
天水	Tianshui	113.0	117.6	116.4	32
武威	Wuwei	119.7	121.1	118.3	18
张掖	Zhangye	119.1	114.6	115.8	36
平凉	Pingliang	120.2	116.5	112.5	123
酒泉	Jiuquan	128.5	121.6	115.5	42
庆阳	Qingyang	121.5	118.7	117.0	28
定西	Dingxi	114.0	120.2	117.6	22
陇南	Longnan	121.1	120.4	118.8	15
青海	**Qinghai**	**119.3**			
西宁	Xining	123.1	119.5	118.3	18
海东	Haidong				
宁夏	**Ningxia**	**114.4**			
银川	Yinchuan	119.1	115.2	112.0	135
石嘴山	Shizuishan	114.3	114.1	112.0	135
吴忠	Wuzhong	113.9	112.7	113.4	86
固原	Guyuan	109.0	112.6	121.7	7
中卫	Zhongwei	114.5	114.8	114.6	55
新疆	**Xinjiang**	**113.5**			
乌鲁木齐	Urumqi	112.2	116.6	116.3	33
克拉玛依	Karamay	118.6	105.0	105.8	272

11-3 规模以上工业企业单位数

Number of Industrial Enterprises above Designated Size

单位：个 (unit)

地名	City	2010	2016	2017	2017 排名 Ranking	地名	City	2010	2016	2017	2017 排名 Ranking
全国	**Nation Total**	**452872**	**378599**	**372729**		沈阳	Shenyang	5252	2371	1379	76
北京	**Beijing**	**6885**	**3340**	**3231**		大连	Dalian	4684	1745	1683	61
天津	**Tianjin**	**7947**	**5203**	**4286**		鞍山	Anshan	2455	740	561	166
河北	**Hebei**	**13927**	**14764**	**14790**		抚顺	Fushun	1410	215	242	231
石家庄	Shijiazhuang	2576	2704	2638	31	本溪	Benxi	624	164	179	253
唐山	Tangshan	1568	1432	1630	64	丹东	Dandong	1054	336	345	212
秦皇岛	Qinhuangdao	642	356	361	201	锦州	Jinzhou	1005	377	294	221
邯郸	Handan	1095	1350	1344	80	营口	Yingkou	1651	580	576	163
邢台	Xingtai	1010	1334	1343	81	阜新	Fuxin	461	237	211	247
保定	Baoding	1848	1841	1828	54	辽阳	Liaoyang	891	223	194	251
张家口	Zhangjiakou	530	482	446	189	盘锦	Panjin	708	345	250	228
承德	Chengde	553	488	432	191	铁岭	Tieling	1848	240	228	238
沧州	Cangzhou	1919	2395	2417	34	朝阳	Chaoyang	1222	240	248	230
廊坊	Langfang	1223	1190	1180	96	葫芦岛	Huludao	566	211	235	234
衡水	Hengshui	968	1185	1166	98	**吉林**	**Jilin**	**6181**	**6003**	**5971**	
山西	**Shanxi**	**4240**	**3548**	**3835**		长春	Changchun	1606	1581	1641	63
太原	Taiyuan	480	355	376	197	吉林	Jilin	1177	1062	1076	109
大同	Datong	203	168	232	235	四平	Siping	557	598	601	155
阳泉	Yangquan	186	125	132	268	辽源	Liaoyuan	351	314	305	220
长治	Changzhi	386	316	353	207	通化	Tonghua	604	618	551	168
晋城	Jincheng	284	241	259	226	白山	Baishan	448	367	360	202
朔州	Shuozhou	224	232	238	232	松原	Songyuan	642	620	591	156
晋中	Jinzhong	533	517	567	165	白城	Baicheng	315	335	349	210
运城	Yuncheng	564	454	456	186	**黑龙江**	**Heilongjiang**	**4596**	**3946**	**3731**	
忻州	Xinzhou	323	339	349	210	哈尔滨	Harbin	1425	1337	1275	84
临汾	Linfen	458	354	380	196	齐齐哈尔	Qiqihar	411	382	367	200
吕梁	Lvliang	597	448	451	188	鸡西	Jixi	154	151	171	256
内蒙古	**Inner Mongolia**	**4611**	**4289**	**2801**		鹤岗	Hegang	136	108	123	270
呼和浩特	Hohhot	320	265	232	235	双鸭山	Shuangyashan	195	127	144	264
包头	Baotou	715	677	401	193	大庆	Daqing	630	356	419	192
乌海	Wuhai	176	149	144	264	伊春	Yichun	182	92	97	273
赤峰	Chifeng	593	525	359	204	佳木斯	Jiamusi	321	314	288	223
通辽	Tongliao	572	590	206	248	七台河	Qitaihe	137	67	83	277
鄂尔多斯	Erdos	451	379	399	194	牡丹江	Mudanjiang	505	483		
呼伦贝尔	Hulunbuir	447	389	160	259	黑河	Heihe	113	99	111	271
巴彦淖尔	Bayannur	282	283	223	241	绥化	Suihua	202	373	314	218
乌兰察布	Ulanqab	429	312	230	237	**上海**	**Shanghai**	**16684**	**8351**	**8122**	
辽宁	**Liaoning**	**23832**	**8025**	**6626**		**江苏**	**Jiangsu**	**64136**	**47900**	**45414**	

11-3 规模以上工业企业单位数 续表 1
Number of Industrial Enterprises above Designated Size continued 1

单位：个 (unit)

地名	City	2010	2016	2017	2017 排名 Ranking	地名	City	2010	2016	2017	2017 排名 Ranking
南京	Nanjing	3917	2661	2348	38	池州	Chizhou	614	605	580	160
无锡	Wuxi	7988	4888	5258	8	宣城	Xuancheng	1381	1462	1439	73
徐州	Xuzhou	3412	2992	2412	35	**福建**	**Fujian**	**19227**	**17262**	**17348**	
常州	Changzhou	6375	4139	4240	14	福州	Fuzhou	2877	2220	2213	42
苏州	Suzhou	13538	9616	9840	1	厦门	Xiamen	2213	1719	1894	52
南通	Nantong	7589	5071	5131	9	莆田	Putian	1347	1261	1221	92
连云港	Lianyungang	1648	1815	1504	70	三明	Sanming	1640	1796	1770	56
淮安	Huaian	2399	2609	2175	43	泉州	Quanzhou	5186	4514	4635	11
盐城	Yancheng	3827	3185	2879	27	漳州	Zhangzhou	2273	2228	2254	41
扬州	Yangzhou	3847	2686	2858	28	南平	Nanping	1260	1124	1089	106
镇江	Zhenjiang	3125	2635	2046	46	龙岩	Longyan	1398	1205	1186	94
泰州	Taizhou	4012	3018	2992	24	宁德	Ningde	1033	1195	1086	107
宿迁	Suqian	2471	2599	1747	58	**江西**	**Jiangxi**	**7976**	**10931**	**10889**	
浙江	**Zhejiang**	**64364**	**40128**	**39949**		南昌	Nanchang	1156	1385	1473	72
杭州	Hangzhou	10370	5684	5533	6	景德镇	Jingdezhen	437	321	327	213
宁波	Ningbo	12492	7286	7500	4	萍乡	Pingxiang	801	648	578	161
温州	Wenzhou	9096	4871	4582	12	九江	Jiujiang	904	1430	1607	67
嘉兴	Jiaxing	7311	5051	5394	7	新余	Xinyu	371	392	369	198
湖州	Huzhou	3561	2806	2945	25	鹰潭	Yingtan	183	290	276	224
绍兴	Shaoxing	5545	4430	4494	13	赣州	Ganzhou	891	1530	1800	55
金华	Jinhua	5965	3968	3691	17	吉安	Jian	777	1247	1222	91
衢州	Quzhou	1411	934	842	133	宜春	Yichun	853	1446	1542	69
舟山	Zhoushan	659	375	351	208	抚州	Fuzhou	832	943	994	116
台州	Taizhou	7308	3618	3760	16	上饶	Shangrao	771	1162	1303	82
丽水	Lishui	1654	1115	849	131	**山东**	**Shandong**	**44037**	**39567**	**38147**	
安徽	**Anhui**	**16277**	**19838**	**18883**		济南	Jinan	2021	1963	2051	45
合肥	Hefei	2229	2535	2257	40	青岛	Qingdao	5674	4431	3569	19
芜湖	Wuhu	1785	2089	1962	50	淄博	Zibo	3413	2976	2624	33
蚌埠	Bengbu	863	1162	1115	103	枣庄	Zaozhuang	1795	1363	1264	87
淮南	Huainan	589	603	610	153	东营	Dongying	895	954	987	118
马鞍山	Maanshan	791	1214	1054	112	烟台	Yantai	3447	2575	2377	36
淮北	Huaibei	673	774	738	138	潍坊	Weifang	5089	3812	3496	20
铜陵	Tongling	281	541	540	173	济宁	Jining	3907	2599	2733	30
安庆	Anqing	1527	1768	1716	59	泰安	Taian	1665	1640	1402	75
黄山	Huangshan	517	563	528	177	威海	Weihai	1812	1883	1847	53
滁州	Chuzhou	1237	1577	1621	66	日照	Rizhao	854	657	735	139
阜阳	Fuyang	685	1718	1752	57	莱芜	Laiwu	466	548	578	161
宿州	Suzhou	856	1315	1272	86	临沂	Linyi	4027	4047	4074	15
六安	Liuan	1028	948	914	126	德州	Dezhou	3248	2991	3047	23
亳州	Bozhou	423	931	1032	114	聊城	Liaocheng	2403	2646	2325	39

11-3 规模以上工业企业单位数 续表 2

Number of Industrial Enterprises above Designated Size continued 2

单位：个 (unit)

地名	City	2010	2016	2017	2017 排名 Ranking	地名	City	2010	2016	2017	2017 排名 Ranking
滨州	Binzhou	1246	1201	1259	88	常德	Changde	983	1009	1165	99
菏泽	Heze	2088	3264	3455	21	张家界	Zhangjiajie	161	196	213	244
河南	**Henan**	**19574**	**23679**	**22023**		益阳	Yiyang	819	1021	1079	108
郑州	Zhengzhou	2595	2897	2845	29	郴州	Chenzhou	1212	1047	1076	109
开封	Kaifeng	1184	1343	1347	79	永州	Yongzhou	742	879	955	122
洛阳	Luoyang	1686	1920	1975	48	怀化	Huaihua	618	599	630	151
平顶山	Pingdingshan	854	877	885	128	娄底	Loudi	649	736	794	136
安阳	Anyang	956	1110	944	123	**广东**	**Guangdong**	**53418**	**42688**	**47203**	
鹤壁	Hebi	483	562	484	182	广州	Guangzhou	6969	4662	4664	10
新乡	Xinxiang	1261	1257	1240	90	韶关	Shaoguan	559	593	536	175
焦作	Jiaozuo	1109	1336	1289	83	深圳	Shenzhen	8249	6627	7943	2
濮阳	Puyang	665	1010	890	127	珠海	Zhuhai	1347	1048	1163	100
许昌	Xuchang	1286	1718	1574	68	汕头	Shantou	2580	1846	1988	47
漯河	Luohe	658	701	585	158	佛山	Foshan	7684	5671	6212	5
三门峡	Sanmenxia	664	653	501	180	江门	Jiangmen	3246	1998	2112	44
南阳	Nanyang	1440	2479	1969	49	湛江	Zhanjiang	850	833	866	130
商丘	Shangqiu	783	1358	1350	78	茂名	Maoming	792	978	1026	115
信阳	Xinyang	1193	1294	1110	104	肇庆	Zhaoqing	1131	1100	1163	100
周口	Zhoukou	1081	1282	1274	85	惠州	Huizhou	1853	2140	2366	37
驻马店	Zhumadian	1433	1670	1715	60	梅州	Meizhou	521	458	461	185
湖北	**Hubei**	**16106**	**16296**	**15097**		汕尾	Shanwei	452	242	237	233
武汉	Wuhan	2968	2516	2633	32	河源	Heyuan	440	589	602	154
黄石	Huangshi	704	761	735	139	阳江	Yangjiang	596	560	545	172
十堰	Shiyan	915	911	847	132	清远	Qingyuan	813	621	644	149
宜昌	Yichang	1252	1481	1169	97	东莞	Dongguan	5899	5869	7669	3
襄阳	Xiangyang	1555	1877	1626	65	中山	Zhongshan	5063	3089	3211	22
鄂州	Ezhou	510	525	539	174	潮州	Chaozhou	1245	885	932	125
荆门	Jingmen	1173	1155	1057	111	揭阳	Jieyang	2525	1991	1956	51
孝感	Xiaogan	1199	1288	1186	94	云浮	Yunfu	604	914	943	124
荆州	Jingzhou	1225	1269	1131	102	**广西**	**Guangxi**	**6583**	**5464**	**5723**	
黄冈	Huanggang	1577	1458	1496	71	南宁	Nanning	1236	910	960	121
咸宁	Xianning	801	845	880	129	柳州	Liuzhou	931	792	835	135
随州	Suizhou	592	668	698	144	桂林	Guilin	801	640	646	148
湖南	**Hunan**	**13844**	**14386**	**15201**		梧州	Wuzhou	466	380	399	194
长沙	Changsha	2615	2793	2886	26	北海	Beihai	236	210	212	245
株洲	Zhuzhou	1471	1557	1658	62	防城港	Fangchenggang	166	150	151	262
湘潭	Xiangtan	860	902	970	120	钦州	Qinzhou	462	316	326	214
衡阳	Hengyang	1123	948	1098	105	贵港	Guigang	415	456	500	181
邵阳	Shaoyang	888	1140	1256	89	玉林	Yulin	755	560	549	170
岳阳	Yueyang	1389	1287	1188	93	百色	Baise	266	329	354	206

11-3 规模以上工业企业单位数 续表 3

Number of Industrial Enterprises above Designated Size continued 3

单位：个 (unit)

地名	City	2010	2016	2017	2017 排名 Ranking
贺州	Hezhou	213	183	204	249
河池	Hechi	277	173	173	254
来宾	Laibin	202	220	227	239
崇左	Chongzuo	171	159	201	250
海南	**Hainan**	**497**	**337**	**335**	
海口	Haikou	186	149	151	262
三亚	Sanya	27	24	21	284
三沙	Sansha				
重庆	**Chongqing**	**7130**	**6782**	**6684**	
四川	**Sichuan**	**13706**	**13819**	**13904**	
成都	Chengdu	3887	3605	3631	18
自贡	Zigong	577	543	534	176
攀枝花	Panzhihua	388	324	324	215
泸州	Luzhou	681	652	662	146
德阳	Deyang	1054	1370	1374	77
绵阳	Mianyang	924	894	971	119
广元	Guangyuan	313	448	465	183
遂宁	Suining	438	519	521	178
内江	Neijiang	574	396	317	217
乐山	Leshan	832	617	625	152
南充	Nanchong	515	700	722	143
眉山	Meishan	564	603	584	159
宜宾	Yibin	526	665	692	145
广安	Guangan	330	505	509	179
达州	Dazhou	455	507	560	167
雅安	Yaan	386	329	314	218
巴中	Bazhong	115	277	290	222
资阳	Ziyang	563	362	323	216
贵州	**Guizhou**	**2963**	**5123**	**5311**	
贵阳	Guiyang	613	679	747	137
六盘水	Liupanshui	208	436	452	187
遵义	Zunyi	532	992	1050	113
安顺	Anshun	189	354	368	199
毕节	Bijie	353	512	549	170
铜仁	Tongren	212	562	550	169
云南	**Yunnan**	**3599**	**4194**	**4186**	
昆明	Kunming	1099	1006	990	117
曲靖	Qujing	532	612	638	150
玉溪	Yuxi	352	420	434	190
保山	Baoshan	144	235	258	227
昭通	Zhaotong	251	195	130	269

地名	City	2010	2016	2017	2017 排名 Ranking
丽江	Lijiang	78	84	78	279
普洱	Puer	117	156	159	260
临沧	Lincang	84	171	173	254
西藏	**Tibet**	**97**	**108**	**116**	
拉萨	Lasa	62	72	76	280
陕西	**Shaanxi**	**4564**	**5862**	**6271**	
西安	Xi'an	1126	1220	1434	74
铜川	Tongchuan	130	205	212	245
宝鸡	Baoji	501	662	730	141
咸阳	Xianyang	671	956	727	142
渭南	Weinan	527	512	573	164
延安	Yan'an	118	144	171	256
汉中	Hanzhong	353	482	586	157
榆林	Yulin	651	767	839	134
安康	Ankang	282	568	647	147
商洛	Shangluo	136	229	250	228
甘肃	**Gansu**	**2001**	**2105**	**1905**	
兰州	Lanzhou	466	357	351	208
嘉峪关	Jiayuguan	40	43	48	283
金昌	Jinchang	54	90	94	274
白银	Baiyin	179	159	137	266
天水	Tianshui	201	162	170	258
武威	Wuwei	178	261	219	242
张掖	Zhangye	171	226	224	240
平凉	Pingliang	89	121	66	281
酒泉	Jiuquan	274	266	192	252
庆阳	Qingyang	72	121	107	272
定西	Dingxi	84	152	153	261
陇南	Longnan	101	87	81	278
青海	**Qinghai**	**555**	**593**	**569**	
西宁	Xining	242	278	270	225
海东	Haidong		111	86	276
宁夏	**Ningxia**	**975**	**1174**	**1223**	
银川	Yinchuan	355	464	463	184
石嘴山	Shizuishan	301	205	217	243
吴忠	Wuzhong	195	340	357	205
固原	Guyuan	29	52	50	282
中卫	Zhongwei	94	120	133	267
新疆	**Xinjiang**	**2465**	**2894**	**2955**	
乌鲁木齐	Urumqi	463	368	360	202
克拉玛依	Karamay	102	79	87	275

11-4 规模以上工业企业工业总产值

Gross Industrial Production of Industrial Enterprises above Designated Size

单位：亿元 (100 million yuan)

地名	City	2010	2015	2016	2016 排名 Ranking	地名	City	2010	2015	2016	2016 排名 Ranking
全国	**Nation Total**	**698590.5**	**1099301.1**			沈阳	Shenyang	9612.53	9239.337	5337.203	56
北京	**Beijing**	**13699.84**	**17449.63**	**18087.27**		大连	Dalian	7701.84	6998.405	6269.393	47
天津	**Tianjin**	**16751.82**	**28241.13**	**27401.68**		鞍山	Anshan	2439.28	2391.49	1146.92	208
河北	**Hebei**	**31143.30**	**46046.45**			抚顺	Fushun	1655.33	860.23	799.28	231
石家庄	Shijiazhuang	5655.34	9410.47	9644.79	30	本溪	Benxi	1511.35	1795.86	744.37	234
唐山	Tangshan	7545.03	9326.32	9967.68	27	丹东	Dandong	865.08	428.49	426.57	260
秦皇岛	Qinhuangdao	1131.55	1409.16	1438.89	188	锦州	Jinzhou	1672.05	2341.03	618.21	243
邯郸	Handan	4107.32	4765.15	5055.07	62	营口	Yingkou	2233.27	2223.15	1155.49	206
邢台	Xingtai	1764.60	2702.93	2933.65	106	阜新	Fuxin	447.77	493.68	265.23	270
保定	Baoding	2874.86	4120.24	4721.50	67	辽阳	Liaoyang	1612.52	1399.37	683.99	239
张家口	Zhangjiakou	893.48	1346.33	1256.58	200	盘锦	Panjin	1676.36	2602.29	1572.63	179
承德	Chengde	1203.52	1695.80	1743.88	166	铁岭	Tieling	2355.13	453.58	427.31	259
沧州	Cangzhou	2817.39	5789.18	5690.89	52	朝阳	Chaoyang	946.62	575.31	377.14	263
廊坊	Langfang	2169.38	3693.30	3791.87	82	葫芦岛	Huludao	766.95	792.20	572.48	247
衡水	Hengshui	980.81	1787.55	1793.29	162	**吉林**	**Jilin**	**13098.35**	**21649.92**		
山西	**Shanxi**	**12471.33**	**12545.84**			长春	Changchun	5884.16	8593.39	9152.46	32
太原	Taiyuan	2000.34	2159.27	2207.42	133	吉林	Jilin	2104.15	3100.99	3223.88	99
大同	Datong	737.59	1054.23	801.83	230	四平	Siping	1036.47	2205.46	1965.59	151
阳泉	Yangquan	542.61	539.00	536.72	250	辽源	Liaoyuan	585.65	1452.63	1553.73	180
长治	Changzhi	1433.28	1428.19	1543.79	183	通化	Tonghua	869.98	2145.09	2353.14	129
晋城	Jincheng	851.12	873.01	841.87	227	白山	Baishan	674.08	1407.36	1436.39	189
朔州	Shuozhou	828.51	762.39	742.55	235	松原	Songyuan	1219.48	2082.34	2136.77	138
晋中	Jinzhong	1029.37	1089.21	1200.35	204	白城	Baicheng	259.25	659.65	737.61	237
运城	Yuncheng	1261.85	1323.75	1315.11	196	**黑龙江**	**Heilongjiang**	**9535.15**	**11513.64**		
忻州	Xinzhou	411.69	698.60	673.62	240	哈尔滨	Harbin	2036.38	3826.01	3850.00	80
临汾	Linfen	1380.10	1289.67	1277.79	198	齐齐哈尔	Qiqihar	832.06	1039.40	1079.66	210
吕梁	Lvliang	1442.51	1328.52	1397.31	193	鸡西	Jixi	248.62	237.32	219.96	273
内蒙古	**Inner Mongolia**	**13406.11**	**17641.21**			鹤岗	Hegang	233.91	182.54	188.04	274
呼和浩特	Hohhot	1188.52	1667.58	1730.86	168	双鸭山	Shuangyashan	361.88	251.50	253.80	271
包头	Baotou	2412.24	3181.21	3440.91	91	大庆	Daqing	3287.96	3051.75	2836.48	112
乌海	Wuhai	545.32	927.39	984.01	222	伊春	Yichun	194.57	95.84	89.42	283
赤峰	Chifeng	1265.84	2075.64	2111.00	140	佳木斯	Jiamusi	313.94	589.76	535.71	251
通辽	Tongliao	1809.75	2273.39	2690.06	117	七台河	Qitaihe	444.78	154.90	144.52	278
鄂尔多斯	Erdos	2681.07	4338.30	4845.50	65	牡丹江	Mudanjiang	446.37	991.43	1051.83	212
呼伦贝尔	Hulunbuir	740.69	1305.99	1282.80	197	黑河	Heihe	75.48	131.66	134.85	280
巴彦淖尔	Bayannur	777.46	873.42	926.22	225	绥化	Suihua	326.88	961.52	1007.20	218
乌兰察布	Ulanqab	677.42	998.28	1035.65	213	**上海**	**Shanghai**	**30114.41**	**31322.62**	**31136.03**	
辽宁	**Liaoning**	**36219.42**	**32594.43**			**江苏**	**Jiangsu**	**92056.48**	**147308.86**		

注：本表2015年全国数和地区数为城市合计数（下三表同）。

Note: Data of national and provinces are prefecture cities in this chapter in 2015.

11-4 规模以上工业企业工业总产值 续表 1

Gross Industrial Production of Industrial Enterprises above Designated Size continued 1

单位：亿元 (100 million yuan)

地名	City	2010	2015	2016	2016 排名 Ranking	地名	City	2010	2015	2016	2016 排名 Ranking
南京	Nanjing	8609.50	12905.13	12945.02	15	池州	Chizhou	297.30	740.43	805.24	229
无锡	Wuxi	12971.08	14549.87	14352.96	11	宣城	Xuancheng	1067.76	1796.38	1920.12	154
徐州	Xuzhou	5112.97	12215.91	13644.36	12	**福建**	**Fujian**	**21901.23**	**41251.49**		
常州	Changzhou	7396.09	11101.64	12096.82	21	福州	Fuzhou	4545.41	7845.004	8419.646	35
苏州	Suzhou	24651.67	30249.25	30713.99	1	厦门	Xiamen	3688.95	5028.678	5197.98	60
南通	Nantong	7383.16	13515.33	14525.72	8	莆田	Putian	1266.53	2613.42	2839.51	111
连云港	Lianyungang	1936.28	5433.14	5974.81	50	三明	Sanming	1328.85	3274.08	3605.99	84
淮安	Huaian	2439.11	6560.50	6951.32	42	泉州	Quanzhou	6260.41	11398.12	12336.69	18
盐城	Yancheng	3938.33	8253.62	9180.84	31	漳州	Zhangzhou	1938.92	4536.94	5040.66	63
扬州	Yangzhou	5753.34	9194.19	9661.65	29	南平	Nanping	777.36	1722.24	1868.28	156
镇江	Zhenjiang	4190.42	8403.82	8722.84	34	龙岩	Longyan	1177.34	1856.91	2078.21	143
泰州	Taizhou	4916.08	11063.14	12170.80	20	宁德	Ningde	917.45	2976.10	3157.13	102
宿迁	Suqian	1137.37	3863.32	4096.70	76	**江西**	**Jiangxi**	**13835.61**	**30996.29**		
浙江	**Zhejiang**	**51394.20**	**66431.88**			南昌	Nanchang	2765.50	5485.20	6133.97	49
杭州	Hangzhou	11081.04	12415.68	12420.96	17	景德镇	Jingdezhen	685.62	1097.62	1179.37	205
宁波	Ningbo	10853.55	13869.46	14500.24	9	萍乡	Pingxiang	1013.02	1677.38	1742.78	167
温州	Wenzhou	4496.56	4944.23	5229.58	59	九江	Jiujiang	1476.55	4875.11	5328.27	57
嘉兴	Jiaxing	5102.85	7569.31	7882.94	37	新余	Xinyu	1188.50	1494.09	1545.98	182
湖州	Huzhou	2666.53	4413.10	4606.05	71	鹰潭	Yingtan	1164.90	2091.75	2058.09	144
绍兴	Shaoxing	6797.39	9746.38	9826.94	28	赣州	Ganzhou	1267.89	3199.82	3541.14	88
金华	Jinhua	3411.79	4720.84	4705.77	68	吉安	Jian	1132.94	3014.35	3281.74	96
衢州	Quzhou	1087.12	1562.90	1629.31	174	宜春	Yichun	1230.50	3634.90	4108.86	75
舟山	Zhoushan	979.05	1633.37	1872.11	155	抚州	Fuzhou	738.78	1570.57	1694.46	170
台州	Taizhou	3630.80	3852.24	4084.04	77	上饶	Shangrao	1171.42	2855.50	3252.40	98
丽水	Lishui	1140.51	1704.36	1790.01	163	**山东**	**Shandong**	**83851.40**	**144053.11**		
安徽	**Anhui**	**18732.00**	**39809.54**			济南	Jinan	4413.51	5340.75	5486.56	55
合肥	Hefei	4197.72	9345.59	10124.52	26	青岛	Qingdao	10662.83	16811.83	16343.81	6
芜湖	Wuhu	2251.01	5829.01	6319.27	46	淄博	Zibo	7742.34	11135.58	12011.52	22
蚌埠	Bengbu	772.68	2596.82	2976.45	105	枣庄	Zaozhuang	2822.88	3431.06	3453.58	90
淮南	Huainan	788.93	971.39	1007.69	217	东营	Dongying	6037.86	13189.05	13334.65	14
马鞍山	Maanshan	1318.30	2540.75	2810.76	115	烟台	Yantai	10129.98	15297.56	16434.66	5
淮北	Huaibei	881.41	1785.87	1825.94	158	潍坊	Weifang	7529.22	12757.59	13345.86	13
铜陵	Tongling	1104.23	2269.01	2416.96	127	济宁	Jining	3857.18	5472.07	5499.65	54
安庆	Anqing	1315.94	2723.17	2910.94	108	泰安	Taian	3770.07	6199.92	5631.45	53
黄山	Huangshan	330.69	567.95	634.03	241	威海	Weihai	4408.96	6932.56	7141.29	41
滁州	Chuzhou	1052.97	2528.75	2860.61	110	日照	Rizhao	2172.15	2539.88	2459.57	126
阜阳	Fuyang	703.70	1989.69	2293.04	131	莱芜	Laiwu	1202.58	1708.85	1788.04	164
宿州	Suzhou	676.92	1623.25	1848.65	157	临沂	Linyi	4593.53	10139.43	10830.68	24
六安	Liuan	832.71	1542.10	1627.17	175	德州	Dezhou	3855.76	9789.59	10569.45	25
亳州	Bozhou	324.33	959.39	1058.35	211	聊城	Liaocheng	4026.86	8929.71	8999.91	33

11-4 规模以上工业企业工业总产值 续表 2

Gross Industrial Production of Industrial Enterprises above Designated Size continued 2

单位：亿元 (100 million yuan)

地名	City	2010	2015	2016	2016 排名 Ranking	地名	City	2010	2015	2016	2016 排名 Ranking
滨州	Binzhou	3683.90	7188.56	7382.03	40	常德	Changde	1262.67	2533.16	2598.73	120
菏泽	Heze	2532.03	7189.12	7934.16	36	张家界	Zhangjiajie	108.94	127.89	141.53	279
河南	**Henan**	**34995.53**	**72719.95**			益阳	Yiyang	808.09	2034.95	2228.16	132
郑州	Zhengzhou	5913.76	13653.33	14465.63	10	郴州	Chenzhou	1440.08	3235.19	3205.82	100
开封	Kaifeng	1001.39	2723.31	3013.27	104	永州	Yongzhou	594.07	1129.39	1263.92	199
洛阳	Luoyang	3518.98	6750.03	7447.33	39	怀化	Huaihua	699.89	906.85	1023.83	215
平顶山	Pingdingshan	1952.75	2527.33	2665.93	118	娄底	Loudi	1038.25	1663.64	1945.53	152
安阳	Anyang	2399.83	3606.67	3991.03	79	**广东**	**Guangdong**	**85824.64**	**124912.65**		
鹤壁	Hebi	919.81	1914.78	2004.21	147	广州	Guangzhou	13831.25	18684.22	19570.43	4
新乡	Xinxiang	2132.77	4089.50	4535.11	72	韶关	Shaoguan	773.37	1221.78	1237.54	201
焦作	Jiaozuo	2561.87	5280.84	5893.24	51	深圳	Shenzhen	18526.82	25542.44	27292.29	2
濮阳	Puyang	1473.63	3428.84	3818.17	81	珠海	Zhuhai	2976.18	3966.02	4353.38	73
许昌	Xuchang	2330.63	5575.85	6413.08	45	汕头	Shantou	1897.57	2968.80	3303.80	94
漯河	Luohe	1434.68	2780.52	3013.52	103	佛山	Foshan	14527.47	19544.95	21187.32	3
三门峡	Sanmenxia	2027.56	3386.18	3607.53	83	江门	Jiangmen	3828.91	3998.76	4274.38	74
南阳	Nanyang	2016.16	4455.04	4818.93	66	湛江	Zhanjiang	1404.95	2272.40	2564.56	121
商丘	Shangqiu	1221.11	3056.67	3565.50	85	茂名	Maoming	1360.15	2332.05	2483.41	123
信阳	Xinyang	985.15	2549.39	2826.48	114	肇庆	Zhaoqing	1744.19	4034.37	4022.12	78
周口	Zhoukou	1263.26	4098.80	4661.60	70	惠州	Huizhou	3905.17	7044.73	7617.34	38
驻马店	Zhumadian	973.64	2842.88	3161.13	101	梅州	Meizhou	455.97	704.76	745.63	233
湖北	**Hubei**	**21623.12**	**42168.81**			汕尾	Shanwei	432.42	1166.08	1233.47	202
武汉	Wuhan	6424.60	12579.27	12935.21	16	河源	Heyuan	832.73	1443.02	1599.18	177
黄石	Huangshi	1160.63	1997.04	2089.79	142	阳江	Yangjiang	693.46	1990.04	2006.47	146
十堰	Shiyan	1313.10	1822.54	1989.86	148	清远	Qingyuan	2887.04	1680.13	1813.51	161
宜昌	Yichang	2218.30	5509.68	6171.19	48	东莞	Dongguan	7739.09	12744.42	14692.46	7
襄阳	Xiangyang	681.37	5835.25	6530.80	44	中山	Zhongshan	5023.63	6345.28	6614.80	43
鄂州	Ezhou	664.13	1369.81	1424.30	190	潮州	Chaozhou	723.12	1325.80	1422.96	191
荆门	Jingmen	852.09	3089.60	3319.48	93	揭阳	Jieyang	1794.82	4803.12	5131.14	61
孝感	Xiaogan	1032.90	2671.40	2808.90	116	云浮	Yunfu	466.34	1099.49	1221.61	203
荆州	Jingzhou	936.71	2362.94	2468.67	125	**广西**	**Guangxi**	**9644.13**	**22402.15**		
黄冈	Huanggang	844.23	1852.92	1929.87	153	南宁	Nanning	1285.40	3237.06	3522.00	89
咸宁	Xianning	654.47	1734.86	1815.91	160	柳州	Liuzhou	2388.79	4455.25	4705.40	69
随州	Suizhou	509.77	1343.50	1401.59	192	桂林	Guilin	942.86	2374.71	2516.55	122
湖南	**Hunan**	**19008.83**	**37448.67**			梧州	Wuzhou	715.72	2129.87	2305.34	130
长沙	Changsha	4165.43	10545.92	11558.28	23	北海	Beihai	332.56	1844.87	2147.47	136
株洲	Zhuzhou	1714.94	3305.75	3375.00	92	防城港	Fangchenggang	453.93	1300.90	1476.18	186
湘潭	Xiangtan	1496.25	3053.65	3290.72	95	钦州	Qinzhou	481.74	1358.47	1511.33	185
衡阳	Hengyang	1883.25	2050.97	2190.68	135	贵港	Guigang	470.30	855.88	975.94	223
邵阳	Shaoyang	712.70	1939.16	2121.16	139	玉林	Yulin	702.90	1587.78	1658.43	172
岳阳	Yueyang	2784.33	4922.14	5021.19	64	百色	Baise	574.31	1287.32	1474.82	187

11-4 规模以上工业企业工业总产值 续表 3

Gross Industrial Production of Industrial Enterprises above Designated Size continued 3

单位：亿元 (100 million yuan)

地名	City	2010	2015	2016	2016 排名 Ranking	地名	City	2010	2015	2016	2016 排名 Ranking
贺州	Hezhou	178.55	424.36	476.64	256	丽江	Lijiang	88.80	129.47	131.44	281
河池	Hechi	352.77	380.04	344.54	266	普洱	Puer	96.37	220.63	245.91	272
来宾	Laibin	368.28	510.87	526.29	252	临沧	Lincang	89.89	261.93	291.31	269
崇左	Chongzuo	306.57	654.78	741.04	236	**西藏**	**Tibet**	**62.21**	**97.12**		
海南	**Hainan**	**1381.25**	**600.86**			拉萨	Lasa	37.82	97.12	109.01	282
海口	Haikou	417.97	501.43	503.56	255	**陕西**	**Shaanxi**	**11199.84**	**19864.90**		
三亚	Sanya	40.02	54.85	61.50	284	西安	Xi'an	3130.15	4924.57	5266.25	58
三沙	Sansha					铜川	Tongchuan	249.05	565.23	559.83	248
重庆	**Chongqing**	**9143.55**	**21400.01**	**23906.58**		宝鸡	Baoji	1340.45	2599.43	2929.65	107
四川	**Sichuan**	**23147.38**	**37889.07**			咸阳	Xianyang	1401.92	3237.67	3541.51	87
成都	Chengdu	5809.73	11235.93	12295.60	19	渭南	Weinan	1039.83	1978.94	2142.37	137
自贡	Zigong	1108.17	1703.54	1817.46	159	延安	Yan'an	1227.31	1345.92	1030.99	214
攀枝花	Panzhihua	953.46	1545.92	1650.45	173	汉中	Hanzhong	404.41	1063.86	1152.35	207
泸州	Luzhou	1027.72	1803.64	2017.88	145	榆林	Yulin	1917.70	2448.20	3272.50	97
德阳	Deyang	1541.21	3161.34	3545.21	86	安康	Ankang	192.15	907.71	1092.90	209
绵阳	Mianyang	1248.20	2439.49	2603.51	119	商洛	Shangluo	176.99	793.37	935.31	224
广元	Guangyuan	320.23	743.22	819.54	228	**甘肃**	**Gansu**	**4902.03**	**6899.83**		
遂宁	Suining	619.35	1178.45	1328.27	195	兰州	Lanzhou	1765.50	2184.76	2110.32	141
内江	Neijiang	1292.56	1648.49	1772.65	165	嘉峪关	Jiayuguan	511.34	839.10	475.93	257
乐山	Leshan	1197.35	1565.98	1707.09	169	金昌	Jinchang	565.01	788.05	792.53	232
南充	Nanchong	1124.58	2179.92	2469.26	124	白银	Baiyin	391.04	647.21	595.38	246
眉山	Meishan	755.55	1371.54	1549.85	181	天水	Tianshui	156.93	331.94	334.82	267
宜宾	Yibin	1230.73	1955.99	2202.57	134	武威	Wuwei	163.09	392.37	470.10	258
广安	Guangan	606.59	1441.72	1670.21	171	张掖	Zhangye	142.55	331.11	357.02	265
达州	Dazhou	863.29	988.11	1011.29	216	平凉	Pingliang	142.43	179.46	165.94	277
雅安	Yaan	316.93	499.00	554.01	249	酒泉	Jiuquan	483.69	468.97	411.72	261
巴中	Bazhong	175.72	546.57	602.68	245	庆阳	Qingyang	396.53	421.85	520.84	253
资阳	Ziyang	1173.41	1880.24	1000.33	219	定西	Dingxi	47.03	152.17	180.61	275
贵州	**Guizhou**	**4206.37**	**8007.86**			陇南	Longnan	65.78	162.83	170.71	276
贵阳	Guiyang	1499.37	2581.13	2832.27	113	**青海**	**Qinghai**	**1481.99**	**1715.31**		
六盘水	Liupanshui	633.58	1415.31	1582.36	178	西宁	Xining	878.09	1391.89	1543.45	184
遵义	Zunyi	730.80	2051.76	2403.47	128	海东	Haidong		323.42	374.03	264
安顺	Anshun	192.89	548.24	612.41	244	**宁夏**	**Ningxia**	**1924.39**	**3775.81**		
毕节	Bijie	285.67	810.12	987.84	220	银川	Yinchuan	935.56	1862.32	1985.55	149
铜仁	Tongren	124.66	601.31	688.74	238	石嘴山	Shizuishan	511.64	809.19	887.77	226
云南	**Yunnan**	**6464.63**	**7416.29**			吴忠	Wuzhong	301.58	580.10	634.02	242
昆明	Kunming	2226.65	2980.64	2902.78	109	固原	Guyuan	15.28	52.59	42.75	285
曲靖	Qujing	1005.40	1519.15	1604.27	176	中卫	Zhongwei	158.71	471.61	506.96	254
玉溪	Yuxi	941.44	1564.56	1345.27	194	**新疆**	**Xinjiang**	**5341.90**	**3124.76**		
保山	Baoshan	108.00	363.38	402.30	262	乌鲁木齐	Urumqi	1674.76	2062.75	1969.18	150
昭通	Zhaotong	204.06	376.54	325.97	268	克拉玛依	Karamay	1330.85	1062.01	986.29	221

11-5 规模以上工业企业内资企业工业总产值

Gross Industrial Production of Domestic Funded Enterprises in Industrial Enterprises above Designated Size

单位：亿元 (100 million yuan)

地名	City	2010	2015	2016	2016 排名 Ranking
全国	**Nation Total**	**508673.0**	**849196.6**		
北京	**Beijing**	**8220.82**	**10390.42**	**10807.16**	
天津	**Tianjin**	**9703.34**	**17951.86**	**18742.83**	
河北	**Hebei**	**26609.08**	**41553.39**		
石家庄	Shijiazhuang	5238.56	8845.52	9079.94	19
唐山	Tangshan	6456.17	8265.34	8625.90	21
秦皇岛	Qinhuangdao	678.53	847.83	1050.81	205
邯郸	Handan	3377.35	4345.17	4662.03	54
邢台	Xingtai	1324.47	2448.13	2659.28	106
保定	Baoding	2477.30	3850.56	4347.08	62
张家口	Zhangjiakou	767.43	1210.23	1124.65	198
承德	Chengde	1190.54	1677.50	1721.99	155
沧州	Cangzhou	2490.30	5239.41	5297.80	49
廊坊	Langfang	1705.22	3144.65	3345.33	76
衡水	Hengshui	902.99	1679.06	1695.02	160
山西	**Shanxi**	**11789.81**	**11345.69**		
太原	Taiyuan	1841.79	1567.11	1528.46	171
大同	Datong	704.94	1030.44	784.01	228
阳泉	Yangquan	525.47	524.87	521.75	248
长治	Changzhi	1388.23	1362.16	1474.10	176
晋城	Jincheng	729.90	670.52	652.14	235
朔州	Shuozhou	804.87	737.11	718.03	232
晋中	Jinzhong	955.15	1009.00	1119.48	199
运城	Yuncheng	1231.04	1292.80	1290.67	188
忻州	Xinzhou	409.46	697.33	670.24	234
临汾	Linfen	1323.71	1256.25	1248.86	193
吕梁	Lvliang	1322.90	1198.11	1256.54	191
内蒙古	**Inner Mongolia**	**12225.41**	**16537.10**		
呼和浩特	Hohhot	881.06	1305.30	1359.40	181
包头	Baotou	2267.10	3071.89	3313.42	79
乌海	Wuhai	544.32	917.07	972.08	215
赤峰	Chifeng	1191.70	2021.96	2048.57	132
通辽	Tongliao	1597.60	2155.36	2478.59	114
鄂尔多斯	Erdos	2439.98	4062.70	4562.06	58
呼伦贝尔	Hulunbuir	688.08	1256.94	1234.10	194
巴彦淖尔	Bayannur	684.47	762.97	816.60	226
乌兰察布	Ulanqab	669.96	982.91	1018.63	208
辽宁	**Liaoning**	**29311.14**	**25543.08**		
沈阳	Shenyang	7498.66	6553.59	2917.23	93
大连	Dalian	4914.05	4399.85	3981.90	65
鞍山	Anshan	2323.38	2257.46	1077.83	202
抚顺	Fushun	1543.64	814.17	758.88	231
本溪	Benxi	1121.60	1563.33	602.12	240
丹东	Dandong	713.92	366.80	367.42	262
锦州	Jinzhou	1432.20	2067.60	471.73	254
营口	Yingkou	1687.13	1794.70	849.33	224
阜新	Fuxin	395.53	445.17	242.61	270
辽阳	Liaoyang	1412.87	1138.00	471.69	255
盘锦	Panjin	1612.91	2422.63	1466.14	177
铁岭	Tieling	2252.91	396.00	388.90	261
朝阳	Chaoyang	926.38	556.43	361.92	263
葫芦岛	Huludao	752.61	767.34	554.11	246
吉林	**Jilin**	**9897.90**	**19610.53**		
长春	Changchun	3163.68	7275.31	7930.41	26
吉林	Jilin	1982.19	2895.53	3044.30	88
四平	Siping	964.59	2082.66	1836.00	142
辽源	Liaoyuan	561.96	1402.30	1499.80	173
通化	Tonghua	838.02	2023.18	2253.80	123
白山	Baishan	624.20	1315.81	1347.70	182
松原	Songyuan	1163.65	2048.43	2101.56	129
白城	Baicheng	229.66	567.30	642.28	236
黑龙江	**Heilongjiang**	**8690.90**	**10411.03**		
哈尔滨	Harbin	1634.58	3334.38	3329.98	77
齐齐哈尔	Qiqihar	743.07	890.02	914.02	221
鸡西	Jixi	219.44	218.94	200.92	273
鹤岗	Hegang	230.99	181.71	186.99	274
双鸭山	Shuangyashan	356.01	242.04	241.36	271
大庆	Daqing	3186.59	2775.40	2545.43	111
伊春	Yichun	180.63	91.13	85.70	283
佳木斯	Jiamusi	254.41	548.94	500.21	252
七台河	Qitaihe	444.39	154.61	144.22	278
牡丹江	Mudanjiang	378.13	929.85	996.52	210
黑河	Heihe	68.72	125.72	128.73	280
绥化	Suihua	292.61	918.31	964.87	216
上海	**Shanghai**	**11706.73**	**12295.92**	**11973.65**	
江苏	**Jiangsu**	**55463.97**	**95478.29**		

11-5 规模以上工业企业内资企业工业总产值 续表 1

Gross Industrial Production of Domestic Funded Enterprises in Industrial Enterprises above Designated Size continued 1

单位：亿元 (100 million yuan)

地名	City	2010	2015	2016	2016 排名 Ranking	地名	City	2010	2015	2016	2016 排名 Ranking
南京	Nanjing	5348.05	7475.01	7554.24	29	池州	Chizhou	282.37	708.25	772.05	229
无锡	Wuxi	8045.96	9487.88	9108.05	18	宣城	Xuancheng	973.28	1705.49	1823.78	144
徐州	Xuzhou	4461.62	11078.27	12442.51	4	**福建**	**Fujian**	**11243.66**	**26610.80**		
常州	Changzhou	4943.23	7399.16	8050.37	25	福州	Fuzhou	2210.27	4979.65	5369.64	45
苏州	Suzhou	8337.57	10826.79	10845.61	8	厦门	Xiamen	911.69	1569.88	1789.51	148
南通	Nantong	4444.33	9123.24	9952.55	12	莆田	Putian	776.87	1912.28	2131.24	127
连云港	Lianyungang	1388.15	4240.89	4608.42	57	三明	Sanming	1217.48	3106.95	3432.73	74
淮安	Huaian	2043.71	5094.74	5758.55	41	泉州	Quanzhou	2742.36	6173.34	6871.86	36
盐城	Yancheng	3055.47	6320.89	7104.81	34	漳州	Zhangzhou	938.12	2844.10	3317.23	78
扬州	Yangzhou	4278.35	6626.32	6875.41	35	南平	Nanping	668.79	1565.41	1703.51	159
镇江	Zhenjiang	2692.40	5584.71	5925.14	39	龙岩	Longyan	923.59	1611.68	1823.73	145
泰州	Taizhou	3544.92	8702.97	9775.98	15	宁德	Ningde	854.49	2847.52	2986.39	91
宿迁	Suqian	1081.70	3517.42	3679.12	67	**江西**	**Jiangxi**	**11484.86**	**26603.49**		
浙江	**Zhejiang**	**38290.04**	**51453.70**			南昌	Nanchang	2038.28	4437.12	5298.01	48
杭州	Hangzhou	7725.78	8997.06	9138.14	17	景德镇	Jingdezhen	650.75	1045.30	1100.89	200
宁波	Ningbo	6409.68	9122.92	9810.71	14	萍乡	Pingxiang	993.00	10594.45	1648.99	163
温州	Wenzhou	4126.80	4565.96	4869.09	52	九江	Jiujiang	1288.89	4216.17	4638.48	56
嘉兴	Jiaxing	3346.17	5221.78	5433.95	43	新余	Xinyu	855.40	1181.38	1261.54	189
湖州	Huzhou	2042.54	3389.82	3516.38	71	鹰潭	Yingtan	1153.68	2061.55	2019.96	134
绍兴	Shaoxing	5248.45	7778.56	7770.71	27	赣州	Ganzhou	867.67	2465.29	2768.92	99
金华	Jinhua	3068.95	4349.19	4367.43	60	吉安	Jian	922.51	2501.26	2770.18	97
衢州	Quzhou	995.23	1436.42	1494.47	174	宜春	Yichun	1059.74	3205.52	3626.29	70
舟山	Zhoushan	833.79	1497.44	1717.55	156	抚州	Fuzhou	678.29	1479.87	1594.55	167
台州	Taizhou	3156.10	3442.99	3658.26	69	上饶	Shangrao	976.64	2415.58	2708.62	102
丽水	Lishui	1096.87	1651.57	1739.01	152	**山东**	**Shandong**	**69485.46**	**124823.39**		
安徽	**Anhui**	**16163.43**	**34700.11**			济南	Jinan	4021.64	4868.91	5055.12	51
合肥	Hefei	3250.77	7159.54	7758.36	28	青岛	Qingdao	7467.13	12426.49	12161.61	6
芜湖	Wuhu	1722.53	4804.07	5310.10	47	淄博	Zibo	6793.19	9941.37	10656.21	9
蚌埠	Bengbu	648.47	2389.00	2737.28	101	枣庄	Zaozhuang	2647.56	3210.98	3252.84	82
淮南	Huainan	734.92	901.61	928.92	220	东营	Dongying	5582.43	12290.16	12492.10	3
马鞍山	Maanshan	1122.85	2301.34	2544.75	112	烟台	Yantai	6321.30	9772.23	10647.30	10
淮北	Huaibei	840.76	1745.96	1732.16	154	潍坊	Weifang	6358.24	11675.45	12283.93	5
铜陵	Tongling	985.05	1784.61	1909.57	141	济宁	Jining	3332.88	5210.85	5221.72	50
安庆	Anqing	1256.57	2591.95	2769.20	98	泰安	Taian	3606.78	5927.34	5410.75	44
黄山	Huangshan	320.48	557.13	623.03	238	威海	Weihai	2934.18	4996.54	5317.14	46
滁州	Chuzhou	899.85	2232.51	2627.92	107	日照	Rizhao	1651.92	1977.60	1801.18	147
阜阳	Fuyang	666.39	1921.83	2220.43	124	莱芜	Laiwu	1166.27	1675.89	1754.86	151
宿州	Suzhou	643.02	1546.09	1769.44	150	临沂	Linyi	3818.45	9044.17	9715.45	16
六安	Liuan	730.55	1397.87	1493.86	175	德州	Dezhou	3593.73	9301.28	10032.45	11
亳州	Bozhou	321.62	952.86	1050.83	204	聊城	Liaocheng	3926.28	8765.97	8298.23	23

11-5 规模以上工业企业内资企业工业总产值 续表 2

Gross Industrial Production of Domestic Funded Enterprises in Industrial Enterprises above Designated Size continued 2

单位：亿元 （100 million yuan）

地名	City	2010	2015	2016	2016 排名 Ranking
滨州	Binzhou	3421.12	6973.91	7180.50	33
菏泽	Heze	2337.00	6764.24	7444.55	31
河南	**Henan**	**32673.16**	**66660.73**		
郑州	Zhengzhou	5298.13	10234.68	10912.50	7
开封	Kaifeng	975.59	2631.73	2905.98	94
洛阳	Luoyang	3398.98	6534.91	7190.90	32
平顶山	Pingdingshan	1803.46	2415.21	2551.29	110
安阳	Anyang	2374.64	3542.12	3923.83	66
鹤壁	Hebi	893.35	1865.96	1952.76	138
新乡	Xinxiang	1922.46	3774.71	4194.07	64
焦作	Jiaozuo	2392.90	5060.71	5686.58	42
濮阳	Puyang	1414.26	3293.00	3671.85	68
许昌	Xuchang	2245.08	5381.56	6184.78	37
漯河	Luohe	1132.51	2376.72	2576.72	109
三门峡	Sanmenxia	1839.73	3158.03	3384.84	75
南阳	Nanyang	1935.90	4283.43	4657.96	55
商丘	Shangqiu	1205.97	2979.66	3449.91	72
信阳	Xinyang	959.44	2468.22	2741.48	100
周口	Zhoukou	1187.06	3944.41	4456.39	59
驻马店	Zhumadian	908.99	2715.67	3026.58	89
湖北	**Hubei**	**17276.45**	**35719.58**		
武汉	Wuhan	4406.42	8836.30	8860.32	20
黄石	Huangshi	916.08	1612.71	1733.95	153
十堰	Shiyan	585.20	1425.45	1517.67	172
宜昌	Yichang	2026.64	5117.47	5778.15	40
襄阳	Xiangyang	-376.44	5288.32	5968.31	38
鄂州	Ezhou	622.60	1252.10	1305.47	187
荆门	Jingmen	771.72	2919.94	3107.93	87
孝感	Xiaogan	924.25	2463.63	2589.93	108
荆州	Jingzhou	837.32	2218.51	2301.08	122
黄冈	Huanggang	682.17	1734.90	1805.74	146
咸宁	Xianning	596.32	1591.47	1672.08	161
随州	Suizhou	445.34	1258.80	1332.49	185
湖南	**Hunan**	**17606.88**	**34391.48**		
长沙	Changsha	3785.58	9159.41	9858.33	13
株洲	Zhuzhou	1553.47	3141.54	3223.00	84
湘潭	Xiangtan	1374.29	2783.47	2957.12	92
衡阳	Hengyang	1777.98	1856.26	2018.71	135
邵阳	Shaoyang	691.19	1873.95	2047.14	133
岳阳	Yueyang	2631.58	4718.22	4817.92	53
常德	Changde	1132.00	2347.37	2466.05	115
张家界	Zhangjiajie	101.09	122.07	136.54	279
益阳	Yiyang	746.42	1919.91	2109.83	128
郴州	Chenzhou	1330.03	2989.95	3016.53	90
永州	Yongzhou	531.72	1046.72	1170.19	195
怀化	Huaihua	677.42	862.87	978.89	213
娄底	Loudi	1011.54	1569.73	1831.00	143
广东	**Guangdong**	**36165.37**	**71128.46**		
广州	Guangzhou	4369.76	7537.03	8585.20	22
韶关	Shaoguan	575.74	1042.78	1048.66	206
深圳	Shenzhen	6665.83	14124.07	16046.31	1
珠海	Zhuhai	976.04	2019.32	2370.47	118
汕头	Shantou	1192.60	2455.93	2823.26	96
佛山	Foshan	8822.96	13401.01	14539.61	2
江门	Jiangmen	1504.86	1979.52	2180.23	125
湛江	Zhanjiang	629.62	1672.11	1947.77	139
茂名	Maoming	1211.63	2228.10	2363.23	120
肇庆	Zhaoqing	680.42	2584.60	2518.25	113
惠州	Huizhou	1225.32	2717.54	3183.91	85
梅州	Meizhou	311.37	569.22	630.68	237
汕尾	Shanwei	200.22	736.56	857.95	223
河源	Heyuan	426.57	951.88	1075.52	203
阳江	Yangjiang	340.76	1512.16	1544.64	170
清远	Qingyuan	1555.16	1113.08	1254.96	192
东莞	Dongguan	1773.23	5633.22	7551.37	30
中山	Zhongshan	1933.79	2925.37	3159.52	86
潮州	Chaozhou	422.69	1059.22	1157.94	196
揭阳	Jieyang	1082.40	4033.74	4354.45	61
云浮	Yunfu	264.40	832.01	951.00	218
广西	**Guangxi**	**7668.28**	**18387.25**		
南宁	Nanning	1103.02	2608.10	2832.47	95
柳州	Liuzhou	1771.60	3321.40	3443.41	73
桂林	Guilin	860.51	2186.28	2334.29	121
梧州	Wuzhou	565.63	1922.04	2070.76	131
北海	Beihai	219.98	1383.09	1635.24	166
防城港	Fangchenggang	238.13	867.78	981.48	212
钦州	Qinzhou	393.86	1197.81	1343.56	183
贵港	Guigang	385.73	721.13	822.88	225
玉林	Yulin	471.06	1269.82	1340.68	184
百色	Baise	551.73	1222.05	1409.35	180

11-5 规模以上工业企业内资企业工业总产值 续表 3

Gross Industrial Production of Domestic Funded Enterprises in Industrial Enterprises above Designated Size continued 3

单位：亿元 (100 million yuan)

地名	City	2010	2015	2016	2016 排名 Ranking	地名	City	2010	2015	2016	2016 排名 Ranking
贺州	Hezhou	158.61	372.23	427.01	257	丽江	Lijiang	86.12	126.35	127.68	281
河池	Hechi	332.52	366.06	338.27	265	普洱	Puer	89.89	204.64	227.41	272
来宾	Laibin	318.07	449.62	505.29	250	临沧	Lincang	88.14	258.28	287.04	269
崇左	Chongzuo	207.94	499.83	555.01	245	**西藏**	**Tibet**	**56.77**	**92.16**		
海南	**Hainan**	**712.51**	**507.04**			拉萨	Lasa	39.04	92.16	98.84	282
海口	Haikou	326.50	420.59	419.64	258	**陕西**	**Shaanxi**	**10158.18**	**18381.66**		
三亚	Sanya	35.27	49.84	54.88	284	西安	Xi'an	2506.04	4026.17	4280.06	63
三沙	Sansha					铜川	Tongchuan	230.95	543.76	555.72	244
重庆	**Chongqing**	**7384.98**	**16319.14**	**18688.28**		宝鸡	Baoji	1233.42	2397.77	2698.91	104
四川	**Sichuan**	**21213.61**	**32654.69**			咸阳	Xianyang	1199.33	2986.63	3289.38	80
成都	Chengdu	4532.02	7028.81	8132.01	24	渭南	Weinan	996.40	1936.55	2101.29	130
自贡	Zigong	1055.21	1654.34	1772.29	149	延安	Yan'an	1224.36	1344.34	1029.03	207
攀枝花	Panzhihua	924.82	1534.03	1639.41	164	汉中	Hanzhong	397.28	1042.58	1127.24	197
泸州	Luzhou	1008.56	1771.17	1988.13	137	榆林	Yulin	1899.64	2427.09	3247.82	83
德阳	Deyang	1391.91	2896.26	3265.76	81	安康	Ankang	183.94	896.56	1080.53	201
绵阳	Mianyang	1171.96	2275.02	2427.04	116	商洛	Shangluo	173.96	780.21	935.31	219
广元	Guangyuan	304.19	699.12	770.27	230	**甘肃**	**Gansu**	**4803.16**	**6764.36**		
遂宁	Suining	597.93	1111.54	1258.98	190	兰州	Lanzhou	1708.50	2097.12	1989.52	136
内江	Neijiang	1245.27	1593.60	1711.67	157	嘉峪关	Jiayuguan	511.34	839.10	475.93	253
乐山	Leshan	1156.99	1520.24	1655.91	162	金昌	Jinchang	565.01	788.05	792.53	227
南充	Nanchong	1098.42	2127.63	2411.11	117	白银	Baiyin	369.24	629.59	583.95	243
眉山	Meishan	704.80	1295.40	1453.98	179	天水	Tianshui	153.96	323.35	327.65	267
宜宾	Yibin	1199.22	1904.10	2142.35	126	武威	Wuwei	162.52	391.92	469.61	256
广安	Guangan	589.98	1412.71	1635.59	165	张掖	Zhangye	139.52	321.88	347.17	264
达州	Dazhou	852.26	973.18	1002.20	209	平凉	Pingliang	142.43	179.46	165.94	277
雅安	Yaan	303.20	479.67	533.94	247	酒泉	Jiuquan	476.25	457.58	401.32	259
巴中	Bazhong	175.32	543.27	600.13	241	庆阳	Qingyang	391.17	421.85	518.66	249
资阳	Ziyang	1164.54	1834.61	963.12	217	定西	Dingxi	46.80	151.63	179.69	275
贵州	**Guizhou**	**4048.82**	**7670.25**			陇南	Longnan	65.78	162.83	170.71	276
贵阳	Guiyang	1429.68	2324.52	2699.88	103	**青海**	**Qinghai**	**1315.48**	**1615.62**		
六盘水	Liupanshui	610.23	1406.66	1569.27	168	西宁	Xining	726.95	1331.55	1465.54	178
遵义	Zunyi	721.82	2017.67	2367.92	119	海东	Haidong		284.07	329.43	266
安顺	Anshun	185.99	522.96	594.02	242	**宁夏**	**Ningxia**	**1821.77**	**3492.72**		
毕节	Bijie	283.06	803.85	977.32	214	银川	Yinchuan	857.32	1611.52	1704.35	158
铜仁	Tongren	123.91	594.60	681.77	233	石嘴山	Shizuishan	493.97	794.10	869.43	222
云南	**Yunnan**	**6073.90**	**7030.77**			吴忠	Wuzhong	298.17	564.20	618.21	239
昆明	Kunming	2014.25	2713.25	2661.02	105	固原	Guyuan	15.28	52.59	42.75	285
曲靖	Qujing	964.10	1481.72	1564.37	169	中卫	Zhongwei	154.62	470.31	505.00	251
玉溪	Yuxi	918.54	1524.05	1306.61	186	**新疆**	**Xinjiang**	**5224.15**	**3071.93**		
保山	Baoshan	98.79	353.53	393.23	260	乌鲁木齐	Urumqi	1647.09	2011.29	1920.97	140
昭通	Zhaotong	198.71	368.95	317.19	268	克拉玛依	Karamay	1329.17	1060.639	985.4504	211

11-6 规模以上工业企业港澳台商投资企业工业总产值

Gross Industrial Production of Enterprises with Funds from Hong Kong, Macao & Taiwan in Industrial Enterprises above Designated Size

单位：亿元 （100 million yuan）

地名	City	2010	2015	2016	2016 排名 Ranking	地名	City	2010	2015	2016	2016 排名 Ranking
全国	**Nation Total**	**65358.00**	**99905.83**			沈阳	Shenyang	453.03	331.19	284.85	62
北京	**Beijing**	**1114.48**	**1866.97**	**1680.30**		大连	Dalian	280.06	440.30	201.52	74
天津	**Tianjin**	**1455.47**	**3139.38**	**2045.61**		鞍山	Anshan	39.82	44.69	29.46	189
河北	**Hebei**	**1978.55**	**1611.51**			抚顺	Fushun	40.31	22.61	15.44	206
石家庄	Shijiazhuang	209.53	330.20	331.88	51	本溪	Benxi	300.78	205.31	137.75	93
唐山	Tangshan	550.70	210.57	262.87	64	丹东	Dandong	34.10	6.53	4.84	245
秦皇岛	Qinhuangdao	168.46	226.59	53.75	154	锦州	Jinzhou	57.11	121.44	67.01	143
邯郸	Handan	452.24	243.70	264.61	63	营口	Yingkou	153.49	107.46	96.79	115
邢台	Xingtai	175.98	164.51	167.42	82	阜新	Fuxin	32.76	18.04	9.70	224
保定	Baoding	131.38	66.08	191.03	76	辽阳	Liaoyang	121.55	196.49	164.62	84
张家口	Zhangjiakou	9.46	18.85	16.63	202	盘锦	Panjin	9.64	55.41	53.57	155
承德	Chengde	7.82	11.75	14.73	209	铁岭	Tieling	38.25	30.46	11.66	218
沧州	Cangzhou	82.88	177.74	158.14	86	朝阳	Chaoyang	9.66	12.56	8.95	226
廊坊	Langfang	150.67	120.50	141.67	91	葫芦岛	Huludao	0.82	1.47	0.85	266
衡水	Hengshui	39.43	41.03	40.41	171	**吉林**	**Jilin**	**489.13**	**656.66**		
山西	**Shanxi**	**155.77**	**759.58**			长春	Changchun	376.54	356.97	178.26	78
太原	Taiyuan	5.27	419.79	536.21	39	吉林	Jilin	35.73	98.85	93.70	117
大同	Datong	1.70	5.01	6.15	237	四平	Siping	31.59	83.15	92.89	118
阳泉	Yangquan	5.44	3.96	4.59	248	辽源	Liaoyuan	6.99	28.96	34.07	181
长治	Changzhi	1.85	6.67	7.21	232	通化	Tonghua	10.11	36.32	39.65	173
晋城	Jincheng	3.44	126.04	123.48	101	白山	Baishan	17.53	41.98	37.73	177
朔州	Shuozhou	8.32	8.05	12.31	217	松原	Songyuan	0.78	5.17	9.71	223
晋中	Jinzhong	46.52	42.73	45.27	164	白城	Baicheng	4.47	5.24	6.99	233
运城	Yuncheng	4.94	12.00	5.57	239	**黑龙江**	**Heilongjiang**	**159.20**	**271.52**		
忻州	Xinzhou	0.72		1.29	262	哈尔滨	Harbin	31.60	71.18	115.01	105
临汾	Linfen	50.88	28.96	24.82	192	齐齐哈尔	Qiqihar	8.50	32.50	92.29	119
吕梁	Lvliang	26.68	106.38	117.54	103	鸡西	Jixi	27.82	14.44	14.82	208
内蒙古	**Inner Mongolia**	**281.24**	**342.89**			鹤岗	Hegang	0.91		0.63	268
呼和浩特	Hohhot	101.28	124.45	117.83	102	双鸭山	Shuangyashan	5.87	9.47	12.44	216
包头	Baotou	24.09	37.21	47.30	163	大庆	Daqing	48.41	118.99	114.75	106
乌海	Wuhai	0.52	5.11	0.71	267	伊春	Yichun	4.36			
赤峰	Chifeng	39.13	16.36	24.67	193	佳木斯	Jiamusi	4.17	1.76	0.25	271
通辽	Tongliao	19.35	32.64	47.86	162	七台河	Qitaihe	0.18			
鄂尔多斯	Erdos	17.82	37.52	43.22	167	牡丹江	Mudanjiang	18.86	13.33	8.31	230
呼伦贝尔	Hulunbuir	13.76	22.56	48.70	158	黑河	Heihe	4.33	1.75	1.66	259
巴彦淖尔	Bayannur	49.47	62.01	59.20	150	绥化	Suihua	2.88	8.10	8.79	227
乌兰察布	Ulanqab	4.26	5.03	5.60	238	**上海**	**Shanghai**	**5347.54**	**4561.15**	**4257.27**	
辽宁	**Liaoning**	**1571.38**	**1593.94**			**江苏**	**Jiangsu**	**10041.26**	**16844.48**		

11-6 规模以上工业企业港澳台商投资企业工业总产值 续表 1

Gross Industrial Production of Enterprises with Funds from Hong Kong, Macao & Taiwan in Industrial Enterprises above Designated Size continued 1

单位：亿元 （100 million yuan）

地名	City	2010	2015	2016	2016 排名 Ranking	地名	City	2010	2015	2016	2016 排名 Ranking
南京	Nanjing	538.28	970.71	1027.53	25	池州	Chizhou	4.62	10.29	10.84	221
无锡	Wuxi	1665.78	1833.08	1736.45	12	宣城	Xuancheng	26.36	11.61	11.18	220
徐州	Xuzhou	296.89	684.77	704.21	33	**福建**	**Fujian**	**5613.55**	**8850.19**		
常州	Changzhou	888.46	1780.74	1994.39	10	福州	Fuzhou	1224.32	1673.76	1811.65	11
苏州	Suzhou	3626.67	4978.83	5233.58	2	厦门	Xiamen	1023.90	1513.09	1515.96	16
南通	Nantong	1104.44	1624.95	1714.00	13	莆田	Putian	282.49	412.17	405.58	48
连云港	Lianyungang	132.31	213.13	247.00	66	三明	Sanming	74.39	118.11	137.66	94
淮安	Huaian	94.59	1139.59	872.33	29	泉州	Quanzhou	2147.48	3569.72	3915.95	4
盐城	Yancheng	204.91	350.96	386.37	49	漳州	Zhangzhou	646.40	1290.21	1423.80	17
扬州	Yangzhou	685.69	1090.87	1174.19	22	南平	Nanping	39.22	52.03	77.76	133
镇江	Zhenjiang	565.12	1264.74	1320.77	21	龙岩	Longyan	140.17	132.57	132.24	97
泰州	Taizhou	389.00	687.86	793.76	31	宁德	Ningde	35.18	88.54	136.24	95
宿迁	Suqian	21.76	224.25	290.36	61	**江西**	**Jiangxi**	**987.60**	**2544.14**		
浙江	**Zhejiang**	**5871.97**	**7649.74**			南昌	Nanchang	162.07	438.21	431.51	47
杭州	Hangzhou	1328.39	1560.48	1405.67	18	景德镇	Jingdezhen	20.33	22.60	39.69	172
宁波	Ningbo	2413.14	2907.85	2954.11	7	萍乡	Pingxiang	10.42	48.35	48.37	160
温州	Wenzhou	108.09	130.85	115.23	104	九江	Jiujiang	101.04	463.14	448.86	45
嘉兴	Jiaxing	638.47	867.62	939.72	26	新余	Xinyu	20.96	92.89	99.53	112
湖州	Huzhou	293.55	540.91	601.83	35	鹰潭	Yingtan	6.45	4.98	5.45	240
绍兴	Shaoxing	896.73	1198.91	1349.97	20	赣州	Ganzhou	230.58	436.30	466.67	42
金华	Jinhua	142.19	236.19	221.29	71	吉安	Jian	110.24	278.15	328.10	53
衢州	Quzhou	36.64	16.74	20.39	198	宜春	Yichun	101.65	269.26	310.02	56
舟山	Zhoushan	9.77	12.04	13.43	212	抚州	Fuzhou	48.04	70.33	76.89	134
台州	Taizhou	190.16	139.92	142.92	89	上饶	Shangrao	175.79	419.92	522.37	40
丽水	Lishui	5.85	38.21	39.04	174	**山东**	**Shandong**	**2895.05**	**4297.52**		
安徽	**Anhui**	**804.94**	**2438.27**			济南	Jinan	96.73	123.15	126.39	99
合肥	Hefei	162.06	1057.70	1101.75	23	青岛	Qingdao	490.40	909.73	853.48	30
芜湖	Wuhu	158.34	260.91	235.16	69	淄博	Zibo	354.91	290.69	311.18	55
蚌埠	Bengbu	74.55	173.36	200.80	75	枣庄	Zaozhuang	80.69	97.41	89.09	122
淮南	Huainan	51.11	61.83	70.77	139	东营	Dongying	235.99	380.30	345.70	50
马鞍山	Maanshan	25.21	54.46	61.68	149	烟台	Yantai	616.44	876.99	890.06	28
淮北	Huaibei	20.59	9.19	31.68	186	潍坊	Weifang	356.62	457.70	509.22	41
铜陵	Tongling	92.25	435.59	449.03	44	济宁	Jining	49.75	99.45	101.39	111
安庆	Anqing	34.49	80.15	90.71	121	泰安	Taian	14.81	70.04	70.71	140
黄山	Huangshan	5.68	7.34	7.51	231	威海	Weihai	102.89	142.64	163.52	85
滁州	Chuzhou	35.62	152.33	32.69	182	日照	Rizhao	44.36	22.42	23.36	195
阜阳	Fuyang	4.70	45.47	47.99	161	莱芜	Laiwu	20.81	10.34	13.25	213
宿州	Suzhou	20.92	60.52	63.12	148	临沂	Linyi	161.94	361.50	329.14	52
六安	Liuan	77.66	17.06	12.94	214	德州	Dezhou	37.97	72.91	88.46	123
亳州	Bozhou	0.23	0.45	1.11	263	聊城	Liaocheng	29.33	47.87	229.60	70

11-6 规模以上工业企业港澳台商投资企业工业总产值 续表 2

Gross Industrial Production of Enterprises with Funds from Hong Kong, Macao & Taiwan in Industrial Enterprises above Designated Size continued 2

单位：亿元 （100 million yuan）

地名	City	2010	2015	2016	2016 排名 Ranking
滨州	Binzhou	140.87	73.34	63.69	147
菏泽	Heze	76.24	261.02	305.96	58
河南	**Henan**	**915.51**	**4128.88**		
郑州	Zhengzhou	195.47	2849.05	2903.77	8
开封	Kaifeng	5.58	32.96	35.47	178
洛阳	Luoyang	21.94	107.17	140.06	92
平顶山	Pingdingshan	103.98	60.62	55.18	152
安阳	Anyang	8.66	43.47	43.87	166
鹤壁	Hebi	13.17	31.25	31.55	187
新乡	Xinxiang	19.34	75.80	79.04	131
焦作	Jiaozuo	69.83	165.01	154.14	88
濮阳	Puyang	33.68	92.71	99.33	114
许昌	Xuchang	23.39	27.79	34.41	180
漯河	Luohe	248.97	227.21	245.21	67
三门峡	Sanmenxia	36.24	104.41	21.69	197
南阳	Nanyang	38.65	109.11	125.19	100
商丘	Shangqiu	9.44	61.79	99.36	113
信阳	Xinyang	9.79	60.96	64.10	146
周口	Zhoukou	7.82	32.26	38.91	175
驻马店	Zhumadian	11.52	47.32	50.07	156
湖北	**Hubei**	**1100.33**	**1912.96**		
武汉	Wuhan	455.19	743.84	644.37	34
黄石	Huangshi	12.47	193.77	169.50	81
十堰	Shiyan	2.65	4.60	5.14	243
宜昌	Yichang	159.33	298.35	295.07	60
襄阳	Xiangyang	483.08	143.77	142.05	90
鄂州	Ezhou	16.02	66.06	77.91	132
荆门	Jingmen	44.30	68.06	87.04	125
孝感	Xiaogan	68.72	100.06	135.42	96
荆州	Jingzhou	50.39	72.05	80.07	130
黄冈	Huanggang	81.03	72.18	76.67	137
咸宁	Xianning	38.32	84.69	85.29	127
随州	Suizhou	31.00	65.53	54.14	153
湖南	**Hunan**	**719.02**	**1809.67**		
长沙	Changsha	121.40	871.24	1054.26	24
株洲	Zhuzhou	80.21	70.33	68.00	142
湘潭	Xiangtan	17.25	80.36	91.98	120
衡阳	Hengyang	76.67	72.71	64.99	144
邵阳	Shaoyang	10.75	37.12	42.14	169
岳阳	Yueyang	69.19	76.36	69.32	141
常德	Changde	95.95	147.13	95.70	116
张家界	Zhangjiajie	4.91		4.75	246
益阳	Yiyang	40.55	85.35	85.27	128
郴州	Chenzhou	87.40	226.06	176.97	79
永州	Yongzhou	45.16	63.91	71.15	138
怀化	Huaihua	11.19	4.92	9.20	225
娄底	Loudi	18.65	74.17	85.03	129
广东	**Guangdong**	**21813.34**	**27824.38**		
广州	Guangzhou	2863.46	3093.16	3056.29	6
韶关	Shaoguan	138.49	124.82	129.40	98
深圳	Shenzhen	5003.04	7252.81	7234.53	1
珠海	Zhuhai	718.79	734.98	730.49	32
汕头	Shantou	214.38	251.36	241.47	68
佛山	Foshan	2701.56	3432.24	3601.05	5
江门	Jiangmen	1388.40	1498.27	1559.84	15
湛江	Zhanjiang	348.38	518.20	538.75	37
茂名	Maoming	37.10	75.90	85.86	126
肇庆	Zhaoqing	469.50	874.04	890.99	27
惠州	Huizhou	1153.69	2068.83	2160.19	9
梅州	Meizhou	89.58	88.57	76.77	136
汕尾	Shanwei	179.46	319.68	309.86	57
河源	Heyuan	198.90	304.58	327.43	54
阳江	Yangjiang	128.97	243.27	252.24	65
清远	Qingyuan	1049.49	442.43	465.27	43
东莞	Dongguan	3296.62	4186.36	4282.36	3
中山	Zhongshan	1328.17	1354.41	1373.09	19
潮州	Chaozhou	114.24	173.67	166.65	83
揭阳	Jieyang	290.62	559.85	568.40	36
云浮	Yunfu	100.51	226.92	218.90	72
广西	**Guangxi**	**569.94**	**1548.39**		
南宁	Nanning	87.72	463.10	536.99	38
柳州	Liuzhou	34.07	66.88	171.86	80
桂林	Guilin	13.08	32.46	24.36	194
梧州	Wuzhou	100.47	133.36	155.60	87
北海	Beihai	74.34	403.02	442.56	46
防城港	Fangchenggang	42.33	45.30	49.94	157
钦州	Qinzhou	56.49	37.58	41.06	170
贵港	Guigang	43.53	89.97	102.52	110
玉林	Yulin	35.96	113.98	109.32	108
百色	Baise	22.48	65.02	64.59	145

11-6 规模以上工业企业港澳台商投资企业工业总产值 续表 3

Gross Industrial Production of Enterprises with Funds from Hong Kong, Macao & Taiwan in Industrial Enterprises above Designated Size continued 3

单位：亿元 （100 million yuan）

地名	City	2010	2015	2016	2016 排名 Ranking
贺州	Hezhou	12.09	45.57	43.15	168
河池	Hechi	3.26	5.14	5.33	242
来宾	Laibin	5.02	30.50	12.77	215
崇左	Chongzuo	37.80	16.52	18.44	199
海南	**Hainan**	**17.38**	**21.36**		
海口	Haikou	12.81	20.00	22.35	196
三亚	Sanya		0.77	1.56	261
三沙	Sansha				
重庆	**Chongqing**	**456.22**	**1794.61**	**1685.97**	
四川	**Sichuan**	**568.57**	**2284.02**		
成都	Chengdu	279.80	1784.77	1570.61	14
自贡	Zigong	4.80	1.67	1.61	260
攀枝花	Panzhihua	2.19	1.21	1.80	257
泸州	Luzhou	2.58	13.51	14.55	211
德阳	Deyang	75.67	169.56	184.50	77
绵阳	Mianyang	17.16	106.21	111.98	107
广元	Guangyuan	0.72	2.73	6.25	236
遂宁	Suining	10.98	25.21	32.63	183
内江	Neijiang	36.27	16.62	32.05	185
乐山	Leshan	23.40	27.15	34.85	179
南充	Nanchong	20.74	23.29	26.44	190
眉山	Meishan	13.61	7.65	16.21	203
宜宾	Yibin	14.63	41.24	48.40	159
广安	Guangan	13.90	23.62	30.08	188
达州	Dazhou	11.03	14.93	1.99	254
雅安	Yaan	9.16	16.42	16.08	204
巴中	Bazhong	0.40	2.13	1.94	255
资阳	Ziyang	2.72	6.11	2.36	253
贵州	**Guizhou**	**57.93**	**205.58**		
贵阳	Guiyang	24.88	160.84	38.87	176
六盘水	Liupanshui			4.64	247
遵义	Zunyi	3.56	6.90	14.67	210
安顺	Anshun	5.16	24.97	18.24	200
毕节	Bijie	2.00	6.14	8.37	229
铜仁	Tongren	0.75	6.71	6.97	234
云南	**Yunnan**	**140.53**	**170.33**		
昆明	Kunming	65.31	105.55	106.15	109
曲靖	Qujing	3.08	30.93	32.39	184
玉溪	Yuxi	13.05	16.57	14.86	207
保山	Baoshan	5.31	3.74	5.42	241
昭通	Zhaotong	5.35	7.59	8.78	228

地名	City	2010	2015	2016	2016 排名 Ranking
丽江	Lijiang	2.68	0.24	0.25	270
普洱	Puer	1.49	5.99	4.39	249
临沧	Lincang	1.35			
西藏	**Tibet**				
拉萨	Lasa			4.87	244
陕西	**Shaanxi**	**162.93**	**455.14**		
西安	Xi'an	23.47	273.38	302.68	59
铜川	Tongchuan				
宝鸡	Baoji	36.22	77.26	88.19	124
咸阳	Xianyang	92.91	700.62	76.88	135
渭南	Weinan	2.44	2.46	2.52	252
延安	Yan'an		0.85	1.07	264
汉中	Hanzhong	1.76	13.90	17.48	201
榆林	Yulin	2.28	3.03	6.73	235
安康	Ankang	0.60	0.48	0.23	273
商洛	Shangluo	3.03	13.16		
甘肃	**Gansu**	**26.24**	**39.80**		
兰州	Lanzhou	19.64	24.00	56.46	151
嘉峪关	Jiayuguan				
金昌	Jinchang				
白银	Baiyin	0.73	2.76	1.78	258
天水	Tianshui	0.48			
武威	Wuwei	0.58	0.46	0.49	269
张掖	Zhangye		9.23	9.85	222
平凉	Pingliang				
酒泉	Jiuquan	4.34	3.34	4.08	250
庆阳	Qingyang			1.80	256
定西	Dingxi				
陇南	Longnan				
青海	**Qinghai**	**7.97**	**54.61**		
西宁	Xining	5.12	15.26	26.13	191
海东	Haidong		39.35	44.61	165
宁夏	**Ningxia**	**20.70**	**211.97**		
银川	Yinchuan	18.31	192.75	213.00	73
石嘴山	Shizuishan	2.39	3.01	3.49	251
吴忠	Wuzhong		15.90	15.81	205
固原	Guyuan				
中卫	Zhongwei		0.32	0.98	265
新疆	**Xinjiang**	**36.67**	**16.16**		
乌鲁木齐	Urumqi	10.49	15.78	11.65	219
克拉玛依	Karamay	0.91	0.38	0.23	272

11-7 规模以上工业企业外商投资企业工业总产值

Gross Industrial Production of Foreign Funded Enterprises in Industrial Enterprises above Designated Size

单位：亿元 （100 million yuan）

地名	City	2010	2015	2016	2016 排名 Ranking	地名	City	2010	2015	2016	2016 排名 Ranking
全国	**Nation Total**	**124560.0**	**150198.6**			沈阳	Shenyang	1660.84	2354.55	2135.12	14
北京	**Beijing**	**4364.54**	**5192.24**	**5599.81**		大连	Dalian	2507.72	2158.25	2085.98	15
天津	**Tianjin**	**5593.01**	**7150.89**	**6613.25**		鞍山	Anshan	76.08	89.34	39.63	169
河北	**Hebei**	**2555.67**	**2881.55**			抚顺	Fushun	71.38	23.46	24.95	196
石家庄	Shijiazhuang	207.25	234.75	232.97	72	本溪	Benxi	88.97	27.23	4.50	247
唐山	Tangshan	538.16	850.40	1078.91	33	丹东	Dandong	117.06	55.17	54.30	152
秦皇岛	Qinhuangdao	284.56	334.75	334.33	56	锦州	Jinzhou	182.74	151.99	79.47	132
邯郸	Handan	277.74	176.29	128.43	104	营口	Yingkou	392.64	320.98	209.37	74
邢台	Xingtai	264.15	90.29	106.95	116	阜新	Fuxin	19.48	30.47	12.92	220
保定	Baoding	266.19	203.60	183.38	87	辽阳	Liaoyang	78.11	64.87	47.69	161
张家口	Zhangjiakou	116.59	117.26	115.30	112	盘锦	Panjin	53.81	124.25	52.92	153
承德	Chengde	5.16	6.56	7.16	238	铁岭	Tieling	63.97	27.12	26.75	194
沧州	Cangzhou	244.21	372.03	234.95	71	朝阳	Chaoyang	10.57	6.32	6.27	243
廊坊	Langfang	313.49	428.15	304.87	60	葫芦岛	Huludao	13.53	23.39	17.52	212
衡水	Hengshui	38.16	67.46	57.85	151	**吉林**	**Jilin**	**2711.32**	**1382.73**		
山西	**Shanxi**	**525.75**	**440.57**			长春	Changchun	2343.94	964.11	1043.78	35
太原	Taiyuan	153.28	172.38	142.76	98	吉林	Jilin	86.23	106.61	85.88	125
大同	Datong	30.95	18.78	11.67	226	四平	Siping	40.29	39.64	36.70	176
阳泉	Yangquan	11.69	10.17	10.38	229	辽源	Liaoyuan	16.70	21.37	19.86	209
长治	Changzhi	43.20	59.36	62.48	143	通化	Tonghua	21.85	85.59	59.69	146
晋城	Jincheng	117.78	76.45	66.24	139	白山	Baishan	32.35	49.58	50.96	158
朔州	Shuozhou	15.32	17.23	12.20	222	松原	Songyuan	55.05	28.73	25.50	195
晋中	Jinzhong	27.71	37.48	35.60	182	白城	Baicheng	25.12	87.11	88.34	122
运城	Yuncheng	25.87	18.95	18.87	210	**黑龙江**	**Heilongjiang**	**685.05**	**831.08**		
忻州	Xinzhou	1.51	1.27	2.09	259	哈尔滨	Harbin	370.21	420.45	405.01	54
临汾	Linfen	5.51	4.46	4.11	252	齐齐哈尔	Qiqihar	80.48	116.89	73.36	135
吕梁	Lvliang	92.92	24.03	23.23	200	鸡西	Jixi	1.37	3.94	4.22	250
内蒙古	**Inner Mongolia**	**899.45**	**761.22**			鹤岗	Hegang	2.00	0.83	0.43	267
呼和浩特	Hohhot	206.18	237.83	253.63	65	双鸭山	Shuangyashan				
包头	Baotou	121.05	72.11	80.19	130	大庆	Daqing	52.96	157.36	176.30	89
乌海	Wuhai	0.48	5.21	11.23	228	伊春	Yichun	9.58	4.71	3.72	254
赤峰	Chifeng	35.01	37.32	37.76	174	佳木斯	Jiamusi	55.35	39.06	35.25	183
通辽	Tongliao	192.79	85.39	163.61	94	七台河	Qitaihe	0.21	0.29	0.30	269
鄂尔多斯	Erdos	223.27	238.09	240.22	69	牡丹江	Mudanjiang	49.38	48.24	47.00	163
呼伦贝尔	Hulunbuir	38.85	26.49			黑河	Heihe	2.43	4.19	4.46	248
巴彦淖尔	Bayannur	43.53	48.45	50.42	160	绥化	Suihua	31.39	35.11	33.54	187
乌兰察布	Ulanqab	3.20	10.33	11.42	227	**上海**	**Shanghai**	**13060.13**	**14465.55**	**14905.12**	
辽宁	**Liaoning**	**5336.91**	**5457.41**			**江苏**	**Jiangsu**	**26551.24**	**34986.09**		

11-7 规模以上工业企业外商投资企业工业总产值 续表 1

Gross Industrial Production of Foreign Funded Enterprises in Industrial Enterprises above Designated Size continued 1

单位：亿元 （100 million yuan）

地名	City	2010	2015	2016	2016 排名 Ranking	地名	City	2010	2015	2016	2016 排名 Ranking
南京	Nanjing	2723.16	4459.41	4363.25	4	池州	Chizhou	10.31	21.88	22.35	203
无锡	Wuxi	3259.34	3228.91	3508.46	6	宣城	Xuancheng	68.12	79.28	85.16	126
徐州	Xuzhou	354.45	452.87	497.64	46	**福建**	**Fujian**	**5044.02**	**5790.50**		
常州	Changzhou	1564.39	1921.74	2052.06	17	福州	Fuzhou	1110.82	1191.60	1238.35	30
苏州	Suzhou	12687.43	14443.63	14634.80	1	厦门	Xiamen	1753.36	1945.71	1892.51	18
南通	Nantong	1834.40	2767.14	2859.17	10	莆田	Putian	207.17	288.97	302.69	61
连云港	Lianyungang	415.82	979.12	1119.38	31	三明	Sanming	36.97	49.03	35.61	181
淮安	Huaian	300.81	326.17	320.43	57	泉州	Quanzhou	1370.57	1655.06	1548.88	25
盐城	Yancheng	677.95	1581.77	1689.66	21	漳州	Zhangzhou	354.41	402.63	299.64	62
扬州	Yangzhou	789.29	1477.00	1612.05	23	南平	Nanping	69.36	104.80	87.01	124
镇江	Zhenjiang	932.89	1554.37	1476.94	27	龙岩	Longyan	113.57	112.66	122.25	108
泰州	Taizhou	982.16	1672.31	1601.06	24	宁德	Ningde	27.79	40.04	34.51	185
宿迁	Suqian	33.91	121.65	127.22	105	**江西**	**Jiangxi**	**1363.15**	**1848.66**		
浙江	**Zhejiang**	**7232.19**	**7328.45**			南昌	Nanchang	565.16	609.87	404.46	55
杭州	Hangzhou	2025.48	1858.14	1877.15	19	景德镇	Jingdezhen	14.53	29.72	38.78	170
宁波	Ningbo	2030.73	1838.69	1735.42	20	萍乡	Pingxiang	9.60	34.59	45.41	165
温州	Wenzhou	261.67	247.42	245.26	66	九江	Jiujiang	86.61	195.81	240.93	68
嘉兴	Jiaxing	1118.21	1479.91	1509.27	26	新余	Xinyu	312.14	219.82	184.91	84
湖州	Huzhou	330.44	482.38	487.84	48	鹰潭	Yingtan	4.76	25.22	32.68	189
绍兴	Shaoxing	652.22	768.91	706.25	38	赣州	Ganzhou	169.63	298.22	305.55	58
金华	Jinhua	200.66	135.46	117.06	110	吉安	Jian	100.19	234.94	183.46	86
衢州	Quzhou	55.25	109.73	114.45	113	宜春	Yichun	69.11	160.12	172.56	91
舟山	Zhoushan	135.49	123.89	141.13	100	抚州	Fuzhou	12.44	20.37	23.01	201
台州	Taizhou	284.54	269.33	282.85	63	上饶	Shangrao	18.99	19.99	21.40	204
丽水	Lishui	37.79	14.58	11.96	224	**山东**	**Shandong**	**11470.89**	**14932.20**		
安徽	**Anhui**	**1763.63**	**2671.15**			济南	Jinan	295.14	348.70	305.05	59
合肥	Hefei	784.89	1128.36	1264.41	28	青岛	Qingdao	2705.30	3475.61	3328.73	8
芜湖	Wuhu	370.14	764.03	774.01	37	淄博	Zibo	594.25	903.52	1044.12	34
蚌埠	Bengbu	49.66	34.45	38.37	172	枣庄	Zaozhuang	94.64	122.67	111.64	114
淮南	Huainan	2.90	7.95	7.99	234	东营	Dongying	219.44	518.59	496.85	47
马鞍山	Maanshan	170.24	184.95	204.33	77	烟台	Yantai	3192.24	4648.33	4897.30	3
淮北	Huaibei	20.06	30.72	62.10	144	潍坊	Weifang	814.36	624.44	552.71	44
铜陵	Tongling	26.93	48.80	58.36	150	济宁	Jining	474.55	161.77	176.54	88
安庆	Anqing	24.88	51.06	51.03	157	泰安	Taian	148.48	202.53	149.99	97
黄山	Huangshan	4.53	3.48	3.49	257	威海	Weihai	1371.90	1793.38	1660.63	22
滁州	Chuzhou	117.50	143.92	200.00	79	日照	Rizhao	475.87	539.86	635.03	42
阜阳	Fuyang	32.61	22.39	24.61	197	莱芜	Laiwu	15.50	22.61	19.93	207
宿州	Suzhou	12.98	16.64	16.09	215	临沂	Linyi	613.13	733.75	786.09	36
六安	Liuan	24.50	127.16	120.38	109	德州	Dezhou	224.06	415.41	448.54	51
亳州	Bozhou	2.48	6.08	6.41	241	聊城	Liaocheng	71.26	115.86	472.09	49

11-7 规模以上工业企业外商投资企业工业总产值 续表 2

Gross Industrial Production of Foreign Funded Enterprises in Industrial Enterprises above Designated Size continued 2

单位：亿元 （100 million yuan）

地名	City	2010	2015	2016	2016 排名 Ranking	地名	City	2010	2015	2016	2016 排名 Ranking
滨州	Binzhou	121.91	141.31	137.84	101	常德	Changde	34.72	38.65	36.98	175
菏泽	Heze	118.79	163.85	183.65	85	张家界	Zhangjiajie	2.93	5.82	0.24	270
河南	**Henan**	**1406.85**	**1930.33**			益阳	Yiyang	21.11	29.69	33.07	188
郑州	Zhengzhou	420.16	569.60	649.36	40	郴州	Chenzhou	22.64	19.18	12.33	221
开封	Kaifeng	20.22	58.61	71.82	136	永州	Yongzhou	17.19	18.76	22.59	202
洛阳	Luoyang	98.06	107.95	116.37	111	怀化	Huaihua	11.26	39.06	35.74	180
平顶山	Pingdingshan	45.31	51.50	59.46	148	娄底	Loudi	8.06	19.74	29.50	192
安阳	Anyang	16.53	21.09	23.33	199	**广东**	**Guangdong**	**23705.89**	**25959.82**		
鹤壁	Hebi	13.29	17.57	19.90	208	广州	Guangzhou	6318.77	8054.02	7928.93	2
新乡	Xinxiang	190.97	239.00	262.00	64	韶关	Shaoguan	21.32	54.18	59.48	147
焦作	Jiaozuo	99.15	55.13	52.51	154	深圳	Shenzhen	6678.51	4165.57	4011.46	5
濮阳	Puyang	25.69	43.12	46.99	164	珠海	Zhuhai	1275.73	1211.73	1252.42	29
许昌	Xuchang	62.16	166.49	193.89	81	汕头	Shantou	274.51	261.52	239.07	70
漯河	Luohe	53.20	176.60	191.60	82	佛山	Foshan	1951.23	2711.70	3046.66	9
三门峡	Sanmenxia	151.59	123.74	201.00	78	江门	Jiangmen	520.01	520.96	534.30	45
南阳	Nanyang	41.62	62.50	35.78	179	湛江	Zhanjiang	317.54	82.08	78.04	134
商丘	Shangqiu	5.70	15.22	16.24	214	茂名	Maoming	23.45	28.05	34.32	186
信阳	Xinyang	15.93	20.20	20.91	205	肇庆	Zhaoqing	249.82	575.73	612.88	43
周口	Zhoukou	68.38	122.12	166.30	93	惠州	Huizhou	1467.76	2258.36	2273.25	13
驻马店	Zhumadian	53.13	79.89	84.48	127	梅州	Meizhou	29.68	46.97	38.18	173
湖北	**Hubei**	**3246.34**	**4536.27**			汕尾	Shanwei	25.77	109.84	65.66	140
武汉	Wuhan	1562.99	2999.13	3430.52	7	河源	Heyuan	148.27	186.57	196.24	80
黄石	Huangshi	232.08	190.56	186.34	83	阳江	Yangjiang	90.32	234.61	209.59	73
十堰	Shiyan	725.25	392.49	467.05	50	清远	Qingyuan	181.71	124.61	93.29	121
宜昌	Yichang	32.33	93.86	97.97	118	东莞	Dongguan	2494.80	2924.84	2858.73	11
襄阳	Xiangyang	574.73	403.16	420.44	53	中山	Zhongshan	1358.96	2065.49	2082.18	16
鄂州	Ezhou	25.51	51.65	40.92	168	潮州	Chaozhou	107.47	92.91	98.37	117
荆门	Jingmen	36.07	101.60	124.51	107	揭阳	Jieyang	93.73	209.53	208.29	76
孝感	Xiaogan	39.93	107.72	83.55	129	云浮	Yunfu	76.55	40.56	51.70	156
荆州	Jingzhou	49.00	72.38	87.52	123	**广西**	**Guangxi**	**1405.91**	**2466.51**		
黄冈	Huanggang	81.03	45.84	47.46	162	南宁	Nanning	94.66	165.86	152.53	96
咸宁	Xianning	19.83	58.70	58.54	149	柳州	Liuzhou	583.12	1066.98	1090.12	32
随州	Suizhou	33.43	19.18	14.97	217	桂林	Guilin	69.27	155.97	157.90	95
湖南	**Hunan**	**682.93**	**1247.52**			梧州	Wuzhou	49.62	74.47	78.98	133
长沙	Changsha	258.43	515.27	645.69	41	北海	Beihai	38.24	58.77	69.68	137
株洲	Zhuzhou	81.25	93.88	84.00	128	防城港	Fangchenggang	173.48	387.82	444.77	52
湘潭	Xiangtan	104.70	189.82	241.61	67	钦州	Qinzhou	31.39	123.08	126.71	106
衡阳	Hengyang	28.60	122.00	106.98	115	贵港	Guigang	41.04	44.78	50.54	159
邵阳	Shaoyang	10.75	28.09	31.89	190	玉林	Yulin	195.88	203.98	208.43	75
岳阳	Yueyang	83.56	127.55	133.95	103	百色	Baise	0.10	0.25	0.88	264

11-7 规模以上工业企业外商投资企业工业总产值 续表 3

Gross Industrial Production of Foreign Funded Enterprises in Industrial Enterprises above Designated Size continued 3

单位：亿元 (100 million yuan)

地名	City	2010	2015	2016	2016 排名 Ranking
贺州	Hezhou	6.10	6.56	6.48	240
河池	Hechi	16.99	8.83	0.95	261
来宾	Laibin	45.19	30.75	8.23	233
崇左	Chongzuo	60.84	138.42	167.60	92
海南	**Hainan**	**651.36**	**72.46**		
海口	Haikou	78.66	60.85	61.57	145
三亚	Sanya	4.75	4.25	5.06	245
三沙	Sansha				
重庆	**Chongqing**	**1302.35**	**3286.27**	**3532.33**	
四川	**Sichuan**	**1365.20**	**2950.36**		
成都	Chengdu	997.91	2422.35	2592.99	12
自贡	Zigong	48.16	47.53	43.57	166
攀枝花	Panzhihua	26.45	10.68	9.24	231
泸州	Luzhou	16.58	18.97	15.20	216
德阳	Deyang	73.63	95.52	94.94	119
绵阳	Mianyang	59.08	58.26	64.48	141
广元	Guangyuan	15.32	41.37	43.03	167
遂宁	Suining	10.44	41.70	36.66	177
内江	Neijiang	11.02	38.27	28.93	193
乐山	Leshan	16.96	18.58	16.32	213
南充	Nanchong	5.42	29.00	31.71	191
眉山	Meishan	37.14	68.49	79.67	131
宜宾	Yibin	16.88	10.65	11.82	225
广安	Guangan	2.71	5.40	4.54	246
达州	Dazhou			7.09	239
雅安	Yaan	4.57	2.91	4.00	253
巴中	Bazhong		1.17	0.61	265
资阳	Ziyang	6.15	39.53	34.85	184
贵州	**Guizhou**	**99.62**	**132.03**		
贵阳	Guiyang	44.81	95.77	93.53	120
六盘水	Liupanshui	23.35	8.65	8.45	232
遵义	Zunyi	5.41	27.19	20.88	206
安顺	Anshun	1.73	0.31	0.16	271
毕节	Bijie	0.60	0.11	2.15	258
铜仁	Tongren				
云南	**Yunnan**		**215.19**		
昆明	Kunming		161.83	135.60	102
曲靖	Qujing	38.22	6.51	7.51	236
玉溪	Yuxi	9.85	23.95	23.80	198
保山	Baoshan	3.89	6.38	3.64	255
昭通	Zhaotong				
丽江	Lijiang		2.88	3.50	256
普洱	Puer	4.98	10.01	14.10	219
临沧	Lincang	0.40	3.65	4.27	249
西藏	**Tibet**		**4.96**		
拉萨	Lasa		4.96	5.30	244
陕西	**Shaanxi**	**878.74**	**1028.11**		
西安	Xi'an	600.64	625.02	683.50	39
铜川	Tongchuan	18.10	21.47	4.11	251
宝鸡	Baoji	70.81	124.40	142.55	99
咸阳	Xianyang	109.68	180.41	175.25	90
渭南	Weinan	40.99	39.93	38.57	171
延安	Yan'an	2.95	0.74	0.90	263
汉中	Hanzhong	5.38	7.38	7.63	235
榆林	Yulin	15.78	18.08	17.95	211
安康	Ankang	7.62	10.68	12.14	223
商洛	Shangluo				
甘肃	**Gansu**	**72.63**	**95.68**		
兰州	Lanzhou	37.36	63.64	64.34	142
嘉峪关	Jiayuguan				
金昌	Jinchang				
白银	Baiyin	21.07	14.85	9.65	230
天水	Tianshui	2.48	8.59	7.17	237
武威	Wuwei				
张掖	Zhangye	3.02			
平凉	Pingliang				
酒泉	Jiuquan	3.10	8.05	6.31	242
庆阳	Qingyang	5.36		0.38	268
定西	Dingxi	0.23	0.54	0.92	262
陇南	Longnan				
青海	**Qinghai**	**158.54**	**45.08**		
西宁	Xining	146.02	45.08	51.78	155
海东	Haidong				
宁夏	**Ningxia**	**81.92**	**71.12**		
银川	Yinchuan	59.93	58.05	68.20	138
石嘴山	Shizuishan	15.28	12.08	14.86	218
吴忠	Wuzhong	3.40			
固原	Guyuan				
中卫	Zhongwei	4.09	0.99	0.98	260
新疆	**Xinjiang**	**81.07**	**36.66**		
乌鲁木齐	Urumqi	17.17	35.68	36.56	178
克拉玛依	Karamay	0.77	0.99	0.61	266

11-8 规模以上工业企业资产总计

Total Assets of Industrial Enterprises above Designated Size

单位：亿元 （100 million yuan）

地名	City	2010	2016	2017	2017 排名 Ranking
全国	**Nation Total**	**592881.9**	**1085865.9**	**1121909.6**	
北京	**Beijing**	**22750.58**	**43093.68**	**45985.76**	
天津	**Tianjin**	**14584.31**	**25075.09**	**20739.07**	
河北	**Hebei**	**24943.75**	**44562.88**	**45213.57**	
石家庄	Shijiazhuang	2767.54	6258.12	7551.06	26
唐山	Tangshan	7283.48	10837.68	10369.87	12
秦皇岛	Qinhuangdao	1271.73	1737.92	1707.93	139
邯郸	Handan	3447.65	5148.86	5289.52	41
邢台	Xingtai	1433.48	2615.20	2719.75	85
保定	Baoding	2396.16	4096.92	4060.84	56
张家口	Zhangjiakou	1338.07	2245.74	2382.93	102
承德	Chengde	1243.17	2208.66	2015.28	119
沧州	Cangzhou	1735.43	4974.96	4927.09	46
廊坊	Langfang	1433.73	2930.79	2667.17	87
衡水	Hengshui	593.32	1508.03	1522.12	150
山西	**Shanxi**	**18505.94**	**33621.95**	**35714.23**	
太原	Taiyuan	3005.65	4887.85	5409.62	40
大同	Datong	1549.95	2664.08	3159.71	74
阳泉	Yangquan	1034.19	2546.62	1945.72	125
长治	Changzhi	2198.57	3290.57	3735.28	61
晋城	Jincheng	1632.80	3315.64	3658.78	63
朔州	Shuozhou	1050.42	2290.11	2459.43	99
晋中	Jinzhong	1510.32	2885.98	2979.02	77
运城	Yuncheng	1457.64	2210.34	2325.47	108
忻州	Xinzhou	792.83	1606.06	1777.76	133
临汾	Linfen	1471.15	2690.13	2967.75	78
吕梁	Lvliang	2308.51	4394.69	4414.84	52
内蒙古	**Inner Mongolia**	**14691.38**	**30900.83**	**30608.01**	
呼和浩特	Hohhot	1315.64	2684.79		
包头	Baotou	2870.79	5491.37		
乌海	Wuhai	707.68	1393.36		
赤峰	Chifeng	996.87	2044.36		
通辽	Tongliao	952.52	2084.37		
鄂尔多斯	Erdos	3944.31	8837.91		
呼伦贝尔	Hulunbuir	897.76	1842.74		
巴彦淖尔	Bayannur	788.72	1221.80		
乌兰察布	Ulanqab	713.25	1411.37		
辽宁	**Liaoning**	**29076.78**	**36106.92**	**36324.65**	
沈阳	Shenyang	2389.58		8274.91	22
大连	Dalian	2542.71		8523.03	21
鞍山	Anshan	975.58		3875.18	58
抚顺	Fushun	509.31		1199.86	171
本溪	Benxi	929.97		1894.73	128
丹东	Dandong	186.69		800.50	205
锦州	Jinzhou	364.20		979.19	184
营口	Yingkou	720.60		2420.81	101
阜新	Fuxin	285.29		673.28	219
辽阳	Liaoyang	404.92		1905.36	127
盘锦	Panjin	937.72		2171.93	111
铁岭	Tieling	686.55		926.76	191
朝阳	Chaoyang	280.34		845.93	201
葫芦岛	Huludao	376.56		902.76	194
吉林	**Jilin**	**10196.15**	**18969.47**	**19288.77**	
长春	Changchun	4429.59	8547.21	9422.77	16
吉林	Jilin	1729.03	2743.57	2591.27	94
四平	Siping	638.06	978.83	826.27	202
辽源	Liaoyuan	377.72	893.22	975.53	186
通化	Tonghua	724.68	1492.42	1280.08	165
白山	Baishan	391.97	703.33	703.87	216
松原	Songyuan	1100.49	1683.63	1509.46	151
白城	Baicheng	304.06	668.54	753.32	212
黑龙江	**Heilongjiang**	**10471.17**	**14951.92**	**14540.71**	
哈尔滨	Harbin	2642.98	4344.75	3831.95	59
齐齐哈尔	Qiqihar	894.49	1424.56	1277.32	166
鸡西	Jixi	352.30	474.23	531.55	230
鹤岗	Hegang	210.91	328.85	344.90	242
双鸭山	Shuangyashan	364.29	521.13	548.60	229
大庆	Daqing	3463.89	4430.65	4514.07	51
伊春	Yichun	218.31	322.37	337.33	244
佳木斯	Jiamusi	316.27	480.03	478.39	235
七台河	Qitaihe	428.02	429.97	503.10	233
牡丹江	Mudanjiang	421.27	677.70	420.77	239
黑河	Heihe	114.37	222.72	261.26	246
绥化	Suihua	276.89	698.25	508.13	232
上海	**Shanghai**	**27555.88**	**39838.24**	**42355.44**	
江苏	**Jiangsu**	**66134.06**	**114536.32**	**116706.58**	

11-8 规模以上工业企业资产总计 续表 1

Total Assets of Industrial Enterprises above Designated Size continued 1

单位：亿元 （100 million yuan）

地名	City	2010	2016	2017	2017 排名 Ranking
南京	Nanjing	6960.77	11448.85	11603.75	11
无锡	Wuxi	10917.48	15095.63	16002.28	4
徐州	Xuzhou	3038.84	6952.73	6812.38	28
常州	Changzhou	5259.12	8942.07	8988.12	19
苏州	Suzhou	19351.14	28356.50	30203.70	2
南通	Nantong	4425.78	8801.91	9144.90	17
连云港	Lianyungang	1584.43	3650.60	3470.65	68
淮安	Huaian	1223.78	3071.44	2876.94	81
盐城	Yancheng	2174.20	5261.84	5431.98	38
扬州	Yangzhou	2925.62	4678.72	4993.90	44
镇江	Zhenjiang	3247.13	5858.18	5419.87	39
泰州	Taizhou	2931.37	6653.84	6613.17	30
宿迁	Suqian	707.62	3346.13	2599.90	90
浙江	**Zhejiang**	**47282.79**	**69468.91**	**71263.09**	
杭州	Hangzhou	9937.41	14467.36		
宁波	Ningbo	9426.71	13548.25		
温州	Wenzhou	4446.24	4748.66		
嘉兴	Jiaxing	5065.09			
湖州	Huzhou	2059.87			
绍兴	Shaoxing	6328.56			
金华	Jinhua	3383.00			
衢州	Quzhou	968.17			
舟山	Zhoushan	1232.28			
台州	Taizhou	3259.22			
丽水	Lishui	957.11			
安徽	**Anhui**	**15930.28**	**33563.37**	**35039.74**	
合肥	Hefei	3272.22	7664.99	8192.84	23
芜湖	Wuhu	1887.49	5022.20	5236.50	42
蚌埠	Bengbu	589.48	1520.25	1597.57	146
淮南	Huainan	1589.26	2463.41	2546.53	97
马鞍山	Maanshan	1390.72	2481.64	2706.42	86
淮北	Huaibei	1296.62	2359.39	2071.29	116
铜陵	Tongling	1038.74	1889.89	2042.18	118
安庆	Anqing	761.33	1811.00	1766.53	134
黄山	Huangshan	179.74	293.39	397.15	241
滁州	Chuzhou	687.95	1954.20	2124.72	113
阜阳	Fuyang	502.28	1243.65	1328.94	161
宿州	Suzhou	382.86	842.51	879.70	199
六安	Liuan	550.70	1134.12	1174.87	173
亳州	Bozhou	242.16	822.07	891.98	197
池州	Chizhou	242.48	598.91	612.41	225
宣城	Xuancheng	606.56	1361.74	1471.03	155
福建	**Fujian**	**16058.70**	**32081.30**	**34591.63**	
福州	Fuzhou	3121.07	6319.91		
厦门	Xiamen	3055.25	5573.63		
莆田	Putian	744.79	1505.76		
三明	Sanming	842.11	1471.03		
泉州	Quanzhou	4021.34	8120.66		
漳州	Zhangzhou	1371.38	3512.76		
南平	Nanping	607.25	1108.06		
龙岩	Longyan	1102.38			
宁德	Ningde	633.28			
江西	**Jiangxi**	**8424.86**	**21811.92**	**21557.67**	
南昌	Nanchang	1872.02	5182.14	5785.25	36
景德镇	Jingdezhen	485.37	966.15	985.73	181
萍乡	Pingxiang	396.52	1085.22	816.84	203
九江	Jiujiang	950.50	2458.17	2594.87	93
新余	Xinyu	1041.66	1462.92	1474.21	154
鹰潭	Yingtan	841.27	1886.35	2006.75	121
赣州	Ganzhou	657.48	1745.98	2083.92	115
吉安	Jian	520.58	1549.84	1635.21	144
宜春	Yichun	680.23	2293.58	2587.73	95
抚州	Fuzhou	268.00	1030.35	929.18	190
上饶	Shangrao	711.22	1771.87	2009.62	120
山东	**Shandong**	**53761.28**	**105046.32**	**107932.86**	
济南	Jinan	3831.82	9016.99	10352.02	13
青岛	Qingdao	6491.53	12453.77	12591.92	8
淄博	Zibo	4147.82	6731.86	6539.27	31
枣庄	Zaozhuang	1430.86	2296.39	2363.22	104
东营	Dongying	4069.77	10019.02	9851.32	14
烟台	Yantai	5361.38	9310.14	9587.84	15
潍坊	Weifang	4649.11	9381.22	8749.32	20
济宁	Jining	3835.36	7468.96	8053.62	25
泰安	Taian	2379.95	4428.64	3937.15	57
威海	Weihai	2595.09	4951.90	5063.57	43
日照	Rizhao	1638.70	2969.59	3621.23	64
莱芜	Laiwu	1273.51	1268.70	1332.52	160
临沂	Linyi	2381.40	5621.01	5913.98	34
德州	Dezhou	2289.13	4372.40	4561.44	49
聊城	Liaocheng	2454.12	4810.69	4927.18	45

11-8 规模以上工业企业资产总计 续表 2

Total Assets of Industrial Enterprises above Designated Size continued 2

单位：亿元 （100 million yuan）

地名	City	2010	2016	2017	2017 排名 Ranking	地名	City	2010	2016	2017	2017 排名 Ranking
滨州	Binzhou	2455.91	6425.54	6658.47	29	常德	Changde	963.70	1792.29	1892.66	129
菏泽	Heze	1173.46	3519.50	3828.78	60	张家界	Zhangjiajie	151.27	135.92	135.14	250
河南	**Henan**	**23467.42**	**60454.73**	**60984.13**		益阳	Yiyang	492.32	1031.05	1080.81	174
郑州	Zhengzhou	3898.77	13101.62	13556.64	6	郴州	Chenzhou	984.71	1655.29	1794.78	132
开封	Kaifeng	752.41	2295.09	2382.91	103	永州	Yongzhou	363.29	706.78	792.94	206
洛阳	Luoyang	3286.18	6594.07	6920.75	27	怀化	Huaihua	509.77	762.68	760.15	210
平顶山	Pingdingshan	1879.13	3141.88	3192.16	73	娄底	Loudi	926.00	1244.48	1246.84	169
安阳	Anyang	1297.36	2608.70	2442.98	100	**广东**	**Guangdong**	**62626.90**	**105604.17**	**115201.19**	
鹤壁	Hebi	531.79	1612.60	1502.34	152	广州	Guangzhou	11265.51	16415.13	17608.45	3
新乡	Xinxiang	1409.29	2911.81	2961.27	79	韶关	Shaoguan	844.34	1371.02	1358.96	158
焦作	Jiaozuo	1354.37	3364.84	3581.84	65	深圳	Shenzhen	18132.47	28625.32	33174.65	1
濮阳	Puyang	816.85	1902,47	1755.32	135	珠海	Zhuhai	2695.19	5859.21	6305.58	33
许昌	Xuchang	1284.71	4394.63	4295.75	54	汕头	Shantou	1276.81	2531.35	2723.85	84
漯河	Luohe	721.60	1629.08	1665.17	142	佛山	Foshan	7357.25	12321.96	12676.83	7
三门峡	Sanmenxia	1358.61	2729.02	2619.21	89	江门	Jiangmen	2243.15	3156.52	3305.87	70
南阳	Nanyang	1328.51	4044.78	3540.06	67	湛江	Zhanjiang	997.54	2585.58	2598.04	91
商丘	Shangqiu	865.00	2138.06	2343.26	106	茂名	Maoming	507.30	1198.67	1299.17	164
信阳	Xinyang	523.40	1612.92	1588.45	147	肇庆	Zhaoqing	1024.95	2083.01	1847.62	131
周口	Zhoukou	711.01	2899.71	3045.39	76	惠州	Huizhou	2816.43	5215.32	5865.22	35
驻马店	Zhumadian	706.64	2230.47	2242.97	110	梅州	Meizhou	479.04	801.74	853.63	200
湖北	**Hubei**	**20894.32**	**37942.33**	**38585.32**		汕尾	Shanwei	311.01	708.35	656.18	220
武汉	Wuhan	7494.72	13733.09	14706.20	5	河源	Heyuan	535.07	1013.11	981.17	182
黄石	Huangshi	1059.88	1955.97	2112.98	114	阳江	Yangjiang	449.66	1823.67	1882.14	130
十堰	Shiyan	2396.43	3141.46	3388.61	69	清远	Qingyuan	1151.34	1518.75	1578.37	148
宜昌	Yichang	3398.86	5370.95	4521.34	50	东莞	Dongguan	6001.71	10676.05	12586.92	9
襄阳	Xiangyang	1333.97	3375.24	3260.97	72	中山	Zhongshan	2779.32	4221.02	4370.73	53
鄂州	Ezhou	422.68	698.43	691.27	217	潮州	Chaozhou	487.57	737.77	769.53	209
荆门	Jingmen	622.23	1620.65	1719.42	137	揭阳	Jieyang	897.20	1998.95	2127.81	112
孝感	Xiaogan	675.66	1519.21	1481.18	153	云浮	Yunfu	374.02	741.67	630.46	223
荆州	Jingzhou	639.35	1597.22	1687.64	140	**广西**	**Guangxi**	**8667.45**	**16023.46**	**17531.99**	
黄冈	Huanggang	512.30	1128.45	1246.99	168	南宁	Nanning	971.23	2283.71	2628.93	88
咸宁	Xianning	342.25	934.85	980.16	183	柳州	Liuzhou	1890.20	3277.35	3279.05	71
随州	Suizhou	251.12	710.03	708.80	215	桂林	Guilin	695.66	1382.19	1302.63	163
湖南	**Hunan**	**13038.95**	**25518.07**	**27766.56**		梧州	Wuzhou	409.71	862.22	961.61	188
长沙	Changsha	3493.59	7923.07	9006.16	18	北海	Beihai	291.86	905.56	1021.37	177
株洲	Zhuzhou	1254.38	3208.00	3673.33	62	防城港	Fangchenggang	391.69	877.65	1356.31	159
湘潭	Xiangtan	1149.99	1794.30	1981.31	123	钦州	Qinzhou	485.23	976.72	1019.29	178
衡阳	Hengyang	761.53	1619.82	1711.10	138	贵港	Guigang	426.19	787.02	908.42	193
邵阳	Shaoyang	350.72	808.43	899.55	195	玉林	Yulin	469.06	828.02	884.98	198
岳阳	Yueyang	1224.93	1974.44	1927.26	126	百色	Baise	823.56	1398.80	1545.06	149

11-8 规模以上工业企业资产总计 续表 3

Total Assets of Industrial Enterprises above Designated Size continued 3

单位：亿元 （100 million yuan）

地名	City	2010	2016	2017	2017 排名 Ranking	地名	City	2010	2016	2017	2017 排名 Ranking
贺州	Hezhou	139.14	444.51	500.69	234	丽江	Lijiang	102.86	754.20	814.75	204
河池	Hechi	702.66	751.81	780.38	207	普洱	Puer	306.49	1176.40	1196.83	172
来宾	Laibin	433.75	577.49	593.25	226	临沧	Lincang	398.67	713.47	713.57	214
崇左	Chongzuo	291.00	539.09	591.32	228	**西藏**	**Tibet**	**315.21**	**1110.65**	**1393.75**	
海南	**Hainan**	**1621.38**	**2764.18**	**2858.40**		拉萨	Lasa	240.99	748.30	1042.88	175
海口	Haikou	451.70	728.63	771.53	208	**陕西**	**Shaanxi**	**14688.70**	**30828.91**	**32602.70**	
三亚	Sanya	57.06	141.77	136.91	249	西安	Xi'an	3459.92	6044.50	6526.46	32
三沙	Sansha					铜川	Tongchuan	334.65	498.67	475.12	236
重庆	**Chongqing**	**8099.01**	**20214.63**	**19760.50**		宝鸡	Baoji	1310.49	2399.63	2549.48	96
四川	**Sichuan**	**22564.76**	**41514.58**	**43253.61**		咸阳	Xianyang	1214.22	2822.42	2347.52	105
成都	Chengdu	5531.83	11382.46	12110.16	10	渭南	Weinan	1466.22	2341.28	2595.59	92
自贡	Zigong	675.84	1051.47	975.54	185	延安	Yan'an	2180.00	3872.82	4125.01	55
攀枝花	Panzhihua	1773.22	2200.59	2331.22	107	汉中	Hanzhong	522.15	859.32	968.35	187
泸州	Luzhou	589.12	1130.09	1222.20	170	榆林	Yulin	3058.12	7296.86	8124.66	24
德阳	Deyang	2222.87	2534.85	2527.93	98	安康	Ankang	207.02	579.14	652.61	221
绵阳	Mianyang	1335.78	2540.05	2738.11	83	商洛	Shangluo	210.07	549.61	628.06	224
广元	Guangyuan	263.17	696.75	752.25	213	**甘肃**	**Gansu**	**6509.32**	**12263.36**	**12312.42**	
遂宁	Suining	300.06	821.21	936.07	189	兰州	Lanzhou	1857.15	3017.90	2909.43	80
内江	Neijiang	570.38	889.86	754.99	211	嘉峪关	Jiayuguan	875.03	1625.06	1686.40	141
乐山	Leshan	1277.76	1999.56	2003.05	122	金昌	Jinchang	788.17	1618.98	1643.36	143
南充	Nanchong	815.41	1502.81	1392.33	156	白银	Baiyin	567.14	1104.54	1005.48	179
眉山	Meishan	504.43	908.61	896.13	196	天水	Tianshui	224.94	407.05	468.20	237
宜宾	Yibin	1253.48	2531.87	2797.60	82	武威	Wuwei	162.56	590.32	593.14	227
广安	Guangan	299.75	669.21	678.88	218	张掖	Zhangye	190.50	385.45	404.82	240
达州	Dazhou	765.39	1031.77	1038.74	176	平凉	Pingliang	323.64	371.22	344.81	243
雅安	Yaan	771.62	1207.52	1264.89	167	酒泉	Jiuquan	728.35	1321.82	1305.97	162
巴中	Bazhong	63.78	219.96	239.51	247	庆阳	Qingyang	403.98	841.66	923.69	192
资阳	Ziyang	466.08	501.57	511.65	231	定西	Dingxi	93.47	262.63	278.37	245
贵州	**Guizhou**	**5960.13**	**14319.98**	**15228.11**		陇南	Longnan	143.70	409.87	421.59	238
贵阳	Guiyang	2335.38				**青海**	**Qinghai**	**3053.61**	**6143.77**	**6466.92**	
六盘水	Liupanshui	1023.23	2355.92			西宁	Xining	1770.79	3033.34	3079.05	75
遵义	Zunyi	864.30	2921.14			海东	Haidong			4580.32	48
安顺	Anshun	316.61				**宁夏**	**Ningxia**	**3293.16**	**8521.18**	**9495.50**	
毕节	Bijie	483.49				银川	Yinchuan	1266.53	3413.14	3575.25	66
铜仁	Tongren	115.77				石嘴山	Shizuishan	551.41	949.93	985.77	180
云南	**Yunnan**	**9611.09**	**19474.18**	**20241.46**		吴忠	Wuzhong	466.36	1198.71	1388.16	157
昆明	Kunming	2834.64	5237.01	5478.35	37	固原	Guyuan	33.61	145.18	169.67	248
曲靖	Qujing	1415.36	2222.66	2261.96	109	中卫	Zhongwei	338.16	1402.22	1956.05	124
玉溪	Yuxi	949.96	1727.40	1745.07	136	**新疆**	**Xinjiang**	**7911.97**	**19538.65**	**20365.22**	
保山	Baoshan	238.29	620.39	650.32	222	乌鲁木齐	Urumqi	2245.68	4604.17	4588.42	47
昭通	Zhaotong	400.00	1656.91	1608.71	145	克拉玛依	Karamay	1571.22	1967.00	2061.51	117

11-9 规模以上工业企业负债总计

Total Liabilities of Industrial Enterprises above Designated Size

单位：亿元 （100 million yuan）

地名	City	2010	2016	2017	2017 排名 Ranking	地名	City	2010	2016	2017	2017 排名 Ranking
全国	**Nation Total**	**340396.4**	**606641.5**	**628016.3**		沈阳	Shenyang	3247.23			
北京	**Beijing**	**11548.07**	**19798.13**	**20671.02**		大连	Dalian	4685.99			
天津	**Tianjin**	**8825.23**	**15385.02**	**12363.58**		鞍山	Anshan	1335.22			
河北	**Hebei**	**15136.72**	**24449.56**	**26107.85**		抚顺	Fushun	531.68			
石家庄	Shijiazhuang	1496.73	2678.67			本溪	Benxi	1227.99			
唐山	Tangshan	4707.05	6736.59			丹东	Dandong	308.76			
秦皇岛	Qinhuangdao	886.51	1144.65			锦州	Jinzhou	390.35			
邯郸	Handan	2092.96	3124.07			营口	Yingkou	783.67			
邢台	Xingtai	758.11	1337.67			阜新	Fuxin	359.49			
保定	Baoding	1450.07	2288.19			辽阳	Liaoyang	547.11			
张家口	Zhangjiakou	855.01	1600.38			盘锦	Panjin	881.47			
承德	Chengde	880.96	1575.20			铁岭	Tieling	461.28			
沧州	Cangzhou	840.64	1758.94			朝阳	Chaoyang	375.07			
廊坊	Langfang	861.57	1646.74			葫芦岛	Huludao	713.98			
衡水	Hengshui	307.09	694.34			**吉林**	**Jilin**	**5474.03**	**9932.67**	**10786.47**	
山西	**Shanxi**	**12142.27**	**25579.36**	**26483.39**		长春	Changchun	2483.70	4498.39	5342.91	13
太原	Taiyuan	1955.69	3660.38	3996.33	24	吉林	Jilin	925.83	1653.56	1693.79	68
大同	Datong	1047.90	2166.21	2395.03	50	四平	Siping	319.53	467.55	495.59	170
阳泉	Yangquan	605.64	2047.91	1391.71	84	辽源	Liaoyuan	228.63	515.47	524.07	165
长治	Changzhi	1537.88	2349.47	2625.28	41	通化	Tonghua	405.31	702.69	700.99	141
晋城	Jincheng	934.67	2273.70	2489.14	46	白山	Baishan	213.63	465.65	443.80	180
朔州	Shuozhou	569.59	1626.74	1709.61	67	松原	Songyuan	496.38	662.58	636.24	149
晋中	Jinzhong	1098.00	2442.49	2494.98	45	白城	Baicheng	164.65	371.88	411.94	185
运城	Yuncheng	965.52	1525.93	1634.94	73	**黑龙江**	**Heilongjiang**	**5776.59**	**8399.97**	**8541.90**	
忻州	Xinzhou	507.62	1199.50	1305.46	91	哈尔滨	Harbin	1728.49	2671.35	2438.09	48
临汾	Linfen	991.59	2192.76	2383.82	51	齐齐哈尔	Qiqihar	497.72	855.75	812.05	129
吕梁	Lvliang	1542.08	3532.81	3462.27	27	鸡西	Jixi	286.44	358.90	387.86	190
内蒙古	**Inner Mongolia**	**8090.91**	**19445.75**	**20000.87**		鹤岗	Hegang	185.13	279.53	300.84	209
呼和浩特	Hohhot	896.36	1711.35			双鸭山	Shuangyashan	266.52	370.94	403.03	186
包头	Baotou	1775.28	3561.90			大庆	Daqing	1120.84	1619.72	1760.41	63
乌海	Wuhai	498.36	1072.08			伊春	Yichun	156.05	319.13	324.22	204
赤峰	Chifeng	528.70	1380.46			佳木斯	Jiamusi	197.97	290.52	307.34	208
通辽	Tongliao	537.08	899.85			七台河	Qitaihe	303.17	287.67	333.76	202
鄂尔多斯	Erdos	1928.59	5008.61			牡丹江	Mudanjiang	252.60	328.75	264.12	212
呼伦贝尔	Hulunbuir	571.07	1264.80			黑河	Heihe	67.90	150.09	183.49	220
巴彦淖尔	Bayannur	434.42	816.87			绥化	Suihua	156.51	393.02	349.53	195
乌兰察布	Ulanqab	517.00	1041.65			**上海**	**Shanghai**	**14500.46**	**19588.27**	**20600.05**	
辽宁	**Liaoning**	**16232.06**	**23272.90**	**23574.10**		**江苏**	**Jiangsu**	**37878.51**	**59466.56**	**61086.66**	

11-9 规模以上工业企业负债总计 续表 1

Total Liabilities of Industrial Enterprises above Designated Size continued 1

单位：亿元 （100 million yuan）

地名	City	2010	2016	2017	2017 排名 Ranking
南京	Nanjing	4027.15	6166.10	6285.94	12
无锡	Wuxi	6357.83	8085.84	8415.78	5
徐州	Xuzhou	1578.52	3159.11	3180.11	32
常州	Changzhou	3149.52	4945.73	5026.93	16
苏州	Suzhou	11143.67	14838.02	15875.99	2
南通	Nantong	2486.32	4423.65	4506.74	21
连云港	Lianyungang	911.75	1856.14	1845.53	59
淮安	Huaian	680.06	1370.93	1328.34	89
盐城	Yancheng	1175.63	2768.18	3019.33	35
扬州	Yangzhou	1534.20	2430.70	2636.26	40
镇江	Zhenjiang	1808.72	3171.09	2937.75	38
泰州	Taizhou	1788.97	3405.33	3392.60	29
宿迁	Suqian	344.48	1337.44	1103.00	104
浙江	**Zhejiang**	**28681.36**	**38304.18**	**39123.28**	
杭州	Hangzhou	5797.97	7854.33		
宁波	Ningbo	5813.21	7634.49		
温州	Wenzhou	2698.77			
嘉兴	Jiaxing	3035.23			
湖州	Huzhou	1207.49			
绍兴	Shaoxing	3816.83			
金华	Jinhua	2191.41			
衢州	Quzhou	582.51			
舟山	Zhoushan	913.54			
台州	Taizhou	2011.67			
丽水	Lishui	592.90			
安徽	**Anhui**	**9565.86**	**19039.87**	**19732.32**	
合肥	Hefei	1993.17	4363.50	4538.40	20
芜湖	Wuhu	1165.07	2855.97	3042.78	34
蚌埠	Bengbu	309.69	815.95	905.96	119
淮南	Huainan	1091.81	1707.81	1750.37	64
马鞍山	Maanshan	781.23	1370.45	1446.52	80
淮北	Huaibei	806.07	1506.38	1209.17	96
铜陵	Tongling	733.62	1262.14	1395.16	83
安庆	Anqing	358.98	849.49	780.93	132
黄山	Huangshan	99.10	191.40	201.73	219
滁州	Chuzhou	366.96	1041.09	1145.83	100
阜阳	Fuyang	306.40	644.17	691.13	142
宿州	Suzhou	233.18	420.21	448.62	179
六安	Liuan	310.00	630.75	661.96	144
亳州	Bozhou	142.20	420.94	458.69	174
池州	Chizhou	147.21	299.25	319.79	205
宣城	Xuancheng	354.56	660.36	735.87	134
福建	**Fujian**	**8469.33**	**16779.94**	**17972.05**	
福州	Fuzhou	1730.79	3574.92		
厦门	Xiamen	1625.44	2837.31		
莆田	Putian	412.30	772.05		
三明	Sanming	482.66	758.02		
泉州	Quanzhou	1902.82	3764.33		
漳州	Zhangzhou	739.13	1841.04		
南平	Nanping	295.18	538.44		
龙岩	Longyan	477.76			
宁德	Ningde	409.26			
江西	**Jiangxi**	**4700.44**	**10549.25**	**10997.98**	
南昌	Nanchang	1116.08	2664.95	3144.91	33
景德镇	Jingdezhen	284.71	499.79	472.61	172
萍乡	Pingxiang	175.77	416.32	340.35	199
九江	Jiujiang	606.37	1097.75	1108.83	102
新余	Xinyu	664.83	883.58	874.20	126
鹰潭	Yingtan	366.80	826.30	965.10	112
赣州	Ganzhou	373.57	886.17	1075.45	107
吉安	Jian	189.71	610.32	653.44	145
宜春	Yichun	391.35	1107.13	1290.79	92
抚州	Fuzhou	126.94	458.63	453.48	176
上饶	Shangrao	404.30	915.14	1092.99	105
山东	**Shandong**	**28969.89**	**56837.87**	**59890.80**	
济南	Jinan	2392.65	5318.91	6344.94	11
青岛	Qingdao	3552.54	7140.94	7577.12	8
淄博	Zibo	2214.15	3377.68	3326.13	30
枣庄	Zaozhuang	745.03	1237.70	1314.38	90
东营	Dongying	1548.00	4978.05	5207.27	14
烟台	Yantai	2625.18	4636.63	4906.51	17
潍坊	Weifang	2648.57	5341.41	5052.59	15
济宁	Jining	2204.58	4620.05	4800.97	18
泰安	Taian	1446.89	2675.24	2343.07	52
威海	Weihai	1360.63	2093.68	2214.37	54
日照	Rizhao	982.74	2082.12	2499.11	44
莱芜	Laiwu	855.30	860.51	964.42	113
临沂	Linyi	1273.39	2697.02	2906.07	39
德州	Dezhou	1000.83	1543.54	1660.28	71
聊城	Liaocheng	1186.76	2285.76	2613.27	42

11-9 规模以上工业企业负债总计 续表 2

Total Liabilities of Industrial Enterprises above Designated Size continued 2

单位：亿元 （100 million yuan）

地名	City	2010	2016	2017	2017 排名 Ranking	地名	City	2010	2016	2017	2017 排名 Ranking
滨州	Binzhou	1462.76	4301.36	4383.88	22	常德	Changde	476.92	851.40	897.03	120
菏泽	Heze	566.59	1647.27	1776.41	62	张家界	Zhangjiajie	84.26	71.89	68.30	225
河南	**Henan**	**12960.96**	**28805.88**	**29397.46**		益阳	Yiyang	320.78	522.11	525.65	164
郑州	Zhengzhou	2134.90	7623.11	7949.29	6	郴州	Chenzhou	405.38	790.79	875.57	125
开封	Kaifeng	282.66	662.42	715.99	139	永州	Yongzhou	182.03	312.61	341.63	197
洛阳	Luoyang	1909.51	3758.03	3734.44	26	怀化	Huaihua	331.65	395.33	434.52	183
平顶山	Pingdingshan	1117.81	1731.31	1820.32	60	娄底	Loudi	670.95	758.11	687.07	143
安阳	Anyang	822.74	1439.69	1369.71	85	**广东**	**Guangdong**	**35073.74**	**59318.72**	**64660.73**	
鹤壁	Hebi	380.20	791.68	728.69	136	广州	Guangzhou	6332.04	8453.48	8930.97	4
新乡	Xinxiang	738.76	1488.57	1605.06	75	韶关	Shaoguan	562.01	850.97	877.38	124
焦作	Jiaozuo	764.73	1315.47	1424.67	81	深圳	Shenzhen	9439.26	16779.42	19641.96	1
濮阳	Puyang	391.76	648.31	634.02	150	珠海	Zhuhai	1648.11	3651.56	3993.04	25
许昌	Xuchang	592.46	1659.22	1652.54	72	汕头	Shantou	460.86	1024.46	1106.08	103
漯河	Luohe	331.55	555.51	619.86	152	佛山	Foshan	4480.16	6773.87	6759.07	9
三门峡	Sanmenxia	842.83	1532.24	1589.23	76	江门	Jiangmen	1214.28	1701.27	1739.19	65
南阳	Nanyang	768.86	1861.89	1680.96	69	湛江	Zhanjiang	663.98	1931.22	1862.69	58
商丘	Shangqiu	508.85	995.71	1011.65	109	茂名	Maoming	249.27	505.28	522.24	166
信阳	Xinyang	277.33	623.54	616.94	154	肇庆	Zhaoqing	499.30	942.64	896.97	121
周口	Zhoukou	315.96	789.71	830.41	128	惠州	Huizhou	1771.83	2993.96	3236.07	31
驻马店	Zhumadian	354.34	659.53	636.70	148	梅州	Meizhou	251.80	408.57	396.22	189
湖北	**Hubei**	**12259.18**	**20355.90**	**20707.95**		汕尾	Shanwei	162.86	363.59	336.19	200
武汉	Wuhan	4716.24	8569.32	8957.22	3	河源	Heyuan	290.59	545.99	541.57	162
黄石	Huangshi	683.30	1154.53	1204.99	98	阳江	Yangjiang	293.66	1212.42	1232.71	95
十堰	Shiyan	1314.92	1383.12	1410.64	82	清远	Qingyuan	713.70	918.10	917.27	118
宜昌	Yichang	2094.02	2747.48	2444.85	47	东莞	Dongguan	3525.30	6435.49	7628.67	7
襄阳	Xiangyang	790.78	1721.41	1669.24	70	中山	Zhongshan	1630.56	2441.18	2547.08	43
鄂州	Ezhou	264.19	402.86	396.49	188	潮州	Chaozhou	260.59	238.62	263.70	213
荆门	Jingmen	321.76	660.74	733.26	135	揭阳	Jieyang	413.72	773.24	896.51	122
孝感	Xiaogan	319.31	741.34	744.92	133	云浮	Yunfu	209.87	373.41	335.16	201
荆州	Jingzhou	367.47	719.99	802.37	131	**广西**	**Guangxi**	**5413.29**	**9825.40**	**10818.68**	
黄冈	Huanggang	249.54	551.34	633.01	151	南宁	Nanning	536.52	1310.88	1578.69	77
咸宁	Xianning	161.89	389.45	435.94	182	柳州	Liuzhou	1166.78	2299.53	2208.73	55
随州	Suizhou	128.66	301.70	299.25	210	桂林	Guilin	410.43	707.68	718.85	138
湖南	**Hunan**	**7504.26**	**13343.81**	**13730.04**		梧州	Wuzhou	223.03	417.36	457.32	175
长沙	Changsha	1848.35	4422.40	4647.55	19	北海	Beihai	196.32		614.73	155
株洲	Zhuzhou	733.44	1448.76	1346.87	87	防城港	Fangchenggang	264.59	600.19	961.57	114
湘潭	Xiangtan	779.90	1115.81	1191.65	99	钦州	Qinzhou	304.42	557.17	567.33	158
衡阳	Hengyang	500.49	996.38	1001.06	110	贵港	Guigang	235.92	403.28	472.51	173
邵阳	Shaoyang	163.14	313.33	345.66	196	玉林	Yulin	273.99	455.72	496.02	169
岳阳	Yueyang	716.93	799.33	806.99	130	百色	Baise	574.65	999.39	1071.15	108

11-9 规模以上工业企业负债总计 续表 3
Total Liabilities of Industrial Enterprises above Designated Size continued 3

单位：亿元 (100 million yuan)

地名	City	2010	2016	2017	2017 排名 Ranking
贺州	Hezhou	73.80	256.72	312.22	207
河池	Hechi	534.81	568.77	565.77	159
来宾	Laibin	331.27	466.18	489.10	171
崇左	Chongzuo	175.92	327.07	331.65	203
海南	**Hainan**	**861.92**	**1538.21**	**1567.59**	
海口	Haikou	209.50	348.21	372.37	192
三亚	Sanya	37.53	83.72	80.88	224
三沙	Sansha				
重庆	**Chongqing**	**4879.66**	**12374.58**	**11622.75**	
四川	**Sichuan**	**13889.83**	**24234.79**	**25120.16**	
成都	Chengdu	3163.54	6136.92	6632.52	10
自贡	Zigong	448.94	626.42	551.27	161
攀枝花	Panzhihua	1339.52	1687.63	1632.05	74
泸州	Luzhou	314.71	589.97	619.04	153
德阳	Deyang	1571.45	1568.63	1537.17	78
绵阳	Mianyang	885.04	1571.37	1725.38	66
广元	Guangyuan	163.11	408.90	452.44	178
遂宁	Suining	97.57	309.87	351.06	194
内江	Neijiang	294.10	510.53	538.15	163
乐山	Leshan	800.51	1204.49	1206.45	97
南充	Nanchong	407.07	622.05	556.67	160
眉山	Meishan	313.82	483.29	453.09	177
宜宾	Yibin	652.22	1233.15	1338.80	88
广安	Guangan	186.54	363.85	365.29	193
达州	Dazhou	621.59	606.78	606.83	157
雅安	Yaan	539.61	863.44	890.32	123
巴中	Bazhong	40.28	111.20	119.98	222
资阳	Ziyang	228.97	267.65	296.42	211
贵州	**Guizhou**	**3865.34**	**9074.84**	**9502.08**	
贵阳	Guiyang	1649.92			
六盘水	Liupanshui	653.08	1840.64		
遵义	Zunyi	387.00	1298.73		
安顺	Anshun	204.61			
毕节	Bijie	356.33			
铜仁	Tongren	78.29			
云南	**Yunnan**	**5735.24**	**12431.16**	**12555.54**	
昆明	Kunming	1676.88	2942.17	3002.12	36
曲靖	Qujing	890.06	1535.07	1461.89	79
玉溪	Yuxi	347.60	736.34	713.78	140
保山	Baoshan	157.51	421.19	422.12	184
昭通	Zhaotong	230.65	1196.66	1089.32	106
丽江	Lijiang	65.91	590.73	652.08	146
普洱	Puer	234.27	929.37	918.81	117
临沧	Lincang	283.72	528.65	518.85	167
西藏	**Tibet**	**58.38**	**550.52**	**777.54**	
拉萨	Lasa	42.36		516.77	168
陕西	**Shaanxi**	**8348.75**	**17380.70**	**17745.74**	
西安	Xi'an	1989.79	3318.76	3410.30	28
铜川	Tongchuan	216.45	313.09	315.99	206
宝鸡	Baoji	754.54	1260.77	1289.76	93
咸阳	Xianyang	679.21	1317.71	999.74	111
渭南	Weinan	905.67	1681.25	1800.25	61
延安	Yan'an	1250.53	2246.64	2427.94	49
汉中	Hanzhong	354.16	585.98	614.14	156
榆林	Yulin	1562.92	4136.43	4323.28	23
安康	Ankang	133.56	233.26	249.66	215
商洛	Shangluo	131.47	315.32	340.48	198
甘肃	**Gansu**	**4065.50**	**8076.14**	**8040.06**	
兰州	Lanzhou	1186.60	2027.48	1884.89	57
嘉峪关	Jiayuguan	536.30	1209.56	1239.34	94
金昌	Jinchang	476.27	1127.00	1121.95	101
白银	Baiyin	355.56	725.20	643.38	147
天水	Tianshui	132.81	208.15	246.32	216
武威	Wuwei	100.57	385.77	398.46	187
张掖	Zhangye	124.23	235.55	260.03	214
平凉	Pingliang	230.31	249.79	243.14	217
酒泉	Jiuquan	477.96	921.02	923.78	116
庆阳	Qingyang	201.16	383.11	440.97	181
定西	Dingxi	62.45	161.17	172.19	221
陇南	Longnan	77.10	232.21	235.78	218
青海	**Qinghai**	**1946.26**	**4203.12**	**4355.08**	
西宁	Xining	1224.34	2105.35	2069.39	56
海东	Haidong			378.43	191
宁夏	**Ningxia**	**2010.12**	**5773.39**	**6530.76**	
银川	Yinchuan	692.66	2229.23	2336.49	53
石嘴山	Shizuishan	346.37	626.81	725.25	137
吴忠	Wuzhong	323.12	815.99	959.94	115
固原	Guyuan	19.98	93.96	113.55	223
中卫	Zhongwei	220.80	952.46	1365.04	86
新疆	**Xinjiang**	**3958.66**	**12525.08**	**12951.84**	
乌鲁木齐	Urumqi	999.33	2990.72	2954.34	37
克拉玛依	Karamay	620.62	820.82	864.79	127

11-10 规模以上工业企业所有者权益

Owners' Equity of Industrial Enterprises above Designated Size

单位：亿元 （100 million yuan）

地名	City	2010	2016	2017	2017 排名 Ranking
全国	**Nation Total**	**251160.35**			
北京	**Beijing**	**11202.50**			
天津	**Tianjin**	**5759.08**			
河北	**Hebei**	**9687.76**	**19977.44**	**18713.07**	
石家庄	Shijiazhuang	1259.48	3579.45	3905.06	4
唐山	Tangshan	2531.47	4101.09	3574.46	7
秦皇岛	Qinhuangdao	384.90	593.27	613.70	74
邯郸	Handan	1346.72	2024.79	1889.58	17
邢台	Xingtai	667.77	1277.53	1243.61	31
保定	Baoding	935.23	1808.73	1674.16	19
张家口	Zhangjiakou	481.36	645.36	732.06	66
承德	Chengde	357.66	633.46	512.36	87
沧州	Cangzhou	881.43	3216.02	2803.01	10
廊坊	Langfang	560.45	1284.05	1030.23	41
衡水	Hengshui	281.29	813.69	734.83	65
山西	**Shanxi**	**6330.97**	**8041.22**	**9236.72**	
太原	Taiyuan	1039.36	1224.04	1413.29	24
大同	Datong	500.92	497.87	764.23	62
阳泉	Yangquan	427.63	497.85	552.59	81
长治	Changzhi	658.86	941.11	1093.16	36
晋城	Jincheng	698.13	1041.00	1169.64	35
朔州	Shuozhou	473.98	668.83	755.16	63
晋中	Jinzhong	409.49	443.49	484.04	91
运城	Yuncheng	488.99	684.41	689.59	68
忻州	Xinzhou	284.10	406.03	472.25	97
临汾	Linfen	477.99	496.29	607.85	76
吕梁	Lvliang	763.70	861.88	948.86	49
内蒙古	**Inner Mongolia**	**5982.08**			
呼和浩特	Hohhot	408.13	973.18		
包头	Baotou	1087.19	1851.61		
乌海	Wuhai	208.68	321.28		
赤峰	Chifeng	465.70	659.50		
通辽	Tongliao	413.25	1184.28		
鄂尔多斯	Erdos	1994.63	3829.31		
呼伦贝尔	Hulunbuir	324.18	577.94		
巴彦淖尔	Bayannur	349.55	404.94		
乌兰察布	Ulanqab	188.84	369.37		
辽宁	**Liaoning**	**12082.43**	**12286.17**	**12738.40**	

地名	City	2010	2016	2017	2017 排名 Ranking
沈阳	Shenyang	2790.04	2523.40	2558.60	12
大连	Dalian	2609.91	3203.56	3270.90	8
鞍山	Anshan	1501.82	1574.90	1633.00	20
抚顺	Fushun	467.94	378.93	409.30	107
本溪	Benxi	490.42	383.70	394.40	112
丹东	Dandong	251.30	288.69	273.60	130
锦州	Jinzhou	361.73	398.89	324.60	120
营口	Yingkou	697.02	672.35	806.20	58
阜新	Fuxin	198.45	255.60	260.90	132
辽阳	Liaoyang	551.77	574.46	880.00	54
盘锦	Panjin	693.53	781.72	598.20	78
铁岭	Tieling	650.99	326.93	318.30	122
朝阳	Chaoyang	285.28	258.57	297.30	125
葫芦岛	Huludao	223.07	229.38	297.50	124
吉林	**Jilin**	**4678.85**	**9022.79**	**8426.20**	
长春	Changchun	1927.19	4043.45	4067.07	3
吉林	Jilin	797.45	1089.34	895.16	53
四平	Siping	309.79	518.45	327.11	119
辽源	Liaoyuan	148.62	377.40	447.72	99
通化	Tonghua	317.57	788.49	568.61	80
白山	Baishan	175.47	237.07	256.92	134
松原	Songyuan	602.42	1008.97	835.67	57
白城	Baicheng	35.54	295.80	338.84	118
黑龙江	**Heilongjiang**	**4668.40**			
哈尔滨	Harbin	914.05			
齐齐哈尔	Qiqihar	394.32			
鸡西	Jixi	65.32			
鹤岗	Hegang	25.58			
双鸭山	Shuangyashan	96.40			
大庆	Daqing	2338.93			
伊春	Yichun	61.62			
佳木斯	Jiamusi	117.50			
七台河	Qitaihe	124.82			
牡丹江	Mudanjiang	159.81			
黑河	Heihe	46.38			
绥化	Suihua	113.88			
上海	**Shanghai**	**19055.42**			
江苏	**Jiangsu**	**28255.55**	**54939.31**		

11-10 规模以上工业企业所有者权益 续表 1

Owners' Equity of Industrial Enterprises above Designated Size continued 1

单位：亿元 （100 million yuan）

地名	City	2010	2016	2017	2017 排名 Ranking
南京	Nanjing	2933.62	5275.07		
无锡	Wuxi	4559.65	6994.78		
徐州	Xuzhou	1460.32	3764.27		
常州	Changzhou	2109.60	3996.24		
苏州	Suzhou	8207.47	13502.06		
南通	Nantong	1939.45	4373.01		
连云港	Lianyungang	672.68	1794.11		
淮安	Huaian	543.72	1692.11		
盐城	Yancheng	998.57	2466.99		
扬州	Yangzhou	1391.42	2243.06		
镇江	Zhenjiang	1438.41	2682.40		
泰州	Taizhou	1142.40	3245.38		
宿迁	Suqian	363.14	2000.25		
浙江	**Zhejiang**	**18601.43**		**32080.14**	
杭州	Hangzhou	4139.45			
宁波	Ningbo	3613.50			
温州	Wenzhou	1747.47			
嘉兴	Jiaxing	2029.87			
湖州	Huzhou	852.39			
绍兴	Shaoxing	2511.73			
金华	Jinhua	1191.59			
衢州	Quzhou	385.66			
舟山	Zhoushan	318.74			
台州	Taizhou	1247.56			
丽水	Lishui	364.21			
安徽	**Anhui**	**6308.09**	**14403.25**	**15163.88**	
合肥	Hefei	1267.12	3282.37	3636.73	6
芜湖	Wuhu	709.90	2156.50	2179.61	15
蚌埠	Bengbu	278.34	694.08	676.07	70
淮南	Huainan	497.23	753.82	795.27	60
马鞍山	Maanshan	606.94	1120.25	1252.31	30
淮北	Huaibei	489.26	841.01	854.95	56
铜陵	Tongling	304.06	624.93	643.95	71
安庆	Anqing	396.99	960.00	947.84	50
黄山	Huangshan	80.62	199.34	193.90	144
滁州	Chuzhou	315.72	911.12	975.06	48
阜阳	Fuyang	194.92	585.46	630.88	72
宿州	Suzhou	148.45	413.28	424.02	105
六安	Liuan	233.49	491.01	506.55	89
亳州	Bozhou	98.45	395.01	431.90	103
池州	Chizhou	94.64	291.30	288.91	127
宣城	Xuancheng	250.21	683.78	725.93	67
福建	**Fujian**	**7567.00**			
福州	Fuzhou	1385.84			
厦门	Xiamen	1427.81			
莆田	Putian	329.61			
三明	Sanming	358.94			
泉州	Quanzhou	2110.72			
漳州	Zhangzhou	629.85			
南平	Nanping	310.94			
龙岩	Longyan	624.47			
宁德	Ningde	222.98			
江西	**Jiangxi**	**3724.43**	**11066.59**	**11437.16**	
南昌	Nanchang	755.94	2517.18	2640.34	11
景德镇	Jingdezhen	200.66	466.36	513.13	86
萍乡	Pingxiang	220.75	668.91	476.49	93
九江	Jiujiang	344.14	1360.41	1486.04	23
新余	Xinyu	376.83	579.34	600.01	77
鹰潭	Yingtan	474.47	1060.05	1041.65	39
赣州	Ganzhou	283.91	859.81	1008.48	44
吉安	Jian	330.87	939.63	981.76	47
宜春	Yichun	288.88	1186.45	1296.94	28
抚州	Fuzhou	141.06	571.72	475.70	95
上饶	Shangrao	306.93	856.73	916.63	51
山东	**Shandong**	**24791.38**			
济南	Jinan	1439.17			
青岛	Qingdao	2938.99			
淄博	Zibo	1933.67			
枣庄	Zaozhuang	685.83			
东营	Dongying	2521.77			
烟台	Yantai	2736.20			
潍坊	Weifang	2000.54			
济宁	Jining	1630.77			
泰安	Taian	933.06			
威海	Weihai	1234.46			
日照	Rizhao	655.96			
莱芜	Laiwu	418.21			
临沂	Linyi	1108.02			
德州	Dezhou	1288.30			
聊城	Liaocheng	1267.36			

11-10 规模以上工业企业所有者权益 续表 2

Owners' Equity of Industrial Enterprises above Designated Size continued 2

单位：亿元 （100 million yuan）

地名	City	2010	2016	2017	2017 排名 Ranking	地名	City	2010	2016	2017	2017 排名 Ranking
滨州	Binzhou	993.15				常德	Changde	486.78	1041.60		
菏泽	Heze	606.88				张家界	Zhangjiajie	67.01	64.03		
河南	**Henan**	**10506.46**				益阳	Yiyang	171.54	508.77		
郑州	Zhengzhou	1763.87				郴州	Chenzhou	579.33	864.50		
开封	Kaifeng	469.75				永州	Yongzhou	181.27	390.62		
洛阳	Luoyang	1376.67				怀化	Huaihua	178.13	366.77		
平顶山	Pingdingshan	761.32				娄底	Loudi	254.95	479.89		
安阳	Anyang	474.62				**广东**	**Guangdong**	**27461.84**			
鹤壁	Hebi	151.59				广州	Guangzhou	4933.46			
新乡	Xinxiang	670.53				韶关	Shaoguan	282.13			
焦作	Jiaozuo	589.64				深圳	Shenzhen	8686.97			
濮阳	Puyang	425.09				珠海	Zhuhai	1045.96			
许昌	Xuchang	692.25				汕头	Shantou	803.01			
漯河	Luohe	390.05				佛山	Foshan	2864.65			
三门峡	Sanmenxia	515.78				江门	Jiangmen	1013.99			
南阳	Nanyang	559.65				湛江	Zhanjiang	331.94			
商丘	Shangqiu	356.15				茂名	Maoming	252.02			
信阳	Xinyang	246.07				肇庆	Zhaoqing	516.43			
周口	Zhoukou	395.05				惠州	Huizhou	1041.35			
驻马店	Zhumadian	352.30				梅州	Meizhou	226.12			
湖北	**Hubei**	**8577.11**	**17502.70**	**18003.57**		汕尾	Shanwei	146.89			
武汉	Wuhan	2773.20	5147.09	5746.15	1	河源	Heyuan	242.63			
黄石	Huangshi	376.58	800.73	907.38	52	阳江	Yangjiang	155.17			
十堰	Shiyan	2586.32	1752.68	1977.84	16	清远	Qingyuan	429.00			
宜昌	Yichang	1304.84	2608.44	2258.75	14	东莞	Dongguan	2475.01			
襄阳	Xiangyang	423.56	1632.01	1570.80	22	中山	Zhongshan	1142.63			
鄂州	Ezhou	158.49	289.46	293.87	126	潮州	Chaozhou	226.61			
荆门	Jingmen	298.56	959.90	986.16	46	揭阳	Jieyang	482.29			
孝感	Xiaogan	684.56	777.23	736.26	64	云浮	Yunfu	163.56			
荆州	Jingzhou	271.88	877.23	879.45	55	**广西**	**Guangxi**	**3211.63**	**6185.34**	**6737.11**	
黄冈	Huanggang	262.76	576.61	609.91	75	南宁	Nanning	428.07	971.86	1047.58	38
咸宁	Xianning	180.36	538.28	543.01	82	柳州	Liuzhou	723.42	977.21	1069.45	37
随州	Suizhou	122.46	407.10	409.51	106	桂林	Guilin	282.17	673.69	618.41	73
湖南	**Hunan**	**5534.59**	**12171.52**			梧州	Wuzhou	178.25	443.51	502.58	90
长沙	Changsha	1645.24	3468.16			北海	Beihai	92.83	373.56	406.24	108
株洲	Zhuzhou	520.94	1759.13			防城港	Fangchenggang	125.16	275.44	393.26	113
湘潭	Xiangtan	370.09	675.50			钦州	Qinzhou	180.45	415.86	449.45	98
衡阳	Hengyang	261.04	653.02			贵港	Guigang	189.75	383.74	433.87	102
邵阳	Shaoyang	187.57	494.35			玉林	Yulin	193.23	371.76	388.96	114
岳阳	Yueyang	508.00	1175.11			百色	Baise	243.57	399.59	472.25	96

11-10 规模以上工业企业所有者权益 续表 3
Owners' Equity of Industrial Enterprises above Designated Size continued 3

单位：亿元 （100 million yuan）

地名	City	2010	2016	2017	2017 排名 Ranking
贺州	Hezhou	74.19	187.79	188.57	146
河池	Hechi	165.48	183.04	214.71	140
来宾	Laibin	98.38	110.44	104.15	152
崇左	Chongzuo	115.03	210.97	264.58	131
海南	**Hainan**	**757.79**	**1225.97**	**1286.55**	
海口	Haikou	241.56	380.41	399.16	109
三亚	Sanya	19.32	58.05	56.04	156
三沙	Sansha				
重庆	**Chongqing**	**3205.78**			
四川	**Sichuan**	**8571.93**	**17167.51**	**16893.84**	
成都	Chengdu	2339.15	5218.72	5496.56	2
自贡	Zigong	221.94	436.22	446.36	101
攀枝花	Panzhihua	432.82	512.46	1209.89	33
泸州	Luzhou	272.94	537.17	509.69	88
德阳	Deyang	637.95	963.58	1339.01	25
绵阳	Mianyang	445.99	966.01	1337.72	26
广元	Guangyuan	97.89	286.72	225.28	136
遂宁	Suining	200.10	502.82	212.76	141
内江	Neijiang	272.59	372.04	475.72	94
乐山	Leshan	471.28	793.90	684.58	69
南充	Nanchong	405.37	854.10	242.72	135
眉山	Meishan	187.05	408.67	298.40	123
宜宾	Yibin	598.38	1290.97	999.22	45
广安	Guangan	109.76	296.75	210.75	142
达州	Dazhou	132.33	419.78	394.80	111
雅安	Yaan	231.22	344.23	318.35	121
巴中	Bazhong	23.31	105.32	69.72	155
资阳	Ziyang	232.06	232.99	220.64	139
贵州	**Guizhou**	**2081.15**			
贵阳	Guiyang	683.66			
六盘水	Liupanshui	369.50			
遵义	Zunyi	474.27			
安顺	Anshun	107.53			
毕节	Bijie	126.12			
铜仁	Tongren	36.80			
云南	**Yunnan**	**3857.72**	**7031.04**	**7677.67**	
昆明	Kunming	1157.76	2294.23	2485.11	13
曲靖	Qujing	521.82	685.70	797.19	59
玉溪	Yuxi	601.07	990.57	1030.78	40
保山	Baoshan	80.00	194.11	222.01	137
昭通	Zhaotong	168.65	460.25	519.35	84
丽江	Lijiang	34.49	163.47	162.67	148
普洱	Puer	71.63	246.65	277.79	129
临沧	Lincang	114.73	184.82	194.17	143
西藏	**Tibet**	**223.22**	**554.21**	**615.30**	
拉萨	Lasa	172.71	437.82	516.77	85
陕西	**Shaanxi**	**6311.19**	**12641.54**	**13922.27**	
西安	Xi'an	1462.93	2723.22	3036.20	9
铜川	Tongchuan	116.87	183.95	154.99	149
宝鸡	Baoji	552.64	1138.86	1259.29	29
咸阳	Xianyang	530.16	1460.13	1320.77	27
渭南	Weinan	556.43	653.91	793.93	61
延安	Yan'an	929.37	1625.55	1697.06	18
汉中	Hanzhong	167.29	273.16	351.27	117
榆林	Yulin	1489.54	3157.90	3787.37	5
安康	Ankang	72.43	334.62	398.13	110
商洛	Shangluo	78.34	234.29	287.55	128
甘肃	**Gansu**	**2411.02**	**4187.87**	**4260.09**	
兰州	Lanzhou	661.02	994.80	1018.47	42
嘉峪关	Jiayuguan	334.61	415.50	447.06	100
金昌	Jinchang	311.58	491.98	521.42	83
白银	Baiyin	210.49	378.97	362.15	116
天水	Tianshui	91.05	198.90	221.88	138
武威	Wuwei	61.12	201.38	192.24	145
张掖	Zhangye	65.37	149.90	144.79	150
平凉	Pingliang	82.85	121.36	101.67	154
酒泉	Jiuquan	249.46	400.80	382.19	115
庆阳	Qingyang	201.27	458.43	478.91	92
定西	Dingxi	30.74	101.47	106.18	151
陇南	Longnan	65.38	177.65	185.80	147
青海	**Qinghai**	**1084.12**		**2106.72**	
西宁	Xining	526.12		1009.66	43
海东	Haidong			101.89	153
宁夏	**Ningxia**	**1153.29**		**2957.68**	
银川	Yinchuan	484.21		1236.95	32
石嘴山	Shizuishan	173.47		260.31	133
吴忠	Wuzhong	139.93		428.06	104
固原	Guyuan	13.33		53.84	157
中卫	Zhongwei	112.46		588.41	79
新疆	**Xinjiang**	**3888.40**	**7005.82**	**7409.47**	
乌鲁木齐	Urumqi	1232.34	1613.44	1631.27	21
克拉玛依	Karamay	948.93	1145.72	1196.72	34

11-11 规模以上工业企业主营业务收入
Revenue from Principal Business of Industrial Enterprises above Designated Size

单位：亿元 （100 million yuan）

地名	City	2010	2016	2017	2017 排名 Ranking
全国	**Nation Total**	**697744.00**	**1158998.52**	**1133160.76**	
北京	**Beijing**	**14807.11**	**19746.96**	**20722.04**	
天津	**Tianjin**	**17319.62**	**25888.20**	**16144.06**	
河北	**Hebei**	**31628.93**	**47318.60**	**41949.97**	
石家庄	Shijiazhuang	5553.67	9703.18	8973.34	28
唐山	Tangshan	7980.95	10191.30	9478.78	26
秦皇岛	Qinhuangdao	1176.80	1477.97	1628.87	149
邯郸	Handan	4311.41	4956.46	4876.19	56
邢台	Xingtai	1788.89	2845.61	2335.19	120
保定	Baoding	2866.16	4613.74	3899.36	71
张家口	Zhangjiakou	831.20	955.20	919.64	198
承德	Chengde	1245.69	1627.89	1111.31	185
沧州	Cangzhou	2816.26	5648.04	5087.42	53
廊坊	Langfang	2142.98	3670.63	2349.04	118
衡水	Hengshui	914.92	1628.58	1290.82	176
山西	**Shanxi**	**12712.50**	**14226.45**	**17852.40**	
太原	Taiyuan	2057.79	2346.11	2868.95	99
大同	Datong	801.40	1782.83	1698.66	143
阳泉	Yangquan	597.36	616.78	536.50	217
长治	Changzhi	1368.27	1271.96	1762.09	138
晋城	Jincheng	992.99	945.07	1358.75	167
朔州	Shuozhou	804.63	710.64	907.91	199
晋中	Jinzhong	1050.12	1147.56	1640.28	147
运城	Yuncheng	1207.36	1310.25	1707.88	142
忻州	Xinzhou	394.71	510.20	699.53	209
临汾	Linfen	1411.11	1257.22	1594.58	152
吕梁	Lvliang	1474.43	1493.61	2225.15	125
内蒙古	**Inner Mongolia**	**13387.83**	**20056.67**	**13983.14**	
呼和浩特	Hohhot	1153.97	1724.56		
包头	Baotou	2520.05	3449.95		
乌海	Wuhai	557.70	386.69		
赤峰	Chifeng	1241.33	1994.54		
通辽	Tongliao	1814.02	2632.57		
鄂尔多斯	Erdos	2790.13	4720.69		
呼伦贝尔	Hulunbuir	724.53	1217.26		
巴彦淖尔	Bayannur	685.10	785.87		
乌兰察布	Ulanqab	666.87	955.89		
辽宁	**Liaoning**	**36049.59**	**22038.95**	**23476.40**	

地名	City	2010	2016	2017	2017 排名 Ranking
沈阳	Shenyang	9399.62	5484.57	5352.10	51
大连	Dalian	7468.41	6021.61	5497.50	50
鞍山	Anshan	2716.91	1623.62	1581.90	153
抚顺	Fushun	1653.15	803.59	984.00	196
本溪	Benxi	1597.82	793.77	1225.80	179
丹东	Dandong	909.57	420.12	471.60	225
锦州	Jinzhou	1625.38	627.20	828.10	205
营口	Yingkou	2276.77	1166.95	1625.30	150
阜新	Fuxin	409.64	260.13	252.40	232
辽阳	Liaoyang	1599.96	671.82	882.60	202
盘锦	Panjin	1624.39	1848.34	2057.40	131
铁岭	Tieling	2322.04	451.55	490.30	221
朝阳	Chaoyang	938.38	381.78	531.60	218
葫芦岛	Huludao	785.14	563.38	738.30	208
吉林	**Jilin**	**12528.35**	**23431.37**	**20405.79**	
长春	Changchun	5660.60	9606.16	10340.61	24
吉林	Jilin	2097.85	3090.09	1644.43	146
四平	Siping	923.26	1608.14	964.70	197
辽源	Liaoyuan	538.83	1463.24	1427.93	163
通化	Tonghua	802.26	2168.77	1040.44	192
白山	Baishan	630.27	1343.43	1208.81	181
松原	Songyuan	1213.78	2099.15	2017.87	133
白城	Baicheng	252.19	703.97	683.89	210
黑龙江	**Heilongjiang**	**9899.14**	**11347.77**	**8654.30**	
哈尔滨	Harbin	2051.12	3289.89		
齐齐哈尔	Qiqihar	817.23	1024.67		
鸡西	Jixi	247.06	184.50		
鹤岗	Hegang	221.17	138.69		
双鸭山	Shuangyashan	348.73	243.65		
大庆	Daqing	3665.56	2913.56		
伊春	Yichun	178.64	79.81		
佳木斯	Jiamusi	315.59	522.77		
七台河	Qitaihe	410.67	146.48		
牡丹江	Mudanjiang	441.17	1020.85		
黑河	Heihe	72.49	123.01		
绥化	Suihua	307.20	956.00		
上海	**Shanghai**	**32084.08**	**34315.15**	**37910.50**	
江苏	**Jiangsu**	**91077.41**	**156591.0**	**148996.6**	

11-11 规模以上工业企业主营业务收入 续表 1

Revenue from Principal Business of Industrial Enterprises above Designated Size continued 1

单位：亿元 （100 million yuan）

地名	City	2010	2016	2017	2017 排名 Ranking	地名	City	2010	2016	2017	2017 排名 Ranking
南京	Nanjing	8625.35	12442.36	10936.47	21	池州	Chizhou	276.26	774.15	768.80	207
无锡	Wuxi	12879.78	14120.24	15543.76	7	宣城	Xuancheng	992.99	1819.67	1861.94	135
徐州	Xuzhou	5102.14	13947.04	11668.49	18	**福建**	**Fujian**	**21479.37**	**42537.24**	**45658.46**	
常州	Changzhou	7274.88	12435.86	12085.73	16	福州	Fuzhou	4203.70	8036.91	8249.26	33
苏州	Suzhou	24577.51	30380.18	32005.86	1	厦门	Xiamen	3677.58	4867.91	5588.71	49
南通	Nantong	7254.56	14650.80	14522.32	9	莆田	Putian	1241.05	2816.59	2925.05	95
连云港	Lianyungang	1905.48	5946.41	5338.77	52	三明	Sanming	1300.40	3459.75	3671.97	77
淮安	Huaian	2411.10	7014.24	5894.20	47	泉州	Quanzhou	5993.32	11666.61	13324.38	11
盐城	Yancheng	3891.66	8870.47	8080.48	34	漳州	Zhangzhou	1867.97	4913.36	4880.54	55
扬州	Yangzhou	5637.77	9502.36	9025.44	27	南平	Nanping	729.36	1732.28	2073.09	129
镇江	Zhenjiang	4009.31	8632.13	6773.33	41	龙岩	Longyan	1127.90	2011.42	2305.39	123
泰州	Taizhou	4742.55	12139.45	11941.88	17	宁德	Ningde	851.96	3032.41	2640.08	109
宿迁	Suqian	1124.30	3896.33	2365.05	116	**江西**	**Jiangxi**	**14196.68**	**35961.32**	**33751.65**	
浙江	**Zhejiang**	**50536.31**	**65453.88**	**65760.08**		南昌	Nanchang	2760.17	6110.85	6223.85	45
杭州	Hangzhou	10843.24	12367.54	13209.59	12	景德镇	Jingdezhen	678.56	1150.53	1117.23	184
宁波	Ningbo	10396.63	13639.11	15643.88	6	萍乡	Pingxiang	1049.99	1740.00	1203.62	182
温州	Wenzhou	4365.64	4594.24	4185.35	66	九江	Jiujiang	1507.60	5487.49	5603.36	48
嘉兴	Jiaxing	5013.12	7589.37	8517.02	30	新余	Xinyu	1230.26	1648.15	1508.11	158
湖州	Huzhou	2672.05	4367.93	4174.84	67	鹰潭	Yingtan	1456.60	3633.09	3736.75	75
绍兴	Shaoxing	6693.85	9337.98	7520.82	38	赣州	Ganzhou	1258.68	3504.33	3670.27	78
金华	Jinhua	3318.58	4370.87	3589.13	80	吉安	Jian	1122.47	3278.80	3144.55	90
衢州	Quzhou	1108.97	1590.49	1491.09	159	宜春	Yichun	1221.20	4016.67	4414.78	64
舟山	Zhoushan	877.73	1379.82	903.46	200	抚州	Fuzhou	733.95	1648.57	1448.98	161
台州	Taizhou	3487.00	3794.15	4394.90	65	上饶	Shangrao	1177.20	3300.18	3513.61	81
丽水	Lishui	1125.47	1774.53	1310.19	173	**山东**	**Shandong**	**83663.00**	**150641.21**	**140856.78**	
安徽	**Anhui**	**18164.60**	**42190.46**	**43110.37**		济南	Jinan	4422.95	8025.68	8435.11	32
合肥	Hefei	3733.01	9519.43	8691.65	29	青岛	Qingdao	10545.17	15772.07	12224.68	15
芜湖	Wuhu	2111.56	5763.62	5986.18	46	淄博	Zibo	7713.05	11860.38	10305.26	25
蚌埠	Bengbu	752.59	2585.44	2720.36	104	枣庄	Zaozhuang	2761.25	3826.53	3777.57	73
淮南	Huainan	792.68	951.64	1070.23	189	东营	Dongying	5888.01	13228.27	12557.08	13
马鞍山	Maanshan	1477.99	2737.03	2984.62	93	烟台	Yantai	10019.53	16148.24	13870.25	10
淮北	Huaibei	934.72	2388.63	2512.01	113	潍坊	Weifang	7486.72	13212.73	11615.65	19
铜陵	Tongling	1249.17	3014.61	3403.22	86	济宁	Jining	3908.66	5411.73	6370.70	43
安庆	Anqing	1314.55	2869.43	2897.62	97	泰安	Taian	3584.30	5744.21	4860.63	58
黄山	Huangshan	303.56	594.31	592.49	214	威海	Weihai	4284.45	7057.26	6984.17	40
滁州	Chuzhou	965.83	2810.28	3173.40	89	日照	Rizhao	1928.49	2455.82	2772.39	102
阜阳	Fuyang	694.47	2120.46	2340.66	119	莱芜	Laiwu	1506.29	1590.75	1628.94	148
宿州	Suzhou	670.10	1799.82	1795.50	137	临沂	Linyi	4637.88	10839.05	11208.51	20
六安	Liuan	786.61	1444.93	1312.14	172	德州	Dezhou	3941.04	10465.22	10438.07	23
亳州	Bozhou	316.85	1799.82	1000.27	193	聊城	Liaocheng	4061.87	8856.58	7268.86	39

11-11 规模以上工业企业主营业务收入 续表 2

Revenue from Principal Business of Industrial Enterprises above Designated Size continued 2

单位：亿元 （100 million yuan）

地名	City	2010	2016	2017	2017 排名 Ranking	地名	City	2010	2016	2017	2017 排名 Ranking
滨州	Binzhou	3782.38	8348.41	8493.74	31	常德	Changde	1209.50	2491.16	2805.72	101
菏泽	Heze	2501.77	7798.27	8045.17	35	张家界	Zhangjiajie	106.35	138.74	141.85	241
河南	**Henan**	**36163.12**	**79657.15**	**79909.12**		益阳	Yiyang	797.57	2201.08	2256.37	124
郑州	Zhengzhou	5942.31	14158.17	14738.92	8	郴州	Chenzhou	1437.27	3262.04	2935.23	94
开封	Kaifeng	1003.05	3001.75	2908.96	96	永州	Yongzhou	587.52	1203.61	1445.84	162
洛阳	Luoyang	3917.63	7468.82	7701.16	37	怀化	Huaihua	677.60	986.13	984.53	195
平顶山	Pingdingshan	2011.01	2480.53	2683.34	106	娄底	Loudi	1096.50	1912.75	2048.89	132
安阳	Anyang	2430.90	3833.07	3057.45	92	**广东**	**Guangdong**	**84114.85**	**129151.31**	**133924.37**	
鹤壁	Hebi	919.10	2065.31	2065.28	130	广州	Guangzhou	13624.65	17599.01	17652.65	5
新乡	Xinxiang	2165.17	4480.34	4000.29	68	韶关	Shaoguan	768.97	1174.78	1097.74	187
焦作	Jiaozuo	2622.42	5692.23	6316.50	44	深圳	Shenzhen	18813.72	26764.55	30821.67	2
濮阳	Puyang	1550.33	3772.24	3724.13	76	珠海	Zhuhai	3058.87	4213.59	4753.60	60
许昌	Xuchang	2316.79	6295.50	6561.87	42	汕头	Shantou	1805.34	3210.38	3424.58	84
漯河	Luohe	1620.61	3275.20	3410.09	85	佛山	Foshan	13733.60	20199.21	20303.16	3
三门峡	Sanmenxia	2103.44	3194.30	2692.77	105	江门	Jiangmen	3639.89	3980.91	3998.34	69
南阳	Nanyang	2009.77	4513.85	3660.53	79	湛江	Zhanjiang	1328.82	2363.16	2536.72	112
商丘	Shangqiu	1405.51	3545.19	3931.27	70	茂名	Maoming	1364.57	2490.26	2666.24	107
信阳	Xinyang	995.25	2714.39	2555.09	111	肇庆	Zhaoqing	1689.05	3864.90	2832.07	100
周口	Zhoukou	1281.91	4530.41	4864.35	57	惠州	Huizhou	3892.63	7398.15	7971.66	36
驻马店	Zhumadian	1023.29	3073.22	3191.07	88	梅州	Meizhou	438.65	692.86	598.99	213
湖北	**Hubei**	**21151.56**	**45850.64**	**43210.52**		汕尾	Shanwei	415.83	1202.68	1059.70	190
武汉	Wuhan	7639.32	12356.79			河源	Heyuan	757.50	1544.92	1297.73	175
黄石	Huangshi	1337.14	2416.19			阳江	Yangjiang	657.55	2004.65	1645.90	145
十堰	Shiyan	1137.81	1858.55			清远	Qingyuan	2771.05	1739.58	1567.86	155
宜昌	Yichang	1989.81	5942.09			东莞	Dongguan	7708.17	14889.63	18240.15	4
襄阳	Xiangyang	1949.61	5879.48			中山	Zhongshan	4710.39	6221.56	4831.05	59
鄂州	Ezhou	641.96	1361.12			潮州	Chaozhou	715.49	1379.93	1314.46	171
荆门	Jingmen	1177.33	3145.42			揭阳	Jieyang	1780.50	5057.30	4749.18	61
孝感	Xiaogan	975.63	2677.17			云浮	Yunfu	439.61	1159.30	560.91	216
荆州	Jingzhou	847.00	2286.46			**广西**	**Guangxi**	**9235.85**	**22231.30**	**23805.05**	
黄冈	Huanggang	741.84	1677.17			南宁	Nanning	1226.64	3314.21	3477.51	83
咸宁	Xianning	580.55	1571.61			柳州	Liuzhou	2415.83	4432.55	4592.41	62
随州	Suizhou	487.44	1303.43			桂林	Guilin	861.05	2304.64	1579.44	154
湖南	**Hunan**	**18669.79**	**39134.64**	**38934.23**		梧州	Wuzhou	684.39	2151.83	2352.10	117
长沙	Changsha	4138.73	10173.19	10501.95	22	北海	Beihai	310.68	2038.72	2396.49	114
株洲	Zhuzhou	1643.70	3280.67	3123.28	91	防城港	Fangchenggang	427.60	1135.39	1386.82	166
湘潭	Xiangtan	1473.62	3287.46	3481.20	82	钦州	Qinzhou	429.54	1421.30	1720.25	141
衡阳	Hengyang	1830.86	2077.07	2183.67	126	贵港	Guigang	455.16	901.74	1099.56	186
邵阳	Shaoyang	695.42	1921.97	2171.98	127	玉林	Yulin	680.93	1474.70	1740.05	139
岳阳	Yueyang	2725.32	5032.19	4490.77	63	百色	Baise	523.31	1135.38	1348.68	169

11-11 规模以上工业企业主营业务收入 续表 3

Revenue from Principal Business of Industrial Enterprises above Designated Size continued 3

单位：亿元 （100 million yuan）

地名	City	2010	2016	2017	2017 排名 Ranking
贺州	Hezhou	166.39	436.02	385.46	228
河池	Hechi	330.40	306.46	378.21	230
来宾	Laibin	345.75	474.48	518.24	219
崇左	Chongzuo	278.37	613.28	803.56	206
海南	**Hainan**	**1322.83**	**1668.92**	**1799.52**	
海口	Haikou	411.02	493.53	500.16	220
三亚	Sanya	41.34	62.59	68.30	245
三沙	Sansha				
重庆	**Chongqing**	**9039.03**	**23467.03**	**20772.41**	
四川	**Sichuan**	**23062.82**	**41529.25**	**41631.26**	
成都	Chengdu	5626.12	11864.26	12488.88	14
自贡	Zigong	1085.33	1735.65	1521.51	157
攀枝花	Panzhihua	1060.96	1554.08	1737.10	140
泸州	Luzhou	1020.49	1604.04	1610.82	151
德阳	Deyang	1488.66	3267.50	3321.28	87
绵阳	Mianyang	1275.97	2450.81	2737.43	103
广元	Guangyuan	320.47	815.11	885.28	201
遂宁	Suining	640.75	1305.63	1487.89	160
内江	Neijiang	1286.38	1733.46	1050.46	191
乐山	Leshan	1168.93	1702.21	1355.22	168
南充	Nanchong	1129.95	2460.74	2320.04	121
眉山	Meishan	743.40	1480.72	1210.35	180
宜宾	Yibin	1272.74	2253.25	2562.54	110
广安	Guangan	605.56	1561.45	1566.76	156
达州	Dazhou	882.08	945.07	1079.05	188
雅安	Yaan	288.81	462.93	481.82	223
巴中	Bazhong	170.93	568.32	587.79	215
资阳	Ziyang	1161.85	997.99	840.78	204
贵州	**Guizhou**	**3926.01**	**11172.44**	**10647.55**	
贵阳	Guiyang	1488.54	2733.52		
六盘水	Liupanshui	561.83	1475.39		
遵义	Zunyi	653.71	2093.59		
安顺	Anshun	183.78			
毕节	Bijie	249.34			
铜仁	Tongren	116.89			
云南	**Yunnan**	**6356.24**	**10149.03**	**11684.53**	
昆明	Kunming	2309.47	3142.29	3763.64	74
曲靖	Qujing	1000.38	1512.19	1690.81	144
玉溪	Yuxi	895.76	1222.18	1395.19	165
保山	Baoshan	100.67	364.74	417.84	227
昭通	Zhaotong	189.26	381.25	423.52	226

地名	City	2010	2016	2017	2017 排名 Ranking
丽江	Lijiang	65.85	120.51	100.24	244
普洱	Puer	88.96	218.04	222.36	234
临沧	Lincang	85.57	243.04	218.17	235
西藏	**Tibet**	**59.70**	**171.82**	**214.98**	
拉萨	Lasa	45.07	111.88	151.14	239
陕西	**Shaanxi**	**10888.80**	**21027.90**	**23081.68**	
西安	Xi'an	2889.51	4326.23	5056.41	54
铜川	Tongchuan	256.87	506.40	333.69	231
宝鸡	Baoji	1212.02	2327.67	2646.80	108
咸阳	Xianyang	1370.30	3409.66	2892.62	98
渭南	Weinan	1054.52	1773.51	1813.48	136
延安	Yan'an	1217.78	1283.33	1340.34	170
汉中	Hanzhong	397.15	1036.04	1180.45	183
榆林	Yulin	1853.88	3034.51	3894.17	72
安康	Ankang	178.84	1070.25	1302.48	174
商洛	Shangluo	138.02	805.23	999.65	194
甘肃	**Gansu**	**5175.56**	**7850.29**	**8434.49**	
兰州	Lanzhou	1742.53	1933.25	2145.84	128
嘉峪关	Jiayuguan	610.87	1117.08	1243.21	178
金昌	Jinchang	1059.32	2123.28	2390.92	115
白银	Baiyin	400.54	785.24	846.38	203
天水	Tianshui	154.03	203.95	207.26	236
武威	Wuwei	110.57	287.10	192.24	237
张掖	Zhangye	108.84	202.19	144.79	240
平凉	Pingliang	136.20	137.46	101.67	243
酒泉	Jiuquan	369.80	332.67	382.19	229
庆阳	Qingyang	311.91	391.77	478.91	224
定西	Dingxi	44.95	134.28	106.18	242
陇南	Longnan	66.02	107.00	185.80	238
青海	**Qinghai**	**1525.08**	**2244.47**	**2080.59**	
西宁	Xining	996.51	1423.56	1271.03	177
海东	Haidong			223.47	233
宁夏	**Ningxia**	**1879.99**	**3646.10**	**4067.16**	
银川	Yinchuan	799.97	1796.33	1912.89	134
石嘴山	Shizuishan	409.79	600.88	663.19	212
吴忠	Wuzhong	314.10	575.33	665.35	211
固原	Guyuan	13.88	36.11	45.98	246
中卫	Zhongwei	151.35	396.62	487.97	222
新疆	**Xinjiang**	**5492.61**	**8300.96**	**9730.75**	
乌鲁木齐	Urumqi	1678.93	1933.31	2315.22	122
克拉玛依	Karamay	1424.05	1112.91	1395.67	164

11-12 规模以上工业企业利润总额
Total Profits of Industrial Enterprises above Designated Size

单位：亿元 （100 million yuan）

地名	City	2010	2016	2017	2017 排名 Ranking	地名	City	2010	2016	2017	2017 排名 Ranking
全国	**Nation Total**	**53049.66**	**71921.43**	**74916.25**		沈阳	Shenyang	673.25	274.62	312.90	61
北京	**Beijing**	**1028.34**	**1608.26**	**2023.67**		大连	Dalian	532.62	295.82	361.80	55
天津	**Tianjin**	**1552.05**	**2046.69**	**1061.37**		鞍山	Anshan	186.85	19.49	96.10	156
河北	**Hebei**	**2141.47**	**2815.11**	**2712.87**		抚顺	Fushun	83.82	39.58	44.10	216
石家庄	Shijiazhuang	412.98	820.93	909.00	13	本溪	Benxi	55.58	23.54	24.90	242
唐山	Tangshan	456.60	438.14	560.15	31	丹东	Dandong	75.67	20.88	21.50	246
秦皇岛	Qinhuangdao	45.43	36.45	95.60	157	锦州	Jinzhou	138.17	28.18	46.60	212
邯郸	Handan	190.76	239.41	276.11	71	营口	Yingkou	194.82	15.41	60.60	198
邢台	Xingtai	137.42	163.50	140.63	123	阜新	Fuxin	28.47	10.73	12.30	260
保定	Baoding	238.48	348.51	190.66	99	辽阳	Liaoyang	171.60	5.08	70.60	189
张家口	Zhangjiakou	56.63	66.66	54.34	204	盘锦	Panjin	12.25	-186.74	-63.30	280
承德	Chengde	122.31	87.53	55.85	201	铁岭	Tieling	99.60	-2.48	12.10	261
沧州	Cangzhou	247.23	320.01	272.37	75	朝阳	Chaoyang	91.02	3.28	34.00	228
廊坊	Langfang	170.74	188.74	82.79	172	葫芦岛	Huludao	19.39	12.80	14.00	255
衡水	Hengshui	62.89	105.90	105.00	148	**吉林**	**Jilin**	**843.21**	**1268.49**	**1028.03**	
山西	**Shanxi**	**958.25**	**294.78**	**1031.59**		长春	Changchun	509.02	751.68	769.11	19
太原	Taiyuan	81.61	17.48	90.04	166	吉林	Jilin	56.18	118.28	71.53	186
大同	Datong	32.52	11.90	42.18	219	四平	Siping	38.15	64.76	33.19	231
阳泉	Yangquan	41.71	5.26	-24.52	279	辽源	Liaoyuan	16.00	31.12	37.34	225
长治	Changzhi	135.96	75.56	182.04	103	通化	Tonghua	29.12	150.10	92.79	160
晋城	Jincheng	148.16	56.29	127.12	134	白山	Baishan	22.04	25.40	19.92	248
朔州	Shuozhou	120.98	45.85	81.53	174	松原	Songyuan	115.49	47.12	-77.76	281
晋中	Jinzhong	39.77	-18.63	64.84	191	白城	Baicheng	9.81	19.68	25.08	241
运城	Yuncheng	49.47	50.69	71.62	185	**黑龙江**	**Heilongjiang**	**1248.82**	**295.54**	**416.70**	
忻州	Xinzhou	50.26	24.23	47.58	211	哈尔滨	Harbin	118.80	166.70		
临汾	Linfen	70.49	-3.89	108.08	145	齐齐哈尔	Qiqihar	81.01	0.33	21.67	245
吕梁	Lvliang	173.00	11.46	204.29	95	鸡西	Jixi	17.25	2.64	16.04	251
内蒙古	**Inner Mongolia**	**1688.44**	**1344.41**	**1451.74**		鹤岗	Hegang	12.54	-5.68	7.66	268
呼和浩特	Hohhot	187.96	99.84	185.87	102	双鸭山	Shuangyashan	17.03	-2.06	10.51	263
包头	Baotou	188.47	112.48	85.49	169	大庆	Daqing	814.66	-9.72	205.65	94
乌海	Wuhai	91.48	16.03	38.22	223	伊春	Yichun	10.06	-4.20	10.01	265
赤峰	Chifeng	129.62	60.72	62.42	193	佳木斯	Jiamusi	35.29	17.87	26.03	238
通辽	Tongliao	136.52	170.13	91.48	163	七台河	Qitaihe	57.25	-3.88	13.11	257
鄂尔多斯	Erdos	685.82	634.46	836.57	17	牡丹江	Mudanjiang	26.31	59.41		
呼伦贝尔	Hulunbuir	68.08	53.72	42.59	218	黑河	Heihe	3.27	7.65	10.25	264
巴彦淖尔	Bayannur	44.27	25.14	34.87	227	绥化	Suihua	41.35	64.23	14.07	254
乌兰察布	Ulanqab	48.69	83.24			**上海**	**Shanghai**	**2299.66**	**2913.91**	**3243.80**	
辽宁	**Liaoning**	**2371.35**	**575.39**	**1063.25**		**江苏**	**Jiangsu**	**5970.56**	**10574.40**	**10052.54**	

11-12 规模以上工业企业利润总额 续表 1

Total Profits of Industrial Enterprises above Designated Size continued 1

单位：亿元 （100 million yuan）

地名	City	2010	2016	2017	2017 排名 Ranking	地名	City	2010	2016	2017	2017 排名 Ranking
南京	Nanjing	497.91	959.35	867.69	15	池州	Chizhou	19.21	51.25	44.29	215
无锡	Wuxi	945.91	968.02	1053.61	9	宣城	Xuancheng	109.73	133.50	133.81	131
徐州	Xuzhou	457.80	1108.89	873.07	14	**福建**	**Fujian**	**1754.18**	**2889.26**	**3221.82**	
常州	Changzhou	413.47	725.27	732.22	22	福州	Fuzhou	324.06	680.14	515.38	35
苏州	Suzhou	1507.06	1772.74	2002.15	2	厦门	Xiamen	276.75	440.28	350.93	57
南通	Nantong	553.09	1118.27	1128.18	6	莆田	Putian	92.73	349.16	245.55	80
连云港	Lianyungang	165.82	496.53	447.48	44	三明	Sanming	41.22	148.26	147.54	120
淮安	Huaian	124.39	404.81	360.95	56	泉州	Quanzhou	627.32	1416.00	1118.02	7
盐城	Yancheng	217.08	475.83	434.37	47	漳州	Zhangzhou	161.61	673.33	437.53	46
扬州	Yangzhou	417.53	593.15	531.01	34	南平	Nanping	45.61	155.50	108.19	144
镇江	Zhenjiang	228.08	582.17	443.33	45	龙岩	Longyan	136.27	225.32	122.29	135
泰州	Taizhou	343.88	938.67	861.66	16	宁德	Ningde	42.83	255.13	176.38	107
宿迁	Suqian	112.86	391.93	279.25	69	**江西**	**Jiangxi**	**856.81**	**2443.93**	**2355.56**	
浙江	**Zhejiang**	**3174.75**	**4469.42**	**4605.41**		南昌	Nanchang	126.25	359.20	375.85	54
杭州	Hangzhou	764.47	946.06	998.56	11	景德镇	Jingdezhen	26.14	54.21	54.34	203
宁波	Ningbo	657.77	1016.89	1287.46	5	萍乡	Pingxiang	113.78	195.23	121.12	136
温州	Wenzhou	262.42	283.13	251.10	78	九江	Jiujiang	81.32	414.98	474.26	40
嘉兴	Jiaxing	321.10	510.59	562.79	30	新余	Xinyu	89.36	71.31	97.14	153
湖州	Huzhou	144.14	295.26	306.19	64	鹰潭	Yingtan	75.30	95.30	107.09	146
绍兴	Shaoxing	405.27	592.10	504.91	37	赣州	Ganzhou	58.88	226.52	244.75	81
金华	Jinhua	194.72	273.83	180.30	105	吉安	Jian	77.88	266.52	233.80	86
衢州	Quzhou	81.20	97.35	118.75	139	宜春	Yichun	99.38	341.79	512.03	36
舟山	Zhoushan	48.86	27.67	12.58	259	抚州	Fuzhou	30.91	105.35	85.47	170
台州	Taizhou	307.17	259.81	277.91	70	上饶	Shangrao	77.61	269.01	227.59	87
丽水	Lishui	97.38	137.19	81.07	176	**山东**	**Shandong**	**6107.99**	**8820.02**	**8128.17**	
安徽	**Anhui**	**1445.57**	**2242.26**	**2352.44**		济南	Jinan	334.81	507.27	415.23	50
合肥	Hefei	385.77	540.47	494.73	39	青岛	Qingdao	582.80	931.30	705.10	24
芜湖	Wuhu	117.98	308.69	293.79	66	淄博	Zibo	624.48	803.91	639.63	26
蚌埠	Bengbu	45.58	82.65	76.12	182	枣庄	Zaozhuang	198.72	165.52	193.59	97
淮南	Huainan	44.82	51.22	53.32	206	东营	Dongying	705.20	611.79	457.84	43
马鞍山	Maanshan	117.54	115.83	170.64	108	烟台	Yantai	790.14	1181.01	1038.12	10
淮北	Huaibei	62.12	74.14	101.06	150	潍坊	Weifang	528.43	737.42	688.00	25
铜陵	Tongling	32.93	42.95	72.55	184	济宁	Jining	433.25	344.09	468.86	42
安庆	Anqing	111.65	203.91	192.29	98	泰安	Taian	299.09	354.50	303.68	65
黄山	Huangshan	25.33	24.36	28.63	236	威海	Weihai	259.89	410.24	420.60	49
滁州	Chuzhou	80.92	279.20	333.99	58	日照	Rizhao	143.31	83.44	163.71	112
阜阳	Fuyang	75.21	109.56	120.46	137	莱芜	Laiwu	57.37	40.71	76.44	180
宿州	Suzhou	41.05	76.74	81.39	175	临沂	Linyi	322.59	602.65	553.44	33
六安	Liuan	79.28	71.53	70.63	188	德州	Dezhou	327.19	584.10	601.34	28
亳州	Bozhou	38.15	76.26	83.10	171	聊城	Liaocheng	292.74	593.95	473.80	41

11-12 规模以上工业企业利润总额 续表 2
Total Profits of Industrial Enterprises above Designated Size continued 2

单位：亿元 （100 million yuan）

地名	City	2010	2016	2017	2017 排名 Ranking	地名	City	2010	2016	2017	2017 排名 Ranking
滨州	Binzhou	217.12	284.70	274.98	74	常德	Changde	105.24	174.21	180.91	104
菏泽	Heze	204.45	583.44	620.65	27	张家界	Zhangjiajie	17.84	11.07	7.69	267
河南	**Henan**	**3302.22**	**5240.61**	**5352.43**		益阳	Yiyang	53.93	76.89	82.18	173
郑州	Zhengzhou	715.48	1079.14	1071.30	8	郴州	Chenzhou	149.96	177.26	164.34	111
开封	Kaifeng	124.23	257.73	239.27	82	永州	Yongzhou	52.99	53.09	53.18	207
洛阳	Luoyang	212.08	276.00	377.11	53	怀化	Huaihua	48.98	43.20	46.44	213
平顶山	Pingdingshan	145.33	186.52	160.86	115	娄底	Loudi	51.04	112.74	155.06	117
安阳	Anyang	188.24	167.59	131.88	132	**广东**	**Guangdong**	**6239.64**	**8383.04**	**8864.36**	
鹤壁	Hebi	57.51	109.68	113.39	141	广州	Guangzhou	1031.27	1225.15	1348.89	4
新乡	Xinxiang	169.87	265.51	212.58	90	韶关	Shaoguan	35.07	75.39	85.75	168
焦作	Jiaozuo	234.66	362.53	382.71	52	深圳	Shenzhen	1599.02	1769.91	2101.33	1
濮阳	Puyang	118.28	178.26	208.51	93	珠海	Zhuhai	191.24	420.58	410.05	51
许昌	Xuchang	276.96	534.46	557.09	32	汕头	Shantou	173.28	272.50	275.77	72
漯河	Luohe	213.03	311.15	306.38	63	佛山	Foshan	1073.34	1589.80	1560.76	3
三门峡	Sanmenxia	202.30	161.78	148.68	119	江门	Jiangmen	251.08	238.18	236.98	84
南阳	Nanyang	141.78	205.73	165.47	110	湛江	Zhanjiang	148.57	72.53	161.09	114
商丘	Shangqiu	107.35	179.51	209.74	91	茂名	Maoming	116.09	296.77	313.91	60
信阳	Xinyang	64.37	174.47	137.55	128	肇庆	Zhaoqing	98.18	225.23	158.90	116
周口	Zhoukou	194.29	488.83	585.98	29	惠州	Huizhou	196.32	483.72	499.59	38
驻马店	Zhumadian	80.90	216.35	235.04	85	梅州	Meizhou	51.31	49.11	33.55	230
湖北	**Hubei**	**1668.55**	**2713.46**	**2608.03**		汕尾	Shanwei	13.45	38.47	25.70	239
武汉	Wuhan	366.91	696.00	759.56	20	河源	Heyuan	83.79	82.83	61.98	196
黄石	Huangshi	54.71	76.82	112.12	143	阳江	Yangjiang	88.03	130.86	139.13	126
十堰	Shiyan	149.79	212.53	238.90	83	清远	Qingyuan	163.96	109.65	98.87	152
宜昌	Yichang	208.84	418.83	289.07	67	东莞	Dongguan	352.36	502.73	722.04	23
襄阳	Xiangyang	118.41	387.57	424.96	48	中山	Zhongshan	273.96	332.69	225.50	88
鄂州	Ezhou	18.99	40.52	35.57	226	潮州	Chaozhou	62.34	133.03	104.14	149
荆门	Jingmen	55.79	150.56	146.13	121	揭阳	Jieyang	189.75	262.40	275.69	73
孝感	Xiaogan	48.64	126.79	118.92	138	云浮	Yunfu	47.23	71.52	27.88	237
荆州	Jingzhou	36.81	112.93	128.40	133	**广西**	**Guangxi**	**771.59**	**1393.35**	**1610.95**	
黄冈	Huanggang	33.73	80.62	77.53	178	南宁	Nanning	112.56	225.34	208.59	92
咸宁	Xianning	38.18	142.51	92.60	161	柳州	Liuzhou	126.25	134.55	186.25	101
随州	Suizhou	28.97	123.64	92.07	162	桂林	Guilin	107.05	169.60	96.17	155
湖南	**Hunan**	**1451.45**	**2028.59**	**2093.98**		梧州	Wuzhou	35.22	216.63	286.76	68
长沙	Changsha	432.40	555.28	751.57	21	北海	Beihai	33.23	204.44	253.34	77
株洲	Zhuzhou	98.42	179.82	188.44	100	防城港	Fangchenggang	52.76	35.06	94.21	159
湘潭	Xiangtan	107.15	176.00	99.15	151	钦州	Qinzhou	1.50	66.94	94.36	158
衡阳	Hengyang	147.64	104.64	134.04	130	贵港	Guigang	83.35	64.49	70.75	187
邵阳	Shaoyang	64.14	108.13	137.69	127	玉林	Yulin	73.79	91.14	90.42	164
岳阳	Yueyang	98.43	159.71	151.66	118	百色	Baise	40.09	20.02	62.01	195

11-12 规模以上工业企业利润总额 续表 3
Total Profits of Industrial Enterprises above Designated Size continued 3

单位：亿元 （100 million yuan）

地名	City	2010	2016	2017	2017 排名 Ranking
贺州	Hezhou	7.49	26.74	25.36	240
河池	Hechi	26.25	44.95	62.06	194
来宾	Laibin	24.16	4.46	-0.44	276
崇左	Chongzuo	40.01	104.10	140.29	124
海南	**Hainan**	**140.04**	**101.87**	**110.03**	
海口	Haikou	34.92	36.03	32.68	232
三亚	Sanya	3.73	4.62	3.91	274
三沙	Sansha				
重庆	**Chongqing**	**518.59**	**1648.36**	**1501.87**	
四川	**Sichuan**	**1661.85**	**2339.82**	**2824.26**	
成都	Chengdu	391.64	845.01	994.19	12
自贡	Zigong	65.00	71.50	76.21	181
攀枝花	Panzhihua	49.89	-111.60	89.04	167
泸州	Luzhou	92.11	119.93	117.26	140
德阳	Deyang	120.84	235.64	249.65	79
绵阳	Mianyang	93.93	125.16	140.04	125
广元	Guangyuan	14.50	43.00	59.18	199
遂宁	Suining	48.31	78.72	203.67	96
内江	Neijiang	73.25	67.01	33.64	229
乐山	Leshan	99.31	81.11	90.18	165
南充	Nanchong	80.18	176.71	165.75	109
眉山	Meishan	45.64	92.73	73.21	183
宜宾	Yibin	148.41	198.08	263.27	76
广安	Guangan	30.19	65.56	96.94	154
达州	Dazhou	41.49	13.99	51.10	209
雅安	Yaan	29.15	30.36	29.63	235
巴中	Bazhong	3.00	20.19	22.53	244
资阳	Ziyang	92.54	56.85	45.70	214
贵州	**Guizhou**	**317.63**	**847.02**	**903.43**	
贵阳	Guiyang	61.02	220.42	217.87	89
六盘水	Liupanshui	59.04	40.27	38.58	222
遵义	Zunyi	134.53	332.70		
安顺	Anshun	13.02	71.06	43.50	217
毕节	Bijie	14.83		39.28	220
铜仁	Tongren	3.24		51.77	208
云南	**Yunnan**	**599.34**	**334.98**	**782.65**	
昆明	Kunming	153.91	112.13	176.75	106
曲靖	Qujing	73.14	-84.70	134.78	129
玉溪	Yuxi	87.00	100.46	112.55	142
保山	Baoshan	13.00	30.21	32.15	233
昭通	Zhaotong	15.89	54.36	77.07	179
丽江	Lijiang	8.70	1.40	-0.94	277
普洱	Puer	8.66	4.00	17.01	250
临沧	Lincang	11.26	9.91	12.97	258
西藏	**Tibet**	**10.82**	**16.94**	**26.60**	
拉萨	Lasa	6.86	0.41	5.30	270
陕西	**Shaanxi**	**1469.57**	**1589.00**	**2274.43**	
西安	Xi'an	192.95	262.39	333.04	59
铜川	Tongchuan	20.77	13.30	15.35	252
宝鸡	Baoji	58.61	173.85	162.34	113
咸阳	Xianyang	140.61	365.50	312.68	62
渭南	Weinan	57.55	59.04	106.63	147
延安	Yan'an	222.32	24.64	37.43	224
汉中	Hanzhong	16.75	42.43	63.33	192
榆林	Yulin	583.86	392.38	808.50	18
安康	Ankang	22.66	122.31	143.11	122
商洛	Shangluo	9.01	45.06	61.40	197
甘肃	**Gansu**	**231.70**	**72.68**	**244.54**	
兰州	Lanzhou	43.94	23.25	80.61	177
嘉峪关	Jiayuguan	20.03	36.23	22.73	243
金昌	Jinchang	26.60	-42.30	14.21	253
白银	Baiyin	12.48	5.45	17.47	249
天水	Tianshui	4.64	10.20	13.84	256
武威	Wuwei	5.56	8.68	5.14	272
张掖	Zhangye	8.69	6.19	5.16	271
平凉	Pingliang	12.70	-10.88	12.08	262
酒泉	Jiuquan	6.15	-27.68	-11.28	278
庆阳	Qingyang	72.45	42.63	54.20	205
定西	Dingxi	1.66	4.67	5.69	269
陇南	Longnan	10.62	13.69	21.10	247
青海	**Qinghai**	**182.02**	**80.02**	**101.11**	
西宁	Xining	43.36	13.21	0.55	275
海东	Haidong			4.95	273
宁夏	**Ningxia**	**138.00**	**143.23**	**146.04**	
银川	Yinchuan	49.87	71.86	65.01	190
石嘴山	Shizuishan	13.53	60.94	57.26	200
吴忠	Wuzhong	13.40	33.74	31.59	234
固原	Guyuan	2.82	2.55	7.75	266
中卫	Zhongwei	7.91	25.00	39.07	221
新疆	**Xinjiang**	**852.43**	**386.59**	**722.57**	
乌鲁木齐	Urumqi	197.88	26.60	55.78	202
克拉玛依	Karamay	230.05	-40.41	50.53	210

11-13　规模以上工业企业应交增值税
Value-added Tax Payable of Industrial Enterprises above Designated Size

单位：亿元　　(100 million yuan)

地名	City	2010	2016	2017	2017 排名 Ranking	地名	City	2010	2016	2017	2017 排名 Ranking
全国	**Nation Total**	**22472.72**				沈阳	Shenyang	224.31	145.13	147.50	40
北京	**Beijing**	**409.79**	**566.73**	**568.55**		大连	Dalian	164.31	151.74	133.10	45
天津	**Tianjin**	**656.54**	**842.75**	**428.34**		鞍山	Anshan	85.81	47.42	60.60	100
河北	**Hebei**	**872.28**				抚顺	Fushun	42.06	45.34	47.30	131
石家庄	Shijiazhuang	139.10	229.06	180.15	29	本溪	Benxi	30.90	12.02	18.90	208
唐山	Tangshan	221.71		217.54	23	丹东	Dandong	29.17	8.85	11.10	232
秦皇岛	Qinhuangdao	28.60	27.02	28.81	174	锦州	Jinzhou	47.83	23.68	27.40	179
邯郸	Handan	105.32	98.99	96.08	70	营口	Yingkou	113.97	30.77	46.60	134
邢台	Xingtai	53.87	58.96	53.72	117	阜新	Fuxin	17.19	9.00	8.10	238
保定	Baoding	84.95	119.85	92.22	71	辽阳	Liaoyang	26.25	26.21	32.60	163
张家口	Zhangjiakou	31.74	31.16	32.65	162	盘锦	Panjin	54.85	54.72	49.20	125
承德	Chengde	48.04	39.63	43.20	142	铁岭	Tieling	58.34	14.97	17.50	215
沧州	Cangzhou	81.64	111.34	112.86	53	朝阳	Chaoyang	27.11	12.80	19.90	206
廊坊	Langfang	57.29	87.85	48.64	128	葫芦岛	Huludao	20.57	22.67	24.70	186
衡水	Hengshui	20.02	33.36	28.13	176	**吉林**	**Jilin**	**355.00**			
山西	**Shanxi**	**714.39**	**501.08**	**777.75**		长春	Changchun	180.53	326.03		
太原	Taiyuan	69.49	62.04	91.28	72	吉林	Jilin	49.24	94.30		
大同	Datong	55.54	35.30	52.77	118	四平	Siping	18.56	16.02	17.12	216
阳泉	Yangquan	43.90	23.89	32.41	164	辽源	Liaoyuan	10.99	8.86		
长治	Changzhi	75.85	65.93	339.06	10	通化	Tonghua	20.87	56.57		
晋城	Jincheng	67.89	49.59	81.80	79	白山	Baishan	16.06	15.55		
朔州	Shuozhou	79.84	44.52	59.77	101	松原	Songyuan	40.45	18.65	17.56	213
晋中	Jinzhong	64.26	32.73	62.15	99	白城	Baicheng	2.65	7.20		
运城	Yuncheng	34.55	31.03	38.78	151	**黑龙江**	**Heilongjiang**	**509.51**			
忻州	Xinzhou	25.83	26.02	42.48	144	哈尔滨	Harbin	86.21	98.31		
临汾	Linfen	72.23	41.76	70.96	88	齐齐哈尔	Qiqihar	35.89	25.49	24.45	187
吕梁	Lvliang	100.02	65.03	121.64	50	鸡西	Jixi	17.55	7.08	13.45	226
内蒙古	**Inner Mongolia**	**586.32**				鹤岗	Hegang	12.34	5.04	9.59	235
呼和浩特	Hohhot	62.43	44.79	77.38	84	双鸭山	Shuangyashan	16.67	7.95	12.40	229
包头	Baotou	104.46	114.87			大庆	Daqing	250.56	110.66	149.97	36
乌海	Wuhai	31.97				伊春	Yichun	5.56	1.66	3.52	246
赤峰	Chifeng	40.65				佳木斯	Jiamusi	8.39	6.65	6.03	243
通辽	Tongliao	45.26	51.35			七台河	Qitaihe	23.48	10.65	18.30	211
鄂尔多斯	Erdos	189.99	254.02	303.77	14	牡丹江	Mudanjiang	17.46	36.00		
呼伦贝尔	Hulunbuir	26.28	46.86	29.96	169	黑河	Heihe	2.93	2.58	3.15	248
巴彦淖尔	Bayannur	14.75	10.38			绥化	Suihua	10.01		18.79	209
乌兰察布	Ulanqab	19.41	20.17			**上海**	**Shanghai**	**816.97**			
辽宁	**Liaoning**	**968.69**	**645.20**	**683.80**		**江苏**	**Jiangsu**	**2692.69**			

11-13 规模以上工业企业应交增值税 续表 1

Value-added Tax Payable of Industrial Enterprises above Designated Size continued 1

单位：亿元 （100 million yuan）

地名	City	2010	2016	2017	2017 排名 Ranking
南京	Nanjing	348.29			
无锡	Wuxi	252.57		335.36	12
徐州	Xuzhou	254.94			
常州	Changzhou	184.91			
苏州	Suzhou	451.41		446.97	6
南通	Nantong	250.79			
连云港	Lianyungang	75.60		179.94	30
淮安	Huaian	64.34			
盐城	Yancheng	147.50			
扬州	Yangzhou	245.29			
镇江	Zhenjiang	126.77			
泰州	Taizhou	188.62			
宿迁	Suqian	38.10			
浙江	**Zhejiang**	**1412.68**	**2007.19**	**2097.42**	
杭州	Hangzhou	305.99	423.40	479.55	4
宁波	Ningbo	277.04	403.79	464.10	5
温州	Wenzhou	157.30	158.71	146.75	41
嘉兴	Jiaxing	146.10	239.56	256.27	18
湖州	Huzhou	73.04	120.84	121.78	49
绍兴	Shaoxing	155.71	225.54	197.55	27
金华	Jinhua	96.60	148.09	126.09	47
衢州	Quzhou	29.97	50.12	56.93	108
舟山	Zhoushan	13.45	19.78	20.18	204
台州	Taizhou	102.90	130.20	149.91	37
丽水	Lishui	32.70	45.34	36.59	153
安徽	**Anhui**	**672.57**	**944.74**	**974.04**	
合肥	Hefei	160.23	219.15	179.18	31
芜湖	Wuhu	83.51	136.29	135.92	43
蚌埠	Bengbu	22.70	31.94	29.43	172
淮南	Huainan	57.63	50.91	57.73	107
马鞍山	Maanshan	71.10	71.55	84.09	77
淮北	Huaibei	43.07	56.88	69.71	90
铜陵	Tongling	21.85	29.73	30.85	168
安庆	Anqing	37.50	66.27	67.80	94
黄山	Huangshan	8.53	9.52	10.31	234
滁州	Chuzhou	29.84	74.74	77.34	85
阜阳	Fuyang	27.80	61.57	69.27	92
宿州	Suzhou	12.61	22.81	23.68	193
六安	Liuan	20.11	21.76	21.56	199
亳州	Bozhou	10.95	18.27	22.84	195
池州	Chizhou	8.67	17.49	22.81	196
宣城	Xuancheng	32.22	51.24	57.75	106
福建	**Fujian**	**555.85**			
福州	Fuzhou	87.43	162.69	164.38	34
厦门	Xiamen	66.31	78.96	83.20	78
莆田	Putian	21.34	52.59	55.10	114
三明	Sanming	41.41	42.94	51.14	119
泉州	Quanzhou	171.56	307.97	338.79	11
漳州	Zhangzhou	67.47	191.74	175.03	32
南平	Nanping	16.76	43.09	44.37	139
龙岩	Longyan	44.19	63.19	66.18	96
宁德	Ningde	22.63	52.36	45.73	138
江西	**Jiangxi**	**421.87**			
南昌	Nanchang	76.11	149.35	149.29	38
景德镇	Jingdezhen	20.14	33.34	20.45	202
萍乡	Pingxiang	45.63	34.32	27.82	178
九江	Jiujiang	38.56	139.79	100.13	65
新余	Xinyu	21.77	26.79	32.35	166
鹰潭	Yingtan	23.45	49.57	58.61	103
赣州	Ganzhou	43.12	99.03	98.41	68
吉安	Jian	43.82	89.61	75.71	86
宜春	Yichun	50.44	117.88	106.29	59
抚州	Fuzhou	20.14	54.87	48.19	130
上饶	Shangrao	41.07	75.42	69.40	91
山东	**Shandong**	**2545.93**	**3161.80**	**2953.88**	
济南	Jinan	131.99	190.22	170.67	33
青岛	Qingdao	305.36	400.28	271.42	17
淄博	Zibo	287.35	339.59	290.72	15
枣庄	Zaozhuang	111.46	71.01	68.08	93
东营	Dongying	235.45	237.85	239.30	22
烟台	Yantai	210.48	268.32	213.50	24
潍坊	Weifang	201.72	275.57	244.81	20
济宁	Jining	156.69	171.79	208.86	25
泰安	Taian	136.53	100.93	108.31	55
威海	Weihai	98.96	140.73	144.85	42
日照	Rizhao	53.72	59.32	54.37	116
莱芜	Laiwu	29.30	19.48	32.10	167
临沂	Linyi	93.18	189.35	204.23	26
德州	Dezhou	149.89	107.15	107.33	57
聊城	Liaocheng	152.82	178.74	150.95	35

11-13 规模以上工业企业应交增值税 续表 2

Value-added Tax Payable of Industrial Enterprises above Designated Size continued 2

单位：亿元 （100 million yuan）

地名	City	2010	2016	2017	2017 排名 Ranking
滨州	Binzhou	91.25	81.77	102.89	62
菏泽	Heze	93.78	236.36	241.59	21
河南	**Henan**	**1147.72**			
郑州	Zhengzhou	261.21	299.03	255.13	19
开封	Kaifeng	30.98	34.74	26.96	181
洛阳	Luoyang	94.52	116.81	114.97	52
平顶山	Pingdingshan	73.08	63.08	63.73	97
安阳	Anyang	74.35	63.47	55.81	111
鹤壁	Hebi	23.63	27.78	16.89	218
新乡	Xinxiang	45.21	57.50	49.51	124
焦作	Jiaozuo	101.41	88.13	58.23	105
濮阳	Puyang	36.26	47.16	36.13	154
许昌	Xuchang	104.10	137.23	129.96	46
漯河	Luohe	31.48	47.01	34.75	158
三门峡	Sanmenxia	40.71	40.46	38.88	150
南阳	Nanyang	77.54	82.16	63.40	98
商丘	Shangqiu	37.32	48.87	47.14	132
信阳	Xinyang	27.20	43.69	23.97	191
周口	Zhoukou	38.16	49.67	39.24	148
驻马店	Zhumadian	25.37	56.73	55.70	112
湖北	**Hubei**	**639.08**			
武汉	Wuhan	228.90	396.08	420.85	7
黄石	Huangshi	18.50	46.01	48.72	127
十堰	Shiyan	17.05	47.72	50.37	121
宜昌	Yichang	77.00	166.46	98.70	67
襄阳	Xiangyang	48.96	97.30	97.49	69
鄂州	Ezhou	18.02	21.85	24.40	189
荆门	Jingmen	24.89	60.28	56.90	109
孝感	Xiaogan	25.12	51.80	48.58	129
荆州	Jingzhou	16.62	39.44	41.57	146
黄冈	Huanggang	15.90	25.89	26.81	183
咸宁	Xianning	12.28	24.50	23.80	192
随州	Suizhou	12.81	15.20	16.36	220
湖南	**Hunan**	**830.66**			
长沙	Changsha	182.95	368.54	369.32	9
株洲	Zhuzhou	94.05	61.00	56.51	110
湘潭	Xiangtan	48.86	45.88	43.69	141
衡阳	Hengyang	64.39	33.41	29.91	170
邵阳	Shaoyang	28.18	14.22	18.43	210
岳阳	Yueyang	114.66	82.19	54.43	115
常德	Changde	67.28	119.22	102.46	63
张家界	Zhangjiajie	3.80	3.82	2.94	249
益阳	Yiyang	31.16	23.65	23.44	194
郴州	Chenzhou	72.97	38.27	34.75	157
永州	Yongzhou	21.44	21.64	21.42	200
怀化	Huaihua	22.09	30.24	24.76	185
娄底	Loudi	63.64	41.71	33.87	159
广东	**Guangdong**	**2280.56**	**3417.11**		
广州	Guangzhou	469.63	517.74	522.90	3
韶关	Shaoguan	29.11	46.55	38.13	152
深圳	Shenzhen	470.83			
珠海	Zhuhai	64.24	117.30	117.51	51
汕头	Shantou	51.61			
佛山	Foshan	318.39	541.84	528.19	2
江门	Jiangmen	109.04	121.23	135.58	44
湛江	Zhanjiang	43.84	66.10	69.96	89
茂名	Maoming	53.21	113.55	111.33	54
肇庆	Zhaoqing	61.63	119.61	75.62	87
惠州	Huizhou	118.75	165.21	186.68	28
梅州	Meizhou	22.38	28.08	28.18	175
汕尾	Shanwei	9.63			
河源	Heyuan	20.22	36.50	27.87	177
阳江	Yangjiang	21.85	52.99	46.33	137
清远	Qingyuan	61.61	56.42	49.51	123
东莞	Dongguan	108.19	275.87	385.96	8
中山	Zhongshan	145.09	197.52	147.80	39
潮州	Chaozhou	28.73	43.55	39.15	149
揭阳	Jieyang	56.25	107.81		
云浮	Yunfu	16.48	32.39	15.86	224
广西	**Guangxi**	**320.65**	**641.48**		
南宁	Nanning	46.07	79.26	67.41	95
柳州	Liuzhou	68.98	104.79	103.06	61
桂林	Guilin	35.66	63.31	48.93	126
梧州	Wuzhou	17.29	79.22	107.13	58
北海	Beihai	7.53	77.14	80.85	80
防城港	Fangchenggang	6.10	18.14	32.39	165
钦州	Qinzhou	12.09	55.75	55.49	113
贵港	Guigang	13.41	19.53	22.14	197
玉林	Yulin	26.36	36.19	43.97	140
百色	Baise	29.32	26.08	29.12	173

11-13 规模以上工业企业应交增值税 续表 3

Value-added Tax Payable of Industrial Enterprises above Designated Size continued 3

单位：亿元 （100 million yuan）

地名	City	2010	2016	2017	2017 排名 Ranking
贺州	Hezhou	5.86	11.87	11.49	231
河池	Hechi	18.59	18.40	23.99	190
来宾	Laibin	15.81	16.24	10.77	233
崇左	Chongzuo	13.72	16.32	21.31	201
海南	**Hainan**	**60.46**	**75.76**	**77.84**	
海口	Haikou	15.29	23.62	24.43	188
三亚	Sanya	2.22	3.48	2.41	250
三沙	Sansha				
重庆	**Chongqing**	**341.75**			
四川	**Sichuan**	**945.28**			
成都	Chengdu	217.36	440.85	323.32	13
自贡	Zigong	48.90	55.55	46.51	136
攀枝花	Panzhihua	38.61	38.75	50.75	120
泸州	Luzhou	44.47	42.58	50.19	122
德阳	Deyang	59.50	100.66	101.95	64
绵阳	Mianyang	56.23	89.55	89.22	73
广元	Guangyuan	10.53	14.28	16.17	222
遂宁	Suining	30.18	40.75	42.66	143
内江	Neijiang	57.33	46.47	17.00	217
乐山	Leshan	47.25	34.08	34.81	156
南充	Nanchong	44.22	66.09	59.16	102
眉山	Meishan	28.87	45.81	33.43	161
宜宾	Yibin	58.00	82.32	88.28	74
广安	Guangan	19.32	23.55	20.09	205
达州	Dazhou	26.17	21.76	25.43	184
雅安	Yaan	14.90	18.88	20.45	203
巴中	Bazhong	2.66	10.10	7.89	239
资阳	Ziyang	40.37	14.21	12.71	228
贵州	**Guizhou**	**193.20**			
贵阳	Guiyang	58.88	79.89	86.05	76
六盘水	Liupanshui	34.78	35.30	46.60	134
遵义	Zunyi	38.69	100.41		
安顺	Anshun	8.40	14.58	13.26	227
毕节	Bijie	23.41	36.91	46.94	133
铜仁	Tongren	3.69	20.09	17.74	212
云南	**Yunnan**	**337.57**		**487.20**	
昆明	Kunming	91.01	110.80	124.98	48
曲靖	Qujing	50.84	52.16	58.27	104
玉溪	Yuxi	59.28	75.39	79.12	81
保山	Baoshan	5.52	13.38	16.26	221
昭通	Zhaotong	16.44	33.67	41.68	145
丽江	Lijiang	3.90	8.86	9.45	236
普洱	Puer	6.35	14.88	16.36	219
临沧	Lincang	6.34	7.32	7.87	240
西藏	**Tibet**	**5.01**	**9.14**	**-1.91**	254
拉萨	Lasa	3.69	3.08	-6.48	256
陕西	**Shaanxi**	**584.23**			
西安	Xi'an	98.00	121.29	107.90	56
铜川	Tongchuan	14.17	11.07	11.88	230
宝鸡	Baoji	41.28	57.44	673.64	1
咸阳	Xianyang	51.99	138.20	99.56	66
渭南	Weinan	37.01	31.04	39.71	147
延安	Yan'an	90.80	67.32	105.12	60
汉中	Hanzhong	11.52	31.48	35.74	155
榆林	Yulin	184.74	169.87	290.62	16
安康	Ankang	12.12	37.85	29.44	171
商洛	Shangluo	5.67	29.28	27.27	180
甘肃	**Gansu**	**165.56**	**193.00**	**238.52**	
兰州	Lanzhou	60.64	68.30	88.07	75
嘉峪关	Jiayuguan	17.39	19.98	21.98	198
金昌	Jinchang	17.64	18.86	26.93	182
白银	Baiyin	10.68	12.53	17.54	214
天水	Tianshui	7.11	6.29	4.97	244
武威	Wuwei	3.70	-3.08	-2.22	255
张掖	Zhangye	3.95	2.46	3.35	247
平凉	Pingliang	11.08	9.25	13.79	225
酒泉	Jiuquan	11.13	7.12	6.86	242
庆阳	Qingyang	14.89	26.32	33.79	160
定西	Dingxi	1.35	1.05	1.99	251
陇南	Longnan	3.53	6.34	8.45	237
青海	**Qinghai**	**80.66**		**59.41**	
西宁	Xining	36.36	25.91	15.93	223
海东	Haidong		2.80	3.75	245
宁夏	**Ningxia**	**71.12**			
银川	Yinchuan	20.25			
石嘴山	Shizuishan	13.88	16.22	19.23	207
吴忠	Wuzhong	11.72	1.25	0.79	253
固原	Guyuan	0.52	-0.35	1.90	252
中卫	Zhongwei	6.09	0.28	7.16	241
新疆	**Xinjiang**	**261.52**	**302.27**	**388.52**	
乌鲁木齐	Urumqi	52.63	51.71	78.62	83
克拉玛依	Karamay	90.30	72.99	79.03	82

12

建筑业

Construction

12-1 建筑业企业单位数
Number of Construction Enterprises

单位：个 （unit）

地名	City	2010	2016	2017	2017 排名 Ranking
全国	**Nation Total**	**71863**	**83017**	**88074**	
北京	**Beijing**	**3262**	**2858**	**2683**	
天津	**Tianjin**	**1438**	**1500**	**1563**	
河北	**Hebei**	**2132**	**2467**	**2522**	
石家庄	Shijiazhuang	271	286	327	67
唐山	Tangshan	296	315	319	70
秦皇岛	Qinhuangdao	207	231	238	103
邯郸	Handan	240	441	436	48
邢台	Xingtai	165	161	170	135
保定	Baoding	247	274	267	90
张家口	Zhangjiakou	124	131	123	180
承德	Chengde	197	193	185	125
沧州	Cangzhou	212	205	226	110
廊坊	Langfang	209	204	208	113
衡水	Hengshui	121	165	168	136
山西	**Shanxi**	**1727**	**2532**	**2538**	
太原	Taiyuan	821	1108	1089	11
大同	Datong	204	201	199	118
阳泉	Yangquan	78	82	83	217
长治	Changzhi	146	168	183	126
晋城	Jincheng	71	103	104	197
朔州	Shuozhou	78	123	128	177
晋中	Jinzhong	118	180	181	127
运城	Yuncheng	129	178	180	130
忻州	Xinzhou	110	137	131	174
临汾	Linfen	128	154	154	152
吕梁	Lvliang	87	98	106	196
内蒙古	**Inner Mongolia**	**787**	**991**	**886**	
呼和浩特	Hohhot	171	171	165	141
包头	Baotou	98	114	113	186
乌海	Wuhai	32	43	46	247
赤峰	Chifeng	116	147	151	154
通辽	Tongliao	44	60	65	233
鄂尔多斯	Erdos	166	195	205	115
呼伦贝尔	Hulunbuir	74	78	74	226
巴彦淖尔	Bayannur	53	57	61	235
乌兰察布	Ulanqab	41	40	40	258
辽宁	**Liaoning**	**4612**	**6374**	**5186**	
沈阳	Shenyang	1542		1774	3
大连	Dalian	1378		1791	2
鞍山	Anshan	319		409	58
抚顺	Fushun	164		186	124
本溪	Benxi	186		228	107
丹东	Dandong	201		250	98
锦州	Jinzhou	190		263	92
营口	Yingkou	157		282	86
阜新	Fuxin	159		228	107
辽阳	Liaoyang	217		227	109
盘锦	Panjin	176		282	86
铁岭	Tieling	93		143	158
朝阳	Chaoyang	159		263	92
葫芦岛	Huludao	161		293	78
吉林	**Jilin**	**932**	**2191**	**2323**	
长春	Changchun	366	1287	1345	8
吉林	Jilin	161	425	427	51
四平	Siping	153	138	143	158
辽源	Liaoyuan	82	104	115	182
通化	Tonghua	97	135	167	138
白山	Baishan	99	117	110	190
松原	Songyuan	104	164	159	146
白城	Baicheng	57	82	82	220
黑龙江	**Heilongjiang**	**1945**	**1566**	**1614**	
哈尔滨	Harbin	890	734	742	23
齐齐哈尔	Qiqihar	132	94	93	209
鸡西	Jixi	82	71	74	226
鹤岗	Hegang	59	44	50	243
双鸭山	Shuangyashan	55	37	48	244
大庆	Daqing	235	180	181	127
伊春	Yichun	53	31	38	262
佳木斯	Jiamusi	70	60	67	229
七台河	Qitaihe	27	27	33	266
牡丹江	Mudanjiang	182	124	110	190
黑河	Heihe	51	54	52	242
绥化	Suihua	81	86	95	207
上海	**Shanghai**	**2983**	**2662**	**2554**	
江苏	**Jiangsu**	**8893**	**9023**	**8640**	

12-1 建筑业企业单位数 续表 1

Number of Construction Enterprises continued 1

单位：个 （unit）

地名	City	2010	2016	2017	2017 排名 Ranking	地名	City	2010	2016	2017	2017 排名 Ranking
南京	Nanjing	1517	1458	1406	6	池州	Chizhou	84	120	131	174
无锡	Wuxi	598	550	562	33	宣城	Xuancheng	117	138	164	142
徐州	Xuzhou	364	436	507	39	**福建**	**Fujian**	**2180**	**3608**	**4029**	
常州	Changzhou	564	612	604	31	福州	Fuzhou	748	1174	1243	9
苏州	Suzhou	1454	1396	1359	7	厦门	Xiamen	466	809	859	18
南通	Nantong	890	900	884	17	莆田	Putian	145	295	325	68
连云港	Lianyungang	214	288	283	85	三明	Sanming	140	234	301	76
淮安	Huaian	624	547	531	35	泉州	Quanzhou	491	633	665	27
盐城	Yancheng	668	776	747	22	漳州	Zhangzhou	165	289	329	66
扬州	Yangzhou	743	686	657	28	南平	Nanping	148	277	319	70
镇江	Zhenjiang	374	367	380	59	龙岩	Longyan	187	350	424	53
泰州	Taizhou	640	633	632	29	宁德	Ningde	116	162	203	117
宿迁	Suqian	299	374	368	60	**江西**	**Jiangxi**	**1276**	**1873**	**2372**	
浙江	**Zhejiang**	**5052**	**6174**	**6231**		南昌	Nanchang	439	512	725	25
杭州	Hangzhou	1331	1474	1410	5	景德镇	Jingdezhen	54	34	38	262
宁波	Ningbo	753	973	941	16	萍乡	Pingxiang	95	69	85	216
温州	Wenzhou	547	714	761	20	九江	Jiujiang	142	147	190	121
嘉兴	Jiaxing	271	333	338	64	新余	Xinyu	60	89	102	199
湖州	Huzhou	178	251	279	89	鹰潭	Yingtan	40	38	43	252
绍兴	Shaoxing	541	731	740	24	赣州	Ganzhou	124	277	350	63
金华	Jinhua	583	723	758	21	吉安	Jian	106	151	168	136
衢州	Quzhou	197	267	307	73	宜春	Yichun	129	219	251	97
舟山	Zhoushan	118	153	157	149	抚州	Fuzhou	85	115	136	168
台州	Taizhou	408	462	475	43	上饶	Shangrao	117	240	305	74
丽水	Lishui	184	249	250	98	**山东**	**Shandong**	**6135**	**6013**	**6717**	
安徽	**Anhui**	**2432**	**2929**	**3111**		济南	Jinan	739	460	504	40
合肥	Hefei	703	901	953	14	青岛	Qingdao	640	562	679	26
芜湖	Wuhu	164	272	290	83	淄博	Zibo	477	410	434	50
蚌埠	Bengbu	128	152	167	138	枣庄	Zaozhuang	262	218	238	103
淮南	Huainan	67	109	108	194	东营	Dongying	211	229	293	78
马鞍山	Maanshan	137	139	138	164	烟台	Yantai	932	807	810	19
淮北	Huaibei	57	47	46	247	潍坊	Weifang	581	494	549	34
铜陵	Tongling	84	139	138	164	济宁	Jining	372	454	498	41
安庆	Anqing	237	264	291	81	泰安	Taian	346	320	361	62
黄山	Huangshan	76	72	67	229	威海	Weihai	380	415	463	45
滁州	Chuzhou	124	195	196	119	日照	Rizhao	227	251	293	78
阜阳	Fuyang	108	150	157	149	莱芜	Laiwu	151	126	145	157
宿州	Suzhou	100	157	158	147	临沂	Linyi	360	403	448	47
六安	Liuan	130	135	137	167	德州	Dezhou	198	203	239	102
亳州	Bozhou	34	47	75	224	聊城	Liaocheng	201	254	266	91

12-1 建筑业企业单位数 续表 2
Number of Construction Enterprises continued 2

单位：个 (unit)

地名	City	2010	2016	2017	2017 排名 Ranking	地名	City	2010	2016	2017	2017 排名 Ranking
滨州	Binzhou	216	230	309	72	常德	Changde	120	116	130	176
菏泽	Heze	189	335	415	57	张家界	Zhangjiajie	31	29	39	260
河南	**Henan**	**4294**	**5123**	**5767**		益阳	Yiyang	101	96	101	200
郑州	Zhengzhou	1250	1610	1871	1	郴州	Chenzhou	91	130	152	153
开封	Kaifeng	188	281	302	75	永州	Yongzhou	87	99	113	186
洛阳	Luoyang	383	480	516	36	怀化	Huaihua	90	94	97	205
平顶山	Pingdingshan	197	264	284	84	娄底	Loudi	111	125	133	173
安阳	Anyang	189	302	323	69	**广东**	**Guangdong**	**4249**	**5054**	**4902**	
鹤壁	Hebi	53	103	135	172	广州	Guangzhou	779	883	952	15
新乡	Xinxiang	318	468	513	37	韶关	Shaoguan	76	96	112	189
焦作	Jiaozuo	172	220	232	105	深圳	Shenzhen	808	849	989	13
濮阳	Puyang	186	239	241	100	珠海	Zhuhai	144	410	416	56
许昌	Xuchang	111	146	150	155	汕头	Shantou	212	176	178	132
漯河	Luohe	82	93	101	200	佛山	Foshan	497	431	458	46
三门峡	Sanmenxia	126	145	158	147	江门	Jiangmen	165	171	204	116
南阳	Nanyang	328	381	419	55	湛江	Zhanjiang	106	130	138	164
商丘	Shangqiu	141	201	216	112	茂名	Maoming	97	130	148	156
信阳	Xinyang	186	226	240	101	肇庆	Zhaoqing	119	86	92	210
周口	Zhoukou	162	214	232	105	惠州	Huizhou	111	119	176	133
驻马店	Zhumadian	206	242	334	65	梅州	Meizhou	146	153	163	143
湖北	**Hubei**	**2846**	**3368**	**3692**		汕尾	Shanwei	38	44	43	252
武汉	Wuhan	1349				河源	Heyuan	85	107	114	185
黄石	Huangshi	115				阳江	Yangjiang	95	109	115	182
十堰	Shiyan	132				清远	Qingyuan	80	100	110	190
宜昌	Yichang	322				东莞	Dongguan	444	542	624	30
襄阳	Xiangyang	296				中山	Zhongshan	314	310	367	61
鄂州	Ezhou	68				潮州	Chaozhou	83	59	57	239
荆门	Jingmen	91				揭阳	Jieyang	107	108	110	190
孝感	Xiaogan	131				云浮	Yunfu	45	41	40	258
荆州	Jingzhou	173				**广西**	**Guangxi**	**977**	**1203**	**1235**	
黄冈	Huanggang	224				南宁	Nanning	466	401	422	54
咸宁	Xianning	63				柳州	Liuzhou	89	85	92	210
随州	Suizhou	86				桂林	Guilin	161	134	128	177
湖南	**Hunan**	**1822**	**2067**	**2280**		梧州	Wuzhou	31	41	42	255
长沙	Changsha	517	546	585	32	北海	Beihai	47	1274	45	250
株洲	Zhuzhou	177	202	220	111	防城港	Fangchenggang	57	72	75	224
湘潭	Xiangtan	130	131	142	160	钦州	Qinzhou	50	62	81	221
衡阳	Hengyang	174	176	180	130	贵港	Guigang	48	44	48	244
邵阳	Shaoyang	116	111	136	168	玉林	Yulin	65	79	97	205
岳阳	Yueyang	209	216	255	96	百色	Baise	60	80	99	203

12-1 建筑业企业单位数 续表 3
Number of Construction Enterprises continued 3

单位：个 (unit)

地名	City	2010	2016	2017	2017 排名 Ranking
贺州	Hezhou	28	38	46	247
河池	Hechi	44	53	56	240
来宾	Laibin	36	38	47	246
崇左	Chongzuo	40	34	39	260
海南	**Hainan**	**104**	**155**	**152**	
海口	Haikou	93	118	117	181
三亚	Sanya	20	18	18	267
三沙	Sansha				
重庆	**Chongqing**	**2326**	**2577**	**2707**	
四川	**Sichuan**	**3414**	**4333**	**4501**	
成都	Chengdu	1524	1408	1733	4
自贡	Zigong	168	116	136	168
攀枝花	Panzhihua	80	80	90	212
泸州	Luzhou	188	199	257	94
德阳	Deyang	243	235	256	95
绵阳	Mianyang	272	404	426	52
广元	Guangyuan	199	179	190	121
遂宁	Suining	173	169	176	133
内江	Neijiang	130	107	113	186
乐山	Leshan	197	169	191	120
南充	Nanchong	249	249	280	88
眉山	Meishan	126	119	126	179
宜宾	Yibin	231	211	300	77
广安	Guangan	103	123	140	161
达州	Dazhou	99	125	140	161
雅安	Yaan	51	51	53	241
巴中	Bazhong	101	139	181	127
资阳	Ziyang	120	60	61	235
贵州	**Guizhou**	**550**	**891**	**1029**	
贵阳	Guiyang	268			
六盘水	Liupanshui	27			
遵义	Zunyi	94			
安顺	Anshun	19			
毕节	Bijie	45			
铜仁	Tongren	34			
云南	**Yunnan**	**1932**	**2544**	**2656**	
昆明	Kunming	2048	1297	1232	10
曲靖	Qujing	190	214	207	114
玉溪	Yuxi	151	168	187	123
保山	Baoshan	52	71	83	217
昭通	Zhaotong	90	80	81	221
丽江	Lijiang	61	58	70	228
普洱	Puer	208	114	115	182
临沧	Lincang	190	62	63	234
西藏	**Tibet**	**175**	**173**	**231**	
拉萨	Lasa	80	91	90	212
陕西	**Shaanxi**	**982**	**2114**	**2388**	
西安	Xi'an	322	882	1042	12
铜川	Tongchuan	28	36	38	262
宝鸡	Baoji	76	149	160	144
咸阳	Xianyang	61	123	103	198
渭南	Weinan	90	130	140	161
延安	Yan'an	63	154	160	144
汉中	Hanzhong	98	129	155	151
榆林	Yulin	163	419	436	48
安康	Ankang	54	122	136	168
商洛	Shangluo	54	71	94	208
甘肃	**Gansu**	**757**	**1323**	**1363**	
兰州	Lanzhou	329	470	466	44
嘉峪关	Jiayuguan	19	27	42	255
金昌	Jinchang	27	36	38	262
白银	Baiyin	53	61	59	237
天水	Tianshui	72	96	99	203
武威	Wuwei	41	73	86	215
张掖	Zhangye	60	150	167	138
平凉	Pingliang	38	65	66	231
酒泉	Jiuquan	44	81	83	217
庆阳	Qingyang	60	79	80	223
定西	Dingxi	43	85	87	214
陇南	Longnan	46	102	107	195
青海	**Qinghai**	**369**	**371**	**364**	
西宁	Xining	326		291	81
海东	Haidong			43	252
宁夏	**Ningxia**	**474**	**605**	**681**	
银川	Yinchuan	301		509	38
石嘴山	Shizuishan	45		44	251
吴忠	Wuzhong	72		100	202
固原	Guyuan	43		42	255
中卫	Zhongwei	42		66	231
新疆	**Xinjiang**	**806**	**1288**	**1157**	
乌鲁木齐	Urumqi	485	484	486	42
克拉玛依	Karamay	53	64	59	237

12-2 建筑业企业从业人员
Employees of Construction Enterprises

单位：万人 （10 000 persons）

地名	City	2010	2016	2017	2017 排名 Ranking
全国	**Nation Total**	**4160.40**	**5184.54**	**5529.63**	
北京	**Beijing**	**59.90**	**58.14**	**60.20**	
天津	**Tianjin**	**65.50**	**73.64**	**58.71**	
河北	**Hebei**	**128.60**	**130.88**	**139.47**	
石家庄	Shijiazhuang	14.50	14.53	14.19	76
唐山	Tangshan	18.70	13.62	11.79	94
秦皇岛	Qinhuangdao	5.90	4.49	4.67	163
邯郸	Handan	15.40	15.99	14.76	73
邢台	Xingtai	6.90	5.34	5.38	151
保定	Baoding	23.60	21.87	46.26	29
张家口	Zhangjiakou	7.50	6.19	3.51	178
承德	Chengde	5.80	5.90	3.98	173
沧州	Cangzhou	11.00	11.83	11.20	102
廊坊	Langfang	13.90	15.66	17.21	63
衡水	Hengshui	5.50	6.16	6.58	139
山西	**Shanxi**	**75.20**	**75.43**	**78.72**	
太原	Taiyuan	41.10	73.94	63.12	22
大同	Datong	3.70	5.21	6.28	142
阳泉	Yangquan	3.30	2.33	2.99	188
长治	Changzhi	2.90	4.65	5.55	149
晋城	Jincheng	2.10	3.04	2.70	196
朔州	Shuozhou	2.30	2.51	2.78	194
晋中	Jinzhong	4.00	5.74	6.24	144
运城	Yuncheng	4.50	5.91	6.05	145
忻州	Xinzhou	3.10	3.53	3.29	182
临汾	Linfen	6.10	3.29	3.12	186
吕梁	Lvliang	1.80	2.12	2.23	206
内蒙古	**Inner Mongolia**	**44.30**	**27.06**	**27.70**	
呼和浩特	Hohhot	8.60	5.16	4.30	166
包头	Baotou	8.30	4.29	5.04	157
乌海	Wuhai	1.00	1.92	1.47	222
赤峰	Chifeng	7.40	5.90	6.56	140
通辽	Tongliao	2.20	1.51	1.40	225
鄂尔多斯	Erdos	6.30	2.99	2.99	187
呼伦贝尔	Hulunbuir	3.40	1.75	2.46	201
巴彦淖尔	Bayannur	4.10	1.20	0.98	233
乌兰察布	Ulanqab	1.10	1.02	1.08	229
辽宁	**Liaoning**	**270.10**	**126.14**	**104.31**	
沈阳	Shenyang	67.50			
大连	Dalian	77.80			
鞍山	Anshan	17.70			
抚顺	Fushun	11.30			
本溪	Benxi	7.00			
丹东	Dandong	10.80			
锦州	Jinzhou	8.20			
营口	Yingkou	9.30			
阜新	Fuxin	4.60			
辽阳	Liaoyang	10.90			
盘锦	Panjin	8.70			
铁岭	Tieling	11.20			
朝阳	Chaoyang	13.90			
葫芦岛	Huludao	11.20			
吉林	**Jilin**	**42.00**	**57.02**	**47.38**	
长春	Changchun	19.90			
吉林	Jilin	5.00			
四平	Siping	3.90			
辽源	Liaoyuan	3.70			
通化	Tonghua	1.50			
白山	Baishan	1.50			
松原	Songyuan	3.70			
白城	Baicheng	1.30			
黑龙江	**Heilongjiang**	**56.20**	**37.36**	**35.78**	
哈尔滨	Harbin	30.10	18.39	16.95	65
齐齐哈尔	Qiqihar	3.00	1.84	1.76	214
鸡西	Jixi	2.10	1.31	1.55	220
鹤岗	Hegang	1.00	0.86	0.80	235
双鸭山	Shuangyashan	1.30	0.66	0.67	237
大庆	Daqing	6.50	4.72	4.89	160
伊春	Yichun	0.80	0.47	0.43	242
佳木斯	Jiamusi	4.00	2.79	2.75	195
七台河	Qitaihe	0.70	0.30	0.45	241
牡丹江	Mudanjiang	2.70	3.25	2.51	200
黑河	Heihe	0.90	0.84	1.06	231
绥化	Suihua	2.50	1.58	1.59	219
上海	**Shanghai**	**96.10**	**104.02**	**92.04**	
江苏	**Jiangsu**	**591.80**	**763.75**	**772.90**	

12-2 建筑业企业从业人员 续表 1

Employees of Construction Enterprises continued 1

单位：万人　　(10 000 persons)

地名	City	2010	2016	2017	2017 排名 Ranking
南京	Nanjing	60.40	83.77	75.06	14
无锡	Wuxi	25.50	19.15	21.11	55
徐州	Xuzhou	33.80	51.85	54.52	24
常州	Changzhou	36.10	46.64	47.76	28
苏州	Suzhou	56.30	46.26	46.11	30
南通	Nantong	107.20	159.84	158.40	3
连云港	Lianyungang	17.90	24.57	25.10	44
淮安	Huaian	37.80	47.48	50.37	25
盐城	Yancheng	42.40	46.50	47.86	27
扬州	Yangzhou	70.70	87.80	92.69	11
镇江	Zhenjiang	15.40	13.16	13.38	82
泰州	Taizhou	66.70	106.33	113.24	7
宿迁	Suqian	21.70	30.40	28.05	39
浙江	**Zhejiang**	**615.70**	**770.28**	**792.89**	
杭州	Hangzhou	111.70	123.74	122.47	5
宁波	Ningbo	74.40	129.55	130.76	4
温州	Wenzhou	36.40	58.06	71.31	18
嘉兴	Jiaxing	30.10	23.71	23.62	47
湖州	Huzhou	14.10	18.94	19.70	59
绍兴	Shaoxing	143.60	196.37	200.53	1
金华	Jinhua	74.00	108.10	104.98	10
衢州	Quzhou	12.00	16.90	17.12	64
舟山	Zhoushan	6.50	8.17	8.63	120
台州	Taizhou	55.70	82.34	82.60	13
丽水	Lishui	7.70	11.64	11.39	99
安徽	**Anhui**	**158.00**	**168.00**	**171.48**	
合肥	Hefei	58.90	72.15	71.74	17
芜湖	Wuhu	10.20	10.57	11.55	97
蚌埠	Bengbu	6.50	10.14	11.72	96
淮南	Huainan	5.80	2.73	2.91	192
马鞍山	Maanshan	7.90	7.87	6.95	133
淮北	Huaibei	3.50	2.18	2.45	202
铜陵	Tongling	4.30	4.78	4.96	158
安庆	Anqing	11.70	9.82	9.79	107
黄山	Huangshan	4.10	3.19	3.23	183
滁州	Chuzhou	6.40	9.22	9.80	106
阜阳	Fuyang	5.10	7.01	6.87	134
宿州	Suzhou	7.40	9.83	9.46	110
六安	Liuan	10.20	7.79	7.64	127
亳州	Bozhou	1.50	2.05	3.20	185
池州	Chizhou	3.20	3.56	3.59	177
宣城	Xuancheng	4.20	5.20	5.71	148
福建	**Fujian**	**229.60**	**325.27**	**379.36**	
福州	Fuzhou	88.50	123.86	162.91	2
厦门	Xiamen	58.80	87.24	120.77	6
莆田	Putian	7.00	19.25	21.80	53
三明	Sanming	7.70	14.33	25.67	42
泉州	Quanzhou	31.40	53.60	61.36	23
漳州	Zhangzhou	9.00	17.40	19.73	58
南平	Nanping	3.40	5.07	6.61	138
龙岩	Longyan	17.90	31.74	38.84	34
宁德	Ningde	5.90	8.15	6.82	136
江西	**Jiangxi**	**86.10**	**152.57**	**160.89**	
南昌	Nanchang	33.30		72.65	16
景德镇	Jingdezhen	2.30		1.16	227
萍乡	Pingxiang	2.90		4.18	169
九江	Jiujiang	9.90		9.41	111
新余	Xinyu	2.50		4.15	170
鹰潭	Yingtan	3.00		4.41	165
赣州	Ganzhou	7.10		11.42	98
吉安	Jian	4.70		7.20	130
宜春	Yichun	4.90		9.55	109
抚州	Fuzhou	7.30		13.94	77
上饶	Shangrao	8.30		22.83	49
山东	**Shandong**	**314.70**	**293.19**	**328.71**	
济南	Jinan	47.30	36.20	42.45	32
青岛	Qingdao	34.90	36.73	48.70	26
淄博	Zibo	32.70	28.04	29.91	38
枣庄	Zaozhuang	13.10	12.26	15.87	70
东营	Dongying	9.80	8.09	8.19	122
烟台	Yantai	26.60	21.24	23.70	46
潍坊	Weifang	28.00	21.58	22.00	51
济宁	Jining	17.80	22.67	20.91	56
泰安	Taian	29.90	26.63	27.93	40
威海	Weihai	11.20	8.76	9.68	108
日照	Rizhao	8.10	6.99	13.01	85
莱芜	Laiwu	4.40	3.70	4.10	171
临沂	Linyi	18.60	25.73	26.41	41
德州	Dezhou	8.40	8.30	9.10	116
聊城	Liaocheng	5.40	7.19	7.28	129

12-2 建筑业企业从业人员 续表 2

Employees of Construction Enterprises continued 2

单位：万人 （10 000 persons）

地名	City	2010	2016	2017	2017 排名 Ranking	地名	City	2010	2016	2017	2017 排名 Ranking
滨州	Binzhou	6.80	5.71	5.76	147	常德	Changde	8.20	11.07	11.90	93
菏泽	Heze	11.70	13.26	13.70	79	张家界	Zhangjiajie	1.30	1.37	1.66	218
河南	**Henan**	**235.00**	**260.90**	**275.89**		益阳	Yiyang	4.70	7.45	9.09	117
郑州	Zhengzhou	58.40	67.71	67.94	21	郴州	Chenzhou	3.90	9.46	8.99	119
开封	Kaifeng	8.20	11.59	12.57	87	永州	Yongzhou	5.80	7.79	13.64	80
洛阳	Luoyang	27.00	23.74	25.33	43	怀化	Huaihua	2.90	4.35	4.89	159
平顶山	Pingdingshan	5.80	5.41	6.04	146	娄底	Loudi	5.50	10.84	11.99	91
安阳	Anyang	23.70	28.75	34.50	35	**广东**	**Guangdong**	**196.30**	**246.17**	**260.70**	
鹤壁	Hebi	3.10	2.63	3.21	184	广州	Guangzhou	39.70	48.28	68.76	20
新乡	Xinxiang	21.10	21.82	22.66	50	韶关	Shaoguan	5.70	6.84	7.09	132
焦作	Jiaozuo	5.80	3.72	3.50	179	深圳	Shenzhen	45.60	66.80	73.75	15
濮阳	Puyang	8.20	9.34	10.07	105	珠海	Zhuhai	4.40	12.24	13.41	81
许昌	Xuchang	5.30	4.27	4.25	167	汕头	Shantou	14.40	14.46	15.94	68
漯河	Luohe	3.90	2.87	2.94	190	佛山	Foshan	11.00	9.06	9.03	118
三门峡	Sanmenxia	5.10	3.74	3.66	176	江门	Jiangmen	8.50	6.53	7.16	131
南阳	Nanyang	15.20	14.00	14.43	75	湛江	Zhanjiang	10.30	19.01	21.79	54
商丘	Shangqiu	9.20	13.86	14.62	74	茂名	Maoming	8.30	12.79	15.91	69
信阳	Xinyang	13.60	17.01	18.50	60	肇庆	Zhaoqing	4.10	3.83	3.75	175
周口	Zhoukou	9.20	12.74	13.27	83	惠州	Huizhou	3.20	3.98	4.65	164
驻马店	Zhumadian	10.90	16.36	16.89	67	梅州	Meizhou	9.10	6.88	8.57	121
湖北	**Hubei**	**198.60**	**269.64**	**289.10**		汕尾	Shanwei	1.30	1.17	0.94	234
武汉	Wuhan	65.30				河源	Heyuan	1.70	2.73	3.31	181
黄石	Huangshi	6.60				阳江	Yangjiang	5.50	5.37	5.07	156
十堰	Shiyan	7.10				清远	Qingyuan	3.40	4.20	4.19	168
宜昌	Yichang	14.30				东莞	Dongguan	5.70	9.35	12.98	86
襄阳	Xiangyang	10.50				中山	Zhongshan	5.30	3.98	5.38	152
鄂州	Ezhou	4.20				潮州	Chaozhou	1.50	1.93	1.72	216
荆门	Jingmen	3.20				揭阳	Jieyang	5.70	5.10	4.68	162
孝感	Xiaogan	8.20				云浮	Yunfu	1.80	1.65	1.89	213
荆州	Jingzhou	7.50				**广西**	**Guangxi**	**59.10**	**113.29**	**126.15**	
黄冈	Huanggang	18.60				南宁	Nanning	19.60	36.60	45.75	31
咸宁	Xianning	3.00				柳州	Liuzhou	12.70	18.54	18.40	61
随州	Suizhou	2.60				桂林	Guilin	5.50	6.17	9.41	111
湖南	**Hunan**	**150.40**	**219.96**	**247.28**		梧州	Wuzhou	1.20	1.46	1.41	224
长沙	Changsha	68.50	107.18	112.51	9	北海	Beihai	1.40	2.85	2.29	205
株洲	Zhuzhou	10.60	17.30	33.41	36	防城港	Fangchenggang	1.80	3.13	2.34	204
湘潭	Xiangtan	8.70	14.22	15.43	72	钦州	Qinzhou	4.80	18.44	20.73	57
衡阳	Hengyang	12.60	14.89	16.93	66	贵港	Guigang	1.50	3.10	2.14	208
邵阳	Shaoyang	8.90	10.06	11.75	95	玉林	Yulin	6.90	7.57	9.12	115
岳阳	Yueyang	7.60	11.24	13.27	84	百色	Baise	1.50	2.65	1.13	228

12-2 建筑业企业从业人员 续表 3
Employees of Construction Enterprises continued 3

单位：万人 （10 000 persons）

地名	City	2010	2016	2017	2017 排名 Ranking
贺州	Hezhou	0.70	0.73	0.78	236
河池	Hechi	1.60	1.67	2.02	210
来宾	Laibin	0.70	1.86	2.64	197
崇左	Chongzuo	0.60	2.53	1.22	226
海南	**Hainan**	**11.00**	**7.42**	**7.42**	
海口	Haikou	8.20	5.02	5.27	153
三亚	Sanya	0.70	0.63	0.64	239
三沙	Sansha				
重庆	**Chongqing**	**139.30**	**209.08**	**224.79**	
四川	**Sichuan**	**292.20**	**291.82**	**352.83**	
成都	Chengdu	130.10	94.29	112.91	8
自贡	Zigong	6.70	8.56	10.44	104
攀枝花	Panzhihua	7.00	3.97	7.30	128
泸州	Luzhou	17.30	31.53	41.03	33
德阳	Deyang	16.50	8.65	9.40	113
绵阳	Mianyang	12.60	20.02	23.77	45
广元	Guangyuan	4.20	6.08	7.82	125
遂宁	Suining	8.40	10.45	11.29	101
内江	Neijiang	11.70	9.24	10.90	103
乐山	Leshan	5.80	6.39	8.10	123
南充	Nanchong	17.30	18.73	23.14	48
眉山	Meishan	7.00	10.55	11.93	92
宜宾	Yibin	8.50	11.62	15.56	71
广安	Guangan	11.60	12.81	13.79	78
达州	Dazhou	12.50	10.56	12.20	88
雅安	Yaan	1.10	1.82	2.98	189
巴中	Bazhong	6.10	16.04	21.91	52
资阳	Ziyang	5.80	6.21	6.84	135
贵州	**Guizhou**	**33.80**	**67.53**	**77.64**	
贵阳	Guiyang	22.70			
六盘水	Liupanshui	1.00			
遵义	Zunyi	3.90			
安顺	Anshun	0.70			
毕节	Bijie	0.70			
铜仁	Tongren	1.40			
云南	**Yunnan**	**78.60**	**115.63**	**152.72**	
昆明	Kunming	48.00	39.07	92.10	12
曲靖	Qujing	7.80	7.58	12.16	89
玉溪	Yuxi	2.90	3.98	5.50	150
保山	Baoshan	3.30	4.94	6.30	141
昭通	Zhaotong	1.90	1.88	2.59	198
丽江	Lijiang	0.90	0.91	1.47	221
普洱	Puer	4.40	3.32	5.11	155
临沧	Lincang	5.30	1.57	1.93	212
西藏	**Tibet**		**2.84**	**3.69**	
拉萨	Lasa				
陕西	**Shaanxi**	**104.70**	**118.32**	**137.98**	
西安	Xi'an	53.90	68.59	70.32	19
铜川	Tongchuan	1.20	1.19	1.44	223
宝鸡	Baoji	14.00	13.89	11.30	100
咸阳	Xianyang	12.00	13.26	12.09	90
渭南	Weinan	7.90	7.39	7.93	124
延安	Yan'an	2.00	5.59	4.69	161
汉中	Hanzhong	4.20	6.09	6.73	137
榆林	Yulin	3.50	7.79	9.18	114
安康	Ankang	2.00	5.03	6.25	143
商洛	Shangluo	3.10	4.65	5.17	154
甘肃	**Gansu**	**45.80**	**56.58**	**56.88**	
兰州	Lanzhou	13.20	17.31	17.62	62
嘉峪关	Jiayuguan	0.50	0.43	0.50	240
金昌	Jinchang	2.10	2.58	2.15	207
白银	Baiyin	2.80	2.80	2.36	203
天水	Tianshui	2.90	4.08	3.98	172
武威	Wuwei	2.50	3.57	2.81	193
张掖	Zhangye	1.40	2.46	1.97	211
平凉	Pingliang	4.20	4.28	3.48	180
酒泉	Jiuquan	4.10	2.64	1.76	215
庆阳	Qingyang	3.90	4.69	3.91	174
定西	Dingxi	3.20	3.66	2.91	191
陇南	Longnan	1.30	1.85	1.67	217
青海	**Qinghai**	**9.00**	**11.44**	**11.00**	
西宁	Xining	6.30			
海东	Haidong				
宁夏	**Ningxia**	**9.80**	**9.93**	**12.42**	
银川	Yinchuan	5.80		7.69	126
石嘴山	Shizuishan	0.80		0.67	238
吴忠	Wuzhong	1.60		2.02	209
固原	Guyuan	0.70		1.07	230
中卫	Zhongwei	0.90		1.03	232
新疆	**Xinjiang**	**56.50**	**79.07**	**42.63**	
乌鲁木齐	Urumqi	22.70	28.37	31.03	37
克拉玛依	Karamay	2.80	2.79	2.59	199

12-3 建筑业企业总产值
Gross Production of Construction

单位：亿元 （100 million yuan）

地名	City	2010	2016	2017	2017 排名 Ranking
全国	**Nation Total**	**96031.1**	**193566.8**	**213943.6**	
北京	**Beijing**	**5196.0**	**8841.2**	**9736.7**	
天津	**Tianjin**	**2424.5**	**4891.8**	**4262.4**	
河北	**Hebei**	**3231.5**	**5517.7**	**5656.0**	
石家庄	Shijiazhuang	558.7	1091.3	1238.7	33
唐山	Tangshan	563.8	606.6	597.2	64
秦皇岛	Qinhuangdao	166.1	184.8	199.0	146
邯郸	Handan	314.7	473.5	481.6	79
邢台	Xingtai	87.6	154.6	159.6	166
保定	Baoding	602.8	1417.6	1383.1	30
张家口	Zhangjiakou	204.0	200.3	180.1	153
承德	Chengde	139.7	195.1	204.8	145
沧州	Cangzhou	192.6	451.6	462.6	81
廊坊	Langfang	342.8	594.2	592.6	67
衡水	Hengshui	58.9	148.0	156.0	168
山西	**Shanxi**	**2143.5**	**3318.5**	**3566.6**	
太原	Taiyuan	1343.9	2335.1	2440.5	20
大同	Datong	96.6	130.4	161.9	163
阳泉	Yangquan	100.8	55.0	68.1	222
长治	Changzhi	62.2	147.6	184.5	151
晋城	Jincheng	35.7	56.1	56.3	227
朔州	Shuozhou	48.0	55.9	59.8	225
晋中	Jinzhong	140.5	223.7	241.2	132
运城	Yuncheng	93.7	127.7	139.0	180
忻州	Xinzhou	41.0	68.1	78.8	214
临汾	Linfen	152.7	73.3	82.2	212
吕梁	Lvliang	28.2	45.6	54.2	230
内蒙古	**Inner Mongolia**	**1125.6**	**1220.8**	**1122.2**	
呼和浩特	Hohhot	201.8	257.5	254.6	130
包头	Baotou	192.2	201.5	210.3	144
乌海	Wuhai	40.1	60.1	42.8	242
赤峰	Chifeng	133.1	176.6	166.0	161
通辽	Tongliao	63.7	51.8	44.3	239
鄂尔多斯	Erdos	275.8	170.9	152.0	171
呼伦贝尔	Hulunbuir	69.6	122.9	86.9	208
巴彦淖尔	Bayannur	73.6	51.2	48.1	234
乌兰察布	Ulanqab	26.1	44.4	44.7	238
辽宁	**Liaoning**	**4690.3**	**3926.7**	**3688.3**	
沈阳	Shenyang	1055.2	13726.3	1339.7	31
大连	Dalian	1321.8	10015.6	872.5	44
鞍山	Anshan	373.2	2575.1	226.7	138
抚顺	Fushun	228.2	849.1	92.2	202
本溪	Benxi	159.4	968.0	107.0	195
丹东	Dandong	193.3	1485.7	121.1	187
锦州	Jinzhou	209.5	1426.8	130.3	185
营口	Yingkou	155.9	1745.1	181.2	152
阜新	Fuxin	85.7	564.6	50.2	233
辽阳	Liaoyang	162.1	1731.8	186.2	150
盘锦	Panjin	210.7	1369.7	160.8	165
铁岭	Tieling	206.8	829.7	54.4	228
朝阳	Chaoyang	165.7	1088.1	76.5	217
葫芦岛	Huludao	162.9	894.2	89.4	204
吉林	**Jilin**	**1350.2**	**2283.6**	**2218.4**	
长春	Changchun	669.8	1182.0	1267.3	32
吉林	Jilin	159.0	362.9	361.5	96
四平	Siping	59.0	84.1	79.4	213
辽源	Liaoyuan	47.0	48.1	50.2	232
通化	Tonghua	138.3	180.5	150.0	173
白山	Baishan	44.3	37.0	28.6	253
松原	Songyuan	146.9	241.6	114.3	191
白城	Baicheng	25.4	49.6	56.5	226
黑龙江	**Heilongjiang**	**1769.7**	**1716.6**	**1560.1**	
哈尔滨	Harbin	1081.3			
齐齐哈尔	Qiqihar	64.5			
鸡西	Jixi	36.5			
鹤岗	Hegang	21.9			
双鸭山	Shuangyashan	26.1			
大庆	Daqing	230.6			
伊春	Yichun	19.3			
佳木斯	Jiamusi	71.9			
七台河	Qitaihe	15.9			
牡丹江	Mudanjiang	103.0			
黑河	Heihe	26.7			
绥化	Suihua	58.6			
上海	**Shanghai**	**4300.2**	**6046.2**	**6426.4**	
江苏	**Jiangsu**	**12405.9**	**25791.8**	**27956.7**	

12-3 建筑业企业总产值 续表 1
Gross Production of Construction continued 1

单位：亿元 （100 million yuan）

地名	City	2010	2016	2017	2017 排名 Ranking
南京	Nanjing	1643.3	3094.7	3260.7	13
无锡	Wuxi	499.5	633.5	742.6	53
徐州	Xuzhou	535.7	1387.8	1493.0	26
常州	Changzhou	735.5	1273.4	1390.4	29
苏州	Suzhou	1275.6	1855.9	1954.8	22
南通	Nantong	2731.2	6619.4	7337.1	3
连云港	Lianyungang	330.2	648.7	712.2	58
淮安	Huaian	571.9	1337.3	1396.6	28
盐城	Yancheng	649.4	1422.7	1673.0	25
扬州	Yangzhou	1553.4	3346.5	3635.7	8
镇江	Zhenjiang	321.2	530.7	495.0	78
泰州	Taizhou	1264.1	2924.4	3173.0	16
宿迁	Suqian	294.9	716.8	692.4	59
浙江	**Zhejiang**	**12210.9**	**24989.4**	**27235.8**	
杭州	Hangzhou	2663.8	4105.3	4323.7	7
宁波	Ningbo	1425.1	4231.1	4612.4	5
温州	Wenzhou	610.8	1534.8	1838.9	24
嘉兴	Jiaxing	589.9	904.9	1056.4	35
湖州	Huzhou	354.2	672.3	781.5	47
绍兴	Shaoxing	3263.4	6935.5	7448.1	2
金华	Jinhua	1566.7	3263.4	3472.2	10
衢州	Quzhou	225.6	426.8	461.0	82
舟山	Zhoushan	133.8	267.6	311.2	118
台州	Taizhou	1034.4	2330.1	2569.7	19
丽水	Lishui	141.1	317.4	360.7	98
安徽	**Anhui**	**2865.0**	**6047.3**	**6829.7**	
合肥	Hefei	1359.6	3152.4	3462.2	11
芜湖	Wuhu	250.9	454.6	515.3	76
蚌埠	Bengbu	118.1	436.7	497.8	77
淮南	Huainan	142.9	101.5	115.0	190
马鞍山	Maanshan	160.6	306.0	357.9	101
淮北	Huaibei	47.7	34.0	41.0	244
铜陵	Tongling	60.4	135.2	145.5	175
安庆	Anqing	111.3	188.3	223.2	139
黄山	Huangshan	41.3	50.0	52.8	231
滁州	Chuzhou	94.8	284.7	360.2	100
阜阳	Fuyang	74.7	196.9	212.1	143
宿州	Suzhou	85.0	257.5	308.8	119
六安	Liuan	114.1	154.4	173.1	156
亳州	Bozhou	18.5	55.0	92.8	200
池州	Chizhou	46.5	109.0	118.6	188
宣城	Xuancheng	61.9	130.9	153.3	169
福建	**Fujian**	**3062.2**	**8531.4**	**9993.7**	
福州	Fuzhou	1161.5			
厦门	Xiamen	558.0			
莆田	Putian	125.4			
三明	Sanming	156.4			
泉州	Quanzhou	508.5			
漳州	Zhangzhou	157.2			
南平	Nanping	61.0			
龙岩	Longyan	247.9			
宁德	Ningde	86.3			
江西	**Jiangxi**	**1691.5**	**5179.0**	**6166.8**	
南昌	Nanchang	792.4	2629.7	3184.9	15
景德镇	Jingdezhen	38.4	33.3	27.7	254
萍乡	Pingxiang	47.0	103.7	131.2	184
九江	Jiujiang	205.5	399.0	454.2	83
新余	Xinyu	59.2	137.9	167.0	160
鹰潭	Yingtan	65.2	108.4	101.2	198
赣州	Ganzhou	113.1	305.3	361.2	97
吉安	Jian	60.5	247.9	289.4	122
宜春	Yichun	69.6	263.0	317.5	114
抚州	Fuzhou	102.2	349.9	406.5	86
上饶	Shangrao	138.5	605.0	731.8	55
山东	**Shandong**	**55496.6**	**10087.4**	**11477.8**	
济南	Jinan	894.3	1864.8	2218.9	21
青岛	Qingdao	813.7	1509.6	1879.4	23
淄博	Zibo	505.3	898.6	969.9	39
枣庄	Zaozhuang	159.2	270.4	312.6	116
东营	Dongying	238.3	262.6	277.8	125
烟台	Yantai	500.9	706.0	731.2	56
潍坊	Weifang	447.4	806.0	899.1	41
济宁	Jining	289.5	714.5	734.7	54
泰安	Taian	486.0	648.2	766.3	50
威海	Weihai	166.8	287.8	319.0	113
日照	Rizhao	147.9	293.1	355.1	102
莱芜	Laiwu	45.1	80.0	82.5	211
临沂	Linyi	287.6	748.2	872.4	45
德州	Dezhou	129.5	307.7	353.5	103
聊城	Liaocheng	102.8	223.7	251.7	131

12-3　建筑业企业总产值　续表 2

Gross Production of Construction continued 2

单位：亿元　　(100 million yuan)

地名	City	2010	2016	2017	2017 排名 Ranking	地名	City	2010	2016	2017	2017 排名 Ranking
滨州	Binzhou	148.0	212.4	178.4	155	常德	Changde	114.7	293.2	340.1	108
菏泽	Heze	134.1	253.9	275.4	126	张家界	Zhangjiajie	25.5	32.0	43.0	240
河南	**Henan**	**4400.6**	**8808.0**	**10086.6**		益阳	Yiyang	67.5	222.2	260.5	128
郑州	Zhengzhou	1352.3	2891.1	3495.6	9	郴州	Chenzhou	76.3	269.7	313.9	115
开封	Kaifeng	105.8	242.0	352.4	104	永州	Yongzhou	77.7	206.1	239.7	134
洛阳	Luoyang	877.7	1323.3	1119.4	34	怀化	Huaihua	62.4	128.7	136.9	181
平顶山	Pingdingshan	88.7	127.0	156.8	167	娄底	Loudi	85.0	253.2	296.2	121
安阳	Anyang	319.1	771.1	895.1	42	**广东**	**Guangdong**	**4742.1**	**9805.0**	**11372.1**	
鹤壁	Hebi	34.3	67.7	84.8	209	广州	Guangzhou	1296.2	2832.5	3234.9	14
新乡	Xinxiang	238.7	490.1	592.9	66	韶关	Shaoguan	102.8	179.7	194.5	149
焦作	Jiaozuo	87.5	110.6	89.2	206	深圳	Shenzhen	1461.0	2392.1	2870.0	18
濮阳	Puyang	139.0	251.8	282.2	124	珠海	Zhuhai	100.8	566.8	751.0	51
许昌	Xuchang	85.0	138.2	161.7	164	汕头	Shantou	219.1	453.8	519.6	75
漯河	Luohe	35.3	54.6	65.8	223	佛山	Foshan	315.4	509.3	538.4	72
三门峡	Sanmenxia	82.4	134.0	165.7	162	江门	Jiangmen	119.2	240.9	284.3	123
南阳	Nanyang	197.8	376.5	422.0	85	湛江	Zhanjiang	168.1	535.4	612.9	63
商丘	Shangqiu	170.4	424.8	530.9	73	茂名	Maoming	134.7	570.8	768.5	48
信阳	Xinyang	207.2	482.7	561.5	70	肇庆	Zhaoqing	99.4	117.9	142.6	178
周口	Zhoukou	184.1	403.1	473.9	80	惠州	Huizhou	69.8	160.9	198.9	147
驻马店	Zhumadian	175.5	480.4	590.8	68	梅州	Meizhou	125.9	267.7	302.3	120
湖北	**Hubei**	**4344.4**	**11862.4**	**13390.7**		汕尾	Shanwei	15.4	21.7	26.4	255
武汉	Wuhan	2344.1	6980.4	8063.2	1	河源	Heyuan	20.7	92.4	116.4	189
黄石	Huangshi	146.9	329.6	396.0	88	阳江	Yangjiang	66.2	103.2	111.2	192
十堰	Shiyan	179.5	388.9	429.8	84	清远	Qingyuan	52.8	110.5	132.0	183
宜昌	Yichang	325.6	901.4	954.5	40	东莞	Dongguan	122.1	267.2	322.6	112
襄阳	Xiangyang	313.4	826.0	886.8	43	中山	Zhongshan	133.7	166.6	217.2	142
鄂州	Ezhou	54.3	145.7	167.6	159	潮州	Chaozhou	26.0	44.0	45.0	237
荆门	Jingmen	47.2	144.6	152.7	170	揭阳	Jieyang	75.1	134.1	143.4	177
孝感	Xiaogan	132.4	425.3	394.4	89	云浮	Yunfu	17.9	37.4	39.6	245
荆州	Jingzhou	107.4	233.3	260.1	129	**广西**	**Guangxi**	**1222.3**	**3434.3**	**4210.1**	
黄冈	Huanggang	292.9	874.9	978.8	37	南宁	Nanning	466.4	1185.4	1469.1	27
咸宁	Xianning	48.3	138.4	167.8	158	柳州	Liuzhou	241.1	623.5	717.3	57
随州	Suizhou	39.3	90.2	103.4	196	桂林	Guilin	129.2	308.2	349.9	105
湖南	**Hunan**	**3161.7**	**7304.2**	**8423.0**		梧州	Wuzhou	28.6	31.7	35.9	251
长沙	Changsha	1740.2	3786.5	4374.6	6	北海	Beihai	33.5	78.5	94.8	199
株洲	Zhuzhou	210.9	622.5	690.2	60	防城港	Fangchenggang	41.3	111.1	143.4	176
湘潭	Xiangtan	149.0	331.4	378.7	91	钦州	Qinzhou	61.2	476.2	595.7	65
衡阳	Hengyang	250.9	482.5	539.5	71	贵港	Guigang	23.6	112.7	141.8	179
邵阳	Shaoyang	134.1	325.6	382.6	90	玉林	Yulin	110.5	314.5	376.8	92
岳阳	Yueyang	149.4	302.9	372.9	94	百色	Baise	22.2	52.7	69.8	221

12-3 建筑业企业总产值 续表 3

Gross Production of Construction continued 3

单位：亿元 （100 million yuan）

地名	City	2010	2016	2017	2017 排名 Ranking
贺州	Hezhou	7.3	18.2	25.7	256
河池	Hechi	26.7	43.0	72.7	219
来宾	Laibin	169.2	61.0	75.3	218
崇左	Chongzuo	12.1	31.6	41.3	243
海南	**Hainan**	**199.5**	**307.8**	**322.8**	
海口	Haikou	143.1	218.7	240.3	133
三亚	Sanya	23.5	27.7	36.0	250
三沙	Sansha				
重庆	**Chongqing**	**2534.3**	**7035.8**	**7605.7**	
四川	**Sichuan**	**4200.9**	**9959.7**	**11400.3**	
成都	Chengdu	2097.4	4431.5	4959.6	4
自贡	Zigong	85.1	243.2	311.2	117
攀枝花	Panzhihua	125.7	200.1	219.3	141
泸州	Luzhou	176.0	761.6	1026.2	36
德阳	Deyang	253.8	303.4	361.8	95
绵阳	Mianyang	186.2	440.8	568.7	69
广元	Guangyuan	51.6	145.8	178.4	154
遂宁	Suining	105.1	248.1	330.9	110
内江	Neijiang	105.4	255.9	264.1	127
乐山	Leshan	77.6	179.5	236.0	135
南充	Nanchong	215.1	602.9	766.3	49
眉山	Meishan	108.8	303.8	343.7	106
宜宾	Yibin	96.4	267.3	360.6	99
广安	Guangan	156.0	443.9	525.1	74
达州	Dazhou	135.0	346.7	402.8	87
雅安	Yaan	11.5	33.8	45.5	236
巴中	Bazhong	113.2	481.5	644.2	62
资阳	Ziyang	68.8	187.6	222.0	140
贵州	**Guizhou**	**623.0**	**2363.0**	**2933.0**	
贵阳	Guiyang	469.1			
六盘水	Liupanshui	12.9			
遵义	Zunyi	55.9			
安顺	Anshun	4.9			
毕节	Bijie	6.5			
铜仁	Tongren	12.7			
云南	**Yunnan**	**1511.9**	**3867.2**	**4726.4**	
昆明	Kunming	1120.9	2433.6	2929.4	17
曲靖	Qujing	133.8	263.9	343.6	107
玉溪	Yuxi	39.6	143.9	197.5	148
保山	Baoshan	30.4	107.5	151.0	172
昭通	Zhaotong	30.5	61.1	91.7	203

地名	City	2010	2016	2017	2017 排名 Ranking
丽江	Lijiang	21.3	31.8	37.2	247
普洱	Puer	104.1	109.9	134.5	182
临沧	Lincang	77.0	55.1	60.5	224
西藏	**Tibet**	**121.9**	**111.3**	**147.9**	
拉萨	Lasa	103.7	68.1	83.1	210
陕西	**Shaanxi**	**3063.6**	**5329.2**	**6227.5**	
西安	Xi'an	1820.3	2877.5	3304.5	12
铜川	Tongchuan	26.1	31.4	35.1	252
宝鸡	Baoji	264.2	637.0	830.8	46
咸阳	Xianyang	389.9	656.1	682.1	61
渭南	Weinan	221.1	276.9	337.7	109
延安	Yan'an	54.3	116.8	124.8	186
汉中	Hanzhong	52.3	178.2	229.9	137
榆林	Yulin	108.9	181.1	234.9	136
安康	Ankang	30.2	119.7	149.2	174
商洛	Shangluo	59.4	142.6	168.6	157
甘肃	**Gansu**	**752.0**	**1947.2**	**1825.4**	
兰州	Lanzhou	334.9	1003.2	971.3	38
嘉峪关	Jiayuguan	15.1	24.3	23.2	257
金昌	Jinchang	48.4	103.0	107.7	194
白银	Baiyin	37.2	55.5	47.9	235
天水	Tianshui	33.3	102.8	109.7	193
武威	Wuwei	33.6	96.1	89.2	205
张掖	Zhangye	21.9	55.7	54.3	229
平凉	Pingliang	32.1	77.1	76.7	216
酒泉	Jiuquan	74.5	137.2	87.1	207
庆阳	Qingyang	50.6	105.3	92.6	201
定西	Dingxi	33.3	75.0	70.2	220
陇南	Longnan	10.6	33.6	36.1	249
青海	**Qinghai**	**279.6**	**410.6**	**406.9**	
西宁	Xining	225.6		323.2	111
海东	Haidong			37.1	248
宁夏	**Ningxia**	**342.7**	**511.3**	**549.2**	
银川	Yinchuan	225.9		373.5	93
石嘴山	Shizuishan	36.9		17.2	258
吴忠	Wuzhong	41.6		77.3	215
固原	Guyuan	16.4		38.4	246
中卫	Zhongwei	22.0		42.8	241
新疆	**Xinjiang**	**969.5**	**2558.2**	**2418.7**	
乌鲁木齐	Urumqi	413.1	666.6	744.8	52
克拉玛依	Karamay	75.5	71.2	102.4	197

12-4 建筑业企业房屋建筑施工面积
Floor Space of Buildings under Construction

单位：万平方米　　　　(10 000 sq.m)

地名	City	2010	2016	2017	2017 排名 Ranking	地名	City	2010	2016	2017	2017 排名 Ranking
全国	**Nation Total**	**708023.5**	**1264216.3**	**1318374.1**		沈阳	Shenyang	5733.0			
北京	**Beijing**	**29440.4**	**61097.5**	**65290.1**		大连	Dalian	8664.6			
天津	**Tianjin**	**7564.3**	**17036.2**	**15081.2**		鞍山	Anshan	2381.8			
河北	**Hebei**	**23471.5**	**34616.1**	**34565.9**		抚顺	Fushun	1205.9			
石家庄	Shijiazhuang	3863.0	7056.4	6777.7	38	本溪	Benxi	779.5			
唐山	Tangshan	3630.9	3417.6	3436.5	63	丹东	Dandong	856.5			
秦皇岛	Qinhuangdao	1200.8	964.3	992.3	155	锦州	Jinzhou	1322.5			
邯郸	Handan	2506.3	3730.8	3641.1	60	营口	Yingkou	1115.6			
邢台	Xingtai	808.3	1464.1	1343.4	137	阜新	Fuxin	608.3			
保定	Baoding	4394.3	9143.6	10505.9	26	辽阳	Liaoyang	539.8			
张家口	Zhangjiakou	1658.9	1584.3	1255.9	143	盘锦	Panjin	525.9			
承德	Chengde	916.9	778.7	769.0	173	铁岭	Tieling	1254.5			
沧州	Cangzhou	1573.5	1814.4	1853.1	111	朝阳	Chaoyang	1010.4			
廊坊	Langfang	2221.8	3428.1	2733.2	75	葫芦岛	Huludao	808.7			
衡水	Hengshui	696.9	1233.9	1257.9	142	**吉林**	**Jilin**	**5900.7**	**10634.4**	**9336.2**	
山西	**Shanxi**	**7289.5**	**14620.6**	**15861.8**		长春	Changchun	2283.7	5709.2	5416.4	45
太原	Taiyuan	3349.0	9937.0	10773.3	25	吉林	Jilin	514.7	1511.8	1411.7	133
大同	Datong	544.5	592.9	771.8	171	四平	Siping	326.3	429.5	332.6	214
阳泉	Yangquan	352.9	273.6	283.5	216	辽源	Liaoyuan	255.0	363.4	196.7	227
长治	Changzhi	522.5	1159.4	1393.5	135	通化	Tonghua	845.1	695.0	446.7	202
晋城	Jincheng	191.7	376.3	352.8	211	白山	Baishan	244.6	218.7	172.7	233
朔州	Shuozhou	146.0	108.2	120.7	237	松原	Songyuan	617.8	834.5	455.9	200
晋中	Jinzhong	418.9	621.7	634.2	183	白城	Baicheng	147.1	191.4	247.4	220
运城	Yuncheng	525.0	717.1	671.1	178	**黑龙江**	**Heilongjiang**	**7170.7**	**5404.1**	**4768.7**	
忻州	Xinzhou	271.4	335.3	347.2	212	哈尔滨	Harbin	3856.9			
临汾	Linfen	473.1	173.7	193.9	228	齐齐哈尔	Qiqihar	390.9			
吕梁	Lvliang	494.6	325.4	319.9	215	鸡西	Jixi	174.4			
内蒙古	**Inner Mongolia**	**7577.9**	**6296.0**	**5443.9**		鹤岗	Hegang	254.4			
呼和浩特	Hohhot	1333.6	1170.7	858.9	168	双鸭山	Shuangyashan	184.3			
包头	Baotou	1453.5	1333.2	1466.3	129	大庆	Daqing	297.2			
乌海	Wuhai	334.3	255.1	211.2	224	伊春	Yichun	169.4			
赤峰	Chifeng	1132.0	1042.0	1143.6	146	佳木斯	Jiamusi	529.0			
通辽	Tongliao	382.1	359.1	209.0	225	七台河	Qitaihe	90.2			
鄂尔多斯	Erdos	957.6	253.0	233.4	221	牡丹江	Mudanjiang	526.1			
呼伦贝尔	Hulunbuir	405.9	593.0	418.2	205	黑河	Heihe	177.4			
巴彦淖尔	Bayannur	697.4	316.1	269.5	218	绥化	Suihua	432.5			
乌兰察布	Ulanqab	289.9	566.8	404.0	207	**上海**	**Shanghai**	**22996.8**	**36019.7**	**41197.5**	
辽宁	**Liaoning**	**26807.0**	**20390.7**	**16506.0**		**江苏**	**Jiangsu**	**119035.5**	**221493.6**	**232034.2**	

12-4　建筑业企业房屋建筑施工面积　续表 1
Floor Space of Buildings under Construction　continued 1

单位：万平方米　　　　(10 000 sq.m)

地名	City	2010	2016	2017	2017 排名 Ranking
南京	Nanjing	10639.1	19228.8	22313.6	14
无锡	Wuxi	4146.3	3133.5	3194.2	67
徐州	Xuzhou	4872.4	11880.4	11642.8	23
常州	Changzhou	6225.5	9236.2	9572.7	28
苏州	Suzhou	8323.9	9681.8	9340.5	29
南通	Nantong	35745.3	71731.8	77232.6	1
连云港	Lianyungang	2637.2	5309.1	5980.6	42
淮安	Huaian	6716.4	12889.1	14089.2	18
盐城	Yancheng	7030.3	12769.7	11687.3	22
扬州	Yangzhou	13578.1	26807.9	27495.2	9
镇江	Zhenjiang	1682.2	2406.8	2077.9	95
泰州	Taizhou	14830.5	30128.8	31638.1	5
宿迁	Suqian	2608.5	6289.8	5769.5	43
浙江	**Zhejiang**	**123587.0**	**198401.2**	**205794.8**	
杭州	Hangzhou	22650.4	27220.7	25617.4	10
宁波	Ningbo	14288.6	26786.2	27880.6	8
温州	Wenzhou	7009.4	12027.6	12716.3	21
嘉兴	Jiaxing	6186.5	6892.0	7621.1	35
湖州	Huzhou	2941.6	4009.8	4268.0	53
绍兴	Shaoxing	34390.6	58300.6	61021.1	2
金华	Jinhua	19075.1	39918.9	42367.0	4
衢州	Quzhou	2229.6	2654.2	2631.8	77
舟山	Zhoushan	1231.7	1392.3	1301.1	139
台州	Taizhou	12370.9	17587.0	18814.9	16
丽水	Lishui	1212.6	1611.9	1615.8	119
安徽	**Anhui**	**23295.7**	**40126.4**	**44221.3**	
合肥	Hefei	9008.1	19892.3	23874.5	12
芜湖	Wuhu	1829.5	2328.0	2535.7	80
蚌埠	Bengbu	852.7	3402.6	3098.2	69
淮南	Huainan	1752.0	404.7	475.6	196
马鞍山	Maanshan	1024.6	2034.6	2050.1	98
淮北	Huaibei	234.1	214.9	171.6	234
铜陵	Tongling	579.7	893.3	872.1	163
安庆	Anqing	1630.4	1828.0	1583.7	121
黄山	Huangshan	622.4	487.3	455.9	201
滁州	Chuzhou	902.5	1953.8	2073.9	96
阜阳	Fuyang	848.4	2153.1	1978.1	103
宿州	Suzhou	537.0	1112.1	1134.2	147
六安	Liuan	1329.4	1229.3	1228.9	144
亳州	Bozhou	185.4	386.9	767.6	174
池州	Chizhou	422.7	775.4	837.3	169
宣城	Xuancheng	753.0	1030.2	1084.2	153
福建	**Fujian**	**28406.9**	**62920.7**	**65711.8**	
福州	Fuzhou	10588.3	26636.8	28810.1	7
厦门	Xiamen	4543.0	8003.9	9106.5	31
莆田	Putian	1455.3	4404.6	4742.9	50
三明	Sanming	1580.6	4642.6	4355.0	52
泉州	Quanzhou	4925.9	9585.4	8924.0	32
漳州	Zhangzhou	1691.4	2621.1	2596.0	79
南平	Nanping	532.9	669.5	751.1	176
龙岩	Longyan	2150.3	4972.0	4986.0	47
宁德	Ningde	939.1	1384.9	1440.2	131
江西	**Jiangxi**	**13669.7**	**28446.2**	**30726.8**	
南昌	Nanchang	6226.8	15250.9	16309.7	17
景德镇	Jingdezhen	403.9	236.1	212.6	223
萍乡	Pingxiang	292.4	578.1	746.2	177
九江	Jiujiang	1340.4	1276.1	1536.1	123
新余	Xinyu	390.9	757.8	818.5	170
鹰潭	Yingtan	450.6	205.9	204.4	226
赣州	Ganzhou	677.1	1721.2	1928.1	107
吉安	Jian	794.1	1549.2	1418.9	132
宜春	Yichun	889.4	1835.7	2026.2	100
抚州	Fuzhou	1096.1	2548.4	2491.4	84
上饶	Shangrao	1107.9	2487.0	3034.8	70
山东	**Shandong**	**44828.8**	**72090.6**	**77332.7**	
济南	Jinan	4654.4	10292.6	11362.6	24
青岛	Qingdao	6972.1	13127.8	13892.0	19
淄博	Zibo	4486.3	6843.6	7393.1	36
枣庄	Zaozhuang	1592.3	2278.5	2668.9	76
东营	Dongying	775.6	785.4	643.2	181
烟台	Yantai	3931.9	3746.9	3998.5	55
潍坊	Weifang	5286.9	6837.7	7349.1	37
济宁	Jining	2575.5	5127.0	4660.1	51
泰安	Taian	3165.9	2932.0	2795.0	74
威海	Weihai	2134.7	2555.3	2501.2	83
日照	Rizhao	711.8	1861.1	1885.3	109
莱芜	Laiwu	425.2	430.1	426.2	204
临沂	Linyi	3189.8	7606.5	8841.5	33
德州	Dezhou	1287.9	1931.9	2361.5	89
聊城	Liaocheng	1421.7	2544.9	2931.8	71

12-4 建筑业企业房屋建筑施工面积 续表 2

Floor Space of Buildings under Construction continued 2

单位：万平方米 （10 000 sq.m）

地名	City	2010	2016	2017	2017 排名 Ranking
滨州	Binzhou	901.1	1213.2	1311.6	138
菏泽	Heze	1315.9	1975.7	2311.1	92
河南	**Henan**	**28677.1**	**55784.0**	**55694.7**	
郑州	Zhengzhou	8876.9	25323.5	23772.0	13
开封	Kaifeng	1035.1	1932.1	1976.5	104
洛阳	Luoyang	3680.0	6287.0	6463.9	40
平顶山	Pingdingshan	775.6	899.2	977.1	156
安阳	Anyang	3223.6	5103.1	5483.6	44
鹤壁	Hebi	317.2	577.2	636.3	182
新乡	Xinxiang	1768.7	2243.5	2372.2	88
焦作	Jiaozuo	642.0	530.1	469.0	198
濮阳	Puyang	637.7	947.7	860.7	166
许昌	Xuchang	681.6	1073.9	1095.6	152
漯河	Luohe	438.1	516.7	509.5	193
三门峡	Sanmenxia	363.0	606.1	632.9	184
南阳	Nanyang	1201.7	1752.3	1835.4	113
商丘	Shangqiu	1139.2	1967.0	2102.6	94
信阳	Xinyang	1421.5	2508.3	2527.8	81
周口	Zhoukou	1299.1	1614.6	2007.1	102
驻马店	Zhumadian	991.1	1667.6	1762.7	114
湖北	**Hubei**	**11620.9**	**72835.1**	**79257.7**	
武汉	Wuhan	12662.3	44516.6	50074.9	3
黄石	Huangshi	1458.2	2082.1	2358.7	90
十堰	Shiyan	472.7	1473.2	1659.2	116
宜昌	Yichang	821.6	3423.9	3772.1	57
襄阳	Xiangyang	1259.1	4177.4	3600.2	61
鄂州	Ezhou	510.9	791.8	753.0	175
荆门	Jingmen	379.0	1086.7	1130.0	148
孝感	Xiaogan	1434.7	3191.2	3720.8	59
荆州	Jingzhou	973.6	1482.9	1579.3	122
黄冈	Huanggang	2672.4	6591.3	6320.9	41
咸宁	Xianning	468.7	768.7	1062.1	154
随州	Suizhou	456.3	846.8	862.2	165
湖南	**Hunan**	**27680.3**	**50329.0**	**54593.7**	
长沙	Changsha	15052.2	27980.5	30116.5	6
株洲	Zhuzhou	1486.2	3772.0	4078.3	54
湘潭	Xiangtan	1545.4	1823.0	2062.2	97
衡阳	Hengyang	1816.3	2832.5	2903.6	73
邵阳	Shaoyang	1555.5	3101.0	3550.5	62
岳阳	Yueyang	984.0	1444.2	1636.8	118
常德	Changde	1118.7	2092.2	2029.8	99
张家界	Zhangjiajie	245.0	245.2	393.4	208
益阳	Yiyang	688.8	1253.8	1352.3	136
郴州	Chenzhou	768.9	1390.5	1692.8	115
永州	Yongzhou	915.3	1903.0	2127.7	93
怀化	Huaihua	664.9	1008.2	950.8	157
娄底	Loudi	671.3	1171.3	1286.1	140
广东	**Guangdong**	**33140.4**	**54358.3**	**60247.2**	
广州	Guangzhou	7135.5	16289.6	19323.3	15
韶关	Shaoguan	781.8	1070.9	1117.8	149
深圳	Shenzhen	5980.3	8501.1	9240.7	30
珠海	Zhuhai	877.4	2307.7	1957.3	106
汕头	Shantou	2381.6	4388.2	4956.3	48
佛山	Foshan	3335.6	3104.4	3226.0	66
江门	Jiangmen	1640.1	2414.6	2516.3	82
湛江	Zhanjiang	1943.7	3723.5	3816.6	56
茂名	Maoming	1770.8	4255.8	5195.0	46
肇庆	Zhaoqing	728.5	501.4	539.8	190
惠州	Huizhou	942.9	1367.6	1274.1	141
梅州	Meizhou	1315.8	1408.2	1870.8	110
汕尾	Shanwei	175.1	156.3	223.1	222
河源	Heyuan	218.8	517.9	583.0	187
阳江	Yangjiang	825.3	827.3	882.6	162
清远	Qingyuan	632.9	598.4	644.0	180
东莞	Dongguan	733.4	914.1	946.9	159
中山	Zhongshan	601.0	515.0	500.9	194
潮州	Chaozhou	373.1	576.5	470.3	197
揭阳	Jieyang	559.4	577.8	579.6	188
云浮	Yunfu	187.3	342.1	382.8	209
广西	**Guangxi**	**10742.3**	**26463.5**	**25305.9**	
南宁	Nanning	3136.3	7197.4	8246.6	34
柳州	Liuzhou	2436.6	6822.1	6763.4	39
桂林	Guilin	1297.0	2120.5	3238.6	65
梧州	Wuzhou	226.7	869.4	902.4	161
北海	Beihai	329.5	1568.3	520.4	192
防城港	Fangchenggang	223.5	465.4	440.8	203
钦州	Qinzhou	660.9	1044.4	1536.1	124
贵港	Guigang	233.0	556.1	947.3	158
玉林	Yulin	1378.5	2288.9	2418.7	87
百色	Baise	187.0	249.5	272.6	217

12-4 建筑业企业房屋建筑施工面积 续表 3
Floor Space of Buildings under Construction continued 3

单位：万平方米 （10 000 sq.m）

地名	City	2010	2016	2017	2017 排名 Ranking
贺州	Hezhou	170.9	104.2	106.7	240
河池	Hechi	368.0	773.4	191.7	229
来宾	Laibin	107.5	642.8	596.8	185
崇左	Chongzuo	76.4	104.2	111.0	239
海南	**Hainan**	**1429.7**	**2085.4**	**2060.5**	
海口	Haikou	1122.7	1621.8	1657.6	117
三亚	Sanya	56.9	55.8	48.6	241
三沙	Sansha				
重庆	**Chongqing**	**19489.4**	**32077.1**	**33196.7**	
四川	**Sichuan**	**29440.8**	**54048.3**	**58278.7**	
成都	Chengdu	12668.8	23327.4	25294.7	11
自贡	Zigong	859.3	2030.4	2462.6	86
攀枝花	Panzhihua	240.4	504.2	543.2	189
泸州	Luzhou	1887.5	4493.7	4923.9	49
德阳	Deyang	1539.9	1969.7	1970.4	105
绵阳	Mianyang	1663.4	2696.5	3123.9	68
广元	Guangyuan	439.2	1085.0	1106.7	150
遂宁	Suining	1017.6	1608.2	2022.8	101
内江	Neijiang	876.3	1507.4	1446.7	130
乐山	Leshan	781.5	1128.9	1513.6	125
南充	Nanchong	1971.9	3110.3	3730.4	58
眉山	Meishan	715.5	1639.3	1891.1	108
宜宾	Yibin	856.1	1524.9	1849.9	112
广安	Guangan	939.1	1505.4	1615.2	120
达州	Dazhou	1284.7	2258.9	2337.8	91
雅安	Yaan	111.5	269.2	478.8	195
巴中	Bazhong	675.6	2038.1	2602.2	78
资阳	Ziyang	620.6	694.2	860.2	167
贵州	**Guizhou**	**5756.4**	**19354.6**	**18054.4**	
贵阳	Guiyang	3471.8			
六盘水	Liupanshui	96.2			
遵义	Zunyi	1003.6			
安顺	Anshun	103.8			
毕节	Bijie	83.0			
铜仁	Tongren	177.1			
云南	**Yunnan**	**8872.3**	**17052.9**	**17318.1**	
昆明	Kunming	3547.5	10110.8	10033.9	27
曲靖	Qujing	915.8	1313.7	1408.3	134
玉溪	Yuxi	375.1	713.5	771.7	172
保山	Baoshan	203.3	447.7	591.7	186
昭通	Zhaotong	230.9	268.9	417.8	206

地名	City	2010	2016	2017	2017 排名 Ranking
丽江	Lijiang	168.3	149.2	120.5	238
普洱	Puer	367.6	579.0	648.5	179
临沧	Lincang	378.8	169.8	185.7	230
西藏	**Tibet**	**272.4**	**244.2**	**352.7**	
拉萨	Lasa	174.5		147.9	236
陕西	**Shaanxi**	**11490.7**	**24528.3**	**26977.3**	
西安	Xi'an	4592.6	11945.7	13491.5	20
铜川	Tongchuan	223.2	422.7	339.2	213
宝鸡	Baoji	1997.4	2433.3	2490.4	85
咸阳	Xianyang	1442.8	3338.9	3339.2	64
渭南	Weinan	909.2	1224.5	1504.9	126
延安	Yan'an	342.9	686.2	938.1	160
汉中	Hanzhong	708.7	1571.1	1483.9	128
榆林	Yulin	551.4	953.2	869.2	164
安康	Ankang	315.2	1131.1	1220.9	145
商洛	Shangluo	321.0	649.1	1104.5	151
甘肃	**Gansu**	**5032.6**	**10422.4**	**9777.6**	
兰州	Lanzhou	1841.9			
嘉峪关	Jiayuguan	90.8			
金昌	Jinchang	335.2			
白银	Baiyin	248.3			
天水	Tianshui	335.9			
武威	Wuwei	159.4			
张掖	Zhangye	149.0			
平凉	Pingliang	352.8			
酒泉	Jiuquan	277.3			
庆阳	Qingyang	418.4			
定西	Dingxi	447.6			
陇南	Longnan	112.6			
青海	**Qinghai**	**693.1**	**886.8**	**861.2**	
西宁	Xining	452.6		538.5	191
海东	Haidong			152.3	235
宁夏	**Ningxia**	**2596.9**	**2771.3**	**2569.4**	
银川	Yinchuan	1642.2		1497.6	127
石嘴山	Shizuishan	324.5		182.6	231
吴忠	Wuzhong	362.0		466.4	199
固原	Guyuan	85.7		173.8	232
中卫	Zhongwei	182.6		249.0	219
新疆	**Xinjiang**	**6620.1**	**11312.6**	**9954.3**	
乌鲁木齐	Urumqi	1764.6	3774.4	2918.5	72
克拉玛依	Karamay	106.9	258.4	359.2	210

12-5 建筑业企业房屋建筑竣工面积
Floor Space of Buildings Completed

单位：万平方米 （10 000 sq.m）

地名	City	2010	2016	2017	2017 排名 Ranking
全国	**Nation Total**	**277450.2**	**422382.3**	**419072.3**	
北京	**Beijing**	**5933.2**	**10703.5**	**9844.4**	
天津	**Tianjin**	**2419.2**	**3428.7**	**3218.4**	
河北	**Hebei**	**9100.9**	**11145.1**	**9835.9**	
石家庄	Shijiazhuang	1155.6	1487.0	1493.8	56
唐山	Tangshan	1156.4	1028.4	927.5	90
秦皇岛	Qinhuangdao	427.9	422.2	355.7	146
邯郸	Handan	847.4	1256.2	1184.6	71
邢台	Xingtai	413.2	504.2	399.6	141
保定	Baoding	2108.6	3238.6	2932.1	26
张家口	Zhangjiakou	812.0	497.0	438.4	139
承德	Chengde	396.9	279.3	286.2	159
沧州	Cangzhou	726.6	876.2	781.0	106
廊坊	Langfang	754.2	1013.6	482.3	131
衡水	Hengshui	302.2	542.4	554.8	126
山西	**Shanxi**	**2585.4**	**3353.3**	**3552.6**	
太原	Taiyuan	843.7	1661.4	1882.4	45
大同	Datong	230.1	291.8	288.2	158
阳泉	Yangquan	131.4	55.4	70.1	203
长治	Changzhi	218.5	311.6	320.0	153
晋城	Jincheng	131.9	116.0	120.5	192
朔州	Shuozhou	94.3	48.1	32.9	210
晋中	Jinzhong	151.2	158.2	144.1	186
运城	Yuncheng	285.6	301.2	266.7	164
忻州	Xinzhou	181.1	229.4	202.9	174
临汾	Linfen	163.7	79.5	93.3	195
吕梁	Lvliang	153.9	100.7	122.9	190
内蒙古	**Inner Mongolia**	**3805.2**	**2541.0**	**2031.5**	
呼和浩特	Hohhot	374.4	238.5	281.8	161
包头	Baotou	431.4	417.2	343.4	151
乌海	Wuhai	187.9	72.7	30.8	211
赤峰	Chifeng	781.6	423.4	457.9	136
通辽	Tongliao	248.7	209.4	88.2	199
鄂尔多斯	Erdos	651.0	131.4	123.7	189
呼伦贝尔	Hulunbuir	326.4	435.5	273.3	162
巴彦淖尔	Bayannur	290.9	132.8	91.2	196
乌兰察布	Ulanqab	134.3	199.1	226.7	168
辽宁	**Liaoning**	**13003.3**		**5317.6**	

地名	City	2010	2016	2017	2017 排名 Ranking
沈阳	Shenyang	1839.5			
大连	Dalian	4209.2			
鞍山	Anshan	937.7			
抚顺	Fushun	869.3			
本溪	Benxi	453.0			
丹东	Dandong	380.4			
锦州	Jinzhou	645.3			
营口	Yingkou	626.1			
阜新	Fuxin	235.4			
辽阳	Liaoyang	342.8			
盘锦	Panjin	369.7			
铁岭	Tieling	979.6			
朝阳	Chaoyang	654.1			
葫芦岛	Huludao	461.1			
吉林	**Jilin**	**4272.9**	**5211.4**	**3834.3**	
长春	Changchun	1634.6			
吉林	Jilin	332.1			
四平	Siping	303.0			
辽源	Liaoyuan	121.0			
通化	Tonghua	734.3			
白山	Baishan	128.6			
松原	Songyuan	609.0			
白城	Baicheng	79.0			
黑龙江	**Heilongjiang**	**3619.9**	**2746.9**	**2127.0**	
哈尔滨	Harbin	1356.1			
齐齐哈尔	Qiqihar	237.7			
鸡西	Jixi	131.1			
鹤岗	Hegang	120.4			
双鸭山	Shuangyashan	84.2			
大庆	Daqing	267.6			
伊春	Yichun	136.2			
佳木斯	Jiamusi	369.5			
七台河	Qitaihe	59.6			
牡丹江	Mudanjiang	300.8			
黑河	Heihe	124.9			
绥化	Suihua	369.9			
上海	**Shanghai**	**6217.1**	**7481.2**	**8066.5**	
江苏	**Jiangsu**	**48560.1**	**74990.3**	**75454.3**	

12-5 建筑业企业房屋建筑竣工面积 续表 1
Floor Space of Buildings Completed continued 1

单位：万平方米 （10 000 sq.m）

地名	City	2010	2016	2017	2017 排名 Ranking	地名	City	2010	2016	2017	2017 排名 Ranking
南京	Nanjing	3962.7	5012.9	5525.1	15	池州	Chizhou	273.0	501.4	508.0	128
无锡	Wuxi	1894.5	1308.6	1154.7	75	宣城	Xuancheng	367.8	415.3	472.5	134
徐州	Xuzhou	2530.6	4613.2	4355.9	18	**福建**	**Fujian**	**9095.8**	**18121.2**	**16895.0**	
常州	Changzhou	2659.1	3575.2	3441.8	22	福州	Fuzhou	2875.5	6709.5	6244.5	12
苏州	Suzhou	3344.2	3569.8	2918.7	27	厦门	Xiamen	1177.8	1610.7	2047.2	41
南通	Nantong	10912.2	19160.0	19901.6	2	莆田	Putian	345.8	1086.7	1282.8	68
连云港	Lianyungang	1454.5	2306.1	2380.4	34	三明	Sanming	508.3	1811.1	1382.6	60
淮安	Huaian	3127.2	3677.0	3680.8	20	泉州	Quanzhou	2207.3	3363.8	3027.7	25
盐城	Yancheng	3120.4	4954.3	5143.1	16	漳州	Zhangzhou	633.8	685.6	594.5	124
扬州	Yangzhou	6749.3	10094.7	10740.4	5	南平	Nanping	157.3	180.2	192.9	175
镇江	Zhenjiang	653.3	878.0	715.8	111	龙岩	Longyan	895.5	2406.8	1898.4	44
泰州	Taizhou	6755.3	12845.9	13046.7	4	宁德	Ningde	294.5	266.8	224.4	169
宿迁	Suqian	1396.7	2994.7	2449.4	33	**江西**	**Jiangxi**	**6488.1**	**14835.8**	**15042.2**	
浙江	**Zhejiang**	**45099.2**	**68818.5**	**66565.3**		南昌	Nanchang	2167.6	5984.2	6344.6	11
杭州	Hangzhou	8219.9	9754.1	8108.4	8	景德镇	Jingdezhen	140.4	157.6	142.4	187
宁波	Ningbo	4585.7	8951.6	8764.1	7	萍乡	Pingxiang	179.5	385.3	453.7	137
温州	Wenzhou	1942.9	2785.6	3086.8	24	九江	Jiujiang	759.4	800.3	845.8	101
嘉兴	Jiaxing	2334.6	2679.5	2664.5	29	新余	Xinyu	212.1	440.1	381.1	143
湖州	Huzhou	1419.0	2183.1	1945.7	43	鹰潭	Yingtan	96.6	134.6	118.6	193
绍兴	Shaoxing	13575.0	21981.6	21206.0	1	赣州	Ganzhou	353.4	847.4	984.6	82
金华	Jinhua	6593.3	11623.8	10716.8	6	吉安	Jian	496.7	1068.2	849.8	100
衢州	Quzhou	1063.8	1251.6	1281.5	69	宜春	Yichun	640.2	1152.4	1291.2	66
舟山	Zhoushan	297.1	370.2	349.6	148	抚州	Fuzhou	654.9	1551.6	1465.0	58
台州	Taizhou	4445.4	6399.2	7513.8	9	上饶	Shangrao	787.3	2314.1	2165.4	40
丽水	Lishui	622.6	838.2	928.0	89	**山东**	**Shandong**	**19179.7**	**23721.3**	**23344.4**	
安徽	**Anhui**	**10512.4**	**14590.7**	**14981.2**		济南	Jinan	1305.6	2298.0	2280.5	37
合肥	Hefei	3290.2	5446.8	5981.6	13	青岛	Qingdao	2158.3	2454.1	2538.9	31
芜湖	Wuhu	858.2	1194.3	1106.5	79	淄博	Zibo	1799.9	2309.0	2237.7	39
蚌埠	Bengbu	432.8	1129.8	901.0	91	枣庄	Zaozhuang	778.3	983.9	1122.1	77
淮南	Huainan	328.5	221.9	191.3	176	东营	Dongying	440.1	380.3	404.3	140
马鞍山	Maanshan	559.6	751.5	787.7	105	烟台	Yantai	1814.5	1792.9	1665.0	48
淮北	Huaibei	145.2	55.1	49.6	209	潍坊	Weifang	2133.3	2232.7	2377.6	35
铜陵	Tongling	244.6	362.4	303.3	154	济宁	Jining	1293.4	1981.5	1639.2	49
安庆	Anqing	960.9	1024.1	976.8	83	泰安	Taian	2322.7	1478.2	1330.5	64
黄山	Huangshan	294.8	235.1	216.0	172	威海	Weihai	831.6	874.7	826.0	104
滁州	Chuzhou	640.1	1059.3	1180.5	72	日照	Rizhao	316.0	760.9	745.3	109
阜阳	Fuyang	368.7	717.7	634.6	117	莱芜	Laiwu	221.3	246.9	290.7	157
宿州	Suzhou	336.6	547.0	703.0	113	临沂	Linyi	1540.4	2595.8	2785.9	28
六安	Liuan	842.7	690.9	631.2	119	德州	Dezhou	516.9	918.2	853.3	99
亳州	Bozhou	142.1	238.2	337.8	152	聊城	Liaocheng	561.8	872.6	686.0	114

12-5 建筑业企业房屋建筑竣工面积 续表 2

Floor Space of Buildings Completed in continued 2

单位：万平方米 （10 000 sq.m）

地名	City	2010	2016	2017	2017 排名 Ranking	地名	City	2010	2016	2017	2017 排名 Ranking
滨州	Binzhou	348.3	538.0	498.9	129	常德	Changde	566.3	829.1	878.9	94
菏泽	Heze	797.2	1003.6	1062.7	80	张家界	Zhangjiajie	129.8	136.9	144.6	185
河南	**Henan**	**13156.0**	**19425.8**	**20226.0**		益阳	Yiyang	281.3	873.5	889.0	93
郑州	Zhengzhou	2601.7	4829.4	4420.3	17	郴州	Chenzhou	400.5	895.8	971.2	85
开封	Kaifeng	524.1	719.0	946.4	87	永州	Yongzhou	622.4	1339.4	1550.4	52
洛阳	Luoyang	954.1	1208.1	1372.5	61	怀化	Huaihua	207.6	398.4	443.0	138
平顶山	Pingdingshan	270.7	333.5	395.2	142	娄底	Loudi	303.9	605.0	678.5	115
安阳	Anyang	1862.0	3195.7	3448.5	21	**广东**	**Guangdong**	**10163.6**	**15661.7**	**16687.4**	
鹤壁	Hebi	151.4	227.9	245.7	165	广州	Guangzhou	1509.2			
新乡	Xinxiang	1087.1	1154.4	1285.4	67	韶关	Shaoguan	294.2			
焦作	Jiaozuo	347.7	188.7	134.0	188	深圳	Shenzhen	1426.2			
濮阳	Puyang	456.9	533.7	462.6	135	珠海	Zhuhai	273.2			
许昌	Xuchang	414.9	624.7	597.8	121	汕头	Shantou	637.0			
漯河	Luohe	257.9	277.2	235.1	166	佛山	Foshan	1007.7			
三门峡	Sanmenxia	180.2	99.7	156.2	182	江门	Jiangmen	582.2			
南阳	Nanyang	704.3	832.1	896.8	92	湛江	Zhanjiang	636.0			
商丘	Shangqiu	813.2	1295.2	1509.4	54	茂名	Maoming	745.4			
信阳	Xinyang	1043.1	1573.3	1608.4	51	肇庆	Zhaoqing	253.9			
周口	Zhoukou	771.7	1160.4	1474.0	57	惠州	Huizhou	300.0			
驻马店	Zhumadian	618.1	1039.1	976.7	84	梅州	Meizhou	494.3			
湖北	**Hubei**	**2558.9**	**28613.5**	**30836.9**		汕尾	Shanwei	103.7			
武汉	Wuhan	5701.9	13612.7	14635.4	3	河源	Heyuan	136.9			
黄石	Huangshi	566.6	1201.8	1371.9	62	阳江	Yangjiang	316.9			
十堰	Shiyan	233.5	636.5	827.3	103	清远	Qingyuan	304.1			
宜昌	Yichang	488.6	1278.9	1173.2	74	东莞	Dongguan	312.0			
襄阳	Xiangyang	756.8	1886.8	1947.8	42	中山	Zhongshan	279.1			
鄂州	Ezhou	390.0	427.7	476.9	133	潮州	Chaozhou	82.1			
荆门	Jingmen	264.0	447.8	495.5	130	揭阳	Jieyang	391.5			
孝感	Xiaogan	911.2	2245.0	2469.7	32	云浮	Yunfu	78.7			
荆州	Jingzhou	594.5	762.3	651.5	116	**广西**	**Guangxi**	**4093.8**	**7933.7**	**8438.6**	
黄冈	Huanggang	1841.5	3831.5	4222.1	19	南宁	Nanning	971.6	1660.5	1842.9	46
咸宁	Xianning	272.9	567.0	627.4	120	柳州	Liuzhou	661.7	1497.9	1365.7	63
随州	Suizhou	317.6	433.8	480.4	132	桂林	Guilin	457.2	145.6	764.0	107
湖南	**Hunan**	**10573.4**	**18629.2**	**19840.3**		梧州	Wuzhou	114.4	27.7	56.1	207
长沙	Changsha	4267.6	7370.0	7443.7	10	北海	Beihai	100.6	235.9	212.5	173
株洲	Zhuzhou	693.3	1770.0	1831.5	47	防城港	Fangchenggang	149.2	331.9	296.9	155
湘潭	Xiangtan	545.9	660.3	708.2	112	钦州	Qinzhou	293.9	132.3	1112.3	78
衡阳	Hengyang	874.1	1346.0	1528.5	53	贵港	Guigang	154.0	376.7	596.5	122
邵阳	Shaoyang	790.1	1390.3	1635.2	50	玉林	Yulin	727.8	1255.2	1418.2	59
岳阳	Yueyang	827.4	913.6	1008.6	81	百色	Baise	107.1	157.2	153.7	183

12-5 建筑业企业房屋建筑竣工面积 续表 3
Floor Space of Buildings Completed continued 3

单位：万平方米 (10 000 sq.m)

地名	City	2010	2016	2017	2017 排名 Ranking
贺州	Hezhou	19.3	64.7	73.1	201
河池	Hechi	192.1	85.0	149.3	184
来宾	Laibin	90.3	280.1	285.6	160
崇左	Chongzuo	60.5	69.4	89.7	198
海南	**Hainan**	**508.7**	**652.4**	**562.5**	
海口	Haikou	366.0	405.3	361.1	145
三亚	Sanya	40.6	33.1	18.4	212
三沙	Sansha				
重庆	**Chongqing**	**8292.0**	**13751.6**	**13448.2**	
四川	**Sichuan**	**12086.3**	**21089.3**	**21648.3**	
成都	Chengdu	3726.6	6242.7	5837.7	14
自贡	Zigong	393.5	609.7	870.1	96
攀枝花	Panzhihua	90.9	185.5	161.6	180
泸州	Luzhou	1086.3	2262.7	2372.8	36
德阳	Deyang	636.4	706.9	737.0	110
绵阳	Mianyang	642.7	1018.2	1300.3	65
广元	Guangyuan	175.7	283.0	292.8	156
遂宁	Suining	572.5	906.6	1201.2	70
内江	Neijiang	405.8	837.9	865.0	98
乐山	Leshan	412.6	482.8	595.5	123
南充	Nanchong	1029.0	2030.8	2278.2	38
眉山	Meishan	428.4	808.2	866.1	97
宜宾	Yibin	442.0	818.4	949.5	86
广安	Guangan	506.9	842.4	872.6	95
达州	Dazhou	785.3	1039.4	1131.8	76
雅安	Yaan	68.1	169.1	181.9	178
巴中	Bazhong	274.2	1153.1	1504.3	55
资阳	Ziyang	296.1	279.5	216.0	171
贵州	**Guizhou**	**1349.7**	**4112.1**	**4714.1**	
贵阳	Guiyang	631.8			
六盘水	Liupanshui	47.7			
遵义	Zunyi	243.8			
安顺	Anshun	42.1			
毕节	Bijie	43.0			
铜仁	Tongren	101.2			
云南	**Yunnan**	**4393.4**	**7102.0**	**7451.8**	
昆明	Kunming	590.8	3164.4	3272.7	23
曲靖	Qujing	552.8	886.1	943.4	88
玉溪	Yuxi	237.3	525.7	631.3	118
保山	Baoshan	159.7	257.8	269.9	163
昭通	Zhaotong	186.1	168.8	185.7	177

地名	City	2010	2016	2017	2017 排名 Ranking
丽江	Lijiang	87.4	110.7	61.9	206
普洱	Puer	170.8	227.8	346.0	150
临沧	Lincang	186.2	112.7	120.5	191
西藏	**Tibet**	**151.8**	**144.0**	**153.8**	
拉萨	Lasa	53.8		82.6	200
陕西	**Shaanxi**	**3781.3**	**6758.9**	**6981.6**	
西安	Xi'an	1391.9	2233.2	2553.1	30
铜川	Tongchuan	38.8	113.9	72.8	202
宝鸡	Baoji	617.3	834.3	835.3	102
咸阳	Xianyang	429.2	1301.3	1176.6	73
渭南	Weinan	323.0	484.7	511.0	127
延安	Yan'an	102.6	202.2	221.8	170
汉中	Hanzhong	267.0	610.2	593.6	125
榆林	Yulin	263.5	237.0	233.6	167
安康	Ankang	115.7	339.8	349.5	149
商洛	Shangluo	190.5	351.8	378.0	144
甘肃	**Gansu**	**2013.9**	**3915.2**	**3031.5**	
兰州	Lanzhou	458.4			
嘉峪关	Jiayuguan	48.5			
金昌	Jinchang	180.4			
白银	Baiyin	113.7			
天水	Tianshui	134.0			
武威	Wuwei	110.9			
张掖	Zhangye	80.9			
平凉	Pingliang	191.4			
酒泉	Jiuquan	195.5			
庆阳	Qingyang	203.0			
定西	Dingxi	95.4			
陇南	Longnan	44.8			
青海	**Qinghai**	**273.2**	**301.9**	**338.6**	
西宁	Xining	170.0		158.4	181
海东	Haidong			67.5	205
宁夏	**Ningxia**	**1076.4**	**1017.8**	**791.7**	
银川	Yinchuan	649.6		354.4	147
石嘴山	Shizuishan	111.8		69.1	204
吴忠	Wuzhong	179.7		162.2	179
固原	Guyuan	35.7		115.0	194
中卫	Zhongwei	99.6		90.9	197
新疆	**Xinjiang**	**2891.5**	**4669.9**	**3810.2**	
乌鲁木齐	Urumqi	667.1	1145.9	754.0	108
克拉玛依	Karamay	25.4	92.0	54.6	208

13

运输和邮电

Transport, Postal and Telecommunication Services

13-1　公路里程
Length of Highways

单位：公里　　　　(km)

地名	City	2010	2016	2017	2017 排名 Ranking
全国	**Nation Total**	**4008229.0**	**4696263.0**	**4773469.0**	
北京	**Beijing**	**21114.0**	**22026.0**	**22226.0**	
天津	**Tianjin**	**14832.0**	**16764.0**	**16532.0**	
河北	**Hebei**	**154344.0**	**188431.0**	**191693.0**	
石家庄	Shijiazhuang	15410.0	19340.0		
唐山	Tangshan	13855.0	17962.0	18000.0	61
秦皇岛	Qinhuangdao	8572.0	8928.0		
邯郸	Handan	13857.0	17725.0		
邢台	Xingtai	13735.0	18788.0	19636.0	46
保定	Baoding	17857.0	22772.0		
张家口	Zhangjiakou	19225.0	21202.0	21372.0	34
承德	Chengde	18804.0	22149.0		
沧州	Cangzhou	13233.0	16508.0	16400.0	81
廊坊	Langfang	9005.0	11079.0	109994.5	1
衡水	Hengshui	10791.0	12857.0		
山西	**Shanxi**	**131644.0**	**142066.0**	**142855.0**	
太原	Taiyuan	6181.0	7401.0	7449.0	197
大同	Datong	11969.0	12574.0	12637.0	128
阳泉	Yangquan	5367.0	5656.0	5660.0	216
长治	Changzhi	10706.0	11643.0	11797.0	139
晋城	Jincheng	8447.0	9135.0	9326.0	166
朔州	Shuozhou	9551.0	10216.0	10211.0	155
晋中	Jinzhong	14562.0	15988.0	16025.0	90
运城	Yuncheng	15109.0	16088.0	16091.0	88
忻州	Xinzhou	16650.0	17443.0	17462.0	67
临汾	Linfen	17105.0	18541.0	18781.0	57
吕梁	Lvliang	15996.0	17382.0	17415.0	68
内蒙古	**Inner Mongolia**	**157994.0**	**196061.0**	**199423.0**	
呼和浩特	Hohhot	6560.0	7696.0	7712.0	194
包头	Baotou	6745.0	8948.0	9061.0	173
乌海	Wuhai	868.0	1103.0	1143.0	246
赤峰	Chifeng	22873.0	26936.0	26870.0	10
通辽	Tongliao	17284.0	21029.0	21455.0	33
鄂尔多斯	Erdos	16961.0	22640.0	23079.0	21
呼伦贝尔	Hulunbuir	19663.0	27173.0	27501.0	8
巴彦淖尔	Bayannur	19818.0	22623.0	22750.0	25
乌兰察布	Ulanqab	12334.0	16132.0	16374.0	82
辽宁	**Liaoning**	**101545.0**	**119688.0**	**122705.0**	
沈阳	Shenyang	11757.0	12842.0	12583.0	129
大连	Dalian	11493.0	12968.0	13539.0	114
鞍山	Anshan	7048.0	7447.0	7449.0	197
抚顺	Fushun	5827.0	7045.0	7052.0	209
本溪	Benxi	3916.0	4519.0	4481.0	229
丹东	Dandong	7310.0	9382.0	9821.0	161
锦州	Jinzhou	7035.0	8896.0	9229.0	169
营口	Yingkou	3896.0	4500.0	4538.0	228
阜新	Fuxin	6034.0	7465.0	7822.0	191
辽阳	Liaoyang	3236.0	3821.0	3865.0	236
盘锦	Panjin	3291.0	3975.0	3997.0	233
铁岭	Tieling	10337.0	11670.0	11733.0	140
朝阳	Chaoyang	13837.0	15768.0	16033.0	89
葫芦岛	Huludao	6529.0	9350.0	9570.0	163
吉林	**Jilin**	**90437.0**	**102484.0**	**103896.0**	
长春	Changchun	20500.0	23613.0		
吉林	Jilin	14479.0	15193.0		
四平	Siping	8741.0	10453.0		
辽源	Liaoyuan	4137.0	4915.0		
通化	Tonghua	6292.0	7496.0		
白山	Baishan	6375.0	6851.0		
松原	Songyuan	11859.0	12915.0		
白城	Baicheng	9320.0	11141.0		
黑龙江	**Heilongjiang**	**151945.0**	**164502.1**	**165989.2**	
哈尔滨	Harbin	19154.0	25455.6	25536.8	14
齐齐哈尔	Qiqihar	18851.0	23048.7	23555.1	20
鸡西	Jixi	5336.0	9308.7	9325.6	167
鹤岗	Hegang	2462.0	5984.5	5984.3	215
双鸭山	Shuangyashan	3756.0	9088.2	9089.7	172
大庆	Daqing	7769.0	8767.0	8876.3	176
伊春	Yichun	2146.0	7142.4	7201.7	202
佳木斯	Jiamusi	9235.0	13486.0	13632.1	112
七台河	Qitaihe	1643.0	2561.8	2565.9	240
牡丹江	Mudanjiang	7293.0	12352.6	12431.9	131
黑河	Heihe	8819.0	15954.7	15986.1	92
绥化	Suihua	17423.0	21742.2	22161.7	30
上海	**Shanghai**	**16687.0**	**13292.0**	**13322.0**	
江苏	**Jiangsu**	**150307.0**	**157304.0**	**158475.0**	

13-1 公路里程 续表 1
Length of Highways continued 1

单位：公里 (km)

地名	City	2010	2016	2017	2017 排名 Ranking	地名	City	2010	2016	2017	2017 排名 Ranking
南京	Nanjing	10749.0	11211.5	11320.0	144	池州	Chizhou	6828.0	8717.0	8780.0	177
无锡	Wuxi	7628.0	7694.8	7749.0	193	宣城	Xuancheng	11956.0	11940.0	12221.0	134
徐州	Xuzhou	16175.0	16277.4	16351.0	83	**福建**	**Fujian**	**91015.0**	**106757.0**	**108012.0**	
常州	Changzhou	8348.0	9031.1	9200.0	171	福州	Fuzhou	10234.0	12025.0	12083.0	136
苏州	Suzhou	12296.0	12680.9	12658.0	127	厦门	Xiamen	1865.0	2197.0	2196.0	242
南通	Nantong	17474.0	18427.0	18754.0	58	莆田	Putian	5552.0	6388.0	6517.0	214
连云港	Lianyungang	11224.0	12027.1	12117.0	135	三明	Sanming	13661.0	14915.0	15175.0	97
淮安	Huaian	11804.0	13351.1	13232.0	119	泉州	Quanzhou	14253.0	17526.0	17658.0	64
盐城	Yancheng	18415.0	19568.0	19595.0	48	漳州	Zhangzhou	10105.0	12200.0	12329.0	133
扬州	Yangzhou	10231.0	9546.4	9610.0	162	南平	Nanping	13663.0	15622.0	15813.0	94
镇江	Zhenjiang	6936.0	7354.3	7443.0	199	龙岩	Longyan	12161.0	14314.0	14436.0	102
泰州	Taizhou	8696.0	9634.9	9893.0	160	宁德	Ningde	9521.0	11569.0	11805.0	138
宿迁	Suqian	10332.0	10499.5	10552.0	150	**江西**	**Jiangxi**	**140634.0**	**161909.0**	**162285.0**	
浙江	**Zhejiang**	**110177.0**	**119053.0**	**120101.0**		南昌	Nanchang	9748.0	11386.0	11387.9	142
杭州	Hangzhou	15266.0	16306.0	16424.1	80	景德镇	Jingdezhen	4118.0	4799.0	4817.3	223
宁波	Ningbo	9884.0	9837.9	11236.0	146	萍乡	Pingxiang	6069.0	7106.0	7114.0	205
温州	Wenzhou	13965.0	8485.0	8595.5	180	九江	Jiujiang	17678.0	20256.0	20284.5	42
嘉兴	Jiaxing	7669.0	8117.0	8140.0	185	新余	Xinyu	4007.0	4440.0	4446.0	230
湖州	Huzhou	7890.0	7724.0	7958.0	187	鹰潭	Yingtan	3633.0	4186.0	4192.1	232
绍兴	Shaoxing	9281.0	10067.7	10136.0	157	赣州	Ganzhou	25709.0	30904.0	31028.6	5
金华	Jinhua	11512.0	12574.0	12823.0	123	吉安	Jian	20041.0	22992.0	23024.3	23
衢州	Quzhou	7484.0	8374.0	8403.0	183	宜春	Yichun	16428.0	19901.0	19976.1	44
舟山	Zhoushan	1706.0	1948.4	1931.0	243	抚州	Fuzhou	12657.0	14913.0	14915.6	99
台州	Taizhou	11267.0	12578.0	12780.3	125	上饶	Shangrao	17774.0	21025.0	21098.7	36
丽水	Lishui	13940.0	15364.5	15538.0	95	**山东**	**Shandong**	**229858.0**	**265720.0**	**270590.0**	
安徽	**Anhui**	**149382.0**	**197588.0**	**203285.0**		济南	Jinan	11611.0	12730.0	12856.7	122
合肥	Hefei	8512.0	19444.0	19532.0	50	青岛	Qingdao	16181.0	16137.0	16140.2	86
芜湖	Wuhu	4809.0	11117.0	11242.0	145	淄博	Zibo	10317.0	11260.0	11385.0	143
蚌埠	Bengbu	6493.0	9230.0	9498.0	165	枣庄	Zaozhuang	6960.0	8441.0	8574.3	181
淮南	Huainan	4180.0	8407.0	8513.0	182	东营	Dongying	8111.0	9098.0	9207.4	170
马鞍山	Maanshan	2223.0	7106.0	7179.0	203	烟台	Yantai	14516.0	19001.0	19472.5	51
淮北	Huaibei	3560.0	4271.0	4333.0	231	潍坊	Weifang	23181.0	26882.0	27382.1	9
铜陵	Tongling	1555.0	4572.0	4614.0	225	济宁	Jining	15613.0	19373.0	19598.6	47
安庆	Anqing	14956.0	18215.0	18971.0	56	泰安	Taian	13759.0	15344.0	15473.2	96
黄山	Huangshan	5509.0	6935.0	7077.0	207	威海	Weihai	6720.0	7037.0	7064.4	208
滁州	Chuzhou	14538.0	17283.0	17574.0	66	日照	Rizhao	6499.0	8495.0	8676.1	179
阜阳	Fuyang	11382.0	15228.0	16213.0	85	莱芜	Laiwu	3557.0	4420.0	4597.3	226
宿州	Suzhou	12612.0	15802.0	16471.0	79	临沂	Linyi	22316.0	27243.0	27685.6	7
六安	Liuan	16200.0	20058.0	20922.0	37	德州	Dezhou	20744.0	22107.0	22147.9	31
亳州	Bozhou	10803.0	13454.0	14158.0	104	聊城	Liaocheng	14699.0	18251.0	19333.7	53

13-1 公路里程 续表 2
Length of Highways continued 2

单位：公里 (km)

地名	City	2010	2016	2017	2017 排名 Ranking
滨州	Binzhou	15029.0	16419.0	16716.2	75
菏泽	Heze	20043.0	23481.0	24279.0	18
河南	**Henan**	**245089.0**	**267441.0**	**267805.0**	
郑州	Zhengzhou	12284.0	11372.0	13768.0	111
开封	Kaifeng	8636.0	7697.0	9512.2	164
洛阳	Luoyang	17837.0	19390.0	19402.9	52
平顶山	Pingdingshan	13316.0	11747.0	14668.2	100
安阳	Anyang	11651.0	9237.0	12955.2	121
鹤壁	Hebi	4401.0	4573.0	4566.4	227
新乡	Xinxiang	12897.0	11435.0	13491.8	115
焦作	Jiaozuo	7316.0	8013.0	8020.8	186
濮阳	Puyang	6281.0	6784.0	6772.7	210
许昌	Xuchang	9161.0	9936.0	9954.3	159
漯河	Luohe	5226.0	5374.0	5374.9	218
三门峡	Sanmenxia	9348.0	10089.0	10089.9	158
南阳	Nanyang	37136.0	35532.0	39972.2	2
商丘	Shangqiu	22712.0	21149.0	24698.3	17
信阳	Xinyang	24207.0	23314.0	26632.8	11
周口	Zhoukou	21375.0	20701.0	23858.6	19
驻马店	Zhumadian	19080.0	19259.0	21559.2	32
湖北	**Hubei**	**206212.0**	**260179.0**	**269484.0**	
武汉	Wuhan	12561.0			
黄石	Huangshi	4917.0	6841.0		
十堰	Shiyan	19977.0	27982.0		
宜昌	Yichang	25638.0	29707.0		
襄阳	Xiangyang	25364.0	29265.0		
鄂州	Ezhou	2913.0	3587.0		
荆门	Jingmen	10985.0	14279.0		
孝感	Xiaogan	11840.0	16282.0		
荆州	Jingzhou	18685.0	22771.0		
黄冈	Huanggang	23392.0	29543.0		
咸宁	Xianning	13029.0	15856.0		
随州	Suizhou	6887.0	9464.0		
湖南	**Hunan**	**227998.0**	**238273.0**	**239724.0**	
长沙	Changsha	15307.0	16229.0	16239.7	84
株洲	Zhuzhou	13466.0	13883.0	13996.9	105
湘潭	Xiangtan	7700.0	7892.0	7946.5	188
衡阳	Hengyang	20098.0	20887.0	21122.2	35
邵阳	Shaoyang	20923.0	22137.0	22523.0	28
岳阳	Yueyang	19786.0	20362.0	20433.8	41

地名	City	2010	2016	2017	2017 排名 Ranking
常德	Changde	22045.0	22537.0	22589.0	26
张家界	Zhangjiajie	8630.0	8937.0	9018.4	174
益阳	Yiyang	15665.0	16102.0	16137.0	87
郴州	Chenzhou	16701.0	17698.0	17923.0	62
永州	Yongzhou	22084.0	23166.0	22992.3	24
怀化	Huaihua	19784.0	20690.0	20748.0	39
娄底	Loudi	14416.0	14971.0	15061.0	98
广东	**Guangdong**	**190144.0**	**218085.0**	**219580.0**	
广州	Guangzhou	8975.0	9335.0	9311.0	168
韶关	Shaoguan	13753.0	16410.0	16633.0	76
深圳	Shenzhen	1617.0	1638.0	1634.0	244
珠海	Zhuhai	1395.0	1462.0	1453.0	245
汕头	Shantou	3805.0	3836.0	3903.0	235
佛山	Foshan	5214.0	5291.0	5366.0	219
江门	Jiangmen	9972.0	10085.0	10166.0	156
湛江	Zhanjiang	21491.0	22146.0	22252.0	29
茂名	Maoming	15609.0	17422.0	17603.0	65
肇庆	Zhaoqing	11260.0	14384.0	14439.0	101
惠州	Huizhou	10826.0	13541.0	13823.0	109
梅州	Meizhou	15860.0	17708.0	17898.0	63
汕尾	Shanwei	4864.0	5554.0	5582.0	217
河源	Heyuan	14721.0	15825.0	16018.0	91
阳江	Yangjiang	7454.0	10513.0	10459.0	151
清远	Qingyuan	18233.0	24803.0	24816.0	16
东莞	Dongguan	4751.0	5265.0	5262.0	221
中山	Zhongshan	1838.0	2631.0	2665.0	239
潮州	Chaozhou	5046.0	5223.0	5274.0	220
揭阳	Jieyang	6349.0	7307.0	7323.0	200
云浮	Yunfu	7111.0	7708.0	7701.0	195
广西	**Guangxi**	**101782.0**	**120547.0**	**123259.0**	
南宁	Nanning	10567.0	12651.6	12795.0	124
柳州	Liuzhou	7957.0	8607.5	8714.0	178
桂林	Guilin	11186.0	13117.0	13596.0	113
梧州	Wuzhou	4054.0	6509.3	6727.0	211
北海	Beihai	2414.0		2393.0	241
防城港	Fangchenggang	2571.0	3034.6	3116.0	237
钦州	Qinzhou	5357.0	6954.8	7092.0	206
贵港	Guigang	6064.0	7389.0	7665.0	196
玉林	Yulin	8640.0	10325.2	10363.0	153
百色	Baise	13354.0	16833.2	17293.0	70

13-1 公路里程 续表 3

Length of Highways continued 3

单位：公里 (km)

地名	City	2010	2016	2017	2017 排名 Ranking	地名	City	2010	2016	2017	2017 排名 Ranking
贺州	Hezhou	3746.0		5093.0	222	丽江	Lijiang	7605.0	7305.0	7821.0	192
河池	Hechi	7334.0	13163.9	13348.0	118	普洱	Puer	19192.0	20236.0	20905.0	38
来宾	Laibin	5981.0	7011.0	7173.0	204	临沧	Lincang	14045.0	16432.0	16578.0	77
崇左	Chongzuo	6607.0	7278.2	7299.0	201	**西藏**	**Tibet**	**58249.0**	**82096.0**	**89343.0**	
海南	**Hainan**	**21236.0**	**28217.0**	**30684.0**		拉萨	Lasa	3417.0			
海口	Haikou	1994.0				**陕西**	**Shaanxi**	**147461.0**	**172471.0**	**174395.0**	
三亚	Sanya	1089.0				西安	Xi'an	12575.0	13336.0	13383.1	116
三沙	Sansha					铜川	Tongchuan	3521.0	3980.0	3996.4	234
重庆	**Chongqing**	**116949.0**	**142921.0**	**147881.0**		宝鸡	Baoji	14255.0	16328.0	16563.4	78
四川	**Sichuan**	**266082.0**	**324138.0**	**329950.0**		咸阳	Xianyang	15201.0	15832.0	15899.5	93
成都	Chengdu	20312.0	23276.0	26291.7	12	渭南	Weinan	17716.0	19029.0	19262.2	55
自贡	Zigong	5793.0	6536.0	6537.3	213	延安	Yan'an	14926.0	17805.0	18161.9	60
攀枝花	Panzhihua	4438.0	4771.0	4814.6	224	汉中	Hanzhong	15051.0	20062.0	20494.4	40
泸州	Luzhou	12089.0	13768.0	13825.4	108	榆林	Yulin	22372.0	28942.0	29380.0	6
德阳	Deyang	7459.0	8159.0	8220.6	184	安康	Ankang	19973.0	22981.0	23053.2	22
绵阳	Mianyang	15377.0	19918.0	20171.4	43	商洛	Shangluo	11871.0	13776.0	13802.7	110
广元	Guangyuan	14950.0	19839.0	19949.5	45	**甘肃**	**Gansu**	**118879.0**	**143039.0**	**142252.0**	
遂宁	Suining	8317.0	8918.0	8941.6	175	兰州	Lanzhou	6945.0	7993.4	7847.5	189
内江	Neijiang	9647.0	10218.0	11393.2	141	嘉峪关	Jiayuguan	614.0	540.0	988.6	247
乐山	Leshan	8698.0	11848.0	12042.2	137	金昌	Jinchang	2019.0	2873.6	3014.7	238
南充	Nanchong	19466.0	22598.0	22572.5	27	白银	Baiyin	9589.0	12502.5	12453.5	130
眉山	Meishan	7084.0	7655.0	7846.9	190	天水	Tianshui	10126.0	10700.9	10735.5	149
宜宾	Yibin	13276.0	19161.0	19306.3	54	武威	Wuwei	9003.0	13072.5	13122.6	120
广安	Guangan	9378.0	12332.0	12757.1	126	张掖	Zhangye	10582.0	11140.6	10911.2	147
达州	Dazhou	18390.0	19574.0	19577.7	49	平凉	Pingliang	9524.0	10353.0	10366.6	152
雅安	Yaan	5625.0	6476.0	6620.2	212	酒泉	Jiuquan	13458.0	17249.4	17239.0	71
巴中	Bazhong	13745.0	17165.0	17190.9	72	庆阳	Qingyang	11289.0	13328.8	13377.5	117
资阳	Ziyang	11893.0	15105.0	12337.8	132	定西	Dingxi	10122.0	10922.0	10862.6	148
贵州	**Guizhou**	**151644.0**	**191626.0**	**194379.0**		陇南	Longnan	14460.0	17093.5	16938.5	74
贵阳	Guiyang	8901.0	10102.3	10342.2	154	**青海**	**Qinghai**	**62185.0**	**78585.0**	**80895.0**	
六盘水	Liupanshui	11652.0	13900.6	14226.2	103	西宁	Xining	4291.0			
遵义	Zunyi	22939.0	31455.0	32942.4	3	海东	Haidong				
安顺	Anshun	9126.0	13729.5	13847.2	107	**宁夏**	**Ningxia**	**22518.0**	**33940.0**	**34561.0**	
毕节	Bijie	23985.0	31666.6	31895.8	4	银川	Yinchuan				
铜仁	Tongren	21248.0	25710.7	25863.0	13	石嘴山	Shizuishan				
云南	**Yunnan**	**209231.0**	**238052.0**	**242546.0**		吴忠	Wuzhong				
昆明	Kunming	16442.0	17959.0	18751.0	59	固原	Guyuan		8629.0		
曲靖	Qujing	26671.0	24186.0	24838.0	15	中卫	Zhongwei		7657.0		
玉溪	Yuxi	16452.0	17231.0	17312.0	69	**新疆**	**Xinjiang**	**152843.0**	**182085.0**	**185338.0**	
保山	Baoshan	11712.0	13513.0	13865.0	106	乌鲁木齐	Urumqi	3265.0	2942.0		
昭通	Zhaotong	15554.0	16736.0	16977.0	73	克拉玛依	Karamay	939.0			

13-2 等级公路里程

Length of Expressway and Class I to IV Highways

单位：公里 （km）

地名	City	2010	2016	2017	2017 排名 Ranking
全国	**Nation Total**	**3304709**	**4226543**	**4338560**	
北京	**Beijing**	**20921.0**	**22026.0**	**22226.0**	
天津	**Tianjin**	**14832.0**	**16764.0**	**16532.0**	
河北	**Hebei**	**146053.0**	**182626.0**	**186266.0**	
石家庄	Shijiazhuang	14198.0	19340.0		
唐山	Tangshan	13855.0	17962.0		
秦皇岛	Qinhuangdao	8572.0	8928.0		
邯郸	Handan	13319.0	17725.0		
邢台	Xingtai	12159.0	18788.0		
保定	Baoding	17614.0	22772.0		
张家口	Zhangjiakou	17162.0	19747.0	19936.0	28
承德	Chengde	17558.0	21451.0		
沧州	Cangzhou	12678.0	16508.0		
廊坊	Langfang	9005.0	11079.0		
衡水	Hengshui	9933.0	12857.0		
山西	**Shanxi**	**127664.0**	**139110.0**	**140201.0**	
太原	Taiyuan	6047.0	7283.0	7331.0	160
大同	Datong	11877.0	12534.0	12598.0	102
阳泉	Yangquan	5367.0	5656.0	5660.0	179
长治	Changzhi	10051.0	11248.0	11506.0	113
晋城	Jincheng	8172.0	8918.0	9111.0	136
朔州	Shuozhou	9422.0	10118.0	10114.0	125
晋中	Jinzhong	14471.0	15919.0	15960.0	72
运城	Yuncheng	15082.0	16066.0	16069.0	71
忻州	Xinzhou	15969.0	16891.0	16953.0	53
临汾	Linfen	16333.0	18030.0	18392.0	43
吕梁	Lvliang	14873.0	16447.0	16507.0	62
内蒙古	**Inner Mongolia**	**144395.0**	**188340.0**	**192222.0**	
呼和浩特	Hohhot	6176.0	7482.0	7488.0	154
包头	Baotou	5602.0	8448.0	8692.0	140
乌海	Wuhai	868.0	1103.0	1143.0	205
赤峰	Chifeng	21883.0	26776.0	26768.0	6
通辽	Tongliao	15749.0	19901.0	20371.0	25
鄂尔多斯	Erdos	15302.0	22028.0	22436.0	16
呼伦贝尔	Hulunbuir	18291.0	26491.0	26824.0	5
巴彦淖尔	Bayannur	14785.0	18379.0	18796.0	39
乌兰察布	Ulanqab	12294.0	16132.0	16374.0	66
辽宁	**Liaoning**	**84757.0**	**107959.0**	**111358.0**	

地名	City	2010	2016	2017	2017 排名 Ranking
沈阳	Shenyang	9643.0			
大连	Dalian	7976.0			
鞍山	Anshan	6851.0			
抚顺	Fushun	4477.0			
本溪	Benxi	3092.0			
丹东	Dandong	5310.0			
锦州	Jinzhou	6860.0			
营口	Yingkou	2967.0			
阜新	Fuxin	5817.0			
辽阳	Liaoyang	3106.0			
盘锦	Panjin	3090.0			
铁岭	Tieling	9291.0			
朝阳	Chaoyang	7201.0			
葫芦岛	Huludao	6018.0			
吉林	**Jilin**	**81006.0**	**97158.0**	**98908.0**	
长春	Changchun	17653.0			
吉林	Jilin	14118.0			
四平	Siping	7924.0			
辽源	Liaoyuan	4137.0			
通化	Tonghua	6292.0			
白山	Baishan	6334.0			
松原	Songyuan	8202.0			
白城	Baicheng	8358.0			
黑龙江	**Heilongjiang**	**118917.0**	**138512.0**	**140697.8**	
哈尔滨	Harbin	16010.0	23029.2	23181.6	12
齐齐哈尔	Qiqihar	15959.0	20309.9	20989.9	23
鸡西	Jixi	4684.0	7574.6	7633.0	153
鹤岗	Hegang	2030.0	4266.6	4272.7	191
双鸭山	Shuangyashan	3281.0	6095.2	6109.1	175
大庆	Daqing	6046.0	6982.2	7136.8	163
伊春	Yichun	2073.0	6860.4	6922.9	168
佳木斯	Jiamusi	6613.0	9257.5	9541.6	130
七台河	Qitaihe	1470.0	2084.0	2091.1	202
牡丹江	Mudanjiang	6689.0	11496.2	11575.5	111
黑河	Heihe	7050.0	12742.9	12780.3	95
绥化	Suihua	13531.0	19086.2	19704.0	29
上海	**Shanghai**	**11974.0**	**13292.0**	**13322.0**	
江苏	**Jiangsu**	**141706.0**	**154405.0**	**155803.0**	

13-2 等级公路里程 续表 1

Length of Expressway and Class I to IV Highways continued 1

单位：公里 (km)

地名	City	2010	2016	2017	2017 排名 Ranking	地名	City	2010	2016	2017	2017 排名 Ranking
南京	Nanjing	9638.0	10990.7	11106.0	116	池州	Chizhou	6087.0	8173.0	8312.0	147
无锡	Wuxi	7593.0	7694.8	7749.0	152	宣城	Xuancheng	11766.0	11906.0	12221.0	105
徐州	Xuzhou	14965.0	15404.7	15519.0	76	**福建**	**Fujian**	**70655.0**	**89829.0**	**91297.0**	
常州	Changzhou	8296.0	9031.1	9200.0	135	福州	Fuzhou	8649.0	10369.0		
苏州	Suzhou	12296.0	12680.9	12658.0	98	厦门	Xiamen	1597.0	2180.0		
南通	Nantong	17306.0	18427.0	18754.0	40	莆田	Putian	3674.0	4890.0		
连云港	Lianyungang	11049.0	12680.9	12117.0	107	三明	Sanming	9233.0	12082.0		
淮安	Huaian	10816.0	12588.8	12623.0	100	泉州	Quanzhou	8930.0	12101.0		
盐城	Yancheng	16340.0	19303.2	19335.0	34	漳州	Zhangzhou	7886.0	10262.0		
扬州	Yangzhou	8934.0	9165.7	9239.0	133	南平	Nanping	11831.0	14305.0		
镇江	Zhenjiang	6936.0	7354.3	7443.0	156	龙岩	Longyan	10298.0	12418.0		
泰州	Taizhou	8664.0	9627.6	9892.0	126	宁德	Ningde	8557.0	10656.0		
宿迁	Suqian	8873.0	10109.5	10168.0	123	**江西**	**Jiangxi**	**101494.0**	**134025.0**	**134863.0**	
浙江	**Zhejiang**	**105851.0**	**116869.0**	**118848.0**		南昌	Nanchang	7843.0	9698.0	9700.0	129
杭州	Hangzhou	14399.0				景德镇	Jingdezhen	3260.0	4215.0	4234.0	192
宁波	Ningbo	9272.0	10715.0			萍乡	Pingxiang	4351.0	5668.0	5736.0	178
温州	Wenzhou	7714.0				九江	Jiujiang	11289.0	15328.0	15384.0	80
嘉兴	Jiaxing	7357.0				新余	Xinyu	2976.0	3593.0	3607.0	196
湖州	Huzhou	7144.0				鹰潭	Yingtan	2498.0	3285.0	3329.0	198
绍兴	Shaoxing	8749.0				赣州	Ganzhou	17987.0	26239.0	26438.0	7
金华	Jinhua	11378.0				吉安	Jian	17432.0	21400.0	21470.0	20
衢州	Quzhou	7300.0				宜春	Yichun	11440.0	15566.0	15712.0	75
舟山	Zhoushan	1597.0				抚州	Fuzhou	9067.0	12603.0	12627.0	99
台州	Taizhou	11005.0				上饶	Shangrao	10579.0	16433.0	16625.0	58
丽水	Lishui	13910.0				**山东**	**Shandong**	**227718.0**	**264752.0**	**269698.0**	
安徽	**Anhui**	**142344.0**	**194136.0**	**201081.0**		济南	Jinan	11466.0	12730.0	12857.0	94
合肥	Hefei	8498.0	18738.0	19227.0	36	青岛	Qingdao	16164.0	16137.0	16140.0	70
芜湖	Wuhu	4400.0	10735.0	11026.0	118	淄博	Zibo	9838.0	10835.0	10967.0	119
蚌埠	Bengbu	5942.0	8893.0	9410.0	131	枣庄	Zaozhuang	6824.0	8339.0	8513.0	143
淮南	Huainan	4016.0	8152.0	8396.0	145	东营	Dongying	8111.0	9098.0	9207.0	134
马鞍山	Maanshan	2181.0	6933.0	7028.0	167	烟台	Yantai	14516.0	19001.0	19473.0	32
淮北	Huaibei	3560.0	4271.0	4333.0	190	潍坊	Weifang	23052.0	26882.0	27382.0	4
铜陵	Tongling	1529.0	4546.0	4588.0	188	济宁	Jining	15315.0	19207.0	19457.0	33
安庆	Anqing	14729.0	18210.0	18967.0	38	泰安	Taian	13441.0	15264.0	15394.0	79
黄山	Huangshan	5480.0	6928.0	7064.0	165	威海	Weihai	6720.0	7037.0	7064.0	165
滁州	Chuzhou	14538.0	17283.0	17574.0	45	日照	Rizhao	6499.0	8495.0	8676.0	141
阜阳	Fuyang	10938.0	14871.0	15904.0	73	莱芜	Laiwu	3539.0	4406.0	4583.0	189
宿州	Suzhou	11916.0	15802.0	16471.0	63	临沂	Linyi	22230.0	27243.0	27686.0	3
六安	Liuan	15279.0	19927.0	20802.0	24	德州	Dezhou	20744.0	22107.0	22148.0	18
亳州	Bozhou	10125.0	13110.0	13896.0	88	聊城	Liaocheng	14615.0	18251.0	19334.0	35

13-2 等级公路里程 续表 2

Length of Expressway and Class I to IV Highways continued 2

单位：公里 (km)

地名	City	2010	2016	2017	2017 排名 Ranking	地名	City	2010	2016	2017	2017 排名 Ranking
滨州	Binzhou	14601.0	16237.0	16539.0	61	常德	Changde	19538.0	22534.0	22540.0	14
菏泽	Heze	20043.0	23481.0	24279.0	11	张家界	Zhangjiajie	5878.0	7105.0	7281.0	161
河南	**Henan**	**182560.0**	**230288.0**	**232813.3**		益阳	Yiyang	14298.0	15449.0	15506.0	77
郑州	Zhengzhou	10318.0	10412.0	12621.4	101	郴州	Chenzhou	14997.0	16339.0	16713.0	56
开封	Kaifeng	6661.0	6509.0	8231.0	148	永州	Yongzhou	19129.0	21132.0	21261.0	22
洛阳	Luoyang	12788.0	17254.0	17477.6	47	怀化	Huaihua	16155.0	19517.0	19953.0	27
平顶山	Pingdingshan	12234.0	11717.0	14516.4	84	娄底	Loudi	10573.0	13668.0	12705.0	96
安阳	Anyang	9309.0	8471.0	11716.3	109	**广东**	**Guangdong**	**170144.0**	**204614.0**	**206461.0**	
鹤壁	Hebi	4188.0	4028.0	4064.9	193	广州	Guangzhou	7739.0	8391.0	8624.0	142
新乡	Xinxiang	10225.0	10607.0	12596.2	103	韶关	Shaoguan	13155.0	16372.0	16595.0	59
焦作	Jiaozuo	5983.0	7366.0	7399.9	158	深圳	Shenzhen	1617.0	1638.0	1634.0	203
濮阳	Puyang	5661.0	6429.0	6439.7	172	珠海	Zhuhai	1366.0	1436.0	1427.0	204
许昌	Xuchang	6560.0	8270.0	8437.4	144	汕头	Shantou	3790.0	3827.0	3893.0	194
漯河	Luohe	3979.0	4664.0	4768.9	187	佛山	Foshan	5202.0	5291.0	5366.0	182
三门峡	Sanmenxia	6911.0	8050.0	8175.8	149	江门	Jiangmen	8037.0	8268.0	8349.0	146
南阳	Nanyang	27506.0	29847.0	33626.4	1	湛江	Zhanjiang	13585.0	16137.0	16301.0	68
商丘	Shangqiu	14334.0	15040.0	18396.4	42	茂名	Maoming	14660.0	16632.0	16812.0	55
信阳	Xinyang	17096.0	18757.0	22245.7	17	肇庆	Zhaoqing	11176.0	14384.0	14435.0	85
周口	Zhoukou	14456.0	19885.0	22489.0	15	惠州	Huizhou	10074.0	13522.0	13805.0	90
驻马店	Zhumadian	12489.0	14853.0	17265.2	50	梅州	Meizhou	13480.0	16445.0	16637.0	57
湖北	**Hubei**	**187812.0**	**249819.0**	**259591.0**		汕尾	Shanwei	4555.0	5321.0	5355.0	183
武汉	Wuhan	12200.0				河源	Heyuan	13766.0	15134.0	15313.0	82
黄石	Huangshi	4906.0	6841.0			阳江	Yangjiang	6262.0	9905.0	9860.0	127
十堰	Shiyan	17992.0	27982.0			清远	Qingyuan	18071.0	24676.0	24689.0	10
宜昌	Yichang	19193.0				东莞	Dongguan	4637.0	5179.0	5179.0	185
襄阳	Xiangyang	23599.0	28398.0			中山	Zhongshan	1766.0	2587.0	2621.0	200
鄂州	Ezhou	2061.0	3153.0			潮州	Chaozhou	4939.0	5155.0	5209.0	184
荆门	Jingmen	10322.0	13747.0			揭阳	Jieyang	6203.0	7202.0	7226.0	162
孝感	Xiaogan	11840.0	16282.0			云浮	Yunfu	6063.0	7114.0	7132.0	164
荆州	Jingzhou	17588.0	22271.0			**广西**	**Guangxi**	**81239.0**	**108947.0**	**112619.0**	
黄冈	Huanggang	21858.0	28539.0			南宁	Nanning	9210.0	12014.0	12212.0	106
咸宁	Xianning	10806.0	14267.0			柳州	Liuzhou	5372.0	7319.6		
随州	Suizhou	6690.0	9464.0			桂林	Guilin	7972.0	11051.0	11711.0	110
湖南	**Hunan**	**184045.0**	**215904.1**	**217251.0**		梧州	Wuzhou	3413.0	6262.6	6485.0	171
长沙	Changsha	12347.0	13517.0	14154.0	87	北海	Beihai	2320.0			
株洲	Zhuzhou	13140.0	13662.0	13719.0	91	防城港	Fangchenggang	1716.0	2361.2	2472.0	201
湘潭	Xiangtan	4375.0	5356.0	5395.0	181	钦州	Qinzhou	4633.0	6684.5		
衡阳	Hengyang	14600.0	17122.0	17514.0	46	贵港	Guigang	4832.0	6174.0	6629.0	170
邵阳	Shaoyang	12872.0	18274.0	19020.0	37	玉林	Yulin	6255.0	8265.5	8915.0	138
岳阳	Yueyang	19090.0	19795.0	19610.0	30	百色	Baise	11079.0	15959.5	16592.0	60

13-2 等级公路里程 续表 3

Length of Expressway and Class I to IV Highways continued 3

单位：公里 (km)

地名	City	2010	2016	2017	2017 排名 Ranking
贺州	Hezhou	3034.0		5076.0	186
河池	Hechi	2000.0	12607.4	12949.0	92
来宾	Laibin	4608.0	5734.0	5917.0	177
崇左	Chongzuo	5650.0	6762.8	6851.0	169
海南	**Hainan**	**21012.0**	**27732.0**	**30232.0**	
海口	Haikou	92.0			
三亚	Sanya	898.0			
三沙	Sansha				
重庆	**Chongqing**	**80006.0**	**115955.0**	**120915.0**	
四川	**Sichuan**	**205983.0**	**279200.0**	**294808.6**	
成都	Chengdu	17923.0	21749.0	25370.1	8
自贡	Zigong	4131.0	5383.0	5502.6	180
攀枝花	Panzhihua	2706.0	3484.0	3788.3	195
泸州	Luzhou	7130.0	10253.0	11032.9	117
德阳	Deyang	6566.0	7348.0	7459.6	155
绵阳	Mianyang	9176.0	14447.0	15743.4	74
广元	Guangyuan	8943.0	14609.0	15502.3	78
遂宁	Suining	7119.0	8063.0	8111.7	150
内江	Neijiang	5779.0	6771.0	8007.7	151
乐山	Leshan	7301.0	11124.0	11403.0	115
南充	Nanchong	15483.0	21227.0	21401.4	21
眉山	Meishan	5466.0	6146.0	6373.6	173
宜宾	Yibin	11320.0	16555.0	17287.8	49
广安	Guangan	7866.0	11275.0	12069.9	108
达州	Dazhou	15570.0	17473.0	17683.2	44
雅安	Yaan	4955.0	6033.0	6235.3	174
巴中	Bazhong	12305.0	16868.0	17013.8	52
资阳	Ziyang	8483.0	11895.0	11521.9	112
贵州	**Guizhou**	**72557.0**	**132264.0**	**148839.0**	
贵阳	Guiyang	7940.0	9477.2	9791.3	128
六盘水	Liupanshui	8033.0	11603.8	12382.2	104
遵义	Zunyi	10034.0	18693.3	22850.7	13
安顺	Anshun	3118.0	6672.5	7407.7	157
毕节	Bijie	12189.0	21941.3	24729.8	9
铜仁	Tongren	6032.0	18277.9	20168.0	26
云南	**Yunnan**	**158120.0**	**200898.0**	**208526.0**	
昆明	Kunming	12645.0	15378.0	16222.3	69
曲靖	Qujing	17254.0	21152.0	21929.6	19
玉溪	Yuxi	15766.0	16784.0	16900.1	54
保山	Baoshan	8432.0	10975.0	11452.8	114
昭通	Zhaotong	10214.0	13933.0	14876.3	83
丽江	Lijiang		6717.0	7348.9	159
普洱	Puer	6878.0	16205.0	17295.6	48
临沧	Lincang	10612.0	13679.0	13835.2	89
西藏	**Tibet**		**71356.0**	**77911.0**	
拉萨	Lasa				
陕西	**Shaanxi**	**134498.0**	**156844.0**	**159025.7**	
西安	Xi'an	12118.0	12834.0	12884.3	93
铜川	Tongchuan	3140.0	3531.0	3576.1	197
宝鸡	Baoji	13861.0	15055.0	15328.2	81
咸阳	Xianyang	13602.0	14098.0	14159.3	86
渭南	Weinan	14627.0	16076.0	16324.0	67
延安	Yan'an	14343.0	16823.0	17206.9	51
汉中	Hanzhong	12993.0	18262.0	18737.8	41
榆林	Yulin	22066.0	27646.0	28179.8	2
安康	Ankang	16550.0	19464.0	19564.5	31
商洛	Shangluo	11198.0	12667.0	12675.0	97
甘肃	**Gansu**	**85733.0**	**125085.0**	**124788.0**	
兰州	Lanzhou	4467.0	6226.8	6080.8	176
嘉峪关	Jiayuguan	580.0	506.4	955.1	206
金昌	Jinchang	2010.0	2863.9	3005.0	199
白银	Baiyin	4743.0	9371.0	9328.9	132
天水	Tianshui	8721.0	10181.6	10252.9	122
武威	Wuwei	5220.0	10451.6	10516.9	121
张掖	Zhangye	8022.0	8864.6	8716.9	139
平凉	Pingliang	5970.0	8805.8	8944.4	137
酒泉	Jiuquan	12315.0	16460.5	16454.7	64
庆阳	Qingyang	5103.0	10497.3	10614.6	120
定西	Dingxi	7617.0	10184.4	10146.2	124
陇南	Longnan	12866.0	16496.7	16397.6	65
青海	**Qinghai**	**47604.0**	**69956.0**	**68470.0**	
西宁	Xining	3351.0			
海东	Haidong				
宁夏	**Ningxia**	**21198.0**	**33767.0**	**34432.0**	
银川	Yinchuan				
石嘴山	Shizuishan				
吴忠	Wuzhong				
固原	Guyuan				
中卫	Zhongwei				
新疆	**Xinjiang**	**98560.0**	**144113.0**	**148554.0**	
乌鲁木齐	Urumqi	2596.0			
克拉玛依	Karamay	935.0			

13-3　民用汽车拥有量
Number of Civil Vehicles

单位：辆　　　　　　（unit）

地名	City	2010	2016	2017	2017 排名 Ranking
全国	**Nation Total**	**78018300**	**185745400**	**209066700**	
北京	**Beijing**	**4497100**	**5474400**	**5631000**	
天津	**Tianjin**	**1582400**	**2736900**	**2876900**	
河北	**Hebei**	**4928700**	**12458900**	**13872100**	
石家庄	Shijiazhuang	901653	1863400	2560000	8
唐山	Tangshan	806066	1721000	1850000	21
秦皇岛	Qinhuangdao	287471	606600		
邯郸	Handan	576093	1206000	1327600	28
邢台	Xingtai	402438	931700	1186300	36
保定	Baoding	798307	1512300		
张家口	Zhangjiakou	293612	553200		
承德	Chengde	195875	321600		
沧州	Cangzhou	605675	1211500		
廊坊	Langfang	492955	963200		
衡水	Hengshui	281536	582100		
山西	**Shanxi**	**2478900**	**5263900**	**5919800**	
太原	Taiyuan	605048	1272300		
大同	Datong	247799	608300		
阳泉	Yangquan	116035	198000		
长治	Changzhi	242285	447000		
晋城	Jincheng	193639	364000		
朔州	Shuozhou	72152	201000		
晋中	Jinzhong	278790	526000		
运城	Yuncheng	309801	660000		
忻州	Xinzhou	180555	299000		
临汾	Linfen	268525	512000		
吕梁	Lvliang	212514	320200		
内蒙古	**Inner Mongolia**	**1878000**	**4185300**	**4802200**	
呼和浩特	Hohhot	321551	881700		
包头	Baotou	297403	712100		
乌海	Wuhai	154600	186500		
赤峰	Chifeng	291465	709800		
通辽	Tongliao	348850	495200		
鄂尔多斯	Erdos	485000	695400		
呼伦贝尔	Hulunbuir	153067	325500		
巴彦淖尔	Bayannur	146297	352100		
乌兰察布	Ulanqab	116429	354600		
辽宁	**Liaoning**	**2963200**	**6594100**	**7270800**	
沈阳	Shenyang	984312	1879700		
大连	Dalian	944885	1372300		
鞍山	Anshan	365158	584300		
抚顺	Fushun	227607	269200		
本溪	Benxi	136811	135600		
丹东	Dandong	228141	356600		
锦州	Jinzhou	433823	470200		
营口	Yingkou	250500	340800		
阜新	Fuxin	329330	235200		
辽阳	Liaoyang	284423	280100		
盘锦	Panjin	178699	302700		
铁岭	Tieling	317900	408300		
朝阳	Chaoyang	509669	467700		
葫芦岛	Huludao	250970	419100		
吉林	**Jilin**	**1528900**	**3529300**	**3871500**	
长春	Changchun	664845	1437488	1593020	24
吉林	Jilin	272846	501849	540716	98
四平	Siping	145042	338420	359334	121
辽源	Liaoyuan	58608	116669	129054	186
通化	Tonghua	106889	191720	213027	163
白山	Baishan	62286	107313	120132	188
松原	Songyuan	180836	360364	389781	120
白城	Baicheng	93406	236103	252901	148
黑龙江	**Heilongjiang**	**1947900**	**3941900**	**4353200**	
哈尔滨	Harbin	652435	1453900		
齐齐哈尔	Qiqihar	233889	296600		
鸡西	Jixi	127246	210200		
鹤岗	Hegang	40550	95600		
双鸭山	Shuangyashan	56547	172200		
大庆	Daqing	328347	561300		
伊春	Yichun	38444	84800		
佳木斯	Jiamusi				
七台河	Qitaihe	76301	85200		
牡丹江	Mudanjiang	117296	321100		
黑河	Heihe				
绥化	Suihua	16060	125400		
上海	**Shanghai**	**1755100**	**3228700**	**3609600**	
江苏	**Jiangsu**	**5508000**	**14279100**	**16128200**	

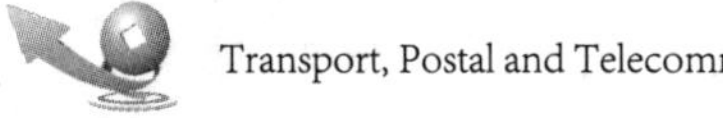

13-3 民用汽车拥有量 续表 1
Number of Civil Vehicles continued 1

单位：辆 (unit)

地名	City	2010	2016	2017	2017 排名 Ranking
南京	Nanjing	830524	2216800	2392000	12
无锡	Wuxi	734009	1600100	1780600	22
徐州	Xuzhou	432612	1016100	1202500	34
常州	Changzhou	453723	1098000	1227800	33
苏州	Suzhou	1261001	3126000	3552400	2
南通	Nantong	449023	1349500	1520100	26
连云港	Lianyungang	188898	478500	565600	93
淮安	Huaian	169858	452700	521200	102
盐城	Yancheng	267391	755700	871400	55
扬州	Yangzhou	232869	635300	707500	69
镇江	Zhenjiang	198003	492000	556100	96
泰州	Taizhou	226588	619100	697900	72
宿迁	Suqian	198532	486700	580500	90
浙江	**Zhejiang**	**5420500**	**12573500**	**13958000**	
杭州	Hangzhou	1248056	2341536	2638992	6
宁波	Ningbo	877434	2379915	2289466	13
温州	Wenzhou	789343	1782753	1984912	19
嘉兴	Jiaxing	367812	1052699	1195058	35
湖州	Huzhou	218000	642262	733755	67
绍兴	Shaoxing	434809	1104557	1240014	32
金华	Jinhua	591787	1471211	1688837	23
衢州	Quzhou	121423	331083	420470	116
舟山	Zhoushan	60463	173126	160697	181
台州	Taizhou	565917	1327839	1482967	27
丽水	Lishui	140492	320957	358644	122
安徽	**Anhui**	**2098100**	**6008100**	**7089300**	
合肥	Hefei	386060	1429899	2123998	17
芜湖	Wuhu	132091	445204	682068	75
蚌埠	Bengbu	98706	278173	763595	64
淮南	Huainan	89780	260907	641054	78
马鞍山	Maanshan	68423	213093	352525	123
淮北	Huaibei	80759	206599	505545	105
铜陵	Tongling	39877	138919	246580	151
安庆	Anqing	146788	400674	948638	43
黄山	Huangshan	95638	166571	276063	145
滁州	Chuzhou	134594	295161	916205	47
阜阳	Fuyang	282858	628222	1306600	30
宿州	Suzhou	176286	366783	780058	62
六安	Liuan	211088	410119	906069	50
亳州	Bozhou	199383	428396	899557	51
池州	Chizhou	42915	127543	322569	127
宣城	Xuancheng	122874	297375	592845	85
福建	**Fujian**	**1970800**	**4936400**	**5570100**	
福州	Fuzhou	433734	1087500		
厦门	Xiamen	385391	1108600		
莆田	Putian	83663	260300		
三明	Sanming	98044	210100		
泉州	Quanzhou	480067	1133100		
漳州	Zhangzhou	162733	393400		
南平	Nanping	87205	206500		
龙岩	Longyan	164772	347100		
宁德	Ningde	72609	172300		
江西	**Jiangxi**	**1374300**	**3992900**	**4659000**	
南昌	Nanchang	362429	861048	965591	42
景德镇	Jingdezhen	70402	177921	195853	168
萍乡	Pingxiang	64030	168259	194705	169
九江	Jiujiang	158875	434579	495026	107
新余	Xinyu	57967	141154	159901	183
鹰潭	Yingtan	34055	109880	121944	187
赣州	Ganzhou	191527	663542	798620	61
吉安	Jian	109757	323918	390495	119
宜春	Yichun	165994	494721	596390	84
抚州	Fuzhou	100269	258730	296885	138
上饶	Shangrao	145055	429793	508816	104
山东	**Shandong**	**7058900**	**17233400**	**19295500**	
济南	Jinan	797359	1741387	1949708	20
青岛	Qingdao	975571	2210554	2464514	10
淄博	Zibo	443657	887231	980962	39
枣庄	Zaozhuang	271085	537203	639900	79
东营	Dongying	335413	608256	652362	76
烟台	Yantai	746845	1397489	1524415	25
潍坊	Weifang	1042508	1950904	2119201	18
济宁	Jining	474922	1089394	1260659	31
泰安	Taian	302484	635386	711150	68
威海	Weihai	318103	632473	696437	73
日照	Rizhao	212625	520235	584048	87
莱芜	Laiwu	119431	202113	221672	159
临沂	Linyi	733934	1906046	2149491	16
德州	Dezhou	382248	854989	933461	45
聊城	Liaocheng	455787	803246	890850	54

13-3 民用汽车拥有量 续表 2
Number of Civil Vehicles continued 2

单位：辆 （unit）

地名	City	2010	2016	2017	2017 排名 Ranking	地名	City	2010	2016	2017	2017 排名 Ranking
滨州	Binzhou	350867	748844	824020	59	常德	Changde	657929	925293	1090384	37
菏泽	Heze	383532	769047	891406	53	张家界	Zhangjiajie	140871	300516	341204	126
河南	**Henan**	**3997300**	**11044700**	**12744500**		益阳	Yiyang	403669	659188	768446	63
郑州	Zhengzhou	963010	2676879	3038852	4	郴州	Chenzhou	490873	639013	701759	70
开封	Kaifeng	188867	456195	483257	110	永州	Yongzhou	535562	658098	804055	60
洛阳	Luoyang	379104	855771	978840	40	怀化	Huaihua	397976	808657	943386	44
平顶山	Pingdingshan	233567	518276	583860	88	娄底	Loudi	414100	770357	824456	58
安阳	Anyang	298064	599488	570979	92	**广东**	**Guangdong**	**7822600**	**16746400**	**18942200**	
鹤壁	Hebi	79018	198172	226772	157	广州	Guangzhou	1598934	2300405	2399158	11
新乡	Xinxiang	299628	753106	846316	56	韶关	Shaoguan	99543	252358	310586	133
焦作	Jiaozuo	211260	434955	496830	106	深圳	Shenzhen	1669674	3178832	3214434	3
濮阳	Puyang	237408	493502	557154	95	珠海	Zhuhai	209671	473746	549458	97
许昌	Xuchang	216653	503403	580173	91	汕头	Shantou	266354	560986	643728	77
漯河	Luohe	102661	249452	289174	142	佛山	Foshan	912421	2020053	2281402	14
三门峡	Sanmenxia	153955	249157	272313	146	江门	Jiangmen	278817	610470	699776	71
南阳	Nanyang	302779	774697	897712	52	湛江	Zhanjiang	149295	375430	467240	111
商丘	Shangqiu	321057	744346	754246	65	茂名	Maoming	164011	413057	510046	103
信阳	Xinyang	215149	442645	521315	101	肇庆	Zhaoqing	147382	410539	490052	109
周口	Zhoukou	383354	648595	690426	74	惠州	Huizhou	256415	876193	1040908	38
驻马店	Zhumadian	172742	471786	565027	94	梅州	Meizhou	106711	333717	425884	114
湖北	**Hubei**	**2074900**	**5886900**	**6798100**		汕尾	Shanwei	31833	110188	175973	174
武汉	Wuhan	1046500	2309800			河源	Heyuan	75560	238688	306480	135
黄石	Huangshi	77600	174200			阳江	Yangjiang	85452	257580	313340	131
十堰	Shiyan	127868	285700			清远	Qingyuan	127952	445734	532145	99
宜昌	Yichang	193708	485900			东莞	Dongguan	920766	2246220	2627618	7
襄阳	Xiangyang	236744	549300			中山	Zhongshan	371343	831636	969335	41
鄂州	Ezhou	25830	50500			潮州	Chaozhou	111453	248802	290022	141
荆门	Jingmen	98606	263100			揭阳	Jieyang	137433	343083	423699	115
孝感	Xiaogan	511575	227600			云浮	Yunfu	68746	189665	242736	153
荆州	Jingzhou	136716	349800			**广西**	**Guangxi**	**1520600**	**4249000**	**5021300**	
黄冈	Huanggang	111528	346100			南宁	Nanning	432199	1042870	1315448	29
咸宁	Xianning	76612	184700			柳州	Liuzhou	202349	531578	611327	83
随州	Suizhou	55294	167500			桂林	Guilin	179996	487507	580863	89
湖南	**Hunan**	**2110600**	**5958000**	**6831900**		梧州	Wuzhou	56733	159161	198550	167
长沙	Changsha	1008677	2264497	2549541	9	北海	Beihai	72051		207422	165
株洲	Zhuzhou	513783	787373	750478	66	防城港	Fangchenggang	39294	103128	115564	189
湘潭	Xiangtan	355852	515297	632749	81	钦州	Qinzhou	58378	718305	236571	154
衡阳	Hengyang	575644	746667	921409	46	贵港	Guigang	73912	225610	280575	144
邵阳	Shaoyang	478209	754900	910300	49	玉林	Yulin	137047	400667	492469	108
岳阳	Yueyang	421528	858284	913906	48	百色	Baise	83780	238999	292626	140

13-3 民用汽车拥有量 续表 3
Number of Civil Vehicles continued 3

单位：辆 (unit)

地名	City	2010	2016	2017	2017 排名 Ranking
贺州	Hezhou	45500	132605	161148	180
河池	Hechi	71015	206898	248654	149
来宾	Laibin	51115	136411	169840	176
崇左	Chongzuo	45696	113578	163020	179
海南	**Hainan**	**392400**	**963200**	**1132100**	
海口	Haikou	238038	632500		
三亚	Sanya	51620	153698		
三沙	Sansha				
重庆	**Chongqing**	**1143000**	**3274700**	**3704700**	
四川	**Sichuan**	**3549700**	**8808000**	**9903000**	
成都	Chengdu	2599300	4124900	4515124	1
自贡	Zigong	72871	191000	223565	158
攀枝花	Panzhihua	82265	151300	167365	177
泸州	Luzhou	94677	295900	352206	124
德阳	Deyang	217110	414600	459173	112
绵阳	Mianyang		504000	584293	86
广元	Guangyuan	79339	188400	215875	162
遂宁	Suining	67945	187700	220525	160
内江	Neijiang	71298	187000	218348	161
乐山	Leshan	122318	302100	349079	125
南充	Nanchong	150100	394600	456946	113
眉山	Meishan	94453	259100	304764	136
宜宾	Yibin	89830	269000	321742	129
广安	Guangan	57444	171600	207789	164
达州	Dazhou	99264	261000	308702	134
雅安	Yaan	69578	149000	164676	178
巴中	Bazhong	51560	170000	201968	166
资阳	Ziyang	70285	132000	156103	184
贵州	**Guizhou**	**1157600**	**3487000**	**4140100**	
贵阳	Guiyang	604425	916700		
六盘水	Liupanshui	113038	282400		
遵义	Zunyi	174307	626500		
安顺	Anshun	55655			
毕节	Bijie	83024			
铜仁	Tongren	223804			
云南	**Yunnan**	**2339100**	**5520500**	**6226600**	
昆明	Kunming	1324215	1937700	2149500	15
曲靖	Qujing	778571	566900	636600	80
玉溪	Yuxi	187758	364600	407100	117
保山	Baoshan	80061	194700	227300	156
昭通	Zhaotong	99313	256600	299100	137

地名	City	2010	2016	2017	2017 排名 Ranking
丽江	Lijiang	50487	154400	172200	175
普洱	Puer	99632	216900	246900	150
临沧	Lincang	39771	152100	176000	173
西藏	**Tibet**	**166200**	**374800**	**408800**	
拉萨	Lasa	108785			
陕西	**Shaanxi**	**1906400**	**4912300**	**5495100**	
西安	Xi'an	957162	2442084	2713651	5
铜川	Tongchuan	49915	80904	88845	190
宝鸡	Baoji	130893	279509	321963	128
咸阳	Xianyang	156209	358545	405132	118
渭南	Weinan	266699	478700	526579	100
延安	Yan'an	179370	284879	310707	132
汉中	Hanzhong	101474	231104	265384	147
榆林	Yulin	309016	571689	618668	82
安康	Ankang	63592	131322	154496	185
商洛	Shangluo	49643	77467	87200	191
甘肃	**Gansu**	**820400**	**2772500**	**2874500**	
兰州	Lanzhou	246100	731400	831600	57
嘉峪关	Jiayuguan	19970	58200	64400	193
金昌	Jinchang	27870	65000	71800	192
白银	Baiyin	90100	224600	243300	152
天水	Tianshui	70500	257000	283100	143
武威	Wuwei	57680	169600	189100	170
张掖	Zhangye	51200	158000	176900	172
平凉	Pingliang	70080	215100	234700	155
酒泉	Jiuquan	64400	164400	181100	171
庆阳	Qingyang	81500	271900	295300	139
定西	Dingxi	73400	304800	319900	130
陇南	Longnan	57979	146800	160500	182
青海	**Qinghai**	**309900**	**886500**	**995700**	
西宁	Xining				
海东	Haidong				
宁夏	**Ningxia**	**415200**	**1153400**	**1309400**	
银川	Yinchuan	225597	664900		
石嘴山	Shizuishan	58302			
吴忠	Wuzhong	78413	226000		
固原	Guyuan	73657	238000		
中卫	Zhongwei	44796	111400		
新疆	**Xinjiang**	**1271400**	**3270600**	**3631500**	
乌鲁木齐	Urumqi		943100		
克拉玛依	Karamay		127000		

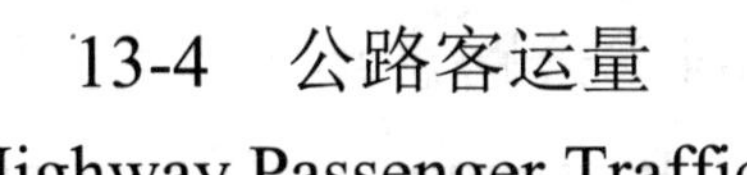

13-4 公路客运量 Highway Passenger Traffic

单位：万人 （10 000 persons）

地名	City	2016	2017	2017 排名 Ranking
全国	**Nation Total**	**1542759**	**1456784**	
北京	**Beijing**	**48040**	**44940**	
天津	**Tianjin**	**13741**	**12538**	
河北	**Hebei**	**39925**	**38494**	
石家庄	Shijiazhuang	4582	3824	119
唐山	Tangshan	2510	2887	155
秦皇岛	Qinhuangdao	1422	1442	231
邯郸	Handan	5346	5515	74
邢台	Xingtai	2709	2364	183
保定	Baoding	10749	11012	17
张家口	Zhangjiakou	1731	1664	216
承德	Chengde	1074	966	257
沧州	Cangzhou	4916	4794	90
廊坊	Langfang	3064	2424	180
衡水	Hengshui	1387	1231	244
山西	**Shanxi**	**18702**	**17333**	
太原	Taiyuan	876		
大同	Datong	1381		
阳泉	Yangquan	1104		
长治	Changzhi	3295	3187	137
晋城	Jincheng	1416		
朔州	Shuozhou	1210	1247	243
晋中	Jinzhong	2065	1860	211
运城	Yuncheng	2921	2761	164
忻州	Xinzhou	1453	1282	241
临汾	Linfen	1463		
吕梁	Lvliang	1391		
内蒙古	**Inner Mongolia**	**10347**	**9421**	
呼和浩特	Hohhot	466	435	272
包头	Baotou	657	675	263
乌海	Wuhai	111	99	276
赤峰	Chifeng	2791	2367	182
通辽	Tongliao	1628	1560	223
鄂尔多斯	Erdos	647	578	267
呼伦贝尔	Hulunbuir	1468	1429	232
巴彦淖尔	Bayannur	1368	1165	246
乌兰察布	Ulanqab	343	299	274
辽宁	**Liaoning**	**59054**	**57665**	
沈阳	Shenyang	15244	14780	7
大连	Dalian	7647	7564	43
鞍山	Anshan	5769	5806	70
抚顺	Fushun	2109	2046	201
本溪	Benxi	2159	2175	196
丹东	Dandong	3908	3783	120
锦州	Jinzhou	4463	4413	97
营口	Yingkou	2759	2703	168
阜新	Fuxin	1155	1131	248
辽阳	Liaoyang	3043	2982	151
盘锦	Panjin	2439	2309	189
铁岭	Tieling	3552	3498	126
朝阳	Chaoyang	2171	2106	199
葫芦岛	Huludao	2637	2567	175
吉林	**Jilin**	**27186**	**25203**	
长春	Changchun	7113	6592	54
吉林	Jilin	3838	3559	123
四平	Siping	3327	3084	145
辽源	Liaoyuan	2248	875	259
通化	Tonghua	2508	2326	187
白山	Daishan	1754	1626	218
松原	Songyuan	2839	2632	172
白城	Baicheng	1489	1381	235
黑龙江	**Heilongjiang**	**28550**	**23917**	
哈尔滨	Harbin	7448	6784	50
齐齐哈尔	Qiqihar	4365	4368	98
鸡西	Jixi	3704	3170	140
鹤岗	Hegang	610	543	268
双鸭山	Shuangyashan	1260	1112	250
大庆	Daqing	1515	1385	233
伊春	Yichun	752	674	264
佳木斯	Jiamusi	2095	1324	239
七台河	Qitaihe	592	539	269
牡丹江	Mudanjiang		1298	240
黑河	Heihe	526	450	271
绥化	Suihua	3593	2612	174
上海	**Shanghai**	**3402**	**3420**	
江苏	**Jiangsu**	**113494**	**104566**	

13-4 公路客运量 续表 1
Highway Passenger Traffic continued 1

单位：万人 (10 000 persons)

地名	City	2016	2017	2017 排名 Ranking	地名	City	2016	2017	2017 排名 Ranking
南京	Nanjing	8490	8404	38	池州	Chizhou	1715	1339	238
无锡	Wuxi	5785	5727	72	宣城	Xuancheng	3484	2765	162
徐州	Xuzhou	13217	11013	16	**福建**	**Fujian**	**39137**	**37585**	
常州	Changzhou	5423	4519	95	福州	Fuzhou	10152	9390	26
苏州	Suzhou	31589	31272	4	厦门	Xiamen	4139	4336	100
南通	Nantong	8204	7310	47	莆田	Putian	2764	2849	157
连云港	Lianyungang	4654	4607	93	三明	Sanming	2343	2329	186
淮安	Huaian	7226	6438	59	泉州	Quanzhou	6580	5806	70
盐城	Yancheng	8283	6902	48	漳州	Zhangzhou	2401	2172	197
扬州	Yangzhou	3840	3421	128	南平	Nanping	2024	1908	208
镇江	Zhenjiang	3574	3184	138	龙岩	Longyan	2023	2034	203
泰州	Taizhou	7300	6504	57	宁德	Ningde	6712	6763	51
宿迁	Suqian	5909	5265	80	**江西**	**Jiangxi**	**53366**	**52506**	
浙江	**Zhejiang**	**83033**	**80099**		南昌	Nanchang	3001	2953	153
杭州	Hangzhou	12282	13019	8	景德镇	Jingdezhen	1803	1772	214
宁波	Ningbo	4813	4303	102	萍乡	Pingxiang	6322	6220	61
温州	Wenzhou	22125	21845	5	九江	Jiujiang	8820	8677	33
嘉兴	Jiaxing	3000	2984	150	新余	Xinyu	1247	1228	245
湖州	Huzhou	4925	5166	84	鹰潭	Yingtan	1957	1037	253
绍兴	Shaoxing	2957	2805	160	赣州	Ganzhou	8801	8658	34
金华	Jinhua	12235	11828	12	吉安	Jian	4744	4668	92
衢州	Quzhou	4913	5210	82	宜春	Yichun	4163	4096	111
舟山	Zhoushan	2464	2629	173	抚州	Fuzhou	4351	4281	103
台州	Taizhou	9895	8236	41	上饶	Shangrao	8157	8025	42
丽水	Lishui	3244	2556	176	**山东**	**Shandong**	**48823**	**49111**	
安徽	**Anhui**	**70523**	**57365**		济南	Jinan	3212	3192	136
合肥	Hefei	10127	8284	40	青岛	Qingdao	4532	4534	94
芜湖	Wuhu	3808	2781	161	淄博	Zibo	581	599	266
蚌埠	Bengbu	2978	2343	185	枣庄	Zaozhuang	2493	2497	177
淮南	Huainan	4034	3216	135	东营	Dongying	599	610	265
马鞍山	Maanshan	2729	2178	195	烟台	Yantai	5019	5076	85
淮北	Huaibei	1736	1507	229	潍坊	Weifang	5972	5968	67
铜陵	Tongling	2141	1730	215	济宁	Jining	3623	3606	122
安庆	Anqing	4247	4978	86	泰安	Taian	2920	2955	152
黄山	Huangshan	3584	3050	146	威海	Weihai	2666	2834	159
滁州	Chuzhou	7836	4055	112	日照	Rizhao	2414	2452	178
阜阳	Fuyang	7803	6517	56	莱芜	Laiwu	137	149	275
宿州	Suzhou	4683	3671	121	临沂	Linyi	4943	4961	87
六安	Liuan	6207	4920	88	德州	Dezhou	1893	1875	209
亳州	Bozhou	5257	4034	113	聊城	Liaocheng	1809	1863	210

13-4　公路客运量　续表 2
Highway Passenger Traffic continued 2

单位：万人　　　　(10 000 persons)

地名	City	2016	2017	2017 排名 Ranking
滨州	Binzhou	1136	1067	252
菏泽	Heze	4874	4873	89
河南	**Henan**	**106415**	**98753**	
郑州	Zhengzhou	11007	8815	30
开封	Kaifeng	4070	3144	141
洛阳	Luoyang	11456	10965	18
平顶山	Pingdingshan	7781	6600	53
安阳	Anyang	5446	5246	81
鹤壁	Hebi	1248	985	255
新乡	Xinxiang	5458	5391	78
焦作	Jiaozuo	2628	1603	221
濮阳	Puyang	3890	3105	142
许昌	Xuchang	3956	4144	108
漯河	Luohe	2337	2437	179
三门峡	Sanmenxia	2335	2291	190
南阳	Nanyang	11058	11035	15
商丘	Shangqiu	8231	7499	44
信阳	Xinyang	6773	4495	96
周口	Zhoukou	5778	6119	63
驻马店	Zhumadian	11770	12839	9
湖北	**Hubei**	**88221**	**86772**	
武汉	Wuhan	11484	10410	20
黄石	Huangshi	3391	3418	129
十堰	Shiyan	3326	3398	131
宜昌	Yichang	10899	11038	14
襄阳	Xiangyang	10974	1115	249
鄂州	Ezhou	2029	1960	205
荆门	Jingmen	2917	2999	148
孝感	Xiaogan	6942	6831	49
荆州	Jingzhou	6403	6324	60
黄冈	Huanggang	10165	9826	22
咸宁	Xianning	5953	5910	68
随州	Suizhou	3316	3242	134
湖南	**Hunan**	**108627**	**100390**	
长沙	Changsha	7578	6558	55
株洲	Zhuzhou	8567	6165	62
湘潭	Xiangtan	1635	1509	228
衡阳	Hengyang	9801	8791	31
邵阳	Shaoyang	12720	11919	11
岳阳	Yueyang	9678	9383	27
常德	Changde	9894	9585	23
张家界	Zhangjiajie	5431	6028	64
益阳	Yiyang	7336	5972	66
郴州	Chenzhou	4796	4251	105
永州	Yongzhou	8930	8314	39
怀化	Huaihua	13020	11440	13
娄底	Loudi	6016	5450	77
广东	**Guangdong**	**102094**	**105919**	
广州	Guangzhou	91323	91323	1
韶关	Shaoguan	5166	5291	79
深圳	Shenzhen	5585	6001	65
珠海	Zhuhai	3019	2760	165
汕头	Shantou	1556	1604	220
佛山	Foshan	5246	5205	83
江门	Jiangmen	9556	9556	24
湛江	Zhanjiang	7988	8641	35
茂名	Maoming	5909	6493	58
肇庆	Zhaoqing	3039	3042	147
惠州	Huizhou	6422	6617	52
梅州	Meizhou	2693	2844	158
汕尾	Shanwei	1196	1371	236
河源	Heyuan	3109	3487	127
阳江	Yangjiang	1514	1544	225
清远	Qingyuan	2587	2753	166
东莞	Dongguan	4874	4319	101
中山	Zhongshan	1469	1383	234
潮州	Chaozhou	2228	2364	183
揭阳	Jieyang	2011	2221	193
云浮	Yunfu	2994	3179	139
广西	**Guangxi**	**39750**	**38083**	
南宁	Nanning	5719	5482	75
柳州	Liuzhou	2280	2186	194
桂林	Guilin	7701	7376	45
梧州	Wuzhou	1690	1617	219
北海	Beihai	2042	1958	206
防城港	Fangchenggang	860	823	262
钦州	Qinzhou	1591	1525	227
贵港	Guigang	2831	2713	167
玉林	Yulin	3130	2997	149
百色	Baise	4061	3892	116

13-4 公路客运量 续表 3
Highway Passenger Traffic continued 3

单位：万人 （10 000 persons）

地名	City	2016	2017	2017 排名 Ranking	地名	City	2016	2017	2017 排名 Ranking
贺州	Hezhou	1195	1141	247	丽江	Lijiang	2913	2414	181
河池	Hechi	3672	3519	125	普洱	Puer	1512	1550	224
来宾	Laibin	1674	1603	221	临沧	Lincang	995	1034	254
崇左	Chongzuo	1304	1250	242	**西藏**	**Tibet**	**889**	**999**	
海南	**Hainan**	**9920**	**10107**		拉萨	Lasa	323	362	273
海口	Haikou	2827	2666	170	**陕西**	**Shaanxi**	**61093**	**58580**	
三亚	Sanya	889	871	260	西安	Xi'an	15773	15601	6
三沙	Sansha				铜川	Tongchuan	1348	1355	237
重庆	**Chongqing**	**55594**	**53307**		宝鸡	Baoji	9505	9434	25
四川	**Sichuan**	**109716**	**94098**		咸阳	Xianyang	8435	8528	36
成都	Chengdu	12370	10053	21	渭南	Weinan	9319	9179	28
自贡	Zigong	4851	3975	114	延安	Yan'an	3145	3105	142
攀枝花	Panzhihua	2267	2063	200	汉中	Hanzhong	2303	2311	188
泸州	Luzhou	7573	7339	46	榆林	Yulin	2870	2763	163
德阳	Deyang	5831	4247	106	安康	Ankang	3371	3416	130
绵阳	Mianyang	5349	4268	104	商洛	Shangluo	3250	3302	132
广元	Guangyuan	1910	1654	217	**甘肃**	**Gansu**	**37932**	**38080**	
遂宁	Suining	3133	2674	169	兰州	Lanzhou	4213	4364	99
内江	Neijiang	12638	12745	10	嘉峪关	Jiayuguan	7993	8473	37
乐山	Leshan	4252	3859	118	金昌	Jinchang	440	459	270
南充	Nanchong	7098	5611	73	白银	Baiyin	2007	1825	213
眉山	Meishan	4653	4127	109	天水	Tianshui	3194	3525	124
宜宾	Yibin	5875	4708	91	武威	Wuwei	4779	4231	107
广安	Guangan	143643			张掖	Zhangye	1819	1533	226
达州	Dazhou	5879	5879	69	平凉	Pingliang	3761	4106	110
雅安	Yaan	2429	2044	202	酒泉	Jiuquan	8540	9072	29
巴中	Bazhong	2956	2657	171	庆阳	Qingyang	2814	3096	144
资阳	Ziyang	4302	2900	154	定西	Dingxi	2856	2234	192
贵州	**Guizhou**	**82199**	**83809**		陇南	Longnan	3254	3289	133
贵阳	Guiyang	62385	68522	3	**青海**	**Qinghai**	**4873**	**5070**	
六盘水	Liupanshui		3888	117	西宁	Xining	1950	2112	198
遵义	Zunyi	90241	90241	2	海东	Haidong	1789	1855	212
安顺	Anshun	8900	8724	32	**宁夏**	**Ningxia**	**7910**	**6518**	
毕节	Bijie				银川	Yinchuan	3447	2862	156
铜仁	Tongren	9864	10698	19	石嘴山	Shizuishan	1134	859	261
云南	**Yunnan**	**41208**	**38569**		吴忠	Wuzhong	1112	1112	250
昆明	Kunming	7376	5461	76	固原	Guyuan	1141	976	256
曲靖	Qujing	7045	3970	115	中卫	Zhongwei	1046	904	258
玉溪	Yuxi	305	2011	204	**新疆**	**Xinjiang**	**28993**	**23568**	
保山	Baoshan	2103	2264	191	乌鲁木齐	Urumqi	1805	1467	230
昭通	Zhaotong	2094	1918	207	克拉玛依	Karamay	93	76	277

13-5 公路货运量
Highway Freight Traffic

单位：万吨 (10 000 tons)

地名	City	2016	2017	2017 排名 Ranking
全国	**Nation Total**	**3341259**	**3686858**	
北京	**Beijing**	**19972**	**19374**	
天津	**Tianjin**	**32841**	**34720**	
河北	**Hebei**	**189822**	**207340**	
石家庄	Shijiazhuang	40639	45802	5
唐山	Tangshan	38965	41340	7
秦皇岛	Qinhuangdao	6300	6684	179
邯郸	Handan	18744	20867	42
邢台	Xingtai	20190	21950	40
保定	Baoding	11042	11889	103
张家口	Zhangjiakou	12188	13378	85
承德	Chengde	4326	4528	217
沧州	Cangzhou	21728	24100	30
廊坊	Langfang	10384	10937	115
衡水	Hengshui	4770	5262	208
山西	**Shanxi**	**102200**	**114880**	
太原	Taiyuan	15043		
大同	Datong	10315		
阳泉	Yangquan	3709		
长治	Changzhi	8713	8802	147
晋城	Jincheng	5990		
朔州	Shuozhou	3243	3440	251
晋中	Jinzhong	11021	12522	95
运城	Yuncheng	13432	15567	66
忻州	Xinzhou	8439	9013	145
临汾	Linfen	14669		
吕梁	Lvliang	8159		
内蒙古	**Inner Mongolia**	**130613**	**147483**	
呼和浩特	Hohhot	16887	19076	51
包头	Baotou	29803	33663	12
乌海	Wuhai	5580	5956	192
赤峰	Chifeng	13539	15293	68
通辽	Tongliao	9292	10520	120
鄂尔多斯	Erdos	17426	19689	49
呼伦贝尔	Hulunbuir	10078	11358	110
巴彦淖尔	Bayannur	8885	10009	126
乌兰察布	Ulanqab	6384	7197	171
辽宁	**Liaoning**	**177371**	**184273**	
沈阳	Shenyang	21503	22364	37
大连	Dalian	27251	28603	19
鞍山	Anshan	19248	19902	48
抚顺	Fushun	8780	9131	143
本溪	Benxi	7835	8130	155
丹东	Dandong	6829	7100	173
锦州	Jinzhou	16311	16653	62
营口	Yingkou	15432	16050	64
阜新	Fuxin	4579	4763	213
辽阳	Liaoyang	13474	14024	78
盘锦	Panjin	12928	13427	83
铁岭	Tieling	7012	7292	169
朝阳	Chaoyang	4891	5088	209
葫芦岛	Huludao	11298	11746	105
吉林	**Jilin**	**40777**	**44728**	
长春	Changchun	10895	11948	102
吉林	Jilin	5444	5975	191
四平	Siping	8010	8789	148
辽源	Liaoyuan	2284	1932	265
通化	Tonghua	2194	2407	262
白山	Baishan	1061	1164	273
松原	Songyuan	6123	6712	177
白城	Baicheng	1522	1669	268
黑龙江	**Heilongjiang**	**42897**	**44127**	
哈尔滨	Harbin	7238	7492	168
齐齐哈尔	Qiqihar	11207	11200	113
鸡西	Jixi	3672	3926	239
鹤岗	Hegang	1193	1196	272
双鸭山	Shuangyashan	1203	1211	271
大庆	Daqing	8114	3989	235
伊春	Yichun	588	558	277
佳木斯	Jiamusi	4486	4572	214
七台河	Qitaihe	1157	1162	274
牡丹江	Mudanjiang		2823	257
黑河	Heihe	775	746	276
绥化	Suihua	2900	2548	260
上海	**Shanghai**	**39055**	**39743**	
江苏	**Jiangsu**	**117166**	**128915**	

13-5 公路货运量 续表 1
Highway Freight Traffic continued 1

单位：万吨 (10 000 tons)

地名	City	2016	2017	2017 排名 Ranking	地名	City	2016	2017	2017 排名 Ranking
南京	Nanjing	12463	13806	80	池州	Chizhou	3377	4553	216
无锡	Wuxi	13225	14511	71	宣城	Xuancheng	8202	9470	136
徐州	Xuzhou	17586	19485	50	**福建**	**Fujian**	**85770**	**95599**	
常州	Changzhou	11095	12174	97	福州	Fuzhou	15694	17673	57
苏州	Suzhou	12287	13614	82	厦门	Xiamen	19008	20650	43
南通	Nantong	11535	12656	93	莆田	Putian	4797	5346	206
连云港	Lianyungang	8378	9283	142	三明	Sanming	9288	10619	116
淮安	Huaian	5663	6633	180	泉州	Quanzhou	14548	16537	63
盐城	Yancheng	5076	5515	199	漳州	Zhangzhou	7362	8040	156
扬州	Yangzhou	6546	7112	172	南平	Nanping	3316	3680	243
镇江	Zhenjiang	6950	7551	166	龙岩	Longyan	8281	9293	140
泰州	Taizhou	2577	2800	258	宁德	Ningde	3469	3760	241
宿迁	Suqian	3785	4194	229	**江西**	**Jiangxi**	**122872**	**138074**	
浙江	**Zhejiang**	**133999**	**151920**		南昌	Nanchang	11067	12436	96
杭州	Hangzhou	25194	29378	16	景德镇	Jingdezhen	3146	3536	249
宁波	Ningbo	25635	29002	18	萍乡	Pingxiang	3266	3670	245
温州	Wenzhou	9678	10978	114	九江	Jiujiang	10768	12102	99
嘉兴	Jiaxing	11306	12832	92	新余	Xinyu	16608	18663	53
湖州	Huzhou	8618	9817	131	鹰潭	Yingtan	3793	4262	225
绍兴	Shaoxing	11134	12055	100	赣州	Ganzhou	9302	10485	121
金华	Jinhua	8723	8867	146	吉安	Jian	10309	11584	106
衢州	Quzhou	9975	11263	111	宜春	Yichun	18764	21085	41
舟山	Zhoushan	7244	8460	152	抚州	Fuzhou	14183	14185	74
台州	Taizhou	11658	14377	72	上饶	Shangrao	21666	24344	28
丽水	Lishui	4832	4985	210	**山东**	**Shandong**	**249752**	**288052**	
安徽	**Anhui**	**244526**	**280471**		济南	Jinan	21212	24058	31
合肥	Hefei	28975	33702	11	青岛	Qingdao	20701	24716	26
芜湖	Wuhu	6762	7902	161	淄博	Zibo	17053	19030	52
蚌埠	Bengbu	20802	23559	34	枣庄	Zaozhuang	5307	6288	187
淮南	Huainan	10509	12580	94	东营	Dongying	5144	6024	190
马鞍山	Maanshan	6180	7292	169	烟台	Yantai	17504	19915	47
淮北	Huaibei	12469	14130	76	潍坊	Weifang	23680	27156	21
铜陵	Tongling	3090	3722	242	济宁	Jining	24784	29257	17
安庆	Anqing	11837	14084	77	泰安	Taian	6702	7742	164
黄山	Huangshan	4775	5467	200	威海	Weihai	6927	7896	162
滁州	Chuzhou	27366	17009	61	日照	Rizhao	7602	8581	151
阜阳	Fuyang	43334	48987	4	莱芜	Laiwu	6742	7526	167
宿州	Suzhou	22115	25227	25	临沂	Linyi	29419	35083	9
六安	Liuan	20752	23532	35	德州	Dezhou	13418	15305	67
亳州	Bozhou	26420	29758	15	聊城	Liaocheng	17051	20054	46

13-5 公路货运量 续表 2
Highway Freight Traffic continued 2

单位：万吨 (10 000 tons)

地名	City	2016	2017	2017 排名 Ranking	地名	City	2016	2017	2017 排名 Ranking
滨州	Binzhou	12184	13387	84	常德	Changde	10629	12126	98
菏泽	Heze	14312	16016	65	张家界	Zhangjiajie	2088	2203	264
河南	**Henan**	**184255**	**207066**		益阳	Yiyang	8691	10469	122
郑州	Zhengzhou	19269	22073	38	郴州	Chenzhou	19987	20373	44
开封	Kaifeng	3081	3667	246	永州	Yongzhou	5871	6359	186
洛阳	Luoyang	22046	24287	29	怀化	Huaihua	5224	5680	195
平顶山	Pingdingshan	11749	11792	104	娄底	Loudi	8953	10355	125
安阳	Anyang	10624	13351	87	**广东**	**Guangdong**	**272826**	**288904**	
鹤壁	Hebi	6472	8028	157	广州	Guangzhou	76375	77099	2
新乡	Xinxiang	12336	14175	75	韶关	Shaoguan	12876	14876	70
焦作	Jiaozuo	9796	10545	118	深圳	Shenzhen	23788	23953	32
濮阳	Puyang	5141	5576	197	珠海	Zhuhai	9244	9599	133
许昌	Xuchang	8116	9083	144	汕头	Shantou	5243	5627	196
漯河	Luohe	5947	6124	188	佛山	Foshan	25103	26457	22
三门峡	Sanmenxia	5014	6554	182	江门	Jiangmen	10361	10361	124
南阳	Nanyang	15449	20144	45	湛江	Zhanjiang	12351	13352	86
商丘	Shangqiu	13494	13174	88	茂名	Maoming	9053	9856	129
信阳	Xinyang	6021	5386	205	肇庆	Zhaoqing	5069	5448	201
周口	Zhoukou	13015	14201	73	惠州	Huizhou	10935	11401	107
驻马店	Zhumadian	11567	11260	112	梅州	Meizhou	7784	8344	153
湖北	**Hubei**	**122656**	**147711**		汕尾	Shanwei	2506	2713	259
武汉	Wuhan	28892	34982	10	河源	Heyuan	6131	6686	178
黄石	Huangshi	5849	7044	174	阳江	Yangjiang	9106	9923	128
十堰	Shiyan	5490	6508	184	清远	Qingyuan	11937	12847	91
宜昌	Yichang	8763	10552	117	东莞	Dongguan	10325	10521	119
襄阳	Xiangyang	25335	30511	14	中山	Zhongshan	15241	15241	69
鄂州	Ezhou	1519	1830	267	潮州	Chaozhou	4140	4472	219
荆门	Jingmen	2964	3002	256	揭阳	Jieyang	3723	4063	231
孝感	Xiaogan	3287	3958	237	云浮	Yunfu	4702	4981	212
荆州	Jingzhou	7305	8755	149	**广西**	**Guangxi**	**128247**	**139602**	
黄冈	Huanggang	7905	9517	135	南宁	Nanning	28672	31212	13
咸宁	Xianning	8921	9829	130	柳州	Liuzhou	12705	13829	79
随州	Suizhou	6632	7987	158	桂林	Guilin	8591	9351	138
湖南	**Hunan**	**178968**	**198806**		梧州	Wuzhou	4993	5435	202
长沙	Changsha	34047	38808	8	北海	Beihai	5381	6074	189
株洲	Zhuzhou	15375	17211	59	防城港	Fangchenggang	3713	4042	233
湘潭	Xiangtan	6922	7962	159	钦州	Qinzhou	10459	11386	108
衡阳	Hengyang	16578	17647	58	贵港	Guigang	8566	9324	139
邵阳	Shaoyang	22505	23659	33	玉林	Yulin	20191	21978	39
岳阳	Yueyang	19575	23379	36	百色	Baise	8665	9432	137

13-5 公路货运量 续表 3
Highway Freight Traffic continued 3

单位：万吨 (10 000 tons)

地名	City	2016	2017	2017 排名 Ranking
贺州	Hezhou	4086	4449	220
河池	Hechi	6179	6726	176
来宾	Laibin	1772	1928	266
崇左	Chongzuo	4074	4436	221
海南	**Hainan**	**10879**	**11223**	
海口	Haikou	2659	3023	255
三亚	Sanya	1710	1648	269
三沙	Sansha			
重庆	**Chongqing**	**89390**	**95019**	
四川	**Sichuan**	**146046**	**158190**	
成都	Chengdu	24505	26245	24
自贡	Zigong	5049	5299	207
攀枝花	Panzhihua	9179	9628	132
泸州	Luzhou	7025	8614	150
德阳	Deyang	9696	9292	141
绵阳	Mianyang	5930	6575	181
广元	Guangyuan	4307	4985	210
遂宁	Suining	3891	4225	226
内江	Neijiang	3146	3608	247
乐山	Leshan	12494	13765	81
南充	Nanchong	6698	7626	165
眉山	Meishan	6129	7941	160
宜宾	Yibin	5922	6378	185
广安	Guangan	292426		
达州	Dazhou	11360	11360	109
雅安	Yaan	5091	5435	202
巴中	Bazhong	2715	3308	254
资阳	Ziyang	4216	4018	234
贵州	**Guizhou**	**82237**	**89298**	
贵阳	Guiyang	37355	44839	6
六盘水	Liupanshui		18005	55
遵义	Zunyi	51598	69800	3
安顺	Anshun	4647	6531	183
毕节	Bijie			
铜仁	Tongren	4562	5917	193
云南	**Yunnan**	**109487**	**124064**	
昆明	Kunming	26065	26352	23
曲靖	Qujing	1502	18519	54
玉溪	Yuxi	80973	80793	1
保山	Baoshan	3888	4361	224
昭通	Zhaotong	3954	4409	223
丽江	Lijiang	2473	3510	250
普洱	Puer	2850	3352	253
临沧	Lincang	3255	3679	244
西藏	**Tibet**	**1906**	**2148**	
拉萨	Lasa	793	890	275
陕西	**Shaanxi**	**113363**	**123721**	
西安	Xi'an	23011	24477	27
铜川	Tongchuan	8583	9568	134
宝鸡	Baoji	11819	12956	89
咸阳	Xianyang	12014	12944	90
渭南	Weinan	16249	17953	56
延安	Yan'an	6347	4508	218
汉中	Hanzhong	3835	4197	228
榆林	Yulin	24698	27261	20
安康	Ankang	3657	4050	232
商洛	Shangluo	3231	3424	252
甘肃	**Gansu**	**54761**	**60117**	
兰州	Lanzhou	11461	12039	101
嘉峪关	Jiayuguan	8710	10438	123
金昌	Jinchang	1189	1590	270
白银	Baiyin	8147	8343	154
天水	Tianshui	3417	4085	230
武威	Wuwei	5180	5790	194
张掖	Zhangye	3027	2482	261
平凉	Pingliang	3946	4563	215
酒泉	Jiuquan	3476	3858	240
庆阳	Qingyang	3797	3985	236
定西	Dingxi	4813	4434	222
陇南	Longnan	2077	2327	263
青海	**Qinghai**	**14047**	**14871**	
西宁	Xining	6642	6963	175
海东	Haidong	3414	3601	248
宁夏	**Ningxia**	**37421**	**31659**	
银川	Yinchuan	8779	7797	163
石嘴山	Shizuishan	4903	4219	227
吴忠	Wuzhong	9957	9957	127
固原	Guyuan	6212	5570	198
中卫	Zhongwei	7571	5403	204
新疆	**Xinjiang**	**65139**	**74760**	
乌鲁木齐	Urumqi	14938	17145	60
克拉玛依	Karamay	3474	3947	238

13-6　邮电业务总量

Business Volume of Postal and Telecommunication Services

单位：亿元　　　　(100 million yuan)

地名	City	2010	2016	2017	2017 排名 Ranking
全国	**Nation Total**	**31978.48**	**23014.19**	**37360.45**	
北京	**Beijing**	**1227.34**	**979.08**	**1289.90**	
天津	**Tianjin**	**433.30**	**269.61**	**406.80**	
河北	**Hebei**	**1351.63**	**819.99**	**1365.23**	
石家庄	Shijiazhuang	235.97	115.37	137.90	24
唐山	Tangshan	194.28	66.70	70.52	49
秦皇岛	Qinhuangdao	71.66	27.03	31.14	140
邯郸	Handan	135.62	54.11	56.63	71
邢台	Xingtai	96.31	43.92	47.48	87
保定	Baoding	192.61	96.63	106.78	30
张家口	Zhangjiakou	72.06	30.89	33.11	134
承德	Chengde	61.51	26.43	26.12	169
沧州	Cangzhou	119.86	17.39	50.32	82
廊坊	Langfang	104.99	49.07	50.45	81
衡水	Hengshui	66.28	28.25	30.45	144
山西	**Shanxi**	**735.93**	**385.60**	**656.63**	
太原	Taiyuan	164.21	63.85	62.44	58
大同	Datong	63.26	25.01	25.23	176
阳泉	Yangquan	32.06	26.10	15.13	233
长治	Changzhi	57.20	25.16	44.10	95
晋城	Jincheng	39.81	41.50	5.09	275
朔州	Shuozhou	29.90	14.72	11.62	247
晋中	Jinzhong	61.30	25.94	24.89	178
运城	Yuncheng	73.68	87.60	106.70	31
忻州	Xinzhou	50.41	43.50	20.56	204
临汾	Linfen	76.56	79.86	60.39	60
吕梁	Lvliang	64.70	33.69	41.03	101
内蒙古	**Inner Mongolia**	**601.37**	**276.89**	**525.49**	
呼和浩特	Hohhot	80.58	83.24	74.38	46
包头	Baotou	74.82	29.48	28.62	153
乌海	Wuhai	6.53	7.15	7.41	272
赤峰	Chifeng	62.58	32.43	56.84	69
通辽	Tongliao	43.60	23.10	25.33	175
鄂尔多斯	Erdos	20.31	20.70	21.90	197
呼伦贝尔	Hulunbuir	16.15	25.26	25.12	177
巴彦淖尔	Bayannur	34.53	15.50	15.71	228
乌兰察布	Ulanqab	11.33	30.40	11.79	245
辽宁	**Liaoning**	**1171.63**	**614.15**	**1000.49**	

地名	City	2010	2016	2017	2017 排名 Ranking
沈阳	Shenyang	290.44	138.15	147.87	22
大连	Dalian	232.85	112.99	115.88	28
鞍山	Anshan	92.08	34.55	35.64	122
抚顺	Fushun	51.32	18.49	18.97	212
本溪	Benxi	39.42	13.84	15.38	229
丹东	Dandong	55.37	21.04	24.21	183
锦州	Jinzhou	67.56	24.29	24.76	180
营口	Yingkou	58.62	23.52	26.55	166
阜新	Fuxin	38.77	13.67	14.26	238
辽阳	Liaoyang	44.64	17.04	17.69	220
盘锦	Panjin	40.45	17.12	21.30	201
铁岭	Tieling	48.18	19.80	20.51	205
朝阳	Chaoyang	48.11	22.61	21.96	196
葫芦岛	Huludao	51.32	21.14	44.53	94
吉林	**Jilin**	**613.17**	**310.34**	**543.89**	
长春	Changchun	216.40	116.14	99.49	35
吉林	Jilin	102.70	35.31	35.60	123
四平	Siping	61.50	21.70	21.04	202
辽源	Liaoyuan	25.30	7.90	9.46	263
通化	Tonghua	47.40	16.88	17.80	218
白山	Baishan	33.70	10.33	11.20	251
松原	Songyuan	60.10	16.94	17.11	222
白城	Baicheng	44.20	13.29	14.54	236
黑龙江	**Heilongjiang**	**745.58**	**389.00**	**676.73**	
哈尔滨	Harbin	261.27	107.45	105.14	32
齐齐哈尔	Qiqihar	84.73	80.05	80.04	43
鸡西	Jixi	39.67	18.19	25.88	171
鹤岗	Hegang	24.88	8.12	7.98	270
双鸭山	Shuangyashan	31.60	14.30	10.08	258
大庆	Daqing	71.06	34.59	27.47	162
伊春	Yichun	24.03	7.44	7.61	271
佳木斯	Jiamusi	26.10	14.31	16.40	223
七台河	Qitaihe	20.25	5.53	5.88	274
牡丹江	Mudanjiang	63.28	19.79	29.24	151
黑河	Heihe	32.59	10.61	10.45	256
绥化	Suihua	77.82	3.97	4.30	277
上海	**Shanghai**	**1275.24**	**1074.22**	**1405.66**	
江苏	**Jiangsu**	**2328.76**	**1870.29**	**2947.43**	

注：本表数据2010年按2000年不变价格计算，2011年起按2010年不变价格计算，按可比价格比上年增长16.3%（下两表同）。

Note: The business volume of postal and telecommunication services before 2010 was calculated at 2000 constant prices and that from 2011 was calculated at 2010 constant prices.The rate of increase at constant prices in 2010 was 16.3%. The same applies to the table following.

13-6 邮电业务总量 续表 1

Business Volume of Postal and Telecommunication Services continued 1

单位：亿元 （100 million yuan）

地名	City	2010	2016	2017	2017 排名 Ranking	地名	City	2010	2016	2017	2017 排名 Ranking
南京	Nanjing	139.07	211.02	233.38	7	池州	Chizhou	7.93	9.86	10.01	259
无锡	Wuxi	103.94	155.24	177.29	17	宣城	Xuancheng	12.85	23.74	20.30	207
徐州	Xuzhou	73.39	84.55	92.30	38	**福建**	**Fujian**	**1214.39**	**889.21**	**1301.81**	
常州	Changzhou	57.40	96.35	105.00	33	福州	Fuzhou	280.95	146.40	156.80	20
苏州	Suzhou	176.86	335.20	363.63	4	厦门	Xiamen	182.52	256.07	201.63	12
南通	Nantong	62.48	102.33	113.99	29	莆田	Putian	74.36	29.30	43.42	98
连云港	Lianyungang	26.98	41.93	46.35	89	三明	Sanming	68.67	28.96	27.63	160
淮安	Huaian	27.27	45.31	50.98	80	泉州	Quanzhou	267.35	155.98	153.46	21
盐城	Yancheng	38.95	62.97	69.38	50	漳州	Zhangzhou	110.64	52.65	56.30	72
扬州	Yangzhou	41.55	61.53	67.55	53	南平	Nanping	64.15	25.26	26.08	170
镇江	Zhenjiang	38.21	42.60	46.08	90	龙岩	Longyan	68.66	67.90	76.17	44
泰州	Taizhou	36.70	51.47	56.93	68	宁德	Ningde	76.58	32.91	58.51	64
宿迁	Suqian	21.25	43.17	48.90	86	**江西**	**Jiangxi**	**692.00**	**486.86**	**791.13**	
浙江	**Zhejiang**	**2101.84**	**2367.23**	**3522.59**		南昌	Nanchang	46.73	99.33	211.23	10
杭州	Hangzhou	144.06	406.00	467.77	3	景德镇	Jingdezhen	12.22	12.32	12.50	243
宁波	Ningbo	224.72	187.13	197.93	14	萍乡	Pingxiang	10.89	14.86	15.27	231
温州	Wenzhou	111.07	174.88	177.60	16	九江	Jiujiang	11.50	31.88	32.07	137
嘉兴	Jiaxing	70.60	92.91	90.25	39	新余	Xinyu	5.62	29.65	23.10	189
湖州	Huzhou	27.91	35.92	40.48	105	鹰潭	Yingtan	5.59	9.21	9.60	261
绍兴	Shaoxing	48.88	59.97	59.49	63	赣州	Ganzhou	33.77	53.71	63.20	57
金华	Jinhua	64.75	93.28	92.84	37	吉安	Jian	19.53	28.79	39.29	110
衢州	Quzhou	32.67	18.63	22.73	192	宜春	Yichun	17.55	28.00	35.00	124
舟山	Zhoushan	14.79	15.77	14.99	234	抚州	Fuzhou	10.03	19.85	24.51	182
台州	Taizhou	66.30	76.45	74.66	45	上饶	Shangrao	10.63	37.45	39.22	111
丽水	Lishui	20.05	27.23	28.43	155	**山东**	**Shandong**	**1960.68**	**1164.99**	**1891.88**	
安徽	**Anhui**	**887.55**	**664.45**	**1079.78**		济南	Jinan	214.85	120.44	131.66	26
合肥	Hefei	52.15	127.84	140.58	23	青岛	Qingdao	274.78	128.91	161.65	19
芜湖	Wuhu	18.58	58.61	53.90	76	淄博	Zibo	105.73	42.37	44.96	92
蚌埠	Bengbu	16.34	23.72	28.28	156	枣庄	Zaozhuang	66.02	25.24	26.69	165
淮南	Huainan	13.68	39.45	25.38	174	东营	Dongying	67.40	23.85	24.04	185
马鞍山	Maanshan	10.58	18.60	18.95	213	烟台	Yantai	175.79	93.01	60.02	61
淮北	Huaibei	10.85	14.15	14.31	237	潍坊	Weifang	183.22	64.80	69.11	51
铜陵	Tongling	5.88	10.95	11.37	248	济宁	Jining	130.31	47.00	59.95	62
安庆	Anqing	22.59	27.92	30.54	142	泰安	Taian	77.27	35.09	36.87	118
黄山	Huangshan	7.87	10.92	11.33	249	威海	Weihai	81.76	33.13	34.93	126
滁州	Chuzhou	18.73	53.25	45.92	91	日照	Rizhao	50.89	27.06	29.69	147
阜阳	Fuyang	29.78	15.09	18.72	215	莱芜	Laiwu	21.31	8.82	9.34	264
宿州	Suzhou	20.14	29.53	37.40	117	临沂	Linyi	161.94	43.02	83.50	41
六安	Liuan	19.41	27.40	29.06	152	德州	Dezhou	82.80	33.02	38.26	114
亳州	Bozhou	17.15	54.17	4.31	276	聊城	Liaocheng	87.86	34.60	29.89	146

13-6 邮电业务总量 续表 2

Business Volume of Postal and Telecommunication Services continued 2

单位：亿元 （100 million yuan）

地名	City	2010	2016	2017	2017 排名 Ranking
滨州	Binzhou	72.20	27.71	30.03	145
菏泽	Heze	108.82	69.66	52.81	79
河南	**Henan**	**1473.45**	**990.89**	**1817.33**	
郑州	Zhengzhou	296.32	193.98	213.70	8
开封	Kaifeng	63.49	50.93	31.67	138
洛阳	Luoyang	119.85	52.53	63.76	56
平顶山	Pingdingshan	79.04	30.46	33.18	133
安阳	Anyang	83.89	38.76	40.80	103
鹤壁	Hebi	23.08	9.41	9.96	260
新乡	Xinxiang	100.10	97.27	57.55	65
焦作	Jiaozuo	64.65	23.66	24.86	179
濮阳	Puyang	54.59	59.18	25.58	173
许昌	Xuchang	65.66	27.22	33.19	132
漯河	Luohe	37.70	5.82	10.35	257
三门峡	Sanmenxia	42.38	16.27	18.38	216
南阳	Nanyang	113.10	66.92	65.46	55
商丘	Shangqiu	98.74	47.57	50.09	84
信阳	Xinyang	77.12	48.32	44.57	93
周口	Zhoukou	94.27	48.17	54.25	75
驻马店	Zhumadian	79.05	48.34	49.84	85
湖北	**Hubei**	**1039.03**	**707.39**	**1123.38**	
武汉	Wuhan	338.53	221.67	308.69	6
黄石	Huangshi	15.36	27.57	27.59	161
十堰	Shiyan	13.15	22.11	22.18	194
宜昌	Yichang	22.35	33.53	34.79	127
襄阳	Xiangyang	27.98	37.31	40.56	104
鄂州	Ezhou	6.40	9.16	11.15	252
荆门	Jingmen	13.53	21.01	23.44	187
孝感	Xiaogan	9.67	29.94	32.99	135
荆州	Jingzhou	28.11	37.82	43.60	96
黄冈	Huanggang	20.51	35.24	39.79	108
咸宁	Xianning	11.62	19.58	14.13	239
随州	Suizhou	8.93	13.83	15.79	226
湖南	**Hunan**	**1057.99**	**699.12**	**1121.75**	
长沙	Changsha	84.14	145.33	162.34	18
株洲	Zhuzhou	25.16	42.87	39.30	109
湘潭	Xiangtan	18.29	32.48	25.68	172
衡阳	Hengyang	29.12	40.15	46.79	88
邵阳	Shaoyang	24.60	87.65	71.95	47
岳阳	Yueyang	26.45	36.83	40.87	102
常德	Changde	28.33	37.24	41.35	100
张家界	Zhangjiajie	8.66	12.19	13.43	241
益阳	Yiyang	18.95	28.07	30.66	141
郴州	Chenzhou	23.32	28.58	35.95	120
永州	Yongzhou	18.59	17.89	28.60	154
怀化	Huaihua	20.82	76.39	34.44	129
娄底	Loudi	18.57	25.13	28.17	157
广东	**Guangdong**	**4553.38**	**3877.56**	**6105.99**	
广州	Guangzhou	1051.65	648.92	756.03	1
韶关	Shaoguan	69.58	23.85	23.13	188
深圳	Shenzhen	1031.26		753.52	2
珠海	Zhuhai	137.61			
汕头	Shantou	173.81	70.46	82.82	42
佛山	Foshan	428.72	181.92	197.44	15
江门	Jiangmen	135.08	166.02	53.25	78
湛江	Zhanjiang	116.85	203.77	61.02	59
茂名	Maoming	87.27	41.49	54.45	74
肇庆	Zhaoqing	95.05	35.76	38.78	112
惠州	Huizhou	201.02	64.04	67.37	54
梅州	Meizhou	52.48	28.61	31.42	139
汕尾	Shanwei	48.01	21.10	22.93	190
河源	Heyuan	46.33	21.21	22.92	191
阳江	Yangjiang	50.67	24.96	27.07	164
清远	Qingyuan	56.06	30.30	32.69	136
东莞	Dongguan	674.09	295.13	335.19	5
中山	Zhongshan	194.98	110.46	103.30	34
潮州	Chaozhou	54.52	24.39	27.93	158
揭阳	Jieyang	94.01		202.66	11
云浮	Yunfu	33.91	60.97	42.72	99
广西	**Guangxi**	**821.89**	**452.66**	**799.69**	
南宁	Nanning	176.99	89.66	96.05	36
柳州	Liuzhou	81.38	36.14	38.52	113
桂林	Guilin	93.54	38.38	40.25	106
梧州	Wuzhou	43.01	18.51	18.91	214
北海	Beihai	24.54	16.45	36.06	119
防城港	Fangchenggang	23.03	8.97	9.22	265
钦州	Qinzhou	37.96	19.96	20.98	203
贵港	Guigang	44.76	23.94	35.83	121
玉林	Yulin	77.23	32.13	37.51	116
百色	Baise	47.96	24.14	26.44	167

13-6 邮电业务总量 续表 3

Business Volume of Postal and Telecommunication Services continued 3

单位：亿元 （100 million yuan）

地名	City	2010	2016	2017	2017 排名 Ranking	地名	City	2010	2016	2017	2017 排名 Ranking
贺州	Hezhou	2.32	11.28	22.58	193	丽江	Lijiang	4.72	9.04	10.93	253
河池	Hechi	49.48	21.91	24.05	184	普洱	Puer	11.81	3.13	3.48	281
来宾	Laibin	32.38	12.49	13.78	240	临沧	Lincang	2.07	14.96	15.26	232
崇左	Chongzuo	34.07	15.00	15.34	230	**西藏**	**Tibet**	**64.34**	**36.07**	**48.65**	
海南	**Hainan**	**224.66**	**142.84**	**270.27**		拉萨	Lasa	6.82	33.13	19.50	210
海口	Haikou	40.87	44.53	50.11	83	**陕西**	**Shaanxi**	**857.24**	**557.02**	**952.31**	
三亚	Sanya	12.12	40.63	16.06	224	西安	Xi'an		186.06	199.62	13
三沙	Sansha					铜川	Tongchuan		2.32	2.29	284
重庆	**Chongqing**	**581.30**	**428.23**	**711.43**		宝鸡	Baoji		29.40	29.27	150
四川	**Sichuan**	**1450.69**	**913.97**	**1515.25**		咸阳	Xianyang		33.95	33.44	131
成都	Chengdu	441.27	283.47	211.39	9	渭南	Weinan		36.76	34.99	125
自贡	Zigong	35.14	7.74	117.37	27	延安	Yan'an		21.99	23.85	186
攀枝花	Panzhihua	14.87	10.00	3.12	282	汉中	Hanzhong		26.40	56.12	73
泸州	Luzhou	22.52	32.93	27.11	163	榆林	Yulin		34.04	13.15	242
德阳	Deyang	67.37	24.80	57.54	66	安康	Ankang		22.75	19.14	211
绵阳	Mianyang	32.36	37.89	40.07	107	商洛	Shangluo		11.78	14.61	235
广元	Guangyuan	13.25	19.53	21.66	199	**甘肃**	**Gansu**	**423.15**	**254.24**	**482.93**	
遂宁	Suining	12.40	16.46	21.59	200	兰州	Lanzhou	126.25	56.85	56.97	67
内江	Neijiang	16.56	17.05	20.13	209	嘉峪关	Jiayuguan	9.05	3.93	4.05	278
乐山	Leshan	53.15	28.60	29.36	149	金昌	Jinchang	11.28	10.19	9.20	266
南充	Nanchong	23.80	38.59	43.58	97	白银	Baiyin	26.04	19.93	20.20	208
眉山	Meishan	11.69	25.13	56.68	70	天水	Tianshui	38.32	20.47	20.44	206
宜宾	Yibin	64.03	31.01	33.73	130	武威	Wuwei	24.32	15.96	12.46	244
广安	Guangan	12.15	19.08	8.27	269	张掖	Zhangye	23.74	9.17	8.28	268
达州	Dazhou	29.32	36.07	30.48	143	平凉	Pingliang	27.59	32.25	29.54	148
雅安	Yaan	4.02	11.00	11.70	246	酒泉	Jiuquan	28.68	6.89	11.33	250
巴中	Bazhong	3.83	51.99	21.67	198	庆阳	Qingyang	38.07	13.34	10.89	254
资阳	Ziyang	15.14	15.05	15.95	225	定西	Dingxi	30.06	14.88	15.72	227
贵州	**Guizhou**	**512.47**	**378.92**	**889.35**		陇南	Longnan	34.73	10.31	17.90	217
贵阳	Guiyang	132.40	67.64	83.66	40	**青海**	**Qinghai**	**114.30**	**72.04**	**167.69**	
六盘水	Liupanshui	11.62	21.10	22.02	195	西宁	Xining		64.47	71.57	48
遵义	Zunyi	25.27	51.96	53.76	77	海东	Haidong		8.83	2.85	283
安顺	Anshun	8.36	16.11	17.75	219	**宁夏**	**Ningxia**	**135.20**	**109.93**	**220.19**	
毕节	Bijie	17.70	35.17	37.96	115	银川	Yinchuan	43.19	34.83	34.71	128
铜仁	Tongren	11.15	21.92	24.67	181	石嘴山	Shizuishan	5.70	6.59	10.49	255
云南	**Yunnan**	**773.04**	**551.03**	**1209.71**		吴忠	Wuzhong	20.70	3.44	3.84	279
昆明	Kunming		129.04	133.33	25	固原	Guyuan	4.16	2.94	3.70	280
曲靖	Qujing	17.62	74.71	26.14	168	中卫	Zhongwei	3.92	21.94	8.43	267
玉溪	Yuxi	19.61	15.67	9.56	262	**新疆**	**Xinjiang**	**555.95**	**280.35**	**365.80**	
保山	Baoshan	9.70	7.24	17.28	221	乌鲁木齐	Urumqi	45.10	67.14	68.65	52
昭通	Zhaotong	14.54	25.50	27.76	159	克拉玛依	Karamay	4.06	6.21	6.71	273

13-7 邮政业务总量
Business Volume of Postal Services

单位：亿元 (100 million yuan)

地名	City	2010	2016	2017	2017 排名 Ranking	地名	City	2010	2016	2017	2017 排名 Ranking
全国	**Nation Total**	**1985.30**	**7397.24**	**9763.71**		沈阳	Shenyang	4.30	31.52	36.86	28
北京	**Beijing**	**107.34**	**386.00**	**419.32**		大连	Dalian	4.55	23.47	29.25	32
天津	**Tianjin**	**33.84**	**86.52**	**106.13**		鞍山	Anshan	2.84	5.63	6.64	115
河北	**Hebei**	**58.12**	**196.79**	**269.04**		抚顺	Fushun	1.07	2.80	3.17	203
石家庄	Shijiazhuang	6.15	28.64	50.92	19	本溪	Benxi	0.89	2.39	2.81	213
唐山	Tangshan	3.43	12.04	15.39	46	丹东	Dandong	2.16	3.76	4.55	159
秦皇岛	Qinhuangdao	1.53	2.73	7.16	104	锦州	Jinzhou	1.24	3.80	4.12	177
邯郸	Handan	2.70	8.62	10.59	68	营口	Yingkou	1.05	3.54	4.30	171
邢台	Xingtai	1.43	8.84	11.74	60	阜新	Fuxin	0.70	1.58	1.85	245
保定	Baoding	4.39	25.87	33.81	29	辽阳	Liaoyang	1.39	3.46	3.86	181
张家口	Zhangjiakou	1.63	4.77	6.18	121	盘锦	Panjin	1.89	3.62	4.80	149
承德	Chengde	1.41	4.01	4.49	162	铁岭	Tieling	1.61	3.50	4.23	173
沧州	Cangzhou	2.47	5.44	6.08	127	朝阳	Chaoyang	2.31	4.00	4.71	153
廊坊	Langfang	2.98	3.13	3.08	207	葫芦岛	Huludao	1.30	4.18	6.50	116
衡水	Hengshui	1.19	6.79	8.68	85	**吉林**	**Jilin**	**25.77**	**46.03**	**57.79**	
山西	**Shanxi**	**39.24**	**56.87**	**72.42**		长春	Changchun	4.15	22.90	26.79	34
太原	Taiyuan	4.32	7.06	7.51	97	吉林	Jilin	3.44	7.21	8.60	87
大同	Datong	1.68	3.32	3.63	193	四平	Siping	1.33	4.40	4.87	148
阳泉	Yangquan	1.45	1.14	1.18	266	辽源	Liaoyuan	0.62	1.10	2.16	233
长治	Changzhi	1.22	2.30	2.54	220	通化	Tonghua	1.64	4.08	4.60	157
晋城	Jincheng	1.50	1.31	1.44	254	白山	Baishan	1.12	2.73	3.20	200
朔州	Shuozhou	1.37	1.26	1.20	264	松原	Songyuan	1.04	2.84	3.13	204
晋中	Jinzhong	1.71	3.52	2.33	228	白城	Baicheng	0.79	2.29	2.54	221
运城	Yuncheng	1.76	6.40	9.40	76	**黑龙江**	**Heilongjiang**	**47.71**	**68.72**	**79.42**	
忻州	Xinzhou	1.51	2.90	3.59	194	哈尔滨	Harbin	7.58	13.70	14.98	48
临汾	Linfen	4.30	2.92	3.41	198	齐齐哈尔	Qiqihar	0.34	3.06	3.05	208
吕梁	Lvliang	2.29	2.25	2.75	217	鸡西	Jixi	4.28	3.11	3.57	195
内蒙古	**Inner Mongolia**	**16.62**	**27.25**	**34.32**		鹤岗	Hegang	1.04	1.62	1.73	248
呼和浩特	Hohhot	2.31	10.08	13.58	55	双鸭山	Shuangyashan	1.27	1.81	2.72	218
包头	Baotou	1.48	2.12	2.06	236	大庆	Daqing	3.34	4.52	4.78	150
乌海	Wuhai	0.61	1.04	1.24	263	伊春	Yichun	1.14	0.76	1.37	257
赤峰	Chifeng	1.63	4.64	3.73	188	佳木斯	Jiamusi	2.70	2.51	1.30	260
通辽	Tongliao	0.75	2.64	3.26	199	七台河	Qitaihe	0.42	0.71	0.82	274
鄂尔多斯	Erdos	0.81	2.50	3.00	209	牡丹江	Mudanjiang	3.77	3.24	7.22	103
呼伦贝尔	Hulunbuir	1.08	2.10	2.26	231	黑河	Heihe	1.10	1.75	1.52	253
巴彦淖尔	Bayannur	0.86	1.70	1.71	249	绥化	Suihua	1.90	3.97	4.30	170
乌兰察布	Ulanqab	0.83	1.30	2.17	232	**上海**	**Shanghai**	**176.45**	**564.25**	**711.87**	
辽宁	**Liaoning**	**58.41**	**101.44**	**127.24**		**江苏**	**Jiangsu**	**188.34**	**663.69**	**880.93**	

13-7 邮政业务总量　续表 1

Business Volume of Postal Services continued 1

单位：亿元　　　　(100 million yuan)

地名	City	2010	2016	2017	2017 排名 Ranking	地名	City	2010	2016	2017	2017 排名 Ranking
南京	Nanjing	6.90	78.79	96.31	9	池州	Chizhou	0.74	0.79	1.20	265
无锡	Wuxi	5.55	56.86	70.24	12	宣城	Xuancheng	0.97	6.38	2.45	224
徐州	Xuzhou	5.03	23.77	29.13	33	**福建**	**Fujian**	**69.06**	**300.69**	**392.86**	
常州	Changzhou	5.21	33.87	40.04	26	福州	Fuzhou	7.31	40.36	46.14	23
苏州	Suzhou	15.27	134.14	158.30	5	厦门	Xiamen	3.74	46.17	56.39	16
南通	Nantong	6.13	37.41	45.78	24	莆田	Putian	2.65	3.01	16.54	43
连云港	Lianyungang	2.75	11.18	13.91	54	三明	Sanming	2.31	5.85	7.00	108
淮安	Huaian	2.33	14.53	18.58	39	泉州	Quanzhou	6.11	53.11	67.65	13
盐城	Yancheng	3.93	15.19	18.47	40	漳州	Zhangzhou	2.23	10.55	12.81	58
扬州	Yangzhou	4.03	19.25	23.36	35	南平	Nanping	2.62	4.13	4.50	161
镇江	Zhenjiang	2.33	12.41	14.74	50	龙岩	Longyan	2.21	5.72	6.71	114
泰州	Taizhou	3.59	14.44	16.98	42	宁德	Ningde	2.14	6.85	8.62	86
宿迁	Suqian	2.09	11.49	14.88	49	**江西**	**Jiangxi**	**36.85**	**100.32**	**129.65**	
浙江	**Zhejiang**	**154.07**	**1250.75**	**1728.41**		南昌	Nanchang	4.34	31.40	43.03	25
杭州	Hangzhou	11.47	215.17	275.09	3	景德镇	Jingdezhen	0.76	1.44	1.44	255
宁波	Ningbo	6.46	68.14	82.34	10	萍乡	Pingxiang	1.87	1.61	1.94	242
温州	Wenzhou	5.18	56.55	65.35	14	九江	Jiujiang	1.65	3.16	3.64	191
嘉兴	Jiaxing	4.16	4.99	5.70	136	新余	Xinyu	0.73	2.15	2.37	226
湖州	Huzhou	1.83	3.31	4.45	165	鹰潭	Yingtan	0.91	2.16	2.50	222
绍兴	Shaoxing	3.32	5.86	6.35	120	赣州	Ganzhou	4.26	7.07	15.28	47
金华	Jinhua	5.41	16.14	19.10	38	吉安	Jian	2.70	7.79	9.12	81
衢州	Quzhou	0.90	1.86	6.16	124	宜春	Yichun	2.75	4.10	8.36	88
舟山	Zhoushan	1.01	1.40	1.37	256	抚州	Fuzhou	1.60	2.87	5.43	139
台州	Taizhou	4.31	5.89	6.78	110	上饶	Shangrao	2.52	6.85	8.34	90
丽水	Lishui	1.46	8.81	10.00	71	**山东**	**Shandong**	**104.82**	**301.61**	**392.88**	
安徽	**Anhui**	**45.93**	**174.91**	**247.98**		济南	Jinan	4.70	41.39	48.73	21
合肥	Hefei	3.21	38.83	49.77	20	青岛	Qingdao	5.27	24.91	53.43	18
芜湖	Wuhu	2.05	13.47	17.21	41	淄博	Zibo	2.28	9.33	11.49	62
蚌埠	Bengbu	1.19	2.50	3.18	202	枣庄	Zaozhuang	1.33	5.09	6.43	118
淮南	Huainan	1.04	4.68	5.46	138	东营	Dongying	1.23	2.27	4.28	172
马鞍山	Maanshan	0.81	1.83	2.29	230	烟台	Yantai	5.35	6.46	7.14	105
淮北	Huaibei	0.86	1.58	1.96	240	潍坊	Weifang	3.81	7.54	10.25	69
铜陵	Tongling	0.53	1.95	2.36	227	济宁	Jining	3.17	5.45	14.72	51
安庆	Anqing	4.32	4.43	6.46	117	泰安	Taian	1.86	8.38	10.08	70
黄山	Huangshan	0.85	1.35	1.60	250	威海	Weihai	2.36	8.79	10.98	67
滁州	Chuzhou	1.04	2.65	3.44	197	日照	Rizhao	1.39	3.73	4.67	154
阜阳	Fuyang	4.14	6.97	9.29	78	莱芜	Laiwu	0.67	2.03	2.42	225
宿州	Suzhou	1.89	5.07	6.04	129	临沂	Linyi	3.07	7.04	21.63	36
六安	Liuan	2.01	3.60	4.31	168	德州	Dezhou	4.15	5.92	11.31	64
亳州	Bozhou	1.46	6.44	4.31	169	聊城	Liaocheng	2.30	6.72	7.45	99

13-7 邮政业务总量 续表 2
Business Volume of Postal Services continued 2

单位：亿元 （100 million yuan）

地名	City	2010	2016	2017	2017 排名 Ranking	地名	City	2010	2016	2017	2017 排名 Ranking
滨州	Binzhou	1.55	5.84	7.59	96	常德	Changde	2.01	4.69	5.26	142
菏泽	Heze	2.57	9.26	14.72	52	张家界	Zhangjiajie	0.50	1.79	2.12	234
河南	**Henan**	**89.80**	**233.22**	**332.71**		益阳	Yiyang	1.55	5.95	7.26	101
郑州	Zhengzhou	6.18	64.20	74.65	11	郴州	Chenzhou	2.32	7.00	8.21	92
开封	Kaifeng	2.06	3.26	6.00	130	永州	Yongzhou	1.62	4.88	4.64	156
洛阳	Luoyang	3.60	6.64	15.49	45	怀化	Huaihua	1.62	4.63	6.16	123
平顶山	Pingdingshan	2.35	4.27	6.74	112	娄底	Loudi	1.18	2.82	5.24	143
安阳	Anyang	3.00	7.71	9.28	79	**广东**	**Guangdong**	**378.00**	**1886.25**	**2526.29**	
鹤壁	Hebi	0.62	0.99	1.10	268	广州	Guangzhou	20.23	307.02	415.94	1
新乡	Xinxiang	3.49	11.08	14.27	53	韶关	Shaoguan	2.89	4.95	5.97	131
焦作	Jiaozuo	2.46	3.54	3.77	186	深圳	Shenzhen	28.07		412.72	2
濮阳	Puyang	1.58	3.53	3.95	178	珠海	Zhuhai	3.52			
许昌	Xuchang	1.96	3.53	7.32	100	汕头	Shantou	2.01	21.58	33.42	30
漯河	Luohe	1.17	2.28	6.80	109	佛山	Foshan	0.00	45.53	59.71	15
三门峡	Sanmenxia	1.36	2.41	4.18	174	江门	Jiangmen	4.41	16.08	5.49	137
南阳	Nanyang	3.93	5.92	16.50	44	湛江	Zhanjiang	4.90	11.56	13.44	56
商丘	Shangqiu	3.75	8.49	9.79	74	茂名	Maoming	3.84	8.44	9.82	73
信阳	Xinyang	2.67	5.90	9.58	75	肇庆	Zhaoqing	1.68	7.70	9.04	82
周口	Zhoukou	3.55	8.09	12.87	57	惠州	Huizhou	1.94	3.05	2.89	211
驻马店	Zhumadian	3.37	6.51	11.77	59	梅州	Meizhou	3.40	7.31	8.92	84
湖北	**Hubei**	**55.71**	**192.10**	**265.74**		汕尾	Shanwei	1.02	4.08	5.05	146
武汉	Wuhan	6.46	73.62	101.10	8	河源	Heyuan	0.88	4.15	5.08	145
黄石	Huangshi	1.70	5.69	7.09	106	阳江	Yangjiang	1.55	6.47	7.63	94
十堰	Shiyan	1.60	3.96	3.85	182	清远	Qingyuan	2.00	5.17	6.17	122
宜昌	Yichang	1.56	3.64	4.16	176	东莞	Dongguan	8.12	139.55	167.20	4
襄阳	Xiangyang	2.31	5.09	6.37	119	中山	Zhongshan	4.26	48.13	38.36	27
鄂州	Ezhou	0.57	1.21	2.75	216	潮州	Chaozhou	1.04	5.90	8.27	91
荆门	Jingmen	1.31	4.83	6.13	125	揭阳	Jieyang	2.34		113.91	6
孝感	Xiaogan	2.00	5.87	8.97	83	云浮	Yunfu	2.00	4.10	4.53	160
荆州	Jingzhou	2.81	6.40	11.13	65	**广西**	**Guangxi**	**28.58**	**63.70**	**88.04**	
黄冈	Huanggang	2.42	7.08	9.97	72	南宁	Nanning	3.83	7.04	8.35	89
咸宁	Xianning	1.91	3.97	4.88	147	柳州	Liuzhou	1.71	4.56	5.91	134
随州	Suizhou	1.97	2.56	4.16	175	桂林	Guilin	2.26	5.62	6.77	111
湖南	**Hunan**	**49.05**	**143.37**	**192.64**		梧州	Wuzhou	1.44	3.28	3.88	180
长沙	Changsha	5.46	36.87	48.16	22	北海	Beihai	0.80	2.05	2.58	219
株洲	Zhuzhou	1.55	2.24	9.34	77	防城港	Fangchenggang	0.35	0.61	0.72	279
湘潭	Xiangtan	1.96	2.44	4.49	163	钦州	Qinzhou	0.88	2.98	3.68	189
衡阳	Hengyang	3.62	6.63	11.02	66	贵港	Guigang	2.03	4.84	5.79	135
邵阳	Shaoyang	2.70	5.80	7.24	102	玉林	Yulin	2.29	3.82	7.47	98
岳阳	Yueyang	2.40	6.43	7.92	93	百色	Baise	1.10	2.95	3.65	190

13-7 邮政业务总量 续表 3
Business Volume of Postal Services continued 3

单位：亿元 （100 million yuan）

地名	City	2010	2016	2017	2017 排名 Ranking	地名	City	2010	2016	2017	2017 排名 Ranking
贺州	Hezhou	0.69	1.67	2.09	235	丽江	Lijiang	0.47	0.74	1.79	247
河池	Hechi	1.34	2.90	3.57	196	普洱	Puer	0.65	1.54	1.89	244
来宾	Laibin	0.75	1.56	2.01	238	临沧	Lincang	0.45	1.23	1.36	259
崇左	Chongzuo	1.23	2.45	2.00	239	**西藏**	**Tibet**	**1.88**	**3.12**	**3.44**	
海南	**Hainan**	**9.90**	**16.89**	**19.00**		拉萨	Lasa		0.87		
海口	Haikou	2.33	8.56	11.52	61	**陕西**	**Shaanxi**	**37.42**	**92.03**	**116.31**	
三亚	Sanya	0.51	0.78	0.97	270	西安	Xi'an	5.88	43.99	54.46	17
三沙	Sansha					铜川	Tongchuan	0.58	0.72	0.83	272
重庆	**Chongqing**	**30.72**	**79.22**	**99.95**		宝鸡	Baoji	1.90	5.22	6.13	126
四川	**Sichuan**	**69.99**	**199.04**	**269.26**		咸阳	Xianyang	2.04	4.12	4.40	166
成都	Chengdu	9.37	81.56	101.37	7	渭南	Weinan	1.99	4.12	4.37	167
自贡	Zigong	1.45	2.78	3.12	205	延安	Yan'an	1.13	1.53	3.10	206
攀枝花	Panzhihua	0.85	2.04			汉中	Hanzhong	2.10	5.24	6.06	128
泸州	Luzhou	2.00	6.21	7.62	95	榆林	Yulin	1.55	2.64	4.77	152
德阳	Deyang	1.72	2.82	5.33	141	安康	Ankang	1.35	2.67	2.99	210
绵阳	Mianyang	2.23	4.52	5.11	144	商洛	Shangluo	2.67	1.93	2.31	229
广元	Guangyuan	1.23	3.30	3.80	185	**甘肃**	**Gansu**	**11.32**	**22.19**	**26.74**	
遂宁	Suining	1.14	2.50	2.75	215	兰州	Lanzhou	2.02	4.21	3.73	187
内江	Neijiang	1.14	3.62	5.95	132	嘉峪关	Jiayuguan	0.18	0.41	0.63	280
乐山	Leshan	1.67	3.98	4.77	151	金昌	Jinchang	0.25	0.41	0.58	281
南充	Nanchong	2.58	8.61	11.36	63	白银	Baiyin	0.46	0.90	1.29	261
眉山	Meishan	1.03	4.32	6.72	113	天水	Tianshui	0.98	3.09	3.63	192
宜宾	Yibin	1.94	4.62	5.94	133	武威	Wuwei	0.57	0.95	1.28	262
广安	Guangan	1.69	3.47	3.82	183	张掖	Zhangye	0.39	0.71	0.80	275
达州	Dazhou	19.20	5.78	7.01	107	平凉	Pingliang	0.38	0.77	0.77	276
雅安	Yaan	0.42	1.03	1.15	267	酒泉	Jiuquan	0.61	1.27	1.36	258
巴中	Bazhong	1.24	3.92	4.67	155	庆阳	Qingyang	0.78	1.33	1.56	252
资阳	Ziyang	2.03	3.89	4.56	158	定西	Dingxi	0.46	1.30	1.57	251
贵州	**Guizhou**	**15.50**	**42.69**	**53.23**		陇南	Longnan	0.45	1.49	1.91	243
贵阳	Guiyang	2.29	4.81	20.03	37	**青海**	**Qinghai**	**3.23**	**4.83**	**6.01**	
六盘水	Liupanshui	0.70	2.31	2.87	212	西宁	Xining	1.16	2.96	3.81	184
遵义	Zunyi	18.94	8.15	9.27	80	海东	Haidong		0.64	0.74	278
安顺	Anshun	0.55	2.02	2.50	223	**宁夏**	**Ningxia**	**4.10**	**15.20**	**15.32**	
毕节	Bijie		3.50	4.45	164	银川	Yinchuan	1.14	2.05	2.04	237
铜仁	Tongren		2.62	3.89	179	石嘴山	Shizuishan	0.63	0.51	0.55	282
云南	**Yunnan**	**18.91**	**50.05**	**66.24**		吴忠	Wuzhong	0.30	0.71	0.93	271
昆明	Kunming	3.62	25.64	30.35	31	固原	Guyuan	0.35	0.64	1.00	269
曲靖	Qujing	1.30	2.14	3.19	201	中卫	Zhongwei	0.22	0.38	0.82	273
玉溪	Yuxi	0.74	0.96	1.83	246	**新疆**	**Xinjiang**	**18.63**	**27.50**	**32.52**	
保山	Baoshan	0.58	1.56	1.94	241	乌鲁木齐	Urumqi	3.01	4.84	5.40	140
昭通	Zhaotong	0.93	1.66	2.79	214	克拉玛依	Karamay	0.61	0.68	0.76	277

13-8 电信业务总量
Business Volume of Telecommunication Services

单位：亿元 （100 million yuan）

地名	City	2010	2016	2017	2017 排名 Ranking
全国	**Nation Total**	**29993.18**	**15616.95**	**27596.74**	
北京	**Beijing**	**1120.00**	**593.08**	**870.58**	
天津	**Tianjin**	**399.46**	**183.09**	**300.67**	
河北	**Hebei**	**1293.51**	**623.20**	**1096.19**	
石家庄	Shijiazhuang	229.82	86.73	86.98	27
唐山	Tangshan	190.85	54.66	55.13	51
秦皇岛	Qinhuangdao	70.13	24.30	23.98	146
邯郸	Handan	132.92	45.49	46.04	69
邢台	Xingtai	94.88	35.08	35.74	92
保定	Baoding	188.22	70.75	72.97	34
张家口	Zhangjiakou	70.43	26.12	26.94	130
承德	Chengde	60.10	22.43	21.62	167
沧州	Cangzhou	117.39	11.95	44.24	73
廊坊	Langfang	102.01	45.94	47.36	68
衡水	Hengshui	65.09	21.47	21.77	165
山西	**Shanxi**	**696.69**	**328.73**	**584.21**	
太原	Taiyuan	159.89	56.78	54.93	52
大同	Datong	61.58	21.69	21.60	168
阳泉	Yangquan	30.61	24.96	13.95	224
长治	Changzhi	55.98	22.86	41.56	78
晋城	Jincheng	38.31	40.19	3.64	274
朔州	Shuozhou	28.53	13.45	10.41	243
晋中	Jinzhong	59.59	22.42	22.56	157
运城	Yuncheng	71.92	81.20	97.30	22
忻州	Xinzhou	48.90	40.60	16.97	203
临汾	Linfen	72.26	76.95	56.98	50
吕梁	Lvliang	62.41	31.44	38.29	83
内蒙古	**Inner Mongolia**	**584.75**	**249.64**	**491.17**	
呼和浩特	Hohhot	78.27	73.16	60.80	48
包头	Baotou	73.34	27.37	26.56	134
乌海	Wuhai	5.92	6.10	6.17	270
赤峰	Chifeng	60.95	27.79	53.11	55
通辽	Tongliao	42.85	20.46	22.07	163
鄂尔多斯	Erdos	19.50	18.20	18.90	190
呼伦贝尔	Hulunbuir	15.07	23.16	22.87	154
巴彦淖尔	Bayannur	33.67	13.80	14.00	222
乌兰察布	Ulanqab	10.50	29.10	9.62	247
辽宁	**Liaoning**	**1113.22**	**512.71**	**873.25**	
沈阳	Shenyang	286.14	106.63	111.01	17
大连	Dalian	228.30	89.53	86.63	28
鞍山	Anshan	89.24	28.92	29.00	121
抚顺	Fushun	50.25	15.69	15.80	214
本溪	Benxi	38.53	11.45	12.57	231
丹东	Dandong	53.21	17.28	19.66	184
锦州	Jinzhou	66.32	20.49	20.64	175
营口	Yingkou	57.57	19.98	22.25	162
阜新	Fuxin	38.07	12.08	12.41	232
辽阳	Liaoyang	43.25	13.58	13.83	226
盘锦	Panjin	38.56	13.51	16.50	208
铁岭	Tieling	46.57	16.30	16.28	209
朝阳	Chaoyang	45.80	18.61	17.25	200
葫芦岛	Huludao	50.02	16.96	38.02	87
吉林	**Jilin**	**587.40**	**264.31**	**486.10**	
长春	Changchun	212.25	93.23	72.70	35
吉林	Jilin	99.26	28.10	27.00	128
四平	Siping	60.17	17.30	16.17	210
辽源	Liaoyuan	24.68	6.80	7.30	265
通化	Tonghua	45.76	12.80	13.20	230
白山	Baishan	32.58	7.60	8.00	260
松原	Songyuan	59.06	14.10	13.98	223
白城	Baicheng	43.41	11.00	12.00	235
黑龙江	**Heilongjiang**	**697.87**	**320.28**	**597.31**	
哈尔滨	Harbin	253.69	93.75	90.16	24
齐齐哈尔	Qiqihar	84.39	76.99	76.99	32
鸡西	Jixi	35.39	15.07	22.30	161
鹤岗	Hegang	23.84	6.50	6.26	268
双鸭山	Shuangyashan	30.33	12.48	7.36	264
大庆	Daqing	67.72	30.07	22.70	156
伊春	Yichun	22.89	6.68	6.24	269
佳木斯	Jiamusi	23.40	11.80	15.10	217
七台河	Qitaihe	19.83	4.83	5.06	272
牡丹江	Mudanjiang	59.51	16.55	22.02	164
黑河	Heihe	31.49	8.86	8.93	253
绥化	Suihua	75.92			
上海	**Shanghai**	**1098.79**	**509.97**	**693.79**	
江苏	**Jiangsu**	**2140.42**	**1206.60**	**2066.50**	

13-8 电信业务总量 续表 1

Business Volume of Telecommunication Services continued 1

单位：亿元 (100 million yuan)

地名	City	2010	2016	2017	2017 排名 Ranking	地名	City	2010	2016	2017	2017 排名 Ranking
南京	Nanjing		132.23	137.07	13	池州	Chizhou	7.19	9.07	8.82	255
无锡	Wuxi	132.17	98.39	107.04	20	宣城	Xuancheng	11.88	17.37	17.85	194
徐州	Xuzhou	98.39	60.78	63.17	46	**福建**	**Fujian**	**1145.33**	**588.52**	**908.95**	
常州	Changzhou	68.36	62.48	64.96	40	福州	Fuzhou	273.64	106.04	110.66	18
苏州	Suzhou	52.19	201.06	205.33	5	厦门	Xiamen	178.78	209.90	145.24	9
南通	Nantong	161.59	64.92	68.21	37	莆田	Putian	71.71	26.29	26.88	131
连云港	Lianyungang	56.36	30.75	32.44	105	三明	Sanming	66.36	23.11	20.64	176
淮安	Huaian	24.23	30.78	32.40	106	泉州	Quanzhou	261.24	102.87	85.81	29
盐城	Yancheng	24.94	47.78	50.91	57	漳州	Zhangzhou	108.41	42.10	43.50	75
扬州	Yangzhou	35.03	42.29	44.19	74	南平	Nanping	61.53	21.12	21.58	169
镇江	Zhenjiang	37.52	30.19	31.34	110	龙岩	Longyan	66.45	62.19	69.46	36
泰州	Taizhou	35.88	37.03	39.95	81	宁德	Ningde	74.44	26.06	49.89	61
宿迁	Suqian	33.11	31.68	34.02	96	**江西**	**Jiangxi**	**655.15**	**386.54**	**661.48**	
浙江	**Zhejiang**	**19.16**	**1116.48**	**1794.18**		南昌	Nanchang	42.39	67.93	168.20	7
杭州	Hangzhou	132.59	190.83	192.68	6	景德镇	Jingdezhen	11.46	10.88	11.06	241
宁波	Ningbo	218.26	118.99	115.59	14	萍乡	Pingxiang	9.02	13.25	13.33	229
温州	Wenzhou	105.89	118.33	112.25	16	九江	Jiujiang	9.85	28.71	28.43	123
嘉兴	Jiaxing	66.44	87.92	84.55	30	新余	Xinyu	4.89	27.50	20.73	174
湖州	Huzhou	26.08	32.61	36.03	90	鹰潭	Yingtan	4.68	7.05	7.09	266
绍兴	Shaoxing	45.56	54.11	53.14	54	赣州	Ganzhou	29.51	46.64	47.92	65
金华	Jinhua	59.34	77.14	73.74	33	吉安	Jian	16.83	21.00	30.17	114
衢州	Quzhou	31.77	16.77	16.57	206	宜春	Yichun	14.80	23.90	26.64	133
舟山	Zhoushan	13.78	14.37	13.61	227	抚州	Fuzhou	8.43	16.98	19.08	188
台州	Taizhou	61.99	70.56	67.88	38	上饶	Shangrao	8.11	30.60	30.88	111
丽水	Lishui	18.59	18.43	18.44	191	**山东**	**Shandong**	**1855.86**	**863.38**	**1499.00**	
安徽	**Anhui**	**841.62**	**489.54**	**831.80**		济南	Jinan	210.15	79.05	82.93	31
合肥	Hefei	48.94	89.01	90.81	23	青岛	Qingdao	269.51	104.00	108.22	19
芜湖	Wuhu	16.53	45.14	36.69	88	淄博	Zibo	103.45	33.04	33.47	100
蚌埠	Bengbu	15.15	21.22	25.09	139	枣庄	Zaozhuang	64.69	20.15	20.26	180
淮南	Huainan	12.64	34.77	19.92	181	东营	Dongying	66.17	21.58	19.76	182
马鞍山	Maanshan	9.77	16.76	16.66	205	烟台	Yantai	170.44	86.55	52.87	56
淮北	Huaibei	9.99	12.57	12.35	233	潍坊	Weifang	179.41	57.26	58.86	49
铜陵	Tongling	5.35	9.00	9.01	252	济宁	Jining	127.14	41.55	45.23	70
安庆	Anqing	18.27	23.49	24.08	144	泰安	Taian	75.41	26.71	26.79	132
黄山	Huangshan	7.02	9.58	9.73	246	威海	Weihai	79.40	24.35	23.95	148
滁州	Chuzhou	17.69	50.60	42.48	77	日照	Rizhao	49.50	23.33	25.02	140
阜阳	Fuyang	25.64	8.12	9.43	248	莱芜	Laiwu	20.64	6.79	6.92	267
宿州	Suzhou	18.25	24.46	31.36	109	临沂	Linyi	158.87	35.98	61.87	47
六安	Liuan	17.40	23.80	24.75	142	德州	Dezhou	78.65	27.10	26.95	129
亳州	Bozhou	15.69	47.73			聊城	Liaocheng	85.56	27.88	22.44	159

13-8 电信业务总量 续表 2

Business Volume of Telecommunication Services continued 2

单位：亿元 （100 million yuan）

地名	City	2010	2016	2017	2017 排名 Ranking	地名	City	2010	2016	2017	2017 排名 Ranking
滨州	Binzhou	70.65	21.87	22.44	159	常德	Changde	26.32	32.55	36.08	89
菏泽	Heze	106.25	60.41	38.09	85	张家界	Zhangjiajie	8.16	10.40	11.31	239
河南	**Henan**	**1383.65**	**757.67**	**1484.62**		益阳	Yiyang	17.40	22.12	23.40	150
郑州	Zhengzhou	290.14	129.78	139.05	11	郴州	Chenzhou	21.00	21.58	27.74	126
开封	Kaifeng	61.43	47.67	25.67	138	永州	Yongzhou	16.97	13.01	23.95	147
洛阳	Luoyang	116.25	45.89	48.27	64	怀化	Huaihua	19.20	71.77	28.28	124
平顶山	Pingdingshan	76.69	26.19	26.44	136	娄底	Loudi	17.39	22.30	22.93	153
安阳	Anyang	80.89	31.05	31.52	108	**广东**	**Guangdong**	**4175.38**	**1991.31**	**3579.70**	
鹤壁	Hebi	22.47	8.42	8.87	254	广州	Guangzhou	1031.42	341.90	340.09	2
新乡	Xinxiang	96.61	86.19	43.28	76	韶关	Shaoguan	66.69	18.90	17.16	201
焦作	Jiaozuo	62.19	20.12	21.09	171	深圳	Shenzhen	1003.19		340.80	1
濮阳	Puyang	53.01	55.65	21.63	166	珠海	Zhuhai	134.09			
许昌	Xuchang	63.70	23.69	25.87	137	汕头	Shantou	171.80	48.88	49.40	62
漯河	Luohe	36.53	3.55	3.55	275	佛山	Foshan	428.72	136.40	137.74	12
三门峡	Sanmenxia	41.02	13.86	14.20	220	江门	Jiangmen	130.67	149.94	47.76	66
南阳	Nanyang	109.17	61.00	48.96	63	湛江	Zhanjiang	111.95	192.21	47.58	67
商丘	Shangqiu	94.99	39.07	40.30	80	茂名	Maoming	83.43	33.05	44.63	71
信阳	Xinyang	74.45	42.42	34.98	93	肇庆	Zhaoqing	93.38	28.06	29.74	119
周口	Zhoukou	90.72	40.08	41.39	79	惠州	Huizhou	199.08	60.99	64.48	43
驻马店	Zhumadian	75.68	41.83	38.07	86	梅州	Meizhou	49.08	21.30	22.50	158
湖北	**Hubei**	**983.32**	**515.29**	**857.64**		汕尾	Shanwei	46.99	17.02	17.88	193
武汉	Wuhan	332.07	148.05	207.59	4	河源	Heyuan	45.45	17.06	17.84	195
黄石	Huangshi	13.66	21.88	20.50	177	阳江	Yangjiang	49.12	18.49	19.44	186
十堰	Shiyan	11.55	18.15	18.33	192	清远	Qingyuan	54.06	25.14	26.52	135
宜昌	Yichang	20.79	29.89	30.63	112	东莞	Dongguan	665.97	155.58	167.99	8
襄阳	Xiangyang	25.67	32.22	34.19	95	中山	Zhongshan	190.72	62.34	64.94	41
鄂州	Ezhou	5.83	7.95	8.40	258	潮州	Chaozhou	53.48	18.49	19.66	183
荆门	Jingmen	12.22	16.17	17.31	198	揭阳	Jieyang	91.67		88.75	25
孝感	Xiaogan	7.67	24.07	24.03	145	云浮	Yunfu	31.91	56.87	38.19	84
荆州	Jingzhou	25.30	31.42	32.47	104	**广西**	**Guangxi**	**793.31**	**388.96**	**711.65**	
黄冈	Huanggang	18.09	28.16	29.82	118	南宁	Nanning	173.16	82.62	87.70	26
咸宁	Xianning	9.71	15.61	9.25	250	柳州	Liuzhou	79.67	31.58	32.62	103
随州	Suizhou	6.96	11.27	11.63	237	桂林	Guilin	91.28	32.76	33.48	98
湖南	**Hunan**	**1008.94**	**555.75**	**929.11**		梧州	Wuzhou	41.57	15.22	15.03	219
长沙	Changsha	78.68	108.45	114.18	15	北海	Beihai	23.74	14.40	33.48	98
株洲	Zhuzhou	23.61	40.63	29.96	117	防城港	Fangchenggang	22.68	8.36	8.51	257
湘潭	Xiangtan	16.33	30.04	21.20	170	钦州	Qinzhou	37.08	16.99	17.30	199
衡阳	Hengyang	25.50	33.52	35.77	91	贵港	Guigang	42.73	19.11	30.04	115
邵阳	Shaoyang	21.90	81.85	64.71	42	玉林	Yulin	74.94	28.31	30.04	115
岳阳	Yueyang	24.05	30.40	32.95	101	百色	Baise	46.86	21.19	22.79	155

13-8 电信业务总量 续表 3

Business Volume of Telecommunication Services continued 3

单位：亿元 （100 million yuan）

地名	City	2010	2016	2017	2017 排名 Ranking
贺州	Hezhou	1.63	9.61	20.48	178
河池	Hechi	48.14	19.01	20.48	178
来宾	Laibin	31.63	10.93	11.77	236
崇左	Chongzuo	32.84	12.56	13.34	228
海南	**Hainan**	**214.76**	**125.95**	**251.27**	
海口	Haikou	38.54	35.96	38.59	82
三亚	Sanya	11.61	39.85	15.09	218
三沙	Sansha				
重庆	**Chongqing**	**550.58**	**349.01**	**611.48**	
四川	**Sichuan**	**1380.70**	**714.93**	**1245.99**	
成都	Chengdu	431.90	201.91	211.39	3
自贡	Zigong	33.69	4.96	16.00	212
攀枝花	Panzhihua	14.02	7.96		
泸州	Luzhou	20.52	26.71	27.11	127
德阳	Deyang	65.65	21.98	49.92	60
绵阳	Mianyang	30.13	33.36	34.74	94
广元	Guangyuan	12.02	16.23	16.55	207
遂宁	Suining	11.26	13.96	17.79	196
内江	Neijiang	15.42	13.43	17.38	197
乐山	Leshan	51.48	24.62	24.58	143
南充	Nanchong	21.22	29.98	32.22	107
眉山	Meishan	10.66	20.81	49.96	59
宜宾	Yibin	62.09	26.39	27.80	125
广安	Guangan	10.46	15.60	4.45	273
达州	Dazhou	10.12	30.29	23.46	149
雅安	Yaan	3.60	9.97	10.55	242
巴中	Bazhong	2.59	48.07	17.00	202
资阳	Ziyang	13.11	11.16	11.39	238
贵州	**Guizhou**	**496.97**	**336.23**	**836.12**	
贵阳	Guiyang	130.11	62.83	63.63	44
六盘水	Liupanshui	10.92	18.79	19.15	187
遵义	Zunyi	6.33	43.81	44.49	72
安顺	Anshun	7.81	14.09	15.25	216
毕节	Bijie	17.70	31.67	33.51	97
铜仁	Tongren	11.15	19.30	20.78	172
云南	**Yunnan**	**754.13**	**500.98**	**1143.47**	
昆明	Kunming		103.40	102.98	21
曲靖	Qujing	16.32	72.57	22.96	152
玉溪	Yuxi	18.87	14.71	7.72	261
保山	Baoshan	9.12	5.68	15.34	215
昭通	Zhaotong	13.61	23.84	24.97	141
丽江	Lijiang	4.25	8.30	9.15	251
普洱	Puer	11.16	1.59	1.59	280
临沧	Lincang	1.62	13.73	13.90	225
西藏	**Tibet**	**62.46**	**32.95**	**45.21**	
拉萨	Lasa	6.82	32.26	19.50	185
陕西	**Shaanxi**	**819.82**	**464.99**	**836.00**	
西安	Xi'an		142.07	145.16	10
铜川	Tongchuan		1.60	1.46	281
宝鸡	Baoji		24.18	23.14	151
咸阳	Xianyang		29.83	29.04	120
渭南	Weinan		32.64	30.61	113
延安	Yan'an		20.46	20.75	173
汉中	Hanzhong		21.16	50.06	58
榆林	Yulin		31.41	8.37	259
安康	Ankang		20.07	16.15	211
商洛	Shangluo		9.85	12.30	234
甘肃	**Gansu**	**411.83**	**232.05**	**456.19**	
兰州	Lanzhou	124.23	52.65	53.24	53
嘉峪关	Jiayuguan	8.87	3.52	3.43	276
金昌	Jinchang	11.03	9.78	8.62	256
白银	Baiyin	25.58	19.02	18.91	189
天水	Tianshui	37.34	17.38	16.81	204
武威	Wuwei	23.75	15.01	11.18	240
张掖	Zhangye	23.35	8.46	7.47	263
平凉	Pingliang	27.21	31.48	28.77	122
酒泉	Jiuquan	28.07	5.62	9.98	244
庆阳	Qingyang	37.29	12.01	9.34	249
定西	Dingxi	29.60	13.58	14.15	221
陇南	Longnan	34.28	8.82	15.99	213
青海	**Qinghai**	**111.07**	**67.21**	**161.68**	
西宁	Xining		61.51	67.76	39
海东	Haidong		8.19	2.11	279
宁夏	**Ningxia**	**131.10**	**94.73**	**204.87**	
银川	Yinchuan	42.05	32.77	32.67	102
石嘴山	Shizuishan	5.07	6.09	9.94	245
吴忠	Wuzhong	20.40	2.74	2.92	277
固原	Guyuan	3.81	2.30	2.70	278
中卫	Zhongwei	3.70	21.56	7.61	262
新疆	**Xinjiang**	**537.32**	**252.85**	**333.28**	
乌鲁木齐	Urumqi	42.09	62.30	63.25	45
克拉玛依	Karamay	3.45	5.53	5.95	271

13-9 年末固定电话用户
Number of Fixed Telephone Subscribers at Year-end

单位：万户 （10 000 subscribers）

地名	City	2010	2016	2017	2017 排名 Ranking
全国	**Nation Total**	**29434.20**	**20662.40**	**19375.70**	
北京	**Beijing**	**885.60**	**695.00**	**649.40**	
天津	**Tianjin**	**366.80**	**311.30**	**295.90**	
河北	**Hebei**	**1251.40**	**850.60**	**763.80**	
石家庄	Shijiazhuang	190.80	144.00	131.50	22
唐山	Tangshan	168.80	100.00		
秦皇岛	Qinhuangdao	73.80	50.00	42.06	95
邯郸	Handan	105.90	59.00	56.80	64
邢台	Xingtai	95.80	67.00		
保定	Baoding	176.20	127.00	103.20	30
张家口	Zhangjiakou	67.60	37.00	26.80	143
承德	Chengde	47.20	28.00		
沧州	Cangzhou	120.70	93.00		
廊坊	Langfang	106.30	89.00	47.20	85
衡水	Hengshui	98.30	62.00		
山西	**Shanxi**	**720.70**	**343.70**	**302.30**	
太原	Taiyuan	158.20	84.00	89.00	39
大同	Datong	57.10	26.00	21.00	169
阳泉	Yangquan	33.60	10.00	11.00	204
长治	Changzhi	61.50	25.00	26.00	151
晋城	Jincheng	45.40	17.00	20.00	173
朔州	Shuozhou	25.20	15.00	11.00	204
晋中	Jinzhong	77.20	34.00	33.00	119
运城	Yuncheng	86.00	39.00	33.00	119
忻州	Xinzhou	48.60	57.00	15.00	193
临汾	Linfen	70.20	21.00	24.00	159
吕梁	Lvliang	57.80	24.00	20.00	173
内蒙古	**Inner Mongolia**	**414.00**	**268.10**	**232.30**	
呼和浩特	Hohhot	70.30	64.00		
包头	Baotou	38.80	29.00		
乌海	Wuhai	12.30	21.00		
赤峰	Chifeng	49.80	32.00		
通辽	Tongliao	29.60	10.00		
鄂尔多斯	Erdos	24.50	11.00		
呼伦贝尔	Hulunbuir	51.10	35.00		
巴彦淖尔	Bayannur	22.80	20.00		
乌兰察布	Ulanqab	21.90	13.00		
辽宁	**Liaoning**	**1428.00**	**890.60**	**777.24**	
沈阳	Shenyang	320.20	189.00	154.80	17
大连	Dalian	280.30	212.00	185.45	10
鞍山	Anshan	112.80	61.00	52.08	75
抚顺	Fushun	75.20	37.00	31.42	127
本溪	Benxi	45.70	25.00	18.40	177
丹东	Dandong	85.50	60.00	56.57	65
锦州	Jinzhou	94.80	62.00	55.87	66
营口	Yingkou	61.70	41.00	34.98	114
阜新	Fuxin	53.20	32.00	27.94	137
辽阳	Liaoyang	54.00	26.00	21.82	165
盘锦	Panjin	63.30	31.00	28.82	135
铁岭	Tieling	79.90	29.00	23.62	160
朝阳	Chaoyang	36.30	53.00	49.36	79
葫芦岛	Huludao	65.20	42.00	36.09	110
吉林	**Jilin**	**595.20**	**520.30**	**497.60**	
长春	Changchun	182.20	116.00		
吉林	Jilin	93.80	77.00		
四平	Siping	50.70	36.00		
辽源	Liaoyuan	23.90	23.00		
通化	Tonghua	54.20	49.00		
白山	Baishan	41.00	35.00		
松原	Songyuan	37.90	36.00		
白城	Baicheng	38.40	31.00		
黑龙江	**Heilongjiang**	**813.50**	**497.40**	**430.30**	
哈尔滨	Harbin	272.30	196.00	176.30	11
齐齐哈尔	Qiqihar	93.20	48.00	40.20	101
鸡西	Jixi	40.50	21.00	17.80	180
鹤岗	Hegang	19.30	4.00	7.20	213
双鸭山	Shuangyashan	27.10	24.00	15.80	187
大庆	Daqing	44.20	41.00	21.30	168
伊春	Yichun	34.30	15.00	10.90	206
佳木斯	Jiamusi	57.20	30.00	26.10	150
七台河	Qitaihe	16.80	5.00	5.20	215
牡丹江	Mudanjiang	74.50	38.00	29.90	132
黑河	Heihe	32.10	21.00	19.50	175
绥化	Suihua	88.30		53.80	72
上海	**Shanghai**	**935.90**	**731.60**	**690.90**	
江苏	**Jiangsu**	**2498.80**	**1708.30**	**1512.10**	

13-9 年末固定电话用户 续表 1

Number of Fixed Telephone Subscribers at Year-end continued 1

单位：万户 （10 000 subscribers）

地名	City	2010	2016	2017	2017 排名 Ranking	地名	City	2010	2016	2017	2017 排名 Ranking
南京	Nanjing	290.10	244.00	217.93	9	池州	Chizhou	34.90	19.00	16.95	184
无锡	Wuxi	213.90	168.00	151.99	18	宣城	Xuancheng	60.90	30.00	26.77	144
徐州	Xuzhou	177.20	116.00	103.50	29	**福建**	**Fujian**	**1046.00**	**815.70**	**776.90**	
常州	Changzhou	159.60	123.00	113.08	26	福州	Fuzhou	219.00	181.00	169.48	14
苏州	Suzhou	351.70	314.00	277.18	3	厦门	Xiamen	161.00	130.00	117.10	24
南通	Nantong	243.10	180.00	155.26	16	莆田	Putian	68.00	62.00	58.42	62
连云港	Lianyungang	99.30	71.00	63.92	55	三明	Sanming	61.00	51.00	42.61	93
淮安	Huaian	100.60	57.00	47.95	82	泉州	Quanzhou	252.00	193.00	172.54	12
盐城	Yancheng	333.00	99.00	81.54	44	漳州	Zhangzhou	105.00	91.00	81.18	45
扬州	Yangzhou	162.60	109.00	101.23	32	南平	Nanping	62.00	46.00	42.41	94
镇江	Zhenjiang	129.60	76.00	67.63	52	龙岩	Longyan	58.00	57.00	54.14	71
泰州	Taizhou	149.00	105.00	91.78	38	宁德	Ningde	60.00	49.00	43.87	91
宿迁	Suqian	102.70	47.00	39.11	104	**江西**	**Jiangxi**	**709.60**	**517.50**	**477.00**	
浙江	**Zhejiang**	**1998.60**	**1287.20**	**1211.10**		南昌	Nanchang	161.80	102.00	93.40	35
杭州	Hangzhou	368.60	266.00	259.37	5	景德镇	Jingdezhen	36.50	17.00	15.80	187
宁波	Ningbo	317.40	238.00	224.00	7	萍乡	Pingxiang	24.50	23.00	24.20	157
温州	Wenzhou	277.00	157.00	146.78	21	九江	Jiujiang	86.20	70.00	66.90	53
嘉兴	Jiaxing	166.10	110.00	101.37	31	新余	Xinyu	20.50	13.00	11.80	201
湖州	Huzhou	107.80	82.00	80.32	46	鹰潭	Yingtan	18.90	12.00	13.30	198
绍兴	Shaoxing	201.80	127.00	116.93	25	赣州	Ganzhou	107.30	87.00	88.40	40
金华	Jinhua	183.60	99.00	99.67	34	吉安	Jian	58.20	41.00	36.30	109
衢州	Quzhou	63.50	37.00	38.64	105	宜春	Yichun	62.10	52.00	47.70	84
舟山	Zhoushan	54.90	33.00	26.77	144	抚州	Fuzhou	37.40	25.00	18.40	178
台州	Taizhou	178.70	107.00	92.26	37	上饶	Shangrao	77.20	67.00	60.70	60
丽水	Lishui	51.30	36.00	33.69	116	**山东**	**Shandong**	**2023.10**	**970.40**	**883.50**	
安徽	**Anhui**	**1231.00**	**613.90**	**551.40**		济南	Jinan	204.60	156.00	147.48	20
合肥	Hefei	160.70	135.00	123.74	23	青岛	Qingdao	261.10	178.00	148.81	19
芜湖	Wuhu	65.20	45.00	41.48	96	淄博	Zibo	126.30	70.00	62.13	57
蚌埠	Bengbu	66.40	36.00	30.66	129	枣庄	Zaozhuang	74.20	29.00	26.66	146
淮南	Huainan	47.30	29.00	25.56	153	东营	Dongying	58.40	29.00	33.14	118
马鞍山	Maanshan	49.50	32.00	28.41	136	烟台	Yantai	175.10	67.00	61.34	59
淮北	Huaibei	39.00	22.00	17.92	179	潍坊	Weifang	178.70	95.00	83.94	41
铜陵	Tongling	23.60	18.00	17.12	183	济宁	Jining	128.60	39.00	32.65	122
安庆	Anqing	120.60	50.00	45.44	89	泰安	Taian	99.10	54.00	49.34	80
黄山	Huangshan	43.90	25.00	21.94	163	威海	Weihai	88.40	48.00	43.70	92
滁州	Chuzhou	75.70	41.00	35.88	111	日照	Rizhao	44.00	23.00	21.92	164
阜阳	Fuyang	106.10	51.00	40.44	99	莱芜	Laiwu	26.40	17.00	15.51	189
宿州	Suzhou	87.40	35.00	27.53	139	临沂	Linyi	150.50	56.00	51.12	77
六安	Liuan	97.90	36.00	29.88	133	德州	Dezhou	100.80	36.00	31.86	125
亳州	Bozhou	72.80	23.00	21.65	166	聊城	Liaocheng	100.20	34.00	31.62	126

13-9 年末固定电话用户 续表 2

Number of Fixed Telephone Subscribers at Year-end continued 2

单位：万户 （10 000 subscribers）

地名	City	2010	2016	2017	2017 排名 Ranking	地名	City	2010	2016	2017	2017 排名 Ranking
滨州	Binzhou	85.60	37.00	26.21	148	常德	Changde	84.50	53.00	47.02	86
菏泽	Heze	92.50	18.00	16.52	185	张家界	Zhangjiajie	22.90	12.00	11.08	203
河南	**Henan**	**1431.70**	**798.60**	**735.00**		益阳	Yiyang	55.00	30.00	29.81	134
郑州	Zhengzhou	261.70	195.00	172.00	13	郴州	Chenzhou	63.10	49.00	48.00	81
开封	Kaifeng	61.20	33.00	27.68	138	永州	Yongzhou	50.60	25.00	24.03	158
洛阳	Luoyang	139.60	95.00	81.93	43	怀化	Huaihua	72.40	38.00	32.96	121
平顶山	Pingdingshan	58.60	34.00	30.54	130	娄底	Loudi	58.60	33.00	27.45	140
安阳	Anyang	94.70	57.00	54.30	70	**广东**	**Guangdong**	**3169.10**	**2609.70**	**2406.10**	
鹤壁	Hebi	30.70	16.00	12.27	200	广州	Guangzhou	598.60	434.00	437.50	2
新乡	Xinxiang	128.30	59.00	54.39	69	韶关	Shaoguan	65.10	42.00	40.93	98
焦作	Jiaozuo	63.90	48.00	27.30	141	深圳	Shenzhen	532.80	644.00	478.22	1
濮阳	Puyang	40.40	56.00	20.13	171	珠海	Zhuhai	86.10	74.00	61.79	58
许昌	Xuchang	69.20	33.00	37.91	106	汕头	Shantou	140.30	117.00	105.92	27
漯河	Luohe	32.30	15.00	15.40	190	佛山	Foshan	267.60	236.00	220.45	8
三门峡	Sanmenxia	35.90	12.00	15.94	186	江门	Jiangmen	127.50	120.00	105.14	28
南阳	Nanyang	105.00	53.00	57.55	63	湛江	Zhanjiang	86.60	63.00	40.20	101
商丘	Shangqiu	82.80	46.00	40.16	103	茂名	Maoming	94.10	59.00	55.01	68
信阳	Xinyang	79.60	38.00	35.69	112	肇庆	Zhaoqing	79.70	63.00	59.52	61
周口	Zhoukou	70.50	22.00	18.88	176	惠州	Huizhou	132.50	102.00	100.14	33
驻马店	Zhumadian	60.10	32.00	25.71	152	梅州	Meizhou	77.70	50.00	45.56	88
湖北	**Hubei**	**1026.40**	**731.70**	**658.80**		汕尾	Shanwei	49.90	35.00	34.77	115
武汉	Wuhan	316.00	222.00			河源	Heyuan	58.00	40.00	36.98	108
黄石	Huangshi	46.80	36.00			阳江	Yangjiang	52.40	40.00	40.42	100
十堰	Shiyan	66.90	38.00			清远	Qingyuan	58.40	32.00	32.23	124
宜昌	Yichang	73.10	53.00			东莞	Dongguan	319.30	273.00	246.13	6
襄阳	Xiangyang	72.10	61.00			中山	Zhongshan	125.80	106.00	92.63	36
鄂州	Ezhou	21.00	16.00			潮州	Chaozhou	70.70	51.00	52.99	73
荆门	Jingmen	36.50	30.00			揭阳	Jieyang	99.30	77.00	70.49	51
孝感	Xiaogan	85.00	47.00			云浮	Yunfu	46.70	36.00	33.39	117
荆州	Jingzhou	80.00	60.00			**广西**	**Guangxi**	**708.90**	**348.90**	**307.70**	
黄冈	Huanggang	102.60	72.00			南宁	Nanning	120.00	71.00	71.90	49
咸宁	Xianning	39.30	40.00			柳州	Liuzhou	65.00	30.00	24.36	154
随州	Suizhou	37.10	21.00			桂林	Guilin	76.80	40.00	31.38	128
湖南	**Hunan**	**1077.00**	**682.70**	**674.40**		梧州	Wuzhou	40.10	16.00	13.36	197
长沙	Changsha	216.90	171.00	161.05	15	北海	Beihai	30.10	19.00	17.13	182
株洲	Zhuzhou	80.00	56.00	52.31	74	防城港	Fangchenggang	14.70	11.00	9.94	208
湘潭	Xiangtan	58.90	24.00	26.19	149	钦州	Qinzhou	40.40	28.00	24.24	156
衡阳	Hengyang	104.00	76.00	78.37	47	贵港	Guigang	62.00	29.00	37.27	107
邵阳	Shaoyang	92.10	51.00	47.78	83	玉林	Yulin	74.70	44.00	35.39	113
岳阳	Yueyang	88.80	71.00	74.73	48	百色	Baise	46.70	19.00	14.27	194

13-9 年末固定电话用户 续表 3

Number of Fixed Telephone Subscribers at Year-end continued 3

单位：万户 （10 000 subscribers）

地名	City	2010	2016	2017	2017 排名 Ranking	地名	City	2010	2016	2017	2017 排名 Ranking
贺州	Hezhou	21.60	9.00	7.25	212	丽江	Lijiang	15.20	7.00		
河池	Hechi	42.40	18.00	14.15	196	普洱	Puer	34.20	11.00		
来宾	Laibin	21.40	9.00	7.49	211	临沧	Lincang	20.70	12.00		
崇左	Chongzuo	20.60	10.00	9.85	209	**西藏**	**Tibet**	**37.00**	**38.90**	**47.30**	
海南	**Hainan**	**179.80**	**169.20**	**160.50**		拉萨	Lasa	8.60	22.00		
海口	Haikou	84.60	47.00			**陕西**	**Shaanxi**	**781.90**	**679.90**	**622.80**	
三亚	Sanya	18.30	26.00			西安	Xi'an	298.00	284.00	273.22	4
三沙	Sansha					铜川	Tongchuan	15.20	12.00	8.53	210
重庆	**Chongqing**	**582.70**	**541.60**	**566.80**		宝鸡	Baoji	77.20	54.00	55.49	67
四川	**Sichuan**	**1419.00**	**1490.10**	**1636.00**		咸阳	Xianyang	61.90	44.00	41.21	97
成都	Chengdu	373.70	544.00			渭南	Weinan	90.10	78.00	64.96	54
自贡	Zigong	49.40	47.00			延安	Yan'an	41.10	32.00	32.62	123
攀枝花	Panzhihua	32.50	26.00			汉中	Hanzhong	62.70	47.00	46.05	87
泸州	Luzhou	63.60	58.00			榆林	Yulin	56.60	43.00	49.72	78
德阳	Deyang	59.70	63.00			安康	Ankang	43.30	34.00	30.03	131
绵阳	Mianyang	74.30	86.00			商洛	Shangluo	35.70	25.00	20.95	170
广元	Guangyuan	45.70	40.00			**甘肃**	**Gansu**	**411.90**	**312.30**	**326.80**	
遂宁	Suining	35.70	32.00			兰州	Lanzhou	113.10	66.00	71.05	50
内江	Neijiang	48.80	60.00			嘉峪关	Jiayuguan	8.60	11.00	11.59	202
乐山	Leshan	66.80	61.00			金昌	Jinchang	10.90	6.00	6.57	214
南充	Nanchong	93.60	85.00			白银	Baiyin	25.50	22.00	23.44	161
眉山	Meishan	46.00	45.00			天水	Tianshui	42.80	32.00	44.27	90
宜宾	Yibin	66.80	60.00			武威	Wuwei	28.60	15.00	15.11	191
广安	Guangan	42.70	37.00			张掖	Zhangye	30.70	23.00	21.41	167
达州	Dazhou	67.90	64.00			平凉	Pingliang	24.10	23.00	26.25	147
雅安	Yaan	25.50	26.00			酒泉	Jiuquan	21.40	18.00	26.99	142
巴中	Bazhong	43.30	32.00			庆阳	Qingyang	30.70	20.00	24.28	155
资阳	Ziyang	56.60	26.00			定西	Dingxi	26.70	11.00	10.48	207
贵州	**Guizhou**	**432.60**	**258.70**	**247.90**		陇南	Longnan	21.10	17.00	23.28	162
贵阳	Guiyang	98.10	88.00	83.85	42	**青海**	**Qinghai**	**103.20**	**102.10**	**106.70**	
六盘水	Liupanshui	33.40	19.00	20.09	172	西宁	Xining	63.10	38.00	62.77	56
遵义	Zunyi	85.50	53.00	51.54	76	海东	Haidong		12.00	14.26	195
安顺	Anshun	25.80	15.00	15.10	192	**宁夏**	**Ningxia**	**111.90**	**70.50**	**62.20**	
毕节	Bijie	44.10	22.00	17.60	181	银川	Yinchuan	67.80	39.00		
铜仁	Tongren	32.10	13.00	13.12	199	石嘴山	Shizuishan	18.40	6.00		
云南	**Yunnan**	**562.50**	**335.00**	**301.10**		吴忠	Wuzhong	16.10	10.00		
昆明	Kunming	117.90	118.00			固原	Guyuan	13.50	5.00		
曲靖	Qujing	38.80	21.00			中卫	Zhongwei	14.20	11.00		
玉溪	Yuxi	23.70	11.00			**新疆**	**Xinjiang**	**547.50**	**471.00**	**464.00**	
保山	Baoshan	19.20	11.00			乌鲁木齐	Urumqi	156.40	127.00		
昭通	Zhaotong	22.30	13.00			克拉玛依	Karamay	9.80	12.00		

13-10 年末移动电话用户
Number of Mobile Telephone Subscribers at Year-end

单位：万户 (10 000 subscribers)

地名	City	2010	2016	2017	2017 排名 Ranking
全国	**Nation Total**	**85900.3**	**132193.4**	**141748.7**	
北京	**Beijing**	**2129.80**	**3869.00**	**3752.10**	
天津	**Tianjin**	**1089.60**	**1449.80**	**1580.10**	
河北	**Hebei**	**4353.50**	**7121.00**	**7581.80**	
石家庄	Shijiazhuang	693.80	1170.00	1265.00	11
唐山	Tangshan	501.30	955.00	954.00	24
秦皇岛	Qinhuangdao	241.10	356.00	401.00	117
邯郸	Handan	456.20	805.00	867.00	34
邢台	Xingtai	346.50	617.00	625.00	55
保定	Baoding	635.40	1023.00	1079.00	19
张家口	Zhangjiakou	242.00	386.00	417.00	106
承德	Chengde	185.30	319.00	374.00	131
沧州	Cangzhou	450.30	680.00	742.00	41
廊坊	Langfang	349.40	604.00	575.00	65
衡水	Hengshui	252.10	410.00	446.00	93
山西	**Shanxi**	**2225.10**	**3365.70**	**3647.90**	
太原	Taiyuan	454.30	691.00	743.00	40
大同	Datong	219.70	298.00	304.00	167
阳泉	Yangquan	104.10	147.00	142.00	248
长治	Changzhi	190.70	306.00	326.00	154
晋城	Jincheng	134.00	225.00	249.00	197
朔州	Shuozhou	93.10	175.00	190.00	228
晋中	Jinzhong	187.40	308.00	331.00	152
运城	Yuncheng	253.70	459.00	523.00	69
忻州	Xinzhou	158.60	273.00	295.00	172
临汾	Linfen	236.10	411.00	415.00	107
吕梁	Lvliang	193.40	286.00	355.00	141
内蒙古	**Inner Mongolia**	**2034.00**	**2470.80**	**2841.20**	
呼和浩特	Hohhot	276.00	320.00	438.00	97
包头	Baotou	266.20	346.00	400.00	118
乌海	Wuhai	93.00	81.00	85.00	277
赤峰	Chifeng	931.10	450.00	423.00	105
通辽	Tongliao	206.00	343.00	373.00	132
鄂尔多斯	Erdos	296.20	209.00	251.00	195
呼伦贝尔	Hulunbuir	246.20	287.00	314.00	161
巴彦淖尔	Bayannur	108.80	209.00	211.00	221
乌兰察布	Ulanqab	94.10	175.00	170.00	235
辽宁	**Liaoning**	**3341.80**	**4427.10**	**4755.70**	
沈阳	Shenyang	744.00	1226.00	1244.00	12
大连	Dalian	674.60	833.00	888.00	30
鞍山	Anshan	279.20	328.00	353.00	143
抚顺	Fushun	172.60	194.00	203.00	223
本溪	Benxi	113.10	163.00	151.00	244
丹东	Dandong	159.10	204.00	226.00	209
锦州	Jinzhou	201.40	253.00	277.00	176
营口	Yingkou	172.00	211.00	231.00	206
阜新	Fuxin	120.90	150.00	164.00	238
辽阳	Liaoyang	125.20	167.00	178.00	233
盘锦	Panjin	109.70	143.00	155.00	242
铁岭	Tieling	145.60	198.00	220.00	218
朝阳	Chaoyang	171.20	216.00	239.00	203
葫芦岛	Huludao	153.30	203.00	226.00	209
吉林	**Jilin**	**1805.40**	**2654.80**	**2868.80**	
长春	Changchun	567.60	1489.00	1018.00	22
吉林	Jilin	291.70	419.00	442.00	96
四平	Siping	202.10	286.00	338.00	150
辽源	Liaoyuan	77.20	113.00	115.00	266
通化	Tonghua	133.10	188.00	204.00	222
白山	Baishan	82.90	112.00	118.00	264
松原	Songyuan	183.10	328.00	304.00	167
白城	Baicheng	116.20	178.00	193.00	227
黑龙江	**Heilongjiang**	**2243.00**	**3445.60**	**3657.10**	
哈尔滨	Harbin	694.70	1222.00	1223.00	13
齐齐哈尔	Qiqihar	253.00	354.00	355.00	141
鸡西	Jixi	114.10	173.00	177.00	234
鹤岗	Hegang	77.90	108.00	114.00	268
双鸭山	Shuangyashan	95.10	179.00	140.00	249
大庆	Daqing	203.40	379.00	398.00	119
伊春	Yichun	61.50	111.00	100.00	274
佳木斯	Jiamusi	167.30	255.00	273.00	178
七台河	Qitaihe	53.90	94.00	100.00	274
牡丹江	Mudanjiang	174.40	255.00	270.00	180
黑河	Heihe	87.50	138.00	151.00	244
绥化	Suihua	232.90			
上海	**Shanghai**	**2361.60**	**3156.10**	**3298.70**	
江苏	**Jiangsu**	**5923.10**	**8198.80**	**8807.70**	

13-10 年末移动电话用户 续表 1

Number of Mobile Telephone Subscribers at Year-end continued 1

单位：万户 (10 000 subscribers)

地名	City	2010	2016	2017	2017 排名 Ranking	地名	City	2010	2016	2017	2017 排名 Ranking
南京	Nanjing	931.30	1115.00	1124.00	18	池州	Chizhou	78.50	105.00	121.00	259
无锡	Wuxi	767.20	800.00	880.00	32	宣城	Xuancheng	129.30	203.00	226.00	209
徐州	Xuzhou	600.70	762.00	811.00	37	**福建**	**Fujian**	**3022.00**	**4159.00**	**4295.00**	
常州	Changzhou	501.40	540.00	587.00	63	福州	Fuzhou	653.00	868.00	890.00	29
苏州	Suzhou	1308.80	1448.00	1596.00	8	厦门	Xiamen	436.00	571.00	596.00	60
南通	Nantong	592.90	679.00	727.00	43	莆田	Putian	195.00	272.00	292.00	173
连云港	Lianyungang	306.70	368.00	409.00	113	三明	Sanming	187.00	253.00	244.00	201
淮安	Huaian	280.60	383.00	412.00	111	泉州	Quanzhou	671.00	913.00	940.00	25
盐城	Yancheng	236.50	585.00	631.00	54	漳州	Zhangzhou	321.00	465.00	477.00	83
扬州	Yangzhou	409.40	437.00	463.00	89	南平	Nanping	179.00	250.00	260.00	189
镇江	Zhenjiang	277.80	306.00	325.00	156	龙岩	Longyan	186.00	260.00	259.00	190
泰州	Taizhou	339.30	405.00	432.00	99	宁德	Ningde	194.00	285.00	290.00	175
宿迁	Suqian	296.90	372.00	414.00	109	**江西**	**Jiangxi**	**1811.00**	**3140.70**	**3449.20**	
浙江	**Zhejiang**	**5047.40**	**7225.90**	**7590.60**		南昌	Nanchang	472.60	625.00	613.00	57
杭州	Hangzhou	1061.80	1734.00	1724.00	5	景德镇	Jingdezhen	38.80	137.00	149.00	246
宁波	Ningbo	845.50	1210.00	1219.00	14	萍乡	Pingxiang	135.40	148.00	170.00	235
温州	Wenzhou	977.20	1115.00	1165.00	17	九江	Jiujiang	265.70	375.00	426.00	104
嘉兴	Jiaxing	493.50	608.00	632.00	53	新余	Xinyu	73.40	109.00	117.00	265
湖州	Huzhou	286.90	456.00	443.00	95	鹰潭	Yingtan	61.20	89.00	79.00	279
绍兴	Shaoxing	436.40	783.00	883.00	31	赣州	Ganzhou	413.00	615.00	721.00	44
金华	Jinhua	701.20	946.00	1030.00	21	吉安	Jian	227.90	355.00	396.00	121
衢州	Quzhou	170.50	225.00	238.00	204	宜春	Yichun	209.00	353.00	414.00	109
舟山	Zhoushan	128.90	162.00	179.00	231	抚州	Fuzhou	143.00	242.00	268.00	183
台州	Taizhou	719.60	771.00	826.00	36	上饶	Shangrao	292.20	492.00	501.00	75
丽水	Lishui	225.40	305.00	268.00	183	**山东**	**Shandong**	**5340.60**	**9594.50**	**9943.90**	
安徽	**Anhui**	**2798.70**	**4343.00**	**4884.30**		济南	Jinan	551.20	1088.00	971.00	23
合肥	Hefei	404.90	799.00	877.00	33	青岛	Qingdao	650.60	1446.00	1291.00	10
芜湖	Wuhu	162.00	310.00	348.00	145	淄博	Zibo	289.80	498.00	506.00	74
蚌埠	Bengbu	155.50	258.00	267.00	185	枣庄	Zaozhuang	184.80	317.00	339.00	148
淮南	Huainan	120.70	216.00	244.00	201	东营	Dongying	202.80	257.00	266.00	186
马鞍山	Maanshan	104.50	175.00	188.00	229	烟台	Yantai	453.70	818.00	798.00	38
淮北	Huaibei	101.20	162.00	180.00	230	潍坊	Weifang	466.80	894.00	923.00	27
铜陵	Tongling	52.30	108.00	127.00	256	济宁	Jining	372.70	709.00	730.00	42
安庆	Anqing	217.50	316.00	372.00	133	泰安	Taian	247.20	476.00	491.00	78
黄山	Huangshan	76.30	108.00	124.00	257	威海	Weihai	192.80	343.00	356.00	139
滁州	Chuzhou	189.20	319.00	356.00	139	日照	Rizhao	140.10	292.00	292.00	173
阜阳	Fuyang	290.40	492.00	617.00	56	莱芜	Laiwu	69.60	116.00	120.00	260
宿州	Suzhou	199.70	416.00	409.00	113	临沂	Linyi	398.90	879.00	931.00	26
六安	Liuan	203.90	298.00	345.00	147	德州	Dezhou	232.60	445.00	466.00	87
亳州	Bozhou	173.50	341.00	388.00	123	聊城	Liaocheng	272.00	470.00	378.00	128

13-10 年末移动电话用户 续表 2

Number of Mobile Telephone Subscribers at Year-end continued 2

单位：万户 （10 000 subscribers）

地名	City	2010	2016	2017	2017 排名 Ranking	地名	City	2010	2016	2017	2017 排名 Ranking
滨州	Binzhou	260.20	370.00	378.00	128	常德	Changde	234.70	465.00	511.00	72
菏泽	Heze	354.90	643.00	687.00	48	张家界	Zhangjiajie	76.10	120.00	138.00	252
河南	**Henan**	**4449.70**	**7889.00**	**8553.40**		益阳	Yiyang	181.00	303.00	339.00	148
郑州	Zhengzhou	788.60	1373.00	1506.00	9	郴州	Chenzhou	231.30	353.00	406.00	115
开封	Kaifeng	193.40	416.00	377.00	130	永州	Yongzhou	174.80	317.00	357.00	137
洛阳	Luoyang	360.30	673.00	715.00	46	怀化	Huaihua	189.30	323.00	366.00	135
平顶山	Pingdingshan	229.90	367.00	412.00	111	娄底	Loudi	172.60	281.00	310.00	164
安阳	Anyang	257.20	501.00	487.00	79	**广东**	**Guangdong**	**9710.10**	**14349.00**	**14796.20**	
鹤壁	Hebi	75.30	134.00	146.00	247	广州	Guangzhou	1715.60	2828.00	3083.00	1
新乡	Xinxiang	286.80	539.00	635.00	51	韶关	Shaoguan	147.20	275.00	258.00	191
焦作	Jiaozuo	192.40	425.00	357.00	137	深圳	Shenzhen	1977.70	2505.00	2679.00	2
濮阳	Puyang	161.20	657.00	322.00	157	珠海	Zhuhai	241.30	337.00	332.00	151
许昌	Xuchang	213.80	354.00	385.00	126	汕头	Shantou	403.40	578.00	612.00	58
漯河	Luohe	119.10	54.00	64.00	282	佛山	Foshan	799.40	1196.00	1167.00	16
三门峡	Sanmenxia	142.20	203.00	221.00	217	江门	Jiangmen	289.80	624.00	690.00	47
南阳	Nanyang	334.90	732.00	840.00	35	湛江	Zhanjiang	304.20	692.00	570.00	66
商丘	Shangqiu	282.60	628.00	670.00	49	茂名	Maoming	215.80	355.00	450.00	91
信阳	Xinyang	233.20	540.00	466.00	87	肇庆	Zhaoqing	206.90	306.00	480.00	82
周口	Zhoukou	285.40	571.00	633.00	52	惠州	Huizhou	357.50	697.00	717.00	45
驻马店	Zhumadian	249.50	553.00	596.00	60	梅州	Meizhou	172.20	252.00	319.00	160
湖北	**Hubei**	**3454.70**	**4683.80**	**4994.10**		汕尾	Shanwei	114.50	177.00	198.00	225
武汉	Wuhan	1145.00	1519.00	1601.00	7	河源	Heyuan	104.30	235.00	217.00	219
黄石	Huangshi	151.00	205.00	223.00	215	阳江	Yangjiang	125.60	229.00	250.00	196
十堰	Shiyan	230.30	290.00	308.00	166	清远	Qingyuan	190.90	335.00	348.00	145
宜昌	Yichang	282.50	388.00	381.00	127	东莞	Dongguan	1421.80	1575.00	1681.00	6
襄阳	Xiangyang	296.50	479.00	507.00	73	中山	Zhongshan	447.80	599.00	606.00	59
鄂州	Ezhou	67.00	95.00	102.00	273	潮州	Chaozhou	155.70	228.00	230.00	207
荆门	Jingmen	140.70	217.00	226.00	209	揭阳	Jieyang	229.20	474.00	589.00	62
孝感	Xiaogan	212.00	320.00	331.00	152	云浮	Yunfu	89.50	222.00	230.00	207
荆州	Jingzhou	320.00	396.00	430.00	100	**广西**	**Guangxi**	**2214.50**	**3774.20**	**4385.10**	
黄冈	Huanggang	261.10	389.00	445.00	94	南宁	Nanning	484.40	778.00	912.00	28
咸宁	Xianning	133.10	228.00	130.00	255	柳州	Liuzhou	220.40	366.00	438.00	97
随州	Suizhou	129.40	169.00	179.00	231	桂林	Guilin	350.30	412.00	469.00	85
湖南	**Hunan**	**3259.80**	**4993.60**	**5683.40**		梧州	Wuzhou	117.70	192.00	225.00	213
长沙	Changsha	738.80	1048.00	1203.00	15	北海	Beihai	101.60	174.00	469.00	85
株洲	Zhuzhou	231.50	331.00	372.00	133	防城港	Fangchenggang	59.90	89.00	104.00	272
湘潭	Xiangtan	163.60	260.00	262.00	188	钦州	Qinzhou	107.30	216.00	249.00	197
衡阳	Hengyang	279.40	477.00	501.00	75	贵港	Guigang	140.80	264.00	427.00	101
邵阳	Shaoyang	225.20	452.00	492.00	77	玉林	Yulin	218.50	358.00	427.00	101
岳阳	Yueyang	257.80	397.00	427.00	101	百色	Baise	142.60	253.00	311.00	163

13-10 年末移动电话用户 续表 3
Number of Mobile Telephone Subscribers at Year-end continued 3

单位：万户 （10 000 subscribers）

地名	City	2010	2016	2017	2017 排名 Ranking
贺州	Hezhou	90.70	133.00	152.00	243
河池	Hechi	137.60	240.00	277.00	176
来宾	Laibin	96.00	142.00	165.00	237
崇左	Chongzuo	100.00	163.00	199.00	224
海南	**Hainan**	**594.30**	**942.30**	**1007.50**	
海口	Haikou	320.70	335.00	387.00	124
三亚	Sanya	37.40	121.00	123.00	258
三沙	Sansha				
重庆	**Chongqing**	**1664.40**	**2880.10**	**3274.90**	
四川	**Sichuan**	**4156.00**	**7294.50**	**7693.60**	
成都	Chengdu	1732.00	2407.00	2673.00	3
自贡	Zigong	170.70	247.00	270.00	180
攀枝花	Panzhihua	122.50	97.00	139.00	251
泸州	Luzhou	255.70	382.00	449.00	92
德阳	Deyang	268.60	402.00	406.00	115
绵阳	Mianyang	384.10	521.00	570.00	66
广元	Guangyuan	183.10	230.00	248.00	199
遂宁	Suining	153.10	222.00	246.00	200
内江	Neijiang	177.00	281.00	309.00	165
乐山	Leshan	261.10	332.00	361.00	136
南充	Nanchong	302.30	507.00	543.00	68
眉山	Meishan	174.40	287.00	314.00	161
宜宾	Yibin	268.40	410.00	453.00	90
广安	Guangan	160.60	262.00	273.00	178
达州	Dazhou	271.50	358.00	397.00	120
雅安	Yaan	120.70	153.00	161.00	239
巴中	Bazhong	155.30	254.00	269.00	182
资阳	Ziyang	175.60	190.00	194.00	226
贵州	**Guizhou**	**1964.40**	**3082.70**	**3485.60**	
贵阳	Guiyang	496.80	656.00	749.00	39
六盘水	Liupanshui	167.60	281.00	320.00	159
遵义	Zunyi	356.20	595.00	659.00	50
安顺	Anshun	113.20	215.00	257.00	192
毕节	Bijie	233.80	432.00	519.00	70
铜仁	Tongren	130.30	260.00	297.00	170
云南	**Yunnan**	**2244.50**	**3942.80**	**4228.40**	
昆明	Kunming	652.90	963.00	1051.00	20
曲靖	Qujing	358.30	438.00	486.00	80
玉溪	Yuxi	168.20	225.00	120.00	260
保山	Baoshan	133.30	206.00	236.00	205
昭通	Zhaotong	145.20	358.00	387.00	124
丽江	Lijiang	68.80	98.00	111.00	269
普洱	Puer	149.10	207.00	256.00	193
临沧	Lincang	120.10	199.00	215.00	220
西藏	**Tibet**	**93.50**	**284.40**	**290.30**	
拉萨	Lasa	42.30	96.00	115.00	266
陕西	**Shaanxi**	**2518.20**	**3813.30**	**4220.60**	
西安	Xi'an	986.60	1740.00	1854.00	4
铜川	Tongchuan	48.10	85.00	82.00	278
宝鸡	Baoji	194.60	369.00	389.00	122
咸阳	Xianyang	252.50	495.00	477.00	83
渭南	Weinan	246.10	485.00	512.00	71
延安	Yan'an	173.70	249.00	296.00	171
汉中	Hanzhong	151.10	347.00	351.00	144
榆林	Yulin	260.40	395.00	326.00	154
安康	Ankang	119.80	241.00	263.00	187
商洛	Shangluo	85.30	183.00	138.00	252
甘肃	**Gansu**	**1390.10**	**2203.80**	**2526.40**	
兰州	Lanzhou	324.80	535.00	587.00	63
嘉峪关	Jiayuguan	24.20	44.00	49.00	284
金昌	Jinchang	34.50	48.00	63.00	283
白银	Baiyin	83.10	160.00	158.00	240
天水	Tianshui	132.00	284.00	301.00	169
武威	Wuwei	77.60	139.00	158.00	240
张掖	Zhangye	100.50	115.00	120.00	260
平凉	Pingliang	91.30	184.00	119.00	263
酒泉	Jiuquan	72.90	126.00	140.00	249
庆阳	Qingyang	122.70	157.00	222.00	216
定西	Dingxi	108.50	239.00	224.00	214
陇南	Longnan	105.90	202.00	252.00	194
青海	**Qinghai**	**397.80**	**539.80**	**610.90**	
西宁	Xining	179.80	284.00	322.00	157
海东	Haidong		136.00	137.00	254
宁夏	**Ningxia**	**450.80**	**716.40**	**792.00**	
银川	Yinchuan	182.20	391.00	415.00	107
石嘴山	Shizuishan	65.80	86.00	90.00	276
吴忠	Wuzhong	80.60	114.00	69.00	280
固原	Guyuan	61.00	103.00	107.00	271
中卫	Zhongwei	53.80	95.00	109.00	270
新疆	**Xinjiang**	**1359.80**	**2132.10**	**2252.30**	
乌鲁木齐	Urumqi	236.70	503.00	486.00	80
克拉玛依	Karamay	37.40	59.00	68.00	281

13-11 互联网宽带接入用户数
Broadband Subscribers of Internet

单位：万户 （10 000 subscribers）

地名	City	2010	2016	2017	2017 排名 Ranking
全国	**Nation Total**	**12629.10**	**29720.70**	**34854.00**	
北京	**Beijing**	**498.40**	**475.80**	**541.90**	
天津	**Tianjin**	**173.00**	**283.90**	**339.30**	
河北	**Hebei**	**667.00**	**1612.00**	**1910.10**	
石家庄	Shijiazhuang	131.30	281.00	318.00	15
唐山	Tangshan	89.30	168.00	193.00	43
秦皇岛	Qinhuangdao	39.40	90.00	96.00	114
邯郸	Handan	59.60	148.00	190.00	44
邢台	Xingtai	48.20	136.00	161.00	58
保定	Baoding	95.60	248.00	284.00	21
张家口	Zhangjiakou	37.10	83.00	105.00	103
承德	Chengde	25.50	67.00	74.00	157
沧州	Cangzhou	50.70	146.00	178.00	50
廊坊	Langfang	52.50	120.00	164.00	57
衡水	Hengshui	37.80	92.00	110.00	96
山西	**Shanxi**	**353.10**	**747.20**	**872.90**	
太原	Taiyuan	103.00	135.00	141.00	73
大同	Datong	27.90	53.00	67.00	168
阳泉	Yangquan	19.60	37.00	43.00	223
长治	Changzhi	30.00	55.00	67.00	168
晋城	Jincheng	15.50	54.00	56.00	195
朔州	Shuozhou	12.10	25.00	31.00	253
晋中	Jinzhong	29.70	201.00	72.00	159
运城	Yuncheng	39.80	101.00	113.00	93
忻州	Xinzhou	30.10	40.00	51.00	209
临汾	Linfen	55.20	80.00	94.00	121
吕梁	Lvliang	26.60	58.00	66.00	170
内蒙古	**Inner Mongolia**	**190.50**	**417.20**	**494.00**	
呼和浩特	Hohhot	32.40	46.00	52.00	204
包头	Baotou	28.80	47.00	58.00	188
乌海	Wuhai	6.60	14.00	17.00	279
赤峰	Chifeng	24.40	61.00	65.00	174
通辽	Tongliao	19.30	38.00	47.00	217
鄂尔多斯	Erdos	11.50	26.00	37.00	236
呼伦贝尔	Hulunbuir	24.20	47.00	46.00	218
巴彦淖尔	Bayannur	12.90	26.00	34.00	248
乌兰察布	Ulanqab	9.90	26.00	25.00	263
辽宁	**Liaoning**	**595.60**	**971.70**	**1058.60**	

地名	City	2010	2016	2017	2017 排名 Ranking
沈阳	Shenyang	137.50	208.00	201.00	39
大连	Dalian	123.50	150.00	167.00	56
鞍山	Anshan	53.90	81.00	86.00	139
抚顺	Fushun	31.80	53.00	57.00	192
本溪	Benxi	23.00	46.00	44.00	221
丹东	Dandong	28.80	56.00	60.00	181
锦州	Jinzhou	39.10	68.00	75.00	155
营口	Yingkou	27.90	53.00	61.00	178
阜新	Fuxin	21.50	46.00	50.00	211
辽阳	Liaoyang	21.60	48.00	46.00	218
盘锦	Panjin	16.70	35.00	36.00	240
铁岭	Tieling	23.10	48.00	55.00	198
朝阳	Chaoyang	23.80	54.00	61.00	178
葫芦岛	Huludao	23.30	55.00	59.00	184
吉林	**Jilin**	**285.10**	**440.00**	**501.50**	
长春	Changchun	91.80	100.00	178.00	50
吉林	Jilin	54.70	71.00	81.00	148
四平	Siping	23.00	43.00	52.00	204
辽源	Liaoyuan	9.40	17.00	19.00	275
通化	Tonghua	21.60	32.00	39.00	232
白山	Baishan	15.20	20.00	24.00	265
松原	Songyuan	16.50	34.00	38.00	234
白城	Baicheng	16.00	25.00	30.00	255
黑龙江	**Heilongjiang**	**326.10**	**575.10**	**664.60**	
哈尔滨	Harbin	110.60	198.00	223.00	33
齐齐哈尔	Qiqihar	36.00	76.00	80.00	149
鸡西	Jixi	16.20	22.00	26.00	262
鹤岗	Hegang	8.60	14.00	22.00	269
双鸭山	Shuangyashan	12.70	28.00	27.00	259
大庆	Daqing	23.90	61.00	52.00	204
伊春	Yichun	12.10	18.00	22.00	269
佳木斯	Jiamusi	23.90	35.00	137.00	77
七台河	Qitaihe	8.20	14.00	18.00	278
牡丹江	Mudanjiang	30.20	46.00	58.00	188
黑河	Heihe	12.90	88.00	24.00	265
绥化	Suihua	25.30			
上海	**Shanghai**	**486.70**	**635.70**	**681.30**	
江苏	**Jiangsu**	**1048.40**	**2685.20**	**3106.10**	

13-11 互联网宽带接入用户数 续表 1

Broadband Subscribers of Internet continued 1

单位：万户 （10 000 subscribers）

地名	City	2010	2016	2017	2017 排名 Ranking	地名	City	2010	2016	2017	2017 排名 Ranking
南京	Nanjing	147.70	374.00	457.00	6	池州	Chizhou	9.70	28.00	35.00	244
无锡	Wuxi	132.50	270.00	298.00	17	宣城	Xuancheng	18.10	51.00	63.00	176
徐州	Xuzhou	70.10	224.00	269.00	24	**福建**	**Fujian**	**471.60**	**1144.60**	**1373.60**	
常州	Changzhou	84.90	195.00	232.00	30	福州	Fuzhou	530.00	245.00	286.00	20
苏州	Suzhou	188.50	472.00	616.00	2	厦门	Xiamen	358.00	169.00	209.00	37
南通	Nantong	83.00	225.00	290.00	18	莆田	Putian	139.00	266.00	266.00	26
连云港	Lianyungang	44.30	115.00	146.00	68	三明	Sanming	129.00	67.00	76.00	153
淮安	Huaian	29.50	111.00	146.00	68	泉州	Quanzhou	587.00	243.00	287.00	19
盐城	Yancheng	58.70	174.00	222.00	35	漳州	Zhangzhou	217.00	118.00	142.00	71
扬州	Yangzhou	68.60	147.00	185.00	45	南平	Nanping	124.00	68.00	80.00	149
镇江	Zhenjiang	43.20	108.00	137.00	77	龙岩	Longyan	116.00	75.00	84.00	143
泰州	Taizhou	50.40	135.00	175.00	53	宁德	Ningde	188.00	76.00	91.00	127
宿迁	Suqian	30.90	106.00	137.00	77	**江西**	**Jiangxi**	**253.40**	**822.50**	**997.10**	
浙江	**Zhejiang**	**869.50**	**2159.70**	**2464.60**		南昌	Nanchang	81.40	143.00	185.00	45
杭州	Hangzhou	218.40	444.00	509.00	4	景德镇	Jingdezhen	11.20	39.00	25.00	263
宁波	Ningbo	172.00	336.00	384.00	8	萍乡	Pingxiang	13.60	36.00	45.00	220
温州	Wenzhou	172.80	321.00	365.00	12	九江	Jiujiang	30.90	95.00	96.00	114
嘉兴	Jiaxing	78.10	164.00	175.00	53	新余	Xinyu	11.30	29.00	33.00	251
湖州	Huzhou	50.90	118.00	158.00	59	鹰潭	Yingtan	9.00	41.00	29.00	256
绍兴	Shaoxing	86.60	181.00	201.00	39	赣州	Ganzhou	42.70	162.00	153.00	63
金华	Jinhua	91.40	207.00	254.00	28	吉安	Jian	20.60	71.00	92.00	124
衢州	Quzhou	23.70	54.00	84.00	143	宜春	Yichun	23.80	71.00	96.00	114
舟山	Zhoushan	22.90	46.00	52.00	204	抚州	Fuzhou	21.00	56.00	73.00	158
台州	Taizhou	95.80	208.00	226.00	32	上饶	Shangrao	22.30	90.00	112.00	94
丽水	Lishui	25.10	66.00	77.00	151	**山东**	**Shandong**	**966.90**	**2366.50**	**2588.70**	
安徽	**Anhui**	**341.90**	**1075.00**	**1323.70**		济南	Jinan	117.30	262.00	299.00	16
合肥	Hefei	53.80	217.00	258.00	27	青岛	Qingdao	188.30	294.00	369.00	10
芜湖	Wuhu	25.50	86.00	92.00	124	淄博	Zibo	53.90	119.00	128.00	86
蚌埠	Bengbu	20.20	59.00	69.00	164	枣庄	Zaozhuang	31.20	86.00	95.00	118
淮南	Huainan	17.90	59.00	68.00	166	东营	Dongying	30.70	53.00	58.00	188
马鞍山	Maanshan	17.70	51.00	56.00	195	烟台	Yantai	87.60	181.00	196.00	41
淮北	Huaibei	14.30	42.00	52.00	204	潍坊	Weifang	70.70	206.00	223.00	33
铜陵	Tongling	9.60	31.00	82.00	145	济宁	Jining	45.90	162.00	183.00	47
安庆	Anqing	27.40	74.00	88.00	131	泰安	Taian	45.00	121.00	130.00	83
黄山	Huangshan	12.00	27.00	34.00	248	威海	Weihai	44.90	91.00	95.00	118
滁州	Chuzhou	21.20	72.00	87.00	134	日照	Rizhao	23.40	64.00	75.00	155
阜阳	Fuyang	23.80	99.00	140.00	75	莱芜	Laiwu	13.50	36.00	40.00	228
宿州	Suzhou	18.40	70.00	99.00	112	临沂	Linyi	62.00	205.00	227.00	31
六安	Liuan	18.20	55.00	70.00	162	德州	Dezhou	33.80	117.00	126.00	87
亳州	Bozhou	14.90	52.00	89.00	129	聊城	Liaocheng	34.00	113.00	121.00	88

13-11　互联网宽带接入用户数　续表 2

Broadband Subscribers of Internet continued 2

单位：万户　　　　(10 000 subscribers)

地名	City	2010	2016	2017	2017 排名 Ranking	地名	City	2010	2016	2017	2017 排名 Ranking
滨州	Binzhou	30.40	111.00	121.00	88	常德	Changde	28.30	93.00	110.00	96
菏泽	Heze	35.70	114.00	157.00	61	张家界	Zhangjiajie	10.80	30.00	36.00	240
河南	**Henan**	**642.50**	**1767.20**	**2128.40**		益阳	Yiyang	17.50	52.00	66.00	170
郑州	Zhengzhou	586.30	275.00	320.00	14	郴州	Chenzhou	23.10	72.00	90.00	128
开封	Kaifeng	121.20	52.00	86.00	139	永州	Yongzhou	19.80	61.00	77.00	151
洛阳	Luoyang	270.90	152.00	194.00	42	怀化	Huaihua	21.50	59.00	76.00	153
平顶山	Pingdingshan	156.80	50.00	51.00	209	娄底	Loudi	19.60	55.00	69.00	164
安阳	Anyang	186.40	105.00	130.00	83	**广东**	**Guangdong**	**1400.00**	**2799.40**	**3246.80**	
鹤壁	Hebi	50.80	37.00	36.00	240	广州	Guangzhou	280.20	496.00	522.00	3
新乡	Xinxiang	223.80	125.00	158.00	59	韶关	Shaoguan	26.40	187.00	206.00	38
焦作	Jiaozuo	138.40	136.00	87.00	134	深圳	Shenzhen	261.50	632.00	463.00	5
濮阳	Puyang	106.00	126.00	88.00	131	珠海	Zhuhai		89.00	141.00	73
许昌	Xuchang	136.50	84.00	97.00	113	汕头	Shantou	68.90	114.00	133.00	80
漯河	Luohe	76.80	22.00	29.00	256	佛山	Foshan	130.50	235.00	268.00	25
三门峡	Sanmenxia	89.80	136.00	57.00	192	江门	Jiangmen	246.60	160.00	148.00	65
南阳	Nanyang	221.90	126.00	147.00	66	湛江	Zhanjiang	37.70	87.00	147.00	66
商丘	Shangqiu	167.80	121.00	142.00	71	茂名	Maoming	30.00	90.00	105.00	103
信阳	Xinyang	157.70	133.00	104.00	107	肇庆	Zhaoqing		83.00	366.00	11
周口	Zhoukou	170.70	104.00	131.00	82	惠州	Huizhou	67.70	149.00	183.00	47
驻马店	Zhumadian	155.20	95.00	114.00	92	梅州	Meizhou	25.10	69.00	88.00	131
湖北	**Hubei**	**459.40**	**1131.90**	**1242.90**		汕尾	Shanwei	13.10	36.00	54.00	200
武汉	Wuhan	212.00	489.00	430.00	7	河源	Heyuan	16.10	47.00	59.00	184
黄石	Huangshi	19.70	45.00	53.00	203	阳江	Yangjiang	16.00	51.00	60.00	181
十堰	Shiyan	24.30	66.00	82.00	145	清远	Qingyuan	97.80	59.00	82.00	145
宜昌	Yichang	35.80	128.00	103.00	110	东莞	Dongguan	153.90	185.00	173.00	55
襄阳	Xiangyang	36.30	111.00	129.00	85	中山	Zhongshan	69.60	157.00	176.00	52
鄂州	Ezhou	20.30	24.00	29.00	256	潮州	Chaozhou	24.60	57.00	66.00	170
荆门	Jingmen	18.90	48.00	50.00	211	揭阳	Jieyang	32.90	57.00	107.00	99
孝感	Xiaogan	30.00	66.00	70.00	162	云浮	Yunfu	38.70	103.00	54.00	200
荆州	Jingzhou	38.00	131.00	108.00	98	**广西**	**Guangxi**	**330.10**	**790.00**	**968.00**	
黄冈	Huanggang	28.40	91.00	94.00	121	南宁	Nanning	90.80	201.00	235.00	29
咸宁	Xianning	36.60	55.00	59.00	184	柳州	Liuzhou	61.70	91.00	104.00	107
随州	Suizhou	13.50	39.00	40.00	228	桂林	Guilin	39.70	89.00	107.00	99
湖南	**Hunan**	**374.50**	**1066.90**	**1315.50**		梧州	Wuzhou	17.30	39.00	49.00	213
长沙	Changsha	95.40	227.00	279.00	23	北海	Beihai	15.50	37.00	107.00	99
株洲	Zhuzhou	32.60	76.00	92.00	124	防城港	Fangchenggang	9.00	18.00	22.00	269
湘潭	Xiangtan	19.00	54.00	64.00	175	钦州	Qinzhou	16.00	38.00	49.00	213
衡阳	Hengyang	34.00	93.00	115.00	91	贵港	Guigang	17.00	47.00	87.00	134
邵阳	Shaoyang	24.50	52.00	55.00	198	玉林	Yulin	23.90	70.00	87.00	134
岳阳	Yueyang	29.00	85.00	101.00	111	百色	Baise	21.50	42.00	54.00	200

13-11 互联网宽带接入用户数 续表 3

Broadband Subscribers of Internet continued 3

单位：万户 （10 000 subscribers）

地名	City	2010	2016	2017	2017 排名 Ranking
贺州	Hezhou	10.10	25.00	31.00	253
河池	Hechi	19.20	42.00	56.00	195
来宾	Laibin	9.70	26.00	35.00	244
崇左	Chongzuo	8.70	25.00	33.00	251
海南	**Hainan**	**67.60**	**186.50**	**228.70**	
海口	Haikou	39.60	63.00	85.00	141
三亚	Sanya	8.30	26.00	35.00	244
三沙	Sansha				
重庆	**Chongqing**	**263.10**	**704.70**	**866.90**	
四川	**Sichuan**	**521.80**	**1851.20**	**2167.50**	
成都	Chengdu	158.40	599.00	678.00	1
自贡	Zigong	21.40	59.00	71.00	161
攀枝花	Panzhihua	14.90	30.00	39.00	232
泸州	Luzhou	20.50	88.00	105.00	103
德阳	Deyang	30.60	86.00	157.00	61
绵阳	Mianyang	34.00	127.00	149.00	64
广元	Guangyuan	13.90	46.00	63.00	176
遂宁	Suining	15.30	49.00	59.00	184
内江	Neijiang	15.50	65.00	283.00	22
乐山	Leshan	26.90	56.00	93.00	123
南充	Nanchong	30.00	101.00	117.00	90
眉山	Meishan	14.50	76.00	89.00	129
宜宾	Yibin	26.80	86.00	104.00	107
广安	Guangan	12.90	56.00	66.00	170
达州	Dazhou	22.80	70.00	112.00	94
雅安	Yaan	8.60	35.00	43.00	223
巴中	Bazhong	12.40	43.00	58.00	188
资阳	Ziyang	14.50	34.00	44.00	221
贵州	**Guizhou**	**149.70**	**459.50**	**568.60**	
贵阳	Guiyang	50.80	124.00	146.00	68
六盘水	Liupanshui	9.50	31.00	40.00	228
遵义	Zunyi	27.20	72.00	95.00	118
安顺	Anshun	7.90	27.00	36.00	240
毕节	Bijie	11.90	332.00	380.00	9
铜仁	Tongren	8.30	36.00	43.00	223
云南	**Yunnan**	**224.10**	**655.30**	**812.60**	
昆明	Kunming	93.80	187.00	212.00	36
曲靖	Qujing	21.90	98.00	85.00	141
玉溪	Yuxi	20.70	63.00	37.00	236
保山	Baoshan		28.00	37.00	236
昭通	Zhaotong	11.0	26.00	49.00	213
丽江	Lijiang	6.00	17.00	23.00	268
普洱	Puer	11.10	23.00	43.00	223
临沧	Lincang	6.50	35.00	27.00	259
西藏	**Tibet**	**10.40**	**40.20**	**61.20**	
拉萨	Lasa	5.40			
陕西	**Shaanxi**	**308.30**	**803.00**	**903.20**	
西安	Xi'an	189.00	336.00	347.00	13
铜川	Tongchuan	5.40	15.00	19.00	275
宝鸡	Baoji	28.60	61.00	72.00	159
咸阳	Xianyang	29.50	89.00	105.00	103
渭南	Weinan	31.50	80.00	87.00	134
延安	Yan'an	17.80	37.00	179.00	49
汉中	Hanzhong	21.60	49.00	57.00	192
榆林	Yulin	20.20	62.00	60.00	181
安康	Ankang	15.80	40.00	48.00	216
商洛	Shangluo	9.50	26.00	27.00	259
甘肃	**Gansu**	**112.20**	**392.90**	**576.40**	
兰州	Lanzhou	39.00	102.00	138.00	76
嘉峪关	Jiayuguan	4.40	8.00	12.00	283
金昌	Jinchang	4.30	12.00	15.00	281
白银	Baiyin	7.10	23.00	34.00	248
天水	Tianshui	8.50	78.00	96.00	114
武威	Wuwei	6.10	27.00	35.00	244
张掖	Zhangye	6.80	27.00	38.00	234
平凉	Pingliang	6.00	26.00	107.00	99
酒泉	Jiuquan	6.60	25.00	37.00	236
庆阳	Qingyang	6.60	21.00	43.00	223
定西	Dingxi	4.80	32.00	40.00	228
陇南	Longnan	4.80	14.00	14.00	282
青海	**Qinghai**	**34.90**	**99.70**	**120.10**	
西宁	Xining	24.60	47.00	61.00	178
海东	Haidong		11.00	17.00	279
宁夏	**Ningxia**	**43.00**	**111.90**	**159.20**	
银川	Yinchuan	24.20	64.00	68.00	166
石嘴山	Shizuishan	6.90	16.00	22.00	269
吴忠	Wuzhong	9.90	17.00	24.00	265
固原	Guyuan	3.00	11.00	19.00	275
中卫	Zhongwei	4.00	12.00	22.00	269
新疆	**Xinjiang**	**160.40**	**468.40**	**569.90**	
乌鲁木齐	Urumqi	51.40	111.00	133.00	80
克拉玛依	Karamay	5.20	36.00	21.00	274

14

贸易和旅游

Trade and Tourism

14-1 社会消费品零售额

Total Retail Sales of Consumer Goods

单位：亿元 （100 million yuan）

地名	City	2010	2016	2017	2017 排名 Ranking	地名	City	2010	2016	2017	2017 排名 Ranking
全国	**Nation Total**	**156998.40**	**332316.30**	**366261.60**		沈阳	Shenyang	2065.90	3985.90	3989.83	16
北京	**Beijing**	**6229.30**	**11005.10**	**11575.40**		大连	Dalian	1639.80	3410.12	3722.50	17
天津	**Tianjin**	**2902.55**	**5635.80**	**5729.67**		鞍山	Anshan	514.20	992.11	938.11	99
河北	**Hebei**	**6821.79**	**14364.70**	**15907.60**		抚顺	Fushun	333.90	669.50	685.67	143
石家庄	Shijiazhuang	1409.89	2975.23	2983.34	23	本溪	Benxi	192.40	377.35	372.14	214
唐山	Tangshan	1134.54	2371.11	2617.17	30	丹东	Dandong	275.80	541.97	572.41	173
秦皇岛	Qinhuangdao	334.98	699.80	775.18	123	锦州	Jinzhou	318.30	610.70	634.63	158
邯郸	Handan	717.17	1508.88	1674.24	48	营口	Yingkou	249.80	502.73	530.54	186
邢台	Xingtai	460.73	969.89	1076.16	86	阜新	Fuxin	149.00	282.13	289.48	235
保定	Baoding	864.22	1828.19	1849.13	43	辽阳	Liaoyang	208.60	320.02	288.12	236
张家口	Zhangjiakou	324.45	683.17	752.52	127	盘锦	Panjin	185.10	372.69	393.25	209
承德	Chengde	258.05	543.31	603.36	167	铁岭	Tieling	227.30	428.83	438.02	205
沧州	Cangzhou	580.71	1227.81	1355.17	64	朝阳	Chaoyang	216.60	448.67	454.59	203
廊坊	Langfang	419.13	881.91	980.35	93	葫芦岛	Huludao	233.20	471.37	497.95	195
衡水	Hengshui	317.91	675.43	751.48	128	**吉林**	**Jilin**	**3504.92**	**7310.40**	**7855.80**	
山西	**Shanxi**	**3318.15**	**6480.50**	**6918.10**		长春	Changchun	1289.85	2650.28	2922.75	24
太原	Taiyuan	837.00	1666.24	1767.82	46	吉林	Jilin	684.02	1446.51	1534.77	54
大同	Datong	313.12	609.01	654.51	148	四平	Siping	287.71	605.83	649.25	152
阳泉	Yangquan	167.00	306.27	324.98	228	辽源	Liaoyuan	107.51	226.19	239.18	247
长治	Changzhi	284.53	566.62	607.82	164	通化	Tonghua	247.08	532.37	560.14	177
晋城	Jincheng	197.70	386.19	414.98	207	白山	Baishan	139.08	292.74	310.38	232
朔州	Shuozhou	148.08	291.07	311.67	231	松原	Songyuan	329.74	669.21	705.77	137
晋中	Jinzhong	286.07	569.21	607.31	165	白城	Baicheng	162.24	340.24	356.50	220
运城	Yuncheng	365.26	704.72	752.81	126	**黑龙江**	**Heilongjiang**	**4039.20**	**8402.50**	**9099.20**	
忻州	Xinzhou	169.82	338.02	361.55	219	哈尔滨	Harbin	1770.16	3744.18	4044.75	15
临汾	Linfen	318.22	609.44	653.08	149	齐齐哈尔	Qiqihar	357.26	749.06	814.84	113
吕梁	Lvliang	231.54	433.74	461.57	202	鸡西	Jixi	118.78	242.86	273.75	240
内蒙古	**Inner Mongolia**	**3384.00**	**6700.80**	**7160.20**		鹤岗	Hegang	71.38	125.54	136.22	270
呼和浩特	Hohhot	758.50	1481.46	1518.82	55	双鸭山	Shuangyashan	65.25	119.20	139.26	269
包头	Baotou	730.80	1400.22	1486.41	57	大庆	Daqing	591.03	1092.61	1159.74	79
乌海	Wuhai	72.70	151.93	161.84	266	伊春	Yichun	56.69	119.21	131.18	271
赤峰	Chifeng	341.50	700.25	758.19	125	佳木斯	Jiamusi	208.52	446.15	499.84	194
通辽	Tongliao	242.70	515.34	551.09	178	七台河	Qitaihe	54.61	100.36	105.31	279
鄂尔多斯	Erdos	379.30	726.81	777.90	122	牡丹江	Mudanjiang	265.83	588.33	643.09	155
呼伦贝尔	Hulunbuir	294.60	600.27	644.30	154	黑河	Heihe	54.38	114.65	125.35	273
巴彦淖尔	Bayannur	128.80	257.68	278.14	238	绥化	Suihua	250.46	569.35	620.18	161
乌兰察布	Ulanqab	161.50	317.11	341.66	225	**上海**	**Shanghai**	**6070.50**	**10946.60**	**11830.30**	
辽宁	**Liaoning**	**6887.60**	**13414.10**	**13807.20**		**江苏**	**Jiangsu**	**13606.80**	**28707.10**	**31737.40**	

14-1 社会消费品零售额 续表 1

Total Retail Sales of Consumer Goods continued 1

单位：亿元 （100 million yuan）

地名	City	2010	2016	2017	2017 排名 Ranking	地名	City	2010	2016	2017	2017 排名 Ranking
南京	Nanjing	2288.74	5088.20	5604.66	6	池州	Chizhou	91.18	222.07	248.72	245
无锡	Wuxi	1825.79	3119.56	3458.04	18	宣城	Xuancheng	194.70	475.84	531.51	185
徐州	Xuzhou	956.99	2659.39	2886.92	25	**福建**	**Fujian**	**5310.03**	**11674.50**	**13013.00**	
常州	Changzhou	1054.39	2202.83	2444.05	32	福州	Fuzhou	1624.28	3763.14	4193.87	11
苏州	Suzhou	2402.02	4936.79	5442.82	7	厦门	Xiamen	685.02	1283.46	1446.74	60
南通	Nantong	1277.07	2632.87	2873.41	26	莆田	Putian	290.37	623.13	695.41	139
连云港	Lianyungang	430.68	933.31	1038.31	88	三明	Sanming	245.58	480.63	533.43	184
淮安	Huaian	469.09	1083.83	1197.09	75	泉州	Quanzhou	1234.43	2724.65	3033.95	22
盐城	Yancheng	766.49	1630.88	1806.20	45	漳州	Zhangzhou	472.63	875.59	982.43	91
扬州	Yangzhou	726.12	1358.80	1494.01	56	南平	Nanping	262.04	556.68	615.26	162
镇江	Zhenjiang	564.68	1236.78	1366.03	61	龙岩	Longyan	312.17	729.00	813.19	114
泰州	Taizhou	555.35	1118.34	1254.22	72	宁德	Ningde	234.64	512.35	565.09	174
宿迁	Suqian	289.38	705.54	781.39	121	**江西**	**Jiangxi**	**2956.21**	**6634.60**	**7448.10**	
浙江	**Zhejiang**	**10163.20**	**21970.80**	**24308.50**		南昌	Nanchang	756.41	1868.00	2096.96	39
杭州	Hangzhou	2146.08	5176.20	5717.43	5	景德镇	Jingdezhen	141.65	300.61	335.93	227
宁波	Ningbo	1704.51	3667.63	4047.81	14	萍乡	Pingxiang	159.06	338.08	379.15	213
温州	Wenzhou	1498.10	3006.90	3062.57	21	九江	Jiujiang	286.89	656.78	739.21	129
嘉兴	Jiaxing	799.36	1638.49	1806.62	44	新余	Xinyu	112.74	239.95	269.58	241
湖州	Huzhou	516.09	1068.86	1188.15	76	鹰潭	Yingtan	86.64	194.66	217.73	253
绍兴	Shaoxing	852.89	1783.34	1977.66	41	赣州	Ganzhou	375.35	790.24	887.05	105
金华	Jinhua	916.23	1977.87	2191.19	38	吉安	Jian	202.83	448.66	504.97	193
衢州	Quzhou	290.82	609.31	677.89	145	宜春	Yichun	267.86	596.25	667.50	147
舟山	Zhoushan	212.54	457.40	505.68	192	抚州	Fuzhou	236.68	480.27	537.66	181
台州	Taizhou	960.45	2013.14	2235.73	36	上饶	Shangrao	330.10	721.12	812.34	115
丽水	Lishui	266.13	571.64	635.96	156	**山东**	**Shandong**	**14620.30**	**30645.80**	**33649.00**	
安徽	**Anhui**	**4151.52**	**10000.20**	**11192.60**		济南	Jinan	1802.46	3764.78	4146.15	12
合肥	Hefei	839.02	2445.70	2728.51	28	青岛	Qingdao	1961.13	4104.93	4541.01	9
芜湖	Wuhu	287.45	828.17	930.86	100	淄博	Zibo	1005.68	2155.03	2373.98	33
蚌埠	Bengbu	269.87	643.99	725.13	132	枣庄	Zaozhuang	422.85	892.28	982.14	92
淮南	Huainan	187.21	512.46	573.45	171	东营	Dongying	388.74	789.72	862.29	108
马鞍山	Maanshan	147.80	470.63	529.45	187	烟台	Yantai	1412.69	2976.07	3273.08	20
淮北	Huaibei	125.52	315.86	353.13	221	潍坊	Weifang	1214.80	2514.85	2737.92	27
铜陵	Tongling	99.15	305.68	343.28	224	济宁	Jining	1004.25	2071.89	2259.19	35
安庆	Anqing	338.68	681.68	764.17	124	泰安	Taian	697.84	1462.77	1608.31	50
黄山	Huangshan	125.96	313.12	348.81	223	威海	Weihai	709.28	1456.73	1607.94	51
滁州	Chuzhou	214.80	515.15	574.39	170	日照	Rizhao	319.54	660.09	720.29	135
阜阳	Fuyang	326.70	759.38	852.02	110	莱芜	Laiwu	188.82	347.80	380.00	212
宿州	Suzhou	193.99	476.92	533.68	183	临沂	Linyi	1158.75	2488.01	2287.07	34
六安	Liuan	279.94	541.46	604.81	166	德州	Dezhou	658.62	1394.97	1537.12	53
亳州	Bozhou	222.76	492.14	528.59	188	聊城	Liaocheng	558.60	1173.13	1278.83	70

14-1 社会消费品零售额 续表 2

Total Retail Sales of Consumer Goods continued 2

单位：亿元 （100 million yuan）

地名	City	2010	2016	2017	2017 排名 Ranking	地名	City	2010	2016	2017	2017 排名 Ranking
滨州	Binzhou	450.75	889.70	968.71	95	常德	Changde	469.45	1058.00	1171.52	77
菏泽	Heze	665.51	1503.00	1650.45	49	张家界	Zhangjiajie	83.04	198.11	219.21	252
河南	**Henan**	**8004.22**	**17618.40**	**19666.80**		益阳	Yiyang	260.71	641.47	709.80	136
郑州	Zhengzhou	1702.10	3665.83	4057.22	13	郴州	Chenzhou	408.39	905.11	999.70	90
开封	Kaifeng	369.56	756.33	944.81	98	永州	Yongzhou	242.41	589.90	653.00	150
洛阳	Luoyang	816.18	1807.38	2025.45	40	怀化	Huaihua	233.86	561.90	620.65	160
平顶山	Pingdingshan	352.78	771.71	864.53	107	娄底	Loudi	219.01	485.27	537.44	182
安阳	Anyang	347.51	755.79	839.48	111	**广东**	**Guangdong**	**17414.66**	**34739.10**	**38200.10**	
鹤壁	Hebi	93.45	205.89	230.51	249	广州	Guangzhou	4500.28	8706.49	9402.59	1
新乡	Xinxiang	393.69	862.40	966.23	96	韶关	Shaoguan	329.78	638.21	687.39	142
焦作	Jiaozuo	323.46	698.92	784.34	120	深圳	Shenzhen	3000.76	5512.76	6016.19	4
濮阳	Puyang	232.73	529.96	594.18	168	珠海	Zhuhai	486.03	1016.13	1128.18	81
许昌	Xuchang	354.01	794.29	891.28	103	汕头	Shantou	830.41	1515.19	1683.16	47
漯河	Luohe	219.80	491.55	550.31	179	佛山	Foshan	1687.13	3017.76	3320.43	19
三门峡	Sanmenxia	202.62	441.13	493.87	197	江门	Jiangmen	655.86	1159.06	1279.63	69
南阳	Nanyang	800.97	1756.43	1950.92	42	湛江	Zhanjiang	679.79	1432.96	1578.08	52
商丘	Shangqiu	406.24	918.53	1032.30	89	茂名	Maoming	704.97	1339.88	1457.00	59
信阳	Xinyang	442.60	981.47	1085.77	83	肇庆	Zhaoqing	332.89	731.98	809.93	117
周口	Zhoukou	490.32	1094.09	1227.16	74	惠州	Huizhou	582.53	1227.88	1363.46	62
驻马店	Zhumadian	379.52	849.11	957.17	97	梅州	Meizhou	319.05	619.77	677.63	146
湖北	**Hubei**	**7013.90**	**15649.20**	**17394.10**		汕尾	Shanwei	352.06	533.11	572.62	172
武汉	Wuhan	2570.40	5610.59	6196.30	3	河源	Heyuan	163.07	537.44	585.57	169
黄石	Huangshi	300.05	649.59	723.28	133	阳江	Yangjiang	370.58	634.83	689.90	140
十堰	Shiyan	306.37	724.96	818.14	112	清远	Qingyuan	370.50	626.80	683.84	144
宜昌	Yichang	550.79	1240.33	1330.33	66	东莞	Dongguan	1108.06	2470.78	2687.88	29
襄阳	Xiangyang	571.24	1325.26	1481.90	58	中山	Zhongshan	648.11	1205.84	1309.89	68
鄂州	Ezhou	135.58	298.45	336.80	226	潮州	Chaozhou	245.47	495.61	540.11	180
荆门	Jingmen	252.98	614.23	688.08	141	揭阳	Jieyang	446.62	978.42	1080.96	85
孝感	Xiaogan	385.24	883.66	973.29	94	云浮	Yunfu	136.97	345.22	381.60	211
荆州	Jingzhou	471.08	1056.13	1168.57	78	**广西**	**Guangxi**	**3312.00**	**7027.30**	**7813.00**	
黄冈	Huanggang	407.40	973.94	1083.16	84	南宁	Nanning	905.93	1980.36	2204.16	37
咸宁	Xianning	205.04	442.54	497.24	196	柳州	Liuzhou	480.00	1045.13	1155.64	80
随州	Suizhou	198.45	446.10	491.39	198	桂林	Guilin	391.53	836.45	928.12	101
湖南	**Hunan**	**5839.50**	**13436.50**	**14854.90**		梧州	Wuzhou	191.77	395.95	445.87	204
长沙	Changsha	1864.53	4117.40	4547.68	8	北海	Beihai	108.00	225.34	250.13	244
株洲	Zhuzhou	426.76	936.49	1038.46	87	防城港	Fangchenggang	51.84	111.89	124.02	274
湘潭	Xiangtan	256.66	582.36	644.97	153	钦州	Qinzhou	172.19	373.63	411.75	208
衡阳	Hengyang	472.15	1127.98	1248.38	73	贵港	Guigang	209.54	431.89	480.70	200
邵阳	Shaoyang	278.32	834.82	926.24	102	玉林	Yulin	307.24	660.43	728.86	130
岳阳	Yueyang	507.23	1142.88	1256.61	71	百色	Baise	113.85	246.84	277.35	239

14-1 社会消费品零售额 续表 3
Total Retail Sales of Consumer Goods continued 3

单位：亿元 （100 million yuan）

地名	City	2010	2016	2017	2017 排名 Ranking
贺州	Hezhou	78.68	160.98	178.85	264
河池	Hechi	131.73	267.96	301.20	233
来宾	Laibin	79.46	159.11	180.29	263
崇左	Chongzuo	61.08	131.34	146.09	268
海南	**Hainan**	**623.82**	**1453.70**	**1618.80**	
海口	Haikou	326.94	653.89	726.12	131
三亚	Sanya	63.70	198.08	223.77	251
三沙	Sansha				
重庆	**Chongqing**	**2938.60**	**7271.40**	**8067.67**	
四川	**Sichuan**	**6810.12**	**15601.90**	**17480.50**	
成都	Chengdu	2428.83	5742.37	6403.53	2
自贡	Zigong	252.62	555.81	624.04	159
攀枝花	Panzhihua	146.19	316.90	352.41	222
泸州	Luzhou	266.23	637.15	722.07	134
德阳	Deyang	305.50	698.81	790.78	119
绵阳	Mianyang	426.30	988.48	1112.48	82
广元	Guangyuan	150.88	331.07	371.79	216
遂宁	Suining	208.49	470.39	509.19	191
内江	Neijiang	206.60	460.54	511.88	190
乐山	Leshan	284.09	624.26	705.25	138
南充	Nanchong	344.21	785.62	888.27	104
眉山	Meishan	188.56	438.07	486.93	199
宜宾	Yibin	316.78	763.40	867.91	106
广安	Guangan	214.00	468.79	524.96	189
达州	Dazhou	312.55	761.72	860.37	109
雅安	Yaan	104.65	223.18	248.07	246
巴中	Bazhong	117.83	287.42	324.23	229
资阳	Ziyang	213.00	326.04	365.65	218
贵州	**Guizhou**	**1482.68**	**3709.00**	**4154.00**	
贵阳	Guiyang	484.78	1195.34	1335.28	65
六盘水	Liupanshui	131.34	312.90	371.94	215
遵义	Zunyi	290.25	723.44	811.69	116
安顺	Anshun	70.08	176.31	197.11	258
毕节	Bijie	126.10	340.15	381.98	210
铜仁	Tongren	75.31	187.09	210.85	254
云南	**Yunnan**	**2500.14**	**5722.90**	**6423.10**	
昆明	Kunming	1060.19	2310.09	2590.95	31
曲靖	Qujing	232.80	564.97	635.33	157
玉溪	Yuxi	141.53	326.77	367.45	217
保山	Baoshan	84.35	200.18	224.90	250
昭通	Zhaotong	105.67	238.00	266.74	242
丽江	Lijiang	45.50	104.85	117.70	275
普洱	Puer	72.66	163.04	182.86	262
临沧	Lincang	72.58	173.65	195.28	259
西藏	**Tibet**	**185.39**	**459.40**	**523.30**	
拉萨	Lasa	88.45	229.67	258.76	243
陕西	**Shaanxi**	**3195.67**	**7367.60**	**8236.40**	
西安	Xi'an	1637.04	3730.70	4329.51	10
铜川	Tongchuan	46.58	124.97	153.26	267
宝鸡	Baoji	307.52	702.16	800.88	118
咸阳	Xianyang	296.35	688.55	613.04	163
渭南	Weinan	237.87	574.01	651.85	151
延安	Yan'an	111.81	257.95	284.65	237
汉中	Hanzhong	157.50	369.17	421.05	206
榆林	Yulin	203.51	422.05	472.12	201
安康	Ankang	110.78	259.81	297.14	234
商洛	Shangluo	79.19	174.93	193.73	260
甘肃	**Gansu**	**1394.50**	**3184.40**	**3426.60**	
兰州	Lanzhou	554.64	1263.35	1358.72	63
嘉峪关	Jiayuguan	24.01	60.00	64.38	285
金昌	Jinchang	37.00	82.92	89.06	281
白银	Baiyin	87.28	193.64	207.19	257
天水	Tianshui	128.57	288.66	313.11	230
武威	Wuwei	76.50	178.15	191.72	261
张掖	Zhangye	67.68	160.90	173.05	265
平凉	Pingliang	87.98	194.16	209.81	255
酒泉	Jiuquan	88.92	193.33	207.64	256
庆阳	Qingyang	93.47	223.11	238.95	248
定西	Dingxi	53.32	117.66	126.14	272
陇南	Longnan	41.19	99.50	107.12	278
青海	**Qinghai**	**346.03**	**767.30**	**839.00**	
西宁	Xining	230.26	513.07	560.79	176
海东	Haidong		89.22	97.40	280
宁夏	**Ningxia**	**403.59**	**850.10**	**930.40**	
银川	Yinchuan	225.00	514.19	562.31	175
石嘴山	Shizuishan	61.48	102.32	111.28	277
吴忠	Wuzhong	51.92	102.76	112.69	276
固原	Guyuan	32.45	64.98	71.10	283
中卫	Zhongwei	32.75	65.85	73.07	282
新疆	**Xinjiang**	**1324.48**	**2825.90**	**3044.60**	
乌鲁木齐	Urumqi	514.24	1236.69	1317.12	67
克拉玛依	Karamay	34.79	62.72	66.15	284

14-2 批发和零售业法人企业数
Number of Corporation Enterprises of Wholesale and Retail Trades

单位：个 （unit）

地名	City	2010	2016	2017	2017 排名 Ranking
全国	**Nation Total**	**111770**	**193371**	**200170**	
北京	**Beijing**	**8935**	**6029**	**6344**	
天津	**Tianjin**	**3802**	**5320**	**4761**	
河北	**Hebei**	**2548**	**4059**	**4099**	
石家庄	Shijiazhuang	307	548	463	111
唐山	Tangshan	373	456	447	117
秦皇岛	Qinhuangdao	198	255	248	178
邯郸	Handan	403	383	372	131
邢台	Xingtai	172	364	365	134
保定	Baoding	296	529	475	109
张家口	Zhangjiakou	167	203	199	204
承德	Chengde	158	166	157	223
沧州	Cangzhou	211	484	482	106
廊坊	Langfang	162	336	331	145
衡水	Hengshui	101	409	390	129
山西	**Shanxi**	**2214**	**2981**	**3013**	
太原	Taiyuan	401	697	738	69
大同	Datong	181	191	186	209
阳泉	Yangquan	88	137	145	230
长治	Changzhi	303	320	361	136
晋城	Jincheng	172	261	271	165
朔州	Shuozhou	142	190	175	214
晋中	Jinzhong	186	262	250	176
运城	Yuncheng	274	279	277	163
忻州	Xinzhou	153	207	187	208
临汾	Linfen	198	252	235	184
吕梁	Lvliang	127	192	203	201
内蒙古	**Inner Mongolia**	**1353**	**2034**	**1875**	
呼和浩特	Hohhot	252	399	398	128
包头	Baotou	270	290	253	175
乌海	Wuhai	52	141	139	232
赤峰	Chifeng	114	152	126	236
通辽	Tongliao	117	267	241	181
鄂尔多斯	Erdos	162	253	262	168
呼伦贝尔	Hulunbuir	229	249	238	183
巴彦淖尔	Bayannur	42	75	66	268
乌兰察布	Ulanqab	23	53	55	272
辽宁	**Liaoning**	**4785**	**4954**	**4701**	
沈阳	Shenyang	1377	1626	1563	25
大连	Dalian	1077	1236	1209	34
鞍山	Anshan	624	373	403	125
抚顺	Fushun	242	118	107	244
本溪	Benxi	126	189	81	257
丹东	Dandong	207	134	139	232
锦州	Jinzhou	179	206	210	196
营口	Yingkou	200	219	214	194
阜新	Fuxin	90	148	123	237
辽阳	Liaoyang	98	102	111	242
盘锦	Panjin	168	179	189	206
铁岭	Tieling	155	91	85	252
朝阳	Chaoyang	139	142	123	237
葫芦岛	Huludao	103	178	202	202
吉林	**Jilin**	**1124**	**2446**	**2684**	
长春	Changchun	261	594	1344	31
吉林	Jilin	245	483	546	96
四平	Siping	144	210	208	198
辽源	Liaoyuan	67	64	65	269
通化	Tonghua	154	189	207	199
白山	Baishan	19	65	57	271
松原	Songyuan	55	94	111	242
白城	Baicheng	43	56	68	265
黑龙江	**Heilongjiang**	**1547**	**2002**	**1741**	
哈尔滨	Harbin	625	840	828	57
齐齐哈尔	Qiqihar	98	175	177	212
鸡西	Jixi	48	90	87	250
鹤岗	Hegang	59	57	55	272
双鸭山	Shuangyashan	43	48	49	277
大庆	Daqing	253	251	256	172
伊春	Yichun	24	28	23	282
佳木斯	Jiamusi	46	52	55	272
七台河	Qitaihe	10	18	18	283
牡丹江	Mudanjiang	230	270	223	188
黑河	Heihe	25	50	54	275
绥化	Suihua	57	84	79	258
上海	**Shanghai**	**5530**	**5688**	**6437**	
江苏	**Jiangsu**	**12374**	**19423**	**19604**	

14-2 批发和零售业法人企业数 续表 1

Number of Corporation Enterprises of Wholesale and Retail Trades continued 1

单位：个 (unit)

地名	City	2010	2016	2017	2017 排名 Ranking	地名	City	2010	2016	2017	2017 排名 Ranking
南京	Nanjing	1508	2618	2770	7	池州	Chizhou	86	201	202	202
无锡	Wuxi	2549	1543	1596	23	宣城	Xuancheng	125	311	330	146
徐州	Xuzhou	643	2392	2439	9	**福建**	**Fujian**	**3924**	**11820**	**12354**	
常州	Changzhou	786	2009	1866	19	福州	Fuzhou	872	2039	2227	13
苏州	Suzhou	3563	3625	3101	5	厦门	Xiamen	1233	1864	1902	17
南通	Nantong	876	2217	2231	12	莆田	Putian	131	1024	1076	40
连云港	Lianyungang	322	522	500	102	三明	Sanming	280	640	668	75
淮安	Huaian	195	1125	935	49	泉州	Quanzhou	597	2402	2587	8
盐城	Yancheng	563	1436	1407	30	漳州	Zhangzhou	271	866	1024	43
扬州	Yangzhou	307	714	748	64	南平	Nanping	151	393	422	122
镇江	Zhenjiang	329	548	551	94	龙岩	Longyan	263	1702	1891	18
泰州	Taizhou	357	865	1021	44	宁德	Ningde	126	484	506	101
宿迁	Suqian	170	546	548	95	**江西**	**Jiangxi**	**1187**	**3258**	**4015**	
浙江	**Zhejiang**	**10053**	**17317**	**18391**		南昌	Nanchang	384	833	926	51
杭州	Hangzhou	3135	4134	4406	3	景德镇	Jingdezhen	46	67	82	256
宁波	Ningbo	2105	3545	3999	4	萍乡	Pingxiang	49	115	148	229
温州	Wenzhou	1261	2141	2172	14	九江	Jiujiang	94	292	365	134
嘉兴	Jiaxing	812	1543	1522	27	新余	Xinyu	50	80	102	248
湖州	Huzhou	315	696	743	67	鹰潭	Yingtan	44	151	179	211
绍兴	Shaoxing	725	2072	2243	10	赣州	Ganzhou	82	295	511	100
金华	Jinhua	534	1152	1165	35	吉安	Jian	85	340	436	119
衢州	Quzhou	181	364	368	133	宜春	Yichun	87	350	355	137
舟山	Zhoushan	187	334	339	143	抚州	Fuzhou	149	188	247	179
台州	Taizhou	627	1012	1136	37	上饶	Shangrao	117	433	546	96
丽水	Lishui	214	282	287	162	**山东**	**Shandong**	**11792**	**16894**	**15853**	
安徽	**Anhui**	**2451**	**6923**	**7202**		济南	Jinan	957	1636	1624	22
合肥	Hefei	592	1192	1336	32	青岛	Qingdao	1084	1742	1861	20
芜湖	Wuhu	210	806	810	60	淄博	Zibo	694	926	929	50
蚌埠	Bengbu	146	437	430	121	枣庄	Zaozhuang	389	759	747	65
淮南	Huainan	81	332	342	142	东营	Dongying	308	499	493	103
马鞍山	Maanshan	88	250	212	195	烟台	Yantai	1145	1275	1283	33
淮北	Huaibei	54	251	239	182	潍坊	Weifang	867	1548	998	47
铜陵	Tongling	63	214	216	192	济宁	Jining	1050	1628	1555	26
安庆	Anqing	183	535	556	92	泰安	Taian	996	1247	977	48
黄山	Huangshan	87	177	171	217	威海	Weihai	361	527	564	91
滁州	Chuzhou	165	470	441	118	日照	Rizhao	161	221	166	218
阜阳	Fuyang	146	563	582	88	莱芜	Laiwu	120	270	246	180
宿州	Suzhou	65	428	463	111	临沂	Linyi	910	1446	1488	28
六安	Liuan	148	280	323	149	德州	Dezhou	939	1213	1138	36
亳州	Bozhou	103	490	477	107	聊城	Liaocheng	533	687	638	81

14-2 批发和零售业法人企业数 续表 2

Number of Corporation Enterprises of Wholesale and Retail Trades continued 2

单位：个 (unit)

地名	City	2010	2016	2017	2017 排名 Ranking	地名	City	2010	2016	2017	2017 排名 Ranking
滨州	Binzhou	435	377	400	127	常德	Changde	109	544	596	86
菏泽	Heze	843	1346	1135	38	张家界	Zhangjiajie	35	62	68	265
河南	**Henan**	**6305**	**12217**	**11555**		益阳	Yiyang	107	334	350	138
郑州	Zhengzhou	1140	2014	1935	15	郴州	Chenzhou	280	578	642	76
开封	Kaifeng	361	739	753	63	永州	Yongzhou	170	304	375	130
洛阳	Luoyang	589	879	857	55	怀化	Huaihua	104	142	185	210
平顶山	Pingdingshan	346	675	728	70	娄底	Loudi	127	367	420	123
安阳	Anyang	320	418	346	139	**广东**	**Guangdong**	**11343**	**23594**	**27757**	
鹤壁	Hebi	106	151	150	227	广州	Guangzhou	3585	6503	6775	1
新乡	Xinxiang	390	537	555	93	韶关	Shaoguan	36	394	483	105
焦作	Jiaozuo	211	358	571	89	深圳	Shenzhen	1596	4728	6283	2
濮阳	Puyang	179	458	431	120	珠海	Zhuhai	536	826	918	52
许昌	Xuchang	309	1075	626	82	汕头	Shantou	280	767	881	53
漯河	Luohe	166	261	258	170	佛山	Foshan	1182	1993	3063	6
三门峡	Sanmenxia	201	325	301	158	江门	Jiangmen	331	781	837	56
南阳	Nanyang	563	1616	1412	29	湛江	Zhanjiang	181	631	743	67
商丘	Shangqiu	232	790	827	58	茂名	Maoming	365	891	880	54
信阳	Xinyang	265	490	620	83	肇庆	Zhaoqing	160	288	297	161
周口	Zhoukou	364	522	513	99	惠州	Huizhou	237	630	639	79
驻马店	Zhumadian	515	662	690	74	梅州	Meizhou	77	158	176	213
湖北	**Hubei**	**3479**	**8030**	**7190**		汕尾	Shanwei	48	65	97	249
武汉	Wuhan	1125	1865	1922	16	河源	Heyuan	35	221	230	185
黄石	Huangshi	95	395	346	139	阳江	Yangjiang	35	221	217	191
十堰	Shiyan	223	387	301	158	清远	Qingyuan	147	366	301	158
宜昌	Yichang	232	1145	1031	42	东莞	Dongguan	769	1423	2241	11
襄阳	Xiangyang	286	958	777	61	中山	Zhongshan	642	1043	1065	41
鄂州	Ezhou	36	80	63	270	潮州	Chaozhou	134	215	218	189
荆门	Jingmen	152	590	477	107	揭阳	Jieyang	861	1060	1018	45
孝感	Xiaogan	142	361	329	147	云浮	Yunfu	106	366	371	132
荆州	Jingzhou	125	779	710	72	**广西**	**Guangxi**	**1465**	**3178**	**3616**	
黄冈	Huanggang	180	564	484	104	南宁	Nanning	505	882	1007	46
咸宁	Xianning	214	247	229	186	柳州	Liuzhou	283	479	451	116
随州	Suizhou	78	257	255	173	桂林	Guilin	109	280	316	151
湖南	**Hunan**	**2625**	**6657**	**7299**		梧州	Wuzhou	50	195	250	176
长沙	Changsha	886	1638	1820	21	北海	Beihai	11	152	156	225
株洲	Zhuzhou	230	512	614	84	防城港	Fangchenggang	50	80	85	252
湘潭	Xiangtan	101	339	325	148	钦州	Qinzhou	68	163	189	206
衡阳	Hengyang	159	628	642	76	贵港	Guigang	58	123	155	226
邵阳	Shaoyang	111	675	776	62	玉林	Yulin	109	246	270	166
岳阳	Yueyang	165	469	453	115	百色	Baise	54	200	277	163

14-2 批发和零售业法人企业数 续表 3

Number of Corporation Enterprises of Wholesale and Retail Trades continued 3

单位：个 (unit)

地名	City	2010	2016	2017	2017 排名 Ranking
贺州	Hezhou	29	61	76	260
河池	Hechi	50	105	150	227
来宾	Laibin	29	71	83	255
崇左	Chongzuo	43	141	159	221
海南	**Hainan**	**626**	**363**	**368**	
海口	Haikou	457	212	210	196
三亚	Sanya	44	38	38	280
三沙	Sansha				
重庆	**Chongqing**	**2585**	**5883**	**5889**	
四川	**Sichuan**	**3001**	**6820**	**6653**	
成都	Chengdu	1775	1664	1576	24
自贡	Zigong	152	212	218	189
攀枝花	Panzhihua	132	201	175	214
泸州	Luzhou	222	593	584	87
德阳	Deyang	179	350	309	153
绵阳	Mianyang	181	454	466	110
广元	Guangyuan	95	165	159	221
遂宁	Suining	117	259	254	174
内江	Neijiang	133	295	309	153
乐山	Leshan	147	261	262	168
南充	Nanchong	141	398	407	124
眉山	Meishan	142	225	225	187
宜宾	Yibin	245	380	402	126
广安	Guangan	270	266	336	144
达州	Dazhou	113	301	307	156
雅安	Yaan	43	71	72	262
巴中	Bazhong	52	267	315	152
资阳	Ziyang	133	162	162	220
贵州	**Guizhou**	**800**	**2866**	**3483**	
贵阳	Guiyang	310	536	567	90
六盘水	Liupanshui	61	184	194	205
遵义	Zunyi	129	587	711	71
安顺	Anshun	32	154	204	200
毕节	Bijie	38	224	307	156
铜仁	Tongren	25	254	322	150
云南	**Yunnan**	**1842**	**3289**	**3341**	
昆明	Kunming	751	876	814	59
曲靖	Qujing	172	305	345	141
玉溪	Yuxi	116	221	216	192
保山	Baoshan	54	151	163	219
昭通	Zhaotong	57	112	117	240
丽江	Lijiang	40	76	79	258
普洱	Puer	63	109	121	239
临沧	Lincang	31	146	138	234
西藏	**Tibet**	**60**	**109**	**110**	
拉萨	Lasa	31	63	106	245
陕西	**Shaanxi**	**1569**	**4401**	**4871**	
西安	Xi'an	453	1036	1123	39
铜川	Tongchuan	36	135	145	230
宝鸡	Baoji	85	569	639	79
咸阳	Xianyang	177	513	603	85
渭南	Weinan	154	444	461	113
延安	Yan'an	75	298	308	155
汉中	Hanzhong	124	300	696	73
榆林	Yulin	306	426	456	114
安康	Ankang	115	489	531	98
商洛	Shangluo	34	126	136	235
甘肃	**Gansu**	**705**	**1718**	**1722**	
兰州	Lanzhou	265	599	640	78
嘉峪关	Jiayuguan	25	75	68	265
金昌	Jinchang	28	52	53	276
白银	Baiyin	43	113	103	247
天水	Tianshui	81	153	157	223
武威	Wuwei	27	86	84	254
张掖	Zhangye	42	111	116	241
平凉	Pingliang	29	67	71	263
酒泉	Jiuquan	68	168	172	216
庆阳	Qingyang	23	108	106	245
定西	Dingxi	29	71	70	264
陇南	Longnan	20	67	3	285
青海	**Qinghai**	**179**	**377**	**376**	
西宁	Xining		251	268	167
海东	Haidong		9	18	283
宁夏	**Ningxia**	**392**	**444**	**448**	
银川	Yinchuan	242	261	258	170
石嘴山	Shizuishan	51	39	42	279
吴忠	Wuzhong	42	70	74	261
固原	Guyuan	16	23	24	281
中卫	Zhongwei	41	50	48	278
新疆	**Xinjiang**	**1175**	**2277**	**2418**	
乌鲁木齐	Urumqi	519	745	747	65
克拉玛依	Karamay	65	86	86	251

14-3 批发和零售业年末从业人数

Employed Persons of Wholesale and Retail Trades at Year-end

单位：人 (person)

地名	City	2010	2016	2017	2017 排名 Ranking
全国	**Nation Total**	**8522285**	**11936127**	**11837989**	
北京	**Beijing**	**594698**	**731655**	**720789**	
天津	**Tianjin**	**165719**	**227357**	**195116**	
河北	**Hebei**	**265558**	**359193**	**356595**	
石家庄	Shijiazhuang	44175	60061	67307	32
唐山	Tangshan	46368	56028	52493	37
秦皇岛	Qinhuangdao	14918	17172	17327	98
邯郸	Handan	28764	28379	25628	70
邢台	Xingtai	13986	26362	25828	69
保定	Baoding	36889	47642	45429	42
张家口	Zhangjiakou	14189	16721	15710	104
承德	Chengde	13474	16157	16104	103
沧州	Cangzhou	28327	45418	45169	43
廊坊	Langfang	14673	21768	22333	79
衡水	Hengshui	9795	23485	24731	73
山西	**Shanxi**	**239761**	**235096**	**218334**	
太原	Taiyuan	59764			
大同	Datong	24691			
阳泉	Yangquan	11066			
长治	Changzhi	17381			
晋城	Jincheng	19688			
朔州	Shuozhou	15249			
晋中	Jinzhong	25522			
运城	Yuncheng	20718			
忻州	Xinzhou	14073			
临汾	Linfen	19376			
吕梁	Lvliang	12972			
内蒙古	**Inner Mongolia**	**134440**	**132580**	**113075**	
呼和浩特	Hohhot	34789	41741		
包头	Baotou	27601	18805		
乌海	Wuhai	2662	4353		
赤峰	Chifeng	22346	21261		
通辽	Tongliao	8336	12409		
鄂尔多斯	Erdos	19171	15192		
呼伦贝尔	Hulunbuir	14938	11945		
巴彦淖尔	Bayannur	6748	6729		
乌兰察布	Ulanqab	4867	8046		
辽宁	**Liaoning**	**300555**	**299878**	**267861**	
沈阳	Shenyang	93741			
大连	Dalian	65157			
鞍山	Anshan	20066			
抚顺	Fushun	19091			
本溪	Benxi	9329			
丹东	Dandong	7959			
锦州	Jinzhou	15811			
营口	Yingkou	11662			
阜新	Fuxin	7469			
辽阳	Liaoyang	3763			
盘锦	Panjin	13375			
铁岭	Tieling	11004			
朝阳	Chaoyang	11656			
葫芦岛	Huludao	10472			
吉林	**Jilin**	**107751**	**133884**	**139527**	
长春	Changchun	33353	59826	67164	33
吉林	Jilin	16671	19208	18868	90
四平	Siping	9729	12949	13012	117
辽源	Liaoyuan	5436	5548	5103	167
通化	Tonghua	9785	9297	10537	127
白山	Baishan	3401	4334	3334	180
松原	Songyuan	16875	6790	6281	152
白城	Baicheng	4094	4906	4990	168
黑龙江	**Heilongjiang**	**155267**	**140973**	**131357**	
哈尔滨	Harbin	54225	49807	44732	44
齐齐哈尔	Qiqihar	10062	9452	9253	131
鸡西	Jixi	6600	5213	5324	163
鹤岗	Hegang	6213	5227	5367	161
双鸭山	Shuangyashan	3434	6152	6035	155
大庆	Daqing	30555	17430	16582	100
伊春	Yichun	1887	1240	1088	186
佳木斯	Jiamusi	12818	11690	11034	124
七台河	Qitaihe	1634	1358	1323	185
牡丹江	Mudanjiang	11644	10635	9113	133
黑河	Heihe	1904	3292	3382	179
绥化	Suihua	9612	11854	11159	122
上海	**Shanghai**	**536466**	**796269**	**822931**	
江苏	**Jiangsu**	**716623**	**944270**	**937154**	

14-3 批发和零售业年末从业人数 续表 1

Employed Persons of Wholesale and Retail Trades at Year-end continued 1

单位：人 （person）

地名	City	2010	2016	2017	2017 排名 Ranking	地名	City	2010	2016	2017	2017 排名 Ranking
南京	Nanjing	148847	239968	237416	4	池州	Chizhou	4458	7358	6802	148
无锡	Wuxi	97941	90250	90849	22	宣城	Xuancheng	11088	14515	13952	113
徐州	Xuzhou	43856	81873	78183	26	**福建**	**Fujian**	**281238**	**448608**	**476168**	
常州	Changzhou	42556	66782	61972	36	福州	Fuzhou	82303			
苏州	Suzhou	161254	186695	191112	7	厦门	Xiamen	76986			
南通	Nantong	30586	74134	75267	28	莆田	Putian	13110			
连云港	Lianyungang	24726	27731	28937	59	三明	Sanming	13201			
淮安	Huaian	16174	32321	29577	57	泉州	Quanzhou	41163			
盐城	Yancheng	36941	42454	37637	49	漳州	Zhangzhou	18609			
扬州	Yangzhou	30204	33075	34635	51	南平	Nanping	10585			
镇江	Zhenjiang	19785	27834	27528	64	龙岩	Longyan	17150			
泰州	Taizhou	26838	38960	42682	46	宁德	Ningde	8131			
宿迁	Suqian	14979	24025	21729	82	**江西**	**Jiangxi**	**121169**	**222790**	**242826**	
浙江	**Zhejiang**	**516727**	**745929**	**782748**		南昌	Nanchang	42127	82478	86294	24
杭州	Hangzhou	173230				景德镇	Jingdezhen	3406	5137	5733	158
宁波	Ningbo	107950				萍乡	Pingxiang	3908	6947	7069	144
温州	Wenzhou	53489				九江	Jiujiang	10770	17203	20128	86
嘉兴	Jiaxing	34896				新余	Xinyu	3721	4765	5245	166
湖州	Huzhou	15801				鹰潭	Yingtan	2008	5006	6020	156
绍兴	Shaoxing	38148				赣州	Ganzhou	10790	23565	26163	67
金华	Jinhua	29334				吉安	Jian	8038	16340	18174	95
衢州	Quzhou	9539				宜春	Yichun	16709	29578	34121	52
舟山	Zhoushan	8123				抚州	Fuzhou	8339	10729	11882	119
台州	Taizhou	32615				上饶	Shangrao	11353	21042	22239	80
丽水	Lishui	10929				**山东**	**Shandong**	**855382**	**963367**	**888783**	
安徽	**Anhui**	**261772**	**375896**	**373441**		济南	Jinan	86770	135000	132490	11
合肥	Hefei	87587	112494	121153	15	青岛	Qingdao	91225	118000	120481	16
芜湖	Wuhu	16815	34749	34817	50	淄博	Zibo	90447	52000	41955	47
蚌埠	Bengbu	9647	17007	16280	102	枣庄	Zaozhuang	22917	33000	29057	58
淮南	Huainan	8997	14878	14454	111	东营	Dongying	31117	35000	32477	54
马鞍山	Maanshan	9344	15606	12678	118	烟台	Yantai	70476	74000	75931	27
淮北	Huaibei	7282	11314	11141	123	潍坊	Weifang	71225	86000	63467	35
铜陵	Tongling	4110	7781	7668	139	济宁	Jining	65950	74000	74223	30
安庆	Anqing	17701	23756	22168	81	泰安	Taian	49718	52000	47732	40
黄山	Huangshan	3978	6370	5572	160	威海	Weihai	40075	30000	31792	56
滁州	Chuzhou	13805	21785	20229	85	日照	Rizhao	17560	19000	17436	97
阜阳	Fuyang	19531	33728	33479	53	莱芜	Laiwu	9726	11000	11285	121
宿州	Suzhou	8640	16056	16547	101	临沂	Linyi	66515	83000	64327	34
六安	Liuan	16905	19372	17637	96	德州	Dezhou	37251	57000	49037	39
亳州	Bozhou	10036	19127	18891	89	聊城	Liaocheng	28970	28000	26203	66

14-3 批发和零售业年末从业人数 续表 2

Employed Persons of Wholesale and Retail Trades at Year-end continued 2

单位：人 (person)

地名	City	2010	2016	2017	2017 排名 Ranking	地名	City	2010	2016	2017	2017 排名 Ranking
滨州	Binzhou	28348	24000	23786	74	常德	Changde	11353	26949	28498	60
菏泽	Heze	47092	51000	44270	45	张家界	Zhangjiajie	4318	5939	5664	159
河南	**Henan**	**444710**	**743235**	**679478**		益阳	Yiyang	7002	15165	14418	112
郑州	Zhengzhou	89339		596720	1	郴州	Chenzhou	15489	27182	27600	62
开封	Kaifeng	20498		105892	19	永州	Yongzhou	12580	17121	18974	88
洛阳	Luoyang	35243		181779	9	怀化	Huaihua	9263	18601	15506	107
平顶山	Pingdingshan	27240		94431	21	娄底	Loudi	8468	15118	15616	106
安阳	Anyang	19999		80625	25	**广东**	**Guangdong**	**888237**	**1500459**	**1583167**	
鹤壁	Hebi	6130		39845	48	广州	Guangzhou	283089			
新乡	Xinxiang	25816		119307	17	韶关	Shaoguan	8030			
焦作	Jiaozuo	18679		95040	20	深圳	Shenzhen	245886			
濮阳	Puyang	16491		123540	14	珠海	Zhuhai	29127			
许昌	Xuchang	18847		240933	3	汕头	Shantou	11704			
漯河	Luohe	12752		50244	38	佛山	Foshan	61913			
三门峡	Sanmenxia	12782		72988	31	江门	Jiangmen	18364			
南阳	Nanyang	47791		313932	2	湛江	Zhanjiang	14445			
商丘	Shangqiu	18716		192393	6	茂名	Maoming	17264			
信阳	Xinyang	28747		128183	12	肇庆	Zhaoqing	13121			
周口	Zhoukou	31472		117949	18	惠州	Huizhou	22175			
驻马店	Zhumadian	32403		182069	8	梅州	Meizhou	8212			
湖北	**Hubei**	**360100**	**529596**	**509081**		汕尾	Shanwei	5343			
武汉	Wuhan	185673				河源	Heyuan	3339			
黄石	Huangshi	6430				阳江	Yangjiang	3774			
十堰	Shiyan	17552				清远	Qingyuan	7305			
宜昌	Yichang	18559				东莞	Dongguan	63906			
襄阳	Xiangyang	25664				中山	Zhongshan	42219			
鄂州	Ezhou	3420				潮州	Chaozhou	5771			
荆门	Jingmen	12369				揭阳	Jieyang	19151			
孝感	Xiaogan	96				云浮	Yunfu	9794			
荆州	Jingzhou	10155				**广西**	**Guangxi**	**122788**	**188602**	**205076**	
黄冈	Huanggang	30251				南宁	Nanning	43604	69412	75226	29
咸宁	Xianning	4267				柳州	Liuzhou	20611	25791	26103	68
随州	Suizhou	9889				桂林	Guilin	13605	15125	21291	83
湖南	**Hunan**	**237361**	**380559**	**377205**		梧州	Wuzhou	4179	7572	9104	134
长沙	Changsha	92064	126996	126724	13	北海	Beihai	3697	49311	7143	143
株洲	Zhuzhou	12810	23236	24767	72	防城港	Fangchenggang	1361	3541	3681	174
湘潭	Xiangtan	9934	17168	16870	99	钦州	Qinzhou	4725	7309	8210	136
衡阳	Hengyang	16699	27970	26426	65	贵港	Guigang	5694	6767	7183	142
邵阳	Shaoyang	10566	27253	27667	61	玉林	Yulin	10857	17451	18197	93
岳阳	Yueyang	11385	25602	23150	76	百色	Baise	5469	9717	11498	120

14-3 批发和零售业年末从业人数 续表 3

Employed Persons of Wholesale and Retail Trades at Year-end continued 3

单位：人 （person）

地名	City	2010	2016	2017	2017 排名 Ranking	地名	City	2010	2016	2017	2017 排名 Ranking
贺州	Hezhou	1832	4641	5290	164	丽江	Lijiang	3370	5475	6000	157
河池	Hechi	3819	6458	7617	140	普洱	Puer	4833	7432	8177	137
来宾	Laibin	1421	3021	3567	175	临沧	Lincang	2185	5217	5247	165
崇左	Chongzuo	1950	4947	4454	170	**西藏**	**Tibet**	**6152**	**10311**	**9592**	
海南	**Hainan**	**39117**	**44395**	**43760**		拉萨	Lasa	2027		6705	150
海口	Haikou	30198				**陕西**	**Shaanxi**	**195151**	**296407**	**315062**	
三亚	Sanya	3123				西安	Xi'an	99692	135952	157584	10
三沙	Sansha					铜川	Tongchuan	2594	8140	6601	151
重庆	**Chongqing**	**222281**	**333419**	**316444**		宝鸡	Baoji	14957	28460	32207	55
四川	**Sichuan**	**302200**	**479270**	**451367**		咸阳	Xianyang	15432	26165	20682	84
成都	Chengdu	239516	226238	212346	5	渭南	Weinan	16132	23344	22783	77
自贡	Zigong	12183	10090	8895	135	延安	Yan'an	7256	13223	13821	115
攀枝花	Panzhihua	9571	11883	9605	130	汉中	Hanzhong	9782	16390	18250	92
泸州	Luzhou	15469	27056	27571	63	榆林	Yulin	17726	20584	22567	78
德阳	Deyang	15875	15558	15099	108	安康	Ankang	8060	16900	18177	94
绵阳	Mianyang	20637	29636	25066	71	商洛	Shangluo	2741	5923	6929	145
广元	Guangyuan	7717	7086	6918	146	**甘肃**	**Gansu**	**66546**	**103819**	**102370**	
遂宁	Suining	11820	13657	13489	116	兰州	Lanzhou	29738	43723	46324	41
内江	Neijiang	11977	11880	9625	129	嘉峪关	Jiayuguan	1604	2948	3113	181
乐山	Leshan	12977	13194	13916	114	金昌	Jinchang	1618	2418	1981	184
南充	Nanchong	14521	16236	15672	105	白银	Baiyin	4915	4677	3704	173
眉山	Meishan	10607	10449	8130	138	天水	Tianshui	5635	11938	10774	125
宜宾	Yibin	13403	14673	15049	110	武威	Wuwei	2020	3588	3563	176
广安	Guangan	11570	9636	9183	132	张掖	Zhangye	3646	5207	6113	154
达州	Dazhou	17911	21058	18262	91	平凉	Pingliang	3267	5493	4800	169
雅安	Yaan	4430	3879	4365	171	酒泉	Jiuquan	4533	6669	6277	153
巴中	Bazhong	5330	9624	10651	126	庆阳	Qingyang	3261	7356	6721	149
资阳	Ziyang	22603	10320	9779	128	定西	Dingxi	2556	3279	3388	178
贵州	**Guizhou**	**79220**	**148575**	**163576**		陇南	Longnan	2087	3689	3000	182
贵阳	Guiyang	29501				**青海**	**Qinghai**	**17203**	**29337**	**28024**	
六盘水	Liupanshui	4631				西宁	Xining				
遵义	Zunyi	16253				海东	Haidong				
安顺	Anshun	3681				**宁夏**	**Ningxia**	**30061**	**38616**	**38533**	
毕节	Bijie	6193				银川	Yinchuan	20176		23546	75
铜仁	Tongren	3681				石嘴山	Shizuishan	2784		3404	177
云南	**Yunnan**	**162841**	**224208**	**216863**		吴忠	Wuzhong	2481		4181	172
昆明	Kunming	75497	97565	88003	23	固原	Guyuan	1468		2068	183
曲靖	Qujing	12277	19756	19983	87	中卫	Zhongwei	3152		5334	162
玉溪	Yuxi	10924	15607	15097	109	**新疆**	**Xinjiang**	**95191**	**127364**	**131686**	
保山	Baoshan	7038	9049	6845	147	乌鲁木齐	Urumqi	63771			
昭通	Zhaotong	5108	6759	7186	141	克拉玛依	Karamay	6520			

14-4 批发和零售业商品销售额
Total Sales of Commodities of Wholesale and Retail Trades

单位：亿元 （100 million yuan）

地名	City	2010	2016	2017	2017 排名 Ranking
全国	**Nation Total**	**276635.7**	**558877.6**	**630181.3**	
北京	**Beijing**	**37203.90**	**53396.82**	**61113.33**	
天津	**Tianjin**	**13642.50**	**34970.38**	**30203.35**	
河北	**Hebei**	**5463.50**	**10362.02**	**10313.16**	
石家庄	Shijiazhuang	1294.88	1882.71	2371.55	40
唐山	Tangshan	1205.76	1475.35	1521.43	61
秦皇岛	Qinhuangdao	531.25	718.70	864.27	100
邯郸	Handan	572.68	1593.32	2181.11	45
邢台	Xingtai	213.73	402.81	417.40	156
保定	Baoding	593.24	1904.04	1702.73	56
张家口	Zhangjiakou	189.79	151.00	284.23	198
承德	Chengde	186.70	262.28	374.02	167
沧州	Cangzhou	287.29	741.19	799.28	105
廊坊	Langfang	252.05	608.01	733.75	111
衡水	Hengshui	136.10	412.96	481.65	139
山西	**Shanxi**	**5549.50**	**8987.93**	**9589.85**	
太原	Taiyuan	2208.38	3909.24	3545.66	29
大同	Datong	238.64	1698.89	1670.02	57
阳泉	Yangquan	399.62	825.37	981.36	90
长治	Changzhi	690.76	910.39	953.84	94
晋城	Jincheng	315.71	251.35	301.97	191
朔州	Shuozhou	227.22	95.20	338.75	178
晋中	Jinzhong	395.40	408.95	548.39	129
运城	Yuncheng	206.21	400.89	446.26	150
忻州	Xinzhou	225.65	212.41	301.58	192
临汾	Linfen	380.78	521.74	763.00	108
吕梁	Lvliang	262.45	168.16	321.00	185
内蒙古	**Inner Mongolia**	**2951.50**	**4145.61**	**4199.53**	
呼和浩特	Hohhot	668.30	1144.66	997.87	87
包头	Baotou	649.99	744.39	680.00	115
乌海	Wuhai	53.04	111.41	103.62	258
赤峰	Chifeng	184.66	319.55	309.13	189
通辽	Tongliao	245.39	230.17	1037.04	84
鄂尔多斯	Erdos	730.40	1006.27	2654.17	37
呼伦贝尔	Hulunbuir	252.12	251.86	290.84	197
巴彦淖尔	Bayannur	75.15	155.64	156.41	239
乌兰察布	Ulanqab	44.47	82.08	93.29	261
辽宁	**Liaoning**	**10630.00**	**13640.63**	**16555.08**	
沈阳	Shenyang	5503.66	7033.57	8897.69	9
大连	Dalian	2549.30	3150.09	3342.45	32
鞍山	Anshan	921.57	609.21	698.83	113
抚顺	Fushun	242.03	278.37	166.08	236
本溪	Benxi	85.31	123.75	89.33	263
丹东	Dandong	162.09	143.87	146.64	241
锦州	Jinzhou	217.38	296.71	463.76	143
营口	Yingkou	161.99	287.65	396.59	163
阜新	Fuxin	115.70	165.03	135.51	243
辽阳	Liaoyang	115.18	625.31	866.44	99
盘锦	Panjin	172.50	557.83	761.38	109
铁岭	Tieling	136.11	108.58	130.09	245
朝阳	Chaoyang	136.52	301.97	419.32	155
葫芦岛	Huludao	110.71	223.40	230.65	216
吉林	**Jilin**	**2230.40**	**3840.81**	**3993.15**	
长春	Changchun	1087.49	1729.57	2238.12	43
吉林	Jilin	487.64	836.99	637.31	119
四平	Siping	117.83	309.94	270.13	201
辽源	Liaoyuan	35.06	64.94	65.73	272
通化	Tonghua	178.62	312.18	255.96	207
白山	Baishan	31.65	72.15	67.14	271
松原	Songyuan	102.15	249.34	125.23	246
白城	Baicheng	67.43	129.55	111.55	253
黑龙江	**Heilongjiang**	**3034.10**	**4893.81**	**4671.30**	
哈尔滨	Harbin	1394.37	2380.33	2664.48	36
齐齐哈尔	Qiqihar	100.40	126.26	1259.29	69
鸡西	Jixi	64.31	133.23	115.01	252
鹤岗	Hegang	35.23	43.25	39.02	278
双鸭山	Shuangyashan	31.17	64.05	58.47	274
大庆	Daqing	661.90	1111.18	1329.95	64
伊春	Yichun	27.90	45.84	28.58	282
佳木斯	Jiamusi	71.05	144.83		
七台河	Qitaihe	29.19	30.27	30.40	281
牡丹江	Mudanjiang	396.90	474.31	362.58	168
黑河	Heihe	34.48	68.19	71.74	270
绥化	Suihua	71.47	172.56	172.81	235
上海	**Shanghai**	**31678.20**	**76031.64**	**95340.32**	
江苏	**Jiangsu**	**26994.90**	**46807.09**	**54534.88**	

14-4 批发和零售业商品销售额 续表 1

Total Sales of Commodities of Wholesale and Retail Trades continued 1

单位：亿元 (100 million yuan)

地名	City	2010	2016	2017	2017 排名 Ranking	地名	City	2010	2016	2017	2017 排名 Ranking
南京	Nanjing	6816.70	21198.91	12704.89	6	池州	Chizhou	55.38	114.69	111.11	254
无锡	Wuxi	5591.26	2880.94	7670.33	12	宣城	Xuancheng	169.15	327.53	266.98	202
徐州	Xuzhou	784.07	2433.52	4110.49	27	**福建**	**Fujian**	**8304.10**	**23004.04**	**28556.93**	
常州	Changzhou	1667.77	3544.54	4584.60	24	福州	Fuzhou	1850.15	5348.66	6039.61	15
苏州	Suzhou	10247.21	4343.02	13448.07	5	厦门	Xiamen	4166.16	9366.18	11752.76	8
南通	Nantong	1209.49	2406.78	4401.96	26	莆田	Putian	198.02	1046.78	1262.78	68
连云港	Lianyungang	399.80	829.64	981.29	91	三明	Sanming	276.69	646.73	740.94	110
淮安	Huaian	220.51	978.30	1060.73	83	泉州	Quanzhou	918.97	3681.63	4700.77	23
盐城	Yancheng	458.84	1465.26	1550.78	59	漳州	Zhangzhou	336.72	972.90	1133.05	80
扬州	Yangzhou	447.09	1201.39	1375.96	63	南平	Nanping	159.43	318.74	359.27	171
镇江	Zhenjiang	490.89	1086.95	1159.65	79	龙岩	Longyan	281.85	1069.91	1322.86	65
泰州	Taizhou	667.22	964.94	1928.91	48	宁德	Ningde	116.11	307.44	385.87	166
宿迁	Suqian	265.78	614.55	826.82	104	**江西**	**Jiangxi**	**2019.30**	**4522.04**	**4860.07**	
浙江	**Zhejiang**	**23472.20**	**44594.66**	**56602.10**		南昌	Nanchang	1019.91	2036.87	2284.89	42
杭州	Hangzhou	10267.25	15006.59	20706.77	3	景德镇	Jingdezhen	48.89	109.89	124.44	248
宁波	Ningbo	7506.60	13488.19	17958.70	4	萍乡	Pingxiang	43.96	99.23	115.60	251
温州	Wenzhou	1797.08	3187.77	3708.55	28	九江	Jiujiang	114.56	344.60	334.92	179
嘉兴	Jiaxing	1158.36	2091.02	2546.66	38	新余	Xinyu	60.63	110.89	105.78	257
湖州	Huzhou	569.15	2722.06	2203.72	44	鹰潭	Yingtan	112.74	149.31	189.77	231
绍兴	Shaoxing	610.97	2741.00	2807.67	35	赣州	Ganzhou	136.64	276.78	457.22	146
金华	Jinhua	938.35	1526.81	1793.52	51	吉安	Jian	79.46	224.75	253.96	209
衢州	Quzhou	62.62	403.57	434.43	153	宜春	Yichun	173.41	459.35	643.43	117
舟山	Zhoushan	353.32	1482.66	1879.51	49	抚州	Fuzhou	99.88	134.59	189.65	232
台州	Taizhou	1082.48	1535.88	1991.39	47	上饶	Shangrao	129.22	362.73	432.63	154
丽水	Lishui	272.82	544.65	526.79	133	**山东**	**Shandong**	**16105.60**	**32129.22**	**32944.03**	
安徽	**Anhui**	**5144.80**	**10682.42**	**11491.57**		济南	Jinan	2211.05	3955.35	4524.31	25
合肥	Hefei	2625.75	4201.28	4800.05	22	青岛	Qingdao	3073.74	5756.24	6774.15	14
芜湖	Wuhu	337.61	1062.79	1236.49	74	淄博	Zibo	1151.19	1705.94	1817.80	50
蚌埠	Bengbu	137.45	479.95	511.89	134	枣庄	Zaozhuang	268.75	829.42	640.27	118
淮南	Huainan	97.08	250.34	296.14	193	东营	Dongying	447.01	1285.88	1471.10	62
马鞍山	Maanshan	307.36	406.14	442.95	152	烟台	Yantai	1469.78	2905.18	2908.44	34
淮北	Huaibei	71.63	190.45	277.75	199	潍坊	Weifang	1603.72	2524.75	2445.61	39
铜陵	Tongling	98.29	183.74	239.65	212	济宁	Jining	899.17	1795.43	1772.65	52
安庆	Anqing	142.88	369.58	393.18	164	泰安	Taian	913.17	2278.09	1525.41	60
黄山	Huangshan	66.63	129.95	125.14	247	威海	Weihai	503.53	1022.92	791.75	106
滁州	Chuzhou	145.26	429.37	459.01	145	日照	Rizhao	370.28	1045.68	1237.35	72
阜阳	Fuyang	401.06	1140.09	1189.53	76	莱芜	Laiwu	231.91	364.20	614.07	121
宿州	Suzhou	124.59	477.25	1305.27	66	临沂	Linyi	1006.08	3092.18	6034.45	16
六安	Liuan	153.90	327.39	347.28	174	德州	Dezhou	460.02	1504.85	1249.85	71
亳州	Bozhou	98.55	373.26	416.65	157	聊城	Liaocheng	503.19	1040.64	1303.82	67

14-4 批发和零售业商品销售额 续表 2
Total Sales of Commodities of Wholesale and Retail Trades continued 2

单位：亿元 (100 million yuan)

地名	City	2010	2016	2017	2017 排名 Ranking	地名	City	2010	2016	2017	2017 排名 Ranking
滨州	Binzhou	371.75	798.49	987.10	88	常德	Changde	1354.39	399.69	479.25	140
菏泽	Heze	621.27	1328.87	1115.73	81	张家界	Zhangjiajie	409.76	82.61	85.60	266
河南	**Henan**	**6340.30**	**16121.57**	**15284.11**		益阳	Yiyang	1153.66	344.67	307.24	190
郑州	Zhengzhou	2339.11	6258.51	5651.27	17	郴州	Chenzhou	2486.32	917.15	914.66	96
开封	Kaifeng	179.48	539.50	590.41	125	永州	Yongzhou	1460.09	293.63	323.80	183
洛阳	Luoyang	545.20	1276.90	1212.43	75	怀化	Huaihua	1311.34	177.42	222.68	219
平顶山	Pingdingshan	528.72	685.35	829.61	103	娄底	Loudi	1210.44	322.31	398.14	162
安阳	Anyang	341.67	594.89	550.68	128	**广东**	**Guangdong**	**31759.80**	**71690.98**	**82435.81**	
鹤壁	Hebi	49.39	311.30	462.93	144	广州	Guangzhou	15445.39	27505.50	29422.59	1
新乡	Xinxiang	277.39	510.16	470.67	141	韶关	Shaoguan	129.94	431.08	601.57	123
焦作	Jiaozuo	167.94	324.75	442.99	151	深圳	Shenzhen	6615.28	25921.34	25002.00	2
濮阳	Puyang	112.06	468.57	313.45	187	珠海	Zhuhai	916.66	2597.68	3301.07	33
许昌	Xuchang	189.41	852.23	613.17	122	汕头	Shantou	405.05	1443.66	1714.42	55
漯河	Luohe	141.20	392.40	408.04	160	佛山	Foshan	2535.52	6627.19	8331.93	10
三门峡	Sanmenxia	157.84	307.55	256.68	206	江门	Jiangmen	440.81	1090.44	1183.06	77
南阳	Nanyang	447.46	1350.45	877.84	97	湛江	Zhanjiang	431.34	986.33	983.87	89
商丘	Shangqiu	405.92	986.65	1007.66	86	茂名	Maoming	489.04	1600.73	1725.39	54
信阳	Xinyang	156.29	692.35	597.51	124	肇庆	Zhaoqing	264.67	693.59	446.39	149
周口	Zhoukou	206.45	532.36	538.16	131	惠州	Huizhou	525.67	2022.24	1099.77	82
驻马店	Zhumadian	206.45	373.24	679.04	116	梅州	Meizhou	147.59	258.27	255.66	208
湖北	**Hubei**	**8013.10**	**18358.74**	**17798.99**		汕尾	Shanwei	68.39	95.86	101.03	259
武汉	Wuhan	6035.71	10788.54	11979.91	7	河源	Heyuan	69.16	167.34	186.05	234
黄石	Huangshi	145.78	793.82	875.30	98	阳江	Yangjiang	68.15	197.70	214.77	221
十堰	Shiyan	270.48	595.38	452.95	148	清远	Qingyuan	144.26	322.58	399.18	161
宜昌	Yichang	223.12	1168.65	962.37	92	东莞	Dongguan	1428.61	3910.89	5141.40	20
襄阳	Xiangyang	156.23	839.71	702.40	112	中山	Zhongshan	1080.82	1496.27	1600.10	58
鄂州	Ezhou	166.23	182.93	215.33	220	潮州	Chaozhou	194.60	288.74	195.58	224
荆门	Jingmen	352.62	525.97	573.77	126	揭阳	Jieyang	603.84	1309.13	1013.24	85
孝感	Xiaogan	124.32	349.37	359.58	170	云浮	Yunfu	103.73	324.62	334.31	180
荆州	Jingzhou	135.76	495.67	540.52	130	**广西**	**Guangxi**	**2589.30**	**6403.21**	**7430.76**	
黄冈	Huanggang	152.12	325.59	310.11	188	南宁	Nanning	1124.70	3181.95	3435.42	30
咸宁	Xianning	98.19	255.99	264.45	204	柳州	Liuzhou	592.34	1039.15	1237.01	73
随州	Suizhou	105.36	320.88	340.55	177	桂林	Guilin	179.36	409.52	453.16	147
湖南	**Hunan**	**3764.50**	**9271.09**	**10457.01**		梧州	Wuzhou	70.93	126.02	157.62	238
长沙	Changsha	20929.09	4341.11	4808.36	21	北海	Beihai	29.32	164.38	195.47	225
株洲	Zhuzhou	3014.88	668.41	2298.89	41	防城港	Fangchenggang	38.92	179.49	190.43	229
湘潭	Xiangtan	1220.40	279.10	294.54	194	钦州	Qinzhou	85.98	214.74	293.96	195
衡阳	Hengyang	1882.96	571.51	615.52	120	贵港	Guigang	64.68	153.33	191.17	228
邵阳	Shaoyang	1353.96	521.78	485.99	138	玉林	Yulin	146.07	297.83	344.81	176
岳阳	Yueyang	2017.23	728.09	555.85	127	百色	Baise	75.04	206.07	257.48	205

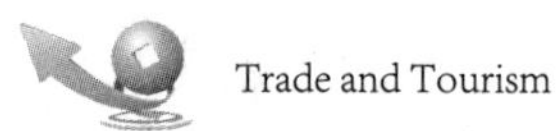

14-4 批发和零售业商品销售额 续表 3

Total Sales of Commodities of Wholesale and Retail Trades continued 3

单位：亿元 (100 million yuan)

地名	City	2010	2016	2017	2017 排名 Ranking	地名	City	2010	2016	2017	2017 排名 Ranking
贺州	Hezhou	146.79	67.04	90.50	262	丽江	Lijiang	61.26	100.66	109.53	256
河池	Hechi	741.90	106.42	136.84	242	普洱	Puer	65.34	198.93	201.69	223
来宾	Laibin	12.02	57.02	89.32	264	临沧	Lincang	50.66	173.37	188.14	233
崇左	Chongzuo	31.38	286.42	357.58	172	**西藏**	**Tibet**	**92.10**	**227.19**	**248.65**	
海南	**Hainan**	**1406.70**	**2294.53**	**2353.40**		拉萨	Lasa	77.58	147.54	344.83	175
海口	Haikou	1069.26	1416.64	956.19	93	**陕西**	**Shaanxi**	**4224.10**	**9288.50**	**12856.14**	
三亚	Sanya	72.90	156.23	192.65	227	西安	Xi'an	2144.01	5200.90	6900.27	13
三沙	Sansha					铜川	Tongchuan	19.35	100.02	123.24	249
重庆	**Chongqing**	**5610.10**	**11911.46**	**11677.97**		宝鸡	Baoji	378.92	1478.75	1250.64	70
四川	**Sichuan**	**5508.60**	**13313.76**	**13702.87**		咸阳	Xianyang	372.19	756.75	465.02	142
成都	Chengdu	3638.79	7150.19	8266.98	11	渭南	Weinan	119.13	356.08	416.51	158
自贡	Zigong	78.47	159.63	390.62	165	延安	Yan'an	82.84	192.07	773.18	107
攀枝花	Panzhihua	134.95	267.23	270.78	200	汉中	Hanzhong	93.57	296.38	53.34	275
泸州	Luzhou	123.23	767.64	841.19	101	榆林	Yulin	914.31	976.57	0.17	284
德阳	Deyang	243.42	381.29	322.00	184	安康	Ankang	65.07	235.36	292.43	196
绵阳	Mianyang	181.27	821.07	839.79	102	商洛	Shangluo	32.57	90.41	324.31	182
广元	Guangyuan	59.06	164.85	149.81	240	**甘肃**	**Gansu**	**2021.40**	**4802.33**	**4438.29**	
遂宁	Suining	67.11	262.86	231.31	215	兰州	Lanzhou	1404.11	3346.78	3349.79	31
内江	Neijiang	91.81	264.36	242.77	210	嘉峪关	Jiayuguan	61.74	151.87	78.85	268
乐山	Leshan	107.27	310.80	415.46	159	金昌	Jinchang	21.32	47.23	34.56	280
南充	Nanchong	95.90	345.04	360.54	169	白银	Baiyin	38.95	92.41	89.17	265
眉山	Meishan	81.14	243.98	266.44	203	天水	Tianshui	82.42	620.41	234.66	214
宜宾	Yibin	138.00	495.75	507.65	135	武威	Wuwei	30.21	282.21	317.99	186
广安	Guangan	72.54	217.84	229.18	217	张掖	Zhangye	38.58	90.80	96.66	260
达州	Dazhou	101.94	445.36	537.01	132	平凉	Pingliang	34.68	311.39	348.99	173
雅安	Yaan	30.32	109.51	110.43	255	酒泉	Jiuquan	171.63	445.64	502.11	136
巴中	Bazhong	34.98	137.87	157.82	237	庆阳	Qingyang	35.87	75.66	76.77	269
资阳	Ziyang	60.66	151.43	121.50	250	定西	Dingxi	39.88	90.73	84.98	267
贵州	**Guizhou**	**1582.70**	**5027.22**	**5901.06**		陇南	Longnan	37.04	61.57	59.51	273
贵阳	Guiyang	731.15	1819.01	2111.14	46	**青海**	**Qinghai**	**409.80**	**1136.70**	**1245.12**	
六盘水	Liupanshui	93.19	312.73	237.59	213	西宁	Xining		1156.19	1165.16	78
遵义	Zunyi	319.74	1498.16	1769.77	53	海东	Haidong		27.51	28.27	283
安顺	Anshun	62.53	164.40	194.54	226	**宁夏**	**Ningxia**	**652.4**	**1201.6**	**1540.4**	
毕节	Bijie	100.10	333.46	328.72	181	银川	Yinchuan	513.45	791.58	914.70	95
铜仁	Tongren	46.68	158.45	189.95	230	石嘴山	Shizuishan	49.19	38.48	45.89	276
云南	**Yunnan**	**4295.50**	**8886.01**	**9325.78**		吴忠	Wuzhong	40.84	33.20	36.61	279
昆明	Kunming	2519.55	4702.87	5504.01	18	固原	Guyuan	18.23	37.95	44.31	277
曲靖	Qujing	277.03	535.93	691.71	114	中卫	Zhongwei	30.68	187.50	242.44	211
玉溪	Yuxi	425.56	386.18	501.54	137	**新疆**	**Xinjiang**	**3941.10**	**6933.58**	**8516.22**	
保山	Baoshan	74.35	201.73	201.96	222	乌鲁木齐	Urumqi	2595.86	4160.43	5325.32	19
昭通	Zhaotong	100.35	207.00	223.16	218	克拉玛依	Karamay	79.45	103.53	132.88	244

14-5 住宿和餐饮业法人企业数

Number of Corporation Enterprises of Hotels and Catering Services

单位：个 (unit)

地名	City	2010	2016	2017	2017排名 Ranking
全国	**Nation Total**	**37308**	**45855**	**45664**	
北京	**Beijing**	**3377**	**2288**	**2258**	
天津	**Tianjin**	**613**	**622**	**580**	
河北	**Hebei**	**833**	**883**	**885**	
石家庄	Shijiazhuang	101	101	134	81
唐山	Tangshan	96	82	83	123
秦皇岛	Qinhuangdao	81	88	91	114
邯郸	Handan	104	88	79	127
邢台	Xingtai	44	67	65	139
保定	Baoding	116	123	122	92
张家口	Zhangjiakou	93	98	89	115
承德	Chengde	57	57	58	150
沧州	Cangzhou	54	65	62	146
廊坊	Langfang	54	70	65	139
衡水	Hengshui	33	44	44	170
山西	**Shanxi**	**878**	**804**	**726**	
太原	Taiyuan	201			
大同	Datong	89			
阳泉	Yangquan	42			
长治	Changzhi	100			
晋城	Jincheng	62			
朔州	Shuozhou	61			
晋中	Jinzhong	64			
运城	Yuncheng	71			
忻州	Xinzhou	48			
临汾	Linfen	89			
吕梁	Lvliang	51			
内蒙古	**Inner Mongolia**	**787**	**683**	**620**	
呼和浩特	Hohhot	211	130	120	93
包头	Baotou	119	104	88	116
乌海	Wuhai	21	20	18	205
赤峰	Chifeng	80	57	58	150
通辽	Tongliao	32	37	30	188
鄂尔多斯	Erdos	112	115	96	108
呼伦贝尔	Hulunbuir	77	83	80	126
巴彦淖尔	Bayannur	14	16	21	201
乌兰察布	Ulanqab	38	34	63	144
辽宁	**Liaoning**	**1189**	**859**	**794**	

地名	City	2010	2016	2017	2017排名 Ranking
沈阳	Shenyang	243		224	49
大连	Dalian	281		216	51
鞍山	Anshan	174		66	138
抚顺	Fushun	44		17	207
本溪	Benxi	40		32	183
丹东	Dandong	93		44	170
锦州	Jinzhou	55		34	181
营口	Yingkou	73		40	176
阜新	Fuxin	15		14	212
辽阳	Liaoyang	39		12	217
盘锦	Panjin	49		32	183
铁岭	Tieling	19		14	212
朝阳	Chaoyang	30		15	211
葫芦岛	Huludao	34		37	178
吉林	**Jilin**	**438**	**430**	**424**	
长春	Changchun	114			
吉林	Jilin	108			
四平	Siping	33			
辽源	Liaoyuan	10			
通化	Tonghua	37			
白山	Baishan	24			
松原	Songyuan	34			
白城	Baicheng	10			
黑龙江	**Heilongjiang**	**479**	**369**	**310**	
哈尔滨	Harbin	250	313	155	73
齐齐哈尔	Qiqihar	33	29	20	203
鸡西	Jixi	12	16	7	221
鹤岗	Hegang	11	20	9	218
双鸭山	Shuangyashan	12	7	5	222
大庆	Daqing	42	36	20	203
伊春	Yichun	26	34	17	207
佳木斯	Jiamusi	23	19	14	212
七台河	Qitaihe	4	7	3	223
牡丹江	Mudanjiang	42	51	28	192
黑河	Heihe	7	13	9	218
绥化	Suihua	6	16	9	218
上海	**Shanghai**	**1856**	**2402**	**2376**	
江苏	**Jiangsu**	**2461**	**3091**	**2900**	

14-5 住宿和餐饮业法人企业数 续表 1

Number of Corporation Enterprises of Hotels and Catering Services continued 1

单位：个 (unit)

地名	City	2010	2016	2017	2017 排名 Ranking
南京	Nanjing	599	577	557	17
无锡	Wuxi	265	255	250	43
徐州	Xuzhou	183	259	233	47
常州	Changzhou	146	158	167	69
苏州	Suzhou	471	397	377	26
南通	Nantong	109	224	158	72
连云港	Lianyungang	96	102	95	111
淮安	Huaian	93	218	238	46
盐城	Yancheng	93	315	260	42
扬州	Yangzhou	147	203	200	57
镇江	Zhenjiang	101	121	117	96
泰州	Taizhou	97	171	181	64
宿迁	Suqian	60	91	73	130
浙江	**Zhejiang**	**2161**	**2804**	**2899**	
杭州	Hangzhou	762			
宁波	Ningbo	386			
温州	Wenzhou	437			
嘉兴	Jiaxing	145			
湖州	Huzhou	80			
绍兴	Shaoxing	125			
金华	Jinhua	130			
衢州	Quzhou	33			
舟山	Zhoushan	94			
台州	Taizhou	120			
丽水	Lishui	71			
安徽	**Anhui**	**1021**	**1791**	**1761**	
合肥	Hefei	248	375	383	25
芜湖	Wuhu	78	216	210	53
蚌埠	Bengbu	53	86	84	119
淮南	Huainan	27	99	106	102
马鞍山	Maanshan	41	53	49	161
淮北	Huaibei	12	22	26	195
铜陵	Tongling	41	73	71	132
安庆	Anqing	88	158	144	77
黄山	Huangshan	80	88	72	131
滁州	Chuzhou	50	130	113	98
阜阳	Fuyang	52	94	103	104
宿州	Suzhou	23	80	77	129
六安	Liuan	56	81	88	116
亳州	Bozhou	20	77	84	119

地名	City	2010	2016	2017	2017 排名 Ranking
池州	Chizhou	47	77	65	139
宣城	Xuancheng	64	82	84	119
福建	**Fujian**	**1073**	**1833**	**1906**	
福州	Fuzhou	277			
厦门	Xiamen	212			
莆田	Putian	39			
三明	Sanming	68			
泉州	Quanzhou	190			
漳州	Zhangzhou	72			
南平	Nanping	83			
龙岩	Longyan	74			
宁德	Ningde	58			
江西	**Jiangxi**	**733**	**820**	**971**	
南昌	Nanchang	262	178	180	65
景德镇	Jingdezhen	42	34	39	177
萍乡	Pingxiang	21	27	43	172
九江	Jiujiang	65	90	107	101
新余	Xinyu	30	25	28	192
鹰潭	Yingtan	17	34	45	167
赣州	Ganzhou	73	104	127	89
吉安	Jian	63	131	148	76
宜春	Yichun	34	63	101	106
抚州	Fuzhou	38	32	41	174
上饶	Shangrao	88	102	118	94
山东	**Shandong**	**4130**	**3138**	**2886**	
济南	Jinan	360	309	333	34
青岛	Qingdao	358	349	357	30
淄博	Zibo	517	185	144	77
枣庄	Zaozhuang	118	115	142	79
东营	Dongying	72	48	47	164
烟台	Yantai	411	340	344	32
潍坊	Weifang	231	251	208	55
济宁	Jining	293	286	288	38
泰安	Taian	389	223	184	62
威海	Weihai	210	185	192	60
日照	Rizhao	66	60	46	165
莱芜	Laiwu	23	32	34	181
临沂	Linyi	214	161	152	74
德州	Dezhou	342	169	102	105
聊城	Liaocheng	106	91	96	108

14-5 住宿和餐饮业法人企业数 续表 2

Number of Corporation Enterprises of Hotels and Catering Services continued 2

单位：个 (unit)

地名	City	2010	2016	2017	2017 排名 Ranking
滨州	Binzhou	105	63	69	137
菏泽	Heze	315	271	201	56
河南	**Henan**	**2295**	**2870**	**2649**	
郑州	Zhengzhou	750		2801	1
开封	Kaifeng	267		727	10
洛阳	Luoyang	256		1313	4
平顶山	Pingdingshan	341		676	12
安阳	Anyang	165		479	19
鹤壁	Hebi	63		295	36
新乡	Xinxiang	173		573	15
焦作	Jiaozuo	137		359	29
濮阳	Puyang	127		434	23
许昌	Xuchang	232		992	6
漯河	Luohe	119		295	36
三门峡	Sanmenxia	107		495	18
南阳	Nanyang	404		1662	3
商丘	Shangqiu	103		783	9
信阳	Xinyang	301		663	14
周口	Zhoukou	306		726	11
驻马店	Zhumadian	226		869	7
湖北	**Hubei**	**1409**	**2423**	**2084**	
武汉	Wuhan	617			
黄石	Huangshi	41			
十堰	Shiyan	69			
宜昌	Yichang	112			
襄阳	Xiangyang	145			
鄂州	Ezhou	21			
荆门	Jingmen	75			
孝感	Xiaogan	65			
荆州	Jingzhou	44			
黄冈	Huanggang	53			
咸宁	Xianning	135			
随州	Suizhou	34			
湖南	**Hunan**	**1205**	**1562**	**1724**	
长沙	Changsha	324	340	371	28
株洲	Zhuzhou	97	145	164	71
湘潭	Xiangtan	99	62	60	148
衡阳	Hengyang	86	137	150	75
邵阳	Shaoyang	58	169	210	53
岳阳	Yueyang	85	96	88	116

地名	City	2010	2016	2017	2017 排名 Ranking
常德	Changde	63	124	134	81
张家界	Zhangjiajie	53	48	49	161
益阳	Yiyang	95	78	70	134
郴州	Chenzhou	81	165	194	59
永州	Yongzhou	74	74	105	103
怀化	Huaihua	41	40	52	158
娄底	Loudi	27	54	55	156
广东	**Guangdong**	**3910**	**5119**	**5402**	
广州	Guangzhou	1125	2285	1739	2
韶关	Shaoguan	49	192	185	61
深圳	Shenzhen	675	1097	1157	5
珠海	Zhuhai	176	582	474	20
汕头	Shantou	106	214	222	50
佛山	Foshan	334	377	468	21
江门	Jiangmen	135	410	435	22
湛江	Zhanjiang	70	421	376	27
茂名	Maoming	67	301	323	35
肇庆	Zhaoqing	84	280	267	40
惠州	Huizhou	145	371	353	31
梅州	Meizhou	42	109	108	100
汕尾	Shanwei	21	83	83	123
河源	Heyuan	41	162	182	63
阳江	Yangjiang	58	240	226	48
清远	Qingyuan	64	143	129	87
东莞	Dongguan	310	502	568	16
中山	Zhongshan	219	397	408	24
潮州	Chaozhou	51	172	134	81
揭阳	Jieyang	101	138	130	84
云浮	Yunfu	37	253	215	52
广西	**Guangxi**	**581**	**841**	**904**	
南宁	Nanning	140	213	245	44
柳州	Liuzhou	50	65	71	132
桂林	Guilin	115	159	165	70
梧州	Wuzhou	23	43	50	159
北海	Beihai	42	51	45	167
防城港	Fangchenggang	12	26	25	197
钦州	Qinzhou	31	28	30	188
贵港	Guigang	25	33	30	188
玉林	Yulin	37	55	57	153
百色	Baise	46	79	94	112

14-5 住宿和餐饮业法人企业数 续表 3

Number of Corporation Enterprises of Hotels and Catering Services continued 3

单位：个 (unit)

地名	City	2010	2016	2017	2017 排名 Ranking
贺州	Hezhou	5	12	14	212
河池	Hechi	25	32	36	180
来宾	Laibin	10	18	18	205
崇左	Chongzuo	19	27	31	186
海南	**Hainan**	**412**	**306**	**305**	
海口	Haikou	159	115	113	98
三亚	Sanya	122	123	126	90
三沙	Sansha				
重庆	**Chongqing**	**833**	**1871**	**1829**	
四川	**Sichuan**	**1532**	**2546**	**2524**	
成都	Chengdu	788	885	804	8
自贡	Zigong	32	63	78	128
攀枝花	Panzhihua	39	52	50	159
泸州	Luzhou	37	117	118	94
德阳	Deyang	47	96	96	108
绵阳	Mianyang	68	146	179	66
广元	Guangyuan	32	63	63	144
遂宁	Suining	25	71	70	134
内江	Neijiang	32	170	129	87
乐山	Leshan	48	71	70	134
南充	Nanchong	54	124	130	84
眉山	Meishan	32	64	64	143
宜宾	Yibin	46	91	100	107
广安	Guangan	27	74	81	125
达州	Dazhou	30	72	92	113
雅安	Yaan	23	42	46	165
巴中	Bazhong	13	96	126	90
资阳	Ziyang	35	38	37	178
贵州	**Guizhou**	**368**	**1084**	**1233**	
贵阳	Guiyang	133			
六盘水	Liupanshui	22			
遵义	Zunyi	72			
安顺	Anshun	18			
毕节	Bijie	22			
铜仁	Tongren	23			
云南	**Yunnan**	**603**	**1086**	**1147**	
昆明	Kunming	241	348	339	33
曲靖	Qujing	55	105	115	97
玉溪	Yuxi	38	60	57	153
保山	Baoshan	11	34	41	174
昭通	Zhaotong	18	46	43	172

地名	City	2010	2016	2017	2017 排名 Ranking
丽江	Lijiang	48	58	65	139
普洱	Puer	14	27	31	186
临沧	Lincang	10	24	24	198
西藏	**Tibet**	**46**	**78**	**81**	
拉萨	Lasa	13			
陕西	**Shaanxi**	**1182**	**1926**	**2109**	
西安	Xi'an	441	568	671	13
铜川	Tongchuan	28	50	56	155
宝鸡	Baoji	94	231	263	41
咸阳	Xianyang	126	234	178	67
渭南	Weinan	106	181	199	58
延安	Yan'an	65	130	136	80
汉中	Hanzhong	80	123	169	68
榆林	Yulin	137	131	130	84
安康	Ankang	65	210	270	39
商洛	Shangluo	31	52	60	148
甘肃	**Gansu**	**399**	**678**	**712**	
兰州	Lanzhou	166	227	240	45
嘉峪关	Jiayuguan	11	16	17	207
金昌	Jinchang	10	13	21	201
白银	Baiyin	15	22	26	195
天水	Tianshui	51	77	84	119
武威	Wuwei	17	29	30	188
张掖	Zhangye	15	42	49	161
平凉	Pingliang	10	27	22	199
酒泉	Jiuquan	38	59	58	150
庆阳	Qingyang	14	60	55	156
定西	Dingxi	12	40	45	167
陇南	Longnan	15	28	28	192
青海	**Qinghai**	**90**	**141**	**150**	
西宁	Xining				
海东	Haidong				
宁夏	**Ningxia**	**140**	**143**	**145**	
银川	Yinchuan	84		62	146
石嘴山	Shizuishan	16		13	216
吴忠	Wuzhong	15		22	199
固原	Guyuan	7		17	207
中卫	Zhongwei	18		32	183
新疆	**Xinjiang**	**274**	**364**	**370**	
乌鲁木齐	Urumqi	25			
克拉玛依	Karamay	2			

14-6 住宿和餐饮业年末从业人数
Employed Persons of Hotels and Catering Services at Year-end

单位：人 (person)

地名	City	2010	2016	2017	2017 排名 Ranking
全国	**Nation Total**	**4311167**	**4074415**	**4053109**	
北京	**Beijing**	**380254**	**357069**	**373550**	
天津	**Tianjin**	**79969**	**62940**	**59112**	
河北	**Hebei**	**107211**	**79721**	**82571**	
石家庄	Shijiazhuang	19357	13991	17805	23
唐山	Tangshan	14851	7423	7778	69
秦皇岛	Qinhuangdao	9159	6396	6452	80
邯郸	Handan	9807	7714	6899	77
邢台	Xingtai	4593	4474	4428	107
保定	Baoding	14142	10742	11028	45
张家口	Zhangjiakou	10251	8371	8099	65
承德	Chengde	5215	5002	5138	96
沧州	Cangzhou	7513	5796	5807	88
廊坊	Langfang	9147	6278	5676	91
衡水	Hengshui	3176	3534	3596	125
山西	**Shanxi**	**122077**	**74147**	**70980**	
太原	Taiyuan	36416			
大同	Datong	16956			
阳泉	Yangquan	5278			
长治	Changzhi	10315			
晋城	Jincheng	9527			
朔州	Shuozhou	6832			
晋中	Jinzhong	8297			
运城	Yuncheng	6688			
忻州	Xinzhou	6009			
临汾	Linfen	9766			
吕梁	Lvliang	5988			
内蒙古	**Inner Mongolia**	**77084**	**54780**	**51800**	
呼和浩特	Hohhot	26952	18466		
包头	Baotou	19395	14137		
乌海	Wuhai	2210	2426		
赤峰	Chifeng	7408	6521		
通辽	Tongliao	3038	5117		
鄂尔多斯	Erdos	12742	12856		
呼伦贝尔	Hulunbuir	9861	8852		
巴彦淖尔	Bayannur	1815	2234		
乌兰察布	Ulanqab	4653	4407		
辽宁	**Liaoning**	**113081**	**71790**	**67992**	
沈阳	Shenyang	33850			
大连	Dalian	35207			
鞍山	Anshan	8116			
抚顺	Fushun	2608			
本溪	Benxi	2217			
丹东	Dandong	4200			
锦州	Jinzhou	4096			
营口	Yingkou	7153			
阜新	Fuxin	1380			
辽阳	Liaoyang	2631			
盘锦	Panjin	3018			
铁岭	Tieling	2371			
朝阳	Chaoyang	2281			
葫芦岛	Huludao	3953			
吉林	**Jilin**	**37835**	**30156**	**29800**	
长春	Changchun	15677			
吉林	Jilin	7203			
四平	Siping	1486			
辽源	Liaoyuan	747			
通化	Tonghua	1959			
白山	Baishan	1492			
松原	Songyuan	3390			
白城	Baicheng	807			
黑龙江	**Heilongjiang**	**46946**	**25590**	**23033**	
哈尔滨	Harbin	26303	24605	12824	36
齐齐哈尔	Qiqihar	1921	1161	801	171
鸡西	Jixi	695	573	233	176
鹤岗	Hegang	949	1220	676	172
双鸭山	Shuangyashan	1063	371	265	175
大庆	Daqing	4858	3204	1597	160
伊春	Yichun	1113	2240	1221	167
佳木斯	Jiamusi	2176	1072	597	173
七台河	Qitaihe	338	384	192	177
牡丹江	Mudanjiang	4560	4161	2009	150
黑河	Heihe	517	1167	849	169
绥化	Suihua	533	694	368	174
上海	**Shanghai**	**278967**	**307370**	**310540**	
江苏	**Jiangsu**	**294952**	**288578**	**279799**	

14-6 住宿和餐饮业年末从业人数 续表 1
Employed Persons of Hotels and Catering Services at Year-end continued 1

单位：人 (person)

地名	City	2010	2016	2017	2017 排名 Ranking	地名	City	2010	2016	2017	2017 排名 Ranking
南京	Nanjing	76300	72486	72425	4	池州	Chizhou	3256	4404	3282	129
无锡	Wuxi	43063	44638	43794	9	宣城	Xuancheng	4848	4774	5160	95
徐州	Xuzhou	13558	13096	11444	42	**福建**	**Fujian**	**146857**	**154028**	**156726**	
常州	Changzhou	24973	32450	33260	14	福州	Fuzhou	48090			
苏州	Suzhou	63055	67143	66974	5	厦门	Xiamen	37754			
南通	Nantong	9002	15278	13099	32	莆田	Putian	5411			
连云港	Lianyungang	7458	6695	6155	85	三明	Sanming	4468			
淮安	Huaian	8740	10963	11237	43	泉州	Quanzhou	26449			
盐城	Yancheng	10416	16787	14725	29	漳州	Zhangzhou	6141			
扬州	Yangzhou	15493	15688	15360	28	南平	Nanping	6987			
镇江	Zhenjiang	9601	10922	10407	49	龙岩	Longyan	6114			
泰州	Taizhou	12042	11711	12061	38	宁德	Ningde	5443			
宿迁	Suqian	5334	5023	4521	104	**江西**	**Jiangxi**	**70074**	**64515**	**66129**	
浙江	**Zhejiang**	**294615**	**261365**	**270551**		南昌	Nanchang	25911	17716	16548	26
杭州	Hangzhou	114660				景德镇	Jingdezhen	3689	2726	2942	133
宁波	Ningbo	52590				萍乡	Pingxiang	2026	1266	1752	154
温州	Wenzhou	40940				九江	Jiujiang	7699	7168	7316	71
嘉兴	Jiaxing	16699				新余	Xinyu	3849	3275	2890	136
湖州	Huzhou	9442				鹰潭	Yingtan	1971	2334	2763	138
绍兴	Shaoxing	18131				赣州	Ganzhou	7223	8560	9562	59
金华	Jinhua	15899				吉安	Jian	3830	5906	6209	83
衢州	Quzhou	3353				宜春	Yichun	4012	5331	6102	86
舟山	Zhoushan	8148				抚州	Fuzhou	3050	2697	2894	135
台州	Taizhou	18567				上饶	Shangrao	6814	7536	7532	70
丽水	Lishui	5597				**山东**	**Shandong**	**312137**	**230862**	**224232**	
安徽	**Anhui**	**102161**	**125335**	**118960**		济南	Jinan	44488	32841	32504	15
合肥	Hefei	31294	47350	45781	7	青岛	Qingdao	52478	40312	44408	8
芜湖	Wuhu	7734	11316	10281	52	淄博	Zibo	24098	10481	8711	62
蚌埠	Bengbu	3923	3911	3908	121	枣庄	Zaozhuang	8139	5811	5646	92
淮南	Huainan	3387	4357	4342	109	东营	Dongying	11600	13291	13214	31
马鞍山	Maanshan	4567	3844	3731	124	烟台	Yantai	26354	20725	21151	18
淮北	Huaibei	1737	1572	1830	153	潍坊	Weifang	22560	16944	15458	27
铜陵	Tongling	2863	3343	3303	128	济宁	Jining	16804	14921	14406	30
安庆	Anqing	7111	9076	7949	66	泰安	Taian	19076	12544	11860	40
黄山	Huangshan	8975	7637	5768	89	威海	Weihai	15972	12600	12724	37
滁州	Chuzhou	4432	5512	4920	101	日照	Rizhao	6150	4297	4503	105
阜阳	Fuyang	3819	4637	4975	100	莱芜	Laiwu	2407	1673	1724	155
宿州	Suzhou	2362	4195	3932	120	临沂	Linyi	14986	11298	9883	56
六安	Liuan	4942	5147	5249	94	德州	Dezhou	15737	11336	8187	64
亳州	Bozhou	2180	4260	4550	103	聊城	Liaocheng	8456	6644	7099	74

14-6 住宿和餐饮业年末从业人数 续表 2

Employed Persons of Hotels and Catering Services at Year-end continued 2

单位：人 (person)

地名	City	2010	2016	2017	2017 排名 Ranking	地名	City	2010	2016	2017	2017 排名 Ranking
滨州	Binzhou	8025	4195	4324	110	常德	Changde	7813	10017	10100	54
菏泽	Heze	14807	10949	8443	63	张家界	Zhangjiajie	4897	5717	5737	90
河南	**Henan**	**168075**	**170037**	**163758**		益阳	Yiyang	6185	4445	3955	118
郑州	Zhengzhou	65152		77802	2	郴州	Chenzhou	6837	10590	11110	44
开封	Kaifeng	11564		19694	19	永州	Yongzhou	6150	5912	6868	78
洛阳	Luoyang	17962		33729	13	怀化	Huaihua	4205	2962	3476	127
平顶山	Pingdingshan	15383		17001	25	娄底	Loudi	3588	4376	4306	111
安阳	Anyang	9194		10709	47	**广东**	**Guangdong**	**609863**	**578027**	**579788**	
鹤壁	Hebi	3036		5116	97	广州	Guangzhou	174453			
新乡	Xinxiang	9341		12840	35	韶关	Shaoguan	6688			
焦作	Jiaozuo	8079		10950	46	深圳	Shenzhen	131240			
濮阳	Puyang	3872		9357	60	珠海	Zhuhai	22239			
许昌	Xuchang	9038		24868	16	汕头	Shantou	10915			
漯河	Luohe	4381		9235	61	佛山	Foshan	41245			
三门峡	Sanmenxia	7469		11847	41	江门	Jiangmen	19509			
南阳	Nanyang	15772		38501	12	湛江	Zhanjiang	15156			
商丘	Shangqiu	5250		19599	20	茂名	Maoming	8257			
信阳	Xinyang	10809		19313	21	肇庆	Zhaoqing	10637			
周口	Zhoukou	10298		17537	24	惠州	Huizhou	19788			
驻马店	Zhumadian	9273		23687	17	梅州	Meizhou	5168			
湖北	**Hubei**	**147141**	**153540**	**149749**		汕尾	Shanwei	3049			
武汉	Wuhan	83361				河源	Heyuan	5698			
黄石	Huangshi	3315				阳江	Yangjiang	8021			
十堰	Shiyan	8856				清远	Qingyuan	11527			
宜昌	Yichang	8695				东莞	Dongguan	66267			
襄阳	Xiangyang	12354				中山	Zhongshan	27534			
鄂州	Ezhou	2194				潮州	Chaozhou	3569			
荆门	Jingmen	6698				揭阳	Jieyang	6543			
孝感	Xiaogan	46				云浮	Yunfu	3869			
荆州	Jingzhou	3551				**广西**	**Guangxi**	**70818**	**74288**	**77637**	
黄冈	Huanggang	5212				南宁	Nanning	21160	35119	38949	10
咸宁	Xianning	2015				柳州	Liuzhou	7061	6428	7016	76
随州	Suizhou	3646				桂林	Guilin	14709	8038	12979	34
湖南	**Hunan**	**140501**	**137376**	**138925**		梧州	Wuzhou	2215	2287	2333	143
长沙	Changsha	57570	46104	46535	6	北海	Beihai	3673	8388	3246	131
株洲	Zhuzhou	9521	9618	10000	55	防城港	Fangchenggang	1013	1753	1687	157
湘潭	Xiangtan	8125	6390	6046	87	钦州	Qinzhou	2742	2038	2505	140
衡阳	Hengyang	9736	10594	10377	50	贵港	Guigang	2197	2214	1973	151
邵阳	Shaoyang	5557	10054	10631	48	玉林	Yulin	5371	4640	4496	106
岳阳	Yueyang	8131	8390	7787	68	百色	Baise	4256	3723	4133	115

14-6 住宿和餐饮业年末从业人数 续表 3
Employed Persons of Hotels and Catering Services at Year-end continued 3

单位：人 (person)

地名	City	2010	2016	2017	2017 排名 Ranking
贺州	Hezhou	687	1323	1510	163
河池	Hechi	2295	2041	2228	146
来宾	Laibin	1679	1627	1560	161
崇左	Chongzuo	1760	2206	2166	148
海南	**Hainan**	**65532**	**57739**	**55627**	
海口	Haikou	21567			
三亚	Sanya	29752			
三沙	Sansha				
重庆	**Chongqing**	**102772**	**126440**	**116988**	
四川	**Sichuan**	**176495**	**189500**	**174606**	
成都	Chengdu	91665	94740	83678	1
自贡	Zigong	3589	3310	4013	117
攀枝花	Panzhihua	3740	2842	2942	133
泸州	Luzhou	3380	5106	5015	99
德阳	Deyang	6290	6744	6476	79
绵阳	Mianyang	8558	10605	9817	58
广元	Guangyuan	2320	3907	3767	123
遂宁	Suining	2472	4264	3898	122
内江	Neijiang	2813	6469	5086	98
乐山	Leshan	4093	4146	4232	113
南充	Nanchong	5214	8429	7819	67
眉山	Meishan	3783	4374	4363	108
宜宾	Yibin	3917	4352	4266	112
广安	Guangan	2497	4014	4024	116
达州	Dazhou	3783	5184	6397	82
雅安	Yaan	1867	2047	2051	149
巴中	Bazhong	1443	4478	5495	93
资阳	Ziyang	14897	2616	2474	141
贵州	**Guizhou**	**35377**	**52078**	**59646**	
贵阳	Guiyang	16445			
六盘水	Liupanshui	1852			
遵义	Zunyi	5205			
安顺	Anshun	1532			
毕节	Bijie	2102			
铜仁	Tongren	1851			
云南	**Yunnan**	**71018**	**87964**	**86979**	
昆明	Kunming	35795	41951	38839	11
曲靖	Qujing	5726	7500	7128	73
玉溪	Yuxi	3489	3668	3091	132
保山	Baoshan	1438	2716	3581	126
昭通	Zhaotong	1435	2796	2648	139
丽江	Lijiang	5743	5760	6410	81
普洱	Puer	844	1307	1627	158
临沧	Lincang	777	1393	1298	166
西藏	**Tibet**	**4742**	**5787**	**5863**	
拉萨	Lasa	1656			
陕西	**Shaanxi**	**149146**	**150575**	**152537**	
西安	Xi'an	77836	71734	75875	3
铜川	Tongchuan	2094	2300	2370	142
宝鸡	Baoji	9571	12516	13055	33
咸阳	Xianyang	10122	13950	9841	57
渭南	Weinan	10111	11704	12039	39
延安	Yan'an	6585	7344	7080	75
汉中	Hanzhong	7406	6875	7301	72
榆林	Yulin	14948	10335	10353	51
安康	Ankang	5937	8884	10121	53
商洛	Shangluo	3425	3807	3942	119
甘肃	**Gansu**	**43859**	**47313**	**49021**	
兰州	Lanzhou	21962	18297	19082	22
嘉峪关	Jiayuguan	1284	1388	1617	159
金昌	Jinchang	1355	923	1009	168
白银	Baiyin	1602	1255	1394	165
天水	Tianshui	4231	4446	4904	102
武威	Wuwei	966	1589	1547	162
张掖	Zhangye	752	1880	2203	147
平凉	Pingliang	1497	2386	2295	144
酒泉	Jiuquan	3265	4103	4155	114
庆阳	Qingyang	1940	3444	3267	130
定西	Dingxi	1207	2998	2856	137
陇南	Longnan	1474	1940	1876	152
青海	**Qinghai**	**10934**	**11738**	**11275**	
西宁	Xining				
海东	Haidong				
宁夏	**Ningxia**	**16670**	**12300**	**12384**	
银川	Yinchuan	10573		6203	84
石嘴山	Shizuishan	1458		812	170
吴忠	Wuzhong	1531		1397	164
固原	Guyuan	1165		1697	156
中卫	Zhongwei	1943		2275	145
新疆	**Xinjiang**	**34004**	**31467**	**32551**	
乌鲁木齐	Urumqi	20261			
克拉玛依	Karamay	2471			

14-7 住宿和餐饮业营业额
Business Revenue of Hotels and Catering Services

单位：亿元　　　　(100 million yuan)

地名	City	2010	2016	2017	2017 排名 Ranking
全国	**All Nation**	**5992.94**	**8938.19**	**9276.71**	
北京	**Beijing**	**698.91**	**945.65**	**1040.15**	
天津	**Tianjin**	**109.51**	**138.01**	**140.40**	
河北	**Hebei**	**101.26**	**103.04**	**112.73**	
石家庄	Shijiazhuang	21.72	21.35	26.23	39
唐山	Tangshan	16.85	8.92	9.95	77
秦皇岛	Qinhuangdao	8.36	8.97	10.17	74
邯郸	Handan	9.37	10.77	8.86	83
邢台	Xingtai	3.82	5.83	6.52	100
保定	Baoding	11.06	13.33	14.76	61
张家口	Zhangjiakou	7.62	7.99	8.53	87
承德	Chengde	5.09	7.10	7.73	93
沧州	Cangzhou	5.90	5.81	6.21	102
廊坊	Langfang	9.11	8.87	8.92	81
衡水	Hengshui	2.37	4.10	4.84	114
山西	**Shanxi**	**121.08**	**80.61**	**85.18**	
太原	Taiyuan	49.04			
大同	Datong	139.02			
阳泉	Yangquan	4.96			
长治	Changzhi	8.71			
晋城	Jincheng	7.45			
朔州	Shuozhou	6.00			
晋中	Jinzhong	5.74			
运城	Yuncheng	8.58			
忻州	Xinzhou	4.66			
临汾	Linfen	7.48			
吕梁	Lvliang	4.54			
内蒙古	**Inner Mongolia**	**87.35**		**84.16**	
呼和浩特	Hohhot	132.10	312.27		
包头	Baotou	21.43	304.61		
乌海	Wuhai	12.70	25.05		
赤峰	Chifeng	4.20	117.81		
通辽	Tongliao	2.41	97.35		
鄂尔多斯	Erdos	12.11	237.41		
呼伦贝尔	Hulunbuir	9.54	141.81		
巴彦淖尔	Bayannur	1.02	43.80		
乌兰察布	Ulanqab	3.60	62.79		
辽宁	**Liaoning**	**189.21**	**171.70**	**169.76**	
沈阳	Shenyang	72.74		83.85	9
大连	Dalian	56.21		52.28	16
鞍山	Anshan	13.46		3.42	128
抚顺	Fushun	3.89		1.36	157
本溪	Benxi	2.76		2.93	130
丹东	Dandong	6.57		4.45	117
锦州	Jinzhou	5.07		2.01	147
营口	Yingkou	8.40		8.12	90
阜新	Fuxin	1.20		0.75	164
辽阳	Liaoyang	3.34		1.97	148
盘锦	Panjin	5.62		3.96	121
铁岭	Tieling	2.41		1.71	150
朝阳	Chaoyang	3.10		1.23	159
葫芦岛	Huludao	4.44		3.65	126
吉林	**Jilin**	**46.75**	**61.51**	**56.77**	
长春	Changchun	23.66			
吉林	Jilin	7.87			
四平	Siping	2.52			
辽源	Liaoyuan	0.54			
通化	Tonghua	1.82			
白山	Baishan	0.98			
松原	Songyuan	3.20			
白城	Baicheng	0.57			
黑龙江	**Heilongjiang**	**62.66**	**48.56**	**43.03**	
哈尔滨	Harbin	44.73	51.07	26.51	38
齐齐哈尔	Qiqihar	1.51	2.74	1.45	156
鸡西	Jixi	0.73	0.43	0.34	166
鹤岗	Hegang	0.51	0.75	0.65	165
双鸭山	Shuangyashan	0.66	0.36	0.17	168
大庆	Daqing	5.25	3.65	2.41	138
伊春	Yichun	1.02	4.69	2.10	146
佳木斯	Jiamusi	1.95	1.19	0.83	162
七台河	Qitaihe	0.32	0.31	0.17	167
牡丹江	Mudanjiang	3.40	12.00	5.17	111
黑河	Heihe	0.48	1.28	0.84	160
绥化	Suihua	0.61	0.79	0.78	163
上海	**Shanghai**	**557.47**	**952.03**	**1015.48**	
江苏	**Jiangsu**	**423.31**	**609.56**	**649.89**	

14-7 住宿和餐饮业营业额 续表 1

Business Revenue of Hotels and Catering Services continued 1

单位：亿元 (100 million yuan)

地名	City	2010	2016	2017	2017 排名 Ranking
南京	Nanjing	6.90			
无锡	Wuxi	5.55			
徐州	Xuzhou	5.03			
常州	Changzhou	5.21			
苏州	Suzhou	15.27			
南通	Nantong	6.13			
连云港	Lianyungang	2.75			
淮安	Huaian	2.33			
盐城	Yancheng	3.92			
扬州	Yangzhou	4.03			
镇江	Zhenjiang	2.43			
泰州	Taizhou	3.59			
宿迁	Suqian	2.09			
浙江	**Zhejiang**	**470.06**	**606.47**	**663.96**	
杭州	Hangzhou	247.70			
宁波	Ningbo	74.71			
温州	Wenzhou	65.55			
嘉兴	Jiaxing	23.74			
湖州	Huzhou	13.68			
绍兴	Shaoxing	31.38			
金华	Jinhua	21.11			
衢州	Quzhou	4.43			
舟山	Zhoushan	14.21			
台州	Taizhou	23.44			
丽水	Lishui	6.09			
安徽	**Anhui**	**106.67**	**215.38**	**217.42**	
合肥	Hefei	39.84	81.94	89.08	8
芜湖	Wuhu	9.10	21.11	20.30	49
蚌埠	Bengbu	3.35	7.24	7.66	95
淮南	Huainan	3.34	6.19	6.52	99
马鞍山	Maanshan	4.14	5.06	5.23	109
淮北	Huaibei	1.36	2.53	2.46	137
铜陵	Tongling	2.93	6.10	5.90	105
安庆	Anqing	7.33	20.37	17.33	55
黄山	Huangshan	8.52	12.04	8.66	86
滁州	Chuzhou	3.90	13.54	13.45	66
阜阳	Fuyang	3.19	7.39	8.75	85
宿州	Suzhou	1.76	5.01	5.03	113
六安	Liuan	4.28	6.68	8.23	88
亳州	Bozhou	1.55	6.14	6.64	97
池州	Chizhou	3.60	6.15	4.49	116
宣城	Xuancheng	5.27	7.90	7.70	94
福建	**Fujian**	**197.7**	**352.6**	**413.9**	
福州	Fuzhou	79.62			
厦门	Xiamen	57.24			
莆田	Putian	4.76			
三明	Sanming	4.77			
泉州	Quanzhou	26.22			
漳州	Zhangzhou	6.84			
南平	Nanping	6.35			
龙岩	Longyan	5.49			
宁德	Ningde	6.34			
江西	**Jiangxi**	**76.68**	**108.15**	**114.27**	
南昌	Nanchang	31.50	32.47	33.20	30
景德镇	Jingdezhen	3.30	2.75	3.60	127
萍乡	Pingxiang	1.90	2.21	2.22	143
九江	Jiujiang	6.20	16.97	17.31	56
新余	Xinyu	4.80	7.44	3.99	120
鹰潭	Yingtan	1.40	2.56	3.65	125
赣州	Ganzhou	6.80	11.97	13.66	65
吉安	Jian	3.40	7.79	9.27	80
宜春	Yichun	3.10	6.39	8.08	91
抚州	Fuzhou	2.40	2.87	3.00	129
上饶	Shangrao	11.90	14.71	16.29	58
山东	**Shandong**	**480.70**	**561.48**	**494.65**	
济南	Jinan	54.25	54.91	61.53	15
青岛	Qingdao	79.20	92.39	97.88	6
淄博	Zibo	47.58	33.01	14.49	62
枣庄	Zaozhuang	8.16	13.64	12.51	67
东营	Dongying	17.72	10.80	9.44	78
烟台	Yantai	46.49	82.93	75.96	12
潍坊	Weifang	22.97	23.94	23.94	43
济宁	Jining	23.10	27.83	24.38	41
泰安	Taian	41.20	57.44	45.68	19
威海	Weihai	30.20	36.98	37.37	26
日照	Rizhao	8.34	6.23	6.05	104
莱芜	Laiwu	1.94	1.73	2.28	141
临沂	Linyi	20.64	25.26	19.79	50
德州	Dezhou	30.36	41.48	18.59	53
聊城	Liaocheng	8.75	9.34	8.85	84

14-7 住宿和餐饮业营业额 续表 2

Business Revenue of Hotels and Catering Services continued 2

单位：亿元 （100 million yuan）

地名	City	2010	2016	2017	2017 排名 Ranking
滨州	Binzhou	8.87	5.18	5.21	110
菏泽	Heze	30.90	38.40	30.70	33
河南	**Henan**	**199.03**	**354.04**	**320.25**	
郑州	Zhengzhou	77.32	143.45	152.40	3
开封	Kaifeng	16.05	44.08	43.91	21
洛阳	Luoyang	18.31	65.12	76.86	11
平顶山	Pingdingshan	17.76	38.43	36.53	29
安阳	Anyang	12.95	12.76	11.49	70
鹤壁	Hebi	3.03	9.34	10.08	75
新乡	Xinxiang	9.92	18.44	18.32	54
焦作	Jiaozuo	10.73	18.89	17.12	57
濮阳	Puyang	7.52	21.95	20.70	48
许昌	Xuchang	12.74	43.14	32.57	31
漯河	Luohe	6.01	20.72	21.31	47
三门峡	Sanmenxia	5.70	9.02	12.27	68
南阳	Nanyang	22.09	46.87	42.87	22
商丘	Shangqiu	6.58	20.74	29.39	36
信阳	Xinyang	18.11	49.37	44.45	20
周口	Zhoukou	15.38	28.26	29.61	35
驻马店	Zhumadian	11.73	34.73	29.15	37
湖北	**Hubei**	**169.27**	**371.31**	**370.97**	
武汉	Wuhan	113.68			
黄石	Huangshi	5.60			
十堰	Shiyan	35.89			
宜昌	Yichang	32.16			
襄阳	Xiangyang	6.80			
鄂州	Ezhou	1.82			
荆门	Jingmen	33.60			
孝感	Xiaogan	4.80			
荆州	Jingzhou	3.69			
黄冈	Huanggang	55.80			
咸宁	Xianning	3.25			
随州	Suizhou	2.60			
湖南	**Hunan**	**178.04**	**285.57**	**303.72**	
长沙	Changsha	202.18			
株洲	Zhuzhou	56.37			
湘潭	Xiangtan	36.55			
衡阳	Hengyang	64.64			
邵阳	Shaoyang	37.01			
岳阳	Yueyang	66.97			
常德	Changde	68.58			
张家界	Zhangjiajie	13.79			
益阳	Yiyang	33.15			
郴州	Chenzhou	57.66			
永州	Yongzhou	27.64			
怀化	Huaihua	28.25			
娄底	Loudi	29.06			
广东	**Guangdong**	**843.60**	**1231.02**	**1322.54**	
广州	Guangzhou	326.72	526.32	448.94	1
韶关	Shaoguan	7.21	15.01	15.25	60
深圳	Shenzhen	218.78	415.32	394.14	2
珠海	Zhuhai	31.96	95.43	93.20	7
汕头	Shantou	16.09	19.62	23.04	45
佛山	Foshan	67.41	73.31	80.17	10
江门	Jiangmen	26.96	33.67	38.13	25
湛江	Zhanjiang	18.77	36.30	36.81	28
茂名	Maoming	13.51	23.09	26.22	40
肇庆	Zhaoqing	14.60	23.03	22.95	46
惠州	Huizhou	24.82	46.01	49.85	17
梅州	Meizhou	6.71	13.86	10.85	72
汕尾	Shanwei	3.64	6.76	6.46	101
河源	Heyuan	5.45	12.95	14.30	63
阳江	Yangjiang	12.16	20.15	19.00	52
清远	Qingyuan	13.68	14.15	16.05	59
东莞	Dongguan	79.15	83.22	100.25	5
中山	Zhongshan	35.35	45.32	46.70	18
潮州	Chaozhou	4.15	9.63	8.16	89
揭阳	Jieyang	13.75	36.85	39.86	24
云浮	Yunfu	5.08	14.70	9.37	79
广西	**Guangxi**	**67.59**	**108.36**	**124.31**	
南宁	Nanning	26.55	48.70	65.90	14
柳州	Liuzhou	6.54	9.23	10.95	71
桂林	Guilin	12.89	35.82	24.35	42
梧州	Wuzhou	1.92	3.19	3.72	123
北海	Beihai	15.92	6.35	5.36	107
防城港	Fangchenggang	0.68	2.38	2.86	131
钦州	Qinzhou	2.32	2.35	2.66	133
贵港	Guigang	1.69	1.84	2.20	145
玉林	Yulin	3.44	90.37	6.57	98
百色	Baise	3.02	4.38	5.25	108

14-7 住宿和餐饮业营业额 续表 3

Business Revenue of Hotels and Catering Services continued 3

单位：亿元 （100 million yuan）

地名	City	2010	2016	2017	2017 排名 Ranking
贺州	Hezhou	5.28	1.52	2.48	136
河池	Hechi	15.61	1.71	2.25	142
来宾	Laibin	1.02	1.45	1.65	152
崇左	Chongzuo	1.64	21.93	3.82	122
海南	**Hainan**	**88.66**	**109.82**	**121.50**	
海口	Haikou	22.51			
三亚	Sanya	52.86			
三沙	Sansha				
重庆	**Chongqing**	**134.38**	**358.60**	**321.10**	
四川	**Sichuan**	**215.07**	**398.50**	**355.71**	
成都	Chengdu	132.96			
自贡	Zigong	3.10			
攀枝花	Panzhihua	2.93			
泸州	Luzhou	2.96			
德阳	Deyang	5.87			
绵阳	Mianyang	8.49			
广元	Guangyuan	2.27			
遂宁	Suining	1.82			
内江	Neijiang	2.15			
乐山	Leshan	3.61			
南充	Nanchong	5.45			
眉山	Meishan	2.81			
宜宾	Yibin	3.72			
广安	Guangan	1.96			
达州	Dazhou	3.13			
雅安	Yaan	1.79			
巴中	Bazhong	1.25			
资阳	Ziyang	18.06			
贵州	**Guizhou**	**32.13**	**92.24**	**105.55**	
贵阳	Guiyang	18.15			
六盘水	Liupanshui	1.55			
遵义	Zunyi	4.31			
安顺	Anshun	0.95			
毕节	Bijie	1.48			
铜仁	Tongren	1.43			
云南	**Yunnan**	**73.74**	**145.55**	**160.09**	
昆明	Kunming	43.31	69.15	71.63	13
曲靖	Qujing	6.17	18.32	19.65	51
玉溪	Yuxi	4.66	6.68	6.85	96
保山	Baoshan	1.55	3.56	4.62	115
昭通	Zhaotong	1.18	3.89	4.44	118
丽江	Lijiang	5.22	8.10	10.32	73
普洱	Puer	0.61	1.88	2.39	139
临沧	Lincang	0.53	2.09	2.52	134
西藏	**Tibet**	**4.42**	**8.67**	**9.78**	
拉萨	Lasa	10.86			
陕西	**Shaanxi**	**156.80**	**271.69**	**303.04**	
西安	Xi'an	94.92	113.08	127.42	4
铜川	Tongchuan	1.78	5.23	6.12	103
宝鸡	Baoji	8.65	23.62	30.44	34
咸阳	Xianyang	9.21	50.23	42.78	23
渭南	Weinan	11.12	26.08	30.93	32
延安	Yan'an	5.15	8.71	9.96	76
汉中	Hanzhong	4.90	9.32	11.58	69
榆林	Yulin	13.02	12.03	14.08	64
安康	Ankang	4.77	18.02	23.04	44
商洛	Shangluo	2.42	4.18	5.04	112
甘肃	**Gansu**	**37.11**	**78.04**	**75.48**	
兰州	Lanzhou	215.40	35.88	37.25	27
嘉峪关	Jiayuguan	11.64	1.78	2.21	144
金昌	Jinchang	7.89	1.12	1.33	158
白银	Baiyin	10.33	1.38	1.47	155
天水	Tianshui	28.03	7.75	5.85	106
武威	Wuwei	6.59	1.60	1.52	154
张掖	Zhangye	5.54	2.84	2.78	132
平凉	Pingliang	11.50	3.29	2.34	140
酒泉	Jiuquan	27.11	8.26	7.84	92
庆阳	Qingyang	13.78	4.88	4.44	119
定西	Dingxi	8.04	4.49	3.71	124
陇南	Longnan	9.82	1.65	1.62	153
青海	**Qinghai**	**9.05**	**13.46**	**13.02**	
西宁	Xining				
海东	Haidong				
宁夏	**Ningxia**	**15.95**	**15.06**	**15.75**	
银川	Yinchuan	11.30		8.91	82
石嘴山	Shizuishan	1.05		0.83	161
吴忠	Wuzhong	1.38		1.65	151
固原	Guyuan	0.96		1.87	149
中卫	Zhongwei	1.22		2.49	135
新疆	**Xinjiang**	**38.93**	**48.64**	**52.13**	
乌鲁木齐	Urumqi	6.46			
克拉玛依	Karamay	0.58			

14-8 货物进出口总额
Total Imports & Exports

单位：亿美元 (100 million USD)

地名	City	2010	2016	2017	2017 排名 Ranking	地名	City	2010	2016	2017	2017 排名 Ranking
全国	**Nation Total**	**29740.00**	**36855.57**	**41071.60**		沈阳	Shenyang	78.56	113.31	128.46	45
北京	**Beijing**	**3016.61**	**2823.49**	**3240.20**		大连	Dalian	519.82	514.44	617.90	12
天津	**Tianjin**	**822.01**	**1026.56**	**1129.20**		鞍山	Anshan	39.04	27.29	40.64	88
河北	**Hebei**	**419.31**	**466.75**	**498.60**		抚顺	Fushun	10.25	7.80	5.86	196
石家庄	Shijiazhuang	109.74	115.28	127.29	46	本溪	Benxi	34.76	25.80	37.75	94
唐山	Tangshan	75.39	106.27	99.14	53	丹东	Dandong	29.29	39.78	34.06	98
秦皇岛	Qinhuangdao	35.09	43.62	49.93	81	锦州	Jinzhou	23.18	20.06	24.38	117
邯郸	Handan	30.80	25.01	21.86	123	营口	Yingkou	29.22	54.07	55.05	70
邢台	Xingtai	18.19	17.96	21.22	124	阜新	Fuxin	1.45	2.30	2.84	229
保定	Baoding	58.59		49.88	82	辽阳	Liaoyang	12.49	10.50	7.95	179
张家口	Zhangjiakou	2.85	5.60	5.14	206	盘锦	Panjin	4.80	21.52	16.06	142
承德	Chengde	3.19	4.76	4.44	211	铁岭	Tieling	5.45	3.80	2.90	226
沧州	Cangzhou	16.78	28.64	36.48	95	朝阳	Chaoyang	4.96	7.98	5.44	203
廊坊	Langfang	47.99	50.07	53.45	74	葫芦岛	Huludao	13.44	7.35	14.94	148
衡水	Hengshui	20.71	26.60	29.28	107	**吉林**	**Jilin**	**168.46**	**184.53**	**185.40**	
山西	**Shanxi**	**125.78**	**166.61**	**171.90**		长春	Changchun	132.24	141.63	140.90	41
太原	Taiyuan	79.13	132.39	135.27	43	吉林	Jilin	8.46	7.77	9.39	170
大同	Datong	5.68	3.56	3.64	213	四平	Siping	2.63	0.74	2.91	224
阳泉	Yangquan	2.91	1.29	1.23	255	辽源	Liaoyuan	0.62	2.99	2.61	234
长治	Chongzhi	3.72	0.77	0.76	264	通化	Tonghua	4.96	4.52	2.86	228
晋城	Jincheng	5.32	5.95	6.93	187	白山	Baishan	2.34	3.21	2.55	235
朔州	Shuozhou	1.25	0.79	5.37	205	松原	Songyuan	0.88	1.86	1.65	247
晋中	Jinzhong	2.30	2.09	2.69	233	白城	Baicheng	0.81	1.32	0.96	259
运城	Yuncheng	10.45	12.06	13.43	154	**黑龙江**	**Heilongjiang**	**255.04**	**165.39**	**189.36**	
忻州	Xinzhou	1.27	1.81	2.06	242	哈尔滨	Harbin	42.25	39.15	33.53	100
临汾	Linfen	6.51	1.87	16.67	141	齐齐哈尔	Qiqihar	8.93	2.59	1.57	250
吕梁	Lvliang	7.25	2.87	2.53	237	鸡西	Jixi	7.07	1.90	2.22	240
内蒙古	**Inner Mongolia**	**87.19**	**116.40**	**138.80**		鹤岗	Hegang	0.82	0.78	1.54	251
呼和浩特	Hohhot	15.06	13.09	15.98	143	双鸭山	Shuangyashan	9.97	1.37	1.44	252
包头	Baotou	19.53	17.21	19.97	130	大庆	Daqing	15.41	56.22	83.48	60
乌海	Wuhai	0.06	0.90	0.60	268	伊春	Yichun	3.02	0.60	0.69	267
赤峰	Chifeng	3.24	8.56	8.96	171	佳木斯	Jiamusi	30.52	6.68	11.92	160
通辽	Tongliao	1.75	4.13	3.68	212	七台河	Qitaihe	0.61	0.02	0.06	280
鄂尔多斯	Erdos	4.31	12.77	7.84	181	牡丹江	Mudanjiang	90.04	11.37	0.00	
呼伦贝尔	Hulunbuir	23.26	26.52	30.05	104	黑河	Heihe	28.55	6.10	5.76	198
巴彦淖尔	Bayannur	5.33	19.94	28.11	109	绥化	Suihua	1.04	1.82	2.55	236
乌兰察布	Ulanqab	0.82	0.77	2.47	238	**上海**	**Shanghai**	**3688.69**	**4337.68**	**4761.90**	
辽宁	**Liaoning**	**806.71**	**865.57**	**994.22**		**江苏**	**Jiangsu**	**4657.93**	**5092.96**	**5907.80**	

14-8 货物进出口总额 续表 1

Total Imports & Exports continued 1

单位：亿美元 (100 million USD)

地名	City	2010	2016	2017	2017 排名 Ranking	地名	City	2010	2016	2017	2017 排名 Ranking
南京	Nanjing	456.01	502.14	611.88	13	池州	Chizhou	2.11	6.19	7.68	183
无锡	Wuxi	612.23	698.05	1307.72	6	宣城	Xuancheng	6.92	15.07	15.31	146
徐州	Xuzhou	41.61	62.42	141.35	40	**福建**	**Fujian**	**1087.80**	**1568.26**	**1710.20**	
常州	Changzhou	222.78	275.84	542.05	17	福州	Fuzhou	245.86	313.47	344.47	24
苏州	Suzhou	2740.76	2737.58	5032.40	1	厦门	Xiamen	570.31	766.53	858.14	8
南通	Nantong	210.75	308.59	597.58	14	莆田	Putian	34.22	45.01	54.16	72
连云港	Lianyungang	50.72	70.40	121.21	47	三明	Sanming	12.80	21.35	22.84	118
淮安	Huaian	21.71	35.04	76.39	62	泉州	Quanzhou	112.56	232.00	231.61	29
盐城	Yancheng	39.37	79.51	144.94	39	漳州	Zhangzhou	73.99	87.36	93.70	57
扬州	Yangzhou	82.40	96.25	186.67	37	南平	Nanping	10.83	12.53	14.45	150
镇江	Zhenjiang	81.54	103.17	175.21	38	龙岩	Longyan	15.13	37.41	38.16	92
泰州	Taizhou	85.86	103.81	211.64	31	宁德	Ningde	12.11	38.34	45.30	85
宿迁	Suqian	12.20	24.22	51.20	77	**江西**	**Jiangxi**	**216.00**	**400.28**	**443.40**	
浙江	**Zhejiang**	**2535.33**	**3365.76**	**3779.00**		南昌	Nanchang	53.07	93.80	98.85	55
杭州	Hangzhou	523.55	679.93	750.65	9	景德镇	Jingdezhen	8.09	6.66	8.24	178
宁波	Ningbo	829.04	949.24	1121.97	7	萍乡	Pingxiang	4.53	13.90	15.25	147
温州	Wenzhou	170.94	180.82	195.86	36	九江	Jiujiang	18.15	52.38	50.69	79
嘉兴	Jiaxing	228.24	313.48	364.57	23	新余	Xinyu	36.08	18.80	26.93	113
湖州	Huzhou	69.28	102.23	113.95	49	鹰潭	Yingtan	39.63	35.40	42.64	87
绍兴	Shaoxing	270.16	276.05	294.65	25	赣州	Ganzhou	16.30	41.19	47.35	84
金华	Jinhua	131.99	483.14	502.13	18	吉安	Jian	11.29	50.34	54.68	71
衢州	Quzhou	18.89	42.35	53.72	73	宜春	Yichun	6.60	26.28	28.63	108
舟山	Zhoushan	107.33	105.52	115.55	48	抚州	Fuzhou	5.59	18.44	19.78	131
台州	Taizhou	170.01	198.69	232.98	28	上饶	Shangrao	16.67	43.11	51.93	76
丽水	Lishui	15.33	34.11	32.94	101	**山东**	**Shandong**	**1889.51**	**2343.56**	**2645.50**	
安徽	**Anhui**	**242.77**	**444.13**	**540.30**		济南	Jinan	74.31	108.49	113.06	51
合肥	Hefei	99.59	186.87	249.59	27	青岛	Qingdao	570.60	655.81	741.24	10
芜湖	Wuhu	26.10	57.09	63.77	65	淄博	Zibo	67.02	79.08	100.09	52
蚌埠	Bengbu	5.44	17.60	17.71	137	枣庄	Zaozhuang	9.11	13.49	14.79	149
淮南	Huainan	1.22	2.75	2.99	221	东营	Dongying	80.01	150.79	199.33	34
马鞍山	Maanshan	28.78	31.83	38.05	93	烟台	Yantai	437.81	439.17	456.55	19
淮北	Huaibei	2.00	6.13	6.08	191	潍坊	Weifang	117.51	188.24	214.85	30
铜陵	Tongling	34.11	46.43	55.46	69	济宁	Jining	44.60	54.17	60.46	67
安庆	Anqing	6.81	17.56	13.90	152	泰安	Taian	15.89	20.06	22.46	120
黄山	Huangshan	3.28	6.53	7.37	185	威海	Weihai	139.06	177.70	206.80	33
滁州	Chuzhou	9.13	23.34	27.75	110	日照	Rizhao	133.77	124.21	133.95	44
阜阳	Fuyang	3.56	11.23	11.10	165	莱芜	Laiwu	27.18	17.01	15.72	144
宿州	Suzhou	1.54	4.70	5.79	197	临沂	Linyi	47.67	86.24	98.45	56
六安	Liuan	4.54	5.27	7.19	186	德州	Dezhou	19.50	31.70	36.07	96
亳州	Bozhou	2.39	5.20	6.64	188	聊城	Liaocheng	36.32	56.11	67.46	64

14-8 货物进出口总额 续表 2

Total Imports & Exports continued 2

单位：亿美元 (100 million USD)

地名	City	2010	2016	2017	2017 排名 Ranking	地名	City	2010	2016	2017	2017 排名 Ranking
滨州	Binzhou	50.90	87.12	99.06	54	常德	Changde	2.58	7.33	11.34	164
菏泽	Heze	18.23	52.70	58.38	68	张家界	Zhangjiajie	0.28	0.80	1.05	258
河南	**Henan**	**177.92**	**712.13**	**776.30**		益阳	Yiyang	3.76	0.80	7.90	180
郑州	Zhengzhou	51.74	712.26	596.35	15	郴州	Chenzhou	9.79	27.12	38.90	90
开封	Kaifeng	2.39	5.05	5.55	201	永州	Yongzhou	1.17	10.22	13.57	153
洛阳	Luoyang	15.44	17.56	19.65	133	怀化	Huaihua	0.47	0.64	0.92	261
平顶山	Pingdingshan	4.25	51.81	5.93	193	娄底	Loudi	14.41	8.93	12.10	159
安阳	Anyang	15.72	9.00	8.57	175	**广东**	**Guangdong**	**7848.96**	**9552.98**	**10066.80**	
鹤壁	Hebi	1.45	2.32	2.31	239	广州	Guangzhou	1037.62	1293.09	1432.50	5
新乡	Xinxiang	11.34	9.97	10.25	169	韶关	Shaoguan	15.75	23.72	24.52	116
焦作	Jiaozuo	17.41	19.50	21.95	122	深圳	Shenzhen	3467.63	3984.36	4141.46	2
濮阳	Puyang	4.88	4.84	5.90	195	珠海	Zhuhai	434.83	417.31	442.49	20
许昌	Xuchang	12.86	18.55	17.13	138	汕头	Shantou	73.65	85.27	88.10	59
漯河	Luohe	3.92	6.72	7.78	182	佛山	Foshan	516.58	621.84	642.60	11
三门峡	Sanmenxia	1.63	10.92	11.73	161	江门	Jiangmen	143.33	190.90	207.70	32
南阳	Nanyang	9.53	16.35	19.50	134	湛江	Zhanjiang	35.43	46.04	51.19	78
商丘	Shangqiu	1.33	2.46	2.92	223	茂名	Maoming	8.02	15.84	20.15	129
信阳	Xinyang	3.54	5.26	5.41	204	肇庆	Zhaoqing	43.91	69.38	52.77	75
周口	Zhoukou	3.84	8.83	11.38	163	惠州	Huizhou	342.35	461.45	3415.99	3
驻马店	Zhumadian	2.32	4.66	3.49	215	梅州	Meizhou	11.72	23.23	19.31	135
湖北	**Hubei**	**259.07**	**393.89**	**463.40**		汕尾	Shanwei	20.50	32.24	29.32	106
武汉	Wuhan	180.55	237.81	285.97	26	河源	Heyuan	27.17	39.37	38.40	91
黄石	Huangshi	15.08	24.29	33.89	99	阳江	Yangjiang	18.03	20.93	21.06	125
十堰	Shiyan	2.75	5.19	5.91	194	清远	Qingyuan	37.68	44.11	48.66	83
宜昌	Yichang	17.67	26.73	27.22	112	东莞	Dongguan	1215.66	1724.96	1811.73	4
襄阳	Xiangyang	7.14	19.36	22.40	121	中山	Zhongshan	311.13	338.49	380.54	21
鄂州	Ezhou	1.99	4.86	5.57	200	潮州	Chaozhou	38.23	30.31	31.11	102
荆门	Jingmen	2.98	10.62	13.43	155	揭阳	Jieyang	36.27	70.73	62.65	66
孝感	Xiaogan	3.69	11.23	11.02	166	云浮	Yunfu	13.47	19.33	19.68	132
荆州	Jingzhou	7.75	11.26	14.22	151	**广西**	**Guangxi**	**177.06**	**476.27**	**578.80**	
黄冈	Huanggang	2.64	7.07	1.63	248	南宁	Nanning	22.13	41.62	89.70	58
咸宁	Xianning	1.88	4.30	5.06	207	柳州	Liuzhou	1.54	13.54	25.41	115
随州	Suizhou	7.99	14.01	13.04	157	桂林	Guilin	9.03	5.90	10.33	167
湖南	**Hunan**	**146.89**	**262.43**	**360.30**		梧州	Wuzhou	6.43	4.06	8.92	172
长沙	Changsha	60.89	112.41	138.86	42	北海	Beihai	13.70	20.48	34.14	97
株洲	Zhuzhou	14.76	17.59	21.05	126	防城港	Fangchenggang	27.96	57.89	113.60	50
湘潭	Xiangtan	21.59	21.50	27.38	111	钦州	Qinzhou	13.14	29.21	50.17	80
衡阳	Hengyang	7.88	26.73	44.87	86	贵港	Guigang	1.74	1.88	3.54	214
邵阳	Shaoyang	2.97	13.05	16.95	140	玉林	Yulin	4.51	2.67	4.98	208
岳阳	Yueyang	3.85	14.87	22.73	119	百色	Baise	3.95	13.81	0.003	283

14-8 货物进出口总额 续表 3
Total Imports & Exports continued 3

单位：亿美元 (100 million USD)

地名	City	2010	2016	2017	2017 排名 Ranking
贺州	Hezhou	0.97	0.52	0.72	265
河池	Hechi	6.11	1.81	2.88	227
来宾	Laibin	1.68	0.59	1.14	257
崇左	Chongzuo	37.34	123.07	198.52	35
海南	**Hainan**	**108.17**	**113.48**	**103.80**	
海口	Haikou	39.45	258.05	31.09	103
三亚	Sanya	11.86	37.26	7.40	184
三沙	Sansha				
重庆	**Chongqing**	**124.26**	**627.54**	**666.10**	
四川	**Sichuan**	**327.78**	**493.06**	**681.00**	
成都	Chengdu	224.50	410.22	583.16	16
自贡	Zigong	5.41	3.94	4.54	210
攀枝花	Panzhihua	2.54	2.10	0.004	282
泸州	Luzhou	1.33	3.13	20.57	128
德阳	Deyang	22.32	17.64	15.36	145
绵阳	Mianyang	15.98	17.69	16.98	139
广元	Guangyuan	2.07	0.23	0.25	278
遂宁	Suining	2.82	4.10	3.48	216
内江	Neijiang	1.68	1.33	1.42	253
乐山	Leshan	9.76	8.88	10.30	168
南充	Nanchong	3.09	1.61	2.90	225
眉山	Meishan	1.00	2.08	2.76	231
宜宾	Yibin	6.53	9.31	8.50	176
广安	Guangan	2.93	5.09	2.96	222
达州	Dazhou	0.71	1.60	0.69	266
雅安	Yaan	0.13	0.46	0.44	271
巴中	Bazhong	0.49	1.22	0.40	272
资阳	Ziyang	1.57	1.98	1.69	246
贵州	**Guizhou**	**31.38**	**57.00**	**81.60**	
贵阳	Guiyang	22.75	39.28	29.92	105
六盘水	Liupanshui	3.16	2.69	3.31	217
遵义	Zunyi	2.01	5.40	11.59	162
安顺	Anshun	1.30		2.17	241
毕节	Bijie	0.06		2.05	243
铜仁	Tongren	0.02		2.76	230
云南	**Yunnan**	**133.68**	**199.02**	**234.50**	
昆明	Kunming	101.09	66.81	78.18	61
曲靖	Qujing	2.17	6.30	8.71	174
玉溪	Yuxi	2.86	20.19	21.01	127
保山	Baoshan	1.94	2.66	3.19	219
昭通	Zhaotong	0.14	0.06	0.05	281
丽江	Lijiang	0.38	0.69	0.47	270
普洱	Puer	1.71	11.22	12.46	158
临沧	Lincang	0.94	6.65	6.57	189
西藏	**Tibet**	**8.36**	**7.82**	**8.60**	
拉萨	Lasa	8.26		6.56	190
陕西	**Shaanxi**	**120.83**	**299.47**	**402.00**	
西安	Xi'an	103.83	1829.95	377.00	22
铜川	Tongchuan	0.05		0.51	269
宝鸡	Baoji	5.99	63.61	8.85	173
咸阳	Xianyang	3.40	30.59	5.72	199
渭南	Weinan	1.69	12.13	1.97	244
延安	Yan'an	0.22	1.46	0.27	276
汉中	Hanzhong	0.44	7.02	1.35	254
榆林	Yulin	0.80	9.68	1.91	245
安康	Ankang	0.17	2.02	3.05	220
商洛	Shangluo	3.08	14.42	3.27	218
甘肃	**Gansu**	**73.70**	**68.33**	**48.30**	
兰州	Lanzhou	11.59	277.06	18.53	136
嘉峪关	Jiayuguan	7.64	17.65	2.76	232
金昌	Jinchang	45.33	76.84	13.18	156
白银	Baiyin	4.57	29.99	8.30	177
天水	Tianshui	2.30	31.95	5.95	192
武威	Wuwei	0.13	2.13	0.19	279
张掖	Zhangye	0.27	1.53	0.36	274
平凉	Pingliang	0.15	2.25	0.40	273
酒泉	Jiuquan	0.59	4.81	0.77	263
庆阳	Qingyang	0.56	3.99	0.25	277
定西	Dingxi	0.14	1.98	0.29	275
陇南	Longnan	0.04	1.73	1.59	249
青海	**Qinghai**	**7.89**	**15.29**	**6.50**	
西宁	Xining	6.67	12.81	4.86	209
海东	Haidong			0.94	260
宁夏	**Ningxia**	**19.60**	**32.52**	**50.40**	
银川	Yinchuan	10.62	24.67	39.80	89
石嘴山	Shizuishan	6.01	3.40	5.49	202
吴忠	Wuzhong	2.42	0.71	1.23	256
固原	Guyuan				
中卫	Zhongwei	0.56	3.67	25.91	114
新疆	**Xinjiang**	**171.28**	**176.38**	**205.70**	
乌鲁木齐	Urumqi	59.85	49.03	68.07	63
克拉玛依	Karamay	2.80	1.32	0.92	262

14-9 货物进口总额
Total Value of Imports

单位：亿美元 (100 million USD)

地名	City	2010	2016	2017	2017 排名 Ranking	地名	City	2010	2016	2017	2017 排名 Ranking
全国	**Nation Total**	**13962.40**		**18437.90**		沈阳	Shenyang	37.79	70.85	81.54	34
北京	**Beijing**	**2462.22**	**2303.26**	**2654.50**		大连	Dalian	247.23	270.60	356.30	10
天津	**Tianjin**	**446.84**	**583.77**	**693.60**		鞍山	Anshan	24.62	9.76	20.50	77
河北	**Hebei**	**193.61**		**185.00**		抚顺	Fushun	5.01	2.35	1.66	188
石家庄	Shijiazhuang	51.80	45.59	48.93	47	本溪	Benxi	18.92	6.95	11.47	100
唐山	Tangshan	46.15	35.97	44.48	53	丹东	Dandong	10.54	14.84	10.32	104
秦皇岛	Qinhuangdao	16.25	14.28	18.12	82	锦州	Jinzhou	11.39	9.71	14.43	91
邯郸	Handan	21.96	9.44	8.39	111	营口	Yingkou	7.16	16.59	23.28	69
邢台	Xingtai	8.57	4.46	4.88	143	阜新	Fuxin	0.25	0.27	0.52	229
保定	Baoding	15.33		11.66	99	辽阳	Liaoyang	2.88	3.73	3.53	151
张家口	Zhangjiakou	1.02	1.60	1.84	183	盘锦	Panjin	1.13	18.22	12.90	96
承德	Chengde	0.84	0.38	0.19	249	铁岭	Tieling	0.84	2.45	1.15	198
沧州	Cangzhou	2.87	7.47	12.58	97	朝阳	Chaoyang	0.83	1.50	0.65	221
廊坊	Langfang	25.93	27.08	30.88	61	葫芦岛	Huludao	6.92	2.29	7.21	121
衡水	Hengshui	2.90	2.20	2.57	164	**吉林**	**Jilin**	**123.70**	**142.37**	**141.20**	
山西	**Shanxi**	**78.69**		**69.90**		长春	Changchun	112.17	122.47	121.71	24
太原	Taiyuan	47.74	49.63	50.76	45	吉林	Jilin	2.94	3.28	3.08	159
大同	Datong	4.43	0.63	0.95	203	四平	Siping	2.04	0.40	0.75	214
阳泉	Yangquan	1.60	0.32	0.37	237	辽源	Liaoyuan	0.26	1.34	0.68	217
长治	Changzhi	3.29	0.49	0.37	236	通化	Tonghua	2.82	2.71	2.03	179
晋城	Jincheng	3.20	4.31	5.07	140	白山	Baishan	0.45	1.36	0.65	220
朔州	Shuozhou	1.15	0.42	2.67	162	松原	Songyuan	0.02	0.21	0.01	270
晋中	Jinzhong	0.07	0.29	0.57	227	白城	Baicheng	0.18	0.42	0.17	250
运城	Yuncheng	7.62	8.83	9.64	105	**黑龙江**	**Heilongjiang**	**92.22**	**114.90**	**136.78**	
忻州	Xinzhou	0.01	0.02	0.07	262	哈尔滨	Harbin	22.27	22.92	19.06	81
临汾	Linfen	5.06	0.55	5.60	133	齐齐哈尔	Qiqihar	1.48	0.92	0.68	218
吕梁	Lvliang	4.52	1.29	0.73	215	鸡西	Jixi	0.12	0.34	0.32	241
内蒙古	**Inner Mongolia**	**53.84**		**90.00**		鹤岗	Hegang	0.14	0.27	1.36	193
呼和浩特	Hohhot	7.47	6.27	8.36	112	双鸭山	Shuangyashan	0.87	0.76	0.89	205
包头	Baotou	7.49	4.90	7.07	123	大庆	Daqing	5.65	51.75	71.36	40
乌海	Wuhai	0.02	0.01	0.03	267	伊春	Yichun	1.11	0.07	0.14	252
赤峰	Chifeng	1.86	6.45	6.52	126	佳木斯	Jiamusi	2.16	2.72	7.80	117
通辽	Tongliao	0.88	1.18	0.63	223	七台河	Qitaihe	0.03	0.01	0.01	269
鄂尔多斯	Erdos	1.14	8.35	2.50	167	牡丹江	Mudanjiang	49.74	2.36		
呼伦贝尔	Hulunbuir	21.27	19.08	22.99	70	黑河	Heihe	2.37	3.22	4.01	146
巴彦淖尔	Bayannur	3.73	16.13	23.85	67	绥化	Suihua	0.34	0.32	1.02	201
乌兰察布	Ulanqab	0.29	0.45	0.14	253	**上海**	**Shanghai**	**1880.85**		**2825.50**	
辽宁	**Liaoning**	**375.52**		**545.46**		**江苏**	**Jiangsu**	**1952.42**		**2277.50**	

14-9 货物进口总额 续表 1
Total Value of Imports continued 1

单位：亿美元 (100 million USD)

地名	City	2010	2016	2017	2017 排名 Ranking	地名	City	2010	2016	2017	2017 排名 Ranking
南京	Nanjing	207.16	206.20	267.73	14	池州	Chizhou	1.14	4.35	5.68	132
无锡	Wuxi	249.51	268.95	812.53	4	宣城	Xuancheng	1.05	1.26	1.30	195
徐州	Xuzhou	15.30	9.94	78.01	36	**福建**	**Fujian**	**372.87**		**661.00**	
常州	Changzhou	67.19	67.25	312.66	12	福州	Fuzhou	82.78	101.68	126.08	23
苏州	Suzhou	1209.68	1098.18	3160.79	1	厦门	Xiamen	217.07	300.70	378.04	9
南通	Nantong	69.91	78.48	348.20	11	莆田	Putian	12.32	15.03	23.54	68
连云港	Lianyungang	24.72	33.56	82.14	33	三明	Sanming	1.53	1.63	1.41	192
淮安	Huaian	6.75	8.06	46.36	51	泉州	Quanzhou	29.76	70.50	77.08	38
盐城	Yancheng	16.17	32.12	86.53	31	漳州	Zhangzhou	23.31	15.28	18.01	83
扬州	Yangzhou	21.85	23.66	107.99	26	南平	Nanping	1.74	0.62	0.78	213
镇江	Zhenjiang	34.03	33.65	105.36	27	龙岩	Longyan	2.00	13.85	14.84	89
泰州	Taizhou	27.09	37.07	129.48	22	宁德	Ningde	2.37	6.26	15.34	88
宿迁	Suqian	3.06	5.51	29.48	62	**江西**	**Jiangxi**	**81.84**	**102.30**	**118.50**	
浙江	**Zhejiang**	**730.68**		**911.10**		南昌	Nanchang	16.30	35.90	35.61	55
杭州	Hangzhou	170.18	177.34	240.70	16	景德镇	Jingdezhen	0.33	0.21	0.11	258
宁波	Ningbo	309.37	288.27	386.63	8	萍乡	Pingxiang	0.05	0.17	0.42	234
温州	Wenzhou	25.51	20.05	25.04	66	九江	Jiujiang	6.03	9.38	8.28	114
嘉兴	Jiaxing	67.84	78.41	102.55	29	新余	Xinyu	15.96	6.08	14.30	92
湖州	Huzhou	10.67	12.07	13.39	94	鹰潭	Yingtan	36.01	27.37	33.33	57
绍兴	Shaoxing	59.27	20.41	21.50	74	赣州	Ganzhou	3.20	7.21	7.69	119
金华	Jinhua	10.11	11.39	13.86	93	吉安	Jian	1.35	8.08	7.82	116
衢州	Quzhou	6.85	12.09	15.49	87	宜春	Yichun	1.02	2.72	3.84	148
舟山	Zhoushan	37.95	42.89	58.90	43	抚州	Fuzhou	0.13	0.40	0.60	225
台州	Taizhou	30.39	21.36	29.36	63	上饶	Shangrao	1.46	4.78	5.81	130
丽水	Lishui	1.84	2.53	2.64	163	**山东**	**Shandong**	**847.04**	**970.49**	**1175.10**	
安徽	**Anhui**	**118.64**	**158.96**	**234.30**		济南	Jinan	33.81	35.04	37.99	54
合肥	Hefei	43.36	60.52	103.93	28	青岛	Qingdao	231.70	231.16	445.93	7
芜湖	Wuhu	9.41	16.42	22.33	72	淄博	Zibo	26.72	26.71	45.18	52
蚌埠	Bengbu	0.76	5.70	8.32	113	枣庄	Zaozhuang	1.65	1.31	1.77	184
淮南	Huainan	0.50	0.36	0.26	245	东营	Dongying	52.44	105.20	150.40	20
马鞍山	Maanshan	23.70	16.70	22.16	73	烟台	Yantai	183.01	190.71	199.92	17
淮北	Huaibei	0.60	0.43	0.50	231	潍坊	Weifang	30.56	64.75	75.24	39
铜陵	Tongling	31.14	39.75	49.75	46	济宁	Jining	21.62	20.51	25.60	65
安庆	Anqing	1.75	3.10	3.34	157	泰安	Taian	6.63	3.91	5.16	138
黄山	Huangshan	0.78	1.04	1.27	196	威海	Weihai	49.89	60.99	80.92	35
滁州	Chuzhou	2.05	6.46	8.81	109	日照	Rizhao	111.66	81.98	82.44	32
阜阳	Fuyang	0.73	1.18	1.46	191	莱芜	Laiwu	16.86	7.25	5.41	136
宿州	Suzhou	0.34	0.82	0.71	216	临沂	Linyi	19.41	27.01	25.70	64
六安	Liuan	0.19	0.28	1.12	199	德州	Dezhou	6.14	9.26	9.57	107
亳州	Bozhou	0.17	0.58	0.62	224	聊城	Liaocheng	23.42	26.86	32.95	59

14-9 货物进口总额 续表 2

Total Value of Imports continued 2

单位：亿美元 (100 million USD)

地名	City	2010	2016	2017	2017 排名 Ranking	地名	City	2010	2016	2017	2017 排名 Ranking
滨州	Binzhou	25.40	49.50	59.22	42	常德	Changde	1.18	2.23	2.48	168
菏泽	Heze	6.12	28.35	35.29	56	张家界	Zhangjiajie		0.03	0.08	260
河南	**Henan**	**72.57**	**283.92**	**306.00**		益阳	Yiyang	0.50	0.97	2.41	172
郑州	Zhengzhou	17.01	283.92	250.74	15	郴州	Chenzhou	3.57	10.69	17.80	84
开封	Kaifeng	0.51	0.42	0.42	235	永州	Yongzhou	0.15	1.32	0.80	210
洛阳	Luoyang	4.92	2.21	2.28	175	怀化	Huaihua	0.27	0.09	0.11	257
平顶山	Pingdingshan	1.40	7.76	0.80	211	娄底	Loudi	11.11	6.63	9.07	108
安阳	Anyang	11.29	5.17	5.01	141	**广东**	**Guangdong**	**3317.05**	**3567.21**	**3838.10**	
鹤壁	Hebi	0.21	0.68	0.67	219	广州	Guangzhou	553.83	511.32	579.30	6
新乡	Xinxiang	4.39	3.17	2.44	169	韶关	Shaoguan	9.16	10.29	11.28	101
焦作	Jiaozuo	6.86	5.26	6.05	128	深圳	Shenzhen	1425.83	1610.97	1697.88	2
濮阳	Puyang	0.73	0.69	0.98	202	珠海	Zhuhai	226.21	144.02	163.62	19
许昌	Xuchang	2.02	1.37	1.27	197	汕头	Shantou	24.31	21.01	20.97	76
漯河	Luohe	2.38	1.28	0.88	206	佛山	Foshan	186.21	152.04	177.80	18
三门峡	Sanmenxia	0.60	8.30	8.43	110	江门	Jiangmen	39.25	40.59	46.42	50
南阳	Nanyang	3.07	2.55	3.40	154	湛江	Zhanjiang	18.59	16.57	32.15	60
商丘	Shangqiu	0.32	0.18	0.22	246	茂名	Maoming	2.43	4.42	5.71	131
信阳	Xinyang	2.49	2.40	2.41	171	肇庆	Zhaoqing	17.94	22.58	19.99	78
周口	Zhoukou	2.08	1.86	3.42	153	惠州	Huizhou	140.03	162.67	1182.86	3
驻马店	Zhumadian	0.54	0.48	0.46	232	梅州	Meizhou	2.21	2.10	2.30	174
湖北	**Hubei**	**114.65**		**158.50**		汕尾	Shanwei	9.39	18.32	13.02	95
武汉	Wuhan	93.01	100.58	114.96	25	河源	Heyuan	10.01	10.85	9.60	106
黄石	Huangshi	9.08	10.38	19.77	80	阳江	Yangjiang	1.97	3.53	4.31	145
十堰	Shiyan	0.41	0.13	0.30	242	清远	Qingyuan	18.35	17.79	21.38	75
宜昌	Yichang	4.65	3.42	3.68	150	东莞	Dongguan	519.63	734.82	773.12	5
襄阳	Xiangyang	1.60	2.70	3.40	155	中山	Zhongshan	86.08	71.88	77.76	37
鄂州	Ezhou	0.70	2.52	3.31	158	潮州	Chaozhou	14.82	4.00	5.12	139
荆门	Jingmen	0.61	2.00	3.92	147	揭阳	Jieyang	5.47	2.93	3.45	152
孝感	Xiaogan	0.71	1.96	3.35	156	云浮	Yunfu	5.34	4.53	6.28	127
荆州	Jingzhou	2.00	1.43	2.04	177	**广西**	**Guangxi**	**80.96**		**297.90**	
黄冈	Huanggang	0.55	1.05	0.87	207	南宁	Nanning	6.19		48.93	48
咸宁	Xianning	0.20	1.38	1.63	189	柳州	Liuzhou	1.24		17.40	85
随州	Suizhou	0.41	3.31	1.69	187	桂林	Guilin	2.80		1.62	190
湖南	**Hunan**	**67.34**	**87.10**	**128.60**		梧州	Wuzhou	1.97		4.57	144
长沙	Changsha	25.38	36.84	51.81	44	北海	Beihai	5.32		16.97	86
株洲	Zhuzhou	7.83	5.24	5.43	135	防城港	Fangchenggang	20.17		96.58	30
湘潭	Xiangtan	13.82	7.97	11.67	98	钦州	Qinzhou	9.87		33.08	58
衡阳	Hengyang	0.82	10.57	19.97	79	贵港	Guigang	1.21		1.91	181
邵阳	Shaoyang	0.37	0.97	1.07	200	玉林	Yulin	1.36		1.33	194
岳阳	Yueyang	2.28	3.51	5.90	129	百色	Baise	1.92		0.001	282

14-9 货物进口总额 续表 3
Total Value of Imports continued 3

单位：亿美元 (100 million USD)

地名	City	2010	2016	2017	2017 排名 Ranking
贺州	Hezhou	0.16		0.14	254
河池	Hechi	4.84		2.55	165
来宾	Laibin	0.66		0.51	230
崇左	Chongzuo	3.19		66.33	41
海南	**Hainan**	**84.25**	**610.81**	**60.10**	
海口	Haikou	26.39	205.94	22.91	71
三亚	Sanya	4.35	34.50	6.70	125
三沙	Sansha				
重庆	**Chongqing**	**49.38**		**240.10**	
四川	**Sichuan**	**139.33**	**213.94**	**305.50**	
成都	Chengdu	101.90	190.82	277.56	13
自贡	Zigong	2.93	1.69	1.95	180
攀枝花	Panzhihua	0.66	0.72	0.003	275
泸州	Luzhou	0.27	0.35	0.93	204
德阳	Deyang	12.91	4.18	4.91	142
绵阳	Mianyang	7.71	7.34	7.91	115
广元	Guangyuan	0.33	0.04	0.06	264
遂宁	Suining	0.54	1.58	1.71	186
内江	Neijiang	0.01	0.31	0.29	244
乐山	Leshan	3.00	2.05	2.72	161
南充	Nanchong	0.27	0.05	0.13	256
眉山	Meishan	0.09	0.20	0.33	240
宜宾	Yibin	2.11	3.79	3.78	149
广安	Guangan	0.13	0.03	0.15	251
达州	Dazhou	0.07	0.02	0.05	265
雅安	Yaan	0.01	0.10	0.07	261
巴中	Bazhong		0.003	0.002	277
资阳	Ziyang	0.18	0.60	0.60	226
贵州	**Guizhou**	**12.19**		**23.70**	
贵阳	Guiyang	14.41	6.40	7.20	122
六盘水	Liupanshui	3.15	1.82	2.52	166
遵义	Zunyi	0.51	0.23	0.80	211
安顺	Anshun	0.12		0.14	255
毕节	Bijie			0.008	272
铜仁	Tongren			0.01	271
云南	**Yunnan**	**76.06**		**119.80**	
昆明	Kunming	53.27	25.48	48.75	49
曲靖	Qujing	2.00	0.03	0.29	243
玉溪	Yuxi	0.21	0.27	0.37	238
保山	Baoshan	0.80	1.17	1.89	182
昭通	Zhaotong	0.10		0.001	278

地名	City	2010	2016	2017	2017 排名 Ranking
丽江	Lijiang	0.38	0.01	0.005	273
普洱	Puer	0.95	9.25	10.66	103
临沧	Lincang	0.50	5.58	5.32	137
西藏	**Tibet**	**0.65**	**3.08**	**4.30**	
拉萨	Lasa	0.62		2.32	173
陕西	**Shaanxi**	**58.75**		**156.60**	
西安	Xi'an	50.66	882.64	147.08	21
铜川	Tongchuan	0.01		0.003	274
宝鸡	Baoji	3.35	18.09	5.51	134
咸阳	Xianyang	1.02	14.49	2.86	160
渭南	Weinan	0.68	1.48	0.33	239
延安	Yan'an	0.001	0.29	0.02	268
汉中	Hanzhong	0.14	2.23	0.44	233
榆林	Yulin	0.06	5.60	0.81	209
安康	Ankang		0.18	0.19	248
商洛	Shangluo	2.56	4.57	0.63	222
甘肃	**Gansu**	**57.32**		**31.20**	
兰州	Lanzhou	2.46	56.70	7.74	118
嘉峪关	Jiayuguan	7.16	12.82	2.14	176
金昌	Jinchang	43.13	73.35	0.54	228
白银	Baiyin	3.78	25.69	7.69	120
天水	Tianshui	0.68	14.30	2.43	170
武威	Wuwei	0.002	0.02	0.002	276
张掖	Zhangye	0.0003	0.02	0.001	279
平凉	Pingliang		0.20	0.001	279
酒泉	Jiuquan	0.04	0.24	0.04	266
庆阳	Qingyang		1.00	0.001	281
定西	Dingxi	0.07	0.55	0.11	259
陇南	Longnan	0.002	0.02		
青海	**Qinghai**	**3.23**		**2.3000**	
西宁	Xining	2.71	1.34	2.03	178
海东	Haidong			0.82	208
宁夏	**Ningxia**	**7.90**		**13.90**	
银川	Yinchuan	3.63	4.92	10.98	102
石嘴山	Shizuishan	1.93	1.02	1.76	185
吴忠	Wuzhong	2.22	0.14	0.06	263
固原	Guyuan				
中卫	Zhongwei	0.12	1.53	6.80	124
新疆	**Xinjiang**	**41.59**		**29.40**	
乌鲁木齐	Urumqi	15.48	6.96	14.77	90
克拉玛依	Karamay	0.25	0.68	0.22	246

14-10 货物出口总额

Total Value of Exports

单位：亿美元 (100 million USD)

地名	City	2010	2016	2017	2017 排名 Ranking	地名	City	2010	2016	2017	2017 排名 Ranking
全国	**Nation Total**	**15777.50**		**22633.70**		沈阳	Shenyang	40.77	42.47	46.92	56
北京	**Beijing**	**554.39**	**520.23**	**585.70**		大连	Dalian	272.59	243.84	261.60	20
天津	**Tianjin**	**375.17**	**442.79**	**435.60**		鞍山	Anshan	14.42	17.52	20.14	97
河北	**Hebei**	**225.70**	**305.77**	**313.60**		抚顺	Fushun	5.24	5.45	4.20	185
石家庄	Shijiazhuang	57.94	69.69	78.37	40	本溪	Benxi	15.84	18.85	26.28	82
唐山	Tangshan	29.24	70.31	54.66	52	丹东	Dandong	18.74	24.94	23.74	87
秦皇岛	Qinhuangdao	18.85	29.34	31.81	70	锦州	Jinzhou	11.79	10.35	9.95	145
邯郸	Handan	8.84	15.57	13.47	128	营口	Yingkou	22.06	37.49	31.78	71
邢台	Xingtai	9.62	13.50	16.34	113	阜新	Fuxin	1.20	2.03	2.31	216
保定	Baoding	43.26	29.38	38.22	66	辽阳	Liaoyang	9.62	6.77	4.42	180
张家口	Zhangjiakou	1.83	4.00	3.30	195	盘锦	Panjin	3.67	3.30	3.16	196
承德	Chengde	2.34	4.37	4.25	183	铁岭	Tieling	4.61	1.35	1.75	232
沧州	Cangzhou	13.92	21.17	23.90	86	朝阳	Chaoyang	4.13	6.49	4.79	178
廊坊	Langfang	22.06	22.99	22.56	92	葫芦岛	Huludao	6.53	5.06	7.73	159
衡水	Hengshui	17.80	24.40	26.71	80	**吉林**	**Jilin**	**44.76**	**42.06**	**44.20**	
山西	**Shanxi**	**47.09**		**102.00**		长春	Changchun	20.08	19.16	19.19	99
太原	Taiyuan	31.38	82.76	84.52	37	吉林	Jilin	5.52	4.48	6.31	165
大同	Datong	1.25	2.92	2.69	210	四平	Siping	0.59	0.34	2.16	218
阳泉	Yangquan	1.31	0.97	0.86	248	辽源	Liaoyuan	0.36	1.65	1.93	224
长治	Changzhi	0.43	0.28	0.39	269	通化	Tonghua	2.14	1.81	0.83	249
晋城	Jincheng	2.12	1.64	1.86	227	白山	Baishan	1.89	1.85	1.90	225
朔州	Shuozhou	0.10	0.37	2.70	208	松原	Songyuan	0.86	1.65	1.63	235
晋中	Jinzhong	2.23	1.80	2.12	219	白城	Baicheng	0.63	0.89	0.79	251
运城	Yuncheng	2.83	3.23	3.79	187	**黑龙江**	**Heilongjiang**	**162.82**	**50.40**	**52.58**	
忻州	Xinzhou	1.25	1.79	1.99	223	哈尔滨	Harbin	19.98	16.23	14.47	123
临汾	Linfen	1.46	1.32	11.07	139	齐齐哈尔	Qiqihar	7.44	1.67	0.89	247
吕梁	Lvliang	2.74	1.57	1.80	228	鸡西	Jixi	6.95	1.56	1.90	226
内蒙古	**Inner Mongolia**	**33.35**		**48.80**		鹤岗	Hegang	0.68	0.51	0.18	277
呼和浩特	Hohhot	7.59	6.82	7.62	161	双鸭山	Shuangyashan	9.11	0.62	0.55	263
包头	Baotou	12.04	12.31	12.90	132	大庆	Daqing	9.76	4.47	12.12	137
乌海	Wuhai	0.03	0.89	0.57	262	伊春	Yichun	1.91	0.53	0.54	264
赤峰	Chifeng	1.38	2.11	2.44	213	佳木斯	Jiamusi	28.36	3.96	4.12	186
通辽	Tongliao	0.87	2.95	3.05	197	七台河	Qitaihe	0.58	0.02	0.04	281
鄂尔多斯	Erdos	3.17	4.42	5.34	173	牡丹江	Mudanjiang	40.30	9.01		
呼伦贝尔	Hulunbuir	1.99	7.43	7.06	163	黑河	Heihe	26.18	2.88	1.75	231
巴彦淖尔	Bayannur	1.60	3.81	4.26	182	绥化	Suihua	0.70	1.51	1.53	238
乌兰察布	Ulanqab	0.53	0.32	2.33	215	**上海**	**Shanghai**	**1807.84**		**1936.40**	
辽宁	**Liaoning**	**431.20**		**448.77**		**江苏**	**Jiangsu**	**2705.50**		**3630.30**	

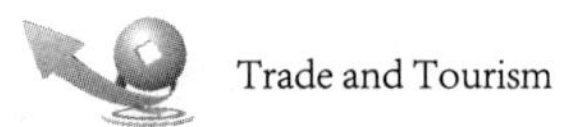

14-10　货物出口总额　续表 1

Total Value of Exports continued 1

单位：亿美元　　　　(100 million USD)

地名	City	2010	2016	2017	2017 排名 Ranking	地名	City	2010	2016	2017	2017 排名 Ranking
南京	Nanjing	248.85	295.94	344.15	13	池州	Chizhou	0.97	1.84	2.00	222
无锡	Wuxi	362.72	429.10	495.19	8	宣城	Xuancheng	5.86	13.81	14.01	126
徐州	Xuzhou	26.31	52.48	63.34	46	**福建**	**Fujian**	**714.93**		**1049.20**	
常州	Changzhou	155.58	208.60	229.39	24	福州	Fuzhou	163.08	211.79	218.39	25
苏州	Suzhou	1531.08	1639.41	1871.61	3	厦门	Xiamen	353.24	465.84	480.10	10
南通	Nantong	140.85	230.11	249.38	22	莆田	Putian	21.90	29.98	30.62	72
连云港	Lianyungang	26.00	36.84	39.07	64	三明	Sanming	11.27	19.73	21.43	94
淮安	Huaian	14.95	26.98	30.03	74	泉州	Quanzhou	82.79	161.50	154.53	30
盐城	Yancheng	23.19	47.38	58.41	49	漳州	Zhangzhou	50.68	72.08	75.69	41
扬州	Yangzhou	60.55	72.59	78.68	39	南平	Nanping	9.09	11.90	13.66	127
镇江	Zhenjiang	47.51	69.52	69.85	44	龙岩	Longyan	13.13	23.56	23.32	89
泰州	Taizhou	58.77	66.74	82.16	38	宁德	Ningde	9.74	32.08	29.96	75
宿迁	Suqian	9.14	18.71	21.72	93	**江西**	**Jiangxi**	**134.16**	**297.98**	**324.90**	
浙江	**Zhejiang**	**1804.65**		**2867.90**		南昌	Nanchang	36.76	57.90	63.24	47
杭州	Hangzhou	353.37	502.59	509.95	7	景德镇	Jingdezhen	7.76	6.45	8.13	155
宁波	Ningbo	519.67	660.97	735.34	6	萍乡	Pingxiang	4.48	13.74	14.84	122
温州	Wenzhou	145.43	160.77	170.81	28	九江	Jiujiang	12.12	43.00	42.41	59
嘉兴	Jiaxing	160.40	235.07	262.03	19	新余	Xinyu	20.13	12.72	12.62	135
湖州	Huzhou	58.61	90.16	100.56	35	鹰潭	Yingtan	3.62	8.04	9.31	149
绍兴	Shaoxing	210.89	255.64	273.15	18	赣州	Ganzhou	13.10	33.97	39.66	63
金华	Jinhua	121.88	471.75	488.27	9	吉安	Jian	9.94	42.25	46.86	57
衢州	Quzhou	12.05	30.26	38.23	65	宜春	Yichun	5.58	23.56	24.80	85
舟山	Zhoushan	69.37	62.63	56.65	50	抚州	Fuzhou	5.45	18.03	19.18	100
台州	Taizhou	139.63	177.33	203.62	26	上饶	Shangrao	15.21	38.33	46.12	58
丽水	Lishui	13.49	31.58	30.30	73	**山东**	**Shandong**	**1042.47**	**1371.58**	**1470.40**	
安徽	**Anhui**	**124.13**	**284.84**	**306.00**		济南	Jinan	40.51	73.44	75.06	42
合肥	Hefei	56.23	126.35	145.66	31	青岛	Qingdao	338.90	424.65	295.31	16
芜湖	Wuhu	16.69	40.67	41.44	60	淄博	Zibo	40.31	52.37	54.92	51
蚌埠	Bengbu	4.67	11.90	9.40	148	枣庄	Zaozhuang	7.46	12.18	13.02	131
淮南	Huainan	0.72	2.39	2.73	207	东营	Dongying	27.58	45.59	48.93	55
马鞍山	Maanshan	5.07	15.13	15.89	117	烟台	Yantai	254.80	248.46	256.63	21
淮北	Huaibei	1.40	5.70	5.58	171	潍坊	Weifang	86.96	123.49	139.61	32
铜陵	Tongling	2.97	6.68	5.71	169	济宁	Jining	22.99	33.66	34.87	67
安庆	Anqing	5.06	14.46	10.55	142	泰安	Taian	9.26	16.16	17.30	106
黄山	Huangshan	2.49	5.49	6.10	166	威海	Weihai	89.17	116.71	125.88	34
滁州	Chuzhou	7.08	16.88	18.94	104	日照	Rizhao	22.11	42.23	51.50	54
阜阳	Fuyang	2.83	10.05	9.64	146	莱芜	Laiwu	10.32	9.76	10.31	144
宿州	Suzhou	1.21	3.87	5.07	176	临沂	Linyi	28.26	59.23	72.75	43
六安	Liuan	4.35	5.00	6.06	167	德州	Dezhou	13.36	22.43	26.50	81
亳州	Bozhou	2.23	4.61	6.02	168	聊城	Liaocheng	12.89	29.25	34.51	68

14-10 货物出口总额 续表 2

Total Value of Exports continued 2

单位：亿美元 (100 million USD)

地名	City	2010	2016	2017	2017 排名 Ranking	地名	City	2010	2016	2017	2017 排名 Ranking
滨州	Binzhou	25.50	37.62	39.84	62	常德	Changde	1.39	5.11	8.86	151
菏泽	Heze	12.11	24.35	23.09	90	张家界	Zhangjiajie	0.28	0.77	0.97	245
河南	**Henan**	**105.34**	**428.34**	**470.30**		益阳	Yiyang	3.26	5.42	5.49	172
郑州	Zhengzhou	34.73	428.34	345.61	12	郴州	Chenzhou	6.22	16.43	21.10	95
开封	Kaifeng	1.88	4.64	5.13	174	永州	Yongzhou	1.02	8.90	12.77	133
洛阳	Luoyang	10.52	15.36	17.37	105	怀化	Huaihua	0.20	0.55	0.81	250
平顶山	Pingdingshan	2.86	44.04	5.13	175	娄底	Loudi	3.30	2.30	3.03	199
安阳	Anyang	4.43	3.84	3.56	190	**广东**	**Guangdong**	**4531.91**	**5985.64**	**6228.70**	
鹤壁	Hebi	1.24	1.64	1.64	234	广州	Guangzhou	483.79	781.77	853.20	5
新乡	Xinxiang	6.95	6.81	7.81	158	韶关	Shaoguan	6.59	13.43	13.24	130
焦作	Jiaozuo	10.55	14.24	15.90	116	深圳	Shenzhen	2041.80	2373.39	2443.58	1
濮阳	Puyang	4.15	4.14	4.92	177	珠海	Zhuhai	208.62	273.29	278.88	17
许昌	Xuchang	10.84	17.18	15.87	119	汕头	Shantou	49.35	64.26	67.13	45
漯河	Luohe	1.54	5.44	6.91	164	佛山	Foshan	330.38	469.80	464.80	11
三门峡	Sanmenxia	1.04	2.63	3.30	194	江门	Jiangmen	104.09	150.31	161.28	29
南阳	Nanyang	6.47	13.79	16.10	115	湛江	Zhanjiang	16.84	29.47	19.04	102
商丘	Shangqiu	1.00	2.28	2.70	209	茂名	Maoming	5.59	11.42	14.44	124
信阳	Xinyang	1.05	2.86	2.99	200	肇庆	Zhaoqing	25.97	46.80	32.78	69
周口	Zhoukou	1.76	6.97	7.96	157	惠州	Huizhou	202.32	298.78	2233.13	2
驻马店	Zhumadian	1.78	4.18	3.03	198	梅州	Meizhou	9.51	21.13	17.02	110
湖北	**Hubei**	**144.42**		**304.90**		汕尾	Shanwei	11.12	13.92	16.30	114
武汉	Wuhan	87.54	137.23	171.01	27	河源	Heyuan	17.15	28.52	28.80	78
黄石	Huangshi	6.00	13.91	14.12	125	阳江	Yangjiang	16.06	17.40	16.75	112
十堰	Shiyan	2.34	5.06	5.60	170	清远	Qingyuan	19.33	26.32	27.28	79
宜昌	Yichang	13.02	23.31	23.54	88	东莞	Dongguan	696.03	990.14	1038.61	4
襄阳	Xiangyang	5.54	16.66	19.00	103	中山	Zhongshan	225.04	266.61	302.78	15
鄂州	Ezhou	1.30	2.34	2.26	217	潮州	Chaozhou	23.41	26.31	25.99	83
荆门	Jingmen	2.37	8.62	9.51	147	揭阳	Jieyang	30.80	67.80	59.20	48
孝感	Xiaogan	2.97	9.27	7.67	160	云浮	Yunfu	8.13	14.80	13.40	129
荆州	Jingzhou	5.74	9.83	12.18	136	**广西**	**Guangxi**	**96.10**		**280.90**	
黄冈	Huanggang	2.09	6.02	0.77	253	南宁	Nanning	15.93		40.77	61
咸宁	Xianning	1.68	2.92	3.43	192	柳州	Liuzhou	0.31		8.02	156
随州	Suizhou	7.58	10.70	11.35	138	桂林	Guilin	6.22		8.71	152
湖南	**Hunan**	**79.55**	**181.70**	**231.70**		梧州	Wuzhou	4.46		4.35	181
长沙	Changsha	35.51	75.56	87.05	36	北海	Beihai	8.38		17.18	107
株洲	Zhuzhou	6.93	12.35	15.62	121	防城港	Fangchenggang	7.80		17.03	109
湘潭	Xiangtan	7.77	13.53	15.71	120	钦州	Qinzhou	3.26		17.09	108
衡阳	Hengyang	7.05	16.16	24.89	84	贵港	Guigang	0.53		1.63	236
邵阳	Shaoyang	2.60	12.08	15.87	118	玉林	Yulin	3.16		3.65	189
岳阳	Yueyang	1.57	11.36	16.84	111	百色	Baise	2.03		0.002	282

14-10 货物出口总额 续表 3
Total Value of Exports continued 3

单位：亿美元 (100 million USD)

地名	City	2010	2016	2017	2017 排名 Ranking
贺州	Hezhou	0.82		0.58	261
河池	Hechi	1.26		0.33	272
来宾	Laibin	1.02		0.63	258
崇左	Chongzuo	34.15		132.18	33
海南	**Hainan**	**23.91**		**43.70**	
海口	Haikou	13.07		8.18	154
三亚	Sanya	7.50		0.70	255
三沙	Sansha				
重庆	**Chongqing**	**74.89**		**426.00**	
四川	**Sichuan**	**188.45**	**279.55**	**375.50**	
成都	Chengdu	122.60	219.40	305.59	14
自贡	Zigong	2.49	2.25	2.59	212
攀枝花	Panzhihua	1.88	1.38	0.001	283
泸州	Luzhou	1.06	2.79	19.64	98
德阳	Deyang	9.41	13.46	10.45	143
绵阳	Mianyang	8.27	10.35	9.08	150
广元	Guangyuan	1.74	0.19	0.19	275
遂宁	Suining	2.27	2.53	1.77	230
内江	Neijiang	1.68	1.02	1.13	242
乐山	Leshan	6.76	6.83	7.57	162
南充	Nanchong	2.82	1.56	2.78	205
眉山	Meishan	0.90	1.89	2.43	214
宜宾	Yibin	4.42	5.52	4.72	179
广安	Guangan	2.80	5.05	2.82	204
达州	Dazhou	0.63	1.57	0.64	257
雅安	Yaan	0.12	0.37	0.37	270
巴中	Bazhong	0.49	1.21	0.40	267
资阳	Ziyang	1.39	1.38	1.09	244
贵州	**Guizhou**	**19.19**		**57.90**	
贵阳	Guiyang	8.34	32.88	22.71	91
六盘水	Liupanshui		0.87	0.79	252
遵义	Zunyi	1.50	5.17	10.79	141
安顺	Anshun	1.18		2.03	221
毕节	Bijie	0.00		2.05	220
铜仁	Tongren	0.02		2.75	206
云南	**Yunnan**	**57.62**		**114.70**	
昆明	Kunming	47.82	41.33	29.43	76
曲靖	Qujing	0.17	6.27	8.42	153
玉溪	Yuxi	2.65	19.92	20.64	96
保山	Baoshan	1.14	1.49	1.30	239
昭通	Zhaotong	0.05	0.06	0.05	280
丽江	Lijiang	0.001	0.68	0.47	266
普洱	Puer	0.75	1.96	1.80	229
临沧	Lincang	0.44	1.07	1.25	240
西藏	**Tibet**	**7.71**	**4.70**	**4.30**	
拉萨	Lasa	7.65		4.23	184
陕西	**Shaanxi**	**62.08**		**245.40**	
西安	Xi'an	53.17	947.31	229.92	23
铜川	Tongchuan	0.04	2.14	0.51	265
宝鸡	Baoji	2.64	45.53	3.34	193
咸阳	Xianyang	2.38	16.10	2.86	201
渭南	Weinan	1.01	10.65	1.65	233
延安	Yan'an	0.22	1.17	0.25	273
汉中	Hanzhong	0.30	4.80	0.91	246
榆林	Yulin	0.74	4.09	1.10	243
安康	Ankang	0.17	1.84	2.86	202
商洛	Shangluo	0.52	9.85	2.64	211
甘肃	**Gansu**	**16.38**		**17.10**	
兰州	Lanzhou	9.13	220.36	10.79	140
嘉峪关	Jiayuguan	0.48	4.83	0.61	259
金昌	Jinchang	2.20	3.49	12.65	134
白银	Baiyin	0.80	4.31	0.61	260
天水	Tianshui	1.62	17.66	3.52	191
武威	Wuwei	0.13	2.11	0.19	276
张掖	Zhangye	0.27	1.51	0.36	271
平凉	Pingliang	0.15	2.05	0.39	268
酒泉	Jiuquan	0.55	4.57	0.73	254
庆阳	Qingyang	0.56	2.99	0.25	274
定西	Dingxi	0.07	1.43	0.17	278
陇南	Longnan	0.04	1.71	1.59	237
青海	**Qinghai**	**4.66**		**4.20**	
西宁	Xining	3.96	11.48	2.82	203
海东	Haidong			0.12	279
宁夏	**Ningxia**	**11.70**		**36.50**	
银川	Yinchuan	6.99	19.75	28.82	77
石嘴山	Shizuishan	4.07	2.38	3.73	188
吴忠	Wuzhong	0.20	0.57	1.17	241
固原	Guyuan		0.02		
中卫	Zhongwei	0.44	2.14	19.11	101
新疆	**Xinjiang**	**129.70**	**159.12**	**176.30**	
乌鲁木齐	Urumqi	44.37	42.06	53.30	53
克拉玛依	Karamay	2.55	0.63	0.70	255

14-11 外商直接投资合同项目
Number of Projects for Contracted Foreign Direct Investment

单位：个 (unit)

地名	City	2010	2016	2017	2017 排名 Ranking	地名	City	2010	2016	2017	2017 排名 Ranking
全国	**Nation Total**	**28652**	**27900**	**35652**		沈阳	Shenyang	473	132	178	32
北京	**Beijing**	**1629**	**1073**			大连	Dalian	472	206	185	31
天津	**Tianjin**	**592**	**1106**	**951**		鞍山	Anshan	83	2	10	135
河北	**Hebei**	**246**				抚顺	Fushun	35	8	5	185
石家庄	Shijiazhuang	32	22	26	93	本溪	Benxi	18	7	5	185
唐山	Tangshan	29	26	33	81	丹东	Dandong	125	13	26	93
秦皇岛	Qinhuangdao	19	5	11	130	锦州	Jinzhou	37	9	14	120
邯郸	Handan	48	10	26	93	营口	Yingkou	94	19	69	56
邢台	Xingtai	19	10	13	123	阜新	Fuxin	19	1	8	159
保定	Baoding	16	17	11	130	辽阳	Liaoyang	16	5		
张家口	Zhangjiakou	12	20	4	199	盘锦	Panjin	46	6	12	127
承德	Chengde	7	6	6	177	铁岭	Tieling	29	6		
沧州	Cangzhou	27	27	35	80	朝阳	Chaoyang	13	9	9	147
廊坊	Langfang	28	28	22	103	葫芦岛	Huludao	51	7	10	135
衡水	Hengshui	9	5	7	169	**吉林**	**Jilin**	**228**			
山西	**Shanxi**	**133**				长春	Changchun	80	28		
太原	Taiyuan	39	12	19	110	吉林	Jilin	98	6		
大同	Datong	3	4	4	199	四平	Siping	6		1	242
阳泉	Yangquan	50	1			辽源	Liaoyuan	23		5	185
长治	Changzhi	8	1	4	199	通化	Tonghua	9	4		
晋城	Jincheng	1	1			白山	Baishan	4	1		
朔州	Shuozhou	8		3	217	松原	Songyuan	2	4	5	185
晋中	Jinzhong	5	6	4	199	白城	Baicheng	6	4	9	147
运城	Yuncheng	9	1	4	199	**黑龙江**	**Heilongjiang**	**184**			
忻州	Xinzhou	4	3	2	228	哈尔滨	Harbin	83	69	52	65
临汾	Linfen	3	4	2	228	齐齐哈尔	Qiqihar	4	3	5	185
吕梁	Lvliang	3	2	5	185	鸡西	Jixi	6	8	4	199
内蒙古	**Inner Mongolia**	**95**				鹤岗	Hegang		1	1	242
呼和浩特	Hohhot	16	11	14	120	双鸭山	Shuangyashan	2			
包头	Baotou	41	29	9	147	大庆	Daqing	14			
乌海	Wuhai		1	1	242	伊春	Yichun	6	1		
赤峰	Chifeng	10	6	7	169	佳木斯	Jiamusi	45	4	2	228
通辽	Tongliao	8	4	3	217	七台河	Qitaihe				
鄂尔多斯	Erdos	10	7	9	147	牡丹江	Mudanjiang	12	21	6	177
呼伦贝尔	Hulunbuir		3	3	217	黑河	Heihe	6	2		
巴彦淖尔	Bayannur		4	3	217	绥化	Suihua	6		4	199
乌兰察布	Ulanqab	10	6	1	242	**上海**	**Shanghai**	**3906**	**5153**	**3950**	
辽宁	**Liaoning**	**1511**				**江苏**	**Jiangsu**	**4663**			

14-11 外商直接投资合同项目 续表 1

Number of Projects for Contracted Foreign Direct Investment continued 1

单位：个 (unit)

地名	City	2010	2016	2017	2017 排名 Ranking	地名	City	2010	2016	2017	2017 排名 Ranking
南京	Nanjing	387	510	578	11	池州	Chizhou	7	11	8	159
无锡	Wuxi	331	354	408	16	宣城	Xuancheng	12	13	16	115
徐州	Xuzhou	204	166	188	30	**福建**	**Fujian**	**1139**			
常州	Changzhou	328	269	372	19	福州	Fuzhou	186	483	362	20
苏州	Suzhou	1537	784	985	5	厦门	Xiamen	398	1278	1145	4
南通	Nantong	364	329	348	22	莆田	Putian	25	28	31	86
连云港	Lianyungang	141	112	73	53	三明	Sanming	65	26	27	90
淮安	Huaian	244	240	178	32	泉州	Quanzhou	156	124	196	28
盐城	Yancheng	378	150	157	36	漳州	Zhangzhou	186	115	121	43
扬州	Yangzhou	335	70	122	42	南平	Nanping	46	19	10	135
镇江	Zhenjiang	144	106	102	48	龙岩	Longyan	58	32	33	81
泰州	Taizhou	219	107	141	39	宁德	Ningde	19	10	20	106
宿迁	Suqian	51	46	43	73	**江西**	**Jiangxi**	**1095**			
浙江	**Zhejiang**	**2075**				南昌	Nanchang	304	72	52	65
杭州	Hangzhou	545	462	575	12	景德镇	Jingdezhen	23	11	9	147
宁波	Ningbo	495	458	555	13	萍乡	Pingxiang	45	47	50	68
温州	Wenzhou	25	61	66	57	九江	Jiujiang	173	75	81	51
嘉兴	Jiaxing	300	275	360	21	新余	Xinyu	38	7	5	185
湖州	Huzhou	302	110	115	44	鹰潭	Yingtan	28	61	70	55
绍兴	Shaoxing	235	277	407	17	赣州	Ganzhou	195	68	39	75
金华	Jinhua	104	400	793	8	吉安	Jian	103	116	101	49
衢州	Quzhou	24	11	25	98	宜春	Yichun	40	14	28	88
舟山	Zhoushan	5	25	56	62	抚州	Fuzhou	56	46	26	93
台州	Taizhou	28	36	48	69	上饶	Shangrao	90	73	30	87
丽水	Lishui	12	36	25	98	**山东**	**Shandong**	**1630**			
安徽	**Anhui**	**294**				济南	Jinan	87	104	110	46
合肥	Hefei	72	95	128	41	青岛	Qingdao	731	680	650	10
芜湖	Wuhu	43	36	28	88	淄博	Zibo	29	28	39	75
蚌埠	Bengbu	17	10	7	169	枣庄	Zaozhuang	36	10	14	120
淮南	Huainan	5	6	8	159	东营	Dongying	17	7	12	127
马鞍山	Maanshan	21	29	20	106	烟台	Yantai	243	232	207	26
淮北	Huaibei	7	2	10	135	潍坊	Weifang	80	45	52	65
铜陵	Tongling	21	10	17	113	济宁	Jining	75	21	33	81
安庆	Anqing	13	7	13	123	泰安	Taian	24	61	58	61
黄山	Huangshan	10	4	10	135	威海	Weihai	136	188	191	29
滁州	Chuzhou	21	13	26	93	日照	Rizhao	25	30	20	106
阜阳	Fuyang	7	4	10	135	莱芜	Laiwu	21	6	6	177
宿州	Suzhou	8	11	10	135	临沂	Linyi	37	26	36	79
六安	Liuan	16	10	13	123	德州	Dezhou	28	12	16	115
亳州	Bozhou	2	4	13	123	聊城	Liaocheng	9	11	8	159

14-11 外商直接投资合同项目 续表 2

Number of Projects for Contracted Foreign Direct Investment continued 2

单位：个 (unit)

地名	City	2010	2016	2017	2017 排名 Ranking	地名	City	2010	2016	2017	2017 排名 Ranking
滨州	Binzhou	18	5	12	127	常德	Changde	25	6	7	169
菏泽	Heze	34	11	15	117	张家界	Zhangjiajie	6	3	5	185
河南	**Henan**	**492**				益阳	Yiyang	18	9	6	177
郑州	Zhengzhou	91	72	79	52	郴州	Chenzhou	82	41	48	69
开封	Kaifeng	25	5	18	111	永州	Yongzhou	32	41	55	63
洛阳	Luoyang	33	24	23	101	怀化	Huaihua	9		10	135
平顶山	Pingdingshan	7	4	9	147	娄底	Loudi	19	16	2	228
安阳	Anyang	10	12	9	147	**广东**	**Guangdong**	**5637**			
鹤壁	Hebi	10	3	1	242	广州	Guangzhou	980	1757	2459	2
新乡	Xinxiang	24	7	10	135	韶关	Shaoguan	42	14	60	60
焦作	Jiaozuo	11	4	4	199	深圳	Shenzhen	1929	4132	6757	1
濮阳	Puyang	6	5	1	242	珠海	Zhuhai	213	803	1565	3
许昌	Xuchang	17	10	8	159	汕头	Shantou	35	21	37	78
漯河	Luohe	153	16	4	199	佛山	Foshan	239	229	315	23
三门峡	Sanmenxia	10	5	3	217	江门	Jiangmen	194	123	214	25
南阳	Nanyang	26	9	11	130	湛江	Zhanjiang	8	13	48	69
商丘	Shangqiu	10	7	9	147	茂名	Maoming	24	57	394	18
信阳	Xinyang	15	2	4	199	肇庆	Zhaoqing	112	42	132	40
周口	Zhoukou	16	6	4	199	惠州	Huizhou	362	154	661	9
驻马店	Zhumadian	28	8	9	147	梅州	Meizhou	133	37	889	7
湖北	**Hubei**	**479**				汕尾	Shanwei	24	16	91	50
武汉	Wuhan	163	142	161	35	河源	Heyuan	88	35	453	15
黄石	Huangshi	13	4	18	111	阳江	Yangjiang	84	15	20	106
十堰	Shiyan	8	4	6	177	清远	Qingyuan	41	16	177	34
宜昌	Yichang	10	12	7	169	东莞	Dongguan	869	446	925	6
襄阳	Xiangyang	26	5	17	113	中山	Zhongshan	147	133	271	24
鄂州	Ezhou	150	6	1	242	潮州	Chaozhou	36	4	38	77
荆门	Jingmen	13	16	5	185	揭阳	Jieyang	43	10	63	58
孝感	Xiaogan	21	14	9	147	云浮	Yunfu	34	24	32	85
荆州	Jingzhou	17	10	6	177	**广西**	**Guangxi**	**189**			
黄冈	Huanggang	36	7	5	185	南宁	Nanning	73	49	72	54
咸宁	Xianning	15	10	7	169	柳州	Liuzhou	10	16	54	64
随州	Suizhou	7	5	6	177	桂林	Guilin	18	36	21	104
湖南	**Hunan**	**650**				梧州	Wuzhou	19	11	10	135
长沙	Changsha	177	177	197	27	北海	Beihai	21	8	11	130
株洲	Zhuzhou	67	105	108	47	防城港	Fangchenggang	8	2	4	199
湘潭	Xiangtan	62	37	61	59	钦州	Qinzhou	11	9	15	117
衡阳	Hengyang	84	144	143	37	贵港	Guigang	7	8	4	199
邵阳	Shaoyang	24	18	23	101	玉林	Yulin	14	8	11	130
岳阳	Yueyang	45	9	10	135	百色	Baise	1	8	4	199

14-11 外商直接投资合同项目 续表 3

Number of Projects for Contracted Foreign Direct Investment continued 3

单位：个 (unit)

地名	City	2010	2016	2017	2017 排名 Ranking	地名	City	2010	2016	2017	2017 排名 Ranking
贺州	Hezhou	3	2	6	177	丽江	Lijiang	1	5	8	159
河池	Hechi	1	2	9	147	普洱	Puer	3	4	3	217
来宾	Laibin	1	1	2	228	临沧	Lincang	3	1	1	242
崇左	Chongzuo	2	5	7	169	**西藏**	**Tibet**				
海南	**Hainan**	**47**				拉萨	Lasa				
海口	Haikou	36	51	46	72	**陕西**	**Shaanxi**	**487**			
三亚	Sanya	11	10			西安	Xi'an	82	72	143	37
三沙	Sansha					铜川	Tongchuan	4		1	242
重庆	**Chongqing**	**232**	**260**	**238**		宝鸡	Baoji	4	3	8	159
四川	**Sichuan**	**381**				咸阳	Xianyang	4	5	9	147
成都	Chengdu	294	268	472	14	渭南	Weinan	368	3	3	217
自贡	Zigong	4		2	228	延安	Yan'an	1	1		
攀枝花	Panzhihua	2	1	1	242	汉中	Hanzhong	4	4	5	185
泸州	Luzhou	4	4	7	169	榆林	Yulin	3	2	3	217
德阳	Deyang	15	14	27	90	安康	Ankang	1		4	199
绵阳	Mianyang	7	9	27	90	商洛	Shangluo	16			
广元	Guangyuan		5	2	228	**甘肃**	**Gansu**	**445**			
遂宁	Suining	9	3	5	185	兰州	Lanzhou	6	9	8	159
内江	Neijiang	7	3	1	242	嘉峪关	Jiayuguan				
乐山	Leshan	10	1	2	228	金昌	Jinchang				
南充	Nanchong	12				白银	Baiyin				
眉山	Meishan	2	6	5	185	天水	Tianshui	180			
宜宾	Yibin	6	2	3	217	武威	Wuwei		2	2	228
广安	Guangan	2		3	217	张掖	Zhangye	2		8	159
达州	Dazhou	1	2	2	228	平凉	Pingliang				
雅安	Yaan	1	5	3	217	酒泉	Jiuquan	102	3	2	228
巴中	Bazhong		1	2	228	庆阳	Qingyang	2			
资阳	Ziyang	5	3	2	228	定西	Dingxi	153			
贵州	**Guizhou**	**26**				陇南	Longnan				
贵阳	Guiyang	20	24	33	81	**青海**	**Qinghai**	**11**			
六盘水	Liupanshui	2	4	4	199	西宁	Xining	11	6	10	135
遵义	Zunyi	4	11	15	117	海东	Haidong				
安顺	Anshun		19	25	98	**宁夏**	**Ningxia**	**23**			
毕节	Bijie		1	5	185	银川	Yinchuan	19	18	21	104
铜仁	Tongren		8	4	199	石嘴山	Shizuishan	4			
云南	**Yunnan**	**103**				吴忠	Wuzhong		2	1	242
昆明	Kunming	83	70	115	44	固原	Guyuan				
曲靖	Qujing		8	2	228	中卫	Zhongwei				
玉溪	Yuxi	7	1	4	199	**新疆**	**Xinjiang**	**30**			
保山	Baoshan	5	1	8	159	乌鲁木齐	Urumqi	30	24	42	74
昭通	Zhaotong	1		1	242	克拉玛依	Karamay			1	242

14-12 外商直接投资实际使用额
Total Amount of Foreign Direct Investment Actually Utilized

单位：万美元 （USD 10 000）

地名	City	2010	2016	2017	2017 排名 Ranking
全国	**Nation Total**	**10573500**	**12600000**	**13104000**	
北京	**Beijing**	**636358**	**1302858**	**2433000**	
天津	**Tianjin**	**1084872**	**3082563**	**1060784**	
河北	**Hebei**	**383074**			
石家庄	Shijiazhuang	24415	122102	139458	41
唐山	Tangshan	87409	148301	160669	39
秦皇岛	Qinhuangdao	49706	90438	102197	63
邯郸	Handan	49191	102156	109238	56
邢台	Xingtai	25485	54422	60349	86
保定	Baoding	47450	70346	73226	76
张家口	Zhangjiakou	10045	46003	40965	108
承德	Chengde	6994	20006	3770	213
沧州	Cangzhou	23257	56506	62394	85
廊坊	Langfang	49070	80207	98838	65
衡水	Hengshui	10052	23752	26131	135
山西	**Shanxi**	**71421**			
太原	Taiyuan	28343	46214	10713	173
大同	Datong	4177	20110	17013	157
阳泉	Yangquan		31146	11501	171
长治	Changzhi	826	47502	38470	114
晋城	Jincheng	5933	20012	20048	149
朔州	Shuozhou		9833	2356	231
晋中	Jinzhong	4787	37870	38595	113
运城	Yuncheng	13965	2229	6985	196
忻州	Xinzhou	4	3321	4344	206
临汾	Linfen	1185	16661	17808	155
吕梁	Lvliang	12202		1285	241
内蒙古	**Inner Mongolia**	**338456**			
呼和浩特	Hohhot	11340	87935	36775	115
包头	Baotou	110000	101035	20400	148
乌海	Wuhai	2923	200	1291	240
赤峰	Chifeng	5581	11217	17000	158
通辽	Tongliao	2728	1658	200	260
鄂尔多斯	Erdos	108000	195000	205000	27
呼伦贝尔	Hulunbuir	8450	4612	4822	203
巴彦淖尔	Bayannur	4630	15000	13849	164
乌兰察布	Ulanqab	7932	79092		
辽宁	**Liaoning**	**2075010**			
沈阳	Shenyang	505361	81606	101263	64
大连	Dalian	1003025	300200	324870	16
鞍山	Anshan	90496	2634	4052	210
抚顺	Fushun	44182	16	2831	227
本溪	Benxi	30100	6076	1337	238
丹东	Dandong	70454	578	15363	161
锦州	Jinzhou	50045	2142	13034	165
营口	Yingkou	86036	2414	12038	169
阜新	Fuxin	11013	677	23908	137
辽阳	Liaoyang	33352	8390	3494	217
盘锦	Panjin	91335	18501	19744	150
铁岭	Tieling	26288	5337	1147	243
朝阳	Chaoyang	11039	1337	6542	199
葫芦岛	Huludao	22284	322	3885	212
吉林	**Jilin**	**128042**			
长春	Changchun	69811	649792		
吉林	Jilin	13211	115403		
四平	Siping	6517	28516	9600	182
辽源	Liaoyuan	10620	32455	36696	117
通化	Tonghua	5008	46939	51216	93
白山	Baishan	6790	29860		
松原	Songyuan	3932	38557	41701	107
白城	Baicheng	5501	17512	192363	30
黑龙江	**Heilongjiang**	**266151**			
哈尔滨	Harbin	133046	320730	344218	15
齐齐哈尔	Qiqihar	22802	50788	50859	96
鸡西	Jixi	6660	14842	15733	160
鹤岗	Hegang	3320	7482	3730	214
双鸭山	Shuangyashan	2701		3182	221
大庆	Daqing	34587			
伊春	Yichun	3730	459	500	252
佳木斯	Jiamusi	11300	1981	1185	242
七台河	Qitaihe	1390	2530	262	258
牡丹江	Mudanjiang	24384	54093	57351	90
黑河	Heihe	10004	11869		
绥化	Suihua	10644	28067	30457	126
上海	**Shanghai**	**1112100**	**1851378**	**1700823**	
江苏	**Jiangsu**	**2849777**			

14-12 外商直接投资实际使用额 续表 1

Total Amount of Foreign Direct Investment Actually Utilized continued 1

单位：万美元 （USD 10 000）

地名	City	2010	2016	2017	2017 排名 Ranking	地名	City	2010	2016	2017	2017 排名 Ranking
南京	Nanjing	267592	347937	367273	14	池州	Chizhou	15152	36132	39006	112
无锡	Wuxi	330007	341273	367545	13	宣城	Xuancheng	19654	85976	92386	66
徐州	Xuzhou	101330	150574	165991	36	**福建**	**Fujian**	**580279**			
常州	Changzhou	244342	250020	221608	25	福州	Fuzhou	118524	181372	198527	28
苏州	Suzhou	853511	600300	450392	9	厦门	Xiamen	169651	222401	237830	23
南通	Nantong	206059	238724	242266	22	莆田	Putian	22952	40020	45413	100
连云港	Lianyungang	110116	55044	70902	79	三明	Sanming	8635	17090	18441	152
淮安	Huaian	105138	116135	117824	51	泉州	Quanzhou	149342	162780	159194	40
盐城	Yancheng	130356	70669	78862	71	漳州	Zhangzhou	70076	116366	121662	48
扬州	Yangzhou	205645	120392	120813	50	南平	Nanping	6787	16249	23446	139
镇江	Zhenjiang	161462	135068	135267	42	龙岩	Longyan	16506	27768	29553	127
泰州	Taizhou	116148	134448	170242	34	宁德	Ningde	7098	23120	6708	198
宿迁	Suqian	18071	44988	36354	119	**江西**	**Jiangxi**	**510084**			
浙江	**Zhejiang**	**1100175**				南昌	Nanchang	147655	306452	386418	12
杭州	Hangzhou	435627	720915	661001	5	景德镇	Jingdezhen	12136	18772	20463	146
宁波	Ningbo	232336	451333	402995	11	萍乡	Pingxiang	15378	33664	36704	116
温州	Wenzhou	17574	24330	35822	121	九江	Jiujiang	66534	180313	198436	29
嘉兴	Jiaxing	160994	269240	299452	18	新余	Xinyu	53106	39868	43500	104
湖州	Huzhou	91905	100131	105320	62	鹰潭	Yingtan	11975	26460	28901	129
绍兴	Shaoxing	95327	80031	128666	44	赣州	Ganzhou	83560	151543	166738	35
金华	Jinhua	35263	34329	43044	105	吉安	Jian	44005	97473	107035	61
衢州	Quzhou	6237	6109	7396	190	宜春	Yichun	36150	70969	77176	74
舟山	Zhoushan	6719	21017	40518	109	抚州	Fuzhou	15160	42608	35309	123
台州	Taizhou	13206	33683	44332	101	上饶	Shangrao	50425	103857	114046	54
丽水	Lishui	3751	22130	21665	145	**山东**	**Shandong**	**916833**			
安徽	**Anhui**	**501446**				济南	Jinan	104011	171624	187624	31
合肥	Hefei	109584	282976	302037	17	青岛	Qingdao	280056	700273	773500	3
芜湖	Wuhu	71974	251145	268730	20	淄博	Zibo	44838	63509	71385	78
蚌埠	Bengbu	27262	150383	160963	38	枣庄	Zaozhuang	23900	10504	9015	184
淮南	Huainan	9913	22298	23859	138	东营	Dongying	20975	22304	23223	140
马鞍山	Maanshan	70490	209531	227642	24	烟台	Yantai	115334	206173	214651	26
淮北	Huaibei	19151	64780	68128	80	潍坊	Weifang	72145	106431	115439	52
铜陵	Tongling	25531	24303	27025	131	济宁	Jining	45780	50657	59423	88
安庆	Anqing	22255	18074	19339	151	泰安	Taian	11925	51605	57964	89
黄山	Huangshan	14263	16052	17321	156	威海	Weihai	55502	121145	128582	45
滁州	Chuzhou	11745	114366	122355	47	日照	Rizhao	34936	57858	62610	84
阜阳	Fuyang	8882	20309	21934	144	莱芜	Laiwu	10006	15291	22959	142
宿州	Suzhou	13429	73033	78510	72	临沂	Linyi	32660	22768	18230	153
六安	Liuan	13704	38009	43786	103	德州	Dezhou	11841	12099	13021	166
亳州	Bozhou	15881	72279	78064	73	聊城	Liaocheng	31002	6721	10299	177

14-12 外商直接投资实际使用额 续表 2
Total Amount of Foreign Direct Investment Actually Utilized continued 2

单位：万美元 (USD 10 000)

地名	City	2010	2016	2017	2017 排名 Ranking	地名	City	2010	2016	2017	2017 排名 Ranking
滨州	Binzhou	10064	41045	26627	132	常德	Changde	25066	88889	107180	60
菏泽	Heze	11858	25018	10807	172	张家界	Zhangjiajie	3636	10179	11800	170
河南	**Henan**	**624669**				益阳	Yiyang	10085	23947	27478	130
郑州	Zhengzhou	190015	403305	404969	10	郴州	Chenzhou	52897	151975	171352	33
开封	Kaifeng	12882	16755	66426	82	永州	Yongzhou	39345	95300	108190	58
洛阳	Luoyang	120475	268798	269864	19	怀化	Huaihua	6276	4095	5041	202
平顶山	Pingdingshan	16390	43221	44082	102	娄底	Loudi	12082	39800	46200	99
安阳	Anyang	14887	50076	50217	97	**广东**	**Guangdong**	**2026098**			
鹤壁	Hebi	22481	81394	81739	69	广州	Guangzhou	11	570120	628947	6
新乡	Xinxiang	32902	102289	108748	57	韶关	Shaoguan	21236	5062	5283	201
焦作	Jiaozuo	28832	82733	82792	68	深圳	Shenzhen	429734	673227	740126	4
濮阳	Puyang	9001	63304	64246	83	珠海	Zhuhai	122350	229466	243304	21
许昌	Xuchang	21277	71951	73054	77	汕头	Shantou	25553	9085	35535	122
漯河	Luohe	32315	90032	73794	75	佛山	Foshan	196754	147167	162349	37
三门峡	Sanmenxia	39849	106296	107906	59	江门	Jiangmen	110810	47634	51096	94
南阳	Nanyang	20111	65221	60297	87	湛江	Zhanjiang	3671	6312	8095	187
商丘	Shangqiu	10385	36249	36393	118	茂名	Maoming	3100	7548	7406	189
信阳	Xinyang	16694	52415	53434	92	肇庆	Zhaoqing	93389	37049	18135	154
周口	Zhoukou	15763	51668	53557	91	惠州	Huizhou	143761	114252	114354	53
驻马店	Zhumadian	12550	38879	39929	110	梅州	Meizhou	8959	5710	5715	200
湖北	**Hubei**	**596340**				汕尾	Shanwei	25292	4443	10004	181
武汉	Wuhan	329265	852255	964690	2	河源	Heyuan	16846	9502	10407	174
黄石	Huangshi	30000	14600	15790	159	阳江	Yangjiang	20751	6990	4663	204
十堰	Shiyan	7203	27752	30583	125	清远	Qingyuan	32016	10718	14390	162
宜昌	Yichang	20652	39149	25634	136	东莞	Dongguan	273171	392617	171893	32
襄阳	Xiangyang	32606	82426	91560	67	中山	Zhongshan	66829	47446	50934	95
鄂州	Ezhou	12400	27087	29256	128	潮州	Chaozhou	11232	3430	3545	215
荆门	Jingmen	16309	37630	41935	106	揭阳	Jieyang	14857	3072	1680	234
孝感	Xiaogan	17502	37269	31515	124	云浮	Yunfu	7929	4259	2810	228
荆州	Jingzhou	5600	14360	2978	225	**广西**	**Guangxi**	**91200**			
黄冈	Huanggang	13583	12930	4125	208	南宁	Nanning	33029	15959	22642	143
咸宁	Xianning	15439	6998	3174	223	柳州	Liuzhou	5468	2777	67893	81
随州	Suizhou	4800	12858	14080	163	桂林	Guilin	2136	16137	4179	207
湖南	**Hunan**	**518441**				梧州	Wuzhou	17713	418	1085	246
长沙	Changsha	223757	481384	525042	8	北海	Beihai	9934	21000	8445	185
株洲	Zhuzhou	40221	105130	112542	55	防城港	Fangchenggang	4427	8981	74	262
湘潭	Xiangtan	40304	105503	121220	49	钦州	Qinzhou	31803	12079	23188	141
衡阳	Hengyang	40641	114559	128314	46	贵港	Guigang	15622	2910	3405	218
邵阳	Shaoyang	7855	22547	26622	133	玉林	Yulin	4985	2593	3179	222
岳阳	Yueyang	15674	41538	48118	98	百色	Baise	3577	299	7331	191

14-12 外商直接投资实际使用额 续表 3

Total Amount of Foreign Direct Investment Actually Utilized continued 3

单位：万美元 （USD 10 000）

地名	City	2010	2016	2017	2017 排名 Ranking
贺州	Hezhou	5766	1331	667	249
河池	Hechi	1477	194	236	259
来宾	Laibin	3330	2382	2053	233
崇左	Chongzuo	2051	1784	371	257
海南	**Hainan**	**151213**			
海口	Haikou	71605	3576	2884	226
三亚	Sanya	16791	20823	7043	194
三沙	Sansha				
重庆	**Chongqing**	**634397**	**1134184**	**1018255**	
四川	**Sichuan**	**612299**			
成都	Chengdu	485575	600453	1004100	1
自贡	Zigong	1504	1030	500	252
攀枝花	Panzhihua	20834	3095	3	264
泸州	Luzhou	3051	8201	12465	168
德阳	Deyang	15133	12142	8296	186
绵阳	Mianyang	15063	18240	10330	176
广元	Guangyuan	1810	1680	3520	216
遂宁	Suining	2289	5562	4108	209
内江	Neijiang	4637	4725	2728	230
乐山	Leshan	9199	5011	3224	220
南充	Nanchong	1842	5200	7147	193
眉山	Meishan	13622	11015	10292	178
宜宾	Yibin	4077	4135	3901	211
广安	Guangan	2432	5011	4600	205
达州	Dazhou	5050	5087	9500	183
雅安	Yaan	3538	543	552	251
巴中	Bazhong	102	1973	1400	237
资阳	Ziyang	1390	7252	10050	179
贵州	**Guizhou**	**29545**			
贵阳	Guiyang	13470	111988	134540	43
六盘水	Liupanshui	1641	31280	36152	120
遵义	Zunyi	2973	36610	39125	111
安顺	Anshun	2440	15916	20412	147
毕节	Bijie	1151	21924	26188	134
铜仁	Tongren		1742	10371	175
云南	**Yunnan**	**132902**			
昆明	Kunming	100900	73996	80133	70
曲靖	Qujing	2167	7124	2345	232
玉溪	Yuxi	1946	117	1133	244
保山	Baoshan	3365	1208	1032	247
昭通	Zhaotong	300	84	442	256
丽江	Lijiang	282	100	8	263
普洱	Puer	3033	10203	1088	245
临沧	Lincang	2110	150	444	255
西藏	**Tibet**				
拉萨	Lasa				
陕西	**Shaanxi**	**182006**			
西安	Xi'an	156665	450466	530681	7
铜川	Tongchuan	520		2798	229
宝鸡	Baoji	2127	572	7227	192
咸阳	Xianyang	5188	1995	7678	188
渭南	Weinan	3051	1328	843	248
延安	Yan'an	1027			
汉中	Hanzhong	1595	2013	3323	219
榆林	Yulin	1950	3558	7003	195
安康	Ankang	564		1563	235
商洛	Shangluo	5867		1544	236
甘肃	**Gansu**	**13521**			
兰州	Lanzhou	1960	33753	10035	180
嘉峪关	Jiayuguan				
金昌	Jinchang	50			
白银	Baiyin				
天水	Tianshui	841			
武威	Wuwei	198	874	100	261
张掖	Zhangye				
平凉	Pingliang				
酒泉	Jiuquan	10469	5989	1326	239
庆阳	Qingyang				
定西	Dingxi				
陇南	Longnan				
青海	**Qinghai**	**21930**			
西宁	Xining		9076	12837	167
海东	Haidong				
宁夏	**Ningxia**	**8090**			
银川	Yinchuan	4478	3555	3065	224
石嘴山	Shizuishan	1067			
吴忠	Wuzhong	2545	5481	6944	197
固原	Guyuan				
中卫	Zhongwei				
新疆	**Xinjiang**	**23742**			
乌鲁木齐	Urumqi	5038	23700	577	250
克拉玛依	Karamay			462	254

14-13 接待入境旅游者人数
Number of Overseas Visitors

单位：万人次 (10 000 person-times)

地名	City	2010	2016	2017	2017 排名 Ranking	地名	City	2010	2016	2017	2017 排名 Ranking
全国	**Nation Total**	**13376.22**	**13844.38**	**13948.24**		沈阳	Shenyang	55.03	68.67	69.52	38
北京	**Beijing**	**490.07**	**416.50**	**392.56**		大连	Dalian	116.60	104.40	106.39	29
天津	**Tianjin**	**166.10**	**82.43**	**79.21**		鞍山	Anshan	26.46	20.23	20.61	94
河北	**Hebei**	**97.74**	**147.59**	**91.01**		抚顺	Fushun	11.15	15.33	15.62	116
石家庄	Shijiazhuang	11.73	19.30	20.47	96	本溪	Benxi	56.20	7.48	7.61	145
唐山	Tangshan	5.82	10.70	11.65	130	丹东	Dandong	32.68	13.43	13.72	120
秦皇岛	Qinhuangdao	24.23	29.12	30.65	79	锦州	Jinzhou	20.01	9.46	9.60	137
邯郸	Handan	1.75	5.80	6.66	154	营口	Yingkou	8.57	7.80	7.90	141
邢台	Xingtai	1.73	2.68	3.05	199	阜新	Fuxin	2.30	2.14	2.23	217
保定	Baoding	9.12		17.49	110	辽阳	Liaoyang	2.79	3.97	4.05	181
张家口	Zhangjiakou	5.30	11.20	12.26	128	盘锦	Panjin	18.09	11.23	11.43	131
承德	Chengde	25.79	32.50	35.01	71	铁岭	Tieling	4.81	3.58	3.60	191
沧州	Cangzhou	1.73		3.32	196	朝阳	Chaoyang	1.38	2.05	2.09	220
廊坊	Langfang	9.59	15.50	17.74	106	葫芦岛	Huludao	5.72	4.50	4.60	171
衡水	Hengshui	0.94	1.63	1.94	225	**吉林**	**Jilin**	**82.00**	**161.95**	**148.43**	
山西	**Shanxi**	**130.29**	**62.98**	**67.00**		长春	Changchun	24.98	45.21	46.49	50
太原	Taiyuan	28.32	15.36	22.95	90	吉林	Jilin	6.36	11.32	12.38	124
大同	Datong	20.23	6.97	7.38	146	四平	Siping	0.20	0.56	0.72	251
阳泉	Yangquan	2.30	0.48	0.54	258	辽源	Liaoyuan	0.03	0.20	0.28	264
长治	Changzhi	8.43	2.52	2.66	207	通化	Tonghua	7.45	24.08	20.45	97
晋城	Jincheng	5.10	1.28	1.37	235	白山	Baishan	2.85	5.00	5.25	164
朔州	Shuozhou	4.10	0.64	0.67	252	松原	Songyuan	1.58	2.56	2.64	208
晋中	Jinzhong	21.48	22.71	24.47	87	白城	Baicheng	0.97	1.52	0.98	239
运城	Yuncheng	12.00	3.18	3.37	195	**黑龙江**	**Heilongjiang**	**172.42**	**95.70**	**103.88**	
忻州	Xinzhou	14.58	5.47	5.83	160	哈尔滨	Harbin	26.36		23.88	88
临汾	Linfen	10.06	3.82	4.07	180	齐齐哈尔	Qiqihar	3.04		0.83	247
吕梁	Lvliang	3.61	0.55	0.59	256	鸡西	Jixi	3.56		12.27	127
内蒙古	**Inner Mongolia**	**142.80**	**177.91**	**184.83**		鹤岗	Hegang	5.32		2.10	219
呼和浩特	Hohhot	9.40	13.86	13.96	119	双鸭山	Shuangyashan	8.00		0.79	248
包头	Baotou	1.87	3.98	4.00	183	大庆	Daqing	1.40		1.49	234
乌海	Wuhai	0.03	0.19	0.19	268	伊春	Yichun	1.94			
赤峰	Chifeng	3.20	4.53	4.71	169	佳木斯	Jiamusi	14.40		555.50	3
通辽	Tongliao	1.60	2.66	2.67	206	七台河	Qitaihe	0.18		43.70	56
鄂尔多斯	Erdos	2.23	3.47	3.49	192	牡丹江	Mudanjiang	74.79		74.60	33
呼伦贝尔	Hulunbuir	52.69	67.30	71.56	36	黑河	Heihe	32.91		38.20	64
巴彦淖尔	Bayannur	4.65	3.88	3.81	188	绥化	Suihua	0.01			
乌兰察布	Ulanqab	1.10	4.22	4.24	177	**上海**	**Shanghai**	**733.72**	**690.43**	**719.33**	
辽宁	**Liaoning**	**361.80**	**273.67**	**278.85**		**江苏**	**Jiangsu**	**653.55**	**329.77**	**370.10**	

14-13 接待入境旅游者人数 续表 1

Number of Overseas Visitors continued 1

单位：万人次 (10 000 person-times)

地名	City	2010	2016	2017	2017 排名 Ranking	地名	City	2010	2016	2017	2017 排名 Ranking
南京	Nanjing	130.88	63.78	74.51	34	池州	Chizhou	33.01		103.53	30
无锡	Wuxi	86.50	43.92	49.54	48	宣城	Xuancheng	2.20		20.51	95
徐州	Xuzhou	15.83	3.41	3.99	184	**福建**	**Fujian**	**368.14**	**611.48**	**691.74**	
常州	Changzhou	35.91	14.59	17.71	107	福州	Fuzhou	69.86	108.68	131.48	24
苏州	Suzhou	265.15	161.28	175.63	17	厦门	Xiamen	155.19	292.72	386.32	8
南通	Nantong	35.51	18.02	18.57	104	莆田	Putian	18.47	31.14	44.93	54
连云港	Lianyungang	11.67	2.26	2.61	209	三明	Sanming	2.90	6.51	7.77	143
淮安	Huaian	2.83	1.82	2.40	211	泉州	Quanzhou	77.05	131.00	145.26	19
盐城	Yancheng	6.21	5.31	6.46	156	漳州	Zhangzhou	24.75	55.47	61.08	43
扬州	Yangzhou	56.01	5.86	6.78	153	南平	Nanping	17.34	37.01	37.03	69
镇江	Zhenjiang	61.33	5.49	6.96	150	龙岩	Longyan	2.24	13.90	16.41	113
泰州	Taizhou	7.90	3.61	4.08	179	宁德	Ningde	0.34	3.29	4.01	182
宿迁	Suqian	2.79	0.42	0.84	246	**江西**	**Jiangxi**	**113.97**	**164.83**	**174.69**	
浙江	**Zhejiang**	**684.71**	**525.59**	**589.06**		南昌	Nanchang	12.05	22.77	27.86	83
杭州	Hangzhou	275.71	363.23	402.23	7	景德镇	Jingdezhen	19.49	23.43	63.65	42
宁波	Ningbo	95.17	173.49	186.91	16	萍乡	Pingxiang	4.40	6.94	8.31	140
温州	Wenzhou	39.16	121.03	139.08	21	九江	Jiujiang	25.05	27.62	42.80	57
嘉兴	Jiaxing	66.41	70.73	71.52	37	新余	Xinyu	1.37	2.95	3.27	197
湖州	Huzhou	33.17	91.62	111.66	27	鹰潭	Yingtan	5.54	4.26	45.35	52
绍兴	Shaoxing	52.28	82.47	89.13	32	赣州	Ganzhou	12.00	15.89	41.40	58
金华	Jinhua	62.74	112.74	110.27	28	吉安	Jian	12.38	19.43	23.26	89
衢州	Quzhou	9.88	13.20	1.35	236	宜春	Yichun	5.41	10.29	18.60	103
舟山	Zhoushan	25.68	33.92	34.43	74	抚州	Fuzhou	5.17	5.36	6.37	157
台州	Taizhou	10.29	19.24	19.88	99	上饶	Shangrao	11.22	25.88	101.60	31
丽水	Lishui	12.92	34.52	37.91	65	**山东**	**Shandong**	**366.79**	**328.82**	**440.52**	
安徽	**Anhui**	**198.42**	**313.43**	**351.09**		济南	Jinan	23.10	35.15	37.54	66
合肥	Hefei	24.29		45.93	51	青岛	Qingdao	108.05	141.05	144.37	20
芜湖	Wuhu	9.46		40.39	60	淄博	Zibo	17.14	20.29	20.98	92
蚌埠	Bengbu	1.76		8.35	138	枣庄	Zaozhuang	2.61	3.40	3.44	193
淮南	Huainan	1.61		5.20	165	东营	Dongying	3.33	5.98	6.20	158
马鞍山	Maanshan	4.36		16.34	114	烟台	Yantai	47.20	61.32	63.78	41
淮北	Huaibei	0.82		1.99	223	潍坊	Weifang	22.19	34.81	34.77	72
铜陵	Tongling	1.53		3.71	190	济宁	Jining	28.90	34.58	32.79	76
安庆	Anqing	4.49		25.80	85	泰安	Taian	29.83	38.53	39.47	62
黄山	Huangshan	105.03		237.59	15	威海	Weihai	37.26	48.52	49.18	49
滁州	Chuzhou	4.32		12.96	122	日照	Rizhao	21.52	28.27	27.62	84
阜阳	Fuyang	0.51		1.74	229	莱芜	Laiwu	0.40	0.76	0.79	249
宿州	Suzhou	0.84		4.50	173	临沂	Linyi	12.09	18.25	18.66	102
六安	Liuan	1.50		12.70	123	德州	Dezhou	5.77	2.11	2.24	216
亳州	Bozhou	0.96		7.85	142	聊城	Liaocheng	3.52	5.81	5.81	161

14-13 接待入境旅游者人数 续表 2

Number of Overseas Visitors continued 2

单位：万人次 (10 000 person-times)

地名	City	2010	2016	2017	2017 排名 Ranking	地名	City	2010	2016	2017	2017 排名 Ranking
滨州	Binzhou	2.95	4.92	5.14	166	常德	Changde	10.18	13.44	16.44	112
菏泽	Heze	0.93	1.51	1.63	232	张家界	Zhangjiajie	35.55	59.33	355.89	9
河南	**Henan**	**146.84**	**149.93**	**155.89**		益阳	Yiyang	5.45	2.67	3.00	202
郑州	Zhengzhou	34.91	48.07	54.69	45	郴州	Chenzhou	17.22	30.92	36.99	70
开封	Kaifeng	20.02	27.08	30.90	78	永州	Yongzhou	3.13	0.74	4.27	176
洛阳	Luoyang	45.79	114.99	133.28	23	怀化	Huaihua	0.97	9.22	10.27	135
平顶山	Pingdingshan	1.53	8.76	2.99	203	娄底	Loudi	3.48	2.13	2.45	210
安阳	Anyang	5.50	14.46	7.35	147	**广东**	**Guangdong**	**3140.93**	**3507.21**	**3654.52**	
鹤壁	Hebi	0.63	0.83	0.90	243	广州	Guangzhou	814.80	862.54	900.48	2
新乡	Xinxiang	2.97	17.51	4.82	167	韶关	Shaoguan	21.48	4.43	4.09	178
焦作	Jiaozuo	21.73	35.92	37.31	68	深圳	Shenzhen	1020.61	1171.19	3322.96	1
濮阳	Puyang	1.61	1.95	2.03	222	珠海	Zhuhai	325.14	317.23	499.46	4
许昌	Xuchang	0.90	0.43	0.46	259	汕头	Shantou	13.39	24.40	29.10	82
漯河	Luohe	0.64	0.95	0.95	241	佛山	Foshan	103.06	139.76	318.98	10
三门峡	Sanmenxia	3.97	8.76	10.72	133	江门	Jiangmen	119.04	222.70	488.37	5
南阳	Nanyang	1.26	2.03	2.39	212	湛江	Zhanjiang	10.31	30.10	44.53	55
商丘	Shangqiu	1.01	0.85	0.86	245	茂名	Maoming	1.78	3.85	4.45	175
信阳	Xinyang	0.72	1.52	1.65	230	肇庆	Zhaoqing	139.45	51.51	51.94	46
周口	Zhoukou	1.65	6.17	7.07	148	惠州	Huizhou	160.16	227.52	238.93	14
驻马店	Zhumadian	1.10	4.22	4.71	170	梅州	Meizhou	7.69	29.28	34.43	73
湖北	**Hubei**	**181.74**	**337.56**	**368.14**		汕尾	Shanwei	3.97	4.93	5.92	159
武汉	Wuhan	92.79	224.94	250.00	12	河源	Heyuan	4.49	8.04	7.65	144
黄石	Huangshi	1.31	0.40	0.40	261	阳江	Yangjiang	5.28	6.98	7.02	149
十堰	Shiyan	10.90	18.84	19.36	100	清远	Qingyuan	42.05	16.83	17.39	111
宜昌	Yichang	23.23	43.29	45.33	53	东莞	Dongguan	261.88	253.44	403.67	6
襄阳	Xiangyang	4.47	5.29	5.40	163	中山	Zhongshan	48.05	62.17	66.11	40
鄂州	Ezhou	0.48	0.06	0.06	275	潮州	Chaozhou	40.32	61.33	71.80	35
荆门	Jingmen	1.66	0.90	1.82	228	揭阳	Jieyang	6.69	3.39	15.03	117
孝感	Xiaogan	1.68	1.17	1.21	237	云浮	Yunfu	7.13	16.78	17.51	109
荆州	Jingzhou	3.67	2.08	2.14	218	**广西**	**Guangxi**	**250.24**	**482.52**	**512.44**	
黄冈	Huanggang	1.85		2.25	215	南宁	Nanning	16.75	55.54	59.13	44
咸宁	Xianning	1.13	2.52	3.01	200	柳州	Liuzhou	8.11	18.88	20.04	98
随州	Suizhou	3.65	1.75	1.98	224	桂林	Guilin	148.62	233.32	248.90	13
湖南	**Hunan**	**189.87**	**240.81**	**322.28**		梧州	Wuzhou	9.00	20.27	20.93	93
长沙	Changsha	70.21	58.06	129.20	25	北海	Beihai	7.30	13.55	14.54	118
株洲	Zhuzhou	6.20	5.85	6.85	152	防城港	Fangchenggang	7.01	16.86	17.66	108
湘潭	Xiangtan	7.35	10.81	11.98	129	钦州	Qinzhou	2.44	6.19	6.88	151
衡阳	Hengyang	8.78	5.66	4.48	174	贵港	Guigang	4.05	9.07	9.63	136
邵阳	Shaoyang	0.09	2.04	10.37	134	玉林	Yulin	3.31	12.23	13.67	121
岳阳	Yueyang	12.72	27.79	30.32	80	百色	Baise	2.67	7.82	8.32	139

14-13 接待入境旅游者人数 续表 3
Number of Overseas Visitors continued 3

单位：万人次 (10 000 person-times)

地名	City	2010	2016	2017	2017 排名 Ranking
贺州	Hezhou	16.40	37.65	38.91	63
河池	Hechi	3.02	10.68	11.26	132
来宾	Laibin	0.82	2.16	2.27	214
崇左	Chongzuo	20.73	38.29	40.31	61
海南	**Hainan**	**66.33**	**74.89**	**111.95**	
海口	Haikou	13.29	13.65	18.19	105
三亚	Sanya	41.59	44.89	69.28	39
三沙	Sansha				
重庆	**Chongqing**	**137.02**	**180.89**	**224.85**	
四川	**Sichuan**	**104.93**	**308.79**	**336.17**	
成都	Chengdu	73.20	268.17	301.34	11
自贡	Zigong	0.18	0.23	0.24	265
攀枝花	Panzhihua	0.03	0.23	0.24	267
泸州	Luzhou	0.20	0.43	0.32	263
德阳	Deyang	0.72	0.52	29.12	81
绵阳	Mianyang	1.32	0.51	0.44	260
广元	Guangyuan	0.14	0.13	0.08	274
遂宁	Suining	0.90	0.05	0.06	276
内江	Neijiang	0.04	0.02	3.85	187
乐山	Leshan	8.10	20.75	21.24	91
南充	Nanchong	0.30	0.36	2.87	205
眉山	Meishan	0.11	0.06	0.03	280
宜宾	Yibin	0.42	0.10	0.08	273
广安	Guangan	0.25	0.69	0.77	250
达州	Dazhou	0.01	0.01	0.01	281
雅安	Yaan	0.42	0.61	0.57	257
巴中	Bazhong	0.00	0.06	0.90	244
资阳	Ziyang	2.68	2.21	1.64	231
贵州	**Guizhou**	**50.01**	**72.29**	**32.40**	
贵阳	Guiyang	6.10	18.37	40.95	59
六盘水	Liupanshui	0.10	0.31	0.97	240
遵义	Zunyi	1.16	2.23	1.83	227
安顺	Anshun	16.95	13.35	6.62	155
毕节	Bijie	1.06		5.54	162
铜仁	Tongren	3.01		0.65	253
云南	**Yunnan**	**329.15**	**600.38**	**667.69**	
昆明	Kunming	86.06	123.47	134.07	22
曲靖	Qujing	1.73	2.37	3.17	198
玉溪	Yuxi	0.26	0.56	0.65	254
保山	Baoshan	8.95	17.33	19.08	101
昭通	Zhaotong	0.10	0.14	0.16	270
丽江	Lijiang	61.14	115.81	118.58	26
普洱	Puer	11.74	7.42	25.70	86
临沧	Lincang	4.12	12.02	49.68	47
西藏	**Tibet**	**22.83**	**32.19**	**34.35**	
拉萨	Lasa	16.44		16.31	115
陕西	**Shaanxi**	**212.17**	**338.20**	**383.74**	
西安	Xi'an	84.18		175.13	18
铜川	Tongchuan	2.24		2.94	204
宝鸡	Baoji	16.10		34.00	75
咸阳	Xianyang	14.00		12.30	126
渭南	Weinan	15.04		37.36	67
延安	Yan'an	8.54		3.95	186
汉中	Hanzhong	1.72		4.72	168
榆林	Yulin	0.26		0.38	262
安康	Ankang	1.46		3.40	194
商洛	Shangluo	1.20		1.92	226
甘肃	**Gansu**	**7.02**	**7.15**	**7.88**	
兰州	Lanzhou	2.01	2.18	3.98	185
嘉峪关	Jiayuguan	0.61	0.85	1.14	238
金昌	Jinchang	0.02	0.03	0.03	279
白银	Baiyin	0.01	0.04	0.05	277
天水	Tianshui	0.02	0.03	0.92	242
武威	Wuwei	0.77	0.12	0.10	272
张掖	Zhangye	0.06	0.58	2.38	213
平凉	Pingliang	0.00	0.24	0.24	266
酒泉	Jiuquan	3.38	2.84	3.00	201
庆阳	Qingyang	0.00	0.04		
定西	Dingxi	0.02	0.03	0.04	278
陇南	Longnan		0.004		
青海	**Qinghai**	**4.67**	**7.01**	**7.02**	
西宁	Xining		3.50	3.77	189
海东	Haidong			2.06	221
宁夏	**Ningxia**	**1.80**	**5.12**	**6.53**	
银川	Yinchuan	1.45	3.59	4.58	172
石嘴山	Shizuishan	0.06		0.11	271
吴忠	Wuzhong		0.15	0.16	269
固原	Guyuan	0.08	0.53	0.61	255
中卫	Zhongwei	0.17		12.36	125
新疆	**Xinjiang**	**50.94**	**58.21**	**77.41**	
乌鲁木齐	Urumqi	58.16	31.79	32.12	77
克拉玛依	Karamay	0.13	1.23	1.52	233

14-14 接待国内旅游人数
Number of Domestic Visitors

单位：万人次 (10 000 person-times)

地名	City	2010	2016	2017	2017 排名 Ranking	地名	City	2010	2016	2017	2017 排名 Ranking
全国	**Nation Total**	**210300.0**		**500100.0**		沈阳	Shenyang	5705.3	6333.0	726.2	258
北京	**Beijing**	**17900.0**	**28115.0**	**29353.6**		大连	Dalian	3777.1	7633.8	8410.0	29
天津	**Tianjin**	**6117.5**	**12036.2**	**20769.4**		鞍山	Anshan	2224.0	3967.7	4523.2	107
河北	**Hebei**	**14851.0**		**57074.0**		抚顺	Fushun	1980.2	3033.6	3458.3	143
石家庄	Shijiazhuang	2350.5	7628.4	9216.4	25	本溪	Benxi	2147.9	3491.1	3822.4	133
唐山	Tangshan	1532.4	4469.1	5591.3	68	丹东	Dandong	2248.2	4014.7	4533.5	106
秦皇岛	Qinhuangdao	1860.5	4188.9	5223.5	83	锦州	Jinzhou	1441.7	2347.4	2621.0	180
邯郸	Handan	1481.0	4734.2	5853.1	63	营口	Yingkou	1074.2	2399.6	2676.0	172
邢台	Xingtai	754.0	2109.2	2628.6	178	阜新	Fuxin	658.3	1140.4	1309.6	238
保定	Baoding	2811.7		9629.8	23	辽阳	Liaoyang	1661.6	2216.0	2489.6	188
张家口	Zhangjiakou	1034.7	5182.6	6247.6	57	盘锦	Panjin	1653.5	2262.2	2625.0	179
承德	Chengde	1285.6	4604.1	5761.5	65	铁岭	Tieling	1080.6	1799.8	2003.1	213
沧州	Cangzhou	575.2		1829.1	218	朝阳	Chaoyang	1164.8	2168.9	2438.2	190
廊坊	Langfang	818.5	2680.2	3361.7	147	葫芦岛	Huludao	1460.1	2064.7	2231.0	202
衡水	Hengshui	347.0	1367.0	1731.2	222	**吉林**	**Jilin**	**6490.9**	**16416.8**	**19092.9**	
山西	**Shanxi**	**12496.8**		**56073.0**		长春	Changchun	2637.6	6655.2	7781.3	35
太原	Taiyuan	1994.5	5666.2	6757.8	48	吉林	Jilin	1762.4	4465.4	5070.8	88
大同	Datong	1369.8	4041.5	5383.7	73	四平	Siping	123.2	343.5	414.4	270
阳泉	Yangquan	823.0	2733.3	5306.0	80	辽源	Liaoyuan	100.5	252.8	305.2	274
长治	Changzhi	1050.6	3751.0	4808.4	97	通化	Tonghua	400.2	1009.9	1213.1	246
晋城	Jincheng	1046.6	3885.3	4848.3	95	白山	Baishan	349.6	898.8	1063.9	252
朔州	Shuozhou	430.6	1717.0	2214.0	204	松原	Songyuan	244.1	632.4	731.2	257
晋中	Jinzhong	1349.7	6335.1	7927.6	34	白城	Baicheng	149.2	369.8	428.4	269
运城	Yuncheng	1570.2	5321.6	6704.2	50	**黑龙江**	**Heilongjiang**	**15702.0**	**14380.0**		
忻州	Xinzhou	1037.5	3410.9	4214.3	118	哈尔滨	Harbin	4124.0		7688.9	37
临汾	Linfen	1172.2	4024.1	5251.4	82	齐齐哈尔	Qiqihar	1725.7		2449.1	189
吕梁	Lvliang	652.3	3443.8	4569.9	103	鸡西	Jixi	501.0			
内蒙古	**Inner Mongolia**	**4477.6**	**9627.4**	**11461.2**		鹤岗	Hegang	113.7		467.5	268
呼和浩特	Hohhot	827.8	1621.2	3893.8	130	双鸭山	Shuangyashan	809.0		547.3	265
包头	Baotou	601.5	1209.3	1427.6	235	大庆	Daqing	743.5		1251.0	243
乌海	Wuhai	93.3	209.6	293.3	275	伊春	Yichun	419.8		1257.6	242
赤峰	Chifeng	383.9	865.9	1631.3	229	佳木斯	Jiamusi	241.0		550.0	263
通辽	Tongliao	248.0	540.8	642.2	260	七台河	Qitaihe	45.0		43.7	277
鄂尔多斯	Erdos	442.6	1037.1	1228.6	245	牡丹江	Mudanjiang	796.0		2206.3	205
呼伦贝尔	Hulunbuir	737.4	1486.3	1649.5	227	黑河	Heihe	233.0		893.3	253
巴彦淖尔	Bayannur	110.1	228.4	548.0	264	绥化	Suihua	76.0		380.0	272
乌兰察布	Ulanqab	174.9	550.7	1600.0	230	**上海**	**Shanghai**	**21463.2**	**29621.0**	**32845.3**	
辽宁	**Liaoning**	**28277.5**	**44872.9**	**50318.4**		**江苏**	**Jiangsu**	**35518.6**	**67780.0**	**74287.3**	

14-14 接待国内旅游人数 续表 1
Number of Domestic Visitors continued 1

单位：万人次 (10 000 person-times)

地名	City	2010	2016	2017	2017 排名 Ranking	地名	City	2010	2016	2017	2017 排名 Ranking
南京	Nanjing	6365.5	10657.3	11383.3	14	池州	Chizhou	1383.5	4799.2	5662.4	67
无锡	Wuxi	5067.3	8586.0	9179.3	26	宣城	Xuancheng	644.6	2558.1		
徐州	Xuzhou	2049.4	4515.5	5097.8	87	**福建**	**Fujian**	**11417.1**			
常州	Changzhou	2802.4	5989.6	6582.7	53	福州	Fuzhou	2275.1	5413.7	6606.3	51
苏州	Suzhou	7004.9	11300.4	12046.4	11	厦门	Xiamen	2178.4	4903.9	7444.2	39
南通	Nantong	1756.8	3792.1	4247.0	115	莆田	Putian	774.7	2315.7	2795.7	169
连云港	Lianyungang	1392.7	3011.1	3384.2	145	三明	Sanming	870.2	2286.6	2749.2	171
淮安	Huaian	1156.3	2610.5	2931.7	166	泉州	Quanzhou	1351.4	4380.2	5329.2	78
盐城	Yancheng	1105.4	2573.7	2926.8	167	漳州	Zhangzhou	1001.7	2605.9	3207.9	155
扬州	Yangzhou	2647.2	5622.0	6290.6	56	南平	Nanping	1300.0	3404.7	4112.7	121
镇江	Zhenjiang	2607.5	5348.3	5964.6	62	龙岩	Longyan	984.7	3045.2	3767.7	136
泰州	Taizhou	1072.8	2282.3	2558.3	184	宁德	Ningde	680.7	2205.9	2649.0	174
宿迁	Suqian	490.4	1491.1	1694.5	223	**江西**	**Jiangxi**	**10705.0**	**46913.4**	**57064.6**	
浙江	**Zhejiang**	**29500.0**				南昌	Nanchang		6470.1	12028.9	12
杭州	Hangzhou	6304.9	13695.9	15884.4	6	景德镇	Jingdezhen		3774.4	5391.0	72
宁波	Ningbo	4624.0	9198.4	10910.3	17	萍乡	Pingxiang		3184.7	4089.1	122
温州	Wenzhou	3537.0	8823.9	10237.1	20	九江	Jiujiang		6429.0	16158.1	4
嘉兴	Jiaxing	3070.1	7823.1	9143.3	27	新余	Xinyu		1576.8	3000.1	165
湖州	Huzhou	2855.7	8752.2	1.1	279	鹰潭	Yingtan		2786.4	3886.0	131
绍兴	Shaoxing	3436.0	8288.0	9541.1	24	赣州	Ganzhou		4597.3	8265.5	30
金华	Jinhua	2882.7	8632.4	10299.4	19	吉安	Jian		5668.7	8234.4	31
衢州	Quzhou	1639.3	5336.0	6479.1	55	宜春	Yichun		3359.2	7178.3	41
舟山	Zhoushan	2113.3	4576.7	5472.7	71	抚州	Fuzhou		2633.5	3990.0	125
台州	Taizhou	3285.7	8911.5	10757.9	18	上饶	Shangrao		6433.4	15900.0	5
丽水	Lishui	2065.3	6573.1	6785.4	45	**山东**	**Shandong**	**34990.4**	**70716.0**	**77966.2**	
安徽	**Anhui**	**15349.0**	**52241.0**	**62627.0**		济南	Jinan	3365.2		7248.1	40
合肥	Hefei	2101.7	9236.6	11105.5	15	青岛	Qingdao	4396.7		8672.1	28
芜湖	Wuhu	790.3	3974.6	4839.1	96	淄博	Zibo	2544.2		5341.1	76
蚌埠	Bengbu	905.2	3139.1	3800.5	134	枣庄	Zaozhuang	945.0		2255.8	198
淮南	Huainan	600.4	2109.5			东营	Dongying	636.8		1666.8	225
马鞍山	Maanshan	750.9	2804.0	3363.3	146	烟台	Yantai	3271.5		7093.6	42
淮北	Huaibei	335.5	1256.8	1477.4	233	潍坊	Weifang	2945.5		6770.7	47
铜陵	Tongling	410.3	1680.5	1984.9	215	济宁	Jining	2989.5		6728.2	49
安庆	Anqing	1798.1	5122.3	6089.0	61	泰安	Taian	3021.2		6855.4	44
黄山	Huangshan	2206.4	5403.8	5539.6	69	威海	Weihai	2112.1		4262.7	114
滁州	Chuzhou	615.4	1998.1			日照	Rizhao	2031.4		4469.9	109
阜阳	Fuyang	550.6	1975.3	2374.1	193	莱芜	Laiwu	527.2		1132.3	249
宿州	Suzhou	541.1	1877.6			临沂	Linyi	3037.0		6780.8	46
六安	Liuan	650.2	2529.9	3090.4	158	德州	Dezhou	965.5		2770.2	170
亳州	Bozhou	477.1	1775.7	2278.7	195	聊城	Liaocheng	872.4		2271.4	196

14-14 接待国内旅游人数 续表 2
Number of Domestic Visitors continued 2

单位：万人次 (10 000 person-times)

地名	City	2010	2016	2017	2017 排名 Ranking
滨州	Binzhou	661.4		1691.4	224
菏泽	Heze	667.8		1955.7	217
河南	**Henan**	**25845.0**	**58013.0**	**66204.0**	
郑州	Zhengzhou	6962.1	13701.0	10041.8	21
开封	Kaifeng	2221.2	5303.0	6159.1	60
洛阳	Luoyang	3820.3	8930.0	12300.0	10
平顶山	Pingdingshan	896.1	2096.0	4234.6	117
安阳	Anyang	1395.7	3386.0	5348.8	75
鹤壁	Hebi	395.8	1005.0	2141.8	208
新乡	Xinxiang	1363.4	3274.0	3716.9	138
焦作	Jiaozuo	1959.5	4170.0	4658.6	101
濮阳	Puyang	772.7	1852.0	1366.1	236
许昌	Xuchang	607.0	1424.0	2109.0	210
漯河	Luohe	414.0	978.0	589.1	262
三门峡	Sanmenxia	1454.6	3208.0	3457.2	144
南阳	Nanyang	1251.1	2941.0	5332.6	77
商丘	Shangqiu	804.2	1761.0	1666.2	226
信阳	Xinyang	1249.4	2918.0	3055.0	162
周口	Zhoukou	686.2	1626.0	3207.1	156
驻马店	Zhumadian	819.8	1968.0	3260.3	152
湖北	**Hubei**	**20946.0**			
武汉	Wuhan	8852.3	23096.1	25714.0	1
黄石	Huangshi	788.7	1880.6	2220.3	203
十堰	Shiyan	1477.1	4684.0	5538.5	70
宜昌	Yichang	1519.0	1905.4	6572.9	54
襄阳	Xiangyang	1397.5	3990.2	4541.0	105
鄂州	Ezhou	285.0	576.7	595.9	261
荆门	Jingmen	865.2	438.7	2656.5	173
孝感	Xiaogan	806.3	2114.9	2389.8	192
荆州	Jingzhou	916.2	3268.0	4160.0	119
黄冈	Huanggang	819.8		3085.0	159
咸宁	Xianning	1156.0	4747.5	5730.0	66
随州	Suizhou	590.8	2025.0	2250.0	199
湖南	**Hunan**	**20208.2**	**56307.0**	**66611.9**	
长沙	Changsha	4169.4	9410.0	13673.1	8
株洲	Zhuzhou	1194.8	4552.0	4856.2	94
湘潭	Xiangtan	1627.3	4759.0	6175.1	59
衡阳	Hengyang	1696.0	4332.0	6197.1	58
邵阳	Shaoyang	568.4	2034.0	1239.6	244
岳阳	Yueyang	1548.2	5007.0	4862.5	93

地名	City	2010	2016	2017	2017 排名 Ranking
常德	Changde	1354.1	3357.0	4380.3	110
张家界	Zhangjiajie	1075.0	2615.0	6979.9	43
益阳	Yiyang	1281.0	2496.0	3003.2	163
郴州	Chenzhou	1697.3	4874.0	5848.5	64
永州	Yongzhou	1104.1	2897.0	4979.5	91
怀化	Huaihua	1110.5	4238.0	4990.1	90
娄底	Loudi	827.0	3188.0	3463.7	142
广东	**Guangdong**	**18626.2**	**36200.1**	**40739.8**	
广州	Guangzhou	3691.6	5078.7	5375.1	74
韶关	Shaoguan	842.7	1425.8	1645.0	228
深圳	Shenzhen	2264.7	4524.5	9824.5	22
珠海	Zhuhai	1055.4	1909.2	3481.2	141
汕头	Shantou	768.8	1604.6	3246.6	153
佛山	Foshan	763.5	1211.3	4610.2	102
江门	Jiangmen	872.0	1777.9	5204.0	85
湛江	Zhanjiang	602.3	1912.2	4305.9	113
茂名	Maoming	304.7	839.5	1091.9	250
肇庆	Zhaoqing	916.2	1185.2	1277.8	240
惠州	Huizhou	913.4	1805.4	2000.0	214
梅州	Meizhou	514.3	1721.3	4133.6	120
汕尾	Shanwei	326.6	784.6	839.2	256
河源	Heyuan	435.0	1250.1	1540.8	232
阳江	Yangjiang	304.9	1169.3	1310.5	237
清远	Qingyuan	1093.8	1078.6	3968.7	127
东莞	Dongguan	1289.0	1754.2	3738.2	137
中山	Zhongshan	539.8	1055.6	1267.4	241
潮州	Chaozhou	317.4	1015.9	1462.8	234
揭阳	Jieyang	361.4	1677.8	4709.2	100
云浮	Yunfu	448.7	1418.4	2512.8	186
广西	**Guangxi**	**14074.0**	**40419.0**	**51812.0**	
南宁	Nanning	3272.0	9499.6	11001.1	16
柳州	Liuzhou	1300.3	3297.3	4018.8	124
桂林	Guilin	2097.7	5152.6	7983.9	32
梧州	Wuzhou	655.9	1727.7	2205.1	206
北海	Beihai	938.4	2473.2	3069.8	161
防城港	Fangchenggang	550.1	1568.8	2016.4	212
钦州	Qinzhou	469.3	1801.2	2564.3	183
贵港	Guigang	623.0	1666.6	2090.7	211
玉林	Yulin	712.6	2787.9	3989.9	126
百色	Baise	952.0	2716.7	3265.2	151

14-14 接待国内旅游人数 续表 3
Number of Domestic Visitors continued 3

单位：万人次 (10 000 person-times)

地名	City	2010	2016	2017	2017 排名 Ranking
贺州	Hezhou	487.4	1775.5	2171.5	207
河池	Hechi	728.0	2154.2	2635.6	176
来宾	Laibin	452.1	1806.3	2260.3	197
崇左	Chongzuo	662.5	1991.5	2539.5	185
海南	**Hainan**	**2521.0**	**4902.3**	**5479.5**	
海口	Haikou	722.8	1315.5	2409.5	191
三亚	Sanya	841.1	1606.7	1761.7	220
三沙	Sansha			1.9	278
重庆	**Chongqing**	**16036.6**		**53871.9**	
四川	**Sichuan**	**27141.3**	**63025.0**	**66924.0**	
成都	Chengdu	6738.3	19756.5	20703.8	2
自贡	Zigong	1144.9	3186.3	4025.5	123
攀枝花	Panzhihua	705.2	2062.6	2317.5	194
泸州	Luzhou	1262.2	3616.0	4934.6	92
德阳	Deyang	768.0	2601.0	3312.5	148
绵阳	Mianyang	1193.0	4205.6	5292.3	81
广元	Guangyuan	700.6	3792.1	4514.5	108
遂宁	Suining	1010.0	3931.8	4356.5	112
内江	Neijiang	974.4	3304.8	3898.6	129
乐山	Leshan	1669.6	4359.7	5100.8	86
南充	Nanchong	1307.6	4251.5	4793.6	98
眉山	Meishan	991.2	3746.0	4356.6	111
宜宾	Yibin	1459.1	4277.7	5218.4	84
广安	Guangan	1040.0	3436.3	3879.2	132
达州	Dazhou	858.1	1912.8	2233.0	201
雅安	Yaan	1005.0	2725.9	3192.3	157
巴中	Bazhong	476.2	2171.0	2629.1	177
资阳	Ziyang	872.5	1897.0	2243.9	200
贵州	**Guizhou**	**12863.0**			
贵阳	Guiyang	3940.8	11073.4	14836.6	7
六盘水	Liupanshui	275.9	1901.1	3000.9	164
遵义	Zunyi	1662.0	8428.5	11878.0	13
安顺	Anshun	1307.9	5394.9	7457.5	38
毕节	Bijie	1270.4		7735.3	36
铜仁	Tongren	1000.3			
云南	**Yunnan**	**13837.0**	**42519.3**	**56672.1**	
昆明	Kunming	3471.0	9990.2	13208.5	9
曲靖	Qujing	707.3	1727.6	2605.8	181
玉溪	Yuxi	1164.0	2710.7	3580.0	140
保山	Baoshan	611.0	1816.4	2492.3	187
昭通	Zhaotong	591.2	2489.1	3278.4	149
丽江	Lijiang	848.8	3404.1	3950.9	128
普洱	Puer	347.0	2065.6	2887.6	168
临沧	Lincang	268.9	1250.6	1807.2	219
西藏	**Tibet**	**662.0**	**2283.8**	**2527.1**	
拉萨	Lasa	352.9		1590.3	231
陕西	**Shaanxi**	**14353.8**	**44575.0**		
西安	Xi'an	5201.0		17918.0	3
铜川	Tongchuan	492.8		1750.3	221
宝鸡	Baoji	1659.0		7952.5	33
咸阳	Xianyang	1846.0		4565.0	104
渭南	Weinan	1313.5		5311.2	79
延安	Yan'an	1442.3		5055.1	89
汉中	Hanzhong	1210.0		4235.3	116
榆林	Yulin	530.0		3226.0	154
安康	Ankang	1218.0		3784.6	135
商洛	Shangluo	1270.0		4780.2	99
甘肃	**Gansu**	**4284.5**	**19089.0**		
兰州	Lanzhou	887.5		6587.2	52
嘉峪关	Jiayuguan	166.0		857.1	254
金昌	Jinchang	45.8		411.3	271
白银	Baiyin	195.0		1080.4	251
天水	Tianshui	682.3		3711.0	139
武威	Wuwei	178.5		1184.8	247
张掖	Zhangye	187.4		2596.6	182
平凉	Pingliang	420.3		1956.1	216
酒泉	Jiuquan	402.3		2646.5	175
庆阳	Qingyang	134.0		840.0	255
定西	Dingxi	232.0		659.0	259
陇南	Longnan	321.2		201.4	276
青海	**Qinghai**	**1221.5**	**2876.9**	**3484.1**	
西宁	Xining		1849.0	2134.5	209
海东	Haidong			1161.4	248
宁夏	**Ningxia**	**1020.6**			
银川	Yinchuan	395.7	869.5	1283.9	239
石嘴山	Shizuishan	154.6		327.4	273
吴忠	Wuzhong	150.8	419.1	471.9	267
固原	Guyuan	152.0	410.0	492.7	266
中卫	Zhongwei	165.7		3078.5	160
新疆	**Xinjiang**	**3038.0**	**7901.0**	**10491.0**	
乌鲁木齐	Urumqi	465.6	2501.8	3270.5	150
克拉玛依	Karamay	111.7	405.6		

14-15 国际旅游外汇收入
Foreign Exchange Earnings from International Tourism

单位：万美元 （USD 10 000）

地名	City	2010	2016	2017	2017 排名 Ranking
全国	**Nation Total**	**4581400.0**	**1200000.0**	**1234170.0**	
北京	**Beijing**	**504400.0**	**507000.0**	**512981.0**	
天津	**Tianjin**	**141951.0**	**355687.0**	**375147.0**	
河北	**Hebei**	**35070.7**	**55241.0**	**57869.0**	
石家庄	Shijiazhuang	4383.9		9460.1	102
唐山	Tangshan	2573.2		6699.0	117
秦皇岛	Qinhuangdao	12022.5		21145.0	56
邯郸	Handan	548.4		18545.0	61
邢台	Xingtai	552.9		785.0	214
保定	Baoding	2806.5		21145.0	56
张家口	Zhangjiakou	951.8		6699.0	117
承德	Chengde	7883.7		18540.0	62
沧州	Cangzhou	2595.4		1159.0	195
廊坊	Langfang	496.4		5741.0	125
衡水	Hengshui	256.1		416.0	230
山西	**Shanxi**	**46459.9**	**31738.0**	**35014.0**	
太原	Taiyuan	16376.6		9999.0	94
大同	Datong	7310.2		4285.0	138
阳泉	Yangquan	682.7		120.0	256
长治	Changzhi	1644.8		1620.0	185
晋城	Jincheng	1658.4		769.0	215
朔州	Shuozhou	1292.1		229.0	244
晋中	Jinzhong	6382.8		13137.0	81
运城	Yuncheng	2768.4		980.0	202
忻州	Xinzhou	5080.0		1964.0	175
临汾	Linfen	2077.2		1685.0	181
吕梁	Lvliang	1186.9		227.0	246
内蒙古	**Inner Mongolia**	**60190.0**	**113903.0**	**124556.0**	
呼和浩特	Hohhot	6881.9	16336.0	16471.0	70
包头	Baotou	1058.0	4543.0	4602.0	135
乌海	Wuhai	16.5	152.0	157.0	252
赤峰	Chifeng	1645.0	3650.0	3770.0	144
通辽	Tongliao	854.0	2225.0	2267.0	170
鄂尔多斯	Erdos	1155.3	2723.0	2764.0	157
呼伦贝尔	Hulunbuir	26431.8	45117.0	50800.0	31
巴彦淖尔	Bayannur	2345.4	2985.0	3400.0	151
乌兰察布	Ulanqab	609.2	3518.0	3583.0	147
辽宁	**Liaoning**	**225932.9**	**182392.0**	**177806.0**	
沈阳	Shenyang	40023.5	34404.0	35127.0	42
大连	Dalian	80386.0	53948.0	55081.0	28
鞍山	Anshan	22435.1	15516.0	15842.0	73
抚顺	Fushun	5882.0	12536.0	12799.0	82
本溪	Benxi	27094.6	11836.0	12085.0	85
丹东	Dandong	16402.5	8500.0	8684.0	104
锦州	Jinzhou	12070.1	11319.0	11557.0	88
营口	Yingkou	3728.1	6442.0	6578.0	119
阜新	Fuxin	1004.8	899.0	918.0	207
辽阳	Liaoyang	1698.7	2510.0	2563.0	163
盘锦	Panjin	8915.9	9773.0	9978.0	95
铁岭	Tieling	2698.3	2806.0	2865.0	153
朝阳	Chaoyang	852.9	1277.0	1304.0	192
葫芦岛	Huludao	3240.6	2375.0	2425.0	166
吉林	**Jilin**	**30491.7**	**79121.0**	**76579.0**	
长春	Changchun	13747.9	34398.2	35602.0	40
吉林	Jilin	1895.9	4245.3	4441.0	137
四平	Siping	58.6	160.8	203.0	249
辽源	Liaoyuan	12.4	76.6	120.0	256
通化	Tonghua	1428.8	5275.3	5070.0	128
白山	Baishan	1008.5	2228.1	2354.0	168
松原	Songyuan	692.8	1309.4	1360.0	189
白城	Baicheng	174.4	481.2	329.0	235
黑龙江	**Heilongjiang**	**76250.0**	**45805.0**	**47958.0**	
哈尔滨	Harbin	14272.0		13499.0	80
齐齐哈尔	Qiqihar	845.0		240.0	241
鸡西	Jixi	1352.8		4663.0	133
鹤岗	Hegang	1070.4		935.0	206
双鸭山	Shuangyashan	2685.0		59.0	263
大庆	Daqing			330.0	234
伊春	Yichun				
佳木斯	Jiamusi	3369.0		990.0	200
七台河	Qitaihe	2600.0			
牡丹江	Mudanjiang	29804.0		48256.0	34
黑河	Heihe				
绥化	Suihua	6.0			
上海	**Shanghai**	**640510.0**	**641920.0**	**669865.0**	
江苏	**Jiangsu**	**478343.0**	**380362.0**	**419472.0**	

14-15 国际旅游外汇收入 续表 1

Foreign Exchange Earnings from International Tourism continued 1

单位：万美元 （USD 10 000）

地名	City	2010	2016	2017	2017 排名 Ranking	地名	City	2010	2016	2017	2017 排名 Ranking
南京	Nanjing	98062.0	67617.0	79227.0	21	池州	Chizhou	10467.0		69751.0	23
无锡	Wuxi	48146.0	38954.0	42482.0	37	宣城	Xuancheng	753.6		11047.0	90
徐州	Xuzhou	15286.6	3938.0	4963.0	131	**福建**	**Fujian**	**297823.7**	**662569.0**	**758803.0**	
常州	Changzhou	34707.0	13147.0	15468.0	74	福州	Fuzhou	84299.0	134677.0	150100.0	9
苏州	Suzhou	125059.0	216708.0	230448.0	5	厦门	Xiamen	108552.3	323321.0	322100.0	4
南通	Nantong	36066.5	12482.0	12581.0	83	莆田	Putian	12922.1	27057.0	41055.0	38
连云港	Lianyungang	10746.0	2281.0	2716.0	158	三明	Sanming	2033.9	5713.0	7169.0	113
淮安	Huaian	2475.0	1705.0	2125.0	172	泉州	Quanzhou	66737.0	112640.0	135200.0	10
盐城	Yancheng	4534.6	6419.0	8212.0	106	漳州	Zhangzhou	15454.9	31468.0	50200.0	32
扬州	Yangzhou	45987.9	6280.0	7506.0	110	南平	Nanping	6679.5	16518.0	25800.0	50
镇江	Zhenjiang	46966.1	6479.0	8539.0	105	龙岩	Longyan	983.4	8640.0	11200.0	89
泰州	Taizhou	7931.0	3631.0	4161.0	140	宁德	Ningde	161.5	2165.0	2801.0	155
宿迁	Suqian	2375.2	721.0	1044.0	199	**江西**	**Jiangxi**	**34630.0**	**58453.8**	**62992.0**	
浙江	**Zhejiang**	**393020.0**	**312759.0**	**358644.0**		南昌	Nanchang	3069.0	8603.5	9971.0	96
杭州	Hangzhou	169008.4		354286.0	3	景德镇	Jingdezhen	6484.0	8190.2	28516.0	46
宁波	Ningbo	59066.3		98980.0	18	萍乡	Pingxiang	1225.0	2347.4	2689.0	159
温州	Wenzhou	17023.8		68549.0	24	九江	Jiujiang	9047.0	11474.0	17453.0	65
嘉兴	Jiaxing	22643.0		22587.0	54	新余	Xinyu	294.0	918.0	1080.0	198
湖州	Huzhou	12585.0		43799.0	35	鹰潭	Yingtan	1029.0	1363.1	8120.0	107
绍兴	Shaoxing	18478.2		31934.0	45	赣州	Ganzhou	3056.0	5156.8	13983.0	78
金华	Jinhua	37670.0		59612.0	26	吉安	Jian	3381.0	6527.7	7834.0	109
衢州	Quzhou	5123.0		552.0	220	宜春	Yichun	1571.0	3302.6	10288.0	92
舟山	Zhoushan	13094.0		17631.0	64	抚州	Fuzhou	1714.0	2108.4	2044.0	174
台州	Taizhou	5629.0		6750.0	116	上饶	Shangrao	3760.0	8462.1	43000.0	36
丽水	Lishui	28608.0		106188.0	16	**山东**	**Shandong**	**215505.8**	**306342.0**	**317404.0**	
安徽	**Anhui**	**82000.0**	**254235.8**	**288078.0**		济南	Jinan	11354.4	19609.0	20841.0	59
合肥	Hefei	12729.4		33136.0	44	青岛	Qingdao	60103.5	98055.0	102074.0	17
芜湖	Wuhu	2853.3		24610.0	51	淄博	Zibo	9205.8	9858.0	10135.0	93
蚌埠	Bengbu	736.7		5261.0	127	枣庄	Zaozhuang	823.8	810.0	823.0	213
淮南	Huainan	905.3		3661.0	145	东营	Dongying	3128.2	5277.0	5489.0	126
马鞍山	Maanshan	5135.4		11719.0	87	烟台	Yantai	37706.8	55260.0	58500.0	27
淮北	Huaibei	118.6		937.0	204	潍坊	Weifang	16238.3	22474.0	24419.0	52
铜陵	Tongling	285.6		1170.0	194	济宁	Jining	17117.9	15247.0	15849.0	72
安庆	Anqing	2795.9		17019.0	66	泰安	Taian	18380.2	24328.0	24174.0	53
黄山	Huangshan	30100.0		75010.0	22	威海	Weihai	19151.0	27207.0	27293.0	48
滁州	Chuzhou	1351.6		3569.0	149	日照	Rizhao	9795.3	12363.0	12018.0	86
阜阳	Fuyang	264.5		879.0	210	莱芜	Laiwu	313.6	654.0	674.0	219
宿州	Suzhou	410.5		2052.0	173	临沂	Linyi	7716.7	10111.0	9944.0	97
六安	Liuan	872.1		6933.0	114	德州	Dezhou	1752.5	536.0	548.0	221
亳州	Bozhou	329.0		1763.0	178	聊城	Liaocheng	1580.0	2701.0	2582.0	160

14-15 国际旅游外汇收入 续表 2
Foreign Exchange Earnings from International Tourism continued 2

单位：万美元 (USD 10 000)

地名	City	2010	2016	2017	2017 排名 Ranking	地名	City	2010	2016	2017	2017 排名 Ranking
滨州	Binzhou	898.5	1491.0	1659.0	182	常德	Changde	2144.1	5775.2	7183.0	112
菏泽	Heze	239.2	363.0	370.0	233	张家界	Zhangjiajie	20070.9	33938.2	66329.0	25
河南	**Henan**	**49877.1**	**64650.0**	**66155.0**		益阳	Yiyang	1797.8	924.1	904.0	208
郑州	Zhengzhou	14788.8	19945.0	20919.0	58	郴州	Chenzhou	5739.0	13390.0	16702.0	69
开封	Kaifeng	4596.9	7322.0	12089.0	84	永州	Yongzhou	784.8	185.1	1081.0	197
洛阳	Luoyang	15100.0	34869.0	39930.0	39	怀化	Huaihua	190.2	2613.0	2475.0	164
平顶山	Pingdingshan	475.1	863.0	899.0	209	娄底	Loudi	1007.8	633.4	767.0	216
安阳	Anyang	1291.2	3191.0	1748.0	179	**广东**	**Guangdong**	**1243154**	**1857713**	**1966330**	
鹤壁	Hebi	185.6	9313.0	267.0	238	广州	Guangzhou	468858.3	627215.0	631422.0	1
新乡	Xinxiang	677.7	189.0	976.0	203	韶关	Shaoguan	10309.2	2429.0	2408.0	167
焦作	Jiaozuo	8070.7	3355.0	9470.0	100	深圳	Shenzhen	318057.8	472673.0	498420.0	2
濮阳	Puyang	635.0	2329.0	140.0	254	珠海	Zhuhai	122338.5	104473.0	121001.0	15
许昌	Xuchang	325.8	136.0	238.0	242	汕头	Shantou	5015.8	11601.0	15931.0	71
漯河	Luohe	280.0	231.0	256.0	239	佛山	Foshan	72895.7	144446.0	151468.0	8
三门峡	Sanmenxia	821.6	247.0	2347.0	169	江门	Jiangmen	47656.6	109324.0	129048.0	13
南阳	Nanyang	630.0	1008.0	1201.0	193	湛江	Zhanjiang	2716.0	8512.0	10761.0	91
商丘	Shangqiu	250.0	252.0	269.0	237	茂名	Maoming	1198.1	1442.0	2178.0	171
信阳	Xinyang	318.0	392.0	429.0	229	肇庆	Zhaoqing	12439.7	32744.0	34945.0	43
周口	Zhoukou	672.6	1680.0	1710.0	180	惠州	Huizhou	50167.8	92637.0	96975.0	19
驻马店	Zhumadian	546.0	421.0	4610.0	134	梅州	Meizhou	2961.9	13484.0	15443.0	75
湖北	**Hubei**	**75116.5**	**187239.0**	**210474.0**		汕尾	Shanwei	1174.9	2697.0	3581.0	148
武汉	Wuhan	47578.3		169300.0	6	河源	Heyuan	1388.5	1701.0	1574.0	186
黄石	Huangshi	376.8		142.0	253	阳江	Yangjiang	1875.5	4203.0	4252.0	139
十堰	Shiyan	3303.6		6440.0	120	清远	Qingyuan	11061.9	16152.0	16991.0	67
宜昌	Yichang	5455.6		16751.0	68	东莞	Dongguan	67591.9	155377.0	159582.0	7
襄阳	Xiangyang	2642.1		3059.0	152	中山	Zhongshan	27591.0	27197.0	35327.0	41
鄂州	Ezhou	103.2		15.0	271	潮州	Chaozhou	13206.9	23060.0	28167.0	47
荆门	Jingmen	820.3		871.0	211	揭阳	Jieyang	2150.0	1522.0	1942.0	176
孝感	Xiaogan	820.0		693.0	218	云浮	Yunfu	2498.5	4824.0	5056.0	129
荆州	Jingzhou	864.7		511.0	222	**广西**	**Guangxi**	**80700.0**	**216427.0**	**239600.0**	
黄冈	Huanggang	99.1		500.0	223	南宁	Nanning	5600.0	23233.0	25996.0	49
咸宁	Xianning	522.7		988.0	201	柳州	Liuzhou	2684.1	7961.8	9463.0	101
随州	Suizhou	1791.8		937.0	204	桂林	Guilin	50417.0	118217.8	131627.0	11
湖南	**Hunan**	**88676.0**	**100456.8**	**129536.6**		梧州	Wuzhou	2293.8	7540.4	8019.0	108
长沙	Changsha	44112.2	19203.5	84519.0	20	北海	Beihai	2173.0		6077.0	123
株洲	Zhuzhou	2235.5	1656.2	1823.0	177	防城港	Fangchenggang	1695.2	5808.8	6321.0	121
湘潭	Xiangtan	2724.8	2770.5	3595.0	146	钦州	Qinzhou	822.4	2442.9	2772.0	156
衡阳	Hengyang	2245.5	1910.2	1642.0	184	贵港	Guigang	1191.1	3575.9	3980.0	141
邵阳	Shaoyang	22.4	621.0	2580.0	162	玉林	Yulin	1463.6	5730.2	6119.0	122
岳阳	Yueyang	3849.0	13733.3	13949.0	79	百色	Baise	1146.4	3099.9	3855.0	143

14-15 国际旅游外汇收入 续表 3

Foreign Exchange Earnings from International Tourism continued 3

单位：万美元 （USD 10 000）

地名	City	2010	2016	2017	2017 排名 Ranking
贺州	Hezhou	4180.0	1.4	14474.0	77
河池	Hechi	1139.5	4618.3	5037.0	130
来宾	Laibin	350.6	1001.9	1090.0	196
崇左	Chongzuo	5825.6	13870.1	15002.0	76
海南	**Hainan**	**32227.7**	**34989.0**	**68100.0**	
海口	Haikou	3755.7		5938.0	124
三亚	Sanya	24504.4		53062.0	30
三沙	Sansha				
重庆	**Chongqing**	**70320.0**	**168682.0**	**194759.0**	
四川	**Sichuan**	**35408.8**	**158167.7**	**144653.6**	
成都	Chengdu	27558.5	149544.5	130656.0	12
自贡	Zigong	50.7	67.3	48.0	264
攀枝花	Panzhihua	9.3	60.1	60.0	261
泸州	Luzhou	43.5	119.2	82.0	260
德阳	Deyang	465.7	291.9	21500.0	55
绵阳	Mianyang	578.6	140.2	118.0	258
广元	Guangyuan	12.3	37.5	27.0	267
遂宁	Suining	165.0	23.4	11.0	273
内江	Neijiang	7.7	12.0		
乐山	Leshan	1580.2	4120.0	4566.0	136
南充	Nanchong	83.7	119.9	1428.0	187
眉山	Meishan	30.7	21.5	12.0	272
宜宾	Yibin	154.5	30.1	20.0	269
广安	Guangan	66.5	193.3	210.0	248
达州	Dazhou	4.5	1.2	3.0	277
雅安	Yaan	111.3	145.8	137.0	255
巴中	Bazhong	0.8	18.8	450.0	227
资阳	Ziyang	597.1	663.4	392.0	231
贵州	**Guizhou**	**12958.0**	**25271.0**	**28327.0**	
贵阳	Guiyang	2486.7		18563.0	60
六盘水	Liupanshui	25.4		322.0	236
遵义	Zunyi	371.7		485.0	224
安顺	Anshun	2929.9		1370.0	188
毕节	Bijie	176.5		1340.0	190
铜仁	Tongren	696.3			
云南	**Yunnan**	**132365.0**	**307477.0**	**355033.0**	
昆明	Kunming	24252.0		53222.0	29
曲靖	Qujing	396.1		1654.0	183
玉溪	Yuxi	63.0		212.0	247
保山	Baoshan	2258.0		6897.0	115
昭通	Zhaotong	19.5		60.0	261
丽江	Lijiang	20200.0		49831.0	33
普洱	Puer	595.0		4733.0	132
临沧	Lincang	1472.0		9233.0	103
西藏	**Tibet**	**10359.0**	**19439.0**	**19751.0**	
拉萨	Lasa	7459.0		9690.0	99
陕西	**Shaanxi**	**101596.0**	**233855.0**	**270400.0**	
西安	Xi'an	53000.0		122723.0	14
铜川	Tongchuan	19.4		452.0	226
宝鸡	Baoji	4648.0		9692.0	98
咸阳	Xianyang	3342.0		3485.0	150
渭南	Weinan	2707.7		7350.0	111
延安	Yan'an	658.9		380.0	232
汉中	Hanzhong	690.0		2450.0	165
榆林	Yulin	14.0		35.0	266
安康	Ankang	263.0		759.0	217
商洛	Shangluo	76.3		236.0	243
甘肃	**Gansu**	**1481.4**	**1913.9**	**2086.3**	
兰州	Lanzhou	412.2	584.7	1320.0	191
嘉峪关	Jiayuguan	133.6	178.0	189.0	250
金昌	Jinchang	3.4	10.4	9.0	275
白银	Baiyin	0.7	12.8	10.0	274
天水	Tianshui	6.3	6.8	159.0	251
武威	Wuwei	114.5	22.6	18.0	270
张掖	Zhangye	7.2	140.5	229.0	244
平凉	Pingliang	0.7	85.9	44.0	265
酒泉	Jiuquan	782.3	820.9	834.0	212
庆阳	Qingyang	0.7	6.9		
定西	Dingxi	3.0	5.0	9.0	275
陇南	Longnan	0.1	1.3		
青海	**Qinghai**	**2044.9**	**4416.0**	**3829.0**	
西宁	Xining			2824.0	154
海东	Haidong			245.0	240
宁夏	**Ningxia**	**598.9**	**4058.0**	**3763.0**	
银川	Yinchuan	506.8		2581.0	161
石嘴山	Shizuishan	19.7		25.0	268
吴忠	Wuzhong	15.2		88.0	259
固原	Guyuan	22.5		455.0	225
中卫	Zhongwei	34.6		3861.0	142
新疆	**Xinjiang**	**36844.0**	**51873.0**	**81081.0**	
乌鲁木齐	Urumqi	19547.0		17974.0	63
克拉玛依	Karamay	44.0		441.0	228

14-16 国内旅游收入
Earnings from Domestic Tourism

单位：亿元 （100 million yuan）

地名	City	2010	2016	2017	2017 排名 Ranking
全国	**Nation Total**	**12579.8**	**39390.0**	**45660.8**	
北京	**Beijing**	**2425.1**		**5122.4**	
天津	**Tianjin**	**1151.9**		**3292.1**	
河北	**Hebei**	**890.8**	**4610.1**	**6089.6**	
石家庄	Shijiazhuang	129.4		988.1	32
唐山	Tangshan	93.4		582.8	72
秦皇岛	Qinhuangdao	143.0		644.0	62
邯郸	Handan	75.9		637.1	64
邢台	Xingtai	41.5		238.8	185
保定	Baoding	147.9		968.0	33
张家口	Zhangjiakou	59.3		694.3	57
承德	Chengde	86.8		671.0	59
沧州	Cangzhou	32.9		162.4	221
廊坊	Langfang	63.2		368.8	122
衡水	Hengshui	17.7		134.4	239
山西	**Shanxi**	**1052.3**		**5339.0**	
太原	Taiyuan	219.3		815.7	39
大同	Datong	113.2		480.3	89
阳泉	Yangquan	57.5		283.8	152
长治	Changzhi	88.8		460.2	92
晋城	Jincheng	75.5		444.1	98
朔州	Shuozhou	36.0		203.8	199
晋中	Jinzhong	109.4		815.6	40
运城	Yuncheng	101.2		555.9	81
忻州	Xinzhou	103.0		407.1	110
临汾	Linfen	97.4		482.9	88
吕梁	Lvliang	51.0		389.1	115
内蒙古	**Inner Mongolia**	**692.9**	**2635.6**	**3358.6**	
呼和浩特	Hohhot	171.2	564.1	748.4	53
包头	Baotou	109.1	398.4	502.2	86
乌海	Wuhai	8.9	39.8	64.7	253
赤峰	Chifeng	54.1	209.9	259.6	170
通辽	Tongliao	37.4	132.0	158.3	223
鄂尔多斯	Erdos	68.5	300.4	378.3	117
呼伦贝尔	Hulunbuir	113.8	479.0	607.4	67
巴彦淖尔	Bayannur	11.9	40.3	54.0	262
乌兰察布	Ulanqab	12.7	68.5	150.0	230
辽宁	**Liaoning**	**2533.4**	**4122.2**	**4620.7**	
沈阳	Shenyang	489.7	562.8	637.2	63
大连	Dalian	495.5	1105.2	1242.9	19
鞍山	Anshan	176.2	329.7	370.3	121
抚顺	Fushun	177.4	246.7	276.3	159
本溪	Benxi	158.1	260.2	285.1	150
丹东	Dandong	208.1	356.3	402.5	113
锦州	Jinzhou	112.4	167.8	187.0	206
营口	Yingkou	112.1	206.7	230.7	189
阜新	Fuxin	35.9	77.8	89.4	249
辽阳	Liaoyang	129.7	178.0	198.2	202
盘锦	Panjin	130.3	188.1	213.2	195
铁岭	Tieling	78.5	131.2	146.1	232
朝阳	Chaoyang	103.6	145.9	164.1	220
葫芦岛	Huludao	125.9	165.9	179.4	210
吉林	**Jilin**	**732.8**	**2845.9**	**3456.5**	
长春	Changchun	350.5	1318.7	1594.8	11
吉林	Jilin	164.3	675.4	798.2	42
四平	Siping	12.3	49.3	63.1	258
辽源	Liaoyuan	10.0	39.8	50.1	263
通化	Tonghua	37.7	150.9	191.1	203
白山	Baishan	30.6	124.8	157.0	225
松原	Songyuan	27.2	112.3	140.2	236
白城	Baicheng	15.3	60.0	74.9	250
黑龙江	**Heilongjiang**	**832.0**	**1573.0**		
哈尔滨	Harbin	371.8		1168.4	22
齐齐哈尔	Qiqihar	66.2		118.3	242
鸡西	Jixi	19.8		64.1	255
鹤岗	Hegang	9.0		47.6	264
双鸭山	Shuangyashan	8.6		17.5	278
大庆	Daqing	26.0		73.1	251
伊春	Yichun	25.2		113.0	243
佳木斯	Jiamusi	9.9		22.6	277
七台河	Qitaihe	10.1		8.0	281
牡丹江	Mudanjiang	31.9		121.4	241
黑河	Heihe	23.3		68.8	252
绥化	Suihua	0.6		11.8	279
上海	**Shanghai**	**2522.9**			
江苏	**Jiangsu**	**4287.9**	**9952.5**	**11307.5**	

14-16 国内旅游收入 续表 1
Earnings from Domestic Tourism continued 1

单位：亿元 （100 million yuan）

地名	City	2010	2016	2017	2017 排名 Ranking	地名	City	2010	2016	2017	2017 排名 Ranking
南京	Nanjing	852.4	1803.5	2020.4	6	池州	Chizhou	119.2	489.3	615.1	65
无锡	Wuxi	703.9	1518.9	1702.6	9	宣城	Xuancheng	42.6	201.3	270.0	162
徐州	Xuzhou	215.8	565.9	658.9	60	**福建**	**Fujian**	**1135.1**			
常州	Changzhou	320.8	820.0	936.8	35	福州	Fuzhou	210.3		777.2	48
苏州	Suzhou	917.8	1932.5	2161.3	5	厦门	Xiamen	295.9		951.1	34
南通	Nantong	202.3	522.0	601.4	70	莆田	Putian	54.8		238.3	186
连云港	Lianyungang	153.6	391.6	454.1	95	三明	Sanming	53.5		241.2	183
淮安	Huaian	118.6	305.6	353.7	127	泉州	Quanzhou	155.1		752.6	52
盐城	Yancheng	99.1	265.6	311.8	140	漳州	Zhangzhou	94.1		355.9	126
扬州	Yangzhou	271.8	681.9	785.3	46	南平	Nanping	151.4		574.7	76
镇江	Zhenjiang	285.6	706.2	812.9	41	龙岩	Longyan	69.6		325.2	138
泰州	Taizhou	113.3	278.2	321.4	139	宁德	Ningde	50.4		252.4	177
宿迁	Suqian	32.9	160.6	186.9	207	**江西**	**Jiangxi**	**794.8**	**4954.5**	**6392.6**	
浙江	**Zhejiang**	**3046.0**	**7600.0**	**8764.0**		南昌	Nanchang		745.9	1198.3	20
杭州	Hangzhou	910.9		3005.9	2	景德镇	Jingdezhen		359.7	509.5	85
宁波	Ningbo	610.7		1649.1	10	萍乡	Pingxiang		269.8	333.3	135
温州	Wenzhou	321.9		1103.7	28	九江	Jiujiang		736.9	1475.4	17
嘉兴	Jiaxing	280.6		1010.8	30	新余	Xinyu		139.2	278.7	158
湖州	Huzhou	205.6		1104.9	27	鹰潭	Yingtan		268.9	345.0	130
绍兴	Shaoxing	305.8		1006.6	31	赣州	Ganzhou		509.4	785.7	45
金华	Jinhua	258.0		1107.1	26	吉安	Jian		563.7	782.0	47
衢州	Quzhou	91.6		449.0	96	宜春	Yichun		371.0	604.5	69
舟山	Zhoushan	133.1		794.4	43	抚州	Fuzhou		261.0	36.0	270
台州	Taizhou	269.4		1161.9	23	上饶	Shangrao		729.1	1480.9	16
丽水	Lishui	96.2		572.7	77	**山东**	**Shandong**	**2915.8**	**7399.6**	**8491.5**	
安徽	**Anhui**	**1094.8**	**4763.6**	**6002.4**		济南	Jinan	306.3		875.3	37
合肥	Hefei	225.3	1156.3	1490.7	14	青岛	Qingdao	540.1		1468.1	18
芜湖	Wuhu	74.1	458.6	606.1	68	淄博	Zibo	207.4		576.2	74
蚌埠	Bengbu	36.2	194.0	249.6	179	枣庄	Zaozhuang	60.4		188.2	205
淮南	Huainan	25.4	134.0	164.1	219	东营	Dongying	43.3		144.9	233
马鞍山	Maanshan	37.1	204.1	254.7	174	烟台	Yantai	306.2		870.1	38
淮北	Huaibei	16.8	79.9	96.4	248	潍坊	Weifang	237.0		722.4	55
铜陵	Tongling	22.4	126.8	156.6	226	济宁	Jining	221.9		646.2	61
安庆	Anqing	119.1	479.2	599.3	71	泰安	Taian	241.1		722.7	54
黄山	Huangshan	182.2	506.3	455.5	94	威海	Weihai	207.3		553.6	82
滁州	Chuzhou	38.5	163.3	206.1	198	日照	Rizhao	116.1		345.4	129
阜阳	Fuyang	28.3	135.1	170.0	216	莱芜	Laiwu	21.1		63.7	256
宿州	Suzhou	24.7	119.1	151.5	228	临沂	Linyi	232.7		693.6	58
六安	Liuan	37.2	185.8	243.7	182	德州	Dezhou	45.4		173.4	211
亳州	Bozhou	27.3	130.4	171.6	212	聊城	Liaocheng	50.2		171.1	214

14-16 国内旅游收入 续表 2

Earnings from Domestic Tourism continued 2

单位：亿元　　　　(100 million yuan)

地名	City	2010	2016	2017	2017 排名 Ranking	地名	City	2010	2016	2017	2017 排名 Ranking
滨州	Binzhou	43.3		138.2	238	常德	Changde	81.5	276.0	357.3	124
菏泽	Heze	36.1		138.4	237	张家界	Zhangjiajie	98.1	398.0	582.3	73
河南	**Henan**	**2294.0**	**5703.0**	**6685.0**		益阳	Yiyang	69.9	146.0	259.1	171
郑州	Zhengzhou	591.2	1567.0	1193.1	21	郴州	Chenzhou	107.6	321.0	446.7	97
开封	Kaifeng	175.2	405.7	479.5	90	永州	Yongzhou	56.4	163.0	406.0	111
洛阳	Luoyang	367.9	1012.7	1017.0	29	怀化	Huaihua	73.0	296.0	392.3	114
平顶山	Pingdingshan	68.6	186.3	218.6	192	娄底	Loudi	53.3	223.0	250.9	178
安阳	Anyang	104.5	288.3	463.1	91	**广东**	**Guangdong**	**2964.6**	**9200.3**	**10667.1**	
鹤壁	Hebi	23.1	66.0	98.7	247	广州	Guangzhou	936.0	2800.6	3187.9	1
新乡	Xinxiang	79.3	215.6	262.9	165	韶关	Shaoguan	99.8	323.3	371.3	119
焦作	Jiaozuo	131.8	332.6	373.0	118	深圳	Shenzhen	412.6	1054.8	1485.5	15
濮阳	Puyang	52.2	144.5	23.0	276	珠海	Zhuhai	136.2	247.7	286.0	149
许昌	Xuchang	32.0	81.5	107.1	245	汕头	Shantou	85.1	346.1	434.6	104
漯河	Luohe	24.3	61.1	41.6	268	佛山	Foshan	181.8	528.8	608.6	66
三门峡	Sanmenxia	79.4	235.6	296.2	144	江门	Jiangmen	87.7	337.3	405.4	112
南阳	Nanyang	88.0	233.1	282.6	155	湛江	Zhanjiang	63.5	344.3	414.2	109
商丘	Shangqiu	43.1	109.2	34.2	271	茂名	Maoming	71.1	241.4	328.3	137
信阳	Xinyang	61.1	171.6	2.0	283	肇庆	Zhaoqing	94.3	264.0	284.7	151
周口	Zhoukou	41.1	112.2	154.9	227	惠州	Huizhou	106.7	302.6	439.3	101
驻马店	Zhumadian	45.1	132.6	185.2	208	梅州	Meizhou	70.8	367.8	434.8	103
湖北	**Hubei**	**1409.5**				汕尾	Shanwei	41.6	120.1	130.2	240
武汉	Wuhan	721.4		2698.5	4	河源	Heyuan	45.1	236.6	272.9	161
黄石	Huangshi	40.4		141.2	234	阳江	Yangjiang	41.4	211.3	264.7	163
十堰	Shiyan	89.3		430.0	105	清远	Qingyuan	100.9	259.0	303.2	141
宜昌	Yichang	100.3		702.6	56	东莞	Dongguan	145.4	342.2	488.9	87
襄阳	Xiangyang	85.9		338.4	132	中山	Zhongshan	106.4	228.9	287.0	148
鄂州	Ezhou	18.0		54.6	261	潮州	Chaozhou	45.2	166.0	215.7	193
荆门	Jingmen	40.9		164.4	218	揭阳	Jieyang	46.1	247.4	290.9	146
孝感	Xiaogan	46.0		150.6	229	云浮	Yunfu	47.0	230.1	254.2	175
荆州	Jingzhou	51.8		260.0	169	**广西**	**Guangxi**	**898.1**	**4047.7**	**5418.6**	
黄冈	Huanggang	44.5		200.3	201	南宁	Nanning	234.1	903.2	1109.8	25
咸宁	Xianning	59.1		292.5	145	柳州	Liuzhou	88.6	351.5	443.5	99
随州	Suizhou	36.9		141.1	235	桂林	Guilin	134.2	558.8	882.9	36
湖南	**Hunan**	**1365.5**	**4641.0**	**7173.0**		梧州	Wuzhou	50.0	192.7	240.3	184
长沙	Changsha	371.9	979.0	1713.6	8	北海	Beihai	67.2	284.3	364.5	123
株洲	Zhuzhou	70.7	392.0	426.5	106	防城港	Fangchenggang	27.9	125.4	164.8	217
湘潭	Xiangtan	88.1	318.0	559.5	80	钦州	Qinzhou	27.0	172.0	252.7	176
衡阳	Hengyang	82.8	362.0	566.9	78	贵港	Guigang	34.5	176.8	235.2	187
邵阳	Shaoyang	41.4	162.0	330.4	136	玉林	Yulin	49.5	277.7	415.5	108
岳阳	Yueyang	99.7	405.0	418.4	107	百色	Baise	56.7	259.6	334.5	134

14-16 国内旅游收入 续表 3
Earnings from Domestic Tourism continued 3

单位：亿元 （100 million yuan）

地名	City	2010	2016	2017	2017 排名 Ranking
贺州	Hezhou	34.9	208.4	262.8	166
河池	Hechi	43.3	230.5	297.2	143
来宾	Laibin	14.4	133.8	180.2	209
崇左	Chongzuo	33.7	173.6	234.7	188
海南	**Hainan**	**235.6**	**610.3**	**766.8**	
海口	Haikou	69.6		262.2	167
三亚	Sanya	123.0		370.4	120
三沙	Sansha				
重庆	**Chongqing**	**868.4**		**3176.5**	
四川	**Sichuan**	**1862.0**	**7600.5**	**8825.4**	
成都	Chengdu	584.6	2425.6	2946.2	3
自贡	Zigong	84.6	283.6	341.0	131
攀枝花	Panzhihua	42.0	242.6	279.3	157
泸州	Luzhou	66.1	331.2	441.8	100
德阳	Deyang	40.5	189.9	283.6	153
绵阳	Mianyang	64.9	421.8	533.1	84
广元	Guangyuan	32.0	264.2	334.6	133
遂宁	Suining	75.6	310.0	385.9	116
内江	Neijiang	52.9	215.5	263.3	164
乐山	Leshan	145.8	622.6	765.7	50
南充	Nanchong	91.0	374.5	457.8	93
眉山	Meishan	64.7	295.0	356.7	125
宜宾	Yibin	108.0	420.8	538.7	83
广安	Guangan	65.7	302.0	350.7	128
达州	Dazhou	41.6	140.8	171.1	215
雅安	Yaan	50.4	207.9	255.1	173
巴中	Bazhong	22.8	166.7	209.9	197
资阳	Ziyang	69.9	140.2	161.9	222
贵州	**Guizhou**	**1052.6**	**5011.9**	**7097.9**	
贵阳	Guiyang	424.2		1860.2	7
六盘水	Liupanshui	0.0		200.5	200
遵义	Zunyi	140.8		1142.9	24
安顺	Anshun	110.8		764.7	51
毕节	Bijie	100.9		60.5	259
铜仁	Tongren	0.0			
云南	**Yunnan**	**916.8**	**4536.5**	**6682.6**	
昆明	Kunming	284.8		1572.7	12
曲靖	Qujing	43.4		280.1	156
玉溪	Yuxi	40.5		283.1	154
保山	Baoshan	29.2		258.8	172
昭通	Zhaotong	20.1		213.3	194

地名	City	2010	2016	2017	2017 排名 Ranking
丽江	Lijiang	98.7		788.3	44
普洱	Puer	16.6		766.8	49
临沧	Lincang	14.5		171.2	213
西藏	**Tibet**	**64.0**	**318.8**	**366.3**	
拉萨	Lasa	34.3			
陕西	**Shaanxi**	**915.9**	**3659.0**	**4630.0**	
西安	Xi'an	362.8		1550.4	13
铜川	Tongchuan	10.5		104.9	246
宝鸡	Baoji	100.2		574.9	75
咸阳	Xianyang	80.0		289.9	147
渭南	Weinan	65.8		41.5	269
延安	Yan'an	76.1		298.5	142
汉中	Hanzhong	48.2		230.0	190
榆林	Yulin	23.0		190.8	204
安康	Ankang	47.5		228.0	191
商洛	Shangluo	48.3		260.5	168
甘肃	**Gansu**	**236.2**	**1219.0**	**1579.0**	
兰州	Lanzhou	62.8		560.9	79
嘉峪关	Jiayuguan	9.1		57.2	260
金昌	Jinchang	2.3		2.3	282
白银	Baiyin	9.8		64.2	254
天水	Tianshui	36.9		212.0	196
武威	Wuwei	8.2		63.3	257
张掖	Zhangye	9.1		157.2	224
平凉	Pingliang	20.6		109.6	244
酒泉	Jiuquan	34.1		244.3	181
庆阳	Qingyang	5.6		42.3	267
定西	Dingxi	8.6		29.6	274
陇南	Longnan	13.4		9.8	280
青海	**Qinghai**	**69.6**			
西宁	Xining		195.8	249.1	180
海东	Haidong		35.7	44.7	265
宁夏	**Ningxia**	**67.3**			
银川	Yinchuan	36.5		149.5	231
石嘴山	Shizuishan	7.1		23.9	275
吴忠	Wuzhong	7.9		33.2	272
固原	Guyuan	5.8		30.8	273
中卫	Zhongwei	10.0		275.2	160
新疆	**Xinjiang**	**281.1**		**1751.6**	
乌鲁木齐	Urumqi	128.1		437.8	102
克拉玛依	Karamay	6.8		44.5	266

14-17　星级饭店数
Number of Star-rated Hotels

单位：个 (unit)

地名	City	2010	2016	2017	2017 排名 Ranking	地名	City	2010	2016	2017	2017 排名 Ranking
全国	**Nation Total**	**11779**				沈阳	Shenyang	110			
北京	**Beijing**	**644**				大连	Dalian	191			
天津	**Tianjin**	**99**				鞍山	Anshan	23			
河北	**Hebei**	**198**				抚顺	Fushun	24			
石家庄	Shijiazhuang	71				本溪	Benxi	29			
唐山	Tangshan	65				丹东	Dandong	46			
秦皇岛	Qinhuangdao	69				锦州	Jinzhou	27			
邯郸	Handan	28	26	24	82	营口	Yingkou	21			
邢台	Xingtai	22				阜新	Fuxin	12			
保定	Baoding	63		49	22	辽阳	Liaoyang	11			
张家口	Zhangjiakou	40	49	49	22	盘锦	Panjin	14			
承德	Chengde	48				铁岭	Tieling	13			
沧州	Cangzhou	38		21	88	朝阳	Chaoyang	18			
廊坊	Langfang	52				葫芦岛	Huludao	27			
衡水	Hengshui	17				**吉林**	**Jilin**	**207**	**193**		
山西	**Shanxi**	**255**				长春	Changchun	164			
太原	Taiyuan	94				吉林	Jilin	97			
大同	Datong	26				四平	Siping	24			
阳泉	Yangquan	7				辽源	Liaoyuan	11			
长治	Changzhi	13				通化	Tonghua	36			
晋城	Jincheng	25				白山	Baishan	50			
朔州	Shuozhou	8				松原	Songyuan	33			
晋中	Jinzhong	40				白城	Baicheng	22			
运城	Yuncheng	53				**黑龙江**	**Heilongjiang**	**246**			
忻州	Xinzhou	37				哈尔滨	Harbin	89			
临汾	Linfen	51				齐齐哈尔	Qiqihar	17			
吕梁	Lvliang	14				鸡西	Jixi	12			
内蒙古	**Inner Mongolia**	**239**	**318**	**320**		鹤岗	Hegang	9			
呼和浩特	Hohhot	32	32	33	51	双鸭山	Shuangyashan	6			
包头	Baotou	37	23	22	85	大庆	Daqing	18			
乌海	Wuhai	7	9	9	136	伊春	Yichun	18			
赤峰	Chifeng	29	34	34	47	佳木斯	Jiamusi	14			
通辽	Tongliao	17	28	28	65	七台河	Qitaihe	5			
鄂尔多斯	Erdos	27	32	32	54	牡丹江	Mudanjiang	29			
呼伦贝尔	Hulunbuir	38	51	51	19	黑河	Heihe	7			
巴彦淖尔	Bayannur	10	22	22	85	绥化	Suihua	7			
乌兰察布	Ulanqab	14	19	19	97	**上海**	**Shanghai**	**291**	**238**		
辽宁	**Liaoning**	**432**				**江苏**	**Jiangsu**	**702**	**696**	**649**	

14-17 星级饭店数 续表 1

Number of Star-rated Hotels continued 1

单位：个 (unit)

地名	City	2010	2016	2017	2017 排名 Ranking
南京	Nanjing	121	91	83	7
无锡	Wuxi	69	42	42	33
徐州	Xuzhou	52	73	63	12
常州	Changzhou	65	42	44	30
苏州	Suzhou	159	116	112	2
南通	Nantong	97	80	80	8
连云港	Lianyungang	63	34	26	75
淮安	Huaian	52	48	36	41
盐城	Yancheng	65	36	34	47
扬州	Yangzhou	59	48	43	31
镇江	Zhenjiang	49	34	32	54
泰州	Taizhou	30	28	30	60
宿迁	Suqian	23	24	24	82
浙江	**Zhejiang**	**814**			
杭州	Hangzhou	236			
宁波	Ningbo	198	140		
温州	Wenzhou	99			
嘉兴	Jiaxing	54			
湖州	Huzhou	48			
绍兴	Shaoxing	94			
金华	Jinhua	84			
衢州	Quzhou	45			
舟山	Zhoushan	61			
台州	Taizhou	60			
丽水	Lishui	52			
安徽	**Anhui**	**417**	**314**	**331**	
合肥	Hefei	49	53	43	31
芜湖	Wuhu	28	26	27	69
蚌埠	Bengbu	19	9	16	109
淮南	Huainan	20	20	25	76
马鞍山	Maanshan	20	18	18	100
淮北	Huaibei	5	4	4	150
铜陵	Tongling	17	9	9	136
安庆	Anqing	44	33	36	41
黄山	Huangshan	77	46	41	34
滁州	Chuzhou	20	11	14	120
阜阳	Fuyang	10	4	5	149
宿州	Suzhou	6	6	7	145
六安	Liuan	32	18	20	93
亳州	Bozhou	12	6	13	123

地名	City	2010	2016	2017	2017 排名 Ranking
池州	Chizhou	30	30	28	65
宣城	Xuancheng	37	21	25	76
福建	**Fujian**	**374**			
福州	Fuzhou	72			
厦门	Xiamen	71	82		
莆田	Putian	11			
三明	Sanming	38			
泉州	Quanzhou	85			
漳州	Zhangzhou	28			
南平	Nanping	57			
龙岩	Longyan	26			
宁德	Ningde	28			
江西	**Jiangxi**	**311**	**406**	**395**	
南昌	Nanchang	52	50	55	16
景德镇	Jingdezhen	29	16	16	109
萍乡	Pingxiang	11	10	9	136
九江	Jiujiang	86	66	60	13
新余	Xinyu	11	10	9	136
鹰潭	Yingtan	18	16	16	109
赣州	Ganzhou	47	73	76	9
吉安	Jian	64	37	38	39
宜春	Yichun	34	47	39	37
抚州	Fuzhou	13	30	30	60
上饶	Shangrao	42	51	47	26
山东	**Shandong**	**895**	**700**	**663**	
济南	Jinan	95			
青岛	Qingdao	156			
淄博	Zibo	53			
枣庄	Zaozhuang	30			
东营	Dongying	20			
烟台	Yantai	108			
潍坊	Weifang	52			
济宁	Jining	84			
泰安	Taian	110			
威海	Weihai	69			
日照	Rizhao	25			
莱芜	Laiwu	8			
临沂	Linyi	45			
德州	Dezhou	29			
聊城	Liaocheng	22			

14-17 星级饭店数 续表 2

Number of Star-rated Hotels continued 2

单位：个 (unit)

地名	City	2010	2016	2017	2017 排名 Ranking	地名	City	2010	2016	2017	2017 排名 Ranking
滨州	Binzhou	27				常德	Changde	46	35	33	51
菏泽	Heze	64				张家界	Zhangjiajie	51	37	36	41
河南	**Henan**	**386**		**474**		益阳	Yiyang	31	18	15	114
郑州	Zhengzhou	111	89	84	6	郴州	Chenzhou	29	25	24	82
开封	Kaifeng	26	21	17	105	永州	Yongzhou	21	24	22	85
洛阳	Luoyang	65	62	54	18	怀化	Huaihua	46	39	35	44
平顶山	Pingdingshan	29	35	35	44	娄底	Loudi	25	27	21	88
安阳	Anyang	18	17	15	114	**广东**	**Guangdong**	**1008**	**861**	**771**	
鹤壁	Hebi	12	10	10	133	广州	Guangzhou	251	188	168	1
新乡	Xinxiang	21	13	10	133	韶关	Shaoguan	52	57	56	15
焦作	Jiaozuo	30	28	25	76	深圳	Shenzhen	154	114	108	3
濮阳	Puyang	14	10	11	132	珠海	Zhuhai	86	66	66	11
许昌	Xuchang	17	20	19	97	汕头	Shantou	44	31	29	63
漯河	Luohe	9	10	9	136	佛山	Foshan	101	67	46	27
三门峡	Sanmenxia	25	18	16	109	江门	Jiangmen	30	15	15	114
南阳	Nanyang	36	82	76	9	湛江	Zhanjiang	39	30	27	69
商丘	Shangqiu	13	13	12	129	茂名	Maoming	22	9	8	142
信阳	Xinyang	27	34	32	54	肇庆	Zhaoqing	35	21	21	88
周口	Zhoukou	19	20	18	100	惠州	Huizhou	70	46	31	58
驻马店	Zhumadian	24	35	29	63	梅州	Meizhou	30	37	34	47
湖北	**Hubei**	**455**				汕尾	Shanwei	12	13	14	120
武汉	Wuhan	97	77			河源	Heyuan	30	19	20	93
黄石	Huangshi	22				阳江	Yangjiang	30	21	21	88
十堰	Shiyan	68	83			清远	Qingyuan	39	26	18	100
宜昌	Yichang	66				东莞	Dongguan	100	38	33	51
襄阳	Xiangyang	40	24			中山	Zhongshan	43	22	21	88
鄂州	Ezhou	14				潮州	Chaozhou	12	13	13	123
荆门	Jingmen	44	34			揭阳	Jieyang	11	15	10	133
孝感	Xiaogan	36	24			云浮	Yunfu	18	13	12	129
荆州	Jingzhou	41	18			**广西**	**Guangxi**	**379**	**473**	**457**	
黄冈	Huanggang	37	41			南宁	Nanning	81	48	49	22
咸宁	Xianning	44	44			柳州	Liuzhou	30	48	41	34
随州	Suizhou	20				桂林	Guilin	68	67	58	14
湖南	**Hunan**	**433**	**461**	**407**		梧州	Wuzhou	19	34	34	47
长沙	Changsha	84	64	55	16	北海	Beihai	37	30	35	44
株洲	Zhuzhou	34	37	28	65	防城港	Fangchenggang	19	31	25	76
湘潭	Xiangtan	16	15	14	120	钦州	Qinzhou	23	18	17	105
衡阳	Hengyang	33	30	27	69	贵港	Guigang	20	15	13	123
邵阳	Shaoyang	37	39	32	54	玉林	Yulin	18	21	25	76
岳阳	Yueyang	39	43	38	39	百色	Baise	18	31	31	58

14-17 星级饭店数 续表 3
Number of Star-rated Hotels continued 3

单位：个 (unit)

地名	City	2010	2016	2017	2017 排名 Ranking
贺州	Hezhou	16	20	18	100
河池	Hechi	43	51	50	21
来宾	Laibin	12	17	16	109
崇左	Chongzuo	19	42	45	28
海南	**Hainan**	**186**	**133**	**126**	
海口	Haikou	71	40	39	37
三亚	Sanya	77	42	40	36
三沙	Sansha				
重庆	**Chongqing**	**246**			
四川	**Sichuan**	**395**	**427**	**398**	
成都	Chengdu	138	113	103	4
自贡	Zigong	8	8	8	142
攀枝花	Panzhihua	12	18	17	105
泸州	Luzhou	22	21	18	100
德阳	Deyang	9	14	12	129
绵阳	Mianyang	36	26	25	76
广元	Guangyuan	11	17	17	105
遂宁	Suining	19	20	20	93
内江	Neijiang	12	8	7	145
乐山	Leshan	37	28	27	69
南充	Nanchong	24	23	19	97
眉山	Meishan	9	10	13	123
宜宾	Yibin	29	15	13	123
广安	Guangan	22	13	13	123
达州	Dazhou	14	13	8	142
雅安	Yaan	23	21	20	93
巴中	Bazhong	14	8	7	145
资阳	Ziyang	13	7	7	145
贵州	**Guizhou**	**324**			
贵阳	Guiyang	56			
六盘水	Liupanshui	12			
遵义	Zunyi	43	41		
安顺	Anshun	21			
毕节	Bijie	38			
铜仁	Tongren	23			
云南	**Yunnan**	**560**			
昆明	Kunming	89			
曲靖	Qujing	33			
玉溪	Yuxi	42			
保山	Baoshan	31			
昭通	Zhaotong	7			
丽江	Lijiang	179			
普洱	Puer	7			
临沧	Lincang	22			
西藏	**Tibet**	**105**			
拉萨	Lasa				
陕西	**Shaanxi**	**269**	**341**	**350**	
西安	Xi'an	116	102	91	5
铜川	Tongchuan	12	9	9	136
宝鸡	Baoji	37	28	27	69
咸阳	Xianyang	28	15	15	114
渭南	Weinan	24	31	51	19
延安	Yan'an	34	49	45	28
汉中	Hanzhong	30	30	30	60
榆林	Yulin	33	27	27	69
安康	Ankang	26	26	28	65
商洛	Shangluo	12	18	15	114
甘肃	**Gansu**	**311**	**382**		
兰州	Lanzhou	60			
嘉峪关	Jiayuguan	19			
金昌	Jinchang	5			
白银	Baiyin	13			
天水	Tianshui	29			
武威	Wuwei	12			
张掖	Zhangye	18			
平凉	Pingliang	22			
酒泉	Jiuquan	59			
庆阳	Qingyang	12			
定西	Dingxi	23			
陇南	Longnan	19			
青海	**Qinghai**	**105**		**339**	
西宁	Xining				
海东	Haidong				
宁夏	**Ningxia**	**57**			
银川	Yinchuan	35	42		
石嘴山	Shizuishan	4			
吴忠	Wuzhong	6			
固原	Guyuan	6			
中卫	Zhongwei	11			
新疆	**Xinjiang**	**436**		**353**	
乌鲁木齐	Urumqi	112	55	48	25
克拉玛依	Karamay	20	16	15	114

15

金融业

Financial Intermediation

15-1 金融机构人民币存款余额
Total Deposits in RMB of Financial Institutions

单位：亿元 （100 million yuan）

地名	City	2010	2016	2017	2017 排名 Ranking
全国	**Nation Total**	**718237.9**	**1505864.0**	**1641044.0**	
北京	**Beijing**	**63025.20**	**138408.90**	**144086.00**	
天津	**Tianjin**	**15912.21**	**29041.36**	**29746.16**	
河北	**Hebei**	**26099.00**	**55928.87**	**60451.27**	
石家庄	Shijiazhuang	6115.50	11077.90	11702.97	22
唐山	Tangshan	4188.25	8279.87	8748.40	34
秦皇岛	Qinhuangdao	1504.06	2584.89	2835.47	103
邯郸	Handan	2131.50	4621.09	5358.13	54
邢台	Xingtai	1579.03	3335.25	3746.27	68
保定	Baoding	2856.44	6298.54	6892.25	43
张家口	Zhangjiakou	1300.29	2882.84	3461.77	77
承德	Chengde	1087.58	2210.35	2505.18	125
沧州	Cangzhou	2026.59	4298.71	4640.80	61
廊坊	Langfang	1981.92	6179.88	6133.93	48
衡水	Hengshui	1154.39	2566.55	2800.98	108
山西	**Shanxi**	**18575.65**	**30869.07**	**32844.88**	
太原	Taiyuan	6965.19	11070.04	11621.28	23
大同	Datong	1658.46	2629.08	2695.97	112
阳泉	Yangquan	877.23	1361.21	1479.00	199
长治	Changzhi	1366.07	2122.18	2362.52	133
晋城	Jincheng	1324.93	1934.55	2047.73	153
朔州	Shuozhou	764.12	1290.46	1379.18	207
晋中	Jinzhong	1245.57	2361.39	2566.95	120
运城	Yuncheng	951.62	1887.83	2003.15	158
忻州	Xinzhou	964.22	1762.28	1941.90	165
临汾	Linfen	1323.95	2134.79	2313.72	134
吕梁	Lvliang	1134.28	1811.11	2018.57	154
内蒙古	**Inner Mongolia**	**10278.69**	**21245.66**	**23092.73**	
呼和浩特	Hohhot	2703.98	6178.83	6312.61	47
包头	Baotou	1705.62	3236.00	3886.61	65
乌海	Wuhai	411.46	702.79	796.70	259
赤峰	Chifeng	879.42	1842.57	2161.91	146
通辽	Tongliao	479.38	985.87	1066.68	241
鄂尔多斯	Erdos	1754.83	3118.18	3374.26	81
呼伦贝尔	Hulunbuir	762.31	1473.64	1538.29	194
巴彦淖尔	Bayannur	459.28	937.14	966.70	244
乌兰察布	Ulanqab	424.10	1059.95	1138.52	228
辽宁	**Liaoning**	**27372.55**	**51692.45**	**54249.03**	
沈阳	Shenyang	8091.99	14242.76	15559.19	13
大连	Dalian	8503.52	14179.48	13562.23	18
鞍山	Anshan	1902.64	3207.64	3434.69	78
抚顺	Fushun	927.69	1594.31	1710.76	184
本溪	Benxi	727.51	1211.13	1345.19	211
丹东	Dandong	919.41	1842.56	2010.04	156
锦州	Jinzhou	1011.40	2641.63	3179.05	91
营口	Yingkou	946.19	2581.38	2452.56	130
阜新	Fuxin	505.27	1005.67	1093.49	237
辽阳	Liaoyang	829.43	2197.35	2526.29	123
盘锦	Panjin	839.83	1670.67	1664.48	189
铁岭	Tieling	624.93	1223.44	1308.12	213
朝阳	Chaoyang	705.55	1567.92	1698.31	185
葫芦岛	Huludao	811.17	1572.00	1682.81	186
吉林	**Jilin**	**9605.72**	**21154.70**	**21696.90**	
长春	Changchun	4985.12	11034.46	11467.57	25
吉林	Jilin	1334.95	2678.40	2658.65	115
四平	Siping	543.69	1241.94	1317.61	212
辽源	Liaoyuan	259.20	497.10	516.18	280
通化	Tonghua	561.48	1279.40	1201.62	225
白山	Baishan	372.51	877.80	833.27	254
松原	Songyuan	481.98	1109.06	1135.30	229
白城	Baicheng	306.00	737.19	798.52	257
黑龙江	**Heilongjiang**	**12835.67**	**22394.80**	**23796.00**	
哈尔滨	Harbin	5956.36	9804.00	10512.58	28
齐齐哈尔	Qiqihar	876.97	1706.30	1861.01	171
鸡西	Jixi	556.72	1032.80	1083.13	238
鹤岗	Hegang	325.89	593.10	650.25	272
双鸭山	Shuangyashan	423.30	776.80	845.85	252
大庆	Daqing	1560.92	2239.30	2289.77	135
伊春	Yichun	336.67	622.90	652.87	271
佳木斯	Jiamusi	631.05	1271.80	1351.96	209
七台河	Qitaihe	257.32	409.60	446.86	283
牡丹江	Mudanjiang	811.50	1399.70	1463.45	200
黑河	Heihe	380.27	712.80	751.29	263
绥化	Suihua	554.29	1313.70	1409.69	203
上海	**Shanghai**	**46678.13**	**110510.96**	**112461.74**	
江苏	**Jiangsu**	**58984.14**	**125576.94**	**134776.17**	

15-1 金融机构人民币存款余额 续表 1

Total Deposits in RMB of Financial Institutions continued 1

单位：亿元 （100 million yuan）

地名	City	2010	2016	2017	2017 排名 Ranking	地名	City	2010	2016	2017	2017 排名 Ranking
南京	Nanjing	12649.52	27633.55	29944.86	5	池州	Chizhou	65.67	875.50	950.10	247
无锡	Wuxi	8545.05	14101.40	14606.93	14	宣城	Xuancheng	577.11	1448.21	1675.36	188
徐州	Xuzhou	2632.19	5495.31	6396.38	46	**福建**	**Fujian**	**18309.45**	**40487.03**	**44086.83**	
常州	Changzhou	4550.47	8540.82	9873.37	32	福州	Fuzhou	5961.07	12076.50	13136.68	20
苏州	Suzhou	13570.35	25864.26	26467.59	6	厦门	Xiamen	4234.53	9188.49	10015.12	30
南通	Nantong	4857.85	11097.74	11497.24	24	莆田	Putian	716.27	1692.68	1775.23	178
连云港	Lianyungang	1227.26	2501.84	2917.49	99	三明	Sanming	754.47	1490.09	1663.72	190
淮安	Huaian	1190.80	3066.00	3432.67	79	泉州	Quanzhou	3276.23	6639.82	6777.69	44
盐城	Yancheng	1995.97	5255.06	5980.74	49	漳州	Zhangzhou	1085.49	2519.89	2812.43	105
扬州	Yangzhou	2430.55	5361.55	5700.87	52	南平	Nanping	751.86	1568.67	1753.14	179
镇江	Zhenjiang	2203.22	4705.99	4877.50	58	龙岩	Longyan	784.76	1753.76	1844.45	172
泰州	Taizhou	2320.32	5275.62	5732.30	51	宁德	Ningde	669.68	1347.45	1504.64	197
宿迁	Suqian	810.59	2207.43	2514.96	124	**江西**	**Jiangxi**	**11846.18**	**29105.23**	**32535.70**	
浙江	**Zhejiang**	**53441.45**	**99530.29**	**107320.53**		南昌	Nanchang	4167.67	9503.00	10011.39	31
杭州	Hangzhou	16838.18	32514.64	35321.94	3	景德镇	Jingdezhen	400.92	940.47	1075.90	240
宁波	Ningbo	9552.03	16196.01	17392.53	10	萍乡	Pingxiang	388.61	941.58	1117.44	233
温州	Wenzhou	6222.74	10213.31	10875.49	26	九江	Jiujiang	1086.42	2593.81	2916.18	100
嘉兴	Jiaxing	3526.61	6630.22	7344.71	42	新余	Xinyu	430.50	959.21	1076.24	239
湖州	Huzhou	1789.70	3476.80	3963.05	64	鹰潭	Yingtan	364.70	681.25	724.61	265
绍兴	Shaoxing	4910.85	7263.31	7657.56	38	赣州	Ganzhou	1506.08	4141.84	4753.57	59
金华	Jinhua	3948.77	7478.31	7746.62	37	吉安	Jian	858.72	2292.16	2618.97	118
衢州	Quzhou	949.15	1896.63	2112.33	149	宜春	Yichun	989.12	2430.56	2879.04	102
舟山	Zhoushan	1121.07	1807.83	1943.67	164	抚州	Fuzhou	656.07	1645.64	1904.90	167
台州	Taizhou	3562.80	6923.22	7429.26	41	上饶	Shangrao	976.45	2716.24	3211.01	89
丽水	Lishui	1019.54	2037.87	2213.44	144	**山东**	**Shandong**	**41104.96**	**85683.49**	**91018.70**	
安徽	**Anhui**	**16366.10**	**41324.30**	**46146.90**		济南	Jinan	7510.44	15032.79	15957.74	12
合肥	Hefei	4541.78	13150.95	13881.72	16	青岛	Qingdao	7659.21	14007.13	14387.76	15
芜湖	Wuhu	1213.17	2893.04	3195.04	90	淄博	Zibo	2470.56	4154.51	4376.40	62
蚌埠	Bengbu	707.65	1855.14	1952.95	162	枣庄	Zaozhuang	892.18	1664.86	1819.89	176
淮南	Huainan	863.49	1771.80	2052.87	152	东营	Dongying	1567.10	3837.74	3698.48	70
马鞍山	Maanshan	800.43	1842.05	1968.73	160	烟台	Yantai	4021.24	7161.22	7460.35	40
淮北	Huaibei	567.69	1321.81	1400.57	204	潍坊	Weifang	3281.25	6976.93	7506.26	39
铜陵	Tongling	406.51	1219.32	1387.69	206	济宁	Jining	2256.31	4558.07	4966.31	57
安庆	Anqing	1152.41	2637.79	2929.67	98	泰安	Taian	1399.53	3056.19	3325.23	83
黄山	Huangshan	472.38	1025.81	1155.64	227	威海	Weihai	1603.30	2965.23	3223.02	87
滁州	Chuzhou	776.44	1975.25	2272.25	138	日照	Rizhao	993.14	2058.10	2285.13	137
阜阳	Fuyang	1042.66	2999.01	3501.27	74	莱芜	Laiwu	585.78	907.67	948.17	248
宿州	Suzhou	699.98	1747.19	2010.16	155	临沂	Linyi	2115.09	5305.20	5846.35	50
六安	Liuan	842.34	2074.00	2428.63	132	德州	Dezhou	1286.91	2845.11	3098.02	92
亳州	Bozhou	544.75	1589.89	1843.36	173	聊城	Liaocheng	1232.43	3015.42	3246.61	86

15-1 金融机构人民币存款余额 续表 2

Total Deposits in RMB of Financial Institutions continued 2

单位：亿元 （100 million yuan）

地名	City	2010	2016	2017	2017 排名 Ranking	地名	City	2010	2016	2017	2017 排名 Ranking
滨州	Binzhou	1061.01	2677.03	2742.02	110	常德	Changde	961.43	2713.81	3015.96	97
菏泽	Heze	1089.77	3024.71	3481.48	76	张家界	Zhangjiajie	234.45	683.12	794.17	260
河南	**Henan**	**23148.83**	**54979.70**	**60037.60**		益阳	Yiyang	606.28	1655.62	1831.21	174
郑州	Zhengzhou	7990.85	19000.74	20349.56	8	郴州	Chenzhou	944.53	2392.53	2491.42	126
开封	Kaifeng	681.89	1639.40	1900.38	168	永州	Yongzhou	721.35	1912.50	2245.87	141
洛阳	Luoyang	2096.09	4982.38	5318.61	55	怀化	Huaihua	675.35	1756.59	1944.62	163
平顶山	Pingdingshan	1137.85	2277.55	2542.13	121	娄底	Loudi	653.73	1505.76	1716.19	183
安阳	Anyang	991.08	2196.54	2473.03	127	**广东**	**Guangdong**	**79957.97**	**179829.19**	**194535.75**	
鹤壁	Hebi	285.40	594.42	642.58	273	广州	Guangzhou	23384.50	45937.34	49332.53	2
新乡	Xinxiang	1144.16	2325.45	2541.33	122	韶关	Shaoguan	903.67	1669.70	1744.93	180
焦作	Jiaozuo	748.57	1629.62	1778.14	177	深圳	Shenzhen	20210.75	59562.25	64487.38	1
濮阳	Puyang	588.92	1338.17	1512.19	196	珠海	Zhuhai	2652.59	5689.08	6505.57	45
许昌	Xuchang	830.38	1997.44	2172.90	145	汕头	Shantou	1852.36	3125.20	3298.23	84
漯河	Luohe	421.85	1032.04	1100.72	236	佛山	Foshan	8335.04	12789.61	13612.05	17
三门峡	Sanmenxia	625.52	1143.23	1240.84	220	江门	Jiangmen	2214.97	3870.06	4123.45	63
南阳	Nanyang	1471.22	3454.41	3757.35	67	湛江	Zhanjiang	1556.00	2834.50	3046.38	93
商丘	Shangqiu	901.16	2287.21	2686.12	114	茂名	Maoming	1025.39	2216.93	2452.39	131
信阳	Xinyang	1054.76	2692.33	3045.01	94	肇庆	Zhaoqing	1057.38	2023.09	2235.94	143
周口	Zhoukou	930.79	2396.73	2686.93	113	惠州	Huizhou	2041.19	4544.73	5076.00	56
驻马店	Zhumadian	969.32	2526.29	2818.88	104	梅州	Meizhou	835.07	1813.05	2008.75	157
湖北	**Hubei**	**21203.00**	**47284.95**	**52352.43**		汕尾	Shanwei	326.96	739.56	836.84	253
武汉	Wuhan	10756.52	21792.80	23967.69	7	河源	Heyuan	496.83	1139.26	1248.00	218
黄石	Huangshi	699.63	1542.00	1641.64	191	阳江	Yangjiang	564.19	1122.34	1227.03	224
十堰	Shiyan	857.64	2029.91	2259.37	139	清远	Qingyuan	986.45	1906.06	2146.29	148
宜昌	Yichang	1917.41	3130.03	3494.13	75	东莞	Dongguan	5943.39	11198.43	11836.66	21
襄阳	Xiangyang	1291.43	3061.88	3339.17	82	中山	Zhongshan	2603.02	5031.00	5413.77	53
鄂州	Ezhou	256.64	581.54	656.26	270	潮州	Chaozhou	649.81	1203.57	1256.74	217
荆门	Jingmen	685.20	1660.23	1884.45	169	揭阳	Jieyang	963.01	2017.26	2101.27	150
孝感	Xiaogan	785.19	2079.00	2287.94	136	云浮	Yunfu	483.45	1022.14	1120.86	232
荆州	Jingzhou	1036.14	2543.58	2897.70	101	**广西**	**Guangxi**	**11746.77**	**25477.80**	**27899.64**	
黄冈	Huanggang	960.16	2681.00	3041.14	95	南宁	Nanning	4021.45	8901.72	9367.53	33
咸宁	Xianning	432.52	1207.00	1389.88	205	柳州	Liuzhou	1480.44	3305.14	3700.55	69
随州	Suizhou	430.05	1102.00	1236.45	222	桂林	Guilin	1367.59	2961.03	3265.31	85
湖南	**Hunan**	**16553.78**	**41996.70**	**46729.30**		梧州	Wuzhou	491.08	1044.91	1133.48	230
长沙	Changsha	6375.59	15459.68	17105.92	11	北海	Beihai	469.76	815.63	938.84	249
株洲	Zhuzhou	1129.09	2551.00	3039.18	96	防城港	Fangchenggang	311.14	562.31	618.88	275
湘潭	Xiangtan	775.83	2027.48	2237.67	142	钦州	Qinzhou	473.86	906.42	976.54	243
衡阳	Hengyang	1299.90	3246.05	3554.78	73	贵港	Guigang	513.36	1089.92	1262.28	215
邵阳	Shaoyang	946.30	2447.12	2795.05	109	玉林	Yulin	769.57	1636.12	1876.23	170
岳阳	Yueyang	781.20	2171.83	2593.11	119	百色	Baise	511.63	1111.76	1235.81	223

15-1 金融机构人民币存款余额 续表 3

Total Deposits in RMB of Financial Institutions continued 3

单位：亿元 (100 million yuan)

地名	City	2010	2016	2017	2017 排名 Ranking	地名	City	2010	2016	2017	2017 排名 Ranking
贺州	Hezhou	251.71	615.07	724.80	264	丽江	Lijiang	297.62	603.67	656.32	269
河池	Hechi	466.04	1001.37	1126.69	231	普洱	Puer	363.91	879.12	914.16	250
来宾	Laibin	306.65	606.68	702.47	266	临沧	Lincang	245.46	576.69	605.03	277
崇左	Chongzuo	312.48	699.48	784.81	261	**西藏**	**Tibet**	**1295.55**	**4379.66**	**4959.06**	
海南	**Hainan**	**4166.47**	**9120.17**	**10096.38**		拉萨	Lasa	894.97	2566.10	2726.28	111
海口	Haikou	2205.64	4851.25	10016.62	29	**陕西**	**Shaanxi**	**16456.05**	**35707.36**	**38153.27**	
三亚	Sanya	612.67	1481.52	1676.66	187	西安	Xi'an	8933.23	19073.96	20047.62	9
三沙	Sansha			22.44	286	铜川	Tongchuan	250.92	463.99	499.94	282
重庆	**Chongqing**	**13454.98**	**32160.09**	**34853.00**		宝鸡	Baoji	1076.77	2364.41	2633.49	117
四川	**Sichuan**	**30299.67**	**66892.42**	**73079.41**		咸阳	Xianyang	1142.46	2516.38	2807.45	106
成都	Chengdu	15277.25	31434.00	34423.28	4	渭南	Weinan	998.47	2061.59	2245.98	140
自贡	Zigong	559.32	1524.05	1723.67	181	延安	Yan'an	728.54	1451.53	1566.83	192
攀枝花	Panzhihua	570.72	938.59	981.36	242	汉中	Hanzhong	798.11	1752.59	1916.92	166
泸州	Luzhou	827.23	2179.23	2459.19	128	榆林	Yulin	1452.72	3030.04	3406.08	80
德阳	Deyang	1388.03	2307.72	2455.34	129	安康	Ankang	475.54	1172.40	1300.70	214
绵阳	Mianyang	1784.47	3181.69	3588.52	71	商洛	Shangluo	382.91	872.46	955.92	245
广元	Guangyuan	717.15	1303.70	1418.54	201	**甘肃**	**Gansu**	**7115.37**	**17515.66**	**17777.22**	
遂宁	Suining	523.16	1376.76	1554.82	193	兰州	Lanzhou	3235.84	8623.11	8513.59	35
内江	Neijiang	599.86	1366.90	1512.92	195	嘉峪关	Jiayuguan	165.99	314.94	314.87	285
乐山	Leshan	867.41	1864.82	2086.33	151	金昌	Jinchang	172.18	327.80	344.84	284
南充	Nanchong	1100.50	3047.30	3216.07	88	白银	Baiyin	348.44	678.79	701.80	267
眉山	Meishan	615.24	1670.36	1961.14	161	天水	Tianshui	463.25	1155.79	1238.17	221
宜宾	Yibin	945.60	2322.47	2646.64	116	武威	Wuwei	323.48	826.72	797.83	258
广安	Guangan	638.85	1663.60	1829.84	175	张掖	Zhangye	263.04	584.02	614.45	276
达州	Dazhou	901.08	2624.98	2801.64	107	平凉	Pingliang	326.42	735.48	803.11	256
雅安	Yaan	454.34	1042.06	1104.51	235	酒泉	Jiuquan	480.88	922.10	904.15	251
巴中	Bazhong	354.91	1145.80	1247.67	219	庆阳	Qingyang	354.18	877.97	955.00	246
资阳	Ziyang	674.99	1121.62	1355.97	208	定西	Dingxi	269.98	764.95	784.52	262
贵州	**Guizhou**	**7363.92**	**23831.36**	**26194.14**		陇南	Longnan	392.31	782.64	820.72	255
贵阳	Guiyang	3035.31	9928.30	10814.51	27	**青海**	**Qinghai**	**2319.64**	**5586.18**	**5843.21**	
六盘水	Liupanshui	499.05	1207.75	1351.29	210	西宁	Xining	1623.21	3756.01	3883.79	66
遵义	Zunyi	1157.00	4305.82	4661.22	60	海东	Haidong			629.40	274
安顺	Anshun	362.19	1090.85	1173.14	226	**宁夏**	**Ningxia**	**2573.64**	**5460.63**	**5867.22**	
毕节	Bijie	550.92	1667.31	1990.38	159	银川	Yinchuan	1597.96	3343.40	3587.23	72
铜仁	Tongren	375.05	1280.15	1416.25	202	石嘴山	Shizuishan	345.29	544.43	559.47	278
云南	**Yunnan**	**13411.49**	**27921.53**	**30160.74**		吴忠	Wuzhong	269.68	624.70	676.87	268
昆明	Kunming	6739.51	12655.68	13466.56	19	固原	Guyuan	148.57	455.29	517.97	279
曲靖	Qujing	1016.70	2008.21	2156.79	147	中卫	Zhongwei	198.39	473.72	506.92	281
玉溪	Yuxi	816.01	1515.67	1719.38	182	**新疆**	**Xinjiang**	**8870.02**	**19300.08**	**21753.05**	
保山	Baoshan	346.94	986.09	1111.56	234	乌鲁木齐	Urumqi	3596.43	7406.60	8320.71	36
昭通	Zhaotong	520.35	1398.36	1496.97	198	克拉玛依	Karamay	792.49	1079.65	1259.06	216

15-2 金融机构人民币贷款余额
Total Loans in RMB of Financial Institutions

单位：亿元 （100 million yuan）

地名	City	2010	2016	2017	2017 排名 Ranking
全国	**Nation Total**	**479195.55**	**1066040.00**	**1201321.00**	
北京	**Beijing**	**28748.10**	**63739.40**	**69556.20**	
天津	**Tianjin**	**12864.75**	**28754.04**	**31602.54**	
河北	**Hebei**	**15755.74**	**37352.20**	**43315.28**	
石家庄	Shijiazhuang	3272.10	5175.89	8924.98	28
唐山	Tangshan	2716.11	4975.00	5212.86	44
秦皇岛	Qinhuangdao	896.02	1526.45	1699.44	109
邯郸	Handan	1318.74	3129.25	3546.19	58
邢台	Xingtai	814.13	1995.90	2324.84	80
保定	Baoding	1158.32	3083.45	3677.41	57
张家口	Zhangjiakou	918.31	2026.43	2401.11	78
承德	Chengde	766.25	1656.76	1916.47	97
沧州	Cangzhou	894.57	2474.72	2798.54	68
廊坊	Langfang	1322.08	4905.25	5800.19	42
衡水	Hengshui	457.60	1458.80	1708.65	107
山西	**Shanxi**	**9634.32**	**20356.50**	**22573.77**	
太原	Taiyuan	5054.75	10103.36	11340.29	18
大同	Datong	597.21	1225.71	1244.04	161
阳泉	Yangquan	369.08	742.62	884.71	203
长治	Changzhi	631.17	1196.82	1364.93	143
晋城	Jincheng	522.92	1082.22	1221.01	164
朔州	Shuozhou	197.68	577.33	623.77	249
晋中	Jinzhong	469.64	1379.87	1579.95	120
运城	Yuncheng	499.86	1013.05	1095.94	176
忻州	Xinzhou	352.40	777.72	826.87	211
临汾	Linfen	533.52	1183.37	1259.82	158
吕梁	Lvliang	406.11	950.92	1035.83	184
内蒙古	**Inner Mongolia**	**7919.47**	**19458.45**	**21566.31**	
呼和浩特	Hohhot	2522.52	7051.84	7646.01	32
包头	Baotou	1037.29	2403.05	2960.39	67
乌海	Wuhai	279.61	533.89	612.78	251
赤峰	Chifeng	465.93	1381.50	1653.87	113
通辽	Tongliao	464.04	991.71	1044.16	183
鄂尔多斯	Erdos	1561.97	2909.76	3078.80	65
呼伦贝尔	Hulunbuir	430.54	1074.98	1186.55	168
巴彦淖尔	Bayannur	346.36	759.41	855.18	208
乌兰察布	Ulanqab	241.00	613.70	703.02	237
辽宁	**Liaoning**	**18689.77**	**38686.00**	**41279.00**	
沈阳	Shenyang	5970.16	12569.61	12952.55	15
大连	Dalian	6159.00	11004.80	11212.78	19
鞍山	Anshan	1079.14	2136.43	2269.90	81
抚顺	Fushun	372.98	759.31	898.09	201
本溪	Benxi	504.91	915.73	1138.61	171
丹东	Dandong	476.43	1104.96	1454.50	130
锦州	Jinzhou	583.29	1352.88	1712.24	106
营口	Yingkou	813.55	1854.46	2121.38	89
阜新	Fuxin	359.35	839.37	926.41	194
辽阳	Liaoyang	513.99	1168.94	1364.99	142
盘锦	Panjin	440.22	842.77	911.11	199
铁岭	Tieling	484.33	841.19	904.61	200
朝阳	Chaoyang	434.80	992.58	1057.70	181
葫芦岛	Huludao	489.64	931.60	1138.82	170
吉林	**Jilin**	**7205.94**	**17210.50**	**18010.30**	
长春	Changchun	4557.44	9921.76	10341.94	23
吉林	Jilin	715.40	2108.52	2183.65	85
四平	Siping	364.58	1086.16	1073.49	178
辽源	Liaoyuan	171.26	405.12	435.02	275
通化	Tonghua	341.68	695.03	783.56	219
白山	Baishan	243.59	417.03	430.90	276
松原	Songyuan	281.98	931.58	952.14	192
白城	Baicheng	192.58	706.43	803.37	216
黑龙江	**Heilongjiang**	**7230.47**	**18086.20**	**19466.10**	
哈尔滨	Harbin	4126.95	9048.70	9968.26	25
齐齐哈尔	Qiqihar	540.40	1560.30	157.36	285
鸡西	Jixi	224.98	694.20	775.69	221
鹤岗	Hegang	226.68	486.50	522.34	264
双鸭山	Shuangyashan	276.90	837.20	868.55	205
大庆	Daqing	409.78	957.30	1083.74	177
伊春	Yichun	104.05	166.40	177.46	284
佳木斯	Jiamusi	342.26	1508.10	1742.00	103
七台河	Qitaihe	161.54	268.80	248.25	282
牡丹江	Mudanjiang	304.92	659.00	645.85	245
黑河	Heihe	174.76	563.20	585.20	260
绥化	Suihua	301.87	887.00	925.78	195
上海	**Shanghai**	**27970.18**	**59982.25**	**67182.01**	
江苏	**Jiangsu**	**42121.04**	**92957.02**	**104007.34**	

15-2 金融机构人民币贷款余额 续表 1

Total Loans in RMB of Financial Institutions continued 1

单位：亿元 （100 million yuan）

地名	City	2010	2016	2017	2017 排名 Ranking
南京	Nanjing	10384.84	21681.28	24578.25	5
无锡	Wuxi	6160.60	10382.93	11098.51	20
徐州	Xuzhou	1436.44	3620.21	4173.20	52
常州	Changzhou	3011.67	6043.15	6679.20	36
苏州	Suzhou	10133.15	21924.44	23986.62	6
南通	Nantong	2843.14	6835.46	7833.49	31
连云港	Lianyungang	862.48	2046.93	2433.32	77
淮安	Huaian	842.63	2304.22	2789.29	70
盐城	Yancheng	1310.40	3699.32	4272.31	50
扬州	Yangzhou	1486.06	3508.13	4007.76	53
镇江	Zhenjiang	1563.34	3444.36	3864.02	54
泰州	Taizhou	1460.68	3656.79	4173.85	51
宿迁	Suqian	625.61	1960.37	2223.45	82
浙江	**Zhejiang**	**45288.07**	**81804.50**	**90233.30**	
杭州	Hangzhou	14502.92	25464.83	28573.63	3
宁波	Ningbo	9000.62	15806.76	17125.29	9
温州	Wenzhou	5381.57	8011.47	8604.11	30
嘉兴	Jiaxing	2615.92	5185.23	5973.90	41
湖州	Huzhou	1419.97	2740.36	3266.82	62
绍兴	Shaoxing	3820.13	6111.17	6676.76	37
金华	Jinhua	3046.15	6167.40	6681.56	35
衢州	Quzhou	770.41	1652.45	1921.98	96
舟山	Zhoushan	980.77	1484.01	1693.69	111
台州	Taizhou	2940.51	5758.92	6366.68	38
丽水	Lishui	809.11	1543.45	1722.06	105
安徽	**Anhui**	**11452.29**	**30774.50**	**35162.00**	
合肥	Hefei	4214.08	11550.60	12865.46	17
芜湖	Wuhu	1033.45	2843.97	3202.05	63
蚌埠	Bengbu	386.92	1400.14	1565.59	123
淮南	Huainan	644.64	1172.95	1292.77	151
马鞍山	Maanshan	523.11	1341.46	1483.42	129
淮北	Huaibei	304.23	795.50	868.29	206
铜陵	Tongling	388.49	944.69	971.65	191
安庆	Anqing	547.07	1481.42	1705.38	108
黄山	Huangshan	281.01	609.14	716.38	233
滁州	Chuzhou	473.76	1428.03	1699.21	110
阜阳	Fuyang	441.49	1569.82	2055.42	92
宿州	Suzhou	307.68	979.35	1248.29	159
六安	Liuan	484.13	1192.80	1537.42	126
亳州	Bozhou	244.78	1036.51	1337.22	145

地名	City	2010	2016	2017	2017 排名 Ranking
池州	Chizhou	247.69	505.36	560.49	261
宣城	Xuancheng	385.56	1041.36	1226.23	162
福建	**Fujian**	**15231.36**	**37787.28**	**41899.68**	
福州	Fuzhou	5005.53	12124.69	13320.41	13
厦门	Xiamen	3337.98	7745.00	8850.58	29
莆田	Putian	616.71	1650.58	1791.69	102
三明	Sanming	694.76	1264.48	1312.94	147
泉州	Quanzhou	2600.56	5788.42	6041.91	40
漳州	Zhangzhou	798.97	2140.71	2463.15	74
南平	Nanping	615.25	1168.76	1303.20	149
龙岩	Longyan	723.39	1434.19	1642.10	114
宁德	Ningde	718.56	1489.95	1571.37	122
江西	**Jiangxi**	**7757.12**	**21847.43**	**25900.40**	
南昌	Nanchang	3461.52	8604.57	10209.28	24
景德镇	Jingdezhen	227.00	574.32	687.88	239
萍乡	Pingxiang	216.58	617.93	723.86	231
九江	Jiujiang	638.02	1754.58	2073.51	91
新余	Xinyu	352.33	714.37	766.47	224
鹰潭	Yingtan	220.03	531.74	597.42	254
赣州	Ganzhou	846.37	2842.18	3415.98	61
吉安	Jian	373.98	1273.20	1560.59	124
宜春	Yichun	508.67	1566.17	1912.40	98
抚州	Fuzhou	325.29	1131.81	1368.88	140
上饶	Shangrao	577.22	1742.12	2204.01	84
山东	**Shandong**	**30722.64**	**65243.54**	**70873.90**	
济南	Jinan	6319.09	11370.18	12883.66	16
青岛	Qingdao	5886.23	11891.68	13264.79	14
淄博	Zibo	1686.13	2855.01	2999.56	66
枣庄	Zaozhuang	727.71	1100.07	1211.63	165
东营	Dongying	1148.11	3403.93	3534.77	59
烟台	Yantai	2511.91	4530.19	4897.09	46
潍坊	Weifang	2514.81	4797.91	5292.78	43
济宁	Jining	1366.43	2823.00	3113.06	64
泰安	Taian	917.60	1936.68	2103.56	90
威海	Weihai	1121.73	1875.04	2165.95	86
日照	Rizhao	832.71	2194.78	2210.90	83
莱芜	Laiwu	464.70	661.25	725.70	229
临沂	Linyi	1538.21	3938.41	4472.10	48
德州	Dezhou	909.84	1651.57	1797.78	101
聊城	Liaocheng	919.65	2099.55	2328.02	79

15-2 金融机构人民币贷款余额 续表 2
Total Loans in RMB of Financial Institutions continued 2

单位：亿元 （100 million yuan）

地名	City	2010	2016	2017	2017 排名 Ranking	地名	City	2010	2016	2017	2017 排名 Ranking
滨州	Binzhou	1020.38	2351.73	2457.75	76	常德	Changde	480.54	1282.60	1584.41	118
菏泽	Heze	797.66	1805.06	1994.08	95	张家界	Zhangjiajie	188.03	417.45	557.21	262
河南	**Henan**	**15871.32**	**37139.60**	**42546.80**		益阳	Yiyang	312.44	727.62	914.75	198
郑州	Zhengzhou	5717.55	15422.39	17992.36	8	郴州	Chenzhou	369.10	1061.87	1244.67	160
开封	Kaifeng	402.49	1188.54	1367.35	141	永州	Yongzhou	361.95	965.53	1186.98	167
洛阳	Luoyang	1113.88	3011.90	3474.28	60	怀化	Huaihua	356.08	915.60	1029.30	185
平顶山	Pingdingshan	694.39	1589.41	1726.51	104	娄底	Loudi	388.06	829.63	890.23	202
安阳	Anyang	597.39	1160.79	1300.88	150	**广东**	**Guangdong**	**46099.26**	**110928.41**	**126031.95**	
鹤壁	Hebi	268.43	536.83	593.15	257	广州	Guangzhou	14987.73	28885.54	33312.73	2
新乡	Xinxiang	712.34	1339.54	1503.72	127	韶关	Shaoguan	346.28	766.59	872.26	204
焦作	Jiaozuo	470.98	1087.24	1223.50	163	深圳	Shenzhen	13708.16	35165.46	41046.78	1
濮阳	Puyang	231.60	635.79	744.32	226	珠海	Zhuhai	1274.77	3915.61	4700.83	47
许昌	Xuchang	562.35	1464.22	1614.81	116	汕头	Shantou	637.75	1296.09	1543.96	125
漯河	Luohe	301.20	641.23	713.56	236	佛山	Foshan	4749.09	8515.62	9157.61	27
三门峡	Sanmenxia	340.20	701.12	771.18	223	江门	Jiangmen	973.75	2367.06	2732.19	73
南阳	Nanyang	827.50	1885.33	2127.95	88	湛江	Zhanjiang	714.40	1629.28	1863.78	100
商丘	Shangqiu	607.67	1288.55	1432.19	133	茂名	Maoming	361.30	1005.62	1146.37	169
信阳	Xinyang	570.09	1442.69	1582.19	119	肇庆	Zhaoqing	642.04	1283.18	1497.73	128
周口	Zhoukou	563.18	976.40	1098.66	175	惠州	Huizhou	1097.66	3155.13	3818.64	55
驻马店	Zhumadian	499.44	1227.64	1418.63	134	梅州	Meizhou	330.25	829.33	983.43	190
湖北	**Hubei**	**13037.12**	**34530.72**	**39571.11**		汕尾	Shanwei	130.20	350.17	407.80	277
武汉	Wuhan	8106.78	19386.30	22558.03	7	河源	Heyuan	335.32	886.16	1018.44	186
黄石	Huangshi	418.54	1013.00	1102.12	174	阳江	Yangjiang	283.93	825.60	932.38	193
十堰	Shiyan	374.78	1136.28	1291.96	153	清远	Qingyuan	510.26	1137.06	1355.43	144
宜昌	Yichang	990.06	2353.41	2745.00	72	东莞	Dongguan	3329.82	6402.48	6855.44	34
襄阳	Xiangyang	673.45	1802.54	2024.19	93	中山	Zhongshan	1329.89	3238.03	3734.93	56
鄂州	Ezhou	128.16	391.47	453.27	273	潮州	Chaozhou	205.91	365.63	397.93	278
荆门	Jingmen	310.32	872.16	989.38	189	揭阳	Jieyang	400.68	980.65	1054.50	182
孝感	Xiaogan	378.45	1023.22	1138.24	172	云浮	Yunfu	274.32	649.53	731.45	227
荆州	Jingzhou	428.83	1185.66	1389.02	137	**广西**	**Guangxi**	**8867.52**	**20640.54**	**23226.14**	
黄冈	Huanggang	383.26	1160.60	1407.88	135	南宁	Nanning	4142.30	9423.79	10470.44	21
咸宁	Xianning	223.74	720.83	847.62	209	柳州	Liuzhou	1046.18	2273.90	2459.49	75
随州	Suizhou	167.99	527.45	602.44	253	桂林	Guilin	784.18	1859.58	2145.76	87
湖南	**Hunan**	**11303.76**	**27532.30**	**31850.00**		梧州	Wuzhou	321.34	721.92	787.52	218
长沙	Changsha	6187.40	13631.32	15981.23	11	北海	Beihai	238.18	535.15	654.52	244
株洲	Zhuzhou	550.63	1332.25	1574.70	121	防城港	Fangchenggang	178.17	511.47	629.76	247
湘潭	Xiangtan	532.16	1375.87	1605.44	117	钦州	Qinzhou	321.45	594.98	661.13	242
衡阳	Hengyang	530.71	1395.18	1625.50	115	贵港	Guigang	279.41	683.85	814.51	214
邵阳	Shaoyang	347.42	1049.37	1269.59	157	玉林	Yulin	397.18	1014.94	1205.05	166
岳阳	Yueyang	434.17	1012.68	1307.27	148	百色	Baise	391.03	815.08	922.29	197

15-2 金融机构人民币贷款余额 续表 3
Total Loans in RMB of Financial Institutions continued 3

单位：亿元 （100 million yuan）

地名	City	2010	2016	2017	2017 排名 Ranking
贺州	Hezhou	144.51	370.36	454.68	272
河池	Hechi	275.01	575.04	660.19	243
来宾	Laibin	186.70	405.46	467.14	268
崇左	Chongzuo	161.88	390.23	449.33	274
海南	**Hainan**	**2262.19**	**7687.65**	**8459.27**	
海口	Haikou	1697.67	4178.05	7376.55	33
三亚	Sanya	228.35	1079.17	1271.17	156
三沙	Sansha			4.81	286
重庆	**Chongqing**	**10888.15**	**25524.17**	**25924.00**	
四川	**Sichuan**	**19129.79**	**43543.01**	**49144.09**	
成都	Chengdu	12139.43	25009.00	28359.31	4
自贡	Zigong	248.24	708.35	825.98	212
攀枝花	Panzhihua	380.31	738.63	795.54	217
泸州	Luzhou	406.72	1281.64	1451.30	131
德阳	Deyang	592.39	1190.04	1292.54	152
绵阳	Mianyang	858.31	1667.43	1864.71	99
广元	Guangyuan	236.21	630.73	724.31	230
遂宁	Suining	276.37	820.20	922.72	196
内江	Neijiang	266.90	731.65	782.70	220
乐山	Leshan	585.87	1311.18	1434.39	132
南充	Nanchong	424.82	1479.68	1684.34	112
眉山	Meishan	281.58	747.19	864.31	207
宜宾	Yibin	447.67	1223.82	1390.60	136
广安	Guangan	251.60	655.51	725.93	228
达州	Dazhou	363.46	1077.62	1277.93	154
雅安	Yaan	238.90	527.85	594.84	256
巴中	Bazhong	129.22	542.50	641.40	246
资阳	Ziyang	281.77	522.59	597.15	255
贵州	**Guizhou**	**5747.53**	**17961.04**	**20965.31**	
贵阳	Guiyang	2588.73	9153.20	10403.12	22
六盘水	Liupanshui	360.90	935.56	1071.75	179
遵义	Zunyi	598.16	2264.92	2792.34	69
安顺	Anshun	229.65	687.98	812.39	215
毕节	Bijie	282.52	1148.31	1321.29	146
铜仁	Tongren	242.12	817.65	997.77	187
云南	**Yunnan**	**10568.78**	**23491.38**	**25857.58**	
昆明	Kunming	6498.57	13553.33	14789.35	12
曲靖	Qujing	629.93	1299.48	1383.40	139
玉溪	Yuxi	465.66	903.50	996.89	188
保山	Baoshan	228.69	599.09	691.12	238
昭通	Zhaotong	286.34	645.82	714.72	234
丽江	Lijiang	193.93	430.57	466.16	269
普洱	Puer	232.00	601.84	684.53	240
临沧	Lincang	168.14	443.35	485.40	266
西藏	**Tibet**	**301.49**	**3048.64**	**4043.64**	
拉萨	Lasa	213.72	2011.51	2754.91	71
陕西	**Shaanxi**	**10033.12**	**24224.37**	**26924.48**	
西安	Xi'an	6482.28	15282.65	16954.81	10
铜川	Tongchuan	79.40	173.49	206.95	283
宝鸡	Baoji	436.95	1182.76	1384.23	138
咸阳	Xianyang	454.66	1141.78	1277.07	155
渭南	Weinan	471.52	1035.35	1071.09	180
延安	Yan'an	360.97	925.39	1110.71	173
汉中	Hanzhong	300.08	680.21	773.86	222
榆林	Yulin	898.52	1979.33	2010.71	94
安康	Ankang	211.34	627.01	714.29	235
商洛	Shangluo	155.47	391.54	460.42	270
甘肃	**Gansu**	**4433.05**	**15926.41**	**17707.24**	
兰州	Lanzhou	2359.28	8401.56	9643.55	26
嘉峪关	Jiayuguan	171.90	463.80	512.84	265
金昌	Jinchang	140.69	356.29	328.09	281
白银	Baiyin	186.64	582.39	627.12	248
天水	Tianshui	215.00	748.62	836.83	210
武威	Wuwei	161.13	768.75	816.85	213
张掖	Zhangye	132.34	555.78	609.17	252
平凉	Pingliang	200.07	533.03	592.44	258
酒泉	Jiuquan	242.20	725.69	753.91	225
庆阳	Qingyang	139.97	642.04	676.64	241
定西	Dingxi	143.60	666.20	723.24	232
陇南	Longnan	177.81	558.41	614.18	250
青海	**Qinghai**	**1822.65**	**5717.16**	**6353.05**	
西宁	Xining	1542.08	4633.43	5109.15	45
海东	Haidong			344.83	280
宁夏	**Ningxia**	**2398.70**	**5695.96**	**6461.48**	
银川	Yinchuan	1641.06	4076.57	4460.31	49
石嘴山	Shizuishan	270.07	422.83	471.38	267
吴忠	Wuzhong	250.92	500.39	586.14	259
固原	Guyuan	83.65	264.77	359.48	279
中卫	Zhongwei	160.41	403.34	455.29	271
新疆	**Xinjiang**	**4973.16**	**15196.01**	**17477.56**	
乌鲁木齐	Urumqi	2074.74	5287.20	6235.78	39
克拉玛依	Karamay	150.64	594.50	532.77	263

15-3 金融机构人民币存贷比（年末余额）

Ratio of Deposits and Loans of Financial Institutions at Year-end

单位：% (%)

地名	City	2010	2016	2017	2017 排名 Ranking
全国	**Nation Total**	**1.50**	**1.41**	**1.37**	
北京	**Beijing**	**2.19**	**2.17**	**2.07**	
天津	**Tianjin**	**1.24**	**1.01**	**0.94**	
河北	**Hebei**	**1.66**	**1.50**	**1.40**	
石家庄	Shijiazhuang	1.87	2.14	1.31	194
唐山	Tangshan	1.54	1.66	1.68	86
秦皇岛	Qinhuangdao	1.68	1.69	1.67	91
邯郸	Handan	1.62	1.48	1.51	127
邢台	Xingtai	1.94	1.67	1.61	101
保定	Baoding	2.47	2.04	1.87	60
张家口	Zhangjiakou	1.42	1.42	1.44	153
承德	Chengde	1.42	1.33	1.31	196
沧州	Cangzhou	2.27	1.74	1.66	92
廊坊	Langfang	1.50	1.26	1.06	259
衡水	Hengshui	2.52	1.76	1.64	95
山西	**Shanxi**	**1.93**	**1.52**	**1.46**	
太原	Taiyuan	1.38	1.10	1.02	265
大同	Datong	2.78	2.14	2.17	19
阳泉	Yangquan	2.38	1.83	1.67	89
长治	Changzhi	2.16	1.77	1.73	74
晋城	Jincheng	2.53	1.79	1.68	88
朔州	Shuozhou	3.87	2.24	2.21	14
晋中	Jinzhong	2.65	1.71	1.62	97
运城	Yuncheng	1.90	1.86	1.83	65
忻州	Xinzhou	2.74	2.27	2.35	10
临汾	Linfen	2.48	1.80	1.84	64
吕梁	Lvliang	2.79	1.90	1.95	41
内蒙古	**Inner Mongolia**	**1.30**	**1.09**	**1.07**	
呼和浩特	Hohhot	1.07	0.88	0.83	282
包头	Baotou	1.64	1.35	1.31	193
乌海	Wuhai	1.47	1.32	1.30	199
赤峰	Chifeng	1.89	1.33	1.31	197
通辽	Tongliao	1.03	0.99	1.02	266
鄂尔多斯	Erdos	1.12	1.07	1.10	252
呼伦贝尔	Hulunbuir	1.77	1.37	1.30	200
巴彦淖尔	Bayannur	1.33	1.23	1.13	243
乌兰察布	Ulanqab	1.76	1.73	1.62	98
辽宁	**Liaoning**	**1.46**	**1.34**	**1.31**	
沈阳	Shenyang	1.36	1.13	1.20	224
大连	Dalian	1.38	1.29	1.21	223
鞍山	Anshan	1.76	1.50	1.51	126
抚顺	Fushun	2.49	2.10	1.90	50
本溪	Benxi	1.44	1.32	1.18	231
丹东	Dandong	1.93	1.67	1.38	175
锦州	Jinzhou	1.73	1.95	1.86	62
营口	Yingkou	1.16	1.39	1.16	235
阜新	Fuxin	1.41	1.20	1.18	232
辽阳	Liaoyang	1.61	1.88	1.85	63
盘锦	Panjin	1.91	1.98	1.83	66
铁岭	Tieling	1.29	1.45	1.45	151
朝阳	Chaoyang	1.62	1.58	1.61	105
葫芦岛	Huludao	1.66	1.69	1.48	141
吉林	**Jilin**	**1.33**	**1.23**	**1.20**	
长春	Changchun	1.09	1.11	1.11	249
吉林	Jilin	1.87	1.27	1.22	219
四平	Siping	1.49	1.14	1.23	216
辽源	Liaoyuan	1.51	1.23	1.19	229
通化	Tonghua	1.64	1.84	1.53	119
白山	Baishan	1.53	2.10	1.93	43
松原	Songyuan	1.71	1.19	1.19	227
白城	Baicheng	1.59	1.04	0.99	270
黑龙江	**Heilongjiang**	**1.78**	**1.24**	**1.22**	
哈尔滨	Harbin	1.44	1.08	1.05	260
齐齐哈尔	Qiqihar	1.62	1.09	11.83	1
鸡西	Jixi	2.47	1.49	1.40	168
鹤岗	Hegang	1.44	1.22	1.24	210
双鸭山	Shuangyashan	1.53	0.93	0.97	277
大庆	Daqing	3.81	2.34	2.11	23
伊春	Yichun	3.24	3.74	3.68	3
佳木斯	Jiamusi	1.84	0.84	0.78	284
七台河	Qitaihe	1.59	1.52	1.80	69
牡丹江	Mudanjiang	2.66	2.12	2.27	13
黑河	Heihe	2.18	1.27	1.28	202
绥化	Suihua	1.84	1.48	1.52	124
上海	**Shanghai**	**1.67**	**1.84**	**1.67**	
江苏	**Jiangsu**	**1.40**	**1.35**	**1.30**	

15-3 金融机构人民币存贷比（年末余额） 续表 1
Ratio of Deposits and Loans of Financial Institutions at Year-end continued 1

单位：% (%)

地名	City	2010	2016	2017	2017 排名 Ranking	地名	City	2010	2016	2017	2017 排名 Ranking
南京	Nanjing	1.22	1.27	1.22	218	池州	Chizhou	0.27	1.73	1.70	81
无锡	Wuxi	1.39	1.36	1.32	191	宣城	Xuancheng	1.50	1.39	1.37	178
徐州	Xuzhou	1.83	1.52	1.53	120	**福建**	**Fujian**	**1.20**	**1.07**	**1.05**	
常州	Changzhou	1.51	1.41	1.48	140	福州	Fuzhou	1.19	1.00	0.99	273
苏州	Suzhou	1.34	1.18	1.10	250	厦门	Xiamen	1.27	1.19	1.13	240
南通	Nantong	1.71	1.62	1.47	144	莆田	Putian	1.16	1.03	0.99	271
连云港	Lianyungang	1.42	1.22	1.20	226	三明	Sanming	1.09	1.18	1.27	204
淮安	Huaian	1.41	1.33	1.23	214	泉州	Quanzhou	1.26	1.15	1.12	245
盐城	Yancheng	1.52	1.42	1.40	167	漳州	Zhangzhou	1.36	1.18	1.14	239
扬州	Yangzhou	1.64	1.53	1.42	159	南平	Nanping	1.22	1.34	1.35	182
镇江	Zhenjiang	1.41	1.37	1.26	206	龙岩	Longyan	1.08	1.22	1.12	244
泰州	Taizhou	1.59	1.44	1.37	177	宁德	Ningde	0.93	0.90	0.96	278
宿迁	Suqian	1.30	1.13	1.13	241	**江西**	**Jiangxi**	**1.53**	**1.33**	**1.26**	
浙江	**Zhejiang**	**1.18**	**1.22**	**1.19**		南昌	Nanchang	1.20	1.10	0.98	275
杭州	Hangzhou	1.16	1.28	1.24	212	景德镇	Jingdezhen	1.77	1.64	1.56	113
宁波	Ningbo	1.06	1.02	1.02	267	萍乡	Pingxiang	1.79	1.52	1.54	117
温州	Wenzhou	1.16	1.27	1.26	205	九江	Jiujiang	1.70	1.48	1.41	165
嘉兴	Jiaxing	1.35	1.28	1.23	215	新余	Xinyu	1.22	1.34	1.40	166
湖州	Huzhou	1.26	1.27	1.21	221	鹰潭	Yingtan	1.66	1.28	1.21	222
绍兴	Shaoxing	1.29	1.19	1.15	238	赣州	Ganzhou	1.78	1.46	1.39	172
金华	Jinhua	1.30	1.21	1.16	234	吉安	Jian	2.30	1.80	1.68	87
衢州	Quzhou	1.23	1.15	1.10	251	宜春	Yichun	1.94	1.55	1.51	130
舟山	Zhoushan	1.14	1.22	1.15	237	抚州	Fuzhou	2.02	1.45	1.39	171
台州	Taizhou	1.21	1.20	1.17	233	上饶	Shangrao	1.69	1.56	1.46	146
丽水	Lishui	1.26	1.32	1.29	201	**山东**	**Shandong**	**1.34**	**1.31**	**1.28**	
安徽	**Anhui**	**1.43**	**1.34**	**1.31**		济南	Jinan	1.19	1.32	1.24	211
合肥	Hefei	1.08	1.14	1.08	256	青岛	Qingdao	1.30	1.18	1.08	254
芜湖	Wuhu	1.17	1.02	1.00	269	淄博	Zibo	1.47	1.46	1.46	145
蚌埠	Bengbu	1.83	1.32	1.25	208	枣庄	Zaozhuang	1.23	1.51	1.50	133
淮南	Huainan	1.34	1.51	1.59	108	东营	Dongying	1.36	1.13	1.05	262
马鞍山	Maanshan	1.53	1.37	1.33	189	烟台	Yantai	1.60	1.58	1.52	123
淮北	Huaibei	1.87	1.66	1.61	100	潍坊	Weifang	1.30	1.45	1.42	161
铜陵	Tongling	1.05	1.29	1.43	157	济宁	Jining	1.65	1.61	1.60	106
安庆	Anqing	2.11	1.78	1.72	78	泰安	Taian	1.53	1.58	1.58	110
黄山	Huangshan	1.68	1.68	1.61	99	威海	Weihai	1.43	1.58	1.49	136
滁州	Chuzhou	1.64	1.38	1.34	184	日照	Rizhao	1.19	0.94	1.03	264
阜阳	Fuyang	2.36	1.91	1.70	80	莱芜	Laiwu	1.26	1.37	1.31	198
宿州	Suzhou	2.28	1.78	1.61	102	临沂	Linyi	1.38	1.35	1.31	195
六安	Liuan	1.74	1.74	1.58	111	德州	Dezhou	1.41	1.72	1.72	77
亳州	Bozhou	2.23	1.53	1.38	176	聊城	Liaocheng	1.34	1.44	1.39	169

15-3 金融机构人民币存贷比（年末余额） 续表 2

Ratio of Deposits and Loans of Financial Institutions at Year-end continued 2

单位：% (%)

地名	City	2010	2016	2017	2017 排名 Ranking	地名	City	2010	2016	2017	2017 排名 Ranking
滨州	Binzhou	1.04	1.14	1.12	247	常德	Changde	2.00	2.12	1.90	52
菏泽	Heze	1.37	1.68	1.75	73	张家界	Zhangjiajie	1.25	1.64	1.43	158
河南	**Henan**	**1.46**	**1.48**	**1.41**		益阳	Yiyang	1.94	2.28	2.00	34
郑州	Zhengzhou	1.40	1.23	1.13	242	郴州	Chenzhou	2.56	2.25	2.00	35
开封	Kaifeng	1.69	1.38	1.39	173	永州	Yongzhou	1.99	1.98	1.89	57
洛阳	Luoyang	1.88	1.65	1.53	122	怀化	Huaihua	1.90	1.92	1.89	58
平顶山	Pingdingshan	1.64	1.43	1.47	143	娄底	Loudi	1.68	1.81	1.93	46
安阳	Anyang	1.66	1.89	1.90	55	**广东**	**Guangdong**	**1.73**	**1.62**	**1.54**	
鹤壁	Hebi	1.06	1.11	1.08	255	广州	Guangzhou	1.56	1.59	1.48	138
新乡	Xinxiang	1.61	1.74	1.69	84	韶关	Shaoguan	2.61	2.18	2.00	36
焦作	Jiaozuo	1.59	1.50	1.45	148	深圳	Shenzhen	1.47	1.69	1.57	112
濮阳	Puyang	2.54	2.10	2.03	32	珠海	Zhuhai	2.08	1.45	1.38	174
许昌	Xuchang	1.48	1.36	1.35	181	汕头	Shantou	2.90	2.41	2.14	22
漯河	Luohe	1.40	1.61	1.54	118	佛山	Foshan	1.76	1.50	1.49	137
三门峡	Sanmenxia	1.84	1.63	1.61	103	江门	Jiangmen	2.27	1.63	1.51	128
南阳	Nanyang	1.78	1.83	1.77	70	湛江	Zhanjiang	2.18	1.74	1.63	96
商丘	Shangqiu	1.48	1.78	1.88	59	茂名	Maoming	2.84	2.20	2.14	21
信阳	Xinyang	1.85	1.87	1.92	47	肇庆	Zhaoqing	1.65	1.58	1.49	134
周口	Zhoukou	1.65	2.45	2.45	7	惠州	Huizhou	1.86	1.44	1.33	188
驻马店	Zhumadian	1.94	2.06	1.99	38	梅州	Meizhou	2.53	2.19	2.04	31
湖北	**Hubei**	**1.63**	**1.37**	**1.32**		汕尾	Shanwei	2.51	2.11	2.05	30
武汉	Wuhan	1.33	1.12	1.06	258	河源	Heyuan	1.48	1.29	1.23	217
黄石	Huangshi	1.67	1.52	1.49	135	阳江	Yangjiang	1.99	1.36	1.32	192
十堰	Shiyan	2.29	1.79	1.75	71	清远	Qingyuan	1.93	1.68	1.58	109
宜昌	Yichang	1.94	1.33	1.27	203	东莞	Dongguan	1.78	1.75	1.73	75
襄阳	Xiangyang	1.92	1.70	1.65	93	中山	Zhongshan	1.96	1.55	1.45	149
鄂州	Ezhou	2.00	1.49	1.45	150	潮州	Chaozhou	3.16	3.29	3.16	4
荆门	Jingmen	2.21	1.90	1.90	51	揭阳	Jieyang	2.40	2.06	1.99	37
孝感	Xiaogan	2.07	2.03	2.01	33	云浮	Yunfu	1.76	1.57	1.53	121
荆州	Jingzhou	2.42	2.15	2.09	27	**广西**	**Guangxi**	**1.32**	**1.23**	**1.20**	
黄冈	Huanggang	2.51	2.31	2.16	20	南宁	Nanning	0.97	0.94	0.89	280
咸宁	Xianning	1.93	1.67	1.64	94	柳州	Liuzhou	1.42	1.45	1.50	131
随州	Suizhou	2.56	2.09	2.05	29	桂林	Guilin	1.74	1.59	1.52	125
湖南	**Hunan**	**1.46**	**1.53**	**1.47**		梧州	Wuzhou	1.53	1.45	1.44	155
长沙	Changsha	1.03	1.13	1.07	257	北海	Beihai	1.97	1.52	1.43	156
株洲	Zhuzhou	2.05	1.91	1.93	45	防城港	Fangchenggang	1.75	1.10	0.98	274
湘潭	Xiangtan	1.46	1.47	1.39	170	钦州	Qinzhou	1.47	1.52	1.48	142
衡阳	Hengyang	2.45	2.33	2.19	18	贵港	Guigang	1.84	1.59	1.55	116
邵阳	Shaoyang	2.72	2.33	2.20	15	玉林	Yulin	1.94	1.61	1.56	115
岳阳	Yueyang	1.80	2.14	1.98	39	百色	Baise	1.31	1.36	1.34	183

15-3 金融机构人民币存贷比（年末余额） 续表 3

Ratio of Deposits and Loans of Financial Institutions at Year-end continued 3

单位：% （%）

地名	City	2010	2016	2017	2017 排名 Ranking	地名	City	2010	2016	2017	2017 排名 Ranking
贺州	Hezhou	1.74	1.66	1.59	107	丽江	Lijiang	1.53	1.40	1.41	164
河池	Hechi	1.69	1.74	1.71	79	普洱	Puer	1.57	1.46	1.34	186
来宾	Laibin	1.64	1.50	1.50	132	临沧	Lincang	1.46	1.30	1.25	209
崇左	Chongzuo	1.93	1.79	1.75	72	**西藏**	**Tibet**	**4.30**	**1.44**	**1.23**	
海南	**Hainan**	**1.84**	**1.19**	**1.19**		拉萨	Lasa	4.19	1.28	0.99	272
海口	Haikou	1.30	1.16	1.36	179	**陕西**	**Shaanxi**	**1.64**	**1.47**	**1.42**	
三亚	Sanya	2.68	1.37	1.32	190	西安	Xi'an	1.38	1.25	1.18	230
三沙	Sansha			4.67	2	铜川	Tongchuan	3.16	2.67	2.42	8
重庆	**Chongqing**	**1.24**	**1.26**	**1.34**		宝鸡	Baoji	2.46	2.00	1.90	54
四川	**Sichuan**	**1.58**	**1.54**	**1.49**		咸阳	Xianyang	2.51	2.20	2.20	16
成都	Chengdu	1.26	1.26	1.21	220	渭南	Weinan	2.12	1.99	2.10	24
自贡	Zigong	2.25	2.15	2.09	26	延安	Yan'an	2.02	1.57	1.41	163
攀枝花	Panzhihua	1.50	1.27	1.23	213	汉中	Hanzhong	2.66	2.58	2.48	6
泸州	Luzhou	2.03	1.70	1.69	82	榆林	Yulin	1.62	1.53	1.69	83
德阳	Deyang	2.34	1.94	1.90	56	安康	Ankang	2.25	1.87	1.82	68
绵阳	Mianyang	2.08	1.91	1.92	48	商洛	Shangluo	2.46	2.23	2.08	28
广元	Guangyuan	3.04	2.07	1.96	40	**甘肃**	**Gansu**	**1.61**	**1.10**	**1.00**	
遂宁	Suining	1.89	1.68	1.69	85	兰州	Lanzhou	1.37	1.03	0.88	281
内江	Neijiang	2.25	1.87	1.93	44	嘉峪关	Jiayuguan	0.97	0.68	0.61	286
乐山	Leshan	1.48	1.42	1.45	147	金昌	Jinchang	1.22	0.92	1.05	261
南充	Nanchong	2.59	2.06	1.91	49	白银	Baiyin	1.87	1.17	1.12	246
眉山	Meishan	2.18	2.24	2.27	12	天水	Tianshui	2.15	1.54	1.48	139
宜宾	Yibin	2.11	1.90	1.90	53	武威	Wuwei	2.01	1.08	0.98	276
广安	Guangan	2.54	2.54	2.52	5	张掖	Zhangye	1.99	1.05	1.01	268
达州	Dazhou	2.48	2.44	2.19	17	平凉	Pingliang	1.63	1.38	1.36	180
雅安	Yaan	1.90	1.97	1.86	61	酒泉	Jiuquan	1.99	1.27	1.20	225
巴中	Bazhong	2.75	2.11	1.95	42	庆阳	Qingyang	2.53	1.37	1.41	162
资阳	Ziyang	2.40	2.15	2.27	11	定西	Dingxi	1.88	1.15	1.08	253
贵州	**Guizhou**	**1.28**	**1.33**	**1.25**		陇南	Longnan	2.21	1.40	1.34	185
贵阳	Guiyang	1.17	1.08	1.04	263	**青海**	**Qinghai**	**1.27**	**0.98**	**0.92**	
六盘水	Liupanshui	1.38	1.29	1.26	207	西宁	Xining	1.05	0.81	0.76	285
遵义	Zunyi	1.93	1.90	1.67	90	海东	Haidong			1.83	67
安顺	Anshun	1.58	1.59	1.44	152	**宁夏**	**Ningxia**	**1.07**	**0.96**	**0.91**	
毕节	Bijie	1.95	1.45	1.51	129	银川	Yinchuan	0.97	0.82	0.80	283
铜仁	Tongren	1.55	1.57	1.42	160	石嘴山	Shizuishan	1.28	1.29	1.19	228
云南	**Yunnan**	**1.27**	**1.19**	**1.17**		吴忠	Wuzhong	1.07	1.25	1.15	236
昆明	Kunming	1.04	0.93	0.91	279	固原	Guyuan	1.78	1.72	1.44	154
曲靖	Qujing	1.61	1.55	1.56	114	中卫	Zhongwei	1.24	1.17	1.11	248
玉溪	Yuxi	1.75	1.68	1.72	76	**新疆**	**Xinjiang**	**1.78**	**1.27**	**1.24**	
保山	Baoshan	1.52	1.65	1.61	104	乌鲁木齐	Urumqi	1.73	1.40	1.33	187
昭通	Zhaotong	1.82	2.17	2.09	25	克拉玛依	Karamay	5.26	1.82	2.36	9

16

教育、卫生和文化

Education, Public Health and Culture

16-1 普通小学学校数
Number of Primary Schools

单位：所 （unit）

地名	City	2010	2016	2017	2017 排名 Ranking
全国	**Nation Total**	**257410**	**177633**	**167009**	
北京	**Beijing**	**1104**	**984**	**984**	
天津	**Tianjin**	**956**	**857**	**857**	
河北	**Hebei**	**13563**	**11944**	**11697**	
石家庄	Shijiazhuang	1750	1401	1418	15
唐山	Tangshan	1242	1126	1129	31
秦皇岛	Qinhuangdao	471	416	419	137
邯郸	Handan	2093	1719	1651	9
邢台	Xingtai	1446	1202	1107	34
保定	Baoding	2179	2144	2144	3
张家口	Zhangjiakou	553	532	524	103
承德	Chengde	646	447	447	128
沧州	Cangzhou	1398	1318	1314	22
廊坊	Langfang	829	804	798	61
衡水	Hengshui	956	835	746	66
山西	**Shanxi**	**12776**	**6043**	**5646**	
太原	Taiyuan	607	433	441	131
大同	Datong	1003	436	367	151
阳泉	Yangquan	372	265	265	190
长治	Changzhi	1471	643	525	101
晋城	Jincheng	828	494	471	116
朔州	Shuozhou	472	182	177	230
晋中	Jinzhong	883	678	673	80
运城	Yuncheng	1339	820	815	56
忻州	Xinzhou	2360	504	461	121
临汾	Linfen	1580	1012	876	47
吕梁	Lvliang	1861	576	575	90
内蒙古	**Inner Mongolia**	**2767**	**1730**	**1658**	
呼和浩特	Hohhot	361	208	206	218
包头	Baotou	185	136	134	247
乌海	Wuhai	30	24	24	283
赤峰	Chifeng	671	379	383	148
通辽	Tongliao	582	298	222	208
鄂尔多斯	Erdos	117	131	134	247
呼伦贝尔	Hulunbuir	201	138	140	245
巴彦淖尔	Bayannur	119	89	88	266
乌兰察布	Ulanqab	230	148	122	253
辽宁	**Liaoning**	**5523**	**3954**	**3634**	
沈阳	Shenyang	415	272	273	185
大连	Dalian	700	508	485	113
鞍山	Anshan	658	522	467	118
抚顺	Fushun	194	118	112	260
本溪	Benxi	66	64	63	272
丹东	Dandong	474	441	441	131
锦州	Jinzhou	431	340	305	175
营口	Yingkou	218	150	145	242
阜新	Fuxin	213	71	69	269
辽阳	Liaoyang	277	152	128	251
盘锦	Panjin	56	44	35	279
铁岭	Tieling	476	251	189	228
朝阳	Chaoyang	702	561	496	112
葫芦岛	Huludao	643	460	426	135
吉林	**Jilin**	**5837**	**4281**	**4153**	
长春	Changchun	1474	1067	1065	36
吉林	Jilin	732	553	553	95
四平	Siping	989	605	605	87
辽源	Liaoyuan	377	299	267	187
通化	Tonghua	398	213	211	213
白山	Baishan	246	149	143	243
松原	Songyuan	729	717	714	70
白城	Baicheng	681	338	256	192
黑龙江	**Heilongjiang**	**6490**	**1979**	**1537**	
哈尔滨	Harbin	1591	366		
齐齐哈尔	Qiqihar	1172	523	234	200
鸡西	Jixi	97	65	65	270
鹤岗	Hegang	95	53	46	278
双鸭山	Shuangyashan	161	61	60	274
大庆	Daqing	507	178	170	232
伊春	Yichun	118	51	48	277
佳木斯	Jiamusi	390	135	113	259
七台河	Qitaihe	89	33	34	280
牡丹江	Mudanjiang	363	126	105	263
黑河	Heihe	231	97	59	275
绥化	Suihua	1616	228	174	231
上海	**Shanghai**	**766**	**753**	**741**	
江苏	**Jiangsu**	**4498**	**4036**	**4075**	

16-1 普通小学学校数 续表 1
Number of Primary Schools continued 1

单位：所 （unit）

地名	City	2010	2016	2017	2017 排名 Ranking	地名	City	2010	2016	2017	2017 排名 Ranking
南京	Nanjing	345	346	349	156	池州	Chizhou	403	213	208	215
无锡	Wuxi	208	197	202	221	宣城	Xuancheng	290	174	169	233
徐州	Xuzhou	871	928	937	42	**福建**	**Fujian**	**6974**	**5188**	**5190**	
常州	Changzhou	190	201	211	213	福州	Fuzhou	1270	900	897	45
苏州	Suzhou	320	391	400	143	厦门	Xiamen	295	300	298	179
南通	Nantong	347	322	325	168	莆田	Putian	707	554	570	91
连云港	Lianyungang	443	451	445	130	三明	Sanming	298	234	234	200
淮安	Huaian	404	252	246	197	泉州	Quanzhou	1483	1342	1341	20
盐城	Yancheng	491	329	336	162	漳州	Zhangzhou	1263	845	845	52
扬州	Yangzhou	226	203	206	218	南平	Nanping	513	307	300	177
镇江	Zhenjiang	130	111	108	262	龙岩	Longyan	467	391	391	147
泰州	Taizhou	151	149	146	240	宁德	Ningde	678	279	278	184
宿迁	Suqian	372	156	164	236	**江西**	**Jiangxi**	**12772**	**8329**	**7760**	
浙江	**Zhejiang**	**3989**	**3269**	**3286**		南昌	Nanchang	1047	672	525	101
杭州	Hangzhou	408	447	458	122	景德镇	Jingdezhen	496	363	328	166
宁波	Ningbo	513	444	440	134	萍乡	Pingxiang	425	377	364	152
温州	Wenzhou	706	554	564	93	九江	Jiujiang	1332	743	607	86
嘉兴	Jiaxing	215	146	146	240	新余	Xinyu	155	97	94	264
湖州	Huzhou	141	126	127	252	鹰潭	Yingtan	356	256	254	193
绍兴	Shaoxing	452	343	335	163	赣州	Ganzhou	2592	1704	1651	9
金华	Jinhua	456	393	393	145	吉安	Jian	1253	716	696	76
衢州	Quzhou	212	199	200	222	宜春	Yichun	1579	896	864	49
舟山	Zhoushan	61	56	57	276	抚州	Fuzhou	1334	707	708	72
台州	Taizhou	561	346	352	155	上饶	Shangrao	2203	1789	1669	8
丽水	Lishui	264	215	214	211	**山东**	**Shandong**	**12405**	**10027**	**9738**	
安徽	**Anhui**	**13997**	**8284**	**8108**		济南	Jinan	645	582	580	89
合肥	Hefei	663	551	542	96	青岛	Qingdao	894	743	722	69
芜湖	Wuhu	205	309	298	179	淄博	Zibo	357	300	303	176
蚌埠	Bengbu	857	660	653	82	枣庄	Zaozhuang	582	515	503	109
淮南	Huainan	454	450	447	128	东营	Dongying	172	113	112	260
马鞍山	Maanshan	142	242	227	204	烟台	Yantai	509	291	291	182
淮北	Huaibei	373	311	313	172	潍坊	Weifang	1057	823	804	57
铜陵	Tongling	99	217	212	212	济宁	Jining	1273	1068	1051	37
安庆	Anqing	1687	830	802	58	泰安	Taian	673	517	516	106
黄山	Huangshan	514	129	129	250	威海	Weihai	134	89	90	265
滁州	Chuzhou	613	238	232	202	日照	Rizhao	419	295	293	181
阜阳	Fuyang	2331	1350	1361	17	莱芜	Laiwu	166	124	121	255
宿州	Suzhou	1134	790	777	62	临沂	Linyi	1639	1293	1304	24
六安	Liuan	1827	698	638	84	德州	Dezhou	960	851	707	73
亳州	Bozhou	1407	1122	1100	35	聊城	Liaocheng	782	752	674	79

16-1 普通小学学校数 续表 2
Number of Primary Schools continued 2

单位：所 (unit)

地名	City	2010	2016	2017	2017 排名 Ranking	地名	City	2010	2016	2017	2017 排名 Ranking
滨州	Binzhou	428	314	309	173	常德	Changde	720	511	449	126
菏泽	Heze	1715	1377	1358	18	张家界	Zhangjiajie	173	117	116	257
河南	**Henan**	**28603**	**22822**	**20372**		益阳	Yiyang	588	398	394	144
郑州	Zhengzhou	1027	932	922	44	郴州	Chenzhou	1418	490	381	149
开封	Kaifeng	1429	996	931	43	永州	Yongzhou	484	464	457	123
洛阳	Luoyang	2223	1305	867	48	怀化	Huaihua	911	266	250	195
平顶山	Pingdingshan	1480	1341	1272	27	娄底	Loudi	924	770	759	63
安阳	Anyang	1474	1301	1302	25	**广东**	**Guangdong**	**16806**	**10178**	**10258**	
鹤壁	Hebi	440	343	323	169	广州	Guangzhou	1004	953	961	40
新乡	Xinxiang	1654	1437	1313	23	韶关	Shaoguan	296	191	196	225
焦作	Jiaozuo	627	540	526	99	深圳	Shenzhen	340	337	342	159
濮阳	Puyang	1238	1106	944	41	珠海	Zhuhai	124	118	122	253
许昌	Xuchang	1038	1002	838	53	汕头	Shantou	798	747	745	67
漯河	Luohe	534	501	499	111	佛山	Foshan	424	408	409	140
三门峡	Sanmenxia	508	234	237	199	江门	Jiangmen	340	316	319	170
南阳	Nanyang	3763	2491	2217	2	湛江	Zhanjiang	2090	780	802	58
商丘	Shangqiu	2629	2156	2115	4	茂名	Maoming	2013	1381	1385	16
信阳	Xinyang	2441	1642	1349	19	肇庆	Zhaoqing	753	222	221	209
周口	Zhoukou	4064	3081	2482	1	惠州	Huizhou	689	456	463	119
驻马店	Zhumadian	1921	2323	2099	5	梅州	Meizhou	1292	452	452	125
湖北	**Hubei**	**7785**	**5383**	**5378**		汕尾	Shanwei	778	467	470	117
武汉	Wuhan	639	594	601	88	河源	Heyuan	1260	340	343	158
黄石	Huangshi	587	441	441	131	阳江	Yangjiang	470	146	147	239
十堰	Shiyan	720	428	426	135	清远	Qingyuan	796	318	330	164
宜昌	Yichang	344	263	254	193	东莞	Dongguan	330	328	329	165
襄阳	Xiangyang	773	462	462	120	中山	Zhongshan	211	206	207	216
鄂州	Ezhou	260	247	247	196	潮州	Chaozhou	682	615	615	85
荆门	Jingmen	295	221	221	209	揭阳	Jieyang	1358	1232	1231	28
孝感	Xiaogan	668	453	456	124	云浮	Yunfu	758	165	168	235
荆州	Jingzhou	509	391	392	146	**广西**	**Guangxi**	**13942**	**10173**	**8454**	
黄冈	Huanggang	1192	696	690	77	南宁	Nanning	1515	1276	1168	30
咸宁	Xianning	477	354	354	154	柳州	Liuzhou	970	329	339	161
随州	Suizhou	195	189	190	227	桂林	Guilin	1218	585	559	94
湖南	**Hunan**	**12692**	**8272**	**7757**		梧州	Wuzhou	895	720	672	81
长沙	Changsha	1025	931	888	46	北海	Beihai	394	384	326	167
株洲	Zhuzhou	493	353	355	153	防城港	Fangchenggang	580	518	521	104
湘潭	Xiangtan	485	391	376	150	钦州	Qinzhou	1073	1284	1004	39
衡阳	Hengyang	1849	1431	1301	26	贵港	Guigang	1141	1065	855	51
邵阳	Shaoyang	1667	1178	1112	33	玉林	Yulin	1461	1388	1339	21
岳阳	Yueyang	949	805	707	73	百色	Baise	1380	955	1427	14

16-1 普通小学学校数 续表 3

Number of Primary Schools continued 3

单位：所 (unit)

地名	City	2010	2016	2017	2017 排名 Ranking	地名	City	2010	2016	2017	2017 排名 Ranking
贺州	Hezhou	598	524	316	171	丽江	Lijiang	526	460	412	138
河池	Hechi	1455	1107	709	71	普洱	Puer	773	513	507	107
来宾	Laibin	694	219	223	206	临沧	Lincang	1576	836	1025	38
崇左	Chongzuo	755	313	267	187	**西藏**	**Tibet**	**870**	**805**	**806**	
海南	**Hainan**	**2313**	**1509**	**1388**		拉萨	Lasa	94	71	71	268
海口	Haikou	327	163	157	238	**陕西**	**Shaanxi**	**9710**	**5507**	**4752**	
三亚	Sanya	140	116	116	257	西安	Xi'an	1531	1190	1125	32
三沙	Sansha		1	1	285	铜川	Tongchuan	220	87	81	267
重庆	**Chongqing**	**5544**	**2979**	**2954**		宝鸡	Baoji	918	505	504	108
四川	**Sichuan**	**9282**	**5981**	**5721**		咸阳	Xianyang	1445	807	684	78
成都	Chengdu	504	556	569	92	渭南	Weinan	1362	753	755	64
自贡	Zigong	435	119	119	256	延安	Yan'an	386	299	225	205
攀枝花	Panzhihua	64	64	61	273	汉中	Hanzhong	972	489	476	114
泸州	Luzhou	283	216	223	206	榆林	Yulin	653	364	341	160
德阳	Deyang	255	352	348	157	安康	Ankang	886	578	409	140
绵阳	Mianyang	432	404	409	140	商洛	Shangluo	1306	415	410	139
广元	Guangyuan	242	264	267	187	**甘肃**	**Gansu**	**11582**	**6924**	**6172**	
遂宁	Suining	224	202	198	223	兰州	Lanzhou	697	515	518	105
内江	Neijiang	374	280	273	185	嘉峪关	Jiayuguan	17	19	18	284
乐山	Leshan	501	293	229	203	金昌	Jinchang	125	28	27	282
南充	Nanchong	263	256	258	191	白银	Baiyin	754	662	645	83
眉山	Meishan	197	208	169	233	天水	Tianshui	1779	1004	730	68
宜宾	Yibin	1369	311	308	174	武威	Wuwei	694	554	542	96
广安	Guangan	260	199	198	223	张掖	Zhangye	566	214	207	216
达州	Dazhou	334	1530	1501	13	平凉	Pingliang	1309	848	816	55
雅安	Yaan	291	158	158	237	酒泉	Jiuquan	314	141	140	245
巴中	Bazhong	246	203	203	220	庆阳	Qingyang	1341	974	802	58
资阳	Ziyang	266	192	181	229	定西	Dingxi	1430	770	699	75
贵州	**Guizhou**	**12422**	**7818**	**7113**		陇南	Longnan	1220	1607	1611	12
贵阳	Guiyang	779	550	542	96	**青海**	**Qinghai**	**1792**	**889**	**758**	
六盘水	Liupanshui	901	509	473	115	西宁	Xining	334	151	142	244
遵义	Zunyi	2064	1222	1211	29	海东	Haidong		297	244	198
安顺	Anshun	953	532	448	127	**宁夏**	**Ningxia**	**2027**	**1536**	**1353**	
毕节	Bijie	2519	2371	1686	7	银川	Yinchuan	215	203	194	226
铜仁	Tongren	1494	1567	824	54	石嘴山	Shizuishan	89	66	65	270
云南	**Yunnan**	**14059**	**11673**	**11186**		吴忠	Wuzhong	368	306	299	178
昆明	Kunming	1124	937	755	64	固原	Guyuan	939	666	502	110
曲靖	Qujing	1766	1696	1692	6	中卫	Zhongwei	416	291	288	183
玉溪	Yuxi	575	529	526	99	**新疆**	**Xinjiang**	**3598**	**3526**	**3523**	
保山	Baoshan	1246	861	859	50	乌鲁木齐	Urumqi	140	132	130	249
昭通	Zhaotong	1980	1715	1620	11	克拉玛依	Karamay	5	29	29	281

16-2 普通小学专任教师数
Full-time Teachers of Primary Schools

单位：人 （person）

地名	City	2010	2016	2017	2017 排名 Ranking	地名	City	2010	2016	2017	2017 排名 Ranking
全国	**Nation Total**	**5617091**	**5789145**	**5944910**		沈阳	Shenyang	22023	22856	22901	75
北京	**Beijing**	**49480**	**61811**	**64514**		大连	Dalian	17258	18725	19317	103
天津	**Tianjin**	**37317**	**41547**	**43023**		鞍山	Anshan	12500	10921	9279	212
河北	**Hebei**	**319037**	**351408**	**365877**		抚顺	Fushun	7303	6523	6414	248
石家庄	Shijiazhuang	41632	44499	46223	11	本溪	Benxi	5665	5705	5606	254
唐山	Tangshan	29312	31095	31211	35	丹东	Dandong	8587	7017	8188	228
秦皇岛	Qinhuangdao	12970	15067	15586	132	锦州	Jinzhou	10535	9834	9776	206
邯郸	Handan	43301	51816	51784	4	营口	Yingkou	7367	7306	7139	241
邢台	Xingtai	33257	37775	39784	16	阜新	Fuxin	8005	7139	7086	242
保定	Baoding	45305	47286	50065	8	辽阳	Liaoyang	5449	4404	4271	269
张家口	Zhangjiakou	19383	20389	19427	102	盘锦	Panjin	5256	5202	5410	257
承德	Chengde	15889	17734	18060	111	铁岭	Tieling	10859	10172	10106	199
沧州	Cangzhou	35966	36212	37001	22	朝阳	Chaoyang	15093	13613	13576	159
廊坊	Langfang	21714	23811	23890	70	葫芦岛	Huludao	11022	10181	8936	218
衡水	Hengshui	20308	18836	19706	99	**吉林**	**Jilin**	**124502**	**109650**	**108405**	
山西	**Shanxi**	**190538**	**171535**	**169057**		长春	Changchun	33694	26559	26050	59
太原	Taiyuan	17079	17093	17810	112	吉林	Jilin	18209	13923	13793	155
大同	Datong	19595	17629	17145	119	四平	Siping	15119	9897	9796	204
阳泉	Yangquan	6318	5382	5361	259	辽源	Liaoyuan	5833	5336	5210	262
长治	Changzhi	17471	15107	14507	146	通化	Tonghua	10543	6352	6346	249
晋城	Jincheng	11206	9277	8944	216	白山	Baishan	6464	3878	3784	273
朔州	Shuozhou	11695	9024	7866	231	松原	Songyuan	14514	11462	11973	172
晋中	Jinzhong	15515	14252	14033	153	白城	Baicheng	11064	7957	7478	235
运城	Yuncheng	27458	23210	22710	76	**黑龙江**	**Heilongjiang**	**151344**	**119412**	**114487**	
忻州	Xinzhou	18423	16234	15309	134	哈尔滨	Harbin	38181	30986	30621	38
临汾	Linfen	23110	21404	21713	84	齐齐哈尔	Qiqihar	18653	11237	10557	195
吕梁	Lvliang	22668	19864	20160	93	鸡西	Jixi	6923	4369	4618	268
内蒙古	**Inner Mongolia**	**113564**	**99358**	**99653**		鹤岗	Hegang	4240	2259	2073	282
呼和浩特	Hohhot	10201	8978	8685	222	双鸭山	Shuangyashan	6016	3609	3609	275
包头	Baotou	8810	8888	9239	213	大庆	Daqing	12373	9528	9706	208
乌海	Wuhai	2278	2137	2124	281	伊春	Yichun	4982	3567	3394	277
赤峰	Chifeng	23507	18980	18406	110	佳木斯	Jiamusi	12811	7657	6508	247
通辽	Tongliao	17664	14857	14771	141	七台河	Qitaihe	3041	2379	2278	280
鄂尔多斯	Erdos	6345	8541	9290	211	牡丹江	Mudanjiang	10545	7441	7271	240
呼伦贝尔	Hulunbuir	13367	10552	10665	192	黑河	Heihe	7580	4893	4091	271
巴彦淖尔	Bayannur	7283	5356	5394	258	绥化	Suihua	23555	15326	12711	165
乌兰察布	Ulanqab	9949	6850	6830	244	**上海**	**Shanghai**	**45239**	**53389**	**54697**	
辽宁	**Liaoning**	**146922**	**140400**	**140206**		**江苏**	**Jiangsu**	**249586**	**289202**	**300216**	

16-2 普通小学专任教师数 续表 1

Full-time Teachers of Primary Schools continued 1

单位：人 (person)

地名	City	2010	2016	2017	2017 排名 Ranking	地名	City	2010	2016	2017	2017 排名 Ranking
南京	Nanjing	19607	23644	25171	65	池州	Chizhou	5921	5612	5454	256
无锡	Wuxi	17731	20119	20941	88	宣城	Xuancheng	9710	9196	8939	217
徐州	Xuzhou	33991	42716	44606	13	**福建**	**Fujian**	**156601**	**165910**	**168867**	
常州	Changzhou	11896	14173	14924	138	福州	Fuzhou	26550	26421	26701	55
苏州	Suzhou	23375	35770	38240	19	厦门	Xiamen	9245	15405	16645	121
南通	Nantong	19082	19636	19947	94	莆田	Putian	16048	14233	14334	149
连云港	Lianyungang	20763	23614	24813	67	三明	Sanming	13529	11968	12011	171
淮安	Huaian	19690	21067	21793	82	泉州	Quanzhou	29248	32744	34391	31
盐城	Yancheng	25423	26548	26999	53	漳州	Zhangzhou	20060	20671	20939	89
扬州	Yangzhou	13579	13593	13510	161	南平	Nanping	15224	13318	13086	164
镇江	Zhenjiang	8179	9632	9782	205	龙岩	Longyan	12128	12128	12430	167
泰州	Taizhou	14951	14108	13791	156	宁德	Ningde	14569	14062	14218	150
宿迁	Suqian	21319	24582	25699	61	**江西**	**Jiangxi**	**202897**	**219161**	**226990**	
浙江	**Zhejiang**	**171908**	**200020**	**205127**		南昌	Nanchang	21292	17794	17795	113
杭州	Hangzhou	25709	32549	34150	33	景德镇	Jingdezhen	7034	6505	6620	246
宁波	Ningbo	21577	26171	27037	52	萍乡	Pingxiang	7777	7428	8707	220
温州	Wenzhou	31533	35114	35571	26	九江	Jiujiang	20613	21278	22425	78
嘉兴	Jiaxing	12027	14237	14612	143	新余	Xinyu	5368	5196	5333	260
湖州	Huzhou	8752	8800	9079	214	鹰潭	Yingtan	5099	5903	6322	250
绍兴	Shaoxing	14764	15718	15863	131	赣州	Ganzhou	39703	45152	47100	10
金华	Jinhua	16380	21134	21836	81	吉安	Jian	19010	20019	20313	92
衢州	Quzhou	7822	8709	8880	219	宜春	Yichun	23880	25115	25892	60
舟山	Zhoushan	3230	3546	3521	276	抚州	Fuzhou	19760	21177	20576	91
台州	Taizhou	20510	20902	21714	83	上饶	Shangrao	33361	31990	36145	25
丽水	Lishui	9664	9949	10103	200	**山东**	**Shandong**	**387453**	**408856**	**421877**	
安徽	**Anhui**	**245726**	**240493**	**244978**		济南	Jinan	24801	26976	29109	42
合肥	Hefei	16876	25394	26406	57	青岛	Qingdao	32023	34154	34713	28
芜湖	Wuhu	6663	11938	11946	173	淄博	Zibo	15732	15618	15942	129
蚌埠	Bengbu	12809	13819	14482	147	枣庄	Zaozhuang	17966	19018	19522	101
淮南	Huainan	9888	11965	11700	176	东营	Dongying	8344	8317	8531	223
马鞍山	Maanshan	4665	7532	7441	239	烟台	Yantai	20378	14650	14823	139
淮北	Huaibei	9246	8138	8170	229	潍坊	Weifang	37400	38757	42050	15
铜陵	Tongling	2943	5327	5134	263	济宁	Jining	32884	35391	37139	21
安庆	Anqing	22509	17586	17218	117	泰安	Taian	21444	18301	19062	106
黄山	Huangshan	5649	5143	5047	264	威海	Weihai	6866	7849	7836	232
滁州	Chuzhou	15814	14130	13989	154	日照	Rizhao	11377	11568	11682	178
阜阳	Fuyang	37512	36125	37746	20	莱芜	Laiwu	5589	4341	4153	270
宿州	Suzhou	23954	22052	23263	74	临沂	Linyi	41479	46058	50101	7
六安	Liuan	23033	19312	19554	100	德州	Dezhou	27182	26922	27457	50
亳州	Bozhou	23868	25502	26445	56	聊城	Liaocheng	23221	26622	30656	37

16-2 普通小学专任教师数 续表 2

Full-time Teachers of Primary Schools continued 2

单位：人 (person)

地名	City	2010	2016	2017	2017 排名 Ranking	地名	City	2010	2016	2017	2017 排名 Ranking
滨州	Binzhou	16174	16252	16431	123	常德	Changde	18172	16925	17312	116
菏泽	Heze	44593	47987	49925	9	张家界	Zhangjiajie	5588	5094	5638	253
河南	**Henan**	**490413**	**506131**	**527021**		益阳	Yiyang	16742	13812	14182	151
郑州	Zhengzhou	32372	38040	39424	18	郴州	Chenzhou	20414	18817	24479	69
开封	Kaifeng	23562	22844	25633	62	永州	Yongzhou	25229	25076	26725	54
洛阳	Luoyang	29860	27671	28401	46	怀化	Huaihua	20036	20479	20995	87
平顶山	Pingdingshan	24530	26184	25296	64	娄底	Loudi	15637	13221	16473	122
安阳	Anyang	24442	24859	25472	63	**广东**	**Guangdong**	**430735**	**486578**	**507788**	
鹤壁	Hebi	7565	7096	7706	233	广州	Guangzhou	43698	52075	54867	2
新乡	Xinxiang	24919	27153	26376	58	韶关	Shaoguan	13635	13420	13663	158
焦作	Jiaozuo	15528	14382	14594	144	深圳	Shenzhen	29769	46975	50805	6
濮阳	Puyang	19712	20168	20668	90	珠海	Zhuhai	5749	6534	6900	243
许昌	Xuchang	23673	24117	24532	68	汕头	Shantou	22819	21871	22254	79
漯河	Luohe	11884	10382	10156	198	佛山	Foshan	20070	24357	27970	48
三门峡	Sanmenxia	10746	9900	10097	201	江门	Jiangmen	16009	13877	16061	126
南阳	Nanyang	49478	51755	58939	1	湛江	Zhanjiang	37974	35588	36599	24
商丘	Shangqiu	51509	46315	46093	12	茂名	Maoming	34331	33706	34509	29
信阳	Xinyang	42216	36704	36671	23	肇庆	Zhaoqing	19107	17317	17652	114
周口	Zhoukou	55098	51989	54100	3	惠州	Huizhou	20652	26253	27471	49
驻马店	Zhumadian	40711	39214	44601	14	梅州	Meizhou	21694	19585	19763	97
湖北	**Hubei**	**197463**	**202014**	**203304**		汕尾	Shanwei	15241	16134	16075	125
武汉	Wuhan	27235	27561	29063	43	河源	Heyuan	15664	15592	15907	130
黄石	Huangshi	9647	11366	10920	189	阳江	Yangjiang	12498	10956	11152	185
十堰	Shiyan	14699	12299	12228	168	清远	Qingyuan	16517	18097	18728	108
宜昌	Yichang	10919	11010	10973	188	东莞	Dongguan	23733	32302	34400	30
襄阳	Xiangyang	21747	18790	23724	71	中山	Zhongshan	10646	14740	15283	136
鄂州	Ezhou	4953	5017	4938	266	潮州	Chaozhou	10329	10415	10843	190
荆门	Jingmen	9922	9190	9075	215	揭阳	Jieyang	28877	29854	30242	39
孝感	Xiaogan	18499	16121	15454	133	云浮	Yunfu	11723	12684	13514	160
荆州	Jingzhou	15465	14417	14147	152	**广西**	**Guangxi**	**220183**	**232548**	**247133**	
黄冈	Huanggang	22802	22962	23361	73	南宁	Nanning	28596	32398	35362	27
咸宁	Xianning	9788	11118	11151	186	柳州	Liuzhou	15076	15528	16830	120
随州	Suizhou	7677	7314	7443	238	桂林	Guilin	19051	20450	21624	85
湖南	**Hunan**	**250039**	**253718**	**265887**		梧州	Wuzhou	14359	14988	15973	128
长沙	Changsha	21015	24770	29321	41	北海	Beihai	7155	7571	8376	225
株洲	Zhuzhou	12273	11212	13757	157	防城港	Fangchenggang	4632	4570	5317	261
湘潭	Xiangtan	9091	7714	8526	224	钦州	Qinzhou	15572	17305	19264	104
衡阳	Hengyang	28071	25682	28967	44	贵港	Guigang	21097	22443	22678	77
邵阳	Shaoyang	25943	26151	27454	51	玉林	Yulin	27815	29547	31034	36
岳阳	Yueyang	19235	18469	18795	107	百色	Baise	17123	16763	18429	109

16-2 普通小学专任教师数 续表 3

Full-time Teachers of Primary Schools continued 3

单位：人 （person）

地名	City	2010	2016	2017	2017 排名 Ranking	地名	City	2010	2016	2017	2017 排名 Ranking
贺州	Hezhou	10105	10269	11368	182	丽江	Lijiang	7246	6764	6807	245
河池	Hechi	19322	19122	19940	95	普洱	Puer	12188	10609	11651	179
来宾	Laibin	10643	10354	10574	193	临沧	Lincang	13158	12588	12140	169
崇左	Chongzuo	9973	9696	9759	207	**西藏**	**Tibet**	**18847**	**21084**	**20429**	
海南	**Hainan**	**52056**	**49060**	**49790**		拉萨	Lasa	3307	3907	3805	272
海口	Haikou	9492	9288	8271	227	**陕西**	**Shaanxi**	**175184**	**156241**	**159061**	
三亚	Sanya	3612	3670	3706	274	西安	Xi'an	29944	30941	34163	32
三沙	Sansha		8	4	286	铜川	Tongchuan	4536	2804	2802	279
重庆	**Chongqing**	**116057**	**123066**	**125270**		宝鸡	Baoji	15876	13202	13206	163
四川	**Sichuan**	**305741**	**314406**	**325016**		咸阳	Xianyang	27249	20582	17338	115
成都	Chengdu	38250	46742	51118	5	渭南	Weinan	23624	19480	19856	96
自贡	Zigong	8294	9128	9440	210	延安	Yan'an	13537	11713	11830	174
攀枝花	Panzhihua	5177	5017	5024	265	汉中	Hanzhong	15631	12208	12049	170
泸州	Luzhou	15043	18915	19205	105	榆林	Yulin	18886	15379	16197	124
德阳	Deyang	11372	10970	11028	187	安康	Ankang	14364	11749	10709	191
绵阳	Mianyang	17218	15871	16049	127	商洛	Shangluo	10823	8429	8372	226
广元	Guangyuan	13628	11685	11692	177	**甘肃**	**Gansu**	**140381**	**141113**	**141962**	
遂宁	Suining	12055	11138	11521	180	兰州	Lanzhou	14349	14365	14672	142
内江	Neijiang	13585	12940	10541	196	嘉峪关	Jiayuguan	845	934	902	285
乐山	Leshan	12042	11097	11251	184	金昌	Jinchang	2163	1747	1704	283
南充	Nanchong	24977	22866	23404	72	白银	Baiyin	11528	10128	10228	197
眉山	Meishan	10587	9599	9833	203	天水	Tianshui	18829	17183	17158	118
宜宾	Yibin	18864	20741	21291	86	武威	Wuwei	11016	9852	9525	209
广安	Guangan	13188	13895	14440	148	张掖	Zhangye	6245	6168	6126	251
达州	Dazhou	23607	23820	24859	66	平凉	Pingliang	12275	12222	11710	175
雅安	Yaan	6084	6029	5969	252	酒泉	Jiuquan	4946	4170	4821	267
巴中	Bazhong	13412	14848	15289	135	庆阳	Qingyang	14847	14733	14986	137
资阳	Ziyang	13250	7617	10076	202	定西	Dingxi	14806	12747	12559	166
贵州	**Guizhou**	**197913**	**197069**	**202061**		陇南	Longnan	13552	14638	14594	144
贵阳	Guiyang	17084	18590	19747	98	**青海**	**Qinghai**	**26584**	**26408**	**27319**	
六盘水	Liupanshui	14430	14188	14817	140	西宁	Xining	7799	5583	7465	237
遵义	Zunyi	33074	29943	30204	40	海东	Haidong		7064	7469	236
安顺	Anshun	13410	12867	13222	162	**宁夏**	**Ningxia**	**33212**	**34116**	**34239**	
毕节	Bijie	42832	41793	39546	17	银川	Yinchuan	7236	8581	8693	221
铜仁	Tongren	21025	21074	22239	80	石嘴山	Shizuishan	3403	3262	3224	278
云南	**Yunnan**	**237537**	**227046**	**227269**		吴忠	Wuzhong	7456	7395	7644	234
昆明	Kunming	26389	27918	28480	45	固原	Guyuan	8993	8224	8128	230
曲靖	Qujing	31767	31234	31545	34	中卫	Zhongwei	6124	5821	5535	255
玉溪	Yuxi	11196	10687	10563	194	**新疆**	**Xinjiang**	**133963**	**146395**	**153387**	
保山	Baoshan	12425	11354	11259	183	乌鲁木齐	Urumqi	9393	11603	11491	181
昭通	Zhaotong	30783	28995	28325	47	克拉玛依	Karamay	1956	1776	1688	284

16-3 普通小学招生数
New Enrollment by Primary Schools

单位：万人 （10 000 persons）

地名	City	2010	2016	2017	2017 排名 Ranking
全国	**Nation Total**	**1691.70**	**1752.50**	**1766.60**	
北京	**Beijing**	**11.37**			
天津	**Tianjin**	**8.26**			
河北	**Hebei**	**95.60**	**110.88**	**113.45**	
石家庄	Shijiazhuang	12.64			
唐山	Tangshan	8.00			
秦皇岛	Qinhuangdao	2.98			
邯郸	Handan	17.21			
邢台	Xingtai	11.01			
保定	Baoding	15.03			
张家口	Zhangjiakou	4.53			
承德	Chengde	3.98			
沧州	Cangzhou	9.14			
廊坊	Langfang	5.44			
衡水	Hengshui	5.63			
山西	**Shanxi**	**45.14**	**38.36**	**37.92**	
太原	Taiyuan	4.22	5.22	5.30	69
大同	Datong	3.96	3.23	3.10	114
阳泉	Yangquan	1.45	1.29	1.26	170
长治	Changzhi	4.03	3.64	3.52	105
晋城	Jincheng	2.55	1.85	1.87	152
朔州	Shuozhou	2.79	2.08	1.94	151
晋中	Jinzhong	3.81	3.78	3.75	100
运城	Yuncheng	6.49	5.14	5.15	72
忻州	Xinzhou	4.27	3.10	2.92	119
临汾	Linfen	5.62	4.49	4.49	86
吕梁	Lvliang	5.96	4.55	4.61	82
内蒙古	**Inner Mongolia**	**22.18**	**22.76**	**21.59**	
呼和浩特	Hohhot	2.69	3.02	2.86	121
包头	Baotou	1.97	2.45	2.38	140
乌海	Wuhai	0.41	0.46	0.46	193
赤峰	Chifeng	4.68	4.24	3.77	99
通辽	Tongliao	3.50	2.90	2.70	128
鄂尔多斯	Erdos	1.44	2.71	2.78	125
呼伦贝尔	Hulunbuir	1.97	1.79	1.72	160
巴彦淖尔	Bayannur	1.21	1.21	1.21	172
乌兰察布	Ulanqab	1.70	1.38	1.22	171
辽宁	**Liaoning**	**34.85**		**30.07**	
沈阳	Shenyang	5.64		6.27	52
大连	Dalian	4.51		5.43	66
鞍山	Anshan	2.55		2.30	141
抚顺	Fushun	1.35		1.14	175
本溪	Benxi	0.96		0.79	187
丹东	Dandong	1.95		1.35	167
锦州	Jinzhou	2.71		1.72	159
营口	Yingkou	2.17		1.82	153
阜新	Fuxin	1.55		1.07	180
辽阳	Liaoyang	1.47		0.99	182
盘锦	Panjin	1.21		0.99	183
铁岭	Tieling	2.64		1.53	163
朝阳	Chaoyang	3.30		2.56	136
葫芦岛	Huludao	2.84		2.09	148
吉林	**Jilin**	**24.97**	**20.49**	**18.94**	
长春	Changchun	7.34		6.30	51
吉林	Jilin	3.65		2.68	130
四平	Siping	3.51		2.50	138
辽源	Liaoyuan	1.01		0.69	188
通化	Tonghua	2.09		1.36	166
白山	Baishan	1.01		0.68	189
松原	Songyuan	3.00		2.14	145
白城	Baicheng	1.83		1.20	173
黑龙江	**Heilongjiang**	**34.14**	**24.64**	**22.00**	
哈尔滨	Harbin	8.36	7.35	6.84	43
齐齐哈尔	Qiqihar	4.18	3.31	2.86	120
鸡西	Jixi	1.59	0.98	0.87	185
鹤岗	Hegang	0.83	0.56	0.52	191
双鸭山	Shuangyashan	1.47	0.87	0.80	186
大庆	Daqing	2.99	2.42	2.13	146
伊春	Yichun	0.74	0.44	0.42	194
佳木斯	Jiamusi	3.23	1.73	1.57	162
七台河	Qitaihe	0.73	0.61	0.53	190
牡丹江	Mudanjiang	2.29	1.74	1.64	161
黑河	Heihe	1.76	1.03	0.91	184
绥化	Suihua	5.66	3.42	2.84	122
上海	**Shanghai**	**15.05**			
江苏	**Jiangsu**	**73.13**	**93.46**	**95.32**	

16-3 普通小学招生数 续表 1

New Enrollment by Primary Schools continued 1

单位：万人 （10 000 persons）

地名	City	2010	2016	2017	2017 排名 Ranking
南京	Nanjing	5.13	6.91	7.41	38
无锡	Wuxi	5.29	6.50	6.79	45
徐州	Xuzhou	10.65	16.14	15.57	6
常州	Changzhou	3.92	4.89	5.19	70
苏州	Suzhou	7.27	13.30	14.10	8
南通	Nantong	5.59	5.71	5.92	60
连云港	Lianyungang	6.04	7.74	7.45	37
淮安	Huaian	5.82	5.80	5.86	62
盐城	Yancheng	6.91	7.35	7.34	40
扬州	Yangzhou	3.82	3.45	3.53	104
镇江	Zhenjiang	2.26	2.49	2.57	135
泰州	Taizhou	4.01	3.76	3.85	98
宿迁	Suqian	6.40	9.40	9.74	22
浙江	**Zhejiang**	**60.21**	**59.51**	**61.31**	
杭州	Hangzhou	8.03			
宁波	Ningbo	8.47			
温州	Wenzhou	10.93			
嘉兴	Jiaxing	3.67			
湖州	Huzhou	2.54			
绍兴	Shaoxing	5.09			
金华	Jinhua	7.08			
衢州	Quzhou	2.56			
舟山	Zhoushan	0.79			
台州	Taizhou	8.24			
丽水	Lishui	2.81			
安徽	**Anhui**	**81.90**	**73.64**	**76.98**	
合肥	Hefei	5.79	8.34	8.91	29
芜湖	Wuhu	2.24	2.96	3.25	112
蚌埠	Bengbu	3.81	13.05	5.38	67
淮南	Huainan	2.41	4.12	4.12	91
马鞍山	Maanshan	1.21	1.88	1.95	150
淮北	Huaibei	2.51	2.58	2.76	127
铜陵	Tongling	0.69	1.04	1.08	179
安庆	Anqing	6.50	4.13	4.32	90
黄山	Huangshan	1.14	1.13	1.16	174
滁州	Chuzhou	4.89	3.79	4.00	94
阜阳	Fuyang	17.75	13.05	13.94	10
宿州	Suzhou	8.03	8.50	9.01	27
六安	Liuan	7.88	4.96	5.12	74
亳州	Bozhou	8.53	8.56	8.47	31
池州	Chizhou	1.87	1.33	1.38	165
宣城	Xuancheng	2.30	2.11	2.12	147
福建	**Fujian**	**42.60**			
福州	Fuzhou	8.21			
厦门	Xiamen	3.55			
莆田	Putian	3.86			
三明	Sanming	2.61			
泉州	Quanzhou	10.06			
漳州	Zhangzhou	5.48			
南平	Nanping	3.07			
龙岩	Longyan	2.78			
宁德	Ningde	2.99			
江西	**Jiangxi**	**74.84**	**68.46**	**67.69**	
南昌	Nanchang	7.38	6.91	7.04	41
景德镇	Jingdezhen	2.48	2.59	2.47	139
萍乡	Pingxiang	2.74	2.50	2.51	137
九江	Jiujiang	8.23	6.22	6.39	49
新余	Xinyu	1.75	1.75	1.78	157
鹰潭	Yingtan	1.85	1.88	1.77	158
赣州	Ganzhou	15.72	13.98	13.99	9
吉安	Jian	7.05	7.88	7.94	35
宜春	Yichun	8.41	8.58	8.18	34
抚州	Fuzhou	6.54	5.82	5.66	64
上饶	Shangrao	12.68	10.36	9.96	20
山东	**Shandong**	**111.30**	**123.91**	**126.98**	
济南	Jinan	6.27	7.93	8.46	32
青岛	Qingdao	8.12	9.13	9.44	25
淄博	Zibo	4.47	3.99	4.09	92
枣庄	Zaozhuang	4.43	6.23	6.15	56
东营	Dongying	2.30	2.15	2.27	143
烟台	Yantai	4.60	5.20	5.19	71
潍坊	Weifang	8.85	8.81	9.49	24
济宁	Jining	9.80	10.69	10.98	16
泰安	Taian	6.44	5.45	6.36	50
威海	Weihai	1.87	2.27	2.28	142
日照	Rizhao	3.48	3.31	3.28	110
莱芜	Laiwu	1.35	1.07	1.14	176
临沂	Linyi	14.63	18.53	18.08	3
德州	Dezhou	7.97	7.23	7.35	39
聊城	Liaocheng	7.54	10.39	10.54	17

16-3 普通小学招生数 续表 2
New Enrollment by Primary Schools continued 2

单位：万人 （10 000 persons）

地名	City	2010	2016	2017	2017 排名 Ranking
滨州	Binzhou	4.15	4.32	4.69	80
菏泽	Heze	15.03	17.21	17.19	4
河南	**Henan**	**187.76**	**173.16**	**172.38**	
郑州	Zhengzhou	11.34			
开封	Kaifeng	9.45			
洛阳	Luoyang	11.09			
平顶山	Pingdingshan	8.81			
安阳	Anyang	9.29			
鹤壁	Hebi	3.03			
新乡	Xinxiang	11.06			
焦作	Jiaozuo	4.71			
濮阳	Puyang	8.31			
许昌	Xuchang	7.69			
漯河	Luohe	3.79			
三门峡	Sanmenxia	3.00			
南阳	Nanyang	21.69			
商丘	Shangqiu	18.31			
信阳	Xinyang	14.69			
周口	Zhoukou	23.48			
驻马店	Zhumadian	17.15			
湖北	**Hubei**	**67.97**			
武汉	Wuhan	7.35			
黄石	Huangshi	4.32			
十堰	Shiyan	4.80			
宜昌	Yichang	2.65			
襄阳	Xiangyang	6.50			
鄂州	Ezhou	1.44			
荆门	Jingmen	2.25			
孝感	Xiaogan	5.83			
荆州	Jingzhou	6.80			
黄冈	Huanggang	9.98			
咸宁	Xianning	4.84			
随州	Suizhou	2.70			
湖南	**Hunan**	**86.38**	**89.99**	**88.42**	
长沙	Changsha	7.40	9.95	11.06	15
株洲	Zhuzhou	3.86	4.93	5.05	78
湘潭	Xiangtan	2.67	2.74	2.80	123
衡阳	Hengyang	10.52	10.09	9.63	23
邵阳	Shaoyang	11.52	11.05	9.94	21
岳阳	Yueyang	6.35	6.23	6.15	55
常德	Changde	4.81	5.10	5.01	79
张家界	Zhangjiajie	1.87	1.92	1.79	156
益阳	Yiyang	4.52	4.51	4.50	84
郴州	Chenzhou	8.43	8.12	7.82	36
永州	Yongzhou	9.15	8.60	8.34	33
怀化	Huaihua	5.88	6.52	6.44	48
娄底	Loudi	5.79	6.25	6.04	59
广东	**Guangdong**	**135.92**	**171.18**	**174.37**	
广州	Guangzhou	13.89	18.03	19.11	1
韶关	Shaoguan	3.64	4.42	4.50	85
深圳	Shenzhen	11.80	17.38	18.15	2
珠海	Zhuhai	2.16	2.79	2.99	117
汕头	Shantou	8.14	9.60	9.21	26
佛山	Foshan	7.50	9.57	10.53	18
江门	Jiangmen	4.77	5.73	5.89	61
湛江	Zhanjiang	9.67	11.93	12.02	13
茂名	Maoming	10.04	11.51	11.58	14
肇庆	Zhaoqing	5.33	6.72	6.78	46
惠州	Huizhou	7.26	10.02	10.25	19
梅州	Meizhou	5.18	6.39	6.08	57
汕尾	Shanwei	4.94	4.54	4.54	83
河源	Heyuan	4.37	5.32	5.06	76
阳江	Yangjiang	3.04	4.42	4.39	88
清远	Qingyuan	4.44	6.42	6.82	44
东莞	Dongguan	10.89	13.82	14.25	7
中山	Zhongshan	4.08	5.34	5.56	65
潮州	Chaozhou	3.01	3.64	3.30	108
揭阳	Jieyang	8.68	9.18	8.98	28
云浮	Yunfu	3.09	4.40	4.40	87
广西	**Guangxi**	**74.11**	**81.29**	**83.70**	
南宁	Nanning	9.38	11.47	12.07	12
柳州	Liuzhou	4.91	5.06	5.13	73
桂林	Guilin	5.25	6.54	6.64	47
梧州	Wuzhou	4.99	5.04	5.11	75
北海	Beihai	2.50	2.81	2.92	118
防城港	Fangchenggang	1.58	1.72	1.80	154
钦州	Qinzhou	6.25	6.94	6.87	42
贵港	Guigang	7.78	7.96	8.65	30
玉林	Yulin	10.97	11.76	12.80	11
百色	Baise	5.86	5.52	5.35	68

16-3 普通小学招生数 续表 3

New Enrollment by Primary Schools continued 3

单位：万人 (10 000 persons)

地名	City	2010	2016	2017	2017 排名 Ranking
贺州	Hezhou	4.97	3.99	4.04	93
河池	Hechi	4.95	6.29	6.19	54
来宾	Laibin	3.40	3.33	3.32	107
崇左	Chongzuo	3.07	2.85	2.79	124
海南	**Hainan**	**10.36**	**13.97**	**14.27**	
海口	Haikou	3.10	3.47	3.64	102
三亚	Sanya	1.00	1.26	1.33	168
三沙	Sansha				
重庆	**Chongqing**	**32.97**			
四川	**Sichuan**	**96.49**	**93.01**	**91.14**	
成都	Chengdu	10.88	14.90	16.78	5
自贡	Zigong	2.91	2.83	2.67	132
攀枝花	Panzhihua	1.44	1.10	1.08	178
泸州	Luzhou	6.86	5.50	5.05	77
德阳	Deyang	2.72	3.17	3.13	113
绵阳	Mianyang	4.23	4.64	4.69	81
广元	Guangyuan	2.64	2.72	2.67	131
遂宁	Suining	2.69	3.07	3.00	116
内江	Neijiang	4.13	3.47	3.29	109
乐山	Leshan	3.00	2.94	3.00	115
南充	Nanchong	7.87	6.16	5.79	63
眉山	Meishan	2.74	2.71	2.76	126
宜宾	Yibin	6.43	6.39	6.06	58
广安	Guangan	4.79	4.12	3.88	97
达州	Dazhou	8.84	6.72	6.26	53
雅安	Yaan	1.70	1.44	1.41	164
巴中	Bazhong	5.05	3.37	3.25	111
资阳	Ziyang	4.82	4.02	2.61	134
贵州	**Guizhou**	**65.69**	**64.04**	**65.05**	
贵阳	Guiyang	5.33			
六盘水	Liupanshui	5.06			
遵义	Zunyi	9.56			
安顺	Anshun	4.54			
毕节	Bijie	16.54			
铜仁	Tongren	7.48			
云南	**Yunnan**	**66.93**	**64.46**	**63.48**	
昆明	Kunming	8.76			
曲靖	Qujing	10.50			
玉溪	Yuxi	3.01			
保山	Baoshan	3.31			
昭通	Zhaotong	9.51			
丽江	Lijiang	1.53			
普洱	Puer	2.95			
临沧	Lincang	3.16			
西藏	**Tibet**	**5.06**	**5.62**	**5.83**	
拉萨	Lasa	0.81	1.06	1.11	177
陕西	**Shaanxi**	**40.86**	**46.24**	**48.05**	
西安	Xi'an	8.64			
铜川	Tongchuan	0.80			
宝鸡	Baoji	3.49			
咸阳	Xianyang	6.26			
渭南	Weinan	5.33			
延安	Yan'an	2.72			
汉中	Hanzhong	3.62			
榆林	Yulin	4.17			
安康	Ankang	3.05			
商洛	Shangluo	2.58			
甘肃	**Gansu**	**36.13**	**32.67**	**33.63**	
兰州	Lanzhou	3.58	3.76	3.92	95
嘉峪关	Jiayuguan	0.27	0.28	0.27	196
金昌	Jinchang	0.56	0.42	0.40	195
白银	Baiyin	2.13	1.91	1.96	149
天水	Tianshui	5.48	4.39	4.37	89
武威	Wuwei	2.41	1.73	1.80	154
张掖	Zhangye	1.38	1.31	1.33	169
平凉	Pingliang	2.72	2.58	2.62	133
酒泉	Jiuquan	1.25	1.03	1.01	181
庆阳	Qingyang	3.23	3.45	3.59	103
定西	Dingxi	3.58	3.16	3.39	106
陇南	Longnan	4.44	3.81	3.89	96
青海	**Qinghai**	**8.10**	**8.20**	**8.50**	
西宁	Xining	2.50		2.69	129
海东	Haidong			2.24	144
宁夏	**Ningxia**	**10.13**	**9.65**	**9.66**	
银川	Yinchuan	2.36			
石嘴山	Shizuishan	0.86			
吴忠	Wuzhong	2.49			
固原	Guyuan	2.52			
中卫	Zhongwei	2.02			
新疆	**Xinjiang**	**31.19**	**40.51**	**43.34**	
乌鲁木齐	Urumqi	2.92	3.76	3.68	101
克拉玛依	Karamay	0.37	0.42	0.47	192

16-4 普通小学在校学生数
Total Enrollment by Primary Schools

单位：万人 （10 000 persons）

地名	City	2010	2016	2017	2017 排名 Ranking	地名	City	2010	2016	2017	2017 排名 Ranking
全国	**Nation Total**	**9940.70**	**9913.01**	**10093.70**		沈阳	Shenyang	33.78	37.00	38.00	81
北京	**Beijing**	**65.33**	**86.84**	**87.58**		大连	Dalian	29.09	31.00	31.00	107
天津	**Tianjin**	**50.59**	**63.12**	**64.80**		鞍山	Anshan	18.56	17.00	16.00	198
河北	**Hebei**	**511.59**	**620.55**	**637.22**		抚顺	Fushun	8.47	7.00	7.00	258
石家庄	Shijiazhuang	67.19	81.00	84.00	13	本溪	Benxi	6.40	5.00	5.00	269
唐山	Tangshan	44.10	51.00	51.00	51	丹东	Dandong	12.65	9.00	9.00	247
秦皇岛	Qinhuangdao	16.91	20.00	20.00	166	锦州	Jinzhou	16.09	13.00	12.00	227
邯郸	Handan	86.34	101.00	104.00	2	营口	Yingkou	13.15	11.00	11.00	232
邢台	Xingtai	58.29	65.00	68.00	22	阜新	Fuxin	9.57	8.00	8.00	251
保定	Baoding	80.76	98.00	98.00	6	辽阳	Liaoyang	9.90	7.00	7.00	258
张家口	Zhangjiakou	28.60	31.00	30.00	109	盘锦	Panjin	7.31	7.00	7.00	258
承德	Chengde	22.73	28.00	28.00	123	铁岭	Tieling	15.34	12.00	11.00	232
沧州	Cangzhou	48.10	69.00	72.00	21	朝阳	Chaoyang	20.73	19.00	18.00	184
廊坊	Langfang	28.91	44.00	46.00	64	葫芦岛	Huludao	17.22	15.00	14.00	217
衡水	Hengshui	29.65	35.00	36.00	91	**吉林**	**Jilin**	**144.46**	**126.42**	**122.82**	
山西	**Shanxi**	**291.06**	**227.09**	**228.12**		长春	Changchun	42.17	40.00	39.00	79
太原	Taiyuan	26.73	29.00	30.00	109	吉林	Jilin	22.18	18.00	17.00	192
大同	Datong	27.76	20.00	20.00	166	四平	Siping	18.23	11.00	11.00	232
阳泉	Yangquan	8.86	8.00	8.00	251	辽源	Liaoyuan	5.73	5.00	5.00	269
长治	Changzhi	24.71	21.00	21.00	157	通化	Tonghua	13.11	9.00	9.00	247
晋城	Jincheng	17.34	12.00	11.00	232	白山	Baishan	5.99	4.00	4.00	275
朔州	Shuozhou	18.99	13.00	13.00	221	松原	Songyuan	16.96	16.00	15.00	205
晋中	Jinzhong	23.72	24.00	24.00	143	白城	Baicheng	11.13	9.00	8.00	251
运城	Yuncheng	41.05	29.00	29.00	117	**黑龙江**	**Heilongjiang**	**187.96**	**143.94**	**137.65**	
忻州	Xinzhou	29.28	19.00	18.00	184	哈尔滨	Harbin	46.07	42.00	41.00	74
临汾	Linfen	35.39	27.00	27.00	128	齐齐哈尔	Qiqihar	24.81	21.00	20.00	166
吕梁	Lvliang	37.23	27.00	27.00	128	鸡西	Jixi	8.34	5.00	4.00	275
内蒙古	**Inner Mongolia**	**143.08**	**133.81**	**132.54**		鹤岗	Hegang	5.02	3.00	3.00	279
呼和浩特	Hohhot	17.75	18.00	17.00	192	双鸭山	Shuangyashan	8.20	5.00	4.00	275
包头	Baotou	14.29	14.00	14.00	217	大庆	Daqing	14.44	12.00	12.00	227
乌海	Wuhai	3.11	3.00	3.00	279	伊春	Yichun	4.96	3.00	3.00	279
赤峰	Chifeng	28.03	25.00	25.00	138	佳木斯	Jiamusi	18.70	10.00	9.00	247
通辽	Tongliao	21.05	18.00	18.00	184	七台河	Qitaihe	4.03	3.00	3.00	279
鄂尔多斯	Erdos	10.32	14.00	14.00	217	牡丹江	Mudanjiang	13.70	10.00	10.00	241
呼伦贝尔	Hulunbuir	11.79	11.00	10.00	241	黑河	Heihe	10.03	5.00	5.00	269
巴彦淖尔	Bayannur	9.43	7.00	7.00	258	绥化	Suihua	27.53	18.00	16.00	198
乌兰察布	Ulanqab	11.40	8.00	8.00	251	**上海**	**Shanghai**	**70.16**	**78.97**	**78.49**	
辽宁	**Liaoning**	**218.25**	**198.87**	**194.60**		**江苏**	**Jiangsu**	**398.81**	**522.20**	**540.21**	

16-4 普通小学在校学生数 续表 1
Total Enrollment by Primary Schools continued 1

单位：万人 (10 000 persons)

地名	City	2010	2016	2017	2017 排名 Ranking
南京	Nanjing	28.83	38.00	39.00	79
无锡	Wuxi	30.62	36.00	37.00	85
徐州	Xuzhou	53.02	91.00	94.00	8
常州	Changzhou	22.15	28.00	29.00	117
苏州	Suzhou	38.84	69.00	73.00	20
南通	Nantong	32.32	33.00	33.00	103
连云港	Lianyungang	32.71	43.00	44.00	69
淮安	Huaian	30.36	35.00	35.00	96
盐城	Yancheng	35.97	45.00	45.00	66
扬州	Yangzhou	22.77	21.00	21.00	157
镇江	Zhenjiang	12.93	14.00	15.00	205
泰州	Taizhou	22.53	22.00	22.00	153
宿迁	Suqian	35.76	47.00	51.00	51
浙江	**Zhejiang**	**333.33**	**355.02**	**354.01**	
杭州	Hangzhou	45.39	54.00	56.00	41
宁波	Ningbo	46.19	48.00	48.00	59
温州	Wenzhou	58.13	63.00	62.00	31
嘉兴	Jiaxing	22.55	25.00	25.00	138
湖州	Huzhou	16.01	16.00	16.00	198
绍兴	Shaoxing	30.04	26.00	26.00	131
金华	Jinhua	36.85	41.00	41.00	74
衢州	Quzhou	14.83	14.00	13.00	221
舟山	Zhoushan	4.72	5.00	5.00	269
台州	Taizhou	43.05	47.00	45.00	66
丽水	Lishui	15.63	17.00	16.00	198
安徽	**Anhui**	**460.44**	**430.36**	**440.52**	
合肥	Hefei	32.79	48.00	50.00	56
芜湖	Wuhu	11.84	18.00	19.00	174
蚌埠	Bengbu	25.59	27.00	29.00	117
淮南	Huainan	15.24	24.00	24.00	143
马鞍山	Maanshan	7.10	12.00	11.00	232
淮北	Huaibei	16.67	14.00	15.00	205
铜陵	Tongling	4.12	7.00	7.00	258
安庆	Anqing	38.67	26.00	26.00	131
黄山	Huangshan	6.64	7.00	7.00	258
滁州	Chuzhou	29.32	24.00	24.00	143
阜阳	Fuyang	85.21	75.00	77.00	17
宿州	Suzhou	43.06	45.00	47.00	62
六安	Liuan	43.35	32.00	32.00	105
亳州	Bozhou	48.98	50.00	51.00	51
池州	Chizhou	10.18	9.00	8.00	251
宣城	Xuancheng	13.61	13.00	13.00	221
福建	**Fujian**	**238.89**	**298.67**	**307.09**	
福州	Fuzhou	44.60	54.00	55.00	43
厦门	Xiamen	18.83	30.00	31.00	107
莆田	Putian	21.16	25.00	26.00	131
三明	Sanming	15.64	18.00	19.00	174
泉州	Quanzhou	53.81	72.00	74.00	19
漳州	Zhangzhou	33.69	35.00	36.00	91
南平	Nanping	18.06	20.00	21.00	157
龙岩	Longyan	15.99	19.00	19.00	174
宁德	Ningde	17.10	23.00	24.00	143
江西	**Jiangxi**	**426.02**	**422.76**	**422.90**	
南昌	Nanchang	43.66	41.00	42.00	70
景德镇	Jingdezhen	14.14	15.00	16.00	198
萍乡	Pingxiang	14.64	15.00	15.00	205
九江	Jiujiang	43.70	40.00	40.00	78
新余	Xinyu	9.09	10.00	10.00	241
鹰潭	Yingtan	10.67	11.00	11.00	232
赣州	Ganzhou	92.44	91.00	90.00	11
吉安	Jian	37.71	47.00	48.00	59
宜春	Yichun	47.81	50.00	50.00	56
抚州	Fuzhou	40.70	35.00	35.00	96
上饶	Shangrao	71.46	66.00	65.00	25
山东	**Shandong**	**629.25**	**691.31**	**708.47**	
济南	Jinan	38.40	43.00	45.00	66
青岛	Qingdao	46.27	55.00	55.00	43
淄博	Zibo	23.03	21.00	20.00	166
枣庄	Zaozhuang	26.45	35.00	36.00	91
东营	Dongying	13.47	11.00	11.00	232
烟台	Yantai	25.60	36.00	26.00	131
潍坊	Weifang	53.90	59.00	59.00	36
济宁	Jining	54.66	65.00	65.00	25
泰安	Taian	38.17	27.00	28.00	123
威海	Weihai	9.85	11.00	12.00	227
日照	Rizhao	19.08	20.00	19.00	174
莱芜	Laiwu	6.70	5.00	5.00	269
临沂	Linyi	74.29	96.00	101.00	3
德州	Dezhou	44.66	41.00	42.00	70
聊城	Liaocheng	41.44	55.00	59.00	36

16-4 普通小学在校学生数 续表 2

Total Enrollment by Primary Schools continued 2

单位：万人 (10 000 persons)

地名	City	2010	2016	2017	2017 排名 Ranking	地名	City	2010	2016	2017	2017 排名 Ranking
滨州	Binzhou	25.89	25.00	25.00	138	常德	Changde	27.52	29.00	30.00	109
菏泽	Heze	87.37	96.00	101.00	3	张家界	Zhangjiajie	10.28	11.00	11.00	232
河南	**Henan**	**1070.53**	**965.59**	**982.06**		益阳	Yiyang	24.65	25.00	25.00	138
郑州	Zhengzhou	60.98	83.00	87.00	12	郴州	Chenzhou	44.00	48.00	48.00	59
开封	Kaifeng	50.71	46.00	47.00	62	永州	Yongzhou	48.29	51.00	51.00	51
洛阳	Luoyang	63.95	59.00	60.00	35	怀化	Huaihua	31.91	35.00	37.00	85
平顶山	Pingdingshan	42.92	55.00	55.00	43	娄底	Loudi	32.02	33.00	34.00	99
安阳	Anyang	50.56	61.00	62.00	31	**广东**	**Guangdong**	**848.55**	**905.22**	**941.96**	
鹤壁	Hebi	18.61	15.00	15.00	205	广州	Guangzhou	82.48	97.00	100.00	5
新乡	Xinxiang	59.42	62.00	63.00	29	韶关	Shaoguan	20.73	23.00	24.00	143
焦作	Jiaozuo	30.84	25.00	26.00	131	深圳	Shenzhen	61.85	91.00	96.00	7
濮阳	Puyang	47.78	39.00	41.00	74	珠海	Zhuhai	12.63	16.00	16.00	198
许昌	Xuchang	42.12	41.00	42.00	70	汕头	Shantou	56.77	52.00	53.00	47
漯河	Luohe	22.14	20.00	21.00	157	佛山	Foshan	43.82	51.00	54.00	46
三门峡	Sanmenxia	18.00	15.00	15.00	205	江门	Jiangmen	30.24	31.00	32.00	105
南阳	Nanyang	112.21	126.00	126.00	1	湛江	Zhanjiang	75.39	60.00	63.00	29
商丘	Shangqiu	111.66	76.00	78.00	16	茂名	Maoming	66.66	60.00	62.00	31
信阳	Xinyang	87.78	68.00	67.00	23	肇庆	Zhaoqing	36.82	36.00	37.00	85
周口	Zhoukou	144.71	92.00	92.00	10	惠州	Huizhou	39.80	53.00	56.00	41
驻马店	Zhumadian	101.08	77.00	79.00	15	梅州	Meizhou	31.33	33.00	34.00	99
湖北	**Hubei**	**364.75**	**346.13**	**354.57**		汕尾	Shanwei	35.42	25.00	26.00	131
武汉	Wuhan	41.13	50.00	53.00	47	河源	Heyuan	25.51	29.00	30.00	109
黄石	Huangshi	23.38	21.00	21.00	157	阳江	Yangjiang	17.52	22.00	23.00	150
十堰	Shiyan	24.30	23.00	24.00	143	清远	Qingyuan	27.30	32.00	34.00	99
宜昌	Yichang	16.37	16.00	17.00	192	东莞	Dongguan	55.24	74.00	77.00	17
襄阳	Xiangyang	34.03	36.00	37.00	85	中山	Zhongshan	23.78	29.00	30.00	109
鄂州	Ezhou	7.90	7.00	7.00	258	潮州	Chaozhou	20.24	20.00	20.00	166
荆门	Jingmen	12.97	13.00	13.00	221	揭阳	Jieyang	65.35	50.00	51.00	51
孝感	Xiaogan	30.83	26.00	26.00	131	云浮	Yunfu	19.67	22.00	23.00	150
荆州	Jingzhou	37.09	30.00	30.00	109	**广西**	**Guangxi**	**430.06**	**451.37**	**463.75**	
黄冈	Huanggang	54.63	42.00	42.00	70	南宁	Nanning	52.65	62.00	65.00	25
咸宁	Xianning	22.40	22.00	23.00	150	柳州	Liuzhou	25.59	30.00	30.00	109
随州	Suizhou	14.99	13.00	13.00	221	桂林	Guilin	28.10	37.00	38.00	81
湖南	**Hunan**	**479.16**	**501.81**	**511.66**		梧州	Wuzhou	30.90	29.00	29.00	117
长沙	Changsha	41.35	54.00	57.00	38	北海	Beihai	15.34	16.00	16.00	198
株洲	Zhuzhou	21.47	26.00	28.00	123	防城港	Fangchenggang	8.34	9.00	10.00	241
湘潭	Xiangtan	15.26	15.00	15.00	205	钦州	Qinzhou	38.93	35.00	37.00	85
衡阳	Hengyang	61.78	57.00	57.00	38	贵港	Guigang	49.80	45.00	46.00	64
邵阳	Shaoyang	61.35	63.00	62.00	31	玉林	Yulin	64.19	62.00	65.00	25
岳阳	Yueyang	35.65	34.00	35.00	96	百色	Baise	32.04	35.00	34.00	99

16-4 普通小学在校学生数 续表 3
Total Enrollment by Primary Schools continued 3

单位：万人 (10 000 persons)

地名	City	2010	2016	2017	2017 排名 Ranking	地名	City	2010	2016	2017	2017 排名 Ranking
贺州	Hezhou	18.18	20.00	21.00	157	丽江	Lijiang	10.65	9.00	8.00	251
河池	Hechi	33.04	36.00	36.00	91	普洱	Puer	18.55	18.00	18.00	184
来宾	Laibin	17.74	19.00	19.00	174	临沧	Lincang	20.55	19.00	19.00	174
崇左	Chongzuo	15.18	17.00	17.00	192	**西藏**	**Tibet**	**29.83**	**30.29**	**31.51**	
海南	**Hainan**	**78.05**	**79.36**	**80.95**		拉萨	Lasa	4.78	5.00	6.00	267
海口	Haikou	17.04	19.00	20.00	166	**陕西**	**Shaanxi**	**261.04**	**241.79**	**252.31**	
三亚	Sanya	6.60	7.00	7.00	258	西安	Xi'an	51.56	60.00	67.00	23
三沙	Sansha					铜川	Tongchuan	5.12	4.00	4.00	275
重庆	**Chongqing**	**199.94**	**209.82**	**209.95**		宝鸡	Baoji	23.72	20.00	30.00	109
四川	**Sichuan**	**592.11**	**549.52**	**551.84**		咸阳	Xianyang	39.47	31.00	28.00	123
成都	Chengdu	68.24	90.00	94.00	8	渭南	Weinan	34.25	28.00	29.00	117
自贡	Zigong	17.09	18.00	18.00	184	延安	Yan'an	18.10	20.00	21.00	157
攀枝花	Panzhihua	9.46	7.00	7.00	258	汉中	Hanzhong	23.85	20.00	20.00	166
泸州	Luzhou	38.56	40.00	38.00	81	榆林	Yulin	25.02	27.00	29.00	117
德阳	Deyang	17.64	17.00	18.00	184	安康	Ankang	20.84	18.00	19.00	174
绵阳	Mianyang	27.15	26.00	27.00	128	商洛	Shangluo	17.75	14.00	15.00	205
广元	Guangyuan	17.76	15.00	15.00	205	**甘肃**	**Gansu**	**237.04**	**182.16**	**185.57**	
遂宁	Suining	20.17	17.00	17.00	192	兰州	Lanzhou	21.76	21.00	22.00	153
内江	Neijiang	23.11	23.00	22.00	153	嘉峪关	Jiayuguan	1.62	2.00	2.00	285
乐山	Leshan	17.50	18.00	18.00	184	金昌	Jinchang	3.55	3.00	3.00	279
南充	Nanchong	51.32	36.00	36.00	91	白银	Baiyin	15.18	11.00	11.00	232
眉山	Meishan	17.28	15.00	15.00	205	天水	Tianshui	39.05	26.00	25.00	138
宜宾	Yibin	37.44	38.00	38.00	81	武威	Wuwei	15.66	10.00	10.00	241
广安	Guangan	32.12	25.00	21.00	157	张掖	Zhangye	9.02	8.00	8.00	251
达州	Dazhou	54.71	42.00	41.00	74	平凉	Pingliang	19.72	15.00	15.00	205
雅安	Yaan	9.46	9.00	9.00	247	酒泉	Jiuquan	8.42	7.00	6.00	267
巴中	Bazhong	33.38	20.00	20.00	166	庆阳	Qingyang	20.53	18.00	19.00	174
资阳	Ziyang	26.07	19.00	19.00	174	定西	Dingxi	24.18	18.00	18.00	184
贵州	**Guizhou**	**433.50**	**353.37**	**362.08**		陇南	Longnan	27.56	20.00	21.00	157
贵阳	Guiyang	34.47	35.00	37.00	85	**青海**	**Qinghai**	**51.90**	**45.79**	**46.51**	
六盘水	Liupanshui	35.51	26.00	28.00	123	西宁	Xining	16.00	10.00	15.00	205
遵义	Zunyi	66.96	55.00	57.00	38	海东	Haidong		12.00	12.00	227
安顺	Anshun	27.94	24.00	24.00	143	**宁夏**	**Ningxia**	**65.37**	**58.29**	**58.14**	
毕节	Bijie	110.09	83.00	83.00	14	银川	Yinchuan	14.75	17.00	17.00	192
铜仁	Tongren	45.83	33.00	33.00	103	石嘴山	Shizuishan	5.68	5.00	5.00	269
云南	**Yunnan**	**435.21**	**376.61**	**375.20**		吴忠	Wuzhong	14.30	14.00	13.00	221
昆明	Kunming	52.05	49.00	49.00	58	固原	Guyuan	17.59	12.00	12.00	227
曲靖	Qujing	66.02	54.00	53.00	47	中卫	Zhongwei	13.05	10.00	10.00	241
玉溪	Yuxi	19.36	15.00	14.00	217	**新疆**	**Xinjiang**	**193.58**	**215.94**	**228.63**	
保山	Baoshan	21.88	19.00	19.00	174	乌鲁木齐	Urumqi	17.82	22.00	22.00	153
昭通	Zhaotong	71.95	54.00	53.00	47	克拉玛依	Karamay	2.43	2.00	3.00	279

16-5 普通小学毕业生数
Graduates from Primary Schools

单位：万人 （10 000 persons）

地名	City	2010	2016	2017	2017 排名 Ranking	地名	City	2010	2016	2017	2017 排名 Ranking
全国	**Nation Total**	**1739.60**	**1507.40**	**1565.90**		沈阳	Shenyang	5.92		5.97	46
北京	**Beijing**	**10.30**				大连	Dalian	5.59		4.80	69
天津	**Tianjin**	**8.72**				鞍山	Anshan	2.92		2.83	123
河北	**Hebei**	**72.18**	**87.26**	**97.69**		抚顺	Fushun	1.62		1.29	178
石家庄	Shijiazhuang	9.85				本溪	Benxi	1.26		0.93	190
唐山	Tangshan	6.97				丹东	Dandong	2.45		1.84	159
秦皇岛	Qinhuangdao	2.74				锦州	Jinzhou	2.99		2.38	136
邯郸	Handan	9.91				营口	Yingkou	2.23		1.83	160
邢台	Xingtai	7.57				阜新	Fuxin	1.91		1.50	172
保定	Baoding	10.56				辽阳	Liaoyang	1.90		1.31	176
张家口	Zhangjiakou	4.90				盘锦	Panjin	1.38		1.22	182
承德	Chengde	3.97				铁岭	Tieling	2.88		2.28	143
沧州	Cangzhou	6.64				朝阳	Chaoyang	3.74		3.24	107
廊坊	Langfang	4.68				葫芦岛	Huludao	2.96		2.72	128
衡水	Hengshui	4.39				**吉林**	**Jilin**	**25.27**	**21.95**	**22.37**	
山西	**Shanxi**	**57.35**	**38.03**	**37.16**		长春	Changchun	7.56		6.79	40
太原	Taiyuan	5.28	4.21	4.28	80	吉林	Jilin	4.08		3.06	115
大同	Datong	5.04	3.10	3.19	108	四平	Siping	2.96		3.25	106
阳泉	Yangquan	1.99	1.41	1.42	173	辽源	Liaoyuan	1.00		0.96	188
长治	Changzhi	5.09	3.72	3.44	101	通化	Tonghua	2.14		1.60	168
晋城	Jincheng	3.84	2.36	2.23	148	白山	Baishan	1.08		0.81	192
朔州	Shuozhou	3.51	2.16	2.20	151	松原	Songyuan	2.87		2.84	122
晋中	Jinzhong	4.44	3.48	3.83	93	白城	Baicheng	1.97		1.62	167
运城	Yuncheng	8.08	5.23	4.83	67	**黑龙江**	**Heilongjiang**	**36.39**	**27.81**	**27.90**	
忻州	Xinzhou	5.88	3.22	3.07	114	哈尔滨	Harbin	8.64	7.57	7.63	29
临汾	Linfen	6.94	4.82	4.45	74	齐齐哈尔	Qiqihar	4.84	3.75	4.05	89
吕梁	Lvliang	7.27	4.33	4.22	81	鸡西	Jixi	1.74	1.20	1.19	184
内蒙古	**Inner Mongolia**	**26.98**	**19.85**	**22.58**		鹤岗	Hegang	1.10	0.68	0.64	194
呼和浩特	Hohhot	3.19	2.41	2.90	121	双鸭山	Shuangyashan	1.59	1.06	1.07	187
包头	Baotou	2.74	1.85	2.32	141	大庆	Daqing	2.79	2.61	2.54	131
乌海	Wuhai	0.59	0.39	0.53	196	伊春	Yichun	1.05	0.61	0.55	195
赤峰	Chifeng	5.31	4.13	4.39	76	佳木斯	Jiamusi	3.22	2.03	2.06	153
通辽	Tongliao	3.58	3.04	3.12	111	七台河	Qitaihe	0.87	0.66	0.72	193
鄂尔多斯	Erdos	1.85	1.40	1.99	155	牡丹江	Mudanjiang	2.38	1.89	1.88	156
呼伦贝尔	Hulunbuir	2.51	1.81	1.87	157	黑河	Heihe	2.06	1.35	1.26	180
巴彦淖尔	Bayannur	1.95	1.15	1.27	179	绥化	Suihua	5.68	4.12	4.08	85
乌兰察布	Ulanqab	2.16	1.22	1.56	170	**上海**	**Shanghai**	**12.44**			
辽宁	**Liaoning**	**39.75**		**34.14**		**江苏**	**Jiangsu**	**70.58**	**72.18**	**77.37**	

16-5　普通小学毕业生数　续表 1
Graduates from Primary Schools continued 1

单位：万人　　　　(10 000 persons)

地名	City	2010	2016	2017	2017 排名 Ranking
南京	Nanjing	4.80	5.22	5.71	52
无锡	Wuxi	5.04	5.36	5.63	53
徐州	Xuzhou	9.49	9.59	11.85	8
常州	Changzhou	3.74	4.19	4.37	78
苏州	Suzhou	5.81	8.99	9.97	14
南通	Nantong	6.14	5.62	5.41	57
连云港	Lianyungang	6.00	5.63	6.15	44
淮安	Huaian	5.60	5.25	5.77	49
盐城	Yancheng	6.59	6.95	7.06	36
扬州	Yangzhou	4.08	3.83	3.78	96
镇江	Zhenjiang	2.25	2.27	2.35	138
泰州	Taizhou	3.98	3.94	3.73	98
宿迁	Suqian	7.07	5.34	5.60	54
浙江	**Zhejiang**	**54.13**	**56.95**	**58.56**	
杭州	Hangzhou	7.61			
宁波	Ningbo	7.65			
温州	Wenzhou	8.80			
嘉兴	Jiaxing	4.07			
湖州	Huzhou	2.99			
绍兴	Shaoxing	5.44			
金华	Jinhua	5.36			
衢州	Quzhou	2.40			
舟山	Zhoushan	0.81			
台州	Taizhou	6.52			
丽水	Lishui	2.60			
安徽	**Anhui**	**87.41**	**66.94**	**69.13**	
合肥	Hefei	6.53	7.18	7.43	32
芜湖	Wuhu	2.12	3.21	3.26	105
蚌埠	Bengbu	4.99	3.45	3.81	94
淮南	Huainan	2.99	3.51	3.73	97
马鞍山	Maanshan	1.35	2.09	1.99	154
淮北	Huaibei	3.76	2.19	2.25	147
铜陵	Tongling	0.80	1.46	1.37	175
安庆	Anqing	7.46	4.51	4.36	79
黄山	Huangshan	1.19	1.15	1.20	183
滁州	Chuzhou	5.99	4.12	4.06	87
阜阳	Fuyang	14.63	12.32	12.81	5
宿州	Suzhou	9.24	5.76	5.97	45
六安	Liuan	7.62	5.22	5.38	58
亳州	Bozhou	8.41	7.06	7.67	27
池州	Chizhou	1.85	1.46	1.54	171
宣城	Xuancheng	2.72	2.25	2.28	144
福建	**Fujian**	**39.61**			
福州	Fuzhou	7.42			
厦门	Xiamen	2.73			
莆田	Putian	4.34			
三明	Sanming	2.79			
泉州	Quanzhou	7.44			
漳州	Zhangzhou	5.92			
南平	Nanping	3.28			
龙岩	Longyan	2.64			
宁德	Ningde	3.05			
江西	**Jiangxi**	**67.85**	**63.27**	**67.84**	
南昌	Nanchang	7.56	6.20	6.52	42
景德镇	Jingdezhen	2.29	2.24	2.33	139
萍乡	Pingxiang	2.38	2.50	2.43	134
九江	Jiujiang	6.57	5.76	6.60	41
新余	Xinyu	1.39	1.55	1.66	165
鹰潭	Yingtan	1.70	1.64	1.81	161
赣州	Ganzhou	14.47	13.88	15.00	1
吉安	Jian	6.06	6.16	6.96	38
宜春	Yichun	7.84	7.57	7.84	24
抚州	Fuzhou	6.32	5.33	5.72	51
上饶	Shangrao	11.27	10.42	10.96	9
山东	**Shandong**	**110.26**	**107.15**	**110.96**	
济南	Jinan	6.96	6.33	7.13	34
青岛	Qingdao	8.49	8.31	9.31	17
淄博	Zibo	4.97	4.70	4.15	82
枣庄	Zaozhuang	4.83	4.26	4.76	70
东营	Dongying	2.48	2.47	2.32	142
烟台	Yantai	5.99	5.67	5.04	63
潍坊	Weifang	10.53	8.82	10.21	13
济宁	Jining	9.24	9.52	10.22	12
泰安	Taian	6.41	6.17	5.12	62
威海	Weihai	2.21	2.13	2.13	152
日照	Rizhao	3.40	3.44	3.55	99
莱芜	Laiwu	1.67	1.30	1.10	186
临沂	Linyi	13.08	13.60	14.54	2
德州	Dezhou	6.07	6.87	6.82	39
聊城	Liaocheng	6.12	6.57	7.09	35

16-5 普通小学毕业生数 续表 2
Graduates from Primary Schools continued 2

单位：万人 （10 000 persons）

地名	City	2010	2016	2017	2017 排名 Ranking
滨州	Binzhou	4.55	4.06	4.73	71
菏泽	Heze	13.26	12.94	12.74	6
河南	**Henan**	**165.35**	**144.16**	**150.31**	
郑州	Zhengzhou	9.20			
开封	Kaifeng	8.18			
洛阳	Luoyang	10.65			
平顶山	Pingdingshan	7.18			
安阳	Anyang	7.38			
鹤壁	Hebi	2.68			
新乡	Xinxiang	8.35			
焦作	Jiaozuo	5.35			
濮阳	Puyang	6.68			
许昌	Xuchang	6.06			
漯河	Luohe	3.63			
三门峡	Sanmenxia	3.41			
南阳	Nanyang	14.24			
商丘	Shangqiu	18.59			
信阳	Xinyang	13.24			
周口	Zhoukou	23.82			
驻马店	Zhumadian	15.86			
湖北	**Hubei**	**61.74**			
武汉	Wuhan	7.09			
黄石	Huangshi	4.12			
十堰	Shiyan	3.40			
宜昌	Yichang	3.22			
襄阳	Xiangyang	5.50			
鄂州	Ezhou	1.35			
荆门	Jingmen	2.42			
孝感	Xiaogan	5.21			
荆州	Jingzhou	5.85			
黄冈	Huanggang	9.38			
咸宁	Xianning	2.99			
随州	Suizhou	2.31			
湖南	**Hunan**	**72.81**	**76.97**	**78.13**	
长沙	Changsha	6.64	7.86	7.99	22
株洲	Zhuzhou	3.49	3.78	3.80	95
湘潭	Xiangtan	2.86	2.41	2.40	135
衡阳	Hengyang	8.75	9.10	9.02	19
邵阳	Shaoyang	8.67	9.94	10.32	10
岳阳	Yueyang	5.44	5.52	5.33	61
常德	Changde	5.00	4.44	4.39	77
张家界	Zhangjiajie	1.65	1.85	1.79	164
益阳	Yiyang	3.83	3.76	3.83	92
郴州	Chenzhou	5.74	7.31	7.64	28
永州	Yongzhou	6.42	7.61	8.05	21
怀化	Huaihua	4.89	5.19	5.37	59
娄底	Loudi	5.34	4.90	5.04	64
广东	**Guangdong**	**174.19**	**127.04**	**131.91**	
广州	Guangzhou	14.43	13.30	13.98	3
韶关	Shaoguan	4.45	3.49	3.55	100
深圳	Shenzhen	9.19	11.10	11.99	7
珠海	Zhuhai	2.21	2.13	2.26	145
汕头	Shantou	12.66	7.71	7.79	25
佛山	Foshan	7.58	7.32	7.76	26
江门	Jiangmen	6.13	4.70	4.81	68
湛江	Zhanjiang	18.02	8.61	8.83	20
茂名	Maoming	15.12	9.37	9.15	18
肇庆	Zhaoqing	8.05	5.20	5.35	60
惠州	Huizhou	7.67	7.03	7.51	31
梅州	Meizhou	7.76	4.64	4.91	66
汕尾	Shanwei	8.35	3.93	3.84	91
河源	Heyuan	5.36	3.83	4.09	84
阳江	Yangjiang	3.98	2.87	3.10	112
清远	Qingyuan	6.60	4.35	4.51	73
东莞	Dongguan	7.74	9.88	10.31	11
中山	Zhongshan	4.22	3.99	4.15	83
潮州	Chaozhou	4.71	2.85	3.00	117
揭阳	Jieyang	14.98	7.77	7.89	23
云浮	Yunfu	4.97	2.97	3.12	110
广西	**Guangxi**	**71.82**	**69.85**	**71.36**	
南宁	Nanning	8.97	9.08	9.60	16
柳州	Liuzhou	4.00	4.63	4.94	65
桂林	Guilin	4.38	5.10	5.56	55
梧州	Wuzhou	5.68	4.64	4.66	72
北海	Beihai	2.40	2.49		
防城港	Fangchenggang	1.33	1.41	1.41	174
钦州	Qinzhou	6.48	5.75	5.55	56
贵港	Guigang	9.37	7.33	7.23	33
玉林	Yulin	11.03	9.91	9.73	15
百色	Baise	4.62	5.48	5.82	48

16-5 普通小学毕业生数 续表 3

Graduates from Primary Schools continued 3

单位：万人 (10 000 persons)

地名	City	2010	2016	2017	2017 排名 Ranking
贺州	Hezhou	3.38	2.85	2.96	118
河池	Hechi	5.22	5.59	5.84	47
来宾	Laibin	2.86	2.95	3.02	116
崇左	Chongzuo	2.03	2.77	2.77	126
海南	**Hainan**	**14.69**	**11.44**	**12.27**	
海口	Haikou	2.90	2.64	2.76	127
三亚	Sanya	1.10	0.98	0.94	189
三沙	Sansha				
重庆	**Chongqing**	**39.83**			
四川	**Sichuan**	**111.34**	**84.24**	**86.95**	
成都	Chengdu	13.35	11.62	13.20	4
自贡	Zigong	3.27	2.69	2.91	119
攀枝花	Panzhihua	1.71	1.34	1.30	177
泸州	Luzhou	6.97	6.61	7.51	30
德阳	Deyang	3.83	2.58	2.57	130
绵阳	Mianyang	5.84	3.91	3.92	90
广元	Guangyuan	4.00	2.22	2.23	149
遂宁	Suining	4.31	2.36	2.37	137
内江	Neijiang	4.37	3.74	4.07	86
乐山	Leshan	3.69	2.76	2.80	125
南充	Nanchong	9.26	5.68	5.73	50
眉山	Meishan	3.78	2.26	2.21	150
宜宾	Yibin	7.14	6.09	6.24	43
广安	Guangan	6.70	4.24	4.05	88
达州	Dazhou	9.66	7.00	6.97	37
雅安	Yaan	1.89	1.54	1.57	169
巴中	Bazhong	6.27	3.54	3.27	104
资阳	Ziyang	4.82	4.12	3.39	102
贵州	**Guizhou**	**79.82**	**60.40**	**59.56**	
贵阳	Guiyang	6.48			
六盘水	Liupanshui	7.63			
遵义	Zunyi	13.30			
安顺	Anshun	5.40			
毕节	Bijie	17.60			
铜仁	Tongren	8.08			
云南	**Yunnan**	**73.69**	**65.11**	**64.55**	
昆明	Kunming	8.32			
曲靖	Qujing	11.09			
玉溪	Yuxi	3.40			
保山	Baoshan	4.06			
昭通	Zhaotong	11.94			

地名	City	2010	2016	2017	2017 排名 Ranking
丽江	Lijiang	1.83			
普洱	Puer	3.11			
临沧	Lincang	3.44			
西藏	**Tibet**	**5.05**	**4.53**	**4.56**	
拉萨	Lasa	0.76			
陕西	**Shaanxi**	**50.59**	**35.98**	**36.00**	
西安	Xi'an	9.61			
铜川	Tongchuan	0.98			
宝鸡	Baoji	4.80			
咸阳	Xianyang	7.62			
渭南	Weinan	6.83			
延安	Yan'an	3.32			
汉中	Hanzhong	4.68			
榆林	Yulin	4.80			
安康	Ankang	4.20			
商洛	Shangluo	3.52			
甘肃	**Gansu**	**47.43**	**29.88**	**29.47**	
兰州	Lanzhou	3.88	3.33	3.37	103
嘉峪关	Jiayuguan	0.28	0.28	0.29	199
金昌	Jinchang	0.62	0.50	0.49	197
白银	Baiyin	3.62	1.72	1.65	166
天水	Tianshui	7.16	4.64	4.42	75
武威	Wuwei	3.17	1.86	1.79	163
张掖	Zhangye	1.84	1.21	1.25	181
平凉	Pingliang	4.30	2.60	2.50	133
酒泉	Jiuquan	1.63	1.20	1.18	185
庆阳	Qingyang	4.50	2.70	2.81	124
定西	Dingxi	5.85	3.08	2.91	120
陇南	Longnan	5.33	3.21	3.10	113
青海	**Qinghai**	**8.20**	**7.20**	**7.30**	
西宁	Xining	2.80		2.52	132
海东	Haidong			1.87	158
宁夏	**Ningxia**	**10.97**	**9.62**	**9.94**	
银川	Yinchuan	2.53		2.66	129
石嘴山	Shizuishan	1.02		0.90	191
吴忠	Wuzhong	2.38		2.33	140
固原	Guyuan	2.69		2.25	146
中卫	Zhongwei	2.21		1.79	162
新疆	**Xinjiang**	**33.44**	**29.71**	**30.90**	
乌鲁木齐	Urumqi	2.99	2.89	3.18	109
克拉玛依	Karamay	0.47	0.37	0.37	198

16-6 普通中学学校数

Number of Junior Secondary Schools

单位：所 (unit)

地名	City	2010	2016	2017	2017 排名 Ranking	地名	City	2010	2016	2017	2017 排名 Ranking
全国	**Nation Total**	**68948**	**65501**	**65449**		沈阳	Shenyang	321	296	299	54
北京	**Beijing**	**634**	**646**	**649**		大连	Dalian	280	289	291	61
天津	**Tianjin**	**546**	**516**	**525**		鞍山	Anshan	165	165	164	160
河北	**Hebei**	**3264**	**2977**	**3005**		抚顺	Fushun	118	105	105	220
石家庄	Shijiazhuang	437	410	411	19	本溪	Benxi	68	58	59	265
唐山	Tangshan	366	330	333	38	丹东	Dandong	127	125	125	201
秦皇岛	Qinhuangdao	183	157	156	171	锦州	Jinzhou	156	129	128	196
邯郸	Handan	410	386	397	21	营口	Yingkou	98	101	100	229
邢台	Xingtai	322	277	277	72	阜新	Fuxin	117	94	96	235
保定	Baoding	472	459	464	8	辽阳	Liaoyang	83	78	78	252
张家口	Zhangjiakou	184	165	164	160	盘锦	Panjin	74	70	73	255
承德	Chengde	153	121	123	204	铁岭	Tieling	147	126	126	199
沧州	Cangzhou	349	317	322	43	朝阳	Chaoyang	184	166	160	168
廊坊	Langfang	192	181	187	134	葫芦岛	Huludao	138	130	131	194
衡水	Hengshui	196	172	171	153	**吉林**	**Jilin**	**1466**	**1413**	**1416**	
山西	**Shanxi**	**2747**	**2353**	**2340**		长春	Changchun	337	336	339	33
太原	Taiyuan	230	218	220	105	吉林	Jilin	189	179	180	143
大同	Datong	257	212	204	117	四平	Siping	188	133	134	191
阳泉	Yangquan	87	82	82	249	辽源	Liaoyuan	67	62	61	263
长治	Changzhi	232	209	208	115	通化	Tonghua	144	130	131	194
晋城	Jincheng	160	156	158	170	白山	Baishan	112	108	106	217
朔州	Shuozhou	107	89	87	243	松原	Songyuan	142	149	149	178
晋中	Jinzhong	242	226	232	97	白城	Baicheng	125	120	120	209
运城	Yuncheng	401	326	334	37	**黑龙江**	**Heilongjiang**	**2174**	**1823**	**1800**	
忻州	Xinzhou	352	260	253	85	哈尔滨	Harbin	563	446	446	13
临汾	Linfen	324	283	274	74	齐齐哈尔	Qiqihar	276	246	240	92
吕梁	Lvliang	355	288	288	64	鸡西	Jixi	124	83	82	249
内蒙古	**Inner Mongolia**	**1123**	**982**	**976**		鹤岗	Hegang	62	37	34	281
呼和浩特	Hohhot	125	108	104	221	双鸭山	Shuangyashan	110	64	63	262
包头	Baotou	96	94	94	240	大庆	Daqing	153	144	144	182
乌海	Wuhai	23	15	15	285	伊春	Yichun	71	50	48	272
赤峰	Chifeng	180	148	143	183	佳木斯	Jiamusi	153	105	103	226
通辽	Tongliao	165	136	138	186	七台河	Qitaihe	53	46	38	279
鄂尔多斯	Erdos	63	68	69	257	牡丹江	Mudanjiang	143	111	106	217
呼伦贝尔	Hulunbuir	191	132	132	193	黑河	Heihe	127	61	59	265
巴彦淖尔	Bayannur	60	48	48	272	绥化	Suihua	304	251	249	88
乌兰察布	Ulanqab	73	68	68	259	**上海**	**Shanghai**	**755**	**801**	**818**	
辽宁	**Liaoning**	**2076**	**1933**	**1940**		**江苏**	**Jiangsu**	**2776**	**2692**	**2712**	

16-6 普通中学学校数 续表 1

Number of Junior Secondary Schools continued 1

单位：所 (unit)

地名	City	2010	2016	2017	2017 排名 Ranking	地名	City	2010	2016	2017	2017 排名 Ranking
南京	Nanjing	215	227	232	97	池州	Chizhou	108	98	98	232
无锡	Wuxi	180	183	186	136	宣城	Xuancheng	163	152	152	175
徐州	Xuzhou	331	337	344	32	**福建**	**Fujian**	**1903**	**1778**	**1774**	
常州	Changzhou	163	160	161	167	福州	Fuzhou	356	319	315	44
苏州	Suzhou	258	292	297	57	厦门	Xiamen	94	93	95	238
南通	Nantong	250	206	202	119	莆田	Putian	160	146	145	181
连云港	Lianyungang	189	174	177	147	三明	Sanming	175	158	156	171
淮安	Huaian	198	188	191	129	泉州	Quanzhou	364	326	326	41
盐城	Yancheng	295	277	278	71	漳州	Zhangzhou	220	206	208	115
扬州	Yangzhou	177	166	164	160	南平	Nanping	172	164	163	163
镇江	Zhenjiang	109	110	110	214	龙岩	Longyan	176	168	168	157
泰州	Taizhou	203	186	184	139	宁德	Ningde	186	174	172	151
宿迁	Suqian	208	186	186	136	**江西**	**Jiangxi**	**2559**	**2611**	**2615**	
浙江	**Zhejiang**	**2314**	**2291**	**2315**		南昌	Nanchang	268	292	292	60
杭州	Hangzhou	317	326	331	40	景德镇	Jingdezhen	99	101	98	232
宁波	Ningbo	301	293	299	54	萍乡	Pingxiang	113	106	104	221
温州	Wenzhou	474	451	449	11	九江	Jiujiang	307	282	281	66
嘉兴	Jiaxing	155	170	172	151	新余	Xinyu	49	40	40	278
湖州	Huzhou	130	120	124	203	鹰潭	Yingtan	69	84	87	243
绍兴	Shaoxing	188	186	187	134	赣州	Ganzhou	451	468	472	6
金华	Jinhua	241	241	242	91	吉安	Jian	300	308	314	46
衢州	Quzhou	99	96	96	235	宜春	Yichun	239	246	248	89
舟山	Zhoushan	52	42	42	277	抚州	Fuzhou	213	221	180	143
台州	Taizhou	258	269	277	72	上饶	Shangrao	451	460	457	10
丽水	Lishui	99	97	96	235	**山东**	**Shandong**	**3645**	**3504**	**3560**	
安徽	**Anhui**	**3738**	**3472**	**3472**		济南	Jinan	209	224	238	94
合肥	Hefei	246	358	353	30	青岛	Qingdao	295	302	311	50
芜湖	Wuhu	123	210	210	113	淄博	Zibo	198	184	183	140
蚌埠	Bengbu	179	172	171	153	枣庄	Zaozhuang	135	125	127	197
淮南	Huainan	136	190	188	133	东营	Dongying	93	94	94	240
马鞍山	Maanshan	57	105	104	221	烟台	Yantai	299	261	261	80
淮北	Huaibei	141	122	121	206	潍坊	Weifang	360	325	339	33
铜陵	Tongling	48	85	85	247	济宁	Jining	299	288	293	59
安庆	Anqing	388	314	312	49	泰安	Taian	177	180	183	140
黄山	Huangshan	117	120	118	210	威海	Weihai	112	102	104	221
滁州	Chuzhou	285	264	267	77	日照	Rizhao	116	93	95	238
阜阳	Fuyang	482	420	425	18	莱芜	Laiwu	56	50	49	271
宿州	Suzhou	287	242	245	90	临沂	Linyi	355	334	338	35
六安	Liuan	420	335	335	36	德州	Dezhou	203	189	185	138
亳州	Bozhou	302	285	288	64	聊城	Liaocheng	202	214	217	107

16-6　普通中学学校数　续表 2
Number of Junior Secondary Schools continued 2

单位：所　　　　(unit)

地名	City	2010	2016	2017	2017 排名 Ranking	地名	City	2010	2016	2017	2017 排名 Ranking
滨州	Binzhou	164	166	169	155	常德	Changde	295	287	281	66
菏泽	Heze	372	379	380	24	张家界	Zhangjiajie	101	85	98	232
河南	**Henan**	**5441**	**5349**	**5328**		益阳	Yiyang	239	226	221	103
郑州	Zhengzhou	366	428	442	14	郴州	Chenzhou	286	283	289	62
开封	Kaifeng	280	267	259	82	永州	Yongzhou	324	321	325	42
洛阳	Luoyang	444	427	409	20	怀化	Huaihua	357	355	363	28
平顶山	Pingdingshan	258	249	250	87	娄底	Loudi	280	285	281	66
安阳	Anyang	319	303	308	51	**广东**	**Guangdong**	**4334**	**4510**	**4566**	
鹤壁	Hebi	98	83	83	248	广州	Guangzhou	476	514	518	3
新乡	Xinxiang	399	396	393	22	韶关	Shaoguan	164	152	151	177
焦作	Jiaozuo	242	212	214	111	深圳	Shenzhen	295	352	368	26
濮阳	Puyang	206	213	202	119	珠海	Zhuhai	60	73	74	254
许昌	Xuchang	251	241	234	95	汕头	Shantou	260	303	304	53
漯河	Luohe	112	111	117	211	佛山	Foshan	180	198	200	122
三门峡	Sanmenxia	138	125	126	199	江门	Jiangmen	195	188	189	131
南阳	Nanyang	513	508	513	4	湛江	Zhanjiang	347	309	308	51
商丘	Shangqiu	451	438	439	16	茂名	Maoming	286	257	261	80
信阳	Xinyang	384	377	378	25	肇庆	Zhaoqing	174	179	179	146
周口	Zhoukou	609	585	565	2	惠州	Huizhou	209	252	263	78
驻马店	Zhumadian	330	347	353	30	梅州	Meizhou	245	228	230	101
湖北	**Hubei**	**2792**	**2558**	**2573**		汕尾	Shanwei	173	168	169	155
武汉	Wuhan	395	367	367	27	河源	Heyuan	190	188	191	129
黄石	Huangshi	143	126	127	197	阳江	Yangjiang	106	108	113	213
十堰	Shiyan	203	169	177	147	清远	Qingyuan	177	178	181	142
宜昌	Yichang	184	174	174	150	东莞	Dongguan	190	231	234	95
襄阳	Xiangyang	250	240	240	92	中山	Zhongshan	99	102	103	226
鄂州	Ezhou	58	50	50	270	潮州	Chaozhou	122	139	139	185
荆门	Jingmen	129	124	125	201	揭阳	Jieyang	275	289	289	62
孝感	Xiaogan	221	222	226	102	云浮	Yunfu	111	101	104	221
荆州	Jingzhou	259	240	180	143	**广西**	**Guangxi**	**2437**	**2262**	**2217**	
黄冈	Huanggang	346	301	299	54	南宁	Nanning	349	352	358	29
咸宁	Xianning	155	146	147	179	柳州	Liuzhou	177	151	153	174
随州	Suizhou	105	99	100	229	桂林	Guilin	245	215	214	111
湖南	**Hunan**	**3933**	**3901**	**3912**		梧州	Wuzhou	137	134	135	189
长沙	Changsha	284	302	313	48	北海	Beihai	82	95	92	242
株洲	Zhuzhou	188	196	195	124	防城港	Fangchenggang	44	47	43	276
湘潭	Xiangtan	187	167	165	158	钦州	Qinzhou	120	123	123	204
衡阳	Hengyang	418	434	441	15	贵港	Guigang	240	219	215	110
邵阳	Shaoyang	467	462	466	7	玉林	Yulin	295	284	279	69
岳阳	Yueyang	322	304	295	58	百色	Baise	200	184	165	158

16-6 普通中学学校数 续表 3

Number of Junior Secondary Schools continued 3

单位：所 (unit)

地名	City	2010	2016	2017	2017 排名 Ranking	地名	City	2010	2016	2017	2017 排名 Ranking
贺州	Hezhou	116	105	103	226	丽江	Lijiang	85	72	72	256
河池	Hechi	216	192	189	131	普洱	Puer	126	127	106	217
来宾	Laibin	102	80	79	251	临沧	Lincang	121	121	121	206
崇左	Chongzuo	112	87	86	246	**西藏**	**Tibet**	**119**	**129**	**132**	
海南	**Hainan**	**531**	**503**	**513**		拉萨	Lasa	23	22	22	282
海口	Haikou	94	104	109	215	**陕西**	**Shaanxi**	**2436**	**2176**	**2094**	
三亚	Sanya	45	46	47	274	西安	Xi'an	436	422	448	12
三沙	Sansha			52	269	铜川	Tongchuan	58	44	44	275
重庆	**Chongqing**	**1273**	**1120**	**1118**		宝鸡	Baoji	236	202	202	119
四川	**Sichuan**	**4738**	**4555**	**4476**		咸阳	Xianyang	314	294	270	76
成都	Chengdu	487	602	601	1	渭南	Weinan	390	314	332	39
自贡	Zigong	135	136	138	186	延安	Yan'an	139	119	114	212
攀枝花	Panzhihua	60	54	53	268	汉中	Hanzhong	225	211	210	113
泸州	Luzhou	217	219	216	109	榆林	Yulin	238	198	192	126
德阳	Deyang	170	147	147	179	安康	Ankang	209	201	192	126
绵阳	Mianyang	267	226	219	106	商洛	Shangluo	183	107	162	166
广元	Guangyuan	191	164	152	175	**甘肃**	**Gansu**	**2038**	**1861**	**1852**	
遂宁	Suining	164	164	159	169	兰州	Lanzhou	219	197	199	123
内江	Neijiang	192	180	176	149	嘉峪关	Jiayuguan	11	11	11	286
乐山	Leshan	226	210	203	118	金昌	Jinchang	28	21	20	284
南充	Nanchong	514	496	493	5	白银	Baiyin	168	144	142	184
眉山	Meishan	238	152	192	126	天水	Tianshui	267	255	255	84
宜宾	Yibin	316	282	279	69	武威	Wuwei	144	136	133	192
广安	Guangan	280	271	271	75	张掖	Zhangye	99	65	67	260
达州	Dazhou	382	383	386	23	平凉	Pingliang	165	132	163	163
雅安	Yaan	71	86	87	243	酒泉	Jiuquan	65	59	59	265
巴中	Bazhong	199	216	217	107	庆阳	Qingyang	189	166	163	163
资阳	Ziyang	317	200	195	124	定西	Dingxi	293	271	263	78
贵州	**Guizhou**	**2592**	**2536**	**2499**		陇南	Longnan	231	231	231	100
贵阳	Guiyang	292	316	315	44	**青海**	**Qinghai**	**434**	**374**	**371**	
六盘水	Liupanshui	217	217	221	103	西宁	Xining	139	136	135	189
遵义	Zunyi	503	438	437	17	海东	Haidong		100	100	229
安顺	Anshun	146	143	138	186	**宁夏**	**Ningxia**	**337**	**307**	**310**	
毕节	Bijie	438	458	459	9	银川	Yinchuan	69	91	78	252
铜仁	Tongren	248	261	258	83	石嘴山	Shizuishan	48	38	38	279
云南	**Yunnan**	**2183**	**2152**	**2177**		吴忠	Wuzhong	67	60	60	264
昆明	Kunming	265	300	314	46	固原	Guyuan	85	69	69	257
曲靖	Qujing	247	246	251	86	中卫	Zhongwei	68	64	65	261
玉溪	Yuxi	120	107	107	216	**新疆**	**Xinjiang**	**1545**	**1416**	**1394**	
保山	Baoshan	126	120	121	206	乌鲁木齐	Urumqi	133	153	155	173
昭通	Zhaotong	215	226	232	97	克拉玛依	Karamay	18	19	21	283

16-7 普通中学专任教师数

Full-time Teachers of Junior Secondary Schools

单位：人 (person)

地名	City	2010	2016	2017	2017 排名 Ranking	地名	City	2010	2016	2017	2017 排名 Ranking
全国	**Nation Total**	**5041576**	**5221248**	**5322641**		沈阳	Shenyang	23873	24659	25016	55
北京	**Beijing**	**49873**	**54525**	**55903**		大连	Dalian	20850	21901	22027	75
天津	**Tianjin**	**40718**	**43033**	**43373**		鞍山	Anshan	11778	11997	12016	173
河北	**Hebei**	**260675**	**268320**	**281979**		抚顺	Fushun	7481	7038	7079	239
石家庄	Shijiazhuang	36126	38065	38289	11	本溪	Benxi	5467	6226	6200	252
唐山	Tangshan	29735	30297	30602	33	丹东	Dandong	7912	9817	8521	222
秦皇岛	Qinhuangdao	12293	12804	14609	143	锦州	Jinzhou	9519	9324	9336	210
邯郸	Handan	35063	36839	44137	5	营口	Yingkou	7672	10153	8108	232
邢台	Xingtai	25534	24914	26358	46	阜新	Fuxin	6653	6582	6808	244
保定	Baoding	36138	42120	46163	4	辽阳	Liaoyang	5709	6994	6986	242
张家口	Zhangjiakou	15704	15785	17602	117	盘锦	Panjin	5247	6192	6361	250
承德	Chengde	12437	12134	12401	169	铁岭	Tieling	9421	10011	10253	200
沧州	Cangzhou	24142	26330	28048	42	朝阳	Chaoyang	13970	13929	13982	149
廊坊	Langfang	16277	16132	17611	116	葫芦岛	Huludao	9806	10191	11490	180
衡水	Hengshui	17226	20461	21545	77	**吉林**	**Jilin**	**94666**	**93956**	**94571**	
山西	**Shanxi**	**172793**	**173503**	**172224**		长春	Changchun	24777	31212	31535	30
太原	Taiyuan	17134	18911	19365	99	吉林	Jilin	13975	14839	14870	138
大同	Datong	16196	15744	15329	134	四平	Siping	11138	8079	8313	228
阳泉	Yangquan	5947	5780	5784	257	辽源	Liaoyuan	4166	4427	4458	269
长治	Changzhi	14989	16764	15146	136	通化	Tonghua	8762	9848	9971	206
晋城	Jincheng	10160	11118	11036	187	白山	Baishan	5556	6818	6856	243
朔州	Shuozhou	9325	10339	11176	185	松原	Songyuan	9807	10372	10144	202
晋中	Jinzhong	14822	16074	16528	125	白城	Baicheng	7305	9123	9022	217
运城	Yuncheng	28187	28651	28463	40	**黑龙江**	**Heilongjiang**	**142156**	**132759**	**132124**	
忻州	Xinzhou	14844	14236	13961	150	哈尔滨	Harbin	36893	34989	35423	19
临汾	Linfen	21640	21330	20827	84	齐齐哈尔	Qiqihar	16688	17536	17707	115
吕梁	Lvliang	19549	19062	24079	62	鸡西	Jixi	7741	7997	5927	254
内蒙古	**Inner Mongolia**	**95570**	**91892**	**93256**		鹤岗	Hegang	4898	3559	3104	279
呼和浩特	Hohhot	9088	10822	11022	188	双鸭山	Shuangyashan	6200	3259	4737	267
包头	Baotou	9038	10110	10340	199	大庆	Daqing	12717	9280	10649	195
乌海	Wuhai	2083	1388	1371	283	伊春	Yichun	5180	4238	4051	271
赤峰	Chifeng	18757	17221	16889	124	佳木斯	Jiamusi	10127	7336	7301	236
通辽	Tongliao	12598	11913	12450	167	七台河	Qitaihe	3575	3068	1991	282
鄂尔多斯	Erdos	6852	8675	8117	231	牡丹江	Mudanjiang	9502	8426	8365	226
呼伦贝尔	Hulunbuir	12098	10405	10412	198	黑河	Heihe	6809	4207	4766	266
巴彦淖尔	Bayannur	5993	4771	4789	265	绥化	Suihua	19643	16586	21711	76
乌兰察布	Ulanqab	6996	6472	6615	247	**上海**	**Shanghai**	**50741**	**55757**	**57213**	
辽宁	**Liaoning**	**145358**	**149590**	**150828**		**江苏**	**Jiangsu**	**284594**	**271667**	**276578**	

16-7　普通中学专任教师数　续表 1
Full-time Teachers of Junior Secondary Schools continued 1

单位：人　　　　　　　　　　　　　　　　　　　　　　　　　　　　　　　　　　　　（person）

地名	City	2010	2016	2017	2017 排名 Ranking	地名	City	2010	2016	2017	2017 排名 Ranking
南京	Nanjing	22316	22982	23517	65	池州	Chizhou	6242	5861	5902	255
无锡	Wuxi	19839	19991	20370	87	宣城	Xuancheng	9895	9051	8859	219
徐州	Xuzhou	38379	33695	34781	20	**福建**	**Fujian**	**151469**	**149213**	**150600**	
常州	Changzhou	13915	14060	14508	145	福州	Fuzhou	26484	24243	25755	49
苏州	Suzhou	25295	27726	29023	37	厦门	Xiamen	8924	10785	11412	182
南通	Nantong	26077	24493	24299	59	莆田	Putian	14638	14266	14287	148
连云港	Lianyungang	21118	19959	20951	82	三明	Sanming	12189	11275	11397	183
淮安	Huaian	20353	19454	19887	91	泉州	Quanzhou	30895	30948	31181	32
盐城	Yancheng	29269	26634	27160	44	漳州	Zhangzhou	19133	20139	20294	89
扬州	Yangzhou	17057	16467	16177	127	南平	Nanping	11731	11536	11534	179
镇江	Zhenjiang	10124	10088	10116	205	龙岩	Longyan	13907	12744	12871	160
泰州	Taizhou	19858	19014	18787	105	宁德	Ningde	13568	12592	12539	164
宿迁	Suqian	20994	17104	17002	123	**江西**	**Jiangxi**	**167285**	**174362**	**176295**	
浙江	**Zhejiang**	**182865**	**189826**	**194307**		南昌	Nanchang	17434	24623	25491	53
杭州	Hangzhou	26666	29485	30574	34	景德镇	Jingdezhen	6517	7381	7616	235
宁波	Ningbo	15067	23577	24119	61	萍乡	Pingxiang	7696	8028	7253	237
温州	Wenzhou	32619	31994	32548	27	九江	Jiujiang	17821	17225	17467	119
嘉兴	Jiaxing	14067	14465	14558	144	新余	Xinyu	4315	4171	4169	270
湖州	Huzhou	9894	10097	10141	204	鹰潭	Yingtan	4479	4709	4601	268
绍兴	Shaoxing	17876	18814	19436	98	赣州	Ganzhou	30726	36308	37212	12
金华	Jinhua	18313	19137	19608	93	吉安	Jian	18451	20386	21166	79
衢州	Quzhou	8317	8808	9092	215	宜春	Yichun	18655	19840	20312	88
舟山	Zhoushan	3403	3251	3199	278	抚州	Fuzhou	14588	15077	14615	142
台州	Taizhou	20157	25105	25403	54	上饶	Shangrao	26603	29108	26155	48
丽水	Lishui	8611	8284	8390	225	**山东**	**Shandong**	**372082**	**397471**	**410339**	
安徽	**Anhui**	**230052**	**229200**	**233493**		济南	Jinan	21943	24318	25676	50
合肥	Hefei	19596	29360	29737	36	青岛	Qingdao	30754	33882	34667	21
芜湖	Wuhu	7577	12927	13225	158	淄博	Zibo	20093	21937	22077	73
蚌埠	Bengbu	11971	11935	12363	171	枣庄	Zaozhuang	13800	13772	14630	141
淮南	Huainan	8796	14868	14762	140	东营	Dongying	10620	11674	11887	174
马鞍山	Maanshan	4757	8538	8434	224	烟台	Yantai	31719	33482	33689	23
淮北	Huaibei	8678	8545	835	285	潍坊	Weifang	39375	40949	39182	10
铜陵	Tongling	3122	6604	6510	248	济宁	Jining	29631	36883	32508	28
安庆	Anqing	24472	20731	20409	86	泰安	Taian	19858	23284	24806	56
黄山	Huangshan	5075	4927	4932	263	威海	Weihai	12931	12477	12461	166
滁州	Chuzhou	16059	15879	15869	131	日照	Rizhao	11610	11929	12340	172
阜阳	Fuyang	25993	27739	29946	35	莱芜	Laiwu	6295	6026	6247	251
宿州	Suzhou	21224	17121	17555	118	临沂	Linyi	38256	45374	46403	3
六安	Liuan	23692	19066	19529	95	德州	Dezhou	19067	21267	22445	70
亳州	Bozhou	16988	18150	19094	102	聊城	Liaocheng	19992	23597	23681	64

16-7 普通中学专任教师数 续表 2

Full-time Teachers of Junior Secondary Schools continued 2

单位：人 (person)

地名	City	2010	2016	2017	2017 排名 Ranking	地名	City	2010	2016	2017	2017 排名 Ranking
滨州	Binzhou	14971	16751	17178	122	常德	Changde	21963	19963	19093	103
菏泽	Heze	31167	34422	35703	16	张家界	Zhangjiajie	5223	7058	5590	258
河南	**Henan**	**380984**	**404312**	**423693**		益阳	Yiyang	18141	14143	14339	146
郑州	Zhengzhou	30601	39860	42981	6	郴州	Chenzhou	15458	21761	19183	101
开封	Kaifeng	17332	19022	17878	112	永州	Yongzhou	22676	20024	21087	81
洛阳	Luoyang	26168	32093	33699	22	怀化	Huaihua	16806	17669	18028	110
平顶山	Pingdingshan	17453	17653	20466	85	娄底	Loudi	15865	18962	16307	126
安阳	Anyang	19058	22255	23024	67	**广东**	**Guangdong**	**391514**	**427448**	**431256**	
鹤壁	Hebi	6151	6969	6776	245	广州	Guangzhou	38226	41894	42796	7
新乡	Xinxiang	23021	24455	28674	39	韶关	Shaoguan	13266	12671	12725	161
焦作	Jiaozuo	14289	17344	17728	114	深圳	Shenzhen	22417	30674	32590	26
濮阳	Puyang	16635	18180	19819	92	珠海	Zhuhai	5742	8187	8359	227
许昌	Xuchang	18715	17645	18376	109	汕头	Shantou	22650	31631	32057	29
漯河	Luohe	9466	9997	10465	196	佛山	Foshan	20442	23157	24135	60
三门峡	Sanmenxia	10068	10516	10688	194	江门	Jiangmen	17158	9562	16151	128
南阳	Nanyang	35550	42018	42650	8	湛江	Zhanjiang	31171	34557	33216	25
商丘	Shangqiu	32843	34639	35472	18	茂名	Maoming	33130	35490	35492	17
信阳	Xinyang	34271	35394	35997	14	肇庆	Zhaoqing	19709	19824	19473	96
周口	Zhoukou	37502	43341	46795	2	惠州	Huizhou	17211	20076	20870	83
驻马店	Zhumadian	28811	33738	33657	24	梅州	Meizhou	23657	22648	22496	69
湖北	**Hubei**	**229209**	**195685**	**194963**		汕尾	Shanwei	12748	14378	14305	147
武汉	Wuhan	32800	31293	31286	31	河源	Heyuan	15172	18469	18972	104
黄石	Huangshi	10596	10534	9706	207	阳江	Yangjiang	10782	13603	13748	153
十堰	Shiyan	14178	13101	13566	154	清远	Qingyuan	17374	15167	15223	135
宜昌	Yichang	13445	12725	12417	168	东莞	Dongguan	14572	18885	19991	90
襄阳	Xiangyang	21647	21869	22041	74	中山	Zhongshan	9424	10869	11127	186
鄂州	Ezhou	4545	3815	3788	272	潮州	Chaozhou	10858	11636	11602	176
荆门	Jingmen	12907	9106	8952	218	揭阳	Jieyang	24300	28973	28790	38
孝感	Xiaogan	20047	18000	17754	113	云浮	Yunfu	11505	10977	10719	193
荆州	Jingzhou	22698	20122	19587	94	**广西**	**Guangxi**	**160840**	**176797**	**185744**	
黄冈	Huanggang	28782	22465	22258	71	南宁	Nanning	22675	25466	26941	45
咸宁	Xianning	10900	8626	8832	220	柳州	Liuzhou	11827	13321	13402	156
随州	Suizhou	9367	7263	7200	238	桂林	Guilin	16155	15838	16111	130
湖南	**Hunan**	**240494**	**241508**	**247395**		梧州	Wuzhou	10409	11947	12606	163
长沙	Changsha	21102	28000	28184	41	北海	Beihai	5904	6567	7656	234
株洲	Zhuzhou	12634	13135	13469	155	防城港	Fangchenggang	2643	2906	3469	274
湘潭	Xiangtan	9846	9884	9033	216	钦州	Qinzhou	9710	11503	12364	170
衡阳	Hengyang	25183	28879	27681	43	贵港	Guigang	16973	20990	21358	78
邵阳	Shaoyang	24154	24134	24651	57	玉林	Yulin	21509	23430	24399	58
岳阳	Yueyang	21053	19469	19450	97	百色	Baise	10662	11765	13311	157

16-7 普通中学专任教师数 续表 3

Full-time Teachers of Junior Secondary Schools continued 3

单位：人 （person）

地名	City	2010	2016	2017	2017 排名 Ranking	地名	City	2010	2016	2017	2017 排名 Ranking
贺州	Hezhou	7289	7286	7679	233	丽江	Lijiang	5621	5344	5447	259
河池	Hechi	11372	12276	13140	159	普洱	Puer	7630	8140	8468	223
来宾	Laibin	7735	8212	8171	229	临沧	Lincang	7168	8346	8639	221
崇左	Chongzuo	6346	6271	7042	241	**西藏**	**Tibet**	**11714**	**15046**	**15229**	
海南	**Hainan**	**34564**	**38672**	**39260**		拉萨	Lasa	2494	3589	3284	276
海口	Haikou	6982	8926	9305	211	**陕西**	**Shaanxi**	**170482**	**159395**	**157291**	
三亚	Sanya	2549	3103	3260	277	西安	Xi'an	31506	33962	36565	13
三沙	Sansha					铜川	Tongchuan	3925	3396	3606	273
重庆	**Chongqing**	**109303**	**115217**	**115645**		宝鸡	Baoji	17423	15990	15573	133
四川	**Sichuan**	**284962**	**294676**	**298805**		咸阳	Xianyang	24997	25569	24003	63
成都	Chengdu	42429	50178	51111	1	渭南	Weinan	27479	25084	25664	51
自贡	Zigong	8261	7922	8171	229	延安	Yan'an	10736	10066	10143	203
攀枝花	Panzhihua	4679	5158	5189	261	汉中	Hanzhong	13866	15728	15646	132
泸州	Luzhou	14480	15716	17893	111	榆林	Yulin	17363	17293	17324	120
德阳	Deyang	11144	10856	10817	190	安康	Ankang	11366	11442	11350	184
绵阳	Mianyang	18449	19355	18785	106	商洛	Shangluo	11003	6411	6063	253
广元	Guangyuan	11377	10663	10432	197	**甘肃**	**Gansu**	**120689**	**127471**	**126418**	
遂宁	Suining	13244	12205	11592	178	兰州	Lanzhou	13811	13995	13887	151
内江	Neijiang	11868	11190	13825	152	嘉峪关	Jiayuguan	941	1059	1063	284
乐山	Leshan	10755	10748	10862	189	金昌	Jinchang	2155	2305	2298	281
南充	Nanchong	26822	23549	23498	66	白银	Baiyin	11229	11669	11433	181
眉山	Meishan	10685	10481	10219	201	天水	Tianshui	15592	18290	18474	108
宜宾	Yibin	17682	18961	19267	100	武威	Wuwei	9006	8600	9698	208
广安	Guangan	14440	15626	16116	129	张掖	Zhangye	5883	5628	5407	260
达州	Dazhou	20163	20866	21129	80	平凉	Pingliang	10514	11680	12497	165
雅安	Yaan	4931	5028	5153	262	酒泉	Jiuquan	4398	5545	4840	264
巴中	Bazhong	11695	14316	14788	139	庆阳	Qingyang	11693	11619	11596	177
资阳	Ziyang	13488	11176	9244	212	定西	Dingxi	14528	17388	17257	121
贵州	**Guizhou**	**142508**	**188127**	**191622**		陇南	Longnan	10647	11718	11636	175
贵阳	Guiyang	14561	18204	18492	107	**青海**	**Qinghai**	**21875**	**25094**	**25167**	
六盘水	Liupanshui	10676	14882	15055	137	西宁	Xining	9064	11763	9093	214
遵义	Zunyi	27418	35156	35918	15	海东	Haidong		6778	6669	246
安顺	Anshun	8570	10318	10806	191	**宁夏**	**Ningxia**	**27484**	**30379**	**31075**	
毕节	Bijie	25182	38999	40846	9	银川	Yinchuan	7310	8752	9201	213
铜仁	Tongren	15330	21006	22184	72	石嘴山	Shizuishan	3413	3459	3410	275
云南	**Yunnan**	**160984**	**180391**	**185543**		吴忠	Wuzhong	5448	6137	6374	249
昆明	Kunming	20329	24672	25664	51	固原	Guyuan	6664	6912	7062	240
曲靖	Qujing	23068	25337	26181	47	中卫	Zhongwei	4649	5782	5844	256
玉溪	Yuxi	8745	9322	9508	209	**新疆**	**Xinjiang**	**113990**	**125956**	**130452**	
保山	Baoshan	9431	10667	10735	192	乌鲁木齐	Urumqi	9998	12455	12615	162
昭通	Zhaotong	18762	21556	22812	68	克拉玛依	Karamay	2123	2438	2509	280

16-8 普通中学招生数

New Enrollment by Junior Secondary Schools

单位：万人　　　　（10 000 persons）

地名	City	2010	2016	2017	2017 排名 Ranking
全国	**Nation Total**	**2552.70**	**2290.10**	**2347.30**	
北京	**Beijing**	**16.80**			
天津	**Tianjin**	**14.60**			
河北	**Hebei**	**114.18**	**128.68**	**142.21**	
石家庄	Shijiazhuang	17.14			
唐山	Tangshan	11.24			
秦皇岛	Qinhuangdao	4.35			
邯郸	Handan	15.13			
邢台	Xingtai	11.52			
保定	Baoding	16.44			
张家口	Zhangjiakou	7.26			
承德	Chengde	6.18			
沧州	Cangzhou	10.20			
廊坊	Langfang	7.38			
衡水	Hengshui	7.35			
山西	**Shanxi**	**85.26**	**62.03**	**59.71**	
太原	Taiyuan	7.80	6.74	6.62	81
大同	Datong	7.32	5.22	5.16	109
阳泉	Yangquan	2.95	2.26	2.21	172
长治	Changzhi	7.95	6.00	5.55	99
晋城	Jincheng	5.80	4.04	3.68	143
朔州	Shuozhou	5.57	4.11	4.17	131
晋中	Jinzhong	6.24	5.50	5.90	92
运城	Yuncheng	13.49	8.85	8.11	56
忻州	Xinzhou	7.87	4.93	4.75	116
临汾	Linfen	10.14	7.51	6.98	75
吕梁	Lvliang	10.12	6.88	6.58	82
内蒙古	**Inner Mongolia**	**43.67**	**34.43**	**36.84**	
呼和浩特	Hohhot	5.33	4.48	5.02	111
包头	Baotou	4.51	3.34	3.77	139
乌海	Wuhai	0.89	0.71	0.83	194
赤峰	Chifeng	9.04	6.88	7.12	71
通辽	Tongliao	5.69	5.31	5.39	103
鄂尔多斯	Erdos	3.06	2.43	3.02	155
呼伦贝尔	Hulunbuir	3.91	2.95	2.92	158
巴彦淖尔	Bayannur	2.93	1.93	1.96	180
乌兰察布	Ulanqab	3.60	2.24	2.53	166
辽宁	**Liaoning**	**63.75**		**55.48**	
沈阳	Shenyang	9.75		9.65	44
大连	Dalian	9.20		7.88	61
鞍山	Anshan	4.72		4.41	123
抚顺	Fushun	2.72		2.18	173
本溪	Benxi	2.08		1.60	186
丹东	Dandong	3.90		3.17	154
锦州	Jinzhou	4.67		3.86	137
营口	Yingkou	3.40		2.73	160
阜新	Fuxin	3.03		2.52	168
辽阳	Liaoyang	2.96		2.07	177
盘锦	Panjin	2.38		2.25	171
铁岭	Tieling	4.37		3.68	142
朝阳	Chaoyang	6.14		5.38	104
葫芦岛	Huludao	4.43		4.10	134
吉林	**Jilin**	**41.42**	**35.64**	**36.36**	
长春	Changchun	12.59		10.89	30
吉林	Jilin	6.63		5.01	112
四平	Siping	4.84		5.03	110
辽源	Liaoyuan	1.69		1.61	185
通化	Tonghua	3.70		2.70	161
白山	Baishan	1.79		1.45	187
松原	Songyuan	4.33		4.75	117
白城	Baicheng	3.03		2.60	165
黑龙江	**Heilongjiang**	**57.07**	**46.15**	**46.50**	
哈尔滨	Harbin	13.32	12.14	12.41	20
齐齐哈尔	Qiqihar	7.35	5.97	6.26	85
鸡西	Jixi	2.86	2.17	2.12	175
鹤岗	Hegang	2.04	1.31	1.27	190
双鸭山	Shuangyashan	2.53	1.93	1.94	181
大庆	Daqing	4.83	4.55	4.43	121
伊春	Yichun	1.80	1.18	1.12	192
佳木斯	Jiamusi	4.80	3.40	3.48	147
七台河	Qitaihe	1.39	1.13	1.18	191
牡丹江	Mudanjiang	4.07	3.33	3.25	151
黑河	Heihe	2.94	2.17	2.14	174
绥化	Suihua	8.38	6.38	6.45	83
上海	**Shanghai**	**16.33**			
江苏	**Jiangsu**	**115.08**	**101.98**	**107.23**	

16-8 普通中学招生数 续表 1

New Enrollment by Junior Secondary Schools continued 1

单位：万人 （10 000 persons）

地名	City	2010	2016	2017	2017 排名 Ranking
南京	Nanjing	7.92	7.83	8.31	53
无锡	Wuxi	7.58	7.62	7.93	59
徐州	Xuzhou	15.30	13.05	15.21	10
常州	Changzhou	6.09	5.85	6.06	88
苏州	Suzhou	9.06	11.23	12.28	21
南通	Nantong	10.32	8.09	7.78	64
连云港	Lianyungang	10.10	8.09	8.47	49
淮安	Huaian	9.01	7.56	8.10	57
盐城	Yancheng	10.95	9.55	9.82	42
扬州	Yangzhou	6.96	5.84	5.78	95
镇江	Zhenjiang	3.74	3.33	3.43	148
泰州	Taizhou	7.16	5.92	5.80	94
宿迁	Suqian	10.87	8.03	8.26	55
浙江	**Zhejiang**	**83.30**	**79.04**	**72.52**	
杭州	Hangzhou	11.55			
宁波	Ningbo	7.28			
温州	Wenzhou	13.65			
嘉兴	Jiaxing	6.62			
湖州	Huzhou	4.66			
绍兴	Shaoxing	9.07			
金华	Jinhua	8.33			
衢州	Quzhou	3.94			
舟山	Zhoushan	1.26			
台州	Taizhou	9.61			
丽水	Lishui	3.81			
安徽	**Anhui**	**129.74**	**103.54**	**105.49**	
合肥	Hefei	10.74	12.44	13.12	19
芜湖	Wuhu	3.79	5.44	5.33	105
蚌埠	Bengbu	6.61	5.32	5.58	98
淮南	Huainan	4.55	5.31	5.48	100
马鞍山	Maanshan	2.32	3.37	3.22	152
淮北	Huaibei	5.39	3.53	3.60	144
铜陵	Tongling	1.33	2.43	2.30	169
安庆	Anqing	13.38	7.37	7.22	70
黄山	Huangshan	2.17	1.80	1.85	184
滁州	Chuzhou	8.70	6.41	6.23	86
阜阳	Fuyang	18.23	17.54	17.70	4
宿州	Suzhou	12.62	8.50	8.63	47
六安	Liuan	13.39	8.14	8.49	48
亳州	Bozhou	10.56	10.08	10.76	33
池州	Chizhou	3.35	2.49	2.60	164
宣城	Xuancheng	4.30	3.38	3.36	149
福建	**Fujian**	**62.62**			
福州	Fuzhou	11.28			
厦门	Xiamen	4.18			
莆田	Putian	6.37			
三明	Sanming	4.55			
泉州	Quanzhou	12.90			
漳州	Zhangzhou	8.73			
南平	Nanping	4.92			
龙岩	Longyan	4.57			
宁德	Ningde	5.12			
江西	**Jiangxi**	**94.02**	**97.60**	**102.07**	
南昌	Nanchang	10.49	9.86	10.15	40
景德镇	Jingdezhen	3.03	3.36	3.51	146
萍乡	Pingxiang	3.82	3.65	3.58	145
九江	Jiujiang	9.83	9.85	10.29	37
新余	Xinyu	1.89	2.37	2.52	167
鹰潭	Yingtan	2.19	2.36	2.61	163
赣州	Ganzhou	18.48	21.67	22.39	1
吉安	Jian	9.27	9.57	10.19	39
宜春	Yichun	10.62	11.59	11.90	25
抚州	Fuzhou	8.84	8.04	8.44	51
上饶	Shangrao	15.55	15.27	16.49	7
山东	**Shandong**	**164.12**	**104.57**	**164.39**	
济南	Jinan	10.42	6.28	10.84	31
青岛	Qingdao	12.51	8.29	13.24	17
淄博	Zibo	8.29	4.65	7.09	72
枣庄	Zaozhuang	7.13	4.16	7.05	73
东营	Dongying	4.01	2.42	3.72	141
烟台	Yantai	9.75	5.62	7.89	60
潍坊	Weifang	16.41	8.64	15.73	8
济宁	Jining	13.55	9.23	14.36	14
泰安	Taian	8.47	6.06	8.66	46
威海	Weihai	3.60	2.14	3.20	153
日照	Rizhao	4.94	3.39	5.22	108
莱芜	Laiwu	2.48	1.29	2.08	176
临沂	Linyi	19.15	13.14	19.94	2
德州	Dezhou	8.85	6.88	10.21	38
聊城	Liaocheng	9.45	6.38	10.68	34

16-8 普通中学招生数 续表 2
New Enrollment by Junior Secondary Schools continued 2

单位：万人 （10 000 persons）

地名	City	2010	2016	2017	2017 排名 Ranking
滨州	Binzhou	6.63	4.01	6.91	77
菏泽	Heze	18.47	11.98	17.56	6
河南	**Henan**	**221.66**	**213.66**	**220.42**	
郑州	Zhengzhou	14.89			
开封	Kaifeng	10.24			
洛阳	Luoyang	14.65			
平顶山	Pingdingshan	8.43			
安阳	Anyang	9.57			
鹤壁	Hebi	3.64			
新乡	Xinxiang	11.56			
焦作	Jiaozuo	7.65			
濮阳	Puyang	9.04			
许昌	Xuchang	9.01			
漯河	Luohe	5.10			
三门峡	Sanmenxia	4.37			
南阳	Nanyang	19.28			
商丘	Shangqiu	23.41			
信阳	Xinyang	18.99			
周口	Zhoukou	29.50			
驻马店	Zhumadian	20.91			
湖北	**Hubei**	**105.26**			
武汉	Wuhan	12.06			
黄石	Huangshi	6.27			
十堰	Shiyan	6.30			
宜昌	Yichang	5.36			
襄阳	Xiangyang	9.76			
鄂州	Ezhou	2.19			
荆门	Jingmen	4.26			
孝感	Xiaogan	9.43			
荆州	Jingzhou	10.81			
黄冈	Huanggang	15.38			
咸宁	Xianning	5.68			
随州	Suizhou	3.80			
湖南	**Hunan**	**110.49**	**117.41**	**118.96**	
长沙	Changsha	11.14	12.94	13.14	18
株洲	Zhuzhou	5.14	5.86	5.90	91
湘潭	Xiangtan	4.45	3.95	3.94	136
衡阳	Hengyang	13.20	14.07	14.10	15
邵阳	Shaoyang	12.83	14.64	14.75	11
岳阳	Yueyang	8.87	8.30	8.32	52
常德	Changde	8.67	7.16	6.99	74
张家界	Zhangjiajie	2.53	2.73	2.67	162
益阳	Yiyang	6.52	6.07	5.90	90
郴州	Chenzhou	7.49	10.37	11.03	29
永州	Yongzhou	9.60	10.92	11.52	28
怀化	Huaihua	6.84	7.70	8.04	58
娄底	Loudi	7.95	7.62	7.71	66
广东	**Guangdong**	**241.96**	**186.14**	**187.82**	
广州	Guangzhou	19.17	75.96	17.65	5
韶关	Shaoguan	6.60	3.91	5.27	106
深圳	Shenzhen	12.03	15.93	15.24	9
珠海	Zhuhai	3.22	6.33	3.25	150
汕头	Shantou	16.85	9.00	12.22	22
佛山	Foshan	11.07	8.52	11.64	26
江门	Jiangmen	8.88	6.18	7.32	69
湛江	Zhanjiang	24.44	10.14	13.52	16
茂名	Maoming	22.17	14.39	14.51	12
肇庆	Zhaoqing	10.91	11.20	7.60	67
惠州	Huizhou	10.71	9.95	10.33	36
梅州	Meizhou	12.64	6.85	7.81	63
汕尾	Shanwei	10.50	7.03	5.73	96
河源	Heyuan	8.14	5.72	6.29	84
阳江	Yangjiang	6.43	5.45	4.52	119
清远	Qingyuan	9.39	7.05	6.82	78
东莞	Dongguan	9.32	10.52	11.58	27
中山	Zhongshan	5.50	6.42	5.47	101
潮州	Chaozhou	7.28	5.05	4.43	122
揭阳	Jieyang	19.85	9.42	12.00	23
云浮	Yunfu	6.84	7.46	4.64	118
广西	**Guangxi**	**97.22**	**103.58**	**106.29**	
南宁	Nanning	12.87	13.95	14.39	13
柳州	Liuzhou	6.09	6.99	7.35	68
桂林	Guilin	6.96	7.79	8.30	54
梧州	Wuzhou	7.18	6.61	6.66	80
北海	Beihai	3.50	3.76	5.46	102
防城港	Fangchenggang	1.64	1.90	1.94	182
钦州	Qinzhou	7.81	7.80	7.75	65
贵港	Guigang	12.55	11.87	11.96	24
玉林	Yulin	14.23	14.77	9.73	43
百色	Baise	6.47	7.93	5.81	93

16-8 普通中学招生数 续表 3
New Enrollment by Junior Secondary Schools continued 3

单位：万人 （10 000 persons）

地名	City	2010	2016	2017	2017 排名 Ranking
贺州	Hezhou	4.53	2.84	4.19	130
河池	Hechi	6.63	8.00	8.46	50
来宾	Laibin	4.40	4.34	4.29	126
崇左	Chongzuo	2.87	3.55	3.97	135
海南	**Hainan**	**18.96**	**11.03**	**17.80**	
海口	Haikou	3.80	2.64	4.32	125
三亚	Sanya	1.60	0.93	1.45	188
三沙	Sansha				
重庆	**Chongqing**	**63.61**			
四川	**Sichuan**	**164.17**	**132.22**	**133.55**	
成都	Chengdu	21.31	17.82	19.86	3
自贡	Zigong	4.95	4.09	4.33	124
攀枝花	Panzhihua	2.43	2.10	2.05	178
泸州	Luzhou	9.49	9.38	10.49	35
德阳	Deyang	5.63	4.24	4.22	128
绵阳	Mianyang	10.04	7.95	7.82	62
广元	Guangyuan	6.65	4.08	3.80	138
遂宁	Suining	6.23	4.38	4.27	127
内江	Neijiang	6.39	5.69	6.01	89
乐山	Leshan	5.54	4.10	4.11	133
南充	Nanchong	15.00	10.27	9.85	41
眉山	Meishan	5.80	3.94	3.73	140
宜宾	Yibin	10.17	8.94	9.09	45
广安	Guangan	9.82	7.12	6.70	79
达州	Dazhou	13.05	10.80	10.83	32
雅安	Yaan	2.60	2.22	2.27	170
巴中	Bazhong	9.50	6.54	6.07	87
资阳	Ziyang	7.04	6.25	4.87	115
贵州	**Guizhou**	**100.49**	**95.20**	**94.90**	
贵阳	Guiyang	8.88			
六盘水	Liupanshui	9.33			
遵义	Zunyi	17.98			
安顺	Anshun	5.89			
毕节	Bijie	21.06			
铜仁	Tongren	10.52			
云南	**Yunnan**	**93.56**	**92.43**	**93.18**	
昆明	Kunming	11.28			
曲靖	Qujing	14.91			
玉溪	Yuxi	4.61			
保山	Baoshan	5.41			
昭通	Zhaotong	13.07			
丽江	Lijiang	2.48			
普洱	Puer	4.04			
临沧	Lincang	4.27			
西藏	**Tibet**	**6.10**	**6.07**	**6.25**	
拉萨	Lasa	1.16	1.29	1.30	189
陕西	**Shaanxi**	**83.18**	**61.42**	**59.99**	
西安	Xi'an	16.15			
铜川	Tongchuan	1.78			
宝鸡	Baoji	7.79			
咸阳	Xianyang	13.61			
渭南	Weinan	12.06			
延安	Yan'an	5.29			
汉中	Hanzhong	7.12			
榆林	Yulin	7.56			
安康	Ankang	5.95			
商洛	Shangluo	5.46			
甘肃	**Gansu**	**67.34**	**48.36**	**46.82**	
兰州	Lanzhou	6.40	5.58	5.61	97
嘉峪关	Jiayuguan	0.50	0.49	0.48	196
金昌	Jinchang	1.11	0.90	0.84	193
白银	Baiyin	5.73	3.23	2.94	157
天水	Tianshui	9.64	7.16	6.93	76
武威	Wuwei	5.17	3.16	2.92	159
张掖	Zhangye	3.04	2.09	2.02	179
平凉	Pingliang	5.99	4.37	4.11	132
酒泉	Jiuquan	2.41	1.96	1.90	183
庆阳	Qingyang	6.62	4.38	4.44	120
定西	Dingxi	8.07	5.24	4.90	114
陇南	Longnan	6.47	5.01	4.92	113
青海	**Qinghai**	**11.50**	**11.22**	**11.29**	
西宁	Xining	4.27		4.22	129
海东	Haidong			2.94	156
宁夏	**Ningxia**	**15.12**			
银川	Yinchuan	4.24			
石嘴山	Shizuishan	1.62			
吴忠	Wuzhong	3.24			
固原	Guyuan	3.49			
中卫	Zhongwei	2.56			
新疆	**Xinjiang**	**48.94**	**48.89**	**50.62**	
乌鲁木齐	Urumqi	5.10	5.10	5.26	107
克拉玛依	Karamay	0.88	0.83	0.82	195

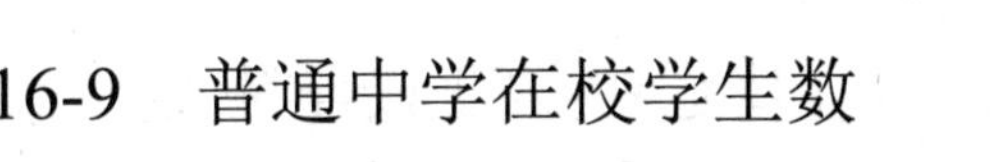

16-9 普通中学在校学生数
Total Enrollment by Junior Secondary Schools

单位：万人 (10 000 persons)

地名	City	2010	2016	2017	2017 排名 Ranking
全国	**Nation Total**	**7706.60**	**6696.01**	**6816.61**	
北京	**Beijing**	**50.83**	**43.14**	**43.04**	
天津	**Tianjin**	**45.86**	**42.04**	**42.58**	
河北	**Hebei**	**348.75**	**364.91**	**389.21**	
石家庄	Shijiazhuang	52.47	49.00	51.00	14
唐山	Tangshan	34.29	34.00	36.00	48
秦皇岛	Qinhuangdao	13.47	13.00	13.00	179
邯郸	Handan	45.86	54.00	59.00	8
邢台	Xingtai	34.78	37.00	38.00	40
保定	Baoding	50.08	58.00	62.00	7
张家口	Zhangjiakou	22.51	20.00	21.00	119
承德	Chengde	18.44	17.00	18.00	138
沧州	Cangzhou	31.21	34.00	37.00	46
廊坊	Langfang	22.35	22.00	23.00	100
衡水	Hengshui	23.28	27.00	31.00	64
山西	**Shanxi**	**253.67**	**184.65**	**180.21**	
太原	Taiyuan	24.00	20.00	19.73	131
大同	Datong	22.79	15.00	14.90	174
阳泉	Yangquan	9.15	7.00	6.56	258
长治	Changzhi	23.39	17.00	17.07	144
晋城	Jincheng	17.68	12.00	11.71	208
朔州	Shuozhou	16.00	13.00	12.34	196
晋中	Jinzhong	19.60	16.00	16.52	154
运城	Yuncheng	39.74	26.00	25.39	89
忻州	Xinzhou	21.90	15.00	14.29	175
临汾	Linfen	29.64	22.00	21.68	118
吕梁	Lvliang	29.79	20.00	20.01	126
内蒙古	**Inner Mongolia**	**131.40**	**106.14**	**105.45**	
呼和浩特	Hohhot	15.66	14.00	14.07	176
包头	Baotou	13.49	11.00	10.69	223
乌海	Wuhai	2.82	1.00	2.34	282
赤峰	Chifeng	27.21	21.00	20.51	125
通辽	Tongliao	16.62	16.00	15.55	164
鄂尔多斯	Erdos	9.12	8.00	8.04	240
呼伦贝尔	Hulunbuir	12.03	5.00	8.85	239
巴彦淖尔	Bayannur	9.01	6.00	5.88	266
乌兰察布	Ulanqab	11.79	8.00	7.28	250
辽宁	**Liaoning**	**198.77**	**160.34**	**159.31**	
沈阳	Shenyang	30.22	27.00	27.15	81
大连	Dalian	27.92	22.00	22.33	111
鞍山	Anshan	15.75	13.00	12.65	195
抚顺	Fushun	8.95	6.00	6.30	259
本溪	Benxi	6.66	5.00	4.74	271
丹东	Dandong	12.21	9.00	9.22	230
锦州	Jinzhou	14.41	11.00	10.85	222
营口	Yingkou	10.31	8.00	8.01	241
阜新	Fuxin	9.56	7.00	7.21	251
辽阳	Liaoyang	8.65	6.00	6.13	260
盘锦	Panjin	7.66	7.00	6.57	257
铁岭	Tieling	13.54	11.00	10.50	224
朝阳	Chaoyang	19.23	16.00	15.58	163
葫芦岛	Huludao	13.69	12.00	12.06	197
吉林	**Jilin**	**128.84**	**100.85**	**103.25**	
长春	Changchun	38.86	30.00	30.00	70
吉林	Jilin	20.53	14.00	15.00	165
四平	Siping	15.14	9.00	9.00	231
辽源	Liaoyuan	5.34	5.00	5.00	267
通化	Tonghua	11.18	8.00	8.00	242
白山	Baishan	6.14	4.00	4.00	272
松原	Songyuan	13.47	13.00	13.00	179
白城	Baicheng	9.22	7.00	8.00	242
黑龙江	**Heilongjiang**	**190.78**	**145.37**	**146.05**	
哈尔滨	Harbin	44.08	38.00	38.00	40
齐齐哈尔	Qiqihar	23.25	17.00	11.00	209
鸡西	Jixi	10.96	7.00	6.00	261
鹤岗	Hegang	6.45	3.00	3.00	277
双鸭山	Shuangyashan	8.22	3.00	5.00	267
大庆	Daqing	18.20	15.00	10.00	225
伊春	Yichun	5.71	3.00	3.00	277
佳木斯	Jiamusi	15.43	9.00	9.00	231
七台河	Qitaihe	4.79	4.00	2.00	283
牡丹江	Mudanjiang	12.47	9.00	8.00	242
黑河	Heihe	9.04	5.00	5.00	267
绥化	Suihua	29.71	22.00	22.00	112
上海	**Shanghai**	**59.44**	**57.11**	**57.06**	
江苏	**Jiangsu**	**368.63**	**290.10**	**303.03**	

16-9 普通中学在校学生数 续表 1

Total Enrollment by Junior Secondary Schools continued 1

单位：万人 （10 000 persons）

地名	City	2010	2016	2017	2017 排名 Ranking	地名	City	2010	2016	2017	2017 排名 Ranking
南京	Nanjing	24.86	22.00	23.00	100	池州	Chizhou	10.61	8.00	8.00	242
无锡	Wuxi	22.76	22.00	22.00	112	宣城	Xuancheng	13.71	10.00	8.00	242
徐州	Xuzhou	52.07	36.00	40.00	38	**福建**	**Fujian**	**198.21**	**178.95**	**185.28**	
常州	Changzhou	18.88	17.00	17.00	145	福州	Fuzhou	35.84	31.00	55.00	12
苏州	Suzhou	27.25	31.00	33.00	56	厦门	Xiamen	12.16	15.00	31.00	64
南通	Nantong	33.65	24.00	24.00	93	莆田	Putian	20.19	17.00	26.00	82
连云港	Lianyungang	30.91	23.00	24.00	93	三明	Sanming	14.54	12.00	19.00	132
淮安	Huaian	29.30	22.00	23.00	100	泉州	Quanzhou	41.50	39.00	74.00	2
盐城	Yancheng	34.33	27.00	28.00	78	漳州	Zhangzhou	25.54	24.00	36.00	48
扬州	Yangzhou	22.25	18.00	18.00	138	南平	Nanping	15.42	14.00	21.00	119
镇江	Zhenjiang	12.34	10.00	10.00	225	龙岩	Longyan	15.23	12.00	19.00	132
泰州	Taizhou	23.31	17.00	17.00	145	宁德	Ningde	17.78	13.00	24.00	93
宿迁	Suqian	36.71	23.00	24.00	93	**江西**	**Jiangxi**	**273.96**	**274.57**	**287.74**	
浙江	**Zhejiang**	**255.15**	**226.87**	**233.18**		南昌	Nanchang	30.21	29.00	42.00	27
杭州	Hangzhou	35.30	33.00	34.00	54	景德镇	Jingdezhen	9.18	9.00	16.00	155
宁波	Ningbo	22.12	28.00	29.00	75	萍乡	Pingxiang	10.65	10.00	15.00	165
温州	Wenzhou	41.87	37.00	38.00	40	九江	Jiujiang	29.59	27.00	40.00	38
嘉兴	Jiaxing	20.72	16.00	16.00	155	新余	Xinyu	5.81	7.00	10.00	225
湖州	Huzhou	14.63	11.00	11.00	209	鹰潭	Yingtan	6.60	6.00	11.00	209
绍兴	Shaoxing	27.48	23.00	23.00	100	赣州	Ganzhou	52.77	61.00	90.00	1
金华	Jinhua	25.82	25.00	26.00	82	吉安	Jian	27.64	27.00	48.00	19
衢州	Quzhou	12.16	11.00	11.00	209	宜春	Yichun	31.22	33.00	50.00	18
舟山	Zhoushan	3.89	3.00	3.00	277	抚州	Fuzhou	25.46	23.00	35.00	52
台州	Taizhou	28.68	29.00	31.00	64	上饶	Shangrao	44.83	42.00	65.00	6
丽水	Lishui	12.07	11.00	11.00	209	**山东**	**Shandong**	**501.07**	**482.41**	**494.85**	
安徽	**Anhui**	**406.58**	**304.89**	**310.66**		济南	Jinan	30.18	30.00	45.00	22
合肥	Hefei	33.02	37.00	38.00	40	青岛	Qingdao	38.00	36.00	37.00	46
芜湖	Wuhu	12.39	15.00	16.00	155	淄博	Zibo	29.82	27.00	26.00	82
蚌埠	Bengbu	20.15	16.00	16.00	155	枣庄	Zaozhuang	21.84	19.00	20.00	127
淮南	Huainan	14.21	16.00	16.00	155	东营	Dongying	12.05	13.00	13.00	179
马鞍山	Maanshan	7.87	10.00	7.00	252	烟台	Yantai	37.13	30.00	29.00	75
淮北	Huaibei	15.48	10.00	8.00	242	潍坊	Weifang	49.03	42.00	44.00	24
铜陵	Tongling	4.19	7.00	7.00	252	济宁	Jining	42.01	40.00	42.00	27
安庆	Anqing	46.30	23.00	16.00	155	泰安	Taian	22.91	34.00	33.00	56
黄山	Huangshan	7.08	5.00	5.00	267	威海	Weihai	14.24	11.00	11.00	209
滁州	Chuzhou	26.83	19.00	14.00	177	日照	Rizhao	14.40	14.00	15.00	165
阜阳	Fuyang	55.09	49.00	41.00	35	莱芜	Laiwu	8.71	8.00	8.00	242
宿州	Suzhou	38.90	26.00	26.00	82	临沂	Linyi	54.99	52.00	56.00	10
六安	Liuan	42.06	24.00	19.00	132	德州	Dezhou	25.10	29.00	30.00	70
亳州	Bozhou	31.08	28.00	25.00	90	聊城	Liaocheng	27.69	29.00	30.00	70

16-9 普通中学在校学生数 续表 2

Total Enrollment by Junior Secondary Schools continued 2

单位：万人 （10 000 persons）

地名	City	2010	2016	2017	2017 排名 Ranking	地名	City	2010	2016	2017	2017 排名 Ranking
滨州	Binzhou	19.14	19.00	19.00	132	常德	Changde	26.15	21.00	21.00	119
菏泽	Heze	53.83	50.00	51.00	14	张家界	Zhangjiajie	7.18	8.00	8.00	242
河南	**Henan**	**661.56**	**615.42**	**634.65**		益阳	Yiyang	19.06	17.00	17.00	145
郑州	Zhengzhou	43.85	53.00	56.00	10	郴州	Chenzhou	20.60	29.00	31.00	64
开封	Kaifeng	29.67	28.00	30.00	70	永州	Yongzhou	28.45	30.00	32.00	60
洛阳	Luoyang	42.64	41.00	42.00	27	怀化	Huaihua	19.45	22.00	23.00	100
平顶山	Pingdingshan	24.54	27.00	31.00	64	娄底	Loudi	22.50	22.00	22.00	112
安阳	Anyang	28.23	32.00	34.00	54	**广东**	**Guangdong**	**709.05**	**545.22**	**545.37**	
鹤壁	Hebi	10.54	11.00	11.00	209	广州	Guangzhou	57.23	51.00	51.00	14
新乡	Xinxiang	34.25	36.00	38.00	40	韶关	Shaoguan	19.99	15.00	15.00	165
焦作	Jiaozuo	22.86	21.00	20.00	127	深圳	Shenzhen	33.48	40.00	42.00	27
濮阳	Puyang	29.45	25.00	26.00	82	珠海	Zhuhai	9.53	9.00	9.00	231
许昌	Xuchang	28.03	24.00	25.00	90	汕头	Shantou	49.35	37.00	36.00	48
漯河	Luohe	15.36	14.00	14.00	177	佛山	Foshan	32.34	31.00	33.00	56
三门峡	Sanmenxia	14.68	12.00	11.00	209	江门	Jiangmen	26.39	21.00	21.00	119
南阳	Nanyang	56.62	64.00	69.00	4	湛江	Zhanjiang	70.63	43.00	41.00	35
商丘	Shangqiu	70.01	49.00	48.00	19	茂名	Maoming	65.51	47.00	45.00	22
信阳	Xinyang	59.31	50.00	52.00	13	肇庆	Zhaoqing	32.84	24.00	23.00	100
周口	Zhoukou	87.29	70.00	70.00	3	惠州	Huizhou	30.87	28.00	29.00	75
驻马店	Zhumadian	60.19	50.00	51.00	14	梅州	Meizhou	37.46	24.00	23.00	100
湖北	**Hubei**	**340.64**	**225.99**	**230.65**		汕尾	Shanwei	29.82	19.00	18.00	138
武汉	Wuhan	38.31	31.00	32.00	60	河源	Heyuan	24.12	18.00	18.00	138
黄石	Huangshi	19.47	11.00	11.00	209	阳江	Yangjiang	19.92	13.00	13.00	179
十堰	Shiyan	20.80	14.00	15.00	165	清远	Qingyuan	28.03	19.00	20.00	127
宜昌	Yichang	17.05	13.00	13.00	179	东莞	Dongguan	25.83	30.00	31.00	64
襄阳	Xiangyang	29.85	23.00	24.00	93	中山	Zhongshan	15.29	15.00	15.00	165
鄂州	Ezhou	7.05	4.00	4.00	272	潮州	Chaozhou	20.99	14.00	13.00	179
荆门	Jingmen	13.65	10.00	10.00	225	揭阳	Jieyang	58.48	38.00	36.00	48
孝感	Xiaogan	32.36	17.00	18.00	138	云浮	Yunfu	20.97	13.00	13.00	179
荆州	Jingzhou	35.01	22.00	22.00	112	**广西**	**Guangxi**	**275.79**	**290.65**	**300.94**	
黄冈	Huanggang	52.63	28.00	28.00	78	南宁	Nanning	37.63	39.00	41.00	35
咸宁	Xianning	17.54	12.00	13.00	179	柳州	Liuzhou	17.70	19.00	20.00	127
随州	Suizhou	13.43	8.00	9.00	231	桂林	Guilin	21.03	22.00	23.00	100
湖南	**Hunan**	**316.82**	**335.96**	**344.26**		梧州	Wuzhou	20.03	19.00	19.00	132
长沙	Changsha	30.74	37.00	38.00	40	北海	Beihai	10.42	11.00	11.00	209
株洲	Zhuzhou	14.51	16.00	17.00	145	防城港	Fangchenggang	4.58	5.00	6.00	261
湘潭	Xiangtan	13.08	12.00	12.00	198	钦州	Qinzhou	20.75	22.00	22.00	112
衡阳	Hengyang	36.81	42.00	42.00	27	贵港	Guigang	33.87	34.00	35.00	52
邵阳	Shaoyang	36.72	42.00	43.00	25	玉林	Yulin	38.86	41.00	42.00	27
岳阳	Yueyang	26.12	24.00	25.00	90	百色	Baise	18.43	22.00	23.00	100

16-9 普通中学在校学生数 续表 3
Total Enrollment by Junior Secondary Schools continued 3

单位：万人 (10 000 persons)

地名	City	2010	2016	2017	2017 排名 Ranking	地名	City	2010	2016	2017	2017 排名 Ranking
贺州	Hezhou	11.34	11.00	12.00	198	丽江	Lijiang	7.40	7.00	7.00	252
河池	Hechi	20.11	22.00	24.00	93	普洱	Puer	11.71	11.00	11.00	209
来宾	Laibin	13.00	12.00	13.00	179	临沧	Lincang	12.00	12.00	12.00	198
崇左	Chongzuo	8.06	10.00	11.00	209	**西藏**	**Tibet**	**21.00**	**17.72**	**18.33**	
海南	**Hainan**	**58.21**	**49.36**	**50.44**		拉萨	Lasa	3.38	4.00	4.00	272
海口	Haikou	11.44	12.00	12.00	198	**陕西**	**Shaanxi**	**259.91**	**183.42**	**180.63**	
三亚	Sanya	4.30	4.00	4.00	272	西安	Xi'an	48.89	41.00	42.00	27
三沙	Sansha					铜川	Tongchuan	5.84	4.00	3.00	277
重庆	**Chongqing**	**190.82**	**157.28**	**159.22**		宝鸡	Baoji	24.98	18.00	17.00	145
四川	**Sichuan**	**490.09**	**389.54**	**390.43**		咸阳	Xianyang	41.64	25.00	22.00	112
成都	Chengdu	63.51	59.00	58.00	9	渭南	Weinan	39.02	26.00	26.00	82
自贡	Zigong	14.49	14.00	12.00	198	延安	Yan'an	16.71	13.00	13.00	179
攀枝花	Panzhihua	6.96	6.00	6.00	261	汉中	Hanzhong	21.44	18.00	18.00	138
泸州	Luzhou	27.96	26.00	28.00	78	榆林	Yulin	25.34	17.00	16.00	155
德阳	Deyang	17.50	13.00	13.00	179	安康	Ankang	18.27	15.00	15.00	165
绵阳	Mianyang	30.52	24.00	24.00	93	商洛	Shangluo	16.44	11.00	11.00	209
广元	Guangyuan	19.97	13.00	12.00	198	**甘肃**	**Gansu**	**203.10**	**147.97**	**143.34**	
遂宁	Suining	19.75	13.00	13.00	179	兰州	Lanzhou	19.89	17.00	17.00	145
内江	Neijiang	19.69	16.00	17.00	145	嘉峪关	Jiayuguan	1.48	1.00	1.00	285
乐山	Leshan	16.61	12.00	12.00	198	金昌	Jinchang	3.52	3.00	3.00	277
南充	Nanchong	45.98	31.00	30.00	70	白银	Baiyin	18.70	11.00	10.00	225
眉山	Meishan	18.51	12.00	12.00	198	天水	Tianshui	25.73	22.00	21.00	119
宜宾	Yibin	30.10	26.00	26.00	82	武威	Wuwei	16.14	10.00	9.00	231
广安	Guangan	28.66	22.00	21.00	119	张掖	Zhangye	9.10	6.00	6.00	261
达州	Dazhou	39.07	32.00	32.00	60	平凉	Pingliang	18.33	14.00	13.00	179
雅安	Yaan	7.90	6.00	7.00	252	酒泉	Jiuquan	7.14	6.00	6.00	261
巴中	Bazhong	27.51	20.00	19.00	132	庆阳	Qingyang	20.14	13.00	13.00	179
资阳	Ziyang	20.81	12.00	13.00	179	定西	Dingxi	24.76	17.00	16.00	155
贵州	**Guizhou**	**275.68**	**288.51**	**284.09**		陇南	Longnan	20.09	15.00	15.00	165
贵阳	Guiyang	25.23	24.00	23.00	100	**青海**	**Qinghai**	**32.72**	**32.82**	**32.97**	
六盘水	Liupanshui	24.61	23.00	23.00	100	西宁	Xining	11.96	17.00	12.00	198
遵义	Zunyi	50.58	49.00	47.00	21	海东	Haidong		9.00	9.00	231
安顺	Anshun	16.47	17.00	17.00	145	**宁夏**	**Ningxia**	**44.91**	**42.67**	**42.80**	
毕节	Bijie	53.89	66.00	66.00	5	银川	Yinchuan	12.34	13.00	13.00	179
铜仁	Tongren	29.37	32.00	32.00	60	石嘴山	Shizuishan	4.78	4.00	4.00	272
云南	**Yunnan**	**270.63**	**267.90**	**270.69**		吴忠	Wuzhong	9.12	9.00	9.00	231
昆明	Kunming	32.19	32.00	33.00	56	固原	Guyuan	10.89	9.00	9.00	231
曲靖	Qujing	44.66	43.00	43.00	25	中卫	Zhongwei	7.78	7.00	7.00	252
玉溪	Yuxi	13.29	12.00	12.00	198	**新疆**	**Xinjiang**	**142.24**	**143.25**	**146.89**	
保山	Baoshan	15.95	15.00	15.00	165	乌鲁木齐	Urumqi	14.87	17.00	17.00	145
昭通	Zhaotong	37.11	41.00	42.00	27	克拉玛依	Karamay	2.52	3.00	2.00	283

16-10 普通中学毕业生数

Graduates from Junior Secondary Schools

单位：万人 （10 000 persons）

地名	City	2010	2016	2017	2017 排名 Ranking
全国	**Nation Total**	**2544.80**	**2216.30**	**2173.20**	
北京	**Beijing**	**16.34**			
天津	**Tianjin**	**15.94**			
河北	**Hebei**	**130.34**	**114.26**	**118.64**	
石家庄	Shijiazhuang	20.17			
唐山	Tangshan	11.75			
秦皇岛	Qinhuangdao	4.46			
邯郸	Handan	18.24			
邢台	Xingtai	14.46			
保定	Baoding	18.29			
张家口	Zhangjiakou	7.75			
承德	Chengde	5.97			
沧州	Cangzhou	11.58			
廊坊	Langfang	8.41			
衡水	Hengshui	9.26			
山西	**Shanxi**	**83.48**	**69.54**	**64.16**	
太原	Taiyuan	7.36	7.35	6.93	72
大同	Datong	7.13	5.97	5.43	95
阳泉	Yangquan	2.77	2.42	2.29	171
长治	Changzhi	7.97	6.82	5.97	86
晋城	Jincheng	5.23	5.15	4.54	118
朔州	Shuozhou	5.14	4.84	4.46	119
晋中	Jinzhong	6.22	5.39	5.28	98
运城	Yuncheng	13.80	10.44	9.08	37
忻州	Xinzhou	7.44	5.55	5.37	96
临汾	Linfen	9.92	8.13	7.78	56
吕梁	Lvliang	10.49	7.46	7.04	70
内蒙古	**Inner Mongolia**	**44.38**	**38.05**	**36.79**	
呼和浩特	Hohhot	4.88	4.99	4.84	109
包头	Baotou	4.62	4.22	3.88	133
乌海	Wuhai	0.99	0.90	0.85	194
赤峰	Chifeng	9.91	7.13	6.94	71
通辽	Tongliao	5.88	5.21	5.24	100
鄂尔多斯	Erdos	2.90	2.73	2.85	157
呼伦贝尔	Hulunbuir	4.19	3.22	3.00	156
巴彦淖尔	Bayannur	2.98	2.50	2.22	173
乌兰察布	Ulanqab	3.83	2.81	2.74	160
辽宁	**Liaoning**	**68.15**		**55.44**	
沈阳	Shenyang	10.59		9.12	36
大连	Dalian	9.17		7.74	57
鞍山	Anshan	5.41		4.55	117
抚顺	Fushun	3.22		2.22	175
本溪	Benxi	2.45		1.65	185
丹东	Dandong	3.98		3.20	148
锦州	Jinzhou	5.05		3.75	139
营口	Yingkou	3.63		3.07	151
阜新	Fuxin	3.26		2.52	165
辽阳	Liaoyang	2.82		2.31	169
盘锦	Panjin	2.38		2.22	174
铁岭	Tieling	4.61		3.65	141
朝阳	Chaoyang	6.84		5.26	99
葫芦岛	Huludao	4.75		4.18	125
吉林	**Jilin**	**44.66**	**34.49**	**33.44**	
长春	Changchun	12.88		9.91	28
吉林	Jilin	6.97		4.83	110
四平	Siping	5.02		4.23	124
辽源	Liaoyuan	1.96		1.53	186
通化	Tonghua	4.14		2.70	162
白山	Baishan	2.20		1.46	187
松原	Songyuan	4.99		4.05	128
白城	Baicheng	3.12		2.48	166
黑龙江	**Heilongjiang**	**60.07**	**46.66**	**46.00**	
哈尔滨	Harbin	13.87	11.98	12.00	18
齐齐哈尔	Qiqihar	7.66	5.96	6.00	84
鸡西	Jixi	2.96	2.38	2.00	179
鹤岗	Hegang	2.29	1.54	1.00	189
双鸭山	Shuangyashan	2.77	1.96	2.00	179
大庆	Daqing	5.15	4.47	4.00	130
伊春	Yichun	2.04	1.39	1.00	189
佳木斯	Jiamusi	4.52	3.47	3.00	153
七台河	Qitaihe	1.40	1.19	1.00	189
牡丹江	Mudanjiang	4.36	3.41	3.00	153
黑河	Heihe	2.94	2.13	2.00	179
绥化	Suihua	9.29	6.17	6.00	84
上海	**Shanghai**	**16.13**			
江苏	**Jiangsu**	**140.04**	**95.47**	**93.01**	

16-10 普通中学毕业生数 续表 1
Graduates from Junior Secondary Schools continued 1

单位：万人 （10 000 persons）

地名	City	2010	2016	2017	2017 排名 Ranking	地名	City	2010	2016	2017	2017 排名 Ranking
南京	Nanjing	9.06	7.25	7.19	65	池州	Chizhou	3.83	2.72	2.61	163
无锡	Wuxi	7.85	6.90	6.80	76	宣城	Xuancheng	4.71	3.52	3.32	145
徐州	Xuzhou	22.21	11.71	11.38	23	**福建**	**Fujian**	**71.88**			
常州	Changzhou	6.70	5.30	5.11	104	福州	Fuzhou	12.11			
苏州	Suzhou	9.81	9.21	9.52	33	厦门	Xiamen	3.76			
南通	Nantong	13.21	8.25	7.70	58	莆田	Putian	7.15			
连云港	Lianyungang	12.10	7.47	7.41	62	三明	Sanming	5.25			
淮安	Huaian	11.14	7.22	6.89	74	泉州	Quanzhou	16.52			
盐城	Yancheng	12.66	9.44	8.85	39	漳州	Zhangzhou	8.74			
扬州	Yangzhou	8.15	6.16	5.84	91	南平	Nanping	5.26			
镇江	Zhenjiang	4.75	3.15	3.02	152	龙岩	Longyan	6.02			
泰州	Taizhou	9.40	5.97	5.67	92	宁德	Ningde	7.06			
宿迁	Suqian	13.02	7.44	7.62	60	**江西**	**Jiangxi**	**79.92**	**87.65**	**86.85**	
浙江	**Zhejiang**	**85.97**	**74.23**	**81.62**		南昌	Nanchang	8.93	9.88	9.65	31
杭州	Hangzhou	11.77				景德镇	Jingdezhen	2.43	2.86	2.77	159
宁波	Ningbo	7.13				萍乡	Pingxiang	3.84	3.35	3.18	149
温州	Wenzhou	15.38				九江	Jiujiang	9.12	8.58	8.59	43
嘉兴	Jiaxing	7.24				新余	Xinyu	1.75	2.10	2.11	176
湖州	Huzhou	4.70				鹰潭	Yingtan	1.74	1.84	1.90	182
绍兴	Shaoxing	9.25				赣州	Ganzhou	12.81	19.34	19.24	2
金华	Jinhua	8.77				吉安	Jian	9.09	8.54	8.51	46
衢州	Quzhou	4.36				宜春	Yichun	8.65	10.02	10.37	25
舟山	Zhoushan	1.28				抚州	Fuzhou	7.82	8.06	7.50	61
台州	Taizhou	9.22				上饶	Shangrao	13.75	13.08	13.04	12
丽水	Lishui	4.00				**山东**	**Shandong**	**156.89**	**99.70**	**151.42**	
安徽	**Anhui**	**136.57**	**100.96**	**99.37**		济南	Jinan	9.20	6.49	10.03	27
合肥	Hefei	9.85	12.33	12.13	17	青岛	Qingdao	12.02	8.02	11.59	21
芜湖	Wuhu	4.75	5.28	4.95	108	淄博	Zibo	7.56	4.48	7.41	63
蚌埠	Bengbu	7.06	8.94	5.28	97	枣庄	Zaozhuang	8.12	4.02	6.34	80
淮南	Huainan	4.69	5.25	5.19	102	东营	Dongying	3.30	2.31	3.65	140
马鞍山	Maanshan	2.49	3.49	3.32	146	烟台	Yantai	10.55	5.52	8.46	47
淮北	Huaibei	4.87	3.66	3.46	144	潍坊	Weifang	15.43	8.94	14.00	9
铜陵	Tongling	1.47	2.61	2.55	164	济宁	Jining	13.65	8.46	12.43	15
安庆	Anqing	17.35	8.35	7.83	55	泰安	Taian	6.42	5.95	9.88	29
黄山	Huangshan	2.78	1.87	1.80	183	威海	Weihai	4.15	2.01	3.12	150
滁州	Chuzhou	8.60	7.08	6.57	79	日照	Rizhao	4.72	3.11	4.55	115
阜阳	Fuyang	18.29	13.97	15.00	8	莱芜	Laiwu	2.04	1.38	2.32	168
宿州	Suzhou	12.74	8.94	8.61	42	临沂	Linyi	17.98	10.85	16.28	3
六安	Liuan	14.74	8.24	8.02	53	德州	Dezhou	8.18	6.41	9.37	34
亳州	Bozhou	10.08	8.09	8.73	41	聊城	Liaocheng	9.69	6.17	9.58	32

16-10 普通中学毕业生数 续表 2

Graduates from Junior Secondary Schools continued 2

单位：万人 （10 000 persons）

地名	City	2010	2016	2017	2017 排名 Ranking	地名	City	2010	2016	2017	2017 排名 Ranking
滨州	Binzhou	6.17	4.25	6.20	83	常德	Changde	9.45	7.05	6.74	77
菏泽	Heze	17.70	11.32	16.22	5	张家界	Zhangjiajie	2.34	2.42	2.47	167
河南	**Henan**	**225.35**	**192.81**	**195.43**		益阳	Yiyang	6.58	5.76	5.59	94
郑州	Zhengzhou	15.67				郴州	Chenzhou	6.67	8.47	8.80	40
开封	Kaifeng	10.83				永州	Yongzhou	9.48	8.87	9.34	35
洛阳	Luoyang	14.72				怀化	Huaihua	6.31	7.03	6.80	75
平顶山	Pingdingshan	8.63				娄底	Loudi	7.67	7.05	7.05	68
安阳	Anyang	10.14				**广东**	**Guangdong**	**210.23**	**191.65**	**179.12**	
鹤壁	Hebi	3.32				广州	Guangzhou	18.06	17.32	16.10	6
新乡	Xinxiang	11.95				韶关	Shaoguan	6.58	3.58	5.05	106
焦作	Jiaozuo	7.61				深圳	Shenzhen	9.21	12.13	11.96	19
濮阳	Puyang	8.81				珠海	Zhuhai	2.90	2.94	2.73	161
许昌	Xuchang	10.24				汕头	Shantou	13.36	13.51	12.31	16
漯河	Luohe	5.80				佛山	Foshan	10.22	9.97	9.80	30
三门峡	Sanmenxia	5.07				江门	Jiangmen	8.50	7.19	6.71	78
南阳	Nanyang	1.84				湛江	Zhanjiang	19.04	17.76	15.76	7
商丘	Shangqiu	2.42				茂名	Maoming	19.82	17.56	16.27	4
信阳	Xinyang	1.93				肇庆	Zhaoqing	9.71	8.88	8.06	52
周口	Zhoukou	2.97				惠州	Huizhou	9.12	8.91	8.56	45
驻马店	Zhumadian	1.96				梅州	Meizhou	12.04	8.62	8.12	51
湖北	**Hubei**	**139.04**				汕尾	Shanwei	8.00	7.03	6.32	81
武汉	Wuhan	14.70				河源	Heyuan	7.47	6.08	5.85	90
黄石	Huangshi	6.98				阳江	Yangjiang	5.81	4.54	4.09	126
十堰	Shiyan	7.96				清远	Qingyuan	8.64	6.61	6.23	82
宜昌	Yichang	6.44				东莞	Dongguan	7.38	8.55	8.58	44
襄阳	Xiangyang	11.10				中山	Zhongshan	4.44	4.63	4.66	114
鄂州	Ezhou	2.45				潮州	Chaozhou	6.44	5.10	4.68	113
荆门	Jingmen	5.42				揭阳	Jieyang	17.12	14.25	12.88	13
孝感	Xiaogan	12.04				云浮	Yunfu	6.36	4.85	4.40	121
荆州	Jingzhou	13.80				**广西**	**Guangxi**	**86.56**	**91.81**	**91.92**	
黄冈	Huanggang	19.55				南宁	Nanning	12.07	12.55	12.69	14
咸宁	Xianning	17.09				柳州	Liuzhou	5.82	5.73	5.85	89
随州	Suizhou	5.79				桂林	Guilin	7.66	6.84	7.08	67
湖南	**Hunan**	**105.93**	**108.19**	**107.67**		梧州	Wuzhou	5.77	5.95	5.97	87
长沙	Changsha	9.63	12.19	11.95	20	北海	Beihai	3.40	3.30	3.26	147
株洲	Zhuzhou	4.76	5.30	5.24	101	防城港	Fangchenggang	1.38	1.74	1.66	184
湘潭	Xiangtan	4.44	4.08	3.91	132	钦州	Qinzhou	5.66	6.65	6.89	73
衡阳	Hengyang	12.08	13.81	13.63	10	贵港	Guigang	9.83	12.14	11.41	22
邵阳	Shaoyang	12.37	13.33	13.42	11	玉林	Yulin	11.60	12.86	9.03	38
岳阳	Yueyang	8.99	8.21	8.01	54	百色	Baise	5.83	6.73	5.01	107

16-10 普通中学毕业生数 续表 3
Graduates from Junior Secondary Schools continued 3

单位：万人 (10 000 persons)

地名	City	2010	2016	2017	2017 排名 Ranking
贺州	Hezhou	3.52	2.78	3.55	143
河池	Hechi	6.19	6.77	7.10	66
来宾	Laibin	4.72	3.85	3.83	136
崇左	Chongzuo	2.84	3.00	3.00	153
海南	**Hainan**	**19.69**	**10.83**	**16.12**	
海口	Haikou	3.60	2.47	3.78	137
三亚	Sanya	1.50	0.94	1.46	188
三沙	Sansha				
重庆	**Chongqing**	**58.61**			
四川	**Sichuan**	**158.76**	**132.96**	**129.38**	
成都	Chengdu	20.15	18.93	19.39	1
自贡	Zigong	4.74	3.82	3.76	138
攀枝花	Panzhihua	2.01	2.35	2.31	170
泸州	Luzhou	9.08	8.11	8.41	49
德阳	Deyang	5.98	4.58	4.36	122
绵阳	Mianyang	10.30	8.83	8.31	50
广元	Guangyuan	6.47	4.64	4.40	120
遂宁	Suining	6.96	4.74	4.55	116
内江	Neijiang	6.50	5.23	5.17	103
乐山	Leshan	5.45	4.23	3.95	131
南充	Nanchong	15.39	10.83	10.31	26
眉山	Meishan	6.23	4.12	3.86	135
宜宾	Yibin	9.52	8.37	8.44	48
广安	Guangan	9.49	7.71	7.69	59
达州	Dazhou	12.75	10.40	10.49	24
雅安	Yaan	2.51	2.06	2.07	177
巴中	Bazhong	8.25	7.40	7.05	69
资阳	Ziyang	6.97	5.86	3.86	134
贵州	**Guizhou**	**80.75**	**99.95**	**98.13**	
贵阳	Guiyang	7.34			
六盘水	Liupanshui	6.70			
遵义	Zunyi	15.56			
安顺	Anshun	5.11			
毕节	Bijie	14.69			
铜仁	Tongren	8.53			
云南	**Yunnan**	**82.60**	**84.91**	**85.75**	
昆明	Kunming	10.01			
曲靖	Qujing	14.07			
玉溪	Yuxi	3.96			
保山	Baoshan	4.96			
昭通	Zhaotong	11.20			
丽江	Lijiang	2.27			
普洱	Puer	3.72			
临沧	Lincang	3.68			
西藏	**Tibet**	**5.82**	**5.72**	**5.64**	
拉萨	Lasa	1.26			
陕西	**Shaanxi**	**93.76**	**64.32**	**61.50**	
西安	Xi'an	17.01			
铜川	Tongchuan	2.16			
宝鸡	Baoji	9.50			
咸阳	Xianyang	13.99			
渭南	Weinan	14.87			
延安	Yan'an	6.37			
汉中	Hanzhong	7.04			
榆林	Yulin	9.89			
安康	Ankang	6.37			
商洛	Shangluo	6.07			
甘肃	**Gansu**	**64.96**	**53.15**	**50.62**	
兰州	Lanzhou	6.67	5.81	5.63	93
嘉峪关	Jiayuguan	0.46	0.51	0.49	195
金昌	Jinchang	1.22	0.97	0.92	192
白银	Baiyin	6.64	4.28	4.06	127
天水	Tianshui	9.12	7.38	7.25	64
武威	Wuwei	5.25	4.06	3.64	142
张掖	Zhangye	3.04	2.49	2.27	172
平凉	Pingliang	5.88	4.82	4.72	112
酒泉	Jiuquan	2.28	2.12	2.02	178
庆阳	Qingyang	6.61	4.63	4.32	123
定西	Dingxi	7.74	6.43	5.96	88
陇南	Longnan	5.10	4.87	4.73	111
青海	**Qinghai**	**10.03**	**10.78**	**10.65**	
西宁	Xining	3.75		4.01	129
海东	Haidong			2.84	158
宁夏	**Ningxia**	**12.97**			
银川	Yinchuan	3.62			
石嘴山	Shizuishan	1.55			
吴忠	Wuzhong	2.46			
固原	Guyuan	2.91			
中卫	Zhongwei	2.41			
新疆	**Xinjiang**	**47.32**	**44.76**	**46.24**	
乌鲁木齐	Urumqi	4.62	5.11	5.05	105
克拉玛依	Karamay	0.79	0.85	0.86	193

16-11 普通高等学校数

Number of Regular Institutions of Higher Education

单位：所 （unit）

地名	City	2010	2016	2017	2017 排名 Ranking
全国	**Nation Total**	**2358**	**2596**	**2631**	
北京	**Beijing**	**89**	**91**	**92**	
天津	**Tianjin**	**55**	**55**	**57**	
河北	**Hebei**	**117**	**120**	**121**	
石家庄	Shijiazhuang	46	49	49	11
唐山	Tangshan	9	10	10	45
秦皇岛	Qinhuangdao	7	13	13	34
邯郸	Handan	5	5	5	95
邢台	Xingtai	4	4	4	120
保定	Baoding	14	16	16	30
张家口	Zhangjiakou	5	4	5	95
承德	Chengde	5	5	5	95
沧州	Cangzhou	7	8	8	61
廊坊	Langfang	11		13	34
衡水	Hengshui	2	2	2	190
山西	**Shanxi**	**65**	**80**	**80**	
太原	Taiyuan	42	44	44	14
大同	Datong	2	1	1	234
阳泉	Yangquan	2	2	2	190
长治	Changzhi	4	6	6	80
晋城	Jincheng	1	1	1	234
朔州	Shuozhou	1	3	3	150
晋中	Jinzhong	5	16	17	28
运城	Yuncheng	4	7	7	67
忻州	Xinzhou	2	4	2	190
临汾	Linfen	1	5	5	95
吕梁	Lvliang	1	1	1	234
内蒙古	**Inner Mongolia**	**44**	**53**	**53**	
呼和浩特	Hohhot	22	24	24	23
包头	Baotou	5	5	5	95
乌海	Wuhai	1	1	1	234
赤峰	Chifeng	3	4	4	120
通辽	Tongliao	3			
鄂尔多斯	Erdos	1	4	4	120
呼伦贝尔	Hulunbuir	3	4	4	120
巴彦淖尔	Bayannur	1	2	2	190
乌兰察布	Ulanqab	3	3	3	150
辽宁	**Liaoning**	**112**	**116**	**115**	
沈阳	Shenyang	43	47	47	13
大连	Dalian	31	30	30	21
鞍山	Anshan	3	3	2	190
抚顺	Fushun	5	7	7	67
本溪	Benxi	2	7	7	67
丹东	Dandong	3	3	3	150
锦州	Jinzhou	9	9	9	53
营口	Yingkou	2	3	3	150
阜新	Fuxin	2	2	2	190
辽阳	Liaoyang	4	2	2	190
盘锦	Panjin	2	2	2	190
铁岭	Tieling	3	4	4	120
朝阳	Chaoyang	1	1	1	234
葫芦岛	Huludao	2	2	1	234
吉林	**Jilin**	**56**	**60**	**62**	
长春	Changchun	36	38	40	16
吉林	Jilin	8	8	8	61
四平	Siping	4	4	4	120
辽源	Liaoyuan	1	1	1	234
通化	Tonghua	1	1	1	234
白山	Baishan	1	1	1	234
松原	Songyuan	1	1	1	234
白城	Baicheng	3	3	3	150
黑龙江	**Heilongjiang**	**79**	**82**	**81**	
哈尔滨	Harbin	50	51	51	8
齐齐哈尔	Qiqihar	5	6	6	80
鸡西	Jixi	1	1	1	234
鹤岗	Hegang	1	1	1	234
双鸭山	Shuangyashan	1	1	1	234
大庆	Daqing	5	7	6	80
伊春	Yichun	1	1	1	234
佳木斯	Jiamusi	4	5	5	95
七台河	Qitaihe	1	1	1	234
牡丹江	Mudanjiang	6	7	7	67
黑河	Heihe	1	1	1	234
绥化	Suihua	2			
上海	**Shanghai**	**66**	**64**	**64**	
江苏	**Jiangsu**	**124**	**166**	**167**	

16-11 普通高等学校数 续表 1

Number of Regular Institutions of Higher Education continued 1

单位：所 (unit)

地名	City	2010	2016	2017	2017 排名 Ranking	地名	City	2010	2016	2017	2017 排名 Ranking
南京	Nanjing	42	44	44	14	池州	Chizhou	2	3	3	150
无锡	Wuxi	11	12	12	37	宣城	Xuancheng	1	1	1	234
徐州	Xuzhou	8	10	10	45	**福建**	**Fujian**	**75**	**88**	**89**	
常州	Changzhou	9	10	10	45	福州	Fuzhou	27	32	35	18
苏州	Suzhou	20	22	22	25	厦门	Xiamen	14	16	16	30
南通	Nantong	6	8	8	61	莆田	Putian	2	2	2	190
连云港	Lianyungang	3	4	5	95	三明	Sanming	3	3	3	150
淮安	Huaian	6	7	7	67	泉州	Quanzhou	15	18	18	27
盐城	Yancheng	5	6	6	80	漳州	Zhangzhou	6	7	7	67
扬州	Yangzhou	5	6	7	67	南平	Nanping	4	4	4	120
镇江	Zhenjiang	5	6	6	80	龙岩	Longyan	2	2	2	190
泰州	Taizhou	3	3	3	150	宁德	Ningde	2	2	2	190
宿迁	Suqian	1	3	3	150	**江西**	**Jiangxi**	**85**	**98**	**100**	
浙江	**Zhejiang**	**80**	**107**	**107**		南昌	Nanchang	51	53	53	7
杭州	Hangzhou	37	39	39	17	景德镇	Jingdezhen	4	4	4	120
宁波	Ningbo	14	14	14	33	萍乡	Pingxiang	3	3	3	150
温州	Wenzhou	6	11	11	40	九江	Jiujiang	6	7	7	67
嘉兴	Jiaxing	6	6	6	80	新余	Xinyu	5	5	5	95
湖州	Huzhou	3	3	3	150	鹰潭	Yingtan	1	2	2	190
绍兴	Shaoxing	7	10	11	40	赣州	Ganzhou	7	9	10	45
金华	Jinhua	8	2	8	61	吉安	Jian	1	2	2	190
衢州	Quzhou	2	2	2	190	宜春	Yichun	3	4	4	120
舟山	Zhoushan	3	4	4	120	抚州	Fuzhou	3	4	4	120
台州	Taizhou	4	4	4	120	上饶	Shangrao	3	3	4	120
丽水	Lishui	3	2	2	190	**山东**	**Shandong**	**133**	**144**	**145**	
安徽	**Anhui**	**100**	**119**	**119**		济南	Jinan	66	71	69	3
合肥	Hefei	44	50	50	10	青岛	Qingdao	25	26	25	22
芜湖	Wuhu	8	10	9	53	淄博	Zibo	9	8	7	67
蚌埠	Bengbu	5	5	5	95	枣庄	Zaozhuang	3	3	3	150
淮南	Huainan	5	6	6	80	东营	Dongying	5	4	4	120
马鞍山	Maanshan	4	4	4	120	烟台	Yantai	10	11	12	37
淮北	Huaibei	3	3	3	150	潍坊	Weifang	11	14	15	32
铜陵	Tongling	3	3	3	150	济宁	Jining	7	7	7	67
安庆	Anqing	4	5	5	95	泰安	Taian	7	9	9	53
黄山	Huangshan	2	2	2	190	威海	Weihai	7	9	9	53
滁州	Chuzhou	4	4	4	120	日照	Rizhao	2	2	3	150
阜阳	Fuyang	4	5	5	95	莱芜	Laiwu	2	3	3	150
宿州	Suzhou	2	3	3	150	临沂	Linyi	3	3	4	120
六安	Liuan	5	4	4	120	德州	Dezhou	4	4	4	120
亳州	Bozhou	2	2	2	190	聊城	Liaocheng	3	3	3	150

16-11 普通高等学校数 续表 2
Number of Regular Institutions of Higher Education continued 2

单位：所 （unit）

地名	City	2010	2016	2017	2017 排名 Ranking	地名	City	2010	2016	2017	2017 排名 Ranking
滨州	Binzhou	3	3	3	150	常德	Changde	4	5	5	95
菏泽	Heze	3	4	4	120	张家界	Zhangjiajie	1	3	3	150
河南	**Henan**	**107**	**129**	**134**		益阳	Yiyang	4	4	4	120
郑州	Zhengzhou	47	56	58	5	郴州	Chenzhou	2	3	3	150
开封	Kaifeng	5	5	5	95	永州	Yongzhou	3	3	3	150
洛阳	Luoyang	3	7	7	67	怀化	Huaihua	3	3	3	150
平顶山	Pingdingshan	4	5	5	95	娄底	Loudi	3	3	3	150
安阳	Anyang	4	6	6	80	**广东**	**Guangdong**	**131**	**147**	**151**	
鹤壁	Hebi	1	3	3	150	广州	Guangzhou	75	82	82	2
新乡	Xinxiang	10	9	9	53	韶关	Shaoguan	2	2	2	190
焦作	Jiaozuo	5	6	6	80	深圳	Shenzhen	8	12	12	37
濮阳	Puyang	1	1	2	190	珠海	Zhuhai	10	10	10	45
许昌	Xuchang	3	4	4	120	汕头	Shantou	1	1	2	190
漯河	Luohe	3	3	3	150	佛山	Foshan	3	3	13	34
三门峡	Sanmenxia	1	1	2	190	江门	Jiangmen	4	3	3	150
南阳	Nanyang	4	6	6	80	湛江	Zhanjiang	3	6	6	80
商丘	Shangqiu	6	6	6	80	茂名	Maoming	2	4	4	120
信阳	Xinyang	4	5	5	95	肇庆	Zhaoqing	4	5	5	95
周口	Zhoukou	3	3	3	150	惠州	Huizhou	1	4	5	95
驻马店	Zhumadian	2	2	3	150	梅州	Meizhou	1	1	1	234
湖北	**Hubei**	**121**	**128**	**129**		汕尾	Shanwei	1	1	1	234
武汉	Wuhan	78	84	84	1	河源	Heyuan	1	1	1	234
黄石	Huangshi	5	4	4	120	阳江	Yangjiang	1	1	1	234
十堰	Shiyan	4	8	6	80	清远	Qingyuan	1	1	1	234
宜昌	Yichang	5	5	5	95	东莞	Dongguan	5	9	9	53
襄阳	Xiangyang	4	5	5	95	中山	Zhongshan	4	5	5	95
鄂州	Ezhou	1	1	1	234	潮州	Chaozhou	1	1	1	234
荆门	Jingmen	1	2	2	190	揭阳	Jieyang	2	2	2	190
孝感	Xiaogan	2	3	3	150	云浮	Yunfu	1	1	1	234
荆州	Jingzhou	9	7	8	61	**广西**	**Guangxi**	**70**	**73**	**74**	
黄冈	Huanggang	4	4	4	120	南宁	Nanning	31	32	33	20
咸宁	Xianning	2	2	2	190	柳州	Liuzhou	7	6	6	80
随州	Suizhou	1	1	1	234	桂林	Guilin	9	10	11	40
湖南	**Hunan**	**102**	**123**	**124**		梧州	Wuzhou	1	2	2	190
长沙	Changsha	48	51	51	8	北海	Beihai	4	4	4	120
株洲	Zhuzhou	8	11	9	53	防城港	Fangchenggang		1	1	234
湘潭	Xiangtan	9	10	10	45	钦州	Qinzhou	3	3	3	150
衡阳	Hengyang	8	9	9	53	贵港	Guigang	1			
邵阳	Shaoyang	3	2	3	150	玉林	Yulin	1	1	1	234
岳阳	Yueyang	4	4	4	120	百色	Baise	5	4	5	95

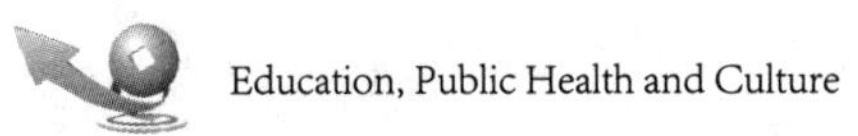

16-11 普通高等学校数 续表 3

Number of Regular Institutions of Higher Education continued 3

单位：所 （unit）

地名	City	2010	2016	2017	2017 排名 Ranking
贺州	Hezhou	1	1	1	234
河池	Hechi	2	2	2	190
来宾	Laibin	1	2	2	190
崇左	Chongzuo	3	6	7	67
海南	**Hainan**	**17**	**18**	**19**	
海口	Haikou	10	11	11	40
三亚	Sanya	5	5	6	80
三沙	Sansha				
重庆	**Chongqing**	**53**	**65**	**65**	
四川	**Sichuan**	**93**	**109**	**109**	
成都	Chengdu	49	56	56	6
自贡	Zigong	1	2	2	190
攀枝花	Panzhihua	2	2	2	190
泸州	Luzhou	4	5	5	95
德阳	Deyang	6	6	8	61
绵阳	Mianyang	8	10	10	45
广元	Guangyuan	1	2	2	190
遂宁	Suining	1	1	1	234
内江	Neijiang	2	3	3	150
乐山	Leshan	3	3	3	150
南充	Nanchong	4	4	4	120
眉山	Meishan	2	2	2	190
宜宾	Yibin	2	2	2	190
广安	Guangan	1	1	1	234
达州	Dazhou	2	2	2	190
雅安	Yaan	2	2	2	190
巴中	Bazhong		1	1	234
资阳	Ziyang		1	1	234
贵州	**Guizhou**	**47**	**64**	**70**	
贵阳	Guiyang	25	32	34	19
六盘水	Liupanshui	3	2	2	190
遵义	Zunyi	6	6	7	67
安顺	Anshun	1	2	2	190
毕节	Bijie	2	6	5	95
铜仁	Tongren	2	4	5	95
云南	**Yunnan**	**61**	**72**	**77**	
昆明	Kunming	38	45	49	11
曲靖	Qujing	3	3	3	150
玉溪	Yuxi	2	2	2	190
保山	Baoshan	3	2	3	150
昭通	Zhaotong	1	2	2	190
丽江	Lijiang		2	2	190
普洱	Puer	2	1	1	234
临沧	Lincang	1	1	1	234
西藏	**Tibet**	**6**	**7**	**7**	
拉萨	Lasa	5	6	5	95
陕西	**Shaanxi**	**78**	**93**	**93**	
西安	Xi'an		63	63	4
铜川	Tongchuan		1	1	234
宝鸡	Baoji		3	3	150
咸阳	Xianyang		13	11	40
渭南	Weinan		1	1	234
延安	Yan'an		2	2	190
汉中	Hanzhong		3	3	150
榆林	Yulin		2	2	190
安康	Ankang		2	2	190
商洛	Shangluo		2	2	190
甘肃	**Gansu**	**35**	**49**	**49**	
兰州	Lanzhou	20	23	23	24
嘉峪关	Jiayuguan	1	1	1	234
金昌	Jinchang		1	1	234
白银	Baiyin		1	1	234
天水	Tianshui	4	4	4	120
武威	Wuwei	2	4	4	120
张掖	Zhangye	2	1	1	234
平凉	Pingliang	1	2	2	190
酒泉	Jiuquan	1	1	1	234
庆阳	Qingyang	1	3	3	150
定西	Dingxi	1			
陇南	Longnan	1	1	1	234
青海	**Qinghai**	**9**	**12**	**12**	
西宁	Xining	9	10	10	45
海东	Haidong		2		
宁夏	**Ningxia**	**15**	**18**	**19**	
银川	Yinchuan	12	16	17	28
石嘴山	Shizuishan	1	1	1	234
吴忠	Wuzhong	1	1	1	234
固原	Guyuan	1	1	1	234
中卫	Zhongwei				
新疆	**Xinjiang**	**32**	**46**	**47**	
乌鲁木齐	Urumqi	18	25	22	25
克拉玛依	Karamay	1	3	3	150

16-12 普通高等学校专任教师数
Full-time Teachers by Regular Institutions of Higher Education

单位：人 (person)

地名	City	2010	2016	2017	2017 排名 Ranking
全国	**Nation Total**	**1343127**	**1601968**	**1633248**	
北京	**Beijing**	**59248**	**70013**	**69715**	
天津	**Tianjin**	**28094**	**30509**	**31060**	
河北	**Hebei**	**60769**	**70447**	**72890**	
石家庄	Shijiazhuang	21367	25052	26491	15
唐山	Tangshan	5629	6027	6528	44
秦皇岛	Qinhuangdao	5007	6220	6295	48
邯郸	Handan	3477	3626	3656	84
邢台	Xingtai	2475	2453	2530	112
保定	Baoding	8891	13473	9972	27
张家口	Zhangjiakou	2641	1216	2957	104
承德	Chengde	2153	2653	2702	108
沧州	Cangzhou	2365	1703	3145	98
廊坊	Langfang	5640		7551	36
衡水	Hengshui	969	1268	849	219
山西	**Shanxi**	**36492**	**41301**	**40971**	
太原	Taiyuan	23694	23308	23185	17
大同	Datong	2400	1540	1697	160
阳泉	Yangquan	585	591	631	233
长治	Changzhi	1896	1803	2023	141
晋城	Jincheng	374	377	378	260
朔州	Shuozhou	133	561	483	247
晋中	Jinzhong	3314	9240	9681	29
运城	Yuncheng	1514	2530	2530	112
忻州	Xinzhou	1312	1493	1370	179
临汾	Linfen	478	3009	2979	103
吕梁	Lvliang	792	569	873	215
内蒙古	**Inner Mongolia**	**23332**	**25935**	**26408**	
呼和浩特	Hohhot	12107	11978	12102	25
包头	Baotou	4293	4484	4547	70
乌海	Wuhai	208	220	243	269
赤峰	Chifeng	1374	1864	1891	148
通辽	Tongliao	1736			
鄂尔多斯	Erdos	140	857	880	213
呼伦贝尔	Hulunbuir	1122	1010	1020	202
巴彦淖尔	Bayannur	508	652	657	230
乌兰察布	Ulanqab	945	1132	1191	192
辽宁	**Liaoning**	**57404**	**64946**	**63157**	
沈阳	Shenyang	22905	27123	26473	16
大连	Dalian	17161	18639	18202	22
鞍山	Anshan	1959	2069	1958	143
抚顺	Fushun	2048	2432	2421	116
本溪	Benxi	745	3348	3315	93
丹东	Dandong	1459	1558	1492	172
锦州	Jinzhou	4519	5049	4946	65
营口	Yingkou	679	1035	1056	198
阜新	Fuxin	2057	2115	1872	149
辽阳	Liaoyang	1150	987	981	204
盘锦	Panjin	532	494	502	244
铁岭	Tieling	948	1307	2071	138
朝阳	Chaoyang	463	491	488	246
葫芦岛	Huludao	779	957	478	248
吉林	**Jilin**	**33982**	**39823**	**40097**	
长春	Changchun	22981	27113	27229	13
吉林	Jilin	4846	5706	5681	57
四平	Siping	1963	2348	2416	117
辽源	Liaoyuan	301	327	326	264
通化	Tonghua	851	829	881	212
白山	Baishan	254	244	248	268
松原	Songyuan	350	500	352	263
白城	Baicheng	953	1045	1043	199
黑龙江	**Heilongjiang**	**44198**	**46829**	**46278**	
哈尔滨	Harbin	31110	32558	32090	9
齐齐哈尔	Qiqihar	2939	3291	3206	96
鸡西	Jixi	560	331	495	245
鹤岗	Hegang	216	214	209	270
双鸭山	Shuangyashan	159	1507		
大庆	Daqing	3045	3528	3919	80
伊春	Yichun	209	199	196	272
佳木斯	Jiamusi	2068	2436	1646	163
七台河	Qitaihe	121	144	144	276
牡丹江	Mudanjiang	2506	2849	2825	106
黑河	Heihe	450	525	537	240
绥化	Suihua	558			
上海	**Shanghai**	**39170**	**42308**	**43484**	
江苏	**Jiangsu**	**102010**	**109846**	**112888**	

16-12 普通高等学校专任教师数 续表 1

Full-time Teachers by Regular Institutions of Higher Education continued 1

单位：人 (person)

地名	City	2010	2016	2017	2017 排名 Ranking	地名	City	2010	2016	2017	2017 排名 Ranking
南京	Nanjing	50021	48854	50017	3	池州	Chizhou	989	1313	1313	181
无锡	Wuxi	5665	6144	6189	49	宣城	Xuancheng	215	340	358	262
徐州	Xuzhou	6432	8217	8366	35	**福建**	**Fujian**	**37733**	**44751**	**45398**	
常州	Changzhou	5076	5878	5810	53	福州	Fuzhou	16629	19822	19955	20
苏州	Suzhou	10104	12143	12413	24	厦门	Xiamen	8016	9284	9300	31
南通	Nantong	4378	4937	5029	63	莆田	Putian	885	818	867	217
连云港	Lianyungang	1785	2128	2254	128	三明	Sanming	908	1188	1194	190
淮安	Huaian	3450	3797	4093	79	泉州	Quanzhou	6050	6781	7095	39
盐城	Yancheng	2928	3543	3605	85	漳州	Zhangzhou	2843	3822	3868	83
扬州	Yangzhou	4233	4780	5251	62	南平	Nanping	969	1288	1256	186
镇江	Zhenjiang	5125	5690	5695	56	龙岩	Longyan	956	745	955	205
泰州	Taizhou	2476	3134	3223	95	宁德	Ningde	477	619	609	235
宿迁	Suqian	700	922	943	207	**江西**	**Jiangxi**	**49028**	**55550**	**56519**	
浙江	**Zhejiang**	**50969**	**60477**	**62357**		南昌	Nanchang	29173	43653	31886	10
杭州	Hangzhou	25003	29222	29843	11	景德镇	Jingdezhen	1751	1569	1553	170
宁波	Ningbo	7146	8056	8432	34	萍乡	Pingxiang	1102	1031	1280	184
温州	Wenzhou	6696	5381	5580	59	九江	Jiujiang	4501	4887	4761	67
嘉兴	Jiaxing	2587	2418	3080	100	新余	Xinyu	2089	2025	2772	107
湖州	Huzhou	1224	1511	1628	164	鹰潭	Yingtan	235	443	462	250
绍兴	Shaoxing	2690	4072	4431	73	赣州	Ganzhou	4526	5935	5958	50
金华	Jinhua	3862	2233	4545	71	吉安	Jian	979	1363	1415	177
衢州	Quzhou	519	698	723	229	宜春	Yichun	1832	2108	2257	127
舟山	Zhoushan	1027	1276	1307	183	抚州	Fuzhou	1769	1632	1658	162
台州	Taizhou	1579	1667	1741	156	上饶	Shangrao	1071	1296	1684	161
丽水	Lishui	1161	1127	1152	194	**山东**	**Shandong**	**91413**	**107748**	**110807**	
安徽	**Anhui**	**49298**	**59479**	**60429**		济南	Jinan	29526	44569	33282	8
合肥	Hefei	20294	26382	26931	14	青岛	Qingdao	16996	20151	21231	18
芜湖	Wuhu	6003	6801	6877	41	淄博	Zibo	5245	5531	5586	58
蚌埠	Bengbu	2795	3028	3034	101	枣庄	Zaozhuang	2205	1581	1569	168
淮南	Huainan	3041	3334	3307	94	东营	Dongying	2943	1891	1915	146
马鞍山	Maanshan	2408	2941	2998	102	烟台	Yantai	8090	9246	9303	30
淮北	Huaibei	1792	2090	2197	130	潍坊	Weifang	5960	9258	9773	28
铜陵	Tongling	1252	1441	1487	173	济宁	Jining	4465	5639	5777	54
安庆	Anqing	1849	2302	2230	129	泰安	Taian	5147	6415	6491	46
黄山	Huangshan	770	987	1022	201	威海	Weihai	3296	3712	3899	81
滁州	Chuzhou	1955	2491	2621	110	日照	Rizhao	1030	1393	1436	175
阜阳	Fuyang	1744	2075	2124	133	莱芜	Laiwu	870	620	606	237
宿州	Suzhou	957	1246	1234	189	临沂	Linyi	4195	3150	3549	87
六安	Liuan	1717	2050	1923	145	德州	Dezhou	2604	3159	3204	97
亳州	Bozhou	593	744	773	225	聊城	Liaocheng	2139	2023	2679	109

16-12 普通高等学校专任教师数 续表 2

Full-time Teachers by Regular Institutions of Higher Education continued 2

单位：人 (person)

地名	City	2010	2016	2017	2017 排名 Ranking	地名	City	2010	2016	2017	2017 排名 Ranking
滨州	Binzhou	2705	2911	2950	105	常德	Changde	1905	2482	2619	111
菏泽	Heze	1666	2211	2356	120	张家界	Zhangjiajie	685	1104	808	224
河南	**Henan**	**77471**	**102725**	**108449**		益阳	Yiyang	1684	1911	2114	134
郑州	Zhengzhou	32521	46153	48858	4	郴州	Chenzhou	1048	1547	1609	165
开封	Kaifeng	4276	5697	5881	52	永州	Yongzhou	1609	1623	1606	166
洛阳	Luoyang	4433	6062	6408	47	怀化	Huaihua	1279	1667	1741	156
平顶山	Pingdingshan	2886	3320	3397	92	娄底	Loudi	1432	1696	1731	158
安阳	Anyang	2718	3976	4332	75	**广东**	**Guangdong**	**78569**	**101160**	**104381**	
鹤壁	Hebi	507	1135	1194	190	广州	Guangzhou	48063	59704	61239	1
新乡	Xinxiang	6675	8370	8743	33	韶关	Shaoguan	1796	1720	1728	159
焦作	Jiaozuo	3919	4444	4692	68	深圳	Shenzhen	3550	5092	5572	60
濮阳	Puyang	675	650	815	223	珠海	Zhuhai	5305	6333	6528	44
许昌	Xuchang	1793	2280	2479	114	汕头	Shantou	711	963	911	211
漯河	Luohe	1667	2177	2177	132	佛山	Foshan	1439	1928	3485	90
三门峡	Sanmenxia	852	852	1007	203	江门	Jiangmen	1083	1840	2114	134
南阳	Nanyang	3645	4368	4614	69	湛江	Zhanjiang	3645	5615	5938	51
商丘	Shangqiu	4255	4879	5029	63	茂名	Maoming	1396		1855	151
信阳	Xinyang	2904	4069	4441	72	肇庆	Zhaoqing	2095	3344	3409	91
周口	Zhoukou	1892	2446	2392	119	惠州	Huizhou	692	1926	2055	139
驻马店	Zhumadian	1245	1221	1395	178	梅州	Meizhou	1115	1257	1257	185
湖北	**Hubei**	**74685**	**83517**	**83507**		汕尾	Shanwei	255	252	457	251
武汉	Wuhan	51306	57803	58285	2	河源	Heyuan	495	537	534	241
黄石	Huangshi	1971	3310	2277	125	阳江	Yangjiang	275	447	468	249
十堰	Shiyan	1839	2795	3543	88	清远	Qingyuan	418	565	525	243
宜昌	Yichang	3148	3620	3539	89	东莞	Dongguan	2174	4651	5257	61
襄阳	Xiangyang	2092	2367	2326	124	中山	Zhongshan	2360	2065	2189	131
鄂州	Ezhou	607	779	727	228	潮州	Chaozhou	802	855	826	222
荆门	Jingmen	1254	757	773	225	揭阳	Jieyang	531	547	576	238
孝感	Xiaogan	1366	2140	1842	152	云浮	Yunfu	369	312	312	265
荆州	Jingzhou	4937	4469	4214	77	**广西**	**Guangxi**	**31650**	**40421**	**43246**	
黄冈	Huanggang	2064	2405	2449	115	南宁	Nanning	15225	18808	19633	21
咸宁	Xianning	2678	1771	1797	154	柳州	Liuzhou	3339	3596	4235	76
随州	Suizhou	450	415	415	256	桂林	Guilin	5767	8105	9110	32
湖南	**Hunan**	**59557**	**68726**	**70249**		梧州	Wuzhou	588	731	829	221
长沙	Changsha	30035	33542	34320	7	北海	Beihai	872	1497	2089	136
株洲	Zhuzhou	3573	4527	4199	78	防城港	Fangchenggang		185	155	275
湘潭	Xiangtan	6231	7119	7108	38	钦州	Qinzhou	834	1094	1086	196
衡阳	Hengyang	5388	8023	6554	43	贵港	Guigang	168			
邵阳	Shaoyang	1401	1565	1962	142	玉林	Yulin	767	898	929	208
岳阳	Yueyang	1964	2350	2354	122	百色	Baise		1929	2267	126

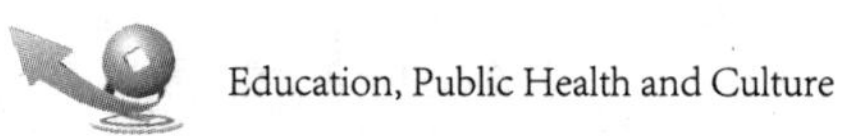

16-12 普通高等学校专任教师数 续表 3

Full-time Teachers by Regular Institutions of Higher Education continued 3

单位：人 (person)

地名	City	2010	2016	2017	2017 排名 Ranking
贺州	Hezhou	565	672	743	227
河池	Hechi	641	764	869	216
来宾	Laibin	341	518	618	234
崇左	Chongzuo	634	1788	1872	149
海南	**Hainan**	**7798**	**9306**	**9602**	
海口	Haikou	5463	6481	6682	42
三亚	Sanya	1731	2297	2356	120
三沙	Sansha				
重庆	**Chongqing**	**31070**	**40583**	**41708**	
四川	**Sichuan**	**64991**	**85832**	**83949**	
成都	Chengdu	38282	49488	48449	5
自贡	Zigong	1408	2095	1906	147
攀枝花	Panzhihua	1136	1272	1155	193
泸州	Luzhou	2009	2246	2345	123
德阳	Deyang	2720	4417	4820	66
绵阳	Mianyang	5179	7575	7195	37
广元	Guangyuan	236	682	607	236
遂宁	Suining	553	634	635	232
内江	Neijiang	1225	1623	1540	171
乐山	Leshan	2053	2446	2407	118
南充	Nanchong	3069	4273	3891	82
眉山	Meishan	1013	1221	1076	197
宜宾	Yibin	1276	1311	1421	176
广安	Guangan	269	487	528	242
达州	Dazhou	1052	1214	1255	187
雅安	Yaan	2041	2783	3115	99
巴中	Bazhong		164	255	266
资阳	Ziyang		248	208	271
贵州	**Guizhou**	**20351**	**33087**	**35072**	
贵阳	Guiyang	12275	19156	20289	19
六盘水	Liupanshui	672	786	862	218
遵义	Zunyi	2158	3366	3585	86
安顺	Anshun	809	1152	1023	200
毕节	Bijie	682	2001	1594	167
铜仁	Tongren	824	1776	1947	144
云南	**Yunnan**	**26498**	**38924**	**39271**	
昆明	Kunming	19471	28698	28808	12
曲靖	Qujing	950	1410	1447	174
玉溪	Yuxi	640	852	875	214
保山	Baoshan	507	695	654	231
昭通	Zhaotong	351	497	555	239

地名	City	2010	2016	2017	2017 排名 Ranking
丽江	Lijiang		856	1241	188
普洱	Puer	436	477	420	255
临沧	Lincang	311	355	370	261
西藏	**Tibet**	**2195**	**2467**	**2484**	
拉萨	Lasa	1877	2126	2080	137
陕西	**Shaanxi**	**58288**	**66133**	**66930**	
西安	Xi'an		47158	47917	6
铜川	Tongchuan		225	254	267
宝鸡	Baoji		1933	1826	153
咸阳	Xianyang		6370	5712	55
渭南	Weinan		1423	1561	169
延安	Yan'an		1631	1313	181
汉中	Hanzhong		2189	2041	140
榆林	Yulin		928	947	206
安康	Ankang		950	919	210
商洛	Shangluo		1319	1325	180
甘肃	**Gansu**	**20761**	**26731**	**28474**	
兰州	Lanzhou	15540	15998	17468	23
嘉峪关	Jiayuguan	180	118	187	273
金昌	Jinchang		148	140	277
白银	Baiyin		214	184	274
天水	Tianshui	1636	1745	1765	155
武威	Wuwei	502	831	843	220
张掖	Zhangye	777	895	923	209
平凉	Pingliang	306	445	457	251
酒泉	Jiuquan	327	416	429	254
庆阳	Qingyang	532	1099	1115	195
定西	Dingxi	279			
陇南	Longnan	279	383	381	259
青海	**Qinghai**	**3731**	**4340**	**4671**	
西宁	Xining	3731	4152	4358	74
海东	Haidong		334		
宁夏	**Ningxia**	**5866**	**8044**	**8196**	
银川	Yinchuan	5004	6920	7029	40
石嘴山	Shizuishan	339	438	442	253
吴忠	Wuzhong	159	357	389	258
固原	Guyuan	429	405	412	257
中卫	Zhongwei				
新疆	**Xinjiang**	**16506**	**20010**	**20601**	
乌鲁木齐	Urumqi	9819	11485	11347	26
克拉玛依	Karamay	276	395		

16-13 普通高等学校招生数

New Enrollment by Regular Institutions of Higher Education

单位：万人 （10 000 persons）

地名	City	2010	2016	2017	2017 排名 Ranking
全国	**Nation Total**	**661.80**			
北京	**Beijing**	**15.52**			
天津	**Tianjin**	**13.31**			
河北	**Hebei**	**32.89**	**38.07**	**39.24**	
石家庄	Shijiazhuang	11.26			
唐山	Tangshan	2.96			
秦皇岛	Qinhuangdao	2.62			
邯郸	Handan	1.70			
邢台	Xingtai	1.45			
保定	Baoding	4.70			
张家口	Zhangjiakou	1.24			
承德	Chengde	1.26			
沧州	Cangzhou	1.53			
廊坊	Langfang	2.90			
衡水	Hengshui	0.48			
山西	**Shanxi**	**18.44**			
太原	Taiyuan	10.55			
大同	Datong	0.98			
阳泉	Yangquan	0.40			
长治	Changzhi	1.26			
晋城	Jincheng	0.28			
朔州	Shuozhou				
晋中	Jinzhong	1.70			
运城	Yuncheng	0.60			
忻州	Xinzhou	0.70			
临汾	Linfen	1.20			
吕梁	Lvliang	0.68			
内蒙古	**Inner Mongolia**	**11.65**	**13.32**	**13.59**	
呼和浩特	Hohhot	6.71	6.85	6.91	12
包头	Baotou	2.01	2.24	2.28	38
乌海	Wuhai	0.10	0.17	0.19	129
赤峰	Chifeng	0.54	0.72	0.72	90
通辽	Tongliao	0.74	0.80	0.80	83
鄂尔多斯	Erdos	0.06	0.34	0.37	116
呼伦贝尔	Hulunbuir	0.32	0.57	0.58	99
巴彦淖尔	Bayannur	0.27	0.35	0.36	118
乌兰察布	Ulanqab	0.52	0.70	0.75	87
辽宁	**Liaoning**	**25.22**		**26.11**	
沈阳	Shenyang	9.90		10.45	8
大连	Dalian	6.72		7.28	10
鞍山	Anshan	1.03		0.83	79
抚顺	Fushun	1.15		1.07	69
本溪	Benxi	0.38		0.33	119
丹东	Dandong	0.77		0.74	88
锦州	Jinzhou	2.12		2.01	41
营口	Yingkou	0.37		0.63	95
阜新	Fuxin	0.93		0.72	91
辽阳	Liaoyang	0.68		0.52	106
盘锦	Panjin	0.19		0.24	125
铁岭	Tieling	0.43		0.57	101
朝阳	Chaoyang	0.13		0.19	131
葫芦岛	Huludao	0.44		0.53	104
吉林	**Jilin**	**15.29**	**17.93**		
长春	Changchun	10.19			
吉林	Jilin	2.54			
四平	Siping	0.91			
辽源	Liaoyuan	0.17			
通化	Tonghua	0.30			
白山	Baishan	0.05			
松原	Songyuan	0.11			
白城	Baicheng	0.57			
黑龙江	**Heilongjiang**	**19.54**	**20.59**		
哈尔滨	Harbin	13.46	14.15	13.94	7
齐齐哈尔	Qiqihar	1.32	1.50	1.55	49
鸡西	Jixi	0.35	0.27	0.26	124
鹤岗	Hegang	0.06	0.08	0.07	138
双鸭山	Shuangyashan	0.05	0.03	0.06	140
大庆	Daqing	1.48	1.41	1.38	57
伊春	Yichun	0.05	0.08	0.06	139
佳木斯	Jiamusi	0.82	0.84	0.81	80
七台河	Qitaihe	0.03	0.07	0.06	141
牡丹江	Mudanjiang	1.31	1.49	1.39	54
黑河	Heihe	0.23	0.25	0.26	123
绥化	Suihua	0.27	0.31	0.30	121
上海	**Shanghai**	**14.47**			
江苏	**Jiangsu**	**43.27**	**50.58**	**59.83**	

16-13 普通高等学校招生数 续表 1
New Enrollment by Regular Institutions of Higher Education continued 1

单位：万人 (10 000 persons)

地名	City	2010	2016	2017	2017 排名 Ranking	地名	City	2010	2016	2017	2017 排名 Ranking
南京	Nanjing	16.40	20.12	26.14	2	池州	Chizhou	0.65	0.71	0.81	82
无锡	Wuxi	3.18	3.35	3.48	22	宣城	Xuancheng	0.20	0.21	0.27	122
徐州	Xuzhou	3.10	3.89	4.02	17	**福建**	**Fujian**	**20.25**			
常州	Changzhou	3.11	3.06	3.23	24	福州	Fuzhou	8.73			
苏州	Suzhou	4.85	6.31	6.96	11	厦门	Xiamen	3.57			
南通	Nantong	2.30	2.48	2.94	25	莆田	Putian	0.49			
连云港	Lianyungang	0.93	1.02	1.26	59	三明	Sanming	0.66			
淮安	Huaian	1.94	1.98	2.04	40	泉州	Quanzhou	3.52			
盐城	Yancheng	1.56	1.55	1.90	42	漳州	Zhangzhou	1.78			
扬州	Yangzhou	2.13	2.22	2.63	31	南平	Nanping	0.76			
镇江	Zhenjiang	2.07	2.46	2.74	29	龙岩	Longyan	0.44			
泰州	Taizhou	1.28	1.67	1.87	43	宁德	Ningde	0.28			
宿迁	Suqian	0.42	0.45	0.62	96	**江西**	**Jiangxi**	**25.61**		**31.27**	
浙江	**Zhejiang**	**26.01**				南昌	Nanchang	14.84			
杭州	Hangzhou	11.35				景德镇	Jingdezhen	0.94			
宁波	Ningbo	4.18				萍乡	Pingxiang	0.54			
温州	Wenzhou	2.06				九江	Jiujiang	2.76			
嘉兴	Jiaxing	1.58				新余	Xinyu	0.97			
湖州	Huzhou	0.71				鹰潭	Yingtan	0.20			
绍兴	Shaoxing	1.69				赣州	Ganzhou	2.32			
金华	Jinhua	2.45				吉安	Jian	0.55			
衢州	Quzhou	0.35				宜春	Yichun	0.92			
舟山	Zhoushan	0.66				抚州	Fuzhou	0.90			
台州	Taizhou	0.95				上饶	Shangrao	0.65			
丽水	Lishui	1.15				**山东**	**Shandong**	**49.57**	**62.44**	**61.27**	
安徽	**Anhui**	**29.69**	**33.11**	**33.26**		济南	Jinan	15.48			
合肥	Hefei	11.86	15.08	14.90	5	青岛	Qingdao	8.22			
芜湖	Wuhu	3.45	3.73	3.74	20	淄博	Zibo	3.12			
蚌埠	Bengbu	1.76	1.60	1.62	46	枣庄	Zaozhuang	0.68			
淮南	Huainan	1.81	1.64	1.68	44	东营	Dongying	1.50			
马鞍山	Maanshan	1.30	1.44	1.48	51	烟台	Yantai	4.61			
淮北	Huaibei	1.00	1.10	1.05	71	潍坊	Weifang	3.90			
铜陵	Tongling	0.88	1.10	1.03	72	济宁	Jining	3.29			
安庆	Anqing	1.14	1.16	1.06	70	泰安	Taian	2.70			
黄山	Huangshan	0.45	0.63	0.64	93	威海	Weihai	2.28			
滁州	Chuzhou	1.24	1.56	1.61	47	日照	Rizhao	1.86			
阜阳	Fuyang	1.05	1.01	1.07	68	莱芜	Laiwu	0.23			
宿州	Suzhou	0.75	0.67	0.77	86	临沂	Linyi	1.71			
六安	Liuan	1.16	1.10	1.10	67	德州	Dezhou	1.47			
亳州	Bozhou	0.37	0.37	0.42	114	聊城	Liaocheng	1.43			

16-13 普通高等学校招生数 续表 2
New Enrollment by Regular Institutions of Higher Education continued 2

单位：万人 (10 000 persons)

地名	City	2010	2016	2017	2017 排名 Ranking	地名	City	2010	2016	2017	2017 排名 Ranking
滨州	Binzhou	1.47				常德	Changde	1.15	1.53	1.62	45
菏泽	Heze	0.91				张家界	Zhangjiajie	0.34	0.43	0.46	111
河南	**Henan**	**47.83**	**60.47**	**63.57**		益阳	Yiyang	0.81	1.10	1.24	61
郑州	Zhengzhou	20.25	27.88	29.21	1	郴州	Chenzhou	0.55	0.82	0.89	77
开封	Kaifeng	2.42	2.78	2.88	26	永州	Yongzhou	0.79	0.91	0.91	74
洛阳	Luoyang	2.61	3.40	3.76	19	怀化	Huaihua	0.85	0.91	0.91	75
平顶山	Pingdingshan	2.08	2.00	2.23	39	娄底	Loudi	0.80	0.85	0.90	76
安阳	Anyang	1.78	2.49	2.67	30	**广东**	**Guangdong**	**44.02**	**54.98**	**57.08**	
鹤壁	Hebi	0.35	0.54	0.63	94	广州	Guangzhou	25.90			
新乡	Xinxiang	3.82	4.48	4.54	15	韶关	Shaoguan	0.90			
焦作	Jiaozuo	2.39	2.60	2.59	32	深圳	Shenzhen	2.00			
濮阳	Puyang	0.42	0.52	0.60	97	珠海	Zhuhai	3.48			
许昌	Xuchang	1.07	1.35	1.52	50	汕头	Shantou	0.23			
漯河	Luohe	0.96	1.26	1.26	60	佛山	Foshan	1.77			
三门峡	Sanmenxia	0.51	0.57	0.60	98	江门	Jiangmen	0.68			
南阳	Nanyang	2.29	2.68	2.83	28	湛江	Zhanjiang	2.62			
商丘	Shangqiu	2.54	3.17	3.29	23	茂名	Maoming	1.20			
信阳	Xinyang	1.78	2.19	2.45	33	肇庆	Zhaoqing	1.99			
周口	Zhoukou	1.39	1.30	1.26	58	惠州	Huizhou	0.42			
驻马店	Zhumadian	0.70	0.77	0.81	81	梅州	Meizhou	0.57			
湖北	**Hubei**	**41.34**				汕尾	Shanwei	0.13			
武汉	Wuhan	26.38				河源	Heyuan	0.43			
黄石	Huangshi	1.20				阳江	Yangjiang	0.23			
十堰	Shiyan	1.05				清远	Qingyuan	0.30			
宜昌	Yichang	1.44				东莞	Dongguan	1.27			
襄阳	Xiangyang	1.70				中山	Zhongshan	1.02			
鄂州	Ezhou	0.35				潮州	Chaozhou	0.52			
荆门	Jingmen	0.70				揭阳	Jieyang	0.26			
孝感	Xiaogan	1.00				云浮	Yunfu	0.19			
荆州	Jingzhou	3.33				**广西**	**Guangxi**	**18.38**	**25.95**	**27.99**	
黄冈	Huanggang	1.46				南宁	Nanning	8.71	12.97	13.99	6
咸宁	Xianning	1.30				柳州	Liuzhou	1.91	2.48	1.12	62
随州	Suizhou	0.17				桂林	Guilin	4.55	7.72	5.85	14
湖南	**Hunan**	**30.98**	**37.63**	**39.16**		梧州	Wuzhou	0.36	1.10	1.10	65
长沙	Changsha	15.12	17.93	18.50	4	北海	Beihai	0.61	0.55	0.55	102
株洲	Zhuzhou	2.14	2.81	2.84	27	防城港	Fangchenggang		0.18	0.19	130
湘潭	Xiangtan	3.22	3.78	3.94	18	钦州	Qinzhou	0.53	0.65	0.58	100
衡阳	Hengyang	2.78	3.44	3.55	21	贵港	Guigang	0.06			
邵阳	Shaoyang	0.78	0.87	0.99	73	玉林	Yulin	0.43	0.50	0.44	112
岳阳	Yueyang	1.04	1.44	1.60	48	百色	Baise		1.24	1.38	56

16-13 普通高等学校招生数 续表 3
New Enrollment by Regular Institutions of Higher Education continued 3

单位：万人　　　　　　　　　　　　　　　　　　　　　　　　　　　　(10 000 persons)

地名	City	2010	2016	2017	2017 排名 Ranking	地名	City	2010	2016	2017	2017 排名 Ranking
贺州	Hezhou	0.26	0.47	0.44	112	丽江	Lijiang				
河池	Hechi	0.37	0.61	0.65	92	普洱	Puer	0.27			
来宾	Laibin	0.27	0.62	0.52	107	临沧	Lincang	0.19			
崇左	Chongzuo	0.59	1.56	2.43	35	**西藏**	**Tibet**	**0.92**	**1.03**	**1.60**	
海南	**Hainan**	**4.82**	**5.49**	**5.43**		拉萨	Lasa	0.76			
海口	Haikou	3.21				**陕西**	**Shaanxi**	**27.44**	**30.45**	**30.48**	
三亚	Sanya	1.20				西安	Xi'an				
三沙	Sansha					铜川	Tongchuan				
重庆	**Chongqing**	**18.11**				宝鸡	Baoji				
四川	**Sichuan**	**33.79**	**43.93**	**46.08**		咸阳	Xianyang				
成都	Chengdu	18.92	23.65	24.58	3	渭南	Weinan				
自贡	Zigong	0.87	1.01	1.10	63	延安	Yan'an				
攀枝花	Panzhihua	0.62	0.75	0.80	84	汉中	Hanzhong				
泸州	Luzhou	1.04	1.47	1.40	53	榆林	Yulin				
德阳	Deyang	1.61	2.39	2.44	34	安康	Ankang				
绵阳	Mianyang	2.73	4.00	4.25	16	商洛	Shangluo				
广元	Guangyuan	0.11	0.45	0.53	103	**甘肃**	**Gansu**	**11.49**	**13.07**	**13.85**	
遂宁	Suining	0.36	0.47	0.48	110	兰州	Lanzhou	8.06	8.78	9.40	9
内江	Neijiang	0.64	0.96	1.10	64	嘉峪关	Jiayuguan	0.09	0.09	0.10	135
乐山	Leshan	1.14	1.33	1.39	55	金昌	Jinchang		0.11	0.08	136
南充	Nanchong	1.71	2.19	2.35	37	白银	Baiyin		0.14	0.12	133
眉山	Meishan	0.52	0.72	0.73	89	天水	Tianshui	0.94	1.19	1.10	66
宜宾	Yibin	0.69	0.78	0.85	78	武威	Wuwei	0.45	0.54	0.53	105
广安	Guangan	0.21	0.35	0.39	115	张掖	Zhangye	0.55	0.50	0.50	109
达州	Dazhou	0.60	0.74	0.78	85	平凉	Pingliang	0.23	0.23	0.37	117
雅安	Yaan	1.12	1.37	1.47	52	酒泉	Jiuquan	0.22	0.27	0.31	120
巴中	Bazhong		0.15	0.20	128	庆阳	Qingyang	0.30	0.48	0.52	108
资阳	Ziyang		0.12	0.08	137	定西	Dingxi	0.14	0.15	0.18	132
贵州	**Guizhou**	**10.15**	**19.56**	**20.95**		陇南	Longnan	0.15	0.21	0.23	126
贵阳	Guiyang	7.73				**青海**	**Qinghai**	**1.87**	**2.48**	**2.59**	
六盘水	Liupanshui	0.32				西宁	Xining	1.87		2.38	36
遵义	Zunyi	1.68				海东	Haidong			0.11	134
安顺	Anshun	0.41				**宁夏**	**Ningxia**	**2.64**	**3.53**	**3.94**	
毕节	Bijie	0.46				银川	Yinchuan	2.02			
铜仁	Tongren	0.47				石嘴山	Shizuishan	0.19			
云南	**Yunnan**	**14.25**	**20.17**	**23.28**		吴忠	Wuzhong	0.07			
昆明	Kunming	9.89				固原	Guyuan	0.16			
曲靖	Qujing	0.68				中卫	Zhongwei				
玉溪	Yuxi	0.48				**新疆**	**Xinjiang**	**7.46**	**9.60**	**10.80**	
保山	Baoshan	0.45				乌鲁木齐	Urumqi	4.59	5.41	5.95	13
昭通	Zhaotong	0.26				克拉玛依	Karamay	0.14	0.20	0.22	127

16-14 普通高等学校在校学生数
Total Enrollment by Regular Institutions of Higher Education

单位：万人 （10 000 persons）

地名	City	2010	2016	2017	2017 排名 Ranking
全国	**Nation Total**	**2231.80**			
北京	**Beijing**	**57.78**	**59.92**		
天津	**Tianjin**	**42.86**	**51.38**		
河北	**Hebei**	**110.51**	**121.61**	**126.89**	
石家庄	Shijiazhuang	37.29	44.18	45.43	5
唐山	Tangshan	9.76	11.59	12.03	19
秦皇岛	Qinhuangdao	8.79	15.41	8.68	28
邯郸	Handan	6.09	5.74	6.03	42
邢台	Xingtai	4.71	4.89	5.03	46
保定	Baoding	16.26	21.55	17.18	13
张家口	Zhangjiakou	4.50	1.76	5.40	44
承德	Chengde	3.78	4.31	4.49	52
沧州	Cangzhou	4.64	7.83	6.06	41
廊坊	Langfang	9.86		12.28	18
衡水	Hengshui	1.76	1.56	1.70	93
山西	**Shanxi**	**56.29**			
太原	Taiyuan	32.97	43.22		
大同	Datong	3.42	2.81		
阳泉	Yangquan	0.80	1.43		
长治	Changzhi	3.72	3.81		
晋城	Jincheng	0.79	0.63		
朔州	Shuozhou		1.14		
晋中	Jinzhong	5.80	17.62		
运城	Yuncheng	1.80	5.52		
忻州	Xinzhou	1.80	2.69		
临汾	Linfen	3.80	4.76		
吕梁	Lvliang	1.63	2.30		
内蒙古	**Inner Mongolia**	**37.14**		**44.81**	
呼和浩特	Hohhot	21.53	23.77	23.93	10
包头	Baotou	6.51	8.02	7.60	36
乌海	Wuhai	0.33	0.48	0.50	116
赤峰	Chifeng	1.66	2.17	2.26	81
通辽	Tongliao	2.63		2.89	72
鄂尔多斯	Erdos	0.11	0.80	0.92	108
呼伦贝尔	Hulunbuir	1.17	1.91	1.87	89
巴彦淖尔	Bayannur	0.74	1.06	1.07	105
乌兰察布	Ulanqab	1.45	2.11	2.16	83
辽宁	**Liaoning**	**88.02**			
沈阳	Shenyang	34.86	40.36		
大连	Dalian	24.58	29.02		
鞍山	Anshan	3.62	3.41		
抚顺	Fushun	4.15	4.40		
本溪	Benxi	1.09	2.89		
丹东	Dandong	2.42	2.76		
锦州	Jinzhou	7.67	8.29		
营口	Yingkou	1.05	2.12		
阜新	Fuxin	3.26	3.82		
辽阳	Liaoyang	1.99	1.72		
盘锦	Panjin	0.54	0.69		
铁岭	Tieling	1.04	1.88		
朝阳	Chaoyang	0.35	0.54		
葫芦岛	Huludao	1.41	1.95		
吉林	**Jilin**	**54.44**			
长春	Changchun	36.57	43.44		
吉林	Jilin	8.97	10.40		
四平	Siping	3.26	3.90		
辽源	Liaoyuan	0.53	0.58		
通化	Tonghua	1.08	1.29		
白山	Baishan	0.19	0.17		
松原	Songyuan	0.30	0.28		
白城	Baicheng	1.75	2.01		
黑龙江	**Heilongjiang**	**71.91**			
哈尔滨	Harbin	49.40	63.62	50.82	4
齐齐哈尔	Qiqihar	5.00	5.50	5.43	43
鸡西	Jixi	1.06	0.87	0.89	109
鹤岗	Hegang	0.27	0.22	0.22	123
双鸭山	Shuangyashan	0.16	2.22	0.11	126
大庆	Daqing	5.55	6.09	5.08	45
伊春	Yichun	0.20	0.16	0.18	124
佳木斯	Jiamusi	3.19	3.18	3.00	70
七台河	Qitaihe	0.15	0.31	0.16	125
牡丹江	Mudanjiang	4.77	4.13	5.02	47
黑河	Heihe	0.84	0.99	1.01	107
绥化	Suihua	1.01		1.14	104
上海	**Shanghai**	**51.57**	**51.47**		
江苏	**Jiangsu**	**178.07**			

16-14 普通高等学校在校学生数 续表 1

Total Enrollment by Regular Institutions of Higher Education continued 1

单位：万人 （10 000 persons）

地名	City	2010	2016	2017	2017 排名 Ranking	地名	City	2010	2016	2017	2017 排名 Ranking
南京	Nanjing	79.34	82.78			池州	Chizhou	1.82	2.42		
无锡	Wuxi	10.96	11.37			宣城	Xuancheng	0.50	0.68		
徐州	Xuzhou	12.01	14.08			**福建**	**Fujian**	**64.78**			
常州	Changzhou	10.43	12.38			福州	Fuzhou	28.17	31.75		
苏州	Suzhou	18.78	21.93			厦门	Xiamen	11.47	14.29		
南通	Nantong	8.26	9.48			莆田	Putian	1.67	2.10		
连云港	Lianyungang	3.45	3.86			三明	Sanming	1.73	2.46		
淮安	Huaian	6.88	6.97			泉州	Quanzhou	11.37	12.60		
盐城	Yancheng	5.67	6.96			漳州	Zhangzhou	6.00	7.14		
扬州	Yangzhou	7.33	8.05			南平	Nanping	2.16	2.52		
镇江	Zhenjiang	8.65	8.75			龙岩	Longyan	1.41	1.80		
泰州	Taizhou	4.70	5.92			宁德	Ningde	0.81	1.05		
宿迁	Suqian	1.60	1.99			**江西**	**Jiangxi**	**81.65**		**104.83**	
浙江	**Zhejiang**	**88.49**				南昌	Nanchang	49.02	61.18		
杭州	Hangzhou	43.48	42.80	42.58	8	景德镇	Jingdezhen	3.10	3.22		
宁波	Ningbo	13.81	15.51	15.61	14	萍乡	Pingxiang	1.60	1.16		
温州	Wenzhou	7.45	8.63	8.87	27	九江	Jiujiang	7.99	9.24		
嘉兴	Jiaxing	5.24	6.54	6.92	39	新余	Xinyu	2.48	3.98		
湖州	Huzhou	2.48	2.67	2.64	77	鹰潭	Yingtan	0.42	0.86		
绍兴	Shaoxing	5.39	9.03	9.73	23	赣州	Ganzhou	7.69	13.72		
金华	Jinhua	7.67	3.46	7.54	37	吉安	Jian	1.82	3.48		
衢州	Quzhou	1.02	1.35	1.60	95	宜春	Yichun	2.70	4.32		
舟山	Zhoushan	2.23	2.45	2.21	82	抚州	Fuzhou	2.79	2.90		
台州	Taizhou	2.97	3.42	3.47	62	上饶	Shangrao	2.04	2.88		
丽水	Lishui	3.56	3.67	2.10	84	**山东**	**Shandong**	**163.14**		**201.53**	
安徽	**Anhui**	**93.90**				济南	Jinan	64.25	72.63		
合肥	Hefei	37.26	49.95			青岛	Qingdao	28.48	34.09		
芜湖	Wuhu	11.67	16.51			淄博	Zibo	10.33	10.72		
蚌埠	Bengbu	5.59	6.13			枣庄	Zaozhuang	2.14	3.40		
淮南	Huainan	6.14	7.99			东营	Dongying	5.28	3.26		
马鞍山	Maanshan	4.24	5.37			烟台	Yantai	14.64	19.55		
淮北	Huaibei	3.18	3.98			潍坊	Weifang	12.10	17.13		
铜陵	Tongling	2.59	3.62			济宁	Jining	8.12	11.07		
安庆	Anqing	3.63	4.01			泰安	Taian	9.54	13.09		
黄山	Huangshan	1.51	2.26			威海	Weihai	5.99	8.55		
滁州	Chuzhou	3.96	5.14			日照	Rizhao	1.95	2.91		
阜阳	Fuyang	3.34	3.69			莱芜	Laiwu	1.03	1.10		
宿州	Suzhou	2.19	2.38			临沂	Linyi	5.68	7.57		
六安	Liuan	3.43	4.08			德州	Dezhou	3.97	5.84		
亳州	Bozhou	0.97	1.12			聊城	Liaocheng	3.81	4.54		

16-14 普通高等学校在校学生数 续表 2

Total Enrollment by Regular Institutions of Higher Education continued 2

单位：万人 （10 000 persons）

地名	City	2010	2016	2017	2017 排名 Ranking	地名	City	2010	2016	2017	2017 排名 Ranking
滨州	Binzhou	4.80	5.36			常德	Changde	3.63	4.69	5.01	48
菏泽	Heze	3.24	5.06			张家界	Zhangjiajie	1.26	2.14	1.38	101
河南	**Henan**	**145.67**		**200.47**		益阳	Yiyang	2.86	3.44	3.72	60
郑州	Zhengzhou	64.27	88.93	93.53	1	郴州	Chenzhou	2.04	2.62	2.80	74
开封	Kaifeng	7.53	9.12	9.55	24	永州	Yongzhou	2.51	2.77	2.85	73
洛阳	Luoyang	8.40	13.48	11.81	20	怀化	Huaihua	2.78	2.92	3.05	69
平顶山	Pingdingshan	6.18	5.79	6.64	40	娄底	Loudi	2.57	2.87	2.92	71
安阳	Anyang	4.79	7.83	8.40	30	**广东**	**Guangdong**	**142.66**		**192.58**	
鹤壁	Hebi	0.99	1.38	1.59	96	广州	Guangzhou	84.40	105.73		
新乡	Xinxiang	11.51	15.09	15.51	15	韶关	Shaoguan	3.10	3.90		
焦作	Jiaozuo	6.72	7.40	7.98	32	深圳	Shenzhen	6.73	9.19		
濮阳	Puyang	1.20	1.12	1.46	99	珠海	Zhuhai	10.82	13.36		
许昌	Xuchang	3.43	3.87	4.35	54	汕头	Shantou	0.93	1.08		
漯河	Luohe	2.48	3.08	3.45	63	佛山	Foshan	3.97	5.00		
三门峡	Sanmenxia	1.53	1.40	1.63	94	江门	Jiangmen	2.33	4.01		
南阳	Nanyang	6.67	8.04	8.64	29	湛江	Zhanjiang	8.92	10.89		
商丘	Shangqiu	7.71	9.11	9.77	22	茂名	Maoming	2.70	3.79		
信阳	Xinyang	5.37	6.87	7.93	33	肇庆	Zhaoqing	5.56	8.66		
周口	Zhoukou	3.84	4.23	4.25	55	惠州	Huizhou	1.43	3.73		
驻马店	Zhumadian	1.90	2.40	2.71	75	梅州	Meizhou	2.07	2.59		
湖北	**Hubei**	**135.79**				汕尾	Shanwei	0.46	0.59		
武汉	Wuhan	88.14	94.88			河源	Heyuan	1.19	1.21		
黄石	Huangshi	4.09	4.22			阳江	Yangjiang	0.62	0.99		
十堰	Shiyan	3.39	5.25			清远	Qingyuan	0.89	1.26		
宜昌	Yichang	5.03	5.81			东莞	Dongguan	3.83	11.26		
襄阳	Xiangyang	5.10	5.02			中山	Zhongshan	3.53	4.87		
鄂州	Ezhou	1.01	1.74			潮州	Chaozhou	1.65	1.73		
荆门	Jingmen	1.91	1.27			揭阳	Jieyang	0.85	1.19		
孝感	Xiaogan	3.29	4.37			云浮	Yunfu	0.66	0.91		
荆州	Jingzhou	11.78	9.18			**广西**	**Guangxi**	**56.75**	**81.03**	**86.67**	
黄冈	Huanggang	4.60	4.05			南宁	Nanning	26.41	40.05	42.67	7
咸宁	Xianning	3.10	4.10			柳州	Liuzhou	5.95	7.61	8.22	31
随州	Suizhou	0.84	0.61			桂林	Guilin	12.83	22.96	19.22	12
湖南	**Hunan**	**104.43**		**127.32**		梧州	Wuzhou	1.09	1.91	3.36	65
长沙	Changsha	51.17	59.00	61.04	3	北海	Beihai	2.27	3.25	3.40	64
株洲	Zhuzhou	6.73	9.40	8.89	26	防城港	Fangchenggang		0.36	0.55	114
湘潭	Xiangtan	11.11	12.98	13.32	17	钦州	Qinzhou	1.86	2.93	1.90	88
衡阳	Hengyang	9.45	11.87	11.74	21	贵港	Guigang	0.24			
邵阳	Shaoyang	2.59	2.92	3.10	68	玉林	Yulin	1.38	1.80	1.75	91
岳阳	Yueyang	3.68	4.52	4.85	50	百色	Baise	2.57	3.94	4.24	56

16-14 普通高等学校在校学生数 续表 3

Total Enrollment by Regular Institutions of Higher Education continued 3

单位：万人 （10 000 persons）

地名	City	2010	2016	2017	2017 排名 Ranking
贺州	Hezhou	1.03	1.37	1.59	97
河池	Hechi	1.29	1.85	1.94	86
来宾	Laibin	0.59	1.19	1.36	103
崇左	Chongzuo	1.73	4.35	4.18	57
海南	**Hainan**	**15.08**		**18.55**	
海口	Haikou	10.39	13.25		
三亚	Sanya	3.70	4.85		
三沙	Sansha				
重庆	**Chongqing**	**56.59**	**73.25**		
四川	**Sichuan**	**108.62**		**149.97**	
成都	Chengdu	61.50	79.16	81.74	2
自贡	Zigong	2.96	3.47	3.62	61
攀枝花	Panzhihua	2.05	2.51	2.60	78
泸州	Luzhou	3.55	4.67	4.73	51
德阳	Deyang	4.90	8.88	7.68	34
绵阳	Mianyang	8.40	12.90	13.44	16
广元	Guangyuan	0.37	1.31	1.39	100
遂宁	Suining	1.00	1.38	1.37	102
内江	Neijiang	2.10	2.92	3.22	67
乐山	Leshan	3.68	4.18	4.46	53
南充	Nanchong	5.46	7.34	7.61	35
眉山	Meishan	1.58	2.38	2.44	80
宜宾	Yibin	2.21	2.57	2.66	76
广安	Guangan	0.49	0.92	1.01	106
达州	Dazhou	1.85	2.36	2.45	79
雅安	Yaan	3.77	4.82	4.96	49
巴中	Bazhong		0.36	0.50	115
资阳	Ziyang		0.66	0.42	118
贵州	**Guizhou**	**32.33**		**62.77**	
贵阳	Guiyang	25.68	40.44	44.16	6
六盘水	Liupanshui	1.01	1.36	1.72	92
遵义	Zunyi	4.98	8.65	8.96	25
安顺	Anshun	1.16	1.57	2.00	85
毕节	Bijie	1.06	3.40	3.36	66
铜仁	Tongren	1.29	3.55	3.98	58
云南	**Yunnan**	**43.69**			
昆明	Kunming	30.53	46.55		
曲靖	Qujing	1.88	2.72		
玉溪	Yuxi	1.52	1.57		
保山	Baoshan	1.42	1.29		
昭通	Zhaotong	0.72			
丽江	Lijiang		2.50		
普洱	Puer	0.83	1.07		
临沧	Lincang	0.59	0.72		
西藏	**Tibet**	**3.11**		**3.74**	
拉萨	Lasa	2.68	3.72		
陕西	**Shaanxi**	**92.78**			
西安	Xi'an		83.16		
铜川	Tongchuan		0.46		
宝鸡	Baoji		3.21		
咸阳	Xianyang		13.13		
渭南	Weinan		1.63		
延安	Yan'an		2.31		
汉中	Hanzhong		4.20		
榆林	Yulin		1.74		
安康	Ankang		2.10		
商洛	Shangluo		1.81		
甘肃	**Gansu**	**38.15**			
兰州	Lanzhou	27.62	42.48	32.54	9
嘉峪关	Jiayuguan	0.27	0.29	0.30	120
金昌	Jinchang		0.33	0.30	121
白银	Baiyin		0.37	0.38	119
天水	Tianshui	3.08	4.36	3.74	59
武威	Wuwei	1.11	1.66	1.59	98
张掖	Zhangye	1.72	1.96	1.92	87
平凉	Pingliang	0.65	0.57	0.77	111
酒泉	Jiuquan	0.63	0.85	0.83	110
庆阳	Qingyang	1.12	1.71	1.77	90
定西	Dingxi	0.46		0.47	117
陇南	Longnan	0.49	0.61	0.64	112
青海	**Qinghai**	**6.04**		**7.92**	
西宁	Xining	6.04	7.15	7.42	38
海东	Haidong		0.49	0.26	122
宁夏	**Ningxia**	**8.34**		**12.64**	
银川	Yinchuan	6.67	9.89		
石嘴山	Shizuishan	0.58	0.86		
吴忠	Wuzhong	0.18	0.34		
固原	Guyuan	0.59	0.65		
中卫	Zhongwei				
新疆	**Xinjiang**	**25.12**		**34.60**	
乌鲁木齐	Urumqi	15.48	17.38	19.39	11
克拉玛依	Karamay	0.37	0.84	0.62	113

16-15 普通高等学校毕业生数
Graduates from Regular Institutions of Higher Education

单位：万人 （10 000 persons）

地名	City	2010	2016	2017	2017 排名 Ranking
全国	**Nation Total**	**575.40**			
北京	**Beijing**	**15.02**			
天津	**Tianjin**	**10.51**			
河北	**Hebei**	**29.71**	**33.52**	**33.00**	
石家庄	Shijiazhuang	10.15			
唐山	Tangshan	2.43			
秦皇岛	Qinhuangdao	2.46			
邯郸	Handan	1.68			
邢台	Xingtai	1.44			
保定	Baoding	4.53			
张家口	Zhangjiakou	1.26			
承德	Chengde	1.06			
沧州	Cangzhou	1.28			
廊坊	Langfang	2.23			
衡水	Hengshui	0.48			
山西	**Shanxi**	**16.55**			
太原	Taiyuan	9.74			
大同	Datong	1.09			
阳泉	Yangquan	0.20			
长治	Changzhi	1.15			
晋城	Jincheng	0.30			
朔州	Shuozhou				
晋中	Jinzhong	1.60			
运城	Yuncheng	0.51			
忻州	Xinzhou	0.40			
临汾	Linfen	0.60			
吕梁	Lvliang	0.47			
内蒙古	**Inner Mongolia**	**9.47**	**11.15**	**11.78**	
呼和浩特	Hohhot	5.40	6.24	6.41	11
包头	Baotou	1.50	1.89	2.07	34
乌海	Wuhai	0.10	0.08	0.10	131
赤峰	Chifeng	0.40	0.58	0.61	90
通辽	Tongliao	0.80	0.68	0.71	80
鄂尔多斯	Erdos		0.08	0.11	130
呼伦贝尔	Hulunbuir	0.31	0.40	0.43	106
巴彦淖尔	Bayannur	0.23	0.26	0.34	113
乌兰察布	Ulanqab	0.40	0.54	0.57	94
辽宁	**Liaoning**	**21.96**		**26.88**	

地名	City	2010	2016	2017	2017 排名 Ranking
沈阳	Shenyang	8.68		10.66	8
大连	Dalian	5.71		7.50	10
鞍山	Anshan	0.87		0.87	69
抚顺	Fushun	0.99		1.05	62
本溪	Benxi	0.29		0.41	110
丹东	Dandong	0.69		0.83	70
锦州	Jinzhou	2.05		2.12	33
营口	Yingkou	0.37		0.55	96
阜新	Fuxin	0.79		0.77	74
辽阳	Liaoyang	0.57		0.57	93
盘锦	Panjin	0.16		0.25	118
铁岭	Tieling	0.28		0.61	90
朝阳	Chaoyang	0.14		0.17	125
葫芦岛	Huludao	0.36		0.53	99
吉林	**Jilin**	**13.60**	**16.49**		
长春	Changchun	9.29			
吉林	Jilin	2.11			
四平	Siping	0.75			
辽源	Liaoyuan	0.10			
通化	Tonghua	0.28			
白山	Baishan				
松原	Songyuan	0.11			
白城	Baicheng	0.47			
黑龙江	**Heilongjiang**	**18.10**	**19.96**		
哈尔滨	Harbin	12.03	13.80	13.64	6
齐齐哈尔	Qiqihar	1.32	1.48	1.43	47
鸡西	Jixi	0.28	0.21	0.21	123
鹤岗	Hegang	0.07	0.05	0.05	136
双鸭山	Shuangyashan	0.04	0.05	0.02	139
大庆	Daqing	1.60	1.38	1.36	49
伊春	Yichun	0.09	0.04	0.04	138
佳木斯	Jiamusi	0.83	0.83	0.80	71
七台河	Qitaihe	0.08	0.03	0.05	137
牡丹江	Mudanjiang	1.22	1.44	1.45	45
黑河	Heihe	0.21	0.23	0.23	120
绥化	Suihua	0.25	0.29	0.30	114
上海	**Shanghai**	**13.37**			
江苏	**Jiangsu**	**47.89**	**52.52**	**53.53**	

16-15 普通高等学校毕业生数 续表 1

Graduates from Regular Institutions of Higher Education continued 1

单位：万人 （10 000 persons）

地名	City	2010	2016	2017	2017 排名 Ranking
南京	Nanjing	19.59	23.23	23.75	2
无锡	Wuxi	3.55	3.40	3.39	20
徐州	Xuzhou	2.97	3.62	3.69	15
常州	Changzhou	3.22	2.87	2.92	22
苏州	Suzhou	5.04	5.88	6.15	12
南通	Nantong	2.64	2.30	2.28	29
连云港	Lianyungang	0.91	1.07	1.09	60
淮安	Huaian	2.06	1.91	1.91	37
盐城	Yancheng	1.55	1.71	1.73	41
扬州	Yangzhou	2.38	2.27	2.28	28
镇江	Zhenjiang	2.21	2.24	2.29	27
泰州	Taizhou	1.44	1.56	1.56	43
宿迁	Suqian	0.32	0.47	0.49	101
浙江	**Zhejiang**	**23.37**			
杭州	Hangzhou	10.17			
宁波	Ningbo	3.71			
温州	Wenzhou	1.94			
嘉兴	Jiaxing	1.09			
湖州	Huzhou	0.65			
绍兴	Shaoxing	1.51			
金华	Jinhua	2.41			
衢州	Quzhou	0.34			
舟山	Zhoushan	0.68			
台州	Taizhou	0.85			
丽水	Lishui	1.10			
安徽	**Anhui**	**23.22**	**30.80**	**32.28**	
合肥	Hefei	9.69	13.59	14.22	5
芜湖	Wuhu	2.83	3.47	3.68	16
蚌埠	Bengbu	1.37	1.59	1.64	42
淮南	Huainan	1.48	1.74	1.84	40
马鞍山	Maanshan	0.93	1.46	1.42	48
淮北	Huaibei	0.78	0.94	1.04	63
铜陵	Tongling	0.73	1.02	1.02	64
安庆	Anqing	0.79	1.29	1.31	51
黄山	Huangshan	0.34	0.58	0.59	92
滁州	Chuzhou	1.01	1.30	1.35	50
阜阳	Fuyang	0.66	0.90	0.99	66
宿州	Suzhou	0.53	0.55	0.62	89
六安	Liuan	0.79	1.17	1.25	55
亳州	Bozhou	0.25	0.44	0.41	108
池州	Chizhou	0.37	0.56	0.66	86
宣城	Xuancheng	0.11	0.20	0.23	121
福建	**Fujian**	**15.34**			
福州	Fuzhou	6.69			
厦门	Xiamen	2.66			
莆田	Putian	0.46			
三明	Sanming	0.41			
泉州	Quanzhou	2.73			
漳州	Zhangzhou	1.41			
南平	Nanping	0.40			
龙岩	Longyan	0.37			
宁德	Ningde	0.22			
江西	**Jiangxi**	**22.59**		**29.60**	
南昌	Nanchang	14.00			
景德镇	Jingdezhen	0.87			
萍乡	Pingxiang	0.56			
九江	Jiujiang	2.44			
新余	Xinyu	0.75			
鹰潭	Yingtan	0.11			
赣州	Ganzhou	1.98			
吉安	Jian	0.47			
宜春	Yichun	0.71			
抚州	Fuzhou	0.76			
上饶	Shangrao	0.58			
山东	**Shandong**	**44.40**	**50.91**	**57.12**	
济南	Jinan	13.56			
青岛	Qingdao	7.05			
淄博	Zibo	2.85			
枣庄	Zaozhuang	0.67			
东营	Dongying	1.31			
烟台	Yantai	3.44			
潍坊	Weifang	3.78			
济宁	Jining	2.64			
泰安	Taian	2.41			
威海	Weihai	1.70			
日照	Rizhao	1.42			
莱芜	Laiwu	0.41			
临沂	Linyi	1.59			
德州	Dezhou	1.32			
聊城	Liaocheng	1.47			

16-15 普通高等学校毕业生数 续表 2
Graduates from Regular Institutions of Higher Education continued 2

单位：万人 （10 000 persons）

地名	City	2010	2016	2017	2017 排名 Ranking	地名	City	2010	2016	2017	2017 排名 Ranking
滨州	Binzhou	1.46				常德	Changde	0.95	1.21	1.27	54
菏泽	Heze	0.87				张家界	Zhangjiajie	0.31	0.36	0.37	111
河南	**Henan**	**38.25**	**48.30**	**50.41**		益阳	Yiyang	0.71	0.88	0.90	68
郑州	Zhengzhou	17.44	23.44	24.52	1	郴州	Chenzhou	0.51	0.60	0.67	83
开封	Kaifeng	2.02	2.56	2.51	24	永州	Yongzhou	0.68	0.69	0.73	78
洛阳	Luoyang	2.21	2.73	2.80	23	怀化	Huaihua	0.72	0.76	0.76	76
平顶山	Pingdingshan	1.64	1.51	1.53	44	娄底	Loudi	0.64	0.60	0.67	84
安阳	Anyang	1.02	1.93	2.14	32	**广东**	**Guangdong**	**33.42**	**48.94**	**51.12**	
鹤壁	Hebi	0.24	0.37	0.42	107	广州	Guangzhou	20.40			
新乡	Xinxiang	2.75	3.68	3.57	17	韶关	Shaoguan	1.00			
焦作	Jiaozuo	1.60	1.85	1.90	38	深圳	Shenzhen	1.80			
濮阳	Puyang	0.37	0.24	0.22	122	珠海	Zhuhai	2.07			
许昌	Xuchang	0.83	1.00	1.01	65	汕头	Shantou	0.21			
漯河	Luohe	0.86	0.81	0.79	72	佛山	Foshan	1.27			
三门峡	Sanmenxia	0.41	0.47	0.37	112	江门	Jiangmen	0.50			
南阳	Nanyang	1.90	2.05	2.19	30	湛江	Zhanjiang	2.52			
商丘	Shangqiu	2.29	2.33	2.47	25	茂名	Maoming	0.70			
信阳	Xinyang	1.25	1.49	1.88	39	肇庆	Zhaoqing	1.25			
周口	Zhoukou	0.63	1.01	1.23	57	惠州	Huizhou	0.19			
驻马店	Zhumadian	0.49	0.59	0.65	87	梅州	Meizhou	0.43			
湖北	**Hubei**	**35.97**				汕尾	Shanwei	0.17			
武汉	Wuhan	22.12				河源	Heyuan	0.24			
黄石	Huangshi	1.06				阳江	Yangjiang	0.23			
十堰	Shiyan	0.86				清远	Qingyuan	0.25			
宜昌	Yichang	1.31				东莞	Dongguan	0.81			
襄阳	Xiangyang	1.40				中山	Zhongshan	0.90			
鄂州	Ezhou	0.26				潮州	Chaozhou	0.34			
荆门	Jingmen	0.54				揭阳	Jieyang	0.37			
孝感	Xiaogan	1.00				云浮	Yunfu	0.16			
荆州	Jingzhou	3.27				**广西**	**Guangxi**	**13.81**	**18.94**	**21.07**	
黄冈	Huanggang	1.27				南宁	Nanning	6.74	9.90	10.86	7
咸宁	Xianning	1.52				柳州	Liuzhou	1.28	2.02	0.71	79
随州	Suizhou	0.20				桂林	Guilin	3.21	5.89	4.67	13
湖南	**Hunan**	**27.53**	**31.61**	**33.25**		梧州	Wuzhou	0.25	0.66	0.69	81
长沙	Changsha	14.16	15.11	15.94	4	北海	Beihai	0.55	0.53	0.53	98
株洲	Zhuzhou	1.81	2.35	2.42	26	防城港	Fangchenggang				
湘潭	Xiangtan	2.78	3.37	3.47	19	钦州	Qinzhou	0.60	0.50	0.41	109
衡阳	Hengyang	2.19	2.93	3.07	21	贵港	Guigang	0.07			
邵阳	Shaoyang	0.58	0.77	0.76	75	玉林	Yulin	0.31	0.45	0.47	102
岳阳	Yueyang	0.98	1.25	1.43	46	百色	Baise		0.70	1.11	59

16-15 普通高等学校毕业生数 续表 3

Graduates from Regular Institutions of Higher Education continued 3

单位：万人 (10 000 persons)

地名	City	2010	2016	2017	2017 排名 Ranking
贺州	Hezhou	0.19	0.23	0.25	117
河池	Hechi	0.30	0.42	0.52	100
来宾	Laibin	0.21	0.20	0.24	119
崇左	Chongzuo	0.55	1.22	1.24	56
海南	**Hainan**	**3.68**	**4.87**	**5.03**	
海口	Haikou	2.65			
三亚	Sanya	0.50			
三沙	Sansha				
重庆	**Chongqing**	**13.32**			
四川	**Sichuan**	**27.86**	**36.21**	**38.61**	
成都	Chengdu	15.62	18.98	20.70	3
自贡	Zigong	0.77	0.90	0.92	67
攀枝花	Panzhihua	0.47	0.57	0.66	85
泸州	Luzhou	1.08	1.18	1.30	52
德阳	Deyang	1.35	1.96	2.18	31
绵阳	Mianyang	1.86	3.28	3.48	18
广元	Guangyuan	0.11	0.37	0.44	104
遂宁	Suining	0.31	0.47	0.44	103
内江	Neijiang	0.55	0.69	0.77	73
乐山	Leshan	0.85	1.25	1.07	61
南充	Nanchong	1.71	1.99	2.04	35
眉山	Meishan	0.33	0.67	0.62	88
宜宾	Yibin	0.59	0.72	0.73	77
广安	Guangan	0.13	0.34	0.29	115
达州	Dazhou	0.54	0.69	0.68	82
雅安	Yaan	0.87	1.17	1.30	53
巴中	Bazhong		0.02	0.05	135
资阳	Ziyang		0.09	0.12	129
贵州	**Guizhou**	**7.48**	**11.68**	**14.90**	
贵阳	Guiyang	6.30			
六盘水	Liupanshui	0.28			
遵义	Zunyi	1.08			
安顺	Anshun	0.33			
毕节	Bijie	0.16			
铜仁	Tongren	0.29			
云南	**Yunnan**	**9.34**	**15.24**	**17.53**	
昆明	Kunming	6.56			
曲靖	Qujing	0.37			
玉溪	Yuxi	0.35			
保山	Baoshan	0.30			
昭通	Zhaotong	0.19			
丽江	Lijiang				
普洱	Puer	0.23			
临沧	Lincang	0.15			
西藏	**Tibet**	**0.83**	**0.92**	**1.61**	
拉萨	Lasa	0.72			
陕西	**Shaanxi**	**23.55**	**32.13**	**30.51**	
西安	Xi'an				
铜川	Tongchuan				
宝鸡	Baoji				
咸阳	Xianyang				
渭南	Weinan				
延安	Yan'an				
汉中	Hanzhong				
榆林	Yulin				
安康	Ankang				
商洛	Shangluo				
甘肃	**Gansu**	**9.22**	**11.99**	**18.45**	
兰州	Lanzhou	6.24	8.12	8.43	9
嘉峪关	Jiayuguan	0.09	0.09	0.08	134
金昌	Jinchang		0.11	0.10	133
白银	Baiyin		0.06	0.10	132
天水	Tianshui	0.90	1.07	1.17	58
武威	Wuwei	0.25	0.57	0.57	95
张掖	Zhangye	0.41	0.51	0.54	97
平凉	Pingliang	0.19	0.20	0.17	126
酒泉	Jiuquan	0.15	0.21	0.25	116
庆阳	Qingyang	0.30	0.47	0.43	105
定西	Dingxi	0.18	0.16	0.16	127
陇南	Longnan	0.15	0.18	0.20	124
青海	**Qinghai**	**1.50**	**1.99**	**1.98**	
西宁	Xining	1.50		1.96	36
海东	Haidong				
宁夏	**Ningxia**	**2.10**			
银川	Yinchuan	1.51			
石嘴山	Shizuishan	0.11			
吴忠	Wuzhong	0.06			
固原	Guyuan				
中卫	Zhongwei				
新疆	**Xinjiang**	**6.35**	**7.37**	**7.87**	
乌鲁木齐	Urumqi	3.94	4.22	4.42	14
克拉玛依	Karamay	0.15	0.15	0.15	128

16-16 医院数
Number of Hospitals

单位：个 （unit）

地名	City	2016	2017	2017 排名 Ranking	地名	City	2016	2017	2017 排名 Ranking
全国	**Nation Total**	**27587**	**31056**		沈阳	Shenyang	383	274	17
北京	**Beijing**	**713**	**656**		大连	Dalian	315	153	53
天津	**Tianjin**	**571**	**426**		鞍山	Anshan	174	104	98
河北	**Hebei**		**1846**		抚顺	Fushun	112	58	186
石家庄	Shijiazhuang	425	235	23	本溪	Benxi	75	42	238
唐山	Tangshan	351	173	42	丹东	Dandong	122	44	229
秦皇岛	Qinhuangdao	143	71	154	锦州	Jinzhou	143	77	138
邯郸	Handan	408	214	30	营口	Yingkou	176	126	74
邢台	Xingtai	330	177	40	阜新	Fuxin	116	55	192
保定	Baoding	605	365	6	辽阳	Liaoyang	102	62	177
张家口	Zhangjiakou	348	100	105	盘锦	Panjin	87	62	177
承德	Chengde	251	79	133	铁岭	Tieling	138	153	53
沧州	Cangzhou	319	154	51	朝阳	Chaoyang	212	80	130
廊坊	Langfang	227	153	53	葫芦岛	Huludao	150	75	142
衡水	Hengshui	226	126	74	**吉林**	**Jilin**		**654**	
山西	**Shanxi**		**1388**		长春	Changchun	297	162	48
太原	Taiyuan	245	175	41	吉林	Jilin	236	148	58
大同	Datong	287	143	61	四平	Siping	163	63	172
阳泉	Yangquan	83	49	215	辽源	Liaoyuan	64	21	275
长治	Changzhi	251	114	83	通化	Tonghua	153	66	167
晋城	Jincheng	176	83	124	白山	Baishan	102	36	244
朔州	Shuozhou	155	63	172	松原	Songyuan	138	51	203
晋中	Jinzhong	267	106	95	白城	Baicheng	134	40	240
运城	Yuncheng	446	269	19	**黑龙江**	**Heilongjiang**		**1089**	
忻州	Xinzhou	299	112	86	哈尔滨	Harbin	471	310	10
临汾	Linfen	343	189	35	齐齐哈尔	Qiqihar	988	116	78
吕梁	Lvliang	994	104	98	鸡西	Jixi	123	68	161
内蒙古	**Inner Mongolia**		**775**		鹤岗	Hegang	69	49	215
呼和浩特	Hohhot	185	108	93	双鸭山	Shuangyashan	51	54	193
包头	Baotou	137	84	122	大庆	Daqing	174	113	84
乌海	Wuhai	28	27	269	伊春	Yichun	54	40	240
赤峰	Chifeng	326	98	108	佳木斯	Jiamusi	185	92	111
通辽	Tongliao	198	81	127	七台河	Qitaihe	46	27	269
鄂尔多斯	Erdos	175	90	115	牡丹江	Mudanjiang	146	79	133
呼伦贝尔	Hulunbuir	221	219	28	黑河	Heihe	136	63	172
巴彦淖尔	Bayannur	163	53	197	绥化	Suihua	222	64	170
乌兰察布	Ulanqab	226	51	203	**上海**	**Shanghai**	**656**	**363**	
辽宁	**Liaoning**		**1268**		**江苏**	**Jiangsu**		**1727**	

16-16 医院数 续表 1

Number of Hospitals continued 1

单位：个 (unit)

地名	City	2016	2017	2017 排名 Ranking	地名	City	2016	2017	2017 排名 Ranking
南京	Nanjing	225	220	27	池州	Chizhou	88	30	257
无锡	Wuxi	191	166	45	宣城	Xuancheng	123	46	226
徐州	Xuzhou	291	135	66	**福建**	**Fujian**		**606**	
常州	Changzhou	114	67	164	福州	Fuzhou	230	116	78
苏州	Suzhou	283	193	32	厦门	Xiamen	60	51	203
南通	Nantong	321	222	26	莆田	Putian	93	47	220
连云港	Lianyungang	171	80	130	三明	Sanming	165	46	226
淮安	Huaian	185	59	184	泉州	Quanzhou	258	130	69
盐城	Yancheng	286	163	47	漳州	Zhangzhou	179	76	139
扬州	Yangzhou	142	69	158	南平	Nanping	164	51	203
镇江	Zhenjiang	97	50	210	龙岩	Longyan	158	47	220
泰州	Taizhou	183	71	154	宁德	Ningde	150	44	229
宿迁	Suqian	231	232	25	**江西**	**Jiangxi**		**669**	
浙江	**Zhejiang**		**1204**		南昌	Nanchang	194	118	77
杭州	Hangzhou	365	302	12	景德镇	Jingdezhen	73	31	255
宁波	Ningbo	251	154	51	萍乡	Pingxiang	81	32	252
温州	Wenzhou	403	142	62	九江	Jiujiang	259	62	177
嘉兴	Jiaxing	144	75	142	新余	Xinyu	46	14	278
湖州	Huzhou	146	58	186	鹰潭	Yingtan	62	35	247
绍兴	Shaoxing	193	76	139	赣州	Ganzhou	423	85	119
金华	Jinhua	282	131	68	吉安	Jian	283	57	189
衢州	Quzhou	183	75	142	宜春	Yichun	220	40	240
舟山	Zhoushan	68	30	257	抚州	Fuzhou	222	48	218
台州	Taizhou	271	111	88	上饶	Shangrao	402	147	60
丽水	Lishui	243	54	193	**山东**	**Shandong**		**2451**	
安徽	**Anhui**		**1095**		济南	Jinan	270	238	22
合肥	Hefei	462	172	43	青岛	Qingdao	322	410	3
芜湖	Wuhu	140	83	124	淄博	Zibo	230	157	49
蚌埠	Bengbu	137	81	127	枣庄	Zaozhuang	118	78	137
淮南	Huainan	156	72	149	东营	Dongying	104	76	139
马鞍山	Maanshan	97	62	177	烟台	Yantai	276	196	31
淮北	Huaibei	98	69	158	潍坊	Weifang	315	188	36
铜陵	Tongling	62	28	264	济宁	Jining	305	164	46
安庆	Anqing	196	69	158	泰安	Taian	168	103	101
黄山	Huangshan	132	32	252	威海	Weihai	94	50	210
滁州	Chuzhou	162	64	170	日照	Rizhao	87	53	197
阜阳	Fuyang	270	115	80	莱芜	Laiwu	42	30	257
宿州	Suzhou	185	81	127	临沂	Linyi	346	188	36
六安	Liuan	163	29	263	德州	Dezhou	220	104	98
亳州	Bozhou	152	62	177	聊城	Liaocheng	330	148	58

16-16 医院数 续表 2
Number of Hospitals continued 2

单位：个 （unit）

地名	City	2016	2017	2017 排名 Ranking	地名	City	2016	2017	2017 排名 Ranking
滨州	Binzhou	178	110	90	常德	Changde	295	85	119
菏泽	Heze	338	233	24	张家界	Zhangjiajie	120	30	257
河南	**Henan**		**1632**		益阳	Yiyang	168	82	126
郑州	Zhengzhou	317	219	28	郴州	Chenzhou	342	339	8
开封	Kaifeng	181	105	96	永州	Yongzhou	320	128	70
洛阳	Luoyang	286	142	62	怀化	Huaihua	394	398	4
平顶山	Pingdingshan	218	87	117	娄底	Loudi	161	86	118
安阳	Anyang	195	100	105	**广东**	**Guangdong**		**1464**	
鹤壁	Hebi	60	43	234	广州	Guangzhou	273	243	20
新乡	Xinxiang	259	115	80	韶关	Shaoguan	160	54	193
焦作	Jiaozuo	174	92	111	深圳	Shenzhen	136	135	66
濮阳	Puyang	136	61	182	珠海	Zhuhai	53	43	234
许昌	Xuchang	188	101	104	汕头	Shantou	71	44	229
漯河	Luohe	101	47	220	佛山	Foshan	115	110	90
三门峡	Sanmenxia	128	51	203	江门	Jiangmen	41	44	229
南阳	Nanyang	368	108	93	湛江	Zhanjiang	187	103	101
商丘	Shangqiu	271	79	133	茂名	Maoming	163	71	154
信阳	Xinyang	277	270	18	肇庆	Zhaoqing	148	54	193
周口	Zhoukou	322	140	64	惠州	Huizhou	144	72	149
驻马店	Zhumadian	308	79	133	梅州	Meizhou	163	42	238
湖北	**Hubei**		**979**		汕尾	Shanwei	76	33	251
武汉	Wuhan	386	354	7	河源	Heyuan	115	52	202
黄石	Huangshi	71	36	244	阳江	Yangjiang	83	51	203
十堰	Shiyan	182	58	186	清远	Qingyuan	182	57	189
宜昌	Yichang	177	91	113	东莞	Dongguan	89	97	109
襄阳	Xiangyang	221	84	122	中山	Zhongshan	53	59	184
鄂州	Ezhou	489	20	277	潮州	Chaozhou	79	31	255
荆门	Jingmen	111	60	183	揭阳	Jieyang	114	50	210
孝感	Xiaogan	159	56	191	云浮	Yunfu	74	22	273
荆州	Jingzhou	182	67	164	**广西**	**Guangxi**		**589**	
黄冈	Huanggang	286	68	161	南宁	Nanning	228	115	80
咸宁	Xianning	95	32	252	柳州	Liuzhou	163	65	169
随州	Suizhou	106	46	226	桂林	Guilin	203	66	167
湖南	**Hunan**		**1313**		梧州	Wuzhou	98	37	243
长沙	Changsha	286	287	16	北海	Beihai	52	25	271
株洲	Zhuzhou	163	190	34	防城港	Fangchenggang	41	14	278
湘潭	Xiangtan	108	63	172	钦州	Qinzhou	84	22	273
衡阳	Hengyang	330	127	71	贵港	Guigang	116	51	203
邵阳	Shaoyang	1115	293	14	玉林	Yulin	191	47	220
岳阳	Yueyang	241	242	21	百色	Baise	222	34	249

16-16 医院数 续表 3

Number of Hospitals continued 3

单位：个 (unit)

地名	City	2016	2017	2017 排名 Ranking	地名	City	2016	2017	2017 排名 Ranking
贺州	Hezhou	80	28	264	丽江	Lijiang	87	30	257
河池	Hechi	180	34	249	普洱	Puer	139	43	234
来宾	Laibin	93	21	275	临沧	Lincang	134	53	197
崇左	Chongzuo	120	30	257	**西藏**	**Tibet**		**148**	
海南	**Hainan**		**208**		拉萨	Lasa	80	28	264
海口	Haikou	139	123	76	**陕西**	**Shaanxi**		**1150**	
三亚	Sanya	30	11	283	西安	Xi'an	392	329	9
三沙	Sansha	1	1	286	铜川	Tongchuan	81	47	220
重庆	**Chongqing**	**1606**	**749**		宝鸡	Baoji	264	105	96
四川	**Sichuan**		**2219**		咸阳	Xianyang	365	151	56
成都	Chengdu	866	888	1	渭南	Weinan	663	155	50
自贡	Zigong	164	68	161	延安	Yan'an	222	63	172
攀枝花	Panzhihua	73	24	272	汉中	Hanzhong	276	80	130
泸州	Luzhou	251	140	64	榆林	Yulin	332	109	92
德阳	Deyang	211	85	119	安康	Ankang	220	48	218
绵阳	Mianyang	363	90	115	商洛	Shangluo	167	180	39
广元	Guangyuan	329	73	146	**甘肃**	**Gansu**		**526**	
遂宁	Suining	176	72	149	兰州	Lanzhou	172	127	71
内江	Neijiang	189	72	149	嘉峪关	Jiayuguan	14	10	284
乐山	Leshan	300	97	109	金昌	Jinchang	25	13	280
南充	Nanchong	591	112	86	白银	Baiyin	107	102	103
眉山	Meishan	182	91	113	天水	Tianshui	169	49	215
宜宾	Yibin	290	172	43	武威	Wuwei	290	12	282
广安	Guangan	234	67	164	张掖	Zhangye	124	53	197
达州	Dazhou	380	398	4	平凉	Pingliang	146	149	57
雅安	Yaan	188	44	229	酒泉	Jiuquan	1000	36	244
巴中	Bazhong	296	75	142	庆阳	Qingyang	152	28	264
资阳	Ziyang	177	43	234	定西	Dingxi	175	47	220
贵州	**Guizhou**		**1270**		陇南	Longnan	234	290	15
贵阳	Guiyang	258	185	38	**青海**	**Qinghai**		**212**	
六盘水	Liupanshui	204	111	88	西宁	Xining	127	73	146
遵义	Zunyi	401	193	32	海东	Haidong	193	53	197
安顺	Anshun	152	73	146	**宁夏**	**Ningxia**		**209**	
毕节	Bijie	500	509	2	银川	Yinchuan	104	70	157
铜仁	Tongren	260	99	107	石嘴山	Shizuishan	58	35	247
云南	**Yunnan**		**1252**		吴忠	Wuzhong	906	50	210
昆明	Kunming	414	308	11	固原	Guyuan	109	13	280
曲靖	Qujing	191	113	84	中卫	Zhongwei	64	28	264
玉溪	Yuxi	140	72	149	**新疆**	**Xinjiang**		**919**	
保山	Baoshan	126	50	210	乌鲁木齐	Urumqi	152	127	71
昭通	Zhaotong	297	297	13	克拉玛依	Karamay	9	5	285

16-17 医院床位数

Number of Hospital Beds

单位：张 (bed)

地名	City	2016	2017	2017 排名 Ranking	地名	City	2016	2017	2017 排名 Ranking
全国	**Nation Total**	**5688900**	**6120500**		沈阳	Shenyang	61894	64196	7
北京	**Beijing**	**110021**	**113700**		大连	Dalian	42301	41444	20
天津	**Tianjin**	**61764**	**60200**		鞍山	Anshan	20807	19076	98
河北	**Hebei**		**299500**		抚顺	Fushun	13187	11446	190
石家庄	Shijiazhuang	49573	46036	15	本溪	Benxi	11415	10785	200
唐山	Tangshan	38587	33458	37	丹东	Dandong	14293	11486	189
秦皇岛	Qinhuangdao	15450	13776	157	锦州	Jinzhou	15583	15147	143
邯郸	Handan	44532	35057	33	营口	Yingkou	13642	12553	170
邢台	Xingtai	31465	26654	56	阜新	Fuxin	11411	9758	215
保定	Baoding	47299	44388	17	辽阳	Liaoyang	12917	11794	183
张家口	Zhangjiakou	22151	18554	100	盘锦	Panjin	9184	9019	221
承德	Chengde	18791	17603	112	铁岭	Tieling	11458	12765	165
沧州	Cangzhou	34257	31469	41	朝阳	Chaoyang	16483	13284	161
廊坊	Langfang	19385	16913	116	葫芦岛	Huludao	12050	10156	208
衡水	Hengshui	18331	15941	127	**吉林**	**Jilin**		**126600**	
山西	**Shanxi**		**154200**		长春	Changchun	47129	44756	16
太原	Taiyuan	36559	36566	26	吉林	Jilin	26209	23937	76
大同	Datong	18103	15553	134	四平	Siping	15331	12880	162
阳泉	Yangquan	7065	5812	256	辽源	Liaoyuan	6140	4702	269
长治	Changzhi	16133	14118	151	通化	Tonghua	12350	10019	212
晋城	Jincheng	10611	8392	230	白山	Baishan	8276	7337	241
朔州	Shuozhou	7299	6068	254	松原	Songyuan	8795	7661	237
晋中	Jinzhong	15501	11656	187	白城	Baicheng	7331	6297	252
运城	Yuncheng	27574	22414	82	**黑龙江**	**Heilongjiang**		**200800**	
忻州	Xinzhou	11274	8739	224	哈尔滨	Harbin	71181	70500	5
临汾	Linfen	18829	15955	126	齐齐哈尔	Qiqihar	26075	25219	63
吕梁	Lvliang	12202	8613	226	鸡西	Jixi	11735	11135	192
内蒙古	**Inner Mongolia**		**118700**		鹤岗	Hegang	7958	8444	228
呼和浩特	Hohhot	17775	17788	108	双鸭山	Shuangyashan	7213	8412	229
包头	Baotou	15825	15818	128	大庆	Daqing	17025	16276	122
乌海	Wuhai	3203	3087	277	伊春	Yichun	6452	6319	251
赤峰	Chifeng	23889	20383	94	佳木斯	Jiamusi	14942	14351	148
通辽	Tongliao	12370	14348	149	七台河	Qitaihe	4189	3959	275
鄂尔多斯	Erdos	11022	9494	219	牡丹江	Mudanjiang	17764	15700	132
呼伦贝尔	Hulunbuir	13606	13854	155	黑河	Heihe	8344	7290	242
巴彦淖尔	Bayannur	8865	7368	240	绥化	Suihua	16414		
乌兰察布	Ulanqab	7810	649	284	**上海**	**Shanghai**	**126838**	**115916**	
辽宁	**Liaoning**		**253000**		**江苏**	**Jiangsu**		**369800**	

16-17　医院床位数　续表 1
Number of Hospital Beds continued 1

单位：张　　　　(bed)

地名	City	2016	2017	2017 排名 Ranking	地名	City	2016	2017	2017 排名 Ranking
南京	Nanjing	45195	46960	14	池州	Chizhou	5945	5188	264
无锡	Wuxi	36150	36544	27	宣城	Xuancheng	11192	10043	211
徐州	Xuzhou	48926	39764	23	**福建**	**Fujian**		**139400**	
常州	Changzhou	23408	21049	90	福州	Fuzhou	31637	30152	43
苏州	Suzhou	60847	56135	10	厦门	Xiamen	13971	14106	152
南通	Nantong	38154	33283	38	莆田	Putian	13968	10843	199
连云港	Lianyungang	21446	16769	117	三明	Sanming	12692	10365	205
淮安	Huaian	25500	17876	107	泉州	Quanzhou	35171	25633	60
盐城	Yancheng	37139	29767	44	漳州	Zhangzhou	20387	17192	115
扬州	Yangzhou	18421	16260	123	南平	Nanping	15045	12211	177
镇江	Zhenjiang	12714	10859	198	龙岩	Longyan	15628	16615	118
泰州	Taizhou	21865	17925	105	宁德	Ningde	12179	10333	207
宿迁	Suqian	25266	27100	53	**江西**	**Jiangxi**		**160100**	
浙江	**Zhejiang**		**277100**		南昌	Nanchang	28477	27302	52
杭州	Hangzhou	64557	70187	6	景德镇	Jingdezhen	7778	7205	243
宁波	Ningbo	33412	34135	35	萍乡	Pingxiang	10345	8025	233
温州	Wenzhou	35086	36327	29	九江	Jiujiang	20631	16363	120
嘉兴	Jiaxing	23283	22044	83	新余	Xinyu	5114	4402	272
湖州	Huzhou	12836	13962	154	鹰潭	Yingtan	4997	5309	262
绍兴	Shaoxing	25225	21242	89	赣州	Ganzhou	38687	42064	19
金华	Jinhua	26930	26814	54	吉安	Jian	20661	15044	145
衢州	Quzhou	11948	11621	188	宜春	Yichun	21218	13832	156
舟山	Zhoushan	4970	5056	267	抚州	Fuzhou	12658	9830	214
台州	Taizhou	25656	24955	64	上饶	Shangrao	25080	24271	70
丽水	Lishui	12383	12042	179	**山东**	**Shandong**		**441000**	
安徽	**Anhui**		**233200**		济南	Jinan	47524	47575	13
合肥	Hefei	43880	42707	18	青岛	Qingdao	47309	53341	11
芜湖	Wuhu	18486	17741	109	淄博	Zibo	27471	24022	75
蚌埠	Bengbu	17812	15289	141	枣庄	Zaozhuang	18994	18645	99
淮南	Huainan	15817	13645	160	东营	Dongying	12050	11213	191
马鞍山	Maanshan	8075	7610	238	烟台	Yantai	37507	31801	40
淮北	Huaibei	10613	9241	220	潍坊	Weifang	46323	40685	21
铜陵	Tongling	7874	6678	247	济宁	Jining	42356	36430	28
安庆	Anqing	17405	15530	136	泰安	Taian	27691	24953	65
黄山	Huangshan	7364	6368	248	威海	Weihai	15494	14068	153
滁州	Chuzhou	16598	13721	158	日照	Rizhao	12002	9637	217
阜阳	Fuyang	34153	28433	49	莱芜	Laiwu	6043	5462	261
宿州	Suzhou	20168	15415	137	临沂	Linyi	50085	39595	24
六安	Liuan	17516	12302	175	德州	Dezhou	21648	17932	104
亳州	Bozhou	16976	12545	172	聊城	Liaocheng	27308	24156	72

16-17 医院床位数 续表 2
Number of Hospital Beds continued 2

单位：张 (bed)

地名	City	2016	2017	2017 排名 Ranking	地名	City	2016	2017	2017 排名 Ranking
滨州	Binzhou	18858	15718	131	常德	Changde	31211	21553	86
菏泽	Heze	40597	34670	34	张家界	Zhangjiajie	7739	6293	253
河南	**Henan**		**413800**		益阳	Yiyang	21625	17648	111
郑州	Zhengzhou	80925	79725	3	郴州	Chenzhou	29485	22673	80
开封	Kaifeng	19298	22474	81	永州	Yongzhou	33859	25998	58
洛阳	Luoyang	41943	35734	30	怀化	Huaihua	29703	23556	78
平顶山	Pingdingshan	27006	21915	84	娄底	Loudi	21787	17707	110
安阳	Anyang	26346	21548	87	**广东**	**Guangdong**		**393400**	
鹤壁	Hebi	7683	7893	235	广州	Guangzhou	80767	81747	2
新乡	Xinxiang	32942	26808	55	韶关	Shaoguan	15429	12546	171
焦作	Jiaozuo	20360	17230	114	深圳	Shenzhen	38205	39899	22
濮阳	Puyang	18884	14242	150	珠海	Zhuhai	8217	8335	231
许昌	Xuchang	17783	18011	103	汕头	Shantou	15987	15343	139
漯河	Luohe	12543	10659	202	佛山	Foshan	32823	32646	39
三门峡	Sanmenxia	12624	10942	197	江门	Jiangmen	15487	16605	119
南阳	Nanyang	39760	33636	36	湛江	Zhanjiang	29595	25338	62
商丘	Shangqiu	31448	24336	69	茂名	Maoming	27617	20383	94
信阳	Xinyang	22551	24487	67	肇庆	Zhaoqing	14846	12678	166
周口	Zhoukou	36289	27661	50	惠州	Huizhou	19383	15550	135
驻马店	Zhumadian	35261	24380	68	梅州	Meizhou	15144	11811	182
湖北	**Hubei**		**270900**		汕尾	Shanwei	7763	6339	250
武汉	Wuhan	78896	78447	4	河源	Heyuan	9034	7922	234
黄石	Huangshi	15400	12094	178	阳江	Yangjiang	10402	10119	210
十堰	Shiyan	25695	18245	101	清远	Qingyuan	14489	11005	195
宜昌	Yichang	24949	21309	88	东莞	Dongguan	27450	29046	46
襄阳	Xiangyang	32107	24194	71	中山	Zhongshan	13656	15140	144
鄂州	Ezhou	5804	4486	270	潮州	Chaozhou	6354	4930	268
荆门	Jingmen	15743	12303	174	揭阳	Jieyang	15685	12871	163
孝感	Xiaogan	18856	14866	147	云浮	Yunfu	7897	6695	246
荆州	Jingzhou	26751	20440	92	**广西**	**Guangxi**		**161500**	
黄冈	Huanggang	34031	20700	91	南宁	Nanning	39984	35623	31
咸宁	Xianning	13716	9632	218	柳州	Liuzhou	21191	17890	106
随州	Suizhou	10431	7156	244	桂林	Guilin	19062	15738	129
湖南	**Hunan**		**319500**		梧州	Wuzhou	12495	9988	213
长沙	Changsha	64805	58899	8	北海	Beihai	8052	5793	257
株洲	Zhuzhou	24256	25998	58	防城港	Fangchenggang	3828	2635	279
湘潭	Xiangtan	16757	14909	146	钦州	Qinzhou	14128	8632	225
衡阳	Hengyang	39300	28774	48	贵港	Guigang	14344	10408	204
邵阳	Shaoyang	34165	26638	57	玉林	Yulin	10219	15348	138
岳阳	Yueyang	27589	21880	85	百色	Baise	17237	11026	194

16-17 医院床位数 续表 3

Number of Hospital Beds continued 3

单位：张 (bed)

地名	City	2016	2017	2017 排名 Ranking	地名	City	2016	2017	2017 排名 Ranking
贺州	Hezhou	7314	5197	263	丽江	Lijiang	5279	4452	271
河池	Hechi	15432	11679	186	普洱	Puer	10459	8600	227
来宾	Laibin	9580	6046	255	临沧	Lincang	10509	8192	232
崇左	Chongzuo	7513	5076	266	**西藏**	**Tibet**		**11700**	
海南	**Hainan**		**32500**		拉萨	Lasa	3702	3519	276
海口	Haikou	13247	12860	164	**陕西**	**Shaanxi**		**193200**	
三亚	Sanya	3417	2361	281	西安	Xi'an	53008	58219	9
三沙	Sansha	30	30	285	铜川	Tongchuan	5484	5531	260
重庆	**Chongqing**	**177410**	**150500**		宝鸡	Baoji	22568	20029	97
四川	**Sichuan**		**411900**		咸阳	Xianyang	28302	23217	79
成都	Chengdu	121383	127445	1	渭南	Weinan	20572	20433	93
自贡	Zigong	17771	15197	142	延安	Yan'an	12983	10152	209
攀枝花	Panzhihua	9867	9005	222	汉中	Hanzhong	20580	17488	113
泸州	Luzhou	24777	20052	96	榆林	Yulin	19859	16359	121
德阳	Deyang	20394	15571	133	安康	Ankang	13976	10358	206
绵阳	Mianyang	32634	23645	77	商洛	Shangluo	11765	11765	185
广元	Guangyuan	18820	15312	140	**甘肃**	**Gansu**		**111200**	
遂宁	Suining	17562	13655	159	兰州	Lanzhou	24031	25382	61
内江	Neijiang	20688	16080	125	嘉峪关	Jiayuguan	1785	1668	283
乐山	Leshan	19187	16111	124	金昌	Jinchang	2649	2442	280
南充	Nanchong	34601	29686	45	白银	Baiyin	7628	7734	236
眉山	Meishan	15739	12663	167	天水	Tianshui	12151	10771	201
宜宾	Yibin	28562	24117	73	武威	Wuwei	9263	6826	245
广安	Guangan	15304	12566	168	张掖	Zhangye	7944	6343	249
达州	Dazhou	24322	28848	47	平凉	Pingliang	12251	12490	173
雅安	Yaan	11652	10460	203	酒泉	Jiuquan	6581	5169	265
巴中	Bazhong	15892	12019	180	庆阳	Qingyang	8977	7530	239
资阳	Ziyang	15823	10984	196	定西	Dingxi	13484	11876	181
贵州	**Guizhou**		**178300**		陇南	Longnan	8055	11777	184
贵阳	Guiyang	30540	31366	42	**青海**	**Qinghai**		**32000**	
六盘水	Liupanshui	16803	12563	169	西宁	Xining	18070	18051	102
遵义	Zunyi	39775	36986	25	海东	Haidong	4429	2875	278
安顺	Anshun	10657	9725	216	**宁夏**	**Ningxia**		**34800**	
毕节	Bijie	32349	35143	32	银川	Yinchuan	14729	15726	130
铜仁	Tongren	19008	12220	176	石嘴山	Shizuishan	4851	3998	273
云南	**Yunnan**		**210800**		吴忠	Wuzhong	6194	5783	258
昆明	Kunming	53117	53072	12	固原	Guyuan	5558	5572	259
曲靖	Qujing	29172	24113	74	中卫	Zhongwei	4325	3993	274
玉溪	Yuxi	12848	11119	193	**新疆**	**Xinjiang**		**131200**	
保山	Baoshan	11499	8912	223	乌鲁木齐	Urumqi	26734	27464	51
昭通	Zhaotong	23571	24506	66	克拉玛依	Karamay	1564	2040	282

16-18 医生数（执业医师+执业助理医师）

Number of Doctors (Licensed Doctors Assistant Doctors)

单位：人 (person)

地名	City	2016	2017	2017 排名 Ranking	地名	City	2016	2017	2017 排名 Ranking
全国	**Nation Total**	**3191005**	**3390034**		沈阳	Shenyang	26504	28193	14
北京	**Beijing**	**89411**	**94417**		大连	Dalian	19485	20301	35
天津	**Tianjin**	**37804**	**41127**		鞍山	Anshan	5548	6680	176
河北	**Hebei**	**177140**	**191941**		抚顺	Fushun	5561	5656	208
石家庄	Shijiazhuang	31781	34487	7	本溪	Benxi	2751	3966	248
唐山	Tangshan	18737	18690	40	丹东	Dandong	5413	5659	207
秦皇岛	Qinhuangdao	6023	9448	135	锦州	Jinzhou	9661	6111	192
邯郸	Handan	19834	20836	32	营口	Yingkou	5824	5952	196
邢台	Xingtai	16024	17533	48	阜新	Fuxin	3000	4547	234
保定	Baoding	25391	28300	13	辽阳	Liaoyang	4187	4593	233
张家口	Zhangjiakou	7786	9401	136	盘锦	Panjin	3862	4058	244
承德	Chengde	8496	9732	127	铁岭	Tieling	5916	5700	204
沧州	Cangzhou	18444	19233	38	朝阳	Chaoyang	6933	7464	166
廊坊	Langfang	9591	11877	88	葫芦岛	Huludao	4458	4780	229
衡水	Hengshui	7371	11010	107	**吉林**	**Jilin**	**69666**	**70552**	
山西	**Shanxi**	**91699**	**94281**		长春	Changchun	21251	21119	30
太原	Taiyuan	20835	21476	27	吉林	Jilin	12236	12862	77
大同	Datong	9389	9464	134	四平	Siping	6964	7178	169
阳泉	Yangquan	3843	3893	253	辽源	Liaoyuan	2818	2808	273
长治	Changzhi	8038	8252	149	通化	Tonghua	5935	6007	194
晋城	Jincheng	5532	5730	203	白山	Baishan	3566	3568	258
朔州	Shuozhou	2827	2884	271	松原	Songyuan	5674	5681	206
晋中	Jinzhong	6813	7129	170	白城	Baicheng	4633	4687	231
运城	Yuncheng	10937	11583	97	**黑龙江**	**Heilongjiang**	**84422**	**88477**	
忻州	Xinzhou	5877	5923	198	哈尔滨	Harbin	23819	22000	25
临汾	Linfen	10587	11043	105	齐齐哈尔	Qiqihar	9495	10377	114
吕梁	Lvliang	7268	7201	168	鸡西	Jixi	4387	4368	239
内蒙古	**Inner Mongolia**	**66391**	**70301**		鹤岗	Hegang	2887	3067	269
呼和浩特	Hohhot	9023	10225	118	双鸭山	Shuangyashan	8608	1972	282
包头	Baotou	8264	8588	148	大庆	Daqing	9668	9926	123
乌海	Wuhai	1646	1536	285	伊春	Yichun	2630	2684	274
赤峰	Chifeng	11494	11601	95	佳木斯	Jiamusi	4096	5694	205
通辽	Tongliao	5967	7114	171	七台河	Qitaihe	1605	1789	283
鄂尔多斯	Erdos	5109	5652	209	牡丹江	Mudanjiang	7475	7797	158
呼伦贝尔	Hulunbuir	7544	9623	129	黑河	Heihe	3029	4030	245
巴彦淖尔	Bayannur	4582	4956	228	绥化	Suihua	7372	10613	113
乌兰察布	Ulanqab	3681	3942	251	**上海**	**Shanghai**	**65386**	**67907**	
辽宁	**Liaoning**	**109800**	**115715**		**江苏**	**Jiangsu**	**204647**	**217146**	

16-18 医生数（执业医师+执业助理医师） 续表 1

Number of Doctors (Licensed Doctors+Assistant Doctors) continued 1

单位：人 (person)

地名	City	2016	2017	2017 排名 Ranking	地名	City	2016	2017	2017 排名 Ranking
南京	Nanjing	25272	28100	15	池州	Chizhou	2637	2932	270
无锡	Wuxi	18107	19610	37	宣城	Xuancheng	5151	5344	218
徐州	Xuzhou	21836	22900	24	**福建**	**Fujian**	**79685**	**83966**	
常州	Changzhou	12447	13100	73	福州	Fuzhou	18841	20417	34
苏州	Suzhou	27667	30300	10	厦门	Xiamen	11119	12705	81
南通	Nantong	17967	18800	39	莆田	Putian	5244	5376	217
连云港	Lianyungang	10979	11500	99	三明	Sanming	5033	5439	215
淮安	Huaian	12385	12700	82	泉州	Quanzhou	14935	15903	56
盐城	Yancheng	18124	18200	41	漳州	Zhangzhou	9946	10356	116
扬州	Yangzhou	10405	10900	110	南平	Nanping	5002	5382	216
镇江	Zhenjiang	7884	8100	152	龙岩	Longyan	5859	5995	195
泰州	Taizhou	11287	11600	96	宁德	Ningde	5240	5455	214
宿迁	Suqian	10327	11500	99	**江西**	**Jiangxi**	**79187**	**83648**	
浙江	**Zhejiang**	**168178**	**178704**		南昌	Nanchang	13139	14143	65
杭州	Hangzhou	38172	41833	4	景德镇	Jingdezhen	4783	3147	268
宁波	Ningbo	22941	24268	21	萍乡	Pingxiang	4413	4433	237
温州	Wenzhou	24976	26674	18	九江	Jiujiang	9399	10027	121
嘉兴	Jiaxing	10408	11392	101	新余	Xinyu	2478	4201	243
湖州	Huzhou	7619	8080	154	鹰潭	Yingtan	2446	2586	275
绍兴	Shaoxing	14171	15195	60	赣州	Ganzhou	12495	14048	66
金华	Jinhua	15630	16372	54	吉安	Jian	7619	8028	155
衢州	Quzhou	6780	6930	173	宜春	Yichun	7971	8102	151
舟山	Zhoushan	6327	3581	257	抚州	Fuzhou	5308	5528	212
台州	Taizhou	16637	17235	51	上饶	Shangrao	10552	11101	104
丽水	Lishui	7271	7913	157	**山东**	**Shandong**	**244900**	**264570**	
安徽	**Anhui**	**112741**	**120839**		济南	Jinan	34386	29035	12
合肥	Hefei	19285	20964	31	青岛	Qingdao	27675	30867	9
芜湖	Wuhu	7940	8702	146	淄博	Zibo	13851	14452	62
蚌埠	Bengbu	6460	6297	187	枣庄	Zaozhuang	8826	9536	132
淮南	Huainan	6249	6201	189	东营	Dongying	6296	6482	181
马鞍山	Maanshan	4402	4756	230	烟台	Yantai	17597	18097	43
淮北	Huaibei	4283	4524	236	潍坊	Weifang	23854	25432	19
铜陵	Tongling	3314	3337	264	济宁	Jining	20415	21605	26
安庆	Anqing	8090	8638	147	泰安	Taian	13007	13535	69
黄山	Huangshan	3273	3398	262	威海	Weihai	7545	8097	153
滁州	Chuzhou	6314	6625	177	日照	Rizhao	5780	6200	190
阜阳	Fuyang	13181	13915	68	莱芜	Laiwu	3219	3293	266
宿州	Suzhou	8701	9221	139	临沂	Linyi	17724	21287	29
六安	Liuan	8626	9062	141	德州	Dezhou	11940	13010	75
亳州	Bozhou	5663	6397	184	聊城	Liaocheng	11386	12797	80

16-18 医生数（执业医师+执业助理医师） 续表 2

Number of Doctors (Licensed Doctors+Assistant Doctors) continued 2

单位：人 (person)

地名	City	2016	2017	2017 排名 Ranking	地名	City	2016	2017	2017 排名 Ranking
滨州	Binzhou	9197	9695	128	常德	Changde	13347	15367	58
菏泽	Heze	19515	21360	28	张家界	Zhangjiajie	3175	3207	267
河南	**Henan**	**206747**	**220314**		益阳	Yiyang	10570	10996	108
郑州	Zhengzhou	27251	38049	5	郴州	Chenzhou	10161	11028	106
开封	Kaifeng	10287	11280	103	永州	Yongzhou	11274	12477	86
洛阳	Luoyang	16800	17586	47	怀化	Huaihua	10959	11607	94
平顶山	Pingdingshan	10807	11355	102	娄底	Loudi	6341	9548	130
安阳	Anyang	12422	13263	72	**广东**	**Guangdong**	**243224**	**257974**	
鹤壁	Hebi	3474	3845	254	广州	Guangzhou	46791	49747	3
新乡	Xinxiang	13813	14298	64	韶关	Shaoguan	4991	5079	227
焦作	Jiaozuo	8792	8994	143	深圳	Shenzhen	30559	33299	8
濮阳	Puyang	7393	7939	156	珠海	Zhuhai	5806	6427	183
许昌	Xuchang	9410	9884	124	汕头	Shantou	9341	9741	126
漯河	Luohe	5679	5228	221	佛山	Foshan	16534	18134	42
三门峡	Sanmenxia	5428	5297	220	江门	Jiangmen	9298	9859	125
南阳	Nanyang	15756	17993	45	湛江	Zhanjiang	8422	12810	78
商丘	Shangqiu	13954	14756	61	茂名	Maoming	12635	13362	71
信阳	Xinyang	9347	9940	122	肇庆	Zhaoqing	7151	7620	161
周口	Zhoukou	15736	16413	53	惠州	Huizhou	11283	12582	84
驻马店	Zhumadian	13904	12896	76	梅州	Meizhou	9562	9548	130
湖北	**Hubei**	**141741**	**147340**		汕尾	Shanwei	4783	5153	224
武汉	Wuhan	34730	36266	6	河源	Heyuan	11916	5742	202
黄石	Huangshi	5334	6070	193	阳江	Yangjiang	4787	5201	222
十堰	Shiyan	9312	9469	133	清远	Qingyuan	7484	7493	165
宜昌	Yichang	10459	10919	109	东莞	Dongguan	16680	17506	49
襄阳	Xiangyang	13234	13934	67	中山	Zhongshan	7425	8115	150
鄂州	Ezhou	2191	2236	277	潮州	Chaozhou	4397	4600	232
荆门	Jingmen	7278	7297	167	揭阳	Jieyang	9746	10172	119
孝感	Xiaogan	8485	8781	145	云浮	Yunfu	4320	4397	238
荆州	Jingzhou	12695	12639	83	**广西**	**Guangxi**	**96673**	**101141**	
黄冈	Huanggang	12859	13400	70	南宁	Nanning	21910	23412	22
咸宁	Xianning	6720	6743	175	柳州	Liuzhou	9971	10330	117
随州	Suizhou	4218	4268	241	桂林	Guilin	11407	11614	93
湖南	**Hunan**	**160627**	**173037**		梧州	Wuzhou	5748	5945	197
长沙	Changsha	27271	29265	11	北海	Beihai	2551	3514	260
株洲	Zhuzhou	8562	10620	112	防城港	Fangchenggang	1936	2042	280
湘潭	Xiangtan	6903	7526	164	钦州	Qinzhou	5132	5316	219
衡阳	Hengyang	17100	17760	46	贵港	Guigang	6158	6589	179
邵阳	Shaoyang	9037	12799	79	玉林	Yulin	8713	9116	140
岳阳	Yueyang	14312	15306	59	百色	Baise	6073	6382	185

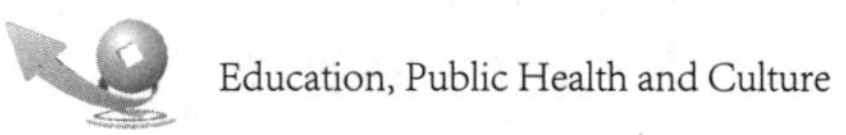

16-18 医生数（执业医师+执业助理医师） 续表 3

Number of Doctors (Licensed Doctors+Assistant Doctors) continued 3

单位：人 (person)

地名	City	2016	2017	2017 排名 Ranking	地名	City	2016	2017	2017 排名 Ranking
贺州	Hezhou	3283	3449	261	丽江	Lijiang	1408	2085	279
河池	Hechi	5917	6286	188	普洱	Puer	3877	4215	242
来宾	Laibin	3685	3772	255	临沧	Lincang	2988	3315	265
崇左	Chongzuo	3380	3374	263	**西藏**	**Tibet**	**6542**	**7603**	
海南	**Hainan**	**19874**	**20764**		拉萨	Lasa	2362	3519	259
海口	Haikou	10517	12417	87	**陕西**	**Shaanxi**	**85681**	**93209**	
三亚	Sanya	2162	2219	278	西安	Xi'an	27864	58219	1
三沙	Sansha	7	1	286	铜川	Tongchuan	2321	5531	211
重庆	**Chongqing**	**64709**	**68549**		宝鸡	Baoji	6086	20029	36
四川	**Sichuan**	**185414**	**194909**		咸阳	Xianyang	10767	23217	23
成都	Chengdu	54718	58159	2	渭南	Weinan	8651	20433	33
自贡	Zigong	4308	4531	235	延安	Yan'an	4621	10152	120
攀枝花	Panzhihua	3895	3966	248	汉中	Hanzhong	6660	17488	50
泸州	Luzhou	8646	9237	138	榆林	Yulin	6659	16359	55
德阳	Deyang	5893	8953	144	安康	Ankang	8043	10358	115
绵阳	Mianyang	11184	11738	92	商洛	Shangluo	3829	11765	91
广元	Guangyuan	4346	5886	200	**甘肃**	**Gansu**	**52791**	**56147**	
遂宁	Suining	6134	6546	180	兰州	Lanzhou	13133	25382	20
内江	Neijiang	5311	5507	213	嘉峪关	Jiayuguan	864	1668	284
乐山	Leshan	7220	7537	162	金昌	Jinchang	1313	2442	276
南充	Nanchong	12505	13077	74	白银	Baiyin	3055	7734	159
眉山	Meishan	5645	6163	191	天水	Tianshui	4832	10771	111
宜宾	Yibin	8651	9022	142	武威	Wuwei	3566	6826	174
广安	Guangan	5142	3952	250	张掖	Zhangye	3095	6343	186
达州	Dazhou	6198	6937	172	平凉	Pingliang	4317	12490	85
雅安	Yaan	3761	3941	252	酒泉	Jiuquan	2900	5169	223
巴中	Bazhong	6609	6607	178	庆阳	Qingyang	3936	7530	163
资阳	Ziyang	4932	5145	225	定西	Dingxi	4438	11876	89
贵州	**Guizhou**	**69007**	**75533**		陇南	Longnan	2691	11777	90
贵阳	Guiyang	15834	16858	52	**青海**	**Qinghai**	**13670**	**15508**	
六盘水	Liupanshui	3799	5106	226	西宁	Xining	7880	18051	44
遵义	Zunyi	12911	14432	63	海东	Haidong	1987	2875	272
安顺	Anshun	3265	3743	256	**宁夏**	**Ningxia**	**17070**	**18187**	
毕节	Bijie	8315	11505	98	银川	Yinchuan	8306	15726	57
铜仁	Tongren	4346	6432	182	石嘴山	Shizuishan	2352	3998	246
云南	**Yunnan**	**85876**	**93925**		吴忠	Wuzhong	2440	5783	201
昆明	Kunming	26049	27317	17	固原	Guyuan	2204	5572	210
曲靖	Qujing	8574	9345	137	中卫	Zhongwei	1737	3993	247
玉溪	Yuxi	5572	5889	199	**新疆**	**Xinjiang**	**60302**	**62303**	
保山	Baoshan	3899	4360	240	乌鲁木齐	Urumqi	14410	27464	16
昭通	Zhaotong	7298	7676	160	克拉玛依	Karamay	2001	2040	281

16-19 医疗卫生机构注册护士数
Number of Registered Nurses

单位：人 (person)

地名	City	2010	2016	2017	2017 排名 Ranking
全国	**Nation Total**	**2048071**	**3507166**	**3804021**	
北京	**Beijing**	**67332**	**98082**	**103459**	
天津	**Tianjin**	**24199**	**36088**	**38205**	
河北	**Hebei**	**87351**	**143432**	**158383**	
石家庄	Shijiazhuang	15532	20975	22665	20
唐山	Tangshan	14549	12147	7987	124
秦皇岛	Qinhuangdao	4516	4956	6022	151
邯郸	Handan	9081	9713	10582	86
邢台	Xingtai	6035	4745	5143	169
保定	Baoding	11067	9576	10059	92
张家口	Zhangjiakou	4550	3379	4834	177
承德	Chengde	4635	3077	3655	203
沧州	Cangzhou	8364	5763	6210	147
廊坊	Langfang	4874	2667	2939	216
衡水	Hengshui	3420	3050	3842	197
山西	**Shanxi**	**62628**	**92112**	**96849**	
太原	Taiyuan	16606		27660	12
大同	Datong	6676		8771	108
阳泉	Yangquan	3480		4558	187
长治	Changzhi	5996		8382	118
晋城	Jincheng	3625		5016	172
朔州	Shuozhou	1703		2385	224
晋中	Jinzhong	4773		7632	127
运城	Yuncheng	6590		11322	77
忻州	Xinzhou	3681		5056	171
临汾	Linfen	5535		10121	90
吕梁	Lvliang	3586		5921	155
内蒙古	**Inner Mongolia**	**38251**	**66445**	**71866**	
呼和浩特	Hohhot	6018	66461	11672	73
包头	Baotou	6309	10690	11023	82
乌海	Wuhai	1158	1896	2026	226
赤峰	Chifeng	5119	10601	11305	78
通辽	Tongliao	3189	5903	6011	152
鄂尔多斯	Erdos	2320	4971	5581	161
呼伦贝尔	Hulunbuir	5479	8086	8633	112
巴彦淖尔	Bayannur	2675	4351	4696	182
乌兰察布	Ulanqab	1924	3049	3426	209
辽宁	**Liaoning**	**88882**	**119147**	**127445**	
沈阳	Shenyang	21391		32974	9
大连	Dalian	16523		24048	19
鞍山	Anshan	7593		9866	95
抚顺	Fushun	4685		5860	156
本溪	Benxi	4512		5555	164
丹东	Dandong	4237		5949	153
锦州	Jinzhou	3868		5855	158
营口	Yingkou	4338		5772	159
阜新	Fuxin	3661		5499	165
辽阳	Liaoyang	3307		4759	181
盘锦	Panjin	3036		4188	192
铁岭	Tieling	3718		4770	179
朝阳	Chaoyang	3768		6991	138
葫芦岛	Huludao	3827		4869	174
吉林	**Jilin**	**45776**	**65749**	**67149**	
长春	Changchun	14361	20944	20367	24
吉林	Jilin	8706	12895	13588	52
四平	Siping	4748	6616	6978	139
辽源	Liaoyuan	2051	2920	2910	217
通化	Tonghua	3316	4754	4850	175
白山	Baishan	2464	3344	3499	207
松原	Songyuan	2743	4244	4460	188
白城	Baicheng	2662	3490	3686	202
黑龙江	**Heilongjiang**	**62759**	**85418**	**90446**	
哈尔滨	Harbin	20061	25382	27645	13
齐齐哈尔	Qiqihar	6691	10661	11770	70
鸡西	Jixi	3826	4704	4881	173
鹤岗	Hegang	2555	3706	3788	198
双鸭山	Shuangyashan	2726	3812	3707	201
大庆	Daqing	6027	8119	8777	107
伊春	Yichun	2161	2595	2717	219
佳木斯	Jiamusi	4329	6548	6715	144
七台河	Qitaihe	1309	1743	1886	227
牡丹江	Mudanjiang	5561	8108	8388	117
黑河	Heihe	2414	3584	3553	206
绥化	Suihua	3699	5103	5310	167
上海	**Shanghai**	**55866**	**79373**	**83939**	
江苏	**Jiangsu**	**122509**	**221168**	**236906**	

16-19　医疗卫生机构注册护士数　续表 1
Number of Registered Nurses continued 1

单位：人　　　　(person)

地名	City	2010	2016	2017	2017 排名 Ranking
南京	Nanjing	19577	32100	34400	6
无锡	Wuxi	11426	20500	22500	21
徐州	Xuzhou	12098	24300	25300	15
常州	Changzhou	7777	13500	14300	45
苏州	Suzhou	17633	30700	34500	5
南通	Nantong	10365	18200	19400	27
连云港	Lianyungang	6250	10900	11700	72
淮安	Huaian	6252	14300	14500	44
盐城	Yancheng	7588	14800	15800	37
扬州	Yangzhou	7257	10400	11300	79
镇江	Zhenjiang	4856	8300	8700	110
泰州	Taizhou	5820	10200	10900	83
宿迁	Suqian	5662	12800	13700	51
浙江	**Zhejiang**	**99610**	**174523**	**187717**	
杭州	Hangzhou	23418			
宁波	Ningbo	15079			
温州	Wenzhou	12913			
嘉兴	Jiaxing	8181			
湖州	Huzhou	4966			
绍兴	Shaoxing	7772			
金华	Jinhua	8154			
衢州	Quzhou	3326			
舟山	Zhoushan	2135			
台州	Taizhou	9104			
丽水	Lishui	4088			
安徽	**Anhui**	**77317**	**126350**	**138139**	
合肥	Hefei	12367	24426	27113	14
芜湖	Wuhu	5149	9365	9922	93
蚌埠	Bengbu	5267	8311	9058	104
淮南	Huainan	4554	7809	8108	121
马鞍山	Maanshan	2959	5164	5588	160
淮北	Huaibei	4686	4798	5214	168
铜陵	Tongling	1959	3700	3862	196
安庆	Anqing	6080	8321	8822	106
黄山	Huangshan	2431	3883	4013	194
滁州	Chuzhou	4206	6829	7602	129
阜阳	Fuyang	5681	14975	15725	39
宿州	Suzhou	4097	9134	9332	99
六安	Liuan	4623	7320	7749	126
亳州	Bozhou	3004	6426	7068	137
池州	Chizhou	2067	2926	3133	215
宣城	Xuancheng	3306	5047	5857	157
福建	**Fujian**	**53511**	**95641**	**101209**	
福州	Fuzhou	13890	23273	24227	18
厦门	Xiamen	6903	11975	13402	53
莆田	Putian	2831	6023	6419	146
三明	Sanming	4495	6706	6895	140
泉州	Quanzhou	8146	16193	16891	33
漳州	Zhangzhou	4313	9418	10077	91
南平	Nanping	4497	7036	7347	133
龙岩	Longyan	5078	8503	8666	111
宁德	Ningde	3667	7123	7361	132
江西	**Jiangxi**	**58405**	**95519**	**104109**	
南昌	Nanchang	11693	16667	18393	31
景德镇	Jingdezhen	2565	3991	4284	190
萍乡	Pingxiang	3447	5875	6136	148
九江	Jiujiang	6302	11065	11517	75
新余	Xinyu	2134	3197	3186	214
鹰潭	Yingtan	1377	2199	2492	222
赣州	Ganzhou	7886	16398	18669	29
吉安	Jian	5239	8515	9222	103
宜春	Yichun	6706	9888	10503	87
抚州	Fuzhou	4010	6113	6587	145
上饶	Shangrao	6344	11623	13139	55
山东	**Shandong**	**156692**	**268379**	**293647**	
济南	Jinan	13808	31569	33817	8
青岛	Qingdao	17713	30307	33985	7
淄博	Zibo	9839	14099	15061	41
枣庄	Zaozhuang	5223	10446	11638	74
东营	Dongying	4865	7190	7630	128
烟台	Yantai	11621	17155	18453	30
潍坊	Weifang	20688	25971	28244	11
济宁	Jining	11719	23167	25132	16
泰安	Taian	10000	15422	16023	36
威海	Weihai	6130	9138	9901	94
日照	Rizhao	3719	6363	7072	136
莱芜	Laiwu	2019	3202	3320	212
临沂	Linyi	10315	21349	24601	17
德州	Dezhou	5626	10873	12360	60
聊城	Liaocheng	6976	12773	13863	49

16-19 医疗卫生机构注册护士数 续表 2

Number of Registered Nurses continued 2

单位：人 (person)

地名	City	2010	2016	2017	2017 排名 Ranking	地名	City	2010	2016	2017	2017 排名 Ranking
滨州	Binzhou	5915	10275	11238	80	常德	Changde	7183	11178	12124	64
菏泽	Heze	9468	19722	21325	22	张家界	Zhangjiajie	1789	3406	3596	205
河南	**Henan**	**121384**	**222123**	**241571**		益阳	Yiyang	4441	8501	9233	102
郑州	Zhengzhou	19634	46575	52381	2	郴州	Chenzhou	7369	11476	12087	67
开封	Kaifeng	6762	11676	12438	59	永州	Yongzhou	5675	10717	12013	68
洛阳	Luoyang	10929	18165	20073	26	怀化	Huaihua	5694	11673	12350	61
平顶山	Pingdingshan	7146	10771	12096	65	娄底	Loudi	3905	7298	7596	130
安阳	Anyang	5675	11233	11929	69	**广东**	**Guangdong**	**167882**	**283793**	**307664**	
鹤壁	Hebi	2220	3446	3742	200	广州	Guangzhou	39140			
新乡	Xinxiang	8536	14496	15140	40	韶关	Shaoguan	5457			
焦作	Jiaozuo	5338	8407	8486	115	深圳	Shenzhen	22044			
濮阳	Puyang	4714	7822	8501	114	珠海	Zhuhai	4365			
许昌	Xuchang	4991	8638	9839	96	汕头	Shantou	5402			
漯河	Luohe	3627	5847	6046	150	佛山	Foshan	13558			
三门峡	Sanmenxia	3200	5534	5432	166	江门	Jiangmen	6475			
南阳	Nanyang	10710	18973	20253	25	湛江	Zhanjiang	8777			
商丘	Shangqiu	6863	13210	14288	46	茂名	Maoming	6119			
信阳	Xinyang	4821	9136	9769	97	肇庆	Zhaoqing	5240			
周口	Zhoukou	7655	13863	14907	42	惠州	Huizhou	6391			
驻马店	Zhumadian	7682	12746	14629	43	梅州	Meizhou	2965			
湖北	**Hubei**	**93844**	**174918**	**184283**		汕尾	Shanwei	1806			
武汉	Wuhan	24016				河源	Heyuan	3337			
黄石	Huangshi	5097				阳江	Yangjiang	2652			
十堰	Shiyan	7152				清远	Qingyuan	4570			
宜昌	Yichang	7928				东莞	Dongguan	14689			
襄阳	Xiangyang	8416				中山	Zhongshan	6223			
鄂州	Ezhou	1784				潮州	Chaozhou	1493			
荆门	Jingmen	4591				揭阳	Jieyang	2344			
孝感	Xiaogan	5012				云浮	Yunfu	2542			
荆州	Jingzhou	7228				**广西**	**Guangxi**	**70243**	**122602**	**131693**	
黄冈	Huanggang	7077				南宁	Nanning	14567	26796	29163	10
咸宁	Xianning	3238				柳州	Liuzhou	8501	13524	14105	47
随州	Suizhou	2211				桂林	Guilin	8726	13406	14096	48
湖南	**Hunan**	**92346**	**161531**	**172580**		梧州	Wuzhou	4282	7801	8416	116
长沙	Changsha	20454	34635	36408	4	北海	Beihai	2439	4131	4383	189
株洲	Zhuzhou	7353	10920	11512	76	防城港	Fangchenggang	1123	2214	2406	223
湘潭	Xiangtan	4426	7463	8269	119	钦州	Qinzhou	3683	7081	7907	125
衡阳	Hengyang	8063	15724	16366	34	贵港	Guigang	4009	7081	8003	123
邵阳	Shaoyang	6612	12057	12966	57	玉林	Yulin	6389	9813	11087	81
岳阳	Yueyang	5634	10106	10478	89	百色	Baise	4574	8645	9269	101

16-19 医疗卫生机构注册护士数 续表 3
Number of Registered Nurses continued 3

单位：人 (person)

地名	City	2010	2016	2017	2017 排名 Ranking
贺州	Hezhou	2621	4355	4581	186
河池	Hechi	4070	8278	8916	105
来宾	Laibin	2544	4305	4587	185
崇左	Chongzuo	2581	4481	4833	178
海南	**Hainan**	**16319**	**26495**	**28382**	
海口	Haikou	7100	11154	12250	63
三亚	Sanya	1483	2662	2887	218
三沙	Sansha				
重庆	**Chongqing**	**37611**	**77463**	**84853**	
四川	**Sichuan**	**104886**	**207633**	**228548**	
成都	Chengdu	34647	66724	72395	1
自贡	Zigong	4404	7788	8236	120
攀枝花	Panzhihua	3011	4481	4663	184
泸州	Luzhou	3744	10142	11752	71
德阳	Deyang	4440	8512	9333	98
绵阳	Mianyang	6660	12135	13037	56
广元	Guangyuan	3315	6251	6839	143
遂宁	Suining	3677	6097	6881	142
内江	Neijiang	3772	7243	8019	122
乐山	Leshan	4433	8050	8716	109
南充	Nanchong	5342	11311	12638	58
眉山	Meishan	2814	6357	7332	134
宜宾	Yibin	4740	10744	12096	65
广安	Guangan	2415	5459	6054	149
达州	Dazhou	4328	8949	10485	88
雅安	Yaan	2037	4398	4760	180
巴中	Bazhong	2060	5292	5937	154
资阳	Ziyang	3372	5085	5558	163
贵州	**Guizhou**	**36165**	**85993**	**97970**	
贵阳	Guiyang	8868		20532	23
六盘水	Liupanshui	2484		7177	135
遵义	Zunyi	6441		19241	28
安顺	Anshun	1640		4690	183
毕节	Bijie	3184		13753	50
铜仁	Tongren	1703		8571	113
云南	**Yunnan**	**49408**	**105966**	**128513**	
昆明	Kunming	14992			
曲靖	Qujing	4528			
玉溪	Yuxi	2966			
保山	Baoshan	1795			
昭通	Zhaotong	2228			
丽江	Lijiang	1097			
普洱	Puer	2232			
临沧	Lincang	1389			
西藏	**Tibet**	**1988**	**3945**	**4460**	
拉萨	Lasa	951			
陕西	**Shaanxi**	**61816**	**116803**	**126983**	
西安	Xi'an	22640	37518	40207	3
铜川	Tongchuan	1971	3428	3767	199
宝鸡	Baoji	5248	10612	12297	62
咸阳	Xianyang	8853	16817	15788	38
渭南	Weinan	4690	11593	13256	54
延安	Yan'an	3175	6894	7451	131
汉中	Hanzhong	4903	8308	9271	100
榆林	Yulin	4627	9942	10682	85
安康	Ankang	2715	6394	6886	141
商洛	Shangluo	2177	4499	5098	170
甘肃	**Gansu**	**29868**	**50530**	**58444**	
兰州	Lanzhou	9191	13917	16054	35
嘉峪关	Jiayuguan	857	1235	1446	229
金昌	Jinchang	820	1442	1570	228
白银	Baiyin	2158	3310	3892	195
天水	Tianshui	2231	4210	5566	162
武威	Wuwei	1952	4014	4844	176
张掖	Zhangye	1490	3332	3447	208
平凉	Pingliang	2327	3626	4226	191
酒泉	Jiuquan	2001	3168	3426	209
庆阳	Qingyang	1784	3452	3636	204
定西	Dingxi	1759	3280	4159	193
陇南	Longnan	1288	2761	3290	213
青海	**Qinghai**	**8339**	**14364**	**16475**	
西宁	Xining	5324			
海东	Haidong				
宁夏	**Ningxia**	**10341**	**18069**	**21568**	
银川	Yinchuan	5050		10763	84
石嘴山	Shizuishan	1791		2578	221
吴忠	Wuzhong	1490		3336	211
固原	Guyuan	1072		2674	220
中卫	Zhongwei	905		2217	225
新疆	**Xinjiang**	**44543**	**67624**	**70566**	
乌鲁木齐	Urumqi	11729	16583	16915	32
克拉玛依	Karamay	1190	1344	1418	230

16-20 剧场、影剧院数
Number of Theaters and Cinemas

单位：个 （unit）

地名	City	2010	2013	2014	2014 排名 Ranking
全国	**Nation Total**	**3576**	**3869**	**4252**	
北京	**Beijing**	**182**	**272**	**251**	
天津	**Tianjin**	**27**	**29**	**27**	
河北	**Hebei**	**170**	**177**	**164**	
石家庄	Shijiazhuang	33	20	20	56
唐山	Tangshan	15	23	23	42
秦皇岛	Qinhuangdao	4	14	16	66
邯郸	Handan	19	11	11	109
邢台	Xingtai	24	28	13	89
保定	Baoding	18	35	34	22
张家口	Zhangjiakou	13	3	3	251
承德	Chengde	12	17	29	28
沧州	Cangzhou	12	5	5	213
廊坊	Langfang	13	6	6	189
衡水	Hengshui	7	15	4	232
山西	**Shanxi**	**124**	**135**	**146**	
太原	Taiyuan	10	19	24	40
大同	Datong	11	11	9	131
阳泉	Yangquan	3	4	5	213
长治	Changzhi	11	8	10	121
晋城	Jincheng	12	13	13	89
朔州	Shuozhou	8	7	7	171
晋中	Jinzhong	11	13	13	89
运城	Yuncheng	13	14	14	80
忻州	Xinzhou	15	15	16	66
临汾	Linfen	22	23	27	33
吕梁	Lvliang	8	8	8	158
内蒙古	**Inner Mongolia**	**72**	**93**	**111**	
呼和浩特	Hohhot	8	14	14	80
包头	Baotou	17	17	17	62
乌海	Wuhai	2	5	5	213
赤峰	Chifeng	2	8	13	89
通辽	Tongliao	6	6	5	213
鄂尔多斯	Erdos	5	15	15	73
呼伦贝尔	Hulunbuir	14	15	30	26
巴彦淖尔	Bayannur	6	6	5	213
乌兰察布	Ulanqab	12	7	7	171
辽宁	**Liaoning**	**123**	**128**	**158**	
沈阳	Shenyang	46	45	49	9
大连	Dalian	6	6	6	189
鞍山	Anshan	11	11	11	109
抚顺	Fushun	15	8	9	131
本溪	Benxi	5	5	5	213
丹东	Dandong	9	9	12	101
锦州	Jinzhou	7	7	9	131
营口	Yingkou	4	2	11	109
阜新	Fuxin	4	3	3	251
辽阳	Liaoyang	2	2	9	131
盘锦	Panjin	3	3	3	251
铁岭	Tieling	2	7	7	171
朝阳	Chaoyang	6	5	8	158
葫芦岛	Huludao	3	15	16	66
吉林	**Jilin**	**52**	**47**	**51**	
长春	Changchun	23	30	35	19
吉林	Jilin	4	4	4	232
四平	Siping	5	2	2	263
辽源	Liaoyuan	1	1	2	263
通化	Tonghua	2	1	1	272
白山	Baishan	4	4	2	263
松原	Songyuan	1	1	1	272
白城	Baicheng	12	4	4	232
黑龙江	**Heilongjiang**	**147**	**178**	**186**	
哈尔滨	Harbin	70	80	80	3
齐齐哈尔	Qiqihar	8	17	17	62
鸡西	Jixi	2	4	4	232
鹤岗	Hegang	3	1	3	251
双鸭山	Shuangyashan		3	7	171
大庆	Daqing	16	15	21	53
伊春	Yichun	8	8	8	158
佳木斯	Jiamusi	15	15	15	73
七台河	Qitaihe	3	9	3	251
牡丹江	Mudanjiang	3	7	9	131
黑河	Heihe	6	6	6	189
绥化	Suihua	13	13	13	89
上海	**Shanghai**	**86**	**116**	**81**	
江苏	**Jiangsu**	**264**	**270**	**261**	

16-20 剧场、影剧院数 续表 1

Number of Theaters and Cinemas continued 1

单位：个 (unit)

地名	City	2010	2013	2014	2014 排名 Ranking	地名	City	2010	2013	2014	2014 排名 Ranking
南京	Nanjing	28	54	63	5	池州	Chizhou	8	7	7	171
无锡	Wuxi	48	66	46	12	宣城	Xuancheng	8	2	14	80
徐州	Xuzhou	9	9	9	131	**福建**	**Fujian**	**138**	**113**	**131**	
常州	Changzhou	45	7	7	171	福州	Fuzhou	26	31	36	18
苏州	Suzhou	29	30	23	42	厦门	Xiamen	5	5	5	213
南通	Nantong	9	30	35	19	莆田	Putian	3	4	4	232
连云港	Lianyungang	7	7	12	101	三明	Sanming	5	14	20	56
淮安	Huaian	8	16	7	171	泉州	Quanzhou	63	23	34	22
盐城	Yancheng	11	14	10	121	漳州	Zhangzhou	11	10	10	121
扬州	Yangzhou	6	6	6	189	南平	Nanping	9	8	8	158
镇江	Zhenjiang	48	4	4	232	龙岩	Longyan	9	12	8	158
泰州	Taizhou	9	20	28	30	宁德	Ningde	7	6	6	189
宿迁	Suqian	7	7	11	109	**江西**	**Jiangxi**	**124**	**150**	**187**	
浙江	**Zhejiang**	**250**	**300**	**366**		南昌	Nanchang	9	9	9	131
杭州	Hangzhou	42	60	78	4	景德镇	Jingdezhen	5	4	6	189
宁波	Ningbo	24	48	90	2	萍乡	Pingxiang	8	9	11	109
温州	Wenzhou	21	10	10	121	九江	Jiujiang	7	5	20	56
嘉兴	Jiaxing	42	37	31	25	新余	Xinyu	2	2	2	263
湖州	Huzhou	4	5	5	213	鹰潭	Yingtan	6	6	6	189
绍兴	Shaoxing	31	34	35	19	赣州	Ganzhou	21	13	26	34
金华	Jinhua	20	20	26	34	吉安	Jian	14	27	23	42
衢州	Quzhou	10	14	14	80	宜春	Yichun	18	33	40	14
舟山	Zhoushan	6	7	9	131	抚州	Fuzhou	19	22	24	40
台州	Taizhou	36	44	47	11	上饶	Shangrao	15	20	20	56
丽水	Lishui	14	21	21	53	**山东**	**Shandong**	**290**	**277**	**297**	
安徽	**Anhui**	**102**	**139**	**207**		济南	Jinan	12	25	30	26
合肥	Hefei	9	41	49	9	青岛	Qingdao	40	40	43	13
芜湖	Wuhu	4	9	9	131	淄博	Zibo	8	8	8	158
蚌埠	Bengbu	10	7	12	101	枣庄	Zaozhuang	4	6	8	158
淮南	Huainan	1	1	6	189	东营	Dongying	18	22	20	56
马鞍山	Maanshan	5	6	4	232	烟台	Yantai	24	26	26	34
淮北	Huaibei	3	5	5	213	潍坊	Weifang	35	36	38	17
铜陵	Tongling	3	3	7	171	济宁	Jining	50	9	19	61
安庆	Anqing	12	25	25	37	泰安	Taian	4	4	4	232
黄山	Huangshan	4	10	14	80	威海	Weihai	2	14	15	73
滁州	Chuzhou	5	2	15	73	日照	Rizhao	2	9	12	101
阜阳	Fuyang	3	6	13	89	莱芜	Laiwu	10			
宿州	Suzhou	6	3	4	232	临沂	Linyi	15	28	7	171
六安	Liuan	12	1	13	89	德州	Dezhou	14	14	14	80
亳州	Bozhou	4	11	10	121	聊城	Liaocheng	12	7	14	80

16-20 剧场、影剧院数 续表 2
Number of Theaters and Cinemas continued 2

单位：个 （unit）

地名	City	2010	2013	2014	2014 排名 Ranking	地名	City	2010	2013	2014	2014 排名 Ranking
滨州	Binzhou	11	8	16	66	常德	Changde	9	20	29	28
菏泽	Heze	29	21	23	42	张家界	Zhangjiajie	7	8	8	158
河南	**Henan**	**164**	**165**	**161**		益阳	Yiyang	6	6	6	189
郑州	Zhengzhou	14	14	14	80	郴州	Chenzhou	6	6	6	189
开封	Kaifeng	8	6	9	131	永州	Yongzhou	11	6	6	189
洛阳	Luoyang	29	25	6	189	怀化	Huaihua	13	13	5	213
平顶山	Pingdingshan	8	8	8	158	娄底	Loudi	6	4	4	232
安阳	Anyang	9	18	22	48	**广东**	**Guangdong**	**324**	**287**	**307**	
鹤壁	Hebi	2	6	6	189	广州	Guangzhou	23	54	53	8
新乡	Xinxiang	11	10	10	121	韶关	Shaoguan	16	13	15	73
焦作	Jiaozuo	10	10	12	101	深圳	Shenzhen	16			
濮阳	Puyang	7	5	5	213	珠海	Zhuhai	1	14	22	48
许昌	Xuchang	6	6	6	189	汕头	Shantou	20	10	10	121
漯河	Luohe	1	1	1	272	佛山	Foshan	36	47	55	7
三门峡	Sanmenxia	6	6	6	189	江门	Jiangmen	9	2	1	272
南阳	Nanyang	13	13	13	89	湛江	Zhanjiang	4	4	23	42
商丘	Shangqiu	8	8	11	109	茂名	Maoming	5	5	2	263
信阳	Xinyang	9	9	9	131	肇庆	Zhaoqing	35	13	16	66
周口	Zhoukou	10	9	9	131	惠州	Huizhou	12	7	5	213
驻马店	Zhumadian	13	11	14	80	梅州	Meizhou	12	19	12	101
湖北	**Hubei**	**142**	**217**	**228**		汕尾	Shanwei	18	31	9	131
武汉	Wuhan	64	115	123	1	河源	Heyuan	7	5	5	213
黄石	Huangshi	5	6	6	189	阳江	Yangjiang	2	1	9	131
十堰	Shiyan	4	4	4	232	清远	Qingyuan		9	9	131
宜昌	Yichang	21	23	13	89	东莞	Dongguan	46	13	13	89
襄阳	Xiangyang	9	9	11	109	中山	Zhongshan	20	20	25	37
鄂州	Ezhou	2	2	2	263	潮州	Chaozhou	3	6	7	171
荆门	Jingmen	6	7	8	158	揭阳	Jieyang	15	5	5	213
孝感	Xiaogan	5	4	9	131	云浮	Yunfu	24	9	11	109
荆州	Jingzhou	4	10	15	73	**广西**	**Guangxi**	**95**	**98**	**115**	
黄冈	Huanggang	13	28	28	30	南宁	Nanning	11	18	21	53
咸宁	Xianning	2	2	2	263	柳州	Liuzhou	2	3	6	189
随州	Suizhou	7	7	7	171	桂林	Guilin	21	23	25	37
湖南	**Hunan**	**104**	**117**	**148**		梧州	Wuzhou	6	6	6	189
长沙	Changsha	8	16	16	66	北海	Beihai	2	6	7	171
株洲	Zhuzhou	2	2	16	66	防城港	Fangchenggang	4	4	4	232
湘潭	Xiangtan	12	10	10	121	钦州	Qinzhou	3	3	3	251
衡阳	Hengyang	5	5	5	213	贵港	Guigang	3	7	9	131
邵阳	Shaoyang	9	9	9	131	玉林	Yulin	9		11	109
岳阳	Yueyang	10	12	28	30	百色	Baise	14	12	7	171

16-20 剧场、影剧院数 续表 3
Number of Theaters and Cinemas continued 3

单位：个 (unit)

地名	City	2010	2013	2014	2014 排名 Ranking
贺州	Hezhou	10	3	5	213
河池	Hechi	4	3	3	251
来宾	Laibin		8	7	171
崇左	Chongzuo	6	2	1	272
海南	**Hainan**	**12**	**11**	**12**	
海口	Haikou	10	9	9	131
三亚	Sanya	2	2	3	251
三沙	Sansha				
重庆	**Chongqing**	**33**	**12**	**12**	
四川	**Sichuan**	**112**	**174**	**174**	
成都	Chengdu	15	21	9	131
自贡	Zigong	3	5	5	213
攀枝花	Panzhihua	2	5	6	189
泸州	Luzhou	4	7	8	158
德阳	Deyang	9	9	11	109
绵阳	Mianyang	4	17	17	62
广元	Guangyuan	16	32	32	24
遂宁	Suining	4	7	15	73
内江	Neijiang	9	9	9	131
乐山	Leshan	1	1	1	272
南充	Nanchong	3	3	3	251
眉山	Meishan	6	5	6	189
宜宾	Yibin	6	15	10	121
广安	Guangan	4	6	9	131
达州	Dazhou	11	12	13	89
雅安	Yaan		2	2	263
巴中	Bazhong	7	11	11	109
资阳	Ziyang	8	7	7	171
贵州	**Guizhou**	**28**	**33**	**61**	
贵阳	Guiyang	4	5	22	48
六盘水	Liupanshui	4	4	7	171
遵义	Zunyi	19	16	23	42
安顺	Anshun	1	4	4	232
毕节	Bijie			1	272
铜仁	Tongren		4	4	232
云南	**Yunnan**	**72**	**46**	**84**	
昆明	Kunming	36	7	40	14
曲靖	Qujing	10	8	6	189
玉溪	Yuxi	21	22	22	48
保山	Baoshan	1	4	4	232
昭通	Zhaotong				

地名	City	2010	2013	2014	2014 排名 Ranking
丽江	Lijiang	3	3	3	251
普洱	Puer				
临沧	Lincang	1	2	9	131
西藏	**Tibet**		**4**	**4**	
拉萨	Lasa		4	4	232
陕西	**Shaanxi**	**129**	**143**	**167**	
西安	Xi'an	31	49	62	6
铜川	Tongchuan	5	8		
宝鸡	Baoji	15	16	39	16
咸阳	Xianyang	12	11	12	101
渭南	Weinan	15	11	11	109
延安	Yan'an	10	2	2	263
汉中	Hanzhong	11	4	4	232
榆林	Yulin	13	26	13	89
安康	Ankang	6	8	8	158
商洛	Shangluo	11	8	8	158
甘肃	**Gansu**	**81**	**87**	**90**	
兰州	Lanzhou	7	18	22	48
嘉峪关	Jiayuguan	11	5	5	213
金昌	Jinchang	4	4	4	232
白银	Baiyin	6	3	3	251
天水	Tianshui	6	7	7	171
武威	Wuwei		1	1	272
张掖	Zhangye	6	6	6	189
平凉	Pingliang	8	9	9	131
酒泉	Jiuquan	7	10	9	131
庆阳	Qingyang	11	6	6	189
定西	Dingxi	7	9	9	131
陇南	Longnan	8	9	9	131
青海	**Qinghai**	**2**	**10**	**13**	
西宁	Xining	2	9	12	101
海东	Haidong			1	272
宁夏	**Ningxia**	**22**	**32**	**43**	
银川	Yinchuan	4	12	17	62
石嘴山	Shizuishan	1	2	6	189
吴忠	Wuzhong	5	5	7	171
固原	Guyuan	9	10	10	121
中卫	Zhongwei	3	3	3	251
新疆	**Xinjiang**	**5**	**9**	**9**	
乌鲁木齐	Urumqi	3	4	4	232
克拉玛依	Karamay	2	5	5	213

16-21 公共图书馆数
Number of Public Libraries

单位：个 （unit）

地名	City	2010	2016	2017	2017 排名 Ranking
全国	**Nation Total**	**2884**	**3153**	**3166**	
北京	**Beijing**	**24**	**24**	**23**	
天津	**Tianjin**	**31**	**31**	**32**	
河北	**Hebei**	**165**	**172**	**173**	
石家庄	Shijiazhuang	26	26	24	1
唐山	Tangshan	13	13	13	24
秦皇岛	Qinhuangdao	6	7	8	97
邯郸	Handan	20	19	19	6
邢台	Xingtai	18	20	20	5
保定	Baoding	23	23	22	3
张家口	Zhangjiakou	14	15	15	13
承德	Chengde	10	11	11	48
沧州	Cangzhou	14	15	15	13
廊坊	Langfang	10	11	11	48
衡水	Hengshui	11	12	12	33
山西	**Shanxi**	**126**	**127**	**128**	
太原	Taiyuan	12			
大同	Datong	13			
阳泉	Yangquan	5			
长治	Changzhi	14			
晋城	Jincheng	6			
朔州	Shuozhou	7			
晋中	Jinzhong	11			
运城	Yuncheng	13			
忻州	Xinzhou	14			
临汾	Linfen	17			
吕梁	Lvliang	14			
内蒙古	**Inner Mongolia**	**113**	**117**	**117**	
呼和浩特	Hohhot	9	10		
包头	Baotou	10	10		
乌海	Wuhai	4	4		
赤峰	Chifeng	14	14		
通辽	Tongliao	9	9		
鄂尔多斯	Erdos	9	9		
呼伦贝尔	Hulunbuir	14	15		
巴彦淖尔	Bayannur	8	8		
乌兰察布	Ulanqab	12	12		
辽宁	**Liaoning**	**128**	**130**	**130**	
沈阳	Shenyang	21		21	4
大连	Dalian	13		14	18
鞍山	Anshan	9		9	82
抚顺	Fushun	7		7	120
本溪	Benxi	7		7	120
丹东	Dandong	8		7	120
锦州	Jinzhou	9		8	97
营口	Yingkou	8		8	97
阜新	Fuxin	8		8	97
辽阳	Liaoyang	9		9	82
盘锦	Panjin	5		6	144
铁岭	Tieling	9		10	67
朝阳	Chaoyang	8		8	97
葫芦岛	Huludao	7		7	120
吉林	**Jilin**	**65**	**66**	**66**	
长春	Changchun	13		12	33
吉林	Jilin	10		10	67
四平	Siping	5		4	180
辽源	Liaoyuan	3		3	191
通化	Tonghua	8		8	97
白山	Baishan	6		6	144
松原	Songyuan	4		5	166
白城	Baicheng	6		6	144
黑龙江	**Heilongjiang**	**107**	**108**	**109**	
哈尔滨	Harbin	18	18	18	8
齐齐哈尔	Qiqihar	12	13	13	24
鸡西	Jixi	4	4	4	180
鹤岗	Hegang	3	3	3	191
双鸭山	Shuangyashan	5	5	5	166
大庆	Daqing	6	6	6	144
伊春	Yichun	18	18	18	8
佳木斯	Jiamusi	7	6	7	120
七台河	Qitaihe	2	2	2	196
牡丹江	Mudanjiang	8	8	8	97
黑河	Heihe	6	6	6	144
绥化	Suihua	11	11	11	48
上海	**Shanghai**	**28**	**24**	**24**	
江苏	**Jiangsu**	**111**	**114**	**115**	

16-21 公共图书馆数 续表 1
Number of Public Libraries continued 1

单位：个 (unit)

地名	City	2010	2016	2017	2017 排名 Ranking	地名	City	2010	2016	2017	2017 排名 Ranking
南京	Nanjing	18	14	14	18	池州	Chizhou	4			
无锡	Wuxi	9	8	8	97	宣城	Xuancheng	7			
徐州	Xuzhou	7	8	8	97	**福建**	**Fujian**	**86**	**90**	**90**	
常州	Changzhou	4	5	6	144	福州	Fuzhou	15			
苏州	Suzhou	12	11	11	48	厦门	Xiamen	9			
南通	Nantong	10	10	10	67	莆田	Putian	3			
连云港	Lianyungang	7	8	8	97	三明	Sanming	12			
淮安	Huaian	8	9	9	82	泉州	Quanzhou	10			
盐城	Yancheng	9	11	11	48	漳州	Zhangzhou	10			
扬州	Yangzhou	7	7	7	120	南平	Nanping	10			
镇江	Zhenjiang	8	9	9	82	龙岩	Longyan	7			
泰州	Taizhou	6	7	7	120	宁德	Ningde	10			
宿迁	Suqian	6	6	6	144	**江西**	**Jiangxi**	**108**	**113**	**113**	
浙江	**Zhejiang**	**97**	**102**	**101**		南昌	Nanchang	10		10	67
杭州	Hangzhou	16				景德镇	Jingdezhen	6		5	166
宁波	Ningbo	13				萍乡	Pingxiang	6		6	144
温州	Wenzhou	13				九江	Jiujiang	12		15	13
嘉兴	Jiaxing	8				新余	Xinyu	3		3	191
湖州	Huzhou	5				鹰潭	Yingtan	4		4	180
绍兴	Shaoxing	6				赣州	Ganzhou	18		19	6
金华	Jinhua	10				吉安	Jian	13		15	13
衢州	Quzhou	7				宜春	Yichun	10		10	67
舟山	Zhoushan	4				抚州	Fuzhou	12		12	33
台州	Taizhou	10				上饶	Shangrao	13		13	24
丽水	Lishui	9				**山东**	**Shandong**	**149**	**154**	**154**	
安徽	**Anhui**	**88**	**123**	**124**		济南	Jinan	11	11	11	48
合肥	Hefei	7				青岛	Qingdao	13	12	12	33
芜湖	Wuhu	4				淄博	Zibo	9	9	9	82
蚌埠	Bengbu	4				枣庄	Zaozhuang	7	7	7	120
淮南	Huainan	4				东营	Dongying	6	6	6	144
马鞍山	Maanshan	5				烟台	Yantai	13	14	14	18
淮北	Huaibei	2				潍坊	Weifang	12	12	12	33
铜陵	Tongling	2				济宁	Jining	11	12	12	33
安庆	Anqing	9				泰安	Taian	7	7	7	120
黄山	Huangshan	7				威海	Weihai	4	5	5	166
滁州	Chuzhou	7				日照	Rizhao	4	5	5	166
阜阳	Fuyang	6				莱芜	Laiwu	2	2	2	196
宿州	Suzhou	5				临沂	Linyi	12	13	13	24
六安	Liuan	6				德州	Dezhou	12	12	12	33
亳州	Bozhou	4				聊城	Liaocheng	8	8	8	97

16-21 公共图书馆数 续表 2

Number of Public Libraries continued 2

单位：个 (unit)

地名	City	2010	2016	2017	2017 排名 Ranking	地名	City	2010	2016	2017	2017 排名 Ranking
滨州	Binzhou	8	8	8	97	常德	Changde	9	9	9	82
菏泽	Heze	9	10	10	67	张家界	Zhangjiajie	3	4	4	180
河南	**Henan**	**142**	**158**	**158**		益阳	Yiyang	7	7	7	120
郑州	Zhengzhou	12	13	13	24	郴州	Chenzhou	12	11	11	48
开封	Kaifeng	6	6	6	144	永州	Yongzhou	13	12	12	33
洛阳	Luoyang	11	17	17	10	怀化	Huaihua	6	15	15	13
平顶山	Pingdingshan	8	9	9	82	娄底	Loudi	11	6	6	144
安阳	Anyang	7	7	7	120	**广东**	**Guangdong**	**132**	**142**	**143**	
鹤壁	Hebi	3	5	5	166	广州	Guangzhou	14	13	13	24
新乡	Xinxiang	11	11	11	48	韶关	Shaoguan	9	10	10	67
焦作	Jiaozuo	7	8	8	97	深圳	Shenzhen	8	11	11	48
濮阳	Puyang	6	7	7	120	珠海	Zhuhai	3	3	3	191
许昌	Xuchang	6	7	7	120	汕头	Shantou	8	9	9	82
漯河	Luohe	4	5	5	166	佛山	Foshan	6	6	6	144
三门峡	Sanmenxia	6	7	7	120	江门	Jiangmen	7	7	7	120
南阳	Nanyang	13	12	12	33	湛江	Zhanjiang	7	9	9	82
商丘	Shangqiu	9	9	9	82	茂名	Maoming	5	5	6	144
信阳	Xinyang	11	11	11	48	肇庆	Zhaoqing	9	9	9	82
周口	Zhoukou	10	11	11	48	惠州	Huizhou	5	5	5	166
驻马店	Zhumadian	10	10	10	67	梅州	Meizhou	10	10	10	67
湖北	**Hubei**	**108**	**112**	**116**		汕尾	Shanwei	4	4	4	180
武汉	Wuhan	17				河源	Heyuan	7	7	7	120
黄石	Huangshi	3				阳江	Yangjiang	4	5	5	166
十堰	Shiyan	8				清远	Qingyuan	9	10	10	67
宜昌	Yichang	12				东莞	Dongguan	1	1	1	199
襄阳	Xiangyang	9				中山	Zhongshan	1	1	1	199
鄂州	Ezhou	1				潮州	Chaozhou	4	4	4	180
荆门	Jingmen	6				揭阳	Jieyang	6	6	6	144
孝感	Xiaogan	8				云浮	Yunfu	5	6	6	144
荆州	Jingzhou	8				**广西**	**Guangxi**	**108**	**114**	**115**	
黄冈	Huanggang	12				南宁	Nanning	16	15	16	11
咸宁	Xianning	7				柳州	Liuzhou	11	11	11	48
随州	Suizhou	2				桂林	Guilin	13	14	14	18
湖南	**Hunan**	**124**	**137**	**139**		梧州	Wuzhou	5	5	5	166
长沙	Changsha	12	12	12	33	北海	Beihai	3	3	3	191
株洲	Zhuzhou	6	7	8	97	防城港	Fangchenggang	4	4	5	166
湘潭	Xiangtan	5	6	6	144	钦州	Qinzhou	3	5	5	166
衡阳	Hengyang	12	14	14	18	贵港	Guigang	5	6	6	144
邵阳	Shaoyang	11	14	14	18	玉林	Yulin	6	8	8	97
岳阳	Yueyang	8	11	11	48	百色	Baise		13	13	24

16-21 公共图书馆数 续表 3
Number of Public Libraries continued 3

单位：个 （unit）

地名	City	2010	2016	2017	2017 排名 Ranking	地名	City	2010	2016	2017	2017 排名 Ranking
贺州	Hezhou	15	4	4	180	丽江	Lijiang	6		6	144
河池	Hechi	11	11	11	48	普洱	Puer	10		11	48
来宾	Laibin	6	7	7	120	临沧	Lincang	9		9	82
崇左	Chongzuo	7	7	7	120	**西藏**	**Tibet**		**81**	**81**	
海南	**Hainan**	**20**	**23**	**23**		拉萨	Lasa				
海口	Haikou	2	4	4	180	**陕西**	**Shaanxi**	**112**	**110**	**110**	
三亚	Sanya	1	1	1	199	西安	Xi'an	14	12	12	33
三沙	Sansha					铜川	Tongchuan	5	5	5	166
重庆	**Chongqing**	**43**	**43**	**43**		宝鸡	Baoji	13	13	13	24
四川	**Sichuan**	**161**	**203**	**204**		咸阳	Xianyang	12	12	12	33
成都	Chengdu	21	23	23	2	渭南	Weinan	11	11	11	48
自贡	Zigong	7	7	7	120	延安	Yan'an	13	13	13	24
攀枝花	Panzhihua	5	6	6	144	汉中	Hanzhong	11	11	11	48
泸州	Luzhou	7	9	9	82	榆林	Yulin	12	12	12	33
德阳	Deyang	6	7	7	120	安康	Ankang	11	11	11	48
绵阳	Mianyang	8	10	10	67	商洛	Shangluo	8	8	8	97
广元	Guangyuan	7	8	8	97	**甘肃**	**Gansu**	**94**	**103**	**103**	
遂宁	Suining	6	6	6	144	兰州	Lanzhou	8	8	8	97
内江	Neijiang	4	4	4	180	嘉峪关	Jiayuguan	1	2	2	196
乐山	Leshan	10	11	12	33	金昌	Jinchang	3	4	4	180
南充	Nanchong	8	10	10	67	白银	Baiyin	6	6	6	144
眉山	Meishan	7	7	7	120	天水	Tianshui	7	8	8	97
宜宾	Yibin	10	10	10	67	武威	Wuwei	4	5	5	166
广安	Guangan	6	7	7	120	张掖	Zhangye	6	7	7	120
达州	Dazhou	7	8	8	97	平凉	Pingliang	8	8	8	97
雅安	Yaan	8	9	9	82	酒泉	Jiuquan	7	8	8	97
巴中	Bazhong	5	6	6	144	庆阳	Qingyang	9	9	9	82
资阳	Ziyang	5	4	4	180	定西	Dingxi	7	8	8	97
贵州	**Guizhou**	**93**	**98**	**98**		陇南	Longnan	9	10	10	67
贵阳	Guiyang	9				**青海**	**Qinghai**	**44**	**49**	**49**	
六盘水	Liupanshui	6				西宁	Xining				
遵义	Zunyi	14				海东	Haidong				
安顺	Anshun	6				**宁夏**	**Ningxia**	**20**	**26**	**26**	
毕节	Bijie	9				银川	Yinchuan	5			
铜仁	Tongren	11				石嘴山	Shizuishan	2			
云南	**Yunnan**	**150**	**151**	**151**		吴忠	Wuzhong	5			
昆明	Kunming	18		16	11	固原	Guyuan	5			
曲靖	Qujing	11		11	48	中卫	Zhongwei	3			
玉溪	Yuxi	10		10	67	**新疆**	**Xinjiang**	**103**	**107**	**107**	
保山	Baoshan	7		7	120	乌鲁木齐	Urumqi	4			
昭通	Zhaotong	12		12	33	克拉玛依	Karamay	4			

16-22　公共图书馆图书总藏量
Total Collections of Public Libraries

单位：千册、件　　　　（1000 copies 、piece）

地名	City	2010	2016	2017	2017 排名 Ranking	地名	City	2010	2016	2017	2017 排名 Ranking
全国	**Nation Total**	**632639**	**901630**	**969530**		沈阳	Shenyang	10894	14259	14510	8
北京	**Beijing**	**46130**	**25940**	**27590**		大连	Dalian	10452	18982	23710	4
天津	**Tianjin**	**12583**	**18060**	**16620**		鞍山	Anshan	2116	2854	3250	61
河北	**Hebei**	**16110**	**23400**	**25470**		抚顺	Fushun	1056	1143	1160	175
石家庄	Shijiazhuang	4788	3645	3840	51	本溪	Benxi	968	1664	1640	128
唐山	Tangshan	1819	2517	2790	73	丹东	Dandong	1289	1346	1380	151
秦皇岛	Qinhuangdao	919	1478	1560	135	锦州	Jinzhou	1257	1463	1510	138
邯郸	Handan	1402	1832	2010	102	营口	Yingkou	987	1457	1480	142
邢台	Xingtai	906	1384	1720	120	阜新	Fuxin	407	501	520	263
保定	Baoding	1677	2208	2410	83	辽阳	Liaoyang	1010	945	1180	172
张家口	Zhangjiakou	1173	1454	1510	138	盘锦	Panjin	477	688	560	258
承德	Chengde	758	979	1000	203	铁岭	Tieling	640	730	850	219
沧州	Cangzhou	786	1605	1750	117	朝阳	Chaoyang	677	905	950	211
廊坊	Langfang	1410	2369	2870	71	葫芦岛	Huludao	673	994	1020	200
衡水	Hengshui	472	674	800	227	**吉林**	**Jilin**	**12936**	**18620**	**19730**	
山西	**Shanxi**	**21412**	**17270**	**17510**		长春	Changchun	6844	4906	5220	33
太原	Taiyuan	3980	7494	7420	24	吉林	Jilin	2004	2535	3130	64
大同	Datong	631	763	760	238	四平	Siping	681	735	620	255
阳泉	Yangquan	599	647	670	249	辽源	Liaoyuan	1156	426	430	274
长治	Changzhi	1198	1908	1980	104	通化	Tonghua	794	929	1130	184
晋城	Jincheng	276	1115	1170	174	白山	Baishan	510	889	920	214
朔州	Shuozhou	307	617	640	254	松原	Songyuan	525	823	880	218
晋中	Jinzhong	10570	1267	1710	123	白城	Baicheng	422	535	550	260
运城	Yuncheng	1164	1423	1700	125	**黑龙江**	**Heilongjiang**	**16560**	**19260**	**21580**	
忻州	Xinzhou	789	788	1100	190	哈尔滨	Harbin	7062	8695	9660	13
临汾	Linfen	1218	1636	1620	131	齐齐哈尔	Qiqihar	1805	2218	2370	84
吕梁	Lvliang	680	1186	1270	160	鸡西	Jixi	340	391	350	280
内蒙古	**Inner Mongolia**	**9975**	**17040**	**17870**		鹤岗	Hegang	340	506	530	262
呼和浩特	Hohhot	2770	4548	5090	34	双鸭山	Shuangyashan	314	923	500	265
包头	Baotou	3036	1588	1780	113	大庆	Daqing	3033	2566	1350	153
乌海	Wuhai	413	698	710	243	伊春	Yichun	607	1146	1610	132
赤峰	Chifeng	731	1889	1710	123	佳木斯	Jiamusi	734	363	1060	194
通辽	Tongliao	812	1200	1150	178	七台河	Qitaihe	207	283	300	283
鄂尔多斯	Erdos	651	27611	2540	79	牡丹江	Mudanjiang	722	1177	1120	185
呼伦贝尔	Hulunbuir	650	1710	1720	120	黑河	Heihe	338	386	410	275
巴彦淖尔	Bayannur	400	833	850	219	绥化	Suihua	1058	1428	1570	134
乌兰察布	Ulanqab	512		790	231	**上海**	**Shanghai**	**68087**	**76764**	**77730**	
辽宁	**Liaoning**	**32903**	**39290**	**39640**		**江苏**	**Jiangsu**	**44361**	**76020**	**85980**	

16-22 公共图书馆图书总藏量 续表 1
Total Collections of Public Libraries continued 1

单位：千册、件 (1000 copies 、piece)

地名	City	2010	2016	2017	2017 排名 Ranking
南京	Nanjing	13393	19886	7010	27
无锡	Wuxi	3609	7100	7880	22
徐州	Xuzhou	2698	3300	3730	55
常州	Changzhou	2423	4520	5000	35
苏州	Suzhou	8027	18780	22180	6
南通	Nantong	2870	5000	6310	30
连云港	Lianyungang	1724	2650	3030	67
淮安	Huaian	1327	2860	3330	58
盐城	Yancheng	1826	3350	3840	51
扬州	Yangzhou	2232	3540	3950	50
镇江	Zhenjiang	1988	3150	3480	56
泰州	Taizhou	1616	2710	2890	70
宿迁	Suqian	628	1440	1560	135
浙江	**Zhejiang**	**38938**	**69690**	**78130**	
杭州	Hangzhou	12540	21373	22810	5
宁波	Ningbo	7340	7573	8170	20
温州	Wenzhou	3250	10124	11200	11
嘉兴	Jiaxing	4211	7871	8290	17
湖州	Huzhou	2110	2077	2900	69
绍兴	Shaoxing	2599	4174	4240	44
金华	Jinhua	1794	3713	4130	48
衢州	Quzhou	1205	1766	26490	2
舟山	Zhoushan	767	1844	2000	103
台州	Taizhou	1798	5492	8270	18
丽水	Lishui	1324	1999	2040	100
安徽	**Anhui**	**11197**	**21620**	**25370**	
合肥	Hefei	3107	5256	5640	32
芜湖	Wuhu	622	2139	2330	86
蚌埠	Bengbu	428	1287	1330	154
淮南	Huainan	327	625	660	251
马鞍山	Maanshan	560		1640	128
淮北	Huaibei	260	919	930	212
铜陵	Tongling	555	1090	2090	96
安庆	Anqing	961	5582	2170	91
黄山	Huangshan	494	1053	1180	172
滁州	Chuzhou	559	1056	1360	152
阜阳	Fuyang	399	583	910	216
宿州	Suzhou	202	944	1160	175
六安	Liuan	469	691	700	245
亳州	Bozhou	337	962	1030	198
池州	Chizhou	258	519	820	224
宣城	Xuancheng	647	899	1150	178
福建	**Fujian**	**16817**	**30510**	**33220**	
福州	Fuzhou	5591	4937	8450	16
厦门	Xiamen	3349	5874	6730	29
莆田	Putian	182	1086	780	234
三明	Sanming	1397	5092	2640	77
泉州	Quanzhou	2620	7338	4790	36
漳州	Zhangzhou	1001	4542	1610	132
南平	Nanping	1346	2129	2160	92
龙岩	Longyan	782	1887	1780	113
宁德	Ningde	549	1147	1260	161
江西	**Jiangxi**	**15595**	**21780**	**24290**	
南昌	Nanchang	4396	1690	2130	95
景德镇	Jingdezhen	630	1050	970	208
萍乡	Pingxiang	750	954	1390	150
九江	Jiujiang	1594	2242	4260	43
新余	Xinyu	551	751	1010	201
鹰潭	Yingtan	308	427	360	278
赣州	Ganzhou	1834	3326	4790	36
吉安	Jian	1986	1604	3160	63
宜春	Yichun	1586	460	470	270
抚州	Fuzhou	920	1494	1320	156
上饶	Shangrao	1040	3197	3320	59
山东	**Shandong**	**45567**	**50650**	**55390**	
济南	Jinan	9412	12845	13630	9
青岛	Qingdao	4442	6463	7000	28
淄博	Zibo	2234	2609	2700	75
枣庄	Zaozhuang	1043	1437	1500	140
东营	Dongying	729	2168	2740	74
烟台	Yantai	5128	7522	8170	20
潍坊	Weifang	2092	4224	4220	45
济宁	Jining	1692	1955	4210	47
泰安	Taian	1103	9432	9620	15
威海	Weihai	1180	3713	2430	82
日照	Rizhao	354	866	1060	194
莱芜	Laiwu	380	518	550	260
临沂	Linyi	5506	2891	3370	57
德州	Dezhou	966	1576	1770	115
聊城	Liaocheng	5421	3625	3810	54

16-22 公共图书馆图书总藏量 续表 2

Total Collections of Public Libraries continued 2

单位：千册、件 （1000 copies 、piece）

地名	City	2010	2016	2017	2017 排名 Ranking	地名	City	2010	2016	2017	2017 排名 Ranking
滨州	Binzhou	1205	1416	1090	191	常德	Changde	1319	1648	1700	125
菏泽	Heze	2680	1347	1410	148	张家界	Zhangjiajie	196	227	770	235
河南	**Henan**	**18130**	**26460**	**28740**		益阳	Yiyang	900	1180	1220	167
郑州	Zhengzhou	5527	6607	7700	23	郴州	Chenzhou	839	1583	1440	146
开封	Kaifeng	790	2175	1910	107	永州	Yongzhou	881	1460	1800	111
洛阳	Luoyang	1347	2526	2830	72	怀化	Huaihua	1014	1545	1150	178
平顶山	Pingdingshan	828	1502	1460	144	娄底	Loudi	823	969	1050	196
安阳	Anyang	968	1276	1310	157	**广东**	**Guangdong**	**66651**	**79000**	**87080**	
鹤壁	Hebi	406	592	660	251	广州	Guangzhou	17950	24014	26140	3
新乡	Xinxiang	1053	1353	1460	144	韶关	Shaoguan	823	1847	1950	105
焦作	Jiaozuo	716	2055	2140	94	深圳	Shenzhen	22957	36043	40750	1
濮阳	Puyang	660	1004	2020	101	珠海	Zhuhai	866	1535	1700	125
许昌	Xuchang	996	1052	1220	167	汕头	Shantou	2423	3462	4470	40
漯河	Luohe	392	480	600	257	佛山	Foshan	2989	4920	5670	31
三门峡	Sanmenxia	702	1477	1540	137	江门	Jiangmen	1660	2693	4460	41
南阳	Nanyang	1390	1694	1880	110	湛江	Zhanjiang	1126	1667	1630	130
商丘	Shangqiu	616	1010	1000	203	茂名	Maoming	608	1216	4440	42
信阳	Xinyang	692	1196	1110	186	肇庆	Zhaoqing	1088	3817	2510	80
周口	Zhoukou	440	784	980	207	惠州	Huizhou	949	1679	2310	87
驻马店	Zhumadian	607	777	840	221	梅州	Meizhou	1233	2801	326	281
湖北	**Hubei**	**24027**	**33180**	**35970**		汕尾	Shanwei	171	310	310	282
武汉	Wuhan	10367	15491	8270	18	河源	Heyuan	552	1429	1720	120
黄石	Huangshi	1074	1397	1500	140	阳江	Yangjiang	607	941	1040	197
十堰	Shiyan	1051	1269	1480	142	清远	Qingyuan	831	1608	1890	108
宜昌	Yichang	1669	6190	3220	62	东莞	Dongguan	7010	10138	10490	12
襄阳	Xiangyang	2560	2033	2290	89	中山	Zhongshan	1076	1880	2300	88
鄂州	Ezhou	368	420	450	271	潮州	Chaozhou	429	779	1080	192
荆门	Jingmen	610	1085	1150	178	揭阳	Jieyang	656	1051	1200	171
孝感	Xiaogan	769	1063	1240	162	云浮	Yunfu	648	1048	890	217
荆州	Jingzhou	1064	1242	1240	162	**广西**	**Guangxi**	**17976**	**27200**	**27860**	
黄冈	Huanggang	1590	2423	2560	78	南宁	Nanning	5006	6871	7020	26
咸宁	Xianning	675	948	1140	182	柳州	Liuzhou	1288	1875	2510	80
随州	Suizhou	2230	329	360	278	桂林	Guilin	3700	4363	4520	39
湖南	**Hunan**	**19259**	**28330**	**30500**		梧州	Wuzhou	950	1098	1110	186
长沙	Changsha	6331	10797	9650	14	北海	Beihai	500	648	670	249
株洲	Zhuzhou	1180	1804	2160	92	防城港	Fangchenggang	253	331	450	271
湘潭	Xiangtan	822	1410	1140	182	钦州	Qinzhou	498	3610	3310	60
衡阳	Hengyang	1520	2040	2050	99	贵港	Guigang	510	1004	1230	166
邵阳	Shaoyang	1414	1467	2340	85	玉林	Yulin	1668	1815	1940	106
岳阳	Yueyang	2020	1190	1220	167	百色	Baise	1163	1770	1890	108

16-22 公共图书馆图书总藏量 续表 3

Total Collections of Public Libraries continued 3

单位：千册、件 （1000 copies 、piece）

地名	City	2010	2016	2017	2017 排名 Ranking
贺州	Hezhou	570	754	760	238
河池	Hechi	723	1233	1240	162
来宾	Laibin	466	833	800	227
崇左	Chongzuo	681	785	810	226
海南	**Hainan**	**640**	**4580**	**4900**	
海口	Haikou	440	484	490	269
三亚	Sanya	200	576	840	221
三沙	Sansha				
重庆	**Chongqing**	**10308**	**14420**	**16720**	
四川	**Sichuan**	**24493**	**35180**	**37930**	
成都	Chengdu	12126	17069	19980	7
自贡	Zigong	386	540	440	273
攀枝花	Panzhihua	563	968	990	205
泸州	Luzhou	967	1054	1110	186
德阳	Deyang	661	925	3830	53
绵阳	Mianyang	1277	1985	2080	97
广元	Guangyuan	772	1440	1220	167
遂宁	Suining	374	768	920	214
内江	Neijiang	423	614	700	245
乐山	Leshan	477	812	1280	159
南充	Nanchong	936	1803	1800	111
眉山	Meishan	216	422	500	265
宜宾	Yibin	1122	1309	1330	154
广安	Guangan	1724	2234	2080	97
达州	Dazhou	890	1055	1410	148
雅安	Yaan	577	792	800	227
巴中	Bazhong	400	802	1160	175
资阳	Ziyang	602	462	500	265
贵州	**Guizhou**	**4203**	**12580**	**13860**	
贵阳	Guiyang	2223	7442	4730	38
六盘水	Liupanshui	351	479	700	245
遵义	Zunyi	1260	2350	2190	90
安顺	Anshun	369	540	560	258
毕节	Bijie		865	1240	162
铜仁	Tongren		2433	3050	66
云南	**Yunnan**	**6761**	**20910**	**21110**	
昆明	Kunming	1785	5943	3960	49
曲靖	Qujing	1030	1402	2950	68
玉溪	Yuxi	1668	1385	1420	147
保山	Baoshan	530	1542	990	205
昭通	Zhaotong	163	824	930	212
丽江	Lijiang	317	555	610	256
普洱	Puer	676	969	1010	201
临沧	Lincang	592	869	730	240
西藏	**Tibet**		**1770**	**1950**	
拉萨	Lasa			400	276
陕西	**Shaanxi**	**11296**	**16260**	**17330**	
西安	Xi'an	4465	12076	12340	10
铜川	Tongchuan	600	834	820	224
宝鸡	Baoji	1204	1433	1760	116
咸阳	Xianyang	1046	1547	1740	118
渭南	Weinan	895	1015	1300	158
延安	Yan'an	550	1034	1080	192
汉中	Hanzhong	565	965	960	209
榆林	Yulin	1010	1312	1030	198
安康	Ankang	487	689	7340	25
商洛	Shangluo	474	640	700	245
甘肃	**Gansu**	**9689**	**13940**	**14960**	
兰州	Lanzhou	4248	1060	1110	186
嘉峪关	Jiayuguan	115	206	210	284
金昌	Jinchang	142	658	720	241
白银	Baiyin	530	779	840	221
天水	Tianshui	900	839	960	209
武威	Wuwei	360	359	380	277
张掖	Zhangye	627	3370	720	241
平凉	Pingliang	430	729	790	231
酒泉	Jiuquan	460	629	770	235
庆阳	Qingyang	584	745	790	231
定西	Dingxi	654	783	770	235
陇南	Longnan	639	802	800	227
青海	**Qinghai**	**2876**	**4510**	**4590**	
西宁	Xining	2876	1715	1740	118
海东	Haisong		445	520	263
宁夏	**Ningxia**	**4562**	**6870**	**7210**	
银川	Yinchuan	2595	3923	4220	45
石嘴山	Shizuishan	376	665	710	243
吴忠	Wuzhong	642	1100		
固原	Guyuan	492	695	660	251
中卫	Zhongwei	457	423	500	265
新疆	**Xinjiang**	**2597**	**14180**	**15020**	
乌鲁木齐	Urumqi	2137	3008	3130	64
克拉玛依	Karamay	460	2350	2700	75

16-23 每百人公共图书馆藏书量
Collections of Public Libraries per 100 Persons

单位：册、件 （copy、piece）

地名	City	2010	2015	2016	2016 排名 Ranking	地名	City	2010	2015	2016	2016 排名 Ranking
全国	**Nation Total**	**50.70**				沈阳	Shenyang	151.39	153.41	194.80	16
北京	**Beijing**	**366.75**	**441.79**	**460.04**		大连	Dalian	178.23	272.20	319.03	5
天津	**Tianjin**	**127.77**	**165.25**	**174.32**		鞍山	Anshan	60.15	78.86	82.49	59
河北	**Hebei**	**22.07**	**31.27**			抚顺	Fushun	47.80	48.20	53.16	100
石家庄	Shijiazhuang	48.40	34.44	35.29	160	本溪	Benxi	62.61	89.94	110.20	41
唐山	Tangshan	24.75	31.70	33.25	171	丹东	Dandong	53.41	63.41	56.55	93
秦皇岛	Qinhuangdao	31.88	198.29	49.76	110	锦州	Jinzhou	40.77	47.06	48.44	114
邯郸	Handan	14.55	16.44	17.41	252	营口	Yingkou	41.91	58.85	62.53	85
邢台	Xingtai	12.38	19.11	17.65	251	阜新	Fuxin	21.16	25.76	26.51	205
保定	Baoding	14.44	18.30	19.05	244	辽阳	Liaoyang	55.09	52.81	52.79	102
张家口	Zhangjiakou	25.17	31.06	31.00	187	盘锦	Panjin	36.34	50.60	52.92	101
承德	Chengde	20.32	23.90	25.56	209	铁岭	Tieling	20.97	22.60	24.33	217
沧州	Cangzhou	10.75	18.00	20.66	239	朝阳	Chaoyang	19.96	26.26	26.54	204
廊坊	Langfang	33.65	49.28	50.95	106	葫芦岛	Huludao	23.89	12.17	35.50	158
衡水	Hengshui	10.72	14.92	14.85	260	**吉林**	**Jilin**	**51.65**	**45.12**		
山西	**Shanxi**	**61.64**	**49.47**			长春	Changchun	90.18	61.44	65.07	79
太原	Taiyuan	108.89	182.51	205.88	14	吉林	Jilin	46.17	53.73	59.79	90
大同	Datong	19.87	22.64	24.07	219	四平	Siping	20.00	21.38	22.62	229
阳泉	Yangquan	45.80	45.91	49.02	111	辽源	Liaoyuan	93.41	33.52	35.50	158
长治	Changzhi	36.13	53.08	56.45	94	通化	Tonghua	35.11	39.99	42.04	131
晋城	Jincheng	12.76	21.93	50.68	107	白山	Baishan	39.63	67.41	72.28	70
朔州	Shuozhou	19.30	35.44	38.09	143	松原	Songyuan	18.10	27.81	29.60	190
晋中	Jinzhong	329.32	39.07	38.28	142	白城	Baicheng	20.83	26.47	27.44	199
运城	Yuncheng	23.11	27.67	26.80	201	**黑龙江**	**Heilongjiang**	**43.65**	**50.31**		
忻州	Xinzhou	25.65	34.45	25.67	208	哈尔滨	Harbin	71.19	85.86	90.38	52
临汾	Linfen	27.85	35.68	37.87	145	齐齐哈尔	Qiqihar	31.77	32.55	40.55	134
吕梁	Lvliang	17.73	29.52	30.89	188	鸡西	Jixi	17.97	21.35	21.60	232
内蒙古	**Inner Mongolia**	**45.84**	**62.19**			鹤岗	Hegang	31.16	41.66	48.19	115
呼和浩特	Hohhot	120.67	151.24	189.50	18	双鸭山	Shuangyashan	20.72	60.84	63.22	84
包头	Baotou	138.13	62.45	70.89	73	大庆	Daqing	108.40	92.57	94.69	48
乌海	Wuhai	77.92	134.95	124.64	32	伊春	Yichun	47.81	70.55	96.30	47
赤峰	Chifeng	15.97	39.58	40.80	133	佳木斯	Jiamusi	28.92	15.28	15.25	257
通辽	Tongliao	25.48	32.21	37.62	147	七台河	Qitaihe	22.29	28.32	34.51	165
鄂尔多斯	Erdos	42.72	148.11	1747.53	1	牡丹江	Mudanjiang	26.72	41.15	45.10	124
呼伦贝尔	Hulunbuir	23.96	63.32	66.02	77	黑河	Heihe	19.40	21.61	23.25	224
巴彦淖尔	Bayannur	21.47	40.07	47.60	118	绥化	Suihua	18.05	20.23	26.15	206
乌兰察布	Ulanqab	17.84	9.40			**上海**	**Shanghai**	**482.09**	**524.49**	**530.87**	
辽宁	**Liaoning**	**77.39**	**96.46**			**江苏**	**Jiangsu**	**59.41**	**88.72**		

16-23 每百人公共图书馆藏书量 续表 1
Collections of Public Libraries per 100 Persons continued 1

单位：册、件 （copy、piece）

地名	City	2010	2015	2016	2016 排名 Ranking	地名	City	2010	2015	2016	2016 排名 Ranking
南京	Nanjing	211.77	250.12	302.22	6	池州	Chizhou	16.08	27.82	32.04	178
无锡	Wuxi	77.35	107.85	146.69	26	宣城	Xuancheng	23.24	28.99	32.11	177
徐州	Xuzhou	27.73	30.75	31.88	180	**福建**	**Fujian**	**47.35**	**98.85**		
常州	Changzhou	67.16	84.66	121.18	35	福州	Fuzhou	86.56	123.21	72.28	70
苏州	Suzhou	125.88	261.72	279.05	8	厦门	Xiamen	185.84	257.66	271.94	10
南通	Nantong	37.62	61.33	65.19	78	莆田	Putian	5.63	27.46	31.30	184
连云港	Lianyungang	34.64	50.14	49.81	109	三明	Sanming	51.22	175.92	178.67	21
淮安	Huaian	24.63	45.43	50.53	108	泉州	Quanzhou	38.23	101.13	101.07	44
盐城	Yancheng	22.37	39.29	40.41	135	漳州	Zhangzhou	21.01	90.46	89.94	53
扬州	Yangzhou	48.61	69.63	76.79	66	南平	Nanping	42.88	65.32	66.32	76
镇江	Zhenjiang	73.44	110.55	115.81	37	龙岩	Longyan	24.88	58.49	60.48	89
泰州	Taizhou	32.02	50.61	53.35	99	宁德	Ningde	16.18	36.99	32.77	173
宿迁	Suqian	11.50	20.75	24.45	215	**江西**	**Jiangxi**	**33.21**	**44.32**		
浙江	**Zhejiang**	**82.01**	**125.75**			南昌	Nanchang	87.53	100.47	32.38	176
杭州	Hangzhou	181.97	274.34	292.78	7	景德镇	Jingdezhen	38.61	61.21	63.64	83
宁波	Ningbo	127.86	118.04	128.57	31	萍乡	Pingxiang	39.87	50.40	47.94	116
温州	Wenzhou	41.31	114.96	124.22	34	九江	Jiujiang	32.01	41.79	43.20	127
嘉兴	Jiaxing	123.28	213.86	224.25	12	新余	Xinyu	46.69	54.24	60.56	87
湖州	Huzhou	81.16	74.31	78.67	63	鹰潭	Yingtan	25.26	37.17	33.36	170
绍兴	Shaoxing	59.21	86.21	94.01	49	赣州	Ganzhou	20.21	37.02	38.41	141
金华	Jinhua	38.44	65.65	77.35	65	吉安	Jian	40.12	48.87	32.67	174
衢州	Quzhou	47.94	57.91	68.72	74	宜春	Yichun	28.43	27.47	7.67	276
舟山	Zhoushan	79.26	169.55	190.10	17	抚州	Fuzhou	22.77	35.63	37.35	149
台州	Taizhou	30.83	63.40	91.69	51	上饶	Shangrao	14.05	26.10	41.09	132
丽水	Lishui	50.99	69.97	74.87	67	**山东**	**Shandong**	**47.78**	**78.81**		
安徽	**Anhui**	**16.40**	**27.55**			济南	Jinan	155.81	190.98	204.21	15
合肥	Hefei	62.77	68.41	72.60	69	青岛	Qingdao	58.17	77.12	82.12	61
芜湖	Wuhu	27.10	48.55	55.41	97	淄博	Zibo	52.89	57.76	60.53	88
蚌埠	Bengbu	11.82	33.22	34.05	168	枣庄	Zaozhuang	26.67	34.08	34.96	162
淮南	Huainan	13.40	19.95	16.19	254	东营	Dongying	39.43	112.79	112.92	39
马鞍山	Maanshan	43.38	51.43	0.00	279	烟台	Yantai	78.75	107.58	115.02	38
淮北	Huaibei	11.84	41.00	42.35	130	潍坊	Weifang	23.94	302.65	45.32	123
铜陵	Tongling	74.99	101.56	63.74	82	济宁	Jining	20.07	21.70	22.42	231
安庆	Anqing	15.61	29.59	105.92	43	泰安	Taian	19.80	27.97	166.35	22
黄山	Huangshan	33.37	62.98	71.15	72	威海	Weihai	46.53	133.48	145.61	27
滁州	Chuzhou	12.40	19.87	23.36	222	日照	Rizhao	12.30	25.10	29.06	195
阜阳	Fuyang	3.94	6.08	5.54	278	莱芜	Laiwu	29.99	42.24	40.16	136
宿州	Suzhou	3.15	11.10	14.48	262	临沂	Linyi	51.33	31.31	25.54	210
六安	Liuan	6.65	9.80	11.83	272	德州	Dezhou	16.94	24.69	26.71	202
亳州	Bozhou	5.61	13.06	15.01	259	聊城	Liaocheng	90.72	57.00	57.81	92

16-23 每百人公共图书馆藏书量 续表 2

Collections of Public Libraries per 100 Persons continued 2

单位：册、件 (copy、piece)

地名	City	2010	2015	2016	2016 排名 Ranking	地名	City	2010	2015	2016	2016 排名 Ranking
滨州	Binzhou	31.89	34.22	36.21	156	常德	Changde	21.17	25.77	27.02	200
菏泽	Heze	27.95	13.12	13.35	267	张家界	Zhangjiajie	11.90	12.73	13.35	267
河南	**Henan**	**16.56**	**23.56**			益阳	Yiyang	18.89	23.50	24.43	216
郑州	Zhengzhou	57.39	78.47	80.67	62	郴州	Chenzhou	16.71	28.56	33.54	169
开封	Kaifeng	14.77	39.00	39.05	138	永州	Yongzhou	14.43	22.25	22.81	227
洛阳	Luoyang	19.15	30.43	35.93	157	怀化	Huaihua	19.89	32.42	29.65	189
平顶山	Pingdingshan	15.34	25.37	26.58	203	娄底	Loudi	19.01	21.11	21.53	233
安阳	Anyang	16.65	20.48	20.51	240	**广东**	**Guangdong**	**78.22**	**103.96**		
鹤壁	Hebi	25.05	33.79	35.03	161	广州	Guangzhou	222.67	252.87	278.58	9
新乡	Xinxiang	17.44	21.05	21.07	235	韶关	Shaoguan	25.08	51.56	55.63	96
焦作	Jiaozuo	19.46	32.54	55.09	98	深圳	Shenzhen	883.40	924.57	974.14	2
濮阳	Puyang	16.10	14.17	23.29	223	珠海	Zhuhai	82.68	292.57	134.65	29
许昌	Xuchang	20.34	22.43	20.75	238	汕头	Shantou	46.23	52.72	62.38	86
漯河	Luohe	14.08	17.76	17.84	249	佛山	Foshan	80.59	107.76	124.56	33
三门峡	Sanmenxia	30.48	62.48	64.50	80	江门	Jiangmen	42.32	66.02	68.52	75
南阳	Nanyang	11.71	13.75	14.30	263	湛江	Zhanjiang	14.48	19.77	22.96	225
商丘	Shangqiu	6.71	11.44	10.42	273	茂名	Maoming	8.14	14.53	15.35	256
信阳	Xinyang	7.95	11.26	13.70	265	肇庆	Zhaoqing	25.76		86.55	57
周口	Zhoukou	3.59	5.68	6.27	277	惠州	Huizhou	28.14	49.49	46.51	120
驻马店	Zhumadian	6.85	16.24	7.83	275	梅州	Meizhou	23.95	38.18	51.11	104
湖北	**Hubei**	**45.09**	**52.04**			汕尾	Shanwei	4.96	9.33	8.61	274
武汉	Wuhan	123.90	174.30	186.19	20	河源	Heyuan	15.39	27.07	38.62	139
黄石	Huangshi	41.29	48.92	51.93	103	阳江	Yangjiang	21.45	30.49	32.01	179
十堰	Shiyan	29.76	35.38	37.32	150	清远	Qingyuan	20.10	25.45	37.84	146
宜昌	Yichang	41.88	52.04	156.31	24	东莞	Dongguan	385.65	520.32	512.02	4
襄阳	Xiangyang	43.31	31.53	34.28	167	中山	Zhongshan	72.13	107.33	117.50	36
鄂州	Ezhou	33.93	37.17	39.62	137	潮州	Chaozhou	16.44	27.75	29.51	191
荆门	Jingmen	20.31	29.37	36.29	155	揭阳	Jieyang	9.91	14.98	15.04	258
孝感	Xiaogan	14.48	18.84	20.25	242	云浮	Yunfu	22.92	28.48	34.93	163
荆州	Jingzhou	16.17	18.65	19.26	243	**广西**	**Guangxi**	**33.85**	**49.21**		
黄冈	Huanggang	21.42	27.71	32.48	175	南宁	Nanning	70.77	89.53	92.10	50
咸宁	Xianning	23.20	30.90	31.39	183	柳州	Liuzhou	34.56	53.22	48.83	112
随州	Suizhou	86.46	8.94	13.06	269	桂林	Guilin	71.30	98.30	82.17	60
湖南	**Hunan**	**28.31**	**34.56**			梧州	Wuzhou	29.11	31.14	31.73	181
长沙	Changsha	97.04	117.19	156.93	23	北海	Beihai	29.97	40.78	37.46	148
株洲	Zhuzhou	30.24	37.23	44.65	125	防城港	Fangchenggang	27.73	39.17	34.48	166
湘潭	Xiangtan	28.44	47.01	48.62	113	钦州	Qinzhou	12.85	81.69	88.70	54
衡阳	Hengyang	19.20	24.57	25.40	212	贵港	Guigang	9.74	16.13	18.19	247
邵阳	Shaoyang	17.81	17.78	17.76	250	玉林	Yulin	24.73	24.58	25.42	211
岳阳	Yueyang	35.71	22.86	21.02	236	百色	Baise	28.67	43.52	42.65	129

16-23 每百人公共图书馆藏书量 续表 3
Collections of Public Libraries per 100 Persons continued 3

单位：册、件 (copy、piece)

地名	City	2010	2015	2016	2016 排名 Ranking	地名	City	2010	2015	2016	2016 排名 Ranking
贺州	Hezhou	24.42	30.16	31.29	185	丽江	Lijiang	26.32	45.47	45.87	122
河池	Hechi	18.11	27.85	28.88	196	普洱	Puer	26.55	37.29	38.61	140
来宾	Laibin	17.92	30.43	38.04	144	临沧	Lincang	24.34	35.88	36.82	152
崇左	Chongzuo	27.98	28.26	31.40	182	**西藏**	**Tibet**				
海南	**Hainan**	**29.43**	**84.58**			拉萨	Lasa				
海口	Haikou	27.43	124.09	29.16	194	**陕西**	**Shaanxi**	**29.30**	**42.23**		
三亚	Sanya	35.08	91.92	99.31	45	西安	Xi'an	57.04	97.77	147.27	25
三沙	Sansha					铜川	Tongchuan	70.22	97.32	99.29	46
重庆	**Chongqing**	**31.20**	**38.67**	**42.63**		宝鸡	Baoji	31.59	39.16	37.32	150
四川	**Sichuan**	**29.42**	**48.11**			咸阳	Xianyang	20.11	23.29	29.24	193
成都	Chengdu	105.53	179.97	129.90	30	渭南	Weinan	15.98	17.68	18.22	246
自贡	Zigong	11.84	15.52	16.51	253	延安	Yan'an	23.89	40.65	43.81	126
攀枝花	Panzhihua	50.55	76.56	87.21	56	汉中	Hanzhong	14.81	20.85	25.06	214
泸州	Luzhou	19.25	26.49	20.79	237	榆林	Yulin	27.71	30.97	34.53	164
德阳	Deyang	16.99	43.97	23.66	220	安康	Ankang	16.00	19.86	22.59	230
绵阳	Mianyang	23.57	35.44	36.42	154	商洛	Shangluo	19.36	20.77	25.40	212
广元	Guangyuan	24.83	37.71	47.21	119	**甘肃**	**Gansu**	**39.84**	**36.12**		
遂宁	Suining	9.81	14.90	20.32	241	兰州	Lanzhou	131.30	32.62	32.82	172
内江	Neijiang	9.94	13.49	14.62	261	嘉峪关	Jiayuguan	52.75	120.49	85.83	58
乐山	Leshan	13.50	20.98	22.94	226	金昌	Jinchang	30.55	138.07	143.04	28
南充	Nanchong	12.45	23.78	24.30	218	白银	Baiyin	29.38	39.78	42.80	128
眉山	Meishan	6.19	10.70	12.06	271	天水	Tianshui	24.54	22.01	22.74	228
宜宾	Yibin	20.82	23.07	23.63	221	武威	Wuwei	18.82	26.89	18.80	245
广安	Guangan	36.98	40.19	47.84	117	张掖	Zhangye	47.92	113.17	257.25	11
达州	Dazhou	12.98	14.19	15.45	255	平凉	Pingliang	18.55	31.22	31.29	185
雅安	Yaan	37.25	47.41	51.10	105	酒泉	Jiuquan	46.96	35.92	56.16	95
巴中	Bazhong	10.31	17.93	21.27	234	庆阳	Qingyang	22.53	27.08	27.59	198
资阳	Ziyang	12.01	25.00	13.01	270	定西	Dingxi	21.77	24.57	25.93	207
贵州	**Guizhou**	**24.43**	**38.74**			陇南	Longnan	22.68	29.32	27.94	197
贵阳	Guiyang	65.93	185.57	187.46	19	**青海**	**Qinghai**	**130.21**	**46.53**		
六盘水	Liupanshui	11.00	13.94	14.30	263	西宁	Xining	130.21	63.81	73.92	68
遵义	Zunyi	16.07	28.86	29.45	192	海东	Haidong		26.11		
安顺	Anshun	13.19	17.81	18.12	248	**宁夏**	**Ningxia**	**70.99**	**102.24**		
毕节	Bijie		8.86			银川	Yinchuan	163.41	229.70	215.55	13
铜仁	Tongren		19.95			石嘴山	Shizuishan	50.25	95.66	88.67	55
云南	**Yunnan**	**23.43**	**36.99**			吴忠	Wuzhong	46.40	64.26	78.01	64
昆明	Kunming	30.57	61.58	106.51	42	固原	Guyuan	32.26	40.32	46.33	121
曲靖	Qujing	16.44	21.42			中卫	Zhongwei	38.69	37.78	36.78	153
玉溪	Yuxi	72.33	60.72	63.82	81	**新疆**	**Xinjiang**	**92.57**	**145.69**		
保山	Baoshan	20.97	54.14	59.31	91	乌鲁木齐	Urumqi	87.93	79.60	112.66	40
昭通	Zhaotong	2.84	13.67	13.64	266	克拉玛依	Karamay	122.63	734.07	573.17	3

16-24 电视节目综合人口覆盖率
Population Coverage Rate of TV Programs

单位：% (%)

地名	City	2016	2016 排名 Ranking	地名	City	2016	2016 排名 Ranking
全国	**Nation Total**			沈阳	Shenyang	100.00	2
北京	**Beijing**	**100.00**		大连	Dalian	99.86	90
天津	**Tianjin**	**100.00**		鞍山	Anshan	97.91	239
河北	**Hebei**			抚顺	Fushun	98.85	190
石家庄	Shijiazhuang	99.38	132	本溪	Benxi	99.45	128
唐山	Tangshan	100.00	2	丹东	Dandong	98.00	227
秦皇岛	Qinhuangdao	94.00	280	锦州	Jinzhou	99.15	153
邯郸	Handan	98.90	183	营口	Yingkou	99.82	95
邢台	Xingtai	99.35	134	阜新	Fuxin	98.47	211
保定	Baoding	98.34	218	辽阳	Liaoyang	85.00	283
张家口	Zhangjiakou	99.71	108	盘锦	Panjin	100.00	2
承德	Chengde	98.00	227	铁岭	Tieling	97.76	243
沧州	Cangzhou	100.00	2	朝阳	Chaoyang	99.02	168
廊坊	Langfang	100.00	2	葫芦岛	Huludao	98.10	226
衡水	Hengshui	100.00	2	**吉林**	**Jilin**		
山西	**Shanxi**			长春	Changchun	100.00	2
太原	Taiyuan	99.80	97	吉林	Jilin	96.87	260
大同	Datong	99.49	127	四平	Siping	100.00	2
阳泉	Yangquan	100.00	2	辽源	Liaoyuan	97.00	257
长治	Changzhi	99.57	119	通化	Tonghua	99.22	144
晋城	Jincheng	98.83	191	白山	Baishan	95.37	276
朔州	Shuozhou	100.00	2	松原	Songyuan	98.94	179
晋中	Jinzhong	99.72	106	白城	Baicheng	99.94	84
运城	Yuncheng	99.50	123	**黑龙江**	**Heilongjiang**		
忻州	Xinzhou	99.03	167	哈尔滨	Harbin	99.96	80
临汾	Linfen	99.20	146	齐齐哈尔	Qiqihar	100.00	2
吕梁	Lvliang	99.19	149	鸡西	Jixi	98.90	183
内蒙古	**Inner Mongolia**			鹤岗	Hegang	75.00	284
呼和浩特	Hohhot	99.10	160	双鸭山	Shuangyashan	98.88	187
包头	Baotou	99.51	122	大庆	Daqing	99.00	169
乌海	Wuhai	99.31	137	伊春	Yichun	99.82	95
赤峰	Chifeng	99.14	155	佳木斯	Jiamusi	100.00	2
通辽	Tongliao	99.21	145	七台河	Qitaihe	100.00	2
鄂尔多斯	Erdos	99.00	169	牡丹江	Mudanjiang	99.62	113
呼伦贝尔	Hulunbuir	99.10	160	黑河	Heihe	97.40	252
巴彦淖尔	Bayannur	99.30	138	绥化	Suihua	100.00	2
乌兰察布	Ulanqab	99.24	142	**上海**	**Shanghai**	**100.00**	
辽宁	**Liaoning**			**江苏**	**Jiangsu**		

16-24 电视节目综合人口覆盖率 续表 1

Population Coverage Rate of TV Programs continued 1

单位：%　　　　(%)

地名	City	2016	2016 排名 Ranking	地名	City	2016	2016 排名 Ranking
南京	Nanjing	100.00	2	池州	Chizhou	98.90	183
无锡	Wuxi	100.00	2	宣城	Xuancheng	98.39	215
徐州	Xuzhou	100.00	2	**福建**	**Fujian**		
常州	Changzhou	100.00	2	福州	Fuzhou	100.00	2
苏州	Suzhou	100.00	2	厦门	Xiamen	100.00	2
南通	Nantong	100.00	2	莆田	Putian	98.60	203
连云港	Lianyungang	100.00	2	三明	Sanming	99.24	142
淮安	Huaian	100.00	2	泉州	Quanzhou	98.43	212
盐城	Yancheng	100.00	2	漳州	Zhangzhou	99.18	150
扬州	Yangzhou	100.00	2	南平	Nanping	98.71	196
镇江	Zhenjiang	100.00	2	龙岩	Longyan	98.62	201
泰州	Taizhou	100.00	2	宁德	Ningde	99.42	129
宿迁	Suqian	100.00	2	**江西**	**Jiangxi**		
浙江	**Zhejiang**			南昌	Nanchang	116.89	1
杭州	Hangzhou	99.95	82	景德镇	Jingdezhen	100.00	2
宁波	Ningbo	100.00	2	萍乡	Pingxiang	99.84	92
温州	Wenzhou	98.95	177	九江	Jiujiang	98.68	197
嘉兴	Jiaxing	100.00	2	新余	Xinyu	99.78	100
湖州	Huzhou	100.00	2	鹰潭	Yingtan	97.52	249
绍兴	Shaoxing	100.00	2	赣州	Ganzhou	99.37	133
金华	Jinhua	99.84	92	吉安	Jian	99.60	114
衢州	Quzhou	98.95	177	宜春	Yichun	98.38	216
舟山	Zhoushan	100.00	2	抚州	Fuzhou	99.70	109
台州	Taizhou	99.76	102	上饶	Shangrao	99.50	123
丽水	Lishui	100.00	2	**山东**	**Shandong**		
安徽	**Anhui**			济南	Jinan	100.00	2
合肥	Hefei	99.00	169	青岛	Qingdao	98.80	195
芜湖	Wuhu	99.86	90	淄博	Zibo	99.42	129
蚌埠	Bengbu	99.00	169	枣庄	Zaozhuang	91.86	282
淮南	Huainan	100.00	2	东营	Dongying	99.90	86
马鞍山	Maanshan			烟台	Yantai	100.00	2
淮北	Huaibei	96.00	270	潍坊	Weifang	98.35	217
铜陵	Tongling	100.00	2	济宁	Jining	98.62	201
安庆	Anqing	100.00	2	泰安	Taian	99.59	117
黄山	Huangshan	98.68	197	威海	Weihai	100.00	2
滁州	Chuzhou	98.90	183	日照	Rizhao	99.07	164
阜阳	Fuyang	100.00	2	莱芜	Laiwu	99.73	104
宿州	Suzhou	96.73	263	临沂	Linyi	100.00	2
六安	Liuan	95.75	272	德州	Dezhou	100.00	2
亳州	Bozhou	100.00	2	聊城	Liaocheng	100.00	2

16-24 电视节目综合人口覆盖率 续表 2
Population Coverage Rate of TV Programs continued 2

单位：% (%)

地名	City	2016	2016 排名 Ranking	地名	City	2016	2016 排名 Ranking
滨州	Binzhou	100.00	2	常德	Changde	96.52	267
菏泽	Heze	95.00	278	张家界	Zhangjiajie	96.73	263
河南	**Henan**			益阳	Yiyang	98.83	191
郑州	Zhengzhou	100.00	2	郴州	Chenzhou	97.76	243
开封	Kaifeng	100.00	2	永州	Yongzhou	96.98	259
洛阳	Luoyang	97.96	237	怀化	Huaihua	98.55	207
平顶山	Pingdingshan	97.13	256	娄底	Loudi	99.74	103
安阳	Anyang	99.69	112	**广东**	**Guangdong**		
鹤壁	Hebi	100.00	2	广州	Guangzhou	100.00	2
新乡	Xinxiang	99.30	138	韶关	Shaoguan	99.95	82
焦作	Jiaozuo	100.00	2	深圳	Shenzhen	100.00	2
濮阳	Puyang	97.32	255	珠海	Zhuhai	100.00	2
许昌	Xuchang	100.00	2	汕头	Shantou	98.30	219
漯河	Luohe	100.00	2	佛山	Foshan	100.00	2
三门峡	Sanmenxia	97.85	241	江门	Jiangmen	100.00	2
南阳	Nanyang	96.57	266	湛江	Zhanjiang	100.00	2
商丘	Shangqiu	100.00	2	茂名	Maoming	100.00	2
信阳	Xinyang	95.91	271	肇庆	Zhaoqing	100.00	2
周口	Zhoukou	99.53	121	惠州	Huizhou	100.00	2
驻马店	Zhumadian	98.43	212	梅州	Meizhou	100.00	2
湖北	**Hubei**			汕尾	Shanwei	99.14	155
武汉	Wuhan	100.00	2	河源	Heyuan	99.13	158
黄石	Huangshi	99.05	165	阳江	Yangjiang	98.57	206
十堰	Shiyan	98.17	224	清远	Qingyuan	100.00	2
宜昌	Yichang	98.92	181	东莞	Dongguan	100.00	2
襄阳	Xiangyang	99.28	140	中山	Zhongshan	100.00	2
鄂州	Ezhou	99.89	87	潮州	Chaozhou	100.00	2
荆门	Jingmen	98.81	194	揭阳	Jieyang	100.00	2
孝感	Xiaogan	99.77	101	云浮	Yunfu	100.00	2
荆州	Jingzhou	98.48	210	**广西**	**Guangxi**		
黄冈	Huanggang	98.88	187	南宁	Nanning	99.50	123
咸宁	Xianning	97.98	236	柳州	Liuzhou	99.14	155
随州	Suizhou	97.62	246	桂林	Guilin	98.43	212
湖南	**Hunan**			梧州	Wuzhou	98.49	209
长沙	Changsha	99.04	166	北海	Beihai	99.60	114
株洲	Zhuzhou	99.96	80	防城港	Fangchenggang	98.29	221
湘潭	Xiangtan	99.83	94	钦州	Qinzhou	98.00	227
衡阳	Hengyang	99.34	135	贵港	Guigang	98.63	200
邵阳	Shaoyang	97.00	257	玉林	Yulin	97.80	242
岳阳	Yueyang	99.17	151	百色	Baise	98.00	227

16-24 电视节目综合人口覆盖率 续表 3
Population Coverage Rate of TV Programs continued 3

单位：% (%)

地名	City	2016	2016 排名 Ranking	地名	City	2016	2016 排名 Ranking
贺州	Hezhou	98.11	225	丽江	Lijiang	92.91	281
河池	Hechi	98.50	208	普洱	Puer	99.50	123
来宾	Laibin	97.88	240	临沧	Lincang	99.00	169
崇左	Chongzuo	97.45	250	**西藏**	**Tibet**		
海南	**Hainan**			拉萨	Lasa	98.58	205
海口	Haikou	98.00	227	**陕西**	**Shaanxi**		
三亚	Sanya	98.00	227	西安	Xi'an	99.11	159
三沙	Sansha			铜川	Tongchuan	99.89	87
重庆	**Chongqing**	**99.19**		宝鸡	Baoji	99.97	79
四川	**Sichuan**			咸阳	Xianyang	99.17	151
成都	Chengdu	100.00	2	渭南	Weinan	97.59	248
自贡	Zigong	99.41	131	延安	Yan'an	99.93	85
攀枝花	Panzhihua	99.20	146	汉中	Hanzhong	99.10	160
泸州	Luzhou	99.33	136	榆林	Yulin	97.33	254
德阳	Deyang	96.30	268	安康	Ankang	97.95	238
绵阳	Mianyang	99.56	120	商洛	Shangluo	99.09	163
广元	Guangyuan	99.00	169	**甘肃**	**Gansu**		
遂宁	Suining	98.91	182	兰州	Lanzhou	99.70	109
内江	Neijiang	98.28	222	嘉峪关	Jiayuguan	99.60	114
乐山	Leshan	98.00	227	金昌	Jinchang	98.82	193
南充	Nanchong	97.60	247	白银	Baiyin	99.80	97
眉山	Meishan	99.99	78	天水	Tianshui	99.15	153
宜宾	Yibin	96.14	269	武威	Wuwei	99.72	106
广安	Guangan	99.73	104	张掖	Zhangye	98.67	199
达州	Dazhou	95.71	273	平凉	Pingliang	97.45	250
雅安	Yaan	98.60	203	酒泉	Jiuquan	98.94	179
巴中	Bazhong	99.26	141	庆阳	Qingyang	100.00	2
资阳	Ziyang	98.24	223	定西	Dingxi	96.84	262
贵州	**Guizhou**			陇南	Longnan	95.68	274
贵阳	Guiyang	99.70	109	**青海**	**Qinghai**		
六盘水	Liupanshui	98.30	219	西宁	Xining	99.59	117
遵义	Zunyi	95.45	275	海东	Haidong	98.00	227
安顺	Anshun	94.04	279	**宁夏**	**Ningxia**		
毕节	Bijie	95.05	277	银川	Yinchuan	100.00	2
铜仁	Tongren	97.39	253	石嘴山	Shizuishan	100.00	2
云南	**Yunnan**			吴忠	Wuzhong	98.86	189
昆明	Kunming	99.87	89	固原	Guyuan	98.00	227
曲靖	Qujing	97.73	245	中卫	Zhongwei	98.98	176
玉溪	Yuxi	99.20	146	**新疆**	**Xinjiang**		
保山	Baoshan	96.85	261	乌鲁木齐	Urumqi	99.80	97
昭通	Zhaotong	96.73	263	克拉玛依	Karamay	99.00	169

主要统计指标解释

行政区域土地面积 是指在该行政区划内的全部土地面积（包括水面面积）。计算土地面积以行政区划为准。

常住人口 包括：（1）住本户，户口在本乡、镇、街道的人（含户口在本户，外出不满半年的人）；（2）住本户半年以上，户口在外乡、镇、街道的人；（3）住本户不满半年，户口在外乡、镇、街道，离开户口登记地半年以上的人；（4）住本户，户口待定的人。

地区生产总值（GRP） 指按市场价格计算的一个地区所有常住单位在一定时期内生产活动的最终成果。

地方财政一般预算收入 包括：（1）税收收入；（2）社会保险基金收入；（3）非税收入；（4）贷款转回收本金收入（5） 转移性收入。

地方财政一般预算内支出 包括：（1）一般公共服务；（2）外交；（3）国防；（4）公共安全；（5）教育；（6）科学技术；（7）文化体育与传媒；（8）社会保障和就业；（9）社会保险基金支出；（10）医疗卫生；（11）环境保护；（12）城乡社区事务；（13）农林水事务；（14）交通运输；（15）工业商业金融等事务；（16）其它支出；（17）转移性支出。

住宅 指专供居住的房屋，包括别墅、公寓、职工家属宿舍和集体宿舍（包括职工单身宿舍和学生宿舍）等，但不包括住宅楼中作为人防用、不住人的地下室等。住宅按照性质可以划分为普通住房、经济使用住房和别墅、高档公寓。

专利申请受理量 指经专利部门初步审查后符合受理条件的专利申请量。

专利申请授权量 指经专利部门审查合格后，一句专利法授予申请人对申请项目专有权的专利申请数量。

中等职业学校 是指按国家规定的设置标准和审批程序批准建立的，招收初中（或部分高中）毕业生或同等学历者，实施中等职业技术教育，培养中等职业技术人才的学校。招收初中毕业生的，修业年限一般为三至四年；招收高中毕业生的，修业年限一般为二年至三年。包括中等专业学校、技工学校、职业中学（高中）等。统计中等职业学校时应注意，已承担培养学生任务的中等职业技术学校和独立设置的高等学校中专部或中专学校计算校数。正在筹建、尚未招生的中等职业学校和高等学校附设的中专班不计校数。

专任教师 指主要从事教学工作的人员。包括临时（一年以内）调去帮助做其它工作的教学人员。高等学校函授部、夜大学的专任教师和承担科研任务，未担任教学工作仍属教师编制的人员，应计入专任教师中。不包括调离教学岗位，担任行政领导工作或其他工作的原教学人员。

医院、卫生院床位数 指各级各类医院本年10月底的固定实有床位（非编制床位）。包括正规床、简易床、监护床和正在消毒、修理的床位及因扩建或大修理而停用的床位（按扩建或大修理前的床位计算），但不包括产科的新生儿床、库存床、临时增设的床位、病人家属的陪床、接产室的待产床等。

公共图书馆图书总藏量 指图书馆已编目的古籍、图书、期刊和报纸的合订本、小册子、手稿以及缩微制品、录像带、录音带、光盘等听视文献资料数量总和。